説文通訓定聲

上

〔清〕朱駿聲　撰

附音序、筆畫、四角號碼檢字

中華書局

圖書在版編目(CIP)數據

説文通訓定聲:附音序、筆畫、四角號碼檢字/(清)朱駿聲撰. —2版. —北京:中華書局,2016.11(2024.6重印)
ISBN 978-7-101-12194-0

Ⅰ.説… Ⅱ.朱… Ⅲ.①漢字-古文字學-研究②《説文》-注釋 Ⅳ.H161

中國版本圖書館CIP數據核字(2016)第241969號

責任編輯:張　可
責任印製:管　斌

説文通訓定聲(附音序、筆畫、四角號碼檢字)
(全二册)
〔清〕朱駿聲 撰
*
中華書局出版發行
(北京市豐臺區太平橋西里38號　100073)
http://www.zhbc.com.cn
E-mail:zhbc@zhbc.com.cn
三河市航遠印刷有限公司印刷
*
787×1092毫米 1/16・81¾印張・4插頁・2365千字
1984年7月第1版　2016年11月第2版
2024年6月第7次印刷
印數:13051-13550册　定價:368.00元

ISBN 978-7-101-12194-0

出版説明

朱駿聲（一七八八—一八五八），字豐芑，號允倩，江蘇吴縣人。朱氏在學術上有着多方面的成就，著述非常豐富，但以《説文通訓定聲》（以下簡稱《定聲》）用力最勤，影響也最大。《定聲》根據「舍形取聲」的原則，將《説文解字》中所收的字分統於一一四五母（朱氏誤計爲一一三七母），歸併爲十八部（附十分部）。每字下除本義外，分列假借、轉注、别義、聲訓、古韻、轉音等項，輯録有關該字的字義引申及聲音通假等資料，爲我們研究上古漢語詞彙，尤其是研究詞義引申和同聲假借現象提供了極大的方便。它是我們研讀出土文字資料和古代文獻的必備參考書之一。

《定聲》書成於道光十三年（一八三三）；道光二十八年（一八四八）初刻於黟縣學舍，書後附《説雅》十九篇、《古今韻準》一卷；同治九年（一八七〇）由朱駿聲之子朱孔彰校訂補刊，增入識、行述；光緒八年（一八八二）朱孔彰續刻《説文通訓定聲補遺》（以下簡稱《補遺》），合爲「臨嘯閣藏版」全本。中華書局一九八四年將《定聲》用臨嘯閣刻本加以斷句，影印出版，書後附筆畫索引；《補遺》也一併印行。本次再版，我們於書眉上標出相應的楷書通用字形，並參考中華書局二〇一五年版《注音版説文解字》爲之注音，標於各字頭之上。書後附音序、筆畫、四角號碼檢字表，另將各卷後附録字詞單編索引，以便讀者使用。

中華書局編輯部

二〇一六年六月

目録

上册

下册

附說雅十九篇
古今韻準一卷
行狀一卷

說文通訓定聲十八卷柬韻一卷

臨嘯閣藏版

江蘇舉人截取知縣現任安徽黟縣訓導加一級朱駿聲呈爲輯成說文通訓定聲一書敬謹繕錄伏乞代
奏進呈
御覽以求
訓誨事道光三十年十月恭閱邸鈔見廣西學政孫鏘鳴陳奏內著書進呈一條部議本朝以來成案甚多如梅文鼎胡渭毛奇齡顧棟高陳祖范徐松之類皆以私家著述進
呈多蒙
優旨今若有好古撰述羽翼經傳者著書進呈原爲例所不禁等語職吳下鯫生乙科濫廁曾於嘉慶
二十四年
仁宗睿皇帝萬壽呈獻詩頌蒙
恩賞收平生留心著述輯有成書十餘種茲將所輯說文通訓定聲一書繕寫全帙計四函二十四册

大指悉具例言在
聖天子生知天縱囊括古今儒生小學何足上塵
黼座竊以幸生右文之世人曉讀書而讀書貴先識字識字然後能通經通經然後能致用若不明六書則字無由識不知古韻則六書亦無由通專輯此書以苴說文轉注假借之隱略以稽羣經子史用字之通融題曰說文表所宗也曰通訓發明轉注假借之例也曰定聲證廣韻今韻之非古而導其源也先之以東字遵康熙字典之例使學者便於檢閱也終之以韻準就今一百六韻區分之俾不繆於古亦不悖於今也附之以說雅明說文之上繼爾雅可資以參互攷訂也但恐見聞淺陋學識粗疏一得之愚不足以信今而傳後伏乞代爲轉
奏進呈覬荷
聖恩俯賜披覽訓其是非可否私自棊行俾得廣資

就正如棠
俞允用以備一家之言則頂戴稽古遭逢實沐
皇仁於靡既矣職因截取來京親齎書籍仰求
中堂大人俯准代
奏實爲德便上呈
咸豐元年十一月二十四日

禮部謹
奏爲請

旨事道光三十年九月廣西學政臣孫鏘鳴陳奏著
書進呈一條經臣部議定若有好古撰述羽翼
經傳者著書進呈原爲例所不禁等語今據江
蘇截取舉人徽州府黟縣訓導朱駿聲在臣部
呈遞說文通訓定聲一書繕寫成帙計四函二
十四册取具同鄉京官印結聲明書內並無違
礙字樣乞爲代
奏等情臣等查六書之學許慎說文最爲精當該
舉人研究有年輯成此書在部呈請謹將原書
封送軍機處可否准其進呈
御覽之處臣等未敢擅便伏候
命下遵行爲此謹
奏請
旨
咸豐元年十二月十一日奉
硃批准其呈進欽此

咸豐元年十二月二十日內閣奉
上諭前據禮部奏江蘇舉人安徽黟縣訓導朱駿聲
呈遞說文通訓定聲一書當交南書房翰林詳加
閱看進呈朕幾餘披覽引證尚爲賅洽頗於小學
有裨朱駿聲著賞加國子監博士銜以爲留心經
訓者勸欽此

說文通訓定聲序

六書音韻之學莫盛于
國朝顧亭林江愼修戴東原段懋堂孔顨軒江艮庭張臯文王懷祖諸先生言之備矣葢六書肇于倉頡傳于保氏徵于四聲廣韻之作而存于毛詩離騷說文解字六書指事象形諧聲會意轉注叚借是已指事統于形轉注統于意叚借統于聲形與意與聲具而六書之旨備形聲者以事爲名取譬相成一文之

聲定而衆字之从以得聲者悉定故諧聲之學莫備于說文至合衆音之緐賾而類而區之分別部居不相襍廁則非審乎毛詩離騷以迄秦漢有韻諸文而究其分合之指與通轉遠近之情無以得其條理也試即唐韻之二百六部以上攷毛詩離騷諸文古音支佳類脂微齊皆灰類之咍類故唐韻支脂之猶分爲三部而未合也侵覃凡類談鹽添咸銜嚴類故唐韻覃談猶分爲二部而未合也而眞文元之分由于

先仙之不可合猶是矣至古音東鍾江爲類冬自爲類唐韻分東冬爲二部是矣而乃以東獨用冬鍾同用則未審乎東之音峻上冬之音寬宏東冬同無入聲而冬則說文偏旁字併無上聲也雖然音韻莫正于毛詩冬與侵蒸近與眞遠矣而文王則以躬韻天青與眞近與文遠矣而巧笑則以倩韻盼說文鮮从羴省聲而新臺以泚瀰韻鮮睘从袁聲而杕杜以菁姓韻睘若此類者則又不得執一二字之分歧而淆

全部之界畫要在大通而已學博朱君少從錢辛楣先生游今官于新安之黝余適以視學至新安學博出所譔說文通訓定聲示余葢取許君說文九千餘文類而區之以聲爲經以形爲緯而訓詁則加詳焉分爲十八部如頤解履部別之支脂爲三孚小部別幽宵爲二需豫部別侯于幽復別于魚大抵從懋堂先生爲多若別霽質于眞而爲泰部入聲以屋燭承侯爲需部又參酌于懷祖先生之說學博于斯學洵

薈萃眾說而得其精且舉轉注之法獨剏義例根據確鑿實發前人所未發其生平之心得在是矣書成屬余為序因略舉古音分合之誼書諸簡端云

道光二十有八年歲在著雍涒灘元月愚弟順德羅惇衍謨

說文通訓定聲自敘

天地間有形而後有聲有形聲而後有意與事四者文字之體也意之所通而轉注起焉聲之所比而叚借生焉二者文字之用也竊謂轉注肇於黃倉形體寡而衍義叚借濫於秦火傳寫雜而失眞而幻丸之屬反正推移造字之轉注不離乎指事也咸需之倫悉須通變造字之叚借不外乎諧聲也至於叢脞參差連緜而始肖其誼弟兄爾汝依託而本無其文取類多耑拘虛少悟不知叚借者不可與讀古書不明古音者不足以識叚借此說文通訓定聲一書所為記也夫三代秦漢之嬗聲以世遷九州南北之迻言因方易欲撟古今之舌而出於一軌固所不能將埶經史之文而歛以一筒尤有不可然則當如之何曰以字之體定一聲以經之韻定眾聲以通轉之理定正聲變聲三者皆從其朔而已曷言乎以字之形定一聲也東重童龍數傳祇循其舊朿帝啻適萬變不

離其宗、融強、秋梓之省文、徵諸古籀、迹狄、豊農之羼
響、正於昔聞、豕家、亢元、轉由一語、朱雝、廿竊、从豈网
聲、呂高、容尊、於重文而得母、輮弜、卯皃、因闕讀而疑
音、此齊桓伐莒之謀、東郭能言其狀、光武命名之義、
九禾可訂其聲者也、曷言乎以經之韻定衆聲也、火
諧衣穤、知與爕字同評、朝叶苗高、信自舟聲少變、侮
雖每而異母、朋猶鳳而殊風、音别求裘、部分截雀、或
句中而安韻、召旻歲旱之章、或一語而成歌、周頌駿

奔之什、靡膴伊減、騏洫、當證之韓嬰、螟螣、春揄蹟舀、
堪稽于許慎、考工鄭注、其鏄斯搁、屈子王箋、辞予不
顧、焞爲推而怛爲慸、可讀班書、荅爲對而睘爲熒、當
從古寫、淺𢁅卽羣經之辪、脩翅誤俗字之翛、求福不
邪、易儺而語言方合、飮酒之饌、變飷而義訓始通、此
鄣商之誦湯、可用九有爲九域、楚莊之偁武、疑以一
句爲一章者也、曷言乎以通轉之理定正聲變聲也、
關叔卽爲管叔、甫侯本是呂侯、驩兜匪異渾敦、屠蒯

原同杜蕢、荖滋易言箕子、伊尹詩頌阿衡、連山禮箸
厲山、帝俊書稱帝舜、若茲之類、厥有三端、其同音者、
扶服蒲伏、與匍匐而兼偁、遹迆透迤、偕委蛇而並用、
气借氣而餼出、屮假草而皁興、鄦國爲許、而三傳皆
同、頌皃作容、而四始代誦、種穜酢醋、因音而互譌、恐
愛㤅憂、以聲而昧本、疇㽘害曷、語詞不必元文、叔少
昆羈、偁謂相承别字、是也、其疊韻者、涬水猶之洪水、
畜君原是好君、序榭豫可校禮經、毒篤竺試讎漢史、

貉伯禡、皆禱牲之用、娶絅縈、總枲布之名、明都孟諸、
洵非兩地、燭趨涿聚、故是一人、陳易氏而爲田、苡改
姓而作弋、辛夷可爲新雉、蟬焉豈異亶安、薰香用以
代葷、義不妨於相戾、孳息取以爲止、訓亦見其交通、
是也、其雙聲者、和桓波播、禹貢可詳、侮務虯仇、雅詩
偶借、奠定帝、舌音之轉、圭鐲涓脣吻之通、窋勿矗沒、
與黽勉非殊、踟躕躊躇、視峙躅不異、𦆊裘示省、獵義
可思、素衣朱綃、繡文宜訂、台余卬我、皆施身自謂之

言、戎若伊而、悉启口偁人之語、懆懆多譌慘慘、僬僬或讀伾伾、譏假胡何出、音微分侈斂、徒但地特、助詞本匙正文、開口雅而閉口烏、啞啞亦其天籟、燕人庬而周人貉、蚌蚌又屬方言、馬莽蕭蛸更姓、祇憑語轉、蠅羊鴳隼殊文、不過聲移、按諸詩歌、相曰胥、更抑曰懿、參之古語、磬爲俔、亦鼎爲當、是也、此何休之讀公羊、所以有長言短言之辨、而高誘之注淮南、又別有緩气急气之分也、若夫如此爲爾、之焉爲旃、兩字便成翻語、蒺藜即茨、茅蒐即韎、三代自有合音、目少眇而手延挻、自諧以成字、婁係邾而於引越、相足而爲言、斯又吳昭魏炎之儔、注書翀爲切紐、沈約彥倫之輩、行文律以四聲者矣、夫所見異辭、陸元朗文羅經典、有志復古、陳季立音溯詩騷、余少歲蟲彫、中年螻伏、哦陳編而洞庯、憶緒論於趨庭、旁及六書、自攄一得、部標十八、派以析而支以分、母列一千、聲爲經而義爲緯、將使讀古書者、應弦合節、無聱牙詰詘之疑、

治經義者、討葉沿根、有掉臂游行之樂、渴半生之目力、精漸銷亡、殫十載之心稽、業才艸剏、氾濫未竟、踳繆尚多、慁不能書、先爲此敘、非敢謂萬川會海、導西京爾雅之原、亦庶幾百世本支、演南閣說文之譜云尒、道光十有三年、歲在昭陽大芒洛涂月、元和朱允倩駿聲譔、

庖犧視鳥獸之文、贊之於易、虞帝觀古人之象、記之於書、正名爲禮樂之原、學文繼孝弟之事、書契所係非淺尟矣、昔黃帝史倉頡沮誦、始造文字、周宣史籀箸大篆、下逮春秋戰國、漸不同文、秦興丞相李斯奏同之、乃作倉頡篇七章、中車府令趙高作爰歷篇六章、太史令胡毋敬作博學篇七章、皆合古籀爲之、或頗媘改者、曰小篆、此三篇者、世謂之三倉、凡三千三百字、厥後漢司馬相如作凡將篇、史游作急就篇、李

長作元尚篇、而揚雄復博采天下字、作訓纂篇、以續三倉、凡二千四十字、至班固繼作太甲篇在昔篇十三章、賈魴又爲滂喜篇、續訓纂、滂喜者、取訓纂末二字名其書、而其書終于彥均二字、故亦謂之彥均篇也、凡二千四十字、自是以李斯趙高胡毋敬所作篇爲上卷、揚雄所作篇爲中卷、賈魴所作篇爲下卷、共七千三百八十字、亦偁三倉、而其外崔瑗飛龍篇、蔡邕聖皇篇、黃初篇、吳章篇、女史篇、字已具三倉中、不

箸焉、然自始皇時、獄吏程邈、嘗造隸書、趨于簡易、以施官事急速之用、而其後喜便習傳、妄釋貤繆、世俗多用之、于是三倉之學微、許氏愼懼斯文之墜也、乃敘古籀小篆、更博收通人箸作、爲說文解字一書、於三倉之外、又增益一千九百七十三字、共九千三百五十三字、而其外復有一千一百六十三字、列爲重文、統以五百四十部。由是小學大顯、其功殆不在禹下、第其書自漢以來、或轉寫譌踳、或肊沾私減、眞本

不傳、復多疑駁、且代有製字、體蕭變遷、至唐以後、盡以今字改古經、而習俗害眞、迷誤尟究、遂爲小學之一大厄、古者石奮之章、一不足于馬、伏波之印、四乃冠于羊、今且粥號雙弓、竟成典故、茶爲一木、莫識由來、凡涉沿譌、均宜闢闡、又榦支廿二、託名幖識、許書泥古、㚣爲正文、所解鮮通、千慮一失、譬猶山藪之藏疾、瑾瑜之匿瑕、茲輒釐而訂焉、夫象形指事謂之文、會意形聲謂之字、但偁說文者、文可統字也、述說文、

數字或同一訓而一字必無數訓、其一字而數訓者、有所以通之也、通其所可通、則爲轉注、通其所不通、則爲叚借、如网爲田漁之器、轉而爲車网爲蛛网、此通以形、又轉而爲文網、此通以意、防爲隄障之偁、轉而爲邮坊爲埵坊、此通以形、又轉而爲勸防、此通以意、不得謂之本訓、不可謂非本字也、至如角羽以配宮商、唐虞不沿頊嚳、用斯文爲幖識、而意無可求、草木非言樣斗、登乘乃作盈升、隨厥聲以成文、而事有

他屬、一則借其形而非有其意、一則借其聲而別有其形也、若夫麥爲來而苑爲宛、冢爲長而蟲爲彤、汙爲浣而徂爲存、康爲苛而苦爲快、以爲叚借則正、以爲轉注則紆且也、齎咨涕洟皆疊韻、齊莊中正皆雙聲、肇漢魏之賦體、勃䩶壽夢爲合聲、充蔚終葵爲翻語、開齊梁之切音、此通德釋名、似轉注而實多叚借、方言廣雅、半叚借而時有轉注也、夫叔重萬字、發明本訓、而轉注叚借則難言、爾雅一經、詮釋全詩、而轉注叚借亦終晦、欲顯厥恉、貴有專書、述通訓、

古音自虞書賡歌而下、遞有轉移、曹魏樂安孫炎始作爾雅音義、箸反語、後有李登聲類十卷、凡萬一千五百二十字、東晉呂忱之弟靜爲韻集宮商角徵羽各一卷、至宋周彥倫作四聲切韻、梁沈約作四聲韻補一卷、隋開皇初、陸灋言偕顏之推蕭該劉臻魏淵李若辛德源盧思道薛道衡等八人討論音韻、後十餘載、乃自定爲切音五卷、二百六部、凡萬二千一百

五十八字、又百五十年後、至唐儀鳳二年、長孫訥言爲之箋注、嗣郭知元朱書補三百字、關亮薛峋王仁煦祝尚丘孫愐嚴寶文裴務齊陳道固又附益之、天寶十載、孫愐復刊正切韻五卷、別名唐韻、按晁公武云唐韻加至四萬二千三百八十三字、蓋誤讀孫序幷注字入算也、今云唐韻二萬六千一百九十四字、又誤以宋之廣韻爲唐韻元本也、唐韻之於切韻、當略有附益耳、必無字數增倍之理、自儀鳳越二百五十餘歲、爲宋景德四年、詔陳彭年丘雍等校定切韻五卷、明年大中祥符元年、改賜新名曰廣韻、凡

二萬六千一百九十四字、注十九萬一千六百九十
二言、按天寶末、上又取陳庭堅所譔韻英十四卷、四百三十九部、改仍法言卷數、加百四十一部、合五百八十韻、凡萬九千一百七十七字、見南部新書、宋陳彭年等校定之書、疑取韻英本增至二萬六千一百九十四字、故改名曰廣、若仍唐韻之舊、字數不異、何廣之足云乎、總之、廣韻必非唐韻元本、較然可知、
其時戚綸別承詔、刪取切韻字、爲韻略五卷、備禮
部考試、與校定切韻同日頒行、又三十一年、當景祐
四年、詔修廣韻爲集韻、令丁度李淑宋祁鄭戩王洙
等校定之、寶元二年書成、凡十卷、得五萬三千五百

二十五字、治平四年、司馬光又修之、其書實非今所
存之集韻也、景祐時、廣韻未修、先刊修韻略、改稱禮
部韻略、爲五卷、收字九千五百九十、以賈昌朝請韻
窄者十三處、許令附近通用、元祐五年、孫諤陳請添
收、紹興十一年、黃啓宗張貴謨隨韻補輯、十四年、楊
朴又有括遺、三十二年、毛晃增修、其子居正重增、凡
多二千六百五十五字、世亦謂之增韻、歐陽德隆又
輯押韻釋疑五卷、郭守正增修校正之、楊伯嵒因韻

略於九經所有之字、多所漏失、作九經韻補一卷、增
七十九字、淳祐十二年、江北平水劉淵、于韻略增四
百三十六字、幷爲一百七部、名壬子新刊禮部韻略、
按金哀宗正大六年己丑、平水王文郁撰新刊五卷、吾鄉黃丕烈孝廉有其書、余曾見之、己丑於宋爲紹定二年、在淳祐前、疑世所傳劉淵本、乃劉取王所撰重刊者、相傳誤爲劉撰也、
元熊忠用其
部、纂爲古今韻會三十卷、計萬二千六百五十二字、
黃公紹又有韻會舉要、大德中、陰時夫時中兄弟、復
妄幷拯入迥、爲今韻之一百六部、刪字三千一百餘、

存八千八百餘名、號曰韻府羣玉、由是而古韻淪胥
以亡、自前明三山陳第、譔毛詩古音考四卷、屈宋古
音義三卷、爰始講求元聲、開闢戶牖、至　國朝顧炎
武江永戴震段玉裁諸君、因是推衍、漸詣精密、夫以
雅正俗、則正之以許書、以古正今、則正之以經韻、方
音自異、古語雖遙、字體從同、原無二本、聖言所箸、理
可交推、述定聲、

轉注

小學之綱有三、曰形體、曰音聲、曰訓詁、周官保氏、以六書敎國子、象形指事會意者、形體之事也、諧聲者、音聲之事也、轉注者、訓詁之事也、知斯三者、而後知叚借、叚借者、亦訓詁之事、而實音聲之事也、惟轉注一法、言人人殊、許叔重說文解字敘曰、建類一首、同意相受、考老是也、孫愐切韻云考字左回、老字右轉、戴仲達六書故周伯琦六書正譌、別舉側山爲阜反人爲巳之類當之、徐楚金則就考字傳會、謂祖考之考、古銘識通用丂、于丂之本訓轉其義、而加老注明之、犬走爲猋、爾雅扶搖謂之猋、于猋之本訓轉其義、飈則加風注明之、鄭夾漈通志略、又妄分建類主義、建類主聲、互體別聲、互體別義四事、楊桓六書統則謂三體已上、展轉附注、此皆以形體言轉注者也、

國朝戴東原始發互訓之恉、其言曰、轉相爲注、猶互相爲訓、老注考、考注老、爾雅釋詁、有多至四十字共

一義者、卽轉注之法、故一字具數用者、曰叚借、數字共一用者、曰轉注、而吾鄉江叔澐曰、轉注統于意轉注者、轉其意也、如挹彼注茲之注、故立老字爲部首、卽所謂建類一首、考與老同意、故受老字而从老省、考之外者耋壽耇之類皆是、說文解字一書、分部五百四十、卽建類也、始一終亥、卽一首也、云凡某之屬皆从某、卽同意相受也、凡合兩字以成一誼者爲會意、取一意以槩數字者爲轉注、二君以訓詁解轉注、說有根據、可謂突過前人矣、竊嘗論之、謂考字左回、老字右轉者、考係形聲、老屬會意、釋涉今隸、紕繆顯然、謂側山爲阜、反人爲巳者、此指山人已成之形、爲阜巳續生之事、卽所謂指事象形者、因形而製字、指事者、因字而生形也、謂丂字加老、猋字加風、是以形聲中聲義隔者爲諧聲、聲義近者爲轉注、穿鑿之弊、必至有如王荆公字說者、至若妄分建類互體四門、以考老履屨等字爲建類主義、以鳳凰燿耀等字爲

建類主聲、以啼啻唯售等字爲互體別聲、以猶猷愚偶等字爲互體別義、既無條理、且多俗字、舛繆尨襍、直以此事爲兒戲矣、謂三體以上、展轉附注、三體四體、不過數字、悉屬會意、或兼諧聲、淺陋之談、不足置辯、大抵言形體者、綱領既乖、彊設條目、所謂差之毫釐、謬以千里者也、惟互訓之說、於六事剖判分明、然亦有未盡然者、夫六書皆以立敎也、保氏於國子、既敎以會意之老、則考之訓焯然知之、既敎以形聲之

考、則老之訓亦焯然知之、而復合考老、以重申疊究、不已贅乎、況創傷也、傷創也、裼但也、但裼也之類、同。意相受矣、不可謂建類一首、而考仲子宮、老實不足以盡考、楚師老矣、考亦不足以代老、又何說也、且謂爾雅皆轉注、則亦混于叚借、何以言之、初哉首基、哉者言之閒也、不得轉注爲始、始則才之叚借也、錫畀予貺、錫者鈏也、不得轉注爲賜、賜卽賜之叚借也、爾雅注彡章、許書注文字、注彡章、則哉生明錫土姓、可

曰始曰賜、注文字、則哉爲詞、錫爲金、不得曰始曰賜、體用之閒、致不侔矣、吾所謂未盡然者此也、竊以轉注者、卽一字而推廣其意、非合數字而雷同其訓、許君自敘考老之恉、惟江氏分部之說得之、許不曰老孝、而曰考老者、部末孝字、子亦會意、意不專受於老也、雖然、轉注一法、許實誤解、正有不必爲前賢諱者、許書所謂同意相受、惟老履丄疒㝱數部耳、他如木部有植物、有器物、水部有地事、有人事、日部有日星之

日、有日時之日、尸部有橫人之尸、有屋宇之尸、首雖一、而意不同焉、不特此也、保氏果以是立敎、則凡形聲之字、皆即轉注之字、六書何以條分、余故曰、轉注者、體不改造、引意相受、令長是也、叚借者、本無其意依聲託字、朋來是也、凡一意之貫注、因其可通而通之爲轉注、一聲之近似、非其所有而有之爲叚借、就本字本訓、而因以展轉引申爲他訓者、曰轉注、無展轉引申、而別有本字本訓可指名者、曰叚借、依形作

字、觀其體而申其義者、轉注也、連綴成文、讀其音而知其意者、叚借也、叚借不易聲而役異形之字、可以悟古人之音語、轉注不易字而有無形之字、可以省後世之俗書、叚借數字供一字之用、而必有本字、轉注一字具數字之用、而不煩造字、轉者旋也、如發軔之後、愈轉而愈遠、轉者還也、如軌轍之一、雖轉而同歸、試卽以考譬之、胡考之休、爲本訓、老也、考槃在澗、爲轉注、成也、弗鼓弗考、爲叚借、敂也、敂者攷字之訓、也、又試以令譬之、自公令之、爲本訓、命也、秦郎中令、爲轉注、官也、令聞令望、爲叚借、善也、善者靈字之訓、實良字之訓也、轉注無他字而卽在本字、故轉注居叚借之前、叚借有本字而偶用別字、故叚借附六書之末、若此、則訓詁之法備、六書之誼全、保氏之敎、箸雖起北海南閣諸大師、質之、應亦不易斯言、事比當仁、理惟求是、故不避專輒、而箸其說云、

叚借

說文解字、發明象形指事會意形聲四書、而轉注叚借二者、則略而不備、言轉注、若革朋來韋能州西七字、言叚借、若屮疋詖毄㞐叜哥㝵縣完罪倂臭洒姚鎬十六字、又引經史及或說、若玎𥇂等五十餘字、箸者如斯而已、夫叚借之原三、有後有正字先無正字之叚借、如爰古爲車轅、洒古爲灑埽、有本有正字偶書他字之叚借、如古以堲爲疾、古以莫爲蓺、有承用已久、習訛不改、廢其正字、嫥用別字之叚借、如用草爲艸、用容爲頌也、叚借之例四、有同音者、如德之爲悳、服之爲𠬝、有疊韻者、如冰之爲掤、馮之爲淜、有雙聲者、如利之爲賴、答之爲對、有合音者、如茺蔚爲蓷、蒺藜爲茨也、叚借之用八、有同聲通寫字、如气質槩書氣廩、動埩乃作靜妝、仁誼通用威義、將衛總爲紛帥、今　國書凡同聲字統爲一體、作書時依其文義、而顚到上下之知爲某字某意、卽其理也、別有託名

幖識字、如戊癸取之戈兵、丣丣假于門戶、有單辭形況字、如卒爾原非畢綱、皤然豈是觚巾、有重言形況字、如朱朱狀夫雞聲、關關用爲鳥語、有疊韻連語、如窈窕無與心容、蒙戎非關艸寇、有雙聲連語、如易爻多說次且、書歌肇言叢脞、有助語之詞、如能爲可通走獸、於焉或託飛禽、有發聲之詞、如弟兄異乎君臣、爾汝同于乃若、此皆本無正文、依聲託事、誼不在形而在音、意不在字而在神、神似則字原不拘、音肖則

形可不論、故凡語詞習用之字、如者矣乎哉嗞諾吁否皆乃兮于乍各會毋尙知曰粵唯寧歟曷、多从言从口、从囟从欠、从丂从八、非是則皆叚借也、叚借之理、疊韻易知、雙聲難知、非博覽旁求、潛心精討、烏能觀其會通、與古人心心印合、如相告語乎、

凡例

一、六書形聲之字、十居其九、是編就許書五百四十部、舍形取聲、貫穿聯綴、離之爲一千一百三十七母、比之爲十八部、以箸文字聲音之原、以正六朝四聲之失、前哲江戴段孔、分部遞益、各有專書、今復參互加覈、不妄立異、亦不敢苟同、

一、是書於每字本訓外、列轉注叚借二事、各以□表識、補許書所未備、徵舉典籍、引端見緒、遺奪舛錯、

知所不免、釐整之善、以俟達人、

一、字有與本誼截然各別者、既無關於轉注、又難通以叚借、文字中才得百一、今列爲別義、亦以□識之、

一、訓詁之旨、與聲音同條共貫、共用爲勇、僃自狼瞫、咨親爲詢、釋于叔豹、射言繹、或言舍、禮經箸其文、刑爲侀、卽爲成、王制明其義、嘉祉殷富、子晉談姒姓之初、考神納賓、州鳩說姑洗之指、孫爲奔諱、公

羊之解經、散與漁同、孔子之序卦、楊名耗而魏名大、述之邛明、忠自中而信自身、陳于叔肸、石癸表吉入之訓、行父傳毀則之辭、究厥雅言、罔非古誼、孟堅通德、成國釋名、此其恉也、故凡經傳及古注之以聲爲訓者、必詳列各字之下、標曰聲訓、

一、古韻錄詩易以下、至先秦而止、其與今韻同者、閒亦從略、

一、古韻亦有方國時代之不同、輒或出入、如一東字

也、音轉如當、則叶壯部矣、音轉如丁、則叶鼎部矣、音轉如登、則叶升部矣、音轉如耽、則叶臨部矣、音轉如敦、則竝可叶屯部矣、即所謂雙聲、然其本音、自有一定、今命之曰轉音、以攷其異、而益審其同、

一、古人用韻、閒有在句中者、偶隨立文之便於歌誦時、重讀此字、其音自諧、且禮云一倡三歎、古樂歌詩、每一句四人歌之、曼聲閒作、自然成韻、不定在語末也、故左傳引大武、直以一句爲一章、今按之羣經、如詩漢廣喬游爲韻、蝃蝀父雨爲韻、杕杜心飲爲韻、東門之枌旦叶原、七月葽叶穋、車攻矢叶佽柴、巷伯豺叶謀、桑柔昊叶柔、劉憂四章西叶愍、辰瘏、思齊子叶德士、皇矣順叶君、兄叶王、方蕩王叶商、常武卿叶明、赫叶作、召旻歲潰萋此止爲韻、惟天之命德叶巳、楨豐叶邦、載芟主叶旅、古叶且、良耜、厥叶活、殷武息叶國福、易革傳文炳文蔚二文字韻、禮運以篤父子、父字韻、論語朽木二句朽

叶雕、土叶杇、禆諶二句、艸討爲韻、周語州鳩引諺衆心成城、衆口鑠金、心叶金、管子牧民、不明鬼神、則陋民不悟、神民爲韻、自來言韻學者、往往不得其恉、爲舉數事、以例其餘、

一、此書宗許爲主、誼若隱略、閒予發明、確有未安、乃參己意、

一、形聲字有同母而異讀者、如舟朝冐曼等、語言之轉、卽雙聲也、有同入而異平者、如豕豭叚擊等、本

爲同部、卽長言短言也、

一、說文重出之字、有宜刪者、如右吹壄歎吁愷閑敖否挐、凡十字、有不刪者、如𡬶變等二十六字、或古文之叚借、或形體之傳譌、存之以考古、

一、重文有移置者、如剬疣等、有分爲正篆者、如録而等、有正篆當爲重文者、如釭窻等、皆下其字一格爲識、

一、許書以小篆爲主、如紲蕢柩雲等、皆以古籀爲重

文、今以聲爲經、則不得不到置其字、又同字而各有所从者、如八儿首首頁等、許不得不分、今不得不幷、

一、字本相承會意、如宋秀等、今輒以鄙見定爲形聲、附係各母之末、

一、字有不見正篆見于說解及自敘中者、有有偏旁無正篆者、有見于說文小徐本者、有見于他書注所引說文者、今悉加攷覈、有補有附、附者見于注

中、補者書以大字、

一、大徐補附俗三類字四百五十、又見于經史、凡魏晉以前注有音讀者、皆訂附焉、

一、字有見于方言廣雅及子史傳記、而無可附麗者、於每部後別箋存之、以俟考、

一、凡山水國邑及姓氏之類、皆託其字爲表識、無關本誼、故注亦不詳、

一、平水一百六韻、旁書每字之上、以存今、今韻未收

者、訂以廣韻集韻、而分隸之、

一、古人音讀、祇爲譬況之語、如某讀若某、或讀如某某之某、聲惟一、原讀無二致、今止錄說文所箸、凡漢魏後諸儒反語、概置不錄、惟部首字姑存、

一、聲母一千一百三十七部、內不爲子、亦不爲母者、二百五十四部、實得聲母八百八十三部、

一、通部文字九千五百七名、旁注五千八百八十九字、附存一千八百四十四字、都凡一萬七千二百

四十文字、

聲母千文

許氏說文解字有正篆、有重文、凡萬五百一十六名、形聲居十九、其象形指事會意三書爲聲母者、才十之一、今略依條理、卡次其母、倣梁周興嗣體、集爲四言、命曰聲母千文、

一人首出、爲天下君、登三咸五、千世同文、匚古伏氏、

隶乎公孫、臣倉覽筆、畫日圖雲、周才孔思、启辟戶門、

畢肰詹仰、夐莫與侖、粵予小子、弇西冡昏、㚔熏先惪、

敢步後塵、大員規合、臭气壹壺、兼勹九帀、眾共北辰、

雷雨解甲、歲月開寅、不息則久、昰用生民、父母妻妾、

仲季弟罤、師友以外、品庶緜國、士農工族、各敬司存、

配匹壼閑、刀匕執爨、箕帚龔埽、㕞巾臼盥、東西畺里、

州邑山川、乂安區夏、建牧設官、匔宰丞相、廷尉平反、

爵尊朁襄、坐異班聯、贊毀皆系、悉戒容姦、爪衡内牖、

退食委蛇、卸菑綏患、亟苟忘罷、奭望鬲尹、岳皋棄离、

定功肩勞、肱吕夾弼、封圭報庸、侯男甫讀爲黼、敿吳亭

畢原、茁兗弗絕、皇彝丹冊、敫若杲晶、易敎至晉、元亨

利貞、六爻位立、四舁象幷、䪞頻履視、比顯升冥、坤順

离麗、艮奠兌盜、止索煩冤、斷自二典、明居帚禾、暴秦
殺椒、禹肖囧牙、晉頤辟竄、夾盜匿壬、于今能辨、舄巢
殷武、素王手刪、易沙句杳、羅競辭懸、黃竹早逸、白水
未全、叀家㚣討、齊歨及㫃讀爲韓、毛尤隽卓、濬如淵泉、
疋亡史繼、字表衮戉、左𠭥叡突、赤高差劣、楚申好善、
宋戌䀠兵、尗向秉直、旻嬰省刑、禮志曲臺、虍幽充庫、
葬祭冠婚、室几鼎俎、肅㬎告虔、承簋㬰讀爲稷、黍、帶褻
褎弁、豆登豐𢍰、卮舟上仰、壺鼻右頪、馭逐禽鑾、臬取

尺午、凡此法萬、釆𦨆𥂕寡、樂象革鼓、石磬弜琴、吹角
引羽、徹幽頊心、后夔昔命、毋虐罔壬、黃孚讀爲桴、瓦缶、
末埶玄音、戛戟矛盾、朱干彤弓、奴殺華刃、口舌與戎、
示兆抑危、揣器則凶、止戈无咎、爭鬥辱躬、叚田力嗇、
く巜匀𥄎、冋林遾衍、麻朮來牟、甾囷米稟、臼臿舂舀、
香宁鬱鬯、色別酎酉、巫覡祝宗、占卟卜筭、叏祟暴㡿、
黽長筮短、豕矢般斷、炎艸妃蘭、誘射昌衞、知醫俞扁、
烏曹作博、兒寮弄丸、奔奏奴卒、須眉丈夫、舍敚討巨、

審終春初、義豐率道、信㚇乘車、憲貧辟粟、由豢從軍、
回仁克己、參孝守身、犀耑本業、再弋多聞、屮卉叢莽、
马毛丰屯、娩絲玉女、土鹵少辛、中道縣馬、黑丑彖令、
仙鷹飤薦、蜀鼠甘堇、包讀爲庖、曾疌扇、束具芻焚、攀彎
妥朶、芟丰加斤、韭𣏟瓜㼌、可付夕飧、嘉匠攸需、冓采
谷木、牛棘猷桑、析㽞斬鑿、氏𠂹亞乂、卑斯禿業、𡗗攴
分卪、果實算枚、㒼兮要棗、卣介妥某、夭喬無阜、飛走
盈方、禺嬰虎兕、豚希莧羊、爪鼠突戾、侵弱敗弜、見兔

求犬、䇂鹿㝵章、讀爲麞、桀尨吠堯、旅敖讀爲獒、會京猒非
㲋寇、鳥或朋鳴、意而燕乚、吉了商庚、号寒盍旦、旋目
交青、讀爲精、翟衣隺佩、雀炙梟羹、鷙甚隼爽、讀爲鷞、對乃
夗央、雔竦疊參、亼臬弄亢、隹翏丮霍、巂曳連行、戕彝
讀爲鱗、穴丙、科斗尾丁、雙𦐈葉昜、甜美亙曹、冬囪朮井、
舂陟負仌、耿黽介貝、蟲魚之閒、蚩眾蝕豸、孑孓偰肙、
蠆朿函毒、蠅乳亂棥、汓延入耳、伊威婦𥻅、讀爲蟠、染皋
貶罰、隉兀羈囚、尻困折足、閉臥獄牢、宂嚚幻竟、去脊

處肥、乍看赫䂤、奄冄劫灰、筋骨血肉、㥛疢就衰、老彭宦刍、讀爲隱、芝顯荓幾、八徵兩集、七閏廿改、卯冒酉孰、壬森巳亖、盭孕彗孛、朏丂朔旬、帝戊帥政、癸乙說因、郵廛戌役、畜制夷羌、僉欵塞龠、企我國光、十百矗葡、寸火且熒、䙴从幼習、必也正名、休乖亥豕、又朿巤巤、秀惠其質、益保瘢眞、屋屚恒畏、笑貌勿佞、畐录喜慶、永流昂昆、

說文六書爻列參用鉉鍇二本、

指事敘曰、視而可識、察而見意、上下是也、

一上下示三王丨小八尒干羊十工丂丶入冂厶丿乀厂乁乚匸二四五六七九丆襾土以上三十四文、

象形兼指事

中正屯才毛齊韭刃叉夊兀夫立耴巿𠂇不至豕犮馬馬馬且血甘㞢本末朱未𡴘冃月尺尾毋民父尹寸𡆧旦𢆶繼丑戌歨夕片非凡亞𣥂乏亍兆爪厈幻

昂幵市㔾旡㬵𠀡辰𠫓以上六十九文、

會意兼指事

世莽𦉼半真亚或乍亟恆亘畺邑司抑九以上一十六字、

形聲兼指事

朿卑氐㐆音宊以上六字、

右指事列、一百二十五文字、

象形敘曰、畫成其物、隨體詰詘、日月是也、

玉气屮釆牛凵止彳牙冊丩丵業臼要革鬲䰜爪丮

冂叉叉叉𣥂臣乚卜爻目盾自羽隹𦫳羊鳥烏舄焉
𦰩畢冓幺予冎肉刀丰角竹丌乃豆虍皿凵主丹井
亼缶矢高亯來夊弟夂久桀出乘冂回壺貝㫃日月
冏毌马𠧪鼎克彔米臼凶朩耑瓜宀呂疒冂网人七
衣毛尸舟方儿兒先兂欠頁百丏首彡弱文卩勹甶
山广石勿冄而豕㣇彑豸兕昜象馬廌鹿昆兔莧犬
鼠火囪大亦夾夨夭交尣壺壹亢介囟巤心水く巜
川泉永仌雨云魚燕飛乙西戶門耳𦣝手𠂹女毋弋

也戈亅乚珡匚曲甾瓦弓引弜系率虫蟲蜀它龜黽
卵田力幵勺几斤斗矛車𠂤阜厽宁叕亞禸萬禹嘼
禼嘼甲乙丁戊己巴庚壬癸子了孑孒卯巳㠯午未
酉亥以上二百四十二文、

形聲兼象形

齒朱函㲋氏以上五字、

會意兼象形

番牟牢登足疋器谷丙只𦥑爨爲厷夬㕛𦘒畫㸚睂

𠷎芈羌𡅅胃肩㕞闕𥫅箕巨巫曰𡆧兮乎于鼓豊豐
虞虎虒𥁐皀鬯爵舍倉京亯富亩㚇夏夔夒木果朵
樂梟巢桼㕚束禾秝朮耑帶市㡀黹𡿺衰裘考履兌
皃兜兜面后巵戹磬彖灸𠩺駁淵靁霝鹵開愚按、閉弢
蠱𠹌鏗𦥑升𦘠申以上一百五字、

會意形聲兼象形

旁巂巢穴身能龍蠲愚按、形聲、金禽㚔𦦖以上一十二字、

右象形列、三百六十四文字、

會意敘曰、比類合誼、以見指撝、武信是也、

元天愚按、象形指事、祭祝𥘅愚按、象形、閏皇瑞玨班斑士毒熏屮
蔛蒐愚按、形聲、葳苗蕾芰若菡斯卉𦱤莫分詹愚按、形聲、介公
公宷悉半犛告吹名君令咠启咸吉周啇各吠唬局
谷吅𡌥走㞻𣦼㱿登步此是𣥐辵送連逐遷道愚按、形聲、
退後御建延行衙衛品喿龠扁㗊囂舌𠯑商約古丈
廿卅啇信䚬愚按、形聲、計設䜌誰討𧬈詩善競章竟辛妾
叢愚按、對僕𠬞丞奐弇弄戒兵具共異舁與興與𦥯𨐌龔

𠬝𢝊圛愚按、形聲、閔右𡘮燮愚按、形聲、㕞及秉𠬪𠬢愚按、象形、叜
取叚闕、友𠬸愚按、象形、史支𦘒肅筆聿書𦘔㕜𣪊𣪘役㐱
𡿺徹攸敗寇𢼄牧教愚按、形聲、卜占貞用庸𤰈棥爻爽㚇
夐𡕥𥥍眔愚按、形聲、相睹看睡愚按、形聲、𥃩明𥄎省𦣻皆𣉻百
愚按、形聲、鼻𦣻習愚按、形聲、翟翏𦐖隻雀瞿雋奞奪奮雈蒦𣏟
愚按、形聲、芇闕、𦫳曹蔑愚按、形聲、美羴羼愚按、形聲、矍雔靃雙雥集
鳴冓冓再爯幺𢆶幽幾叀愚按、象形、惠玄兹敫敫𠬪爰𤔔
爭𤔲奴𣦼𣦸愚按、形聲、叡𣦵死別骨肘肖𦙍愚按、形聲、胞肰肓

肥筋利初則刪剖制耶三字愚按、形聲、罰劊㓞耒觧解等愚按
形聲、竺篤愚按、形聲、箅算典䇗奠左𢀩愚按、形聲、𢏚巽覡甜猒甚
沓曹𣅀奇愚按、形聲、哥号號粤平喜壴封梪䰍𧮫虐虖𧇤
贙醯益盈盅盥形青鬱食飤飧合僉侖今會内𠓝糴
全从𠂔矦知𠂤央隺就𦎧𩫖厚愚按、形聲、𣞤啚嗇麥愚按、形聲、
致夋闕、夒夏舛𦮽夅夂桀乘某闕、枚桀闕、愚按、夭卬幵、形聲、杲
沓臬愚按、形聲、采休東棘闕、林𣝣森桑㞷師賣索孛生甡
䔢㽕甹東柬刺圖國困因愚按、象形、囚囚困圂貨贊負贅

貭闕、買貶愚按、形聲、䝨邑郵𨙨闕、𨛜巷早晉𣊻昏㫚昌㬎
㬥昆普旋愚按、形聲、旅族晶愚按、象形、疊𣅀盥愚按、形聲、夗外夙多
𡨄𢎘𣐺粟棗棘牖𥝌秦科秝兼黍香𣪘春臿舀臽兒
林𣏟麻𠩺向奥𥁰安實容宄宧宰守寡寒宋愚按、形聲、宗
躳𥥍穿𥥛竄𡨄𤸎𤻣同冢最㒳闕、𦥷羅罷詈羈帚白
愚按、象形指事、𠂤晶仁佩伊位付仰侵便㑊𠊳伏伐咎弔㐺
件早頃卬卓艮从并比北从眾𡈼徵朢全臥𨾴殷表
襄老孝毳居愚按、形聲、屍𡲡屋屎俞𠚍愚按、形聲、般兄兢兟先

𥅤禿見𡮂覞𧢨次羡盜𩕢顥煩頪頁𦣞愚按、形聲、𩑶縣須
㐱愚按、形聲、彡彭令卸𠨰印色卯辟𠤷匊勹旬勽包胞苟
敬鬼愚按、形聲、鬽畏禺羑嵒𡿪屾庫𢉩庶𡰣仄𠂋𡴍闕、危
𠪚𠩺磊易耏𧆨豪二字愚按、形聲、豕𧰼彖𧰽薦灋麀麤塵毚
逸冤娩毚尨狊猎戾臭猋㹜獄㚇灰尉熏㷍炊炅威
愚按、形聲、炎燅燮粦愚按、形聲、黑焱熒燊炙赤赫夾奄契夷吳
喬奢夲睪圉盩報夲暴奏皋夰臭奰規扶竦竢竝意
恵恵字愚按、形聲、慶思忍愚按、𢛆愚按、形聲、惢衍沙汓砅㳅染灡㳄

流涉頻侃州灥原厵覛谷濬冰扁霏鱻魚龖孔愚按、象形、
乳臺臸扇扉閒閑兩閃闖聅聑聶摯承愚按、形聲、投脊
妻婦威愚按、奴愚按、形聲、好委如愚按、形聲、妟嬰愚按、形聲、佞婁妓姦
𢦏乂弗𠨒闕、戎戟戛戍戔武戠闕、愚按、形聲、𢦔我義二字愚按
形聲、直亾匃區匽医匹匠弜弼盭孫緜繭愚按、會意、形聲、絕𢇍
愚按、形聲、緐愚按、綏素絲轡蛛蠱蟲蠅黽愚按、形聲、凡坤愚按、形聲、埽
坐封圣圭垚堯堇里畜畕男劣勞加劫劦恊勰協銜
与凭愚按、形聲、凥処俎釿斷所料軍軵輦斬轟官陟隉胄

𨺅𨻹闕、嘼愚按、形聲、獸亂丙愚按、巹𢀳愚按、形聲、辛辠辤辭辡辯
孕𡥅二字愚按、形聲、字孨孱孴寅辰辱臾曳愚按、酎愚按、形聲、醫茜
醬醻二字闕、酋尊以上八百三十字、

形聲兼會意

吏禮祏祫禬社祟琥瓏瑁珥碧玲於芬芝薄苷蕅葉
蕛愚按、从艸禾、萍愚按、从水艸、莽曾必胖牭犓犀右單喪歸是
辵返遷遯𢓜齔齨䶧踦路𨑨延二字愚按、从延聲、嗣拘笱鉤蒟
博詔讋誼諰訥訒業奉樊晨釁鞣鞏叡緊堅豎杸[illegible]

整政潄攺斂敭𢿍二字愚按、形聲、𢿋鼓𢼸數甫愚按、形聲、爾𨔵瞑
眇齅奭雔雝雁蒦瞿鴈舒𢍏殯腥剝劃劑刺衡簋筑
箕愚按、形聲、迺曹甹可吁憙愷盧盍盡音阱刑饗餽會市
歁柵柈料杓梁枰標杼櫂秇積稽貧鄙晛旋冥朙貫
虜東棘臬竊𥨍室定寶害窅窺寢冠冣冒兩羉飾愚按、
飤聲、敝黺保仕佼仲倚傾伍什佰敚倌儗係像僊化從
衵襦製袮眉屆屍覽覓款愚按、形聲、歒歎歔吹顯頪醜醮
𢒫彰𩔰𠵓詞匈三字愚按、形聲、屵長愚按、象形、會意、指事、馭騛駮駟駇

猎类煤焚𤆍悤絞𡯂尳尷壹執籍旋𣀨界臭昦臩奘
息憲愚按、會意、懿慈愚懝忘三字愚按、形聲、濍愾患恇三字愚按、形聲、汭
泬洸涅深派洐決泂漫渺涇灑汲𣳯泰泮萍巠邕冬
漁否閨閹闠聽插挻授擧拳姓娶婚姻妊二字愚按、形聲、嬨
娣婢愚按、形聲、媄嫋媛奸柩絑緉彝螟蟦蝕颸鼂五字愚按、形聲、
坪均壘城塞堲功勸飭愚按、飤聲、斲釦鏨鈴錄料軓衛轚
陸陷隕阬陳陘隙隊絫垒𡩠綴季疑疏𦙫羞酒酣醉
愚按、形聲、醬醢以上三百三十七字、

右會意列一千一百六十七字、

形聲　敘曰、以事爲名、取譬相成、江河是也、

丕至醇　八千五十七字、內兼指事者六字、兼象形者五字、兼象形會意者十二字、兼會意者三百三十七字、

右形聲列七千六百九十七字、

轉注　敘曰、建類一首、同意相受、考老是也、愚按考老者、謂考字从老省、與上下日月武信令長平列字不同、但如許說則形者轉注聲者諧聲、形聲之字、皆卽轉注之字、叚如一部丕字、爲轉注乎、爲形聲乎、抑兩屬無定偁乎、余謂造書時、先有象形、後有指事謂之文、復取象形指事、合而成書、謂之字而猶不足於用也、乃又取象形指事會意三書之聲以配形、錯綜參伍、互相爲用、亦成一書、造字之法備矣、蔑以加矣、而所以用此四書者、更有轉注以通意之窮、叚借以究聲之變、而文字之用、乃綽然而有餘故合之爲六、轉者轉移、遷徙之謂、注者挹彼注茲之謂、許君當曰、轉注者、體不改造引意相受、令長是也、今舉許注華朋來韋能州西七字、以爲轉注之式、

華　獸皮治去其毛、革更之、　朋　鳳飛、羣鳥從以萬數、故以爲朋黨字、　來　天所來也、故爲行來之來、

韋　相背、故借以爲皮韋、　能　獸皮之韋、可以束枉戾、能獸堅中、故稱賢能而彊壯稱能傑也、　州　昔堯遭洪水、民居水中高土、故曰九州、　西　日在西方而鳥棲、故因以爲東西之西、○按此七字、

許意皆以爲叚借、愚謂韋州西三字、正六書之轉注也、餘四字乃叚借、而非許之所謂叚借、華爲改更之雙聲、故借爲更改字、朋爲倗、來爲麥、能爲態、則同音之叚借、皆別有正字可指名者、

右轉注列七字

叚借　敘曰、本無其字、依聲託事、令長是也、愚按漢書百官表、萬戶以上爲令、萬戶以下爲長、續漢志、每縣邑道、大者置令一人、千石、其次置長、四百石、小者置長、三百石、侯國之相、秩次亦如之、應劭云、三邊武帝所開、縣戶數百、而或爲令、荆陽江南七郡、惟臨湘南昌吳三令耳、及南陽穰中、土沃民稠、四五萬戶而爲長、桓帝時、以江南陽安爲女公主邑、改號爲令、主薨、仍復其故、改西漢令長見于紀傳者甚少、後漢書則數數見矣、夫令者、發號也、鶡冠子云、令也者、出制者也、長者、高遠也、易繫詞、爲長爲高、周禮太宰、長以貴得民、則令長正是六書之轉注、許君當曰、叚借者、本無其意、依聲託字、朋來是也、今舉許君言叚借者三類、備列于左、

華朋來韋能州西　此七字見前轉注、許則皆以爲叚借、

璪　虞書、璪火粉米、按借爲藻也、　玎　齊太公子伋、謚曰玎公、借爲丁也、　中　古文或以爲艸字、

蔽　周禮曰、轂雖敝不蔽、借爲槁也、　芼　詩曰、左右芼之、借爲現也、　⿰牛京　春秋傳曰、牻⿰牛京、借爲琼也、　牿　周書曰、今惟淫舍牿牛馬、借爲梏也、　嚾　春秋傳曰、嚾言、按今左傳作覆、皆借爲讙也、　迋　春秋傳曰、子無我迋、借爲恇也、　逑　又曰、怨匹曰逑、借爲仇也、　徥　爾雅曰、徥則也、借爲是也、　疋　古文以爲詩大

雅字、此借爲譖、又云、亦以爲足字、此形近、又云、或曰胥字、此借爲胥、又云、一曰疋記也、亦借爲譖、詖古文以爲頗字、借爲頗也、源孟子曰、故源源而來、重言形況字也、詻傳曰、詻詻孔子容、重言形況字、譣周書曰、勿以譣人、借爲憸也、詷周書曰、在后之詷、借爲僮也、譸周書曰、無或譸張爲幻、譸張、雙聲連語也、誒一曰誒然、借爲唉也、又云、春秋傳曰、誒誒出出、重言形況字、或借爲熹也、𧇡杜林以爲騏驎字、鞄周禮曰、柔皮之工鮑氏、鞄卽鮑也、按此許君說叚借冣明者、𡳿詩云、𡳿兮達兮、雙聲連語、臤古文以爲賢字、𣪠古文投如此、敀周書曰、常敀常任、借爲伯、敤舜女弟名敤首、按借爲顆也、𢿱周書以爲討、眊虞書耄字从此、按謂借眊謂耄、矉詩曰、國步斯矉、借爲顰也、暥詩曰、暥婉之求、疊韻連語、𡲬古文以爲靦字、莧周書曰、布重莧席、按借爲篾也、糞官溥說、似米而非米者矢字、矢借爲菌也、爰籒文以爲車轅字、丂古文以爲于字、形近、又云、又以爲巧字、哥古文以爲謌字、雘周書曰、惟其敷丹雘、謂借敷爲涂、實爲杇也、既論語曰、不使勝食既、借爲气也、飫詩曰、飲酒之飫、借爲饇也、覃詩曰、實覃實吁、借爲延也、槮詩曰、槮差荇菜、謂雙聲連語、枯夏書曰、惟箘輅枯、木名也、謂借爲楛也、構杜林以爲椽桷之字、索杜林說、朩亦朱市字、形近、𠬝杜林說、以爲貶損之貶、晤詩曰、晤辟有摽、謂借爲寤也、㬎古文以爲顯字、按謂以顯爲㬎也、𣃨古文旅、古文以爲魯衛之魯、鼎古文以貞爲鼎、籒文以鼎爲貞、䵒春秋傳曰、不義不䵒、謂借䵒爲暱也、徐鍇不知許明叚借之誼、故曰當言讀若、少兩字、他處如此者甚多、而鍇又不注、完古文以爲寬字、罪秦以罪爲辠字、𪓐詩曰、衣裳𪓐𪓐、重言形況字、伉論語曰、陳伉、借爲亢、故字

子禽、傀周禮曰、大傀異災、借爲怪、僝虞書曰、方鳩僝功也、按方鳩借爲旁逑、辵部所引是正字、倭詩曰、周道倭遲也、謂疊韻連語、侗詩曰、神罔時侗、借爲恫、僤周禮曰、句兵欲無僤、借爲彈、儀明堂月令曰、數將儀終、借爲幾也、假虞書曰、假于上下、借爲徦也、侊逸周書曰、以侊伯父、借爲恩也、僢古文以爲訓字、佃春秋傳曰、乘中佃、借爲甸、實爲乘也、伎詩曰、鞫人伎忒、借爲忮、傳詩曰、傳沓背憎、借爲噂、歧詩曰、歧彼織女、借爲企、褘周禮曰、王后之服褘衣、借爲翬也、袉論語曰、朝服袉紳、借爲拕、袲春秋傳曰、公會齊侯于袲、此託名幖識字、璊詩曰、毳衣如璊、借爲璊也、覞爾雅、覞䙲弗離、此雙聲連語、㾓春秋國語曰、俠溝而㾓我、按借爲修也、豷春秋傳曰、生敖及豷、此託名幖識字、取于物爲假也、緜虞書曰、緜類于上帝、借爲肆、馼春秋傳曰、馼馬百駟、畫馬也、借爲彣、此亦言叚借冣明晣、驙易曰、乘馬驙如、此單詞形況字、狟周書曰、尚狟狟、重言形況字、炪商書曰、予亦炪謀、讀若巧拙之拙、熯詩曰、我孔熯矣、借爲戁、𩦺易曰、再三𩦺、借爲嬻、臭古文以爲澤字、𡗥或曰拳勇字、借爲拳、忼一曰、易忼龍有悔、借爲亢、憖春秋傳曰、昊天不憖、此引不憖遺一老之文、蓋發聲之詞、又曰、兩君之士皆未憖、據杜注借爲齾、悈司馬法曰、有虞氏悈于中國、借爲誡、怞詩曰、憂心且怞、借爲妯、懽爾雅曰、懽懽愮愮憂也、重言形況字、此亦許言叚借冣明晣者、悆周書曰、有疾不悆、悆、憙也、借爲娛、或爲偶、忨春秋傳曰、忨歲而愒日、借爲翫、汙古文或以汙爲沒字、泐周禮曰、石有時而泐、借爲阞、涒爾雅曰、太歲在申曰涒灘、此託名幖識字、洒滌也、古文以爲洒埽字、按借爲灑、耽詩曰、女之耽兮、借爲媅、玫商書曰、無有作玫、借爲好、嬛春秋

傳曰、嬛嬛在疚、此重言形况字、斐詩曰屢舞斐斐、重言形况字、媄詩曰桃之媄媄、女子笑皃重言形况字、嬒詩曰碩大且嬒、借爲儼字也、嬒詩曰蔚兮嬒兮、此疊韵連語、緢周書曰惟緢有稽、借爲貌、坺詩云、武王載坺、借爲旆、塈虞書曰、龍、朕塈讒說殄行、借爲嫉、⿰目差詩曰、天方薦⿰目差、借爲瘥、鏜詩曰、擊鼓其鏜、借爲鼟、丄古文又以爲几字、𠫓易曰、突如其來如、𠫓卽易突字、此亦說叚借叚箸者、○云故以爲借以爲因以爲者七字、云古文以爲者二十五字、又引經者八十三字、

右叚借列一百一十五字

說文通訓定聲　卌

後敘

說文解字形書也、說文定聲聲書也、說文解字象形指事會意形聲之書也、說文通訓轉注叚借之書也、說文解字知者刱物、小學之元始也、說文通訓定聲巧者述之、小學之大成也、讀者求一字、當先取玉篇廣韻字典閱之、而知此書之異、竟一字、當復取經史諸子元文覈之、而知此書之同、異者其謹嚴、同者其會通也、此書固後學之津逮、而實先生之緒餘也、先生于學無不窺、七百八十三座之星、能指而名之、九章之術、能推而衍之、十經之義、則淹而通之、三史十子騷選、皆孰而誦之、其發爲辭章也、詩古文詞、早歲卽主盟壇坫、而又深自韜晦、履蹈粹如、不假蹇而驕、不拘墟而囿、敦厚和平之意、盎然溢于言色、故所譔箸、實事必求其是、平議務要於中、非猶夫人之一得自足、詡詡焉表暴之不遑者、此書固鄧林之條枝、而寶元圃之積玉也、先生稟承家學、穎悟過人、嘉慶辛

說文通訓定聲　後敘　卌一

酉年十四冠郡試壬戌補博士弟子嘉定錢竹汀宮詹重游泮宮一見奇其才曰吾衣鉢之傳將在子矣引之几席三年語必以上期于通材大儒先生每以生晚不獲久侍爲憾然淵原所自實已取之左右而皆逢惟以先生之才之學迄未得一甲第知者惜之所箸有六十四卦經解八卷尚書古注便讀四卷詩傳箋補十二卷儀禮經注一隅二卷夏小正補傳二卷大戴禮記校正二卷論孟塙解二卷懸解四卷經史答問二十六卷天算瑣記四卷數度衍約四卷戰國策評四卷離騷補注一卷淮南書校正六卷說解商十卷小學識餘四卷說叢十二卷白描詩録二卷又手自删存古今體詩五百首賦二十首古文五十首詩餘二百首時文百首帖體詩百首藏諸笥將卒請于先生次弟梓而行之以惠後之學者此書則其嚆矢矣道光戊申仲夏受業黟縣朱鏡蓉謹跋

按是書之作爲許氏功臣惟轉注一事疑於訾謷

叔重犯天下之不韙余嘗反復問難而知其說之終不可易也彼以形體言轉注之誤不待辨矣戴氏互訓一說泥于考老之文然許何不舉弟一篇之蕾蒚蓨苗而反舉弟八篇之考老不可解一也互訓之字凡三百八十而如善吉謹慎警戒誠敕竢待嬾饕猒飽更改駢近遠及赦置窒穿飾㕞徵召棄捐慙媿恥辱並併內入寄託束縛滅損欒括擣築明照底下檜歫躬身頭首立侸逃亡嘑號問訊儇慧技巧歌詠完全斷截刎傷殺戮珍寶甘美邦國傳遽種埶耕犂坡阪繪帛但裼童裹饉齋欬爨涫灊灤弋橜札牒牴觸豕彘蝗螽鴡雖雕鷻之屬皆非同部不得概云建類一首不可解二也保氏以六書教國子互訓具于各訓既不待教亦不必教不可解三也合此三者而知互訓非許意也江氏分部一說合於建類之恉然建類五百四十之外八千八百一十三字悉屬轉注且建首之字尚

亦多有轉注是轉注居六書二十分之十九疑其太嘖不可解一也六書見于周官則轉注自更前于周官敘所云分別部居不相襍廁者許君既述而非作不宜據爲已誤不可解二也考字本形聲江河亦轉注是凡形聲之字皆卽轉注之字六書不幾溷淆無別乎不可解三也且老履數部外如一部之吏且部之𩌨日部之暱朁尸部之屛屋實難言同意相受不可解四也合此四者而知分部

雖許意後儒當爲諍友不當爲媚子也許君來注天所來也故爲行來之來西注日在西方而鳥棲故因以爲東西之西此正顯然轉注故據以訂正顏淵曰舜何人也予何人也有爲者亦若是先生無事不虛以受人獨此自信之深不搖于庸衆之虛喝蓋欲爲六書規其全遂不暇爲許君護其短苦心孤詣讀者諒之昔楊子雲擬經劉歆譏覆瓿而桓譚獨知其必傳余于此書亦云鏡蓉附識

跋

傳云太上有立德其次有立功其次有立言士不得志於時不獲以功業顯而身名終不泯泯焉與庸衆同盡則惟立言之由箸書其一端也雖然箸書殆難言矣古人所箸有必傳者有必不傳者有可傳而不必傳者必傳者如日月之經天江河之行地焉必不傳者如五六月之雨溝澮之集焉可傳而不必傳者浩浩乎其如煙海而或傳或不傳若各有天幸焉此

而蘄書之必傳道在剏爾雅之爲經史記之爲史老莊之爲子公穀之爲傳荀屈之爲賦皆前無古人者也有似因而實剏者許氏之爲說文解字亦前無古人者也先生生古人後十歲卽能爲時俗之文縣府院試三而入於學省試七而舉於鄉禮部試七而訖不得貢於廷四十載之中攻苦者二十年奔走者十年窮愁落莫者十年於書無所不讀於學無所不通而境愈困精愈銷於是恐修名之不立覬就一書以

自傳、又自以古文詩賦時藝、積日絫月、所擇而存者、或尚未可傳、藉令可傳、而亦不必傳、且幸而傳者、所在多有、則雖傳而又無貴乎傳、獨平生所箸說文通訓定聲一書、導音韻之原、發轉注之彖、究叚借之變、小學之教、斯爲大備、識字後能通經、通經後能爲文、實學人詞人不可少之書、而古人今人未始有之書、所謂似因而實刱者於是乎在、憶道光丁亥庚寅間、館先生於家、先生教授之暇、恒矻矻手自鈔撮、雖甚

寒暑不輟卷、自後乙未下第、侍先生南歸、復獲一載聚、而是書前已脫藁、今又閱十三四年、始版成於古黟學署、增受而讀之、歎爲不朽之盛業、不敢謂世之必尊必信、然數十百年後、必有寶貴如叔重書者、不著蔡知也、附驥尾、攀青雲、得書名於末、可不謂幸歟、

道光己酉紀年、太歲在淹茂、閏月戊辰、朔日在昴、受業儀徵謝增謹跋於宿遷學舍、

說文通訓定聲總目

說文通訓定聲目

豐部弟一　分部同孚　需轉升臨

東 棟 涷 凍 蝀
重 歱 偅 踵(蹱) 腫(瘇)
種 ⿰忄重 湩 緟 動(遈 勭)
鍾(鐘) 童 董(蕫) 衝(衝) 橦
穜 ⿸疒童(⿰火童 ⿰火重) 罿 僮(偅) 憧
潼 撞(揰 摐 剷 剸 摏) 曈(⿰目重) 鐘(銿) ⿰車童
龍 瓏(攏) 蘢 嚨 龏
龔 籠 龔 櫳 襱(攏)

說文通訓定聲　豐部弟一目　一

寵 ⿰礻龍(襩 裥) 龐(龐) 礱 瀧
襱 聾 蠪 壠 隴(寵)
棟 同 迵 衕(衕) 詷
眮 筒 桐 侗 駧
恫(痌 瘜 慟 慟) 洞 鮦(⿰魚重) 挏 敞(胴)
銅 彤 中 𦬕 盅
仲 衷 忠 忡(㤝 悺 忱) 沖(浺 冲)
用 甬 通 ⿺走甬 踊
誦 筩 桶 痛 俑
涌(湧 悀) 蛹 勇(甬 恿 涌) 庸 鱅

鄘 傭 ⿰犭庸(慵 ⿰犭庸) 鱅 墉(鷛 傭)
鏞 終(夂 蔠) 泈(泈) 螽(蜙 螽 蝩) 鼨(鼨)
冬(各) 苳(葊) 鼕 冢 眾
潨(漎) 霟 蟲 融(𧖴 烔 爞) 肜
痋 赨 鉵(⿰金蟲) 充(統) 統
舂 𩫏 惷 工 玒(珙)
訌(愩) 巩(㧬) 攻 𨾅(鳿) 杠(矼)
貢 邛(筇 䇘) 粠 空(䆪 腔) 仜(肛 䑫 胮)
項 江 扛(摃 㧬) 玒 缸
紅 虹(蚛) 功 釭 羾

說文通訓定聲　豐部弟一目　二

䂬 恐(忎) 蛩(蛬) 銎(銃) 𣏧
椌 涳 控(鞚) 澒(汞) 鴻
公 訟(䜬) 翁(𦑣) 舩(舡) 松(梥 柗)
伀(妐) 頌(額) 瓮 䈵(蓊) 滃
⿰魚翁 螉 蜙(蚣) 宋 容(宊)
傛 溶 鰫 搈 ⿰容頁
鎔 孔 躳(躬) 窮 宮(䆜)
鞏 𥥛 营(芎) 𣪊(𡍵) 廾(𢪏)
𢍉 共 鬨(閧) 供 烘
恭 ⿰忄共 洪 拱 拲

栱　䢼(椦椢栱)　巷(衖港)　熊　鬨
戎　娀　宂　𪕽(𪕽𪕽𪕽)　軵(輴軏)
亯　邕(邕壅䧚)　雝(鶅雍癰嗈)　饔　饔(饔䉱)
廱　廱　灉　擁　凶(𠒒匈)
匈(胷䐔)　詾(訩說哅)　洶　兇　㚊(𤞩)
葼(㚇)　艐　椶(椶騣)　稯(稅穗)　艐(朡)
㚇　堫(稯)　尨　牻　哤
庬(硥痝㦀)　駹　浝　𡐓　冡(冡)
弄　梇　丰(丯妦)　玤　奉(俸)
拲(捧)　夆(峯桻)　邦(當)　蚌(蜯鮮蚄)　琫(鞛䩬)
菶　唪　夆　逢(逄)　漨(𨗨)
蓬(莑𧀋)　𥯒(烽)　縫(韃)　𧒂(螽蜂)　鏠(鋒)
封(坒扗)　葑(蘴菘)　䋽(裴幫)　豐　寷
鄷　寷　从　從(從從)　樅
瘲　豵(縱從)　慫　縱　縱
蹤　鏦(種)　𢕛(𢕛)　䡯(䡯蹤蹤蹤)　冢
蒙(蒙菍)　幪(懞)　𩯣　醿(𧓸𧓸)　曚
鱌　饛　濛(𩅤)　蠓　叢(菆䕺)
叢(䕺)　宗　琮(琮)　賨　崇(嵩崧)
悰　綜　淙　囪(窗四㥵匆)　悤(傯謥怱)

璁　蔥(䓗)　憁(㥲崧松)　窻　廖
驄　熜(熜)　聰　總(摠緵緫)　鏓
繱　茸(䋦䓿)　䡒(毦毴)　搑(拺)　醋(醋)
髶(䯳鬞)　農(𦟀𦟀䢉)　癑(痎)　襛(襛穠𥢦)　獶
濃(禯)　醲　盥(膿)　雙　愯(㩳悚)
竦　送(逆)　夅　䉦(𥯒)　栙(逄)
洚　絳　降(𩫖)　隆　𩫖(𩫖𩫖)
癃(𤺋𤺋)

右文字三百二十六名、旁注二百廿四字、附存八十一字

dōng 東　dòng 棟　dōng 涷

說文通訓定聲

吳郡朱駿聲豐芑譔
新安朱鏡蓉伯和甫參訂

豐部弟一 凡三十八部

東五十一名凡東之派皆衍東聲 得紅切

東 **東** [篆] 動也从木官溥說从日在木中按白虎通五行東方者動方也萬物始動生也此古聲訓之法劉熙釋名全書皆然音相近則誼相通亦訓詁之一道淮南天文訓東方木也按自所出也从日在木中會意木叒木搏桑也離騷折若木以拂日廣雅釋天東君日也楚辭九歌有東君篇日在木中爲東日在木上爲杲日在木下爲杳易既濟東隣虞注震爲東白虎通情性東方者陽也五行東方天下皆生也爾雅釋地東至于泰遠按極東地名又東至日所出爲太平按即大荒東經之大言山【叚借】荀子議兵隴種東籠而退耳楊注與涷隴同沾溼皃按此疊韻連語借聲託誼本無正字後仿此又爾雅釋魚科斗活東注蝦蟆子按科活雙聲斗東雙聲方音之轉東山經作活師師古文作㮺似東而誤按此託名幖識字借此命彼別無正字後仿此又漢書古今人表東不訾韓子說疑作董不識未詳孰是【聲訓】漢書律厤志東動也呂覽仲春命田舍東郊注東郊農郊也【古韻】詩小星叶東公同旄丘叶戎東同桑中叶葑東庸伯兮叶東蓬容采芑叶葑東從東山叶東濛車攻叶攻同龐東大東叶東空閟宮叶蒙東邦同從功楚辭哀郢叶江東【轉音】管子白心叶東鄉按讀如當也又詩桑柔叶慇辰東瘖按當作自東徂西傳寫誤到

送 **棟** [篆] 極也从木東聲屋內至中至高之處亦曰阿俗謂之正梁其屋表之鎮瓦爲甍爾雅釋宮棟謂之桴注屋檼也按屋大材東西者曰棟南北者曰梁上下者曰楹衺棟一架前後皆曰楣衺楣一架前後皆曰庪易大過棟隆虞注巽爲長木稱棟說卦九家坎爲棟儀禮鄉射禮記序則物當棟注正中曰棟【別義】莊子人閒世仰而視其細枝則拳曲而不可以爲棟梁程氏瑤田謂自極而南至于當楣總謂之棟自棟而南盡于承霤總謂之梁在北者亦然存參【聲訓】釋名釋宮室棟中也居室之中也【古韻】魯語叶重棟句中韻淮南泰族叶棟重【轉音】管子七臣七主叶賞棟上攻

東送 **涷** [篆] 涷水出發鳩山入於河从水東聲按即禹貢之濁漳出今山西潞安府長子縣西發鳩山經河南彰德府涉縣合清漳入直隸

dòng 涷　dòng 蝀　zhòng 重

至天津府西沽東入海【別義】爾雅釋天暴雨謂之涷郭注今江東呼夏月暴雨爲涷雨楚辭大司命使涷雨兮灑塵淮南覽冥降扶風雜涷雨【叚借】爲涷隸釋張納功德碑敍郇滄涷餘此同聲通寫字借此作彼別有正字後仿此又託名幖識字爾雅釋草菟奚顆涷注款涷也董仲舒曰款冬華於嚴寒

送 **涷** [篆] 仌也从仌東聲廣雅釋詁四涷寒也風俗通壯冰曰涷禮記月令水始冰地始涷孟子不暖不飽謂之凍餒楚辭大招清馨涷飲【叚借】爲動周書大武解冬涷其葆孔注謂發露其葆聚又爲涷文選思元賦涷雨沛其灑塗李注暴雨也巴郡謂暴雨爲涷雨

東送 **蝀** [篆] 螮蝀也从虫東聲按狀似長蛇故从虫爾雅釋天螮蝀謂之雩螮蝀虹也蜺爲挈貳注俗名爲美人虹蜺雌虹也按螮蝀者雨與太陽相薄而成俗亦呼青絳朵明者爲雄白闇者爲雌又海中有鱟魚噴氣亦成紅綠似虹詩鄘風蝃蝀在東莫之敢指又朝隮於西崇朝其雨按春則見東朝則見西雨氣與日相照而成光東者常在雨前西者常在雨後故吾蘇俗諺云東吼日頭西吼雨虹音轉如缸也又按螮蝀雙聲連語短言之曰蝀長言之曰螮蝀【古韻】詩蝃蝀叶蝀東句中韻

冬腫宋 **重** [篆] 厚也从壬東聲王者安土不遷之意易繫辭引重致遠虞注坤爲重禮記儒行引重鼎不程其力注大鼎也孟子權然後知輕重【轉注】爾雅釋樂宮謂之重孫注宮音濁而遲故曰重也漢書律厤志其聲重厚如君之德又晉語而大志重注惇重也左襄四傳武不可重服注猶大也又禮記祭統而又以重其國也注猶尊也緇衣臣儀行不重辭注猶尚也少儀不訾重器注猶寶也儀禮覲禮重賜無數注猶善也左僖十傳若重問以召之疏謂多以貨財遺之也史記孫吳傳君弟重射索隱好射也漢書汲黯傳吾徒得君重注威重也又左襄十傳華重如役宣十二傳楚重至於邲漢書韓安國傳擊輜重注謂載重物車也【叚借】爲緟廣雅釋言重再也考工匠人四阿重屋注複笮也周禮掌次設重帟注復帟也詩淇奧倚重較兮傳卿士之車禮記內則重醴注陪也左成二傳重器備注猶多也儀禮少牢禮蓋二以重注累之又史記李斯傳面諛以重陛下過索隱再也漢書文帝紀是重吾不德也注謂增益也又左襄十七傳飲馬於重邱在今山東曹州府曹縣二十五年同盟於重邱在今山東東昌府聊城縣按皆以其地有一成再成之邱得名又史記春申君傳王無重世之德索隱猶累世也書顧命宣重光馬注日月星也又廣雅釋詁四重身也詩大明傳身重也素問奇病論人有重身王注謂身中有身則懷妊者也漢書劉屈氂傳重馬傷耗注謂懷妊者也又爲憧詩無將大車祇自重兮箋猶累也荀子修身卑溼重遲貪利注寬緩也呂覽悔過君其重圖之注深也史記貨殖傳重爲邪索隱難也司馬相如傳重煩百姓索隱猶難也張耳陳餘傳豈以臣爲重去將哉索

chóng 種　zhǒng 腫　zhǒng 踵　zhǒng 種　zhǒng 踵

隱惜也、管子權脩必重盡其民力、房注矜惜之也、又爲種、詩七月黍稷重穋、傳後熟曰重、呂覽任地種重禾不爲重、又爲僮、禮記檀弓與其鄰重汪踦往、注當爲童、又爲湩、漢書匈奴傳不如重酪之便美也、注本作湩、又爲動、左僖十五傳慼憂以重我、王氏引之曰感動也、又託名幖識字、爾雅釋天太歲在辛曰重光、淮南天文注言萬物就成熟其光煌煌若斯之類、皆屬辭費、史記作昭陽、又書呂刑乃命重黎、楚語顓頊乃命南正重司天、火正黎司地、按堯典羲氏即重子孫也、又禮記檀弓重主道也、釋名釋喪制重死者之資重也、含餘米以爲粥投之甕而懸之、比葬未作主權以重主其神也、儀禮士喪禮重木刊鑿之、注木也縣物焉曰重、古韻詩無將大車叶雝重、三畧上叶勇恐動重、又叶重用、文子符言叶寵重、魯語叶重楝句中韻、轉音老子重德叶行重、按讀如狀也、

腫

踵　跟也、从止重聲、廣雅釋詁三踵迹也、張表碑繼踵相承、經傳皆以踵爲之、

腫

種　相迹也、从彳重聲、按與踵畧同、莊子德充符踵見仲尼、注頻也、作踵、

腫

踵　追也、从足重聲、一曰往來皃、按與種畧同、字亦作歱、史記太史公自敘有司靡踵、索隱曰繼也、漢書刑法志注踵因也、武帝紀注踵接也、司馬相如傳注踵蹈也、王嘉傳注踵猶躡也、後漢皇后紀注踵跡也、馬融傳注踵猶尋也、東京賦踵二皇之遐武、假借爲歱、離騷及前王之踵武、注繼也、失之、禮記曲禮車輪曳踵、玉藻舉前曳踵、又考工輈人去一以爲踵圍、注後承軫者也、詩巷伯箋踵狹而舌廣、疏定本作踵、又孟子踵門而告文公、注至也、齊策軍重踵高宛、聲訓釋名釋形體足後曰跟、又謂之踵、踵鍾也、鍾聚也、體之所鍾聚也、此歱字之訓、

腫

腫　癰也、从肉重聲、字亦作瘇、論衡狀留肉暴長曰腫、周禮瘍醫腫瘍、注癰而上生創者、呂覽盡數鬱處頭則爲腫爲風、素問大奇論肝滿腎滿肺滿皆實即爲腫、轉注考工輪人揱不腫、注瘣也、莊子逍遙遊其大本擁腫而不中繩墨、爾雅釋木注瘣瘇無枝條、假借疊韻連語、莊子庚桑楚擁腫之與居、鞅掌之爲使、按擁腫鞅掌皆謂愚惷無知之人也、聲訓釋名釋疾病腫鍾也、寒熱氣所鍾聚也、古韻史游急就章廿四叶恐奉寵踊腫家、

東腫宋

種　先種後熟也、从禾重聲、詩七月閟宮黍稷種稑、毛本皆以重爲之、周禮內宰而生種稑之種、以穜爲之、經傳種稑字與穜蓺字多互借、假借爲穜、詩生民誕降嘉種、周禮職方氏其穀宜五種、謂黍稷菽麥稻也、宜四種、黍稷菽稻也、宜三種、黍稷稻也、又漢書溝洫志種不得下、注五穀之子也、又周禮校人種馬一物、注謂上善似母者、又詩生民種之黃茂、按猶蓺也、又左莊八傳夏書曰皋陶邁種德、僞

zhòng 憧　dòng 湩　chóng 緟　dòng 動　zhōng 鍾

禹謨傳布也、又爲鍾、實爲叢、詩生民實種實褎、按衆也、傳雜種、疏謂肥盛、則謂借爲腫、箋生不雜、則謂借爲穜、又爲腫、莊子讓王顏色腫噲、王注盈虛不常之皃、呂覽情欲身盡府種、注首疾也、又疊韻連語、荀子議兵隴種東籠、注遺失皃、按猶瀧涿也、又重言形況字、左昭三傳余髮如此種種、注短也、徐本作董董、亦同、莊子胠篋舍夫種種之機、李注謹慤皃、凡重言形況字、借聲託誼、本無正字、後仿此、又託名幖識字、吳越春秋文種字少禽、史記正義字子禽、古韻周書周祝解叶種勇、

腫

憧　遲也、从心重聲、經傳皆以重爲之、段借爲恫、爲動、北海相景君碑驚憧傷懷、武榮碑戚哀悲憧、郭仲奇碑悲憧剝裂、又爲憧實、爲僮、易咸京房本憧憧往來、馬注行皃、亦重言形況字、

腫送

湩　乳汁也、从水重聲、埤蒼湩馬酪也、穆天子傳四因具牛羊之湩、列子力命乳湩有餘、假借疊韻連語、周禮巾車注湩容、按猶童容、車帷也、又單辭形況字、管子輕重湩然擊鼓、士忿怒、按猶隆然也、凡單辭形況字、借聲託義、本無正字、後仿此、

冬

緟　增益也、从糸重聲、凡重疊重複字、經傳皆以重爲之、

董

動　作也、从力重聲、古文从辵、字亦作動、易彖傳動而健、虞注震也、繫辭效天下之動者也、虞注發也、變動不居、虞注行也、孟子將終歲勤動、注作也、論語動之斯和、皇疏謂勞役之也、又周禮大司樂以作動物、注羽臝之屬、楚辭抽思秋風之動容兮、注搖也、轉注禮記中庸明則動、注動動人心也、婁壽碑罔不動心、又高唐賦使人心動、注驚也、齊策動於顏色、呂覽注變也、周禮大祝四曰振動、杜注讀爲哀慟之慟、聲訓墨子經上動或從也、古韻詩長發叶共厖龍勇動竦總、三畧叶勇恐動重、宋玉高唐賦叶動恐、夏文子道原叶涌動、轉音易恆象傳叶動應恆登、徒好色賦叶動憑、文子守樸叶應動、按讀如鄧也、素問寶命全形論叶動嚮彰往、按讀如宕也、

冬

鍾　酒器也、从金重聲、疑圭瓚之屬、可盛鬯酒者、書顧命受同異同、皆以同爲之、段氏謂古貯酒大器、自鍾而注於尊、又自尊而勺於觶、其器大腹小頸、似今之大酒䙴、其說未見所本、祇以說文與鈃連文、鈃似鍾而長頸、段以意改鐘爲鍾耳、轉注孔叢子儒服堯舜千鍾、孔子百觚、晉崔洪傳有琉璃鍾、今俗謂酒巵曰鍾、別義左昭三傳釜十則鍾、注六斛四斗、小爾雅量缶二謂之鍾、是八斛、此齊陳氏所加之量、非古制也、又淮南要畧一朝用三千鍾、注十斛、後漢郎顗傳注四釜爲鍾、皆誤、又公羊宣六傳注卷章器、若今市所量穀者也、齊人謂之鍾、又後漢隗囂傳沒入鍾官、注主鑄錢之官、漢書百官表水衡都尉屬有鍾官令丞、或曰猶左傳賦晉國一鼓鐵、以鍾鼓爲量名也、皆借爲鐘、存參、假借爲鐘、禮記明堂位垂之和鍾、周語二閒夾鍾、太元元數黃鍾生林鍾、注林鍾酒器也、一曰樂器、又廣雅釋器鍾

鈴也周禮鼓人注鐲鉦也形如小鍾又爲重實爲種考工鍾氏染羽注重也染色期其深重又爲𦐇實爲公漢書廣川惠王越傳尊章注今關中婦呼舅曰鍾鍾者章聲之轉按正字當爲公又爲叢釋名釋形體鍾聚也左昭二十八傳而天鍾美於是周語澤水之鍾也莊子天地以二缶鍾惑司馬注注意也又託名幖識字漢書王褒傳伯牙操遞鍾楚辭九歎破伯牙之號鍾兮長笛賦號鍾高調皆琴名又淮南俶眞鍾山之玉注昆侖也水經河水注鍾山卽陰山西山經鍾山注穆天子傳作春山又水經鍾水注卽嶠水也又左桓十一年公會宋公於夫鍾在今山東兗州府寧陽縣公羊作童又成十五年會吳於鍾離今安徽鳳陽府治晉伯州犂奔楚居鍾離子孫以邑爲氏亦省言鍾楚大夫有鍾儀鍾建鍾子期又昭六傳吳人敗楚師於房鍾當在今安徽潁州府蒙城縣又昭二十七傳奔鍾吾注小國當在今江蘇徐州府宿遷縣西北又疊韻連語南都賦注鐘龍竹名也字亦作鍾下和退怨歌空山欷歔涕龍鍾聲訓舞鶴賦鍾浮曠之藻質注鍾當也按猶丁鼎之爲當也

tóng 童

東　童

男有辠曰奴奴曰童女曰妾从𢆉重省聲籒文童中與竊中同从廿廿以爲古文疾字今按从廿未詳其義周禮司隸其奴男子入於辠隸女子入於舂槀廣雅釋詁一童使也易旅得童僕貞儀禮既夕禮記童子執帚注隸子弟若內豎寺人之屬漢書

貨殖傳童手指千注奴婢也假借爲僮易蒙卦匪我求童蒙鄭注稚也未冠之稱禮記內則成童舞象注十五以上穀梁昭十九傳羈貫成童注八歲以上又釋名釋長幼女子之未笄者稱童禮記曲禮自稱於其君曰小童注若云未成人也又左僖九傳凡在喪王曰小童按不忍離父母之詞又買子道術亟見窕察謂之慧反慧爲童鄭語而近頑童窮固注童昏固陋也太元錯童無知晉語胥童亦曰胥之昧又釋名釋長幼山無草木曰童莊子徐無鬼童土之地荀子王制山木童而百姓有餘材也又釋名釋長幼羊之無角者曰童詩抑彼童而角易大畜童牛之告虞注無角之牛也字亦作犝又後漢南匈奴傳童子刀注謂小刀也又爲同列子黃帝狀不必童而智童又疊韻連語小爾雅廣服襜褕謂之童容方言作潼容詩谷風箋帷裳童容也按周禮巾車皆有容短言之曰容長言之曰童容又重言形況字廣雅釋訓童童盛也釋名釋兵幢童也其皃童童然也蜀志先主傳有桑樹童童如小車蓋又託名幖識字水經淇水注千童縣史記曰故重也一作千鍾聲訓易觀童觀馬注童猶獨也童獨一聲之轉古韻詩山有扶蘇叶松龍充童

dǒng 董

董　董

鼎董也从艸童聲字亦作董按鼎董雙聲連語鼎評曰董棊評曰鼎董也爾雅蘱鼎董注似蒲而細按皆蒯之屬可爲索別義說文引杜林曰藕根又龍龕手鑑蘱草一名鼎童似烏尾可食假借爲督爾雅釋詁董正也左桓六傳隨人使少師董成文六傳董逋逃

昭三傳而辱使董振擇之楚辭涉江余將董道而不豫兮衡彈碑以府丞董祭又爲勳周禮大祝大夫本四曰振董注振董以兩手相擊也又爲聳方言十二董固也史記蒼公傳年六十以上氣當大董注謂深藏之又託名幖識字左昭二十九傳昔有飂叔安有裔子曰董父舜賜之姓曰董其後晉有董狐董安于後漢有董卓續漢五行志千里草爲董此讖廋辭幻形假說無關正字

chōng 衝

冬　衝

通道也从行童聲字亦作衝左昭元傳及衝以戈擊之注交道轉注楚辭河伯衝風起兮水橫波注隧也又素問至眞要大論太衝絕注肝脈氣也又廣雅釋詁三衝當也海外北經有一蛇首衝南方注猶向也假借爲轤詩皇矣與爾臨衝傳衝衝車也左定八傳主人焚衝注戰車齊策使輕車銳騎衝雍門注突也淮南說山折衝萬里注衝車大鐵著其轅端馬被甲車被兵所以衝于敵城也廣雅釋詁四衝揬也又詩女曰雞鳴雜佩傳珩璜琚瑀衝牙疏以玉爲之其狀如牙以衝突前後也又爲沖方言十二衝動也又疊韻連語漢書司馬相如傳騷擾衝蓯注相入皃又重言形況字廣雅釋訓衝衝行也古韻詩皇矣叶衝墉

chuáng 橦

江東　橦

帳柱也从木童聲孫星衍刊宋本作帳極非是轉注後世謂木材方三尺五寸爲一橦史記千章字以章爲之別義後漢馬融傳注橦旗之竿也海賦決帆摧橦注百尺也西京賦都盧尋橦以橦爲之又蜀都賦布有橦華注樹名其花柔毳可績爲布也假借爲轤

後漢光武紀注衝橦車也

zhòng 穜

東宋　穜

埶也从禾童聲經傳種穜二字多互借轉注廣雅釋詁三穜類也假借爲種周禮內宰注黍稷穜稑續漢禮儀志力田穜各稜記注晚也又爲緟廣雅釋詁三穜厚也

zhǒng 瘇

腫　瘇

脛气足腫也从疒重聲籒文从尣詩巧言既微且瘇爾雅釋訓骭瘍爲微腫足爲尰孫注皆水溼之疾也呂覽盡數重水所多尰與躄人古韻詩巧言叶勇尰

chōng 罿

東　罿

罬也从网童聲爾雅釋器罬謂之罿罿罬也罬謂之罦罦覆車也注今之翻車也有兩轅中施罥以捕鳥展轉相解按一器五名詩兔爰雉離于罿法言淵騫忼辭免罿鷃鵡賦何何懼于罿罻假借爲峕後漢班固傳撫鴻罿古韻詩兔爰叶罿庸凶聰

tóng 僮

東　僮

未冠也从人童聲按十九以下八歲以上也字亦作偅經傳多以童爲之廣雅釋言僮稚也魯語使僮子備官而未之聞邪注僮蒙不達也張公神碑駿白鹿兮從仙僮嚴訢碑人偅偵偵轉注廣雅釋詁三童癡也釋訓僮僮昏疾也晉語僮昏不可使謀注無知也字亦作瞳莊子知北遊汝瞳焉如新生之犢李注未有知皃又埤蒼瞳目珠子也按人對面則瞳精中各映小人形故評眸子爲僮子漢書

chōng 憧　tóng 潼　zhuàng 撞　tuǎn 疃　zhōng 鐘　chōng 幢　lóng 龍

項籍贊舜目重童子以童爲之【叚借】爲童漢書賈誼傳今民賣僮者注謂隸妾也司馬相如傳卓王孫僮客八百人注謂奴也又重言形況字詩采蘩被之僮僮傳竦敬也【聲訓】釋名釋形體瞳重也膚幙相裹重也【古韻】急就章十二叶僮杠橦縱工筩同雙龍䆅容兇

冬 **憧** 意不定也从心童聲易咸憧憧往來劉巘注意未定也虞注懷思慮也馬注行皃王肅注往來不絕皃亦重言形況字京房本作憧亦同【古韻】大戴王言叶憧空

東 **潼** 潼水也出廣漢梓潼北界南入墊江从水童聲按漢書地理志謂之馳水出今四川保寧府劍縣五子山之西大山東南流入涪江今謂之潼江射江潿江【叚借】爲緟廣雅釋詁一潼益也又重言形況字高唐賦沫潼潼而高厲注高皃又【疊韻連語】焦延壽易林潼滃蔚薈扶首來會

江 **撞** 丮擣也从手童聲字亦作揰作摐禮記學記善待問者如撞鐘注猶擊也子虛賦摐金鼓廣雅釋言摐撞也東京賦撞洪鐘注鏗也【轉注】廣雅釋詁一撞剚刺也秦策迫則杖戟相撞西京賦徒搏之所撞挾注猶揘畢也字亦作剸作剸作揰左文十一傳富父終甥椿其喉楚策臣請爲君撞其胸【叚借】爲樅太元逃喬木維摐注上撩稱摐【古韻】秦策穰秦始將連橫章叶攻撞功

早 **疃** 禽獸所踐處也从田童聲字亦作畽詩東山町疃鹿場傳町疃鹿跡也按町疃雙聲字今讀如蹴踵章斷亦一聲之轉

冬 **鐘** 樂金也从金童聲古者垂作鐘或从甬聲禮記明堂位垂之和鍾周禮有鐘師考工鳧氏爲鍾皆以鍾爲之左昭二十一傳鐘音之器也淮南本經大鐘鼎注鐘音之君也周語細鈞有鐘無鎛大鈞有鎛無鐘按大鐘曰鏞次曰鎛小者曰編鐘白虎通禮樂鐘兌音也按八音以配八方八卦【聲訓】說文鐘樂鐘也秋分之音物種成又淮南天文鐘者氣之所種也音比黃鐘注鐘者聚也按以鍾訓實借鍾爲叢也小爾雅廣詁鐘叢也漢書律厤志鐘者種也又白虎通五行鐘者動也言陽氣動於黃泉之下動養萬物也蔡邕獨斷律中黃鐘言陽氣踵黃泉而出也又釋名鐘空也內空受氣多故聲大也【古韻】詩靈臺叶樅鏞鐘廱逢公

冬 **幢** 陷陣車也从車童聲後漢伏湛傳與爾臨衝光武紀衝輣撞城淮南氾論隆衝以攻文選辨亡論衝輣息於朔野注樓也皆以衝爲之

冬 **龍** 鱗蟲之長能幽能明能細能巨能短能長春分而登天秋分而潛淵从肉皀象飛之形戴侗六書故引唐本說文从肉从飛省童省聲易乾飛龍在天禮記禮運麟鳳龜龍謂之四靈家語執轡甲蟲三百有六十而龍爲之長廣雅釋魚有鱗曰蛟龍有翼曰應龍有

lóng 瓏　lóng 蘢

角曰龍龍無角曰虯龍按龍即虬字今本誤从屮虯即螭字也有角者雄無角者雌左昭二十九傳蔡墨曰古者畜龍董父實甚好龍能求其耆欲以飲食之服事帝舜帝賜之氏曰豢龍及有夏孔甲時劉累學擾龍於豢龍氏夏后嘉之賜氏曰御龍又云龍水物也水官棄矣故龍不生得又魯語水之怪曰龍罔象【轉注】虞書山龍華蟲廣雅釋言山龍彰也又釋詁一龍君也漢書五行志龍陽類貴象也又左桓五傳龍見而雩服注角亢也僖五傳龍尾伏辰注尾星也獨斷靈星火星也一曰龍星按東方七宿爲蒼龍以尾九星屈折似龍故角亢房心亦因之得名或曰角爲龍角尾爲龍尾合六宿視之象升龍也又詩山有扶蘇隰有游龍傳紅草也廣雅釋草龍蘋馬蓼也按即今水葒也又禮記明堂位夏后氏以龍勺注龍頭也左昭二十九傳使獻龍輔於齊侯注玉名【叚借】爲尨考工玉人上公用龍按雜色玉也周禮巾車革路龍勒注駹也易說卦震爲龍鄭注讀爲尨又爲寵廣雅釋言龍寵也詩蓼蕭爲龍爲光傳寵也酌我龍受之長發何天之龍傳皆訓和則謂借爲雝廣雅釋詁三龍和也又爲隆孟子必求龍斷而登之丁音龍與隆聲相近隆高也陸善經謂龔斷而高者則謂借爲壠按列子湯問冀之南漢之北無隴斷焉正當作壠㱍字又爲龔史記弟子傳楚公孫龍字子石又爲龔之誤字實借爲龏家語子路初見王事若龍注宜爲龔又託名幖識字周禮廋人馬八尺以上爲龍儀禮覲禮天子乘龍禮記月令駕蒼龍按馬以高爲貴故神

異之爾雅釋畜馬八尺爲駥又絕有力駥字亦作駥又淮南修務鑿龍門注龍門本有水門鮪魚遊其中上行得上過者便爲龍故曰龍門按說穿鑿書禹貢至於龍門山在今陝西同州府韓城縣東北而今山西絳州河津縣亦有龍門山則非禹貢所紀也又廣雅釋器龍淵劍也韓策龍淵太阿按其水在今河南汝寧府西平縣又廣雅釋草黃精龍銜也龍木龍須也陵遊龍膽也龍沙麻黃也皆見本草又龍蹏爪屬也釋木益智龍眼也蜀都賦旁挺龍目側生荔枝今蘇俗謂之規圓又秀龍巢也未詳又西京賦聯飛龍注鳥名也又海外西經龍魚陵居如貍一曰鰕按即楚辭天問之鯪魚也今謂之穿山甲【聲訓】春秋元命苞龍之爲言萌也陰中之陽也故言龍舉而雲興按萌聲轉如蒙【古韻】詩山有扶蘇叶松龍充童長發叶共厖龍勇動竦總急就章十二叶僮杠橦縱工筩同雙龍䆅容兇

東 **瓏** 禱旱玉龍文从玉从龍會意龍亦聲字亦作瓏按與左傳之龍輔爲寶玉不同【叚借】漢書揚雄傳和氏瓏玲孟康注聲也晉灼注明見皃也太元唐亡彼瓏玲吳都賦珊瑚幽茂而玲瓏此雙聲連語凡雙聲連語借聲託誼本無正字後仿此

東冬 **蘢** 天蘥也从艸龍聲管子地員其山之淺有龍與斥注古草名爾雅釋草龍天蘥注未詳按與紅龍古之爲葒蓼者別【叚借】爲寵孔耽神祠碑旍龍羅之雄又【疊韻連語】淮南俶眞譬若周雲之蘢蓯又繽紛蘢蓯注聚會也漢書晁錯傳中木蒙蘢注覆蔽之皃

lóng 嚨　gōng 龏　gōng 龔　lóng 籠

嚨 東　喉也。从口，龍聲。爾雅釋鳥：亢，鳥嚨。舍人注：嚨嚨財可見也。樊注：鳥之頸也。

龏 冬　慤也。从𠬞，龍聲。與恭畧同。周頌敦銘：皇考龏尗，皇母龏姑。姑誤作始。

龔 冬　給也。从共，龍聲。與供畧同。經傳皆以共爲之。家語五帝：龔工氏之子曰句龍。【假借】爲恭，爲龏。漢書王尊傳：象龔滔天。又爲用。墨子非命上：龔喪厥師。又託名標識字。左傳有晉大夫龔堅。又有左行共華，疑皆龔工氏之裔，以官爲氏。後又有洪氏，避仇加水。或曰詩侵阮徂共之共，以國爲氏，存參。

籠 東　舉土器也。从竹，龍聲。一曰笭。與車蔽同名。笭籠一聲之轉也。按器與欙梩別。欙如車，兩人舁以行，木爲之。籠如蕢，與匴以盛土，一人可何，竹爲之。周禮遂師：共丘籠。淮南說山：貂裘而負籠。精神：負籠土。漢書王莽傳：荷籠負鍤。注：所以盛土。【轉注】周禮司弓矢：充籠箙矢。注：竹籠也。又史記屈賈傳注：奴籠落。索隱謂藤蘿之相籠絡也。亦雙聲連語。又莊子庚桑楚：以天下爲之籠，則雀無所逃。鸚鵡賦：閉以雕籠。注：所以盛鳥。又廣雅釋鳥：籠，脫鴿也。按言籠所不制。【假借】爲龍。漢書衛青傳：青至籠城。注：讀與龍同。匈奴傳：大會籠城。又爲櫳。漢書食貨志：籠貨物，籠鹽鐵。猶包舉也。又疊韻連語。荀子議兵：隴種東籠而退耳。注：與涑瀧同。又南都賦：其竹則籦籠䈽篾。又方言九：車枸簍或謂之䉀籠。按猶穹隆也。又甘泉賦：紛蒙籠以棍成。注：膠葛皃。漢書注：深通皃。

lóng 龒　lóng 櫳　lóng 龓　chǒng 寵

龒 東　房室之疏也。从木，龍聲。與左形右聲之櫳別。漢書外戚傳：房櫳虛兮風泠泠。注：疏檻也。謝惠連詩：升月照簾櫳。皆以櫳爲之。【假借】爲櫳。廣雅釋室：龒，牢也。

櫳 東　檻也。从木，龍聲。與下形上聲之龒別。三蒼：櫳，所以盛禽獸欄檻也。今囚櫳字當作此。【假借】爲龒。張協雜詩：房櫳無行迹。鮑照翫月詩：蛾眉蔽珠櫳。廣雅釋室：櫳，舍也。

龓 東　兼有也。从有，龍聲。讀若聾。廣雅釋詁一：龓，有也。字亦作攏。江賦：攏萬川乎巴梁。注：猶括束也。史記平準書：盡籠天下之貨物。以籠爲之。【假借】爲櫳。吳都賦：沈虎潛鹿，馽龓僒束。又爲籠。玉篇云：馬龓頭。按即籠絡字。

寵 腫　尊居也。从宀，龍聲。【轉注】左襄三十傳：寵名皆弃。注：謂族也。按不書其族。族猶門第也。又易師：承天寵也。鄭注：光耀也。楚語：其寵大矣。注：榮也。寵神其祖。注：尊也。史記趙世家：寵有孝悌長幼順明之節。正義：貴也。老子：寵辱若驚。簡文注：得也。東京賦：好殫物以窮寵。注：驕也。【古韻】易師象傳叶凶寵邦功。文子符言叶寵重。韓非子揚權叶共寵。急就章二十四叶恐奉寵踊腫家。

lóng 襱　páng 龐　lóng 礱

襱 東 腫　絝踦也。从衣，龍聲。或从賣聲。按賣之聲爲亢，龍急言之即亢也。字亦作𧙕。方言四：袴或謂之襱。注：音鮦。又無𧙕之袴謂之襣。注：即今犢鼻褌也。按襱者，蘇俗曰褲腳管。

龐 東 江　高屋也。从广，龍聲。字亦誤作龎。【假借】疊韻連語。漢書司馬相如傳：湛恩龐洪。注：厚大也。又重言形况字。詩車攻：四牡龐龐。傳：充實也。【古韻】詩車攻叶龐東。【轉音】吳越春秋載禹塗山歌叶龐王昌行。按讀如郎也。今音如旁，誤。

礱 東　䃺也。从石，龍聲。晉語：天子斲而礱之，加密石焉。按礱以厲，密石以砥。漢書枚乘傳：磨礱底厲。穀梁莊二十四傳：斲之礱之。荀子性惡：鈍金必將待礱厲然後利。淮南說林：舌之與齒孰先礱也。法言學行：有刀者礱諸。廣雅釋詁三：礱，磨也。釋器：礱，礪也。蘇俗收新穀磨去其康曰礱，牽礱磨用木。

lóng 瀧　lóng 豅　lóng 聾

瀧 江 東　雨瀧瀧皃。从水，龍聲。方言七：瀧涿謂之霑漬。注：猶瀨滯也。按瀧涿即荀子議兵所謂隴種也。亦疊韻連語。廣雅釋詁二：瀧，漬也。

豅 東　大長谷也。从谷，龍聲。讀若聾。字亦作𧮰。字林：𧮰谷，空皃。史記司馬相如傳：深山之𧮰𧮰。索隱：曰長大皃。或作巃。漢書注：深通皃。

聾 東　無聞也。从耳，龍聲。廣雅釋訓：聾，㾓疾也。禮記王制：瘖聾跛躃斷者。莊子逍遙遊：聾者無以與乎鐘鼓之聲。【轉注】左僖二十四傳：耳不聽五聲之和爲聾。宣十四傳：鄭昭宋聾。注：闇也。淮南說林：雖聾蟲而不自陷。注：無知也。【聲訓】釋名釋疾病：聾，籠也。如在蒙籠之內，聽不察也。【轉音】老子檢欲叶盲聾爽狂妨。按讀如郎也。

lóng 蠪　lǒng 壟　lǒng 隴

蠪 東　丁螘也。从虫，龍聲。爾雅釋蟲：蠪，朾螘。注：赤駮蚍蜉。按丁猶頳也。【別義】廣雅釋魚：蚵蠪，蜥蜴也。又苦蠪，蝦蟆也。

壟 腫　丘壟也。从土，龍聲。與隴別。爾雅釋丘：畝丘。注：丘有壟界，如田畝。漢書陳勝傳：輟耕之壟上。注：田中之高處。孟子：有私龍斷焉。以龍爲之。【轉注】小爾雅廣名：壟，塋也。方言十三：冢或謂之壠。禮記曲禮：適墓不登壟。荀子禮論：壙壟其貌象室屋也。

隴 腫　天水大阪也。从阜，龍聲。字亦作巃。與壟別。按天水郡，漢陽郡隴縣有大阪曰隴坻，在今甘肅秦州清水縣，一名關山。又魏大饗記殘碑：唐君元龍西人。今甘肅鞏昌府隴西縣。【別義】左文二年：盟于垂隴，在今河南開封府滎澤縣東北。公羊作斂。斂隴雙聲。又水經河水注：隴水即山海經濫水也。隴濫雙聲。又濟水注：隴水即古袁水也。【假借】爲壠。楚辭沈江：封比干之丘壠。又疊韻連語。荀子議兵：隴種東籠。注：遺失皃。或曰即龍種也。按猶方言之瀧涿。注又云：如隴之種物然，非是。又雙聲連語。楚辭哀時命：隴廉與孟娵同宮。注：醜婦也。【古韻】靈樞經刺節眞邪叶隴臘。

cáo 𣗥　tóng 同　dòng 迵　tóng 衕

豪東 𣗥 𣗥 二東曹从此闕按音義俱闕或讀如曹不足據今附東聲末

同十五名凡同之派皆衍同聲 徒紅切

東 同 同 合會也从冃从口會意亼口為合冃口為同墨子經上同重體合類廣雅釋詁三同皆也易雜卦同人親也虞書同律度量衡王注齊也詩七月同我婦子箋猶俱也吉日獸之所同箋聚也周禮大司徒六曰同衣服注猶齊也司市以泉府同貨而斂賒注共也儀禮少牢禮同祭于豆祭注合也禮記禮運是謂大同注猶和也平也樂記樂者謂同注謂協好惡也左文十六傳振廩同食注上下無異饌也周語龢同可觀注一心不二曰同其惠足以同其民人注猶一也管子大匡同甲十萬注謂完堅齊等聘注考工匠人為溝洫方百里為同司馬法十終為同左昭二十三傳土不過同又周禮大宗伯殷見曰同大行人殷同以施天下之政詩車攻會同有繹論語如會同鄭注衆頫曰同按周制十二歲王如不巡守則六服盡朝四方四時分來終歲則徧故曰同又海內經伯陵同吳權之妻阿女緣婦注猶通也急就篇沐浴揃搣寡合同又公羊莊四傳其餘從同同注二同故言同同亦重言形況字叚借為銅書顧命上宗奉同瑁傳爵名鄭注酒桮三國志注引虞翻別傳翻以瑁古作冃似同而誤重駁鄭為非按下文盥以異同秉璋以酢太保受同祭嚌豈得釋以鎮圭之瑁自當如鄭所說郎禮記祭統所謂君執圭瓚太宗執璋瓚者也且翻云所見別本有作銅者是正鍾字之誤具半也又為鐘周禮典同掌六律六同之和注陰律也故書作銅大司樂六律六同注合陰聲者也漢書郊祀志作鍾按六同者大呂夾鐘仲呂林鐘南呂應鐘也亦曰六呂周語謂之六閒又託名幖識字左成二傳蕭同叔子史記齊世家作桐聲訓禮記祭統鋪筵設同几注同之言詷也祭者以其妃配亦不特几也書顧命同瑁馬注同者大同天下古韻詩小星叶東公同旄丘叶戎東同七月叶同功豵公車攻叶同龐東蓼蕭叶濃沖雝同采菽叶蓬邦同從閟宮叶蒙東邦同從功易泰彖傳叶通同轉音文子道原叶強亡同量下德叶常明祥強同光按讀如唐也又離騷叶調同韓非揚權叶同調東方朔繆諫叶同調按同調亦一聲之轉如猨之為猱嚷之為猪自無不可然此實學車攻詩而誤車攻五章以佽矢柴為韻古人用韻閒有在句中者遽數之不能終也若首尾遙韻中二句連韻全詩無此體例或曰調者調之形誤存疑

送 迵 迵 迵达也从辵同聲达即達字今本作迭也誤太元達迵迵不屈注通也史記倉公傳診其脈曰迵風言風洞澈五臟也

送 衕 衕 通街也从行同聲倉頡篇作衚今京師詩巷曰胡同胡同合音為巷也叚借為洞北山經䳍其音如鵲食之可以止衕注治洞下也中山經牛首之山勞水出焉是多飛魚其狀如鮒食之已痔衕

tóng 詷　dòng 瞷　dòng 筩　tóng 桐　tōng 侗　tōng 恫　dòng 駧　dòng 洞

東送 詷 詷 共也一曰譀也从言同聲周書曰在夏后之詷鍇本無夏字按本訓當為誇誕通俗文言過謂之譀詷後漢和熹鄧后紀輕薄謥詷注怱遽也叚借為同共也禮記祭統設同几注同之言詷也又為僮書顧命在后之詷馬注共也失之

送董 瞷 瞷 吳楚謂瞋目顧視曰瞷从目同聲方言六瞷轉目也梁益之閒瞋目曰瞷轉目顧視亦曰瞷吳楚曰瞷

東送 筩 筩 通簫也从竹同聲三蒼筩竹管也按無底之竹所謂洞簫與箾字別

東 桐 桐 榮也从木同聲爾雅釋木榮桐木按與梧同類而異皮青而澤莢邊綴子如乳者為梧亦謂之青桐皮白材中琴瑟有華無實者為桐亦謂之梧桐詩定之方中樹之榛栗椅桐梓漆此白桐也湛露其桐其椅此青桐也夏小正拂桐芭禮記月令桐始華此泛言桐也叚借為迵漢書禮樂志桐生茂豫注讀為通漢史晨後碑桐車馬于瀆上又為僮法言學行桐子之命也又為詷漢書廣陵王胥傳毋桐好逸注輕脫之皃也又託名幖識字書序伊尹放諸桐鄭注地名晉太康地記尸鄉東有城太甲所放處按在今河南河南府偃師縣西南五里又爾雅釋地北戴斗極為空桐疑即今直隸順天府薊州東北崆峒山又楚辭哀時命望閬風之板桐注山名也聲訓白虎通喪服桐杖桐者痛也法言學行注桐洞也按當作侗也

東董 侗 侗 大皃从人同聲方言十二侗狀也按謂壯也叚借為恫詩思齊神罔時侗又為僮書顧命在後之侗傳侗稚論語侗而不愿皇疏謂籠侗未成器之人也莊子山木侗乎其無識又為僮庚桑楚侗然而來又為敞庚桑楚能侗然乎釋文直而無累之謂引三蒼侗殼直皃按莊子諸侗亦皆單辭形況字字亦作侗又疊韻連語法言學行倥侗顓蒙

送 駧 駧 馳馬洞去也从馬同聲

東送 恫 恫 痛也从心同聲字亦作慟作痌作瘜詩思齊神罔時恫桑柔哀恫中國書盤庚乃奉其恫康誥恫瘝乃身史記燕世家百姓怨恫思元賦恫後辰而無及武榮碑瘜乎我君黃鳳碑瘜兮切惻李翊夫人碑瘜感路人吳仲山碑瘜瘜奈何又論語子哭之慟馬注哀過也鄭注變動容貌則謂即動字別義說文一曰呻吟也廣雅釋樂慟歌也字又作嗵古韻詩思齊叶公恫邦

董送 洞 洞 疾流也从水同聲水經湘水與沅水合于湖中注即洞庭湖也按在今湖南岳州府巴陵縣西南海內東經湘水入洞庭下注洞庭地穴也今吳縣南太湖中有包山下有洞庭穴道潛行水底無所不通按今江蘇蘇州府吳縣有洞庭山吳都賦集洞庭而淹留注疾皃也叚借為迵淮南原道遂兮洞兮注達也魏都賦重闈洞出注通也又素問四氣調神大論心氣內洞注謂中空也論衡超奇上通

下達、故曰洞、歷又爲筒、三禮舊圖、無底者謂之洞簫、又疊韻連語、淮
南原道、與天地鴻洞、精神、頌漾鴻洞、長笛賦、澒洞坑谷、注、相通也、又
重言形況字、禮記禮器、洞洞乎其敬也、廣雅釋訓、洞洞、敬也、淮南天
文、洞洞灟灟、氾論、洞洞屬屬、注、婉順皃、漢書谷永傳、洞洞屬屬、注、驚
肅也、又單辭形況字、荀子非十
二子、紫然洞然、注、恭敬之皃、

東腫 **鮦** 鮦 鮦魚也、从魚同聲、一曰鱶、讀若襱、字亦作鱅、爾雅釋魚、鰹大鮦
小者鮵、按卽鱧也、中者曰鮦、廣雅、鱺鮦也、借鱺爲鱧、鱧與鱧鮵
鯠别、蘇俗謂之黑魚、首有七星、夜則北向、諸魚中惟此魚膽甘可食
叚借託名幖識字、漢地理志汝南郡鮦陽縣、按今河南汝寧府新蔡
縣有鮦水、左襄四傳、楚師猶在繁陽、卽其地也、此字後人讀如紂、因
漢志孟康注紂紅反、左傳釋文誤引作音紂、而誤猶鷕字本以水切
而誤作以小切、
因讀如杳也、

董 **挏** 挏 推引也、从手同聲、漢有挏馬官、作馬酒、按取馬乳汁挏治之、
味酢可飲、顏氏家訓、撞挏、謂撞擣挺挏之、挺挏亦雙聲連語、

董 **姛** 姛 直項皃、从女同聲、字亦作胴、方言十二、胴、狀也、

東 **銅** 銅 赤金也、从金同聲、漢書貨殖傳、章山之銅、所謂丹陽銅也、今世
有白銅、蓋點化爲之、非其本質、叚借爲鐘、周禮典同、故書六銅、

司農注、銅陰也、又託名幖識字、蜀都賦、外負銅梁于宕渠、注、山名、在
今四川重慶府銅梁縣、又水經溫水注、銅鼓卽駱越也、又左昭二十
八傳、樂霄爲銅鞮大夫、在今山西沁州沁源縣西南、又史記弟子傳、
銅鞮伯華、大戴作桐提、按晉羊舌職長子叔向之父伯華、名赤、食采
于銅鞮、其後以邑爲氏、聲訓、漢書律麻志用
銅者名自名也、注、取銅之名以合于同也、

彤一名、 徒冬切、

冬 **彤** 彤 丹飾也、从丹从彡、會意、彡其畫也、按卽古文丹字、音讀與耳小
爾雅廣詁、彤赤也、書文侯之命、彤弓一、詩彤弓弨兮、荀子大略
諸侯彤弓、按丹漆也、又書顧命、麻冕彤裳、傳纁也、又詩靜女貽我彤
管、箋筆赤管也、又左哀元傳、器不彤鏤、注丹也、又漢高功臣頌、彤雲
晝聚、西京賦、彤庭煇煇、又爾雅釋畜、彤白雜毛騢、叚
借託名幖識字、晉語、夷鼓彤魚氏之甥也、注、國名、

中二十九名、凡中之派皆衍中聲、 陟躬切、

東送 **中** 中 㕜 𠁧 和也、从口丨、上下通、古文㠯下、籀文丨上左下右皆
有二注、按此篆說解宋麻沙本作肉也、一本作而也、
今本作和也、孫氏星衍段氏玉裁訂作內也、駿按白虎通五行、中和
也、古訓中爲和者、乃中字之轉注、其本訓當爲矢箸正也、从口圍非、

段訂从口、亦未允當、从㫃象射㑄形、从丨通也、亦象矢形、橫穿爲毌、
從通爲中、用字从此作㫃、古文用作㫃則象㑄顯然、屈下者㫃卽敘
所云漢時俗書中字、非古文中也、猶文多四注、當謂乘矢指事、中正
二字、皆以射喻、習用不察耳、周禮射人、與太史數射中、儀禮大射儀、
中離維綱、禮記射義、持弓矢審固、然後可以言中、故盛算之器卽曰
中、鄉射禮記、皮樹中、閭中、虎中、兕中、鹿中、是也、轉注、考工桃氏、中其
莖、司農注、謂穿之也、又荀子彊國、敵中則奪、注擊也、淮南原道、好事
者未嘗不中、注傷也、漢書何武傳、欲以吏事中商、注傷之也、又箸㑄
之正爲中、故中卽訓正、論語、允執厥中、皇疏、謂中正之道也、淮南主
術、是以中立、注正也、孟子離婁章指、履其正者、乃可爲中、儀禮聘禮、
每門注、門中、門之正也、周禮小司寇、獄訟之中、注、謂罪正所定、禮記
玉藻、頭頸必中、注、頭容直、太元周、植中樞、注、正午爲中、左昭六傳、楚
辟我衷、注、正也、周語、齊明衷正、以衷爲之、又儀禮命中曰獲、中則獲、
不中則失、故周禮師氏、掌國中失之事、故書中爲得、齊策、是秦之計
中、注、得也、史記封禪書、與王不相中、索隱引三蒼、中、得也、漢書刑法
志、斯豈刑中之意哉、注、當也、禮記月令、律中大簇、注、猶應也、漢書李
廣傳、諸將多中首虜率爲㑄、注、猶充也、穆天子傳、味中糜胃而滑、注、
猶合也、又矢中于正、則其介有上下左右之分、故書堯典、日中星鳥、
傳、春分之日、左莊二十九傳、日中而出、日中而入、注、春秋分也、桓七
年、夜中星隕如雨、注、夜半也、洪範五行傳、歲之中、月之中、日之中上

林賦、酒中樂酣、注、半也、列子立命、得亦中、亡亦中、注、半也、又矢中於
正、則其介平均、故考工弓人、斵摯必中、注、猶均也、晉語、夫以回鬻國
之中、注、平也、漢書律麻志、以子穀秬黍中者、注、不大不小也、淮南原
道、動靜不能中、注、適也、又物穿則有隙、故儀禮鄉射禮、下射從之中
等、士虞禮記、中月而禫、聘禮記、士中日則二雙、學記、中年考校、玉藻、
士中武、注、皆訓閒也、又長中繼揜尺、釋名、中衣、言在小衣外、大衣內
也、按卽裼衣也、又中者入其裏、故詩牆有茨、中冓之言、傳、內冓也、考
工匠人、國中九經九緯、注、城內也、秦策、又有母在中、注、猶內也、考工
弓人、疢疾險中、注、角裏傷、又周禮天府、治中、司農注、謂治職簿書之
要、後漢伏湛傳、中書、注、內中之書也、蓋鄭傳、中人、注、內人也、中署、注、
內署也、中藏、注、內藏也、漢書藝文志、劉向以中古文易經、注、天子之
書也、又史記樂書、四暢交于中、正義、心也、禮記文王世子、禮樂交錯
于中、注、心中也、周禮大司樂、中和祗庸孝友、注、猶忠也、論語、中庸之
爲德也、皇疏、中、中和也、弓人、燥乎柔惟和、乃中、故轉注亦爲和、禮記中
庸、中也者、天下之大本也、叚借爲庸、禮記禮器、因名山升中于天、注、
猶成也、謂封禪告成功、又爲充、漢書郭解傳、解貧不中訾、注、充也、匈
奴傳、令其量中、注、猶滿也、外戚傳、婕妤視中二千石、注、中之言滿也、
又爲躬、禮記檀弓、文子其中退然如不勝衣、注、身也、楚語、余左執鬼
中、又爲仲、荀子堯問、其在中蘬之言也、注、與仲虺同、左文六傳、中行
鍼虎、襄十九傳、中子戎子、又爲忡、方言十二、懮忡中也、又爲忠、漢張

zhōng 忠　zhōng 衷　zhòng 仲　chōng 盅　zhōng 𦬕

遷碑中謩於朝魏横海將軍呂君碑君以中勇又疊韻連語禮記月令中央土詩蒹葭宛在水中央中古亦讀如章聲訓墨子經上中同長也禮記鄉飲酒義中者藏也素問陰陽類論五中所主注謂五藏春秋繁露循天之道中者天之用也中者天下之所終也史記孔子世家折中於夫子宋均注當也漢書司馬遷傳其實中其聲者謂之端實不中其聲者謂之款注當也充也尚書大傳中祀大交霍山注仲也漢書敘傳注中傷也古韻易需叶窮中功訟叶訟中凶中解叶衆中功節協屮窮通中孚叶中邦詩采蘩叶中宮式微叶躬中楚辭雲中君叶降中窮憹轉音呂覽本生叶弓中按讀如徵也詩小戎叶中驂按讀如斟也召旻叶頻中按讀如眞也

東 **𦬕** 𦬕 𦬕艸也从艸中聲

東 **盅** 盅 器虛也老子曰道盅而用之字亦以沖爲之

送 **仲** 仲 中也从人中聲釋名釋親屬仲中也言位在中也儀禮士冠禮曰伯某甫仲叔季惟其所當禮記檀弓五十以伯仲周道也按古者幼名冠字冠字謂之且字且存也表之以字所以爲伯仲叔季之藉也殷禮二十爲字之時卽兼伯仲叔季評之周禮始字不評伯仲至五十乃加而評之女子則笄而字卽稱伯姬仲姬又兄弟之數逾四人者殷禮則積仲周禮則積叔孝經仲尼凥張禹注中也史記

鄒陽傳索隱陳仲子字子終詩大明摯仲氏任傳摯國任姓之中女也叚借爲中書堯典以殷仲春禮記月令律中仲呂又託名幖識字爾雅釋樂大籥謂之産其中謂之仲字亦作筗說文引作籦又釋草仲無笐注亦竹類聲訓白虎通姓名仲者中也爾雅其中謂之仲舍人注其聲適中仲呂也呂覽孟夏注仲呂陰律也陽散在外陰實在中所以旅陽成功也故曰仲淮南天文仲呂者中充大也古韻詩擊鼓叶仲宋忡出車叶蟲螽忡降仲戎

送東 **衷** 衷 裏褻衣也从衣中聲左宣九傳皆衷其衵服以戲于朝穀梁傳或衷其襦左襄二十七傳楚人衷甲叚借爲中左僖二十四傳服之不衷注猶適也莊六傳而後立衷焉注節適也呂覽適音衷音之適也書皐謨和衷哉傳善也左昭六傳楚辟我衷注正也僖二十八傳今天誘其衷注中也昭十六傳發命之不衷注當也荀子成相欲對衷言不從注誠也後漢梁統傳爰制百姓于刑之衷衷之爲言不輕不重之謂也廣雅釋詁一衷善也

東 **忠** 忠 敬也从心中聲與左形右聲之忡別孝經疏引字詁忠直也白虎通忠者厚也左文元傳忠德之正也周語忠文之實也賈子大政忠者德之厚也後漢鮑永傳忠者義之主也禮記禮器忠信禮之本也左桓六傳上思利民忠也昭十二傳外强內溫忠也昭元傳

tōng 通　yǒng 甬　yòng 用　chōng 沖　chōng 忡

臨患不忘國忠也成九傳無私忠也趙策竭意不諱忠也周語中能應外忠也莊子繕性義明而物親忠也左昭十二傳外內倡和爲忠周書諡法危身奉上曰忠周語考中度衷爲忠又言忠必及意孟子敎人以善謂之忠聲訓周禮大司徒知仁聖義忠和注忠言以中心論語忠恕而已矣皇疏謂盡中心大戴曾子大孝忠者中此者也賈子道術愛利出中謂之忠古韻楚辭卜居叶忠窮呂覽期賢叶忠隆

東 **忡** 忡 憂也从心中聲與下形上聲之忠別字亦作懺作惗作恍詩擊鼓憂心有忡傳憂心忡忡然爾雅釋訓忡忡憂也草蟲憂心忡忡傳猶衝衝也亦重言形況字楚辭雲中君極勞心兮懺懺又廣雅釋詁一惗憂也埤蒼恍心動也古韻詩草蟲叶蟲螽忡降擊鼓叶仲宋忡出車叶蟲螽忡降仲戎楚辭九歌叶降屮窮懺

東 **沖** 沖 涌搖也从水中聲讀若動字亦作浺又誤作冲海賦浺瀜沆瀁注深廣之皃亦疊韻連語轉注素問解精微論惗則沖陰按猶動也注升也失之叚借爲僮書盤庚肆予沖人金縢惟予沖人弗及知後漢沖帝紀注幼少在位曰沖又爲盅老子道沖而用之注中也按虛也淮南原道沖而徐盈注虛也詮言聰明雖用必反諸沖謂之太沖注調也失之魏都賦帝德沖矣七命沖漠公子又爲輴呂覽重言飛將沖天注至也又重言形况字詩七月鑿冰沖沖傳鑿冰之意蓼蕭鞗革沖沖傳垂飾皃又雙聲連語荀子非十二子沖禫其辭注當爲沖澹古韻詩蓼蕭叶濃沖雝同轉音七月叶沖陰按讀若沈也

宋 **用** 用 用 可施行也从卜从中會意衛宏說按六書故中字注引衛宏說中聲古文中作用倉頡篇用以也方言六用行也易益利用爲大作虞書五刑五用哉微子乃攘竊神祇之犧牷牲用又周禮宰夫乘其財用出入注貨賄也小司徒乃會萬民之卒伍而用之注謂使民事之鄭語時至而求用注備也魏策吾用多注資也又公羊僖八年用致夫人傳用者不宜用也又荀子富國仁人之用國注爲也叚借爲剝終不可用也豐終不可用也按皆巛之誤字巛害也與載事爲韻聲訓莊子齊物論用也者通也古韻詩小旻叶從用卬三暑上叶勇重動用荀子天論叶誦用

腫 **甬** 甬 艸木華甬甬然也从马用聲轉注考工鳧氏舞上謂之甬注鐘柄叚借爲桶禮記月令角斗甬注今斛也又爲備方言三保庸謂之甬又爲庸實爲史廣雅釋詁一甬常也又爲用廣雅釋詁一甬使也又爲踊淮南本經甬道相連注飛閣複道也又託名幖識字左哀二十二傳請使吳王居甬東今浙江寧波府定海縣東翁山一名翁州卽舟山也四面皆海越語請達王甬句東甬句雙聲連語

東 **通** 通 達也从辵甬聲易繫辭往來不窮謂之通又推而行之謂之通說卦坎爲通晉語道遠難通注至也呂覽達鬱血脈欲其通也

注利也又禮記儒行上通而不困注謂仕道達于君也漢書高帝紀通侯諸將注亦徹也按本曰徹侯避武帝諱改爲通侯又莊子齊物論通也者得也讓王君子通于道之謂通論衡超奇博覽古今者爲通人又皇甫謐高士傳陸通字接輿【轉注】司馬法井十爲通通十爲成周書大聚與田疇皆通注達比也【叚借】爲同小爾雅廣義上淫曰烝下淫曰報旁淫曰通左襄二十五傳莊公通焉服注凡淫曰通廣雅釋詁一通姪也又爲𥊚釋名釋疾病眸子明而不正曰通視言通達目匡一方也按如瞑視也又託名幖識字東京賦冠通天注冠名也【聲訓】釋名釋言語通洞也無所不貫洞也後漢來歷傳注通猶共也【古韻】易泰叶通同節叶中窮通楚辭小言賦叶通工文子道原叶通動精誠叶功通【轉音】楚辭卜居叶長明通靈樞經經脈叶剛精長通行官能叶調通行文子精誠叶行光霜通按讀如湯也

yǒng 踊

腫　**踊**　跳也从足甬聲廣雅釋詁一踊上也左僖二十八傳曲踊三百哀八傳三踊于幕庭公羊成二傳踊于棓而窺客【轉注】左昭三傳屨賤踊貴注刖足者屨也按刖者躄而行故謂之踊【叚借】爲涌史記平準書物踊騰糶索隱踊騰猶低昂也集解踊甚也漢志作痛騰躍注踊騰一也不當重累言之則謂借爲痛字病也又爲豫實爲敍公羊僖十傳踊爲文公諱也注豫也齊人語若關西言渾矣豫踊雙聲【古韻】急就章二十四叶恐奉寵踊腫冢

yǒng 通

腫　**⿺走甬**　喪辟⿺走甬也从走甬聲按卽踊之別體今附于此禮記檀弓辟斯踊注躍也子壹不知夫喪之踊也注猶孺子之號慕問喪擗心爵踊注似爵之跳喪服四制跛者不踊公羊宣十八傳哭君成踊字皆作踊無作⿺走甬者

sòng 誦

宋　**誦**　諷也从言甬聲廣雅釋詁二誦論也四誦言也周禮大司樂興道諷誦言語注背文曰諷以聲節之曰誦禮記文王世子春誦夏弦注謂歌樂也檀弓大功誦可也注許其口習故也晉語與人誦之注不歌曰誦楚語宴居有師工之誦周語瞍賦矇誦注謂箴諫之語也孟子爲王誦之注言也修華嶽碑刊石作誦江淹詩幸承光誦末注猶華藹也按詩二雅三頌以頌爲之【叚借】爲訟實爲公漢書高后傳未敢誦言誅之注公言也又爲松淮南齊俗王喬赤誦子注赤誦子上谷人又爲献武梁祠堂畫像祝誦氏無所造爲又託名幖識字海內西經開明南有誦鳥注鳥名莊子大宗師聞諸洛誦之孫李注通也【古韻】詩節南山叶誦訩邦荀子天論叶誦用

tóng 筩

東　**筩**　斷竹也从竹甬聲與筒別漢書李廣漢傳教吏爲缿筩注竹筩也如今官受密事筩也律麻志伶倫制十二筩以聽鳳鳴按黃鐘之宮名曰含少其長三寸九分準此筩之長短上生下生又制十二筩卽六律六同也【轉注】江賦筩灑連鋒注筩灑皆釣名也【叚借】爲侗廣雅釋詁二筩長也【古韻】急就章十二叶僮杠幢縱工

tǒng 桶

董　**桶**　木方受六升从木甬聲按六升當作六斗廣雅釋器方斛謂之桶呂覽仲春角斗桶史記商君傳平斗桶【轉注】通俗文受黍者曰桶【叚借】爲筩方言五箸筩自關而西謂之桶檧注今俗通呼小籠爲桶檧按亦疊韻連語又重言形況字釋名釋山桶桶狹而長也按猶楕楕也桶楕一聲之轉

tòng 痛

送　**痛**　病也从疒甬聲易說卦坎爲耳痛釋名釋疾病痛通也通在膚脈中也一切經音義引張揖雜字痛癢疼也【轉注】管子七臣七主姦臣痛言人情以驚主注甚極之辭史記武安侯傳非痛折節索隱甚也秦策不待痛而服矣注急也【叚借】爲恫廣雅釋詁二痛傷也方言十三讟痛也楚語使人無有怨痛于楚國注疾也呂覽博志苦痛之注悼也

yǒng 俑

腫　**俑**　痛也从人甬聲按廣韻引埤蒼俑木人送葬設關而能跳踊故名之禮記檀弓謂爲俑者不仁注偶人也通典引禮記俑有面目機發似于生人孟子始作俑者注偶人也謝惠連祭古冢文撫俑增哀注或謂偶刻木以象人形是義當與偶同說文解爲痛以聲訓

yǒng 涌

腫　**涌**　滕也从水甬聲字亦作湧作㴲廣雅釋詁一涌出也爾雅釋水濫泉正出正出涌出也公羊昭五傳濆泉者何直泉也直泉者何涌泉也釋名釋水水上出曰涌泉論衡狀留泉暴出者曰涌楚辭悲回風憚涌湍之磕磕兮注涌湍危阻也【轉注】素問陰陽離合論少陰根起於涌泉注穴名在足心下踡指宛之中又五常政大論漂泄沃涌注溢也其動瘍涌注嘔吐也又方言六悀滿也凡以器盛而滿謂之悀注言涌出也【叚借】託名幖識字左莊十八傳閻敖游涌而逸在今湖北荆州府監利縣南水經江水注涌水注之蓋入夏水而南通于江也又雙聲連語枚乘七發軋盤涌裔注行皃按猶溶滴容與也又重言形況字釋名釋山山傍隴閒曰涌涌猶桶桶狹而長也

yǒng 蛹

腫　**蛹**　繭蟲也从虫甬聲按凡蟲成繭後體在中曰蛹蠶其一也爾雅釋蟲螝蛹孫炎注螝卽是雄蛹卽是雌荀子蠶賦蛹以爲母蛾以爲父又廣雅土蛹蠁蟲也按知聲蟲卽爾雅之國貉玉篇謂卽禹蟲

yǒng 勇

腫　**勇**　气也从力甬聲或从戈用聲古文从心甬聲字亦作慂墨子經上勇志之所以敢也周語勇文之帥也孟子離婁章指勇人之高行也呂覽論威勇天下之凶德也禮記樂記臨事而屢斷勇也左昭二十傳知死不辟勇也管子水地折而不撓勇也周書謚法勝敵壯志曰勇韓子解老不疑之謂勇賈子道術持節不恐謂之勇詩巧言無拳無勇論語仁者必有勇左成十二傳使訓勇力之士注勇力皆車右也【叚借】爲沖廣雅釋詁一慫慂動也又疊韻連語廣雅釋詁一慫慂勸也漢書衡山王賜傳日夜縱臾王謀反事注臾讀曰勇勇臾雙聲【聲訓】左文二傳共用之謂勇周語以義死用謂之勇釋名釋言語勇踊也遇敵踊躍欲擊之也【古韻】詩巧言叶

yōng 鷛　yōng 庸

勇熚長發叶共厖龍勇動竦總宋玉高唐賦叶動恐勇三略上叶恿恐動重周書周祝解叶種勇(轉音)老子三寶叶勇廣長按讀如枉也

庸（冬）[seal] 用也从用从庚會意庚更事也易曰先庚三日按庚猶續也事可施行謂之用行而有繼謂之庸家大人說庸者鏞之古文庚象桐虡用象鐘縣用亦聲商詩庸鼓有斁正作庸經傳皆借爲用字存參禮記中庸鄭君目錄云名曰中庸者以其記中和之爲用也君子中庸注常也用中爲常道也按中即性庸即道存諸心爲中發諸事爲庸其義一也舜用其中于民是謂中用愚而好自用是謂不中用史記秦本紀吾收天下書不中用者盡去之以書爲不中用正始皇之愚而自用也中庸亦言中和者中庸之和于道猶鐘鏞之和于樂矣書堯典疇咨若時登庸傳用也詩兔爰尙無庸傳用也莊子齊物論庸也者用也廣雅釋訓庸庸用也又周禮司勳民功曰庸太宰五曰保庸典庸器掌藏樂器庸器大司徒以庸制祿虞書有能奮庸熙帝之載孟子利之而不庸注功也又爾雅釋詁庸勞也釋訓庸庸勞也書康誥庸庸祗祗荀子大略庸庸勞勞又爾雅釋詁庸常也書皋謨自我五禮有庸哉易文言庸言之信庸行之謹周禮大司樂中和祗庸孝友孟子庸敬在兄又小爾雅廣言庸善也廣雅釋詁三庸和也此卜中之義方言三庸代也小爾雅廣言庸償也此庚續之義皆一意之轉注(段借)爲中爲眾齊語君之庸臣也注凡庸也莊子德充符其與庸亦遠矣崔注常人也淮南原道此俗世庸民之所公見也注眾也史記佞幸傳寵最過庸索隱常也魏都賦超百王之庸庸注謂凡常無奇異也此不上不下之中中之轉注也或曰借爲恒恒庸雙聲又爲用書皋謨帝庸作歌法言重黎天子制公侯伯子男也庸節注以也又爲墉禮記王制附于諸侯曰附庸注小城曰附庸詩崧高以作爾庸禮記郊特牲祭坊與水庸左襄九傳祝宗用馬于四庸又爲傭廣雅釋詁一庸使也方言三庸謂之倯漢書司馬相如傳與庸保雜作注謂賃作者又託名幖識字書牧誓庸蜀羌髳左文十六傳楚滅庸在今湖北鄖陽府房縣詩桑中美孟庸矣傳姓也按以國爲氏錢辛楣師謂借爲閻以左傳閻職史記作庸證之按閻庸雙聲字又發聲之詞公羊莊三十二傳庸得若是乎注猶傭傭無節目之辭管子大匡庸必能用之乎注猶何也莊子齊物論庸詎知吾知之非不知耶李注庸詎猶言何用也魯語庸何傷晉語吾庸知天之不授晉楚辭哀時命庸詎知其吉凶凡發聲之詞借聲託意本無正字後仿此(聲訓)公羊隱元傳疏引春秋說庸者通也左昭三十二傳伯父有庸施注功也莊十四傳庸非貳乎注用也(古韻)詩桑中叶葑東庸兔爰叶罿庸凶聰南山叶雙庸從離騷叶庸降

說文通訓定聲　豐部弟一　九

鷛（冬）[seal] 鷛鳥也从鳥庸聲漢書司馬相如傳煩鶩鷛渠注即今之水鷄也史記索隱一名章渠吳都賦鷄鶒鷛鸘注似鴨而鷄足灰色與舂令之名雍渠者迴別又西山經松果之山有鳥曰螐渠如山鷄黑身赤足可以已𦢊按螐从鳥蟲省聲當讀如融未審即鷛渠不也

yōng 鄘　chōng 傭　yōng 𧳜　yōng 鱅　yōng 墉　yōng 鏞　zhōng 夂[1]

鄘（冬）[seal] 南夷國从邑庸聲據許此爲庸蜀羌髳之庸鄭按毛詩鄭譜自紂城而北謂之邶南謂之鄘東謂之衛使管叔蔡叔霍叔尹之其地在今河南衛輝府新鄉縣左襄二十九傳爲之歌邶鄘衛漢書地理志作庸者段借字注本作鄘是也且志言邶封武庚管叔尹鄘蔡叔尹衛無霍叔三監爲二亦非庸者漢南國鄘者殷畿內邑(段借)爲墉左昭二十一傳宋城舊鄘

傭（冬）[seal] 均直也从人庸聲賣力受直曰傭隨其力均其直也史記陳涉世家嘗與人傭耕索隱役也漢書食貨志教民相與庸輓犂注義與庸賃同楚辭懷沙固庸態也注厮賤之人也皆以庸爲之或曰方言三庸代也小爾雅廣言庸償也亦即此傭字(段借)爲中爾雅釋言傭均也詩節南山昊天不傭傳均也韓詩作庸傳易也按猶平也考工梓人摶身而鴻注鴻傭也(古韻)節南山叶傭訩

𧳜（冬）[seal] 猛獸也从豸庸聲字亦作犝作㺢上林賦㺢旄貘犛注似牛領有肉堆漢書作犝注今之犎牛也亦以庸爲之注庸牛今之犎牛也按即爾雅之犦牛郭注領上肉犦胅起高二尺許狀如橐駝健行日三百里交州合浦徐聞縣出此牛今廣東雷州府海康縣也

鱅（冬）[seal] 鱅魚也从魚庸聲史記司馬相如傳鰅鱅鰬魠集解似鰱而黑漢書以鰫爲之故詩敝笱疏鰱或謂之鱅

墉（冬）[seal] [seal] 城垣也从土庸聲古文與訓外城之𩫏同字疑誤集韻引作𩫖字亦作𨻐易解公用射隼于高墉之上詩皇矣以伐崇墉良耜其崇如墉左昭十八傳祈于四墉西京賦橫西洫而絕金墉(轉注)爾雅釋宮牆謂之墉書梓材既勤垣墉馬注高曰墉詩行露何以穿我墉儀禮士冠禮西墉下禮記郊特牲君南鄉于北墉下尙書大傳天子賁庸以庸爲之(聲訓)釋名釋宮室墉容也所以蔽隱形容也(古韻)詩行露叶墉訟從皇矣叶衝墉良耜叶崇墉句中韻

說文通訓定聲　豐部弟一　十

鏞（冬）[seal] 大鐘謂之鏞从金庸聲書益稷笙鏞以閒詩靈臺賁鼓維鏞按商頌庸鼓有斁周書世俘解王奏庸爾雅釋樂李巡注庸大也孫炎注庸深大之聲書益稷鄭注西方之樂謂之庸庸功也是鏞庸同字鄭訓笙庸爲生功者儀禮大射儀笙磬笙鐘頌東階之東頌磬與鐘陳西階之西彼注東爲陽中萬物以生故謂之笙西爲陰中萬物所成故謂之頌古文頌爲庸鄭以書笙猶生庸猶功此通言東西兩階之樂與堂上閒代而作也古鏞鼓對舉笙與鏞細大不倫當從鄭說爲是(古韻)詩靈臺叶樅鏞鐘廱

夂七名凡夂之派皆衍夂聲、職戎切

夂（東）[seal] [seal] 絿絲也从糸冬聲古文象絲一束之形與牢同形牢象檻一以閑之終象絲一以束之冬以夂爲聲小篆之終轉以冬爲聲今舉古文建首者古文爲聲母也(轉注)廣雅釋詁一終極也四終窮也爾雅釋言彌終也注竟也論語天祿永終包注天祿所以

dōng tóng
冬 䗤

zhōng zhōng
螽 汷

長終皇疏祚祿位長卒竟汝身也易象下傳君子以永終知敝虞注坤爲永終按絲最長終與永同義漢武立子齊王閎冊班彪王命論帝不疑謂暴勝之語靈帝立皇后詔孫權告天文枚頤僞禹謨皆用天祿永終語論語集註失之又易訟終朝三拕之詩終朝采綠傳自旦及食時爲終朝周禮宰夫歲終注周季冬也考工記則於馬終古登阤也注齊人之言終古猶言常也周語庶人終食注畢也純明則終注成也左僖二十四傳婦怨無終注猶已也又釋名釋喪制終盡也禮記文王世子文王九十七乃終檀弓君子曰終周語司民協孤終廣雅釋詁三終竟也爾雅釋詁就終也字亦作終又司馬法十成爲終按九千夫之地叚借爲眾禮記祭法以義終魯語作以儀民按猶宜民也又託名幖識字詩終南何有傳周之名山中南也在今陝西鳳翔府郿縣南又考工玉人杼上終葵首注終葵椎也齊人謂椎曰終葵終葵之合音爲椎廣雅釋器作柊楑又爾雅釋草終葵蘩露疑即今之西番蓮也葉似椎圓而剡上字亦作蔠又釋木終牛棘亦名馬棘王棘按即小棗之刺麤而長者又發聲之詞詩終溫且惠終窶且貧終和且平終善且有皆猶旣也惟終風且暴傳終日風爲終風韓詩終風西風也王伯申先生云當一例讀按爾雅積飄暴霾曀皆有釋終風不箸王說是也聲訓儀禮士冠禮廣終幅注充也禮記鄉飲酒義節文終遂焉注猶充備也古韻詩旣醉叶融終轉音詩蕩叶諶終按讀如斟也

東 **汷** 汷水也从水夂聲夂古文終按字亦作洚或曰水在襄陽

東 **螽** 蝗也从䖵夂聲或从虫眾聲亦作蠢作蝩始生曰蝝大曰螽穀梁桓五傳螽蟲災也爾雅釋蟲蛗螽蠜又螽醜奮詩草蟲趯趯阜螽傳蠜也按螽子遇旱爲螽遇水即爲魚詩無羊眾維魚矣實維豐年以眾爲之轉注爾雅草螽負蠜詩草蟲喓喓草蟲傳常羊也按今蘇俗謂之叫哥哥又蜤螽蜙蝑詩螽斯螽斯羽七月五月斯螽動股傳皆云蜙蝑也析斯一聲之轉方言十一春黍謂之蜙蝑按亦曰舂箕曰蚣蠑亦聲之轉疑蘇俗所謂紡績娘也又蟿螽螇蚸注似蚣蠑而細長飛翅作聲按今棲霞人謂之蛤答板又土螽蠰谿注似蝗而小按善跳不能作聲蘇俗謂之蚱蜢古韻詩草蟲叶螽忡降出車叶蟲螽忡降仲戎

冬 **䗤** 䗤䗤也从䖵冬聲字亦作蝩

冬 **冬** 四時盡也从仌从夂會意按夂聲古文从日夂聲或曰从日月星辰之日則趙衰冬日意或曰从歲月日時之日則數將幾終意皆通爾雅釋天冬爲元英注氣黑而青英又冬爲安寧注四者尸子皆以爲太平祥風後漢張純傳冬者五穀成熟物備禮成聲訓禮記鄉飲酒義冬之爲言中也中者藏也釋名釋天冬終也物終成也古韻詩谷風叶冬窮轉音易彖類謀叶羊亡佯祥行光常

zhōng dōng
鼨 苳

zhǒng
㚇(冢)

zhòng
眾(衆)

冰霜藏冬兄注牀按讀如當也

冬 **苳** 苳艸也从艸冬聲大篆从茻冬

東 **鼨** 豹文鼠也从鼠冬聲籒文从夂聲爾雅釋獸鼨鼠鼨鼠豹文鼨鼠郭讀鼨鼠鼨鼠注未詳豹文鼨鼠注鼠文采如豹者漢武時得此鼠孝廉郎終軍知之賜絹百匹則與許讀異也說文無鼨字亦無鼨字按唐書盧藏用傳有異鼠豹文虎臆大如拳職方辛怡諫謂之鼮鼠而賦之藏用弟若虛曰此許慎所謂鼨鼠豹文而形小者一坐驚服是唐人從許不從郭也又按藝文類聚引竇氏家傳光武時孝廉郎竇攸識豹文鼠水經注廣韻御覽及文選注引三輔決錄皆同非終軍也郭誤耳其以豹文爲鼮鼠則皆同郭讀愚按爾雅當以鼨鼠鼨鼠豹文爲句蓋豹文者有鼨鼠鼮鼠二名也鼮鼠疑即說文之鼮令鼠

冢一名 知隴切

腫 **冢** 高墳也从勹豖聲豖冢一聲之轉或曰从椓省會意椓擂土也亦通今附豐部周禮冢人掌公墓之地方言十三冢秦晉之閒或謂之壠轉注詩緜乃立冢土傳大社也又爾雅釋山山頂冢詩十月之交山冢崒崩西山經華山冢也注冢者神鬼之所舍也叚借爲長爾雅釋詁冢大也白虎通爵冢者大也書牧誓我友邦冢君周禮乃立天官冢宰周書大匡王乃召冢卿禮記內則冢子則太牢左閔二傳大子奉冢祀社稷之粢盛昭十三傳共王無冢適鄭語其冢君侈驕冢長一聲之轉或以爲轉注或謂借爲充爲崇皆非又託名幖識字西山經崇吾之山北望冢遂注山名聲訓水經泚水注楚人謂冢爲琴按海內經冬夏播琴蓋猶言播種也冢種同聲釋名釋喪制冢腫也象山頂之高腫起也又釋山冢腫也言腫起也春秋說題辭冢者種也羅倚于山分尊卑之名者也周禮天官序官注百官總焉則謂之冢古韻急就章二十四叶恐奉寵踊腫冢

眾三名凡眾之派皆衍眾聲 之仲切

送 **眾** 多也从㐺从目會意周語人三爲眾易說卦坤爲眾周禮大宗伯大師之禮用眾也大均之禮恤眾也大田之禮簡眾也大役之禮佐眾也大封之禮合眾也後漢楊終傳安土重居謂之眾庶又禮記曲禮典司五眾注謂羣臣也仲尼燕居凡眾之動得其宜疏謂萬事也又儀禮喪服爲眾子注長子之弟及妾子又荀子脩身庸眾而野注眾眾人也淮南脩務不若眾人之有餘注凡也叚借爲螽即螽詩無羊眾維魚矣丁希曾云魚子遇旱變爲蝗得水則爲魚愚按蝗子遇旱爲蝗入水則爲魚也如舊說則左傳徵禹吾其魚乎難言昔

cóng 潨　zhōng 霥　chóng 蟲　róng 融　róng 肜

占公羊文三傳何注螺猶眾也又託名幖識字爾雅釋草眾秫按謂稷之黏者今釀爲高粱酒【古韻】易解叶眾中功管子勢篇叶眾從楚辭招魂叶眾宮

東 **潨** 小水入大水曰潨从水从眾會意眾亦聲字亦作潀詩曰鳧鷖在潨傳水會也謝靈運詩仰聆大壑潨【轉注】鳧鷖箋水外之高者也廣雅釋邱潨厓也【假借】爲眾吳都賦效獲潨注則訓水會【古韻】詩鳧鷖叶眾宗降崇

東 **霥** 小雨也从雨眾聲【假借】爲霿說文明堂月令曰霿雨今禮記月令注雨蚤降

蟲六名凡蟲之派皆衍蟲聲 直躬切

東 **蟲** 有足謂之蟲無足謂之豸从三虫會意家語執轡風爲蟲淮南情神煩氣爲蟲列子黃帝禽獸蟲蛾史記黃帝紀索隱蛾一作豸詩雞鳴蟲飛薨薨桑柔如彼飛蟲【轉注】大戴易本命羽蟲毛蟲甲蟲鱗蟲倮蟲皆謂之蟲禮記儒行鷙蟲攫搏淮南覽冥狡蟲死注狩也按獸也【假借】爲彤賈子禮容器無蟲鏤又重言形況字詩雲漢蘊隆蟲蟲傳蟲蟲而熱韓詩作烔字亦作爞按皆俗字或曰借爲融也又託名幖識字左昭十九傳圍蟲當在今山東兖州府濟寧州東又成五傳同盟于蟲牢在今河南開封府封邱縣北【聲訓】春秋考異郵蟲之爲言屈申也按申者中之誤即說文敘所云虫者屈中也屈中之合音爲蟲不知者仍作字形因造爲俗書耳唐扶頌德及草虫迷作虫字【古韻】詩草蟲叶蟲螽忡降出車叶蟲螽忡降仲戎小毖叶蜂蟲轉音文子九守叶陽蟲按讀如長也

東 **融** 炊气上出也从鬲蟲省聲籒文不省字亦作烔作爞左昭二十九傳火正曰祝融周語融降于崇山祝睦後碑淳曜天地曰祝融又左昭十八傳是謂融風火之始也【轉注】爾雅釋邱再成銳上爲融邱釋名釋邱融明也左昭五傳明而未融注朗也服注高也【假借】爲通景福殿賦品物咸融注猶通也遊天台山賦融而爲川瀆注猶銷也失之又爲羕爾雅釋詁融長也詩旣醉昭明有融方言一融長也宋衛荆吳之閒曰融又爲庸白虎通號融者續也五行祝融者屬續也庸从庚故爲續又雙聲連語景福殿賦隨雲融泄注動皃也笙賦泓宏融裔注聲長皃又重言形況字左隱元傳其樂也融融注和樂也【古韻】詩旣醉叶融終

東 **肜** 爾雅釋天繹又祭也周曰繹商曰肜夏曰復胙據字當从肉从彡省會意書高宗肜日傳祭之明日又祭詩絲衣序繹賓尸箋商謂之肜釋文亦作融思元賦展洩洩以肜肜後漢張衡傳注與融同是即融字之或體說文不錄今附于此一說此實肜字之誤體書爾雅借肜爲融賓爲甬也爾雅孫注肜者相尋不絕之意公羊宣八傳注肜者融融不絕肜與繹復意正同白虎通融者續也祝融者屬續也方言訓庸爲代代亦續也融無續義庸有續義以肜爲融猶以蟲爲彤而庸融又古通寫字耳錢辛楣師云即从舟彡聲之肜字不从肉按玉篇肜隸舟部祭也又舟行也存參

chōng 充　tóng 鉵　tóng 赨　tóng 痋　tǒng 統

冬 **痋** 動病也一切經音義引說文動痛也凡三見从疒蟲省聲

冬 **赨** 赤色也从赤蟲省聲管子地員赨埴黑秀箭長太元疑次五赨黃疑金中

冬 **鉵** 枱屬也从金蟲省聲讀若同字亦作鍾不省廣雅釋器鉈鏞謂之鍦按大犂也

充二名凡充之派皆衍充聲 昌終切

東 **充** 長也高也从儿育省聲充育一聲之轉或曰从育省會意育子長大成人也亦通方言十三充養也【轉注】周禮充人注猶肥也儀禮特牲禮宗人視牲告充【假借】爲窒窒即充短言之小爾雅廣詁充塞也詩旄邱褎如充耳箋塞耳也儀禮士喪禮瑱充耳字亦作黈大戴子張問入官黈紞塞耳按當作充紞又或誤爲黈纊也左文十一傳宋司徒皇父字充石又廣雅釋詁一充滿也左襄三十一傳寇盜充斥注滿也穀梁莊二十五傳言充其陽也注實也淮南兵畧此善爲充榦者也注盈也荀子子道顏色充盈注猛厲也列子仲尼南郭之貌充心虛注猶全也大戴保傅誠立而敢斷輔善而相義者謂之充周禮大府以充府庫注猶足也公羊桓四傳充君之庖注備也淮南說山近之則鐘音充注大也又禮記玉藻服之襲也充美也注猶覆也又爲終小爾雅廣詁充竟也方言一幅廣爲充又爲供爲龔周禮圉師射則充椹質注猶居也又爲衝管子內業敬發其充注謂道也漢石門頌八方所達益域爲充又爲出爲越廣雅釋詁一充行也又雙聲連語禮記儒行不充詘于富貴注歡喜失節之皃或作統亦同家語注踴躍參攪之皃又方言四無緣之衣謂之統裾注俗名裾掖字亦變作統又重言形況字禮記檀弓充充如有窮注憂悼在心之皃又託名幖識字詩山有扶蘇不見子充傳良人也【聲訓】漢書楊雄傳注充當也【古韻】詩山有扶蘇叶松龍充童

宋 **統** 紀也从糸充聲廣雅釋詁二統理也齊語以爲民紀統注猶經也甘泉賦拓迹開統注緒也荀子解蔽求其統類注法之大綱管幹別傳統者屬也漢書董賢傳注統領也又易乾乃統天鄭注本也禮記祭統目錄猶本也公羊隱元傳大一統也注始也周禮大宰以八統詔王馭萬民注所以合率以等物也又後漢周舉傳三統注天地人謂之三統論衡調時千五百三十九歲爲一統【聲訓】漢書兒寬傳統楫羣元注猶揔覽也笙賦統大魁以爲笙注總也

舂三名凡舂之派皆衍舂聲 書容切

冬 **舂** [篆] 擣粟也从廾持杵臨臼上會意午杵省也按午古杵字古者雝父初作舂按黃帝臣周禮舂人掌共米物序官女舂抌二人後漢明帝紀城旦舂注婦人犯罪不任軍役之事但令舂以食徒者又後漢西羌傳水舂河漕注即水碓也【轉注】周禮笙師舂牘應雅釋名釋樂器舂撞也以舂築地爲節也【叚借】爲摏史記魯周公世家舂其喉又疊韻連語禮記學記待其從容注舂容謂重撞擊也鄭意借舂容爲緟撞也又雙聲連語周書作雒解舂常畫旗注舂常謂藻井之飾也方言十一舂黍謂之蜙蝑廣雅作蚣蝑俗字也又託名幖識字穆天子傳一示女舂山之瑤注山海經作鍾【聲訓】史記周公世家集解舂猶衝也

江 **⿱舂見** [篆] 視不明也从見舂聲【別義】一曰直視也

冬江絳 **惷** [篆] 愚也从心舂聲與戇義同倉頡解詁惷愚無所知也周禮司刺三赦曰惷愚注生而癡騃僮昏者禮記哀公問寡人惷愚冥煩儀禮士昏禮某之子惷愚淮南本經愚夫惷婦注讀近戇籠口言之也

工三十二名凡工之派皆衍工聲 古紅切

東 **工** 工 𢒅 巧飾也象人有規矩也與巫同意古文又从彡按此字于六書爲指事橫即句豎即股凡工之事一規矩盡之圓出于方方出于矩矩之法一句股盡之巨字从此古文从彡彰文也易說卦巽爲工考工記審曲面埶以飭五材以辨民器謂之百工又知者創物巧者述之守之世謂之工禮記曲禮天子之六工曰土工金工石工木工獸工草工周禮大宰工事之式注作器物者論語工欲善其事皇疏巧師也【轉注】廣雅釋詁三工巧也詩楚茨工祝致告傳善其事曰工大戴文王官人進退工故注能也其言工巧注辭巧史記酈生陸賈傳工女下機索隱巧也故樂師樂人亦皆曰工虞書工以納言儀禮燕禮席工于西階上禮記鄉飲酒義工入升歌三終左襄四傳工歌文王之三十四傳工誦箴諫又方言八桑飛謂之工爵廣雅釋鳥女匠工雀也按亦曰巧婦即鷦鷯也桃蟲也【叚借】爲功書臯陶謨天工人其代之益稷苗頑弗即工周禮肆師故書凡師不工又爲官書堯典允釐百工詩臣工嗟嗟臣工魯語夜儆百工小爾雅廣言工官也工官雙聲又託名幖識字淮南道應元玉百工注三玉爲一工按此疑全之誤字【古韻】宋玉小言賦叶通工荀子成相叶功鴻工江【轉音】文子上德叶頌堂芳工按讀如剛也

東 **玒** 玒 玉也从玉工聲字亦作珙說文新附珙玉也

說文通訓定聲　豐部弟一　卅五

東 **訌** [篆] 讃也从言工聲詩召旻蟊賊內訌傳潰也箋爭訟相陷入之言也詩抑實虹小子爾雅釋言虹潰也以虹爲之字亦作愩漢書敘傳上音義愩憒也又潰也又惑也【古韻】詩召旻叶訌共邦

腫 **巩** 巩 [篆] 袌也从丮工聲或加手按或體⿱巩手字說文手部重出訓擁也从手巩聲今刪手部字【叚借】爲扛廣雅釋詁一⿱巩手舉也漢書王莽傳⿱巩手茵輿行注謂坐茵褥之上而令四人對舉茵之四角輿而行也

東 **攻** 攻 擊也从攴工聲左宣二傳攻靈公于桃園秦策寬則兩軍相攻漢書郭解傳臧命作姦剽攻論語小子鳴鼓而攻之又攻其惡按皆擊也又史記劉敬叔孫通傳攻苦食啖集解猶今人言擊也大荒南經禹攻雲雨注謂槎伐其林木又易繫辭愛惡相攻虞注摩也又周書大武四攻者注謂奪其計使不成也【叚借】爲工爾雅釋詁攻善也西周策是攻用兵注巧也小爾雅廣詁攻治也考工記凡攻木之工七按猶詩雉離于羅薪是穫薪景行行止如塗塗附行彼周行載輸爾載于時廬旅言授之縶以縶其馬儀禮士羞庶羞論語求善賈而沽諸皆一靜字一動字也周禮瘍醫以五毒攻之瘍人攻寤周書糴匡車不雕攻詩鶴鳴可以攻玉傳錯也靈臺庶民攻之傳作也左昭三十一傳攻鄭之士注猶作也又夏小正執陟攻駒按猶習也又廣雅釋獸攻牡也又爲鞏廣雅釋詁一攻擊也詩車攻我車既攻傳堅也魏都賦物背窳而就攻荀子議兵械用兵革攻完便利者强注當作功又爲龔甘誓左不攻于左右不攻于右傳治也按給也墨子明鬼作共又爲讐周禮大祝五曰攻六曰說注以辭責之論衡順鼓攻者責也責讓之也周禮翦氏以攻禜攻之按上攻急告也下攻治也又爲窖廣雅釋詁三攻伏也【古韻】詩車攻叶攻同龐東秦策蘇秦始將連橫章叶攻撞功【轉音】詩靈臺叶經營攻成按讀如耕也管子七臣七主叶賞棟上攻按讀如岡也

東 **琟** 琟 [篆] 鳥肥大琟琟也从隹工聲或从鳥字與鴻別

江 **杠** 杠 牀前橫木也从木工聲方言牀其杠謂之樹或謂之趙或謂之樺【轉注】孟子十一月徒杠成張音方橋也按橫木以渡後世或以石爲之字又作矼【別義】儀禮鄉射禮記杠長三仞注橦也士喪禮竹杠長三尺注銘橦也禮記檀弓注以練綢旌之杠釋文竿也【叚借】爲恭莊子人閒世且德厚信矼簡文注慤實皃【聲訓】釋名釋車杠公也衆叉所公共也【古韻】急就章十二叶僮杠幢縱工箭同雙龍鍾容

送 **貢** 貢 獻功也从貝工聲廣雅釋詁一貢上也二貢稅也釋言貢獻也周禮大司徒以令地貢注貢地所生謂九穀小司徒以任地事而令貢賦注謂九穀三澤之材也又以令貢賦注嬪婦百工之物大宰五曰賦貢以馭其用干注下之所納于上孟子夏后氏五十而貢

說文通訓定聲　豐部弟一　卅六

kōng hóng qióng
空 粠 邛

又貢者校數歲之中以爲常考工匠人注貢者自治其所受田貢其稅穀禮記曲禮五官致貢曰享注功也叚借爲坎書顧命爾無以釗冒貢于非幾馬本作贛注陷也貢坎雙聲又爲贛爾雅釋詁貢賜也史記弟子傳端木賜字子貢貢贛雙聲又爲告易繫辭六爻之義易以貢韓注告也貢告雙聲又爲訌幽通賦周貢盪而貢憤兮曹注憤也漢書敘傳音義貢合作心旁貢聲訓廣雅釋言貢功也

冬 **邛** 𨙨 邛地在濟陰縣从邑工聲按漢書外戚侯表邛成屬濟陰此地字蓋城字之誤水經泗水注黃溝又東逕邛城縣成城字亦通寫也當在今山東東昌府別義詩防有鵲巢邛有旨苕傳邛也按防在今河南陳州府淮寧縣邛邛在縣北又諭巴蜀檄邛笮皆西南夷國名邛即今四川邛州蜀都賦邛竹緣嶺注邛竹出興古盤江以南竹中實而高節可以作杖字亦作筇又作笻廣雅釋草笻竹也作笻者誤叚借爲病廣雅釋詁一邛病也詩小旻亦孔之邛巧言維王之邛禮記緇衣注邛勞也又爲蛩爾雅釋地與邛邛駏驉比周書王會獨鹿邛邛距虛善走也穆天子傳邛邛距虛走百里注亦馬屬按字亦作蛩古韻詩小旻叶從用邛巧言叶共邛

東 **粠** 粠 陳臭米也从米工聲漢書賈捐之傳太倉之粟紅腐而不可食以紅爲之

東董送 **空** 空 竅也从穴工聲經傳亦以孔爲之漢書溝洫志注空猶穿也白虎通封公侯篇司空主土不言土言空者空尙主之何況于實

以微見箸荀子解蔽空石之中有人焉注石穴也淮南原道空穴之中足以適情注巖穴也按字亦作窾款工一聲之轉廣雅釋詁三窾空也轉注素問六節藏象論血行而不得反其空注血流之道大經隧也又後漢章帝紀冰紈方空縠吹綸絮注孔也又爾雅釋詁空盡也詩大東杼柚其空論語屢空集解猶虛中也西京賦䆐戴庲空注滅無也後漢賈逵傳屢空則從孤竹之子注乏也又方言十三空待也別賦巡層楹而空揜注息也又莊子養生主導大窾達生窾啟寡聞之民淮南說山見窾木浮而知爲舟原道窾者主浮史記太史公自序實不中其聲者謂之窾皆即空也又說文新附腔內空也字亦作腔叚借爲窮詩節南山不宜空我師傳窮也列子黃帝至人潛行不空釋文本作窒又爲穹詩白駒在彼空谷傳大也韓詩正作穹爾雅釋詁穹大也左思詠史詩寥寥空宇內注廓也空穹雙聲又爲控周禮大祝三曰空首注拜頭至手所謂拜手也按猶引也疏失之又爲衡漢書張騫傳小國當空道注即孔也又爲公說文衣部季空禓左昭二十五傳正作公又爲弓中山經崃山多空奪注即蛇皮脫也工弓雙聲又疊韻連語爾雅釋地北戴斗極爲空桐疑即今順天府薊州東北空桐山與史記黃帝紀之崆峒別又重言形況字論語空空如也皇疏無識也鄭本作悾悾悾而不信鄭注誠慤也包注慤慤也則謂借爲慤空慤一聲之轉字亦作悾呂覽下賢空空乎其不爲巧故也注慤也又託名標識字周禮大司樂空桑之琴瑟楚辭大司

jiāng xiàng hóng
江 項 仜

命踰空桑兮從女注山名也又大招定空桑只注瑟名也按亦疊韻連語猶空松若亢顙也又莊子外物帥弟子而踐于窾水司馬注水名又釋名釋樂器箜篌師延所作靡靡之樂也後出于桑間濮上之地蓋空國之侯所存也字亦作箜聲訓漢書李廣利傳注空孔也張騫傳注空通也古韻詩大東叶東空大戴王言叶憧空

東 **仜** 仜 大腹也从人工聲讀若紅字亦作肛作𦛌作胮廣雅釋詁二胮肛脝也埤蒼胮肛腹脹也胮腹滿也叚借爲𢤱廣雅釋詁一仜有也

講 **項** 項 頭後也从頁工聲與脰義略同後漢左雄傳項背相望注謂前後相顧也叚借爲穹詩四牡項領傳大也工弓雙聲又疊韻連語後漢楊震傳強項按讀如亢也注謂不低屈是猶直項亦通又託名標識字左僖十七傳師滅項在今河南陳州府項城縣東北淮南說林項託使嬰兒矜此以國爲氏者童子逢盛碑作后橐項后一聲之轉聲訓釋名釋形體項确也堅确受枕之處也角即工短言之

江 **江** 江 江水也出蜀湔氐徼外崏山入海从水工聲按出今四川龍安府松潘廳北西番界大分水嶺即禹貢之岷山也經湖北湖南江西安徽至江蘇蘇州府昭文縣竟入海其北岸爲通州本朝江防四川則成都府同知掌其修理之政湖廣則武漢黃德道上荆南

道下荆南道掌之江西則九江府同知掌之江南瓜州則河道總督掌之爾雅釋水江河淮濟爲四瀆四瀆者發原注海者也按獨入海不因乎他水故謂之瀆書禹貢揚州三江既入鄭注左合漢爲北江會彭蠡爲南江岷江居其中則爲中江按三江實一江三者據上流言之非截然有三也合漢在今湖北漢陽府漢陽縣漢口會彭蠡在今江西九江府湖口縣自此而下南北合謂之中江即大江也與周禮職方其川三江漢書地理志之毗陵縣北江即大江吳縣南江即松江蕪湖縣中江即荆溪不同亦與越語三江環之注松江錢塘江浦陽江迥別并與水經沔水注三江者岷江松江浙江亦無涉而張守節史記正義乃以今江蘇之松江東江婁江所謂三江口者當之尤謬矣總之江湖古不相通春秋時伍員伐楚開通之不得如僞孔以後世之水道亂經也又禹貢荆州九江孔殷潯陽地記烏白江蚌江烏江嘉靡江畎江源江廩江提江箘江也張須元江圖三里江五州江嘉靡江烏土江白蚌江白烏江箘江沙提江廩江按五州即畎三里即源也始于今湖北武昌府武昌縣會于今江西九江府德安縣與豫章九江之入彭蠡爲湖漢水鄱水餘水脩水盱水蜀水南水彭水盧水在今江西省贛州饒州南昌建昌瑞州袁州南安吉安諸府水經注總稱贛水者不同叚借託名標識字左僖二年江人黃人按國在今河南光州息縣西南又漢書司馬相如傳江離蘪蕪注香草也聲訓釋名江公也諸水流入其中所公共也水經江水注江共

gōng 功　hóng 虹　hóng 紅　gāng 缸　xiáng 瓨　gāng 扛

也。風俗通山澤江者貢也，所出珍物可貢獻也。古韻楚辭哀郢叶江東，悲回風叶江洶，荀子成相叶功鴻工江，又叶從凶江。

江 **扛** 𢪏 橫關對舉也。从手工聲。字亦作摃作掆。後漢費長房傳注兩人對舉爲扛。吳都賦翹關扛鼎。轉注廣雅釋詁一扛舉也。史記項羽紀力能扛鼎。西京賦烏獲扛鼎。

江 **瓨** 𤬪 似罌長頸受十升。从瓦工聲。讀若洪。字亦誤作瓬。廣雅釋器瓬瓶也。史記貨殖傳醯醬千瓨。急就篇甑甗甂甌瓨甖盧。

江 **缸** 缸 瓨也。从缶工聲。按即瓨之或體，今附于此。

東 **紅** 紅 帛赤白色也。从糸工聲。南方閒色。爾雅釋器一染謂之縓。注今之紅也。廣雅釋器縓謂之紅。按素入于茜即爲紅，其色在赤白黃之閒，即玉藻之緼也。以茅蒐染韋則曰韎，詩韎韐是也。論語紅紫不以爲褻服。孔注閒色不正。鄭注纁之類也。按頳深于紅，纁又深于頳，纁即大赤之絳，非紅紫比。叚借爲功，實爲工。漢書哀帝紀害女紅之物。酈食其傳紅女下機。又文帝紀服大紅十五日，小紅十四日。注當言大功小功。又爲絳。漢書外戚恩澤侯表孝平二十二人有紅侯。又爲江。漢周憬功勳銘至乎曲紅。綏民校尉熊君碑桂陽曲紅長。又託名幖識字。爾雅釋草紅蘢古。注俗呼紅草爲蘢鼓，語轉耳。按字亦作葒作葓。又左昭八傳大蒐于紅。注魯地。又水經濛水注曲紅山名

也。聲訓釋名釋采帛紅絳也，白色似絳者也。

東送絳 **虹** 虹 䖣 螮蝀也。狀似虫。从虫工聲。明堂月令曰虹始見。籒文从申，申電也。爾雅釋天螮蝀虹也。蜺爲挈貳。注蜺雌虹也。春秋元命苞陰陽交爲虹。按雨與日相薄而成虹。轉注禮記聘義氣如白虹。西京賦亘雄虹之長梁。楚辭遠逝建虹采以招指。注旗也。叚借爲訌。詩抑實虹小子。爾雅釋言虹潰也。又疊韻連語。後漢馬融傳天地虹洞。注相連也。七發虹洞兮蒼天。注相連皃也。又託名幖識字。海外東經䖺䖺各有兩首，在君子國北。聲訓釋名釋天虹攻也，純陽攻陰氣也。轉音文子上德叶虹藏病。按讀如杭也。

東 **功** 功 以勞定國也。从力从工，會意，工亦聲。周禮司勳國功曰功，王功曰勳，民功曰庸，事功曰勞，治功曰力，戰功曰多。漢書高祖功臣年表用力曰功。禮記大傳二曰報功。注功臣也。周禮大司馬若師有功。注勝也。左昭五傳小有述職，大有巡功。注天子巡守曰巡功。爾雅釋詁功成也。功勝也。墨子經上功利民也。叚借爲工。小爾雅廣詁功事也。虞書惟時亮天功。呂刑惟府辜功。詩七月載纘武功。崧高世執其功。周禮大府掌九貢九職九功之貳。九嬪婦容婦功。又周禮宮正稽其功緒。注吏職也。大司寇上功糾力。注農功。槀人乃入功于司弓矢及繕人。注成也。齊語相陳以功。注成功也。又儀禮既夕商祝袒免執功布入。喪服記大功八升若九升，小功十升若十一升。又周禮司

gāng 釭　gǒng 鞏　gǒng ⿱巩石　kǒng 恐　qióng 蛩　qiōng 銎

裘。季秋獻功裘。司農注卿大夫所服。又爲鞏。齊語辨其功苦。注牢也。管子七法器械不功。注謂堅利。漢書董賢傳賢第新成功堅。聲訓釋名釋言語功攻也，攻治之乃成也。古韻詩七月叶同功豵公。文王有聲叶功豐。閟宮叶蒙東邦同從功。易需叶窮中功。師叶凶寵邦功。解叶衆中功。荀子成相叶功鴻工江。秦策蘇秦始將連橫章叶攻撞功。轉音老子苦思叶行明彰功長。益謙叶眀彰功長。韓非道篇叶明功強常。文子精誠叶量讓功彰行微明。叶陽剛強功。下德叶糧功。按讀如岡也。

東江 **釭** 釭 車轂中鐵也。从金工聲。以鐵鍱裹轂壺中，所以固轂，亦與軸鐗相摩不損也。方言九車釭謂之鍋，或謂之錕。急就篇釭鐗鍵鉆冶銅鐈。新序雜事方內而員釭。別義釋名釋兵矢關西曰釭。釭，交也。言有交刃也。工交雙聲。又後世謂膏燈曰銀釭。叚借爲橫。漢書外戚傳壁帶往往爲黃金釭。注壁中之橫帶也。工光雙聲。聲訓釋名釋車釭空也，其中空也。

腫 **鞏** 鞏 以韋束也。从革巩聲。爾雅釋詁鞏固也。易革鞏用黃牛之革。詩瞻卬無不克鞏。叚借爲烘。方言七鞏火乾也。凡有汁而乾謂之煎，東齊謂之鞏。又重言形況字。楚辭離世心鞏鞏而不夷。注拘攣皃也。轉音詩瞻卬叶鞏後。按讀如垢也。

腫 **⿱巩石** ⿱巩石 水邊石也。从石巩聲。叚借雙聲連語。左定四傳闕⿱巩石姑洗。注甲名。今本作鞏。

腫 **恐** 恐 𢖶 懼也。从心巩聲。古文从工聲。素問宣明五氣篇精氣并於腎則恐。注心虛而腎氣并之則爲恐。漢書淮陽憲王欽傳令弟光恐王。注謂怖動也。古韻高唐賦叶動恐勇。三畧上叶勇恐動重。急就章二十四叶恐奉寵踊腫冢。

冬 **蛩** 蛩 蛩蛩獸也。从虫巩聲。海外北經北海內有素獸焉，狀如馬，名曰蛩蛩。爾雅釋地西方有比肩獸焉，與邛邛岠虛比，其名謂之蟨。周書王會獨鹿邛邛善走也。穆天子傳邛邛距虛走百里。子虛賦蹵蛩蛩轔距虛。郭氏距虛即蛩蛩，變文互言也。按此重言形況字，作邛皆同字。从虫，本訓不當爲獸，疑即蛬字。爾雅蟋蟀蛬。方言十一蜻蛚，楚謂之蟋蟀，或謂之蛬。詩蟋蟀在堂傳蛬也。廣雅蛬趗織蜻蛚也。別義說文一曰秦謂蟬蛻曰蛩。又方言十一蚰蜒，注江東又呼蛩。叚借爲蛬。淮南本經飛蛩滿野。注蛩蟬蠛蠓之屬也。一曰蝗也。按蝗是也。又爲恐。方言六蛩烘戰慄也。又恐也。廣雅釋詁二蛩烘懼也。又重言形況字。楚辭靈懷志蛩蛩而懷顧兮。注懷憂皃。又單辭形況字。莊子徐无鬼蛩然而喜矣。司馬注喜皃。字亦作跫。釋文蝀也。謂借爲恐，非是。

冬 **銎** 銎 斤斧穿也。从金巩聲。謂斤斧之孔所以受柄者。字亦作銾。詩破斧傳方銎曰斨，隋銎曰斧。廣雅釋器銾謂之銎。方言九矛骹謂之銎。注即矛刃下口。

qióng 邛 hòng 澒 qiāng 椌 kōng 涳 kòng 控 hóng 鴻

冬 **邛**　樓椐木也、从木、邛聲、爾雅釋木、櫻桓柳、注未詳、或曰、邛當爲椥、桓柳、按許云樓椐、疑樓椐之誤、是邛一名樓椐也、桓柳似柳、皮可以煑作飲、馬融廣成頌桓柳楓楊、則郎孟子之杞柳、爾雅注或說當爲柳、是樓一名桓柳也、未知其審、

董 **澒**　丹砂所化爲水銀也、从水、項聲、字亦作汞、廣雅釋器、水銀謂之汞、淮南墬形、黃埃五百歲生黃澒、白礜九百歲生白澒、赤丹七百歲生赤澒、按後世則燒煅粗次朱砂爲之、㕜借疊韻連語、楚辭遠逝、貫澒濛以東朅兮、注氣也、淮南精神、澒濛鴻洞、

江 **椌**　柷樂也、从木、空聲、會意、空亦聲、禮記樂記、聖人作爲鞉鼓椌楬壎篪、按柷曰椌、敔曰楬、椌形如桼桶、方二尺四寸、深尺有八寸、中有椎、柄連底挏之、令左右擊、作音、所以止樂者也、其椎名止、

江 **涳**　直流也、从水、空聲、

送 **控**　引也、从手、空聲、匈奴名引弓控弦、史記劉敬叔孫通傳、控弦三十萬、西都賦、弦不再控、又詩大叔于田、抑磬控忌、傳止馬曰控、字亦作䝿、字林、䝿馬勒也、又史記賈生傳、何足控摶、集解、玩弄愛生之意也、又素問刺腰痛論、腰痛引少腹控䏚、注通引也、轉注詩載馳、控于大邦、傳引也、韓詩赴也、按猶援也、左襄八傳、無所控告、㕜借爲攷、管子度地、地下則平行、地高則控、注謂頓也、莊子逍遙遊、時則不至而控于地、崔注叩也、司馬注投也、釋文引也、失之、古韻詩大叔于田叶控送、

東 **鴻**　鴻鵠也、从鳥、江聲、與鳿別、按鴻鵠雙聲連語、鴻本訓是大雁、鵠本訓是黃鵠、大鳥、正鵠之鵠、借爲鸖鵠、立鵠髮之鵠、借爲鵠也、易漸、鴻漸于干、集解、隨陽鳥、詩鴻雁、鴻雁于飛、傳大曰鴻、小曰雁、禮記曲禮、則載飛鴻、注取飛有行列也、孟子顧鴻雁麋鹿、儀禮鄉射禮記、以鴻脰韜上二尋、注鳥之長脰者也、轉注爾雅釋詁、鴻代也、注鴻雁知運代、㕜借爲鵠、鴻鵠雙聲、詩九罭、鴻飛遵渚、箋大鳥也、後漢逸民傳序、鴻飛冥冥、淮南覽冥、鴻鵠鶬鶴、史記陳涉世家、燕雀安知鴻鵠之志、凡鴻鵠連文者卽鵠也、又爲洪、爲鳿、考工矢人、橈之以眂其鴻殺之稱也、禮記樂記注、聲之鴻殺也、緇衣注、深淵鴻波、四子講德論、鴻均之世、淮南鴻烈序、鴻大也、又論衡超奇、能精思著文、連結篇章者爲鴻儒、又呂覽執一、神農以鴻、注盛也、又爲洚、楚辭天問、不任汩鴻、史記河渠書、禹抑鴻水、又爲傭、實爲中、考工梓人、摶身而鴻、注傭也、又爲蠓、實爲蠭、史記周本紀、蜚鴻滿野、淮南本經、以蛩爲之、又託名幖識字、左昭二十一傳、敗吳師于鴻口、在今河南歸德府商邱縣、又水經穀水注、鴻池、池名也、又疊韻連語、淮南精神、澒濛鴻洞、倣眞、以鴻濛爲景、注東方日所出地、莊子在宥、適遭鴻蒙、司馬注自然元氣也、漢書楊雄傳、鴻絧緁獵、注直馳皃、洞簫賦、風鴻洞而不絶兮、注相連皃、漢書司馬相如傳、紛鴻溶而上厲、注竦踊也、古韻詩九罭叶鴻公、句中韻荀子成相、叶功鴻工江、䧹音、呂覽執一、叶章當昌鴻、按讀如杭也、

gōng 公 sòng 訟 wēng 翁

公十四名凡公之派皆衍公聲、古紅切、

東 **公**　平分也、从八、从厶、會意、八猶背也、韓非子五蠹篇曰、背厶謂之公、或說分其厶以與人爲公、賈子道術、兼覆無私謂之公、春秋元命苞、公之爲言公正無私也、又公者爲言平也、廣雅釋詁一、公正也、禮記禮運、天下爲公、注猶共也、轉注漢書吳王濞傳、公卽山鑄錢、胡建傳、公穿軍垣、注謂顯然爲之也、淮南原道、此俗世庸民所公見也、注詳也、㕜借爲伀、爾雅釋詁、公君也、周書謚法、立制及衆曰公、考工記、坐而論道謂之王公、韓詩外傳、三公者、司空司馬司徒也、白虎通爵、公卿大夫者何謂也、內爵稱也、儀禮鄉飲酒禮、諸公大夫、注大國有孤四命、謂之公、又孟子、公一位、周禮大宗伯、公執桓圭、又公羊隱五傳、王者之後稱公、又啖助春秋集傳、諸侯雖五等、臣子皆稱公、從高稱也、儀禮喪服傳、諸侯之子稱公子、公子之子稱公孫、又方言六、凡尊老周晉秦隴謂之公、爾雅釋親、夫之兄爲兄公、夫之姊爲女公、字亦以翁爲之、亦作㕦、又爲功、詩六月、以奏膚公、又爲工、爾雅釋詁、公事也、周禮均人、豐年則公、旬用三日焉、詩靈臺、矇瞍奏公、瞻卬、婦無公事、傳箋失之、陳球碑、適齊爲公正、又爲官、周禮牛人、掌養國之公牛、職喪、凡公有司之所共、注居其官曰公、聲訓白虎通爵、公者通也、釋名釋言語、公廣也、高唐賦、公樂聚穀、注共也、公廣雙聲、古韻詩采蘩叶僮公、羔羊叶縫緫公、小星叶東公同、七月叶同功豵公、思齊叶公恫邦、靈臺叶鐘廱逢公、九罭叶鴻公、句中韻叶雝公、左僖五傳叶茸公從、轉音呂覽樂成叶公旁梁、逸周書武寤叶彊宗公饗、按讀如剛也、詩六月叶顒公、按讀如鉤也、

宋 **訟**　爭也、从言、公聲、古文从言从谷、疑容省聲、以手曰爭、以言曰訟、易雜卦、訟不親也、序卦、飲食必有訟、鄭注、猶諍也、訟卦鄭注、辯財曰訟、周禮大司徒、有獄訟者、注爭財曰訟、大司寇、以兩造禁民訟、注謂以財貨相告者、轉注廣雅釋詁一、訟責也、論語、吾未見能見其過而內自訟者也、㕜借爲誦、說文一曰、謌訟、又爲訩、楚辭怨世、訟謂閭娵爲醜惡、注謹譁爲訟、又爲凶、書堯典、嚚訟可乎、史記作頑凶、馬本以庸爲之、又爲公、史記呂后紀、未敢訟言誅之、索隱、誦說也、則謂借爲誦、淮南兵畧、天下訟見之、注公也、又爲容、淮南泰族、訟繆胸中、注容也、聲訓易訟釋文、訟爭也、言之于公也、古韻詩行露叶墉訟從、

東 **翁**　頸毛也、从羽、公聲、字亦作䎸、廣雅釋親、䎸項也、漢書禮樂志、殊翁雜、注雁頸也、西山經、天帝之山有鳥焉、黑文而赤翁、注頭下毛也、㕜借爲公、實爲伀、廣雅釋親、翁父也、漢書項籍傳、吾翁卽汝翁、注謂父也、又方言六、凡尊老謂之公、或謂之翁、漢書何奴傳注、翁者

gāng 觤(魟)　sōng 松　zhōng 伀　róng 頌

老人之稱。

江 **觤** 舉角也。从角公聲。字亦作觥。叚借爲扛。魏大饗碑觤鼎緣橦。匡謬正俗六扛字或作觤。

冬 **松** 松木也。从木公聲。或从容聲。字亦誤作柗。詩山有扶蘇山有喬松。斯干如松茂矣。天保如松柏之茂。爾雅釋木如松柏曰茂。又樅松葉柏身。檜柏葉松身。又詩竹竿檜楫松舟。殷武松桷有梴。論語夏后氏以松。按樹社與廟主二義皆可通。謂社主則非也。社主用石。又釋名釋兵松櫝長三尺。其矜宜輕。以松作之也。叚借託名幖識字。韓詩外傳赤松子。淮南齊俗以誦爲之。漢書地理志武威郡蒼松。聲訓公羊文二傳作僖公主注松猶容也。曲禮正義引白虎通宗廟。哀公問主於宰我。對曰夏后氏以松。松者所以自竦動。古韻詩山有扶蘇叶松龍充童。

冬 **伀** 志及眾也。从人公聲。按此公侯正字。公侯伯子男皆於入起義故从人。周書謚法立制及眾曰公。經傳皆以公爲之。轉注釋名釋親屬俗或謂舅曰章。又曰伀。又夫之兄曰兄。公俗閒曰兄伀。又禮記昏義室人注謂女伀女叔諸婦也。字亦作妐。叚借爲恐。爲忪。方言十征伀遑遽也。凡窘猝怖遽謂之征伀。廣雅釋詁二征伀懼也。釋訓屏營征伀也。四子講德論百姓征伀。字亦作忪。潛夫論救邊篇乃復怔忪如前。亦雙聲連語。聲訓釋名釋言語俗閒曰兄伀。言是已所敬忌。見之怔忪自肅齊也。

宋 **頌** 皃也。从頁公聲。籀文从容聲。漢書儒林傳魯徐生善爲頌。楊統碑庶考斯之頌儀。經傳皆以容爲之。叚借爲誦。周禮大師教六詩。曰風。曰賦。曰比。曰興。曰雅。曰頌。按風者諷也。雅者正也。卽誦也。頌者誦也。周禮大卜其頌皆千有二百注謂繇也。公羊宣十五傳什一行而頌聲作矣注太平歌頌之聲。禮記少儀頌而無諂注謂將順其美也。檀弓君子謂之善頌善禱。又爲鏞。儀禮大射儀頌磬東面注西方鐘磬謂之頌。古文頌爲庸。周禮眂瞭擊頌磬笙磬注頌或作庸。書笙鏞以閒正作鏞。按凡大鐘曰鏞。次曰鎛。小曰編鐘。西階本有鏞。不須縣設。故編磬之與鏞同在西階者曰頌磬。與笙同在東階者曰笙磬。編鐘亦然。或說與笙相應者曰笙磬笙鐘。與歌相應者曰頌磬頌鐘。謂借爲誦。非也。又爲容。漢書刑法志常鞫繫者頌繫之。王莽傳赤煒頌平注寬頌也。又爲公。漢書吳王濞傳頌共禁不與。又託名幖識字。左襄二傳頌琴注琴名。猶言雅琴。聲訓詩關雎序頌者美盛德之形容。以其成功告于神明者也。此以頌以庸釋誦。周頌譜頌之言容。天子之德光被四表。格于上下。無不覆燾。無不持載。此之謂容。此以容釋誦。儀禮大射儀頌磬注言成功曰頌。西爲陰中。萬物之所成。此以庸釋鏞。又釋名釋言語頌容也。敘說其成功之形容也。此亦以頌以庸釋誦。

wèng 瓮　wēng ⿱竹翁　wěng 滃　wēng ⿰魚翁　wēng 螉　sōng 蜙　sòng 宋　róng 容

送 **瓮** 罌也。从瓦公聲。讀若翁。按大口容一斛。其小口者曰甖。方言五瓮甖也。經傳皆以罋爲之。叚借爲甕。廣雅釋器瓮瓶也。

東董 **⿱竹翁** 竹皃。从竹翁聲。字亦作蓊。別義廣雅釋草蓊薹也。如爾雅莞苻之蘺是也。今俗謂草心抽莖作華者爲薹。叚借疊韻連語。吳都賦蓊茸蕭瑟注茂盛皃。南都賦阿那蓊茸。又雙聲連語。漢書司馬相如傳觀眾樹之蓊薆兮注蔭蔽皃。又單辭形況字。高唐賦蓊湛湛而弗止注蓊然聚皃。

董 **滃** 雲气起也。从水翁聲。漢書揚雄傳則不能浡滃雲而散歊烝。江賦氣滃渤以霧杳。叚借疊韻連語。易林恆之解瀇滃蔚薈。

東 **⿰魚翁** 魚也。从魚翁聲。

東 **螉** 螉蟲也。在牛馬皮者。从虫翁聲。蘇俗謂之牛蝱。字林螉蜙似蠓。叚借疊韻連語。方言十一蠭燕趙之閒謂之蠓螉。

冬 **蜙** 蜙蝑以股鳴者。从虫松聲。或从公聲。疑蘇俗所謂紡績娘也。爾雅釋蟲蜤螽蜙蝑注蜙蝑也。俗呼舂黍。按蜙蝑疊韻連語。蜙蝑舂黍雙聲連語。別義字林蜙蜈蚣蝍蛆也。蘇俗謂之百腳。

宋 **宋** 居也。从宀从木。讀若送。按松省聲。今附于此。左宣四傳鄭公子宋字子公。叚借託名幖識字。左昭十七傳宋大辰之墟也。按在今河南歸德府商邱縣。周成王封微子啓爲宋公以紹殷後。至戰國時齊魏楚共滅之。其後以國爲氏。聲訓釋名釋州國宋送也。地接淮泗而東南傾。以爲殷後。若云滓穢所在。送使隨流東入海也。古韻詩擊鼓叶仲宋忡。

容七名。凡容之派皆衍容聲。余封切。

東 **容** 盛也。从宀从谷會意。古文从宀公聲。易師君子以容民畜眾虞注寬也。書洪範思曰容。漢書五行志言寬大包容。春秋緐露容者言無不容。按宇宙之大。古今之遠。惟思能容。秦誓其心休休焉其如有容。公羊引作能有容。荀子解蔽故曰心容注受也。又孟子容光必照焉注小郤也。史記樂書廣則容姦正義含也。詩河廣曾不容刀箋喻狹小。轉注爾雅釋宮容謂之防注形如今牀頭小曲屏風。荀子正論居則設張容注謂羽衞也。又周禮射人三獲三容司農注乏也。待獲者所蔽也。又巾車皆有容蓋。司農注謂幨車。山東謂之裳幃。或曰幢容。叚借爲頌。周禮鄉大夫四曰和容司農注與頌同。九嬪婦言婦容注謂婉娩。儀禮士相見禮不爲容注謂趨翔。禮記雜記戚容稱其服注威儀也。左昭九傳物有其容注貌也。老子孔德之容簡文注狀也。淮南覽冥容臺振而掩覆注行禮容之臺。左傳齊高止字子容。又詩芄蘭容兮遂兮箋容容刀也。公劉鞞琫容刀。釋名佩刀或曰容刀。有刀形而無刃。備儀容而已。考工輪人容轂必直注治

rǒng rǒng rǒng yóng yǒng yǒng
鎔 甂 搈 鰫 溶 傛

裓為之形容也鄒陽獄中上書以左右先為之容也注謂雕飾廣雅
釋詁二容飾也又考工函人凡為甲必先為容司農注謂象式呂覽
士容此國士之容也注猶法也廣雅釋詁一容灋也又為庸周禮鄉
大夫一曰和二曰容注和載六德容包六行按謂和德載知仁聖義
中也庸行包孝友睦婣任卹也莊子胠篋容成氏六韶作庸又為動
禮記月令有不戒其容止者注容止猶動靜也又雙聲連語離騷遵
赤水而容與注游戲皃史記司馬相如傳翺翔容與索隱言自得也
漢書禮樂志澹容與注言閑舒也東京賦紛焱悠以容裔注高低之
皃又疊韻連語禮記學記待其舂容按從容再叩也注意則謂借為
重擿二字孟子動容周旋皆中禮按猶動搈也廣雅釋訓從容舉動
也又重言形況字漢書禮樂志注容容飛揚之皃翟方進傳何持容
容之計注隨眾上下也又託名幖識字禮記樂記使之行商容而復
其位疏謂禮樂之官又淮南墬形屈龍生容華注芙蓉草花字亦作
蓉聲訓釋名釋車容車婦人所載小車也其蓋施帷所以隱蔽其形
容也按兼以頌為訓後漢左雄傳注容容猶和同也古韻書洪範叶
恭從明聰容詩伯兮叶東蓬容河廣叶容宗句中韻高唐賦叶容窮

冬 腫 **傛** 不安也从人容聲假借為容實為頌說文一曰傛華漢書外戚
傳至武帝制倢伃娙娥傛華充依注傛傛猶言奕奕也便習之
意也按昭儀倢伃之下
第三等其秩視二千石

說文通訓定聲 豐部第一 卅五

冬 腫 **溶** 水盛也从水容聲楚辭逢紛體溶溶而東回注波皃亦重言形
況字高唐賦洪波淫淫之溶潏注猶蕩動也亦雙聲連語假借
單辭形況字漢書揚雄傳溶方皇於西清注溶然閒暇皃也文選注
盛皃後漢張衡傳氛旄溶以天旋兮注廣大皃又重言形況字楚辭
愍命心溶溶其不
可量兮注廣大皃

冬 **鰫** 鰫魚也从魚容聲禮記內則注今東海鰫魚有骨名乙在目旁
狀如篆乙食之鯁人不可出假借為鱅漢書司馬相如傳鰅鰫
鰬魠

腫 **搈** 動搈也从手容聲按猶言動搖廣雅釋詁一搈動
也孟子動容周旋皆中禮以容為之亦疊韻連語

冬 **甂** 器也从瓦容聲廣
雅釋器甂瓶也

冬 **鎔** 冶器法也从金容聲按木曰模水曰灋土曰型竹曰笵金曰鎔
漢書董仲舒傳猶金之在鎔惟冶者之所為注謂鑄器之模範
也食貨志冶鎔炊炭注作錢模也史記平準書姦或盜摩錢裏取鎔
又倉頡篇鎔炭鑪所以行消鐵也別義廣雅釋器鎔鈹也按矛屬急
就篇鈒戟鈹鎔鍛鐔鋏聲訓漢書
食貨志注鎔形容也以須為訓

qióng gōng kǒng
竆 躳 孔

孔一名 康董切

董 **孔** 通也从乚从子會意乚請子之候鳥也乚至而得子嘉美之也
古人名嘉字子孔按通者空字衟字之訓古多借孔為空為衟
非此字本義曰乚至得子者禮記月令元鳥至之日以太牢祠于郊
禖昔有娀吞乚卵生契後王因祀為禖也曰嘉美者儀禮士冠禮爰
字孔嘉老子孔德之容注大也左傳宋孔父嘉其後以字為氏孔子
之先世也鄭有子孔公子嘉子孔公子喜士子孔公子志楚有成嘉
字子孔衞亦有孔達不知其字嘉美之意與燕來請子傳合其說難
為確詁竊疑字从孚省越鳥孔雀也乚象長尾形海內經有翠鳥有
孔鳥注孔雀也周書王會方人以孔鳥注與鸞相配者太元禮孔雁
之儀利用登于階測曰可法則也注孔雁鳥之知禮也楚辭謬諫鸞
皇孔鳳上林賦拊孔鸞蜀都賦孔翠羣翔假借為空爾雅釋詁孔間
也注穴也詩角弓如酌孔取箋謂如器之孔淮南精神孔乎莫知其
所終極注深皃又孔竅者精神之戶牖也素問骨空論溺孔之端也
注孔則窮漏也又禮記中庸注謂曉一孔之人後漢馮衍傳注孔之
為言空也又為衟漢書張騫傳當孔道注穴也失之又為甚古讀甚
與堪戡同孔戡一聲之轉爾雅釋言孔甚也書皋謨巧言令色孔壬
禹貢九江孔殷詩汝墳父母孔邇羔裘孔武有力小戎俴駟孔羣儀
禮士冠禮爰字孔嘉禮記孔子閒居內恕孔悲左襄八傳謀夫孔多
傳注皆訓甚也按古人名嘉字孔者儀禮字辭甚古即用
為字非孔有嘉誼也疑許失之古韻文子道原叶總孔

說文通訓定聲 豐部第一 卅六

躳七名凡躳之派皆衍躳聲 居戎切

東 **躳** 身也从身从呂會意按身曲則呂見或从弓象形躳弓亦
雙聲考工玉人信圭侯守之躬圭伯守之按瑑為人形信
直躳曲易渙其躬荀注體中曰躬論語吾黨有直躬者孔注直身而
行史記司馬相如傳躬腠胝無胈索隱體也又儀禮士昏禮記已躬
命之注猶親也禮記樂記不能反躬注猶已也轉注儀禮鄉射禮記
倍中以為躬倍躬以為左右舌謂侯之上下幅布也假借為恭禮記
緇衣皇本匪其止躬注恭也又為今詩谷風我躬不閱禮記表記作
今躬今雙聲又雙聲連語論語鞠躬如也儀禮聘禮記鞠躬焉如恐
失之注鞠躬如也三蒼匑匑敬畏皃廣雅釋訓匑匑謹敬也皆同史
記韓長孺傳贊斯鞠躬君子也太史公自序務在鞠躬君子長者古
韻詩式微叶躬中離騷天問叶躬降
轉音詩召旻叶宏躬按讀如弓也

東 **窮** 極也从穴躳聲小爾雅廣詁窮竟也論語四海困窮包注則能
窮極四海皇疏德教外被四海一切服化莫不極盡楚辭雲中
君橫四海兮焉窮注極也禮記樂記窮高極遠而測深厚疏盡也儒
行儒有博學而不窮注不止也大荒南經赤水窮焉注流極于此山

容孔躳

東
宮宮室也从宀躳省聲按郭忠恕汗簡引華嶽碑作竆不省爾雅釋宮宮謂之室室謂之宮釋文古者貴賤同稱宮秦漢以來惟王者所居稱宮焉易繫辭上古穴居而野處後世聖人易之以宮室按考工匠人室中度以几堂上度以筵宮中度以尋對文則匊垣之內統名曰宮正中曰堂堂之後曰室散文則宮室亦同詩七月上入執宮功禮記內則父子皆異宮儒行儒有一畝之宮是古者臣民之宅稱宮也詩采蘩公侯之宮雲漢自郊徂宮公羊文十三傳羣公稱宮儀禮公食禮記司宮具几是宗廟稱宮也周禮內宰以陰禮教六宮注婦人稱寢曰宮按后正寢一燕寢五也禮記祭義卜三宮之夫人注諸侯夫人半王后也是內寢稱宮也轉注禮記喪大記君爲廬宮之注謂圍障之也爾雅釋山大山宮小山霍注謂圍繞之周禮小胥王宮縣司農注四面縣也周禮司儀宮旁一門儀禮覲禮爲宮方三百步禮記祭法王宮祭日也按壝土爲壇之營域象垣墻也又楚辭遠逝注三宮紫宮太微文昌也按亦謂之三垣又周禮司刑宮罪五百白虎通五行宮者女子淫執置宮中不得出也丈夫淫割去其勢也叚借爲稯實爲緫周禮大師疏八十一絲爲宮又爲躳楚語右執殤宮按躳亦身也注殤之居失之又託名幖識字爾雅釋樂宮謂之重禮記月令律中黃鐘之宮玉藻右徵角左宮羽樂記宮爲君廣雅釋詁一宮君也又儀禮燕禮記下管新宮注小雅逸篇也按或以爲即斯干之詩又書君奭南宮括馬本作君君宮雙聲聲訓釋名釋宮室宮穹也屋見于垣上穹隆然也又漢書律厤志宮中也白虎通禮樂宮者容也含也又史記天官書皆曰紫宮索隱引春秋元命苞宮之言中也中宮天樞星索隱引元命苞宮之爲言宣也按宣者宮之誤字宮官雙聲古韻詩采蘩叶中宮思齊叶雝宮句中韻楚辭招魂叶眾宮轉音詩思齊叶宮臨長門賦叶心音宮臨風淫陰按讀如今也

也詩考槃序賢者退而窮處箋猶終也淮南原道並應無窮注已也道應太清問於無窮注無形也叚借爲窘窮窘一聲之轉廣雅釋詁四窮貧也周禮大司徒三曰振窮注曰矜曰寡曰孤曰獨大司寇以肺石達窮民注天民之窮而無告者淮南主術無三年之蓄謂之窮乏風俗通窮通窮于道之謂窮又秦策公孫衍欲窮張儀注困也管子脩身不如事窮君而順焉注小國迫脅之君也楚辭天問阻窮西征注窘也或曰字从躳在穴中會意躳亦聲窮通爲本義極盡之訓借爲䆳窮䆳雙聲存參又借爲竆左襄四傳有窮后羿又爲藭左宣十二傳有山鞠窮乎又託名幖識字莊子逍遙游窮髮之下司馬注北極之下無毛之地也又左文十八傳謂之窮奇注謂共工西山經邽山有獸焉名曰窮奇注號曰神狗又淮南墬形窮奇廣莫風之所生也注天神也在北方道足乘兩龍其形如虎又疊韻連語儀禮聘禮記注鞠窮如也又重言形況字史記周公世家匑匑如畏集解謹敬貌字亦作躳古韻詩谷風叶冬窮易需叶窮中功節叶中窮通楚辭雲中君叶降中窮憹卜居叶忠窮高唐賦叶容窮老子洪德叶沖窮周書太子晉叶窮宗轉音呂覽權勳叶行宗窮望終淮南時則諷叶窮忘明亡匡

按讀如彊也

東
藭营藭香草也从艸竆聲按营藭疊韻連語今謂之川芎左宣十二傳有山鞠竆乎注所以禦溼以竆爲之子虛賦芎藭昌蒲注似藁史記索隱今麻陽呼爲江離西山經其草多葯虈芎藭

東
竆夏后氏諸侯夷羿國也从邑竆省聲按帝嚳時射官名羿所封國夏太康時夷羿其後也左襄四傳后羿自鉏遷于竆石據水經注鬲縣故有竆后國也當在今山東濟南府德州北按淮南墬形弱水出自竆石注山名則在今甘肅甘州府山丹縣別一竆石也

東
营营藭也从艸宮聲司馬相如說或从弓聲宮弓一聲之轉左宣十二傳有山鞠竆乎以鞠爲之鞠即营短言之楚辭愍命莞芎棄于澤洲兮注芎芎竆也

東
𣪍擊空聲也从殳宮聲字亦作𣪍

廾二名凡廾之派皆衍廾聲居竦切

腫
廾竦手也从𠂇从又會意楊雄說从兩手按與拲器同與拱別𠬞者兩手捧物拱者沓手致敬也

沃
𢍰素屬从素𠬞聲

共十三名凡共之派皆衍共聲渠用切

冬宋
共同也从廿从𠬞會意古文从二𠬞或曰𠬞亦聲書盤庚惟喜康共禮記內則共帥時注猶皆也莊子庚桑楚共其德也崔注壹也列子說符臣有所與共注同也叚借爲龔周禮羊人共其羊牲注猶給也左隱十一傳不能共億周語事之共給又爲供爾雅釋詁共具也書堯典共工方鳩僝功鄭注水官舜典汝共工傳謂供其職事詩小明靖共爾位箋具也周禮大祝九曰共祭注猶授也漢書成帝紀共張繇役之費注共具張設律厤志共養三德爲善又爲廾詩長發受小共大共箋執也論語子路共之皇疏則謂借爲供又爲拱儀禮鄉飲禮退共注拱手也荀子賦聖人共手時幾將矣又爲恭詩巧言匪其止共抑溫溫共人禮記檀弓是以爲共世子也左昭十二傳率事以信爲共昭十一傳不道不共注貌正曰共史記屈賈傳共承嘉惠集解敬也又爲宮論語而眾星共之按讀如大山宮小山之宮鄭注拱手失之又爲容詩長發受小共大共傳法也書序九共馬注法也按讀如考工必先爲容之容或曰借爲工亦通又託

名幖識字。詩皇矣侵阮徂共，魯詩說阮徂共皆國名，當在今甘肅涇州。又左隱元傳大叔出奔共，今河南衛輝府輝縣治。又水經濁漳水注共水，所謂降水也。降讀如郲，降于齊師之降。又海內東經濟水出共山南東邱。又禮記祭法共工氏之伯九州也，家語五帝作龔。左昭十七傳共工氏以水紀，按當在伏羲之後神農之前，今不可考。疑堯時水官共工卽其後也。又淮南墬形共工景風之所生也，注天神也。人面蛇身。〔古韻〕詩巧言叶共邛，召旻叶訌共邦，長發叶共厖龍勇動竦總。韓非揚榷篇叶共龍。

hòng 鬨

送絳 **鬨** 鬥也。从鬥共聲。字亦作鬨。孟子鄒與魯鬨，注鬨聲也，猶搆兵而鬭也。呂覽慎行相與私鬨，注讀近鴻，緩氣言之。〔聲訓〕孟子劉注鬨，構也，構兵以鬭也。鬨構雙聲。

gòng 供

冬宋 **供** 設也。从人共聲。爾雅釋詁供，具也。廣雅釋詁二供，進也。釋言供，養也。後漢班彪傳供帳，注供設帷帳也。經傳多以共爲之。〔假借〕爲龔。說文一曰共給也。莊子天地至無而供其求。周書謚法敬事共上曰恭，注奉也。又爲洪。尚書大傳維時供祀六沴，注謂大也。又爲恭。家語入官富而能供，荀子脩身行而供冀，注恭也，冀當爲翼。

hōng 烘

東 **烘** 尞也。从火共聲。詩白華卬烘于煁。爾雅釋言烘，燎也。

gōng 恭

冬 **恭** 肅也。从心共聲。晉書以黃頭小人爲恭，此讖諱廋辭，幻形假說，無關正字。爾雅釋詁恭，敬也。漢書五行志內曰恭，外曰敬。書洪範恭作肅。堯典允恭克讓，鄭注不懈于位曰恭。禮記少儀賓客主恭，注恭在貌。魯語昭而入于恭，注謙爲恭。孟子責難于君謂之恭。周書謚法敬事供上曰恭，執禮御賓曰恭，旣過能改曰恭，芘親之闕曰恭。大戴武王踐阼恭則壽。〔聲訓〕釋名釋言語恭，拱也，自拱持也。甘誓恭行天之罰，傳奉也。〔古韻〕書洪範叶恭從明聰容。

hóng 洪 gǒng 㤨

腫 **㤨** 戰慄也。从心共聲。與下形上聲之恭別。方言六蛩㤨，戰慄也。又恐也。廣雅釋詁二蛩㤨，懼也。

東 **洪** 洚水也。从水共聲。書堯典湯湯洪水方割。詩長發洪水芒芒。孟子洚水者洪水也。法言石阻河流爲洪。按此字祇訓大水，故孟子以洪訓洚，同聲字也。水經濟水故瀆又北右合洪水，今洪澤湖在江蘇淮安府清河縣南六十里，水以洪名，必非取不遵道之義可知。〔轉注〕爾雅釋詁洪，大也。書大誥洪惟我幼沖人。洪範天乃錫禹洪範九疇。與引鋪觀二代洪纖之度。西京賦洪鐘萬鈞。東京賦洪恩素蓄。〔假借〕爲鴻。書康誥乃洪大誥治。鄭注洪，代也。言周公代成王誥。

gǒng 拱

腫 **拱** 斂手也。从手共聲。與奴別。謂沓其手，右手在內，左手在外，男之吉拜尙左，女之吉拜尙右，凶拜反是。九拜必皆拱手。論語子路拱而立，皇疏沓手也。禮記玉藻頤霤垂拱。〔假借〕爲奴。爾雅釋詁拱，執也。詩克共明刑，傳執也。左僖三十二傳爾墓之木拱矣，注合手曰拱。襄二十八傳與我其拱璧，疏謂合兩手也。書大傳桑穀七日大拱，注兩手搤之曰拱。孟子拱把之桐梓，注合兩手也。淮南繆稱交拱之木，注抱也。吳語擁鐸拱稽，注執也。又爲鞏。廣雅釋詁二拱，固也。又爲容爲鎔。廣雅釋詁一拱，瀀也。

gǒng 拲

腫 **拲** 兩手同械也。从手从共，會意，共亦聲。與左形右聲之拱別。按實卽拱之轉注。或从木从共，或體，今分爲正篆。周禮掌囚上辠梏拲而桎，司農注兩手共一木也。按如拜之拱手，故曰拱，拱拲實同字。

gǒng 栱

腫 **栱** 說文拲或从木。按爾雅釋宮欂大者謂之栱。埤蒼栱，大弋也。景福殿賦欒栱夭蟜而交結，注栱，欒類而曲也。按卽柱上斗栱，所以捧持梁棟者。栱之爲言奴也。字亦作栱，左形右聲，今分系于此。

jú 輂

腫沃 **輂** 大車駕馬也。从車共聲。方言十二輂，載也。廣雅釋器輂，車也。周禮鄉師與其輂輦，注駕馬所以載任器也。管子海王行服連軺輂者。史記淮南衡山傳輂車四十乘。徙土則曰土輂，亦曰欙。左襄九傳陳畚梮，周語侍而畚梮，字亦作梮。按古者大車多駕牛，其駕馬者曰輂。禹乘四載，山乘輂，蓋用馬引至舜始乘人車，字亦作檋。史記夏本紀山行卽檋。漢書溝洫志作梮，聲轉曰橋，字亦作轎。漢書輿轎而越嶺是也。卽公羊之筍將，史記之箯輿，皆人舁以行。〔轉注〕儀禮旣夕記夷牀輁軸，饌于西階東。旣夕用輁軸，注輁狀如長牀，穿桯前後著金而關軸焉，大夫諸侯以上有四周，謂之輴，天子畫之以龍。士喪禮注輁如牀，軸其輪，輓而行。字作左形右聲。

xiàng 䢽（巷）

絳 **巷** 里中道也。从䢼从共，會意，言在邑中所共也。按共亦聲。篆文从邑。今字作巷，省字亦作衖。廣雅釋詁二衖，尻也。釋室閭謂之衖。又衖，道也。三蒼衖，里中別道也。易睽遇主于巷，虞注大道而有徑路。詩叔于田巷無居人，傳里塗也。禮記祭義而弟達乎州巷矣，注猶閭也。曾子問助葬于巷黨。〔轉注〕左襄九傳令司宮巷伯儆宮。史記司馬遷傳贊小雅巷伯之倫。爾雅釋宮宮中衖謂之壼。魏都賦永巷壼術，注永巷掖庭之別名。又詩丰俟我乎巷兮，傳門外也。魯峻碑休神家衖。又水經穀水注晉惠帝造石梁文改治石巷水門，字亦作港。說文新附港，水派也。〔假借〕疊韻連語。長笛賦港洞坑谷，注相連也。按猶澒洞鴻洞也。〔古韻〕詩丰叶丰巷，逸離騷叶縱衖。

xióng 熊

東 **熊** 熊獸似豕，山居冬蟄。从能炎省聲。炎熊一聲之轉。爾雅熊虎醜其子狗。又羆如熊，黃白文。夏小正能羆則穴。晉語夢黃能入于寢門，字誤能。按羆卽熊類之大而猛者，能拔樹木，今俗謂之人熊。周禮穴氏掌攻蟄獸熊羆之屬是也。儀禮鄉射禮有熊侯。按此字疑从烘省聲，今附于此。〔假借〕重言形況字。西山經其光熊熊，注光氣炎盛相熠燿之皃。又託名幖識字。白虎通號黃帝有天下號曰有熊。有熊者，獨宏大道德也。按此字音讀最可疑，許謂从炎省，當在謙部，讀如庸者，書火始燄燄，漢書作庸庸。東北風曰融風，淮南作炎風，炎熊聲之轉也。或曰，左文十八傳仲熊，潛夫論作雄，有熊氏白虎通訓宏大，易林蹇之大過，熊與宏叶，張叔反論，熊與騰蠅叶，當从弁省聲，則在升部。或曰公穀小君頃熊，左傳作敬嬴，當从熒省聲，則在鼎部，而後漢劉鎮南碑頌，熊衡豐興訟叶，則出入升豐壯三部矣。若左昭十二楚成熊，公羊作然，是形近；穀梁作虎，是義近也。

冬 **䆯** 所以枝鬲者，从爨省鬲省，會意，讀如竆。爾雅釋言，邕，支，載也。以邕爲之。

䆯一名 渠容切。

戎二名，凡戎之派皆衍戎聲。 如融切。

東 **戎** 兵也，从戈从甲，會意。禮記月令以習五戎，注謂五兵，弓矢殳矛戈戟也。呂覽淮南注謂刀劍矛戟矢。王制戎器不粥于市，注，軍器也。又易同人伏戎于莽，書立政其克詰爾戎兵，詩六月元戎十乘，傳，夏曰鉤車，殷曰寅車，周曰元戎。小戎小戎俴收，傳，兵車也。雨無正戎成不退，傳，兵也。周禮巾車以即戎，注謂兵事。戎僕掌馭戎車，注，革路也。左桓七傳戎右少師，注，軍右也。晉語必有女戎，注，兵也。轉注爾雅釋地九夷八狄七戎六蠻謂之四海。周禮職方氏四夷八蠻五戎六狄。禮記王制西方曰戎。白虎通禮樂，戎者強惡也。左隱二年公會戎于潛，注，戎狄夷蠻皆氏羌之別種也，在今山東曹州府曹縣。又大荒北經犬戎有赤獸名曰戎宣王尸，注，犬戎之神名也。叚借爲崇，爾雅釋詁，戎，大也。書盤庚乃不畏戎毒于遠邇，詩緜戎醜攸行，思齊肆戎疾不殄，烈文念茲戎功。又爾雅釋草，戎叔謂之荏菽，詩生民箋，戎菽，大豆也。周書王會山戎之菽，注，巨豆也，字亦作茙。列子力命進其茙菽。按小豆則曰荅。又釋草蔨戎葵，注，今蜀葵也，按如葵而高大。又釋畜馬八尺爲駥，釋文本作戎，或曰大義皆借爲壬，戎壬雙聲亦通。又爲從，實爲从，詩常棣烝也無戎，爾雅釋言，戎，相也，上文務字讀如逢，蒙與戎叶。又爲揖，方言三，戎，拔也，故揖字亦作拔。又發聲之詞，詩民勞戎雖小子，崧高戎有良翰，烝民纘戎祖考，江漢肇敏戎公，箋皆訓女也。按戎汝若而皆一聲之轉。又疊韻連語，詩旄丘狐裘蒙戎，傳以言亂也，左傳作茸，亦同。又重言形況字，詩何彼襛矣，傳，襛猶戎戎也。聲訓風俗通，戎者，兇也。古韻詩旄丘叶戎東同，出車叶蟲螽忡降仲戎，韓非大體叶戎幢。

東 **娀** 帝高辛之妃偰母號也，从女戎聲。詩長發有娀方將，傳，契母也。箋，有娀氏之國有女簡狄，吞鳦卵而生契。按有娀，契母國名。淮南墬形，有娀在不周之北。

宂二名，凡宂之派皆衍宂聲。 而隴切。

腫 **宂** 散也，从宀人，會意，人在屋下無田事也。周禮槁人掌共外內朝宂食者之食，注謂留治文書若今尚書之屬諸直上者。漢書谷永傳流散宂食，注，宂亦散也。按字从宀，當猶今言公所也，人衆閒雜，故爲椒。

腫 **鼤** 鼠屬，从鼠宂聲。按與黃鼠狼之鼬聲義俱別。集韻有鼤字，从宂音由，又有鼤字，从宂音欣，篇海有鼤字音沈，皆此字之誤。

軵一名 而隴切。

腫 **軵** 反推車令有所付也，从車从付，會意，讀若胥。鍇本若茸。按如今御車者卸馬解轅，必數人反推其車向後，使軛就几，令平正也。軵猶箸止也。疑此字从車付聲，故讀胥。淮南覽冥軵車奉饟，注，推也，讀揖軵之軵。氾論太祖軵其肘，注，擠也，讀近茸，急察言之。茸疑胥之誤。說林倚者易軵也，注，讀軵濟之軵。濟者擠之誤。今姑從唐韻隸此部。字亦作輯，作軵。

𩫖一名 余封切。

冬 **𩫖** 用也，从亯从自，自知臭亯所食也，讀若庸。廣韻謂卽庸之古文，非是。說文用也，以聲訓，讀若庸者，擬其音，非釋其義也。按今蘇俗謂客喫飯曰用飯，卽此𩫖字。

邕八名，凡邕之派皆衍邕聲。 於容切。

冬冬腫宋 **邕** 四方有水，自邕成池者，从川从邑，會意。籀文从川吕，象形。今字作壅。廣雅釋詁二，壅，障也；一，壅，隔也。左宣十二傳，川壅爲澤。昭元傳，勿使有所壅閉湫底，注謂障而不使行。晉語，胡可壅也，注，防也。史記司馬相如傳，批巖衝壅，索隱，曲隈也。禹貢雍州，周禮雍氏，以雍爲之。轉注齊策，宣王因以晏首壅塞之，注，蔽也。淮南主術，業貫萬世而不壅，注，塞也。管子明法，令出而留謂之壅，出而道止謂之壅。韓非子主道，臣閉其主曰壅，臣擅行令曰壅，臣得樹人曰壅。又埤蒼，齆，鼻疾也。通俗文，齆鼻曰齆，字亦作齆。叚借爲舉，爾雅釋言，邕，載也，謝氏注，擁者護之，載，失之。又爲雝，漢書兒寬傳注，邕，和也。

冬冬宋 **雝** 雝𪆫也，从隹邕聲，字亦作鷛，今字誤作雍。爾雅釋鳥，鶺鴒，雝渠。注，雀屬。廣雅，鶺鴒，鴉也。詩常棣脊令，傳，雝渠也，飛則鳴，行則搖，不能自舍。箋，水鳥。陸疏，大如鷃雀，長脚長尾尖喙，背青灰色，腹白，頸下黑如連錢，故杜陽人謂之連錢。又物類相感志，俗呼雪姑，鳴則天當大雪。與上林賦之鸊鷉迥別。按此鳥喜飛鳴，作聲其音邕邕而和，故字亦作噰，作嗈。轉注爾雅釋言，噰噰，聲也。書堯典，黎民於變時雍，傳，和也無逸言乃雍禮記坊記作讙詩何彼襛矣曷不肅雝傳和也清廟肅雝顯相有聲肅雝和鳴晉語非德不當雝羽獵賦祇莊雍穆之徒又禮記樂記雝雝和也爾雅釋詁關關噰噰音聲和也釋訓噰噰喈喈民協服也詩思齊雝雝在宮雝有來雝雝匏有苦葉雝雝鳴鴈蓼蕭和鸞雝雝亦皆重言形況字假借爲灉水經瓠子河注雝者河雝水也漢書鄒陽傳申徒狄蹈雍之河注河水溢出爲小流也列子黃帝雍水之潘爲淵又爲饔儀禮少牢禮雍人特牲禮雍正周語佐雝者嘗焉注亨煎之官也史記吳太伯世家弟仲雍索隱雍是孰食故名雍字孰哉也又爲擁秦策雍天下之國注有也漢書楊雄傳雍神休注聚也又祐也夏侯嬰傳面雍樹馳注南方人抱小兒謂雍樹又爲廱東都賦盛三雍之上儀注辟雍明堂靈臺也又爲邕詩振鷺于彼西雝傳澤也又周禮雍氏注謂隄防止水者也又職方正西曰雍州爾雅釋地河西曰雍州釋名釋州國雍州在四山之內雍翳也漢書地理志四面積高曰雍按東崤西漢南商於北居庸四山之內也又詩無將大車維塵雝兮箋猶蔽也穀梁僖九傳毋雍泉釋文塞也周書大戒眾匿乃雍注言閉塞不行也荀子法行不雍不塞致仕隱忌雍蔽之人又爲甕易井甕敝漏鄭注停水器也北山經縣雍之山注名汲甕又託名幖識字史記孔子世家雍渠孟子作癰疽又世本雍父作舂杵又左莊八傳齊雍廩又僖二十四傳郜雍曹滕在今河南懷慶府修武縣西又海內東經少室山在雍氏一曰緱氏聲訓白虎通辟雍雍者壅之以水象教化流行也此以邕釋廱爾雅釋地雍州李注雍壅也此以正字釋借字又釋文雍者擁也古韻書堯典叶邦雍詩何彼襛矣叶襛雝無將大車叶雝重卷阿叶菶雝蓼蕭叶濃沖雝同振鷺叶雝容雝叶雝公爾雅釋天叶逢蒙雍又詩思齊叶雍宮句中韻

yōng
饔

冬 饔 孰食也从食雝聲周禮內饔注割亨煎和之稱外饔注致禮于客莫盛于饔儀禮特牲禮雍爨注孰肉禮記聘義致雍餼皆以雍爲之詩祈父有母之尸饔左昭二十五傳饔人檀公羊昭二十五傳餕饔未就孟子饔飧而治注朝曰饔夕曰飧古韻詩祈父叶聰饔

wèng
罋

送 罋 汲缾也从缶雝聲字亦作甕作㽁易井甕敝漏鄭注停水器也漢書西域傳有大鳥卵如甕注汲水缾也假借爲瓮儀禮旣久甕三注瓦器其容蓋一觳禮記雜記甕甒釋文盛醯醢之器又雙聲連語莊子德充符甕盎大癭李注大癭兒按謂如甕如盎亦通古韻急就章十二叶僮杠幢縱工𥬇同雙龍甕容兒

yōng
癰

冬 癰 腫也从疒雝聲素問五常政大論分潰癰腫注膿瘡也假借爲邕論衡別通鼻不知香臭曰癰又爲雝孟子於衛主癰疽按史記正作雍渠名取于物爲假也韓非子作雍鉏說苑作雍雎皆同國策注瘍醫失之聲訓釋名釋疾病癰壅也氣壅否結裹而潰也又癰喉氣著喉中不通稸成癰也古韻靈樞經官鍼叶癰膿

yōng
廱

冬 廱 天子饗飲辟廱从广雝聲按天子之小學也周制在國之西郊所以春射秋饗尊事三老五更以教天下者也禮記王制天子曰辟廱諸侯曰頖宮詩泮水箋築土邕水之外圓如璧四方來觀者均也詩靈臺於樂辟廱文王有聲鎬京辟廱按辟廱之水曰靈沼又有靈臺有靈囿中爲堂曰明堂即虞庠也其大學在王宮之東命曰東膠仿夏之東序別有小學亦在西郊者曰瞽宗仿殷之右學所謂兼立三代之學也凡堂之高明者皆謂之明堂國學宗廟朝廷方岳皆有之古說以辟雍之明堂牽合太廟爲一非也假借爲雝禮記王制注廱和也爾雅釋訓廱廱和也又爲邕爲擁白虎通廱者擁之以水象教化流行也又爲饔漢書百官表有廱太宰注主熟食官又爲擁莊子徐无鬼鷄廱也按即芡其包似鷄胸又託名幖識字爾雅釋天太歲在戊曰著廱按古作甲子借以紀旬不以紀年凡年月則別託名以爲幖識隨舉立文祇取別異非于本字有說亦無借字可指也淮南天文注著雝言位在中央萬物繁養四方蓋以聲訓若此之類皆病辭費聲訓韓詩說言辟取辟有德不言辟水言辟雍者取其雍和也古韻詩靈臺叶樅鏞鐘廱逢公文王有聲叶廱東

yōng
灉

冬 灉 河灉水也在宋从水雝聲爾雅釋水灉反入又水自河出爲灉書禹貢兗州灉沮會同據許書汳水至蒙爲雝水當在今河南歸德府商邱縣東北汳水水經作濉水又水經瓠子河注即禹貢爾雅說文之灉此在今直隸大名府開州騐按爾雅云灉反入是瓠子故瀆古名灉東流還入河至商邱復出仍曰灉而泝水合之也故許云在宋別義爾雅又云江有沱河有灉汝有濆注重見按李注江河汝旁有肥美之地名則非復出也左僖二十八傳至于衡雍淮南人閒楚莊王勝晉于河雍之閒在今河南懷慶府原武縣亦河旁溢出之小水地以水名也與僖二十四傳郜雍國名在今修武縣者別又左定四傳敗諸雍澨昭二十三傳作薳澨薳者遂字之誤遂雍同聲通借則在今湖北安陸府京山縣西南元和郡縣志滄湖在巴陵縣字亦作滄按又名翁湖此與河水之灉不相涉文十六傳句澨在今襄陽府均州西宣四傳漳澨在今安陸府當陽縣東南與雍澨爲三疑即禹貢所謂三澨也皆以雍爲之聲訓釋名釋水水從河出曰雍沛言在河岸限內時見雍出則沛然也按以涌爲訓

yǒng
擁

腫 擁 裹也从手雝聲廣雅釋詁三擁持也儀禮公食禮左擁簠粱禮記玉藻走則擁之少儀侍投則擁矢左襄二十五傳擁社吳語擁鐸拱稽漢書谷永傳擁天下之樞又夏侯嬰傳面雍樹馳注南方人謂抱小兒爲雍樹以雍爲之又吳都賦烏賊擁劍注擁劍蟹屬也假借爲邕禮記內則必擁蔽其面注猶障也又疊韻連語莊子庚桑楚擁腫之與居注樸也司馬注醜皃也崔注無知皃向注樸纍之皃

xiōng 凶　xiōng 匈　xiōng 訩(詾)　xiōng 洶　xiōng 兇

李注猶盤𤸈也聲訓釋名釋姿容擁翁也翁撫之也

凶十三名凡凶之派皆衍凶聲

冬 **凶** 許容切

凶 惡也象地穿交陷其中也指事字亦作𠒆作兇爾雅釋言凶咎也易繫辭吉凶者言乎其失得也書洪範一曰凶短折洪範五行傳注未齔曰凶詩日月告凶箋告天下以凶亡之徵也周禮鄉師鄉共吉凶禮樂之器注凶器若族喪器者也掌客凶荒殺禮墨子七患三穀不收謂之凶左文十八傳盜賊藏姦爲凶德北山經譙明之山有獸焉名曰孟槐可以禦凶注辟凶邪氣也又詩思齊箋其將無有凶禍三公山碑攘去寇殃假借爲訩史記五帝紀頑凶不用正義訟也易林履之蒙訟爭凶凶亦重言形況字又爲兇晉語敵入而凶注恐懼也聲訓釋名釋言語凶空也就空亡也洪範凶短折馬注終也古韻詩兔爰叶罿庸凶聰易師叶凶寵邦功蒙叶凶中荀子成相叶喪從凶江轉音周書鄭保叶兵傷凶按讀如鄉也

冬冬 **匈** 𠣍 膺也从勹凶聲或从肉字亦作胷素問腹中論胸滿注膺胸也呂覽失已謀失于胸注猶內也海內南經貫匈國其爲人胸有竅考工梓人以胷鳴者注榮原屬貫馬作胃轉注魏都賦開胸殷衞注猶前也假借爲兇管子任法皆虛其匈以聽其上注恐懼皃又爲詾六韜軍用篇方胸鋋矛千二百具又爲訩漢書高帝紀天下匈匈注喧擾之意東方朔傳君子不以小人之匈匈而易其行注讙議之聲亦重言形況字又託名幖識字周書王會匈奴樓煩注北狄之别名海內南經匈奴注一曰獫狁聲訓釋名胷猶啌也啌氣所衝也

冬腫 **訩** 詾 說 說也六書故引唐本說文訟也从言匈聲或从凶聲字亦作哅爾雅釋言訩訟也廣雅釋詁二訩鳴也詩泮水不告于訩荀子解蔽聽漠漠而以爲哅哅天論君子不爲小人匈匈也輟行注喧譁之聲以匈爲之假借爲凶詩節南山降此鞠訩按鞠凶之人也鞠訩亦疊韻連語又以究王訩按告王用此凶德之師尹又爲洶爾雅釋詁訩盈也古韻詩節南山叶誦訩邦

冬腫 **洶** 涌也从水匈聲史記司馬相如傳洶涌滂濞索隱跳起皃假借重言形況字尙書大傳洶洶磕磕皆水聲也楚辭逢紛飄風來之洶洶注讙聲也高唐賦濞洶洶其無聲兮注水波騰皃羽獵賦洶洶旭旭注勇皃古韻楚辭悲回風叶江洶

冬腫 **兇** 擾恐也从人在凶下會意凶亦聲左僖二十八傳曹人兇懼注恐懼聲假借重言形況字素問移精變氣論粗工兇兇注謂不料事宜之可否也古韻急就章十二叶僮杠幢縱工銅同雙龍聾容兇

zōng 㚇　zōng 葼　zōng 鬷　zōng 椶　zōng 稯　zōng 艐　zōng 嵏

東送 **㚇** 斂足也从夊兇聲爾雅釋鳥鵲鶪醜其飛也㚇注竦翅上下字亦作猣按鵲鶪之類不能布翅高翔竦焉上下而已假借爲總廣雅釋詁三㚇聚也又爲夋之誤字後漢馬融傳金㚇注馬冠也

東 **葼** 青齊兖冀謂木細枝曰葼从艸㚇聲方言二木細枝謂之杪青齊兖冀之閒謂之葼故傳曰慈母之怒子也雖折葼笞之其惠存焉魏都賦弱葼係實廣雅釋詁二葼小也字亦作䈥廣雅釋器䈥箂也按猶方言杪亦謂之策也别義漢官儀葼園供染綠紋綬注染草也

東董 **鬷** 釜屬从鬲㚇聲假借爲奏詩東門之枌越以鬷邁傳數也箋總也烈祖鬷假無言傳總也皆謂借爲總失之鬷奏雙聲又爲總漢書王子侯表參鬷侯則注音悾鬷

東 **椶** 栟櫚也可作萆从木㚇聲御覽引說文一名蒲葵字亦作棕其樹有葉無枝椶其皮也可爲鑊御雨又可爲索西山經石脆之山其木多椶中山經實如椶莢名曰植楮蜀都賦椶枒楔樅轉注說文新附騣馬鬣也字變作騌按鬣似椶故謂之椶

東 **稯** 布之八十縷爲稯从禾㚇聲籀文从兇聲按此當爲總字之訓稯者禾四十把也儀禮聘禮記四秉曰筥十筥曰稯十稯曰秅魯語出稯禾秉芻缶米此秉與量名之秉十六斛迥別說文秅篆說解及韋昭魯語注張揖廣雅釋器皆誤鄭君之學所以貫絕古今也又按此字實即總之轉注總猶束也禾四十秉爲一大束故曰總字變从禾作稯耳許書當訂爲總之重文書禹貢百里賦納總鄭注謂入所刈禾也僞傳云供飼國馬按此與聘禮之稯不同聘禮無粟之稯禹貢有粟之稯僞傳失之字亦作穟假借重言形況字莊子則陽是稯稯何爲者李注聚皃釋文亦作總作揔

東卦 **艐** 船著不行也从舟㚇聲讀若萃按㚇萃雙聲字亦誤作䑸廣韻引作箸沙不行呂覽開春叔嚮爲之奴而䑸注繫也假借爲奏爾雅釋詁艐至也孫注古届字方言一艐至也宋語也郭注古屆字按凶㚇聲陽届義非届音也孫郭失之漢書司馬相如傳蹋以艐路兮注著也亦失之

東 **嵏** 九嵏山也在馮翊谷口从山㚇聲今陝西西安府醴泉縣東北有九峯俱峻西都賦冠以九嵕上林賦九嵏巀嶭又東嵏桀棠漢書注山之高聚者曰嵏按以崇以總爲訓又淩三嵏之危注引三蒼三嵏山在聞喜則在今山西絳州聞喜縣按字亦作㟅史記司馬相如傳崇山巃嵷正義皆峻皃亦疊韻連語

zōng 堫　máng 尨　máng 牻　máng 哤　máng 厖　máng 駹　máng 浝　lǒng 垄

東江 **堫** 𡎖 種也、一曰内其中也、从土、嵏聲、謂埶苗土中、字亦作稯、廣雅釋地、稯種也、

尨七名凡尨之派皆衍尨聲、莫江切、

江 **尨** 𤞞 犬之多毛者、从犬从彡、會意、爾雅釋畜、尨狗也、詩野有死麕、無使尨也吠、又穆天子傳、天子之尨狗、注、尨尨茸也、謂猛狗、轉注、周禮牧人、用尨可也、杜注、謂雜色不純、左閔二傳、衣之尨服、注、雜色、易說卦、震爲龍、鄭注、尨取日出時色雜也、考工玉人、上公用龍、司農注、尨謂雜色、皆以龍爲之、假借疊韻連語、左僖五傳、狐裘尨茸、注、亂皃、按詩旄丘作蒙茸、亦同、又託名幖識字、左襄四傳、尨圉、史記夏紀作龍、漢書人表作厖、

江 **牻** 𤙴 白黑雜毛牛也、从牛、尨聲、

江 **哤** 𠯫 哤異之言也、一曰雜語、从口、尨聲、讀若尨、小爾雅廣訓、雜言曰哤、齊語、雜處則其言哤、注、亂皃、長笛賦、哤聒其前後者、注、雜聲、

江 **厖** 𠪊 石大也、从厂、尨聲、字亦作硥、轉注、爾雅釋詁、厖大也、方言一、厖深之大也、二、厖豐也、秦晉之間凡大貌或謂之厖、詩長發、爲下國駿厖、傳、厚也、荀子以蒙爲之、左成十六傳、民生敦厖、周語、敦厖純固、注皆訓大、字亦作懞、管子五輔、敦懞純固、字又作痝、素問風論、面痝然浮腫、注、言腫起也、亦單辭形況字、又封禪文、湛恩厖鴻、亦疊韻連語、假借爲蘢、爾雅釋詁、厖有也、又爲尨、詩小戎、蒙伐有苑、箋、畫雜羽之文於伐、故曰厖伐、四子講德論、厖眉耆耇之老、注、雜也、思元賦、尉厖眉而郎潛兮、注、蒼也、又爲蚌、淮南墬形、硥魚在其南、古韻、詩長發叶共厖龍勇動竦總、

說文通訓定聲　豐部第一　四五

江 **駹** 𩣡 馬面顙皆白也、从馬、尨聲、按與白顛異、白顛馬之貴者、駹馬之賤者、別義、漢書匈奴傳、東方盡駹、注、青馬也、假借爲尨、易說卦、震爲駹、干注、雜色、虞注、蒼色、周禮犬人、用駹可也、疏、謂雜色牲、巾車、駹車雚蔽、注、邊側有漆飾也、又託名幖識字、古冉駹國、今四川茂州保縣雜谷廳皆其地、

江 **浝** 𣶃 浝水也、从水、尨聲、

江腫 **垄** 𡍯 涂也、从水从土、會意、尨聲、讀若隴、此字說文水部土部重出、按从土浝聲、當刪水部字、廣雅釋室、垄塗也、通俗文、泥塗謂之垄、澒亦疊韻連語、

冐一名 莫紅上沃二切

mào 冐　lòng 弄　lòng 梇　fēng 丰　bàng 玤　fèng 奉　féng 捀(捧)

東 **冐** 𡨦 突前也、从見从冃、會意、與冒畧同、按此字冃亦聲、讀如蒙、考聲之轉、又按說文徐鍇本有冐、从冃、當與此同字、一切經音義引國語賈注、冐沒猶抵觸也、冐沒亦雙聲連語、或曰書君奭、迪見冒聞於上帝、冒聞猶上聞也、當作此冐、馬本作勖、聞訓勉、失之、

弄二名凡弄之派皆衍弄聲、盧貢切、

送 **弄** 𢍺 玩也、从廾持玉、會意、詩斯干、載弄之璋、左僖九傳、夷吾弱不好弄、注、戲也、轉注、洞簫賦、時奏狡弄、注、小曲也、長笛賦、聽簉弄者、假借爲巷、漢書昭帝紀、上耕于鉤盾弄田、按即爾雅宮中衖謂之壼、所謂永巷也、注、謂宴遊之田、失之、

送 **梇** 𣕞 梇木也、从木、弄聲、益州有梇棟縣、豈今四川成都出大梇中棟材歟、梇棟亦疊韻連語、

丰十八名凡丰之派皆衍丰聲、敷容切、

冬 **丰** 𡴀 艸盛丰丰也、从生、上下達、指事、與莽畧同、凡乙屮才乇之生、㞢出毛乘朵𠂹丰皆象形兼指事、又戴氏侗六書故引唐本說文有丯字、據元熊忠古今韻會、當爲丰之籒文、轉注、詩丰、子之丰兮、傳、豐滿也、謝靈運詩、升長皆丰容、注、悅茂貌、亦疊韻連語、方言一、好或曰妦、字亦作妦、假借爲封、廣雅釋室、丰階也、又疊韻連語、長門賦、羅丰茸之遊樹兮、注、衆飾皃、聲訓、小爾雅廣言、丰豐也、古韻、詩丰叶丰、

說文通訓定聲　豐部第一　四六

董 **玤** 𤥒 石之次玉者、以爲系璧、从玉、丰聲、讀若詩瓜瓞菶菶、一曰若盒蚌、按爲小璧系帶閒所以系左右佩物者也、巷送、

腫 **奉** 𡙕 承也、从手从廾、會意、丰聲、廣雅釋詁二、奉進也、三、奉持也、釋言、奉獻也、周禮大司徒、奉牛牲、注、猶進也、大司馬、奉主車、注、猶送也、儀禮聘禮、加其奉于左皮上、注、所奉以致命、禮記內則、少者奉槃、長者奉水、又漢官有奉車都尉、掌乘輿、又秦官有奉常、漢更名太常、轉注、左僖三十三傳、天奉我也、注、與也、昭六傳、奉之以仁、注、養也、齊語、鏤纂以爲奉、注、藉也、晉語、是之不果奉、注、行也、淮南說林、風雨奉之、注、助也、漢書食貨志、春以奉耕、注、謂供事也、又易文言、後天而奉天時、虞注、承行也、又廣雅釋詁四、奉祿也、漢書高后紀、列侯幸得餐錢奉邑、注、粟米曰奉、王莽傳、其令公奉舍人賞賜皆倍故、注、所食之奉也、字亦作俸、周禮大宰注、祿若月奉也、釋文或作俸、聲訓、顏黃門匡謬正俗三、奉謂恭而持之、古韻、急就章二十四叶恐奉寵踊腫冢、

冬腫 **捀** 𢭏 奉也、从手、夆聲、字亦作捧、按當爲奉之或體、今系于此、禮記曲禮、凡奉者當心、釋文本作捧、穆天子傳六、捧饋而哭、注、兩手持也、射雉賦、捧黃閒以密彀、注、舉也、釋名釋兵、琫捧也、捀束山也、聲訓、釋名釋姿容、捀逢也、兩手相逢以執之也、

凶龙冐弄丰

fēng 夆　bāng 邦　bàng 蚌　běng 琫　běng 菶　hěng 唪　fēng 徸　féng 逢

冬 **夆** 悟也。从夊丰聲。讀若縫。按凡鋒而銳上者曰夆。說文新附峯山耑也。廣雅釋詁一、㭬末也。按謂木杪。字亦作峯作桻。假借爲徸。爾雅釋訓甹夆掣曳也。注謂牽拕。亦雙聲連語。詩小毖作荓蜂。亦同。

江 **邦** 國也。从邑丰聲。古文从之从田，會意。與封从之土同意。周禮大宰以佐王治邦國。注大曰邦，小曰國。邦之所居亦曰國。按散文邦國亦通。易益利用爲依遷邦。書堯典協和萬邦。詩皇矣王此大邦。儀禮既夕至于邦門。周語后非衆罔與守邦。漢避高祖諱，多以國易之。假借爲封。詩元鳥邦畿千里。東京賦注正作封。論語且在邦域之中矣，而謀動干戈于邦內。鄭本正作封。聲訓釋名釋州國邦，封也，封有功于是也。古韻書堯典叶邦。詩節南山叶誦訩邦。采菽叶蓬邦同從。思齊叶公恫邦。召旻叶訌共邦。閟宮叶蒙東邦同從功。易師叶凶寵邦功。中孚叶中邦。

講 **蚌** 蜃屬。从虫丰聲。字亦作蜯、作鮮、作蠬。爾雅釋魚蚌含漿。按亦曰螷，曰蠯，曰蛤，大者曰蜃。其屬腹往往孕珠。吳都賦蚌蛤珠胎，與月虧全。易說卦離爲蚌。西山經其中多鮮魚。漢書敘傳臧于蜯蛤。虞淮南說林蚌象之病，人之寶也。注大蛤中有珠。假借託名幖識字。爾雅釋蟲蟦蛖蜋。注蛖蜋蛣類。

董 **琫** 佩刀上飾也。天子以玉，諸侯以金。从玉奉聲。字亦作韸、作鞛。音奉雙聲。詩瞻彼洛矣鞞琫有珌。傳鞞容刀鞞也，琫上飾，珌下飾。公劉鞞琫容刀。傳下曰鞞，上曰琫。左桓二傳藻率鞞鞛。注鞞佩刀削上飾，鞛下飾。釋名釋兵刀室口之飾曰琫，琫捧也，捧束口也。下末之飾曰鞞，鞞卑也，在下之言也。按琫者刀潁飾也，佩刀手所握處，其飾曰琫；鞞者刀室也，刀室之下，其飾則曰珌。毛傳天子玉琫而珧珌，諸侯璗琫而璆珌，大夫鐐琫而鏐珌，士珕琫而珧珌。據毛許則劉熙杜預皆誤。

董 **菶** 艸盛也。从艸奉聲。與丰畧同。廣雅釋訓菶菶茂也。詩卷阿菶菶萋萋。傳梧桐盛也。說文玤下、唪下引詩生民瓜瓞菶菶。毛本以唪爲之。采菽其葉蓬蓬，以蓬爲之。亦皆重言形況字。古韻詩卷阿叶菶雝，句中韻。

董 **唪** 大笑也。从口奉聲。讀若詩瓜瓞菶菶。廣韻引廣雅唪，口高也。假借重言形況字。詩生民瓜瓞唪唪。傳唪唪然多實也。

冬 **徸** 使也。从彳夆聲。讀若螽。按爾雅甹夆掣曳也。即許書之徸。詩小毖莫予荓蜂。傳摩曳也。以荓蜂爲之，亦同。甹夆雙聲連語。

東冬江 **逢** 遇也。从辵夆聲。字亦誤作逄。見廣韻。爾雅釋詁逢，遻也。逢見也。方言一逢，迎也。左宣三傳魑魅罔兩莫能逢之。周語道而得神，是謂逢福。又孟子逢君之惡。注迎也。又論衡卜筮卜曰逢，筮曰遇。假借爲豐。書洪範子孫其逢。馬注大也。禮記儒行衣逢掖之衣。注猶大

hóng 浲　péng 蓬　fēng 熢　féng 縫　fēng 蠭

也。荀子儒效逢衣淺帶。又爲籩。周禮籩人注今河間以北煮穜麥賣之名曰逢。又疊韻連語。漢書司馬相如傳逢涌原泉。索隱遇也，非是。又孟子逢蒙學射于羿。淮南正作逢。莊子作蓬蒙。呂覽作蠭蒙。史記龜策傳作蠭門。漢書藝文志作逢門。皆同。又重言形況字。詩靈臺鼉鼓逢逢。傳和也。釋文字本作韸。呂覽季夏注引作韸。太平御覽引作蓬。古韻書洪範叶從同彊逢。詩靈臺叶鐘廱逢公。爾雅釋天叶逢蒙雍。離騷天問叶逢從。

冬 **浲** 大水也。从水夆聲。說文徐鍇本有此字，姑附于此。疑水名也。山海經單狐之山逢水出焉。字亦作逢。假借雙聲連語。吳都賦敵霧逢浡。

東 **蓬** 蒿也。从艸逢聲。古文从夆聲。大篆从艸逢聲。爾雅齧彫蓬，薦黍蓬。與上文蒿菣相屬，當爲蒿類。或以彫胡茭苽當之，非也。詩騶虞彼茁者蓬。傳草名。禮記內則桑弧蓬矢六。疏蓬是禦亂之草。莊子逍遙遊夫子猶有蓬之心也夫。注蓬非直達者也。列子天瑞攓蓬而指。楚辭沈江若縱火于秋蓬。注蒿也。淮南本經民之專室蓬廬。注蓬籧篨覆也。轉注詩伯兮首如飛蓬。莊子說劍蓬頭突鬢。西山經玉山西王母蓬髮。字亦作髼。字林髼鬆髮亂皃。假借爲墣，或爲塥。漢書賈山傳曾不得蓬顆蔽冢。注東北人名土塊爲蓬顆。按蓬顆即墣塊之轉語。蓬墣、蓬塥皆雙聲。後世又轉其聲爲飯顆。又爲扶。史記老莊申韓傳蓬累而行。索隱蓋也。失之。蓬扶雙聲。又爲尨。海內經元狐蓬尾。注叢也。又疊韻連語。楚辭怨思飄風蓬龍。注猶龍轉風皃。又雙聲連語。笙賦鬱蓬勃以氣出。注氣出皃。大荒西經有獸左右有首，名曰屏蓬。注即并封也。語有輕重耳。方言五薄謂之苗，南楚謂之蓬薄。又重言形況字。詩采菽其葉蓬蓬。傳盛皃。莊子秋水蓬蓬然起于北海。李注風皃。又託名幖識字。楚辭傷時從安期兮蓬萊。注海中山名。古韻詩騶虞叶蓬豵。伯兮叶東蓬容。采菽叶蓬邦同從。

冬 **熢** 熢燧，候表也。邊有警則舉火。从火逢聲。字亦作烽。史記周紀幽王爲熢燧。正義熢，土魯也。漢書司馬相如傳聞熢舉燧燔。孟康曰熢如覆米箄，縣著挈皋頭，有寇則舉之。燧者積薪，燔之。張揖曰晝舉熢，夜燔燧。後漢光武紀注邊方備警急，作高土臺，臺上作桔皋，桔皋頭有兜零，以薪草置其中，常低之，有寇即燃火舉之以相告，曰烽。方言十二熢，虞望也。

冬送 **縫** 以鍼紩衣也。从糸逢聲。廣雅釋詁二，縫合也。禮記玉藻縫齊倍要。注紩也。轉注爾雅釋訓緎，羔裘之縫也。詩羔羊之縫。正義縫合羔羊皮爲裘，縫即皮之界域。趙策鯷冠秫縫。注女工之拙。字亦作韼。字林韼，被韼也。古韻詩羔羊叶縫總公。

冬 **蠭** 飛蟲螫人者。从䖵逢聲。古文夆聲。字亦作蜂。爾雅釋蟲土蠭。注大蠭在地中作房者。又木蠭。注在樹上作房者。方言

fēng 鏠 fēng 封

十一蠭燕趙之閒謂之蠓螉廣雅土蜂蠮螉也蠓螉疊韻連語螉螉雙聲連語皆狀其聲禮記檀弓內則謂之范蠭范一聲之轉左僖二十二傳蠭蠆有毒文元傳蠭目而豺聲李翊夫人碑飛蠭蘗兮[叚借]爲夆史記項羽紀楚蠭起之將集解猶言蠭午也漢書劉向傳蠭午並起注猶雜沓也按與旁午同藝文志蠭出並作中山靖王勝傳讒言之徒蠭生楊雄傳機駭蠭軼又爲鏠韓王信傳及其蠭東鄉趙廣漢傳專厲彊壯蠭氣又爲豐史記始皇紀蜂準正義高鼻也集解一作隆又爲徬詩小毖莫予荓蜂傳摩曳也亦雙聲連語[古韻]詩小毖叶蜂蟲

冬 鏠 兵耑也从金逢聲字亦作鋒漢書王褒傳清水焠其鋒注刃芒端也蕭望之傳底厲鋒鍔注刃端也陳項傳贊銷鋒鍉注戈戟刃也[叚借]爲夆後漢光武紀寇盜鋒起荀子王制嘗試之說鋒起注謂如鋒刃齊起言銳而難拒也失之[聲訓]釋名釋兵刃其末曰鋒言若蠭刺之毒利也又劍其末曰鋒鋒末之言也

封三名凡封之派皆衍封聲 府容切

冬 封 𡉚 㞷 𡊄 爵諸侯之土也从㞢从土从寸會意寸其制度也古文从之土李陽冰謂从一丰聲籀文从土丰聲廣雅釋詁四封立也孟子公侯皆方百里伯七十里子男五十里與禮王制同與周禮大司徒諸公之地封疆方五百里諸侯四百里諸伯三百里諸子二百里諸男百里截然各異無從强合惠氏禮說謂周禮言封疆王制言食采秦氏通考謂王制三等夏殷之制周禮五等公定之制二說較眾說爲可通要亦未見其必然也小爾雅廣詁封界也周禮大司馬制畿封國注謂立封于疆爲界左隱元傳潁谷封人注典封疆者成二傳無入而封注竟也史記孟嘗君傳更封傳索隱猶今驛券轉注周禮封人掌設王之社壝注聚土曰封肆師封于大神注謂壇也虞書封十有二山傳大也失之又廣雅釋丘封冢也釋室封塋也小爾雅廣名墳羃謂之封周禮冢人以爵等爲丘封之度禮記檀弓吾見封之若堂者矣樂記封比干之墓又儀禮士喪禮北面指中封而筮注中央壤也又左文三傳封殽尸而還賈注封識之又方言十封場也楚郢以南蟻土謂之封又後漢安帝紀爲封長檄注封謂印封之也按取圍藏之義[叚借]爲邦楚語鄢幾不封注國也左襄二十八傳齊慶封字子家又爲豐小爾雅廣詁封大也詩烈文無封靡于爾邦殷武封建厥福傳大也左昭二傳宿敢不封殖此樹楚語是勤民以自封也注厚也又左昭二十八傳謂之封豕離騷又好射夫封狐淮南本經封豨脩蛇大荒北經竹南有赤澤水名曰封淵注封亦大也又爲窆爲堋禮記檀弓縣棺而封王制庶人縣封易繫辭不封不樹虞注封古窆字按丰乏朋一聲之轉又疊韻連語莊子應帝王紛而封戎崔注散亂也按與尨茸同又託名幖識字禮記明堂位封父龜注國名左定四傳封父之繁弱注古諸侯按在今河南開封府封邱縣西北又書康誥小子封傳康叔名[聲訓]白虎通封禪封者廣也續漢祭祀志封土爲壇柴祭告天代與成功也漢書武帝紀注封崇也[轉音]楚辭天問叶沇封按讀如風也

說文通訓定聲 豐部第一 廿三

fēng 葑 běng 䋽 fēng 豐

冬宋 葑 須從也从艸封聲字亦作蘴作菘按須從之合音爲菘爾雅釋草須葑蓯須葑爲蓯與須從爲葑亦同孫注須一名葑蓯詩谷風采葑采菲傳葑須也皆依爾雅上一下二句倒讀方言三蘴蕪菁也注今江東字作菘詩桑中爰采葑矣箋蔓菁也按與芥蘆菔同類小異葑味較甘周禮醢人菁菹南都賦秋韭冬菁是也[別義]珠叢云菰草叢生其根盤結名曰葑[古韻]詩桑中叶葑東庸采苓叶葑東從

董 䋽 枲履也从糸封聲字亦作𧛗作幫急就篇屐屩絜𧛗今蘇俗謂履之判合者爲幫荀子正論菲對屨注對當爲䋽䋽枲也

豐四名凡豐之派皆衍豐聲 敷戎切

東 豐 豐 𧯛 豆之豐滿者也从豆象形按从豆从山會意山取其高大丰丰象滿形古文从豆象形儀禮大射儀注从豆幽聲六書故引唐本蜀本从籀文丰聲皆非[轉注]易序卦傳豐者大也方言一凡物之大貌曰豐二凡大人謂之豐人燕記曰豐人杼首杼首者長首也又燕趙之閒言圍大謂之豐注謂度圍物也廣雅釋詁一豐滿也易豐鄭注豐之言腆充滿意也雜卦傳豐多故親詩豐年多黍多稌箋大有年也湛露在彼豐草傳茂也周禮大司徒其民豐肉而庳注猶厚也楚語不爲豐約舉注盛也西京賦地沃野豐注饒也神女賦貌豐盈以莊姝兮注肥滿也又書顧命敷重豐席鄭注刮凍竹席王注豐席莞按檀弓華而睆注說者以睆爲刮節目字或爲刮考工刮摩之工故書作捖摩疑先儒訓豐爲睆鄭以睆爲刮字而王以睆爲莞字也篾底豐筍四者鄭皆以爲竹席刮凍猶刮磨豐言茂美也僞傳則以篾筍爲竹底豐爲蒲王氏則篾底豐皆爲蒲[別義]說文一曰鄉飲酒有豐侯者按儀禮鄉飲酒禮命弟子設豐注豐形似豆而卑大射儀有豐注豐以承尊也說者以爲若井鹿盧近似豆大而卑矣聶氏三禮圖罰爵之豐作人形豐國名其君坐酒亡國戴杅以爲戒竹書紀年成王十九年黜豐侯李尤豐侯銘曰豐侯荒謬醉亂迷迭乃象其形爲禮戒式後世傳之固無正說[叚借]爲酆書召誥則至于豐詩文王有聲作邑于豐字亦作灃書禹貢灃水攸同出今陝西西安府鄠縣終南山至咸寧縣入渭按此實託名幖識字水加水旁邑加邑旁皆後出字也猶水經泗水注豐水即泡水淮水注豐水亦曰窮水音戎並聲相近二水未聞亦作灃也又疊韻連語後漢馬融傳豐彤注林木皃琴賦豐融披離注盛皃[聲訓]易豐注豐之爲義闡宏微細通夫隱滯者也[古韻]詩文王有聲叶功崇豐

說文通訓定聲 豐部第一 廿三

fēng 䴻　fēng 酆　fēng 𡩧　cóng 从　cóng 從

東 **䴻** 煮麥也。从麥、豐聲。讀若馮。豐馮一聲之轉。周禮籩人其實䴻蕡。注、熬麥曰䴻。又荀子富國、取其將若撥䴻。注、麥之牙糱也。

東 **酆** 周文王所都。在京兆杜陵西南。从邑、豐聲。左僖二十四傳、畢原酆郇。昭四傳、康有酆宮之朝。按在今陝西西安府鄠縣東五里。古今人表有酆侯。又左文七傳有酆舒。以國爲氏。又後漢馮衍傳注、酆鄗二水名。按詩作豐伊匹。豐水東注。竹書紀年豐侯。古今人表豐舒。皆只作豐。酆亦後出字也。

東 **𡩧** 大屋也。从宀、豐聲。易曰、𡩧其屋。按此字亦後出。易諸家本皆作豐其屋是也。據許則此字出孟喜章句。廣雅釋詁一、𡩧、大也。則本說文。

从二十二名、凡从之派、皆衍从聲。疾容切。

冬 **从** 相聽也。从二人。會意。按二人相順爲从、二人相背爲北。無極山碑、从上至體。經傳皆以從爲之。〔叚借〕爲從。周禮司儀、客从拜辱于朝。〔聲訓〕素問六元正紀大論、從逆奈何。注、氣同謂之從。

冬董宋 **從** 隨行也。从辵、从从。會意。从亦聲。爾雅釋詁、由、從、自也。小爾雅廣言、從、遂也。廣雅釋詁一、從、行也。三、從、就也。易坤、或從王事。虞注、震爲從。夏小正、嗇人不從。傳、弗行。詩既醉、從以孫子。箋、隨也。周禮鄉長則從而授之。儀禮鄉飲禮、賓及眾賓皆從之。禮記曲禮、必操几杖以從之。檀弓、如有從而弗及。左昭二十八傳、從使之收器者。又詩還並驅從兩肩兮。傳、逐也。夏小正、鹿人從。傳、羣也。淮南氾論、禽獸可羈而從也。注、猶牽也。又秦策、從而伐齊。注、合也。呂覽節喪、無不從者。注、送也。〔轉注〕廣雅釋詁一、從、使也。僖三十三傳、敢犒從者。後漢周燮傳注、從作謂隨從而已。又老子、故從事于道者。注、爲也。又爾雅釋親、從祖從父從母。釋名、從祖祖父母、言從己親祖別而下也。亦言隨從己祖以爲名也。從母爲娣而來則從母列也。〔叚借〕爲从。書洪範、言曰從。又龜從筮從。益稷、汝無面從。左昭十一傳、不昭不從。注、言順曰從。禮記郊特牲、婦人從人者也。注、謂順其教令。孔子閒居、氣志既從。左定八年、從祀先公。注、順也。襄十傳、從之將退。注、猶服也。又小爾雅廣言、從、長也。史記周紀、與諸侯約從。集解、關東爲從。荀子賦、以能合從。注、豎也。詩南山、衡從其畝。韓詩作由。傳、南北耕曰由。周書文傳、從生盡以養一丈夫。注、從生、人也。按凡逆曰橫、順曰从也。又禮記曲禮、樂不可從。釋文、縱也。楚語、以從逸王志。注、隨也。按謂任情也。又爲縱。論語從之、皇疏、放縱也。七十而從心所欲。皇疏、猶放也。太元元衡、從散也。又爲縱。爾雅釋詁、從、重也。又爲蹤。詩羔羊傳、可以從迹也。又爲琮。左昭十三傳、楚觀從字子玉。又爲豵。延篤國策音義、從牛子。又爲慫。大元失、卒而從而。注、憂懼卒至之皃也。又疊韻連語。廣雅釋訓、從容、舉動也。楚辭懷沙、孰知余之從容。又禮記學記、待其從容。注、謂重撞擊也。讀如春或爲松。詩都人士序、從容有常。箋、謂休燕也。史記留侯世家、良嘗閒從容步游下邳圯上。索隱、閒暇也。漢書嚴助傳、侍燕從容。注、閒語也。素問陰陽類論、陰陽從容。注、謂安緩比類也。又重言形況字。禮記檀弓、爾毋從從爾。注、謂太高。楚辭九辯、後輜乘之從從。字亦作從。廣雅釋訓、從從、走也。漢書禮樂志、般從從。注、眾也。揚雄傳、風從從而扶轄兮。注、前進之意也。字又誤作從、作從。字林、從從、走皃。文選甘泉賦、風從從。注、疾皃。又單辭形況字。莊子至樂、從然以天地爲春秋。司馬注、從、道旁也。失之。又託名標識字。大荒南經、南旁名曰從淵。海內北經、從極之淵。一曰忠極之淵。〔聲訓〕莊子至樂釋文、從、從容也。又從、逸也。〔古韻〕書洪範、叶恭從明聰容。詩行露、叶墉訟從。南山、叶雙庸從。小旻、叶從用邛。采菽、叶蓬邦同從。閟宮、叶蒙東邦同從功。左僖五傳、叶茸公從。管子勢、叶眾從。荀子成相、叶衷從凶江。

cōng 樅　zòng 瘲　zōng 豵　sǒng 慫　zòng 縱

冬 **樅** 松葉柏身。从木、從聲。爾雅注、今大廟梁材用此。尸子所謂松柏之鼠不知堂密之有美樅。按魯連子曰、松樅高十仞而無枝、非憂正室之無柱也。見藝文類聚。詩靈臺、虡業維樅。傳、崇牙也。按虡業以樅爲之。鏞鼓之樹曰虡、所以覆縣鏞鼓之栒者、有版曰業、刻之捷業如鋸齒、疑崇牙即業之縣鐘鼓處。傳以有瞽業虡崇牙連文、而訓樅爲崇牙、蓋謂借樅爲崇。崇爲鍾也。未爲確詁。西京賦、樅栝椶柟。蜀都賦、樅枒楔樅。〔叚借〕託名標識字。老子師有常樅。漢書高帝紀有樅公。

冬宋 **瘲** 病也。从疒、從聲。按瘲瘛、小兒病也。瘲之言縱、瘛之言掣。蘇俗所謂驚風。漢書藝文志、金創瘲瘛方三十卷。

東 **豵** 生六月豚也。从豕、從聲。一曰一歲豵、尚叢聚也。字亦作豵、作猣。詩騶虞、壹發五豵。七月、言私其豵。傳皆云、一歲曰豵。小爾雅廣獸、豕之大者謂之豣、小者謂之豵。按六月一歲大同小異。〔轉注〕周禮大司馬、大獸小禽。司農注、一歲爲豵、二歲爲豝、三歲爲特、四歲爲肩、五歲爲慎。廣雅釋獸則云、三歲爲肩、四歲爲特、無五歲。文按此謂凡獸之通名也。〔別義〕爾雅釋獸、豕生三豵、二師、一特。注、豬生子常多、故別其少者之名。釋畜、犬生三猣、二師、一玂。注、與豬生子義同、名亦相出入。〔聲訓〕說文、豵、尚業聚也。〔古韻〕詩騶虞、叶蓬豵。七月、叶同功豵公。

腫 **慫** 驚也。从心、從聲。讀若悚。〔叚借〕疊韻連語。方言十、慫涌、勸也。南楚凡己不欲喜而旁人說之、不欲怒而旁人怒之、或謂之慫涌。漢書衡山王賜傳、日夜縱臾王謀反事。注、謂獎勸也。作縱臾、亦同。臾涌雙聲。

冬董宋 **縱** 緩也。一曰舍也。从糸、從聲。爾雅釋詁、縱、亂也。廣雅釋詁四、縱、置也。按凡絲持則緊、舍則緩。緊則理、緩則亂。一意之引申也。漢書昭帝紀、李种坐故縱死罪。注、謂容放之。楚語、夫民氣縱則底。注、放也。按謂不收束。又詩大叔于田、抑縱送忌。傳、發矢曰縱。禮記仲尼燕居

méng méng zōng sǒng cōng zōng zōng
蒙 冡 轞 聳 鏦 蜙 縱

縱言至于禮，注：泛說事也。（假借）爲從。禮記內則：姑縱之而寧數休之。按猶使也，爲也。又西京賦：紛縱體而迅赴。注：舞容也。按猶隨也。又爲从。左文七傳：此諺所謂庇焉而縱尋斧焉者也。晉語：有縱君而無諫臣。離騷：夏康娛以自縱。又縱欲而不忍。注皆訓放，按任情肆意之謂也。又楚辭沈江：不別橫之與縱。注：經曰縱。淮南覽冥：縱橫間之。注：南與北合爲縱。按順者曰从，逆者曰橫也。魯靈光殿賦：縱橫駱驛。注：四散也。又鬼谷子捭闔以化萬物縱橫。注：謂廢起也。此以本字訓失之。又爲蹤。淮南覽冥：縱矢躡風。注：履也。魯峻碑：比縱豹產。夏承碑：紹縱先軌。又爲縱之誤字。荀子非十二子：離縱而跂訾者也。離縱跂訾皆雙聲連語。又重言形況字。禮記檀弓：喪事欲其縱縱爾。釋文：急遽皃。漢書禮樂志：般縱縱。注：衆也。（古韻）離騷叶縱、衕。急就篇十二叶僮、杠、幢、縱、工、筩、同、雙、龍、饔、容、兇。

縱 冬 絨屬。从糸，從省聲。縱縱泊濵崛嵷昆昆葰茷字皆同从而一省一不省，義迥別。按縱如今織邊可緣飾衣物者，被條紃之類。

蜙 東 蜙蝑也。从虫，從聲。按單評曰蜙，絫評曰蜙蝑，疊韻連語，蘇俗謂之牛蜢。

鏦 冬江 矛也。从金，從聲。或从彖。按彖從聲隔，無通轉法，段氏訂即䃮𥕏字是也。今分爲正篆附，乾鑿而此宜從刪。方言九：矛或謂之鏦。淮南兵畧：修鎩短鏦。注：小矛也。字亦作𥎊。倉頡篇：𥎊，短矛也。（假借）爲撞。史記吳王濞傳：即使人鏦殺吳王。索隱：謂以戈刺之。南越尉佗傳：欲鏦嘉以矛。後漢馬融傳：鏦特肩。

聳 腫 生而聾曰聳。从耳，從省聲。字亦作䰌。方言六：聳，聾也。生而聾，陳楚江淮之間謂之聳。雙聾者謂之聳。繁陽令楊君碑：有司聳昧。（假借）爲崇。陸灋言切韻：聳，高也。又爲㩳。方言十：聳，悚也。左襄四傳：邊鄙不聳。昭六傳：聳之以行。十九傳：駟氏聳。注：懼也。又爲竦。楚語：能聳其德。注：敬也。周語：身聳除潔。賈子禮容作恭。又雙聲連語。方言六：聳、㺉，欲也。荊吳之間曰聳，晉趙曰㺉。秦晉之間相勸曰聳，或曰奬。中心不欲而由旁人之勸語亦曰聳。楚語：敎之春秋而爲之聳善而抑惡焉。注：聳，㺉也。按長言曰聳奬，短言即曰聳，猶慫慂之爲疊韻連語也。

轞 冬 車迹也。从車，從省聲。字亦作䡯，誤作蹤，又作蹤，作踪。廣雅釋詁三：轞，迹也。按與軌微別，涂之有定者曰軌，行之無定者曰轞。楚辭怨上：擬斯兮二蹤。注：跡也。楊著碑：追蹤曾參。（聲訓）釋名釋言語：蹤，從也，人形從之也。

冡 東 覆也。从冃豕。按依冡字例，當从冃，豵省聲。冡亦冃豵之合音。經傳皆以蒙爲之。

蒙 東 王女也。从艸，冡聲。大篆从茻。鮑刊宋本說文作玉女，非是。錢辛楣師曰：女蘿之大者名王女，猶王彗王芻也。按凡物之大者或稱王，或稱馬牛。爾雅：唐蒙，女蘿。女蘿，菟絲。又蒙，王女。詩桑中傳：唐蒙，菜名。蓋女蘿通言，唐蒙古疊韻連語，其大者單評蒙。爾雅

說文通訓定聲 豐部弟一 卅五

méng méng méng méng
矇 醿 駹 幏（幪）

舍人孫炎注別三名是也。（假借）爲冡。華嚴音義上引說文：童蒙也。爾雅釋言：蒙，奄也。小爾雅廣詁：蒙，覆也。易蒙：匪我求童蒙。西京賦：蒙竊惑焉。注：謙稱也。又詩君子偕老：蒙彼縐絺。傳：覆也。左昭十三傳：以幕蒙之。注：裹也。周禮方相氏：掌蒙熊皮。注：冒也。晉語：閉蒙甲冑。注：被也。又左僖二十四傳：上下相蒙。注：欺也。又爲逢。易明夷：以蒙大難。鄭注：遭也。又爲𧢟。晉語：蘧篨蒙璆。注：載也。或作戴也。皆非。門蒙雙聲。又爲冒。左襄十四傳：蒙荊棘。漢書鼂錯傳：蒙矢石。注：冒犯也。淮南氾論：蒙死亡之罪。注：冒也。蒙冒雙聲。又爲尨。書洪範：曰蒙，恆風若。鄭注：蒙見冒亂也。詩小戎：蒙伐有苑。傳：討羽也。箋：厖也。荀子非相：仲尼之狀面如蒙倛。注：其首蒙茸然。又爲霿。書洪範：曰雨，曰蒙。傳：陰闇也。史記正作霧。漢書楊雄傳：霧集蒙合兮。又爲厖。荀子榮辱：爲下國駿蒙。又爲萌。易序卦：物生必蒙，蒙者蒙也，物之穉也。萌蒙雙聲。又爲末。荀子勸學：南方有鳥名曰蒙鳩。注：鷦鷯也。當爲蔑。按亦作懱爵、䳟秒、蔑末、蒙皆一聲之轉，小也。又爲籧篨之誤字。呂覽季春：具挾曲蒙筐。又疊韻連語。詩旄邱：狐裘蒙戎。傳：言亂也。漢書鼂錯傳：屮木蒙龍。注：覆蔽之皃。甘泉賦：紛蒙籠以棍成。注：膠葛皃。漢書注：深通皃。孟子：逢蒙。荀子、史記、漢書皆作門。爾雅釋獸：蒙頌猱狀。注：即蒙貴也。健捕鼠，勝于貓。蒙貴疑蒙頁之誤。又重言形況字。廣雅釋訓：蒙蒙，暗也。楚辭自悲：徵霜降之蒙蒙。注：盛皃。又託名標識字。中山經：放皋之山有木焉，其名曰蒙木，服之不惑。又書禹貢：蔡蒙旅平。按蒙山在今四川雅州府名山縣西。又禹貢：蒙羽其藝。詩閟宮：奄有龜蒙。論語：先王以爲東蒙主。按山在今山東青州府蒙陰縣。又爾雅釋地：西至日所入爲大蒙。楚辭天問：次于蒙汜。淮南覽冥：還回蒙汜之渚。（聲訓）釋名釋天：蒙，日光不明，蒙蒙然也。易蒙鄭注：蒙者蒙蒙，物初生形。太元元文：蒙者亡之主也。蒙亡雙聲。（古韻）詩閟宮叶蒙、東、邦、同、從、功。爾雅釋天叶逢、蒙、雍。

幏 東董 蓋衣也。从巾，从冡，會意，冡亦聲。字亦作幪。按實與冡同字。方言四：幪，巾也。廣雅釋詁二：幪，覆也。尚書大傳：下刑墨幪。（轉注）周書太子晉：若能幪予，反而復之。注：覆也。法言吾子：然後知夏屋之爲帡幪也。（假借）重言形況字。詩生民：麻麥幪幪。傳：盛美也。廣雅釋訓：幪幪，茂也。（古韻）詩生民叶幪、唪。

駹 東 驢子也。从馬，冡聲。

醿 東 麴生衣也。从酉，冡聲。字亦作䵆，作䴿。方言十三：䵆，麴也。注：有衣麴。廣雅釋器：䵆，䴹也。

矇 東董 童矇也。一曰不明也。从目，蒙聲。按謂目僮子冡不明也。詩靈臺：矇瞍奏公。傳：有眸子而無見曰矇。韓詩章句：無珠子。矇字林：目有眸無珠子曰矇。周禮瞽矇：司農注：有目眹而無見謂之矇。楚辭懷沙：矇瞍謂之不章。注：盲者也。廣雅釋詁三：矇，盲也。按盲矇對言則別。

說文通訓定聲 豐部弟一 卅六

从

méng 鸏　méng 饛　méng 濛　měng 蠓　cóng 叢　cóng 藂　zōng 宗

散言亦通。段借爲冡。楚辭沈江：冀幸君之發曚。注：僮曚也。禮記哀公問：昭然若發曚矣。論衡量知：人未學問曰曚。聲訓：釋名釋疾病：曚，有眸子而失明，蒙蒙無所別也。

鸏　東　董　鸏（篆）水鳥也。从鳥蒙聲。上林賦：煩鶩鷛渠。徐廣曰：一作番鸏。矛冡一聲之轉。

饛　東　饛（篆）盛器滿皃。从食蒙聲。詩大東：有饛簋飧。傳：滿簋皃。

濛　東　董　濛（篆）微雨也。从水蒙聲。詩東山：零雨其濛。傳：雨皃。字亦作霿。廣雅釋訓：霿霿，雨也。亦重言形況字。段借託名幖識字。蜀都賦：瞢若濛汜之涌波。注：濛汜，日所入也。楚辭作蒙。又疊韻連語。思元賦：踰濛鴻于宕冥兮。注：天之高氣也。古韻：詩東山叶東、濛。

蠓　董　蠓（篆）蠛蠓也。从虫蒙聲。蠛蠓雙聲連語。爾雅：蠓，蠛蠓。注：小蟲，似蜹，喜亂飛。單評曰蠓，絫評曰蠛蠓，耳䗦。俗謂之蠓蠓子。按：俗謂其飛上下如舂，主風；回旋如碓，主雨。列子湯問：有蠓蚋者。甘泉賦：浮蠛蠓而撇天。注：蟲，小于蚊。段借疊韻連語。方言十一：蠭謂之蠓螉。按：猶蠮螉之雙聲連語也，皆狀其聲。

叢一名。凡叢之派皆衍叢聲。徂紅切。

叢　東　叢（篆）聚也。从丵，取聲。疑从丵从聚省，會意。字亦作藂、作樷。叢、取亦雙聲。公羊僖三十三年：取叢。左氏作取訾婁。叢爲訾婁之合音。知古亦讀如聚也。周禮大司徒：其植物宜叢物。注：萑葦之屬。爾雅：灌木，叢木。孟子：爲叢敺爵者。晉書段灼傳作藂。楚辭招魂：叢菅是食些。注：柴棘爲叢。淮南俶眞：獸走叢薄之中。注：聚木曰叢。太元：聚示于叢社。漢書陳勝傳：叢祠中。注：謂草木岑蔚者也。轉注。漢書酷吏傳贊：罔密事叢。注：謂眾也。後漢馮衍傳：惡叢巧之亂世兮。注：細也。或作聚。殺阬碑陰：䲨鴿伯鸞。段借爲怱。廣雅釋詁一：叢，遽也。又爲取。釋詁三：叢，收也。又雙聲連語。虞書：元首叢脞哉。鄭注：總聚小小之事。傳：細碎無大略。又重言形況字。尚書大傳卿雲：聚聚。注：言和氣應也。聲訓：書叢脞馬注：總也。轉音：文子上德叶卿、叢、翔、行、上。按：讀如藏也。

藂　東　藂（篆）艸叢生皃。从艸叢，會意，叢亦聲。大篆从丵。字亦作藂。韓勑後碑：敬脩藂屖。

宗七名。凡宗之派皆衍宗聲。作冬切。

宗　冬　宗（篆）尊祖廟也。从宀从示，會意。虞書：汝作秩宗。傳：主郊廟之官。詩鳧鷖：既燕于宗。鄭箋：社宗。失之。周禮肆師：凡師甸用牲于社宗。注：遷主也。杜注：宗謂宗廟。詩思齊：惠于宗公。傳：宗公，宗神也。儀禮士昏禮記：承我宗事。注：宗廟之事。禮記祭法：祖顓頊而宗堯。注：禘郊祖宗

chóng 崇　cóng 賨　cóng 琮

謂祭祀以配食也。曰祖，曰宗，通言耳。中庸：陳其宗器。注：祭器也。轉注。周禮大宰：五曰宗，以族得民。禮記大傳：別子爲祖，繼別爲宗，繼禰者爲小宗。有百世不遷之宗，有五世則遷之宗。按：大宗一，爲始祖後也。小宗四，高曾祖父後也。後漢袁紹傳：所愛光五宗。注：五宗謂上至高祖，下及元孫。詩板：宗子維城。箋：謂王之適子。左昭三傳：肸之宗十一族。注：同祖曰宗。楚辭思古：宗鬼神之無次。注：同姓爲宗。又虞書：禋于六宗。王注：謂卽禮記祭法之時也、寒暑也、日也、月也、星也、水旱也。鄭注：謂卽周禮大宗伯之星辰、司中、司命、風伯、雨師也。餘自馬以下言人人殊，皆無取焉。禮記月令：天子乃祈來年於天宗。注：謂日月星辰也。又明堂位：瞽宗，殷學也。注：樂師瞽矇之所宗。又廣雅釋詁三：宗，本也。晉語：曲沃君之宗也。注：本也。儀禮士昏禮記：宗爾父母之言。注：尊也。又周禮大宗伯：夏見曰宗。書禹貢：江漢朝宗于海。又素問平人氣象論：其動應衣，脈宗氣也。注：主也。段借爲叢，爲總。廣雅釋詁三：宗，聚也。又爲眾。廣雅釋詁三：宗，眾也。周書程典：王用宗讒。楚辭招魂：室家遂宗。易同人：于宗。荀注：眾也。又爲稯。實爲總。儀禮喪服傳疏：八十一縷謂之宗。宗卽古之升也。又爲禜之誤字。禮記祭法：幽宗，雩宗。鄭注皆當爲禜。故不以當虞書六宗。又託名幖識字。釋名釋邛：宗，邛邑中所宗也。莊子齊物論：欲伐宗、膾、胥敖。司馬注：國名。左成五傳：晉伯宗。穀梁作尊。聲訓：釋名釋宮室：宗，尊也。儀禮喪服傳：大宗者，尊之統也。字林：宗，尊也，亦主也。風俗通山澤：宗者，長也。白虎通宗族：古者所以必有宗，何也？所以長和睦也。宗，尊主，長皆一聲之轉。古韻：詩鳧鷖叶深、宗、降、崇。周書太子晉叶窮、宗。轉音：詩公劉叶飲、宗。按：讀如簪也。偽伊訓叶洋、彰、常、祥、殃、慶、宗。周書武寤叶疆、宗。公羹、呂覽權勳叶行、宗、衆、望、終。按：讀如臧也。

琮　冬　琮（篆）瑞玉。大八寸，似車釭。从玉宗聲。白虎通瑞贄：圜中牙外曰琮。考工玉人：大琮尺二寸，射四寸。按：琮形八角，徑八寸，角各出二寸。周禮大宗伯：以黃琮禮地。注：琮八方，象地。小行人：琮以錦。注：五等諸侯享天子用璧，享后用琮。儀禮聘禮：聘于夫人用璋，享用琮。又公羊定八傳注：琮以發兵。字亦作琮。韓勑碑兩側題名：丁琮叔舉。聲訓：白虎通：琮之爲言宗也，象萬物之宗聚也。

賨　冬　賨（篆）南蠻賦也。从貝宗聲。廣雅釋詁二：賨，稅也。按：漢武陵郡歲令槃瓠之後大人輸布一匹，小口二丈，謂之賨布。晉書音義云：巴人呼賦爲賨，因謂之賨人。魏都賦：賨幏積墆。

崇　東　東　東　崇（篆）嵬高也。从山宗聲。按：字亦作崈、作嵩、作崧。爾雅釋詁：喬、嵩、崇，高也。周語：融降于崇山。注：崇，崇高山也。爾雅釋山：山大而高崧。又嵩高爲中嶽。按：嵬高爲崇，故山之大高者卽命崇矣。詩：崧高維嶽。傳：崧，高皃。按：中嶽禹貢曰外方，秦曰太室，漢武名曰崇高山，後漢靈帝改爲嵩高山。其實嵩、崇非兩字也。在今河南河南府登封縣西。又禹貢：放驩兜于崇山。馬注：南裔也。當在今湖南澧州永定縣西。轉注：漢

chuāng 囪(窗)　zòng 綜　cóng 淙　cóng 悰

書楊雄傳瞰帝唐之嵩高。注嵩者高也，言峻大也。西京賦與萯比崇。桐柏碑宗廟嵩峻。三公山碑厥體嵩厚。唐扶頌嵩如不傾。甘泉賦崇崇圜丘。亦重言形況字。又考工梓人廣與崇方。儀禮大射儀大侯之崇見鵠于參。禮記檀弓于是封之崇四尺。明堂位崇坫康圭。白虎通天子曰崇城，言崇高也。又禮記王制樂正崇四術。祭統崇事宗廟社稷。論語崇德脩慝辨惑。漢書郊祀志莽遂崇鬼神淫祀。又詩烈文維王其崇之。傳立也。箋厚也。左成十八傳今將崇諸侯之姦。注猶長也。書牧誓是崇是長。漢書谷永傳作宗。[叚借]爲充。爾雅釋詁崇充也。周語容皃有崇。注飾也。楚辭招魂氾崇蘭些。注充也。東京賦進明德而崇業。注猶興也。又爲重，實爲緟。爾雅釋詁崇重也。書盤庚丕乃崇降罪疾。詩鳧鷖福祿來崇。又有瞽崇牙樹羽。傳崇牙上飾卷然可以縣也。禮記檀弓設崇殷也。注崇崇牙旌旗飾也。明堂位殷之崇牙。皇氏注重也。又爲終。詩蝃蝀崇朝其雨。河廣曾不崇朝。儀禮大射儀主人不崇酒。有司徹再拜崇酒。禮記樂記六成復綴以崇。公羊僖三十一傳不崇朝而徧雨乎天下。楚語思念前世之崇替。又爲叢。廣雅釋詁一崇積也。三崇聚也。小爾雅廣詁崇叢也。爾雅釋宮八達謂之崇期。孫注崇多也。書酒誥矧曰其敢崇飲。傳聚也。左隱六傳芟夷蘊崇之。僖二十四傳棄德崇姦。昭元傳崇卒也。周語用巧變以崇天災。注猶益也。又託名幖識字。詩文王有聲既伐于崇。禮記明堂位崇鼎。左宣元年晉趙穿帥師侵崇。周語有崇伯鯀。按即商崇侯虎國，在今陜

說文通訓定聲　豐部第一

西西安府鄠縣東。滅後又別封也。[聲訓]釋名釋山崇峻也，亦高稱也。[古韻]詩鳧鷖叶深宗降崇。文王有聲叶功崇豐。良耜叶崇墉。河廣叶容崇，句中韻。

冬 **悰** 樂也。从心宗聲。漢書廣陵王胥傳出入無悰爲樂亟。文選游東田詩感感苦無悰。

冬江 **淙** 水聲也。从水宗聲。江賦淙大壑與沃焦。[叚借]爲浞。廣雅釋詁二淙漬也。淙即浞長言之。

宋 **綜** 機縷也。从糸宗聲。三蒼綜理經也。列女傳母儀推而往引而來者綜也。按謂機縷持絲者屈繩制經令得開合。[轉注]易繫辭錯綜其數。虞注理也。王肅注理事也。太元乃綜于名。宋注綜所以紀綜之也。[叚借]考工鮑人故書察其綜。此線字之形誤。

囪二十五名。凡囪之派皆衍囪聲。楚江切

江 **窗** 在牆曰牖，在屋曰囪。象形。或加穴。古文亦象形字。亦作窻。又誤作匆。魯靈光殿賦天窗綺疏。張注高窗也。按與窻微別。在上者爲囪，在旁者爲窻。[轉注]廣雅釋室䆫謂之竈，其窗謂之埃。今蘇俗謂之煙囪。[叚借]爲悤。說文匆篆說解云遽稱匆匆。按借匆爲悤，又誤匆爲勿耳。

cōng 悤　cōng 璁　cōng 蔥　chuāng 窻　zhōng 幒　cōng ⿸广悤　cōng 驄　zǒng 熜　cōng 聰　zǒng 總

東送 **悤** 多遽悤悤也。从心囪，囪亦聲。字亦作怱，作謥。又誤作忽。[叚借]爲聰。漢書郊祀志悤明上通。又重言形況字。呂覽下賢悤悤乎其心之堅固也。注明也。又疊韻連語。楚辭思古愁倥傯于山陸。注猶困苦也。後漢皇后紀輕薄謥詷。注言急遽也。

東 **璁** 石之似玉者。从玉悤聲。讀若蔥。

東 **蔥** 蔥菜也。从艸悤聲。大篆从茻。爾雅釋草茖山蔥。注細莖大葉。北山經邊春山其草多蔥韭。管子伐山戎出戎菽及冬蔥。按山蔥，蔥之別。廣雅釋草藭藷蔥也。齊民要術蔥有冬春二種，有胡蔥、木蔥、山蔥。二月別小蔥，六月別大蔥。夏蔥曰小，冬蔥曰大。水經河水又南入蔥嶺山。注蔥嶺在敦煌西八千里，其山高大，上生蔥，故曰蔥嶺也。[轉注]爾雅釋器青謂之蔥。詩采芑有瑲蔥珩。傳蒼也。禮記玉藻三命赤韍蔥衡。或曰皆借爲總。又廣雅釋草蔥蒲莞也。按席草空中似蔥。[叚借]爲窻。左定九傳載蔥靈。賈注衣車也，有蔥有靈。又疊韻連語。江賦潛薈蔥蘢。注青盛皃也。又雙聲連語。射雉賦停僮蔥翠。注翳色也。又託名幖識字。荀子性惡桓公之蔥。注齊桓劍名。[古韻]大戴保傅叶蔥，雙句中韻。

江 **窻** 通孔也。从穴悤聲。與囪微別。廣雅釋室窻闢也。蒼頡解詁窻正牖也。考工匠人四旁兩夾窻。注窻助戶爲明。鮑照翫月詩玉鉤

說文通訓定聲　豐部第一

隔瑣窻。注窻爲瑣文也。[聲訓]釋名釋宮室窻聰也，于內窺外爲聰明也。

冬 **幒** 幝也。从巾悤聲。或从松聲。字亦作衳，作䘵。方言四褌，陳楚江淮之閒謂之衳。[別義]說文一曰帙也，謂書衣。

東 **⿸广悤** 屋階中會也。从广悤聲。按檐下中階謂之⿸广悤。

東 **驄** 馬青白雜毛也。从馬悤聲。

董 **熜** 然麻蒸也。从火悤聲。字亦作燪。古燭多用葦，或用麻蒸其易然者。廣雅釋器熜炬也。

東 **聰** 察也。从耳悤聲。書洪範聽曰聰。管子宙合聞審謂之聰。莊子外物耳徹爲聰。韓非子外儲獨聽者爲聰。詩兔爰尚寐無聰。傳聞也。春秋繁露五行五事聽者能聞事而審其意也。[古韻]洪範叶恭從明聰容。詩兔爰叶罿庸凶聰。祈父叶聰饔。[轉音]莊子天地叶明聰穎爽揚。文子九守叶明聰創揚。按讀如倉也。

東董送 **總** 聚束也。从糸悤聲。字亦誤作緫，作揔。又作緵。廣雅釋詁四總結也。三總皆也。詩羔羊素絲五總。傳數也。甫田總角丱兮。傳聚兩髦也。禮記內則櫛縰笄總。注束髮也。氓總角之宴。傳結髮也。又史記孝景紀令徒隸衣七緵布。漢書王莽傳緵布二匹。注八十縷也。爾雅

釋器謂之九罭注今之百囊罟是亦謂之罭又儀禮聘禮總乘馬注總入轡牽之游騶總余轡乎扶桑注結也又周禮巾車錫面朱總按繸束馬首也故書誤作緫又漢書司馬相如傳總光燿之采旄注係也楚辭怨思建黃昏之總旄注合也轉注書禹貢百里賦納總鄭注謂入所刈禾也傳禾稾曰總又管子弟子職錯總之法橫于坐所注設燭之束也又禮記樂記總干而山立注持盾也又周禮職內執其總注謂簿書之種別與大凡廛人掌斂市絘布總布按守斗斛銓衡之總稅也又呂覽孟秋天子居總章左个注西向堂西方總成萬物而章明之故曰總章又左僖七傳若總其罪人以臨之注將領也荀子王霸三公總方而議注領也議兵功名之總也注要也哀公總要萬物于風雨注猶統領也管子侈靡無事而總注收積也淮南本經德之所總要注凡也故德之所總注一也史記禮書功名之總也正義合也聚也東京賦總風雨之所交注猶括也總集瑞命注會也叚借爲悤禮記月令寒氣總至注猶猝也又爲眾周書大匡及其總害注眾人也又爲纚廣雅釋器總青也又重言形況字廣雅釋訓總總眾也離騷紛總總其離合兮注猶僔僔聚皃也楚辭大司命紛總總兮九州注眾皃周書大聚殷政總總注亂也古韻詩羔羊叶縫總公長發叶勇動竦總文子道原叶總孔

東 **鏓** 大鑿平木者从金悤聲通俗文大鑿曰鏓叚借雙聲連語說文鏓鎗鏓也謂鐘聲又疊韻連語長笛賦鏓硐隤墜注以木通其中皆曰鏓按猶揰挏也

說文通訓定聲　豐部弟一　奎

東 **繱** 帛青色也从糸蔥聲轉注潘岳藉田賦繱犗服于縹軛或曰借爲驄亦通別義廣雅釋器繱絹也通俗文輕絲絹曰繱魏都賦繱總清河以總爲之

冬 腫 **茸** 艸茸茸皃从艸聰省聲大篆从𦕒或曰从耳雙聲耳之爲茸猶戎之爲爾汝也存參字亦作茙韓詩何彼茙矣毛本以襛爲之謝靈運詩新蒲含紫茸注謂蒲華也轉注報任少卿書在闒茸之中注細毛也或曰借爲𦟌亦通茸𦟌雙聲叚借爲搑漢書司馬遷傳而僕又茸以蠶室注次也又推也按廣雅云搑推也又疊韻連語南都賦阿那蓊茸注引埤蒼竹頭有文也字亦作𦺇又左僖五傳狐裘尨茸詩作蒙戎亦同又託名幖識字管子地員其杞其茸注木名古韻左僖五傳叶茸公從

冬 宋 腫 **⿰革茸** 鞌毳飾也从革茸聲字亦作毴作毧籀文毴以毛爲飾字林毴罽也廣雅釋器毴罽也

冬 腫 **搑** 推擣也从手茸聲按字亦作搣廣雅釋詁三搑收也又搣推也

冬 **⿰酉茸** 酒也从酉茸省聲或曰耳聲耳茸亦一聲之轉字亦作醲不省字林醲重釀也廣雅釋器醲酘也

冬 **髶** 亂髮也从髟茸省聲或曰耳聲耳茸亦一聲之轉字亦作鬞不省按字亦作鬞作鬞東京賦髶髦被繡注髶頭髮騎也易林逐之震驄驪黑鬣東歸高鄉埤蒼鬞鬞亂髮皃

冬 **農** 耕也一切經音義引說文耕人也从晨囟聲按囟省聲耕作必于晨故从晨籀文从晨省从林囟省聲種植林立草木同誼也古文从囟从臼从囟疑𠮌字之誤又古文从晨省从林會意或曰皆从𦥯省𦥯房星昏中爲民田時周語所謂農祥也拮据飭力故从臼存參字亦作𦰹考工記飭力以長地財謂之農夫漢書食貨志闢土植穀曰農周禮大宰三農生九穀注三農原隰及平地左襄九傳其庶人力于農穡注種曰農收曰穡漢書文帝紀農天下之大本也轉注爾雅釋言晙農夫也孫注田官禮記郊特牲饗農注田畯也又書酒誥農父傳司徒也又獨斷先農蓋神農之神又東京賦農祥晨正注天駟房星也又淮南墬形東南神州曰農土叚借爲醲或爲襛書洪範農用八政傳厚也又爲努廣雅釋詁三農勉也左襄十三傳小人農力以事其上管子大匡耕者用力不農農努一聲之轉又託名幖識字莊子讓王石戶之農李注農人也失之聲訓論語吾不如老農皇疏農濃也

冬 **癑** 痛也从疒農聲字亦作疼廣雅釋詁二疼痛也釋名釋疾病疼痺也氣疼疼然煩也

說文通訓定聲　豐部弟一　奎

冬 **襛** 衣厚皃从衣農聲字亦作䙖又誤作穠又作䙖後漢崔駰傳注襛盛多也方言十作䙖𧢼多也南楚凡大而多或謂之䙖叚借爲茸詩何彼襛矣傳猶戎戎也古韻詩何彼襛矣叶襛雝

豪 **獶** 犬惡毛也从犬農聲字林獶多毛犬也爾雅釋獸注庬毛獶長今讀如猱猶詩還之猱韓作𤢖也農猱一聲之轉

冬 **濃** 露多也从水農聲字亦作𩆟詩蓼蕭零露濃濃傳厚皃廣雅釋訓𩆟𩆟露也按亦重言形況字與襛醲略同古韻詩蓼蕭叶濃沖雝同

冬 **醲** 厚酒也从酉農聲轉注廣雅釋詁三醲厚也書洪範農用八政鄭注讀爲醲

冬 **𧖱** 腫血也从血農省聲俗从肉農聲叚借爲醲七發甘脆肥膿注厚之味也聲訓釋名釋形體膿醲也汁醲厚也古韻靈樞官鍼叶癰膿刺節眞邪叶隴膿

雙二名凡雙之派皆衍雙聲 所江切

江 **雙** 隹二枚也从雔从又持之會意方言六飛鳥曰雙廣雅釋詁四雙二也禮記少儀加于一雙疏二隻曰雙公羊宣五傳其諸爲

xiáng 栙 gòng ⿱竹夅 xiáng 夅 sòng 送 sǒng 竦 sǒng 愯

其雙雙而俱至者與正義雙雙之鳥一身二首尾有雌雄隨便而偶常不離散轉注大荒南經南海之外有三青獸相幷名曰雙雙又楚辭守志嗟英俊兮未爲雙注匹也吳仲山碑節度無雙字誤爲隻古韻詩南山叶雙庸從急就章十二叶僮杠幢縱工箭同雙龍壅容兒大戴保傅叶蔥雙句中韻

腫江 **愯** 愯懼也从心雙省聲字亦作㩳不省又作悚左昭十九傳駟氏愯今本以聳爲之魏都賦愯焉相顧漢書刑法志㩳之以行家語弟子行不戁不悚字林悚惶遽也

竦一名 息拱切

腫 **竦** 竦敬也从立从束束自申束也會意或曰敬立也从立束聲束竦一聲之轉存參漢書東方朔傳寡人將竦意而覽焉注企待也韓王信傳竦而望歸注謂引領舉足也後漢張衡傳竦余身而順止兮注企立也西京賦通天訬以竦峙注立也別義廣雅釋詁二竦跳也北山經灌題之山有鳥焉見人則躍名曰竦期又海賦莫振莫竦注動也叚借爲愯詩長發不戁不竦爾雅釋詁竦懼也又爲崇廣雅釋詁二竦上也又爲搼廣雅釋言竦執也楚辭少司命竦長劍兮擁幼艾又爲悤太元失恤而竦而注憂懼卒至之皃也又爲聳賓爲懲長楊賦整輿竦戎注相勸曰聳聲訓釋名釋姿容竦從也體支皆引從也古韻詩長發叶勇動竦揔

說文通訓定聲 豐部弟一 奎

送一名 蘇弄切

送 **送** 送 遣也从辵倂省會意籀文从倂不省荀子富國篇送迎無禮注致女也轉注禮記月令出土牛以送寒氣注猶畢也又史記平準書命曰株送徒集解引也漢書注致也又詩大叔于田抑縱送忌傳從禽曰送古韻大叔于田叶控送丰叶丰巷送大戴五帝德叶用送

夅九名凡夅之派皆衍夅聲 下江切

江 **夅** 夅服也从夂㐄相承不敢並也會意經傳皆以降爲之

送 **⿱竹夅** ⿱竹夅栝笿也从竹夅聲盛栝器籠轉注說文或曰盛箸籠按字亦作檧方言五箸筩自關而西謂之桶檧亦疊韻連語

江 **栙** 栙栙雙也从木夅聲讀若鴻按栙雙疊韻連語即桊也如今糧艘以篾席爲帆字亦作篷轉注廣韻篷織竹夾箬覆舟也又方言九車枸簍南楚之外謂之篷按車蓋弓也

lóng 隆(隆) jiàng 降 jiàng 絳 jiàng 洚

江絳 **洚** 洚水不遵道也从水夅聲與洚迥別孟子書曰洚水警子注水逆行洚洞無涯故曰洚水叚借爲降說文一曰下也聲訓孟子水逆行謂之洚水洚水者洪水也

洚 **絳** 絳大赤也从糸降聲按即纁也今所謂大紅爾雅釋器三染謂之纁廣雅釋器纁謂之絳凡九旗之帛皆用絳轉注淮南墬形絳樹在其南注赤色吳都賦綸組紫絳注絳草也叚借爲縫廣雅釋詁四絳會也又託名幖識字晉語絳人也注晉國都按在今山西絳州之北平陽府太平縣之南二十五里武公自曲沃徙都于絳左成六年景公自故絳徙都于新田又命新田爲絳在今平陽府曲沃縣南二里莊二十六年士蔿城絳註失之又成十八傳魏絳世本作降聲訓釋名釋采帛絳工也染之難得色以得色爲工也

江絳 **降** 降下也从𨸏夅聲字亦作㲂書禹貢是降丘宅土詩公劉復降在原崧高維嶽降神轉注儀禮士冠禮降西階一等晉語子餘使公子降拜注下堂也又禮記月令戴勝降于桑夏小正來降燕乃睇又左昭十三傳降服而對注如今解冠也儀禮士喪禮降衣于前注下之也又爾雅釋詁降落也禮記曲禮羽鳥曰降又廣雅釋詁二㲂減也四㲂差也禮記曲禮客若降等左昭元傳中聲以降注罷退也又書堯典釐降二女于嬀汭金縢無墜天之降寶命詩旱麓福祿攸降殷武天命降監又草蟲我心則降周禮保章氏降豐荒之祲象儀

說文通訓定聲 豐部弟一 卥

禮士昏禮降筵禮記禮運殽以降命周語有神降于莘又王降翟師以伐鄭又魯語大寒降又素問六微旨大論氣之升降叚借爲夅爾雅釋天降婁奎婁也按奎猶胯也夂㐄亦跨步也孫注奎爲溝瀆故稱降失之又左莊八年郕降于齊師傳德乃降公羊傳曷爲不言降吾師注降者自伏之文又左哀二十六傳六卿三族降聽政也注和同也隱十一傳其能降以相從也注降降心也又爲洚水經河水注不遵其道曰降亦曰潰又爲洪呂覽古樂降通漻水以導河注大也又託名幖識字書禹貢北過降水至于大陸鄭注地說云大河東北流過降水千里至大陸爲地腹地理志作絳水非也今河內共縣北山共水出焉東至魏郡黎陽縣入河近所謂降水也蓋周時國于此地者惡言降故改謂共耳按漢志共水作淇水疑共亦加水作洪又誤爲淇字也又尙書大傳降谷元王注讀如厖降之降按亦作隆谷古韻詩草蟲叶蟲忡降出車叶蟲忡降仲戎鳧鷖叶潨宗降崇楚辭雲中君叶降中窮忡離騷叶庸降轉音呂覽貴信叶降當按讀如杭也

東 **隆** 隆豐大也从生降聲小爾雅廣詁隆高也易大過棟隆虞注上也詩雲漢蘊隆蟲蟲傳隆隆而雷也淮南天文豐隆乃出注雷也廣雅釋天雲師謂之豐隆按豐隆亦疊韻連語禮記檀弓道隆則從而隆釋文盛也祭義須禽隆諸長者注猶多也經解隆禮由禮注謂

lóng　lóng
鼜　癃

盛行禮也。是以先王隆之也。注：謂尊盛之也。又爾雅釋山：宛中隆。注：山中央高。方言九：車枸簍，南楚之外謂之篷，或謂之隆屈。廣雅釋器：隆屈，𥱼也。釋名釋車：隆強言體隆而強也。叚借爲疊韻連語。漢書司馬相如傳：詘折隆窮。注：穹隆也。子虛賦：隆崇𡾰崒。注：竦起也。又重言形況字。漢書楊雄傳：隆隆者絶。注：雷聲也。又雙聲連語。漢書地理志：河内郡隆慮。注：隆慮山在北，避殤帝名，改曰林慮也。按：漢幼小諸帝皆不廟祭，而祭于陵，故可諱可不諱。㝡于秀莊炟肇祜五字也。漢制諱止于五世，故世祖以上亦不諱。古韻呂覽期賢叶忠隆。

冬 **鼜** 鼜 鼓聲也。从鼓，隆聲。字亦作鼕，作鼜。

東 **癃** 𤸇 瘩 罷病也。从疒，隆聲。籀文夅聲。字亦作癃。漢書高帝紀：年老癃病，勿遣。注：疲病也。淮南覽冥：平公癃病。注：篤疾。史記平原君虞卿傳：臣不幸有罷癃之病。索隱：癃疾。轉注素問宣明五氣篇：膀胱不利爲癃。刺虐論：小便不利如癃狀。

附説文不録之字

朣 朧 文選秋興賦注引埤蒼：朣朧，欲明也。此疊韻連語，下同。

曈 曨 文選文賦注引埤蒼：曈曨，欲明也。

巃 嵸 史記司馬相如傳：崇山巃嵸。郭云：皆峻皃。

幪 方言二：幪，豐也。自關而西，秦晉之閒，凡大皃謂之幪。此字从肉。

幪 朧 説文新附：月幪朧也。

艨 艟 廣雅釋水：艨艟，舟也。又釋名釋船：外狹而長曰艨衝。

𧴤 𧴤 北山經：泰戲之山有獸焉，其名曰𧴤𧴤。此重言形況字，下同。

狪 狪 東山經：泰山有獸焉，名曰狪狪。字亦作㺯。

甑 廣雅釋室：甑，瓮也。

鉷 集韻引埤蒼：鉷，弩牙碎致也。

翃 新附：翃，飛聲。

鏦 廣雅釋器：鏦，鑿也。

䁿 方言十：凡相竊視，南楚或謂之䁿。

𨋢 方言九：輪，關西謂之𨋢。按：亦作轗。

襛 方言十：䆗襛，嘁多也。南楚凡大而多或謂之襛。凡人語言過度及妄施行，亦謂之襛。後漢崔駰傳注引作穠，盛多也。按：即譨字。

䆗 方言十：南楚凡大而多謂之䆗。

酮 廣雅釋器：酮，酢也。

甋 廣雅釋器：甋，甗也。

淞 篇海引字林：淞，凍洛也。

龔　𩆇𩆇𩆇　𨏉　戙　𦨴　𥢧　硐　舡　羫　輂　葱　𠛅　魟　舼　樑　哄　糉　鯼　揔　䵶

說文通訓定聲　豐部第一附錄　[illegible]

龔 廣雅釋詁四、龔巫也、

𩆇𩆇 素問陰陽離合論陰陽𩆇𩆇、注、言氣之往來也、按字當从雲、

𨏉 小爾雅廣器、車轅上者謂之𨏉、方言九、車轄齊謂之𨏉、廣雅釋器、𨏉轒也、

戙 廣雅釋室、戙杙也、

𦨴 廣雅釋水、𦨴舟也、

𥢧 廣雅釋詁四、𥢧積也、

硐 廣雅釋詁三、硐磨也、

舡 廣雅釋水、舡舟也、

羫 御覽引字林、羫羊腊也、似羊、四耳九尾、目在背、廣韻謂古文腔、非、

輂 廣雅釋器、輂輴也、

葱 廣雅釋草、葱、芊蘭蕮也、

𠛅 廣雅釋器、銍謂之𠛅、

魟 廣雅釋魚、魟鯆也、

舼 廣雅釋水、舼舟也、後漢馬融傳注、舼小舟也、

樑 方言九、艇小而深者謂之樑、注、即長舼也、

哄 集韻引埤蒼、哄嗡啡也、此雙聲連語、下同、

糉 粽 新附、糉蘆葉裹米也、俗亦作粽、

鯼 字林、鯼魚出南海、頭中有石、一名石首、

揔 通俗文、手捉頭曰揔、

䵶 方言十三、䵶私也、

鶶　䧛　袶　跭　舽　㓻　轗　𦖭　譨譨　崆峴　傱　枀　磫　䅦䄰　𩏪　噥　瓮　𥫱　犎

說文通訓定聲　豐部第一附錄　[illegible]

鶶 廣雅釋鳥、鶶老鵁也、埤蒼、鶶鶶也、怪鳥也、

䧛 方言八、雞桂林之中或曰䧛、

袶 𥘫 爾雅釋草、困衱袶、字或作𥘫、

跭 廣雅釋詁二、跭蹋也、

舽 廣雅釋水、舽舟也、

㓻 字林、㓻、臿屬、

轗 釋名釋車、輪或曰轗、言輻總入轂中也、按亦作𨍺、

𦖭 埤蒼、𦖭耳中聲也、

譨譨 楚辭怨上、羣司兮譨譨、注、譨譨猶儂儂也、

崆峴 南都賦、崆峴嶱嵑、注、山石高峻之皃、

傱 方言七、傱傱馬也、燕之北郊曰傱傱、注、羸小可憎之名也、方言三、庸謂之傱、注、傱猶保傱也、今隴右人名孏為傱、

枀 廣雅釋詁三、枀諸也、

磫 廣雅釋器、磫礭礪也、通俗文、細礪謂之磫礭、

䅦䄰 字林、䅦矛有二橫曰䅦䄰、

𩏪 通俗文、𩏪、牽船也、

噥 字林、噥、嗔語、

瓮 方言五、瓮甇也、廣雅釋器、瓮瓶也、

𥫱 字林、𥫱、無節篇、

犎 字林、犎野牛也、周成難字、犎今有此牛、形小、膊上有犎是也、

鸗 慵 倥 塕 ⿰翁攴 ⿰月翁 椿 瞛 篷 独 嵱嵷 娏 駷 ⿰糸茸 蟌

鸗 史記楚世家小臣之好射鶀雁羅鸗、呂靜曰鸗野鳥也、劉氏曰小鳥名、

慵 新附慵、嬾也、

倥 楚辭思古愁倥傯于山陸、注倥傯猶困苦也、法言學行倥侗顓蒙、注倥侗無知也、按皆疊韻連語、

塕 風賦塕然起于窮巷之閒、注塕然風起之皃、此單辭形況字、下同、

⿰翁攴 廣雅釋詁三、⿰翁攴擊也、

⿰月翁 字林、⿰月翁臭皃、

椿 新附椿、橛杙也、

瞛 七命、怒目電瞛、注瞛光也、

篷 方言九車枸簍宋魏陳楚之閒或謂之篷籠、廣雅釋器篷籠奄也、按疊韻連語、猶穹隆也、

独 廣雅釋詁一、独刺也、

嵱嵷 漢書楊雄傳、上陵高衍之嵱嵷兮、如淳曰嵱嵷上下衆多皃、

娏 玉篇引埤蒼、娏女神名、

駷 公羊定八傳、臨南駷馬、注駷搖馬銜走、釋文本又作撽、按駷撽之誤、不从束郎敕字也、當入解部、

⿰糸茸 廣雅釋器、⿰糸茸索也、

蟌 淮南說林訓、水蠆爲蟌、注青蜓也、

說文通訓定聲目

升部弟二 分部同頌轉隨謙

丞 承 脀 烝 巹

䒱 蒸（莍） 䔲 乘（乗） 騬

灷 𨇳（褒） 栚 倂（媵） 朕（眹明）

謄 滕 賸（䞃剩） 幐（㨍帒袋） 縢

騰 黱（黛） 䐖（凌倰） 縢（藤） 螣（蚮螣）

膡（賸堘） 勝 𪓰 徵（𢼽） 懲

澂（澄） 爯 稱（秤） 偁 曾

譄 矰 贈（䁝） 鄫 罾

層 竲 𨗨（蹭橧） 憎 潧

甑（鬵） 醽 繒（綷𦃐） 增 乃

艿（芿䒤） 䚮 朷 鼐 仍

扔 孕（蠅䱓鼆） 興 嬹 𨞪

升（昇陞） 抍（撜） 拯 蠅 繩（憴）

譝 澠 兢 仌 馮（凴）

冰（凝） 𨙸 夌（輘） 堎 䬋

棱（稜㭁） 淩（凌） 掕 綾 陵（陎鯪）

蔆（蕶陵菱） 登（昪） 鐙（燈） 登（𡕒蹬） 璒

證 𤼺（登） 橙 鄧 憕

隥（墱磴嶝） 厷（肱） 雄 宏 宖

谹（硡） 閎 紘（紭） 竑 弘（弦）

鞃（軷輷玹䡏） 泓（汯） 鈜（鈜） 弓 穹

弜 瞢 薨（𦵔𦽆） 夢 鄸

甍（橧瓴） 夢 瘮 懜（懵慒） 儚

朋（鳳鵬） 倗（傰） 棚 崩（𡽳） 淜（溯）

掤 弸 堋（堋） 輣 𨛏

繃（綳） 亙（恒） 恆（𢘕） 䱍（𩵋） 揯（搄）

緪（縆） 堩 肎（肯肯）

右文字一百三十三名、旁注八十七字、附存二十一字、

説文通訓定聲

吳郡朱駿聲豐芑甫紀錄
新安朱鏡蓉伯和甫參訂

升部弟二 凡二十部

丞八名凡丞之派皆衍丞聲 署陵切

蒸 **丞** 翊也从廾从卩从山山高奉承會意禮記文王世子記曰虞夏商周有師保有疑丞正義引書大傳前曰疑後曰丞秦策禹有五丞湯有三輔大戴保傅博聞強記接給而善對者謂之丞丞者承天子之遺忘者也呂覽介立爲之丞輔注佐也列子天瑞舜問于丞曰釋文輔弼疑丞之官賈子等齊天子諸侯之相號爲丞相咸伯著碑京兆府丞字誤作丞左哀十八傳使帥師而行請承以承爲之【段借】爲承史記張湯傳于是丞上指又爲抍廣雅釋詁一丞牧也按拯爲休猶汙爲潹落爲始也羽獵賦丞民于農桑注丞亦拯字也又爲亙廣雅釋宮限謂之丞按横亙以限出入也【聲訓】藝文類聚引風俗通丞者承也

蒸 **承** 奉也受也从手从廾从卩按从手从丞省會意丞亦聲易歸妹女承筐无實虞注自下受上稱承詩鹿鳴承筐是將箋猶奉也左成十六傳執榼承飲注奉也禮記玉藻士于大夫不承賀注猶受也莊子大宗師若不足而不承李注迎也【轉注】廣雅釋詁四承繼也詩權輿于嗟乎不承權輿傳繼也儀禮少牢禮承致多福無疆于女孝孫注猶傳也孟子丕承哉注繼也楚辭招魂朱明承夜兮注續也又小爾雅廣詁承次也左昭十三傳子產爭承注貢賦之次晉語虢射爲右以承公注次也【段借】爲乘詩閟宮則莫我敢承按加陵也傳止也疑懲字之訓箋轉而訓禦是鄭本已誤懲作承耳又爲丞儀禮聘禮大夫爲承擯周禮小行人爲承而擯注猶丞也呂覽貴信右抽劒以自承注佐也又爲抍易艮馬本不承其隨注舉也列子黃帝使弟子並流而承之釋文出溺爲承又爲贈禮記文王世子至于賵賻承含注讀爲贈聲之誤也又爲懲左哀四傳諸大夫恐其又遷也承注音懲蓋楚言按亦單辭形況字又託名幖識字中山經泰山承水出于其陰注承水世謂之靖淵水又漢書地理志東海郡承縣今山東兗州府嶧縣又後漢承宮傳注衛大夫成叔承之後【聲訓】小爾雅廣訓不承承也此釋詩清廟不顯不承也【古韵】詩天保叶恒升崩承閟宮叶乘縢弓綅增膺懲承元鳥叶勝乘承

蒸 **脀** 騃也从肉丞聲按騃讀爲佁人癡肥之謂廣雅釋詁三脀癡也【段借】爲乘爲登儀禮特牲禮宗人告祭脀注俎也燕禮記有脀

注折俎也少牢禮辛脀注以牲體實鼎也按周禮內饔注實鼎曰脀實俎曰載又爲烝廣雅釋器脀䏧也䏧古熟字【聲訓】燕禮注脀俎實疏脀者升也按謂登也

蒸 **烝** 火气上行也从火丞聲周語陽氣俱烝荀子性惡枸木必將待檃括烝矯然後直爾雅釋訓烰烰烝也古多以蒸爲之【轉注】爾雅釋詁烝祭也禮記祭統冬祭曰烝按冬宜溫故名又小爾雅廣義上淫曰烝方言十二烝婬也勢上行故名左桓十六傳烝于夷姜【段借】爲登爾雅釋詁烝進也詩甫田烝我髦士傳進也書多方不蠲烝馬注升也又周語禘郊之事則有全烝注全其牲體而升之也親戚宴饗則有殽烝注升體解節折之謂之折俎也又爲仍爾雅釋言烝塵也詩東山烝在桑野傳寘也常棣烝也無戎傳塡也按因陳積久之意又爲衆爾雅釋詁烝衆也詩烝民天生烝民東山烝在栗薪傳皆訓衆烝衆一聲之轉又爲君爾雅釋詁烝君也詩文王有聲文王烝哉傳君也韓詩美也泮水烝烝皇皇傳厚也亦重言形況字按厚美皆頌君之辭又重言形況字書堯典烝烝乂傳進也廣雅釋訓烝烝孝也又爾雅釋訓烝烝作也詩泮水箋烝烝猶進進也又單辭形況字詩南有嘉魚烝然罩罩箋塵也塵然猶言久如也【聲訓】春秋繁露四祭冬曰烝烝者以十月進初稻也爾雅釋天孫注烝進也進品物也皆以登爲訓白虎通宗廟冬曰烝烝之爲言衆也冬之物成者衆烝衆雙聲【古韵】楚辭招魂叶乘烝

吻 **卺** 謹身有所承也从巳丞讀若詩云赤舄几几按从巳从丞會意丞亦聲凡謹巳𠃬皆一聲之轉【段借】爲𧯛儀禮士昏禮實四爵合卺注合卺破匏也禮記昏義合卺而酳疏卺謂半瓢以一瓢分爲兩瓢謂之卺

蒸 **𨋬** 軺車後登也从車丞聲讀若易抍馬之抍按抍字亦作拯古登車皆由後軺者小車也

蒸 **蒸** 析麻中榦也从艸烝聲或从丞聲蒸一名蔽今俗謂之麻骨棓古燭用之故凡用麻幹葭葦竹木爲燭皆曰蒸廣雅釋器蒸炬也周禮委人共祭祀之薪蒸材木注給炊及燎麤者曰薪細者曰蒸楚辭謬諫菎蕗雜于廢蒸兮注枲翮曰廢編竹曰蒸管子弟子職蒸間容蒸然者處下注細薪也【段借】爲烝琴賦蒸靈液以播雲注气上皃鵾鷄賦登陽陶蒸注氣上山皃素問五常政大論其候溽蒸注熱也又爾雅釋天冬祭曰蒸又廣雅釋詁一蒸婬也又爲說廣雅釋詁一蒸美也又爲衆孟子天生蒸民漢書伭被傳氾愛蒸庶蒸衆雙聲【古韵】詩無羊叶蒸雄兢崩肱升正月叶蒸夢勝憎【轉音】文子道原叶蒸降窮按讀如中也

吻 **𧯛** 蠡也从豆蒸省聲廣雅釋器𧯛瓢也按一匏劙爲二謂之𧯛御覽引三禮圖云取四升瓠中破夫婦各一瓢凡禮經合卺字

chéng 椉(乘)　chéng 騬

以畚爲之

乘二名凡乘之派皆衍乘聲 食陵切

蒸 經 乘 椉 覆也从入桀桀黠也軍法曰乘古文从入从舛从几舜古文桀字从几也許以入軍磔人會意爲我加于敵故訓覆按凡自下而升曰登自上而加曰乘左宣十二傳車馳卒奔乘晉軍呂覽貴直一鼓而士畢乘之注陵也史記高帝紀淮陰侯復乘之正義進也又按此字當訓雞棲于弋也从桀入象覆蓋之形故轉注爲加覆亦爲登高轉注晉語駕而乘材注蠑也又周語乘人不義注陵也淮南氾論彊弱相乘注加也別義周官保氏九數注今有重差夕桀句股按夕桀古算術之名疑即今乘法乘誤爲夕桀二字也周禮宰夫乘其財用之出入藁人乘其事司農注計也儀禮大射儀司馬師坐乘之注四四數之廣雅釋詁一乘弌也釋詁四乘二也方言六飛鳥曰雙鴈曰乘儀禮聘禮記宰夫始歸乘禽周禮校人乘馬注二耦爲乘詩渭陽路車乘黃傳四馬也儀禮聘禮乘皮注物四曰乘鄉射禮兼挾乘矢禮記少儀其以乘壺酒左昭二十九傳帝賜之乘龍又孟子萬乘千乘之國百乘之家注謂天子諸侯大國之卿按此賦法也賦法有二以人計者九夫爲井六十四井爲乘出長轂一乘馬四匹禮記郊特牲邱乘共粢盛言納稅也以家計者畝百爲夫夫三爲屋三百屋爲成得革車一乘詩閟宮公車千乘言出軍也左成十三傳晉師乘和注車士成十八傳使訓卒乘疏在車者爲乘也或曰算術之乘亦本訓加積之轉注或又曰賸字之叚借爾說存參叚借爲登三蒼乘載也釋名釋姿容乘陞也登亦如之也周禮隸僕洗乘石司農注王所登上車之石也又爾雅釋畜回毛在膺宜乘釋獸時善乘領注好登山峯又詩七月亟其乘屋傳升也禮記月令天子始乘舟左襄二十三傳欒氏乘公門史記高帝紀堅守乘城列子黃帝俱乘高臺楚辭涉江乘鄂渚而反顧兮或曰乘車爲登凡登高爲乘又借爲孕易漸荀本婦乘不育又爲仍文選典引乘其命賜彤弧黃鉞之威注因也演連珠乘風載響注猶因也或曰今算術之乘亦謂之因因亦荐藉加覆之轉注存參又借爲賸書西伯戡黎序周人乘黎鄭注勝也呂覽權勳天下兵乘之注猶勝也又爲塍爾雅釋邱如乘者乘邱注或云乘爲稻田塍埒又爲繩詩緜傳乘謂之縮即爾雅釋器繩之謂之縮之也又託名幖識字爾雅釋草望乘車注可以爲索按即苕杜榮亦即孟狼尾也又孟子晉之乘丁音取其善惡無不載聲訓小爾雅廣言乘凌也釋名釋邱如乘曰乘邱四馬曰乘一其在後似車四列在前似駕馬車之形也古韵詩閟宮叶乘滕弓綅增膺懲承元烏叶勝乘承楚辭招魂叶乘蒸

蒸 騬 騬 犗馬也从馬乘聲廣雅釋獸騬犗也按牛曰犍曰犗馬曰騬羊曰羯豕曰豶犬曰猗皆去勢之謂

zhuàn 灷　jùn 𪓊　zhèn 栚　yìng 佚　zhèn 舼(朕)　téng 謄

灷十八名凡灷之派皆衍灷聲 直互切

霰 [illegible] 灷 灷 火種也从火从廾會意與灰同意說文奪此字今據偏傍及玉篇補按管子弟子職櫛之遠近乃成厥火韻會小補發字注引譚苑曰櫛叚借字正作灷音燼正字通乃云灷同灰非櫛借爲熾熾即燼字也

屆 𪓊 𪓊 𧜣 羽獵韋絝也从𦚈灷聲𧜣或从衣朕聲叚借爲䩕虞書堯典鳥獸𧜣毛隼灷雙聲

寖 栚 栚 槌之橫者也關西謂之㯰从木灷聲呂覽季春具栚曲簾筐注栚槌也三輔謂之栚讀曰朕按懸蠶薄木豎曰槌橫曰栚方言五槌其橫關西謂之㯰以滕爲之據說文則豎者曰槌曰持橫者曰栚曰㯰然許書無㯰字據方言則豎者曰槌曰梓橫者曰㯰曰㰏曰持持與㝵同廣雅釋器㯰㯰校持梓槌也則又名校校即校字別義藏㓡六書故栚山樊也染者用其葉燒灰以藏所染之色則爲木名

徑 佚 佚 送也从人灷聲呂不韋曰有侁氏以伊尹佚女今字作媵左僖五傳以媵秦穆姬楚辭天問媵有莘之國轉注儀禮士昏禮媵御餕注古者嫁女必姪娣從之謂之媵公羊莊十九傳媵者何諸侯娶一國則二國往媵之以姪娣從詩江有汜序美媵也疏媵謂妾也謂之媵者以其從適以送爲名也又儀禮燕禮媵觚于賓注送也公食禮衆人騰羞者以騰爲之又方言二媵寄也寄物爲媵方言十三媵託也叚借爲訓說文曰古文以爲訓字又爲賸易咸虞本賸口說也注媵送也非是聲訓釋名釋親屬姪娣曰媵媵承也承事嫡也

軫 寢 朕 朕 我也闕按舟縫也从舟灷聲戴氏震考工記圖函人注舟之縫理曰朕段氏玉裁繆韻樓說文注謂足以補許書之佚按戴說豁然確斯焯不可易今從之轉注考工函人眡其朕欲其直也東原先生補注舟之縫理曰朕故札續之縫亦謂之朕又說文瞽字下云目但有朕也周禮春官序官瞽矇注無目眹謂之瞽則誤作朕蓋俗儒不明轉注之理故改从目而新附眹字訓目精矣字又作𣅈後漢盧植傳注無目𣅈曰瞽又莊子應帝王而遊無朕崔注兆也列子黃帝吾向示之以太沖莫朕淮南覽冥不見朕垠注兆朕也鬼谷子揣闔見變化之朕焉注迹也抵巇巇始有朕注朕者隙之將兆謂其微也皆一意之引申隙璺縫兆龜縫朕舟縫同也叚借發聲之詞爾雅釋詁朕我也朕身也書堯典汝能庸命巽朕位詩韓奕無廢朕命離騷朕皇考曰伯庸九辯朕幼清以廉潔兮蔡邕獨斷云古者尊卑共稱朕貴賤不嫌則可同號之義也按此與卬言爲吾余之聲轉方音不同各稱其稱與本義無涉亡秦趙高乃謂二世曰天子稱朕固不聞聲傳會字之本義以愚主此不通之論也又借爲佚按爾雅釋詁朕予也此條台借爲詒陽本作賜皆予字本義

蒸 謄 謄 迻書也从言朕聲按謄錄字元代始用之叚借爲騰玉篇謄傳也

dài 黱　léng 騰　téng 滕　téng 幐　shèng 賸　shèng 榺

徑 **榺** 機持經者从木朕聲按卽杼軸之軸廣雅釋器榺謂之㨞今本誤作椱淮南氾論後世爲之機杼勝複王逸機賦勝複迴轉皆以勝椱爲榺複字禮記月令戴勝降于桑按首有橫文似榺爾雅釋鳥鵖鴔戴鵀釋文本亦作榺字又作鵀作榺蓋以紝爲之

徑蒸 **賸** 物相增加也从貝朕聲字亦誤作賸俗又作剩轉注說文一曰副也方言二賸雙也廣雅釋詁四賸二也故又爲贅餘之詞假借爲倂說文一曰送也

蒸 **幐** 囊也从巾朕聲廣雅釋器𢃄幃謂之幐離騷蘇糞壤以充幃兮注幃謂之幐幐香囊也轉注方言七幐儋也今江東呼儋兩頭有物爲幐廣雅釋詁三攜擔也字亦作𢹎按字又作帒作袋幐代一聲之轉如騰或作𩥇騰或作蟘之比

蒸 **滕** 水超涌也从水朕聲詩十月之交百川沸騰以騰爲之轉注易咸滕口說也疏競與也釋文達也九家以乘爲之虞本以滕爲之假借爲塍爾雅釋詁滕虛也按與溝塍阬塹隍池同類也又疊韵連語廣雅釋草滕宏胡麻也按一名巨勝今謂之脂麻字亦作藤又託名幖識字春秋滕侯文王子叔繡之後國在今山東兗州府滕縣又左昭十四年曹武公名滕史記世家漢書人表皆作勝未知孰是又爾雅釋地中陵朱滕未詳何地

蒸 **騰** 傳也从馬朕聲謂傳車馬馳廣雅釋室騰奔也釋詁一騰上也三騰過也離騷騰衆車使徑待楚辭惜誓命騰駕駟以馳逐大招騰駕步遊東京賦齊騰驤而沛艾王肅家語後序孔騰字子襄轉注禮記月令乃合累牛騰馬注累騰皆乘匹之名呂覽注騰馬父馬也淮南注騰馬騰駒跳踉善將羣者也西京賦乃奮翅而騰驤注超也洛神賦騰文魚以警乘注升也楚辭招魂目騰光些注馳也淮南原道騰踊昆侖注上也繆稱子産騰辭注傳也漢書李廣傳暫騰而上胡兒馬注跳躍也後漢光武紀穀價騰躍注言踊貴也周書寶典倫不騰上注不相超越管子君臣下爲人臣者變故易常而巧官以諂上謂之騰又廣雅釋詁二騰渡也假借爲騬說文一曰騰犗馬也又爲勝詩十月之交百川沸騰又爲滕周書文酌四騰屬咸衆又爲倂儀禮公食禮衆人騰羞者又託名幖識字東京賦擾澤馬與騰黃注神馬一名吉光史記司馬相如傳騰遠射干司馬彪注蛇也漢書服虔注獸名也音義鳥名也聲訓詩閟宮不震不騰傳乘也古韵詩十月之交叶騰崩陵懲閟宮叶崩騰朋陵轉音禮記月令孟春叶騰降通冬又叶降騰同動按讀如同也

隊 **黱** 畫眉也从黑朕聲鍇本作畫眉墨字亦作黛黱代雙聲通俗文染青石謂之點黛聲訓釋名釋首飾黛代也滅眉毛去之以此畫代其處也

shēng 勝　chéng 塍　téng 螣　téng 縢　líng 䑲

蒸 **䑲** 夊出也从夊朕聲謂冰出水棱棱然或从夊夌聲廣雅釋言䑲夊也詩七月三之日納于䑲陰傳䑲陰冰室也周禮夌人掌冰三其夌注夌冰室也則衍室字風俗通積冰曰夌讀傳注而誤水經鮑丘水注伏夌山陰崖積雪凝冰夏結故世人因以名山也轉注爾雅釋言夌慄也樊注冰凜也漢書揚雄傳虎豹之夌遽注戰栗也又馳閻閻而入夌兢注夌兢恐懼皃也亦疊韵連語字亦變作倰西京賦百禽倰遽注猶怖也又方言一倰哀也六倰憐也假借爲夌爲乘蒼頡篇夌侵犯也廣雅釋言夌暴也莊子徐无鬼察士無夌誶之事李注謂相夌轢楚辭國殤夌余陣兮躐余行注犯也呂覽不侵立千乘之義而不可夌注侮也論威雖有江河之險則夌之注越也史記天官書相夌爲鬥孟康曰相冒占過也又夌雜米鹽正義夌雜交亂也又東京賦夌天池注升也長笛賦薄湊會而夌節兮注乘也古韵楚辭國殤叶弓懲夌雄

蒸 **縢** 緘也从糸朕聲廣雅釋器縢索也書金縢鄭注束也詩小戎竹閉緄縢傳約也閟宮朱英綠縢傳繩也儀禮士喪禮無縢注緣也禮記少儀甲不組縢注以組飾之及紟帶也莊子胠篋則必攝緘縢秦策行縢履蹻轉注爾雅釋木山櫐注今江東呼櫐爲藤按凡草之藟木之蘽者皆曰縢今字變作藤假借爲幐後漢儒林傳小則制爲縢囊古韵詩小戎叶膺弓縢興音閟宮叶乘縢弓綅增膺懲承

蒸職 **螣** 神蛇也从虫朕聲字亦作蟘螣代一聲之轉又誤作蟥爾雅釋魚螣螣蛇注龍類也能興雲霧而遊其中舊注螣蛇有鱗方言十一蜥或謂之螣宋魏之閒謂之蟘荀子勸學螣蛇無足而飛淮南泰族螣蛇雄鳴于上風雌鳴于下風而化成形精之至也假借爲蟘詩大田去其螟螣傳食葉曰螣禮記月令百螣時起注蝗之屬淮南本經注螣讀近殆緩氣言之螣蟘一聲之轉又爲騰莊子山木王獨不見夫騰猿乎轉音詩大田叶螣賊按讀如忒也

蒸 **塍** 稻中畦也从土朕聲毛本作稻田畦字亦作𡐨作塖蒼頡篇塍畔也廣雅釋室塍隄也周禮稻人疏塍者田中作介畫畜水以養禾也江浙曰田緪西都賦溝塍刻鏤蜀都賦峻阻塍埒長城

蒸徑 **勝** 任也从力朕聲爾雅釋詁勝克也廣雅釋詁一勝舉也易遯莫之勝說虞注能也詩烈祖武王靡不勝傳任也管子入國子有幼弱不勝養爲累者注堪也假借爲乘爲夌易漸終莫之勝虞注陵也繫辭下傳貞勝者也虞注滅也詩正月靡人弗勝傳乘也禮記聘義用之于戰勝注克敵也周禮媒氏聽之于勝國之社注亡國也周語尊明勝患注猶遏也老子躁勝寒注極也素問金匱眞言論所謂得四時之勝者注謂制尅之也又爲稱考工弓人角不勝幹晉語中不勝貌禮記學記注三體相勝又爲賸廣雅釋詁四勝二也禮記樂

zhēng 徵　téng 騰　chéng 懲　chéng 澂

記樂勝則流、疏猶過也、論語質勝文則野、皇疏多也、管子揆度其勝貪獸之仇、注猶益也、封禪文不可勝數、注盡也、素問逆調論獨勝而止耳、注盛也、又爲縢、漢書司馬相如傳戴勝而穴處兮、注婦人首飾也、漢代謂之華勝、又方言八鳩鳩或謂之戴勝、注勝所以纏紝、又託名幖識字、廣雅釋草巨勝胡麻也、本草胡麻粒大者爲巨勝、古韻詩正月叶蒸夢勝憎、緜叶冕登馮興勝、元鳥叶勝乘承、易漸叶陵孕勝、周書周祝叶勝稱、轉音周書柔武叶心勝、按讀如深也、靈樞官能叶勝熯、按讀如南也、

蒸 **騰** 黑虎也、从虎騰聲、

徵三名、凡徵之派皆衍徵聲、陟陵切

蒸紙 **徵** 召也、从微省、从𡈼、會意、行于微而聞達者、即徵之古文从口、从微省、以攴爲彳、愚按王徵者自微而之箸、徵者散也、當以明信應驗爲本義、徵召徵求爲轉注、許用爾雅訓召者、以古文从口之故、書洪範念用庶徵、鄭注驗也、左襄二十一傳引書明徵定保、僞允征、傳證也、儀禮士昏禮納徵、注成也、禮記中庸杞不足徵也、注猶明也、莊子逍遙遊而徵一國者、司馬注信也、列禦寇以不徵徵其徵也、注應也、左襄二十八傳以徵過也、注審也、太元失貌德靈徵失、注祥也、轉注爾雅釋言徵召也、周禮司市以量度成賈而徵價、縣正各掌其縣之政令徵比、儀禮鄉射禮徵唯所欲、左宣九傳王使來徵聘、注皆訓召、史記貨殖傳故物賤之徵貴、索隱求也、按凡徵召徵求必有符信明法、故得轉注、或曰此訓當以證爲本字、徵爲叚借、存參、叚借爲澂、易損君子以徵忿窒欲、鄭注猶清也、又爲懲、荀子正論且徵其未也、漢羊竇道碑盜賊徵止、又爲虛、爾雅釋詁徵虛也、又託名幖識字、爾雅釋樂徵謂之迭、禮記玉藻右徵角左宮羽、又莊子天道周之徵藏史有老聃者、司馬注藏名也、聲訓白虎通禮樂徵者止也、陽氣止、漢書律厤志徵祉也、徵止雙聲、轉音管子地員叶徵駭、宋玉笛賦叶子于蕭也、徵按讀如止也、

蒸 **懲** 忿也、从心徵聲、廣雅釋言懲𢘥也、詩小毖予其懲而毖後患、箋艾也、韓詩苦也、沔水寧莫之懲、傳止也、禮記表記則民有所懲、注謂創艾、叚借爲騰、思元賦懲澒洞而爲渃、古韻詩沔水叶陵懲興、十月之交叶騰崩陵懲、閟宮叶乘縢弓綅增膺懲承、楚辭國殤叶弓懲凌雄、轉音離騷叶常懲、按讀如創也、

蒸 **澂** 清也、从水徵省聲、字亦作澄、作瀓、易損鄭劉本徵忿窒欲、禮記坊記澄酒在下、注猶清酒也、淮南說山人莫鑑于沫雨而鑑于澄水、注止水也、吳都賦泓澄奫潫、注湛也、

chēng 爯　chēng 稱　chēng 偁　zēng 曾　zēng 譄

爯三名、凡爯之派皆衍爯聲、處陵切

蒸 **爯** 幷舉也、从爪、从冓省、會意、木交加爲冓、故會一手舉二之意、叚借爲偁、仲秋下旬碑嘉爯卓然、

蒸徑 **稱** 銓也、从禾爯聲、禾从爯會意、爯亦聲、春分而禾生、夏日至晷景可度、禾有秒、秋分而秒定、律數十二秒而當一分、十分爲寸、其以爲重、十二粟爲一分、十二分爲一銖、故諸程品皆从禾、按如稷秭秅秝等也、俗字作秤、管子版法、一稱數、注斤兩也、孟子又稱貸而益之、注舉也、楚辭惜誓苦稱量之不審兮、注稱所以知輕重、淮南時則角斗稱、注量器也、轉注小爾雅衡、斤十謂之衡、衡有半謂之稱、稱二謂之鈞、又爾雅釋言稱好也、考工輪人欲其肉稱也、注肉稱好也、輿人謂之參稱、注猶等也、禮記檀弓稱家之有亡、按猶衡量也、禮器稱次之疏猶足也、荀子禮論貧富輕重皆有稱者也、注謂各當其宜、漢書景帝紀而廟樂不稱、注副也、又左閔二傳祭服五稱、注衣單複具曰稱、叚借爲爯、書牧誓稱爾戈、儀禮士相見禮聞吾子稱贊、左宣十一傳禹稱善人、呂覽孟春不可以稱兵、東京賦元祀惟稱、注皆訓舉也、又爲偁、禮記射義旄期稱道不亂者、注猶言也、晉語其知不足稱也、注述也、吳語王稱左畸、注呼也、呂覽當染必稱此二士也、注說也、又雙聲連語、後漢中山簡王焉傳稱娖、注猶齊整也、按所謂娖娖廉謹也、古韻周書周祝叶勝稱、

蒸 **偁** 揚也、从人爯聲、廣雅釋詁四偁譽也、經傳皆以稱爲之、叚借爲爯、爾雅釋言偁舉也、釋訓偁偁格格舉也、

曾十五名、凡曾之派皆衍曾聲、昨稜切

蒸蒸 **曾** 詞之舒也、从八、从曰、㘝聲、與乃略同、按窗曾一聲之轉、此以雙聲得聲、故不爲豐部字、方言十曾何也、廣雅釋言曾是也、論語曾是以爲孝乎、鄭注則也、按猶乃也、孟子爾何曾比予于管仲、注何曾猶何乃也、叚借爲層、楚辭招魂曾臺累榭、注重也、東君翾飛兮翠曾、注舉也、淮南覽冥還至其曾逝萬仞之上、注猶高也、弔屈原文遙曾擊而去之、如淳曰曾高高上飛意也、又爾雅釋親孫之子爲曾孫、注猶重也、左襄十八傳曾臣彪、注曾臣猶末位、又荀子王制南海則有曾青丹干焉、注曾青銅之精可繢畫及化黃金者、出蜀山越巂、正論重之以曾青、注形如珠、其色極青、故謂之曾青、又爲增、孟子曾益其所不能、張音與增同、離騷曾歔欷余鬱邑兮、注累也、又爲嘗、左昭十二傳注昆吾曾居許地、曾嘗雙聲、又爲橧、即增、大戴曾子疾病鷹隼以山爲卑而曾巢其上、聲訓釋名釋親屬曾祖從下推上、祖位轉增益也、論語曾是以爲孝乎、皇疏猶嘗也、曾嘗雙聲、公孫丑丁音曾則也、曾則亦雙聲、

蒸 **譄** 加也、从言曾聲、按誣加也、與譖略同、

zēng 矰　zèng 贈　céng 鄫　zēng 罾　céng 層　zēng 熷　céng 竲　zēng 憎

蒸 **矰** 弋射矢也从矢曾聲廣雅釋器矰𥎦也周禮司弓矢矰矢茀矢用諸弋射注結繳于矢謂之矰呂覽直諫宛路之矰注弋射短矢西京賦矰紅注繳射矢長八寸其絲名矰海內經帝俊賜羿彤弓素矰注素矰矢名以白羽羽之莊子應帝王且鳥高飛以避矰弋之害李注罔也誤叚借爲贈賁爲從周禮男巫故書冬堂矰杜云當爲贈聲訓周禮司弓矢注矰高也史記晉侯世家雖有矰繳索隱矰十弦可以仰射高者故云矰也按以層爲訓

徑 **贈** 玩好相送也从貝曾聲按字亦誤作賵詩渭陽何以贈之傳送也儀禮既夕記凡贈幣無常注玩好曰贈荀子大略贈禭所以送死也禮記文王世子至于賵賻承含釋文車馬曰賵布帛曰賻珠玉曰含衣服曰禭總謂之贈愚按凡經傳賵字皆卽贈字漢以來傳寫之誤故从冒而音讀仍近曾也文王世子注反讀承爲贈白虎通賵者覆也似因冒爲訓者漢人取誤字以別生死之用相承不改耳叚借爲僧周禮男巫冬堂贈杜注堂贈謂逐疫也聲訓白虎通崩薨贈之爲言稱也詩崧高以贈申伯傳贈增也禮記少儀賵馬入廟門疏賵副亡者之意也按副猶䞋也稱也正贈字之訓傳諸古者古韵詩女曰雞鳴叶乘贈按知子之來之來者乘字之誤詩本借乘爲倗也

蒸 **鄫** 似姓國在東海从邑曾聲夏禹之後在今山東兗州府嶧縣東左僖十四年季姬及鄫子遇于防穀梁以繒爲之別義左襄元年次于鄫注鄭地在今河南歸德府睢州南按此以溜水得名

說文通訓定聲　升部弟二　九

罾 魚网也从网曾聲漢書陳勝傳置人所罾魚腹中注形如仰繖蓋四維而舉之風土記罾樹四木而張网于水車轆之上下形如蛛網方而不圓莊子胠篋鉤餌罔罟罾笱之知多則魚亂于水矣楚辭湘夫人罾何爲兮木上江賦罾罾比船七啓舉挂輕罾

蒸 **層** 重屋也从尸曾聲按尸者象屋形从屋省也考工記四阿重屋注重屋複笮不可居後人因之作樓可居轉注海外西經雲蓋三層注猶重也凡曾祖曾孫字經傳皆以曾爲之

蒸 **熷** 置魚筩中炙也从火曾聲

庚 **竲** 北地高樓無屋者从立曾聲字亦作竲蘇俗有月臺是其遺意按字亦作橧禮記禮運夏則居橧巢注聚薪柴居其上此竲制之始字或誤作橧轉注爾雅釋獸豕所寢橧方言八豬其檻及蓐曰橧廣雅釋獸橧圈也叚借疊韵連語說文新附蹭蹬失道也海賦或乃蹭蹬窮波注失勢之皃

蒸 **憎** 惡也从心曾聲禮記曲禮憎而知其善晉語盜憎主人轉注方言七憎憚也廣雅釋詁三憎難也四憎苦也古韵詩正月叶蒸夢勝憎

zhēn 潧　zèng 甑　zèng 䰝　zēng 繒　zēng 增　nǎi 乃

眞 **潧** 潧水出鄭國从水曾聲詩曰潧與洧方渙渙兮釋文引說文作汎汎按水經潧水出鄭縣西北平地注鄶水出鄶城北逕鄶城西謂之柳泉水又南注于洧世所謂鄶水也鄶城在今河南開封府密縣下流合洧水爲雙洎河而洧盛潧涸矣詩溱洧字皆以溱爲之水經注引鄭語主芣騩而食溱洧今亦作溱按潧溱雙聲字轉音詩褰裳叶溱人字作溱

徑 **甑** 甗也从瓦曾聲籀文从㽁按字亦作䰝字林甑炊器也考工陶人甑實二鬴厚半寸脣寸七穿按烝米爲飯器先以箄蔽甑底加米其上而饋之而餾之儀禮少牢禮廩人摡甑甗匕與敦于廩爨注古文甑爲烝

徑 **䰝** 鬵屬从鬲曾聲說文鬲部別出此字按卽籀文甑省今附于此爾雅釋器䰝謂之鬵孫注關東謂甑爲鬵涼州謂甑爲鉹或曰甑有穿烝器䰝無穿釜屬當依說文分別而移置籀文甑于䰝下存參叚借託名幖識字大荒東經有䰝山又有門戶山注音如釜甑之甑按山形如䰝

蒸隊 **繒** 帛也从糸曾聲籀文宰省聲楊雄以爲漢律祠宗廟丹書告神之帛如此作按宰曾一聲之轉說文新附作綷三蒼雜帛曰繒禮記禮運瘞繒宣祝嘏辭說注幣帛曰繒漢書何奴傳赤綈綠繒注繒者帛之總稱叚借爲鄫左哀七年公會吳于繒穀梁宣十八年邾人戕繒子於繒晉語申人繒人召西戎以伐周注姒姓禹後也荀子堯問繒丘之封人注與鄶同又爲增詩漸漸之石箋今離其繒牧之處又爲載實爲事廣雅釋詁三繒事也甘泉賦上天之縡注與載同又疊韵連語魯靈光殿賦蔓繒綾而龍鱗注不平皃聲訓家語禮運注繒謂若增封泰山禮記禮運疏繒之言贈也

說文通訓定聲　升部弟二　十

蒸 **增** 益也从土曾聲廣雅釋詁二增加也四增累也太元元錯增日益淮南本經殘高增下高唐賦稍息增欷叚借爲層廣雅釋詁四增重也弔屈原文遙增擊而去之史記屈賈傳攉增翮逝而去之魏大饗碑蔭九增之華蓋又重言形況字詩閟宮烝徒增增爾雅釋訓增增衆也古韵詩天保叶興陵增閟宮叶乘縢弓綅增膺懲承轉音韓非子主道叶應增按讀如嶒也

乃八名凡乃之派皆衍乃聲 奴騰切

賄 **乃** 曳詞之難也象气之出難古文又加曲折籀文重三見意經史或以迺爲之迺者驚詞也是爲叚借乃迺得通寫猶溱潧一聲之轉也說文西或說往也讀若仍此疑後人所附㠯隸體西作迺似从辵故增往訓李登聲類乃至也廣雅釋詁一

yùn 孕　rēng 扔　réng 仍　nài 鼐　réng 杒　réng 訒　réng 艿

乃往也。又因爾雅釋詁迺乃也爲訓耳。夏小正乃瓜傳乃者急瓜之辭也。儀禮燕禮大夫不拜乃飲注乃猶而也。春秋宣八年日中而克葬定十五年日下昃乃克葬。公羊傳而者何難也乃者何難也。曷爲或言而或言乃乃難乎而也。而乃亦一聲之轉。周禮太宰乃施典于邦國注乃者更申敕之。漢書賈誼傳太子迺生固舉以禮注迺始也。呂覽義賞而霸者乃五注乃猶裁也。[假借]爲仍。周禮司几筵故書凶事乃几司農注讀爲仍。又發聲之詞。小爾雅廣詁乃汝也。虞書乃言底可績傳汝也。禮記祭統若纂乃祖服注若乃猶女也。此與戎汝爾而皆一聲之轉本無正字。又雜記下夫曰乃疏乃者言之助也。又穀梁僖三十一年乃免牲傳乃者亡乎人之辭也。又漢書曹參傳乃者我使諫君也注乃者猶言曩者。

蒸 **艿** 艿草也。从艸乃聲。大篆从茻。[假借]爲蕿。列子黃帝藉艿燔林字亦作芿乃辱一聲之轉。玉篇引說文舊草不芟新草又生曰艿。是謂从仍省會意殆非也。

蒸 **訒** 厚也。从言乃聲。詩泮水烝烝皇皇據傳訓厚則以烝爲之。

蒸 **杒** 杒木也。从木乃聲。讀若仍。

說文通訓定聲　升部弟二　十一

隊 **鼐** 鼎之絕大者。从鼎乃聲。詩絲衣鼐鼎及鼒毛傳大鼎謂之鼐魯詩說鼐小鼎鼒大鼎。謂自堂徂基自外及內自羊徂牛亦自小及大也。按豕鼎受三斗羊鼎受五斗牛鼎受一斛。鼐所謂函牛之鼎矣。

蒸 **仍** 因也。从人乃聲。爾雅釋詁仍因也。小爾雅廣言仍再也。廣雅釋詁一仍從也。四仍重也。爾雅釋親鼻孫之子爲仍孫注亦重也。周語晉仍無道注數也。漢書武帝紀今大將軍仍復克獲注頻也。論語仍舊貫鄭注舊讀仍爲仁。今從古。按仁仍通轉猶迺乃湆溱聲轉也。[假借]爲扔。詩常武仍執醜虜傳就也。按即捆也。又爲訒。爾雅釋詁仍厚也。又重言形況字。廣雅釋訓仍仍眾也。按與烝烝同。又淮南精神乃性仍仍然注不得志之皃。又託名幖識字。左桓五年天王使仍叔之子來聘。穀梁作任叔。未知孰是。任仍聲近。[轉音]楚辭悲回風叶膺仍。按讀如諡也。

蒸 **扔** 捆也。从手乃聲。按以手摋之也。李登聲類扔摧也。廣雅釋詁一扔引也。老子則攘臂而扔之。釋文引也。因也。又引字林就也。數也。原也。

徑 **孕** 裹子也。从子从几。一切經音義引說文乃聲。几二見。按是也。字亦作蠅作䴊作䵷。廣雅釋詁四孕傳也。易漸婦孕不育鄭注猶娠也。禮記樂記毛者孕鬻注任也。鄭語既笄而孕注任身也。管子五行䴊婦不銷弃注古孕字。太元沈次五好𡟰惡粥注懷也。衆次七師孕唁之注重身也。[古韵]易漸叶陵孕勝。

shēng 升　xīng 郻　xìng 嬹　xīng 興

興三名。凡興之派皆衍興聲。虛陵切

蒸徑 **興** 起也。从舁从同。同力也。會意。廣雅釋詁一興舉也。興生也。詩大明維予侯興傳起也。禮記中庸其言足以興注謂起在位也。周禮舞師凡小祭祀則不興舞注猶作也。考工弓人末應將興注猶動也發也。禮記樂記降興上下之神注猶出也。文王世子興秩節注猶舉也。論語則禮樂不興皇疏猶行也。史記樂書而淫樂興焉正義生也。夏小正㞢之興傳其不言生而稱興何也。不知其生之時故曰興也。[轉注]詩天保以莫不興箋盛也。抑興迷亂于政箋猶尊尚也。楚語其可與乎注猶成也。呂覽審時得時之稼興注昌也。又周禮大司徒曰比曰興司農注興者託事于物。大司樂興道諷誦注興者以善物喻善事。論語詩可以興孔注引譬連類也。[假借]爲釁。禮記文王世子既興器用幣注當爲釁字之誤也。按釁興亦聲近。又爲嬹。禮記學記不興其藝注興之爲言喜也歆也。宋書謝靈運傳論靈運之興會標舉注興會情興所會也。[聲訓]周禮旅師平頒其興積注縣官徵聚物曰興。司稼而平其興注興所徵賦。[古韵]詩天保叶興陵增。河水叶陵懲興。緜叶夢登馮興勝。左昭十二傳叶澠陵興。[轉音]詩小戎叶膺弓滕興音。大明叶林興心。楚辭天問叶興膺。按讀如歆也。又周書小明武叶中興。按讀如胄也。又荀子大略叶行興。按讀如杏也。

說文通訓定聲　升部弟二　十二

徑 **嬹** 悅也。从女興聲。廣雅釋詁一嬹喜也。[假借]託名幖識字。漢書功臣表有甘泉侯嬹。

蒸徑 **郻** 地名。从邑興聲。說文徐鍇本有此字。今附于此。

升三名。凡升之派皆衍升聲。識蒸切

蒸 **升** 十龠也。从斗亦象形。按十合也。从斗丿者指事。凡斛其下爲斗左耳爲升右耳爲合。故以丿指事。升容二萬四千黍合容二千四百黍龠容一千二百黍。古者爲升上徑一寸下徑六分其深八分。小爾雅量兩匊謂之升。[假借]爲登。字亦作昇作陞。易卦鄭本作昇注昇上也。馬注升高也。序卦傳聚而上者謂之升。廣雅釋詁一陞上也。二陞進也。詩天保如日之升傳出也。禮記禮器因名山升中于天注上也。呂覽孟秋農乃升穀注進也。孟夏農乃升麥注獻也。儀禮士冠禮載合升注煮于鑊曰亨在鼎曰升。爾雅釋畜騉蹄趼善陞甗舍人注能登山隒也。列子黃帝俱升高臺釋文登也。一本作乘。又爲成。穀梁襄二十四傳五穀不升爲大饑注成也。禮記樂記男女無辨則亂升注成也史記作登成升聲近又爲登爲宗爲稯實爲緵儀禮喪服冠六升注布八十縷爲升緵升聲近【聲訓】漢書律厤志升者登合之量也又白虎通封禪升封者增高也【古韵】詩椒聊叶升朋天保叶恆升崩承無羊叶蒸雄兢崩肱升生民叶登升【轉音】易升叶升應按讀如深也

迥 **抍** 上舉也選注引說文出溺爲抍从手升聲或从登聲易明夷渙子夏傳皆作用抍馬壯吉方言十三抍拔也出休爲抍廣雅釋詁一抍舉也抍取也三抍拔也抍收也淮南齊俗子路拯溺注拯舉也周禮大司徒注抍拔天民之窮者也孔龢碑抍馬蠲害【聲訓】廣雅釋言抍陞也

迥 **拯** 从手丞聲據易釋文及文選注引說文有此字按當爲抍之或體今附于此易渙用拯馬壯馬融注舉也王肅注拔也伏曼容注濟也艮不拯其隨虞翻注取也愚謂諸家皆以本字爲訓其實借拯爲抍止馬也左宣十二傳目於眢井而拯之注出溺曰拯昭十傳是以無拯注猶救助也【聲訓】易明夷用拯馬壯鄭注拯承也淮南汜論則捽其髮而拯注拯升也

蠅四名凡蠅之派皆衍蠅聲 余陵切

蒸 **蠅** 蟲之大腹者从黽从虫按黽黿大腹从虫者蟲省也會意詩小雅營營青蠅論衡商蟲蠅讒人之象也方言十一蠅東齊謂之羊按蠅羊一聲之轉【叚借】重言形況字洞簫賦蠅蠅翊翊注蠅蠅遊行皃

蒸 **繩** 索也从糸蠅省聲小爾雅廣器大者謂之索小者謂之繩易說卦巽爲繩直繫辭傳作結繩而爲網罟詩縮其繩則直爾雅釋器繩之謂之縮之家語孔子曰木受繩則直【轉注】廣雅釋詁三繩直也禮記深衣負繩及踝以應直注謂裻與後幅相當之縫也又樂記以繩德厚注猶度也史記樂書集解王肅曰繩法也管子七臣七主以繩七臣注謂彈正也淮南主術能進退履繩法直正也又春秋元命苞玉衡北兩星爲玉繩按謂天乙太乙兩小星也【叚借】爲承詩下武繩其祖武按繼也傳訓戒用爾雅又爲孕周禮薙氏秋繩而芟之注含實曰繩又【重言形況字】爾雅釋訓繩繩戒也釋文或作憴詩抑子孫繩繩箋戒也韓詩作承承螽斯繩繩分傳戒愼也漢書禮樂志繩繩意變孟康曰衆多也應劭曰謹敬更正意也老子繩繩不可名注動行無窮極也簡文注無涯際之皃又託名幖識字離騷索胡繩之纚纚注香草也【古韵】詩螽斯叶薨繩抑叶繩承

蒸 **譝** 从言蠅省聲廣雅釋詁四譝譽也左莊十四傳繩息嬀以語楚子呂覽古樂以繩文王之德小爾雅廣訓繩之譽之也皆以繩爲之

今據左傳釋文引說文作澠姑附于此

蒸 **澠** 从水蠅省聲左昭十二傳有酒如澠注澠水出齊國臨淄縣北入時水按又東北入淄水水經淄水注引左傳及列子說符篇孔子曰淄澠之水合易牙嘗而知之字皆作繩疑水名本當作繩故許書不錄今姑附存于此別義山海經巴國有巴遂山澠水出焉此任蜀地之澠【古韵】左昭十二傳叶澠陵興

兢一名 居陵切

蒸 **兢** 競也从二兄二兄競意从丯聲讀若矜一曰兢敬也按兄者滋益之詞故兢字从之假借爲兄弟此發聲之詞也且以二兄爲競意立說亦俗丯音如介雖與矜雙聲然从二丯不成字若謂大篆繁重則于一丯取聲不當于二兄會意矣或曰丯者嘗契質劑各執一丯故彊語相爭左傳王叔氏不能舉其契亦其誼也解二丯爲會意亦鑿愚按兢即競字之誤體許君並存之偶未審究耳讀若矜者兢聲之轉陽蒸通叶詩無羊矜矜兢兢傳以言堅彊也按堅訓矜彊訓兢詩人重言形況毛即以聲訓也太元逃次三兢其股注動也【叚借】重言形況字爾雅釋訓兢兢戒也書皋謨兢兢業業傳戒愼也詩小旻戰戰兢兢傳戒也雲漢兢兢業業傳恐也漢書韋賢傳兢兢

元王注謹戒也外戚傳唯昏姻爲兢兢注戒愼也又廣陵厲王胥傳祇祇兢兢集注順也或曰皆借競爲悉非是又疊韵連語漢書司馬相如傳入夌兢注寒凉戰栗處也【古韵】詩無羊叶蒸雄兢崩肱升小旻叶兢冰

仌四名凡仌之派皆衍仌聲 筆陵切

蒸 **仌** 凍也象水凝之形按水始凝文理似之易說卦傳乾爲冰洪範五行傳冰一名介經史皆以冰爲之【聲訓】公羊成十六傳雨木冰徐邈說冰者兵之象兵仌一聲之轉【古韵】詩小旻叶兢冰易坤叶凝冰

蒸東 **馮** 馬行疾也从馬仌聲【轉注】方言二馮怒也注恚盛皃周禮大司馬馮弱犯寡注謂乘陵也左昭五傳今君奮焉震電馮怒注盛也列子湯問帝馮怒注大也字亦變作憑【叚借】爲佣詩卷阿有馮有翼愚按備也傳箋謂借爲凭亦通楚辭天問馮翼惟像愚按謂星辰也漢書百官表更名左馮翊張晏曰馮輔也又爲畐廣雅釋詁一憑滿也莊子盜跖侅溺于馮氣釋文言憤畜不通之氣也離騷憑不厭乎求索注楚人名滿曰憑長門賦心憑噫而不舒兮注憑噫氣滿皃西京賦心猶憑而未攄又左襄八傳馮陵我城郭注馮迫也按亦疊韵連語馮畐一聲之轉又爲淜易泰用馮河爾雅釋訓馮河徒涉也又爲凭小爾雅廣言馮依也左哀七傳馮恃其衆注馮依也史記伯

níng 冰　féng 鄷　líng 夌

夷傳敓庶馮生注滿也漢書鄭食其傳食其馮軾下齊七十餘城注馮據也西京賦有憑虛公子者憑依託也馮凭聲相近又爲登周禮馮相氏注馮乘也又爲鄘楚漢春秋封周緤爲憑城侯漢書正作鄘注馮陪聲相近又爲鄖春秋時鄭大夫馮簡子按本姬姓以國爲氏後又爲歸姓秦末上黨太守馮亭丞相馮去疾漢楚相馮唐又疊韵連語莊子知北遊彷徨於馮閎李注馮閎皆大也又重言形況字韓詩外傳闘雁之事大矣哉馮馮翊翊淮南天文馮馮翼翼注無形之皃太元窮百辟馮馮注依也漢書禮樂志馮馮翼翼承天之則又詩緜削屢馮馮傳削牆鍛屢之聲馮馮然又託名幖識字淮南原道昔者馮夷大丙之御也注馮夷或作遲丙或作白皆古之得道能御陰陽者也又海內北經冰夷注冰夷馮夷郎河伯也聲訓詩小旻不敢馮河傳陵也周禮大司馬注馮謂乘陵也古韵詩緜叶薨登馮興勝轉音宋玉登徒子好色賦叶動憑按讀如蚌也

蒸 徑 **冰** 水堅也从仌从水按仌亦聲俗从仌从疑會意按疑者止不動也廣雅釋詁四凝定也爾雅釋器冰脂也按禮記內則注凝者爲脂釋者爲膏詩碩人膚如凝脂考工記凝土以爲器注堅也禮記鄉飲酒義天氣嚴凝之氣注猶成也楚辭憂苦凝汜濫兮注止也淮南兵略典凝如冬注正也七命霜鍔水凝注凝冰之絜也素問五常政大論其候凝肅注寒也轉注易鼎君子以正位凝命鄭

注成也書臯謨庶績其凝馬注定也禮記中庸至道不凝焉注猶成也釋文本作疑漢書薛宣傳嘉氣尚凝注謂不通也淮南原道凝結而不流注如脂凝也七命天凝地閉注猶結也謝元暉鼓吹曲凝笳翼高蓋注徐引聲謂之凝假借爲仌易坤履霜堅冰至詩匏有苦葉迨冰未泮漢書五行志冰者陰之盛而水滯者也論衡水凝爲冰又爲掤左昭二十五傳公徒釋甲執冰而踞注櫝丸蓋也櫝丸是箭筩其蓋可以取飲又託名幖識字海內北經從極之淵維冰夷恆都焉注冰夷馮夷也郎河伯也古韵易坤叶凝冰轉音楚詞大招叶凝澗凝極

東 **鄷** 姬姓之國从邑馮聲按文王之昭畢公高之後畢萬封魏支孫食采于鄷城因氏焉今字作馮世本云歸姓又按此字疑郎鄘漢書周緤傳封鄘城侯楚漢春秋作馮城而漢書功臣表作蒯成云在長沙服虔音菅蒯之蒯史記索隱音裴皆誤也其地據張守節引輿地志鄘成縣故陳倉縣之故鄉聚名按畢在今陝西西安府咸陽縣于地相近疑輿地志得其實

夌九名凡夌之派皆衍夌聲 力蠅切

蒸 **夌** 越也从夊从夫夫高也會意按从夫猶从陸也字亦作䮚廣雅釋詁四夌犯也漢書灌夫傳䮚轢宗室注踐踏也經傳多以陵

líng ⿰去夌　líng 䬬　léng 棱　líng 淩　líng 掕　líng 綾　líng 陵

以淩以凌爲之轉注說文一曰夌徲也按夌徲者始逮終遲自高漸下之意詩大車序禮義陵遲疏猶陂陁也漢書成帝紀日以陵夷注言其頹替若邱陵之漸平也皆以陵爲之假借爲菱廣雅釋草夌菜藻也按菱菜亦藻類初生時可食又疊韵連語洞簫賦故其武聲則若雷霆輘輷佚豫以沸渭注輘輷大聲也

蒸 **⿰去夌** 去也从去夌聲讀若陵與揭同誼

徑 **䬬** 馬食穀多气流四下也从食夌聲

蒸 **棱** 柧也从木夌聲俗亦作稜又作楞按四隅曰棱八隅曰柧通俗文木四方爲棱西都賦上觚棱而棲金爵轉注漢書李廣傳威稜憺乎鄰國李奇曰神靈之威曰稜東都賦瞰四裔而抗稜後漢王允傳剛稜疾惡注威稜也假借爲菱尚書大傳大夫達棱注棱菱也又重言形況字蕪城賦稜稜霜氣注嚴冬之皃又爲棧之誤字列子力命䮚馬棱車

蒸 **淩** 淩水在臨淮从水夌聲今江蘇徐州府宿遷縣有故淩城淩水當出其西而東南流入淮是曰淩口今無考又按字亦變作凌吳志建安二十三年孫權將如吳親乘馬射虎于凌亭元和郡縣志凌亭在丹陽縣東四十七里當是以淩水得名假借爲夌楚辭哀郢

淩陽侯之氾濫自悲淩恆山其若陋兮注乘也又爲馮廣雅釋言淩馳也楚辭大招冥淩浹行注淩猶馳也又託名幖識字周書作雒乃四蔡叔于郭淩注地名今僞古文蔡仲之命作郟

徑 **掕** 止馬也从手夌聲憑按易明夷渙用拯馬壯吉皆以拯爲之

蒸 **綾** 東齊謂布帛之細曰綾从糸夌聲訓本方言二卷按猶纖繒帛之細者曰纖也聲訓釋名釋采帛綾淩也其文望之如冰淩之理也

蒸 **陵** 大阜也从阜夌聲爾雅釋地大阜曰陵又陵莫大于加陵釋邱後高陵邱又如陵陵邱薛君韓詩章句四平曰陵廣雅釋邱四隤曰陵易同人升其高陵虞注震爲陵書禹貢至于東陵詩天保如岡如陵周禮大司徒辨其山林川澤邱陵墳衍原隰之名物左僖三十二傳殽有二陵焉穆天子傳三山陵自出字亦作隣按當从粦或曰鄰之誤以鄰爲陵也陵鄰聲近轉注廣雅釋邱陵冢也水經渭水注長陵亦曰長山也秦名天子冢曰山漢曰陵故通曰山陵矣又荀子致仕節奏欲陵注峻也又吳都賦陵鯉若獸注狀如獺鱗甲似鯉居土穴中性好食蟻按郎今穿山甲也以其穴陵陵似鯉故名楚詞天問鯪魚何所注鯪鯉也有四足出南方廣雅釋魚鯪鯉也字亦變

líng 菱　dēng 𤼲(登)　dēng 鐙

作鯪、假借為夌、廣雅釋詁四、陵乘也、蒼頡篇、陵侵也、禮記樂記、迭相陵謂之慢、疏越也、檀弓、雖遽不陵節、注躐也、周禮大司馬、犯令陵政、注輕政法不循也、左隱三傳、少陵長、疏謂加上之、史記始皇紀、陵水經地、正義歷也、漢書天文志、陵歷鬥食、注突掩為陵、後漢朱浮傳、帝以浮陵轢同列、注猶欺蔑也、西京賦、陵重巘、注猶升也、又漢書司馬相如傳、反衰世之陵夷、注陵夷謂弛替也、王嘉傳、法度陵遲、注即陵夷也、又為髮、七發、宛伏陵窘、注猶促也、又為淩、史記范雎蔡澤傳、至于陵水、索隱即栗水也、按栗讀陵短言之、又託名標識字、史記齊世家、晉軍追齊至馬陵、左成二傳作陘、在今青州府臨淄縣西南、襄二十五傳、又謂之弇中、又左僖十四傳、諸侯城緣陵、在今昌樂縣、穀梁說作林、聲訓、釋名釋山、大阜曰陵、陵隆也、體隆高也、陵隆雙聲、春秋說題辭、陵之為言稜也、左定六傳、子期又以陵師、注陵師陸師、疏南人謂陸為陵、按陸陵亦一聲之轉、古韵、詩天保叶興陵增、菁莪叶陵朋、沔水叶陵懲興、十月之交叶騰崩陵懲、易漸叶陵孕勝、左昭十二傳叶澠陵興、

蒸 **菱** 芰也、从艸淩聲、楚謂之芰、秦謂之薢茩、司馬相如說、从遴聲、字又作蔆、作菱、爾雅釋草、蔆蕨攈、又薢茩英光、廣雅釋草、蔆芰薢茩也、按芰即蔆、英光即草決明、古皆有薢茩之稱、截然二物、不必因蕨攈英光聲亦相轉、混蔆之名于決明也、周禮籩人、蔆芡栗脯、禮記內則、芝栭蔆椇、尚書大傳、鉅野蔆、淮南本經、益樹蓮蔆、漢書司馬相如傳、外發夫容蔆華、風俗通、蔆水物也、所以厭火、假借為棱、淮南本經、喬枝菱阿、又菱杼紾抱、按柧棱也、注訓菱非是、又為淩、秦策、至於菱夫、一本作菱求、按夫求皆水之誤字、菱則淩之借字也、史記作陵水、以陵為之、

登十名、凡登之派、皆衍登聲、都滕切、

蒸 **登** 禮器也、从肉在豆上、廾持之、會意、讀若鐙、字亦作登、爾雅釋器、瓦豆謂之登、注即膏登也、按謂如今膏登、其遺像也、詩生民、于豆于登、傳瓦曰登、登太羹也、古韵、詩生民叶登升歆、

蒸 **鐙** 錠也、从金登聲、按即登也、古用瓦、後世范金為之、又製此字、說文別隸金部、今訂為登之重文、附此、儀禮公食禮、大羹湇不和、實于鐙、注瓦豆謂之鐙、禮記祭統、執醴授之執鐙、注鐙豆下跗也、轉注、廣雅釋器、錠謂之鐙、按此膏鐙也、其制似豆、故轉而名焉、李登聲類、有足曰錠、無足曰鐙、急就篇、鍛鑄鉛錫鐙錠鐎、顏注、其形若杖、而中施釘、楚辭招魂、華鐙錯些、文選贈五官中郎將詩、明鐙熺炎光、隸釋耿氏鐙、延光四年耿氏作鐙、俗字亦作燈、

dēng 登　dēng 璒　zhèng 證　dēng 簦　chéng 橙　dèng 鄧　chéng 憕

蒸 **登** 上車也、从癶豆、象登車形、籀文又从廾、按从豆者从𤼲省聲、籀文亦𤼲省聲、爾雅釋詁、登陞也、禮記玉藻、登車則有光矣、經傳多以升為之、俗字亦作蹬、橐長蔡湛頌、功蹬王府、廣雅釋詁一、蹬履也、轉注、考工輈人、其登又難、注上阪也、禮記玉藻、登席不由前、注升也、楚辭惜誦、欲釋階而登天兮、注上也、詩皇矣、誕先登于岸、箋謂先平獄訟、則謂借為憕為成、又周禮羊人、登其首、注升也、禮記月令、農乃登麥、注進也、登龜、注言登者尊之也、淮南繆稱、錦繡登廟、注猶入也、又周禮司民、掌登萬民之數、注上也、周語、馨香不登、注上也、又左昭三傳、皆登一焉、注加也、周語、若登年以載其毒、注多歷年也、晉語、不哀年之不登、注高也、漢書揚雄傳、涉三皇之登閎、注登閎高遠也、又左昭十五傳、福祚之不登、疏登即是在之義也、假借為成、爾雅釋詁、登成也、詩崧高、登是南邦、傳成也、周禮遂人、登其夫家之眾寡、注成也、猶定也、禮記曲禮、年穀不登、月令、農事既登、左隱五傳、不登于器、襄二傳、且不登叛人也、注皆訓成、登丁聲近、又重言形況字、廣雅釋訓、登登眾也、詩緜、築之登登、傳用力也、又發聲之詞、公羊隱五傳、登來之也、注登讀言得、得來之者、齊人語也、齊人名求得為得來、作登來者、其言大而急、由口授也、按登者讀得長言之、又疊韵連語、海賦、蹭蹬窮波、注失勢之皃、聲訓、小爾雅廣言、登升也、古韵、詩緜叶薨登憑、興、勝、

蒸 **璒** 石之似玉者、从玉登聲、

徑 **證** 告也、从言登聲、呂覽、誣徒不可證移、注諫也、太元從測、人不攻之、自然證也、注則也、假借為徵、廣雅釋詁四、證諭也、大戴文王官人、慎用六證、注六徵也、楚辭惜誦、所以證之而不遠、注驗也、轉音、管子心術叶心證、按讀如枕也、

蒸 **簦** 笠蓋也、从竹登聲、今之雨繖也、俗謂之傘、史記虞卿傳、躡屩擔簦、集解、笠有柄者謂之簦、吳語、簦笠相望、注夫須也、字亦作[illegible]、

庚 **橙** 橘屬、从木登聲、爾雅釋木、柚條、注似橙、史記司馬相如傳、蔵橙若蓀、索隱柚也、上林賦、黃甘橙楱、南都賦、穰橙鄧橘、

徑 **鄧** 曼姓之國、今屬南陽、从邑登聲、按在今河南南陽府鄧州、春秋桓七年、鄧侯吾離來朝、周語、鄧由楚曼、鄭語、申呂應鄧、別義、桓二年、蔡侯鄭伯會于鄧、昭十三年、蔡朝吳召子干子晳盟于鄧、此蔡地、在今河南許州郾城縣、又隱十年、盟于鄧、為師期、注魯地、當在今山東兗州府境、莊子徐無鬼、舜有羶行、百姓悅之、故三徙成都、至鄧之虛、而十有萬家、向注邑名、當謂此地、假借為橙、淮南墬形、夸父棄其策、是為鄧林、注鄧猶木也、按柚木也、西京賦、蔚若鄧林、蜀都賦、聿叢鄧林、劉注林名也、聲訓、漢書鄧通傳、鄧猶登也、

蒸 **憕** 平也、从心登聲、

hóng 閎 hóng 谹 hóng 宖 hóng 宏 xióng 雄 gōng 厷 dèng 隥

隥 徑 仰也从𨸏登聲字亦作墱作磴作嶝蒼頡篇隥小阪也廣雅釋邱隥阪也穆天子傳一乃絕隃之關隥魏都賦墱流十二同源異口【轉注】西京賦墱道邐倚以正東注墱閣道也又遊天台山賦跨穹隆之懸磴注石橋也【叚借】爲騰江賦磴之以瀿瀷注猶盆也

厷十二名凡厷之派皆衍厷聲 古薨切

厷 蒸 臂上也从又从厶厶古文象形或从肉太詩無羊麾之以肱傳臂也論語曲肱皇疏肘後曰肱通亦言臂穆天子傳二乃封長肱于黑水之西河注臂長三丈海外西經奇肱之國其人一臂三目【轉注】漢書王莽傳曰德元厷晉灼曰肱圜也【叚借】爲弓左襄十八傳鄭公孫黑肱字子張邾黑肱公羊作弓【古韵】詩無羊叶蒸雄兢崩肱升

雄 東 鳥父也从隹厷聲爾雅釋鳥鳥以翼右揜左雄左揜右雌詩白華戢其左翼箋謂右揜左也又按陶注本草燒毛作屑納水中沈者雄浮者雌詩正月誰知烏之雌雄【轉注】詩南山雄狐綏綏周禮庖人疏走亦曰雄又太元元告日月雌雄之序注日爲雄後漢馬融傳注虹蜺出色鮮盛者爲雄又左襄二十一傳是寡人之雄也漢書東方朔傳其滑稽之雄乎注謂爲之長帥也老子知其雄注雄先之屬周書周祝維彼大心是生雄注謂雄桀于人也又廣雅釋器匽謂之雄戟子虛賦建干將之雄戟張注雄戟胡中有能者【叚借】謂融爲炎

後漢班超傳雄張注猶熾盛也楚辭大招雄雄赫赫注威勢盛也亦重言形況字雄融炎皆一聲之轉又重言形況字爾雅釋訓舍人本雄雄增增眾也又託名幖識字帝王世紀伏羲曰皇雄氏亦作黃熊又舜友有雄陶【古韵】詩無羊叶蒸雄兢崩肱升正月叶陵懲夢雄楚辭國殤叶弓懲陵雄【轉音】文子符言叶窮宗雄雙按讀如融也

宏 庚 屋深響也从宀厷聲按深大之屋凡聲如有應響考工梓人其聲大而宏司農注謂聲音大也【轉注】爾雅釋詁宏大也書盤庚用宏茲賁傳宏賁皆大也酒誥若保宏父傳大也司空也易坤含宏光大崔注含宥萬物爲宏弔魏武帝文丕大德以宏覆注普也禮記月令其器圜以閎以閎爲之法言脩身其爲中也弘深以弘爲之

宖 庚 屋響也从宀弘聲繫傳引魯靈光殿賦宖寥窲以崢嶸此字按即宏之或體凡屋必深大乃響他無響法若坼裂之響非宖音可狀故知即宏或體也今附于此

谹 庚 谷中響也从谷厷聲按深谷中人聲亦如有響荅字亦作硡廣雅釋詁四硡聲也【轉注】漢司馬相如傳必將崇論谹議注深也

閎 庚 巷門也从門厷聲爾雅釋宮衖門謂之閎孫注閎衖間道也左成十七傳入于閎注巷門昭二十傳及閎中注曲門中【叚借】爲

gōng 弓 hóng 鈜 hóng 泓 hóng 鞃 hóng 弘 hóng 竑 hóng 紘

宏禮記月令其器圜以閎注謂中寬象土含物上林賦布濩閎澤注大也又爲閣之誤字爾雅所以止扉謂之閎注門辟旁長橛也左襄三十一傳高其閈閎注門也失之魏都賦瑋豐樓之閈閎劉注門中所從出入也不憭又疊韵連語楚辭怨思遂脩閎而迫身注大也羽獵賦涉三皇之登閎注大也又重言形況字太元交大圈閎閎注敦美之意也又託名幖識字書君奭有若閎夭傳閎氏

紘 庚 冠卷也从糸厷聲或从弘聲廣雅釋詁三紘束也凡笄貫于卷紘屬于笄首卷與冠殊故有紘以維之一組自頤下上屬兩端于卷也卷齊人曰武秦人曰委儀禮士冠禮緇組紘纁邊記雜記管仲鏤簋而朱紘注冠有笄者爲紘紘在纓處兩端上屬下不結左桓二傳衡紞紘綖注纓從下而上者魯語加之以紘綖注冕曰紘紘纓之無緌者也【轉注】儀禮大射儀鼗倚于頌磬西紘注編磬繩也淮南原道紘宇宙而章三光注綱也若小車蓋四維謂之紘繩之類也西都賦罘網連紘注紘罘之綱也吳都賦狼跋乎紭中注網綱也又淮南墬形八殯之外而有八紘注維也列子湯問八紘九野之水注八極也荅賓戲廓帝紘恢皇綱注張也

竑 庚 考工輪人故竑其輻廣司農注讀如紘綖之紘謂度之按繩也猶量度也疑即紘之誤字今附于此

弘 蒸 弓聲也从弓厶聲厶古文肱字亦作弦【叚借】爲宏爾雅釋詁弘大也書顧命弘璧詩節南山喪亂弘多左襄二十九傳聖人之

弘也又詩民勞而式弘大箋廣也漢書楊雄傳正瀏濫以弘惝兮注弘惝高大也又爲恆書大傳幽都弘山【古韵】召旻叶弘躬

鞃 蒸 車軾也从革弓聲讀若穹謂車軾中把字亦作軚作鞃作苰作軳詩韓奕鞹鞃淺幭傳軾中也按中把束以革謂之鞃鞃上覆以皮謂之幭

泓 庚 下深皃吳都賦注引說文下深大也从水弘聲廣雅釋訓泓泓淵淵深也字亦作浤【叚借】託名幖識字左僖二十二年宋人及楚人戰于泓注水名在今河南歸德府柘城縣北三十里又疊韵連語笙賦泓宏融裔注泓宏聲大皃又重言形況字海賦浤浤汩汩注波浪之聲也

鈜 庚 从金弘聲字亦作鋐說文車部轄下鏗鈜鐘聲也按亦雙聲連語姑附于此

弓三名凡弓之派皆衍弓聲 居宏切

弓 東 兵也所以發矢說文曰象形古者揮作弓周禮司弓矢六弓王弓弧弓以授射甲革椹質者夾弓庾弓以授射干侯鳥獸者唐弓大弓以授學射者爾雅釋器弓有緣者謂之弓無緣者謂之弭孫注緣謂繳束而漆之漢書韓安國傳弧弓射獵注以木曰弧以角曰

qióng 穹　jiàng 弜　méng 瞢　hōng 薨　méng 夢

弓公羊定四傳挾弓而去楚注禮天子雕弓諸侯彤弓大夫嬰弓士盧弓儀禮鄉射禮記侯道五十弓疏六尺爲步弓之古制六尺與步相應【轉注】易說卦傳坎爲弓輪考工輪人弓鑿廣四枚注蓋橑也【叚借】爲穹漢書天文志如羣畜弓閭謂以穹爲閭穹然也又爲肱漢書儒林傳江東馯臂子弓【聲訓】說文弓以近窮遠也釋名釋兵弓穹也張之穹隆然也【古韵】詩大叔于田叶掤弓小戎叶膺弓滕興音閎宮叶乘滕弓綅增膺懲承楚辭國殤叶弓懲凌雄【轉音】呂覽本生叶弓中按讀如躬也

東 **穹** 窮也从穴弓聲爾雅釋詁穹大也注穹隆亦爲大也詩桑柔以念穹蒼爾雅釋天穹蒼蒼天也又詩東山灑埽穹窒箋穹窒鼠穴也又韓詩桑柔有穹大谷章句穹谷深谷也又考工韗人穹者三之一謂鼓木腹穹隆者又上林賦穹隆雲橈注穹隆巃起回窱也西京賦閶道穹隆注長曲皃長門賦鬱並起而穹崇注穹崇高皃又漢書揚雄傳破穹廬注穹廬氈帳也又司馬相如傳觸穹石注大石也【叚借】託名幖識字史記天官書如羣畜穹閭朱均注穹獸名

養 **弜** 彊也从二弓會意音闕韵書讀如彌蓋以彊訓爲音不足據今附弓聲末詩小戎交韔二弓疏顛倒安置之按今武試技勇有纏弓並開者所謂彊也

瞢九名凡瞢之派皆衍瞢聲木弓切

東蒸送 **瞢** 目不明也从苜从旬會意旬目數搖也洞簫賦瞪瞢忘食注視不審諦也呂靜韵集瞢瞢失臥極也亦疊韵連語【叚借】爲懜爲悶小爾雅廣言瞢慙也左襄十四傳亦無瞢焉注悶也晉語而使君瞢注慙也魏都賦有靦瞢容注愧也瞢懜悶一聲之轉又爲霧周禮眡祲六曰瞢司農注日月瞢瞢無光也瞢霧亦一聲之轉又爲懜太元瞢初一瞢腹眹天注晦也次六瞢瞢之離注猶夢夢也又託名幖識字漢書敘傳棄于瞢中而虎乳之注與夢同

蒸 **薨** 公侯𣨛也从死瞢省聲爾雅釋詁薨死也廣雅釋言薨亡也禮記曲禮諸侯死曰薨注薨顛壞之聲【叚借】重言形況字爾雅釋訓薨薨眾也詩螽斯薨薨兮傳眾多也又縣度之薨薨王注亟疾也又雞鳴蟲飛薨薨字亦變作𧍸廣雅釋訓𧍸𧍸飛也又變作翃廣雅釋詁三翃飛也釋訓翃翃飛也【聲訓】白虎通翃薨薨之言奄也奄然亡也奄薨一聲之轉曲禮疏薨者翃之餘聲也【古韵】詩螽斯叶薨繩雞鳴叶薨夢憎叶薨登馮興勝

東送 **夢** 不明也从夕瞢省聲按夜不明也與㝱別詩正月視天夢夢韓詩惡皃也爾雅釋訓夢夢亂也孫注昏昏之亂也顧野王注煩懣亂也則謂借爲懣爲悶按亦重言形況字【叚借】爲懜詩抑視爾夢夢傳亂也亦重言形況字又爲㝱周禮占夢季冬聘王夢注夢者事之祥太卜掌三夢之法注夢者人精神所寤可占者列子周穆王神遇爲夢注神之所交謂之夢墨子經上夢臥而以爲然也又荀子解蔽不以夢劇亂知謂之靜注夢想象也又託名幖識字爾雅釋地楚有雲夢子虛賦雲夢者方八九百里按此澤跨江南北隨處可名今湖北黃州府蘄州以西荊州府枝江縣以東安陸府京山縣以南湖南岳州府青草湖以北皆古雲夢而湖北德安府雲夢縣獨被此名耳雲夢者一藪亦名巴邱湖書禹貢雲夢土作乂唐太宗詔改雲土夢作乂後人因有江北爲雲江南爲夢之說其實非也左宣四傳邧夫人使棄諸夢中定四傳入于雲中楚辭招魂與王趨夢兮淮南墬形南方曰大夢或稱雲夢或稱雲或稱夢文便耳【聲訓】左襄十傳會吳子壽夢也注壽夢吳子乘按壽夢之合音爲乘【古韵】詩雞鳴叶薨夢憎正月叶蒸夢勝憎

méng 鄸　méng 甍　méng 夢

送東 **鄸** 左氏春秋昭二十年曹公孫會自鄸出奔宋釋文本作夢穀梁只作夢按地在今山東曹州府荷澤縣北此字說文不錄今姑附于此

庚 **甍** 屋棟也从瓦瞢省聲字亦作𤬪作甑按自屋中言之謂之棟自屋表言之謂之甍俗曰屋脊方言十三甑謂之甗注即屋檼也

今字作甍左襄二十八年傳猶援廟桷動于甍晉語既鎮其甍矣高彪碑家失欀梁【別義】程氏瑤田云凡屋通以瓦蒙之曰甍晉語譬之如室既鎮其甍矣又何加焉若甍爲棟安得無所加左傳援廟桷動于甍是甍爲覆桷之瓦若棟何能遠動之其說精覈存參【叚借】爲萌周禮薙氏故書春始生而甍之杜注謂耕反其萌芽甍萌一聲之轉【聲訓】釋名釋宮室屋脊曰甍甍蒙也在上覆蒙屋也甍蒙亦一聲之轉

東 **夢** 灌渝也从艸夢聲讀若萌按明夢一聲之轉爾雅釋草菼薍葭蘆菼薍其萌蘿下文云蕍芛葟華榮別爲一條郭讀如是是與許異也廣雅釋草萌芽萌夢孽也牟廷相方雅云說文之灌渝即爾雅釋草之蘿蔆釋詁之權輿按大戴誥志孟春百草權輿是草之始萌通名蘿蔆不獨葭菼爲然當從許讀許義也引申之凡始皆云權輿詩不承權輿周書文酌解一幹勝權輿周月解日月權輿蘿蔆灌渝疑本字當作蘿揄始生屈曲抽引乇然難出之意又按郭讀爾雅蘿字句注今江東呼蘆筍爲蘿是楚詞曰蘿蔆單評即曰蘿詩游龍即爾雅之龍古采葑即爾雅之葑蓯亦其例矣【轉注】廣韵夢草可爲帚按此即以夢爲葭菼而有是訓不知始萌故謂之夢義因聲而見古聲義相足後儒不求甚解耳

mèng 寱 mèng 懜 hōng 儚 fèng 鳳(朋) péng 倗 péng 棚

送 **寱** 寐而有覺也从宀从疒夢聲周禮以日月星辰占六寱之吉凶一曰正寱二曰噩寱三曰思寱四曰悟寱五曰喜寱六曰懼寱按此占夢之文今本皆以夢爲之廣雅釋言寱想也曹憲音云今人以夢爲寱失之矣

東徑 **懜** 不明也从心夢聲按心不明也與儚略同字亦作懵作懜賈子道術行充其宜謂之義反義爲懜爾雅釋訓儚儚洵洵惛也釋文儚或作懜周禮遂人注甿猶懵也釋文懵本作懜

蒸 **儚** 惛也从人瞢聲與懜略同

朋十一名凡朋之派皆衍朋聲 馮弓切

蒸送 **朋** 神鳥也从鳥凡聲朋古文鳳象形鵬亦古文鳳象形又从鳥韓詩外傳黃帝臣天老曰鳳之象也麐前鹿後蛇頸魚尾龍文龜背燕頷鷄喙五色備舉出于東方君子之國翱翔四海之外過昆侖飲砥柱濯羽溺水莫宿丹穴見則天下大安寧說文作鴻前麐後蛇頸魚尾鸛顙鴛思龍文虎背燕頷鷄喙又莫宿風穴南山經曰首文曰德翼文曰順背文曰義腹文曰信膺文曰仁春秋潛潭巴曰行鳴曰歸嬉止鳴曰提扶夜鳴曰善哉晨鳴曰賀世飛鳴曰郎都論衡講瑞雄鳴曰卽卽雌鳴曰足足爾雅釋鳥鶠鳳其雌皇注其高六尺許按小篆从鳥凡聲或曰鳳統羣鳥凡冣括也會意存參今隸扁作朋鵬作鵬今以古文朋建首者從聲母也鶡冠子度萬鳳皇者鶉火之禽陽之精也莊子逍遙遊鯤化而爲鳥其名爲鵬釋文鵬卽古鳳字轉注說文鳳飛羣鳥隨以萬數故以爲朋黨字愚按據許書實叚借爲倗字倗者俌也故爲朋友爲朋攩廣雅釋詁三朋比也朋類也易損或益之十朋之龜注黨也崔憬注雙貝爲朋詩菁菁者莪錫我百朋箋古者貨貝五貝爲朋七月朋酒斯饗傳兩樽曰朋又椒聊實大無朋傳比也又虞書朋淫于家傳羣也詩朋友攸攝箋朋友謂羣臣同志好者也周禮大司徒五曰聯朋友注同師曰朋同志曰友又書大傳八家爲鄰三鄰爲朋三朋爲里叚借託名幖識字韓策公仲朋史記甘茂傳作侈按侈者倗字之形誤聲訓北山經羣居而朋飛名曰鵁注朋猶輩也朋輩雙聲後漢李固杜喬傳注朋猶同也朋同聲近古韵詩椒聊叶升朋菁莪叶陵朋轉音荀子解蔽有鳳有鳳樂帝之心今本皇鳳字誤倒按讀如風也

蒸 **倗** 輔也从人朋聲讀若陪位之陪按倗陪雙聲字亦作傰周禮士師故書七曰爲邦倗司農注讀如朋友之朋管子版法練之以散羣傰署注傰猶曹也叚借發聲之詞廣雅釋詁四倗不也倗不雙聲廣韵訓不肯按倗卽不肯之合音

庚 **棚** 棧也从木朋聲按編木橫豎爲之皆曰棧曰棚今謂架于上以蔽下者曰棚廣雅釋詁三棚攱也按庋閣也釋宮棚閣也蒼頡篇棚棧閣也通俗文連閣曰棚九章算術商功章負米往來七十步其二十步上下棚除劉徽注棚閣也除邪道也轉注封氏聞見記拄館諸生更相造詣互結朋黨以相漁奪號之爲棚今蘇俗諺語曰搭棚蓋空中樓閣之謂

bēng 崩 píng 淜 bīng 掤 péng 弸 bèng 堋 péng 輣 péi 鄘

蒸 **崩** 山壞也从山朋聲古文从阜按此字本左形右聲與服同今朋作上形下聲服作右形左聲亦猶習作詞秌作秋棘變也詩十月之交山冢崒崩廣雅釋詁一崩壞也漢書五行志自上下者爲崩轉注詩無羊不騫不崩傳羣疾也又論語樂必崩皇疏崩是墜失之稱也邦分崩離析孔注欲去曰崩吕覽貴因賢者出走命曰崩注壞散周語聚不崩弛注大曰崩小曰弛左隱元傳厚將崩穀梁隱三傳高曰崩厚曰崩尊曰崩爾雅釋詁崩死也廣雅釋詁四崩偃也禮記曲禮天子死曰崩注自上顚壞曰崩又素問陰陽別論陰虛陽搏謂之崩叚借爲倗漢書五行志引易復崩來無咎聲訓白虎通崩娶崩之爲言𡾊然伏僵也古韵詩無羊叶蒸雄兢崩肱升十月之交叶騰崩陵懲天保叶恒升崩承

蒸 **淜** 無舟渡河也从水朋聲易泰用馮河詩小旻不敢馮河論語暴虎馮河皆以馮爲之字亦作淜叚借雙聲連語宋玉風賦飄忽淜滂注風擊物聲江賦鼓㕁窟以漰渤注水聲也又漰湱泉灟注皆大波相激之聲也按猶澎湃蓬勃字或狀聲或狀形

蒸 **掤** 所以覆矢也从手朋聲詩大叔于田抑釋掤忌馬注槓丸蓋也按廣雅釋器掤矢藏也是謂箭箙非是左昭二十五傳執冰而踞以冰爲之古韵詩大叔于田叶掤弓

庚 **弸** 弓彊皃从弓朋聲廣雅釋詁一弸滿也太元止絕弸破車注弦也轉注漢書揚雄傳帷弸彋其拂汨兮孟康曰弸彋風吹帷帳鼓皃

蒸徑 **堋** 喪葬下土也从土朋聲禮謂之封周官謂之窆封窆堋皆雙聲字亦作塴左昭十二傳毀之則朝而塴注下棺也說文引作堋叚借爲倗說文鍇本虞書曰堋淫于家亦如是今本以朋爲之

庚 **輣** 兵車也从車朋聲史記淮南衡山列傳作輣車鏃矢集解戰車也漢書敘傳衝輣閑閑注兵車名也後漢光武紀衝輣撞城注引說文樓車也

迥灰 **鄘** 右扶風鄠鄉从邑崩聲在今陝西西安府鄠縣漢書周緤傳封鄘之異體穆天子傳一天子西征至于鄘人注鄘國名別義說文又云沛城父有鄘鄉讀若陪鄘陪一聲之轉按在今安徽潁州府亳州

東南七十里、

庚 繃 束也、从糸、崩聲、墨子節葬篇曰、禹葬會稽、桐棺三寸、葛以繃之、漢書宣帝紀注、襁卽今之小兒繃也、今俗猶云繃小兒矣、按字亦作綳、

亙六名、凡亙之派、皆衍亙聲、古鄧切、

徑 亙 竟也、从木、恆聲、亙古文栖、按从二从舟、二者上下屋岸也、舟轉爲曰、按恆从亙聲、小篆之亙、轉从恒聲、亙爲聲母、故以古文建首、又按栖亙當分爲各篆、栖亙也、卽儀禮之堩、西都賦、北彌明光而亙長樂、注、竟也、西京賦、亙雄虹之長梁、注、徑度也、詩生民、恆之秬秠、傳、偏也、以恆爲之、答賓戲、緪以年歲、後漢蔡邕傳、折緪地之基、以緪爲之、〔叚借〕爲栖爲緪、吳都賦、亙以綠水、注、引也、

蒸 恆 常也、从心、从舟在二之閒上下、一心以舟旋恆也、古文从月、按字从心、亙聲、長也、古文與閒中同、古文月外字絶相似、未詳、疑恆亙當分爲各篆、亙、月之上弦也、从月、亙省聲、易序卦傳、恆者久也、繫辭下傳、恆德之固也、詩小明、無恆安處、爾雅釋詁、恆常也、周禮司弓矢、恆矢庳矢、注、安居之矢也、又穀梁莊七傳、恆星者、經星也、又按恆常之常、乃長之叚借、字長亦久也、漢人避文帝諱、恆故恆山亦名常山、田恆亦名田常、禹貢恆衞、洪範恆雨恆暘、詩無恆安息、史記漢書皆作常、實皆長字、〔叚借〕爲緪、詩天保、如月之恆、傳、弦也、箋、月上弦而就盈、又考工弓人、恆角而短、司農注、讀爲搄緪之緪、又爲亙、詩生民、恆之秬秠、恆之糜芑、傳、偏也、漢書敘傳、恆以年歲、注音亙竟之亙、又託名幖識字、爾雅釋山、河北恆、又恆山爲北嶽、在今直隸定州曲陽縣西北、又書禹貢、恆衞既從、按源出恆山、今自直隸正定府阜定縣龍泉關北、經大派山曰沙水、又東南至保定府祁州界、合滋河入唐水、卽滱水也、又雙聲連語、方言二、恆慨、言既廣又大也、荆揚之閒、凡言廣大者謂之恆慨、〔古韵〕詩天保叶恆升崩承、〔轉音〕易恆象傳叶動應恆、按讀如紅也、禮記月令仲秋叶窦恆長量常、按讀如衡也、

蒸 鮔 鮔鯇也、周禮謂之鮔、按當作鮰、从魚、恆聲、字亦作鮔、按鮰鯇雙聲連語、鮔鰽疊韵連語、今之鱘魚、卽鮪也、上林賦、鮔鰽漸離、注、李奇曰、周洛謂之鮪、蜀謂之鮔鰽、吳都賦、䰿鮔鰽、注、鮪也、

蒸 徑 揯 引急也、从手、恆聲、字亦作搄、淮南繆稱、治國譬若張瑟、大弦揯則小弦絶矣、〔叚借〕爲亙、廣雅釋詁三、揯竟也、

說文通訓定聲　升部弟二　卅五

蒸 緪 大索也、从糸、恆聲、字亦作絙、〔叚借〕爲揯、說文、一曰急也、楚辭東君、緪瑟兮交鼓、注、急張弦也、長笛賦、若緪瑟促柱、又爲亙、方言六、緪竟也、楚辭招魂、緪洞房些、答賓戲、緪以年歲、

徑 堩 廣雅釋室、堩道也、儀禮既夕記、唯君命止柩于堩、禮記曾子問、葬引至于堩、雜記、無免于堩、注皆訓道、此字許書不錄、疑卽栖字、今附于此、

肎一名、苦等切、

迥 肎 骨閒肉肎肎箸也、从肉、从冎省、會意、古文从肉从冋省、俗字誤作肯、莊子養生主、技經肯綮之未嘗、釋文引字林、著骨肉也、〔別義〕說文一曰骨無肉也、〔叚借〕爲可、詩終風、惠然肯來、爾雅釋言、肯可也、齊策、客肯爲寡人來靖郭君乎、注、猶可也、穀梁宣三傳、不肯者、可以肯也、肎可一聲之轉、

說文通訓定聲　升部弟二　卅六

附說文不錄之字

嶒峵 魯靈光殿賦、鬱坱圠以嶒峵、注、深空皃、疊韻連語、

噌吰 長門賦、聲噌吰而似鐘音、注、聲也、疊韻連語、

倰儯 廣雅釋詁二、倰長也、玉篇、倰儯長皃、疊韻連語、

𧁓 呂靜韻集、𧁓瞢失臥極也、

僧 魏大饗祀殘碑、剔前僧、則此字不始于梵書、

⿰黑黽 廣雅釋器、⿰黑黽黑也、玉篇、面黑子也、名醫別錄、麝香去面⿰黑黽、按蘇俗謂之雀子斑、

耾 廣雅釋詁三、耾聾也、別義、玉篇、耾耳語也、叚借、雙聲連語、吳都賦、鐘鼓之鏗耾、又重言形況字、宋玉風賦、耾耾雷聲、法言、非雷非霆、隱隱耾耾、

鱦 ⿰魚孕 爾雅釋魚、鱦小魚、字亦作⿰魚孕、家語屈節篇、魚大者名鱄、其小者名鱦、轉注、爾雅郭注、今江東亦呼魚子未成者爲鱦、按猶孕也、

說文通訓定聲 升部弟二附錄 毛

驓 爾雅釋畜、四骹皆白驓、按託名幖識字、

㲪 後漢西域傳注、毾㲪毛席也、廣蒼云、毾㲪毛有文章也、按今毡毯之類、毾㲪雙聲連語、

⿰曾羽 廣雅釋詁一、⿰曾羽舉也、三、⿰曾羽飛也、

⿱艹⿱曾皿 廣雅釋器、⿱艹⿱曾皿謂之䕝、又⿱艹⿱曾皿菹也、

祾 廣雅釋天、祾祭也、

凳 字林、凳牀屬、按今椅凳字、

䙢 方言四、汗襦江淮南楚之間謂之䙢、

瞪 豪士賦序注引埤蒼、瞪直視也、

⿸疒方 廣雅釋詁一、⿸疒方病也、

說文通訓定聲目

臨部弟三　分部習臨轉謙、習轉頤孚、

侵(僾)　葠(蕿)　蔓(蔓)　寑(寑寖)　祲(祲)

梫(梫)　駸(駸)　綅(綅)　埐(埐)　浸(濅寑濅)

寢(寑寖)　蕁(蘉蔘)　心(伈)　沁　森

兓(簪鐕)　兟(尖)　鬵(灊)　朁(昝)　瑨

噆　譖　僭　憯(䁮瘩)　潛(熸)

鰭　蠶　鐕　醋(朁)　灊

罙　深　探　琛(賝)　蒅

宷(審)　瀋　冘　苋(沈)　訦

𣪍　眈　鴆　肬　枕

䫩　黕　忱　沈　抌(抌)

耽(优 紞沈髧)　紞　鈂(䤣)　酖　霃(𩃃䨥)

盬(醓)　甚(𡱝)　葚(椹)　斟(歁)　諶(嵁)

糂(糣糝䭈糁粽淙粽椶)　覘　歁　煁　黮

湛(淊瘎)　媅(媅妉妉)　戡(勘)　堪　斟(抖)

醓　壬　飪(胚餁腍)　任　衽(袵)

妊(姙)　紝(絍鵀)　荏　栠　賃

恁　凭(凴)　䇮　羊(揕)　羑(𦍌炗)

南　䎀　湳　男　𡈼

淫(霪)　婬　音　喑　諳

暗(陪)　窨　瘖　罯(揞暗)　歆

猎　黯　湆(愔湆)　闇(庵菴)　瀾

痽(痽膺鷹)　膺(膺膺)　應(膺應)　今　玪(瑊)

芩(芩)　㹈　含(矜)　琀(唅)　吟(訡紷)

靲　雂(鳹)　琴　貪　衾

欽　岑(涔)　䳿　黔　念

霒(侌黔)　魿(𩵤)　龕(龕)　耹　妗

㦗　紟(衿絵)　玪(檎玪)　鈐　禽

金　酓　㱃(𩚁飲飲)　頷　嗿

梣(𣒱)　涔　唸　諗　敜

稔　淰(埝)　陰　荃　唫

趛(趛)　鈙(㩒捦)　錦　䘳(衿襟)　欽

顉　崟(嶔䃢硆)　厱　黔(黅)　淦(汵)

捦(㩒擒)　銜　錧　錐(鵭䳜䳓)　盦

𡣍　蔭(廕)　廞　珡(𨰻琴)　宊

㐺　𩃬(霪)　林　禁(僸伶)　琳

菻(廩)　郴　痳　罧(棽)　惏(啉)

淋(碄)　霖　婪　綝　噤

品　臨　嵒　碞　瀶

亩 廩 稟 啚 癛 凜懍 鄙
顲 闖 三 式 彡 尋 𢒈燅得擊 覓撏
彤 參 曑參叅參 蕁 薚藫潭 鄩 𨛭 襑 襑衫
潯 潯 覾 幓 謲 篸
槮 傪 驂 摻 黲 摻
穇 滲 嵾 縿 縿緂纖褫 摻
凡 芃 梵 汎 渢 凬 凬颿 軓 帆
嵐 嵐 諷 楓 颿 帆楓 咸
葴 鹹 喊 諴 䁍 箴
椷 顑 麙 𪐴 㺂 減 鹹

揻 揻 緘 瑊 鍼 針 鹹 鹹 鱵
黬 歛 覃 𠧟覃㙷膻 憛 禫 蕈 蕃
嘾 瞫 簟 橝 㕦㕦居樳 鄿
𥻂 驔 燂 燖 潭 鱏 鱘
撢 嫜 蟫 鐔 醰 醰
入 氽 芺 𦬶 笂 篓
疌 偼 偼 徢 捷 㨗 婕
緁 𦃃 緁 緝䋋絅繰 蜨 蝶 从 十
什 汁 廿 廾 卅 卅 卌 卌
習 謵 槢 慴 騽 驨 熠

慴 鰼 摺 集 雧 喋 唼咳嚶
襍 雜 鏶 鍓 䌖 咠 呫 𣁋
讋 警 楫 檝 湒 濈霵䨹 揖 揖 葺
緝 輯 戢 濈 㗊
亼 合 含 祫 荅 荅嗒 迨
跲 詥 欱 翕 熻 鴿
鞈 鞈 㭘 郃 帢 帢 佮 僉念佮
袷 褶袷 欱 哈䶎 頜 匌 洽
閤 拾 姶 給 盒
鞈 韐 踏 榙 鄶 歙

湆 湆 洽 㬎 曝 濕 濕 隰
𡏶 垤 溼 㶛 㬎 溼 疊 曡曡疊𣰅 𣯟
沓 誻 𦧲 㗩 䃏 涾
搭 𣖻 媘 錔 讘 霅 雪霅
龖 讋 讋 襲 𧟩 及 遝 芨 𦭊
吸 噏 彶 㐊 𨀁 靸 鞈 极 笈
㽺 帊 伋 鈒 馺 岌 圾砐
急 㤂 汲 扱 級 鈒
㚔 執 𢈊 執 贄 跕蹀䟤 暬 喋
摯 䩱 褺 縶 慹 慄 蟄

蟄 墊 〔畢〕縶颯 〔立〕 翊[犭立]翌

鴗[鳥立] 笠 柆 粒[飠立] 昱

[厂立] 泣 拉菈 颯 喅

煜 湆[月立]湇 〔邑〕 裛 悒

浥 挹 [口丂] 𨛜

右文字四百一十四名、旁注二百七十二字、附存七十一字、

qīn 侵　shān 蓡　qǐn 蔓　qǐn 寑　jìn 祲　qǐn 梫

説文通訓定聲

吳郡朱駿聲豐芑甫紀錄
新安朱鏡蓉伯和甫參訂

臨部弟三 凡四十六部

侵十二名，凡侵之派，皆衍侵聲。七林切

侵　**侵** 漸進也。从人又持帚，會意，若埽之進，又手也。今隸作侵，省巾。轉注 廣雅釋言：侵，淩也。左莊二十九傳：凡師有鐘鼓曰伐，無曰侵。公羊莊十傳：觕者曰侵，精者曰伐。穀梁隱五傳：苞人民、毆牛馬曰侵。僖二十六傳：侵淺事也。又考工廬人：是故侵之。司農注：侵之，能敵也。又楚語：無相侵瀆。注：犯也。又漢書陳餘傳：義不侵爲諸者也。注：猶犯負也。假借爲祲。穀梁襄二十四傳：五穀不升謂之大侵。又爲寑。管子明法：下情上而道止，謂之侵。又疊韵連語。風賦：侵淫谿谷。上林賦：侵淫促節。注：漸進之皃。又史記孝武紀：侵尋于泰山矣。晉灼曰：遂往之意也。小顔曰：漸染之義。聲訓 書大傳：六伐既侵。注：陵也。左莊二十九傳疏：寑鐘鼓，以人共竟曰侵。

盬　**蓡** 喪藉也。从艸，侵聲。與苫略同。

寑　**蔓** 覆也。从艸，侵省聲。按：蓡蔓一省一不省，義亦相近。

寑　**寑** 臥也。从宀，侵聲。籀文侵省聲。廣雅釋詁四：寑，藏也。經傳皆以寢爲之。轉注 周禮宮人：掌王之六寢之脩。注：路寢一，小寢五。又隸僕：掌五寢之埽除糞洒之事。注：五廟之寢也。前曰廟，後曰寢。皆以寢爲之。又漢書張禹傳：奏寑罷歸故官。注：寑謂不下也。按：猶息也，止也。假借爲浸。廣雅釋器：寑，幽也。按：猶漬也。聲訓 釋名釋姿容：寢，權假臥之名也。寢，侵也，侵損事功也。又釋宮室：寢，寢也，所寢息也。皆以寢爲之。

侵 沁　**祲** 精气感祥也。从示，侵省聲。左昭十五傳：吾見赤黑之祲。注：妖氛也。周禮眡祲注：陰陽氣相侵漸成祥者。保章氏：以五雲之物辨吉凶水旱豐荒之祲象。司農注：謂日旁雲氣。楚辭守志：障覆天兮祲氛。注：惡氣皃。假借 託名幖識字。左昭十一年：盟于祲祥。當在今山東兗州府滋陽縣境。公羊作侵羊。聲訓 釋名釋天：祲，侵也。赤黑之氣相侵也。淮南泰族：精祲有以相蕩也。注：精祲，氣之侵入者也。

侵 寑　**梫** 桂也。从木，侵省聲。爾雅：梫，木桂。今江東呼厚皮者爲木桂。桂樹葉似枇杷而大，白華，華而不著子，叢生巖領，枝葉冬夏常青。按：

qīn 駸　qīn 綅　jīn 埐　jìn 濅(浸)　qǐn 寢(寑)　shēn 蓡

桂爲百藥之長，今謂之肉桂。生交阯，皮赤者爲丹桂，葉如柿者爲菌桂，葉如枇杷者爲牡桂。桂、牡木一聲之轉。周書王會：自深桂。注：自深亦南蠻也。楚辭遠遊：麗桂樹之冬榮。蜀都賦：其樹則有木蘭梫桂。南山經：招搖之山多桂樹。

侵　**駸** 馬行疾也。从馬，侵省聲。廣雅釋訓：駸駸，疾也。詩四牡：載驟駸駸。傳：驟皃。亦重言形況字。古韵 詩四牡叶駸、諗。

侵　**綅** 絳綫也。从糸，侵省聲。按：絳字誤衍。詩閟宮：貝胄朱綅。釋文及疏引説文皆無絳字。假借爲纖。禮記雜記注：綅冠。釋文：黑經白緯曰纖。閒傳：禫而纖。注：或作綅。引戴德變除禮文曰：黑經白緯曰纖。按：此纖字之别義。轉音 詩閟宮叶乘、縢、弓、綅、增、膺、懲、承。按：讀如緝也。

侵　**埐** 地也。从土，侵省聲。

沁　**浸** 浸水也。出魏郡武安東北，入呼沱水。从水，𣶒聲。按：出今河南彰德府武安縣，入虖沱河。今隸作浸。浸字亦作𣹢，作濅。别義 周禮職方氏：其浸五湖。注：浸，可以爲陂灌溉者。詩下泉：浸彼苞稂。廣雅釋詁一：浸，積也。二：浸，漬也。莊子天地：一日浸百畦。司馬注：灌也。呂覽本味：浸淵之草。注：深淵也。西京賦：浸石菌于重涯。注：灌也。東京賦：澤浸昆蟲。注：潤也。又論語：浸潤之譖。皇疏：猶漸漬也。假借爲侵。易象下傳：浸而長也。疏：漸進之名。莊子大宗師：浸假而化予之左臂。注：漸也。楚辭大司命：不寖近兮愈疏。注：稍也。漢書薛宣傳：上浸之源。注：近也。外戚傳：日寖婁深。注：甚也。王尊傳：羣盜寖彊。注：益也。又列子湯問：浸減龍伯之國。按：猶犯也。又淮南兵略：浸想宵類。注：微視也。又疊韵連語。漢書食貨志：浸淫日廣。注：猶漸染也。史記司馬相如傳：浸潯衍溢。索隱：猶漸浸也。又浸潭促節。索隱：猶漸冉也。淮南本經：呼吸浸潭。注：廣衍也。聲訓 洞簫賦：浸淫叔子遠其類。注：猶漸冉相親附之意也。又釋名釋疾病：目生膚入眸子曰浸。浸，侵也，言侵明也。亦言浸淫，轉大也。古韵 詩下泉叶浸、念。句中韵，白華同。

寑　**寢** 病臥也。从㝱省，侵省聲。亦寢省會意。今隸作寢，亦作寑。禮記檀弓：曾子寢疾病。楚辭謬諫：身寢疾而日愁兮。轉注 史記魏其武安侯傳：武安者貌寢。韋昭曰：短小也，醜惡也。刻确也。字亦以侵爲之。假借爲寑。爾雅釋宮：無東西廂有室曰寢。禮記玉藻：然後適小寢。注：燕寢也。月令：薦鮪于太寢。呂覽注：祖廟也。又廣雅釋言：寢，偃也。公冶長：宰予晝寢。鄭注：臥息也。又爲侵。易謙：王廙本利用寢伐。古韵 詩斯干叶簟、寢。

侵　**蓡** 人蓡，藥艸，出上黨。从艸，寖聲。字亦作葠，作蔘。御覽引廣雅：蓡，人參也。今俗以參爲之。假借爲縿。鶡冠子道端篇：白參于下。注：垂皃。又雙聲連語。方言二：蔘綏，言既廣又大也。東甌之閒謂之蔘綏。又上林賦：紛溶箾蔘。注：支竦擢也。

心二名、凡心之派、皆衍心聲、息林切

侵 心 [篆] 人心也、在身之中、象形、古尚書說土藏、博士說以爲火藏、是也、按在肺之下、膈膜之上、著脊之第五椎、形如蓮蕊、上有四系、以通四臟、心外有赤黃裹脂、謂之心包絡、下有膈膜、以蔽濁氣、不得上熏心也、難經曰、心有七孔三毛、春秋元命苞、火成于五、故人心長五寸、素問靈蘭祕典論、心者君主之官也、神明出焉、白虎通情性、心火之精也、管子心術、心也者、智之舍也、鬼谷子捭闔、心者神之主也、淮南精神、心者形之主也、春秋繁露循天之道、心氣之君也、廣雅釋詁四、心容也、春秋說題辭、恬澹爲心、管子七法、實也、誠也、厚也、施也、度也、恕也、謂之心術、〔轉注〕左襄九傳、心爲大火、爾雅釋天、大辰房心尾也、洪範五行傳、心之大星天王也、前星太子、後星庶子、公羊莊七傳注、房心天子明堂布政之宫也、按東方宿心三星、穹中一星大而色赤、故命之火、今時六月間昏中于南方、房心尾三座、合成人跪形、俗所稱大人星是也、心三星當肩背、由其前言之、謂之心、又以命物、易說卦傳、坎爲堅多心、爾雅釋木、檄樸心、某氏注、有心耐濕、字亦作杺、儀禮少牢禮、升牢心舌、廣雅釋草、無心鼠耳也、〔聲訓〕白虎通情性、心之爲言任也、任于思也、春秋繁露深察名號、栣衆惡于內、弗使得發于外者心也、故心之爲名栣也、釋名釋形體、心纖也、所識纖微無物不貫也、〔古韵〕詩兔罝叶林心、綠衣叶風心、燕燕叶音南心、子衿叶衿心、鹿鳴叶芩琴湛心、白華叶煁心、大明叶林歆心、左襄十七傳叶黔心、昭十二傳叶情音金心、離騷叶心淫、楚辭抽思叶潭心、招魂叶楓心南、管子版法叶心風任、韓非子揚權叶風心唫、〔轉音〕周書柔武叶心勝、管子心術叶心證、按讀如興也、易艮叶心躬中終、按讀如松也、

說文通訓定聲　臨部第三　三

沁 沁 [篆] 沁水、出上黨穀遠羊頭山、東南入河、从水、心聲、按出今山西沁州沁源縣西北綿山東谷、其大名曰羊頭山、亦曰謁戾山、至河南武陟縣東入河、水經沁水注、即涅水也、又引京相璠說、少水今沁水也、〔假借〕爲浸、按唐人詩用爲沁脾字、此漬灌之意、又爲探、爲因、韓愈詩盜索不敢沁、

森一名、所今切

侵 森 [篆] 木多皃、从木、从林、會意、讀若曾參之參、字林、森多木長皃、長笛賦森槮柞樸、亦疊韵連語、〔轉注〕甘泉賦森奉璋以階列、注盛皃、思元賦百神森其備從兮、注衆皃、〔假借〕雙聲連語、江賦蜛蝫森衰以垂翹、注垂皃、

先十五名、凡先之派、皆衍先聲、側琴切

侵 覃 先 先 [篆] 首笄也、从古文人、匕象簪形、與夫同意、俗从竹、簪、字亦作鐕、按簪所以持冠、一名叉、俗爲釵、荀子箴賦簪以爲父、管以爲母、注簪形似箴而大、〔假借〕爲寁、易豫朋盍簪、注疾也、釋文京作撍、馬作臧、荀作宗、虞作戠、皆雙聲借字、以韵則得戠爲合、戠者熾也、以義則臧宗亦可通、臧者善也、宗者衆也、據埤蒼訓速、則正字爲寁、寁者簪短言之、若古文一作戠、一作貸、則又臧戠之誤字、又爲鐕、廣雅釋器、鐕謂之鈕、儀禮士喪禮、以爵弁服簪裳于衣、注連也、〔通俗〕文、襏衣曰鐕、〔聲訓〕釋名釋首飾、簪兟也、以兟連冠于髮也、又枝也、因形名之也、

侵 鹽 兓 兓 [篆] 朁朁銳意也、从二先、會意、先亦聲、俗字作尖、爾雅釋邱、再成銳上爲融邱、注鐵頂者、廣雅釋詁四、鑯銳也、皆以鑯爲之、鑯兓一聲之轉、

侵 鬵 鬵 [篆] [籀] 大釜也、一曰鼎大上小下、若甑曰鬵、从鬲、兓聲、讀若岑、籀文从𩰲、爾雅釋器、䰈謂之鬵、鬵鉹也、注涼州呼鉹、方言五、甑自關而東或謂之鬵、廣雅釋器、鬵謂之䰝、按釜形似䰝者曰鬵、亦曰甑、與有七穿之甑異、詩匪風溉之釜鬵、傳、鬵釜屬、楚辭憂苦、爨土鬵于中宇、注釜也、〔假借〕爲寁、廣雅釋詁一、鬵疾也、〔古韵〕詩匪風叶鬵音、

說文通訓定聲　臨部第三　四

感 朁 朁 [篆] 曾也、从曰、兓聲、詩民勞、曰朁不畏明、毛本以憯爲之、傳、憯曾也、〔假借〕發聲之詞、今北方人稱我曰昝、即此字之誤、聲亦轉也、

侵 璠 璠 石之似玉者、从玉、朁聲、

合 噆 噆 嗛也、从口、朁聲、埤蒼、噆齧膚也、莊子天運、蚊虻噆膚、司馬注、齧也、

沁 譖 譖 愬也、从言、朁聲、三蒼、譖讒也、廣雅釋詁二、譖諠也、詩巷伯、彼譖人者、論語浸潤之譖、皇疏讒謗也、公羊莊元傳、夫人譖公于齊侯、注加誣曰譖、韋孟諷諫詩、王殺聽譖、注旁言曰譖、〔假借〕爲僭、詩桑柔、朋友已譖、瞻卬、譖始竟背、公羊隱五傳、譏始譖諸公也、〔古韵〕詩桑柔叶林譖、

鹽 僭 僭 假也、从人、朁聲、詩抑、覆謂我僭、箋、不信也、左昭八傳、僭而無徵、〔轉注〕王篇引說文、儗也、廣雅釋詁四、僭儗也、僭差也、詩抑、不僭不賊、傳、差也、公羊隱五傳、譏始僭諸公也、注、僭齊也、下傚上之辭、穀梁傳、始僭樂矣、注、下犯上謂之僭、漢書五行志、庶位踰節茲謂僭、〔假借〕爲譖、詩巧言、僭始既涵、傳、數也、〔古韵〕詩鼓鐘叶欽琴音南僭、

感 鹽 憯 憯 痛也、从心、朁聲、字亦作𢡁、作憯、淮南人間、怨之憯于骨髓、注猶痛也、風賦、狀直憯悽惏慄、注憂也、方言一、憯憂也、廣雅釋詁二、

瞻思也。漢書谷永傳，榜箠瘏于炮烙。注，瘏痛也。叚借爲㬪。莊子庚桑楚，兵莫憯于志鏌鋣爲下。淮南主術，注，憯猶利也。又爲朁。爾雅釋言，憯，曾也。注，發語詞。詩節南山，憯莫懲嗟。十月之交，胡憯莫懲。民勞，憯不畏明。傳箋皆訓曾。又重言形況字。詩雨無正，憯憯日瘁。箋，憯憯憂之。

鹽 **潛** 涉水也。从水朁聲。按沒水以涉曰潛。爾雅釋言，潛，深也。潛，深測也。小爾雅廣詁，潛，滅也。字變从火。方言十，潛，沈也。又遊也。十三，潛，亡也。廣雅釋詁一，潛，沒也。四，潛，隱也。易乾，潛龍。崔注，隱也。轉注說文，一曰藏也。吳語，越王仍令其中軍銜枚潛涉。注，嘿也。又書洪範，沈潛剛克。馬注，伏也。周禮閽人，潛服賊器不入宮。注，若衷甲者。左昭二十九傳，潛醢以食夏后。注，藏也。哀六傳，潛師閉塗。注，密發也。秦策，于是潛行而出。注，私行也。周書文政，同惡潛謀。注，密謀也。又左襄二十六傳，王夷師熸。注，吳楚之間謂火滅爲熸。按即潛字之變。杜望文生訓耳。叚借託名幖識字。說文，一曰漢水爲潛。爾雅釋水，漢爲潛。李注，漢水溢流爲潛。書禹貢，梁州沱潛既道。鄭注，禹自廣漢疏通即爲西漢水也。括地志，一名復水。按出今湖北漢陽府沔陽州，今名伏水。史記以灊爲之。漢書以灊爲之。又按荊州之潛，鄭云未聞，象類馬云沱湖也。其中泉出而不流者謂之潛。未詳。又爾雅釋邱，晉有潛邱。按在今山西太原府太原縣。又借爲罧。詩潛有多魚。傳，糝也。按正月潛雖伏矣，亦同。朱注，其潛雖深，失之。聲訓水經潛水注，潛，蓋漢水枝分潛出，故受其稱耳。

侵 **鱏** 鱏魚也。从魚朁聲。與魚鮓之鮬別。

覃 **蠶** 任絲蟲也。从䖵朁聲。後魏俗字，神蟲爲蠶。周禮馬質，禁原蠶者。注，蠶爲龍精。大戴易本命，蠶食而不飲。注引淮南云，三十日而化。荀子蠶賦，此夫身女好而頭馬首者歟。淮南覽冥，蠶珥絲而商弦絕。注，蠶午火也。轉注廣雅釋蟲，地蠶，蛐蜒也。又漢書司馬遷傳，而僕又茸以蠶室。注，蠶室乃腐刑所居溫密之室也。

覃侵 **鐕** 可以綴著物者。从金朁聲。禮記喪大記，用襍金鐕。注，所以箸裹疏鐕釘也。叚借廣雅釋詁三，鐕，磨也。按此鐕字之誤。

寑 **醋** 歃酒也。从酉朁聲。謂小飲，字亦作醋。廣雅釋詁一，醋，醋美也。

侵鹽 **灊** 灊水也。出巴郡宕渠。西南入江。从水鬵聲。當出今四川順慶府渠縣，入嘉陵江，至重慶府合州入江。未詳今何水。別義漢書武帝紀，登灊天柱山。水經沘水，出廬江灊縣西南霍山東北。注，灊者山水名也。開山圖，灊山圍繞大山爲霍山。按在今安徽安慶府潛山縣。叚借爲潛。漢書地理志引禹貢，荊州梁州，皆作沱灊既道。

突五名。凡突之派，皆衍突聲。式針切。

侵 **突** 深也。一曰竈突。从穴从火，从求省。讀若禮三年導服之導。按此若禫也。許以竈窗字秦漢以來相承誤作突，猝不可改，故于此字先出深訓，以傅會于詩罙入其阻。毛傳訓深之罙，及出竈突一訓，後乃解其字之形體音讀，而於突篆下絕不出竈突之訓也。突、突形近，禫突聲轉，此致誤之由。叚借爲深。詩殷武，罙入其阻。傳，罙，深也。箋，罙，冒也。則謂罙字之誤，罙或體宷。形近與說文罙篆下引詩合。

侵沁 **深** 深水也。出桂陽南平，西入營道。从水突聲。出今廣東連州連山縣盧聚，與淮水同源，西北流至湖南永州府零陵縣入湘。別義說文突篆下，突，深也。此必非水名之深，則爲深淺之深可知。而深淺爲深之一義，亦可知文脫耳。爾雅釋言，深，測也。說文，測，深所至也。其實不淺當爲深之本訓。以稱水者，託名幖識字。水經深水注，引呂忱字林，一名邃水。邃亦深之謂也。或曰不淺爲湛之借字，存參。禮記樂記，窮高極遠而測深厚。注，深厚山川也。老子，深矣遠矣。注，深不可測也。轉注漢書溝洫志，治水有決河深川。注，浚治也。又考工弓人，皆有滯而深。注，謂滯在中央，兩邊無也。又梓人，必深其爪。注，猶藏也。又息氏，以其一爲之深。注，謂窐之也。又周禮大司徒，測土深。疏，謂日影長

短之深也。又儀禮覲禮，深四尺。注，從上曰深。左文十二傳，請深壘固軍。疏，高也。又周禮醢人，深蒲。司農注，蒲蒻入水深，故曰深蒲。又禮記深衣。鄭云，名曰深衣者，謂連衣裳而純之以采也。按言前後深邃。又晉語，秦寇深矣。注，猶重也。秦策，三國之兵深矣。注，猶盛也。又琴賦，則盤紆隱深。注，邃也。又在元城與魏太子牋，未知深淺。注，深淺猶善惡也。又莊子大宗師，其息深深。李注，內息之皃。亦重言形況字。聲訓孟子，面深墨。注，甚也。古韵詩瞻卬，叶深今。轉音易恒象傳，叶深中容禽終凶功。按讀如春也。

覃 **探** 遠取之也。从手突聲。與撢略同。按遠取猶深取也。爾雅釋詁，探，取也。注，摸取也。釋言，探，試也。注，刺探嘗試。易繫辭上傳，探賾索隱。疏，謂闚探。淮南俶真，探掞挺挏。注，撢引也。銓言，必探籌而定分。注，捉籌也。漢書淮南王安傳，深探其獄。注，窮其根原也。

侵 **琛** 从玉突聲。爾雅釋言，琛，寶也。舍人注，美寶曰琛。詩泮水，來獻其琛。傳，寶也。海賦，天琛水怪。注，天琛自然之寶也。思元賦，獻環琨與琛縭兮。注，琛，質也。此字許書未錄，今據太平御覽引說文有琛補附于此。字亦作賝。叚借廣雅釋言，賝，貢也。此賝之誤字。古韵詩泮水叶林黮音琛金。

侵 **蓡** 蒲蒻之類。从艸深聲。謂蒲始生水中之蒻，可作菹者。按此字後出。周禮醢人，深蒲醓醢。司農注，蒲蒻入水深，故曰深蒲。

shěn 宷　shěn 瀋　yín 冘　chén 芜　chén 訦　zhěn 㲊　dān 眈　zhèn 鴆

宷二名凡宷之派皆衍宷聲式荏切

寑 **宷** 𡩋 審 悉也知宷諦也从宀从釆會意篆文从宀从番廣雅釋詁三審諟也釋言審案也又審竝也按雖校比覈之意周禮遂師審其誓戒注亦聽也考工弓人冰析灂則審環注猶定也禮記月令審卦吉凶注審者鍊之論語審法度皇疏猶諦也齊語審吾疆埸注正也吕覽察微公怒不審注詳也音律審民所終注慎也先巳審此言也注實也淮南說山不可不審注知也本經審于符者注明也荀子非相欲知億萬則審一二注謂詳觀其道也東京賦審曲面埶注度也叚借爲瀋莊子應帝王鯢桓之審爲淵簡文注處也司馬注當爲蟠崔本作潘按猶汁也言纖少也又託名幖識字周禮羽人十羽爲審穆天子傳注作箴鄭君云爾雅曰一羽謂之箴十羽謂之縳一羽有名蓋失之矣

寑 **瀋** 瀋 汁也从水審聲左哀三傳俗拾瀋也釋文北土呼汁爲瀋按瀋汁一聲之轉禮記檀弓爲榆沈以沈爲之

冘十九名凡冘之派皆衍冘聲於箴切

侵 尤 **冘** 冘 冘冘行皃从人出冂會意按讀如淫故今本說文作淫淫行皃聲轉亦讀如出殺行之狀也漢書揚雄傳窮冘閼與孟康曰行也如淳曰懈怠也按廣雅釋言淫游也管子內業則淫然而自至又淫淫乎與我俱生羽獵賦淫淫與與又孟子油油然與之偕由由然不忍去也天油然作雲家語五儀油然若將可越而終不可及楚辭惜賢尙由由而進之皆卽此冘字叚借雙聲連語後漢竇武傳太后冘豫未忍注不定也按卽易豫之由豫漢書霍光傳之不忍猶與洛神賦之悵猶豫而狐疑忥緩不決之皃也

侵 **芜** 芜 芜艸也从艸冘聲字亦作䒞爾雅釋草䕮䒞藩注生山上葉如韭一曰提母按卽知母也蘇頌圖經四月開青花如韭花八月結實

侵 **訦** 訦 燕代東齊謂信曰訦从言冘聲按與諶與忱略同方言一訦信也韓詩蕩其命匪訦大明天難訦斯

寑 **㲊** 㲊 下擊上也从殳冘聲叚借爲禁集韵引廣雅㲊禁也

覃 **眈** 眈 視近而志遠也从目冘聲易頤虎視眈眈馬注虎下視皃廣雅釋訓眈眈視也漢書敘傳注眈眈威視之皃應劭曰眈近也按下視者紞爲組下垂耽爲耳下垂故眈爲目下視也

沁 **鴆** 鴆 毒鳥也从鳥冘聲一名運日鍇本作運日廣雅釋鳥其雄謂之運日其雌謂之陰諧淮南繆稱暉日知晏陰諧知雨注天將晏然暉日先鳴天將陰雨陰諧則鳴中山經女几之山其鳥多鴆注大如鵰紫綠色長頸赤喙食蝮蛇頭魯語使醫鴆之不死注其羽有毒漬之酒而飲之立死離騷吾令鴆爲媒兮注羽有毒殺人吳都賦黑鴆零注一名雲日羽羲中山經瑤碧之山有鳥焉食蜚名曰鴆注此更是一種鳥非食虵之鴆也

tǎn 肬　zhěn 枕　zhěn 䫬　dǎn 黕　chén 忱　chén 沈

感 **肬** 肬 肉汁滓也从肉冘聲按用乾脯莝之雜以粱麯若鹽漬以美酒塗置甀中百日而成也詩行葦醓醢以薦周禮醢人非菹醓醢儀禮聘禮其南醓醢皆以醓爲之聲訓釋名釋飲食醢多汁者曰醓醓瀋也宋魯人皆謂汁爲瀋以醓爲之

寑 沁 **枕** 枕 臥所薦首也从木冘聲易坎險且枕鄭注木在首曰枕陸績注枕閑礙險害之皃虞注枕止也干注枕安也禮記少儀茵席枕几潁杖注潁警枕也轉注素問骨空論頭橫骨爲枕又論語曲肱而枕之又小爾雅廣器軫謂之枕釋名釋車枕橫也橫在前如臥床之有枕也又漢書嚴助傳北枕大江注臨也聲訓釋名釋牀帳枕檢也所以檢項也枕檢雙聲古韵詩葛生叶枕衾句中韵轉音詩澤陂叶萏儼枕按讀如紞也

寑 **䫬** 䫬 項枕也从頁冘聲按頭後之橫骨爲枕骨卽枕字轉注之誼此字當從玉篇引蒼頡篇云䫬垂頭之皃

感 **黕** 黕 滓垢也从黑冘聲楚辭九辯或黕點而汙之曹丕愁霖賦玄雲黕其四黑潘岳藉田賦翠幕黕以雲布注黑皃也

侵 **忱** 忱 誠也从心冘聲詩曰天命匪忱按與諶與訦略同詩大明天難忱斯傳信也說文作諶蕩其命匪諶傳誠也說文作忱書康誥天畏棐忱大誥越天棐忱天棐忱辭傳皆訓誠漢書孔光傳作諶思元賦用棐忱而祐仁注誠也

侵 寑 沁 **沈** 沈 陵上滈水也从水冘聲謂山上雨積渟潦俗字誤作沉漢書刑法志除山川沈斥瓚曰水田也師古注非是轉注廣雅釋詁三沈止也考工輪人平沈必均司農注平沈謂浮之水上叚借爲湛小爾雅廣詁沈沒也周禮大宗伯以貍沈祭山林川澤注川澤曰沈書大傳沈四海注祭水曰沈又書微子我用沈酗于酒傳湎也又洪範沈潛剛克傳沈潛謂地又左成六傳于是有沈溺重膇之疾注溼疾也又周禮酒正五曰沈齊釋名釋飲食沈齊濁滓沈下汁清在上也又周語以揚沈伏注滯也水無沈氣注伏也又莊子外物慰暋沈屯司馬注深也又淮南原道與道沈浮俛仰注猶盛衰也又素問至眞要大論太陰之至其脈沈注下也又異物志沈香出日南先斫樹壞著地積久外朽其心堅者置水則沈又爲黕說文沈一曰濁黕也莊子達生有沈有漏司馬注沈水汙泥也楚辭怨世世沈淖而難論兮注沒也失之又爲瀋禮記檀弓爲榆沈又爲潛太元元圖陰陽沈交注猶隱也史記酷吏傳作沈命法集解藏匿也又爲甚方言沈大也

chén 鈂　dǎn 紞　dān 耽　dǎn 抌

又爲霃禮記月令天多沈陰又重言形況字史記陳涉世家夥頤涉之爲王沈沈者集解宮室深邃之皃淮南俶眞茫茫沈沈注盛皃上林賦沈沈隱隱注深皃謝元暉詩衰柳尙沈沈注茂盛之皃按垂皃又託名幖識字左文三年伐沈按國在今河南汝州汝陽縣東南定四年蔡滅之又楚有沈邑宣十二傳沈尹將中軍注沈或作寢寢縣也按其地爲孫叔敖食采在今河南光州固始縣孟子沈同其氏或以國或以邑未詳又後漢光武紀戰于沈水水經梓潼水注沈出廣漢縣下人涪水也當在今四川成都府漢州又後漢安帝紀沈氏注羌號也【聲訓】書洪範沈潛剛克馬注沈陰也考工輪人平沈必均注平漸也淮南要略康樂沈湎注淫酒也史記陳涉世家沈沈者索隱猶談談也釋名釋言語沈澹也澹然安著之言也沈澹漸談皆一聲之轉【古韵】文子上德叶陰沈【轉音】楚辭天問叶沈封按讀如重也

尤寑 質

抌 𢪔 深擊也从手冘聲讀若告言不正曰抌按讀若諳也猶𦎧篆下讀若春麥爲𦎧之𦎧謂讀若𡓨𡓨篆下讀若人不孫爲𡡼謂讀若倨𣄣篆下讀若旅破謂讀若妨也方言十抌推也列子黃帝攩挍挨抌注擊背也字亦誤作㧙集韵引廣雅㧙投也【別義】按此字與㽙或體同形周禮春人序官女舂抌二人注抒臼也或曰𦥔之或字當从手从穴手猶爪穴猶臼也存參【假借】爲羊廣雅釋詁一抌刺也

覃

耽 䏻 耳大𡜵也从耳冘聲讀與䎷略同淮南墬形夸父耽耳在其北方注耳垂在肩上讀若衣之襜或作㩃【假借】爲媅詩氓士之耽兮傳樂也書無逸惟耽樂之從傳過樂謂之耽禮記中庸和樂且耽注亦樂也又重言形況字西京賦大廈耽耽注深邃之皃魏都賦耽耽帝宇按卽陳涉傳之沈沈也又吳都賦元蔭耽耽注樹陰重皃【古韵】詩氓叶葚耽中庸叶琴耽

說文通訓定聲　臨部第三　九

感

紞 𦃃 冕冠縣塞耳者从糸冘聲按縧繩也所以縣瑱織五采爲之君五色臣三色魯語王后親織元紞左桓二傳衡紞紘綖字亦誤作紞紞者纊之或字廣雅釋器紞絛也大戴子張問入官黈纊塞耳所以弇聰也而東京賦客難遂直作纊矣龔繆承訛所宜是正字又誤作紞揚雄蜀都賦自造奇錦紞繏縰緰縿緣盧中【轉注】儀禮士喪禮緇衾赬裏無紞注被識也今蘇俗曰當頭亦以組爲緣飾別衾之上下也字變作紞𦆍蒼紞被緣也又禮記喪大記紟五幅無紞注以組類爲之綴之領側又詩鄘柏舟紞彼兩髦毛本字作髧傳兩髦之皃釋文又作优又魏都賦髧若元雲舒蜺以高垂注垂皃也【假借】單辭形況字晉書鄧攸傳紞如打五鼓狀鼓聲也【古韵】詩柏舟叶沉髧句中韵

侵

鈂 𨦫 臿屬从金冘聲鍇本讀若沈字亦作䤲廣雅釋地䤲耕也玉篇䤲掘地也按廣雅枲臿也方言注枲字亦作𨪗新序刺奢篇鼻操鍤入作𣘻實皆操字也是䤲从操省

sǎn 糂　chén 諶　jí 斟　shèn 葚　shèn 甚　tǎn 監　chén 霃　dān 酖

覃

酖 𨠤 樂酒也从酉冘聲按嗜色爲媅嗜酒爲酖經傳多以湛爲之【假借】爲鴆左莊三十二傳使鍼季酖之閔元傳晏安酖毒不可懷也

侵

霃 𩃬 久陰也从雨沈聲初學記一引說文霃久陰也字亦作𩃻吳都賦宵露霮䨴注霃垂皃字又作𩃬思元賦雲師䨴以交集今注陰皃禮記月令天多沈陰以沈爲之

感

監 𧖴 血醢也从血肬會意肬亦聲字亦作醓【假借】爲肬說文禮記有監醓以牛乾脯粱麴鹽酒也詩行葦醓醢以薦傳以肉曰醓醢周禮醢人深蒲醓醢注肉醬也儀禮公食禮醓醢昌本注醓汁也廣雅釋器醓醬也

甚十五名凡甚之派皆衍甚聲　常枕切

寑 沁

甚 𠥵 𣔋 尤安樂也从甘匹匹耦也會意古文从口从匹按甘者飲食匹者男女人之大欲存焉故訓安樂之大一說甘爲食匹爲衣衣食人所大安樂也存參論語甚于水火皇疏猶勝也孟子王之好樂甚注大也呂覽觀表甚歡注厚也老子去甚注謂貪淫聲色【轉注】廣雅釋言甚劇也左昭二十八傳甚口疏謂大口也秦策左右皆曰甚然注謂誠也莊子田子方吾服女也甚忘注謂過去之速也淮南脩務聖人之憂勞百姓甚矣注重也素問甚以意調之注謂多也又公羊宣十五傳喧甚矣儀論語甚矣吾衰也【聲訓】左昭十八傳戊寅風甚疏甚者益䇻之言也呂覽知士王之不說嬰也甚注猶深也【古韵】詩巷伯叶錦甚

說文通訓定聲　臨部第三　十

寑

葚 𦺇 桑實也从艸甚聲字亦作椹詩氓無食桑葚釋文本作椹泮水食我桑黮以黮爲之【古韵】詩氓叶葚耽

緝

斟 𣂑 斟斟盛也从十从甚會意甚亦聲汝南名蠶盛曰斟字亦作𣂑廣雅釋訓𣂑𣂑盛也詩螽斯蟄蟄兮以蟄爲之實皆重言形況字

侵

諶 𧩯 誠諦也从言甚聲詩大明天難諶斯按毛作忱韓作諶爾雅釋詁諶誠也諶信也詩蕩其命匪諶韓作訦說文作忱楚辭哀郢諶荏蒻而難持幽通賦實棐諶而相訓【假借】爲煁左襄二十九傳神諶按煁行竈也故字竈古今人表又以湛爲之又重言形況字漢書禮樂志聲生嗿嗿注豐厚皃字亦作啿从口【轉音】詩蕩叶諶終按讀如重也

感

糂 𥻆 糣 𥽉 以米和羹也从米甚聲籀文从朁聲古文从參聲字亦作𩜁作糝周禮醢人酏食糝食司農注糝食菜餗蒸荀子宥坐藜羹不糂注與糝同【轉注】字亦作粸賓瀆瓜實也南方草木狀建安八年交州刺史張津以益智子粽餉魏武帝齊民要術

益智子、取外皮蜜煮爲糝、味辛、宋廢帝救江夏王義恭以蜜漬目睛、謂之鬼目粽、糝粽雙聲、又字林、浾藏梨汁也、又變作洣、後世以角黍爲粽、又變作粽、因變作糉。［別義］說文、一曰粒也、按今蘇俗謂皀曰飯米糝、又通俗文、沙入飯曰糝。［叚借］爲罧、爾雅釋器、糝謂之涔、孫炎注、積柴養魚曰糝、是也、舍人注、以米投水中養魚爲涔、此因从米望文生訓、不知實非正字也、詩潛有多魚、傳、潛糝也、按潛涔糝之正字皆爲罧。［聲訓］釋名釋飲食、糝、黏也、相黏敹也。

覃　**⿰甚見**　內視也、从見、甚聲。［叚借］爲眈、張壽碑、⿰甚見⿰甚見虎視、不折其節。

感　**歁**　食不滿也、从欠、甚聲、讀若坎、誼與歉與欿略同、方言一、楚謂之貪、南楚江湘之閒謂之歁、注、言歁𣡦難厭也。

侵　**煁**　烓也、从火、甚聲、行竈之名、如今之風爐、無釜竈也、詩白華、卬烘于煁、傳、烓竈也、爾雅釋言、煁烓也、注、今之三隅竈、鄭禪諶字竈、以諶爲之。［古韻］詩白華叶煁心。

感　**黮**　桑葚之黑也、从黑、甚聲、聲類、黮深黑也、字林、黮黮黃也、廣雅釋器、黮黑也、家語辨樂、黮而黑、注、黑皃、景福殿賦、綿蠻黮𪑿、注、黑皃。［轉注］方言十三、黮𪑿、私也、注、黮𪑿、皆冥闇故爲陰私也、又莊子齊物論、則人固受其黮闇、李注、不明皃、亦疊韻連語。［叚借］爲葚、詩泮水、食我桑黮、又重言形況字、補亡詩、黮黮重雲、注、雲色不明皃。［聲訓］說文、黮桑葚之黑也。［古韻］詩泮水叶林黮音琛金。

說文通訓定聲　臨部弟三　十一

侵覃　**湛**　沒也、从水、甚聲、古文作𣹳、未詳、漢書鄒陽傳、然則軻湛七族、應劭曰、沒也、考工鍾氏、以朱湛丹秫、司農注、漬也、禮記內則、湛諸美酒、注、亦漬也、淮南覽冥、故東風至而酒湛溢、注、湛酒清酒也、米物下湛、故曰湛、又答賓戲、浮英華、湛道德、注、湛古沈字、凡漢書志傳湛字、注皆讀曰沈、是欲舍正字而用借字、謬矣。［轉注］難蜀父老、湛恩汪濊、注、深皃也、思元賦、私湛憂而深懷兮、注、亦深也、又方言三、瘎瘦病也、秦曰湛、廣雅釋言、瘦瘎也、廣韻、瘎腹內故病、字亦作瘎。［別義］說文、一曰湛水、豫州浸、周禮職方氏、其浸潁湛、今本隸荊州誤、左襄十六傳、晉楚戰于湛阪、在今河南南陽府葉縣北、東入汝。［叚借］爲媅、方言十三、湛安也、詩賓之初筵、子孫其湛、箋、樂也、又爲甚、詩鹿鳴、和樂且湛、傳、樂之久也、常棣、和樂且湛、韓詩、樂之甚也、周語、虞于湛樂、注、淫也、大戴保傅、樂而湛、注、過于樂也、又爲酖、詩抑、荒湛于酒、莊子則陽、飲酒湛樂、漢書霍光傳、湛沔于酒、又爲霃、論衡明雩、久雨爲湛、又爲沈、蒼頡篇、湛水不流也、又爲黕、荀子解蔽、湛濁在下、而清明在上、又爲澂、謝琨詩、水木湛清華、荀子性惡、辟閭、注、即湛盧也、言湛然如水而墨、湛澂聲近、又爲兂、太元元告、月遄而日湛、注、徐遲之皃、又爲煁、漢書古今人表、禆湛、左作諶、又雙聲連語、吳都賦、湛淡羽儀、注、迅疾皃、漢書元帝紀、永光二年詔、正氣湛掩、注、見掩而湛沒、又重言形況字、詩湛露、湛湛露斯、傳、露茂盛皃、楚辭悲回風、吸湛露之浮涼、注、厚也、招魂、湛湛江水兮上有楓、注、水皃、哀郢、忠湛湛而願進兮、注、重厚皃、高唐賦、蓊湛湛而弗止、注、深皃、史記司馬相如傳、湛湛隱隱、正義、水流鼓怒之聲也。［聲訓］太元元告、日湛、注、湛謂潭潭、封禪文、湛恩厖鴻、注、深也、周禮職方注、讀如人名湛之湛、按讀如諶也、考工鍾氏注、讀如漸車帷裳之漸、按讀如浸也、淮南時則、湛熺必潔、注、讀審釜之審、按讀如瀋也。［古韻］詩鹿鳴叶芩琴湛心、常棣叶琴湛、賓之初筵叶壬林湛。［轉音］楚辭九辯叶中湛豐、按讀如重也。

覃　**媅**　樂也、从女、甚聲、經傳多以湛以耽爲之、字亦作愖、韓詩抑、荒愖于酒、大戴少閒、優以繼愖、按樂也、注、猶忍也、失之、字又作妉、列子楊朱、方其妉于色也、一本又誤作婉。

覃　**戡**　刺也、从戈、甚聲、字亦作𢧵。［轉注］說文新附、勘、校也、蓋引申爲深切攻覈之意。［叚借］爲𢦟、爾雅釋詁、戡克也、書序、西伯戡黎、傳亦勝也、書大傳作𢦟耆、又爲任、實爲壬、答蘇武書、功難戡矣、注、勝也。

覃　**堪**　地突也、从土、甚聲、謂土之墳起者、莊子大宗師、堪坏得之、以襲崑崙、司馬注、神名、失之。［轉注］淮南天文、堪輿徐行、雄以音知雌、許君注、堪天道、輿地道、蓋堪爲高處、輿爲下處、天高地下之義也、甘泉賦、屬堪輿以壁壘兮、注、天地總名也。［叚借］爲𢦟、爾雅釋詁、堪勝也、又爲任、實爲壬、方言十二、堪載也、詩小毖、未堪家多難、傳、任也、魯語、口弗堪也、注、猶勝也、又楊雄蜀都賦、堪當隱倚、謂山形勢也、又爲媅、呂覽報更、堪士不可以驕恣屈也、注、樂也、又爲甚、廣雅釋詁三、堪盛也、王氏念孫訂爲龕字、非、又爲坎、廣雅釋詁四、堪低也、堪坎聲近。

說文通訓定聲　臨部弟三　十二

侵　**斟**　勺也、从斗、甚聲、廣雅釋詁四、斟酌也。［轉注］方言三、斟汁也、史記張儀傳、廚人進斟、索隱、斟謂羹勺、故因名羹曰斟、左宣二傳、其御羊斟不與、注、羊羹闕少、故分不及其御、按羊御者名、故字叔牂、下文羊斟非人、羊斟之謂二斟字俱衍、淮南繆稱、羊羹不斟而宋國危、楚辭天問、彭鏗斟雉帝何饗、又周語、而後王斟酌焉、注、取也、典引、斟酌道德之淵源、注、飲也、後漢鄭興傳、莫不斟酌焉、注、謂取其意旨也。［叚借］爲甚、方言三、斟益也、南楚凡相益而又少、謂之不斟、凡病少愈而加劇、亦謂之不斟、或謂之何斟、又疊韻連語、漢書馮衍傳顯志賦、意斟愖而不澹兮、注、猶遲疑也、又託名幖識字、左襄四傳、滅斟灌及斟尋、注、二國夏同姓諸侯、按斟灌在今山東青州府壽光縣東北、斟尋在萊州府濰縣西南、字亦誤作抖。

侵　**⿰酉甚**　孰鬻也、从酉、甚聲、廣雅釋器、⿰酉甚、幽也、謂醞釀鬱藏。

壬十二名、凡壬之派、皆衍壬聲。如林切、

甚

rén 壬

侵

壬 壬 位北方也。陰極陽生，故易曰「龍戰于野」。戰者，接也。象人褱妊之形。承亥壬以子生之敘也。與巫同意。大一經。壬承辛，象人脛。任體也。皆謂說文解字一書，功不在禹下，惟幹枝二十二文，許君因仍舊說，緣據緯書，類皆穿鑿傅會。然其別附於五百四十部之末，意仍有未安也。倘得有考文之責者，釐而正之，庶叔重歷劫不磨之書不至以小疵累大醇云。按幹枝字各有本義，古用以紀旬，取為表識云爾。正如算家萬意正載溝澗，借以紀數，非因紀數而特製其字也。後為借義所專，遂至昧其本訓。即如此字，前說象形，形于何有？且女部妊孕字何不列為重文？至大一經以十幹字聯屬為一大人形，直小兒語矣。愚按：壬，儋何也。上下物也，中象人儋之，在六書為象形兼指事。古象形字若舟車若目馬之類，橫作豎作同也。詩黍苗「我任我輦」，生民「是任是負」，凡經傳皆以任為之。【轉注】詩賓之初筵「有壬有林」，箋：「壬，任也，謂卿大夫也。」又左昭二十六傳楚昭王名壬，哀六年經作軫。按車軫後端橫木以著輿尾謂之任正，任正亦謂之軫，是壬即任也。吳語齊簡公任，古今人表作壬。【叚借】為甚。爾雅釋詁：「壬，大也。」詩「有壬有林」，傳本此。又為栠。爾雅釋詁：「壬，佞也。」書臯陶謨「何畏乎巧言令色孔壬」。按善柔似弱，如木之栠也。論語「色厲而內荏」，亦栠字。春秋繁露「肢體移易其處謂之壬人」。又託名幖識字。禮記月令「其日壬癸」。按大撓造甲子，即取蒼頡所作之字用為幖識，但以紀旬，不以紀年月，故爾雅釋天「歲陽在壬曰元默，月陽在壬曰終」，別有其字為幖識，猶云三代時年月稱壬，上古時則年稱元默，月稱終也。又以配五行，淮南天文「壬癸亥子，水也」。【聲訓】史記律書「壬之為言任也」。釋名釋天「壬，妊也。陰陽交，物懷妊也，至子而萌也」。白虎通五行「壬者，陰使任」。【古韻】賓之初筵叶壬林湛，句中韻。

rèn 飪

寑

飪 飪 𦚔 恁 大熟也。从食，壬聲。古文从肉，又古文从心，任聲。按說文心部有恁字，古書或借恁為飪，許因又誤系飪下。字亦作餁，作腍。或曰恁當作腍，誤字也。廣雅釋詁三：「餁，熟也。」易鼎「亨飪也」。儀禮公食禮「魚腊飪」。聘禮記古文「唯羹腍，筮一尸」。論語「失飪不食」。爾雅「饙餾稔也」，以稔為之。

rén 任

侵 沁

任 任 保也。从人，壬聲。北宋本作符也，誤字。周禮大司徒「孝友睦婣任恤」，注：「信于友道。」「五曰不任之刑」，司農注：「謂朋友相任。」史記季布欒布傳「為氣任俠」，孟康曰：「信交道曰任。」詩燕燕「仲氏任只」，箋：「以恩相親信也。」傳訓大，失之。周語「保任戒懼」，注：「職也。」失之。管子大匡「吾權任子以死生」，注：「保也。」史記汲鄭傳「莊任人賓客」，贊：「謂保任見舉者。」荀子成相「穆公任之」，注：「好也。」【轉注】廣雅釋詁一：「任，使也。」周禮大司馬「以任邦國」，注：「猶事也。」「以九職任萬民」，注：「猶倳也。」司隸「為百官積任器」，注：「猶用也。」【叚借】為壬。詩生民「是任是負」，傳：「猶抱也。」齊語「負任儋何」，注：「抱也。」孟子「門人治任將歸」，注：「擔也。」淮南道應「于是為商旅將任車」，注：「載也。」考工輈人「倍任者也」，注：「用力倍也。」禮記祭義「班白者不以其任行乎道路」，注：「所擔持也。」又魯語「家欲任兩國」，注：「負荷也。」晉語「任大惡三」，注：「荷也。」楚辭悲回風「任重石之何益」，注：「負也。」又魯語「不能任重」，注：「勝也。」左僖十五傳「重怒難任」，注：「當也。」魏策「是大王籌筴之臣無任矣」，注：「能也。」史記白起王翦傳「病不任行」，正義：「堪也。」又借為栠。爾雅釋詁：「任，佞也。」虞書「而難任人」，傳：「佞也。」又為妊。素問上古天真論「任脈通」，骨空論注：「任脈者，女子得之以任養者也。」漢書敘傳「劉媼任高祖」。又白虎通禮樂「任養萬物」。又為凭。管子五行「任君賜賚」，注：「安也。」雪賦「任地班行」，注：「猶因也。」俗作憑，作凴。凭者依几，故轉注為依從之義。又為南。禮記明堂位「任，南蠻之樂也」，注：「以雅以任。」詩鼓鐘作南。又為男。漢書王莽傳「其女皆為任」，注：「充也。」按亦男爵也，易其字以別於男子之稱耳。又為滕。呂覽季春「戴任降于桑」，注：「戴勝，鵖也。」爾雅釋鳥字作鵀，釋文亦作栠。滕、任一聲之轉。又託名幖識字。書盤庚「遲任有言曰」，馬注：「古老成人。」鄭注：「古之賢史。」又詩大明「摯仲氏任」，傳：「任姓。」周語「摯疇之國由太任」，注：「二國，奚仲、仲虺之後。」又左僖二十一傳「任，風姓也」，注：「伏羲之後，今任城縣。」按在今山東濟寧州東。孟子「季任為任處守」，注：「薛之同姓。」非是。莊子外物「任公子為大鈎」，李注：「國名。」【聲訓】漢書霍光傳注：「任，堪也。」魯語注：「任，勝也。」任、勝一聲之轉。【古韻】管子版法叶心風任。

rèn 衽

寑 沁

衽 衽 衣裣也。从衣，壬聲。謂衣之兩傍掩裳際處。方言四：「褸謂之衽。」廣雅釋器：「衽謂之褸。」儀禮喪服記「衽二尺有五寸」。公羊昭二十五

傳「再拜稽首以衽受」。論語「吾其被髮左衽矣」。漢書張良傳「楚必斂衽而朝」。離騷「跪敷衽以陳辭兮」。【轉注】蒼頡解詁：「衽，裳際所交列者也。」此謂裳幅交接處。凡朝祭喪服，衣皆與裳殊，深衣則不殊。殊者衽屬衣，其幅之燕尾殺而下垂而放之，即所謂衣裣也；不殊者衽屬裳，其幅之燕尾殺而上縫之以合前後，亦曰衽，此謂裳兩傍也。禮記深衣「續衽鉤邊」，注：「在裳旁者也。」問喪「扱上衽」，注：「謂深衣之裳前。」考工輈人「衣衽不敝」，注：「謂裳也。」左成十七傳「抽戈結衽」，注：「裳際也。」襄三十一傳「衰衽如故衰」，釋文：「裳下也。」又釋名釋喪制：「棺束旁際曰小要，其要約小也，亦謂之衽。」儀禮士喪禮「掘肂見衽」。檀弓「衽每束一」。喪大記「君蓋用漆，三衽三束」，疏：「謂燕尾合棺縫際也。」又廣雅釋器：「衽，袖也。」「衽，袂也。」按凡衽皆言兩傍衣際裳際，正當手下垂之處，故轉而名袂焉。列女傳文伯「引衽攘捲而親饋之」。【別義】儀禮士昏禮「御衽于奧」，注：「臥席也。」周禮玉府「衽席牀笫」，司農注：「單席也。」禮記曲禮「請衽何趾」。中庸「衽金革」。字亦作袵。或曰此蓐字之借，衽蓐雙聲，存參。又莊子達生「衽席之上」，李注：「臥衣也。」【叚借】為栠。淮南詮言「僅牀衽席」，注：「柔弱也。」【聲訓】釋名釋衣服：「衽，襜也，在旁襜襜然也。」衽襜聲近。釋喪制：「小要又謂之衽。衽，任也，任制際會使不解也。」

rèn 妊

寑 沁

妊 妊 孕也。从女，壬聲。字亦作姙。廣雅釋詁四：「妊，身也。」釋言：「妊，娠也。」後漢章帝紀「今諸懷妊者」，注引說文曰：「妊，孕也。」漢書元后傳「李親

chán 㚃　rěn 𢆉　rǎn 䣸　píng 凭　rèn 恁　lìn 賃　rěn 集　rěn 荏　rèn 紝

任政、君在身以任爲之。

紝 侵 沁　紝 [篆] 𦈡 機縷也。从糸壬聲。或从任聲。禮記內則織紝組紃。疏紝爲繒。詩采蘋序疏謂繒帛也。左成二傳執鍼織紝皆百人。注織繒布者。漢書嚴助傳婦人不得紡績織紝。注機縷曰紝。[叚借]爲鵀。爾雅釋鳥鵖鴔戴鵀。釋文亦作紝。鵀聲近。

荏 寑　荏 [篆] 桂荏蘇也。从艸任聲。今之紫蘇。方言三關之東西蘇或謂之荏。[叚借]爲集。論語色厲而內荏。孔注柔也。皇疏柔佞也。漢書翟方進傳內荏。注屈橈也。又爲甚。詩生民蓺之荏菽。傳戎菽也。箋戎菽大豆也。又雙聲連語。詩巧言荏染柔木。傳柔意也。悼亡詩荏苒冬春謝。注猶漸也。

集 寑　集 [篆] 弱皃。从木任聲。按柔木皃。廣雅釋詁一集弱也。釋訓集集弱也。

賃 沁　賃 [篆] 庸也。从貝任聲。一切經音義六引說文傭也。[轉注]廣雅釋詁二賃借也。

恁 寑 沁　恁 [篆] 思也。从心任聲。廣雅釋詁二恁思也。後漢班固傳亦宜勤恁旅力。注引說文念也。文選典引注恁思也。[叚借]爲衽。說文下齎也齎又齋之誤字。又爲飪。說文飪下恁古文飪。按皆古書借字。許君偶誤耳。又爲集。廣雅釋詁一恁弱也。

說文通訓定聲　臨部弟三　圭

凭 蒸　凭 [篆] 依几也。从几任聲。周書顧命凭玉几。讀若馮。今本衞包改作憑。字林作凴。馮任聲近。小爾雅廣言凴依也。[轉注]詩卷阿有馮有翼。箋馮馮几也。漢書酈食其傳馮軾。注讀曰凭。凴據也。西京賦有凴虛公子者。注依託也。思元賦憑歸雲而遐逝兮。注依也。[叚借]爲畐。按畐者讀馮。短言之。廣雅釋詁一憑滿也。離騷憑不厭乎求索。注楚人名滿曰憑。長門賦心憑噫而不舒兮。注氣滿皃。西京賦心猶憑而未攄。注滿也。又爲甚。後漢班彪傳下憑怒雷震。注盛也。列子湯問帝憑怒。注大也。又爲淜。論語暴虎憑河。孔注徒涉也。

䣸 琰　䣸 [篆] 闕。按从酉任聲。與醰略同。廣韻䣸䣸味薄也。又集韻餌也。類篇醬也。

𢆉五名。凡𢆉之派皆衍𢆉聲。如審切

𢆉 寑 沁　𢆉 [篆] 撥也。从二。从倒入。入一爲干。入二爲𢆉。會意兼指事。言稍甚也。讀若飪。按犯之甚也。字亦作揕。史記荊軻傳右手揕其胷。索隱謂以劒刺其胷也。

㚃 鹽　㚃 [篆] 小爇也。从火𢆉聲。詩曰憂心㚃㚃。按此字各本从干聲。段氏訂从𢆉聲。是也。詩節南山憂心如惔。傳惔燔也。韓詩作炎炎。𢆉聲近。[轉注]方言十二𡘟眼明也。注𡘟光也。按𡘟眼誤作𡘟眼。廣雅釋詁四𡘟明也。曹憲音淫。釋詁二𡘟爇也。亦皆誤作𡘟。

yín 淫　yín 㸒　nán 男　nǎn 湳　lián 覝　nán 南

南 覃　南 [篆] [篆] 艸木至南方有枝任也。从𣎵𢆉聲。古文亦从𣎵。筆迹微異。按草木至夏壬大也。夏至南方火。故以爲南北之南。尙書大傳中祀大交霍山。按大者古文𡴀之殘缺字。[轉注]禮記文王世子胥鼓南。注南夷之樂也。[叚借]爲男。家語正論鄭伯南。注左氏作男。古字作男亦多有作此南者。又爲鵀。方言八鳲鳩東齊海岱之間謂之戴南。南猶鵀也。注此亦語楚聲轉也。𢆉鵀聲近。[聲訓]白虎通五行南方者任養之方。萬物懷任也。禮樂南之爲言任也。周語五閒南呂注南任也。陰任陽事助成萬物也。淮南天文南呂者任包大也。[古韻]詩燕燕叶音南心。鼓鐘叶欽琴音南僭。楚辭招魂叶楓心南。

覝 鹽　覝 [篆] 察視也。从見𢆉聲。讀若鎌。兼𢆉聲近。管子正世人君不廉而變。注察也。西京賦察二廉空。注察廉皆視也。洞簫賦廉察其賦歌。注廉亦察也。凡廉訪廉問字。子史皆以廉爲之。

湳 感　湳 [篆] 西河美稷保東北水。从水南聲。在今蒙古鄂爾多斯左翼中旗。東南流至前旗界。又東入河。水經注曰羌人因湳水爲姓。

男一名。那含切

男 覃　男 [篆] 丈夫也。从田从力。會意。言男用力于田也。[轉注]白虎通爵男者任也。廣雅釋詁一男君也。[叚借]爲任。實爲壬。書禹貢二百里男邦。傳任也。史記作任。酒誥侯甸男衞邦伯。白虎通爵作任。又爲南。左昭十三傳鄭伯男也。賈注當爲南。謂南面之君。服注同。家語正論作南。[聲訓]廣雅釋親男任也。白虎通嫁娶男者任也。任功業也。釋名釋長幼男任也。典任事也。又獨斷男者任也。立功業以化民。其地方五十里。又周禮職方氏男服注男任也。任王事。[古韻]詩思齊叶音男。

說文通訓定聲　臨部弟三　夫

㸒三名。凡㸒之派皆衍㸒聲。余箴切

㸒 侵　㸒 [篆] 近求也。从爪从壬。會意。壬徼幸也。按挺立于此而欲爪取于彼。故爲近求。爲徼幸。

淫 侵　淫 [篆] 浸淫隨理也。从水㸒聲。考工匠人善防者水淫之。司農注謂水淤泥土畱著助之爲厚。又淮南覽冥女媧積蘆灰以止淫水。注平地出水爲淫水。[轉注]考工㡛氏淫之以蜃。注薄粉之令帛白。禮記樂記淫液之何也。注歌遲之也。家語辨樂注歆淫滋味也。又書無逸無淫于觀于逸。傳浸淫不止也。晉語底著滯淫。注久也。楚辭沈江日浸淫而合同。注多貌也。又自悲施王色而外淫。注潤也。又左昭元傳淫生六疾。注過也。襄二十九傳遷而不淫。注過蕩也。昭六傳以威其淫。注放也。周禮宮正去其淫怠。注放濫也。禮記儒行其居處不淫。注謂傾邪也。曲禮無淫視。注睇眄也。孟子富貴不能淫。注亂其心也。呂覽直諫得丹之姬淫。注惑也。又禮記緇衣以御民之淫。注貪侈也。大

壬𢆉男㸒

yīn 喑　yīn 音　yín 婬

戴曾子立事居上位而不淫注沃也說苑反質好樂聲色者淫也管子法明不淫意于法之外注遊也(叚借)爲冘廣雅釋言淫游也楚辭招魂不可以久淫些注游也管子內業則淫然而自至注進皃也呂覽任地不能使藿夷毋淫乎注延生也又爲湛小爾雅廣詁淫沒也又爲霃爲霠爲霖禮記月令淫雨早降書大傳天之無烈風淫雨字亦變作霪又爲甚爾雅釋詁淫大也詩有客既有淫威傳大也又爲深列子黃帝朕之過淫矣注當作深又爲廞周禮故書司服淫衣服司兵淫五兵司農注陳也又爲婬小爾雅廣義男女不以禮交謂之淫易繫辭傳冶容誨淫左成二傳貪色爲淫又雙聲連語詩賓之初筵序沈湎淫液箋飲酒時情態也史記司馬相如傳沇溶淫鬻索隱游溢淫衍皃楚辭逢紛徑淫噎而道壅注闇昧也或曰借爲暗亦通思元賦弄狂電之淫裔注電皃又重言形況字管子內業淫淫乎與我俱生注增進皃楚辭哀郢涕淫淫其若霰注流皃高唐賦洪波淫淫之溶滴注去遠皃羽獵賦淫淫與與注皆行皃又託名幖識字淮南說山淫魚出聽注淫魚長頭身相半長丈餘正白身正黑口在頷下無鱗出江中(聲訓)釋名釋言語淫浸也浸淫旁入之言也演連珠時累不能淫注淫猶侵也禮記坊記示不淫也注猶貪也吳語以淫名聞于天子注猶僭也周語聽淫日離其名注濫也淫濫雙聲(古韻)管子牧民叶禁淫

離騷叶心淫

侵 **婬** 私逸也从女㸒聲小爾雅廣義上淫曰烝下淫曰報旁淫曰通經傳皆以淫爲之(叚借)爲淫家語刑政作婬聲注逸也

音十六名凡音之派皆衍音聲 於今切

侵 **音** 聲也生于心有節于外謂之音宮商角徵羽聲也絲竹金石匏土革木音也从言含一會意兼指事按单出曰聲雜比曰音白虎通禮樂八音一說笙柷鼓簫琴塤鐘磬也禮記樂記凡音之起由人心生也聲成文謂之音又變成方謂之音左昭二十一傳夫音樂之輿也周語瞽師音官以省風土注樂官也(轉注)易小過飛鳥遺之音虞注震爲音又陸士衡詩音息曠不達注音問消息也左昭三十二傳晉韓伯音名不信(叚借)爲蔭左文十七傳鹿死不擇音注茠蔭之處(聲訓)白虎通禮樂音者飲也剛柔清濁和而相飲也(古韻)詩燕燕叶音南心子衿叶衿心音匪風叶鬵音鼓鍾叶欽琴音南僭思齊叶音男泮水叶林音琛金左昭十二傳叶愔音金心(轉音)詩小戎叶膺弓滕與音

按讀如滕也

侵沁 **喑** 宋齊謂兒泣不止曰喑从口音聲方言一平原謂啼極無聲謂之唴哴齊宋之間謂之喑(別義)李登聲類喑嗜大叱也廣雅釋言喑嗜也史記淮陰侯傳項王喑噁叱咤漢書作意烏注恚怒聲也(叚借)爲瘖說苑正諫下無言則謂之喑又爲罯莊子知北遊生者喑

ān 諳　àn 暗　yìn 窨　yīn 瘖　ǎn 罯　xīn 歆　yān 猎　àn 黯　qì 湆

醷物也李注喑醷聚氣皃

覃 **諳** 悉也从言音聲(別義)廣雅釋言諳諷也按周禮大司樂注倍文曰諷背讀注諷誦詩謂闇讀之不依詠也(叚借)爲喑玉篇諳大聲也

勘 **暗** 日無光也从日音聲與晻略同周禮眂祲五曰闇司農注日月食也禮記曲禮孝子不服闇注冥也不于闇冥之中從事爲卒有非常且嫌失禮也男女夜行以燭經傳皆以闇爲之字亦誤作晻爾雅釋言晻闇也或曰晻者陰之或字存參(叚借)雙聲連語甘泉賦儵晻藹兮降清壇注衆盛皃漢書注神之形影也又重言形況字甘泉賦稍暗暗而靚深注聲空之皃漢書注幽隱也(聲訓)廣雅釋詁三暗深也

沁 **窨** 地室也从穴音聲今蘇俗猶曰地窨子詩七月三之日納于凌陰以陰爲之即周禮凌人納于凌室也(轉注)今俗以油酒等物埋藏地中曰窨

侵 **瘖** 不能言也从疒音聲史記扁倉傳使人瘖索隱失音也禮記王制瘖聾跛躃釋文啞也晉語嚚瘖不可使言(叚借)爲陰思元賦經重瘖乎寂寞兮注古陰字(聲訓)釋名釋疾病瘖唵然無聲也音奄雙聲(古韻)晏子春秋諫上叶瘖金

感 **罯** 覆也从网音聲字亦作揞作暗方言六揞藏也荊楚曰揞廣雅釋器罯謂之蹟按豆豉也造者覆之幽暗處故曰蹟

侵 **歆** 神食气也从欠音聲論衡祀義歆內氣也詩生民履帝武敏歆傳饗也左襄二十七傳能歆神人注享也(轉注)周語王歆太牢注饗也(叚借)爲钦周語民歆而德之注猶欣欣喜服也又爲貪詩皇矣無然歆羨又楚語楚必歆之注猶貪也(古韻)詩生民叶歆今

咸 **猎** 竇中犬聲从犬从音會意音亦聲

豏 **黯** 深黑也从黑音聲廣雅釋器黯黑也史記孔子世家黯然而黑淮南主術使史黯往覩焉注史墨也按左傳晉蔡墨名黯(叚借)疊韻連語楚辭遠逝望舊邦之黯黮兮注不明皃又單辭形況字別賦黯然銷魂者惟別而已矣注失色將敗之皃

侵緝 **湆** 幽溼也从水音聲廣雅釋詁一湆溼也字亦誤作愔或曰愔者懕之別體(叚借)重言形況字韓詩湛露愔愔夜飲章句和悅之皃也左昭十二傳祈招之愔愔注安和皃按厭厭安靜也李登聲類愔和靜皃三蒼愔愔性和也又雙聲連語神女賦澹清靜其愔嫕兮注和靜皃按猶洞簫賦之厭𢣷(別義)按儀禮禮記之湆訓羹汁讀如泣字或借湇爲斟爲汁聲亦相近然據廣雅作脏恐古有从肉泣聲

yīng 應　yīng 膺　yīng 雁(鷹)　ǎn 濶　àn 闇

之清說文聲佚耳今別附清于立聲
未古韻左昭十二傳叶慉音金心

覃感勘 **闇** 闇 閉門也从門音聲[別義]書無逸乃或諒闇鄭注闇謂廬也禮記喪服四制高宗諒闇注闇謂廬也廬有梁者所謂柱楣也論語以陰爲之按俗字作庵作菴釋名釋宮室草圓屋謂之庵埤蒼庵庾也廣雅釋室庵舍也廟庵也後漢皇甫規傳親入菴廬[假借]爲嘿爲暗爲瘖書無逸馬注論語孔注漢書元后傳思慕諒闇師丹傳諒闇不言注皆訓爲默是謂闇陰皆暗之借字也又穀梁文六傳下闇則上聾又爲暗小爾雅廣詁闇冥也廣雅釋詁四闇夜也禮記祭義夏后氏祭其闇注昏時也又荀子君道故人主無便嬖左右足信者謂之闇又後漢張衡傳出右密之闇野兮注幽隱也又爲奄舞賦闇復輟已注猶奄遽也又爲揜荀子不苟不下比以闇上注掩上之月也奄音雙聲又爲趁舞賦闇跳獨絕注行疾皃又雙聲連語高唐賦隨波闇藹注言木陰水波闇藹然也羽獵賦登降闇藹注眾盛皃又託名標識字子虛賦菴閭軒于注蒿也子可醫疾本草云此草老莖可以蓋覆菴閭故名或曰字借爲芩或曰借爲罯存參

感 **濶** 濶 水大至也从水闇聲

蒸 **鷹** 雁雁鷹 雁鳥也从隹瘖省聲或从人人亦聲籀文雁从鳥按雁鷙鳥也从隹瘖省聲此小篆卽古文也籀文又从

說文通訓定聲　臨部弟三　丸

人鷹應字皆从籀文徐鉉曰鷹隨人所指蹤故从人俗从籀文又加鳥隹鳥並从必是俗字說文奪小篆今據說解補詩大明時維鷹揚箋鷙鳥也爾雅釋鳥鷹鶆鳩又鷹隼醜其飛也翬郭注鶆鳩當爲鷞鳩左昭十七傳爽鳩氏司寇也注爽鳩鷹也按鷹鳩更相嬗化夏小正五月鳩爲鷹月令二月鷹化爲鳩故亦得鳩名小鷹曰鷂古樂府豹則虎之弟鷹則鷂之兄

蒸 **膺** 膺 胷也从肉雁聲字亦作䧹蒼頡篇膺乳上骨也禮記少儀執箕膺揲釋文胷前也素問腹中論有病膺腫注胸傍也[轉注]詩小戎虎韔鏤膺傳馬帶也采芑鉤膺鞗革傳樊纓也又爾雅釋畜馬回毛在膺宜乘又閟宮戎狄是膺傳當也按當事以膺任事以肩孟子注訓擊則謂借爲抌爲膺爾雅釋言膺身親也周語膺保明德注抱也楚辭天問鹿何膺之注受也繁陽令楊君碑膺天鍾度[聲訓]釋名釋形體膺壅也氣所壅塞也膺壅雙聲又釋衣服膺心衣抱腹而施鉤肩鉤肩之閒施一襠以奄心也膺奄雙聲[轉音]詩小戎叶膺弓縢興音閟宮叶乘縢弓綅增膺懲承按讀如滕也

蒸徑 **應** 應 當也从心雁聲按應者合也亼口爲合卽今答字合亦當也當亦對也字又作譍大徐補爲十九文之一訓以言對也晉語龜往離散以應我齊策齊王不應呂覽順說宋王無以應注皆訓答也爾雅釋樂鼓小者謂之應注和應大鼓也呂覽召類聲比則應淮南原道不爲先唱感而應之主術莫不響應也注皆訓和也左昭廿八傳德正應和曰莫淮南覽冥應而不藏注猶隨也[轉注]爾雅釋詁應當也詩下武應侯順德賚我應受之傳皆訓當也淮南原道百事之變無不應注當之也莊子讓王縱履杖藜而應門釋文自當門也又廣雅釋言應受也周語叔父實應且憎注猶受也或曰當受兩訓皆膺之借字存參又齊策使章子將而應之呂覽察微應之大棘淮南主術不使應敵注皆訓擊漢書魏相傳敵加于已不得已而起者謂之應兵廣雅釋詁三應擊也或曰擊之訓乃抌與膺之借字存參又託名標識字爾雅釋宮正門謂之應門詩緜乃立應門書大傳次曰應門注應對之應又周禮大師應鍾注應鍾亥之氣也又笙師舂牘應雅司農注應長六尺五寸其中有椎又廣雅釋天歲星謂之重華或謂之應星又左僖二十四傳邘晉應韓武之穆也國在今河南汝州魯山寶豐二縣界水經滍水注應城故應鄉也應侯之國詩所謂應侯順德者也按後世以國爲氏漢有應曜與四皓偕隱應獨不出應劭其八世孫又大荒東經應龍處南極注龍有翼者也楚辭天問應龍何畫[聲訓]周語六閒應鍾均利器用俾應復也白虎通五行應者應也十月謂之應鍾何言萬物應陽而動下藏也呂覽律中應鍾注陰律也陰應于陽轉成其功萬物藏聚故曰應鍾又釋名釋樂器聲在後曰應應大鼓也爾雅釋樂李注小者聲音相承故曰應應承也大射儀應鼙注應鼙應朔鼙也又太元元衝中則陽始應則陰生

說文通訓定聲　臨部弟三　卆

元錯應也今而度也古[古韻]易臨彖傳叶臨應[轉音]易升彖傳叶升應韓非主道叶應檢按讀如騰也易恒彖傳叶動應恒蒙彖傳叶蒙中應功比彖傳叶從中應窮未濟彖傳叶中終應文子守樸叶應動按讀如雍也

今六十一名凡今之派皆衍今聲　居音切

侵 **今** 今 是時也从亼从㇇㇇古文及字會意蒼頡篇今時辭也詩摽有梅迨其今兮傳今急辭也史記汲鄭傳吾今召君矣索隱今猶卽今也龜策傳今昔士子索隱今昔猶昨夜也太元元攡通同古今以開類注今卽隨世也[古韻]詩摽梅叶三今瞻卬叶深今生民叶歆今[轉音]靈樞五變篇叶今窮按讀如藹人言蕤也

覃 **玪** 玪 玪塾石之次玉者从王今聲字亦作瑊中山經葛山其下多瑊石注勁石似玉者子虛賦瑊玏元厲史記集解瑊玏皆次玉者[假借]爲琳書禹貢鄭本厥貢惟璆玪琅玕

侵 **芩** 芩 芩艸也从艸今聲詩鹿鳴食野之芩釋文引說文蒿也按蒿屬莖如釵股葉如竹蔓生澤中下地鹹處其爲草眞實牛馬皆喜食[別義]字林岑菜似蒜生水中字亦作𦱳[假借]爲金今俗以爲藥草黃芩字[古韻]詩鹿鳴叶芩琴湛心

qín 芩　jiān 玪　jīn 今

tān chēn qián qín yín hán hán jìn
貪 棽 雂 靲 吟 玪 含 𤘺

沁 **𤘺** 牛舌病也。从牛今聲。字亦作[舌今]。

覃 **含** 嗛也。銜也。从口今聲。與左形右聲之吟別。法言孝至子有含菽緼絮。注食也。呂覽仲夏羞以含桃。注鸎桃也。鸎鳥所含食故言含桃。又周禮太宰贊贈玉含玉。司農注璧琮也。典瑞共飯玉含玉。注柱左右顚及在口中者。禮記文王世子至于賵賻承含。左文五年王使榮叔歸含且賵。注珠玉曰含。公羊傳含者何口實也。呂覽節喪含珠鱗施。釋名釋喪制含以珠貝含其口中也。〔轉注〕楚語土氣含收。注藏也。秦策含怒日久。注懷也。老子含德之厚。注含德茂蓄而不露也。又廣雅釋詁三含寬也。左宣十五傳國君含垢。賈注忍也。史記禮書函及士大夫。索隱猶包容也。以函爲之。又登廬山香爐峯詩臨風默含情。注情未申也。〔叚借〕爲弓。爾雅棲藂含。錢竹汀師云當連下華荂爲一句。〔聲訓〕釋名釋飲食含合也。合口亭之也。銜亦然也。

勘 **玪** 送死口中玉也。从玉从含含亦聲。按說文此字即含之俗。周禮禮記春秋呂覽淮南白虎通諸書有作唅無作玪者。唅玪皆俗字。今附于此。春秋說題辭天子以珠諸侯以玉大夫以璧士以貝。白虎通作天子飯以玉諸侯以珠。互異。

侵 **吟** 呻也。藝文類聚引說文歎也。从口今聲。或从音或从言。與下形上聲之含別。蒼頡篇吟歎也。廣雅釋樂吟歌也。秦策則將吳吟。注歌吟也。荀子不苟盜跖吟口。注吟咏長在人口也。詩板傳殿屎呻吟也。漢書禮樂志吟青黃。注謂歌誦也。素問寶命全形論呿吟至微。注謂吟歎也。南山經其音如吟。注如人呻吟聲。〔叚借〕爲含。史記淮陰侯傳吟而不言。〔聲訓〕釋名釋樂器吟嚴也。其聲本出于憂愁故其聲嚴肅使人聽之悽歎也。吟嚴一聲之轉。

說文通訓定聲 臨部弟三 圭

侵 **靲** 鞮也。从革今聲。革履也。〔轉注〕儀禮士喪禮繫用靲。注竹䈝也。按靲當訓革舄與重以韋係。鄭以喪禮用䈝耳。

鹽 **雂** 雂鳥也。从隹今聲。字亦作鳹。疑即爾雅之鶭鶉鸐頭曲如鉤食魚。藴俗曰水老雅是也。色黑。雂者黔也。字林鳹句喙鳥。〔叚借〕爲禽。左昭二十一傳獲其二帥公子苦雂偃州員。亦託名幖識字。

侵 **棽** 木枝條棽儷也。从林今聲。按紛垂搖揚之皃。〔叚借〕雙聲連語。劉歆七略雨蓋棽麗紛循悠悠。東都賦鳳蓋棽麗。

覃 **貪** 欲物也。从貝今聲。廣雅釋詁一貪欲也。方言一晉魏河内之北謂惏曰殘。楚謂之貪。賈子道術辭利刻謙謂之廉反廉爲貪。京房易傳臣安祿茲謂貪。漢書魏相傳利人土地貨寶者謂之貪兵。晉語貪者怨之本也。列女傳貞順見利忘死者貪也。周書芮良夫惟以貪諛爲事。注專利爲貪。離騷衆皆競進而貪婪兮。注愛財曰貪。〔轉注〕詩桑柔民之貪亂。箋猶欲也。莊子漁父專知擅事侵人自用謂之貪。

qīn qiān cén hán qián niàn
衾 欦 岑 䶃 黔 念

呂覽愼大暴戾貪頑。注求無厭足爲貪。〔叚借〕爲探。後漢郭躬傳拾狀以貪情。〔聲訓〕釋名釋言語貪探也。探取入他分也。

侵 **衾** 大被也。从衣今聲。隸作衾。與裣之俗字衿別。詩小星抱衾與裯。傳被也。儀禮士喪禮緇衾赬裏無紞。注凡衾制同皆五幅也。荀子禮論衣衾多少厚薄之數。注君錦衾大夫縞衾士緇衾也。〔聲訓〕釋名釋衣服衾广也。其下廣大如广受人也。衾广雙聲。〔古韻〕詩小星叶衾裯。參衾葛生叶枕衾。皆句中韻。

咸 **欦** 含笑也。从欠今聲。典籍多以歆爲之。〔叚借〕爲貪。廣雅釋詁一欦欲也。

侵 **岑** 山小而高也。从山今聲。字亦作崟。爾雅釋山山小而高岑。方言十二岑高也。孟子可使高于岑樓。注岑樓山之銳嶺者。按謂山之層疊似樓也。莊子徐无鬼未始離于岑。注岸也。楚辭逢紛觸岑石兮。注銳也。思元賦飲青岑之玉醴兮。注上高者曰岑。〔叚借〕爲㦰。廣雅釋詁一岑取也。按西伯㦰耆即竹書周師取耆。又雙聲連語。方言十二岑貪大也。按猶江賦之潛演。楚辭怨世俗岑嵓而嵾嵯。注不齊皃。舞鶴賦去帝鄉之岑寂。注猶高靜也。又疊韻連語。爾雅釋山山小而高岑。注言岑崟也。方言十二岑高也。注岑崟峻皃也。羽獵賦玉石嶜崟。注高大皃。南都賦幽谷嶜岑。注高峻之皃。按嶜岑實同字。琴賦礶硯岑嵒。注危嶮之形。又重言形況字。漢書外戚傳我頭岑岑也。注痺悶之意。又託名幖識字。後漢禰衡傳更著岑牟單絞之服。注岑牟鼓角士胄也。按胄銳上故謂之岑。鍪敷〔聲訓〕釋名釋山岑嶃也。嶃嶃然也。岑嶃雙聲。

說文通訓定聲 臨部弟三 圭

覃 **䶃** 鼠屬。从鼠今聲。讀若含。字亦作鼲。即鼸也。以頰裏藏食。

侵鹽 **黔** 黎也。从黑今聲。秦謂民爲黔首。謂黑髮也。周謂之黎民。按黎亦黑也。字林黔黧黑也。小爾雅廣詁黔黑也。易說卦傳艮爲黔喙之屬。馬注肉食之獸。鄭本以黜爲之。禮記祭義以爲黔首則。左襄十七傳邑中之黔。莊子天運烏不日黔而黑。〔叚借〕託名幖識字。史記始皇紀秦置黔中郡。今四川酉陽州夔州府石砫廳皆是。又禮記檀弓黔敖爲食于路。古今人表作黔。又大人賦左元冥而右黔雷。注神名。〔古韻〕左襄十六傳叶黔心。

黚 **念** 常思也。从心今聲。謂長久思之。爾雅釋詁念思也。釋訓勿念勿忘也。小爾雅廣訓無念念也。左襄二十一傳二十三傳夏書曰念茲在茲。詩文王無念爾祖。儀禮聘禮記將授念趨。注謂審行步也。論語不念舊惡。皇疏念猶識錄也。〔聲訓〕釋名釋言語念黏也。意相親愛心黏著不能忘也。念黏雙聲。〔古韻〕詩下泉叶浸念。句中韻。白華同。

yīn 霒

侵 霒 雲覆日也。从雲今聲。古文从云。又古文从𠄌云。𠄌皆古文雲字。此陰雨陰暗陰陽陰私本字。大戴文王官人考其霒易以觀其誠。注陰陽猶隱顯也。蔡邕月令章句陰者密雲也。經傳皆以陰爲之。碭君石門頌潦泥常蔭。以蔭爲之。字亦作𣆀。新附𣆀雲布也。从日下雲會意。後漢有李𣆀。字雲。聲訓春秋繁露循天之道篇陰者天之急也。陽尊陰卑篇陰猶沈也。太元元攡幽無形深不測之謂陰也。廣雅釋言陰闇也。書洪範惟天陰騭下民王注深也。楚辭大司命壹陰兮壹陽注晻也。皆以陰爲之。陰幽晻雙聲。

qín 魿

感 魿 鮺也。南方謂之魿。北方謂之鮺。一曰大魚爲鮺。小魚爲魿。从魚今聲。字亦作鯰。廣雅釋器鯰鮺也。按魚鮓以鹽米釀之如葅熟而食之。

kān 龕

覃 龕 龍皃。从龍合聲。六書故引唐本說文从今聲。是也。今從之。假借爲戡。廣雅釋詁一龕取也。法言重黎篇劉龕南陽。謝元暉詩西龕收組練。注與戡音義同。又爲含。方言六龕受也。揚越曰龕。注今云龕囊依此名也。廣雅釋詁三龕盛也。今俗以爲佛龕神龕字本此。又爲吟。方言十三龕聲也。又爲諶。爾雅釋言洵龕也。按猶云恂諶也。一說借爲含。猶云酌含也。酌卽禮經酳。漱酒以潔口少少飲也。存參。

qín 聆

侵 聆 義闕。从耳今聲。廣韻音也。室文生訓傍聆諠耳。假借託名標識字。周語回祿信于聆遂。注地名。後漢書楊賜傳引作黔遂。說苑引作亭遂。竹書紀年聆遂災作聆。

說文通訓定聲　臨部弟三　卌三

xiān 妗

鹽 妗 婆妗也。从女今聲。一曰善笑皃。按婆妗疊韻連語。婆讀如砭。或妗讀如鈐也。別義集韻俗謂舅母曰妗。不知何本。

kan 㦰

覃 㦰 殺也。从戈今聲。商書西伯既㦰黎。今本以戡爲之。轉注爾雅釋詁堪勝也。列子仲尼堪秋蟲之翼注猶勝也。以堪爲之。

jìn 紟

侵 沁 紟 衣系也。从糸今聲。籒文从金聲。字亦作絵。禮記內則紟纓綦屨注猶結也。字亦以衿爲之。衿者裣之俗。與衾別。儀禮士昏禮記母施衿結帨謂繫佩帶也。漢書揚雄傳衿芰茄之緣衣兮注帶也。荀子非十二子其纓禁緩以禁爲之。禮記玉藻紳韠結三齊注以結爲之。紟結一聲之轉。別義儀禮士喪禮綪絞紟衾二注單被也。禮記喪大記布紟。皇氏曰禪被也。聲訓釋名釋衣服紟亦禁也。禁使不得解散也。

hán ⿰今瓦

覃 ⿰今瓦 冶橐榦也。从瓦今聲。韛橐鼓火。此其所執之柄。鍇本說文作橐輪。按後人以木爲之字又作檢。別義廣韻陶器小瓶有耳者字亦作琀。

qián 鈐

鹽 鈐 鈐鏞大犂也。一曰類枱。从金今聲。別義西山經鈐而不糈。注所用祭器名。所未詳也。或作思。訓祈。假借託名標識字。西山經鈐山。其上多銅。又石氏星經鉤鈐二星主法。漢書天文志鉤鈐天子之御也。按兩小星在房宿弟一星下左傍。其上一星曰鍵閉。又方言九矛骹細如鴈脛者謂之鶴厀。注今江東呼爲鈐釘。又玉篇鈐車轄也。按方言九輨軑鍊鏅謂轂端沓也。鈐鍊雙聲。又借爲鈙。爾雅序六藝之鈐鍵。注鍵也。按凡兵鈐印鈐字皆握持之義。或曰借爲金。亦通。

qín 禽

侵 禽 走獸總名。从厹象形。禽离兕頭相似。从金聲。周禮獸人令禽注于虞中注小禽私之大禽公之。易屯卽鹿无虞。𧰼傳以從禽也。禮記月令命主祠祭禽于四方。疏獸之通名也。轉注列子黃帝傳冀戴角分牙布爪仰飛伏走謂之禽獸。周禮庖人六禽注宜爲羔豚犢麛雉鴈。凡鳥獸未孕曰禽。白虎通田獵禽者何。鳥獸之總名。明爲人所禽制也。又爾雅釋鳥二足而羽謂之禽。周禮庖人六禽司農注鴈鶉鷃雉鳩鴿也。易師田有禽。虞注陽稱禽。禮記曲禮執禽者左首。疏鳥也。左昭元傳又使彊委禽焉。注鴈也。假借爲捦。易井舊井无禽。崔憬注猶獲也。左襄二十四傳收禽挾囚注獲也。校官碑禽姦戔猾。又爲嗿之誤字。吞卽慎。墨子臣弟子禽滑釐等三百人。聲訓禮記曲禮不亦禽獸之心乎。疏禽者擒也。轉音易屯叶禽窮恒叶深中容禽終凶功。按讀如窮也。

jīn 金

侵 金 五色金也。黃爲之長。久薶不生衣。百鍊不輕。從革不違。西方之行。生于土。从土。左右注。象金在土中形。今聲。古文三注。此字會意兼象形諧聲。爾雅釋器黃金謂之璗。白金謂之銀。鉼金謂之鈑。釋地西南之美者有華山之金石焉。水經溫水注華俗謂上金爲紫磨金。夷俗謂上金爲陽邁金。易姤繫于金柅。虞注乾爲金。書禹貢惟金三品注銅三色也。揚州錫貢。鄭注錫所以柔金也。虞書金作贖刑。馬注黃金也。廣雅釋器金鐵也。轉注公羊隱五傳百金之魚公張之。注百金猶百萬也。古者以金重一斤若今萬錢矣。孟子王餽兼金一百。注古者以一鎰爲一金。按一百今四千兩也。齊策乃使人操十金。注二十兩爲一金。漢書張良傳賜良金百金注秦以鎰名金。若漢之論斤。按今俗稱一兩爲一金。古無是也。又周禮鍾師掌金奏注鍾及鎛。鼓人以晉鼓鼓金奏。注謂樂作擊編鍾。呂覽求人功績銘乎金石。注鐘鼎也。又楚語金足以禦兵亂。注所以爲兵也。周禮瘍醫金瘍注創也。又法言孝至帶我金犀注金印也。淮南氾論盜管金。注印封也。又詩車攻赤芾金舄。箋黃朱色也。廣雅釋器鐢金綵也。假借爲噤。荀子正論金舌弊口。猶將無益也。注或讀爲噤。又託名標識字。淮南泰族教之以金目則快射。注金目深目所以望遠近射準也。按今時眼鏡之類。或曰借爲深。亦通。聲訓釋名釋天金禁也。氣剛毅能禁制物也。白虎通五行金者堅強難消。金堅雙聲。大戴曾子天圓金水內景注金質陰也。釋名釋兵金禁也。爲進退之禁也。漢書地理志金城郡注稱金取其堅固也。金堅雙聲。古韻詩泮水叶林音琛金。左昭十二傳叶愔音金心。晏子春秋諫上叶瘖金。

說文通訓定聲　臨部弟三　卌四

今

yǎn 酓　yǐn 歙　hàn 頷　tǎn 嗿　cén 梣　cén 涔　diàn 唸　shěn 諗

戓 酓 酒味苦也。从酉，今聲。按，大徐本無此篆，而醰篆訓酒味苦，疑脫誤。叚借爲檿。史記夏本紀：其篚酓絲。注：桑蠶絲，中琴瑟弦。酓，檿。

雙聲

寑沁 歙 歠也。从欠，酓聲。古文从水，今聲。又古文从食，今聲。按，小篆从酉从欠，今聲。酉者，酒也。古文㕛與左水右今之或淦字別。今隸作飲。易需：君子以飲食宴樂。虞注：水流入口爲飲。傳注周禮膳夫：飲食賓賜之飧牽。注：飲食，燕饗也。儀禮公食禮：飲酒漿飲俟于東房。注：飲，酒清酒也。又左哀二十五傳：請飲觶也。注：罰也。按，自飲曰飲，飲人亦曰飲。所飲之物即曰飲。周禮酒正：辨四飲之物，淸醫漿酏也。漿人掌共王之六飲，水漿醴涼醫酏也。又漢書朱家傳：飲其德。注：沒也。按，猶食言之食也。說苑：沒矢飲羽。飲亦沒也。又莊子則陽：或不言而飲人以和。注：被也。按，猶食舊德之食也。又趙策：漆其頭以爲飲器。注：溺器也。按，猶受也。叚借爲邑。素問刺志：脈小血多者飲中熱也。注：謂酣飲也。按，猶壅滯也。聲訓釋名釋飲食：飲，奄也。以口奄而引咽之也。奄、引、咽皆飲聲之轉。轉音詩公劉叶飲宗，讀如雍也。

覃感 頷 面黃也。从頁，含聲。離騷：長顑頷亦何傷。今蘇俗所謂面黃肌瘦，亦疊韻連語。叚借爲顄爲頜。公羊宣六傳：絕其頷。注：口也。釋名釋形體：頤或曰頷車。淮南氾論：與于牛頷之下。注：讀合索之合。又爲頷。左襄二十六傳：頷之而已。注：搖其頭。按，俛其首也。聲訓方言十：頷，頤也。釋名釋形體：頷，含也。口含物之車也。按，皆頤頷之訓。頷讀頷，短言之。

感 嗿 聲也。从口，貪聲。詩載芟：有嗿其饁。傳：衆皃。按，衆聲也。

侵 梣 青皮木也。从木，岑聲。或从籀文寑省聲。按，本草謂之秦皮，治目翳。一名石檀，入水色綠，可解膠益墨。

侵 涔 潰也。从水，岑聲。淮南俶眞：牛蹄之涔，無尺之鯉。注：潦水也。涔讀延祜曷問急氣閉口言也。氾論注：涔，雨水也。別義說文一曰：涔陽渚在郢中。水經：涔水出漢中南鄭縣旱山。注：即黃水也。楚辭九歌：望涔陽兮極浦。叚借爲霃。淮南覽冥：涔雲波水。注：大潘水也。失之。主術：有涔旱災害之患。注：久而水潦也。說林：宮池涔則溢。注：多水也。皆以是而實非。又爲罧。韓詩周頌：涔有多魚。章句：涔，魚池。毛本以潛爲之。爾雅釋器：槮謂之涔。孫注：積柴養魚曰涔。廣雅釋器：涔，栫也。又爲潛。史記夏本紀：沱涔既道。漢書以灊爲之。

霰 唸 唸吚也。从口，念聲。詩板：民之方唸吚。毛本以殿屎爲之。傳：呻吟也。爾雅釋訓：殿屎，呻也。孫注：愁苦之聲。按，殿唸聲隔，是當時方音之不同，不可考。

寑 諗 深諫也。从言，念聲。左閔二傳：昔辛伯諗周桓公。注：告也。釋文引說文：深謀也。魯語：使吾無忘諗。晉語：使果敢者諗之。注：皆訓告。

niè 敜　rěn 稔　niǎn 淰　yīn 陰　qín 菳

叚借爲念。爾雅釋言：諗，念也。詩四牡：將母來諗。傳：念也。箋訓告，則謂本字。又爲閃。家語禮運：魚鮪不諗。諗、閃雙聲。注訓潛藏，則謂借爲涔。古韻詩四牡叶駸諗。

葉 敜 塞也。从攴，念聲。書費誓：敜乃穽。王注：塞也。儀禮既夕記：隸人涅厠。以涅爲之。敜、涅雙聲。

寑 稔 穀熟也。从禾，念聲。吳語：不稔於歲。注：熟也。轉注廣雅釋詁一：稔，年也。左僖二傳：不可以五稔。晉語：鮮不五稔。鄭語：不三稔矣。按，禾一熟，故爲一年，與秋、祺同意。獨斷：上夏曰歲，一曰稔也。叚借爲飪。左昭十八傳：是昆吾稔之日也。注：熟也。失之。又爲飪。爾雅釋言：饙餾，稔也。

寑琰 淰 濁也。从水，念聲。埤蒼：淰，水無波也。按，亭水不波多濁。叚借爲閃。禮記禮運：故魚鮪不淰。注：淰之言閃也。疏：水中驚走也。又爲䟴。射雉賦：意淰躍以振踊。注：淰躍，踊逸也。俗字亦作淰。

侵 陰 闇也。山之北，水之南也。从阜从侌，會意，侌亦聲。易中孚：鳴鶴在陰。按，二在兌澤之中，艮山之下，故稱陰。周書王會：埤上張赤帟陰羽。注：鶴也。詩公劉：相其陰陽。箋：觀相其陰陽寒暖所宜。周禮大司樂：陰竹之管。注：陰竹，生于山北者。柞氏：令剝陰木而水之。注：生山北

爲陰木。公羊桓十六傳：越在岱陰齊。齊策：及之睪黍梁父之陰。注：皆云山北曰陰。叚借爲侌爲暗。易繫辭傳：一陰一陽之謂道。春秋繁露人副天篇：陰，地氣也。周禮大司徒：日西則景朝多陰。疏：即雨也。又禮記祭義：陰陽長短。疏：謂夜也。大荒北經：赤水之北，有神人，是燭九陰，是謂燭龍。注：照九州之幽隱也。又周禮內宰：以陰禮教六宮。司農注：婦人之禮。媒氏：凡男女之陰訟。注：爭中冓之事以觸法者。又大師：陰聲大呂、應鍾、南呂、函鍾、小呂、夾鍾。又素問陰陽類論：三陰者，六經之所主也。又秦策：齊秦之交陰合。注：私也。又史記呂不韋傳：私求大陰人嫪毐爲舍人。謂暗藏之形體也。又爲蔭。書洪範：惟天陰騭下民。馬注：覆也。詩桑柔：既之陰女。釋文謂覆陰也。禮記祭義：陰爲野土。注讀爲依廕之廕。又晉書陶侃傳：大禹惜寸陰。按，日景也。又爲署爲貪。詩小戎：陰靷鋈續。傳：揜軓也。釋名釋車：陰，蔭也。橫側車前所以蔭笭也。又爲㖃爲瘖爲喑。書洪範：陰騭下民。釋文：默也。論語：高宗諒陰。孔注：猶默也。史記萬石張叔傳：陰重不泄。索隱：密也。又爲窨。詩七月：納于凌陰。傳：冰室也。又爲黔。爾雅釋畜：陰白雜毛駰。注：淺黑也。又雙聲連語。後漢竇憲傳：憲陰喝不得對。注：猶噎塞也。聲訓釋名釋天：陰，蔭也。氣在內奧蔭也。又釋形體：陰，蔭也。言所在蔭翳也。古韻文子上德叶陰沈。轉音詩七月叶沖陰。素問生氣通天論叶陰通同從。按，讀如雍。

侵 菳 黃菳也。从艸，金聲。藥艸，今俗以芩爲之。

jìn 唫

寑侵 **唫** 口急也。从口，金聲。謂與吃略同。叚借爲噤。呂覽重言：君呿而不唫。注：閉也。太元唫次二：口唭㘈唫無辭。元衝：唫不通也。元攡：唫則凝形。元錯：唫少與。又爲吟。漢書息夫躬傳：秋風爲我唫。又爲崟。穀梁信三十三傳：必于殽之巖唫之下。又爲念。韓非揚權篇：宗室憂唫。【古韻】韓非揚權叶風、心、唫。

yín 趛

寑 **趛** 低頭疾行也。从走，金聲。按許意从頷省，故訓低頭。字亦作赺。射雉賦：意踗躍以振踊。以踗爲之。

qín 鈙

侵 **鈙** 持也。从攴，金聲。讀若琴。字亦作㪁，作捦。一切經音義：捦篇注：謂以手指捦持。

jǐn 錦

寑 **錦** 襄邑織文。从帛，金聲。按染絲織之成文章也。漢襄邑縣貢織文。今河南歸德府睢州地，渙水睢水之間，染色鮮潤，水性美也。詩碩人：衣錦褧衣。傳：文衣也。終南：錦衣狐裘。傳：文采色也。儀禮聘禮：皆奉玉錦束請覿。注：玉錦，錦之文纖縟者也。禮記中庸：衣錦尚絅。注：衣之美者。釋名釋采帛：錦，金也。作之用功重，其價如金，故其制字从帛與金也。

jīn 裣

侵 **裣** 交衽也。从衣，金聲。衣下旁掩裳際處，誼與衽略同。字亦作衿，作襟。漢書西南夷傳贊：改襟輸寶。注：衽也。【轉注】爾雅：衣皆謂之襟。孫注：交領也。方言四：衿謂之交。注：衣交領也。詩青青子衿。傳：青領也。離騷：霑余襟之浪浪。注：衣眦曰襟。此深衣所謂曲袷，左傳所謂袷襘也。顏氏家訓書證：古者斜領下連于衿，故謂領爲衿。又陸士衡詩：言樹背與衿。注：猶前也。按猶下旁也，謂堂隅。叚借爲紟。禮記內則：衿纓綦屨。詩東山傳：施衿結帨。又爲嬐。漢書司馬相如傳：襟侵尋而高縱兮。注：巾也。史記索隱：襟仰也。按斂也。裣嬐雙聲。【聲訓】釋名釋衣服：襟，禁也。交于前所以禁禦風寒也。【古韻】子衿叶衿、心、音。

qīn 欽

侵 **欽** 欠皃。从欠，金聲。段氏玉裁曰：凡氣不足而後欠，引申之，乃欿然如不足之意。尚書欽哉，皆令其惟恐失之也。攷虞夏商書言欽，周書則言敬。虞夏商書亦欽敬錯見，上曰欽若昊天，下曰敬授民時。又欽哉不曰敬哉，蓋欽敬意略同而辭有別。周書言敬哉，不言欽哉，惟多方有夏之民叨懫日欽，立政帝欽罰之，兩見欽字，某氏傳皆訓爲敬，未知合書意否。愚按段說欠之轉注爲敬，紾嫌紆曲。且欠者息惰放肆之狀，不當爲訓敬本字也。叚借爲頷。爾雅釋詁：欽，敬也。凡人仰首多怠慢忽略意，俛首多敬慎思維意。書堯典：欽明文思安安。馬注：威儀表備謂之欽。禮記內則：欽有帥。注：敬也。或曰凡欽皆借爲念，念常思也。常思者敬，亦與經典用欽處悉合。書盤庚：欽念以忱。猶詩之于時廬旅，論語求善賈而沽諸，不用二念、二廬、二賈，寫書亦隨其便也。存叅。又爲顉。後漢周燮傳：生而欽頤折頞。注：曲頤。又爲吟。西山經：剛山是多神䰠，其音如欽。東山經：空桑之山有獸焉，其音如欽。又疊韻連語。後漢張衡傳：慕歷陵之欽崟。注：山皃。又重言形況字。詩晨風：憂心欽欽。傳：思望之，心中欽欽然。爾雅釋訓：欽欽，憂也。又鼓鐘：鼓鐘欽欽。傳：言使人樂進也。廣雅釋訓：欽欽，聲也。又託名幖識字。西山經：有鳥曰欽原。注：或作爰，或作至也。【古韻】詩晨風叶風、林、欽。鼓鐘叶欽、琴、音、南、僭。

ǎn 顉

侵感 **顉** 低頭也。从頁，金聲。左襄二十六傳：迎于門者，顉之而已。今本以敢爲之。【轉注】按凡人以拜手稽首爲恭，以頤指氣使爲傲，曰不敢仰視，曰俯首而聽，皆低頭畏敬之誼。經典則皆以欽字爲之也。又廣雅釋詁一：顉，動也。一切經音義十一引說文：搖其頭也。列子湯問：顉其頤，則歌合律。釋文：猶搖頭也。叚借爲顩。漢書揚雄傳：顉頤折頞。注：曲頤也。金顩雙聲。

yín 崟

侵 **崟** 山之岑崟也。从山，金聲。字亦作嶔，作礆，作硷。廣雅釋詁四：崟，高也。海賦：沙石之嶔。注：沙石崟岑也。又公羊僖三十二傳：必于殽之嶔巖。上林賦：嶔巖倚傾。甘泉賦：深溝嶔巖而爲谷。皆阻深傾攲之皃。南都賦：嶮巇屹巕。注：山相對而危險之皃。亦雙聲連語。又子虛賦：岑崟參差。羽獵賦：玉石嶜崟。注：高大皃。亦疊韻連語。又吳都賦：礆硷乎數州之間。注：山深險連延之狀。楚辭憫上：叢林兮崟崟。注：眾饒皃。亦重言形況字。

qín 𠪚

侵 **𠪚** 石地也。从厂，金聲。讀若紟。

jiān 黚

咸 **黚** 黃黑也。从黑，金聲。字亦作黔。廣雅釋器：黅，黃也。

gàn 淦

覃勘 **淦** 水入船中也。从水，金聲。或从今聲。按謂朕滲侵淫而入也。【別義】說文一曰泥也。【叚借】託名幖識字。漢書嚴助傳：處之上淦。注：音耿弇之弇。

qín 捦

侵 **捦** 急持衣衿也。从手，金聲。或从禁聲。字亦作擒。按許訓持衣衿，當云从裣省，而但曰金聲，知說解以聲訓，非專謂此字持衣衿也。廣雅釋詁三：捦，持也。三蒼：捦，手捉物也。經傳皆以禽爲之。

xián 銜

咸 **銜** 馬勒口也。从金，从行。銜，行馬者也。會意，金亦聲。莊子馬蹄：詭銜竊轡。釋文：口中勒也。秦策：伏軾撙銜。注：勒也。史記司馬相如傳：銜橛之變。索隱：馬勒銜也。楚辭靈懷：斷鑣銜以馳騖兮。注：餔口鐵也。【轉注】漢書義縱傳：上怒曰：縱以我爲不行此道乎。銜之。注：苞含在心，以爲過也。又封氏聞見記：官銜亦曰頭銜，所以名爲銜者，如人口銜物，取其連續之義。凡銜必備書所官，由今職陞續歷數舊職，包含無遺也。

ān 韽

覃 **韽** 下徹聲。从音，酓聲。謂其聲下達。周禮典同：微聲韽。注：聲小不成也。讀爲飛鉆涅韽之韽。杜子春讀爲闇不明之闇。鄭大夫讀爲

ān 雒　ān 盦　ǎn 媕　yìn 蔭　xīn 廞　qín 琴

鶉鶴之饚。

覃 雒 雜屬。从隹，酓聲。籒文从鳥。字亦作鵪，作鶴。奄酓雙聲。爾雅釋鳥：鴽，鴾母。注：鵪也。廣雅釋鳥：鴽，鵪也。按：鶉黃黑襍文，善門。鶉黃色無文，較大，其鳴以觜插地，聲如牛鳴窌中。呂覽季春注：鴽，鴿也。周雒謂之鴽，幽州謂之鵪。夏小正三月傳：鴽，鵪也。楚辭九思：鶉鵪兮甄甄。注：甄甄，小鳥飛皃。

合 盦 覆蓋也。从皿，酓聲。與弇略同。或曰此謂器皿之蓋。

感 媕 垂頤也。从女，酓聲。韓詩澤陂：碩大且媕。章句：重頤也。毛本則作儼，訓矜莊。叚借為衘。說文：媕，含怒也。又為奄。說文一曰：難知也。又為嬮。廣雅釋詁一：媕，美也。

沁 蔭 艸陰地。从艸，陰聲。字亦作廕。左昭元傳：趙孟視蔭。注：日景也。淮南說林：蔭不祥之木。人間：蔭暍人于樾下。注：木景也。爾雅釋詁：庇，劉。暴樂注：謂樹木葉缺，蔭疏暴樂。漢書敘傳：陰妻之逆。注：謂覆蔽。詩有杕之杜箋：特生陰寡，以陰為之。

侵 廞 陳輿服于庭也。从广，欽聲。讀若歆。爾雅釋詁：廞，興也。小爾雅廣言：廞，陳也。周禮司服：廞衣服。司裘：廞裘。又大司樂：涖廞樂器。大師：帥瞽而廞。典庸器：廞筍虡。司兵：廞五兵。圉人：廞馬。故書或以淫為之。

琴一名 巨今切。

侵 琴 弦樂也。神農所作。洞越練朱五弦，周加二弦。象形。古文从古文瑟，金省聲。篆文琴象形，而瑟从之；古文瑟象形，而琴从之。今隸作琴。廣雅釋樂：神農氏琴長三尺六寸六分，上有五弦，曰宮商角徵羽，文王增二弦，曰少宮少商。按桓譚新論云：文武各加一弦。初學記引琴操同。爾雅釋樂：大琴謂之離。御覽引爾雅注：二十弦。初學記引樂錄云：大琴二十弦，今無此器。按大琴中琴此伏羲所制。初學記引禮記明堂位：古聖善此者，堯傳神人暢，舜歌南風，禹有襄陵操，湯有訓畋操，太王岐山操，文王拘幽操，成王神鳳操，周公越裳操，孔子龜山操、陬操、猗蘭操，皆是也。不見正經，敷列備攷。叚借為冢。水經泚水注：楚人謂冢為琴。又為種。海內經：有都廣之野，冬夏播琴。按此豐臨二部音相通轉，方俗言耳。又託名幖識字。大荒北經：有蟲獸首蛇身，名曰琴蟲。聲訓：說文：琴，禁也。白虎通禮樂：琴者，禁也，所以禁止淫邪，正人心也。七略：雅琴，琴之言禁也；雅之言正也。君子守正以自禁也。古韻：詩鹿鳴叶芩、琴、湛、心；鼓鐘叶欽、琴、音、南、僭。

兂一名 徂箴切。

cén 兂　yín 㐺　yín 䨙　lín 林　jìn 禁　lín 琳

侵 兂 入山之深也。从入从山，會意。音闕。按：玉篇、廣韻讀如岑，姑附臨部。

㐺二名，凡㐺之派皆衍㐺聲。魚音切。

侵 㐺 眾立也。从三人，會意。讀若欽崟。眾从此。周語：人三為眾。偁泰誓：顯于西土。傳：明著岐邠。用為眾字，今本改作岐周。

侵 䨙 霖雨也。南陽謂霖雨曰䨙。从雨，㐺聲。與眾別。爾雅釋天：久雨謂之淫，以淫為之。字亦作霪。廣雅釋言：霪，霖也。釋訓：霪霪，雨也。

林十三名，凡林之派皆衍林聲。力尋切。

侵 林 平土有叢木曰林。从二木，會意。爾雅釋地：野外謂之林。詩車舝：依彼平林。周禮地官序官林衡。舜大林麓。注：竹木生平地曰林。周書文酌：九柯十匠歸林。注：當作材。非是。轉注：廣雅釋詁三：林，眾也。林，聚也。周語：四間林鍾。白虎通五行：林者，眾也，萬物成熟，種類眾多也。周禮大師：函鍾。以函為之。叚借為臨。爾雅釋詁：林，君也。詩賓之初筵：有壬有林。楚辭天問：伯林雉經。左定八傳：林楚。公羊作臨南。○雙聲連語。孝經鉤命決：西夷之樂曰林離。又漢書司馬相如傳：麗以林離。注：摻攡也。又託名幖識字。東京賦：罔林氏之騶虞。注：山名也。又史記匈奴傳：大會蹛林。索隱：或為襤。林、襤聲相近。聲訓：釋名釋山：山中叢木曰林。林，森也，森森然也。又史記律書：林鍾者，言萬物就死氣林林然。古韻：詩兔罝叶林、心；晨風叶風、林、欽；桑柔叶林、譖；泮水叶林、音、琛、金；大明叶林、興、心；賓之初筵叶壬、林、湛。

侵沁 禁 吉凶之忌也。从示，林聲。周禮秋官：使帥其屬而掌邦禁。注：禁，所以防姦者也。囿人：掌囿游之獸禁。注：禁者，其蕃衛也。禮記曲禮：入竟而問禁。注：謂政教。緇衣：君子道人以言而禁人以行。注：猶謹也。轉注：小爾雅廣言：禁，錄也。按：錄者錮之誤字。廣雅釋詁三：禁，止也。獨斷：天子所居曰禁中，禁中者，門戶有禁，非侍御者不得入，故曰禁中。王元長曲水詩序：禁軒承幸。注：乘輿之物通呼曰禁。東京賦：散禁財。注：藏也。又禮記禮器：大夫士棜禁。注：如今方案，隋長局，高三寸。儀禮士冠禮：有禁。注：承尊之器也，名之為禁者，因為酒戒也。鄉飲酒禮：斯禁。注：禁，之切地無足者。士昏禮：有禁。注：所以庪甒者。又後漢徐登傳：但行禁架。注：即禁術也。叚借為紟。荀子非十二子：其纓禁緩。又託名幖識字。周禮鞮屨氏：掌四夷之樂。注：北方曰禁。白虎通禮樂：禁者，言萬物禁藏。字亦變作僸，作伶。東都賦：僸佅兜離。後漢書班固傳作伶。古韻：管子牧民叶禁、淫。

侵 琳 美玉也。从玉，林聲。爾雅釋器：琳，玉也。漢書司馬相如傳：琳珉昆吾。注：玉也。書禹貢：厥貢惟球琳琅玕。鄭注：琳，美石也。則謂借為玪。叚借雙聲連語。楚辭東皇太一：璆鏘鳴兮琳琅。注：琳琅，聲也。

今琴兂㐺林

菻 lǐn　郴 chēn　痳 lín　罧 shèn　惏 lán　淋 lín　霖 lín　婪 lán　綝 chēn　噤 jìn

寑 **菻** 蒿屬。从艸，林聲。字亦作𦼮。廣雅釋草：莪、蒿、𦼮，蒿也。按即爾雅之莪蘿。【叚借】託名幖識字。唐書有西戎拂菻國傳。

侵 **郴** 桂陽縣。从邑，林聲。今湖南郴州。史記黥布傳：擊義帝，追殺之郴縣。【叚借】發聲之詞。方言一：秦晉之閒凡物之壯大而愛偉之謂之夏，周鄭之閒謂之嘏。郴，齊語也。

侵 **痳** 疝病。从疒，林聲。【別義】一切經音義廿引說文：小便病也。聲類：痳，小便數也。【聲訓】釋名釋疾病：痳，懍也。小便難，懍懍然也。

侵沁 **罧** 積柴水中以聚魚也。从网，林聲。按林亦兼意。淮南說林：罧者扣舟。注：魚聞擊舟聲，藏柴下，壅而取之也。罧讀沙糝字。亦作㯥。小爾雅廣獸：魚之所息謂之㯥。㯥，積柴水中而魚舍焉。毛詩：潛有多魚。以潛為之。韓詩：涔有多魚。以涔為之。爾雅：糝謂之涔。注：魚得寒，入其裏藏隱，因以薄圍捕取之。詩潛毛傳：潛，糝也。皆以椹為之。小爾雅廣獸：㯥，糝也。以糝為之。按罧者正字，㯥者別字，潛、涔、糝皆借字。

覃侵 **惏** 河內之北謂貪曰惏。从心，林聲。與婪略同。字亦作啉。左昭二十八傳：貪惏無厭。賈注：惏，貪者也。【轉注】方言二：惏，殘也。陳楚曰惏。大戴保傅：飢而惏。注：貪殘也。【叚借】為懍。風賦：狀直憯悽惏慄。注：寒皃。洞簫賦：惏慄密率。注：恐懼也。亦雙聲連語。

侵 **淋** 以水沃也。从水，林聲。廣雅釋詁二：淋，漬也。【叚借】重言形況字。說文一曰：淋淋，山水下皃。七發：洪淋淋焉，若白鷺之下翔。注：或為㳂字，亦變作㵉。思元賦：漂通川之㵉㵉。注：深皃。又雙聲連語。三蒼：淋漉，水下也。又楚辭哀時命：釗淋離而縱橫。注：長皃。洞簫賦：被淋灑其靡靡兮。注：不絕皃。又借為痳。聲類：淋，小便數也。

侵 **霖** 雨三日以往也。从雨，林聲。爾雅釋天：淫謂之霖。左隱九傳：凡雨自三日以往為霖。楚語：用汝作霖雨。漢書高帝紀：七月大霖雨。後漢安帝紀：霖雨者，人怨之所致。

覃 **婪** 貪也。从女，林聲。與惏略同。字亦作啉。離騷：眾皆競進而貪婪兮。注：愛食曰婪。【轉注】杜林說：卜者黨相詐驗為婪。讀若潭。

侵 **綝** 止也。从糸，林聲。讀若郴。按謂係而止之。【叚借】為良。爾雅釋詁：綝，善也。按令、類、綝一聲之轉。廣雅：祿、良、賴、睞、戾、靈，皆訓善，亦皆與綝為雙聲。是爾雅、廣雅九字，良為正字，其餘皆叚借也。一說綝、徽之善為補治之繕，繕亦善也。存參。王氏念孫以禁止為善，與休戾同，傳會本義，失之。又雙聲連語。思元賦：珮綝纚以煇煌。注：盛皃。後漢張衡傳作綝纚，亦同。

寑沁 **噤** 口閉也。从口，禁聲。楚辭思古：口噤閉而不言。注：閉口為噤。馬汧督誄：下吏之肆其噤害。注：口不言心害之為噤害也。【轉注】西征賦：有噤門而莫啓。注：噤，亦閉也。【叚借】疊韻連語。漢書揚雄傳：蔡澤雖噤吟而笑唐舉。注：頷頤之皃。

品 pǐn　臨 lín　喦 yán　碞 yán　瀶 lín　㐭 lǐn

品五名凡品之派皆衍品聲 丕飲切

寑 **品** 眾庶也。从三口，會意。廣雅釋詁四：品，齊也。品，式也。虞書：五品不遜。傳：謂五常。鄭注：父母兄弟子也。禹貢：厥貢惟金三品。鄭注：銅三色也。鄭語：以品處庶類者也。注：高下之品也。周禮膳夫：品嘗食。注：每物皆嘗之。禮記檀弓：品節斯。疏：階格也。又漢書李尋傳：伏見百里為品。注：同也。言百里內數度同也。又咸宣傳：發覺而弗捕滿品者。注：率也。以人數為率也。又揚雄傳：稱述品藻。注：定其差品。匈奴傳：給繒絮食物有品。注：謂等差也。

侵沁 **臨** 監臨也。从臥，品聲。按隱几視下之稱。爾雅釋詁：臨，視也。方言十三：臨，照也。詩大明：上帝臨女。皇矣：臨下有赫。箋：視也。論語：臨之以莊則敬。皇疏：謂以高視下也。易繫辭：如臨父母。虞注：見也。晉語：臨長晉國者。注：監也。賈注：治也。穀梁哀七傳：春秋有臨天下之言焉。注：撫有之也。西周策：君臨函谷。注：猶守也。以臨韓魏。注：猶伐也。又詩皇矣：與爾臨衝。傳：臨，臨車也。韓詩作隆。臨、隆雙聲。又易澤上有地臨。爾雅釋邱：右高臨邱。按地道尊右也。【轉注】廣雅釋詁一：臨，大也。易序卦傳：臨者，大也。又周禮鬯人：凡王弔臨。注：以尊適卑曰臨。儀禮士虞禮：如臨。注：朝夕哭也。左宣十二傳：卜臨于大宮。注：哭也。【叚借】託名幖識字。水經巨洋水注：臨朐，山名也。在今山東青州府臨朐縣。又雙聲連語。荀子彊國：乃在臨慮。注：今屬相州。按漢書地理志河內郡作隆慮。臨、隆一聲之轉，後避殤帝諱，改曰林慮。今河南彰德府林縣是也。【古韻】易臨象傳叶臨、應。【轉音】詩思齊叶宮、臨。雲漢叶蟲、宮、宗、臨、躬。按讀如隆也。

咸 **喦** 山巖也。从山，品聲。讀若吟。與多言之喦迥別。爾雅釋山：厜㕒。注：謂山峰頭巉喦。【叚借】疊韻連語。琴賦：礧嵔岑喦。注：危險之形。又雙聲連語。西京賦：下嶄巖以喦齴。注：三山形皃也。又重言形況字。思元賦：冠喦喦其映蓋兮。注：冠皃。

咸 **碞** 磛碞也。从石，品聲。讀與巖同。按磛碞，山石之皃。諸賦多作嶄巖。【叚借】為儼。書召誥：畏于民碞。傳：僭也。

侵 **瀶** 谷也。从水，臨聲。凡泉出通川為谷也。【叚借】為凜。說文一曰：寒也。又重言形況字。廣雅釋訓：瀶瀶，雨也。

㐭六名凡㐭之派皆衍㐭聲 力審切

寑 **㐭** 穀所振入。宗廟粢盛，倉黃謹㐭而取之，故謂之倉㐭。从入，回象屋形，中有戶牖。按字會意兼象形。或又从广、从禾。按从广，稟聲。稟以㐭為聲。小篆之廩，轉以稟為聲。又據㐭篆古文㐭，當補古文㐭，象形。詩豐年：亦有高廩。傳：所以藏齍盛之穗也。周禮廩人注：盛米曰廩。荀子榮辱：餘刀布，有囷㐭。注：圓曰囷，方曰㐭。公羊桓十四傳：御廩者，粢盛委之所藏也。漢書五行志：御廩，夫人八妾所舂米

bǐng 稟　lǐn 畬　lǐn 懔　yín 鄩　lǎn 顲　chèn 闖　sān 三

藏以奉宗廟者也周語稟于籍東南注御稟一名神倉又孟子父母
使舜完稟注倉也轉注素問皮部論稟于腸胃注積也聚也假借爲
稟或爲歎爾雅釋言稟靡也舍人注少鮮也孫注歎穀鮮絜也郭注
未詳蓋以經典無靡字按靡卽鮮字或加广耳公羊文十三傳羣公
稟注稟者連新于陳上財令半相連耳以稟連雙聲爲訓鄭氏易坤
文言注則引作羣公慊按周公盛者全用新穀魯公燾者藏陳于舊
底冒之以新聲公稟者新陳相襍新少于陳故爾雅得轉訓鮮鮮者
尟也尟者歎也歎不滿也稟一聲之轉又爲稟管子五行篇故使
爲稟者注給也問篇其餘稟何如注米粟之屬又爲臨或爲理廣雅
釋言稟治也稟理亦雙聲又爲懔左哀十五傳無乃稟然隕大夫之
尽注傾動皃亦單辭形況字漢書循吏傳序此稟稟庶幾德讓君子
之遺風矣注言有風采也亦重言形況字又託名幖識字左莊八傳
公孫無知虐于雍稟史記齊世家作林聲訓釋名
釋宮室稟矜也寶物可矜惜者投之于其中也

寖 **稟** [篆] 賜穀也从㐭从禾會意按㐭聲廣雅釋詁三稟予也四稟祿也
禮記中庸既稟稱事注稍食也漢書文帝紀今聞吏稟當受鬻也
者或以陳粟注給也今稟膳生員字以稟爲之轉注左昭二十六傳
先王所以稟于天地注受也淮南原道稟受無形注給也假員雖欲
勿稟注猶動用也今領受字以領爲之假借爲懔方言六
稟敬也吳楚之間自敬曰稟今稟白字實謹懔之轉注

寖 **畬** [篆] 侵火也从炎㐭聲
讀若桑葚之葚

寖 寖 **懔** [篆] 寒也从仌㐭聲字亦作凜又作懍素問五運行大論其性爲凜
注寒也腎之性也轉注廣雅釋詁一懍敬也埤蒼凜者顏色懼
皃也又懍悽悲吟皃也家語致思懍懍焉若持腐索之扞馬注戒懼
之皃文賦心懍懍以懷霜注危懼皃漢書食貨志而直爲此廩廩也
注危也以廩爲之亦重言形況字又荀子議兵臣
下懍然莫必其命注悚慄之皃亦單辭形況字

寖 **鄩** [篆] 地名从邑畬聲
讀若淫

寖 感 **顲** [篆] 面顲顲皃从頁畬聲王篇引聲類顲面痛
皃按感顲亦疊韻連語疑與顑頷略同

闖一名 丑禁切

沁 **闖** [篆] 馬出門皃从馬在門中會意讀若郴假借單辭形況字公羊
哀六傳開之則闖然公子陽生也注出頭皃蓋突兀驚人意

三一名 穌凡切

三 [篆] 天地人之道也从三數按莊子齊物論二與一爲三古文
弌 三 又从弋按一二三皆从弋弋者表識之意也老子一生二

shān 彡　xún 㝷(尋)　chēn 彤　shēn 曑

二生三三生萬物易師王三錫命荀注三者陽德成也後漢袁紹傳
結恨三泉注三者數之小終又詩綢繆三星在天傳參也箋謂心星
也按心參皆三星而參有四足周時建未之月心昏中建寅之月參
昏中毛謂詩舉昏姻之正期以刺時鄭謂歷舉其失時以刺也假借
爲參考工輈人上三正注讀當爲參弓人有
三均注有三讀爲又參古韻詩標梅叶三今

彡二十二名凡彡之派皆衍彡聲 所凡切

監 感 **彡** [篆] 毛飾畫文也象形數至三而衆故以彡象之漢書高帝紀耐以上
請之注耐本从彡彡毛髮皃也假借託名幖識字後漢西羌傳
元帝時彡姐等
七種寇隴西

侵 **㝷** [篆] 繹理也从工从口从又从寸會意工口亂也又寸分理之彡聲
此與𤔔同意度人之兩臂爲尋八尺也按據艸部蕁下重文當
補或體𢷎从攴今隸作尋俗字亦作𢷎又吳作𢷎又按此字當以度
數爲本義轉注爲繹方言一尋長也周官之法度廣爲尋詩閟宮是
尋是尺傳八尺曰尋儀禮公食禮記加萑席尋注丈六尺曰常半常
曰尋大戴主言舒肘知尋小爾雅度尋舒兩肱也又史記張儀傳跱
閒三尋索隱七尺曰尋按程氏瑤田云度廣曰尋度深曰仞皆伸兩
臂爲度度廣則身平臂直而適得八尺度深則身側臂曲而僅得七

尺其說精覈尋仞皆以兩臂度之故仞亦或言八尺尋亦或言七尺
也字亦作𢷎後漢馬融傳蹲𢷎枝注謂長技也又左成十二傳爭尋
常以盡其民晉語無尋尺之祿按猶言尺寸也轉注尋所以度物故
揣度以求物謂之尋小爾雅廣詁尋用也左莊二十八傳今令尹不
尋諸仇讎昭元傳日尋干戈家語觀周將尋斧柯注皆訓用周語夫
三軍之所尋注討也又方言一𢷎取也聲類𢷎摘物也議郎元賓碑
枉尺直𢷎華山亭碑斷度𢷎廟字亦作𢷎作㩆假借爲燂左哀十二
傳若可尋也亦可寒也賈注溫也儀禮有司徹注引作燅公羊成三
傳尋舊盟也注猶繹也晉語襄于將食尋飯按溫也又爲鄩左襄
四傳斟尋氏注夏同姓諸侯在今山東萊州府濰縣哀元傳作鄩又
爲斜史記張儀傳塞尋谷之口索隱尋斜聲相近又爲深淮南繆稱
不能使無憂尋注憂長也其憂尋推之也注憂深也又疊韻連語漢
書郊祀志寖尋于泰山矣注漸就也晉灼曰遂往之意也按猶浸淫
史記孝武紀索隱尋淫聲相近又託名幖識字大荒北經有岳之山
尋竹生焉注大竹名聲訓左哀十二傳
若可尋也服注尋之言重也尋重雙聲

侵 **彤** [篆] 船行也从舟彡聲與从肉之彤从丹之彤迥別假借託名幖
識字玉篇彤爾雅云祭也又舟行也謂卽高宗彤日之彤

覃 勘 侵 **曑** [篆] [篆] 參商星也从晶㐱聲或省作參按晶象形當是古文參商
字見左傳參西方白虎之宿晉星也三身四足皆明大中

xún 潯　tǎn 襑　xún 鄩　tán 蕁

央有伐科曳亦三星微彡象光大下垂彡即三也彡亦聲今隸作參作曑作叅詩小星惟參與昴傳參伐也夏小正五月參則見傳參也者伐星也禮記月令孟春昏參中按今道光時驚蟄節則昏參中【叚借】爲三方言六參分也周書武順有中曰參易說卦傳參天兩地而倚數虞注三也周禮太宰設其參注謂卿三人箸人八曰巫參注謂參御與右也禮記孔子閒居參于天地注其德與天地爲三也左昭元傳參爲左角服注二十九乘爲參齊策參坐于衞君之前注三人並也漢書律厤志上立則見其參于前也注權衡量三等爲參荀子成相參伍明謹施賞刑注猶錯雜也非相堯舜參牟子注謂有二瞳之相參也大戴保傅有司參夙興端冕注參夙謂三月朝也按此實曑爾之誤字又左哀五傳鄭國參字子思又水經河水注參合徑北俗謂之蒼鶴陘參合倉鶴聲之轉也又爲摻或爲檢爲論莊子天下以參爲驗釋文宜也荀子解蔽參稽治亂注驗也史記禮書參是豈無堅革利兵哉索隱驗也後漢郎顗傳軌參之掾屬注豫也又爲驂史記弟子傳曾參字子與又爲糝儀禮大射儀參七十注參讀爲糝雜也又爲絫之誤字書西伯戡黎乃罪多參在上馬注參字累在上按馬謂參字當作絫積絫在上也又爲陰水經淯水注參辰口左傳襄公九年次于陰口是也服虔曰參南曰陰口者水口也參陰聲相近按杜注鄭地名又爲奮淮南說林參天而發適在五步之內注猶望也又爲槮莊子大宗師元冥聞之參寥李注高也高邈寥曠不可名也又疊韻連語琴賦或參譚繁促注相隨皃又雙聲連語楚辭湘君吹參差以誰思注洞簫也詩關雎參差荇菜疏不齊皃西京賦罔𦄸參差注低仰皃又重言形況字補亡詩參參其穡注長皃【聲訓】論語則見其參于前也皇疏猶森也史記律書參言萬物可參也【古韻】詩小星叶參衾句中韻

蕁 覃　芜藩也从艸尋聲蕁或从爻不从彡字亦作蕁爾雅釋草蕁芜藩注生山上葉如韭一曰提母按即知母也【別義】爾雅釋草蕁海藻注藥草也一名海蘿如亂髮生海中又薚石衣注水苔也一名石髮江東食之按蕁亦苔也生于河者爲魚衣生于海者爲海藻【叚借】爲燂淮南天文火上蕁水下流注讀葛覃之覃

鄩 侵　周邑也从邑尋聲左昭二十三傳郊鄩潰周大夫鄩肸鄩羅之舊邑水經洛水注鄩水于訾城西北東入洛故鄩城在今河南河南府鞏縣【別義】左哀元傳以伐斟鄩按姒姓國在今山東萊州府濰縣西南襄四傳以尋爲之

襑 感　衣博大也从衣尋聲按字亦作衫彡聲尋聲同說文新附衫衣也【聲訓】釋名釋衣服衫芟也芟末無袖端也衫芟雙聲

潯 侵　旁深也从水尋聲廣雅釋邱潯厓也淮南原道故雖游于江潯海裔注厓也讀葛覃之覃江賦㩜杞稹薄於潯涘注引淮南許注水涯也七發弭節乎江潯注引字林水涯也【叚借】爲潭唐始置潯州今廣西之潯江皆是又疊韻連語史記司馬相如傳嬐潯潯而高蹤兮按遂往之意也

cǎn 慘　cǎn 黲　shǎn 㺑　cān 驂　cān 傪　shēn 槮　cēn 篸　càn 謲　sān 犙　chēn 覘

覘 侵　私出頭視也从見彡聲讀若郴與閃略同易所謂闚觀也

犙 覃　三歲牛也从牛參聲

謲 覃　相怒使也从言參聲

篸 侵　篸差也从竹參聲集韻謂與簪同字按參差雙聲連語參有不齊意加竹加木加艸加山皆俗此字後出可刪

槮 侵感　木長皃从木參聲【叚借】爲罧小爾雅廣獸槮槮也積柴水中而魚舍焉又雙聲連語詩關雎槮差荇菜毛本正作參楚辭九辯前櫹槮之可哀西京賦櫹爽櫹槮注皆草木盛皃也

傪 覃　好皃从人參聲【叚借】爲憯方言十三傪惛也憯惡也

驂 覃　駕三馬也从馬參聲王度記天子駕六諸侯與卿四大夫三士二庶人一詩干旄疏引王肅云夏后氏駕兩謂之麗殷益以一

騑謂之驂詩采菽載驂載駟【轉注】詩大叔于田兩驂如舞箋在旁曰驂小戎騧驪是驂箋兩騑也儀禮覲禮以左驂出注騑馬曰驂左定九傳如驂之靳釋文騑馬也衞策拊驂無答服注兩旁曰驂陽給事誄如彼騑駟配服驂衡注在服之左曰驂右曰騑又爾雅釋宫七達謂之劇驂注三道交復有一岐出者釋名釋道驂馬有四耳今此道有七比于劇也【叚借】爲參實爲三左文十八傳而使職驂乘注陪乘也禮記服問唯近臣及僕驂乘疏車右也秦策魏桓子驂乘注三人共載曰驂乘漢書文帝紀乃令宋昌驂乘注驂者三也蓋取三人爲名義耳

㺑 豏　犬容頭進也从犬參聲按說文徐鍇本無此篆【叚借】爲慘說文一曰賊疾也廣雅釋詁三㺑賊也

黲 感　淺青黑也从黑參聲廣雅釋器黲黑也字亦作墋漢高功臣頌上墋下黷注不清澄之皃通俗文沙土入食中曰墋【轉注】廣雅釋詁三黲敗也謂物黴敗色變也通俗文色暗曰黲以慘爲之

慘 感　毒也从心參聲方言一慘殺也十三慘惛也注慘悴惡事也漢書陳湯傳憯毒行于民後漢周紆傳肯慘失中注虐也【轉注】西京賦冰霜慘烈注寒也甘泉賦下陰潛以慘廪兮注寒皃素問至真要大論則凝肅慘慄注寒甚也【叚借】爲憯爲懆慘懆雙聲爾雅釋詁

慘憂也、一切經音義廿二引說文憂皃、詩月出勞心慘兮、釋文憂皃、史記屈賈傳疾痛慘怛、正義毒也、失之、列子楊朱慘于腹、釋文痛也、又詩抑我心慘慘、傳憂不樂也、正月憂心慘慘、傳猶戚戚也、北山或慘慘畏咎、亦重言形況字、又爲懆、爾雅釋訓慘慘慍也、李注憂怒之慍也、亦重言形況字、又爲㜗、廣雅釋詁二慘貪也、釋言慘惕也、又爲黲、通俗文色暗曰黲、登樓賦天慘慘而無色、亦重言形況字、又爲憯、左昭二十傳憯不畏明、注曾也、

沁

滲 下漉也、从水參聲、漢書司馬相如傳滋液滲漉、注謂潤澤下究、楊雄傳澤滲灕而下降、注流貌也、宋孝武宣貴妃誄六祈驂滲、注謂滲漉踰祉福也、素問至眞要大論淡味滲泄爲陽、注滲泄小便也、傳注、廣雅釋詁一、滲盡也、叚借疊韻連語、海賦瀝滴滲淫、注小水津液也、

咸

㜗 婪也、从女參聲、廣雅釋詁二懆貪也、以懆爲之、懆㜗雙聲、

咸

縿 旌旗之游也、从糸參聲、按旌旗正幅游所屬者也、交龍鳥隼之屬皆畫于縿、字亦作幓、爾雅釋天纁帛縿、注衆旒所著、素陞龍于縿、注畫白龍於縿令上向、釋文或作襂、襂襪衫四形、漢書司馬相如傳垂旬始以爲幓兮、注旒也、失之、叚借爲綃、禮記檀弓縿幕魯也、

注、纖也、省參雙聲、又雙聲連語、海賦被羽翮之襂纚、注羽垂皃、

咸　琰

摻 从手參聲、詩遵大路摻執子之袪兮、傳摻擥也、疏摻訓爲斂也、廣雅釋詁一、摻取也、釋言摻操也、按此字隸辨訂卽操、或謂魏避武帝諱改从參、今據詩正義引說文有此字、補附于此、叚借爲纖、方言二、摻細也、斂物而細謂之摻、或曰摻、廣雅釋詁二、摻小也、又爲攕、詩葛屨摻摻女手、傳猶纖纖也、韓詩作纖、按參韱雙聲、亦重言形況字、又爲槮、爲森、淮南俶眞有有者言萬物摻落、注讀參星之參、按讀爲槮、格長大衆多之皃也、

凡九名、凡凡之派、皆衍凡聲、浮咸切、

咸

凡 冣括也、从二、二耦也、从乃、古文及、會意、篆體當作凡、上畫不連、今隸作凡、按據風下古文、當補古文凡、乃者古文及也、又按字疑从乃、从弓、及篆下古文作弓、小爾雅廣詁、凡要也、廣雅釋詁三、凡皆也、三蒼、凡數之總名也、春秋繁露深察名號、凡者獨舉其大事也、號凡而略、名目而詳、書微子、凡有辜罪、鄭注猶皆也、周禮春官序凡內女之有爵者、注無常數之言、宰夫掌官成以治凡、注治凡若月計也、儀禮公食禮凡宰夫之具、注非一也、管子版法計凡付終、注謂都數也、漢書楊雄傳諸略舉凡、而客自覽其切焉、注大指也、叚借託名

幖識字、在隱七年、天王使凡伯來聘、注凡國伯爵、按周公子所封、在今河南衞輝府輝縣西南、僖二十四傳凡蔣邢茅胙祭周公之允也、莊子田子方楚王與凡君坐、司馬注國名、

東　陷

芃 艸盛也、从艸凡聲、詩下泉芃芃黍苗、傳美皃、黍苗芃芃黍苗、傳長大皃、棫樸芃芃棫樸、傳木盛皃、亦重言形況字、字亦作芃、都鄉正衞彈碑芃芃黍稷、至晉葛洪字苑、芃字始別有芃行也、絜也之訓、叚借爲颿、詩何草不黃有芃者狐、傳小獸皃、按疾走也、亦單辭形況字、

東　陷

汎 浮皃、从水凡聲、與泛略同、與氾迥別、字亦作渢、詩柏舟汎彼柏舟、傳流皃、晉語汎舟於河、注浮也、周禮酒正一曰泛齊、釋名釋飲食汎齊浮蟻在上汎汎然也、詩菁菁者莪汎汎楊舟、疏言汎汎然沈物浮物與浮水上、海賦汎汎悠悠于黑齒之邦、注隨流之皃、廣雅釋訓汎汎浮也、左襄二十九傳美哉渢渢乎、注中庸之聲、亦皆重言形況字、叚借爲氾、廣雅釋詁四汎博也、論語汎愛衆、廣也、史記老莊申韓傳汎濫博文、正義浮辭也、漢書谷永傳永于經書汎爲疏達、集注普也、又爲汎之誤字、詩二子乘舟汎汎其景、傳迅疾而不礙也、按字本作汎灑之汎、毛意借爲迅也、管子弟子職汎拚席、注謂汎水而拚也、同又疊韻連語、上林賦汎淫氾濫、注皆鳥在風波自縱漂皃也、

今本誤作沈、又洞簫賦、又似流波泡溲汎㵐、注微小皃、又云波急之聲、古韻詩柏舟叶汎髧句中韻、

東

風 八風也、東方曰明庶風、東南曰清明風、南方曰景風、西南曰涼風、西方曰閶闔風、西北曰不周風、北方曰廣莫風、東北曰融風、風動蟲生、故蟲八日而化、从虫凡聲、按从蟲省、古文从日、按从古文凡聲、字亦作飌、又按東北亦曰條風、易通卦驗立春條風至、左隱五傳正義引作調、廣雅釋天、東北條風、淮南天文距日冬至四十五日條風至、史記律書條風居東北維、主出萬物、條之言條治萬物而出之、春秋考異郵條者生也、諸書皆作條風、惟左昭十八傳是謂融風、注木也、後漢蔡邕傳注融風、艮之風也、與許同、後漢郞顗傳風角、注謂候四方四隅之風、以占吉凶也、廣雅釋言風氣也、風吹也、易說卦傳巽爲風、書洪範曰風、鄭注土氣也、春秋繁露五行五事風者木之氣也、其音角也、楚辭謬諫虎嘯而谷風至兮、注陽氣也、莊子齊物論大塊噫氣、其名爲風、淮南天文天之偏氣怒者爲風、周禮大宗伯飌師雨師、司農注風師箕也、後漢蔡邕傳風者天之號令所以教人也、轉注、廣雅釋器風羽也、按毛羽所以御風、呂覽審時如此者不風、注落也、又素問風論風者百病之長也、善行而數變、又秦策從風而服、注化也、僞書說命時乃風、傳教也、呂覽音初聞其聲而知其風、注俗也、又晉語風聽臚言于市、賈注采也、采聽商旅之言也、又漢書何武傳何恭風指、注謂風采、又甘泉賦奏甘泉賦以風、注不敢

fēng 楓　fěng 諷　lán 嵐　fàn 帆

正言謂之諷廣雅釋詁三風告也按風動風示亦無形而善入有及而皆受之意漢書注風讀曰諷凡幾十見非是〔叚借〕爲放書費誓馬牛其風鄭注走逸也左僖四傳惟是風馬牛不相及也服注放也牝牡相誘謂之風風放雙聲又爲諷周禮大師教六詩曰風曰雅曰頌按風諷也雅疋也頌誦也皆聲樂部分之名詩關雎序風風也教也風以動之教以化之此古聲訓之法非本義也論衡明雩引論語風乎舞雩說風歌也大荒西經太子長琴始作樂風注曲也又爲凡廣雅釋詁三風衆也按猶諸也又爲分淮南原道春風至注或作分合分風雙聲又託名幖識字吳都賦東風扶留注草也〔聲訓〕釋名釋天風兖豫司冀橫口合脣言之風氾也其氣博氾而動物也青徐言風踧口開脣推氣言之風放也氣放散也詩北山或出入風議箋猶放也白虎通八風風之爲言萌也廣雅釋詁一風動也風氾放分萌動皆一聲之轉〔古韻〕詩綠衣叶風心晨風叶風林欽管子版法叶心風任韓非子揚權叶風心唫

豏

軓 車軾前也从車凡聲車前掩輿之版詩小戎謂之陰字亦从卩聲作軛見周禮故書周禮大馭右祭兩軹祭軓杜注當爲軛考工輈人軓前十尺而策半之司農注書或作軛大行人立當前軓今本譌作車軹禮記少儀祭左右軓范以范爲之軌當作軓又詩匏有苦葉濟盈不濡軌唐石經作軓但與牡聲不協毛傳由輈以上之訓亦難據定爲軓爲軌也段氏改毛輈以上爲輈以下殊屬杜撰

覃

嵐 艸得風皃从艸風會意風亦聲讀若婪按埤蒼有嵐字山風也殽阮碑陰有田嵐應璩詩嵐山寒折骨又廣韻岢嵐山名嵐州地名近太康疑卽此嵐字山嵐則借爲岊耳

送

諷 誦也从言風聲周禮大司樂興道諷誦言語注倍文曰諷以聲節之曰誦荀子大略少不諷注謂就學諷詩書也按詩風雅頌三類以風爲之風借爲諷謂背其文雅借爲疋實爲譜譜者記也謂識其事頌借爲誦謂習其聲皆一書部分之名宗廟之事宜誦朝廷之政宜疋鄉國之辭諷之而已詩序上以風化下下以風刺上主文而譎諫言之者無罪聞之者足以戒故曰風周禮大師曰風注言聖賢治道之遺化也漢書地理志繫水土之風氣故謂之風皆古聲訓之法非本字本義〔叚借〕爲風廣雅釋詁四諷諫也後漢李雲傳論禮有五諫諷爲上注諷諫者知患禍之萌而諷告也按風動物而無形故微言婉辭謂之風漢書志傳凡幾十見皆作風注乃云讀爲諷反以借字爲正字失之矣

東

楓 楓木也厚葉弱枝善搖一名欇从木風聲爾雅釋木楓欇欇注樹似白楊葉圓而岐有脂而香孫注生江上有寄生枝高三四尺生毛一名楓子天旱以泥泥之卽雨又楓脂入地千年化爲虎魄漢書司馬相如傳華楓枰櫨注脂可爲香今之楓膠香也大荒南經

xián 咸　fān 颿

黃帝殺蚩尤棄其桎梏爲楓木又其上瘤遇風雨則長曰楓人西京賦梓棫楩楓注香木吳都賦木則楓柙櫲樟注楓柙皆香木名按今樹霜後紅葉可觀無所謂脂香也〔聲訓〕爾雅舍人注楓樹厚葉弱莖大風則鳴故曰楓〔古韻〕楚辭招魂叶楓心南

咸

颿 馬步疾也从馬風聲廣雅釋訓颿颿走也吳越春秋句踐入臣外傳颿颿獨兮西往亦重言形況字〔轉注〕吳都賦樓船舉颿而過肆注船帳也今字作帆按淮南說林遽契其舟桅注桅船弦版也讀如左傳襄王出居鄭地氾之氾一本作桅按桅本作杋从木凡聲非黃木之桅字傳寫誤耳今以桅爲桅竿亦因此致譌許書無杋桅亦不錄帆也左宣十二傳注使不帆風釋文本又作帆

咸三十六名凡咸之派皆衍咸聲　胡緘切

咸

咸 皆也悉也从口从戌戌悉也此字許意以戌爲悉謂造字之叚借愚按造字有省文之叚借無聲近之叚借如會之曾卽增良之匕卽比望之壬卽廷制之未卽味辭之辛卽辠皆省文也造字不得有聲近之借竊謂咸者鹹字之古文齹也从口从戌會意戌傷也戌戌皆爲干支借義所專遂昧本訓而咸又爲僉同借義所奪莫識何从當深思而釐正之矣廣雅釋詁二咸健也疑卽威字从咸會意今从戌者咸省也或曰皆義似从同省戌省聲雖可備一說然鉥析字體不宜爲訓又按咸字亦作喊法言問神狄牙能喊狄牙不能齊不齊之口注喊咽物聲也方言十三喊聲也字从二口猶俗喊之从二心俗暮之从二日俗燃之从二火俗捧之从二手俗剪之从二刀也〔叚借〕爲僉爾雅釋詁咸皆也方言十一備該咸也書堯典庶績咸熙傳皆也詩閟宮克咸厥功箋同也周禮簭人二曰巫咸注猶僉也大司樂大咸注咸池堯樂也堯能殫均刑灋以儀民言其德無所不施禮記樂記咸池備矣魯語小賜不咸注徧也春秋保乾圖天皇于是斟元陳極以立易咸注則也法也又爲感易彖下傳咸感也襍卦傳咸速也臨咸臨虞注感也莊子天運其有機咸而不得已耶司馬注引也又爲含左昭二十一傳窕則不咸按包容也又爲誠詩棠棣序箋周公弔二叔之不咸疏和也又爲椷周禮伊耆氏共其杖咸注讀爲函又爲緘禮記喪大記大夫士以咸注今齊人謂棺束爲緘繩又爲減漢書昭帝紀贊戶口減半萬石君傳九卿咸宣百官表御史中丞咸宣注讀爲減省之減又爲賦爾雅釋邱左高咸邱按地道尚右故左高爲陷也左桓七年焚咸邱在今山東曹州府鉅野縣南又爲钱書君奭咸劉厥敵周書世俘咸劉商王紂按皆殺也又託名幖識字淮南天文咸池者水魚之囿也按房宿上右咸池四星向東左咸池四星向西形皆曲如弓又離騷飲余馬于咸池兮注日浴處也又楚辭自悲屬天命而委之咸池注天神也又東京賦咸池不齊度于䪜咬注引樂緯動聲儀黃帝樂曰咸池又書君奭巫咸乂王家馬注殷巫也又公羊襄四年經陳咸宜咎出奔楚左氏作鍼

jiān 鰔　zhēn 葴　xián 諴　qià 䁍　zhēn 箴

咸 **鰔** 齧也从齒咸聲按卽咸字之或體字亦作喊法言問神狄牙能喊

侵 **葴** 馬藍也从艸咸聲爾雅釋草葴馬藍注今大葉冬藍也子虛賦高燥則生葴菥苞荔【別義】爾雅釋草葴寒漿注今酸漿草江東呼曰苦葴按今燈籠草俗亦名紅姑娘卽夏小正秉識之識爾雅下文蘵黃蒢之蘵也蘵葴短言之漢書司馬相如傳葴持若蓀注寒漿也【叚借】託名幖識字晉語滕葴任句姓也黃帝之後

咸 **諴** 和也从言咸聲書召誥其丕能諴于小民傳和也【叚借】爲諴廣雅釋詁四諴調也釋言諴警也

洽 **䁍** 目陷也从目咸聲廣雅釋詁一䁍視也四䁍陷也

侵 **箴** 綴衣箴也从竹咸聲按聯之使不散製衣時用之先聯之以箴而後縫之以鍼【叚借】爲鍼東山經高氏之山其下多箴石注箴石可以爲砭針治癰腫者漢書藝文志而用度箴石湯火所施注箴所以刺病也按古以砭石爲針今用白金爲之又書盤庚無或敢伏小人之攸箴馬注諫也左宣十二傳箴之曰民生在勤注誡也昭二十六傳子孝而箴注諫也楚語猶箴儆于國注刺也晉語厚戒箴國以待之注猶救也周語師箴注箴刺王闕以正得失也文賦箴頓挫而清壯注箴以譏刺得失又爲鍼廣雅釋詁二箴插也又託名幖識字爾雅釋器一羽謂之箴穆天子傳三𦫵羽百𨍏注十羽爲箴周禮羽人十羽爲審注引爾雅又曰一羽有名蓋失之矣鄭意審箴音近爾雅之摶當作箴首句行也又左宣四傳箴尹克黃注箴尹官名

說文通訓定聲　臨部弟三

jiān 椷　kǎn 顑　xián 麙　gǎn 感

咸 **椷** 篋也从木咸聲廣雅釋器匧謂之椷【叚借】爲含史記天官書閉可椷斂索隱椷字本有函音故字从咸或曰包藏容受之義椷函含三字皆得轉注亦通又爲䤌方言五椷椀也廣雅釋器椷椀也椷䤌雙聲

咸 **顑** 飯不飽面黃起行也从頁咸聲讀若戇按顑頷疊韻連語離騷長顑頷亦何傷注顑頷不飽皃亦疊韻連語

咸 **麙** 山羊而大者細角从鹿咸聲字亦作羬作⿰犭咸爾雅釋畜羊六尺爲羬西山經錢來之山有獸焉其狀如羊而馬尾名曰羬羊【別義】爾雅釋獸熊虎醜其子狗絕有力麙注律曰捕虎一購錢五千其狗半之釋文本作⿰犭咸

咸勘 **感** 動人心也从心咸聲易繫辭感而遂通天下之故虞注動也臨咸臨注感應也管子小稱匠人有以感斤欘注謂深得其妙有應于心者也淮南脩務故在所以感注發也景福殿賦感物衆而思深注猶思也呂覽有度物感之也注感也又張華答何劭詩是用感嘉貺注猶荷也又廣雅釋詁二感傷也又左宣二傳以其私感成二傳釋感于敝邑之地襄二十九傳美哉猶有感釋文本作憾按感以喜心則爲慕感以哀心則爲傷感以怒心則爲怨此義俗又加立心別之小爾雅廣言憾恨也字林憾不安也禮記中庸人猶有所憾注恨也齊語則民不憾注悵也【轉注】詩野有死麕無感我帨兮傳動也莊子山木感周之顙司馬注觸也【叚借】雙聲連語漢書郭解傳少時陰賊感槩按猶忼慨也注感意氣而立節槩非是又荀子議兵善用兵者感忽悠闇注恍忽也解蔽必以其感忽之閒注猶怳惚也

jiǎn 減　hàn 撼　jiān 緘

臻 **減** 消也从水咸聲廣雅釋詁三減少也管子宙合減盡也太元元錯減日損韓詩巧言譖始既減傳少也左文十七傳克減侯宣多注損也昭十四傳不爲末減注輕也禮記祭義禮主其減注猶倦也漢書元帝紀太僕減穀食馬注謂損其數【叚借】爲戔左文十七傳克減侯宣多史記趙世家減二卿按殺也又雙聲連語爾雅釋畜回毛在肘後減陽按猶咸陽與茀方閼廣同爲連語又託名幖識字東山經減水北流注于海其中多鱤魚注一名黃頰按鱤亦卽減加魚傍耳

感 **撼** 搖也从手咸聲字亦作撼廣雅釋詁一撼動也

咸 **緘** 束篋也从糸咸聲廣雅釋器緘索也莊子胠篋則必攝緘縢釋文繩也漢書外戚傳使客子解篋緘未已注束篋之繩也【轉注】淮南主術若發堿決唐注水堿也按亦防禦收束之義字變作堿【叚借】爲感莊子天運其有機緘而不得已耶司馬注引也【聲訓】釋名釋喪制棺束曰緘緘函也古者棺不釘也

說文通訓定聲　臨部弟三

zhēn 鍼　xián 鹹　zhēn ⿰鳥箴　jiān ⿰黑箴

侵 **鍼** 所以縫也从金咸聲字亦作針廣雅釋詁一鍼刺也【轉注】後漢書文苑趙壹傳鍼石運乎手爪注古者以砭石爲鍼按古以石爲之今以金【叚借】爲鉆周禮射鳥氏注幷夾者鍼箭具鍼鉆雙聲

咸 **鹹** 北方味也从鹵咸聲字亦誤作醎按水味也書洪範潤下作鹹周禮瘍醫以鹹養脈白虎通五行水味所以鹹何是其性也所以北方鹹者萬物鹹與所以堅之也猶五味得鹹乃堅也素問陰陽應象大論在味爲鹹注鹹可用柔耎也【轉注】爾雅釋言鹹苦也按鹹甚則苦故苦鹽曰鹽【聲訓】說文鹹銜也素問保命全形論鹽之味鹹注謂鹽之味苦浸淫而潤物者也

侵 **⿰鳥箴** ⿰鳥箴鷀也从鳥箴聲按似鴆蒼黑色其味銳似針或曰卽爾雅之鸕鷀蒸俗云水老鴉史記司馬相如傳⿰鳥箴鴆鴭盧文選上林賦以箴疵爲之

咸 **⿰黑箴** 雖晳而黑也从黑箴聲孔子弟子曾⿰黑箴奚容⿰黑箴皆字子晳莊子庚桑楚有生⿰黑箴也司馬注面有瘢也又引字林⿰黑箴瓮底黑也按字與黬略同箴占雙聲

咸

diàn 驔　tán 䊤　tán 鄿　tán 橝　diàn 簟　shěn 瞫　dàn 嘾　xùn 蕈　dàn 禫　tán 覃　jiān 歛

咸 **歛** 堅持意口閉也从欠緘聲按緘亦意卽金人三緘其口意此字疑後出

覃 **覃** 長味也从㫗鹹省聲古文象文皆从㫗省字亦作𠩺廣雅釋詁一䐗美也叚借爲延爾雅釋言覃延也詩葛覃葛之覃兮傳延也廣雅釋詁二覃長也詩生民實覃實訏傳長也覃延雙聲又爲㑥詩生民箋覃謂始能坐也又爲剡詩大田以我覃耜傳利也覃炎雙聲又爲撢爲探書孔安國序研精覃思釋文深也漢書敘傳揚雄覃思注大也深也後漢侯瑾傳覃思著述注靜也字亦作㢜廣雅釋詁二㢜思也又託名標識字書禹貢覃懷厎績傳近河地名今河南懷慶府武涉縣地

咸 **禫** 除服祭也从示覃聲儀禮士虞禮記中月而禫注祭名也與大祥閒一月自喪至中凡二十七月古文禫或爲導按禫導雙聲訓士虞禮記注禫之言澹澹然平安意也釋名釋喪制閒月而禫亦祭名也孝子之意澹澹然哀思益衰也

寑 **蕈** 桑䕹也从艸覃聲卽桑耳亦呼樹鷄字亦作蕁其生于地者曰菌曰𡰪

咸 **嘾** 含深也从口覃聲

寑 **瞫** 深視也一曰下視也又竊見也从目覃聲左文二傳狼瞫取戈以斬囚按晉人名瞫所謂以類命爲象也

說文通訓定聲　臨部弟三　四十

琰 豔 **簟** 竹席也从竹覃聲方言五籧篨自關而西或謂之簟廣雅釋器簟席也詩斯干下莞上簟箋竹葦曰簟載驅簟茀朱鞹傳方文席也禮記內則斂枕簟注席之親身者喪大記君以簟席注細葦席也〔聲訓〕釋名釋牀帳簟覃也布之覃覃然平正也〔古韻〕詩斯干叶簟寑

覃 琰 **橝** 屋梠前也从木覃聲此誼與檐略同檐橝雙聲〔別義〕說文一曰蠶槌也此誼與栚同栚橝雙聲又通俗文作𣏌訓門楗也按卽廣雅釋室之扊蔡邕月令章句之剡聲類之扊或作扂〔叚借〕爲尋楚辭哀時命擘瑤木之橝枝兮字亦作𣖂吳都賦亦猶踈林蓲擢而與夫橝木能燭也

覃 **鄿** 國也齊桓公之所滅从邑覃聲在今山東濟南府歷城縣東南詩碩人譚公維私大東序譚大夫作是詩左莊十年齊師滅譚皆以譚爲之按譚或談字覃炎雙聲

咸 **䊤** 糜和也从米覃聲讀若鄿按糜以菜盉之爲俗所謂菜粥是也

覃 琰 **驔** 驪馬黃脊从馬覃聲讀若簟詩駉有驔有魚傳豪骭曰驔按爾雅釋畜驪馬黃脊騽說文騽篆說無馬豪骭也疑驔騽本一字

xín 鐔　yín 蟫　niǎn 嫥　tàn 撢　xún 鱏　tán 潭　tán 燂

有兩義耳習者亦短言之

覃 侵 **燂** 火熱也从火覃聲與㷋略同廣雅釋詁三燂爇也字亦作燖禮記內則燂湯請浴釋文溫也考工弓人撟角欲孰于火而無燂注炙爛也儀禮聘禮注惟燖者有膚

覃 **潭** 潭水出武陵鐔成玉山東入鬱水从水覃聲今名福祿江出苗地流至貴州黎平府爲古州江經永從縣南合彩江爲福祿江入廣西界至柳城縣爲卯江又經象州至潯州府曰潯江此廣西之存江也合廣西左江至嶺外入盤江盤江卽古鬱水也唐置潯州今潯江潯陽字皆以潯爲之方言十湘潭之原注潭水名出武陵〔叚借〕爲沈爲深管子侈靡潭根之毋伐注深也吳都賦巖岡潭淵注淵也又爲潯廣雅釋水潭淵也楚辭抽思泝江潭兮注楚人名淵曰潭漢書揚雄傳因江潭而淮記兮注水邊也淮南原道以曲隈深潭相予注深潭向流鏇魚之處又雙聲連語江賦與波潭淹注隨波之皃按猶淡淹也海賦爾其枝岐潭瀹注動搖之皃又託名標識字淮南墬形介潭生先龍注讀譚國之譚〔古韻〕楚辭抽思叶潭心

侵 **鱏** 鱏魚也从魚覃聲傳曰伯牙鼓琴鱏魚出聽字亦作鱘爾雅釋魚鱣注大魚似鱏而短鼻字林鱏長鼻魚也後漢馬融傳魴鱮鱏鯿注鱏口在頷下大者長七八尺按卽鱣鮪也䱜鰽也今呼爲尋黃魚出江海頭與身正半口在腹下體有斜行甲無鱗其肉黃

說文通訓定聲　臨部弟三　四十一

勘 覃 **撢** 探也从手覃聲疑與探同字周禮撢人掌誦王志序官注主撢序王意以語天下〔別義〕蒼頡篇撢持也六書故引唐本說文撢揄也又淮南俶眞撢掞挺挏世之風俗注引也按此雙聲連語

琰 **嫥** 下志貪頑也从女覃聲讀若深

侵 **蟫** 白魚也从虫覃聲爾雅釋蟲蟫白魚注衣書中蟲一名蛃魚按今書中蠹魚形岐尾有粉如銀謂之蠹魚蝕紙不穿侵字不損異于凡蠹相傳三食神仙字化爲脈望者也穆天子傳蠹書于羽陵注暴書蠹蟲因曰蠹書也〔叚借〕重言形況字楚辭悼亂貓貉兮蟫蟫注相隨之皃

侵 覃 **鐔** 劍鼻也从金覃聲廣雅釋器劍珥謂之鐔聲類鐔劍口也莊子說劍以周宋爲鐔釋文謂劍環也漢書韓延壽傳作刀劍鉤鐔注劍喉也句奴傳下注鐔劍口旁橫出者也程易疇先生云鐔者劍首也以其有孔曰口視其旁如耳然曰珥面之曰鼻對末言之曰首謂鼓于莖也首及莖並與劍同物鍱金而成自首至末一體禮記曲禮進劍者左首少儀澤劍首莊子則陽吹劍首者吷而已矣皆所謂

dàn 醰　rù 入　niè 𠭖　jié 疌　shà 萐　shà 箑

鐔也並述在揚州得一古劍劍首形如覆盂宛然而中空以爲諸程說豁然確斯不可易也按劍末曰鋒刃曰鍔其身中隆處曰脊亦謂之臘從臘廣其柄曰夾柄皆曰鐔亦謂之緱又謂之鼻者以其在上取始初之義非而之之謂也趙策吳干之劍無鉤罕鐔蒙須之便操其刃而刺則未入而手斷蓋有孔所以貫繩或飾以環者也〔叚借〕託名幖識字漢書地理志武陵郡鐔成注音淫又音譚〔聲訓〕釋名釋兵劍其旁鼻曰鐔鐔尋也帶所貫尋也

覃 勘 **醰** 酒味苦也从酉覃聲醋甜長味也按鉉本脫會篆酒味苦乃會字說解誤系醰下字亦作䤼廣雅釋器醰甘也魏都賦宅心醰粹注美也洞簫賦良醰醰而有味注引字林醰甜同長味也亦重言形況字

臨之習分部

入十三名凡入之派皆衍入聲　入汁切

緝 **入** 內也象从上俱下也按上字古作二小篆作丄入字非製在李斯小篆後當是象艸木根入地形丨者其榦岐者其根也故與出爲對文易象上傳習坎入坎虞注坎爲入莊子知北遊注然勃然莫不出焉油然漻然莫不入焉注出入者變化之謂耳釋名釋言語入內也內使還也莊子人閒世就不欲入注入者還與同秦策入其社稷之臣於秦注納也吳語其臣箴諫以不入注受也又廣雅釋詁三入得也淮南主術曲直之不相入注中也又左文十五傳僂大城焉曰入之襄十三傳弗地曰入又成十八傳凡諸侯去其國國逆而立之曰入以惡曰復入又周禮媒氏凡娶判妻入子者司農注入子者謂嫁女者也按謂贅壻者也〔古韻〕文子上德叶立入〔轉韻〕詩思齊叶式入按讀如食也

葉 **𠭖** 機下足所履者从止从又會意入聲

葉 **疌** 疾也从止从又又手也屮聲按此字說文當隸屮部屮生疾也从屮𠭖省聲與倢不同〔叚借〕詩終風願言則疌傳跲也此謂疐之誤字釋文本作嚏鄭箋讀爲不敢嚏咳之嚏則爲嚏之誤字

洽 **萐** 萐莆瑞艸也堯時生于庖廚扇暑而涼从艸疌聲白虎通封禪萐莆者樹名也其葉大于門扇不搖自扇於飲食清涼助供養也孝道至則生論衡作萐脯謂廚中自生肉脯薄如萐搖鼓生風

洽 葉 **箑** 扇也从竹疌聲或从妾聲方言五扇自關而東謂之箑淮南精神知冬日之箑注楚人謂扇爲箑寡婦賦覽巾箑以舒悲注扇也淮南說林被裘而以翣翼以翣爲之

感 **寁** 居之速也从宀疌聲字亦作[illegible]爾雅釋詁寁速也舍人注意之速也詩遵大路不寁故也傳速也易豫朋盍簪鄭注王肅注皆訓速謂以簪爲之〔叚借〕託名幖識字史記衛康叔世家寁伯系本作摯伯

葉 **倢** 佽也从人疌聲便利之意字亦作健廣雅釋詁一倢疾也二倢健也三倢次也方言一虔儇慧也宋楚之間謂之倢詩烝民征夫捷捷漢書東方朔傳捷若慶忌後漢方術任文公傳惟文公大小負糧捷步皆以捷爲之漢書揚雄傳靈脩既信椒蘭之唼佞兮注譖言也引詩巷伯唼唼幡幡以唼爲之〔叚借〕爲婕漢書昭帝紀母曰趙倢伃注倢接幸也

緝 **⿰衤疌** 裣緣也从衣疌聲古深衣右自領及衽左自袼及衽皆緣之禮記深衣純袂緣純邊廣各寸半是也詩青青子衿此具父母衣純以青者

葉 **捷** 獵也軍獲得也从手疌聲字亦作㨗春秋莊三十一年齊侯來獻戎捷左傳謂俘公羊注戰所獲物曰捷穀梁傳軍得曰捷爾雅釋詁捷勝也周書謚法捷克也小爾雅廣詁捷成也詩采薇一月三捷左莊八傳捷吾以女爲夫人吳語事若不捷〔叚借〕爲倢小爾雅廣詁捷疾也廣雅釋言捷亟也左成二十六傳不如捷之速也注邪出也晉語不如捷而行注旁出爲捷離騷夫唯捷徑以窘步注疾也荀子君子則事業捷成而有所休注速也淮南兵略百族之子捷捽招杼船注疾取也又廣雅釋詁一捷慧也又爲接爾雅釋詁接捷也小爾雅廣詁捷及也莊子人閒世必將乘人而鬭其捷釋文引續也漢書揚雄傳豈駕鵝之能捷注及也又小爾雅衡兩有半曰捷倍捷曰舉又周禮典瑞司農注駔外有捷盧也疏若鋸牙然按比次相接也又爲插儀禮士冠禮捷柶與大射儀注搢捷也又邾公子萏字捷又爲輒左昭八傳齊公子捷字子車二十四傳齊子淵捷字子車又爲濈呂覽論威捷于肌膚也注養也又發韻速語吳都賦施榮楯而捷獵注高顯貌景福殿賦獵捷相加注相接之貌洞簫賦羅鱗捷獵注參差也又重言形況字詩烝民征夫捷捷傳言樂事也巷伯捷捷幡幡傳猶緝緝也〔古韻〕詩采薇叶業捷及

葉 **婕** 女字也从女疌聲錯本讀若接史記外戚世家尹婕好索隱美好也又承也此以接爲訓漢書外戚傳至武帝制倢伃娙娥傛華充依注倢言接幸于上也以倢爲之按漢制婦官始製此字

洽 **⿺疌臿** 斛也从臿疌聲按斛旁庣也此字从臿缶之臿不从臿臿之臿字亦作𨁳轉注儀禮有司徹注挑謂之敵少牢禮下篇注二七

qiè 緁　dié 蜨　liǎng 从　shí 十　shí 什　zhī 汁

皆有淺斗狀如飯橾以䤿為之。叚借為臿。說文又曰古田器也。爾雅釋器斛謂之𨦟。注古鍤字。方言五臿燕之東北朝鮮洌水之閒謂之斛，趙魏之閒謂之喿。按又借斛喿為銚也。挑䤿喿臿銚鍤斛𨦟皆雙聲通借。

葉 緁 緁 䌌 緶衣也。从糸疌聲。或从習聲。廣雅釋詁一緝緁也。字亦作䌌作𦂽作緤。儀禮喪服傳齊緝也。斬不緝也。以緝為之。通俗文便縫曰䌌。埤蒼䌌衽衣也。今人言䌌疊是也。廣雅釋詁四䌌詘也。二𦂽緤縫也。叚借疊韻連語。羽獵賦鴻絧緁獵注相次皃。

葉 蜨 蜨 蛺蜨也。从虫疌聲。字亦作蝶。廣雅釋蟲蛺蜨𧊅蛈也。莊子至樂烏足之根為蠐螬，其葉為蝴蝶。蝴蝶胥也。

養 从 从 二入也。兩从此。闕。按音義俱闕。兩从此象形，非聲也。不當以兩字之音為音。今附于此。古比字作𠓛，則匕字宜作人，亦从入从象形。

十三名凡十之派皆衍十聲。是執切。

緝 十 十 數之具也。一為東西，丨為南北，則四方中央備矣。於六書為指事。左僖四傳十年疏十是數之小成。詩甫田十千疏十千者數之大成。易屯十年疏十者數之極。損十朋虞注坤數十。孟子或相什伯。文選謝靈運傳論紛披風什注詩每十篇同卷，故曰什。以什為之。

緝 什 什 相什保也。从人十。會意。十亦聲。周禮宮正會其什伍注五人為伍，二五為什。禮記祭義軍旅什伍注士卒部曲也。周書大聚十夫為什。管子立政十家為什。又七法兵也者審于地圖謀十官注軍之部置十官必伍什，則有長，故曰十官。以十為之。轉注 三蒼什聚也。褋也。吳楚之閒謂資生褋具為什物。史記五帝紀作什器于壽丘索隱人家常用之器非一，故以十為數，猶今云什物也。後漢宣秉傳注軍法五人為伍，二五為什，則共其器物，故通謂生生之具為什物。叚借為十。詩鹿鳴之什釋文篇數既多，故以十篇編為一卷，名之為什。又孟子其實皆什一也。漢書食貨志稅謂公田什一注謂十取其一也。又託名幖識字。漢書高祖封雍齒為什邡侯。今四川成都府有什邡縣。

緝 汁 汁 液也。从水十聲。與瀋略同。瀋十一聲之轉。方言三斟協汁也。禮記月令則天時雨汁注雨汁者水雪雜下也。左哀三傳拾瀋釋文北土呼汁為瀋。叚借為協，為叶。周禮鄉士汁日刑殺司農注合也，和也。吳都賦皆謠俗汁協注猶叶也。史晨奏銘汁光之紀。按春秋文燿鉤冬起黑受制，其名叶光紀。言天文五帝座五星也。又為什。王君鄉道碑汁邡王君。聲訓 釋名釋形體汁涕也。涕涕而出也。古韻 弟子職叶立汁。

niàn 廿　sà 𠦃　xì 卌　xí 習　xí 謵　xí 槢　xí 騽　yì 熠

廿一名。人汁切。

緝 廿 廿 卄 二十并也。會意兼指事。古文省多。會意古文。今據說解補。讀若入。叚借為疾。許書竊篆說解廿古文疾。廿疾雙聲。按籒文疾作𤵸，从𥏊省从廿會意。竊字从籒文疾省聲。廿非聲。

卅一名。穌沓切。

合 𠦃 𠦃 卅 三十并也。會意。古文省。古文今據說解補。讀若颯。

卌一名。邑立切。

緝 卌 卌 卌 二廿并也。會意。古文省作四十形。讀若𠿇。廣韻引說文有此字。今據朿部䄷下、林部𣓅下說解補附于此。論語蔡邕石經年卌而見惡焉。古文孝經鄭注卌彊而仕。

習八名凡習之派皆衍習聲。似入切。

緝 習 習 數飛也。从羽从白。會意。飛數則气急見于口鼻，故从白。禮記月令鷹乃學習。轉注 易象下傳君子以朋友講習。論語學而時習之。皇疏習是修故之稱也。周語是皆習民數者也注習簡習也。秦策不習于誦注曉也。呂覽造父始習于大豆注學也。又漢書五行志習狎也。呂覽任數習者曰注習近習也。叚借為疊。易習坎彖傳重險也。虞注常也。又積也。劉注水流行不休，故曰習。書金縢一習吉傳因也。左襄十三傳不習則增修德而改卜注謂卜不吉，又重卜。詩谷風習習谷風傳和舒皃。東京賦肅肅習習注行皃。重言形況字。

葉緝 謵 謵 言謵讋也。从言習聲。讋悚慴失氣之皃。聲類謵傷讋不止也。叚借為習。莊子庚桑楚復謵不餽而忘人釋文𧫷也。又託名幖識字。莊子徐無鬼張若謵朋前馬。黃帝二臣名。

緝 槢 槢 槢木也。从木習聲。叚借為𣚍，或為楪。莊子在宥聖知之不為桁楊椄槢也。司馬注械楔也。崔注桎梏梁也。景福殿賦槢似瓊英注凡楔皆謂之槢。字亦作㯮。

緝 騽 騽 馬豪骭也。从馬習聲。骭有長毛。按爾雅釋畜驪馬黃脊騽釋文本亦作驔。毛詩駟有驔有魚傳豪骭曰驔。疑騽驔本一字有兩義耳。字亦作驔。叚借疊韻連語。洞簫賦嘈𧬆瞱踕注𧬆或作驔。同眾聲疾皃。

緝 熠 熠 盛光也。从火習聲。詩東山熠燿宵行傳熠燿燐也。燐螢火也。按宵行螢也。熠燿飛有光也。又熠燿其羽箋羽鮮明也。笙賦爛熠

zhé 慴　xí 鰼　zhé 摺　jí 襲(集)　jí 嗛　zá 襍

淪以放黜，注：光明皃。

葉 慴 懼也。从心，習聲。讀若疊。與懾、慹皆略同。莊子達生：是故遻物而不慴。釋文：慴，懼也。漢書陳湯傳：萬夷慴伏。注：恐也。

緝 鰼 鰌也。从魚，習聲。爾雅釋魚：鰼，鰌。注：今泥鰌。按：似鱓而短小。〔叚借〕重言形況字。北山經：囂水其中多鰼鰼之魚。注：音褶褶之褶。〔聲訓〕爾雅孫注：鰼，尋也。尋習其泥，厭其清水。

葉 摺 敗也。从手，習聲。與拉略同。廣雅釋詁一：摺，折也。淮南脩務：攘捲一擄，則摺脅傷幹。漢書楊雄傳：范睢以折摺而危穰侯。晉灼注：古拉字也。〔叚借〕爲燮。漢書古今人表：夷王摺。竹書紀年作燮。摺燮雙聲。

集五名凡集之派皆衍集聲。秦入切

緝 集 羣鳥在木上也。从雥，从木，會意。或省从隹木。爾雅釋言：集，會也。廣雅釋詁一：集，安也；三：集，聚也；四：集，同也。詩鴇羽：集于苞栩。傳：止也。小毖：予又集于蓼。箋：會也。晉語：人皆集于苑，已獨集于枯。〔轉注〕廣雅釋詁一：集，正也。左襄二傳：親集矢于其目。疏：矢有羽似鳥，故亦稱集。又昭十七傳：辰弗集于房。注：安也。僞允征傳：合也。又漢書鼂錯傳：動靜不集。注：齊也。又禮樂志：陰陽而不集。注：謂聚滯也。又晉語：不其集亡。注：至也。又淮南說山：雨之集無能霑。注：下也。或曰：借爲湒，亦通。〔叚借〕爲雧。孟子：是集義所生者。注：雜也。漢書東方朔傳：集上書囊以爲殿帷。注：謂合聚也。又爲拾。廣雅釋詁一：集，取也。又爲就。實亦爲雧。小爾雅廣詁：集，成也。廣雅釋詁三：集，就也。詩小旻：是用不集。大明：有命既集。傳皆訓就。黍苗：我行既集。箋訓成。左桓五傳：可以集事。成十三傳：用集我文公。襄二十三傳：知不集也。二十六傳：今日之事幸而集。注皆訓成。按周禮五采五就之就，即雧字，就集雙聲。又爲戢、爲咠。左成十六傳：集睦以事君。釋文本作輯。史記衛世家：爲武庚未集。索隱：和也。漢書荆燕吳傳贊：天下未集。注：和也。孟子音義上：集穆當爲輯穆。又重言形況字。廣雅釋訓：集集，衆也。〔古韻〕詩大明叶集、合。楚辭九辯叶入、集、洽、合。

緝洽 嗛 噍也。从口，集聲。讀若集。字亦作啑、作唼、作㗍。通俗文：水鳥食謂之啑。聲類：唼，鴨食也。字林：蟲食曰唼。曰唼血也。漢書司馬相如傳：唼喋菁藻。注：銜食也。王陵傳：唼血而盟。注：小歠也。〔叚借〕疊韻連語。淮南覽冥：嗂喋苛事。注：猶深算也。

合 襍 五采相合也。从衣，集聲。今隸作雜。廣雅釋詁三：襍，聚也。周禮司常：襍帛爲物。注：以帛素飾其側。儀禮士冠禮：襍裳。注：前元後黃。禮記玉藻：襍帶，君朱綠，大夫元華，士緇。注：猶飾也。又學記：不學襍服。注：冕服皮弁之屬。字或爲雅。〔轉注〕詩女曰鷄鳴：雜佩以贈之。傳：珩璜

qì 咠　jí 卙　qì 鼛　jí 楫　jié 緁　jí 鏶

琚瑀衝牙之類。又易繫辭傳：六爻相雜。虞注：陰陽錯居爲雜。雜卦傳孟注：亂也。廣雅釋詁四：雜，廁也。楚辭招魂：來雜陳些。注：廁也。南都賦：被服雜錯。注：非一也。方言三：荆淮南岱雜齊之閒。注：俗不純爲雜。莊子天下：而九雜天下之川。崔注：所治非一，故曰雜。荀子性惡：雜能旁魄而無用。注：多異術也。賦篇：雜布與錦。注：雜，布也。淮南說山：貂裘而雜。注：猶駮也。本經：故不得雜焉。注：糅也。〔叚借〕爲緁。鄭語：先王以土與金木水火雜。注：合也。楚語：古者民人不雜。注：會也。越語：雜受其刑。注：猶俱也。列子湯問：雜然相許。注：猶僉也。漢書谷永傳：雜焉同會。注：謂相參也。襍焉總萃皃。雋不疑傳：詔使公卿將軍中二千石雜識視。注：共也。又凡獄訟多言雜治之，猶今云會審也。又呂覽論人：圜周復雜。注：猶匝。淮南詮言：以數雜之壽。注：而也。從子至亥爲一而。按即周禮之一就再就。或曰此義借爲帀，亦通。就雜帀一聲之轉。又爲雾。方言十三：雜，猝也。又爲稚之誤字。易雜卦傳：蒙雜而著。唐郭京本正作稚。又疊韻連語。吳都賦：雜襲錯繆。注：重疊也。漢書司馬相如傳：雜襲絫輯。注：相因也。外戚傳：芳雜襲以彌章。注：重積也。蒯通傳：魚鱗雜襲。注：猶沓也。又司馬相如傳：雜遝膠輵以方馳。注：重累也。劉向傳：雜遝衆賢。注：聚積之皃。洛神賦：衆靈雜遝。注：衆皃。洞簫賦：或雜遝以聚斂兮。注：衆多皃。又史記司馬相如傳：雜亩其閒。集解：一云插遝。又託名幖識字。爾雅釋鳥：爰居雜縣。李注：海鳥也。樊注：似鳳皇。郭璞遊仙詩：雜縣寓魯門，風暖將爲災。〔聲訓〕方言三：雜，集也。〔轉注〕鶡冠子度萬叶

緝 鏶 鏶也。从金，集聲。或从咠聲。凡金銀銅鐵錫椎薄成葉者謂之鏶。福國按：讀如賊也。

緝 緁 合也。从糸，集聲。讀若捷。經傳皆以集爲之，或以襍、以就爲之。〔叚借〕爲襍。吳都賦：緁賄紛紜。注：蠻夷貨名也。非是。

咠十一名凡咠之派皆衍咠聲。七入切

緝 咠 聶語也。从口，附耳，會意。字亦作呫。咠呫雙聲。史記魏其武安侯傳：乃效女兒呫囁耳語。集解：附耳小語聲。〔叚借〕爲嗛。儀禮士相見禮注：呫嘗膳。釋文：呫，嘗也。又重言形況字。說文引詩：咠咠幡幡。毛本作緝，傳：口舌聲。

緝 卙 詞之卙矣。从十，咠聲。按：協和也。與戢略同。毛詩板：辭之輯矣。以輯爲之。

葉 鼛 鼓無聲也。从鼓，咠聲。字亦誤作鼛。

葉 楫 舟櫂也。从木，咠聲。字亦作檝。一名櫂，亦曰橈，皆棹之俗字。亦名檥。詩棫樸：烝徒楫之。傳：櫂也。竹竿：檜楫松舟。傳：所以擢舟也。楚辭哀郢：楫齊揚以容與兮。注：船櫂也。漢書賈誼傳：亡維楫。注：所以刺舩也。吳都賦：楫工檝師。注：橈也。又漢書元后傳：輯濯越歌。以輯爲之。

轉注漢書百官公卿表輯濯注輯濯船官也以輯爲之又莊子大宗師是之謂不以心揖道崔注揖所以行舟郭本作捐叚借爲𦃃漢書兒寬傳統楫羣元注聚也又爲楫吕覽明理有若山之楫注林木也聲訓釋名釋船櫂又謂之楫楫捷也撥水使舟捷疾也古韻詩棫樸叶楫、及。

緝 **湒** 雨下也从水咠聲廣雅釋訓湒湒雷雨也字亦作濈作霫作霵叚借疊韻連語說文一曰沸涌皃湁象說解湁湒鬻也史記司馬相如傳湁潗鼎沸索隱引周成雜字水沸之皃海賦湏滭潗潽注沸聲又洞簫賦啾嘈戢嘩跳注眾聲疾皃

緝 **揖** 攘也从手咠聲推其手使前曰揖若今之長揖則古所謂肅也非揖也周禮司儀土揖庶姓注推手小下之天揖同姓注推手小舉之時揖異姓注平推手也儀禮大射儀揖弓注推之也書大傳八十者杖于朝見君揖杖注挾也儀禮聘禮乃退揖注別也轉注漢書王莽傳揖大福之恩注謂讓而不當也後漢劉祐傳延陵高揖注讓也叚借爲厭說文一曰手著胸曰揖按凡辭讓之意禮用揖引進之意禮用厭厭者引手使指按著胸也廣雅釋詁二揖進也公羊僖二傳獻公揖而進之注以手通指曰揖論語揖巫馬期而進之釋文手著胸曰揖周書克殷遂揖之注召也儀禮燕禮公揖卿大夫注揖之入之也字亦作撎或以厭爲之又借爲戢虞書馬本揖五瑞注歛也又爲𦃃漢書郊祀志揖五瑞注合也又重言形况字詩螽斯揖揖兮傳會聚也又爲捐之誤宋書大傳七十者杖于朝見君揖杖注揖當爲去按捐之形誤也古韻詩螽斯叶揖蟄

緝 **葺** 茨也从艸咠聲以茅蓋屋曰茨廣雅釋詁二葺覆也考工匠人葺屋參分左襄三十一傳繕完葺墻楚辭湘夫人芷葺兮荷屋叚借爲緝爲𦃃楚辭悲回風魚葺鱗以自別兮吳都賦葺鱗鏤甲注累也又疊韻連語笙賦泱汸葺襲注重皃

緝 **緝** 績也从糸咠聲凡麻先分其莖與皮曰𣎳而漚之而擦之而劑之然後績之爲縷曰緝詩東門之池箋緝績作衣服釋文西州調績爲緝轉注詩行葦授几有緝御箋續也又方言九所以縣櫂謂之緝注繫櫂頭索也叚借爲繞釋名釋衣服緝下橫縫緝其下也儀禮喪服傳齊緝也疏今人謂之𦅻也又爲熠爾雅釋詁緝光也詩昊天有成命於緝熙周語緝明也文王於緝熙敬止傳緝熙光明也敬之學有緝熙于光明箋緝熙光明也又爲𦃃陽給事誄以緝華裔注眾注會聚也又爲濈爲𦃃後漢蔡茂傳以厭遠近不緝之情注叶也陳蕃王允傳贊人謀雖緝注合也褚淵碑文衣冠未緝注和也又爲熠詩行葦授几有緝御傳緝御踧踖之容也按毛以緝御爲熠懼字又重言形况字詩巷伯緝緝翩翩傳口舌聲

緝 **輯** 車和輯也从車咠聲按此字段氏玉裁據許書列字次弟訂訓車輿當從之列子湯問齊輯乎轡銜之際釋文引說文輯車輿也太元䂓其人有輯航可與過測曰高山大川不輯航不克也叚借爲𦃃爲濈爾雅釋詁輯和也詩板辭之輯矣傳和也許書引作𦃃公劉思輯用光傳訓和睦孟子以戢爲之書無逸傳以集爲之左襄十九傳其天下輯睦又爲𦃃虞書輯五瑞王注合也史記漢書以揖爲之周語和協輯睦于是乎興注聚也晉語其輯之亂注成也漢書高帝紀得輯河北趙地注與集同上林賦𢶍襲案衍注與集同又爲戢虞書輯五瑞傳斂也禮記檀弓蒙袂輯屨注斂也喪大記寢門之內輯之注謂舉之不以杖地也又重言形况字補亡詩輯輯和風注與習同風聲和也古韻詩板叶輯洽

緝 **戢** 藏兵也从戈咠聲詩時邁載戢干戈傳聚也左宣十二傳載戢干戈注藏也周語夫兵戢而時動注聚也小爾雅廣言戢斂也轉注詩鴛鴦白華戢其左翼箋皆訓斂韓詩戢捷也捷其噣于左也則謂借爲插叚借爲插廣雅釋詁二戢插也又爲𦃃爾雅釋詁戢聚也詩桑扈不戢不難傳聚也又爲𦃃爲濈孟子思戢用光又雙聲連語魯靈光殿賦芝栭欑羅以戢孴注眾皃

緝 **濈** 和也从水戢聲經傳多以輯爲之別義南都賦流湍投濈注引埤蒼濈水行出也按字从水當以此爲本訓和爲𦃃之本訓叚借重言形况字詩無羊其角濈濈傳聚其角而息濈濈然也以𦃃以戢爲訓又單辭形况字七啓濈然鳧沒注疾皃古韻詩無羊叶濈聲

㗊一名 阻立切

緝 **㗊** 眾口也从四口會意讀若戢又讀若呶

亼三十二名凡亼之派皆衍亼聲 秦入切

緝 **亼** 三合也从入一象三合之形讀若集按此於六書爲指事篆體當作亼非入一字。

合合 **合** 亼口也从亼从口會意按亼亦聲三口相同爲合十口相益爲叶十口相傳爲古按此即今所用之荅字古或作畣下當从曰不从田爾雅釋言盒然也釋詁合對也左宣二傳既合而來奔注猶荅也襄十傳與伯輿合要疏使其各爲要約言詞兩相辯荅禮記喪服小記屈而反以報之注報合也史記樂書合生氣之和正義合應也叚借爲敆廣雅釋詁四合同也周禮小行人合六幣注同也儀禮鄉飲禮乃合樂注謂歌樂與眾聲俱作士昏禮合巹注破匏也合升注合左右胖升于鼎也考工弓人秋合三材則合注堅密也按上敆字下詒字又淮南原道舒之幎于六合注四方上下爲六合又爲佮詩大明天作之合傳配也周禮媒氏注得耦爲合楚語合其嘉好注

結也合其州鄉朋友婚姻注會也魯語詩所以合意注成也離騷湯禹儼而求合兮注匹也史記樂書天地欣合正義猶蒸也呂覽論威才民未合注交也詩民勞箋合聚也又漢書天文志合散犯守注同舍也素問五行運大論在人合之奈何注謂中外相應又爲詥荀子非十二子合羣者也注謂和合羣衆也呂覽有始夫物合而成注和也古樂以比黃鍾之宮適合注和諧也或曰和諧當爲合對之轉注詥者後出字又爲闔漢書兒寬傳合祛于天地神祇注閉也太元元離一闔一合又爲袷考工函人合甲五屬又爲洽考工弓人春液角則合注讀爲洽又爲匌禮記王制天子不合圍又爲含周禮鬯人注蚌曰合漿又疊韻連語洞簫賦翕合遝以詭譎注盛多皃掎索合沓注重沓也又託名幖識字漢書律厤志合者合龠之量也廣雅釋器龠二曰合廣韻引孟子十圭爲一合又說苑辨物十龠爲一合按量容二千四百黍又史記魏世家西攻秦築雒陰合陽按合水在今陝西同州府郃陽縣詩大明在洽之陽以洽爲之古韻詩小戎叶合軜邑常棣叶合翕大明叶集合楚辭九辯叶入集洽合轉音鬼谷子內揵叶德合得來事按讀如核也

xiá 祫

洽

祫 大合祭先祖親疏遠近也从示合聲周禮三歲一祫按許引禮緯文其時當在孟冬凡毀廟未毀廟之主皆陳于太祖合食故曰祫禮記月令大饗帝疏大饗爲祫也又春秋文二年大事于太廟公羊傳大祫也詩元鳥序祀高宗也箋祀當爲祫古者君喪三年既畢禘于其廟而後祫祭于太祖明年春禘于羣廟自此之後五年而再殷祭一禘一祫春秋謂之大事按祫有二殷祭如今所行歲暮之禮喪畢如今所行升祔之禮鄭氏謂古先有喪畢之禮後因以爲常是也轉注儀禮士虞禮記哀薦祫事注始虞謂之祫事者主欲合先祖也以與先祖合爲安今文曰合事假借爲協詩豐年以祫百禮釋文本作洽聲訓白虎通宗廟祫者合也毀廟之主皆合食於太祖也又禮記王制祫禘祫嘗祫烝注祫合也天子諸侯之喪畢合先君之主于祖廟而祭之謂之祫後因以爲常魯禮三年喪畢而祫于太祖明年春禘于羣廟自爾之後五年而再殷祭一祫一禘按此注明言魯禮詩元鳥序釋文云此箋舊有兩本前祫後禘是前本禘次一祫是後本按前本與王制注同當以後本爲正

dá 荅

合合

荅 小尗也从艸合聲周禮掌客注秠秠麻荅字亦誤作答假借爲畣史記貨殖傳糵麴鹽豉千荅漢書作合注合者相配耦之言耳或以爲苔與台之誤字皆借爲瓵也又爲合書牧誓昏棄厥肆祀弗荅傳當也鄭注問也詩雨無正聽言則荅箋猶距也漢書賈山傳作對儀禮鄉射禮記既發則荅君而俟注對也禮記祭義荅陽之義也注對也漢書郊祀志不荅不饗注應也五行志適不荅茲謂不次注報也又爲疊漢書貨殖傳荅布注白疊也巖厚之布也又單辭形況字莊子齊物論荅焉似喪其耦注解體皃字亦變作嗒又疊韻連語漢書司馬相如傳荅遝離支果名似李

hé 迨

合

迨 遝也从辵合聲行相遝及之意

jiá 跲

洽

跲 躓也从足合聲禮記中庸言前定則不跲注躓也詩終風傳嚏跲也蓋讀嚏爲疐假借爲拾實爲迨廣雅釋詁三跲代也儀禮以拾爲之左國亦以狎爲之又爲給郭究碑幼而有跲

hé 詥

合

詥 諧也从言合聲凡和協字經傳皆以合以洽爲之

hé 敆

合

敆 合會也从攴合聲爾雅釋詁敆合也太元元告下敆上敆注猶合也考工弓人秋合三材以合爲之按今竹木器物鬬枸蕪俗謂之合縫是此敆字

xī 翕

緝

翕 起也从羽合聲鳥將起必先斂翼作勢字亦作翖右形左聲夏小正蜃之與五日翕按飛起也傳合也失之轉注論語翕如也皇疏習也鄭注變動之皃淮南墬形其人翕形注讀脅幹之脅荀子議兵代翕代張注歛也假借爲闔易繫辭傳其靜也翕宋注猶閉也又爲歙爲吸詩大東載翕其舌箋猶引也謂上星相近傳訓合則謂借爲敆太元翕注順也元衝翕也入元錯翕也內又爲斂方言三翕聚也書臯謨翕受敷施傳合也詩般允猶翕河傳合也又爲詥詩常棣兄弟既翕傳合也又爲熻爲熠方言十二翕熾也十三翕炙也字亦變作熻廣雅釋詁二熻爇也論語翕如也集解盛也又雙聲連語甘泉賦翕赫曶霍注盛皃琴賦瑤瑾翕赩注盛皃吳都賦神化翕忽注疾皃蜀都賦翕響揮霍注奄忽之閒也又疊韻連語漢書司馬相如傳翕呷萃蔡注衣張起也魯靈光殿賦祥風翕習以颯灑鸚鵡賦翔不翕習注盛皃吳都賦翕習容裔注音樂之狀又重言形況字爾雅釋訓翕翕訿訿莫供職也又託名幖識字漢書張騫傳傅父號翖侯西域傳有五翖侯古韻詩常棣叶合翕

gē 鴿

合

鴿 鳩屬从鳥合聲形同勃姑勃姑雛也蘸俗謂之水勃姑鴿馴狎可畜于家兩兩相匹不雜交每孕二卵伏十八日而化

tà 鼛

合

鼛 鼓聲也从鼓合聲古文从革按革部有鞈防扞也古書或借鞈爲鼛今刪古文司馬法鼛聲不過閶以閶爲之上林賦鏗鎗闛鞈以鞈爲之字亦作𩎑

合

⿱鼓缶 鼓聾聲从鼓缶聲按卽鼛之誤體當刪

gé ⿰木合

洽

⿰木合 劍柙也从木合聲謂劍匣

hé 郃　jiá 帢　gé 佮　jiā 袷　hē 欱　hàn 頜　gé 匌　qià 洽

合 **郃** 左馮翊郃陽縣。从邑合聲。今陝西同州府郃陽縣。【叚借】爲合。詩大明在郃之陽，毛本以洽爲之。傳：水也。按水經河水又逕郃陽城東注：城南又有瀵水，東流注于河。水即郃水也。縣取名焉。史記魏世家正作合陽。邑以水得名，非水以邑得名也。又爲佮、爲詥。爾雅釋詁：郃，合也。

合洽 **帢** 士無市有帢，制如榼，缺四角，爵弁服，其色韎，賤不得與裳同。司農曰：裳纁色。从市合聲。或从韋。詩瞻彼洛矣：韎韐有奭。傳：韎韐所以代韠也。儀禮士冠禮：韎韐。注：韎韐，縕韍也。士縕韍而幽衡，合韋爲之。士染以茅蒐，因以名焉。士喪禮：設韐帶。注：韐帶用革。疏：韐帶，韎韐、緇帶。按士爵弁服，韐不與裳同色。若皮弁服素韠，則亦同色也。此字字林誤作恰。

合 **佮** 合也。从人合聲。經傳通以合爲之。按配耦之義爲佮，聚會之義爲詥。佮字亦作儈、作念。【叚借】爲欱、爲吸。老子：將欲儈之。顧注：閉塞也。太元廓：陰氣㾏而念之。注：猶合也。又爲佽。說文新附：恰，用心也。字作左心右合。又發聲之詞。唐杜甫詩：野航恰受兩三人。用爲詞之適也、卻也。又重言形況字。杜甫詩：自在嬌鶯恰恰啼。狀鳥之聲。

洽 **袷** 袷衣無絮。从衣合聲。衣有表裏而不著絮者。廣雅釋詁四：袷，重也。史記匈奴傳：服繡袷綺衣。索隱：衣無絮也。字亦作褶、作裌。禮記王藻：帛爲褶。釋文：褶，袷也。喪大記：君褶衣褶衾。注：褶，袷也。【叚借】爲禬。禮記曲禮：天子視不上于袷。王藻：視帶以及袷。深衣：曲袷如矩以應方。注皆訓交領也。王藻：袷二寸。注：曲領也。袷、禬雙聲。或曰禬字之形誤，存參。又爲迨。東京賦：結飛雲之袷輅。注：交車也。【聲訓】釋名釋衣服：褶，襲也，覆上之言也。

合 **欱** 歠也。从欠合聲。按字亦作哈、作齝。淮南氾論：嘗一哈水。注：哈，口也。【轉注】東都賦：欱野歕山。注：吸也。西京賦：欱灃吐鎬。注：歠也。南都賦：總括趨欱。注：言江海欱受諸水。

感 **頜** 顄也。从頁合聲。按實與顄同字，長言曰顄，短言曰頜。耳下曲骨所謂輔車也。方言十：頜、頤，頜也。南楚謂之頜，秦晉謂之頜。廣雅釋親：頤，頜也。公羊宣五傳：絕其頜。漢書作領。長楊賦：皆稽顙樹領。

合 **匌** 帀也。从勹合聲。【叚借】疊韻連語。海賦：磊匌而相豗。注：重疊也。

洽 **洽** 霑也。从水合聲。東京賦：仁洽道豐。注：霑也。漢書終軍傳：是澤南洽而威北暢也。集注：溥也。後漢班固傳：重熙而累洽。注：浹也。杜林傳：咸推其博洽。注：徧也。淮南要略：內洽五藏。注：潤也。【叚借】爲祫。詩載芟：以洽百禮。箋：合也。禮記仲尼燕居：則無以祖洽于眾也。注：合也。管子輕重丁：寡人欲復業產，此何以洽。注：通也。又爲詥。詩正月：洽比其隣。傳：合也。板：民之洽矣。傳：合也。又爲合。詩大明：在洽之陽。傳：洽，水也。又託名幖識字。爾雅釋天：太歲在未曰協洽。李注：言陰陽化生萬物和合。孫注：物生和洽，含英秀也。皆以聲訓。史記作協汁。漢壺子造盛碑作協給。【古韻】詩板叶輯洽。楚辭九辯叶入集洽合。

gé 閤　shí 拾　è 姶　jǐ 給

合 **閤** 門旁戶也。从門合聲。爾雅釋宮：小閨謂之閤。漢書公孫宏傳：開東閤。注：小門也。按今蘇俗所謂腳門是也。或言東閤，或言南閤。西閤唐時御便殿曰入閤，謂立仗于前殿，喚仗則自東西閤入也。凡上書言閤下者，猶言門下、殿下，不敢斥正門之下，謂旁門之下也，猶言下執事也。陸機詩：升降秘閣。注：即尚書省也。其字誤作止屝之閣。今內閣閤下字皆誤作閣。【轉注】方言九：船首謂之閤閭。注：今江東呼船頭屋謂之飛閭是也。【叚借】託名幖識字。水經河水注：閤門河即浩亹河也。按閤浩雙聲，門亹疊韻。

緝 **拾** 掇也。从手合聲。左哀三傳：猶拾瀋也。史記貨殖傳：俯有拾，仰有取。【叚借】爲迨。儀禮鄉射禮：各與其耦讓取弓矢拾。大射儀：拾發以將乘矢。士虞禮記：男女拾踊三。禮記投壺：請拾投。注皆訓更也。幽通賦：匪黨人之敢拾兮。漢書應劭注：更也。左襄二十七傳：晉楚狎主諸侯之盟也久矣。舞賦：車騎並狎。皆以狎爲之。廣雅釋詁三：跲，代也。以跲爲之。又爲涉。禮記曲禮：拾級聚足。注：當爲涉，聲之誤也。又爲韐。詩車攻：決拾既佽。傳：遂也。東京賦注：拾，韝捍著左臂也。周禮繕人：繒弋抉拾。司農注：所以引弦也。儀禮鄉射禮：袒決遂。注：遂，射韝也，以韋爲之。其非射時則謂之拾。拾，斂也，所以蔽膚斂衣也。廣雅釋器：拾，韘也。吳語：百夫決拾。注：捍也。按扞心之革曰韐，故扞臂之革亦曰韐，此韐字之轉注。又廣雅釋器：拾，韘也。按扞指之革亦曰韐。或疑拾字本訓當爲射韝，拾借爲揞，存參。又爲袷。廣雅釋器：拾室，劍削也。

合 **姶** 女字也。从女合聲。左昭七傳：衛襄公嬖人婤姶，生子曰元。【別義】說文一曰無聲。

緝 **給** 相足也。从糸合聲。按此字當訓相續也，故从糸，與緝略同。莊子徐無鬼：王射之，敏給。注：續括也。漢書鼂錯傳：弗能給也。注：謂相連及。【轉注】周語：且財不給。注：供也。事之供給。注：足也。外內齊給。注：備也。晉語：豫而後給。注：及也。漢書王莽傳：不給復憂盜賊治官事。注：暇也。後漢鍾離意傳：經給醫藥。注：謂經營濟給之。又穆天子傳：取槃而給。注：謂得之速也。又禮記仲尼燕居：恭而不中禮謂之給。論語：禦人以口給。皇疏：捷也。後漢鄭炎傳：言論給捷。注：敏也。荀子非十二子：齊給便利。注：急也。臣道：齊給如嚮。注：應事而至謂之給。性惡：齊給便敏。注：謂應之速如供給者也。或曰疾速之義，皆借爲倢，存參。又大戴文王官人：取接給而廣中者。注：謂應所問而對。保傅：接給而善對。注：謂應所問而給也。或曰接給借爲倢荅，存參。

合 **[合虫]** [合虫]蜃屬有三皆生于海雀十歲化爲[合虫]秦謂之牡蠣文[合虫]百歲燕所化魁[合虫]一名復絫老服翼所化从虫合聲今字作左形右聲按魁[合虫]卽爾雅之魁陸亦曰蚶子俗名瓦楞子廣雅釋魚[合虫]蒲盧也禮記月令爵入大水爲蛤字林月望則蚌蛤實月晦則蚌蛤虛也晉語雀入于海爲[合虫]漢書地理志果蓏蠃蛤注似蜯而圓淮南道應方儲龜殼而食蛤梨注蛤梨海蚌也叚借雙聲連語方言八桂林之中守宮大者而能鳴謂之蛤解注似蛇醫而短身有鱗采江東呼爲蛤蚧按唐劉恂嶺表錄異云首如蝦蟇背有細鱗如蠶子土黃色身短尾長多巢樹中旦暮則鳴自呼蛤蚧廣州記云生水中有雌雄狀若小鼠夜卽居松樹上投一獲二是蛤解以聲得名非介屬也

合 洽 **鞈** 鞈防汗也从革合聲據說文列字次弟以爲馬具愚按許誤也防汗玉篇作防扞此字卽考工函人合甲五屬之合亦卽車攻決拾既佽之拾字亦作韐管子小匡輕罪入蘭盾鞈革二戟注鞈革重革當心著之可以禦矢荀子議兵楚人鮫革犀兕以甲鞈如金石注鞈堅皃韝注爲決拾之拾射著左臂所以衞臂與衣者經傳皆以拾爲之又廣雅釋器防汗謂之鞈淮南主術鞅鞈鐵鎧此所以衞馬汗亦當作扞叚借爲鼛說文鼛篆下古文作鞈上林賦鏗鎗闛鞈淮南兵略若鐘之與鞈注鼓鞈聲又託名幖識字大荒北經役采生脩鞈脩鞈殺綽人注讀如單鞈之鞈按讀如袷也

合 **[足荅]** [足荅]跛也从足荅聲方言一[足荅]跳也注古蹋字

合 **榙** 榙榙櫻果似李从木荅聲讀若遝按疊韻連語史記司馬相如傳榙櫻荔枝漢書作荅遝離支亦同注似李出蜀

緝 **郃** 郃地名从邑翕聲按歙篆下丹陽有歙縣疑正字當作郃

緝 葉 **歙** 歙縮鼻也从欠翕聲按與歙與吸略同凡納氣則鼻歙字亦作噏老子河上本將欲噏之必固張之淮南本經開闔張歙精神開閉張歙注皆讀脅叚借託名幖識字說文丹陽有歙縣今安徽徽州府歙縣休寧縣皆其地也或疑此借爲郃存參又漢書辛慶忌傳與歙侯戰注卽翕字又史記傳靳蒯成傳靳歙索隱音翕又借爲翕後漢張衡傳我不忍以歙肩注斂也又爲拹爲擸爲拉淮南主術歙金椎注讀協又爲脅爲劫莊子山木則呼張歙之按力止也釋文斂也非是又重言形況字老子歙歙爲天下渾其心顧注危懼皃釋文一本作渫

緝 **潝** 潝水疾聲从水翕聲字亦作[氵急]上林賦汩[氵急]漂疾叚借重言形況字詩小旻潝潝訿訿韓詩不善之皃爾雅釋訓作翕荀子脩身作噏漢書劉向傳作歙皆同

說文通訓定聲　臨部弟三　卅七

緝 **湁** 湁湁湒鬻也从水拾聲按疊韻連語上林賦湁潗鼎沸史記索隱引郭注水微轉細涌之皃

㬎五名凡㬎之派皆衍㬎聲 五合切

合 **㬎** 㬎衆微杪也从日中視絲會意古文以爲顯字按顯止訓頭明飾凡光明昭著之誼古文作㬎不作顯也讀若斂與顯爲雙聲俗字作顯通俗文欲燥曰㬎廣雅釋詁二㬎暴也今本經傳皆以顯爲之別義說文或以爲繭繭者絮中往往有小繭也按惡絮䋈纊也釋名釋采帛絮牽離煮熟爛牽引使離散如緜縣之類也叚借爲函爲譎說文或曰衆口皃讀若唫唫按譏者唫短言之

合 **濕** 濕濕水出東郡東武陽入海从水㬎聲桑欽云出平原高唐按字亦誤作漯水經河水東武陽縣東有漯水出焉注戴延之謂之武水也又河水東北過高唐縣界注河水于縣漯水注之此水當在今山東曹州府朝城縣東南受河水曲折而北而東至濟南府禹城縣又入河又東北逕遷至武定府濱州利津縣霑化縣海豐縣間爲馬常坑亂河枝流而入海今皆不可考矣書禹貢浮于濟漯孟子瀹濟漯而注之海又左哀二十三傳戰于犂邱注濕也按水經河水注巨漯亭在今山東濟南府臨邑縣西叚借爲溼易文言傳水流濕荀注坤純陰故曰濕也又爲灤之誤字水經濕水出鴈門陰館縣注一曰治水又濕餘水出上谷居庸關東至雍奴縣注濕水入焉俗謂之合口也又重言形況字詩無羊其耳濕濕古韻詩無羊叶濈濕

說文通訓定聲　臨部弟三　卅八

緝 **隰** 隰阪下溼也从阜㬎聲爾雅釋地下溼曰隰李注謂土地窊下常沮洳名爲隰也又可食者曰原陂者曰阪下者曰隰注引公羊昭元傳上平曰原下平曰隰書禹貢原隰厎績詩簡兮隰有苓車鄰隰有栗周禮大司徒辨其山林川澤邱陵墳衍原隰之名物又左襄二十五傳牧隰皋注隰皋水崖下溼管子形勢平原之隰注下澤也淮南時則邸隰水潦注卑也叚借爲墊詩載芟徂隰徂畛箋謂新發田也又爲濕左哀十傳取犂注隰也二十七傳隰之役洞又爲翕爲習古今人表齊隰朋按朋卽鳳字聲訓釋名釋地隰蟄也蟄溼意也書大傳下而平者謂之隰隰之猶言濕也爾雅下溼曰隰舊注隰濕墊也古韻詩皇華叶隰及

緝 葉 **[土㬎]** [土㬎]下入也从土㬎聲字亦作墊廣雅釋詁一墊下也按田塍埒謂之[土㬎]畦界曰下猶壇高曰深也詩載芟徂隰徂畛以隰爲之箋訓隰爲新發田卽下入之意正義言隰指地形失之叚借疊韻連語吳都賦墆[土㬎]鱗接注枝柯相重疊皃

緝 **溼** 溼幽溼也从水一所以覆也覆土而有水故溼也會意兼指事㬎省聲素問五常政大論腎其畏溼注溼土氣也考工弓人必因角幹之溼以爲之柔注溼猶生也字多以濕爲之叚借爲㬎詩中谷有蓷嘆其溼矣按猶乾也傳離遇水則溼箋始則溼中而脩久而乾

sè 澀　sà 𢕟　dié 疊　tà 沓　tà 誻

皆紆曲難通、又爲慹、方言一、澀𡨋也、凡志而不得、欲而不獲、高而有
墜、得而中亡、謂之澀、注澀者、失意潛沮之名、字亦變作儑、荀子不苟
窮則弃而儑、又爲温之誤字、書禹貢厥土惟
塗泥、傳地泉濕、〔古韻〕詩中谷有蓷叶濕泣、

澀二名、凡澀之派、皆衍澀聲、色立切、

緝 **澀** 不滑也、从四止會意、讀與濇同、字亦作澀、方言十、吃或謂之澀、注語澀難也、又怩怩慙澀也、決澀猶苦也、廣雅釋詁三、澀難也、石門頌道路澀難、〔叚借〕爲翣、周禮喪祝注、四翣之屬、又疊韻連語、吳都賦澀譶澩漻、

合緝 **𢕟** 行皃、从彳澀聲、一曰此與駛同、〔叚借〕疊韻連語、琴賦紛𢕟譶以流漫、注𢕟不及也、𢕟譶聲多也、

疊一名 徒祫切、

葉 **疊** 楊雄說以爲古理官決罪、三日得其宜乃行之、从晶从宜會意、亡新以爲从三日太盛、改爲三田、按說文多部云、重夕爲多、重日爲疊、从宜猶从多也、或曰絫、絫者莫多于星、从晶古星字、蒼頡篇疊重也、積也、按書呂刑何度非及、以及爲之、廣雅釋詁三、疊厚也、太元樂陽始出奧舒疊、注積也、〔轉注〕廣雅釋言、疊懷也、按謂褱孕重身也、又釋詁四、疊詘也、按謂衣裳襞積也、又史記貨殖傳荅布皮革、索隱引吳錢九德郡布名曰白疊、廣志疊毛織也、字亦作氎、作㲲、作䞶、〔叚借〕爲讋、爲慴、詩時邁莫不震疊、傳懼也、韓詩章句訓應也、則謂借爲荅、吳都賦鉦鼓疊山、注振疊也、又爲䵾、謝元暉鼓吹曲疊鼓送華輈、注小擊鼓謂之疊、又爲墊、廣雅釋詁二、疊𡋲也、

沓八名、凡沓之派、皆衍沓聲、徒合切、

合 **沓** 語多沓沓也、从曰从水會意、與左水右曰之汩聲義俱別、詩十月之交噂沓背憎、傳沓猶沓沓、孟子泄泄猶沓沓也、〔叚借〕爲佮、小爾雅廣言沓合也、楚辭天問天何所沓、羽獵賦天與地沓、注皆訓合、開元占經引巫咸云、諸舍精相沓爲合、又爲疊、顏氏家訓書證重沓是多饒積厚之意、又爲鍩、漢書外戚傳切皆銅沓黃金塗、謂以銅冒門限、又爲䛟、鄭語其民沓貪而忍、注黷也、又爲涾、七發發怒庢沓、注引埤蒼沓釜沸出也、又託名幖識字、說文遼東有沓縣、按漢書地理志遼東沓氏、應劭曰沓水也、師古曰凡言氏者、皆謂因之而立名、在今盛京奉天府遼陽州有沓渚、又史記扁倉傳病苦沓風、索隱沓風病之名也、又重言形況字、漢書禮樂志騎沓沓、注疾行也、又疊韻連語、洞簫賦薄索合沓、注重沓也、

合 **誻** 譅誻也、从言沓聲、謂語相反誻、〔叚借〕爲沓、荀子正名愚者之言、誻誻然而沸、注多言也、亦重言形況字、

tà 餂　tà 䃊　tà 涾　tà 揩　tà 嚃　tà 鍩　tà 譶　zhá 霅　tà 龖　zhé 讋　xí 襲

合 **餂** 歠也、从舌沓聲、字亦作嚃、禮記曲禮毋嚃羹、注爲不嚼菜、埤蒼嚃歠也、沓罕雙聲、

合 **䃊** 舂已復擣之曰䃊、从石沓聲、

合 **涾** 涫溢也、今河朔方言謂沸溢爲涾、从水沓聲、海賦長波涾濊、注涾濊相重之皃、亦雙聲連語、

合 **揩** 縫指揩也、从手沓聲、讀若眔、以革爲之、其以金者爲鍩、今蘇俗謂之鍼𧛢、〔轉注〕說文一曰韜也、謂劍衣、字亦作韜、按射韝亦曰臂揩、或疑此字本訓爲射韝、縫指揩當从金、存參、

合 **嚃** 俛伏也、从女沓聲、一曰意伏也、

合 **鍩** 以金有所冒也、从金沓聲、左昭二十五傳郈氏爲之金距、服注以金鍩距也、說文韐篆云韐嵩鍩也、或疑縫指揩亦即此字、而揩當訓射韝、經傳以拾爲揩、

譶二名、凡譶之派、皆衍譶聲、徒合切、

合 **譶** 疾言也、从三言會意、讀若沓、〔叚借〕疊韻連語、吳都賦澀譶澩漻、注譶不止也、琴賦紛𢕟譶以流漫、注𢕟譶聲多也、

葉洽 **霅** 霅霅震電皃、从雨譶省聲、字亦作霎、作霅、漢書楊雄傳霅然陽開、注散也、亦單辭形況字、荅賓戲霅煜其間者、注光明之皃、亦疊韻連語、〔別義〕廣雅釋訓、霅霅雨也、亦重言形況字、後漢馬融傳霅𩂣落、注雨也、亦單辭形況字、〔叚借〕爲譶、說文一曰眔言也、又疊韻連語、吳都賦𩄻霅驚捷、注走疾皃、笙賦霅曄岌岌、注急疾皃、

龖三名、凡龖之派、皆衍龖聲、徒合切、

合 **龖** 飛龍也、从二龍會意、讀若沓、

葉 **讋** 失气言也、从言龖省聲、傅毅讀若慴、籀文不省、與慴𨛰同、漢書項籍傳諸將讋伏、張湯傳羣臣震讋、東都賦陸讋水慄、注引說文失氣也、羽獵賦竦讋怖、注恐懼也、〔叚借〕爲𧬈、淮南氾論因其資以讋之、按猶斂也、注忌也、失之、又爲譶、說文一曰不止也、

緝 **襲** 左衽袍也、从衣龖省聲、籀文不省、凡斂死者左衽不紐、〔叚借〕爲褺、漢書昭帝紀賜衣被一襲、注一稱也、猶今言一副、後漢東平憲王蒼傳乃命留五時衣各一襲、注衣單複具曰襲、又禮記內則寒不敢襲、注謂重衣、又玉藻服之襲也、充美也、按凡澤衣之上、如冬則加裘、裘上有裼衣、裼衣上又有正服、皆同色、非盛禮則以見美爲敬、開正服之前衿、袒出左袖而見裼衣、謂之裼、盛禮則以充

jí 及

美爲敬不露裼衣謂之襲又西京賦張甲乙而襲翠被注服也又掩藏之曰襲故左莊二十九傳凡師有鐘鼓曰伐無曰侵輕曰襲晉語襲侵密聲爲蹔事也白虎通誅伐掩人不備行不假途人銜枚馬勒縕晝伏夜行爲襲也又孟子非義襲而取之也注密聲取敵曰襲又周禮胥師襲其不正者注謂掩捕又周書小明武無襲門戶注掩也又老子是謂襲常注藏也又禮記少儀劍則啓櫝蓋襲之注卻合之也按置函于蓋上則函掩蓋也或曰此義皆借爲戢存參又爲㬎廣絕交論注引說文因也小爾雅廣詁襲因也廣雅釋詁四襲重也禮記表記卜筮不相襲注因也左哀十傳卜不襲吉注重也爾雅釋山山三襲陟注亦重也漢書楊雄傳襲琁室與傾宮兮注繼也外戚傳㶿變相襲注重累也楚辭懷沙重仁襲義兮注仍也素問六節藏象論五運相襲注如嫡之承襲也又爲協爲叶爲佮小爾雅廣言襲合也禮記中庸下襲水土注因也按協也荀子不苟齊秦襲注合也淮南天文天地之襲精爲陰陽注合也而天地襲矣注和也又爲接廣雅釋詁一襲及也楚辭少司命芳菲菲兮襲予注及也史記屈賈傳襲九淵之神龍兮集解覆也猶言察也按接也淮南精神而邪氣不能襲注猶因也亦入也左昭二十八傳故襲天祿注受也又爲墊公羊僖十四傳襲邑也注襲者嘿陷入于地中春秋元命苞沙鹿襲邑是注猶淪也又爲匧爲匣王命論思有短褐之襲注別引字林襲大篋也又爲袷儀禮士喪禮古文襚者以襲聲訓釋名釋喪制衣尸曰襲襲匝也以衣周匝覆衣之也又晉語帝命曰使晉襲于爾門管子君臣下狡婦襲主之請莊子大宗師以襲氣母淮南覽冥襲穴而不敢咆吳都賦聊襲海而徇珍注皆訓入也或曰注皆謂借爲入存參〔古韻〕賈誼新書容經篇引詩叶襲入

說文通訓定聲 臨部弟三

及十七名凡及之派皆衍及聲 巨立切

緝 **及** 逮也从又从人會意與隶同意古文作乁秦刻石如此古文又作弓又作遘遘疑逮字之異體

按據風下古文又有古文乂當補方言三迨遝及也爾雅釋詁及與也詩氓及爾偕老箋與也左宣七傳凡師出與謀曰及管子君臣上及下之事謂之稱注猶預也又廣雅釋詁一及至也儀禮聘禮及期注猶至也又廣雅釋詁四及連也公羊莊十二傳及者何累也又莊二傳一生一及注兄死弟繼曰及荀子儒效周公屏成王而及武王注繼也又管子大匡豈及彭生注如也淮南脩務堯舜之聖不能及注猶如也又晉語往言不可及注追也管子大匡及齊君之能用之也注猶就也〔假借〕爲蠱書呂刑何度非及按審慎得宜也史記周本紀作何居非其宜是也墨子尚賢謂堯舜禹湯之道可及失之〔聲訓〕公羊隱元傳及猶汲汲也詩摽有梅疏言及者汲汲之辭〔古韻〕詩燕燕叶泣及中谷有蓷叶濕泣及皇華叶隰及棫樸叶楫及蒸民叶業捷及〔轉韻〕呂覽辨土叶鞅及按讀如潔也

jī 芨　xī 吸　jí 彶　sà 趿　sǎ 靸　jí 极　jí ⿸疒及　gé ⿰巾及　jí 伋

緝 **芨** 堇艸也从艸及聲讀若急字亦作苙爾雅釋草芨堇草按芨堇一聲之轉一名蘿亦曰蒴藋生田野莖有節節閒生枝有五葉大如水芹其花白其子初青熟紅郭注爾雅以烏頭之堇當之非是廣韻烏頭別名芨今俗謂之白芨亦輾轉致譌〔假借〕爲及抱朴子論僊白芨料大椿按莊子朝菌司馬注一名日及爾雅木槿注或呼日及日又誤白

緝 **吸** 內息也从口及聲與歙與歆略同字亦作噏素問離合眞邪論吸則內鍼注謂氣入莊子齊物論吸者叫者司馬注若噓吸聲〔假借〕爲歙廣雅釋詁四吸飲也又爲扱太元元圖邪謨高吸注取也又雙聲連語漢書楊雄傳吸嚊潚率注吸嚊開張也史記司馬相如傳噏呷萃蔡集解衣裳張也又重言形況字楚辭思古雲吸吸以湫戾注雲動皃

緝 **彶** 急行也从彳及聲字亦作伋廣雅釋訓彶彶劇也莊子天地伋伋乎耕而不顧釋文耕人行皃〔假借〕爲仡字林伋勇壯皃伋仡雙聲

合 **趿** 進足有所擷取也从足及聲爾雅曰趿謂之擷按擷卽襭字爾雅釋器扱衽謂之襭詩芣苢毛傳扱衽曰襭說文襭下亦曰以衣衽扱物是爾雅無趿謂之擷文許誤記耳廣雅釋訓趿趿行也按趿與彶略同

說文通訓定聲 臨部弟三

合 **靸** 小兒履也从革及聲讀若沓字亦作鞜廣雅釋器靸履也急就篇靸鞮卬角褐韤巾顏注靸謂韋履頭深而兌平底者也今俗謂之跣子長楊賦革鞜不穿注舄也〔假借〕爲彶漢書司馬相如傳汩減靸以永逝兮注靸然輕舉意也又疊韻連語吳都賦靸霅警捷注走疾皃〔聲訓〕釋名釋衣服靸襲也以其深襲覆足也

葉 **极** 驢上負也从木及聲讀若急字亦作笈史記蘇秦傳負笈從師周處風土記笈謂學士所以負書箱如冠箱而卑者也按如今扁箱便于行李廣韻极驢上負版安增一版字或謂如今馱鞍非也

合 **⿸疒及** 病劣也从疒及聲字林⿸疒合肥⿸疒合⿸疒及

合 **⿰巾及** 蒲席齡也从巾及聲讀若蛤所以屯米亦名䉶按字从巾未詳疑卽帢字幍字帽也通俗文帛幘曰帢

緝 **伋** 人名从人及聲按當訓急思也孔子孫伋字思孔子弟子燕伋亦字思尚書大傳伋然淵其志注訓播然變動皃失之及番聲亦遠隔荀子解蔽空石之中有人焉其名曰觙其爲人也善射以好思注觙字未詳所出或假設喻耳按卽伋字也又詩新臺序衛伋子左桓十六傳作急晉顧命齊侯呂伋左昭十二傳作級未詳孰是

合 **馺** 【篆】馬行相及也。从馬从及，會意，及亦聲。讀若爾雅小山馺大山峘。方言十三：馺，馬馳也。廣雅釋詁一：馺，及也。漢書揚雄傳：輕先疾雷而馺遺風。注：疾意也。【叚借】疊韻連語。文賦：紛葳蕤以馺遝。注：多皃。【雙聲連語】西京賦：馺娑駘盪。注：皆臺名。

緝 **岋** 說文新附：山高皃。从山及聲。爾雅釋山：小山岌大山峘。注：謂高過埤蒼：峘，大山岌高也。錢氏坫云：晉書地道記：恒山北行四百五十里得恒山岋，號飛狐口。知峘即北嶽恒山字，猶大山宮小山爲南嶽霍山也。愚按：岋者汲也，峘者緪也。山小而長，控大山之前，如緪索，故名峘，猶小山別大山爲鮮。吳都賦、長笛賦注皆引作巘。詩公劉之在巘，即巘也。說文馺下作小山馺大山，是岋後出字。岋訓高亦後出義，若高過大山，不得謂之小矣。說文無岋，今姑附于此。字又作岌，作岋。【叚借】重言形況字。廣雅釋訓：岌岌，高也。岌岌，盛也。離騷：高余冠之岌岌兮。注：高皃。孟子：天下殆哉岌岌乎。注：不安皃。張公神碑：魚岌岌兮踊躍。又單辭形況字。莊子列禦寇：殆哉圾乎。仲尼注：危也。羽獵賦：天動地岋。注：動皃。又雙聲連語。江賦：陽侯砐硪以岸起。注：搖動皃。

緝 **急** 【篆】褊也。从心及聲。字亦作㤂，左形右聲。書洪範：曰急。鄭注：急促自用也。禮記曲禮：急繕其怒。注：猶堅也。王制：國無六年之蓄曰急。管子問衆：知人急則衆不亂。注：謂困難也。淮南繆稱：㤂于不知己者。說苑尊賢：急張者良材也。【轉注】呂覽任地：急者欲緩。注：謂強剛土也。

【叚借】爲亟。詩六月：我是用急。鹽鐵論繇役：則作戒。呂覽情欲：邪利之急。注：猶先也。首時：似緩而急。注：謂成功也。急亟雙聲。又爲竟。廣雅釋詁一：急，盡也。又爲愿之誤字。荀子王制：抃急禁悍。注：當爲析愿。【聲訓】釋名釋言語：急，及也。操切之使相逮及也。【古韻】離騷叶急立，天問叶悒急。【轉音】詩六月叶飭服熾急國。爾雅釋訓叶極德直力服急息。按讀如亟也。

緝 **汲** 【篆】引水于井也。从水从及，會意，及亦聲。廣雅釋詁一：汲，取也。易井：可用汲。【轉注】考工匠人：大汲其版。注：引也。穀梁襄十傳：汲鄭伯。注：猶引也。【叚借】爲彶。禮記問喪：望望然汲汲然。莊子盜跖：狂狂汲汲。漢書揚雄傳：不汲汲于富貴。注：欲速之義。亦重言形況字。【古韻】易井叶食惻汲福。

洽 **扱** 【篆】收也。从手及聲。方言十三：扱，擭也。廣雅釋詁一：扱，取也。扱，引也。爾雅釋器：扱衽謂之襭。禮記曲禮：以箕自鄉而扱之。釋文：斂也。鄭注：讀曰吸，以箕有舌也。【叚借】爲及。儀禮士昏禮：婦拜扱地。注：手至地也。又爲插。廣雅釋詁二：扱，插也。儀禮士冠禮注：扱柶于醴中。

緝 **級** 【篆】絲次弟也。从糸及聲。【轉注】廣雅釋言：級，等也。禮記曲禮：拾級聚足。注：等也。聲類：級，階次也。又月令：以別貴賤等級之度。又授車以級。注：等次也。又論語摘輔象：明由曉升級。注：等差也。五聖受道級。注：次序也。後漢光武紀：斬首數千級。注：秦法，斬首一，賜爵一級，故因謂斬首爲級。

合 **鈒** 【篆】鋋也。从金及聲。小矛，用以戳，與酋矛之建于車者異。籍田賦：瓊鈒入藥。注：闟與鈒音義同也。東京賦：闟戟轇轕。注：闟，鋋也。史記商君傳：持矛而操闟戟者。索隱：闟亦作鈒，同。按皆以闟爲之。【聲訓】續漢輿服志注：闟之言函也，取四函函車邊。

㚔十二名凡㚔之派皆衍㚔聲 尼入切

葉 **㚔** 【篆】所以驚人也。从大从羊，會意。一曰大聲也。讀若籋。謂形聲字，張參五經文字引說文从大从干，按干上爲辛，羊上爲辛，大羊爲㚔。統言曰㚔。【別義】說文一曰俗語以盜不止爲㚔，讀若瓠。按：漢書地理志北海郡瓡。注：即執字。疑㚔形誤爲瓜，因又讀瓠也。

緝 **執** 【篆】捕辠人也。从丮从㚔，會意，㚔亦聲。字亦作𢶯。廣雅釋言：執，脅也。禮記檀弓：而妻妾執。注：拘也。孟子：執之而已矣。注：辠陶執之耳。呂覽慎行：使執連尹。注：囚也。【轉注】易遯：執之用黃牛之革。虞注：艮爲手，稱執。詩：執競武王。箋：持也。韓詩：服也。禮記少儀：執君之乘車。注：執蹔也。喪大記：士與其執事則斂。注：執或爲㬪。又曲禮：執爾顏。注：猶守也。樂記：而吾子自執焉。注：猶處也。中庸：足以有執也。疏：猶斷也。左僖二十七傳：作執秩以正其官。注：主也。淮南主術：人主之所以執下。注：制也。荀子堯問：執一無失。注：專意也。夏小正：執養宮事。傳：操也。

【叚借】爲槷。周禮校人：執駒。司農注：無令近母，猶攻駒也。禮記月令：則執騰駒。釋文：蔡本作槷。又爲接。禮記曲禮：執友稱其仁也。注：志同者。荀子堯問：貌執之士者百有餘人。注：猶待也。又爲褻，實爲㬪。越語：而又與大國執讎。注：猶結也。按猶莊二十八傳：婦人不忘襲讎。襲，亦重也。又爲慹。漢書陳萬年傳：豪彊執服。又爲織。楚辭靈懷：執組者不能至兮。注：猶織組也。執，織，雙聲。又託名幖識字。爾雅釋天：太歲在辰曰執徐。李注：伏蟄之物皆振舒而出，執，徐舒也。蟄舒。辭費。【聲訓】釋名釋姿容：執，攝也。使畏攝已也。謂借爲

緝 **蓺** 【篆】艸木不生也。从艸執聲。玉篇引作草木生也。周語：墾田若蓺。注：猶蓺也。失之。蓺種之蓺即埶字，與此迥別。【別義】說文一曰：茅芽也。或謂周語之蓺言蕪薉不治，如茅芽也。

葉 **⿱執足** 【篆】⿱執足，足也。从足執聲。按猶躡也。字亦作跕，作蹀，作跇。漢書地理志：女子彈弦跕躧。注：謂輕躡之也。史記貨殖傳：鼓鳴瑟，跕屣。集解：履也。執占一聲之轉。又聲類：蹀，躡也。廣雅釋詁一：蹀，履也。南都賦：羅襪躡蹀而容與。注：蹈也。列子黃帝：宋康王蹀足謦欬疾言。漢書文帝紀：新喋血京師。注：蹀，謂履涉之耳，則以⿱執足爲之。又廣雅釋訓：跇跇，行也。【叚借】爲渫。桐柏碑：蹀𡩃濟遠。又重言形況字。後漢馬援傳：飛鳶跕跕墮水中。注：墮皃也。

zhé 謺　jìn ⿱執羊　diàn ⿱宀執　dié 褺　zhí 慹　diàn ⿱雨執　zhé 蟄　diàn 墊

葉 **謺** 謺讘也，从言，執聲。按讘下曰多言也。字亦作喋、作𠻗、作呫。史記匈奴傳喋喋而佔佔，集解利口也。張釋之馮唐傳嗇夫諜諜，索隱多言也，以諜爲之。又魏其武安侯傳乃效女兒呫囁耳語，集解附耳小語聲。〔叚借〕爲𠻗。史記孝文紀𠻗血京師，索隱履也。魏豹彭越傳喋血乘勝，索隱猶蹀也。又爲喋。儀禮士相見禮注今云呫嘗膳，釋文呫嘗也。又疊韻連語。史記司馬相如傳唼喋菁藻，正義鳥食之聲也。淮南覽冥至虛無純一而不嗄喋苛事也，注猶深算也。

震 **⿱執羊** 羊名，从羊，執聲。〔叚借〕託名幖識字。說文汝南平輿有⿱執羊亭，讀若晉。按今河南汝寧府汝陽縣，春秋沈子國在其地。故杜注左傳平輿有沈亭。沈亭卽⿱執羊亭。讀若晉，當作讀若替，替⿱執羊一聲之轉也。

鹽 **⿱宀執** 屋傾下也，从宀，執聲。與墊略同。廣雅釋詁一⿱宀執，下也。釋言⿱宀執，厭也。

葉 **褺** 重衣也，从衣，執聲。字亦作褻，外形內聲，與褻字聲義皆別。漢書敘傳思有短褐之褻。經傳裼襲、掩襲字皆以襲爲之。〔叚借〕託名幖識字。說文巴郡有褺江縣。按亦作墊江，在今四川重慶府合州，非忠州之墊江縣也。

緝 **慹** 怖也，从心，執聲。與慴與懾略同。字亦作慄。莊子齊物論喜怒哀樂慮嘆變慹，司馬注非是。又東都賦慄然意下，注猶恐懼也。後漢章德竇皇后紀自是宮房慄息，注懼也。方言十二慄羸也，按羸者羸之誤。〔叚借〕爲慹。莊子田子方慹然似非人，司馬注不動皃，亦單辭形況字。

說文通訓定聲　臨部弟三

鹽 **⿱雨執** 寒也，从雨，執聲。或曰早霸。讀若春秋傳墊阸。

緝 **蟄** 藏也，从虫，執聲。爾雅釋詁蟄靜也。呂覽孟春蟄蟲始振穌，注讀如什。易繫辭傳龍蛇之蟄，虞注潛藏也。周禮穴氏掌攻蟄獸，注熊羆之屬冬藏者也。〔叚借〕重言形況字。詩螽斯蟄蟄兮，傳和集也。〔古韻〕詩螽斯叶揖蟄。

鹽 **墊** 下也，从土，執聲。按土陷曰墊，猶屋陷曰⿱宀執也。方言六墊下也。凡屋而下曰墊。莊子外物則廁足而墊之，司馬注下也。後漢方術傳上論注墊猶掘也。轉注書益稷下民昏墊，傳溺也，鄭注陷也。左成六傳民愁則墊隘，注羸困也。襄九傳夫婦辛苦墊隘，注猶委頓也。〔叚借〕爲蟄。廣雅釋詁四墊藏也。又爲慹。中山經䖡鳥食之已墊，按怖畏也。又託名幖識字。漢書地理志巴郡墊江，孟康音疊。按今四川重慶府合州秦墊江縣也。此縣爲嘉陵江、渠江、涪江會合之地，亦作褺。江若今忠州之墊江縣，則漢臨江縣地，與漢墊江相距甚遠也。

馽一名 陟立切

zhí 馽　lì 立　yì 翊　lì 鴗

緝 **馽** 絆馬也，从馬，○其足。讀若輒。或从糸執，會意，執亦聲。按於六書爲指事。或曰象形，亦通。今隸變作馽。詩白駒縶之維之，傳絆也。莊子馬蹄連之以羈馽，崔注絆前兩足也。思元賦縶騷褭以服箱，注羈也。轉注左成九傳南冠而縶者誰也，注拘執也。轉而言人。又莊子秋水而右服已縶矣，司馬注拘也。轉而言馬。又絆之曰縶，故所絆之索卽曰縶。詩有客言授之縶，以縶其馬。下縶爲本義，上縶爲轉注也。左成二傳韓厥執縶前，今本縶下誤衍一馬字。襄二十七傳夫負羈縶，注馬絆也。又左昭二十一年盜殺衛侯之兄縶。穀梁傳曰兩足不能相過，齊謂之綦，楚謂之䮾，衛謂之輒。按生而病足，故命之曰縶。字或變作䮾。公穀皆以輒爲之。

立十四名凡立之派皆衍立聲 力入切

緝 **立** 住也，从大立一之上，會意。大，人也；一，地也。按指事。廣雅釋詁二立，逭也。易恆君子以立不易方。禮記玉藻立容辨卑毋諂，頭頸必中，山立，時行。轉注呂覽蕩兵故立君，注置也。又史記蔡澤傳明主立政，索隱涖也。又廣雅釋詁三立成也。禮記冠義而後禮義立，注猶成也。左襄二十四傳既沒其言立，注謂不廢絕也。莊子天地德成之謂立。說苑說叢立名者行之極也。呂覽適威故功名立，主猶見也。又後漢頴顗傳主名未立，多所收捕，注猶定也。又釋名釋形體身下曰立，人取人于身下狹而長，似人立也。又釋車立人象人立也。〔叚借〕爲粒。詩思文立我烝民。論語已欲立而立人。又爲埭。周禮故書司市市師立焉，鄉師執斧以立匠師，立埭雙聲。又爲位之誤字。周禮故書小宗伯掌建國之神立，注古者立位同字。古文春秋經公卽位爲公卽立。〔聲訓〕釋名釋姿容立林也，如林木森然各駐其所也。〔古韻〕離騷叶急立。管子弟子職叶立汁。又叶揲立。文子上德叶立入。

說文通訓定聲　臨部弟三

職 **翊** 飛皃，从羽，立聲。字亦作䍽，左形右聲，或上形下聲。廣雅釋詁三翊飛也。吳都賦𪆧譚翍𦐊，注相隨驅逐衆多皃。枚乘梁王菟園賦徐飛翍𦐊，亦疊韻連語。〔叚借〕爲昱。爾雅釋言翌明也。漢書律厤志若翌日癸巳，王莽傳越若翊辛丑，注明也。又爲翼。漢書百官公卿表左內史更名左馮翊，注佐也。按取詩有馮有翼以命之。續漢郡國志注明也，失之。又重言形況字。漢書禮樂志神之來泛翊翊，注敬也。按猶詩小心翼翼也。翼翊形聲俱近。

緝 **鴗** 天狗也，从鳥，立聲。字亦作鴗。爾雅釋鳥鴗天狗，注小鳥也，青似翠，食魚，江東呼爲水狗。今驗此鳥喙極長而尾短，喙足皆赤色。其翠可以爲飾，或謂之翠奴，亦稱魚虎，與鴗鳩之爲鴉鳩者迥別。〔叚借〕託名幖識字。爾雅釋鳥鶅鳩鵝鳩，注小黑鳥，鳴自呼，江東名爲烏鴗。按卽廣雅之車搖雛札也，春分時先鷄而鳴，其聲如云加格。淮南說林鳥力勝日而服于雛禮，注爾雅謂之鵧鷑。按禮或作札，故札字

㚔 馽 立

lì 笠　lā 柆　lì 粒　yù 昱　lā 㕇　qì 泣　la 拉　sà 颯

誤爲禮、

緝 **笠** 𥫱 簦無柄也。从竹，立聲。廣雅釋器：簦謂之笠。詩無羊：何蓑何笠。傳：笠所以禦暑。都人士：臺笠緇撮。傳：笠所以禦暑雨。良耜：其笠伊糾。傳：笠所以禦暑雨也。儀禮既夕：燕器杖笠翣。注：竹篛蓋也。按：篛者，箬之誤字。周禮篳經笠以象天。（別義）廣雅釋室：笠、扊扅扂牡也。按即鍵也。今蘇俗謂之鎖簧，其牝曰閉，俗謂之鎖殼，所以管鍵者曰管籥，俗謂之鑰匙。按扊即槅字也。笠之爲鍵，未詳所本。（古韻）風土記載越謡歌叶笠揖。

合 **柆** 柆 折木也。从木，立聲。

緝 **粒** 粒 𩚸 糂也。从米，立聲。古文从食。小爾雅廣物：穀謂之粒。顔氏家訓勉學：蜀土呼粒爲逼。按：呼爲皀也。書益稷：烝民乃粒。鄭注：米也。

屋 **昱** 昱 明日也。从日，立聲。廣雅釋詁四：昱，明也。太元元告：日以昱乎晝，月以昱乎夜。爾雅釋言：翌，明也。以翌爲之。書金縢：王翼日乃瘳。以翼爲之。按：翌日者，昨夜言來日之辭也。

合 **㕇** 㕇 石聲。从厂，立聲。吳都賦：菈擸雷硠。注：崩弛之聲。以拉爲之，亦雙聲連語。

緝 **泣** 泣 無聲出涕曰泣。从水，立聲。廣雅釋言：泣，淚也。禮記檀弓：泣血三年。注：言泣無聲如血出。（叚借）爲立。素問六節藏象論：凝于脈者爲泣。注：謂血行不利。調經論：寒則泣不能流。注：謂如雪在水中凝住不行去也。又爲颯。漢書揚雄傳：猋泣雷厲。注：猋風疾皃也。（古韻）燕燕叶及泣。中谷有蓷叶溼泣及。

合 **拉** 拉 摧也。从手，立聲。與搚與拹略同。公羊莊元傳：拉幹而殺之。注：折聲也。漢書鄒陽傳：范雎拉脅折齒于魏。注：摧也。吳都賦：拉捭摧藏。注：頓折也。（叚借）爲颯。羽獵賦：猋拉雷厲。注：風聲也。又爲翋。舞賦：拉搚鵠驚。注：拉搚，飛皃，亦疊韻連語。又雙聲連語。方言三：菈蓮，東魯謂之蘆菔，字變作菈。吳都賦：菈擸雷硠。注：崩弛之聲。

合 **颯** 颯 翔風也。从風，立聲。選注引說文：風聲。廣雅釋訓：颯颯，風也。宋玉風賦：颯然而至。楚辭九歌：風颯颯兮木蕭蕭。安陸昭王碑文：城府颯然。注：吹木葉落皃。（叚借）疊韻連語。舞鶴賦：颯沓矜顧。注：羣飛皃。又雙聲連語。楚辭怨思：遊清霧之颯戾兮。注：清涼皃。西京賦：奮長袖之颯纚。注：長袖皃。舞賦：眂攜合并。注：屈折皃。

yù 喅　yù 煜　qì 湆　yì 邑　yè 裛　yì 悒　yì 浥　yì 挹

屋 **喅** 喅 音聲喅喅然。从口，昱聲。

屋 **煜** 煜 燿也。从火，昱聲。埤蒼：煜，盛皃也。廣雅釋詁三：煜，熾也。漢書敘傳：煜爚其閒者。注：光皃也。亦疊韻連語。（叚借）雙聲連語。東都賦：管弦曄煜。注：聲之盛也。

緝 **湆** 湆 羹汁也。从肉，泣聲。字亦作𦜒。廣雅釋器：𦞦謂之𦜒。儀禮士昏禮：大羹湆在爨。注：煮肉汁也。少牢禮：又進二豆湆于兩下。注：肉汁也。有司徹：羊肉湆。注：肉在汁中者。按：儀禮字作湆，今文皆作汁。禮記少儀：凡羞有湆者不以齊。虞注：汁也。字亦作湇。說文湇訓幽溼，無羹汁義，今據張參五經文字補附于此。

邑七名凡邑之派皆衍邑聲 於汲切

緝 **邑** 邑 國也。从囗。先王之制，尊卑有大小，从卪。爾雅釋地：邑外謂之郊。注：國都也。左桓十一傳：以禦四邑。注：亦國也。書西邑夏，天邑商，大邑周，皆謂國。（轉注）周禮小司徒：四井爲邑。注：方二里。里宰：掌比其邑之衆寡。注：猶里也。又管子小匡：六軌爲邑。廣雅釋地：五里爲邑。又左莊二十八傳：凡邑有宗廟先君之主曰都，無曰邑。公羊桓元傳：邑多田少稱邑。又漢書百官公卿表：皇太后、皇后、公主所食曰邑。

（叚借）爲悒。荀子解蔽：無邑憐之心。注：怏也。漢書谷永傳：忿邑非之。注：邑於邑也。按：於邑猶鬱抑也。又爲意。按：漢書酷吏傳贊：阿邑人主。蘇林音悒，師古作色，皆失之。邑意雙聲。又重言形況字。楚辭遠逝：風邑邑而蔽之。注：微弱皃。與滿公王書：良增邑邑。注：不樂也。（聲訓）釋名釋州國：邑，猶俋也，邑人聚會之稱也。（古韻）詩小戎叶合軜邑。

緝洽 **裛** 裛 書囊也。从衣，邑聲。與褭略同。（別義）西都賦注引說文：纏也。後漢班彪傳：裛以藻繡。注：纏也。琴賦：鍑會裛厠。注：謂裛纏其塡厠之處也。（叚借）爲浥。陶淵明雜詩：裛露掇其英。按：因掇露露也。注引文字集略：以裛坌衣香也。然露坌花亦謂之裛也。未詳所本。

緝 **悒** 悒 不安也。从心，邑聲。蒼頡篇：悒悒，不舒之皃也。長門賦：舒息悒而增欷兮。注：悒，於悒也。大戴曾子立事：君子終身守此悒悒。注：憂念也。素問刺瘧：腹中悒悒。注：不暢之皃。亦重言形況字。（古韻）楚辭天問叶悒急。

緝 **浥** 浥 溼也。从水，邑聲。詩行露：厭浥行露。傳：厭浥，溼意也。亦雙聲連語。（叚借）爲埶。漢書司馬相如傳：踰波趨浥。注：淊陷也。

緝 **挹** 挹 抒也。从手，邑聲。珠叢：凡以器斟酌于水謂之挹。詩泂酌：挹彼注茲。大東：不可以挹酒漿。傳：㪺也。儀禮有司徹：執挑匕枋以挹湆。注：今文皆爲扱。荀子宥坐：弟子挹水而注之。注：酌也。（叚借）爲抑。荀子宥坐：此所謂挹而損之之道也。注：挹亦退也。蒼頡篇：挹，損也。挹抑雙

xiàng yì
郒 邑

聲文説名標識字後漢孔融傳注引魏畧曰挹婁一名肅愼氏

邑 緝

邑 从反邑指事郒字从此音闕今附于此

郒 絳

郒 鄰道也从邑从邑會意音闕按巷鄉字皆从此會意韻書以巷字之音爲音非是今附于此

說文通訓定聲 臨部弟三 九十六

鷜 疃 蓁 檎 蚙 梒 輡 跈

玪 鈐 谽 舲 綸 拎 䫐 癊 軒 鉦

附說文不錄之字

鷜 爾雅釋鳥鷜負雀注鷂也疑亦鷹字

疃 管子五行貨疃神廬注日所次閒曰疃

蓁 字林蓁草生水中根可緣器

檎 蜀都賦林檎枇杷注果名實似赤柰而小味如梨按疊韻連語

蚙 淮南說林昌羊去蚤蝨而來蚙窮注蚙窮蟲蠍入耳之蟲也方言十一蚰蜒或謂之入耳按雙聲連語

梒 苂 爾雅釋木還味梒棗釋文本作苂

輡 字林輡較輡薄也

跈 踸 趻 莊子秋水吾以一足趻踔而行楚辭怨世馬蘭踸踔而日加注暴長皃海賦趻踔湛藻注波前卻之皃廣雅釋訓趻踔無常也按雙聲連語文賦故踸踔于短韻注今人以不定爲踸踔

說文通訓定聲 臨部弟三附錄 卆

玪 埝 儀禮既夕記甸人築玪坎注築實土其中堅之穿坎之名廣雅釋詁一埝下也疑卽墊字

鈐 方言六鈐受也廣雅釋詁三鈐盛也

谽 谺 史記司馬相如傳谽呀豁閜索隱大皃按雙聲連語

舲 黔 廣雅釋器舲香也釋訓黔黔香也

綸 字林綸挽船篾也

拎 方言十三拎業也注基業未詳疑業者羋字之誤借羋爲捉卽捦之別體也

䫐 廣雅釋器䫐謂之暗今豆豉也

癊 字林癊心病也

軒 通俗文繰車曰軒軒笙也

鉦 鍖 字林鉦濡也此同湛洞簫賦行鍖鉦以龢囉注聲不進皃此疊韻連語廣雅說詁一鉦弱也釋器鉦鞶也淮南脩務劍或齧缺

卷鋋此同集

啉 淮南俶眞昧昧啉啉注欲所知之皃謂與惏同也林侖雙聲

檾 方言十三檾格也注今之竹木格

掭 方言一掭殺也注今關西人呼打為掭疑即扰字

箖 廣雅釋器箖篩也按猶具

顲 方言十三顲怒也注顲顲恚皃廣韻訓切齒怒也以禁為訓

棎 吳都賦棎榴禦霜注棎棎子樹也

瓺 方言五瓺甖也廣雅釋器瓺瓶也

紞 廣雅釋詁三紞多也

⿰米咸 廣雅釋室⿰米咸塗也

⿰口感 廣雅釋詁三⿰口感可也未詳

轗 轗輡 古詩轗軻長苦辛注與輡同楚辭怨世然輡軻而流滯注不遇也孔耽神祠碑遭元元轗軻雙聲連語

腩 廣雅釋器腩脯也

蹭 廣雅釋詁三蹭止也

嵌 新附嵌山深皃从山欺省聲甘泉賦嵌巖巖其龍鱗注開張之皃按㕁空之皃鐘虡刻鏤玲瓏意此字按即欺之轉注

傪 廣雅釋詁一傪動也

⿺走參 吳都賦⿺走參譚猭獗注相隨驅逐眾多之皃此疊韻連語猶琴賦之參譚

嵾 楚辭惜賢覗玉石之嵾嵯此雙聲連語不齊之皃

⿱戚女 廣雅釋詁二健也疑即戚字

鬖 通俗文髮亂曰鬖髿按雙聲連語蒼頡篇鬖毛垂皃

毿 通俗文毛長曰毿毿按重言形況字

⿰參頁 玉篇頷⿰參頁搖頭也按疊韻連語

仉 方言十楚凡相輕薄謂之相仉廣雅釋詁三仉輕也

伈 廣雅釋訓伈伈懼也韓愈祭鱷魚文伈伈俔俔按重言形況字

⿰豕逹 廣雅釋嘼⿰豕逹豕牝也

淁 埤蒼淁裁有水也洞簫賦泡溲汎淁注波急之聲又微小皃

⿰飠邑 廣雅釋器⿰飠邑臭也

苙 廣雅釋草白苙芷黃也按即今白及莖葉如生薑藜蘆華紫赤根三角白色一名芷亦名黃也史記周本紀衛康叔封布茲索隱茲一作苙苙公明草也按茲即黃也可為藉席疑即芨字藿名芨苙名白芨猶笠為戶牡字亦作㡿也別義方言三苙圂也孟子既入其苙注欄也此義疑借為柙也

⿰歹立 廣雅釋詁一⿰歹立危也太元戾覆夫

諿 諿注謀也

蕺 南都賦蓼蕺蘘荷注引風土記蕺香菜根似茆根蜀人所謂蕺香蕺與蕺同後漢馬融傳茈萁芸蕺注引廣雅蕺蕺也其根似茅根可食

葉 廣雅釋草葉菩也

⿱艹習 埤蒼⿱艹習菌水草

䐑 廣雅釋詁二䐑熁也玉篇䐑䐑熁也生熟半也郊特牲血膋爓祭注爓或為䐑

塔 新附西域浮屠也葛洪字苑塔佛堂也按東魏天平三年造須彌塔一堰此塔之始見石刻者

耠 廣雅釋地耠耕也

鉿 廣雅釋器鉿鋋也叚借單辭形況字太元干鉿然有穿注陷聲也

瘩 字林、肥皃、

鮯 廣雅釋地、東方有魚如鯉、六足鳥尾、其名曰鮯、

帢 帢 通俗文、帛幘曰帢、帢、埤蒼、帢、帽也、

劄 廣雅釋詁一、劄、刺也、

罯 字林、罯、相罯罨、

楷 蒼頡篇、楷、柱上方木也、一名欂櫨、

䵬 顏氏家訓書證、䵬䵬蓋無所不施無所不容之意也、讀如嚃羹。

說文通訓定聲目

謙部弟四 分部嗑𡏳 轉頤孚

兼 鶼　蒹　薕　嗛 噞　鰜

謙　鎌 鐮　傔 㡘　稴　嗛 祑慊蠊

歉　䭠　鬑　廉　磏 䥥

㺌　䭑　熑 燫　䭑 壏　慊

溓 濂　䨴　䌝　嫌　縑

蠊 螊蝛　鎌 鐮　隒 嵰　簾　僉

薟 蘞　譣　斂 歛　劎 劍　檢 簽

儉　顩　厱 礛　驗　獫 玁

說文通訓定聲　謙部弟四目　一

憸　䨘　鹼　撿　嬐

險 嶮　醶 釅　籢 匳㜘奩　𢦏　鑯 韱

𩅰　讖　殲　籤　櫼

懺　攕　瀸 㶨　孅　纖 襳

鑯 鋟　醦 酸　占　苫　鞊

㓠 拈　笘　餂 餂　鉆　枮 砧碪

檆 杉　黏 粘䊢　痁　帖 怗惉　者

覘 貼佔　粘　點 黬　沾　鮎

䎎　拈　㚲　蛅　坫 墊店

黇　鉆　阽　𥮋　霑 添酟

姌　枏　囟 囟附　茜 篟茜　冄 冉䎃䎃

䛁 呥諵喃　柟 楠　那 䣀　𤵖 瘕　𦒻 𦏶

聃 聃　抩　姌 㛅　蚺　髯

染　䍀　㜝　㶣　陝

𡝐　閃　弇 穿　䶬　黭

渰　揜　媕　弇　鞥

腌 醃　郇　晻 崦腌䱘　罨 旛　俺

裺　黤　淹　闇　掩 㡋

婘 諳　炎　琰　啖 嗽啗　談 譚

剡 掞　棪　郯　倓 倒騃　覢

說文通訓定聲　謙部弟四目　二

睒　欻 歘　惔　淡 痰　緂 襹擱

錟　餤　菼 荔　剡　䌁

燅 錴䕭爓熠　炎　产　詹 詁譫　瞻

膽 胆　擔 櫩簷　儋 擔甋　擔 俼絾袩　黵

憺 瞻　澹　闟　聸　广 疒

臽　陷 噉啗　脂 㹅　餡　䧟

窞 窴　欿　餤 焰　惂　淊

閻 壛　蜭　陷 隮鉛　監 警　藺 菡 蒧菡萏

讇 諂　爓　濶　藍　矙

藍 䃹　檻 槀艦 墭㯺　㦨　艦　覽

⿱髟監 濫 ⿰鹵監 擥(擥攬) 尷
鑑(鑒) ⿰酉監 灆 欠 芡
坎(埳峪) 𢎘 函(肣圅蜬) 犯 氾
東(橐) ⿱𢎘𢎘 菡(顩莟欿) 顄(唅胹) 涵(㴠)
涵 ⿱雨函 范(䒦萛) 笵 範
㚒(㚒鋑鋑) 甘 苷 ⿸厤甘 邯(㴵)
黚 泔 拑(柑) 紺(緂) 鉗(昝)
酣(佄) 甛 猒(饜) 箝(拑) 栝(⿰木忝)
狧(⿰犭沓) 絬 恬 銛(餂 杴檻欣) 厭(魘)
檿 黶 懕(怡) 擪(醫) 嬮

說文通訓定聲 謙部第四目 三

壓 敢(叙設敢) 譀(詀詌) ⿸厂敢 ⿰犭敢
⿰黑敢 闞(瞰矙號 琥) 嚴(⿸厂敢) ⿰口嚴 ⿱竹嚴(筡)
儼 巖(㘙) 礹 贛 贛(贑贛)
譫 ⿱艹譫(褫韽) 戇(憨) ⿸厂譫(檐諂艶) 㝵
芟 斬 蔪(㯿漸) ⿺走斬(塹) 槧
暫 蹔(巉嶄) 慙(慚) 漸 ⿱斬手(𢷾)
螹 塹(塹) 鏨 ⿱漸酉 毚(欃儳)
嚵 讒 劖 ⿰毚阝 儳
纔(緅) 鑱(攙) 凵 枼 葉
楪 諜 牒(牒) ⿱竹枼 鞢(偞歃)

牃 屟(屧𦺻屉) 渫 揲 媟
鍱(鐷鏶) 偞(偞) 堞(堞) 劦(䬗) 恊
勰 ⿰王劦 協(卄叶) 荔(荕) 脅(胠胎胛 岬愶)
拹(搚) ⿰劦欠(嗋) ⿱劦丂(嗶𢢃) 熁(燁熚) ⿰革?
聑 躡 讘(囁) ⿱聶木 ⿰亻聶
懾(㒓) 攝 聑 凶(臽陷) 臽
業(䕎㒓) 鄴 燮(爕燮) 爕 ⿰王燮
䇂 妾 菨 ⿱聑女(𡤓𤫂𤪍) 椄
淁 鯜 接 陟(倢) ⿱步鳥
涉(㴇) 耴 㥊 䭃(躡) ⿰扌耴

說文通訓定聲 謙部第四目 四

銸 輒 取 巤 鬣(鬛𩮶獵)
邋(劉躐) 臘(臈) 儠 獵(獦躐) 擸
盍(盍盒) 榼 嗑 豔(艷) 饁
⿰盍阝 𤸁(溘殜殗) 磕(礚) 闔(閤) 劫(抾刧刦)
⿰犭去(怯抾) ⿸尸去(𠪂𠪂𠪂盇) 鉣 灋(法金) 乏
⿱艹乏 ⿱髟乏(鴘) ⿰缶乏 貶 窆
覂 ⿸尸乏 砭 泛 姂
帀(迊匝浹) 臿(㮄敢) 歃(唽𣢭㗭) ⿸尸臿 插(剞挿)
⿰女臿 鍤 甲(命) 呷(欸) 柙(𠃢押)
⿱穴甲 狎 閘(牐) 匣 夾

莢筴　唊　鞅鞈　睞睫　翜翈
梜　郟　瘞　俠　頰娋
㥦　挾　婡　匧篋　綊
蛺　蘡蘡　鋏　陜陿峽狹　厥
瘱嫕　瘞　㥦愜　[朝]猰猲鶡　蹋踏蹋剔
鰈鰈騐　闒闒　譋

右文字四百一十八名、旁注二百八十八字、附存七十七字

說文通訓定聲　謙部弟四目　五

jiān 兼　jiān 蒹　lián 薕　xián 嗛

說文通訓定聲

吳郡朱駿聲豐芑甫紀錄
新安朱鏡蓉伯和甫參訂

謙部弟四 凡五十二部

兼二十九名，凡兼之派皆衍兼聲。古恬切

鹽 **兼** 𠔥 幷也。从又持秝，會意。兼持二禾，秉持一禾。〔轉注〕廣雅釋詁四：兼，同也。儀禮聘禮：兼執之以進。注：猶兩也。士昏禮：兼巾之。注：六豆共巾也。鄉射禮：兼諸弣。注：幷矢於弣。孟子：王餽兼金一百。注：其價兼倍于常者。西京賦：駕者兼羸。注：倍也。後漢宦者呂強傳：重金兼紫。注：重兼言累積也。又家語五帝：句龍兼食于社。注：猶配也。呂覽權勳：忠不可兼。注：並也。又荀子正名：單不足以喻則兼。注：復名也。非相：夫是之謂兼術。注：兼容之法。解蔽：聖人縱其欲，兼其情，而制焉者。注：猶盡也。〔叚借〕重言形況字。爾雅釋地：其名謂之鶼鶼。釋鳥：鶼鶼比翼。釋文：眾家作兼兼。按字變作鶼。

鹽 **蒹** 萑之未秀者。从艸，兼聲。爾雅釋草：蒹，薕。注：江東呼為薕藡。詩：蒹葭蒼蒼。陸疏：水草也，堅實，牛食之肥，青徐人謂之薕。史記司馬相如傳：藏莨蒹葭。索隱：蔽也。按今謂之荻，堅實中有白瓤，呼為簾薄。實即菼薍也，騅也，烏蓲也，薕藡也。初生為蒹薕，未秀為菼薍，至秋堅成謂之萑，與葭蘆之為葦者同類別種，葦空中而高大也。

鹽 **薕** 蒹也。从艸，廉聲。爾雅：蒹，薕，葭蘆。菼薍，皆疊韵字，方音微別耳。

談咸 **嗛** 口有所銜也。从口，兼聲。誼與含略同，故鼠之以頰藏食者曰鼸。爾雅釋獸：鼸鼠。屬寓鼠曰嗛。周書王會：嗛羊者，羊而四角。字亦作噞。廣雅釋言：噞，喁也。字林：噞喁，魚口出水皃。按口銜水出也。淮南主術：水濁則魚噞。〔叚借〕為歉。穀梁襄二十四傳：一穀不升謂之嗛。漢書郊祀志：今穀嗛未報。注：少意也。管子弟子職：同嗛以齒。注：食盡曰嗛。荀子仲尼：滿則慮嗛。注：不足也。榮辱：彼臭之而無嗛于鼻。注：猒也。失之。又為謙。易卦子夏本作嗛。傳：謙也。漢書藝文志：易之嗛嗛。東征賦：思嗛約兮。公羊昭二十五傳注：嗛自比齊下執事。馮煥殘碑陰：汝南遜嗛子讓。又為⿰飠兼。晉語：嗛嗛之德，嗛嗛之食。注：猶小小也。亦重言形況字。又為猒，為懕。魏策：齊桓公夜半不嗛。注：快也。荀子禮論：嗛然不嗛。注：足也。正名：故嚮萬物之美而不能嗛也。注：足也，快也。史記孝文紀：未有嗛志。索隱：不滿之意。失之。又為嫌。漢書佞幸傳：嗛韓嫣。又為

yàn 齸　qiān 謙　lián ⿰飠兼　qiǎn 槏　xián 稴　lián 㡘　qiàn 歉　yán ⿰兼頁　lián 鬑　lián 廉

險。魏都賦：抗旍則威噞秋霜。注：猶猛也。

咸 **齸** 齒差也。从齒，兼聲。齸齬不齊之意。

鹽 **謙** 敬也。从言，兼聲。易：地中有山，謙。繫辭：謙也者，致恭以存其位者也。又謙者德之柄也。〔轉注〕易雜卦傳：謙輕而豫怠也。注：不自重大。〔叚借〕為懕。禮記大學：此之謂自謙。注：讀為慊。失之。懕者謙短言之也。又為慊。荀子仲尼：信而不忘處謙。注：讀為嫌。失之。又為歉，為貶。周書武稱：爵位不謙。注：損也。史記樂書：故禮主其謙。王肅注：自謙損也。

鹽談 **⿰飠兼** 嘰也。从食，兼聲。讀若風溓溓。按謂小小食也。字亦作⿰飠廉。廣雅釋言：⿰飠兼，祈也。按祈者，嘰之借字。史記司馬相如列傳：嘰瓊華。徐廣音祈。嘰祈一聲之轉。〔轉注〕說文：一曰廉潔也。按不饕餮也。〔叚借〕為歉。韓詩外傳：一穀不升謂之⿰飠兼。

謙 **槏** 戶也。从木，兼聲。字亦作⿸戶木。通俗文：小戶曰⿸戶木。又字書：⿸戶木，窗也。說文：⿸戶木，古文戶字。

鹽 **稴** 稻不粘者。从禾，兼聲。讀若風廉之廉。按蘇俗謂之秈米。

鹽 **㡘** 帷也。从巾，兼聲。以布為之，施于戶。蘇俗謂之門㡘。釋名釋牀帳：戶㡘，施之于戶外也。字亦作裧，作⿰巾炎，作幨。〔轉注〕廣雅釋器：⿰巾炎，㡘也。儀禮士昏禮：婦車有裧。注：車裳帷，周禮謂之容。既夕記疏：布裧。注：車裳帷於蓋弓垂之。禮記雜記：其輤有裧。注：謂鼈甲邊緣。後漢劉盆子傳：絳襜絡。注：帷也，以襜為之。又通俗文：障牀曰幨。淮南氾論：渠幨以守。注：襜㡘所以禦矢。〔叚借〕為襜。管子揆度：列大夫豹襜。注：襟謂之襜。又為㡘。考工弓人：夫筋之所由幨。注：絕起也。司農讀為車幨之幨。〔聲訓〕釋名釋牀帳：㡘，廉也，自障蔽為廉恥也。

談鹽 **歉** 歉食不滿也。从欠，兼聲。廣雅釋天：一穀不升曰歉。釋詁：歉，少也。〔叚借〕為謙。荀子仲尼：主信愛之則謹慎而歉。注：不足也。

咸 **⿰兼頁** 頭頰長也。从頁，兼聲。史傳多以頷以欽為之。

鹽 **鬑** 鬋也。一曰長皃。从髟，兼聲。讀若慊。按垂鬢長皃。〔轉注〕古詩陌上桑：鬑鬑頗有須。亦重言形況字。

鹽 **廉** 仄也。从广，兼聲。按堂之側邊曰廉，故从广。書顧命：夾兩階戺。傳：堂廉曰戺。許書以戺為配之古文，非是。廣雅釋言：廉，稜也。儀禮鄉飲禮：設席于堂廉東上。注：側邊曰廉。漢書賈誼傳：廉遠地則堂高。注：側隅。漢修堯廟碑：石磏階陛欄楯以磏為之。〔轉注〕九章算術：邊謂之廉，角謂之隅。漢書趙充國傳：入鮮水北句廉上。注：謂水岸曲而有廉稜也。又禮記樂記：哀以立廉。注：廉，廉隅也。又繁瘠廉肉。疏：謂廉稜。聘義：廉而不劌。疏：稜也。晉語：殺君以為廉。虞注：直也。賈注：猶利也。論語：古之矜也廉。皇疏：隅也。鄭注：魯讀為貶，今從古。又考工弓人：紾而

xián 慊　gān 尲　lián 熑　xiàn 鼸　xiàn 㺌　lián 磏

磏 鹽

厲石也一曰赤色从石兼聲讀若鎌字亦作䃢按青者爲㕒諸廣雅釋器磏礪也凡稜利之義疑卽此字之轉注經傳皆以廉爲之

摶廉注嚴利也呂覽孟秋其器廉以深注利也象金斷割廣雅釋言廉稜也按凡稜利之義實借爲磏磏厲也存參又廣雅釋詁一廉清也鬼谷子摩廉者潔也孟子取傷廉章章指廉人之高行也賈子道術辭利刻謙謂之廉周禮小宰一曰廉善二曰廉能注又以廉爲本疏潔不濫濁也大戴文王官人潔廉而果敢者也注謂不營于貨色楚辭招魂朕幼清以廉潔兮注不受曰廉淮南原道不以廉爲悲注猶儉也按凡潔清之義實借爲溓爲儉溓薄也儉約也存參叚借爲覘漢書何武傳武使從事廉得其罪注察也西京賦察貳廉空注察廉皆覘也管子正世人君不廉而變注察也按元初立提刑按察司至元中改爲肅政廉訪使廉訪猶察問也又爲熑考工輪人外不廉而內不挫注絕也又託名幖識字廣雅釋草廉藫葠也聲訓釋名釋言語廉斂也自檢斂也

㺌 謙

犬吠不止也从犬兼聲讀若檻一曰兩犬爭也

鼸 談咸

⿰鼠今也从鼠兼聲按⿰鼠今鼸聲義俱同爾雅釋獸鼸鼠注以頰裏藏食也李注卽⿰鼠今鼠字林卽⿰鼠今鼠皆非是夏小正田鼠出傳田鼠者嗛鼠也墨子非儒鼸鼠藏而羝羊視按今謂之香鼠以頰裏食如母猴灰色短尾而香可畜叚借爲嗛釋名釋形體頤或曰鼸車鼸鼠之食積于頰人食似之故取名也按鼠以嗛得名非嗛以鼠得名又埤蒼鼸鼠皃按卽爾雅之寓鼠曰嗛也

說文通訓定聲　謙部弟四　三

熑 鹽

火煣車網絕也从火兼聲周禮曰煣牙外不熑今本考工輪人凡煣牙外不廉而內不挫旁不腫以廉爲之別義玉篇熑㷰火不絕也字作熑

尲 咸

不正也从尢兼聲行不正曰尲尬今蘇俗謂事乖剌難處曰尷尬字俗作尷

慊 談鹽

疑也从心兼聲漢書趙充國傳嫌得避慊之便注慊亦嫌字是反以正字爲借字非也禮記坊記貴不慊于上按疑也猶疑也偕也注慊恨不滿之皃也恨者嫌義不滿者歉義皆失之叚借爲嫌淮南齊俗衣若縣衰而意不慊注恨也又爲歉孟子吾何慊乎哉注少也後漢張衡傳曾不慊夫晉楚注猶羨也失之又爲溓爲儉廣雅釋詁四慊貧也淮南原道不以慊爲悲注約也又爲猒爲愿孟子行有不慊于心注快也齊策苟可慊齊貌辨者注猶善也史記樂毅傳以爲慊于志索隱亦作嗛莊子天運盡去而後慊李注足也呂覽知接易且京其子以慊寡人注快也禮記大學注謙讀爲慊慊之言厭也又爲兼易文言鄭本爲其慊于陽也注讀如羣公溓之溓溓雜也

yǎn 隒　lián 鎌　lián 蠊　jiān 縑　xián 嫌　qiàn 鱇　lián ⿱雨兼　lián 溓

溓 鹽談

薄水也从水兼聲按水性有輕重味亦有厚薄淡言味溓言質也字不从仌文選寡婦賦注誤作薄冰也非是字亦作濂樓鑰攻媿集稱唐本說文有重文濂廣雅釋詁二濂漬也食部⿰飠兼篆說解讀若風溓溓按風溓溓者微波之皃丁儀妻寡婦賦水溓溓而晨結任護妻寡婦賦水溓溓以微凝皆重言形況字疑與結乃言仌也又素問注溓水靜也別義說文一曰中絕小水謂小水絕大水而過也叚借爲兼易文言傳鄭本爲其慊于陽也注慊讀如羣公溓之溓溓雜也古書傳作立心與水相近按公羊文十三傳周公燾魯公盛羣公溓今本作㢘注㢘者連新于陳上財令半相連爾按謂新陳相兼雜半也又爲黏考工輪人亦弗之溓也司農注謂泥不黏著輻也又爲瀸晁以道引唐本說文一曰淹也

⿱雨兼 鹽

久雨也从雨兼聲

鱇 鹽

鱇也从魚兼聲類篇鱇魚大而青玉篇鱇大青魚說文鱇篆說解一名鰜別義廣韻鰜比目魚疑因比翼鳥名鶼從而傅會耳

嫌 鹽

不平於心也从女兼聲漢書佞幸傳嗛韓嫣以嗛爲之淮南齊俗而意不慊以慊爲之叚借爲慊說文一曰疑也易坤爲其嫌于无陽也荀虞陸董本皆作兼鄭亦以兼釋之按无字衍文禮記坊記使民無嫌注嫌嫌疑也曲禮禮不諱嫌名注謂音聲相近若禹與雨邛與區也呂覽貴直固嫌于危注猶近也又爲險荀子正名其累百年之欲易一時之嫌注惡也

說文通訓定聲　謙部弟四　四

縑 鹽

并絲繒也从糸兼聲按卽紡也絹也綃也廣雅釋器綠謂之縑繰者綃之借字淮南齊俗縑之性黃染之以丹則赤漢書外戚傳媪爲翁須作縑單衣注今之絹也叚借託名幖識字廣雅無餘縑瓜屬也按無餘疑地名聲訓釋名釋采帛縑兼也其絲細緻數兼于絹染兼五色細緻不漏水也

蠊 鹽

海蟲也長寸而白可食从虫兼聲讀若嗛字亦作蠊字林蠊蠘海蟲長一寸晉書夏統傳採蠊蠘以資養按本草謂之蜮蟯似蛤而長扁字亦作蜮疑今之蟶也或曰蠊卽蚶字按蚶今瓦楞子江賦洪蚶專車注背似瓦壟此卽爾雅之魁陸非蠊也

鎌 鹽

鍥也从金兼聲字亦作鐮方言五刈鉤自關而西或謂之鎌叚借爲廉實爲磏方言九凡箭鏃胡合嬴者四鎌注棱也廣雅釋言鎌柧也又疊韵連語方言六𨥨鎌危也東齊僞物謂之𨥨鎌聲訓釋名釋用器鎌廉也體廉薄也其所刈稍稍取之又似廉者也

隒 談

崖也从𨸏兼聲字亦作嵰詩葛藟傳滑水隒也蒹葭傳湄水隒也又爾雅釋山重甗隒孫注山基有重岸也李注阪也郭注山形如累兩甗字林隒山形似重甑叚借爲廉廣雅釋詁一隒方也又西京賦設切厓隒注厓也按堂廉亦厓也

〔謙〕**簾** 堂簾也。从竹，廉聲。聲類：簾，戶蔽也。按：縷竹爲之，施于堂戶，所以隔風日而通明者也。亦曰薕，今作箔。其布者曰幨。漢書外戚傳：置飾室中簾南。注：戶簾也。

僉十九名，凡僉之派皆衍僉聲。 七廉切

〔鹽〕**僉** 皆也。从亼，从吅，从从。會意。虞書：僉曰：於，鯀哉。僉曰：伯夷。小爾雅廣言：僉，同也。楚辭天問：僉荅何憂。注：衆也。方言十二：僉，夥也。廣雅釋詁三：僉，多也。經傳亦以咸爲之。【轉注】方言十二：僉，勮也。按：用力多曰僉。【叚借】託名幖識字。方言五：僉，宋魏之閒謂之欇殳。注：今連枷，所以打穀者。又發聲之詞。方言一：秦晉之閒凡人語而過謂之遡，或曰僉。

〔鹽〕〔談〕**蘞** 白蘞也。从艸，僉聲。或从斂聲。詩葛生：蘞蔓于野。陸疏：幽州人謂之烏服。釋文：似栝樓，葉盛而細，子正黑，如燕薁，不可食。按：蘞有赤白黑三種。【別義】字林：蘞，水中野韭。

〔鹽〕〔談〕**譣** 譣問也。从言，僉聲。廣雅釋詁四：占、讖、擿、證，譣也。凡按驗、徵驗字，史傳皆以驗爲之。【叚借】爲憸。說文引周書曰：勿以譣人。今本立政：其勿以憸人。正作憸。集韵引廣雅：譣，詖也。

〔談〕〔鹽〕**斂** 收也。从攴，僉聲。字或誤作歛。爾雅釋詁：斂，聚也。廣雅釋詁一：斂，取也。書微子：用乂讎斂。馬鄭注：謂賦斂也。周禮司稼：以年之上下出斂法。注：豐年從正，凶荒則損，若今十傷二三，實除減半。又太宰：挾日而斂之。犒人：既射則斂之。注：藏之也。又典同：險聲斂。注：聲斂不越也。又周髀算經：日道發斂之所生也。注：猶還也。按：日道冬至後自南而北謂之斂，夏至後自北而南謂之發。又禮記檀弓：斂般請以機封。注：下棺于椁。喪大記：凡封。注：棺之入坎爲斂。釋名釋喪制：衣尸棺曰斂。斂者，斂也，斂藏不復見也。又詩桑扈箋：不自斂以先王之法。疏：收攝之名。按：猶檢制也，收束也。【叚借】爲儉。史記趙世家：去長沙鉅鹿斂三百里。正義：減也。按：約也。又爲險。呂覽不屈：門中有斂陷。注：讀曰脅。又爲歛。廣雅釋詁一：斂，欲也。又爲䇼。廣雅釋詁三：斂，予也。字皆誤从欠。又單辭形況字。荀子非十二子：斂然聖王之文章具焉。注：聚集之皃。

〔陷〕**劒** 人所帶兵也。从刃，僉聲。籀文从刀。考工桃氏爲劒。注：今之匕首。管子：昔葛盧之山發而出金，蚩尤受而制之，以爲劒。【轉注】禮記曲禮：負劒辟咡詔之。注：謂挾之于旁。【聲訓】釋名釋兵：劒，檢也，所以防檢非常也。又斂也，以其在身時拱斂在臂內也。

〔談〕**檢** 書署也。从木，僉聲。按：檢之言斂也，械也，藏之而幖題之，謂之檢，今字作簽。後漢公孫瓚傳：輒皁囊施檢，文稱詔書。注：書署也。今俗謂之排。【轉注】荀子儒效：禮者，人主之所以爲羣臣寸尺尋丈檢式也。注：束也。漢書揚雄傳：蠢迪檢柙。注：檢柙猶隱括也。後漢仲長統傳：是婦女之檢柙。注：檢柙爲規矩也。漢書王莽傳：德亡首褎不檢。注：局也。後漢周黃徐姜申屠傳：驃騎執法以檢下。注：猶察也。謂借爲譣。失之。蒼頡篇：檢，法度也。廣雅釋詁四：檢，甲也。按：此借甲爲柙，與上札鱗之甲不同。【叚借】爲撿。易坎鄭本：檢且枕。注：木在手曰檢。又爲斂。孟子：而不知檢。又周禮職幣注：振者，檢也。又爲僉。爾雅釋言：檢，同也。又爲譣。漢書食貨志：考檢厥實。又爲兼。管子山權數：此檢數百里之地也。注：猶比也。【聲訓】釋名釋書契：檢，禁也，禁閉諸物使不得開露也。檢禁雙聲。一切經音義六引廣雅：檢，括也。

〔談〕**儉** 約也。从人，僉聲。廣雅釋詁三：儉，少也。易否象傳：君子以儉德避難。左莊二十四傳：儉，德之共也。西京賦：獨儉嗇以齷齪。注：儉嗇，節愛也。【叚借】爲憸。荀子富國：俗儉而百姓不一。又爲險。劉修碑：動乎儉中。又單辭形況字。荀子非十二子：儉然侈然。注：自謙卑之皃。【聲訓】賈子道術：廣較自斂謂之儉。【古韵】文子符言叶儉敢。

〔寑〕〔談〕**顩** 䶬皃。从頁，僉聲。按：齒參差見于脣也。【叚借】爲顑。蒼頡篇：顩，狹面銳頤之皃。字林：顩，醜也。解嘲：顩頤折頞。韋昭注：曲上曰顩。後漢周燮傳：生而欽頤。注：欽或作顩。

〔覃〕〔咸〕**厱** 厱諸，治玉者也。从厂，僉聲。讀若藍。按：厲石青者曰厱，赤者曰碬。字亦作礛。淮南說林：璧瑗成器，礛諸之功。說山：玉待礛諸而成器。注：攻玉之石。廣雅釋器：礛磏，礪也。【叚借】爲隒。江賦：獱獺睒瞲乎厱空。注：岸側空處也。

〔談〕**驗** 馬名。从馬，僉聲。【叚借】爲譣。齊策：亦驗其辭于王前。注：信也。呂覽察傳：必驗之以理。注：效也。勿躬：責其實以驗其辭。注：功也。淮南主術：驗在近而求之遠。注：效也。

〔談〕**獫** 長喙犬也。一曰黑犬黃頭。从犬，僉聲。字亦作玁。爾雅釋畜：長喙獫，短喙猲獢。詩駟驖：載獫歇驕。傳：田犬也。【叚借】託名幖識字。詩采薇：玁狁之故。傳：北狄也。漢書匈奴傳作獫。按：堯時曰獯鬻，周曰獫狁，秦曰匈奴。

〔鹽〕**憸** 險詖也。憸利于上，佞人也。从心，僉聲。廣雅釋詁一：憸，強也。書盤庚：相時憸民。馬注：憸利小小見事之人也。說文引作思。立政：國則罔有立政用憸人。馬注：憸利佞人也。釋文本作思。按：思憸雙聲。

〔鹽〕**䨢** 小雨也。从雨，僉聲。與霰略同。

〔鹽〕**鹼** 鹵也。从鹽省，僉聲。按：此字說文隸鹽部，不入鹵部，疑本有正篆鹽字，寫者奪之。廣韵：鹼，水和鹽也。

兼　僉

jiān 𩅸　xiān 韱　jiān 㦰　lián 籢　yàn 醶　xiǎn 險　xiān 嬐　liǎn 撿

琰 **撿** 拱也从手僉聲【叚借】爲譣廣雅釋詁四撿譣也又爲檢漢書黃霸傳郡事皆以義法令撿式注局也演連珠臣聞動循定撿注撿謂定撿不濫漫也

鹽 **嬐** 敏疾也从女僉聲史記司馬相如傳嬐侵潯而高縱兮漢書作傸注傸卬也【別義】說文一曰莊敬皃

琰 **險** 阻難也从𨸏僉聲字亦作嶮周禮夏官序官掌固注國曰固野曰險禮記少儀軍旅思險注險阻出奇覆護之處也水經漾水注山高岸嶮故曰安嶮列子楊朱山川阻嶮方言六嶮高也又易象上傳山下有嶮侯注坎爲險離騷路幽昧以險隘注嶮傾危也【轉注】易繫辭德行恆易以知險京注惡也左哀十六傳以險徼幸者其求無厭注猶惡也禮記中庸小人行險以徼幸注謂傾危之道晉語必內險之注危也荀子解蔽此言上幽而下險也注傾側也正論上幽險則下漸詐矣注難測也楚辭怨世然蕪穢而險戲注猶言傾危也詩卷耳序險詖私謁之心崔注不正也莊子漁父不擇善否兩容頰適偷拔其所欲謂之險賈子道術據當不傾謂之平反平爲險廣雅釋詁二險衺也或曰凡皆借爲憸存參【叚借】爲掩周禮典同險聲斂注謂偏弇也爾雅釋魚蜎大而險注謂汙薄則謂借爲儉又爲儉廣雅釋詁一險狹也考工弓人疢疾險中注訓傷按少實也又左襄二十九傳險而易行又爲嶮集韵引字林險山形似重甑【古韵】易坎象傳叶坎險

琰 **醶** 酢漿也从酉僉聲亦曰截與釅略同字亦作釅

鹽 **籢** 鏡籢也从竹斂聲字亦作匳作槏誤作奩蒼頡篇盛鏡器曰匳謂方底者後漢陰皇后紀視太后鏡奩中物注鏡匣也【轉注】珠叢凡底物小器皆謂之匳【聲訓】韵集文奩斂也收斂物也

㦰十四名凡㦰之派皆衍㦰聲子廉切

鹽 **㦰** 絕也从二人持戈會意讀若詩云攕攕女手古文讀若咸孫根碑至于東从大虐戕仁誤作从井【叚借】爲銛說文一曰田器

鹽 **韱** 山韭也从韭㦰聲字亦作蘵山中自生與豳風之祭韭小正之見韭種自家園者別爾雅釋草藿山韭是一名藿也又按此字疑即爾雅蘵百足之蘵百足蓋象韭形山韭葉狹蘵即藿也翟氏灝補郭云蘵今所呼地蜈蚣草恐非【叚借】爲孅太元少次三動韱其得又斂次二蠱斂韱韱注皆訓少也

鹽 **𩅸** 微雨也从雨㦰聲又讀若芟按細雨曰廉纖此疊韵連語正可作溓𩅸字

xiān 纖　xiān 孅　jiān 瀸　xiān 攕　jiān 𢅥　jiān 櫼　qiān 籤　jiān 殲　chèn 讖

沁 **讖** 驗也从言韱聲服鳥賦注引說文有徵驗之書河洛所出書曰讖廣雅釋詁四讖譣也三蒼讖祕密書也出河洛蒼頡篇讖書河洛書也後漢光武紀李通等以圖讖說光武注讖符命之書讖驗也言爲王者受命之徵驗也魏都賦藏氣讖緯注河洛所出書曰讖又幽通賦儀遺讖以臆對注謂夢書也【聲訓】釋名釋典藝讖纖也其義纖微而有效驗也

鹽 **殲** 微盡也从歺韱聲言孅微悉盡爾雅釋詁殲盡也舍人注眾之盡也詩黃鳥殲我良人春秋莊十七年齊人殲于遂幽通賦東鄰虐而殲仁兮東京賦殪野仲而殲游光注滅也

鹽 **籤** 驗也从竹韱聲通俗文記識曰籤與檢略同【叚借】爲鑯說文一曰鋭也貫也廣雅釋詁二籤利也釋器籤謂之鏟鏟字或作弗字苑弗謂以籤貫肉炙之者也又爲讖今俗謂神示占譣之文曰籤

鹽 **櫼** 楔也从木韱聲凡木工于鑿枘相入處有不固則斫木札楔入固之今音如砧【轉注】景福殿賦櫼櫨各落以相承注即柳也上文飛柳注今人名屋四阿栱曰櫼柳按馬柱爲柳屋短柱亦得爲柳猶櫼大者謂之栱㰖櫨亦謂之斗栱也或云柳當作柳柳者栱之借字存疑

鹽 **𢅥** 拭也从巾韱聲今蘇俗㕞塵之帚曰𢅥帚音轉如牆【叚借】爲籤字林𢅥幖識也

咸 **攕** 好手皃从手韱聲詩葛屨攕攕女手毛本作摻摻猶纖纖也韓詩作纖纖古詩纖纖擢素手亦重言形況字【叚借】爲櫼淮南要略攕揳倪齵之郄也注蒒也

鹽 **瀸** 漬也从水韱聲誼與滲略同通俗文淹漬謂之瀸如呂覽圜道瀸于民心注洽也華嶽碑瀸潤品物樊毅復民租碑瀸潤宿麥凡漸漬字經傳皆以漸爲之字亦作瀐廣雅釋詁一瀐清也二瀐漬也【叚借】爲纖爾雅釋水泉一見一否爲瀸注纔有皃又爲殲公羊莊十七年齊人瀸于遂傳瀸者何積也

鹽 **孅** 鋭細也从女韱聲史記日者傳孅趨而言索隱猶足恭也漢書食貨志至孅至悉也貨殖宛孔氏傳瘉于孅嗇注細也上林賦嫵媚孅弱注弱顏也子虛賦孅阿爲御注古之善御者史記索隱曰美女姣好皃【叚借】託名幖識字周書王會孅犁注北狄之別名

鹽 **纖** 細也从糸韱聲方言二繒帛之細者謂之纖書禹貢厥篚元纖縞鄭注細也史記孝文紀纖七日集解細布衣也舞賦纖縠蛾飛注細縠也又史記司馬相如傳蜚纖垂髾集解纖桂衣飾也漢書注纖離桂也字亦變作襳西京賦被毛羽之襳襹注衣毛形也又西

zhān 占　chǎn 醶　jiān 鑯

京賦采飾纖縟注細也轉注方言二纖小也凡物小者或曰纖考工輪人欲其掔爾而纖也注殺小皃也史記貨殖傳周人既纖集解儉嗇也周髀算經下無令有纖微注細分也典引鋪觀二代洪纖之度注細也按此誼與孅通別義禮記閒傳禫而纖注黑經白緯曰纖舊說纖冠者采纓也纖或作綅按此義鄭引釋禫之禮蓋戴德所著變除禮文也叚借爲攕韓詩葛屨纖纖女手章句女手之皃亦重言形況字又爲殲禮記文王世子其刑罪則纖剸注刺也又託名幖識字荀子性惡孅離綠耳注卽列子盜驪也按盜者次之誤字次孅驪離皆疊韵又釋名釋飲食雞纖細擗其腊令纖然後漬以酢也凫纖亦如之按此有纖殲二義纖爲轉注殲則叚借也

盬 **鑯** 鑯 鐵器也一曰鐫也从金韱聲按鑯者大盆之名似借爲鑑此鑯疑借爲佩角之觿或曰鐫字之誤廣雅釋器鑯錐也字亦作鋟轉注公羊定八傳鋟其版釋文本作鑯又禮記文王世子鑯剸以纖爲之叚借爲尖廣雅釋詁四鑯銳也爾雅釋丘融丘注鑯頂者尖卽今尖字尖鑯雙聲

談 **醶** 醶 酢也从酉韱聲與醶略同字亦作醆廣雅釋器醦醶醶酢也參醶雙聲

占二十九名凡占之派皆衍占聲 職廉切

盬 **占** 占 視兆問也从卜从口會意按叶字左口右卜疑卽占之別體後人音讀異耳廣雅釋詁二占視也四占驗也易革未占有孚虞注離爲占繫辭極數知來之謂占書洪範三人占儀禮士喪禮占者三人注三人掌玉兆瓦兆原兆者也周禮序官占人注占蓍龜之卦兆吉凶禮記月令命大史釁龜筴占兆注占兆龜之繇文也荀子王制占祲兆注候也史記五帝紀幽明之占正義數也又漢書韓安國傳發政占古語注問也荀子賦請占之五泰注驗也思元賦占水火而妄訊注謂自隱度而言也左昭十九傳齊陳書字子占轉注後漢楚王英傳占護其妻子注猶守護也按猶候問也叚借爲怗史記平準書各以其物自占索隱自隱度也漢書注各隱度其財物多少而爲名簿送之于官也昭帝紀令民得以律占租注謂自隱度其實定其辭也下又言占名數其義並同今猶謂獄訟之辨曰占皆其意也宣帝紀流民自占八萬餘口注謂自隱度其戶口而著名籍也後漢明帝紀欲自占者人一級注謂自歸首也又妻子自隨便占著邊縣注謂附名籍也鮑照樂府占募到河源注謂自隱度而應募爲占募也又陶徵士誄式遵遺占注謂口隱度其事令人書也按凡訓隱度皆傳會本義其實帖寫之意猶云自署也又爲拈漢書游俠陳遵傳口占書吏注隱度也口隱其辭以授吏也後漢袁敞傳占獄吏上書自訟注謂口授也隱度亦傳會本訓其實拈取之意猶言以口持授也又爲覘方言十占視也凡相竊視南楚或謂之占自江而北凡相

shān 苫　tié 靼　diàn 刮　shān 笘　nián 鮎　diǎn 鉆　xiān 枯　shān 櫏　nián 黏　shān 痁

候謂之占占猶瞻也釋訓廣雅釋言占瞻也

盬 **苫** 苫 蓋也从艸占聲爾雅釋器白蓋謂之苫注白茅苫今江東呼爲蓋李注編菅茅以蓋屋者曰苫儀禮既夕記寢苫注編藁也左襄十七傳寢苫枕草注編草也按冬枕草夏枕塊禮記問喪寢苫枕塊叚借疊韵連語方言六闔苫開也東齊開戶謂之闔苫廣雅釋詁三誤作苫

葉 **靼** 靼 韋飾也从革占聲字林靼鞢鞍具也

豔 談 **刮** 刮 缺也从刀占聲字亦作玷詩抑白圭之刮毛本作玷傳缺也召旻曾不知其玷箋缺也漢書韋元成傳復玷缺之難注玉缺曰玷按因詩言白圭而製从玉之玷又因从玉之玷而有玉缺之訓此文字所以日增也古韵詩召旻叶玷貶

盬 葉 **笘** 笘 折竹箠也从竹占聲按方言二引傳曰慈母之愛子也雖折葼笞之其惠存焉疑與笘同又禮記曲禮國中以策彗卹勿注彗竹帚又疑誼與彗同別義說文又云潁川人名小兒所書爲笘此與籥同誼廣雅釋器笘籥也

盬 **鮎** 鮎 相謁食麥也从食占聲方言一陳楚之郊相謁而餐或曰鮎廣雅釋詁二鮎食也字亦作餂叚借爲拈或爲掭孟子是以言餂之也注取也音義餂本作餂當作銛或曰借爲覘竊視也

豔 **鉆** 鉆 缺也从缶占聲按刀缺曰刮瓦缺曰鉆

盬 **枯** 枯 枯木也从木占聲疑卽大徐所補之櫏字今之杉木也別義爾雅釋宮椹謂之榩注斫木質也釋文本或作砧椹枯音近疑借桑椹字爲枯周禮圉師射則充椹質司弓矢以授射甲革椹質者謝靈運擣衣詩櫚高砧響發注擣帛之質也以石爲質變从石亦作碪

咸 **櫏** 櫏木也从木黏聲臣鉉等曰今俗作杉非是此字大徐入說文爲十九文之一疑卽枯字不煩增補爾雅釋木被黏注黏似松生江南可以爲船及棺材作柱埋之不腐以黏爲之釋文黏或作杉

盬 **黏** 黏 相箸也从黍占聲字亦作粘蒼頡篇黏合也爾雅釋言注膠黏黐釋文糊也轉注禮記樂記則無沾懘之音矣注懘敗不和之皃按膠滯也字又變作沾叚借託名幖識字漢書高惠高后文功臣表戴侯真粘

盬 **痁** 痁 有熱瘧也从疒占聲左昭二十傳齊侯疥遂痁哀二傳痁作而伏注瘧疾也轉注禮記曾子問不以人之親痁患注病也按實借爲阽跕患謂瀕于危患也

tiè 帖　diàn 耆　chān 覘　shǎn 煔　diǎn 點　zhān 沾　nián 鮎　diān ⿰耳占　niān 拈

葉 **帖** 帛書署也从巾占聲以木曰檢以帛曰帖通俗文題賦曰帖故唐制帖試士曰試帖【別義】釋名釋牀帳牀前帷曰帖言帖帖而垂也按實卽㡘之轉音【叚借】爲黏或爲聑王逸楚辭序事不安帖陸機文賦或安帖而易施注公羊傳曰帖服也廣雅曰帖靜也按安帖者平尉合著之謂字亦變作怗作惉廣雅釋詁一惉安也四怗靜也又爲僞公羊僖四傳卒怗荆注服也

談鹽 **耆** 老人面如點也从老省占聲讀若耿介之耿按老者往往體有黑瘢讀若耿者疑讀若廉也廣雅釋詁一耆老也

鹽鹽 **覘** 窺也从見占聲字亦作貼作佔左成十七傳公使覘之信注伺也晉語各覘其私注微視也禮記檀弓晉人之覘宋者注闚視也家語子貢問使人覘之注觀也淮南俶眞其兄掩戶而入覘之注視也廣雅釋詁一覘視也晉書音義覘候也又方言十貼視也凡相竊視南楚或謂之貼又禮記學記呻其佔畢注視也【叚借】重言形況字史記匈奴傳喋喋而佔佔集解衣裳皃按猶言襜如

鹽 **煔** 火行也从炎占聲楚辭大招煔鶉敶只注爚也

談 **點** 黑也从黑占聲按小黑曰點爾雅釋器滅謂之點注以筆滅字爲點廣雅釋詁三點汙也魯曾點字子皙史記弟子傳作蔵俗字【轉注】楚辭怨世唐虞點灼而毀議注汙也報任少卿書適足以見笑而自點耳注辱也補亡詩莫之點辱

鹽 **沾** 沾水出上黨壺關東入淇从水占聲按今山西潞安府壺關縣東南至河南衞輝府入淇【叚借】爲霑說文一曰沾益也廣雅釋詁一沾益也曹憲音云世人水旁著忝失之謂俗字作添也釋言沾溢也漢曹全碑惠沾渥白石神君碑澍雨沾洽史記陳丞相世家汗出沾背滑稽優旃傳陛楯者皆沾寒又爲覘禮記檀弓我喪也斯沾注視也又爲溓廣雅釋詁一沾薄也楚辭大招不沾薄只注多汁失之又重言形況字漢書竇嬰傳魏其沾沾自喜耳注輕薄也今俗言薄沾沾史記集解言自整頓也或說借爲姑爲婆亦通

鹽 **鮎** 鰋也从魚占聲爾雅釋魚鮎注別名鯷江東通呼鮎爲鮧按鮧說文作鮷北山經謂之鮷又按爾雅鯉鱣鰋鮎鱧鯇舍人孫炎皆謂三魚各二名與毛傳許書同郭氏不從以爲六魚皆單名故鰋注今偃額白魚也【聲訓】爾雅翼鮧魚偃額兩目上陳頭大尾小身滑無鱗謂之鮎魚言其黏滑也

鹽 **⿰耳占** 小垂耳也从耳占聲

鹽 **拈** 𢱭也从手占聲廣雅釋詁三拈持也列子湯問女何蚩而三招予注拈指取物也【聲訓】釋名釋姿容拈黏也兩指翕之黏著不放也

chān 姑　zhān 蛅　diàn 坫　tiān 黇　chān 鉆　yán 阽　qián 笘　zhān 霑

葉 **姑** 小弱也从女占聲【別義】一曰女輕薄善走也此誼與婆略同一曰多技藝也或讀若占

鹽 **蛅** 蛅斯墨也从虫占聲爾雅釋蟲螺蛅蟴注載屬也孫注八角螫蟲按斯者助語之詞猶螽斯蠡斯也凡蟲食木葉者多背毛螫人毛或青紅色其首起棱如有角也

鹽 **坫** 屏也从土占聲按屏當作坪或曰此涉禮記旅樹反坫論語塞門反坫而誤解爲屏也坫有五本訓當爲堂隅也爾雅釋宮垝謂之坫注端也儀禮士冠禮執以待于西坫南注坫堂角大射儀皆東坫之東南既夕記齊于坫此自天子至庶人皆有之淮南俶眞設于無垓坫之宇注垓坫垠堮也【轉注】禮記內則士于坫一此以庋食者也當在室之東北隅近庖廚大夫而上則有閣又明堂位崇坫康圭此以奠圭者也當在兩楹間天子受諸侯朝覲乃有之諸侯不得用又明堂位反坫出尊雜記旅樹而反坫論語有反坫此以反爵者也家語子貢問注在兩楹之間此天子饗諸侯或諸侯相饗燕乃用之按凡坫皆築土爲之字亦作⿱占瓦通俗文⿱占瓦支也【別義】周書作雒乃立五宮咸有四阿反坫注外向室也按禮記郊特牲臺門而旅樹反坫與臺門並稱疑亦言宮室之制矣又崔氏古今注店置也所以置貨鬻之物也字又變作店

鹽 **黇** 白黃色也从黃占聲廣雅釋器黇黃也按淺黃色

鹽 **鉆** 鐵銸也从金占聲與銸略同按以鉆拈之曰鉗蒼頡篇鉆持也通俗文鍜具曰鉆後漢陳寵傳詔有司絕鉆鑽諸慘酷之科周禮典同注飛鉆涅闇按鬼谷子作飛箝【別義】說文一曰膏車鐵鉆也按所以濡輨膏脂轄者今用竹柄束機其耑疑古用鐵【叚借】爲櫼秦策吾所苦夫鐵鉆然自入而出夫人者亦單辭形況字

鹽 **阽** 壁危也从𨸏占聲【轉注】廣雅釋詁一阽危也漢書文帝紀或阽于死亡注近邊欲墮之意食貨志阽危者若是注危欲墮之意也離騷阽余身而危死節今注猶危也思元賦阽焦原而跟趾注臨也安臨危曰阽又小爾雅廣名疾甚謂之阽【別義】文選和王著作八公山詩阽危賴宗袞注屋檐也按此因漢書文帝紀孟康注阽音屋檐之檐而誤也

鹽 **笘** 潸絮簀也从竹沾聲讀若錢按如今作紙之密緻竹簾古以敝布若魚網爲紙用水中擊絮之法成之

鹽 **霑** 雨霂也从雨沾聲俗字作添詩信南山既霑既足疏沾潤齊語霑體塗足注濡也廣雅釋詁二霑漬也方言七瀧涿謂之霑漬【轉注】離騷霑余襟之浪浪注濡也又劉梁七舉酟以醯醢張協七命酟以春梅注沾溢之酟與沾同也字亦變作酟

chān ⿱沾女　tiàn 西　zhì 茜　rǎn 冄(冉)　nán ⿰言冄　nán 柟　nuó 郍

臨 ⿱沾女 ⿱沾女姈也。从女沾聲。一曰善笑皃。按⿱沾女姈疊韵連語，⿱沾女讀如椹質之椹，或姈讀如龍龕之龕也。

西二名。凡西之派，皆衍西聲。他陷切。

豔勘 西 舌皃。从谷省，象形。古文亦从谷省。讀若三年導服之導。按讀如禫也。字亦作䑙。魯靈光殿賦：元熊䑙談以齗齗。注：吐舌皃。別義。說文一曰竹上皮，讀若沾。一曰讀若誓。弼字从此。按讀若沾者，讀若今言添也。讀若誓者，猶茜之或以爲綴也。弼从此者，讀弼以西爲聲也。又爲因之誤字。廣雅釋器：西，席也。

霽 茜 以艸補缺。从艸西聲。讀若陸。或以爲綴。一曰約空也。按約空之訓或讀如綴也。廣雅釋詁四：茜，補也。字亦誤作茵、作茜。

冄十一名。凡冄之派，皆衍冄聲。而檢切。

琰 冄 毛冄冄也。象形。今字誤作冉。𧮫从此，會意。字亦作䎡。廣雅釋器：䎡，羽也。假借爲䶲。漢書食貨志：元龜岠冄長尺二寸。注：龜甲緣也。又重言形況字。離騷：老冄冄其將至。分注：行皃。廣雅釋訓：冄冄，行也。又冄冄進也。又雙聲連語。悼亡詩：荏苒冬春謝。注：歲月流皃也。字又變作苒。又疊韵連語。方言六：冄鐮，危也。偽物謂之冄鐮。又託名幖識字。史記弟子傳：顏何字冉。秦冉字子開。左成十六傳：叔山冉。古今人表作舟。又文王子冄季載之後，以國爲氏。史記管蔡世家省作冉。或云叔山冉之後以名爲氏。非。按弟子傳冉耕、冉雍、冉求、冉孺、冉季皆魯人。

說文通訓定聲　謙部第四　十三

鹽 ⿰言冄 ⿰言冄詀，多語也。从言冄聲。字亦作諵、作喃、作呥。假借重言形況字。荀子榮辱：亦呥呥而噍。注：噍皃。或曰呥者啖之別體。又託名幖識字。漢書地理志：⿰言冄邯長。注音男。

覃鹽 柟 梅也。从木冄聲。字亦作楠。爾雅釋木：梅，柟。注：似杏，實酢。誤以梅爲楳。樊注：荊州曰梅，揚州曰柟，益州曰赤楩，似豫章，無子是也。南山經：虖勺之山，其上多梓柟。注：大木。史記司馬相如傳：楩柟豫章。集解：柟葉似桑。吳都賦：楠榴之木。注：楠榴，木之盤結者。

歌哿箇 郍 西夷國。从邑冄聲。當在今四川之西，即史記所稱冄駹也。別義。說文安定有朝郍縣，在今陝西平涼府東南。又左莊十八傳：遷權于郍處。在今湖北安陸府荊門州東南。假借爲聃。史記管蔡世家索隱：郍季又爲多。爾雅釋詁：郍，多也。詩桑扈：受福不郍。說文引作儺。郍猗與郍與。傳：多也。字亦變作䎃。廣雅釋詁三：䎃，多也。又爲嫪。楚語：使富都郍豎贊焉。注：美也。又爲宜。詩魚藻：有郍其居。箋：安皃。郍多雙聲。又助語之詞。爾雅釋詁：郍，於也。越語：吳人之郍不穀。注：於也。左宣二傳：棄甲則郍。注：猶何也。按猶言奈何也。奈何之合音爲郍。又後漢韓康傳：公是韓伯休郍。注：語餘聲也。又古疊韵連語。南都賦：阿郍蓊茸。注：柔弱之皃。按猶枝之猗儺，禾之倚移，旗之旖施也。或曰借爲㛪，非是。轉音。詩那叶猗，那左宜二叶皮多，那何。又詩桑扈叶翰憲難那。

chān ⿸疒冄　rán 䫇　dān 聃　nán 抩　rǎn 姌　rán 蚦　rán 䶲

鹽 ⿸疒冄 皮剝也。从疒冄聲。籀文从反。按反聲也。反音叉。冄反雙聲，非夅反字。

鹽 䫇 頰須也。从須从冄，會意。冄亦聲。字亦作髯。漢書高帝紀：美須髯。注：在頰曰髯。朱博傳：奮髯抵几。注：頰毛也。轉注。西山經上申之山，其鳥多當扈，以其髯飛。注：咽下須毛。假借爲蚺。淮南精神：越人得髯蛇以爲上肴。注：大蚦也。其長數丈。聲訓。釋名釋形體：在頰耳旁曰髯，隨口動搖，冄冄然也。

覃 聃 耳曼也。从耳冄聲。或从甘聲。漢老子銘：聃然老旄之皃也。禮記曾子問：吾聞諸老聃。注：老聃，古壽考者之號也。史記老子傳：姓李氏，名耳，字伯陽，謚曰聃。索隱：耳漫也。按名耳字聃，非謚。假借託名幖識字。左僖二十四傳：魯、衛、毛、聃。按文王子聃季之國，周語：聃由鄭姬。謂因鄭姬亡國。僖二傳：鬬章囚鄭聃伯。似鄭滅之以爲采邑也。其地當在今河南開封府。史記管蔡世家作冄季。白虎通姓名作南季。

說文通訓定聲　謙部第四　十四

覃 抩 抩持也。从手冄聲。廣雅釋詁三：抩，持也。與搛略同。

琰 姌 弱長皃。从女冄聲。字亦作娜。通俗文：肥骨柔弱曰媆娜。按猶阿那也。廣雅釋訓：姌姌，弱也。史記司馬相如傳：嫵媚姌弱。索隱：細弱也。舞賦：蝼蛇姌嫋。注：長皃。按猶耎弱也。詩巧言：荏染柔木。以染爲之。亦皆雙聲連語。

鹽 蚦 大蛇，可食。从虫冄聲。字林：蚦，大二圍，長二丈餘。譙周異物志：蚦蚦食灰，喬鹿出，鹿與巴蛇同。按出今廣東。其膽上旬近頭，中旬在心，下旬近尾，可已膚肉疼痛。嵇康養生論：蚦蛇珍于越土。假借爲蛅。爾雅釋蟲：蛅蟴，蚦蛓。

鹽 䶲 龜甲邊也。从龜冄聲。三正記曰：天子龜䶲尺有二寸，諸侯尺，大夫八寸，士六寸。謂兩邊緣相距也。異物志：涪陵多大龜，其緣中又似瑇瑁，俗名曰靈。其千歲者，靑䶲。按爾雅釋魚：二曰靈龜是也。轉注。禮記雜記：其輤有裧。注：裧謂鼈甲邊緣。字作裧。裧即幨襜字，蓋取聲義于䶲也。

染三名。凡染之派，皆衍染聲。而檢切。

rǎn 染　rǎn ⿱雨染　rǎn ⿰女染　shǎn 夾　shǎn 陜　shǎn ⿱陜女　shǎn 閃　yǎn 弇

談 **染** 以繒爲色也、从水杂聲、按杂古文𥥍字、非聲、當从氺从木从九、會意、裴光遠謂木者梔茜橡斗之屬、所以染也、染之數究于九、故从九、周禮序官、掌染草、注、藍蒨象斗之屬、掌染草、掌以春秋斂染草之物、注、茅蒐橐蘆豕首紫茢之屬、轉注、史記司馬相如傳、割鮮染輪、集解、揣也、廣雅釋詁三、染汙也、叚借爲擩、呂覽當務、具染而已、注、豉醬也、擩染雙聲、

談 **⿱雨染** 濡也、从雨染聲、今霑⿱雨染字以染爲之、

談 **⿰女染** 諟也、从女染聲、按媞也、姸黠之意、又安詳之皃、

夾二名、凡夾之派、皆衍夾聲、失冉切

談 **夾** 盜竊褱物也、从亦有所持、指事、俗謂蔽人俾夾是也、宏農陜字从此、按與从大从二人之夾迥別、夾者公然持人、夾者私有懷物、

談 **陜** 宏農陜也、古虢國、王季之子所封也、从𨸏夾聲、與陜隘字迥別、按此西虢、王季子虢叔初封國、在今陜西鳳翔府寶雞縣東、後改封于今河南陜州、晉獻公所滅之虢也、又有東虢、王季子虢仲封國、在今河南開封府汜水縣東、後平王奪其地與鄭、左隱元傳、制巖

邑也、虢叔死焉之虢也、叚借爲⿱陜女、後漢列女曹世叔妻傳、動靜輕脫、視聽陜輸、注、陜輸、不定皃、亦雙聲連語、又爲郟之誤、宋公羊隱五傳、自陜以東、自陜以西、唐扶頌、分郟之治、正作郟、

談 **⿱陜女** 不媚前却⿱陜女⿱陜女也、从女陜聲、班昭女誡、視聽陜輸、以陜爲之、按實雙聲連語、猶閃榆閃屍也、此字後出、

閃一名、失冉切

談 **閃** 窺頭門中也、从人在門中、會意、禮記禮運、故魚鮪不淰、注、淰之言閃也、疏、閃是忽有忽無、故字从門中人也、經傳多以掩爲之、叚借雙聲連語、後漢趙壹傳、榮納由於閃榆、注、傾佞之皃也、海賦、蜩像暫曉而閃屍、注、暫見之皃、按皆猶⿱陜女輸也、

弇六名、凡弇之派、皆衍弇聲、一儉切

覃 **弇** 蓋也、从廾从合、會意、古文从廾从日在穴中、爾雅釋天、弇日爲蔽雲、釋言、弇同也、廣雅釋詁二、弇覆也、字與奄略同、穆天子傳、升于弇山、注、弇茲山日入所也、左襄二十五傳、行及弇中、注、狹路、又周禮典同、弇聲鬱、注、謂中央寬也、又呂覽仲冬、處必弇、注、深邃也、又爾雅釋魚、龜前弇諸果、注、甲前長、後弇諸獵、注、甲後長、又荀子賦、法禹舜而能弇迹者邪、注、襲也、

ēng 鞥　yǎn 黭　yǎn 渰　yǎn 揜　yǎn 媕　yǎn 奄

合 **鞥** 轡鞥也、从革弇聲、讀若譍、一曰馬韁頭繞者、

感 **黭** 果實黭黯黑也、从黑弇聲、轉注、四子講德論、鄙人黭淺、注、不明也、叚借爲覞、荀子彊國、黭然而雷擊之、注、卒至之皃、又引說文黭黑色、猶闇然、

覃 談 **渰** 雨雲皃、从水弇聲、詩大田、有弇淒淒、傳、雲興皃、漢書食貨志注、陰雲也、張協雜詩、有渰興南岑、

感 **揜** 自關以東、謂取曰揜、从手弇聲、誼與掩別、禮記王制、諸侯不揜羣、穀梁昭八傳、揜禽旅、又淮南氾論、懼揜其氣也、注、奪也、史記司馬相如傳、揜羣雉、索隱、捕也、叚借爲奄爲弇、說文一曰覆也、禮記檀弓、廣輪揜坎、孟子、從而揜之、荀子富國、出入相揜、注、覆蓋也、呂覽仲夏、處必揜、注、深也、淮南氾論、而民得以揜形禦寒、注、蔽也、又禮記中庸、誠之不可揜如此夫、疏、揜蔽、荀子儒效、揜迹于文武、注、襲也、又爲閃、方言六、揜、藏也、吳揚曰揜、賈子道術、信理遂惔謂之敢、反敢爲揜、漢書貨殖、宣曲任氏傳、又況掘冢搏揜、注、意錢之屬也、又爲媕、禮記表記、篤以不揜、按不受人誣挐也、注、猶困迫也、則謂借爲厭、或曰借爲險、存參、

談 **媕** 女有心媕媕也、从女弇聲、按眉語目成之意、說文嬰篆說解、媕㛪也、亦雙聲連語、

奄十三名、凡奄之派、皆衍奄聲、衣檢切

談 **奄** 覆也、大有餘也、从大从申、會意、申展也、爾雅釋言、蒙荒奄也、廣雅釋詁一、奄大也、詩皇矣、奄有四方、傳、大也、執競、奄有四方、傳、同也、閟宮、奄有下國、箋、猶覆也、淮南脩務、而知不足以奄之、注、蓋之也、轉注、周禮序官、酒人奄十人、注、精氣閉藏者、今謂之官人、晉語、合奄楚刺重耳、注、士也、續漢五行志、奄官無陽施、猶婦人也、別義、說文又欠也、按欠疑安字之誤、隷書欠安形近、蓋借爲俟、叚借爲閹、禮記月令、命奄尹申宮令、審門閭、又爲俟、方言十、奄息也、詩韓奕、奄受北國、傳、撫也、臣工、奄觀銍艾、箋、久也、漢書司馬相如傳、奄息葱極、注、奄然休息也、禮樂志、神奄留、按安也、又詩黃鳥、子車奄息、秦穆公臣名、孟子、未嘗有所終三年淹也、以淹爲之、又爲覞、方言二、奄遽也、吳都賦、慌罔奄欻、注、去來不定之皃、長笛賦、奄忽滅沒、亦雙聲疊韵連語、武班碑、晻忽徂逝、以晻爲之、又託名幖識字、書多方、王來自奄、鄭注、國在淮夷之旁、書大傳、周公攝政三年踐奄、據許書字作郁、古只作奄、故墨子、東處于商蓋、韓非子、周公旦將攻商蓋、蓋即奄也、又西山經玉山注、即崦嵫山、字亦變作崦、按穆天子傳、列子湯問、皆作弇山、弇奄略同、或曰正字當爲晻、古文弇字从日在穴中、疑宮即晻之古文也、存參、

è ⿰革奄　yān 腌　yǎn ⿰奄阝　àn 晻　yǎn 罯　yàn 俺　yǎn 裺　yǎn 黤　yān 淹

合 **⿰革奄** 車具也从革奄聲

洽 **腌** 漬肉也从肉奄聲蒼頡篇腌酢淹肉也字亦作醃廣雅釋器醃菹也

談 **⿰奄阝** 周公所誅⿰奄阝國在魯从邑奄聲據唐魏王泰括地志在今山東兗州府曲阜縣按書序鄭注奄在淮夷之北左昭元傳周有徐奄注二國嬴姓書序成王既踐奄將遷其君于蒲姑鄭注徙之于齊地左昭九傳蒲姑商奄吾東土也定四傳因商奄之民命以伯禽注商奄國名是踐奄後成王復以奄地益魯其地與淮夷相連當在魯東南境未必卽曲阜矣國本名奄既遷之後乃有商奄之稱謂商之奄也與詩破斧傳四國管蔡商奄之商指武庚不同又按此字後出經傳只作奄

感 **晻** 不明也从日奄聲與暗音義略同廣雅釋詁一晻障也四晻冥也釋訓晻晻暗也漢書五行志日光晻元帝紀三光晻昧禮樂志晝晻瀸韋元成傳光耀晻而不彰注晻瀸雲氣之皃又北征賦日晻晻其將暮亦重言形況字西山經崦嵫之山離騷望崦嵫而勿迫注日所入山也字亦作崦轉注漢書元帝紀德薄明晻外戚傳遂晻莫而昧幽劉向傳而反晻昧說天注不明也假借為渰呂覽務本有晻淒淒注陰雨也又單辭形況字荀子儒效晻然若合符節又雙聲連語離騷揚雲霓之晻藹兮注猶蓊鬱也蔭皃史記司馬相如傳晻

說文通訓定聲　謙部弟四　七

曖苾勃正義芳香之盛也文選上林賦作晻薆咇茀注引說文馣馤香氣奄藹也廣雅釋器馣香也釋訓馣馣香也字又變作晻作馣

洽 **罯** 罕也从网奄會意奄亦聲蜀都賦罯翡翠字亦作旃廣雅釋器旃率也聲訓風土記罯如罾而小斂口從水上掩而取之也按罯亦以捕魚

業 **俺** 大也从人奄聲

覃陷 **裺** 褗謂之裺从衣奄聲按小兒次衣掩頸下者轉注方言四裺謂之襦按謂短衣之曲領者又懸裺謂之緣注衣縫緣也

謙 **黤** 青黑也从黑奄聲蒼頡篇黤䵴深黑不明也

鹽陷 **淹** 淹水出越嶲徼外東入若水从水奄聲字林淹水一曰復水也出今四川寧遠府徼外合金沙江入江假借為瀸禮記儒行淹之以樂好注謂浸漬之楚辭離世淹芳芷于腐井兮注漬也方言十三漫淹敗也水敝為淹注漫淹皆謂水潦漫澇壞物也淮南脩務淹浸漬漸靡使然也或曰此義實腌之轉注存參又爾雅釋詁淹久也左成二傳無令輿師淹于君地襄二十六傳若淹恤于外公羊宣十二傳王師淹病矣離騷日月忽其不淹兮注皆訓久左宣十二傳二三子無淹久注留也鵩鳥賦淹速之度兮注延也或曰此義借為延

yān 閹　yǎn 掩　yàn 媕　yán 炎

淹延雙聲字存參又左昭十四傳舉淹滯注淹滯有才德而未敘者晉語振廢淹注久也或曰此義借為厭困迫也存參古韻楚辭招魂叶淹漸

鹽 **閹** 豎也宮中奄閽閉門者从門从奄會意奄亦聲按宦者皆謂之奄司閽則謂之閹假借託名幖識字爾雅釋天太歲在戌曰閹茂李注言萬物皆蔽冒故曰閹茂閹蔽也茂冒也此以奄為訓孫注霜閹茂物使俱落也此以淹為訓淮南天文及漢書五行志皆作掩

談陷 **掩** 斂也小上曰掩从手从奄會意奄亦聲按自上而下者為弇為奄自下而上者為掩爾雅釋器鼎圜弇上謂之鼒注斂上而小口以弇為之儀禮士喪禮掩練帛廣終幅注裹首也商祝掩注掩者先結頤下既瑱幎目乃還結項也字又變作⿰巾奄方言四⿰巾奄幧頭也釋名綃頭齊人謂之⿰巾奄言⿰巾奄斂髮使上從也假借為揜方言六掩取也自關而東曰掩禮記曲禮大夫不掩羣淮南主術畋不掩羣注猶盡也又為偃方言十三掩止也洞簫賦掩以絕滅注止息皃西征賦掩細柳而撫劍注止也又為夾左文十八傳掩賊為藏注匿也又為閃淮南俶眞其兄掩戶而入覘之注讀曰奄非後漢王符傳潛夫論浮侈篇或以游博持掩為事注掩謂意錢也纂文掩撲掩跳錢戲也俗謂之射數或云射意也又為淹實為瀸禮記祭義注三盆手者三掩也又為覢嚴訢碑掩忽摧藏又為奄為弇方言三掩同也家語辨樂

說文通訓定聲　謙部弟四　六

掩有四方注同也東京賦掩觀九隩注猶及也軌塵掩迒注覆也又方言六掩薆也禮記月令處必掩身注猶隱翳也史記司馬相如傳掩薄草渚正義覆也又周髀算經空正掩日注猶覆也又晉語爾童子何知而三掩人于朝注蓋也左昭二十七傳吳公子掩餘史記刺客傳作蓋餘又為檢淮南道應大人之行不掩以繩按猶拘也或曰蓋也盡也猶概也則亦弇字之轉注高注掩猶揮也失之又重言形況字高唐賦越香掩掩注同也失之又託名幖識字左昭十三傳蔿掩古今人表作奄

陷 **媕** 誣挐也从女奄聲字亦作⿰言奄方言六誣⿰言奄與也吳越曰誣荊齊曰⿰言奄與猶秦晉言阿與也方言十挐揚州會稽之語也或謂之惹或謂之⿰言奄

炎二十名凡炎之派皆衍炎聲 于廉切

鹽 **炎** 火光上也从重火會意與燗略同書洪範火曰炎上詩大田秉畀炎火傳盛陽也雲漢赫赫炎炎傳熱氣也爾雅釋訓爞爞炎炎熏也呂覽有始南方曰炎天又東北曰炎風注一曰融風楚辭大招南有炎火千里注盛皃也太元狩卉炎于狩注盛大之皃轉注漢書五行志及濫炎妄起注讀曰燄非吳語日長炎炎注進皃莊子齊物論大言炎炎簡文注美盛皃李注同是非也亦重言形況字假借

奄 炎

炎

yǎn 琰　dàn 啖　tán 談　yǎn 剡　yǎn 棪

爲燄後漢蔡邕傳爟煙炎之毀熠注煙火之微細者又託名幖識字白虎通五行炎帝者太陽也又大荒西經炎帝之孫名曰靈恝注炎帝神農也按大庭氏以火德王古韵莊子齊物論叶炎詹

燄 **琰** 琰 璧上起美色也从玉炎聲書顧命宏璧琬琰拄西序鄭注大璧琬琰皆度尺二寸按琬琰二大璧之名璧與琮相配據考工玉人大琮尺有二寸宗后守之是王之大璧度當同也與琬圭琰圭皆九寸者迥別淮南說山琬琰之玉注美玉也周書王會四方元纁璧琰十二注珪也有鋒鋭失之假借爲剡考工玉人琰圭九寸判規以除慝以易行注剡半以上又半爲瑑飾諸侯有爲不義使者征之執之以爲瑞節也典瑞司農注琰圭有鋒芒傷害征伐誅討之象

感 **啖** 啖 噍啖也从口炎聲一曰啖按啖當爲此字之或體从口敢聲今據說解補與啗微別廣雅釋詁二啖食也荀子王霸啖啖常欲人之有注并吞之皃太元元瑩啖函啓化注含也字亦作唵埤蒼唵啗也假借爲淡漢書叔孫通傳攻苦食啖集注食無菜茹爲啖周禮廿人注知鹹啖也又爲啗漢書王吉傳吉婦取棗以啖吉注啖謂使食之又爲炎列子湯問有啖人之國釋文本作炎

覃 覃 **談** 談 語也从言炎聲字亦作譚詩節南山不敢戲談莊子天運三日不談則陽夫子何不譚我于王李注說也漢書公孫宏傳宏爲人談笑多聞注善于談笑而又多聞也假借爲鄭詩碩人譚公維私小東序譚大夫作是詩左莊十年齊師滅譚又爲倓大戴子張問入官修業居久勿譚注譚誕也謂安縱也又爲延管子侈靡祀譚次祖見本辟之若尊譚注皆訓延也炎延雙聲又疊韵連語嘯賦參譚雲屬注猶著也吳都賦趍譚猭㹿注相隨驅逐衆多皃琴賦參譚繁促注相隨皃古韵詩節南山叶巖瞻惔談斬監

燄 **剡** 剡 鋭利也从刀炎聲字亦作掞爾雅釋詁剡利也廣雅釋詁四剡鋭也易繫辭掞木爲楫又掞木爲矢釋文本作剡禮記雜記下剡上蔬殺也淮南氾論古者剡耜而耕楚辭橘頌曾枝剡棘東京賦介馭閒以剡耜又淮南俶真揮掞挺挏注利也長笛賦剸掞度擬注與剡同轉注荀子彊國案欲掞其脛而以蹈秦之腹注亦斬也又淮南人閒剡麻考纑假借爲燄晉語大喪大亂之剡也注鋒也失之又爲掞荀子彊國剡然有苓而據松柏之塞注侵削之皃失之又爲炎漢書禮樂志長麗前掞光耀明集注或作扶離騷皇剡剡其揚靈兮注光皃亦重言形況字又爲檁蔡邕月令章句鍵關牡也所以止扉或謂之剡顏氏家訓書證剡聲類作扊又或作居按通俗文作扂又作弗又重言形況字禮記玉藻弁行剡剡起屨疏身起皃

燄 鹽 **棪** 棪 遬其也从木炎聲讀若三年導服之導按讀如禫也爾雅釋木棪棪其注實似柰赤可食譙周異物志梓棪材貞勁堪作船其

說文通訓定聲　謙部弟四　十九

tán 郯　tán 倓　xū 覢　shǎn 睒　xū 欻　tán 惔　dàn 淡　tān 綅

實類棗南山經堂庭之山多棪木注別名連曹毗魏都賦果則谷棪山㮵

覃 **郯** 郯 東海縣帝少昊之後所封从邑炎聲按嬴姓地在今山東沂州府郯城縣西南左宣四年平莒及郯昭十七年郯子來朝家語致思孔子之郯遭程子于途傾蓋而語終日

覃 **倓** 倓 安也从人炎聲讀若談或从剡聲與憺略同廣雅釋詁四倓靜也蒼頡篇倓恬也荀子仲尼倓然見管仲之能足以託國也注安也洞簫賦時恬淡以綏肆以淡爲之假借託名幖識字後漢南蠻西南夷傳得以倓錢贖死注引何承天纂文倓蠻夷贖罪貨也按字亦變作睒

燄 **覢** 覢 暫見也从見炎聲春秋公羊傳曰覢然公子陽生按公羊哀六傳今本作闖闖覢音隔疑闖爲閃之誤字蒼頡篇覢覢視皃

燄 **睒** 睒 暫視皃从目炎聲讀若白蓋苫之苫相似太元劇次三鬼睒其室注見也嘗初一蕃復睒天注窺也江賦獱獺睒睗乎厱空注暫視也按此字當爲覢之或體今系于此

物 **欻** 欻 有所吹起也从欠炎聲讀若忽蒼頡篇欻卒起也亦忽也此字或曰當作歘从㷋聲見疒部㾴篆說解或曰从炎者火光忽忽無定會意非聲存疑西京賦欻從背見注覢之言忽也思元賦欻神化而蟬蛻兮注輕舉皃後漢書注疾皃也假借雙聲連語江淹雜體詩欻吸鵾鷄悲注疾皃

覃 勘 **惔** 惔 憂也从心炎聲詩節南山憂心如惔傳燔也雲漢如惔如焚傳燎之也釋文引說文一曰炎燎也韓詩皆作炎按此字後出即炎字也若訓憂則詩兩如字不可通後人正因節南山憂心而加心傍耳假借爲倓爲憺蒼頡篇惔恬也莊子列禦寇以恬惔爲上者古韵詩節南山叶巖瞻惔談斬監

覃 感 勘 **淡** 淡 薄味也从水炎聲與澹迥別禮記中庸淡而不厭注其味似薄也表記君子淡以成注無酸酢少味也管子水地淡也者五味之中也漢書揚雄傳大味必淡注謂無主味也叔孫通傳攻苦食啖注謂無味之食以啖爲之假借爲澹高唐賦濆淡淡而並入注安流平滿皃潘岳詩綠池汎淡淡亦重言形況字又疊韵連語高唐賦徙靡澹淡注水波水文也西都賦澹淡浮注隨風之皃七發湍流遡波又澹淡之注搖蕩之皃也別義阮孝緒文字集略淡胷中液也方言蠢飾注淡字又作痰也衡方碑淡界繆動今字作痰从疒

鹽 咸 **綅** 綅 白鮮衣皃从糸炎聲謂衣采色鮮也按此六字後人所增字亦作緂假借爲剡淮南氾論緂麻索縷注鋭緂也讀恬然不動之

說文通訓定聲　謙部弟四　廿

wěi 产　yàn 焱　xián 燅　tǎn ⿰糹剡　tán ⿱𥫗剡　tǎn ⿱艹剡　tán 餤　tán 錟

㤜人閒剡麻考總正作剡又為綅方言一繝捴續也六繝剡續也秦晉續折謂之繝繩索謂之剡字又變作𦅾綝繝雙聲

覃 **錟** 長矛也从金炎聲讀若老聃段借為剡史記賈誼傳非錟于句戟長鎩也蘇秦傳彊弩在前錟戈在後正義利也

覃 **餤** 爾雅釋詁餤進也舊注甘之進也按進食也从食炎聲類篇引說文有此字今附于此轉注詩巧言亂是用餤傳進也禮記表記徐本亂是用鹽以鹽為之

古韻詩巧言叶甘餤

咸 **⿱艹剡** 雚之初生一曰薍一曰鵻从艸剡聲或从炎聲音義皆與蒹略同爾雅釋草菼薍注江東呼為烏蓲樊注初生蒠騂色釋言菼騅也注芭如騅在青白之閒按蒹菼實一物初生曰菼未秀曰蒹已成曰萑葭蘆為一物初生曰葭未秀曰蘆已成曰葦也古人蒹葭菼萑葦蘆荻並稱皆二草同類別種詩大車毳衣如菼傳蘆之初生者此蘆字蓋萑字之誤碩人葭菼揭揭傳薍也蒹葭陸疏菼一名薍薍或謂之荻

古韻詩大車叶檻菼敢

鹽 **⿱𥫗剡** 搔馬也从竹剡聲按所以搔馬者或曰形如箆或曰即禮記曲禮之策彗也義與笞同

咸 **⿰糹剡** 帛騅色也从糸剡聲詩大車毳衣如⿰糹剡毛本作菼按色在蒼白之閒三家詩以帛喻毛詩以草喻皆通

說文通訓定聲　謙部第四　圭

鹽 **燅** 於湯中爚肉也从炎从熱省會意按炎亦聲或从炙从熱省會意音義與燂略同字亦作燅通俗文以湯去毛曰燅今蘇俗語猶然儀禮有司徹乃燅尸俎注溫也記或作燖禮記禮器三獻爓注沈肉于湯也以爓為之釋文本亦作膶郊特牲腥肆爓腍祭注或為膶

燅習雙聲

焱一名 以冉切

燄豔 **焱** 火華也从三火會意與炎略同甘泉賦焱感黃龍兮注引字林焱火光也段借雙聲連語東京賦紛焱悠以容裔按猶游衍也注火花也言旌旗如火花之飛起非是又重言形況字東都賦焱焱炎炎揚光飛文又為猋之誤字甘泉賦回猋肆其碭駭兮注回風也

产十二名凡产之派皆衍产聲 魚毁切按魚嚴切

紙 **产** 仰也从人在厂上會意按當讀如檐危字从此會意非从此為聲也水經注徐偃王生而偃故以為號疑宋王偃亦同常仰而射因有射天笑宋之名皆以偃為之與詩之棲遲偃仰為偃臥意者不同产偃雙聲字段借為檐說文一曰屋梠也秦謂之桷齊謂之产

按楚謂之梠爾雅釋宮孫注周人謂之梠

dān 儋　yán 檐　dǎn 膽　zhān 瞻　zhān 詹

鹽 **詹** 多言也从言从八从产按产聲與詀略同莊子齊物論小言詹詹李頤注小辯之皃亦重言形況字崔本以閻為之字亦作詀作譫方言十南楚謰謱或謂之詀謕埤蒼譫多言也素問熱論不欲食譫言注謂妄謬而不次也段借為瞻詩閟宮魯邦所詹說苑風俗通並作瞻史記孝景紀長信詹事集解省也又為至方言一詹至也詹楚語也爾雅釋詁詹至也詩采綠六日不詹傳至也思元賦黃靈詹而訪命兮舊注至也詹至雙聲又為淡即瞻實為憺呂覽適音不充則不詹注足也讀如澹然無為之澹又為占古詩四五詹兔缺注與占同又雙聲連語淮南說林蝕于詹諸注月中蝦蟇也按猶今言蟾蜍又託名幖識字左莊十七年齊人執鄭詹公羊史記並作瞻未知孰是

古韻詩采綠叶藍襜詹莊子齊物論叶炎詹

鹽 **瞻** 臨視也从目詹聲爾雅釋詁瞻視也詩燕燕瞻望弗及雄雉瞻彼日月傳視也離騷瞻前而顧後兮注觀也漢華山碑日月星辰所昭仰也以昭為之禮記正作瞻瞻昭雙聲

古韻詩節南山叶巖瞻惔談斬監

咸 **膽** 連肝之府也从肉詹聲俗字作胆素問靈蘭秘典論膽者中正之官決斷出焉按形如瓶長三寸在肝之短葉閒華佗曰膽者中清之府號曰將軍主藏而不瀉淮南精神膽為雲肝為風腎為雨注膽金也轉注荀子脩身勇膽猛戾注有膽氣也段借為⿰口韱禮記內則桃曰膽之注治擇之名也按拭也爾雅釋木舊注擇取其美者非是又為憺淮南原道膽兮其若深淵注膽定不動之皃又為澹淮南覽冥川谷不膽注溢也

說文通訓定聲　謙部第四　圭

鹽 **檐** 㮰也从木詹聲字亦作櫩俗作簷爾雅釋宮檐謂之樀按今蘇俗檐瓦謂之滴水廣雅釋室檐梠也按亦曰楣曰櫋禮記明堂位複廟重檐注重檐重承壁材也淮南本經橑檐榱題注屋垂也上林賦步櫚周流注步廊也西京賦飛檐巘巘注檐板承落也段借為閻吳語王背檐而坐大夫向檐注屋外邊壇也按廟門也

聲訓釋名釋宮室檐接也接屋前後也

覃勘 **儋** 何也从人詹聲以背曰負以肩曰儋字亦作擔又誤作僋字林擔負也齊語負任儋何注肩曰儋漢書貨殖傳漿千儋注人儋之也蒯通傳守儋石之祿者注一人之所負儋也揚雄傳儋人之爵注荷負也楚辭哀時命負擔荷以丈尺兮注荷曰擔爾雅釋天注今荊楚人呼牽牛星為擔鼓擔者荷也漢羊竇道碑騎馬儋負轉注史記貨殖傳漿千儋索隱引孟康曰罌也罌受一石故云儋石漢書蒯通傳注引應劭曰齊人名小罌為儋受二斛按二斛一人所儋也字亦變作甔又廣雅釋詁一擔舉也管子七發擔竿而欲定其末注舉也又儀禮喪服傳擔主也注擔猶假也無爵者假之以杖尊其為主也按猶代也亦當也謂任其事也廣雅釋詁二儋助也段借為聸大

荒北經有儋耳之國注其人耳大下儋垂在肩上水經溫水注儋耳民好徒跣耳廣垂以爲飾即山海經離耳也按儋耳南方夷習訓釋名釋姿容儋任也任力所勝也儋任聲近

襜 鹽 豔

襜衣蔽前也从衣詹聲字亦作袡作䄄作袩爾雅釋器衣蔽前謂之襜注今蔽膝也小爾雅廣服蔽膝謂之袡方言四蔽厀齊魯之郊謂之袡按即韠也韍也其制下廣二尺上廣一尺其頸五寸婦人之襜謂之褘亦謂之縭詩采綠不盈一襜傳衣蔽前謂之襜禮記雜記繭衣裳與稅衣纁袡爲一王肅注婦人蔽膝也儀禮士昏禮純衣纁袡按亦蔽厀也注袡亦緣也袡之言任也以纁緣其衣象陰氣上任也謂借爲衽即袘似失之禮記喪大記婦人復不以袡注嫁時上衣亦失之轉注廣雅釋器襌襦謂之襜褕按襜褕猶儋何也連語爲偁王氏念孫訂以襜字絕句非釋名釋衣服荊州謂襌衣曰布襹亦曰襜褕言其襜襜宏裕也方言四襜褕江淮南楚謂之𥜒裕又汗襦陳魏宋楚之閒謂之襜襦字林直裾曰襜褕漢書外戚恩澤侯表坐衣襜褕入宮注直裾襌衣也何竝傳被其襜褕注曲裾非是史記魏其武安侯傳索隱襜褕短衣也按襜褕即裋褐也短褐也以其直裾豎裁襌而短小故引申于蔽厀之襜也或曰借爲襤存參別義方言四襜謂之袖注衣掖下也按下文褸謂之袩注即衣衽又䘯謂之袩注未詳其義疑即襜也字又變作袩叚借爲坫儀禮士冠禮古文執以待于西襜南又爲憺吳仲山碑收襜遺孤又爲幨後漢劉盆子傳絳襜絡注帷也車上施帷以屏蔽者交絡之以爲飾又單辭形況字論語襜如也按開張之皃又重言形況字楚辭逢紛裳襜襜而含風兮注搖皃聲訓釋名釋衣服韠蔽膝也又曰跪襜跪時襜襜然張也襜張雙聲古韵詩采綠叶藍襜詹

說文通訓定聲　謙部弟四　卅三

黵 感

黵大汙也从黑詹聲

憺 感 勘 豔

憺安也从心詹聲與倓略同楚辭東君觀者憺兮亡歸注安也子虛賦憺乎自持注憺怕靜也淮南俶眞蜂蠆螫指而神不能憺小爾雅廣注定也按神氣充足則安定古皆以澹爲之今字變作贍小爾雅廣言贍足也聲類贍助也孟子力不贍也注足也禮記大傳無不贍者疏贍是優足之餘也呂覽順民愁悴不贍者注猶足也漢書食貨志猶不足以澹其欲也注澹古贍字給也叚借爲燗爲焱爲炎漢書李廣傳威稜憺乎鄰國李奇注猶動也蘇林注陳畱人語恐言憺之以淡憚爲訓皆非古韵楚辭抽思叶敢憺管子侈靡叶犯贍

澹 覃 感 勘

澹水搖也从水詹聲與淡迥別高唐賦徙靡澹淡注水波文也七發潏流迴波又澹淡之注搖蕩之皃也西都賦澹淡浮注隨風之皃也老子澹兮其若海釋文本作忽謂借爲覢非是海賦泱漭澹泞注澹滐也謂借爲憺非是又高唐賦水澹澹而盤紆亦重言形況字叚借爲憺廣雅釋詁一澹安也四澹靜也漢書禮樂志澹容與注安也司馬相如傳灑沈澹災注安也揚雄傳澹泊爲德注安靜也後漢馮衍傳顯志賦意斟愖而不澹兮注定也老子恬澹爲上河上本作恢按惔之誤字借惔爲憺也神女賦澹淸靜其愔嫕兮注靜皃盧子諒詩澹乎至人心注憺與澹同又爲贍亦即儋字荀子王制物不能澹則必爭注讀爲贍淮南主術求贍而易澹注給也原道宮澹天下而不既注足也張納碑邮澹凍餒又託名幖識字漢書匈奴傳晉北有澹林之胡樓煩之戎也馮唐傳滅澹林注胡也又重言形況字素問刺熱論其逆則項痛員員澹澹然注澹澹爲似欲不定也按如水動盪也亦轉注之義

閻 鹽

閻閻謂之樀樀廟門也从門詹聲按與爾雅檐謂之樀不同此樀乃楄之誤字借楄爲祊也祊說文正篆作鬃爾雅作閍吳語王背檐而立注㨿屋外邊壇也按即此閻字以檐爲之注不憭說文樀篆下引爾雅檐謂之樀此屋梠也非此閻字爾雅釋宮閍謂之門李巡注祊故廟門名也孫炎注祊祭于祊謂廟門也是此楄廟門也楄字

聸 覃

聸垂耳也从耳詹聲南方聸耳之國此字與聃與耽略同大荒北經有儋耳之國注其人耳大下儋垂在肩上水經溫水注漢置九郡儋耳預焉民好徒跣耳廣垂以爲飾暑褻薄日自使人黑以黑爲美離騷所謂玄國矣按在今廣東瓊州府儋州古只作儋

說文通訓定聲　謙部弟四　卅四

广一名 魚檢切

广 儼

广因厂爲屋象對刺高屋之形讀若儼然之儼按从厂上謂屋高遠望聳起也指事字亦作𢇛廣雅釋詁二𢇛尻也

臽三十二名凡臽之派皆衍臽聲 戶敢切

臽 陷

臽小阱也从人在臼上會意按古掘地爲臼臼即坎也廣雅釋水臽坑也

啗 勘

啗食也从口臽聲讀與含同與啖微別自食爲啖食人爲啗字亦作噉作嚂晉語主孟啗我注啖也史記樂毅傳令趙嚪秦以伐齊之利集解進說之意也趙策廣啗使之嗛于口叚借爲啖詩東門之墠箋栗人所啗食禮記檀弓注示欲啗食又爲𦙶爾雅釋草注莟中炙啗者又爲欿淮南齊俗荊吳芬馨以嚂其口注貪求也又爲含太元元瑩啗函啓化注含也含啗雙聲又爲欠風賦啗齰嗽獲注中風口動之皃

𦙶 陷

𦙶食肉不厭也从肉臽聲讀若陷字亦作䐄廣雅釋器䐄肉也字林䐄肴也聲訓釋名釋飲食𦙶銜也銜炙細密肉和以薑椒鹽豉已乃以肉銜裹其表而炙之也

xiàn 鮥　kàn 衉　dàn 窞　kǎn 欿　yǎn 燄　kǎn 惂　hàn 淊　yán 閻　hàn 蜭　xiàn 陷

陷 **鮥** 鮥 鮥魚也从魚臽聲

勘 **衉** 衉 𧖴 羊凝血也从血臽聲或从贛省聲廣雅釋器衉血也本草陶注宋帝時太官作血衉庖人謨落藕皮其中血皆散不凝

咸 **窞** 窞 坎中小坎也从穴从臽臽亦聲一曰旁入也易坎習坎入于坎窞虞注坎之深者也王肅注坎底也虞注坎中小穴廣雅釋水窞坑也字亦作窞太元雷推欿窞（古韻）易坎叶坎窞

咸覃 **欿** 欿 欿得也从欠臽聲讀若貪廣雅釋詁一欿欲也二欿貪也（叚借）為歉孟子如其自視欿然又為坎易京房劉表本習欿注欿陷也險也太元雷推欿窞廣雅釋水欿坑也又為惂楚辭哀時命欿愁悴而委惰兮注愁貌也又為饑廣雅釋訓欿欿聲也實重言形況字與坎同

琰 **燄** 燄 火行微燄燄也从炎臽聲與爓別字亦作焰書洛誥無若火始燄燄漢書梅福傳作庸庸炎雙聲素問六元正紀大論焰為睡注焰陽焰也（叚借）為爓為炎左莊十四傳其氣燄以取之漢書五行志作炎

說文通訓定聲　謙部弟四　五十五

咸 **惂** 惂 悥困也从心臽聲廣雅釋詁一惂憂也

咸 **淊** 淊 泥水淊淊也从水臽聲（別義）說文一曰繅絲湯也

鹽 **閻** 閻 壛 里中門也从門臽聲或又从土荀子儒效隱于窮閻漏屋注里門也漢書循吏傳注與于閭閻西京賦便旋閭閻按里外門曰閭亦曰閈里中門曰閻（叚借）為檐楚辭大招曲屋步壛注長砌也按步廊也又疊韵連語方言十食閻慫慂勸也按食者僉字或弇字之形譌廣雅亦承其誤又方言十六閻苫開也東齊開戶謂之閻苫方言十三閻開也長言之曰閻苫短言之即曰閻耳又雙聲連語上林賦眇閻易以卹削注衣長大皃也又託名幖識字左文十八傳閻職史記說苑並作庸閻庸一聲之轉

咸勘 **蜭** 蜭 毛蠹也从虫臽聲爾雅釋蟲蜭毛蠹注即㦸也按有毒螫人此蟲但食木葉不處木中食木謂之蠹者亦蠹屬

陷 **陷** 陷 高下也一曰陊也从𨸏从臽臽亦聲自高而入于下也字亦作𨼚又誤作陥古文作錎从金未詳論語不可陷也孔注下也魯語上陷而不振注墜也又禮記中庸驅而納諸罟擭陷阱之中周禮雍氏阱擭注穿地為塹所以禦禽獸其或超踰則陷焉世謂之陷阱莊子外物有甚憂兩陷釋文引字林錎猶陷字也廣雅釋詁四墮陷也陳君閣道碑隤陷壞絶（轉注）廣雅釋言陷潰也禮記檀弓毋使其首陷焉注謂沒于土呂覽雖有大山之塞則陷之也注壞也又荀子天論表不明則陷注溺也又魯語陷而入于恭注猶失過也（叚借）為淊天井碑堅無陷瀆又為歁淮南謬稱嫌如陷注少也又託名幖識字釋名釋兵盾約脅而鄒者曰陷虜言可以陷破虜敵也今謂之曰露見是也

jiān 監　dàn 菡　chǎn 讇　yàn 爓

咸陷 **監** 監 𥃧 臨下也从臥䘓省聲古文从言按从𧬶省聲監臨皆从臥隱几俛視之意也周禮太宰立其監注謂公侯伯子男各監一國書大誥序三監鄭注管蔡霍詩節南山何用不監傳視也韓詩領也禮記月令命四監大合百縣之秩芻注山林川澤之官漢書百官公卿表監御史秦官掌監郡史記秦本紀因景監求見孝公正義閹人也荀子榮辱或監門御旅抱關擊柝注主門也（轉注）爾雅釋詁監視也方言十二監察也詩烝民天監有周箋視也周語使監謗者注察也齊語以監其上下之所好注觀也按此謚實與𥅀同又周禮眡祲四曰監注冠珥也司農注雲氣臨日也（叚借）為鑑實為鏡詩大東監亦有光箋視也禮記大學儀監于殷疏視也晉語監戒而謀注察也賈子胎教明監所以照形也監鏡雙聲又為臥之誤字後漢劉陶傳不能監寐注猶寤寐也桓帝紀注監寐言雖寢而不寐非是又託名幖識字史記封禪書蚩尤在東平陸監鄉索隱音闞又史記田齊世家監止索隱姓也按左傳作闞止字子我（古韻）詩節南山叶

說文通訓定聲　謙部弟四　五十六

巖瞻惔談斬監殷武叶監嚴濫

咸 **菡** 菡 菡藺夫容華也未發為菡藺已發為夫容从艸閻聲按菡藺雙聲連語字亦作菡作𦸓作萏作蓞爾雅釋草荷芙蕖其莖茄其葉蕸其本蔤其華菡萏其實蓮其根藕其中的的中薏楚辭招魂夫容已發焦氏易林菡萏未華義與許合詩澤陂有蒲菡萏傳荷華也（叚借）雙聲連語華嚴經音義引漢書音義菡萏豐盛之皃按魏何晏景福殿賦菡萏桅橠纖縟紛敷上文有茄蔤芙蕖之語必非複出亦豐盛皃也注云菡萏已見上文失之（古韻）詩澤陂叶萏儼枕

欿 **讇** 讇 諂 諛也从言閻聲或从臽聲鬼谷子權篇諂先意承欲者也莊子漁父希意道言謂之諂荀子臣道從命而不利君謂之諂左襄三傳稱其讎不為諂注媚也公羊隱四傳公子翬諂于隱公注猶佞也禮記玉藻卑毋讇注謂傾身以自下也少儀頌而無讇疏謂橫求見容論語貧而無諂皇疏非分橫求曰諂孟子脅肩諂笑注強笑也周書史記解諂諛日近注好順人意為諂諛（聲訓）荀子脩身以不善先人者謂之諂注諂之言陷也謂以佞言陷之

鹽 **爓** 爓 火門也从火閻聲六書故引說文火爓爓也集韵類篇引說文火爓也按門當作閃傳寫缺誤炫篆說解爓熠也字與炎略同

yán 㵪　lán 藍　jiān 䀮　lán 籃　jiàn 檻　lán 幱　lán 襤

蜀都賦高爓飛煽于天垂注引說文爓火焰也〔假借〕爲爇禮記禮器三獻爓郊特牲血腥爓祭

鹽 **㵪** 海岱之閒謂水汙曰㵪从水閻聲此字實卽淊之別體方言三氾浼㵪洼洿也東齊海岱之閒或曰浼或曰㵪按說文洿濁水不流也汙薉也一曰小池爲汙淊泥水淊淊也是洿汙聲固通轉義亦引申卽知㵪淊同字矣

覃 **藍** 染青艸也从艸監聲詩終朝采藍箋染草也〔轉注〕爾雅釋鳥秋鳸竊藍注青也按竊藍淺青也〔假借〕爲襤小爾雅廣服布褐而紩之謂之藍縷左宣十二傳篳路藍縷史記作藍蔞集解引左傳服注藍蔞言衣敝壞其蔞藍藍然按藍蔞襤褸實皆雙聲連語又爲濫大戴文王官人藍之以樂注猶濫也〔古韻〕詩采綠叶藍襜詹

成 **䀮** 視也从目从監會意監亦聲經傳通以監爲之

覃 **籃** 大篝也从竹監聲古文作⿸广昔未詳或曰當从广昔聲存疑廣雅釋器籃筐也字林籃大筶也蘇俗謂熏篝曰烘籃〔轉注〕方言十三篕或謂之筊音書音義下籃籠屬

咸 謙 **檻** 櫳也从木監聲所以因罪人之牢也故囚車曰檻車廣雅釋室檻牢也今監獄字以監爲之字亦作欄〔轉注〕說文一曰圈也謂所以閑獸又漢書谷永傳檻塞大異注猶閉也義取檻柙之檻又珠叢檻殿之闌也西京賦鏤檻文梍注闌也楚辭招魂檻層軒些注楯也從曰檻漢書朱雲傳雲攀殿檻檻折注軒前闌也翟方進傳柱檻皆衣素注軒前欄版也海內西經以玉爲檻注欄也又釋名釋車檻車上施闌檻以格猛獸亦囚禁罪人之車也後漢鄧隲傳檻車徵詣廷尉注謂以板四周爲檻無所見又釋名釋船上下重版曰檻四方施版以禦矢石其內如牢檻也吳都賦巨檻接艫注上下四方施版曰檻也字亦變作艦廣雅釋水艦舟也〔假借〕爲臽爲陷後漢法雄傳毀壞檻穽注謂捕獸之機也宋均傳常募設檻穽注爲機以捕獸又爲濫詩瞻卬觱沸檻泉箋檻泉正出涌出也又爲堅周禮草人彊槃用蕡注彊堅者檻堅雙聲字禮記月令注強槃之地疏槃是埤闕也字亦變作壏管子地員五粟之狀廩焉如壏注猶彊也又重言形況字詩大車大車檻檻傳車行聲也楚辭離世山中檻檻余傷懷兮注車聲也字亦變作轞通俗文車聲曰轞廣雅釋訓轞轞聲也〔古韻〕詩大車叶檻菼敢

覃 **幱** 楚謂無緣衣也从巾監聲按此義與襤同幱當訓馭衣也方言二幱幭毳也楚曰幱幭注幱幭謂物之扞蔽也蓋以幱爲訓

覃 **襤** 裯謂之襤褸襤無緣也从衣監聲方言三凡人貧衣被醜敝或謂之襤褸故左傳曰篳路襤褸以启山林殆謂此也方言四襜

lǎn 覽　lán 䰐　làn 濫　yán 鹽

褕以布而無緣敝而紩之謂之襤褸又裯謂之襤無緣之衣謂之襤又楚謂無緣之衣曰襤紩衣謂之褸按小爾雅廣服布褐而紩之謂之藍縷是襤卽裋褐也裯也襤敝而紩者曰襤褸襤褸亦雙聲連語也

咸 **覽** 觀也从見从監會意監亦聲齊策而數覽注視也大王覽其說注受也離騷皇覽揆余于初度兮注觀也楚辭雲中君覽冀州兮有餘注望也漢書楊雄傳又覽纍纍之昌辭注省視也晉王羲之蘭亭敘後之覽者以擥爲之匡謬正俗云覽者謂習讀之人猶言學者耳

覃 **䰐** 髮長也从髟監聲讀若春秋黑肱以濫來奔〔別義〕廣韻䰐鬖髮疏皃

謙 勘 **濫** 氾也从水監聲詩觱沸濫泉爾雅釋水濫泉正出正出涌出也毛詩以檻爲之列子黃帝濫水之潘爲淵漢書谷永傳大水泛濫郡國十五有餘蘇林曰濫氾也〔假借〕爲鑑說文一曰濡上及下也管子禁藏夫冬日之不濫非愛水也按猶浴也注謂泛冰于水以求寒所謂濫槃非是莊子則陽同濫而浴釋文浴器也呂覽節喪鍾鼎壺濫注以冰置水槳于其中爲濫亦失之又爲鏡說文一曰清也竟監雙聲又爲檻西京賦澤虞是濫注施罛罟也按施柴水中以聚魚圍而捕之如檻之四面設闌所謂竭澤而漁者魯語宣公夏濫于泗淵注漬也失之又爲爁賈子道術動有文體謂之禮反禮爲濫禮記樂記狄成滌濫之音作注僭差也鄭音好濫淫志注濫竊也左昭八傳民聽濫也注失也哀五傳不僭不濫注溢也論語小人窮斯濫矣鄭注濫竊也禮器君子以爲濫矣注濫亦盜竊也周書程典不濫其度注過也又爲歆呂覽權勳虞公濫于寶與馬注貪也淮南俶眞美者不能濫也注覦也又爲斂禮記樂記竹聲濫注濫之意猶擥聚也又爲醮禮記內則漿水醷濫注以諸和水也史記孟荀傳始也濫耳索隱濫卽濫觴是江原之初始謂衍之衍皆可爲後代之本故云濫又爲灡釋名釋飲食桃濫水漬而藏之其味淊淊然酢也又託名幖識字淮南脩務而不期于濫脅號鍾按二古琴名注濫脅音不和號鍾高聲非耳所及皆失之〔聲訓〕釋名釋水水正出曰濫泉濫銜也如人口有所銜口闓則見也〔古韻〕詩殷武叶監嚴濫

鹽 斂 **鹽** 鹹也从鹵監聲古者宿沙初作煮海鹽按夙沙大庭氏之末世又魯連子曰古善漁者宿沙瞿子天生曰鹵人作曰鹽水經涑水注沈沙煮海謂之鹽漢書食貨志鹽食肴之將禮記曲禮鹽曰鹹鹺周禮鹽人祭祀共其苦鹽散鹽賓客共其形鹽散鹽王之膳羞共飴鹽呂覽本味大夏之鹽注形鹽也東海廟碑瀕海鹽口字亦誤作盬按自管子以鹽筴富齊漢唐以來皆置鹽官或取之海或產于池

lǎn 擥　làn 嚂　jiàn 鑑　làn 醶　lán 蘫　qiàn 欠

或没諸共今長蘆南淮河東兩浙福建廣東四川雲南鹽課六百三十八萬四千餘引引二百斤入官銀凡五百五十六萬有奇段借爲鹽實爲飲禮記郊特牲而鹽諸利注使歆鹽之又託名幖識字水經夷水注鹽水卽夷水也又有鹽石卽陽石也夷鹽陽皆雙聲又武梁祠堂畫象無鹽醜女

擥 覃感　撮持也从手監聲字亦作攬作攬廣雅釋詁一攬取也三攬持也離騷擥木根以結茝兮注持也夕擥州之宿莽注采也漢書陳湯傳擥城郭之兵注總持也息夫躬傳撫神龍兮擥其須注謂執持之敍傳擥轡正席注執取也五行志是以擥仲舒注謂引取之莊子在宥此攬乎三王之利釋文本作覽聲訓釋名釋姿容攬斂也斂置手中也

嚂 勘　過差也从女監聲論語曰小人窮斯嚂矣今本以濫爲之詩殷武不僭不濫傳刑不濫也左襄二十六傳刑濫懼及善人皆以濫爲之

鑑 陷　大盆也从金監聲周禮凌人春始治鑑注鑑如甀大口莊子則陽同濫而浴釋文浴器也以濫爲之字亦作𨱑段借爲鏡說文一曰方諸可以取明水于月周禮司烜氏以鑒取明水于月注鑒鏡屬取水者世謂之方諸考工輈人金錫半謂之鑒燧之齊注鏡也左莊二十一傳王以后之鞶鑑予之釋文鏡也淮南脩務執元鑑于心而化馳若神注鏡也詩柏舟我心匪鑒傳鑒所以察形也廣雅釋器鑑謂之鏡又釋詁三鑒照也左昭二十八傳光可以鑑僖二傳是天奪之鑒而益其疾注鑒所以自照周語王無不鑒于黎苗之王詩蕩殷鑒不遠文王宜鑒于殷經傳皆以監爲之竟監一聲之轉

說文通訓定聲　謙部第四　廿九

醶 勘　泛齊行酒也从酉監聲按周禮酒正泛齊注泛者成而滓浮泛泛然蓋視醴尤濁故以諸和水亦曰醶禮記內則醷濫以濫爲之別義說文又曰行酒者按家語江始于岷山其源可以濫觴績齊諧記東晳曰昔周公成洛邑因流水以泛酒故逸詩曰羽觴隨波疑濫觴當以醶爲正字濫訓氾溢之氾不訓浮泛之泛古泛氾通借故泛觴曰濫觴其實當作此醶也

蘫 覃　瓜菹也从艸濫聲按此字當从艸从水監聲廣雅釋器蘫菹也轉注釋名釋飲食桃濫水漬而藏之字以濫爲之又左僖三十傳有昌歜注昌本之菹疑歜者飲之誤字借歜爲蘫故歜讀如諂也

欠三名凡欠之派皆衍欠聲　去劒切

欠 陷　張口气悟也从古文人彡象气從人上出之形埤蒼欠㰦張口頻伸也通俗文張口運氣謂之欠㰦素問宣明五藏論腎爲欠

qiàn 芡　kǎn 坎　hàn 马　hán 圅

儀禮士相見禮君子欠伸注志倦則欠體倦則伸按許書無㰦卽怯也欠㰦雙聲連語詩終風願言則疌傳疌刧也刧卽怯也崔靈恩云毛訓疌爲㰦今俗人云欠欠㰦㰦是也段借爲歉按今虧欠字蓋卽歉字之轉注聲訓釋名釋姿容欠欽也開張其口脣欽欽然也欽欠雙聲

芡 倓　雞頭也从艸欠聲亦曰鴈頭生水中方言三葰芡雞頭也注今江東亦曰葰按花似雞冠實苞如雞首故名其莖䔿之嫩者名蔿亦可爲菜茹莊子徐无鬼篇謂之雞雝周禮籩人菱芡㮚脯呂覽恃君夏日則食菱芡淮南說山雞頭已瘻注水中芡按與貍頭愈鼠瘡並言則雞頭愈頸腫不爲芡也

坎 感　陷也从土欠聲字亦作埳作𡎍易序卦傳坎者陷也說卦傳坎者水也正北方之卦也雜卦傳坎下也象上傳習坎重險也廣雅釋詁四埳陷也禮記檀弓其坎深不至于泉雜記四十者待盈坎莊子秋水子獨不聞夫埳井之鼃乎長笛賦峭㟧窞巖窞轉注爾雅釋言坎律銓也注易坎主法法律皆所以銓量輕重按坎爲水水所以取平考工輪人水之以視其平沈之均也說文灋篆說解法刑也平之如水从水是法律銓衡皆以平爲義或說爲坎之誤字讀爲坎聿詮也三字俱易不可爲訓且上文偁舉也稱好也偁銓類及必非詮字段借爲𥪑詩宛邱坎其擊缶傳坎坎擊鼓聲伐檀坎坎伐檀兮傳伐檀聲伐木坎坎鼓我箋爲我擊鼓坎坎然爾雅釋訓坎坎喜也亦重言形況字又爲惂楚辭靈懷哀僕夫之坎毒兮注恨也太元內坎我西階注憂也按𡒄也是坎本字又雙聲連語楚辭離世志坎壈而不違注不遇皃也漢書楊雄傳濊南巢之坎坷兮注不平皃後漢馮衍傳非惜身之埳軻兮注引楚辭埳軻而留滯王逸注不遇也聲訓釋名釋天坎險也埤蒼坎亦坑也坑坎雙聲古韵易坎初六叶坎窞象傳叶坎險

說文通訓定聲　謙部第四　卅

马十四名凡马之派皆衍马聲　胡敢切

马 感　嘾也艸木之𠦝未發圅然象形讀若含象莖耑蓓蕾之形也廣韵有𢎘字引莊子𢎘嘾乳汁疑卽此字之誤體

圅 覃　舌也象形舌體马马从马會意马亦聲俗从肉今聲按𢎘象舌文理今隸誤作函此字段氏玉裁訂爲谷下口次肉非是轉注楚語若合而函吾中注入也按如舌之在口中也段借爲頷詩嘉殽脾臄傳臄圅也釋文引說文圅口裏肉也通俗文口上曰臄口下曰圅按說文谷口上阿也或作臄謂口兩旁之阿欠上象口上文下象口下文上下皆屬口故上下阿皆得言口上阿臄卽頷從口內言之曰頷曰頜從口外言之則曰頤廣雅釋親嘾圅舌也此噱从口說文訓大笑大笑則舌見噱得訓舌理或然矣段氏據毛傳之

tàn 犯　fàn 氾　hàn 東

借字改許書王氏念孫又據釋親之名字疑廣雅皆疏也又借爲含詩載芟實函斯活箋含也考工記燕無函司農注讀如國君含垢之含函人爲甲廣雅釋器函鎧也釋名釋兵甲亦曰函字亦變作鋡又禮記曲禮席閒函丈注猶容也淮南詮言夫函牛之鼎沸注受一牛之鼎也漢書揚雄傳以函夏之大漢兮注包容也敘傳函之如海注讀與含同禮樂志函宮吐角激徵清注與含同吳都賦伊茲都之函宏注寬大也南都賦巨蜯函珠注與含同又託名幖識字周禮大司樂歌函鐘注一名林鐘又爾雅釋魚貝在水者蜬贏小者蜬字又變作蜬

謙

犯　[篆]　侵也从犬㔾聲爾雅釋詁犯勝也小爾雅廣言犯突也廣雅釋詁四犯䶦也按字本訓犬犯人轉注爲凡干陵違逆之偁如突哭笑伏狡猾默狎狠奘狠獷狀奘狎狃猛狂猥倏戾獨臭獲獘獻犴猶類之比周禮大司馬犯令陵政則杜之注犯令者違命也禮記檀弓犯人之禾注躐也文王世子不以犯有司注猶干也坊記民猶犯齒注猶僭也周語其語犯注陵犯人也水火之所犯注害也晉語是犯也注逆也楚語潰而所犯必大矣注敗也淮南主術犯患難之危注猶遭也脩務犯津關注觸也又史記天官書其入守犯太微集解自下觸之曰犯後漢順帝紀熒惑犯南斗注謂七寸內光芒相及叚借爲含列子湯問周犯三萬里又爲笵易繫辭張璠本犯違天地而不過注犯違猶裁成也

古韻管子侈靡叶犯贍

陷

氾　[篆]　濫也从水㔾聲與汎泛字皆別廣雅釋詁二氾漬也四氾博也釋言氾普也孟子氾濫于中國楚辭憂苦折銳摧矜凝氾濫兮長笛賦氾氾濫溥漠又禮記少儀氾埽曰埽漢書王褒傳忽若彗氾畫塗注氾氾灑地也又禮記王制疑獄氾與衆共之疏廣也左襄二十八傳慶封氾祭注遠散所祭也漢書司馬相如傳氾尃濩之又周覽氾觀伍被傳氾愛蒸庶注皆訓普也家語郊問氾埽清路注遍也楚辭思古且倘佯而氾觀注博也淮南本經普氾無私注衆也又方言三氾浼潤洼洿也廣雅釋詁三氾汙也管子山國軌篇氾下漸澤之壤漢孔彪碑浟然氾而不俗按氾爲汙猶汙爲瀸氾埽亦其義也叚借爲汎爲泛楚辭招寬氾崇蘭些注搖動皃也莊子德充符氾而若辭釋文不係也禮記郊特牲注汎齊或爲氾齊又託名幖識字晉語居于鄭地氾注地名按在今河南許州襄城縣因周襄王處此故縣以襄名又左僖三十傳秦軍氾南亦鄭地按在今河南開封府中牟縣又海內經西海之水流沙之西有國名曰氾葉又西山經氾天之水注氾天亦山名赤水所窮也又爲氾之誤字左成四年取氾祭注鄭地成皋縣東有氾水在今河南開封府氾水縣

感

東　[篆]　木𠂹華實也从木从马會意马亦聲按籒文作櫜籒文彖字从之

xián 𢎘　hàn 菌　hán 顄　hán 涵　hán 涵　hán 霤　fàn 范　fàn 笵　fàn 範

先

𢎘　[篆]　艸木𢎘盛也从二马會意按马亦聲說文徐鍇本無此篆疑卽東之古文

感

菌　[篆]　菌蕳也从艸圅聲字亦作頷作莟作歃爾雅釋草荷芙渠其華菌萏廣雅釋草菌蕳芙蓉也叚借疊韵連語景福殿賦菌莟葩翕按豐盛皃

覃感

顄　[篆]　頤也从頁圅聲與頷略同與頷別字亦作㖤作䫲從口內言之曰顄曰頷從口外言之曰頤廣雅釋親顄頷也漢書王莽傳侈口蹷顄注頤也洞簫賦䫲唅呷以紆鬱注與顄同長笛賦寒熊振頷以頷爲之叚借爲涵長笛賦顄淡滂流注水搖蕩皃亦疊韵連語

覃

涵　[篆]　水澤多也从水圅聲方言十涵沈也吳都賦涵泳乎其中注沈也字亦作㴔七發㴔淡手足注猶洗滌也亦疊韵連語轉注詩巧言譖始既涵按謂浸潤漸漬也傳訓容謂借爲含箋訓同謂借爲弇似失之韓詩以減爲之古韻詩巧言叶涵讒

覃

涵　[篆]　寒也从仌圅聲

覃

霤　[篆]　久雨也从雨圅聲與霖略同

謙

范　[篆]　范艸也从艸氾聲大篆从茻叚借爲蜂禮記檀弓范則冠而蟬有緌內則爵鷃蜩范注蜂也夆氾一聲之轉猶風之

讀如氾也字亦變作蘲藝文類聚引廣雅蘲蜂也又爲笵禮記禮運范金合土注范鑄作器用荀子彊國刑范正注鑄劍規模之器也太元文鴻文無范注法也又爲軓禮記少儀祭左右軓范乃飲又託名幖識字海外南經其范林方三百里注言林氾濫布衍也此以聲訓又穆天子傳五天子作居范宮注離宮之名也又孟子自范之齊注齊邑王庶子所封食也按今山東曹州府范縣春秋時晉大夫士會邑後又屬魯魯語是以受隨范是也范氏以邑爲氏與士氏隨氏同族皆堯裔

謙

笵　[篆]　法也从竹竹簡書也氾聲古法有竹刑按水曰㶕木曰模竹曰笵土曰型金曰鎔經傳以範爲之劉衡碑師訓之范以范爲之

謙

範　[篆]　軷也从車笵省聲讀與犯同按範軷祖道之祭也出將有事于道必先告其神立壇爲山象四通樹茅若菩蒭棘柏以依神既祭轢牲而行爲範犯之而過喻無險難也據杜子春牲用犬則犯者犬犯人範者人犯犬叚借爲笵爾雅釋詁範法也範常也通俗文規模曰範書洪範傳法也易繫辭傳範圍天地之化注擬範天地而周備其理也孟子吾爲之範我馳驅注法也漢書嚴安傳非所以範民之道也注謂爲之立法也法言五百序經諸範注模也又爲逢淮南俶眞一範人之形而猶喜注猶遇也遭也夆氾一聲之轉猶蜂之爲范也一說注也非是

wǎn 㚟　gān 甘　gān 苷　lì 曆　hán 邯

㚟一名 亡范切

㚟 飲　啗蓋也、象皮包覆啗、下有兩臂、而夊在下、會意兼象形、讀若范、轉注後漢馬融傳廣成頌揚金㚟而拖玉瓌、注引蔡邕獨斷金㚟者馬冠也、高廣各四寸、在馬鬃前、字誤作㚟、東京賦金鍐鑣鍚注引蔡邕曰馬冠也、高廣各五寸、上如玉華形、在馬髦前、字本作鍐、又誤作鋄、江文通詩金鍐映秋山注、馬飾也、按獨斷又云金鍐形如緹亞。

甘二十五名、凡甘之派、皆衍甘聲、古談切

甘 覃　美也、从口含一、一、道也、會意兼指事、與旨同意、按甘者五味之美、一者味也、書洪範稼穡作甘、周禮瘍醫以甘養肉、注甘土味、土含載四者、似肉、素問陰陽應象大論甘勝鹹、按土克水也、藏氣法時論甘緩、按甘屬脾、故和緩止痛、楚辭招魂辛甘行些、注謂飴蜜也、淮南原道味者甘立而五味亭矣、注甘中央也、莊子外物口徹爲甘、又詩甘棠傳杜也、海外北經平邱爰有甘相甘華、注云華皆黃、大荒南經甘木是食、注即不死樹、食之不老、又海內西經開明北又有甘水、注即醴泉也、白虎通封禪甘露者美露降則物無不盛者也、水經河水注新頭河甘水也、名曰新陶水、水甘故曰甘水、論衡是應雨霽而陰翳者謂之甘雨、轉注廣雅釋詁二甘緩也、淮南道應大徐則甘而不固、注緩意也、又蜀都賦甘至自零、注甘至言熟也、又易臨甘臨、注甘者佞邪說媚不正之名、節甘節疏甘者不苦之名、一切經音義引廣雅甘樂也、又詩伯兮甘心首疾、傳厭也、又楚辭招魂此皆甘人、注美也、叚借託名幖識字、書甘誓序戰于甘之野、馬注有扈南郊地名、在今陝西西安府鄠縣、按水經渭水注東合甘水、水出南山甘谷、北逕甘亭西、在水東鄠縣、昔夏啟伐有扈、作誓于是亭、是地以水得名、此水性甘也、聲訓釋名釋言語甘含也、人所含也、古韻詩巧言叶甘餤、

苷 覃　甘艸也、从艸从甘、會意、甘亦聲、藥中國老、能安和七十二種石、一千二百種艸者、廣雅釋草美丹甘草也、淮南覽冥甘草主生肉之藥、

曆 覃　和也、从甘从麻、麻調也、會意、甘亦聲、讀若函、

邯 寒 覃　趙邯鄲縣、从邑甘聲、今直隸廣平府邯鄲縣、其地有邯山、後漢光武紀進至邯鄲、注邯山名、鄲盡也、邯山至此而盡、城郭字皆从邑、因以名焉、別義後漢西羌傳隴東西邯屯田五部、注水名、邯分流左右、今在鄜州、按在今甘肅西寧府、字亦作㶃、叚借託名幖識字、左傳邯鄲午、以邑爲氏、又漢書高帝紀章邯、注音酣、又爲敢、亦發聲之詞、方言十㶃或也、沅澧之間凡言或如此者曰㶃如此、按今俗尙

qián 黚　gān 泔　qián 拑　gàn 紺　qián 鉗　hān 酣　tián 甛　yān 猒

有此語、

黚 鹽　淺黃黑也、从黑甘聲、讀若染繒中束緅黚、按中束二字疑帛字之誤、易說卦鄭本爲黚喙之屬、注謂虎豹之屬、各家作黔、

泔 覃　周謂潘曰泔、从水甘聲、淅米汁也、亦曰灡、今蘇俗尙訏泔腳水、廣雅釋器泔灡也、叚借爲曆、荀子大略曾子食魚有餘、曰泔之、門人曰泔之傷人、不若奧之、注烹和之名、又㬼韵連語、漢書揚雄傳秬鬯泔淡、注泔淡滿也、

拑 鹽　脅持也、从手甘聲、按以手曰拑、以竹箝拑曰箝、以鐵鉆拑曰鉗、公羊宣十四傳拑馬而秣之、釋文以木銜馬口也、字亦作柑、从木、轉注漢書五行志臣畏刑而拑口、注拑箝也、按猶緘也、叚借荀子議兵溝池不拑、此拑字之形誤、拔即揃也、

紺 勘　帛深青揚赤色、从糸甘聲、按蘇俗謂之靛青是也、以朱入深青其色紺、若入黑其色緅、字亦作綼、廣雅釋器紺青也、論語君子不以紺緅飾、集解紺緅紫元之類、按紫喻紺、元喻緅、皇疏紺是元色、非是、漢書王莽傳時莽紺袀服、注深青而揚赤色也、素問六節藏象論如以縞裹紺、注紺薄青色、按以縞裹之、乃如薄青色也、聲訓釋名釋采帛紺含也、青而含赤色也、甘今雙聲、又顏氏家訓書證呼紺爲禁、故以糸傍作禁代紺字、甘禁雙聲、

鉗 鹽　以鐵有所劫束也、从金甘聲、按所以鉗者曰鉆、漢書江充傳燒鐵鉗灼、注鑷也、轉注漢書高帝紀自髡鉗爲王家奴、字或變作鉆、楚元王傳楚人將鉗我于市、注以鐵束頸也、後漢光武紀皆弛解鉗、注引蒼頡鈦也、鈦足鉗也、按夾持緊脅者謂之鉗、故凡夾持之具即不緊脅者亦謂之鉗、又方言十鉗惡也、南楚凡人殘罵謂之鉗、按亦強力脅制之謂、後漢梁統傳壽性鉗忌、注鉗鉆也、言性忌害如鉗之鉆物也、叚借爲諴、家語五儀無取鉗之、注鉗妄對不謹誠、說苑以拑爲之、

酣 覃　酒樂也、从酉从甘、會意、甘亦聲、字亦作佄、廣雅釋詁一酣樂也、漢書高帝紀酒酣、上擊筑自歌、注洽也、史記集解不醒不醉曰酣、吳都賦酣湑半、注酒洽也、呂覽長攻代君至酒酣、注飲酒合樂之時、轉注淮南覽冥戰酣日暮、注對戰合樂時也、又睡亦稱酣、

甛 鹽　美也、从甘从舌、舌知甘者、會意、甘亦聲、廣雅釋器甛甘也、按與甘字聲義並同、

猒 鹽 豔　飽也、从甘从肰、會意、甘亦聲、或从㠯从肰、㠯甘形近誤體也、字亦作饜、周語豈敢猒縱其耳目心腹以亂百度、注足也、列子楊朱而美厚不可常猒足、荀子王霸愈猒而好新、又孟子不奪不饜、史記張儀傳吾請令公饜事可乎、索隱飽也、左氏春秋序饜而飫之、疏饒裕之意也、經傳多以厭爲之、轉注後漢劉盆子傳而疲敝厭兵、注倦也、亦以厭爲之、淮南主術篇是以君臣彌久而不相猒

注、敓也、失之、叚借爲亟、漢書高帝紀、因東游以猒之、注、塞也、厭亟雙聲、又爲懕、方言六、猒安也、荀子儒效、猒猒乎其能長久也、注、足也、亦重言形况字、

鹽　**箝**　籋也、从竹从拑會意、拑亦聲、按所以箝者曰籋、以竹爲之、鬼谷子飛箝注、箝謂牽持緘束令不得脫也、太元干次三、箝鍵挈挈、注、乖也、字誤作箝、轉注、漢書吳姓諸侯王表、箝語燒書、注、緘也、爰盎傳、而君自閉箝天下之口、注、籋也、荀子解蔽、案彊箝而利口、注、箝箝人口也、叚借爲鉗、太元元瑩、箝知休咎、注、求也、謂借爲欿、失之、字亦誤作箝、

豔　**栝**　炊竈木也、从木舌聲、按甜省聲、俗字作㮇、與栝柏字迥别、

合　**狧**　犬食也、从犬从舌、讀若比目魚鰈之鰈、按甜省聲、字亦作𤞣、䑛俗謂犬不吠而猝噬人曰冷狧、狗、漢書吳王濞傳、狧糠及米、史記作䑛、義同音異、叚借重言形况字、太元㚄、㚄㚄狧狧、注、貪欲之意也、

欲　**⿰炎舌**　火光也、从炎舌聲、按甜省聲、與炎焱略同、

鹽　**恬**　安也、从心甜省聲、方言十三、恬靜也、吳語、又不自安恬逸、注、猶靜也、淮南原道、恬愉無矜、注、恬愉無所好憎也、老子、恬淡爲上、莊子、以恬養知、以知養恬、後漢班彪傳論、何其守道恬淡之篤也、注、恬淡猶清靜也、素問上古天眞論、恬惔虛无、注、靜也、亦疊韻連語、荀子性惡、恬禍而廣解、注、安也、彊國、恬然如無治者、注、安閑皃、漢書淮陽憲王欽傳、大王奈何恬然、注、安靜皃也、亦單辭形况字、

鹽　**銛**　鍤屬、从金舌聲、按甜省聲、讀若棪、桑欽讀若鐮、鎌、字亦作杴作棪作欣、廣雅釋器、鍤謂之銛、按銚屬也、字亦誤作餂、叚借爲𢭏、或爲拈、方言三、銛取也、注、謂挑取也、孟子、是以言餂之也、注、取也、丁公著音義云、字書及諸書並無此餂字、其字從金、音忝、謂挑取物也、又爲𢦏、廣雅釋詁一、銛斷也、又爲鐵、實爲銳、廣雅釋詁二、銛利也、漢書賈誼傳、莫邪爲鈍兮、鉛刀爲銛、注、世俗謂利爲銛徹、

欲鹽葉　**厭**　笮也、从厂猒聲、按迫迮也、字从厂、與厥陜同誼、轉注、周禮巾車、厭翟勒面繢總、注、厭翟次其羽使相迫也、射雉賦、表厭躡以密緻、注、厭躡重而密也、亦疊韻連語、叚借爲協、說文、一曰合也、周語、克厭天心、注、合也、漢書景帝紀、而於人心不厭者、注、服也、敘傳、王命論、取舍不厭斯位、劉德注、當也、又爲猒、書洛誥、萬年厭于乃德、馬注、飫也、禮記曾子問、攝主不厭祭、注、厭厭飫神也、祭法、注、祭於奧謂之陰厭、當室之白謂之陽厭、晉語、厲厭而已、注、飽也、民志無厭、注、極也、周語、厭縱其耳目心腹以亂百度、注、足也、詩還序、從禽獸而無厭、釋文

止也、漢書王莽傳、莽厭眾意而出之、注、滿也、周勃傳、處尊位以厭之、按猶竆極也、注、謂當之也、失之、又禮記緇衣、服之無射、注、無厭言不虛也、孟子、我學不厭、論衡知實作饜、後漢劉盆子傳、疲倦厭兵、注、倦也、又海內南經、厭火國、獸身黑色、生火出其口中、按猶含也、又爲懕、荀子王霸、懕然而厭然有千歲之固、按安也、注讀爲黶、失之、詩湛露、厭厭夜飲、傳、安也、小戎、厭厭良人、傳、安靜也、亦重言形况字、洞簫賦、淸靜厭瘞、注、安靜也、亦雙聲連語、又爲擪、儀禮鄉飲禮、賓厭介升、注、推手曰揖、引手曰厭、按引手按胸也、荀子解蔽、厭目而視者、視一以爲兩、注、指按也、淮南氾論、厭文搔法、注、持也、按按也、又爲壓、廣雅釋詁三、厭可也、按猶好也、詩載芟、有厭其傑、傳、傑苗厭然特美也、禮記大學、而后厭然、按修飾之意、注讀爲黶、閉藏皃、與下文揜字複、似失之、亦皆單辭形况字、又爲壓、禮記檀弓、畏厭溺、荀子彊國、如牆厭之、又爲弇、或爲犯、晉語、荊厭晉軍、注、謂掩其不備也、左襄二十六傳、以壓爲之、荀子禮論、禮者謹于吉凶不相厭者也、注、侵掩也、又爲晻、荀子儒效、厭旦于牧之野、按旦而未明也、注、掩也、失之、又爲奄、實爲覢、漢書李尋傳、厭厭如滅、亦重言形况字、又爲戭、論語、天厭之、按絕也、皇疏、塞也、失之、又爲偃、禮記曲禮、厭冠不入公門、注、猶伏也、周禮大司馬、厭而奉主車、注、伏冠也、儀禮既夕記、纓條屬厭、注、伏也、又荀子正論、天下厭然與鄉無以異也、注、順服皃、儒效、天下厭然猶一也、注、順從皃、又蒼頡篇、伏合人心曰厭、亦眠內不祥也、西山經、有鳥名曰鵸鵌、服之使人不厭、注、不厭夢也、或曰眯、俗字變作魘、說文新附、魘夢驚也、厭偃雙聲、又爲抑、儀禮喪服傳、先君餘尊之所厭、按猶弇蓋也、左文二傳、以厭之也、注、猶損也、漢書翼奉傳、東厭諸侯之權、注、抑也、厭抑雙聲、又爲亟、荀子脩身、厭其源、注、塞也、漢書王莽傳、亶爲厭勝、又國有大災則哭以厭之、注、當也、史記高祖紀、東游以厭之、索隱、鎮也、又雙聲連語、詩行露、厭浥行露、傳、浥濕意也、轉音、文子符言、叶害厭也、

欲　**檿**　山桑也、从木厭聲、爾雅釋木、檿桑山桑、注、似桑材中作弓及車轅、按葉小于桑而多缺刻、性勁、出今山東登萊閒、蠶絲堅韌、謂之山繭、書禹貢、厥篚檿絲、史記以酓爲之、詩皇矣、其檿其柘、考工弓人、檿桑次之、鄭語、檿弧箕服、漢書五行志、注、山桑有點文者也、中山經、陽帝之山、其木多檿橿、

欲　**黶**　申黑也、从黑厭聲、一切經音義引說文、面中黑子也、凡二見、廣雅釋器、黶黑也、漢書高帝紀、左股有七十二黑子、注、今中國通呼謂黶子、吳楚俗謂之誌、叚借爲奄、禮記大學、而後厭然、注讀爲黶、閉藏皃也、又爲敢、古今人表、狐黶、按左傳作偃、字犯、文選注作厭、

鹽　**懕**　安也、从心厭聲、與憺倓略同、字亦作愔、詩湛露、懕懕夜飲、爾雅釋訓、懕懕安也、釋文引說文安靜也、毛詩以厭爲之、韓詩作愔、列女傳二、愔愔良人、詩小戎以厭爲之、亦皆重言形况字、

葉　擪　一指按也。从手，厭聲。今字作擫。按一指當作以指。廣雅釋詁三擪按也。南都賦彈琴擫籥。笙賦厭焉乃揚，以厭爲之。家語辨樂葉拱而對，以葉爲之。莊子外物壓其顪，以壓爲之。轉注淮南說林靨酺在頰則好。注靨酺者頰上窐也。脩務靨酺搖。注靨酺頰邊文，婦人之媚也。說文新附靨，姿也。字亦變作靨。

鹽　嬮　好也。从女，厭聲。按爾雅釋訓懕懕媞媞安也。注皆好人安詳之容。是小戎厭厭良人，卽嬮嬮也。亦重言形況字。

洽　壓　壞也。从土，厭聲。廣雅釋詁三壓著也。左襄三十一傳僑將壓焉。注笮也。叚借爲㘫。說文一曰塞補也。又爲厭。蒼頡篇壓笮也。又爲協。繁陽令楊君碑克壓帝心。又爲擪。莊子外物壓其顪。又爲抑。廣雅釋言壓鎮也。公羊文十四傳子以大國壓之。注服也。楚辭離世傷壓次而不發兮。注鎮壓也。大招舉傑壓陛。注抑也。壓抑雙聲。又爲偃。列子湯問彼其壓我哉。釋文本作魘。又爲𢧵。齊策刑馬壓羊。注殺也。

敢十二名、凡敢之派、皆衍敢聲、古覽切、

感　敢　進取也。从𠬪，古聲。籀文作𣪏，古文作𢽈。按古敢雙聲。或說从𠬪从口，十會意。手口相助，與丞同誼，亦通。籀从又从月，从殳，执殳冒而前也。古文从又从支，从口从十會意。或曰字當从𠬪，占聲。占古形近而譌，存疑。廣雅釋詁二敢勇也。四敢犯也。敢觔也。三蒼敢必行也。賈子道術信理遂惔謂之敢。大戴文王官人潔廉而果敢者也。注謂不憂不懼也。荀子性惡天下有中敢直其身。注果決也。又儀禮士虞禮記敢用絜牲剛鬣。注昧冒之辭。燕禮臣敢辭。注怖懼用勢決之辭。聘禮記辭曰非禮也敢。對曰非禮也敢辭。注言不敢。左昭二傳敢辱大館。注不敢。定五傳如辭疏敢爲不敢，如爲不如，古人之語然也。聲訓論語敢曰元牡。皇疏果也。按惡果敢而窒者，果敢雙聲連語。由也果，借果爲敢也。果敢一聲之轉。古韵詩大車叶檻菼敢。楚辭抽思叶敢憺。文子符言叶儉敢。

勘　譀　誕也。从言，敢聲。俗从言从忘。按忘者妄也。會意字。亦作詌。廣雅釋詁四譀調也。釋言誇譀也。東觀漢記雖誇譀猶令人熱。褚少孫續日者傳卜者多言誇嚴以得人情，以嚴爲之。荀子哀公無取詌。又詌亂也。

侵　厰　崟也。从厂，敢聲。別義說文一曰地名。按公羊僖三十二傳敝之嶔巖。嶔卽崟字。疑有作厰者，又誤作厰而爲地名也。或曰與崟字同，崟者石地，誤而爲地名。

䜌　獙　小犬吠也。从犬，敢聲。南陽新亭有獙鄉。新亭當作新野，嚴可均曰當作新都。

謙　黬　忘而息也。从黑，敢聲。方言十三黬忘也。按字从黑，當自有本訓。方言說文廣雅玉篇相承之訓，必是叚借字。或曰臥息之義，卽宋人所謂黑甜，亦屬傳會。或曰卽譀之誤。譀故譀俗从忘，所謂忘而息也。

㘓勘陷　闞　望也。从門，敢聲。望或倚門倚閭，故从門。字亦作瞰，作矙。廣雅釋詁一闞視也。孟子王使人矙夫子。注視也。後漢光武紀瞰臨城中。注俯視曰瞰。東都賦瞰四裔而抗棱。注望也。思元賦瞰瑤谿之赤岸兮。注瞻也。洞簫賦魚瞰雞睨。注視也。叚借單辭形況字。詩常武闞如虓虎。箋闞然如虎之怒。費鳳別碑虓若夫虓虎。字變作虓。廣雅釋詁二虓怒也。字又變作𧇀。又莊子天道而口闞然。注虓豁之皃。又託名幖識字。左傳齊大夫闞止字子我。

鹽成　嚴　教命急也。从吅，厰聲。古文从𠰘，厰聲。荀子正論今子宋子嚴然而好說。注讀爲儼，非是。又孟子使虞敦匠事嚴。注喪事急也。西京賦嚴更之署。注督行夜鼓也。素問疏五過論醫不能嚴。注謂戒所以禁非也。韓非子難四無赦之謂嚴。齊語擇其善者而業用之，以業爲之。管子小匡正作嚴。叚借爲儼。易象下傳不惡而嚴。虞注乾爲嚴。書無逸嚴恭寅畏。馬本正作儼。禮記祭義嚴威儼恪。疏謂嚴正。詩六月有嚴有翼。傳威嚴也。殷武下民有嚴。傳敬也。禮記大傳收族故宗廟嚴。注猶尊也。學記嚴師爲難。注尊敬也。大學其嚴乎。注言可畏敬也。孟子無嚴諸侯。注尊也。離騷湯禹嚴而祗敬兮。注畏也。荀子儒效嚴嚴兮其能敬己也。注有威重之皃。亦重言形況字。漢書張山拊傳嚴然總五經之眇。亦單辭形況字。又爲巖。左隱元傳制巖邑也。釋文本作巖。又爲莊之代字。公羊桓六傳謂嚴公也。釋文本作莊。古今人表嚴先生。史記越世家作莊生。左傳楚莊王、國莊子、論語卞莊子，古今人表皆作嚴。左傳鍼莊子，周禮小司寇注作嚴。公羊定八傳矢著于莊門。釋文本作嚴。按漢避明帝諱，改莊爲嚴，實借爲儼也。又後漢吳漢傳初無辦嚴之日。陳紀傳不復辦嚴。此本借莊爲裝，又避莊爲嚴也。又楚辭國殤嚴殺盡兮棄原壄。注壯也。此本借莊爲壯，又避莊爲嚴也。聲訓釋名釋言語嚴儼也，儼然人憚之也。古韵詩殷武叶監嚴濫。

咸　曮　㘊也。从口，嚴聲。

鹽咸　籢　雉射所蔽者也。从竹，嚴聲。按字亦作簽。廣雅釋器籢翳也。漢書元帝紀嚴籞池田。注嚴籞射苑也。以嚴爲之。韓非子外儲齊宣王問弋于唐易子，弋者奚貴。曰在于謹廩。射雉賦飛鳴薄廩。注廩翳中盛飲食處，今俗呼翳名曰倉也。管子戒篇桓公弋在廩。按廩卽簽，廩簽同聲，籢簽雙聲。

琰 **儼** 儼昂頭也从人嚴聲爾雅釋詁儼敬也禮記曲禮儼若思注矜莊皃論語望之儼然離騷湯禹儼而求合兮注敬也洛神賦六龍儼其齊首注矜莊皃思元賦僕夫儼其正策兮注敬也漢書匡衡傳正躬嚴恪以嚴爲之叚借爲嬐說文一曰好皃詩澤陂碩大且儼韓詩正作嬐毛傳訓矜莊則以爲本字又爲嚴秦策今先生儼然不遠千里而庭教之按儼然教命急也注矜莊皃失之又雙聲連語淮南本經盤紆刻儼按刻儼精整之皃注浮首虎頭之屬皆昰飾也古韵詩澤陂叶萏儼枕

感 **巖** 巖岸也从山嚴聲字亦作巗與嵒略同廣雅釋詁四巗高也釋訓巗巗高也書說命序得之傅巖疏山崖之名楚辭哀命穴巖石而窟伏注穴也漢書楊雄傳探巖排碕注水岸嶔巖之處也禮樂志巗處頃聽注與巗同西都賦巖峻崷崒注險也長笛賦嶰谷巖㟪注巖深巖也巖㟪不平也轉注齊策巖下有貫珠者漢書董仲舒傳游于巖廊之上注巖廊殿下小屋也又謂巖峻之廊也叚借爲礹詩節南山維石巖巖傳積石皃亦重言形況字又疊韵連語史記司馬相如傳嶄巖參嵳正義尖銳皃高唐賦登巉巖而下望兮注石勢也不生草木古韵詩節南山叶巖瞻惔談斬監

感 **礹** 礹石山也从石嚴聲猶今之假山也陳球碑礹礹猶嶽亦重言形況字

說文通訓定聲 謙部弟四 卅九

竷六名凡竷之派皆衍竷聲 苦敢切

感 **竷** 竷繇也舞曲也樂有章从章从夅从夂會意詩曰竷竷舞我按許君謂竷且舞曰竷而毛詩伐木作坎坎鼓我箋爲我擊鼓坎坎然爾雅釋訓坎坎喜也字皆作坎亦重言形況字鼓我作舞我自是許君誤記然此字他無所見非如許舍舞之訓則从夅从夂之義不可解又按此字據贛篆下籀文作𩐊似从人从爪疑𩐊即山海經贛巨人之贛小篆作夅山海經借贛爲夅竷字从夅聲也當補夅及籀文夆爲聲母

送 感 **贛** 贛賜也从貝竷省聲籀文贛似从章从夅聲字亦誤作贑淮南精神今贛人敖倉要略朝用二千鍾贛注皆訓賜禮記樂記子贛見師乙而問焉按子贛名賜經傳皆以貢爲之貢贛雙聲叚借爲名書顧命馬鄭王本爾無以釗冒贛于非幾馬注陷也又爲夅海內經南方有贛巨人注即梟陽也音感許書無夅字當補說見竷下

感 **䤗** 䤗酒味淫也从酉竷省聲讀若春秋傳曰美而豔

感 送 **䕻** 䕻䕻艸也从艸贛聲一曰薏苢字亦作蘎作蘎蘎䕻雙聲廣雅釋草䕻𦼮苢也按生交趾者子最大彼土呼爲蘎珠實重累者良春生苗莖高三四尺葉如黍開紅白花作穗子五六月結實青白色形如珠而稍長禮含文嘉夏姒氏祖以薏苡生論衡奇怪儒者稱禹母吞薏苡而生禹故夏姓曰姒後漢馬援傳援在交趾常餌薏苡實大援欲以爲種軍還載之一車及卒後譖之者以爲皆明珠

送 絳 **戇** 戇愚也从心贛聲史記汲黯傳汲黯之戇也荀子大略悍戇好鬥儒效狂惑戇陋之人按字亦作憨爾雅釋鳥鶌鳩注爲鳥憨急羣飛釋文憨愚也

送 **⿷匚贛** ⿷匚贛小桮也从匚贛聲或从木贛省聲大桮名問廣雅釋器⿷匚贛杯也字亦作㼜作柉方言五㼜杯也韓勑碑籩柉禁壺方言五趙魏之閒曰椷以椷爲之

㝃一名 方斂切

琰 **㝃** 㝃傾覆也从巢省从寸覆之寸人手也會意周禮硩蔟氏掌覆夭鳥之巢叚借爲貶說文又云杕林說以爲貶損之貶上林賦而適足以㝃君自損也注㝃古貶字又爲諴莊子應帝王汝又何帠以治天下感予之心爲按猶妄也字又誤作帠或讀若藝非

芟一名 所銜切

說文通訓定聲 謙部弟四 卌

感 **芟** 芟刈艸也从艸从殳殳亦聲按从艸从殳會意殳殊也詩載芟載芟載柞傳除草曰芟周禮肆師嘗之日涖卜來歲之芟注芟草除田也左隱六傳芟夷薀崇之注刈也說文兆部引作發淮南本經芟野菼注殺也轉注齊語耒耜枷芟注大鎌也所以芟草

斬十三名凡斬之派皆衍斬聲 則敢切

豏 **斬** 斬截也从車从斤斬法車裂也按因古車裂之法而制斬故从車會意爾雅釋詁斬殺也廣雅釋詁一斬斷也二斬裂也斬裁也周禮掌戮掌斬殺賊諜而搏之注斬以斧鉞若今之要斬殺以刀刃若今之棄市轉注左襄十七傳晏嬰麤縗斬儀禮喪服傳斬者何不緝也釋名釋喪制三年之縗曰斬不緝其末直翦斬而已又成伯璵禮記外傳斬衰者以六寸之布廣四寸爲衰帖于心前剪而不緝也又禮記檀弓今一日而三斬板注斬板謂斷其縮也又可以爲棺椁者斬之注伐也詩棫樸箋豫斬以爲薪又齊語斬孤竹而南歸注伐也詩節南山國既卒斬傳斷也叚借爲踐史記始皇紀然後斬華爲城斬踐雙聲聲訓釋名釋喪制斫頭曰斬斬要曰要斬斬暫也暫加兵即斷也古韵詩節南山叶巖瞻惔談斬監

琰 **蔪** 蔪艸相蔪苞也从艸斬聲或从槧聲書禹貢艸木蔪苞今本以漸爲之七發麥秀蔪兮雉朝飛注引埤蒼蔪麥芒也字

jiàn 趣　qiàn 槧　zàn 暫　chán 磛　cán 慙　jiàn 漸

亦作蘄。〔叚借〕爲芟。漢書賈誼傳故蘄去不義諸侯。注謂芟刈之。

勘 **趣** 進也。从走，斬聲。按徐進也。公羊隱元傳漸進也。注漸者物事之端，先見之辭。易象上傳漸之進也。皆以漸爲之。字亦作蹔。〔叚借〕爲暫。晉語爲蹔事也。注蹔蹔其無備也。

感餤 **槧** 牘樸也。从木，斬聲。謂未書之版長三尺，其小者曰札，曰牒。西京雜記云懷鉛提槧。〔聲訓〕釋名釋書契槧版之長三尺者也。槧漸也，言其漸漸長也。

勘 **暫** 不久也。从日，斬聲。廣雅釋詁二暫猝也。左僖三十三傳婦人暫而免諸國。注猶卒也。

咸 **磛** 礹石也。从石，斬聲。按如今假山石字，亦作巉，作嶄。廣雅釋詁四巉高也。釋訓嶄嶄高也。高唐賦登巉巖而下望兮。注石勢不生草木。史記司馬相如傳嶄巖參差。正義尖銳皃。後漢班固傳歷嶄巖。注山石高峻之皃。亦皆疊韵連語。詩漸漸之石，以漸爲之。亦重言形況字。〔叚借〕爲鏨。海賦巉陵巒而嶄鏨。

覃 **慙** 媿也。从心，斬聲。小爾雅廣義不直失節謂之慙。慙愧也。

說文通訓定聲　謙部弟四　罜

鹽餤 **漸** 漸水出丹陽黟南蠻中，東入海。从水，斬聲。水經漸江水注漸江，山海經謂之浙江也。按即今之錢塘江，古大江與錢塘江通，故漸亦冒浙江之名。今絕不相通，而猶以錢塘江爲浙江，承乎古也。漸源有二，北源出今安徽徽州府諸山，南源出今浙江嚴州府諸山，合流至蕭山縣合浦陽江，逕杭州府城東南，至龕赭二山之閒入海。〔叚借〕爲趣。易序卦傳漸者進也。漸鴻漸于干。虞注進也。書顧命疾大漸。傳大進篤也。列子力命七日大漸。注劇也。禮記王制然後漸慶賞以先之。注進也。史記越世家漸九川。集解引進通道之意。又爲瀸。廣雅釋詁一漸溼也。二漸漬也。易文言其所由來者漸矣。按滲積也。書禹貢東漸于海。傳入也。詩氓漸車帷裳。釋文溼也。荀子大略蘭茝槀本漸于蜜醴，一佩易之。注浸也。勸學其漸之滫。注漬也。漢書東方朔傳塗者漸洳徑也。注浸溼也。董仲舒傳漸民以仁。注謂浸潤之也。贊然考其師友淵源所漸。注浸潤也。又莊子胠篋知詐漸毒。崔注猶深害也。又史記孝武紀治大池漸臺。正義浸也。按天文有漸臺四星在織女左足。又淮南繆稱良工漸乎矩鑿之中。注習也。又爲蘄。書禹貢草木漸苞。傳進長也。史記微子世家麥秀漸漸兮。索隱麥芒之狀。射雉賦麥漸漸以擢芒。注含秀之皃。亦重言形況字。又爲嶄。詩漸漸之石。傳山石高峻。亦重言形況字。又爲潛。史記周本紀沈漸剛克。文選諷諫詩享國漸世。注沒也。又爲螹。燕策高漸離。按以魚名取于物爲假也。又疊韵連語。思元賦恐漸冉而無成兮。注進也。又爲漸之誤字。淮

cán 摲　jiàn 螹　qiàn 塹　zàn 鏨　jiàn 灊　chán 毚　chán 嚵　chán 讒　chán 劖　chán 酁

南泰族雖有腐髊流漸。注水也。〔古韵〕楚辭招魂叶淹漸。

覃咸賺 **摲** 拍取也。从手，斬聲。字亦作撕。左形右聲。長楊賦所過麾城摲邑。注引顏監曰摲舉手擬也。蒼頡篇曰摲拍取也。淮南兵略剡摲筡奮儋钁。按摲筡猶揭竿也。謂取竹剡之。注摲剡銳也。有脫誤。〔叚借〕爲芟。禮記禮器有摲而播也。注摲之言芟也。〔聲訓〕說文摲暫也。

餤 **螹** 螹離也。从虫，斬聲。上林賦鰅鰫螹離。注魚名也。其形狀未聞。燕策高漸離以漸爲之。

豔 **塹** 阬也。从土，斬聲。字亦作壍。按爾雅釋詁阬虛也。左傳環而塹之。注溝塹也。史記秦本紀塹山堙谷。索隱繞城水也。又壍河旁作壍。高祖紀深塹而守。司馬相如傳隤牆填壍。又莊子外物厕足而塹之。釋文掘也。〔轉注〕說文一曰塹大也。〔叚借〕爲趣。史記李斯傳阽塹之勢異也。按言斗峻者不可犯，其阪陁者可徐進也。

勘 **鏨** 小鑿也。从金，斬聲。通俗文石鑿曰鏨。廣雅釋器鑴謂之鏨。太元上初一挫厥鏩鏩。海賦巉陵巒而嶄鏨。以磛爲之。

餤 **灊** 闕。按从酉，漸聲。廣韵灊酢味薄也。

毚八名，凡毚之派，皆衍毚聲。七談切

說文通訓定聲　謙部弟四　罜

咸 **毚** 狡兔也。兔之駿者。从㲋，从兔，會意。廣雅釋詁四毚猶也。詩巧言躍躍毚兔。傳毚兔狡兔也。正義引蒼頡篇大兔也。西京賦毚兔聯猭。〔轉注〕素問解精微論請問有毚愚仆漏之問。注狡也。〔叚借〕託名標識字。史記孔子世家毚檀。注檀樹之別種也。字亦變作欃。漢書司馬相如傳欃檀木蘭。注檀別名。又借爲閘字。林欃水門也。字又變作欃。

咸 **嚵** 小啐也。从口，毚聲。集韵引廣雅嚵嘗也。〔別義〕說文一曰喙也。〔叚借〕託名標識字。漢書五子侯表襄嚵侯建。晉灼音内言毚兔。按讀如毚巃口言之也。

咸 **讒** 譖也。从言，毚聲。韓詩外傳四讒誕也。廣雅釋詁三讒賊也。詩青蠅無信讒言。左昭五傳敗言爲讒。昭三傳讒鼎之銘。服注疾讒之鼎。明堂位所云崇鼎是也。一云讒地名，禹鑄九鼎于甘讒之地，故曰讒鼎也。莊子漁父好言人惡謂之讒。荀子脩身傷良曰讒。大戴千乘利辭以亂屬曰讒。呂覽貴因讒慝勝良。注邪也。〔古韵〕詩巧言叶涵讒。

咸 **劖** 斷也。一曰剽也。釗也。从刀，毚聲。

咸 **酁** 宋地。从邑，毚聲。讀若讒。左哀十七傳宋皇瑗奪其兄酁般邑。蓋以邑爲氏者。

斬 毚

儳 咸陷 儳互不齊也从人毚聲今攙和字作攙左僖二十二傳鼓儳可也注儳巖未整陳周語夫戎翟冒沒輕儳注進退上下無列也漢書儒林孔信傳鄰房生梁郁儳和之曰注謂不與之言而傍對也〔叚借〕爲暫禮記曲禮無儳言注猶暫也表記儳焉如不終日注可輕賤之皃也後漢何進傳馳從儳道歸營注引廣雅疾也按猶閒道也

纔 咸厌尤 帛雀頭色赤而微黑色如紺纔淺也讀若纔从糸毚聲字亦作緅取毚一聲之轉經傳皆作緅愚按染法一入縓再入赬三入纁四入朱皆丹秫染之五入青則爲紺五入黑則爲緅六入元七入緇矣考工鍾氏五入爲緅注今禮俗文作爵言如爵頭色也儀禮士冠禮爵弁服注其色赤而微黑周禮巾車雀飾注赤多黑少之色纔緅爵雀皆雙聲論語君子不以紺緅飾孔注一入曰緅按謂一入黑也皇疏緅淺絳色廣雅釋器緅青也皆失之〔叚借〕爲才纔才亦一聲之轉廣雅釋言纔暫也三蒼纔微見也劣也僅也漢書文帝紀太僕見馬遺財足注財與纔同纔少也鼂錯傳遠縣纔至注淺也猶言僅至也按與用財材裁字皆同

鑱 咸 鋭也从金毚聲字亦作攙廣雅釋詁四鑱鋭也說文新附攙刺也史記扁倉傳鑱石撟引索隱謂石針也西京賦乂蔟之所攙捔注攙捔貫刺之〔叚借〕雙聲連語淮南俶眞攙搶衡杓之氣注攙搶彗孛也東京賦攙搶旬始吳都賦攙搶暴出而相屬

凵一名 口犯切

凵 謙 張口也象形一說坎也塹也象地穿凶字从此口古文作∀象形不作凵存參

謙之嗑分部

枼十五名凡枼之派皆衍枼聲 與涉切

枼 葉 楄也枼薄也从木世聲按𠦜聲也世亦𠦜字从𠦜而曳之音讀異耳一說从𠀤省會意凡截木片者鋸曳之亦通今隷謙部或曰考工記槷椴字與从𣪠之椴別卽此字之異體存疑

葉 葉 艸木之葉也从艸枼聲列子天瑞其葉爲胡蝶注散也〔轉注〕詩長發昔在中葉傳世也吳都賦雖累葉百疊注世也按猶枝也詩芄蘭之葉箋葉猶支也淮南脩務稱譽葉語注世也又方言三葉聚也按猶叢也又釋名釋用器鍖其板曰葉象木葉也又儀禮士昏禮加角柶面葉謂柶大端也禮記少儀執箕膺擖謂箕舌也〔別義〕管子地員葉下于鬱注草名〔叚借〕爲褋方言二葉褕毳也注今名短度絹爲葉褕按卽直裾謂之襜褕亦裋褐之類也又爲擪家語辨樂葉拱而對曰注葉拱兩手薄其心也又託名幖識字論語葉公問政楚

邑今河南南陽府葉縣有方城山又爲祭之誤字禮記緇衣葉公之顧命按見周書祭公解注謂沈諸梁失之又爲華之誤字趙策葉陽君秦策正作華〔古韵〕詩匏有苦葉叶葉涉芄蘭叶葉韘甲

諜 葉 軍中反閒也从言枼聲周禮掌戮掌斬殺賊諜而搏之注謂姦寇反閒者環人搏諜賊注反閒爲國賊左桓十二傳使伯嘉諜之注伺也莊二十八傳諜告注閒也宣八傳晉人獲秦諜釋文今謂之細作哀元傳使女艾諜澆注候也大戴千乘以中情出小曰閒大曰諜〔轉注〕廣雅釋詁四諜譯也〔叚借〕爲讋莊子人閒世大多政法而不諜按多言也崔注閒諜也李注安也皆失之史記張釋之馮唐傳嗇夫諜諜亦重言形況字又爲倢莊子列禦寇形諜成光釋文便僻也又爲牒漢書禮樂志披圖案諜注譜第之也

⿰月枼 葉 薄切肉也从肉枼聲字亦作䐑周禮醢人注皆䐑而切之按所謂藿葉切也

⿱竹枼 葉 籥也从竹枼聲廣雅釋器⿱竹枼籥也按小兒所書寫每一笘謂之一⿱竹枼字亦可以葉爲之俗用頁按頁卽首字今音誤同葉大謬

韘 葉 射決也所以拘弦以象骨爲之韋系箸右巨指从韋枼聲或从弓詩芄蘭童子佩韘傳決也按字从韋當從鄭箋訓爲禮經之極以朱韋爲之箸食指將指無名指各一亦決類也字唐石經誤作韘〔聲訓〕詩芄蘭箋韘之言沓所以彄沓手指〔古韵〕詩芄蘭

叶葉韘甲

牒 葉 札也从片枼會意枼亦聲廣雅釋器牒版也按小簡曰牒大簡曰冊薄者曰牒厚者曰牘左昭二十五傳受牒而退注札也漢書路溫舒傳截以爲牒吳都賦玉牒石記史記三代世表余讀諜記索隱記系謚之書也以諜爲之〔轉注〕方言五牀其上版趙魏之閒謂之牒莊子在宥崔本聖知之不爲桁楊椄槢也注讀爲牒〔叚借〕爲疊淮南本經積牒旋石注累也又後漢王符傳皆服文組綵牒注卽今疊布也〔聲訓〕廣雅釋言牒𢄠也牒𢄠雙聲

屟 葉 履中薦也从尸枼聲按从履省字亦作屧作䕈如今婦女鞵中所施木底也春秋時吳宮有響屧廊東宮舊事有絳地文履屟百副〔轉注〕今匲匳中抽屜字當以此屟爲之

褋 葉 南楚謂襌衣曰褋从衣枼聲方言四襌衣江淮南楚之閒謂之褋楚辭湘夫人遺余褋兮醴浦注襜襦也按此字鮑琹宋本从葉聲

渫 屑葉 除去也从水枼聲易井井渫不食注不停汙之謂也荀注渫去穢濁淸潔之意向注浚治去泥濁也〔轉注〕漢書匈奴傳今聞渫惡

shé 揲　xiè 媟　yè 鍱　yè 偞　dié 堞　xié 劦　xié 恊

民注讀渫水之渫食貨志粟有所渫注散也王莽傳憒眊不渫注散也徹也叚借爲媟漢書王褒傳去卑辱奧渫而升本朝注狎也汙也又託名幖識字四子講德論渫庸左哀二傳作洩

屑枼 **揲** 閱持也从手枼聲廣雅釋詁一揲積也易繫辭揲之以四以象四時鄭注取也釋文猶數也史記扁倉傳揲荒爪幕按謂取膏肓人腸膜也叚借爲鍱淮南說山揲挺其土而不益厚按椎薄之也注讀揲脈之脈非是又爲葉管子弟子職執箕膺揲注舌也舌䒦管子弟子職叶揲立

屑 **媟** 嬻也从女枼聲與褻別經傳多以褻爲之通俗文相狎習謂之媟嬻方言十三媟狎也漢書五行志夫妻不嚴茲謂媟又賈卑不別茲謂媟賈子道術按遇愼容謂之恭反恭爲媟漢書賈山傳古者大臣不媟枚乘傳以故得媟黷貴幸注狎也敘傳魚黿媟之注謂侮狎之也荀子榮辱橋泄者人之殃也注嫚也以泄爲之管子輕重戊綫嬌而踵相隨按猶橋泄即嬌媟也以紲爲之注謂連續也非是媟世雙聲

枼 **鍱** 鍱也从金枼聲齊謂之鍱字亦作鐷作鍱謂金銀銅鐵之椎薄成葉者也別義七命鍱越鍛成注或謂爲鍱引廣雅鍱鋌也又

說文通訓定聲　謙部弟四　四十三

廣雅釋器鍱鋌也

枼 **偞** 宋衞之閒謂華偞偞从人枼聲字亦作僷方言二僷容也自關而西凡美容或謂之僷宋衞曰僷廣雅釋訓僷僷容也叚借爲媟禮記玉藻若祭謂已偞卑疏厭也又爲㨗廣雅釋詁四偞詘也玉篇引楚辭哀時命衣攝偞以儲與兮注不舒展皃亦疊韵連語

枼 **堞** 城上女垣也从土枼聲字亦作堞古城用土加以專牆爲之射孔以伺非常曰女垣凡言王言馬皆大意言女皆小意猶言小牆也亦謂之陴或謂之俾倪左襄六傳傳于堞注女牆也二十七傳崔氏堞其宮而守之注短垣也魏都賦嬰堞帶涘注城上女牆也聲訓釋名釋宮室城上垣或名堞取其重疊之義也

劦九名凡劦之派皆衍劦聲 胡頰切

聲枼 **劦** 同力也从三力會意叚借爲颲說文引山海經曰惟號之山其風若劦今本北山經作雞號之山其風如飈注飈急風皃音戾或云飄風也按劦列雙聲亦單辭形況字

枼 **恊** 同心之和也从劦从心會意劦亦聲

xié 勰　lì 珕　xié 協　lì 荔　xié 脅

枼 **勰** 同思之和也从劦从思會意劦亦聲爾雅釋詁勰和也

聲 **珕** 蜃屬从玉劦聲禮佩刀士珕琫而珧珌

枼 **協** 叶 叶 眾之同和也从劦从十會意劦亦聲古文从日从十或从口从十按古文當从㠯與口同意蓋同言之和也書堯典協和萬邦傳合也洪範協用五紀傳和也漢書五行志作旪禮記孔子閒居協此四國詩江漢以洽爲之爾雅釋詁協服也協和也周禮故書大史讀禮書而叶事大行人叶辭命後漢律厤志叶時月又周語紀農協功注同也呂覽長利協而耰遂不顧注和說也叚借雙聲連語爾雅釋天太歲在未曰協洽李注言陰陽化生萬物和合協和也洽合也孫注物生和洽含英秀也又託名幖識字禮記月令孟冬之月注迎冬者祭黑帝叶光紀于北郊之兆也按春秋文耀鉤黑帝冬受制其名汁光紀字作汁

聲 **荔** 荔艸也似蒲而小根可作㕞从艸劦聲大篆从茻按今北地東以㕞鍋禮記月令荔挺出注荔挺馬䪥也蔡邕云荔似挺漢書司馬相如傳葴析苞荔注今之馬藺也別義西山經小華之山其草有萆荔注萆荔香草也叚借爲離實爲㮚按三輔黃圖漢武破南越于上林苑中起扶荔宮植所得龍眼荔枝上林賦荅遝離支注離支大如鷄子皮麤剝去皮肌如鷄子中黃味甘多酢少史記

說文通訓定聲　謙部弟四　四十四

司馬相如傳作荔枝蓋結實時枝弱而蔕牢不可摘取必以刀斧劙取其枝故名其樹高數丈葉如冬青開花青白五六月結實生青熟紅肉淡白如肪今以閩中爲弟一蜀次之嶺南爲下

洽 **脅** 兩膀也从肉劦聲字亦作脥作胎作胛按腋下之名也其骨謂之肋牲體則爲之拍廣雅釋詁四脅方也按謂傍也左僖二十三傳曹共公聞其駢脅注駢脅合榦也素問至眞要大論兩脅裏急注謂兩乳之下及胠外也管子版法兵尙脅盾注盾或著之于脅故曰脅盾轉注詩小戎游環脅驅傳脅驅愼駕具所以止入也釋名釋車脅驅在服馬外脅也又廣雅釋器馬鞅謂之脅今本譌作脅按鞅者頸靼也亦夾持之意或曰此誼借爲挾亦通又吳都賦倒岬岫注岬山旁也字又變作岬水經江水注赤岬山如人袒胛叚借爲怯方言一脅鬩懼也齊楚之閒曰脅鬩宋衞之閒凡怒而噎噫謂之脅鬩淮南本經明于性者天地不能脅也注恐也字又變作愶廣雅釋詁四愶怯也又爲翕孟子脅肩諂笑注竦體也詩抑箋胎肩諂笑釋文本作脇射雉賦雉脥肩而旋踵注人斂身謂之脥肩長門賦翡翠脅翼而來萃兮注斂也又爲劫禮記禮運是謂脅君晉語乃脅欒中行注劫也漢書常惠傳使使脅求公主注謂以威迫之也淮南本經淫而相脅注迫也列子力命愶魯殺子糾字亦作愶又爲歙高唐賦股戰脅息注猶翕息也脅息增歙欷注縮氣也又爲闔漢書王莽傳動

協　洽　𢹂也。一曰拉也。从手，劦聲。字亦作拹。廣雅釋詁一：拹，折也。公羊莊元傳：拹幹而殺之。注：折聲也。靜辟脅注：收斂也。

歙　洽　翕气也。从欠，脅聲。與歙略同。字亦作噏。莊子天運：予口張而不能嗋。釋文：合也。

曅二名，凡曅之派皆衍曅聲。筠輒切。

曅　葉　光也。从日，从𠦪，會意。字亦作曄、作燁。方言十二：曅，曠也。廣雅釋詁二：曅，盛也。四：曅，明也。神女賦序：曄兮如華。吳都賦：曄兮菲菲。又飾赤鳥之曄曄。長笛賦：曄然復揚。注：盛皃。後漢張衡傳：列缺曄其照夜。注：光也。〔叚借〕重言形況字。後漢班彪傳：曄曄猗猗。注：茂美之皃。

爗　葉　盛也。从火，曅聲。字亦作从火从華，會意。敬避廟諱。詩十月之交：爗爗震電。傳：震電皃。漢書揚雄傳：颮爗爗之芳苓。注：光盛也。魯靈光殿賦：赫燁燁而燭坤。字亦誤作爆。〔叚借〕雙聲連語。東都賦：管弦燁煜。注：聲之盛也。

曄一名，筠輒切。

曄　葉　艸木白華也。从華，从白，會意。左思白髮賦：一篇一曄。文選西都賦：曄曄猗猗。注引說文：草木白華皃。漢書作曄。

聶七名，凡聶之派皆衍聶聲。尼輒切。

聶　葉　附耳私小語也。从三耳，會意。史記魏其武安侯傳：乃效女兒呫囁耳語。以讘爲之。〔叚借〕爲攝。海外北經：聶耳之國，爲人兩手聶其耳。注：耳長，行則以手攝持之也。又爲牒。禮記少儀：聶而切之爲膾。注：聶之言牒也。又爲翕。爾雅釋木：守宮槐，葉晝聶宵炕。注：合也。又爲徙。素問調經論：聶辟氣不足。注：謂聶𦖋也。又託名幖識字。史記刺客傳：聶政者，軹深井里人也。按：衛大夫食采于聶，其後以邑爲氏。

躡　葉　蹈也。从足，聶聲。方言一：躡，登也。廣雅釋詁一：躡，履也。史記淮陰侯傳：張良陳平躡漢王足。漢書賈誼傳：躡足行伍之閒。又淮南覽冥：縱矢躡風。注：蹈也。又從躡都廣。注：至也。七啓：忽躡景而輕鶩。注：躡之言疾也。〔叚借〕爲𨄅。方言十二：躡，急也。藉田賦：躡躡側肩。注引說文：躡，追也。又疊韻連語。南都賦：羅襪躡蹀而容與。注：小步皃。〔聲訓〕釋名釋姿容：躡，攝也，登其上使躡服也。

讘　葉　多言也。从言，聶聲。字亦作囁。埤蒼：囁嚅，多言也。〔叚借〕爲聶。史記魏其武安侯傳：呫囁耳語。集解：附耳小語聲。又託名幖識字。說文：河東有狐讘縣，今山西隰州永和縣地。

欇　葉　木葉搖白也。从木，聶聲。爾雅釋木：楓，欇欇。說文楓篆說解：厚葉弱枝，善搖。一名欇。按：木葉面青背白，爲風所搖則獵獵然反露，謂之欇也。楓尤善搖，故獨得欇名。〔別義〕爾雅釋木：欇，虎櫐。注：今虎豆，纏蔓林樹而生，莢有毛刺，今江東呼爲欇欇。謝靈運山居賦：獵涉蘡薁。以獵涉爲之，疊韻連語。按：今紫藤也。蘇俗謂之芝藤花。〔叚借〕爲攝。方言五：僉，宋魏之閒謂之欇殳。注：今連枷，所以打穀者。又廣雅釋器：欇，杖也。

儡　葉　心服也。从人，聶聲。廣雅釋言：儡，𢤧也。淮南氾論：聲儡四海。注：服也。以慴爲之。〔叚借〕爲懾。廣雅釋詁二：儡，懼也。

懾　葉　失气也。从心，聶聲。與慴、與㦎、與怯略同。字亦作惵。禮記樂記：柔氣不懾。注：猶恐懼也。曲禮：則志不懾。注：猶怯惑也。荀子禮論：不至于隘懾傷生。注：猶戚也。又方言十二：惵，羸也。按：羸也。東都賦：惵然意下。注：猶恐懼也。〔叚借〕爲儡。說文一曰服也。

攝　葉　引持也。从手，聶聲。詩既醉：朋友攸攝，攝以威儀。傳：言相攝佐者以威儀也。左襄三十一傳注：攝，佐也。儀禮士冠禮：攝酒。注：猶整也。聘禮：庭實皮則攝之。注：右手并執前足，左手并執後足也。士昏禮：執皮攝之。注：猶辟也。左成十六傳：請攝飲焉。注：持也。吳語：攝少司馬茲。注：執也。論語：攝齊升堂。皇疏：摳也。莊子胠篋：則必攝緘縢。李注：結也。崔注：收也。史記酈生陸賈傳：起攝衣。正義：猶言斂著也。漢書陳餘傳：耳攝使受笞。注：謂引持之。喻巴蜀檄：皆攝弓而馳。注：謂張弓注矢而持之也。〔叚借〕爲代。周禮大宗伯：若王不與祭，則攝位。注：代行其祭祀。左隱元傳：不書即位，攝也。禮記明堂位注：攝王位。疏：代也。儀禮士昏禮注：用助祭之服親迎，攝盛也。按：猶假也。又爲貣。禮記檀弓：冉子攝束帛乘馬而將之。注：猶貸也。按：弋聶雙聲字。又爲夾。論語：官事不攝。包注：猶兼也。皇疏：並也。攝乎大國之閒。包注：迫也。左昭十三傳：羊舌鮒攝司馬。注：兼官也。又晉語：屏攝之位。注：攝形如今要扇。又爾雅釋魚：三曰攝龜。注：腹甲能自張閉，好食蛇。又爲懾。左襄十一傳：武震以攝威之。按：畏懼之也。呂覽下賢：卑爲布衣而不瘁攝。注：猶屈也。史記刺客傳：吾曩者目攝之。正義：猶視也。又爲聑。楚語：恢而不攝。注：固也。魯語：故能攝固不解以久。注：持也。漢書嚴助傳：天下攝然。注：安也。老子：蓋聞善攝生者。注：養也。又爲飾。儀禮既夕：白狗攝服。注：猶緣也。攝飾雙聲字。又疊韻連語。楚辭哀時命：衣攝葉以儲與兮。注：不舒展皃。按：猶縚疊也。又託名幖識字。爾雅釋天：太歲在寅曰攝提格。孫注：陽氣攝持攜萬物使之至上。離騷：攝提貞于孟陬兮。按：天文左攝提三星、右攝提三星，形略如鼎足，在大角兩旁，夾亢池也。思元賦：倚招搖攝提以低徊劉流兮。注：星形似車，非是。

聑一名，丁帖切。

聑　葉　安也。从二耳，會意。按：五官莫安于耳。長笛賦：瓠巴聑柱。注：安也。〔叚借〕爲耴。埤蒼：聑，耳疾也。

nà 㘝　niè 嵒　yè 業　yè 鄴

㘝一名 女協切

緝洽 㘝 下取物縮藏之从口从又會意讀若聶今農人於河底取泥糞田曰罱河泥字亦作罱南㘝雙聲叚借爲罨廣雅釋器㘝率也字亦作圔廣韵圔捕魚網也

嵒一名 尼輒切

葉 嵒 多言也从品相連指事讀若聶與山嵒字迥別與讘略同叚借託名幖識字說文引春秋傳曰次於嵒北今本左僖元年齊師宋師曹師次于聶北救邢作聶按在今山東東昌府博平縣字亦作攝郎昭二十傳所謂聊攝以東也與哀十二年宋鄭之閒嵒戈錫之嵒迥別

業二名凡業之派皆衍業聲 魚怯切

洽 業 大版也所以覆縣鐘鼓之栒捷業如鋸齒以白畫之从丵象其鉏鋙相承也从巾巾象版古文作𡴾未詳按此字从丵从巾皆象形非會意其版如鋸齒令其相銜不脫工緻堅實也詩靈臺巨業維樅有瞽設業設虡傳大版也所以飾栒爲縣也東京賦注

業栒上版刻爲雁齒捷業然西京賦負筍業而餘怒注當筍下爲兩飛獸以背負又以版置上名爲業轉注爲築牆之版爾雅釋器大版謂之業縄之謂之縮之注築牆版也字亦作牒又爲書冊之版禮記曲禮請業則起注謂篇卷也左昭十三傳有事而無業注貢賦之業因又引申爲學業爲功業爲次業爾雅釋詁業事也業敘也業緒也業大也易文言傳君子進德脩業宋衷注事也繫辭傳富有之謂大業又舉而錯之天下之民謂之事業又晉語則民從事有業注猶次也孟子有業屨于牖上注次業也又業居最上亦引申爲始初之義廣雅釋詁一業始也齊語擇其善者而業用之注猶創也史記司馬相如傳業已建之索隱本也留侯世家良業爲取履索隱猶本先也太史公自序項梁業之子羽接之按猶起也叚借爲隉詩長發有震且業傳危也業隉雙聲雲漢兢兢業業爾雅釋訓業業危也書皋謨兢兢業業傳危懼也又爲爗詩常武赫赫業業傳業業然動也失之又爲巘爲嶭後漢班固傳沓槃業峨注高也詩烝民四牡業業傳言高大也采薇傳業業然壯也亦皆重言形況字聲訓釋名釋樂器筍上之版曰業刻爲牙捷業如鋸齒也又釋言語業捷也事捷乃有功業也古韵詩采薇叶業捷烝民叶業捷及韗鶡冠子泰鴻叶德極息業按讀如匿也

洽 鄴 魏郡縣从邑業聲在今河南彰德府臨漳縣

xiè 燮　xiè 燮　xiè 𤩽　niè 聿　qiè 妾　jiē 萋　shà 翣

燮三名凡燮之派皆衍燮聲 穌俠切

葉 燮 大孰也从又持炎辛會意辛者物孰味也說文燮下有籀文燮按當爲燮之籀文辛者飪也亦辛省今據六書故移置此篆下又按字亦作煠廣雅釋詁二煠爚也

葉 燮 和也从言从又炎籀文从羊羊音飪讀若溼按此篆當隸言部从言燮省聲籀文今移置燮下書洪範燮友柔克傳和也大明燮伐大商傳和也東京賦北燮丁令南諧越裳注燮諧皆和也叚借託名幖識字左襄八年獲蔡公子燮穀梁作溼

葉 𤩽 石之次玉者从玉燮聲

聿一名 尼輒切

葉 聿 手之疌巧也从又持巾會意

妾七名凡妾之派皆衍妾聲 七接切

葉 妾 有辠女子給事者从辛从女會意女曰妾男曰童書費誓臣妾逋逃傳女曰妾周禮太宰八曰臣妾聚斂疏材注臣妾男女貧

賤之稱晉語納女工妾三十人注妾給使者轉注說文又云春秋傳曰女爲人妾妾不娉也左僖十七傳梁嬴孕卜曰將生一男一女男爲人臣女爲人妾故名男曰圉女曰妾注不聘曰妾易鼎得妾以其子說卦傳兌爲妾禮記內則聘則爲妻奔則爲妾曲禮有妻有妾注妾賤者儀禮喪服貴妾注貴妾姪娣也夏小正妾子始蠶傳先妾而後子言事自卑者始也按妾媵妾子內子也聲訓說文妾有辠女子給事之得接于君者又白虎通嫁娶妾者接也以時接見也釋名釋親屬妾接也以賤見接幸也廣雅釋親妾接也

葉 萋 萋餘也从艸妾聲荅栄一名萋餘詩關雎傳荇接余也釋文本作萋荼叚借爲翣祝脽砷萋蔞以席

洽 翣 棺羽飾也天子八諸侯六大夫四士二下垂从羽妾聲讀若澀世本武王作翣漢制以木爲匡廣三尺高二尺四寸衣以畫布柄長五尺樞車行持之兩旁以從或以竹爲之字亦作䈉按如今之掌扇疑古本以羽爲之與羽葆同後世以布或以席字亦作翜作翣是古或亦以獸毛爲之也周禮女御后之喪持翣御僕大喪持翣注棺飾也縷人衣翣柳之材注故書作接禮記檀弓設蔞翣注棺之牆飾左襄二十五傳四翣不蹕周禮縷人注以翣爲之呂覽節喪僂翣以督之注棺飾也畫黼黻之狀如扇翣於僂邊釋名釋喪制齊人謂扇爲翣此似之也象翣扇爲淸涼也翣有黼有畫各以其飾名之也轉注小爾雅廣服大扇謂之翣周禮巾車有翣羽蓋注所以禦風塵

zhì 陟　jiē 接　qiè 鯜　qiè 淁　jiē 椄

儀禮既夕燕器杖笠翣注翣扇也禮記少儀手無容不翣也注扇也淮
南說林被裘而以翣翼注扇也楚人謂之翣也字亦作䈉呂覽有度
冬不用䈉注扇也又禮記明堂位周之璧翣爲鍾鼓簨上之飾或曰
此義借爲篓愚按翣如篓本爲貴者燕器故喪制用之樂器之飾則
畫其形者也

葉 **椄** 續木也从木妾聲从彼樹移接此樹後世謂之嫁樹也別義莊
子在宥聖知之不爲桁楊椄槢也司馬注椄槢械楔也崔注椄
槢桎梏梁也疑借爲㦸牒字
桁楊椄槢亦皆疊韵連語

葉 **淁** 淁水也从水妾聲

葉 **鯜** 鯜魚也出樂浪潘國从魚妾聲潘卽眞番

葉 **接** 交也从手妾聲足接爲交手交爲接廣雅釋詁二接合也易晉
畫日三接鄭讀接爲捷禮記表記君子之接如水注或爲交儀禮喪
服傳以時接見乎天子注猶會也吳語兩君偃兵接好注合也呂覽
知接目無由接也注見也愛士則刃無與接注交戰也淮南原道知
與物接而好憎生矣注交也轉注儀禮聘禮賓立接西塾注猶近也
又曹子建樂府仰手接飛猱注凡物飛近前射之曰接假借爲椄廣

雅釋詁二接續也儀禮聘禮接聞命注猶續也秦策故使工人爲木
材以接乎楚辭哀郢憂與愁其相接淮南精神聖人食足以接氣注
皆訓續又爲疌爲翜爾雅釋詁接捷也淮南本經接經歷遠注疾也
禮記曾子問注接祭而已疏速也又爲倢大戴保傅接給而善對注
謂應所問而給也荀子大略先事慮事謂之接注讀爲捷按伏也猶
次也又爲帀小爾雅廣詁接達也廣雅釋詁二接徧也又爲匝周禮
廪人則共其接盛注讀爲一扱再祭之扱又爲萎詩關雎傳荇接余
也又爲翣周禮縫人故書衣接檟之材又爲挾廣雅釋詁三接持也
儀禮鄉射禮古文兼接乘矢又託名幖識字公羊僖三十二年鄭文
公捷左穀皆作捷史記作踕莊子則陽接子古今人表作捷古韵易
蒙彖傳叶法接楚
辭國殤叶甲接

陟二名凡陟之派皆衍陟聲 竹織切

職 **陟** 登也从𨸏从步會意古文从步从人且未詳爾雅釋詁陟
陞也釋山山三襲陟詩卷耳陟彼崔嵬傳升也皇矣陟我
高岡箋登也轉注廣雅陟帝位傳升也詩閔予小子陟降庭止箋
陟降上下也東京賦省幽明以黜陟注昇也夏小正魚陟負冰傳升
也假借爲騭夏小正執陟攻駒按執陟卽禮記月令之縶騰駒周禮
庾人之佚特攻駒卽庾人之攻駒也傳以教騑訓攻駒尚可以執陟

zhì 騭　shè 㴇(涉)　zhé 耴　zhé 㡇　niè 䮶　zhé 𢪐　zhé 銸　zhé 輒

爲執而升之君謬矣又託名幖識字書君奭時則有若伊陟臣扈鄭
注伊尹之子史記封禪書集解古作敕聲訓周禮大卜三夢三曰咸
陟注陟之言得也讀如王德
翟人之德按齊人謂得爲登

質 **騭** 牡馬也从馬陟聲讀若郅爾雅釋畜牡曰騭牝曰騇廣雅釋獸
騭雄也假借爲陟爾雅釋詁騭陞也書洪範惟天陰騭下民馬
注騭升也升猶舉也舉猶生也按上升猶上舉生子猶舉子輾轉相
訓以明陰騭爲覆生之義傳訓爲定則謂借爲正正騭雙聲蓋本史
記微子世家作
陰定下民也

涉一名 時聶切

葉 **㴇** 徒行厲水也从㳄从步會意篆文从水爾雅釋訓馮河徒
涉也李注無舟而渡水曰徒涉釋水繇膝以上爲涉方言
七過度謂之涉濟廣雅釋詁二涉渡也詩匏有苦葉濟有深涉傳由
膝以上爲涉載馳大夫跋涉傳水行曰涉韓詩傳不由蹊遂而涉曰
跋涉離騷詔西皇使涉余注渡也轉注穀梁襄二十七傳與之涉公
事矣徐邈曰猶歷也漢書高帝紀贊涉魏而東遂爲豐公晉灼曰猶
入也假借爲蹀與陳伯之書朱鮪涉血于友于又單辭形況字荀子
正名君子之言涉然而精注深入之皃古韵詩匏有苦葉叶葉涉

耴七名凡耴之派皆衍耴聲 陟葉切

葉 **耴** 耳垂也从耳下𠂹象形兼指事春秋傳曰秦公子耴者其耳下
𠂹故以爲名按秦公子耴不見三傳鄭有公孫輒字子耳以輒
爲之吳都賦魚鳥聱耴耴此重言形
況字猶軋軋札札也从乙非此耴字

葉 **㡇** 領耑也从巾耴聲亦謂之帕

葉 **䮶** 馬步疾也从馬耴聲字亦作𩣡

葉 **𢪐** 拈也从手耴聲謂以指取物

葉 **銸** 鉆也从金耴聲凡鐵鉗火夾之類皆是

葉 **輒** 車兩輢也从車耴聲謂車兩旁可倚處轉注廣韵輒專輒也韵
會輒遇事卽然也皆倚恃妄作之意假借爲縶穀梁昭二十年
盜殺衛侯之兄輒傳兩足不能相過齊謂之綦楚謂之踂衛謂之輒
左傳魯子叔輒字伯張叔孫輒字子張又爲耴左傳鄭大夫子耳名
輒又單辭形況字莊子達生輒然忘吾有四肢形體也釋文不動皃
又託名幖識字列子湯問有輒休之國釋文諸家本作緳沐者誤按

xiè 耵　liè 巤　liè 鬣　liè 邋　là 臘　liè 儠　liè 獵

此疑借爲轂。又左昭二十一年叔輒卒，公羊作痤，未知孰是。

葉 **耵** [seal] 使也。从攴，耳省聲。

巤七名，凡巤之派，皆衍巤聲。良涉切

葉 **巤** [seal] 毛巤也。象髮在囟上及毛髮巤巤之形。此與籀文子字同意。

葉 **鬣** [seal] [seal] [seal] 髮鬣鬣也。从髟巤聲。或从毛，或从豕。按鬣即巤字，既从巛象形，又从髟，此俗體也。从毛从豕，亦皆後出字。字又作獵。廣雅釋器：鬣，毛也。轉注：左昭七傳使長鬣者相，注：須也。按須亦髮屬。又禮記曲禮豕曰剛鬣。通俗文：豬毛曰𩮜。又爾雅釋畜：青驪繁鬣騥，白馬黑鬣駱。舍人注：馬騣也。左定十傳公取而朱其尾鬣以與之。漢書五行志注：領上鬣也。馬鬣字無作騷者。又七發：翠鬣紫纓。注：首毛也。鳥毛字無作鬣者。又爾雅釋畜：犣牛。注：旄牛也。又禮記少儀：拚席不以鬣。注：謂帚也。

葉 **邋** [seal] 搚也。从走巤聲。按字从辵，當別有本義，疑即躐字，踰越也。或曰邋遢猶迨遝也，行相逮及之意，亦猶狧獵狧獵字也。叚借爲拉。說文：搚也。搚即協字。廣雅釋詁一：⿰巤刂，斷也。三：⿰巤刂，削也。字亦作⿰巤刂。

合 **臘** [seal] 冬至後三戌臘祭百神。从肉巤聲。字亦作臈。按夏在丑月，殷在子月，周在亥月，秦漢皆與夏制同，而漢日獨用戌。廣雅釋天：臘，祭也。臘，索也。秦曰臘。按以索訓臘，猶言臘即蜡也。蔡邕獨斷：夏曰嘉平，殷曰清祀，周曰大蜡，漢曰臘。廣雅夏殷字互誤。左僖五傳虞不臘矣，注：歲終祭眾神之名。禮記月令臘先祖五祀，注：此周禮所謂蜡也。或言祈年，或言大割，或言臘，互文也。法言問道：不臘臘也歟。注：腊也。叚借爲鼠。考工桃氏爲劍，臘廣二寸有半寸。按臘即脊也，隆然如鼠，故名。廣者合兩邊刃言，從者以一邊刃言也。注云：臘謂兩刃。蓋謂借爲鬣，歟刃其最薄處。聲訓：風俗通祀典：臘者，接也，新故交接，大祭以報功也。又臘者獵也，言因獵取獸以祭祀其先祖也。

葉 **儠** [seal] 長壯儠儠也。从人巤聲。春秋傳曰：長儠者相之。按謂人高大豐偉。廣雅釋詁二：儠，長也。今左傳、楚語皆作鬣，疑借字，注皆訓須，疑杜韋誤也。或曰儠亦鬣字，許君誤也。

葉 **獵** [seal] 放獵逐禽也。从犬巤聲。从犬者，載獫猲獢之意。字亦作獦。詩伐檀：不狩不獵。箋：宵田曰獵。禮記月令：執弓挾矢以獵。注：今月令獵爲射。釋名釋車：獵車，所乘以畋獵也。禮記曲禮疏引隱義：獵車之形，今之鉤車是也。左宣十一傳：楚蔿艾獵，字叔敖。轉注：太元毅：吏所獵也。注：捕也。叚借爲歷。吳語：以犯獵吳國之師徒。注：震也。羽獵賦引賈注：取也。又爾雅釋言：獵，虐也。注：淩獵暴虐。又儀禮鄉射禮：無獵獲。

liè 擸　hé 盇(盍)　kē 榼　kè 嗑　yàn 豔　yè 饁　hé ⿰盍阝

注：矢從旁也。又荀子議兵：不獵禾稼。注：踐也。風賦：獵蕙草。注：歷也。字亦變作躐。禮記學記：學不躐等也。疏：踰越也。楚辭國殤：凌余陣兮躐余行。注：踐也。爾雅釋言：跋，躐也。注：跋前行曰躐。獵歷雙聲。又爲棱。周禮龜人：南龜曰獵屬。爾雅釋魚：龜後弇諸獵。注：後甲長。按如相續也。又爲攝。史記日者傳：獵纓正襟危坐。索隱：攬也。又疊韻連語。景福殿賦：獵捷相加。注：相接之皃。又雙聲連語。笙賦：騈田獵攦。注：不齊也。又單辭形況字。洞簫賦：獵若枚折。注：聲也。或曰借爲拉，亦通。聲訓：蔡邕月令章句：獵者，捷取之名也。

葉 **擸** [seal] 理持也。从手巤聲。後漢崔駰傳：躐纓整襟以獵爲之。

盇九名，凡盇之派，皆衍盇聲。胡臘切

合 **盇** [seal] 覆也。从血大。按从皿从大。大者象覆蓋形，非會人意。从一，一者皿中物也，指事。今隸作盍，从去。从皿深得六書之意，疑篆本从去皿，不从大血也。銛本作大聲，亦非。經傳多以蓋爲之。俗字作盒。叚借爲佮。爾雅釋詁：盍，合也。易豫：朋盍簪。注：合也。又爲闔。荀子宥坐：復瞻九蓋皆繼。注：盍，戶扇也。又發聲之詞。爾雅釋言：曷，盍也。廣雅釋詁三：盍，何也。左桓十一傳：盍請濟師于王。注：何不也。史記伯夷傳：盍往歸焉。索隱：盍者疑詞。

合 **榼** [seal] 酒器也。从木盍聲。此字疑即盇之或體，盇爲何不之詞所專，因加木旁耳。左成十六傳：行人執榼承飲。淮南氾論：霤水足以溢壺榼。孔叢子：子路嗑嗑尚飲十榼。

合 **嗑** [seal] 多言也。从口盍聲。讀若甲。叚借爲欱。易象上傳：頤中有物曰噬嗑。雜卦傳：噬嗑，食也。又單辭形況字。莊子天地：則嗑然而笑。李注：笑聲也。聲訓：易序卦傳：嗑者合也。

豔 **豔** [seal] 好而長也。从豐，豐大也。盇聲。左桓元傳：目逆而送之曰美而豔。[seal] 今本字作艷，俗體。詩十月之交：豔妻煽方處。傳：美色曰豔。魯詩以閻爲之，尚書中候以剡爲之。淮南精神：獻公豔驪姬之美。注：好體曰豔。楚辭招魂：豔陸離些。注：豔，好貌也。方言二：豔，美也。轉注：吳都賦：荊豔楚舞。注：豔，楚歌也。又穀梁序：左氏豔而富。疏：文辭可美之稱。叚借爲欲。禮記郊特牲：而鹽諸利。注：使歆豔之。正義：歆豔是愛欲之言。

葉 **饁** [seal] 餉田也。从食盍聲。詩七月：饁彼南畝。箋：饁，饋也。爾雅釋詁：饁，饋也。孫注：饁，野之餉。左僖三十三傳：其妻饁之。注：野饋曰饁。周禮何祝：及郊饁獸。注：饋也。

合 **⿰盍阝** [seal] 地名。从邑盍聲。按孟子有蓋大夫，漢有蓋孫。廣韻：蓋姓，亦作⿰盍阝。疑齊地，在今山東沂州府沂水縣西北。

è 𤸰　kài 磕　hé 闔　jié 劫　qiè 㹤

合 **𤸰** 跛病也、从疒、盍聲、讀若脅、又讀若掩、字或誤作㿼、廣雅釋詁四㿼依也、按跛則依倚、叚借爲俺、實爲覢、廣韵㿼短气也、離騷寧溘死而流亡兮、注猶奄也、說文新附溘奄忽也、說文故云又讀若掩、字亦變作殗作殜、方言二殗殜微也、凡病而不甚曰殗殜、注病半臥半起也、廣雅釋詁一殗殜病也、廣韵殗殜不動皃、亦疊韵連語、又爲掩㕡都賦重葩殗葉、注葉重疊皃、

合 **磕** 石聲、从石盍聲、字亦作𥖾、子虛賦礚石相擊硠硠礚礚、轉注高唐賦巆震天之礚、礚注引字林大聲也、甘泉賦登長平兮雷鼓磕注大聲也、又今俗用爲磕破字、謂破聲也、叚借爲欠、今俗又用爲磕睡字、

合 **闔** 門扇也、从門盍聲、禮記月令乃脩闔扇、注用木曰闔、少儀排闔脫屨于戶內者、左襄十七傳以枚數闔、公羊莊十三傳齒著乎門闔、注扇也、管子八觀闔閈不可以毋闔、注扉也、轉注說文一曰閉也、易繫辭傳闔戶謂之坤、虞注閉翕也、左襄十七傳皆有闔廬、注謂門戶閉塞、鬼谷子捭闔、闔之者閉也、老子天門開闔、注謂呼吸也、淮南墬形闔闔之門、注大聚萬物而閉之、天文閶闔風至、注兌卦之風也、史記律書闔者藏也、又楚辭謬諫欲闔口而無言兮、注閉也、又素問陰陽離合論陽明爲闔、注闔者所以擽禁固之權也、字亦作閤、史記匈奴傳闔然更始、集解𡦹定意也、管子小問闔然止、注住立皃、亦單辭形況字、或曰閉義、借爲屋、亦通、叚借爲鍛、東京賦闔戟轇轕注

鍵也、又爲蓋、周禮圉師茨牆則翦闔、注苫也、又發聲之詞、管子闔不起爲寡人壽乎、莊子天地夫子闔行耶、列禦寇闔胡嘗視其良、釋文語助也、與用盍用蓋同、又託名幖識字、左傳吳王闔廬、莊子人閒世顏闔、崔本作盍、聲訓一切經音義十二引說文闔合也、古韵鬼谷子捭闔叶闔法、

劫四名、凡劫之派、皆衍劫聲、居怯切

洽 **劫** 人欲去以力脅止曰劫、按从力从去會意、字亦作𠚙、俗誤作刼作刦、禮記儒行劫之以衆、注脅也、秦策已卯欲以齊秦劫魏、注脇也、荀子解蔽故口可劫而使墨云、注迫也、淮南精神不可劫以死生、注迫也、漢書高帝紀因以劫衆、注謂威脅之、羽獵賦抾靈蠵、注捧也、漢書注把取也、後漢馬融傳抾封豨、注音劫、廣雅釋言抾把也、轉注說文或曰以力去曰劫、方言六抾摸去也、抾摸猶言持去也、荀子脩身劫之以師友、注奪去也、又笙賦郁捋劫悟、注劫悟氣相衝激、叚借爲怯、詩終風願言則疐、傳疐劫也、崔靈恩云毛訓疐爲㰦、今俗人云欠欠㰦㰦是也、今本經作疐傳作疐跲也、依韵則疐爲合、依義則怯爲優、

洽 **㹤** 多畏也、从犬去聲、杜林說从心、按劫省聲、本義謂犬畏人也、轉注賈子道術持節不恐謂之勇、反勇爲怯、呂覽務本

qù 𡰥　jié 鉣　fǎ 灋　fá 乏

將衆則罷怯、史記魯仲連鄒陽傳勇士不怯死而滅名、廉頗藺相如傳士或怯懦、按字亦作㰦、詩終風釋文引崔云毛訓疐爲㰦、今俗人云欠欠㰦㰦是也、人體倦則伸、志倦則㰦㰦、蒼頡篇㰦張口頻伸也、按亦疊韵連語、叚借爲㹤、廣雅釋詁二怯㨉去也、聲訓釋名釋言語怯脅也、見敵恐脅也、按以懾爲訓、古韵韓非子揚權叶法怯、

合 **𡰥** 閉也、从𠂔劫省聲、儀禮士喪禮注徹帷𡰥之、禮記雜記注既出則施其𡰥、釋文引纂文古闔字、又引字林閉也、轉注爾雅左右有岸庮、錢宮詹云郎𡰥字之誤、釋文口闔反、常作口闔、字亦作㕁、按从广古文法聲、字又或作㕁、如礬之誤爲礬也、江賦鼓㕁窟以漰渤注㕁亦窟之類也、或曰㕁郎㕁字、存參、又作㕁、南都賦潛㕁洞出、注㕁山傍穴也、

洽 **鉣** 組帶鐵也、从金劫省聲、讀若劫、按馬組帶飾也、

灋一名、方乏切

洽 **灋** 刑也、平之如水、从水、廌所以觸不直者去之、从去、會意、今文从水从去、古文从亼从正、會意、或曰从去者劫省聲、按鍇本無今文法、易蒙利用刑人以正法也、書呂刑惟作五虐之刑曰法、周書小開武月以紀刑、注月爲法、鹽鐵論詔聖法者刑

罰也、所以禁強暴也、管子心術殺戮禁誅謂之法、大戴禮察禮者禁于將然之前、而法者禁于已然之後、後漢虞詡傳法禁者俗之隄防、又漢書酷吏王溫舒傳雖有百罪弗法、注法謂行法也、漢書翟方進傳爾不得易定、蓋古文金字誤作定、轉注爾雅釋詁法常也、按長也、廣雅釋詁二法合也、按郎古文从亼正之意、易繫辭傳制而用之謂之法、管子七法篇尺寸也、繩墨也、規矩也、衡石也、斗斛也、角量也、謂之法、正篇當故不改曰法、如四時之不貣、如星辰之不變、如宵如晝、如陰如陽、如日月之明曰法、荀子法行、禮義之謂法、周禮太宰以八灋治官府、謂官屬官職官聯官常官成官灋官刑官計也、大戴盛德齊五法、注謂仁義禮智信、孝經非先王之法服不敢服、非先王之法言不敢道、又後漢光武紀法物、注謂大駕鹵簿儀式也、獨斷法冠楚冠也、一曰柱後惠文冠、按執法者服之、又老子人法地、王注謂法則也、荀子不苟畏法流俗、注效也、呂覽情欲必法天地也、注象也、周髀算經地法覆槃、注形乃謂之法、聲訓釋名釋典藝法逼也、人莫不欲從其志、逼正使有所限也、法逼雙聲、古韵易蒙象傳叶法、按韓非子揚權叶法怯、鬼谷子捭闔叶闔法、

乏十一名、凡乏之派、皆衍乏聲、房法切

洽 **乏** 春秋傳曰反正爲乏、按𠀕也、从反正、指事、受矢者爲正、避矢者爲乏、左宣十五傳故文反正爲乏、儀禮大射儀凡乏用革、鄉射

fàn 芝　fú 鴔　tà 𦈢　biǎn 貶　biǎn 窆　fěng 覂　zhé 𡰥　biān 砭　fàn 泛

禮乏參侯道注容謂之乏所以爲獲者御矢也服不氏以旌居乏而待獲杜注持獲者所蔽車僕共三乏司農注讀爲匱乏之乏假借爲貶呂覽季春振乏絕注行而無資曰乏又爲覂莊子天地無乏吾事釋文廢也轉音文子九守叶息乏按讀如福也

咸　**芝**　艸浮水中皃从艸乏聲似从泛省會意泛亦聲

緝　**鴔**　鴔鶝也从鳥乏聲按字亦作鵖爾雅釋鳥鴔鵖戴鵀注鵖猶鶝鵖語聲轉耳鵖鶝鵖皆雙聲方言八鳸鳩朝鮮洌水之閒謂之鶝鵖東齊海岱之閒或謂之戴勝自關而西謂之服鶝或謂之鶝鵖按小于鶻鳩黃白班文首毛有文如績機縢之縢故曰戴勝也以三月鳴

合　**𦈢**　不平缶也从缶乏聲讀若易頰篇引說文𦈢瓨也廣雅釋器𦈢瓶也按尖底缶用以汲

欲　**貶**　損也从貝从乏按乏聲廣雅釋詁二貶減也周禮朝士則令邦國都家縣鄙慮刑貶注猶減也公羊隱二傳何以不氏貶注猶損也封禪文不可貶也注損也上林賦而適足以𢪃君自損也以𢪃爲之轉注左襄十四傳匱神之祀孟子空乏其身周禮遺人疏引尚書大傳行而無資謂之乏經傳皆以乏爲之或曰字从貝匱乏之義當爲本訓存參假借爲覂詩召旻我位孔貶傳隊也古韵詩召旻叶玷貶

鹽　**窆**　葬下棺也从穴乏聲與堋同誼廣雅釋詁一窆下也周禮鄉師及窆執斧以涖匠師遂人及窆陳役司農注禮記謂之封春秋謂之塴皆葬下棺也聲相似大僕窆亦如之司農注讀如慶封氾祭之氾按周禮用窆字左傳用堋字禮記以封爲之封窆封堋皆雙聲假借爲貶周禮故書朝士慮刑窆注貶猶減也杜注窆當爲禁

腫　**覂**　反覆也从襾乏聲漢書武帝紀泛駕之馬食貨志大駕將泛皆以泛爲之莊子天地于往矣無乏吾事以乏爲之廣雅釋詁一覂棄也

緝　**𡰥**　屈𡰥也从尸乏聲謂從後相屈或疑與反屐等字皆言抱背之事假借爲乏實爲貶廣雅釋詁三𡰥少也

鹽豔　**砭**　以石刺病也从石乏聲素問異法方宜論其治宜砭石注謂以石爲鍼也秦策扁鵲怒而投其石注石砭所以砭彈人臃腫也按今石法失傳

陷　**泛**　浮也从水乏聲與汎略同與氾迥別周禮酒正一曰泛齊釋名釋飲食泛齊浮蟻在上汎汎然也素問脈要精微論泛泛乎注平皃

fá 姂　zā 帀　chā 臿　shà 歃　qì 𡲶　chā 插

經傳或以氾爲之假借爲覂漢武帝詔泛駕之馬注覆也

洽　**姂**　婦人皃从女乏聲廣雅釋詁一姂好也

帀一名　子甲切

合葉　**帀**　周也从反㞢而帀也周盛說按匊也謂从到之指事字亦作迊俗誤作匝廣雅釋詁二帀徧也周禮典瑞注就帀也疏一帀爲一帀五采則五帀禮記檀弓注周帀也按詩大明使不挾四方周禮大宰挾日而斂之以挾爲之字因變作浹說文新附浹洽也徹也小爾雅廣言浹匝也爾雅釋言浹徹也越語浹日而令大夫朝之注從甲至甲爲浹左成九傳浹辰之閒注浹辰十二日也荀子解蔽雖億萬已不足以浹萬物之變注周也淮南原道不浹于骨髓注通也史記禮書房皇周浹索隱猶周帀也東京賦囊餼浹乎家陪注徧也按浹字已見浹𣿷假借疊韵連語江賦長波浹渫注引埤蒼水滂溏也

臿六名凡臿之派皆衍臿聲　楚甲切

洽　**臿**　舂去麥皮也从臼干所以臿之會意與舂同意廣雅釋詁四臿舂也字亦作𥹧廣雅釋詁四𥹧舂也此因說文示部𥹧篆讀若舂麥爲𥹧之𥹧乃製从木𥹧字臿𥹧雙聲其實許君借𥹧爲臿猶云讀若臿耳周禮廩人共其接盛以接爲之假借爲鍤方言五臿謂之𨧫注此亦鍫聲轉也按𨧫者銚也史記始皇紀身自持築臿正義鍫也漢書溝洫志舉臿爲雲注鍫也後漢蔡茂傳又燒鍤斧注引何承天纂文臿今之鏵也又引張揖字詁臿刃也淮南精神揭钁臿注鏵也三輔謂之鍤也按銚臿雙聲一說此義實爲插字之轉注借爲插亦通廣雅釋器𨧫臿也此𨧫之誤字𨧫即銚字聲訓釋名釋用器臿插也插地起土也

洽　**歃**　歠也从欠臿聲春秋傳曰歃而忘左隱七傳今本歃如忘疏歃謂口含血也晉語楚人固請先歃注飲血也字亦作啑或誤作唼有聲無形集韵引廣雅唼嘗也字又作㖛通俗文入口曰㖛假借爲插儀禮有司徹執挑匕枋以挹湆注挑謂之歃按少牢注二匕皆有淺斗狀如飯橾其用在插故名之插亦如銚鍫爲插地起土之用故名之插也爾雅釋器𨧫謂之疀猶云銚謂之插儀禮注挑謂之歃猶云挑謂之插耳

緝洽　**𡲶**　從後相𡲶也从尸从臿會意按臿亦聲假借廣雅釋詁三𡲶少也按此爲匱之誤字華嚴音義引廣雅匱少也

洽　**插**　刺内也从手臿聲儀禮士冠禮捷柶注扱柶禮記内則揗抈注揗猶扱也以捷以扱爲之按字亦作剷韵集剷入也江南今有

xiā 呷　jiǎ 甲　chā 鍤　chā 㛼

刉寶器字又譌作掐說文新附掐爪刺也通俗文爪按曰掐長笛賦掐膺擗摽注引埤蒼掐爪也國語無掐膺韋昭曰掐叩也苦洽切䰐書程昱傳邊人掐之疑臽臿形近致譌

洽 葉 洽 **㛼** 疾言失次也从女臿聲讀若懾廣雅釋詁四㛼怯也

洽 **鍤** 郭衣鍼也从金臿聲廣雅釋器鍤鍼也按今製衣裘用之蘇俗謂之鄉針與箴微別箴者聯衣使不散以竹爲之鍤者鄉衣使平直以鐵爲之叚借爲插或爲銚漢書王莽傳負籠荷鍤注鍫也

甲七名凡甲之派皆衍甲聲 古狎切

洽 **甲** 東方之孟陽气萌動从木戴孚甲之象大一經曰人頭空爲甲甲象人頭古文甲始于一見于十成于木之象按十幹皆託名標識字非本義若大一經謂甲頭乙頭丙肩丁心戊脅己腹庚臍辛股壬脛癸足聯十榦字爲一大人形尤淺陋無理駁按甲鎧也象戴甲于首之形古文入象甲小篆丨指事从古文省周禮夏官司甲次于弁師之下知古先有護首之甲後製護身之甲因復名甲爲胄易說卦傳離爲甲胄禮記曲禮獻甲者執胄乃兼言護身者考工函人爲甲晉語殪以爲大甲乃專言護身者因又命甲胄之民爲甲左成元年作邱甲公羊閔二傳桓公使高子將南陽之甲齊語齊國寡甲兵秦策秦下甲而攻趙注兵也轉注易解百果草木皆甲宅鄭注皮曰甲根曰宅故載侗六書故云甲象草木戴種而出之形古文甲象葉兩岐悉案易傳借甲爲莢借宅爲乇猶言華實也存參又中山經有獸焉虎爪而有甲注有鱗甲吳都賦其鱗纏甲注謂龜甲也叚借託名標識字大撓作甲子借以紀旬易蠱先甲三日馬注甲爲十日之首因又以紀年紀月爾雅釋天大歲在甲曰閼逢月在甲曰畢言古不稱甲而曰閼逢曰畢也因又以配五行淮南天文甲乙寅卯木也因又以配八方淮南天文甲齊又甲戌燕也又後漢馬融傳甲乙相伍注甲乙謂相次也漢書韓彭英盧吳傳贊著于甲令注甲者令篇之次也西京賦北闕甲第注甲言第一也又借爲狎爾雅釋言甲狎也書多方因甲于內亂詩芄蘭能不我甲又爲柙廣雅釋言甲押也聲訓釋名釋天甲孚甲也萬物解孚甲而生也釋形體肩堅也甲闔也與胸脇皆相會闔也以啟爲訓後漢張宗傳中矢貫胛注背上兩髆閒以脇爲之釋名釋兵甲似物有孚甲以自禦也古韻詩芄蘭叶韘甲楚辭國殤叶甲接

洽 **呷** 吸呷也从口甲聲字亦作欱廣雅釋詁二欱息也叚借雙聲連語吳都賦謼諱嗚呷注引說文吸也海賦猶尚呀呷餘波獨湧注波相吞吐之皃

說文通訓定聲　謙部弟四　兲

xiá 柙　yā ⿱穴甲　xiá 狎　yā 閘　xiá 匣　jiā 夾

洽 **柙** 檻也以藏虎兕从木甲聲古文𠙵象形按中者牛角也字亦誤作押論語虎兕出于柙馬注檻也管子小匡遂束縛而柙以予齊注檻也叚借爲匣法言君子蠢迪檢柙注檢柙猶隱括也列子湯問柙而藏之漢書平帝紀義陵寢神衣在柙中注匣也又爲疊漢書息夫躬傳羽檄重迹而押至注言相因而至也音狎習之狎又爲夾廣雅釋詁四押輔也又爲抑今用爲簽押字押抑雙聲

洽 **⿱穴甲** 人𣪠刺穴謂之⿱穴甲从穴甲聲齊民要術說相牛有此字叚借爲厭周成難字⿱穴甲椄也

洽 **狎** 犬可習也从犬甲聲轉注爾雅釋詁狎習也方言十三媟狎也廣雅釋詁三狎輕也禮記曲禮賢者狎而敬之注習也近也檀弓狎則入哭注相習知者左昭二十三傳民狎其野注安習也襄六傳少相狎注親習也晉語陽人未狎君德注習也楚語神狎民則注習也論語雖狎必變孔注素相親狎也又左昭二十傳民狎而翫之注輕也論語狎大人鄭注慣忽也荀子正論今俳優侏儒狎徒詈侮而不鬥者注戲也臣道人不肖而不敬則是狎虎也注輕侮也叚借爲疊左襄二十七傳晉楚狎主諸侯之盟也久矣昭二十一傳不狎鄙注更也舞賦車騎竝狎注謂多而相排也又疊韵連語西京賦披紅葩之狎獵分注重接皃南都賦琢琱狎獵注飾之皃

洽 **閘** 開閉門也从門甲聲字亦作牐今河中壘石左右設版瀦水可以啓閉曰閘門曰閘版曰閘河曰閘官以利漕艘往來即此字

說文通訓定聲　謙部弟四　夲

之轉注

洽 **匣** 匱也从匚甲聲史記刺客傳秦地圖匣索隱亦函也漢書王莽傳廢藏在室匣中者注匱也後漢梁竦傳賜東園畫棺玉匣衣衾注字或以柙爲之

夾二十四名凡夾之派皆衍夾聲 古狎切

洽 **夾** 持也从大挾二人會意與从亦之夾迥別蒼頡篇夾輔也廣雅釋詁三夾近也書多方爾曷不夾介乂我周王梓材懷爲夾釋文近也儀禮既夕圍人夾牽之注在左右曰夾穆天子傳左右夾佩注左右兩佩也釋名釋宮室夾室在堂兩頭故曰夾也叚借爲鋏周禮司弓矢并夾注矢箙也射鳥氏則以并夾取之司農注鍼箭具魏大饗碑衛夾踰鋒又爲郟史記吳世家楚夾敖左襄二十九傳正作郟又爲挾書禹貢夾右碣石釋文帶也莊子說劍韓魏爲夾司馬注把也又託名標識字周禮司弓矢夾弓庾弓考工弓人往體多來體寡謂之夾臾之屬又大司樂夾鍾注一名圜鍾周語二閒夾鍾出四隙之細也又左定十傳公會齊侯于祝其實夾谷公穀作頰按在今山東泰安府萊蕪縣或以祝其之名謂在今江蘇海州贛榆縣或以夾山之名謂在今山東濟南府淄川縣皆非是聲訓淮南天文夾

臿甲夾

jiá 莢　jiá 唊　jiá 鞅　jié 睞　shà 翜　jiā 梜　jiá 郟　qiè 㾜　xiá 俠

鐘者種始莢也白虎通五行二月律謂之夾
鍾何夾者孚甲也言萬物孚甲種類分也

葉 **莢** 艸實也从艸夾聲廣雅釋草豆角謂之莢呂覽審時得時之菽其莢二七以爲族又周禮大司徒其植物宜莢物注薺莢王棘之屬此兼草木言字亦作筴（別義）禮記少儀莢篇注蓍也字从艸月令釁龜筴曲禮筴爲筮儀禮士冠禮筮人執筴字皆从竹（轉注）史記張耳陳餘傳陳王不用其筴索隱謀也（叚借）爲梜字林筴亦著也又爲匧莊子人間世鼓筴播精足以食十人李注小箕也未聞或曰借爲積存參又爲㾜周禮大祝六曰筴祝司農注遠辠疾也又爲刑罰語使書以爲三筴管子海王謹正鹽筴又爲柵莊子達生以臨牢筴又爲策潘尼懷退賦畏鹽車之嚴筴按鞭也莢筴冊一聲之轉

葉 **唊** 妄語也从口夾聲讀若莢漢書表有平州侯王唊注音頰

洽 **鞅** 鞅鞮鞅沙也从革夾聲即鞅韡也韡之缺前璽者字亦作韐廣雅釋器韐靮屧也

葉 **睞** 目旁毛也从目夾聲字亦作睫史記扁倉傳忽忽承睞索隱即睫也漢書賈誼傳陛下不交睫解衣注皆旁毛也列子仲尼而眶而睫釋文曰瞬也（叚借）爲捷爾雅釋鳥鷺注今江東人取以爲睫攡名之曰白鷺縗按接離白帽也編鷺羽爲衣曰白鷺縗（聲訓）釋名釋形體睫插也接也插于眼匡而相接也

說文通訓定聲　謙部弟四　夳

緝洽 **翜** 捷也飛之捷也从羽夾聲讀若濇字亦作㴙爾雅釋詁翜捷也廣雅釋器㴙羽也（叚借）爲俠說文一曰俠也

葉洽 **梜** 檢柙也从木夾聲禮記曲禮羹之有菜者用梜注猶箸也今人或謂箸爲梜提史記龜策傳象箸而羹索隱梜者筋也

洽 **郟** 潁川縣从邑夾聲今河南汝州郟縣左昭元傳城犨櫟郟故楚地也史記秦本紀陳勝將鄧龍居郟（別義）左宣三傳成王定鼎于郟鄏周語晉文公既定襄王於郟水經穀水注郟山名鄏地邑也按今河南河南府洛陽縣西有郟鄏陌周王城地（叚借）爲夾大戴諸侯釁廟郟室割雞于室中注門郟之室一曰東西廂又任伯嗣碑郟河阻山

葉 **㾜** 病息也从疒夾聲按病息猶病閒也息者止也已也休也周禮大祝筴祝以莢爲之錯本說文作病小息也

葉 **俠** 俜也从人夾聲史記游俠傳所謂言必信行必果已諾必誠不愛其軀赴士之阸困千里誦義者也荀悅曰立氣齊作威福結私交以立強于世者謂之游俠史記季布傳爲氣任俠集解甹也漢書注同是非爲俠淮南說山喜武非俠也注輕也（叚借）爲夾漢書叔孫通傳殿下郎中俠陛注與挾同華山亭碑吏卒俠路又爲挾韓非子八說人臣肆意陳欲曰俠按猶要也又爲梜吳都賦俠棟陽路注

jiá 頰　qiè 㥦　xié 挾　qiè 婡　qiè 匧　xié 綊　jiá 蛺　xiān ⿰黃夾

棟相俠也又爲帀韓詩使不俠四方毛作挾傳挾達也又爲愿漢書禮樂志俠嘉夜按快也注美人之稱謂借爲婡亦同又爲佼之誤字呂覽音律安壯養俠注少也又發聲之詞廣雅釋詁三俠斯敗也方言作挾（聲訓）漢書季布傳任俠注俠之言挾也

葉 **頰** 面旁也从頁夾聲籀文从𦣻按當从𦣻釋名釋形體頤或曰頰車亦所以載物也廣雅釋親輔謂之頰按頤曰頰曰酺頤內之牙牀骨曰頰車易咸咸其輔頰舌虞注耳目之間稱輔頰（叚借）爲愿莊子漁父不擇善否兩容頰適按人皆得歡心也或曰借爲狎亦通（聲訓）釋名釋形體頰夾也面旁稱也亦取挾斂食物也

葉 **㥦** 思皃从心夾聲一切經音義十二引說文恐息也

葉 **挾** 俾持也从手夾聲齊語挾其槍刈耨鎛注在掖曰挾管子小匡注右掖曰挾吳語挾經秉枹注在腋曰挾楚辭天問何馮弓挾矢注持也淮南人閒秦皇挾錄圖注銷也按揹也（轉注）莊子齊物論奚旁日月挾宇宙崔本作扶又登樓賦挾清漳之通浦兮注猶帶也（叚借）爲帀詩大明使不挾四方傳達也周禮大司馬挾日而斂之注十日也荀子王霸政令以挾注讀爲浹淮南要略挾日月而不姚注至也又爲頰晉語遇兆挾以銜骨注猶會也按猶口也又爲梜管子弟子職右執挾匕注猶著也又爲插儀禮鄉射禮兼挾乘矢注方持

說文通訓定聲　謙部弟四　夳

弦矢曰挾古文皆作接又爲褱夾之夾爾雅釋言挾藏也晉語亡人之所懷挾嬰壤注持也又爲夾廣雅釋詁四挾護也挾輔也又爲梜之誤字呂覽仲春具挾曲蒙筐注讀曰朕又發聲之詞方言三挾斯敗也南楚凡人貧衣被醜敝或謂之挾斯器物敝亦謂挾斯注猶挾變也又託名幖識字左隱九年挾卒穀梁作俠（聲訓）釋名釋姿容挾夾也在傍也

葉 **婡** 得志婡婡也从女夾聲娎篆說解娎婡也與愿略同（叚借）爲呷說文一曰息也又爲婳說文一曰少气也

葉 **匧** 㭘藏也从匚夾聲文選注引說文笥也凡三見或又从竹儀禮士冠禮同篋注隋方曰篋莊子將爲胠篋探囊發匱之盜史記老莊傳正義篋箱類也莊子天運盛以篋衍釋文本作匧

葉 **綊** 紝綊也从糸夾聲乘輿馬飾傳休奕有乘輿馬賦注不傳

葉 **蛺** 蛺蜨也从虫夾聲按蛺蜨疊韵連語

鹽 **⿰黃夾** 赤黃色从黃夾聲廣韵引埤蒼作⿰黃夾按當从美夾美形近而誤（叚借）爲狎說文一曰輕易人⿰黃夾姁也或曰⿰黃夾姁即班昭女誡視聽陜輸字按陜輸雙聲連語不定之皃恐非許意

葉 **鋏** 可以持冶器鑄鎔者。从金夾聲。讀若漁人莢魚之莢。一曰若挾持之挾。按謜與鉗與鉆略同。蘇俗炊爨之火夾亦其類也。〔別義〕管子問篇衣夾鋏。注：兩刃鈹也。楚辭涉江帶長鋏之陸離兮。注：劍名也。吳都賦毛羣以齒角爲矛鋏。注：刀身劍鋒有長鋏短鋏。按此義疑借爲鈒。又齊策長鋏歸來乎。注：劍把也。莊子說劍韓魏爲夾。釋文：鋏從棱閒刃也。非是。按此義疑借爲挾，劍把手所挾持處，故謂之挾。

洽 **陜** 隘也。从𨸏夾聲。字亦作陿，作峽，作狹。與陝州之陝迥別。漢書地理志武威郡蒼松。注：南山松陜水所出。師古曰：陜，兩山之閒也。松陜，陜名。上林賦赴隘陿之口。注：夾岸閒爲陿。淮南原道仿洋于山峽之旁。注：兩山之閒爲峽。太元增蹪彼峽嶼。注：峽嶼，山足也。漢書趙充國傳四望陿中亡虜。注：山峭而夾水曰陿。楚辭怨思皋隘狹而幽險兮。注：陋也。荀子議兵其生民也陿阸。注：謂秦地險固也。漢書刑法志其生民也陿阸。注：地小也。景帝紀郡國或磽陿。注：謂褊隘也。〔轉注〕禮記樂記狹則思欲。注：謂聲急也。東京賦狹三王之趢起。注：謂陋也。漢金廣延母紀產碑耕殖陜少。又爾雅釋蟲注身陜而長，以脅爲之。

洽 **厥** 辟也。从厂夾聲。按即陜之或體，今系于此。

霽 **瘱** 靜也。从心疾聲。字亦作㾊，誤作嫕，作愿，作嫕。瘱嫕雙聲，嫕尤誤。集韻引廣雅：瘱，審也。漢書外戚傳孝平帝王皇后爲人婉瘱有節操。注：靜也。洞簫賦清靜厭瘱。注：深邃也。神女賦澹清靜其愔嫕兮。注：淑善也。又引韓詩：嫕，悅也。蒼頡篇：嫕，密也。女史箴婉嫕淑慎。注：深邃也。後漢后妃傳梁貴人姊嫕，誤作嫕。〔叚借〕爲㥦。爲屋。太元廓陰氣瘱而念之。按：閉藏也。注：猶協也。則謂借爲協。又爲怯。太元睟測冥駭冒睟中白瘱也。注：隱也，懾也。

霽 **瘞** 幽薶也。从土疾聲。爾雅釋天祭地曰瘞薶。李注：以玉埋地中。釋詁：瘞，微也。釋言：瘞，幽也。詩雲漢上下奠瘞。釋文：埋也。禮記禮運瘞繒宜祝嘏。注：埋牲曰瘞。周禮司巫守瘞。注：謂若祭地祇有埋牲玉者也。又管子侈靡巨瘞培所以使貧民也。注：瘞培，謂壙中埋藏處深培也。〔叚借〕爲瘱。詩燕燕塞淵傳：塞，瘞也。〔聲訓〕爾雅釋天孫注：瘞者，翳也。既祭，翳藏地中也。瘞翳雙聲。

葉 **㥦** 快也。从心匧聲。今字作愜，左形右聲。廣雅釋詁三：㥦，可也。漢書文帝紀未有㥦志。注：快也。又滿也。文賦愜心者貴當。注：猶快也。

㬽五名。凡㬽之派皆衍㬽聲。 土盍切

合 **㬽** 飛盛皃。从羽从冃，會意。字亦作[犭㬽]，作[犭沓]，作[㬽鳥]。廣雅釋詁三：翋，飛也。吳都賦趁趯狉[犭㬽]。梁王菟園賦徐飛狉[犭沓]。玉篇鶨鶍，飛起皃。亦皆疊韵連語。㬽沓眔雙聲。

合 **蹋** 踐也。从足㬽聲。與蹹與踏略同。字亦作踏，作蹦，或作𨄈。廣雅釋詁一：蹋，履也。漢書司馬相如傳糾蓼叫奡蹋以艐路兮。注：下也。齊策六博蹹鞠者。劉向別錄：蹵鞠，黃帝作，蹴即蹵也。按爲毛丸以蹴戲也。景福殿賦注引侯權賦：造彼鞠室。又引七略曰：蹴鞠，兵勢也。又魏大饗碑上索蹹高。一切經音義引字書：蹋，著也。蹋鉤、蹋索、打蹋等皆作此。〔叚借〕雙聲連語。後漢獻帝紀蹋頓。注：匈奴王號。〔聲訓〕釋名釋姿容：蹋，榻也。榻著地也。

合 **鰨** 虛鰨也。从魚㬽聲。按比目魚也。一名鰈。鰈即史記鰈鰨之鰈也。許君謂虛鰨一物，字亦作鰈，作鰜。爾雅釋地東方有比目魚焉，不比不行，其名謂之鰈。釋文本作鰨。列子說符反兩鰈魚而笑。注：眞經本作鰜。按吳都賦雙則比目，片則王餘。後漢邊讓傳注：比目魚一名鰨，一名王餘，非是。〔叚借〕爲鰨。漢書司馬相如傳禺禺鱋鰨。注：郭璞曰：鱋，比目魚也。鰨，鯢魚也。似鮎，有四足，聲如嬰兒。按即人魚也。史記作禺禺鱋魶。是以鱋鰨爲二物。鰨魶雙聲。

合 曷 **闒** 樓上戶也。从門㬽聲。字亦作闟。㬽闟雙聲。廣雅釋室：闒謂之門。詩東方之日在我闥兮。傳：門內也。韓詩：門屏之閒曰闥。西都賦排飛闥而上出。注：門闥也。西京賦上飛闥而仰眺。注：飛闥突出方木也。或曰闥者閤字之或體。漢書霍光傳出入禁闥。高后紀贊不出房闥。樊噲傳排闥直入。後漢張步傳帶劍至宣德闥門。西京賦重閨幽闥。王莽傳斧敬法闥。注皆訓宮中小門。後漢宦者傳注引爾雅：小閨謂之閤。是闥即閤字。或又曰闥即戹字。存參。〔別義〕廣雅釋室：闒，里也。按說文列字次弟亦與閈閭相連。〔叚借〕雙聲連語。楚辭憂苦雜斑駮與闒茸。注：駑頓也。漢書賈誼傳闒茸尊顯兮。注：下材不肖之人也。報任少卿書在闒茸之中。注：猥賤也。又猥劣也。漢書司馬遷傳注：闒，下也。漢書外戚傳悼李夫人賦嫉妒闒茸。注：衆賤之稱也。以闒爲之。或曰闒茸蓋借爲雜宂，或曰借爲狎䁱。存參。〔轉音〕詩東方之日叶月、闥、發。

合 **[言闒]** 嗑也。从言闒聲。與譶略同。

潡灩　剷　貼　潤㨉　俺　唵　熑　䑎　纜　獑　㺀　爁　㶣　埳　鴨　鑷　䞑　鷲

附說文不錄之字

潡灩 海賦、潡灩浹灩、注、相連皃、此疊韵連語、西征賦、靑蕃蔚乎翠潡、注、波際也、

剷 廣雅釋詁二、利也、

貼 玉篇、以物爲質也、

潤㨉 海賦、潤泊柏而迆颺、注、疾皃、射雉賦、㨉降邱以馳敵、注、疾皃、

俺 㑪 方言一、俺、愛也、注、俺㑪、多意氣也、別義、廣雅釋詁二、俺、忘也、

唵 列子周穆王、眠則唵囈呻呼、釋文、寐語也、雙聲連語、

熑 埤蒼、熑、味辛也、字林、熑、熇熱也、

䑎 楚辭怨世、然䑎軻而流滯、

纜 文選謝靈運詩、解纜及流潮、注、維船索也、按、擊字之轉注、

獑 漢書司馬相如傳、獑胡縠蛫、注、似猴、黑身、

㺀 高唐賦、巨石溺溺之㺀㵩兮、注、石在水中出沒皃、上林賦、㺀㵩霣隊、西征賦、㺀㵩驚波、閒居賦、游鱗㺀㵩、按、雙聲連語、猶㺀噬也、字林、㺀㵩、水聲也、叚借爲鑱、長笛賦、碓投㺀穴、注、兩說皆非、

爁 廣雅釋詁三、爁、爦也、

㶣 字林、㶣、餘聚也、

埳 吳都賦、埳壏鱗接、注、枝柯相重疊皃、疊韵連語、

鴨 鳧 新附、鴨、鶩也、俗謂之鴨、字亦作鳧、一切經音義、鴨、古文鴟、

鑷 通俗文、拔減髮謂之鑷、釋名釋首飾、鑷、攝也、攝取髮也、此亦疑卽鋏字之轉注、

䞑 爾雅釋獸、䞑、白虎、

鷲 廣雅釋鳥、鷲、鴨也、

姏　褔　瘺　黹　䉌　臉　臢　貼　鷭　艬　蘝　舭　籖　菴　撿　綸　瞼　棔　瓢　檗

姏 晉書音義、姏、老女稱、

褔 廣雅釋器、褔、袖也、

瘺 廣雅釋詁一、瘺、創也、

黹 廣雅釋器、黹、巾也、

䉌 廣雅釋器、䉌、杏也、

臉 埤蒼、臉、䏶也、廣雅釋器、臉、䏶也、䏶、古文熱字、見古孝經、玉篇、臉、羹也、今以爲臉面字、

臢 貼 廣雅釋詁一、臢、美也、玉篇、臢、美也、

貼 廣雅釋詁一、貼、美也、玉篇、貼、太美也、

鷭 海外西經、鷭鳥鵸鳥所經國亡、注、卽今梟鵂鶹之類、

艬 廣雅釋水、艬、舟也、

蘝 廣雅釋器、蘝、被也、埤蒼、船䑼、亦名舭、

舭 字林、籖、竹有毛、

籖 廣雅釋詁三、菴、蹇也、

菴 爾雅釋畜、羊三𡭝、撿、

撿 方言五、槌、縣薄柱也、槌之橫者謂之㰦、所以縣㰦謂之綸、亦謂之𦃃、廣雅釋器、綸、索也、

綸 字略、瞼、眼外皮也、說文新附、瞼、目上下瞼也、

瞼 廣雅釋木、棔、棯也、

棔 廣雅釋草、瓢、𤓰也、其子謂之瓢、

瓢 廣雅釋器、檗、糟也、

檗

䶫　菱　傔　賺　甉　䅖　錌　餣　榻

䶫　通俗文市買先入物曰䶫

菱　廣雅釋詁二菱廢也

傔　說文新附傔從也假借爲慊爲歉呂覽知士苟可以傔劑貌辨者注足也

賺（賺）　廣雅釋詁三賺賣也說文新附重賣也錯也字亦作賺

甉　埤蒼甉乾屋瓦也

䅖　廣雅釋地䅖種也

錌　廣雅釋詁二錌椎也

餣　方言十三餌或謂之餣

榻　釋名釋牀帳人所坐臥曰牀長狹而卑曰榻言其榻然近地也通俗文牀三尺五曰榻廣雅釋器榻枰也假借爲蹋釋名釋牀帳榻登施之承大牀前小榻上登以上牀也

説文通訓定聲　謙部弟四附錄　七十七

毷　磼　傞　𢿏　蠄蛤　㓝　塌　茦　䱙　䅕

毷　通俗文織毛蓐曰氍毹細者謂之毷毷按雙聲連語埤蒼毷毷毛席也

磼（嶪）　史記司馬相如傳嵳峩磼礏隱高兒也疊韵連語字亦作嶪

傞　廣雅釋詁三傞惡也

𢿏　字林𢿏跂起也

蠄蛤　廣雅釋蟲蠄蛤蝆也

㓝（凮）　列子周穆王㓝爲右釋文石經作凮

塌　廣雅釋詁二塌墮也今俗曰坍塌

茦　爾雅釋草茦小葉疑郎茦字之誤

䱙　史記貨殖傳䱙千石集解䱙魚也漢書貨殖傳䱙鮑千鈞注䱙魚也即今不著鹽而乾者也

䅕　廣雅釋詁四䅕䅕也

鑯　眨　浹渫　鉀　凹容　庘　𢘏　䱜　嚛　㓥

鑯（鑴）　周禮職方氏注錫鑯也爾雅釋器錫謂之釠注曰鑯字亦作鑴

眨（睞）　通俗文一目曰眨目數開閉也字亦作睞葛洪字苑

浹渫　字林浹渫謂冰凍相著也疊韵連語

鉀　方言九凡箭其小而長中穿二孔者謂之鉀鑪注今箭鉀鑿空兩邊者也

凹容　蒼頡篇容墊下也

庘　通俗文物欲壞曰庘廬

𢘏　廣雅釋器䙙𢘏謂之𢘏王篇𢘏面衣也

䱜　笙賦䱜鰈參差注裝飾重疊兒按疊韵連語

嚛　方言十譈極吃也注今江東又名吃爲嚛

㓥　方言六㓥續也秦晉繩索謂之㓥

説文通訓定聲　謙部弟四附錄　七十八

說文通訓定聲目

頤部弟五（分部草轉字小篆篆）

之　芝　寺　翓（翊）　欪（嗤歖咍欸吹）
蚩　事（叓）　市　特（犆）　峙（跱峙）
待　詩（詍）　等　榯（㮹𣗥）　邿
時（旹𣆶）　痔　侍　庤　恃
洔　持　畤　歭（傳）　澌
偫　蒔　塒　止（趾杫）　祉
徙（沚屣）　齒（𦥒）　沚　阯（址）　韆（蹝屣踕跱）
簁（䈢簛）　甾　畀　緇（綦）　璂（基琪）

說文通訓定聲　頤部弟五目　一

綦（基）　子（孳𡥈）　芓（字）　萁　孜
李（杍）　秄（耔）　字（牸）　仔　疑
薿　譺　譺　癡（痴）　儗
嶷　礙（硋閡）　凝　擬　司（伺覗）
祠　嗣（孠）　笥　詞（䛐）　辭（嗣）
辤（辞）　絲　茲　噝　鷀
慈　滋　孳（㜽）　思（䰄）　諰（葸愢）
鰓（䚡顋）　偲（愢）　緦（罳）　史　吏
駛（駛駛）　使　士　仕　𡈼（胏）
巳　祀（禩）　攺　汜　巸

戺（戹祀）　圯　熙　嫛　㠯（吕以）
苡（苢）　似（佀姒娌侶）　梠（梩耜）　矣　台
能　异　攺　枱（鈶辝耛）　枲（𦐏㔺）
治　怠　怡　始　笞
飴（𩚬餎）　齝（齥呞𪘏）　眙　瓵（㼛甌）　佁
胎　殆　駘（跆）　詒（貽蛤）　邰
炱（娭）　鮐　紿　冶　菭（苔）
箈（箈）　隸（迨）　挨（捩）　埃　俟
涘　䛓（詚）　䂑（俟）　誒　騃
娭（嬉）　唉　欸　䐢　態（能）

說文通訓定聲　頤部弟五目　二

己（己）　紀　芑（芅杞）　起（记）　記
杞　邔　屺（峐）　忌（鵋）　𢀳
改　圮（酡）　跽（踑䠊）　誋　𥑞（跂㞦）
醫（毉）　臣（頤𦣝）　珆　苣（茳）　笸
宧　狖　洍　姬　異
趩　冀　廙　廙　潩
瀷　冀（翼）　匿　驥（蘼）　趩
意（億鷾）　噫（餩譩譓）　㦲　識（誌幟痣）　志（娡恙）
樴（膱）　熾（戠）　職（膱䞍織）　織（絉纔蟙）　啚
憙（意）　薏（蓄）　檍　檍　漞（澺㦤）

億(億)　喜(歖)　僖　憙(憘)　歖
禧　譆(嘻)　饎(餌糦饎)　瞦　熹(熺)
丌　䢒　其(箕𠀠𠔾囟 其匚)　祺(禥)　萁(惎)
朞　諆　棊　旗　期(𣅀朞)
稘　欺(䳢)　𩑶(魌倛)　騏(驥)　麒
惎　淇　䱈　娸　基
僛　而　荋　胹(𦛱𦜋)　栭(檽)
麺　洏　鮞　輀(轜輭)　耏(耐)
恧(愐恧聏聑 腼)　耳　珥　餌(鬻咡誀)　刵(鉺聃)
佴　耻　㚷　弭(㢻)　䴡
㣼　𣳚　𠩺(犛)　犛　斄
犛　氂(𨤅)　漦　釐　剺(劙剓)
里　理　董　𧻗　𨛦
俚　裏　貍(狸)　悝(詼)　鯉
薶(埋)　霾　啚(啚)　鄙　佩(珮)
𤰇(备)　犕　糒　備(俻)　憊(痡僃)
才　𧺆　𩚗　𤕷　材
財　𦍒(鐵)　豺(犲)　𢦏　在(𢦒)
哉(𢧵)　戴(𢦔)　𢦶　栽　𢧢
裁　𢦏(𣛴𤆖)　𢧵(𣬛)　載　𢧵

𣳚(烖𢦔)　茬(茌)　宰　䔂(縡)　滓(淄)
𦗃　梓(梓)　巛　菑(甾䔩菑緇 椔)　錙
輜　緇(紂)　再　洅　采(採寀埰彩 綵倸)
菜　倸　臺　嬯(儓)　來(倈逨鶆棶)
𥟖　萊(䓶)　䅘(麳𪎭麳)　睞
賚　䚄(𩓥)　騋　淶　勑(倈)
亥　㤥(欬逐痎)　毒　亥(豥)　豥
荄　咳(孩)　該(絯)　毅　胲
骸　刻(剾)　核(槅槅)　郂　晐(晐絯)
痎　侅　欬　頦(頤)　駭(駴)
㤥　閡　垓(晐絯𡚁)　劾(刻)　陔
戒　祴　誡(哦)　械(械)　悈
龜(䶰)　𪚧　丠(𠀉蚯)　邱　裘(求)
牛　郵　又　右(佑)　有
疚(疚疛)　尤　祐　珛(王)　𧺮
𥁋(盍)　囿(𡇵)　賄(䀁)　郁　宥
痏　洧　鮪　姷(侑媶)　絠
蛕(蚘蛔)　𧌎　醢(藍)　蘬　訧
肬(䏗)　頄　怮　沋　友(㕛𦫳)
久　玖(玘)　羑　灸(疚)　灸

效 柩(匶匛) 羑(誘䛻䜆) 某(槑楳) 禖
謀(𢘎謩) 腜 㥌 媒 母
苺(莓) 每 鴓(鵡) 拇(挴𢬍) 坶(垪)
誨 敏 䚄 脢(脄) 梅(楳䆀)
晦 䍙 侮(㑄) 悔(痗悔) 海
娒(𡜊) 畮(畝畞䱷) 鋂 婦 負(偩蝜蝂)
萯 不(䳊鴀) 丕(平) 芣 否
肧(胚) 蚽 咅(㕻咅) 䫜 紑
坏(坯岯阫) 邳 秠 伓 駓(䮆駍)
魾 䛘(𦈡) 音(歐恒) 桮(㔲杯柸) 焙(胚)
咅(罘) 䛘 婄(㛂) 菩(蓓蔀𦳝蒟) 䞳
踣(仆) 脴 剖 箁 棓(棒榜)
部 倍 䯱(髩) 涪 掊(刨抔捊)
瓿 䋊 䋊 培 陪
醅 篰(焙簿) 北 背(偝) 邶(鄁)
麥 皕 赩(赩䞑) 盡 㝵
得 𦬕(華桲捊) 誖 勃 𡕩
𢦏(戟) 丮(撠) 㡿 棘(蕀𣗥) 僰
襋(䩯) 亟 𩋁 殛 極
㥛 匿(惼慝) 𠥍(眤) 肊(臆) 弋(翋芅)

說文通訓定聲 頤部第五目 五

隿(鳶𢦔) 式(栻) 杙 貣 代
忒 忒 㚤 䣫(黓) 貸
岱 蟘(蟘蝏岱) 試 𥝐 侙
軾 黑 默(嘿嚜) 嫼 纆(縲)
墨(縲) 嗇(番) 薔(䕼) 穡 𣢾
濇(澀澁) 轖 𡫳 𡨄(賽) 塞
簺 色(𦫳) 息(熄) 㮩 鄎
瘜(腮) 熄 悉(恖) 䊝 僁(偞蟋)
則(𠟭劓𠞶) 萴 側 廁(厠) 惻
測 鰂(鯽鯯) 𡋫(耿) 賊 夨
仄(庂) 昃(吳) 畟(謖) 㮨(椶) 稷
敕(勅憌) 茍(萴) 直(𣅝) 殖(膱殖) 植(樴)
稙 置(罭) 值 悳 淔
埴(樴) 德 食 飤(飼) 飾(拭)
餙(飾) 飭 鴭 力(仂) 協
勒(蘛) 肋 朸 扐(芀) 阞
墊(功) 泐 克(亨㓂) 勊(剋尅) 或(域緎)
緎 棫 國 𤸃 𣢫
䵝(緎綺罭) 惑(惐) 淢 𢦪(戜) 閾(閬)
聝(聝) 蜮(魊蟈) 槶(膕蟈幗) 㨒(𩃎) 𠬝

說文通訓定聲 頤部第五目 六

服舩鵩 菔蔔 箙 伏 絥茯犕鞁鞴囊

踾 琿 畐偪逼湢 福 葍蔔

蕌 副疈髴 楅 [illegible] 䵗

富 幅褔 匐趺 愊 蝠

堛 輻 稪䴸煏僃焙 牧

右文字六百一十四名、旁注四百三十字、附存七十五字、

zhī 之

說文通訓定聲

吳郡朱駿聲豐芑甫紀錄
新安朱鏡蓉伯和甫參訂

頤部第五 凡八十七部

之二十八名凡之之派皆衍之聲止而切

支 **之** 𡳿 出也象艸過屮枝莖益大有所之一者地也指事與生屯毛韭同意孔子弟子公祖茲字子之轉注爾雅釋詁之往也小爾雅廣詁之適也詩碩鼠誰之永號桑柔既之陰女禮記檀弓之死而致生之箋註皆訓往禮記大學人之其所親愛而辟焉注適也詩柏舟之死矢靡他箋至也孟子則六師移之注之就之也公羊宣六傳子之乘矣注之乘即上車也又齊策之其所短注猶用也按出也又考工梓人作其鱗之而注之而頰頷也按鬣上出者曰之須下垂者曰而皆象形禮記內則芝栭蔆椇庾蔚注無華葉而生者曰芝栭按仰曰之覆曰而也魯靈光殿賦芝栭欑羅以戢舂注芝栭山節按即爾雅之閞栭以其上抗梁處言曰閞曰之以其下着欂櫨處言曰而總謂斗拱一物也字皆以芝爲之假借爲是詩桃夭之子于歸伯兮之子無裳羔裘彼其之子伐柯我覯之子采綠之子于狩爾雅釋訓之子者是子也詩日月乃如之人兮箋是人也蓼莪欲報之德箋猶是也管子山權數之龜爲無貲注是也之是雙聲又爲諸詩伐檀置之河之側兮漢書地理志作諸孟子封之有庳後漢袁紹傳注作諸之諸雙聲又助語之辭爾雅釋詁之言間也禮記射義公罔之裘注發聲也左僖廿四傳介之推注語助也呂覽作介子推論語孟之反莊子作孟子反古韻詩載馳叶尤思之園有桃叶哉其之思巷伯叶丘詩之易蹇叶待尤之无妄叶志富哉之試裁益叶事來之志辭來草叶之志左哀五傳叶埋謀之楚辭惜誦叶肱之又叶持之惜往日叶時疑咍之又叶否欺思之又叶尤之莊子庚桑楚叶之灰來灾轉音鶡冠子世兵叶游鄭慈囚之舟按讀如周也

zhī 芝

支 **芝** 𦱤 神艸也从艸从之會意之亦聲楚辭山鬼采三秀兮于山閒注三秀芝草也謬諫拔搴元芝兮注神草也漢書司馬相如傳咀噍芝英兮嘰瓊華注草蒻也王充論衡土氣和則芝草生一年三花按漢武元封中甘泉宮產靈芝九莖作芝房歌宣帝元康中合德殿產金芝九莖色如金明帝永平中芝生殿前桓帝時芝生黃藏府尙書大傳云王者德先地序則芝草生符瑞之應或有之矣然經典所未聞也假借爲之爾雅釋草淔灌苬芝聲類淔灌苬芝也郭注淔灌未詳苬芝一歲三華瑞草按此即禮記內則之芝栭庾氏注無華葉而生者曰芝栭賀氏注芝木椹也盧植注芝木芝也後漢馬融傳芝荋蓳荁注草也亦即說文之蕈桑䓴也生于木者下文中植菌列子湯問朽壤之上有菌芝此生于土者菌芝菌之大名苬者菌之壞字郭分淔灌苬芝爲各物是也其釋芝爲瑞草非也又思元賦左青琱以揵芝兮注小蓋也蔡邕獨斷三蓋車名耕根車一名芝車親耕耤田乘之按芝如蓋故名古韻漢桓譚仙賦叶臺芝轉音漢楊雄甘泉賦叶芝蚩焦贛易林蠱之巽叶芝裘尻後漢班固郊祀靈芝歌叶芝圖都按讀如諸也

sì 寺

寘 **寺** 𡬝 廷也有法度者也从寸之聲三蒼寺官舍也廣雅釋室寺官也按朝中官曹所止理事之處漢書元帝紀城郭官寺注凡府庭所在皆謂之寺何竝傳令騎奴還至寺門注諸官曹之所通呼爲寺轉注漢明帝遣使西域求佛書時白馬馱經來止于鴻臚寺因于城外置精舍以處西人即號曰白馬寺名實紊矣假借爲侍易說卦艮爲閽寺釋文本作閽詩車鄰寺人之令傳內小臣也瞻卬時維婦寺傳近也周禮序官寺人注寺之言侍也禮記內則閽寺守之注掌內人之禁令者也左成十七傳寺人孟張注奄士也僖二傳齊寺人貂注內奄官聲訓釋名釋宮室寺嗣也治事者相嗣續于其內也風俗通寺司也諸官府所止皆曰寺一切經音義引廣雅寺治也古韻詩瞻卬叶誨寺

chī 𦐖

支 **𦐖** 𦐖 飛盛貌从羽之聲鍇本羽盛皃字亦作翅

xī 欪

支 **欪** 𣢑 戲笑貌从欠之聲按戲笑聲字亦作嗤作歖作咍作㰻文賦或受欪于拙目今本誤作吹後漢隗囂傳論豈多嗤乎注笑也阮籍詠懷詩嗤嗤今自蚩以蚩爲之又廣雅釋詁一咍笑也楚辭惜誦又眾兆之所咍注楚人謂相啁笑曰咍吳都賦東吳王孫囅然而咍又玉篇㰻笑不壞顏也按所謂冷笑

chī 蚩

支 **蚩** 𧉈 蚩蟲也从虫之聲假借爲蚩蒼頡篇蚩笑也又侮也廣雅釋詁三蚩輕也小爾雅廣言蚩戲也阮籍詩嗤嗤今自蚩注嗤同又爲癡釋名釋姿容蚩癡也聲類蚩騃也後漢劉盆子傳兒大黠宗室無蚩者注癡也又方言十二蚩悖也注謂悖惑也廣雅釋詁三蚩亂也法言重黎六國蚩蚩後漢袁紹傳注蚩悖也西京賦蚩眩邊鄙注侮也又爲醜或爲媸後漢趙壹傳孰知辨其蚩妍蚩醜雙聲又託名標識字書呂刑蚩尤惟始作亂馬注少昊之末九黎君名大荒東經應龍處南極殺蚩尤與夸父注蚩尤作兵者大戴記用兵蚩尤庶人之貪者也注或云古之諸侯妄耳按鄭注呂刑蚩尤霸天下黃帝所伐者學蚩尤爲此者九黎之君在少昊之代也是黃帝擒于涿鹿者一蚩尤九黎之君又一蚩尤如堯時有羿夏時亦有羿蚩尤造兵羿善射慕此者相襲爲名古人往往有之戴記言蚩尤惛慾而無厭者

shì 事

也蓋以癡之尤異者爲訓庶人猶衆人非斥其諸侯之號也又按蚩尤亦疊韻連語又重言形況字詩氓之蚩蚩傳敦厚之貌古韻詩氓叶蚩絲謀淇丘期媒

寘

事 職也从史之省聲古文之聲不省爾雅釋詁事勤也小爾雅廣詁事力也左昭廿五傳爲政事庸力行務注在君爲政在臣爲事禮記樂記事蚤濟也注猶爲也老子治人事天注用也荀子王霸事至佚而功注任也秦策陘山之事注役也周書周祝加諸事則萬物服注業也又易繫辭通變之謂事荀子正名正利而爲謂之事書洪範敬用五事左文七傳正德利用厚生謂之三事詩十月之交擇三有事傳有司國之三卿雨無正三事大夫箋三公也周禮司書九正九事注謂九式也管子立政五事五經也周禮倉人凡國之大事注謂喪戎禮記禮器故作大事疏謂祭祀月令凡舉大事注謂興土功又周禮太宰注任猶傳也釋名釋言語事傳也傳立也青徐人言立曰傳按傳者敓字假借爲洔周禮酒正一曰事酒禮記郊特牲注事酒今之醳酒按新成之酒水暫益且止未減也又爲數漢書蒯通傳不敢事刃于公之腹者注李奇曰東方人以物臿地中爲事師古曰周官考工記字作菑又爲植禮記郊特牲信事人也注猶立也仲尼燕居雖在畎畝之中事之聖人已注事之謂立置於位也又爲祀周禮宮正凡邦之事蹕注祭事也聲訓魯語備承事也注

使也秦策今予聽吾計事注治也詩卷耳傳采采事采之也鄭志云事謂事事一一用意之事古韻詩采蘩叶沚事北山叶杞子事母大田叶戒事緜叶止右里畝事抑叶子否事耳崧高叶事式瞻卬叶忒背極慝倍識事織書洪範叶事紀極德疑福極易乾叶事試治裁遟叶裁志德事否疑益叶事來之志之辭來豐叶裁志事蠱叶治事升叶志喜疑事富禮記月令叶市賄事楚辭九辨叶思事意異管子心術叶事紀理始又叶事力翼則德極四稱叶事富克悔又叶食事士四時叶時事七臣七主叶疑事植孫武子九地叶事謀識又叶使事期文子自然叶事表理喜以已九守叶辭事喜極荀子箴賦叶來事韓非子揚權叶能事呂覽君守叶事能知度叶事喜能鬼谷子反應叶事司損兌叶德事史記始皇禪梁父辭叶飭服極德式革治誨志事嗣戒每三句爲韻琅邪臺頌叶始紀子理士海事富志字載意轉音老子歸元叶事救老子養身叶事教辭太元務叶務事周書周祝叶事詐

shì 市

紙

市 買賣所之也市有垣从冂从乁乁古文及象物相及也之省聲市古者神農作市或曰祝融也管子乘馬市者貨之準也周禮司市大市日昃而市百族爲主朝市朝時而市商賈爲主夕市夕時而市販夫販婦爲主公羊宣十五傳注因井田以爲市故俗語曰市井又論語肆之市朝史記孟嘗君傳過市朝者索隱市之行位有如朝列因言市朝耳轉注廣雅釋詁三市買也齊語市賤鬻貴注取也趣

tè 特

語又身與之市注利也秦策王不如留之以市地注求也史記項羽紀以市于齊索隱猶要也假借託名幖識字史記天官書房爲府曰天駟東北曲十二星曰旗旗中四星曰天市中六星曰市樓按即下元天市垣在房宿北旗即謂左垣正義以河鼓之左右旗當之非是市樓西人名肆樓聲訓管子問市者天地之財具也風俗通市恃也養贍老少恃以不匱也古韻禮記月令仲秋叶市賄事楚辭天問叶市始荀子非相叶子治士起友市始周書允文叶記在賄里吏士市恥喜在子母轉音素問刺禁論叶右裏使市母咎疏五過論叶道葆口起咎理市愈得海晦

職

特 朴特牛父也从牛寺聲按朴特雙聲連語如曰犆特也太平御覽引說文作犆特廣雅釋獸牡犆特牸雄也許書無牸字即朴特之朴也急就篇㺿犗特犗羔犢駒字亦作犆周禮校人凡馬特居四之一按猶騰也亦以稱馬轉注方言六物無耦曰特廣雅釋詁三特獨也詩柏舟實維我特此謂未娶之男陽必耦陰故傳轉而訓匹韓詩作直相當值也則謂借爲值我行其野求爾新特傳外昏也此謂未嫁之女又虞書歸格于藝祖用特傳一牛也儀禮士昏禮其實特豚注猶一也晉語予爲我具特羊之饗注一也楚語大夫舉以特牲注豕也又爾雅釋水士特舟李注一舟也儀禮大射儀特升飲注猶獨也周禮司士孤卿特揖注一一指之也小胥士犆縣按一面也

禮記少儀不犆弔注不敢故煩動也王制天子犆礿注猶一也荀子大畧惟各特意哉注謂人人殊意也秦策我特以三國城從之注獨也莊子逍遙遊而彭祖乃以久特聞崔本作待誤字假借爲飾禮記玉藻君羔幦豹犆注謂緣也又託名幖識字爾雅釋獸豕生一特又廣雅釋獸獸四歲爲特詩伐檀胡瞻爾庭有縣特分傳獸三歲曰特又發聲之詞漢書賈誼傳而大臣特以簿書不報期會之閒以爲大故注徒也莊子齊物論而特不得其眹崔注辭也呂覽適音非特以歡耳目注但也子虛賦蓋特其小小者耳注獨也諸書亦或以直爲之或以地以第以但以直以徒以獨爲之皆一聲之轉又爲持之誤字莊子齊物論何其無特操與釋文本作持崔注辭也失之聲訓荀子勸學安特將學雜識志順詩書而已耳注猶言直也呂覽分職豈特宮室哉注猶直也古韻詩柏舟叶側特慝伐檀叶輻側直億特食我行其野叶葍特富異

chí 峙

支

峙 峙踞也从止寺聲按峙踞雙聲連語不前也亦作踟躕詩靜女搔首踟躕亦作躊躇韓詩搔首躊躇亦作踶蹢禮記三年問蹢躅焉踶蹢焉亦作跢跦嘯賦跢跦步趾皆裴回不去之貌本訓峙止也字亦作跱作峙廣雅釋詁三跱止也字林跱踞也西京賦聚似京峙注水中有土曰峙又通天訬以竦峙注住也射雉賦擢身竦峙注立也後漢鄭太傳將各基峙以觀成敗注止也假借爲庤爾雅釋詁

dài 待　shī 詩　děng 等

峙具也。書費誓峙乃糗糧，傳：儲峙。女糗糒之糧。後漢章帝紀無得設儲峙，注：具也。又雙聲連語。長笛賦：乍峙躕以狼戾。注：言其聲峙立如有所踟躕也。傳會本字本義非是。魯靈光殿賦：西廂踟躕以閑宴。張注：連閣傍小室也。失之。【聲訓】西京賦：峙遊極于浮柱。注：猶置也。

賄

待 竢也。从彳，寺聲。廣雅釋詁三：待，逗也。易歸妹：有待而行也。左隱元傳：子姑待之。莊子漁父：竊待于下風。【轉注】史記天官書：不待告。注：須也。又晉語：厚戒箴國以待之。注：備也。其誰能待之。注：猶假也。楚語：其獨何力以待之。注：猶禦也。【假借】爲庤。穆天子傳：乃命邢侯待攻玉者。注：留之也。周禮外府：而待邦之用。注：猶給也。齊策：將何以待之。注：猶共也。又爲持。儀禮公食禮：左人待載。注：古文爲持。又爲侍。禮記雜記：上待猶君也。注：或爲侍。又爲恃。呂覽無義：不窮矣待。注：恃也。【聲訓】周語：其何以待之。注：猶備也。管子大匡：君必不能待也。注：猶擬也。【古韻】易蹇叶待尤之。離騷叶待期。文子自然叶久宰始待。荀子成相叶志富待思。莊子天運叶首起待。

支

詩 志也。从言，寺聲。古文从言之聲。魯語：詩所以合意，歌所以詠詩也。周禮大師：教六詩：曰風，曰賦，曰比，曰興，曰雅，曰頌。毛詩序：在心爲志，發言爲詩。二言如鱨鯊，三言如螽斯羽，五言如父曰嗟予子，六言如行役夙夜無已，七言如以燕樂嘉賓之心，八言如我不敢做我友自逸。鄭氏六藝論：詩，弦歌諷喻之聲也。洪範五行傳：言之不從，是謂不艾，厥極憂，時則有詩妖。【假借】爲邿。公羊襄十三年

取詩。魯附庸國也。又爲侍，或爲持。儀禮特牲禮：詩懷之。注：猶承也。禮記內則：詩負之。注：詩之言承也。承詩亦雙聲。又爲謂之誤字。禮記祭義：文王之詩也。家語哀公問政：正作謂。又爲誅之誤字。荀子王制：脩憲命審詩商。注：詩商當爲誅賞。朱之亦雙聲。【聲訓】詩大序：詩者志之所之也。禮記樂記：詩言其志也。春秋說題辭：在事爲詩，未發爲謀。故詩之爲言志也。詩含神霧：詩者持也。荀子勸學：詩者中聲之所止也。管子山權數：詩者所以記物也。賈子道德說：詩者志德之理而明其指，令人緣之以自成也。梁簡文說：詩者思也，辭也，在辭爲詩。廣雅釋言：詩，意也。【古韻】詩巷伯叶丘詩之。

迥

等 齊簡也。从竹，从寺，會意。寺，官曹之等平也。按：寺者簡冊雜積之地，寺亦聲。廣雅釋詁四：等，齊也。【轉注】周禮大宗伯：以等邦國。注：猶齊等也。司勳：以等其功。注：猶差也。禮記樂記：然後立之樂等。注：差也。禮義立則貴賤等矣。注：階級也。左文十五傳：示有等威。注：威儀之等差。荀子富國：等賦府庫者，貨之流也。注：以差等制賦。又易繫辭：爻有等。注：類也。干注：羣也。又廣雅釋詁一：等，輩也。大戴少閒：同名同食曰同等。史記晉侯世家：皆陛下故等夷。索隱：言等輩也。又呂覽召類：土階三等。注：級也。又淮南主術：與無法等。注：同也。又周禮司儀：時揖異姓。按：平也，以時爲之。左昭元傳：子與子家持之。按：平也，以持爲之。【假借】發聲之詞。後漢禰衡傳：死公云等道。注：等道猶今言何勿語也。

zhé 持　shī 邿　shí 時

又借爲待。今俗謂候伺爲等，此古之遺語也。【聲訓】匡謬正俗六：等，本音都在反，又轉音丁兒反。【古韻】管子侈靡叶使等。

陌

持 槌也。从木，特省聲。按：特从寺聲，則持亦从寺聲，字亦作榯，作㰖。方言五：槌，齊謂之样，其横，關西曰㯰，齊部謂之持。呂覽季春注：栚，持也。關東謂之持，三輔謂之栚。與方言同。說文槌篆說解：關東謂之槌，關西謂之持。栚篆云：槌之横者也。按：許君是也。持者，峙也。峙者，豎也。崔寔四民月令：清明節，令蠶妾具槌持箔籠。禮記月令：具曲植籧筐。注：植，槌也。以植爲之。【假借】爲峙。高唐賦：㮚兮若松榯。注：直竪貌。【古韻】高唐賦叶樹姬思旗。

支

邿 附庸國，在東平亢父邿亭。从邑，寺聲。左襄十三年經：取邿。注：小國也。任城亢父縣有邿亭。按：魯附庸，在今山東兗州府濟寧州東南。後漢劉隆封邿侯。

支

時 四時也。从日，寺聲。古文从日之聲。左閔二傳：時，事之徵也。管子山權數：時者所以記歲也。淮南天文：四時者，天之吏也。爾雅釋天：四時和謂之玉燭。注：道光照也。又四時和爲通正。注：道平暢也。按此節尸子以爲太平祥風。書堯典：敬授人時。馬注：羲和四子掌四時。無極山碑：給四時祠具。字作古文。左桓六傳：謂其三時不害。注：春夏秋也。孟子篇敘：三時者成歲之要時。又孟子：天時不如地

利。注：謂時日支干五行王相孤虛之屬也。【轉注】韻會：時，辰也。十二時也。儀禮既夕記：禪侯時而酌。注：朝夕也。周禮閽人：以時啟閉。注：漏盡。太元元數：時數辭違。注：謂旦中夕也。又禮記學記：當其可之謂時。又詩賓之初筵：以奏爾時。傳：中者也。箋：謂心所尊者也。又廣雅釋詁一：時，善也。詩頍弁：爾殽既時。傳：善也。儀禮士冠禮：嘉薦亶時。按：亦善也。爾雅釋獸：時，善乘領。按：時善雙聲字，獸名連語也。又孟子：彼一時，此一時也。北征賦：時會之變化兮。注：亦世也。【假借】爲是。爾雅釋詁：時，是也。書堯典：黎民於變時雍。傳：是也。詩駟驖：奉時辰牡。傳：是也。敬之：佛時仔肩。箋：是也。考工㮚氏：時文思索。儀禮士冠禮：孝友時格。禮記內則：共帥時。注：皆訓是。論語：時哉時哉。虞贊注：時者是也。時是雙聲。又爲司。廣雅釋言：時，伺也。論語：孔子時其亡也。疏：伺虎不在家。莊子齊物論：見卵而求時夜。司馬注：司夜謂雞也。又爲等。周禮司儀：時揖異姓。注：平推手也。又爲待。易歸妹：遲歸有時。象傳：正作有待。又爲蒔。虞書：播時百穀。鄭注：讀曰蒔。又爲峙。爾雅釋宮：室中謂之時。按：即曲禮：室中不翔意也。又爲戹。爾雅釋宮：樞達北方謂之落時，落時謂之戹。按：時即戹，落者絡也，連語。又託名幖識字。周禮職方氏：幽州其浸菑時。注：出般陽。按：出今山東濟南府淄川縣。水經注：時水出齊城西南二十五里。澠水逕博昌南界入時。左莊九年：及齊戰于乾時。注：齊地。時水在樂安縣界，歧流，旱則竭涸，故曰乾時。字或變作溡。又爾雅釋木：時英梅。按：即說文之枖梅也。木材非酸果之梅。注：雀梅，失之。南

chí 持　zhǐ 涛　shì 恃　zhì 庤　shì 侍　zhì 痔

都賦枎栭檍櫨注未詳疑即相之次者也【聲訓】漢書律厤志時所以記啟閉也釋名釋天時期也物之生死各應節期而止也白虎通四時時者期也陰陽消息之期也又詩文王帝命不時傳不時時也【古韻】詩十月之交叶時謀萊矣魚麗叶有時賓之初筵叶能又時文王叶時右生民叶時祀悔既醉叶時子緜叶膴飴謀龜時茲易既濟叶憊疑時來久雜卦傳叶時災來怠離騷叶時態楚辭惜往日叶時疑哈治之越語叶時災志管子四時叶時事家語辨樂叶時財周書文傳叶胎材時鶡冠子世兵叶財燾時疑釋音詩蕩叶時舊靈樞師傳叶流幽時按讀如收也

紙 **痔** 後病也从疒寺聲素問生氣通天論腸澼爲痔莊子人閒世與人有痔病者司馬注隱創也登徒子好色賦又疥且痔【聲訓】釋名釋疾病痔食也蟲食之也

寘 **侍** 承也从人寺聲廣雅釋詁三侍近也蒼頡篇侍從也孝經曾子侍鄭注卑在尊者之側爲侍也後漢邳彤傳侍中注有左右曹入侍天子故曰侍中獻帝紀注左蟬右貂本秦丞相史往來殿中故曰侍中朱穆傳中常侍注秦官也又左昭廿五傳使侍人僚柤告公匡謬正俗侍人者謂當時侍備于君不限內外猶言侍者耳經傳多以寺爲之又呂覽異用以養疾侍老也注亦養也【假借】爲待儀禮士昏禮媵侍于戶外注今文作待荀子正論五祀執薦者百人侍西房又爲司察之司禮記喪大記大胥侍之注猶臨也又爲恃老子河上本爲而不恃【聲訓】廣雅釋詁一侍使也釋名釋言語侍時也尊者不言常於時供所當進者也

說文通訓定聲　頤部弟五　七

紙 **庤** 儲置屋下也从广寺聲詩臣工庤乃錢鎛傳具也考工注以偫爲之

紙 **恃** 賴也从心寺聲詩蓼莪無母何恃韓詩恃負也則謂借爲負公羊桓三傳恃有年也注賴也離騷余以蘭爲可恃兮注怙也莊子徐无鬼恃源而往者也釋文本作持【假借】爲庤呂覽審時辟米不得恃注或作待【聲訓】老子萬物恃之而生注待也【古韻】詩蓼莪叶母恃老子養身叶殆有恃

紙 **涛** 水暫益且止未減也从水寺聲按周禮事洒以事爲之【假借】爲沚穆天子傳一飲于枝涛之中注小渚也

支 **持** 握也从手寺聲音義指歸持者執也禮記射義持弓矢審固論語危而不持越語有持盈詩鳧鷖序能持盈守成疏執而不釋謂之持漢書劉向傳及丞相御史所持注謂扶持佐助也又荀子正名猶引繩墨以持曲直注制也榮辱以相持養注保養也任隗傳持重處正注持重謂守正也【假借】爲等左昭元傳子與子家持之注言無所取與疏奕棋謂不能相害爲持【聲訓】後漢列女傳持久者知止

zhǐ 止　shí 塒　shì 蒔　zhì 偫　zhì 滍　zhǐ 敱　zhì 時

足也釋名釋姿容持跱也跱之於手中也呂覽至忠而持千歲之壽注猶得也【古韻】楚辭惜誦叶持之莊子知北遊叶骸灰持媒謀哉荀子成相叶祺基謀持

紙 **畤** 天地五帝所基址祭地从田寺聲右扶風雍有五畤好畤鄜畤皆黃帝時祭或曰秦文公立也按此字秦所製秦之祭畤即古郊祭也襄公始作西畤文公作鄜畤宣公作密畤靈公作吳陽上畤下畤獻公作畦畤至漢高帝作北畤而與鄜密上下謂之雍五畤又史記封禪書曰自未作鄜畤也雍旁故有吳陽武畤雍東有好畤蓋黃帝嘗用事雖晚周亦郊焉其語不經見縉紳者不道按許君謂鄜畤即武畤之聲轉也後漢章帝紀駿奔郊畤注郊畤祭天處也【假借】爲庤詩崧高以畤其粻釋文畤本作峙又爲沚左隱三傳澗谿沼沚之毛釋文畤本作沚又爲時之誤字三蒼畤埒也左襄三十傳成愆奔平畤注周地釋文畤本作時昭廿二傳奔于平畤釋文本或作時誤按作畤是也疑即周語摯疇之國任姓故地【聲訓】漢書高帝紀戰好畤注神靈之所止也後漢馮衍傳陟雍畤而消搖兮注畤者止也

紙 **敱** 刺也从支蚩聲字亦作倳漢書張衡傳丁厥子而倳刃注北方人呼插物地中爲倳

紙 **滍** 滍水出南陽魯陽堯山東北入汝从水蚩聲今沙河也出河南汝州魯山縣堯山至南陽府舞陽縣合汝水左襄十八傳涉于魚齒之下注魚齒山之下有滍水故言涉備三十三傳與晉師夾泜而軍以泜爲之泜滍雙聲

說文通訓定聲　頤部弟五　八

紙 **偫** 待也从人从待會意待亦聲按實與待同字族也【假借】爲庤周語偫而畚挶注具也漢書外戚傳主見所偫美人注儲偫也羽獵賦儲積共偫注具事也

寘 **蒔** 更別穜也从艸時聲方言十二蒔立也蒔更也廣雅釋地蒔穜也按分秧勻插爲蒔虞書播時百穀以時爲之詩載芟俶載南畝以載爲之考工輪人察菑蚤以菑爲之

支 **塒** 鷄棲垣爲塒从土時聲詩君子于役鷄棲于塒釋文本亦作時爾雅釋宮鷄棲于弋爲榤鑿垣而栖爲塒李注寒鄉鑿牆爲雞作棲曰塒【古韻】詩君子于役叶期哉塒來思

止八　名凡止之派皆衍止聲 諸市切

紙 **止** 下基也象艸木出有址故以止爲足按下基與丌與阯同艸木非形止部文十四亦無一涉草木者當以足止爲本義象形也三出者止之列多略不過三與𠂇又手同意字爲借義所專因加足傍作趾儀禮士昏禮北止注足也易噬嗑屨校滅止賁其止艮其止

之止

zhǐ
祉

壯於前止詩麟之止禮記內則奉席請何止漢書禮樂志衮五止刑法志當斬左止者五行志舉止高食貨志四之日舉止海內經韓流豚止本皆作止不作趾轉注詩相鼠人而無止抑淑慎爾止傳至也箋容止也按禮記月令有不戒其容止者容止卽須趾猶言首足以統一身也莊子天地凡有首趾無心無耳者眾注首趾猶始終也周書大戒庸止生刻注容也齊闕止字予我我者義也高止字子容者頌也又廣雅釋言止禮也詩小旻國雖靡止箋禮也幽通賦姜本支乎三趾注禮也叚借爲阯左宣十一傳略基趾注城足也詩緜蠻止于丘阿箋謂飛行所止託也烈祖維民所止箋猶居也禮記大學在止於至善注猶自處也又方言五俎几也蜀漢之郊曰杫字變作杫或曰皆借爲基爲丌存參又爲峙爾雅釋詁止待也廣雅釋詁二止逗也太元元衝止不行禮記檀弓吉事雖止不怠注立俟時事也閔傳大功貌若止注謂不動于喜樂之事孟子公孫丑可以止則止注處也又家語辯政匪其止共注息也呂覽下賢亦可以止矣注休也制藥疾乃止注除也淮南說山止念慮注猶去也廣雅釋詁四止滅也又左莊九傳是以皆止注獲也哀十二傳故將止之注執也僖十七傳齊人以爲討而止公注內諱執皆言止鄭語與止之注留也齊策網不能止注禁也楚辭靈懷暮去次而敢止注制也荀子不苟見由則恭而止注謂不放縱也又周禮倉人若穀不足則止餘灋用注猶殺也又爲沚說文引詩谷風湜湜其止又託名幖識字爾雅釋樂所以鼓柷謂之止李注擊柷之椎名爲止書益稷合止柷敔鄭注所以止鼓謂之止又禮記王制雕題交趾注臥則僢楚辭天問黑水元趾注山名也又助語之詞詩草蟲亦既見止傳辭也抑告爾舊止箋辭也史記扁倉傳不可曲止索隱語助也聲訓釋名釋形體趾止也言一進一止也墨子經上止以久也東京賦神具醉止注已也北山經可以止衕注治洞下也古韻詩麟趾叶趾子草蟲叶子止相鼠叶齒止俟七月叶耜趾子畝喜采芑叶芑畝止試沔水叶海止友母小弁叶梓止母裏在楚茨叶止起甫田叶畝耔薿止士又叶止子畝喜右否有敏大田叶止子畝喜祀餘叶止右理畝事生民叶祀子敏止卷阿叶止士使子楚辭悲回風叶紀止右期老子仁德叶餌止管子心術叶止已己莊子山木叶識來疑止轉音詩訪落叶止考悠競禮記樂記叶俯止女子語古靈樞脹論叶寫下道止始殆補素問陰陽類論叶

在止胕

紙

祉

祉福也从示止聲左哀九傳祉祿也易否疇離祉詩六月既多受祉周語謂其能以嘉祉殷富生物也傳注皆訓福漢書王莽傳維祉冠存已注福祚也後漢宋宏傳用錫爾祉注謂福慶也古韻詩六月叶喜祉久友鯉在友巧言叶祉已皇矣叶悔祉子江漢叶子似祉閟宮叶喜母士有祉齒雒叶祉母

xǐ
辿(徙)

chǐ
齒

zhǐ
沚

zhǐ
阯

xǐ
䩥

紙

徙

辿 徙 屎 迻也从辵止聲或从彳止聲古文屎未詳今隸體作徙不作辿與從作從不作迯制作制不作刹皆古意之猶存者廣雅釋言徙移也釋詁三徙避也周禮比長若徙于他注謂出居異鄉也孟子死徙無出鄉注謂爰土易居平肥磽也吳語徙其大舟注取也荀子成相百里徙注遷也禮論貝生器以適墓象徙道也注遷改也轉注淮南原道徙裸國注化也叚借雙聲連語楚辭哀時命獨徙倚而彷徉注猶低佪也淮南俶眞徙倚于汗漫之宇注猶汗漫也高唐賦徙靡澹淡注言枝往來靡靡然又託名幖識字漢書地理志蜀郡徙注音斯在今四川雅州府天全州轉音周書周祝叶徙禍家語觀周叶此徙按米荀子成相叶禍徙施

紙

齒

齒 𠀁 口斷骨也象口齒之形止聲古文象形大戴易本命男以八月而生齒八歲而齔女七月生齒七歲而齔素問上古天眞論髮墮齒槁注齒爲骨餘又書禹貢齒革羽毛傳象牙也禮記曲禮齒路馬有誅注數年也按數馬之年視其齒轉注禮記文王世子古者謂年齡齒亦齡也廣雅釋詁一齒年也禮記坊記民猶犯齒注年也祭義壹命齒于鄉里注謂以年次立若坐也管子弟子職同嗛以齒注類也又左隱十一傳不敢與諸任齒注列也周禮大司寇不齒三年注不得以年次列于平民也禮記王制終身不齒注猶錄也按齒有行列者也叚借爲值漢書枚乘傳腐肉之齒利劍注謂當之也文選注猶觸也聲訓釋名釋形體齒始也少長之別始乎此也以齒食多者長也食少者幼也古韻詩相鼠叶齒止俟閟宮叶喜母士有祉齒禮記曲禮叶齒醢登徒子好色賦叶耳齒痔子矣宋玉笛賦叶子手齒起徵轉音史游急就章叶緐耳齒肘手

紙

沚

沚小渚曰沚从水止聲詩采蘩于沼于沚傳渚也爾雅釋水小渚曰沚釋文本作持蓋以詩爲之穆天子傳以飲于枝詩之中亦以持爲之詩谷風湜湜其沚三家詩以止爲之楚辭陶壅淹低佪兮京沚注京沚卽高洲也叚借爲阯爲基爲丌廣雅釋詁三沚質也沚質雙聲聲訓釋名釋水沚止也小可以止息其上也釋邱水出其右曰沚邱沚止也西方義氣有所制止也古韻詩采蘩叶沚事谷風叶沚以蒹葭叶采已涘右沚

紙

阯

阯 址 基也从阜止聲或从土漢書郊祀志禪泰山下阯注阯者山之基足又太元大豐墻峭阯注阯足也謂基也叚借爲沚西京賦黑水元阯注小渚曰阯又爲趾卽止爾雅釋木劉杙注出交阯聲訓釋名釋邱水出其前曰阯邱阯基阯也言所出然古韻楚辭大招叶海里阯士

紙

䩥

䩥鞮屬从革徙聲草履也與躧畧同字亦作蹝作屣作跣又誤作跣長門賦蹝履起而彷徨注鞮屬孟子猶棄敝蹝也注草履可

止

蹝者也劉注草屩可履皆望文生訓呂覽觀表視舍天下若舍蹝注弊屩是也漢書郊祀志如脫屣耳注小履也廣雅釋器屣履也轉注通俗文履不著跟曰屣後漢鄭元傳屣履造門注謂納履未正曳之而行崔駰傳憲屣履迎門注謂納履曳之而行言匆遽也按躧無跟之履所以舞者故凡履未著跟謂之屣

屣假借廣雅釋器屣𪨗也此屣之誤字

紙支 **簁** 簁箄竹器也从竹徙聲與籭略同字亦作篩今俗謂之篩可以取粗去細

假借託名幖識字孟子或相倍蓰注五倍也按古或借以紀數如捌玖之比字

又誤作蓰史記以灑爲之

甾五名凡甾之派皆衍甾聲 側詞切

支 **甾** 東楚名缶曰甾象形古文亦象形字與从田巛聲之甾迥别

寘 **畁** 舉也从廾甶聲春秋傳曰晉人或以廣墜楚人畁之黄顥說廣車陷楚人爲舉之按左宣十二傳晉人或以廣隊不能進楚人惎之脫扃少進馬還又惎之拔旆投衡乃出注惎教也許所引則隊謂陷于淖惎者畁之借字似于情事爲近

假借爲麒說文又云杜林以爲麒麟字

支 **綼** 綦 帛蒼艾色从糸畁聲詩曰縞衣綼巾未嫁女所服說文新脩字義或从糸其聲今據偏傍補或體詩出其東門縞衣綦巾傳蒼艾色女服也箋綦綦文也書顧命四人綦弁鄭注青黑曰綦禮記玉藻世子佩瑜玉而綦組綬注綦文雜色也按馬青黑文亦曰騏故詩鳲鳩其弁伊騏以騏爲之廣雅釋器綦綵也

假借爲𩍐說文一曰不借綼也按不借者如今草鞵綼其系也廣雅釋器𩍐履也其紟謂之綦儀禮士喪禮組綦繫于踵注綦屨係也所以拘止屨也讀如馬絆綦之綦禮記內則紟纓綦屨又偪屨著綦漢書揚雄傳屨𪨗以爲綦外戚傳思君兮履綦皆是左定十四楚公子結史記字子綦左傳以期爲之呂覽以旗爲之又廣雅釋詁三綦𢿱也穀梁昭二十傳兩足不能相過齊謂之綦劉兆注連併也又方言九車下鐵大者謂之綦綦繫一聲之轉又爲璂周書王會玉元綠璧綦十二注玉名按即周禮弁師之玉璂也又爲基荀子王霸是綦定也又爲淇張公神碑運置綦陽綦水湯湯又爲極荀子王霸目欲綦色耳欲綦聲注或爲甚傳寫誤耳正論期臭味注極也以期爲之按綦極一聲之轉又爲纂之誤字爾雅釋天注用綦組飾旒之邊按亦組也

又雙聲連語荀子非十二子綦谿利跂注綦谿蓋與跂義同

支 **璂** 璂 弁飾往往冒玉也从玉綦聲或从基聲字亦作琪周禮弁師會五采玉璂注綦結也皮弁之縫每貫結五采玉十二以爲飾謂之綦讀如薄借綦之綦司農注讀如綦車轂之綦按皆以𩍐爲訓又穆天子傳四玗琪注玉屬也

支 **藄** 綦 月爾也从艸綦聲字亦作基爾雅釋草綦月爾注即紫綦也似蕨可食廣雅釋草茈綦蕨也按蕨之紫者蕨之爲綦猶厥之爲其聲相轉也後漢馬融傳茈萁芸蒩以其爲之又按爾雅釋文引說文綦土夫也此陸所見本疑許讀芏夫王綦月爾一物三名故不錄芏字後人據郭本爾雅改許書也

子十八名凡子之派皆衍子聲 即里切

紙 **子** 十一月陽气動萬物滋人以爲偁象形古文从巛象髮也籀文从囟有髮臂脛在几上也按象兒在襁褓中足併也籀文𡿺字亦誤作崽方言十崽者子也注音臬聲之轉禮記哀公問子也者親之後也春秋繁露基義子者父之合也漢書杜欽傳子者父之陰也又禮記曲禮子於父母注言子者通男女詩大明長子維行傳長女也孟子而擾其處子注處女也又公羊隱元傳立適以長不以賢立子以貴不以長注子謂左右媵及姪娣之子儀禮喪服記公子爲其母注公子君之庶子也又春秋繁露精華未踰年之君稱子左僖九傳凡在喪公侯曰子注子者繼父之辭禮記曾子問不侯子注嗣君也又詩楚茨子子孫孫勿替引之爾雅釋訓子子孫孫引無極也

轉注白虎通號子者丈夫之通稱也書古泰誓勖哉夫子鄭注夫子丈夫之稱孟子萬子曰一鄉皆稱原人焉注子男子之通稱也又儀禮士冠禮願吾子之教之也注子男子之美稱穀梁宣十傳其曰子尊之也注子者人之貴稱公羊宣六傳子大夫也注古者士大夫通曰子詩大車畏子不敢箋子者稱所尊敬之辭周禮春官小子注小子主祭祀之小事又論語吾知免夫小子鄭注小子門人也又荀子王霸誰子之與也注猶誰人也又論語子曰學而時習之皇疏子是有德之稱古者稱師爲子也又禮記哀公問君子也者人之成名也少儀問始見君子者注君子卿大夫若有異德者又白虎通爵天子者爵稱也王者父天母地故稱天子廣雅釋詁一伯子男君也孟子子男同一位禮記曲禮其在東夷北狄西戎南蠻雖大曰子注猶牧也穀梁哀十三傳子卑稱也又廣雅釋鳥子雛也論衡奇怪契母吞燕卵而生契故殷姓曰子又周語於是乎有母權子而行注重曰母輕曰子又史記貨殖傳子貸金錢千貫索隱子謂利息也又釋名釋形體瞳子子小稱也又後漢王符傳蔦子升越注子細稱也按謂蕉布

假借爲慈書皋陶謨予弗子鄭讀將吏反列子說符作弗字以字爲之金縢是有丕子之責於天鄭注丕讀曰不愛子孫曰子白虎通史記皆以負子爲之公羊傳屬負茲以負茲爲之而解作有疾不豫之意涉于負薪非也禮記中庸子庶民也鄭注猶愛也樂記易直子諒之心注讀如不子之子又爲㩅詩綢繆子兮子

芓 zì　萁 yì　孜 zī　李 lǐ

兮傳子兮者嗟兹也又爲祀周禮閩隸掌子則取隸焉杜注當爲祀又爲兹易明夷蜀才本其子之明夷孟喜弟子趙賓曰其子明夷陰陽氣亡其子者萬物方荄兹也按施讎讀爲箕子與孟學異馬融本施以爲說荀爽非之謂涉彖傳而訛也又託名標識字古以紀旬爲十二枝之首白虎通姓名子丑者枝也儀禮士喪禮不辟子卯注子卯桀紂亡日後又以紀年紀月紀時爾雅釋天太歲在子曰困敦十一月爲辜言古以困敦辜爲識今以子爲識也又以命天體十二宮淮南天文帝張四維運之以斗斗十一月指子又子周丑從又以配五行左哀九傳子水位也論衡物勢子水也其禽鼠也釋訓大戴本命子孳也廣雅釋親子孜也釋言子似也釋名釋親屬子者孳也相生蕃孳也又白虎通爵子者孳也孳孳無已也春秋元命苞子者孳恩宜德史記三代世表子者兹兹益大也孝經而況于公侯伯子男乎舊解子者字也言字愛于小人也又史記律書子者滋也淮南天文子者兹也釋名釋天子孳也陽氣始萌孳生於下也又漢書匈奴傳匈奴謂天爲撐犂謂子爲孤塗【古韻】詩麟趾叶趾子草蟲叶子止何彼穠矣叶李子旄邱叶子耳風雨叶晦已子喜衡門叶鯉子七月叶耜趾子畝喜節南山叶仕子已殆雨無正叶仕殆使子友北山叶杞子事母甫田叶止子畝喜右否有敏大田叶止子畝喜祀既醉叶時子嘉樂叶子德生民叶祀子敏止卷阿叶止士使子抑叶子否事耳左昭十二傳叶杞子鄙恥已士登徒子好色賦叶耳齒痔子矣荀子非相叶子治士起友市始周書允文叶記在晦里吏士布恥喜在子女叶【轉音】詩鴇鴇叶取子禮記禮運叶戶下俎鼓嘏祖子質祜樂記叶俯止女子語古按讀如祖也笛賦叶子菑起徵登徒好色賦叶子短

芓　寘　芓　麻母也从艸子聲字亦作茡爾雅釋草茡麻母注苴麻盛子者按俗謂之子麻有實者曰茡無實者曰枲【轉注】說文一曰芓即枲也按對文則別散文亦通稱【假借】爲阯廣雅釋室芓隄也又爲秄漢書食貨志或芸或芓

萁　寘　萁　芓也从艸異聲按即芓之或體今附于此

孜　支　孜　孜孜汲汲也从攴子聲周書曰孜孜無怠按古泰誓文枚頤僞書云爾其孜孜僞傳勤勉不怠也廣雅釋訓孜孜劇也皋陶謨予思日孜孜僞書分來禹以下作益稷篇漢書成帝紀羣公孜孜景福殿賦聖上猶孜孜靡忒亦重言形況字經傳多以孳孳爲之【假借】爲仔說苑君道弗時孜肩

李　紙　李　杍　李果也从木子聲古文作杍左形右聲爾雅釋木休無實李注一名趙李梓棲慮李注今之麥李駁赤李注子赤又棗李曰疐之孫注去其柢也詩邱中有李孟子井上有李文選與吳質書沉朱李【假借】爲理實爲吏管子法法臯陶爲李大匡國子爲李五

秄 zǐ　字 zì　仔 zī　疑 yí

行后土辯乎北方故使爲李注獄官也漢書胡建傳黃帝李法曰注法官之號也又史記天官書房南衆星曰騎官左角理右角將索隱李即理法官也按今不見疑左即今陽門二星右即今積李二星也又按北斗魁中有天理四星紫微垣中有大理二星字皆以理爲之又爲使廣雅釋詁四行李驛也左僖三十傳行李之往來周語行理以節逆之亦以理爲之又爲梓書梓材古文尙書作杍又疊韻連語方言八虎江淮南楚之間謂之李耳又託名標識字史記魏世家李克左傳作里克【聲訓】漢書王莽傳王況謂李焉曰君姓李李者徵徵火也當爲漢輔徵李雙聲【古韻】詩何彼穠矣叶李子邱中有李叶李子玖木瓜叶李玖

秄　紙　秄　雝禾本也从禾子聲字亦作耔按苗生三葉以上稍耨隴草因隤其土以壅苗根使耐風與旱即左傳是穮是蔉之蔉也詩甫田或耘或耔傳雝本也漢書食貨志注秄附根也【古韻】詩甫田叶畝秄薿止士

字　寘　字　乳也从子在宀下會意子亦聲按人生子曰字鳥曰孚獸曰㹀字亦變作牸廣雅釋詁一字生也易屯女子貞不字虞注妊娠也中山經服之不字注生也【轉注】史記平準書衆庶街巷有馬阡陌之閒成羣而乘字牝者儐而不得聚會按字牝孕字之牝也廣雅釋獸牸雌也又吳羊其牝一歲曰牸䍧三歲曰羝又說文敍倉頡之初作書蓋依類象形故謂之文其後形聲相益即謂之字字者言孳乳而浸多也按指事象形者曰文會意諧聲者曰字周禮外史書名注古曰名今曰字按名者聲也字者形也又禮記冠義已冠而字之注字所以相尊也白虎通姓名人所以有字何所以冠德明功敬成人也又公羊僖九傳字而笄之注字者尊而不泄所以遠別也又考工㮚人注鵻魚字疏猶名也【假借】爲慈說文錯本字乳也愛也詩生民牛羊腓字之傳愛也左成四傳其肯字我乎十一傳又不能字人之孤昭元傳樂王鮒字而敬注皆訓愛昭十六傳非不能事大字小之難服注養也十一傳使字敬叔注養也【聲訓】春秋說題辭字者飾也孝經援神契字者言滋乳浸多也【古韻】詩生民叶字翼儀禮士冠禮叶備字

仔　支　仔　克也从人子聲詩敬之佛時仔肩傳仔肩克也箋任也

疑　支　疑　惑也从子止匕矢聲按此𠤕字之訓𠤕疑二字義實相反音亦不同古多以疑爲𠤕故致訛耳疑定也从矢止會意子聲矣古文矢字與𠤕訓未定从匕矢聲者別爾雅釋言疑戾也注疑者亦止詩桑柔靡所止疑傳定也儀禮公食禮賓立于階西疑立注正立自定之貌士昏禮婦疑立于席西注正立自定之貌鄉射禮賓北西階上疑立注止也有矜莊之色又禮記文王世子有師保有疑丞正義引尚書大傳前曰疑後曰丞按疑止之意荀子解蔽而無所疑止之注疑止謂有所不爲也【假借】爲𠤕史記淮陰侯傳疑者事之害也禮

子

nǐ 薿　yì 嶷　ài 譺　chī 癡　nǐ 儗　yí 嶷

記問喪其反也如疑注疑者不知神之來否坊記所以章疑別微疏謂是非不決秦策而三人疑之注猶惑也周書王佩時至而疑注猶豫不果也列子湯問其妻獻疑曰釋文猶致難也淮南氾論有立武者見疑注恠也𧥻疑形聲皆近又爲擬儀禮士相見禮不疑君注度之也周禮司服爲大夫士疑衰注疑之言擬也司農注十四升衰者子堯問得師者王得友者霸得疑者存按謂中材可參謀者也或曰聽直强諫之士猶前疑後丞之疑亦通注謂博問達識可決疑惑則失之又爲儗禮記雜記皆爲疑死注猶恐也又爲擬漢書司馬相如傳過虞舜於九疑注疑似也山有九峯其形相似又爲儗禮記燕義不以公卿爲賓爲疑也注自下上至之詞也又爲冰卿疑易坤陰始疑也荀虞本正作凝疑凝一聲之轉又爲譺孟子異哉子叔疑周柄中云即子叔聲伯之後叔詣左昭二十九年叔詣卒疑詣雙聲穀梁作倪聲訓釋名釋喪制疑線疑儗也儗於吉也古韻書洪範叶事紀極德疑福極易小畜叶志富載疑損叶志疑嘉祐賁叶疑尤升叶志喜疑事富遯叶裁志億事否疑旣濟叶億疑時來久楚辭大招叶起測疑極惜往日叶時疑咍治之管子七臣七主叶疑事植莊子山木叶識來疑止周書鄭保叶求尤謀疑鶡冠子世兵叶財蓄時疑稚音詩桑柔叶資疑維階按讀如𧥻也楚辭遠遊叶疑浮周書太子晉叶柔疑

說文通訓定聲　頤部弟五　圭

紙　**薿**　茂也从艸疑聲詩甫田黍稷薿薿漢書食貨志以儗爲之白帖以嶷爲之亦重言形况字

職　**嶷**　小兒有知也从口疑聲詩生民克岐克嶷毛本以嶷爲之

紙　卦　**譺**　騃也从言疑聲按一切經音義十六引說文欺調也字林譺調也通俗文大調曰譺是此字當爲嘲戲之意說文訓騃似古書或叚借爲癡爲佁也叚借爲詒蒼頡篇譺欺也

支　**癡**　不慧也从疒疑聲字俗作痴方言十癡騃也

紙　隊　**儗**　僭也从人从疑按疑聲史記貨殖傳卓王孫田池射獵之樂儗於人君易坤陰疑于陽必戰漢書食貨志遠方之能疑者皆以疑爲之叚借爲擬說文一曰相疑也禮記曲禮儗人必於其倫注猶比也舞賦經營切儗注引也又疊韻連語漢書司馬相如傳沛艾赳螑佗以佁儗兮注不前也又爲𧥻荀子儒效無所儗怎按惑也注無所疑滯慙怍也則謂借爲礙又重言形况字漢書食貨志故儗儗而盛也據詩則借爲薿

支　職　**嶷**　九嶷山舜所葬在零陵營道从山疑聲在今湖南永州府寧遠縣之南桂陽州藍山縣之西南海內經蒼梧之淵其中有九嶷

ài 礙　ài 懝　nǐ 擬　sī 司　cí 祠

注其山九谿皆相似故云九疑古者總名其地爲蒼梧也水經湘水注羅巖九舉異嶺同勢遊者疑焉故曰九疑山按者以𧥻爲訓疑𧥻雙聲酈以嶺言郭以谿言傳聞異辭知非確詁也叚借爲嶷詩生民克岐克嶷傳識也後漢桓彬傳岐嶷也注嶷然有所識也又疊韻連語字指云嶷嶷山峯貌又重言形况字史記五帝紀其德嶷嶷索隱德高也古韻詩生民叶匐嶷食大戴五帝德叶郁嶷

隊　**礙**　止也从石疑聲字亦作硋作㝵廣雅釋詁一礙至也釋言礙距也礙閡也通俗文限至曰礙列子力命孰能礙之注止也淮南繆稱洞同覆載而無所礙注挂也法言問道礙諸以禮樂注限也又列子黃帝雲霧不硋其視太元難上軼于山石門須滯㝵弗前以㝵爲之叚借疊韻連語廣雅釋訓軼止不平也古韻文子符言叶裹硋喜

隊　**懝**　騃也从心从疑疑亦聲按疑聲字亦作懝廣雅釋詁二懝懼也四懝恐也叚借爲癡說文本訓騃也

紙　**擬**　度也从手疑聲與儗別周禮射人注行則止而擬度焉易繫辭而擬諸形容虞注自上議下稱擬漢書楊雄傳常擬之以爲式注謂比象也何武王嘉師丹傳贊疑于親戚注比也以疑爲之楚辭怨上擬斯兮二蹤注則也

司五名凡司之派皆衍司聲 息之切

說文通訓定聲　頤部弟五　夫

支　寘　**司**　臣司事於外者从反后指事司反后爲向君古倒予爲順生廣雅釋詁一有司臣也小爾雅廣言司主也按周官四十有一司司者理其事也詩羔裘邦之司直傳主也禮記曲禮曰司徒疏周禮千注凡言司者總其領也景福殿賦三事九司注九卿也又周禮泉府與其有司注其所屬吏也禮記玉藻有司二尺有五寸注府史之屬也儀禮士冠禮有司如主人服注羣吏有事者謂主人之吏所自辟除府史以下也轉注周禮師氏司王朝媒氏司男女之無夫家者注猶察也漢書高五王傳以爲物而司之注察視之也大荒西經以司日月之長短注言察日月晷度之節也呂覽尊師謹司聞注候也論語籩豆之事則有司存後漢崔琦傳百官外內各有司存頭陀寺碑文龍徙撥凡各有司存司存雙聲連語存亦司也荀子王霸日欲司閒注伺其閒隙富國有掎挈伺詐注伺候其罪也方言十伺䛹也字林伺候也察也說文新附伺候望也字亦作伺又埤蒼作覗叚借爲嗣書高宗肜日王司敬民傳訓主民失之史記正作嗣古韻韓非子外儲叶伺餌鬼谷子反應叶道事司

支　**祠**　春祭曰祠品物少多文辭也从示司聲禮記月令仲春之月祠不用犧牲用圭璧及皮幣春秋繁露四祭祠者以正月始食韭也白虎通宗廟春曰祠者物微故祠名之詩天保禴祠蒸嘗傳春曰祠按禮記祭義注周以禘爲殷祭更名春祭曰祠轉注爾雅釋詁祠

祭也周禮小宗伯禱祠于上下神示注得求曰祠女祝凡內禱祠之事注報福喪祝以祭祝禱祠焉疏祈請求福曰禱得福報賽曰祠又公羊莊八年祠兵周禮肆師注師出曰祠兵入曰振旅祠者祠五兵矛戟劍楯弓矢詩生民傳以太牢祠于高禖釋文本作祀又漢書陳勝傳叢祠中注神祠也【叚借】爲餼周禮大祝一曰祠注交接之辭又爲鳴顏氏家訓書證吳人呼祠祀爲鳴祀故以祠代鳴字鳴祠雙聲【聲訓】春秋繁露祭義始生故曰祠善其司也公羊桓八傳注祠猶食也猶繼嗣也春物始生孝子思親繼嗣而食之故曰祠因以別死生爾雅釋天春祭曰祠孫注祠食也說文祠多文辭也

寘 **嗣** 諸侯嗣國也从冊从口司聲古文从子司聲冊者於廟讀之故从口或曰當从口國也存疑爾雅釋詁嗣繼也書舜典序將使嗣位洪範禹乃嗣興傳繼也左昭七傳今又不禮於衛之嗣注新君也魯語苟羋姓實嗣注嗣世也儀禮特牲禮嗣舉奠注主人將爲後者左襄廿六傳齊慶嗣字子息【轉注】左襄廿五傳其弟嗣書注續也襄三傳晉侯問嗣焉注續其職者襄十九傳所不嗣事于齊者有如河注續也又詩生民以興嗣歲箋今新歲也杕杜繼嗣我日箋續也子衿子寧不嗣音傳習也箋續也韓詩以詒爲之【古韻】左襄三十一傳叶誨殖嗣

寘 **笥** 飯及衣之器也从竹司聲禮記曲禮苞苴簞笥注員曰簞方曰笥簞笥有蓋筐筥無蓋漢書貢禹傳輸物不過十笥注盛衣竹器後漢張衡傳實蕭艾于重笥兮注篋也又儀禮大射儀奉決拾以笥注萑葦器按竹器之方而有蓋者皆曰笥

支 **詞** 意內而言外也从司从言按从言司聲說文隸司部非今字作詞左形右聲按言以足志文以足言皆謂之詞說文卙篆引詩板詞之卙矣周禮大行人故書叶詞命禮記曾子問其詞于賓曰釋文告也經傳皆以辭爲之【轉注】爲助語之詞如每有爲雖誰昔爲昔是也爲發聲之詞如吳爲句吳邾爲邾婁是也又本有正字者如者矣予哉嘫諾吁否皆乃兮于乍各曾毋尙知曰粵唯寧歟曷等餘皆叚借也傳注某辭也多以辭爲之【聲訓】釋名釋典藝詞嗣也令撰善言相續嗣也【古韻】離騷叶茲詞

辭一名 似茲切

支 **辭** 訟也从𤔔辛會意猶理辜也𤔔理也籀文从𤔔从司會意司亦聲按分爭辯訟謂之辭後漢周紆傳善爲辭案條教注辭案猶今案牘也【轉注】書呂刑明清于單辭無或私家于獄之兩辭禮記大學無情者不得盡其辭報任少卿書其次不辱辭令按今所謂口供也周禮司市故書辭布者司農注辭布辭訟泉物者也【叚借】爲詞廣韻引說文說也禮記曲禮安定辭疏言語也孟子不以文

害辭注詩人所歌詠之辭荀子正名辭也者兼異實之名以論一意也注說事之言辭又辭合于說注成文爲辭穀梁定十四傳其辭石尙士也注猶書也又禮記檀弓使人辭于狐突注猶告也表記無辭不相接也注辭所以通情也又仁者之過易辭也注猶解說也魯語魯大夫辭而復之注請也左昭九傳辭于晉注責讓之也呂覽士節過北郭騷之門而辭注辭者別也又爲辤左襄廿二傳辭入人者而後王安之注遣之呂覽士容田駢聽之畢而辭之注遣也又儀禮聘禮記辭曰非禮也敢注不受也士冠禮賓禮辭許注禮辭一辭而許也再辭而許曰固辭三辭曰終辭不許也禮記哀公問固臣敢無辭而對注讓也左僖廿四傳且辭焉注不見也公羊哀三傳以王父命辭父命注猶不從也呂覽行論願辭不爲臣注去也觀世嬰可以辭而無棄乎注謝也又爲異孟子所不辭也按言法所當誅三代同也又爲祠堯廟碑將辭帝堯【古韻】易益叶事來之志矣志辭來老子養身叶事辭有恃任成叶右辭文子九守叶辭事喜極

辤一名 似茲切

支 **辤** 不受也从辛从受受辛宜辤之會意籀文从辛台聲經傳皆以辭爲之【叚借】爲詞蔡邕題曹娥碑外孫虀臼外孫爲好子虀臼爲受辛謂好辭也

絲七名凡絲之派皆衍絲聲 息之切

支 **絲** 蠶所吐也从二糸會意詩絲衣其紑傳絲衣祭服也按古朝服亦用布惟祭用絲又考工弓人絲也者以爲固也謂帀也禮記樂記金石絲竹樂之器也謂弦也【古韻】詩絲衣叶絲治訧娸叶蚩絲謀淇丘期媒期鳲鳩叶梅絲騏

支 **茲** 艸木多益也从艸絲省聲與茲字聲義俱別孔子弟子公祖句茲字子之爾雅釋器蓐謂之茲注茲者蓐席也史記周本紀衛康叔布茲集解藉草之名荀子正論琅玕龍茲華覲以爲實注即今龍鬚席又素問五藏生成論色見青如草茲注滋也周書王會茲白者注茲白一名駮【轉注】漢書匈奴傳前世重之茲甚注益也經傳皆以滋爲之【叚借】爲此廣雅釋言茲今也易晉受茲介福書呂刑越茲麗刑詩緜築室于茲考工㮚氏茲器維則左襄廿一傳念茲在茲箋注皆訓此也呂覽任地今茲美禾注年也此茲雙聲又爲哉詩下武昭茲來許東觀漢紀正作哉又爲孜管子小問由乎茲免注與滋勉同又疊韻連語周禮薙氏注以茲其斫其生者按相也茲其之合音爲相孟子雖有鎡基廣雅釋器鎡錤鉏也字以菑爲之【古韻】詩緜叶飴謀龜時茲祠酌叶茲僖子母離騷叶茲詞

支 **嗞** 嗟也从口茲聲秦策嗟嗞乎司空經傳皆以咨爲之咨嗞雙聲【叚借】爲吹廣雅釋詁一嗞笑也

cí 鶿　cí 慈　zī 滋　zī 孳　sī 思

支 **鶿** 鸕鶿也从鳥茲聲爾雅釋鳥鶿鷧注觜頭曲如鉤食魚倉頡篇鸕鶿似鶂而黑按蘇俗謂之水老鴉漁人畜以捕魚或曰即鶿鷧也鶿鷧雙聲上林賦以疵爲之

支 **慈** 愛也从心茲聲周禮大司徒一曰慈幼注愛幼少也左昭廿八傳慈和徧服曰順服注上愛下曰慈禮記內則其次爲慈母注慈母知其嗜欲者也管子形勢解慈者父母之高行也賈子道術親愛利子謂之慈惻隱憐人謂之慈〔轉注〕禮記內則慈以旨甘注愛敬進之也孟子雖孝子慈孫齊語不慈孝于父母莊子漁父事親則慈孝又廣雅釋鳥慈烏烏也卽說文烏孝烏也小爾雅廣烏純黑而反哺者謂之烏小而腹下白不反哺者謂之雅烏〔聲訓〕釋名釋言語慈字也字愛物也孝經若夫慈愛恭敬皇侃注慈者孜孜〔古韻〕老子還淳叶倍慈有〔轉音〕鶡冠子世兵叶游郵慈四之卌

支 **滋** 滋水出牛飲山白陘谷東入呼沱从水茲聲在今山西代州五臺縣界入直隸正定府至定州深澤縣與滹沙二水合〔叚借〕爲茲說文本訓滋益也左隱元傳無使滋蔓服注益也呂覽明理草木庳小不滋注亦長也又左襄八傳事滋無成注益也周語故能保世以滋大注猶益也齊語遂滋民注長也後漢張衡傳滋令德于正中兮注茂也文選注繁也又爲孳越語民乃蕃滋左桓六傳謂其畜之碩大蕃滋也又爲蒔離騷余既滋蘭之九畹兮注蒔也又爲茲實爲玆之誤字左哀八傳何故使吾水滋注濁也釋文本作玆黑也又爲孜堯廟碑滋滋汲汲又疊韻連語洞簫賦吸至精之滋熙兮注潤悅貌〔古韻〕越語叶時滋志

說文通訓定聲　頤部弟五　九

支寘 **孳** 汲汲生也从子茲聲籒文从籒文子絲聲廣雅釋詁三孳孳也聲類孳蕃也書堯典鳥獸孳尾傳乳化曰孳列子湯問其民孳阜無數釋文息也漢書律厤志孳萌萬物蕪城賦孳貨鹽田經傳多以滋爲之〔叚借〕爲孜孟子孳孳爲善者史記夏本紀予思日孳孳漢書蕭何傳尚復孳孳得民和東方朔傳此士所以日夜孳孳貢禹傳孳孳于民俗之所寡王莽傳孳孳不已皆勤勉不息之意亦重言形況字又爲茲爲蒔穆天子傳二天子於是取孳木華之實注音滋

思五名凡思之派皆衍思聲　息之切

支寘 **思** 容也从心囟聲鍇本作睿也按从心从囟會意思者心神通于囟故从囟書洪範思曰容言心之所慮無不包也容與恭從明聰爲韻尚書大傳春秋繁露皆作容馬注通也亦以聲訓容睿二字形相近漢時傳寫已有誤作睿者故鄭注五行傳訓爲叡說文叡𥈞通也一訓卽洪範馬注與深明畧同而並列之者亦未能定書之必當爲容耳易咸朋從爾思虞注坎爲思書洪範五曰思鄭注思屬土

xǐ 諰　sāi 鰓　cāi 偲　sī 緦

堯典欽明文思安安馬注道德純備謂之思鄭注慮深通敏謂之思周書謚法大省兆民曰思毛詩指說引梁簡文說發慮在心謂之思詩文王思皇多士箋願也禮記玉藻書思對命注所思念孟子思與鄉人立注念也又方言十凡言相憐哀江濱謂之思文選勵志詩吉士思秋注悲也又大荒東經有司幽之國思士不妻思女不夫注思感而氣通無配合而生子魯語注慮思字慕按慕者慕也〔叚借〕爲司周禮司市上旌于思次注思若今市亭也按伺察之所又爲偲左宣二傳于思于思注多鬚之貌賈注白頭貌字因變作䰄按卽詩其人美且偲之偲也又爲䚡廣雅釋言思䚡也按卽魚鰓之鰓又助語之詞詩漢廣不可求思傳辭也左僖廿二傳天惟顯思注猶辭也禮記中庸矧可射思注思皆聲之助〔聲訓〕釋名釋言語思司也凡有所司捕必靜思忖亦然也〔古韻〕詩終風叶霾來思泉水叶淇思姬謀載馳叶尤思之氓叶思哉君子于役叶期哉塒來思子衿叶佩思來園有桃叶哉其之思渭陽叶思佩白駒叶來期思楚辭惜往日叶否欺思之九辯叶思事意異高唐賦叶構姬思旗大言賦叶寍思荀子成相叶志富待思左昭十二傳叶思謀句中韻

紙 **諰** 思之意从言从思會意思亦聲按言且思之意心有所懼也字亦作葸作偲荀子彊國雖然則有其諰矣注懼也議兵諰諰然常恐天下之一合而軋己也注懼貌漢書刑法志作䚡以䚡爲之論語愼而無禮則葸鄭注慤質貌皇疏畏懼過甚也大戴曾子立事人言善而色葸焉注不悅懌之貌廣雅釋言葸愼也魏都賦誰勁捷而無諰魯靈光殿賦心諰諰而發悸注懼貌

說文通訓定聲　頤部弟五　卄

灰 **䚡** 角中骨也从角思聲禮記樂記注無䚡曰骼疏䚡謂骨外皮滑澤者〔轉注〕魚頰中骨曰䚡字變作鰓亦作顋〔叚借〕爲諰太元窮次七窮有口小䚡大君在無後測曰窮口小䚡賴君逢也注䚡難也漢書刑法志䚡䚡常恐天下之一合而共軋已也注懼貌也音愼而無禮則葸之葸又託名幖識字漢書高帝紀高武侯䚡注音魚鰓之鰓

支灰 **偲** 彊力也从人思聲詩盧令其人美且偲傳才也廣雅釋言偲傞也按傞亦才也〔叚借〕重言形況字論語切切偲偲馬注相切責之貌皇疏相切磋之貌字亦變作愢从二心俗〔古韻〕詩盧令叶鋂偲

支 **緦** 十五升布也从糸思聲古文从糸省思省聲儀禮喪服緦者十五升注謂之緦者治其縷細如絲也又緦麻三月者注緦麻布衰裳而麻絰帶也喪服傳緦者十五升抽其半有事其縷無事其布曰緦又外親之服皆緦也周禮典枲掌布緦縷紵之麻草之物注緦十五升抽其半者按朝服用十五升布縷細如絲布廣二尺二寸其縷一千二百今用縷六百其縷甚細其布甚疏也〔叚借〕廣雅釋詁三緦聚也按此總之誤字〔聲訓〕釋名釋喪制三月曰緦麻緦絲也績麻細如絲也

shǐ 史　lì 吏　shǐ ⿰囟吏　shǐ 使

史四名凡史之派皆衍史聲　疏士切

紙　史　記事者也。从又持中。會意。中正也。周官有大史小史內史外史御史女史。其屬又各有府史胥徒。史主造文書者亦稱史。凡府史皆其官長所自辟除。書酒誥。矧大史友內史友。鄭注。大史內史掌記言記行。立政。大史尹伯。傳。大史下大夫。易巽用史巫紛若。荀注。史以書勳。儀禮既夕。公史自西方東面。注。公史君之典禮書者。聘禮記。辭多則史。注。謂策祝。禮記曲禮。史載筆。疏。謂國史。大戴記盛德。以史爲手。注。字亦誤爲人。又左氏春秋序。魯史記之名也。疏。掌書曰史。後漢安帝紀。好學史書。注。周宣王大史籀所作之書也。凡五十有五篇。〔叚借〕爲事。周禮條狼氏。誓邦之大史曰殺。誓小史曰墨。王氏引之曰。事史形近致譌。鄭失之。〔聲訓〕白虎通諫諍。所以謂之史何。明王者使爲之也。〔古韻〕詩十月之交叶士宰史。賓之初筵叶否史耻怠。禮記禮運叶史侑右。

寘　吏　治人者也。从一从史。會意。史亦聲。按从一猶从上也。漢書景帝紀。吏者民之師也。惠帝紀。吏所以治民也。管子明法。吏者民之所懸命也。韓詩外傳。據法守職而不敢爲非者。人吏也。左成二傳。王使委于三吏。注。三公也。周書大匡。三吏大夫。注。三卿也。周語。百吏庶民。注。百官也。又報任少卿書。劖木爲吏。議不對。注。患吏刻暴。又穀梁宣十五傳。私田稼不善則非吏。注。田畯也。孟子。孔子嘗爲委吏矣。注。主委積倉廩之吏也。漢書百官公卿表。是爲長吏。注。吏理也。亦多以理爲之。〔聲訓〕漢書王莽傳。夫吏者理也。賈子大政。吏之爲言理也。風俗通。吏者治也。孟子。爲天吏。注。天吏。天所使。謂王者得天意者也。〔古韻〕周書允文叶記在賄里吏士布耻喜在子毋。楚優孟歌叶食吏富。

寘　⿰囟吏　列也。从囟吏聲。讀若迅。按酷烈也。迅史雙聲。〔轉注〕廣雅釋詁一。駛疾也。詩二子乘舟傳。汎汎然駛疾。晨風傳。賢人往之駛疾。釋文本作迅。字亦誤作駛作駃。

紙寘　使　伶也。从人吏聲。按伶者令也。爾雅釋詁。俾拼抨使也。禮記表記。故君使其臣。注。謂使之聘問師役之屬也。檀弓。使之雖病也。注。謂時徭役。荀子解蔽。況于使之者乎。注。役也。大戴衛將軍文子。有眾使也。注。舉也。又漢書灌夫傳。夫爲人剛直使酒。注。因酒而使氣也。〔轉注〕爾雅釋詁。俾拼抨使從也。禮記曲禮。使從俗。疏。謂臣爲君出聘。左襄三十傳。使走問諸朝。釋文本作吏。〔古韻〕詩雨無正叶仕殆使子友。卷阿叶止士使子。九罭叶以以使。句中韻。管子侈靡叶使等。孫武子九地叶使事期。文子道原叶覆載使備。素問刺禁論叶右裏使市母。告。〔轉音〕素問陰陽應象論叶守使。

士三名凡士之派皆衍士聲　鉏里切

shì 士　shì 仕

紙　士　事也。數始于一。終于十。从一从十。會意。孔子曰。推十合一爲士。按此返約之義。玉篇作推一合十。則一貫之義。存參。白虎通爵。通古今。辯然不。謂之士。漢書食貨志。學以居位曰士。後漢仲長統傳。以才智用者謂之士。周書太子晉。胄子成人能治上官謂之士。周官有上士中士下士。又書牧誓。是以爲大夫卿士。詩百辟卿士。箋。卿之有事也。北山。偕偕士子。傳。士子有王事者也。又禮記曲禮。列國之大夫入天子之國曰某士。又詩文王。殷士膚敏。傳。殷侯也。又儀禮喪服傳。公卿大夫室老士貴臣。注。士邑宰也。又禮記祭法。庶士庶人無廟。注。府史之屬。又詩祈父。予王之爪士。按軍士也。采芑傳。天下之士。箋。軍士也。禮記曲禮。前有士師。淮南本經。武王甲卒三千。注。在車曰士。步曰卒。說苑指武。士者將之肢體也。又老子。善爲士者不武。王注。士卒之師也。又賈子道術。守道者謂之士。齊語。昔聖王之處士也。注。講學道藝者也。荀子子道。可謂士矣。注。士者脩立之名也。論語。士見危致命。注。士者知義理之名。又周禮大宰。祿位以馭其士。司農注。謂學士。禮記月令。聘名士。注。不仕者。文王世子。凡學世子及學士。注。學士謂司徒論俊選所升于學者。荀子非十二子。古之所謂士仕者。注。謂士之入仕。又論語。士不可以不宏毅。皇疏。士通謂丈夫也。易。士刲羊無血。荀子非相。處女莫不願得以爲士。注。未娶妻之稱。詩載芟。有依其士。傳。子弟也。褰裳。豈無他士。箋。猶他人也。〔叚借〕爲吏。虞書。汝作士。馬注。獄官之長。周禮序官。士師下大夫四人。大司徒。其附于刑者歸于士。注。謂主斷刑之官。左僖廿八傳。士榮爲大士。注。大士治獄官也。傳注多以司爲訓。訓察。又爲司。爾雅釋詁。士察也。注。士師官主聽察。又爲事。論語。雖執鞭之士。鹽鐵論貧富作士。詩東山。勿士行枚。傳。事也。管子君臣。官謀士。注。事也。荀子致仕。然後士其刑賞。注。當爲事。又孟子。士師不能治士。按士亦事也。又爲仕。周禮載師。以宅田士田賈田。注。讀爲仕。又爲嗣。周禮宮伯。掌王宮之士庶子。注。士謂王宮中諸吏之適子也。〔聲訓〕白虎通爵。士者事也。任事之稱也。禮記祭統。作率慶士。注。士之言事也。墨子尚賢。士者所以爲輔相承嗣也。〔古韻〕詩褰裳叶洧士。十月之交叶士宰史。甫田叶畝耔薿止士。思齊叶德子士子字。句中韻。卷阿叶止士使子。左昭十二傳叶杞子鄙耻已士。楚辭大招叶海里阯士。荀子非相叶子治士起友市始。管子四稱叶食事士。周書允文叶記在賄里吏士布耻喜在子毋。〔轉音〕禮記射義叶舉士處所。

紙　仕　學也。从人从士。會意。士亦聲。按猶今言試用也。論語。學而優則仕。子使漆雕開仕。孔注。仕仕於朝也。〔叚借〕爲事。詩四月。盡瘁以仕。箋。事也。文王有聲。武王豈不仕。傳。事也。又爲司。詩節南山。弗問弗仕。箋。察也。〔古韻〕詩節南山叶仕子已殆。雨無正叶仕殆使子友。四月叶紀仕有。

sì 祀　sì 巳　zǐ 𦙶

紙 **𦙶** 𦙶 胏 食所遺也从肉仕聲楊雄說从肉𠂔聲士𠂔聲之轉字体胏含食所遺也易噬嗑噬乾胏馬注有骨謂之胏鄭注䝿也則本作第子夏傳作脯廣雅釋器胏脯也按純肉切之曰胾切肉有骨曰胏薄切曰脯而含食所遺一訓疑脩之借字脩胏雙聲轉音易噬嗑叶胏矢

巳九名凡巳之派皆衍巳聲 詳里切

紙 **巳** 㠯也四月陽气巳出陰气巳藏萬物見成文章故巳爲蛇象形按巳似也象子在包中形包字从之孺子爲兒襁褓爲子方生順出爲𠫓未生在腹爲巳去者指事巳者象形淮南天文巳則生巳定也廣雅釋言子巳似也轉注按此字引中爲止猶息也定也靜也故反巳爲㠯古巳㠯同讀經傳止息之義皆當作此巳字巳者止也㠯者用也行也叚借託名幖識字爲十二枝之一所以紀旬儀禮少牢禮日用丁巳注下巳者取其令名自丁寧自變改皆爲敬謹按此以聲訓後又以紀年紀月爾雅釋天太歲在巳曰大荒落四月爲余又以命天體十二宮淮南天文丁巳楚也又辰晉巳衞又以配五行淮南天文丙丁巳午火也又說文巳爲蛇象形易鄭注爻辰巳爲蛇論衡物勢巳火也其禽蛇也按篆體與虫字形近故傅會爲蛇又少皞青陽氏以巳爲姓聲訓白虎通五行巳者物必起釋名釋天巳巳也陽氣畢布巳也史記律書巳者言陽氣之巳盡也太元元數辰巳午注巳取其巳盛風俗通祀典巳者祉也邪疾巳去祈分祉也

紙 **祀** 祀 禩 祭無巳也从示巳聲或从異聲左文二傳祀國之大事也禮記月令臘先祖五祀注門戶中霤竈行也呂覽注木正句芒其祀戶火正祝融其祀竈土正后土其祀中霤金正蓐收其祀門水正元冥其祀井家語五帝別稱五祀注五祀上公之神禮記王制大夫祭五祀疏謂司命也中霤也門也行也厲也又周禮大宗伯以禋祀祀昊天上帝鼓人以雷鼓鼓神祀疏天神稱祀爾雅釋詁祀祭也舍人注祀地祭也又周禮司服祭羣小祀注林澤墳衍四方百物之屬典祀掌外祀之兆守注四望四類之屬牧人陽祀注天與宗廟陰祀注地與社稷望祀注五嶽四瀆禮記檀弓虞人致百祀之木注畿內百縣之祀也易損祀事遄往虞注祀舊作巳詩雲漢敬恭明祀釋文或作神轉注禮記檀弓以斬祀殺厲又過祀則下疏神位有屋樹者鄭語其後皆不失祀漢書地理志作祠今皆以祠爲之又書洪範三曰祀鄭注掌祭祀之官若宗伯者也又爾雅釋天商曰祀孫注取四時祭祀一訖也書洪範惟十有三祀左宣三傳載祀六百注年也又爲犯之誤字廣雅釋言祀佚也後漢吳祐傳祖道注引周禮大馭祀軷又爲祫之誤字詩元鳥序祀高宗也箋當爲祫又爲祝之誤字荀子正論出門而宗祀有事注當爲祝聲訓公羊定八傳定公順祀注言祀

xī 熙　yí 圯　shì 戺　yí 巸　sì 汜　yǐ 攺

者無巳長久之辭漢書郊祀志注祀者所以昭孝事祖通神明也又釋名釋天殷曰祀祀巳也新氣升故氣巳也爾雅釋天郭注祀取四時一終亦以巳爲訓古韻詩大田叶止子畝喜祀生民叶祀子敏止又叶秠芑畝負祀又叶時祀悔旱麓叶載備祀福潛叶鮪鯉祀福易困叶食來祀韓非外儲叶置祀治

昉 紙 **攺** 攺 毅攺大剛卯以逐鬼鬽也从攴巳聲讀若巳與从己聲之改革字別按毅攺亦疊韻連語以正月卯日作故曰剛卯或以玉或以金佩之辟邪其度大者長三寸廣一寸小者長一寸廣五分皆四方于中央從穿作孔采絲繫之文曰正月剛卯旣央靈殳四方赤青白黃四色是當帝令祝融以教夔龍庶疫剛癉莫我敢當予家藏小者一枚文正如此王似秋葵色眞贋所不辨也

紙 **汜** 汜 水別復入水也从水巳聲詩曰江有汜與从巳聲之氾濫字聲義迴別爾雅釋水決復入爲汜注水出去復還詩江有汜三家詩以洍水之洍爲之別義說文一曰窮瀆也爾雅釋邱窮瀆汜注水無所通者漢書張良傳下邳汜上應劭注窮瀆也又左成四年晉伐鄭取汜祭在今河南開封府汜水縣鄭西北界地名有汜水字亦誤作氾音凡叚借爲涘廣雅釋邱汜厓也楚辭天問次于蒙汜注水涯也淮南道應至于河上而航在一汜注水厓也幽通賦坐䆿大于南汜注涯也聲訓釋名釋水汜巳也如出有所爲畢巳而還入也古韻

詩江有汜叶汜以悔

支 **巸** 巸 廣𦣝也从𦣝巳聲古文从戶巳聲按古文當別爲正篆今刪轉注方言十二巸長也注謂壯大叚借爲媐方言十喜湘潭之閒曰紛怡或曰巸巳亦疊韻連語

紙 **戺** 戺 从戶巳聲說文以爲巸之古文按各字今分附于此字亦作扂上形下聲程瑤田云戺謂階之兩旁自堂至地斜安一石挨階齒而輔之者也愚謂此字當从石形誤爲𠂤猶妒之或誤爲石也書顧命夾兩階戺傳堂廉曰戺廣雅釋宮戺砌也西京賦金戺玉階別義爾雅釋宮樞達北方謂之落時落時謂之戺注門持樞者或達北檼以爲固也疑此字从戶與階戺各字叚借爲巸說文云巸古文从戶

支 **圯** 圯 東楚謂橋爲圯从土巳聲與从己聲之圮毁字別史記留侯世家良嘗閒從容步游下邳圯上徐廣注橋也漢書以汜爲之服虔注楚人謂橋曰圯

支 **熙** 熙 燥也从火巸聲按燥者熹字之訓古熙熹二字多互借許偁說耳爾雅釋詁熙光也禮記緇衣於緝熙敬止注緝熙皆明也大

士巳

yǐ 目(已)　yí 嫛

學注緝熙光明也周語緝熙單厥心注熙光也七啟熙天曜日注光也歸去來辭恨晨光之熹微注引聲類熙光明也按緝熙詩凡四見昊天有成命於緝熙周語叔向曰緝明也熙廣也毛傳用國語鄭箋廣當爲光文王於緝熙敬止傳緝熙光明也維清維清緝熙箋緝熙光明也敬之學有緝熙于光明傳光廣也箋緝熙光明也是周語之廣借爲光字無可疑者緝熙者熠熙也虞書庶績咸熙傳廣也史記易以興則謂起字漢書易以美則謂嬰字膠東令王君廟碑作熹又有能奮庸熙帝之載百工熙哉傳皆本國語訓廣按亦皆光也左襄廿九傳廣哉熙熙乎按廣亦光也注熙熙和樂聲則謂借爲嬰或曰訓廣者配字之轉注借爲配也非是叚借爲起爾雅釋詁熙興也詩酌時純熙矣箋興也熙興亦一聲之轉或曰爾雅之麻熙興也正字則歆嬰嫖也存疑又爲嬰唐釋慧苑華嚴音義引說文一曰說也字林熙歡笑也周書太子晉萬物熙熙注和盛也荀子儒效熙熙兮其樂人之臧也注和樂之貌老子衆人熙熙注淫放多情欲也亦重言形況字史記魯周公世家煬公熙索隱一作怡又爲禧漢書禮樂志熙事備成又大矣孝熙注熙亦福也又爲嬉郎姝淮南俶真鼓腹而熙說山則搏矢而熙登徒好色賦熙邯鄲注皆訓戲也又爲譆漢書翟義傳熙我念孺子注歎辭也亦發聲之詞古韻虞書叶喜起熙老子異俗叶哉熙臺孩

支 **嫛** 說樂也从女𦣝聲太元內初一謹于嫛執注女謂之嫛叚借爲熙左襄十傳注所殺公子嫛等

以四十五名凡以之派皆衍以聲

羊止切

紙紙 **已** 用也从反已指事賈侍中說已意已實也象形按賈謂薏苡實象形不从反已隸亦作㠯作以小爾雅廣詁以用也漢書東方朔傳注已用也劉向傳注已由也左僖廿六傳凡師能左右之曰以詩載芟侯彊侯以箋今時傭賃也春秋之義能東西之曰以左定十傳封彊社稷是以注猶爲也老子衆人皆有以注爲有爲也秦策向欲以齊事王注猶使也又詩何人斯已極反側荀子非相何已也帝堯碑已章聖德楊著碑皆所以紀盛德叚借爲已午之已古已以同音詩良耜以薅荼蓼三家詩作既風雨雞鳴不已箋止也墓門知而不已箋猶去也論語三已之皇疏謂黜止也史記五帝紀試不可用而已正義退也孟子於不可已而已者注棄也又左昭十二傳已乎已乎服注已乎決絕之辭也又廣雅釋詁三已成也四已訖也一已瘉也易損已事遄往注竟也左昭十三傳且曰吾已注猶決竟也齊語有司已于事而竣注畢也又禮記表記寧有已怨注謂不許也又漢書郊祀志病良已注謂瘉也呂覽至忠疾乃遂已注除愈也又詩蟋蟀無已太康傳甚也禮記檀弓於野則已疏注猶太也考工記輪已崇注大也甚也荀子議兵已朞三年注過也按猶極止也或曰義皆借爲止存疑叚借爲識禮記檀弓以死者爲不可別已周禮小祝注正作識又爲似易明夷文王以之荀諝向秀本正作似又爲與廣雅釋詁三以予也詩江有汜不我以箋猶與也儀禮鄉射禮各以其耦進注與也書金縢天大雷電以風禮記檀弓吾未嘗以就公室皆是以與雙聲又爲矣禮記檀弓生事畢而鬼事始已注辭也太史公自序皆失其本已索隱語終之辭也漢書馮唐傳上曰何已注已猶耳又發聲之詞書大誥已予惟小子傳發端歎辭公羊莊四傳以爲雖過紀侯之殯注以爲者設事辭而言之莊子已而爲知者已而不知其然爾雅釋詁已此也古韻詩江有汜叶汜以悔綠衣叶裏已旄邱叶久以風雨叶晦已子喜蒹葭叶采已涘右沚墓門叶已矣節南山叶仕子已殆九罭叶以以使句中韻左昭十二傳叶杞子鄙恥已士管子心術叶止已己度地叶已起久倍轉音易恆叶道已始老子元符叶老道已文文子自然叶事表理喜以已

yǐ 苢(苡)　sì 佀(似)

紙 **苢** 芣苢一名馬舄其實如李令人宜子从艸㠯聲周書所說按本王會解文爾雅釋草芣苢馬舄馬舄車前詩采采芣苢韓詩說直曰車前瞿曰芣苢按瞿者句曲也車前甚在牛跡中生一名牛舌一名當道其子如麥赤黑色治婦人難產故詩序云婦人樂有子毛傳云宜懷妊焉周書王會康民以桴苡者其實如李食之宜子今作桴苡不作芣苢也文選辨亡論注引韓詩薛君章句澤瀉也亦馬舄之誤叚借疊韻連語說文萹蓄說解薏苢一名薏苡古韻詩芣苢叶苢采有

紙紙 **似** 象也从人㠯聲廣雅釋詁三似類也釋言似若也墨子經上似有以相攖有不相攖也禮記雜記見似目瞿注謂容貌似其父母哀公問寡人雖無似也注無似猶言不肖字亦變作如叚借爲以六書故引唐本說文用也又爲嗣廣雅釋詁二似續也詩裳裳者華是以似之箋續也斯干似續妣祖卷阿似先公酋矣江漢召公是似傳皆訓嗣也又託名幖識字爾雅釋親娣婦謂長婦爲姒婦左成十一傳吾不以妾爲姒注昆弟之妻相謂爲姒釋名釋親屬少婦謂長婦曰姒言其先來已所當法似也儀禮特牲禮注舉觶於其姒婦釋文本作似方言十二築娌匹也廣雅釋詁四娌二也字亦作姒作妯玉篇引聲類侶仲侶也形誤又作伀又爾雅釋親女子同出謂先生爲姒按姒猶姊也別于男子謂女子先生爲姊也姊姒聲亦相近猶女弟爲娣也列女傳有魯公乘姒是子皮之姊郭注訓同出爲俱嫁事一夫恐非又詩正月襃姒威之傳姓也論衡奇怪禹母吞薏苡而生禹故夏姓曰姒則謂苢字也司農劉夫人碑德配古列任似爲其正作似詩桑中美孟弋矣公羊襄四年夫人弋氏薨以弋爲之聲訓周語賜姓曰姒謂其能以嘉祉殷富生物也古韻詩小宛叶采負似楚辭天問叶市姒有子禮賦叶采理不似海

sì 相　yǐ 矣　yí 台　néng 能

相 支 紙

臿也。从木，㠯聲。或從里聲，字亦作耜。方言五：臿，東齊謂之梩。周禮薙氏：冬日至而耜之。注：耜之以耜側凍土剗之。鄉師注：一梩一鉏。按短言曰耜，長言曰茲其，孟子作鎡基。〔叚借〕爲枱。易繫辭：斲木爲耜。京注：耒下耓也。考工匠人：耜廣五寸。注：今之耜岐頭兩金，象古之耜也。禮記月令：脩耒耜。注：耒之金也。漢書食貨志注：耜，耒耑木，所以施金也。按耜枱實同字，今姑從許。〔別義〕說文：一曰徙土輂，齊人語也。孟子：蓋歸反虆梩而掩之。丁音：梩，土轝也。莊子天下：禹親自操橐耜。司馬注：盛水器也。按橐盛水器，耜盛土器。〔聲訓〕釋名釋用器：耜，齒也，似齒斷物也。易繫辭：斲木爲耜。虞注：耜，止所踰，因名曰耜。〔古韻〕詩七月叶耜趾子畝喜。

矣 紙

語已詞也。从矢，㠯聲。詩天作：彼徂矣岐。後漢南蠻西南夷傳引作者。〔聲訓〕廣雅釋詁三：矣，止也。〔古韻〕詩墓門叶已矣。六月叶喜祉久友鯉矣。十月之交叶時謀萊矣。蓼莪叶矣恥久。登徒好色賦叶耳齒痔子矣。〔轉音〕素問疏五過論叶紀裏主道理始矣寶殆府。

台 支 灰

說也。从口，㠯聲。史記太史公自序：諸呂不台。集解：怡懌也。按此義實借爲怡。台本訓吾也。爾雅釋詁：台，我也。台，予也。書禹貢：祗台德先。傳：我也。湯誓：非台小子。馬注：我也。凡自稱之詞，台爲正字，己、言、陽、卬、我、姎、俺，皆聲之轉，猶吾爲正字，予、甫、余皆音之借也。方言雅俗不同，古今語亦異。〔叚借〕爲嗣。文選典引：有于德不台淵穆之讓。注引尚書：舜讓于德不台。史記作不懌。太史公自敘：虞舜不台。則皆爲怡說字。按漢書王莽傳引舜讓于德不嗣，則古文正作嗣也。又爲駘。方言六：台，失也。宋魯之閒曰台。又爲詒。方言：謾台，懼也。燕代之閒曰謾台。又爲頤。方言一：台，養也。晉衛燕魏曰台。又爲枱。天文：斗魁下六星，兩兩相比者曰三台，亦謂之三階。按古耕必耦，兩耜相比，星形似之，因以爲名。諸淵碑文：台衡之望。斯集盧諶詩：三台摛朗。字或以能爲之。或曰借爲臺，亦通。又爲鮐。詩行葦：黃耇台背。傳：台背，大老也。箋：台之言鮐也，大老則背有鮐文。又爲詒，實爲遺。按爾雅釋詁：台，予也。又託名標識字。左襄十二年：圍台。在今山東沂州府費縣南有台亭。穀梁以邰爲之。〔古韻〕列女傳引魯臧孫母叶台裘之母。

能 灰 蒸

熊屬。足似鹿。从肉，㠯聲。能獸堅中，故稱賢能；而彊壯稱能傑也。左昭七傳：夢黃能入于寢門。賈注：獸也。駿按：才能之義，許以爲轉注，其實態字之叚借。態或作儱。虞書：柔遠能邇。鄭注：能，姿也。誤作恣也。詩民勞：柔遠能邇。箋：能猶伽也。按伽卽恕字，順施之意。素問風論：顧問其診，及其病能。注：謂內作病形。今以態爲姿，致專用能爲才能，不知姿態二字，古誼皆當訓材藝善也。故又爲凡事力堪勝任之意。周禮太宰：四曰使能。注：多才藝者。鄉大夫：而興賢者能者。注：有道藝者。小宰：二曰廉能。注：政令行也。荀子勸學：非能水也。注：善也。漢書百官公卿表：柔遠能邇。注：善也。又廣雅釋詁二：能，任也。史記田完世家：寡人弗能拔。索隱：猶勝也。漢書嚴助傳：不能其水土。注：堪也。呂

yì 异　gǎi 改　yí 枱　xǐ 枲　chí 治

覽長見：君知我而使我畢能。注：力也。又荀子正名：能有所合謂之能。按猶得也。故不相能猶言不相得、不相中也。皆一意之引申，字亦多以而以耐爲之。〔別義〕爾雅釋魚：鼈三足能。注：今吳興郡陽羨縣君山上池中出三足鼈。按今江蘇常州府宜興縣君山未見有之，疑出大江。故江賦云：有鼈三足也。〔叚借〕爲台，實爲枱，或爲臺。漢書天文志：魁下六星，兩兩相比者曰三能。書緯刑德放：三公象三能矣。史記天官書：三能色齊，君臣和。〔聲訓〕春秋元命苞：能之爲言耐也。釋名釋言語：能，該也，無物不兼該也。〔古韻〕詩賓之初筵叶能又時。易繫辭下傳叶來能謀。離騷叶能佩。韓非子揚權叶能事，又叶能歲材治。主道叶能意。吳子料敵叶能備殆。呂覽君守叶事能。知度叶事意能。素問方盛衰論叶意能。大戴詩志叶戴事能。淮南要畧叶事能。主術叶志能基。太元親測叶能材兹。王逸九思叶娭能浮萊臺焦。贑易林小畜之隨叶食能國主。

异 寘

舉也。从廾，㠯聲。虞書：岳曰：异哉。按猶用也，傳已也，退也，謂借爲已，非是。〔叚借〕爲異。列子楊朱：何以异哉。魏都賦：异乎交益之士。注：異也。

改 賄

更也。从攴，己聲。與从巳之𢻱改字別。詩緇衣：敝予又改爲兮。傳：更也。儀禮鄉射禮：改取一个挾之。注：更也。士相見禮：改居則請退可也。注：謂自變動也。魯語：執政未改。注：易也。〔古韻〕楚辭懷沙叶鄙改。老子象元叶改殆母道。

枱 支

耒耑也。从木，台聲。或从金，籀文从木辝聲。字亦作粨。按臿上句者曰耒，下耑曰枱，卽考工記之庛也。錔于庛上之金曰犂。鄭則謂耒下前曲接于枱者曰庛，枱卽犂也。又按：枱實與梠同字，今姑從許。

枲 紙

麻也。从朩，台聲。籀文从林辝聲。按牡麻無實者也。夏至開花，榮而不實，亦曰夏麻。其有子者曰苴，或謂之萯。考工弓人注：萯，枲實也。〔轉注〕爲凡麻之大名。書禹貢：岱畎絲枲。周禮有典枲。淮南覽冥：位賤尚葈。字亦作葈。〔別義〕疊韻連語。廣雅釋草：胡枲，常枲，枲耳也。蒼頡篇：枲，葈耳也。一名蒼耳。楚辭哀歲：葈耳兮充房。注：惡草名也。列子楊朱：甘枲莖。釋文：胡枲也。按葉青白色，似胡荽，白華細莖，蔓生，四月中生子，如婦人耳中璫，卽詩之卷耳，爾雅之苓耳，離騷之葹，說文之𦽺，陸璣詩疏之瑲草，爵耳，淮南覽冥注之檀荼，本草之地葵，名醫別錄之常思，陶注之羊負來，崔寔四民月令之思耳，字亦作葈。

治 支 寘

治水。出東萊曲城陽邱山，南入海。从水，台聲。按今名小沽河，出山東萊州府掖縣陽邱山，卽馬鞍山，至平度州，與大沽河合，至膠州麻灣口入海。左傳：姑尤以西。尤水卽小姑河，姑水卽大沽河也。大沽河出登州府黃縣。水經：濰水注一名治水。〔叚借〕爲理。爲蘼。荀子

yí 怡　dài 怠

脩身少而理曰治不苟禮義之謂治太元元文人之大倫曰治墨子經上治求得也爾雅釋詁乂亂靖神弗淈治也大戴禮三本君師者治之本也儀禮喪服人治之大者也注治猶理也孟子治人不治張音治已理之義也禮記大傳上治祖禰注猶正也禮運以治人情注去瑕穢養菁華也周禮太宰使帥其屬而掌邦治注治所以紀綱天下大宗伯治其大禮注猶簡習也宰夫帥執事而治之注謂共辦司約治神之約爲上注理其相抵冒上下之差也鄉師遂治之注謂監督其事齊語教不善則政治注理也秦策繕兵之治秦也注猶相也呂覽振亂欲民之治也注整也貴當治物者不於物於人注飭也淮南原道治在道不在聖注爲也主術能多者無不治也注猶作也莊子人閒世挫鍼治繲司馬注治繲浣衣也素問太陰陽明論脾者土也治中央注主也五常政大論治而善下注化也恩按治篆實當出別義一曰汨也理導水也而此爲轉注又莊子庚桑楚動無非我之謂治說苑說叢治者亂之先也周禮小宰二曰以敘進其治注功狀也漢書文帝紀治安皆且千歲注言治理且安寧也又荀子正論治古無肉刑而有象刑注古之治世也又漢書高帝紀又治秦中注謂都之也陳餘傳治信都注爲治處也或曰治字當與準同訓故轉注爲修治爲治平水名則洗字之叚借古九台同音也存參叚借爲始爾雅釋詁治故也又爲瓵廣雅釋室治甂也又爲値漢書韓安國傳公等足與治乎注謂當敵也今人猶云對治聲訓釋名釋言語治値也物皆値其所也古韻詩緇衣叶緇治試易乾叶事試治裁蠱叶治事楚辭惜往日叶時疑咍治之否欺思之尤之周書酆保叶治服力惑韓非揚權叶能材治外儲叶置祀治秦之罘東觀銘叶怠旗疑尤治罘

賄 **怠** 慢也从心台聲與左形右聲之怡別爾雅釋言懈怠也廣雅釋詁二怠嬾也周語可先而不備謂之怠注緩也賈子道術飭勉就善謂之愼反愼爲怠大戴子張問入官怠墮者時之所以後也左襄廿八傳無怠于德注解也禮記檀弓吉事雖止不怠注惰也曲禮毋怠荒注放散身體也晉語怠偷甚矣注懈也鄭語其民怠沓其君注慢也公羊文十二傳俾君子易怠注易怠猶輕惰也漢書司馬相如傳怠而後游于清池集注倦也叚借爲殆方言六怠壞也古韻詩賓之初筵叶否史恥怠殷武叶怠國禍句中韻或曰敢字叶監嚴濫亦通易雜卦傳叶時災乘怠秦之罘東觀銘叶怠旗疑尤治罘韓詩外傳六叶怠之

支 **怡** 和也从心台聲與下形上聲之怠別與恖略同爾雅釋詁怡樂也廣雅釋詁一怡喜也書金縢公乃爲詩以怡王鄭注悅也禮記內則下氣怡色注悅也周語有慶未嘗不怡注說也論語怡怡如也馬注和順之貌鄭注謙順貌史記太史公自序諸呂不台徐廣注懌也以台爲之叚借爲娭舞賦序餘日怡蕩注怡悅放蕩也古韻列女傳魯連子引古叶怡嬉

yí 飴　chī 笞　yí 瓵　chì 眙　chī 齝　shǐ 始

紙 **始** 女之初也从女台聲裁衣之始爲初草木之始爲才人身之始爲首爲元築牆之始爲基開戶之始爲肁子孫之始爲祖形生之始爲胎轉注廣雅釋天太始形之始也老子無名天地之始注始者道本也易恆始求深也虞注乾爲始禮記檀弓君子念始之者也注猶生也經解君子愼始注謂其微時也昏義夫禮始於冠注猶根也墨子經上始當時也論語師摯之始皇疏首也晉語安始而可注先也秦策今日韓魏孰與始強注初也太元元瑩十有二始注朔也叚借爲治實爲理史記夏紀來始滑漢書律麻志七始詠古文尙書正作在治忽論語師摯之始關雎之亂鄭注識關雎之聲而首理其亂此以治訓始非以首訓始集解引作始猶首也謨晉書司馬彪傳關雎既亂則師摯脩之本鄭注也聲訓釋名釋言語始息也言滋息也古韻詩緜叶始止易恆叶道已始月令孟春叶起始道理紀管子心術叶事紀理始文子自然叶久宰始待荀子非相叶子治士起友市始靈樞榮氣篇叶府紀始理素問刺節眞邪論叶理紀始疏五過論叶理始矣寶始府府轉音鶡冠子度萬叶小少始又靈樞根結篇叶補數府走取始脹論叶寫下道止始殆補

支 賄 **笞** 擊也从竹台聲漢書刑法志笞者所以教之也荀子正論捶笞臏腳注杖擊也後世五刑笞杖徒流大辟蓋起于唐叚借爲箈集韻笞或作箔

支 **飴** 籀文 米蘖煎也从食台聲籀文从異省聲字亦作飴方言十三飴謂之餧廣雅釋器飴餳也按古以芽米熬之成液今或用大麥爲之再和之以饊則曰餳禮記內則棗栗飴蜜以甘之釋文餳也周禮瘍醫注五味醯酒飴蜜薑鹽之屬疏飴蜜卽甘也太元千干于耶飴注美食轉注周禮鹽人王之膳羞共飴鹽注鹽之甜者今戎鹽有焉叚借爲遺實爲饋漢書劉向傳飴我釐麰注讀與貽同遺飴雙聲聲訓釋名釋飲食飴小弱於餳怡怡然也古韻詩緜叶飴謀龜時茲

支 **齝** 吐而噍也从齒台聲爾雅釋獸齝屬牛曰齝羊曰齥麋鹿曰齸按食久復吐而回嚼今蘇俗謂之轉草字亦作𪘲作呞作齛詩無羊箋呞而動其耳

寘 **眙** 直視也从目台聲史記滑稽傳目眙不禁吳都賦士女佇眙魯靈光殿賦序覩斯而眙張注愕視曰眙西都賦猶愕眙而不能嗤注引字林眙驚貌也叚借爲竢方言七眙逗也西秦謂之眙注謂住視也失之古韻楚辭思美人叶眙詒

支 **瓵** 甌瓿謂之瓵从瓦台聲爾雅釋器注瓵甂小甖長沙謂之瓵孫炎注瓵瓦器受斗六升史記貨殖傳糵麴鹽豉千台以台爲之索隱引說文瓵瓦器受斗六合轉注廣雅釋室治甂也以治爲之集韻有瓵字注云甂也或誤作㼙皆卽瓵字又廣雅釋宮甌甂也又作甌

ǎi 佁

支賄寘 **佁**

癡貌。从人台聲。讀若騃。叚借爲紿。呂覽本生出則以車入則以輦務以自佚命之曰佁蹷之機。七發作蹷痿之機。按人過逸則血滯骨痿如絲之僦勩。高注至也。謂借爲礙。又爲譺。管子侈靡佁美然後有煇。注深思貌。又疊韻連語。漢書司馬相如傳沛艾赳螑仡以佁儗。今注不前也。長笛賦佁儗寬容。注寬容之貌。

tāi 胎

灰 **胎**

婦孕三月也。从肉台聲。按一切經音義引說文作二月。凡兩見。又文子曰四月而胎。爾雅釋詁胎始也。注胚胎未成亦物之始也。舊注胎始養也。方言一胎養也。汝潁梁宋之閒曰養。莊子知北遊九竅者胎生。禮記月令毋殺孩蟲胎夭飛鳥。叚借爲鮐。孔耽碑背有胎文。又爲駘。方言十三胎逃也。按銜脫則馬逃。古韻周書文傳叶胎材時。

dài 殆

賄 **殆**

危也。从歺台聲。廣雅釋詁一殆壞也。賈子道術志操精果謂之誠反誠爲殆。書秦誓亦曰殆哉。傳危殆。左昭四傳晉有三不殆注危也。荀子議兵兵殆于垂沙注謂危亡也。淮南說山毋德不報而身見殆注危害也。說林而殆于蝍蛆注畏也。莊子養生主以有涯隨無涯殆已向注疲困之謂。叚借爲怠。論語思而不學則殆。老子周行而不殆。又爲隸。詩七月殆及公子同歸。按殆亦及也。傳謂借爲始。失之。節南山無小人殆。箋近也。又爲似。孟子殆于不可。按猶似乎不可也。史記畱侯世家沛公殆天授。索隱殆訓近也。禮記檀弓不殆于用殆乎哉注幾也。荀子彊國雖爲之築明堂于塞外而朝諸侯殆可矣注庶幾也。漢書趙充國傳此殆空言集注僅也。又爲治。公羊襄五傳故相與往殆乎晉也。按猶理也。注殆疑疑讞于晉齊人語謂借爲疑失之。荀子彊國彊殆中國注殆或爲治。古韻詩節南山叶仕子已殆。雨無正叶仕殆使子友。吳子料敵叶能佁殆。老子歸根叶道久殆。象元叶改殆母道。靈樞九鍼叶右者殆。轉音素問疏五過論叶紀裏主道理殆矣寶殆府。靈樞脹論叶寫下道止始殆補。

tái 駘

灰賄 **駘**

馬銜脫也。从馬台聲。轉注銜脫則行鈍故爲駑駘字。又史記天官書兵相駘藉。按猶蹈藉也。言死亡者眾集解登蹋也。漢書作跆藉。字變作跆。叚借爲邰。左昭九傳魏駘芮岐畢。按即后稷始封之地。又雙聲連語。莊子天下駘蕩而不得。釋文放也。司馬注猶施散也。長笛賦安翔駘蕩。注安翔貌。或曰本義之轉注。亦通。西都賦經駘盪而出馺娑。注建章宮殿名。又疊韻連語。左昭元傳臺駘汾神也。論衡水經注皆作台。又託名幖識字。左襄四傳敗于狐駘。在今山東兗州府滕縣東南有狐駘山。古韻左襄四傳叶裘駘。

yí 詒

支賄寘 **詒**

相欺詒也。从言台聲。方言三膠譎詐也。注汝南人呼欺爲謾詒。亦曰詒。列子黃帝既而狎侮欺詒。仲尼吾笑龍之詒孔穿。廣雅釋詁詒欺也。叚借爲遺。實爲饋。字亦作貽。說文詒一曰遺也。爾雅釋言詒遺也。書金縢公乃爲詩以貽王。鄭本作怡。詩鴟鴞序作遺。詩雄雉自詒伊阻。谷風既詒我肄。天保詒爾多福。思文詒我來牟。有駜詒孫子。傳箋皆訓遺也。文王有聲詒厥孫謀。箋猶傳也。靜女貽我彤管。斯干無父母貽罹。釋文本作詒。韓詩子衿子寧不詒音。傳寄也。穀梁定元傳夫請者非可詒託而往也。注猶假寄也。考工梓人詒女曾孫。禮記內則思貽父母令名。注皆訓遺也。左莊三十一傳無不饋詒也。按詒亦饋也。詒遺一聲之轉。又爲紿。莊子達生公反誒詒爲病。司馬注解倦貌。李注失魂魄也。則謂借爲胎。又爲駘。後漢馮衍傳更相駘藉。注引前書音義云駘蹈也。今此爲駘古字通。按史記天官書本作駘。又託名幖識字。爾雅釋魚元貝貽貝。釋文本作胎。按字變作蛤。字林蛤黑貝也。古韻詩靜女叶異貽。離騷叶佩詒。楚辭思美人叶貽詒。

tāi 邰

灰 **邰**

炎帝之後姜姓所封周棄外家國。从邑台聲。右扶風斄縣是也。按堯封稷于邰。而國姜姓他處。至武王又封神農後于焦。邰在今陝西乾州武功縣南。有邰城驛。即古斄城也。詩生民即有邰家室。傳姜嫄之國也。漢書地理志右扶風斄。郊祀志后稷封于斄。樊噲傳從攻雍斄城先登。皆以斄爲之。叚借爲台。穀梁襄十二年季孫宿帥師救邰。

tái 炱

灰 **炱**

灰炱煤也。从火台聲。今蘇俗謂之烟塵。通俗文積烟爲炱煤。素問風論其色炲。注黑色也。字亦作炲。列子黃帝埃不漫。釋文一作炱。字又作炫。廣雅釋詁二炱熱也。三炱炫熾也。釋言炱炫也。叚借雙聲連語。舞賦舒恔炱之廣度兮。字或作台亦同。

tái 鮐

灰 **鮐**

海魚名。从魚台聲。漢書貨殖傳鮐鮆千斤。吳都賦王鮪鯸鮐。按狀如科斗。疑即今河豚。斑魚之屬。轉注方言一鮐老也。陳兗之會曰耇鮐。爾雅釋詁鮐背耇也。注背皮如鮐魚。舍人注老人氣衰皮膚消瘠背若鮐魚也。釋名釋長幼九十曰鮐背。背有鮐文也。詩閟宮黃髮台背。箋皆壽徵也。以台爲之。

dài 紿

賄 **紿**

絲勞即紿。从糸台聲。謂倦勩如人之勞怠也。廣雅釋詁二紿緩也。四紿纏也。絲紿則紓而紊繞。叚借爲詒。穀梁僖元傳惡公子之紿。注欺紿也。史記樊酈滕灌傳紿呂祿。索隱欺也。詐也。漢書吳王濞傳東越即紿吳王。集注誑也。又爲貸。淮南氾論出百死而紿一生。按猶借也。注紿至也。謂借爲隸。失之。

yě 冶

馬 **冶**

銷也。从仌台聲。按凝則爲仌。釋則爲水。銷金遇熱即流。遇冷即凝。似之。故从仌。禮記樂記良冶之子。考工記攻金之工築冶鳧㮚段桃。叚借爲野。易繫辭傳冶容誨淫。陸虞姚王本皆正作野。台予雙聲。又雙聲連語。荀子非相美麗姚冶。海賦眇睶冶夷。注妖媚之貌。又託名幖識字。西周策函冶氏。注官名也。古韻荀子非相叶子冶士起友市始。

tái 菭

支灰 **菭**

水衣也。从艸治聲。疑从水艸台聲。字亦作苔。淮南泰族窮谷之汙生以青苔。注水垢也。轉注管子地員五隱之狀黑土黑菭。注地衣也。漢書外戚傳：華殿塵兮玉階落。注：水氣所生也。

箈（灰 支 賄）竹萌也。从竹怠聲。字亦作䈚。爾雅釋草：箈，箭萌。按箈如今春筍，筍如今冬筍。周禮醢人：箈菹鴈醢。注：箭萌也。司農注：水中魚衣，則謂借為菭。

隸（隊 薺）及也。从隶柰聲。詩鴟鴞：隸天之未陰雨。毛本字作迨。从辵台聲。爾雅釋言：迨，及也。方言三：東齊曰迨。摽有梅：迨其吉兮。韓詩：迨，願也。匏有苦葉：迨冰未泮。伐木：迨我暇矣。公羊僖廿二傳：請迨其未畢濟而擊之。幽通賦：盍孟晉以迨群兮。字皆作迨。

挨（佳 蟹）擊背也。从手矣聲。廣雅釋詁三：挨，擊也。字亦作𢺳。列子黃帝：攩拯挨抌。釋文：推也。【古韻】列女傳屠門高琴引叶挨來。

埃（灰）塵也。从土矣聲。蒼頡篇：埃，謂風揚塵也。通俗文：灰塵曰埃。莊子逍遙遊：野馬也，塵埃也，生物之以息相吹也。列子黃帝：埃不漫。離騷：溘埃風余上征。素問至眞要大論：風淫所勝，則太虛埃昏。注：青塵也。五常政大論：埃冒雲雨。注：土霧也。六元正紀大論：山澤埃昏。注：白氣似雲而薄也。

俟（紙）大也。从人矣聲。詩吉日：伾伾俟俟。毛本作儦儦俟俟。傳：趨則儦儦，行則俟俟。韓詩作駓駓騃騃。皆借為俟，亦重言形況字。【假借】為竢。詩靜女：俟我於城隅。儀禮士昏禮：俟于門外。周禮內饔：以俟饋。傳注皆訓待。禮記中庸：君子居易以俟命。注：聽天任命也。幽通賦：俟草木之區別兮。注：俟也。論語夷俟，古今人表作竢。又為俟，俟卽⿰來矣。爾雅釋訓：不俟，不來也。【古韻】詩相鼠叶齒止俟。

涘（紙）水涯也。从水矣聲。周書曰：王出涘。按古泰誓文：白魚入于王舟，王跪取出涘以燎。鄭注：涘，涯也。王出于岸上，燔魚以祭，變禮也。爾雅釋丘：涘為厓。廣雅釋丘：涘，厓也。詩蒹葭：在水之涘。大明：在渭之涘。葛藟：在河之涘。公羊僖元傳：自南涘。莊子秋水：兩涘渚崖之閒，不辨牛馬。【古韻】詩蒹葭叶采已涘右沚，葛藟叶涘母有。

竢（紙）待也。从立矣聲。或从已聲。爾雅釋詁：竢，待也。左哀元傳：曰可竢也。漢書地理志：竢我於著乎而。賈誼傳：竢罪長沙。蕭望之傳：竢見二子。經傳多以俟為之。【古韻】楚辭思美人叶佩態異竢。

⿰來矣（紙）詩曰：不⿰來矣不來。从來矣聲。或从彳。按爾雅釋訓：不俟，不來也。注：不可待，是不復來。釋文：今作俟字，待也。皆非。當作或體俟，訓至，隸寫脫一筆耳。詩采薇：我行不來。傳：來，至也。古本當作⿰來矣，闕其右半。詩凡來字，傳皆不著訓，獨此訓至，是毛本作⿰來矣無疑。

誒（支）可惡之詞也。从言矣聲。今蘇俗凡失意可惜之事，尙作此語。按實與欸同字。【假借】為唉。說文一曰誒然。按應聲也。漢書韋賢傳：

劬誒厥生。注：歎聲失之。文選正作唉。注引應劭：小兒啼聲曰唉。又為熹。說文又引春秋傳曰：誒誒出出。亦重言形況字。今左傳作譆。

騃（紙 蟹）馬行仡仡也。从馬矣聲。西京賦：羣獸駓騃。注引韓詩章句：趨曰駓，行曰騃。【假借】為佁。廣雅釋詁三：騃，癡也。蒼頡篇：騃，無知之貌。漢書息夫躬傳：內實騃不曉政事。注：愚也。

娭（支 賄）戲也。从女矣聲。字亦作嬉。方言十：江沅之閒戲或謂之嬉。蒼頡篇：嬉，戲笑也。切韻：嬉，遊也。楚辭招魂：娭光眇視。注：戲也。上林賦：娭遊往來。注：戲也。今誤作娭。西京賦：為水嬉。注：戲也。思元賦：追漁父以同嬉。注：樂也。【別義】說文一曰卑賤名也。通俗文：醜稱曰娭。蒼頡篇：娭，婢人賤稱。廣雅釋詁四：娭，婢也。【假借】為起。論語摘輔象：隕邛受延嬉。注：興也。又託名幖識字。古今人表末嬉，晉語作妹喜。

唉（支）譍也。从口矣聲。讀若埃。今蘇俗尙有此語。蒼頡篇：唉，吟也。莊子知北遊：唉，予知之。釋文：應聲。又韋賢諷諫詩：勤唉厥生。按咿唲答應之聲。蘇俗撫愛嬰兒，假為譍話如此。【假借】為誒，為欸。史記項羽紀：拔劍而破之，曰：唉！豎子不足與謀。索隱：歎恨發聲之詞。又為誋。管子入國：禹立諫鼓于朝而備訊唉。按告也。注訓驚問，失之。

欸（灰 卦）訾也。从欠矣聲。按實與誒同字。蒼頡訓詁：欸，恚聲也。楚辭涉江：欸秋冬之緒風。注：欸也。【假借】為唉。方言十：欸，然也。南楚曰欸。廣雅釋詁一：欸，譍也。

⿱能日（隊）埃⿱能日，日無光也。从日能聲。按埃⿱能日疊韻連語，猶靉靆晻曖也。

態（隊）意也。从心从能。按能本義當訓巧藝，高材也，卽才能賢能之能，故从心。因古借能為態，而才藝美善之訓移以訓能，遂專為姿態字矣。其實姿者材也，亦非專言容貌。虞書：柔遠能邇。鄭注：能，姿也。姿卽態也。鄭蓋以正字釋借字也。荀子成相：人之態，不如備。按詐態也。西京賦：盡變態乎其中。薛注：巧也。【轉注】西京賦：要紹修態。薛注：嬌媚意也。楚辭大招：滂心綽態。注：姿也。舞賦：狗媮致態。注：謂姿態也。按此為才美引申之誼。【古韻】離騷叶侍態；荀子成相叶戒有悔態備忌匿。【轉音】楚辭懷沙叶怪態。

己十六名　凡己之派皆衍己聲（居以切）

己（紙 寘）中宮也。象萬物辟藏詘形也。己承戊，象人腹。古文作王。按己卽紀之本字。古文象別絲之形，三橫二縱，絲相別也。小篆象古文之形，左右譌連。呂覽云：昔子夏之晉，過衛，有讀史記者曰：晉師三豕涉河。子夏曰：非也，是己亥也。據此知亥豕同字，己作三橫二縱轉爲脫去兩直故謂三若如小篆詘曲無絲致誤矣廣雅釋言己紀也釋名釋天己紀也皆有定形可紀識也禮記月令疏己理也按記𠯑啟字从己會意叚借託名幖識字禮記月令中央土其日戊己又以紀年紀月爾雅釋天太歲在己曰屠維月在己曰則又淮南天文己亥韓也己酉己卯魏也又借爲台禮記大學人之視己中庸施諸己而不願亦勿施於人按字實當作巳止之巳借曰爲台也又助語之詞詩揚之水彼其之子箋或作己韓詩外傳引羔裘彼己之子晉語引俟人彼己之子聲訓白虎通五行己者抑屈起禮記月令注己之言起也古韻管子心術叶止巳己文子自然叶事表理喜以己

紙 **紀** 別絲也从糸己聲按此後出字己爲十榦借義所專因又製此加糸傍也白虎通三綱六紀紀者理也方言十紀緒也詩棫樸綱紀四方箋張之爲綱理之爲紀禮記禮器衆之紀也注絲縷之數有紀樂記中和之紀注總要之名也穀梁莊廿二傳紀治理也周語紀農協功注猶綜理也晉語礮兆之紀注經也轉注書洪範協用五紀歲月日星辰厤數也禮記月令毋失經紀注謂天文進退度數又月窮於紀注會也呂覽注月遇日相合爲紀思元賦察二紀五緯之綢繆遹皇注二紀日月也又晉語蓄力一紀注十二年歲星一周爲一紀又樂叶圖徵以四千五百六十爲紀注即元也又幽通賦皇十紀而鴻漸兮注世也又白虎通三綱六紀

六紀者謂諸父兄弟族人諸舅師長朋友也又莊子天地執德之謂紀越語四時以爲紀注猶法也呂覽孟春無亂人之紀注道也本味火爲之紀注猶節也孝行萬事之紀也注猶貫因也淮南原道經紀山川注通也又禮記文王世子喪紀以服之輕重爲序注猶事也周禮庖人共喪紀之庶羞注喪事之祭謂虞祔也呂覽孟冬飭喪紀注數也叚借爲改周語不過十年數之紀也注數起於一終於十十二則更故曰紀又爲記廣雅釋詁二紀識也東京賦咸用紀宗存主注錄也紀禪肅然之功注記也劇秦美新咸稽之於秦紀注本紀也遊天台山賦名標于奇紀注即內經山記又爲基詩終南有紀有堂傳基也或本以屺爲之白帖引作有杞有棠則借爲杞棠與條梅一例也聲訓釋名釋言語紀記也記識之也史記五帝紀索隱紀者記也紀理也古韻詩四月叶紀仕有書洪範叶事紀極德疑福極禮記月令叶起始道理紀楚辭悲回風叶紀止右期管子心術叶事紀理始正篇叶紀理止道子莊子則陽叶紀志理靈樞榮氣叶府紀始理官能叶數紀理道素問陰陽應象論叶道紀母府刺節眞邪篇叶少短理紀始疏五過論叶紀裏夫道理始矣寶命府史記秦紀之罘刻石叶起海始紀理己每三句一韻

紙 **芑** 白苗嘉穀也从艸己聲大篆从茻爾雅釋草芑白苗注今之白粱粟詩生民維穈維芑傳白苗也字亦作䒗見管子

洞簫賦杞梁之妻注引琴操作芑蓋謂人以芑梁之穀爲名也別義詩采芑薄言采芑傳菜也陸疏芑菜似苦菜也青州謂之芑按蘇頌圖經枸杞春生苗葉如石榴葉而軟薄堪食俗呼爲甜菜疑借爲杞也又詩文王有聲豐水有芑傳草也禮記表記注芑枸檵也則謂借爲杞古韻詩采芑叶芑畝止試生民叶秠芑畝負祀文王有聲叶芑仕謀子

紙 **起** 能立也从走己聲古文从辵禮記曲禮請業則起注若今據衣前請也儒行起居竟信其志注起居猶舉事動作孔子閒居氣志既起注猶行也左昭廿六傳王起師于滑注發也論語起予者商也皇疏發也秦策起樗里子於國注猶舉也呂覽論威兔起鳧舉注走也直諫百邪悉起注興也素問皮部論泝然起毫毛注謂毛起豎也五常政大論白起金用注謂價高于市也轉注晉語世相起也注扶持也叚借爲改禮記內則起敬起孝注猶更也聲訓釋名釋言語起啟也啟一舉體也起啟雙聲古韻詩楚茨叶止起書益稷叶喜起熙禮記郊特牲叶右起孔子閒居叶起海子月令叶起始道理紀管子度地叶已起久倍荀子非相叶子治士起友市始莊子天運叶首起待宋玉笛賦叶子手茵起徵轉音素問疏五過論叶道葆口起告理市愈得海晦

寘 **記** 疏也从言己聲按疏者諸也廣雅釋詁二記識也禮記內則記有成注猶識也學記記問之學注謂豫誦雜難雜說又廣雅釋

詁四記書也公羊僖二傳宮之奇果諫記曰注史記也莊子天地記曰注書名也漢書張敞傳受記考事注書也何武傳出記問墾田頃畝注謂敎命之書叚借助語之詞禮記表記彼記之子與用其己忌同聲訓釋名釋典藝記紀也紀識之也古韻周書允文叶記在賄畢吏士布恥喜在子母轉音神女賦叶首按記褎究按讀如究也

紙 **杞** 枸杞也从木己聲爾雅釋木杞枸檵廣雅釋木枸乳苦杞也又地筋枸杞也按其根名地骨其苗葉微苦可茹其子秋熟正赤服之明目益氣亦作苟杞句杞枸忌枸己狗杞按皆雙聲連語南山經虖勺之山其下多荆杞詩南山有臺南山有杞釋文引草木疏其樹如樗一名狗骨四牡集于苞杞四月隰有杞桋左昭十二傳我有圃生之杞乎傳注皆訓枸檵又易姤以杞包瓜劉注杞杞也王弼注杞之爲物生于肥地者也馬注大木也鄭注柳也虞注杞柳木名也未詳孰是別義詩將仲子無折我樹杞傳木名也陸疏柳屬也孟子性猶杞柳也注柜柳也則即爾雅之楥柜柳或謂之鬼柳亦曰櫸柳易折釋文引薛注杞柳柔韌木也又楚語若杞梓皮革焉注良材也西京賦樹以柳杞注即檉木也叚借託名幖識字左隱四年莒人伐杞襄廿九傳杞夏餘也按姒姓武王克殷求禹裔東樓公封之在今河南開封府杞縣後遷淳于今山東青州府安邱縣疑春秋前周王改封之也後爲楚所滅又孟子華周杞梁之妻見左莊廿三傳齊莊

qǐ 邔　qǐ 屺　jì 忌

紙 **邔** 南陽縣，从邑，己聲。在今湖北襄陽府宜城縣。漢書地理志注音忌。

紙 **屺** 山無艸木也，从山，己聲。字亦作峐。爾雅釋山：多草木岵，無草木峐。詩陟岵：陟彼屺兮。傳：山無草木曰岵，山有草木曰屺，轉寫誤也。釋名釋山：山無草木曰屺。屺，圯也，無所出生也。古韻詩陟岵叶屺、母。

寘 **忌** 憎惡也，从心，己聲。晉語：而忌處者。注：惡也。大戴衛將軍文子：不克不忌。注：有惡於人也。詩斯干序：不妒忌。箋：忌有所諱惡於人。荀子致仕：隱忌雍蔽之人。注：謂妬賢。楚辭謬諫：恐犯忌而干諱。注：所畏為忌。尖之。又周禮小史：則詔王之忌諱。司農注：先王死日為忌，名為諱。禮記祭義：忌日之謂也。注：親亡之日。按：惡其日之不祥，故曰忌。轉注詩瞻卬：維予胥忌。禮記檀弓：為懿伯之忌。晉語：小人忌而不思。傳注皆訓怨也。假借為誋，實為戒。廣雅釋詁四：忌，恐也。禮記表記：敬忌而罔有擇言在躬。注：忌之言戒也。易象下傳：居德則忌。注：禁也。左昭元傳：幼而不忌。注：畏也。非羈何忌。注：敬也。家語正論：殺人不忌為賊。注：憚也。晉語：好專利而不忌。注：難也。老子：天下多忌諱。注：忌諱者防禁也。又為誋。淮南天文：虹蜺彗星者天之忌也。按：告誡也。又為意。書秦誓：未就予忌。說文引作惎，故廣雅釋詁三：惎，意也。又助語之詞。詩大叔于田：叔善射忌。傳：辭也。箋：讀如彼己之子之己。又疊韻連語爾雅釋鳥：鵅，鵋鶀。注：今江東呼鵂鶹為鵋鶀，亦謂之鴝鵅。按即舊也。鴝鵅則雙聲連語字變作鵋。古韻詩桑柔叶里、喜、忌，瞻卬叶富、忌，召旻叶富、時、疚、茲，荀子成相叶態、備、忌、匿，雲賦叶思、匿。

說文通訓定聲　頤部第五

fěi ⿱非己　jǐ 妀　pǐ 圮　jì 跽　jì 誋

尾 **⿱非己** 別也，从非，己聲。按此字當隸己部，从己，非聲。己絲別也。唐韻非尾切，是也。應為履部字，今姑從許。

紙 **妀** 女字也，从女，己聲。玉篇：紂妃妲妀。

紙 **圮** 毀也，从土，己聲。與从巳之圯橋字別，與𡎺誼同。或从手从非，配省聲。按：醫省聲。爾雅釋詁：圮，毀也。注：岸毀也。釋言：圮，覆也。書序：祖乙圮于耿。傳：河水所毀曰圮。思元賦：觀有黎之圮墳。注：致也。轉注虞書堯典：方命圮族。傳：毀也。東京賦：故宗緒中圮。注：絕也。

紙 **跽** 長跪也，从足，忌聲。字亦作與，作⿰月忌。史記范雎蔡澤傳：秦王跽而請。索隱：長跪兩膝枝地也。滑稽傳：希韝鞠跽。集解：謂小跪也。按：鞠跽如今之屈膝請安，長跽則兩膝搘地而聳體。聲訓釋名釋姿容：跽，忌也，見所敬忌，不敢自安也。

寘 **誋** 誡也，从言，忌聲。誋、誡聲義皆畧同。廣雅釋詁三：誋，告也。淮南繆稱：而不可以昭誋。注：誡也。鹽鐵論相刺篇：天設三光以照記，以記為之。

jì 㠱　yī 醫

紙 **㠱** 長踞也，从已，其聲，讀若杞。按：从其，已聲，仰其股而坐，形如箕，故从其，所謂箕踞也。今系于此。字亦作踑，作㞓。廣雅釋詁三：踑，踞也。㞓，踞也。釋言：䟚，蹲也。魯靈光殿賦：卻負戴而蹲跠。論語：夷俟。以夷為之，夷、已一聲之轉。假借為杞。集韻：㠱，古國名，衛宏說。

醫一名　於其切

支 **醫** 治病工也。殹，惡姿也。醫之性得酒而使。从酉。王育說：一曰殹，病聲。酒所以治病也。周禮有醫酒。古者巫彭初作醫。此字會意，亦作毉。官有醫師、食醫、疾醫、瘍醫、獸醫。又越語：將免者以告公，令醫守之。注：乳醫也。轉注廣雅釋詁四：醫，巫也。論語：不可以作巫醫。管子權修：好用巫醫。按：巫醫同類，別義。周禮酒正：二曰醫。注：內則所謂或以酏為醴。凡醴濁，釀酏為之，則少清矣。按：謂黍粥所釀酒也。司農注：醫與臆音聲相似，文字不同，記之者各異耳。按：先鄭謂即內則漿水醷。澱之醷，古作臆，即肌梅漿也。周禮漿人：水漿醴涼醫酏。同。按：二鄭、許君說各不同，當以許醫酒之說為正。如今小藥湯頭可作茶酒飲者。假借託名標識字。周禮職方：幽州其山鎮曰醫無閭。在今盛京錦州府廣寧縣西。漢書地理志遼東郡無慮作無慮。淮南墬形作醫毋閭。楚辭遠遊：夕始臨乎於微閭，作於微閭，皆同。聲訓後漢方術郭玉傳：醫之為言意也。古韻文子上德叶醫、謀。

說文通訓定聲　頤部第五

yí 𦣝　yí ⿰王𦣝　chǎi 茝

𦣝八名。凡𦣝之派皆衍𦣝聲。與之切

支 **𦣝** 顄也。象形。篆文右又从頁。籀文左又从首。方言：𦣝，頤，頷也。易頤鄭注：口車輔之名也。釋名釋形體：頤，或曰輔車，或曰牙車，或曰頰車，或曰鼸車。凡繫於車，皆取在下載上物也。春秋元命苞：后稷岐頤自求。宋注：頤有土象也。頤而為下部，下部為地，乃地利也。易朵頤。注：朵頤者嚼也。禮記玉藻：端行頤霤如矢。注：或為霤也。莊子天地：手指頤指。漢書東方朔傳：擢項頤。轉注爾雅釋詁：頤，養也。易序卦：頤者養也。雜卦：頤養正也。釋名釋形體：頤，養也。動于下，止於上，上下咀物以養人也。禮記曲禮：百年曰期頤。釋名釋長幼：頤，養也，老昏不復知服味善惡，孝子期于盡養道而已也。古人名者，字真。晉枚頤字仲真，作梅賾者誤。李頤字景真。魏都賦：䫉顤草頤負。典引：微胡瑣而不頤。假借助語之詞。史記陳涉世家：夥頤，涉之為王沈沈者。又託名標識字。莊子至樂：頤輅生乎食醯。司馬注：蟲名。列子天瑞：頤輅黃軦。釋文：蟲也。古韻易頤叶龜、頤。

支 **⿰王𦣝** 石之似玉者，从玉，𦣝聲，讀若詒。蒼頡篇：⿰王𦣝，五色之石也。

賄 紙 **茝** 虈也，从艸，𦣝聲。字亦作芷。爾雅釋草：蘄茝，蘪蕪。按即川芎苗。廣雅釋草：山茝，藁本也。又白芷，其葉謂之葯。漢書禮樂志：茝蘭芳

yì 異　jī 姬　sī 洍　sī 獄　yí 宧　jī 篋

注即今白芷北山經其祠之皆用一藻芷瘞之注蘭之類說文䕡篆解楚謂之蘺晉謂之䒣齊謂之茝荀子勸學蘭槐之根是爲芷按管子地員五沃之土五臭疇生蓮與蘪蕪槁本白芷淮南氾論夫亂人者芎藭之與槀本也蛇牀之與麋蕪也荀子大畧蘭茝槀本漸于蜜醴一佩易之是諸香草皆大同而小別又按古所謂蘭皆今之澤蘭非今之蘭花古所謂菊即今之辛夷非今之芍藥也禮記內則佩帨茝蘭史記禮書側載臭茝司馬相如傳衡蘭芷若列子周穆王雜芷若以滿之古韻離騷叶在茝又叶晦芷

支 **篋** 取蟣比也从竹𦣞聲蘇俗謂之編箄是也其疎者曰木梳所以理髮不任取蟣廣雅釋器篋櫛也

支 **宧** 養也室之東北隅食所居从宀𦣞聲按以頤爲訓也爾雅釋宮東北隅謂之宧孫注日側之明按君子之居恆當戶戶在東南此東北隅所謂當戶也蓋起居飲食之處或曰古人庖廚食閣皆在室之東北隅以迎養氣也聲訓釋名釋宮室宧養也東北陽氣始出布養物也爾雅釋宮舍人注東北陽氣始起萬物所養故謂之宧皆以頤爲訓始宧亦同聲

支 **獄** 獄司空也从㹜𦣞聲復說獄司空按漢官有都司空獄司空叚借爲司玉篇謂即伺視字

紙 **洍** 洍水也从水𦣞聲叚借爲汜說文引詩曰江有洍汜篆說解引毛詩正作汜

支 **姬** 黃帝居姬水以爲姓从女𦣞聲晉語昔少典取于有蟜氏生黃帝炎帝黃帝以姬水成炎帝以姜水成成而異德故黃帝爲姬炎帝爲姜按軒轅子二十五人惟青陽與倉林氏得姓姬史記三代世表堯立后稷以爲大農姓之曰姬氏按姬姜爲古大姓稷本黃帝裔故堯賜姓姬也論衡奇怪云后稷母履大人跡而生稷故周姓曰姬非是轉注左傳雖有姬姜無棄蕉萃按大姓故爲尊美之通偁又漢書文帝紀母曰薄姬注內官也史記齊世家王姬徐姬蔡姬索隱眾妾之總稱此名之不正者叚借爲居列子黃帝姬將告汝注居也以與姬雙聲又助語之詞禮記郊特牲二日伐鼓何居疏姬是語助之辭按與用其同聲訓廣雅釋言姬基也史記三代世表姬者本也以基爲訓古韻詩泉水叶淇思姬謀左僖十五傳叶姬旗邱高唐賦叶㴋姬思旗

異十一　各从異之派皆衍異聲 羊記切

寘 **異** 分也从廾从畀會意畀予也墨子經上異二體不合不類荀子解蔽異也者同時兼知之老子此兩者同出而異名禮記樂記禮者爲異注謂別貴賤也王制事爲異別注五方用器不同也周禮鄉士異其死刑之罪而要之注謂殊其文書也儀禮大射儀古文不辭俟以辭爲之又呂覽上農賈不敢爲異事注猶他也史記平準書異時算軺車索隱猶前時也漢書高帝紀異日秦民注猶言往日也

yì 翼(翼)　yì 瀷　yì 潩　xǐ [厂異]　yì 廙　jì 冀　chì 趩

轉注釋名釋天異者異于常也洪範五行傳非常曰異春秋潛潭巴異之言怪也先發感動之也春秋繁露必仁且知有不常之變者謂之異異者天之威也公羊定元傳異大乎災也論衡自紀物無類而妄生曰異又左昭廿六傳然據有異焉賈注猶怪也孟子王無異於百姓之以王爲愛也注怪也秦策此無異故注怪也古韻詩靜女叶異貽我行其野叶富異離騷叶異佩楚辭思美人叶佩態異疑橘頌叶異喜鬼谷子捭闔叶謀異志荀子佹詩叶佩異嫉喜史游急就章叶異字廁意喜

陌 **趩** 行聲也从走異聲讀若敕石鼓文其來趩趩別義說文一曰不行皃

寘 **冀** 北方州也从北異聲爾雅釋地兩河閒曰冀州周禮職方氏河內曰冀州按其地在今盛京直隸山西河南各府州淮南墬形正中冀州曰中土注冀大也家語正論在此冀方注中國爲冀叚借爲隸禮記文王世子釋文冀及也又爲覬荀子修身行而供冀又爲記史記秦本紀築冀闕正義猶記事又爲覬珠叢冀謂心有所希求也魯語吾冀而朝夕修我注望也史記孝武紀冀至殊庭焉漢書作幾離騷冀枝葉之峻茂兮注幸也冀覬雙聲又託名幖識字晉語曰季使舍于冀野注晉邑在今山西絳州河津縣東聲訓爾雅釋地李注兩河閒其氣清厥性相近故曰冀冀近也冀幾近皆雙聲釋名釋州國冀州亦取地以爲名也其地有險有陽帝王所都亂則冀治弱則冀彊荒則冀豐也以覬爲訓轉音楚詞九辨叶冀欷

職 **廙** 行屋也从广異聲與㡛誼同四合象宮室者也今蒙古包類是叚借爲翼玉篇廙敬也魏丁廙字敬禮

紙 **[厂異]** 石利也从厂異聲讀若枲

職 **潩** 潩水出河南密縣大隗山南入潁鮑栞宋本作入顧誤从水異聲按俗謂之敕水出今河南開封府新鄭縣西南具茨山至許州臨潁縣合潁一名魯固河又名清流河

職 **瀷** 瀷水出河南密縣東入潁从水翼聲按即潩之或體今附于此別義管子宙合泉踰瀷而不盡注滲漏之流也淮南覽冥澤受瀷而無源者注雨濆疾流者又水經洧水瀷減注讀燕人強春言勅之勅亦疊韻連語

職 **翼** 翄也从飛異聲篆文从羽爾雅釋地南方有比翼鳥焉釋文亦作狨考工梓人以翼鳴者注發皁屬廣雅釋鳥伏翼蝙蝠也又左文三傳以燕翼子注成也魯語鳥翼鷇卵注成也轉注高唐賦振鱗奮翼注魚鬣邊兩旁也又漢書班固傳列棼橑以布翼注屋之四阿也文選西都賦注引說文一曰屋梠也又七命縱輕翼於中荒注左右頰也又爾雅釋器鼎附耳外謂之釴史記楚世家吞

三翮六翼索隱謂九鼎也字亦變作鉽又廣雅釋詁四翼輔也書益稷汝翼史記作輔詩行葦以引以翼箋在旁曰翼卷阿有馮有翼箋助也左昭九傳翼戴天子注佐也楚語求賢良以翼之注輔也尚書中侯欽翼皇象注奉也漢書董賢傳質性巧佞翼姦以獲封侯案猶佐也濟也注進也失之琴賦騈馳翼驅按猶夾也並也注疾貌失之詩騶虞傳虞人翼五豝疏猶驅也遊天台山賦形雲斐亹以翼櫺注猶承也又爾雅釋詁翼敬也詩六月有嚴有翼文王有聲以燕翼子行葦卷阿以引以翼漢書班彪傳以宴翼子周書程典愼下必翼上傳注皆訓敬又廣雅釋詁一翼美也文選典引降承龍翼注法也周書謚法思慮深遠曰翼叚借爲弋書多士馬鄭本敢翼殷命馬注取也鄭注猶驅也失之或曰借爲覬亦通又爲趩爲趩小爾雅廣言翼送也又爲翌實爲昱書金縢王翼日乃瘳傳明也廣雅釋訓翼翼明也又重言形況字爾雅釋訓翼翼恭也廣雅釋訓翼翼飛也翼翼敬也翼翼和也翼翼盛也詩常武緜緜翼翼傳敬也文王厥猶翼翼傳恭敬大明小心翼翼箋恭愼貌采薇四牡翼翼傳閑也采芑四騏翼翼箋壯健貌信南山疆埸翼翼傳讓畔也漢書禮樂志其鄰翼翼注衆貌文選贈蔡子篤詩翼翼飛鸞注飛貌也離騷高翺翔之翼翼注和貌東京賦京邑翼翼注禮儀盛貌又楚辭天問馮馮翼翼廣雅釋訓翼翼元氣也又單辭形況字論語趨進翼如也孔注言端正也據許書則借爲趩又神女賦翼放縱而綽寬注放縱貌又託名幖識字

說文通訓定聲　頤部弟五　四十一

漢書天文志翼爲羽翮主遠客按南方朱鳥之宿二十二星共一座形畧如膏鐙又周語翼東門注晉別都按在今山西平陽府翼城縣又文選顏延年詩千翼汎飛浮注謂舟也引越絕書有大翼中翼小翼聲訓史記律書翼者言萬物皆有羽翼也古韻詩鴇羽叶翼棘稷食極采薇叶翼服戒棘采芑叶翼奭服草楚茨叶棘稷翼億食福信南山叶翼彧穡食緜叶直載翼生民叶字翼行葦叶背翼福常武叶翼測克國孟子叶來直翼得德管子心術叶事力翼則德極呂覽重言叶意翼則

眞 **驥** 千里馬也孫陽所相者从馬冀聲按左傳冀之北土馬之所生是冀亦兼會意古相馬者孫陽即伯樂也王良即郵無恤也九方皋即九方歅也字亦作驣穆天子傳四右駿赤驣注驣古驥字論語驥不稱其力釋文古之善馬也莊子秋水騏驥驊騮李注駿馬也叚借託名幖識字說文天水有驥縣按漢書地理志作冀在今甘肅鞏昌府

職 **趩** 趨進趩如也从走翼聲按論語鄉黨作翼皇疏翼如謂端正也此單辭形況字趩後製字可刪

意九名凡意之派皆衍意聲 於記切

眞 **意** 志也从心察言而知意也从心从音會意俗字亦作億从二心非春秋繁露循天之道心之所之謂意周語有不祭則脩意注

意志意也越語臣行意注志也孟子以意逆志注意學者之心意也轉注禮記禮運非意之也注心所無慮也王制意論輕重之序注思念也少儀毋測未至注測意度也論語王弼本億則屢中作憶漢書貨殖傳正作意今本以億爲之又釋名釋言語憶意也恒在意中也又漢書鼂錯傳臣竊意其冬來南也注疑也叚借爲億實爲意孔宙碑意載揚聲又爲懿漢書高帝紀其有意稱明德者謂美名也文選注引作懿意懿雙聲又發聲之詞莊子在宥意治人之過也釋文本作噫天道老聃曰意司馬注不平聲也淮南繆稱意而不戴注恚聲與用噫用懿同又助語之詞莊子駢拇意仁義其非人情乎釋文本作醫與用抑用億皆同又雙聲連語漢書韓信傳項王意烏猝嗟注意烏恚怒聲也又疊韻連語莊子山木鳥莫知于鷾鴯釋文燕也字變作鷾又託名幖識字左昭十年季孫意如穀梁作隱意隱雙聲古韻詩正月叶輻載意文子自然叶意備得韓非主道叶能意外儲叶匿意素問方盛衰論叶意能楚辭天問叶意極呂覽重言叶意翼則管子內業叶意商秦之罘刻石銘叶德服極則意式史游急就章叶異字廁意

文卦 **噫** 飽食息也从口意聲一切經音義引說文飽出息也凡四見字亦作餩作譩作譩廣雅釋言餩餲也素問至眞要大論善噫注心氣爲噫禮記內則不敢噦噫嚔咳莊子齊物論夫大塊噫氣其名爲風叚借爲意易震噫喪貝釋文辭也失之又發聲之詞書金縢信

說文通訓定聲　頤部弟五　四十一

噫公命傳恨辭馬本作懿亦同禮記檀弓噫弗果從注不寤之聲論語噫天喪予苞注痛傷之聲也噫言游過矣孔注心不平之聲公羊哀十四傳子曰噫注咄嗟貌列子黃帝仲尼曰譩作譩又疊韻連語詩噫嘻成王傳歎也箋有所多大之聲也史記魯仲連傳噫嘻亦太甚矣索隱不平之聲素問骨空論大風汗出灸譩譆注穴也又雙聲連語易繫詞噫亦要存亡吉凶與今所用抑亦字同秦策意亦思乎史記吳王濞傳億亦可乎用意億亦同易崔憬注歎聲非是漢書溝洫志噫乎何以御水注噫乎歎辭後漢袁安傳未嘗不噫嗚流涕注歎傷之貌也聲訓釋名釋言語噫憶也憶念之故發此聲噫之也

職 **戠** 闕从戈从音按兵也从戈意省聲今隸于此其誼不見經傳與我字同徐楚金云古職字古之職役皆執干戈未見其然也叚借爲埴書禹貢鄭本厥土赤戠墳注讀曰熾熾赤也則謂借爲熾又爲植爲値易豫虞本朋盍戠注聚會也舊讀作撍作宗按易得疑戠爲韻或曰借爲熾存參

眞職 **識** 知也从言戠聲按古文作志从心之聲當補詩瞻卬君子是識箋知也周禮司刺壹宥曰不識注審也文選五君詠識密鑒亦洞注心之別名湛然不動謂之心分別是非謂之識轉注周禮保章氏注識記也禮記檀弓故以其旗識之小子識之又史記孝武紀文

zhì
志

鏤無款識索隱識猶表識漢書匈奴傳以計識其人衆畜牧注識亦記也字亦變作誌說文新附誌記誌也字詁誌記也字又變作幟說文識常也字林幟標也廣雅釋器幟幡也說文新附幟旌旗之屬一切經音義引墨子長丈五尺廣半幅曰幟亦作幟通俗文私記曰幟漢書高帝紀旗幟皆赤注幖也王莽傳說無文號旌旗表識只作識字又變作痣史記高帝紀左股有七十二黑子正義黥吳楚謂之誌誌記也漢書注今中國通呼爲壓子叚借爲職脩華嶽碑周禮識方氏聲訓釋名釋言語識幟也有章幟可按視也古韻詩賓之初筵叶識又聽卬叶弍背極憲識纖楚辭天問叶極識又叶識喜惜往日叶代意置載備異再識神女賦叶喜意記異識志莊子山木叶識來疑止孫武子九地叶事謀識

寘
志 [篆] 此字大徐補入說文爲十九文之一廣雅釋詁三志意也按即識字之古文許書偶脫耳今附于此晉語志德義之府也

孟子夫志氣之帥也毛詩序在心爲志春秋說題辭思慮爲志荀子解蔽志也者臧也鬼谷子陰符志者欲之使也禮記緇衣爲下可述而志也注志猶知也列子湯問汝志彊而氣弱注志謂心知禮記禮運而有志焉注志爲識古文轉注周禮保章氏掌天星以志星辰日月之變動注志古文識記也禮記哀公問子志之心也注讀爲識易大畜劉本君子以多志前言往行虞注坎爲志諸家

作識漢石經論語賢者志其大者不賢者志其小者漢書劉向傳同今本作識漢書溝洫志贊多聞而志之注亦作識廣雅釋詁二志識也左昭四傳且曰志之注志識也十三傳歲聘以志業注志識也論語博學而篤志皇疏志識也晉語志道者弗忘彊志而用命魯語弟子志之注皆謂識也荀子哀公志古之道注志記識也韓詩外傳存其精神以補其中謂之志素問解精微論水之精爲志又周禮小史掌邦國之志司農注志謂記也春秋傳所謂周志國語所謂鄭書之屬是也外史掌四方之志注志記也謂若魯之春秋晉之乘楚之檮杌左襄廿五傳志有之注古書也又禮記檀弓公西赤爲志焉注志謂章識史記張丞相傳周昌爲職志索隱志旗幟也叔孫通傳張旗志集解志一作幟叚借爲翦爾雅釋器骨鏃不翦羽謂之志注今之骨骲是也按骲頭箭即周禮司弓矢之恒矢用以習射以自然鳥羽施之令前後輕重適均也儀禮既夕記志矢一乘軒輖中亦短衛按謂用骨鏃之志矢而亦翦羽也注志猶擬也蓋以聲訓謂擬于生時之志矢而小變其羽也又爲妓大戴帝繫女志吳越春秋作嬉字亦變作娡見廣韻又託名幖識字廣雅釋草蕀苑遠志也其上謂之小草字或變作𦭘聲訓禮記孔子閒居志之所至注謂思意也少儀義皺志皺注私意也儀禮大射儀不以樂志注意所擬度也左成十四傳志而晦注記也古韻易小畜叶志富載疑大有叶志備祇貢叶疑尤喜志大畜叶

zhí
樴

職
樴 [篆] 弋也从木戠聲爾雅釋宮樴謂之杙注橛也在牆者謂之楎在地者謂之臬大者謂之栱長者謂之閣周禮肆師頒于職人注

災尤志喜損叶志疑喜祐弁叶志喜疑事宧无妄叶志富災之試遯叶災志德事否疑益叶事來之辭豐叶災志事革叶之志禮記郊特牲叶志代越語叶時蒸志楚辭惜誦叶志咍橘頌叶志喜背子成相叶志富待思鬼谷子捭闔叶謀異志莊子則陽叶紀志理

樴可以繫牲者以職爲之轉注儀禮聘禮記薦脯五職鄉射禮記注樴猶梃也按梃直如弋者也字變作膱叚借爲埴或爲䵂考工弓人故書凡樴之類不能方注讀脂膏膱敗之膱杜注讀不義不昵之昵或爲䵂按黏也日戠亦雙聲又爲殖廣雅釋器膱臭也

chì
熾

寘
熾 [篆] [古文] 盛也从火戠聲古文从日从火从火从中會意中猶出也戠省聲或曰从火戠省聲考工鍾氏三月而熾之注炊也轉注

詩六月玁狁孔熾傳盛也書禹貢厥土赤埴墳鄭注埴讀爲熾赤也叚借爲饎禮記月令湛熾必潔周禮酒人注引作饎月令注炊也又爲植詩載芟俶載南畝箋俶載當作熾菑按當作植栽也釋文熾盛也火之古韻詩六月叶熾急按急當作亟閟宮叶熾富背試

zhí
職

職
職 [篆] 記微也从耳戠聲按五官耳與心最貫聲入心通故聞讀者能記从耳與聖同意或曰此字从識省耴省聲以爲官職字猶今

言知府知縣也存參爾雅釋詁職主也職常也廣雅釋詁三職事也四職業也列子天瑞天職生覆注主也詩烝民衮職有闕箋王之職

孟子諸侯朝于天子曰述職述職者述所職也周禮太宰設官分職周官有職內職歲職幣職喪職金職方氏干寶曰凡言職者主其業也太宰以九職任萬民掌固民皆有職焉注謂守與任內宰以婦職之灋教九御注謂織紝組紃縫線之事又大司馬施貢分職注謂賦稅也又詩蟋蟀職思其居抑亦職維疾左襄八傳職競作羅十四傳則職女之由傳注皆訓主也又漢書景帝詔令無罪者失職注常也失其常理也叚借爲樴周禮牛人以授職人而芻之注讀爲樴又託言形況字莊子至樂萬物職職司馬注猶祝祝也李注繁德貌又託名幖識字左文十八傳閻職說苑作織又爾雅釋草職黃蒢注藥似酸漿華小而白中心黃按即蔵之小者蔵職一聲之轉夏小正作識字亦變作藏作蘵作識古韻禮記禮運叶職極服則楚優孟歌叶束職哀公問叶司職轉音爾雅釋訓叶極德直力急息壽式食告匿職翰三畧下叶職弱

zhī
織

職
寘
織 [篆] [篆] 作布帛之總名也从糸戠聲樂浪挈令作紱从糸式聲小爾雅廣服治絲曰織織績也書禹貢厥篚織貝傳細紵厥

篚織文傳錦綺之屬熊羆狐狸織皮傳今罽織皮崐崘析支渠搜傳毛布禮記玉藻士不衣織注染絲織之周禮玉府文織良貨賄之物注文織畫及繡錦漢書五行志織室所以奉宗廟衣服轉注周禮屨人赤繶黃繶注縫中紃也司農注以采絲礫其下又儀禮士虞禮賓

yì 啻　yì 意　yì 薏　yì 檍　yì 檍　yì 澺　yì 億

長洸繶爵、注、口足之間有象文彌飾、廣雅釋詁三、繶束也、釋器繶絛也、字亦變作總、叚借爲識、詩六月、織文鳥章、箋、徽織也、正義、史記漢書謂之旗幟、漢書食貨志、旗織加其上、注、讀曰幟、又託名幖識字、夏小正、織女正北鄉、傳、星名也、按三星形如鼎足、一巨二細、在天漢之北、與漢南河鼓相對、又疊韻連語、方言、入蝠蝠北燕謂之蠟蟔、字變作蠟、古韻、詩瞻卬叶忒背極慝識織、

啻七名、凡啻之派、皆衍啻聲、於力切

職 **啻** 快也、从言、从中、會意、

職 **意** 滿也、从心、啻聲、籀文啻省聲、與意字別、按卽啻之或體、啻从中、猶從心也、快猶滿也、叚借託名幖識字、說文一曰十萬曰意、易震、億喪貝、鄭注、十萬曰億、禮記王制、爲田九十億畝、注、今十萬、此古數也、又詩楚茨、我庾維億、傳、萬萬曰億、豐年、萬億及秭、傳、數萬至萬曰億、此今數也、古萬萬曰兆、又禮記王制疏、或以一萬爲億、此誤也、未聞其說、經傳皆以億爲之、張納功德敘光乎意載、魯峻碑、永傳意齡、以意爲之、

職 **薏** 薏苢也、从艸、啻聲、一曰薏英、字亦作薏、薏苡生交阯者子大、其地呼爲簳珠、馬援大取將還、人讒以爲珍珠也、按薏苡疊韻連語、別義、爾雅釋草、荷其實蓮、其中的、的中薏、李注、中心苦者也、陸疏、里語云、苦如薏、按字當以此義爲本訓、猶苢以芣苢爲本訓也、

職 **檍** 梓屬、大者可爲棺椁、小者可爲弓材、从木、啻聲、字或作檍、从意聲、爾雅釋木、杻檍、注、似棣、材中車輞、一名土橿、考工弓人、取榦檍次之、注、讀爲億萬之億、陸璣詩疏、皮正赤、爲木多曲少直、今名曰萬歲、蓋取名于億萬、或又謂之牛筋、

職 **檍** 杶也、从木、意聲、段氏玉裁據汗簡木部杶字作杻、似杻、此杶也是杻也之誤、今從之、鍇本無檍篆、按檍檍當并、而杶杻當分、或曰梓者楸屬、杻者檍屬、非一木、存參、

職 **澺** 澺水、出汝南上蔡黑閭澗、入汝、从水、啻聲、各本作从意聲、今刻爲重文、宋本作澺、此篆據集韻類篇訂、按出今河南舞陽縣筆尖山、至新蔡縣南入汝、

職 **億** 安也、从人、意聲、字亦作億、晐、按此字實亦啻之或體、快滿猶安樂也、左隱十一傳、不能供億、昭廿一傳、心億則樂、三十傳、我盍姑億吾鬼神、楚語、億其上下、注皆訓安、叚借爲意、左襄廿五傳、不可億逞、按億逞猶滿盈也、注訓度、失之、又爲意、論語、不億不信、皇疏、億億必也、又爲噫、實發聲之詞、禮記文王世子、注、億可以爲之也、釋文本作噫、易震、億喪貝、注、辭也、丁注、歎辭也、虞注、惜也、又爲意、實託名幖識字、詩假樂、子孫千億、箋、十萬曰億、伐檀、胡取禾三百億兮、傳、萬萬曰億、孟子、其麗不億、注、數也、楚語、官有十醜爲億、醜注、十萬曰億、此古數也、今人乃以萬萬爲億、古韻、詩伐檀叶輻側直億特食、楚茨叶棘稷翼億食福、又叶式稷敕極億、

xǐ 喜　xī 僖　xǐ 憙　xī 歖　xī 禧

喜九名、凡喜之派、皆衍喜聲、虛里切

紙 **喜** 樂也、爾雅釋詁疏引說文、不言而說也、从壴、从口、會意、古文从欠、與欠部歎字重出、今訂正、按聞樂則樂、故从壴、樂形于譚笑、故从口、从欠、春秋元命苞、兩口銜士爲喜、此鄙俗謬說也、素問宣明五氣篇、精氣幷於心則喜、注、肺虛而心精幷之、則爲喜、淮南原道、大喜墜陽、注、喜者陽氣、春秋繁露陽尊陰卑、喜氣爲暖而當春、鬼谷子權篇、喜者宣散而無要也、摩篇、喜者悅也、詩彤弓、中心喜之、傳、樂也、禮記檀弓、人喜則斯陶、疏、喜者外竟會心之謂也、魯語、固慶其喜而弔其憂、注、猶禧也、叚借爲憙、史記滑稽傳、齊威王之時喜隱、索隱、好也、漢書黃霸傳、喜爲吏、注、愛好也、又爲饎、詩七月、甫田、大田、畯至喜、箋皆讀爲饎、又爲熙、文選劇秦美新、庶績咸喜、又託名幖識字、晉語、夏以妹喜、古今人表作嬉、左襄廿六傳、鄭公子喜字子罕、僖廿六傳、魯展喜、魯語作乙喜、蓋名喜字乙、猶名嘉字孔也、古韻、書益稷叶喜起熙、詩風雨叶晦已子喜、七月叶耜趾子畝喜、六月叶喜祉久友鯉矣、彤弓叶載喜右、甫田叶止子畝喜右否有敏、大田叶止子畝喜祀黍柔叶里喜忌、易否叶否喜、賁叶喜志、大畜叶志喜、損叶志疑喜祐、升叶志喜疑事、寓楚辭天問叶識喜、又叶祐喜、橘頌叶志喜、又叶異喜、神女賦叶喜意、記異識志、墨子雜守叶喜備、文子自然叶事表理喜以已、九守叶辭事喜極、符言叶裹核喜、呂覽知度叶事喜能、周書允文叶記在賄里吏士布恥喜在子母、荀子佹詩叶佩異媒喜、

支 **僖** 樂也、从人、喜聲、按卽喜字、因以爲諡、故从人、今系于此、凡周僖王、魯僖公、晉僖公、齊僖公、史記皆作釐、周書諡法、有過爲僖、未詳、蔡邕獨斷、小心畏忌曰僖、似以翼字誤字爲訓、

支 寘 **憙** 說也、从心、从喜、會意、喜亦聲、字亦作憘、喜者無所箸之詞、憙者有所箸之詞、春秋元命苞、心喜者爲憙、爾雅釋蟲、蜆縊女、注、憙自經、漢書郊祀志、天子心獨憙其事、賈誼傳、遇之有禮、故羣臣自憙、注、好也、好爲志氣也、叚借爲喜、水經溵水注、邑豐民安、故曰安憙、又爲譆、後漢蔡邕傳、試潛聽之、曰憘、注、歎聲也、

支 **歖** 卒喜也、从欠、从喜、會意、喜亦聲、字與古文喜別、

支 **禧** 禮吉也、从示、喜聲、爾雅釋詁、禧福也、史記漢書祝釐字、受釐、膰釐、皆以釐爲之、叚借爲誒、爾雅釋詁、禧告也、

啻 喜

xī 譆　chì 饎　xī 暿　xī 熹　jī 丌　jì 辺

文微 **譆** 痛也从言喜聲字亦作嘻莊子齊物論譆善哉技李注歎聲也文選七啟俯而應之曰譆注譆嘻古字通禮記檀弓夫子曰嘻注悲恨之聲左定八傳從者曰嘻注懼聲公羊僖元傳慶父聞之曰嘻注發痛語首之聲大戴少閒公曰嘻注歎息之聲列子天瑞國氏曰嘻注哀痛之聲呂覽行論聞之曰嘻注怒貌史記廉藺傳相視而嘻索隱驚而怒之辭也又魯仲連傳噫嘻亦太甚矣索隱驚恨之歎也亦疊韻連語詩噫嘻噫嘻成王傳勑也叚借爲娭漢書灌夫傳因嘻笑曰注強笑也太元樂人嘻鬼嘻注笑樂之貌也易家人婦子嘻嘻鄭注驕佚喜笑之意馬注笑聲張璠本作嬉亦重言形況字又爲熹左襄三十傳譆譆出出注熱也亦重言形況字又爲歖漢書揚雄傳嘻嘻旭旭注自得之貌素問至眞要大論粗工嘻嘻以爲可知注悅也亦重言形況字【古韻】宋玉大言賦叶嘻思

寘 **饎** 酒食也从食喜聲或从配聲或从米喜聲字亦作饎字林饎熟食也方言七糦熟也趙魏之閒氣熟曰饎詩泂酌可以饙饎天保吉蠲爲饎傳酒食也烈祖大糦是承箋糦黍稷也元鳥大糦是承韓詩糦大祭也周禮饎人注主炊官也儀禮特牲禮主婦視饎爨於西堂下注炊黍稷曰饎周禮作饎呂覽仲冬湛饎必潔注炊也禮記月令以熾爲之淮南時則以熹爲之【古韻】詩泂酌叶茲饎母

支 **暿** 目童子精也从目喜聲讀若禧

支 **熹** 炙也从火喜聲字亦作𤌚廣雅釋詁三𤌚熾也海賦𤌚炭重燔注炭之有光者也叚借爲饎淮南時則湛𤌚必潔注炊熾火之熾也失之禮記樂記天地訢合注訢讀爲熹熹烝也訢熹雙聲又爲僖廣雅釋詁一熹美也唐扶頌治致雍熹後漢和熹鄧后紀注有功安人曰熹又爲熙管子侈靡有時而星𤌚注星之明又爲焈文選歸去來辭恨晨光之熹微注熹亦熙字也贈五官中郎將詩明鐙𤌚炎光注火明貌又爲娭漢靈臺碑神龍所熹又爲喜劉寬碑河東聞熹韓仁銘聞熹長喜

丌二十一　名凡丌之派皆衍丌聲　居之切

文 **丌** 下基也薦物之丌象形讀若箕同按丌者上平而有足

寘 **辺** 古之遒人以木鐸記詩言从辵从丌讀與記同按亓聲說文當隸辵部周禮大行人屬象胥諭言語協辭命屬瞽史諭書名聽聲音左襄十四傳師曠引夏書曰遒人以木鐸徇于路注遒人行人之官采歌謠之言也公羊何注五穀畢入民皆居宅從十月盡正月止男女相從而歌饑者歌其食勞者歌其事男年六十女年五十無子者官衣食之使之民閒求詩鄉移于邑邑移于國國以聞於天子

jī 箕(其)　qí 祺　qí 萁

故王者不出牖戶盡知天下漢書食貨志孟春之月行人振木鐸徇於路以采詩獻之大師比其音律以聞於天子方言附劉歆與楊雄書云三代周秦軒車使者遒人使者以歲八月巡路求代語僮謠歌戲按孟子王者之迹熄而詩亡迹蓋辺之誤字叚借爲助語之詞詩崧高往近王舅傳已也箋辭也聲如彼記之子之記今作近蓋辺之誤字

文文支寘 **其** 簸也从竹𠀠象形下其丌也按丌亦聲古文𠀠象形又古文𠀠象形手廾之又古文𠀠象形上从入者簸散之意籀文𠀠象形下从丌又籀文从𠀠从匚匚亦象形也禮記曲禮以箕自鄉而扱之注箕去棄物學記良弓之子必學爲箕轉注禮記曲禮坐毋箕疏謂舒展兩足狀如箕舌也又詩巷伯成是南箕傳箕星也爾雅釋天箕斗之閒注箕龍尾按東方蒼龍七宿箕四星形如簸箕大口向西前一小星名糠蔡邕獨斷風伯神箕星也其象在天能興風又高唐賦箕踵漫衍注箕踵前濶後狹似其後平貌又淮南氾論頭會箕賦注箕賦似箕然斂民財多取意也叚借爲綦鄭語檿弧箕服按蒼艾色也注木名失之又爲荄易明夷箕子之明夷孟喜弟子趙賓曰其子者萬物方荄茲也劉向正作荄滋又爲期易繫辭死其將至釋文本作期又爲基禮記孔子閒居夙夜其命宥密又魯孔箕字子京又託名幖識字書洪範王訪於箕子馬注國名也按在今山西遼州榆社縣東南又孟子箕山之陰按在今河南河南府登封縣嵩山之南又助語之詞廣雅釋詁四其詞也書微子若之何其鄭注語助也齊魯之閒聲如姬詩庭燎夜如何其釋文辭也又發聲之詞猶爾之爲而也墨子明鬼御非爾馬之政書甘誓作其禮記中庸踐其位注其者其先祖也詩揚之水羔裘候人彼其之子或作記作已皆同又左襄廿三傳其然猶必爾也公羊桓六傳其諸以病桓與注其諸辭也尚書大傳爲其跳注發聲也史記高祖紀其以沛爲朕湯沐邑集解引風俗通其者楚言也又沛人語初發聲皆言其又易否其亡其亡集解其與幾同其幾雙聲疊韻史記律書箕者言萬物根棋也【古韻】詩園有桃叶哉其之思巷伯叶箕謀

支 **祺** 吉也从示其聲籀文基聲爾雅釋言祺吉也祺祥也詩行葦壽考維祺傳吉也儀禮士冠禮注祥也漢書禮樂志唯春之祺注福也叚借詩維清維周之祺釋文本作禎此禎之誤字又爲旗仲尼弟子榮旂字子祺又爲綦詩駉傳蒼祺曰騏【古韻】荀子成相叶祺基謀持

支 **萁** 豆莖也从艸其聲字亦作萁漢書楊惲傳種一頃豆落而爲萁淮南時則爨萁燧火注讀荄備之荄也孫子作戰篇萁秆一石魏武帝注萁秆豆稭也叚借爲綦漢書五行志檿弧萁服按青黑色注萁草似荻而細木問又助語之詞禮記曲禮梁曰薌萁注辭也周

喜丌

jì 諅　qī 諆　qí 棊　qí 旗　qī 期

禮大祝注引作其

寘 **諅** 諅 忌也从言其聲與左形右聲之諆別 書多方爾尚不諅于凶德今作忌

支 **諆** 諆 欺也从言其聲與下形上聲之諅別字亦作諆段借爲謀爾雅釋詁基謀也釋文本作諆

支 **棊** 棊 博棊也从木其聲按六箸十二棊古者烏曹作之今謂之雙陸方言五簙或謂之棊淮南泰族故行棊者注謂六博也中山經休與之山其上有石焉名曰帝臺之棋注謂博棋也轉注廣雅釋言圍棊弈也左襄廿五傳注弈圍棋疏棋者所執之子博物志堯造圍棊以教子丹朱或云舜以子商均愚故作圍棊以教之按韋昭博弈論枯棊三百注引邯鄲淳藝經棊局縱橫各十七道合二百八十九道白黑棋子各一百五十枚是漢製十七道今棊方十九道合枰爲子三百六十有一又今有象棋按雍門周謂孟嘗君足下燕則鬥象棋疑戰國已有之世稱周武帝製後周天和四年帝製象經成集百僚講說隋經籍志象經一卷周武帝撰太平御覽象戲周武帝造行棊有日月星辰之目與今所爲不同又史記日者傳旋式正棊索隱棊者筮之狀正棊蓋謂下以作卦也段借託名標識字淮南原道射棊衛之箭注棊美箭所出地名也

支 **旗** 旗 熊旗五游以象罰星士卒以爲期从㫃其聲周禮曰率都建旗與从㫃斤聲之旂聲義俱別按考工輈人熊旗六斿以象伐也周禮司常熊虎爲旗及國之大閱孤卿建旗師都建旗大司馬仲秋教治兵軍吏載旗師都載旜按軍吏即孤卿所建互易者其禮畧變也轉注管子兵法旗所以立兵也所以利兵也所以偃兵也周禮司常掌九旗之物名是常旂旜物旗旟旐旞旌皆得稱旗也禮稽命徵天子之旗九仞注旌旗也禮記月令以爲旗章注旌旗及章識也史記弟子傳魯巫馬施字子旗論語以期爲之按 本朝以八旗將士平定海內鑲黃正黃正白三旗皆 天子所自將爲上三旗正紅鑲白鑲紅正藍鑲藍爲下五旗又獨斷鑾旗者編羽毛列繫橦旁俗名之曰雞翹非也又西京賦旗亭五重注旗亭市樓也又參宿上傍九星如垂曰參旗旗下九星曰九斿又左閔二傳佩衷之旗也注表也呂覽論大昔舜欲旗古今而不能注覆也段借爲旂河圖握矩記東方法青龍曰旗旗旂雙聲又爲箕荀子富國壽於旗翼聲訓周禮大司馬司馬以旗致民注以旗者立旗期民于其下也釋名釋兵旗期也言與衆期于下字林熊旗五旒謂與士卒爲期于其下故曰旗也古韻左傳十五傳叶姬旗邱高唐賦叶柵姬息旗秦之罘東觀銘叶息旗疑尤治崇

支支 **期** 期 古文期 會也从月其聲古文从日丌聲字亦作朞按月與日會也與朔同意易歸妹歸妹愆期虞注坎月離日爲期管子侈

qí 稘　qī 欺

靡若旬虛期於月津注匝一月曰期禮記中庸而不能期月守也疏不能期帀一月而守之轉注左昭廿三傳叔孫旦而立期焉注從旦至暮爲期廣雅釋言期卒也期時也釋詁四期會也淮南天文星辰者天之期也周禮大宰前期十日注期所諏之日也儀禮少牢禮爲期于廟門之外注定祭早晏之期又周語期于司理注會也荀子正論言議期命注物之所會也周禮司市凡萬民之期于市者注謂欲賣買期決於市也禮記曲禮百年曰期頤注猶要也左哀十六傳期死非勇也注必也史記萬石張叔傳期爲不絜清正義猶常也莊子寓言而無經緯本末以期年耆者注待也呂覽懷寵徵斂無期注度也又後漢銚期傳帝嘗輕與期門近出注前書武帝將出必與北地良家子期于殿門故曰期門又爾雅釋宮八達謂之崇期釋名釋道崇充也道多所通人充滿其上如共期也段借爲稘書堯典朞三百有六旬有六日傳匝四時曰朞大戴本命朞而生臏注期年天道一備禮記喪服小記期而除喪注期天道一變白虎通喪服朞者復其時也左僖廿三年期期而不至無赦上期字轉注下期字段借又爲綦寶爲羇左定四傳楚公子結字子期史記說苑寶子皆作綦期羇雙聲又爲勤禮記射義旄期稱道不亂者不注或爲勤偽爲讙耄期倦於勤以期爲期頤之期非是期勤一聲之轉又爲斯之誤字荀子禮論明貴賤親疏之節期止矣注當爲斯又爲甚之誤字荀子富國期文理正論期臭味注皆云當爲綦按期猶極也期極亦一聲之轉又助語之詞詩頍弁實維何期箋辭也按與用其箕已記忌居字皆同古韻詩氓叶蚩絲謀淇邱期媒君子于役叶期哉塒來思南山有臺叶臺萊基期騏叶駓騤伾期才離騷叶待期楚辭悲回風叶紀止右期孫武子九地叶使事期轉音靈樞根結篇叶虛枯著期急就章叶奴屠都胡渠餘徐蘇胥期于於如疏吾按讀如居也

支 **稘** 稘 復其時也从禾其聲虞書曰稘三百有六旬今本以期爲之按禾歲一熟从禾與秋年同意廣雅釋詁一稘年也易繫辭當期之日儀禮士虞禮期而小祥齊語期而書伐西京賦三百餘朞注一匝也皆以期爲之周禮質人邦國基漢楊著碑未基有成嚴舉碑示萬基儀禮古文皆以基爲之又按經傳凡單言期基基者皆稘字言期年期月者皆期字左襄九傳行之期年莊子外物期年不得魚論語期月而已可也漢靈臺碑基年鯈魚復生劉曜碑基月皆是

支 **欺** 欺 詐欺也从欠其聲賈子道術仁義修立謂之任反任爲欺京房易傳祿不遂行茲謂欺秦策蘇秦欺寡人注詐也莊子應帝王是欺德也簡文注妄也荀子性惡欺誣詐偽也注誣也呂覽有意則不可欺矣注誤也論語可欺也不可罔也皇疏謂遙相語也段借爲䫏魯靈光殿賦仡欺䫜以雕䫉注欺䫜大首也亦疊韻連語又爾雅釋鳥鴝鵒鵋鶀注今江東呼鵂鶹爲鵋鶀此疊韻連語字變作鶀作鵋

丌

qī 頫　qí 騏　qí 麒　jì 惎　qí 淇　qí 鯕　qī 娸　jī 基

古韻韓非子揚權叶能㧖材治、

支 **頫** 醜也、从頁其聲、今逐疫有頫頭、字亦作魌、作倛、淮南精神靚毛嬙西施猶頫醜也、注頫頭、荀子非相、仲尼之狀面如蒙倛、注倛方相也、四目爲方相、兩目爲倛、列子仲尼、果若欺魄焉、注欺魄土人也、以欺爲之、

支 **騏** 馬青驪文如博棊也、从馬其聲、按逐遣如棊局文、七發注引說文、文如棊也、無文者則曰騏、字亦作騹、騏騹雙聲、詩駉、有騂有騏、傳蒼祺曰騏、按謂蒼棊色也、小戎、駕我騏馵、傳騏、騏文也、按謂棊文也、吳都賦、四騏龍驤、注馬名、荀子性惡、驊騮騹驥、注謂青驪文博棊、〔別義〕莊子秋水、騏驥驊騮、李注駿馬也、離騷、乘騏驥以馳騁兮、注同、荀子楊倞注恐非、爾雅釋獸、騏如馬一角、不角者騏、周書王會、俞人雖馬、孔晁注雖馬巂也、引爾雅不角者曰騏、子虛賦、射游騏、張揖注同、按即大宛之天馬、或角或不角、千里馬也、〔叚借〕爲麒、論衡講瑞、騏驎獸之聖者也、又爲綦、書顧命、四人騏弁、馬注青黑色、詩鳲鳩、其弁伊騏、周禮弁師注作綦、其箋詩則云當作璂、亦通、〔古韻〕詩鳲鳩叶梅絲騏、駉叶駓騏伾期才、

支 **麒** 仁獸也、麇身牛尾一角、一切經音義四引說文、角頭有肉、从鹿其聲、按牡曰麒、牝曰麐、漢書司馬相如傳、麒麟角端、注引郭璞、麒似麟而無角、疑涉騏字而誤、鶡冠子度萬、麒麟者、元枵之次、陰之精也、

說文通訓定聲　頤部弟五　丢

寘 **惎** 毒也、从心其聲、周書曰、來就惎惎、今秦誓作未就予忌、左定四傳、惎閒王室、〔叚借〕爲忌、小爾雅廣言、惎忌也、左哀元傳、惎澆能戒之、廿七傳、由是惎智伯、按憎惡也、注毒也、失之、又爲諅、小爾雅廣言、惎教也、左宣十二傳、楚人惎之脫扃、注教也、說文則引作畀、謂舉也、西京賦、人惎之謀、注教也、又爲意、廣雅釋詁三、惎意也、

支 **淇** 淇水、在河內共北山、東入河、或曰出隆慮西山、从水其聲、出今河南衛輝府輝縣蘇門山、入河、或曰出彰德府林縣隆慮山、即大號山、至衛輝府淇縣、竟入衛河而入海、與今水道合、詩竹竿、淇水在右、傳淇水大水、〔古韻〕詩泉水叶淇思姬謀、氓叶蚩絲謀淇丘期媒、

支 **鯕** 魚名、从魚其聲、說文鮁篆說解、鮁鯕魚出東萊、廣韻、鯕鯿也、

支 **娸** 人姓也、从女其聲、〔叚借〕爲頫、說文引杜林說、娸醜也、又爲諆、漢書李陵傳服虔本、隨而娸櫱其短、注娸謂詆欺也、本作媒、

支 **基** 牆始也、从土其聲、爾雅釋言、基設也、詩絲衣、自堂徂基、傳門塾之基、儀禮士喪禮、度茲幽宅兆基、淮南原道、高者必以下爲基、〔轉注〕爾雅釋詁、基始也、詩昊天有成命、夙夜基命宥密、傳始也、南山有臺、邦家之基、傳本也、易繫辭傳、履德之基也、虞注坤爲基、淮南主

ér 栭　ér 胹　ér 荋　ér 而　qī 僛

術、建以爲基、注業也、漢書敘、乘傳、福生有基、禍生有胎、〔叚借〕爲棋、周禮質人、邦國基、後漢郎顗傳、於詩三基、又爲謀、爾雅釋詁、基謀也、釋文本作諆、書康誥、周公初基、鄭注謀也、禮記孔子閒居、夙夜基命宥密、注謀也、又爲紀、爾雅釋言、基經也、注基業所以自經營、失之、又疊韻連語、孟子、雖有鎡基、亦作鎡錤、亦作茲其、釋名釋言語、基據也、在下物所依據也、基據雙聲、賈子禮容、基者經也、基經亦雙聲、周語、基始也、〔古韻〕詩南山有臺叶臺萊基期、絲衣叶紑俅基牛鼒、荀子成相叶祺基謀持、

支 **僛** 醉舞皃、从人欺聲、詩賓之初筵、屢舞僛僛、傳舞不能自止也、廣雅釋訓、僛僛舞也、重言形況字、〔古韻〕詩賓之初筵叶僛郵、

而十名、凡而之派、皆衍而聲、如之切、

支 **而** 頰毛也、象毛之形、〔轉注〕考工梓人、作其鱗之而、注之而頰頌也、疏引說文、須也、按上出者曰之、下垂者曰而、內則、芝栭蔆椇菌、仰者之覆者而也、魯靈光殿賦、芝栭欑羅以戢孴、即爾雅閞謂之槉、栭謂之槉、槉格一物、其上承處爲之、下抳處爲而也、字皆以芝栭爲之、〔叚借〕發聲之詞、小爾雅廣詁、而汝也、詩桑柔、予豈不知而作、箋猶女也、禮記中庸、抑而強與、注而之言女也、左昭二十傳、余知而無罪也、注女也、管子山權數、以終而身、注若也、按猶爾也、乃也、爾乃汝女若戎、皆一聲之轉、今蘇城音如奈、常熟音如能、吳江音如那、北人言

說文通訓定聲　頤部弟五　丢

你、言你能、又聲之轉也、又助語之詞、廣雅釋詁四、而詞也、穀梁宣八傳、而緩辭也、公羊宣四傳、而者何、難也、儀禮聘禮記、君還而后退、而后猶然後也、禮記檀弓、而曰然、注猶乃也、荀子彊國、故自四五萬而往者、注而往猶已上也、莊子列禦寇、如而夫者、注而夫謂凡夫也、呂覽士容、柔而堅、虛而實、注而能也、易屯、宜建侯而不寧、釋文鄭讀而曰能、又詩都人士、垂帶而厲、箋而亦如也、孟子、九一而助、注而如也、左昭四傳、見仲而何、注而何、如何也、周禮旅師、而用之、注而讀爲若、聲之誤也、又左宣四傳、不其餒而、注語助也、東京賦、俟其禕而、〔聲訓〕淮南原道、行柔而剛、用弱而強、注能也、

支 **荋** 艸多葉皃、从艸而聲、〔叚借〕託名幖識字、說文沛城父有楊荋亭、

支 **胹** 爛也、从肉而聲、字亦作腝、作臑、方言七、胹熟也、自關而西秦晉之郊曰胹、左宣二傳、宰夫胹熊蹯不熟、疏過熟曰胹、釋文煑也、禮記內則、濡豚濡魚、以濡爲之、濡胹雙聲、

支 **栭** 屋枅上標也、从木而聲、爾雅釋宮、栭謂之楶、李注今欂櫨也、西京賦、繡栭雲楣、注斗也、禮記禮器、山節藻棁、注栭謂之節、按以方木爲之、如斗而拱、所以抗梁、景福殿賦、蘭栭積重、魯靈光殿賦、芝栭欑羅以戢孴、〔別義〕爾雅釋木、㮚栭、舍人注、江淮之閒呼小栗爲栭、

nuó 𦓎　ér 洏　ér 鮞　ér 輀　nài 耏　nǚ 恧

字亦作檽。[叚借]爲而。禮記內則：芝栭蔆椇。庾蔚注：無華葉而生者曰芝栭。王肅注：無華而實者名栭，皆芝屬也。按芝栭連文者，即之而字。菌屬也。賀氏注：栭，軟棗，則謂借爲橪爲樲。即酸棗也。而然貳一聲之轉，字亦作檽。

𦓎　歌　丸之孰也。从丸而聲。按謂蹦之九云孰者，以胹聲訓也。

洏　支　洝也。从水而聲。按洏水即今直隸遵化州之灤河，逕永平府盧龍、遷安、樂亭三縣及灤州各境。水經作濡，或以渜爲之。洏、濡、渜、灤皆一聲之轉。又按說文列字次弟，洝，渜水也；洏，洝也，不與水名相次，疑洝渜即蘇俗温暾字，謂不寒不熱水也。疊韻連語。洏渜雙聲。[叚借]爲胹。說文：一曰煮孰也。

鮞　支　魚子也。从魚而聲。讀若而。魯語：魚禁鯤鮞。注：鯤，魚子也；鮞，未成魚也。西京賦：摷鯤鮞。注：細魚也。按一名鱦。[別義]說文：一曰魚之美者，東海之鮞。見呂覽本味伊尹語。高注：魚名，猶莊子儵絕大之魚爲鯤也。

輀　支　喪車也。从車而聲。字亦作轜，作輭。漢書王莽傳：此似輭車。注：載喪車也。廣雅釋器：輀，柳車也。按載柩之車飾曰柳。柳之言聚，縷人衣婁柳之材是也。釋名其蓋曰柳。[聲訓]釋名釋喪制：輿棺之車曰輀。輀，耳也，懸於左右前後，銅魚搖絞之屬，耳耳然也。

耏　支　隊　皐不至髡也。从而从彡，會意。按而亦聲。或从而从寸，諸法度字皆从寸。按謂不鬄髮也。刑法志：當髡者完爲城旦舂。後漢高帝紀：耏以上請之。應劭注：輕罪不至于髡，完其耏鬢，故曰耏。後漢光武紀：耐罪亡命。注：耐，輕刑之名。一歲刑爲罰作，二歲刑以上爲耐。漢書師古注：耏謂頰旁毛也。後漢章帝紀注：耏，多須貌。字林：多鬢曰耏，則即而字之轉注。[叚借]爲能，實爲態。漢書高帝紀如淳注：耐，猶任也。文帝紀蘇林注：耐，能任其罪也。禮記禮運：耐以天下爲一家。荀子仲尼：能耐任之。注：忍也。正名：能有所合謂之能。注：謂堪任其事。漢書食貨志：能風與旱。鼂錯傳：其性能寒。趙充國傳：漢馬不能冬。皆以能爲之。今北人俗能幹才曰有能耐。疊韻連語。能耐即能實，即能態也。又託名幖識字。左襄三傳：乃盟于耏外。注：水名。水經郟子水注：耏如聲相近。

恧　咦　屋　慚也。从心而聲。字亦作𢘓，又誤作懇，亦作聏，作聽。方言六：山之東西自愧曰恧。小爾雅廣義：心慙曰恧。廣雅釋詁一：𢘓，慙也。埤蒼：聏，慙也。漢書司馬相如傳：不亦恧乎。注：愧也。太元晬：聏于中。注：慙也。莊子天下：以聏合驩。司馬注：色厚貌。釋文：和也。字亦作䎟，从日。洞簫賦：憤伊鬱而酷𧇹。注引蒼頡篇：憂貌。又方言二：㥦，愧也。秦晉之間凡愧而見上謂之赧，梁宋曰㥦。廣雅釋詁一：㥦，慙也。按以恧爲之。恧，郎匿字。

ěr 耳　ěr 珥　ěr 䰟(餌)

耳十一名，凡耳之派皆衍耳聲。而止切

耳　紙　主聽也。象形。白虎通情性：耳者，腎之候。春秋元命苞：耳者，心之候。鬼谷子權篇：耳目者，心思之助也。淮南精神：耳目者，日月也。易說卦：坎爲耳。又漢書外戚傳：又耳聶者所夢日符。注：耳常聽聞而記之也。後漢朱浮傳：使者以從事爲耳目。注：耳目，謂令采察也。史記老莊申韓傳：老子名耳，字伯陽。索隱云：字聃。[轉注]易鼎：黃耳。考工梟氏：其耳三寸。注：耳在旁可舉也。又漢書惠帝紀及內外公孫耳孫。應劭注：玄孫之子也。言去其曾高益遠，但耳聞之也。李斐注：曾孫也。晉灼注：玄孫之曾孫也。師古注：據爾雅，昆孫之子爲仍孫，仍耳聲相近，則與晉說相同。[叚借]爲矣。論語：女得人焉耳乎。又重言形況字。詩閟宮：六轡耳耳。傳：耳耳然至盛也。又助語之詞。禮記玉藻注：斯耳也。疏：耳，助句之辭。漢書東方朔傳：至則靡耳。注：耳，語辭。按猶言而已也。而已之合音爲耳。禮記檀弓：勿之有悔焉耳矣。論語：前言戲之耳。孟子：無責耳矣。皆是。[聲訓]釋名釋形體：耳，耏也。耳有一體，屬著兩邊，耏耏然也。[古韻]詩旄丘叶子耳，抑叶子、否、事、耳，登徒好色賦叶耳、齒、痔、子、矣。

珥　紙　寘　瑱也。从玉从耳，會意，耳亦聲。蒼頡篇：珥，珠在耳也。耳璫垂珠者曰珥。按玉之似珠圓者。史記李斯傳：傅璣之珥。列子周穆王：設笄珥。注：冕上垂玉以塞耳也。漢書東方朔傳：去簪珥。注：珠玉飾耳者也。[轉注]左思詠史詩：七葉珥漢貂。注：插也。大荒東經：神人珥兩黃蛇。

注：以蛇貫耳也。又楚辭東皇太一：撫長劍兮玉珥。注：謂劍鐔也。又漢書天文志：抱珥蜺。注：凡氣在日上爲冠爲戴，在旁直對爲珥。呂覽明理：有暈珥。注：兩旁內向爲珥。[叚借]爲衈。周禮山虞：致禽而珥焉。司農注：取禽左耳以效功。又士師：凡刉珥則奉犬牲。犬人：凡幾珥沈辜。肆師：及其祈珥。注：皆讀爲衈。小子：而掌珥于社稷。注：刉珥者，釁禮之事也。用毛牲曰刉，羽牲曰珥。按皆刲剄之引申。又爲衈。春秋考異郵：蠶珥絲。注：吐也。淮南覽冥：蠶珥絲而商弦絕。注：老蠶上下絲于口，故曰珥絲。又云或作珥，蠶老時絲在身中，正黃，達見于外，如珥。此以抱珥爲訓，非是。又文選求通親親表：執鞭珥筆。注：戴筆也。按吮筆也。[聲訓]釋名釋天：珥，氣在日兩旁之名也。珥，耳也，言似人耳之在兩旁也。

餌　寘　粉餅也。从䰜耳聲。或从食耳聲。字亦作咡。按不粉者曰餈，粉餈而傅以他粉曰粉餈，餌而傳以熬米曰糗。餌周禮籩人：糗餌粉餈。注：合蒸曰餌，餅之曰餈。考工弓人：魚膠餌。注：色如餌。[轉注]廣雅釋詁三：餌，食也。蒼頡篇：案几所食之物皆曰餌也。漢書賈誼傳：適足以餌大國耳。注：謂爲其所吞食。又莊子胠篋：鉤餌罔罟罾笱之知多。文選傅長虞詩：臨川靡芳餌。注：魚食也。盧子諒詩：亦忘厥餌。注：猶釣也。又周書大戒：庸厲口以餌士。注：謂啗。蘇老子：樂與餌。注：美也。秦策：我以宜陽餌王。注：猶喜也。後漢鄭興傳：是以親爲餌。注：猶釣餌也。廣雅釋詁一：誀，誘也。字亦變作誀。[叚借]爲耳。禮記曲禮：負劍辟咡詔之。少儀：則辟咡而對。注：口旁曰咡。釋文：口耳之間曰咡。管子弟子

mí 麛　mǐ 弭　èr 㛅　chǐ 恥　òr 佴　èr 刵

職循咡覆手注口也皆望文生訓又爲膩禮記內則揰反側之去其餌注筋腱也按上肥也餌膩雙聲疊訓釋名釋飲食餌而也相黏而也兗豫曰溏浹就形名之也古韻考工弓人叶黑餌老子仁德叶餌止韓非外儲叶伺餌

寘　**刵**　斷耳也从刀耳會意按耳亦聲字亦作䎻作聅書康誥劓刵人傳截耳也呂刑爰始淫爲劓刵椓黥鄭注斷耳也轉注廣雅釋詁一刵斷也四刵截也禮記雜記其衈皆於屋下注衈謂將封割牲以釁先滅耳旁毛薦之周禮司約則珥而辟藏注讀曰衈謂殺雞取血釁其戶穀梁僖十九傳叩其鼻以衈社也注衈者釁也取鼻血以釁祭社器東山經祈聃用魚注以血塗祭爲衈也

寘　**佴**　佽也从人耳聲爾雅釋言佴貳也廣雅釋詁三佴次也墨子經佴自作也佴所然也文選報任少卿書而僕又佴之蠶室注次也若人相次也按亦作搑或讀爲搑謂推致也

紙　**恥**　辱也从心耳聲說苑說叢恥辱者勇之決也穀梁襄廿九傳君不使無恥注無恥不知臧否論語行己有恥孔注有恥者有所不爲呂覽順民越王苦會稽之恥注辱也古韻詩蓼莪叶矣恥久賓之初筵叶否史恥怠左昭十二傳叶杞子鄙恥已士周書允文叶記在賄里吏士布恥喜在子毋

說文通訓定聲　頤部弟五

寘　**㛅**　女號也从女耳聲

紙　**弭**　弓無緣可以解轡紛者从弓耳聲或从兒聲兒耳雙聲爾雅釋器弓無緣者謂之弭注今之角弓也按以骨飾兩頭不繳束不漆詩采薇象弭魚服傳弓反末也所以解紒也箋弓反末彆者以象骨爲之以助御者解轡紒宜骨也儀禮既夕有弭飾焉左僖廿三傳其左執鞭弭轉注荀子禮論寢兕持虎蛟韅絲末彌龍注弭末也謂金飾衡軛之末爲龍首也以彌爲之彌弭雙聲假借爲止實爲峙詩沔水不可弭忘傳止也左襄廿五傳兵其少弭矣周語吾能弭謗矣晉語眾不可弭秦策子其弭口無言注皆訓止左成十六傳若之何憂猶未弭注息也離騷吾令羲和弭節兮注按也子虛賦楚王乃弭節徘徊注猶低也漢書王莽傳以彌亂發姦揚雄傳望舒彌轡以彌爲之或以靡爲之又爲救周禮男巫春招弭以除疾病杜注讀如彌兵之彌大祝注化祝弭災兵也疏安也禮記郊特牲有由辟焉以辟爲之周書作雒內弭父兄注安也又爲迷淮南道應絕塵弭轍注弭轍引迹疾也弭辟救迷靡皆雙聲聲訓釋名釋兵弓末曰簫又謂之弭以骨爲之滑弭弭也轉音楚詞遠遊叶涕弭

齊　**麛**　鹿子也从鹿弭聲與麑迥別爾雅釋獸鹿其子麛廣雅釋獸麛麛也周禮迹人禁麛卵者注麛麑鹿子儀禮士相見禮如麛執之注或曰麛孤之摯也禮記檀弓吉時麛裘內則秋宜犢麛曲禮士不取麛卵疏麛乃鹿子之稱而凡獸亦得通名也論語素衣麑裘魯語獸長麑麌以麑爲之兒耳雙聲假借爲麑漢書古今人表鉏麑左宣二傳使鉏麑賊之正作麑晉語正作狙麑

mǐ 㥸　mǐ 渳　xī 𠩺　máo 犛　lí 𢻬　lí 𢽸　lí 𢡤　chí 漦　lí 釐

銑　**㥸**　厲也从心弭聲讀若沔按沔弭雙聲厲讀爲烈假借爲弭實爲峙說文一曰止也

紙　**渳**　飲也錯本作㱃也从水弭聲轉注周禮小宗伯以秬鬯渳大祝以肆鬯渳尸小祝贊渳注渳謂浴尸按以鬯浴之也杜讀爲泯弭民雙聲

𠩺八名凡𠩺之派皆衍𠩺聲　里之切

支　**𠩺**　坼也从攴从厂厂性坼果孰有味亦坼故謂之𠩺从未聲按木老枝葉分岐重疊亦坼意不必从味省未亦非聲轉注說文新附嫠無夫也小爾雅廣義寡婦曰嫠左昭十九傳已爲嫠婦廿四傳嫠不恤其緯襄廿五傳嫠也何害爾雅釋器嫠婦之笱謂之罶按男女分坼之義字變作嫠古皆以釐爲之或曰說文本有嫠字形誤作嫠也存參

支　**犛**　西南夷長髦牛也从牛𠩺聲今四川雅州府清谿大相嶺外產此背膝胡尾皆有長毛中山經荊山其中多犛牛注犛牛旄牛屬也楚語巴浦之犀犛兕象注犛牛也漢書司馬相如傳庸旄貘犛注即今之貓牛張揖曰犛牛黑色出西南徼外周禮樂師注旄牛以犛爲之形聲誤也按豪旄字今以氂爲之古作旄實當作犛豪長毛豕犛長毛牛也或作犛亦可犛从犛省从毛會意毛亦聲與犛音異作旄者形聲誤耳

說文通訓定聲　頤部弟五

支　**𢻬**　引也从又𠩺聲

支　**𢽸**　微畫也从文𠩺聲

寘　**𢡤**　楚潁之閒謂憂曰𢡤从心𠩺聲字亦作𤺊爾雅釋詁𤺊病也

支　**漦**　順流也从水𠩺聲爾雅釋言漦盝也廣雅釋詁二漦盝也轉注鄭語卜請其漦而藏之注龍所吐沫龍之精氣也漢書五行志漦血也注引鄭氏音牛齝之齝假借託名幖識字說文一曰水名左昭九傳駘注在始平武功縣所治漦城今陝西乾州武功縣南有古漦城疑其地有漦水故國名邰台𠩺聲近字亦以釐以漦爲之也

支　**釐**　家福也从里𠩺聲許以字从里故曰家福愚按福者禧字之訓古多借釐爲禧本義當爲治邑理邑爲釐猶治玉爲理也書堯

lǐ 里　lí 剺

典允犛百工咨治也史記作信飭百官犛降二女于嬀汭史記作飭
下二女書序帝犛下土方馬注理也詩臣工王犛爾成箋理也周語
犛改制量注理也後漢張曹鄭傳贊犛我國祭注理也梁統傳豈一
朝所犛注猶改也周禮獸人注謂虞人犛所田之野按犛猶飭也大
司馬以萊爲之詩信南山我疆我理傳分地里也按以理爲之〔叚借〕
爲禧漢書文帝紀祠官祝犛如淳注福也賈誼傳上方受犛坐宣室
徐廣注祭祀福胙也甘泉賦逆犛三神若服虔注福也又爲賚詩江
漢犛爾圭瓚傳賜也旣醉釐爾女士傳予也儀禮少牢禮來女孝孫
以來爲之又爲來漢書劉向傳飴我犛麰犛麰麥也又爲僖史記齊
世家魯又更立犛公韓策昭釐侯又爲萊爾雅釋草犛蔓華又爲俚
方言十三犛貪也按猶利賴也又爲聯方言三陳楚之閒凡人嘼乳
而雙產謂之犛孳聯犛雙聲或曰犛孳疊韻連語廣雅釋詁三犛孿
也又爲嫠卽嫠詩巷伯傳鄰之犛婦後漢西羌傳注寡婦曰犛又託
名幖識字墨子禽滑犛漢書儒林傳作氂史記杞世家郁犛譙周云
名犛
來

文 剺 [篆] 剝也劃也从刀𠩺聲按字亦作劙作剓𠩺蠡黎雙聲長楊賦分
剺單于注劃也漢書楊雄傳以梨爲之後漢耿秉傳梨面流血
亦以梨爲之荀子彊國劙槃盂注割也方言十三劙解也廣雅釋言
劙剺也按凡分離離別字經傳皆以離爲之剺支字今以剺爲之古
作離枝孟子以追蠡以蠡爲
之離利蠡荔菝皆一聲之轉

里十一名凡里之派皆衍里聲 良止切

紙 里 [篆] 居也从田从土會意廣雅釋詁二里尻也爾雅釋言里邑也李
巡注居之邑也漢書食貨志在野曰廬在邑曰里周禮遂人五家
爲鄰五鄰爲里詩將仲子無踰我里傳二十五家爲里韓奕于蹶之
里傳邑也晉語賦里以入注廛也呂覽懷寵祿之以里注閭也後漢
楊震傳連里竟街注猶坊也蜀都賦河洛爲王者之里注居也思元
賦匪仁里其焉宅兮舊注里宅皆居也〔轉注〕尚書大傳八家爲鄰三
鄰爲朋三朋爲里論語譔考文古者七十二家爲里又公羊宣十五
傳注一里八十戶又管子度地百家爲里禮記雜記注引王度記百
戶爲里里一尹又鶡冠子王鈇五家爲伍十伍爲里又齊語十軌爲
里又韓詩外傳廣三百步長三百步爲一里孟子方里而井井九百
畝〔叚借〕爲犛穆天子傳乃里西土之數注謂計其道里也又爲悝實
爲慈詩十月之交悠悠我里釋文本作悝雲漢云如何里箋憂也又
爲已考工匠人里爲式注讀爲已聲之誤也又爲裏素問刺腰痛篇
肉里之脈注裏也又爲薶莊子則陽靈公奪而里之釋文本作埋〔聲
訓〕風俗通里者止也共止居也釋名釋州國五鄰爲里居方一里之
中也〔古韻〕將仲子叶里杞母十月之交叶里痗桑柔叶里喜忌楚辭

lǐ 俚　lǐ 郥　hái 趩　lí 堇　lǐ 理

大招叶海里止士周書允文叶
記在賄里〔轉音〕詩瞻卬叶里背

紙 理 [篆] 治玉也从玉里聲順玉之文而剖析之廣雅釋詁一理順也三
理道也賈子道德說理離狀也管子君臣別交正分之謂理韓
非子解老理者成物之文也短長大小方圓堅脆輕重白黑之謂理
荀子儒效井井兮其有理也注有條理也凡理亂字經傳多以治爲
之〔轉注〕禮記禮器義理禮之文也樂記理發諸外注容貌之進止也
荀子正名形體色理以目異注理文理也解蔽則足以見鬚眉而察
理矣注肌膚之文理素問舉痛論寒則腠理閉注謂文理逢會之中
又詩信南山我疆我理傳分地里也左成二傳先王疆理天下注正
也禮記樂記樂者通倫理者也注分也荀子正名道也者治之經理
也注條貫也又禮記喪服四制理者義也樂記天理滅矣注猶性也
禮也者理之不可易者也注猶事也祭義理發乎外注謂言行也孟
子告子謂理也義也注理者得道之理淮南本經喜怒剛柔不離其
理注道也周書謚法剛彊理直曰武注理忠恕也管子心術理也者
明分以論義之意也〔叚借〕爲吏禮記月令命理瞻傷注治獄官也有
虞氏曰士夏曰大理周曰大司寇周語行理以節逆之注吏也又爲
賚史記殷本紀予其大理女又爲使廣雅釋言理媒也離騷吾令蹇
脩以爲理兮注分理失之又爲俚孟子稽大不理於口注賴也莊子
盜跖申子不自理釋文本作俚又爲裏素問陰陽類論冬三月之病

在理注裏也〔聲訓〕鶡冠子泰錄理者所以紀名也廣雅釋詁三理治
也此以借字釋正字也〔古韻〕詩信南山叶理畝緜叶止右理畝事禮
記月令叶起始道理紀管子心術叶事紀理始正篇叶紀理止道子
荀子禮賦叶采理不似海莊子則陽叶紀志理文子自然叶事表理
喜以已靈樞榮氣篇叶府紀始理官能篇叶數紀理道官篇叶理在
部素問刺節眞邪篇叶少短理紀始疏五過論叶紀裏丰道理始奏
寶始府又叶起咎
理市慾得海晦

支 屋 堇 [篆] 堇艸也从艸里聲讀若犛按卽爾雅之苗蓨詩我行其野之遂
也廣雅釋草堇羊蹏也亦名蓨蹏一名鬼目似蘆菔莖赤煮爲
茹滑而不美多噉令人痢故毛詩謂之惡菜〔轉注〕齊民要術堇似冬
藍蒸食之酢按卽爾雅之須蕵蕪也與羊蹄菜同類異種〔叚借〕說文
繫傳蓷雚一名堇玉篇堇
一名蒬按皆堇之誤字

灰 趩 [篆] 趩意也从走里聲讀若小兒
孩按與選詛畧同聲亦相近

紙 郥 [篆] 南陽西鄂亭从邑里聲今河南南陽府北
有故西鄂城別義碁頡鄒國之下邑曰郥

紙 俚 [篆] 聊也从人里聲按聊者賴也廣雅釋言俚賴也漢書季布欒布
田叔傳贊其畫無俚之至耳注賴也〔叚借〕爲里魏都賦非鄙俚

犛里

之言所能具注鄙也［聲訓］方言三俚聊也聊俚賴一聲之轉

紙 **裏** 衣內也从衣里聲衣外曰表穀梁宣九傳注禱在裏也［轉注］詩小弁不罹于裏疏指爲母也又素問至眞要大論裏急暴痛注腹脅之內也謝經論注經脈爲裏［叚借］爲理荀子解蔽而宇宙裏矣［古韻］詩綠衣叶裏已小弁叶梓止母裏在文子符言叶裏矣喜素問刺禁論叶右裏使市母告疏五過論叶紀裏士道理始矣

支 **貍** 伏獸似貙从豸里聲字亦作狸蘇人謂之野貓爾雅釋獸貙獌似貍按貙之大者曰貙獌之小者曰貍又云貍狐貒貈醜其足蹯其跡内又云貍子隸方言八貔關西謂之貍廣雅釋獸貍貓也按貍之可畜者亦曰貓莊子秋水捕鼠不如貍狌此家貓也書禹貢熊羆狐貍織皮此野貓也周禮射人則以貍步張三侯注貍善搏者也行則止而擬度焉其發必獲是以量侯道法之也司農注貍步謂一舉足爲一步于今爲半步儀禮大射儀以貍步注貍之伺物每舉足者止視遠近爲發必中也［叚借］爲薶周禮大宗伯以貍沈祭山林川澤校人及葬貍之鼈人凡貍物赤犮氏除其貍蟲又爲務論語比考讖徐衍負石伐子自貍宋均注貍猶殺也又託名幖識字周禮樂師諸侯以貍首爲節司農注曾孫也儀禮大射儀奏貍首注逸詩曾孫也禮記投壺請奏貍首注詩篇名也按曾孫侯氏八語見禮記射義又質參既設十六語見大戴投壺篇皆無貍首字見大戴者王氏應麟云此命射之辭也又廣雅釋草貍頭瓜屬也［聲訓］史記封禪書貍首者諸侯之不來者儀禮注貍之言不來也按不來之合音爲貍故方言貔謂之貊亦謂之貍廣雅釋獸貊貍也貊不來貍皆同聲［古韻］詩七月叶貍裘

灰 **悝** 啁也从心里聲字亦作詼東京賦而悝繆公于宮室注猶嘲也廣雅釋詁四詼調也漢書東方朔傳朔雖詼笑注嘲戲也公孫宏傳詼笑多聞注謂嘲也［叚借］爲慈爲悔說文一曰病也又託名幖識字說文春秋傳有孔悝按衛大夫孔圉子見哀十五傳

紙 **鯉** 鱣也从魚里聲按鱣者大魚似鱏而短即今之尋黃魚非鯉也爾雅釋魚鯉鱣鰋鮎鱧鯇樊孫注皆以爲三魚一物二名毛詩傳鰋鮎爲訓皆與許讀同惟郭氏特正其誤以爲六魚古無兼名也其注鯉云今赤鯉魚按廣雅黑鯉謂之鯶崔豹古今注有赤驥青馬元駒白騏黃雉之名是鯉有五色今所見赤黑黃爲多耳舊說鯉六小皆三十六鱗今驗脇正中一道如是齊民要術云鯉不相食又易長陶注本草云鯉能神變乃至飛越江湖故俗有河鯉登龍門之說［叚借］託名幖識字孔子子伯魚名鯉家語魚之生也魯昭公以鯉賜孔子榮君之賜故名［古韻］詩衡門叶鯉子六月叶喜祉久友鯉矣潛叶鮪鯉祀福

佳 **薶** 瘞也从艸貍聲字亦作埋爾雅釋言埋塞也廣雅釋詁四薶藏也周禮族師相與葬埋禮記月令掩骼埋胔吳語狐埋之而狐搰之周禮貍沈貍物貍蟲字以貍爲之喪人祇事用概誤作槪［叚借］爲霾淮南俶眞塵垢弗能薶注汚也［聲訓］釋名釋喪制葬不如禮曰埋埋痗也趨使腐朽而已也［古韻］左哀五傳叶埋謀之

佳 **霾** 風雨土也从雨貍聲爾雅釋天風而雨土爲霾孫注大風揚塵從上下也詩終風且霾傳雨土也［聲訓］釋名釋天霾晦也言如物塵晦之色也［古韻］詩終風叶霾來思

啚 一名凡啚之派皆衍啚聲 彼每切

紙 **啚** 嗇也从口从㐭㐭受也會意按从口猶聚也古文㐭字象形凡鄙吝字經傳皆以鄙爲之［叚借］爲鄙今官書戶口田土冊某都某啚作啚。

紙 **鄙** 五酇爲鄙从邑啚聲周禮遂人五家爲鄰五鄰爲里四里爲酇五酇爲鄙五鄙爲縣五縣爲遂宰夫縣都之治注五百家爲鄙大宰以八則治都鄙注都之所居曰鄙都鄙距國五百里爲王子弟公卿大夫采地廣雅釋詁四鄙國也周書職方辯其邦國都鄙注邑曰鄙又禮記月令四鄙入保注界上邑左莊廿六傳羣公子皆鄙注邊邑也僖廿四傳鄙在鄭地氾注野也齊語參其國而伍其鄙注郊以外也東京賦旁震八鄙注四方與四角也荀子非相徐叔批期思之鄙人也注郊野之人也淮南脩務鄙人有得玉璞者注小人也大戴保傅鄙語曰不習爲吏視已成事注猶今言俗語［轉注］左昭十六傳夫猶鄙我注賤也史記樂書鄙者陋也稽康詩對答鄙訊注俚也東京賦鄙哉予也注固陋不慧也又廣雅釋詁四鄙恥也楚辭懷沙君子所鄙注恥也釋名釋衣服汗衣或曰鄙袒言羞鄙于袒而衣此也［叚借］爲啚廣雅釋詁二鄙小也孟子鄙夫寬注鄙狹也老子我獨頑似鄙注鄙似若不逮也又爲否實爲痞漢書董仲舒傳或仁或鄙注謂不通也又爲駓實疊韻連語後漢馬融傳鄙駓謑訽注鄙駓欺奮迅貌也按即韓詩吉日之駓駓騃騃齊詩之伾伾俟俟毛詩之儦儦俟俟伾伾爲重言伾俟爲疊韻不必傳會有力之伾來至之俟也［聲訓］釋名釋州國鄙否也小邑不能遠通也以痞爲訓［古韻］左昭十二傳叶杞子鄙恥已士楚辭懷沙叶鄙改

佩 一名 蒲背切

隊 **佩** 大帶佩也从人从凡从巾會意佩必有巾巾謂之飾按佩系于革帶而後加以大帶字亦作珮詩子衿青青子佩傳佩佩玉也

女曰雞鳴雜佩以贈之傳雜佩者珩璜琚瑀衝牙之類周禮玉府共王之服玉佩玉注王之所帶者左定三傳蔡昭侯爲兩佩注佩玉也閔二傳佩衷之旗也楚辭湘君遺余佩兮澧浦注瓊琚之屬也東京賦珮以制容注佩爲行容又佩玉璽注帶也又離騷紉秋蘭以爲佩兮注飾也又釋名釋兵佩刀或曰容刀在佩旁之刀也又南山經杻陽之山有獸名鹿蜀佩之宜子孫注謂帶其皮尾叚借爲倍荀子大略蘭茝槀本漸于蜜醴一佩易之聲訓釋名釋衣服佩倍也言其非一物有倍貳也有珠有玉有容刀有帨巾有觿之屬也古韻詩子衿叶佩思來涓陽叶思佩離騷叶能佩又叶佩詒又叶異佩楚辭思美人叶佩態異竢文子上德篇叶得佩富莊子逸篇叶佩戴荀子佹詩叶佩異娸意轉音灋辭惜往日叶佩好按讀如抱也

葡五名凡葡之派皆衍葡聲 平記切

宧 **葡** 具也从用从苟省會意苟自亟敕也按據備下古文當補古文夊从女給事意从久趨事意論語無求備於一人以備爲之禮記曾子問喪不祔祭以祔爲之祔葡雙聲

宧 **犕** 易曰犕牛乘馬从牛葡聲今易繫辭傳作服按𦫼服𠬝詩服衍義當爲服字之轉注此字初學記引字林犕牛䩛具也許所見易本當是借犕爲服

宧 **糒** 乾也从米葡聲後漢明帝紀注引說文乾飯也書費誓糗糧傳糗糒之糧疏糒乾飯也漢書李廣傳持糒醪遺廣匈奴傳又轉邊穀米糒東觀漢記禹巡行守舍止大樹下食糒飲水而已注糒借𩞀糗也乾飯屑見後漢張禹傳注

宧 **備** 愼也从人葡聲古文作㑲夌當是古文葡字或曰㚁聲也大戴小辨事戒不虞曰知備墨子七患備者國之重也周語且夫備有未至而設之注備國備也漢書終軍傳當先具其備注備者猶今言調度叚借爲葡廣雅釋詁三備具也四備究也尚書大傳備者成也方言十二備咸也禮記祭統備者百順之名也無所不順之爲備莊子天地循于道之謂備儀禮特牲禮宗人舉獸尾告備注具也主人備答拜焉注盡也燕禮正歌備注正歌者升歌及笙各三終閒歌三終合樂三終爲一成備亦成也周禮小宗伯告備于王注謂饌具禮記月令農事備收注猶盡也楚語四封不備一同注滿也荀子禮論故雖備家必踰日然後能殯注豐足也淮南脩務遂爲天下備注猶用也又爲搚周禮𡕒氏則獻其皮革齒須備司農注謂搔也按爪也又爲培淮南齊俗撫掌踰備之姦注後垣也又爲犕易既濟陸績本三年克之備也遯荀本有疾備也又爲副左哀十五傳寡君使蓋備使注猶副也又爲服定四傳備物典策王氏引之云卽

服物也又託名標識字大荒南經又有登備之山注卽登葆山備葆雙聲古韻詩楚茨叶備戒旱麓叶載備祀福易大有叶志備祐儀禮士冠禮叶備字楚辭惜往日叶代意置載備異再識墨子雜守叶喜備文子道原叶翼載使備自然叶意備得荀子成相叶態備忌匿韓非子愛臣叶服稷備側國息外儲叶備惑飾匿轉音宋玉神女賦叶備究又小言賦叶怨備

扑 **憊** 㦘也从心葡聲或从疒字亦作𢞁通俗文疲極曰𢞁廣雅釋詁一憊極也易遯有疾憊也鄭注困也王肅本以𢞁爲之𢞁葡雙聲既濟三年克之憊也鄭注劣弱也陸注困劣也陸本以備爲之列子黃帝單憊于戲笑釋文疲也左襄廿七傳單斃其死以斃爲之注踣也非是荀子賦往來惛憊通于大神注困也漢書樊噲傳又何憊也注力極也叚借爲痞莊子山木士有道德不能行憊也司馬本作病

才二十三名凡才之派皆衍才聲 昨哉切

灰 **才** 艸木之初也从丨上貫一將生枝葉一地也按丨引而上行也會意十卽中之枝葉微也象形一地也指事禮記中庸故天之生物必因其材而篤焉注謂其質性也以材爲之轉注禮記學記教人不盡其材注道也按質也論語既竭吾才皇疏才力也孟子非

才之罪也注天才不能盡其才者也注才性莊子列禦寇有感搖而不才釋文本作性又後漢張衡傳贊三才理通注天地人馬融傳五才之用無或可廢注金木水火土也左傳以材爲之爾雅釋詁哉始也以哉爲之孟子朕載自亳以載爲之按凡才能字當作材材質字當作才才者引申爲本始之義又引申爲僅暫之義漢書李陵傳財令陵爲助兵注謂淺也僅也李廣利傳士財有數千注與才同王貢兩龔鮑傳序裁日閱數人注與才同賈山傳纔數月耳集注暫也淺也以財以裁以纔爲之纔裁雙聲叚借爲材詩駉思馬斯才傳才多材也莊子徐无鬼天下馬有成才孟子才也養不才注謂人之有俊才者列子仲尼東里多才釋文有治能而參國政者淮南主術任人之才難以至治注智也論語舉賢才漢書平帝紀正作材才難王嘉傳正作材古韻詩駉叶駓騏伾期才陸賈新語愼微叶辭才疑否治之恢

灰 **趚** 疑之等趚而去也从走才聲按行濡滯之貌趚猶𧼖趚疊韻連語謂有疑故遲鈍以行也

咍 **䬳** 設飪也从丮食會意才聲讀若載廣雅釋言䬳設也叚借爲才玉篇䬳始也又發聲之詞廣雅釋詁四䬳詞也石鼓文䬳西䬳北按石鼓是周宣獵碣當從舊說詳見余石鼓考

䴬 灰

䴬 餅籟也。从麥，才聲。或曰酒母，爲酒之始，故从才，殊爲詞費。方言十三：䴬、麰、𪍿、䴯、𪎊、麴也。晉之舊都曰䴬。

材 灰

材 木梃也。从木，才聲。按：材方三尺五寸爲一章。唐人言一樟。樟章雙聲，故言木之盛曰千章。周禮太宰：五曰材貢，注：櫄榦栝柏篠簜也。晉語：駕而乘材，注：橫木也。論語：無所取材，鄭注：言無所取于桴材。楚辭懷沙：材朴委積兮，注：條直爲材。轉注：周禮太宰：飭化八材，注：珠象玉石木金革羽也。左隱五傳：其材足以備器用，謂皮革齒牙骨角毛羽也。儀禮士喪禮：獻材于殯門外，注：明器之材。又韓詩外傳：賢不肖者材也。廣雅釋詁三：材，道也。周語：讓文之材也，注：用也。史記弟子傳：無所取材，集解：適用曰材。荀子王制：材伎之士，注：武藝過人者。猶漢之材官也。西京賦：侲僮程材，注：伎能也。又素問上古天眞論：材力盡邪，注：材謂材榦可以立身者。叚借爲裁。鄭語：材兆物，注：裁也。晉語：官師之所材也，注：古裁字。魯語：苦匏不材於人，注：讀若裁。荀子解蔽：材官萬物，注：謂當其分。又爲哉。論語：無所取材，鄭注引或說：古字材哉同耳。又爲才。易繫辭：象者材也，注：才德也。禮記中庸：必因其材而篤焉，注：謂其質性也。左襄廿七傳：天生五材，注：金木水火土也。史記五帝紀：節用水火材物，正義：本也。又爲財。史晨後碑：還所斂民錢材。又爲垂。管子地員：山之材，注：猶旁也。材垂雙聲。或曰借爲側，亦通。【古韻】周書文傳叶胎材䐡；韓非子揚權叶能欺材治。

財 灰

財 人所寶也。从貝，才聲。廣雅釋詁四：財，貨也。周禮太宰：以九賦斂財賄，注：泉穀也。職方氏：與其財用，注：帛穀貨賄也。司門：以其財注：所謂門關之委積也。禮記坊記：先財而後禮，注：幣帛也。聘義：此輕財而重禮之義也，注：謂璧琮享幣也。魯語：用軌之財者爲姦，注：寶也。管子度地：率部校長官佐各財足，注：謂其祿廩。荀子富國：財之末也，注：粟米布帛曰財。叚借爲材。禮記禮器：設于地財，注：疏物也。魏都賦：財以工化，注：與材通。又爲才。孟子：有達財者，陸注：周恤之，非是。又漢書文帝紀：見馬遺財足，霍光傳：長財七尺三寸，揚雄傳：財足以奉郊廟，注皆讀與纔同。又爲裁。易泰：財成天地之道，荀本正作裁。管子心術：聖人因而財之，荀子天論：財非其類以養其類，王制：財萬物，漢書賈誼傳：惟陛下財幸，鼂錯傳：財擇，張安世傳：財哀，翼奉傳：財察，師丹傳：財覽，注皆與裁同。【古韻】家語辨樂叶時財；鶡冠子世兵叶財𦡱時疑。

鼒 支

鼒 𨨏 鼎之圜掩上者。从鼎，才聲。俗从金，茲聲。爾雅釋器：鼎絕大謂之鼐，圜弇上謂之鼒，注：斂上而小口。詩絲衣：鼐鼎及鼒，傳：小鼎謂之鼒。叚借疊韻連語，孟子：雖有鎡基，周禮薙氏注作茲其，亦同聲。訓爾雅釋器舊注：鼒，子鼎。按：子之言小也。【古韻】詩絲衣叶紑俅基牛鼒。

豺 佳

豺 狼屬，狗聲。从豸，才聲。字亦作犲。爾雅釋獸：豺，狗足。舊說：豺似狗，白色，有爪牙，迅捷善搏噬也。呂覽季秋：豺則祭獸，注：似狗而長毛，其色黃。淮南時則注作長尾。史記司馬相如傳：搏豺狼，正義：似貆，白色。左文元傳：蠭目而豺聲，昭廿八傳：是豺狼之聲也。史記引書牧誓：如豺如離。按：豺瘦而猛健，聲亦似狗。後漢梁冀傳：爲人鳶肩豺目，注：目豎也。

𢦏 灰

𢦏 傷也。从戈，才聲。

在 賄 隊

在 存也。从土，才聲。鍇本此與坐同意。字亦作𢦏。廣雅釋詁二：在，尻也。按：字从土，與坐同意。易乾：見龍在田。書堯典：朕在位七十載。詩關雎：在河之洲。春秋昭三十年：公在乾侯。禮記大學：在明明德。州輔碑：𢦏貴不濡。叚借爲𪒠。爾雅釋詁：在，終也。按：纔猶卒，就之意，成先業終朕畝也。又爲司。爾雅釋詁：在，察也。虞書：在璿璣玉衡，傳：察也。儀禮聘禮記：子以君命在寡君，注：存也。禮記文王世子：必在視寒暖之節，注：察也。左襄廿六傳：吾子獨不在寡人，注：存問之。莊子在宥：在之也者，恐天下之淫其性也。又秦策：樗里疾、公孫衍二人在爭之，王按何其隙也。新序作譏。譏在亦雙聲。【古韻】詩小弁叶梓止母裏在；離騷叶在茝；周書允文叶記在賄里吏士布恥喜在子母；素問陰陽類論叶在止；胕，轉音，楚辭天問叶首在守；靈樞官鍼篇叶理在部府下在苦。

哉 灰

哉 言之閒也。从口，𢦏聲。爾雅釋詁：孔、魄、哉、延、虛、無、之、言，閒也。注：孔、魄、哉、延、虛、無皆有閒隙，餘未詳。按：哉之言三字皆助語之詞，閒于文字者也。書皋謨：敬哉有土。易坤：利牝馬之貞。詩大東：睠言顧之。荀子言作焉，後漢劉陶傳作然，是皆詞也。禮記檀弓：汰哉叔氏。論語：野哉由也。此游衍之詞。書堯典：緜哉。禮記曾子問：祭哉。此亦量度之詞。又在句末。叚借爲才。爾雅釋詁：哉，始也。詩文王：陳錫哉周，箋：始也。周語以載爲之，孟子引書：朕載自亳，亦以載爲之。又爲鼒。史記封禪書：鼐鼎及哉。又爲司。廣雅釋詁一：哉，視也。字亦變作𢧐。又爲戎之誤字。莊子應帝王：紛而封哉，崔本作戎。按：封戎疊韻連語。【古韻】詩淇叶思哉；君子于役叶期哉塒來思；園有桃叶哉其之思；終南叶梅裘哉；黍苗叶牛哉；老子異俗叶哉熙臺孩；莊子知北遊叶骸灰持娸謀哉。

戴 隊

戴 𢦔 分物得增益曰戴。从異，𢦏聲。籀文从弋聲。轉注：爾雅釋山：石戴土謂之崔嵬，土戴石爲砠。釋地：北戴斗極爲空桐，注：值也。釋邱：途出其前戴邱，注：在上曰戴。禮記月令：戴勝降于桑。方言八：鳸鳩謂之戴鵀，又謂之戴南，或謂之戴鳻，或謂之戴勝。按：鳥首有文如勝，故名。又後漢鄧禹傳：垂髮戴白，注：戴白，父老也。素問診要經終論：戴眼反折瘈瘲，注：戴眼謂睛不轉而仰視也。又周語：眾非元后何戴，注：奉也。周書謚法：愛民好治曰戴。淮南繆稱：凡行戴情，注：心所感也。叚借爲𢦏。左隱十年：宋人、蔡人、衛人伐戴，釋文：戴，故國在陳留。穀梁以載爲之。又爲哉。淮南繆稱：意而不戴，注：嗟也。【聲訓】釋名釋姿容：戴，載也，載之于頭也。

zì 胾　zài 栽　zài 𨞰　cái 裁　zāi 烖

記喪大記皆戴綏注戴之言値也古韻莊子逸篇叶佩戴大戴記詩志叶戴事能

寘 **胾** [篆] 大臠也从肉𢦏聲詩閟宮毛炰胾羹傳肉也禮記曲禮左殽右胾注殽骨體也胾切肉也殽在俎胾在豆疏純肉切之曰胾管子弟子職羹胾中別注謂肉而細切按無骨而方正切之非謂纖細也儀禮士虞禮胾四豆史記絳侯周勃世家獨置大胾

灰隊 **栽** [篆] 築牆長版也从木𢦏聲古築牆之法既度其廣輪先植楨于兩頭又植榦于兩邊而後橫施版于榦內以繩束榦實土築之一版竣則層絫而上五版爲堵左定元傳庚寅栽哀元傳里而栽注設版築也叚借爲載廣雅釋室栽閣也按猶庋也又爲植禮記中庸故栽者培之注猶植也今人名草木之植曰栽栽或爲菑按菑者孳也論衡骨相出土爲栽櫱潘岳在懷縣詩稻栽肅芊芊注凡蒔草謂之栽

隊 **𨞰** [篆] 故國在陳留从邑𢦏聲在今河南衛輝府考城縣東南左氏春秋以戴爲之穀梁以載爲之後以國爲氏字作戴漢信都太傅戴德九江太守戴聖父子記禮

灰 **裁** [篆] 制衣也从衣𢦏聲廣雅釋詁三裁裂也禮記喪大記衰衾質殺之裁猶冒也注猶制也轉注爾雅釋言裁節也長笛賦裁已當

説文通訓定聲　頤部第五　三十五

適便易持注裁節似當櫨廣雅釋言裁制也秦策大王裁其罪注制也管子形勢裁大者衆之所比也注斷也穀梁序公羊辨而裁注謂善能裁斷淮南主術取民則不裁其力注度也漢書食貨志而裁其賈以招民注謂減省之也賈誼傳跪而自裁注謂自刑殺也叚借爲才漢書王貢兩龔鮑傳序裁日閱數人高惠高后文功臣表裁什二三後漢馬援傳裁買城西數畝地注僅也與用纔財字同

灰 **烖** [篆] 𤆎 灾 天火曰烖从火𢦏聲古文从才聲籀文从巛聲說文又有或體灾从宀从火按此兩字之古文今移置壯部丙下左宣十六傳凡火人火曰火天火曰災公羊襄九傳大者曰災小者曰火穀梁昭九傳國曰災邑曰火轉注釋名釋天火所燒滅之餘曰烖言其於物如是也廣雅釋詁四災也也叚借爲巛周禮司服大烖注水火爲害掌客禍烖殺禮注新有兵寇水火也大祝國有大故天烖注疫癘水旱也膳夫天地有烖則不舉注天烖日月晦食地烖崩動也左宣十五傳天反時爲災公羊桓十四年御廩災注傷二穀以上書災莊二十傳大災者何大瘠也周語天降災戾注謂水旱蟲螟之類後漢應劭傳春一草枯則爲災春秋潛潭巴災之爲言傷也隨事而誅易復有災眚鄭注害物曰災虞注坎爲災眚東京賦祈禳災注禍也又爾雅釋詁烖危也虞書眚災肆赦傳害也詩生民無菑無害以菑爲之冀州從事郭君碑降此殃甾以甾爲之聲訓廣雅釋言災甾也古韻易乾叶事試治災剝叶災尤載遯叶災志德

cì 蛓　zài 載

事否疑豐叶災志事无妄叶志富災之試災又叶災牛得災雜卦傳叶時災來怠楚辭招魂叶疑角駓牛災莊子庚桑楚叶之灾來灾

寘 **蛓** [篆] 毛蟲也从虫𢦏聲爾雅釋文引說文讀若笥字亦作蚝蘇俗謂之刺毛食木葉有角其毛螫人有采色老而口吐白汁凝聚如小卵在中作蛹本草謂之雀甕爾雅釋蟲蟔毛蠹注即蛓又螆蛅蟴注蛓屬也楚辭九思蛓緣兮我裳

賄隊 **載** [篆] 乘也从車𢦏聲虞書予乘四載易睽載鬼一車詩緜蠻命彼後車謂之載之轉注詩正月載輸爾載謂所載之物也上載是發聲之詞上文其車既載是本誼又廣雅釋詁三載𢧐也儀禮士冠禮載合升注在鼎曰升在俎曰載按猶庋也又詩旱麓清酒既載薛君章句設也又周禮司盟掌盟載之法注盟辭也盟者書其辭于策殺牲取血坎其牲加書于上而埋之謂之載書左僖廿六傳載在盟府注載載書也爾雅釋詁載言也又史記禮書側載臭茝索隱載者置也又漢書董仲舒傳身寵而載高位注亦乘也又老子或載或隳注安也載營魄抱一王注猶處也荀子富國以國載之注猶任也叚借爲蒔爾雅釋天夏曰歲商曰祀周曰年唐虞曰載按與年从禾同意歲一蒔也李注一歲莫不覆載傳會不誼孫注取萬物終而復始以才爲訓皆失之釋名釋天載生物也於義爲近按後惟唐天寶甲申後十五年改年稱載又爲𢧐詩大田載芟俶載南畝箋皆讀爲菑按猶剌也又爲茲爲孳琴賦披重壤以誕載兮注生也又爲事小爾雅

説文通訓定聲　頤部第五　三十六

廣詁載事也廣言載行也周書謚法載事也虞書有能奮庸熙帝之載鄭注行也傳事也禹貢冀州既載鄭注載之言事釋文載載於書也失之周禮地官載師注載之言事也大宗伯大賓客則攝而載果注爲也爾雅釋詁載僞也按僞者今之爲字注言而不信失之詩文王上天之載傳事也漢書揚雄傳以縡爲之縡者繒字習語重耳若獲集德而歸載注施也荀子榮辱使人載其事而各得其宜注行也又爲才詩載見辟王傳始也孟子自葛載注始也太元夷載幽貳執注始也又爲再虞書乃賡載歌曰傳成也鄭注始也失之小爾雅廣詁載成也後漢傅毅傳奕世載德注易曰德積載載重也周語奕世載德注成也詩小戎載寢載興文選引作再又爲戴詩絲衣載弁俅俅箋猶戴也禮記郊特牲載冕璪釋文本作戴淮南兵略載以銀錫注飾也又爲異廣雅釋詁三載子也晉語子犯授公子載璧按重耳所與璧也又爲戴荀子解蔽唐鞅蔽于欲權而逐載子注讀爲戴又發聲之詞詩載馳載驅傳辭也七月春日載陽箋載之言則也周語載戢干戈注則也與用曾用則皆同會載雙聲石鼓文𩩐西𩩐北以𩩐爲之聲訓釋名釋姿容載戴也戴在其上也釋邶道出其前曰載邶在前故載也詩大明文王初載傳識也後漢楊賜傳初載注引毛萇曰載識也晉語載璧注記也古韻詩彤弓叶載喜右緜蠻叶食誨載旱麓叶載備祀福秩杜叶載來疚出車叶牧來載棘大東叶載息緜叶直載翼正月叶輻載意易小畜叶志富載疑剝叶災尤載楚辭

zài 截　é 涐 zāi 〔渽〕　zāi 茬　zǎi 宰

惜往日叶代意置載備異再識莊子則陽叶極載默極轉音禮記中庸叶載幬文子道原叶覆載使備

截　隊　𨢿 酢漿也从酉𢦏聲廣雅釋器截漿也漢書食貨志及醋截灰炭注酢醬也〔聲訓〕儀禮公食禮漿飲注截漿也疏截之言載以其汁滓相載故云截漢法有此名故也

渽　歌灰　𣳆 渽水出蜀汶江徼外東南入江从水𢦏聲段氏玉裁訂從𢦏聲是也今從之字亦作涐按水經江水一注引呂忱曰渽水出蜀許慎以爲涐水也從水我聲今本水經注渽水出蜀誤作涐水出蜀於文理不可通矣蓋酈氏兩存其字不能定也攷漢書地理志蜀郡青衣下云禹貢蒙山谿大渡水東南至南安入渽師古注渽音哉汶江下云渽水出徼外南至南安東入江蓋出今四川茂縣徼外小金川司大金川司經嘉定府而青衣江來會同入江即司馬相如傳之沬水唐宋以後所謂大渡河也

茬　支　𦱹 艸貌从艸在聲字亦作荏字林荏草亦盛也〔叚借〕託名幖識字濟北有茬平縣水經河水注茬山名也茬平城世謂之時平城按今山東東昌府茬平縣東北有茬山

宰五名凡宰之派皆衍宰聲　作亥切

宰　賄　𡩜 辠人在屋下執事者从宀从辛會意辛辠也按屋下制治辠人謂之宰與辟同意小爾雅廣詁宰治也白虎通爵宰者制也周禮目錄宰者官也序官乃立天官冢宰注主也儀禮聘禮宰命司馬戒眾介注上卿貳君事者也諸侯謂司徒爲宰按凡周官宰夫儀禮大射儀宰胥左襄廿六傳宰旅哀三傳宰人皆謂太宰之屬吏也又儀禮燕禮膳宰具官饌注膳宰天子曰膳夫禮記祭統宮宰肅夫人注守宮官也公羊春秋隱元年天王使宰咺傳宰士也禮記禮器子路爲季氏宰注治邑吏也論語可使爲之宰也孔注家臣又左襄廿八傳在外不得宰吾一邑疏猶盆也按主也襄九傳司里注里宰疏里長謂之宰又此字江氏永曰从宀庖廚也从辛五味之一史記陳平曰宰天下不當如是肉邪本義當爲宰割按漢書宣帝紀損膳省宰注宰爲屠殺也大戴保傅太宰持斗而御戶右注膳夫也呂覽不苟與良宰遺之注謂膳宰周禮冢宰釋文宰齊其清濁和其剛柔而納之中和曰宰是从辛者與燮同意轉注爲制治之偁非治辠轉注爲宰殺之誼也存參〔叚借〕爲冢小爾雅廣名宰冢也公羊僖三十三傳宰上之木拱矣注冢也荀子大略望其壙宰如也注高貌列子天瑞注宰如言如冢也冢宰雙聲字又爲采禮記曲禮問大夫之富曰有宰食力注邑土也按作邑士誤〔聲訓〕公羊僖九傳宰周公注猶治也禮記曲禮有宰食力注邑士也儀禮士冠禮宰自右少退注有司主政教者也〔古韻〕詩十月之交叶士宰史文子自然叶久宰始待道原叶道有寀

zǐ 䔂　zǐ 滓　zǎi ⿰耳宰　zǐ 梓　zāi 巛　zī 菑

䔂　紙　𦵬 羹菜也从艸宰聲謂烹菜爲羹字亦作寀

滓　紙　𣸱 澱也从水宰聲泥之黑者爲滓字亦作淄太元更化白于泥淄注黑也論語涅而不緇以緇爲之〔叚借〕託名幖識字書禹貢濰淄其道出今山東青州府博山縣東南原山至博興縣入泲與泲同入海周禮職方氏其浸菑時漢書地理志惟甾其道武班碑齊國臨菑皆以菑爲之呂覽精諭淄澠之合注齊之兩水名也

⿰耳宰　賄　𦗺 益梁之州謂聾爲⿰耳宰秦晉聽而不聰聞而不達謂之⿰耳宰从耳宰聲方言六⿰耳宰聾也半聾梁益之閒謂之⿰耳宰秦晉之閒聽而不聰聞而不達謂之⿰耳宰注⿰耳宰言胎⿰耳宰煩憒也

梓　紙　𣐈 𣓋 楸也从木宰省聲或不省爾雅釋木椅梓注即楸詩定之方中椅桐梓漆陸疏楸之疏理白色而生子者爲梓梓實桐皮曰椅西京賦梓棫楩楓注如栗而小按楸檟椅梓皆同類而異名又爾雅椇鼠梓注楸屬也今江東有虎梓按此與上文槄山榎同類皆山楸之屬南山經虖勺之山其上多梓枏注山楸也〔轉注〕考工記輪輿弓廬匠車梓注梓楨屬書梓材馬注治木器曰梓古文以杍爲之儀禮大射儀工人士與梓人注皆司空之屬能正方圓者禮記曲禮木工疏梓謂杯勺爲筍簴之屬也〔叚借〕爲檟尚書大傳南山之陰有木名梓晉晉然而俯子道也檟梓雙聲又爲榟之誤字周禮壺涿氏則以牡梓枉注當爲榟又託名幖識字水經洛水注瀍水出梓澤中梓澤地名也〔聲訓〕漢書五行志梓猶子也淮南本經林無柘梓注梓滋生也〔古韻〕詩小弁叶梓止母裏在

巛五名凡巛之派皆衍巛聲　祖才切

巛　灰　𡿧 害也从川一雝之指事春秋傳曰川雝爲澤凶見左宣十二傳周語陽失而在陰川原必塞經傳皆以災以菑爲之

菑　支寘　𦯬 𤰝 不耕田也从艸甾或省艸按甾者古文从田巛聲小篆又加艸耳字亦誤作葘作菑不耕田者不耕而才耕之田也易无妄不菑畬董遇注菑反艸也爾雅釋地田一歲曰菑二歲曰新田三歲曰畬注今江東呼初耕地反草爲菑書大誥厥父菑疏謂殺草詩采芑于此菑畝疏殺草之名字亦作椔廣雅釋地椔耕也〔轉注〕淮南本經菑榛穢聚注茂草曰菑〔叚借〕爲數爲植考工輪人察其菑爪不齵注菑謂輻入轂中者也凡植物于地中謂之菑司農注泰山平原所樹立物爲菑博立梟棊亦爲菑史記河渠書頹竹林兮楗石菑漢志注菑亦臿耳義與傳同漢書張安世傳注引續漢書菑矛戟菑插也又爲殖爾雅釋木木立死菑詩皇矣其菑其翳按木脂膏久

而敗故立死字亦變作椔荀子非相周公之狀身如斷菑注與椔同又爲滓周禮職方氏其浸菑時注菑出萊蕪淮南道應菑澠之水合注齊二水名武班碑齊國臨菑又爲則公羊昭廿五傳以人爲菑注周埒垣也所以分别內外衞威儀今大學辟雍作側字又爲才廣雅釋草菑擧也按蘖也釋詁四菑葉也又爲巛荀子脩身菑然必以自惡也注菑害在身之貌呂覽審時稼就而不穫必遇天菑注害也禮記大學菑害並至冀州從事郭君碑降此殘菑漢書楊雄傳瀶沈菑于谿谷兮【聲訓】爾雅釋地孫注菑始殺其草木也又釋木李注以當死害生曰菑皆以巛爲訓

【古韻】管子內業叶意菑

支 **緇** 帛黑色也从糸甾聲按古文从才聲今據禮經補考工鍾氏七入爲緇爾雅釋天緇廣充幅長尋曰旐孫注黑繒也詩緇衣之宜兮傳黑色箋居私朝之服也按禮記檀弓爵弁經紂衣詩行露傳紂帛不過五兩羊箋紂衣纁袡周禮媒氏入幣純帛注純實緇字也古緇以才爲聲禮記玉藻而純組綬注純當爲緇古文緇字或作絲旁才儀禮士冠禮疏古據布爲色者則爲緇字據帛爲色者則爲紂字按純紂形近故傳寫致訛禮記祭統以共純服注純服亦冕服也君純冕立于阼疏純亦緇也皆紂誤純【聲訓】釋名釋采帛緇滓也泥之黑者曰滓此色然也

支 **錙** 六銖也从金甾聲爲黍六百之重淮南說山錙錘之冠錙錘之磁諸注皆云六銖曰錙【別義】廣韻八銖爲錙又風俗通義銖六則錘錘墀也二錘則錙錙熾也二錙則兩也一切經音義引風俗通三錘則錙錙減也又淮南詮言雖割國之錙錘以事人注六兩曰錙倍錙曰錘又禮記儒行雖分國如錙銖注八兩曰錙又呂覽應言今割國之錙錘矣注錙錘銖兩也諸說皆與許乖異未詳孰是

支 **輜** 輧車前衣車後也从車甾聲按輧車前有衣輜車前後皆有衣字林輜載衣物車前後皆蔽若今庫車有郲曰輜無郲曰輧輧車有衣蔽無後轅其有後轅者謂之輜也釋名釋車輜車載輜重臥息其中之車也左宣十二傳疏蔽前後謂之輜載物必重謂之重人挽以行謂之輦一物也管子問鄉師車輜注謂車之有防蔽可以重載者東京賦終日不離其輜重注輜重有衣車也老子不離輜重注靜也漢書楊雄傳驂雷輜後漢竇憲傳雲輜蔽路【聲訓】釋名釋車輜廁也所載衣物雜廁其中也

再二名凡再之派皆衍再聲 作代切

隊 **再** 一舉而二也从一从冓省會意按冓者加也對耦之詞曰二重疊之詞曰再周禮司刺再刺再宥再赦巾車樊纓十有再就禮記玉藻酒肉之賜弗再拜儒行過言不再注猶不更也周書大開武無再失注爲復失也【叚借】大戴保傳再爲義主賈子胎教作稱文王

官人敬再其說逸周書作亟稱此皆稱之誤字【古韻】楚辭惜往日叶代意置載備異再識

隊 **洅** 雷震洅洅也从水再聲

采三名凡采之派皆衍采聲 倉宰切

賄 隊 **采** 捋取也从木从爪會意字俗作採詩芣苢薄言采之傳取也卷耳采采卷耳傳采采事采之也周禮樂師行以肆夏趨以采薺司農注樂名或曰皆逸詩【轉注】儀禮士昏禮納采禮記坊記注昏禮始納采謂采擇其可者也又荀子王制脩採清注謂採去其穢又漢書魏相傳又數表采易陰陽注撮取也又木落實人所采食法言重黎西采雍梁注食稅也公羊襄十五傳注所謂采者不得有其土地人民采取其租稅耳字亦作寀爾雅釋詁寀官也注官地爲寀封禪文以展寀錯事注寀官也又方言十三冢秦晉之閒謂之埰注古者卿大夫有采地死葬之因名也字亦作埰小爾雅廣詁采畧也又周禮大司馬采畿職方氏采服禮記王制千里之外曰采曰流明堂位九采之國注九州之牧典貢職者也又木有文人所采用禮記樂記文采節奏聲之飾也月令命婦官染采注五色也虞書以五采彰施於五色鄭注未用謂之采漢書嚴安傳禮失而采注飾也西山經采石注今雌黃空青綠碧之屬毛采注言雄色雜也周禮夏采爾雅釋鳥素質五彩南都賦金彩玉璞注金之彩也字亦作彩又論衡量知染練布帛名之曰采儀禮士冠禮將冠者采衣注未冠者所服雜記麻不加于采注元纁之衣史記周紀召公奭贊采正義幣也漢書貨殖傳文采千匹注帛之有色者曰采思元賦昭綵藻與琱琢兮注文綵也字亦作綵【叚借】爲事爾雅釋詁采事也書堯典疇咨若予采皐謨載采采傳事也又亮采有邦禹貢百里采馬注事也又爲菜周禮大胥注舍采禮記月令正作釋菜又爲才江淹袁太尉詩綵吹震沈淵注發吹也又爲萊後漢王符傳葛采爲緘注猶蔓也又爲在賁爲司今文尚書采政忽又爲柔之誤字史記李斯傳采椽不斲集解一名櫟一作柞太史公自序采椽不刮索隱櫟椽也漢書藝文志集注采柞木也字作棌本从木又重言形況字詩蒹葭采采傳猶萋萋也蜉蝣采采衣服傳眾多也【聲訓】詩芣苢箋采者始往之辭以才爲訓

【古韻】詩關雎叶采友芣苢叶采有蒹葭叶采已涘右沚小宛叶采負似荀子禮論叶采理不似海

隊 **菜** 艸之可食者从艸采聲禮記學記皮弁祭菜注謂芹藻之屬月令習舞釋菜周禮大胥舍采注即蘋蘩之屬儀禮士昏禮乃奠菜注以籩祭菜也蓋用堇穀梁宣十五傳注以種五菜疏世所謂五辛之菜也素問藏器法時論五菜爲充注謂葵藿薤葱韭也【叚借】爲采孔耽神祠碑躬菜蓤藕又帝堯碑肴入菜又孟子音義下引丁音菜謂采地菜之言采也又爲植荀子大畧三月五月爲幬菜敝而不

cǎi 㥒　tái 臺　tái 嬯　lái 來

反其常注

讀爲菑

賄 㥒 㥒 姦也从心采聲[段借]爲猜廣雅釋詁四㥒忦恨也按方言作猜忦㥒猜雙聲

臺二名凡臺之派皆衍臺聲徒來切

灰 臺 臺 觀四方而高者从至从之从高省會意與室屋同意按積土四方高丈曰臺不方者曰觀曰闕臺上有屋曰謝之象上出遠而可見與豈同意或曰之聲禮記月令可以處臺榭注闍者謂之臺按如城隅也楚辭招魂層臺累榭注無木謂之臺楚語夫爲臺榭將以教民利也注臺所以望氛祥而備災害按詩靈臺在辟雍大學古說與太廟爲一非是括地志靈臺高二丈周一百二十步唐太宗時猶存[轉注]呂覽愼大賦鹿臺之錢注紂錢府又海內東經琅琊臺在渤海之間注山嶕嶢特起狀如高臺又獨斷夏曰均臺漢曰獄又應劭漢官儀尚書爲中臺御史爲憲臺謁者爲外臺[段借]爲儓左昭七傳僕臣臺服注給臺下徵召也非孟子蓋自是臺無餽也注賤官主使令者廣雅釋詁一臺輩也又爲待或爲嬯廣雅釋詁二臺待也又爲特方言一臺匹也秦晉之間物力同者謂之臺敵又託名幖識字爾雅釋草臺夫須詩南山有臺都人士臺笠緇撮陸疏莎草也可爲簑笠以禦暑雨又疊韻連語禮記檀弓自敗于臺鮐始也注當爲壺左襄四傳作狐駘按臺誤壺因又作狐貢與昭元傳實沈臺駘字同爲疊韻連語也山在今山東兗州府滕縣東南又爲握之誤字古文握作臺形近致譌淮南俶眞臺簡以游太清注猶持也方言十三臺支也[聲訓]釋名釋宮室臺持也築土堅高能自勝持也[古韻]詩南山有臺叶臺萊基期老子異俗叶哉熙臺孩上林賦叶怠臺桓譚仙賦叶臺之

灰 嬯 嬯 遲鈍也从女臺聲闒嬯亦如之按字亦作儓方言三儓農夫之醜稱也南楚凡罵庸賤謂之田儓或謂之䑋注儓儓駑鈍貌[段借]爲待廣雅釋詁一儓臣也方言三注或曰僕臣儓亦至賤之號也又爲特廣雅釋詁三儓當也按猶方言一臺匹也又雙聲連語廣韻闒嬯連于唱歌也亦作蹋跆

來十一名凡來之派皆衍來聲洛才切

灰睞 來 來 周所受瑞麥來麰一來二夆象芒朿之形詩思文詒我來麰[轉注]說文來天所來也故爲行來之來爾雅釋詁來至也竣按往來之來正字是麥菽麥之麥正字是來三代以還承用互易如苑宛童僮酢醋穜種之比許君未經訂正故沿譌至今詳見余說解商字亦作徠作逨與麥之从夊同易咸憧憧往來虞注之內爲來雜卦傳萃聚而升不來也注還也詩采薇我行不來傳至也箋猶反也左

lái 萊　lái 琜　lái 棶

文七傳其誰來之注猶歸也莊廿七傳凡諸侯之女歸寧曰來隱元年注來者自外之文周髀算經右者來又論語來者猶可追皇疏來者謂未至之事也爾雅釋親元孫之子曰來孫易繫辭傳往者詘也來者信也廣雅釋詁四倈伸也以勑爲之武帝紀氐羌徠服爾雅釋訓不倈不逨也又呂覽不侵不足以來士矣注猶致也[段借]爲勑爾雅釋詁來勤也舍人注強事也詩大東職勞不來傳勤也周禮樂師詔來瞽臯舞司農注勑也中庸來百工也孟子勞之來之又爲賚儀禮特牲禮來女孝孫釋文賜也注讀曰釐則謂借爲禧漢脩堯廟碑爲黎元來福又爲在實爲司史記夏紀來始滑古文尙書作在治忽又爲北禮記孟春之月鴻雁來與仲秋不同呂覽正作北又爲求之誤字書呂刑惟貨惟來馬本正作求又爲乘之誤字詩女曰雞鳴知子之來之按當作乘借乘爲倂也又爲爽之誤字爾雅釋鳥鷹來鳩樊注爽鳩也字亦作鶆按爽鳩卽爾雅之鷞鳩來鳩大鷹也樊注失之又託名幖識字爾雅釋木椋卽來注材中車輞按卽松楊也俗謂之油松字亦作棶[聲訓]釋名釋言語來哀也使來入已哀之故其言之低頭以招之也此釋檀弓嗟來食莊子嗟來桑戶則當釋親屬來孫此在無服之外其意疎遠呼之乃來也又呂覽辨士故不能爲來注來丕成也[古韻]詩終風叶霾來思君子于役叶期哉塒來思子衿叶佩思來白駒叶來期思大東叶來疚又叶來服裘試常武叶塞來出車叶牧來載棘采薇叶疚來杕杜叶戒來疚南有嘉魚叶來又靈臺叶亟來易困叶食來祀益叶事來之志辭既濟叶僾疑時來久繫辭傳叶來能謀雜卦叶時災來怠孟子滕文公叶來直翼得德莊子庚桑楚叶之灰來灾山木叶識來疑止呂覽君守叶恢疑來管子禁藏叶來富荀子勸學叶來德箴賦叶來事賈誼引詩叶倍來鬼谷子內揵叶德合得來事[轉音]楚辭遠遊叶怪來鬼谷子內揵叶留來

灰 棶 棶 齊謂麥棶也从禾來聲按因來字專借爲行來之來故又製此字卽來之或體也今附于此

灰 琜 琜 瓄玉也从玉來聲

灰 萊 萊 𦿊 蔓華也从艸來聲大篆从茻爾雅釋艸釐蔓華以釐爲之一名蒙華詩南山有臺北山有萊齊民要術引義疏萊藜也莖葉皆似菉王芻今兗州人蒸以爲茹謂之萊蒸按蔏藋之屬其草蔓延[轉注]詩楚茨序田萊多荒疏田廢生草謂之萊十月之交高則萊疏萊者草穢之名周禮遂人萊五十畮注謂休不耕者縣師田萊之數注郊外謂之萊越絕書吳內傳萊野也又書禹貢萊夷作牧傳萊夷地名按在今山東登州萊州二府之地左宣七年公會齊侯伐萊按國在今山東登州府黃縣水經淄水注齊靈公滅萊萊民播流此谷邑落荒蕪故曰萊蕪禹貢所謂萊夷也非是[段借]爲釐周禮大司馬虞人萊所田之野司農注芟除其草萊山虞萊山田之野

注、除其草萊、按飭治也、與萊本義不涉、又託名幖識字、齊民要術譙沛人謂雞蘇爲萊、又三蒼、萊茱萸也。【古韻】詩南山有臺叶臺萊基期、十月之交叶時謀萊矣。

灰 斄 彊曲毛可以箸起衣、从犛省來聲、古文作庲、亦从犛省、古褚衣用之、字亦作秏作練、漢書王莽傳以犛裝衣、誤作犛。【假借】爲犛、莊子逍遙遊今夫斄牛、應帝王執斄之狗、李注旄牛也、又爲邰、史記周紀其母有斄氏、漢書郊祀志后稷封于斄。

隊 睞 目童子不正也、从目來聲。【轉注】洛神賦明眸善睞、注旁視也、射雉賦瞵睨目以旁睞、注視也。【假借】爲覶、廣雅釋詁一睞視也、蒼頡篇內視曰睞。

泰隊 賚 賜也、从貝來聲、爾雅釋詁賚予也、賚賜也、商書湯誓予其大賚汝、周書文侯之命用賚尒秬鬯一卣、詩賚序、賚大封于廟也、賚予也、言所以錫予善人也、論語周有大賚善人是富、詩楚茨徂賚孝孫、烈祖賚我思成、江漢釐爾圭瓚、以釐爲之。【古韻】論語堯曰叶賚富。

隊 覶 內視也、从見來聲、按猶內顧也、與史記內視之謂明、爲收視返聽之義者別、字亦作頼、見爾雅釋詁釋文。

灰 騋 馬七尺爲騋、八尺爲龍、从馬來聲、詩曰騋牝驪牡、按爾雅釋畜騋牝驪牡玄駒褭驂、詩定之方中騋牝三千、許君引兩經文不具耳、又按禮記檀弓注引爾雅騋牝驪牡玄爲句、則駒褭驂爲句、鄭與郭讀異、毛傳騋牝騋馬與牝馬也、是七尺之馬、牝者深黑爲驪、牡者黑而微赤爲駐也、當從毛鄭爲長、周禮廋人馬八尺以上爲龍、七尺以上爲騋、六尺以上爲馬、淮南脩務注五尺以下爲駒。

說文通訓定聲 頤部第五

灰 淶 淶水起北地廣昌、東入河、从水來聲、周禮職方氏幷州其浸淶易、按一名巨馬河、源出今直隸易州廣昌縣淶山、東南流至保定府定興縣爲白溝河、與東入河故道異。

職 勑 勞也、从力來聲、字亦作倈、漢書平當傳勞倈有意者、注以恩招倈也、爾雅釋詁勑勞也、以勅爲之、按勑勅形聲俱近、故古多相亂。【假借】爲敕、虞書勑天之命、傳勑正也、易噬嗑明罰勑法、崔注猶理也、廣雅釋詁二勑順也、四勑書也、又爲淉、水經淯水注淉水時人謂之勑水、勑音相變、故字從聲變、又爲來、實爲麥。廣雅釋詁四倈伸也、漢書地理志因桓是倈。

灰二名、凡灰之派皆衍灰聲。呼恢切。

灰 灰 死火餘烖也、从火、从又、會意、又手也、火既滅可以執持。【假借】禮記月令毋燒灰、注火之滅者爲灰、按炭之誤字也、呂覽正作炭。又單辭形況字、列子黃帝灰然有生矣、釋文本作全。【古韻】莊子知北遊叶骸灰持媒謀哉、庚桑楚叶之灰來災。【轉音】宋玉風賦叶灰餘廬。

灰 恢 大也、从心灰聲、字亦作㤄、左襄四傳用不恢于夏家、公羊文十五傳恢郭也、楚辭守志配稷契兮恢唐功、舞賦舒恢炱之廣度兮、莊子齊物論恢恑譎怪、亦雙聲連語、荀子非十二子恢恢然、亦重言形況字、廣雅釋詁一㤄大也、漢靈臺碑㤄帝制兮、祝睦碑君膺㤄懿量、字亦作㤄作廢。【古韻】呂覽君守叶恢疑來。

毐一名。烏代切。

賄 毐 人無行也、漢書注引說文士無行者、从士、从毋、會意、賈侍中說秦始皇母與嫪毐淫坐誅、故世罵淫曰嫪毐、讀若娭、今俗謂倡女所私人曰姻嫪。

亥二十一名、凡亥之派皆衍亥聲。胡改切。

賄 亥 荄也、十月微陽起接盛陰、从二、二古文上字、一人男、一人女也、从乙、象褢子咳咳之形、春秋傳曰亥有二首六身、古文作豕、亥爲豕、與豕同、亥而生子、復從一起、按古文當作亓、即豕之古文亓字加尾、亥豕一字、古作亓、作亓作亓、篆作亓作亥、皆从古文小變耳、二者上省、下象身與四足、非上字从字、左襄三十傳亥有二首六身、古六字作𠆢、猶古五字作乂、亥足如其形、故曰二曰六、亥卽豕、故曰首曰身也、論衡物勢亥豕也。【假借】以紀旬、爲十二枝之末、夏小正丁亥萬用入學、傳丁亥者吉日也、因又以紀年紀月、爾雅釋天太歲在亥曰大淵獻、十月爲陽、又以命天體十二宮、左襄三十傳疏亥爲娵訾、後漢郎顗傳注戌亥之閒爲天門、又以配五行、左昭三十一傳亥水也。【聲訓】說文亥荄也、又云象褢子咳咳之形、亥而生子復從一起、以孩爲訓、史記律書亥者該也、白虎通五行亥者侅也、淮南天文亥者閡也、釋名釋天亥核也、收藏百物核取其好惡眞僞也、亦言物成皆堅核也、皆於借義生訓。

說文通訓定聲 頤部第五

灰 豥 爾雅釋獸豕四豴皆白豥、詩漸漸之石有豕白蹢、音義引說文有此字、按鄭箋作四蹄皆白曰駭、云白蹄尤躁疾、則古本爾雅作駭也、今姑附於此。

佳灰 荄 艸根也、从艸亥聲、爾雅釋草荄根、注俗呼韭根爲荄、漢書禮樂志根荄以遂、後漢魯恭傳萬物養其根荄、太元親還自荄也、素問移情變氣論草荄之枝、易箕子之明夷、以箕爲之。

灰 咳 小兒笑也、从口亥聲、古文从子、廣雅釋詁三孩少也、禮記內則咳而名之、孟子孩提之童、注二三歲之閒在襁褓知孩笑可提抱者也、吳語而孩童焉比謀、注幼也、老子聖人皆咳之、夏承碑咳孤憤泣。【古韻】老子異俗叶哉熙臺孩。

gāi 該　gāi 毅　gāi 胲　hái 骸　kè 刻　gāi 核

灰 **該** 軍中約也。从言，亥聲。讀若心中滿該。按讀若噫也。字亦作㱾。廣雅釋詁三：㱾，束也。莊子天地：方且爲物㱾。叚借爲胲。方言十二：該，咸也。穀梁哀元傳：此該之變而道之也。注：備也。楚辭招魂：招具該備。注：該亦備也。天問：該秉季德。注：包也。太元元圖：旁該終始。注：兼也。

灰 **毅** 毅改，大剛卯也，以逐精鬼。从殳，亥聲。按毅改疊韻連語。

灰 **胲** 足大指毛也。从肉，亥聲。莊子庚桑楚：臘者之有膍胲。釋文：足大指也。崔注：備也。謂借爲晐，非。叚借爲侅。史記扁倉傳：脈書上下經五色診奇胲。正義引顧野王：胲，指毛皮也。則爲本字。又云：胲當寅也。則爲亥字。引許慎：胲，軍中約也。則爲該字。皆失之。又爲晐。廣雅釋詁二：胲，備也。又爲賸。漢書東方朔傳：樹頰胲。按頰肉也。賸胲雙聲。

佳 **骸** 脛骨也。从骨，亥聲。素問骨空論：膝下爲骸關，俠膝之骨爲連骸。公羊宣十五傳：析骸而炊之。注：人骨也。廣雅釋器：骸，骨也。爾雅釋器：骸骨也，以骸爲之。骸核雙聲。古韻莊子知北遊叶骸灰持媒謀哉。

職 **刻** 鏤也。从刀，亥聲。字亦作剫。爾雅釋器：木謂之刻。廣雅釋詁一：刻，分也。四：刻，畫也。左莊廿四年：刻桓宮桷。注：鏤也。儀禮特牲禮記：棘心匕刻。注：刻若今龍頭。又後漢梁統傳：刻肌。注：謂墨劓臏刖。又詩含神霧：刻曰王英生。注：刻，漏也。東方未明箋：挈壺氏掌漏刻。疏：刻謂置箭壺內以爲節而浮之水上，令水漏而刻下，以記晝夜昏明之度數也。按古晝夜作百刻，今西法自鳴鐘十二時九十六刻。漢書鮑宣傳：願賜數刻之閒。轉注：西京賦：下刻陗其若削。注：刻陗，升高也。上林賦：靚糚刻飾。注：刻畫鬢髮也。後漢第五倫傳：臣常刻著五藏。注：謂銘之於心也。申屠剛傳：懼然自刻。按猶識記也。注：猶責也。失之。又黨錮傳：夫刻意則行不肆。注：刻削其意，不得自恣也。莊子刻意：句行。司馬注：側也。荀子禮論：刻死而附生，謂之墨。注：損減也。又秦策：深刻寡恩。注：急也。又廣雅釋詁四：刻，剄也。又爾雅釋獸：豕其跡刻。叚借爲晐。呂覽達鬱：人主賢則人臣之言刻。注：盡也。又爲克。書微子：我舊云刻子。按始箕子贊立微子，太史爭，乃立紂，故曰我舊言能肩宗祀之任者在子也。馬注：刻，侵刻也。傳：病也。疏：傷害之義。似失之。論衡本性引作孩子，謂紂尤非。又爲恢。廣雅釋詁四：刻，貧也。又爲高。晉顏刻字子驕。史記弟子傳正作高。論語釋文：或作亥。莊子秋水釋文：作剋。通典：字子精。史記索隱引家語：又名產。按刻高雙聲。古韻周書周祝叶得服測息牧刻。

灰 陌 **核** 蠻夷以木皮爲篋，狀如籢尊。从木，亥聲。叚借爲骸。爾雅釋木：桃李醜核。按如人之有骨也。詩賓之初筵：殽核維旅。傳：加籩也。文選典引：肴覈仁義之林藪。注：肉曰肴，骨曰核。周禮大司徒：其植物宜覈物。以覈爲之。蜀都賦：肴槅四陳。注：桃梅之屬。字亦變作槅。俗字。又

說文通訓定聲　頤部弟五　卅五

gāi 郂　gāi 晐　jiē 痎　gāi 侅　kài 欬　hái 頦　hài 駭　hài 恔　ài 閡

變作槅。又漢書陳平傳：亦食糠覈耳。注：核，麥糠中不破者也。又素問五常政大論：其實濡核。注：中堅者。又爲荄。漢書五行志：孕毓根核。又爲覈。刑法志：其審核之。注：究其實也。司馬遷傳贊：其事核。注：堅實也。史記律書：核其華道者。正義：研核也。東京賦：研核是非。注：實也。長笛賦序：精核數術。核覈雙聲。

灰 **郂** 陳留鄉。从邑，亥聲。在河南開封歸德二府界。

灰 **晐** 兼日也。从日，亥聲。字亦誤作賅，變作絯。轉注：小爾雅廣言：晐，備也。按當也。廣雅釋言：晐，咸也。晐，包也。釋詁三：絯，多也。吳語：執箕帚以晐姓于王宮。注：備也。莊子齊物論：賅而存焉。簡文注：兼也。今字以該爲之。

佳 **痎** 二日一發瘧。从疒，亥聲。素問瘧論：痎瘧皆生于風。注：痎猶老也。四氣調神大論：秋爲痎瘧。注：瘦之瘧也。

灰 **侅** 奇侅，非常也。从人，亥聲。漢書藝文志：五音奇胲用兵二十三卷。以胲爲之。史記扁倉傳：五色診奇咳。以咳爲之。淮南兵略：刑德奇賅之數。以賅爲之。周禮大司馬：鼓皆駴。莊子大宗師：彼有駭形而無損心。以駭爲之。左隱二年：司空無駭。穀梁作侅。叚借爲噫。莊子盜跖：侅溺于馮氣。釋文：飲食至咽曰侅。又云：徧也。謂借爲晐，則非。

說文通訓定聲　頤部弟五　卅六

隊 賁泰 卦 **欬** 屰气也。从欠，亥聲。字林：欬，瘶也。周禮：冬時有嗽上气疾。素問陰陽應象大論：在變動爲欬。注：欬，嗽所以利咽喉也。禮記曲禮：車上不廣欬。疏：欬，聲欬也。史記弟子傳：魯樂欬，字子聲。釋名釋疾病：欬，刻也。氣奔至出入不平調若刻物也。

灰 **頦** 醜也。从頁，亥聲。與顯畧同。叚借爲臏。玉篇：頦，頤下也。字亦作頣。頣頦雙聲。

蟹 **駭** 驚也。从馬，亥聲。字亦作駴。漢書枚乘傳：馬方駭鼓而驚之。轉注：詩漸漸之石箋：豕四蹢皆白曰駭。疏：馬驚謂之駭，則駭者躁疾之言。爾雅字作豥。又宋策：而國人大駭。注：亂也。荀子王制：庶人駭政。注：不安上之政也。漢書揚雄傳：猋駭雲訊。集注：動也。呂覽審應：去駭從不駭。注：擾也。莊子外物：駭于天下。王注：謂改百姓之視聽也。蒼頡篇：駭，驚也。廣雅釋言：駭，起也。又周禮大司馬：鼓皆駴。注：疾雷擊鼓曰駴。七啟：駴鐘鳴鼓。轉音管子地員叶徵駭。

隊 **恔** 苦也。从心，亥聲。通俗文：患愁曰恔。韓非子存韓：秦之有韓，若人之有心腹之病也。虛處則恔然，若居溼地，著而不去，以極走則發矣。

貽 隊 **閡** 外閉也。从門，亥聲。與礙義近。小爾雅廣言：閡，限也。史記律書正義：閡，藏塞也。後漢虞詡傳：不令有所拘閡而已。叚借爲垓。漢書

jiè 誡　gāi 祴　jiè 戒　gāi 陔　hé 劾　gāi 垓

禮樂志專精厲意逝九閡注閡亦陔也

灰 **垓** 兼該八極地也从土亥聲字亦作畡作晐作陔作亥四方爲四極八到爲八極周語天子居九垓之田鄭語行姟極淮南俶真設于無垓坫之宇注垓垓坫堮也讀人飲食太多以思下垓按讀如噫也［叚借］爲陔史記孝武紀壇三垓集解陔次也重也又託名幖識字風俗通千生萬萬生億億生兆兆生經經生垓十經謂之垓字林姟大數也鄭語行姟極注姟備也數極于姟萬萬曰姟

隊職 **劾** 法有辠也从力亥聲書呂刑傳上其鞫劾文辭疏漢世問罪謂之鞫斷獄謂之劾周禮鄉士注如今劾矣疏劾實也以覈爲訓幽通賦姚聆呱而劾石兮注舉罪曰劾字亦誤作刻

灰 **陔** 階次也从阜亥聲詩南陔序有其義而亡其辭箋鄉飲酒燕禮用焉漢書郊祀志泰一壇三陔注重也［別義］束晳補亡詩注引李登聲類陔隴也［叚借］爲祴儀禮燕禮奏陔注陔夏樂章也賓出奏陔夏以爲行節也大射儀注陔夏樂章也其歌頌類也以鐘鼓奏之其篇今亡聲訓詩序南陔孝子相戒以養也

戒五名凡戒之派皆衍戒聲居背切

說文通訓定聲　頤部第五　老

卦 **戒** 警也从廾持戈以戒不虞會意方言十三戒備也詩采薇豈不日戒箋警勅軍事也禮記曾子問以三年之戒注猶備也左哀元傳甚澆能戒之注備也吳語息民不戒注儆也孟子辭曰聞戒注有戒備不虞之心也［叚借］爲悈易繫辭聖人以此齊戒按飭也周禮太史戒及宿之日禮記禮器七日戒注散齊也又賈子道術思惡勿道謂之戒又爲誡儀禮士冠禮主人戒賓注警也告也鄉射禮注語也聘禮戒上介注猶命也左宣十二傳軍政不戒而備注勑令也獨斷戒書戒敕刺史及三邊營官被敕文曰有詔敕某官是爲戒敕也又爲佊周禮大僕始崩戒鼓注故書爲駭［古韻］詩楚茨叶備戒大田叶戒事采薇叶翼服戒棘常武叶戒國楚辭惜往日叶戒得荀子成相叶戒有備態孫武子九地叶戒得管子樞言叶戒敕麥伏稷得

灰 **祴** 宗廟奏祴樂也从示戒聲周禮鐘師祴夏杜注讀如祴鼓之祴按讀如駭也禮經以陔以肆爲之儀禮鄉射禮樂正命奏陔注陔夏其詩亡周禮賓醉而出奏陔夏陔夏者天子諸侯以鍾鼓大夫士鼓而已鄉飲禮賓出奏陔注陔夏也陔之言戒也終日燕飲酒罷以陔爲節明無失禮也詩湛露箋謂陔夏也釋文祴戒也禮記禮器肆夏而送之注當爲陔夏

卦 **誡** 敕也从言戒聲與諽略同字亦作[illegible]荀子彊國發誡布令而敵退注敎也越絶書篇敘外傳記譏惡爲誡呂靜韻集[illegible]訶也經

xiè 械　jiè 悈　guī 龜

傳皆以戒爲之

卦 **械** 桎梏也从木戒聲字亦作械通俗文拘罪人曰桁械謂穿木加足曰械大械曰桁後漢吳祐傳注在手曰械左襄六傳注若械之在手漢書婁敬傳械繫敬廣武公孫賀傳不足爲我械報任少卿書受械于陳注皆訓桎梏列子力命動若械［別義］說文一曰器之總名周禮司書器械之數注猶兵也禮記少儀不度民械注兵器也公羊莊三十二傳俄而牙殺械成注有攻守之器曰械淮南脩務作雲梯之械注器也又說文一曰有盛曰械無盛曰器孟子以粟易械器者荀子王制喪祭械用注器用也漢書宣帝紀贊工匠器械注有盛爲械史記始皇紀器械一量正義外成曰械後漢公孫述傳注外盛曰械按謂盤杅之屬爲械牀几之屬爲器也［叚借］爲丮說文一曰持也［聲訓］風俗通械戒也所以警戒使爲善也

卦 **悈** 飭也从心戒聲廣雅釋詁四悈憾也［叚借］爲誡說文引司馬法曰有虞氏悈于中國又爲極爾雅釋言悈急也又疊韻連語方言十悈鰓老也注皮色枯瘁之形也

龜二名凡龜之派皆衍龜聲居丕切

說文通訓定聲　頤部第五　夫

支尤 **龜** 外骨內肉者也从它它頭與龜頭同天地之性廣肩無雄龜鼈之類以它爲雄象足甲尾之形按廣肩疑當作廣要古文亦象形伏而藏足左僖十五傳龜象也洪範五行傳注龜蟲之生于水而游于春者屬木其大者有鼇有鼈有蠵禮記禮運麟鳳龜龍謂之四靈大戴曾子天圓介蟲之精者曰龜白虎通蓍龜龜陰之老也易說卦離爲龜按上下剛而柔中也爾雅釋魚龜俯者靈仰者謝前弇諸果後弇諸獵左倪不類右倪不若即周禮龜人六龜之屬也天龜靈地龜繹東龜果西龜靁南龜獵北龜若謝繹疊韻靁類疊韻同又龜三足賁又禮記玉藻卜人定龜注謂靈射之屬左成五傳宋公子圍龜字子靈又史記龜筴傳龜者是天下之寶也廣雅釋詁四龜貨也按古者貨貝而寶龜易損十朋之龜崔憬注元龜值二十大貝雙貝曰朋也按本漢書食貨志龜寶四品較馬鄭王說爲長又太元格龜緺厲注龜爲印轉注左宣十二傳射麋麗龜注龜背之隆高當心又莊子逍遙游善爲不龜手之藥者舊注其藥能令人手不龜文坼裂也［叚借］託名幖識字詩閟宮奄有龜蒙傳龜山也在今山東泰安府新泰縣西南兗州府泗水縣東北又疊韻連語後漢西域傳龜茲注讀曰邱慈按班超爲都護居焉［聲訓］說文龜舊也按舊者久也龜最壽論衡卜筮龜之爲言舊也白虎通蓍龜龜之爲言久也久舊一聲之轉［古韻］詩緜叶飴謀龜時茲易頤叶龜頤

亥戒龜

jiū 鬮　qiū 丠(丘)

說文通訓定聲　頤部弟五

尤 **鬮** 鬥取也。从鬥龜聲。讀若三合繩糾。鬮糾雙聲。列子黃帝以黃金摳者惛，以瓦摳者巧。注：五有所投曰摳。釋文：摳，探也。以手藏物探而取之曰摳，亦曰藏彄，以摳以彄爲之。今以爲拈鬮字。

丠二名。凡丠之派皆衍丠聲。

尤 **丠** 去尤切 土之高也。非人所爲也。从北从一。一，地也。人居在丠南，故从北。中邦之居在崐崘東南。會意兼指事。一曰四方高中央下爲丠。象形。古文𡋬又从土。風俗通山澤：堯遭洪水，萬民皆山棲巢居，故丠之字二人立一上。一者，地也。書禹貢是降丠宅土傳：地高曰丠。周禮大司徒丠陵墳衍注：土高曰丠。爾雅釋丠：非人爲之丠注：地自然也。又天下有名丠五，其三在河南，其二在河北。易坎山川丠陵也。虞注：半山稱丠。廣雅釋丠：小陵曰丠。漢書司馬相如傳以登介丠注：山也。又後漢張衡傳三丠注：東海中三山也，謂蓬萊方丈瀛洲。左昭十二傳八索九丠賈注：九丠，九州亡國之戒。按以墟訓也。丠卽虛。楚辭哀郢曾不知夏之爲丠兮注：墟也。廣雅釋詁三：丠，空也。漢書楚元王傳過其丠嫂食孟康注：西方謂亡女壻爲丠壻。丠，空也。兒亡，空有嫂也。又史記孔子世家顏氏禱于尼丠，在今山東兗州府曲阜縣東六十里。又云生而首上圩頂，故因名曰丠，字仲尼。白虎通孔子反宇。春秋說孔子首類尼丠山。按爾雅水潦所止尼丠注：頂上汙下者，今字避孔子諱以邱爲之。【轉注】方言十三：冢小者謂之塿，大者謂之丠。春秋說題辭：丠者，墓也。釋名釋喪制：丠，象丠形也，陵亦然也。周禮冢人丠封之度注：王公曰丠。禮記曲禮不斬于丠木注：壟也。又周禮遂師共丠籠疏：土曰丠，或曰土字之形譌，存參。【段借】爲區。釋名釋典藝：九丠，丠，區也，區別九州之土氣教化所宜施者也。家語正論八索九丠注：九丠，國聚也。左僖十五傳敗于宗丠注：猶邑也。釋名釋州國：丠，聚也。廣雅釋詁二：丠，居也。三：丠，衆也。莊子則陽丠里者，合十姓百名而以爲風俗也。又周禮小司徒四邑爲丠注：方四里。孟子得乎丠民注：十六井也。又漢書王式傳疑者丠蓋不言如淳注：齊俗以不知爲丠。按荀子言之信者在區蓋之閒，是丠卽區，甌宇隱藏之義也。丠區雙聲。又爲巨，實爲鉅。漢書楚元王傳丠嫂張晏注：大也，長嫂稱也。史記正作巨。晉灼注：禮謂大婦爲冢婦，則傳會邱嫂爲冢之意。按冢子冢婦皆借冢爲長，冢長雙聲，非取義于高大，晉注失之。管子後靡鄭丠老不通注：大也。丠巨雙聲。又爲絲。中山經蓄其實如莌丠注：一名荒夫草。又爲近之誤字。易渙有丠，姚信本作近。又雙聲連語。史記司馬相如傳丠虛崫巋正義：丠虛，堆壟不平皃。又託名幖識字。淮南時則丠螾結注：丠螾，蟲也。按延引于土中者。禮記月令蚯蚓結字變作蚯。【聲訓】禮記曲禮嫌名注：謂音聲相近，若禹與雨，丠與區也。【古韻】詩氓叶蚩絲謀淇丠期媒，巷伯叶丠詩之，左僖十五傳叶姬旗丠。

qiū 邱　qiú 裘

尤 **邱** 地名。从邑丠聲。按邱姓，以邑爲氏者。漢書楚元王傳邱嫂應劭注：姓也。

裘一名。巨尤切

尤 **裘** 皮衣也。从衣求聲。一曰象形，與衰同意。古文求省衣。按據許裘求同字。古文象形，小篆加衣。是凡求索之求借爲捄也。據詩大東鄭箋裘當作求，聲相近故也。是以裘求爲各字。求當从又从尾省會意，與求同。裘中象形與衰中象形同，非求字。今依鄭分古文爲正篆，隸乎部。古衣裘皆外毛，故求象形。今或內毛，非古。白虎通：衣裳裘所以佐女功助溫也。周禮司裘掌爲大裘，司農注：大裘，黑羔裘，服以祀天，示質。淮南氾論世以爲裘者注：裘，狐之屬也。禮記學記良冶之子必學爲裘。【段借】爲求。詩大東熊羆是裘箋：當作求。又託名幖識字。孟子樂正裘，古今人表則作求。又禮記檀弓與之邑裘氏，按在今河南開封府陳留縣，其鄉有澹臺子羽墓。莊子列禦寇呻吟裘氏之地崔注：裘，儒服也。又左隱十一傳使營菟裘注：魯邑，在今山東兗州府泰安州南泗水縣北梁父城。又疊韻連語。釋名釋牀帳：裘溲，猶婁數，毛相離之言也。【古韻】詩終南叶梅裘哉，七月叶貍裘，大東叶來服裘試，禮記學記叶箕裘，左襄四傳叶裘駘，列女傳魯臧孫母叶台裘之母。

niú 牛　yóu 郵

說文通訓定聲　頤部弟五

牛一名。語裘切

尤 **牛** 大牲也。牛，件也。件，事理也。象頭角三封尾之形。按封謂領脊高起也。一象之。牛角與頭而三，馬足與尾而五。易說卦傳坤爲子母牛。左昭五傳純離爲牛。禮記坊記東鄰殺牛注：離爲牛。月令出土牛注：丑爲牛。食麥與牛注：牛，土畜也。曲禮牛曰一元大武。大戴曾子天圓牛曰太牢。賈子胎教牛者，中央之牲也。周禮載師牛田牧田注：牛田牧田，畜牧者之家所受田也。司農注：牛田，以養公家之牛。漢書梁孝王武傳有獻牛足出背上。【段借】託名幖識字。爾雅釋天星紀斗牽牛也。又何鼓謂之牽牛。按北方宿牛六星，一大居中，二小在上，如角，三小在下，如足。牛上河鼓三星直建，中一星尤明大，在牛上，故謂之牽牛。古亦以牽牛之名借偁牛宿也。【聲訓】史記律書：牛者，冒也。牛者，耕植種萬物也。按冒讀如茂，與牛音近。【古韻】詩黍苗叶牛哉，我將叶牛右，絲衣叶紑俅基牛鼒，易无妄叶牛烖，楚辭招魂篇叶駓駓牛災。【轉音】周書周祝叶牛茅。

郵一名。于裘切

尤 **郵** 境上行書舍也。从邑垂聲。按从垂會意。垂，邊境也。廣雅釋詁四：郵，驛也。孟子速于置郵而傳命丁音：今之驛也。漢書薛宣傳橋

yòu 又　yòu 右

梁鄭亭不脩、注、行書之舍、京房傳、因郵上封事、注、若今傳送文書矣、轉注、禮記郊特牲、饗農及郵表畷、注、郵表畷謂田畯所以督約百姓於井閒之處也、又長笛賦序、爲督郵無留事、注、過也、叚借爲訧、爾雅釋言、郵過也、詩賓之初筵、不知其郵、禮記王制、郵罰麗于事、晉語、言無郵、漢書敘傳、正諫舉郵、箋注皆訓過、荀子議兵、非人不郵其上、注、怨也、又託名幖識字、左哀二傳、郵良、卽郵無恤、王良也、文選盧諶詩作尤良、古韻、詩賓之初筵叶傚郵、

轉音、鶡冠世兵叶牛遊慜囚之舟、

又二十八名、凡又之派、皆衍又聲、于救切、

宥

又 又 手也、象形、三指者、手之列多、畧不過三也、凡又手字、經傳皆以右爲之、叚借爲宥、禮記王制、王三又、注、當作宥、又爲㕛、詩葛藟謂他人母、傳、王又無母恩、疏、定本作及、諸本作后、又爲再、穀梁成三傳、又有繼之詞也、詩小宛、天命不又、賓之初筵、室人入又、矧敢多又、儀禮燕禮、又命之、士虞禮記、又朞而大祥、傳箋注皆訓復、禮記文王世子、以待又語、注、又語爲後復論說也、詩卷耳序、又當輔佐君子、疏、言又者、繫前之詞、詩長發、有虔秉鉞、儀禮士相見禮、吾子有辱、禮記內則、三王有乞言、春秋隱公十有一年、皆以有爲之、古韻、詩南有嘉魚叶來又、小宛叶克富又、賓之初筵叶能又時、又叶識又、

說文通訓定聲　頤部弟五　全

有 宥

右 右 手口相助也、从又、从口、會意、按又亦聲、此字說文又部口部重出、字亦作佑、易繫辭傳、右者助也、廣雅釋詁二、佑助也、周禮士師、以左右刑罰、注、左右助也、左襄十傳、王右伯輿、注、助也、詩嘉樂、保右命之、箋、成王之官人也、羣臣保右而舉之、乃後命用之、禮記中庸作佑、叚借爲又、易豐、折其右肱、虞注、兌爲右、禮記內則、凡女拜尚右手、注、陰也、儀禮特牲禮、在門內之右、注、凡鄉內以入爲左右、鄉外以出爲左右、鄉射禮記、東方謂之右、禮記喪大記、先入門右、疏、門內東邊也、儀禮士虞禮、陳三鼎于門外之右、注、門西也、禮記樂記、右射騶虞、注、西學也、又獨斷、右社稷、西曰右、又儀禮有司徹、注、生人陽長左、鬼神陰長右、又周禮卜師、辨龜之上下左右陰陽、注、右若倪也、又儀禮公食禮、褒右、注、首也、淮南氾論、尚賢右鬼、注、猶尊也、漢書高帝紀、無能出其右者、注、古者以右爲尊、史記孝文紀、右賢左戚、索隱、猶高也、後漢郭伋傳、右姓、注、猶高姓也、管子七法、以練精銳爲右、注、上也、後漢楊仁傳、右署、注、上司也、又爲媾、魏策、必右秦而左魏、注、親也、衍將右韓而左魏、注、近也、廣雅釋詁三、右比也、又爲祐、易大有、自天右之、无妄、天命不佑、詩大明、保右命爾、時邁、實右序有周、漢書翟義傳、是天反復右我漢國也、傳注皆訓助、按祐右實同字、今據許書、凡助爲右、爲佑、神助則爲祐、又爲侑、詩彤弓、一朝右之、傳、勸也、儀禮覲禮、太史是右、周禮大祝、以享右祭祀、注皆讀爲侑、又託名幖識字、南山經、長右之山有獸焉、其狀如禺而四耳、其名長右、注、以山出此獸、

yǒu 有　yòu 疚　yóu 尤

因以名之、古韻、詩竹竿叶右母、今本父母兄弟誤到、蒹葭叶采已涘右沚、彤弓叶載喜右、甫田叶止子畝喜右否有敏、文王叶時右、緜叶止右理畝事、我將叶牛右、禮記禮運叶史侑右、郊特牲叶右起、楚辭悲回風叶紀止右期、天問叶佑殺、老子任成叶右辭、素問刺禁論叶右裏使市母咎、靈樞九鍼十二原叶右者殆、

有

有 有 不宜有也、春秋傳曰、日月有食之、从月、又聲、按掩日者月也、故許云月有食之、猶言日有食之、月食之也、廣雅釋詁三、有質也、或一說以手取月、會意、故云不宜有、左傳、鄭良霄字伯有、按霄雲也、或曰宥也、廣雅釋詁一、有取也、穀梁莊廿八傳、一有一亡曰有、易雜卦傳、大有衆也、詩有駜、歲其有、傳、豐年也、芣苢、薄言有之、傳、藏之也、列子說符、羨施氏之有、注、猶富也、又禮記坊記、父母在不敢有其身、注、猶專也、又哀公問、不能愛人、不能有其身、注、猶保也、叚借爲友、爲右、詩葛藟、亦莫我有、傳、有識有也、按親愛備助也、左昭廿傳、是不有寡君也、注、有相親有也、論語、有朋自遠方來、釋文、本作友、鄭注、同門曰朋、同志曰友、又爲又、實爲再、詩終風、不日有曀、旣醉、昭明有融、儀禮士相見禮、吾子有辱、鄉射禮、惟君有射于國中、考工弓人、有三均、均者三、禮記內則、三王有乞言、箋注皆訓又、左隱十有一年、干寶注、十盈則更始、以奇從盈數、故言有也、又爲或、卽域、詩烈祖、奄有九有、傳、九州也、魯語、共工氏之伯九有也、注、域也、聲訓、荀子解蔽、代夏王而

說文通訓定聲　頤部弟五　全

受九有也、注、撫有其地謂之九有、古韻、詩芣苢叶苢采有、葛藟叶涘母有、魚麗叶有時、四月叶紀仕有、甫田叶止子畝喜右否有敏、老子養身叶辭有恃、還淳叶倍慈有、荀子成相叶戒有悔態、管子白心叶有寶久、文子道原叶道有宰、吳越春秋餘使公子光傳叶子已安有、

宥

疚 疚 疣 顫也、从疒、又聲、說文煩篆下有或疣、从疒、尤聲、按當爲疚之或體、今移于此、字亦作疛、集韻引廣雅、疛病也、轉注、呂覽盡數、處腹則爲張爲疛、注、跳動腹疾、

尤

尤 尤 異也、从乙、又聲、愚按、从乙無義、此字當卽猶之古文、犬子也、从犬省、⊐指事、或說、猶之古文犬、張耳貌、象形、亦通、讀如怡、猶怡猶怡皆一聲之轉也、叚借爲異、小爾雅廣言、尤怪也、廣雅釋言、尤異也、左昭八傳、夫有尤物、注、異也、襄廿六傳、而視之尤、服注、甚也、管子後靡然有知强弱之所尤、注、殊絕也、漢書司馬相如傳、封禪文、未有殊尤絕迹、集注、異也、莊子徐无鬼、夫子物之尤也、又爲訧、詩載馳、許人尤之、四月、莫知其尤、禮記中庸、下不尤人、論語、則寡尤、傳箋注疏皆訓過、左襄十五傳、尤其室、注、責過也、孟子、畜君何尤、注、何尤無過也、論語、不尤人、鄭注、非也、史記屈賈傳、般紛紛其離此尤兮、索隱謂怨咎也、又尤者甚也、書呂刑、報以庶尤、說文引作訧、又爲沈、左昭二十傳、姑尤以西、注、齊東界也、姑水尤水、皆在城陽郡東南入海、按姓苑、尤姓、疑以地爲氏者、又爲蚘、書呂刑、蚩尤惟始作亂、周禮肆師注、

又

yù 郁　huì 賄　yòu 囿　yòu 䀁　yòu 𧼒　xiù 珛　yòu 祐

正作蚘按亦疊韻連語又託名慓識字盧子諒贈劉琨詩眷同尤良左哀二傳作郵古韻詩載馳叶尤思之易賁叶疑尤蹇叶待尤之剝叶災尤載楚辭惜往日叶否欺思之尤之秦之罘罘觀銘叶怠旗疑尤治罘周書鄭保叶求尤謀疑

宥 **祐** 助也从示右聲據許書則凡助爲右神助爲祐其實即右之變體加示耳易繫辭自天祐之釋文本作佑詩小明箋神明若祐而聽之釋文本作佑思元賦用棐忱而祐仁注助也楚辭天問驚女采薇鹿何祐注福也叚借爲侑易繫辭可與祐神荀本正作侑又爲治實爲理爲釐方言十三祐亂也古韻易大有叶志備祐損叶志疑喜祐楚辭天問叶祐喜

宥 **珛** 朽玉也从玉有聲讀若畜牧之畜按玉有瑕卽者畜有一聲之轉蓋讀若畜也字亦作玊从王有點指事史記公玉帶索隱杜陵有王氏音畜

宥 **𧼒** 走也从走有聲讀若又

宥 **䀁** 小甌也从皿有聲讀若灰一曰若賄或从皿右聲

宥 **囿** 苑有垣也从囗有聲一曰禽獸曰囿按初學記廿四引說文苑有圓也字林有垣曰苑無垣曰囿籀文从囗中有四

介介有木按周語曰囿有林池故从木有介詩靈臺王在靈囿傳囿所以域養鳥獸也御覽引風俗通囿者畜魚鼈之處也周禮囿人疏古謂之囿漢家謂之苑淮南本經後苑囿之大注無墻曰囿有墻曰苑呂覽重已苑囿園池注小曰囿大曰苑非公羊成十八傳注天子囿方百里公侯十里伯七里子男五里皆取一也御覽引白虎通囿天子百里大國四十里次國三十里小國二十里詩靈臺傳天子百里諸侯四十里孟子文王之囿方七十里按太學旁之三靈在豐數十里田獵之所在岐毛傳實誤合爲一三輔黃圖因有三靈在長安之傅會也左僖三傳齊侯與蔡姬乘舟于囿成十八年築鹿囿昭九年築郎囿夏小正囿有見韭傳囿之燕者也囿有見杏傳山之燕者也聲訓楚語王在靈囿注域也御覽引風俗通囿猶有也古韻詩靈臺叶囿伏轉音楚辭大招叶秀霤畜囿

賄 **賄** 財也从貝有聲字亦作賄詩氓以我賄遷傳財也周禮太宰商賈阜通貨賄注金玉曰貨布帛曰賄儀禮聘禮賄用束紡注賄予人財之言也左僖三十三傳自郊勞至于贈賄注送去曰贈賄穆天子傳賄用周室之璧注賄賄也儀禮古文皆以悔爲之古韻禮記月令叶市賄事周書允文叶記在賄里吏士布恥喜在子母

屋 **郁** 右扶風郁夷也从邑有聲在今陝西鳳翔府隴州後漢鄧禹傳遣兵擊赤眉于郁夷此其地也叚借爲彧論語郁郁乎文哉皇

yòu 姷　wěi 鮪　wěi 洧　wěi 痏　yòu 宥

疏文章明著也史記五帝紀其色郁郁索隱猶穆穆也亦重言形況字又爲鬱洛神賦踐椒塗之郁烈注香氣之甚也左昭廿四傳杞伯郁釐公羊作鬱又爲薁閒居賦梅杏郁棣之屬注今之郁李論衡量知物實無中核者謂之郁又爲燠廣絶交論敘溫郁則寒谷成暄郁鬱薁燠皆一聲之轉又雙聲連語蜀都賦蓊蔚郁毓被其阜注盛多也又笙賦郁抒劫悟注以循孔貌又韓詩四牡周道郁夷按與委蛇倭遲威夷皆同又託名慓識字海內東經長城北山在郁郅長垣北注皆縣名也按涇水所出山在今甘肅平涼府治平涼縣西笄頭山古韻大戴五帝德叶郁疑

宥 **宥** 寬也从宀有聲按廣廈容人曰宥詩昊天有成命夙夜基命宥密周語宥寬也莊子在宥聞在宥天下不聞治天下也宥之也者恐天下之遷其德也轉注廣雅釋言宥赦也虞書流宥五刑馬注寬也周禮司刺掌三刺三宥三赦之灋注寬也左莊廿二傳幸若獲宥注赦也叚借爲侑儀禮聘禮古文朝服致之以宥幣荀子宥坐此蓋宥坐之器注勸也文子曰三王有勸戒之器名侑巵侑巵敧器也左莊十八傳命之宥注助也聲訓漢書禮樂志注宥祐也

紙 **痏** 疻痏也从疒有聲凡毆傷皮膚青黑無創瘢曰疻有創瘢曰痏嵇康幽憤詩注引說文痏疻痏瘢也蒼頡篇痏毆傷也三蒼痏

瘡也漢書薛宣傳遇人不以義而見疻者與痏人之罪鈞轉注呂覽至忠齊王疾痏注病痏也又廣絶交論所好生毛羽所惡成創痏又素問繆刺論去端如韭葉各一痏注瘡也叚借重言形況字通俗文痛聲曰痏痏干寶搜神記聞呻吟之聲痏痏字變作唷

紙 **洧** 洧水出潁川陽城山東南入潁从水有聲出今河南河南府登封縣陽城山經開封府新鄭縣合溱至陳州府西華縣入潁其後宋時導之自扶溝縣入蔡左襄九傳濟于陰阪十一傳西濟于濟隧廿六傳涉于樂氏皆洧津也水經洧水注洧陽故城俗謂之復陽城蓋洧復字類音讀變詩溱與洧傳鄭兩水也離騷朝濯髮乎洧盤注洧盤水名也古韻詩褰裳叶洧士

紙 **鮪** 鮥也从魚有聲周禮歔人春獻王鮪爾雅釋魚鮥鮛鮪注鱣屬也大者名王鮪小者名鮛鮪按叔者少也東山經碧陽水中多鱣鮪注卽鱏也似鱣而長鼻體無鱗甲別名鮔鱑一名鱏也詩潛有鱣有鮪陸疏或謂之尉魚或謂之仲明仲明樂浪尉也溺海中化爲此魚夏小正祭鮪傳鮪者魚之先至者也按今謂之鱘鰉魚大者長丈餘高注呂覽鮪魚似鯉而小誤古韻詩潛叶鮪鯉祀福

宥賄 **姷** 耦也从女有聲讀若祐或从人有聲一說此周禮太宰友以任得民之友字勸助之義借爲右存參轉注詩楚茨以妥以侑傳勸也儀禮特牲禮祝侑主人拜注勸也周禮膳夫以樂侑食注猶勸也禮記禮運卜筮瞽侑注四輔也爾雅釋詁酬酢侑報也

yǒu 友　yóu 沋　yòu 忧　yòu 頄　yóu 肬　yóu 訧　yòu ⿱艹𡈟　hǎi 醢　wěi 䵋　huí 蛕　ǎi 絠

左傳廿五傳命之宥注助也荀子宥坐注侑危敧器也以宥爲之詩雝既右烈考釋文助也以右爲之〔叚借〕爲宥管子法法文有三侑注寬也又發聲之詞蒼頡訓詁侑痛而謼也通俗文痛聲曰侑侑字亦誤作侑〔古韻〕詩楚茨叶棘稷翼億食祀侑福禮記禮運叶史侑右

絠（賄）彈彊也从糸有聲廣雅釋器彊謂之絠按彊者弓弩兩耑弦所居也發矢時弦與耑離故矢既發則弦與其耑相擊是之謂絠

蛕（灰）腹中長蟲也从虫有聲字亦作蚘俗作蛔按蟲䰞土生于胃火而有積成假象也

䵋（賄）青黃色也从黃有聲

醢（賄）醢肉醬也从酉𥁓聲籀文从艸从鹵𥁓聲爾雅釋器肉謂之醢李注以肉作醬曰醢廣雅釋器醢醬也周禮醢人注豆實也七醢注醢𩏩蠯蚳魚兔鴈也朝事之豆注作醢及臡者必先膊乾其肉乃後莝之雜以梁麴及鹽漬以美酒塗置瓶中百日則成矣㢓臡司農注有骨爲臡無骨爲醢儀禮聘禮醢百甕注醢穀陽也醢肉陰也又呂覽本味鱣鮪之醢〔轉注〕離騷后辛之菹醢兮呂覽過理殺梅伯而遺文王其醢禮記檀弓使者曰醢之矣〔聲訓〕釋名釋飲食醢晦也晦冥也封塗使密冥乃成也〔古韻〕禮記曲禮叶醢醢

⿱艹𡈟（宥）⿱艹𡈟艸也从艸籀文囿聲

訧（尤）辠也从言尤聲書呂刑報以庶訧今本以尤爲之詩綠衣俾無訧兮傳過也廣雅釋詁三訧惡也經傳皆以尤以郵爲之〔古韻〕詩綠衣叶絲治訧

肬（尤）贅也从肉尤聲籀文从黑尤聲與瘤同誼廣雅釋詁二肬腫也荀子宥坐今學曾未如肬贅注結肉文選爲袁紹檄豫州贅閹注肬贅假肉也北山經滑水其中多滑魚食之已疣以疣爲之〔聲訓〕釋名釋疾病肬邱也出皮上聚高如地之有邱也〔古韻〕楚辭惜誦叶肬之

頄（宥）顫也从頁尤聲或从疒尤聲按此字與疚義別疚者頄疾頄者顫容今移或體于疚篆下刪此

忧（宥）不動也从心尤聲讀若祐

沋（尤）沋水也从水尤聲按即治水今山東萊州府掖縣之小沽河也左昭廿傳姑尤以西以尤爲之姑水即登州府黃縣之大沽河〔叚借〕重言形況字七發沋沋湲湲注魚鷩顛倒之貌也

友（有）同志爲友从二又相交友也會意御覽四百六引說文友爰也按又亦聲古文𦫳按从二寸相竝寫者形誤又古文未詳疑引易朋友講習傳寫譌脫習字又誤入正篆爲古文耳易兌君子以朋友講習書牧誓我友邦冢君詩關雎琴瑟友之周禮大司徒聯朋友論語與朋友交鄭注同門曰朋同志曰友韓詩外傳智可以砥行可以爲輔弼者人友也又爾雅釋訓善兄弟曰友賈子道術兄敬愛弟謂之友廣雅釋詁三友親也詩六月張仲孝友皇矣因心則友周禮大司徒孝友睦婣任恤大司樂中和祗庸孝友又書洪範彊弗友剛克燮友柔克傳順也禮記內則不友無禮于介婦按亦順也又周禮大宰八曰友以任得民注謂同井相合耦耡作者孟子出入相友又釋名釋親屬兩壻相謂曰亞又曰友壻言相親友也〔轉注〕詩吉日或羣或友傳獸三曰羣二曰友〔聲訓〕荀子大略友者所以相有也白虎通三綱六紀友者有也釋名釋言語友有也相保有也〔古韻〕詩關雎叶采友六月叶喜祉久友鯉矣洒水叶海止友母雨無正叶仕殆使子友荀子非相叶子治士起友市始

jiǔ 久　jiǔ 玖　yǒu 羑

久八名凡久之派皆衍久聲　舉友切

久（有）從後灸之象人兩脛後有距也周禮曰久諸牆以觀其橈按从人象後有追而止之者、指事〔轉注〕考工廬人灸之牆以觀其橈也注猶柱也今本以灸爲之公羊莊八傳爲久也注稽留之詞孟子可以久則久注留也史記天官書久而至索隱謂行遲也漢書禮

樂志吾易久遠胥灼曰易疆易也久固也歸田賦遊都邑以永久注滯也又墨子經上久彌異時也周書周祝地爲久論語久要不忘平生之言孔注久要舊約也莊子至樂黃軦生乎久猷李注老也呂覽誣徒雖賢者猶不能久注長也素問天元紀大論久而不絕注遠也〔叚借〕爲有列子天瑞精神者天之久道進乎本不久注當爲有又爲灸儀禮士喪禮冪用疏布久之注謂以蓋塞鬲口也既夕皆木桁久之注當爲灸〔聲訓〕答賓戲時暗而久章注久舊也〔古韻〕詩旄邱叶久以六月叶喜祉久友鯉矣蓼莪叶矣恥久易既濟叶備疑時來久管子度地叶已起久佁白心叶有實久文子自然叶久寀始待老子歸根叶道久殆〔轉音〕易乾叶道咎造久首大過叶久醜咎老子辨德叶久幾管子白心叶道久葆守

玖（有）石之次玉黑色者从玉久聲詩若芑或曰若人句脊之句詩邱中有麻貽我佩玖傳石次玉者木瓜報之以瓊玖傳瓊玖玉名字亦作玘玉篇玘玉名廣韻玘佩玉〔古韻〕詩邱中有麻叶子玖木瓜叶李玖

羑（有）進善也从羊久聲按羊者祥省與善義同意書康王之誥誕受羑若馬注道也疏謂借爲猷非是詩野有死麕吉士誘之傳道也以羑爲之板天之牖民傳道也以牖爲之又說文文王拘羑里在湯陰史記殷本紀紂囚西伯羑里風俗通殷曰羑里言不害人若

又　久

jiù 宄　jiǔ 灸　jiǔ 攷　jiù 柩　yòu 羑　méi 某

于閭里後漢史弼傳臝里注殷獄名以臝爲之叚借爲羑說文羑下古文與羑同

宥 **宄** 貧病也从宀久聲詩曰煢煢在疚按毛本閔予小子作嬛嬛在疚字亦作疚爾雅釋詁疚病也易履帝位而不疚馬注病也齊語設之以國家之患而不疚注患也寡婦賦自仲秋而在疚兮注凡人喪曰疚叚借爲宄詩雲漢疚哉冢宰箋病也失之又託名幖識字莊子徐无鬼司馬本將見黃帝于具疚之山注山名也今本作具茨聲訓釋名釋疾病疚久也久在體中也古韻詩采薇叶疚來杕杜叶載來疚大東叶來疚江漢叶疚棘句中韻召旻叶富時疚茲轉音詩閔予小子叶造疚老

有宥 **灸** 灼也从火久聲廣雅釋詁二灸㶿也素問異法方宜論其治宜灸焫注火艾燒灼謂之灸焫轉注儀禮既夕皆木桁久之注謂以蓋案塞其口以久爲之叚借爲久考工廬人灸諸牆注猶柱也

有 **攷** 女字也从女久聲或曰古文備作俻當作俻以此爲聲

宥 **柩** 棺也从匚从木久聲籀文从匚舊聲舊久雙聲段氏玉裁云虞瓦棺夏堲周皆以土不以木殷人棺槨始用木玉篇古文匛字从匚久後世又加木旁耳虛者爲棺實者爲柩禮記曲禮在棺曰柩小爾雅廣名有屍謂之柩周禮大師作匶謚巾車共匶路穀梁宣八傳先還柩于廟聲訓白虎通崩薨柩之爲言究也久也不復變也釋名釋喪制尸已在棺曰柩柩究也送終隨身之制皆究備也廣雅釋詁三柩求也

說文通訓定聲　頤部弟五　卆

有 **羑** 相訹呼也从厶从羑按羑聲或从言秀聲或从言遹省會意古文羑與羑同按古書借羑爲羑也今刪字亦作誘廣雅釋言羑致也誘詘也釋詁一誘誘也風俗通過譽誘巧詐也禮記樂記知誘于外注猶道也引也淮南原道好憎成形而知誘于外注感也荀子正名彼誘其名注誑也禮記學記足以謏聞按誑也漢書武帝紀怵于邪說注今俗猶云相謏怵叚借爲羑唐釋元應一切經音義十六引說文一曰導也釋慧苑華嚴音義二引說文敎也爾雅釋詁誘進也詩野有死麕吉士誘之傳道也衡門序誘掖其君箋進也禮記樂記誘民孔易注進也論語循循然善誘人皇疏進也儀禮鄉射禮誘射注猶敎也家語正論天誘其衷注導也又淮南繆稱誘然與日月爭光注誘美稱也轉音詩野有死麕叶包誘按讀如幼

某六名凡某之派皆衍某聲莫有切

有 **某** 酸果也从木甘闕按五味之美皆曰甘从木从甘會意古文作槑从口按此籀文也籀多緐重韓詩摽有楳經典相

méi 禖　móu 謀　méi 腜　wǔ 㥔　méi 媒

承以梅枏字爲之又今俗有柑字从木甘聲橙橘之屬與此聲義俱別叚借發聲之詞廣雅釋詁三某名也書金縢惟爾元孫某傳某名臣諱君故曰某儀禮鄉射禮某酬某之子注某者字也士喪禮爲其父某甫筮宅注某甫且字也若言山甫孔甫矣禮記曲禮使者自稱曰某注某名也又公羊宣六傳使勇士某者注某者本有姓氏記傳者失之又子某時所食活我于暴桑下者也注某時者記傳者失之又穀梁桓二年注鄧厶地釋文厶本作某按凡口不能舉者偁某可也手不能筆者書厶可也

灰 **禖** 祭也从示某聲祈子之祭也禮記月令元鳥至之日以太牢祠于高禖注變媒爲禖神之也按變腜爲禖也雷氏五經要義禖先王子孫之祠也漢書戾太子傳爲立禖注禖求子之神也

尤 **謀** 慮難曰謀从言某聲古文从口母聲又古文从言母聲爾雅釋言謀心也廣雅釋詁四謀議也書洪範聽作謀左襄四傳咨難爲謀魯語咨事爲謀詩皇華周爰咨謀傳咨事之難易爲謀春秋說題辭在事爲詩未發爲謀論衡超奇心思爲謀周禮大卜四曰謀司農注謂謀議也禮記緇衣無以小謀敗大作注小臣之謀也論語君子謀道不謀食皇疏猶圖也周書成開任謀生詐注謂權變也光武紀贊明明廟謨注廟算也思元賦嘒克謀而從諸注察也易繫辭人謀鬼謀虞注坎爲謀古韻詩泉水叶淇思姬謀氓叶蚩絲謀淇丘期媒巷伯叶箕謀緜叶飴謀龜時茲十月之交叶時謀萊矣小旻叶止否膴謀易繫辭下叶來能謀左僖廿八傳叶每謀昭十二傳叶思謀志哀五傳叶埋謀之莊子知北遊叶骸灰持媒謀哉文子上德叶醫謀又叶晦謀荀子成相叶麒基謀持孫武子九地叶事謀識周書周祝叶植謀鄙保叶求尤謀疑鬼谷子捭闔叶謀異志

說文通訓定聲　頤部弟五　仌

灰 **腜** 婦始孕腜兆也从肉某聲按高禖之禖以腜爲義也廣雅釋親腜胎也叚借爲模韓詩小旻民雖靡腜毛本作膴鄭箋法也腜模雙聲韓傳靡腜猶無幾何則爲發聲之詞與毛訓靡止言小也同自是古語又重言形況字廣雅釋訓腜腜肥也韓詩緜周原腜腜毛本作膴膴傳美也魏都賦腜腜坰野注美也左僖廿八傳原田每每作每亦同杜注失之

麌 **㥔** 撫也从心某聲讀若侮按實與憮同字㥔憮雙聲爾雅釋詁㥔愛也注韓鄭語江東呼爲憐方言六㥔憐也

灰 **媒** 謀也謀合二姓从女某聲周禮媒氏注媒之言謀也謀合異類使和成者轉注漢書司馬遷傳隨而媒蘗其短注謂遘合會之李陵傳作媒糵注齊人名麴餅曰媒孟康曰媒酒敎也又射雉賦覘驍媒之變態徐爰曰媒者少養雉子至長狎人能招引野雉因名曰媒叚借爲䊗莊子知北遊媒媒晦晦李注晦貌亦重言形況字聲訓周禮媒氏注媒之言謀也廣雅釋詁四媒謀也古韻詩氓叶蚩絲謀淇丘媒期莊

mǔ 拇　wǔ 䳇　měi 莓　měi 每　mǔ 母

子知北遊叶骸灰持娸謀
哉荀子佹詩叶佩異媒㠖

母十九名凡母之派皆衍母聲

有虞 **母** 𢀿 牧也从女象褱子形一曰象乳子也蒼頡篇母其中有兩點象人乳形易說卦坤爲母晉受玆介福於其王母注母者處內而成德者也禮記曲禮生曰父曰母死曰考曰妣轉注易說卦爲子母牛又周語母權子而行漢書食貨志注重爲母輕爲子又爾雅釋草莩麻母注苴麻盛子者釋鳥鶅鷂母注此鳥常吐蚊又老子以爲天下母注本也造化也有國之母注道也叚借爲拇易咸其母注陰位之尊失之解而母虞注坤爲母失之又爲侮公羊襄三十傳不見傳母釋文本作娒又爲模禮記內則淳母注讀爲模模母雙聲聲訓釋名釋親屬母冒也含生已也母冒雙聲廣雅釋親母牧也素問陰陽類論陰爲母注母所以育養諸子言滋生也古韻詩葛覃叶否母竹竿石經本叶右母葛藟叶涘母有將仲子叶里杞母陟岵叶屺母小弁叶梓止母裘在沔水叶海止友母蓼莪叶母恃北山叶杞子事母思齊叶母婦南山有臺叶杞李母已離叶祉母周書允文叶記在斯里吏上布恥喜在子母老子象元叶改殆母道素問刺禁論叶右裏使市母告轉音詩蝃蝀叶雨母汝墳句中韻叶父也又易繫辭下叶保母素問陰陽應象論叶道紀母府 莫友切

賄 **每** 𣎴 艸盛上出也从屮母聲左僖廿八傳原田每每注原田之草每每然按實重言形況字猶韓詩之周原腜腜毛詩之周原膴膴也肥美貌杜傳會本義爲訓耳叚借爲謀漢書賈誼傳品庶每生注貪也史記伯夷傳作賈子曰衆庶馮生索隱每者冒也莊子人閒世無門無每崔注每貪也方言十三挴貪也以挴爲之又爲霾莊子胠篋故天下每每李注猶昏昏也亦重言形況字又發聲之詞廣雅釋詁四每詞也三蒼每非一定之辭也每亦數也詩皇皇者華每懷靡及傳每雖也常棣每有良朋箋雖也爾雅釋訓每有雖也呂覽貴直侮斯者以吾參夫二子者乎注猶當也又託名幖識字周書王會每牛者牛之小者也或曰借爲脢亦通古韻左僖廿八傳叶每謀

賄 **莓** 𦯧 馬莓也从艸母聲字亦作苺按苺屬山苺之大者也類篇即覆盆草叚借爲每魏都賦蘭渚莓莓按草盛貌亦重言形況字

虞 **䳇** 鸚䳇也从鳥母聲六朝以後字亦作鵡禮記曲禮鸚鵡能言

有 **拇** 將指也从手母聲按中指爲將指大指爲拇指手足大指皆曰拇字亦作㨴作䟫易咸其拇虞注足大指也子夏傳作䟫解而拇王肅注手大指也楚語至于手拇毛脈注大指也莊子駢拇枝指楚辭招魂敦脄血拇又爾雅釋訓敏拇也注拇迹大指處詩生民履帝武敏以敏爲之叚借爲恧方言二拇愧也晉曰拇廣雅釋詁一拇慙也又爲謀廣雅釋詁二拇貪也楚辭天問穆王巧拇注貪也

mù 坶　huì 誨　mǐn 敏　huì ⿰每卜　méi 脢　méi 梅　huì 晦

屋 **坶** 朝歌南七十里地周書武王與紂戰于坶野从土母聲在今河南衛輝府汲縣字亦作梅經傳多以牧爲之

隊 **誨** 曉敎也从言每聲易繫辭慢藏誨盜野容誨淫書無逸胥敎誨詩桑柔誨爾序爵禮記檀弓夫子誨之髮左襄十四傳使師曹誨之琴論語吾未嘗無誨焉以悔爲之古韻詩緜蠻叶食誨載瞻卬叶誨寺左襄三十一傳叶殖誨嗣

軫 **敏** 疾也从攴每聲周書謚法敏疾也廣雅釋言敏亟也詩甫田農夫克敏傳疾也論語君子欲訥於言而敏於行皇疏疾速也敏而好學孔注識之疾也回雖不敏皇疏達也禮記中庸人道敏政注猶勉也或以謀爲之周禮師氏二曰敏德注敏德仁義順時者也左傳三十三傳禮成而加之以敏注審當於事也齊語盡其四支之敏注猶材也漢書景帝紀朕既不敏注材智速疾也疏廣傳敏而有辭注謂所見捷利也又爾雅釋樂商謂之敏釋文疾也達也審也成也叚借爲拇詩生民履帝武敏爾雅釋訓敏拇也舍人本以畝爲之聲訓釋名釋言語敏閔也進敍無否滯之言也故汝潁言敏如閔也閔敏雙聲呂覽士容辭令遜敏注材也古韻詩甫田叶止子畝喜右否有敏生民叶祀子敏止

隊 **⿰每卜** 易卦之上體也商書曰貞曰⿰每卜从卜每聲今洪範作悔衛包所改經傳皆以悔爲之

灰 **脢** 背肉也从肉每聲易曰咸其脢子夏傳在脊曰脢虞注夾脊肉也王弼注心之上口之下廣雅釋親胂謂之脢字亦作脄禮記內則取牛羊麋鹿麕之肉必脄注脊側肉也

灰 **梅** 𣐋 枏也可食从木每聲或从某聲字亦作楳與酸果之某迥別許君云可食誤爾雅釋木梅枏郭注似杏實酢亦誤樊注荊州曰梅揚州曰柟益州曰赤楩似豫章無子中山經其木多梅柟注或作楳詩終南有條有梅墓門墓門有梅傳皆訓柟陸疏皮葉似豫樟細緻子赤者材堅子白者材脆按子青不可食與豫樟同也叚借爲某中山經靈山其木多桃李梅杏注似杏而酢也詩摽有梅陸疏杏類也夏小正煮梅傳爲豆實也左昭廿傳水火醯醢鹽梅果實又爲䋺禮記玉藻視容瞿瞿梅梅疏猶微微謂微昧也亦重言形況字古韻詩終南叶梅裘哉鳲鳩叶梅絲騏

隊 **晦** 月盡也从日每聲爾雅釋言晦冥也論衡四諱三十日日月合宿謂之晦左成十七傳隊不違晦注晦月終陰之盡穆天子傳一賜語晦注月終爲晦莊子逍遙遊朝菌不知晦朔轉注易象上傳君子以嚮晦入宴息鄭注宴也翟元注冥也魯語晦而休注冥也左昭元傳晦淫惑疾注夜也詩風雨如晦傳昏也又爾雅釋天霧謂之晦公羊僖十五年己丑晦成十六年甲午晦傳晦者何冥也漢書高

hǎi 海　huǐ 悔　wǔ 侮　méi 䍙

帝紀是時雷電晦冥注晦冥皆謂暗也太元元錯晦也𦤎又詩酌遵養時晦傳昧也左成十四傳志而晦注亦微也荀子賦闇乎天下之晦盲也注晦盲言人莫之識也楚辭靈懷聲阿容以晦光兮注冥也又江淹詩寂歷百草晦注凡草木華實榮茂謂之明枝葉彫傷謂之晦【叚借】爲毎書洪範曰悔鄭注晦猶終也又爲𦢊實發聲之詞幽通賦鮮生民之晦在注亡幾也漢書敘傳注無幾也按與韓詩小旻民雖靡膴同【聲訓】釋名釋天晦灰也火死爲灰月光盡似之也【古韻】詩風雨叶晦已喜蕩叶式晦酌叶晦熙【轉音】素問疏五過論叶道葆口起咎理市愈得海晦

䍙　灰　網也从网每聲或曰雉网

侮　麌　傷也从人每聲古文从母聲廣雅釋詁三侮輕也禮記曲禮不侵侮釋文輕慢也左昭元傳不侮鰥寡注陵也家語弟子行不侮不佚注貪功慕勢之貌淮南說林故侮人之鬼者過社而揺其枝注猶病也說苑權謀侮上者逆之道也漢書五行志慢侮之心生注侮古侮字僞泰誓罔懲其侮墨子非命作毋僇其務【叚借】爲晦王元長曲水詩序侮食來王注周書曰東越侮食按晦食者正食以夜也又發聲之詞方言三臧甬侮獲奴婢賤稱也秦晉之閒罵奴婢曰侮廣雅釋詁四侮獲婢也【轉音】左僖廿四傳外禦其侮詩常棣作務叶戎按侮務皆讀如蒙也又詩緜叶附後奏侮皇矣叶禡附侮正月叶瘉後口愈侮行葦叶句鍭樹侮左昭七叶僂傴俯走侮口按讀如睦也

說文通訓定聲　頤部弟五　坐

悔　賄 隊　恨也从心每聲詩雲漢宜無悔怒傳恨也論語行寡悔秦策此講之悔也淮南氾論悔不殺湯于夏臺離騷雖九死其猶未悔按字亦作痗爾雅釋詁痗病也詩伯兮使我心痗十月之交亦孔之痗釋文本作悔字又作悔埤蒼悔恨也【轉注】賈子容經悔者凶也易繫辭悔吝者言乎其小疵也公羊襄廿九傳尚速有悔於予身注咎也【叚借】爲毎書洪範曰貞曰悔鄭注外卦曰悔左僖十五傳蠱之貞風也其悔山也又爲侮詩抑庶無大悔箋慢也【聲訓】書洪範曰悔鄭注悔之言晦也晦猶終也【古韻】詩江有氾叶氾以悔伯兮叶背痗十月之交叶里痗生民叶時祀悔管子四稱叶事富克悔荀子成相叶戒有悔態

海　賄　天池也以納百川者从水每聲按海勢圜就地心也海味鹹淫熱之氣蒸也海色綠穹蒼之映雲霧不能隔也爾雅釋地九夷八狄七戎六蠻謂之四海周禮調人注作九夷八蠻六戎五狄校人四海山川注四海猶四方也禮記鄉飲酒義祖天地之左海也注海水之委也楚辭遠遊令海若舞馮夷注海若神名也　本朝江南海塘蘇松太道掌其修防之政浙江北塘杭嘉湖道掌之南塘寧紹台

fù 負　fù 婦　méi 鋂　mǔ 畮　mǔ 姆

道掌之【叚借】爲晦老子澹兮其若海【聲訓】書考靈曜海之言昏晦無所睹也釋名釋水海晦也主承穢濁其色黑而晦也【古韻】詩沔水叶海止友母楚辭大招叶海里阯士荀子禮賦叶釆理不似【轉音】素問疏五過論叶道葆口起咎理市愈得海晦

姆　有 宥　女師也从女每聲讀若母字亦作娒儀禮士昏禮姆纚笄宵衣在其右注姆婦人年五十無子出而不復嫁能以婦道教人者若今時乳母禮記內則姆教婉娩聽從左襄三十傳待姆也

畮　有　六尺爲步步百爲畮从田每聲或从田从十久聲按从十者阡陌之介也廣六尺一步長六十丈百步爲一畮廣六十丈長六十丈方百步爲百畮秦漢則以二百四十步爲畮今因之得縱方廣十五步縱十六步周語或在畎畝注下曰畎高曰畝畝壠也爾雅釋邱如畝畝邱釋名釋邱畝邱體滿一畝之地也詩巷伯猗于畝邱傳邱名書大誥予曷敢不終朕畝漢書翟方進傳作畮詩七月饁彼南畝食貨志作畮周禮大司徒不易之地家百畮離騷又樹蕙之百畮俗字誤作畝作畂【叚借】爲母書歸禾序異畝同穎史記周公世家正作母按猶異本也傳壟也失之【古韻】詩七月叶耜趾子畝喜采芑叶芑畝止試甫田叶畝耔薿止士又叶止子畝喜右否有敏信南山叶理畝大田叶止子畝喜祀緜叶止右理畝事生民叶秠芑畝負祀離騷叶晦茝

說文通訓定聲　頤部弟五　坐

鋂　灰　大瑣也一環貫二者从金每聲按大瑣也詩盧令盧重鋂傳一環貫二也疏引說文大環也廣雅釋器鋂鐶也【古韻】詩盧令叶鋂偲

婦一名　房久切

婦　有　服也从女持帚灑埽也【會意】謂服事人者以【聲訓】廣雅釋親女子謂之婦人儀禮士喪禮婦人俠牀注謂妻妾子姓也禮記曲禮士曰婦人庶人曰妻又爾雅釋親子之妻爲婦長婦爲嫡婦眾婦爲庶婦又女子謂弟之妻爲婦穀梁宣元夫人婦姜傳其曰婦緣姑言之之詞也公羊隱二逆女傳女在其國稱女在塗稱婦詩氓三歲爲婦箋有舅姑曰婦又周禮世婦注后宮官也禮記喪大記注世婦爲內命婦卿大夫之妻爲外命婦周禮典婦功以授嬪婦注九嬪世婦【聲訓】白虎通三綱六紀婦者服也以禮屈服也大戴本命婦人伏于人也白虎通嫁娶婦者服也服于家事事人者也釋名釋親屬婦服也服家事也【古韻】詩思齊叶母婦

負一名凡負之派皆衍負聲　房久切

負　有　恃也从人守貝有所恃也【會意】周禮大司馬負固不服則侵之注猶恃也楚語億負晉眾庶注恃也左襄十八傳負其眾庶注

母婦負

fù 萯　fǒu 不

依也淮南詮言自傾而辭助注自恃也俗字亦作偩从二人轉注詩小宛螟蠃負之傳恃也叚借爲似禮記樂記禮樂偩天地之情注猶依象也又爲背凡以背任物曰負易繫辭負也者小人之事也論語式負版者皇疏謂擔揭也方言七凡以驢馬駝駝載物者謂之負佗夏小正魚涉負氷傳負氷去者言解蟄也爾雅釋鳥鶅負雀注善捉雀釋邛邛背有邛爲負邛又禮記明堂位天子負斧依注負之言背也曲禮負劍辟咡詔之注謂置之于背深衣負繩及踝注負繩背之縫也齊語負任儋何注背曰負史記蘇秦傳負郭田索隱背也杭也禮記內則三日始負子注謂抱之而使鄉前也淮南說林負子而登牀注抱也儀禮喪服記負注在背上者也又史記張儀傳而厮徒負養在其中矣索隱謂負擔以給養公家亦賤人也按此即方言三罵奴婢曰侮之侮也又史記趙世家負遺俗之累正義叵也漢書武帝紀士或有負俗之累注謂被世議論也黥布傳負之不義之名注加也廣雅釋詁四負後也又爲倍實亦爲背說文負一曰受貸不償凡違其初心曰負後漢左雄傳寬其負算注欠也按猶歉也史記五帝紀負命毀族正義違也李斯上始皇書客何負于秦哉注猶累也論衡物勢非而曲者爲負秦策魏必負之注背也後漢張步傳負負無可言者注慚也又爲北馮衍傳負義於時注猶失也章帝紀刺史二千石不以爲負注猶憂也又爲婦漢書高帝紀常從媼武負貰酒注俗謂老大母爲阿負陳平傳張負史記索隱婦人老宿之稱又爾雅

釋蟲蟠鼠負釋文本作蟠又爲伓禮記檀弓注爲負而廢君命疏不勝也法言重黎自屈者負注敗也又爲不御覽引白虎通諸侯疾稱負子負子者諸侯子民今不復子之也按不慈也書作丕子又雙聲連語爾雅釋蟲草蟲負蠜字亦變作蝜又爲員之誤字淮南兵畧便國不負兵注程也按不計兵數多寡也聲訓釋名釋姿容負背也置項背也釋車負在背上之言也易解負且乘虎注倍也古韻詩小宛叶采負似生民叶秠芑畝負祀

萯 有　王萯也从艸負聲管子地員大萯細萯注草名按夏小正王萯秀即禮記月令之王瓜也或曰即詩七月之秀葽叚借爲菩穆天子傳二茅萯注今菩字音倍又託名幖識字水經河水注呂氏春秋夏后氏孔甲田于東陽萯山帝王世紀以爲即東首陽山也

不四十一名凡不之派皆衍不聲方久切

不 有物　鳥飛上翔不下來也从一一猶天也象形兼指事按象高飛但見翅尾許意以爲至之反論語鳳鳥不至別義周伯琦說文字原不鄂足也象形按詩常棣鄂不韡韡箋不當作柎柎古文作朩鄂足亦如萌芽之旁出一者華也指事左成三傳三周華不注或曰山形如華柎此字古讀如柎漢讀如否唐以後讀如北又晉書汲郡人不準讀如彪叚借爲丕書大誥馬本爾不克遠省詩淸廟不顯不承

pī 丕　fú 芣　fǒu 否

又爲否儀禮士相見禮主人對曰某不敢爲儀注今文不爲非禮記中庸苟不至德疏非也孟子厥疾不瘳周禮注作無莊子天地大愚者終身不靈釋文本作無書洪範不畀洪範九疇漢書五行志作弗詩皇矣不識不知賈子君道作弗禮記學記弗食不知其旨也公羊傳弗者不之深也孟子割烹章癰疽章百里章皆曰否然今然上衍不字否非無弗一聲之轉又爲鄙荀子賦篇君子所敬而小人所不者歟注薄也不薄亦雙聲又爲比文選阮籍詩不翼共翺翔不比雙聲或曰比形誤北北聲又誤不也又爲來之誤字荀子大畧從諸侯不注當爲來又雙聲連語詩四牡傳雖夫不也卽鋪鼓亦爲布穀今曰勃姑夫不之合音爲孚故又謂之鴀字亦作鵓作鳺鴀又方言四屝麻作之者謂之不借卽薄腊也又後漢黃瓊傳注西北風曰不周風張衡傳注不周西北方山也爾雅釋蟲不蜩王蚥又不過蟷蠰又疊韻連語周禮服不氏注服不服之獸者其實夆叚之義短言曰服長言曰服不也又助語之詞爾雅釋邛東上洒下不㵒注發聲釋魚龜左倪不類右倪不若古韻荀子禮賦叶采理不似海

丕 文　大也从一不聲字亦作平故漢書匡衡傳未丕揚先帝之盛功注或作本後漢耿秉傳太醫令吉平注或作平論魏文帝者曰丕之字不十皆形似也爾雅釋詁丕大也書禹貢三苗丕敘左昭三傳昧旦丕顯爾雅釋訓丕丕大也書大誥爾我丕丕基又小爾雅廣

言丕䇲也按奘也壯也又古太誓丕天之大律鄭注大也漢書郊祀志顏注奉也叚借爲伾實爲坏周語檮杌次于丕山注大邳山在河東又爲負實爲不書金縢是有丕子之責於天史記周公世家作負按丕子者不慈也又託名幖識字左襄十傳生秦丕茲釋文本作不

芣 尤　華盛也从艸不聲叚借雙聲連語詩采采芣苢傳芣苢馬舃馬舃車前也宜懷姙焉陸疏幽州人謂之牛舌又名當道其子治婦人生難韓詩傳直曰車前瞿曰芣苢文選辯命論注引韓詩章句芣苢澤瀉也蓋馬舃之誤又託名幖識字鄭語主芣騩而食溱洧注芣騩山名

否 紙有　不也从口从不按不聲此字說文口部不部重出易師否臧凶書堯典否德忝帝位傳注皆訓不禮記表記否則孰慮而從之注謂非已志也左昭廿傳君所謂可而有否焉注不可也孟子禹德衰章伊尹章孔子章皆云否然注否不也不如是也今本否下皆衍一不字此字經傳多以不爲之又史記史公自序唯唯否否轉注廣雅釋詁一否隔也易否釋文閉也否之匪人崔璟注不通也遯小人否王肅注塞也詩何人斯否難知也箋不通也匡謬正俗否者蔽固不通之稱漢書劉向傳否者閉而亂也或曰借爲背亦通叚借爲北爲紹左宣十二傳執事順成爲臧逆爲否易鼎利出否注謂不善之物也詩抑未知臧否釋文惡也太元積宾積否注不善也論語子所

pī 伾　pī 秠　pī 邳　pī 坏　fóu 紑　péi 碩　mì 否　pēi 衃　pēi 肧

否者鄭注不也又爲鄙莊子大宗師不善少而否老釋文本作鄙賢訓釋名釋言語否鄙也鄙劣不能有所堪成也詩烝民邦國若否王注不也古韻詩葛覃叶否母甫田叶止子畝喜右否有敏賓之初筵叶否史恥怠抑叶子否事耳易否叶否喜遯叶哉志憊事否疑楚辭惜往日叶時疑咍治

之否歟思之尤之

灰 **肧** 婦孕一月也从肉不聲字亦作胚爾雅釋詁注胚胎未成釋文引淮南書文子皆曰婦孕三月而肧

灰尤 **衃** 凝血也从血不聲素問六節藏象論赤如衃血者死注謂敗惡凝聚之血色赤黑也叚借雙聲連語爾雅釋草蔽芘衃按說文芘蚍衃毛詩傳作芘芣葵之名芘衃猶大蝭之名蚍蜉也

質 **否** 不見也从日否省聲按不聲字亦誤作咅作咅又俗有覓字按即覔字之誤體非此否字

灰 **碩** 曲頤也从頁不聲廣頤曰配曲頤曰碩

尤 **紑** 白鮮衣貌从糸不聲詩曰素衣其紑按詩絲衣絲衣其紑傳絜鮮貌亦單辭形況字許君誤引作素衣而訓白非是古韻詩絲衣叶紑俅基牛鼒

灰 **坏** 丘再成者也从土不聲水經河水注引說文字作坯按亦作坯作伾爾雅釋山山一成坯莊子大宗師堪坏得之書禹貢至於大伾以伾爲之釋文亦作岯作伓別義說文一曰瓦未燒史記張釋之馮唐傳盜長陵一坏土索隱塼未燒之名也太元干或錫之坏注未成瓦也法言先知剛則甈柔則坏注慢也按此義實當爲本訓再成邱借爲陪字叚借爲培禮記月令蟄蟲坏戶注益也漢書楊雄傳或鑿坏以遁注壁也

支 **邳** 奚仲之後湯左相仲虺所封國在魯薛縣从邑丕聲左昭元傳商有姺邳蓋仲虺之裔爲亂者國滅武王復封其後于邳爲薛侯漢之上邳薛縣也在今山東兖州府滕縣其下邳則今江蘇徐州府之邳州禮記曲禮注邳郯之東釋文下邳也叚借爲丕景福殿賦櫺櫨邳張又爲陪史記夏本紀至于大邳

支紙 **秠** 一稃二米从禾丕聲詩曰誕降嘉穀維秬維秠天錫后稷之嘉穀也按一康之內有兩米詩生民維秬維秠鄭箋謂秠即稃非是爾雅釋草秠一稃二米注亦黑黍但中米異耳古韻詩生民叶秠芑畝負祀

支 **伾** 有力也从人丕聲詩駉以車伾伾傳伾伾有力也吉日齊魯詩伾伾俟俟廣雅釋訓伾伾衆也按實皆重言形況字叚借爲陪書禹貢至于大伾傳山再成曰伾漢書溝洫志至于大伾注引鄭氏山一成爲伾古韻詩駉叶駓騏伾期才

fú 罦　pǐ 痞　bēi 桮　pǒu 音　pǐ 嚭　pī 魾　pī 駓

支 **駓** 黃馬白毛也从馬丕聲字亦作駍作駓爾雅釋畜黃白雜毛駓詩駉有騅有駓釋文亦作駍叚借重言形況字韓詩吉日駓駓騃騃薛君章句趨曰駓行曰騃廣雅釋訓駓駓走也楚辭招魂逐人駓駓些注走貌古韻詩駉叶駓騏伾期才楚辭招魂叶駓牛災

支 **魾** 大鱯也其小者名鮡从魚丕聲今鮠魚之大者爾雅釋魚魾大鱯小者鮡叚借發聲之詞爾雅釋魚魴魾釋文引廣雅魾鯬也按廣韻鰻鮇魚名卽今之鰻鱺鮇鯬一聲之轉爾雅魴魾鯬鮇魴魾雙聲鯬鮇雙聲方音微異非以鯬鮇釋魾張讀誤也埤蒼鯬鮇魾也亦誤

紙 **嚭** 大也从喜否聲春秋傳吳有太宰嚭按史記伍子胥傳伯嚭論衡作帛喜文選注作帛否又按禮記檀弓有陳太宰嚭漢書古今人表作太宰喜又按此字集韻作嚭从丕喜聲與大義方合古韻越絕書外傳計倪篇叶嚭姒理史

麌有 **音** 相與語唾而不受也从丶从否否亦聲或从豆从欠按此字據或體从欠豆聲則小篆當從否丶聲然音讀如丕今蘇俗尚有此語詞疑从否丶象出气指事非有所絕止之丶字也或體亦疑从欠从㤵省會意㤵小怒也字亦作㤵左傳不顧而唾趙策老婦必唾其面皆所謂否也非涕唾之唾

灰 **桮** 𠤱也从木否聲籒文从匚不聲字亦作杯作柸方言五𥂕械盞盌閜盞盛桮也桮其通語也大戴曾子事父母執觴觚杯豆而不醉注杯盤盎盆盞之總名也禮記玉藻杯圈不能飲焉注謂卮匜之屬孟子猶桮棬也杳義屈木爲之按古盛羹若注酒之器通名曰杯也方言五䈰莒自關東西謂之桮落叚借爲桮海內北經蛇巫之山有人操杯而東向立又疊韻連語淮南道應上駕柸治注楚人謂恨不得爲柸治

紙 **痞** 痛也从疒否聲按腹內結滯而痛字亦作脴聲訓釋名釋疾病脴否也气否結也

尤 **罦** 兔罟也从网否聲按雉网曰罦兔网曰罝字亦作罘禮記月令田獵罝罘羅網注獸罟曰罝罘呂覽季春注罘射鹿罟也淮南時則畢弋罝罘注罘麋鹿罟漢書司馬相如傳罘罔彌山注覆車也卽今幡車罔也則謂與罦同字否孚亦雙聲叚借疊韻連語漢書文帝紀未央宮東闕罘罳災注罘罳屏也謂連闕曲閣也以覆重刻垣墉之處其形罘罳然按如今照墻上所覆之屋謂之罘罳故城隅及闕上之小樓亦曰浮思廣雅釋室罦罳謂之屏又史記始皇紀登之罘漢書郊祀志注在東萊腄縣按山在今山東登州府福山縣東北

pī 額　pōu 娝　bèi 菩

㬥訓釋名釋宮室罘罳在門外罘復也罳思也臣將入請事於此復重思之也否復雙聲古韻秦之罘東觀銘叶息旗疑尤治宋

支 **額** 短須髮貌从須否聲

灰 **娝** 不肖也从女否聲讀若竹皮箁字亦作婄廣雅釋詁二婄醜也

隨 **菩** 菩艸也从艸音聲易豐鄭本豐其菩注小席也按菩草可為席齊民要術二月上旬麻菩楊生周禮大馭犯軷注以菩芻棘柏為神主按字亦作蓓玉篇蓓草名字亦作蔀易豐其蔀注蔀覆曖鄣光明之物也虞注蔀蔽也小也陸績注茂盛周匝之義穆天子傳爰有萑葦莞蒲茅萯蒹葽以萯為之別義廣雅釋草蕖菩也字亦作草玉篇菩香草葉廣韻草香草集韻草鬱香草又廣雅釋草蔀蒀䔔也此萊屬假借為萯呂覽孟夏王菩生注或作瓜又為蔀周髀算經四章為一蔀注蔀之言齊同日月之分為一蔀也又為剖李翕西狹頌三蔀符守字亦作蔀又雙聲連語梁簡文有菩提樹頌又發聲之詞華嚴經諸佛子菩薩住歡喜地法華經三乘三曰菩薩乘菩薩者行六度而得道者也按此天竺方言或曰菩普也薩濟也華言普濟眾生之意或曰菩瞭也薩見也華言智慧了見之意西方聖人之尊稱也轉音易豐叶蔀斗主

說文通訓定聲　頤部弟五

bó 踣　bó [走咅]　bù 䏽　pōu 剖　póu 箁

職 **踣** 僵也从足音聲春秋傳曰晉人踣之按字亦作仆不卜雙聲廣雅釋詁四仆僵也左襄十四傳與晉踣之注僵也爾雅釋言斃踣也孫注前覆曰踣周禮掌戮踣諸市注踣僵尸也謂陳屍以示眾也魯語紂踣于京注斃也莊子外物申徒狄因以踣河李注頓也轉注左襄十一傳踣其國家注斃也管子七臣七主設用無度國家踣注謂散亡也呂覽行論舉矣而不踣注破也假借為赴莊子秋水司馬本踣水則接掖持頤司馬注赴也踣赴雙聲轉音呂覽行論叶踣舉

職 **[走咅]** 僵也从走音聲讀若匐按即踣之或字今系于此

有 **䏽** 豕肉醬也从肉音聲與醢罯同

有 廣 **剖** 判也从刀音聲廣雅釋詁一剖分也四剖半也蒼頡篇剖析也左襄十四傳與女剖分而食之注中分為剖宋策剖傴之背注劈也莊子胠篋比干剖釋文謂割心也荀子彊國剖刑而莫邪已注開也楚辭謬諫得良工而剖之注猶治也淮南齊俗伐楩柟豫樟而剖梨之注判也海賦剖卵成禽注猶破也後漢馮衍傳伯玉擢選剖符注即分也轉注思元賦豈昬惑而能剖注分明也

尤 **箁** 竹箬也从竹音聲蘇俗謂之筍殼

bàng 棓　bù 部　bèi 倍

尤 講 有 **棓** 梲也从木音聲字亦作棒俗字作棒奉音雙聲猶䡖䩬之作琫琫也廣雅釋器棓杖也通俗文大杖曰棓淮南詮言羿死于桃棓注棓大杖以桃木為之轉注公羊成二傳踊于棓而窺客注凡無高下有緣加蹋板曰棓又方言五僉自關而西謂之棓假借為茇廣雅釋草棓根也根之為茇亦名棓猶杖之為校亦名棓也棓茇雙聲又託名幖識字史記天官書右三星曰天棓按目驗天棓五星在紫微宮左垣上弼外近黃道北極北四星南一星形略如匏瓜而光特明大度亦遼濶也在織女天紀之上又漢書叟盤傳廼之棓生所問卜注秦時賢士善術者也

廣 有 **部** 天水狄部从邑音聲在今陜西鞏昌府以東秦州之境假借為剖漢書高帝紀部署諸將注分部而署置羽獵賦浸淫蹵部注軍之部伍也西山經司天之九部注九域之部界文選安陸昭王碑文監督方部之數注四方州部也素問陰陽應象大論審清濁而知部分注部分謂藏府之位可占候處陰陽類論陽為游部注謂身形部分也又荀子王霸各聲之部發於天地之間也注當為剖又為掊考工輪人為蓋信其桯圍以為部廣注蓋斗也按蓋弓象五指掊物之形故謂之掊又為箁北山移文談空空于釋部注內典也按簡冊也又為棓淮南說山羿死于桃部又為培風俗通山澤部者阜之類也又為茇名醫別錄百部根陶注其根數十相連轉音靈樞官鍼篇叶理在部府下在苦

說文通訓定聲　頤部弟五

賄 隊 **倍** 反也从人音聲禮記樂記庶士倍禄注復其紂時薄者也荀子禮論故大路之馬必倍注謂反之車在馬前令馬熟識車也假借為背鬼谷子捭闔益損去就倍反注去而遂絕曰倍周髀算經倍正南方注猶背也呂覽明理有倍僑注倍日旁之危氣也在兩旁反出為倍又周禮大司樂注倍文曰諷謂不面其文而讀也又禮記大學而民不倍注不相倍棄也或作偝左昭廿六傳倍奸齊盟孟子師死而遂倍之荀子大略教而不稱師謂之倍注倍者反逆之名也又為北五輔長幼無等則倍注乖戾也又為陪左定四傳分之土田倍敦又墨子經上倍為二也易說卦巽為近利市三倍孟子或相倍蓰荀子治國則民倍貸以給上之徵矣注謂貸一還二也又為培左僖三十傳焉用亡鄭以倍鄰注益也莊子養生主是遯天倍情釋文加也又為輩穆天子傳六獎者七倍之注百人謂一倍按倍輩雙聲又為嚭詩蕩定本曾是倍克正義謂不自量度謂已衆倍于人而自矜伐謂借為陪失之釋文則讀為掊又託名幖識字莊子達生倍阿鮭蠪司馬注倍阿神名也古韻詩瞻卬叶忒背極慝倍識事織老子還淳叶倍慈有管子度地叶已起久倍吳子料敵叶能倍殆賈誼引詩叶倍來

póu ⿱髟咅　fú 涪　póu 掊　bù 瓿　bù 錇　fǔ ⿰糸咅　péi 培　péi 陪

尤 ⿱髟咅 髮皃从髟咅聲字亦作髬西京賦猛毅髬髵注髬髵作毛鬣也按謂猶之而也

尤 涪 涪水出廣漢剛邑道徼外南入漢从水咅聲出今四川龍安府松潘廳界小分水嶺南入大江水經注一曰湔水按漢志謂之內水今之涪江也

尤有肴 掊 杷也今鹽官入水取鹽爲掊从手咅聲字亦作刨作抔作⿰耒咅謂五指杷之漢書郊祀志掊視得鼎注謂手杷土也禮記禮運汙尊而抔飲注手掬之也漢書張釋之傳取長陵一抔土注謂手掬之也轉注方言十三掊深也又廣雅釋地⿰耒咅耕也假借爲掊詩蕩曾是掊克傳訓自伐孟子掊克在位注不良之人按自大也詩釋文孟子丁音皆云聚斂則謂借爲捊捊掊雙聲又爲剖廣雅釋詁二掊減也又莊子逍遙遊吾爲其無用而掊之司馬注擊破也

虞有 瓿 甂也从瓦咅聲爾雅釋器甌瓿謂之瓵注瓿甊小甖方言五瓿甊甖也其小者謂之㼚其大者謂之甀其中者謂之瓿甊又缶謂之瓿甌廣雅釋器瓿甊瓶也按瓿甊瓿甌皆雙聲連語漢書楊雄傳吾恐後人用覆醬瓿也注小甖也

宥 錇 小缶也从缶咅聲按即瓿之或體今附于此

說文通訓定聲　頤部弟五　九十九

虞宥 ⿰糸咅 治敝絮也从糸咅聲按如今弦彈故棉

灰有 培 培敦土田山川也从土咅聲按絫土也晉語若見壘培注壘墼曰培淮南齊俗繫培而遁之注培屋後墻也呂覽辨土高培則拔注培由側也又左襄廿四傳培塿無松柏風俗通山澤以部婁爲之方言十三冢秦晉之閒或謂之培注培塿亦堆高之皃又禮記中庸故栽者培之注益也喪服四制墳墓不培注猶治也轉注廣雅釋室培塗也假借爲陪按左傳分之土田培敦即詩錫之山川土田附庸培敦讀爲陪自山也許說解誤又莊子逍遙遊而後乃今培風釋文重也

灰 陪 重土也从𨸏咅聲按重𨸏也所謂再成坏也左定四傳分之土田陪敦陪猶山也注增也失之轉注錯本一曰陪臣陪備也廣雅釋詁一陪臣也詩蕩以無陪無卿傳無陪貳也疏謂三公又禮記曲禮自稱曰陪臣某注重也左僖十二傳陪臣敢辭服注重也諸侯之臣於天子故曰陪臣又爾雅釋言陪朝也注陪位曰朝又魯語士有陪乘注猶重也周禮齊右行則陪乘注參乘謂車右也又左昭五傳飧有陪鼎注加也儀禮聘禮羞鼎注以其實言之則曰羞以其陳言之則曰陪假借爲培說文一曰滿也廣雅釋詁一陪益也又疊韻連語射雉賦敷藻翰之陪鰓注奮怒之皃又託名幖識字書禹貢至于陪尾史記夏紀作負漢志作倍按山在今湖北德安府安陸縣北亦名橫尾山古韻詩蕩叶背陪句中韻

pēi 醅　bù 篰　bèi 北　bèi 背

灰 醅 醉飽也从酉咅聲讀若僰別義今所用潑醅字謂酒未泲者

有 篰 𥳑爰也从竹部聲按𥳑爰疊韻連語秦漢謂簡冊曰𥳑爰也字亦作⿰片咅廣雅釋器⿰片咅版也今凡卷部字以部爲之章蔀字以蔀爲之簿書字則作簿孟子孔子先簿正祭器荀子正名必將待天官之當簿其類注簿簿書也後漢鍾離意傳注簿文記也劉公幹雜詩沈迷簿領書注簿領謂文簿而記錄之漢書食貨志多張空簿注簿計簿也李廣傳急責廣之莫府上簿注謂文狀也翟方進傳官簿皆在方進之右注謂伐閱也假借爲薄廣雅釋器笛謂之簿又疊韻連語漢書司馬相如傳鼓嚴簿注鹵簿也獨斷天子出車駕次第謂之鹵簿聲訓釋名釋書契笏或曰簿言可以簿疏物也按據說文則訓笏之字當从溥聲即專字相承誤讀如薄耳左桓二傳注若今吏之持簿徐廣曰持簿手版也周禮天官序官司書疏簿今手版皆專字也

頤之革分部

北三名凡北北之派皆衍北聲 溥墨切

說文通訓定聲　頤部弟五　百

職隊 北 乖也从二人相背指事二人相比爲从二人相違爲北虞書分北三苗鄭注猶別也三國志虞翻傳注北古別字假借爲背爾雅釋訓朔北方也按人坐立多面明背闇故以背爲南北之北白虎通五行北方水萬物所幽藏也論衡說日北方陰也物勢北方水也其星元武也素問異法方宜論北方者天地閉藏之域也又爲敗北之北漢書高帝紀項羽追北韋昭注北古背字也背去而走也左桓九傳以戰而北注走也史記樂書北者敗也荀子議兵則必北注北者乖背之名故以敗走爲北也又託名幖識字思元賦觀壁壘於北落兮按北落師門一星在危室之下壘壁陣之南明大異常爲四十五大星之一又水經河水注北假地名也又詩晨風鬱彼北林傳林名也聲訓白虎通五行北方者伏方也萬物伏藏也廣雅釋詁三北伏也春秋元命苞北者極也春秋繁露陰陽終始北方者天之所終始也陰陽之所合別也古韻詩桑中叶麥北弋巷伯叶謀食北靈樞刺節眞邪篇叶得伏北覆惑

隊 背 脊也从肉北聲字亦作偝易艮其背注背者无見之物也素問脈要精微論背者胷中之府金匱眞言論背爲陽腹爲陰史記梁孝王世家牛足出背上張晏注背者陰也禮記投壺毋偝立注不正鄉前也詩蕩時無背無側廣雅釋詁四背後也轉注詩伯兮言樹之背傳北堂也今凡南北字皆以北爲之又荀子解蔽背而走注棄去也今凡敗北字亦以北爲之漢書天文志暈適背穴注在旁如半

bèi 邶　mài 麥　bì 皕　shì 奭

環向曰爲抱，向外爲背。又京房易傳內臣外鄉茲謂背。經傳多以負爲之。叚借爲北。楚辭惜誦「忘儇媚以背衆兮」注：違也。呂覽尊師「聽從不盡力，命之曰背」注：戾也。經傳多以倍爲之。又雙聲連語。廣雅釋鳥「背竈，翟雀也」。聲訓：釋名釋形體「背，倍也，在後稱也」。廣雅釋親「背，北也」。楚辭招魂「背行先些」注：倍也。又廣雅釋詁四「背，負也」。又水經葉榆水注「其母鳥語謂背爲九，謂坐爲隆」。古韻：詩伯兮叶背痗，行葦叶背翼福。桑柔叶極背克力。瞻卬叶忒背極慝識。閟宮叶熾富背試。蕩叶背陪。句中韻。

隊 **邶** 故商邑，在河內朝歌以北是也。从邑，北聲。字亦作鄁。詩邶鄘衛譜「自紂城而北謂之邶，南謂之鄘，東謂之衛」。在今河南衛輝府東北。

麥一名 莫惑切

陌 **麥** 芒穀，秋穜厚薶，故謂之麥。麥，金也。金王而生，火王而死。从來有穗者，从夊。廣雅釋草「大麥，麰也；小麥，麳也」。管子輕重戊「麥者，穀之始也」。禮記月令「乃勸種麥」注：麥者，接絕續乏之穀。夏小正「祈麥實」傳：麥實者，五穀之先見者。駿案：此字本訓當爲往來之來，至也，从夊，來聲，與致往字同意。自古與來字互易承用，如酢醋、穜種、童僮、苑宛之比，後人不敢因製麥部之十二文，其實皆當从來也。徐鍇曰：夊，足也。周受瑞麥來麰，如行來也。徐鍇曰：夊之意若穗自後躧之也。楊桓六書統曰：夊，後也，後于來也。周伯琦說文字原曰：瑞麥欲其常常而來也。近人六書正義曰：來先穫半月，而麥繼熟之義。或又曰：躧舞履也。麥浪之翻動如此。皆傅會不可爲訓，詳見余說解商。叚借疊韻連語。方言十一「蟬其小者謂之麥蚻」。按音轉如蠽也。聲訓：廣雅釋言「麥，穫也」。春秋說題辭「麥之爲言殖也，寢生觸凍而不息，精射刺直，故麥含芒，事且立也」。古韻：詩桑中叶麥北弋，載馳叶麥極，丘中有麻叶麥國食，閟宮叶稷福麥國穡。管子樞言叶戒敕麥伏稷得。

皕三名凡皕之派皆衍皕聲 彼力切

職寘 **皕** 二百也。讀若秘。按讀若稫也。

陌 **奭** 盛也。从大从皕，皕亦聲。此燕召公名。讀若郝。史篇名醜。按醜疑䩉之誤字。古文奭从古文百也。叚借爲赫，字亦變作赩。詩采芑「路車有奭」傳：赤貌。瞻彼洛矣「韎韐有奭」。白虎通爵作赩。楚辭大招「逴龍赩只」，射雉賦「摛朱冠之赩赫」。字林：赩，赤貌也。字又誤作赩。奭郝赫雙聲。又爲䤈。廣雅釋詁二「奭，滅也」。又漢書竇嬰傳「有如兩宮奭將軍」注：怒貌也。又託名幖識字。書君奭傳：名也。按穀梁傳「周之分子」，史記謂與周同姓，姓姬氏。白虎通云文王子。帝王世紀以爲文庶子。論衡曰周公之兄，或云許。引蒼頡篇作䫆者，疑奭或作奭，又誤作目圍之䀠。而䀠古文以爲醜字也。又史記樗里子甘茂傳「公孫奭」，國策作公孫衍。古韻：詩采芑叶翼奭服革。楚辭大招叶赩測憶極。

xì 衋　dé 㝵　dé 得　gé 革

職 **衋** 傷痛也。从血聿，皕聲。讀若譆。按當从盡省，盡亦聲。許書無盡部，故附血部。周書酒誥曰「民罔不衋傷心」。

㝵二名凡㝵之派皆衍㝵聲 多則切

職 **㝵** 取也。从見从寸。寸，度之，亦手也。會意。左定九傳「凡獲器用曰得」，論語「戒之在得」孔注：貪得也。呂覽報更「臣弗得也」注：猶取也。經傳皆以得爲之。

職 **得** 行有所得也。从彳，㝵聲。古文省彳。按古有㝵無得，小篆加彳，實一字也。公羊隱五傳「登來之也」注：齊人語也。齊人名求得爲得來。論語「三人行必得我師焉」釋文：本或作必有。叚借爲㝵。易文言「知得而不知喪」。禮記大學「慮而后能得」注：謂得事之宜也。莊子秋水「至德不得」注：得者生于失也。晉語「不得政，何以逞怒」注：得政，爲政也。後漢明德馬后紀「而復戒之在得」注：貪嗇也。又禮記樂記「禮得其報則樂」注：謂曉其義。呂覽義賞「武王得之矣」注：猶知也。論語泰伯「民無得而稱焉」。又爲値。莊子大宗師「得者時也」注：當所遇之時。世謂之得。荀子議兵「百官得序」注：各當其任。呂覽貴公「平得于公」注：猶出也。又左哀廿四傳「得太子適郢」注：相親說也。禮記王制「必參相得也」注：猶足也。考工輪人「牙得則無槷而固」注：謂倨句鑿內相應也。又爲德登也。易小畜「尚得載」，今本正作德。剝「君子得輿」，京本正作德。又爲惪。孟子「所識窮乏者得我與」。按感恩也。又荀子禮論「貴始得之本也」。成相「尚得推賢不失序」。漢書天文志「行得盡勝之」。古韻：詩關雎叶得服側。南山叶克得極。何人斯叶蜮得極側。易坎叶纆棘得。孟子滕文公上叶來直翼得德。楚辭天問叶得極。惜往日叶戒得。悲回風叶默得。九辨二叶息弑得惑極直。管子牧民叶得食服匿。樞言叶戒敕麥伏稷得。孫武子九地叶戒得。周書周祝叶得服測息牧刻。文子上德叶得佩富。自然叶意備得。靈樞刺節眞邪篇叶得伏北覆惑。轉音：素問疏五過論叶道祿口起咎理市意得海晦。

革三名凡革之派皆衍革聲 古核切

陌 **革** 獸皮治去其毛曰革。革，更也。象古文革之形。古文革从三十，三十年爲一世，而道更也。臼聲。按臼革雙聲。或曰古文象首足尾具之形，非三十字，中象殘毛，非臼字。存參。周禮冥氏「獻其皮革齒須備」，書堯典「鳥獸希革」鄭注：毛疏皮見。禹貢「齒革羽毛」傳：犀皮。詩羔羊之革傳：猶皮也。漢書鄭崇傳「每見曳革履」注：孰曰韋，生曰革。又周禮大師「金石土革絲木匏竹」注：鼓鼗也。詩蓼蕭「鞗革沖沖」。爾雅釋器「轡首謂之革」。考工弓人「利射革與質」注：謂干侯。齊語「定三革」韋注：甲胄盾三也。公羊閔二傳注「甲革皆鎧胄也」。秦策「兵革大強」注：猶甲也、荀子禮論、金革轡靷而不入、注、車靷也、又禮記明堂位、革車千乘、注、兵車也（轉注）禮記禮運、膚革充盈、疏、膚肉之厚皮革也、管子水地、肝生革、注、皮膚也、又方言十、革老也、注、皮毛枯瘁之形、三國志蜀彭羕傳、老革荒悖（叚借）爲改、爲更、改更革一聲之轉、易革鄭注、改也、雜卦傳、革去故也、字亦變作悈、作愅、荀子禮論、愅詭唈僾而不能無時至也、注、變也、太元元數、愅繫其名、注、更也、又爲翱、詩斯干、如鳥斯革、傳、翼也、又爲諽、蒼頡篇、革戒也、又爲亟、爾雅釋天、錯革鳥曰旟、孫注、急也、畫急疾之鳥于縿也、禮記禮器、匪革其猶、注、急也、檀弓、夫子之病革矣、注、急也、詩皇矣、不長夏以革、按夏暇也、以與也、革亟也、猶勿忘勿助長、傳箋訓更變、皆失之、又託名幖識字、列子湯問、湯大夫夏革、注、字子棘、革棘一聲、左昭十三傳、鄭然丹字子革、古用革多染以丹、古韻、詩羔羊、叶革緎食、采芑叶翼奭服革、皇矣、叶德色革則、管子四稱叶稷富力側飭貸殖伏革德式、

陌 **諽** 飭也、从言革聲、讀若戒（叚借）爲革、實爲改、說文一曰更也、

陌 **翱** 翅也、从羽革聲、韓詩斯干、如鳥斯翱、傳、翅也、廣雅釋器、翱翼也、

戛一名、古函切

黠 **戛** 戟也、从戈从首、會意、讀若棘、東京賦、立戈迤戛、注、長矛也（叚借）爲楷、爾雅釋詁、戛常也、釋言、戛禮也、書康誥、不率大戛、傳、常也、又爲稭、漢書地理志、三百里內戛服、注、稾也、禹貢作秸、又爲扴、虞書戛擊鳴球、馬鄭注、櫟也、按敔背有七十二刻、櫟之所以止樂、禮記明堂位、拊搏玉磬揩擊、作揩、長楊賦、拮隔鳴球、作拮、漢書楊雄傳作桔、又爲杚、爲圪、或爲籔、海賦、戛巖㠐、注、猶槩也、謂平也、按高也、或蔽也、戛揩楷扴槩、皆一聲之轉、

戟一名、紀匿切

陌 **戟** 有枝兵也、从戈榦、周禮戟長丈六尺、讀若棘、按从戈从榦省、會意、今字誤作戟、華嚴音義引論語圖、戟形傍出兩刃也、考工冶氏、戟廣寸有半、注、今三鋒戟也、廬人、車戟常、詩無衣、修我矛戟、箋、車戟常也、齊語、贖以犀甲一戟、注、車戟也（別義）埤蒼、戟盾也、按釋名釋兵、狹而短者曰孑、盾車上所持者也、方言、孑者戟也、左莊四傳、授師孑焉、以伐隨、聲訓、釋名釋兵、戟格也、旁有枝格也、格戟雙聲（轉音）詩無衣叶澤戟作、按讀若䚪也、管子輕重乙叶弩戟檐、

丮二名、凡丮之派、皆衍丮聲、九極切

陌 **丮** 持也、象手有所丮據也、讀若戟、按从手乁、所據也、指事、字亦作撠、詩鴟鴞、予手拮据、傳、戟挶也、即丮㞂字、史記孫吳傳、救鬥者不搏撠、漢書五行志、撠高后掖、楊雄傳、則不能撠膠葛、注、撠挶也、史記索隱、謂以手持戟刺人、此望文生訓、非是、

沃 **厈** 亦持也、从反丮、指事、闕、按音闕也、後儒以挶字之音讀之、今附於此、

棘三名、凡棘之派、皆衍棘聲、紀力切

職 **棘** 小棗叢生者、从竝朿、會意、高而實者重朿爲棗、卑而未實者竝朿爲棘、賈子胎教、棘者西方之草也、秋木也、易坎、寘于叢棘、虞注、坎多心、故叢棘、詩園有桃、園有棘、傳、棗也、大東、有捄棘匕、傳、赤心也、周禮朝士、左九棘、孤卿大夫位焉、注、取其赤心而外刺、象以赤心三刺也、左昭四傳、桃弧棘矢、疏、棘亦有箴、取其名也、儀禮士喪禮、決用正王棘、若檡棘、注、世俗謂王棘矺鼠、淮南兵略、伐棘棗而爲矜、注、棘棗酸棗也、楚辭愍命、樹枳棘與薪柴、注、小棗爲棘、爾雅釋蟲、棘蠀、注、食棘者（轉注）楚辭橘頌、曾枝剡棘、注、橘枝刺若棘也、又方言三、凡草木刺人、江湘之閒謂之棘、廣雅釋詁二、棘箴也、詩斯干、如矢斯棘、傳、稜廉也、韓詩以朸爲之、鄭箋訓戟、非是、太元元掜、棘木爲杍、注、廉也、又爲戟、左隱十一傳、子都拔棘以逐之、周禮掌舍、爲壇壝宮棘門、禮記明堂位、越棘天子之戎器也、小爾雅廣器、棘戟也、又爲僰、禮記

王制、西方曰棘、又爲亟、詩采薇、玁狁孔棘、文王有聲、匪棘其欲、江漢匪疚匪棘、箋皆訓急也、又爲疚、詩素冠、棘人欒欒兮、按猶嬛嬛在疚也、長言曰疚、短言曰棘、傳急也、失之、又爲脉、呂覽任地、棘者欲肥、肥者欲棘、注、羸瘠也、棘脉雙聲、又爲飾、楚辭天問、啟棘賓商、九辯九歌注、陳也、按商者帝之誤字、廣雅釋詁、棘陳也、又爲仄、莊子逍遙遊、湯之問棘也、是已、簡文注、狹小也、又託名幖識字、吳語、乃匍匐將入棘闈、注、楚邑、又左僖二傳、垂棘之璧、公羊釋文本作𣗋、埤蒼、垂𣗋地名、字又變作㯿、又水經河水注、棘津猶孟津也、又清水注、棘水自新野縣東南流入清水、謂之力口、棘力聲相近、當爲棘口也、又獨斷、棘扈氏農正、掌人百果、又論語棘子成、古今人表作革、又廣雅釋草、棘苑、遠志也、其上謂之小草、字亦變作𧀼、聲訓、禮記王制、西方曰棘、釋文棘偪也、古韻、詩園有桃、叶棘食國極、鳲鳩、叶翼稷食極、青蠅、叶棘極國、葛生、叶棘域息、鳲鳩叶棘忒國、采薇叶翼服戒棘、出車叶牧來載棘、楚茨叶棘稷翼億食祀侑福、斯干叶翼棘革、江漢叶疚棘極、易坎叶纆棘得、

職 **僰** 犍爲蠻夷、从人棘聲、水經江水注、僰夷中最仁、有仁道、故字从人、僰道縣、縣本僰人居之、按在今四川敘州府宜賓縣、呂覽恃君、僰人野人、注、讀如匐（聲訓）禮記王制、西方曰棘、注、僰之言偪也、

jí 襋　jí 亟　jí ⿰革亟　jí 殛　jí 極

說文通訓定聲　頤部弟五　壹

職 **襋** 衣領也从衣棘聲詩葛屨要之襋之傳領也按裳耑曰要衣耑曰襋字亦作極〔古韻〕詩葛屨叶襋服

亟五名凡亟之派皆衍亟聲 紀力切

眞職 **亟** 敏疾也从人从口从又會意从二二天地也指事人生天地閒手口並作敏疾成事也爾雅釋詁亟疾也亟速也釋言婁曬亟也廣雅釋詁一亟急也詩七月亟其乘屋箋急也禮記少儀小飯而亟之注疾也宋策欲霸之亟成注速也淮南主術雖馳傳騖置不若此其亟注極也〔轉注〕禮記少儀亟見曰朝夕注數也左昭廿一傳亟言之注疾也漢書刑法志師旅亟動注屢也廣陵厲王胥傳出入無悰爲樂亟注亟數亦疾也〔叚借〕爲䁐方言一亟愛也東齊海岱之閒曰亟秦晉之閒凡相敬愛謂之亟又爲㥛易說卦爲亟心荀本作極詩北風既亟只且傳急也左襄廿四傳公孫之亟也定五傳以周亟矜無資注急也又爲苟廣雅釋詁一亟敬也〔古韻〕詩靈臺叶亟來按來當讀麥

職 **⿰革亟** 急也从革亟聲按如許訓則與亟㥛略同當从亟革聲或謂革之緊亦無左證愚意此字卽儀禮大射儀朱極三士喪禮纊極二之極所以韜指放弦令不摯指者以韋爲之故从革

職 **殛** 殊也从歺亟聲虞書曰殛鯀於羽山馬注誅也爾雅釋言殛誅也左襄十一傳明神殛之注誅也〔叚借〕爲極虞書鄭注舜不刑此四人者以爲堯臣不忍刑之是鄭讀殛如詩後予極焉之極按漢書禮樂志集注殛窮也左文十八傳流四凶族投諸四裔史記五帝紀請殛鯀于羽山以變東夷鄭志荅趙商云鯀放居東裔至死不得反於朝若以爲殺人父用其子舜禹何以忍乎又孟子引書而總結之曰誅不仁也放流皆可言誅是其皋均漢令蠻夷長有罪當殊之殊者猶隔絕也洪範魯語皆言殛死者謂極之之後不返而死耳書洪範鯀則殛死多方我乃其大罰殛之釋文皆云本作極左僖廿八傳明神殛之昭七傳昔堯殛鯀于羽山釋文皆云本作極〔古韻〕楚辭天問叶得殛

職 **極** 棟也从木亟聲按在屋之正中至高處至者下之極極者高之至也漢書天文志萬載宮極注屋梁也三輔閒名爲極莊子則陽有夫妻臣妾登極司馬注屋棟也漢書枚乘傳單極之紞斷幹注西方人名屋梁爲極西京賦跱遊極于浮柱〔轉注〕廣雅釋言極中也書洪範建用皇極尚書考靈曜宋注皇極大中也詩思文莫匪爾極傳中也周禮序官以爲民極注中也又春秋元命苞極者藏也按猶禮記中者藏也漢書兒寬傳惟天子建中和之極注正也周書武順正及神人曰極又廣雅釋詁四極高也爾雅釋詁極至也詩崧高駿極于天傳至也禮記樂記極乎天而蟠乎地注至也易繫辭易有太極虞注太一也爾雅釋天北極謂之北辰又廣雅釋詁一極遠也爾雅東至于泰遠西至于邠國南至于濮鉛北至于祝栗謂之四極淮南墬形九州八極注八方之極也楚辭謬諫又何路之能極注竟也荀子儒效宇中六指謂之極素問六元正紀大論雲奔南極注南極雨府也東京賦是廓是極注致也又易繫辭三極之道也注三才也馬注三統也又御覽引風俗通十載謂之極周髀算經七首爲一極注終也呂覽制樂衆人焉知其極注猶終也廣雅釋詁四極已也詩鴇羽曷其有極箋已也淮南繆稱猶未足以至於極也注治化之至也禮記大學君子無所不用其極注盡也儒行流言不極注不問所從出也太元元圖催極萬物注出也弟子職所受是極注謂盡其本原也又離騷相觀民之計極注窮也按書洪範六極鄭注極是人之所惡詩菀柳後予極焉傳至也箋誅也義相足孟子又極之於其所往注極者惡而困之也漢書匈奴傳上集注極困也呂覽大樂極則復反注窮也適音則耳谿極注病也或曰洪範六極之極借爲戒存參〔叚借〕爲⿰革亟儀禮大射儀朱極三注極猶放也所以韜指令放弦也士喪禮纊極二注極猶放弦也按云放者以極訓⿰革亟非以極爲本字也又爲㥛淮南精神隨其天資而安之不極注急也又爲亟荀子賦出入甚極莫知其門又爲吃方言十極吃也楚語也吃極雙聲又託名幖識字左昭十五傳費無極史記楚世家作忌極忌一聲之轉又隱二傳司空無駭入極注附庸小國在今山東兗州府魚臺縣西〔聲訓〕詩南山葛又極止傳止也青蠅讒人罔極箋猶已也〔古韻〕詩載馳叶麥極[illegible]叶極德南山叶克得極園有桃叶棘食國極鴇羽叶翼棘稷食極何人斯叶蜮得極側青蠅叶棘極國楚茨叶食福式稷敕極億菀柳叶息暱極桑柔叶極背克力瞻卬叶忒背極慝識織書洪範叶事紀極德疑福極禮記禮運叶職極服則楚辭天問叶極識又叶意極九辯叶息軾得惑極直大招叶施測凝極管子心術叶事力翼則德極勢篇叶極德力代莊子則陽篇叶極載默極文子九守叶辭事喜極素問疏五過論叶測極式則副德秦之罘刻石銘叶德服極則意式老子守道叶嗇復德極克國鶡冠子泰鴻叶德極息紫度萬叶福國雜極爾雅釋訓叶極德直力服亟息壽式食告則慝職鞠大戴成王冠辭叶祿或服德息極〔轉音〕文子道原叶極擢按讀如鞠也

說文通訓定聲　頤部弟五　頁

jí 㥛　nì 匿

職 **㥛** 疾也从心亟聲按與急字誼同音別列子力命譏㥛凌誶釋文急也吃也譏㥛謂語急而吃又訥澀貌又疾也又急性相背也〔叚借〕爲慽說文一曰謹重貌又爲䁐廣雅釋詁一㥛愛也方言以亟爲之

匿二名凡匿之派皆衍匿聲 女力切

職 **匿** 亡也从匸若聲讀如羊騶箠按讀如㲻也㲻匿雙聲此字若非聲當从匸从若會意若擇菜也若在匸中詩所謂我有旨蓄

yì 肊　nì 暱

急就篇所謂老菁蘘荷冬日藏也。廣雅釋詁四匿藏也。[轉注]左宣十五傳瑾瑜匿瑕注亦藏也。襄廿五傳而知匿其暱注藏也。論語匿怨而友其人皇疏藏也。又爾雅釋詁匿微也。舍人注藏之微也。廣雅釋詁四匿隱也。周語交不可匿注隱也。呂覽論人不可匿也注猶伏也。淮南說林清則見物之形弗能匿也注猶逃也。漢書灌夫傳延匿其家注避也。又荀子天論匿則大惑注謂隱匿其情。字亦變作慝作惽。爾雅釋訓崇讒慝也。釋文慝言隱匿其情以飾非。廣雅釋詁三慝惡也。周禮環人察軍慝注慝陰姦也。土訓道地慝注地慝若障蠱然也。司農注地所生惡物害人者若虺蝮之屬。誦訓掌道方慝注四方言語所惡也。左昭十七傳慝未作注慝陰氣也。疏人情愛陽而惡陰故謂陰爲慝。僖十五傳於是展氏有隱慝焉注陰惡非法所得。昭廿五傳日入慝作注奸惡也。詩民勞無俾作慝傳惡也。周禮匡人匡邦國而觀其慝注姦僞之惡也。莊子漁父稱譽詐僞以敗惡人謂之慝。[叚借]爲慝。方言二慝慚也。又爲幅。御覽引通俗文竹器邊緣曰匿。又爲忒。詩柏舟之死矢靡慝按更也傳邪也。禮記樂記禮慝而樂淫注穢也。又疊韻連語廣雅釋詁三側匿縮也。尙書大傳朔而月見東方謂之側匿。漢書五行志作仄慝。劉向以爲不進之意。月行遲也。即說文之縮朒。[聲訓]呂覽論人不可匿也注猶伏也。後漢李固傳鼎角匿犀注伏犀也。謂骨當額上入髮際隱起也。又釋名釋天慝態也有姦態也。[古韻]詩柏舟叶側特慝。民勞叶息國極慝德。瞻卬叶忒背極慝識職。爾雅釋訓叶則慝職𥇍。管子牧民叶得食服匿。荀子成相叶態備忌匿。韓非外儲叶匿意。又叶備惑飾匿。

說文通訓定聲　頤部弟五　百四

質　暱　日近也。从日匿聲。或从尼聲。尼匿雙聲。[轉注]左昭廿五傳私降暱燕。今本作昵宴。爾雅釋詁暱近也。孫注親之近也。釋名釋典藝昵近也。書高宗肜日典祀無豐于昵傳近也。馬注考也。謂禰廟也。詩菀柳無自暱焉傳近也。左僖廿四傳暱就寡人注親也。昭十六傳皆昵燕好也注親也。又列子湯問以暱嫁殺邛郲章注私恨也。[叚借]爲黏。考工弓人凡昵之類不能方。故書以樴爲之。又爲亟。爾雅釋言暱亟也。[古韻]詩菀柳叶息暱極。

肊一名。於乙切

職　肊　胸肉也。从肉乙聲。或从意聲。按乙者胸旁骨象形。廣雅釋親臆匈也。漢書敘傳儀遺讖以臆對注胸臆也。射雉賦丹臆蘭綷注膺也。[叚借]爲意。方言十三臆滿也。注愊臆氣滿之也。則謂借爲噫。又爲醫。周禮酒正注漿水臆。盎釋文本作醷。[聲訓]釋名釋形體臆猶抑也。抑氣所塞也。

弋十七名。凡弋之派皆衍弋聲。與職切

shì 式　yì 雉　yì 弋

職　弋　橜也。象折木衺銳者形。从丿象物挂之也。凡用橜有所表識者如酒旗之類有所維繫者如弐之類。爾雅釋宮雞棲於弋爲榤。李注橜也。又樴謂之杙。在牆者謂之楎。在地謂之臬。大者謂之栱。長者謂之閣。周禮牛人注樴謂之杙可以繫牛。尙書大傳椓杙者有數。注杙者繫牲者也。詩兔罝傳丁丁椓杙聲。莊子人間世求狙猴之杙者。又左襄十七傳以杙抉其傷。皆以杙爲之。知凡衺銳之木皆得謂之弋矣。[轉注]易小過公弋取彼在穴虞注矰繳射也。淮南俶眞矰弋機而在上注矰弋射身短矢也。詩弋鳧與鴈。考工弓人利射侯與弋。左哀七傳好田弋。論語弋不射宿。莊子胠篋弓弩畢弋。呂覽功名善弋者下鳥乎百仞之上。太元逃維綢其繩注綢繳也。字變作𦁗。[叚借]爲代。詩多士敢弋殷命按更也。馬鄭王肅本皆以翼爲之。僞傳取也。失之。又爲黓。即酟。漢書文帝紀贊身衣弋綈注皁也。後漢王符傳注引作厚也。疑皁厚形近而誤。又爲似。詩桑中美孟弋矣傳姓也。公羊襄四年夫人弋氏。又爲雉。夏小正十有二月鳴弋。傳弋也者禽也。又雙聲連語爾雅釋草長楚銚弋注今羊桃也。按今徽州黟縣産此。字亦變作芅。[古韻]詩桑中叶麥北弋。

職　雉　繳射飛鳥也。从隹弋聲。駿按此謂弋字之轉注。經傳無作雉者。雉即鳶字。鵰也。雄也。从鳥从隹同。顧野王以鳶爲鳶。大徐從之。非也。字亦作鳶。从鳥弋聲。詩四月鳶與鮪韻。鶉與鸇韻。天與淵韻。後人聲讀誤從鵰音耳。爾雅釋鳥鳶烏醜其飛也翔。詩四月匪鶉匪鳶傳鷙鳶貪殘之鳥也。旱麓鳶飛戾天箋鴟之類鳥之貪惡者也。禮記曲禮則載飛鳶。漢書梅福傳鳶鵲遭害。張公神碑鳶鵲巢兮乳徘徊。又晉語鳶肩而牛腹注肩井升出。夏小正鳴弋。以弋爲之。[叚借]爲雅。周禮射鳥氏以弓矢敺烏鳶注烏鳶善抄盜便汙人。穆天子傳一鳥鳶注鵄也。漢書路溫舒傳臣聞烏鳶之卵不毀而後鳳皇集注鴟也。失之。弋牙雙聲。或曰鳶雅同類。鸒烏曰鳶。烏雅白烏鳶物之稱謂冒他物爲名者多矣。烏鳶亦雙聲連語也。存參。又託名幖識字。廣雅釋草鳶尾射干也。又左昭十六傳以鼓子𩰫鞮歸。晉語作宛支。弋宛雙聲。[古韻]詩四月叶鳶鮪。

說文通訓定聲　頤部弟五　百五

職　式　法也。从工弋聲。周書謚法式法也。廣雅釋詁一式灋也。詩下武下土之式傳法也。周禮簭人三曰巫式注謂筮制作灋式也。典婦功掌婦式之灋注婦人事之模範。大宰九式注謂用財之節度。老子抱一爲天下式注猶則之也。荀子儒效檢式注度也。[轉注]漢書張良傳式箕子門注亦表也。僞武城式商容閭。史記留侯世家作表。又褚少孫續日者傳旋式正棊。索隱即栻也。廣雅釋器栻梮也。字亦變作栻。[叚借]爲試。爾雅釋言式用也。詩南有嘉魚嘉賓式燕以樂。角弓式居婁驕。民勞式遏寇虐。泮水式固爾猶。小宛小明桑柔式穀。箋皆訓用。秦策式于政不式于勇注式皆用也。又爲軾。考工輿人爲車以揉其式。疏謂人所馮依而式敬。儀禮士喪禮君式之注謂小俛以禮

yì 杙　tè 貣　dài 代　tè 忒　tè ⿱代心　yì ⿰女弋　yì ⿰酉弋

主人也禮記曲禮尸必式疏謂俯下頭也又爲載禮記仲尼燕居卑得其式注謂載也又爲飾荀子禮論濡巾三式而止按敬也又爲忒詩賓之初筵式勿從謂箋讀曰慝又發聲之詞詩式微式微節南山式夷式已傳皆訓用失之蕩式號式呼釋文本作式古韻詩蕩叶式職崧高叶事式楚茨叶食福式稷敕極億烝民叶德則色翼式力管子四稱叶稷富力側飭貸殖伏革德式素問疏五過論叶測極式則副德泰之衆刻石銘叶德服極則意式轉音詩思齊叶式入按讀如溼也鶡冠度萬叶六式按讀如叔也

職 杙　劉劉也从木弋聲爾雅劉劉杙注劉子生山中實如棃酢甜核堅出交趾劉字亦作榴吳都賦榤榴禦霜非安石榴也廣雅釋木之楛榴石榴柰也則冒杙各以爲表識者叚借爲弋爾雅釋宮樴謂之杙注橜也

職 貣　從人求物也从貝弋聲誼與匃同荀子儒效行貣而食注行乞也今字多以貸爲之叚借爲忒史記宋世家引洪範衍貣禮記中庸其爲物不貣今誤作貳古韻中庸叶貣測

隊 代　更也从人弋聲凡以此易彼以後續前皆曰代周禮挈壺氏縣壺以代哭者注亦更也左昭十二傳與君代興注更也晉語使子父代處注更也漢書食貨志歲代處故曰代田注易也刑法志代爲雌雄注迭也地理志下韓地代相干也注遞也東京賦四時迭代注謝也方言十代語也注凡以異語相易謂之代也又素問脈要精微論數動一代者注止也按有止乃有代故亦訓止轉注後漢竇何傳注代世也王符傳注五代謂唐虞夏殷周也段懋堂曰唐人避世字通以代爲之故有代宗而前明既有世宗復有代宗斯爲失矣又託名幖識字漢書地理志代郡注秦置屬幽州故代國按在今山西大同府又海外西經大樂之野夏后啓于此儛九代注九代馬名古韻禮記郊特牲叶志代楚辭惜往日叶意置載備異再識管子勢叶極德力代素問寶命全形論叶惑代賊

職 忒　更也从心弋聲爾雅釋言爽忒也廣雅釋詁四忒差也易豫四時不忒鄭注差也虞注差迭也書洪範民用僭忒馬注惡也非詩鳲鳩其儀不忒傳疑也按謂儗也瞻卬鞫人忮忒傳變也老子常德不忒河上公注爽也周語有過慝之度漢書王嘉傳民用僭慝以匿爲之古韻詩柏舟叶側特忒鳲鳩叶棘忒國瞻卬叶忒背極慝識織

職 ⿱代心　失常也从心代聲按即忒之或體今附于此張表碑糾剔荷⿱代心

職 ⿰女弋　婦官也从女弋聲廣韻漢有鉤⿰女弋夫人居鉤弋宮漢書以弋爲之賛曰漢祿秩令姬內官也位次婕妤下以姬爲之

職 ⿰酉弋　酒色也从酉弋聲按酒黑色也字亦作黓廣雅釋器黓黑也叚借託名幖識字爾雅釋天大歲在壬曰元黓淮南天文注言歲

dài 貸　dài 岱　tè 蟘　shì 試　shì 弒　chì 侙

紩包任萬物史記厤書作横艾

隊 貸　施也从貝代聲謂以貝畀人廣雅釋詁三貸予也大戴千乘以財投長曰貸周禮泉府凡民之貸者司農注謂從官借本賈也漢書食貨志貰貸賣買注假與也孟子又稱貸而益之莊子天運不貸無出也叚借爲貣廣雅釋詁二貸借也又爲忒廣雅釋詁二貸僭也禮記月令毋有差貸注謂失誤又爲貳之誤字廣雅釋詁一貸盈也又疊韻連語釋名釋姿容貸騃貸者言以物貸予騃者言必去之不復得也不相量事者之稱也古韻管子四稱叶稷富力側飭貸殖伏革德式

隊 岱　太山也从山代聲在今山東泰安府泰安縣北爾雅釋山河東岱按此言岱與華嶽恒衡爲五鎮之一也周禮職方氏則有九鎮又泰山爲東嶽按此言岱與華霍恒嵩爲五嶽之長也唐虞則言四岳霍即衡山非天柱山之在今安徽安慶府潛山縣者爾雅一表地鎮一表山宗故分別言之虞書至于岱宗言岳也禹貢海岱惟青州言鎮也聲訓白虎通巡狩東方爲岱宗者言萬物更相代於東方也後漢安帝紀注太山王者告代之處爲五嶽之宗故曰岱宗風俗通山澤岱者始也

職 蟘　蟲食苗葉者吏乞貸則生蟘从虫从貸貸亦聲詩曰去其螟蟘按从虫貸聲詩大田毛本以螣爲之螣蟘雙聲字亦作⿱弋虫見詩大田釋文亦作蟘見唐公碑亦作⿱代虫見孫叔敖碑禮記月令百螣時起呂覽高注百螣動股之屬也螣讀近殆兗州人謂蝗爲螣叚借爲螣方言十一螣宋魏之閒謂之蚮聲訓爾雅釋蟲食葉蟘李注食禾葉者言假貸無厭故曰蟘說文吏乞貸則生蟘古韻詩大田叶蟘賊

寘 試　用也从言式聲虞書曰明試以功爾雅釋言試用也書盤庚今予將試以汝遷詩采芑師干之試禮記樂記兵革不試論語吾不試傳注皆訓用漢書王溫舒傳已而試縣亭長注補也轉注廣雅釋詁三試嘗也易无妄不可試也釋文驗也秦策臣請試之注猶嘗視也周禮槀人試其弓弩司農注故書試爲考叚借爲弒石經公羊殘碑何隱爾試也漢書五行志受命之臣專征云試注與弒同古韻詩大東叶來服裘試采芑叶芑畝止試閟宮叶熾富背試易乾叶事試治裁无妄叶志富裁之試裁

寘 弒　臣殺君也易臣弒其君从殺省式聲左宣十八傳凡自虐其君曰弒自外曰戕周禮大司馬放弒其君則殘之禮記明堂位君臣未嘗相弒也聲訓白虎通誅伐弒者試也欲言臣子殺其君父不敢卒候閒司事可稍稍試之釋名釋喪制下殺上曰弒弒伺也伺閒而後得施也古韻楚辭天問叶佑弒

職 侙　惕也从人式聲春秋國語曰於其心侙然按今本吳語於其心也戚然作戚注猶惕也廣雅釋言侙慎也按慎即訌字讀也疑

以愼爲恐耳。

職　**軾**　車前也。从車，式聲。按車闌上之木，周于輿外者，在前曰軾，在旁曰輢，輢上曲鉤曰較。軾在兩較之閒，卑於較二尺二寸。穀梁文十一傳：箸見于軾。注：兵車之軾高三尺三寸。左莊十傳：登軾而望之。疏：名之曰軾，得使人立於其後時依倚之。漢書酈食其傳：馮軾下齊七十餘城。注：軾，車前橫版隆起者也。魏都賦：憑軾捶馬。注：軾，車橫覆膝，人所憑也。又廣雅釋器：𨍫謂之軾。按謂革之施于軾上者，即說文之紪。【轉注】軾可以凭人，故人凭軾上即謂之軾。淮南脩務：魏文侯過其閭而軾之。注：伏軾敬有德。後漢張湛傳：下公門軾輅馬。注：謂小俛也。經傳多以式爲之。【聲訓】釋名釋車：軾，式也，所伏以式敬者也。【古韻】楚辭九辨叶息、軾、得、惑、極、直。

黑五名，凡黑之派皆衍黑聲。呼北切。

職　**黑**　火所熏之色也。从炎，上出𡆧。𡆧，古窗字。按謂竈突也，會意。易說卦：坤爲黑。考工畫繢之事：北方謂之黑。素問氣交變大論：黑氣廼辱。注：水氣也。風論：其色黑。注：腎色也。又詩大田：以其騂黑。傳：羊豕也。周禮籩人：麷蕡白黑。司農注：黍曰黑。大荒東經：有黑齒之國。注：齒如漆也。漢書賈誼傳：廑如黑子之著面。注：今所謂黶子也。又書禹貢：導黑水。按其原出葱嶺，今西域葉爾羌城東有哈喇烏蘇，華言黑水也，穆天子傳二注：黑水出崑崙西北隅而東南流是也。今甘肅鎮西府、安西州二屬皆有黑水，此其下流南流至蘭州府河州入積石河。俗名大通河。又左襄廿九傳：鄭公孫黑。昭元傳：楚公子黑肱。廿傳：衛公子黑背。史記弟子傳：狄黑，皆字子晳。【聲訓】釋名釋采帛：黑，晦也，如晦冥時色也。【古韻】詩大田叶黑、稷、黑、福。考工弓人叶𢗰、飾。

職　**默**　犬暫逐人也。从犬，黑聲。讀若墨。【叚借】爲嘿。廣雅釋器：默，黑也。易繫辭：或默或語。虞注：坤爲默。楚語：三年默以思道。注：默，闇也。左昭十五傳：我不欲戰而能默。釋文本亦作嘿。史記屈賈傳：于嗟嚜嚜兮。應劭注：嚜嚜，不自得意。字亦作嚜。又列子力命：默之成之。注：無也。莊子在宥：至道之極，昏昏默默。注：皆了無也。楚辭惜賢：默順風以偃仰兮。注：寂也。按幽靜茫昧之意，皆黑字之轉注。或曰犬不吠而逐人爲默，故轉而爲不語，存疑。又爲冒。家語正論：貪以敗官爲默。默、冒雙聲。又雙聲連語。方言十：嚜尿，猶也。凡小兒多詐而獪，或謂之嚜尿。廣雅釋詁二：嚜尿，欺也。又託名標識字。論語摘輔象：視默主灾惡。按宓犧六佐之一。【古韻】楚辭悲回風叶默、得。莊子則陽叶極、𢧵、默、極。【轉音】楚辭懷沙叶默、𥬔。按讀如穆也。

職　**嫼**　怒貌。从女，黑聲。

職　**纆**　索也。从系，黑聲。字亦作纆。易坎：係用徽纆。馬注：索也。劉注：三股曰徽，兩股曰纆。史記賈生傳：何異糾纆。韋注：徽也。字林：糾，兩合繩；纆，三合繩也。仲尼弟子傳：罕父黑，字子索，以黑爲之。【古韻】易坎叶纆、棘、得。

職　**墨**　書墨也。从土，从黑，會意，黑亦聲。周禮占人：史占墨。注：兆廣也。卜師：致其墨。注：熟灼之，明其兆。禮記玉藻：史定墨。注：視兆坼也。又白虎通五刑：墨者，墨其額也。周禮司刑：墨罪五百。注：黥也。先刻其面，以墨窒之。【叚借】爲黑。廣雅釋器：墨，黑也。左僖三十三傳：晉于是乎始墨。哀十三傳：肉食者無墨。孟子：面深墨。又儀禮士昏禮：乘墨車。注：漆車。釋名釋車：漆之正黑無文飾，大夫所乘也。按士乘之者，攝盛也。後漢安帝紀：墨綬。注：謂令長之屬也。又史記商君傳：紂墨墨以亡。屈賈傳：孔靜幽墨。正義：無聲也。荀子解蔽：墨以爲明。注：謂蔽塞也。太元盛：盛不墨。注：謙也。又爲纆。周語：墨丈尋常之閒。小爾雅度：五尺謂之墨。太元法：物仰其墨。注：謂繩墨也。書刑德放：墨象斗華。又爲冒。左昭十四傳：貪以敗官爲墨。按犯而取也。注：不潔之稱。失之。又託名標識字。史記齊世家：惟即墨不下。按齊地，漢之不其，今山東萊州府即墨縣有墨山、墨水。又後漢王符傳：禹師墨如。又論語摘輔象：力墨受準斥。注：或作牧。按黃帝七輔之一。又孤竹君之後有墨胎氏，或曰伯夷墨氏，名允，叔齊名智，夷、齊其謚也。又孟子：楊朱墨翟之言。史記六家陰陽：儒墨名法道也。荀子禮論：刻死而附生謂之墨。注：墨子之法。又左昭廿九傳：蔡墨。呂覽作默。又漢書西域傳：姑墨國，南至于闐，馬行十五日。又康居國小王附墨城，去陽關八千二十五里。又廣雅釋器：墨陽，劍也。疑即即墨所出。又說文：蛅蟴，墨也。爾雅釋蟲：蟔，蛅蟴。注：蛓屬。字變作蟔。又雙聲連語。列子力命：墨尿。釋文：墨尿，江淮之閒謂之无賴。【聲訓】釋名釋書契：墨，晦也，言似物晦黑也。【古韻】荀子禮論叶墨、惑、賊。

嗇六名，凡嗇之派皆衍嗇聲。所力切。

職　**嗇**　愛濇也。从來从㐭，會意。來者㐭而藏之，故田夫謂之嗇夫。古文从來从田，會意。按籀文作𤲷，从二禾；又作𤲸，从二來。當據牆篆偏旁補。又此字本訓當爲收穀，即穡之古文也。轉注爲愛濇之義。或曰借爲濇，存疑。儀禮覲禮：嗇夫承命。注：蓋司空之屬。𡕒小正：王狩嗇人不從。按重農事也。儀禮特牲禮：主人出寫嗇于房。注：嗇者，農力之成功。禮記郊特牲：主先嗇而祭司嗇也。疏：種曰稼，斂曰嗇。史記殷本紀：舍我嗇事。漢書成帝紀：服田力嗇。轉注：方言十：嗇，貪也。凡貪而不施，或謂之嗇。十二：嗇，積也。易說卦：坤爲吝嗇。老子：治人事天莫若嗇。韓非子解老：少費謂之嗇。詩桑柔：鄭本好是家嗇。箋：居家吝嗇。左襄廿六傳：嗇于禍。注：貪也。史記五宗世家：晚節嗇。正義：貪恡也。漢書貨殖傳：瘉于纖嗇。注：愛吝也。管子五輔：纖嗇省用。注：恡也。大戴少閒：順天嗇地。注：收也。呂覽先己：嗇其大寶。注：愛也。【叚借】爲䆅。方

言十二嗇彌合也聲訓續漢百官志注引風俗通嗇者省也省嗇雙聲古韻老子守道叶嗇復德極克國

sè 穡

職 **穡** 穀可收曰穡从禾嗇聲按穡卽嗇之後出字从禾从來重複訂糸於此書洪範土爰稼穡王肅注穡之曰稼斂之曰穡詩伐檀不稼不穡傳斂之曰穡桑柔稼穡卒痒箋收斂曰穡左襄九傳其庶人力於農穡注種曰農收曰穡儀禮少牢禮嗇黍注收斂曰嗇轉注詩信南山曾孫之穡箋斂稅曰穡桑柔好是稼穡稼穡惟寶箋吝嗇左僖廿一傳務穡勸分注儉也昭元傳大國省穡而用之注愛也管子國蓄是人君非發號令收穡而戶籍也注斂也度地上相穡著者所以爲因也注鉤也古韻詩桑柔叶穡食信南山叶翼

或穡食

sè 薔

職陽 **薔** 薔虞蓼也从艸嗇聲大篆从茻與蘠靡之蘠音義皆別爾雅釋草薔虞蓼注虞蓼澤蓼孫注虞蓼是澤之所生按辛菜古以和味禮記內則實蓼是也今水葒花之類花紅白色葉比水葒爲狹較馬蓼爲小馬蓼葉中閒有墨點呼墨記草也惟許君薔虞連讀孫郭皆虞蓼連讀爲不同耳叚借按今薔薇卽爾雅之蘠蘼細葉莖閒多刺蔓生華白子若棠棃管子地員其草兢與薔注草名此蘠之誤字形近而亂也

說文通訓定聲 頤部第五

sè 歗

職 **歗** 悲意从欠嗇聲別義卑蕎歗恐懼也通俗文小怖曰歗

sè 濇

緝 **濇** 不滑也从水嗇聲與澀誼略同字亦作澀嗇澀一聲之轉素問至眞要大論短而濇注往來不利是謂濇也石門頌道路澁難誤作澁

sè 轖

職 **轖** 車籍交錯也从車嗇聲按車藉當作車牆謂轛輢这遺段氏玉裁據文選七發注帥古急就篇注作交革改車籍爲車箱車箱交革卽考工記之飾車以革輓輿也按轛輢等既約軓之又以革輓其外而漆之大夫以上車制士乘棧車不輓急就篇革轖髹漆油黑蒼文義與段說爲近存參轉注文選七發中若結轖按謂交結錯亂也或曰借爲寏亦通

寏四名凡寏之派皆衍寏聲 穌則切

sè 寏

職 **寏** 窒也从㠭从廾窒宀中㠭猶齊也會意經傳皆以塞爲之

sè 𡨄

職 **𡨄** 實也从心塞省聲按从心从寏會意寏亦聲虞書曰剛而𡨄今臯陶謨以塞爲之廣雅釋詁一𡨄安也經傳皆以塞爲之字亦變作賽轉注史記封禪書冬賽禱祠索隱賽謂報神福也急就篇謁裼賽禱鬼神寵

sài 塞

職隊 **塞** 隔也从土从寏會意寏亦聲禮記明堂位四塞世告至注四塞謂夷服鎮服蕃服在四方爲蔽塞者月令完要塞注邊城要害處也秦策而世主不敢交陽侯之塞注險處也荀子彊國築明堂于塞外注境外也呂覽有始山有九塞注險阻曰塞漢書鄭通傳徼外注東北謂之塞西南謂之徼叚借爲寏禮記孔子閒居志氣塞乎天地注滿也荀子富國五味芬芳以塞其口注猶充也儀禮旣夕記塡塞耳注充窒也秦策塞轘轅緱氏之口注斷也左僖廿傳凡啟塞從時注城郭牆壍謂之塞禮記郊特牲旅樹注管氏樹塞門塞猶蔽也管子度地涵則塞注控也荀子王霸涂薉則塞注謂行不通也又漢書京房傳毋使塞涌水之異注當也終軍傳積和之氣塞明注荅也于定國傳將欲何施以塞此咎集注補也又爰盎傳其後語塞注不行也刑法志疑塞治道注謂不通也周書大戒塞匿勿行注塞匿陰忌晉語是自背其信而塞其忠也注絕也管子君臣下愚而易塞注止也荀子大略塞而避所短注掩也淮南主術治道之所以塞注閉也呂覽論人不可塞也注過也管子明法下情不上通謂之塞淮南主術外邪不入謂之塞又爲㥶方言六塞安也詩燕燕其心塞淵傳㥶也定之方中秉心塞淵箋充滿也禮記中庸不變塞焉注猶實也後漢郅壽傳注引鄭注書考靈耀道德純備謂之塞寬容覆載謂之晏又後漢宦者曹節傳詔令大官給塞具注報祠也當爲賽又爲簺莊子駢拇則博塞以遊後漢梁冀傳注瓊有五采刻爲一畫者謂之塞又重言形況字方言十迹迹屑屑不安也秦晉或謂之塞塞又託名幖識字漢書張騫傳西擊塞王注西域國名卽佛經所謂釋種者塞釋聲相近按塞釋聲隔古韻詩常武叶塞來荀子雲賦叶塞偪

說文通訓定聲 頤部第五

sài 簺

職 **簺** 行棊相塞謂之簺从竹从塞會意塞亦聲按卽格五之戲後人亦謂之㷄融投瓊曰博不投瓊曰簺於奕枰取一道人行五子也漢書吾邱壽王傳以善格五召待詔注卽今戲之簺也

色一名 所力切

sè 色

職 **色** 顏气也从人从卩會意根心生色若合符卩也古文𩠹按从首从彡疑省聲周禮疾醫五氣五色注面貌靑赤黃白黑也素問三部九候論其色必夭注色者神之旗荀子正名形體色理以目異注五色也詩泮水載色載笑傳溫潤也轉注孟子形色天性也注謂婦人妖麗之容詩關雎序不淫其色疏通謂女人爲色又虞書以五采彰施于五色鄭注未用謂之采已用謂之色別賦流黃注引環濟要略閒色有五紺紅縹紫流黃也又周禮占人大夫占色注兆氣也叚借爲寏廣雅釋詁二色彌縫也又單辭形況字公羊哀六傳皆色然而駭注驚駭貌或曰借爲㱡古韻詩皇矣叶德色章則易雜卦傳叶食色伏飾大戴五帝德叶色德句中韻

嗇寏色

xī 息　xī 𣘽　xī 鄎　xī 瘜　xī 熄

息五名凡息之派皆衍息聲

職 **息** 喘也从心从自自亦聲按从心从自會意心氣竅於鼻也字亦作𩞂方言二𩞂息也廣雅釋詁四𩞂長也詩桑柔亦孔之僾箋如仰疾風不能息也漢書楊雄傳侚不敢惕息注出入氣也司馬遷傳則心惕息注喘息也齊策閔王太息注長出氣也【叚借】爲寒或爲已廣雅釋詁一息安也釋言息休也禮記檀弓細人之愛人也以姑息注猶安也呂覽適威而不得息注安也詩小明無恆安息傳猶處也儀禮鄉飲禮乃息司正注勞也左昭八傳臣必致死禮以息楚注寧靜也又詩殷其靁莫敢遑息傳止也禮記樂記著不息者天也注猶休止也考工梓人則王以息燕注休農息老物也秦策戰攻不息注休也又爲孳周禮大司徒以保息六養萬民漢書宣帝紀刑者不可息注謂生長五行志災息而禍生注謂蕃滋也趙策老臣賤息舒祺尸子棄黎老之言用姑息之語注姑婦息小兒也左襄廿八傳慶嗣字子息又周禮泉府以國服爲之息史記孟嘗君傳貸錢多者不能與其息索隱猶利也又厤書起消息正義陽生爲息後漢章德竇皇后紀息耗注猶言善惡也又山海經鯀竊帝之息壤以堙洪水書禹貢疏引九章算術五壤爲息土又爲思詩漢廣不可休息釋文本作思又爲熄易革水火相息馬注滅也又爲鄎左隱十一年息侯伐鄭姬姓國楚文王滅之【聲訓】釋名息塞也塞滿也以[illegible]爲訓【古韻】詩殷其靁叶側息葛生叶棘域息大東叶載息菀柳叶息暱極易豐叶昃食息楚辭九辨叶息軾得惑極直爾雅釋訓叶極德直力服急息周書周祝叶得服測息牧刻韓非子愛臣叶服稷𠈥側國息大戴成王冠辭叶祿或服德息極鶡冠子泰鴻叶德極息業【轉音】文子九守叶息之

職 **𣘽** 𣘽木也从木息聲

職 **鄎** 姬姓之國在淮北从邑息聲今汝南新鄎按在今河南光州息縣左隱十一傳鄭息有違言莊十四傳楚文王滅之春秋皆以息爲之

職 **瘜** 寄肉也从疒息聲三蒼瘜惡肉也許書肉部腥篆說解豕肉中小瘜肉也按蘇俗謂之百日瘡字亦作膍方言十三膞膍也注謂息肉也

職 **熄** 畜火也从火息聲亦曰滅火按畜與滅一義之引申【轉注】孟子安居而天下熄按猶塞也王者之迹熄按猶已也呂覽本味爚號必廢熄注滅也

xī 悉　xiè 𥽕　xiè 僁　zé 則

悉三名凡悉之派皆衍悉聲

質 **悉** 詳盡也从采从心會意古文恖疑从囟从心會意爾雅釋詁悉盡也後漢周紆傳悉誰載藁入城者注猶知也史記平準書占不悉索隱盡也具也漢書食貨志至纖至悉也注盡其事也張釋之傳對上所問禽獸簿甚悉注謂詳盡也【轉注】穀梁宣十五傳以公之與民爲已悉矣注謂盡其力也

屑 **𥽕** 𥽕粲也从米悉聲按𥽕粲雙聲連語散米也𥽕之言屑粲之言散今蘇俗尚有此語

屑 **僁** 聲也从人悉聲讀若屑屑悉雙聲字亦作偨爾雅釋言偨聲也釋文動草聲也玉篇僁小聲也按此單辭形況字漢書武帝紀屑然如有聞作屑亦同又按蟋蟀字亦雙聲連語狀蟲之聲爾雅釋蟲蟋蟀蛬注今促織也亦名青蛩詩蟋蟀在堂陸疏楚人謂之王孫七月十月蟋蟀入我牀下漢書王褒傳蟋蟀俟秋唫文選注世謂之蜻蛚也字亦變作蟋蝕按作偨啐亦同

則九名凡則之派皆衍則聲

職 **則** 等畫物也从刀从貝會意貝古之物貨也古文从二貝从刀又古文从目从冊从刀籀文从鼎从刀按貞字籀亦从鼎貝者鼎省刀者刻畫鼎文也鼎者重器故以爲科則之偁爾雅釋詁則法也則常也管子七法根天地之氣寒暑之和水土之性人民鳥獸草木之生物雖不甚多皆均有焉而未嘗變也謂之則周禮職方氏封公以方五百里則四公注是每事言則者設灋也大司馬均守平則注灋也太宰灋則以馭其官注其官之制度太史掌則以逆都鄙之治注亦灋也大宗伯五命賜則注地未成國之名詩烝民有物有則六月閑之維則左僖九傳順帝之則文十八傳則以觀德昭六傳聖作則周語蔑棄五則魯語毀則者爲賊晉語畧則行志夏小正將閑諸則離騷名余曰正則兮傳注皆訓法素問八正神明論必有法則焉注準也約也【轉注】詩鹿鳴君子是則是傚禮記曲禮必則古昔易繫辭聖人則之論語唯堯則之史記禮書小人不能則也漢書五行志注則效也【叚借】爲財實爲才荀子勸學口耳之閒則四寸耳注當爲財與纔同又爲明之誤字禮記禮運百姓則君以自治也注當爲明又助語之詞實爲曾禮檀弓亡則弗之忘矣注則之言曾也曾則雙聲夏小正鷹則爲鳩傳則盡其辭也周書祭公我不則寅哉寅哉注不則言則也左氏春秋序然則春秋疏則者陳下事與用載用曾同又左文二傳勇則害上按猶而也書洪範汝則有大疑按猶若也詩新臺鴻則離之按猶乃也終風願言則嚏按猶卽也廣雅釋言則卽也【古韻】詩六月叶則服皇矣叶德色革則禮記禮運叶職極服則管子心術叶事力翼則德極呂覽重己

cè 萴 cè 側 cì 廁 cè 惻

叶意寘則素問疏五過論叶測極式則副德秦之罘刻石銘叶德服極則意式〔轉音〕詩抑叶告則爾雅釋訓叶告則慝職鞫

職 **萴** 烏喙也从艸則聲廣雅釋草蕪奚毒附子也一歲爲萴子二歲爲烏喙三歲爲附子四歲爲烏頭五歲爲天雄鹽鐵論誅秦如食萴之充腸欲其安存何可得也〔叚借〕託名幖識字左昭廿傳季萴因之注虞夏諸侯

職 **側** 旁也从人則聲按不正曰夨不中曰側書顧命立于側階傍階也詩伐檀寘之河之側兮傳猶厓也禮記內則居側室注謂夾之室次燕寢也楚辭思古傾容幸而侍側注旁也儀禮公食禮側其故處疏近也〔轉注〕史記平準書鑄鐘官赤側索隱邊也〔叚借〕爲夨書洪範無反無側馬注傾側也詩賓之初筵側弁之俄箋傾也周禮匡人使無敢反側注猶背違灋度也禮記曲禮側奓側龜於君前注反側也左宣十二傳楚公子側哀十傳魯孟之側皆字反又爲則莊子列禦寇醉之以酒而觀其側釋文謂凡爲不正也失之又爲仄書堯典明明揚側陋淮南原道側谿谷之閒注伏也考工車人行山者側輮司農注當爲仄釋名釋姿容側偪也又爲昃儀禮既夕日側注昳也謂將過中之時又爲測廣雅釋詁一側度也又爲⿰土則左襄廿五傳崔氏側莊公注瘞埋之又爲特儀禮士冠禮側尊注猶特也無偶曰特聘禮公側襲注猶獨也特牲禮祝側殺注殺一牲也禮記曲禮有憂者側席而坐注猶特也又爲側平輿令薛君碑側爾酸辛又疊韻連語洪範五行傳朔而月見東方謂之側匿注側匿猶縮縮行遲貌按亦名朒漢書孔光傳謂朓側慝注側慝行遲也廣雅釋詁三側匿縮也又重言形況字周書大聚天民側側注側側惚多長有國也聲訓書顧命立於側階疏猶特也〔古韻〕詩關雎叶得服側殷其靁叶側息柏舟側特忒伐檀叶輻側直億特食何人斯叶蜮得極側管子四稱叶稷富力側飭貸殖伏草德式韓非愛臣叶服稷備側國息

說文通訓定聲 頤部第五

眞 **廁** 清也从广則聲按行清也亦曰圂曰庰曰匽曰溷字亦誤作廁釋名釋宮室廁雜也言人雜廁在上非一也〔轉注〕漢書石奮傳取親中裙廁牏身自澣洒孟康注廁行清牏中受糞函者也按謂廁中受穢之器晉灼注今世謂小袖衫爲侯牏則謂疊韻連語猶汗襦也皆可通又燕剌王旦傳廁中豕羣出注養豕圂也〔叚借〕爲側漢書汲黯傳上踞廁視之注廁牀邊側也劉向傳居霸陵北臨廁注廁側近水也張釋之傳上居外臨廁注岸之邊側也又爲仄史記張耳傳要之置廁索隱隱側之處又爲次或爲雜廣雅釋言廁閒也秋興賦猥廁朝列注引蒼頡篇廁次也雜也廁雜次皆雙聲〔古韻〕急就章一叶異字廁意喜

職 **惻** 痛也从心則聲廣雅釋詁三惻悲也二惻痛也易井爲我心惻于注傷悼也漢書鮑宣傳豈有肯加惻隱于細民注惻隱皆痛也太元翕翕繳惻惻注痛心也洞簫賦悲愴怳以惻惐兮注惻惐傷痛也亦疊韻連語〔叚借〕爲切詩氓箋言其懇惻款誠惻切雙聲後漢

cè 測 zéi 鰂 cè ⿰土則 zéi 賊 zè 夨

張酺傳闇闇惻惻出于誠心注懇切也亦重言形況字〔古韻〕易井叶食惻福

職 **測** 深所至也从水則聲爾雅釋言潛深測也注測亦水深之別名淮南本經贏縮卷舒淪於不測注深也考工弓人漆欲測注猶清也〔轉注〕淮南原道深不可測注度深曰測周禮大司徒測土深注猶度也禮記樂記窮高極遠而測深厚疏知也少儀毋測未至注意度也晉語抑欲測吾心也注度也呂覽論人不可測也注盡極也太元元掜測所以知其情〔古韻〕詩常武叶測克句中韻楚辭大招叶絶測凝極周書周祝叶得服測息牧刻素問疏五過論叶測極式則副德

職 **鰂** 烏鰂魚也从魚則聲或从卽聲字亦作鱡埤蒼鰞鰂魚腹中有骨出南郡背有一骨濶二寸許有鬚甚長口中有墨瞋則潠人臨海記烏鰂以其懷板含墨故號小史魚也周書王會某鰂之醬按背骨卽今之海鰾蛸也此魚或云鶨鳥所化

職 **⿰土則** 遏遮也从土則聲字亦作垘史記天官書川塞谿垘徐廣注土雍曰垘左襄廿五傳側葬莊公以側爲之

職 **賊** 敗也从戈則聲按敗篆說解云敗賊皆从貝會意是謂从戈刀毀貝非形聲字又左文十八傳毀則爲賊似从戈从則會意虞書寇賊姦宄鄭注殺人曰賊左昭十四傳殺人不忌爲賊大戴曾子立事殺人而不慼也賊也晉語使鉏麑賊之注殺也周語姦勇爲賊

說文通訓定聲 頤部第五

大戴千乘飭五兵及木石曰賊列女傳辯通刑殺不正謂之賊周禮閽人潛服賊器不入宮注盜賊之任器按論字體則盜小而賊大盜輕而賊重今律反是〔轉注〕魯語毀則者爲賊論語慢令致期謂之賊老而不死是爲賊孟子賊仁者謂之賊吾君不能謂之賊荀子脩身保利非義謂之至賊解蔽有勇非以持是則謂之賊臣道不卹君之榮辱不卹國之臧否偷合苟容以持祿養交而已耳謂之國賊莊子漁父析交離親謂之賊春秋繁露仁義法稱人之惡謂之賊說苑指武攻禮者爲賊史記李斯傳從下制上謂之賊又論語賊夫人之子皇疏猶害也左僖九傳不僭不賊注傷害也素問寶命全形論百姓聞之以爲殘賊注謂損劫〔叚借〕託名幖識字淮南原道賊星不行注妖星也又爾雅釋蟲食節賊李注食禾節者言貪狠故曰賊也詩大田及其蟊賊桑柔降此蟊賊〔古韻〕詩大田叶螣賊素問寶命全形論叶惑代賊

夨一名 阻力切

職 **夨** 傾頭也从大象形按指事與天同誼夭者屈也夭折于右夨傾于左經傳多以側爲之

仄二名凡仄之派皆衍仄聲 阻力切

zè 仄

職 仄 仄厉厌 側傾也从人在厂下會意籀文从厂从夨夨亦聲按此誼借爲夨也籀文从夨聲非意本訓當爲陜隘廣雅釋詁一仄陿也考工車人行山者仄輮叚借爲夨說文仄側傾也漢書息夫躬傳眾畏其口見之仄目注古側字非又爲側爾雅釋水穴出仄出也又考工梓人卻行仄行注仄行蟹屬又爲昃周書周祝故日之中也仄注跌也又疊韻連語漢書五行志朔而月見東方謂之仄慝注不進之意

zè 仄(昃)

職 昃 𣅒𣅒 日在西方時側也从日仄聲按徐鍇本別出吳字从日夨聲今訂爲昃之重文附此易離日昃之離釋文引王嗣宗作仄書無逸自朝至于日中昃疏亦名跌言日蹉跌而下謂未時也周禮司市大市日昃而市注昳中也公羊定十五年日下昃注日西也下昃蓋晡時穀梁以稷爲之尙書中候擿洛戒至于日昃注日覆也郙閣頌劬勞日稷兮以稷爲之廣雅釋言昃跌也古韻易豐叶昃食息

畟三名凡畟之派皆衍畟聲 初力切

cè 畟

職 畟 畟 治稼畟畟進也从田从人从夊會意詩良耜畟畟良耜傳猶測測也爾雅釋訓畟畟耜也舍人注耜入地之貌亦重言形況字字亦作謖音轉讀如宿爾雅釋言謖起也儀禮特牲禮尸謖祝前主人降禮記祭統尸謖列子黃帝而謖操之者也注皆訓起叚借單辭形況字後漢蔡邕傳公子謖爾斂袂而興注謖然斂斂之貌

説文通訓定聲　頤部弟五　覍

jì 㮨

職 㮨 㮨 細理木也从木畟聲西山經匠陽之山其木多㮨注似松有刺細理蜀都賦㮨柯楔樅以楔爲之㮨㮨雙聲

jì 稷

職 稷 稷稷 齋也五穀之長从禾畟聲古文畟省聲爾雅釋草粢稷孫樊注皆訓粟晉語黍稷無成注粢也按禾穀粟三者爲黍稷稻粱之太名粱則今小米子之大而不黏者與稷別程氏瑤田以稷爲今之高粱良是高大如蘆荻以正月故爲五穀之長其實麤大故謂之蔬食卽禮記玉藻之稷食也廣雅釋草藋粱木稷也因秦漢以來誤以粱爲稷乃加高粱以木稷之偁又謂之蜀黍蜀者獨也獨者大也非穜來自蜀之謂爾雅粢稷眾秫秫卽稷之粘者今以釀酒白虎通社稷稷者得陰陽中和之氣而用尤多續漢祭祀志引月令章句稷秋夏乃熟歷四時備陰陽穀之貴者禮記曲禮稷曰明粢轉注大觀本草唐本引說文稷田正也自商以來周弃主之左昭廿九傳稷田正也虞書讓於稷契鄭注棄也周語昔我先世后稷注官也又周禮大司徒設其社稷之壝注田正之神獨斷稷神蓋厲山氏之子柱也又孝經援神契稷者原隰之神風俗通祀典米之神爲稷叚借爲昃穀梁定十五年日下稷尙書中候舜至于下稷孝經鉤命訣日稷而赤光起又爲卽詩楚茨既齊既稷傳疾也箋稷之言卽也又爲肅周書王會稷愼大麈注肅愼也稷肅雙聲又爲亼太元常初一以一耦萬終不稷注合也亼稷雙聲又爲否呂覽權勳齊桓公見小臣稷注稷不見之也又重言形況字素問寶命全形論見其稷稷注嵯其已應也又託名幖識字西山經丹水西流至于稷澤注后稷神所馮因名云又左昭十傳戰于稷注祀后稷之處史記田敬仲完世家稷下按在今山東青州府臨淄縣又晉語至于稷桑注稷桑臯落翟地當在今山西太原府樂平縣東有臯落山聲訓太元應上九君子應以大稷注側也按昃也古韻詩鴇羽叶翼棘稷食極楚茨叶棘稷翼億食福又叶食福式稷敕極億大田叶黑稷福管子樞言叶戒敕麥伏稷得四稱叶稷當力側飭貸殖伏草德式韓非愛臣叶服稷備側國息文子符言叶服稷聝國轉音詩生民叶夙育稷按讀如宿

敕一名 恥力切

chì 敕

職 敕 敕 誡也从攴束聲按从攴从束會意字亦作勅作憖相承又以勅爲之小爾雅廣言敕正也方言十三敕備也廣雅釋詁一勅順也敕語也二敕理也四勑書也釋言敕謹也釋訓憖憖誡也虞書勅天之命傳正也易噬嗑君子以明罰勑法崔注理也漢書禮樂志敕身齊戒注謹敬之貌後漢張衡傳懼余身之未敕注整也文選典引豈蔑清廟憚敕天命也注正也東京賦亭候脩勑注整也又獨斷天子命令一曰策書二曰制書三曰詔書四曰戒書按戒書卽所謂敕也叚借爲整說文又云臿地曰敕又爲勑爾雅釋詁勑勞也廣雅釋詁二敕進也又爲飭詩楚茨既匡既敕傳固也淮南脩務敕蹻趹注猶箸也聲訓釋名釋書契敕飭也使自警飭不敢廢慢也古韻詩楚茨叶食福式稷敕極億管子樞言叶戒敕麥伏稷得

説文通訓定聲　頤部弟五　覃

茍一名 紀力切

jì 茍

職 茍 茍茍 自急敕也从羊省从包省从口會意口猶愼言也从羊羊與義善美同意古文从羊不省按从勹猶密裹也非从包省與从艸句聲之苟聲義迥別按儀禮聘禮記賓爲茍敬禮記大學茍日新當卽此字必非聊且麤略之誼叚借爲亟爾雅釋詁寁駿肅亟遬速也釋文亟或作茍

直十名凡直之派皆衍直聲 除力切

zhí 直(直)

職 直 直㮅 正見也从乚从十从目會意古文作㮅按十目視乚無可匿也古文十目視木審曲面埶與相同意左襄七傳正直爲正正曲爲直書木曰曲直易說卦巽爲繩直禮記月令先定準直轉注廣雅釋詁一直正也二直義也易坤直方文言直其正也方其

義也書皐謨直而溫鄭注謂身行正直詩小明正直是與傳能正人之曲曰直碩鼠爰得我直箋猶正也周書謚法肇敏行成曰直荀子脩身是謂是非謂非曰直韓非子解老所謂直者義必公正立心不偏黨也又墨子經上直參也韓詩柏舟實維我直傳相當值也禮記投壺馬各直其算疏當也齊策直使送之注當曰直使也史記天官書前列直斗口三星匈奴傳直上谷索隱當也漢書地理志報仇過直注當也魏都賦直事所繇注若今之當事也叚借爲植考工弓人骨直以立注謂強毅禮記明堂位雕篹注雕刻飾其直釋文柄也又爲特禮記郊特牲首也者直也注直或爲犆也又爲孳太元元文直東方也春也又直食相勑注生也又爲殖史記龜策傳神龜知吉凶而骨直空枯按脂膏敗也正義直語發聲失之又發聲之詞左莊廿七傳直來曰直注無事而來也孟子直不百步耳荀子直無由進之耳注但也按與用特但徒啻皆同聲訓太元元文罔直蒙酋冥注直之言殖也史記封禪書直北集解值也古韻詩羔裘叶飾力直伐檀叶輻側直億特食緐叶直載翼禮記月令叶殖飭直惑孟子滕文公叶來直翼得德楚辭九辯叶息軾得惑極直爾雅釋訓叶極德直力服

zhí 殖

職 **殖** 脂膏久殖也从歺直聲字亦作膱作殆廣雅釋詁殆敗也通俗文殆腐也蘇俗謂燭久而敗曰蚩即殖之音轉轉注管子地員弘土之次曰五殖五殖之狀甚澤以疏離析以臞墳叚借爲茲廣雅釋詁一殖積也左昭元傳其生不殖注長也十八傳夫學殖也注生長也晉語惡不殖也注蕃也又爲孳周語樂以殖財魯語所以生殖也注長也管子小匡則民殖矣注生也又爲蒔蒼頡篇殖種也左襄三十傳子產殖之注生也鄭語周棄能播殖百穀注長也論語賜不受命而貨殖焉皇疏種藝曰殖管子地圖名邑廢邑困殖之地注謂壤田可播殖者也又爲植廣雅釋詁四殖立也周語上得民心以殖義方吳語天王既封殖越國注立也左昭二傳宿敢不封殖此樹注長也襄廿三傳齊杞殖字梁據洞簫賦注作芑梁則與蒔誼爲近又爲直詩斯干殖殖其庭傳言平正也亦重言形況字又爲和爲埴考工弓人注膱亦黏也古韻左襄三十一傳叶誨殖嗣月令孟春叶殖飭直惑管子四稱叶稷富力側飭貸殖伏莫德式史記秦紀琅邪臺石刻叶德極福殖草賊式

說文通訓定聲 頤部弟五 卌三

zhí 植

職 寘 **植** 戶植也从木直聲或从置聲按古門外閉中豎直木以鐵了鳥關之可加鎖者爾雅釋宮植謂之傳傳謂之突墨子非儒爭門關抉植淮南本經縣聯房植轉注禮記月令具曲植籧筐注椎也廣雅釋器簡謂之植周禮大司馬屬其植注築城楨也大宗伯注雙植謂之桓疏即稜也考工匠人注於四角立植而縣疏即柱也淮南覽冥井植生梓而不容甕溝植生條而不容舟注謂材也又方言十二植立也周禮田僕令獲者植旌注樹也左定十傳皆至而立如植注立也莊子田子方列士壞植散羣司馬注行列也西京賦植鍛懸敺注柱也漢書韓延壽傳植羽葆注亦立也又荀子非相傳說之狀身如植鰭注立也又呂覽必已鬈植目裂鬢指注豎也淮南人閒諸侯必植耳注竦耳而聽也又周禮大司徒其植物司農注根生之屬又左襄三十傳其君弱植疏植爲樹立叚借爲置論語植其杖而芸漢石經正作置孔注倚也皇疏倚也則謂本字之轉注又爲值淮南原道植之而塞于天地注立也失之又爲直禮記檀弓行并植於晉國注或作特按讀如直而勿有之直國語正作廉直左宣二傳宋城華元爲植注將主也又爲茲廣雅釋詁三植多也淮南主術五穀蕃植注長也又爲蒔廣雅釋地植種也呂覽樂成而子產植之注長也東京賦植華平於春圃注猶種也又書金縢植璧秉珪鄭注古置字史記作戴按栽也瘞薶也又爲志即識管子法法上無固植楚辭招魂弱顏固植注皆訓志也古韻管子七臣七主叶疑事植周書周祝叶植謀

zhí 稙

職 **稙** 早種也从禾直聲詩曰稙稚尗麥按先種先熟曰稙後種後熟曰稚先種後熟曰穋詩閟宮稙穉菽麥韓詩稙長稼也轉注釋名釋親屬青徐人謂長婦曰稙長禾苗先生者曰稙取名于此也廣雅釋言稙早也叚借爲孳西狹頌民以貸稙按生也

說文通訓定聲 頤部弟五 卌四

zhì 置

寘 **置** 赦也从网直會意按网直宜赦之直亦聲與罷同意字亦作𦋞廣雅釋詁四𦋞置也華嚴音義引廣雅置捨也史記吳王濞傳無有所置正義放釋也漢書尹賞傳見十置一注放也叚借爲值禮記祭義夫孝置之而塞乎天地疏謂措置荀子大畧其置顏色出辭氣注措也又周語是以小怨置大德也注猶廢也又呂覽執一今日置質爲臣注猶委也又爲植廣雅釋詁四置立也禮記雜記無子則爲之置後注猶立也晉語置茅蕝注立也呂覽異用湯見祝網者置四面注設也孝行父母置之子弗敢廢注立也考工廬人置而搖之注猶封也詩那置我鞉鼓箋讀曰植又禮記祭法大夫以下成羣立社曰置社又爲馹孟子速於置郵而傳命史記孝文紀餘皆給以置傳漢書劉屈氂傳乘疾置以聞按單騎如今之馬遞也廣雅釋詁四置驛也又爲寘即寔字華嚴音義引廣雅置著也直是雙聲又爲直易繫辭鄭本有功而不置注置當爲德按當爲直而勿有之直古韻荀子雲賦叶忌置韓非子外儲叶置祀治

zhí 值

寘 **值** 措也从人直聲經傳皆以置爲之或曰當者田相值也值者人相當也措爲置之轉注存參叚借爲持詩宛邱值其鷺羽傳持也漢書地理志陳地注立之則謂借爲植又爲直文選皇太子釋奠會詩規周矩值此直字之本誼注當也失之又儀禮喪服記注欲其文相值疏當也孟子題辭值炎劉之未奮丁音正作直此直字之轉注又史記春申君傳遲令韓魏歸帝重于齊索隱值猶乃也按正也

dé 悳　chì 淔　zhí 埴　dé 德

以遲爲之高帝紀黎明圍宛城三匝索隱值待也按正見也以黎爲之遲直雙聲黎遲疊韻借遲爲直因又借黎爲遲又發聲之詞張平子碑豈值取足于身

中輿用直用特同

職 **悳** 㥁 㥁 外得于人內得于己也从直从心古文目作㥁按从心直聲外得于人者恩惠之悳內得于己者道悳之悳經傳皆以德爲之顏氏家訓書證春秋說以人十四心爲德乖繆不經左襄七傳恤民爲德韓非子二柄慶賞之謂德管子心術化育萬物謂之德正篇愛之生之養之成之利民不德天下親之曰德又愛民無私曰德莊子繕性德和也易益有孚惠我德書盤庚施實德于民論語何以報德鄭注謂施恩也又左僖廿四傳王德狄人成三傳然則德我乎此皆外得于人之悳也禮記樂記德者性之端者也大學德者本也鄉飲酒義禮以體長幼曰德韓詩外傳至精而妙乎天地之間者德也韓非子解老德也者人之所以建生也莊子外物知徹爲德天地無爲言之之謂德易象傳君子以懿文德君子以自昭明德詩烝民好是懿德此皆內得于己之悳也漢書地理志平原郡安悳賈誼傳悳至遍也正作悳聲訓禮記樂記德者得也鄉飲酒義德也者得于身也太元元攡因循無革天下之理得之謂德釋名釋言語德得也得事宜也莊子天地物得以生謂之德淮南齊俗得其天性謂之德又鶡冠子環流所謂德者能得人者也賈子道術施行得理謂

之德皆以德爲之

職 **淔** 淔 淔水也从水直聲或曰出潁川葢謂卽灌水也叚借爲茲爾雅釋草淔灌注未詳茵芝注一歲三華瑞草按李登聲類淔灌茵芝也是一物茵者菌之壞字淔灌者茲實之借字蕈茵滋蔓叢生故以爲名郭讀爲二物又以芝爲瑞草皆誤也神農本草有雚菌孫氏星衍謂卽此灌菌按菌芝之一名淔灌則亦可名雚菌矣

職 **埴** 埴 黏土也从土直聲字亦作𡎺書禹貢厥土赤埴墳鄭本以戠爲之考工記搏埴之工二故書以植爲之周禮卓人埴壚用豕老子埏埴以爲器莊子馬蹄我善治埴淮南齊俗若璽之抑埴注泥也晉書成公綏天地賦海岱赤𡎺聲訓後漢黨錮傳注引管子法之制人猶陶之於埴冶之於金也埴猶植也釋名釋地土黃而細密曰埴埴膱也黏肥如脂之膱也以殖爲訓

職寘 **德** 德 升也从彳悳聲易剝虞本君子德車按與剝廬對文登也升君子以順德亦本字姚信本以得爲之叚借爲植禮記玉藻立容德按與山立同意注如有予也則謂借爲㝵又爲直易繫辭有功而不德按讀如直而勿有之直范長生本以置爲之又爲福禮記哀公問百姓之德也注猶福也又爲悳書洪範六三德正直剛克柔克也周禮師氏以三德教國子至德敏德孝德也大戴四代有天德有地

德有人德此謂三德按卽至敏孝也曾子立事任善不敢臣三德注三老也晉語棄三德矣謂禮賓親親善善也易文言君子行此四德者故曰乾元亨利貞禮記月令盛德在木後漢班彪傳注五德五行也周禮大司徒六德知仁聖義忠和左宣十二傳武有七德禁暴戢兵保大定功安民和眾豐財也周語一舉而棄七德謂尊貴明賢庸勳長老愛親禮新親舊也書臯謨亦行有九德寬而栗柔而立愿而恭亂而敬擾而毅直而溫簡而廉剛而塞彊而義也左昭廿八傳九德不愆謂度莫明類長君順比文也又周語下非地德注猶利也秦策是不敢倍德畔施注恩也又周書本典能督民過者德也說苑政理德者養善而進闕者也禮記內則降德於眾兆民注猶教也月令布德和令注謂善教也又託名幖識字漢書郊祀志天其報德星云注德星卽塡星也水經溫水注九德九夷所極故以名郡聲訓廣雅釋詁三德得也晉語夫德福之基也左襄廿四傳德國家之基也家語入官德者政之始也呂覽精通德也者萬民之宰也皆借爲悳古韻詩氓叶極德天保叶福食德嘉樂叶子德皇矣叶德色革則烝民叶則德泮水叶德服馘書洪範叶事紀極德疑福極孟子滕文公叶來直翼得德管子四稱叶稷富力側飭貸殖伏革德式心術叶事力翼則德極勢爲叶極德力代荀子勸學叶來德素問疏五過論叶測極式則副德鬼谷子損兌叶德事內揵叶德合得來事鶡冠子泰鴻叶德極息業秦之罘刻石銘叶德服極則意式爾雅釋訓叶極德直

力服老子守道叶嗇復德極克國大戴成王冠辭叶福或服德息極五帝德叶色德句中韻

shí 食

食五名凡食之派皆衍食聲 乘力切

職寘 **食** 食 一米也从皀亼聲或說亼皀也按六穀之飯曰食从亼皀會意墨子七患食者國之寶也淮南主術食者民之本也管子牧民食者人之天也老子而貴食母王注食母生之本也周禮膳夫掌王之食飲注飯也廩人治其糧與其食注止居曰食謂米也饎人共王及后之六食注六穀之飯西周策藉兵乞食于西周注糧也史記貨殖傳食太陰在卯穰索隱謂穀也漢書食貨志食謂農殖嘉穀可食之物禮記郊特牲凡食養陰氣也儀禮有特牲饋食禮少牢饋食禮禮記玉藻稷食菜羹論語疏食菜羹又禮記檀弓則擇不食之地而葬我焉注謂不墾耕又周禮醫師以制其食注祿也宮正均其稍食注祿廩也禮記坊記食浮於人注謂祿也晉語嗛嗛之食注祿也又書洪範一曰食鄭注謂掌民食之官若后稷者也轉注易井井泥不食虞注用也儀禮少牢禮尸又食注食大名小數曰飯禮記喪服四制三日而食注食食粥也左莊六傳不食吾餘疏謂噉之文選顏延年詩空食疲鄽肆注空食猶素餐也又莊子德充符適見㹠子食于其死母者注乳也又左僖十五傳我食吾言注僞也又漢書谷永傳不食膚受之愬注猶受納也又東京賦卜惟洛食注謂吉兆叚借爲

直(直)食

飾爾雅釋詁食僞也晉語言不可食又魯人食言注皆訓僞又爲飾釋名釋天日月虧曰食稍稍侵虧如蟲食草木葉也漢書鄒陽傳太白食昴注干歷之也又爲飤儀禮有公食大夫禮左文十八傳功以食民注養也淮南説山幸善食之而勿苦注養也孟子食而勿愛論語皇疏引作養又託名幖識字莊子至樂斯彌爲食醯列子天瑞食醯頤輅釋文苦酒上蠛蠓也亦曰醯雞又發聲之詞方言十食閻勸也南楚凡己不欲喜而旁人說之不欲怒而旁人怒之謂之食閻或曰食者飮字或弇字之誤疊韻連語存參聲訓釋名釋飮食食殖也所以自生殖也古韻詩羔羊叶革緎食丘中有麻叶麥國食園有桃叶棘食國極伐檀叶輻側直億特食鴇羽叶翼棘稷食極緜蠻叶食誨載天保叶福食德楚茨叶棘稷翼億食福又叶食福式稷敕極億信南山叶翼彧穡食生民叶匐嶷食易井叶食惻福豐叶昃食息困叶食來祀雜卦傳叶食色伏飭爾雅釋訓叶食告則慝職萷管子牧民叶得食服匿四稱叶食事士楚優孟歌叶食吏富轉音詩有杕之杜叶好食管子弟子職叶食席

寘 **飤** 糧也从人食按糧者食字之訓古書或借飤爲食耳飤本訓以食食人也从食人會意食亦聲字亦作飼素問至眞要大論注飼巳曰食他曰飼也爾雅釋器注公食大夫禮釋文本作飤釋鳥注鳥子須鳥飼釋文本作飤孟子可食而食之矣荀子禮論君者旣能食之矣又善教誨之者也以食爲之

説文通訓定聲　頤部第五

陌 職 **飾** 㕞也从巾从人食聲讀若式按㕞也从巾飤聲字亦作拭爾雅釋詁拭清也儀禮聘禮拭圭注清也周禮封人飾其牛牲注謂㕞治絜清之也司尊彝注涚酌者捝飾勺而酌也釋文本作拭禮記雜記雍人拭羊注靜也轉注説文一曰襐飾按襐飾盛飾也或曰未冠笄者之首飾愚意襐者緣字之誤釋回增美之意也釋名釋言語飾拭也物穢者拭其上使明由他物而後明猶加文於質上也廣雅釋詁三飾吉也大戴勸學遠而有光者飾也禮記玉藻豹飾注猶褎也論語君子不以紺緅飾鄭注謂純緣也書大傳然後得乘飾車駢馬注㯃之又荀子王制上以飾賢良注謂車服史記秦皇紀飾省宣義正義謂文飾也禮記三年問所以爲至痛飾也注情之章表也淮南主術若欲飾之乃是賊之注好也本經素而不飾注巧也又呂覽知度情者不飾注虛也叚借爲飭穀梁襄廿五傳小邑必飾城而請罪注脩守備又爲敕淮南時則飾喪紀注治也月令作飭疏謂容飾非是呂覽貴公曰醉而飾服注讀曰勑古韻詩羔裘叶飭力直韓非子外儲叶備惑飾匿

職 **蝕** 敗創也从虫人食食亦聲按从虫飤聲字亦作蝕史記天官書日月薄蝕集解虧毀爲蝕呂覽明理其月有薄蝕注日月激會

相掩名曰薄蝕續漢五行志蝕者陽不克也漢書劉向傳日有蝕之經傳皆以食爲之按字从虫蠹蟲食物爲本義日月虧毀爲轉注爾雅釋蟲食苗心螟食葉蟘食節賊食根蟊春秋鼷鼠食郊牛角皆以食爲之

職 **飭** 致堅也从人从力食聲讀若敕按从力飤聲吳語周軍飭壘注治也淮南本經飾曲岸之際注治也以飾爲之叚借爲敕廣雅釋詁二飭備也匡謬正俗八飭者謹也敬也詩六月戎車旣飭傳正也易雜卦蠱則飭也注整治也考工記飭力以長地財疏勤也禮記月令飭鐘磬柷敔注飭者治其器物習其事之言具飭衣裳疏謂正也齊語以飭其子弟注敎也家語五刑簠簋不飭注整齊也呂覽音律脩法飭刑漢書文翁傳明經飭行高后紀匡飭天下宣帝紀飭躬齋精禮樂志五音飭又史記五帝紀信飭百官漢書楊惲傳欲令戒飭富平侯董賢傳故以書飭皆敕字也又爲飾禮記樂記復亂以飭歸史記樂書正作飾合情飾貌者釋文本作飾秦策文士並飭注巧也古韻易雜卦叶食色伏飭禮記月令叶殖飭直惑管子四稱叶稷富力側飭貸殖伏草德式

緝 **鵖** 鴔鵖也从鳥皀聲按食省聲今系于此爾雅釋鳥鵖鴔戴鵀方言八鳲鳩亦名鶝鶔亦曰服鶝或謂之鵖鶝或謂之鴔按爾雅鵖鴔當從説文作鴔鵖之畐服复皆雙聲皀丕畐或皆疊韻也方言謂即鳲鳩恐非

説文通訓定聲　頤部第五

力九名凡力之派皆衍力聲林直切

職 **力** 筋也象人筋之形字亦作仂禮記禮運其行之以貨力注筋骸彊者也爾雅釋畜戎事齊力注尙强漢書食貨志力農數耘注謂勤作之也灌嬰傳戰疾力注强力也南粤王傳樓船力攻燒敵注盡力也王莽傳力周公正先天下注勉力也又荀子富國力者德之役也彊國力術止注彊兵之術也又周禮大司徒四曰弛力司農注息繇役也論語爲力不同科馬注力役之事按即周禮上地中地下地有三等也孟子力役之征注民負荷厮養之役也又詩烝民威儀是力箋猶勤也廣雅釋詁四仂勤也荀子勸學眞積力久則入注力力行也轉注説文又云治功曰力能圉大災周禮司勳治功曰力大司寇上功糾力注勤力左昭廿五傳爲政事庸力行務晉語吾君將伐知而多力叚借爲勉禮記坊記食時不力珍注猶務也漢書汲黯傳今病力注謂甚也按猶亟也又爲扐禮記王制祭用數之仂按餘也古韻詩羔裘叶飾力直桑柔叶極背克力烝民叶德則色翼式力管子四稱叶稷富力側飭貸殖伏草德式心術叶事力翼則德極勢篇叶極德力代周書鄷保叶治服力惑爾雅釋訓叶極德直力服文子上德叶輻力

職 **⿰十力** 材十人也从十力聲百人爲英千人爲俊萬人爲傑

職 **勒** 馬頭絡銜也。从革，力聲。字亦作𩌪。勒爲轡之所係，故曰轡首。漢書匈奴傳：鞌勒一具。注：馬轡也。後晉諱勒，呼馬勒爲轡。其實勒非轡也。勒爲銜之所係，故曰絡銜。後漢烏桓鮮卑傳：弓矢鞍勒。注：馬銜也。其實勒非銜也。周禮巾車：勒面繢總。儀禮既夕記：纓轡貝勒。廣雅釋器：𩌪，勒也。【叚借】爲敕。實爲𢿿。穆天子傳：三勒七萃之士。注：猶勞也。又爲防，爲朸。禮記月令：物勒工名。注：刻也。按文猶理也。或曰借爲刻，亦通。又爲翱。韓詩斯干：如鳥斯勒。傳：翅也。景福殿賦：勒分翼張。注：與朸古字通。非。又託名標識字。後漢桓帝紀：勒姐。注：羌號也。【聲訓】釋名釋車：勒，絡也，絡其頭而引之也。勒絡雙聲。釋言語：勒，刻也，刻識之也。

職 **肋** 脅骨也。从肉，力聲。廣雅釋親：幹謂之肋。【聲訓】釋名釋形體：肋，勒也，所以撿勒五臟也。

職 **朸** 木之理也。从木，力聲。韓詩斯干：如矢斯朸。傳：隅也。按直也。【叚借】託名標識字。說文：平原有朸縣。漢志音力。

職 **扐** 易筮再扐而後掛。从手，力聲。易繫辭：歸奇于扐以象閏。馬注：指閒也。荀注：別也。太元：元數并餘於艻。注：猶成也。字亦變作艻。按謂蓍，故从艸。【轉注】禮記王制：祭用數之仂。謂數之奇餘也。以力爲之。

職 **阞** 地理也。从𨸏，力聲。按石理也。【叚借】爲泐。考工匠人：凡溝逆地阞謂之不行。注：謂脈理。又爲扐。考工輪人：以其圍之阞捎其藪。注：三分之一也。

說文通訓定聲　頤部弟五

職 **墊** 玪墊也。从玉，勒聲。謂石之次玉者。字亦作玏。子虛賦：瑊玏元厲。

職 **泐** 水石之理也。从水，从阞。按阞亦聲。水理也。【叚借】爲阞。考工記：石有時以泐。司農注：謂石解散也。按石必以理解。

克二名。凡克之派皆衍克聲。 苦得切。

職 **克** 肩也。象屋下刻木之形。古文𠧧，又古文𠅇。按以肩任物曰克。物高于肩，故从高省，下象肩形。古文亦象肩形。又古文𠅇，疑當爲录之古文，許所云刻木录录也。今蘇俗負小兒于背，語兒云克在肩上，猶有此言。詩敬之：佛時仔肩。傳：仔肩，克也。左隱元年祁子克，桓十八年周王子克，僖廿五年楚鬬克，哀十七年宋桓司馬之臣克，皆字儀。疑儀者俄之借字。以肩任物，必傾其頭。又左閔二傳鄭高克，疑姓名相應。【轉注】爾雅釋言：克，能也。左莊十一傳：得儁曰克。法言問神：勝已之私之謂克。書洪範：二曰剛克，三曰柔克。馬注：勝也。鄭注：能也。詩南山：匪斧不克。傳：能也。小宛：飲酒溫克。傳：勝也。禮記禮器：我戰則克。注：勝也。書牧誓：弗迓克奔。鄭注：殺也。論語：克伐怨欲。馬注：好勝也。克已復禮爲仁。范甯注：責也。太元中：時不克也。注：堪也。又左宣八年：日中而克葬。注：成也。又書洪範：曰克。鄭注：如祲氣之色相犯也。王注：兆相侵入也。繁陽令楊君碑：亯歷帝心，作亯。【叚借】爲刻。詩雲漢：后稷不克。箋：識也。【聲訓】釋名釋言語：克，刻也，刻物有定處，人所克念有常心也。【古韻】詩小宛叶克富，又南山叶克得極，桑柔叶極背克力，常武叶翼測克國，管子四稱叶事克悔，老子守道叶嗇復德極克國。

職 **勊** 尤劇也。从力，克聲。字亦誤作剋，作尅。御覽引書大傳：弱而受刑謂之剋。經史多以力爲之。【叚借】爲克。字林：剋，能也。爾雅釋詁：尅，勝也。論語：尅已復禮爲仁。皇疏：猶約也。范甯注：責也。淮南說山：匪斧不尅。注：截也。周禮大卜注引洪範：曰尅。又爲高。論語：子畏於匡。集解：弟子顏尅。釋文本作亥。按尅高雙聲。

或十五名。凡或之派皆衍或聲。 胡北切。

職 **或** 邦也。从口，从戈以守一。會意。一，地也。或又从土作域。按或者，封也；國者，邦也。天子諸侯所守土爲域，所建都爲邦。字亦作䧕，見孫根碑。詩烈祖：正域彼四方。傳：有也。韓詩元鳥：奄有九有。傳：九域，九州也。周禮小司徒：乃分地域而辨其守。故書域爲邦。按邦亦封之誤字。孟子：域民不以封疆之界。注：居民也。老子：域中有四大。王注：無稱不可得而名曰域也。漢書韋元成傳：以保爾域。注：謂封邑也。【轉注】廣雅釋邱：域，葬地也。詩葛生：蘞蔓于域。傳：營域也。周禮典祀：皆有域。注：兆表之塋域。又漢書賈誼傳：故其在大譴大何之域者。注：界局也。家語入官：大域之中而公治之。注：大域猶羣較也。豪士賦序：隆殺止乎其域。注：謂身也。【叚借】爲國。廣雅釋詁四：域，國也。又爲有。穀梁：曰一有一亡曰或。墨子小取：或也者，不盡也。小爾雅廣言：或，有也。易乾：或躍在淵。文言傳：或之者，疑之也。書微子：殷其弗或亂正四方。傳：有也。詩天保：無不爾或承。箋：或之言有也。禮記祭義：庶或饗之。注：猶有也。左昭廿八傳：或賜二小人酒。注：他人也。論語：或謂孔子曰。鄭注：人不顯其名而冐稱爲或。或承之羞。皇疏：常也。書無逸：亦罔或克壽。漢書鄭崇傳正作有。呂覽貴公：無或作好。書洪範正作有。又爲惑。孟子：無或乎王之不智也。注：怪也。大戴管子制言：貧賤吾恐其或失也。注：猶惑也。漢書霍去病傳：別從東道或失道。注：迷也。又爲惑。大戴公冠：遵並大道邪或。按當爲份或。【古韻】詩葛生叶棘域息，大戴成王冠辭叶福或服德息極。

說文通訓定聲　頤部弟五

職 **緎** 瓦器也。从缶，或聲。

職 **棫** 白桵也。从木，或聲。爾雅釋木注：小木，叢生，有刺，實如耳璫，紫赤，可食。三蒼：棫即柞也。非是。詩緜：柞棫拔矣。棫樸：芃芃棫樸。西山經：𢄼次之山，其上多棫橿。西京賦：梓棫楩楓。注：白蕤也。又漢書郊祀志有棫陽宮。

職 **國**

邦也。从口从或，會意，或亦聲。按或者竟內之封，國者郊內之都也。考工匠人國中九經九緯，注城內也。周禮士師三曰國禁，注城中也。大司馬方千里曰國畿，詛祝以敍國之信用以質邦國之劑信，注國謂王之國，邦國謂諸侯國也。太宰以佐王治邦國，注大曰邦，小曰國，邦之所居亦曰國。孟子在國曰市井之臣，注謂都邑也。皆曰天下國家，注諸侯之國。齊語參其國而伍其鄙，注郊以內也。又周禮師氏以三德教國子，注公卿大夫之子弟。又考工輈人國馬之輈，注謂種馬、戎馬、齊馬、道馬。按經傳凡泛言國家者，實皆域字；專言國中者，國之正字。【假借】雙聲連語。爾雅釋蟲國貉蟲蠁，按即馬知聲蟲也。又爲圖之誤字。廣雅釋詁四國謀也。又爲圍之誤字。公羊桓十傳惡乎近，近乎圍也。疏讀圍。【古韻】詩丘中有麻叶麥國食，碩鼠叶麥得國，園有桃叶棘食國極，鳲鳩叶棘忒國，六月叶飭服熾急國，常武叶戒國，又叶翼測克國。韓非子愛臣叶服稷偪息，老子守道叶嗇復德極克國，文子符言叶服稷睦國，鶡冠子度萬叶福國雜極。

職 **𤸷**

頭痛也。从疒或聲，讀若溝洫之洫。血域雙聲。

屋 **㰲**

吹气也。从欠或聲。

職 **黬**

羔裘之縫。从黑或聲。字亦作緎，作䋙。詩羔羊素絲五緎，爾雅釋詁緎，羔裘之縫也。廣雅釋詁二䋙合也，䋙縫也。按宋陸佃埤雅釋羔引西京雜記五絲爲纑，倍纑爲升，倍升爲緎，倍緎爲紀，倍紀爲緵。今雜記作緎，以織爲之，是毛詩傳紽緎總皆當訓數，今緎獨訓縫，疑後人據爾雅改之。【轉注】西京賦布九緎，詩九罭之魚鱒魴，傳小魚之網也。韓詩章句取鰕芘也。爾雅釋器緵罟謂之九罭。九罭，魚罔也。孫注謂魚之所入有九囊也。字亦變作罭。【聲訓】爾雅釋訓孫注緎，縫之界域也。【古韻】詩羔羊叶革緎食。

職 **惑**

亂也。从心或聲。字亦作惐，誤作掝。莊子天地大惑者終身不解。荀子禮論刻生而附死謂之惑。賈子大政知惡而不改謂之惑。春秋繁露仁義法責人以備謂之惑。史記李斯傳從外制中謂之惑。漢書五行志蘗正作淫茲謂惑。說苑反質貪奸者惑也。大戴曾子立事喜怒異慮惑也。論語四十而不惑，皇疏疑惑也。門人惑，皇疏猶嫌怪也。魯語吾惑之，注疑怪也。秦策諸侯亂惑，注疑也。呂覽不屈飾非惑愚，注誤也。本生其于聲色滋味也多惑者，注眩也。審爲世必惑之，注怪也。誣徒惑于嗜欲，注悖也。知分有所達則物弗能惑，注動也。禮記曲禮注懾猶怯惑，疏迷于事爲惑。文選頭陀寺碑文理勝則惑已，注煩惱也。又荀子不苟其誰能以己之潐潐受人之掝掝者哉，注掝掝惛也。【古韻】禮記月令孟春叶殖飭直惑，楚辭天問叶惑服，九辨叶息軾得惑極直，韓非子外儲叶備惑飾匿，素問寶命全形論叶惑代賊，周書酆保叶治服力惑靈福，剌飾貞邪篇叶得伏北覆惑。

職 **淢**

疾流也。从水或聲。淮南本經淌游瀷淢，又抑淢怒瀨以揚激波，注怒水也。江賦溭淢濜溳，注參差相次也。亦疊韻連語。【假借】爲洫。詩文王有聲築城伊淢，傳成溝也；箋方十里曰成，淢其溝也，廣深各八尺。韓詩正作洫。洫淢雙聲。又疊韻連語。笙賦愀愴惻淢，注與慽同。或曰借爲𤸷，亦通。【轉音】詩文王有聲叶淢匹。按讀如洫也。

屋職 **𡿧**

水流也。从川或聲。思元賦淢汨飂淚，注皆疾貌。以𡿧爲之。亦雙聲連語。【轉注】書大傳夏伯之樂舞謾彧，注長貌。言萬物之滋曼彧然也。字亦作彧。【假借】爲棫。廣雅釋詁三彧文也。三國荀彧字文若。祝睦後碑文黯彬彧。又重言形況字。詩信南山黍稷彧彧，傳茂盛貌。廣雅釋訓彧彧容也。【古韻】詩信南山叶翼彧穡食。

職 **閾**

門榍也。从門或聲。古文从洫聲。血或雙聲。爾雅釋宮柣謂之閾。論語行不履閾，孔注門限也。儀禮士冠禮、士喪禮、特牲禮闑西閾外，注閫也。古文皆作蹙。按蹙之誤字。漢書王莽傳思不出乎門閾，注門橛也。

陌 **聝**

軍戰斷耳也。春秋傳曰以爲俘聝。从耳或聲。或从首。爾雅釋詁馘獲也。詩皇矣攸馘安安，傳不服者殺而獻其左耳曰馘。泮水在泮獻馘，箋所格者之左耳。禮記王制以訊馘告，釋文截耳。左僖廿二傳師縉示之俘馘，釋文戰所獲。【古韻】詩泮水叶德服馘。

職 **蜮**

短狐也。似鼈，三足，以气䠶害人。从虫或聲。又从國聲。字亦作魊。詩何人斯爲鬼爲蜮，傳短狐也。陸疏一名射影，江淮水皆有之。人在岸上，影見水中，投人影則殺之。釋文狀如鼈，三足，一名射工，俗呼之水弩，在水中含沙射人。左莊十八年秋有蜮，服注短尾狐，南方盛暑所生，其狀如鼈，古無今有，含沙射人，入皮肉中，其瘡如疥，徧身濩濩蜮蜮。楚辭大招蜮傷躬只。又漢書東方朔傳人主之大蜮，注魅也。東京賦況魃蜮與畢方，注魃蜮通。【假借】託名幖識字。周禮蟈氏，故書作蜮。司農注蜮蝦蟇也。後鄭注齊魯之閒謂鼃爲蟈，今御所食蛙也。字从虫國聲。蜮乃短狐，與是康成以蜮蟈爲各字，與許異。又夏小正四月鳴蜮，傳或曰屈造之屬也。按屈造疑即鼓造，謂梟也。又借爲蛄。廣雅釋蟲螻蟈螻蛄也。又爲蟘。呂覽任地又無蟘蜮，注或作螣。食心曰螟，食葉曰蟘。兗州謂蜮爲螣，音相近也。按春秋、漢書蜚蜮亦皆借爲蟘，注皆訓短狐，失之。【聲訓】公羊莊十八年有蜮，注蜮之猶言惑也。【古韻】詩何人斯叶蜮得極側。

隊 **槶**

筐當也。从木國聲。字亦作簂，作蔮，作幗。今蘇俗謂物之腔子曰匡當。儀禮士冠禮緇布冠缺項，注滕薛名蔮爲頍。釋名釋首飾簂，魯人曰頍，齊人名幘。按此冠之槶。槶之一端也。又後漢烏桓鮮卑傳中國有簂步搖，注或爲幗，婦人首飾也。【聲訓】釋名釋首飾簂恢也，恢廓覆髮上也。

fú 般(服)　fú 𠬝　yù 𩏂

屋 **𩏂** 有文章也从有惑聲字亦作𢧵經史皆以郁𢧵爲之叚借爲𢧵後漢張衡傳𩏂汩飂戾沛以罔象兮注並疾貌也亦雙聲連語

𠬝四名凡𠬝之派皆衍𠬝聲 房牧切

屋 **𠬝** 治也从又从卩會意卩事之制也凡服事降服經傳皆作服而𠬝廢矣左宣十二傳鄭石制字子服以服爲之

屋 **服** 用也一曰車右騑所以舟旋从舟𠬝聲古文从舟从人會意按本義舟兩旁夾木也一說舟人行舟者與般同意存參轉注爲服箱詩大東不以服箱傳服牝服也儀禮旣夕賓奠幣于棧左箱注車箱考工車人大車牝服二柯有參分柯之二司農注牝服長八尺謂較也周禮山虞凡服耜注牝服車之材又爲服馬文選陽給事誄配服驂衡注謂中央兩馬夾轅者衛策拊驂無笞服注轅中曰服呂覽愛士右服失而埜人取之注兩馬在中爲服又爲佩服佩在身之兩旁荀子大畧大夫服笏注御服皆器用之名禮記檀弓祝先服疏服服杖也是喪服之數故呼杖爲服呂覽孟春服青玉注佩也順民服劍臂刃注帶也或曰借爲佩亦通又爲衣服衣所以衛體爾雅釋言服整也詩葛覃服之無斁箋整也魯語服心之文也趙策夫服者所便用也又利身之謂服書皋謨五服五章哉鄭注十二也九也七也五也三也詩六月載是常服傳戎服也箋韋弁服周禮天官內司服春官司服又太宰七曰服貢注絺紵也大行人其貢服

物注元纁絺繡也洪範五行傳時則有服妖注服貌之飾也或曰借爲飾亦通叚借爲𠬝說文服用也荀子賦篇讒人服矣注用也王制賢良服注謂爲之任使爾雅釋詁服事也詩噫嘻亦服爾耕箋事也蕩曾是在服傳服服政事也周禮職方氏辨九服之邦國注服服事天子也謂侯甸男采衛蠻夷鎭藩也書禹貢五服甸侯綏要荒也又左文十八傳服讒蒐慝注行也虞書五刑有服傳從也呂刑五罰不服傳不應罰也周禮小司寇以施上服下服之刑注上服劓墨也下服宮刖也又禮記孔子閒居君子之服之也注猶習也管子七法存乎服習注便也論語有事弟子服其勞皇疏執持也又呂覽論威敵已服矣注降也不廣莎隨賁服注退也秦策勝而不驕故能服世注慊也周書謚法服敗也管子任法服約卑敬注屈服隱約也淮南說林烏力勝日而服于鵻注猶畏也周禮服不氏儀禮大射儀獻服不注司馬之屬掌養猛獸而敎擾之者又爲犕詩叔于田巷無服馬箋猶乘馬也易繫辭服牛乘馬說文正作犕後漢張衡傳羈要裊以服箱注駕也又爲箙周禮巾車小服皆疏注刀劍短兵之衣詩采薇象弭魚服傳魚皮箋矢服也又爲伏詩關雎寤寐思服傳思之也愚按伏而思之也箋訓事則謂借爲𠬝又方言八蝙蝠自關而東謂之服翼又疊韻連語方言八屬鳩自關而西謂之服鶝又託名幖識字史記賈生傳楚人名鴞曰服索隱服黑色鳴自呼字或變作鵩聲訓楚辭東皇太一靈偃蹇兮姣服注飾也老子是謂早服注得也淮南說

fú 伏　fú 箙　fú 蕧

山君子服之注佩也古韻詩關雎叶得服側葍屬叶𧀾服采薇叶翼服戒棘六月叶飭服熾急國又叶則服采芑叶翼奭服革大東叶來裘服試泮水叶德服馘禮記禮運叶職極服則楚辭天問叶惑服管子牧民叶得食服匿周書周祝叶得服測息牧刻鄭保叶治服力惑韓非子愛臣叶服稷備側國息文子符言叶服睦國爾雅釋訓叶極德直力服急息大戴成王冠辭叶祿或服德息極史記秦紀禪梁父辭叶飭服極德式革治誨志事嗣戒碣石門刻叶息服域之罘刻石叶德服極則意式皆每三句爲韻

職屋 **蕧** 盧蕧似蕪菁實如小朱者从艸服聲爾雅釋草葖蘆萉注蕪菁屬紫花大根俗呼雹葖以萉爲之肥服雙聲形亦相近釋蟲有蠦蜰蟲與草同名也廣雅釋草菈遝蘆蕧也方言注江東名爲温菘按亦作蘿蔔作萊菔作羅服皆聲之轉有大小長圓赤白數種潛夫論思賢篇治疾當得眞人參反得支羅服言形相近性相反也後漢劉盆子傳掘庭中蘆蕧根食之注字或作匐聲訓陸佃埤雅萊蕧言來麰之所服謂其能制麪毒也

屋 **箙** 弩矢箙也从竹服聲方言九所以藏箭弩謂之箙按用竹若木亦用皮周禮司弓矢中秋獻矢箙注盛矢器也以獸皮爲之詩采薇象弭魚服蜀都賦服魚文齊語服無矢鄭語檿弧箕服子虛賦右夏服之勁箭七發注服即今步义也皆以服爲之按箙者實亦衣

服之轉注箙後出字聲訓釋名釋兵受矢之器以皮曰服柔服之義也

伏二名凡伏之派皆衍伏聲 房牧切

屋 **伏** 司也从人从犬會意犬伺人人伏者也周禮犬人伏瘞亦如之司農注謂伏犬以王車轢之轉注爲俛伏釋名釋車展又曰伏兔在軸似之也又禮記曲禮寢毋伏注覆也西京賦伏櫺檻而頫聽注猶憑也考工輈人不伏其轅故書作偪又廣雅釋鳥伏翼蝙蝠也又爲隱伏易說卦坎爲隱伏同人伏戎於莽虞注巽爲伏廣雅釋詁四伏藏也老子福兮禍所伏史記屈賈傳索隱伏下身也非晉語物莫伏于蠱注藏也龍尾伏辰注隱也夏小正三月參則伏傳伏者非亡之辭也星無時而不見我有不見之時故曰伏云又左定四傳未獲所伏注猶處也晉語宵靜女德以伏蠱慝注去也周書史記忠艮皆伏注謂不爲之用又後漢明帝紀伏臘無糟糠注伏者何也金氣伏藏之日也史記秦本紀二年初伏正義六月三伏之節起秦德公爲之故云初伏又封氏聞見記節假値日謂之伏豹言衆官皆出已獨留如藏伏之豹伺候待搏又史記龜筴傳伏靈者千歲松根也叚借爲服實爲𠬝荀子性惡伏術爲學注伏膺於術又爲紱史記酷吏傳未嘗敢均茵伏索隱車軾也又爲匐左昭十三傳奉壺飲冰以蒲伏焉亦雙聲連語又託名幖識字太皞伏羲氏按猶藏氣也

bèi 絥　fú 逯　fú 琟　fú 畐

亦作虙犧據史記三皇記養犧牲以庖廚故曰庖犧則借爲庖也亦作包作炮又作虙作宓伏包必皆一聲之轉聲訓易繫辭包犧氏孟京注伏服也禮含文嘉伏者別也變也伏別變皆雙聲釋名釋姿容伏覆也伏覆雙聲古韻詩靈臺叶囿伏易雜卦叶食色伏飭管子樞言叶戒敕麥伏稷得四稱叶稷富力側飭貸殖伏草德式靈樞刺節眞邪篇叶得伏北覆惑

屋寘 **絥** 車絥也从糸伏聲或从艸按猶車茵之茵从艸也或从革葡聲字亦作鞁作鞴按絥者軾上覆也釋名釋車鞁伏也在前人所伏也轉注淮南說山千年之松下有茯苓上有兔絲注茯苓千歲松脂也神農本草一名茯菟廣雅釋草茯神茯苓也名醫別錄抱根者名茯神按取包裹箸木之意苓當从竹作笭或曰借爲伏隱藏地中也存參段借爲箙廣雅釋器䩉𩏑矢藏也又埤蒼䩉鍛家用吹火令熾者也字亦變作韛後漢楊旋傳以排囊盛石灰于車上注卽今袋也杜詩傳造作水排皆以排爲之按皆箙字之轉注

逯一名 房牧切

屋 **逯** 見鬼彪貌从六从彔彔籀文彪字讀若虙羲氏之虙

琟一名 房牧切

屋 **琟** 車笭閒皮篋古者使奉玉以盛之从車从玨會意讀與服同按櫝以藏玉琟又所以盛櫝段借爲箙東京賦琟弩重旃注置弩于琟曰琟弩漢書張安世傳注琟皮篋盛弩也

畐十六名凡畐之派皆衍畐聲 芳逼切

屋職 **畐** 滿也从高省象高厚之形讀若伏周氏伯琦曰古福字从田以厚生也非按疑从亯加丨象四穽也指事字亦作偪作逼方言六偪滿也腹滿曰偪注言勅偪也轉注爾雅釋言逼迫也周語不可偪也注迫也淮南兵略入小而不偪注迫也詩烝民箋諸侯之居逼隘按仄也又小爾雅廣詁逼近也左隱十一傳實偪處此莊廿二傳晉桓莊之族偪皆謂近襄二傳以逼子重子辛注逼奪其權勢楚語憾則懼偪注偪偪上也又禮記內則不共湢浴按亦迫近之意字變作湢注訓浴室殆望文生訓上林賦偪側泌瀄注偪側相迫也亦疊韻連語史記作湢測段借爲幅禮記內則偪屨著綦注行縢也又爲伏考工輈人故書不偪其輚杜注當作伏又託名幖識字左襄十傳遂滅偪陽穀梁作傅古今人表作福按妘姓國在今山東兗州府嶧縣南

說文通訓定聲　頤部第五　[illegible]

fú 福　fú 葍　fù 蕾　pì 副

屋 **福** 祐也从示畐聲各本作祐也非祐漢安帝名許君僻上諱不書不箸解方言十三禔福也賈子道德說安利之謂福荀子天論順其類者謂之福韓非子解老全壽富貴之謂福禮記祭統福者備也備者百順之名也易晉受茲介福書洪範九五福詩瞻彼洛矣福祿如茨箋爵命爲福周禮膳夫凡祭祀之致福者注謂諸臣祭祀進其餘肉歸胙于王禮記少儀爲人祭曰致福段借爲福實爲副廣雅釋詁一福盈也史記龜策傳邦福重寶徐廣注藏也聲訓釋名釋言語福富也禮記郊特牲富也者福也注福也者備也說文小徐本福備也古韻詩旱麓叶載備祀福天保叶福食德楚茨叶棘稷翼億食福又叶食福式稷敕極億大田叶黑稷祀福行葦叶背翼福潛叶鮪鯉祀福易晉叶福母井叶食惻福書洪範叶事紀極德疑福極鶡冠子度萬叶福國雜極史記秦紀瑯邪臺石刻叶德極福殖革賊式

屋 **葍** 䓘也从艸畐聲按一物蔓生白華者名葍赤華者名藑茅爵頭色者名䒷卽今之旋復花其淺紅者亦曰鼓子花也其根初春烝啖生食俱美詩我行其野言采其葍傳惡菜也箋葍也陸疏幽州人謂之燕葍一名爵弁一名藑按燕卽莞矣說文藑艸楚謂之葍廣雅釋草烏蘈葍也玉篇作蘦子可食齊民要術云子大如牛角齒韻葍蔦菜名按蔦卽藑矣管子地員山之側其草葍與蔞按白華者莖葉細而香紅華者莖亦有臭氣陸詩疏云漢祭甘泉或用之謂葍也毛詩傳云惡菜謂藑也古韻詩我行其野叶葍特富異

宥屋 **蕾** 蕾也从艸富聲按卽葍之或體方音僻謂微異耳今附于此

宥職 **副** 判也从刀畐聲周禮曰副辜祭籀文从疈但以疈辜祭四方百物注疈疈牲胸也疈而磔之作疈文詩生民不坼不副說文𤕺篆引作疈文禮記曲禮爲天子削瓜者副之注析也中山經皆一牡羊副注謂破羊骨磔之以祭也轉注漢書高惠高后文功臣表副在有司注貳也副貳之本又在有司周禮酒正注三貳三益副之也漢書張良傳誤中副車注謂後乘也獨斷法駕有五色安車五色立車各一皆駕四馬是謂五時副車後漢景丹傳遷朔調連率副貳注屬令也又素問疏五過論爲萬民副注助也又呂覽過理帶益三副矣注或作倍按陪也漢書禮樂志正人足以副其誠集注稱也猶衣單複具謂一稱也廣雅釋詁一福盈也以幅爲之匡謬正俗六副貳之副本爲福字从衣畐聲今俗呼一襲爲一福衣蓋取其充備之言書史段借遂以副字代之按福者幅之或體假借爲副顏說非也段借爲楅詩君子偕老副笄六珈傳后夫人之首飾編髮爲之周禮追師爲副編次追衡笄注副之言覆所以覆首爲之飾其遺象若今步繇矣後漢東平憲王蒼傳假紒注副婦人首服三輔謂之假紒按如今義髻也廣雅釋器假結謂之髻字亦變作

說文通訓定聲　頤部第五　[illegible]

髻又爲伏爾雅釋詁副審也按司察之義或曰剖判之轉注亦通郭注副長失之聲訓釋名釋首飾副覆也以覆首副覆雙聲亦言副貳也兼用衆物成其飾也古韻素問疏五過論叶測極式則副德

職屋 **楅** 以木有所逼束也从木畐聲詩閟宮夏而楅衡傳楅衡設牛角以楅之也周禮封人設其楅衡注楅設于角衡設于鼻如椵狀也杜注所以持牛令不得抵觸人廣雅釋器楅柳也別義儀禮鄉射禮命弟子設楅注所以承笴齊矢者鄉射禮記楅長如笴博三寸厚寸有半龍首其中蛇交韋當禮記少儀疏楅者兩頭爲龍頭中央共一身而倚箭於楅身上叚借爲𤰈周禮籩人注鮑者于楅室中糗乾之聲訓詩閟宮楅衡釋文逼也儀禮鄉射禮設楅注猶幅也疏義取若布帛有邊幅整齊之義

職 **腷** 判也从片畐聲通俗文腷腷版

職 **䵗** 治黍禾豆下潰葉从黍畐聲濆葉菸痿傷穀故治之

宥 **富** 備也一曰厚也从宀畐聲易家人富家大吉疏謂祿位昌盛也書洪範二曰富疏家豐財貨也詩瞻卬何人不富傳福也周禮太宰以富得民注謂蓄中材物禮記祭義殷人貴富而尚齒注臣能世祿曰富又孟子富歲子弟多賴注豐年也轉注楚語使富都那豎

說文通訓定聲　頤部弟五　臺

贊焉注富富于容貌又論語富哉言乎孔注盛也莊子天地有萬不同之謂富叚借爲福書呂刑惟訖于富王氏引之曰威福對文言終于作福也又禮記曲禮不饒富按不傲福猶禮器之言不祈也表記后稷之祀易富也同注皆云富之言備也聲訓左襄廿八傳夫富如布帛之有幅焉禮記郊特牲富也者福也曲禮不饒富注富之言備也詩召旻維昔之富箋福也古韻我行其野叶富異小宛叶克富又瞻卬叶富忌召旻叶富時疚茲閟宮叶熾富背試易小畜叶志富載疑无妄叶志富哉之試升叶志喜疑事富論語叶資富管子四稱叶事富克悔禁藏叶來富侈靡叶富伏四稱叶稷富力側飭貸殖伏革德式文子上德叶得佩富荀子成相叶志富待思楚優孟歌叶食吏富史記秦紀瑯邪臺石刻叶始紀子理士海事富志字載意

職屋 **幅** 布帛廣也从巾畐聲字亦作福漢書食貨志布帛廣二尺二寸爲幅儀禮士喪禮半幅終幅注半幅一尺終幅二尺詩采菽邪幅在下箋邪幅如今行縢也左桓二傳帶裳幅舄注幅若今之行縢者疏邪纏束故名邪幅後漢符融傳幅巾注以一幅爲之轉注詩長發幅員既長傳廣也又列女傳母儀幅者所以正曲枉也後漢公孫述傳論方乃坐飾邊幅注邊幅猶有邊緣以自矜持叚借爲畐廣雅釋詁一幅滿也又爲副漢尹宙碑位不福德魏上尊號奏以福海內欣戴之望又西京賦仰福帝居注猶同也東京賦順時服而設福以

福爲之聲訓釋名釋衣服幅所以自偪束今謂之行縢言可以裹腳可以跳騰輕便也詩采菽傳幅偪也所以自偪束也

職屋 **匐** 伏地也从勹畐聲勹者象人曲形字亦作趴詩谷風匍匐救之生民誕實匍匐經傳亦以扶服字爲之吳都賦魂褫氣懾而自踢趹者注蹶也聲訓釋名釋姿容匍伏也伏地行也古韻詩生民叶匐嶷食

職 **愊** 誠志也从心畐聲漢書劉向傳發憤悃愊注緻密也叚借爲畐漢書陳湯傳策慮愊億注憤怒貌後漢馮衍傳心愊憶而紛紜注猶鬱結也亦疊韻連語又禮記儒行注不愊怚也疏慤促之意

屋 **蝠** 蝙蝠服翼也从虫畐聲爾雅釋鳥注齊人呼爲蟙蠌或謂之仙鼠方言人自關而東或謂之飛鼠或謂之老鼠或謂之僊鼠北燕謂之蟙蠌孝經援神契蝙蝠伏匿故夜食按形絕類鼠肉翅與足相連夜捉蚊蚋食之俗言老鼠所化也

職 **堛** 凷也从土畐聲爾雅釋言塊堛也注外傳曰枕凷以堛按吳語滑人諦枕王以墣郭所見本墣作堛而王作凷則傳寫之誤也

屋 **輻** 輪轑也从車畐聲考工輪人輻也者以爲直指也老子三十輻共一轂按輻端入牙之枘謂之蚤入轂之枘謂之菑輻博二寸厚六分六蚤六豪長一尺七寸三分三蚤一豪菑蚤長各三寸也輻近牙謂之骹近轂謂之股向外穹隆處謂之綆詩伐檀坎坎伐輻兮

說文通訓定聲　頤部弟五　奠

漢書劉向傳衆輻湊于前叚借爲輹易小畜輿說輻馬注車下縛也輻輹雙聲古韻詩伐檀叶輻側直億特食正月叶輻載意文子上德叶輻力

職 **𤐰** 以火乾肉也从火稫省聲籀文不省字亦作煏作𤌿俗作焙方言七𤌿火乾也凡以火而乾五穀之類關西隴冀以往謂之𤌿今蘇俗或言逼或言焙廣雅釋詁二𤌿乾也

牧一名 莫服切

屋 **牧** 養牛人也从攴从牛會意詩曰牧人乃夢按牧養牛也方言十二牧飤也周禮牧人掌牧六牲注養牲于野田者左僖廿八傳誰扞牧圉注牛曰牧列子黃帝周宣王之牧正釋文養禽獸之長也詩駉駉駉牧馬毛本作牡轉注爾雅釋地郊外謂之牧周禮大宰四曰藪牧養蕃鳥獸注在遠郊載師牧田司農注牧六畜之田孟子則必爲之求牧與芻矣注牧牧地又周禮小司徒井牧其田野注隰臯之地九夫爲牧司農注春秋傳所謂井衍沃牧隰臯者也遂師經牧其田野注制田界與井也詩靜女自牧歸荑傳田官也又小爾雅廣言牧臨也方言十二監牧司也監牧察也廣雅釋詁一牧使也牧臣也周禮大宰而建其牧注侯伯有功德者加命作州長謂之牧大宗

伯、八命作牧。禮記曲禮、九州之長入天子之國曰牧。書立政、宅乃牧。鄭注、殷之州牧曰伯、虞夏及周皆曰牧。白虎通封公侯、唐虞謂之牧者何、尙質、使大夫往來牧視諸侯、故謂之牧。又廣雅釋詁一、牧、養也。易謙、卑以自牧也。鄭注、養也。莊子天道、使天下無失其牧乎。司馬注、養也。周書周祝、爲天下者用牧。注、謂法也。荀子成相、請牧基、賢者思。注、治也。皆一義之引申。叚借爲坶。書牧誓傳、紂近郊三十里地名牧。鄭注、牧野紂南郊地名。詩大明、牧野洋洋。水經注九、正作坶。又爲敏。莊子齊物論、君乎牧乎固哉。按猶言自以爲覺而實愚也。牧敏形聲俱近。崔本作跂、亦誤字。又爲牡之誤字。詩魯頌、河北本駉駉牧馬。又託名幖識字。爾雅釋畜、牛黑腹牧。又楚辭天問、中央共牧后何怒。注、草名也。〔古韻〕詩出車叶牧來載棘。周書周祝叶得服測息牧刻。

罳　颸　磁　陑　柌　豾　絧　瓯　柸

附說文不錄之字

罳 新附、罘罳屛也。釋名釋宮室、罘復也、罳思也。按疊韻連語、作罳思亦同。

颸 廣雅釋詁四、颸風也。吳都賦、翼颸風之颸。注、疾風也。新附、颸涼風也。

磁 北山經、匠韓之水、其中多磁石。注、磁石可以取鐵。

陑 書湯誓序、升自陑。傳、陑在河曲之南。

柌 廣雅釋器、柌柄也。

豾 貊 方言八、貔、北燕朝鮮之閒謂之豾。廣雅釋獸、豾貍也。

絧 廣雅釋詁、四絧補也。

瓯 廣雅釋宮、瓯甎也。

柸 廣雅釋器、洭斗謂之柸。

鼭　禗　䑴　艃　鶅　黯　鉟　誺　鶀　觺

鼭 爾雅釋獸、鼭鼠。

禗 漢書禮樂志、靈禗禗。注、神不安欲去也。音近枲。

䑴 廣雅釋水、䑴艃舟也。

艃

鶅 爾雅釋鳥、鶅鵵軌。又雉東方曰鶅。周禮染人注作甾。

黯 方言十三、黯色也。注、赤黑皃。

鉟 鈈 漢書高惠高后文功臣表、周竈以長鉟都尉擊項籍。注、長刃兵也。爲刃而劒形。按亦作鈈。

誺 方言十、誺不知也。沅澧之閒、凡相問而不知答曰誺。〔別義〕廣雅釋詁三、誺誤也。

鶀 史記楚世家、小臣之好射鶀鴈羅鸗。索隱、小鴈。

觺 楚辭招魂、其角觺觺些。注、猶狺狺角利皃。

媸　梩　蘇　懇　煤　崍　擡　痞　貅　庲　棶　揌　鯠　㧡　葞　鉬　駬　鶺　鬏　忔

媸　疑卽媸字，或醜字。後漢文苑趙壹傳：孰知辨其蚩妍。以蚩爲之。

梩　聲類：梩，枯木根。

蘇　廣雅釋詁三：蘇，醫也。

懇　方言一：虔、儇，慧也。晉謂之懇。

煤　呂覽任數：煤炱入甑中。注：煤炱，煙塵也。

崍　水經江水注：崍山，邛崍山也。

擡　廣雅釋詁一：擡，動也。通俗文：舉振謂之擡。

痞　廣雅釋詁一：痞，創也。釋言：痞，痡也。

貅　方言八：貔，陳楚江淮之閒謂之貅。

庲　廣雅釋室：庲，舍也。

棶　字林：棶，椋也。

揌　廣雅釋詁一：揌，動也。

鯠（鯠）　爾雅釋魚：鯬，鯠。字林誤作鯠。

㧡　廣雅釋詁一：㧡，動也。或曰卽侅字、賅字。又釋詁三：㧡，擔也。或曰旅力之旅，形譌。方言：擔，儋也。

葞　爾雅釋草：葞，春草。孫注：藥草也。俗呼蔄草。本草一名芒草。

鉬　廣雅釋器：鉬，鋌也。謂銅鐵樸也。

駬　爾雅釋畜注：盜驪，騄駬。

鶺　北山經：縣雍之山，其鳥多白鶺。注：卽白鵫也。

鬏　方言四：幧頭，其偏者或謂之䰀帶，又幘巾或謂之㡔鬏。廣雅釋詁四：鬏，髻也。

忔　廣雅釋詁三：忔，恃也。

𦛨　瘷　懻　毦　貏　緦　鬵　僿　崱　膕　掝　㖪　蠪　蠹　䳈　鴯　遫　蛡

𦛨　北山經：丹熏之山有獸焉，名曰耳鼠，食之不𦛨。注：𦛨，大腹也。案此膜之誤字，膜者奚也。

瘷　廣雅釋言：瘷，癘也。按卽瘷字。來、厲雙聲。

懻　漢書地理志：民俗懻忮。注：堅也。瓚曰：今北土名彊直爲懻中。

毦（𦯸）　廣雅釋器：毦，罽也。通俗文：毛飾曰毦。稍上垂毛亦曰毦。後漢單超傳注：毦以羽毛爲飾也。或曰字當从茸省聲，卽鞧字。亦作𦯸。江賦：揚晧毦，擢紫茸。注：毦、茸，皆草花也。

貏　廣雅釋獸：貏，狖也。

緦　廣雅釋器：緦，針也。

鬵　方言五：鬵，甑也。廣雅釋器：鬵，瓶也。

僿　史記高祖紀：小人以僿。索隱：猶薄之義也。僿、塞聲相近。

崱　字指：崱峛，山峯皃也。魯靈光殿賦：崱繒綾而龍鱗。

膕　廣雅釋親：膕，曲腳也。按：膝後曲腳之中。蘇俗謂之膀彎。荀子富國：詘要橈膕。素問骨空論：關下爲膕。又輔上爲膕。靈樞經：其狀膕然未僂。

掝　廣雅釋詁二：掝，裂也。

㖪　方言十三：㖪，聲也。

蠪（蠪）　廣雅釋蟲：蠪，蚳也。玉篇：蠪，似蝨而小。字亦作蠪。淮南說林：兔齧爲蠪。按亦名蚼。

蠹（蠹）　廣雅釋蟲：蠹，蚳也。玉篇：蠹，小蝨也。字亦作蠹。

䳈　廣雅釋鳥：鶝鵖、䳈，戴勝也。方言八：戴鵀謂之䳈。爾雅釋鳥鶝鶔釋文亦作鵵。

鴯　見上。

遫　方言十二：遫，張也。與遬卽速字別。

蛡　太元：堅，蟬其蛡翍。注：蛡，國也。字疑翼省聲。

奞 揊 捋 𦋐 鳶 窢 熱 帚 哊 䀲 踾 莜

奞 字林奞大力皃。廣雅釋詁一奞方也。疑古書有訓力者，張氏誤讀爲方。

揊 廣雅釋詁三揊擊也。

捋 廣雅釋詁三捋擊也。

𦋐 方言三儓𦋐農夫之醜稱也。南楚凡駡庸賤謂之田儓，或謂之𦋐。

鳶 𪈽 玉篇鳶鳶永鳥字。亦作𪈽。埤雅之說式鑿。

窢 莊子天下其風窢然。向注窢逆風聲。釋文亦作𥧒，作閾。按單詞形況字。

熱 淮南俶眞襲九熱。注形也。

帚 當附履部 廣雅釋器帚幡也。按讀若抑。各本作帚，作帚，皆誤。

哊 廣雅釋詁四哊吐也。

䀲 字林䀲微視美目皃。

說文通訓定聲 頤部第五附錄

踾 埤蒼踾踧地聲也。長笛賦踾踧攢仄。注迫蹙皃。按雙聲連語，卽畐字。

莜 爾雅釋草注葉似茯蕾。釋文本作目蕾。按疊韻連語。

說文通訓定聲目

孚部弟六 分部復轉 小需豫

𢆶　幽　蠮 蚴　麀 麔　鏖 塵 爊

攸 汥 浟 滺　覺 悠 透　㫥 叫　脩 㑌　筱 篠

條 樤　修　倏　悠　儵 䱎 鯈 鰷

匧　絛 䋙 縚　儵 𩞁　鋚 鎥 鋚　蓧 蓧 莜

莜　䐹 䐹　滫 䐹　篠　滌 潟

𩷃 𩷃　甹　由 鴘　苗 遙 䓥　迪

𢓊　䌷　胄　胄 輩　笛 䆳

柚 楱　邮　宙　舳　岫 宙

鼬　怞　油　妯　紬

軸　褎 袖 褏　丣　珋 琉 璢　桺 橮

鼦 𪕒　畱 㽌　𥛚 䄂　鶹　餾 餐

瘤　罶 𦋧　廇　騮 駵　溜

霤 靁　㨨 抽 捞　鎦 橊　劉　籀

鐂　瀏 㶯 嬼　酉 百　卣　酒

逎 遒　醜 魗 嫐 慺　庮 𤺌　槱 𣙙 㷍　酋 醧

趥　觰　楢 梄　猶 猷　鰌 鱃 鰍 鰒

揂　𢾿 媨　緧 鞧 緅 緻 鞦 緧　蝤　輶

犹　𦝶　幼　呦　𣢩 欿

窈　黝　怮　泑　䍧 䱂

休 庥　㒖　求 朩　球 璆　裘 毬

逑 宋　救　脙　梂 銶　賕

郕　俅 頄　捄　絿 紌　蝨 䖹

丩　㗊　叫 噪 訆　𠯑　訆

赳　收　觓 觩　朻　樛

疛　糾 糺　虯 龍 虬　莍　九

艽 廾 芁　旮　馗　鼽　鳩

肍　虓 𧆨　旭　宄 𠃵 恷　究

仇 朹 扏　尻 屄 脈 豝 豚 豠　匊　氿 湫 阬 坑 泥　軌

厹 跦 鶖　梂 楱　秀 䄋　莠　琇 璓

㲋　殳　遂　飼 餾　廄 廐 庬

盇 匹 䍓 扝　𩟡　臼 鴟　齨　舊 鵂

臭　舅　咎　鼛　㮁 皋

稽　櫜 韟　晷　倃　欲

麐　慆　綹　紹　㞁

壽 𠷎 㖞　翯 鴇　𣪊　瑦 琡

檮 檮　毃 𢾕　檮 𢿦　幬 惆 㥮 幅　壽 𠷎

擣 擣 搗 搗 䃞　墂 堡　醻 酬　禱 𥛜 祹 禂　譸 譸 祩

詶　籌 箸　鄦 𨛍　儔 儔　燾 燾 翿

鑄(鑄) 翿(騶𩦥獡翢 蘇儵) 懤 讎 犨(犨)
讐(售) 舟 鵃 倜(倜) 𦨣(週)
貈(貉貈) 輈(輈) 殳(殳) 投(𨈏) 𦁣
朝(晁) 鼂 廟(庿) 潮(淖潳濤) 周(周)
禂(騊) 琱 啁(謿𠷎) 調 雕(鵰)
椆 稠 裯 彫 𩮯(𩫥)
惆(怊) 凋(𠛪凋) 鯛 婤 綢
蜩(蚒) 錭 輖(𩋫輊輖) 舟周(舠) 州(𡿧洲)
𦊆 哭 盩 帚 埽(埽)
牡 肘 疛(𤸷) 紂 酎
守 狩 丑 杽 羞(膳)
𦙍 𩚵(粈) 粈 衄(𥎾) 杻
𨚗 狃(忸𧈡蚴) 沑 𢻦 紐
鈕(珇) 𤜴 莥 狃(𡾊𡾊) 臭(蜈)
齅(嗅) 𧽯(臭) 𡜹 糗(粡) 囚
浮(泅) 游(斿旒𦀚蝣) 旓 𨖿(遊) 就(就)
蹴 鷲 流(𣶒𣵀㳅) 𡑅 翏
蓼 嘐(𦑉) 謬 𨶹 雡
鷚 膠(轇) 鄝 瘳 僇(𠎋)
𤢇 熮 憀 漻(漻) 繆

摎 嫪 戮(𠞌𠜫) 繆 蟉
飂(飉飉) 瞜 勠 鏐 醪(醙)
廖(寥𡾟𡹞廫) 𥁕 虍 淲(淲) 彪
鬆(髮鬆) 牟(侔鴾) 麰(䍒麰) 侔 矛(戟鉾釨)
戊 茂 茅(䳣𧖪) 敄(㺏) 柔(鶔騥渘)
楙 袤(裦) 蟊 𧒒(蛑) 萩
鞪 瞀(眸𢡠) 𢯷 騖 鶩
楘 𢃜 鬏(髳) 嵍(㮘)
霿(雺霧) 婺 𧍟(𧓔蝥) 務 鍪(𨪊)
𧅴 𢓜 𦃮 腬 煣(揉楺)
蝚 𥈊 鍒 輮 𩅫
葇 𦾝(𦽉) 𢤨(忢) 騳
鑿 缶 𦈡 匋 𦉚
寶(𡨮琉) 櫜 𧓿(蛑虾䖑䖑 𧑏) 皋(皐皋皇) 𥆞
百 首 頁 㥯(慢) 憂
嚘(嘎) 櫌(耰) 鄾 優 瀀
道 䆃(逵𨖜) 導(討) 𨗴 手(𠂎)
𡬺(禺) 獸 叜(𡟲傁叟廋) 瞍 𣑱(艘)
鄋 瘦(膄) 獀(𥘝) 溲(酸滫) 搜(廋𧼯鎪)
嫂(婹) 蒐(𩫖) 夒(猱) 瓇 擾(獶)

嘐嫪 獿獶 擾擾譏 囟 逌迺
逎蕁 䚻 ⿰酋欠 ⿱⿰酋攵土 雔
焦蟭蕉膲僬嶕 蕉 噍嚼嗺 譙誚 鷦
樵藮穛劁 ⿰米焦樵稍 醮僬癄燋 顦 燋
潐 ⿱罒潐 鐎 醮礁 蘸鷦犨
鷦 烌鵂犨修 茠 咻 ⿱竹休
⿰木休樇 ⿱休心㤹 ⿰氵休 ⿱休手疢 ⿱休瓦
⿰氵⿱休心 𣍘 褿 蓸蕈 遭
槽 糟醩漕 傮 ⿰礻曹嘈嶆臧 嶆
慒悰 漕 𧑅螬 叉 蚤蝨

說文通訓定聲　孚部弟六目　五

瑵 ⿱蚤艸 ⿰亻蚤 騷 慅愯
搔瘙溞揉 爪抓 舀抌眈掏 蹈 韜縚
稻 ⿰馬舀 慆謟 滔 搯掐
⿶凵舀 爪仉 孚采抱 莩苻茭殍 脬
筟 桴艀 郛捊 稃粰 俘
烰 浮蜉 捊抱綒 保呆保 褎褏裒
葆菒 捰 緥褓 宲 ⿱宀未桼
早皁皂 草皁皂嘷騲樟萆 艸 勹 匋
勼 包 萄 詾詯 騊
陶鞠 苞 咆 鞄 炮

胞 飽餜餐餑 枹 麭 匏瓟
⿰包阝 ⿱罒包罦 袍 袌 庖
炮包炰 泡 雹䨔 鮑 早
鴇鮑 鳵 報 卯兆 茆菲萛
貿 昴昴 窌 奅 聊膠瘤
鄮 冃 月帽 冒 瑁玥䀤瑁
萺蓂 䀤瑁鳳 相 媢 勖勗
夲 皋皐臯 䓘咎 嗥獋 翱
皞皡嘷 討 牢 老 孝
哮烋痚 丂 攷拷 朽㱙 巧

說文通訓定聲　孚部弟六目　六

考 奧 薁 ⿱竹奧 燠
澳 墺坳 隩 臭 夰
昦昊 臩 鳥 蔦樢 鳴
窵 ⿰衤鳥裊 島隝鳥鵰 好 薅䒆茠媷栿
告 祰 牿 造艁 誥䐶宯詔
嚳俈 鵠⿰角告 梏 郜 晧皓皜澔
窖 吿 硞 焅 浩灝
靠 ⿰阝告 酷 ⿺辶⿱艹告造 尗菽
茮椒 叔村鮛 鵴鷲 宋誄寂家淑 ⿰尗欠慼
戚鏚傶頔 ⿰口叔諔 ⿰山叔掓 踧跦蹙踧顣 督

傚（俅） 婺 愗 淑 埱
椒 慽（慽慼慼） 菽 〔酉〕 〔夙〕（佰佰）
宿 摍 縮 〔肅〕（𦺫驌颸） 蕭
嘯 歗 鷫（鷫驌） 䐹（蟰） 簫（𥳑弰鞘𧁾）
橚 潚（潚） 繡 蟰（蟰） 〔肉〕
䛧 謠 𢍏 䍃 肭（肭）
脜（脜） 育 毓 傜（傜傜） 䌊（遥道）
䌛 踰（跦） 頎（頎魈） 瑤（䍃） 喓
𨁈 䳴 榣（𩙪） 歙 搖（搯慆）
媱 菁 清 綃 蕬

遙（遥遥） 䌛 䌛 鬭 圖
䌛 〔鬻〕（䊢餰粥） 鬻（鬻） 〔祝〕（咒） 柷
〔竹〕 筑 筲 竺（笁） 篤
簕（欲鞫詾） 築（篫） 𥫗 䓛（𠭠） 簕（鞠麴𪍑）
鵴（鵴） 竆（竆） 匊 䓛 〔匊〕（掬）
菊 趜 鞠（𥷌鞠𢶁踘） 鮈 蚼
𦿋 鞫 椈 〔臼〕 斆（學）
舄 鷽（鸐） 鷽 鷽 覺
㲉（㶾） 嚳 嶨（澩） 鷽 鷽
攪（捁） 〔𠷎〕（𠛅） 𦿋（𦿋） 禱（𩗬𧁾） 逐（𨓐邃鱁）

〔畜〕（蓄𤛎） 蓄（稸滀傗𧂕） 鄐 慉 嫡
〔孰〕（熟） 埻（塾） 〔复〕（㣫） 復（澓𥨍瘦） 腹
複 複 鰒 蝮 鍑
輹 馥 寝（窇） 覆 覆（复）
〔目〕（囧） 〔翏〕 穆 〔六〕

右文字七百一十四名　旁注五百十七字　附存八十六字

yōu 𢆶　yōu 幽

説文通訓定聲

吳郡朱駿聲豐芑甫紀錄
新安朱鏡蓉伯和甫參訂

孚部弟六 凡八十九部

𢆶三名凡𢆶之派皆衍𢆶聲 於虯切

𢆶 尤 微也从二幺會意按散也

幽 尤 隱也从山中从𢆶會意𢆶亦聲按从山與陰隱字从𨸏同意山之隱處也易困入于幽谷注不明之辭也詩伐木出自幽谷傳深也斯干幽幽南山傳幽幽深遠也太元中初一昆侖旁薄幽注隱也又虞書流共工于幽州馬注北裔也周禮職方氏東北曰幽州爾雅釋地燕曰幽州釋名釋州國幽州在北幽昧之地也書堯典宅朔方曰幽都淮南脩務注陰氣所聚故曰幽都又楚辭招魂君無下此幽都些注幽都地下后土所治也地下幽冥故稱幽都大招北至幽陵注猶幽州也又淮南天文西北方曰幽天呂覽有始西方曰幽天又景福殿賦若幽星之纚連也注猶夜也禮記祭法幽宗注幽禜亦謂星壇也星以昏始見[轉注]爾雅釋詁幽微也釋言幽深也瘞幽也小爾雅廣詁幽冥也大戴誥志幽明雌雄也周書謚法壅遏不通曰幽荀子正論上幽險則下漸詐注隱也解蔽上幽而下險注暗也禮記禮運是謂幽國注闇也秦策南棠之弊幽注潛也史記五帝紀幽明之占正義陰也樂書幽則有鬼神正義內也後漢張衡傳豎亂叔而幽主注閉也荀子王霸公侯失禮則幽注囚也又易歸妹利幽人之貞虞注在坎中故稱幽人禮記儒行幽居而不淫注謂獨處時也楚辭靈懷皇輿覆以幽辟注暗昧也惜誓方世俗之幽昏兮注不明也離騷路幽昧以險隘注不明也又太元迥幽遇神注思也夷載幽貳注心也遊天台山賦必契誠于幽昧注謂道也又禮記郊特牲毛血告幽全之物也注謂血也[叚借]爲黝詩隰桑其葉有幽傳黑色也周禮牧人故書陰祀用幽牲司農注黑也禮記玉藻再命赤韍幽衡注讀爲黝又雙聲連語漢書揚雄傳既亡鸞車之幽藹兮注猶晻藹也皇車幽轄注車聲也[聲訓]史記厤書幽者幼也又春秋元命苞幽之爲言窈也言風出入窈冥敏勁易曉故其氣躁急爾雅釋地燕曰幽州李注燕其氣深要厥性剽疾故曰幽幽要也幽要雙聲[古韻]詩隰桑叶幽膠何草不黃叶幽周句中韻楚辭惜往日叶流昭幽聊由靈樞師傳叶流幽時轉音文子道原叶幽交

yōu 蚴　yōu 麀　āo ⿰金麀　yōu 攸　shū 跾　chōu ⿱攸目

蚴 尤有 蚴蟉也从虫幽聲字亦作蚴按蚴蟉疊韻連語方言十一蠀其小者謂之蠀螉或謂之蚴蜕當爲蚴字本訓[叚借]疊韻連語大人賦驂赤螭青虯之蚴蟉蜿蜒按猶夭矯也上林賦青龍蚴蟉于東廂注龍行貌史記正義蚴蟉蜿蟬皆行動之貌也

麀二名凡麀之派皆衍麀聲 於虯切

麀 尤 牝鹿也从鹿从牝省會意或从鹿幽聲詩吉日麀鹿麌麌靈臺麀鹿攸伏左襄四傳思其麀牡[轉注]禮記曲禮故父子聚麀

⿰金麀 豪 温器也一曰金器从金麀聲與從金鹿聲之鏕聲義俱別廣雅釋器鏕鬴也字亦作鏖作爊廣雅釋詁四爊熅也今蘇城市熟肉之肆俗呼爊肉店[叚借]爲𤏸或爲熬漢書霍去病傳鏖皋蘭下注謂苦擊而多殺也晉灼曰世俗謂盡死殺人爲鏖糟鏕敖雙聲

攸二十一名凡攸之派皆衍攸聲 以周切

攸 尤 行水也从攴从人从水省會意秦刻石嶧山文作从水从攴字亦作浟作滺按安行得所之意[轉注]爾雅釋言攸所也易坤君子有攸往釋文書多方乃爾攸聞馬注詩皇矣攸馘安安毛傳儀禮士冠禮髦士攸宜鄭注左昭廿六傳未有攸底杜注皆訓所或曰此助語之詞漢書地理志陽鳥逌居九州逌同五行志彝倫逌敘彝倫逌斁作逌亦同存參[叚借]爲悠左昭十二傳湫乎攸乎注懸危之貌又爲修婁壽碑不攸廉隅又爲迪書多方馬本不克終勸于帝之攸又爲逌漢書敘傳主人攸爾而笑曰注攸笑貌也又爲筱司農劉夫人碑極攸遠索張表碑令德攸兮按長也孟子攸然而逝注迅走水趨深處也按疾也亦單辭形況字易頤子夏本其欲攸攸詩竹竿淇水滺滺楚辭大招弱水浟浟只注流貌亦重言形況字海賦浟湙激灩注流行貌亦雙聲連語又爲誘洪範五行傳樂聽于怵攸注讀爲風雨所漂颻之飄按恙也[古韻]詩竹竿叶滺舟游憂左昭十二傳叶湫攸楚辭大招叶浟滺

冢闕

跾 尻 疾也長也从足攸聲字亦作儵作透易頤劉表本其欲跾跾注遠也廣雅釋詁一倏疾也方言二透驚也宋衞南楚凡相驚或曰透說文新附透跳也過也吳都賦驚透沸亂按疾義古皆以倏以儵爲之長義古皆以脩以修爲之[叚借]爲誘廣雅釋詁二透戲也王氏念孫訂戲字屬下文謂透嬈也非是

⿱攸目 尤 眣也从目攸聲或从丩聲謂目不正

xiū 脩

尤 **脩** [篆] 脯也。从肉，攸聲。按，段脯也，捶而施薑桂乾之。周禮掌客「三問皆脩」，儀禮有司徹「取糗與腶脩」，禮記昏義「棗栗段脩」，少儀「束脩一犬」，疏「束脩，十脡脯也」。轉注，詩中谷有蓷「暵其脩矣」，傳「且乾也」。假借為覍。小爾雅廣言「脩，長也」。詩六月「四牡脩廣」，韓奕「孔脩且張」，禮記投壺「頸脩七寸」，傳注皆訓長。考工弓人「則及其大脩也」，注「猶久也」。淮南脩務「吳為封豨脩蛇」，注「大也」。說山「朱儒問徑天高於脩人」，注「長人也」。周髀算經「股脩四」，注「應方之匝，從者謂之脩股」，亦脩脩長也。考工鳧氏「以其鼓間為之舞脩」，注「舞徑也」。又為卣，俗作卣，實為酉。周禮鬯人「廟用脩」，注「漆尊也」，釋文「中尊也」。又為滌。司尊彝「凡酒脩酌」，司農注「以水洗勺而酌也」。又為修。易象傳「脩井也」，虞注「治也」。周禮太宰「與其具脩」，注「埽除糞洒」。山虞「則為主而脩除」，注「治道路場壇」。禮記月令「脩鞀鞞鼓」，注「治其器物，習其事之言」。論語「脩慝辨惑」，孔注「治也」。魯語「吾冀而朝夕脩我」，注「敬也」。家語禮運「講信脩睦」，注「行也」。衛策「秦魏交而不脩之日久矣」，注「溫故曰脩」。淮南本經「脩禮樂」，注「設也」。荀子脩身「見善脩然」，注「整飭貌」。禮論「屬脩士」，注「士之進脩者，謂上上也」。又為須。中山經「賈超之山其中多龍脩」，注「龍須也」。須脩雙聲。又為徧之誤字。禮記祭統「見其脩于廟中也」。又重言形況字。詩鴟鴞「予尾脩脩」，傳「敝也」，形誤作脩。荀子儒效「脩脩兮其用統類之行也」，注「整齊之貌」。又單辭形況字。莊子大宗師「脩然而往」，崔注「往來不難之貌」。又託名標識字。楚辭招魂「入脩門些」，注「郢城門也」。爾雅釋樂「徒鼓鐘謂之脩」。【聲訓】釋名釋飲食「脯又曰脩，脩，縮也，乾燥而縮也」。【古韻】詩中谷有蓷叶脩歗淑，鴟鴞叶譙脩翹搖嘵。

xiǎo 筱

篠 **筱** [篆] 箭屬，小竹也。从竹，攸聲。說文篠篆引書禹貢「瑤琨筱蕩」，字亦作篠。爾雅「篠，箭」。禹貢「篠蕩既敷」，列子湯問「荆篠為幹」。假借為匾。論語「以杖荷篠」，包注「竹器名也」。

tiáo 條

蕭 **條** [篆] 小枝也。从木，攸聲。爾雅釋木「桑柳醜條」，詩汝墳「伐其條枚」，傳「枝曰條」。轉注，詩椒聊「遠條且」，傳「長也」。漢書地理志「中繇木條」，注「條暢也」。太元圖「條暢乎四」，注「遠也」。春秋考異郵「條者，達生也」。素問五常政大論「其令條舒」，注「直也，理也」。南山經「條風自是出」，注「東北風為條風」。淮南天文注「條風，艮卦之風，一名融」。白虎通八風「條者，生也」。淮南墬形注「條風，震氣所生也，一曰明庶風」。禮記月令「東風解凍」，疏「條風卽東風也」。淮南俶眞注「條風鳴條，言其迅也」，則謂借為覍。孟子「卒于鳴條」，楚辭天問「何條放致罰」，注「鳴條也」，按當在今山西平陽府安邑縣北。又廣雅釋詁四「條，書也」。漢書丙吉傳「分條中都官」，注「謂疏錄之」。外戚傳「其條剌史大長秋白之」，注「謂分條之也」。後漢章帝紀「吏人條書相告」，注「事條也」。假借為楸。詩終南「有條有梅」，傳「稻也」。又為柚。爾雅釋木「柚，條」，注「似橙，實酢」。按由攸同音，方言別其字耳，字亦變作樤。又為修。詩七月「蠶月條桑」，箋「落采其葉也」。又為滌。周禮條狼氏，注「除也」。又為條。周禮巾車「條纓五就」，注「讀為條」。又重言形況字。爾雅釋訓「條條，智也」，注「智思深長」，則謂借為覍。又廣雅釋訓「條條，亂也」。又單詞形況字。詩中谷有蓷「條其歗矣」，傳「條條然歗也」。【古韻】詩椒聊叶聊條。

xiū 修

尤 **修** [篆] 飾也。从彡，攸聲。按，修从彡，是文飾為本義，芟除為轉注。飾从巾，是拭治為本義，文飾為轉注。禮記禮運「義之修而禮之藏也」，注「猶飾也」。中庸「修道之謂教」，注「治也」。檀弓「古不修墓」，注「猶治也」。論語「修廢官」，皇疏「治故曰修」。周語「修其簠簋」，注「備也」。呂覽先己「鐘鼓不修」，注「設也」。西京賦「要紹修態」，注「為也」。思元賦「伊中情之信修兮」，注「善也」。又禮記禮運「講信修睦」，疏「習也」。樂記「藏焉修焉」，注「習也」。魏都賦「本前修以作系」，注「謂前賢也」。轉注，禮記中庸「修其宗廟」，注「謂埽糞也」。吳語「地之不修」，注「墾也」。假借為覍。廣雅釋詁二「修，長也」。爾雅釋宮「陜而修曲曰樓」，注「長也」。考工匠人「堂修二七」，注「南北之深也」。離騷「又重之以修能」，注「遠也」。史記秦始皇紀「德惠修長」，索隱「修亦長也」。又為羞。禮記鄉飲酒義「降說屨升坐修」，錢宮詹云卽儀禮之「升堂乃羞」，今以修魯連讀，非。又託名標識字。爾雅釋天「月在丙曰修」。【古韻】楚辭湘君叶猶州修舟流，呂覽辨土叶雕修。

shū 倏

屋 **倏** [篆] 走也。从犬，攸聲。讀若叔。按，疾步曰走。蜀都賦「鷹犬倏睒」，注「倏睒，疾速也」。假借為覍。漢書敘傳「辰倏忽其不再」，注「倏忽，疾也」。揚雄傳「電倏忽于牆藩」，注「倏忽，電光也」。東都賦「指顧倏忽」，注「倏忽，疾也」。按，亦雙聲連語。又重言形況字。廣雅釋訓「倏倏，光也」。揚雄傳「中箴儵儵貂璫」，作儵亦同。

yōu 悠

尤 **悠** [篆] 憂也。从心，攸聲。爾雅釋詁「悠，思也」，釋訓「悠悠，思也」。廣雅釋詁二「悠，傷也」。詩關雎「悠哉悠哉」，傳「思也」。巧言「悠悠昊天」，箋「思也」。十月之交「悠悠我里」，傳「憂也」。楚辭初放「悠悠蒼天兮」，注「憂貌」。假借為覍。爾雅釋詁「悠，遠也」，「悠，遐也」。詩訪落「於乎悠哉」，傳「遠也」。載馳「驅馬悠悠」，傳「遠貌」。黍離「悠悠蒼天」，傳「遠意」。黍苗「悠悠南行」，傳「行貌」。禮記中庸「徵則悠遠」，吳語「今吾道路悠遠」，注「長也」。史記司馬相如傳「悠遠長懷」，正義「放散貌也」。吳都賦「常沛沛以悠悠」，注「亦行貌」。楚辭大招「螭龍並流上下悠悠只」，注「螭龍行貌也」。又荀子議兵「感忽悠闇」，注「悠闇，遠視不分辨之貌」。又雙聲連語。淮南脩務「我誕謾而悠忽」，注「游蕩輕物也」。東京賦「紛焱悠以容裔」，注「從風貌」。秋興賦「日悠陽而浸微」，注「日入貌」。又重言形況字。後漢崔駰傳「悠悠罔極」，注「眾多也」。吳都賦「悠悠旆旌者」，注「流貌」。又單辭形況字。老子「悠兮其貴言」，釋文「亦作由，作猶」。【古韻】詩泉水叶漕悠遊憂，載馳叶悠漕憂，車攻叶蕭悠庖，句中韻；關雎叶求悠，句中韻。楚辭大招叶攸悠寥膠。

chóu 儵

尤 蕭 **儵** [篆] 儵魚也。从魚，攸聲。字亦作鮋，作鰷，作鯈，今之白餐條也。北山經「鯈魚其狀如鯈」，荀子榮辱「儵鯈者，浮陽之魚也」，莊子秋水「儵魚

tiáo ⿷匚攸　tūo 絛　shū 儵　tiáo 鋚　tiáo 蓧　diào 莜　tì 䐹　xiū 滫

出遊從容李注白魚也淮南覽冥若觀儵魚注小魚也爾雅釋魚鮂黑鰦注即白儵魚詩潛鰷鱨鰋鯉箋白鰷也

⿷匚攸 蕭嘯　⿷匚攸 田器也从匸攸聲廣雅釋器⿷匚攸畚也論語以杖荷莜今作蓧包注蓧草器名也以蓧爲之

絛 豪　絛 扁緒也从糸攸聲亦曰編諸禮記襍記紃以五采注若今時絛按濶者爲紱紱陿者爲絛圓者爲紃今蘇俗所用珠梅邊纖邊桂子闌干之類漢書賈誼傳所謂偏諸緣也字亦作縧作幍晉書音義中幍綸幘也

儵 屋　儵 青黑繒發白色也从黑攸聲廣雅釋器儵黑也〔假借〕爲倏廣雅釋詁一儵疾也史記司馬相如傳儵胂淒浰集解儵胂皆疾貌莊子大宗師儵然而往司馬注疾貌上林賦儵敻遠去注儵忽長逝也又雙聲連語莊子應帝王南海之帝爲儵北海之帝爲忽簡文注儵忽取神速爲名楚辭招魂往來儵忽注疾急貌幽通賦辰儵忽其不再注過也西京賦奇幻儵忽注疾也楚辭天問儵忽焉在注電光也甘泉賦電儵忽於牆藩注疾貌字又變作䫸海賦䫸昱絕電楚辭㒓上雲濛濛兮電儵爍西京賦遺光儵爚注有餘光也又重言形況字爾雅釋訓儵儵嘒嘒罹禍毒也或曰借爲悠亦通揚雄侍中箴儵儵貂璫按光耀也

鋚 尤　鋚 鐵也从金攸聲按廣雅釋器鋚鋌也字亦作鎥〔別義〕說文一曰轡首銅詩蓼蕭鞗革沖沖傳鞗轡也韓奕鞗革金厄載見鞗革有鶬采芑鉤膺鞗革箋鞗革轡首垂也字亦變作鞗

蓧 蕭　蓧 苗也从艸脩聲爾雅釋草蓧蓨又苗蓨按字亦作蓨作蓚方言別其音耳齊民要術十幽陽謂之蓫一名蓚蓨蓨苗蓫蓄皆一聲之轉亦名羊蹄又名鬼目俗名土大黃其根治腫毒疑即爾雅之苻鬼目也管子地員黑埴其草宜苹蓨〔假借〕託名幖識字史記世家周亞夫封蓨侯服虔音條又疊韻連語張平子碑都封樹之蕭蓧按猶蕭條也

莜 蕭嘯　莜 艸田器从艸條省聲論語曰以杖荷莜今作蓧按莜从艸攸聲即蓧字之或體今系于此〔假借〕爲⿷匚攸論語以杖荷蓧疏引說文莜芸田器史記孔子世家集解引包注草器名也論語集解引皇疏竹器名也則皇本以蓧爲之漢書蕭望之傳注蓧草器也

䐹 錫　䐹 失意視也从目脩聲字亦作⿰目條魏都賦⿰目條焉失所注引說文⿰目條失意視

滫 尤有　滫 久泔也从水脩聲字亦作㴸史記三王世家漸之滫中徐廣曰滫者淅米汁也淮南人閒及漸之于滫注臭汁也〔轉注〕荀子勸學其漸之滫注滫溺也按此義古多以溲爲之〔假借〕爲溲禮記內則堇荁枌榆免薨滫瀡以滑之注秦人溲曰滫齊人滑曰瀡也疏相和滫瀡之令柔滑也又㴸溲之以爲酏注㴸溲亦博異語也㴸讀與滫瀡之滫同按謂㴸溲疊韻連語緩言曰㴸溲急言曰溲也周禮司烜氏

tiǎo 窱　dí 滌　shù 虪　yóu 甹　yóu 由

司農注明齍謂以明水滫滌粢盛黍稷疏滫謂滫瀡

窱 篠嘯　窱 杳窱也从穴條聲與窈窕略同廣雅釋詁三窱深也釋訓窱窱深也西京賦望窈窱以徑廷注窈窱徑廷過度之意也荀子賦充盈大宇而不窕注窱深貌也

滌 錫　滌 洒也从水條聲古亦作滌周禮太宰眡滌濯儀禮大射儀射人宿視滌注皆訓溉禮記曲禮水曰清滌〔轉注〕詩七月十月滌場釋文埽也禮記郊特牲帝牛必在滌三月注牢中所捜除處也公羊宣三傳傳注滌宮名養帝牲三牢之處也謂之滌者取其蕩滌潔清又夏小正寒日滌凍塗傳滌也者變也變而煖也又東京賦滌饕餮之貪慾注滌蕩去也〔假借〕爲悠禮記樂記狄成滌濫之音作注謂往來疾貌也王肅注放盪也則謂借爲惕爲宕攸易雙聲又爲盪周禮司烜氏注以明水滫滌疏謂蕩滌又雙聲連語禮記郊特牲滌蕩其聲注猶搖動也又疊韻連語蔡湛頌蕭滌而雲消按猶蕭條也又重言形況字詩雲漢滌滌山川傳旱氣也三家詩作蓨蓨御覽引作悠悠亦同聲訓後漢隗囂傳滌地無類注蕩也蕩地無遺類也滌蕩雙聲古韻詩七月叶肅滌句中韻

虪 屋　虪 黑虎也从虎儵聲按儵亦會意字亦作⿸虍攸从攸聲爾雅釋獸虪黑虎釋文今作⿸虍攸海內經幽都之山上有元虎注名虪

由二十名凡由之派皆衍由聲　以州切

甹 尤　甹 木生條也从弓由聲商書曰顛木之有甹枿古文言由枿木部櫱字說解亦引商書曰若顛木之有甹櫱按許書奪由字蓋即此字之古文篆文加弓耳書盤庚若顛木之有由櫱釋文引馬本櫱作枿不言由作甹是古文尚書正作由後漢儒林傳云杜林傳古文尚書馬融作傳是馬本爲古文也〔假借〕爲岫廣雅釋詁三甹空也

由 尤　由 按古甹字从果省木萌芽于果實中人也上出者芽櫱初抽之象指事說文甹下奪古文今補於此書禹貢厥草惟繇馬注抽也以繇爲之古多用繇字爲由字說文艸部引作厥艸惟𦽒訓草盛貌蓋後出字〔轉注〕爾雅釋詁由自也按自者始也禮記內則由衣服飲食由命士以下注皆訓自易由豫由頤虞注皆訓自從爾雅釋水繇膝以下爲揭左昭廿六傳繇朐汰輈荀子禮論是以繇其期足之日也以繇爲之漢書凡由字皆以繇爲之左莊十四傳猶有妖乎以猶爲之〔假借〕爲以小爾雅廣詁由用也方言十三由式也詩小弁無易由言禮記禮運由此其選也郊特牲有由辟焉學記使人不由其誠緇衣亦不克由聖左文六傳由質要賁三十傳不能由吾子昭八傳猶將復由箋注皆訓用禮記襍記猶是附于王父也以猶爲之由以一聲之轉又爲猶實爲似考工梓

攸甹

人而由其虞鳴司農注若也孟子由反手也丁音如也又爲繇爲遯或爲徆廣雅釋詁一由行也詩君子陽陽右招我由房箋從也論語民可使由之鄭注從也觀其所由皇疏經歷也韓詩南山衡由其畝傳南北耕曰由毛本作從史記弟子傳仲由家語顏無由皆字路又爲道詩賓之初筵匪由勿語禮記禮運故飲食有由也按皆道也又爲迪廣雅釋詁二由助也方言六由輔也又由迪正也東齊青徐之閒相正謂之由迪又爲摭書立政克由繹之按引也又爲融素問移精變氣篇祝由梁元起曰祝由南方神融由雙聲又發聲之詞孟子我由未免爲鄉人也丁音與猶義同荀子富國由將不足以勉也注與猶同又助語之詞詩抑無易由言箋於也於由亦雙聲又雙聲連語長笛賦由衍識道注行貌爾雅釋鳥鼯鼠夷由郎吳都賦之狖鼯也字或變作螭又疊韻連語淮南精神仇由貪大鐘之賂而亡其國西周策注作厹由又孟子主顏讎由史記孔子世家作顏濁鄒又重言形況字管子小問由由乎茲免何其君子也注悅也楚辭惜賢尚由由而進之注猶豫也孟子由由然不忍去也韓詩外傳作愉愉亦同由愉雙聲又單辭形況字大戴文王官人喜色由然以生注當爲油油然新生好貌按禮記樂記作油亦同又託名幖識字左昭五傳吳蹶由韓子說林作融古韻禮記禮運叶守復考奧由楚辭惜往日叶流昭幽聊由轉音文子符言叶珠由精誠叶由除虛餘

屋 **苖** 蓨也从艸由聲與从艸从田之苗聲義迥別字亦作蓫又誤作蓳爾雅釋草苖蓨注未詳按卽上文蓨蓨苖蓨蓨皆聲相近詩我行其野言采其蓫傳惡菜也箋牛蘈也陸疏揚州人謂之羊蹄齊民要術十蓫一名蓨七啓霜蓄露葵以蓄爲之廣雅釋草堇羊蹄也字林堇似冬藍蒸食之酢形誤爲堇按爾雅蓨蓨又苖蓨又藬牛蘈又蓨鬼目似皆一種同類異名菜屬也又蓫薚馬尾則商陸草非此古韻詩我行其野叶蓫宿畜復

錫 **迪** 道也从辵由聲按謂導也爾雅釋詁迪道也迪進也廣雅釋言迪蹈也詩桑柔弗求弗迪傳進也漢書禮樂志百鬼迪嘗敘傳亦迪斯文皆進意禮記緇衣播刑之不迪注道也書君奭茲迪彝教疏道也益稷各迪有功迪於德史記皆作道漢書翟義傳迪知上帝命注亦道也書臯陶允迪厥德傳蹈也漢書敘傳漢迪于秦按猶踵也注至也失之叚借爲由實爲以書牧誓昏棄厥遺王父母弟不迪史記作用迪以一聲之轉又爲妯爲柚實爲軸爾雅釋詁迪作也聲訓漢書楊雄傳注迪由也古韻詩桑柔叶迪復毒

錫 **徆** 行徆徆也从彳由聲

有 **䛆** 訓也从言由聲

宥 **胄** 胤也詩崧高疏引說文禮謂適子爲胄子从肉由聲與从冃之甲胄字別虞書教胄子馬注長也鄭注國子也孔傳謂元子以下至卿大夫子弟說文去部引作育形之誤史記引作穉聲之誤周書太子晉人生而重丈夫謂之胄子左襄十四傳是四岳之裔胄也注後也魯語而等胄之親疏也注裔也幽通賦系高頊之元胄兮注緒也

宥 **笛** 七孔龠也从竹由聲羌笛三孔字亦作篴按笛長尺有四寸馬融長笛賦謂羌笛四孔京君明加一孔以備五音是漢時五孔笛與篴全相似故廣雅釋樂篴謂之笛而爾雅言籥不言笛也周禮笙師簫篪篴管司農注今時所吹五空竹篴轉注方言十一壺蠭注今黑蠭穿竹木作孔亦有蜜者或呼笛師聲訓釋名釋樂器篴滌也其聲滌滌然也風俗通聲音笛者滌也所以蕩滌邪穢納之於雅正也

宥屋 **柚** 條也似橙而酢从木由聲夏書曰厥包橘柚按爾雅釋木柚條條非條枚之條亦非條梅之條條梅之條卽楸柚條之條卽柚方音不同別其字耳字亦作櫾廣雅釋木柚櫾也史記司馬相如傳黃柑橙楱集解橘屬禹貢厥包橘柚錫貢傳小曰橘大曰柚漢書司馬相如傳橘柚芬芳注卽橙也列子湯問吳楚之國有大木焉其名爲櫾釋文似橘而大皮厚味酸以櫾爲之莊子天運柤梨橘柚其味不同而皆可于口文子尚德橘柚有鄉蜀都賦戶有橘柚之園呂覽本味果之美者雲夢之柚叚借爲軸方言六杼柚作也東齊土作謂之杼木作謂之柚詩大東杼柚其空箋譚無他貨維絲麻爾今盡杼柚不作也釋文本作軸按此軸字之轉注機持經如車持輪也

錫 **邮** 左馮翊高陵从邑由聲按邮亭邮鄉在今陜西西安府高陵縣

宥 **宙** 舟輿所極覆也从宀由聲按舟輿上覆如屋極者或曰覆也舟輿所極也淮南齊俗往古來今謂之宙四方上下謂之宇莊子庚桑楚有實而無乎處者宇也有長而無本剽者宙也注宙者有古今之長太元元攡闔宇謂之宙注猶暢也轉注淮南覽冥鳳皇之翔至德也燕雀佼之以爲不能與之爭於宇宙之閒注宇屋檐也宙棟梁也廣雅釋詁二宙凥也聲訓魯靈光殿賦廓宇宙而作京張揖注中所由爲宙也漢書敘傳音義引韋昭曰天宇所受曰宙

宥 **冑** 兜鍪也从冃由聲司馬法作𩊚从革與从肉之裔胄字別字亦作鈾易說卦傳離爲甲胄書僞說命惟甲胄起戎詩閟宮貝胄朱綅禮記曲禮獻甲者執胄左僖三十三傳左右免胄而下荀子議兵冠軸帶劍太元爭爭干及矛軸注軸甲也

屋 **舳** 舳艫也从舟由聲漢律名船方長爲舳艫漢書武帝紀舳艫千里轉注說文舳一曰舟尾方言九船後曰舳舳制水也注今江

chóu 紬　chōu 妯　yóu 油　chóu 怞　yòu 鼬　xiù 岫

東呼柁爲舳漢書武帝紀李斐注舳船後持拖處也又小爾雅廣器船頭謂之舳吳都賦宏舸連舳劉注舳船前也

宥 **岫** 山穴也从山由聲籀文从穴爾雅釋山山有穴爲岫東京賦王鮪岫居

宥 **鼬** 如鼠赤黃而大食鼠者从鼠由聲今俗呼黃鼠狼爾雅釋獸鼬鼠注似鼦赤黃色大尾【叚借】託名幖識字大荒南經有鼬姓之國

宥 **怞** 朗也从心由聲詩曰憂心且怞按毛詩鼓鐘作憂心且妯傳動也是三家詩借怞爲妯鄭箋妯之言悼也是謂借妯爲悼或曰說文脈也蓋恨字之誤存參

尤 **油** 油水出武陵孱陵西東南入江从水由聲按在今湖北荊州府公安縣北舊有油口巡司水雖湮沒而虎渡口北江之南岸有支津南通公安諸湖水古油水當在其閒也【叚借】重言形況字廣雅釋訓油油流也楚辭惜賢油油湘江注流貌史記司馬相如傳雲之油油集解雲行貌又宋微子世家禾黍油油索隱光悅貌魏都賦油麻紵注引聲類油油麻肥也又禮記玉藻禮已三爵而油油注說敬貌孟子故油油然與之偕注浩浩之貌又單辭形況字禮記祭義則易直子諒之心油然生矣注物始生好美貌孟子天油然作雲注

興雲之貌家語五儀油然若將可越而終不可及者注不進之貌也莊子知北遊油然不形而神釋文謂無所給借也又託名幖識字釋名釋飲食柰油擣柰實和以塗繒上燥而發之形似油也杏油亦如之今俗相承用爲油膏字【古韻】史記箕子麥秀歌叶油好

尤屋錫 **妯** 動也从女由聲爾雅釋詁妯動也詩鼓鐘憂心且妯傳動也三家詩以怞爲之方言六妯擾也人不靜曰妯齊宋曰妯【叚借】爲悼詩鼓鐘箋妯之言悼也則謂借爲悼又爲疇爲儔廣雅釋親妯娌娣似先後也方言十二築娌匹也娌耦也以築爲之漢書郊祀志注古謂之娣姒今關中俗呼爲先後吳楚俗呼之爲妯娌按妯之言儔娌之言似即今儔侶字許書不收侶字娌字侶者侶之誤體娌者侶之變體也【古韻】詩鼓鐘叶鼛洲妯猶

尤 **紬** 大絲繒也从糸由聲與綢繆字迥別大絲繒即左閔二傳所謂大帛之冠後漢馬后紀所謂常衣大練也蔡邕獨斷說飛軨以緹紬廣八尺長拄地蓋絲麤帛厚而耐勤者今俗以紬爲繒帛之大名【叚借】爲擂廣雅釋詁四紬業也史記麻書紬績日分索隱紬績女工紬緝之意又史公自序紬史記索隱謂綴集之也漢書谷永傳燕見紬繹注引其端緒也高唐賦紬大絃而雅聲流注引字林紬引也【聲訓】釋名釋采帛紬抽也抽引絲端出細緒也按細緒當作麤緒

liǔ 柳　liú 珋　yǒu 丣　xiù 褎　zhóu 軸

屋 **軸** 持輪也从車由聲方言九軸謂之軸列女傳母儀服直任行遠道正直而固者軸也【轉注】詩大東杼柚其空按謂機持經者以柚爲之又儀禮既夕遷于祖用軸注軸輁軸也狀如轉轔刻兩頭爲軹【叚借】爲迪詩考槃碩人之軸傳進也箋訓病則謂借爲窾窾窮也又託名幖識字詩清人清人在軸傳河上地也【聲訓】釋名釋車軸抽也入轂中可抽出也【古韻】詩清人叶軸陶抽好考槃叶陸軸宿告

褎一名 似幼切

宥宥 **褎** 袂也从衣采聲俗从由聲按采袖雙聲或曰衣袂如禾之有采也會意存參與褎衣之褎迥別字亦作褏見漢書諸傳方言四裪𧜭謂之袖注衣褾江東呼䘿詩羔裘羔裘豹褎傳猶袪也文選曹子建樂府攘袖見素手注攘袖卷袂也【轉注】方言四褕謂之袖注襦有袖者因名云按襦有不施袖者其施袖者爲褕即謂之袖也【叚借】爲擂詩生民實種實褎傳長也又爲褎詩旄丘褎如充耳傳盛服也漢書董仲舒傳今子大夫褎然爲舉首注盛服貌也張晏曰進也則謂借爲迪敘傳樂安褎褎注盛皃也亦重言形況字【聲訓】釋名釋衣服袖由也手所由出入也亦言受也以受手也【古韻】詩羔裘叶褎究好

丣二十名凡丣之派皆衍丣聲 與九切

有 **丣** 說文以爲酉之古文按酉丣截然兩字今別分爲正篆闢戶爲卯閉戶爲丣从丣而關其上指事坐字从此會意周氏伯琦以爲古牖字亦非【叚借】託名幖識字古以紀旬後又以紀年紀月說文卯爲春門萬物已出丣爲秋門萬物已入从一閉門象也爾雅釋天太歲在酉曰作噩八月爲壯論衡物勢酉雞也又以命天體十二宮淮南天文酉爲危皆以酉爲之【聲訓】史記律書酉者萬物之老也釋名釋天酉秀也秀者物皆成也太元元數辰申酉注酉取畢成可酉聚也亦皆以酉爲之

尤 **珋** 石之有光璧珋也出西胡中从王丣聲字亦作琉作璢漢書西域傳罽賓國出璧流離注青色如玉魏略云大秦國出赤白黑黃青綠縹紺紅紫十種流離按此自然而成非如今銷融石汁而爲之者古曰璧珋天竺氏書言吠瑠璃今省曰琉璃

有 **柳** 小楊也从木丣聲字亦作桺爾雅釋木桑柳醜條賈子胎教柳者南方之草夏木也爾雅檉河柳注今河旁赤莖小楊按亦曰朱楊曰雨師言天將雨先華也曰三春柳言一歲三華也今蘇俗謂之西河柳詩皇矣其檉其椐子虛賦檗離朱楊是也爾雅又云旄澤柳注生澤中者按如毛尾下垂亦曰垂絲柳其華成絮入水爲萍春時取火之木詩折柳樊圃楊柳依依有菀者柳是也爾雅又云楊蒲柳注可以爲箭按亦曰水楊曰青楊詩車鄰隰有楊東門之楊其葉牂牂王揚之水不流束蒲左襄十二傳董澤之蒲是也爾雅又云檖

liú 鼦　liú 留

柜柳注柜柳似柳皮可煑作飲按亦曰欅柳曰鬼柳曰杞柳可爲桮棬簸箕詩將仲子無折我樹杞孟子性猶杞柳馬融廣成頌桺柳楓楊是也按楊葉揚起柳葉下垂夏小正正月柳稊三月萎楊截然二物而古則楊柳通名至杞柳皮似檀槐葉如櫟榆特冒柳之名耳轉注爾雅釋天咮謂之柳柳鶉火也按南方朱鳥宿入星曲而垂形似柳枝故名叚借爲霤周禮縫人衣翣柳之材故書作櫝司農注棺飾禮記喪大記飾棺注柳象宮室縣池於荒之爪端若承霤然釋名釋喪制輿棺之車其蓋曰柳禮記檀弓池視重霤正作霤又廣雅釋器柳車也史記季布欒布傳置廣柳車中服虔曰東郡謂廣轍車爲柳按猶輼輬安車亦爲喪車之名也又爲擒向書大傳度西曰柳穀注五色聚爲柳今書堯典作昧谷又爲丣左傳鄭印癸字子柳家語孔子弟子顏辛字柳孟子子柳子思爲臣說苑作子庚聲訓爾雅釋天咮謂之柳孫注其星聚也書大傳秋祀柳穀華山注柳聚也齊人語周禮縫人注柳之言聚諸飾之所聚漢書季布傳廣柳車晉灼曰柳聚也皆以擒爲訓釋名釋喪制柳聚也眾飾所聚亦其形僂也兼以僂爲訓按禮記檀弓設蔞翣荀子禮論帾絲萬縷翣吕覽節喪僂翣以督之字亦以僂縷蔞爲之也

尤有 **鼦** 竹鼠也如犬从鼠畱省聲按丣聲字亦作⿰犭留莊子天地執⿰犭留之狗成鬼釋文竹鼠也

尤有 **畱** 止也从田丣聲按从田从丣會意與坐同意丣亦聲字亦作留从卯聲秦策今之留于酸棗楚辭雲中君靈連蜷兮既留注皆訓止素問瘧論風氣留其處注謂留止爾雅釋詁留久也禮記儒行悉數之乃留注久也莊子山木無留居注滯守之謂漢書郊祀志宿留海上注有所須待也列子黃帝怪而留之釋文謂宿留而視之也轉注吳語一日惕一日留注徐也周書武順均佐肅敬而無留注遲也吕覽圜道一不欲留注滯也管子正世不慕古不留今注謂守常不變楚辭湘君蹇誰留兮中洲注待也又周書大匡哭不留日注盡也又儀禮大射儀下曰留注不至也叚借爲昴史記律書北至于留又爲流莊子天地留動而生物又爲鶹爾雅釋鳥鶹鷅注猶留離詩所謂留離之子按亦雙聲連語又爲瘤魏都賦林藪石留而蕪穢注土地多石猶人物之有留結也又雙聲連語漢書匈奴傳金留犂撓酒應劭曰飯七也又託名標識字詩丘中有麻彼留子嗟傳大夫氏曹氏曰留本邑名其大夫以爲氏水經渠水注孟康曰留鄭邑也後爲陳所幷故曰陳留惠氏定宇謂留以邑氏公羊說也後來劉姓郎留之借按春秋襄十五年劉夏公羊傳其稱劉何以邑氏也三傳無作留者王風之留當今河南開封府陳留縣與在河南府偃師縣之劉別惠說非也又釋名釋衣服留幕冀州所名大褶下至膝者也聲訓史記律書留者言陽氣之稽留也釋名釋衣服留牢也幕絡也言牢絡在衣表也古韻楚辭離騷叶留茅轉音鬼谷子內揵叶留來

liù 禶　liú 鶹　liù 餾　liú 瘤　liǔ 罶　liù 廇　liú 騮　liù 溜

宥 **禶** 祝禶也从示畱聲字亦作袖見玉篇素問古之治病可祝由而已以由爲之已止也

尤 **鶹** 鳥少美長醜爲鶹離从鳥畱聲爾雅釋鳥鳥少美長醜爲鶹鷅注猶畱離詩所謂畱離之子按詩旄丘流離之子作流離鶹離雙聲連語猶倉庚名黃鸝畱黃栗畱黃離畱也此字後出別義北山經鐃山其鳥多鶹注鵂鶹也說文作舊畱詩旄丘陸疏流離梟也又一切經音義云鵂鶹關西名訓侯山東名訓狐按皆方音之轉鵂鶹亦疊韻連語

宥 **餾** 飯气蒸也从食畱聲字亦作餐按米一蒸曰饙再蒸曰餾爾雅釋言餾稔也注饙均熟爲餾孫注均之曰餾廣雅釋器餾餥也又饙謂之餥王氏念孫謂餥卽滫字非

尤宥 **瘤** 腫也从疒畱聲通俗文肉凸曰瘤聲類瘤息肉也三蒼瘤小腫也廣雅釋詁一瘤病也按與肬聲近誼同聲訓釋名釋疾病瘤流也血流聚所生瘤腫也按流當作畱

有 **罶** 曲梁寡婦之笱魚所畱也从网畱畱亦聲或从婁聲春秋國語曰講罛𦌾今魯語水虞于是乎講罛罶注罶笱也作罶爾雅釋器嫠婦之笱謂之罶孫注笱曲梁其功易故謂之寡婦之笱釋文字書作⿱罒卯釋訓凡曲者爲罶注凡以薄爲魚笱者名爲罶廣雅釋器曲梁謂之罶詩魚麗魚麗于罶苕之華三星在罶按以土若石堰水爲關空曰梁曲薄爲器其口可入而不可出以承梁空捕魚者曰笱而以曲薄爲梁令魚可入而不可出謂之罶罶非笱而其用如笱故曰嫠婦之笱如吾蘇蟹簖之類是也釋器釋訓郭注魚笱字皆當作魚梁臆說如此似與爾雅毛傳廣雅皆合韋注國語不憭古韻詩魚麗叶罶酒苕之華叶首罶飽

宥 **廇** 中庭也从广畱聲爾雅釋宮杗廇謂之梁楚辭愍命剸讒賊於中廇兮注堂中央也按古者陶復陶穴皆開其上以取明有雨則霤後制爲宮室其正中當古霤處謂之中霤亦謂之廇其實卽霤字之轉注也

尤 **騮** 赤馬黑髦尾也从馬畱聲字亦作駵詩騧有駵有駱傳赤身黑鬣曰駵小戎騏駵是中箋同吕覽孟夏駕赤駵注駵馬黑尾曰駵爾雅釋畜駵馬白腹騵孫注駵赤色也別義莊子秋水騏驥驊騮一日而馳千里李注駿馬也

宥 **溜** 溜水出鬱林郡从水畱聲按卽今廣西柳州府柳城縣柳江也以柳爲之亦曰潭水至象州合于盤江在廣東爲西江入海叚借爲霤蒼頡篇溜水垂下也左宣二傳三進及溜疏謂簷下水溜之處琴賦據神淵而吐溜射雉賦泉涓涓而吐溜注水流貌也又管子宙合溜發也素問陰陽別論陰陽相過曰溜

宥 **霤** 屋水流也。从雨，畱聲。釋名釋宮室：中央曰中霤，古者寝穴，後室之霤，當今之棟下直室之中，古者霤下之處也。禮記月令：其祀中霤。注：猶中室也。郊特牲：家主中霤。注：亦土神。獨斷：霤神在室，祀中霤，設主于牖下也。公羊哀六傳：而至于中霤。注：中央曰中霤。楚辭大招：觀絕霤只。注：屋宇也。〔轉注〕方言十三：甂謂之甂。廣雅釋室：甍謂之霤。按霤處之瓦也，字亦變作甂。又禮記喪大記注：天子諸侯言東霤。疏謂東南兩頭爲屋簷霤下。又檀弓池視重霤。注：承霤以木爲之，用行水，亦宮之飾也。又王藻頤霤垂拱。疏：霤，屋簷。又補古詩：濛濛甘霤。注：凡水下流曰霤。〔聲訓〕釋名釋宮室：霤，流也，水從屋上流下也。〔古韻〕楚辭大招叶秀霤畜囿。

尤 **搊** 引也。从手，畱聲。或从由，或从秀聲。廣雅釋詁三：抽，拔也。搊，縮也。按謂縮也。左宣十二傳：每射抽矢菆。注：擢也。莊子天地：挈水若抽。李注：引也。太元元攡：抽不抽之緒。注：出也。元瑩：抽理也，羣倫抽緒。注：猶收也。淮南齊俗：抽箕踰備之姦。注：握也。又詩楚茨：言抽其棘。傳：除也。儀禮喪服傳：抽其半。注：猶去也。左昭六傳：不抽屋。服注：裂也。又詩清人：左旋右抽。三家詩作搯。書立政：克由繹之。以由爲之。呂覽節喪：涉血盩肝以求之。以盩爲之。〔叚借〕爲籒。詩墻有茨：不可讀也。箋：讀猶出也。方言十三：抽，讀也。又爲築。詩斯干箋：椓謂擂土也。按擣也。疏：擂者以手平物之名，失之。〔古韻〕詩清人叶軸陶抽好。

尤 **鎦** 殺也。錯本有从金畱聲四字，按此篆當有，古文劉，許君爲漢姓忌諱，故隱其字。小徐說从金从丣，刀字屈曲，傳寫誤作田，非是。

尤 **劉** 从釗，丣聲。按卽鎦之古文，今補于此。漢書王莽傳：夫劉之爲字，卯金刀也。此讖緯陋言不足據。爾雅釋詁：劉，殺也。劉，克也。方言一：劉，殺也。書盤庚：無盡劉。詩武：勝殷遏劉。左成十三傳：虔劉我邊陲。傳注皆訓殺。周書世俘：則咸劉商王紂。注：尅也。〔叚借〕爲膢。周禮射人注：今立秋有貙劉。爾雅釋詁：劉，陳也。又爲流，爲留。淮南原道：劉覽偏照。注：回觀也。又爲瀏。詩月出：佼人劉兮。按美目清也。釋文本作懰，作懰，亦單詞形況字。又爲條。詩桑柔：捋采其劉。傳：爆爍而希也。爾雅釋詁：毗劉，暴樂也。按暴毗雙聲，樂劉雙聲，暴樂卽毗劉之轉語，猶今言剝落也。讀如蠶月條桑之條，實爲修字也。又重言形況字。爾雅釋木：劉，劉杙。字或變作榴。吳都賦：㮘榴禦霜，是也。又託名標識字。書顧命：一人冕執劉。鄭注：今鑱斧。廣雅釋器：劉，刀也。又爾雅釋鳥：鶹，劉疾。疑卽鶹鷅之雄者。又公羊襄十五傳：劉者何，邑也。左桓十一傳：王取鄔劉蔿邘之田于鄭，在今河南河南府偃師縣。初成王封王季子于此，其後以邑爲氏，世爲周卿士，此姬姓之劉也。又左昭廿九傳：有陶唐氏既衰，其後有劉累。按堯裔封于劉，在今直隸保定府唐縣，其後以國爲氏，此祁姓之劉也。又左襄十五年：及向戌盟于劉。此魯地之近城者也。〔古韻〕詩桑柔叶柔劉憂矣。

宥 **籒** 讀書也。从竹，擂聲。春秋傳曰：卜籒云。按今本左傳凡卦兆之詞皆以繇爲之。〔叚借〕託名標識字。周宣王史名籒，其所著文字曰籒文，亦曰大篆。

尤 **鐂** 竹聲也。从竹，劉聲。

尤有 **瀏** 流清貌。从水，劉聲。與漻略同。詩溱洧：瀏其清矣。傳：深貌。韓詩作漻。後漢馮衍傳：以瀏爲之。太元減：瀏漣漣。注：流也。〔轉注〕西征賦：瀏睨檻以抗憤。注：目清貌也。文賦：體物而瀏亮。注：瀏亮，清明之稱。亦雙聲連語。又詩月出：佼人懰兮。釋文：好貌。按目清貌，字亦變作懰。又作嬼。埤蒼：嬼，妖也。羣經音辨：以瀏爲之。亦單詞形況字。〔叚借〕爲飂。風俗通：涼風曰瀏。廣雅釋訓：瀏瀏，風也。楚辭逢紛：秋風瀏瀏以蕭蕭。注：風疾貌。長笛賦：正瀏漂以風冽。注：瀏漂，清涼貌。又爲畱。文選笙賦注引埤蒼：瀏，宿畱也。又雙聲連語。史記司馬相如傳：瀏莅卉吸。索隱：林木鼓動之聲。漢書外戚傳：瀏慓不言。注：哀愴之意也。按猶凜冽也。甘泉賦：正瀏濫以弘惝兮。注：猶言清淨而汎濫也。〔古韻〕詩月出叶皓懰受慅。

酉十九名凡酉之派皆衍酉聲 與九切

有 **酉** 就也。八月黍成，可爲酎酒。象古文丣之形。古文作丣，从丣，丣爲春門，萬物已出；丣爲秋門，萬物已入。一，閉門象也。按酉丣各字。艸部有茆兔葵字，又有莤縮酒字，亦一證也。今別分丣爲正篆，而酉下古文從丣，酉卽酒字，象釀器形，中有實。說文酉部六十七文皆从酒也。顏氏家訓書證引詩說曰：二在天下爲酉。釋形尤乖繆不經。又按古文作𠧟，當據籒篆古文補。〔叚借〕爲丣，實託名標識字。古以紀旬，爲十二枝之一。〔聲訓〕白虎通五行：酉者老也。淮南天文：酉者飽也。釋名釋天：酉，秀也。禮記月令疏：酉，緧也。廣雅釋詁三：酉，就也。

尤有 **卣** 爾雅釋器：卣，中尊也。又彝卣罍，器也。李注：卣，鬯之尊也。家大人曰：卣字無從下筆，當卽酉之誤體，或以爲卣字，非。書洛誥：以秬鬯二卣。文侯之命：用賚爾秬鬯一卣。詩江漢：秬鬯一卣。左僖廿八傳：秬鬯一卣。周禮鬯人：廟用脩。注：卣，中尊，謂獻象之屬。以脩爲之，今附于此存參。

有 **酒** 就也。所以就人性之善惡。从水，从酉，酉亦聲。一曰造也，吉凶所造也。古者儀狄作酒醪，禹嘗之而美，遂疏儀狄。杜康作秫酒。按卽酉字之小篆，因酉爲十二枝借義所專，又加水旁以別之，今系于此。周禮有酒正。禮記曲禮：酒曰清酌。樂記：酒食者所以合歡也。射義：酒者所以養老也，所以養病也。漢書食貨志：酒，百藥之長。又酒者天之美祿。春秋元命苞：酒者乳也。王者法酒旗以布政。

qiú 逎　chǒu 醜　yǒu 庮

施天乳以哺人按天文酒旗三星在南方柳宿上與文昌對又木經河水注酒泉泉味如酒聲訓釋名釋飲食酒酉也釀之米麴酉澤久而味美也亦言踧也能否皆強相踧持飲之也又入口咽之皆踧其面也春秋說題辭酒之言乳也所以策身扶老也說文酒就也一曰造也古韻詩叔于田叶狩酒好七月叶棗稻酒壽魚麗叶罶酒抑叶覆酒句中韻泮水叶茆酒老道醜旱麓叶酒牡句中韻轉音詩正月叶酒殽

尤 **逎** 迫也从辵酉聲或从酋聲字亦作遒廣雅釋詁一遒急也三遒近也楚辭招魂遒相迫些注遒亦迫也上林賦遒孔鸞促鵕鸃注皆迫捕貌莊子秋水蹈我亦勝我荀子議兵蹴之以刑罰注藉也釋名釋天緧迫品物以緧爲之叚借爲趥左襄十四傳引夏書遒人以木鐸徇于路注行令之官也按猶行人也又爲揫爲詩破斧四國是遒傳固也箋斂也長發百祿是遒傳聚也又爲酋實爲借答賓戲說難既遒按終也應劭注好也失之又託名幖識字漢書景武功臣表遒侯陸彊注古遒字又地理志九江郡浚遒注音酋涿郡遒注古遒字古韻詩破斧叶銶遒休長發叶球旒休絿柔優遒

有尤 **醜** 可惡也从鬼酉聲大戴易本命耗土之人醜楚辭橘頌姱而不醜兮武梁祠堂畫像無鹽醜女字亦作䰢詩遵大路無我䰢兮

箋醜亦惡也傳訓棄則謂借爲斁字又作媸後漢文苑趙壹傳孰知辨其蚩妍以蚩爲之媸醜雙聲轉注詩十月之交亦孔之醜傳惡也泮水屈此羣醜箋惡也左文十八傳醜類惡物注亦惡也又莊子德充符寡人醜乎崔注愧也李注慙也秦策皆有詬醜大誹注恥也淮南說林莫不醜于色注猶怒也一曰媿也報任少卿書行莫醜于辱先注穢也又荀子宥坐記醜而博注謂怪異之事字亦作𢙾方言十三𢙾惡也叚借爲儔爲疇爾雅釋詁醜衆也方言三醜同也廣雅釋詁三醜類也易離獲匪其醜虞注類也詩出車執訊獲醜吉日從其羣醜常武仍執醜虜箋皆訓衆緜戎醜攸行民勞以謹醜厲泮水屈此羣醜傳皆訓衆禮記曲禮在醜夷不爭注衆也學記比物醜類注猶比也孟子地醜德齊注類也爾雅釋草蘩之醜注類也楚語官有十醜爲億醜注類也又爲尻禮記內則鼈去醜注謂鼈竅也又爲疇漢書儒林傳燕人周醜字子家聲訓釋名釋言語醜臭也如物臭穢也古韻詩牆有茨叶埽道醜遵大路叶手䰢好吉日叶戊禱好阜醜十月之交叶卯醜釆芑叶醜猶醜泮水叶茆酒老道醜易大過叶久醜咎管子內業叶道醜壽

尤有 **庮** 久屋朽木从广酉聲周禮曰牛夜鳴則庮臭如朽木按字亦作㾌內饔牛夜鳴則庮司農注庮朽木臭也干注庮病也廣雅釋詁一㾌病也禮記內則注庮惡臭也春秋傳曰一薰一庮則謂借爲猶

yǒu 槱　qiú 酋　qiū 趥　qiú 觓　yóu 楢　yóu 猶

有宥 **槱** 積火燎之也嚴可均云當作積木从木从火酉意酉聲詩曰薪之槱之周禮以槱燎祠司中司命或作𥚉柴祭天神从示按字亦作𥚉詩棫樸薪之槱之傳積也釋文積木燒也周禮大宗伯槱燎注積也風俗通祀典𥚉者積薪燔柴也東京賦颺槱燎之炎煬注槱之言聚也蓋以揫爲訓轉音詩棫樸叶槱趣

尤 **酋** 繹酒也从酉水半見于上禮有大酋掌酒官也按酉亦聲俗字作醋凡一宿酒疾孰者曰醴曰酤曰酋其日久者周禮曰昔酒禮記曰舊澤之酒後世謂之醇酒醇俗字呂覽仲冬乃命大酋注主酒官也醖釀米麴使之化熟故謂之酋於周禮爲酒正周禮酒正昔酒注今之酋久白酒方言七酋熟也久熟曰酋鄭語毒之酋腊者注精熟曰酋叚借爲僭爾雅釋詁酋終也詩卷阿似先公酋矣又爲遒考工廬人酋矛常有四尺注酋夷長短名酋之言遒也酋近夷長矣詩伯兮釋文酋發聲失之又爲揫爲揫太元元圖陰酋西北注聚也元文酋西方也秋也物皆成象而就也又酋者生之府也又直酋相救注殺也又爲豪酋豪雙聲漢書宣帝紀揚玉酋非首注羌胡名大帥爲酋如中國言魁張敞傳偷盜酋長數人注長帥也敘傳注酋雄也吳都賦儋耳黑齒之酋注酋渠皆豪帥也按書序旅獒以獒爲之又託名幖識字史記周公世家考工酋系本作就鄒誕本作遒聲訓太元中酋酋大魁頤注就也太元元文注酋之言聚也以揫爲訓古

韻詩卷阿叶游休酋

尤 **趥** 行貌从走酋聲按書僞允征遒人字以遒爲之

尤 **觓** 弋射收繳具从角酋聲讀若鰌按以角爲之一名[illegible]

尤 **楢** 柔木也工官以爲耎輪从木酋聲讀若糗中山經崌山其木多楢注剛木也中車材管子地員皆宜竹箭求𣟴楢檀以猶爲之叚借爲槱詩棫樸周禮大宗伯釋文皆云本亦作楢

尤尤宥 **猶** 玃屬从犬酋聲字亦作猷右形左聲爾雅釋獸猶如麂善登木釋文引尸子猶五尺大犬也顏氏家訓書證猶獸名也既聞人聲乃豫緣木如此上下故稱猶豫史記呂后紀猶與未決索隱猶猿類也卬鼻長尾性多疑按易由豫馬注猶豫疑也離騷心猶豫而狐疑此雙聲連語故亦作冘豫作由與作猶與或說猶豫二獸皆多疑亦非水經江水注云猶猢似猴而短足好遊巖樹一騰百步乘空若飛是猶之爲獸健登類猴而足短于猴五尺之大類麂麂足如犬也殆與爾雅之蜼廣雅之狖吳都賦之猓然同類而形較大耳別義說文一曰隴西謂犬子爲猷叚借爲誘或爲詒方言十三猷詐也廣雅釋詁二猶欺也猶詒雙聲或曰卽猶豫轉注之誼非是又爲繇爲遵

qiū 緧　cù 媨　jiū 揫　qiū 鰌

爾雅釋宮猷道也詩巧言秩秩大猷箋道也小旻匪大猶是經傳道也幽通賦謨先聖之大猷兮注或作繇又爲儀爲議爾雅釋言猷圖也釋詁猷謀也詩板猶之未遠傳圖也采芑克壯其猶箋謀也猶儀雙聲又爲宜爾雅釋言猷可也詩陟岵猶來無止白華之子不猶傳皆訓可猶宜雙聲又爲友廣雅釋詁一猷順也猶友雙聲又爲以爾雅釋詁猷已也老子猶兮其貴言釋文猶用也又爲似爾雅釋言猷若也詩小星實命不猶傳若也穀梁僖二傳壁則猶是也注言如故呂覽慎行且自以爲猶宋也注如也猶以雙聲又爲由禮記襍記則猶與祭也注當爲由封禪文猶兼正列其義注猶因也又爲猶爾雅釋詁猷言也注猷者道道亦言也謂借爲迪爲導失之又爲搖禮記檀弓詠斯猶爾雅釋詁繇喜注謂猶卽繇失之又爲詠詩斯干無相猶矣鼓鐘其德不猶箋猶當作瘉失之猶尤雙聲又爲檜管子地員求黽猶檀又爲欲禮記禮器匪革其猶猶欲一聲之轉又發聲之詞書大誥王若曰猷多方猷告爾四國多方傳皆訓順兼訓道失之又禮記檀弓期而猶哭注尚也呂覽適威吳之亡猶晚注尚也儀禮鄉射禮司射猶挾乘矢注有故之辭大射儀猶挾一个注守故之辭左傳三十一年猶三望注可止之辭公羊傳猶者何通可以已也又單詞形況字荀子哀公猶然如將可及者注舒遲之貌子道蓋猶若也注舒和之貌莊子逍遙游宋榮子猶然笑之崔注笑貌或曰皆借爲逌亦通又重言形況字禮記檀弓君子蓋猶猶爾注疾舒之中又雙

聲連語漢書霍光傳不忍猶與注不決也又疊韻連語莊子至樂黃軦生于九猷李注蟲名也【聲訓】穀梁文六年猶朝于廟傳猶之爲言可以已也按謂宜已已也猶宜猶以猶已皆雙聲【古韻】詩小星叶昴裯猶鼓鐘叶妯猶采芑叶醜猶醜斯干叶苞茂好猶小旻叶猶就咎道禮記禮器叶猶孝楚辭湘君叶猶州修舟流

尤 **鰌** 鰌也从魚酋聲字亦作鱃作鰍作鰌爾雅釋魚鰼鰌注今泥鰌孫注鰼尋也尋習其泥厭其清水釋文引字林似鱓短小也莊子齊物論鰌與魚游庚桑楚而鯢鰌爲之制東山經蒼體之水其中多鱃魚注今蝦鰌字亦作鱃廣雅釋魚鱃鰻也按鰻卽鰍字禮記月令羣鳥養羞以羞爲之左定十二傳衛史鰌字子魚【叚借】爲道莊子秋水鰌我亦勝我李注藉也荀子議兵鰌之以刑罰彊國大燕鰌吾後注蹴也藉也本亦作蹭按蹭之誤字又考工輈人故書必鰌其牛後司農注鰌魚字讀爲緧按讀爲道也

尤 **揫** 聚也从手酋聲左成二傳百祿是遒太元元圍咸酋貞注皆訓聚以遒以酋爲之

屋 有 **媨** 醜也一曰老嫗也从女酋聲讀若蹴字亦作媨左形右聲別義廣雅釋詁一媨好也

尤 **緧** 馬紂也从糸酋聲字亦作鞧作緅作緧作鞦作鞧方言九車紂自關而東謂之緧或謂之曲綯爾雅釋言綯絞也廣雅釋器緧

qiú 蝤　yóu 輶　yóu 蕕　yǒu 牖　yòu 幼

緧也綯索也詩七月宵爾索綯【叚借】爲道考工輈人必緧其牛後按迫也司農注謂緧字之轉注失之又爲偷射雉賦青鞦莎靡注鞦尾閒也按潘用詩子尾偷偷其實詩重言形況字當作偷偷傳寫者望文生義誤从羽也又雙聲連語徐鉉云鞦韆本云千秋祝壽之詞也語譌轉爲秋千後人乃造此字高無際鞦韆賦序云漢武帝後庭之戲也【聲訓】釋名釋車鞦道也在後遒迫使不得卻縮也

尤 **蝤** 蝤蠐也从虫酋聲爾雅釋蟲蟦蠐螬蝤蠐蝎又蝎蛣蝠又蝎桑蠹詩碩人領如蝤蠐按蝤蠐雙聲連語在木中者爲蝤蠐其在土中者曰蠐螬二蟲同類而異物同名而通偁蝤蠐倒言之卽蠐螬也或曰孫炎讀爾雅蟦蠐名蠐螬名蝤蠐名蝎文法一例孟子螬食實者亦單偁螬也存參【叚借】疊韻連語漢書王褒傳蜉蝣出以陰卽爾雅之蜉蝣渠略夏小正之浮游有殷也

尤 **輶** 輕車也从車酋聲詩曰輶車鑾鑣按駟鐵傳輶輕也吳都賦輶軒蓼擾褚白馬賦飛輶軒以戒道注皆訓輕【轉注】爾雅釋言輶輕也詩烝民德輶如毛箋輕也幽通賦乃輶德而無累注輕也

尤 **蕕** 水邊艸也从艸猶聲爾雅釋草蕕蔓于注多生水中一名軒于按子虛賦菴閭軒于是也字蓋以蕕酒之蕕爲之疑形近誤省卽廣雅之馬唐馬飯也左僖四傳一薰一蕕注臭草也家語致思回聞薰蕕不同器而藏注蕕臭管子地員其草魚腸與蕕太元聚鼎血

之蕕【叚借】託名幖識字左定六傳天王處于姑蕕注周地【聲訓】說文繫傳云似細蘆蔓生水上隨水高下汎汎然也故曰蕕游也【古韻】左僖四傳叶蕕臭

牖一名　與九切

有 **牖** 穿壁也以木爲交窗也从片戶甫譚長以甫上日也非戶也牖所以見日按譚說是也字當从日从屑謂日光閒見也古文牖小篆變作牖耳在屋曰窗在墻曰牖凡室南鄉牖西戶東皆在南其北但有墉民居或鑿穴以通明者曰向不曰牖詩七月塞向是也惟亳社北牖使陰明也見禮記郊特牲凡室無之蒼頡解詁牖旁窗也所以助明者也廣雅釋室牖闢也易坎內約自牖書顧命牖閒南嚮論語自牖執其手皇疏南窗也【叚借】爲迪或爲羑卽誘廣雅釋詁三牖道也詩板天之牖民傳道也又水經蕩水注牖獄犴也獨斷殷曰牖里又爲墉之誤字禮記喪大記寢東首于北牖下儀禮士喪禮正作墉【古韻】易坎叶簋缶牖咎

幼八名凡幼之派皆衍幼聲　伊謬切

宥 蕭 **幼** 小也从幺从力會意爾雅釋言幼穉也釋名釋長幼幼少也言生日少也禮記曲禮人生十年曰幼儀禮喪服傳子幼注謂年

yōu 呦　yǒu 欶　yǎo 窈　yǒu 黝　yōu 怮　yōu 泑　yǒu ⿰魚幼

十五以下。禮記祭義慈幼爲其近于子也。轉注。管子幼官注。始也。孟子幼吾幼注。猶愛也。又東山經無皋之山南望幼海注。卽少海也。叚借爲窈。詩斯干毛傳。冥幼也。漢書元帝紀贊窮極幼眇注。讀曰要眇。中山靖王勝傳每聞幼妙之音注。精微也。外戚傳。雅幼眇之相羊。注。猶窈窕也。

尤 **呦** 鹿鳴聲也。从口幼聲。或从欠。按欶字欠部重出古或借欶爲呦耳。今刪。詩鹿鳴呦呦鹿鳴傳。呦呦然鳴而相呼。廣雅釋訓呦呦鳴也。按亦重言形況字。

尤 **欶** 愁皃。从欠幼聲。愁皃疑當作愁聲。不則與怮同字。叚借爲呦。說文口部呦下重文欶。或从欠。按詩鹿鳴古本或作欶。蓋借欶爲呦也。玉篇口部又云鹿鳴亦作欶。

篠 **窈** 深遠也。从穴幼聲。廣雅釋詁三。窈深也。釋訓窈窈深也。老子窈兮冥兮。王注。深遠之歎。素問從容論吾問子窈冥注。謂不可見者。史記項羽紀窈冥晝晦。莊子在宥至道之精窈窈冥冥注。皆了無也。按與冥連文者義當作杳。後漢班彪傳又杳篠而不見陽注。深也。亦疊韻連語。然與篠連文者義當作窈。叚借疊韻連語。詩關雎窈窕淑女傳。幽閒也。韓詩薛君章句貞專貌。方言二美心爲窈美狀爲窕

則以爲卽㚟姚字。郭注。言幽靜也。非。楊意廣雅釋詁一。窈窕好也。又後漢列女傳曹世叔妻班昭女誡出則窈窕作態注。妖冶之貌也。又詩月出舒窈糾兮傳。舒之姿也。又雙聲連語。江淹禊體詩窈藹瀟湘空注。深遠之皃。

有 **黝** 微青黑色。从黑幼聲。爾雅釋器黑謂之黝。釋宮地謂之黝。廣雅釋室黝塗也。穀梁莊廿四傳天子諸侯黝堊。疏黑柱也。禮記喪大記既祥黝堊注。堊室之飾也。又周禮牧人幽牲。禮記玉藻幽衡。皆以幽爲之。叚借疊韻連語。蜀都賦林麓黝儵注。茂盛皃蔭密則黑。亦兼轉注也。又託名幖識字。漢書地理志丹陽郡黝注。黝字本作黟。按今安徽徽州府休寧祁門黟縣池州府石埭建德皆古黝地。

蕭 尤 **怮** 憂皃。从心幼聲。廣雅釋訓怮怮憂也。

尤 有 **泑** 泑澤在昆侖下。从水幼聲。讀與欶同。卽今西域之星宿海也。西山經不周之山東望泑澤河水所潛也。其源渾渾泡泡注。卽蒲澤。水經河水注泑澤卽經所謂蒲昌海也。按史記漢書謂之鹽澤。叚借爲黝。西山經長沙之山泚水出焉北流注于泑水注。泑水色黑也。按卽下文之黑水也。

有 蕭 **⿰魚幼** ⿰魚幼魚也。从魚幼聲。讀若幽。廣雅釋魚。⿰魚幼䱀也。按字亦作䱀。幼奧一聲之轉。玉篇䱀小鰌也。

xiū 休　xiū ⿰休馬　qiú 求

休二名凡休之派皆衍休聲。許由切

术 尤 **休** 息止也。从人依木。會意。或又从广。爾雅釋詁。休息也。釋言休庇也。庥蔭也。詩南有喬木不可休思。漢書王莽傳誠上休陛下餘光注。庇蔭也。淮南精神得休越下注。三輔人爲休華樹下爲茠也。以蔣爲之。又詩民勞汔可小休傳。定也。箋止息也。禮記月令毋休于都注。今月令爲伏。史記高帝紀止宮休舍正義。休息也。穆天子傳二休羣王之山注。遊息也。六乃休注。駐也。又詩瞻卬休其蠶織傳息也。左昭廿七傳休公徒之怒注。息也。昭五傳茲敝邑休怠注。解也。呂覽觀表未嘗休也注。止也。又後漢彭脩傳父爲郡吏得休注。暇也。蔡邕傳臣屬吏張宛長休百日注。假也。又書酒誥服休鄭注。燕息之近臣。叚借爲嘉。休嘉一聲之轉。爾雅釋詁。休美也。釋言休慶也。廣雅釋詁一休喜也。烋善也。以哮爲之。易大有順天休命鄭注。美也。書洪範休徵後漢班固傳注。休徵叙美行之驗。詩民勞以爲王休箋我心則休長發何天之休。周語襲于休祥傳箋注皆訓美。楚語無不受休注。慶也。周語爲晉休戚注。喜也。左襄廿八傳以禮承天之休注。福祿也。又爲煦。休煦亦一聲之轉。詩載見休有烈光箋休然壯盛考工弓人憝于剅而休于氣。禮記玉藻盛氣顛實揚休。左昭三傳而或燠休之。按皆氣烝之義。又爲怵之誤字。楚語以休懼其動。周禮瞽矇司農注正作怵。韋注休嘉也。失之。又重言形況字。爾雅釋訓休休儉

也。詩蟋蟀良士休休傳。樂道之心。書秦誓其心休休焉鄭注。寬容皃。王肅注好善之皃。公羊文十二傳注。美大皃。又託名幖識字。爾雅釋木休無實李注。一名趙李。又列子湯問有輒休之國疑沐字之誤。古韻詩漢廣叶休求。蟋蟀叶休慆憂休。破斧叶銶遒休。菁莪叶舟浮休。卷阿叶游休酋。絲衣叶觩柔休。長發叶球旒休絿柔優遒。江漢叶首休考壽。民勞叶休逑呶憂休。上休本字。下休卽喜字。轉音。墨子䙊守叶休後。

尤 **⿰休馬** 馬名。从馬休聲。

求十三名凡求之派皆衍求聲。巨鳩切

尤 **求** 說文以求爲裘之古文省衣。象形。按詩大東熊羆是裘箋裘當作求。聲相近故也。是鄭君不以裘求爲一字。今從之。別分求爲正篆。按从又从尾省。會意。與隶同意。以手索取物也。突字从求省會意。孔子弟子曾冉求字有。有者以手取月。名字相應。易隨隨有求得。虞注。艮爲求。按艮手也。書呂刑惟貨惟求。馬注。求有求請賕也。詩雄雉不忮不求。箋不求。備于一人。論語皇疏。求貪也。禮記檀弓如有求而弗得。注。猶索物。學記求善良。注。招來也。穀梁隱三傳求之爲言得。不得未可知之辭也。定元傳求者請也。孟子勿

求于心注求者取也齊策欲有求於我也注索也淮南說山若爲土龍以求雨注猶得也或曰干求之求宜以逑字當之存參轉注禮記曲禮不求變俗注猶務也又論語君子求諸己集解責也公羊莊廿五傳求乎陰之道也注求責求也呂覽貴公上志而下求注猶問也叚借爲究爾雅釋詁求終也詩下武世德作求文王有聲遹求厥寧箋皆訓終又爲幼周禮牛人享牛求牛注終也失之司農注謂禱于鬼神所求福之牛則爲本字按周書王會紈牛者牛之小者也紈卽絿以絿爲之又爲逑詩桑扈萬福來求按斂聚也又爲蝨周禮赤犮氏注貍蟲䗪肌求之屬又託名幖識字管子地員竹箭求黽猶檀注求黽亦竹類也或曰借爲筱存疑古韻詩關雎叶流求又叶求悠句中韻漢廣叶喬休游求喬游句中韻谷風叶舟游求救常棣叶裒求桑扈叶觩柔求江漢叶滔遊求文子道原叶守求轉音周書鄭保叶求尤謀疑

qiú 球

尤 **球** 玉磬也从玉求聲或从翏聲按美玉也古以爲磬亦爲[illegible]

尤 璆 亦爲刀室飾書禹貢球琳琅玕鄭注美玉也顧命天球鄭注雍州所貢之玉色如天者爾雅釋器璆玉也釋地西北之美者有昆侖虛之璆琳琅玕焉楚辭東皇太一璆鏘鳴兮琳琅按佩也又虞書戛擊鳴球鄭注鳴球卽玉磬也晉語遷條蒙璆注玉磬也又禮記玉藻笏天子以球玉又詩瞻彼洛矣傳諸侯璗琫而璆珌叚借爲鏐書禹貢璆鐵銀鏤鄭注黃金之美者也又爲蟉史記禮書金薄璆龍索隱璆然龍皃又爲觓詩長發受小球大球按與共同義法也傳改訓玉失之古韻詩長發叶球旒休絿柔優遒

qiú 莍

尤 **莍** 茮樧實裹如裘者从艸求聲爾雅釋木椒樧醜莍李注莍實也按其子皆聚生成房三蒼莍茱萸按茱萸卽樧一名藙轉注說文新附毬鞠丸也封氏聞見記打毬古之蹵鞠也字變作毬又爾雅釋木朹繫梅卽唐本草之羊梂宋圖經之棠梂今山楂也以古文簋爲之叚借爲仇方言三朹仇也

qiú 逑

尤 **逑** 斂聚也从辵求聲虞書曰旁逑孱功又曰怨匹曰逑按字从辵本訓當爲干求之求許君既以求爲裘之古文則此字宜訓進取與迁字从辵一例爾雅釋言干求也正謂迁逑也矣但無左證不敢質也字亦作宄劉歆與楊雄書逌人使者以歲八月巡路宷代語僮謠歌戲雄答書使君宷此叚借爲勼說文斂聚也引書堯典共工旁逑孱功按人部僝下又引作方鳩僝功逑鳩皆借字詩民勞以爲民逑傳合也箋合聚也又爲㥥或爲遒爾雅釋訓速速蹙蹙惟逑鞫也注以窮迫爲訓則謂㥥欿字釋文引字林斂聚失之又爲仇爲雠詩關雎君子好逑傳匹也甘泉賦迺搜逑索偶注匹也此仇字之本義說文又曰怨匹曰逑卽左桓二傳嘉耦曰妃怨耦曰仇也詩兔罝公侯好仇箋敵國有來侵伐者可使和好之亦以怨耦訓仇此仇字之轉注古韻詩關雎叶洲逑民勞叶休逑恔憂休

說文通訓定聲　孚部弟六

jiù 救

宥 **救** 止也从攴求聲詩溱洧序莫之能救鄭箋孝經匡救其惡王注論語女弗能救與馬注皆訓止周禮司救注猶禁也以禮防禁人之過者也大司徒使之相救注救凶災也呂覽勸學是救病而飲之以堇也注治也叚借爲捄廣雅釋詁二救助也禮記檀弓扶服救之注猶助也孔子閒居匍匐救之注賙恤之穀梁僖元傳言次非救也注赴急之意漢書多以捄爲之古韻詩谷風叶舟游求救楚辭天問叶告救大戴武王盥盤銘叶游救轉音老子歸元叶事救

qiú 脙

尤 **脙** 齊人謂臞脙也从肉求聲讀若休止按脙臞一聲之轉爾雅釋言脙瘠也又按休止之休與休美之休漢時異讀休美讀如喜休止讀如好也

qiú 梂

尤 **梂** 櫟實一曰鑿首从木求聲按此字當以鑿首爲本訓字亦作銶从金詩破斧又缺我銶傳木屬曰銶韓詩銶鑿屬也釋文銶今之獨頭斧管子輕重乙一車必有一斤一鋸一釭一鑽一鑿一銶一軻注廣雅釋器梂柎也按柎當作弣猶柄也叚借爲莍詩椒聊箋一梂之實又爾雅釋木櫟其實梂注有梂彙自裹按卽下文椒樧醜莍之莍也詩山有苞櫟陸疏秦人謂柞櫟爲櫟河內人謂木蓼爲櫟椒樧之屬其子房生爲梂木蓼子亦房生故說者或曰柞櫟或曰木蓼按梂卽橡也草斗也其實聚生故亦謂之莍外有裹橐故謂之苞櫟矣今山東人或曰橲檽或曰朴羅皆苞櫟之聲轉聲訓釋名釋用器仇儺也以仇爲之古韻詩破斧叶銶遒休

qiú 賕

尤宥 **賕** 以財物枉法相謝也从貝求聲一曰戴質也按蒼頡篇載請曰賕廣雅釋詁四賕謝也漢書王子侯表恐猲受賕聲訓漢書薛宣朱博傳音義引韋昭云行貨財以有求於人曰賕

qiú 䣇

尤 **䣇** 地名从邑求聲玉篇䣇鄉在陳留

qiú 俅

尤 **俅** 冠飾皃从人求聲詩曰弁服俅俅字亦作頯詩絲衣載弁俅俅傳恭順皃爾雅釋言俅戴也釋訓俅俅服也玉篇頁部引詩作戴弁頯頯按亦重言形況字漢書藝文志墨家有田俅子三篇轉音詩絲衣叶紑俅基牛鼒

jū 捄

尤虞 **捄** 盛土于梩中也从手求聲詩縣傳捄虆也箋捄桴也按謂取土實之于虆也此字但當訓捊手引物使聚也盛土專釋縣詩耳叚借爲丩說文一曰擾也又爲觓廣雅釋詁一拱捄虆也按拱捄卽工觓字詩長發小共大共小球大球以共球爲之又爲觓詩良耜有捄其角箋角皃大東有捄棘匕傳長皃按岐皃有捄天畢傳畢皃按畢一柄兩岐亦似角也又爲莍爾雅釋木椒樧醜李

qiú 絿　qiú 蠤　jiū 丩　jiū ⿳艸丩艸　jiào 叫　jiào 嘂　jiào 訆　jiū 赳　shōu 收

汼椒茱萸皆有梂梂實也又爲捄漢書谷永傳扶服捄之禮記大學注不能梂之左昭十一傳注拯猶梂助也

尤 絿 急也从糸求聲詩長發不競不絿傳急也字亦作𦀚叚借爲逑或爲賕廣雅釋詁三絿求也又爲𢁱周書王會𦀚牛者牛之小者也古韻詩長發叶球梂休絿柔優遒

尤 蠤 多足蟲也从䖵求聲或从虫廣雅釋蟲蛷螋蛷螋也通俗文關西呼𧊙螋爲蚑蛷博物志蠷螋蟲溺人影隨所箸處生瘡周禮赤犮氏注肌求以求爲之按蘇俗謂之革蚤揚州名蓑衣蟲北方呼爲錢龍單評曰蠤絫評曰蛷螋疊韻也曰肌求雙聲也蚑肌蛷蠷皆一聲之轉

丩十四名凡丩之派皆衍丩聲居虯切

尤 丩 相糾繚也一曰瓜瓠結丩起象形按瓜瓠之滕緣物糾纏爲本訓凡相糾繚爲轉注

尤 ⿳艸丩艸 艸之相丩者从茻从丩丩亦聲

嘯 叫 嘑也从口丩聲字亦作嘂作詨𠮷丩雙聲詩北山或不知叫號傳叫號呼召也北山經鶌其鳴自詨楚辭疾世叫我友兮配耦

注急呼也思元賦叫帝閽使闢扉兮注呼也莊子齊物論叫者譹者司馬注若叫呼聲也叚借爲噭射雉賦候扇舉而清叫注鳴也又爲訆左襄三十傳或叫于宋大廟注呼也淮南說林至音不叫注謑呼也太元樂嘄呱啞咋號咷倚戶注嘄呱號咷皆憂聲也又疊韻連語漢書司馬相如傳糾蓼叫奡注高舉之皃又重言形況字漢書楊雄傳大語叫叫注遠聲也

嘯 嘂 高聲也从㗊丩聲春秋公羊傳曰魯昭公嘂然而哭按今本昭廿五傳作噭周禮銜枚氏禁嘂呼歎鳴于國者叚借爲訆說文一曰大呼也又爲叫周禮雞人夜嘑旦以嘂百官又託名幖識字爾雅釋樂大塤謂之嘂

嘯 訆 大呼也从言丩聲春秋傳曰或訆于宋大廟按左襄三十傳今本以叫爲之叚借爲嘂廣雅釋詁二訆鳴也又爲叫北山經有獸焉其音如訆名曰那父注如人呼喚

有 赳 輕勁有才力也从走丩聲讀若鐈廣雅釋詁四赳材也詩兔罝赳赳武夫傳武皃爾雅釋訓赳赳武也漢書敘傳注材勁皃叚借疊韻連語史記司馬相如傳沛艾赳螑集解申頸低卬也索隱牙跳也古韻詩兔罝叶肅赳句中韻

尤宥 收 捕也从攴丩聲詩瞻卬女反收之傳收拘收也叚借爲糾實爲督史記商君傳而相收司連坐索隱收司謂相糾發也又爲捄

qiú 觓　jiū 朻　jiū 樛　jiǎo ⿸疒丩　jiū 糾

捄捊也匊也猶掊也爾雅釋詁收聚也小爾雅廣言收斂也廣雅釋詁一收取也釋言收振也詩維天之命我其收之傳聚也左襄廿七傳注取也鄭語收以奔褱注取也禮記郊特牲既蜡而收注謂收斂積聚也孝經注秋收冬藏釋文本作斂漢書宣帝紀且毋收事注謂租賦也又禮記玉藻勤者有事則收之疏謂斂持在手學記收其威也注收斂整齊之大傳敬宗故收族注收族序以昭穆也又易井井收勿幕馬注汲也陸注井幹也虞注謂以轆轤收繘也又儀禮士冠禮夏收注收言所以收斂髮也廣雅釋器收冠也又詩小戎小戎俴收傳軫也按輿底四面材前後左右通謂之收言斂束整齊也軫宿四方象之故名又吳語王其無方收也注還也又荀子議兵處舍收藏欲周以固注收藏財物也矜糾收繚之屬注收謂掠美者也又素問至眞要大論諸寒收引注謂斂也又史記扁倉列傳至今日收乎集解謂棺斂也聲訓呂覽論人不可收也注守也古韻詩小戎叶收輈轉音瞻卬叶有收

尤 觓 角皃从角丩聲詩曰兕觵其觓按毛詩桼䖃字作觩箋觩然陳設而已泮水角弓其觩傳弛皃箋言持弦急也穀梁成七傳展觓角而知傷注球球然角皃古韻詩桼䖃叶觩柔求絿衣叶觩柔休泮水叶觩搜

尤 朻 高木也从木丩聲按爾雅釋木下句曰朻高唐賦朻枝還會注枝曲下垂也从木从丩會意丩亦聲與樛同字許君訓高木則

謂與喬同字似非叚借爲莍爾雅釋木朻者聊阮氏元云此釋唐風椒聊也

尤 樛 下句曰樛从木翏聲按即朻之或體今系於此爾雅釋木下句曰朻釋文本又作樛詩樛木南有樛木傳木下曲曰樛韓詩作朻叚借爲糾儀禮喪服傳不樛垂注不絞其帶之垂者又爲求思元賦樛天道其焉如注求也又疊韻連語漢書楊雄傳望俞以樛流注猶周流也覽樛流於高光兮注屈折也北征賦遠紆回以樛流注曲折皃

巧 ⿸疒丩 腹中急也从疒丩聲按丩亦意今俗所謂絞腸痧也

有 糾 繩三合也从糸丩會意按丩亦聲俗字作糺單股曰糿兩股曰纆三股曰糾亦曰徽詩葛屨糾糾葛屨傳猶繚繚也漢書賈誼傳何異糾纆注絞也轉注江賦青綸競糾注繚也楚辭悲回風糺思心以爲纕兮注戾也後漢張衡傳騰蛇蜿而自糾注纏結也劉琨詩橫厲糾紛注亂皃也琴賦蛩蟺相糾或曰借爲丩亦通叚借爲督糾督一聲之轉周禮大司寇以五刑糾萬民注猶察異之小宰凡宮之糾禁注猶割也察也按割察小宰宮正寺人注三見割當作刮實爲栝也隱栝舉正之誼鄰長掌相糾相受注相舉察也大司馬以糾邦國注猶正也士師糾守緩刑注糾守備盜賊也祭僕糾百官之戒具注謂校錄所當共之牲物左昭六傳糾之以政注舉也二十傳慢則

qiú 艽　jiǔ 九　qiáo 荍　qiú 虯

糾之以猛注猶攝也荀子富國貪利糾譎之名注察也議兵矜糾收繚之屬注謂好發摘人過者也又爲句爲捄左傳廿四傳糾合宗族於成周注收也後漢隗囂傳援旗糾族注收也荀或傳收離糾散注合也又爲究魯語糾虔天刑按糾絞也與祖識之祖始也對文韋注祖習也糾共也失之又爲起廣雅釋詁四糾材也又爲絿一切經音義廿三引廣雅糾急也又爲俅詩良耜其笠伊糾按戴也箋訓糾然亦單詞形況字又疊韻連語漢書司馬相如傳糾蓼叫界注相引也聲訓齊語糾之以刑罰注收也古韻詩良耜叶糾趙蓼轉音詩大東叶糾佻

句中韻

尤　虯　龍子有角者从虫丩聲按字亦作虬俗字作虬廣雅釋魚有鱗曰蛟龍有翼曰應龍有角曰龍龍無角曰虬龍按龍雄有角雌無角龍子一角者蛟兩角者虯無角者螭也虬卽螭字抱朴子母龍曰蛟子曰虯其狀魚身如蛇尾皮有珠熊氏瑞應圖虯龍黑身無鱗甲淮南覽冥注有角爲龍無角爲虬皆非也楚辭涉江駕青虬兮驂白螭注神獸離騷駟玉虬以乘鷖兮七命陰虬負檐注龍也叚借爲蟉吳都賦輪囷虯蟠注謂樹如龍蛇之蟠屈相糾也古韻楚辭天問叶虯遊

蕭　荍　蚍蜉也从艸收聲爾雅釋草荍蚍蜉注今荆葵也詩東門之枌視爾如荍傳芘芣也按比不雙聲連語與大蟷同偁詩陸疏荍似蕪菁華紫綠色可食微苦阮芸臺先生云卽經典所謂葵也今揚州人以爲常蔬按華如錢大色淺紅有紫紋葉與蜀葵異其實則如蜀葵惟較小耳草高二三尺許聲訓陳國子祭酒謝嶠爾雅音云荍小草多華少葉葉又翹起按翹荍雙聲此注今羼入郭注盧校書者依邢疏采入也謝在郭後

古韻詩東門之枌叶荍椒

九十八名、凡九之派皆衍九聲、舉酉切

有　九　陽之變也象其屈曲究盡之形按究盡者聲訓之法屈曲有形究盡豈有形乎古人造字以紀數起于一極于九皆指事也二三四爲積畫餘皆變化其體無形可象亦無意可會於六書則指事云爾九者數之究也易文言傳乾元用九乃見天則楚辭九辨序九者陽之數道之綱紀也管子五行天道以九制叚借爲鳩莊子天下九雜天下之川按勼集也又爲北之誤字荀子宥坐復瞻被九蓋皆繼注當爲北又託名幖識字史記殷紀以西伯昌九侯鄂侯爲三公集解一作鬼侯又疊韻連語莊子至樂黃軦生乎九猷李注蟲名釋文當爲久按久九雙聲聲訓白虎通宗族九之爲言究也漢書律厤志九者所以究極中和爲萬物元也列子天瑞九變者究也

尤肴　艽　遠荒也从艸九聲詩曰至于艽野按小明傳艽野遠荒之地別義淮南脩務野彘有艽莦槎櫛窟虛連比以象宮室注獸蓐也

xù 旭　xiāo 虓　qiú 肍　jiū 鳩　qiú 鼽　qiú 訄　qiú 叴

按廣韻有秦艽藥名字亦作艽又誤作芁本草作糺李時珍曰出秦中根作羅紋交糾者佳故名疑艽野之艽實借爲厹猶孟子言獸蹄鳥跡之道耳或艽卽莽字猶云莫艸荒野

尤　叴　高气也从口九聲叚借爲厹說文金部引詩叴矛沃錞毛本正作厹又疊韻連語說文臨淮有叴猶縣西周策厹由注狄國或作仇首按史記作仇猶韓非子作仇由呂覽權勳作内繇注或作仇酋淮南精神仇由貪大鐘之賂而亡其國

尤　訄　迫也从言九聲讀若求爾雅釋訓惟逑鞫也以逑爲之

沈　鼽　病寒鼻窒也从鼻九聲廣雅釋詁一鼽病也呂覽盡數處鼻則爲鼽爲窒注鼽鼻季秋民多鼽窒注讀仇怨之仇素問金匱眞言論春不鼽衄注謂鼻中水出叚借爲頯素問氣府論鼽骨下各一注頯也面顴也聲訓釋名釋疾病鼻塞曰鼽鼽久也涕久不通遂至窒塞也九久雙聲

尤　鳩　鶻鵃也从鳥九聲按詩氓于嗟鳩兮傳訓鶻鳩小宛宛彼鳴鳩傳訓鶻鵰此許所本其實鳩有五祝鳩鵻也卽詩四牡傳之夫不亦名勃姑鳲鳩鵴也卽詩鵲巢傳之秸鞠亦名布穀爽鳩鷹也卽廣雅之車鴶亦名鵴鴡此三鳩鳩之小者鴡鳩鷙也卽淮南說林之沸波亦名鷲鶻鳩鷹也卽廣雅之鶻鳩亦名斑隹此二鳩鳩之大者五鳩見爾雅左傳凡鳩之總名曰鶻鵃見方言廣雅又按爾雅別有鷹鶆鳩此大鷂也夏小正五月鳩爲鷹禮記月令二月鷹化爲鳩鷹鳩更相禪化故鷹亦得鳩名樊郭注爾雅皆謂卽鶆鳩失之又續漢禮儀志鳩者不噎之鳥也按雖爲壹宿之鳥見詩南有嘉魚傳不噎當因鳩杖望文生義未見根據余嘗畜鴿見其食而噎則亢間作姑姑聲叚借爲勼爾雅釋詁鳩聚也書堯典共工方鳩僝功傳聚也左隱八傳以鳩其民注集也定四傳若鳩楚竟注安集也晉語可以鑑而鳩趙宗乎注安也左襄廿五傳鳩藪澤賈注藪澤之地九夫爲鳩八鳩而當一井也又託名幖識字書序乃遇汝鳩汝方傳二人湯之賢臣又海內東經始鳩在海中轅厲南注始鳩國名

古韻詩關雎叶鳩洲逑宋玉高唐賦叶鳩巢遊流

九　肍　孰肉醬也从肉九聲讀若舊

肴　虓　虎鳴也从虎九聲詩常武闞如虓虎傳虎之自怒虓然風俗通正失以哮爲之太元衆虎虓振厥注怒聲也叚借爲敲呂覽必已船人怒而以楫虓其頭注暴辱虓敲雙聲又託名幖識字說文一曰師子又漢書王子侯表猇節侯晉灼音內言鴞字亦誤作猇

沃　旭　日旦出皃从日九聲讀若勖一曰明也詩匏有苦葉旭日始旦傳日始出謂大昕之時疏旭者明著之名釋文引說文讀若好

kāo 尻　qiú 仇　jiù 究　guǐ 宄

太元從方出旭旭注未明之開〔叚借〕重言形況字三家詩巷伯驕人旭旭爾雅釋訓旭旭憍也毛本作好漢書揚雄傳嘻嘻旭旭注自得皃按猶易家人嗃嗃字又雙聲連語甘泉賦㫋旭卉兮注旭卉幽昧之皃漢書揚雄傳注速疾也

宄 紙　姦也外爲盜內爲宄从宀九聲讀若軌古文从又九聲又古文从宀从心九聲虞書寇賊姦宄傳在內曰宄鄭注起外爲軌牧誓以姦宄于商邑史記皆以軌爲之廣雅釋詁四宄盜也〔聲訓〕釋名釋言語宄佹也佹易常正也宄佹雙聲

究 宥　窮也从穴九聲詩鴻雁其究安宅蕩靡屆靡究傳皆訓窮棠棣是究是圖傳深也周書文酌維有永究注終也莊子盜跖窮實究埶釋文竟也漢書食貨志害氣將究注竟盡也呂覽任地此告民究也注畢也淮南脩務究事之情注極也又爾雅釋詁究謀也詩小弁不舒究之皇矣爰究爰度傳箋皆訓謀又孝經援神契士之孝曰究究者以明審爲義〔轉注〕廣雅釋室究窟也按當以此爲本訓水經溫水注山溪瀨中謂之究水〔叚借〕重言形況字詩羔裘自我人究究傳猶居居也爾雅釋訓究究惡也孫注窮極人之惡又發聲之詞後漢南蠻西南夷傳究不事人注究不事人蠻夷別號也〔古韻〕詩羔裘叶褎究好蕩叶祝究小弁叶醻究節南山叶究畜句中韻越語叶壯道究〔轉音〕宋玉神女賦叶備究又叶首授記褎究

說文通訓定聲　孚部弟六　卅七

仇 尤　讎也从人九聲按謂讎也二人相當相對之誼爾雅釋詁仇匹也仇合也詩無衣與子同仇皇矣詢爾仇方傳皆訓匹兔罝公侯好仇傳無訓以已見關雎也箋失之禮記緇衣君子好仇注匹也書文侯之命父義和注儀仇皆訓匹故文侯名仇字儀按左桓二傳以條之役生太子命之曰仇又曰嘉耦曰妃怨耦曰仇此師服以怨聲訓仇而爲是言其實相當相對謂之仇兩同爲仇兩異亦爲仇後儒因之專訓讐怨非是又太元內謹于嬰執注正也按匹也之譌字亦誤作執有聲無意〔轉注〕史記晉世家仇者讐也廣雅釋詁三仇惡也孟子葛伯仇餉注怨也詩關雎好逑兔罝好仇無衣同仇皇矣仇方易鼎我仇有疾鄭君皆以怨耦曰仇釋之漢書蓋寬饒傳多仇少與注怨讎也或曰皆借爲慦存參〔叚借〕爲斞詩賓之初筵賓載手仇釋文謂挹取酒也仇斞雙聲又爲銶仰杖釋名釋用器仇讎也所伐則平如討仇讎也今本仇下誤衍一矛字又爲內釋名釋兵矛頭有三叉言可以討仇敵之矛也此以聲訓凡兵皆可討仇敵何獨在矛按𧲣獸足故以命之又雙聲連語淮南精神夫仇由貪大鐘之賂注讀仇餘之仇又重言形況字爾雅釋訓仇仇敖敖傲也李注仇仇無倫理之皃詩正月執我仇仇傳猶謷謷也廣雅釋訓扏扏緩也字又變作扏〔古韻〕詩兔罝叶逵仇無衣叶袍矛仇楚辭惜誦叶仇讎

尻 豪　脾也从尸九聲字亦作腒廣雅釋親尻臀也三蒼髖也呂覽觀表許鄙相腒注後竅也讀如窮穹按讀窮究之究漢書東方朔傳結股腳連脽尻又楚語日月會于龍豝注尾也廣雅釋親豝臀也字亦變作豝按从龍省豕聲字體微誤又誤作豝俗作豚作启〔聲訓〕釋名釋形體尻廖也尻所在廖牢深也

kǎo 栲　róu 厹(内)　guǐ 軌　guǐ 氿　jiū 勼

勼 尤　聚也从勹九聲讀若鳩經傳皆以鳩爲之

氿 紙　水厓枯也从水九聲爾雅曰水醮曰氿按爾雅釋水今本以厬爲之注謂水漘盡字亦作㵝作阮作垊作氿韓詩公劉芮阮之即周禮職方注作垊廣雅釋水垊限也玉篇作氿毛詩以鞫爲之〔叚借〕爲厬爾雅釋水氿泉穴出穴出仄出也注從旁出也詩大東有冽氿泉列子黃帝氿水之潘爲淵釋文泉從旁出〔聲訓〕釋名釋水氿軌也流狹而長如車軌也

軌 紙　車轍也从車九聲廣雅釋詁三軌迹也釋室軌道也考工匠人經涂九軌注軌謂轍廣齊策車不得方軌注車兩輪閒爲軌按謂兩輪閒相距之迹爲軌也又詩匏有苦葉濟盈不濡軌按濟水名不訓渡雉濟皆喻衛夫人言濟雖盈不當濡涂軌雉之鳴乃反求獸牡也毛傳由輈以上爲軌是毛本誤作軓爲軓訓耳然與韻不合當作軌段氏玉裁欲據國策齊策呂覽勿躬淮南覽冥高誘三注訓軌爲兩輪之閒車輿之下中空處殊誤詳見余說解商〔轉注〕左隱五傳講事以度軌量爲之軌襄廿一傳軌度其信周語度之于軌儀注道也賈注法也賈子道術緣法循理謂之軌漢書敘傳東平失軌注法則也賈山傳軌事之大者也注謂法度後漢襄楷傳不軌常道注猶依也又淮南本經五星循軌注道也太元銳含于五軌注五行也〔叚借〕爲簋易損范長生本二軌可用享又爲宄左成十七傳亂在外爲姦在內爲軌晉語竊寶者爲軌又爲軓之誤字考工輈人軓前十尺晏子春秋諫篇景公爲西曲潢其深滅軌潘岳懷舊賦轍含冰以滅軌皆謂軾前版也又爲軹之誤字禮記少儀祭左右軌范謂車轂小穿也與周禮大馭右祭兩軹同又託名幖識字齊語五家爲軌十軌爲里四里爲連十連爲鄉又魯桓公名軌史記作允〔古韻〕詩匏有苦葉叶軌牡〔轉音〕莊子列禦寇叶傴僂俯走軌

說文通訓定聲　孚部弟六　卅八

厹 尤有　獸足蹂地也象形九聲爾疋曰狐貍貛貉醜其足蹞其迹厹篆文从足柔聲字林蹂踐也廣雅釋詁一蹂履也蹂疾也漢書司馬相如傳騎之所蹂若注謂踐蹋也杜篤傳蹂轔濊貊注踐也〔轉注〕詩小戎厹矛鋈錞傳三隅矛也按象獸足踐地形又詩生民或簸或蹂箋蹂之言潤也說文曰部引作舀誤通俗文踐穀曰蹂〔叚借〕疊韻連語呂覽權勳中山之國有厹繇者注國之近晉者字或作仇作𠔉又雙聲連語說文鳥部鸔專畐蹂爾雅鶅鵗如鵲短尾注一名𪄀鵑釋文本作䳕柔字又變作鶔〔古韻〕詩生民叶揄蹂叟浮

栲 皓　山樗也从木尻聲讀若糗字亦作栲說文樗蓋栲之誤字爾雅栲山樗注栲似樗色小白生山中亦類漆樹詩山有樞山有栲

xiù 琇　yǒu 莠　xiù 秀

南山有臺南山有栲正義引俗語云樗㯱栲漆相似如一（叚借）爲桒廣雅釋木栲桒萸也（古韻）詩山有樞叶栲杻埽考保南山有臺叶栲杻壽茂

秀三名凡秀之派皆衍秀聲　息救切

宥 **秀** 上諱按此字許君避光武諱不書不著說解漢時諱秀之字爲茂也段氏玉裁云凡禾黍華鲜收卽爲稃而成實不落故采篆曰禾成秀字當从禾从人人者米也如果實中有人也玉篇有禿字欲結米之偁而眞切本秀字按禿字从古文人則秀非从人可知考光武生濟陽縣舍是歲縣有嘉禾一莖九穗因名秀據此以禾九爲說疑字體从禾九聲也爾雅釋草衆家本榮而實者謂之秀郭本作不榮而實者謂之秀按凡草木皆榮而實不謂之秀若不榮而實則未見其物知爾雅榮而實者猶云榮卽實也先榮後實草木皆然不煩作釋矣詩七月四月秀葽生民實發實秀傳皆訓不榮而實曰秀則毛所見爾雅與郭本同廣雅釋詁一秀出也釋名釋天秀者物皆成也（轉注）楚辭山鬼采三秀兮於山閒按三秀卽小正之秀幽秀萑葦秀荓也靈芝之說起于漢古芝卽菌王逸注三秀芝草失之後漢張衡傳注同又周語貿陽秀也按出也七命秀出中天注出皃也素問四氣調神大論此謂蕃秀注華也美也（叚借）爲尤實爲異楚辭大招容則秀雅注異也又禮記禮運五行之秀氣也疏謂秀異王制命鄉論秀士注秀士升之司徒注鄉大夫所考有德行道藝者吕覽懷寵舉其秀士注儁士也秀尤異一聲之轉又爲莠詩出其東門箋荼茅秀按茅如莠故偁茅莠又疊韻連語淮南道應朝秀不知晦朔注朝生暮死之蟲也生水上似蠶蛾一名孳母也字亦變作𧍞（聲訓）廣雅釋言秀茂也（古韻）詩生民叶道草茂苞褎秀好楚辭大招叶秀竇音囿（轉音）素問四氣調神論叶怨秀

有 **莠** 禾粟下揚生莠从艸秀聲讀若酉按禾粟之穗生而未成墮地生莠今之狗尾艸卽董蓈也詩甫田惟莠驕驕大田不稂不莠左襄三十傳其莠猶在乎漢書嚴延年傳莠盛苗穢注秕穀所生也（轉注）管子版法官處四體而無禮者流之焉莠命注謂穢亂教命若莠之穢苗也（叚借）爲醜詩正月莠言自口傳醜也（古韻）詩大田叶阜好莠正月叶好莠句中韻

宥 **琇** 石之次玉者从玉莠聲詩曰充耳琇瑩字亦作琇詩淇澳充耳琇瑩都人士充耳琇實傳皆訓美石（叚借）爲秀廣雅釋詁一琇美也

韭一名　居酉切

jiǎo ⿰女簋　guǐ 簋　jiù 廄　jiù 䬻　jiù 𨗳　jiù 殷　jiǔ 韭

有 **韭** 菜名一種而久生者故謂之韭象形在一之上一地也指事此與耑同意夏小正正月囿有見韭詩七月獻羔祭韭按在四之日今二月也北山經丹熏之山其草多韭薤注皆山菜儀禮少牢禮韭菹醓醢禮記曲禮韭曰豐本（轉注）西山經草荔狀如烏韭注烏韭在屋曰昔邪在牆曰垣衣（聲訓）齊民要術引聲類韭者久長也一種永生久韭雙聲（古韻）詩七月叶蚤韭

殷四名凡殷之派皆衍殷聲　居誘切

宥 **殷** 揉屈也从殳从皀皀古文叀字廏字从此按从古文斷省韶刨皆古文斷

宥 **𨗳** 恭謹行也从辵殷聲讀若九

宥 **䬻** 飽也从勹殷聲民祭祝曰厭䬻字亦作饇餞宮詹云詩如食宜饇卽此字按區殷雙聲

宥 **廄** 馬舍也从广殷聲周禮曰馬有二百十四匹爲廄廄有僕夫古文作𠉉按从勼省殷省聲字亦誤作廐廣雅釋室廄舍也周禮校人六繫爲廄廄一僕夫計馬二百十六匹也左莊廿九年新延廄論語廄焚（聲訓）釋名釋宫室廄勼也勼聚也牛馬之所聚也

簋二名凡簋之派皆衍簋聲　居軌切

紙 **簋** 黍稷方器也从竹从皿从皀會意或曰从竹皿殷省聲中當作皀存參古文匭按从匚从食九聲九誤作几又古文从匚軌聲又古文从木九聲按簠盛稻粱簋盛黍稷皆方器而簋又圓中故古文从匚古以瓦爲之亦用竹若木詩伐木傳周禮舍人注皆云圓曰簋謂內圓也考工旊人爲簋實一㲄崇尺厚半寸脣寸按實斗二升也易損二簋可用享詩權輿每食四簋儀禮公食禮宰夫設黍稷六簋詩伐木陳饋八簋周禮掌客鼎簋十有二史記始皇紀飯土簋禮記禮器管仲鏤簋朱紘左哀十一傳胡簋之事注殷曰胡周曰簋（轉注）漢書賈誼傳不謂不廉曰簠簋不飾按謂所食不潔也（別義）爾雅釋木杭繫梅杭者聊按唐本草一名羊梂宋圖經一名棠梂卽今山樝紅也或曰借爲莍（叚借）爲糾書禹貢包匭菁茅鄭注猶纏結也僞傳匣也漢書地理志注柙也皆望文生訓非是（古韻）詩權輿叶簋飽伐木叶埽簋牡咎易坎叶簋缶牖咎

篠 **⿰女簋** 竦身也从女簋聲讀若詩糾糾葛屨（叚借）爲赳廣雅釋詁四⿰女簋材也

臼五名凡臼之派皆衍臼聲　其九切

有 臼 春也古者掘地爲臼其後穿木石象形中米也〔轉注〕禮記襍記臼以椈注所以擣鬱也〔假借〕託名幖識字史記周紀宜臼國語作咎韓世家屈宜臼說苑作咎又爾雅鵅鵋鶀鵅注江東名爲烏臼字或變作鵃

有 齨 老人齒如臼也从齒从臼會意臼亦聲〔別義〕說文一曰馬八歲齒臼也

尤宥 舊 雖舊舊畱也从萑臼聲或从鳥休聲按怪鳥一名鉤鵅一切經音義引廣雅鵂鶹鵋鵅也又引纂文鵂鶹夜拾人爪按莊子秋水鴟鵂夜撮蚤察豪末晝出瞋目而不見邱山是撮蚤非拾人爪也〔假借〕爲久小爾雅廣詁舊久也易井舊井无禽虞注乾爲舊書無逸舊勞于外詩告爾舊止禮記郊特牲猶明淸與醆酒於舊澤之酒也箋注皆訓久公羊莊廿九傳修舊也注故也荀子宥坐卒遇故人曾無舊言注平生之言王制非舊器者舉毀注謂三代故事淮南氾論不必循舊注常也漢書元帝紀不足以充入舊貫之居注常居也〔轉音〕詩蕩叶時舊召旻叶里舊

有 𦥺 舂糗也从米臼聲按臼亦意如蘇俗炒米粉之類以鬻米麥擣之而篩爲粰也

有 舅 母之兄弟爲舅妻之父爲外舅从男臼聲凡異姓之親不得偁父則舅之白虎通三綱六紀尊如父而非父者舅也爾雅釋親

母之晜弟爲舅詩渭陽我送舅氏是也妻之父爲外舅禮記坊記壻親迎見于舅姑是也婦稱夫之父曰舅舅在則曰君舅舅沒則曰先舅禮記檀弓吾舅死于虎是也又禮記曲禮異姓謂之伯舅儀禮覲禮小邦則曰叔舅左僖九傳使孔賜伯舅胙是也又天子諸侯謂異姓大夫曰舅詩伐木以速諸舅晉語舅所病也又王母之兄弟得偁大舅見後漢書又禮記大學舅犯諸書多以咎爲之〔聲訓〕白虎通舅者舊也釋名釋親屬舅久也久老稱也按猶姑之爲言故也〔古韻〕詩伐木叶埽簋牡舅咎崧高叶寶舅保

咎十三名凡咎之派皆衍咎聲其九切

有豪 咎 災也从人从各會意各者相違也爾雅釋詁咎病也方言十三咎謗也廣雅釋詁三咎惡也易繫辭无咎者善補過也書洪範其作汝用咎疏咎是過之別名西伯戡黎序殷始咎周鄭注惡也詩伐木微我有咎傳過也北山或慘慘畏咎箋猶罪過也周書文酌一除戎咎醜注罪也尚書大傳用咎于下注猶極也呂覽侈樂棄寶者必離其咎注殃也〔假借〕爲舅穆天子傳咎氏晏飲毋有禮荀子臣道晉之咎犯又爲鼛後漢馬融傳伐咎鼓注大鼓也〔叠韻連語〕書序皋陶謨釋文本作咎〔古韻〕詩伐木叶埽簋牡舅咎小旻叶猶就咎道易坎叶簋缶牖咎大過象傳叶久醜咎乾象傳叶道咎造久首晉語叶狃咎又叶就憂狃咎〔轉音〕素問刺禁論叶右裏使市毋咎

豪 鼛 大鼓也从鼓咎聲詩曰鼛鼓弗勝按詩緜傳長一丈二尺周禮鼓人以鼛鼓鼓役事又淮南主術鼛鼓而食注王者之食樂也〔古韻〕詩鼓鐘叶鼛洲妯猶

晧豪 ⿰木咎 ⿰木咎木也从木咎聲讀若晧字亦作槹爾雅釋木狄臧槹樊本作⿰木咎廣雅釋木棣⿰木咎也戴氏侗六書故云烏臼樹也〔假借〕爲橋莊子天地其名曰槹司馬注桔槹也說文新附桔槹汲水器也

晧 ⿰稽咎 稽秘而止也从稽省咎聲讀若晧〔別義〕賈侍中說稽稽稽三字皆木名按木名者借爲⿰木咎也

豪 櫜 車上大櫜从櫜省咎聲詩曰載櫜弓矢字亦作韟詩時邁載櫜弓矢彤弓受言櫜之傳皆訓韜廣雅釋器櫜弓藏也左昭元傳請垂櫜而入釋文弓衣也齊語注弢也僖廿三傳右屬櫜鞬釋文受弓器晉語注矢房也又禮記檀弓赴車不載櫜韔注甲衣也少儀則袒櫜奉胄注鎧衣也樂記名之曰建櫜注兵甲之衣曰櫜管子兵法舉櫜韓章則載食而駕注韓韜也〔轉注〕儀禮士喪禮設冒櫜之注櫜韜盛物者取事名焉又周禮大司徒其植物宜膏物以膏爲之〔古韻〕詩彤弓叶櫜好醻

紙 晷 日景也从日咎聲西京賦白日未及移其晷注景也又廣雅釋天晷柱景也按謂表柱也漢書天文志晷景者所以知日之南

北也周禮大司徒日至之景尺有五寸謂之地中易通卦驗樹八尺之表日中視其晷又冬至晷長一丈三尺夏至晷長一尺四寸八分春秋分晷長七尺二寸四分〔轉注〕文選述高帝紀五星同晷注光景也〔聲訓〕釋名釋天晷規也如規畫也晷規雙聲

有 倃 毀也从人咎聲

篠有宥 ⿰咎欠 蹴鼻也从欠咎聲讀若爾雅曰麔豭短脰按與歔同誼〔假借〕爲歐廣雅釋詁四⿰咎欠吐也咎歐雙聲

有 麔 麋牡者从鹿咎聲爾雅釋獸麋牡麔牝麎鹿牡麚牝麀又麔麎短脰豈鹿之牡者多短項歟

有 ⿱咎心 怨仇也从心咎聲疑經傳皆以仇以讎爲之

有宥 ⿰魚咎 當互也从魚咎聲爾雅釋魚⿰魚咎當魱注海魚也似鯿而大鱗肥美多鯁今江東呼其最大長三尺者爲當魱按卽今之鰣魚然鰣出江中⿰魚咎出海中疑江海都有之聞近日天津亦頗有鰣當卽山東登萊之何洛魚皆⿰魚咎類也但味不及江生之美耳

有 綹 緯十縷爲綹从糸咎聲讀若柳〔轉注〕今蘇俗謂髮一條曰一綹

紙 厬 仄出泉也从厂晷聲讀若軌爾雅釋水氿泉穴出以氿爲之〔假借〕爲氿爾雅釋水水醮曰厬釋文本作漸

chóu 疇　chóu 嚋　chóu 𠷎　chóu 㲉　shú 璹　tāo 㹗　chóu 㪮　táo 檮

𠃬二十三名凡𠃬之派皆衍𠃬聲直由切

尤
疇 𠃬 耕治之田也从田象耕屈之形鍇本𠃬象田溝詰屈之形或作𠃬省按𠃬古文也象起土成稜之形上下有界今隸作疇蒼頡篇疇耕地也左襄三十傳取我田疇而伍之注並畔爲疇周語田疇荒蕪賈注一井爲疇九夫爲一井孟子易其田疇注一井也管子地員五臭疇生注隴也呂覽愼大農不去疇注畝也蜀都賦瓜疇芋區注界埒小畔際也又漢書蕭望之傳修農圃之疇注美田曰疇齊語田疇均則民不憾注麻地曰疇轉注楚辭疾世居嵺廓兮尠疇注匹也二人爲匹四人爲疇齊語人與人相疇家與家相疇注匹也易否疇離祉九家注疇者類也書洪範九疇傳類也史記作等漢書宣帝紀詔疇其爵邑注等也律麻志疇人子弟分散注家業世世相傳爲疇按耦耕並畔故引申爲儔類之意或曰此誼當爲儔字本訓莊子庚桑楚南榮疇釋文本作儔荀子勸學草木疇生注疇與儔同存參叚借爲𠷎爲𠷎爾雅釋詁疇誰也書堯典疇咨若時登庸傳誰也史記作誰檀弓予疇昔之夜注發聲也左宣二傳疇昔之羊注猶前日也按誰夕也猶今俗語那一日矇憶不細詮之詞又爲懤荀子正論至賢疇四海注與籌同又爲酬西征賦疇匹婦其已泰按猶報也又託名幖識字周語昔摯疇之國也由大任注摯疇二國任姓奚仲仲虺之後太任之家也

尤
嚋 𠷎 𠷎 詞也从白𠃬聲𠃬與𠃬同虞書曰𠷎咨按或从口𠃬聲今據說文偏旁補𠷎篆詩祈父箋若𠷎祈父穆天子傳二𠷎口之人今書術包所改本通皆以疇爲之

尤
𠷎 𠷎 誰也从口𠃬又聲𠃬古文疇按从口殸省聲卽𠷎字之或體今附于此

尤
㲉 𠷎 縣物㲉擊也从殳𠃬聲今字作㲉

屋
璹 𤩝 玉器也从玉𠃬聲讀若淑字亦作琡爾雅釋器璋大八寸謂之琡注璋半珪也按周禮玉人瑑圭璋八寸以規聘所謂璹也

豪
㹗 𤛆 牛羊無子也从牛𠃬聲讀若糗糧之糗今字作犒

尤
㪮 𢿜 棄也从攴𠃬聲詩云無我㪮兮按今字作㪮詩遵大路毛本無我魗兮傳魗棄也以醜爲之叚借爲討說文又云周書以爲討段氏曰周書無討字疑虞書天討有罪作㪮也

豪晧
檮 𣙜 斷木也从木𠃬聲春秋傳曰檮柮今作檮按木下槶頭也叚借雙聲連語左文十八傳謂之檮杌注凶頑無匹儔之皃服注檮杌狀似虎豪長二尺人面虎足豬牙尾長丈八尺能鬥不退周語檮杌次于丕山注鯀也荀子榮辱陶誕比周以爭與注頑嚚之皃以陶爲之孟子楚之檮杌注嚚凶之類與于記惡之戒因以爲名丁音惡獸名也又借爲騶爾雅序不揆檮昧按猶蔽騶也釋文訓檮杌夫之又爲擣左文十八傳檮戭說文戈部引作擣又爲幬廣雅釋器幬棺也

說文通訓定聲　孚部弟六

chóu 幬　shòu 壽　dǎo 擣　dǎo 壔

尤號
幬 幬 禪帳也从巾𠃬聲今字作幬或又作裯作𢅼爾雅釋訓幬謂之帳文選寡婦賦注引纂要在上曰帳在旁曰帷單帳曰幬荀子禮論菲帷幬尉詩小星抱衾與裯以裯爲之轉注廣雅釋詁二幬覆也考工輪人欲其幬之廉也注幔轂之革也又左襄廿九傳如天之無不幬也禮記中庸無不覆幬檀弓天子龍輴而椁幬喪大記大夫殯以幬注皆訓覆叚借爲翳後漢班固傳撫鴻幢注引廣雅幢謂之幬轉音禮記中庸叶載幬

有宥
壽 𦒱 久也从老省𠃬聲今字作壽似从𠷎聲韓非子顯學壽命也文選詩注引養生經上壽百二十中壽百年下壽八十老子死而不亡者壽書召誥則無遺壽耇漢書孔光傳作老詩閟宮三壽作朋傳考也箋三卿也東京賦送迎拜乎三壽注三老也莊子天道長於上古而不爲壽注壽者期之遠耳呂覽尊師以終其壽注年也又漢書高帝紀莊入爲壽注凡言爲壽謂進爵於尊者而獻無疆之壽後漢明帝紀注壽者人之所欲故卑下奉觴進酒皆言上壽又後漢趙岐傳先自爲壽藏注謂冢壙也稱壽者取其久遠之意侯覽傳注生而自爲冢爲壽冢叚借託名幖識字海內經靈壽實華注靈壽木名也似竹有枝節呂覽本味壽木之華注崑崙山上木也又雙聲連語左襄十傳會吳子壽夢也服注吳蠻夷言多發聲數語共成一言壽夢一言也按壽夢合音爲乘也聲訓楚語臣能自壽也注保也春秋繁露循天之道壽者讎也廣雅釋詁三壽久也久壽雙聲古韻詩七月叶棗稻酒壽天保叶壽茂南山有臺叶栲杻壽茂江漢叶首休考壽雝叶牡考壽載見叶考壽保管子內業叶道醜壽荀子蠶賦叶首壽老牡轉音老子辨德叶久壽

晧
擣 𢷾 手推也一曰築也从手𠃬聲今字作擣或又作搗作擣作曔廣雅釋詁一擣刺也四擣舂也儀禮有司徹擣肉之脯禮記禖記注所以擣鬱也又史記孫吳傳批亢擣虛索隱擊也衝也賜馮煥詔掩卒擣穀又管子度地杜曲則擣毀注觸也叚借爲疛詩小弁惄焉如擣傳心疾也韓詩正作疛漢書中山靖王勝傳注築也則謂本字又爲幬方言十三擣依也或曰說文水中有山可依止曰㠀疑借爲㠀亦通又爲裯史記龜筴傳下有伏靈上有兔絲上有擣蓍下有神龜索隱卽叢蓍也古韻詩小弁叶道草擣老首

晧
壔 𡑭 保也高土也从土𠃬聲讀若毒字亦作堡廣雅釋室堡隄也聲類堡高土也禮記檀弓遇負杖入保者月令四鄙入保注都邑小城曰保皆以保爲之

疇

chóu 醻(酬)　dǎo 禱　zhōu 譸　chóu 詶　chóu 籌　chóu 鄐

尤 **醻** 主人進客也。从酉𠷎聲。或从州聲。今字亦作酧。凡主人酌賓曰獻，賓還酌主人曰酢，主人又自飲以酌賓曰酬。爾雅釋詁：酬，報也。詩彤弓：一朝酬之。箋：勸也。瓠葉：酌言醻之。傳：道飲也。小弁：如或醻之。箋：旅醻也。按儀禮燕禮：君卿大夫士皆舉旅行酬。鄉飲禮：賓介眾賓大夫亦皆舉旅行酬。又禮記禮器：周旅酬六尸。此祫祭時祖宗亦相酬。中庸：旅酬下爲上。此即儀禮特牲少牢禮嗣舉奠，弟子舉觶後賓酬長兄弟，長兄弟酬眾賓，眾賓酬次兄弟，作尸止爵後長兄弟酬賓，賓酬次兄弟，次兄弟酬眾賓，眾賓有兩番旅酬，雖士大夫之禮，推之天子諸侯當同也。轉注儀禮士冠禮主人酬賓注：飲賓客而從之以財貨曰酬，所以申暢厚意也。周語：交酬好貨皆厚。注：交酬，相酬之幣也。又左昭廿七傳：吾無以酬之。注：報獻也。又吳語：自到于客前以酬客。注：報也。又易繫辭：可與酬酢。注：猶應對也。聲訓儀禮鄉飲禮主人實觶酬賓注：酬之言周也。詩彤弓傳：酬，報也。箋：猶厚也。酬、厚聲近。瓠葉傳：道飲。按謂導也。古韻詩彤弓叶櫜好酬，瓠葉叶炮醻，小弁叶醻究，節南山叶矛醻。

晧號 **禱** 告事求福也。从示壽聲。或从𢀜聲。籀文从示从眞从示𢀜聲。與齋祟字同。廣雅釋天：禱，祭也。周禮大祝五曰禱。注：禱，賀慶言福祚之辭。小祝：候禳禱祠之祝號。疏：求福謂之禱，報賽謂之祠。女祝：凡內禱祠之事。注：禱，疾病求瘳也。論語：子路請禱。包注：請也，請于鬼神。晉語：衛莊公禱。注：謂將戰時請福也。禮記檀弓：善頌善禱。注：求福也。叚借爲禂。詩吉日：既伯既禱。爾雅釋天：既伯既禱，馬祭也。三家詩作禂。按毛傳：禱，獲也。禂、禱實一字，因爾雅又制騊字，字之所以孳乳寖多也，今姑從許。聲訓呂覽順民：禱于桑林。注：求也。古韻詩吉日叶戊禱好阜醜。

尤 **譸** 訓也。从言壽聲。讀若醻。周書曰：無或譸張爲幻。按字亦作𧬄。集韻引廣雅：𧬄，詛也。叚借雙聲連語。書無逸：民無或胥譸張爲幻。馬本作輈。爾雅釋訓：侜張，誑也。或作侏張。論語微子作朱張，皆同。

尤 **詶** 譸也。从言州聲。玉篇引說文：詛也。按即譸之或體，今系于此。叚借爲醻。蒼頡解詁：詶亦酬字。詶，報也。又爲𧬄。魏元丕碑：詶咨羣寮。劉寬碑：詶咨儒林。

尤 **籌** 壺矢也。从竹壽聲。謂投壺之矢爲籌。禮記投壺：籌室中五扶。注：矢也。又儀禮鄉射禮：箭籌八十。大射儀：中籌豐。注：算也。漢書五行志：籌所以紀數。叚借爲𢡺。今所用籌畫籌度字。史記高祖紀：運籌帷幄之中。

尤 **鄐** 蜀江原地。从邑壽聲。當在今四川成都府灌縣。古有鄐水，郎鄐江，今無其偁。

dào 儔　dào 燾　zhù 鑄　dào 翿　chóu 𢡺　chóu 雔

尤 **儔** 翳也。从人壽聲。據許解，是與翿同字。按玉篇：儔，侶也。珠叢：儔，類也。魏都賦注：儔，等也。鬼谷子中經：傳善博惠。注：類也。太元劇：陽無介儔。思元賦：魂儆惘而無儔。注皆訓匹。嵇康詩：曾莫能儔。注：等也。字从人，疑當訓儕輩爲合，訓翳者借爲翿字。但經傳史子疇類字多用疇，罕用儔。漢碑如北海相景君碑：英彥失疇。議郎元賓碑：朋疇宗親。督郵斑碑：與此爲疇。亦皆作疇。姑從蓋闕。叚借爲𠷎。法言修身：傳克爾。注：誰也。

號 **燾** 溥覆照也。从火壽聲。字亦作𠷎。按字从火，不从日，本訓當爲溥照也。覆者幬字之訓。叚借爲幬。小爾雅廣詁：燾，覆也。廣雅釋言：𠷎，戴也。按戴字之誤，猶戴也。周書作雒：燾以黃土。史記吳太伯世家：如天之無不燾也。周禮司几筵：每敦一几。以教爲之。敦、幬雙聲。又爲䆃。公羊文十三傳：魯公燾。注：冒也。謂借爲幬。或曰漢書有䆃官，擇米以供祭祀及御膳者。翟公廩則不擇矣。存疑。

遇 **鑄** 銷金也。从金壽聲。齊語：美金以鑄劍戟。注：冶也。淮南俶眞：冶金之鑄器。注：讀如唾祝之祝。左昭八傳：齊公子鑄字子工。叚借爲託名幖識字。呂覽慎大：封黃帝之後於鑄。注：國名。左襄廿三傳：臧宣叔娶于鑄。按今山東泰安府肥城縣有鑄鄉。

豪號 沃號 **翿** 翳也，所以舞也。从羽𢀜聲。詩曰：左執翿。字亦作𦐙，作翢，作纛，作纛。爾雅釋言：翢，纛也。注：今之羽葆幢。纛，翳也。注：舞者所以自蔽翳。孫注：舞者所持羽。方言二：翿，幢，翳也。楚曰翿。廣雅釋器：幢謂之翳。詩君子陽陽：左執翿。傳：纛也，翳也。宛邱：植其鷺翿。傳：翳也。周禮鄉師：及葬執纛。注引褋記：匠人執翿以御柩，所以指麾挽柩之役，正其行列進退者。又漢書高帝紀：黃屋左纛。李斐曰：在乘輿車衡左方上注之。應劭曰：雉尾爲之，在左驂當鑣上。蔡邕曰：以犛牛尾爲之，如斗，或在騑頭，或在衡。東京賦：方釳左纛。注：大如斗，置騑馬頭上，以亂馬目，不令相見也。又儀禮鄉射禮記：君國中射則以翿旌獲。注：翿亦所以進退眾者。聲訓釋名釋兵：翳，陶也，其皃陶陶下垂也。古韻詩宛邱叶缶道翿，君子陽陽叶陶翿敖。

尤 **𢡺** 𢡺箸也。从心𠷎聲。按儔省聲。計度也。𢡺箸雙聲連語。字亦作躊躇，與踟躕、踟跦、踶躕皆同。又轉而爲蹢躅，爲躑躅。廣雅釋訓：躊躇，猶豫也。韓詩靜女：搔首躊躇。傳：躑躅也。楚辭九辯：蹇淹留而躊躇。漢書外戚傳：哀褒回以躊躇。後漢張衡傳：拓若華而躊躇。注：猶徘徊也。荀子正論：至賢疇四海。以疇爲之。

雔三名，凡雔之派皆衍雔聲。市流切。

尤 **雔** 雙鳥也。从二隹。會意。讀若醻。

chōu 犨　chóu 雔　zhōu 舟　zhou 鵃

尤
犨 牛息聲从牛雔聲一曰牛名初學記引說文作牛鳴字亦作犫
叚借爲犨吕覽召類犨於前而不直注猶出也又託名幖識字
史記越世家復犨龐長沙索隱邑名
又左傳晉郤犨魏犨世本皆作州

尤宥
雔 猶譍也从言雔聲字亦作售以口雔省聲按以言相當也三蒼
雔對也詩抑無言不雔禮記表記注雔猶荅也漢書王莽傳注
雔對也後漢明帝紀作酬轉注左僖五傳憂必讎焉注猶對也又詩
谷風賈用不售箋如賣物之不售按價不相當也西京賦注售猶行
也法言重黎欲讎爲者必假眞注類也失之又漢書郊祀志其方盡
多不讎注應當也又漢書律厤志未能讎也注相當也史記索隱比
校也劉向別錄一人讀書挍其上下得繆誤爲挍一人持本一人讀
書若怨家相對爲讎按以仇以怨爲訓叚借爲稠書微子用乂讎斂
馬本正作稠注數也按多也召誥王之讎民傳匹也謂讎字按猶眾
庶也或曰借爲噣堡也猶云纖內釋文或作酬又爲授方言二予賴
讎也又爲疇爲儔廣雅釋詁一讎輩也漢書霍光傳皆讎有功注等
也言其功相等類也又爲仇爲雔爾雅釋詁讎匹也注猶儔也又爲
仇爲怨詩谷風反以我爲讎左襄三傳其讎也秦策皆張儀之讎楚
辭惜誦又衆兆之所讎注大怨曰讎又雙聲連語淮南道應齧缺繼
以讎夷注熟視不言皃廣雅釋訓讎睫直視也按夷古讀如遲又疊
韻連語爾雅釋蟲讎由樗繭又孟子顏讎由史記作濁鄒說苑作涿
聚皆聲之轉聲訓詩抑無言不讎傳用也按用者周之誤字稠當愼
密也齊策衍也吾讎注仇也古韻詩谷風叶讎售按上讎怨也下讎
本字之轉注采芑叶讎猶醜抑叶讎報左僖五傳叶
讐保楚辭惜誦叶仇讐轉音管子七臣七主叶讎主

舟十三名凡舟之派皆衍舟聲　職流切

尤
舟 船也古者共鼓貨狄刳木爲舟剡木爲楫以濟不通象形按與
目壬車馬等字同横形直作方言九自關而西謂之船自關而
東爲之舟考工總目作舟以行水墨子節用舟以行川谷按舟之始
古以自空大木爲之曰俞後因集板爲之曰舟又以其沿水而行曰
船也詩谷風方之舟之傳舩也柏舟泛彼柏舟箋載渡物者艳有苦
葉招招舟子傳舟人主濟渡者又大東舟人之子傳舟楫之人箋則
謂借爲周又禮記月令乃命舟牧覆舟注主舟之官也轉注周禮司
尊彝皆有舟司農注尊下臺若今時承盤叚借爲匊詩公劉何以舟
之傳帶也按帶圜匝其要者箋訓進則謂借爲授民所予也古韻詩
柏舟叶舟流憂游谷風叶舟游求救竹竿叶滺舟遊憂菁莪叶舟浮
休楚辭湘君叶猶州修舟流轉音
鶡冠子世兵叶游鄒愁囚之舟

尤
鵃 鶻鵃也从鳥舟聲爾雅釋鳥鶌鳩鶻鵃注似山鵲而小短尾青
黑色多聲按左昭十七傳鶻鳩氏注春來冬去東京賦鶻鳩春

zhōu 侜　hé 貈　zhōu 𠣔　zhōu 輈

鳴以其多聲故名鳴鳩詩小宛宛彼鳴鳩禮記月令鳴鳩拂其羽夏
小正三月鳴鳩是也以其項有斑文亦名斑鳩廣雅釋鳥鶻鵃鷄鳩
也方言八其大者謂之鳹鳩鵅鴣即斑也以其聲鉤輈格磔亦曰鶻
嘲亦曰鶻雕嘲雕猶鵃也以其背青黑今亦謂之青肩按高注吕覽
鳴鳩拂擊其羽直刺上飛數十丈乃復此鳩之大者也郭注爾雅鶻
鳩似山鵲而小謂即鷽鳩莊子逍遙游蜩與鷽鳩崔譔讀鷽爲滑謂
即鶻鳩
皆失之

尤錫
侜 有廱蔽也从人舟聲字亦作倜詩防有鵲巢誰侜予美傳侜張
誑也爾雅釋訓侜張誑也釋文或作倜按侜張雙聲連語書無
逸譸張爲幻作譸張亦同論語朱張柳下惠少連鄭本作侏張按和
光同塵輕世肆志之意即孔子所謂降志辱身孟子所謂不恭故下
序六人而別無朱張其人也王弼注失之楊雄國三老箴姦寇侏張
作侏張朱張亦皆同又後漢孝仁董后紀汝今輈張注猶彊梁也文
選劉越石荅盧諶詩序自頃輈張注驚懼之皃作輈張亦同又吳都
賦周章夷猶注謂章皇周流也作周章亦同又太元去物咸倜倡注
張也按猶倏暢也又說文新附倜儻不羈也魯靈光殿賦迢嶢倜儻
注非常也作倜倡倜儻亦皆同又單辭形況字荀子非十二子倜然
無所歸宿注疏遠皃彊國倜然莫不明通而公也注高遠皃天下倜
然舉去桀紂而犇湯武注高舉之皃集韻以倜爲俶之或體非是

尤
𠣔 帀徧也从勹舟聲凡圜周方周周流周還
字經傳皆以周爲之而𠣔廢矣俗字作週

藥
貈 似狐善睡獸从豸舟聲論語曰狐貈之厚以居按今本狐貉字
皆作貉形近而誤也爾雅釋獸貈子貆注其雌者名貍今江東
呼貉爲貒貐劉楨毛詩義問貉狐之類貉貒貍也廣雅釋獸貛貒也
按即貈也其毛鏬厚擊之難斃惟捶其鼻莖即死煎其膏治痔艮詩
七月一之日于貉考工記總目貉踰汶則死皆誤作貉又中山經扶
豬之山有獸焉其狀如貆而人目其名曰𪊨字亦作貗按貈形誤而
爲貉貉聲又
變而爲貗也

尤
輈 𨏵 轅也从車舟聲籀文从舟文車按大車左右兩木直而平
車車者謂之轅小車居中一木曲而上者謂之輈故亦曰軒轅
謂其穹隆而高也輈曲處革五束曰楘詩小戎五楘梁輈是也其初
出軾前曲而上謂之胡亦曰侯曰疾疾者侯之誤字疾者胡之借字
也其前持衡曲而下謂之頸其後承軫處謂之踵其當兩轐間謂之
當兔凡長國馬之輈一丈九尺六寸有奇田馬之輈一丈八尺七寸
有奇駑馬之輈一丈七尺二寸有奇其在輿底之直者皆四尺四寸
也其在軾前之穹者弦皆一丈而深不同也小爾雅廣言輈輿也廣
器轅謂之輈左隱十一傳挾輈以走宣四傳射王汏輈昭廿八傳蘇
朐汏輈儀禮既夕薦車直東榮北輈注皆訓轅對文則別散文亦通

雔舟

耳叚借雙聲連語後漢孝仁董后紀汝今輈張怙汝兄耶注猶彊梁也文選劉琨詩序自頃輈張注驚懼之皃也輈與侜古字通廣訓釋
名釋車輈句也轅上句者也古韻詩小戎叶收輈

shòu 受

有
受 相付也从𠬪舟省聲字亦誤作爰方言六受盛也猶秦晉言容
盛也廣雅釋詁三受得也受親也四受繼也周禮司干則受之
注取藏之儀禮喪服受以小功衰注猶承也楚語穎項受之注承也
管子海王篇十五吾受而官出之以百注取也呂覽貴能舜得皐陶
而舜受之注用也愼勢位尊者其敎受注因也圜道此所以無不受
也注亦應也詮徒事至則不能受注猶成也唐扶頌光受茅土又受
天之祜俗誤作爰叚借爲讎韻連語詩月出舒懮受兮按亦舒之姿也
又託名標識字書立政其在受德暋傳受德紂字酉伯戡黎序奔告
于受傳紂也按帝乙子辛名受作紂者借字又爲𡢃之誤字周禮巾
車故書歲時受續史記夏紀受豕韋之後古韻詩月出叶皓懰受慘
卷伯叶受昊宋玉笛賦
叶寶道老好受保楚茂

shòu 授

尤有 宥
授 予也从手从受會意受亦聲按字亦變作䞨周禮鄰長則從而
授之注猶付也左僖廿八傳獻俘授馘注數也魯語今日必授
注與也晉語子犯授公子載璧注還也又字林䞨贍也周禮大司徒
使之相䞨注謂禮物不備相給足也杜注則謂借爲糾司稼而䞨其

說文通訓定聲 孚部弟六 毛

急鄉師賙萬民之艱阨司農注讀爲周急之周詩鴻雁箋欲人之賙
餼之疏調與之財叚借爲受周禮典婦功凡授嬪婦功司儀再拜授
幣聲訓詩吉日箋欲令賙餼之釋文救也古韻宋
玉神女賦叶首授記覆究詩七月叶流授句中韻

shòu 綬

宥
綬 紱維也从糸受聲小爾雅廣服紱謂之綬按綬者組帶之大名
周禮幕人掌帷幕幄帟綬之事司農注組綬所以繫帷也又禮
記玉藻天子佩白玉而玄組綬注所以貫佩玉相承受者也董巴輿
服志古者君佩玉尊卑有序及秦以采組連結于𦄣謂之綬按佩玉
之綬亦曰璲詩大東鞙鞙佩璲是也又急就篇注綬受也所以承受
印環也漢書諸侯王表之璽戭璽之組也又許君所云紱維者謂蔽
厀之系所以繫于革帶者紱常作韍司馬氏輿服志五伯時戰爭不
息解去韍與佩不用而其系而已至秦乃又以采組連結于系以代
古之韍與佩謂之綬非古所謂綬也其維則曰𦄣文選秋胡詩結綬
登王畿注仕者所佩按鄭注周禮司几筵紛如綬有文而狹者即謂
漢時五采
有文之綬

zhāo 𠦝(朝)

蕭 蕭
朝 旦也从倝舟聲按字亦作鼂作晁爾雅釋詁朝早也易訟終朝
三褫之虞注日在甲上稱朝詩蝃蝀崇朝其雨傳從旦至食時
爲終朝禮記祭義周人祭日以朝及闇注朝日出時也左僖廿八傳
詰朝將見注詰朝平旦又詩卷阿於彼朝陽爾雅釋山山東曰朝陽

注旦卽見日周禮大司徒日西則景朝多陰司農注謂日未中而景
中立表處大西遠日也又東都賦春王三朝注歲首朔日也按洪範
五行傳注自正月盡四月爲歲之朝上旬爲月之朝平旦至食時爲
日之朝轉注白虎通朝聘朝者見也因用朝時見故謂之朝周禮大
宗伯春見曰朝注朝猶朝也欲其來之早禮記曲禮天子當宁而立
諸公東面諸侯西面曰朝按朝覲宗遇禮雖有四通名曰朝虞夏制
四年各一朝書舜典五載一巡守羣后四朝是也周制以六服之遠
近爲疏數六歲而朝期一周周禮大行人歲一見至六歲一見是也
又穀梁桓九傳諸侯相見曰朝左成十二傳諸侯間于天子之事則
相朝也又周禮大行人凡諸侯之邦交世相朝也注凡君卽位大國
朝焉小國聘焉又左成十二傳朝而不夕疏旦見君謂之朝暮見君
謂之夕又爾雅釋言陪朝也注陪位爲朝禮記曲禮在朝言朝注謂
君臣謀政事之處也按戴氏震云天子諸侯皆三朝路門之內曰燕
朝亦曰內朝雉門卽應門其內曰治朝庫門卽皐門其內曰外朝凡
朝不屋君臣咸立于廷又魯語合家事于內朝注家大夫也內朝家
朝也又文選顏延年詩君彼東朝注東宮也又禮記王藻元端而朝
日於東門之外注朝日春分之時也又周禮司尊彝追享朝享注朝
享謂受朝政于廟又書禹貢江漢朝宗于海鄭注猶諸侯同心尊天
子而朝事之詩沔彼流水朝宗于海傳諸侯春見天子曰朝又禮記
王制耆老皆朝于庠注猶會也叚借爲召楚辭遠逝朝四靈于九濱

說文通訓定聲 孚部弟六 甲

注召也又託名標識字秦策而不壽于朝生注木菫也淮南道應朝
菌不知晦朔注朝生暮死之蟲也生水上狀似蠶又白虎通禮樂東
夷之樂曰朝離按猶兜離侏離也又水經淇水注朝鮮故箕子國也
魯語伐取朝歌注晉邑也孟子吾欲觀于轉附朝儛注山名也又言
朝水名也聲訓春秋繁露諸侯朝者召而問之也古韻詩白駒叶苗
朝遙禮記禮運叶廟朝學轉音詩碩人叶敖郊驕鑣朝勞河廣叶刀
朝漸漸之石叶高勞朝卷阿叶
高朝句中韻孟子叶撓逃朝

cháo 鼂

蕭
鼂 匽鼂也讀若朝揚雄說匽鼂蟲名杜林以爲朝旦非是
从黽从旦篆文从皀从黽按字从旦鼂省聲或曰𠂤字
古作𡘼从要聲形誤爲黽存參此字當爲朝之或體杜說是也今
別附于此而从黽从皀之字分爲正篆系皀聲下字亦作晁楚辭
哀郢甲之鼂吾以行注旦也漢書爰盎鼂錯傳首行注司馬相如
傳鼂采注嚴助傳鼂不及夕注文選長笛賦𣟗雉鼂雊注並云古
朝字漢書古今人表下中子鼂中中衞史鼂五行志上壬子鼂左
傳皆作朝左昭十五年經蔡鼂吳今本作朝漢書景帝紀御史大
夫晁錯文選羽獵賦天子
乃以陽晁注朝晁古字同

miào 廟

嘯
廟 尊先祖皃也从广朝聲古文从苗聲按當作宗廟尊先祖
皃也宗尊雙聲廣雅釋天廟祧壇墠鬼祭先祖也爾雅釋

舟

cháo 淖(潮)　zhōu 周

宮室有東西廂曰廟無曰寢禮記月令寢廟必備注前曰廟後曰寢按自官師以上有廟有寢工商則寢而已守祧掌守先王先公之廟祧注謂大祖之廟及三昭三穆祭僕復于小廟注高祖以下也始祖曰大廟禮記月令天子居明堂太廟明堂位太廟天子明堂按周制天子七廟太祖四親之外有文武世室二祧也諸侯五廟大夫三廟士一廟其制太祖廟在中昭東穆西皆別爲宮院凡親過高祖則毀其廟以次而遷又按古者行禮必于廟謀事必于廟故儀禮士冠禮筮於廟門禮記祭統廟中者竟內之象凡國功曰廟算廟謨也轉注周語日月底于天廟注營室也又廣雅釋天輿鬼謂之天廟聲訓釋名釋宮室廟皃也先祖形皃所在也廣雅釋言廟皃也詩淸廟箋廟之言皃也公羊桓二傳納于太廟注廟之爲言皃也思想儀皃而事之古韻詩思齊叶廟保禮記禮運叶廟朝學轉音管子牧民叶廟校

蕭豪 **潮** 水朝宗於海从水朝省按亦聲今隷作潮不省字亦作淖作濤春秋元命苞牛女爲江潮江潮者所以開神潤化故其氣遄急廣雅釋水濤波也淮南人閒起波濤注波者涌起還者爲濤吳都賦混濤并瀨七發觀濤于曲江漢書枚傳雖馳辯如波濤注大波曰濤按潮本于月凡日行地底所過處其水甚熱月升而冷氣相激乃漲而爲潮又月在天其對射之處氣冷與月同故再激再漲而爲汐聲訓御覽引說文淖朝也抱朴子潮者據朝來也

周二十名凡周之派皆衍周聲職流切

尤 **周** 密也从用口會意古文从用从古文及按密讀爲謐或爲毖靜也愼也詩皇皇者華周爰咨諏魯語忠信爲周都人士行歸于周傳忠信也禮記緇衣自周有終注忠信曰周穀梁成十七傳公不周乎伐鄭也注信也左襄十二傳盟所以周信也注固也襄廿六傳具車徒以受地必周注密也考工函人橐之而約則周也注密致也管子入國人主不可不周注謂謹密也又周書謚法周至也詩鹿鳴示我周行傳至也論語雖有周親僞泰誓傳至也左哀十六傳周仁之謂信注親也叚借爲受淮南兵略周錐鑿而爲刃注內也又爲賙卽授詩雲漢靡人不周傳救也禮記月令周天下注謂給不足也呂覽注賜也孟子周之則受注謂周急廩貧民之常料也又爲疇爲儔廣雅釋詁一周輩也又爲啁廣雅釋詁四周調也又爲調離騷雖不周於今之人兮注合也淮南原道貴其周于數而合于時也注調也論語君子周而不比按猶和而不同也皇疏周是博徧之義孔注忠信似皆失之又爲沇詩有杕之杜生于道周釋文曲也韓詩周右也則調借爲右右周聲近又爲匊小爾雅廣言周帀也廣雅釋詁二周徧也釋言周旋也周易釋文周徧也備也按周禮磬人三曰周以易者易之誤字首乾匝六爻皆陽故名說詳臨嘯閣六十四卦經解詩崧高周邦咸喜箋徧也周禮司稼周知其名注猶偏也禮

diāo 琱　dǎo 禂

記檀弓四者皆周注帀也左文三傳舉人之周也注備也吳語周軍飭壘注繞也楚辭湘君水周兮堂下注旋也後漢班固傳周以鉤陳之位注環也太元周陽氣周神而反乎始注復也又周禮大祝四曰周祭司農注四面爲坐也禮記玉藻周還中規注周還反行也宜圜周語周旋序順注周旋容止也素問天元紀大論七曜周旋注謂周天之度左僖廿三傳以與君周旋注周旋相追逐也昭廿傳以周事子注猶終無竟也周髀算經其周七十一萬四千里注匝也大荒西經有山而不合名曰不周負子西山經不周之東望泑澤河水所潛也白虎通八風不周者不交也言陰陽未合也淮南俶眞譬若周雲之蘢蓯注密雨雲也漢書司馬遷傳出入周衞之中按環繞也注謂宿衞周密失之字或變作週又禮記仲尼燕居使女以禮周流無不偏也漢書禮樂志周流常羊思所并楊雄傳據軨軒而周流兮上林賦步櫚周流羽獵賦章皇周流皆旋轉匝徧之謂亦疊韻連語仲尼弟子公伯繚字周左襄廿三傳齊華周字還說苑以舟爲之漢書古今人表以州爲之又爲割之誤字禮記緇衣周田觀文王之德注古文尙書爲割申勸寧王之德又爲唐之誤字大戴保傳安陵任周瞻注諸記多爲唐雎又雙聲連語吳都賦周章夷猶注謂章皇周流也又託名幖識字白虎通號夏殷周者有天下之大號也釋名釋州國周地在岐山之南其山四周也按以匊爲訓書召誥王朝步自周馬注鎬京也詩四牡周道倭遲小弁踧踧周道傳周室之通道按平王

東遷以後所謂西周者文武豐鎬也東周者成王郟鄏也成周者敬王洛陽也考王封弟以後所謂西周者桓公河南也東周者惠公鞏邑也惠公處鞏以奉威烈王于洛陽又左襄八傳及秦周伐雍門之萩呂覽愼大軍於秦周注齊城門名杜注左傳謂魯大夫失之又海外南經周饒國其爲人短小一曰焦僥國亦疊韻連語聲訓左襄廿三傳宋公孫周字子高釋文序錄莊周字子休按名字疊韻古韻詩有杕之杜叶周游下泉叶苞周句中韻何草不黃叶幽周句中韻轉音呂覽知度叶符周

虞皓 **禂** 禱牲馬祭也从示周聲或从馬𩣡聲詩曰既禡既禂按吉日毛本作既伯既禱傳伯馬祖也禱禱獲也爾雅釋天既伯既禱馬祭也周禮甸祝禂牲禂馬注讀如誅今侏大字也杜注禂禱也爲馬禱無疾爲田禱多獲禽牲據周禮是毛詩借禱爲禂三家詩借禡爲伯禡師祭也伯馬祭也禱求福祭也禂禱牲禱馬祭也詩上已云既伯故毛專訓禂爲禱牲爾雅雖並引其實止訓伯而禱無訓許君則當舍詩而引周禮爲憭

蕭 **琱** 治玉也从玉周聲按謂琢磨南都賦琢琱狎獵爾雅釋器玉謂之雕又雕謂之琢以雕爲之別義說文一曰石似玉叚借爲彫漢書郊祀志雕敝琱戈東方朔傳陰奉琱琢刻鏤之好貢禹傳牆塗而不琱王莽傳飾以金銀琱文酷吏傳斲琱而爲樸皆謂刻文也

zhāo 啁　tiáo 調　diāo 雕　chóu 椆

肴尤 **啁** 啁嘐也从口周聲按啁嘐重言形況字聲類謿話詆言也按戲謔也字亦作謿作嘲漢書東方朔傳詼啁而已注與謿同揚雄傳有解嘲叚借疊韻連語禮記三年問猶有啁噍之頃焉呂覽求人啁噍巢于林按小鳥之聲也聲訓廣雅釋詁四啁調也

尤蕭嘯 **調** 和也从言周聲賈子道術合得周密謂之調荀子臣道調和樂也大戴子張問入官調悅者情之道也周禮調人注猶和合也又詩車攻弓矢既調箋謂弓強弱與矢輕重相得禮記月令調竽笙竾簧注治其器物習其事之言莊子知北遊調而應之注和合之謂也離騷摯咎繇而能調楚辭繆諫恐操行之不調呂覽察今一鼎之調淮南俶眞耳分八風之調注皆訓和淮南說林不同味而皆調予口注適也漢書食貨志以調盈虛注平均也張湯傳調護之尤厚注和適之令得其所也轉注文選秋胡詩聲急猶調起注猶韻也義心多苦調注猶辭也謝靈運詩異代可同調注猶運也謂音聲之和也叚借爲朝詩汝墳惄如調飢傳朝也又爲啁廣雅釋言調啁也調譏也釋詁二調欺也又爲糶廣雅釋詁三調賣也又爲籌實爲𢡁漢書鼂錯傳調立城邑注謂算度之也上方與錯調兵食注謂計發之也趙廣漢傳豫爲調棺注辦具之也王莽傳皆得自調注謂發取也昭帝紀調故吏注謂發選也宣帝紀調關東輕車銳卒注選也食貨志通調旁近郡注選發之也後漢左雄傳特選橫調注徵也又重言形況字莊子齊物論而獨不見之調調之刁刁乎注動搖皃也轉音素問至眞要大論叶標調又離騷叶調同韓非揚權叶同諷靈樞官能叶調通

蕭 **雕** 鷻也从隹周聲籒文从鳥書古太誓流之爲鵰馬注鷙鳥也索隱鷲也鄭注則謂當爲鴉史記單行本李將軍傳是必射鵰者也引說文似鷲黑色多子一名鷲以其毛作矢羽南山經其狀如雕而有角注雕似鷹詩四月匪鶉匪鳶傳雕鳶貪殘鳥也靈光殿賦仡欺猥以鵰眈注鵰眈如鵰之視也叚借爲鵃詩小宛傳鳴鳩鶻鵰又爲彫書顧命雕玉仍几禮記少儀車不雕幾王制雕題交趾明堂位爵用玉琖仍雕晉語秦穆公衡雕戈出見使者子虛賦左烏號之雕弓東京賦下雕輦于東廂皆謂刻鏤也又管子七法禁雕俗注謂浮僞之俗後漢張衡傳執雕虎而試象兮注有文也尸子曰跡賤者義之雕虎也論語漆雕開古今人表正作彫又爲琱考工總目玉楖雕矢磬謂治玉工也又爲凋周語民力雕盡注傷也呂覽辨土寒則雕注不實也又重言形況字荀子法行珉珉雕雕注謂飾文采議兵雕雕焉縣貴爵重賞於其前注章明之皃古韻論語公冶長叶朽雕句中韻呂覽辨土叶雕修

九宥 **椆** 椆木也从木周聲讀若丩中山經虎首之山多苴椆椐叚借託名幖識字莊子讓王乃自投椆水釋文本作稠又作桐司馬本作洞

chóu 稠　dāo 裯　diāo 彫　tiáo 髫　chóu 惆　diāo 凋　diāo 鯛　zhōu 婤　chóu 綢

尤嘯 **稠** 多也从禾周聲按禾多也文選束皙詩黍發稠華注引蒼頡稠眾也引廣雅稠概也轉注書微子馬本用乂稠斂按多也馬注數也則謂借爲𧥾禮記文王世子注歌者稠釋文密也秦策書策稠濁注多也叚借爲調莊子天下可謂稠適而上遂矣又疊韻連語漢書揚雄傳天地稠𧫴注動搖皃

虞豪尤 **裯** 衣袂祇裯从衣周聲按袂當作短謂短衣祇裯也方言四汗襦自關而西或謂之祇裯廣雅釋器祇裯襦褕也楚辭九辯被荷裯之晏晏兮後漢羊續傳惟有布衾敝祇裯叚借爲幬詩小星抱衾與裯傳禪被也箋牀帳也又託名幖識字左傳魯昭公裯史記魯世家立齊歸之子裯集解一作袑按古今人表作稠古韻詩小星叶昴裯猶

蕭 **彫** 琢文也从彡周聲三蒼彫飾也廣雅釋詁四彫畫也釋言彫鏤也左宣二傳厚斂以彫牆注畫也論語朽木不可彫也包注彫彫琢刻畫也荀子大略天子彫弓注謂彫畫爲文飾莊子達生凥乎彫俎之上釋文畫飾之俎也後漢文苑傳贊非彫非蔚注鏤也詩棫樸追琢其章傳金曰彫玉曰琢以追爲之行葦敦弓既堅傳畫弓也以敦爲之禮記明堂位雕篹郊特牲丹漆雕幾之美史記酷吏傳斲雕而爲樸以雕爲之轉注史記禮書救其彫敝索隱謂彫飾也吳都賦彫啄蔓藻注鳥食皃叚借爲琱孟子必使玉人彫琢之注彫琢治飾玉也按治玉也又爲凋論語然後知松柏之後彫也左昭八傳民力彫盡荀子子道勞苦彫萃注傷也又託名幖識字漢書司馬相如傳東蘠彫胡注彫胡菰米也

九 **髫** 髮多也从髟周聲字亦作鬍詩都人士綢直如髮以綢爲之

九 **惆** 失意也从心周聲字亦作怊惆怊一聲之轉荀子禮論惆然不嗛注悵然也陸機歎逝賦心惆焉而自傷注引廣雅痛也說文新附怊悲也楚辭謬諫怊悵而自悲注恨皃也亦雙聲連語

蕭 **凋** 半傷也从仌周聲廣雅釋詁四凋傷也秦策爲其凋榮也史記作⿰周刂思元賦卉旣凋而已育注落也荀子子道勞苦彫萃以彫爲之呂覽辯土寒則雕以雕爲之吳仲山碑約身剛已張表碑瑚芝華兮殲彥良字亦變作剛作凋

蕭 **鯛** 魚骨耑脆也从魚周聲別義玉篇鯛魚名

尤 **婤** 女字也从女周聲左傳有衞嬖人婤姶

豪尤 **綢** 繆也从糸周聲廣雅釋詁四綢纏也釋訓綢繆纏緜也楚辭湘君薜荔拍兮蕙綢注縛束也詩綢繆綢繆束薪鴟鴞綢繆牖戶

zhōu 州　dāo 舠　zhōu 輈　táo 錭　tiáo 蜩

傳箋纙緜也思元賦䕸二紀五緯之綢繆遹皇注連緜也後漢張衡傳注相次之皃也吳都賦綢繆縟繡注花采密皃亦疊韻連語叚借爲鬊詩都人士綢直如髮釋文密也又疊韻連語莊子則陽聖人達綢繆釋文深奧也則猶纷宛又爲韜禮記檀弓綢練設旐史記司馬相如傳靡屈虹以爲綢

蕭 **蜩** 蟬也从虫周聲或从舟聲詩七月五月鳴蜩傳螗也蕩如蜩如螗禮內則爵鷃蜩范考工梓人旁鳴蜩蜺屬莊子達生見痀僂者承蜩寓言予蜩甲也夏小正良蜩鳴傳五采具螗蜩鳴傳匽也方言十一蟪謂之寒蜩寒蜩瘖蜩也郭注則謂蟹禮記月令寒蟬鳴注蜺也廣雅釋蟲蟧蝒馬蜩也按蜩之小者曰蚼蛣曰蟪曰蜺曰蜺其大者曰螗曰蝘最大者曰蝒叚借疊韻連語漢書司馬相如傳蜩蟉偃蹇注掉頭也轉音詩七月叶葽蜩

豪 **錭** 鈍也从金周聲叚借爲彫荀子富國錭琢刻鏤

尤 **輈** 重也从車周聲廣雅釋詁四輈低也儀禮既夕記志矢一乘軒輈中注蟄也字亦作蟄既夕釋文引字林輈蟄也字亦作輊詩六月如輊如軒軒言輕而高輊言重而下周至執一聲之轉埤蒼輊車輚兩尾通俗文前重曰輊字亦作轋射雉賦如轋如軒考工記大車之轅摯以摯爲之叚借爲朝韓詩汝墳惄如輖飢

舠 小船也从舟周聲說文無此字廣雅釋水舠舟也初學記引埤蒼舠吳船也今據詩河廣曾不容刀釋文引說文作舠姑附于末愚按河廣之刀是舟之譌字篆文舟𠚣相似又御覽引詩作舠按說文舟部舠从舟刖省聲讀若兀訓船行不安聲義皆別舠俗字也聲訓釋名三百斛曰舠舠貂也貂短也江南所名短而廣安不傾危者也

州三名凡州之派皆衍州聲職流切

尤 **州** 水中可居曰州匊繞其旁从重川會意古文省字亦作洲詩關雎在河之洲毛本作洲楚語又有藪曰雲連徒洲詩鼓鍾淮有三洲傳淮上地爾雅釋坵淮南有州黎坵轉注說文昔堯遭洪水民居水中高土故曰九州按卽禹貢之冀兗青徐揚荆豫梁雍也舜分青爲營州分冀爲幽州并州卽虞書十二州也禹平水土還爲九州殷制分冀爲幽合并于營合青于徐合豫于梁卽爾雅之九州也周制合徐于荆合梁于雍分冀爲冀幽并卽周禮職方之九州也又廣雅釋詁四州國也禮記王制二百一十國爲州州有伯注州猶聚也又司馬法二百里爲州又周禮大司徒五黨爲州注二千五百家左傳十五傳晉于是乎作州兵又論語雖州里行乎哉鄭注

mǔ 牡　sǎo 埽　zhǒu 帚　zhōu 盩　kū 哭　zhōu 喌

萬二千五百家爲州又書大傳州十有二師焉注州凡四十三萬二千家又管子度地里十爲州又術十爲州又公羊桓二傳注七卒爲州廣雅釋室州官也周禮有州長叚借爲醜實爲尻爾雅釋畜白州驠注竅也廣雅釋親州臀也又託名幖識字世本許州向申姜姓也炎帝後國名在今山東青州府安邱縣又公羊春秋成十一使郤州來聘左傳作犨左氏春秋隱四衛人殺州吁于濮穀梁作祝左成十傳晉厲公名州蒲史記侯表作壽曼聲訓說文一曰州疇也各疇其土而生之風俗通州周也州有長使之相周足也以授爲訓春秋說題辭州之言殊也廣雅釋言州淳也釋名釋州國州注也郡國所注仰也齊語羣萃而州處注州聚也廣雅釋水州居也封氏聞見記古謂州爲朱古韻詩關雎叶鳩州逑鼓鐘叶湝洲妯猶楚辭湘君叶猶州修舟流

屋 **喌** 嘐鷄重言之从吅州聲讀若祝夏小正鷄孚粥以粥爲之後人亦以祝以朱爲之

屋 **哭** 哀聲也从吅獄省聲按犬哀嗥聲也从犬喌省聲轉注漢書王莽傳則哭以厭之注哭者所以告哀也又淮南覽冥昔雍門子以哭見于孟嘗君注哭猶歌也凡从犬之字多移以言人如狡猾狂狘等古韻左昭廿五傳叶鴝辱鴝哭禮檀弓叶哭族

盩一名張流切

尤 **盩** 引擊也从㚔攴見血也會意叚借雙聲連語說文扶風有盩厔縣按在今陝西西安府說者謂山曲曰盩水曲曰厔與周旋折旋同詣

帚三名凡帚之派皆衍帚聲支手切

有 **帚** 糞也从又持巾埽冂內會意古者少康初作箕帚秫酒少康杜康也葬長垣按以巾者爲帚以萑芀黍梨者爲埽因卽名其器爲帚爲埽帚如今舟人所用之拖糞以水拭版使凈者埽卽禮記之鬣凡箕帚字蓋借帚爲埽也

皓、號 **埽** 棄也从土从帚會意按帚亦聲字亦作掃廣雅釋詁三埽除也詩牆有茨不可埽也東山酒埽穹室箋拚也周禮隸僕掌五寢之埽除糞洒之事禮記少儀氾埽曰埽轉注東京賦埽項軍于垓下注除也又埽朝霞注滅也漢書騶布傳大王宜埽淮南之衆注謂盡舉之如埽地之爲古韻詩伐木叶埽簋牡舅牆有茨叶埽道醜山有樞叶栲杻埽考保

有 **牡** 畜父也从牛土聲按埽省聲詩匏有苦葉雉鳴求其牡傳飛曰雌雄走曰牝牡按雌鳥而求牡獸喻衛夫人求非其匹也詩駉駉牡馬爾雅釋畜牡曰騭論語敢用元牡皇疏雄也轉注周禮蟈氏焚牡蘜注蘜不華者儀禮喪服傳牡麻者枲麻也史記孝武紀以

zhǒu 肘　zhǒu 疛　zhòu 紂　zhòu 酎　shǒu 守

牡判晝鑰又越語凡陬之道設右以爲牝蓋左以爲牡漢書五行志陽奇爲牡大戴易本命邱陵爲牡左昭十七傳水火之牡也老子牝常以靜勝牡又漢書五行志門牡自亡注牡所以下閉者也亦以鐵爲之淮南說林盜跖見飴曰可以黏牡叚借顏氏家訓詩駉駉牡馬江南書皆作牡河北本皆作牧古韻詩匏有苦葉叶軌牡還叶茂道牡好伐木叶埽簋牡舅咎生民叶道草牡苞䆁叶牡考壽考荀子蠶賦叶道壽老牡國語越范蠡語叶牡道究左襄四傳叶道草擾獸牡又詩旱麓叶酒牡句中韻

肘四名凡肘之派皆衍肘聲 陟柳切

有 **肘** 臂節也从肉从寸會意寸手寸口也肘者肱與臂相接處吾蘇俗謂之臂撑子其內曰擘其外曰肘禮記深衣反詘之及肘注肘或爲腕莊子至樂俄而柳生其左肘司馬本作肘聲訓釋名釋形體肘注也可隱注也肘注雙聲

有宥 **疛** 小腹病也从疒肘省聲韓詩小弁惄焉如疛字亦作㾜呂覽盡數處腹則爲張爲疛注跳動腹疾又情欲篇身盡疛腫一作府

有 **紂** 馬緧也从糸肘省聲方言九車紂謂之緻或謂之曲綯或謂之曲綸叚借爲受商王名呂覽功名桀紂貴爲天子注賊仁多累曰紂獨斷下殘義損善曰紂又爲牖秦策以同言楚威王於側紂之間

說文通訓定聲　孚部第六　四七

宥 **酎** 三重醇酒也从酉从時省六書故引蜀本肘省聲明堂月令曰孟秋天子飲酎蜀本作孟夏按禮記月令孟夏注酎之言醇也呂覽注春醞也左襄廿二傳見于嘗酎注酒之新孰重者爲酎漢書景帝紀高廟酎注正月旦作酒八月成名曰酎楚辭大招四酎并孰魏都賦溫酎躍波

守二名凡守之派皆衍守聲 書九切

有宥 **守** 官守也从宀寺府之事也从寸法度也會意或曰此字亦肘省聲存參書舜典五載一巡守左廿一傳王巡虢守周禮均人均地守注地守衡虞之屬內宰糾其守注宿衛者穆天子傳守丈七十注任守備者荀子王制雖守者益注謂地也守國以地爲本故曰守者獨斷守者秦置也秦兼天下置三川守伊河洛也十三州記大郡曰守又易繫辭傳何以守位曰仁鄭注持不惑曰守太元元衡守不可攻元錯守也固轉注禮記少儀守犬疏守犬守禦宅舍者也又廣雅釋詁三守久也史記樂書合守柎鼓正義守待也漢書外戚傳數守大將軍光後漢竇融傳注守猶求也又史記天官書其入守犯太微集解居其宿曰守古韻禮記禮運叶守復考奧由管子白心叶道久葆守又子道原叶守求楚辭天問叶首在守轉音素問陰陽應象論叶守使

shòu 狩　chǒu 丑　chǒu 杽　xiū 羞

有 **狩** 犬田也从犬守聲韻會引說文作火田易曰明夷于南狩按田必有犬故从犬易荀注歲終田獵曰狩爾雅釋天冬獵爲狩又火田爲狩注放火燒草獵亦爲狩漢書刑法志冬大閱以狩注火田列子黃帝狩于中山注火田曰狩按其字从犬與獮獵獲獠同犬謂爲火因有火田之說周禮惟春蒐火弊有明文王制昆蟲未蟄不以火田合冬獵火田爲一事非爾雅之旨夏小正十有一月王狩左隱五傳春蒐夏苗秋獮冬狩周禮大司馬遂以狩田周語狩于畢時公羊莊四傳注狩者上所以共承宗廟下所以教習兵行之義叚借爲守孟子巡狩者巡所守也詩時邁序巡狩告祭柴望也左僖廿八年天王狩于河陽聲訓左隱五傳注狩圍守也冬物畢成獲則取之無所擇也白虎通田獵冬謂之狩何守地而取之也說苑脩文狩者守畱之風俗通山澤狩者守也公羊桓四傳注狩猶獸也白虎通巡狩狩者牧也爲天下循行守牧民也爾雅孫注狩放火燒草守其下風古韻詩叔于田叶狩酒好駟鐵叶阜手狩車攻叶好阜草狩

丑十六名凡丑之派皆衍丑聲 敕九切

有 **丑** 紐也按从又而縶之指事與豕同意說文㪅下曰又者从丑省此其誼也即杽字之古文後漢蔡邕傳論抱鉗杻徙幽裔以杻爲之叚借以紀六旬爲十二枝之名楊統碑三月癸丑字亦作丑又以紀年紀月紀時說文十二月萬物動用事象手之形時加丑亦舉手時也爾雅太歲在丑曰赤奮若十二月爲涂論衡物勢篇丑土也其禽牛也又以命天體十二宮月令注覿斗所建疏丑紐也淮南天文指丑則大寒聲訓釋名丑紐也寒氣自屈紐也太元元數辰戌丑未注丑之言畜也畜養萌芽也

說文通訓定聲　孚部第六　四八

有 **杽** 械也从木从手會意手亦聲械在手曰梏按即丑之或體因丑爲借義所專乃製此字今系于此

尤 **羞** 進獻也从羊羊所進也从丑丑亦聲按丑聲說文隸丑部非是宗廟犬名羹獻獻从犬羞从羊同意字亦作饈周禮宰夫以式灋掌祭祀之戒具與其薦羞注庶羞內羞按內羞房中之羞也庖人共祭祀之好羞又與其薦羞之物注備品物曰薦致滋味乃爲羞又籩人共其籩薦羞之實注薦羞皆進也未食未飲曰薦既食既飲曰羞賸夫羞用百有二十品注庶羞儀禮聘禮記禽羞俶獻比注禽羞謂成熟有齊和者按鴈鶩之屬方言十二羞熟也又儀禮聘禮羞鼎三注羞鼎則陪鼎也以其實言之則曰羞以其陳言之則曰陪左昭廿七傳羞者獻體改服于門外注進食也儀禮大射儀羞庶羞禮記月令羞以含桃魯語羞鼈焉小鱉注爾雅釋詁羞進也夏小正丹鳥羞白鳥傳羞也者進也不盡食也又晉語有武德以羞爲正卿注進也叚借爲醜廣雅釋詁三辱也四恥也易恆或承之羞禮記緇衣惟口啓羞左襄十八傳無作神羞周語爲禮爲羞又爲鱃禮記月令羣鳥養羞按莊子達生篇以鳥養養鳥者宜食之以委蛇司馬彪注委

肘守丑

蛇泥鰌也廣雅釋魚鰍鰌也東山經郭注今蝦鰌字亦或作鰍又發聲之詞方言二萃釋紛毋言既廣又大也〔古韻〕鶡冠世兵叶財羞時疑

niǔ ⿰月丑
有 ⿰月丑 食肉也从丑从肉按丑聲說文鍇本隸丑部非是

niù ⿰飠丑
有 ⿰飠丑 糅飯也从食丑聲字亦作粈〔轉注〕儀禮鄉射禮白羽與朱羽糅離騷芳與澤其糅糅兮通俗文肴糅曰粈廣雅釋詁四粈廁也按閒錯之意

róu 粈
有 粈 糅飯也从米丑聲按即⿰飠丑之或體今附于此

nǜ 衄
屋 衄 鼻出血也从血丑聲俗字作衂素問金匱眞言論春不鼽衄〔轉注〕吳都賦莫不衄銳挫鋩求自試表師徒小衄注猶挫折也後漢段熲傳累見折衄注傷敗曰衄〔假借〕爲朒廣雅釋言縮也

niǔ 杻
有 杻 說文木部杽下以此字爲古文誤也按从木丑聲爾雅杻檍注關西呼杻子一名土橿詩山有樞隰有杻陸疏今官園種之正名曰萬歲共汲山下人或謂之牛筋或謂之檍南山有臺北山有杻傳檍也西山經英山其上多杻注似棣一名土橿今分此字爲正篆系此〔假借〕爲杽實爲丑後漢蔡邕傳論抱鈕杻〔古韻〕詩山有樞叶栲杻埽考保南山有臺叶栲杻壽茂

niǔ ⿰丑阝
有 ⿰丑阝 地名从邑丑聲

niǔ 狃
有宥 狃 犬性驕也鍇本作犬性忕从犬丑聲〔轉注〕左桓二疏引說文狃狎也小爾雅廣言狃忕也詩大叔于田將叔無狃傳習也左僖十五傳一夫不可狃注忕也字亦作忸荀子議兵忸之以慶賞注串習也爾雅釋言狃復也孫注狃忕前事復爲也僞書君陳狃于姦宄疏古言狃忕是貫習之義又晉語不足狃也注貪也又使臣狃中軍之司馬注正也〔假借〕雙聲連語方言十忸怩慙澀也廣雅釋訓忸怩感咨也晉語君忸怩顏孟子思君爾忸怩又廣雅釋蟲⿰虫丑蚭蚰蜒也字變作⿰虫丑字林北燕謂蚰蜒爲⿰虫勿蚭又誤作⿰虫勿又託名幖識字論語公山弗擾古今人表作不狃史記作不蹂左定五傳不狃字子洩按爾雅釋獸闕洩多狃〔古韻〕晉語叶就憂狃告

nǜ 沑
有 沑 水吏也从水丑聲按水皺也〔別義〕說文又曰溫也類篇引說文沑水和也〔假借〕疊韻連語海賦葩瓹沑注蹙聚也廣韻蹓沑水文聚也

hào ⿰丑攵
號 ⿰丑攵 人姓也从女丑聲〔假借〕爲好說文引商書無有作⿰丑攵今洪範正作好

niǔ 紐
有 紐 系也一曰結而可解从系丑聲按結而不可解曰締廣雅釋詁三紐束也釋言紐擊也按擊者𣪠之譌周禮弁師延紐注小鼻在武上笄所貫也儀禮既夕紐前經後緇注所以聯帷荒禮記玉藻并紐約疏帶之交結之處〔轉注〕莊子人閒世禹舜之所紐也崔注系而行之曰紐簡文注本也又史記扁鵲倉公傳下有破陰之紐正義亦脈也又廣雅釋天天淵謂之紐茲

niǔ 鈕
有 鈕 印鼻也从金丑聲古文从玉淮南說林龜紐之璽注紐係佩服也以紐爲之

niǔ ⿰豕丑
屋有 ⿰豕丑 刺也从豕丑聲

niǔ 莥
有 莥 鹿藿之實名也从艸狃聲爾雅蔨鹿藿其實莥注今鹿豆也葉似大豆根黃而香蔓延生按亦名野綠豆蔨即說文之藨也

náo 峱
豪 峱 峱山在齊从山狃聲詩曰遭我于峱之閒兮按還詩釋文字亦作嶩按又作巎水經注引詩誤作猺太平御覽誤作猱

臭五名凡臭之派皆衍臭聲 尺救切

xiù 臭
宥 臭 禽走臭而知其迹者犬也从犬从自會意〔轉注〕人通于鼻者謂之臭臭者氣也書盤庚無起穢以自臭疏古者香氣穢氣皆名爲臭易繫辭傳其臭如蘭說卦巽爲臭禮記內則皆佩容臭郊特牲周人尚臭大學如惡惡臭左僖四傳十年尚猶有臭孟子鼻之於臭也荀子正名香臭芬鬱腥臊洒酸奇臭以鼻異〔假借〕爲殠後漢梁鴻傳悉芳香兮日臭注敗也又爲齅荀子禮論三臭之不食也注謂歆其氣又疊韻連語大人賦沛艾赳螑字變作螑〔古韻〕詩文王叶臭孚左僖四傳叶蕕臭晉語共世子誦叶報臭

xiù 齅
宥 齅 以鼻就臭也从鼻从臭會意臭亦聲讀若畜牲之畜謂如嗅也字亦作嗅論語三嗅而作皇疏謂鼻歆翕其氣也按此字後出就臭之訓當爲臭字之轉注从自猶从鼻也

xiòng ⿺走臭
送 ⿺走臭 行也从走臭聲字亦作⿰足臭廣雅釋室⿺走臭犇也疑趨字之誤趨廣韻切七溜集韻切千繡皆當切香侑也⿺走臭唐韻香仲切按仲者侑之誤字因而誤收送韻如銅鑄二字亦因反切誤收矣

chòu 殠
宥 殠 腐氣也从歺臭聲按臭亦意香臭字經傳皆以臭爲之〔假借〕爲糗儀禮釋文引孟子舜之飯殠茹菜

qiǔ 糗
有 糗 熬米麥也从米臭聲蘇俗之炒米粉炒麥麵廣雅釋器糗糒也釋言糗食也周禮籩人糗餌粉餈儀禮有司徹執棗糗坐設之又左哀十一傳進稻醴粱糗腶脯焉注乾飯也楚語糗一筐注寒粥也王褒聖主得賢臣頌羹藜唅糗者注乾食也字亦作⿰米周廣韻引字林糗糒米粉餅也又書費誓峙乃糗糧說文引作峙乃餱粻〔聲訓〕釋名釋飲食糗齲也飯而磨散之使齲碎也禹臭雙聲

qiú 囚 qiú 汓 yóu 游 yóu 旒 yóu 遊

囚一名 似由切

尤 囚 繫也从人在囗中會意爾雅釋言囚拘也小爾雅廣言囚録也周官有掌囚詩泮水在泮獻囚周書作雒乃囚蔡叔于郭淩史記始皇紀斯卒囚正義禁錮也聲訓風俗通囚遒也言辭窮情得以罪誅遒也古韻詩泮水叶陶囚轉音鶡冠子世兵叶游郵悊囚之舟

汓四名凡汓之派皆衍汓聲 似由切

尤 汓 浮行水上也从水从子會意或从水囚聲古或以汓為没今蘇俗猶謂浮水曰遊水列子黃帝習于水勇于泅

尤 游 旌旗之流也从㫃汓聲說文有古文遊今分為正篆字亦作斿作旒作旈凡旗之正幅曰縿亦曰旛亦曰旃連綴兩旁者曰游太常十二游旂九游旟七游旗六游旐四游左桓二傳鞶厲游纓詩長發為下國綴旒公羊襄十六傳君若贅旒然羽獵賦泰華為旒車駕幸京口詩祥飆被綵旒轉注詩小戎游環脅驅傳靷環也游在背上所以禦出也山有扶蘇隰有游龍箋猶放縱也禮記緇衣故大人不倡游言玉藻情游之士也易繫辭傳其辭游荀子成相臣下職莫游食周髀算經卽以一游儀希望牽牛中央星穀梁傳序鼓芳風以扇游塵皆浮泛無箸動搖不定之意假借為斿禮記玉藻天子玉藻十有二旒又為遊周禮囿人掌囿游之獸禁注囿之離宮小苑觀處

說文通訓定聲 孚部弟六 廿三

也太宰八曰斿貢注燕好珠璣琅玕也詩板及爾游衍傳行也論語游於藝皇疏履歷之辭也孟子吾王不游注猶豫也又為汓詩蒹葭遡游從之爾雅順流而下曰泝游列子黃帝能游者可教也釋文浮水曰游淮南脩務游川水注渡也漢書項籍傳必居上游又為圝射雉賦恐吾游之晏起注雉媒名又託名幖識字廣雅釋草游冬苦菜也又疊韻連語詩蜉蝣之羽傳渠略也朝生暮死字亦變作蝣聲訓漢書匈奴傳注游猶流也後漢馬援傳注游浮也古韻詩柏舟叶舟流憂游谷風叶舟游求救泉水叶漕悠游憂竹竿叶滺舟遊憂有杕之杜叶周游卷阿叶游休酋采菽叶優游句中韻江漢叶浮滔遊求常武叶遊騷長發叶球旒休絿柔優遒高唐賦叶鳩巢遊流轉音詩白駒叶駒侯游鶡冠子世兵叶游郵悊囚之舟文子道原叶走遊

尤 旒 旌旗之旒也从㫃攸聲按卽游之或體今附于此

尤 遊 說文遊古文游按此字从辵汓聲行也當別為正篆学非古文子字巛卽水也字亦作遊詩有杕之杜噬肯來遊傳觀也禮記曲禮遊毋倨注行也王制膳飲從于遊注謂出入上觀封禪文厥壤可遊注遨也書無逸文王不敢盤于遊田疏謂遊逸秦策王獨不聞吳人之遊楚者乎注仕也易繫辭傳遊魂為變注言其遊散也轉注呂覽貴直在人之遊注樂也廣雅釋詁三遊戲也二

jiù 就 cù 蹴 jiù 鷲 liú 瀏(流)

遊俠也假借為猶實為似周禮師氏凡國之貴遊子弟學焉杜注當為猶又為游禮記樂記息焉遊焉注謂閒暇無事莊子外物心有天遊注不係也周禮諸子國子存遊倅注倅之未仕者長門賦羅丰茸之遊樹兮注浮柱也又為汓方言十潛又遊也注潛行水中亦為遊也又為由文選詠懷詩素質遊商聲沈約注應作由又託名幖識字廣雅釋草陵遊龍膽也

就三名凡就之派皆衍就聲 疾救切

有 就 高也从京从尤尤異于凡也籒文作𠅙从重京按此字實从京尤聲尤讀如酉聲之轉也爾雅釋邱絕高謂之京从京故訓高轉注爾雅釋詁就成也按釋邱一成再成三成周禮司儀為壇三成成猶重也故高之轉訓曰成孝經援神契天子之孝曰就又云就之為言成也又周禮典瑞繅藉五采五就巾車樊纓十有再就禮記孔子閒居日就月將論語如殺無道以就有道又爾雅釋詁就終也廣雅釋詁三就久也按周禮典瑞注一帀為一就一帀猶一終也越語先人就世不穀卽位南史徐陵傳每嗟陵早就謂之顏回或說帀之訓借為襍終之訓借為借存參假借為造廣雅釋詁二就歸也小爾雅廣詁就因也禮記曲禮主人就東階客就西階又就屨跪而舉之論語就有道而正焉孟子猶水之就下又所就三史記五帝紀就時於負夏鬼谷子捭闔益損去就倍反按說文造下曰就也又為

說文通訓定聲 孚部弟六 廿四

鷲中山經暴山其獸多麋鹿麐其鳥多就注雕也又重言形況字呂覽下賢其節之不庳也就就乎注讀如由與之由古韻韓詩小旻叶猶就咎道晉語商銘叶就憂丑咎

屋 蹴 躡也从足就聲孟子蹴爾而與之注蹋也漢書枚乘傳夠馬蹵鞠刻鏤假借單辭形況字禮記哀公問孔子蹴然注敬皃孟子曾西蹵然注猶蹴踖也或曰借為㰦亦通

有 鷲 鷲鳥黑色多子師曠曰南方有鳥名曰羌鷲黃頭赤目五色皆備从鳥就聲御覽九百廿六引說文一曰雕廣雅釋鳥鷲鵰也按毛可作矢羽漢書匈奴傳生奇材木箭竿就羽注大雕也以就為之說苑說叢鷹鷲以山為卑而曾巢其上又襍言飛鳥成列鷹鷲不擊

流二名凡流之派皆衍流聲 力求切

尤 流 水行也从林㐬會意㐬突忽也篆文从水从㐬廣雅釋言流演也易乾水流溼詩角弓見晛曰流孟子從流下而忘反謂之流轉注廣雅釋詁流行也書古泰誓流之為鵰禮記郊特牲而流示之禽又爾雅釋詁流擇也釋言流求也詩關雎左右流之又

jiāo 嘐　liǎo 蓼　liù 翏　liú 瑬

廣雅釋詁三流化也莊子逍遥游大旱金石流楚辭招魂流金鑠石又廣雅釋詁一流末也論語是以君子惡居下流禮記射義不從流俗漢書東方朔傳欲聞流議者又爾雅釋言流覃也吕覽審分譽流乎無止又書舜典流宥五刑馬注放也周語余一人其流辟于裔土禮記王制千里之外曰采曰流又考工弓人寒奠體則張不流注移也禮記中庸故君子和而不流水經温水注馬文淵有遺兵十餘家不反悉姓馬交州以其流寓號曰馬流又詩七月流火傳下也東京賦飛流蘇之騷殺吳都賦搆流蘇又荀子致仕凡流言流說流事流謀流譽流愬注無根原之謂西京賦昭藐流眄又漢書九流謂儒家道家陰陽家法家名家縱横家雜家農家按派也又漢書外戚傳託長信之末流注謂等列也又儀禮士虞禮匜水錯于盤中南流注匜吐水口也又禮記曲禮毋流歠孟子注長歠也又周書文傳四方流之注歸也字亦作汓堯廟碑永汓無窮荀子榮辱其汓長矣字又作旒爾雅釋器衣統謂之視注衣縷也齊人謂之攣或曰袿衣之飾〔叚〕借爲游禮記樂記龍旂九旒又爲浮孟子而何其血之流杵也又爲罶易繫辭傳旁行而不流又雙聲連語孟子流連荒亡淮南本經愚夫惷婦皆有流連之心注流連猶㘓漫失其職業也詩旄丘流離之子卽鶹鷅也長門賦涕流離而從横注涕垂皃文賦終流離于濡翰注津液流皃上林賦流離輕禽注放散也漢書司馬相如傳曼衍流爛注布散也〔古韻〕詩關雎叶流求柏舟叶舟流憂游常武叶苞流離騷叶流啾楚辭湘君叶猶州脩舟流高唐賦叶鳩巢游流惜往日叶流昭幽聊由靈樞師傳篇叶流幽時詩七月叶流挍句中韻

尤 **瑬** 垂玉也冕飾从玉流聲周禮弁師繅斿皆就以游爲之按此字後出實卽游字之轉注

翏二十八名凡翏之派皆衍翏聲　力救切

宥 **翏** 高飛也从羽从㐱會意〔叚借〕爲戮書湯誓予則孥戮女又重言形況字莊子齊物論而獨不聞之翏翏乎注長風之聲

篠屋 **蓼** 辛菜薔虞也从艸翏聲禮記內則實蓼爾雅薔虞蓼注虞蓼澤蓼以虞蓼斷句非按蓼有數種皆水生廣雅常蓼商陸也卽易之莧陸玉篇名葦樎樎蓼葦常同聲字又葒馬蓼也卽詩之游龍又蜀本草有木蓼卽天蓼又詩良耜以薅荼蓼傳水草也韓詩東山烝在蓼薪傳聚薪也〔叚借〕爲鄝左桓十一傳州蓼文五傳滅蓼宣八年滅舒蓼又單辭形況字詩蓼彼蕭斯傳長大皃又重言形況字詩蓼蓼者莪傳長大皃〔古韻〕詩小毖叶鳥蓼良耜叶糾趙蓼

肴 **嘐** 誇語也从口翏聲孟子其志嘐嘐然注志大言大者也亦重言形況字字亦作嘐〔叚借〕疊韻連語洞簫賦悼悷㘓漫注嘷嘐與悼悷音義同

說文通訓定聲　孚部弟六

xiāo ⿰犭翏　lù 僇　chōu 瘳　liǎo 鄝　jiāo 膠　liù 鷚　liù 雡　liú ⿵門翏　miù 謬

宥 **謬** 狂者之妄言也从言翏聲廣雅釋詁二謬欺也三謬誤也禮記中庸考之三王而不謬莊子天下悅之以謬悠之說庚桑楚解心之謬經傳多以繆爲之〔叚〕借爲繆爾雅序並多紛謬

尤 **⿵門翏** 經繆殺也从門翏聲按以二繩繆死與摎略同廣雅釋詁四⿵門翏絞也

宥 **雡** 鳥大雛也从隹翏聲〔別義〕說文一曰雉之莫子爲雡爾雅釋鳥以鷚爲之注晚生者今呼小雞爲鷚廣雅釋詁三雡少也

宥 **鷚** 天龠也从鳥翏聲爾雅釋鳥鷚天鸙注大如鷃雀色似鶉好高飛作聲今江東名天鷚按今俗謂之叫天子〔叚借〕爲雡爾雅釋鳥雉之暮子爲鷚

肴效 **膠** 䵒也作之以皮从肉翏聲按亦以角爲之考工弓人膠也者以爲和也〔轉注〕爾雅釋詁膠固也詩隰桑德音孔膠〔叚借〕爲謬方言三膠詐也廣雅釋詁二膠欺也魏都賦牽膠言而踰侈注言語辯聰而不度于義者謂之膠言又雙聲連語上林賦宛潬膠盭注邪屈也吳都賦東西膠葛注長遠皃漢書司馬相如傳𧻓遝膠輵以方馳注猶交加也字亦作轇東京賦閱戲轇輵注雜亂皃又重言形況字詩風雨雞鳴膠膠玉篇引作嘐嘐〔聲訓〕禮記王制周人養國老于東膠注膠之言糾也膠或作絿〔古韻〕詩隰桑叶幽膠風雨叶瀟膠瘳楚辭大招叶攸悠寥膠

篠 **鄝** 鄝國也从邑翏聲左桓十一傳隨絞州蓼據杜注在今河南南陽府唐縣文五傳楚子燮滅蓼據杜注在今河南光州固始縣宣八年楚爲羣舒叛故伐舒蓼據彙纂在今安徽廬州府廬江縣按古鄝國漢蓼縣卽今固始縣東北之蓼城岡也州蓼之蓼別一國舒蓼則又羣舒之一名經傳皆以蓼爲之

尤 **瘳** 疾瘉也从疒翏聲方言三瘉或謂之瘳廣雅釋詁一瘳癒也書金縢王翼日乃瘳詩瞻卬靡有夷瘳楚語厥疾不瘳〔轉注〕左昭十三傳其何瘳于晉注差也晉語於已何瘳注損也莊子人間世庶幾其國有瘳乎釋文愈也〔古韻〕詩風雨叶瀟膠瘳

肴有屋 **僇** 癡行僇僇也从人翏聲讀若雡字亦作𠐿〔叚借〕爲戮史記殷本紀予則帑僇汝墨子明鬼是以賞于祖而僇于社禮記大學辟則爲天下僇矣月令祭獸僇禽又史記楚世家僇越大夫常壽過索隱辱也又爲嫪方言二僇盛也注僇倠麤大皃亦疊韻連語又發聲之詞說文一曰且也按詩泉水聊與之謀用聊亦同

肴巧 **⿰犭翏** 犬⿰犭翏咳吠也从犬翏聲〔轉注〕廣雅釋詁三⿰犭翏擾也四⿰犭翏猶也方言十猶或謂之無賴或謂之⿰犭翏注⿰犭翏偭恤多智也列子力命⿰犭翏

liáo 熮　liáo 憀　liáo 漻　liáo 豂　jiū 摎　lào 嫪　lù 戮　móu 繆

忬情露遽極浚詐四人注皆反辞訥澀辯給之皃經傳多以狡爲之

蕭 **熮** 火皃从火翏聲〔叚借〕爲嘹說文引逸周書曰味辛而不熮按呂覽本味辛而不烈方言三注瘵痢皆辛螫也嘹熮烈瘵痢皆一聲之轉

尤蕭 **憀** 憀然也从心翏聲疑與憀同字〔叚借〕爲賴淮南兵略吏民不相憀按與國策民無所聊漢書其輩無俚之至同賴俚聊憀一聲之轉又雙聲連語笙賦勃慷慨以憀亮琴賦新聲憀亮聲清徹皃又發聲之詞玉篇引聲類憀且也

蕭 **漻** 清深也从水翏聲字亦作瀏韓詩溱洧瀏其清矣外傳清皃西京賦擿漻澥注漻澥小水別名呂覽古樂降通漻水以導河注流也又南都賦漻淚減汩注清皃也海賦漻㵳浩汗注廣深皃亦雙聲連語

蕭 **豂** 空谷也从谷翏聲廣雅釋詁三豂深也豂空也

肴尤 **摎** 縛殺也从手翏聲與𢶍略同廣雅釋詁三摎束也釋言摎捋也〔叚借〕爲糾漢書五行志天雨草而葉相摎結注繞也管子大匡朋友不得相合摎注交入也禮喪服殤之絰不摎又太元攡死生相摎注謂相摎也宋注猶糾也又爲求後漢張衡傳摎天道其焉如注求也

說文通訓定聲　孚部弟六

虢 **嫪** 婟也从女翏聲〔聲類〕嫪惜也謂戀不能去也廣雅釋詁一嫪妬也今諺謂女所私人爲婟嫪俗作孤老秦之嫪毐本姓摎世言婟則曰嫪毐

屋 **戮** 殺也从戈翏聲字亦作劉作𠜲廣雅釋詁三戮罪也周禮掌戮注戮謂膊焚辜肆晉語而戮其死者注陳尸爲戮〔轉注〕呂覽貴因讒慝勝良命曰戮注暴也又廣雅釋詁三戮辱也晉語魏絳戮寡君之弟又爾雅釋詁戮病也或曰借爲瘳〔叚借〕爲勠晉語戮力一心注并也又疊韻連語思元賦低佪劉流兮注猶繞也

尤宥屋 **繆** 枲之十絜也从糸翏聲廣雅釋詁四繆纏也禮記大傳五者一物紕繆莊子庚桑楚內揵者不可繆荀子子道衣與繆與不女聊淮南本經以相繆紾漢書司馬相如傳繆繞玉綏漢輿服志金薄繆龍爲輿倚較〔叚借〕爲摎爲鬫漢書外戚傳即自繆死又爲謬禮記仲尼燕居不能詩于禮繆管子輕重怔繆數爲可耳素問三部九候論則繆刺之注刺絡脈左取右右取左也周書諡法名與實爽曰繆又爲穆實爲㣼禮記大傳序以昭繆又爲糾檀弓衣衰而繆絰又單辭形況字家語辨樂孔子有所繆然思焉注深思皃又重言形況字荀子哀公繆繆肫肫注當爲膠相加之皃又疊韻連語說文一曰綢繆詩綢繆束薪綢繆牖戶又託名幖識字禮記坊記陽侯猶殺繆侯而竊其夫人注其國未聞疑借爲鄝淮南氾論作蓼又穀梁隱五宋繆公漢書韓安國傳秦繆公亦皆作穆

liú 蟉　liú 飂　liú 疁　lù 勠　liú 鏐　láo 醪　liáo 廫　jiǎo ⿱漻皿

尤有 **蟉** 蚴蟉也从虫翏聲魯靈光殿賦騰蛇蟉虬而遶榱注曲皃史記司馬相如傳蚴蟉蜿蟺正義皆行動之皃故玉篇廣韻皆云龍皃按此疊韻連語本字疑與虯同

蕭尤宥 **飂** 高風也从風翏聲廣雅釋訓飂飂風也字亦作飉廣雅又曰飉飉風也風俗通微風曰飉翏奈雙聲呂覽有始西方曰飂風注一曰閶闔風老子飂兮若無止字亦作飗吳都賦翼飍風之飀飀注風初皃〔叚借〕爲鄝按左昭廿九傳昔有飂叔安注古國也古今人表作廖集注作戮又爲廫老子宋注飂兮釋文飂空疏無質也

尤 **疁** 燒穜也漢律曰疁田茠艸从田翏聲史記楚越之地或火耕蓋治山田之法焚其草木而下種〔別義〕晉書音義通溝溉田爲疁

屋尤 **勠** 并力也从力翏聲齊語與諸侯勠力同心注并也中山策勠力同憂注勉力也文賦非余力之所勠注并也吳語戮力同德漢書高帝紀戮力攻秦僞書湯誥與之戮力皆以戮爲之

說文通訓定聲　孚部弟六

尤 **鏐** 弩眉也从金翏聲〔別義〕說文一曰黃金之美者爾雅黃金謂之璗其美者謂之鏐注即紫磨金書禹貢鄭本厥貢鏐鐵銀鏤砮磬

豪 **醪** 汁滓酒也从酉翏聲三蒼醪有滓酒也今蘇俗所謂白酒漢書文帝紀爲酒醪以靡穀者多爰盎傳買二石醇醪詩七月傳春酒凍醪也素問血氣形志論治之以按摩醪藥字亦作醙儀禮聘禮醙黍清皆兩壺注白酒也〔古韻〕桓譚仙賦叶醪浮

蕭宥 **廫** 空虛也从广膠聲字亦作寥作嵺作廖說文新附作廫廣雅釋詁三寥深也四寥藏也老子宋兮寥兮注寥者空無形莊子大宗師乃入于寥天一釋文亦作廖司馬相如難蜀父老猶焦明已翔乎寥廓上林賦歷五帝之寥廓漢書鄒陽傳今欲使天下寥廓之上〔叚借〕爲鄝說文新附廖人姓也古今人表廖叔安按以國爲氏又雙聲連語遊天台山賦恣心目之寥朗注謂心虛目明也謝元暉京路夜發詩曉星正寥落注星稀之皃後漢杜篤傳寥狼邛莋注猶擘㨖也又疊韻連語後漢馬融傳原野寥愀注蕭條皃也〔古韻〕楚辭大招叶激悠寥膠

巧 **⿱漻皿** 器也从皿漻聲廣韻温器也〔別義〕廣韻一曰濁也

翏

biāo 彪　biāo 滮　biāo 髟　xiū 髹　móu 牟　móu 麰　móu 侔

彪二名凡彪之派皆衍彪聲。彼周切

尤 **彪** 虎文也。从虎彡。象其文也。會意。法言君子以其彌中而彪外也。注文也。易蒙鄭本彪蒙吉注文也。漢班彪字伯皮。班亦彪也。〔叚借〕疊韻連語琴賦鬱怒彪休。注怒貌。

尤 **滮** 水流皃。从水彪省聲。字亦作淲。詩白華淲沱北流。毛本作滮。不省。蜀都賦灑滮池而為陸澤。廣雅釋訓滮滮流也。〔古韻〕詩白華叶滮嘯句中韻。

髟二名凡髟之派皆衍髟聲。必周切

蕭嘯 尤咸 **髟** 長髮猋猋也。从長从彡。會意。秋興賦斑鬢髟以承弁。注引說文白黑髮襍而髟。通俗文髮垂曰髟。〔轉注〕長笛賦特麚昏髟。注長髦也。〔叚借〕疊韻連語馬融廣成頌羽旄紛其髟鼬。飛揚皃。猶旚繇飄搖也。

尤 **髹** 桼也。从桼髟聲。按厀桼也。字亦作髤。或作髼者。有聲無形。誤。儀禮鄉射禮記楅髹注赤黑漆也。巾車然幎髹飾注赤多黑少之色韋也。故書作軟。史記貨殖傳木器髤者千枚。顏注以漆漆物謂之髤。漢書外戚傳殿上髤漆。注或作髼。

說文通訓定聲　孚部弟六　三十七

牟三名凡牟之派皆衍牟聲。莫浮切

尤尤 **牟** 牛鳴也。从牛厶。象其聲气從口出。按與𠬢同意。〔叚借〕為蝆。漢書景帝紀侵牟萬民注食苗根蟲也。淮南時則毋或侵牟注多也。又廣雅釋言牟倍也。楚辭招魂成梟而牟注倍勝為牟。呂覽謹聽牟而難知注猶大也。又為煤。方言一牟愛也。牟某雙聲。又為鍪。禮記內則敦牟卮匜。釋文齊人呼土釜為牟。鄭注讀曰鍪。又為冒。釋名釋首飾牟追牟冒也。言其形冒髮追追然也。魏都賦長塗牟首注牟首閣道有室者也。又為侔。楊淮碑元弟功德牟盛。又為䏬。按今字作眸。荀子非相堯舜參牟子。又重言形況字。廣雅釋訓牟牟進也。荀子榮辱侔侔然惟利之見。注愛欲之皃。字變作怦。又託名幖識字。左昭十二傳王孫牟。杜預世族譜作髦。又荀子成相舉牟光注與務同。按正字當作瞀。又雙聲連語。爾雅鴽鴾母。字變作鴾。月令注作毋無。

尤 **麰** 來麰麥也。从麥牟聲。或从艸。按此字後出。詩思文貽我來牟。臣工於皇來牟。只作牟。來牟者雙聲連語。後人乃云大麥麰小麥麳。望文生訓。韓詩字又作𪍣。孟子今夫麰麥注大麥也。方言十三麰麴也。

尤 **侔** 齊等也。从人牟聲。墨子小取侔也者比辭而俱行也。廣雅釋詁四侔齊也。考工輪人權之以眡其輕重之侔也注等也。弓人疏數必侔注猶均也。莊子大宗師畸於人而侔於天。司馬注等也。亦從也。曹景完碑威牟諸夏。以牟為之。高彪碑貿昔雚壇以貿為之。〔叚借〕為牟。管子宙合靜默以侔免注取也。或曰借為謀。謀侔雙聲。又雙聲連語方言七侔莫強也。勞而相勉若言努力。按即論語文莫字。猶黽勉蠠沒也。

máo 矛　wù 戊　mào 茂　máo 茅

矛四十名凡矛之派皆衍矛聲。莫浮切

尤 **矛** 酋矛也。建于兵車。長二丈。象形。古文象形。又从戈。字亦作鉾。作鍒。按矛者刺兵也。其飾縣毛羽。兵車左人持弓。右人持矛。中人御。又有夷矛者。長二丈四尺。兵車所不建。不常用。詩無衣修我戈矛。傳矛長二丈。清人二矛重英。箋酋矛夷矛也。禮記曲禮進矛戟者。釋本作鉾。周書王會操弓執矛。注戟也。太元爭七爭干及矛䂆。注戈也。〔聲訓〕釋名矛冒也。刃下冒矜也。〔古韻〕詩無衣叶袍矛仇。節南山叶矛醻。

宥 **戊** 中宮也。象六甲五龍相拘絞也。戊承丁。象人脅。按此字即古文𢦔省。故舊說象五龍相絞。取𢦔字為傳會之詞。不然豈以五筆為五龍。并戈形置之邪。亦無是理矣。今訂系于此。〔叚借〕以紀六旬。詩吉日維戊。箋剛日也。禮記月令其日戊己。呂覽注土日也。後又以紀年紀月。爾雅太歲在戊曰著雍。月在戊曰厲。〔聲訓〕釋名釋天戊茂也。物皆茂盛也。〔古韻〕詩吉日叶戊禱好阜醜。漢書律厤志叶楙戊。

說文通訓定聲　孚部弟六　三十八

宥 **茂** 艸豐盛也。从艸戊聲。爾雅釋詁茂豐也。廣雅釋詁二茂盛也。詩生民種之黃茂傳美也。易象傳茂對時注盛也。穆天子傳一稌麥之所草以草為之。〔轉注〕詩還子之茂兮傳美也。南山有臺德音是茂箋盛也。漢書禮樂志桐生茂豫注茂豫美盛而光悅也。又朱邑傳廣延茂士集注善也。武帝紀茂材異等應劭注舊言秀才。避光武諱稱茂材。禮記禮運疏引辨名記倍人曰茂。白虎通聖人五人曰茂。據應說則借茂為秀也。又素問五運行大論其化為茂注蕃盛也。〔叚借〕為楙。爾雅釋木如槐曰茂。又如松柏曰茂。又為懋。爾雅釋詁茂勉也。詩節南山方茂爾惡。左昭八傳茂不茂。周語茂正其德。晉語茂稽勸分。傳注皆訓勉。又託名幖識字。爾雅釋天太歲在戊曰閼茂。〔聲訓〕淮南天文掩茂之歲注冒也。〔古韻〕詩斯干叶苞茂好猶。生民叶道草茂苞褎秀好。還叶茂道牡好。天保叶壽茂。南山有臺叶栲杻壽茂。良耜叶朽茂。韓非揚權叶道茂。宋玉笛賦叶寶道老好受保楚茂。

肴 **茅** 菅也。从艸矛聲。按菅之不滑澤有毛者可縮酒。又以為藉。易大過藉用白茅。書禹貢包匭菁茅。詩七月晝爾于茅。周禮甸師祭

敄 wù　柔 róu　楙 mào　袤 mào　蟊 máo　蟊 máo

祀共蕭茅左僖四傳爾貢包茅不入無以縮酒漢書郊祀志江淮閒一茅三脊注謂靈茅也廣雅釋艸蔛菰茅穗也轉注儀禮士相見禮在野曰草茅之臣古文作苗左定四傳越在草茅釋文本作莽茅莽雙聲〔叚借〕爲霧爾雅釋言茅明也舍人注昧之明也又爲敄左宣十二傳前茅慮無按彊也注明也失之又雙聲連語列子黃帝因以爲茅靡釋文遜伏也又託名幖識字左僖廿四傳凡蔣邢茅胙祭在今山東兗州府金鄉縣成元經王師敗績于茅戎公穀作貿在今山西解州平陸縣又爾雅釋鳥茅鴟字亦變作鵃釋蟲茅蜩亦作蘦釋草茅蒐注一名蒨可以染絳〔古韻〕詩七月叶茅綯楚詞離騷叶留茅轉音周書周祝叶牛茅

尤虞過 **敄** 彊也从攴矛聲字亦作劺廣雅釋詁一劺强也

尤 **柔** 木曲直也从木矛聲曲直之曰煣詩小弁荏染柔木轉注詩七月爰求柔桑箋穉桑也采薇薇亦柔止傳始生也又爾雅釋詁柔安也書舜典柔遠能邇詩時邁懷柔百神絲衣旨酒思柔廣雅釋詁一柔弱也說苑敬慎柔弱者生之徒也淮南原道柔弱者道之要也又書皐陶謨柔而立鄭注性行和柔禮記樂記柔而正疏調和柔晉語柔惠小物注仁也又周語無亦擇其柔嘉注脆也詩烝民柔則茹之箋猶濡毳也禮記內則柔其肉注柔之爲汁和也淮南說山厲利劒者必以柔砥注濡也鄭語以生柔嘉材者也注潤也又易襍卦乾剛坤柔儀禮士虞禮記用柔日注柔日陰取其靜〔叚借〕託名幖識字爾雅太歲在丙曰柔兆李注萬物皆垂枝布葉孫注柔婉有條兆也史記作游兆又海外北經柔利國一云留利之國又字變作騥爾雅青驪繁鬣騥釋文本作柔字又作𣷢魏元丕碑既膺𣷢德〔古韻〕詩采薇叶柔憂桑扈叶觩柔求桑柔叶柔劉憂昊絲衣叶觩柔休長發叶球旒休絿柔優遒轉音周書太子晉叶柔疑

宥 **楙** 木盛也从林矛聲無極山碑楙林念青轉注漢書鼂錯傳夏以長楙注美也〔別義〕爾雅釋木楙木瓜〔叚借〕爲懋漢書食貨志楙遷有無注勉也按實借爲貿易財也

宥 **袤** 衣帶以上从衣矛聲籀文从楙聲〔別義〕說文一曰南北曰袤東西曰廣小爾雅廣言袤長也史記蒙恬築長城廣袤萬餘里周髀算經天地之廣袤蕪城賦袤廣三墳

肴 **蟊** 蠿蟊也从䖵矛聲按鼄鼅作网者爾雅次蟗鼄鼅按以蝥爲之蟗即蠿字之譌郭注今江東呼蝃蝥蝃蠿同音蝥即蟗也而本草陶注名蚍蜉則因誤字从出又造蚍矣

尤 **蟊** 蟲食苗根者从蟲象其形按䖵省聲或从虫敄聲古文从虫牟聲按蛑字虫部蟊蝥也或體重出古書借

蓩 mào　鞪 mù　瞀 mào　⿱敄羊 yù　鶩 wù　⿰木敄 mào　楘 mù　⿱敄巾 mù　髳 máo

蝥爲蚌耳當刪詩大田及其蟊賊以蟊爲之東海廟碑收責侵侔以侔爲之禮記月令毋或侵牟以牟爲之〔聲訓〕說文吏抵冒取民財則生蛑

宥 **蓩** 細艸叢生也从艸敄聲

屋 **鞪** 車軸束也从革敄聲疑與楘同字

尤宥覺 **瞀** 低目謹視也从目敄聲按低目視則與瞴同字疑本訓目僮子也即說文新附之眸莊子讓王湯又因瞀光而謀荀子成相作牟孟子莫良于眸子廣雅釋親珠子謂之眸或曰眸者眸之誤字存參〔叚借〕爲眊書益稷傳昏瞀墊溺疏眩惑之意莊子徐無鬼予適有瞀病注風眩貌荀子非十二子世俗之溝猶瞀儒注闇也瞀眊雙聲字亦作愗廣雅釋詁一愗愚也楚辭九辯直怐愗以自苦又爲霧漢書五行志瞀恒風若洪範五行傳厥咎眊則以眊爲之又爲牟廣雅釋詁三過也按猶倍也進也又爲鶩楚辭惜誦中悶瞀之忳忳注亂也又爲悶素問五常政大論其動鏗禁瞀厥悶瞀雙聲又重言形況字荀子非十二子瞀瞀然注不敢正視之皃按猶檀弓之貿貿然又爲冃淮南道應乃去其瞀而載之木注被髮也〔聲訓〕釋名童子或曰牟子牟冒也相裹冒也以牟爲之

有遇 **⿱敄羊** 羔生六月也从羊敄聲讀若霧

遇屋 **鶩** 舒鳧也从鳥敄聲飛行舒遲馴擾不畏人今之家鴨也野鴨曰鳧儀禮士相見禮庶人之摯鶩曲禮以匹爲之素問至眞要大論下爲鶩溏〔叚借〕爲鶩淮南主術魚得水而鶩注疾也〔聲訓〕說苑脩文鶩者鶩鶩也

豪宥 **⿰木敄** 冬桃也从木敄聲讀若髦按其實冬孰狀如棗而軟爛甘酸與下形上聲字別爾雅以旄爲之

屋 **楘** 車歷錄束交也从木敄聲與左形右聲字別詩小戎五楘梁輈釋文本作鞪考工輈人注五楘釋文本作鞪疑楘鞪本一字軸東輈東同也〔聲訓〕釋名釋車楘復也重復非一之言也詩小戎傳楘歷錄也

屋 **⿱敄巾** 髳布也从巾敄聲讀若項〔別義〕一曰車衡上衣

豪尤 **髳** 髮至眉也从髟敄聲或从矛聲按如今蘇俗處女額上飾髮兩緇曰胡蝶須詩柏舟紞彼兩髦毛本以髦爲之儀禮既夕脫髦禮記內則拂髦玉藻親歿不髦亦皆以髦爲之〔叚借〕託名幖識字說文漢令有髳長書牧誓及庸蜀羌髳詩如蠻如髦箋西夷別名以髦爲之

矛

wù 嵍　wù 騖　wù 霚　wù 婺　máo 蝥　wù 務　móu 鍪

遇 **嵍** 山名。从山，敄聲。顔氏家訓云：柏人城東有山，呼宣務山。漢碑銘云：上有嶬嵍，王喬所仙。嵍字依諸字書即旄丘之旄也。據此，疑許書本無此字，字亦作堥。字林：前高後下曰堥丘。

遇 **騖** 亂馳也。从馬，敄聲。廣雅釋室：騖，犇也。答賓戲：戰國橫騖。注：東西交馳謂之騖。穆天子傳：天子西征，騖行。轉注：東京賦：誼方激而遐騖。莊子外物：騖揚而奮鬐。素問大奇論：肝脈騖暴。射雉賦：咸乘危以馳騖。注：疾也。叚借爲敄。爾雅釋詁：騖，強也。

東宋遇宥 **霚** 地气發，天不應。从雨，敄聲。籒文从矛聲，字亦作霧。按，溼气所蒸，百邪之氣也，故感之致病。春秋元命苞：陰陽亂爲霚。洪範五行傳：厥咎霚。書洪範曰蒙，以蒙爲之。注：霚者，气澤鬱鬱冥冥也。霚蒙一聲之轉。楚辭大招：霧雨淫淫。轉注：後漢皇后紀：身犯霧露。注謂疾病也。叚借爲霿。爾雅曰：霿，又霧謂之晦。後漢光武紀：霧塞。注：言昏昧也。甘泉賦：霧集而蒙合。聲訓：釋名：霧，冒也，气蒙亂覆冒物也。

遇 **婺** 不繇也。从女，敄聲。按字从女，疑不繇者，不婬之誼。叚借託名幖識字。廣雅釋天：須女謂之婺女。禮記月令：旦婺女中。呂覽有始：北方曰元天，其星婺女虛危營室。按女四星十一度，北方宿，亦曰須女。又婺源，隋休寧縣地之回玉鄉，唐析置婺源縣，今屬安徽徽州府。

肴 **蝥** 盤蝥也，毒蟲。从虫，敄聲。字亦作蟊，作蟊。廣雅釋蟲：青蠚，青蟠也。盤蝥，蚖青也。按狀如大馬蟻，有翼，二三月在芫花上，名芫青；四五月在王不留行上，名王不留行蟲；六七月在葛花上，名葛上亭長；八月在豆花上，甲黃黑斑色，如巴豆大，名盤蝥，俗作斑猫。叚借爲蟊。說文蟊下或从虫敄聲。左成十三傳：率我蝥賊。又爲蟊。方言十一：蠿蝥，蟊蝥也。又疊韻連語。方言十一：蜩蟧謂之蠽蜩。按似蟬而小，青色。爾雅釋蟲：蠽，茅蜩，作茅。

遇 **務** 趣也。从力，敄聲。謂敏于事。晉語：得國之務也。注：猶趣也。論語：君子務本。皇疏：猶向也，慕也。轉注：易繫辭傳：故能成天下之務。虞注：事也。禮記曲禮：其次務施報。叚借爲敄。詩常棣：外禦其務。按爾雅釋詁：務，強也。釋言：務，侮也。詩與戎韻者，其字讀如蒙，猶洪範雺作蒙也。矛蒙一聲之轉。周語作侮，鄭箋訓侮，通其義，非謂借其字也。又爲懋。公羊定二傳：不務于公室也。荀子大略：務其業而勿奪其時。注：皆訓勉。又爲冃。荀子哀公：古之王者有務而拘領者矣。又爲禺。左襄十一傳：公叔務人。檀弓正作禺。禺務雙聲。昭廿二傳：魯公子務人，字公爲。又爲瞀，即眊。莊子大宗師：務光。外物讓王正作瞀。荀子成相：以牟爲之。轉音：詩常棣叶務戎。呂覽大樂叶具煞務。

尤 **鍪** 鍑屬。从金，敄聲。似釜而反脣。或曰小釜。廣雅釋器：鍪，鬴也。急就篇：鐵鈇鑽錐釜鍑鍪。禮記內則：敦牟巵匜。以牟爲之。字亦作堥。鄭注：牟讀曰堥。疏：土釜也。或曰借爲鍑。叚借爲冃。淮南氾論：古者有鍪。注：鍪頭著兜鍪帽，言未知冠制也。荀子禮論：薦器則冠有鍪而毋縱。注：冠捲如兜鍪也。鍪之言蒙也，冒也，所以冒首。

mú 䤮　rǒu [彳柔]　róu 韖　róu 腬　rǒu 煣　róu 蝚　róu [田柔]　róu 鍒　róu 輮　méng 霿　mòu [艹婺]　mǎo 蓩　mào [艹楙]　mào 懋

宥 **䤮** 䤮醶，楡醬也。从酉，敄聲。以楡中仁爲之。楚辭大招：吳酸蒿蔞。注：或云䤮楡。

宥 **[彳柔]** 復也。从彳，从柔，柔亦聲。按从彳，柔聲，謂往來也。

尤宥 **韖** 耎也。从革，从柔，會意，柔亦聲。謂革之耎也。

尤 **腬** 嘉善肉也。从肉，柔聲。晉語：無亦晉之柔嘉是以甘食。注：脆也。按此字後出，即柔字之轉注。轉注：廣雅釋詁二：腬，盛也。

有 **煣** 屈申木也。从火、柔，會意，柔亦聲。字亦作揉。易繫辭：揉木爲耒。說卦傳：坎爲矯揉。考工輪人：揉輻必齊。儀禮大射儀：公親揉之。廣雅釋詁三：揉，直也。漢書公孫宏傳：臣聞揉曲木者不累日。字亦作楺。叚借爲柔。詩崧高：揉此萬邦。箋：順也。

尤 **蝚** 蛭蝚，至掌也。从虫，柔聲。即本草之水蛭，味鹹。爾雅：蝚，蛖螻。漢書司馬相如傳注：蝚即今所謂戎皮，戎柔聲之轉耳。

尤 **[田柔]** 和田也。从田，柔聲。廣雅釋地：[田柔]，土也。按即周禮艸人之墳壤，考工記之柔地也。此字後出，叚借託名幖識字。鄭語：鄢蔽補丹依[田柔]歷華。[田柔]歷華，入邑也。

尤 **鍒** 鐵之耎也。从金，从柔，會意，柔亦聲。

有宥 **輮** 車網也。从車，柔聲。輪邊圍繞如网，其材以橿若杻檍若赤楝爲之。攷工謂之牙，書大傳：大貝如車渠，謂之渠，亦作轈。叚借爲煣。易說卦傳：坎爲矯輮。荀子勸學：輮以爲輪。又爲蹂。漢書項籍傳：亂相輮蹈。注：踐也。

宥送 **霿** 天气下，地不應，曰霿。霿，晦也。从雨，瞀聲。爾雅曰雺。月令：氛霧冥冥。以霚爲之。漢書敘傳：忠心既霿。注：借霿也。五行志曰：霿恒風若。音人備霿。按在天爲霿，在人爲霚。日月不見爲霿，前後人不相見爲霚。霚下霿上，霚溼霿乾。春秋甲午晦是其事也。

宥 **[艹婺]** 毒艸也。从艸，婺聲。

皓宥 **蓩** 卷耳也。从艸，務聲。說文小徐本無此字。叚借爲茂。後漢劉聖公傳：戰于蓩鄉。注引字林：蓩，草也。又重言形況字。廣雅釋訓：蓩蓩，茂也。

有 **[艹楙]** 楙，艸也。从艸，楙聲。籒文从茻。

宥 **懋** 勉也。从心，楙聲。或从矛。虞書曰：惟時懋哉。盤庚：懋建大命。爾雅釋訓：懋懋，勉也。釋詁：茂，勉也。以茂爲之。叚借爲楙。

bǐāo ⿳馬馬馬 · shēn ⿱驫木 · fǒu 缶 · fǒu 缻 · fǒu ⿰缶刂 · tà ⿱鼓缶 · bǎo 寶

爲茂東京賦四靈懋而允懷注悅也後漢章帝紀論嗚呼懋哉注美也又爲貿書益稷懋遷有無化居按易財也

驫二名凡驫之派皆衍驫聲 甫虯切

蕭 尤 紐 驫 衆馬也从三馬會意吳都賦驫駥飍矞注衆馬走皃廣雅釋訓驫驫走也此字篆文法苔切集韻仕戢切假借重言形況字水經沁水注驫驫水乘高瀉浪觸石流響世人因聲以納稱

貞 ⿱驫木 衆盛也从木驫聲按字从木當與楙略同廣韻讀若莘則與桑同音轉注説文引逸周書曰⿱驫木疑沮事按猶羣疑也

缶七名凡缶之派皆衍缶聲 方九切

有 缶 瓦器所以盛酒漿秦人鼓之以節謌象形爾雅盎謂之缶方言五缶謂之瓿甌易坎貳用缶莊子天地以二缶鍾惑按鍾聚也禮記禮器五獻之尊門外缶門內壺注缶大小未聞按以壺一石例之知缶容一石餘也又左襄九年傳具綆缶注汲器易比有孚盈缶鄭注汲器此缶之小者詩宛丘坎其擊缶史記李斯傳擊甕叩缶皆是也又小爾雅量籔二有半謂之缶缶二謂之鍾按用齊舊量之豆區釜而妄用陳氏新量之鍾其言紕繆魯語出稯禾秉芻缶米注缶庾也庾即籔其量十六斗疑禮器門外之缶大于壺六斗矣古韻詩宛丘叶缶道翿易坎叶簋缶牖咎

有 缻 後漢孔融傳譬如物在缻中注引説文缻缶也字書曰缻似缶而高按此字當爲缶之或體从瓦缶缶亦聲姑附于此

有 ⿰缶刂 刀握也从刀缶聲禮記少儀削授拊以拊爲之付缶雙聲

合 ⿱鼓缶 鼓缶聲也从鼓缶會意缶亦聲段氏玉裁訂爲鼛字之譌體愚按鼛鼛聲也鼛缶聲也後人誤合爲一耳

咍 寶 珍也从宀从玉从貝會意缶聲古文省貝按古又作珤从玉缶聲詩崧高以作爾寶傳瑞也穀梁定八傳寶玉者封圭也魯語以其寶來奔注玉也轉注論語懷其寶廣雅釋詁二寶道也老子輕敵幾喪吾寶注身也呂覽先己嗇其大寶注身也莊子庚桑楚正得秋而萬寶成爾雅四曰寶龜史記周公世家無墜天之降葆命留侯世家取而葆祠之樂書天子之葆龜也皆以葆爲之易孟喜本聖人之大保曰位以保爲之假借爲宲書顧命陳寶又爲俘公羊莊六年經齊人來歸衛寶穀梁同聲訓禮記檀弓仁親以爲寶注謂善道可守者漢書梁平王襄傳戒後世善寶之注謂愛守也公羊隱元解詁疏寶者保也古韻詩桑柔叶寶好崧高叶寶舅保宋玉笛賦叶寶道老好受保楚茂轉音管子白心叶有寶久文子守虛叶主寶

pāo ⿴橐缶 · fú ⿱缶䖵 · fù 𨸏(阜) · fù 𨺅 · shǒu 百

蕭 ⿴橐缶 囊張大皃从橐省匋省聲按缶聲

尤 ⿱缶䖵 蚍蠹也从䖵橐聲或从虫孚聲按大螘也字亦作蜉作蠹禮記內則注蚍蜉子也釋文本作蚍假借爲蝥韻連語漢書王褒傳蜉蝣出以陰注渠略也甲蟲方言十一蜉蝣秦晉閒謂之蝶蠪夏小正浮游有殷詩蜉蝣之羽荀子大略不飲不食者蜉蝣也郭注爾雅似蛣蜣身狹而長有角黃黑色叢生糞土中朝生暮死豬好啖之又按字亦誤作蠹爾雅次蠹鼅鼄蓋借爲蝥也釋文本或作蝥則从出之誤可知

阜二名凡阜之派皆衍阜聲 房九切

有 阜 大陸也山無石者象形按从厂象形古文亦从厂象形今隸作阜亦作阜廣雅釋丘無石曰阜詩天保如山如阜傳大陸曰阜西京賦跨谷彌阜注大陵曰阜轉注詩駟驖孔阜左襄廿六傳韓氏其昌阜於晉乎周語阜其財求傳注皆訓大又詩大叔于田火烈具阜周禮太宰商賈阜通貨賄大司徒以阜人民虞人以阜馬傳注皆訓盛又晉語利以阜姓周語惠以和民則阜注皆訓厚又魯語助生阜也注長也詩頍弁爾殽既阜箋猶多也晉語考訊其阜注衆也又詩草蟲趯趯阜螽傳蠜也按一生九十九子故謂之阜字

亦變作𨸏古韻詩大叔于田叶鴇首手阜駟驖叶阜手狩車攻叶好阜草狩吉日叶戊禱好阜醜草蟲叶草阜句中韻

有 𨺅 兩阜之閒也从二阜會意音闕今从玉篇讀如阜入此部按徐鉉讀如隢或曰𨺅今隧字考工去一以爲隧先鄭讀如燧後鄭讀如遂疑未能憭姑從蓋闕

首十四名凡首之派皆衍首聲 書九切

有 百 頭也象形許書爲首从百之脜字故別爲部即首字頁字之小篆易説卦傳乾爲首坎爲下首漢書天文志首陽也方言十三獸之初生謂之鼻人之初生謂之首轉注爾雅釋詁首始也公羊隱六傳首時過則書周髀算經故以句爲首又禮記射義以貍首爲節月令首種不入麥以秋種故謂之首種又曾子問不首其義禮運各首其義也注本也又郊特牲首也者直也又廣雅釋詁一首君也書益稷元首起哉又考工廬人去一以爲首闌謂殳上鐏也又禮記曲禮進劍者左首謂劍環柎也又廣雅釋詁四首嚮也楚辭遠逝登崑崙而北首今漢書韓信傳北首燕路又後漢西域傳雖有降首注猶服也假借爾雅釋畜四蹄皆白首此甹之誤字廣韻作蹢又託名幖識字左成五會晉荀首于穀公羊作秀史記弟子傳公夏首字乘古韻易乾叶道咎造久首詩大叔于田叶鴇首手阜小弁叶道草擣老

shǒu 首　xié 頁　yōu 惪　yōu 憂　yōu 嚘　yōu 櫌　yōu 鄾

首若之華叶首留飽江漢叶首休老壽楚辭天問叶嫂首荀子蠶賦叶叶首壽老牡又禮記檀弓原壤歌叶首手句中韻轉音楚辭天問叶首在莊子天運叶首老待又老子贊元叶首後文子符言叶主首

有宵 **首** 百同古文百也巛象髮謂之鬊鬊卽巛也按此籒文百也許君爲有从首之䭫𩠐二文故別爲部

屑 **頁** 頭也从百从儿古文䭫首如此頁者䭫首字也按此古文百字从人象形古凡作䭫首之首作此頁也段氏訂頁爲䭫字大誤後人胡結切讀同䭫亦誤詳見余所譔說解商按許君爲有从頁之八十四文故別爲部又按籒文作𩑋當據偏旁補

尤 **惪** 愁也从心从頁按頁聲經傳皆以憂爲之而惪字廢矣字亦作懮楚辭抽思傷余心之懮懮注病皃亦重言形況字叚借疊韻連語詩月出舒懮受兮釋文舒皃古韻楚辭抽思叶浮懮

尤 **憂** 和之行也从夊惪聲魏志注引書盤庚憂賢揚歷說文引詩長發布政憂憂經傳皆以優爲之叚借爲惪爾雅釋詁憂思也鬼谷子權憂者閉塞而不泄也淮南原道憂悲者德之失也易豐勿憂說卦傳坎爲加憂詩小弁我心憂傷論語仁者不憂皇疏患也孟子有采薪之憂注病也素問陰陽應象大論在志爲憂注深慮也呂覽知分余何憂于龍焉注懼也開春君子在憂注阨也古韻詩秦揚之水叶晧繡鵠憂柏舟叶舟流憂游泉水叶漕悠遊憂竹竿叶滺舟遊憂蟋蟀叶休慆憂采薇叶柔憂桑柔叶柔劉憂昊常武叶優憂兔爰叶學造憂覺民勞叶休逑怓憂休左哀廿傳叶梟覺蹈憂晉語叶就憂猶皓

尤 **嚘** 語未定皃从口憂聲按气逆也集韻引蒼頡嚘欭也老子終日號而不嚘字或作嗄釋文當作噫莊子庚桑楚兒子終日嗥而嗌不嗄司馬注楚人謂啼極無聲爲嗄釋文本作嚘崔本作喝太元疑貞厲嚘鳴注嚘鳴歎也夷三日不嚘注嚘嚘之聲也叚借雙聲連語漢書東方朔傳伊嚘亞者辭未定也此說文所本

尤 **櫌** 摩田器也从木憂聲今字作耰漢書賈誼傳借父櫌鉏陳勝項籍傳贊鉏櫌棘矜注椎塊椎也淮南氾論耒耜櫌鉏注椓塊椎也三輔謂之儓史記秦始皇紀鉏櫌白梃索隱曰鉏柄轉注以櫌摩田卽曰櫌說文引論語櫌而不輟孟子布種而櫌之莊子則陽深其耕而熟櫌之管子小匡深耕均種疾櫌按櫌有二齊民要術耕荒畢以鐵齒編鏃再徧杷之漫擲黍穄卽齊語所云深耕而疾櫌之以待時雨也擲黍穄後又再徧杷之鄭注論語所云覆種也亦名櫌

尤 **鄾** 鄧國地从邑憂聲左桓九傳鄧南鄙鄾人攻而奪之幣在今河南南陽府鄧州城南八里

yōu 優　yōu 瀀　dào 道

尤 **優** 饒也从人憂聲一曰倡也按倡者本訓饒者叚借左襄廿八傳陳氏鮑氏之圉人爲優晉語公之優曰施越語信讒喜優齊語優笑在前注皆訓倡俳也史記滑稽傳優孟漢書灌夫傳所愛倡優巧匠之屬注諧戲者也轉注左襄六傳長相優注調戲也叚借爲瀀說文饒也小爾雅廣詁多也廣雅釋言渥也詩信南山既優既渥瞻卬維其優矣周語布施優裕西京賦那嬴優而兒恃漢脩堯廟碑嘉遊優游又爲憂論語爲趙魏老則優皇疏寬閑也班固典引雖云優愼蔡注優游也又重言形況字詩長發敷政優優禮記中庸優優大哉淮南時則優優簡簡爾雅釋言優優和也又疊韻連語禮記儒行優游之法疏和柔也淮南本經與一世而優游注猶委從也漢書敘傳優繇亮直注寬容也家語入官優而柔之注寬也古韻詩常武叶優憂長發叶球旒休絿柔優遒采菽叶優游句中韻

尤 **瀀** 澤多也从水憂聲詩信南山既瀀既渥毛本以優爲之廣雅釋詁二瀀漬也四瀀饒也度尙碑持重瀀於營平轉注廣雅釋器瀀渀㳯也按柴木雝水謂之㳯亦謂之涔韓詩涔有多魚是也雨水漸漬謂之瀀亦謂之涔故亦謂之㳯說文涔漬也是也

晧 **道** 所行道也从辵从首一達謂之道按从辵首聲又古文𡬶从首寸按當爲導字之古文今移𡬶導下爾雅釋宮一達謂之道易履道坦坦虞注震艮爲道周禮遂人澮上有道注道容二軌又荀子禮論郊止乎天子社止于諸侯道及士大夫注道行神也又廣雅釋詁四道國也漢書百官公卿表縣有蠻夷曰道管子正篇會民所聚曰道又魯靈光殿賦馳道周環注人君所行之道也君必乘車馬故以馳爲名轉注爾雅釋詁道直也廣雅釋詁一道大也易繫辭一陰一陽之謂道又形而上者謂之道禮記中庸率性之謂道表記道者左也道者義也管子君臣順理而不失之謂道心術虛無無形之謂道莊子繕性道理也漁父道者萬物之所由也天地行于萬物者道也賈子道德說道者德之本也荀子正名道者古今之正權也韓非子主道道者萬物之始是非之紀也鶡冠子環流無不備之謂道鬼谷子陰符道者天地之始注言道道也者通也無不通也左襄三十一傳不如小決使道注通也周禮道右掌前道車注象路也王行道德之車禮記禮器則禮不虛道注猶由也從也射義旄期稱道不亂者注猶行也樂記君子樂得其道注謂仁義也檀弓斯道也注猶禮也又儀禮喪服傳其夫屬乎父道者妻皆母道也注猶行也嫁于父行則爲母行又左定五傳吾未知吾道注猶法術也吳語道將不行注術也又漢書董仲舒傳道者所繇適于治之路也詩匪風顧瞻周道箋周之政令也叚借爲導廣雅釋詁三道治也論語道千乘之國包注治也楚語教之詩而爲之道注開也周語川氣之道也注達也文選赭白馬賦飛輶軒以戒道注先也又爾雅釋詁道勴也廣雅釋詁二道說也禮記大學道學也注言也學記道而弗牽注道示之以道塗也周禮大司樂興道諷誦言語注道者言古以剴今也王訓掌

說文通訓定聲　孚部弟六

百

kuí 馗　dǎo 導

道地圖注說也周語則德以道諸侯注訓也荀子榮辱君子道其常而小人道其怪注語也又爲蹈列子黃帝向吾見子道之又託名標識字左襄五年會吳于善道公穀作稻按今安徽泗州盱眙縣地聲訓釋名釋道一達曰道路道蹈也路露也言人所踐蹈而露見也釋言語道導也所以通導萬物也老子道者萬物之奧管子君臣道者上之所以導民也賈子道德說物所導始謂之道大戴保傳道者導天子以道者也古韻詩墻有茨叶埽道醜還叶茂道牡好宛邱叶缶道翿小弁叶道草擣老首小旻叶猶就咎道生民叶道草茂苞褎秀好泮水叶茆酒老道醜易乾象傳叶道咎造久首左襄四傳叶道草擾獸牡越語叶牡道究管子內業叶道醜壽白心叶道久保守韓非子揚權叶道茂轉音易恒叶道已始禮記月令叶起始道理紀老子歸根叶道久殆象元叶改殆母道元符叶老道已同異叶笑道管子正篇叶紀理止道子白心叶道取文子道原叶道有宰鬼谷反應叶道事司靈樞脈篇叶腑道官能叶數紀理道素問陰陽應象論叶道紀母府

支 **馗** 逵 九達道也似龜背故謂之馗馗高也从九从首按首聲或从辵从坴會意韓詩兔罝施于中馗毛本作逵爾雅釋宮九達謂之逵釋文本作馗釋名釋道九達曰逵齊魯謂道多爲逵師此形然也淮南說林楊子見逵路而哭之爲其可以南可以北左隱十一傳及大逵注道方九軌也按杜以考工匠人之經涂九軌釋九達非是轉注中山經合水多鰧魚居逵注水中穴道交通者江賦潛逵傍通叚借託名標識字爾雅釋草中馗菌注地蕈也釋文本作鳩又作頄按猶終葵也終葵之合音爲椎方言齊人謂椎爲終葵菌形似椎故以名之又北史隋庶人諒傳有柱國喬鍾馗楊義臣傳作鍾葵又恩倖傳齊宦者有宮鍾馗疑古以椎逐鬼命名者取辟邪也別義爾雅釋文引字林馗隱也聲訓說文九達道似龜背故謂之馗馗高也按龜馗高一聲之轉集韻字亦作尬殆傳會龜背之說故从呂歟或曰馗字當爲頯之或體从首九聲面上高骨與頄同古者借馗爲逵耳存疑古韻詩兔罝叶逵仇

說文通訓定聲　孚部第六

皓號 **導** 引也从寸道聲按道下有古文衜从寸首當爲導之古文今移此素問其治宜導引按蹻注謂搖筋骨動支節又續漢百官志導官令本注擇也後漢鄧后紀導官注主導擇米以供祭祀漢書司馬相如傳導一莖六穗于庖鄭氏曰導擇也史記以䆃爲之又後漢光武紀豫養導擇之勞注導亦擇也又釋名釋首飾導所以導擽鬢髮使入巾幘之裏也轉注書禹貢導岍及岐釋文從首起也周語爲川者決之使導注通也將導利而布之上下者也注開也楚語導之以訓辭注行也論語導之以政皇疏謂誘引也呂覽適威忠信以導之注猶先也又廣雅釋詁一導語也晉語是以導於民注訓也淮南繆稱而不可以導人注教也兵略導於左右注諫也聲訓

dào 䆃　shǒu 手　chù 嘼　shòu 獸　sǒu 叜(叟)

釋名釋言語導陶也陶演已意也

皓號 **䆃** 禾也从禾道聲司馬相如曰䆃一莖六穗按封禪書䆃一莖六穗于庖史記索隱引鄭德曰䆃擇米此借䆃爲導許君引之猶無有作𡚁敷重蔑席朕堲讒說曰圛曰克之類皆以明叚借字林禾一莖六穗謂之䆃史記集解引徐廣曰䆃瑞禾也皆用說文而誤廣雅釋草𥝩䆃𥝩也下𥝩字蓋禾字之譌疑䆃實與稻同字因史記借此爲導後儒不能定耳

手一名 書九切

有 **手** 拳也象形謂象指掌掔也古文𠂇疑象手文今舒之爲手卷之爲拳易說卦傳艮爲手素問陰陽別論三陰在手注手謂氣口詩賓之初筵賓載手仇傳取也禮記少儀則不手拜注手拜手至地也公羊宣六傳注頭至手曰拜手叚借爲杽法言問神聖人以不手爲聖人又託名標識字古今人表敗手說文引作首古韻詩擊鼓叶手老大叔于田叶鴇首手阜遵大路叶手魗好駟鐵叶阜手狩轉音宋玉笛賦叶子手齒起徵

嘼二名凡嘼之派皆衍嘼聲 許救切

說文通訓定聲　孚部第六

宥 **嘼** 犍也爾雅釋文引說文牲也象耳頭足厹地之形古文下从𠘨按謂六牲馬牛羊雞犬豕也經傳皆以畜爲之爾雅釋畜周禮掌畜周書大匡畜不食穀漢書西域傳發畜食迎漢軍皆此字也

宥 **獸** 守備者爾雅釋文引說文一曰兩足曰禽四足曰獸从嘼从犬會意按嘼亦聲爾雅釋鳥四足而毛謂之獸釋獸釋文獸毛蟲總號按獸中可畜養者則曰嘼周禮庭氏注獸狐狼之屬庖人注六獸麋鹿熊麕野豕兔獸人大獸公之疏已孕曰獸詩車攻搏獸于敖箋獸田獵搏獸也左襄四傳獸臣司原注虞人孟子獸之走壙也漢張遷碑帝遊上林問禽狩所有以狩爲之叚借爲嘼周禮獸醫注牛馬之類又書武成序往伐歸獸疏在野自生爲獸按即禮記樂記所云歸馬放牛也聲訓廣雅釋詁三獸守也古韻左襄四傳叶道草擾獸牡

叜十名凡叜之派皆衍叜聲 穌酉切

尤有 **叜** 老也从又从灾闕籀文从寸从灾或从人从又从灾按寸口衰惡之說費解古文灾字爲丙故偏旁变多誤更今俗作叟又似㝒字然皆非誼愚按即挍之古文从又持火屋下索物也會意爲長老之稱者發聲之詞非本訓孟子王曰叟劉注

百手嘼叜(叟)

sōu 搜　sǒu 溲　sōu 獀　shòu 瘦　sōu 鄋　sōu ⿰木叟　sǒu 瞍

叟長老之偁依皓首之言皓叟首叟俱疊韻劉意謂發聲之詞是也廣雅釋親叜父也方言六傁長老也東齊魯衛之閒凡尊老謂之傁禮記文王世子三老五更蔡邕獨斷五更或爲叜叜老稱與三老同義左宣十二傳顧曰趙傁在後齊語合羣叜莊子在宥叟何人耶叚借爲溲詩生民釋之叟叟釋文濤米聲也爾雅釋訓溞溞淅也作溞亦重言形況字又託名幖識字後漢董卓傳呂布軍有叟兵注即蜀兵也漢代謂蜀爲叟張嶷傳叟夷數反邛都夷傳蘇祈叟二百餘人出師表賨叟青羌按蜀夷別名後漢中始見書牧誓僞孔傳羌在西蜀叟晉人語也又廣雅釋訓颼颼風也此重言形況字說文新附颼颼飀也此疊韻連語字變作颼【聲訓】釋名釋親屬叟縮也人及物老皆縮小于舊也【古韻】詩生民叶揄蹂叟浮

瞍　有蕭　無目也从目叜聲周禮序官大師注有目無眸子謂之瞍疏目精黑白分明而無眸子人者詩靈臺矇瞍奏公周語瞍賦矇誦晉語矇瞍不可使視廣雅釋詁三瞍盲也叚借爲叜孟子瞽瞍呂覽正作叜【聲訓】釋名釋疾病瞍縮壞也

⿰木叟　豪　船總名从木叜聲字亦作艘漢書溝洫志漕船五百艘

鄋　尤　北方長狄國也在夏爲防風氏在殷爲汪茫氏从邑叜聲左文十一傳鄋瞞侵齊史記周公世家鄋瞞伐宋按漆姓春秋時爲

說文通訓定聲　孚部弟六　廿九

大人國或曰在今山東濟南府北或曰在青州府高苑縣

瘦　有　臞也从疒叜聲字亦作瘦廣雅釋言瘦瘠也孝經毀瘠羸瘦詩素冠箋欒欒然瘦瘠也周禮廩人注久則瘦臞腐敗

獀　尤　南越名犬獿獀从犬叜聲【轉注】齊語春以獀振旅注春田曰獀禮記祭義而弟達乎獀狩矣魏大饗碑周成岐陽之獀韓詩內傳夏曰獀穀梁桓四傳秋曰蒐經傳多以蒐爲之蓋以蓃爲之而蓃形誤爲蒐也字亦作𩧳見漢書百官公卿表叚借爲搜呂覽季春獀馬注擇也

溲　尤有　浸沃也从水叜聲今蘇俗言溲粉溲麪皆是儀禮士虞禮明齊溲酒注今文爲醙聘禮醙黍清注白酒也詩生民釋之叟叟以叟爲之亦重言形況字字亦作溞爾雅溞溞淅也廣雅釋詁二溞酒也叚借爲滫晉語少溲于豕牢而得文王注便也莊子則陽內熱溲膏釋文本作廋史記酈生陸賈傳溲溺其中索隱即溺也素問奇病論有癃者一日數十溲注小便也

搜　尤　眾意也一曰求也从手叜聲疑即叜之或體求爲本訓眾爲叚借字亦作廋作廋作䛐又作鎪方言二搜求也就室曰搜通俗文入室求曰搜廣雅釋詁三廋求也莊子秋水搜于國中釋文索也甘泉賦酒搜求索偶注擇也漢書趙廣漢傳廋索私屠沽注謂入室求之

rǎo 擾　nǎo 獿　néi ⿰忄夒　rǎo 犪　náo ⿰王夒　náo 夒　sǎo 蓃　sǎo 嫂

後漢馬融傳廋疏𡲛領注猶搜索也【轉注】方言三廋隱也廣雅釋言廋匿也釋邱廋隈也論語人焉廋哉孟子若是乎從者之廋也晉語有秦客廋辭于朝莊子達生雀本視其趨者而鞭之注匿也又爾雅釋器鑁鎪也文選琴賦鎪會褭廁注謂鎪鏤其縫會也叚借爲埽禮記郊特牲注滌牢中所搜除處也又爲獀公羊桓四傳秋曰廋昭八年廋于紅左昭廿九傳注文公搜被廬小爾雅廣詁閱搜具也又爲騶周禮廋人按廄御也儀禮聘禮記肦肉及廋車注廋人巾車也又單辭形況字說文引詩泮水束矢其搜毛傳眾意也鄭箋束矢搜然言勁疾也皆雖不同要皆謂依聲託意之字許君本毛訓眾意廣雅釋詁三搜眾也皆失之又重言形況字莊子寓言搜搜也奚稍問也向注動皃又雙聲連語洞簫賦元猿悲嘯搜索乎其間注往來皃【聲訓】周禮夏官廋人注廋之言數也【古韻】詩泮水叶觩搜

嫂　皓　兄妻也从女叜聲字或誤作嫂爾雅釋親女子謂兄之妻爲嫂禮記大傳是嫂亦可謂之母乎注猶叜也【聲訓】釋名嫂叜也叜老者稱也【古韻】楚辭天問叶嫂首

蓃　皓　蓃艸也从艸嫂聲字亦誤作蒐爾雅釋草蔱蓃䕅注或曰鷄腸草釋文蓃䕅本草呼爲蘩蔞按本草別錄陶注此菜人以作羹蓃䕅雙聲連語疑即下文之蘇蔱也蘇頌圖經鷄腸草葉似荇菜而小其莖梗作蔓斷之有絲縷又細而中空似雞腸叚借爲獀爾雅釋

說文通訓定聲　孚部弟六　卅

天春獵爲蒐又爲搜爾雅釋詁蒐聚也

夒六名凡夒之派皆衍夒聲　奴包切

夒　豪　貪獸也一名母猴似人从頁巳止夊其手足字亦作猱爾雅猱蝯善援又蒙頌猱狀廣雅猱狚獑猴也詩角弓毋教猱升木傳猿屬疏獼猴也楚人謂之沐猴曹植白馬篇仰手接飛猱吳都賦射猱挺

⿰王夒　尤　玉也从玉夒聲讀若柔

犪　篠　牛柔謹也从牛夒聲【轉注】廣雅釋詁一犪善也四犪柔也經傳皆以擾爲之

⿰忄夒　此字當从巾夒聲夒者籀文婚字各本誤从夒今依段氏訂正收隸屯部

獿　肴巧　獿獿也从犬夒聲按犬吠聲獿獿者重言形況字此字當爲夒之或體沾犬旁耳字亦作獶廣雅釋詁四獶猶也叚借爲擾禮記樂記獶雜子女廣雅釋詁四獶擾也又爲⿰忄夒之誤字漢書揚雄傳獿人亡則匠石輟斤而不敢妄斲注抆拭也

擾　篠　煩也从手夒聲今字作擾書僞允征俶擾天紀傳亂也左襄四傳德用不擾莊子天道然則膠膠擾擾乎廣雅釋訓擾擾亂也

tiáo 卣　yóu 逌　yóu 蓾　yóu 覷　yǒu 歔　yǒu 璺　zá 雥　jiāo 爨(焦)

吕覽音初水擾則魚鼈不大注渾也素問五常政大論其動炎灼妄擾注撓也李翊碑時岳部擾稷又按楚辭怨上羣司兮讟譲注憁憁也字亦作譨晨夒雙聲假借爲獿書臯陶謨擾而毅傳順也周禮職方氏其畜宜六擾逸周書注家所畜曰擾漢書地理志注謂之擾者言人所馴養也遂人以樂昏擾甿注順也大宰以擾萬民注馴也服不氏掌養猛獸而教擾之左昭廿九傳乃擾畜龍又楚辭大招宜擾畜只注譓也管子地員其木宜櫄擾注柔也古韻左襄四傳叶道卓擾獸牡

卣六名凡卣之派皆衍卣聲 徒聊切

蕭 **卣** 草木實垂卣卣然象形讀若調籀文从三卣莊子齊物論而獨不見之調調乎之刁刁乎以調爲之亦重言形況字又按籀文形譌爲蠱本作三卣誤作三直蕪城賦蠱似長雲注齊平也吳都賦櫹蠱森萃注長直皃此疊韻連語漢書司馬相如傳崇山蠱蠱此重言形況字今則聲義俱變矣或曰蠱者卓之俗存疑別義或曰卽今卣字中尊也故逌字亦作逌家大人曰卣者酉字之變與卣不涉

尤 **逌** 气行皃从乃省卣聲讀若攸字亦作逌列子力命終身逌然釋文自得皃史記趙世家烈侯逌然答賓戲主人逌爾而笑注寬

舒顏色之皃假借爲攸漢書地理志酈水逌同五行志彝倫逌敍幽通賦栗取弔于逌吉兮注所也

尤 **蓾** 蓾艸也从艸逌聲籀文从茻

尤 **覷** 下視深也从見逌聲讀若攸

尤 **歔** 言意也从欠从逌會意逌亦聲讀若酉謂將有所言而气逌然欲出也

尤 **璺** 遺王也从玉歔聲徐鍇曰山海經平邱有遺玉今以許書列字次弟求之恐爲璲玉卽周禮典瑞之大喪贈玉禮記襍記之含者執璧

雥十六名凡雥之派皆衍雥聲 徂執切

合 **雥** 羣鳥也从三隹會意許善心神雀頌嘉睍雥集戴氏侗六書故疑从雔得聲

蕭 **焦** 火所傷也从火雥聲或从雥省聲廣雅釋器焦臭也禮記內則濡炙之舉焦月令其臭焦素問注凡氣因火變則爲焦呂覽應言少泊之則焦而不熟注燥也字亦作膲淮南天文月死而嬴蛖膲轉注素問靈蘭秘典論三焦者決瀆之官水道出焉又江

jiāo 蕉　jiào 噍　qiào 譙　jiāo 鷦　qiáo 樵

賦淙大壑與沃焦一切經音義引郭注海所瀉源水注處也假借爲鐎周禮鬱人注以煮之鐎中又爲譙淮南主術擒之焦門又疊韻連語字亦作僬海外南經焦僥國注民長三尺短之至也荀子正論以焦僥而戴太山也富國是猶烏獲與焦僥搏也又廣雅冒焦螵蛸也又釋詁四嶕嶢高也字變作嶕又重言形況字禮記曲禮庶人僬僬注行容止之皃又託名標識字詩六月整居焦穫傳周地在今陝西西安府三原縣爾雅十藪之一亦名瓠口卽鄭白二渠也又樂緯叶圖徵似鳳有四三曰焦明又稽耀嘉焦明至爲雨備注水鳥又列子湯問江浦之閒生麼蟲名曰焦螟字亦作蟭晏子春秋東海有蟲巢于蚉睫命曰焦冥又爾雅釋蟲蟬蛸注一名蟳蟭螳蠰卵也

蕭 **蕉** 生枲也从艸焦聲謂麻未漚治者列子周穆王覆之以蕉注與樵同非莊子人閒世死者以國量乎澤若蕉向注草芥也崔注芟刈也非假借爲醮左成九傳無棄蕉萃又爲焦廣雅釋器蕉黑也別義後世以爲芭蕉字吳都賦蕉葛竹越

蕭尤 嘯藥 **噍** 齧也从口焦聲或从爵聲禮記少儀小飯而亟之數噍毋爲口容荀子榮辱亦呥呥而噍漢書高帝紀襄城無噍類注青州俗呼無孑遺爲無噍類史記集解噍食也爾雅釋獸注復出嚼之釋文咀也字亦作嚾廣雅釋言嚾茹也續漢五行志復嚼者京都飲酒相強之辭也假借爲道按禮記樂記其聲噍以殺史記樂書正義噍踧急也又志微噍殺之音作說苑修文作感激憔悴又疊韻

連語禮記三年問猶有啁噍之頃焉小鳥聲也又重言形況字羽獵賦噍噍昆鳴聲訓釋名釋言語嚼削也稍削也

蕭 嘯 **譙** 嬈譊也史記朝鮮傳索隱引說文讓也从言焦聲古文从肖聲讀若嚼周書曰王亦未敢誚公方言七譙讓也廣雅釋言譙訶也史記樊噲傳誚讓項羽索隱責也萬石張叔傳不譙呵索隱音誰何猶借訪也管子立政里尉以譙于游宗呂覽疑似酒醒而誚其子注從不可譙詬遇之假借爲巢漢書陳勝傳與戰譙門中注謂門上爲高樓以望者故謂美麗之樓爲麗譙又重言形況字詩鴟鴞予羽譙譙傳殺也又託名標識字譙敏碑其先故國師譙贛漢書作焦古韻詩鴟鴞叶譙翛翹搖嘵

蕭 **鷦** 鷦鷯桃蟲也从鳥焦聲爾雅釋鳥桃蟲鷦按亦曰鷦鷯曰桃雀曰工雀曰巧婦曰桑飛曰鷦鷯鳥之始小後大者莊子逍遙游鷦鷯巢于深林別義廣雅鷦明鳳皇屬也楚辭遠逝從元鶴與鷦鵬注俊鳥吳都賦稽鷦鵬注鳥也史記司馬相如傳掩焦明集解似鳳索隱西方之鳥也又引樂緯汁圖徵宋衷注鷦明水鳥也按朋卽鳳字作明者誤又廣雅釋鳥鷦禽也又爲雛之誤字左昭十七傳注祝鳩鷦鳩也

蕭 **樵** 散木也从木焦聲字亦作蕉作蘗廣雅釋木蕉薪也詩白華樵彼桑薪左桓十二傳請無扞采樵者以誘之漢書楊雄傳樵蒸

燒上注木薪也史記淮陰侯傳樵蘇後爨集解取薪也按字又作劁廣雅釋詁一劁斷也釋言刈也又剗也轉注公羊桓七傳樵之者何以火攻也注以樵焚之故因謂之樵之樵之齊人語假借爲譙實爲巢漢書趙充國傳爲壍壘木樵注樵與譙同謂爲高樓以望敵也

覺 覺 **䊪** 早取穀也从米焦聲一曰小按謂先熟而取之其米縮斂者字亦作樵作穛禮記內則稰穛注生穫曰穛楚詞招魂稻粢穱麥注穱擇也擇麥中先熟者吳都賦穱秀菰穗

蕭 蕭 **醮** 面焦枯小也从面焦會意按焦亦聲廣雅釋詁一醮憂也字亦作憔作𤺄作嫶吳語而日以憔悴注瘦病也楚辭離世身憔悴而考旦注憂皃漢書外戚傳嫶妍太息注三輔謂憂愁而省瘦曰嫶冥禮樂志是以纖微𤺄瘁之音作注謂減縮也𤺄亦卽𡠚字

蕭 **顦** 此字大徐補入說文爲十九文之一从頁焦聲按卽醮字之或體姑附于此

號 蕭 藥 **燋** 所以然持火也从火焦聲周禮曰以明火爇燋也按儀禮士喪禮楚焞置于燋注炬也周禮菙氏掌共燋契以待卜事禮記少儀執燭抱燋燋者以苣爲之卜龜先以明火然燋以爇楚焞以鑽灼龜而作其兆凡執之曰燭未爇曰燋火者樹于地曰燎莊子逍遙遊日月出矣而爝火不息以爝爲之假借爲醮淮南氾論燋而不謳注悴也

嘯 **潐** 盡也从水焦聲爾雅水醮曰厬以醮爲之假借重言形況字荀子不苟其誰能以己之潐潐受人之掝掝者哉注明察之皃

篠 **灂** 釃酒也从网水會意焦聲讀若夏書天用剿絕廣雅釋詁二灂盪也假借爲潐說文一曰浚也

蕭 **鐎** 鐎斗也从金焦聲按卽刁斗以銅爲之受一斗軍中晝炊飯宵持擊以行夜史記李將軍傳不擊刁斗索隱溫器有柄斗似銚無緣韻集云三足有柄

嘯 **醮** 冠娶禮祭从酉焦聲或从示按酌而無酬酢曰醮儀禮士冠禮若不醴則醮用酒禮記昏義父親醮子而命之迎轉注凡冠娶必于禰廟故廣雅釋天醮祭也高唐賦醮諸神禮太一漢書郊祀志益州有金馬碧雞之神可醮祭而致假借爲潐爾雅釋水醮曰厬荀子禮論利爵之不醮也注盡也

尤 **䪳** 收束也从韋樵聲讀若酋或从要𩏼聲或从手秋聲按當訓韋束也揫字手部重出此宜刪廣雅釋詁二揫固也以揫爲之假借爲揫漢書律厤志秋䪳也

爑十一名凡龜之派皆衍爑聲 卽聊切

蕭 **爑** 灼龜不兆也从火从龜會意讀若焦春秋傳曰龜爑不兆按今本左哀二傳卜戰龜焦無不兆字爑作焦

尤 **秋** 禾穀熟也从禾爑省聲籒文不省按歲事莫重于穀故年稘秌皆从禾爾雅釋天秋爲白藏又秋爲收成春秋繁露官制象天篇秋者少陰之選也威德所生篇秋者天之平也五行對篇金爲秋陰陽義篇秋怒氣也故殺天辨在人篇秋最志也四時之副篇罰爲秋轉注御覽廿四引說文天地反物爲秌按反當作收月令章句百穀各以其初生爲春熟爲秋故麥以孟夏爲秋又七啟此寗子商歌之秋注猶時也漢書百官公卿表將行秦官景帝更名大長秋皇后官名也呂覽博志夜夢受秋駕於其師注御駕也又方言入雞雛徐魯之閒謂之秋子淮南原道注屈讀如秋雞無尾屈之屈按秋之言揫也揫之言細也小也則雛卽秋字又淮南說山旣秄以脩注脩無尾亦卽秋字之變假借單詞形況字漢書禮樂志飛龍秋游上天注秋飛皃也又重言形況字荀子解蔽鳳皇秋秋注猶蹌蹌謂舞也聲訓禮記鄉飲酒義秋之爲言愁也周禮目錄秋者遒也管子形勢解秋者陰氣始下故萬物收春秋繁露陽尊陰卑篇秋之爲言猶湫湫也太元元數爲西方爲秋注秋揫也釋名釋天秋緧也緧迫品物使時成也又秋興賦注引釋名秋就也言萬物就成也古韻詩采葛叶蕭秋荀子解蔽叶秋蕭

尤 **萩** 蕭也从艸秋聲此字疑當爲蕭之重文方音小別耳假借爲楸左襄十八傳伐雍門之萩漢書東方朔傳又有萩竹藉田貨殖傳山居千章之萩又託名幖識字穀梁文九年楚子使萩來聘釋文或作萩

尤 **啾** 小兒聲也从口秋聲答賓戲夫啾發投曲感耳之聲注口吟也洞簫賦啾咇㗫而將吟兮注眾聲也假借疊韻連語楚辭怨思耳聊啾而戃慌注耳鳴也又重言形況字羽獵賦啾啾蹌蹌注眾聲也或作啾亦同古韻離騷叶流啾

蕭 嘯 尤 **篍** 吹筩也从竹秋聲急就篇箛篍起居課後先

尤 **楸** 梓也从木秋聲爾雅椵大而皵楸注老乃皮麤皵者楚辭哀郢望長楸而太息兮注長楸大梓中山經陽華之山多苦辛其狀如橚以橚爲之左襄二傳疏楸梓皆橚之小別按字亦作𣖕蜀都賦杞𣖕椅桐

尤 篠 **愁** 𢝊也从心秋聲字亦作愀左形右聲廣雅釋詁三愁悲也釋訓愁愁憂也易晉晉如愁如鄭注變色皃禮記哀公問孔子愀然作色而對注變動皃楚語子木愀然注愁皃荀子脩身見善愀然注戄皃上林賦愀然改容注變色皃假借爲揫禮記鄉飲酒義秋之爲言愁也尚書大傳秋者愁也萬物愁而入也

尤篠 湫 湫隘下也从水秋聲春秋傳曰晏子之宅湫隘按當訓下溼也左昭三傳湫隘囂塵注下也呂覽審分此之謂定性于大湫注猶大賓吳都賦邦有湫阨而蹐跼別義說文一曰有湫水在周地又安定朝那有湫泉按湫淵在今甘肅平涼府固原州西南方四十里冬夏不增減停而不流世本齊公子湫字子淵假借爲愁左昭十二傳湫乎攸乎春秋繁露陽尊陰卑湫者悲憂之狀也又爲揫廣雅釋詁一湫盡也淮南俶真精有湫盡而神無窮極又爲揫左昭元傳勿使有所壅閉湫底注集也疏謂氣聚服注著也又爲揫楚辭思古雲吸吸以湫戾注猶卷戾也又疊韻連語淮南原道湫漻寂寞注清靜也又單辭形況字高唐賦湫兮如風注涼皃又託名幖識字左昭十三傳子服湫釋文又作椒

古韻左昭十二傳叶湫攸

尤 揫 束也从手秋聲詩曰百祿是揫毛本長發以遒爲之禮記鄉飲酒義秋之爲言愁也注歛也以愁爲之漢書律厤志秋麤也以麤爲之爾雅釋詁揫聚也又方言二揫細也斂物而細謂之揫廣雅釋詁二揫小也字亦作揪廣雅釋詁三揪縮也通俗文縮小曰揪不申曰縮腑假借爲麤說文麤下又出此字爲或體

宥 甃 井壁也从瓦秋聲易井甃无咎干注以甎壘井曰甃莊子秋水入休乎缺甃之厓司馬注井底闌也管子四時甃屋行水注甃

說文通訓定聲 孚部第六 圭

尤 愁 腹中有水氣也从水从愁愁亦聲按愁聲使之行水也

曹十二名凡曹之派皆衍曹聲 昨牢切

豪 曹 獄之兩曹在廷東从棘治事者从曰按判事以言也會意轉注小爾雅廣言曹偶也楚辭招魂分曹並進注偶也史記騶布傳率其曹偶索隱輩也又詩公劉乃造其曹傳羣也左昭十五傳使曹逃周語民所曹好假借爲漕左閔二傳立戴公以廬于曹注衛下邑又託名幖識字淮南說林曹氏之裂布蛛者貴之注楚人名布爲曹今俗開以始織布繫著其旁謂之曹布又左桓五傳淳于公如曹按曹國姬姓文王子叔振鐸之後武王封之陶丘今山東曹州府定陶縣宋滅之其裔以國爲氏又十一年盟于惡曹注城闕又史記殷紀契元孫曹圉系本作糟世本作遭古韻詩公劉叶曹牢匏淮南招隱士叶留咆曹

豪 禮 廣雅釋天禮祭也釋言祰也據藝文類聚引說文祭豕先曰禮姑附于此从示曹聲

豪 蓸 曹艸也从艸曹聲籀文从茻

豪 遭 遇也从辵曹聲禮記曲禮遭先生於道疏逢也鄭語未既齔而遭之注遇也史記孝武紀遭聖則興幽通賦故遭罹而嬴縮別義說文一曰邐行卽後人所云周遭也按周遭疊韻連語

豪 槽 畜嘼之食器从木曹聲聲類槽飯豕器也今專爲馬櫪之名是爲轉注假借爲酋實爲遒淮南氾論槽矛無擊注柔木矛也讀領如蠐螬之螬

豪 糟 酒滓也从米曹聲籀文从酉曹省聲字亦作醩作𨣱周禮酒正共后之致飲于賓客之禮醫酏糟注糟醫酏之不泲者泲者曰清禮記內則稻醴清糟注糟醇也儀禮士冠禮注重醴清糟釋文劉本作漕集韻引廣雅漕酒液也按古以帶滓之酒爲糟今謂漉酒所棄之粕爲糟莊子天道古人之糟魄已矣淮南道應是直聖人之糟粕耳按謂糟中之魄也假借爲精之誤字法言脩身糟莩曠沈柳注糟當爲精按精今晴字

豪 傮 終也从人曹聲詩卷阿似先公酋矣以酋爲之假借單詞形況字荀子富國傮然要時務民注盡人力皃又借爲曹魏都賦傮響起注傮與曹古字通按羣也

說文通訓定聲 孚部第六 耒

豪 褿 帴也从衣曹聲字亦作䙡按說文帴帔也今之披肩一曰帗也謂一幅巾一曰婦人脅衣今之兜肚褿訓帴未審何屬據廣雅釋器褿祓襪襦也玉篇褿小兒衣也褿藉也廣韻褿小兒藉也則當爲一幅巾之帔故蠻夷衣亦曰帔蔽鄰亦曰帔小兒藉亦曰帔假借爲嫱按廣雅釋詁一褿好也字亦作嫱集韻引廣雅从女又作䋺廣雅釋詁一䋺好也又雙聲連語通俗文服飾鮮盛謂之嫱嬒

豪 熷 焦也从火曹聲廣雅釋詁四熷炮也字林燒木焦也蒼頡燒木餘也故今北人凡言事物壞曰熷

冬 慒 慮也从心曹聲爾雅釋言慒慮也釋文慒本作悰

豪號 漕 水轉穀也一曰人之所乘及船也从水曹聲按車運穀曰轉水運穀曰漕史記平準書漕轉山東粟蕭相國世家轉漕給軍漢書武帝紀穿漕渠通渭食貨志歲漕關東穀周書文傳舩以漕四方按漕運自元濬會通河明導汶水北會漳衛而東北之運道以通本朝南鑿桃宿之道開中運河以避黃河之險於是糧艘由淮浦渡河徑趨山東達于通州計八省三等漕米凡三百三十一萬七千石有奇別義詩擊鼓土國城漕載馳言至于漕傳衛東邑按在今河南衛輝府滑縣南白馬城是也古韻詩泉水叶漕悠遊憂載馳叶悠漕憂

cáo 蠤　zhǎo 叉　zǎo 蚤(蚤)　zhǎo 瑵　qì 鼜　sāo 傁　sāo 騷　sāo 慅

豪 **蠤** 蠹蠤也。从䖵，曹聲。字亦作螬。爾雅：蟦，蠐螬。注：在糞土中。名醫別錄：一名蜰齊。又蝤蠐，蝎。注：在木中。又蝎，蛣蜫。注：木中蠹蟲。又蝎，桑蠹。注：即蛣蜫。是木中曰蠹，曰蝎；土中曰蟦，曰蜰，而蠹蟦方言作蟦螬，或謂之蝤蠐。蟦即詩之蝤蠐，蟦螬皆雙聲連語耳。孟子：螬食實者過半矣。莊子：烏足之根爲蠐螬。論衡：無形蠐螬化而爲復育，復育轉而爲蟬。博物志：蠐螬以背行，駛于用足。假借爲槽。按劉伶酒德頌：捧罌承蠤。注謂借爲糟，則與下藉糟複，非是。

叉八名凡叉之派皆衍叉聲 側嫂切

巧 **叉** 手足甲也。从又，象叉形。按：㐅者指事。或以爪爲之。說文蚤下曰：叉，古爪字。詩祈父：予王之爪牙。或以蚤爲之。禮記曲禮：不蚤鬋。荀子大略：爭利如蚤甲而喪其掌。

皓 **蚤** 齧人跳蟲。从䖵，叉聲。叉，古爪字。或从虫。莊子秋水：鴟鵂夜撮蚤。假借爲叉。考工輪人：欲其蚤之正也。儀禮士喪禮：蚤揃如他日。又爲早。周語：若皆蚤世猶可。詩七月：四之日其蚤。禮記禮器：不麾蚤。漢書劉向傳：不可不蚤慮。楊雄傳：吾纍忽焉而不蚤睹。又爲爪。東京賦：葩瑵曲莖。薛注：蚤與瑵同。按當云瑵讀爲爪。古韻詩七月叶蚤韭。

說文通訓定聲　孚部弟六　卅五

巧 **瑵** 車蓋玉瑵。从玉，蚤聲。按：蓋橑末所飾玉也。假借爲爪。漢書王莽傳：金瑵羽葆。注：瑵讀曰爪，謂蓋弓頭爲爪形。

錫 **鼜** 夜戒守鼓也。从壴，蚤聲。禮：昏鼓四通爲大鼜，夜半三通爲戒晨，旦明五通爲發明。讀若戚。按：見司馬法。三百三十三擊爲一通。其鼓以鼖鼓。又按字从鼓省，或亦作鼜不省。周禮鼓人：凡軍旅夜鼓鼜。掌固：夜三鼜以號戒。鎛師：守鼜亦如之。眡瞭：鼜愷獻亦如之。杜子春讀爲戚。鼜，鼓聲疾數，故曰戚。按讀如促也。

豪 **傁** 傁傁，驕也。从人，蚤聲。按：重言形況字。禮記檀弓：騷騷爾。作騷，亦同。

豪 **騷** 擾也。从馬，蚤聲。按：謂馬擾動也。轉注：爾雅釋詁：騷，動也。詩常武：徐方繹騷。傳：動也。鄭語：王室方騷。注：擾也。假借爲愁。晉語：邇者騷離。注：愁也。史記屈原傳：離騷者猶離憂也。又爲搔。說文一曰摩馬也。又重言形況字。禮記檀弓：故騷騷爾則野。注：謂太疾。思元賦：拂穹岫之騷騷。注：風勁皃。又爲臊。北山經：囂水其中多鰠魚，食之不騷。注：騷臭也。騷臊雙聲。又發聲之詞。方言六：騷，蹇也。吳楚偏蹇曰騷。又雙聲連語。楚辭思古：風騷屑以摇木兮。注：風聲皃。東京賦：飛流蘇之騷殺。注：垂皃。古韻詩常武叶游騷。

豪 **慅** 動也。从心，蚤聲。爾雅釋訓：慅慅，勞也。假借爲早。說文一曰起也。又爲懆。詩月出：勞心慅兮。釋文：憂也。廣雅釋詁四：慅，愁也。

sāo 搔　zhǎo 爪　yǎo 舀　dǎo 蹈　tāo 韜　dào 稻

釋訓：慅慅，憂也。字亦作傁。又爲澡。荀子正論：慅嬰。慎子作草纓，則借爲艸。古韻詩月出叶皓懰受慅。

豪 號 **搔** 括也。从手，蚤聲。按：一切經音義十二引作刮，是也。禮記內則：而搔之。注：摩也。漢書枚乘傳：足可搔而絕。集注：謂抓也。轉注爲搔疥。蒼頡篇：搔，疥也。廣雅釋詁一：瘙，創也。字變作㾐，作瘙。假借爲慅。淮南氾論：厭文搔法。注：勞也。又爲爪。莊子徐无鬼：秦蛇攫搔。字或誤作揉。司馬本以條爲之。

爪十名凡爪之派皆衍爪聲 側嫂切

巧 **爪** 丮也。覆手曰爪。象形。按：俗字作抓。仰手曰爪，與丮𠬞二字同意。轉注：廣雅釋詁二：抓，裂也。假借爲搔。廣雅釋詁二：抓，搔也。又爲叉。素問六節藏象論：其華在爪。注：爪者筋之餘。荀子臣道：爪牙之士施。注：勇力之臣也。釋名釋形體：爪，紹也。筋極爲爪，紹續指端也。又託名幖識字。廣雅釋魚：爪，龜也。

筱 **舀** 抒臼也。从爪臼。會意。按：爪亦聲。或从手从宂，或从臼宂。按：或體皆从宂得聲。宂舀一聲之轉。篆體誤从宂。抌字與臨部訓深擊者形同義別。或曰皆當从宂。存參。字亦作掏。廣雅釋詁二：掏，抒也。凡舂畢於臼中挹出之曰舀。今蘇俗凡挹彼注兹曰舀，音如要。舀水，其一端也。三家詩生民：或舂或舀。毛本以揄爲之。儀禮有司徹注引作抌。周禮地官：女舂抌二人。

說文通訓定聲　孚部弟六　卅六

號 **蹈** 踐也。从足，舀聲。廣雅釋詁一：蹈，履也。釋訓：蹈蹈，行也。孟子：足之蹈之。淮南原道：蹈騰昆侖。注：蹈也。史記樂書：發揚蹈厲之已蚤。正義：頓足蹋地也。轉注：穀梁隱元傳：蹈道則未也。釋文：蹈，履行之名也。假借爲慆。詩菀柳：上帝甚蹈。傳：動也。箋則謂借爲悼。楚策則引作上天甚神。聲訓：釋名釋姿容：蹈，道也。从足，之如道路也。古韻左哀廿傳叶皐覺蹈憂。

豪 **韜** 劍衣也。从韋，舀聲。禮記少儀：謂之夫襓。字亦作縚。轉注：廣雅釋器：韜，弓藏也。詩彤弓傳：櫜，韜也。後漢姜肱傳：以被韜面。注：藏也。又儀禮鄉射禮記：以鴻脰韜上二尋。今文以翻爲之。士昏禮：纚縚髮。本亦以叟爲之。禮記檀弓：南宮縚，字子容。假借爲滔。廣雅釋詁二：韜，緩也。三：韜，寬也。又爲弢。廣雅釋器：韜，弓藏也。詩彤弓傳：櫜，韜也。又爲綯。小爾雅廣器：縚，索也。

皓 **稻** 稌也。从禾，舀聲。今蘇俗凡粘者不粘者統謂之稻。古則以粘者曰稻，不粘者曰秔。又蘇人凡未離稃曰稻，既離稃曰穀，既去穅曰米。北人謂之南米，大米。古則穀米亦皆曰稻。凡種稻宜下地宜水。按：詩七月：十月穫稻。禮記月令：秫稻必齊。左傳：進稻醴粱糗。此與粳對文者。周禮職方氏：其穀宜稻。禮記曲禮：稻曰嘉蔬。論語：食夫稻。此通言者。又越語：句踐載稻與脂於舟以行。注：糜也。聲訓：春秋說題

tāo 騊 tāo 慆 tāo 滔 tāo 搯 tāo 畱 zhǎng 爪

辭稻之爲言藉也。按以蹈爲訓。又稻太陰精。注：包裹也。又穀梁襄五傳：吳謂善伊，謂稻緩。〔古韻〕詩七月叶棗稻酒壽。

豪 **騊** 騊 馬行皃。从馬舀聲。按牛徐行謂之牧，則騊亦徐行意。

豪 **慆** 慆 說也。从心舀聲。字亦作謟。尚書大傳：師乃慆。注：喜也。〔叚借〕爲滔。詩蕩：天降慆德。傳：慢也。蟋蟀：日月其慆。傳：過也。周語：無卽慆淫。注：慢也。離騷：椒專佞以慢慆兮。注：淫也。又爲忒。左昭廿七傳：天命不慆久矣。注：疑也。昭廿六傳：天道不謟。哀十七傳：天命不謟。注皆訓疑。周書鄭保：帝命不謟。注：借也。爾雅釋詁：謟，疑也。慆忒一聲之轉。又爲韜。左昭三傳：以樂慆憂。注：藏也。又重言形況字。詩東山：慆慆不歸。傳：言久也。幽通賦：安慆慆而不萉兮。注：亂皃。〔古韻〕詩蟋蟀叶慆休憂。

豪 **滔** 滔 水漫漫大皃。从水舀聲。廣雅釋言：滔，漫也。書堯典：象恭滔天。又：浩浩滔天。傳：漫也。詩載驅：汶水滔滔。傳：流皃。四月：滔滔江漢。傳：大水皃。楚辭怨思：鴻溶溢而滔蕩。注：廣大皃。淮南本經：共工振滔洪水。注：蕩也。〔轉注〕詩江漢：武夫滔滔。傳：廣大皃。論語：滔滔者天下皆是也。孔注：周流之皃也。楚詞謬諫：年滔滔而日遠兮。注：行皃。太元常：滔滔往來。注：往來皃也。亦皆重言形況字。又左昭廿六傳：官不滔。注：慢也。淮南本經：小而行大則滔窕而不親。注：不滿密也。亦疊韻連語。詮言：自死而天下無窮爾滔矣。注：曼長也。精神：滔乎莫知其所止息。注：大皃。亦單辭形況字。又詩蕩：天降滔德。釋文：漫也。〔叚借〕爲夲。管子君臣下：心道進退而刑道滔赶。注：謂充也。非。又爲慆，實爲忒。西京賦：天命不滔。又託名幖識字。呂覽有始：東方曰滔風。注：一曰清明風。淮南墬形：西南戎州曰滔土。注：大也。〔古韻〕詩江漢叶浮滔游求。〔轉音〕詩載驅叶滔儦敖。

豪 **搯** 搯 搯也。从手舀聲。周書曰：師乃搯。搯者，拔兵刃以習刺。詩曰：左旋右搯。按魯語：無搯膺。注：叩也。長笛賦：搯膺擗摽。皆此字本訓。今俗字誤作掐，讀如恰，音形俱誤。〔叚借〕爲慆。周書古大誓：師乃搯前歌後舞，極于上天下地。按書大傳正作慆。鄭注：喜也。又爲擂。三家詩清人：左旋右搯。毛本正作抽。又爲舀。廣雅釋詁二：搯，抒也。

豪 **畱** 畱 古器也。从曲舀聲。

爪一名。諸兩切

養 **爪** 爪 亦丮也。从反爪。闕。按於六書爲指事。闕者，闕其音也。後人讀如掌。按手心爲掌，仰手丮物爲爪。周官掌舍、掌次之類，通以掌爲之。漢書揚雄傳河東賦：爪華蹈衰。蘇林注：掌據之，足蹈之也。師古注：古掌字。今從說文音闕，附于此。〔叚借〕託名幖識字。戰國時有仉姓，孟子母仉氏。又梁州有仉啟，字變作仉。

fú 孚 fū 莩 pāo 脬 fū 筟 fú 桴

孚十七名。凡孚之派皆衍孚聲。芳由切。

虞 **孚** 孚 卵孚也。从爪从子。會意。古文从爪从𥥍，𥥍，古文保。按古文亦从爪、子、八者，卵也，指事。鳥抱恒以爪反覆其卵，故从爪。或曰爪亦聲。據保篆古文當補古文𥥍。廣雅釋詁一：孚，生也。夏小正：雞孚粥。傳：孚，嫗伏也。字亦作菢。通俗文：雞伏卵，北燕謂之菢。〔轉注〕說文一曰信也。爾雅釋詁：孚，信也。易襍卦傳：中孚，信也。徐鍇曰：鳥之孚卵皆如其期，不失信也。書呂刑：五辭簡孚。詩文王：萬邦作孚。禮記緇衣：成王之孚。傳注皆訓信。左莊十傳：小信未孚。注：大信也。〔叚借〕爲稃。詩大田箋：孚甲始生。大戴少閒：本正則華英必得其節以秀孚矣。程氏瑶田云：孚者稃之本字，爪象形，與采同誼。秀既實矣，中含子而包乎外者，乃得孚名。失之。又爲稃。禮記聘義：孚尹旁達。注：讀爲浮。或作姇，或爲扶，謂如華葉筍芽之尃布也。按讀爲稃。莩，家語注：孚，君王皃。何承天纂文：孚瑜，言美色也。易需：有孚光。釋文：又作尃。又爲包。周語：信文之孚也。注：覆也。又爲鷟。易垢：羸豕孚蹢躅。注：躁也。又爲付。書高宗肜日：天既孚命正厥德。漢石經正作付。孚付雙聲。〔古韻〕詩文王叶臭孚。

虞 **莩** 莩 莩艸也。从艸孚聲。字亦作苻。爾雅釋草：苻，鬼目。按本艸白英一名穀菜，別錄一名白草。唐本注云：鬼目草也。蔓生，葉似王瓜，小長而五椏，實圓，生青熟紫黑者，汁能解毒。孚付雙聲。〔叚借〕爲稃。六書故引說文唐本：一曰葭中白皮。後漢章帝紀：萬物莩甲。注：葉裏白皮也。又漢書中山靖王勝傳：非有葭莩之親。注：葭裏之白皮也。淮南俶真：蘆苻之厚。注：蘆之中白莩也。法言脩身：糟莩曠沈。柳注：目精之表也。按皆稃字之轉注。又爲受。孟子：塗有餓莩。注：零落也。莩受聲近，字亦誤作芆。見漢書食貨志。又變作殍。見鹽鐵論。

肴 **脬** 脬 旁光也。从肉孚聲。三蒼：盛尿處曰脬。按脬者，肺之府也。史記扁倉傳：風癉客脬。正義：膀胱也。素問氣厥論：胞移熱于膀胱。注：胞爲受納之司，以胞爲之。〔聲訓〕釋名釋形體：脬，鞄也。鞄，空虛之言也。主以虛承水汋也。又釋飲食：脬，赴也。夏月赴疾作之，久則臭也。

虞 **筟** 筟 筳也。从竹孚聲。讀若春秋魯公子彄。彄筟聲近。通俗文：受緯曰筟。按亦曰筦，今蘇俗謂之篗頭，圓列其挺如柵。

虞 尤 **桴** 桴 棟名。从木孚聲。爾雅釋宮：棟謂之桴。注：屋穩。字林：桴，極也。按凡五架屋，正中曰棟，亦曰阿；次曰檼，亦曰梁；前後曰产，亦曰庪。西都賦：荷棟桴而高驤。景福殿賦：重桴乃飾。注：重棟也。〔叚借〕爲枹。禮記禮運：蕢桴而土鼓。皇氏謂擊鼓之物。左成二傳：右援桴而鼓。周書周祝：下不善，故有桴。素問天元紀大論：如鼓之應桴。注：鼓椎也。又爲孚。夏小正：雞桴粥。傳：嫗伏也。又爲泭。論語：乘桴浮於海。馬注：編竹木也。

大者曰筏小者曰桴齊語乘桴濟河注小泭曰桴吳都賦桴石若桴注舟也孚付雙聲廣雅釋水艀舟也字亦變作艀又爲莩實爲桴詩角弓箋附木桴也疏謂木表之麤皮也又爲罦禮記明堂位注今桴思也疏桴思小樓也按亦作罘罳作桴思罘罳疊韻連語孚不雙聲

虞 **郛** 郛也从邑孚聲字亦作垺左僖十二傳城衞楚丘之郛襄十五傳城成郛定八傳攻廩丘之郛公羊文十五傳郛者何恢郭也周書作雒及將致政乃作大邑成周于土中城方千七百二十丈郛方七百里南繫于洛水地因于郟山以爲天下之大湊傳注莊子秋水桴大之殷也

虞 **稃** 粰 稽也从禾孚聲或从米付聲爾雅釋草秠一稃二米按稃者米外皮今蘇俗謂之礱糠者是

虞 **俘** 軍所獲也从人孚聲春秋傳曰以爲俘馘按死者取左耳爲馘生者爲俘爾雅釋詁俘取也李注囚敵曰俘左莊六年齊人來歸衞俘注囚也公穀皆作寶轉注書序俘厥寶玉傳取也假借爲罰小爾雅廣言俘罰也禮記投壺若是者浮亦同孚罰一聲之轉

尤 **烰** 烝也从火孚聲詩曰烝之烰烰毛本以浮爲之爾雅釋訓烰烰烝也孫注炊之氣也亦重言形況字假借爲庖呂覽本味令烰人養之

尤 **浮** 氾也从水孚聲按文選注引說文汎也是廣雅釋言浮漂也浮游也書禹貢浮于濟漯傳順流曰浮詩菁莪載沈載浮箋沈物亦載浮物亦載楚辭哀郢過夏首而西浮兮注船獨流爲浮又爾雅釋天祭川曰浮沈轉注書僞泰誓罪浮于桀傳過也禮記坊記君子與其使食浮於人也表記恥名之浮於行也注在上曰浮書禹貢泗濱浮磬疏水中見石若水上浮然楚語教之樂以疏其穢而鎮其浮注輕也素問氣交變大論少陽之至大而浮注高也甘泉賦浮蠛蠓而撇天注高皃也舞賦浮騰累跪注跳躍也淮南俶眞浮揚乎無畛崖之際注猶翱翔也又管子侈靡沈浮示輕財也注得報曰浮假借爲匏淮南說山百人抗浮注瓠也又爲罰禮記投壺若是者浮淮南道應請浮君小爾雅廣言浮罰也浮罰一聲之轉又爲補禮記聘義孚尹注浮筠謂玉采色也按浮筠者備笄也或曰孚尹當讀爲包英存參又爲孚書盤庚鮮以不浮于天時洪頤煊云信也俯行也似非又爲罘考工匠人注宮隅城隅謂角浮思也釋文本作罘罳浮雙聲又疊韻連語夏小正浮游有殷傳渠略也朝生而暮死淮南詮言浮游不過三日詩蜉蝣之羽字亦變作蜉又荀子解蔽浮游作矢注或者夷牟之別名世本夷牟作矢又後漢班固傳浮游普覽注謂周流也又雙聲連語後漢楚王英傳學爲浮屠注佛也佛者漢言覺也襄楷傳注浮屠卽佛陀但聲轉耳又重言形況字詩角弓雨雪浮浮傳猶瀌瀌也江漢江漢浮浮傳衆彊皃風俗通作陶亦同生民烝之

浮浮傳氣也三家詩作烰楚辭抽思何回極之浮浮注行皃廣雅釋訓浮浮行也又託名標識字左隱八年盟于浮來注紀邑按莒邑在今山東沂州府莒州西二十里穀梁作包來水經沂水注浮來之山卽公來山也在邳鄉西又淮水注浮光山亦曰扶光山卽弋陽也又荀子榮辱篇鯈䱁者浮陽之魚也注謂此魚好浮於水上就陽也或曰浮陽勃海縣名聲訓釋名釋言語浮孚也孚甲在上稱也古韻詩菁莪叶舟浮休江漢叶浮滔遊求楚辭抽思叶浮懮轉音楚辭遠遊叶疑浮

脊尤 晧 **捊** 抱 引取也取玉篇引說文作捊从手孚聲或从包聲廣雅釋詁一捊取也易鄭荀董范虞本君子以捊多益寡虞注取也說文徐鍇本引詩常棣原隰捊矣毛本以裒爲之裒卽褎字禮記禮運注田人所捊治也疏謂以手捊聚字亦作掊廣雅釋詁三掊多也轉注孟子抱關擊柝按持守門關者管子形勢抱蜀不言而廟堂自脩注持也老子聖人抱一爲天下式注守也假借爲孚方言八伏雞日抱又爲裒書召誥保抱攜持厥婦子呂覽下賢周公旦抱少主而成之注奉也孝經援神契日抱戴注在下曰抱漢書天文志抱珥虹蜺注氣向日也在旁如半環向日爲抱又釋名釋衣服抱腹上下有帶抱裹其腹上無襠者也又爲包方言二抱嬔耦也荆吳江湖之間曰抱嬔又爲抗之誤字淮南原道扶搖抮抱羊角而上本經菱抒紾抱注轉也讀岐嶷之嶷聲訓釋名釋姿容抱保也相親保也按裒字之訓

晧 **保** 養也从人从呆省會意呆古文孚按孚亦聲古文从子从八按卽呆省與孚同字實孚義之轉注孚篆當補古文禾又古文从人从古文呆不省與俘形同誼別禮記內則保受乃負之注保保母也後漢崔寔傳常侍阿保注阿保謂傅母也又周禮大司徒以保息六養萬民注謂安之使蕃息也周語事神保民注養也鄭語以保于百姓者也注養也轉注詩南山有臺保艾爾後傳安也周禮太宰五曰保庸注安有功者禮記樂記非歌孰能保此注猶安也和也詩崧高南土是保箋守也安也周禮保章氏注守也周語膺保明德注持也又廣雅釋詁四保定也詩楚茨神保是饗箋居也思齊無射亦保箋猶居也左僖廿三傳保君父之命注猶恃也周禮大司徒使之相保注猶任也莊子列禦寇人將保汝矣司馬注附也又禮記文王世子保也者愼其身以輔翼之而歸諸道者也周禮保氏注安也書召誥惟太保先周公相宅傳太保三公官名君奭時則有若保衡鄭注安也按猶倚也猶詩曰阿衡也又呂覽孟春參于保介之御閒注保介副也詩臣工嗟嗟保介箋車右也又一切經音義六廿三皆引說文一曰當也廣雅釋詁一保使也方言三保庸謂之甬注言可保信也漢書司馬相如傳與庸保雜作注謂庸之可信任者也又楚辭惜誦羌不可保注知也假借爲褎易彖下傳順相

說文通訓定聲　孚部弟六

bāo 襃　bǎo 葆　bǔ ⿰扌保

保也廣注大也又爲堢禮記月令四鄙入保檀弓遇負杖入保者息晉語抑爲保鄭予注皆訓小城又爲緥書召誥夫知保抱攜持厥婦子後漢桓郁傳越在襁保注小兒被也又爲寶史記周紀展九鼎保玉李氏鏡銘明如日月世之保〔啓訓〕左襄八傳焚我郊保注守也莊子列禦寇注保者聚守之謂也兼以抒爲訓〔古韻〕詩思齊叶廟保山有栲叶栲杻壽考保載見叶考壽保左僖五傳叶醜保〔轉音〕易繫辭下傳叶保母

襃 豪 晧

襃衣博裾从衣保省聲保古文保按字聲兼古文孚襃衣大其袖褎褒所謂大掖衣也字亦作裦作褒作裒與褎袂字迥別方言四襃明謂之袍廣雅釋器襃明長襦也漢書雋不疑傳襃衣博帶注大裾也淮南氾論豈必襃衣博帶句襟委章甫哉注襃衣謂方與之衣如今吏人之左衣也主術一人被之而不襃注大也〔叚借〕爲報實爲復禮記襍記復諸侯以襃衣冕服爵弁服注襃猶進也疏朝覲見加賜之衣公羊隱元傳襃之也注有土嘉之曰襃詩崧高序襃賞申伯疏襃賞者錫賚之名造橋碑一以襃賢君又爲報實爲復周禮大祝八曰襃拜鄭大夫注再拜也司農注今時持節拜則謂以一手拜也借爲裒又爲捊爾雅釋詁裒聚也裒多也小爾雅廣詁裒取也詩般裒時之對傳聚也常棣原隰裒矣傳集也御覽引作襃又爲俘詩殷武裒荆之旅箋訓俘虜又託名幖識字詩正月襃姒滅之鄭語襃人襃姁按姁姓夏同姓所封國水經注襃水又東南歷襃口卽襃谷之南口也北口曰斜襃水又南逕襃縣故城東襃中縣也本襃國按漢襃中縣在今陝西漢中府襃城縣〔古韻〕詩常棣叶裒求

葆 晧

艸盛皃从艸保聲籀文从茻廣雅釋訓葆葆茂也漢書燕剌王旦傳頭如蓬葆注草叢生曰葆〔別義〕史記天官書主葆旅事如淳曰關中俗謂桑榆孽生爲葆晉灼葆菜也正義曰葆旅野生之可食者也則謂本字之轉注〔叚借〕爲翿禮記襍記匠人執羽葆御柩疏謂蓋也漢書司馬相如傳注葆卽今所謂纛頭也後漢光武紀注葆車謂上建羽葆也合聚五采羽名爲葆又爲苞廣雅釋詁三葆本也又爲緥史記魯世家成王少在強葆之中趙世家衣以文葆集解小兒被曰葆又爲襃禮記禮器不樂葆大注葆之言襃也又爲保管子正世篇則民失其所葆注謂所恃爲生者也入國五幼又予之葆注今之教母莊子田子方虛緣而葆眞釋文本作保呂覽盡數是之謂五藏之葆注安也直諫先王卜以臣爲保注葆太葆官也素問徵四失論從容之葆注平也又爲包莊子齊物論此之謂葆光崔注若有若無謂之葆光〔古韻〕管子白心叶道久葆守

⿰扌保 有

衣上擊也从手保聲廣雅釋詁三⿰扌保擊也

說文通訓定聲　孚部第六

bǎo 緥　bǎo 宲　zǎo 棗　zǎo 早　zào 草

緥 晧

小兒衣也从糸保聲字亦作褓一名繃蘇俗所謂抱被也廣雅釋器褯謂之褓詩斯干傳裼褓也箋褓夜衣也史記魏將軍驃騎傳在繈褓中漢書宣帝紀曾孫雖在襁褓李奇曰小兒大藉也呂覽明理道多褓繈直諫不穀免衣繈緥

宲 晧

藏也从宀呆聲呆古文保按寶古文孚周書曰陳宲赤刀今本顧命以寶爲之

棗一名 子晧切

棗 晧

羊棗也从重朿會意字亦誤作棗見禮記昏義釋文按爾雅釋木棗有十一名羊棗其一也當訓棗木也赤心而外朿其庳小叢生者曰棘不實棘从並朿棗从重朿象高庳也小爾雅釋物棘實謂之棗賈子胎教棗者北方之草冬木也儀禮有司徹執棗糗坐設之注棗饋食之籩詩園有棘其實之食以棘爲之同物取其聲協也〔轉注〕穆天子傳華騮注今名馬驃赤者爲棗騮棗騮赤也〔聲訓〕穀梁莊廿四傳棗栗腶脩注棗取其早自矜莊魯語夫婦贄不過棗栗注棗取蚤起〔古韻〕詩七月叶棗稻酒壽

早二名凡早之派皆衍早聲 子浩切

早 晧

晨也从日在甲上會意按甲者首鎧从甲猶从首也舉首見日爲早老子是謂早服注先也淮南天文日至于曾泉是謂蚤食

說文通訓定聲　孚部第六

經傳亦多以蚤爲之〔轉注〕詩七月四之日其蚤禮記禮器不麾蚤疏謂先時也齊策早救之注速也荀子大略穀大蚤注謂下先上也又詩大田既方既皁傳實未堅者曰皁字誤作皂〔叚借〕爲草周禮大司徒其植物宜皁物注柞櫟之屬俗字誤作皂作皂

草 晧 晧

草斗櫟實也一曰象斗子从艸早聲籀文从茻字亦誤作皁作皂周禮大司徒皁物注柞櫟之屬今世閒謂柞實爲皁斗以早爲之廣雅釋器皁黑也又緇謂之皁按其殼可染黑〔叚借〕爲艸周禮地官有草人典臬麻草之物注葛藟之屬楚辭悲回風草苴比而不芳注生曰草書中候朱草生郊注朱草可以染服者又爲造實爲倣廣雅釋言草造也易屯天造草昧虞注草草創物也漢書藝文志蕭何草律注創造之任敖傳草立土德時歷制度注創始也史記屈原傳屈平屬草藁索隱引崔浩注謂發始造端也法言先知載使子草律注㭊也匡謬正俗四草創者猶言草昧蓋初始之謂矣又爲粗史記陳丞相世家更以惡草具進楚使集解粗也范雎蔡澤傳使舍食草具索隱謂麤食草菜之饌具也非漢書郊祀志草殄厤服色事注粗也賈誼傳適草具其儀法注粗也粗草雙聲又爲槽方言五櫪或謂之皁廣雅釋器皁櫪也周書糴匡皁畜約制注廄之別名莊子馬蹄編之以皁棧崔注馬閑也史記鄒陽傳與牛驥同皁集解食牛馬器淮南覽冥飛黃伏皁注櫪也周禮校人三乘爲皁又廣雅釋詁一皁臣也左昭三傳降在皁隸注賤官史記鄒陽傳索隱皁

孚棗早

養馬之官下士也又疊韻連語洞簫賦憚悵瀾漫字變作憚㦧蒼嘆嘐寂靜也字變作嘽又重言形況字詩巷伯勞人草草傳勞心也箋憂將妄得罪也又託名幖識字詩草蟲傳常羊也爾雅釋蟲草螽負蠜又魏志杜畿傳課民畜牸牛草馬按牝馬也字或變作騲又廣雅釋鳥草帔蘿雀也聲訓釋名釋采帛皁早也日未出時早起視物皆黑此色如之也又左昭七傳士臣皁服注皁造也造成事也古韻詩湛露叶草考車攻叶好皁草狩小弁叶道草擣老首巷伯叶好草大田叶皁好莠生民叶道草牡苞草蟲叶草皁句中韻左襄四傳叶道草擾獸牡揚雄太僕箴叶醜殖皁轡首楚辭思美人叶莽草廣雅釋獸叶呂槀䖍草

艸一名倉老切

皓 **艸** 艸 百卉也从二屮會意經傳皆以草爲之漢書多以屮爲之左隱三傳澗谿沼沚之毛疏草是地之毛呂覽任地大草不生注草穢也本味草食者羶注謂麞鹿之屬又蘇荏獨得艸名方言三蘇荏草也素問移精變氣論治以草蘇注謂藥煎也皆以草爲之荀子富國刺中殖穀高彪碑獄獄生屮以屮爲之轉注易屯天造草昧或曰上古之世地未墾闢芃荒蔆薉故曰草昧困又爲叔始之稱也又史記老莊申韓傳草野而倨侮正義猶鄙陋也聲訓廣雅釋言草造也

勹二十六名凡勹之派皆衍勹聲布袍切

肴 **勹** 勹 裹也象人曲形有所包裹經傳皆以包爲之

豪 **匋** 匋 瓦器竈也从缶包省聲按从勹會意勹亦聲史篇讀與缶同古者夏臣昆吾作匋通俗文陶竈曰窯以陶爲之說文甄匋也廣雅釋詁三匋已也淮南本經陰陽之陶化以陶化爲之

皓 **勽** 勽 覆也从勹覆人會意按勹亦聲

肴 **包** 包 象人裹妊也巳在中象子未成形也按从勹从巳會意勹亦聲莊子外物胞有重閬釋文腹中胎太元元掜天地神胞注謂胎也皆以胞爲之叚借爲勹詩野有死麕白茅包之傳裹也書禹貢草木漸包馬注相包裹也易姤包有魚虞注或以爲庖廚禮記樂記包之以虎皮左僖四傳爾貢包茅不入又周書周祝維彼幽心是生包注謂包藏陰謀漢書匈奴傳吾爲誘兵以包敵注裹取之又爲炮易繫辭包犧氏之王天下也釋文本作庖又爲苞易否繫于包桑陸注本也又說文元气起于子子人所生也男左行三十女右行二十俱立于巳爲夫婦裹妊于巳巳爲子十月而生男起巳至寅女起巳至申故男年始寅女年始申也按以十二辰說字體蓋傅會古緯書之

談極爲淺陋無理今俗日者男命起寅女命起申此其濫觴也又託名幖識字左定四傳申包胥鷃冠子作麃古韻詩野有死麕叶包誘

豪 **蔔** 蔔 䔰 蔔艸也从艸匋聲籒文从䍃今以爲蒲蔔字通俗文西域出蒲蔔

豪 **詾** 詾 詾 往來言也从言匋聲或从包聲別義說文一曰小兒未能正言也叚借爲禱說文一曰祝也

豪 **騊** 騊 騊駼北野之良馬从馬匋聲按騊駼亦雙聲連語爾雅釋畜騊駼釋文引瑞應圖騊駼幽隱之獸也周書王會禺氏騊駼史記匈奴傳騊駼驒騱徐廣曰似馬而青漢書百官公卿表騊駼承華淮南主術騎騕馬而服騊駼

蕭豪 **陶** 陶 再成丘也从𨸏匋聲爾雅再成爲陶丘孫注形如累兩盂釋名陶丘于高山上一重作之如陶竈然也轉注說文在濟陰夏書曰東至于陶丘北陶丘有堯城堯嘗所居故堯號陶唐氏按在今山東曹州府定陶縣堯嘗居之後爲唐侯故號陶唐氏海內經有九丘名曰陶唐之丘叚借爲匋禮記郊特牲器用陶匏莊子馬蹄陶者曰我善治埴逍遙遊猶將陶鑄堯舜者也呂覽慎人陶于河濱仲冬陶器必良淮南精神譬猶陶人之埏埴也史記鄒陽傳獨化于陶鈞之上太元元告而天地彌陶之謂神明不窮注化也韓詩菀柳上帝甚陶注陶變也廣雅釋詁三陶除也方言一陶養也皆匋義之引申又爲窯詩緜陶復陶穴又爲嗂廣雅釋言陶喜也檀弓人喜則斯陶注鬱陶也爾雅鬱陶繇喜也按鬱陶雙聲連語猶方言之鬱悠思也鬱陶可訓喜可訓思亦可訓憂故廣雅釋言又曰陶憂也韓詩鼓鐘憂心且陶謂借爲慆爲怪亦可其實皆單辭形況字猶詩君子陶陶傳和樂皃楚辭哀歲冬夜兮陶陶注長皃懷沙陶陶孟夏兮注盛陽皃詩清人駟介陶陶傳驅馳皃禮記祭義陶陶遂遂注相隨行之皃爲重言形況字也亦猶楚辭守志之遊陶遨兮養神注陶遨心無所繫爲疊韻連語也虞書皋陶離騷尚書大傳說文並作繇考工輈人爲皋陶字亦作鞠皆疊韻連語又荀子榮辱陶誕突盜彊國陶誕比周以相與注當爲檮杌之檮或當爲逃按亦雙聲連語古韻詩清人叶軸陶妯好泮水叶陶囚

肴 **苞** 苞 苞艸也南陽以爲麤履从艸包聲按小爾雅廣言苞本也詩下泉浸彼苞稂長發苞有三蘖傳皆訓本易否繫于苞桑鄭注植也叚借爲勹詩鴇羽集于苞栩傳稹也行葦方苞方體箋茂也爾雅釋詁苞豐也釋木如竹箭曰苞書禹貢草木漸苞釋文叢生也高唐賦揭車苞并吳都賦苞筍抽節又詩野有死麕白茅苞之釋文裹也禮記曲禮苞苴簞笥問人者注裹魚肉者也或以葦或以茅荀子大略苞苴行與張遷碑南苞八蠻又爲藨說文南陽以爲麤履禮記曲禮苞屨疏謂藨蒯之草爲齊衰喪屨廣雅釋草苞藨也子虛賦葴析苞荔又爲彪易苞蒙鄭注當作彪又爲匏周禮壺涿氏注引詩苞有苦葉又爲俘穀梁隱五傳苞人民古韻詩常武叶苞流斯干叶苞茂

說文通訓定聲　孚部弟六

páo 咆　páo 鞄　pào 皰　bāo 胞　bǎo 飽　fú 枹　pào 麭　páo 匏　bāo 郇　fú 䍖

好猶生民叶道草茂苞褎秀好下泉叶苞周句中韻

看 **咆** 嘷也从口包聲淮南覽冥襲穴而不敢咆文選劉安招隱士虎豹鬥兮熊羆咆注吼也一切經音義引廣雅咆鳴也叚借疊韻連語魏都賦吞滅咆烋注自矜健之皃又雙聲連語西征賦何猛氣之咆勃注怒皃也

看覺 **鞄** 柔革工也从革包聲讀若朴考工記攻皮之工鮑氏以鮑爲之蒼頡篇有鞄甆

效 **皰** 面生气也从皮包聲按一切經音義引說文面生熱氣也廣雅釋詁一皰病也淮南說林潰小皰而發痤疽

看 **胞** 兒生裹也从肉从包會意按包亦聲漢書東方朔傳同胞之徒外戚傳善藏我兒胞注胎衣也叚借爲庖禮記祭統胞者肉吏之賤者也莊子庚桑楚湯以胞人籠伊尹列子楊朱胞廚之下又爲包莊子外物胞有重閬釋文腹中胎

巧 **飽** 猒也从食包聲古文从古文孚聲又古文从丣聲字亦作餘廣雅釋詁一飽滿也詩執競既醉既飽轉注詩既醉既飽以德古韻詩權輿叶簋飽苕之華叶首罶飽

虞看尤 **枹** 擊鼓杖也从木包聲管子小匡介冑執枹立于軍門史記司馬穰苴傳援枹鼓之急漢書酈陸朱劉叔孫傳贊舍枹鼓而立一

王之儀李尋傳猶枹鼓之相應也叚借爲藨爾雅釋艸枹霍首疑即鹿藿又爲勹爾雅釋木樸枹者注樸屬叢生者爲枹詩所謂棫樸枹櫟今詩山有苞櫟作苞釋木枹遒木魁瘣同又託名標識字漢書地理志金城郡枹罕注讀曰膚

效 **麭** 以黍垸己復黍之从黍包聲按重鬃也始以黍和灰垸鬃之復黍之以光其外

看 **匏** 瓠也从包从夸聲包取其可包藏物也按从瓠省包聲今系于此瓠甘匏苦判之爲蠡爲瓢爲瓠詩匏有苦葉論語吾豈匏瓜也哉禮記郊特牲器用陶匏字亦作瓟楚辭愍命瓟蠡蠹于筐簏注瓠也轉注周禮大師絲木匏竹禮記禮器匏竹在下楚語而以金石匏竹之昌大囂庶爲樂釋名笙以匏爲之故曰匏也又楚語先君莊王爲匏居之臺按圓形如匏故名叚借託名幖識字論語皇疏一云匏瓜星名也按匏瓜五星在牛女閒離珠之北聲訓白虎通匏之爲言施也牙也說文匏从包夸聲據二書則匏字當在豫部古言匏瓠不分故聲亦同也存參

看 **郇** 地名从邑包聲據說文列字次弟當是西南夷地

虞看尤 **䍖** 覆車也从网包聲或从孚聲詩曰雉離于䍖按兎爰毛本作或體罦爾雅罬謂之罦注今之翻車也有兩轅中施罥

páo 袍　bào 袌　páo 庖　páo 炮　pāo 泡　báo 雹

以捕鳥展轉相䌰按孫注可以掩兎此网有四名繴也罿也罬也䍖也轉注太元迎羿于牆屋注覆也古韻詩兎爰叶罦造憂覺

豪 **袍** 襺也从衣包聲論語曰衣敝緼袍按衣有箸者今之綿衣或曰箸以亂麻曰袍以新絲曰襺禮記玉藻纊爲繭緼爲袍今以爲外衣之通偁字與外形內聲之褒別詩與子同袍方言四褻明謂之袍廣雅釋器袍長襦也轉注公羊哀十四傳涕沾袍注衣前襟也又淮南齊俗短褐不完者注楚人謂袍爲短褐大布聲訓續漢輿服志袍者周公抱成王宴居故施袍以襃爲訓釋名袍丈夫箸下至跗者也袍苞也苞內衣也婦人以絳作衣裳上下連四起施緣亦曰袍義亦然也以勹爲訓古韻詩無衣叶袍矛仇

皓 **袌** 褱也从衣包聲與左形右聲字別書召誥夫知保抱攜持厥婦子呂覽下賢周公旦抱少主而成之皆以抱爲之聲訓釋名抱保也相親保也亦以抱爲之

看 **庖** 廚也从广包聲周禮天官有庖人左哀元傳爲之庖正禮記王制三爲充君之庖莊子養生主庖丁爲文惠君解牛易繫辭包犧氏以包爲之漢書百官公卿表胞人都水均官三長丞以胞爲之轉注淮南說林治祭者庖注宰也聲訓周禮序官注庖之言苞也褢肉曰苞苴古韻詩車攻叶蕭悠庖句中韻

看 **炮** 毛炙肉也从火包聲字亦作炰以鐵弋貫肉加于火炙之詩瓠葉炮之燔之閟宮毛炰胾羹漢書楊惲傳亨羊炰羔注即今所謂燒也轉注禮記內則炮取豚若將注以塗燒之爲名也禮運以炮以燔注褒燒之也詩韓奕炰鼈鮮魚箋以火熟之也字亦作炰廣雅釋器炰謂之炰又周禮壺涿氏以炮土之鼓毆之注瓦鼓也又左昭廿七傳令尹炮之釋文燔也叚借爲咆詩蕩女炰烋于中國亦疊韻連語又託名幖識字漢書律厤志炮犧神農黃帝古韻詩瓠葉叶炮醻

看 **泡** 泡水出山陽平樂東北入泗从水包聲按今曰包河自山東單縣流經江蘇豐縣沛縣至泗亭驛合于泗叚借爲葆方言二泡盛也注泡肥洪張皃按猶茂之爲盛也又爲雹漢書藝文志注泡水上浮漚也按浮漚似雹即雹字之引申又重言形況字西山經其源渾渾泡泡注水濆涌之聲也廣雅釋訓泡泡流也又疊韻連語洞簫賦又似流波泡溲汎㵦注盛多皃

覺 **雹** 雨冰也从雨包聲古文从雨晶象形按凡昜气過盛則攝窮谷陰冰降而爲雹是陰昜不觧之候也大戴曾子天圓陽之專氣爲雹注陽氣在雨温暖如湯陰氣薄之不相入轉而爲雹蓋猶沸湯在閉器而沈于泉則爲冰也素問六元正紀大論寒水勝火則爲冰雹穀梁僖廿九經大雨雹注雹者陰脅陽臣侵君之象聲訓白虎通雹之爲言合也陰氣專精積合爲雹釋名雹跑也其所中

勹

bào 鮑　bǎo 𠤏　bǎo 鴇　bǎo 駂　bào 報

物皆摧折，如人所蹴踘也。

鮑（巧）饐魚也。从魚，包聲。如今淹魚瘞者有臭氣。周禮籩人膴鮑魚鱐。注：鮑者于楅室中糗幹之，出于江淮也。史記貨殖傳：鮿千石，鮑千鈞。聲類：魚漬曰鮑。假借爲鞄。考工記函鮑，先鄭注：蒼頡篇有鞄甍。按：齊有鮑氏，以官爲氏，或云禹後姒姓。鮑叔牙仕齊，食采於鮑，因以爲氏，疑非是。聲訓：史記貨殖傳正義：鮑，白也。釋名：鮑，腐也，埋藏淹使腐臭也。鮑、白、腐雙聲。

𠤏三名，凡𠤏之派，皆衍𠤏聲。博抱切。

𠤏（皓）相次也。从匕，从十，會意。按：比敘之有次弟，十者數之具也。鍇本：一曰什。

鴇（皓）鴇鳥也。肉出尺胾。从鳥，𠤏聲。或从包聲。按：此鳥連蹏，性不樹止。詩鴇羽序釋文：鴇似鴈而大，無後趾。禮記內則：鴇鴞判。蓋脅側有薄肉尺，不可食。漢書司馬相如傳：鳿鷫鵠鴇。注：即今俗呼爲獨豹者也。豹者，鴇聲之訛耳。假借託名幖識字。詩大叔于田：乘乘鴇。傳：驪白襍毛曰鴇。古韻：詩大叔于田叶鴇首手阜。

駂（皓）从馬，𠤏聲。說文無此篆，據爾雅釋畜：驪白襍毛，駂。釋文引說文：駂，黑馬驪白襍毛。疑唐本有之，姑附于此。

報一名。博奧切。

報（號）當辠人也。从𠂔，从𠬝，會意。𠬝，服辠也。按：漢時郡國讞疑獄，廷尉皆處當以報。漢書凡言訊鞫論報，謂處分其罪以上聞也。胡建傳：辟報故不窮審。注：斷獄爲報。後漢魯恭傳：報囚。注：謂奏請報決也。假借爲白。禮記郊特牲：王皮弁以聽祭報。秦策：請爲張唐先報趙。注皆訓白。白、報雙聲。又爲復。淮南天文：東北爲報德之維也。注：復也。穆天子傳：報哭于大次。注：猶反也。魯語：有虞氏報焉。注：報德之祭也。荀子法行：有親不能報。注：孝養也。又爲𠣞。周禮大祝：褒拜。鄭大夫注：報拜，再拜也。又爲勹。小爾雅廣義：下婬上曰報，上婬曰烝，旁婬曰通。勹者，覆也，猶冒也。左宣三傳：文公報鄭子之妃。君婬臣妻，斯爲下婬。服注：漢律，淫季父之妻曰報。按：鄭子于文公爲叔父，律意正用左傳。其實季父之妻乃上婬，非傳意也。又爲赴。禮記少儀：毋報往。喪服小記：報葬者報虞。注皆讀爲赴疾之赴。又按：樂記：禮有報而樂有反。注：讀爲褒，猶進也。表記：報者，天下之利也。注：報謂禮也。亦皆赴字。赴、報雙聲。古韻：詩日月叶冒好報。又叶畜報，句中韻。抑叶讎報。晉語共世子誦叶報臭。

卯八名，凡卯之派，皆衍卯聲。莫飽切。

mǎo 卯　mǎo 茆　mào 貿　mǎo 昴　jiào 窌　pào 奅　liáo 聊

卯（巧）冒也。門兩扉開也。从二戶，象開闢之形。門从二戶相向，丣从二戶相背。古文象柴門桑戶形。尚書帝命驗：卯金出軫。注：卯金，劉字之別。按：劉从丣不从卯，緯書不足據。假借以紀六旬。儀禮士喪禮：不辟子卯。注：子卯，桀紂亡日，凶事不辟，吉事闕焉。禮記檀弓：子卯不樂。因又以紀年、紀月、紀時。爾雅：太歲在卯曰單閼。二月爲如。說文：丣，冒也。二月萬物冒地而出，象開門之形，故二月爲天門。又以命天體十二宮。左襄廿八傳疏：卯爲大火。又以配五行。論衡譏曰：卯，木也。又卯之獸，兔也。又借爲昧。古文尚書堯典曰：丣穀。鄭讀爲昧。丣、昧雙聲。聲訓：白虎通五行：卯者，茂也。釋名：卯，冒也，載冒土而出也。太元元數：日寅卯。注：卯取其冒𠦅而生也。古韻：詩十月之交叶卯醜。

茆（巧、有）鳧葵也。从艸，丣聲。詩曰：言采其茆。按：从丣聲，作丣者誤，今系于此。籀文从茻，丣聲。茆一名蓴。周禮醢人：茆菹麋臡。鄭大夫讀如茅，杜子春讀如卯。詩泮水：薄采其茆。陸疏：江東人謂之蓴菜，或謂之水葵。于寶曰：今之鳧䠶草。西山經：陰山其草多茆蕃。假借爲𠃌。漢書律厤志：冒茆于卯。注：茆謂叢生也。古韻：詩泮水叶茆酒老道醜。

貿（宥）易財也。从貝，丣聲。爾雅釋言：貿，市也。又：買也。小爾雅廣詁：貿，易也。廣雅釋詁三：貿，䝨也。借易䝨爲傷。詩氓：抱布貿絲。傳：買也。呂覽上農：男女貿功以長生。注：易也。轉注：齊策：貿首之仇也。周禮大師注：辰與建交錯貿處。假借爲瞀。禮記檀弓：貿貿然來。注：目不明之皃。亦重言形況字。

昴（巧）白虎宿星。从日，卯聲。按：西方宿，六星，其形促聚，吾蘇農人謂之七簇星。據詩小星：維參與昴。傳：昴，留也。釋文：一名留。爾雅：大梁，昴也。釋文本作昂，疑从丣聲。書堯典：日短星昴。洪範五行傳：飾城郭。注：昴畢間爲天街。顏氏家訓：昴爲旄頭。淮南主術：昴中則收斂畜積。聲訓：春秋元命苞：昴之爲言留，言物成就繫留也。古韻：詩小星叶昴裯猶。

窌（效、宥）窖也。从穴，丣聲。廣雅釋詁四：窌，藏也。考工匠人：囷窌倉城。注：穿城曰窌。假借託名幖識字。左成二傳：子之石窌。齊地名，在今山東濟南府長清縣東南。又史記衛將軍驃騎傳：封賀爲南窌侯。徐廣曰：宜作奅。

奅（效）大也。从大，卯聲。史記建元以來侯者表：南奅侯公孫賀。索隱：空也，虛大也。衛將軍驃騎傳作窌。

聊（蕭）耳鳴也。从耳，卯聲。玉篇引埤蒼作聵。楚辭怨思：耳聊啾而慺恍。亦疊韻連語。假借爲賴。秦策：百姓不聊生。荀子子道：衣與繆與不女聊。注皆訓賴。楚辭逢尤：心煩憒兮意無聊。注：樂也。思元賦：愁鬱鬱悒其難聊。聊、賴一聲之轉，或以憀以俚爲之。又雙聲連語。羽獵賦：聊浪乎宇內。注：放蕩也。吳都賦：相與聊浪乎昧莫之坰。注：放曠皃。七發：聊兮慄兮。注：恐懼之皃。又疊韻連語。爾雅杒者聊阮氏元曰朻即梂梂即茮似專爲唐風椒聊而釋駁按此條承上枕槃悔言之朻聊猶朻樛當時語言如此耳山嶞有二種小者高數尺今呼山樝大者高丈許謂之棠梂朻聊當即棠梂也詩椒聊且椒聊亦疊韻連語又發聲之詞詩泉水聊與之謀園有桃聊以行國箋且略之詞也素冠聊與子同歸兮箋猶且也離騷聊逍遥以相羊雲中君聊遨遊兮周章注且也又託名幖識字左昭二十傳聊攝以東按聊今山東東昌府聊城縣聊城在今博平縣〔古韻〕詩椒聊叶聊條楚辭惜往日叶幽聊虯

宥 **鄮** 會稽縣从邑貿聲在今浙江寧波府鄞縣東陸士龍言秦始皇身在鄮縣三十餘日

冃九名凡冃之派皆衍冃聲 莫保切

皓 **冃** 重覆也从冂一指事讀若帽苺之苺按讀若茂也古文據冒字古文補按字亦以帽爲之誤變作賵从貝春秋隱元年惠公仲子之賵蓋衣被之物與襚同義後儒謂車馬曰賵又讀如冒非〔古韻〕春秋說題辭叶賵覆

號 **冃** 小兒及蠻夷頭衣也从冂二其飾也按从冃从一首也指事冃亦聲古文據冒字古文補从古文冃小其飾也今字作帽漢書雋不疑傳著黃冒以冒爲之荀子哀公有務而拘領者矣以務爲之〔叚借〕雙聲連語淮南脩務帽憑而爲義注帽憑盈滿積思之皃按帽者懣也懣者富也〔聲訓〕釋名帽冒也

號職 **冒** 冡而前也从冃从目會意冃亦聲古文从古文冃古文目左文十八傳冒于貨賄襄四傳冒于原獸注貪也賈子道術厚人自薄謂之讓反讓爲冒經傳亦以瞀爲之冒墨雙聲周語夫戎翟冒沒輕儳晉語有冒上而無忠下注抵觸也漢書李陵傳冒白刃司馬相如傳冒流矢吳都賦冒霜停雪注犯也廣雅釋詁四冒㨪也〔叚借〕爲冃易繫辭冒天下之道書康誥怙冒詩日月下土是冒小爾雅廣詁冒覆也漢書王商傳水猶不冒城郭注蒙覆也翟方進傳善惡相冒注覆蔽也衛青傳故青冒姓爲衛氏注冒謂假稱若人首之有覆冒也禮記喪大記君錦冒黼殺襍記冒者何也所以掩形也釋名以囊韜其形曰冒覆其形使人勿惡也考工韗人凡冒鼓又爲冃書大傳古之人衣上有冒而句領者又爲瑁考工玉人執冒四寸又爲媢呂覽明理夫妻相冒又爲勗書君奭迪見冒顧命爾無以釗冒貢於非幾又爲瞀書君奭昭武王惟冒又爲茂鄭語戎狄必冒注盛也又爲芼七發冒以山膚又爲懣素問玉機真藏論忽忽眩冒而巔疾〔古韻〕詩日月叶冒好報

號隊 **瑁** 諸侯執圭朝天子天子執玉以冒之似犂冠从玉冒會意冒亦聲按冒聲古文从玉从冃會意冃亦聲周禮曰天子執瑁四寸按古文或作珇郭忠恕汗簡引作瑁皆冒省聲瑁者上下方似犂冠犂冠即犂錧耜也如耜刃之方四寸此以小爲貴者書大傳古者圭必有冒不敢專達也天子執冒以朝諸侯見則覆之所以與諸侯爲瑞也諸侯朝執命圭書顧命上宗奉同瑁考工玉人天子執冒四寸以冒爲之〔叚借〕疊韻連語漢書東方朔傳宮人簪瑇瑁注文甲也東京賦瑇瑁不蔟異物志瑇瑁如龜生南海中大者如籧篨背上有鱗將欲用者煑之其皮則柔隨意所作也漢書揚雄傳注雄曰毒冒雌曰觜蠵字亦作蝳蝐〔聲訓〕白虎通瑁之言冒也上有所覆下有所冒也

號 **萺** 萺艸也从艸冒聲籀文从茻

皓 **䁚** 低目視也从目冒聲周書曰武王惟䁚今本君奭以冒爲之字亦誤作賵〔叚借〕爲冃左隱元惠公仲子之賵服注賵覆也字又作凬

號 **楣** 門樞之橫梁从木冒聲門上爲橫木鑿孔以貫樞者在門下者即門限楣也上下之臼皆曰楣

皓號 **媢** 夫妬婦也从女冒聲鍇本讀若胞婦妬夫曰妬〔轉注〕書秦誓冒疾以惡之大學作媢注妬也漢書五行志而桓有妬媢之心史記黥布傳妬媢生患五宗世家王后亦以媢妬按散文亦通偁對文則別〔叚借〕爲瞢說文鍇本一曰梅目相視也按玉藻視容梅梅謂微也

沃 **勖** 勉也从力冒聲周書曰勖哉夫子僞書作勗按方言一釗薄勉也齊魯曰勖茲書牧誓夫子勖哉詩燕燕以勖寡人儀禮士昏禮勖帥以敬先妣之嗣法言孝至亦勖而已後漢謝夷吾傳勖臣儒弱注勵也又書盤庚今文勖建大命予其勖偁相爾按勗懋聲義皆同

夲六名凡夲之派皆衍夲聲 土皋切

豪 **夲** 進取也从十大十猶衆十人也讀若滔

豪 **皋** 皋气皋白之進也从夲从白禮祝曰皋登謌曰奏故皋奏皆从夲周禮曰詔來鼓皋舞皋告之也駿按此字當訓澤邊地也从白白者日未出時初生微光也曠野得日光最早故从白从夲聲俗字作臯左襄廿五傳牧隰皋賈注隰皋之地九夫爲牧詩鶴鳴于九皋楚辭招魂皋蘭被徑兮上林賦亭皋千里洛神賦稅駕乎蘅皋傳注皆訓澤也廣雅釋地皋池也又周書文翰者若皋雉注似凫

冀州謂之澤特離騷步余馬於蘭皋兮湘君朝騁騖兮江皋注澤曲曰皋廣雅釋言皋局也局卽曲也史記孝武紀河溢皋陸漢書司馬相如傳注平皋之廣衍賈山傳江皋河瀕注皆訓水旁地秋興賦耕東皋之沃壤兮注水田曰皋西京賦實惟地之奧區神皋薛注神皋接神之聲謬又顏氏家訓書證皋分澤片水經潁水注皋澤字相近按東觀漢記馬援上書言成皋令印皋字爲白下羊丞印四下羊尉印白下人人下羊恐天下不正者多所宜齊同叚借爲號周禮樂師詔來鼓皋舞司農注當爲告大祝來瞽令皋舞又爲号禮記禮運告曰皋某復儀禮士喪禮曰皋某復三又爲告按左哀廿一傳魯人之皋注緩也非是因下數年不覺望文生訓耳又爲高禮記明堂位天子皋門又爲昦按通典引書禋於六宗說北辰爲皋宗又爲虓左莊十傳蒙皋比而先犯之疑豦虎皴也或曰借爲鼛又疊韻連語虞書皋陶亦作咎繇列女傳誤作睪考工鞼人爲皋陶注鼓木也左定四盟于皋鼬公穀作浩𨾇鐵論和親作祰後漢馬融傳皋牢注猶牢籠也又託名幖識字爾雅五月爲皋釋文或作高素問繆刺論注睪陰丸也字誤作睪又單詞形況字荀子大略孔子望其壙皋如也注當爲宰則謂冢字又重言形況字詩召旻皋皋訿訿爾雅釋訓皋皋琄琄刺素食也荀子解蔽皋皋廣廣注讀爲暤字或作皋又左哀廿六傳越皋如春秋繁露作大夫睪皆誤字又左宣二經晉趙盾殺其君夷皋公羊作獋又韓詩外傳皋魚說苑作邱吾子左傳三十二傳夏后皋竹書紀年作昊〔古韻〕左哀廿傳叶皋覺蹈憂

豪

䕷 葛屬白華从艸皋聲按字亦作䓘廣雅釋艸䕷蘇白䓘也南山經侖者之山有木焉其狀如穀而赤理其汁如漆其味如飴食者不飢可以釋勞其名曰白䓘蓋狀如木而質則草猶中山經芑草亦曰木矣張協都蔗賦皋蘇妙而不逮何況沙棠與椰實淮南精神注䕷蘇解憂忿王朗與魏太子書云奉讀歡笑以藉飢渴雖復萱草忘憂皋蘇釋勞無以加也應瑒報龐惠恭書雖萱草樹背皋蘇在側悒忿不遑祇以增毒徐陵玉臺新詠序伐彼萱蘇蠲茲愁疾許云葛屬未知其審

豪 嘯

嗥 咆也从口皋聲譚長說从犬廣雅釋詁二獔鳴也家語好生亡烏嗥之弓注烏嗥良弓名〔叚借〕爲號周禮大祝令皋舞注來嗥者皆謂呼之入莊子庚桑楚兒子終日嗥而不嗄

豪

翱 翱翔也从羽皋聲漢書王褒傳恩從祥風翱淮南覽冥翱翔四海之外注翼一上一下曰翱似眞注鳥之高飛翼上下曰翱直剌不動曰翔詩載驅齊子翱翔傳猶彷徉也羔裘羔裘翱翔箋猶逍遙也淮南原道與化翱翔注猶傾仰也廣雅釋訓翱翔浮游也〔聲訓〕釋名釋言語翱敖也言敖游也

皓

暤 皓旰也从日皋聲潔白光明之皃俗字作暤白虎通五行太暤者大起萬物擾也少暤者少斂也潛夫論作太暤少暤誤字〔叚〕借爲昦漢書鄭崇傳暤天罔極莊子人閒世易之者暤天不宜又重言形況字孟子暤暤如也張音與昊同又廣雅釋訓暤暤白也

討一名 他好切

皓

討 治也从言从寸會意按寸法度也或曰肘省聲左宣十二傳其君無日不討國人而訓之襄五傳楚人討陳叛故九年傳使華閱討右官論語世叔討論之又書天討有罪孟子天子討而不伐禮記王制畔者君討又禮器有順而討也注猶去也公羊隱四傳討賊之辭也注除也白虎通誅伐篇討猶除也〔叚借〕爲賕穀梁桓二傳以是爲討之鼎也釋文或爲糾按糾者賕也又爲鬢詩蒙伐有苑傳蒙討羽也箋討襍也按鄉射禮記翿旌白羽與朱羽糅故襍羽爲翿羽

牢一名 魯皋切

豪

牢 閑養牛馬圈也从牛冬省取其四周帀也按外象匊而堅固形一以閑之古文終象絲束牢象閑皆象形指事非冬省也又按牛羊豕之閑曰牢馬曰廄曰櫪周禮充人祀五帝則繫于牢詩執豕于牢列子仲尼長幼羣聚而爲牢藉莊子達生元端以臨牢筴又養牲所曰牢故牲卽曰牢周禮大行人禮九牢注三牲備爲一牢呂覽仲夏以太牢祀于高禖注三牲具曰太牢儀禮目錄羊豕曰少牢晉語子爲我具特羊之饗注凡牲一爲特二爲牢〔轉注〕釋名獄又謂之牢言所在堅牢也又廣雅釋詁一牢覽也漢書師丹傳官不能牢讓爵位注堅也〔叚借〕爲勞史記平準書官與牢盆蘇林曰價值也如淳曰廩食也後漢應劭傳多其牢賞注或作勞愚按周禮牛人與其盆簝廣雅簝籠也疑牢盆借爲簝耳又爲緩實爲窅儀禮士喪禮牢中旁寸注讀爲樓又雙聲連語上林賦牢落陸離文賦心牢落而無偶注猶遼落也長笛賦牢刺拂戾注乖剌也淮南本經牢籠天地又疊韻連語荀子王霸皋牢天下而制之猶牢籠也又託名幖識字左襄廿三傳牢成御襄罷師釋文本作牢〔古韻〕詩公劉叶曹牢匏

老三名凡老之派皆衍老聲 力浩切

皓

老 考也七十曰老从人毛匕會意言須髮變白也禮記曲禮七十曰老而傳論語及其老也皇疏謂五十以上管子海王注六十以上爲老男五十以上爲老女周禮鄉大夫老者疾者皆舍注謂若八十九十復羨卒也左昭三傳三老凍餒注謂上壽中壽下壽禮記樂記食三老五更于大學注三老五更互言之耳皆三人能知三德五事者也獨斷天子父事三老者道成于天地人也後漢明帝紀注

三老孝悌力田三者皆鄉官之名轉注禮記王制屬于天子之老二
人注謂上公曲禮國君不名卿老世婦注上卿儀禮士相見禮大夫
士則曰寡君之老聘禮記延及二三老注大夫曰老又士昏禮授老
鴈注羣吏之尊者論語孟公綽爲趙魏老孔注家臣稱老皇疏采邑
之室老也又左昭四傳至於老疾注致仕在家者又周禮司門養死
政之老注死國事者之父母也顔氏家訓先人爲老又孟子老吾老
注猶敬也又左僖廿八傳師直爲壯曲爲老僖三十三傳老師費財
注師久爲老聲訓蔡邕獨斷老謂久也舊也壽也釋名老朽也荀子
成相治之道美不老注老休息也古韻詩擊鼓叶手老小弁叶道草
禱老首閔予小子叶造疚老泮水叶茆酒老道醜荀子蠶賦叶首壽
老牡轉音老子元符叶老道已
孔子猗蘭操叶雨野所處老

效 **孝** 善事父母者从老省从子子承老也按老亦聲墨子經孝利親
也賈子道術子愛利親謂之孝周書謚法慈惠愛親爲孝協時
肇享爲孝五宗安之曰孝秉德不回曰孝一切經音義引謚法慈愛
忘勞曰孝從命不違曰孝禮記祭義衆之本教曰孝孝經夫孝德之
本也又天之經也地之義也民之行也周語孝文之本也左文二傳
孝禮之始也管子戒孝弟者仁之祖也周禮大司樂中和祗庸孝友
大司徒孝友睦婣任恤師氏三曰孝德叚借爲保大戴保傅孝者繈
之又託名幖識字水經注孝水在河南郡聲訓孝經援神契天子孝

曰就諸侯孝曰度卿大夫孝曰譽士孝曰究庶人孝曰畜禮記祭統
孝者畜也順于道不逆于倫是之謂畜釋名孝好也愛好父母如所
說好也管子形勢孝者子父之高行也古韻禮記引詩文王有聲
叶猶孝隸釋孔廟禮器碑叶孝按教轉音詩文王有聲叶欲孝

肴 **哮** 豕驚聲也从口孝聲叚借爲虓通俗文虎聲謂之哮唬埤蒼哮
哮大怒聲也七啟哮闞之獸又疊韻連語字亦作烋詩蕩女炰
烋于中國傳猶彭亨也字亦作庨
長笛賦庨窌巧老注深空之皃

丂五名凡丂之派皆衍丂聲 苦浩切

皓 **丂** 气欲舒出丂上礙于一也按丂象气形一指
事叚借說文古文以爲于字又以爲巧字

皓 **攷** 敂也从攴丂聲廣雅釋詁三攷擊也經傳通以考爲之詩山有
樞弗鼓弗考俗字又作拷轉注周禮大司馬以待攷而賞誅注
謂考校其功太宰設其攷按
亦考校之義注訓成失之

有 **朽** 腐也从歺丂聲或从木詩良耜荼蓼朽止釋文爛也禮記
月令其臭朽注氣若有若無爲朽論語朽木不可彫也廣
雅釋詁三歽敗也叚借爲攷列子湯問歽其肉而棄之釋文本作㱙
按㱙者歽也聲訓廣雅釋器歽臭也古韻詩良耜叶朽茂論語公冶

長叶朽彫
句中韻

巧 **巧** 技也从工丂聲墨子貴義利于人謂之巧莊子天道刻彫衆形
而不爲巧長笛賦工人巧士離騷余猶惡其佻巧注利也月令
毋或作爲淫巧注謂奢僞怪好也老子絕巧棄利注詐僞亂眞也論
衡別通醫能治一病謂之巧轉注詩雨無正巧言如流箋猶善也表
記辭欲巧注謂順而說也方言七吳越飾皃謂竘或謂之巧又方言
八桑飛或謂之女匠注今亦名爲巧婦莊子徐无鬼有一狙焉委蛇
攫抓見巧于王崔本誤作攷聲訓釋名釋言語巧攷也攷合
異類共成一體也古韻離騷叶好巧轉音文子下德叶巧數

皓 **考** 老也从老省丂聲方言十二考引也左宣十五傳下臣獲考按
謂雖殺不爲彊死猶上文言臣之祿也注成也本鄭注洪範失
之漢書郊祀志引詩絲衣胡考之休注壽也毛傳訓成失之詩載芟
胡考之寧按猶左僖廿三傳胡耇胡者遐也考者老也傳訓成亦失
之轉注爾雅釋親父爲考蒼頡篇考妣延年易蠱有子考无咎書酒
誥奔走事厥考厥長又禮記曲禮生曰父死曰考祭法考廟王考廟
皇考廟顯考廟祖考廟書洪範五曰考終命按考者有子孫爲後之
偁鄭注成也失之父之偁引申于考祖以上之偁又引申于父也叚
借爲攷或爲搉詩山有樞弗鼓弗考傳擊也又爲覈易復中以自考
也向秀注察也虞書三載考績春秋繁露考績之法考其所積也詩

文王有聲考卜維王箋猶稽也周語考中聲而量之以制注合也晉
語考省不倦注校也淮南精神考世俗之行注觀也漢書東方朔傳
考其文理注究也又廣雅釋詁二考問也後漢馬嚴傳每行考事注
按也鄭顗傳各各考事注劾也漢書安帝紀長吏被考竟未報注謂
考問其狀也又釋名獄死曰考竟考得其情竟其命于獄也考覈一
聲之轉又爲造詩考槃考槃在澗湛露在宗載考按至也傳箋皆訓
成儀禮士喪禮考降無有近悔注登也禮記表記道有至有義有考
注成也又周語考神納賓注合也按來也又楚辭離世身憔悴而考
旦按至也注猶終也又爲就爾雅釋詁考成也禮記禮運故行事有
考也注成也淮南人閒婦人不能剶麻考縷注成也又詩斯干序宣
王考室無羊序宣王考牧春秋隱五年考仲子之宮公羊傳考猶入
室也穀梁傳考者成之也左傳服注宮廟初成祭之名爲考禮記襍
記路寢成則考之而不釁注考之者設盛食以落之爾按公羊說爲
造字穀梁說爲就字服虔說爲祰字襍記注訓落則爲俶埱字存參
又周書謚法大慮行節曰考又考成也按周有考王嵬禮記檀弓邾
婁考公注或爲定又爲告詩江漢作召公考按言也傳訓成失之又
爲朽實爲㱙淮南說林白璧有考注釁污也汜論夏后氏之璜不能
無考注瑕釁也朽㱙一聲之轉又爲巧考工記巧者述之守之世謂
之工按考工記者記巧工之事也書金縢予仁若考謂仁而巧也史
記正作巧又託名幖識字魯語昔正考父校商之名頌十二篇於周

太師以邢爲首按宋戴公時世卿孔子之祖名正字考甫也又春秋隱八年蔡宣侯名考父聲訓釋名釋喪制父死曰考考成也亦言槁也槁于義爲成凡五材膠漆陶冶皮革乾槁乃成也又漢書郊祀志考入海方士注校其虛實也考校雙聲古韻詩山有樞叶栲杻埽考保湛露叶草考江漢叶首休考壽雝叶牡考壽考載見叶考壽保禮記禮運叶守復考奥由又叶考守

奥七名凡奥之派皆衍奥聲烏告切

奥號　宛也室之西南隅从宀弄聲卽牖下也室中幽隱之處按此字古音讀如隩亦讀如宛禮記禮器燔柴于奥以奥爲爨荀子富國夏不宛暍以宛爲燠爾雅釋言燠忨也太元樂陽始出奥注暖也皆聲相近說文媪篆讀若奥卽讀若宛也皆聲之轉耳今隸此部或曰字从宀从釆从廾會意釆辨也祀隱暧處釆而廾也詩于以奠之宗室牖下儀禮少牢禮司宮筵于奥士喪禮設于奥東面皆必釆而奠之筵之設之也五祀祭竈門行于廟門之奥祭戶中霤于廟堂之奥亦必釆而設饌釆而祭脾祭肺也存參爾雅釋宮西南隅謂之奥論語與其媚於奥孔注內也禮記曲禮居不主奥仲尼燕居室無奥阼莊子徐元鬼牂生于奥楚辭招魂經堂入奥轉注廣雅釋詁四奥藏也左昭十三傳國有奥主疏內也禮記禮運故人以爲奥也注猶主也周語野無奥草注深也書序雅誥奥義釋文深也太元元文寘反其奥注祕也叚借爲溷漢書王褒傳去卑辱奥渫而升本朝注幽也文選典引有沈而奥注濁也又爲墺書大傳壇四奥注內也安也失之又禮記內則鴇奥注脾肶也按胃之厚處胃屬土故名字亦變作䐿埤蒼䐿鳥胃也又爲䴈荀子大略泔之傷人不若奥之注泔與奥皆烹和之名按泔者𤅾也謂寒冰謂之䴈謂重烹之皆當暑防魚餒也又爲燠詩小明日月方奥老子道者萬物之奥釋文暖也又爲隩詩瞻彼淇奥傳隈也陸疏奥亦水名則謂借爲澳又七命吞響乎幽山之窮奥注隱處也又爲竈禮記禮器夫奥者老婦之祭也儀禮特牲禮注作爨聲訓說文奥宛也老子萬物之奥王注猶暖也奥宛一聲之轉古韻詩小明叶奥蹙菽戚宿覆禮記禮運叶守復考奥由論語八佾叶奥竈禱

薁屋　蘡薁也从艸奥聲廣雅釋草燕薁蘡舌也詩七月六月食鬱及薁傳蘡薁也韓詩作藿是山韭異義按蘡薁燕薁皆雙聲連語亦名車鞅藤蔓生實大如龍眼黑色滑澤可食蓋蒲萄之屬亦堪作酒疑卽今俗所謂葛仙米也謝靈運山居賦野有蔓草獵涉蘡薁中山經泰室之山有草焉白華黑實澤如蘡薁注言子滑澤也叚借託名標識字上林賦隱夫薁棣注山梨也漢書注卽今之郁李也詩七月疏鬱薁者亦是鬱類而小別耳引晉宮閣銘華林園有車下李有薁李車下李卽鬱薁李卽薁二者相類而同時熟按此木屬亦名爵梅亦名雀李皆詩之鬱非詩之薁也疏說古韻詩七月叶薁菽棗稻酒壽

籅屋　漉米籔也从竹奥聲今蘇俗謂之飯籮其盛飯者反曰溲箕

燠皓號屋　熱在中也从火奥聲爾雅釋言燠煖也書洪範曰燠傳火氣也詩無衣安且燠兮傳煖也禮記內則問衣燠寒釋文暖也楚辭天問鳥何燠之注溫也荀子富國宛暍注奥熱也漢書王莽傳太傅典致時奥注燠暑也其月土溼奥注溫也皆以奥爲之叚借爲欸左昭三傳而或燠休之注燠休痛念之聲賈注燠厚服注若今時小兒痛父母以口就之曰燠休代其痛也按亦疊韻連語古韻詩無衣叶六燠楚辭天問叶竺燠

澳號屋　隈厓也其內曰澳其外曰隈从水奥聲廣雅釋邱澳厓也禮記大學瞻彼淇澳注隈厓也按此義借爲隩本訓當是水名水經淇水注詩曰我思肥泉爾雅曰歸異出同曰肥是水同出異歸張華博物志謂之澳水詩泉源在左卽斯水也又詩淇奥序釋文引陸疏奥亦水名又續漢志注引博物記有奥水流入于淇叚借爲溷廣雅釋詁三澳濁也澳溷雙聲

墺號屋　四方土可居也从土奥聲古文从釆卽奥省聲漢書地理志四奥既宅注奥讀曰墺尚書大傳壇四奥亦以奥爲之

漢書郊祀志神明之隩西都賦天地之隩區皆以隩爲之

隩號屋　水隈厓也从阜奥聲爾雅釋邱厓內爲隩外爲鞫韓詩公劉芮鞫之卽鞫作阬亦作坈卽沈字叚借爲奥蒼頡篇隩藏也鄭語其隩愛太子注隱也莊子天下其塗隩矣李注深也家語問王則有隩阼書堯典厥民隩譙敏碑深明典隩又爲墺書禹貢四隩既宅周語宅居九隩後漢蔡邕傳洪源辟而四隩集注居也東京賦掩觀九隩注九州之內也又爲燠書堯典厥民隩馬注煖也史記作燠

臭一名古老切

臭皓　大白澤也从大从白會意按澤字衍周禮巾車建大白殷之旗色也春秋齊桓公名小白叚借爲皋說文古文以爲澤字澤者睪也古睪皋二字多相亂又按獸有名白澤者釋石鼓文者妄引許書爲證古書亦有白澤圖見三國吳志此白澤疊韻連語無關字詁此篆說解當云臭大白也从大从白一曰澤也古文以爲皋字

夰三名凡夰之派皆衍夰聲公老切

夰皓　放也从大而八分也按八者指事

hào 昦　ào 奡　niǎo 鳥　niǎo 蔦　diāo 鳭

晧 **昦** 春爲昦天元气昦昦从日夰夰亦聲今字作昊按尚書歐陽說也廣雅亦云東方曰夰天今本爾雅夏爲昊天呂覽有始又云西方曰顥天淮南同書堯典欽若昊天詩昊天有成命蓼莪昊天罔極周禮大宗伯以禋祀祀昊天上帝楚辭傷時惟昊天兮昭靈詩黍離傳元氣廣大則稱昊天按詩黍離之蒼天非春書典堯之昊天非夏左哀十六傳之旻天非秋詩小明之上天非冬通儒勿泥可也荀子賦皞天不復憂無疆也郙閣頌精通晧倉皆以晧爲之莊子人閒世易之者皞天不宜以皞爲之童子逢盛碑顥天不惠以顥爲之漢脩堯廟碑恩如浩蒼以浩爲之叚借託名幖識字古今人表太昊少昊月令作皞潛夫論作暤聲訓釋名夏曰昊天其氣布散顥顥也爾雅昊天注言氣晧旰古韻詩巷伯叶受昊桑柔叶柔劉憂昊句中韻

號 **奡** 嫚也从百从夰夰亦聲讀若傲虞書若丹朱奡論語奡盪舟按此字當从夰百聲與傲略同今姑從許隸此書益稷無若丹朱奡今作傲論語憲問奡盪舟亦作敖管子宙合若敖之在堯也按呂覽去私篇堯有子十人求人篇妻以二女臣以十子孟子止言九男事舜淮南泰族訓亦云堯屬舜以九子則丹朱不在數中也奡者庶子九人之一書曰罔水行舟卽論語之盪舟曰殄厥世卽論語之不得其死書與丹朱並舉者以其朋淫也不然朱爲虞賓在位而禹顧謂其殄世乎或據竹書及楚辭覆舟斟尋事謂論語之奡卽左襄四傳之澆澆奡亦一聲之轉凡命名奡者左氏所謂以類命爲象也或曰此字與顥同字从首夰聲則左氏所謂以名生爲信也存參

說文通訓定聲　孚部弟六

鳥六名凡鳥之派皆衍鳥聲 都老切

篠 **鳥** 長尾禽總名也象形鳥之足似匕从匕白虎通鳥者陽也易小過飛鳥遺之音虞注離爲鳥書君奭我則鳴鳥不聞鄭注謂鳳也詩天命元鳥燕也淮南天文其獸朱鳥注朱雀也左昭十七傳青鳥氏注鶬鴳也丹鳥氏鷩雉也詩黃鳥于飛鸝也一曰璘雀也轉注夏小正丹鳥螢也白鳥蚊蚋也傳有翼者爲鳥叚借託名幖識字書堯典日中星鳥傳南方朱鳥七宿按星七星象鳥昂首形向東若傳會鶉首鶉尾之說合七宿言之則井鬼柳爲咮爲項星張爲胷腹翼軫爲尾象鳥棲之形向西又書禹貢鳥夷皮服海內經有人焉鳥首名曰鳥氏注卽鳥夷也又禹貢導渭自鳥鼠同穴水經渭水注鳥鼠山同穴之枝榦也又書益稷鳥獸蹌蹌馬注筍虡也詩六月織文鳥章傳錯革鳥爲章者也周禮司尊彝鳥彝注刻爲鳳皇之形吳都賦鳥策篆素注鳥書于策也古韻詩小毖叶鳥蓼

篠 **蔦** 寄生草也从艸鳥聲或从木葉似當盧子如覆盆在桑上者一名寓木一名宛童詩頍弁蔦與女蘿費鳳別碑作[illegible]

蕭 **鳭** 目孰視也从目鳥聲讀若雕

diào 窵　diāo 褭　dǎo 島　hǎo 好　hāo 薅

嘯 **窵** 窵窅深也从穴鳥聲按疊韻連語

蕭篠 **褭** 短衣也从衣鳥聲春秋傳有空褭按左昭廿五傳今本作季公鳥字亦作裊叚借爲褭漢書百官公卿表爵三級曰簪裊注以組帶馬曰裊又重言形況字謝靈運詩白楊信裊裊注風搖木皃

晧 **島** 海中往往有山可依止曰島从山鳥聲讀若詩曰蔦與女蘿字亦作隝作㠀今字省作島書禹貢島夷皮服史記作鳥史記田儋傳入海居島中司馬相如傳自陵別島吳都賦島嶼緜邈西京賦長風激于別隝水經洛水注隝渠山熊耳之殊稱漢書楊雄傳勃解之鳥以鳥爲之聲訓釋名島到也人所奔到也亦言鳥也人物所趣如鳥之下也

好二名凡好之派皆衍好聲 呼晧切

晧號 **好** 美也从女子會意按媄也方言二凡美色或謂之好轉注晉語不可謂好注美也禮記仲尼燕居領惡而全好者與注善也詩遵大路不寁好也何人斯作此好歌緇衣緇衣之好兮後漢張酺傳注好醜善惡也又淮南精神好憎者心之暴也原道好憎者心之過也詩彤弓中心好之傳說也楚辭惜誦父信讒而不好注愛也荀子解蔽其爲人也善射以好思注喜也詩女曰雞鳴知子之好之箋謂與己和好常棣妻子好合箋至意合也書洪範無有作好馬注私好也周禮太宰好用之式注燕好所賜予叚借爲小易中孚我有好爵孟注小也又爲孔之誤字考工記玉人好三寸注璧孔也爾雅肉倍好謂之璧又疊韻連語禮記樂記寬裕肉好王肅注言音之洪美又重言形況字詩卷伯驕人好好傳喜也聲訓釋名好巧也如巧者之造物無不皆善人好之也古韻詩彤弓叶櫜好醻緇衣叶好造叔于田叶狩酒好遵大路叶手魗好還叶茂道牡好車攻叶好阜草狩吉日叶戊禱好阜醜巷伯叶好草大田叶阜好莠桑柔叶寶好日月叶冒好報羔裘叶褎究好斯干叶苞茂好尤生民叶道茂苞褎秀好清人叶軸陶抽好正月叶好莠句中韻箕子麥秀歌叶油好轉音詩有杕之杜叶好食楚辭惜往日叶佩好

豪 **薅** 拔去田艸也从蓐好省聲籒文从蓐省或从艸休聲字亦作㺯作茠廣雅釋詁三茠除也薅之器曰槈詩良耜以薅荼蓼說文引作既茠漢書王莽傳每縣則薅注耘去草也又按蓐字當訓陳草復生从艸辱會意別爲正篆蓐字當訓拔去田艸从寸从蓐省會意爲薅之籒文薅从寸从蓐會意蓐蓐二字相承互譌如苑宛來麥之比詳見余所譔說解商存參

說文通訓定聲　孚部弟六

告十九名凡告之派皆衍告聲 古奧切

gào 告　kǎo 祰　gù 牿　zào 造

號沃
告
牛觸人角箸橫木所以告人也从口从牛會意易曰僮牛之告按此字篆體小譌當从口从之會意訓謁白或曰从口牢省聲亦通牛角木之訓借告爲牿牛馬閑之訓借牿爲牢也誥者上告下之辭告者下告上之辭爾雅釋言告請也書金縢乃告太王王季文王易益告公用圭詩南山必告父母儀禮鄉射禮以告于鄉先生君子周禮大祝三日誥杜注當爲告禮記王制八十月告存又少儀祔練曰告漢書高帝紀高祖嘗告歸之田孟康曰古者名吏休假曰告漢律吏二千石有予告有賜告師古曰告者請謁之言謂請休耳轉注廣雅釋詁一告語也左傳序赴告策書秦策犀首告臣荀子君子天子無妻告人無匹也注言也易蒙初筮告釋文示也假借爲牿易大畜童牛之告又爲誥蔡邕獨斷告敎也禮記玉藻燕居告溫溫注謂敎使也釋名釋書契上敕下曰告論語告朔之餼羊劉台拱云穀梁文十六傳天子告朔于諸侯諸侯受乎禰廟禮也餼羊以供告朔之使臣者幽王以後不告朔于諸侯魯之有司循例供羊至定哀閒猶秩之故子貢欲去書甘誓予誓告汝馬注會同曰誥又爲嚳書序帝告釐沃又爲鞫禮記文王世子則告于甸人聲訓釋名釋書契告覺也使覺悟知己意也古韻詩干旄叶祝六告考槃叶陸軸宿告既醉叶俶告楚辭天問叶告救轉音詩楚茨叶備戒告抑叶告則爾雅釋訓叶食告則

皓號
祰
祰祭也从示告聲按从示从告會意告亦聲廣雅釋詁四祰謝也周禮大祝二日造以造爲之禮記曾子問諸侯適天子必告于祖以告爲之聲訓周禮大祝造于廟疏造者以其非時而祭造次之意

屋沃
牿
牛馬牢也从牛告聲周書曰今惟淫舍牿牛馬駿按此字當訓牛角木也牛觸人角箸橫木易大畜童牛之牿侯注福也虞注牿謂以木福其角假借爲牿書費誓今惟淫舍牿牛馬鄭注牿爲桎梏之梏史記魯世家無敢傷牿正義牛馬牢也從僞傳是借爲牢失之聲訓易大畜劉注牿之言角也

皓皓號
造
就也从辵告聲譚長說造上士也古文从舟按或字非古文小爾雅廣詁造適也造進也廣雅釋言造詣也此字从辵本訓當爲至書盤庚咸造勿褻在王庭周禮司門凡四方之賓客造焉儀禮士喪禮造于西階下傳注皆訓至宋策而造大國之城下注詣也孟子君子深造之以道注致也假借爲就禮記王制曰造士注成也書君奭耇造德不降鄭注成也詩閔予小子遭家不造箋猶成也左成十三傳我有大造于西也注成也又爲橋詩大明造舟爲梁爾雅釋水天子造舟孫注比舟爲梁也按以郭注諸侯四船大夫兩船士單船推之天子當並七船加板其上如今浮橋是也方言七艁舟謂之浮梁字亦變作艁爾雅釋文訓造爲作左昭元傳疏訓造爲至公羊宣十二傳疏訓造爲詣爲成皆失之後漢杜篤傳注訓爲並或曰比並之義借爲曹按與大夫方舟無別亦失之告高一聲之轉又爲作爾雅釋言造爲也易乾大人造也鄭注爲也詩緇衣敝予又改造兮箋爲也思齊小子有造酌蹻蹻王之造傳皆訓爲又兔爰尙無造傳僞也僞即爲之本字周禮大司徒七曰造言之刑注訛言惑衆儀禮士冠禮記夏之末造也注作也禮記玉藻大夫不得造車馬注謂作新也淮南原道與造化者俱注天地一日道也造作雙聲又爲做爲埱廣雅釋詁一造始也周禮膳夫卒食以樂徹于造注謂食之故所居處也易屯天造草昧虞注生也孟子造攻自牧宮呂覽下賢文王造之而未遂皆始義又爲遭書大誥予造天役馬注遭也按遭者遭之誤字莊子大宗師魚相造于水釋文詣也又爲曹書呂刑兩造具備周禮大司寇以兩造禁獄訟注至也失之又爲祰周禮肆師類造上帝注猶卽也大祝二曰造杜注祭于祖也禮記王制造乎禰注祭名又爲窖禮記喪大記君設大盤造冰焉注猶內也又爲告列子楊朱窖造鄧析而謀之釋文本作告又爲猝廣雅釋詁二造猝也大戴保傅靈公造然失容注驚慘之皃造猝雙聲又雙聲連語論語造次必於是馬注急遽也左隱四年注草次之期作草亦同古韻詩緇衣叶好造兔爰叶孚造憂覺閔予小子叶造疚老易乾叶道咎造久首轉音詩思齊叶造士

gào 誥　kù 嚳　hú 鵠

號嘯
誥
告也从言告聲按告亦意古文从言肘省聲按誥者上告下也列子楊朱注告上曰告發下曰誥爾雅釋言誥謹也按謹猶誡也廣雅釋詁四誥敎也易姤后以施命誥四方虞注巽爲誥書序雅誥奧義釋文示也周禮大祝三曰誥司農注謂康誥盤庚之屬也荀子大略誥誓不及五帝注誥誓以言辭相誡約也字亦作[illegible]見書大誥序釋文至秦又造詔字以當之徐鉉補詔入說文爲十九文之一假借爲嚳史記殷本紀作帝誥索隱一作俈又爲告楚語近臣諫遠臣謗輿人誦以自誥也爾雅釋詁誥告也又疊韻連語鹽鐵論和親會于誥䛪左作皋公穀作浩

沃
嚳
急告之甚也从告學省聲按从斆省从告會意告亦聲一切經音義十五引說文急也酷之甚也非是今系于此字亦作俈从人告聲假借託名幖識字海外南經狄山帝嚳葬于陰注嚳堯父號高辛魯語帝嚳能序三辰注黃帝曾孫元囂之孫蟜極之子帝高辛也商人禘舜注嚳契父商之先周人禘嚳注稷之父周之始祖也史記作俈又爲嚳廣雅釋詁一嚳分也聲訓風俗通皇霸嚳者考也成也白虎通號謂之帝嚳者何也嚳者極也言其能施行窮極道德也嚳極雙聲

沃
鵠
鴻鵠也从鳥告聲按鴻鵠雙聲連語西都賦注引說文黃鵠也按形似鶴色蒼黃亦有白者其翔極高一名天鵝齊策黃鵠因

是以游于江海漢書司馬相如傳弋白鵠注水鳥也其鳴聲鵠鵠然莊子天運鵠不日浴而自庚桑楚越雞不能伏鵠卵釋文皆云本作鶴是借爲鶴〔叚借〕爲雗詩賓之初筵釋文引說文鵠卽鵠也小而難中儀禮大射儀大侯之崇見鵠于參注正鵠皆鳥之捷黠者周禮司裘設其鵠注鵠小鳥而難中是以中之爲雋考工梓人爲侯廣與崇方參分其廣而鵠居一焉禮記射義注棲皮曰鵠按鄭衆馬融皆云方十尺曰侯四尺曰鵠二尺曰正小爾雅侯中者謂之鵠鵠中者謂之正正方二尺康成則謂侯中之大小取數于侯道鵠方大小亦不一也雗鵠雙聲又爲鶖廣雅鳿鵠雗也鳿鵠卽雗鶖淮南氾論乾鵠知來而不知往注鳱鵠也又爲皓爲顥爲翯爲皠周禮巾車鵠纓後漢吳良傳大儀鵠髮爾雅釋器象謂之鵠釋文鵠白也本亦作鷇廣雅作觡从鹵从角以意爲變耳又託名幖識字詩揚之水從子于鵠傳曲沃邑也按鵠者曲沃二字之合音又單辭形況字呂覽下賢鵠乎其羞用智慮也注讀如浩〔聲訓〕詩賓之初筵箋釋文引說文鵠者覺也直也射者直己志儀禮大射儀注鵠之言較較直也禮記射義注鵠之言梏也梏直也〔古韻〕詩唐揚之水叶皓繡鵠憂

沃 **梏** 手械也从木告聲與桎略同兩手共一木曰拲在足曰桎易蒙用說桎梏左襄六傳以弓梏華弱于朝周禮掌囚上罪梏拲而桎中罪桎梏司農注桎梏者兩手各一木也釋文參著曰梏偏著曰桎〔叚借〕爲牿廣雅釋器梏楅衡柳也又爲攪按孟子梏亡之矣梏之反覆丁音梏讀梏吝利害也又爲覺實爲嚳爲告禮記緇衣有梏德行注大也直也毛詩作覺爾雅釋詁梏直也注正直也〔聲訓〕周禮釋文引說文桎所以質地梏所以告天

號 **郜** 周文王子所封國从邑告聲在今山東兗州府城武縣東南左僖廿三傳郜雍曹滕文之昭也隱十年取郜大鼎于宋

皓 **晧** 日出皃从日告聲俗字作皓从白字亦作皜爾雅釋詁皓光也廣雅釋訓皓皓光也〔轉注〕小爾雅廣詁皓素也呂覽本生靡曼皓齒魯靈光殿賦皓璧皜曜以月照幽通賦皓爾太素列子湯問皜然疑乎雪〔叚借〕爲顥李少卿與蘇武詩皓首以爲期考工車人注頭髮皓落曰宣又爲浩答賓戲養皓然之氣又爲昊荀子賦皓天不復又雙聲連語楚辭怨思曳彗星之皓旰兮注光也字亦作澔魯靈光殿賦澔澔涆涆注光明盛皃又疊韻連語江賦揚皜毦注白也又重言形況字孟子皜皜乎不可尚已詩揚之水白石皓皓大戴衞將軍文子常以皓皓注虛曠後漢孔融傳論皜皜焉注言堅貞如白玉〔古韻〕詩唐揚之水叶皓繡鵠憂月出叶皓懰受慅

效 **窖** 地藏也从穴告聲與窌略同禮記月令穿竇窖注隋曰竇方曰窖史記貨殖傳任氏獨窖倉粟集解穿地以藏也廣雅釋言窖窌也按窌卽窌字〔轉注〕莊子齊物論縵者窖者釋文注深心也

號 **峼** 山皃从山告聲〔別義〕一曰山名

覺 **硞** 石聲从石告聲疑與礐同字

沃 **焅** 旱氣也从火告聲

皓 **浩** 澆也从水告聲虞書曰洪水浩浩按澆者許以聲訓字林浩遠也水大也字亦作灝廣雅釋訓浩浩流也灝灝大也書堯典浩浩滔天傳盛大楚辭懷沙浩浩沅湘七發浩浩溰溰淮南俶眞浩浩瀚瀚壓形曰浩釋〔轉注〕楚辭東皇太一陳竽瑟兮浩倡注大也離騷怨靈脩之浩蕩兮七命此蓋宴居之浩麗又禮記王制喪祭有餘曰浩注猶饒也又楚辭河伯心飛揚兮浩蕩注志放皃也〔別義〕水經河水注河又東逕浩亹縣故城南漢書地理志金城郡浩亹縣孟康曰浩亹音合門今俗呼此水爲閤門河蓋疾言之耳後漢馬援傳拒浩亹隘注浩水名也〔叚借〕爲傲家語三恕浩倨者則不親注浩然簡略不恭又單辭形況字孟子予然後浩然有歸志注心浩浩有遠志也又疊韻連語公羊傳浩䁩左作皋鹽鐵論作浩〔聲訓〕說文澆也字林遠也王制注饒也

號 **靠** 相違也从非告聲今謂相依曰靠按借爲造猶相附曰離借爲麗也

沃 **陪** 大阜也从阜告聲〔轉注〕說文一曰右扶風有陪阜按在今陝西鳳翔府郿縣

沃 **酷** 酒厚味也从酉告聲〔轉注〕後漢張衡傳美襞積以酷裂兮注香氣盛也又方言七酷熟也穀熟曰酷又荀子議兵其使民也酷烈漢書刑法志注重厚也又洞簫賦憤伊鬱而酷䘓注猶甚也

宥 **簉** 艸皃从艸造聲按叢䕸皃讀與萃略同萃造亦一聲之轉俗字作簉从竹〔叚借〕爲倅實爲卒說文無倅周禮諸子故書掌國子之卒先鄭讀如物有副倅之倅蓋以俗用字釋正字車僕掌戎路之萃以萃爲之小爾雅廣言簉倅也廣雅釋詁一簉盈也按卒隸人給事者也故賤而給事者亦皆曰卒左昭十一傳僖子使助薳氏之簉注副倅也西京賦屬車之簉薛注副也列女傳簡子簉之淮南氾論又加轅軸其上以爲造以造爲之長笛賦聽簉弄者注蓋小曲也卒造雙聲引說文曰簉倅字如此按皆卒字之輾轉引申

孚之復分部

尗十九名凡尗之派皆衍尗聲 式竹切

屋 **尗** 豆也象尗豆生之形也按象戴種而出之形下其根也一地也指事漢書五行志菽草之難殺者也春秋考異郵菽者稼最強

古謂之尗漢謂之豆今字作菽菽者衆豆之緫名然大豆曰菽豆苗曰霍小豆則曰荅詩采菽采菽閟宫稙稺菽麥生民蓺之荏菽爾雅戎叔謂之荏叔禮記月令食菽與雞檀弓啜菽飲水左成十八傳不能辨菽麥漢書項籍傳卒食半菽又穀梁莊三十一傳戎菽也此謂胡豆莊子列禦寇食以芻叔三公山碑叔粟如火皆以叔爲之又詩小宛中原有菽傳藿也七月亨葵及菽則皆謂其葉叚借託名幖識字蜀都賦巴菽巴戟注巴豆也淮南說林魚食巴菽而死又楚辭怨上菽藟兮蔓衍注小草也聲訓春秋說題辭菽者屬也春生秋熟理通體屬也古韻詩七月叶菽菽小明叶奧蹙菽戚宿覆

尻 茮

茮菉从艸尗聲字亦作椒爾雅釋木檓大椒又茮樧醜菉詩椒聊釋文木名東門之枌貽我握椒傳芬香也中山經琴鼓之山其木多穀柞椒柘注爲樹小而叢生下有草木則蘸死離騷雜申椒與菌桂兮注香木也又懷椒糈而要之注香物可以降神也後漢第五倫傳注后妃以椒塗壁取其繁衍多子故曰椒房又漢書王莽傳自前殿南下椒除注取芬香之名也又後漢邊讓傳椒酒注置椒酒中也詩載芟有椒其馨傳猶飶也按謂酒也楚鬬椒字子越叚借爲鐵月賦菊散芳于山椒注山頂也按鐵卽今尖字尖椒一聲之轉爾雅再成銳上爲融丘注鐵頂者離騷馳椒丘且焉止息注土高四墮曰椒丘上林賦出乎椒丘之闕又託名幖識字左文九年楚子使椒來聘穀梁作萩釋文本作菽又左襄廿六年楚椒鳴楚語作湫左昭三傳子服椒十三傳作湫又哀元年敗越于夫椒史記作湫在今江蘇蘇州府吳縣夫椒山卽包山今西洞庭山也古韻詩東門之枌叶菽椒

說文通訓定聲 孚部弟六

屋 叔

叔 拾也从又尗聲或从寸汝南名收芋爲叔詩七月九月叔苴叚借爲少白虎通姓名叔者少也叔少雙聲爾雅父之晜弟後生爲叔父父之弟妻爲叔毋又夫之弟爲叔儀禮士冠禮伯某甫仲叔季唯其所當書君奭亦惟有若虢叔傳字也詩蘀兮叔兮伯兮箋兄弟之稱儀禮覲禮同姓小邦則曰叔父異姓小邦則曰叔舅又漢書刑法志皆叔世也注言既時也後漢酷吏傳論注叔季猶末代也又大荒南經舜與叔均之所葬也注商均也按叔商一聲之轉又爾雅絡鮛鮪字變作鮛大者爲王鮪小者謂少鮪耳聲訓廣雅釋言叔屬也釋名叔俶也見嫂俶然卻退也

九 鶖

鶖 秃鶖也从鳥尗聲或从秋聲一名扶老頭項皆無毛大者頭高八尺詩白華有鶖在梁楚辭大招襍鶖鶬只

錫 宋

宋 無人聲从宀尗聲或从言按从言者當爲啾之或體宋字本訓廖也靜也虛之意易豐曰闃其无人字亦作寂誤作家變作淑方言十宋安靜也埤蒼寂寥無人也楚辭遠遊聲嗸嗸以寂寥兮注空無人民之皃也四子講德論寂寥宇宙注曠遠之皃也七發寂漻薵蓼字作淑亦皆疊韻連語老子寂兮寥兮王注無形體也莊子大宗師其容家孔宙碑家兮寘寘叚借爲啾說文寂無人聲西征賦諒惠聲之寂寞注引韓詩章句無聲之皃也思元賦經亟宊乎寂寞兮注靜皃漢書揚雄傳惟寂寞自投閣淮南原道湫漻寂寞注恬淡也又雙聲連語江淹襍體詩寂歷百草晦注彫疎皃

屋 欶

欶 愁然也从欠尗聲孟子曰曾西欶然今本以蹴爲之按字亦作慼方言十忸怩或謂之慼咨廣雅釋詁一慼慙也易離子夏本嘁嗟若

錫 戚

戚 戉也从戉尗聲今字作鏚詩公劉干戈戚揚禮記明堂位朱干玉戚左昭十二傳剝圭以爲鏚柲十五傳鏚鉞秬鬯叚借爲族實爲屬禮記大傳戚單于下注親也詩行葦戚戚兄弟傳內相親也夏承碑君之蓼感以慽爲之字亦作傶漢書司馬相如傳躬傶胼胝無胈注湊理也又爲慽論語小人長戚戚後漢皇甫規傳臣誠戚之注憂也又爲促小爾雅廣詁戚近也廣雅釋詁三傶近也書金縢未可以戚我先王傳近也考工記不微至無以爲戚速也注齊人有名疾爲戚者家語曲禮子夏問周以戚注猶促也又爲鼀卽䵶詩新臺得此戚施傳不能仰者韓詩章句蟾蜍也淮南脩務蘧篨戚施注僂也爾雅釋訓戚施面柔也釋文本作頳頭說文黽部正作䵶鼀其皮夫夫多那磊其行不能跳其鳴詹諸不能作聲又疊韻連語莊子盜跖滿心戚醮李注顉頓也又重言形況字孟子於我心有戚戚焉又託名幖識字齊語甯戚呂覽作遬淮南作越亢倉子作籍聲訓釋名釋兵戚感也斧以斬斷見者皆感懼也古韻詩小明叶奧戚菽戚宿覆

說文通訓定聲 孚部弟六

錫 啾

啾 啾嘆也从口叔聲按啾嘆無聲也古皆以宋爲之說文宋下或體誎按當爲啾之重文字亦作諔

屋 埱

埱 至也从止叔聲字亦作摵方言十三摵到也

錫屋 踧

踧 行平易也从足叔聲字亦作踿作蹙作蹜詩小弁踧踧周道叚借爲蹴禮記曲禮以足蹙路馬芻有誅又爲㵶莊子田子方諸大夫蹙然曰字又變作顣孟子已頻顣曰又爲𥨸廣雅釋詁三蹙皐也又爲栜羽獵賦蹙竦讋怖又爲叔爲袁紹檄豫州獎蹙威柄注成也非又爲促廣雅釋詁一蹙急也三蹙迫也考工記弓人蹙于剉詩小明政事愈蹙儀禮士相見禮容彌蹙詩節南山蹙蹙靡所騁孟子舉疾首蹙頞禮記禮器不然則已蹙公羊莊三十傳蓋以操之爲已蹙矣注痛也則謂借爲慽又疊韻連語海賦葩華踧沑注蹙聚也又噏波則洪漣踧蹜注蹙聚皃其實踧蹜同字又雙聲連語廣雅釋訓踧踖畏敬也論語踧踖如也字林不進也又長笛賦踾踧攢仄注迫蹙

dū 督　chù 俶　dú 裻　nì 惄　shū 淑

皃。又單辭形況字。法言學行或人踧爾曰。注驚皃。又重言形況字。論語足踧踖如有循。聲訓釋名釋姿容。蹙遒也。遒迫之也。管子水地堅而不蹙。義也。注蹙聚也。詩節南山傳蹙蹙縮小之皃。爾雅釋訓速速蹙蹙惟逑鞫也。古韻詩小明叶奧蹙菽戚宿覆。小弁叶踧鞫惄。句中韻左成十六傳叶蹴目。

沃 **督** 督 察也。从目叔聲。爾雅釋詁正也。方言六理也。周理大祝禁督逆祀命者。史記李斯傳行督責之術。漢書王褒傳離婁督繩。公孫賀傳督責大臣。高帝紀聞將軍有意督過之。後漢何敞傳督郵。注主司察愆過。郭躬傳注督謂大將。假借爲裻。衣之背縫也。莊子養生主緣督以爲經。注中也。人身有督脈。有任脈。亦當作裻。又爲篤。左僖十二傳謂督不忘。又爲叔。小爾雅廣詁督拾也。又託名幖識字。左昭廿二傳司馬督。古今人表作篤。別義。說文一曰目痛也。

屋錫 **俶** 俶 善也。从人叔聲。字亦作倜。經傳皆以俶爲之。假借爲少。說文一曰始也。詩既醉令終有俶。書僞允征俶擾天紀。儀禮聘禮燕與羞俶獻無常數。思元賦簡元辰而俶裝。或曰借爲埱。又爲尃。公羊隱九傳俶甚也。按厚也。注始怒也。又爲築。方言十二俶動也。爾雅釋詁俶作也。廣雅釋詁一俶動也。詩崧高有俶其城。傳作也。又雙聲連語廣雅釋訓俶黨卓異也。子虛賦俶儻瑰瑋。注猶非常也。封禪文俶儻窮變。又漢書司馬遷傳扶義俶儻。注大節也。古韻詩既醉叶俶告。

沃 **裻** 裻 新衣聲。一曰背縫。从衣叔聲。按與禱同。晉語衣之偏裻之衣。注裻在中。左右異。故曰偏。史記佞幸傳顧見其衣裻。索隱衫襦之橫腰者。轉注莊子養生主緣督以爲經。注中也。醫經有督脈有任脈。皆以督爲之。假借說文。裻新衣聲。按如子虛賦翕呷萃蔡。張揖曰萃蔡衣聲也。古書所用或雙聲疊韻連語。或單詞形況字耳。又託名幖識字。左昭十二傳司馬裻。釋文本作督。禮記檀弓注司馬裻。釋文本作督。

錫 **惄** 惄 飢餓也。从心叔聲。爾雅釋言惄飢也。李注宿不食之飢也。詩汝墳惄如朝飢。傳飢意也。假借爲慽。說文一曰憂也。爾雅釋詁惄思也。舍人注志而不得之思也。方言十二悵也。廣雅釋詁二傷也。又痛也。詩小弁惄焉如擣。古韻小弁叶踧鞫惄。

屋 **淑** 淑 清湛也。从水叔聲。詩桑柔其何能淑。箋善也。按清也。假借爲俶。爾雅釋詁淑善也。詩關雎窈窕淑女。鳲鳩淑人君子。韓奕淑旂綏章。泮水淑問如皋陶。公羊莊十二甚矣魯侯之淑。孟子有私淑艾者。楚辭招魂九侯淑女。周禮大祝司農注閔天不淑。又爲宋爲啾。莊子德充符彼且蘄以淑詭幻怪之名聞。李注淑詭奇異也。按虛誕也。又重言形況字。荀子賦潛潛淑淑。注美也。又託名幖識字。穀梁子名

chù 埱　zú 槭　qī 慽　dí 蔋　sù 茜

淑。漢書藝文志注作寘。論衡作寘。古韻詩中谷有蓷叶脩歗淑。

屋 **埱** 埱 氣出土也。从土叔聲。轉注說文一曰始也。

屋 **槭** 槭 槭木可作大車輮。从木戚聲。假借爲埱。廣雅釋詁一槭至也。

屋錫 **慽** 慽 惪也。从心戚聲。今字作感。下形上聲。易離戚嗟若。詩小明自詒伊戚。經傳皆以戚爲之。字亦作㥻作慼作慽。蒼頡篇慼憂皃。廣雅釋訓慼慼憂也。釋詁三慼悲也。

錫 **蔋** 蔋 艸旱盡也。从艸俶聲。詩曰蔋蔋山川。按雲漢毛本作滌。此重言形況字。孟子是以若彼濯濯也。用濯濯亦同。

茜 一名。所六切

夃 **茜** 茜 禮祭束茅加于祼圭。而灌鬯酒是爲茜。象神歆之也。从酉从艸。按酒滲艸下。會意。左僖四傳無以茜酒。今本以縮爲之。周禮甸師共蕭茅。蕭或爲茜。鄭大夫注茜浚也。又詩伐木有酒湑我。傳湑茜之也。釋文謂以茅泲之而去其糟也。假借說文一曰榼上塞也。謂以艸窒榼之上孔。按此茜之譌字。又爲蓨。爾雅釋草茜蔓于。

sù 殂(夙)　sù 宿

夙四名。凡夙之派皆衍夙聲。息逐切

屋 **夙** 夙 𠈋 㐐 早敬也。从丮持事。雖夕不休。早敬者也。會意。按坐以待旦。未明求衣之意。夕未晨。已丮也。辰曰爲晨夕丮爲夙。同意。周語夙夜恭也。古文从人从㐫。又从人从西。西同字。舌皃。象形。讀若晉。又讀若沾。聲義皆遠。按說文茜下一曰榼上塞。疑古茜茜通寫。茜省聲。今字作夙。爾雅釋詁夙早也。易解有攸往夙吉。虞書夙夜惟寅。詩定之方中星言夙駕。儀禮士冠禮夙興。晉語夙夜征行。假借左襄廿七傳晉荀盈字伯夙。按夙者夃之誤字。轉注後漢郭伋傳盧芳夙賊。注舊也。劉虞傳夙僭奢者。注猶舊也。聲訓詩生民載震載夙。箋夙之言肅也。周語夙夜基命宥密。注夙蚤也。古韻易解叶復夙。詩生民叶夙育稷。

宿屋 **宿** 宿 止也。从宀㐰聲。㐰古文夙。廣雅釋詁四宿舍也。釋言宿留也。詩有客宿宿。傳一宿曰宿。九罭于女信宿。傳猶處也。周禮大史戒及宿之日。疏謂致齊三日。公羊桓元傳魯朝宿之邑也。周禮遺人三十里有宿。注若今亭有室矣。脩廬氏掌比國中宿互㯬者。注謂宿衞也。轉注小爾雅廣詁宿久也。漢書翟方進傳是時宿儒有淸河胡常。注久舊也。孟子弟子齊宿而後敢言。注素也。左昭廿九傳官宿其業。注猶安也。禮記檀弓有宿草。注陳根也。離騷夕攬中洲之宿莽。注楚人名冬生草曰宿莽。管子君臣不宿其罰。注猶停也。又說苑辨物所

謂宿者日月五星之所宿也周禮馮相氏二十有八星之位疏日月會於其處星即名宿亦名辰亦名次亦名房景福殿賦星居宿陳假借爲夙論語子路無宿諾皇疏猶逆也集解猶豫也管子地圖宿定所征伐之國注猶先也周禮大宗伯宿眡滌濯注申戒也儀禮鄉飲酒禮記不宿戒注再戒爲宿戒周書寤儆戒維宿注宿古文夙又爲肅書顧命王三宿儀禮士冠禮乃宿賓注進也特牲饋食禮乃宿尸禮記祭統宮宰宿夫人又重言形況字玉藻宿宿如也字或作蹜聲訓禮器三日宿疏宿之言肅肅敬之義也漢書霍去病傳注宿舊也古韻詩考槃叶陸軸宿告九罭叶陸復宿我行其野叶遂宿畜復小明叶奧蹙菽戚宿覆轉音詩東山叶蠋宿

屋 **摍** 蹴引也从手宿聲按當作就引也詩巷伯傳縮屋而繼之疏謂抽也國策縮閔王之筋縣之廟梁皆以縮爲之

屋 **縮** 亂也从糸宿聲爾雅釋詁縱縮亂也又䌛縮綸也駿按許書之𤔔字素也煩也敵字亂字皆治也理也此說解及爾雅之亂正謂治理故儀禮鄉飲酒禮磬階閒縮霤鄉射禮大射儀十純則縮而委之士喪禮絞橫三縮一士虞禮束縮實于俎縮二尹縮少牢饋食禮縮執俎肝亦縮禮記檀弓冠縮縫喪大記布絞縮者一注皆訓從從者縱也投壺注奇則縮疏訓直孟子自反而不縮注訓義縮者綸直凡縱也直也治也義也皆繩直之轉注詩緜縮版以載爾雅釋器繩之謂之縮之假借爲蹴說文一曰蹴也又爲摯淮南覽冥春秋縮其和注藏也時則孟秋始縮本經贏縮卷舒淪于不測注短也按贏縮即麻家所謂發斂又史記天官書退舍曰縮周禮馮相氏疏晷進爲盈退爲縮通俗文縮小曰麻皺不申曰縮朒又爲莤禮記郊特牲縮酌用茅注去滓也周禮司尊彝醴齊縮酌周禮甸師注束茅泲酒其上酒滲下若神飲之故謂之縮左僖四傳無以縮酒又爲摍詩巷伯傳縮屋而繼之周語而縮取備物小爾雅廣言縮抽也又爲籔方言五炊籅謂之縮即籔短言之聲訓釋名齊人謂車枕以前曰縮言局縮也

肅十一名凡肅之派皆衍肅聲 息逐切

屋 **肅** 持事振敬也从聿在𣶒上會意戰戰兢兢如臨深淵也古文从聿从心从卩詩何彼襛矣曷不肅雝左文十八傳忠肅共懿楚語又能齊肅衷正周語寬肅宣惠注言脩身其爲外也肅括周書武稱肅勝怒謚法剛德克就曰肅執心決斷曰肅轉注爾雅釋詁肅進也詩桑柔民有肅心禮記曲禮主人肅客而入字亦以宿爲之書顧命王三宿鄭注徐行前曰肅又禮記祭統宮宰肅夫人注猶戒也玉藻色容厲肅疏威也月令天地始肅注嚴急之言也又周禮大祝九曰肅操左成十六傳敢肅使者注手至地若今撎假借爲遬爾雅釋詁肅疾也禮記禮運刑肅而俗敝注駿也齊語父兄之教不肅而成晉語知羊舌職之聰敏肅給也周語俾莫不任肅純恪洪範五行傳側匿則侯王肅注急也又爲摯月令草木皆肅注謂枝柴縮栗又重言形況字爾雅釋訓肅肅敬也肅肅恭也詩黍苗肅肅謝功箋嚴整之皃小星肅肅宵征傳疾皃鴇羽肅肅鴇羽傳羽聲也爾雅釋言肅聲也字亦作䮶廣雅釋訓䮶䮶飛也禮記少儀肅肅雍雍疏鸞和聲之形狀後漢張衡傳注肅肅清也又託名幖識字書序肅慎來賀馬鄭本作息注東北夷按在今盛京地聲訓詩七月九月肅霜傳縮也霜降而收縮萬物古韻詩雝叶肅穆七月叶肅滌句中韻兔罝叶肅赳句中韻思齊叶肅廟保句中韻

蕭 **蕭** 艾蒿也从艸肅聲爾雅蕭萩注即蒿按亦名薌蒿一名牛尾蒿廣雅釋詁二蕭衰也凡蒿艸衰出之皃曰蕭梢故亦謂之邪蒿詩采葛彼采蕭兮下泉浸彼苞蕭蓼蕭蓼彼蕭斯中山經槀山多蕭又詩生民取蕭祭脂禮記郊特牲然後焫蕭合羶薌周禮甸師共蕭茅假借爲肅論語而在蕭牆之內也鄭注屏也釋名蕭肅也臣將入于此自肅敬之處也南州桓公九井詩哲匠感蕭晨注言秋晨也又爲寥景福殿賦蕭曼雲征注蕭條曼延言高遠也又疊韻連語淮南齊俗蕭條者形之君注深靜也又雙聲連語素問五常政大論其德霧露蕭飋注風聲也吳都賦蓊茸蕭瑟注聲也又重言形況字荊軻歌風蕭蕭兮易水寒字亦變作飀廣雅釋詁四飀風也又單辭形況字漢書食貨志蕭然煩費矣張湯傳北邊蕭然苦兵注猶騷然擾動之皃古韻詩采葛叶蕭秋車攻叶蕭悠庖句中韻

歗 **嘯** 吹聲也从口肅聲籒文从欠按籒文許書欠部重出詩江有汜其嘯也歌箋蹙口而出聲禮記內則不嘯不指注則讀爲叱封氏聞見記激于舌端而清謂之嘯文選成公綏有嘯賦又匡謬正俗嘯者謂若有所召命若齊莊撫楹而歌耳古韻詩中谷有蓷叶修歗淑白華叶滌嘯句中韻

嘯 **歗** 說文欠部又出此字吟也从欠肅聲詩曰其歗也謌按江有汜毛本作嘯歌中谷有蓷條其歗矣白華歗歌傷懷釋文皆云本作嘯是嘯歗同字欠部重出當刪

屋 **鷫** 鷫鷞也五方神鳥也東方發明南方焦明西方鷫鷞北方幽昌中央鳳皇从鳥肅聲司馬相如說从鳥𠈇聲續漢五行志引樂叶圖徵鷫鷞鳩喙圓目身義戴信嬰禮膺仁負智按據宋均樂緯注焦明亦竝倒之是鷫鷞竝白別義楚辭大招鴻鵠代遊曼鷫鷞只注俊鳥也淮南原道鉤射鷫鷞之爲樂乎注鳥名也長頸綠身其形似雁本經鴻鵠鷫鷞注雁類漢書司馬相如傳鳿鷫鵠鴇按此同名異實左定三傳疏引馬融說肅爽雁也其羽如練高首而脩頸馬似之此牽合神鳥與雁類爲一竊謂馬名取之神鳥非取之雁類練羽之說以意爲傳會耳字亦變作驌吳都賦招驌驦左定三年傳有兩肅爽馬其實即鷫鷞字馬以鳥名也

sōu 膢　xiāo 簫　sù 橚　sù 潚　xiù 繡　xiāo 蠨　ròu 肉

九嘯 膢 乾魚尾𦞠𦞠也从肉肅聲周禮有腒膢按字亦作鱐周禮庖人夏行腒鱐膳膏臊司農注乾魚也內饔𦟝胖骨鱐司農注謂骨有肉者籩人膴鮑魚鱐注鱐者析幹之出東海廣雅釋器膢脯也

蕭 簫 參差管樂也象鳳之翼从竹肅聲周禮小師簫管絃歌注編小竹淮南齊俗若風之過簫注籟也廣雅釋樂籟謂之簫五經通義簫編竹爲之長尺有五寸按大者二十三管小者十六管有底其無底者謂之洞簫蜀都賦吹洞簫是也轉注書益稷簫韶九成鄭注簫韶舜所制樂左襄廿九傳見舞韶箾者舜樂也見舞象箾南籥者文王樂也以箾爲之又儀禮鄉射禮右執簫注弓末也禮記曲禮右手執簫注弭頭也簫邪也按弓兩頭衺出如簫之外管衺出故以爲稱或曰借爲蕭如蒿之衺出也字亦變作彇作弰作鞘作彇廣雅釋器彇弰也假借爲蓨廣雅釋艸蕭箾也長笛賦林簫蔓荊聲訓釋名蕭肅也其聲肅肅然清也白虎通禮樂簫者中呂之氣也萬物生于無聲見于無形戮也肅也古韻荀子解蔽叶秋簫

巧屋 橚 長木皃从木肅聲吳都賦橚矗森萃注橚矗長直皃

蕭屋 潚 深清也从水肅聲與瀏同誼字亦作瀟廣雅釋詁一潚清也水經湘水注瀟者水清深也自郭景純注山海經誤仞瀟湘爲二水貤繆至今假借爲速思元賦迅猋潚其媵我兮舊注疾皃又疊韻連語西京賦飛罕潚箾注罕形也又雙聲連語羽獵賦吸鼻潚率注吸鼻之皃漢書注聚斂也又重言形況字詩風雨潚潚傳暴疾也古韻詩風雨叶潚膠瘳

說文通訓定聲 孚部第六　重

宥 繡 五采備也从糸肅聲按考工記以言畫繢之事則凡黹與畫之五采備者皆曰繡也書益稷絺繡鄭注刺者爲繡按謂鍼縷所紩者其色備五采絺者黹字鄭以刺釋黹非以刺釋繡也禮記月令文繡有常詩終南黻衣繡裳今專以刺爲繡漢書賈誼傳美者黼繡注謂刺爲衆文是也假借爲綃詩揚之水素衣朱繡魯詩以宵爲之禮記郊特牲繡黼丹朱中衣同聲訓釋名繡修也文修修然也古韻詩秦揚之水叶皓繡鵠憂

蕭屋 蠨 蠨蛸長股者从虫肅聲爾雅蠨蛸長踦注小鼅鼄長腳者俗呼喜子字亦作蟰詩東山蠨蛸在戶陸疏一名喜母

肉三十一名凡肉之派皆衍肉聲 如六切

屋 肉 胾肉象形在物曰肉在人曰肌易噬嗑噬腊肉周禮內饔辨體名肉物禮記曾子問不歸肉注俎也爾雅肉曰脫之注今江東呼麋鹿之屬通爲肉轉注荀子正論治古無肉刑注墨劓剕宮也假借疊韻連語禮記樂記寬裕肉好疏謂厚重者也史記樂書正義肉

yáo 䚻　yáo 謠　kuí 𢍏　yóu 䍃　nǜ 朒　róu 脜　yù 育　yù 毓

肥也按王肅曰言音之洪美是也禮記樂記廉肉節奏疏謂肥滿或云借爲柔又爾雅釋器肉倍好謂之璧注邊也孫注身也漢書食貨志肉好皆有周郭注肉錢形也律厤志注體爲肉孔爲好或云肉者引申之義好者孔之譌字其實皆古時語言如此當以聲求之聲訓釋名肉柔也古韻易噬嗑叶肉毒

蕭 䚻 徒歌也从言肉聲謂無絲竹之類獨歌之經傳皆作謠詩園有桃我歌且謠韓詩章句有章句曰歌無章曲曰謠晉語辨妖祥於謠書大傳其歌聲比余謠列子周穆王西王母爲王謠離騷謠諑謂余以善淫聲訓爾雅釋樂孫注謠聲消搖也

謠 戴侗六書故引唐本說文有謠字按即䚻之或體从言䍃聲今附于此轉音詩園有桃叶桃殽謠驕

支 𢍏 持弩拊也从廾肉聲讀若逵

尤蕭 䍃 瓦器也从缶肉聲方言五甈也廣雅釋器瓶也

屋 朒 朔而月見東方謂之縮朒从月肉聲各本作肭从內聲誤洪範五行傳注朒行遲皃通俗文縮小曰㾊皺不申曰縮朒漢書五行志注音忸按亦謂之側匿語之轉也

說文通訓定聲 孚部第六　重

九 脜 面和也从百从肉按肉聲讀若柔字亦作腬詩抑輯柔爾顏禮記內則柔色以溫之國語戚施面柔皆以柔爲之

屋屋 育 養子使作善也从𠫓肉聲虞書曰教育子或从古文𠫓从每按論形體毓育非一字爾雅釋詁育養也又長也廣雅釋詁一育生也易漸婦孕不育書盤庚無遺育詩生民載生載育蓼莪長我育我周語子孫蕃育之謂也晉語至于今不育注遂也呂覽祭賢則萬物育矣注成也轉注易象上傳君子以果行育德孟子得天下英才而敎育之詩谷風既生既育按谷風連用三育字昔育之育是者字之譌即下章之昔者也恐育鞠是疊韻連語猶窮鞠也既育箋謂長老也假借爲毓思元賦卉既凋而已育呂覽開春則草木育矣又爲賣莊子人閒世是以人惡育其美也崔注賣也又爲胄說文引虞書曰教育子周禮大司樂注同古文尚書正作胄史記又作稺非聲訓釋名釋車齊人謂車枕以前曰縮兗冀曰育御者坐中執御育育然也古韻詩谷風叶鞫覆育毒蓼莪叶鞫育畜復腹生民叶夙育稷老子養德篇叶者育熟復

屋 毓 按此字當別爲正篆訓生養草木也从每育省聲㐬古文𠫓廣雅釋言毓長也稚也周禮大司徒以毓草木太宰園圃毓草木漢書五行志則孕毓根核轉注漢書敘傳鳥魚之毓川澤東都賦豐圃草以毓獸又琴賦盤桓毓養又晉語恐則毓災注生也

yáo 傜　yáo 繇　yáo 繇　kuí 跭　kuí 頯　yáo 瑤

說文通訓定聲　孚部弟六

蕭 **傜** 喜也从人䍃聲按役也字亦作傜作徭禮記王制注不給其傜役〔別義〕方言六傜袤也自山而西凡物細大不純者謂之傜說文自關以西物大小不同謂之傜〔假借〕爲遙荀子王霸傜其期日注傜遠

蕭 **繇** 隨從也从系䍃聲字亦作繇作遙作道爾雅釋詁繇道也左昭廿六傳繇朐汰輈注過也呂覽歸當必繇其道注用也史記弟子傳曾蔵無繇字路仲由亦字路以由爲之凡行用字經傳皆以由爲之方言十二道轉也步也廣雅釋詁一道行也釋訓趣趣行也〔假借〕爲䌛書禹貢厥草惟繇漢書地理志中繇木條又爲䚻漢書李尋傳人民繇俗又爲傜禮記襍記給繇役韓勑碑邑中繇發漢書蓋寬饒傳常爲衛官繇使市買淮南精神繇者揭钁臿南山經縣有大繇又爲搖素問氣交變大論筋骨繇復周禮追師注若今步繇矣史記蘇秦傳二日而莫不盡繇索隱動也又爲籀左閔二傳成風聞成季之繇注卦兆之占辭典引悉經五繇之碩慮矣又爲嗂爾雅釋詁繇喜也又爲由爾雅釋水繇膝以下爲揭注自也按自之言始也漢書元帝紀不知所繇楚元王傳繇是怨嫂又爲悠爾雅釋詁繇憂也又〔疊韻〕連語漢書敘傳優繇亮直又重言形況字漢書韋賢傳犬馬繇繇又發聲之詞爾雅釋詁繇於也書大誥馬本繇爾多邦又託名幖識字大荒北經共工臣名曰相繇注相柳也語聲轉耳古今人表繇余韓子作由余辛繇靡史記周紀正義作游呂覽作餘繇餘雙聲〔聲訓〕左閔二傳服注繇抽也抽出吉凶也書禹貢馬注繇抽也

蕭尤宥 **繇** 說文奪此字今據偏旁及韻會補爲繇之重文附此从系䍃聲

支 **跭** 脛肉也一曰曲脛也从足𠔃聲讀若逵廣雅釋言跭跬也文選江賦注引埤蒼跭蹷跳也漢書賈誼傳又若跭盩錢辛搢師云趺即跭之誤字小顏讀爲蹠蓋臆說〔假借〕爲𠔃廣雅釋器跭柎也按凡器足皆謂之柎

支尤 **頯** 權也从頁𠔃聲謂面權也字亦作頄廣雅釋親頄顴也易夬壯于頄鄭本作頯注夾面也翟元注頯頰閒骨也釋文頄顴也范長生本以仇爲之或曰說文頄篆當爲頯之或體从首九聲與頄同古書借頯爲逵耳存疑〔轉注〕廣雅釋詁三頯厚也又爾雅釋魚蚆博而頯注中央廣兩頭銳〔假借〕單詞形況字莊子大宗師其顙頯王注質朴無飾也天道而顙頯然注高露發美之皃釋文本作䫜又作𩒴

蕭 **瑤** 石之美者从玉䍃聲詩曰報之以瓊瑤按左昭七傳賂以瑤甕玉櫝斝耳琉瑤之爲物在玉石之閒與玉小別故或以爲石或以爲玉書禹貢瑤琨傳詩木瓜瓊瑤傳皆訓美玉周禮內宰瑤爵注穆天子傳璇瑤注皆訓玉離騷瑤臺注楚辭東皇太一瑤席注皆訓石次玉〔轉注〕楚辭涉江吾與重華遊兮瑤之圃招魂瑤漿蜜勺大司命折疏麻兮瑤華又淮南本經瑤光者資糧萬物者也注瑤光謂北斗杓弟七星也又別賦惜瑤草之徒芳字或變作䔄見中山經〔假借〕託名幖識字晉語荀瑤孟子作搖淮南脩務注作繇〔古韻〕詩木瓜叶桃瑤

yáo 嗂　yáo 䠥　yào 鷂　yáo 榣　yáo 歋　yáo 搖　yáo 媱　yù 䓘

說文通訓定聲　孚部弟六

蕭 **嗂** 喜也从口䍃聲禮記檀弓人喜則斯陶以陶爲之

蕭 **䠥** 跳也从足䍃聲

蕭嘯 **鷂** 鷙鳥也从鳥䍃聲爾雅釋鳥鷂負雀注鷂也善捉雀廣雅鷂鷹鷂子籠脫鷂也按隼爲鷙鳥之大名鷂者雀鷹也〔別義〕爾雅釋鳥青質五采皆備成章曰鷂此鷂雉也說文作搖周禮內司服注染人注禮記玉藻注皆作搖

蕭 **榣** 樹動也从木䍃聲字亦作颻幽通賦飄颻風而蟬蛻兮注飄颻也〔假借〕爲櫾西山經槐江之山其陰多榣木之有若注榣木大木也引國語榣木不生花技晉語今本作榣木不生危

蕭 **歋** 歋歋气出皃从欠䍃聲

蕭嘯 **搖** 動也从手䍃聲字亦作搯爾雅釋詁搖作也管子心術搖者不定莊子則暘復命搖作考工矢人夾而搖之釋文本作搯史記賈生傳搖增翮逝而去之〔正義〕動也禮記檀弓咏斯猶以猶爲之素問骨空論揄臂齊肘以揄爲之揄搖〔雙聲〕〔轉注〕方言十二搖上也方言二搖扇疾也廣雅釋詁一搖疾也爾雅釋天扶搖謂之猋西京賦風舉雲搖漢書禮樂志將搖舉誰與期又方言十二愮悸也廣雅釋詁三愮亂也字變作愮〔假借〕爲藥爲櫟廣雅釋詁三搖治也方言十愮治也字亦作愮又爲踰楚辭九章願搖起而橫奔兮又爲鷂釋名釋衣服搖翟畫搖雉之文於衣也又〔疊韻〕連語禮記曲禮招搖在上注搖光則招搖也謂北斗弟七星瑤光詩鴟鴞風雨所漂搖鄭注書大傳引作飄清人河上乎消搖亦作逍遙甘泉賦梟搖泰一注與遙同又〔雙聲〕連語沈約詩刷羽同搖漾注飛皃也七命搖刖峻挺注危皃也又重言形況字詩黍離中心搖搖爾雅釋訓愮愮憂無告也字亦作愮大戴武王踐阼若風將至必先搖搖注無所託也〔古韻〕詩黍離叶苗搖鴟鴞叶譙翛翹搖嘵

蕭 **媱** 曲肩行皃从女䍃聲楚辭九思音案衍兮要媱注舞容也亦〔疊韻〕連語〔轉注〕方言十媱遊也又遙淫也以遙爲之廣雅釋詁一媱婬也三媱戲也

屋 **䓘** 艸也从艸育聲

yù 淯　yù 䋖　yáo 蘨　yóu 邎　yáo 𢐆　yóu 櫾　zhuǎn 關　é 圝　yáo 繇　zhōu 鬻

屋 淯 淯水出宏農盧氏山東南入沔宋本入海非从水育聲或曰出驪山西字林淯水出酈縣西北山中南入漢按水出今河南河南府盧氏縣攻離山逕南陽府入沔今名白河至湖北襄陽府光化縣入漢或說出今南陽府內鄉縣東北酈山南都賦淯水盪其胷假借爲育管子宙合天淯陽無計量

屋 䋖 帛青經縹緯一曰育陽染也从糸育聲按一說謂淯水所染

蕭尤 蘨 艸盛貌从艸䌛聲夏書曰厥艸惟蘨今本禹貢以繇爲之

尤蕭 邎 行邎徑也从辵䌛聲按字亦作遥作遙方言六遙疾行也又遙遠也廣雅釋訓遙遙遠也漢書郊祀志注遙遠也莊子秋水遙而不悶注長也楚辭大招無遠遙只注遙猶漂遙放流皃也漢書陳湯傳踰集都賴以踰爲之踰遙雙聲假借爲嫋方言十遙淫也注言心遙蕩也又疊韻連語詩清人河上乎逍遙白駒於焉逍遙莊子逍遙遊古韻詩清人叶消麃喬遙白駒叶苗朝遙離騷叶遙姚

蕭 𢐆 弓便利也从弓䌛聲讀若燒

尤宥 櫾 崐崘河隅之長木也从木䌛聲穆天子傳天子釣于河以觀䌛之木以䌛爲之西山經櫾木之有若以櫾爲之假借爲柚中山經荊山多橘櫾注似橘而大也

銑 關 開閉門利也从門䌛聲別義說文一曰縷十紘也按紘疑總之誤八十縷爲一總

歌尤 圝 此字說文爲囮篆或體囮譯也从口化聲率鳥者繫生鳥以來之名曰囮讀若譌或从口从繇又音由按廣雅釋言囮圝也北戶錄引字林圝音由今獵師有圝繇化聲隔誼同音別當爲各字今分系于此潘岳射雉賦恐吾游之晏起以游爲之唐呂溫有由鹿賦以由爲之

蕭 繇 瓜也从瓜繇省聲

鬻二名凡鬻之派皆衍鬻聲 之六切

屋麥 鬻 健也从䰜米聲按从米从古文鬲會意字亦作粥作餰又誤省作粥爾雅釋言鬻糜也廣雅釋器粥饘也儀禮士喪禮夏祝鬻餘飯注以飯尸餘米爲鬻也既夕歠粥注糜也禮記檀弓饘粥之食疏厚曰饘希曰粥左昭七傳鬻於是疏涼者曰鬻漢書文帝紀當受鬻者注淖糜也假借爲賣周禮巫馬則使其賈鬻之禮記曲禮不鬻祭器左昭十四傳鮒也鬻獄齊語市賤鬻貴注皆訓賣又爲育詩鴟鴞鬻子之閔斯傳稚也周禮脩閭氏與其國粥注養也禮記樂記毛者孕鬻注生也夏小正助厥母粥傳養也莊子德充符四者天鬻也天鬻也者天食也太元沈好媚惡粥注出也按媚粥即孕育也又爲毓閑居賦灌園粥蔬又爲鬻通俗文以湯去毛曰鬻又重言形況字禮記儒行粥粥無若能也疏柔弱專愚之皃釋文卑謙皃又託名幖識字漢書古今人表鬻熊注與粥同又粥拳左莊十九傳作鬻又洞簫賦桀跖鬻博偏以頓顇注鬻育也博申博也聲訓釋名釋飲食粥濁于糜粥粥然也

yù 鬻　zhù 祝　zhù 柷

屋 鬻 鬻也从䰜毓聲或从米鬲毓省聲按皆即鬻之或體今附於此或曰鬻字唐韻切武悲自是別一字今以鬻音讀鬻耳存參

祝二名凡祝之派皆衍祝聲 之六切

屋 祝 祭主贊詞者从示从人口會意一曰从兌省易兌爲口爲巫按祝所以悅神也禮記郊特牲祝將命也禮運祝以孝告嘏以慈告周禮春官有大祝小祝喪祝甸祝詛祝儀禮士喪禮夏祝注習夏禮者商祝注習商禮者書洛誥逸祝冊轉注無逸否則厥口詛祝詩蕩侯作侯祝後漢賈逵傳注祝詛也俗字作呪又左哀廿五傳武伯爲祝注上壽酒齊策爲儀千秋之祝注祈也呂覽樂成篇玉爲羣臣祝注願也假借爲屬詩干旄素絲祝之傳織也又白虎通號謂之祝融何祝者屬也又爲假鄭語故命之曰祝融注始也釋名釋親屬祝始也又爲篤左昭廿九傳火正曰祝融賈注祝甚也史記楚世家命曰祝融集解引虞翻祝大也又爲章太元數神祝融注祝猶章也又爲注周禮瘍醫祝藥讀如注病之注章注祝一聲之轉又爲斷廣雅釋詁一祝斷也穀梁哀十三傳祝髮文身公羊哀十四傳天祝予又爲祝堯廟碑輅磬祝圉又爲鷄左昭十七傳祝鳩氏又託名幖識字爾雅釋木祝州木又穀梁隱四年衞祝吁左傳作州又方言八守宮北燕謂之祝蜓又左定十傳公會齊侯于祝其當在今山東泰安府萊蕪縣非濟南府淄水縣之夾山一名祝山亦非江蘇海州贛榆縣之祝其城夾谷山也又禮記樂記封帝堯之後于祝按其後以爲氏鄭有祝聃聲訓釋名釋言語祝屬也以善惡之詞相屬著也古韻詩蕩叶祝究干旄叶祝六告

屋 柷 樂木空也所以止音爲節从木祝省聲按即椌也所以起樂椌以空中言柷以觸擊言書益稷合止柷敔鄭注狀如漆筩中有椎爾雅所以鼓柷謂之止注柷方二尺四寸深一尺八寸中有椎柄連底挏之令左右擊也詩有瞽鞉磬柷圉周禮小師掌教鼓鞀柷敔禮記王制則以柷將之假借託名幖識字爾雅柷州木釋文本作祝按州木玉篇作柷齊民要術州樹野生三月花已乃連著實五月熟

zhù 築　jū 鞫　dǔ 篤　dǔ 竺　dǔ 篙　zhú 筑　zhú 竹

剝核滋味晤出武平聲訓漢書律厤志注柷與俶同按白虎通禮樂
柷始也以俶爲訓釋名柷如物始見柷柷然也故訓柷爲始以作樂

竹十四名凡竹之派皆衍竹聲 張六切

屋 竹 冬生艸也象形下𠂹者箁箬也顏籀說解竹物之多筋者易說卦傳震爲蒼筤竹轉注禮記樂記金石絲竹樂之器也郊特牲匏竹在上釋文笛也周禮大師絲木匏竹注管簫也又白虎通喪服所以杖竹桐何竹者蹙也桐者痛也又後漢和熹鄧皇后紀書功于竹帛注竹謂簡冊叚借爲萹爾雅竹萹詩淇澳綠竹猗猗韓詩作藩

屋 筑 以竹曲五絃之樂也从竹从巩巩持之也會意竹亦聲按曲其竹以受弦以竹尺擊之成聲似箏細項圓肩淮南泰族高漸離宋意爲擊筑注二十一弦或曰十三弦後世以木爲之叚借爲敊爾雅釋言筑拾也

沃 篙 厚也从亯竹聲讀若篤經傳皆以篤爲之

屋沃 竺 厚也从二竹聲平與令薛君碑遵此竺旻按當爲篙之重文今附于此叚借爲竹廣韻云後漢有擬陽侯竺晏本姓竹遵仇加二爲竺以存夷齊則此字後出又廣雅釋草竺竹也其表曰筤其裏曰笨从工譌字古韻楚辭天問叶竺燠

沃 篤 馬行頓遟也从馬竹聲轉注後漢光武紀篤癃無家屬注引爾雅曰篤固也叚借爲篙爲竺爾雅釋詁篤厚也又固也詩椒聊實大且篤公劉篤公劉禮記儒行篤行而不倦疏猶純也史記五帝紀堯九男皆益篤正義惇也呂覽孝行朋友不篤注信也又爲督廣雅釋詁二篤理也楚辭大招察篤天隱注病也失之聲訓釋名釋言語篤築也築堅實稱也古韻詩椒聊叶匊篤

屋 鞫 窮理辠人也从㚔从人从言會意竹聲或省言字亦作鞫訊鞫論報禮記文王世子告于甸人以告爲之叚借爲竆爾雅釋言鞫窮也楚辭天問皆歸躲鞫注窮也詩谷風昔育恐育鞫雲漢鞫哉庶正瞻卬鞫人忮忒傳箋皆訓窮又爲訩詩公劉芮鞫之卽傳究也韓詩作阸爾雅釋邱厓內爲隩外爲鞫釋文字林作坭又爲告詩采芑陳師鞫旅轉音爾雅釋訓叶則應職鞫

屋 築 擣也从木筑聲古文从土管聲篆文小譌與毒字古文同史記黥布傳身負版築注杵也楚辭離世破荆和以繼築注木杵也故以築擣之卽曰築釋名築堅實稱也詩縣築之登登禮記月令可以築城郭左莊廿八傳邑曰築都曰城儀禮既夕記甸人築坅坎注實土其中堅之轉注廣雅釋詁一築刺也又周禮鬱人司農注鬱草

jú 趜　jú 菊　jū 匊　jū 𢯱　jū 匔　jū 𥷚　jú 鵴　qū 𥶽　jú 蘜　zhú 筑

十葉爲貫百二十貫爲築叚借爲敊書金縢盡起而築之馬鄭王皆曰拾也謂拾其下禾又發聲之詞方言築娌匹也廣雅妯娌先後也作妯亦同

沃 筑 篇筑也从艸筑省聲按有節似竹生水中者曰藩爾雅萹蓄以蓄爲之詩綠竹以竹爲之

屋 蘜 日精也以秋華从艸𥷚省聲今本說文从𥷚省誤或从𥶽省聲俗以菊爲之禮記月令鞠有黃華夏小正榮鞠皆以蹋鞠字爲之郝戶部懿行曰本草菊有兩種一種莖深紫色綠葉肥潤華深黃而大於錢俗名鐙下黃者乃眞菊也今秋菊華色皆異百種千名大抵蕭艾所爲都非眞菊此本艸陶注之苦薏周官蟈氏之牡鞠也

屋 𥶽 酒母也从米𥷚聲或从麥鞠省聲字亦作麴作𪌎列子楊朱積麴成封叚借發聲之詞方言五薄謂之苗或謂之麴聲訓釋名麴朽也鬱之使生衣朽敗也

屋 鵴 秸鵴鳲鳩也从鳥𥷚聲字亦作鵴按一名擊穀一名布穀亦名郭公皆象其聲卽桑鳩也此鳥以穀雨後鳴月令鷹化爲鳩者是通俗文隹其謂之鵴鳩以夫不祝鳩當之非是

屋 𥷚 窮也从穴𥷚聲𥷚與𥷚同或从穴經傳皆以鞫皐或蹋鞠字爲之

屋 匔 曲脊也从勹𥷚省聲按卽𥷚省聲經傳鞠躬以蹋鞠字爲之儀禮聘禮記作鞠躬史記作匔匔實皆疊韻連語敬謹之皃讀如左傳山芎窮之芎窮

屋 𢯱 撮也从手𥷚省聲按卽𥷚省聲與臼从手之臼兩手之匊皆別

匊九名凡匊之派皆衍匊聲 居六切

屋 匊 在手曰匊从勹米會意字亦作掬小爾雅量兩手謂之匊詩椒聊蕃衍盈匊采綠不盈一匊禮記曲禮受珠玉者以掬左宣十二傳舟中之指可掬也叚借發聲之詞方言七掬離也聲訓釋名釋姿容掬局也使相局近也古韻詩椒聊叶匊篤轉音詩采綠叶綠匊局沐

屋 菊 大菊蘧麥也从艸匊聲叚借爲蘜爲鞠蔡邕月令章句菊艸名也

屋 趜 窮也从走匊聲據說文則與𥷚同字从走疑當爲窮奔也叚借爲匊通俗文體不申謂之趜

說文通訓定聲 孚部弟六

屋 **鞠** 蹋鞠也。从革，匊聲。毛丸可蹴戲者，今謂之毬。或从𥷚聲，字亦作鞫，作𩋆，作踘。賈誼新書注：蹋鞠，黃帝所作，或曰起戰國時。三蒼郭注：蹋鞠，兵勢也，所以陳武士、簡材力也。史記衛將軍傳：穿域蹋鞠。索隱：鞠戲以皮爲之，中實以毛，蹵蹋爲戲也。漢書藝文志：蹵鞠二十五篇。【叚借】爲𥷚。書盤庚：爾惟自鞠自苦。詩南山：曷又鞠止。左文六傳：晉續鞠居，字簡伯。又爲芃。按詩小弁：鞠爲茂草。又爲告。詩采芑：陳師鞠旅。又爲育。爾雅釋言：鞠，生也。又稚也。書盤庚：鞠人謀人之保居。詩蓼莪：母兮鞠我。傳：養也。又爲匊。按詩節南山：降此鞠訩。爾雅釋詁：鞠，盈也。又爲窮。史記滑稽傳：卷韝鞠䠋。論語：鞠躬如也。亦雙聲連語。又爲穹。南都賦：鞠巍巍其隱天。注：高皃。又爲鉤。夏小正：鞠則見。按危宿上天鉤九星，西人言六星，其色黃，正月晨見也。洪震謂虛宿存參，戴氏震以爲噣柳宿，王氏引之以爲北落師門，存疑。盛百二謂斗曰星曰誤曰曰曰借匊，非是。穹鉤鞠一聲之轉。又爲蘜。禮記月令：鞠有黃華。夏小正：榮鞠。又爲𥷚。周禮內司服：鞠衣。注：黃桑服也，色如鞠塵。釋名：如黃華色也。則謂借爲𥷚。又爲鞫。漢書功臣表：鞠獄不實。【古韻】詩谷風叶鞠覆育毒，蓼莪叶鞠畜育復腹，小弁叶𨁵鞠怒，句中韻。【轉音】楚辭懷沙叶默鞠。

屋 **鮈** 鮈魚也。出樂浪番國。从魚，匊聲。一曰鮈魚出江東，有兩乳。小徐繫傳本。一曰溥浮。晉書音義引說文：鮈，一名江豚，多膏少肉。按廣雅：鱄鯆，鮈也。即今之江豬，欲風則踊。與爾雅鱀是鱁之海豨同類而異物。鱄鯆亦作鱃鯆。昔吳東門爲鱃鯆門，今吾蘇城東南之葑門是也，音轉作葑。埤蒼：鯆鮈，魚也。

屋 **蚼** 蚼蠪，詹諸，以脰鳴者。从虫，匊聲。按蚼蠪疊韻連語。爾雅作𪓰䵶，去匊一聲之轉。單評曰𪓰，絫評曰蚼蠪。

屋 **蘜** 治牆也。从艸，鞠聲。疑陶注本草所云菊一種青莖而大，作蒿艾氣，味苦不堪食，名苦薏者。周禮蟈氏焚牡蘜，當謂此。

屋 **驧** 馬曲脊也。从馬，鞠聲。

屋 **椈** 柏也。从木，匊聲。禮記雜記：暢臼以椈，杵以梧。爾雅釋木：柏，椈。說文柏，鞠也。以鞠爲之。說文無此字，今補附匊聲末。

臼十三名。凡臼之派，皆衍臼聲。居六切

沃 **臼** 叉手也。从𠂇、又。按从到𦥑，指事。篆當作𦥑，从𠂇、又者，廾字。

效覺 **斆** 覺悟也。从教，从冂。冂，尚矇也。臼聲。篆文省。按篆文从學。學，效也。學于古曰斆。廣雅釋詁二：學，識也。禮記中庸：好學近乎知。文王世子：念終始典于學。高彪碑：五十以斆。又學于師曰斆。尚書大傳：學，效也，近而遠明者，學也。莊子庚桑楚：學者，學其所不能學也。禮記曲禮：宦學事師。故教人學亦曰斆。廣雅釋詁四：斆，教也。書盤庚：斆于民。禮記：叔仲皮學子柳。文王世子：凡學世子及學士。儀禮燕禮：亦教國子以學。書僞說命：惟斆學半。分斆學爲二字，非也。禮注：所學之地曰學。天子曰辟廱，諸侯曰頖宮。廣雅釋宮：學，官也。論語：君子學以致其道。孟子：學則三代共之。夏小正：萬用入學。禮記王制：小學在公宮南之左，大學在郊。【叚借】爲鷽。莊子逍遙遊：蜩與學鳩笑之。【聲訓】白虎通辟雍：學之爲言覺也，以覺悟所未知也。【古韻】禮記禮運叶廟朝學。

說文通訓定聲 孚部弟六

沃 **鳨** 鳨鳥也。从鳥，臼聲。

覺 **鷽** 雗鷽，山鵲，知來事鳥也。从鳥，學省聲。或从隹。亦名鴝鵲。鄭注大射儀所謂難中者也。淮南氾論作乾鵲，云乾鵲知來而不知往。注：人將有來事憂喜之徵則鳴，此知來也；知歲多風，卑巢于木枝，人皆探其卵，故曰不知往也。亦名乾鵲。西京雜記陸賈曰：乾鵲噪而行人至。又山中人諺云：朝鷽叫晴，暮鷽叫雨。按山鵲與今喜鵲蓋同類而小異。

覺 **䏴** 膏肥貌。从肉，學省聲。此字說文不錄，今據肉部臏下䏴也及玉篇補附于此。

覺 **觷** 說文新脩字義：觷，治角也。从角，學省聲。爾雅：角謂之觷。今姑附于此。

效覺 **覺** 寤也。从見，學省聲。漢書董賢傳：上欲起，賢未覺。注：寐之寤也。鄧通傳：覺而之漸臺。莊子齊物論：且有大覺而後知此其大夢也。【轉注】說文：一曰發也。史記高祖紀：趙相貫高等事發覺。又孟子：使先知覺後知。注：悟也。廣雅釋言：覺，䆦也。荀子王霸：而覺跌千里者。注：知也。廣雅釋詁三：覺，智也。左文四傳：以覺報宴。注：明也。春秋繁露郊祭：覺者，著也。【叚借】爲嶨，爲陪。詩斯干：有覺其楹。傳：高大也。孝經：有覺德行。緇衣引詩：有梏德行。鄭注皆云：大也。左文四傳：以覺報宴。注：明也。失之。又爲縮。斯干箋：覺，直也。抑傳：覺，直也。又爲校，實爲搉。孟子離婁下注：如此賢不肖相覺。讀心下注：彼此相覺。音義：與校同。又疊韻連語。楚辭遠逝：服覺酷以殊俗兮。注：較也。【聲訓】左襄廿一傳：夫子覺者也。注：覺，較然正直。【古韻】詩兔爰叶罦覺。【轉音】左哀廿傳叶學造憂。

覺 **嶨** 山多大石也。从山，學省聲。字亦作𡾰。【聲訓】釋名釋山：嶨，學也。大石之形學學然也。以嶨爲之。

覺 **礐** 石聲也。从石，學省聲。疑與硞同字。江賦：礐硞𥗝确，亦疊韻連語。【叚借】爲嶨。爾雅釋山：多大石，礐。

覺巧 **澩** 夏有水，冬無水，曰澩。从水，學省聲。或不省。爾雅釋山：山上有水曰埒，夏有水冬無水曰澩。【叚借】疊韻連語。吳都賦：𤂾澩𣽎膠。注：眾相交錯皃。【別義】廣雅釋水：澩，水自潤出爲澩。亦見水經渭水注。

效 **覺** 說文闕廣雅釋詁三覺誤也玉篇引聲類覺誤也按此字从覞省學省聲覞病人視也讀若迷

覺 **鷽** 說文無此字段氏玉裁據類篇及王應麟詩攷補从馬學省聲馬腹下聲也按恐爲鷽之譌字說文引詩四牡鷽鷽亦重言形況字今姑附於此

巧 **攪** 亂也从手覺聲詩何人斯祇攪我心字亦作捁後漢馬融傳梏羽羣注梏案字書作從手卽古文攪字謂攪擾也按孟子有梏亡之矣亦以梏爲之

毒三名凡毒之派皆衍毒聲 徒六切

沃 **毒** 厚也害人之艸往往而生从屮从毒按从生从毋毋以止之會意或曰从𡕒省亦通說文害人之艸往往而生往往者以聲訓也古文从刀菖按从刀篙聲小徐本是也周禮醫師聚毒藥以共醫事注毒藥藥之辛苦者易師以此毒天下干寶注毒荼苦也鶡冠子環流味之害人者謂之毒論衡言毒毒太陽之熱氣也易噬嗑噬腊肉遇毒疏苦惡之物也史記扁倉傳案杬毒熨索隱謂毒病之處以藥物熨貼也詩桑柔寧爲荼毒疏毒者螫蟲西山經礜可以毒鼠注殺鼠轉注廣雅釋詁二毒痛也三惡也四苦也釋言憎也周語其毒必亡注害也吳語毒逐於中原柏舉注暴也楚辭靈懷哀僕夫之坎毒兮注恚也列子湯問仙聖毒之釋文病也素問五常政大論寒毒不生注毒者皆五行標盛暴烈之氣所爲也假借爲督易師以此毒天下馬注治也釋文役也莊子人閒世無門無毒注治也釋文本作每書微子天毒降災荒殷邦史記以篤爲之又爲竺按老子亭之毒之釋文本作育廣雅釋詁一毒安也又雙聲連語海內經天毒其人水居注卽天竺國聲訓說文毒厚也蓋以篤爲訓古韻詩谷風叶鞠覆育毒桑柔叶迪復毒易噬嗑叶肉毒轉音爾雅釋訓叶息毒式

沃 **薵** 水萹苑也从艸从水毒會意毒聲讀若督韓詩淇澳綠薵如簀字亦作𧁫

沃 **裻** 衣躬縫也从衣毒聲讀若督按與裻同字方言四繞緍謂之裻裺注衣督脊也按緍縫也字亦作襩又作䘞

逐一名 直六切

屋 **逐** 追也从走从豚省會意孟子如追放豚此其誼也按字實當从豕聲亦許君豕篆下所謂今世字誤以豕爲彘也費鳳別碑白駒以逐隍疑从彖或从古文豕作希易睽喪馬勿逐大畜良馬逐楚辭河伯乘白黿兮逐文魚注從也轉注爾雅釋言逐彊也左昭元傳

諸侯逐進注猶競也漢書五行志注競走曰逐後漢馮異傳注逐爭也南都賦羣士放逐注馳逐也又晉語厭邇逐遠注求也假借重言形況字易頤其欲逐逐鄭注兩馬走也王注敦實也謂借爲篤虞注心煩皃謂借爲攪爲擾薛注速也謂借爲促子夏傳作攸攸荀作悠悠劉作跾跾注遠也其實重言形況字亦競求之意又託名幖識字爾雅鱁是逐按海豚也字亦變作鱁古韻易睽叶逐復

畜五名凡畜之派皆衍畜聲 丑六切

宥屋 **畜** 田畜也淮南王曰玄田爲畜魯郊禮文从茲从田茲益也按小篆从茲省从田會意據茲益之義則篆當作𤲃不从茲而小篆畜亦从茲省非玄字也存疑易𥙭卦大畜時也小畜寡也序卦比必有所畜離畜牝牛吉漢書陳湯傳示弃捐不畜字亦作稸左襄三十傳取我衣冠而褚之注褚稸也轉注孝經援神契畜者含容爲義左哀廿六傳天下誰畜之易象上傳君子以容民畜眾詩日月畜我不卒箋養也又老子德畜之注畜者有也假借爲嘼周禮夏官掌畜注謂斂而養之庖人掌共六畜六獸六禽注始養曰畜將用曰牲爾雅釋畜釋文畜是畜養之名左桓六傳不以畜牲周書大匡畜不食穀古皆以聲訓非謂本字也又爲育禮記曲禮畜鳥者則勿佛也楚辭大招畜鸞皇只左宣四傳從其母畜于邧成八傳武從姬氏畜于公宮又爲嬙禮記祭統孝者畜也順于道不逆于倫是之爲畜孟子畜君何尤又爲慉詩蓼莪拊我畜我箋起也又爲蓄詩鴟鴞予所蓄租左襄九傳畜水潦昭廿五傳眾怒不可畜也又重言形況字莊子徐无鬼嘗畜畜然仁王注卹愛勤勞之皃聲訓孟子畜君者好君也禮記孔子閒居以畜萬邦坊記以畜寡人注畜孝也呂覽適威民善之則畜也注畜好也援神契庶人之孝曰畜古韻詩我行其野叶遂宿畜復蓼莪叶鞠育畜復腹老子養德叶畜育熟復楚辭大招叶秀畜富囿又詩日月叶畜報句中韻節南山叶究畜

屋 **蓄** 積也从艸畜聲籀文从𦍌字亦作稸廣雅釋詁三蓄聚也賈子無蓄蓄積者天下之大命也詩谷風我有旨蓄禮記王制無三年之蓄東京賦洪恩素蓄漢書貨殖傳稸足功用字亦作滀莊子大宗師忿滀之氣海賦滑瀆淪而滀潔字又或作傗假借爲畜晉語蓄力一紀注養也又爲萹爾雅釋文萹蓄亦呼爲篇竹又疊韻連語漢書息夫躬傳健而蓄縮不可用注謂恚于事也聲訓方言十三宛蓄也宛蓄雙聲

屋 **鄐** 晉邢侯邑从邑畜聲按晉雍子邑左襄廿六傳雍子奔晉晉人與之鄐子靈奔晉晉人與之邢又昭十四傳晉邢侯與雍子爭鄐田邢侯巫臣子傳云罪在雍子豈鄐始爲雍子邑後又爲邢侯邑歟

xù 慉　xù 嫸　shú 孰(孰)　zhǔn 埻　fú 复　fù 復

屋 **慉** 起也。从心，畜聲。漢書賈誼傳一二指慉，注：謂動而痛也。詩蓼莪拊我畜我，以畜爲之。叚借爲畜，詩谷風不我能慉，傳：養也。箋謂借爲驕，未詳。釋文興也，則謂本字。

屋 **嫸** 媚也。从女，畜聲。廣雅釋詁一：嫸，好也。别義御覽引通俗文：不媚曰嫸。又廣雅釋詁一：嫸，妬也。

孰二名，凡孰之派皆衍孰聲。殊六切

屋屋 **孰** 食飪也。从丮，𦏧聲。易曰：孰飪。按从丮𦏧會意，物𦏧可丮而食之。字亦作熟，加火。禮記禮運注：熟，治萬物。疏謂亨煑。轉注孟子苟爲不熟，注：成也。又荀子議兵凡慮事欲孰，注謂精審。禮記內則宰孰諫，周髀算經思之未孰，注：猶善也。呂覽重己此論不可不熟，注：猶知也。愼行行不可不孰，注：猶思也。叚借爲鄗，公羊隱元傳王者孰謂，論語孰不可忍也，注：誰也。誰孰亦一聲之轉。又爲䔸實發聲之詞，釋名剕豫人謂長婦曰孰。孰，祝也。又爲𤏲，素問大奇論五藏菀熟。熟熟雙聲。古韻禮記禮運叶復孰，老子養德叶畜育熟復。

屋 畛 **埻** 射臬也。从土，𦏧聲。讀若準。按門側之東西堂也。从土，孰省聲。字亦作塾，不省。爾雅：門側之堂謂之塾。孫注：夾門堂也。書顧命先輅在左塾之前，詩絲衣自堂徂基，傳：門塾之基。儀禮聘禮賓立接西塾，士冠禮負東塾，禮記樂記家有塾。轉注說文：埻，射臬也。通俗文：射堋曰埻，埻中木曰的。太元書豚其墩。又廣雅釋詁一：埻，𡏟也。按後漢齊武王縯傳畫伯升像于塾，旦起射之。東觀漢記、續漢書並作埻。又說文土部：垛，門堂塾也。玉篇：垛，射垛也。孰篆說文亦曰𦏧聲，知埻塾同字。今準的字以準爲之。聲訓白虎通：所以必有塾何？欲以飾門，因取其名也。明臣下當見於君，必先熟思其事也。

复十三名，凡复之派皆衍复聲。房六切

屋 **复** 行故道也。从夊，畐省聲。按从𠙱省會意，凡重再意爲此字之轉注，今皆以復爲之。又按剛愎之愎當作此，與狃復意同，訓執故見也。

宥屋 **復** 往來也。从彳，复聲。易：復，反復其道。詩蓼莪顧我復我。三蒼：復，洄水深也。江賦迅澓增澆，注：澓，復流也。字變作澓。叚借爲复，易襍卦：復，反也。易泰無往不復，書舜典卒乃復，詩黃鳥復我邦族，儀禮大射儀揚觶捆復，士喪禮曰臯某復，公羊襄三十傳死者不可復生，書大傳且復且今，漢書高帝紀復勿租稅二歲，注：除其賦役。又爾雅釋言：復，返也。小爾雅廣言：復，還也。左昭十六傳弗敢復也，魯語夕而習復，論語言可復也，又如有復我者，左桓十七傳復惡已甚矣。爾雅釋言：狃，復也。又素問瘧論病極則復，字亦作癁。方言三：癁，病也。亦作復。廣雅釋言：復，㾶也。廣雅釋詁四：復，重也。又爲𥧑，禮記明堂位復廟重檐，東京賦作複。又爲𥨍，詩緜陶復陶穴。又爲告，或爲白，周禮大司寇凡遠近惸獨老幼之欲有復于上，太僕掌諸侯之復逆，禮記曲禮願有復也，孟子有復于王者曰，小爾雅廣言：復，白也。廣雅釋詁一：復，語也。又𡙇韻連語，左襄三十傳使爲君復陶，注：主衣服之官。昭十二傳秦復陶，釋文：雨衣也。聲訓論語學而孔注：復，猶覆也。史記樂書復亂以飭歸，正義：伏也。後漢杜詩傳士卒之復，注謂優寬也。左定四傳我必復楚國，注：報也。管子小問以復管仲，注：告也。古韻詩九罭叶陸復宿，我行其野叶遂宿畜復，蓼莪叶鞠育畜復腹，桑柔叶迪復毒，易睽叶逐復，解叶復夙，左宣二傳叶目腹復，禮記禮運叶復孰，又叶守復考臭由，老子養德叶畜育熟復。轉音老子守道叶嗇復德極克國。

屋 **腹** 厚也。从肉，复聲。按臍上下兩旁也。易說卦傳坤爲腹，離爲大腹，明夷入于左腹。素問評熱病論：腹者至陰之所居。釋名：自臍以下曰水腹。素問脈要精微論少腹，注：小腸也。轉注禮記月令水澤腹堅，釋文本作復，呂覽作水澤復。易大壯壯于大轝之腹。叚借爲覆，詩蓼莪出入腹我，箋：懷抱也。廣雅釋詁一：腹，生也。煦嫗覆育萬物意。聲訓爾雅釋詁：腹，厚也。以借爲訓。廣雅釋親：腹，屬也。釋名釋形體：腹，複也，富也。富腹雙聲。古韻詩蓼莪叶鞠育畜復腹，左宣二傳叶目腹復。

宥 **椱** 機持繒者。从木，复聲。按持經與緯之會者，所以緊之也。劉向列女傳魯敬姜說織曰：持交而不失，出入不絶者，捆也。捆者，門橛之轉注。複之異稱也。

屋 **複** 重衣也。从衣，复聲。轉注說文一曰褚衣，謂卽袍也。釋名：有裏曰複，謂卽袷也。又方言四：履中有木者謂之複舄。周禮屨人注：複下曰舄。疏：重底也。又漢書高帝紀從複道上，注：上下有道，故謂之複。廣雅釋詁四：複，重也。叚借爲覆，禮記月令注古者複穴，疏謂窟居也。

覺 **鰒** 海魚也。从魚，复聲。漢書王莽傳曹飲酒啗鰒魚，後漢伏隆傳獻鰒魚，注：鰒似蛤，偏著石。引廣志：無鱗有殼，一面附石，細孔襍襍，或七或九。又引本草：石決明一名鰒魚。

屋 **蝮** 虫也。从虫，复聲。爾雅釋魚：蝮虺，博三寸，首大如擘。南山經羽山多蝮虫，注：蝮也。三蒼：蝮蛇色如綬文，文閒有鬐鬣，鼻上有鍼，大者長七八尺，有牙最毒。漢書田儋傳蝮螫手則斬手，楚辭招魂蝮蛇蓁蓁。叚借爲𧒂韻連語，廣雅釋蟲：蝮蜟，蛻也。字林：蟬皮也。論衡無形篇：蠐螬化爲復育。論死篇：蟬之未蛻爲復育，已蛻也，去復育之體，更爲蟬形。奇怪篇：蟬之生于復育也，開背而出。字作復育，亦同。

宥 **鍑** 釜大口者。从金，复聲。三蒼：小釜也。方言五：釜或謂之鍑。注：釜屬。廣雅釋器：鍑，鬴也。漢書匈奴傳多齎鬴鍑薪炭。

fù 腹　fù 椱　fù 複　fù 鰒　fù 蝮　fù 鍑

屋 **輹** 車軸縛也从車复聲廣雅釋詁三輹束也按此非軸之束亦非伏兔乃軸與伏兔相聯之縛也凡軸束曰鞪輈束曰楘衡束曰𣀔轂束曰約轐束曰輹轐伏兔也易小畜輿說輹左僖十五傳車脫其輹古韻易小畜叶輹目

屋 **蕧** 盜庚也从艸復聲爾雅釋草注旋復似菊

屋 **𥨍** 地室也从穴復聲詩緜陶復陶穴毛本以復爲之淮南氾論古者民澤處復穴亦以復爲之凡直穿曰穴旁穿曰𥨍地覆于上故曰𥨍也禮記月令疏引庾蔚謂地上累土則如窯矣非是字亦作寝廣雅釋室寝窟也釋言寝窖也

宥屋 **覆** 覂也一曰蓋也从襾復聲禮記檀弓見若覆夏屋者矣注謂茨瓦也爾雅釋器𦌴覆車也孫注車網可以掩兔釋名釋船其上板曰覆言所覆慮也方言四覆結謂之覆䰉注今幘籠是也又左隱九傳君爲三覆以待之注伏兵也荀子富國故爲之出師斷亡以覆救之長笛賦覆目鼓鐘又爾雅釋詁覆審也廣雅釋言覆裁也考工弓人覆之而角至按謂諦察其隱微轉注廣雅釋言覆反也考工盧人車不反覆楚辭天問覆舟斟尋晉語沐則心覆新序雜事五心覆者言悖周禮硩蔟氏掌覆夭鳥之巢又禮記緇衣毋越厥命以自覆中庸傾者覆之晉語欒書實覆宗注皆訓敗又詩雨無正覆出爲惡桑柔覆俾我悖瞻卬女覆奪之傳箋皆訓反叚借爲告爲白漢書馮唐傳不從中覆也注謂覆白之聲訓釋名釋言語覆孚也如孚甲之在物外也古韻詩谷風叶鞠覆育毒小明叶奧蹙菽戚宿覆轉音文子道原叶覆載使倚靈樞刺節真邪論叶得伏北覆惑

宥 **復** 重也从勹復聲或从复聲今皆以複爲之

目一名 莫六切

屋 **目** 人眼象形重瞳子也按外象匡中象瞳子橫視之肖今給事如是古文亦象形本作囧今據偏旁及郭忠恕汗簡訂正易說卦傳離爲目禮記郊特牲目者氣之清明者也韓詩外傳目者心之符也春秋元命苞目者肝之使轉注左僖八傳目夷長且仁注字子魚考工弓人斲目必荼司農注幹節目又周禮宰夫三曰司掌官灋以治目等人四曰巫目注謂事衆箋其要所當也小爾雅廣詁目要也文選五等論譬猶衆目營方注目綱目也後漢襄楷傳縹白素朱介青首朱目注目題目也聲訓釋名釋形體目默也默而內識也目默雙聲古韻易小畜叶輹目左宣二傳叶目腹復成十六傳叶賊目

㚉二一名凡㚉之派皆衍㚉聲 莫六切

屋 **㚉** 細文也从彡㝅省聲按㝅省會意凡靜穆昭穆字經傳皆以穆爲之

屋 **穆** 禾也从禾㚉聲叚借爲㚉淮南原道穆忞隱閔注皆無形之類也又周禮小宗伯辨廟祧之昭穆注父曰昭子曰穆又書金縢我其爲王穆卜傳敬也又詩清廟於穆清廟傳美也烝民穆如清風箋和也又周書謚法布德執義曰穆注純也經傳或以繆爲之方言一穆信也管子君臣下穆君之色注猶悅也又爲繆爲謬論衡福虛穆者亂之名又單辭形況字非有先生論於是吳王穆然注猶默靜思皃也默穆亦一聲之轉又重言形況字書舜典四門穆穆詩文王穆穆文王那穆穆厥聲禮記曲禮天子穆穆少儀穆穆皇皇楚辭大招三公穆穆爾雅釋訓穆穆美也太元禮穆穆肅肅敬出心也古韻詩雝叶肅穆

六一名 力竹切

屋 **六** 易之數陰變于六正于八从入从八按此與入二爲白皆理之難通者謂从入是先製八字後製六字恐未然矣聖人易結繩爲書契造字記數本無深意取別異以爲表識而已此字當从四丨者指事也管子五行人道以六制注兼三才之數東京賦六合殷昌注六合天地四方也詩無衣豈曰無衣六兮傳天子之卿六命車旗衣服以六爲節大戴易本命六主律周語夫六中之色也注六者天地之中中山經嶽在其中以六月祭之注六月亦歲之中聲訓漢書王莽傳六者戮也古韻詩干旄叶祝六告無衣叶六燠轉音鶡冠子度萬叶六式

䫜 頔 蚰 鮋 牰 積 颼 鴢 拗 狕 㑃 貅 咻 琈 粰 哹 ⿰魚孚 鰡 鸓

附說文不錄之字

䫜 ⿰幽鳥 魯靈光殿賦䫜顟而睽睢注䫜顟大首深目之皃按單詞形況字字亦作⿰幽鳥顟疊韻連語

頔 廣雅釋詁一頔好也

蚰 爾雅釋蟲釋文引字林北燕謂蚰蜒爲蚴蚭按蚰蜒蚴蚭皆雙聲連語蚴當作蚯

鮋 文選江賦鯖鰊鯀鮋注引舊說鮋似鯶

牰 爾雅釋畜黑脊牰釋文本或作裦

積 廣雅釋詁二積稅也

颼 吳都賦颼䬉注風皃也疊韻連語

鴢 爾雅釋鳥鴢頭鵁注似鳧腳近尾略不能行江東謂之魚鵁按即鴢鵁也中山經眕水其中有鳥焉名曰鴢鴢頭鵁疊韻連語

拗 西都賦乃拗怒而少息注拗抑也說文新附拗手拉也按即抑字抑拗一聲之轉或曰即夭字屈也

說文通訓定聲 孚部弟六附 卌五

狕 北山經隄山有獸焉其狀如豹而文首名曰狕

㑃 拗 字林㑃很也戾也按即執拗字五音篇海引作拗

貅 禮記曲禮則載貔貅注亦摯獸也

咻 孟子衆楚人咻之注讙也

琈 西山經小華之山其陽多㻂琈之玉注玉名

粰 廣雅釋器粰䊨也又粰梳饊也

哹 埤蒼哹吹氣聲也

⿰魚孚 埤蒼⿰魚孚鮑魚也

鰡 文選歸田賦注引字指鰡魦屬

鸓 廣雅釋鳥鸓鼠飛鸓也漢書司馬相如傳飛鸓張注飛鼠也其狀如兔而鼠首以其頓飛郭璞謂即爾雅之鼯鼠夷由一名飛生則即說文之鼬或曰雞即竹鼠鼬存參

蟉 瑈 ⿱柔糸 罞 崷 䴬 ⿰犭周 餿 𥲅 蒐 ⿰耳叟 苬 薵 飀 ⿰魚壽 殏 僦 ⿰扌雹

蟉 孟子滕文公丁音蟉蛄即螻蛄也按蟉螻聲之轉

瑈 聲類瑈玉石也

⿱柔糸 廣雅釋器⿱柔糸絹也

罞 爾雅釋器麋罟謂之罞注冒其頭也蓋以聲訓釋文或作茅又音蒙

崷 西都賦巖峻崷崪按雙聲連語

䴬 廣雅釋器麨麴謂之䴬釋言糗䴬食也焦延壽易林賁之震甘樂䴬麴按即鬻字亦作麨俗作炒首勿隻聲

⿰犭周 廣雅釋詁一⿰犭周大也

餿 六書故引字林餿飯傷熱溼也今蘇俗語如此

𥲅 方言五炊䈪謂之縮或謂之𥲅按即籔字

說文通訓定聲 孚部弟六附 卌六

蒐 廣雅釋草蒐菝菰也玉篇菝菰瑞草

⿰耳叟 字林⿰耳叟聰總名也

苬 爾雅釋草苬芝按菌之壞字

薵 蔦 七發蔓蓼薵蓼注薵豬草也廣雅釋草蔦藸蒢也段借爲幬方言十二幬覆也戴也

飀 廣雅釋詁四飀風也

⿰魚壽 家語屈節魚之大者名爲⿰魚壽注宜爲鱣新序作鱔

殏 爾雅釋詁殏音在卒就終也釋文又作求

僦 廣雅釋言僦賃也通俗文雇車載曰僦商子墾令篇令送糧無取僦史記平準書不償其僦服虔注雇也汲鄭傳爲大農僦人徐廣注與生財利如今方宜矣漢書鄭當時傳任人賓客僦王莽傳僦載煩費田延年傳取民牛車三萬兩爲僦注皆訓送也

⿰扌雹 西京賦流鏑⿰扌雹㩧注⿰扌雹㩧中聲也按雙聲連語

狍　猇　骲　麭　跑　鉾　洠　髎　⿱耂⿰日又　撨　闟　趭　藮　蘸　嘈　艚　嶆　膔　⿰卯見

狍　北山經鉤吾之山有獸焉名曰狍鴞注左傳所謂饕餮是也按狍鴞疊韻連語

猇　漢書王子侯表猇節侯按从犬彪省聲

骲　爾雅釋器注骨骲釋文引埤蒼骲骨鏃也按據通俗文鳴箭曰骲則與骹同字

麭　集韻引廣雅麭耕也

跑　廣雅釋言跑趵也

鉾　廣雅釋器鉾鑪鏑也按雙聲連語

洠　漢書揚雄傳注引韋昭洠騷也按洠騷疊韻連語

髎　史記貨殖傳索隱引埤蒼尻骨謂之八髎一曰夜蹄素問長刺節論刺兩髂髎注謂居髎腰側穴也疑卽繆字之轉注

⿱耂⿰日又　廣雅釋詁一⿱耂⿰日又老也此字从老从叟省聲

撨　廣雅釋詁一撨擇也二拭也

闟　周書王會解夷用闟木注生水中色黑而光其堅若鐵

趭　漢書司馬相如傳騰而狂趭注奔走也吳都賦狂趭獷猤按此趭之誤字或曰卽曲禮庶人僬僬之僬

藮　廣雅釋草藮附子也

蘸　玉篇蘸以物內水中也或曰卽湛字之轉注

嘈　廣雅釋詁四嘈唽聲也東京賦奏嚴鼓之嘈囋注鼓聲長笛賦啾咋嘈啐注聲皃張衡周天大象賦河鼓進軍以嘈囋按皆雙聲連語魯靈光殿賦耳嘈嘈以失聽注衆聲也按重言形況字王延壽夢賦忽嘈然而自鳴按單詞形況字

艚　文選恩倖傳論南金北毳來悉方艚注舩也按卽艘或漕字

嶆　文選七命嶰谷嶆嶆張其前注深空之皃也按疊韻連語

膔　廣雅釋詁二膢膔腫也按疊韻連語

⿰卯見　廣雅釋詁三⿰卯見見也

裪　淘　蜪　鰩　⿱竹舀　槄　襖　懊　⿰言奧　⿰齒告　⿰禾告　慥　摵　磩　酵　馥　⿰石肅　艒　𦪇　⿰复鳥

裪　廣雅釋器裪袖也

淘　廣雅釋訓淘淘流也

蜪　爾雅釋魚蜪蚅又海內北經蜪犬如犬青

鰩　說文新附文鰩魚名

⿱竹舀　方言十三⿱竹舀籆也淇衞之閒謂之牛⿱竹舀

槄　爾雅釋木槄山榎注今之山楸

襖　說文新附襖裘屬

懊（噢）　爾雅釋言懊忨也假借雙聲連語琴賦含哀懊咿注引字林內悲也按猶鬱伊也埤蒼作噢咿

⿰言奧　廣雅釋詁一⿰言奧語也三告也

⿰齒告　御覽引字林⿰齒告齒不相值也疑齬之誤字

⿰禾告　廣雅釋詁三⿰禾告熟也玉篇禾太熟也

慥　禮記中庸君子胡不慥慥爾注守實言行相應之皃按重言形況字

摵（𢲵）　說文新附摵捎也通俗文摵拂著又捎摵也

磩　西都賦碝磩綵緻注磩碝類也

酵　韻集酵酒酵也古孝反按今蘇俗語如此

馥　韓詩楚茨馥芬孝祀章句馥香氣也廣雅釋訓馥馥香也按卽苾字必复雙聲

⿰石肅　北山經京山其陰有元⿰石肅注黑砥石也中山經門水其中多元⿰石肅集韻引廣雅⿰石肅礪也

艒　方言九艖謂之艒𦪇按疊韻連語猶苜蓿也

𦪇　見上

⿰复鳥　方言八戴鵀自關而西或謂之⿰复鳥鴔按雙聲連語

榕 方言五、榕㯖也。廣雅釋器、榕歷也。

攂 廣雅釋詁三、攂擊也。

蟵 方言十一、鼅鼄謂之蟵。

蜒 蚰 廣雅釋蟲、馬蜒、馬蚿也。方言作馬蚰。吳普本草作馬軸。又謂之馬陸。按皆聲之轉、託名㯬識字也。

𦢊 埤蒼、𦢊、膔𦢊也。按雙聲連語。

渢 廣雅釋訓、渢渢雨也。按重言形況字。

說文通訓定聲目

小部弟七 分部牽轉需豫

爻 肴 駮 較（較） 𡥈
殽（淆 崤） 倄 䳧 教（斈 效） 垚
堯（扰） 蕘 嘵 趬 譊
趬 翹（𧾤） 膮 饒 橈
曉 皢 僥 顤（頟） 嶢
磽（墝） 墽 驍 獟（憢） 燒
澆（漅） 撓 嬈（嫐） 繞（遶 襓） 蟯
鐃 䰫 鐃 要（㝠 腰 楆 騕 喓） 葽

旚 票 熛 蔈（薸 蔈） 嘌
𧽜 瞟 覭 膘（髆 髎 肜） 剽
標（嘌） 旚 瓢 幖（彯） 僄
嫖 驃 慓 漂（瘭 膘） 摽（抛 摽）
縹 飄（飃） 勡 鏢 麃
藨（苞） 犥（犥） 鄜（鄜） 穮（穮） 儦
瀌 鑣（鑣） 幺（么） 杳 窅（眑 凹 窅 坳 㤊）
㚑 宎（宎） 穾（穾） 旭 焆
鼂 𪓰 夭（麇 殀） 芺 枖
祅（袄 訞） 䳘 飫（飫） 沃 妖

鋈 嚻（貫） 囂 䫿 梟（鴞）
嘄（哄 嗅） 鄡（鄡） 覞 顥 灝
号 鴞 號（㘝 號 號） 枵（呺 謞） 鄂
號 諕 𧇊 饕（叨 饕 飸） 唬
虓 敖（遨） 嗷（嗸） 謷（聱） 傲（慠 憿）
贅 嶅（磝） 驁（驁） 獒 熬（嫯）
滶 嫯 𠢕 褭 尿（尿 屎）
交 茭 𨒨 齩（齩 咬） 效（傚 倣 詨 効）
鮫（鵁 蟂） 骹（䯤 𩩌 噭 骹） 筊（笅） 校（挍） 郊
胶 窔（穾） 晈（咬） 佼 姣（嬌）

駮 狡 烄 敎 絞（絞 紋）
恔（恔） 洨 鮫 蛟 尞
璙 遼 鷯 膫（膋） 簝
橑 竂（寮） 僚 獠 燎
豂 憭（憭） 潦 撩（撈） 嫽
繚 𡑐 鐐 轑 蘮（蘮）
了 料 敹 勞（𢨋） 嘮
癆 澇 犖 囟（腦 𠜲 碯） 嫍（惱 囟）
巢（巢 𦽊 漅） 璅 藻（藻 𦿃 薻） 樔 鄛
摷 繅 勦 轈 喿（噪）

璪 趮躁 譟吏鬧 臊 劋勦剿剿
橾 燥鐰炒燥 懆 澡 鱢
操 繰 小 肖俏 朴
莦 哨 趙踃逍 削鞘 梢
郩 稍 宵 痟 悄
消 霄 捎懆 娋 綃𦅊
蛸 銷焇 陗哨 箾 㨳
筲筲 䈾 笑笑笑咲笑咲 少 訬
眇渺 杪 𨙫 秒穮 紗紗赻妙
鈔抄 魦 篎 苗 媌

緢 夰 旄 飆颮颷 爻芰孝狡
表褾俵 毛 芼 眊 旄罞軞
秏耗 覒 髦髳髦 耄 見須貌
藐藐邈 貌 㬥曓曝瞟 襮 爆
瀑 㬧懪 暴 虣虣 鸔鸔
刀刁刋魛鳭 芀萠 召 到 釗
苕䒒 超迢 詔 部 鞉鼗磬
卲玿 柖 邵 昭 佋
袑怊 卲 貂䖴 沼 招
弨 紹䋿 蛁虭 劭 鉊鍣

軺 㸛 菿䓘 蓻 照炤烑
落𦼩 羔 糕餻 窯窰 顥𤍠
㬐倒 盜 翟 叏 牧
弢 弔吊吊 𨑩 盄吊 𥘸
高 蒿薃 敲 敲搞 翯鶮㬔
膏 槀犒䯨 鄗 槀藳稭 歊歊
豪豪毫 熇 滈漷滈 鰝 縞藹
塙碻確碻 鎬 藃殦 蓼耄老 藃
喬嶠 趫 蹻蕎 敿 鷮
矯 橋轎 僑簥 屩 驕僑

獢 撟 繑 蟜 鐈
杲 兆兆 珧 咷 趒
逃 跳 誂 眺 㧴
脁 祧 朓 桃 旐
窕 庣 佻恌 覜 洮
鮡 挑挑 姚 絩 垗
銚鍬銚 斢 肁 肇 肈
卓𪗺帛 趠 逴 踔𨖼 穛
罩䍜𥶆罩篧笪 倬 焯晫 悼 淖
鯙 掉棹櫂 婥 䄔𥡕 丵

蘩　鑿　勺　礿禴　玓
芍　箹肑　杓　旳的弔　秎乚
仢彴　豹　馰　趵　灼
尥　汋　扚　妁　約
葯　釣　酌　箹　雀
畬　截截蔵　鸛　鬣　巀
蠽　爵𪇴　爝　灂瞗　釂
櫼　㲋臭免　臭　弱　蒻
䐁　愵　溺　搦　嫋
鰯鯲　龠　蘥鸙　𧾩踚躍踚　籥

覦論　爚　瀹灊　闟鑰　籲
敫　璬　噭璬　歊　徼邀闌
譥　鷔　檄　竅　覈覈槅
噭　憿儌　激徼礉　擊擊擻　繫繳
虐虐唬　謔　瘧　隺　萑藋
犨　鶴鶮　臛臛　榷　皠皠嚯矐
騅　㸌　㴫　搉搉　樂
瓅　藥　嚛　趯䟾　觻
櫟　𤻳療　礫　濼　鱳
纅　鑠爍　轢　屮　翟鸐鸐

藋藋　趯　躍　鸐　糶
燿燿曜　濯　擢　嬥　蠗
糴　耀　𠇕

右文字五百三名 旁注二百八十三字 附存一百一字

jué 較　bó 駁　yáo 肴　yáo 爻

說文通訓定聲

吳郡朱駿聲豐芑甫紀錄
新安朱鏡蓉伯和甫參訂

小部弟七 凡六十一部

爻九名凡爻之派皆衍爻聲 胡毛切

肴

爻 ㄨㄨ 交也象易六爻頭交也按㐅古文五二五天地之數會意凡从爻之字皆錯雜意易繫辭下傳道有變動故曰爻周書王會外臺之四隅張赤帟爲諸侯欲息者皆息焉命之曰爻閭魏都賦思重爻注易爻也【聲訓】說文象易六爻頭交也易繫辭爻也者效天下之動者也廣雅釋詁三爻效也

肴

肴 啖也从肉爻聲凡熟饋可啖之肉折俎豆實皆是初學記廿六引說文雜肉也廣雅釋器肴肉也晉語飲而無肴注俎實也賈注葅也楚辭招魂肴羞未通注魚肉爲肴東皇太一蕙肴蒸兮蘭藉注用蕙艸以蒸肉也經傳多以殽爲之詩賓之初筵殽核維旅傳豆實也既醉爾殽既將箋牲體也曲禮左殽右胾注骨體也疏熟肉帶骨而體爲殽周禮小子羞羊肆羊殽肉豆司農注體解節折也【轉注】詩園有桃其實之殽按賓之初筵箋凡非穀而食之曰殽班固典引殽覈仁義之林【假借】爲爻孔鼂碑易建八卦揆肴緐辭

覺

駁 馬色不純也从馬爻聲與从交之字別易說卦爲駁馬詩東山皇駁其馬爾雅釋畜駵白駁文選赭白馬賦注形白雜毛曰駁又通俗文黃白雜謂之駁犖字林班駁色不純也漢書梅福傳白黑雜合謂之駁以駁爲之【轉注】荀子王霸駁而霸注雜也太元晬冥駁冒晬注不純也漢書谷永傳解偏駁之愛注不周普也薛宣傳兄弟相駁不可注執意不同後漢馬援傳注駁乖舛也蔡邕獨斷其有疑事公卿百官會議若臺閣有所正處而獨執異議曰駁議皆以駁爲之【假借】託名標識字爾雅駁赤李曹丕與吳質書沈朱李是也【古韻】詩東山叶燿駁句中韵

效覺

較 車輢上曲鉤也从車爻聲按高五尺五寸字亦作較考工輿人以其隧之半爲之較崇詩淇澳猗重較兮釋文車兩旁上出軾者釋名重較其較重卿所乘也【假借】爲覺實爲斠爲告或爲䚩爾雅釋詁較直也儀禮大射儀注鵠之言較較直也書大傳較分注謂直道者也又爲曉爲皎廣雅釋詁四較明也史記伯夷傳此其尤大彰明較著者也漢書谷永傳白氣較然張安世傳賢不肖較然亦單辭

jiào 教　xiào 𢊁　yáo 倄　xiáo 殽　jiào 孛

形況字又爲斠史記田完世家大車不較索隱校量也老子長短相較又史記貨殖傳此其大較也索隱猶大略也律書闊于大較索隱大法也又爲郊孟子魯人獵較愚按偕諸侯因祭而獵之禮詳見余六書段借經徵注謂相較奪禽獸則謂借爲斠【聲訓】釋名釋車較在箱上爲辜較也【古韻】詩淇奧叶綽較謔虐

肴

孛 效也宋本放也从子爻聲此字疑即學之古文戴氏侗六書故謂即孝字非

肴

殽 相雜錯也从殳肴聲按雜錯之訓正字當爲爻此字从殳必有本義許時已失傳矣【假借】爲爻廣雅釋詁三殽亂也周語重之以不殽莊子齊物論樊然殽亂漢書食貨志非殽雜爲巧董仲舒傳賢不肖混殽爾雅釋水注眾水溷淆字亦變作淆又爲肴特牲饋食禮記皆殽脀曲禮殽之序辯祭之注謂葅炙膾也又爲效禮記禮運殽以降命釋文法也太元窮三日不覺殽注效也又託名標識字左僖三十二傳晉人禦師必於殽按晉地在今河南河南府永寧縣北五十里山有二陵道在其閒後漢光武紀注一名嶔岑山字亦變作崤蜀都賦崤函有帝皇之宅【聲訓】禮記禮運殽于地疏效也【古韻】詩園有桃叶桃殽謠驕【轉音】詩正月叶酒殽

肴

倄 刺也从人肴聲別義說文一曰痛聲蒼頡篇倄痛而諄也按猶痾也與瘳㦙同意或曰此義則倄之誤字

效

𢊁 解廌屬从廌孛聲

效

教 上所施下所效也从攴从孛會意按孛亦聲古文从言从孛又古文从攴爻聲周禮師氏以教國子弟注教之者使識舊事也禮記學記教也者長善而救其失者也樂記教者民之寒暑也中庸自明誠謂之教荀子脩身以善先人者謂之教周語教文之施也春秋繁露精華教政之本也趙策便事之謂教管子小匡君有此教士三萬人老子聖人行不言之教虞書敬敷五教注五教仁義禮知信也禮記經解五教詩書樂易春秋也王制明七教以興民德父子兄弟夫婦君臣長幼朋友賓客也立四教詩書禮樂也論語子以四教文行忠信也周禮大司徒而施十有二教焉教敬教讓教親教和辨等教安教中教恤教節教能制爵制祿也荀子大略明十教注即十義也漢時有兩教名與墨也後世稱三教儒佛老也【假借】爲肴廣雅釋詁三效具也【聲訓】孟子校者教也釋名教效也下所法效也春秋元命苞教之爲言傚也呂覽貴公願仲父之教寡人也注猶告也【古韻】詩車舝叶鷮教角弓叶教傚抑叶昭樂懆教虐耄泮水叶藻蹻昭笑教芃辭九辨叶鑿教樂高【轉音】老子養身叶事教辭

垚廿九名凡垚之派皆衍垚聲 吾僚切

yáo 垚　yáo 堯　ráo 蕘　xiāo 嘵　qiāo 趬　náo 譊　qiāo 𢾊　qiáo 翹　xiāo 膮　ráo 饒

蕭 **垚** 土高也。从三土。會意。

蕭 **堯** 高也。从垚在兀上。會意。高遠也。按垚亦聲。古文从二土二兀省。書堯典曰若稽古帝堯。馬注：翼善傳聖曰堯。論衡須頌：堯猶嶢嶢也，至高之皃。風俗通皇霸：堯者高也，饒也。廣雅釋言：堯，嶢也。〔古韻〕墨子親士叶昭、遼、燎、堯。

蕭 **蕘** 薪也。从艸堯聲。長楊賦注引說文：艸薪也。按艸曰蕘，曰薪；木曰樵，曰薪。詩板詢于芻蕘。傳：芻蕘，薪采者。左昭十三傳注：芻蕘者。疏：供然火之艸也。管子輕重甲：賣其薪蕘。注：大曰薪，小曰蕘。〔別義〕方言三：蕘，蕪菁也。按即詩之葑，爾雅之須，周禮之菁，亦名葑。〔古韻〕詩板叶寮、囂、笑、蕘。

蕭 **嘵** 懼也。从口堯聲。詩鴟鴞：予維音嘵嘵。傳：懼也。爾雅釋訓：僥僥，懼也。按以僥為之。〔古韻〕詩鴟鴞叶譙、翛、翹、搖、嘵。

蕭 **趬** 行輕皃。一曰舉足也。从走堯聲。今蘇俗語有言輕趬者，有言趬腳者，皆此字。按史記衛將軍傳索隱引說文：趬，行疾皃。

肴 **譊** 恚呼也。从言堯聲。廣雅釋詁二：譊，鳴也。釋訓：譊譊，語也。詩民勞箋：憢猶讙譊也。後漢儒林傳注：譊譊，喧也。又蒼頡篇：譊，訟聲也。爾雅釋言注：訩譊。釋文：譊即讙字，非。

蕭 **𢾊** 𤰞田也。从攴堯聲。按字从攴，當訓擊，與敲略同。說文所解，蓋磽字之訓。古書借𢾊為磽耳。廣韻引蒼頡篇：𢾊，擊也。一切經音義九引蒼頡篇：敲，作𢾊，下擊也。

蕭 **翹** 尾長毛也。从羽堯聲。射雉賦：斑尾揚翹。轉注：楚辭招魂：砥室翠翹。注：羽也。又江賦：蜛蝫森衰以垂翹。注：尾也。又廣雅釋器：𪃹翹，鵁也。歎逝賦：翫春翹而有思。注：茂盛皃。按急就篇：春草雞翹鳧翁濯。〔叚借〕為趬。莊子馬蹄：翹足而陸。謂舉足也。淮南脩務：翹尾而走。注：舉也。曹植雜詩：翹思慕遠人。注：猶懸也。又禮記儒行：麤而翹之。疏：起發也。又重言形況字。詩鴟鴞：予室翹翹。爾雅釋訓：翹翹，危也。漢廣：翹翹錯薪。傳：薪貌。左莊廿二傳：翹翹車乘。注：遠皃。廣雅釋訓：翹翹，眾也。又疊韻連語。南都賦：翹遙遷延。注：輕舉皃。又託名幖識字。爾雅釋草：連，異翹。釋文：字亦作䕴。按本草謂之連翹。〔古韻〕詩鴟鴞叶譙、翛、翹、搖、嘵。

蕭 **膮** 豕肉羹也。从肉堯聲。此乾于鉶羹為豆實者，所謂臐也。儀禮公食大夫禮：膷以東，臐膮牛炙。注：牛曰膷，羊曰臐，豕曰膮，皆香美之名也。廣雅釋器：膮，香也。

蕭 **饒** 飽也。从食堯聲。淮南脩務：沃地之民多不才者，饒也。注：逸也。轉注：小爾雅廣詁：饒，多也。廣雅釋詁一：饒，益也。漢時謠曰：今年尚可後年饒。今蘇俗買物請益謂之討饒頭。〔叚借〕為憿。禮記曲禮：不饒富。按：不僥倖求福也。又雙聲連語。凡饒恕、饒讓字，猶單言恕、單言攘也。又借為任、為由、為如。唐人所用饒他、假饒字，皆一聲之轉。〔古韻〕管子度地叶饒、囂。

nào 橈　xiǎo 曉　xiǎo 皢　yáo 僥　yáo 顤　yáo 嶢　qiāo 磽

蕭效 **橈** 曲木。从木堯聲。易大過：棟橈。列子湯問：竿木橈。考工矢人：橈之以眡其鴻殺之稱也。轉注：小爾雅廣器：楫謂之橈。楚辭湘君：蓀橈兮蘭旌。淮南主術：夫七尺之橈而制船之左右者，以水為資。注：刺船棹也。或曰借為棹，亦通。又左成二傳：師徒橈敗。注：曲也。淮南時則：無或枉橈。注：弱也。史記蕭相國世家：上已橈功臣。注：屈也。荀子富國：詘要橈膕。注：曲也。又為懼。法言重黎：分無妄之橈。注：時衆也。〔叚借〕疊韻連語。莊子大宗師：橈挑無極。李注：猶宛轉也。簡文注：循環之名。

篠 **曉** 明也。从日堯聲。藝文類聚引說文：日白也。淮南俶真：冥冥之中，獨見曉焉。脩務：精神曉泠。轉注：廣雅釋詁一：曉，慧也。二：快也。三：智也。又荀子臣道：曉然以至道。注：明喻之皃。漢書司馬遷傳：以曉左右。注：告喻也。〔叚借〕為饒。方言十三：曉，過也。曉，嬈也。〔古韻〕文子微明叶曉、照。

篠 **皢** 日之白也。从白堯聲。

蕭 **僥** 南方有焦僥人，長三尺，短之極。从人堯聲。列子湯問：從中州以東四十萬里，得僬僥國。大荒南經：有小人名曰焦僥之國，幾姓，嘉穀是食。海外南經：焦僥國在三首東。注引詩含神霧：人長尺五寸。魯語：僬僥氏長三尺。注：西南蠻之別名。〔叚借〕為憿。莊子在宥：此以人之國僥倖也。陳情表：庶劉僥倖。

嘯蕭 **顤** 高長頭。从頁堯聲。廣雅釋詁四：顤，高也。字亦作顥。廣雅釋詁一：顥，大也。魯靈光殿賦：顠顤顟而睽睢。注：大首深目之皃。亦疊韻連語。

蕭 **嶢** 焦嶢，山高皃。从山堯聲。與阢同誼。漢書揚雄傳：泰山之高不嶕嶢。西京賦：表嶢闕于閶闔。魏都賦：抗旗亭之嶢嶭。方言六：巍嶢，崝嶮，高也。〔叚借〕為抏。按廣雅釋詁三：嶤，持也。釋訓：嶤嶤，危也。魯靈光殿賦：漂嶢嶢而枝柱。注：不安之皃。亦疊韻連語。嶢阢、抏，皆一聲之轉。又按焦堯字皆疊韻連語。人之庳曰僬僥，山之高曰嶕嶢，鳥之極大與極小者皆曰焦鷯，均之依聲託意也。

肴效 **磽** 磐石也。从石堯聲。字亦作墝。孟子：則地有肥磽。注：薄也。楚語：瘠磽之地。注：确也。淮南原道：田者爭處墝埆。通俗文：物堅硬謂之磽确。又後漢賈武傳注引童謠：嘀嘀復嘀，今年尚可後年磽。磽猶惡也。

qiāo 墽　xiāo 驍　yào 獟　shāo 燒　jiāo 澆　náo 撓　niǎo 嬈　rào 繞　náo 蟯

肴 蕭 **墽** 磽也。从土敫聲。按當爲磽之重文。詩邱中有麻傳：墝埆之處也。釋文本作墽。禮記王制注：肥墝有五等。釋文本作墽。今附于此。〔叚借〕爲敲。廣雅釋詁一：墽，棄也。按本方言。

蕭 **驍** 良馬也。从馬堯聲。三家詩：駉，驍驍，壯馬。毛本作駉。傳：腹幹肥張也。〔轉注〕史記韓長孺傳：驍騎將軍。張晏曰：勇也。廣雅釋詁二：驍，健也。

嘯 **獟** 狃犬也。从犬堯聲。〔轉注〕漢書霍去病傳：誅獟悍。注：獟，健，行輕皃也。史記作趬。注：行疾皃。廣雅釋詁四：獟，狂也。字亦作憢。淮南兵略：憢悍遂過。注：勇急也。

蕭 嘯 **燒** 爇也。从火堯聲。禮記內則：雛燒。注：燒，烟於火中也。管子輕重甲：齊之北澤燒火。注：獵而行火曰燒。秦策：則秦且燒焫獲君之國。注：猶滅壞。〔叚借〕發聲之詞。後漢馬援傳：燒虜。注：即燒羌也。〔聲訓〕釋名釋喪制：死于火者曰燒。燒，燋也。

蕭 **澆** 𣹢也。从水堯聲。一切經音義三引說文：一曰灌漬也。字亦作澆。○廣雅釋詁二：澆，漬也。〔叚借〕爲磽。莊子繕性：澆醇散朴。釋文本作澆。淮南齊俗：澆天下之淳。注：薄也。文選策秀才文：自氓俗澆弛。頭陁寺碑文：澆風下黷。陸機招隱詩：安事澆醇樸。又爲譊。南都賦：陽侯澆兮掩鳧鶩。注引楚辭王逸注：回波爲澆。又託名幖識字。楚辭天問：惟澆在戶。注：古多力者也。

豪 巧 **撓** 擾也。从手堯聲。一曰捄也。按猶丩也。聲類：撓，攪也。廣雅釋詁三：撓，亂也。莊子天地：手撓顧指。釋文：動也。吳語：撓亂百度。荀子議兵：以指撓沸。漢書匈奴傳：以徑路刀金留犂撓酒。注：和也。〔叚借〕爲橈。晉語：抑撓志以從君。注：屈也。呂覽知度：枉辟邪撓之人退矣。注：曲也。高義：則荆國終爲天下撓。注：弱也。考工輪人注：其弓菑則撓之。疏：亦減也。〔古韵〕孟子叶撓逃朝。

蕭 篠 **嬈** 苛也。从女堯聲。煩擾瑣屑之意。纂文：嬈，煩也。亦惱也。漢書鼂錯傳：除苛解嬈。注：煩繞也。〔叚借〕爲撓。淮南原道：其神不嬈。注：煩嬈也。俶眞：傷死者其鬼嬈。注：善行病祟人。說文：一曰擾戲弄也。纂文：嫽嬈，戲弄也。俗字作嫐。嵇康與山巨源絕交書：足下若嫐之不置。又爲嬥。說文：一曰嬥也。此後人所用妖嬈字。又爲橈。洞簫賦：優嬈嬈以婆娑。注：柔弱也。亦重言形況字。

篠 **繞** 纏也。从糸堯聲。西京賦：繞黃山而款牛首。注：裹也。海外西經：其邱方四蛇相繞。注：繚繞樛纏。廣雅釋器：繞領，帬也。字亦作遶。字林：遶，圍也。又變作襓。禮記少儀：加夫襓與劍焉。注：劍衣也。

蕭 **蟯** 腹中短蟲也。从虫堯聲。史記扁倉傳：診其病曰蟯瘕。〔轉注〕淮南脩務：蚑行蟯動之蟲。原道：澤及蚑蟯。注：微小之蟲也。

náo 鐃　chāo 魈　xiǎo ⿰金曉　yāo 要

肴 **鐃** 小鉦也。軍法：卒長執鐃。从金堯聲。廣雅釋器：鐃，鈴也。周禮鼓人：以金鐃止鼓。注：如鈴無舌，有秉，執而鳴之，以止擊鼓。大司馬：辨鼓鐸鐲鐃之用。司農注：讀如讙嘵之嘵。〔聲訓〕釋名釋樂器：鐃，聲鐃鐃也。謂譊譊也。

肴 **魈** 段氏玉裁據元應書引說文有此字。剽捷之鬼也。从鬼堯聲。姑附于此。〔叚借〕爲驍，爲獟。廣雅釋詁二：魈，健也。聲類：魈，疾也，捷也。按魈實獟之轉注。

篠 **⿰金曉** 銕文也。从金曉聲。謂鐵之文理。

要三十四名　凡要之派皆衍要聲　於宵切

蕭 嘯 **要** 身中也。象人要自臼之形。从臼，又云交省聲。段氏玉裁云字當作𡋬，上象首，下象足，中象腰，手臼之，今體譌也。按漢書地理志下注：𡋬，古要字。斥彰長田君斷碑：君究屆道𡋬。段說據此。古文从女从囟从臼。按从囟从女非誼，嬰當爲小篆，𡋬當爲古文。古文象身形，非交字。小篆象古文形，疑筆畫稍譌耳。今字作腰。素問痿論注：要者，身之大關節，所以司屈伸。詩葛屨：要之襋之。洛神賦：解玉佩以要之。注：屈也。非是。禮記玉藻：縫齊倍要。又爾雅釋木：邊要棗。注：子細腰，今謂之鹿盧棗。釋文：字或作楆。〔轉注〕孟子：使數人要於路。荀子禮論：以隆殺爲要。按中也。太元達：不要止流。注：中也。禮記樂記：要其節奏。注：猶會也。蜀都賦：內函要害於膺腴。注：要害，地險阻也。孝經：先王有至德要道。殷仲文曰：以一管眾爲要。淮南主術：此治之要也。按樞紐總會也。〔叚借〕爲約。周語：蠻夷要服。注：要結好信而服從之。左文六傳：由質要。注：契劵也。魯語：大盟信之要也。注：猶結也。周禮小宰：聽出入以要會。注：月計曰要，歲計曰會。大司馬：受其要。注：簿書也。公羊莊十三傳：要盟可犯。注：臣約束君曰要。論語：久要不忘平生之言。孔注：久要，舊約也。漢書高帝紀：待諸侯至而定要束耳。又爲徼。孟子：以要人爵。注：求也。呂覽變類：非以要利也。注：徼也。貴生：所要輕也。注：得也。淮南原道：以要飛鳥。注：取也。後人謂欲曰要，亦徼字。又爲就。詩蘀兮：倡予要女。傳：成也。呂覽簡選：以要甲子之事于牧野。注：成也。就、要雙聲。又爲夭。西京賦：徼行要屈。又疊韻連語。西京賦：要紹脩態。注：謂娟嬋作姿容也。魯靈光殿賦：曲枅要紹而環句。注：曲皃。淮南原道：馳要褭。注：馬名，日行萬里。字亦作騕。楚辭湘君：美要眇兮宜修。注：好皃。又雙聲連語。楚辭傷時：音晏衍兮要婬。注：舞容也。又重言形況字。詩：喓喓草蟲。字亦作嚶。傳：聲也。〔聲訓〕釋名釋形體：要，約也，在體之中，約結而小也。釋衣服：要襦，形如襦，其要上翘下齊要也。釋喪制：棺束旁際曰小要，其要約小也。詩葛屨傳：要，褸也。荀子儒效：行禮要節而安之。注：要，邀也。按許書無褸、邀字。後漢章帝紀：要服。注：言可約束以文教。〔古韻〕詩蘀兮叶漂要，韓非揚權叶要效。

yǎo 葽　yǎo ⿸㫃要　biāo 㶾(票)　biāo 熛　biāo 蔈　piāo 嘌　piāo 趮　piǎo 瞟

蕭 **葽** 葽艸也。从艸，要聲。詩曰四月秀葽。劉向說此味苦，苦葽也。按劉說卽芙字。據詩鄭箋卽小正四月之王萯。秀，駿疑爲下文之秀幽。幽葽一聲之轉。【別義】廣雅葽秀也。國策幽莠之幼也似禾。穆天子傳珠澤之藪爰有萑葦莞蒲茅萯蔵葽，注葽莠屬。徐楚金說文繫傳葽今狗尾草也。駿按葽幽莠一聲之轉。詩之秀葽，小正之秀幽，穆天子傳之葽，一艸也。廣雅之葽莠，說文繫傳之狗尾又一艸也。味苦秀于四月，國策之幽莠，說文繫傳之狗尾又一艸也。味甘秀于六月。郭注穆天子傳似誤。【假借】爲袄。漢書禮樂志注引孟康葽㦮皃也。又疊韻連語。爾雅釋草葽繞棘菀，注今遠志也。【轉音】詩七月叶葽蜩。

篠 **⿸㫃要** 旂屬。从㫃，要聲。

蕭嘯 **㶾** 火飛也。从火、㬅，與䙴同意。按从䙴省會意。一者上也，與古文帝旁同。从火，从上會意，要省聲。太元沈見票如累明，注飛光也。【轉注】周禮草人輕票用犬，注輕脆者。漢書禮樂志票然逝，注輕舉意。揚雄傳校武票禽，注輕疾之禽也。票昆侖，注猶言搖動也。後漢張衡傳去穢累而票輕，注猶飄颻也。【假借】疊韻連語。漢書霍去病傳爲票姚校尉，注勁疾皃。史記作剽姚，索隱票鷂勁疾皃。凡作趮𧽒驃驍傈僄嫖姚亦同。又爲要約之約。今俗言信券曰票是也。

蕭 **熛** 火飛也。从火，票聲。讀若標。按卽㶾之或體。从二火，俗。今附于此。春秋文耀鉤赤熛怒之神爲熒惑，吳都賦火烈熛林，思元賦揚芒熛而絳天兮。又風賦激颶熛怒，史記禮書卒如熛風，正義風疾也。答賓戲其餘猋風景附，以猋爲之。

蕭篠 **蔈** 苕之黃華也。从艸，票聲。爾雅苕黃華蔈，白華茇。【假借】爲漂。淮南隆形容華生蔈，注蔈流也，無根水中草。爾雅萍蓱，注水中浮蓱，江東謂之薸。字亦作薸。廣雅薸蓱也。字又作䕯。又爲票。爾雅蔈荂荼，按茅之秀，葦之秀，其華皆輕揚飛舉也。又爲杪。說文一曰末也。淮南天文秋分蔈定，注禾穗粟孚甲之芒也。

蕭 **嘌** 疾也。从口，票聲。詩曰匪車嘌兮。按匪風傳嘌嘌無節度也。此單辭形況字。釋文本作票。嘌字从口，當有本訓，秦焚之後古書多亡，許時失其解者不少矣。或疑卽詩喓喓草蟲之喓，毛傳聲也。廣雅釋訓喓喓鳴也。然喓喓亦重言形況字。【古韻】詩匪風叶飄嘌弔。

蕭 **趮** 輕行也。从走，票聲。

蕭篠 **瞟** 瞭也。从目，票聲。一切經音義引埤蒼明察也。今常州人俗語有所省視曰瞟。【別義】廣韻引埤蒼一目病也。與眇略同。今俗語謂邪視曰瞟。白眼。按魯靈光殿賦忽瞟眇以響像，注視不明之皃。亦疊韻連語，非必本義。

說文通訓定聲　小部第七　七

piǎo 覭　piǎo 膘　piào 剽　biāo 標　piāo 旚　piáo 瓢　biāo 幖　piào 僄

篠 **覭** 目有察省見也。从見，票聲。此字疑卽瞟之或體。

篠 **膘** 牛脅後髀前合革肉也。从肉，票聲。讀若繇。按此處革肉不能分剝。詩車攻傳自左膘而射之。字亦作䏺作髀。見釋文。字亦作胅。素問玉機眞藏論注胅者重脇之下俠脊兩旁空軟處也。又三蒼膘小腹兩邊肉，則卽七發所謂㹀牛之腴。【轉注】今用爲膘壯字，肥大也。

蕭嘯 **剽** 砭刺也。从刀，票聲。【假借】爲勡。說文一曰剽劫人也。蒼頡篇剽截也。史記酷吏傳俱攻剽爲羣盜，索隱劫也。又爲標。考工弓人則其爲猒必剽，又於挺臂中有樹焉，故剽，注疾也。又爲趮。史記禮書輕利剽遬，注亦疾也。荀子作僄。又爲僄。漢書陳湯傳且其人剽悍，注輕也。又爲瓢。周禮鬯人故書禜門用剽資，司農讀爲瓢。後漢崔寔傳剽賣田宅，注削也。一作標。愚按分也。今俗語有剽分字，常作瓢，俗作俵。又爲標。荀子賦長其尾而銳其剽者耶。莊子庚桑楚有長而無乎本剽，釋文末也。一作標。又爲票。爾雅鐘其中者謂之剽，孫注聲輕疾。李注其中微小，故曰剽。剽小也，則讀爲秒。又爲嘵。管子地員五沃之狀剽杰，注堅也。又爲摽。史記老莊申韓傳用剽剝儒墨，正義猶攻擊也。又託名幖識字。左襄六傳衛君剽，史記索隱引班氏作猋，蓋猋字之譌。又左襄元傳公孫剽，史記作秋。

篠蕭 **標** 木杪末也。从木，票聲。管子霸言大本而小標，注末也。與杪略同。【轉注】淮南本經標株欂櫨，注標林柱。類天文本標相應。要略標擧終始之壇也。西京賦鳳騫翥于甍標。素問六微旨大論本標不同。字亦以飄爲之。作翲。史記太史公自序閒不容翲忽，索隱輕也。言不容輕忽失之。字又作嫖。江賦捎雲冠其嫖，注山巔也。【假借】爲幖。遊天台賦赤城霞起而建標。江賦標之以翠翳，注猶表識也。王文憲集序黃琬之早標聰察，注立也。廣雅釋詁四標書也。又後漢黨錮傳標榜，注猶相稱揚也。亦雙聲連語。【古韻】素問至眞要大論叶標調。

說文通訓定聲　小部第七　八

蕭 **旚** 旌旗旚繇也。从㫃，票聲。按亦疊韻連語。馬融廣成頌羽旄紛其髟鼬，作髟鼬，亦同。

蕭 **瓢** 蠡也。从瓠省，票聲。一瓠劙爲二曰瓢。三蒼瓢，瓠勺也。江南曰瓢巇。周禮鬯人禜門用瓢齎，杜注瓠蠡也。論語一瓢飲，皇疏瓠片也。

蕭 **幖** 幖識也。从巾，票聲。廣雅釋器幖幡也。通俗文徽號曰幖。按幖微幡者，旌旗之細也，于其上題署事物名號以爲識別。【轉注】周禮肆師表齍盛告絜，魯語署位之表也，以表爲之。後漢皇甫嵩傳著黃巾爲標幟，以標爲之。按標榜字亦當作此。字亦作影。袁陽源詩影節去函谷。

蕭嘯 **僄** 輕也。从人，票聲。荀子脩身怠慢僄弃。議兵輕利僄遬，注嫖驍勇也。作嫖。後漢袁紹傳僄狡鋒俠。方言十楚凡相輕薄謂之相佻，或謂之僄。

要

piào 嫖 piào 驃 piào 慓 piāo 漂 piāo 摽 piǎo 縹 piāo 飄 piào 勡

蕭嘯 **嫖** 輕也从女票聲按當爲僄之重文今附于此

嘯 **驃** 黃馬發白色一曰白髦尾也从馬票聲〔叚借〕爲嫖長楊賦乃令驃衞注驃騎霍去病也

篠蕭 **慓** 疾也从心票聲廣雅釋詁一慓急也素問陰陽應象論其慓悍者按而收之腹中論熱氣慓悍

蕭嘯 **漂** 浮也从水票聲僞書武成血流漂杵思元賦漂通川之硃硃文賦辭浮漂而不歸廣雅釋言漂潎也按水中擊絮曰漂潎莊子謂之洴澼漂洴雙聲轉注長楊賦漂昆侖注搖蕩之也長笛賦漂淩絲簧〔叚借〕爲飄詩蘀兮風其漂女傳猶吹也又爲票釋名釋地土白曰漂漂輕飛散也字又作瘭莊子則陽漂疽疥癰釋文瘭疽謂病瘡膿出也字亦變作膘廣雅釋詁二膘腫也又爲標漢書揚惲傳漂然皆有節槩注高遠意亦單辭形況字又疊韻連語魯靈光殿賦漂嶢峴而枝柱注輕皃洞簫賦迅漂巧兮注疾也又雙聲連語洞簫賦聯緜漂撇注餘響少騰相擊之皃〔古韻〕詩蘀兮叶漂要

蕭篠嘯 **摽** 擊也从手票聲字亦作拋廣雅釋詁三拋擊也詩柏舟寤辟有摽傳拊心皃左哀十二傳長木之斃無不摽也〔別義〕公羊莊十三傳曹子摽劍而去之注辟也孟子摽使者出諸大門之外注麾也又淮南脩務攫援摽拂注摽拂敷也與捎略同又大明摽響于金樞之穴注猶攪也字亦作⿰扌麃又說文一曰摽挈鬬牡也淮南道應孔子勁杓北門之關以杓爲之〔叚借〕爲受詩摽有梅爾雅釋詁摽落也又爲標漢書王莽傳及至青戎摽末之功又爲票管子侈靡摽然若秋雲之遠注高舉皃亦單辭形況字又爲鏢字林摽刀削末銅也〔古韻〕詩柏舟叶悄小少摽

說文通訓定聲 小部第七 九

篠 **縹** 帛青白色也从糸票聲廣雅釋器縹青也轉注七啓乃有春清縹酒注綠色而微白也〔叚借〕疊韻連語海賦羣仙縹眇注遠視之皃又重言形況字漢書賈誼傳鳳縹縹其高逝兮注輕舉皃聲訓釋名釋采帛縹猶漂也漂漂淺青色也〔古韻〕荀子箴賦叶小縹繚

蕭 **飄** 回風也从風票聲盤旋而起莊子所謂羊角詩匪風匪風飄兮卷阿飄風自南素問六元正紀論少陽所至爲飄風注旋轉風也〔叚借〕爲飆詩何人斯其爲飄風傳暴起之風老子飄風不終朝注疾風也舞賦雲轉飄曶又爲慓呂覽觀表聖人則不可以飄矣注疾也又爲受莊子達生雖有忮心者不怨飄瓦又疊韻連語嘯賦泂飄眇而清昶注聲清長皃又重言形況字秋興賦雁飄飄而南飛注飛皃西京賦雨雪飄飄注雨雪皃字亦作飃廣雅釋訓飃飃飛也〔古韻〕詩匪風叶飄嘌弔

嘯 **勡** 刦也从力票聲漢書賈誼傳白晝大都之中勡吏而奪之金古書多以剽爲之

biāo 鏢 páo 麃 biāo 藨 piāo 犥 fū 鄜 biāo 穮 biāo 儦 biāo 瀌

蕭 **鏢** 刀削末銅也从金票聲〔別義〕通俗文刀鋒曰鏢

蕭肴篠 **麃** 麠屬从鹿票省聲按似麞無角周書王會麃者若鹿迅走爾雅麠大麃注麃卽麞漢書郊祀志獲一角獸若麃然注麃鹿屬也形似麞牛尾一角史記孝武紀索隱楚人謂麞爲麃陸璣詩疏四足之美有麃兩足之美有鷮〔叚借〕爲藨爾雅釋草藨麃按謂聲同字亦作麃也注卽莓又爲穮詩載芟緜緜其麃傳耘也爾雅釋訓緜緜麃也又爲犥禮內則鳥麃色而沙鳴注毛變色也釋文本作犥又重言形況字詩清人駟介麃麃傳武皃周書太子晉志氣麃麃注亦和僾也〔古韻〕詩清人叶消麃喬遙載芟叶苗麃

蕭篠篠 **藨** 鹿藿也从艸麃聲讀若剽亦名蔨爾雅蔨鹿蘿其實莥注今鹿豆也葉似大豆根黃而香蔓延生本草注苗似豌豆有蔓而長大人取以爲菜亦微有豆氣名鹿豆也按其豆難爛今不食梁簡文勸醫論胡麻鹿藿纔救頭痛之痾〔別義〕爾雅藨麃注卽莓也今江東呼爲藨莓子似覆盆而大赤酢甜可啖淮南覽冥入榛薄食薦梅注狀如桑椹其色赤按薦者藨之譌字梅者莓之借字也爾雅葥山莓注今之木莓實似藨莓大亦可食茥缺盆注覆盆也實似莓而小亦可食皆藨屬也又說文一曰敲屬通典引陳銓儀禮喪服注藨蒯草名南都賦藨苧蘋莞字多以苞爲之說文苞艸也南陽以爲麤履禮記曲禮苞屨注苞藨也漢書司馬相如傳其高燥則生葴析苞荔注卽今所用作席者張揖注苞藨也廣雅又云苞藨也皆是字亦作蔍〔叚借〕爲穮廣雅釋地藨耕也

說文通訓定聲 小部第七 十

蕭 **犥** 牛黃白色从牛麃聲按周禮內饔鳥犥色而沙鳴貍釋文本作犥內則作麃皫鳥毛作黃白晦色如犥也

虞 **鄜** 左馮翊縣从邑麃聲在今陝西鄜州洛川縣字亦作鄜音轉讀如敷史記封禪書秦文公作鄜畤畤者祭天地五帝之所卽古之郊也

蕭 **穮** 耕禾閒也从禾麃聲字亦作⿰耒麃左昭元年傳是穮是蔉注耘也釋文引說文穮鉏田也詩載芟緜緜其麃以麃爲之按耘有二蔉在先苗生三葉以上稍耨壠草因壝其土以附苗根比成壠盡而根深耐風與旱所謂壅禾本也詩之言或穮或耔是穮在後苗既成後陳艸復生有莠及童蓈廁其閒又以耨耨之所謂披陳草也詩之言以薅荼蓼是耕用枱廣五寸耨用耨廣六寸立苗欲疏也

蕭 **儦** 行皃从人麃聲詩載驅行人儦儦傳衆皃吉日儦儦俟俟釋文趨也韓詩作駓駓說文作伾伾不麃雙聲按亦皆重言形況字〔古韻〕詩載驅叶滔儦敖

蕭 **瀌** 雨雪瀌瀌也从水麃聲詩角弓雨雪瀌瀌釋文雪盛皃韓詩外傳以麃爲之廣雅釋訓瀌瀌雨也按亦重言形況字〔古韻〕詩角

要

biāo 鑣　yāo 幺　yǎo 杳　yǎo 窅　yǎo 昆　yǎo ⿱宀昆

弓叶瀌。消驕。

蕭 鑣 馬銜也。从金，麃聲。或从角。爾雅：鑣謂之钀。蓋銜之兩耑出口外者，系以鑾鈴與扇汗之幩，幩亦名排沫。儀禮既夕禮記：約綏約轡木鑣。古文以苞爲之。楚辭靈懷：斷鑣銜以馳騖兮。舞賦：揚鑣飛沫。【叚借】重言形況字。詩碩人：朱幩鑣鑣。傳：盛皃。按凡重言形況有可作本義訓者，如此詩鑣鑣，言非一鑣也，猶芣苢采采，言非一采也。【聲訓】釋名：鑣，苞也，在旁苞斂其口也。【古韻】詩碩人叶敖、郊、驕、鑣。新。勢。

幺一名。於堯切。

蕭 幺 小也。象子初生之形。俗字作么。通俗文：不長曰幺。字林：幺，小豚也。爾雅釋獸：幺幼。注：最後生者，俗呼爲幺豚。漢書敘傳注：幺麼，皆微小之稱也。說文不收麼字。按此字當从𡿨糸，糸者絲之𡿨，幺者糸之𡿨，細小幽隱之誼，玄从此，會染絲意，叀从此，會細繩意。許君蓋從幼字生訓，然幼會細小意，不必子也。據文實無子初生形。【叚借】爲𢼸。文賦：弦幺徽急。

杳一名。烏皎切。

篠 杳 冥也。从日在木下，會意。日在木上爲杲，日在木中爲東。甘泉賦：杳旭卉兮。注：深遠也。舞賦：獨馳思乎杳冥。【叚借】疊韻連語。史記司馬相如傳：紅杳渺以眩湣。又：頻杳眇而無見。又重言形況字。楚辭懷沙：眴兮杳杳。

窅一名。烏皎切。

篠 窅 深目也。从穴中目，會意。字亦作眑，此即窅眣字，俗亦作凹凸，蓋以曲爲之，而音則變。字苑：凹，陷也。亦作容宎。䆗頡篇：容，墊下也。容杳雙聲。【轉注】莊子逍遙遊：覆杯水於坳堂之上。支遁注：謂有坳垤形也。字變作坳。【叚借】爲昆。謝元暉敬亭山詩注引聲類：窅，遠望也。又單辭形況字。莊子逍遙遊：窅然喪其天下焉。李注：猶悵然。又重言形況字。漢書禮樂志：清思眑眑。注：幽靜也。

昆六名。凡昆之派皆衍昆聲。烏皎切。

篠 昆 望遠合也。从日匕，會意。匕，合也。讀若窈窕之窈。按从匕猶从比省，言形色小大高下不分也。昆字从日時之日，與此从日星之日誼別。

篠 ⿱宀昆 戶樞聲也。室之東南隅。从宀，昆聲。按戶在室之東南，故以戶樞開闔⿱宀昆然之聲名之。字亦作宎。爾雅釋宮以宎爲之。莊子徐无鬼：鶉生於宎。釋文：東南隅，鶉火地。漢書敘傳：守宎奧之熒燭。

yǎo ⿱穴昆　yào ⿺尢昆　dí ⿰火昆　cháo 鼂　xiào 皛　yāo 夭

篠 ⿱穴昆 冥也。从穴，昆聲。與窈略同。字亦作宎。【轉注】楚詞招魂：冬有宎夏。注：複室也。【叚借】爲姣。廣雅釋詁一：宎，好也。

嘯 ⿺尢昆 行不正也。从尣，昆聲。讀若耀。【別義】廣雅釋詁二：⿺尢昆，尰也。

錫 ⿰火昆 望火皃。从火，𠂤聲。讀若馰顙之馰。按此字从昆聲，各本从𠂤，誤，今訂系于此。𠂤讀若香，鄉、卿字以爲聲。通俗文音𨓱，專爲鴿鴻字作音。按鴿从食省聲也，此字則筆畫之誤。

蕭 鼂 匽鼂也。从黽，旦聲。从𠂤者，誤字。說文以此爲鼂之篆文，亦誤，今系于此。楊雄說：匽鼂，蟲名。當作匽鼂，雙聲連語也。

皛一名。烏皎切。

篠 皛 顯也。从三白，會意。讀若皎。廣雅釋器：皛，白也。蒼頡篇：明也。通俗文：通白曰皛。劉都賦：皛貙氓于葽草。注：皛當爲拍，非。江賦：沆瀁皛溔。注：深白之皃。亦疊韻連語。陶潛詩：皛皛川上平。注：明也。引說文：通白曰皛。

夭九名。凡夭之派皆衍夭聲。於兆切。

蕭篠晧 夭 屈也。从大，象形。按从大而屈其首，指事。申者腰之直，夭者頭之曲。論語：申申如也，夭夭如也。雖重言形況，實本字本誼。廣雅釋訓：夭夭，容也。書君奭：有若閎夭。傳：夭，名。疑以類命爲象者。【轉注】漢書五行志注：用人不以次第爲夭。按屈抑意。又禹貢：厥草惟夭。傳：少長曰夭。詩隰有萇楚：夭之沃沃。傳：夭，少也。凡草木既生，枝葉其杪有旁出側附之形，故曰夭。魯語：澤不伐夭。注：草木未成曰夭。又移以言禽獸。月令：毋殺孩蟲胎夭飛鳥。淮南本經：刳胎殺夭。注：夭，麋子也。爾雅：麋子麇。字亦變作麇。又還以言人。史記周本紀：所棄夭子出于路者。注：夭，幼少也。又釋名：少壯而死曰夭，如取物中夭折也。字亦作殀。王制：不殀夭。注：殀，斷殺。管子禁藏：毋夭英。廣雅釋詁三：夭，拔也。左昭四傳：民不夭札。注：短折爲夭。離騷：終然夭乎羽之野。注：蚤死曰夭。蓋不成則終于夭也，人物盡然，凡皆一意之引申。或曰義皆借爲幺，存參。【叚借】爲杳。素問玉機眞藏論：色夭不澤。注：不明而惡。又爲遏，爲堨。左宣十二傳注：水遇夭塞。疏：夭遏，是壅塞之義。夭曷雙聲。又爲祅。周禮硩蔟氏：掌覆夭鳥之巢。注：夭鳥，惡鳴之鳥。又重言形況字。詩桃夭：桃之夭夭。傳：其少壯也。高唐賦：聯延夭夭。注：少長也。凱風：棘心夭夭。傳：盛皃。正月：夭夭是椓。釋文：災也。後漢蔡邕傳：夭夭是加。注：殺也。又疊韻連語。上林賦：夭蟜枝格。郭注：頻申也。思元賦：偃蹇夭矯娩以連卷兮。注：自縱恣皃。景福殿賦：欒栱夭蟜而交結。注：長壯之皃。江賦：吸翠霞而夭矯。注：自得之皃。漢書揚雄傳：蹻夭蟜。注：木枝曲也。【古韻】詩凱

ǎo 芺　yāo 枖　yāo 祅　ǎo ⿰芺鳥　yù ⿰食芺　wò ⿰氵芺

風叶夭勞轉音高唐賦叶夭敫號鳩巢遊流

皓 **芺** 芺艸也味苦江南食以下气从艸夭聲小徐云今苦芺也按薊屬爾雅鉤芺注大如拇指中空莖頭有臺似薊初生可食又芺薊其實荂注芺與薊莖頭皆有蓊臺名荂荂卽其實蓋凡草抽莖作蓊臺者卽于其上開華結實故卽以荂名其實也名醫別錄苦芺主桼瘡

蕭 **枖** 木少盛皃从木夭聲詩曰桃之枖枖按實夭字之或體加木女部又引詩桃之⿰女芺⿰女芺實皆重言形況字耳

蕭 **祅** 地反物爲祅也从示芺聲按衣服歌謠草木之怪左宣十五傳地反物爲妖經傳皆以妖爲之字亦作祅作訞周禮眡祲以觀妖祥左昭廿六傳秦人降妖中庸必有妖孽漢書文帝紀今法有誹謗訞言之罪呂覽制樂妖者禍之先者也論衡自紀不常有而忽見曰妖大戴記千乘子女專曰⿰女芺說苑敬慎妖孽者天所以警天子諸侯也聲訓廣雅釋言祅殀也釋名妖殀也殀害物也漢書五行志妖猶夭胎言尚微也

皓 **⿰芺鳥** 鴹鳥也从鳥芺聲

說文通訓定聲　小部弟七　十三

御 **⿰食芺** 燕食也从食芺聲詩曰飲酒之⿰食芺按不脫屨升堂而饗謂之⿰食芺禮之立成者也今字作飫周語王公立飫則有房烝又余一人敢設飫禘焉又飫以顯物宴以合好禮記王制夏后氏以饗禮疏飫卽謂饗也叚借爲醧爾雅釋言飫私也孫注非公朝私飲酒也孫蓋謂非公朝之飫當讀爲醧私飲酒也毛詩常棣飲酒之飫傳飫私也不脫屨升堂謂之飫毛蓋謂此飫讀爲醧私也飫則不脫屨升堂之謂故鄭箋申毛云私者圖非常之事若議大疑于堂則有飫禮焉韓詩正作醧晉語繹不盡飫則退注飫宴安私飲也昭謂立曰飫坐曰宴韋意亦謂讀爲醧也左襄廿八傳加膳則飫賜注饜也太元夷或飫之徒注厭也此皆醧字說文訓⿰食芺爲燕食訓醧爲私宴飲是二字不別按凡飲酒之禮立成于堂者曰飫跣而上坐者曰宴夜飲能者飲不能者已曰醧醧飫雙聲故得通借轉注書序槀飫傳飫賜也轉音詩常棣叶豆飫具孺

沃 **⿰氵芺** 溉灌也从水芺聲今字作沃凡自上澆下曰沃左僖廿三傳奉匜沃盥疏澆水也素問痺論若沃以湯注猶灌也爾雅沃泉縣出注從上溜下儀禮特牲饋食禮淳沃注稍注之轉注左襄廿五傳井衍沃服注有溉曰沃廣雅釋詁二沃漬也四低也魯語沃土之民不材注肥美也詩隰其葉沃若傳猶沃沃然隰桑其葉有沃傳柔也叚借託名幖識字詩揚之水從子于沃傳曲沃也晉邑在今山西絳

yāo ⿰女芺　wù 鋈　xiāo 囂　xiāo 虈　xiāo ⿴囂高　xiāo 梟

州聞喜縣又重言形況字詩隰有萇楚夭之沃沃傳壯佼也古韻詩揚之水叶鑿襮沃樂

蕭 **⿰女芺** 巧也一曰女子笑皃詩曰桃之⿰女芺⿰女芺从女芺聲與姣略同今字作妖三蒼妖妍也廣雅釋訓妖妖容也莊子大宗師美妖善老楚辭天問妖夫曳衒漢書司馬相如傳妖冶閑都注妖冶美好也亦雙聲連語舞賦貌嫽妙以妖蠱兮注淑豔也叚借爲祅晉語辨妖祥于謠注惡也又爲夭呂覽察賢疾病妖厲去矣注怪也失之又重言形況字廣雅釋訓⿰女芺⿰女芺茂也說文引三家詩桃之⿰女芺⿰女芺

沃 **鋈** 白金也从金沃省聲廣雅釋器白銅謂之鋈詩小戎陰靷鋈續傳白金也又鋈以觼軜說文車部引作⿰氵芺聲訓釋名釋車鋈沃也冶白金以鋈灌靷環也

囂三名凡囂之派皆衍囂聲 許驕切

蕭豪 **囂** 聲也气出頭上从㗊从頁會意頁亦首也或从叩按讙聲也聲高出頭上也周禮司虣禁其鬥囂者左成十六傳在陳而囂昭三傳湫隘囂塵楚語而以金石匏竹之昌大囂庶爲樂叚借重言形況字詩車攻選徒囂囂傳聲也板聽我囂囂疏不聽之狀潛夫論引作敖十月之交讒口囂囂箋眾多皃韓詩作謷漢書劉向傳作嗸後漢皇甫規傳注作翺又孟子人知之亦囂囂注自得無欲

說文通訓定聲　小部弟七　十四

之皃爾雅釋言囂閑也廣雅釋訓囂囂虛也莊子駢拇天下何其囂囂也崔注憂世之皃又單辭形況字養生論則囂然思食注飢意也按與用枵同漢書王莽傳囂然喪其樂生之心注眾口愁皃又託名幖識字書仲丁序仲丁遷于囂傳地名按卽左宣十二傳敖鄗之敖山在今河南開封府滎澤縣西囂在敖山之陽山上有城秦置食其中曰敖倉城是也古韻詩車攻叶苗囂旄敖板叶寮囂笑蕘

蕭 **虈** 楚謂之蘺晉謂之虈齊謂之茝从艸囂聲按今之白芷也其葉曰葯楚辭九思怨上芳虈兮挫枯注香草名

蕭 **⿴囂高** 炊气皃从高囂聲

梟三名凡梟之派皆衍梟聲 古堯切

蕭 **梟** 不孝鳥也日至捕梟磔之从鳥頭在木上會意兼指事五經文字作从鳥非是爾雅怪鴟郭注以怪鴟爲鴟鵂梟鴟爲鴟鴞爲土梟愚按怪鴟卽梟鴟猶上文狂卽茅鴟下文鵲卽劉疾也漢書郊祀志用一梟破鏡注孟康曰梟鳥食母破鏡獸食父黃帝欲絕其類使百吏祠皆用之如淳曰漢五月五日作梟羹以賜百官淮南說林鼓造辟兵壽盡五月之望漢以夏至賜梟羹故云鼓造之合音爲梟也毛詩草木疏謂梟流離字林謂梟鴟鵂皆誤詩瞻卬爲梟爲鴟漢書司馬相如傳射游梟郊祀志鴟梟羣翔叚借爲驍爲勢爲豪淮南原

道爲天下梟注雄也漢書張良傳注梟謂最勇健也後漢張衡傳注梟猶勝也猶六博得梟則勝又爲撓荀子非十二子以梟亂天下又爲縣漢書高帝紀梟故塞王欣頭注懸首于木上陳湯傳梟俊禽敵之臣又託名𠌾識字淮南氾論山出梟陽注山精也人形見反踵見人而笑楚辭哀時命使梟楊先導兮注即狒狒也漢書司馬相如傳注引郭璞作梟羊羽獵賦𩕝梟陽以梟爲之又賈誼傳偭蟂獺以隱處兮應劭曰蟂獺水蟲害魚者也字亦變作蟂

蕭 **嘄** 聲嘄嘄也从口梟聲字亦作嘂又誤作噪太元樂嘄呱啞咋號咷倚戶注皆憂聲也叚借疊韻連語方言十一注蛥蚗江東人呼嘄蟧

蕭 **鄡** 鉅鹿縣从邑梟聲今直隸順德府平鄉縣治據唐通典則漢鄡城在深州字亦作鄵鄵注史記弟子傳鄡單按以邑爲氏禮記檀弓縣亶當作鄡亶字之誤也

覞一名弋笑切

嘯 **覞** 竝視也从二見會意𩐍从此一曰即禮記祭義𩐍以俠甒𩐍字

顥二名凡顥之派皆衍顥聲胡了切

皓 **顥** 白皃从頁从景會意楚辭曰天白顥顥商山四顥白首人也按顥頭白皃从景景日光也日光白故白从日李陵與蘇武詩皓首以爲期以皓爲之叚借爲皓爲暭呂覽有始西方曰顥天注金色白故曰顥天又爲昊漢書司馬相如傳𩕝自顥穹生民注言氣顥汗也漢書敘傳注顥大也

皓 **灝** 豆汁也从水顥聲叚借疊韻連語史記司馬相如傳灝溔潢漾正義水無涯際也

号九名凡号之派皆衍号聲胡到切

號豪 **号** 痛聲也从口在丂上會意經傳皆以號爲之顏氏家訓禮以哭有言者爲號易同人先號咷而後笑左宣十二傳號而出之禮記雜記亡無啼號中山經昆吾之山有獸焉其音如號名曰蠪蚳注如人號哭

蕭 **鴞** 鴟鴞寧鴂也从鳥号聲與鴟鵂之梟迥別詩鴟鴞鴟鴞陸璣疏似黃雀而小其喙尖如椎取茅秀爲巢以麻紩之如刺韈然縣著樹枝亦曰巧婦曰巧女曰女匠曰工雀曰過䴉曰桑飛曰韈雀按即桃蟲鷦鷯也莊子齊物論見彈而求鴞炙司馬注小鳩也楚辭守志今其集兮惟鴞注不鳥也西山經白於之山其鳥多鴞注似鳩而青色叚借爲梟按詩墓門有鴞萃止泮水翩彼飛鴞劉向九歎鴟鴞集于木蘭皆謂貪惡之鳥即爾雅之怪鴟梟鴟賈誼所賦之鵩也古韻詩鴟鴞據鄭箋叶鴞巢

號 **𧇊** 土鍪也从虘号聲讀若鎬按大口土釜字亦作鋚作鑢作鑒

蕭 **枵** 木根也鍇本作木皃从木号聲叚借爲虛虛枵一聲之轉按二十八宿之名皆借一字爲表識惟尾箕斗畢疑象形其餘不宜穿鑿星紀析木十二次之名亦然爾雅元枵虛也左襄廿八傳歲在星紀而淫于元枵元枵虛中也枵秏名也按秏者稻屬木經注燕人謂無爲秏是皆因聲展轉相借虛之爲空者轉注也虛之爲枵枵之爲秏秏之爲無者叚借也虛二星危三星合之四足一首形似龜蛇故周語星在天黿亦曰黿也北方宿曰元武同傳云虛中亦合虛危共五星言之其象似今帽盒故曰虛中耳杜注元枵三宿虛在其中失之又單辭形況字莊子逍遙遊非不枵然大也文選謝靈運詩注引司馬注大皃字亦作呺作諤

豪 **郜** 南陽淯陽鄉也从邑号聲在今河南南陽府東有淯陽故城

豪號 **號** 嘑也从号从虎按从唬省号聲高聲而號爲叫詩碩鼠誰之永號賓之初筵載號載呶北山或不知叫號晉語公號慶鄭楚辭

天問蓱號起雨淮南原道射者扜烏號之弓廣雅釋詁二號鳴也長笛賦錚鐄警嗃注嗃大呼也莊子則陽猶有嗃也注管聲也以爲號之轉注越語乃號令于三軍廣雅釋詁三號告也易夬孚號有厲禮記樂記鏗以立號又大傳殊徽號注徽號旌旗之名也周禮大司馬辨號名之用注謂徽識所以相別也又大祝辨六號注謂尊其名更爲美稱焉職喪詔其號注謂謚號班固典引厥有氏號叚借爲号楚辭離世尊子之號咷兮漢書劉向傳號曰注哭而且言也又爲胡實發聲之詞荀子哀公君號然也胡號一聲之轉聲訓春秋繁露深察名號篇謞而效天地謂之號號之爲言謞而效也白虎通號篇號者功之表也所以表功明德號令臣下者也詩北山傳號召也古韻詩碩鼠叶苗勞郊號易萃叶號笑轉音詩賓之初筵叶號呶高唐賦叶夭敫號鳩巢遊流

豪 **諕** 號也从言从虎按从言唬省聲即號之或體今附于此

號 **𤩭** 石之似玉者从玉號聲讀若鎬

豪豪 **饕** 貪也从食號聲或从口刀聲籀文从號省按从食唬省聲字亦作叨埤蒼叨食也轉注左文十八傳謂之饕餮注貪財曰饕後漢竇鋼傳臣貪叨誅死方言叨殘也又莊子漁父好經大事變更易常以挂功名謂之叨叚借重言形況字廣雅釋訓

xiāo 唬　háo 虢　áo 敖　áo 嗷　áo 謷

叨叨誠也。王氏念孫訂爲叩之譌字，猶欵欵。引繁欽定情詩何以致叩叩香囊懸肘後爲證。別義華嚴經序音義引韻圃叨忝也。此今所用叨承字。

唬二名。凡唬之派皆衍唬聲。呼到切。

禡 **唬** 唬聲也。一曰虎聲。从虎从口，會意。讀若髇。按虎聲也。今近海水師有唬船。【叚借】爲号。說文唬聲也。禮記雜記徐本亡無啼唬。冀州從事郭君碑卜商唬咷。鄭固碑仰唬焉告。

豪 **虢** 虢木也。从木，唬聲。

敖十二名。凡敖之派皆衍敖聲。五勞切。

豪 **敖** 出游也。从出从放，會意。俗字作遨。廣雅釋詁三敖戲也。釋言傲也。詩柏舟以敖以遊。鹿鳴嘉賓式燕以敖。君子陽陽右招我由敖。禮記曲禮敖不可長。漢書食貨志邑亡敖民。丙吉傳不得令晨夜去皇孫敖盪。楚辭疾世從廬遨兮棲遲。【叚借】爲嫯。爾雅釋詁敖戲謔也。史記天官書集爲敖客。日口舌。宋均曰調弄也。禮記投壺毋敖。晉語小國敖。又爲囂。荀子彊國百姓讙敖。又爲獒。楚蔿艾獵字叔敖。又爲傲。爾雅釋言敖傲也。管子宙合若敖之在堯也。注慢而不恭曰敖。又爲熬。荀子富國天下敖然若燒若焦。又爲謷。廣雅釋言敖妄也。又重言形況字。爾雅仇仇敖敖傲也。詩碩人敖敖。傳長皃。又發聲之詞。左昭十三傳實訾敖。注不成君無謚號者楚皆謂之敖。又託名幖識字。詩車攻搏獸于敖。左宣十二傳晉師在敖鄗之閒。在今河南開封府滎澤縣。又魯封有具敖二山。獻公名具，武公名敖，故左桓五傳先君獻武廢二山。又禮記檀弓黔敖。風俗通作傲。左傳楚莫敖。淮南脩務作莫囂。【古韻】詩終風叶暴笑敖悼。碩人叶敖郊驕鑣朝勞。鹿鳴叶蒿昭恌傚敖。車攻叶苗囂旄敖。【轉音】詩君子陽陽叶陶翿敖。載驅叶滔儦敖。

豪 **嗷** 衆口愁也。从口，敖聲。字亦作嗸。詩鴻雁哀鳴嗸嗸。亦重言形況字。【叚借】爲囂。楚辭惜賢聲嗸嗸以寂寥兮。注呼聲也。漢書劉向傳讒口嗸嗸。注衆聲也。亦重言形況字。【古韻】詩鴻雁叶嗷勞驕。高唐賦叶天嗷號。

肴豪 **謷** 不肖人也。从言，敖聲。按肖者省之誤字。楚辭怨上令尹兮謷謷。注不聽話言而妄語也。字亦作嗸。玉篇引廣雅謷不入人語也。吳都賦魚鳥謷耴，則雙聲連語。【叚借】爲敖。莊子德充符謷乎大哉。注放也。又爲傲。莊子天地謷然不顧。大宗師謷乎其未可制也。司馬注志遠皃。詩正月箋其禮待我謷謷然。又爲囂。爾雅釋訓謷謷傲也。舍人注衆口毀人之皃。又爲嗷。漢書食貨志注謷謷衆口愁聲也。又爲

ào 傲　ào 贅　áo 嶅　ào 驁　áo 獒　áo 熬　áo 漖　ào 嫯　háo 勢

号。說文謷一曰哭不止悲聲謷謷也。漢書東方朔傳聲謷謷尻益高。亦皆重言形況字。又爲嫯。荀子禮論歌謠謷笑。

號 **傲** 倨也。从人，敖聲。與嫯微別。字亦作慠。禮記曲禮凡視上於面則敖。詩桑扈彼交匪敖。絲衣不吳不敖。史記游俠傳敖而無足數者。皆以敖爲之。左文九傳執幣傲。樂記齊音傲辟喬志。莊子天下圖傲乎救世之士哉。江賦冰夷倚浪以傲睨。賈子道術弟敬愛兄謂之悌，反悌爲傲。又思惡勿道謂之戒，反戒爲傲。【叚借】爲嫯。廣雅釋詁三傲傷也。荀子勸學不問而告謂之傲。說苑修文諸侯貢士再不適謂之傲。又爲謷。荀子勸學未可與言而言謂之傲。又爲奡。虞書無若丹朱傲。

豪號 **贅** 贅顤高也。从頁，敖聲。按頭高也。字亦作顤。廣雅釋詁四顤高也。

肴 **嶅** 山多小石也。从山，敖聲。爾雅字作磝。注磝多礓礫。【聲訓】釋名山多小石曰磽。磽，堯也。每石堯堯，山獨處而出見也。以磽爲之。

豪號 **驁** 駿馬。以壬申日死，乘馬忌之。从馬，敖聲。字亦作鶩。呂覽察今良馬不期乎驥驁。注千里馬也。王者乘之遊敖，因曰驥驁也。【叚借】爲嫯。呂覽下賢士驁祿爵者固輕其主。莊子外物而驁萬世之患。漢書東平思王宇傳驁忽臣下。思蚡傳諸公稍自引而怠驁。又爲傲爲嫯。匈奴傳賛其桀驁。倘如此。又爲謷。莊子庚桑楚釋文引廣雅驁妄也。又爲贅。廣雅釋詁一驁大也。又託名幖識字。儀禮大射儀公入驁。注鶩夏亦樂章，以鐘鼓奏之，其詩今亡。【古韻】楚辭遠遊叶燿驁。

豪 **獒** 犬如人心可使者。从犬，敖聲。爾雅狗四尺爲獒。釋文引說文犬知人心。左宣二傳公嗾夫獒焉。注猛犬也。書旅獒序西旅獻獒。【叚借】爲豪。鄭注書序獒讀曰豪，謂酋豪也。

豪 **熬** 乾煎也。从火，敖聲。或从麥。方言七熬火乾也。以火而乾五穀之類。禮記內則淳熬。周禮小祝設熬。注設之所以惑蚍蜉令不至棺旁也。【轉注】楚辭怨上我心兮煎熬。【叚借】爲嗷。漢書陳湯傳熬熬苦之。注衆愁聲。

豪 **漖** 漖水出南陽魯陽入城父。从水，敖聲。在今河南汝州魯山縣至郟縣入汝。

號 **嫯** 侮傷也。从女，敖聲。與傲微別。呂覽士容傲小物而志屬于大。以傲爲之。離騷保厥美以驕敖。以敖爲之。荀子禮論歌謠謷笑。以謷爲之。

豪 **勢** 健也。从力，敖聲。讀若豪。

㚖一名。奴了切。

篠 **褭** 𧛷 以組帶馬也从衣从馬會意漢書百官公卿表秦爵二十等三曰簪褭御駟馬者字或以㚟爲之㚟即樢字【叚借】疊韻連語呂覽離俗飛兔要褭此駿馬之名注讀如橈

尿一名奴弔切

嘯 **尿** 𡱁 小便也从尾从水會意小便疑當作小溲字亦作尿作屎廣雅釋言尿溲也通俗文出脬曰尿古書皆以溺爲之史記范睢蔡澤傳醉更溺睢

交廿四名凡交之派皆衍交聲古肴切

肴 **交** 𠫖 交脛也从大象交形秦策交足而待考工弓人注齊人名手足掔爲骹以骹爲之【轉注】參同契日月懸象章混沌相交接禮記月令虎始交王制雕題交趾莊子天地交臂歷指又詩小戎交韔二弓又方言四衿謂之交又爾雅釋宮直不受檐謂之交又東京賦虎戟交鍛又小爾雅廣詁交易也更也詩角弓交相爲瘉楚辭東君緪瑟兮交鼓又小爾雅廣言交俱也書禹貢庶土交正孟子上下交征利又廣雅釋詁二交合也楚辭思美人備以爲交佩又小爾雅廣言交報也按左僖廿三傳有人而校論語犯而不校以校爲之凡交

兵校讎皆互相接兩相比之義小爾雅又曰校戰交也交爲本字校爲借字又廣雅釋詁四交定也淮南說林交畫不暢注止也荀子王制諸侯莫不懷交接怨而不忘其敵注連結也賜給事誄周衞是交注黨與也楚辭湘君交不忠兮怨長注友也又左僖五傳其九月十月之交乎注晦朔交會又蜀都賦交讓所植注木名也兩樹對生一樹枯則一樹生【叚借】爲这儀禮特牲饋食禮交錯以辯注猶言東西釋名釋船所用斥旁岸曰交一人前一人還相交錯也又重言形況字詩黃鳥交交黃鳥小宛交交桑扈傳小皃桑扈交交桑扈箋猶佼佼飛往來皃又爲儌詩桑扈彼交匪敖漢書五行志作匪儌匪傲又爲駮上林賦交精旋目【轉音】文子道原叶幽交

肴 **茭** 𦯆 乾芻从艸交聲一曰牛蘄艸按牛蘄爲本訓爾雅茭牛蘄注今馬蘄葉細銳似芹本草注一名野茴香【轉注】說文乾芻也按此草馬牛喜食故凡芻以茭名費誓峙乃芻茭史記河渠書民茭牧其中耳【叚借】爲筊河渠書搴長茭兮沈美玉又爲交考工弓人今夫茭解中有變焉注茭解謂接中也司農注謂弓檠也又發聲之詞方言十茭媞欺謾之語也注中國相輕易蚩弄之言也又爲芠之誤字爾雅葯茭荄根愚按釋文字又作䓆蓋借爲骹凡物脛皆得以骹名【聲訓】風俗通祀典茭者交易陰陽代興也

肴 **这** 𨑡 會也从辵交聲東西爲这衺行爲造禮經皆以交錯字爲之

巧 **齩** 𪘂 齧骨也从齒交聲字亦作𪘂廣雅釋詁三齩齧也【轉注】東京賦咸池不齊度于哇咬注不正之聲字亦作咬【叚借】爲嗷莊子齊物論宎者咬者司馬注聲哀切咬咬然又重言形況字鸜鵒賦注引韻略咬咬鳥鳴也按詩只作交交

效 **效** 𢿳 像也从攴交聲與斆斈略同墨子小取效者爲之法也字亦作傚詩鹿鳴君子是則是傚角弓民胥傚矣左襄廿五傳尤而傚之孝經則而傚之字又作傚元命苞效之爲言傚也上行之下傚之字又作詨大射儀注可則詨也廣雅釋詁三詨敎也【叚借】爲交禮記曲禮效馬效羊者右牽之左襄廿七傳僞效鳥餘之封者注致也文八傳效節于府人秦策效上洛于秦呂覽季春分繭稱絲效功又左昭廿六傳宣王有志而後效官注授也又爲覺荀子正論由此效之也儒效鄉也效門室之辨方言十二效明也史記天官書其時宜效正義見也淮南天文効斗牽牛又長笛賦致誠効志廣雅釋言効驗也字亦作効荀子議兵彊弱存亡之效又淮南脩務效亦大矣注功也漢書劉向傳以德爲効史記蘇秦傳使臣効愚計又爲爻按方言十二效𢿱文也又爲傚荀子大略其行效其立效其坐效其置顏色出辭氣效注放也又爲校實爲摧廣雅釋言效考也【古韻】詩鹿鳴叶蒿昭恌傚敖角弓叶敎傚楚辭九辨叶約效韓非揚權叶要效

肴 **鵁** 𩿧 鵁鶄也从鳥交聲爾雅鳽鵁鶄注似鳧脚高毛冠江東人家養之以厭火災按此鳥以交目得名睛交而孕上林賦交精旋目字作交精是也【別義】說文一曰鵁鸕也爾雅鳽頭鵁字亦作鵁注似鳧脚近尾略不能行江東謂之魚鵁音髐按此鳥蛇頭長項冬月羽毛落見人不能行即沒入水蓋䴉鵁之屬也上林賦箴疵鵁盧史記賈誼傳偭蟂獺以隱處字亦作蟂又南山經有鳥狀如鵁名曰瞿如

肴 **骹** 𩩒 脛也从骨交聲字亦作跤爾雅釋畜四骹皆白驓【轉注】考工輪人注人脛近足者細于股謂之骹羊脛細者亦謂之骹廣雅釋器骹骨也按凡物之足皆得言骹猶皆得言柎也禮記祭統執校以校爲之射雉賦奮勁骹以角槎字亦作骹廣雅釋草𦯬根也【別義】通俗文鳴箭曰骹字亦作骲埤蒼骲骨鏃也亦作嚆莊子在宥焉知曾史之不爲桀跖嚆矢也向注矢之鳴者亦作髐南山經注鵁音如髐箭之髐

肴 **筊** 𥬶 竹索也从竹交聲按交亦意今之籚纜漢書溝洫志搴長茭兮湛美玉以茭爲之【別義】爾雅大籥謂之言小者謂之筊字亦作筊【聲訓】爾雅釋樂李注聲揚而小故曰筊筊小也

效效 **校** 𣏣 木囚也从木交聲易噬嗑屨校滅趾侯注以木夾足止行也若今軍流人犯新到配所著木鞾又何校滅耳注若今枷項也【轉注】漢書司馬相如傳天子校獵注以木相貫穿總爲欄校遮止禽獸而獵取之又衞青傳常護軍傅校獲王注校者營壘之稱中山策五

jiāo 郊

郊 肴 ［篆］距國百里爲郊从邑交聲按距國百里爲遠郊距國五十里爲近郊爾雅釋地邑外謂之郊周禮質人郊二旬注遠郊也儀禮覲禮至于郊注謂近郊易小畜自我西郊周禮太宰四郊之賦〔轉注〕王者歲祭天於近郊五十里故曰郊禮記郊特牲郊之祭也迎長日之至也即周禮大司樂地上圜丘之制此南郊祭天也詩昊天有成命序郊祀天地也漢書郊祀志古者天子夏親郊祀上帝於郊即大司樂夏日至澤中方丘之制此北郊祭地也二者古亦謂之禘其他正月祈穀仲夏大雩季秋大饗于明堂月令四立迎氣七者合祭天地亦得謂郊其禮則殺也又呂覽仲春以太牢祀于高禖以高爲之〔聲訓〕公羊僖三十一傳魯郊非禮也注謂之郊者天人相與交接之意也漢書鄭當時傳常置驛馬長安諸郊注郊交道四通處也〔古韻〕詩干旄叶旄郊碩人叶敖郊驕鑣朝勞碩鼠叶苗勞郊號出車叶郊旐旄文子符言叶郊沼

bó 瓝

瓝 覺 ［篆］小瓜也从瓜交聲字亦作瓝爾雅瓞瓝其紹瓞注俗呼瓝瓜爲瓞紹者瓜蔓緒亦著子但小如瓝〔轉注〕段氏玉裁云隋書瓝稍今之金瓜椎也或作犦稍因遂爲牛形〔叚借〕爲駮爾雅瓝九葉樊注駮也又爲暴漢書灌夫傳注關西俗謂得杖呼及小兒啼呼爲呼瓝

yào 窔

窔 嘯 ［篆］窔深也从穴交聲字亦作宎上林賦巖窔洞房〔叚借〕爲窅爾雅釋宮東南隅謂之窔釋名東南隅曰窔窔幽也亦取幽冥也

jiǎo 皎

皎 篠 ［篆］月之白也从白交聲字亦作皎詩曰月出皎兮穆天子傳有皎者駱注白皃詩皎皎白駒傳潔白也廣雅釋訓皎皎明也〔古韻〕詩月出叶皎僚糾悄

jiāo 佼

佼 肴 巧 ［篆］交也从人交聲按好也與姣同字詩月出佼人僚兮還傳昌佼好皃猗嗟傳昌佼好皃碩人箋長麗佼好禮記月令養壯佼注謂形容佼好據呂覽作狡注多力之士則借爲趫爲勢家語入官量之無佼民之辭注猶好也荀子成相君子由之佼以好注佼亦好也論衡上世之人侗長佼好後漢劉盆子傳庸中佼佼注佼好皃也〔叚借〕爲交說文交也廣雅釋言佼交也管子小臣持祿養佼不以官爲事史記趙世家宜爲上佼注猶行也按交也或謂借爲郊非又爲撓爲攪淮南覽冥草木不搖而燕雀佼之注或作誽又爲狡管子七臣七主好佼反而行私請注謂很詐也

jiǎo 姣

姣 肴 巧 ［篆］好也从女交聲與媄略同按此字實當爲佼之或體字亦作嬌今系于此左襄九傳棄位而姣不可爲貞楚辭東皇太一靈偃蹇兮姣服大招姣麗施只呂覽達鬱公姣且麗荀子非相古者桀紂長巨姣美天下之傑也列子楊朱鄉有處子之娥好者方言一娥𡟭好也凡好而輕者自關而東河濟之間或謂之姣漢書東方朔傳左右言其姣好注美麗也史記司馬相如傳姣冶嫺都〔叚借〕爲狡廣雅釋言姣侮也又爲嬌楚辭惜誓果枉聚而嬌直又爲皎方言一注言姣潔也又託名摽識字古今人表有嬌極鼓容注有嬌牛

bó 駮

駮 覺 ［篆］獸如馬鋸牙食虎豹从馬交聲與从爻之字迥別周書王會義渠以茲白注茲白一名駮〔轉注〕詩晨風隰有六駮釋文引草木疏駮馬木名梓榆也又爾雅釋木駮赤李謂李實赤者釋草瓝九葉樊注作駮一名九葉翟氏灝曰即羊藿關中呼爲三枝九葉草〔叚借〕爲駁上林賦赤瑕駁犖注采點也亦疊韻連語文選表題注推覆平論有異事進之曰駮〔古韻〕詩晨風叶櫟駮樂

jiǎo 狡

狡 巧 ［篆］少狗也从犬交聲匈奴地有狡犬巨口而黑身淮南俶眞狡狗之死也注少也〔轉注〕廣雅釋詁四狡獪也通俗文小兒戲謂之狡獪管子形勢烏鳥之狡雖善不親注謂猜也史記淮陰侯傳狡兔死索隱猾也呂覽尊師東方之鉅狡也注猾也洞簫賦時奏狡弄注急也呂覽恃君服狡蟲注蟲之狡害者大戴子張問量之無狡民之辭注害也家語作佼或曰借爲𤞞亦通〔叚借〕爲獟廣雅釋詁二狡健也又爲攪爲撓左僖十五傳亂氣狡憤注戾也又爲佼詩山有扶蘇乃見狡童箋有貌而無實〔聲訓〕釋名釋言語狡交也與物交錯也

jiǎo 烄

烄 巧 ［篆］交木然也从火交聲按交亦意玉篇烄交木然之以寮祭天也

jiǎo 敫　jiǎo 絞　xiáo 恔　xiáo 洨　jiāo 鮫　jiāo 蛟　liào 尞(寮)

巧 **敫** 𤇾 交灼木也。从火，敎省聲。讀若狡。按當爲烄之古文，今系于此。

肴巧 **絞** 𢇁 縊也。从交从糸，會意。按交亦聲。字亦作紋。左哀二傳：絞縊以戮。注：絞所以縊人物。儀禮喪服絞帶。釋名：絞帶，絞麻絰爲帶也。士喪禮絞橫三縮一。注：所以收束衣服爲堅急者也。以布爲之。雜記疏：兩股相交謂之絞。方言四：緉緥，絞也。注：謂履中絞也。【轉注】左昭元傳：叔孫絞而婉。注：切也。論語：直而無禮則絞。鄭注：急也。其蔽也絞。皇疏：猶刺也。按刺猶盭也。曾子修廉至言往至絞。注：謂急。【叚借】爲䪨。按赭白馬賦寶絞星纏。注：裝飾也。字亦變作鉸。疑卽玉藻絞衣以裼之絞。夏小正玄校，以校爲之。蒼黃色也。檀弓制絞衾。雜記絞屬于池下。【聲訓】釋名：已衣所以束之曰絞衿。絞，交也，交結之也。衿，禁也，禁繫之也。

肴效 **恔** 𢜩 憭也。从心交聲。字亦作㤯。【別義】孟子：於人心獨無恔乎。注：快也。方言三：恔，快也。駁按孟子借爲儌幸也。喪禮戚何謂快。【聲訓】方言三注：恔卽狡。狡戲亦快事也。

肴 **洨** 𣲅 洨水。出常山石邑井陘，錯本作井陵。山東南入于泜。从水交聲。出今直隸正定府獲鹿縣井陘山下，流至寧晉縣入胡盧河。上源四泉交合，故曰洨。【別義】說文：郝國有洨縣。按郝之洨水南入淮。

肴 **鮫** 𩵢 海魚也。皮可飾刀。从魚交聲。周書王會：鮫瞂利劍爲瞂。注：文魚也。淮南說山：一淵不兩鮫。注：鮫魚之長，其皮有珠，今世以爲刀劍之口。一說魚二千斤爲鮫。吳都賦：扈帶鮫函。劉注：鮫魚甲可爲鎧。【別義】山海經中山經：漳水多鮫魚。注：鮒魚類也。【叚借】爲蛟。禮記中庸黿鼉鮫龍。又爲䱜之誤字。按左昭廿傳舟鮫守之。疏：大魚之名。失之。䱜卽籞字。

肴 **蛟** 𧊵 龍之屬也。池魚滿三千六百，蛟來爲之長，能率魚飛。置笱水中，卽蛟去。从虫交聲。南山經：浪水其中有虎蛟。注：蛟似蛇，四足，龍屬。抱朴子：母龍曰蛟。楚辭守志：乘六蛟兮蜿蟬。注：龍無角曰蛟。淮南泰族：蛟龍伏寢于淵。注：蛟龍，黿屬也。乳于陵而伏于淵，其卵自孕。蜀都賦：或藏蛟螭。劉注：蛟螭，水神也。一曰雌龍，一曰龍子。呂覽季夏命漁師伐蛟。【叚借】爲鮫。荀子禮論：蛟韅。徐廣曰：以蛟魚皮爲之。

尞廿一名。凡尞之派皆衍尞聲。力照切

嘯 **尞** 𤉣 柴祭天也。从火从眘。眘，古文愼，會意。祭天所以愼也。經傳皆以燎爲之。按祭天神皆曰尞，亦曰柴，曰禋。呂覽季冬：及百祀之薪燎。注：燎者，積聚柴薪，置璧與牲于上而燎之，升其煙氣。公羊僖三十一傳注：燎者，取俎上七體與其珪寶在辨中，置於柴上燒之。詩旱麓：民所燎矣。釋文：柴祭天也。漢書司馬相如傳：休之以燎。注：祭天也。【叚借】爲僚。祝睦碑：寮屬欽熙。魏元丕碑：訓咨羣寮。

liáo 璙　liáo 遼　liáo 鷯　liáo 膫　liáo 簝　lǎo 橑　liáo 寮　liǎo 僚　liáo 獠　liǎo 燎

蕭 **璙** 𤩇 玉也。从玉尞聲。

蕭 **遼** 𨘐 遠也。从辵尞聲。詩漸漸之石：山川悠遠，維其勞矣。箋：邦域又勞勞廣闊。以勞爲之。楚辭憂苦：山修遠其遼遼兮。廣雅釋訓：遼遼，遠也。公羊桓十一傳：少遼緩之。注：假緩之。【叚借】爲僚。楊統碑：百遼歎傷。謁者景君墓表：百遼失氣。夏堪碑：官遼臨吊。楊君石門頌：百遼咸從。又疊韻連語。淮南俶眞：遼巢彭濞而爲雨。注：蘊積皃也。

蕭 **鷯** 𪄻 刀鷯，剖葦食其中蟲。从鳥尞聲。與鷦鷯之亦爲鳭鷯迴別。爾雅：鳭鷯，剖葦。注：江東呼蘆虎，似雀，青斑，長尾。【別義】爾雅：鷯，鶉，鶉其雄鶛，牝庳。注：鶉屬。本草衍義：其卵初生謂之羅鶉。羅鷯一聲之轉。

蕭嘯 **膫** 𦞦 𦞦 牛腸脂也。从肉尞聲。或从勞省聲。詩信南山：取其血膋。毛本作膋。郊特牲：取膟膋燔燎升首。漢書禮樂志：焫膋蕭。按急言曰膫，緩言曰膟膋。【叚借】爲燎。詩含神霧：男懦弱，女高膫。注：明也。【古韻】詩信南山叶刀毛膋。

蕭 **簝** 𥳑 宗廟盛肉竹器也。从竹尞聲。周禮：供盆簝以待事。按周禮牛人：共其牛牲之互與其盆簝。司農注：受肉籠也。廣雅釋器：簝，籠也。史記平準書：官與牢盆。疑以牢爲之，非價值廩食之謂。

蕭皓 **橑** 𣞂 椽也。从木尞聲。楚辭九歌：桂棟兮蘭橑。淮南本經：橑檐榱題。漢書司馬相如傳：仰𠂤橑而捫天。【轉注】大戴記保傅：二十八橑以象列星。考工輪人注：弓蓋橑也。【叚借】爲烄。管子侈靡：雕橑然後爨之。注：橑，薪也。

蕭 **寮** 𥨐 穿也。从穴尞聲。字亦作寮。廣雅釋詁三：寮，空也。蒼頡篇：小窗也。西京賦：交綺豁以疏寮。魏都賦：皦日籠光于綺寮。【叚借】爲僚。左文七傳：同官爲寮。晉語：今吾子之教官寮。晉語：勿寮勿從。爾雅釋詁：寮，官也。或曰官者同居一朝，如俗謂同學爲同窗也，則本字之轉注。又託名幖識字。說文引論語公伯寮，今作寮。史記作僚。索隱：一作繚，又作遼。【古韻】詩板叶寮囂笑蕘。

蕭篠 **僚** 𠑹 好皃。从人尞聲。按官也。書皋陶謨：百僚師師。詩板：及爾同僚。大東：百僚是試。曲禮：僚友稱其弟也。左昭七傳：隸臣僚。高彪碑：遼蕪戚慟。李翊碑：顯名遼晴。以遼爲之。【叚借】爲嫽。詩月出：佼人僚兮。說文：僚，好皃。【聲訓】左昭七傳服注：僚，勞也，共勞事也。【古韻】詩月出叶皎僚糾悄。

蕭嘯 **獠** 𤢻 獵也。从犬尞聲。爾雅釋天：宵田爲獠。管子：獠獵畢弋。史記司馬相如傳：獠於蕙圃。蜀都賦：將饗獠者。

蕭篠嘯 **燎** 𤒎 放火也。从火尞聲。一切經音義廿四引說文：燒田也。廣雅釋言：燎，燒也。書洛誥：若火之燎于原。詩正月：燎之方揚。箋：火田爲燎。

liǎo 爒　liǎo 憭　lǎo 潦　liáo 撩　liáo 嫽　liǎo 繚　liáo 璙　liáo 鐐　lǎo 轑

西京賦燎京薪（轉注）周禮司烜氏共墳燭庭燎注樹于門外曰大燭于門內曰庭燎儀禮士喪禮注火在地曰燎執之曰燭周語火師監燎晉語與鮮卑守燎（叚借）爲尞白虎通封禪燎祭天報之義也又爲憭詩月出佼人燎兮又爲繚漢書王莽傳疑以火自燎注謂炙令腝也（古韻）詩月出叶照燎紹懆旱麓叶燎勞墨子親士叶昭潦燎堯

嘯 爒 炙也从炙寮聲讀若諨燎字或以膫爲之

篠 憭 慧也从心尞聲方言三慧或謂之憭注皆意精明也方言二了快也秦曰了爾雅序其所易了釋文照察也皆以了爲之（轉注）周官眡瞭注瞭目明者孟子則眸子瞭焉注明也論衡佚文瞭者目文瞭也字變作瞭

晧 潦 雨水大皃从水尞聲或以澇爲之禮記曲禮水潦降釋文雨水謂之潦詩泂酌彼行潦傳流潦也漢書司馬相如傳酆鎬潦潏注流也一說借爲澇水字又考工輪人上尊而宇卑則吐水疾而霤遠注禮所謂潦車謂蓋車歟鄭意潦車當作轑車也（古韻）詩采蘋叶藻潦墨子親士叶昭潦燎堯

蕭 撩 理也从手尞聲通俗文理亂謂之撩理今字以料爲之（別義）爾雅釋器注今之撩罟釋文取也廣雅釋詁一撩取也按字亦作撈方言撈取也通俗文沈取曰撈今俗呼入水取物爲撈

說文通訓定聲　小部第七　卅五

蕭篠 嫽 女字也从女尞聲按方言二嫽好也青徐海岱之閒或謂之嫽廣雅釋詁一嫽好也二戲也又嬈也詩月出佼人僚兮釋文本作嫽（叚借）爲憭漢書西域傳嫽者慧也

篠蕭 繚 纏也从糸尞聲文選琴賦注引說文一曰纏也周禮大祝八曰繚祭司農注以手從持肺本循之至于末乃絕以祭也禮記玉藻再繚四寸疏繞也儀禮鄉飲酒禮弗繚注猶紾也荀子議兵矜糾收繚之屬注繚繞言委曲也楚辭怨思腸紛紜以繚轉兮湘夫人繚之兮杜衡注縛束也西都賦繚以周牆南都賦脩袖繚繞而滿庭亦疊韻連語（別義）字林繚緣綾經絲（叚借）爲撩莊子盜跖繚意絕體而爭此釋文理也（古韻）荀子箴賦叶小繚

篠蕭 璙 周垣也从土尞聲廣雅釋室院也西京賦繚垣緜聯以繚爲之今謂之圍牆

蕭 鐐 白金也从金尞聲爾雅白金謂之銀其美者謂之鐐詩瞻彼洛矣傳大夫鐐琫而鏐珌釋文本作璙

晧 轑 蓋弓也从車尞聲按其弓二十有八亦謂之蓋爪有玉瑵爪末飾以玉也按此字後出蓋弓之訓實爲橑椽之轉注釋名轑蓋叉也如屋構橑也（別義）說文一曰輻也按其弓三十亦象橑形實皆橑字之引申（叚借）爲橑漢書張敞傳果得之殿屋重轑中又爲燎杜欽傳欲以重轑天下又爲撩按漢書楚元王傳轑釜注轢也

lǎo 䕩　liǎo 了　liào 料　liáo 敹　láo 勞

晧 䕩 乾梅之屬从艸橑聲或从潦聲周禮籩人饋食之籩其實棗栗桃乾橑榛實注乾梅也有桃諸梅諸是其乾者說文曰後漢長沙王煮艸爲䕩

了一名 盧小切

篠 了 尥也从子無臂象形按猶交也手之攣曰了脛之縶曰尥从子無臂指事（轉注）凡物結糾紾縛不伸者曰了戾（叚借）爲憭爾雅釋邛注嫌人不了方言二了快也秦曰了又疊韻連語懸物皃曰了佻今北人謂屈戌曰了𠄌蓋取其字象屈戌形也又發聲之詞廣雅釋詁四了訖也蓋猶言結

料一名 洛肴切

嘯蕭 料 量也从斗米在其中會意讀若遼按據許說象體當作𥹋輕重曰量多少曰料（轉注）晉語宣王料民于太原注數也楚語楚師可料也秦策以上客料之鬼谷子捭闔捭之者料其情也度尙碑糅敵制勝作象體（叚借）託名幖識字爾雅釋樂大鼗謂之麻小者謂之料注料者聲清而不亂又雙聲連語射雉賦叀料戾以徹鑒徐注小而徹也

說文通訓定聲　小部第七　卅六

敹一名 洛肴切

蕭 敹 擇也从攴寮聲按穿紩也从攴𡨄會意𡨄者眾网字之古文猶门也書柴誓善敹乃甲冑鄭注穿徹之史記作陳爾甲冑或曰字从攴从𡨄會意形譌作𡨄或曰从攴从卢从料省聲（叚借）爲料說文擇也鬼谷子捭闔料其情也注料謂簡擇

勞五名凡勞之派皆衍勞聲 魯刀切

豪號 勞 劇也从力熒省會意熒火燒冂用力者勞或曰當从縈省經營之意或曰當从熒省疾急之意古文从悉按古文从心从熒不省火形譌釆耳汗簡引說文作𢥈爾雅釋詁勞勤也論語有事弟子服其勞皇疏苦也越語勞而不矜其功注動而不已也淮南精神好憎者使人之心勞注病也管子小匡犧牲不勞則牛馬育注過用謂之勞又廣雅釋詁二勞嬾也（轉注）儀禮覲禮王勞之注勞之勞其道勞也禮記孔子閒居奉三無私以勞天下注勞勞來詩旱麓神所勞矣傳勞勞來猶言佑助碩鼠莫我肯勞漢書音義勞來不

cháo 巢　nǎo 嫍　nǎo 匘　luò 犖　láo 澇　lào 癆　chāo 嘮

怠也約勑也勸勉也又左僖廿六傳犒師服注以師枯槁故饋之飲食勞苦謂之勞也或曰說文無犒字以槁爲之卽勞也管子山權數勞若以百金注賜也漢書淮陽憲王欽傳勞博博不受注謂問遺之又周禮司勳事功曰勞禮記儒行先勞而後祿論語無施勞詩無棄爾勞荀子大略庸庸勞勞〔古韻〕詩凱風叶夭勞碩人叶敖郊驕鑣朝勞碩鼠叶苗勞郊號鴻雁叶嗷勞驕旱麓叶燎勞下泉叶苗膏勞漸漸之石叶高勞朝蓼莪叶蒿勞巷伯叶驕勞何中韻文子九守叶勞耗

肴 **嘮** 嘮呶讙也从口勞聲

號 **癆** 朝鮮謂飲藥毒曰癆从疒勞聲按猶痢也廣雅釋詁二癆痛也〔別義〕今俗謂血弱病曰癆實當作勞凡勞于力氣勞于酒色皆是也

豪 **澇** 澇水出右扶風鄠北入渭从水勞聲出今陝西西安府鄠縣南山澇谷至長安縣入渭上林賦酆鎬潦潏以潦爲之〔叚借〕爲潦海賦飛澇相磢注大波也今亦通用爲旱澇字〔別義〕廣雅釋詁二澇酒也

覺 **犖** 駁牛也从牛勞省聲通俗文黃白雜謂之駁犖桓譚新論郭州丁犖以犖爲之〔叚借〕爲㦬史記天官書此其犖犖大者索隱事之分明也亦重言形況字又左思詠史詩卓犖觀羣書注躒與犖同亦疊韻連語又託名幖識字左莊三十二傳圉人犖公羊閔元傳作鄧扈樂又歸藏易坎卦名犖

匘二一名凡匘之派皆衍匘聲 奴顛切

皓 **匘** 頭髓也从匕相比著也巛象髮囟象匘形按囟頭會匘蓋也象形會意或曰𠤎省聲字亦作腦作𡿺左傳楚子伏己而盬其腦考工弓人𩠐于剒而休于氣素問五藏生成篇其榮髮也注腦爲髓海春秋元命苞人精在腦〔轉注〕東京賦腦方良薛注陷其頭也又一切經音義二字書馬腦作碼碯謂石之次玉者字變作碯

皓 **嫍** 有所恨痛也从女匘省聲今汝南人有所恨曰嫍按匘省聲字亦作惱作𢛳古樂府作懊憹聲之轉也

巢九名凡巢之派皆衍巢聲 鉏交切

肴 **巢** 鳥在木上曰巢在穴曰窠从木象形小爾雅廣獸鳥之所乳謂之巢〔轉注〕家語問禮夏則居橧巢字亦作樔廣雅釋詁四巢高也〔叚借〕爲轈釋詁二巢僟也又託名幖識字爾雅大笙謂之巢孫注高大也字亦作𥮜又書序巢伯來朝鄭注南方之遠國魯語桀奔南巢注今盧江居巢縣按在今安徽盧州府巢縣東字亦作漅江賦朱滻丹漅注漅湖在居巢〔聲訓〕呂覽求人周嚳巢于林注蔟也巢蔟雙聲小爾雅廣詁巢高也〔古韻〕詩防有鵲巢叶巢苕忉鵲鵲叶鵲巢從鄭箋易旅叶鳥巢笑咷〔轉音〕高唐賦叶鳩巢遊流

cháo 轈　jiǎo 勦　sāo 繅　jiǎo 摷　cháo 鄛　cháo 樔　zǎo 藻　zǎo 璅

皓 **璅** 石之次玉者从玉巢聲禮記檀弓縣子璅曰釋文依字作瑣〔叚借〕爲瑣東京賦旣璅璅焉薛注小也璅瑣雙聲

皓 **藻** 水艸也从艸从水巢聲或从澡聲大篆从茻詩采蘋于以采藻毛作薻陸疏生水底有二種其一種謂聚藻韓詩浮者曰藻左隱三傳蘋蘩薀藻之菜注聚藻也泮水言采其藻蔬藻茆亦水菜虞書藻火粉米傳水草有文者周禮巾車藻車注水草蒼色故書字作轢〔轉注〕禮記玉藻注雜采曰藻七啓華藻繁縟注文采也魏都賦綷以藻詠注文藻頌詠也顏延年詩天儀降藻舟注畫舟也禮記雜記藻三采六等注爲玉者也左桓二傳藻率鞞鞛注以韋爲之所以藉玉者〔叚借〕爲璪中山經其祠嬰用一藻玉注玉有五采者也西山經其中多藻玉〔聲訓〕詩采蘋箋藻之言澡也〔古韻〕詩采蘋叶藻潦魚藻叶藻鎬泮水叶藻蹻昭笑教

肴 **樔** 澤中守艸樓从木巢聲所以守望者以艸爲覆〔轉注〕禮記禮運夏則居橧樔釋文本作巢〔叚借〕爲罩詩南有嘉魚傳汕汕樔也吳都賦樔鰝鰕〔叚借〕爲剿漢書外戚傳命樔絕而不長注截也

肴 **鄛** 南陽棗陽鄉从邑巢聲後漢宦者傳注引說文作棘陽在今河南南陽府新野縣東北〔叚借〕爲巢漢書項籍傳居鄛人范增按居巢今安徽盧州府巢縣卽湯放桀之南巢

肴 篠 **摷** 拘擊也从手巢聲〔叚借〕爲剿班婕妤賦命摷絕而不長又爲鈔廣雅釋詁一摷取也通俗文浮取曰摷沈取曰撈又爲掉廣雅釋詁一摷動也

豪 皓 **繅** 繹繭爲絲也从糸巢聲經傳或以繰爲之或用繆者又繅之形譌禮記祭義夫人繅三盆手〔叚借〕爲藻周禮弁師五采繅十有二注繅雜文之名也合五采絲爲之繩又諸侯之繅斿九就典瑞繅藉五采五就注有五采文所以薦玉木爲中幹用韋衣而畫之司几筵加繅席畫純注削蒲蒻展之編以五采若今合歡矣

肴 **勦** 勞也从力巢聲字亦譌作勦作剿左昭元傳安用速成其以勦民也東京賦今公子苟好勦民以媮樂薛注盡也失之〔叚借〕爲鈔禮記曲禮毋勦說廣雅釋詁一勦取也又爲剿書甘誓天用勦絕其命傳勦絕也後漢何敞傳論斷勦弦回之偪小爾雅廣言勦截也

肴 **轈** 兵車高加巢以望敵也从車巢聲左成十六傳楚子登轈車以望晉師注車上爲櫓今本以巢爲之服虔注兵法所謂雲梯者

cǎo 懆　zào 燥　shū 橾　jiǎo 剿　sāo 臊　zào 譟　zào 趮　zǎo 璪　zào 喿

似非。

喿十三名。凡喿之派。皆衍喿聲。穌到切。

號 **喿** 鳥羣鳴也。从品在木上。會意。與譟同義。字俗作噪。偏傍多譌作参。叚借爲銚。方言五。臿趙魏之間謂之喿。注。亦作鍫。廣雅釋詁三。喿。臿也。

皓 **璪** 玉飾如水藻之文。从玉。喿聲。虞書曰。璪火粉米。按此叚借爲藻。漢書鄭本作藻。釋文本又作藻。或說當作襙。衣之文也。非是。許書無襙。

號號 **趮** 疾也。从走。喿聲。字亦作躁。考工矢人。羽殺則趮。注。旁掉也。管子心術。趮者不靜。易說卦傳。巽爲躁卦。又震爲決躁。禮記月令。處必掩身毋躁。注。動也。內則。狗赤股而躁。注。舉動急疾。論語。言未及之而言謂之躁。鄭注。不安靜也。魯讀爲傲。按讀爲警也。素問平人氣象論。脈三動而躁。又周書謚法。好變動民曰躁。韓非喻老。離位之謂躁。叚借爲譟。廣雅釋詁三。躁。擾也。又託名幖識字。古今人表。秦躁公。史記索隱。誤作趮。漢書王子侯表。東昌趮侯成。聲訓。釋名。躁。燥也。物燥乃動而飛揚也。

號 **譟** 擾也。从言。喿聲。韵會引說文。擾聒也。周禮大司馬。車徒皆譟。注。讙也。穀梁定十傳。齊人鼓譟而起。注。羣呼曰譟。鄭語。王使婦人不幃而譟之。按此字實即喿之轉注。方言十二。譟。諻音也。俗字作吏。作鬧。韵集。吏。猥也。猥。衆也。說文新附。鬧。不靜也。

豪 **臊** 豕膏臭也。从肉。喿聲。杜子春曰。犬膏臭。周禮內饔。犬赤股而躁臊。素問金匱眞言論。其臭臊。注。凡氣因木變則爲臊。

篠皓 **剿** 絶也。从刀。喿聲。字亦作勦。作剿。或誤作劋。書甘誓。天用剿絶其命。今本作勦。漢書王莽傳。剿。截也。廣雅釋言。剿。夭也。漢書西域傳。剿。絶也。叚借爲狡。方言二。剿。猾也。

虞 **橾** 車轂中空也。从木。喿聲。讀若藪。按轂上衆輻所趨之孔。其鑿深三寸。輻廣如之。橾藪一聲之轉。考工輪人。以轂圍之阞捎其藪。以藪爲之阞者十分之一也。說詳程氏瑤田通藝錄。又按考工記實借藪爲婁。婁。空也。

皓號 **燥** 乾也。从火。喿聲。易文言傳。火就燥。詩汝墳釋文。楚人名火曰燥。字亦作鐰。廣雅釋詁一。鐰。乾也。釋言。燥也。字亦作炒。廣雅釋詁二。炒。乾也。又誤作燥。郙閣頌。從朝陽之平燥。聲訓。釋名。釋言語。燥。焦也。

皓 **懆** 愁不安也。从心。喿聲。詩曰。念子懆懆。釋文引說文。愁不申也。本作慘慘。廣雅釋詁四。慅。愁也。釋訓。慅慅。憂也。以慅爲之。叚借爲嫪。廣雅釋詁二。懆。貪也。嫪懆雙聲。古韻詩月出叶照燎懆。抑叶昭樂懆教虐耄。

zhào 趙　shào 哨　shāo 萷　jiǎo 朴　xiào 肖　xiǎo 小　zǎo 繰　cāo 操　sāo 鱢　zǎo 澡

皓 **澡** 洒手也。从水。喿聲。禮記儒行。儒有澡身而浴德。儀禮士虞禮。澡葛絰帶。長笛賦。澡雪垢滓矣。荀子正論。慅嬰。以慅爲之。

豪 **鱢** 鮏臭也。从魚。喿聲。廣雅釋器。鱢。臭也。按魚臭。叚借爲臊。說文引周禮曰。膳膏鱢。按庖人文。

豪號 **操** 把持也。从手。喿聲。禮記曲禮。操右契。學記。不學操縵。玉藻。食中棄所操。公羊莊三十傳。蓋以操之爲已蹙矣。史記酷吏傳。操下如束溼薪。字亦以摻爲之。詩遵大路。摻執子之手兮。摻操一聲之轉。又漢書張湯傳。雖賈人有賢操。注。謂所執持之志行也。楚辭謬諫。夫何執操之不固。注。志也。轉注。風俗通聲音篇。其遇閉塞幽愁而作者。命其曲曰操。言遇菑遭害。雖怨恨失意。猶守禮義也。聲訓。釋名。釋姿容。操。鈔也。手出其下之言也。

篠皓 **繰** 帛如紺色。或曰深繒。从糸。喿聲。讀若喿。按深繒當作深紺。廣雅釋器。繰。青也。叚借爲藻。禮器。朱綠繰。又爲澡。雜記。緦冠繰纓。

小廿六名。凡小之派。皆衍小聲。私兆切。

篠 **小** 物之微也。从八丨。見而八分之。會意。按八者別也。聲訓。易泰。小往大來。疏。陰主消耗。故稱小。爾雅釋木。小而散類合。人注。小少也。莊子列御寇。彼所小言。盡人毒也。注。細巧入人爲小言。古韻。詩柏舟叶悄小少摽。小星叶小宵。句中韻。荀子箴賦叶小摽。鶡冠子度萬叶小。

少始。

嘯 **肖** 骨肉相似也。从肉。小聲。不似其先。故曰不肖也。字亦作俏。列子楊朱。人肖天地之類。力命。俏成也。注。似也。釋文與肖同。孟子。丹朱之不肖。淮南墬形。肖形而蕃。廣雅釋詁一。肖。灋也。三。類也。四。象也。漢書刑法志。夫人肖天地之貌。注。庸妄之人。謂之不肖。言其象貌無所象似也。叚借爲小。方言十二。肖。小也。又爲消。太史公自序。申呂肖矣。又疊韻連語。莊子胠篋。肖翹之物。崔注。植動也。李注。翾飛之屬也。

篠 **朴** 相高也。从木。小聲。按與杪略同。各本作相高也。誤。

有 **萷** 惡艸皃。从艸。肖聲。淮南脩務。野彘有艽莦槎櫛。窟虛連比。以象宮室。注。獸蓐也。

嘯蕭 **哨** 不容也。从口。肖聲。韵會引說文。口不容也。後漢馬融傳注。哨。小也。考工梓人。大胷燿後。注。頎小也。以燿爲之。禮記投壺。某有枉矢哨壺。注。不正皃。廣雅釋詁二。哨。衺也。叚借爲悄。張納功德敘。哨然愍悼。又發聲之詞。方言六。秦晉之鄙。使犬曰哨。按猶嗾也。嗾哨雙聲。

篠 **趙** 趨趙也。从走。肖聲。廣雅釋言。趙。及也。穆天子傳。天子北征趙行。注。猶超騰。字亦作踃。舞賦。鷸悄跳踃。般紛挐兮。埤蒼。踃。跳也。字

shāo 稍　shào 郈　shāo 梢　xuē 削

亦作逍（叚借）爲鈔或爲撟詩良耜其鎛斯趙傳刺也考工注作挃又爲掉荀子賦頭銛達而尾趙繚者邪亦疊韻連語又爲桃方言五牀杠南楚謂之趙廣雅樹桃杜也作桃又爲小方言十二趙小也又託名幖識字趙城周穆王御造父賜邑今山西平陽府趙城縣後以爲氏又疊韻連語公羊成八傳注逍遙術疏猶勤勤詩清人河上乎逍遙離騷聊逍遙以相羊湘君聊逍遙以容與廣雅釋訓逍遙徘徊也又楚辭守志陟玉巒兮逍遙注須臾也（轉音）詩良耜叶糾趙蓼

蕭櫹藥

削 鞞也从刀肖聲按刀室字亦作鞘漢書貨殖傳質氏以洒削而鼎食注劍室也（別義）考工築氏爲削馬注偃曲却刃淮南本經無所錯其剞𠜾削鋸注兩刃句刃也曲禮金工疏削書刀也（轉注）說文一曰析也又顏氏家訓或即謂札爲削後漢蘇竟傳注削謂簡也又漢書禮樂志削則削注謂有所删去以刀削簡牘也曲禮爲天子削瓜者疏刊也儀禮喪服記外削幅注猶殺也又呂覽孟冬無或敢侵削衆庶兆民注刻也觀表魏國從此削矣注弱也廣雅釋詁二削滅也說苑政理名過其實者削又莊子胠篋削格羅落罝罘之知多李注削格所以施羅网也西山經太華之山削成而四方注今山形上大下小峭峻也（叚借）爲郈周禮太宰家削之賦又雙聲連語周禮疾醫注痟酸削也疏酸嘶漢書司馬相如傳揚袘戌削注衣刻除皃也又單辭形況字莊子讓王削然反琴而弦歌李注反琴聲（聲訓）釋名刀其室曰削削陗也其形陗殺裹刀體也四子講德論宰相刻削注與峭同呂覽長利地日削注小也（古韻）詩桑柔叶削爵濯溺

肴

梢 梢木也从木肖聲爾雅梢梢櫂注謂木無枝柯梢櫂長而殺者按梢櫂猶纖舉也（轉注）漢書禮樂志飾玉梢以舞歌注竿也揚雄傳被雲梢注與旓同字亦變作旓又廣雅釋木梢柴也淮南兵略曳梢肆柴注小柴也（叚借）爲杪今謂木末爲梢又赭白馬賦垂梢植髮注尾之垂者又爲消方言十二梢盡也考工匠人梢溝三十里而廣倍先鄭注水漱齧之溝又爲捎吳都賦梢雲無以踰注梢雲山名又爲箾漢書揚雄傳集注梢擊也

效

郈 國甸大夫稍稍所食邑从邑肖聲周禮曰任郈地在天子三百里之內按距王城三百里之地曰家郈大夫食采于此周禮載師以家邑之田任郈地今禮經以稍以削爲之（聲訓）說文大夫稍稍所食邑

效

稍 出物有漸也从禾肖聲按此字當訓禾末與秒爲穀芒者別（轉注）爲小少之誼廣雅釋訓稍稍小也漢書郊祀志集注稍漸也周禮內宰均其稍食注吏祿稟也按謂祿之小者亦以漸而給之意掌客惟芻稍之受注人稟也犬府以待稍秣注即芻秣也謂之稍稍用之物也膳夫凡王之稍事注有小事而飲酒司農注非日中大舉時而閒食謂之稍事槀人共賓客之稍禮注非殮饔之禮留閒王稍

shāo 捎　xiāo 霄　xiāo 消　qiǎo 悄　xiāo 痟　xiāo 宵

所給賓客者（叚借）爲消廣雅釋詁一稍盡也又爲郈周禮序官稍人注距王城三百里曰稍

蕭

宵 夜也从宀宀下冥也肖聲書堯典宵中星虛周禮司寤氏禁宵行者注定昏也淮南精神甘暝太宵之宅注長夜之中也爾雅釋鳥宵扈嘖嘖樊注夜爲農驅獸者也（叚借）爲小禮記樂記宵雅肄三注宵之言小也莊子利絜冠宵人之離外刑者注不由明坦之塗者謂之宵人則傳會本義又爲肖淮南要略浸想宵類注物似也漢書刑法志集注宵類也又爲綃儀禮士昏禮姆纚笄宵衣又爲嗾方言十三宵使也宵嗾一聲之轉（聲訓）爾雅釋言宵夜也舍人注陽氣消也（古韻）詩小星叶小宵句中韻

蕭

痟 酸痟頭痛从疒肖聲周禮疾醫春時有痟首疾注酸削也按酸削雙聲連語管子地員終無痟醒列子黃帝指擿无痟癢蜀都賦味蠲癘痟

篠

悄 㥪也从心肖聲詩柏舟憂心悄悄傳憂貌爾雅釋訓悄悄慍也月出勞心悄兮傳憂也文選笙賦訣厲悄切注悄切憂皃亦雙聲連語（古韻）詩柏舟叶悄小少摽月出叶皎僚糾悄

蕭

消 盡也从水肖聲釋名釋疾病消潵潵竭也腎氣不周於胷胃中津潤消渴故欲得水也素問腹中論注多食數溲謂之消中又

西京賦消雰埃於中宸薛注散也七發消息陽陰注滅也（叚借）爲銷素問皮部論熱多則筋弛骨消注爍也又疊韻連語檀弓消搖于門上林賦消搖乎襄羊今字作逍以趙爲之（聲訓）釋名釋言語消削也言減削也釋疾病消弱也如見割削筋力弱也（古韻）詩清人叶消麃喬角弓叶瀌消驕（轉音）三略下叶誅拘消

蕭

霄 雨霓爲霄从雨肖聲齊語也爾雅雨霓爲霄雪注冰雪雜下者謂之霄雪（別義）漢書揚雄傳注霄日旁氣也後漢仲長統傳注霄摩天赤氣也張衡傳注霄雲也淮南原道乘雲陵霄魯靈光殿賦霄靄靄而晻曖補亡詩奕奕元霄水經洛水注長霄冒嶺（叚借）爲宵呂覽明理有霄見又爲消墨子經說上霄盡蕩也又疊韻連語淮南原道上遊于霄雿之野注高峻皃俶眞蕭條霄雿注讀紺繳

肴

捎 自關已西凡取物之上爲撟捎从手肖聲方言捎選也自關以西秦晉之閒凡取物之上謂之撟捎廣雅釋詁一捎擇也羽獵賦曳捎星之旃注拂也（轉注）方言四帞頭曰幧頭廣雅絡頭幧頭也字變作幧釋名以綃爲之（別義）字林捎掆异也（叚借）爲箾東京賦捎魑魅薛注殺也又爲消考工輪人以其圍之阞捎其藪注除也又爲趙廣雅釋詁一捎動也釋訓揣抁搖捎也淮南俶眞搖消掉捎仁義禮樂舞賦簡惰跳踃注動足皃踃即趙字

xiào 笑　shāo 䈾　shāo 𥳓　shuò 揱　shuò 箾　qiào 陗　xiāo 銷　xiāo 蛸　xiāo 綃　shào 娋

藥 **娋** 小小侵也从女肖聲按稍稍者出物有漸娋娋者侵物以漸實皆重言形況字方言十二娋姊也當爲此字本訓

蕭 **綃** 生絲也从糸肖聲禮記檀弓綃幕魯也釋文又作緔玉藻元綃衣以裼之注綃屬也洛神賦曳霧綃之輕裾注輕縠也吳都賦泉室潛織而卷綃注竹孚兪也謂非眞繒儀禮纚笄宵衣以宵爲之詩揚之水素衣朱綃郊特牲繡黼丹朱中衣以繡爲之假借爲梢海賦維長綃注今之帆綱也以長木爲之所以挂帆又爲捎釋名釋首飾綃頭綃鈔也鈔髮使上從也廣雅釋器綃繫紘也

蕭 **蛸** 蟲蛸堂蜋子从虫肖聲今曰螵蛸螵蟲雙聲堂蜋卵附于木堅勒不可動至小暑而子鞏生假借疊韻連語爾雅蠨蛸長踦詩東山蠨蛸在戶劉注長腳蜘蛛也

蕭 **銷** 鑠金也从金肖聲字亦作焇淮南氾論銷車以鬥七命注引許叔重注銷生鐵也轉注管子五行臞婦不銷弃注謂散壞也莊子則陽其聲銷恨賦銷落湮沈假借爲銚釋名銛或曰銷銷削也能有所穿削也又爲燥廣雅釋詁二焇乾也聲訓莊子則陽注銷小也

嘯 **陗** 陵也从阜肖聲斗直曰陗廣雅釋詁四陗高也字亦作峭淮南修務上峭山史記李斯傳峭塹之勢異也漢書司馬相如傳刻削峻嶢以削爲之轉注漢書鼂錯傳錯爲人陗直刻深四子講德論宰相刻削以削爲之廣雅釋詁一陗急也假借雙聲連語左思招隱詩峭蒨青葱閒注鮮明皃

說文通訓定聲　小部弟七

蕭覺 **箾** 以竿擊人也从竹削聲假借爲簫說文虞舜樂曰箾韶史記吳世家見舞韶箾者見舞象箾南籥者集解舞曲也或曰箾者持竿而舞又疊韻連語西京賦飛罕潚箾注罕形也

蕭覺 **揱** 人臂皃从手削聲考工輪人望其輻欲其揱爾而纖也注揱纖殺小皃也亦單辭形況字假借雙聲連語上林賦紛容揱參

虞肴 **𥳓** 飯筥也受五升从竹稍聲秦謂筥爲𥳓今蘇俗亦謂飯莒曰𥳓箕箕者筥之音轉字亦作筲廣雅釋器筲筩也又筲籯也論語斗筲之人鄭注容斗二升王命論斗筲之子注受一斗禮記雜記筲衡釋文竹器轉注儀禮既夕苞二筲三注筲畚種類也其容蓋與簋同一縠也

肴 **䈾** 陳留謂飯帚曰䈾从竹捎聲今蘇俗謂之筅帚假借爲䈾說文一曰飯器容五升一曰宋魏謂箸筩爲䈾按見方言五又爲梢長笛賦纖末奮䈾

嘯 **笑** 此字本闕徐鉉據唐韻補入說文笑喜也从竹从犬今俗皆从犬按九經字樣作笑从竹从夭楊承慶曰竹得風其體夭屈如人之笑也李陽冰刊定說文從夭一切經音義二引字林竹爲樂器君子樂然後笑也从竹夭聲駿按此字古皆从犬本義犬狎人聲也从犬箾省聲轉注爲人喜聲如狀爲犬形而言人皃臭爲犬鼻而言人聞類爲犬種而言人屬獎爲犬仆而言人斃皆引申之義習用既久本訓遂亡耳今附于此字亦作㗛作咲作芺易萃一握爲笑詩終風顧我則笑爾雅釋詁謔浪笑敖戲謔也聲訓釋名釋姿容笑鈔也頰皮上鈔者也古韻詩板叶寮囂笑蕘終風叶暴笑敖悼泮水叶藻蹻昭笑教易萃叶號笑同人叶咷笑旅叶鳥巢笑咷楚辭山鬼叶笑窕轉音老子同異叶笑道

miǎo 眇　chāo 訬　shǎo 少

少十名凡少之派皆衍少聲 書沼切

篠嘯 **少** 不多也从小丿聲按从丿从小會意小亦聲丿之言擎也晝分之義太元元衡少微也易略例夫少者多之所貴也儀禮鄉射禮賓少進注差在前也周語少光王室注猶裁也按裁卽才字管子海王大男食鹽五升少半注少半猶劣薄也史記曹參世家豈少朕歟索隱少者不足之詞假借爲小禮記少儀釋文猶小也晉語午之少也注穉也少溲于豕牢而得文王注小也論語少之時皇疏謂三十以前也少師陽按周官有小師蜀都賦亞以少城注小城也又大戴記保傅三少皆上大夫也曰少保少傅少師左定十四傳從我而朝少君又定四傳以大路少帛注雜帛也釋名自臍以下曰水腹又曰少腹少小也比于臍以上爲小也楚語卿舉以少牢注羊豕又雙聲連語呂覽本味少選之閒注須臾之閒也古韻詩柏舟叶悄小少摽轉音鶡冠子度萬叶小少始

說文通訓定聲　小部弟七

肴篠 **訬** 訬擾也从言少聲讀若毚今蘇俗謂譏㕮曰炒鬧卽此訬擾字假借爲狡說文一曰獪也後漢馬融傳注訬輕捷也晉書音義訬健也吳都賦輕訬之客淮南脩務越人有重遲者而人謂之訬注讀燕人言趮漢書敘傳江都訬輕蘇林音少年輕薄毀鈔息蒸之鈔又爲朴爲杪西京賦通天訬以竦峙注高也又爲秒思元賦舒訬婧之纖腰兮注細腰皃

篠 **眇** 一目少也从目从少會意少亦聲釋名釋疾病目眶陷急曰眇眇小也易履眇能視釋文盲也轉注漢書敘傳離婁眇目于豪分注細視也東京賦眇天末以遠期注視也海賦眇䁽冶夷注視皃按凡諦視者必眇其目楚辭湘夫人目眇眇以愁予注好皃亦重言形況字法言先知忽眇緜作眄注遠視亦雙聲連語假借爲秒方言十三眇小也易說卦王肅本神也者眇萬物而爲言者也按卽小莫能破之意董遇本作妙注成也失之莊子德充符眇乎小哉簡文注陋也漢書武帝紀朕以眇身承至尊注微細也賈誼傳起教于微眇注細小也外戚傳輕細微眇之漸注眇亦細也又書顧命眇眇余末小子幽通賦咨孤蒙之眇眇兮傳注皆訓微亦重言形況字又爲朴

爲杪。楚辭哀郢眇不知其所蹠注遠也荀子王制仁眇天下義眇天下威眇天下注盡也按高也漢書王褒傳眇然絕俗離世注高遠之意也廣雅釋言眇莫也亦廣遠意思元賦風眇眇兮震余旟注遠皃文賦志眇眇而臨雲注高遠皃管子內業渺渺乎如窮無極注微遠皃亦重言形況字字亦變作渺文選褚淵碑文哀清暉之眇默注遠皃海賦渺瀰泼漫注曠遠皃亦雙聲連語又漢書律厤志究其微眇揚雄傳閎意眇指張山拊傳嚴然總五經之眇論注皆讀曰妙鄭固碑淸眇冠乎羣倫按皆高遠之義或亦以杪爲之妙即杪之誤字也

miǎo 杪

篠 **杪** 木標末也从木少聲按與秒略同通俗文樹鋒曰杪方言二木細枝謂之杪漢書司馬相如傳偃蹇杪顛注枝上顛也按高遠之木枝曰標曰杪纖銳之禾芒曰秒誼各不同【轉注】禮記王制必於歲之杪注末也又遠渺高妙之誼古皆以眇以杪爲之【叚借】爲秒方言十二杪小也史記史公自序閒不容翲忽正義杪木芒表也又爲鈔西京賦杪木末按遮取也注猶表也以聲訓失之

shǎo 郊

篠 **郊** 地名从邑少聲

miǎo 秒

篠 **秒** 禾芒也从禾少聲粟之孚甲無芒芒生于粟穗之莖如草之蕈也字亦作標【轉注】漢書敘傳造計秒忽【叚借】託名幖識字度之差十二秒而當一分十分爲寸故稱科程等字皆从禾

yāo 玅

蕭嘯 **玅** 急戾也从弦省少聲文賦弦幺徽急以幺爲之按字亦作妙幺形近而譌亦作妙作玅【叚借】爲眇實爲杪後漢班固傳妙古昔而論功注或作眇按高也莊子寓言九年而大妙注善也太元格幽貞妙也注美善也魯靈光殿賦咨用力之妙勤注精妙功勤也按皆高遠之意即杪字之引申廣雅釋詁一妙好也則以誤字从女而望文生訓又爲眇實爲秒老子常無欲以觀其妙王注妙者微之極也呂覽審分所知者妙矣注微也史記律書雖妙必效情正義微妙之性盧諶詩妙哉蔓葛注猶微也袁良碑脥以妙身廣雅釋詁二妙小也【古韻】老子體道叶妙徼

【轉音】登徒子好色賦叶袄妙

chāo 鈔

肴效 **鈔** 叉取也从金少聲俗字作抄通俗文遮取謂之抄掠方言十二鈔強也廣雅釋言鈔掠也曲禮毋勦說以勦爲之【叚借】爲眇實爲秒管子版法教行于鈔注末也又深遠也

miǎo 鷃

篠 **鷃** 鷦鷃也从鳥眇聲即桃蟲亦曰鷦鷯按皆疊韻連語鷦鷃之合音爲焦單評曰鷦系評又曰焦眇曰焦寮今揚州人謂之柳串

【別義】字林鷃澤雀

miǎo 篎

篠嘯 **篎** 小管謂之篎从竹眇聲按大曰簥中曰篞

【聲訓】爾雅舍人注篎小者聲音清妙也

miáo 苗

苗三名凡苗之派皆衍苗聲 彌麃切

蕭 **苗** 艸生于田者从艸从田會意詩碩鼠無食我苗傳嘉穀也公羊莊七傳無苗注苗者禾也生曰苗秀曰禾【轉注】後漢章帝八王傳蕡或秀或苗注苗謂早夭【叚借】爲獵按周禮大司馬遂以苗田爾雅夏獵爲苗下文又曰宵田爲獠猶冬獵爲狩下文又曰火田爲狩也獀獠獮狩字皆从犬左傳春蒐夏苗秋獮冬狩穀梁春田夏苗秋蒐冬狩公羊春苗秋蒐冬狩闕夏周語蒐于農隙獮于旣烝狩于畢時闕苗要之古取以命名對文則別散文亦通詩車攻駕言行狩復云之子于苗春秋屢書蒐狩而不及苗獨亦難泥于一說也白虎通夏謂之苗何擇去其懷任者也爾雅孫注擇取不孕任者若治苗去不秀實者郭注又謂爲苗稼除害皆傳會本字爲轉注其實非也又爲民法言重黎秦楚播其虐于黎苗後漢和熹鄧后紀以贍黎苗廣雅釋詁三苗衆也民苗雙聲又爲秒廣雅釋詁一苗末也離騷帝高陽之苗裔兮注胤也又託名幖識字書舜典竄三苗于三危山海經作三毛呂刑苗民弗用靈鄭注謂九黎之君也廣雅釋詁三䕷苗傷也又左傳苗賁皇說苑善說作釁蚠黃苗釁雙聲【聲訓】公羊桓四傳注苗毛也說苑脩文苗者毛取之【古韻】詩黍離叶苗搖碩鼠叶苗勞郊號下泉叶苗膏勞車攻叶苗囂旄敖

miáo 媌

肴 **媌** 目裏好也从女苗聲裏疑當爲裹

miáo 緢

蕭 **緢** 旄絲也从糸苗聲按旄牛尾之細如絲者賈子容經跘旋之容旄如濯絲以旄爲之【叚借】爲皃說文引書呂刑惟緢有稽今本正作貌

biāo 猋

猋三名凡猋之派皆衍猋聲 彼堯切

蕭 **猋** 犬走皃从三犬會意【轉注】楚辭雲中君猋遠舉兮雲中注去疾皃封禪文武節猋逝注遠逝也【叚借】爲飆爾雅扶搖謂之猋禮記月令猋風暴雨總至長楊賦猋騰波流魏都賦丹䑢臨猋漢書刑法志猋起雲合五行志厥風大猋發屋息夫躬傳矰若浮猋司馬相如傳雷動猋至敘傳其餘猋飛景附又爲焱之誤字思元賦乘猋忽兮馳虛無按猶倏忽也注引甘泉賦服注猋風也失之又疊韻連語爾雅猋藨芀按即苕也

biāo 旚

蕭 **旚** 旌旗飛揚皃从㫃猋聲

biāo 飆

蕭肴 **飆** 扶搖風也从風猋聲或从包聲俗誤作颷按回風暴起從下而上長笛賦感迴飆而將積漢書揚雄傳風發飆拂答

賓戲風飈雷激飽照樂府素帶曳長飈朱龜碑武氣飄騰〔轉注〕後漢光武紀贊九縣飄回注飄回謂亂也〔叚借〕重言形況字西都賦飈飈紛紛注衆多皃

篠 受 物落上下相付也从爫从又會意讀若詩摽有梅按詩摽有梅以摽爲之字俗作芆〔轉注〕孟子野有餓莩因俗作芆又誤作莩字亦變作殍見鹽鐵論

受一名 平小切

篠 表 上衣也从衣从毛會意古者衣裘以毛爲裏按古衣裘皆外毛禮服必加裼衣其上許所謂上衣也故曰以毛爲裏言有表則毛在裏也古文从麃聲論語必表而出之皇疏謂加上衣也〔轉注〕禮記玉藻表裘不入公門注表裘外衣也又儀禮鄉射禮注以左手在弓表疏弓背也又歎逝賦忽在世表注外也〔叚借〕爲標謝元暉詩林表吳岫微按末也注猶外也失之又爲幖禮記表記天下之表也楚辭山鬼表猶立兮山之上注特也淮南主術先白爲檢式儀表注正也呂覽愼小置表於南門之外注柱也檀弓君子表微注猶明也左襄十四傳以表東海注顯也廿五傳表淳鹵賈注淳鹵之地九夫爲表周禮肆師表齍盛告絜注謂徽識也左文六傳引之表儀注猶威儀也文選表題注陳事曰表周禮大司馬之職爲表注所以識正行列也晉語車無退表注旌旗也續漢律厤志以比日表注即晷景廣雅釋詁四表書也管子君臣猶揭表而令之止也注謂以木爲標有所告示也凡皆幖字之引申堯廟碑俵著爗名字亦變作俵〔聲訓〕荀子儒效行有防表注表標也釋名釋書契下言于上曰表思之于內表施于外也史記𨚍侯世家表商容之閭崔浩曰表者標榜其里門〔轉音〕文子自然叶事表理喜以已

表一名 陂嬌切

豪 毛 眉髮之屬及獸毛也象形禮記檀弓不獲二毛注二毛鬢髮斑白周禮司儀王燕則諸侯毛又素問欬論皮毛者肺之合也又大司徒其動物宜毛物注貂狐貒貉之屬縟毛者校人毛馬而頒之注齊其色也小宗伯毛六牲詩信南山以啓其毛箋以告純也中山經其祠太牢之具羞瘞倒毛注倒牲埋之也〔轉注〕左隱三傳澗溪沼沚之毛注草也公羊宣十二傳錫之不毛之地注墝埆不生五穀穀梁定元傳毛澤未盡注凡地之所生謂之毛又廣雅釋草地毛莎隋也唐本艸注莎草根名香附子周帀多毛〔叚借〕爲氂禹貢齒革羽毛

毛八名凡毛之派皆衍毛聲 莫豪切

傳毛旄牛尾史記以旄爲之又爲無水經㶟水注燕語呼毛爲無後漢馮衍傳飢者毛食〔聲訓〕釋名釋形體毛皃也冒也在表所以別形皃且以自覆冒也〔古韻〕詩信南山叶刀毛膋

皓號 芼 艸覆蔓也从艸毛聲儀禮特牲禮鉶芼設于豆南注菜也少牢禮疏芼菜者菜是地之毛內則雉兔皆有芼注謂菜釀也〔叚借〕爲覒說文引詩關雎左右芼之毛傳擇也爾雅釋言芼搴也廣雅釋詁一芼取也〔古韻〕詩關雎叶芼樂

號 眊 目少精也从目毛聲虞書耄字从此孟子則眸子眊焉漢書息夫躬傳憒眊不知所爲五行志厥咎眊〔叚借〕爲薹書呂刑眊荒疑許引虞書乃周書之誤漢書武帝紀哀夫老眊孤寡鰥獨又爲旄通俗文毛飾曰眊稍上垂毛亦曰眊也又爲媌爲㦟廣雅釋詁一眊好也楚辭湘夫人目眇眇兮愁予作眇亦同又重言形況字廣訓釋訓眊眊思也〔聲訓〕孟子離婁注眊者蒙蒙目不明之皃蒙眊雙聲

豪 旄 幢也从㫃从毛會意毛亦聲字亦作氂按旄竿飾也本用犛牛尾注于旗之竿首故曰旄後又用羽或兼用氂與羽焉幢即舞者所持之翿旌旗之細也書牧誓右秉白旄詩出車建彼旄矣干旄孑孑干旄孟子見羽旄之美史記司馬相如傳總光燿之采旄索隱葆也字亦作旄左宣二傳趙盾爲旄車之族服注戎車之倅也詩汾沮洳箋至君之旄車又周禮旄人樂師有旄舞漢書禮樂志庶旄翠旌注鍾之旄也〔叚借〕爲氂左襄十傳騂旄之盟疏赤牛也晉語羽旄齒革注旄牛尾也北山經潘侯之山有獸焉其狀如牛而四節生毛名曰旄牛爾雅釋畜大膚旄毛狗足上林賦獮旄貘犛下犛字漢書作犛疑犛之誤字犛之本訓當爲黑牛之名又爲茅禮記射義旄期稱道不亂又爲楙爾雅旄冬桃又爲堥詩旄丘傳前高後下曰旄丘爾雅前高旄丘愚按前高後下亦氂尾之轉注與旄澤柳即垂絲柳同說文嵍字後出又爲媌方言十三氂好也又重言形況字漢書鮑宣傳竭氂氂之思注猶蒙蒙也〔古韻〕詩干旄叶旄郊出車叶郊旐車攻叶苗囂旄敖

號 秏 稻屬从禾毛聲伊尹曰飯之美者玄山之禾南海之秏俗字誤作耗〔叚借〕爲消蒼頡篇耗消也考工㮚人爲量改煎金錫則不耗廣雅釋詁二耗減也莊子達生未嘗敢以耗氣也司馬注損也爾雅釋天注耗亦虛意荀子脩身多而亂曰耗注虛竭也凡物多而易盡曰耗素問五常政大論革金且耗注謂費用也太元元挩鬼神耗荒注空也史記天官書其虛則耗正義貧無也大戴易本命耗土之人醜注謂疏薄之地淮南時則秋行冬令秏注零落也詩雲漢耗斁下土韓詩傳惡也又因消而爲消息遂有信問音耗之訓或曰皆借爲虛與耗同亦通虛耗耗雙聲又爲眊漢書景帝紀不事官職耗亂者董仲舒傳耗矣哀哉注不明也又爲無漢書高惠高后文功臣表

靡有孑遺耗矣注今俗語猶謂無爲耗音毛秏無雙聲按實亦消字虛字也

覒 豪　覒 擇也从見毛聲讀如苗詩關雎左右芼之以芼爲之

髦 豪　髦 髮也从髟从毛按毛聲一切經音義四引說文髮中豪者也按漢書所謂壯髮耏注禮記曲禮乘髦馬詩駉傳白馬黑髦髦卽髮也南山經如狸而有髦又爾雅釋言髦俊也又選也又髦士官也詩甫田烝我髦士儀禮士冠禮髦士攸宜叚借爲旄七命建雲髦又爲髮詩柏舟髧彼兩髦傳髦者髮至眉子事父母之飾儀禮既夕記主人說髦注兒生三月鬋髮爲鬌男角女羈否則男左女右長大猶爲飾存之謂之髦內則拂髦左昭九傳豈如弁髦釋名釋形體髦冒也冒覆頭頸也字亦作髳作鬏後漢伏湛傳髳髮注童子垂髮七命元鬌巷歌又爲嵍實爲氂釋名前高曰髦丘如馬舉頭垂髦也又爲毛儀禮既夕記馬不齊髦又爲氂爾雅釋畜注髦牛也又發聲之詞方言十一䗃蛝謂之髦或謂之蝆蝆爾雅莫貈螳蜋蛑鄭志齊濟以東謂之馬敫月令正義引方言齊杞以東謂之馬敫爾雅疏作馬谷淮南時則注螳蜋世謂之天馬按髦蚌蝆馬一聲之轉莫貈馬敫馬穀馬谷卽髦蚌之合音也又託名幖識字詩角弓如蠻如髦卽書牧誓之羌髳又爾雅釋艸髦顛棘卽天門冬也附注本草俗呼苗爲棘刺下文蘠蘼虋冬注一名滿冬髦門虋滿一聲之轉又釋木髦柔英疑卽廣雅之女木與釋草顛棘實同類也【聲訓】廣雅釋器髦毛也

氂 支 豪　犛 犛牛尾也从犛省从毛會意毛亦聲爾雅釋言氂罽也小爾雅廣訓雜毛曰氂廣雅釋器氂毛也淮南說山馬氂截玉注馬尾也漢書王莽傳以氂裝衣注毛之強曲者曰氂五行志天雨白氂經傳皆以旄爲之【轉注】律厤志不失豪氂注十豪爲氂賈子六術十髮爲氂禮記經解差若豪氂釋文本作釐按氂音誤讀如犛因以釐爲之也

皃三名凡皃之派皆衍皃聲 莫教切

皃 效　皃 貌 貌 頌儀也从人白象人面形或从頁豹省聲籒从皃豹省聲面之神气曰頌面之形狀曰皃晉語夫皃情之華也書洪範一曰貌鄭注皃屬木論語貌思恭皇疏動容謂之皃左傳貌不道容【轉注】荀子禮論明器貌而不用謂物之形也周書芮良夫王貌受之注謂外相悅而無實也方言㖃貌治也吳越飾貌爲㖃或謂之巧廣雅釋詁三貌巧也又見也【叚借】爲廟荀子禮論疏房檖貌注檖邃也貌廟也【聲訓】說苑脩文貌若男子之所以恭敬婦人之所以姣好也【古韻】周書周祝叶貌照

藐 篠 覺　藐 茈艸也从艸貌聲字亦作藐艸可以染紫一名紫莫亦曰紫䓣今謂之紫艸其可染絲者卽茈王芻也同類異物【叚借】爲稍方

言十三藐漸也又爲杪方言十三藐廣也楚辭九章藐曼曼之不可量兮莊子逍遙游藐姑射之山思元賦藐以迭逷注皆訓遠字亦變作邈方言六邈離也廣雅釋詁一邈遠也後漢馮衍傳邈名賢之高風注陵也詩瞻卬藐藐昊天傳大皃離騷神高馳之邈邈注遠皃亦重言形況字又爲秒廣雅釋詁二藐小也孟子說大人則藐之太元失藐德靈徵失漢書韋賢傳既藐下臣又爲眊詩板聽我藐藐書大傳正作眊亦重言形況字又爲懇爲媌西京賦眳藐流眄薛注好也亦雙聲連語車駕幸京口詩藐盼覿青崖注窈藐顧盼也亦疊韻連語爾雅釋訓藐藐美也廣雅釋訓藐藐盛也詩崧高既成藐藐亦重言形況字又單辭形況字漢書嚴助傳藐然甚惄注遠也失之又重言形況字爾雅釋訓邈邈悶也【古韻】詩崧高叶藐蹻濯離騷叶邈樂

懇 覺　懇 美也从心貌聲【叚借】爲杪後漢馮衍傳高陽懇其超遠兮

㬥八名凡㬥之派皆衍㬥聲 薄到切

㬥 號 屋　㬥 晞也从日出廾米會意古文从日麃聲字亦作曝廣雅釋詁二曝曝也俗字作曝从二日不可通小爾雅廣言㬥曬也考工記畫暴諸日孟子一日暴之史記司馬相如傳暴于南榮索隱偃臥日中也左宣十二傳今我使二國暴骨穀梁隱五注暴師經年釋文露也【轉注】荀子勸學雖有枯暴注乾也漢書中山靖王勝傳數奏暴其過惡注謂披布之西域傳因暴兵威注謂顯揚也王嘉傳宜暴賢等本奏語言注謂章露也又禮記王制喪祭用不足曰暴注猶耗也按乾枯之義孟子言非禮義謂之自暴按亦炫智自用之意【叚借】爲暴廣雅釋詁二暴猝也詩終風且暴傳疾也爾雅日出而風爲暴楚辭沈江紂暴虐以失位兮注卒怒曰暴孟子無暴其氣注亂也凶歲子弟多暴注惡也劉向新序雜事後令急誅暴也呂覽至忠何其暴而不敬也注下陵上謂之暴史記伯夷傳暴戾恣睢公羊宣二傳靈公朝諸大夫而暴彈之按猝也注非又詩不敢暴虎傳徒搏曰暴又爲剝考工旅人髻墾薜暴不入市後鄭注暴墳起不堅致也辟暴亦雙聲連語又爲白管子乘馬暴布百兩當一鎰注白布也又疊韻連語爾雅釋詁毗劉暴樂也按猶今言剝落又重言形況字荀子富國暴暴如邱水注卒起之皃又爲恭之誤字周禮大司寇上愿糾暴注當爲恭【古韻】詩終風叶暴笑敖悼巧言叶盜暴孟子叶濯暴曓子親士叶灼暴

襮 蕭 沃　襮 黼領也从衣暴聲謂白黑相次之文刺之衽領也詩揚之水素衣朱襮傳領也禮記郊特牲繡黼丹朱中衣蓋諸侯中衣之制領繡黼文丹朱爲純【叚借】爲表廣雅釋詁四襮表也呂覽忠廉臣請爲襮幽通賦張脩襮而內逼【古韻】詩揚之水叶鑿襮沃樂

bào 爆　bào 瀑　bó 謈　bó 𦅾　bào 暴　bǔ 鸔　dāo 刀

效 **爆** 灼也。从火，暴聲。謂火飛所灸。廣雅釋詁二：爆，爇也。聲類：爆，熚起也。【叚借】疊韻連語。爾雅釋詁：毗劉，暴樂也。舍人注：木枝葉稀疏不均爲爆爍。詩桑柔箋：則葉爆爍而疏。按猶剝落也。

號屋 **瀑** 疾雨也。从水，暴聲。詩終風：且瀑。按毛詩、爾雅皆作暴，三家異義。【別義】說文一曰沫也。蒼頡篇：水濆起曰瀑。蜀都賦：瀥瀑濆其隈。長笛賦：澋瀑噴沫。亦疊韻連語。又說文一曰暴霣也。按謂暴雷曰瀑。

覺 **謈** 大呼自勉也。从言，暴省聲。按自勉二字當作自冤。漢書東方朔傳：舍人不勝痛，呼謈。注：自冤痛之聲也。字亦作懪。爾雅：懪懪、邈邈，悶也。亦重言形況字。

藥 **𦅾** 領連也。从糸，暴省聲。謂聯領于衣也。領謂之襮，聯之于衣謂之𦅾。玉篇則以爲襮、𦅾同字。

號 **暴** 疾有所趣也。从日出本廾之。按从夲，暴省聲。【轉注】爲卒急虐害之訓。經傳皆以曓爲之。論語：暴虎馮河。字亦作虣。周禮序官：昏師司虣。注：司虣禁暴亂。易繫辭鄭本：以待虣客。吳都賦：虣䖘𧇖。按與虐字从虎同意。

屋 **鸔** 鳥鸔也。从鳥，暴聲。字亦作鵵。爾雅：鵅，烏鸔。注：水鳥也。似鶂而短頸，腹翅紫白，背上綠色。

刀三十五名。凡刀之派皆衍刀聲。都勞切。

豪 **刀** 兵也。象形。魯語：中刑用刀鋸。注：割劓用刀。漢書蕭曹傳贊：皆起刀筆吏。注：刀所以削書也。周語：有斧鉞刀墨之民。注：謂以刀刻其額而墨窒之。禮記內則：刀礪。注：小刀及礪礱也。公羊宣十二傳：右執鸞刀。注：宗廟割切之刀，環有和，鋒有鸞。字亦誤作刉。廣雅釋詁一：刉，斷也。【轉注】荀子榮辱：餘刀布。注：錢也。漢書食貨志：及金刀龜貝。注：謂錢幣也。利于刀。注：名錢爲刀者，以其利于民也。按始鑄爲刀形，即以命之。又爾雅：鮤，鱴刀。注：鮆魚也，亦呼爲魛魚。太平御覽引魏武四時食制：曰望魚，側如刀，可以刈草。望鱴一聲之轉。郭注山海經：鮆魚狹薄而長。按象刀形故名。【叚借】爲舟。詩河廣：曾不容刀。或謂借爲舠，爲舠。按舠、舠皆因詩製字，刀實舟之誤字也。篆文舟、刀相似，中閼畫耳。又雙聲連語。漢書李廣傳：不擊刀斗以自衞。注：刀斗以銅作鐎，受一斗，晝炊飯食，夜擊持行，夜形如鋗，無緣。荀悅云：小鈴，如宮中傳夜錢也。字亦變作刁。方言十三：無升謂之刁斗。升字疑緣之譌。或曰即鐎字，或銚字。又重言形況字。莊子齊物論：而獨不見之調調刁刁乎。向注：皆動搖皃。又託名幖識字。後漢宦者傳序：豎刁亂齊。左傳作貂。又爾雅釋鳥：鳭鷯，剖葦。亦疊韻連語，字變作鳭。【聲訓】釋名：刀，到也。以斬伐到其所乃擊之也。【古韻】詩河廣叶刀、朝。信南山叶刀、毛、膋。

tiáo 芀　zhào 召　dào 到　zhāo 釗　tiáo 苕　chāo 超　zhào 詔

蕭 **芀** 葦華也。从艸，刀聲。爾雅：猋藨，芀。又葦醜芀。皆謂萑葦之秀，即漢書所云兼錐者也。詩鴟鴞傳：荼，萑苕也。韓詩字作蔦。文賦：或苕發穎豎。凡苕秀字皆以苕爲之。

嘯 **召** 評也。从口，刀聲。以言曰召，以手曰招。廣雅釋言：召，靚也。【轉注】呂覽君守：此之謂以陽召陰。注：致也。【叚借】爲邵。詩江漢：王命召虎。文選卅七注作邵。又爲卲。水經潁水注：召者，高也。又爲詔，即詔字。呂覽知度：凡朝也者，相與召理義也。【古韻】詩東方未明叶倒、召。文子上德叶釣、召。

號 **到** 至也。从至，刀聲。詩韓奕：靡國不到。齊策：雖隆薛之城到于天。【叚借】爲県。按莊子外物：艸木之到植者。注：鋤拔反之更生者曰到植。今字作倒。又爲弔。按史記韓世家：不如出兵以到之。注：欺也。或以爲勁字，皆失之。又託名幖識字。楚語：屈到，字子夕。【古韻】詩東方未明叶倒、召。韓奕叶到、樂。楚辭天問叶到、照。

蕭 **釗** 刓也。从刀，从金。按刀亦聲。周康王名。【叚借】爲劭。爾雅釋詁：釗，勉也。又爲昭。爾雅釋詁：見也。注：逸書曰：釗我周王。按孟子以紹爲之，僞武成正作昭。又爲超。方言七：釗，遠也。燕之北郊曰釗。

蕭 **苕** 艸也。从艸，召聲。籀文从𦮙。爾雅：苕，陵苕。黃華蔈，白華茇。注：一名陵時。其華色異名又不同。按本草唐注即淩霄也。山中亦有白華者。詩防有鵲巢：邛有旨苕。又苕之華：芸其黃矣。【叚借】爲芀。荀子勸學：繫之葦苕。文選檄吳將部曲：鷦鳩之鳥巢於葦苕。文賦：或苕發穎豎。又託名幖識字。左成十六傳：舍之于苕丘。注：晉地。公羊作招。【古韻】詩防有鵲巢叶巢、苕、忉。

蕭 **超** 跳也。从走，召聲。按越也。廣雅釋詁二：超，渡也。後漢馮衍傳注：超，過也。楚辭傷時：超五嶺兮嵯峨。注：越也。史記白起王翦傳：方投石超距。索隱：猶跳躍也。呂覽悔過：超乘者五百乘。注：巨踊上車也。【轉注】方言七：超，遠也。東齊曰超。楚辭九歌：平原忽兮路超遠。秋胡詩：超遙行人遠。謝靈運詩：道以神理超。字亦作迢。吳都賦：曠瞻迢遞。劉注：遠皃。亦雙聲連語。魯靈光殿賦：迢嶢倜儻。注：高皃也。亦疊韻連語。【叚借】爲邵。華嚴音義引韻圖：超，高也。又單辭形況字。老子：雖有榮觀，燕處超然。注：超然遠避而不處也。又疊韻連語。楚辭謬諫：蹇超搖而無冀。注：不安也。又爲惆。莊子：武侯超然不對。【聲訓】釋名釋姿容：超，卓也，舉腳有所卓越也。【轉音】急就章二十叶驢、超、豭、豬、雞、駒、趨、犢。

嘯 **詔** 此字說文不錄，徐鉉補入，爲十九文之一。从言，召聲。誥也。按上告下之義，古用誥，秦復造詔字當之。曲禮：負劍辟咡詔之。出入有詔于國。獨斷：上詔書者，詔誥也，有三品。穆天子傳：以詔後世。莊子盜跖：必能詔其子。呂覽審分：多其教詔。【叚借】爲告。按周禮諸職凡言

zhāo 昭　shào 邵　sháo 柖　shào 卲　táo 鞀　sháo 韶

詔者皆下告上之辭禮記檀弓不以詔學記雖詔于天子無北面禮器故禮有擯詔離騷詔西皇使涉予爾雅釋詁詔道也又爲劭爾雅釋詁詔勴也【聲訓】周禮職各注皆以告訓詔此以正字釋借字也呂覽審分問而不詔注詔教也後漢馮衍傳注詔召也釋名釋典藝詔書詔照也人暗不見事宜則有所犯以此照示之使昭然知所由也

蕭　**韶**　韶　虞舜樂也从音召聲虞書簫韶九成周禮大司樂九磬之舞以鞀爲之獨斷一曰大招以招爲之【轉注】孟子蓋徵招角招是也按齊樂亦冒韶名論語子在齊聞韶傷其非非歎其美史記漢書所言失之皇疏得其半解【聲訓】春秋元命苞韶者紹也風俗通聲音韶繼堯也春秋繁露楚莊王韶者昭也

豪　**鞀**　鞀　鞉　鼗　𪔛　鞀遼也从革召聲或从兆聲或从鼓兆聲籀文从殸召聲按小鼓也周禮小師掌教鼓鼗注如鼓而小持其柄搖之旁耳還自擊詩有瞽鞉磬柷圉論語播鼗武禮記月令修鞀鞞鼓王制則以鼗將之爾雅大鼗謂之麻【假借】爲韶周禮大司樂大咸大磬【聲訓】說文鞀鞀遼也釋名鞉導也所以導樂作也

篠嘯　**卲**　卲　卜問也从卜召聲疑即後人杯珓字

說文通訓定聲　小部弟七

蕭　**柖**　柖　樹搖皃从木召聲與榣略同【別義】廣雅釋器浴牀謂之柖淮南說山死而弃其柖簣

嘯　**邵**　邵　晉邑也从邑召聲今河南懷慶府濟源縣西百二十里有邵原關與山西絳州垣曲縣接界左襄廿三傳戍郫邵後以邑爲氏【別義】或曰即周召分陝之地召公所食采也周書和寤作邵公公羊隱五傳邵公主之莊九傳邵忽死之詩江漢王命召虎文選注三十七引作邵虎書武成傳詩序公劉序蕩序禮記曲禮曾子問緇衣注左襄廿九傳各釋文皆云召本作邵水經渭水注雍水又東逕邵亭

蕭　**昭**　昭　日明也从日召聲書堯典百姓昭明詩時邁明昭有周爾雅釋詁昭見也【轉注】周禮小宗伯辨廟祧之昭穆注父曰昭禮記祭統昭穆者所以別父子遠近長幼親疏之序而無亂也昭取陽明穆取陰幽魯語明者爲昭又周書謚法昭德有勞曰昭容儀恭美曰昭聖聞周達曰昭獨斷聲聞宣遠曰昭【假借】爲韶史記李斯傳昭虞武象家語正論祭公謀父作祈昭又重言形況字中庸斯昭昭之多注猶耿耿小明也老子俗人昭昭注明且達也又託名幖識字爾雅釋天太歲在癸曰昭陽史記作尚章釋地燕有昭餘祁其藪在今山西太原府祁縣東七里又左襄廿八傳楚康王昭史記作招昭十三傳子昭論衡作招【聲訓】禮記樂記蟄蟲昭蘇注曉也【古韻】詩鹿鳴叶蒿昭恌傚敖抑叶昭樂懆教虐耄既醉叶昭高句中韻泮水叶藻蹻昭笑教墨子親士叶昭遼燎堯【轉音】楚辭大招叶昭遽逃遙

shào 紹　chāo 弨　zhāo 招　zhǎo 沼　diāo 貂　shào 卲　shào 袑　zhāo 佋

蕭　**佋**　佋　廟佋穆父爲佋南面子爲穆北面从人召聲按晉避司馬昭諱別造此字後人妄增入說文不聞更有傳字也姑附于此

篠　**袑**　袑　絝上也从衣召聲按股所居處蘇俗謂之褲當是也廣雅釋器袑幝也襱謂之絝其袑謂之袑漢書朱博傳多褒衣大袑注謂大袴也【假借】爲祒廣雅釋詁二袑短也字變作𥏕

嘯　**卲**　卲　高也从卩召聲漢應仲遠名卲故字遠今以劭爲之小爾雅廣詁卲美也廣雅釋詁四卲高也法言脩身公儀子董仲舒之才之卲也注高也重黎賢皆不足卲也注美也皆以卲爲之

蕭　**貂**　貂　鼠屬大而黃黑出胡丁零國从豸召聲按丁零地在今長城北字亦作鼦爾雅鼬鼠注鼬似鼦史記貨殖傳狐鼦裘千皮【假借】託名幖識字左傳寺人貂管子作豎刁【聲訓】釋名釋船貂短也貂短雙聲

篠　**沼**　沼　池水从水召聲一切經音義引說文小池也凡三見詩采蘩于沼于沚禮運龜龍在宮沼左隱三傳澗溪沼沚之毛孟子王立于沼上淮南原道射沼濱之高鳥【古韻】詩正月叶沼樂炤虐文子符言叶郊沼

說文通訓定聲　小部弟七

蕭　**招**　招　手評也从手召聲廣雅釋詁二招呼也釋言來也詩匏有苦葉招招舟子傳號召之皃韓詩聲也亦重言形況字荀子議兵招延募選注謂引致之楚辭遠逝建虹采以招指注指麾也周禮男巫春招弭注招福也【假借】爲到實爲県呂覽本生命之曰招蹷之機注至也又爲昭周語好盡言以招人過注舉也又爲的呂覽本生共射其一招注埻的也又爲紹孟子又從而招之注罥也又爲韶左昭十二傳祈招之詩書大傳招爲賓客而雍爲主人注招雍皆樂章名也又爲撟列子孔子勁能招國門之關又爲翹繁陽令楊君碑三公並招又疊韻連語曲禮招搖在上釋文北斗杓第七星又甘泉賦徘徊招搖注猶彷徨也漢書司馬相如傳又猗柅以招搖注跳蹜也禮樂志體招搖若永望注申動之皃史記孔子世家招搖市過之集解翶翔也按正字可作招榣又託名幖識字左昭元陳公子招史記索隱作昭【聲訓】楚辭招魂序招者召也郭有道碑文幾行其招注猶召也

蕭　**弨**　弨　弓反也从弓召聲詩彤弓弨兮傳弛皃

篠　**紹**　紹　𦀖　繼也从糸召聲按古文从糸卲聲詩抑弗念厥紹訪落紹庭上下儀禮聘禮士爲紹擯晉語使寡君之紹續昆裔史記魯仲連傳勝請爲紹介傳注皆訓繼周書謚法疏遠繼位曰紹又爾雅瓞瓝其紹瓞注瓜蔓緒亦箸子【別義】說文一曰緊糾也按孟子又從而招之以招爲之【假借】爲弨按詩常武匪紹匪舒箋緩也是弛弓之引申又疊韻連語詩月出舒夭紹兮【古韻】詩月出叶照燎紹懆

diāo 蛁　shào 劭　zhāo 鉊　yáo 軺　zhào 隉　dào 菿　zhì ⿱艹致　zhào 照　qiáo 落　gāo 羔　zhuó 穛

抑叶樂紹 / 句中韻

蕭 **蛁** 蛁蟲也从虫召聲字亦作虭方言十一蛥蚗自關而東謂之蛁 / 蟧廣雅作蛁蟟莊子逍遥游釋文引崔注作蛁蟧太元飾蛁鳴 / 喁喁注蟬也 / 疑與蜩同字

嘯 **劭** 勉也从力召聲讀若舜樂韶漢書成帝 / 紀先帝劭農[叚借]爲卲漢應仲遠名劭

蕭 **鉊** 大鐵也从金召聲鎌或謂之鉊張徹說方言五刈鉤江淮 / 陳楚之閒謂之鉊[別義]方言十三錐謂之鍣注廣雅作鉊

蕭 **軺** 小車也从車召聲齊語服牛軺馬注馬車也漢書平帝 / 紀立軺併馬注立乘小車也史記貨殖傳其軺車百乘

篠嘯 **隉** 耕以臿後出地下壚土也一曰耕休田也 / 从𠂤从土召聲[別義]廣雅釋室隉隄也

號 **菿** 艸木倒从艸到聲大篆从茻按爾雅釋詁菿大也釋文引 / 說文艸大也韓詩菿彼甫田傳菿卓也字亦作㓻卽罩字

毛詩正 / 作倬

寘 **⿱艹致** 艸大也从艸致聲按菿各本說文誤作⿱艹致而反衍菿字于末 / 安箸艸木倒之訓此誤之又誤者今附⿱艹致于此所宜訂正

說文通訓定聲　小部弟七　卌三

嘯 **照** 明也从火昭聲字亦作炤詩正月亦孔之炤淮南本經照燿煇 / 爗楚辭靈懷指日月使延照兮注知也鄭令景君闕銘遠近照 / 閈譙敏碑盛德炤明荀子脩身炤之以禍災字又作烑淮南要略挾 / 日月而不烑注烑光也[叚借]爲詔淮南繆稱照惑者以東爲西注曉 / 也又重言形況字荀子儒效炤炤兮其用知之明也嚴訢碑去斯照 / 照廣雅釋訓炤炤明也[古韻]詩月出叶照燎紹懆正月叶沼樂炤虐 / 楚辭天問叶到照周書周祝叶貌照文子 / 徵明叶曉照[轉音]宋玉小言賦叶照備

蕭 **⿱艹沼** ⿱艹沼艸也从艸沼聲籀文从茻此字疑卽苕 / 之或體或曰水艸也从艸从水召聲存參

豪 **羔** 羊子也从羊照省聲周禮羊人凡祭祀飾羔大宗伯卿執羔注 / 取其羣而不失其類公羊莊廿四注羔取其執之不鳴殺之不 / 號乳必跪而受之類死義知禮者也詩羔羊之皮夏小正初俊羔助 / 厥母粥傳羔羊腹時也禮記檀弓季子皐葬其妻以皐爲之孔子弟 / 子名羔字羔論語柴也愚亦借字[叚借]易說卦傳虞本兌爲 / 羔注女使按恙之譌字借恙爲廝養之養鄭本以陽爲之

藥沃 **穛** 禾皮也从禾羔聲通俗文禾稽謂之稭穛亦曰禾若字亦誤作 / 穛[叚借]託名幖識字左莊二年夫人姜氏會齊侯于禚定九年 / 齊侯致禚媢杏于衛注齊西界按齊 / 魯衞三國分界之地公羊傳作郜

yáo 窯　qiāo 顤　jiāo 県　dào 盜　zhào 翟　tāo 叏　tāo 牧　tāo 弢

蕭 **窯** 燒瓦竈也从穴羔聲按燒之曰匋通俗文匋竈曰窯字亦作窰 / 詩緜陶復陶穴以陶爲之廣雅甄匋窯也管子七臣七主文采 / 纂組者燔 / 功之窯也

蕭 **顤** 大頭也从頁羔聲[轉注]廣雅釋詁一顤大也字 / 亦作奈通俗文醜曰奈集韻引廣雅奈大也

県一名 古堯切

蕭皓號 **県** 到首也賈侍中說此斷首到縣県字廣雅釋言県磔也按卽 / 今之倒字[轉注]孟子猶解倒懸也淮南原道倒生挫傷注草木 / 首地而生故曰倒生方言入鷄鳴或謂之倒縣注好自縣于樹也呂 / 覽用民倒而投之𤃬水注倒殺也又曲禮倒筴側龜于君前有誅注 / 顚倒也徐鍇說文新附倒仆也又呂覽至忠篇倒于心似順篇事多 / 似倒而順注逆也莊子繕性喪已于物失性于俗者謂之倒置之民 / [叚借]雙聲連語方言四大 / 袴謂之倒頓注今雹袴也

盜一名 徒到切

號 **盜** 私利物也从次次欲皿者會意左文十八傳竊賄爲盜穀梁定 / 八傳非其所取而取之謂之盜易說卦傳坎爲盜荀子哀公文 / 公用其盜注盜亦賊也[轉注]漢書直不疑傳然特毋柰其善盜嫂何 / 也注謂私之詩巧言君子信盜箋謂小人也穀梁哀四傳辟中國之 / 正道以襲利謂之盜莊子山木君子不爲盜賢人不爲竊[叚借]雙聲 / 連語荀子王霸汗漫突盜以先之注竊也非[聲訓]詩巧言傳盜者逃 / 也[古韻]詩巧 / 言叶盜暴

說文通訓定聲　小部弟七　卌四

翟一名 都校切

效 **翟** 覆鳥令不飛走也从网隹會 / 意讀若到今通以罩爲之

叏三名凡叏之派皆衍叏聲 土刀切

豪 **叏** 滑也詩曰叏兮達兮从又中一曰取也按手飾也从又中其飾 / 也指事與肖同意[叚借]爲泰說文滑也叏泰雙聲又雙聲連語 / 詩子衿叏兮達兮毛本作挑傳挑達往來相見皃或曰與 / 衿佩同言疑如後世之絛脫存參又爲挑說文一曰取也

豪 **牧** 牛徐行也从牛 / 叏聲讀若滔

豪 **弢** 弓衣也从弓从叏叏垂飾與鼓同意按以韋爲之亦名韔亦名 / 韣亦名韇字从叏聲左文十六傳中項伏弢成十六傳內旌于

hāo 蒿　gāo 高　diāo 祒　zhāo 盄　dì 迅　diào 弔

弢中、齊語弢無弓、轉注小爾雅廣器矢服謂之弢、又漢高功臣頌弢迹匿光莊子徐无鬼金版六弢漢書藝文志周史六弢六篇按與韜爲劍衣音義俱近故韜弢通用

弔四名凡弔之派皆衍弔聲、多笑切

肅錫 弔 問終也古之葬者厚衣之以薪从人持弓會敺禽按會意字亦作吊夏堪碑官遼臨吊禮記曲禮知生者弔古弔辭曰如何不淑轉注詩匪風中心弔兮傳傷也左僖廿四傳昔周公弔二叔之不咸襄十四傳有君不弔注恤也假借爲俶書棐藎無敢不弔注猶善也詩節南山不弔昊天箋猶善也左哀十六傳旻天不弔周禮大祝先鄭注作閔天不淑昭廿六傳率羣不弔之人字又作悼張壽碑顥天不悼俶弔雙聲又爲迅爾雅釋詁弔至也書盤庚弔由靈詩天保神之弔矣莊子齊物論其名爲弔詭古韻詩匪風叶飄嘌弔

錫 迅 至也从辵弔聲經傳皆以弔爲之

蕭 盄 器也从皿弔聲今蘇俗煎茶器曰吊子即此盄字

蕭 祒 棺中縑裏从衣弔讀若雕按弔聲以縑裏棺也其色君朱綠大夫玄綠士玄今蘇俗製褁通曰祒不知非吉語

高三十五名凡高之派皆衍高聲、古勞切

豪 高 崇也台象臺觀高之形从冂口與倉舍同意廣雅釋詁一高上也又遠也易說卦傳巽爲高禮記樂記窮高極遠而測深厚轉注書洪範高明柔克傳高明謂天左哀廿一傳使我高蹈注猶遠行也史記禮書門人之高第注謂才優而品第高也又廣雅釋詁一高敬也假借爲郊禮記月令高禖王氏引之云鄭蔡盧說皆非按毛詩生民傳正作郊又爲膏素問通評虛實論肥貴人則高粱之疾也又爲槀廣雅釋詁一高養也又託名幖識字左定八傳顏高或曰卽史記弟子傳顏刻孟子公明高或曰卽傳春秋之公羊高聲訓釋名釋親屬高皋也最在上皋韜諸下也按皋者槀字古韻詩漸漸之石叶高勞朝楚辭九辨叶鑿教樂高詩旣醉叶昭高句中韻轉音詩卷阿叶高朝句中韻

豪 蒿 菣也从艸高聲籀从茻廣雅釋草草蒿青蒿也詩鹿鳴食野之蒿假借爲藃實爲槁廣雅釋草其蒿青蘘也夏小正緹縞傳莎隨也爾雅薃侯莎其實媞一名地毛其根卽香附子又爲耗實爲消晉語使民蒿焉忘其安樂又爲旄莊子駢拇蒿目而憂世之患司馬注亂也又爲歊禮記祭義焄蒿悽愴注氣烝出皃也又爲郊周禮故書載師任近蒿之地又爲蔫古今注孝武時李延年分薤

hào 鄗　gǎo 槀　gāo 膏　xué 翯　qiāo 敲　qiāo 毃

露蒿里爲二曲薤露送王公貴人蒿里送士大夫庶人使挽柩者歌之世呼爲挽歌古韻詩鹿鳴叶蒿昭恌傚敖蓼莪叶蒿勞

覺 毃 擊頭也从殳高聲呂覽當務下見共王五伯將毃其頭矣

肴效 敲 橫擿也按擿卽築字宋本作橫擿非从攴高聲與毃略同字亦作搞左定二傳奪之杖以敲之釋文擊也淮南脩務救敲不給注擿也轉注過秦論執敲扑以鞭笞天下漢書項籍傳注敲短杖也別義方言十楚凡揮棄物或謂之敲注或云擲也

覺 翯 鳥白肥澤皃从羽高聲詩靈臺白鳥翯翯孟子以鶴爲之按與皠略同字亦作皜作翯賈子禮論白鳥皜皜景福殿賦用皠字廣雅釋器翯白也孟子皜皜乎不可尙已後漢孔融傳注翯翯言堅貞如白玉也亦皆重言形況字古韻詩靈臺叶濯翯躍

豪 膏 肥也从肉高聲按膏者脂也凝者曰脂釋者曰膏凡物脂多則肥大戴記易本命無角者膏春秋元命苞膏者神之液也莊子則陽内熱溲膏太元馴𧕾其膏轉注左成十傳膏之下注心下爲膏又考工梓人膏者注豕屬家語執轡無角無前齒者膏禮記内則膏用鹿周禮庖人夏行腒鱐膳膏臊晉語夫膏粱之性難正也易鼎雉膏不食又屯屯其膏廣雅釋言膏澤也禮記禮運故天降膏露周語土膏其動蜀都賦内函要害于膏腴西山經是有玉膏穆天子傳黃金之膏注精汋也又周禮大司徒其植物宜膏物司農注謂楊柳之屬理致且白如膏淮南俶眞膏夏紫芝注大木也其理密白如膏假借爲櫜大司徒注膏物謂蓮芡之屬聲訓釋名膏饋消膏而加滑其中亦以消酒也古韻詩下泉叶苗膏勞鄶羔裘叶膏曜悼管子度地叶饒膏

皓 槀 木枯也从木高聲易說卦傳離爲科上槀孟子則苗槀矣史記禮書槀若振槀索隱乾葉也莊子齊物論形固可使如槀木轉注槀而潤之亦曰槀猶勞而慰之亦曰勞周禮小行人則令槀禬之俗字作犒亦作犒左僖廿六傳公使展喜犒師淮南氾論犒以十二牛注牛羊曰犒共其枯槀也斥彰長田君碑史見勞犒芳馨馥芬廣雅釋詁一犒勞也又荀子禮論哈以槁骨注貝也又考工輪人注揉謂以火槀之素問四氣調神大論則菀槀不榮莊子列禦寇槀項黃馘者注羸瘦皃又魯語措魚鼈以爲夏槀注乾也曲禮槀魚曰商祭假借爲敲潘岳詩顥如槁石火注槁與考古字通又爲槀後漢馬援傳槀葬而已注草也按麤略之詞曰草又託名幖識字漢書陳湯傳縣頭槀街注街名

肴藥皓 鄗 常山縣世祖所卽位今爲高邑从邑高聲按今直隸趙州高邑柏鄉兩縣地左哀四傳國夏伐晉取邢任欒鄗假借爲鎬武王所都邑名周語杜伯射王於鄗水經注十九宅是鄗京荀子王霸武王以鄗西都賦遂繞酆鄗此今陝西長安又爲蒿公羊桓十五年公

gǎo 稾　xiāo 歊　háo 豪　hè 熇　hào 滈　hào 鰝

會齊侯于鄗。穀梁正作蒿。左氏作艾。艾亦蒿也。隱六年盟于艾，則三傳皆作艾。按其地在今山東沂州府蒙陰縣西北。

稾　皓　稈也。从禾，高聲。禮記郊特牲而蒲越稾鞂之尚，字亦作藁。漢書五行志民驚走持稾。貢禹傳又出稾稅。趙充國傳茭稾。儀禮既夕記稾車載蓑笠。注猶散也。詩無羊疏稾車，潦車也，為雨而設。字又作稭。廣雅釋草稭稾也。稭稾雙聲轉注。周禮夏官稾人，司農注箭幹謂之稾。【假借】為犒。實為犒。周禮地官稾人注讀為犒師之犒。小行人則令稾禬之。司農注稾當為犒。書稾飫序稾勞也。又疊韻連語。史記屈原傳屈平屬草稾，索隱謂創制憲令之本。按猶造也。

歊　蕭　歊歊，气上出皃。从欠从高，會意，高亦聲。吳都賦歊霧漨浡。注水霧之氣。解嘲浡滃雲而散歊烝。注氣上出也。字亦作歊。漢書敘傳曲陽歊歊。注歊歊，氣盛也。

豪　豪　豪豕鬣如筆管者，出南郡。从希，高聲。籀文从豕。俗字作毫。此豕能以脊上豪射物，一名貆豬，蘇俗謂之箭豬，今湖北多有之。西山經鹿臺之山其獸多白豪。【轉注】穆天子傳豪羊。注似髦牛。又豪馬豪牛。注豪猶髦也。髦馬如馬，足四節皆有毛。又廣雅釋器榦謂之毫。爾雅釋獸肆脩毫。釋畜未成毫狗。詩車攻傳宗廟齊豪。又素問刺要論病有在毫毛腠理者。注毛之長者曰豪。又禮記經解差若豪氂。孟子明足以察秋毫之末。答賓戲銳思于毫芒之內。又月賦抽毫進牘。注筆毫也。文賦或含毫而邈然。又鶡冠子博選德千人者謂之豪。淮南泰族百人者謂之豪。春秋繁露爵國十人者曰豪。孟子若夫豪傑之士。漢書趙廣漢傳中貴人豪長者。列子楊朱對鄉豪稱之。又史記韓長孺傳鴈門馬邑豪。集解猶帥也。漢書趙充國傳先零豪。書旅獒馬注酋豪也。以獒為之。【假借】為婺。漢書食貨志不得豪奪吾民矣。注謂輕侮之也。又疊韻連語。魏都賦豪徼互經。注道也。【聲訓】後漢岑彭傳注毫毛也。

熇　蕭　屋　藥　火熱也。从火，高聲。詩板多將熇熇。傳熇熇然熾盛也。易家人鄭劉本家人熇熇。按酷烈也。素問刺瘧篇先寒後熱熇熇暍暍。注甚熱狀。亦重言形況字。【古韻】詩板叶虐謔蹻熇藥。

滈　皓　久雨也。从水，高聲。字亦作瀥，作澔。【假借】為鎬。荀子議兵湯以薄，武王以滈。又雙聲連語。吳都賦滈汗六州之域。又疊韻連語。蜀都賦龍池瀥瀑濆其隈。長笛賦瀥瀑噴沫。又重言形況字。上林賦翯乎滈滈。注水白光皃。又託名幖識字。史記秦紀為吾遺滈池君。索隱水神也。

鰝　皓　大鰕也。从魚，高聲。吳都賦罩鰝鰕。

gǎo 縞　què 塙　hào 鎬　hāo 薧　mào 耄　xiāo 藃　qiáo 喬

縞　皓　鮮色也。从糸，高聲。按鮮色當作鮮卮。熟帛曰練，生帛曰縞。禹貢厥篚元纖縞。傳白繒。詩出其東門縞衣綦巾。傳白色男服也。禮記檀弓祥而縞。注縞冠素紕也。玉藻縞冠元武。左襄廿九傳與之縞帶。漢書食貨志履絲曳縞。韓安國傳不能入魯縞。子虛賦揄紵縞。注鮮支也。小爾雅廣詁縞素也。廣服繒之精者曰縞。廣雅釋器縞謂之絹，又練也。【轉注】魏策天下縞素。漢書高帝紀兵皆縞素。注白也。【假借】託名幖識字。夏小正正月縞。傳縞也者，莎隨也。字亦作蒿。【聲訓】後漢順帝紀注縞，皓也。繒之精白者曰縞。

塙　覺　堅不可拔也。从土，高聲。字亦作確，作礭，作碻。易文言確乎其不可拔。鄭注堅高之皃。晉鄭烈碑秉確然之大節。廣雅釋詁一確堅也。【假借】疊韻連語。水經河水注碻磝津名也。

鎬　皓　溫器也。从金，高聲。疑即鐈字。【假借】為鄗。按詩六月侵鎬及方。箋鎬方皆北方地名。疑即漢光武即位之地，今直隸趙州高邑縣境。又託名幖識字。說文武王所都在長安西上林苑中，字亦如此。詩文王有聲宅是鎬京。今陝西西安府長安縣。【古韻】詩魚藻叶藻鎬。

薧　豪　皓　死人里也。从死，蒿省聲。謂虛墓之所。或謂有一里人盡死者，因名薧里。其說不經。按古今注薤露蒿里並喪歌，以蒿為之。【假借】為槁。周禮庖人死生鱻薧之物。司農注謂乾肉。𩫖人辨魚物為鱻薧。禮記內則兔薧。曲禮槁魚曰商祭。正作槁。注乾也。皆枯木之轉注。字亦作⿰歹高。廣雅釋詁二⿰歹高乾也。

耄　號　年九十曰耄。从老，从蒿省聲。字亦作耄，作老。鹽鐵論孝養七十曰耄。詩板匪我言耄。傳八十曰耄。禮記曲禮八十九十曰耄。書微子吾家耄遜于荒。呂刑耄荒。詩抑亦聿既耄。左昭元傳諺所謂老將智而耄及之者。周禮司刺再赦曰老耄。漢書平帝紀全貞信及眊悼之人，以眊為之。禮記射義旄期稱道不亂者，以旄為之。【假借】為眊。楚辭怨世心悼怵而耄思。注亂也。漢書五行志守義不進茲謂耄。【聲訓】釋名七十曰耄，頭白耄耄然也。

藃　蕭　號　艸皃。从艸，歊聲。【假借】為槁。說文引考工輪人轂雖弊不藃。注藃藃暴。又為秏。實為虛，為消。輪人司農注藃當作秏。

喬　蕭　高而曲也。从夭，从高省，會意。按高亦聲。一宋本作高省聲。禹貢厥木惟喬。傳高也。詩漢廣南有喬木。傳上竦也。爾雅句如羽喬。又上句曰喬。如木楸曰喬。又槐棘醜喬。又小枝上繚為喬。【轉注】詩時邁及河喬嶽。列子湯問注喬山之重壟也。爾雅釋山銳而高嶠，字亦變作嶠。又詩清人二矛重喬。箋喬矛矜近上及室題所以縣毛羽。又禮記樂記齊音傲辟喬志。坊記富斯喬。經傳多以驕為之。【假借】為蹻。漢書楊雄傳蹻高舉而大興。注舉步皃。又雙聲連語。莊子在宥天下始喬詰卓鷙。崔注意不平也。射雉賦何調翰之喬桀。注俊逸也。【聲訓】

qiáo 趫　qiāo 蹻　jiǎo 敫　jiāo 鷮　jiǎo 矯　qiáo 橋

釋名山銳而高曰喬形似橋也〔古韻〕詩溱人叶消麃喬遙〔轉音〕詩漢廣叶喬游求句中韻

蕭 **趫** 善緣木走之才从走喬聲讀若王子蹻按今俗有踹高趫之戲〔轉注〕呂覽悔過皆以其氣之趫吳都賦趫材悍壯西京賦趫悍虓豁猪白馬賦軍驮趫迅而已七啓蹻捷若飛以蹻爲之〔假借〕重言形況字廣雅釋訓趫趫行也又託名幖識字古今人表女趫帝嫘作僑吳越春秋作嬌世本作嬌

篠蕭 **蹻** 舉足行高也从足喬聲按足舉小高今多以翹爲之漢書高帝紀亡可蹻足而待也長楊賦莫不蹻足抗首素問鍼解巨虛者蹻足異法方宜論其治宜導引按蹻古今人表嚴蹻呂覽異用莊蹻注字企足淮南主術作蹻以喬爲之後漢南蠻傳以豪爲之〔轉注〕方言七蹻躍也注卻蹻燥躍皃音謔按不平正意〔假借〕爲趫廣雅釋詁二蹻健也七啓蹻捷若飛詩崧高四牡蹻蹻傳壯皃板小子蹻蹻傳驕皃酌蹻蹻王之造傳武皃泮水其馬蹻蹻傳言強盛也爾雅釋訓蹻蹻憍也亦重言形況字又爲屩史記平原君虞卿傳躡蹻擔簦漢書卜式傳布衣中蹻而牧羊又單辭形況字呂覽情欲蹻然不固注謂乘蹻之蹻〔古韻〕詩板叶虐謔蹻耄熇藥崧高叶藐蹻濯泮水叶藻蹻昭笑教

篠 **敫** 擊連也从攴喬聲讀若撟書粊誓敿乃干鄭注猶繫也按器有鐍拍而合之曰敿鄭注繫字擊之誤

蕭 **鷮** 走鳴長尾雉也从鳥喬聲詩車舝有集維鷮中山經女几之山其鳥多白鷮注似雉長尾走且鳴西京賦游鷮高翬注雉之健者爲鷮〔轉注〕韓詩清人二矛重鷮以其尾爲矛飾又說文乘輿以爲防釳著馬頭上按釳有三孔插雉尾在馬鬉後〔古韻〕詩車舝叶鷮教

篠 **矯** 揉箭箝也从矢喬聲正曲使直廣雅釋詁三矯直也易說卦傳坎爲矯輮荀子性惡故枸木必將待檃括烝矯然後直淮南本經矯枉以爲直漢書嚴安傳矯箭控弦〔轉注〕莊子天下以繩墨自矯嘯賦中矯厲而慷慨荀子性惡以矯飾人之情性而正之又呂覽悔過乃矯鄭伯之命以勞之注擅稱君命曰矯周語其刑矯誣注以詐用法曰矯大戴曾子立事非其事而居之矯也墨子非命彼用無爲有故謂矯〔假借〕爲趫禮記中庸強哉矯詩泮水矯矯虎臣箋武皃爾雅釋訓勇也廣雅釋訓武也按猶趫趫也亦重言形況字平都相蔣君碑光光撟撟以撟爲之又爲撟書呂刑奪攘矯虔又爲撟楚辭惜誦矯茲媚以私處兮注舉也又爲翹廣雅釋詁三矯飛也東方朔畫贊矯矯先生注輕舉之皃亦重言形況字又爲屩淮南脩務跂矯跌〔聲訓〕莊子在宥噍矢釋文撟梟也

蕭 **橋** 水梁也从木喬聲駢木爲之者獨木者曰杠〔轉注〕曲禮奉席如橋衡注井上桔槔淮南本經橋直植立而不動注橋桔槔上衡

qiáo 僑　juē 屩　jiāo 驕　xiāo 獢　jiǎo 撟

也說苑文質爲機重其前輕其後命曰橋又儀禮士昏禮記加于橋注所以庪笄其制未聞又史記河渠書山行卽橋一作輂卽欙也漢書嚴助傳舁轎而踰領注今竹輿車也字亦變作轎廣雅釋詁三轎輈也又尚書大傳橋者父道也梓者子道也莊子則踢於是橋起王注高勁也〔假借〕爲喬詩山有橋松釋文高也又爲矯呂覽離謂篇其與橋言無擇注戾也荀子榮辱橋泄者人之殃也又託名幖識字漢書儒林傳魯橋庇子庸史記弟子傳作矯

蕭 **僑** 高也从人喬聲此據左文十一傳長狄僑如成二傳叔孫僑如及僖四傳袁僑如而訓爲人之高也然左穀釋文皆云本作喬疑亦喬之轉注按鄭公孫僑字子產產者彥之借字故又稱子美疑僑卽姣字說文新附之嬌字也古今人表有嬌極〔別義〕廣雅釋詁四寄客也韓非子亡徵羈旅僑士列子說符昔有異技干僑人者釋文僑寄也字亦作寄〔假借〕爲喬樊敏碑松僑協軌又爲趫太元元告天僵健而僑躁注謂動作也亦雙聲連語

藥 **屩** 草履也从履省喬聲按卽左傳之屝史記孟嘗君傳躡屩而見之聖主得賢臣頌離蔬釋屩而享膏粱注以繩爲屨也莊子天下以跂蹻爲服李注麻曰蹻以蹻爲之〔聲訓〕釋名屩蹻也出行著之蹻蹻輕便也

蕭 **驕** 馬高六尺爲驕从馬喬聲詩曰我馬維驕按皇華我馬維驕株林乘我乘驕毛本以駒爲之駒驕雙聲大夫乘驕則卿乘馬諸侯乘駮天子乘龍也〔別義〕說文一曰野馬〔假借〕爲喬字亦變作憍禮記少儀諫而無驕注謂言行謀從恃知而慢也左隱三傳驕奢淫泆注謂恃己凌物孝經在上不驕鄭注無禮爲驕後漢袁紹傳恃眾憑陵謂之驕兵公羊襄十九傳爲其憍蹇莊子達生方虛憍而恃氣司馬注憍高仰頭也廣雅釋詁三憍傷也禮記樂記敖辟喬志坊記富斯喬書大傳禦貌于喬忿正作喬又爲矯周書皇門譬若畋犬驕用逐禽注謂不習也老子果而不驕注欺也又爲趫詩碩人四牡有驕傳壯皃又爲蟜中山經平逢之山有神焉其狀如人而二首名曰驕蟲又爲獢詩駟鐵載獫歇驕又爲搔北山經晉水其中多鮆魚食之不驕注或作騷按爲無疥瘍也又疊韻連語史記司馬相如傳低卬夭蟜以驕驁兮索隱縱恣也又仲尼弟子顏高字子驕又重言形況字詩甫田維莠驕驕法言作喬又谷風箋憍驕也疑借爲交〔古韻〕詩碩人叶敖郊驕鑣朝勞甫田叶驕忉園有桃叶桃殽謠驕鴻雁叶嗸勞驕角弓叶瀌消驕巷伯叶驕勞句中韻〔轉音〕三略上叶驕憂疑

蕭 **獢** 猲獢也从犬喬聲短喙田犬長喙者獫詩駟鐵載獫歇驕以驕爲之漢書地理志正作獢

篠 **撟** 舉手也从手喬聲爾雅釋獸人曰撟謂人體倦欲輒欠伸舉手以自適史記扁鵲傳撟引索隱謂按摩之法夭撟引身如熊顧

qiāo 繑 jiǎo 蟜 qiáo 鐈 gǎo 杲 zhào 𠧞

繑 蕭 絝紐也从糸喬聲如今套褲之系係于帶者

蟜 蕭 篠 蟜蟲也从虫喬聲漢書朱博傳音義蟜毒蟲也按中山經有神如人而二首名曰驕蟲疑蚳蠆蠭蠍之屬左傳鄭子蟜名蠆〔叚借〕爲矯漢書朱博傳右將軍蟜望音義引呂靖云蟜今借以爲矯字此蓋古字無定耳又爲趫詩泮水蟜蟜虎臣釋文本作矯又作蹻亦重言形況字又託名幖識字大戴帝繫蟜牛史記作橋古今人表作蟜五帝德蟜極古今人表作僑家語作喬史記正義作橋晉語長魚蟜左傳作矯漢書蕭望之傳張子蟜注或作僑

鐈 蕭 似鼎而長足从金喬聲廣雅釋器鐈釜也疑與鎬同字〔轉音〕急就章二十叶鍪鐎鋤銚鐈

杲一名 古了切

杲 皓 明也从日在木上會意日在木下爲杳日在木中爲東詩伯兮杲杲出日廣雅釋訓杲杲白也管子內業杲乎如登于天注明皃又廣雅釋詁一杲信也此杲字之形譌或曰信亦明也

兆廿四名凡兆之派皆衍兆聲 治小切

𠧞 篠 灼龜坼也从卜兆象形古文象形按从𠆢丨象楚焞與古文卜字同意𠆢分也龜坼文也周禮大卜掌三𠧞之法禮記月令命太史釁龜筴占兆〔轉注〕晉語其繇兆注始也魏都賦兆朕振古注幾事之先見者也按朕兆皆縫也〔叚借〕爲垗尚書大傳兆十有二州虞書以肇爲之樂記行其綴兆注域也周書小宗伯卜葬兆注墓塋域也兆五帝於四郊注爲壇之營域也又爲逃莊子天下兆于變化廣雅釋詁三兆避也又託名幖識字禮記內則降德于衆兆民注萬億曰兆天子曰兆民諸侯曰萬民疏兆在億秭之閒孝經鄭注億萬曰兆風俗通十億謂之兆楚辭惜誦又衆兆之所讎注百萬爲兆漢書百官公卿表京兆尹注兆者衆數咸伯著碑京兆府丞以兆爲之兆即龜字又雙聲連語爾雅太歲在丙曰柔兆史記麻書作游兆徐廣曰一作游桃孫注爾雅萬物柔婉有條兆也詞費

yáo 珧 táo 咷 tiáo 趒 táo 逃 tiào 跳 tiǎo 誂 tiào 眺 zhào 䍦 tiǎo 朓[1] tiāo 祧

珧 蕭 蜃甲也所以飾物从玉兆聲按可飾佩刀弓弭爾雅釋魚蜃小者珧釋器以蜃者謂之珧東山經嶧皋之水多蜃珧詩鞞琫有珌傳天子玉琫而珧珌楚辭天問馮珧利決注弓名也

咷 豪 嘯 楚謂兒泣不止曰噭咷从口兆聲廣雅釋詁二咷鳴也易同人先號咷而後笑旅旅人先笑後號咷按噭咷號咷皆疊韻連語漢書韓延壽傳噭咷楚歌按服虔音濯之濯下濯字今作滌誤〔古韻〕易旅叶巢笑咷同人叶咷笑

趒 蕭 嘯 雀行也从走兆聲與趯略同韻集趒越也通俗文超踊爲跳廣雅釋詁一跳上也漢書項籍傳漢王跳注輕身而獨出也皆以跳爲之〔轉注〕左襄廿五傳注特跳此者疏跳躍也謂足絕地而高擧也亦以跳爲之

逃 豪 亡也从辵兆聲廣雅釋詁三逃避也孟子逃墨必歸于楊注去也楚辭大招魂無逃只注竄也荀子榮辱陶誕突盜注隱匿其情也以陶爲之又左文三傳凡民逃其上曰潰在上曰逃莊十七疏凡言逃者皆謂義當留而竊去者也穀梁文七傳以是爲逃軍也注爲將而獨奔故曰逃軍〔古韻〕孟子公孫丑叶撓逃朝大戴武王觴豆銘叶憍逃〔轉音〕楚辭大招叶昭遽逃遙

跳 蕭 蹶也从足兆聲尚書大傳禹其跳其跳者踦也帝王世紀世傳禹病偏枯足不相過至今巫稱禹步是也又按方言踏𨃚蹄跳也楚曰跳曰𨁝皆蹶意說文楚人謂跳躍曰𨁝失之〔叚借〕爲趒說文一曰躍也列子湯問跳往助之釋文躍也史記荊燕世家遂跳驅至長安索隱跳脫獨去也又爲逃史記高祖紀漢王跳索隱走也〔聲訓〕釋名跳條也如艸木枝條務上行也亦趒字之訓

誂 篠 相呼誘也从言兆聲按訹𧦝也廣雅釋詁二誂戲也姚也楚策楚人有兩妻者人誂其長者今俗多以挑爲之

眺 嘯 目不正也从目兆聲射雉賦衺眺旁剔思元賦流目眺夫衡阿兮〔叚借〕爲覜一切經音義七引說文視也月令可以遠眺望家語辨樂畢然高望而遠眺又爲趒廣雅釋詁一眺疾也又爲逃釋詁三眺避也

䍦 篠 羊未卒歲也从羊兆聲〔別義〕或曰羊百斤左右爲䍦讀若春秋盟于洮

朓 嘯 祭也从肉兆聲按朓之言超也此爲遷廟而祭之名字亦作祧廣雅釋天祧祭也

祧 蕭 此說文新附字按即朓也廣雅釋天祧祭先祖也許叔重五經異義將祧而去之故曰祧按上祧祭也下祧廟也周禮守祧八人掌先王先公之廟祧注遷主所藏曰祧按天子七廟三代皆同周自懿王時別立文世室孝王時別立武世室爲二祧不毀故有九廟文以下穆之祧主入文世室武以下昭之祧主入武世室獨斷文武爲祧四時祭之而已漢書韋元成傳二祧則時享〔聲訓〕禮記祭

tiǎo 朓²　táo 桃　zhào 旐　tiǎo 窕　tiāo 庣　tiāo 佻

法注趒之言超也起上去意也

篠 **朓** 晦而月見西方謂之朓从月兆聲厤家布筭小差故月行似速而在日前早見也廣雅釋詁一朓疾也太元元告聖人察乎朓側匿之變漢書五行志三月晦朓魯衛分按日月之行有常無變古者天學頗疏厤家失之故有此變蓋因按年實測厤時尚淺自漢至今又閱二千餘年厤術乃密不見斯異矣【聲訓】洪範五行傳注朓條達行疾皃也漢書五行志注朓相覜也日晦食爲朓

豪 **桃** 桃果也从木兆聲詩桃之夭夭傳桃有華之盛者夏小正煑桃傳桃也者杝桃也素問五常政大論其果栗桃注桃金果也又周禮戎右贊牛耳桃茢注桃鬼所畏也【轉注】爾雅釋艸桃枝四寸有節蜀都賦靈壽桃枝注竹屬又託名幖識字爾雅釋鳥桃蟲鷦詩小毖肇允彼桃蟲又左隱十傳老桃注宋地今未詳何地又國策高注任城有桃聚則在今山東濟寧州北又左昭七傳吾與子桃襄十七年圍桃當在今山東兗州府汶上縣東北據杜注則今泗水縣有山與左傳不合【聲訓】左昭四傳桃弧棘矢服注桃所以逃凶也【古韻】詩園有桃叶桃殽謠驕【轉音】詩木瓜叶桃瑤

篠 **旐** 龜蛇四游以象營室游游而長从㫃兆聲按旗畫龜蛇者四游象營室壁四星九旗之帛皆用絳惟旐用緇長八尺旟旐又有旆帛用絳亦長八尺故旐獨長也周禮司常縣鄙建旐大司馬郊野載旐詩采芑旂旐央央桑柔旟旐有翩爾雅釋天緇廣充幅長尋曰旐【聲訓】釋名旐兆也龜知氣兆之吉凶建之于後察度事宜之形兆也【古韻】詩出車叶郊旐旄

篠 **窕** 深肆極也从穴兆聲讀若挑爾雅釋言窕肆也又閒也廣雅釋詁三寬也荀子賦充盈大宇而不窕淮南入小而不偪處大而不窕【叚借】爲佻左昭廿一傳小者不窕大者不槬又楚師輕窕又爲嬥荀子禮論不至于窕冶方言二窕美也美狀爲窕注謂閑都也廣雅釋詁一好也媱也又爲誂七發目窕心與【古韻】楚辭山鬼叶笑窕

蕭 **庣** 此字據說文偏旁補附于此當爲窕之或體漢書律厤志旁庣焉注不滿之處也按猶孔穴也斛从此

蕭 **佻** 愉也从人兆聲詩曰視民不佻爾雅釋言佻偷也周語姦仁爲佻又卻至佻天以爲己力離騷余猶惡其佻巧注輕也【叚借】爲越方言十二佻疾也一切經音義引廣雅佚也又爲県方言七佻縣也注了佻縣物皃又爲料方言十三佻理也又爲迢遙之超荀子王霸佻其期日注緩也又重言形況字詩大東佻佻公子傳獨行皃釋文或作窕韓詩作嬥楚辭注十六作苕爾雅佻佻契契愈遐急也【古韻】詩鹿鳴叶蒿昭恌傚敖【轉音】詩大東叶糾佻句中韻

tiào 覜　táo 洮　zhào 鮡　tiāo 挑　yáo 姚　tiào 絩　zhào 垗

嘯 **覜** 諸侯三年大相聘曰覜覜視也从見兆聲周禮宗伯殷頫曰視考工玉人以頫聘注衆來曰頫特來曰聘左昭五傳享頫有璋注見也又大行人三歲偏頫注存頫省者王使臣於諸侯之禮所謂閒問也按覜視者上下通稱之辭字多以眺爲之而專以此爲聘問字又誤作頫頫者俛字

豪 **洮** 洮水出隴西臨洮東北入河从水兆聲出今甘肅洮州衛西南徼外西傾山至蘭州府入河【別義】春秋僖八年盟于洮注曹地在今山東曹州府濮州西南【叚借】爲桃左莊廿七年公會杞伯姬于洮注魯地按杜襄十七昭七兩注當注于此在今山東兗州府泗水縣又爲澡書顧命王乃洮頮水漢書律厤志注盥手也鄭注借爲濯謂澣衣又爲澆爲渼通俗文淅米謂之洮汰爾雅釋訓溲溲注洮米聲後漢陳元傳注洮汰猶洗濯也

篠蕭 **鮡** 鮡魚也从魚兆聲鱯之小者今謂之回魚爾雅鮡小者鮡

蕭豪篠 **挑** 撓也从手兆聲一切經音義引說文抉也字亦作挑莊子大宗師撓挑無極漢書高帝紀漢王欲挑戰注擿嬈求戰也古謂之致師報任少卿書橫挑彊胡史記司馬相如傳以琴心挑之【叚借】爲銚廣雅釋詁挑穿也儀禮有司徹執挑七枋注挑謂之歃讀如或舂或抌之抌或作挑者秦人語也今人或作抌爾雅斛謂之疀以斛爲之後漢陳龜傳注挑取也又爲趒廣雅釋詁一挑疾也又爲佻廣雅釋詁二挑俠也猶輕也說文引周語卻至挑天今本作佻偷也猶貪也荀子彊國其服不挑又詩子衿挑兮達兮傳往來相見皃按輕薄見亦雙聲連語說文引作岁又爲誂秦策楚人有兩妻人挑其長者蒼頡篇挑招呼也又爲鬭說文一曰摷也鍇本作摷争也又爲嶢廣雅釋詁四挑高也

蕭 **姚** 虞舜居姚虛因以爲姓从女兆聲按母名握登大荒南經帝俊妻娥皇生此三身之國姚姓【叚借】爲嬥說文或爲姚嬈也荀子非相注又引說文美好皃方言十三姚好也荀子禮論窕冶注姚冶妖美也又爲跳左傳鄭罕達字子姚按名牽字跳也或曰卽鄭風佻達字存疑又爲嫈說文史篇以爲姚易也按侮傷之傷又爲遙荀子榮辱其功盛姚遠矣注遙同漢書禮樂志雖聲遠姚注姚僄姚言飛揚也又託名幖識字爾雅釋草姚莖涂薺【轉音】離騷叶遙姚

篠 **絩** 綺絲之數也从糸兆聲漢律曰綺絲數謂之絩布謂之總綬組謂之首按八十縷爲一總亦以緵爲之四十縷爲一首絩未聞

篠 **垗** 畔也爲四時界祭其中周禮曰垗五帝于四郊从土兆聲按垗者畤也等也【轉注】廣雅釋邱垗葬地也經傳皆以兆爲之

yáo 銚　tiāo 斛　zhào 肁　zhào 肈　zhào 肇　zhuō 卓

蕭 **銚** 溫器也一曰田器从金兆聲按字亦作鍬管子海王耕者必有一耒一耜一銚注大鋤謂之銚詩臣工傳錢銚也疏刈物之器秦策無把銚推耨之勢注銚芸苗器也【轉注】呂覽簡選可以勝人之長銚利兵注長矛也【叚借】爲鎬爲鐈說文溫器也廣雅鋗謂之銚又雙聲連語方言五盌或謂之銚銳十三盂謂之銚銳又爾雅萇楚銚芅字亦作藐廣雅鬼桃銚弋羊桃也葉實皆似桃華白子如小麥今嶽州鄠縣有之【聲訓】莊子外物銚鎒於是乎始脩釋文銚削也能有所穿削也

蕭 **斛** 斛旁有庣从斗庣聲漢書律厤志用銅方尺而圜其外旁有庣焉鄭曰過也算方一尺所受一斛過九氂五豪然後成斛【叚借】爲越說文一曰突也又爲銚說文一曰利也引爾雅斛爲之疀古田器也方言五臿謂之斛注斛亦鍫聲之轉也廣雅釋詁三斛穿也

肁三名凡肁之派皆衍肁聲 治小切

篠 **肁** 始開也从戶从聿按當从聿會意手開戶便利也寫者誤多一畫【轉注】始也經傳皆以肇爲之

篠 **肈** 上諱从戈肁聲按漢孝和帝諱許氏不箸說解當爲肇之本字

篠 **肇** 擊也从攴肈省聲按肁聲夏小正狸子肇肆按擊也傳訓始失之段氏玉裁訂爲肇之訛字今定爲肈之重文附此【叚借】爲肁爾雅釋詁肇始也詩小毖肇允彼桃蟲周書謚法協時肇享曰孝離騷肇錫余以嘉名又爲兆實爲垗虞書肇十有二州書大傳以兆爲之域也詩生民以歸肇祀箋肇郊之神位也又后稷肇祀禮記表記以兆爲之烈祖肇域彼四海維清肇禋迄用有成按書傳詩毛傳則謂借爲肁又爲劭爾雅釋言肇敏也書酒誥肇牽車牛詩江漢肇敏戎公爾雅釋詁肇謀也謀敏同聲謀亦敏也中庸人道敏政鄭注或爲謀一說皆借爲趙亦通韓詩江漢傳肇長也則謂借爲超又爲矯齊語竱本肇末注正也

小之犖分部附

卓十四名凡卓之派皆衍卓聲 竹權切

覺 **卓** 高也早匕爲卓匕卩爲卬皆同義按从匕猶从卬也古文𠦝未詳續漢五行志十日卜爲卓今隸體似之論語如有所立卓爾皇疏高遠皃鄭注卓爾絕望之辭亦單辭形況字漢書劉輔傳必有卓詭切至注高遠也成帝紀使卓然可觀注高遠皃霍去病傳卓行殊遠莊子大宗師而況其卓乎注卓者獨化之謂也或曰字亦作矗漢書司馬相如傳崇山矗矗吳都賦橚矗森萃注長直皃蕪城賦矗似長雲注齊平也按矗者矗之譌字𠦝籀文卤【叚借】爲昀實爲駒儀禮覲禮匹馬卓上又爲逴楚辭逢尤世既卓兮遠眇眇注遠也法言先知其子不膠者卓矣又爲焯廣雅釋詁四卓明也又爲踔莊子秋水吾以一足跉卓而行又疊韻連語魏都賦魏都之卓犖薦禰衡表英才卓躒注絕異也又雙聲連語莊子在宥天下始喬詰卓鷙注行不平也又託名幖識字左傳卓子史記晉世家作悼齊世家作淖秦本紀集解作倬

chuò 趠　chuò 逴　zhào 踔　zhuó 䅵　zhào 罩　zhuō 倬　zhuó 焯

覺 效 **趠** 遠也从走卓聲廣雅釋詁四趠絕也字林走也【叚借】爲踔上林賦郭注趠謂懸擲也

藥 覺 **逴** 遠也从辵卓聲按當爲趠之或體匡謬正俗六逴者謂超踔不依次第楚辭九章道逴遠而日忘【叚借】爲卓史記衛將軍傳逴行殊遠又爲踔說文一曰蹇也讀若掉苕之掉方言二凡蹇者或謂之逴體而偏長短亦謂之逴又疊韻連語西都賦逴躒諸夏注猶超絕也又發聲之詞方言二逴驚也又爲獨楚辭大招逴龍赩只

效 覺 **踔** 踶也从足卓聲史記司馬相如傳踔稀閒集解懸蹢也字亦作逴廣雅釋詁三逴蹇也【轉注】莊子秋水吾以一足跉踔而行後漢馬融傳注踔跳也又羽獵賦注踔踰也【叚借】爲趠史記貨殖傳地踔遠索隱踔遠騰皃也吳都賦騰踔飛超又爲卓漢書孔光傳非有踔絕之能注高遠也

覺 **䅵** 持止也从稽省卓聲【別義】賈侍中說木名

效 **罩** 捕魚器也从网卓聲字亦作羄作箌作篧作籗爾雅籗謂之罩詩南有嘉魚烝然罩罩按罩罩言非一罩也吳都賦罩兩魪注編竹籠魚者字又作巢爾雅釋器巢謂之汕注今之撩罟吳都賦巢鰝鰕劉注抑魚之器也廣雅釋器箌罩也按罩巢實同字爾雅釋巢文耳即汕也即籗也詩毛傳以槮爲之【轉注】家語王言田獵罩弋注掩网【叚借】發聲之詞匡謬正俗七太原俗謂事不安帖有可驚嗟爲渴罩方言二逴驚也以逴爲之【古韻】詩嘉魚叶罩樂

覺 **倬** 箸大也从人卓聲按當訓大也箸明者焯字之訓詩甫田倬彼甫田韓詩以菿爲之或作菿箌即罩字毛傳明皃韓詩卓也皆失之【叚借】爲焯說文引詩棫樸倬彼雲漢箋倬然天河水氣是也傳大也失之又爲卓詩桑柔倬彼昊天箋明大皃失之又爲趠詩韓奕有倬其道釋文明皃失之韓詩作晫即焯亦借字魏都賦注引廣雅倬絕也

藥 **焯** 明也从火卓聲字亦作晫書立政焯見三有俊心今本以灼爲之羽獵賦焯爍其陂亦疊韻連語廣雅釋詁四晫明也【叚借】爲灼廣雅釋詁二焯爇也

號 **悼** 懼也。陳楚謂懼曰悼。从心卓聲。晉語隱悼播越。周書謚法恐懼從處曰悼。西京賦怵悼慄而聳兢。詩羔裘中心是悼。傳動也。〔轉注〕詩菀柳上帝甚蹈以蹈爲之。箋病也。又氓躬自悼矣。廣雅釋詁一悼哀也。二傷也。又禮記曲禮七年曰悼。注憐愛也。又周書謚法年中早夭曰悼。〔聲訓〕釋名七年曰悼。悼逃也。知有廉恥隱逃其情也。言是時而死可傷悼也。〔古韻〕詩終風叶暴笑敖悼。鄘羔裘叶膏曜悼。

效 **淖** 泥也。从水卓聲。左成十六傳有淖於前。漢書韋元成傳天雨淖。楚辭怨世世沈淖而難論兮注溺也。管子內業淖乎如在於海。注汋潤也。廣雅釋詁一淖溼也。三濁也。通俗文和泥曰淖。字林濡甚曰淖。〔轉注〕儀禮少牢禮嘉薦普淖。注和也。謂德能大和乃有黍稷。此與劉瓛云仲者中也尼者和也孔子有中和之德意相通。泥尼同聲。管子水地夫水淖弱以清。注和也。漢書文帝紀注淖弱也。〔叚借〕爲綽。莊子逍遙游淖約若處子。李注柔弱皃。荀子宥坐淖約微達似察。亦疊韻連語。又重言形況字。廣雅釋訓淖淖衆也。又託名幖識字。漢書江都易王非傳召易王所愛美人淖姬等。又秦策淖齒。史記作悼。呂覽作卓。潛夫論作踔。

效 **鯙** 烝然鯙鯙。从魚卓聲。按此字疑即罩之或字。集韻曰魚名。亦無依據。

嘯 **掉** 搖也。从手卓聲。春秋傳曰尾大不掉。禮記內則注不敢掉磬。疏掉磬者齊人謂之差訝。廣雅釋訓掉捘振訊也。長楊賦掉八列之舞。素問五常政大論其動掉眩巔疾。注搖動也。〔轉注〕所以進船具也。字亦變作棹作櫂。方言九楫或謂之櫂。楚辭湘君桂櫂兮蘭枻。江文通詩倚棹汎涇渭。〔叚借〕爲銚。按方言五盌謂之櫂。廣雅釋器櫂盂也。即方言五上文之銚銳。十三盂謂之銚銳也。棻訹曰銚銳。罩訝曰櫂。又爲踔。上林賦掉希閒。注懸擿也。〔聲訓〕釋名釋船在旁撥水曰櫂。櫂濯也。濯于水中也。且言使舟擢進也。

效 藥 **婥** 女病也。从女卓聲。〔叚借〕疊韻連語。廣雅釋詁一婥約好也。廣韻婥約美皃。

藥 **繛** 緩也。从素卓聲。或从糸。詩淇奧寬兮綽兮。楚辭大招滂心綽態。注猶多也。洛神賦柔情綽態。注寬也。漢書禮樂志克綽永福。〔叚借〕疊韻連語。上林賦便嬛綽約閑靡。注美皃。又重言形況字。詩角弓綽綽有裕。傳寬也。爾雅釋訓綽綽緩也。又單詞形況字。莊子大宗師綽乎其殺也。釋文本作淖。又託名幖識字。論語孟公綽。釋文本作繛。左傳釋文本作卓。〔古韻〕詩淇奧叶綽較謔虐。

芈三名。凡芈之派皆衍芈聲。士棰切

覺 **芈** 叢生艸也。象芈嶽相並出之形。讀若浞。

藥 **糳** 糲米一斛舂爲九斗曰糳。从毇丵聲。三蒼糳精米也。今江南謂畘米爲糳。廣雅釋詁四糳舂也。按詩召旻鄭箋謂米之率糲十

粺九糳八侍御七。許說則謂糳九粺八。未知孰是。〔轉注〕廣雅釋詁二糳精小也。

號 藥 **鑿** 穿木也。从金糳省聲。儀禮士喪禮重木刊鑿之。周禮太卜注作龜鑿龜令可爇也。史記大宛列傳張騫鑿空。集解開通也。〔轉注〕所以穿之具即曰鑿。漢書刑法志其次用鑽鑿。海外南經鑿齒持盾。注齒如鑿。淮南本經猰貐鑿齒。注獸名。齒長三尺。其狀如鑿。下徹頷下而持戈盾。又所穿之孔即曰鑿。考工記量其鑿深九雍圜鑿而方枘。漢書劉向傳羊入其鑿。又凡竅亦曰鑿。荀子哀公五鑿爲正。注謂耳目鼻口及心之竅。又凡開之皆曰鑿。公羊成十三傳公鑿行也。釋文造意也。淮南氾論喉中有病無害于息不可鑿也。注穿也。〔叚借〕爲糳。左桓二傳粢食不鑿。又重言形況字。詩揚之水白石鑿鑿。傳鮮明皃。〔古韻〕詩揚之水叶鑿襮沃樂。楚辭九辯叶鑿教樂高。

勺廿一名。凡勺之派皆衍勺聲。之弱切

藥 **勺** 挹取也。象形。中有實。與包同意。一切經音義四引說文勺枓也。按所以挹者。考工梓人勺一升。玉人黃金勺。杜注酒尊中勺也。儀禮士冠禮賓勺。注尊升所以𣂉酒也。禮記中庸一勺之多。又三禮圖引舊圖勺五升。〔叚借〕爲酌。內則舞勺。漢書禮樂志籥勺羣慝。注周樂也。風俗通聲音勺言能斟勺先祖之道也。儀禮燕禮記若舞則勺。注頌篇告成大武之樂歌也。又楚辭招魂瑤漿蜜勺。注酒也。又疊韻連語。思元賦心勺藥其若湯。注熱皃。按猶灼也。又詩溱洧贈之以勺藥。傳香艸。子虛賦勺藥之和。郭璞云五味也。又爲的。詩賓之初筵發彼有勺。釋文本作的。

藥 **礿** 夏祭也。从示勺聲。春曰祠。秋曰嘗。冬曰烝。字亦作禴。詩天保禴祠烝嘗。易萃孚乃利用禴。周禮大宗伯以禴夏享先王。大司馬獻禽以享礿。〔別義〕禮記王制春曰禴。祭統春祭曰禴。此殷制也。周改夏祭曰礿。〔叚借〕爲鬻。易既濟不如西鄰之禴祭。注禴煮新菜以祭。漢書郊祀志作瀹。又易萃孚乃利用禴。劉本作爚。蜀才本作躍。以瀹爚躍爲之。〔聲訓〕公羊桓八傳注麥始孰可汋。故曰礿。春秋繁露祭義夏約故曰礿。貴所初約也。爾雅釋天夏祭曰禴。注新菜可汋。孫注禴薄也。夏時百穀未登。可薦者薄也。

錫 **玓** 玓瓅明珠色。从玉勺聲。上林賦明月珠子玓瓅江靡。按珠圓光也。疊韻連語。或以的皪爲之。亦同。

篠 藥 **芍** 鳧茈也。从艸勺聲。苗似龍須。根可食。色黑味甘。今謂之葧臍。即鳧茈轉語也。〔叚借〕疊韻連語。北山經繡山其草多芍藥。注一名辛怡。香艸。風詩贈之以勺藥。作勺亦同。

覺 **筋** 手足指節鳴也。从筋省勺聲。或从肉勺聲。〔別義〕玉篇筋腹下肉也。

biāo 杓　dì 的　diǎo 䄩　dí 仢　bào 豹　dí 馰　zhuó 鼩

杓　蕭 藥

杓 [seal] 枓柄也从木从勺會意勺亦聲三禮圖引舊圖勺五升口徑六寸曲中博三寸長三寸柄長二尺四寸漆赤中柄末亦丹詩酌以大斗大斗柄長三尺轉注北斗第五六七星爲杓淮南俶眞攙搶衡杓之氣天文斗杓爲小歲漢書天文志用昏建者杓廣雅釋詁一杓末也魁爲首故杓爲末叚借爲標淮南道應孔子勁杓北門之關注引也又爲扚淮南兵略爲人杓者死注所擊也史記天官書杓雲如繩者又爲幖按莊子庚桑楚我其杓之人耶謂自表㮣也又爲勺漢書息夫躬傳將行於杯杓

的　錫

的 [seal] 明也从日勺聲俗字作的从白易曰爲的顙按說卦九家注的白額額也爾雅釋畜駒顙白顛舍人注的白也按的顙者白額也馬白額名駒者後製字又釋名釋首飾以丹注面曰的的灼也此本天子諸侯羣妾當以次進御其有月事者止而不御重以口說故注此丹于面灼然爲識女史見之則不書名于第錄轉注通俗文埻中木曰的詩賓之初筵發彼有的傳質也疏的者謂熊侯白質者也荀子勸學質的張而弓矢至焉注正鵠也漢書鼂錯傳矢道同的注所射之準臬也字亦作矵又七發九寡之珥以爲約注的琴徽也以約爲之叚借疊韻連語思元賦顏的礫以遺光注明皃魏都賦丹藕淩波而的皪注光明也又重言形況字淮南說林的的者獲注的的獲也魯峻碑永傳啻齡暝兮的的古韻詩賓之初筵叶的爵

䄩　篠

䄩 [seal] 禾危穗也从禾勺聲轉注段氏玉裁曰即方言之乚字懸物也今北人謂門窗上搭鈕曰了乚王延壽王孫賦乚瓜懸而瓠瓞音都了切按乚似自營爲厶之厶字了厶者借字之形不借其聲或曰了乚即了尥字以手足喻

仢　錫 藥

仢 [seal] 仢約也从人勺聲字亦作彴爾雅奔星爲彴約舊注流星大而疾曰奔按仢約疊韻連語急疾皃叚借爲権廣雅釋室彴獨梁也漢書武帝紀注権者步渡橋今之略彴是也略彴亦雙聲連語玉篇彴徛渡也

豹　效

豹 [seal] 似虎圜文从豸勺聲字林似虎員文西山經南山獸多猛豹注似熊而小易革君子豹變爾雅貘白豹詩赤豹黃羆尸子程中國謂之豹越人謂之貘

馰　錫

馰 [seal] 馬白額也从馬的省聲按勺聲易曰爲馰顙按與驊同爾雅馰顙白顛詩有馬白顛疏引舍人曰額有白毛今之戴星馬也此後出字易的顙即詩白顛也因馬有的顙又製馰字又爾雅顙字宜衍別義說文一曰駿也

鼩　效 藥

鼩 [seal] 胡地風鼠从鼠勺聲字林鼩鼠出塞地按周書王會鼩犬者露犬也能飛食虎豹是鼩實犬類能飛如蝙蝠肉翅也疑即爾雅之鼩鼠而與易之鼫鼠詩爾雅之鼫鼠廣雅之鼩鼠鼫鼠皆別別義廣雅鼩鼠鼫鼠爾雅鼫鼠郭注引之曰關西呼爲鼩鼠音雀字林音

yuè 𥿮　yuē 約　shuò 妁　diǎo 扚　zhuó 汋　liào 尥　zhuó 灼

灼而雀字或誤爲鸐因改鼩爲鼩以就鸐音非也此鼩鼠即雀鼠頭似兔尾有毛青黃色好在田中食粟豆詩所詠之碩鼠也又說文鼫五技鼠也大戴勸學鼫鼠五技而窮荀子勸學作梧鼠五技而窮梧亦作鼯疑鼫之譌字此易晉卦之鼫鼠也按皆非胡地風鼠

灼　藥

灼 [seal] 炙也从火勺聲詩節南山箋皆憂心如火灼爛之矣疏灼炙燒也史記龜策傳徵絲灼之索隱燔也淮南氾論不可灼也注燃也廣雅釋詁二灼爇也轉注醫書以艾灸體謂之壯壯者灼之轉語楚辭怨世甫虞黠灼而毀議注灼灸也叚借爲焯書立政今本灼見三有俊心射雉賦灼繡頸而衮背注盛皃又疊韻連語蜀都賦暉麗灼爍注豔色也又重言形況字詩桃夭灼灼其華廣雅釋訓灼灼明也又發聲之詞方言十三灼驚也與卷二逴驚也同古韻墨子親士叶灼暴

尥　嘯

尥 [seal] 行脛相交也从尣勺聲牛行腳相交爲尥按手曰了足曰尥

汋　藥

汋 [seal] 激水聲也从水勺聲一曰井一有水一無水謂之瀱汋見爾雅釋名瀱竭也汋有水聲汋汋也叚借爲酌荀子禮論韶夏護武汋桓箾簡象注武汋桓皆周頌篇名又爲激周禮士師一曰邦汋司農注讀如酌酒尊中之酌又爲液釋名釋形體汋澤也有潤澤也又爲勺爾雅釋天注新菜可汋釋文爗菜也又爲勺莊子田子方夫水之于汋也又疊韻連語楚語哀郢外承歡之汋約兮注好皃

扚　篠

扚 [seal] 疾擊也从手勺聲廣雅釋詁三扚擊也史記天官書杓雲如繩以杓爲之

妁　藥

妁 [seal] 酌也斟酌二姓也从女勺聲按媒也孟子媒妁之言聲訓說文妁酌也斟酌二姓也

約　藥 效

約 [seal] 纏束也从糸勺聲考工匠人凡任索約注縮也詩斯干約之閣閣箋縮板也左哀十一傳人尋約吳髮短注繩也儀禮既夕記約綏約轡又呂覽本味施象之約注飾也一曰美也轉注周禮司約注言語之約束也士師正之以傅別約劑注所持券也易坎納約自牖論語約我以禮又齊策今君約天下之兵秦策臣請爲王約從注結也禮記學記大信不約又楚辭招魂土伯九約注屈也又淮南主術所守甚約注要也少也又吳語婉約其辭注卑也又廣雅釋詁一約禱也釋言約儉也崔賦始泰終約楚語不爲豐約舉注衰也論語不可以久處約皇疏猶貧困也叚借疊韻連語廣雅釋詁一婥約好也荀子宥坐淖約微達似察注弱也爾雅釋天奔星爲彴約按疾急皃古韻楚辭九辯叶約效

𥿮　藥

𥿮 [seal] 白𥿮縞也从素勺聲廣雅釋器𥿮練也急就篇鬱金半見緗白𥿮顏師古注白素之精者其光旳旳然也聲訓顏氏家訓音辭名𥿮自稱爲獡古韻急就篇五叶爵樂鶴濯𥿮

diào 釣　zhuó 酌　yuè 箹　què 雀　què 𠓿　jié 截　jié ⿰截鳥　jié ⿱髟截

嘯 釣 鉤魚也。从金勺聲。論語子釣而不綱。轉注淮南主術而晉獻以璧馬釣之。注取也。按猶餌也。漢書公孫宏傳以三公爲布被誠飾詐欲以釣名。注取也。按猶弋也。獵也。古韻文子上德叶釣召。

藥 酌 盛酒行觴也。从酉勺聲。按勺亦意。儀禮有司徹尸升坐取爵酌。注酌者將酢主人。禮記曲禮酒曰清酌。郊特牲縮酌用茅。注猶斟也。轉注禮記坊記上酌民言。注猶取也。易損酌損之。周語而後王斟酌焉。注行也。公羊僖八傳鄭伯乞盟蓋酌之也。注挹也。廣雅釋詁一酌益也。釋言漱也。濯也。淮南本經酌焉而不竭。注猶予也。又詩周頌酌序酌告成大武也。言能酌先祖之道以養天下也。白虎通周公之樂曰酌。言公輔成王能斟酌文武之道而成之也。左傳作汋。內則作勺。段借爲勺。楚辭招魂華酌既陳。注酌酒斗也。

覺 箹 小籟也。从竹約聲。爾雅大籥謂之產，其中謂之仲，小者謂之箹。舍人樊光注小者形聲細小曰箹也。以約爲訓。說文作其中謂之箹。故云小籟。

雀七名凡雀之派皆衍雀聲。卽龠切

藥 雀 依人小鳥也。从小隹。會意。讀與爵同。詩謂之黃鳥。俗所呼麻雀黃雀皆是。禮記月令爵入大水爲蛤。三年問小者至于燕雀。莊子在宥方將拊脾雀躍而遊。又高唐賦衆雀嗷嗷。注雀鳥之通稱。又書顧命二人雀弁執惠。鄭注赤黑曰雀。周禮巾車犴𦃇雀飾。注黑多赤少之色韋也。又詩文王序疏赤雀鳳皇之雛。又廣雅釋器雀目蔽簹也。按車茀也。所以障蔽。又東京賦龍雀蟠蜿。注龍雀飛廉也。按謂蒼龍朱鳥。段借爲爵號之爵字。春秋考異郵雀者賞也。

藥 𠓿 按爵篆首象雀形。知𠓿爲雀之古文。今補附于此。

屑 截 斷也。从戈雀聲。字亦作截。詩長發海外有截。箋整齊也。常武截彼淮浦。傳治也。字又作𢧵。廣雅釋詁三𢧵治也。晉語不如𢧵而行。注旁出爲𢧵。穆天子傳𢧵春山以北。注猶阻也。江賦趙濃截洞。注直度也。古亦用絕。段借重言形況字。書秦誓截截善諞言。馬注辭語截削省要也。廣雅釋訓截截盛也。轉音詩長發叶撥達越發烈截。又叶旆鉞烈櫱達截伐桀。

屑 ⿰截鳥 ⿰截鳥鳥也。从鳥截聲。

屑 ⿱髟截 束髮少也。从髟截聲。龍龕手鑑引說文婦人束髮少也。別義通俗文露髻曰⿱髟截。則卽髻也。士喪禮爲人髻于室。謂不用韜髮之紒。今婦人常時無不露髻者矣。亦古今之變。

jié 巀　jié 蠽　jué 爵　jiào 爝　zhuó 灂　jiào 釂

曷 巀 巀嶭山。在馮翊池陽。从山截聲。在今陝西西安府。今謂之嵯峨山。長楊賦椓巀嶭而爲弋。

屑 蠽 小蟬蜩也。从䖵截聲。青色。爾雅蠽茅蜩。方言十一蟬其小者謂之麥蚻。注今關西呼麥蠽。麥茅蠽蚻皆一聲之轉。按夏小正鳴札。爾雅蚻蜻蜻。其實蚻亦蠽字也。

爵五名凡爵之派皆衍爵聲。卽龠切

藥 爵 禮器也。象爵之形，中有鬯酒，又持之也。所以飲器象爵者，取其鳴節節足足也。古文𠁁象形。四聲韻作𠁁，今隸作爵。按酒以鬯爲貴，故从鬯。又持之會意。𠁁聲。𠁁者雀之古文象形字也。許取其節節足足者，謂取飲酒當自節知足之意。說殊傅會。古文未詳。或曰全象雀形，當作𠁁，是亦雀之古文也。儀禮特牲禮實二爵。注爵一升，觚二升，觶三升，角四升，散五升。又明堂位殷以斝，周以爵。詩行葦洗爵奠斝。凡酒器亦總名曰爵。實之曰觴。段借爲爵號二字。禮記王制王者之制祿爵。注秩次也。周禮太宰爵以馭其貴。注謂公侯伯子男卿大夫士也。按爵古音如醮，爵號之合音爲爵，故借爵字以當之，猶本言而已而曰耳，本言之焉而曰旃，本言疾藜而曰茨，本言胡盧而曰壺也。舊說古人行爵有尊卑貴賤，故引申爲爵祿。按凡禮器皆有次弟，何獨取于爵。豈觚觶角散亦得爲爵號耶。且說文豑爵之次弟也。則當用豑字。今祿秩用秩，亦不用豑。或又曰與尊用酒尊字同意。按尊與卑對，故得轉注。爵則有貴有賤，不得專爲貴義也。白虎通攷黜爵者尊號也。此爲雅訓。又爲雀。易中孚我有好爵。徐氏云卦皆取象于禽獸，與豚魚燕鶴馬翰音同。儀禮士冠禮爵弁服。注其色赤而微黑，如爵頭然。或謂之緅。孟子爲叢毆爵者。西都賦上觚稜而棲金爵。注卽銅鳳也。釋名釋宮室梠上入曰爵頭，形似爵頭也。釋船其上曰爵室，於中候望之如鳥爵之警視也。釋首飾爵釵，釵頭施爵也。聲訓左隱元傳故不書爵。服注爵者醮也。所以醮盡其材也。古韻詩簡兮叶籥翟爵。賓之初筵叶的爵。桑柔叶削爵濯溺。

嘯 爝 苣火祓也。从火爵聲。呂不韋曰湯得伊尹，爝以爟火，釁以犧猳。按見呂覽本味篇。又贊能篇言齊桓迎管仲，祓以爟火，釁以犧猳。

覺 灂 水小聲。从水爵聲。上林賦瀺灂霄隊。亦雙聲連語。轉注考工輈人良輈環灂。疏謂漆。段借爲眊。北山經小侯之山有鳥焉，名曰鴣鸐，食之不灂。注不瞧目也。或作嚼。又疊韻連語。江賦㴚濩渫灂。謂大波相激之聲。

嘯 釂 飲酒盡也。从酉，嚼省聲。按从酉爵聲。禮記曲禮長者舉未釂。史記游俠傳與人飲使之釂。淮南道應文侯受觴而飲釂。

jiào 𣤋　chuò 皀　tuò 梟　ruò 弱　ruò 蒻　ruò ⿰月弱　nì 愵　ruò 溺

嘯 𣤋 盡酒也。从欠燋聲。按當爲醮之或體。今附于此。蘇俗語謂杯酒盡曰迹焦乾。

皀二名。凡皀之派。皆衍皀聲。丑龠切

藥 皀 皀獸也。似兔青色而大。象形。頭與兔同。足與鹿同。篆文 小篆。今字作㲋。似貛。中山經綸山其獸多閭麈麢㲋。

藥 梟 木葉陊也。从木。皀聲。讀若薄。

弱八名。凡弱之派。皆衍弱聲。而灼切

藥 弱 橈也。上象橈曲。彡象毛氂橈弱也。弱物并。故从二弓。按當从二彡會意。彡新生羽也。弱意弱。故并。篆體並作。故上詰詘以隨字勢。一曰字从弜彡者指事。弓力少也。彊亦从弓。存疑。易大過棟橈本末弱也。書洪範六曰弱。禮記曲禮二十曰弱。左襄廿六傳頡遇王子弱焉。又十七傳華臣弱皋比之室。注侵易之。哀十傳眾散爲弱。周書武順兩爭曰弱。老子弱者道之用。又大荒西經昆崙之邱其下有弱水之淵環之。注其水不勝鴻毛。又呂覽辨土苗其弱也欲孤。淮南齊俗弱緆羅紈。注弱緆細布也。〔叚借〕爲溺。書禹貢導弱水。又爲蒻。考工輪人以爲之弱。注弱菑也。今人謂蒲本在水中者爲弱。是其類也。又〔託名幖識字〕左傳齊國弱。公羊作酌。古今人表陳哀公弱。左氏春秋作溺。〔轉音〕僞三略下叶職弱。

藥 蒻 蒲子可以爲平席。从艸弱聲。謂纖蒲嫩細在水中者。平席。書之蔑席底席是也。淮南主術匡牀蒻席。楚辭招魂蒻阿拂壁。注蒻席。蜀都賦蒟蒻茱萸。注蒻草也。其根名蒻。

藥 ⿰月弱 肉表革裏也。从肉弱聲。廣雅釋器⿰月弱膜也。〔轉注〕廣雅釋器⿰月弱肉也。急就篇肌⿰月弱脯腊魚臭腥。

錫 愵 憂皃。从心弱聲。韓詩汝墳愵如輖飢。集韻或作惄。蒼頡篇惄憂皃。按惄者愵之譌。即惄字。亦作惄。作聽。

藥錫嘯 溺 溺水。自張掖刪丹西至酒泉合黎。餘波入于流沙。桑欽所說。从水弱聲。今甘肅甘州府山丹縣西有山丹河是也。釋氏書謂之流沙河。出縣西南窮石山。正流西至合黎山。與張掖河合。又東北至甘州府北流。至塞外入居延澤。其餘波溢入流沙也。書禹貢導弱水。以弱爲之。〔叚借〕爲尿。史記范睢蔡澤傳醉更溺睢。索隱溺即溲也。又爲休。禮記緇衣小人溺于水。檀弓畏厭溺。樂記宋音燕女溺志。孟子嫂溺。廣雅釋詁一溺沒也。二漬也。西山經崑崙之邱有木焉名曰沙棠。食之使人不溺。注沙棠爲木不可得沈。又重言形況字。高唐賦巨石溺溺之瀺灂兮。注沒也。〔聲訓〕釋名釋疾病溺弱也。不能自勝之言也。〔古韻〕詩桑柔叶削爵濯溺。

說文通訓定聲　小部第七　三五

nuò 搦　niǎo 嫋　nuò 䚥　yuè 龠　yuè 蘥　yuè ⿺走龠　yuè 籥　yào ⿰龠見　yuè 爚

覺 搦 按也。从手弱聲。考工矢人橈之。注橈搦其幹。答賓戲搦朽摩鈍。注摩也。江賦舟子於是搦棹。注捉也。文賦方其搦管。氣倍辭前。

藥篠 嫋 姌也。从女从弱會意。按弱亦聲。上林賦嫵媚姌嫋。〔叚借〕重言形況字。楚辭湘夫人嫋嫋兮秋風。注風搖木皃。廣雅釋訓嫋嫋弱也。埤蒼嫋嫋美也。

覺 䚥 調弓也。从角弱省聲。謂撓搦之。字亦作䚥。別義廣雅釋詁一䚥出也。又世說新語輕在角䚥中爲人作議論。

龠九名。凡龠之派。皆衍龠聲。以灼切

藥 龠 樂之竹管。三孔。以龢眾聲也。从品侖會意。侖理也。按當从亼冊。亼合也。冊象編竹形。从三口。三孔也。經傳皆以籥爲之。詩簡兮左手執籥。傳六孔。〔叚借〕〔託名幖識字〕漢書律厤志一龠容千二百黍。重十二銖。又周語注粒百爲銖。是爲一龠。〔聲訓〕漢書律厤志龠黃鍾律之實也。躍微動氣而生物也。

藥 蘥 爵麥也。从艸龠聲。爾雅釋草蘥雀麥。注即燕麥也。蘇恭本草注生故墟野林下。苗葉似小麥而弱。其實似穬麥而細。一名牛星草。一名杜姥草。按此草形雖似麥。不可食。古歌云道邊燕麥何嘗可穫。〔叚借〕〔託名幖識字〕爾雅釋草蘥天蘥。又釋鳥鶅天蘥。字變作鸙。

藥 ⿺走龠 趠⿺走龠也。从走龠聲。按疊韻連語。疑行遠之皃。字亦作踚。方言一⿺走龠登也。又作蹻。方言十三蹻行也。拔也。出火爲蹻。廣雅釋詁一踚履也。三踚拔也。又誤作踚。廣雅釋詁一踚行也。

藥 籥 書僮竹笘也。从竹龠聲。纂文云關西以書篇爲書籥。廣雅釋器籥籥也。按亦謂之觚。用版以白墡染之。可屢拭。屢書者。其拭之之布曰幡。〔叚借〕爲龠。爾雅大籥謂之產。其中謂之仲。小者謂之箹。周官有籥師籥章。禮記明堂位葦籥伊耆氏之樂也。又詩賓之初筵籥舞笙鼓。左宣八傳萬入去籥。按萬舞者左手吹籥以節舞。禮記仲尼燕居夏籥序興。注文舞也。詩簡兮釋文謂以竹爲之。長三尺。執之以舞。又老子其猶橐籥乎。按所以通風鼓火之管。形如笛。龠此龠字之轉注也。又爲闑。今字作鑰。書金縢啓籥見書。小爾雅廣服鍵謂之籥。月令慎管籥。史記魯仲連傳魯人投其籥。正義鑰匙也。按凡鍵閉之具。古祗用木。後世始以銅鐵爲之。此闑字之轉注。〔聲訓〕釋名釋樂器籥躍也。氣躍出也。〔古韻〕詩簡兮叶籥翟爵。

嘯 ⿰龠見 視誤也。从見龠聲。字亦作論。廣雅釋詁三論誤也。

藥 爚 火飛也。从火龠聲。一曰熱也。字指儵爚電光也。史記屈賈傳彌融爚。正義光也。景福殿賦光明熠爚。注引說文火光也。〔叚借〕爲

說文通訓定聲　小部第七　三六

jiào 徼　jiào ⿰敫欠　jiào 噭　jiǎo 璬　yuè 敫　yù 籲　yuè 闠　yuè 瀹

鑠。莊子胠篋：而以爚亂天下者也。釋文引三蒼：火光銷也。崔注：散也。又重言形況字。西都賦：震震爚爚。注：光明皃也。

藥　**瀹**　漬也。从水，龠聲。字亦作瀹。莊子知北遊：汝齋戒，疏瀹而心。釋文：瀹，漬也。段借爲鬻。漢書郊祀志：不如西鄰之瀹祭。注：謂瀹煮新菜以祭。通俗文：以湯煮物曰瀹。字林：瀹，煮也。又爲趯。孟子：瀹濟漯。注：治也。謂借作擽。按：行也，亦猶疏也。文選注作踰濟漯。或曰說文瀹漬也，蓋漬之譌。孟子之瀹亦猶決也，是本字。或曰借爲擢，引也，亦猶排也。皆可通。

藥　**闠**　關下牡也。从門，龠聲。字亦作鑰。方言五：戶鑰，關東謂之鍵，關西謂之闠。廣雅釋室：撥謂之闠。孝經注：開人闠闠。按：闠者以直木上貫關下插地者也。古無鎖鑰字，凡鍵具皆用木，不用金。金縢：啓籥。月令：愼管籥。皆以籥爲之。

過　**籲**　呼也。从頁，籥聲。讀與籥同。商書曰：率籲衆戚。按：訓呼，與从頁不合。書盤庚僞孔傳：籲，和也。小爾雅廣言：籲，和也。和者龢字，當爲本訓。段借爲敷。立政：籲俊尊上帝。僞傳又訓招呼，失之。又爲警。書召誥：以哀籲天。釋文：呼也。

敫十五名凡敫之派皆衍敫聲　以灼切

藥　**敫**　光景流也。从白，从放。會意。讀若龠。凡光多白，故从白。

說文通訓定聲　小部弟七

篠　**璬**　玉佩也。从玉，敫聲。

嘯　**噭**　吼也。从口，敫聲。按：當作口也，孔也。許書無吼。漢書貨殖傳：馬蹄噭千。注：口也。字亦作躈。史記集解：躈，馬八髎也。索隱：謂九竅。段借爲叫。說文：一曰噭，呼也。廣雅釋詁二：噭，鳴也。釋言：嗥也。禮記曲禮：毋噭應。太元竈：雖噭不毀。注：不正之聲也。又疊韻連語。方言一：平原謂啼極無聲謂之唴哴，楚謂之噭咷。楚辭傷時：聲噭咷兮清和。注：清暢皃也。又單辭形況字。公羊昭廿五傳：公於是噭然而哭。注：哭聲皃。

嘯　**⿰敫欠**　所謌也。从欠，噭省聲。讀若叫呼之叫。按：楚歌也。从欠，噭省聲。上林賦：激楚結風。注：楚歌曲也。按：楚歌促迅激切，故曰⿰敫欠。

蕭嘯　**徼**　循也。从彳，敫聲。字亦作邀。漢書百官公卿表：掌徼循京師。東方朔傳：徼循長楊以東。注：遮繞也。趙敬肅王彭祖傳：行徼邯鄲中。注：巡察也。後漢班固傳：徼道外周。注：徼，巡之道。轉注。史記平準書：或千里無停徼。司馬相如傳：南至牂牁爲徼。索隱：塞也。黥布傳：守徼乘塞。索隱：謂邊境亭鄣。漢書鄧通傳：盜出徼外鑄錢。注：東北謂之塞，西南謂之徼。又論語：惡徼以爲知者。孔注：抄也。鄭本作絞。莊子寓言：遨于郊。西京賦：不邀自遇。字亦作⿵門敫。廣雅釋詁二：⿵門敫，遮也。段借爲擊。封禪文：徼麋鹿之怪獸。注：遮也。則爲轉注。又爲繳。史記龜策傳：龜之徼也。索隱：謂徼繞不明也。又爲竅。老子：常有欲以觀其徼。王注：歸終也。釋文：徼，妙也，小道也。又爲憿。左文二傳：寡君願徼福于周公、魯公。注：要也。昭廿三傳：請遂伐吳以徼之。注：要其勝負。說苑敬慎：徼幸者伐性之斧也。漢書嚴安傳：民離本而徼末矣。注：要求也。古韻老子體道叶妙、徼。

說文通訓定聲　小部弟七

嘯　**⿱敫言**　痛呼也。从言，敫聲。與号略同。段借爲徼。漢書藝文志名家：及警者爲之。注：警，訐也。

錫　**⿱敫角**　杖耑角也。从角，敫聲。後世或飾以玉，其耑刻爲鳩形。

錫　**檄**　二尺書也。从木，敫聲。按：後漢光武紀：王郎移檄。注引說文：檄以木簡爲書，長尺二寸，謂之檄，以徵召也。漢書高帝紀：吾以羽檄徵天下兵。注：同，不曰說文。又云：有急事則加以鳥羽插之，示速疾也。申屠嘉傳注：長二尺。按：漢人又多言尺一書。後漢鮑昱傳注：檄，軍書也，若今之露布。安帝紀注：長檄猶今長牒。廣雅釋詁二：檄，長也。段借爲濯。爾雅釋木：無枝爲檄。按：光潔之皃。注：檄，擢直上。則謂借爲擢。又疊韻連語。笙賦：劉檄羅以奔邀。注：疾皃。〔聲訓〕釋名：檄，激也。下官所以激迎其上之書文也。

嘯　**竅**　空也。从穴，敫聲。廣雅釋言：竅，孔也。借孔爲空。禮記禮運：竅於山川。周禮疾醫：兩之以九竅之變。注：陽竅七，陰竅二。家語執轡：齟齬者九竅而胎生，齕吞者八竅而卵生。莊子齊物論：大木百圍之竅穴。鬼谷子：知類在竅。老子：常有欲以觀其徼。以徼爲之。段借爲激。方言十三：竅，阨也。注：謂迫阨也。

屑陌　**覈**　實也。考事而笮邀遮其辭得實曰覈。从襾，敫聲。或从雨。按：果曰覈。周禮大司徒：其植物宜覈物。爾雅：桃李醜核。以核爲之。覈核雙聲。蜀都賦：肴槅四陳。字亦作槅。又骨亦曰覈。廣雅釋器：覈，骨也。典引：肴覈仁誼之林藪。蔡邕注：肉曰肴，骨曰覈。或曰借爲骸，非是。又麥糠中不破者亦曰覈。漢書陳平傳：亦食糠覈耳。〔轉注〕說文：考事而笮邀遮其辭得實曰覈。而笮以形訓，邀遮以聲訓，得實以意訓也。西京賦：何以覈諸。注：驗也。東京賦：研覈是非。注：實也。漢書刑法志：其審核之。司馬遷傳贊：其事核。長笛賦：精核數術。皆以核爲之。

篠　**皦**　玉石之白也。从白，敫聲。〔轉注〕方言十二：皦，明也。埤蒼：皦，淨也。論語：皦如也。鄭注：皦如，使清別之皃。後漢樂恢傳：恢獨皦然不汙于法。亦皆單辭形況字。〔段借〕爲曉。詩大車：有如皦日。傳：白也。韓詩以皎爲之。又爲皎。三家詩月出：皦兮。毛詩正作皎。

蕭　**憿**　幸也。从心，敫聲。經傳皆以徼爲之。俗作僥倖、憿倖。段借爲激。童子逢盛碑：感憿三成。

錫　**激**　水礙衺疾波也。从水，敫聲。一曰半遮也。按：謂水礙而邪行，其波疾急。半遮即所謂礙也。一切經音義引說文：水流礙衺急激也。

zhuó 繳　qiào 擊　nüè 虐　xuè 謔　nüè 瘧　hú 隺

孟子激而行之可使在山詩揚之水傳激揚也疏水急而飛揚儀禮特牲禮今文激沃按急速也釋文本作微作浮今本作淳漢書王莽傳敢爲激發之行注急動也賈子水激則旱兮矢激則遠東京賦注方激而遐騖注感也漢書高五王傳贊激秦孤立無藩輔注感發也字亦作礉樊安碑慷慨礉憤按字又作礉孟子是不可礉也廣雅釋水礉磧也礉激雙聲錢辛楣師云礉即圻字吾鄉宋翔鳳云礉即機字存疑（假借）爲歗楚辭招魂發激楚些注清聲也上林賦激楚結風郭注楚歌曲也又爲歗莊子盜跖脣如激丹司馬注明也方言十二激清也又爲譥莊子齊物論激者謞者司馬注聲若激嗅也又爲擊釋名激𡿾擊徼也可以激截敵陳之矛也又疊韻連語嘯賦聲激嚁而清厲注清㗋皃又雙聲連語解嘲激卬萬乘之主注怒也

擊 豪嘯　旁擊也从手敫聲字亦作摮作撽公羊宣六傳以斗擊而殺之注擊猶擊也謂旁擊頭項莊子至樂撽以馬捶

繳 嘯藥　生絲縷也从糸敫聲文賦注引說文謂縷繫繒矢而以弋射按此李語字亦作繳所以系繒矢而雉射者史記留侯世家雖有矰繳淮南說山好弋者先具繳與矰吳都賦精衛銜石而遇繳漢書司馬相如傳𦆷繳施蘇武傳武能網紡繳（轉注）漢書司馬相如傳名家苛察繳繞注猶纏繞也史記史公自序集解繳謂煩也廣雅釋詁四繳纏也繳繞亦疊韻連語（假借）爲交按今用爲繳納字

說文通訓定聲　小部弟七　卅九

虐三名凡虐之派皆衍虐聲魚約切

虐 藥　殘也从虍虎足反爪人也古文虐未詳今字作虐省人廣雅釋詁三虐惡也書金縢遘厲虐疾傳暴也左哀十五傳無𥚃虐士注虐士死者又書呂刑惟作五虐之刑曰法洪範無虐煢獨論語不教而殺謂之虐賈子道術兄敬愛弟謂之友反友爲虐楚辭沈江紂暴虐以失位兮注賊善曰虐（古韻）詩正月叶沼樂炤虐抑叶昭樂懆教虐耄淇奧叶綽較謔虐板叶虐謔蹻熇藥

謔 藥　戲也从言虐聲詩淇奧善戲謔兮爾雅釋詁謔浪笑敖戲謔也漢書地理志伊其相謔注戲言也（假借）重言形況字詩板無然謔謔傳喜樂皃爾雅釋訓謔謔謞謞崇讒慝也舍人注盛烈皃（古韻）詩淇奧叶綽較謔虐板叶虐謔蹻熇藥湊洧叶樂謔藥

瘧 藥　熱寒休作从疒从虐虐亦聲素問瘧論瘧者風寒之氣不常也又瘧者陰陽更勝也左昭十九傳許悼公瘧周禮疾醫秋時有瘧寒疾禮記月令民多瘧疾（聲訓）釋名瘧酷虐也凡疾或寒或熱耳而此疾先寒後熱兩疾似酷虐也

隺十一名凡隺之派皆衍隺聲胡沃切

隺 沃　高至也从隹上欲出冂會意按至者不之反據說文當訓高不（轉注）說文引易曰夫乾隺然按與隤對文自是高意今本作確

yù 藋　yuè 㸿　hè 鶴　hè 臛　què 榷　hé 皠　hé 騅　hú 燺　què 潅　què 搉

即墝埆堅不可拔也當爲借字

藋 屋　藋艸也从艸隺聲籒文从𪏰韓詩七月六月食鬱及藋按山韭一名𦼮南山經招搖之山有艸焉其狀如韭蓋山中自生者象園韭而葉差狹根宿地自生毛詩則作薁傳蘡薁也

㸿 覺　白牛也从牛隺聲

鶴 藥　鶴鳴九皋聲聞于天从鳥隺聲字亦作鸖詩鶴鳴疏善鳴之鳥易中孚鳴鶴在陰虞注離爲鶴春秋說題辭鶴知夜半注水鳥也舞鶴賦注引鶴經陽鳥也楚辭遠逝騰白鶴于瑤光注白鳥也憂苦聽元鶴之晨鳴兮注元鶴俊鳥也（轉注）莊子徐无鬼盛鶴列於麗譙之閒注陳兵也司馬注鐘鼓也又吳都賦家有鶴膝方言九矛骹細如雁脛者謂之鶴膝釋名鍬柄曰榧頭曰鶴似鶴頭也又史記秦始皇紀卒屯留蒲鶮反索隱古鶴字屯留蒲鶮皆地名（古韻）孟子叶濯鶴沼躍

臛 藥　肉羹也从肉隺聲字亦作臛此羹之實于豆者不以菜芼之其質較乾禮記內則膷臐膮是也與𩱦鉶之羹異楚辭招魂露鷄臛蠵注無菜曰臛（聲訓）釋名臛蒿也香氣蒿蒿也

說文通訓定聲　小部弟七　卌

榷 覺　水榷橫木所以渡者也从木隺聲一名徒杠一名徛一名略彴按兩頭聚石以木橫架之故亦名石杠廣雅釋室榷獨梁也（假借）爲𣪠漢書武帝紀初榷酒酤車千秋傳自以爲國家興榷筦之利注榷謂專其利使入官也漢書敘傳注榷競也後漢翟義傳注榷專也史記汲鄭傳索隱搉者獨也以搉爲之

皠 沃覺藥　鳥之白也从白隺聲與翯略同景福殿賦皠皠白鳥字或誤作皬廣雅釋器皬白也又誤作皠又誤作皠讀如瓘韓昌黎門鷄詩縞紛落羽皠

騅 藥　苑名从馬隺聲按漢三十六苑之一（假借）爲駁說文一曰馬白領疑即駁字之或體儀禮覲禮匹馬卓上馬以駁爲貴故漢取以名苑

燺 沃　灼也从火隺聲

潅 沃覺　灌也从水隺聲與淏略同

搉 覺　敲擊也从手隺聲漢書五行志搉其眼以爲人彘廣雅釋詁三搉擊也字亦作擢（假借）爲𣪠吳都賦商搉萬俗漢書陳咸傳浸

入辜榷財物翟方進傳多辜榷爲姦利者王莽傳豪吏猾民辜而榷之鄭當時傳作辜較按皆邀遮覈實之意字亦以榷以較以校爲之又後漢靈帝紀注榷專也史記汲鄭傳索隱榷者獨也漢書武帝紀榷酒酤韋昭注謂禁民酤釀獨官開置如道路設木爲榷獨取利也以榷爲之又雙聲連語廣雅釋訓揚榷都凡也莊子徐无鬼則可不謂有大揚榷乎淮南俶眞物豈謂無大揚攉乎漢書敘傳揚搉古今蜀都賦請爲左右揚搉而陳之皆約略大凡之意猶云大較也漢書敘傳注揚舉也搉引也揚搉者舉而引之則謂借爲擢非是

樂十四名凡樂之派皆衍樂聲 五樂切

覺藥效 **樂** 五聲八音總名象鼓鞞木其虡也按五聲八音相比而成樂白象鼓𢆶象鞞木者虡也象形兼會意禮記樂記樂者天地之和也夫樂者先王之所以飾喜也世本伶倫作樂周禮保氏二曰六樂謂雲咸韶夏濩武也轉注樂記樂者樂也檀弓樂樂其所自生禮器樂也者樂其所自成仲尼燕居行而樂之樂也易繫辭傳所樂而玩者詩蟋蟀好樂無荒孟子王語暴以好樂左傳古而無死則古之樂也孟子今之樂猶古之樂也後漢光武郭皇后紀長樂少府注掌皇太后宮又樂之亦曰樂禮記禮運玩其所樂釋文好也論語知者樂水皇疏樂者貪樂之稱也樂懽也楚詞七諫注秦孫陽字伯樂晉語晉郵無恤字伯樂卽孟子之王良荀子正論作王梁叚借爲𤻲詩衡門可以樂飢又疊韻連語爾雅釋詁毗劉暴樂也按猶剝落也古韻詩關雎叶芼樂嘉魚叶罩樂正月叶沼樂炤虐抑叶昭樂懆教虐耄韓奕叶到樂溱洧叶樂謔藥揚之水叶鑿襮沃樂晨風叶櫟駮樂楚辭九辨叶鑿教樂高遠遊叶撟樂離騷叶邈樂轉音三略下叶足樂

錫 **瓅** 玓瓅也从玉樂聲按疊韻連語字作的皪亦同

藥 **藥** 治病艸从艸樂聲周禮疾醫以五味五穀五藥養其病注五藥草木蟲石穀也易无妄勿藥有喜轉注家語正論不如吾聞而藥之也注療也古韻詩溱洧叶樂謔藥板叶虐謔蹻熇藥轉音靈樞九鍼十二原叶藥石

沃 **嚛** 食辛嚛也从口樂聲伊尹曰酸而不嚛今俗謂辛螫曰辣逸周書味辛而不嚛以嚛爲之

錫 **𧼑** 動也从走樂聲讀若春秋傳曰輔𧼑字亦作躒大戴記騏驥一躒不能千步叚借託名幖識字左昭五傳晉張骼輔躒昭三十一年晉荀躒公穀作櫟史記作濼

屋 **觻** 角也从角樂聲張掖有觻得縣漢書地理志注音鹿

錫 **櫟** 櫟木也从木樂聲一名柞一名栩亦名杼一名樸樕亦名檞櫟其實名橡一名草一名橡斗子殼可染皁其樹華葉俱似栗四五月開華黃色實圓銳磨粉烝食可禦饑年嫩葉可代茗飲惟木裹理故匠石以爲不材之木而作薪炭則他木皆不及也詩晨風山有苞櫟西山經白於之山下多櫟檀別義爾雅櫟其實梂按一名朶木一名木蓼椒檄之屬也高二三丈花似柘子房生作梂淮南時則十二月其樹櫟注櫟可爲車轂木不出火惟櫟爲然以應除氣也史記李斯傳采椽不斲徐廣注采一名櫟莊子人閒世見櫟社樹釋文采也漢書司馬相如傳沙棠櫟櫧注木蓼也應劭注采木也叚借爲擊射雉賦櫟雌妬異徐注擊搏也又爲轢史記萬石張叔傳注櫟機轄索隱超踰之也又爲撩史記楚元王世家嫂詳爲羹盡櫟釜索隱以杓歷釜旁使爲聲按撈取作聲也又託名幖識字西山經天帝之山有鳥焉名曰櫟又左傳輔櫟釋文本作躒說文作𧼑公穀荀櫟或作濼左作躒古韻詩晨風叶櫟駮樂

嘯藥 **𤻲** 治也从疒樂聲或从尞聲謂治病周禮瘍醫凡療瘍以五毒攻之左襄廿六傳不可救療劉向列女傳賢明引詩可以療飢思元賦羞玉芝以療飢永明十一年策秀才文療飢不期于鼎食方言十愮療治也別義方言十愮又憂也或曰療廣雅釋詁一𤻲病也

錫 **礫** 小石也从石樂聲鶡冠子大禹治水民聚瓦礫漢書霍去病傳沙礫擊面楚辭惜誓相與貴夫礫石西京賦爛若磧礫江賦金礦丹礫叚借託名幖識字上林賦鮮支黃礫注香艸也聲訓釋名礫料也小石相枝柱其閒料料然出內氣也

屋 **濼** 齊魯閒水也从水樂聲出今山東濟南府歷城縣西今謂之小清河古謂之娥英水東至博興縣合時水入海今趵突泉卽濼水之原也蓋濟水伏流重發處說文引左桓十八傳公會齊侯于濼別義爾雅釋草濼貫衆注葉圓銳莖毛黑布地冬不死叚借爲㿂素問骨空論淫濼脛痠不能久立注似酸痛而無力

屋 **鱳** 魚名出樂浪潘國从魚樂聲疑卽鰅

藥 **纅** 絲色也从糸樂聲按玓瓅明光之色

藥 **鑠** 銷金也从金樂聲字亦作爍周語衆口鑠金漢書天文志火與水合爲淬與金合爲鑠考工記鑠金以爲刃楚辭招魂流金鑠石些轉注秦策秦先得齊宋則韓氏鑠莊子胠篋下爍山川之精又爍絕竽瑟方言七鑠摩也廣雅釋詁三鑠磨也叚借爲燿方言二鑠雙也驢瞳之子宋衛韓鄭之閒曰鑠按猶言雙眸炯炯也詩酌於鑠王師爾雅釋詁鑠美也又爲灼按七發煇鑠熱暑注鑠亦熱也又疊韻連語詩桑柔傳劉暴爍而希也爾雅作染又說文新附灼爍光也按與玓瓅同

yuè 鸑　yuè 躍　yuè 趯　diào 藋　dí 翟　yuè 屮　lì 轢

轢（錫）轢　車所踐也。从車，樂聲。蒼頡篇：轢，輾也。上林賦：徒車之所轔轢。西京賦：値輪被轢。〔轉注〕漢書酷吏傳序：刻轢宗室。注：陵踐也。

屮一名（以灼切）

屮（藥）屮　岸上見也。从广，从之省，會意。讀若躍。按：遠望而見也。从屮，上出之形，與㞢同意。許謂从之省者，之亦上出，與㞢同意。

翟十三名，凡翟之派，皆衍翟聲。（徒礫切）

翟（錫陌）翟　山雉尾長者。从羽，从隹，會意。字亦作鸐，作鸈。爾雅：雉有十四種，翟者長毛，雨雪惜其毛，栖高木杪，不敢下食，往往餓死。西山經：女牀之山有鳥，其狀如翟。又三危之山有鳥焉，其狀如鷂。注：鷂似鵰。〔轉注〕詩簡兮：右手秉翟。禮記祭統：翟者，樂吏之賤者也。此持翟羽以舞者。詩君子偕老：其之翟也。傳：褕翟、闕翟，羽飾衣也。此刻繒為翟形者。碩人：翟茀以朝。傳：翟，車也。夫人以翟羽飾車。周禮巾車：重翟，錫面朱總。此以翟羽為車飾者。又禹貢：羽畎夏翟。翟有五采，此翟之異種。經傳多以狄為之。〔叚借〕為狄。鄭語：北有衛燕翟鮮。穆天子傳：逕絕翟道。列子說符：使新穉穆子攻翟。注：鮮虞也。〔古韻〕詩簡兮叶籥翟爵。

藋（嘯）藋　釐艸也。一曰拜商。从艸，翟聲。按：爾雅：釐，蔓華。即萊也。釐萊同聲之借，亦即藜也。藜萊雙聲之轉，所謂灰藋也。亦名白藋，亦曰灰菜。莖有紅縷，葉青背白，其葉心有白粉，四月初生可食。藜全似之，惟葉心赤，俗謂之紅灰菜。左傳：斬之蓬蒿藜藋。莊子徐无鬼：藜藋柱乎鼪鼬之逕。釋文本或作藋。〔別義〕說文小徐本：藋，堇艸也。此即爾雅之芨，一名蒴藋，春抽苗，莖有節，節閒生枝，葉大如水芹，花白，子初青熟紅。非詩堇荼如飴、內則堇荁、小正榮堇為野菜之堇，亦非晉語置堇于肉、淮南說林蝮蛇螫人傅以和堇為烏頭之堇。

趯（藥錫）趯　踊也。从走，翟聲。與趒躍略同。漢書李尋傳：涌趯邪陰。詩草蟲：趯趯阜螽。傳：躍也。廣雅釋訓：趯趯，跳也。韓詩巧言：趯趯毚兔，往來皃。荀子非十二子：狄狄然。注：跳躍之皃。以狄為之。亦重言形況字。〔叚借〕發聲之詞。廣雅釋詁一：趯，驚也。與方言逴驚也、灼驚也同。〔古韻〕詩草蟲叶喓趯，句中韻。

躍（藥）躍　迅也。从足，翟聲。與趯略同。廣雅釋詁一：躍，上也。二：跳也，進也。易乾：或躍在淵。詩旱麓：魚躍于淵。孟子：搏而躍之。西京賦：鋋不苟躍。北山經：灌題之山有鳥焉，見人則躍。左僖廿八傳：距躍三百。疏：躍是舉身向上之言。又詩巧言：躍躍毚兔。爾雅釋訓：躍躍，迅也。亦重言形況字。〔古韻〕詩靈臺叶濯翯沼躍。

鸑（藥）鸑　內肉及菜湯中薄出之。从䰜，翟聲。按：煮濡湯中，今俗所謂煠也。通俗文：以湯煮物曰瀹。字林：瀹，煮也。漢書郊祀志：不如西鄰之瀹祭。皆以瀹為之。爾雅釋天注：新菜可汋。以汋為之。

tiǎo 嬥　zhuó 擢　zhuó 濯　yào 燿　dí 糴

糴（嘯）糴　穀也。从米，翟聲。蜀都賦：糴米肥腯。今誤作糴。

燿（嘯）燿　照也。从火，翟聲。字亦作耀，作曜。左昭三傳：焜燿寡人之望。鄭語：以淳燿惇大。楚語：明齊肅以燿之。穀梁序：七燿為之盈縮。淮南覽冥：星燿而元運。後漢張衡傳：燿靈。注：日也。廣雅釋詁二：燿，爚也。四：明也。又周語：先王燿德不觀兵。東京賦：曜威中原。後漢襄楷傳：中燿，天王也。又書大傳：北辰謂之曜魄。〔轉注〕楚語：而曜之以大利。注：示也。淮南脩務：察于辭者不可燿以名。注：眩也。〔叚借〕為削。考工梓人：大胷燿後。頃，小也。又為爍。漢書藝文志：燿金為刃。注：謂削也。〔聲訓〕釋名：曜，燿也，光明照燿也。則曜字漢已有之。〔古韻〕詩羔裘叶膏曜悼，東山叶燿，駁句中韻。楚辭遠遊叶燿鶩。

濯（覺效）濯　瀚也。从水，翟聲。廣雅釋詁二：濯，洒也。詩泂酌：可以濯罍。傳：滌也。儀禮特牲禮：視壺濯及豆籩。注：溉也。周語：王乃淳濯饗醴。注：洗也。〔別義〕廣雅釋器：濯，滲也。〔叚借〕為燿。按：爾雅釋詁：濯，大也。詩文王有聲：王公伊濯。常武：濯征徐國。傳皆訓大。韓詩：王公伊濯，訓美。美亦大也。猶毛詩於鑠王師，鑠訓美也。又為祧，實為朓。周禮故書：守濯，掌守先王先公之廟濯。又為櫂，實為棹。漢書劉屈氂傳：發輯濯士。注：短曰輯，長曰濯。鄧通傳：以濯船為黃頭郎。上林賦：濯鷁牛首。注：今棹也。又為珧。爾雅釋魚：蜃小者濯。見釋文。又重言形況字。詩崧高：鉤膺濯濯。傳：光明也。靈臺：麀鹿濯濯。傳：娛遊也。廣雅釋訓：濯濯，肥也。封禪文：濯濯之麟。史記索隱：嬉遊也。又孟子：是以若彼濯濯也。注：無草木之皃。〔古韻〕詩靈臺叶濯翯沼躍，桑柔叶削爵濯溺，崧高叶藐蹻濯。孟子叶濯暴。

擢（覺效）擢　引也。从手，翟聲。方言三：擢，拔也。小爾雅廣物：拔根曰擢。蒼頡篇：擢，抽也。廣雅釋詁一：出也。莊子駢拇：擢德塞性以收名聲。淮南俶眞：擢德搴性。注：取也。禮記少儀：不擢馬。注：去也，謂徹也。西京賦：徑百常而莖擢。注：獨出皃。吳都賦：擢本千尋。注：高聳皃。又海內經：韓流擢首。注：擢首，長咽也。〔叚借〕疊韻連語。淮南說林：涔則具擢對。注：擢對，貯水器。按：對者丵字之誤。又託名幖識字。史記周公世家：厲公擢。世本作翟。

嬥（蕭篠嘯）嬥　直好皃。从女，翟聲。聲類：細腰皃。韓詩大東：嬥嬥公子，往來皃。按：當以廣雅釋訓：嬥嬥，好也，為定詁。亦重言形況字。故楚辭九歎注引詩作苕苕，釋文或作窕窕。又魏都賦注引爾雅：嬥嬥、契契，愈遐急也。今作佻。〔叚借〕為趯。魏都賦：或明發而嬥歌。注：何晏曰：巴人謳歌，相引牽連手而跳歌也。又為嬈。說文一曰嬈也，則姚冶妖嬈字。

zhuó 蠗　dí 糴　tiào 糶　nì 氼

蠗 覺 [seal] 禺屬从虫翟聲上林賦蛭蜩蠗蝚漢書以玃爲之又譌作獶西山經皋塗之山有獸名蠗按非猿類也

糴 錫 [seal] 市穀也从入糴會意按糴亦聲廣雅釋詁三糴買也魯語君盍以名器請糴于齊孟子無遏糴風俗通凡靳不施惠曰夜糴按夜過一聲之轉[叚借]託名幖識字左傳晉大夫有糴茷[古韻]史記貨殖傳叶樵糴

糶 嘯 [seal] 出穀也从出糴會意糴亦聲廣雅釋詁三糶賣也史記平準書物踊騰糶貨殖傳販穀糶千鍾

氼一名奴礫切

氼 錫 [seal] 沒也从水从人會意方言十三出氼爲抍玉篇引禮記君子氼于口小人氼于水經傳皆以溺爲之

說文通訓定聲　小部弟七　壹

貓　蕎　礄　賧　毦毹　嶚　䶊　昭　簥　盉　嘺　翻　蟟　橇　篻　鬖　髾

附說文不錄之字

貓 猫 詩韓奕有貓有虎傳似虎淺毛者也禮記郊特牲迎貓爲其食田鼠也字亦作猫

蕎 爾雅釋草蕎邛鉅注今藥草大戟也

礄 郎喬 爾雅釋樂大磬謂之礄注形似犂錧以玉石爲之按當作喬託名幖識字[礄訓]爾雅孫注礄喬也喬高也謂其聲高也李注大磬聲清燥故曰礄礄燥也

賧 郎奊 爾雅釋魚貝居陸賧釋文字亦作奊按託名幖識字

毦毹 一切經音義十四引字林毹毛皃也又通俗文毛茂謂之毦毹按疊韻連語

嶚 遼 南都賦嵯峨嶚剌注山高而相戾也廣雅釋詁四嶚高也按雙聲連語

䶊 廣雅釋器䶊齧也

昭 玉篇引埤蒼昭喉鳴

簥 郎喬 爾雅釋樂大管謂之簥李注聲高大故曰簥簥高也

盉 郎喬 方言十三椀謂之盉廣雅釋器盉盂也今蘇俗有手盉子似碟而高足表裏皆桼赤盛乾果以祀神

嘺 廣雅釋言嘺訬也玉篇引埤蒼嘺不知是誰也

翻 方言十二翻飛也

蟟 說文蟧篆蛁蟟蟧鹿也今曰知了又水經注潁水又東逕蛚蟟郭東按疊韻連語

橇 史記夏本紀泥行乘橇孟康曰形如箕擿行泥上正義形如船而短小兩頭微起人曲一腳泥上擿進用拾泥土之物如淳曰音茅蕝之蕝謂以板置其泥上以通行路也

篻 吳都賦篻簩有叢劉注竹名也異物志篻竹大如戟穫實中勁強按疊韻連語

鬖 集韻引埤蒼鬖細長也

髾 漢書司馬相如傳蜚襳垂髾張揖曰髾後垂也司馬彪曰燕尾也顏注謂衣上假飾非髾垂也又曳彗星而爲髾張揖曰燕尾

說文通訓定聲　小部弟七附錄　夫

旓 鞘 餻 隟 鼇 鼈 篙 濠 篣 忉 蟧 ⿰舟兆 ⿰豈戈 豋 窕 蔜 ⿰阝豪 駣

也後漢馬融傳注節旌旗所垂之羽毛也則與旓同字

旓 甘泉賦被雲旓注引埤蒼旌旗旒也一曰燕尾

鞘 即鞘 廣雅釋器鞘謂之鞘通俗文馬鞭尾曰鞘晉書音義下鞘馬鞭頭也按由鞘右手執鞭疏謂弓頭爲鞘鞘鞘之言亦相似也

餻 糕 方言十三餌謂之餻字亦作糕

隟 隙誤 廣雅釋詁二隟裂也水經澮水注隟候亭世謂此亭爲郤城蓋郤隟聲相近按隟字之形誤今附豫部

鼇 荀子勸學蟹六跪而二螯注螯首上如鉞者

鼈 鰲 列子湯問巨鼇十五釋文巨龜也楚詞天問鼇戴山抃字林海中大龜力負蓬瀛壺三山淮南覽冥斷鼇足以立四極論衡談天鼇古之大獸也字亦作鰲

篙 ⿰木篙 方言九所以刺船謂之⿰木篙淮南許注篙刺船竹長二丈以鐵爲鏃字亦作⿰木篙

濠 莊子秋水遊于濠梁之上司馬注水名也

說文通訓定聲 小部第七附錄 卅七

篣 吳都賦篻篣有叢注引異物志篣竹有毒夷人以爲觚刺獸中之則必死

忉 爾雅釋訓忉忉憂也詩防有鵲巢心焉忉忉甫田勞心忉忉按重言形況字

蟧 爾雅釋蟲虰蛵負勞釋魚蜻蟧小者蟧方言十一蟬其大者謂之蟧又蛥蚗注江東人呼㷂蟧廣雅釋蟲蟧馬蜩也

⿰舟兆 廣雅釋水⿰舟兆舟也

⿰豈戈 廣雅釋器⿰豈戈戈戟也其鋒謂之⿰豈戈

豋 通俗文野豆謂之豋豆

窕 三國孫休傳注引吳錄窕如窔衣下寬大之衰

蔜 爾雅釋草蔜蓫薚

⿰阝豪 釋名城下道曰⿰阝豪⿰阝豪翺也言都邑之內人所翺翔祖駕之處也

駣 周禮廋人教駣攻駒司農注馬三歲曰駣二歲曰駒字林音桃

譑 褾 鈔 ⿰衤交 ⿰衤了 ⿰爿兆 狣 ⿱艹奏 炒 蹽 䁏 淼 ⿱艹草 ⿰镸兆 ⿰镸夭 ⿰犭畱 嘹 裱 ⿸疒豹 燩 ⿰耳票

譑 荀子富國則必有貪利糾譑之名注譑發人罪也雙聲連語

褾 廣雅釋器褾袂也

鈔 方言二鈔好也青徐海岱之閒曰鈔

⿰衤交 ⿰衤了 方言四小袴謂之⿰衤交⿰衤了注今襪袴也按疊韻連語作交了亦同

⿰爿兆 廣雅釋器⿰爿兆版也又⿰爿兆杠也

狣 爾雅釋畜犬絕有力狣

⿱艹奏 廣雅釋器⿱艹奏香也

炒 即鬻 今附鬲部

蹽 蹻 廣雅釋言蹽蹻也

䁏 海賦䁏眇蟬蜎注煙點飛騰之皃按疊韻連語

說文通訓定聲 小部第七附錄 卅八

淼 吳都賦滇泖淼漫注水皃楚辭哀郢淼南渡之焉如說文新附淼大水也或作渺

⿱艹草 齊語墾⿱艹草除田注⿱艹草枯草也疑即蓐字

⿰镸兆 即旐 廣雅釋詁四⿰镸兆長也

⿰镸夭 廣雅釋詁四⿰镸夭長也

⿰犭畱 爾雅釋畜釋文引字林⿰犭畱雌貓

嘹 廣雅釋詁二嘹鳴也

裱 廣雅釋器裱被巾也

⿸疒豹 廣雅釋詁四⿸疒豹狂也

燩 廣雅釋詁二燩乾也

⿰耳票 廣雅釋詁四⿰耳票聽也

滑 笵 轑 礉 輓 帨 𣿅 䈾 捘 麲

滑 海賦滑海潆而爲魁注滑海峻波也

笵 爾雅釋宮屋上薄謂之笵按今之蘆簾也以葦爲之或以竹

轑 廣雅釋器轑轉

礉 閒居賦礉石雷駭注今之抛石也

輓 廣雅釋詁一輓引也

帨 廣雅釋器帨謂之帨又帨謂之帨釋名釋首飾帨齊人曰帨飾形皃也

𣿅 卽潲 廣雅釋器𣿅潲也按卽潲音之轉

䈾 廣雅釋地䈾種也

捘 㑨 五音篇海引字林捘狠也戾也廣韻引作㑨 太平御覽引通俗文獨麥麲曰麲

麲

脂 訠 鞘 霄 䨥 犻 臊 篧 嘄 笏

脂 太元經晦脂提明德注脂者目不明也疑字从目誤从月

訠 廣雅釋詁三訠拏也

鞘 卽鞶 廣雅鞘謂之繾按卽䩮字當附臨部䩮注䩮鞘雙聲禮記檀弓執羈鞘以從注𦈐也少儀馬則執鞘

霄 卽窕 淮南原道霄霄之野按卽窕字亦疊韻連語

䨥 爾雅釋畜䨥牛注卽犎牛也釋文今之腫領牛引字林方沃反

犻 槊 廣雅釋器犻矛也釋名矛長丈八尺曰犻馬上所持言其犻犻便殺也字亦作槊見說文新附疑卽䈥字

臊 西山經松果之山有鳥焉名曰螐渠可以已臊注臊皮皺起也

篧 卽籗 爾雅釋器篧謂之罩按卽籗之誤字今附豫部

嘄 莊子知北遊嘄然放杖而笑李注放杖聲也單詞形況字

笏 方言九車枸簍其上約謂之笏注卽軬帶也

徫 灤 葯 皭 怰 爍 擢 瞗 菂

徫 字林徫菜味辛南人食之去冷氣

灤 水經泚水注引呂忱字林灤水在泚陽

葯 廣雅釋草白芷其葉謂之葯又葯蒻也西山經其草多葯䕷芎藭楚詞湘夫人辛夷楣兮葯房淮南修務身若秋葯被風叚借爲約方言十三葯薄也注猶纏也

皭 史記屈賈傳皭然泥而不滓廣雅釋器皭白也

怰 卽灼 廣雅釋詁一怰驚也方言一怰痛也

爍 通俗文媚容茂曰爍叚借爲燿魯峻碑令德孔爍郭究碑於爍我君

擢 廣雅釋詁一擢擇也

瞗 廣雅釋詁一瞗望也

菂 卽旳 爾雅釋草荷其中的魯靈光殿賦綠房紫菂

皪 櫟 擽 㲈 鷩 篧 獥 菽

皪 卽礫 詩淇奧箋皪皪而處

櫟 廣雅釋詁一櫟雜也

擽 廣雅釋詁三擽擊也叚借爲轢史記萬石張叔傳集解擽機轉索隱超踰之也又爲擽釋名釋首飾導或曰擽鬢以事名之也又單詞形況字荀子王霸擽然扶持心國注石皃讀爲落

㲈 西征賦貫㲈㲈尾注猶繫也

鷩 爾雅釋鳥鷩鶅鶅注似烏蒼白色按鷹屬

篧 詩篧篧竹竿傳長而殺也按重言形況字

獥 爾雅釋獸狼其子獥

菽 卽藂 爾雅釋草菂菽注卽蓮實也當卽藂字之變

說文通訓定聲目

需部弟八 分部剝轉 豫隨解

【矦】 矦 喉 猴 餱(糇)

鄇 候(堠) 猴 鯸 緱

鍭 【㫗】 厚(垕) 【後】(逡) [illegible]

【后】 茩 詬(訽) 銗 郈

㖃(呴吼吽) 垢 【婁】(𡱈婁慺 𡳐屢) 蔞 遱

謱 數 髏 膢(䙓) 簍

樓 鄋 寠(窶) 瘻 僂

褸 屨(𩌫) 廔(䄛) 漊 䱾

摟 縷(褸䙓) 螻(蟉) 塿(嶁僂) 鏤(鎉)

藪 籔(筻篅) 【扁】 漏 【丙】

陋 【兜】 兠 【斗】(陡) 枓

【鬥】 鬭 【豆】(㽡) 梪 逗

鞋 豎(豎豎) 脰 郖(浢) 侸(偆住)

䄈(䄈) 頭 鋀(鮭) 【𨴗】(䝑) 覨

【斲】(𣃚斵劚 𣂪𣂼) 斀 【口】 訂 叩(叩)

扣 釦 句(勾) 玽 苟(𦭝)

跔 拘 笱 鉤 敂

翑 雊 鴝(鸜) 朐(朐) 劬

枸(椇樞) 椒 郇 昫 痀(㽵頨)

佝(怐) 耇 欨(煦呴嘔) 駒 狗(豿)

齣 竘 姁 絇 蚼

䶗 斪 軥 酗(酌) 煦

蒟(蒻) 【寇】 滱 【冓】 構(搆)

遘(逅) 講 篝(篝簧) 韝(溝) 購

覯 溝(鏄) 媾(姤) 斢 【走】(趑)

【奏】 湊(輳腠揍) 【晝】(書) 【朱】(佚) 珠

茱 咮 誅 殊 筞

株 邾 祩 洙 姝(袾)

㚜 絑 鼄(蛛) 銖 【丶】

主(炷) 鴸 柱(拄砫) 宝 罜

駐 麈 狂 注(疰註紸) 娃

【𩠐】 【壴】 鼓 尌 恒(恒悟豉)

樹(𣐼) 廚(厨幮) 澍 【九】 殳

柭 晃 吺 投 股

投(𢱧) 豉 【乳】 氾 【豕】

【戍】 【臾】(瘐㥚) 萸 諛 腴

楰 庾(㡷) 斞(𣂈) 【兪】 瑜

逾 踰 諭(愉) 揄 榆

鄃　牏　龠　窬㾑　瘉
㡏輸　褕　覦　歈歈揄　貐
愉愈　渝　揄　媮偷　匬瓯
緰　蝓　輸　隃揄　腧
禺　藕蕅萬　喁　遇　齵
髃腢　耦　寓㝢　偶　顒
嵎　㥥　㞫　湡　鰅
堣　隅　區鏂　蓲蘦　謳
毆　驅鷗　樞　傴　軀
𥜒　歐嘔咯　貙䝙　驅毆駈　漚
鰸　摳　嫗　甌　彄
嘔嶇踽　醧醞傴　具　椇椇　俱
㬥　暈　須鬚䇓　盨　頭𩒨
頚　額　需𩂵　臑　儒僞
𥜾襦　䰯　獳䅵　懦慄　濡
擩㨎㨥擱　嬬　繻　孺　醹酘
取　菆蒭菆　廄　趣踀趗　䱒㔂𩦧
諏　棷桀　郰鄹　冣冣寂　聚㞕
鯫　掫　娶娵　堅　陬
騶　芻蒭犓　犓　趨　鶵

鸀煼焣燭㸸炒㷼　雛鶵顐　鄒　騶　媰
縐　付　祔　符苻　柎跗蚹趺
疛　尃　府腑腐　駙　怤
泭筣艀　鮒　拊弣　紨　坿
附　腐　夫㚘兂　奔　鼀𪓰鼀
坴硦　歀䖐　竈竈　睦昚　䮄
稑穆　陸䡎　賣　藚蕒　犢
䢱　讀　讟　韇𢷧槪　殰𦢊䐈
櫝　匵　瀆　牘　竇
儥覿　黷　瀆　嬻　續賡
隫嫧　录　祿　菉𧀇　逯
逯　睩　剝刂　覩　娽
綠𦃃逯　錄箓　鹿麓　簏簶麗　麓䔀
麗　漉渌盝盝　禿　卜卜　赴訃
趴　攴扑　朴　仆　菐
僕𣔻鏷　樸璞扑　撲㒒撲　墣圤　轐
樸　濮　纀幞帊帕袹　尾　木
沐　霂　谷　鵒鵛　俗
裕　欲慾　谿　浴　鋊
螸　角　桷　确殼埆　斛斟

〔壳〕 㱿㲉 殸 鷇 觳斛觳

轂 縠 榖 穀 彀

瞉 愨 𣫃 嗀 穀

轂 𣪠吼 〔局〕跼 挶 曲乚

〔玉〕玉 頊 〔囯〕 苗苗 珏瑴

〔獄〕 鸑 嶽凶岳 顒顩 〔屋〕屖臺剭黫

喔 楃幄 偓 渥腛 握臺

〔蜀〕蠋 噣 𧾊 躅蠋蹢 斀

髑髏 觸斣 韣欘 襡𧝉 屬

歜 獨 燭 濁瀆 鐲

斣 欘 孎 斸钃 〔辱〕

蓐薅𦵔 槈鎒耨 鄏 溽 縟

〔束〕 速遬 誎警 梀 欶嗽瘷

涑 娕𡛟 𩱛餗蔌 𪊨 藗

樕 漱 鏉 〔粟〕𥻆 〔族〕

蔟簇 嗾 鷟 鏃 〔足〕

促𧾵 浞 捉 〔豖〕 琢

啄 斀 椓諑 豛 瘃瘃

涿叩沰豚启豝 〔亍〕

右文字共四百八十二名 旁注二百五十五字 附存九十七字

說文通訓定聲

吳郡朱駿聲豐芑甫紀錄
新安朱鏡蓉伯和甫參訂

需部弟八 凡六十部

矦十一名凡矦之派皆衍矦聲 乎溝切

尤 **矦** 春饗所射矦也从人从厂象張布矢在其中天子射熊虎豹服猛也諸矦射熊豕虎大夫射麋麋惑也士射鹿豕爲田除害也其祝曰毋若不寧矦不朝于王所故伉而射汝也厌古文矦按厌矦各字厌射厌也矦五等爵也从人厌聲天子公矦伯子男皆于人取義古書借矦爲厌相承誤合二字爲一耳孟子矦一位周書太子晉公能樹名生物與天道俱謂之矦白虎通爵矦者百里之正爵孝經援神契二王之後稱公大國稱矦皆千乘國轉注左隱七傳凡諸矦同盟疏諸矦者公矦伯子男五等之總號易屯利建矦爾雅釋詁矦君也詩羔裘洵直且矦韓詩美也又左僖元傳凡矦伯救患分災討罪注州長也又禮記王制內諸矦祿也外諸矦嗣也周禮司裘諸矦則共熊矦豹矦注諸矦謂三公及王子弟封于畿內者叚借爲厌小爾雅廣器射有張布謂之矦周禮司裘注方十尺曰矦四尺曰鵠二尺曰正四寸曰質考工梓人注矦制上廣下狹蓋取象于人也張臂八尺張足六尺左成二傳張矦按晉解矦字張也古連言名字皆先字後名又爲候書禹貢五百里矦服傳矦候也周禮大司馬矦畿職方氏矦服疏矦之言候也孝經疏引皆解矦者候也言斥候而服事廣雅釋言矦候也又周禮肆師與祝矦禳于畺疏矦者候迎善祥小子凡沈辜矦禳司農注候四時惡氣禳去之也又爲胡或爲厌周禮大行人立當前矦又爲公之誤字弁師諸矦之繅斿九就又疊韻連語釋名齊人謂如衫而小袖曰矦頭矦頭猶言解瀆胥直通之言也史記萬石君傳索隱今世謂反開小袖衫爲矦腧又發聲之詞爾雅釋訓矦乃也詩六月矦誰在矣傳維也四月矦栗侯梅箋維也家語弟子行應矦順德注惟也封禪文矦不邁哉注何也史記樂書高祖過沛詩三矦之章索隱語辭也又託名標識字考工弓人覆之而幹至謂之矦弓又水經汾水注矦甲亦邑名也聲訓春秋元命苞矦之言候候逆順兼伺候王命矣古韻詩載馳叶驅矦羔裘叶濡矦渝白駒叶駒矦游左昭廿五叶跦矦襦莊子胠篋叶誅矦周書太子晉叶俱矦

尤 **厌** 射厌也从广象張布形矢集其中經傳皆以矦爲之按矦字从此得聲許書併矦厌爲一字誤今分爲正篆附此考工梓人爲矦廣與崇方三分其廣而鵠居一焉按大射之矦用虎熊豹麋之皮飾其側而中又制皮以爲鵠賓射之矦亦虎熊豹麋之皮飾其側而中畫五采以爲正燕射之矦則畫熊麋虎豹鹿豕之形以象鵠所謂獸矦也聲訓儀禮大射儀量矦道注尊者射之以威不寧矦卑者射之以求爲矦周禮司裘注天子中之則能服諸矦諸矦以下中之則得爲諸矦

尤 **喉** 咽也从口矦聲後漢馬融傳注喉咽者量腸之府也轉注詩王之喉舌傳喉舌冢宰也

尤 **翭** 羽本也从羽矦聲方言十三本也廣雅釋器羽也別義一曰羽初生皃通俗文細毛翭也叚借爲鍭儀禮既夕記翭矢一乘聲訓既夕記注翭猶候也候物而射之矢也

尤 **餱** 乾食也从食矦聲字亦作糇爾雅釋言餱食也廣雅釋器糇糒也詩伐木乾餱以愆公劉乃裹餱糧思元賦屑瑤蘂以爲糇分又說文引周書曰峙乃餱粻今費誓作峙乃糗糧聲訓釋名餱候也候人飢者以食之也古韻詩無羊叶餱具

尤 宥 **郈** 晉之溫地从邑矦聲按溫之別邑在今河南懷慶府武陟縣左成十一傳郤至與周爭郈田

宥 **候** 伺望也从人矦聲廣雅釋詁三覗也詩彼候人兮傳道路送迎賓客者周禮遺人市有候館注樓可以觀望者也左襄廿一傳使候出諸轘轅成二傳候正亞旅字亦作堠荀子富國其候徼支繚注斥候也轉注列子周穆王夢者六候注占也素問六節藏象論五日謂之候蜀都賦候雁銜蘆劉注雁候時南北故曰候雁聲訓釋名釋言語候護也司護諸事也候護雙聲轉音素問離合眞邪論叶處度候路忤布故處寫

尤 **猴** 夒也从犬矦聲一名爲一名母猴聲轉曰沐猴曰獮猴其大者曰玃其愚者曰禺其靜者曰蝯亦作猨作猿

尤 **鯸** 魚名按鯸鮐也从魚侯聲今俗謂之河豚吳都賦王鮪鯸鮐注其狀如科斗大者尺餘性有毒在肝按鯸當作侯與王對文皆言其大耳此字後人所增廣雅釋魚鯸鮔鮐也按鯸鮔即侯鮐也鮐即本草所謂胡夷魚今所謂河豚性善怒觸之膽如氣毬故得訶名亦名鮭鮐者志也

尤 **緱** 刀劍緱也按劍首纏絲手所握處也从糸矦聲史記孟嘗君傳耳又蒯緱索隱謂把劍之物但以蒯繩纏之叚借託名標識字秦策轘轅緱氏之口注緱氏以山爲名在今河南河南府偃師縣

尤 宥 **鍭** 矢金鏃翦羽謂之鍭从金侯聲爾雅釋器孫注金鏃翦羽使前重也周禮司弓矢殺矢鍭矢注鍭矢參所用也轉注方言九箭

hòu 㫗　hòu 厚　hòu 後　kū 𢿿　hòu 后

江淮之閒謂之鍭。詩行葦四鍭既鈞，傳：鍭矢參亭。聲訓：後漢南蠻西南夷傳注：鍭猶候也，候物而射之也。古韻：詩行葦叶句、鍭、樹、侮。

㫗二名凡㫗之派皆衍㫗聲。胡口切。

有 㫗 厚也。从反亯。按：亯也，从到亯，指事。經傳皆以厚爲之。

有 厚 山陵之㫗也。从㫗从厂。按：㫗亦聲。古文从土后聲。禮記樂記：窮高極遠而測深厚。注：深厚，山川也。左隱元傳：厚將崩。注：山也。叚借爲㫗。考工弓人：厚其液而節其帤。注：多也。魯語：不厚其棟。注：大也。墨子經上：厚，有所大也。秦策：其於敝邑之王甚厚。注：重也。呂覽辨土：必厚其勒。注：深也。晉語：彼得其情以厚其欲。注：益也。魯語：無損于怨而厚于寇。注：猶彊也。禮記坊記：以厚別也。注：猶遠也。老子：德之厚。注：厚者，至也。春秋繁露仁義法：求諸已謂之厚。荀子禮論：厚，禮之積也。左襄十三傳：春秋窀穸之事。注：厚夜，謂長夜。又爲𠢕。左襄十四傳：公使厚成叔弔于衞。昭廿五傳：厚昭伯。同聲訓：釋名釋言語：厚，後也，有終後也。故青徐人言厚如後也。古韻：詩巧言叶樹、數、口、厚。卷阿叶厚、主。離騷叶詢、厚。天問叶厚、取。管子弟子職叶厚、附。

後二名凡後之派皆衍後聲。胡口切。

有宥 後 遲也。从彳幺夂。夂者後也。按：夂者，㚟也。會意。古文从辵从幺。又儀禮有司徹：兄弟之後生者。注：年少也。左定八傳：臣聞命後。注：晚也。周禮士師：以五戒先後刑罰。注：先後猶左右也。荀子大略：事至而後慮者謂之後。素問五常政大論：收氣迺後。注：後，不及時也。禮記樂記：事成而後。注：謂位在下也。呂覽長見：知古則可知後。注：來也。轉注：詩瞻卬：式救爾後。箋：謂子孫也。公羊成十五傳：爲人後者爲之子也。又詩緜蠻：命彼後車。箋：倅車也。禮記雜記：以後路與冕服。注：貳車也。莊子外物：末僂而後耳。司馬注：耳却後。古韻：詩谷風叶笱、後。南山有臺叶枸、楰、耇、後。正月叶瘉、後、口、愈、侮。角弓叶駒、後、饇、取。雝叶后、後。緜叶附、後、奏、侮。轉音：墨子襍守叶休、後。家語觀周叶下、後、鬼。谷擀閩叶戶、後。文子道原叶下、與、後。老子贊元叶首、後。

屋 𢿿 未練治纑也。按：已績未湅之麻，既湅曰纑。从麻後聲。轉注：廣雅釋器：𢿿，緰也。謂生絲。

后七名凡后之派皆衍后聲。胡口切。

有宥 后 繼體君也。象人之形。施令以告四方，故厂之。从一口。發號者君后也。按：从坐人，从口，會意。與君同意。舜典：班瑞于羣后。詩烈祖：商之先后。周禮量人：營后宮。禮記內則：后王命冢宰。周語：昔我先世后稷。轉注：左文二傳：皇皇后帝。注：后帝，天也。周禮大宗伯：王大封則

lóu 婁　gòu 垢　hǒu 呴　hòu 郈　dòu 缿　gòu 詬　gòu 茩

先告后土。注：后土，土神也。黎所食者。又禮記曲禮：天子之妃曰后。獨斷下：帝嫡妃曰皇后，帝母曰皇太后，帝祖母曰太皇太后。叚借爲後。儀禮聘禮記：君還而后退。禮記大學：知止而后有定。又儀禮鄉射禮：而后下射。射注：古文而后作後，非也。孝經說：然後曰后者，後也，當從后。按：鄭此注箸明六書叚借之法，謂寫當從后，解當從後也。又爲厚。魯公子翬字后。又爲項。逢盛碑：才亞后稾。后項雙聲。又爲姤，實爲遘。後漢魯恭傳：案易五月后用事。聲訓：釋名：天子之妃曰后。后，後也。言在後不敢以副言也。許君云繼體，亦以後訓。古韻：詩雝叶后、後。

有 茩 薢茩也。从艸后聲。郎蔆也。楚謂之芰，秦曰薢茩。別義：爾雅：薢茩，芵光。注：芵明也。葉銳，黃赤華，實如山茱萸。按：草決明，葉大于苜蓿而黃華，亦黃結角如豆莢，子形如馬蹄。與郭所說不同，疑未能明也。

宥 詬 謑詬，恥也。从言后聲。或从句聲。禮記儒行：常以儒相詬病。左昭廿傳：余不忍其詢。叚借爲呴。左昭十三傳：投龜詬天而呼。襄十七傳：重丘人閉門而詢之。注：罵也。古韻：楚詞離騷叶詢、厚。

有講 缿 受錢器也。从缶后聲。古以瓦，今以竹。按：瓦者如今之撲滿，蘇俗謂之積受罐；竹者如蘇俗市中錢筩，皆爲小孔，錢入而不可出。史記酷吏傳：惡少年投缿。索隱：受投書之器。漢書趙廣漢傳：又教吏爲缿筩。注：若今盛錢臧瓶。

有 郈 東平無鹽鄉。从邑后聲。按：春秋時魯地，後爲叔孫氏邑，在今山東東平州東境。史記魯周公世家：郈氏，字亦以厚爲之。

有 呴 厚怒聲也。从口后，后亦聲。按：后聲。字亦作呴，俗作吼，作吽。聲類：呴，嗥也。又吼，呼嗥也。春秋潛潭巴：里社鳴，此地有聖人出；其呴，百姓歸。注：鳴之怒者。今釋氏書有吽字。叚借爲雊。夏小正：雉震呴。史記殷本紀：有飛雉登鼎耳而呴。又爲詬。大戴記武王踐阼：口生呴。注：詬恥也。呴，詈也。古韻：大戴武王踐阼叶口、呴。

有 垢 濁也。从土后聲。莊子大宗師：芒然彷徨乎塵垢之外。述祖德詩：而不纓垢氛。叚借爲詬。左宣十五傳：國君含垢。莊子讓王：強力忍垢。天下：受天下之垢。注：雌辱後下之類，皆物之所爲垢。古韻：詩桑柔叶谷、穀、垢。老子任信篇叶垢、主。

婁廿五名凡婁之派皆衍婁聲。洛侯切。

虞尤遇 婁 空也。从毌中女，空之意也。按：毌，𢇍也；中女者，離中虛之象。或曰當从毋从口，會意。嬬省聲。古文从因从女。汗簡作㝗，从自从女。鍇本有籀文从臼人中女，臼聲。从中女，臼聲。人曰離婁。慧琳曰：麗廔皆空明多空之意，亦雙聲連語。說文一曰：婁務愚也。按：猶敎瞀，此疊韻連語。管子地員：五穀之狀婁婁然。注：疏也。亦重言形況字。字亦作僂。文選求通親親表注：僂僂，謹慎也。後漢楊賜傳

慺慺之心注猶勤勤也【叚借】爲摟詩山有樞弗曳弗婁馬注牽也公羊昭廿五傳牛馬維婁注繫馬曰維繫牛曰婁左定十四傳旣定爾婁豬釋文字亦作豭求子豕也失之又詩角弓式居婁驕箋斂也爾雅釋天降婁奎婁也史記律書婁者呼萬物且內之也又爲數漢書宣帝紀婁蒙嘉瑞元帝紀婁敕公卿字亦作屢書益稷屢省乃成詩正月屢顧爾僕爾雅釋詁屢疾也釋言屢亟也論語屢憎于人孔注數也屢空集解猶每也又爲僂爾雅釋木瘣木苻婁某氏注苻婁尪傴內疾瘣落又發聲之詞韓詩外傳北方有獸名曰婁又助語之詞公羊隱元年公及邾婁儀父盟于眛釋文邾人語聲後曰婁故曰邾婁又託名幖識字左僖三十三傳取訾婁穀梁作樓孟子離婁列子莊子俱作朱【聲訓】漢書婁敬傳婁者劉也公羊昭廿五傳疏婁者侶也婁侶雙聲【古韻】詩山有樞叶樞榆婁驅愉

lóu 蔞

虞尤　**蔞**　蔞艸也可以烹魚按蔞蒿一名購商可烹魚作羹从艸婁聲詩漢廣言刈其蔞楚辭吳酸蒿蔞【叚借】爲柳爲槾實爲靈檀弓設蔞翣注棺之墻飾蔞翣雙聲【古韻】詩漢廣叶蔞駒

lóu 遱

尤　**遱**　連遱也从辵婁聲按行步不絶之皃猶縷曰聯縷辭曰謰謱也亦雙聲連語

lóu 謱

虞尤　**謱**　謰謱也从言婁聲按辭支離牽引也亦雙聲連語方言十謰謱拏也楚辭絶世謀女詘兮謰謱注不正皃

shǔ 數

虞過　**數**　計也从攴婁聲周禮廩人以歲之上下數邦用禮記儒行遽數之不能終其物老子善數不用籌策又周禮保氏六曰九數司農注方田粟米差分少廣商功均輸方程贏不足旁要今有重差夕桀句股也算經黃帝爲法數有十等謂億兆京垓壤秭溝澗正載及其用也有三下數十萬曰億中數百萬曰億上數萬萬曰億左僖四傳滋而後有數【轉注】廣雅釋言數術也莊子天道有數存焉江文通禊體詩治亂惟冥數史記日者傳試之卜數孟子今夫奕之爲數又廣雅釋詁一數責也列子周穆王後世其追數吾過乎秦策使韓倉數之漢書汲黯傳羣臣或數黯又爾雅釋詁數疾也左文十六傳無日不數于六卿之門注不疏也論語事君數孟子數罟不入洿池漢書汲黯傳上常賜告者數注數者非一也或曰皆借爲婁爲速爲促【叚借】爲縮周禮司尊彝故書醴齊數酌又爲速禮記曾子問不知其已之遲數又疊韻連語漢書東方朔傳盆下爲窶數【聲訓】禮記祭義其行也趨趨以數注數之言速也爾雅釋草莽數節釋文數猶促也又重言形況字莊子逍遙游未數數然也司馬注猶汲汲也【古韻】詩巧言叶樹數口厚易繫詞下叶樹數楚詞天問叶屬數【轉音】靈樞官能叶數絡理道文子下德叶巧數

lóu 髏

尤　**髏**　髑髏也从骨婁聲按人頂骨字亦作䫫髑髏亦疊韻連語

lú 膢

尤虞　**膢**　楚俗以二月祭飲食也从肉婁聲按御覽引說文作十二月一曰祈穀食新曰離膢按風俗通祀典作貙膢又後漢劉玄傳注冀州北郡以八月朝作飲食爲膢其俗語曰膢臘社伏韓非子五蠹山居而谷汲者膢臘而相遺以水注言問道則狐狸螻蟥不膢臘也歟注膢八月旦也又續漢禮儀志立秋之日始斬牲以薦陵廟斬牲之禮名曰貙膢漢書武帝紀令天下膢五日字亦作褸廣雅釋天褸祭也【聲訓】御覽引祭邕曰貙虎常以立秋搏獸還飼其母王者亦以此日出獵還以祭宗廟膢音劉劉殺也

lǒu 簍

尤虞　**簍**　竹籠也从竹婁聲方言十三簍篆也小者南楚謂之簍廣雅釋器枸簍軬也亦疊韻連語

lóu 樓

尤　**樓**　重屋也从木婁聲此重屋可居別有名複屋者不可居爾雅陜而脩曲曰樓【轉注】左宣十五傳登諸樓車注車上望櫓服注所以窺望敵軍兵法所謂雲梯也後漢袁紹傳注樓櫓者露上無覆屋也又吳都賦樓船舉颿而過肆劉注船有樓者後漢馬融傳瘦疏嶁領注山顚也以塿爲之【叚借】爲蓏爾雅釋草果蓏之實栝樓果栝蓏樓皆雙聲字果蓏疊韻連語郭注齊人呼之爲天瓜本草一名地樓一名澤姑陶注藤生狀似土瓜而葉有叉實中人今以雜作手膏用也按實黃色大如拳山中人謂之生牛膽又爲縷說文無縷實爲宜即今凹字儀禮士喪禮牢中旁寸注牢讀爲樓謂削約握之中央以安手也又託名幖識字左哀十傳齊宗樓字子陽【聲訓】釋名樓言牖戶諸射孔婁婁然也

lú 鄽

虞　**鄽**　南陽穰鄉从邑婁聲在今河南南陽府鄧州東南二里穰縣故城地

jù 窶

虞　**窶**　無禮居也从宀婁聲按貧居無禮也俗字作寠爾雅釋言窶貧也三蒼無財備禮曰窶詩北門終窶且貧禮記曲禮主人辭以窶漢書霍光傳又諸儒生多窶人子【叚借】疊韻連語漢書東方朔傳著樹爲寄生盆下爲窶數楊惲傳鼠不容穴銜窶數也愚按窶藪之屬可施於盆以藉食物者又釋名釋姿容窶數猶局縮皆小意也

lòu 瘻

宥　**瘻**　頸腫也从疒婁聲素問生氣通天論陷脉爲瘻中山經合水多鰧魚食者不癰可以已瘻注瘻癰屬也中多有蟲淮南說山雞頭已瘻按雞頭芡也

lóu 僂

虞尤　**僂**　尪也从人婁聲周公韤僂或言背僂按白虎通周公背僂是爲強後此字本訓背曲禮記問喪傴者不袒莊子達生見痀僂者【轉注】漢書蔡義傳行步俯僂左昭七傳再命而僂又荀子王制僂巫跛覡按呂覽盡數苦水所多尪與傴人明理盲禿傴尪尪僂疾相類【叚借】爲柳實爲霤呂覽節喪僂翣以督之注蓋也又爲數實爲速公羊莊廿三傳夫人不僂不可使入注疾速也齊人語荀子儒效不能

僂指也。古韻左昭七叶僂傴俯走。侮口莊子列禦寇叶傴僂府走軌。

lǚ 褸

麌 尢 **褸** 衽也。从衣婁聲。或曰衣旁謂之衽。裳際謂之褸，亦謂之袩。轉注 褸者在旁開合處，故衣被組敝爲褸裂，亦爲襤褸。方言三褸裂敗也。四紩衣謂之褸。

jù 屨

遇 **屨** 履也。从履省婁聲。按漢以前複底曰舄，禪底曰屨；漢以後曰履，今曰鞵。周禮屨人掌王及后之服屨。轉注 一曰鞮也。周禮鞮鞻氏注：四夷舞者所屝也。字亦作鞻。又左僖四傳共其資糧屝屨。疏：絲作之曰履，麻作之曰屝，麤者謂之屨。又史記季布欒布傳身屨典軍，集解：屨，蹈之也。羽獵賦屨般首，注：踐履也。又易噬嗑屨校滅趾，注：屨，貫也。叚借 爲屢，實爲數，爲速。禮記樂記臨事而屢斷，注：屢，數也。

lóu 廔

尤 **廔** 屋麗廔也。从广婁聲。按窗牖通明之皃，亦雙聲連語。玉篇作䆫廔。長門賦作離樓，皆同。別義 一曰穜也。按謂所以穜之具，即樓也，字亦作耬。

lǚ 漊

虞 麌 **漊** 雨漊漊也。从水婁聲。不絕之皃。別義 一曰汝南謂飲酒習之不醉爲漊。又後漢章帝紀注：漊水出今澧州崇義縣西北山。

lóu ⿰魚婁

尤 **⿰魚婁** ⿰魚婁魚也。一名鰊。从魚婁聲。即大青魚。別義 說文又云：一名鯉。按鯉⿰魚婁雙聲，疑古亦借⿰魚婁爲鯉也。

lōu 摟

尤 **摟** 曳聚也。从手婁聲。爾雅釋詁：摟，聚也。孟子而摟其處子，注：牽也。按左定十二傳既定爾婁豬，以婁爲之。

lǚ 縷

麌 **縷** 綫也。从糸婁聲。楚辭招魂秦篝齊縷。廣雅釋器：縷，纑也。孟子有布縷之征，注：紩鎧甲之縷也。管子侈靡故爲禱朝縷綿，注：帛也。爾雅釋器衣褫注：衣縷也。字亦作褸。轉注 爾雅釋草傳橫目，注：一名結縷。釋文本亦作蔞。又七發固未能縷形其所由然也，注：覼縷也。叚借 爲柳，實爲霤。荀子禮論無帾絲歶縷翣其貌，注：縷讀爲柳。又疊韻連語爾雅釋草蔜蕿蔞，注：蘩蔞也，或曰雞腸草。字變作蔞。

lóu 螻

尤 **螻** 螻蛄也。从虫婁聲。字亦作蝼，亦名螜，或謂之鼫鼠。易晉如鼫鼠，王注：能飛不能過屋，能緣不能窮木，能游不能度谷，能穴不能掩身，能走不能先人。蔡邕勸學鼫鼠五能不成一技，是也。按與詩之碩鼠別。今謂之土狗，黃色，四足，頭如狗，喜夜鳴，聲如蚯蚓，喜就燈光。京中謂之拉拉古，拉螻聲之轉耳。月令螻蟈鳴。螻者螻蛄，蟈者蝦蟇。楚辭惜誓爲螻蟻之所裁。呂覽應同天先見大螾大螻。轉注 周禮內饔馬黑脊而般臂螻，列子周穆王王之廚饌腥螻而不可饗，謂螻蛄臭也。別義 爾雅螜天螻。夏小正三月螜則鳴。方言十一蟦蠐或謂之蝖螜，或謂之天螻。郭注爾雅謂即螻蛄。孫炎云螜是雄者，恐非。又爾雅蝚蛖螻，郭注：蛖螻，螻蛄類。叚借 託名幖識字。晉語趙簡子田于螻，囿名。古韻呂覽盡數叶腐螻。

lǒu 塿

尤 有 **塿** 塺土也。从土婁聲。按謂疏土與壚埴同。廣雅釋地：塿，土也。方言十三：冢自關而東謂之丘，小者謂之塿。按左傳培塿無松柏，謂小而土疏者。凡人爲之者土多疏，古亦以附婁字爲之，字亦作嶁。淮南原道運枯形于連嶁列埒之間，注：當作塿。此雙聲連語。叚借 爲樓。後漢馬融傳瘦疏嶁領，注：山顛也。字亦作婁。又託名幖識字。漢書地理志⿰阝婁縣，字亦作陵。

lòu 鏤

宥 虞 **鏤** 剛鐵可以刻鏤。从金婁聲。書禹貢梁州厥貢璆鐵銀鏤砮磬。轉注 爾雅釋器金謂之鏤。又鏤，鋑也。詩韓奕鉤膺鏤鍚。左哀元傳器不彤鏤。禮記禮器管仲鏤簋朱紘。後漢西南夷傳鏤體，注：文身也。字亦作鍽。別義 說文一日鏤釜也。方言五鍑或謂之鏤。廣雅釋器：鏤，鬴也。

sǒu 藪

有 麌 **藪** 大澤也。从艸數聲。謂澤之地多水少草木所聚者。周禮職方氏九州之藪：揚州具區，荊州雲夢，豫州圃田，青州望諸，兗州大野，雍州弦蒲，幽州貕養，冀州楊紆，并州昭餘祁，是也。按爾雅十藪：魯大野，晉大陸，秦楊陓，宋孟諸，楚雲夢，吳越之閒具區，齊海隅，燕昭余祁，鄭圃田，周焦護也。兩經乖異。或謂殷有九州，職方本殷制；爾雅周有焦護，非可預言，疑後人所增矣。呂覽淮南無大野焦護，而以趙之鉅鹿當之，大陸並稱。鄭注周禮澤虞又云：爾雅有八藪，皆疑未能明也。周語藪物之歸也。詩叔在藪，傳：藪，禽之府也。轉注 僞武城萃淵藪。典引肴覈仁義之林藪。叚借 爲匬。小爾雅釜二有半謂之藪。又爲婁。考工輪人以其圍之阞捎其藪，按：空也。注意謂借爲趨，據說文則借爲橾。又爲捜。廣雅釋詁三：藪，求也。又疊韻連語漢書東方朔傳是寠藪也。按葛蘿之屬。詩伐木傳以藪曰湑，疏：草也。按即寠藪。聲訓 風俗通山澤：藪之爲言厚也，有草木魚鼈所以厚養人也。

sǒu 籔

有 麌 **籔** 炊箕也。从竹數聲。字亦作篗。廣雅釋器：篗，箕也。蘇俗謂之飯籮。字亦作篟。方言以縮爲之。按郊特牲縮酌用茅，注：泲之以茅縮去滓也。左傳無以縮酒。縮、篟義同，疑籔亦以漉酒。叚借 爲匬。儀禮聘禮車秉有五籔，記：十六斗曰籔。注：今文籔爲逾。

屚二 名凡屚之派皆衍屚聲 盧候切

lòu 屚

宥 **屚** 屋穿水下也。从雨在尸下。會意。尸者屋省。經傳皆以漏爲之。叚借 疊韻連語漢書地理志交趾郡苟屚。

lòu 漏

宥 **漏** 以銅受水刻節，晝夜百刻。文選劉越石詩注引說文：以銅盆受水。从水屚聲。今西法一日作九十六刻。按刻以識之，故謂所識者曰刻。禮記樂記百度得數而有常，謂百刻也。周禮閽人注：時漏盡。疏：若夏至晝六十刻夜四十刻，冬至晝四十刻夜六十刻。叚借 爲屚。爾雅西北隅謂之屋漏，孫注：當室之白，日光所漏入。釋名：禮每有親死者，輒徹屋之西北隅薪，以爨竈煮沐，供諸喪用，時若值雨則漏，遂名屋漏也荀子儒效窮閻漏屋又公羊文六傳君漏言也注自上言泄下曰漏魏都賦隰壤瀸漏而沮洳注猶滲也荀子脩身易忘曰漏又爲陋詩尚不愧于屋漏箋隱也又爲陋素問解精微論有毚愚仆漏之問又爲婁按河圖靈準聽禹耳參漏注空也淮南泰族朱弦漏越注穿也又爲螻禮記內則馬黑脊而般臂漏又爲霤莊子達生有沈有漏注神名古韻詩抑叶漏覯易井叶鮒漏

㔷二　名凡㔷之派皆衍㔷聲　郎豆切

宥 **㔷** 側逃也从匸丙聲按當从匸从丙會意說文各本从匸从丙誤多一橫今正別義一曰箕屬

宥 **陋** 阸陝也从𨸏㔷聲書明明揚側陋疏居處褊隘故言側陋管子侈靡百盎無築千聚無社謂之陋淮南脩務生于辟陋之國注鄙小也楚辭自悲凌恒山其若陋兮轉注荀子脩身少見曰陋賈子道術辭令就得謂之雅反雅爲陋叚借爲㔷爾雅釋言陋隱也

兜二　名凡兜之派皆衍兜聲　當侯切

尤 **兜** 兜鍪首鎧也从兜从皃省會意白象人頭也古謂之冑按冑所以冡冒其首故謂之兜亦曰兜鍪者疊韻連語轉注晉語在列者獻詩使勿兜注惑也按蒙蔽之意或曰兜之誤字叚借爲䚃說文目部䚃兜又發聲之詞後漢列女傳兜離注匈奴言語之皃按猶侏

㒧也或曰借爲咮噣又託名幖識字書驩兜古文尚書作鴅吺山海經作驩頭古今人表宋景公兜欒史記作頭曼

尤 **篼** 飲馬器也从竹兜聲按盛水飲馬之竹器轉注方言五飲馬橐或謂之㼌篼或謂之樓篼廣雅幨篼樓篼囊也

斗二　名凡斗之派皆衍斗聲　當口切

有 **斗** 十升也象形有柄說文敘俗謂人持十爲斗蓋俗字作㪷禮記月令角斗甬轉注通俗文木瓢爲斗大戴保傅太宰持斗而御戶右注斗所以斟詩行葦酌以大斗又易豐日中見斗穀梁文十四傳斗有環域也按北斗七星南斗六星又天市垣小斗五星皆象斗形故以爲名漢書五行志斗天之三辰綱紀量也春秋文耀鉤斗者天之喉舌又釋名釋宮室斗在欒兩頭如斗也斗負上員檼也又釋牀帳小帳曰斗帳形如覆斗也叚借發聲之詞後漢竇融傳注斗陗峻絕也俗字作陡又疊韻連語一切經音義十四斗擻猶䉤擻也江南言斗擻北人言穀穀又託名幖識字齊策王斗古今人表作升聲訓書帝命驗黃曰神斗宋注斗主也易日中見斗孟喜本作主古韻詩行葦叶主醽斗耇易豐叶部斗主

有 **枓** 勺也从木从斗按此字後出當爲斗之轉注儀禮少牢饋食禮司宮設罍水于洗東有枓注枓𣂁用枓史記張儀傳金斗

長其尾注凡方者爲斗若安長柄則名爲枓趙世家使廚人操銅枓正義其形方有柄取斟水器廣雅釋器蒲枓杓也

鬥二　名凡鬥之派皆衍鬥聲　都豆切

宥 **鬥** 兩士相對兵杖在後象鬥之形按爭也从丮𠂇相持會意丮𠂇象拳勇古孝經說二士對戟爲鬥謂从二士𠂇象戟形此說文所本經傳多以鬭爲之

宥 **鬭** 遇也从鬥斲聲按相接之意从斲鬥聲說文無斲部故附鬥部今木工所謂鬭筍是也叚借爲鬥周禮調人凡有鬭怒者成之注辨訟者也史記天官書與太白鬭集解星相擊爲鬭漢書天文志相陵爲鬭呂覽明理其日有鬭蝕注兩日共鬭而相食孝經注鬭諍也釋文二士對戟曰鬭古韻呂覽貴公叶斲豆鬭寇

豆十一　名凡豆之派皆衍豆聲　徒候切

宥 **豆** 古食肉器也从口象形按象器上一象幎巾丨象骹下一象丌古文象器中有實爾雅木豆謂之豆竹豆謂之籩瓦豆謂之登詩生民卬盛于豆傳豆薦菹醢也考工記食一豆肉中人之食也按禮圖豆口員徑尺黑漆飾朱中大夫以上畫以雲气諸侯

以象天子以玉皆謂飾豆口也其實四升禮記明堂位夏后以楬豆注無異物之飾周獻豆注疏刻之轉注方言五桮落又謂之豆筥廣雅豆杯落也按盛杯器如今之酒記茶船其形略如豆故以爲稱別義考工旊人豆實三而成𣪠左昭三傳四升爲豆又小爾雅匊四謂之豆說苑辨物十六黍爲一豆後漢耿顯傳注四斗爲豆皆非是誤文又說文尗豆也廣雅大豆尗也小豆荅也天豆雲實也皆漢時稱名古謂之尗叚借爲斗考工梓人飲一豆酒一獻而三酬則一豆矣注當爲斗又爲羞周禮腊人凡祭祀共豆脯薦脯膴胖注當爲羞按詩楚茨爲豆孔庶傳豆謂內羞庶羞也是豆亦可通古韻韓詩常棣叶豆飫具孺呂覽貴公叶斲豆鬭寇

有 **梪** 木豆謂之梪从木豆按古豆以瓦爲之後世易以木乃製此字當爲豆之或體今附于此廣雅釋器升四曰梪僞武成執豆籩釋文本作梪爾雅釋器釋文本作梪

宥 **逗** 止也从辵豆聲方言七傺眙逗也漢書韓安國傳廷尉奏恢逗撓匈奴傳逗遛不進思元賦逗華陰之湍渚別義廣雅釋器逗脩也其義未聞叚借發聲之詞史記匈奴傳而無封樹張華曰匈奴名冢曰逗落

宥 **䪬** 車鞁具也从革豆聲

tǒu ⿰魚豆　tóu 頭　shù 裋　shù 侸　dòu 郖　dòu 脰　shù 豎

慶 **豎** 豎豎 堅立也从臤豆聲各本作豎立也誤籀文从臣从殳疑籀文臤字如此作廣雅釋詁四立也[轉注]史記孟嘗君傳而士不得裋褐索隱豎褐謂褐衣而豎裁之以其省而便事也[叚借]爲孺周禮內豎注未冠者之官名史記酈生傳沛公罵曰豎儒索隱豎者童僕之稱淮南人閒豎陽穀奉酒而進之注豎小使也江文通褉體詩注豎猶小也又史記秦始皇紀參者利豎褐集解小褐也荀子大畧衣則豎褐不完注僮豎之褐亦短褐也按豎褐有兩說其實借爲裋字又託名幖識字海外東經帝命豎亥步自東極至于西極俗字作竪又仲尼弟子燕人周子家豎漢書儒林傳作周醜子家又左僖廿四傳豎頭須注一作里鳬須

宥 **脰** 脰 項也从肉豆聲左襄十八傳兩矢夾脰爾雅釋鳥燕白脰烏釋獸麐麕短脰考工梓人以脰鳴者注鼃黽屬莊子德充符其脰肩肩史記司馬相如傳解脰陷腦[別義]公羊莊十二傳絕其脰注脰脰也齊人語按實借爲股儀禮士虞禮記取諸左脇上古文作左股又取諸脰脇古文爲頭監注脇脰肉也又廣雅釋言脰錯也[叚借]爲豆按廣雅釋言脰鉄也[聲訓]釋名咽青徐謂之脰物投其中受而下之也

尤 **郖** 郖 宏農縣庾地从邑豆聲在今河南陝州靈寶縣有郖津字亦作浢穆天子傳天子自窴軨乃次于浢水之陽水經注亦作浢

遇 **侸** 侸 立也从人豆聲讀若樹字亦作尌俗作住今主客字以主爲之後漢鄧禹傳颿停車住節[叚借]爲數列子黃帝百住而不止楊朱曰百住釋文或作往

慶遇 **裋** 裋 豎使布長襦从衣豆聲按短者曰裋褕方言四襜褕其短者謂之裋褕字亦作襡方言四複襦江湘之閒謂之襡列子力命衣則裋褐釋文複襦也楚人謂袍爲裋又引說文裋敝布襦也漢書貨殖傳裋褐不完史記秦始皇紀寒者利裋褐徐廣曰裋一作短小襦也

尤 **頭** 頭 首也从頁豆聲春秋元命苞頭者神所居上員象天氣之府也禮記玉藻頭容直淮南氾論頭會箕賦注頭會隨民口數人責其稅又儀禮士相見禮左頭奉之注頭陽也又公羊注殺人者刎頭釋文本作脰[叚借]爲疊韻連語爾雅鴝頭鵅釋文字或作投又左僖廿四傳豎頭須注一曰里鳬須[聲訓]釋名頭獨也於體高而獨也

有 **⿰魚豆** ⿰魚豆 魚名从魚豆聲字亦作鮭

鋀四名凡鋀之派皆衍鋀聲徒口切

dòu 鋀　dōu 覨　zhuó 斲　zhuó ⿱斲衣　kǒu 口　kòu ⿰言口　kǒu 叩　kòu 扣　kòu 釦

有 **鋀** 鋀𧯷 酒器也从金𧯷象器形或省金按古文象形非或體也小篆加金旁一云即詩行葦之大斗按大斗有柄長三尺非其形

尤 **覨** 覨 目蔽垢也从見𧯷聲讀若兜目部䁖下蔽兜以兜爲之蘇俗謂之眼眵

覺 **斲** 斲斲 斫也从斤𧯷按鍇本𧯷聲是也或从丮畫聲各本从畫誤玉篇引說文作从斤从畫字亦作剅作斵誤作斲禮記檀弓木不成斲注雕飾也穀梁莊廿四傳斲之礱之釋文削也楚辭懷沙巧倕不斲兮湘君斲冰兮積雪[古韻]呂覽貴公叶斲豆鬭寇

覺屋 **⿱斲衣** ⿱斲衣 衣至地也从衣斲聲[別義]廣雅釋詁四⿱斲衣補也

口三十九名凡口之派皆衍口聲苦后切

有 **口** 口 人所以言食也象形易兌爲口晉語且夫口三五之門也注所以紀三辰宣五行也春秋元命苞口之爲言達也又口者脾之門戶鬼谷子捭闔口者心之門戶白虎通情性口者心之候鬼谷權篇故口者機關也所以開閉情意也說苑說叢口者關也論衡言毒口火也荀子榮辱清之而俞濁者口也左成二傳若苟有以藉口疏少有所得則于口爲藉故曰藉口[叚借]爲訽公羊隱四傳吾爲子口

隱矣注口猶口語相發動也又顏氏家訓書證鷄口當爲尸牛後當爲從俗寫誤也按非是口後韻語[聲訓]釋名口空也口空雙聲[古韻]詩正月叶瘉後口愈侮巧言叶樹數口厚左昭七傳叶僂傴俯走侮口大戴武王踐阼叶口垢句中韻[轉音]宋玉風賦叶口下怒迕莽素問疏五過論叶道葆口起咎理市愈得海晦

有 **⿰言口** ⿰言口 扣也从言从口會意口亦聲如求婦先⿰言口叕之按問也从言口聲今字以叩爲之又誤作叩[叚借]爲欨廣雅釋詁一⿰言口笑也釋訓⿰言口⿰言口笑也

有宥 **叩** 叩 京兆藍田鄉从邑口聲與悒字俗作吧別在今陝西西安府藍田縣[叚借]爲敂論語以杖叩其脛淮南說林厤者叩舟精神滕上叩頭又爲⿰言口論語我叩其兩端而竭焉字皆誤作叩或曰叩从卩口聲觸也異說不可從又按叒字籀文叒下似今叩字

有 **扣** 扣 牽馬也从手口聲史記伯夷叔齊傳扣馬而諫淮南氾論梁由靡扣繆公之驂廣雅釋詁三扣持也[叚借]爲敂荀子法行扣之其聲清揚而遠聞列子湯問扣石墾壤又爲跔七命扣跋幽叢按曲伏也

有 **釦** 釦 金飾器口从金从口會意口亦聲西都賦元墀釦砌按謂以金涂門限鮴俗所謂鍍金也[叚借]爲㖃吳語三軍皆譁釦以振旅

豆 鋀 口

虞尤遇

句 曲也从口丩聲按从丩口聲正當讀如今言鉤俗作勾左哀十七傳越子爲左右句卒注鉤伍相著考工廬人句兵欲無彈夸人覆之而角至謂之句夸禮記月令句者畢出禮斗威儀山車垂句尙書大傳古之人衣上有冒而句領者注繞頸也淮南氾論豈必裦衣博帶句襟委章甫哉莊子田子方履句履者知地李注方也淮南脩務據句枉注曲枝也本經句爪居牙注鷹鸇之屬管子弟子職居句如矩注著燭處又崔靈恩禮記義宗木正曰句芒者物始生皆句曲而芒角因用爲官名又淮南道應句星在房心之閒注客星也又周髀算經故折矩以爲句廣三股脩四徑隅五按句股之法古九數謂之旁要漢曰句股【轉注】廣雅釋詁一句下也大戴曾子立事與其倨也寧句注句以喻敬按倨句猶侈斂也又詩關雎疏句者局也聯字分疆所以局言者也周伯琦曰語絶爲句按取稽留可鉤乙之意曲畫以識之者也說文𡿪下曰讀如章句之句則後漢時已轉其音如今言𡿪淮南書二攖援注攖讀屈直木令句欲句此木之句是句曲義亦可讀如𡿪如瞿矣說文玖下讀若人句脊之句則句曲又讀如紀一聲之轉其無定如此史記叔孫通傳臚句傳蘇林曰下傳語告上爲句蓋亦所謂聯字分疆期于清晰者也【假借】爲絇周禮屨人靑句又爲九淮南墬形句嬰民注九嬰北方國又發聲之詞越語南至於句無注諸暨有句無亭漢書地理志號曰句吳注夷俗語之發聲猶越爲于越左宣八傳疏句或爲工禮記明堂位注無句作瞿釋文本作𩴾又疊韻連語左傳廿一傳任宿須句公羊及水經濟水注皆作朐封氏聞見記句榆根余皆是一山亦聲之譌變耳又北山經陽山有獸焉其頸腎其狀如句瞿其名曰領胡注句瞿斗也又後漢蓋勳傳句就注羌別種也【古韻】詩行葦叶句鍭樹侮禮記樂記叶句鉤

有

玽 石似玉者从玉句聲讀若苟

有

苟 艸也从艸句聲大篆从茻【假借】發聲之詞廣雅釋詁三苟且也詩君子于役苟無飢渴廣雅釋詁一苟誠也詩采苓苟亦無信又易繫辭傳苟錯諸地而可矣虞注或也考工弓人苟有賤工注偷也又疊韻連語匡謬正俗苟者媮合之稱所以行無廉隅不存德義謂之苟且按索詩曰苟且單詩曰苟留語則苟而賦禮記曲禮不苟笑管子小匡則民不苟注苟謂非時入山澤也韓詩外傳指緣謬辭謂之苟又爲茍之誤字茍自急敕也从勹口从羊省會意讀如亟敬字从此爾雅亟速也釋文本作茍儀禮燕禮記賓爲苟敬注且也假也苟敬者主人所以小敬也失之禮記大學苟日新疏誠也亦失之大戴文王官人形柔而人苟又託名幖識字左襄十五傳鄭人奪堵苟之妻釋文本作狗

虞

跔 天寒足跔也从足句會意句亦聲按蘇俗所謂𦟝牽筋周書太子晉師曠蹋其足太子問之曰天寒足跔【假借】爲㪺淮南精神𨚗上跔頭注讀車軥之軥亦作𨙸

虞

拘 止也从手句會意句亦聲易說卦傳艮爲拘隨拘係之書酒誥盡執拘海外北經拘纓之國一手把纓【轉注】淮南氾論而不肯者拘焉注猶檢也後漢王霸傳注拘猶限也廣雅釋詁一隔也素問至眞要大論筋肉拘苛注急也後漢曹褒傳注拘攣猶拘束也仲長統傳注拘絜謂自拘束而絜其身者左周黃傳注拘儒猶褊狹也漢書史馬遷傳使人拘而多畏注曲礙也【假借】爲句淮南齊俗拘罷拒折之容注拘罷圓也荀子宥坐其流也埤下裾拘必循其理注讀爲鉤曲也哀公有務而拘領者矣又疊韻連語荀子榮辱軥錄疾力注拘錄謂自檢束也又重言形況字莊子大宗師將以予爲此拘拘也王注不申也淮南精神其以我爲此拘拘耶注好皃【古韻】三略下叶誅拘消

有

笱 曲竹捕魚具也从竹句會意句亦聲承于石梁之孔魚入不得出又有以薄爲梁笱承之者謂之寡婦之笱詩谷風母發我笱敝笱敝笱在梁淮南兵畧發笱門【古韻】詩谷風叶笱後

尤

鉤 曲鉤也从金句會意句亦聲晉語申孫之矢集於桓鉤注帶鉤也孟子豈謂一鉤金莊子胠篋竊鉤者誅詩皇矣以爾鉤援傳鉤梯也所以引上城者漢書韓延壽傳作刀劍鉤鐔注兵器也周禮巾車金路鉤注鉤婁頷之鉤也東京賦鉤膺玉瓖注當胸也莊子胠篋鉤餌網罟罾笱之知釋文釣鉤也書璇璣鈐白狼銜鉤【轉注】小爾雅廣詁鉤取也鬼谷子飛箝引鉤箝之辭注謂誘致其情管子宙合鉤入枉而出直後漢范滂傳注鉤引也史弼傳注鉤謂相連也靈帝紀注相牽引也荀子彊國勁魏鉤吾右【假借】託名幖識字爾雅鉤芺即苦芺也似薊又鉤藤姑即王瓜也似苦蔞又後漢杜篤傳注鉤町西南夷也又西都賦周以鉤陳之位星名又借爲句詩六月元戎十乘傳夏后氏曰鉤車先正也禮記深衣續衽鉤邊注若今曲裾也儀禮鄉射禮𢓊則鉤楹內注繞楹而東也荀子性惡鉤木必將待檃括烝矯然後直又爲拘漢書鮑宣傳注鉤留也莊子徐无鬼上且鉤乎君又雙聲連語方言五鉤或謂之鉤格注縣物者爾雅鴒鶹鷅注亦謂之鉤鵅【古韻】禮記樂記叶句鉤

有宥

敂 擊也从攴句聲讀若扣經傳皆以扣以叩爲之【假借】爲訽按周禮司關凡四方之賓客敂關注猶謁關人也疏猶至也

虞

翑 羽曲也从羽句會意句亦聲【別義】爾雅馬後足皆白翑

gòu 雊

宥尤 雊 雄雌鳴也雷始動雉句其頸而鳴从隹从句會意句亦聲雌雉鳴曰雊詩小弁雉之朝雊漢書郊祀志登鼎耳而雊字亦以呴爲之呴者欨字

qú 鴝

虞尤宥 鴝 鴝鵒也从鳥句聲今俗謂之八哥字亦作鸜考工記鸜鵒不踰濟左昭廿五年有鸜鵒來巢公羊作鸛音權漢書五行志鸜鵒夷狄穴藏之禽〔別義〕莊子至樂蝴蝶胥也化而爲蟲生于竈下其狀若脫其名爲鴝掇列子天瑞鴝掇千日又爾雅鴝鵖鵃注亦謂之鴝格此雙聲連語

qú 胊

虞 胊 脯挺也从肉句會意句亦聲全挺曰脯脡其耑屈處曰朐禮記曲禮左朐右末注屈中曰朐儀禮士虞禮記朐在南注朐脯及乾肉之屈也〔叚借〕爲雚管子侈靡有時而朐注遠也又爲句十三州志有朐忍蟲按卽虹蚓之轉語其行屈申漢巴郡有朐忍縣後字誤爲朐䏰大徐新附因有朐䏰二字又爲菗說文芐熒朐也又爲軥昭廿六傳繇朐汰輈又託名幖識字後漢桓帝紀注朐山名也

gōu ⿰句刂

尤 ⿰句刂 鎌也从刀句聲廣韻引說文關西呼鎌爲⿰句刂字亦以鉤爲之方言五刈鉤或謂之⿰句刂淮南氾論木鉤而樵注鎌也

jǔ 枸

麌尤虞有 枸 枳椇也从木句聲亦謂之枸欘詩南山有臺南山有枸陸璣疏山木一名枸骨今官園種之謂之木蜜廣志枸欘似橘而大如飯箯可以浣濯漚葛紵也今出番禺以南縷切蜜漬爲糝食之甚佳按字亦作椇與㯋字別禮記曲禮椇榛䟽卽今白石李也形如珊瑚味甜美內則芝栭蔆椇注棃之不臧者〔別義〕枸檵也按雙聲連語卽詩四牡之苞杞廣雅枸乳苦杞也其實亦謂之狗嬭子字亦作构〔叚借〕爲蒟說文枸木也可爲醬出蜀按卽扶留藤實也史記西南夷傳南越食蒙蜀枸醬又爲句海內經有木名曰建木百仞無枝有九欘下有九枸注枸根盤錯也吳都賦栟櫚枸根注枸根樹也又方言九車枸簍宋魏陳楚之閒謂之篨注卽車弓也亦疊韻連語又通俗文軸限者謂之枸又荀子性惡故枸木必待檃括烝矯然後直注讀爲鉤曲也又爲矩曲禮椇榛䟽椇訓法也又爲⿲禾句又禮記明堂位殷以椇注椇之言枳椇也謂曲橈之也〔古韻〕詩南山有臺叶枸楰耇後

jǔ ⿲禾句又

麌 ⿲禾句又 積⿲禾句又多小意而止也从禾从又从句會意句亦聲又者丑省也按支拘屈曲有所妨礙之意〔叚借〕爲枳椇之枸說文一曰木名

qú 邭

虞 邭 地名从邑句聲

xū 昫

虞遇 昫 日出溫也从日句聲司馬法旦明鼓五通爲發昫〔叚借〕託名幖識字漢書地理志有昫衍縣

jū 痀

虞 痀 曲脊也从疒从句會意句亦聲與傴僂同列子黃帝見一痀僂者承蜩轉注劇也字亦作劬爾雅釋詁劬勞病也詩凱風母氏劬勞傳病若也禮記內則見于公宮則劬字又作頓字林頓勤作也〔聲訓〕韓詩鴻鴈傳劬數也

kòu 佝

宥 佝 佝瞀也从人句聲愚冢之意字亦作怐廣雅釋詁一怐愚也荀子非十二子世俗之溝猶瞀儒以溝爲之亦作敎瞀穀瞀㲄瞀傋霿區霿怐愗皆疊韻連語

gǒu 耇

有 耇 老人面凍黎若垢也按當訓老人背傴僂也从老省从句會意句亦聲詩行葦黃耇台背爾雅釋詁耇老壽也書微子咈其耇長君奭耇造德不降周書皇門克有耇老方言十二慄耇羸也按羸者羸之譌字慄者栗之借字〔聲訓〕爾雅孫注面如凍梨色如浮垢老人壽徵也舍人注耇覯也血氣精華覯竭言色赤黑如狗矣釋名耇垢也皮色驪頓如垢也方言十注耇革老者皮色枯瘁之形也按耇革雙聲連語〔古韻〕詩南山有臺叶枸楰耇後行葦叶主醹斗耇

xū 欨

麌虞遇 欨 吹也从欠句聲字亦作喣漢書中山靖王勝傳夫眾喣漂山字亦作呴王褒傳呴噓呼吸如僑松注呴噓皆開口出氣也莊子刻意吹呴呼吸老子或呴或吹淮南俶真陰陽所呴〔別義〕一曰笑意琴賦欨愉懽釋注引說文笑兒廣雅釋言欨歖也釋詁三嘔色也釋訓嘔嘔喜也字亦作嘔大戴文王官人其兒固嘔注嘔以躭色下人謂形柔而人苟漢書王褒傳是以嘔喻受之注和悅兒淮南原道呴諭覆育莊子駢拇呴俞仁義亦疊韻連語劇秦美新上下相嘔史記淮陰侯傳言語嘔嘔東方朔傳愉愉呴呴注言語順也亦重言形況字〔叚借〕爲雊夏小正雉震呴傳鳴也又爲昫廣雅釋詁二喣色也又雙聲連語周禮職方氏其川虖池嘔夷注祁夷與出平舒卽滱水也

jū 駒

虞 駒 馬二歲曰駒从馬句聲一歲曰馵三歲曰駣詩角弓老馬反爲駒周禮庾人敎駣攻駒校人執駒漢書劉德傳武帝謂之千里駒注年齒幼少故謂之駒淮南脩務夫馬之爲草駒之時〔別義〕詩漢廣言秣其駒傳五尺以上曰駒株林乘我乘駒箋六尺以下曰駒淮南時則執騰駒注八尺以下曰駒詩皇皇者華我馬維駒釋文駒本作驕高六尺爲驕按駒驕雙聲以義當作驕以韻當作駒疑未能明今訂爲別義又後漢班彪傳注駒形鱗色牛角〔轉注〕夏小正元駒賁傳螘也法言先知吾見元駒之步方言十一蚍蜉西南梁益之閒謂之元駒又齊魯之閒謂之蚼蟓以蚼爲之廣雅元蚼螘也〔古韻〕詩漢廣叶蔞駒株林叶駒株皇華叶駒濡驅諏角弓叶駒後饇取白駒叶駒侯游

gǒu 狗

有 狗 犬也大者爲犬小者爲狗从犬句聲爾雅釋畜未成毫狗易說卦傳艮爲狗春秋考異郵故斗運狗三月而生也注狗斗之精所生也史記秦本紀以狗禦蠱正義狗陽畜也字林狗家獸也賈子胎敎狗者南方之牲也〔別義〕爾雅釋獸熊虎醜其子狗注律曰捕虎

qú 鼩　qǔ 竘　xǔ 姁　qú 絇　gǒu 蚼　qú 䵶　qú 斪　qú 軥

一構錢五千其狗半之字亦作猗【轉注】後漢獻帝紀注有聲爲天狗馬融傳注天狗星名也又公羊宣六傳靈公有周狗注可以比周之狗所指如意賈子禄事五齊有艮狗曰轉盧亦一旦而走五百里【聲訓】說文孔子曰狗叩也叩气吠以守按叩者訓字猶問也聞也

鼩 虞　精鼩鼠也从鼠句聲爾雅釋獸鼩鼠注亦名鼩鼱按鼱鼩一聲之轉李巡謂一名鼩鼠按上文別有鼩鼠非是

竘 有 麌　健也从立句聲讀若齲淮南人閒室始成竘然善也注高壯皃【別義】一曰匠也逸周書有竘匠方言七竘貌治也吳越飾皃謂竘或謂之巧廣雅釋詁三竘巧也

姁 虞 麌 遇　嫗也从女句聲漢書義縱傳縱有姊姁呂后紀名雉字娥姁【叚借】爲欨舞賦姁媮致態亦疊韻連語史記淮陰侯傳言語嘔嘔漢書韓信傳注姁姁和好皃亦重言形況字

絇 虞　纑繩絇也从糸句會意句亦聲讀若鳩周禮屨人疏絇謂屨頭以絛爲鼻禮記曲禮上疏用物穿屨頭爲絇曲禮下疏絇爲拘着屨頭以容受繫穿貫也其屈之形似漢時刀衣鼻也儀禮士喪禮綦結于跗連絇注絇屨飾如刀衣鼻在屨頭上以餘組連之止足坼也後漢明帝紀注絇屨鼻頭以綵飾之家語五儀注絇屨履頭有絇飾色也禮記檀弓繩屨無絇周禮屨人靑句以句爲之【聲訓】爾雅釋器絇謂之救絇救雙聲儀禮士冠禮黑屨靑絇繶純注絇之言拘也以爲行戒

蚼 有 虞　北方有蚼犬食人从虫句聲逸周書渠搜以鼩犬能飛食虎豹以鼩爲之大戴作虛犬山海經作蚼犬【叚借】爲駒廣雅釋蟲元蚼蟷也方言十一蚍蜉齊魯之閒謂之蚼蟓

䵶 虞 尤　鼁屬頭有兩角出遼東从黽句聲按水蟲也左傳一人門于句鼆此託名幖識字以句爲之【別義】吳都賦䵶鼊鯖鰐注䵶鼊龜屬也其形如笠四足縵胡無指其甲有黑珠文采如瑇瑁可以飾物肉如龜肉肥美可食

斪 虞　斫也从斤句聲按所以斫地爾雅釋器斪斸謂之定李注鉏也字亦以句爲之

軥 虞 尤 宥　軶下曲者从車从句會意句亦聲按軶下爲兩坳以叉服馬之頸者亦謂之烏啄左襄十四傳射兩軥而退昭廿六傳繇朐汏輈以朐爲之史記游俠傳乘不過軥牛索隱大牛當軛小爲軥牛【叚借】爲句廣雅釋器鸞軥車也禮記明堂位鉤車夏后氏之路也詩六月傳夏后氏曰鉤車先正也釋名鉤車以行爲陳鉤般曲直有正夏所制也又爲鉤考工車人以鑿其軥司農注鉤鉤心釋名軥心從輿心下鉤軸也廣雅釋詁一軥引也又疊韻連語荀子榮辱軥錄疾力注與拘同謂自檢束也

xù 䣱　xù 煦　jǔ 蒟　kòu 寇　kòu 滱　gòu 冓　gòu 構

䣱 御 遇　醉醟也从酉句聲字亦作酗凶酗一聲之轉漢書趙充國傳湯數醉酗羌人注醉怒曰酗書微子我用沈酗于酒傳酗醟也無逸酗于酒德哉傳以酒爲凶謂之酗

煦 遇 麌　烝也按烝也从火昫聲方言七煦煆熱也乾也廣雅釋詁二爇也考工弓人休于氣以休爲之休煦雙聲【叚借】爲昫說文一曰赤皃一曰溫潤也韓詩章句煦暖也太元釋圜煦釋又爲飲禮記樂記煦嫗覆育萬物注氣曰煦又爲眀家語本命及生三月而微煦注煦睛轉也

蒟 麌 遇　蒟果也按扶留藤果从艸竘聲實如桑葚而長可爲醬其葉可用食檳榔蜀都賦蒟蒻茱萸注蒟醬也史記西南夷傳以枸爲之【別義】爾雅釋草蒻芋茨神農本草蒟蒻一名鬼芋西陽雜俎蒟蒻根大如椀至秋葉滴露隨滴生苗字亦作蒟

寇二名凡寇之派皆衍寇聲 苦候切

寇 宥　暴也按暴也从攴完會意與敗賊同義廣雅釋言寇鈔也易說卦傳坎爲寇盜書舜典寇賊姦宄傳羣行攻劫曰寇鄭注强取爲寇左文七傳凡兵作於內爲亂於外爲寇呂覽貴公大兵不寇注害也淮南主術寇莫大於陰陽後漢魯丕傳注司寇刑名也【別義】方言一凡物盛多謂之寇注今江東有小鳧其多無數俗謂之寇鳧爾雅鸍鳺寇雉又寇雉泆泆按文如雌雉形如鶉鳺肉美今萊陽人所謂沙雞也舊唐書謂之突厥雀云鳴鶉羣飛入塞突厥必入寇則傳會寇義而爲此說也【古韻】易屯叶寇媾呂覽貴公叶鬭豆鬭寇

滱 宥　滱水起北地靈邱東入河从水寇聲滱水卽嘔夷水并州川也按今直隸唐河也出今山西大同府渾源州翠屏山卽古高氏山入直隸至安州東入白洋淀與故道小異漢書注音彄

冓十一名凡冓之派皆衍冓聲 古候切

冓 宥　交積材也象對交之形按以木相加也古算經壞生冓冓生澗用以紀數古觚算亦取橫直交加之象後人以溝爲之卽結冓冓造字【叚借】爲篝詩墻有茨中冓之言按謂房室籠答之地韓魯詩皆訓夜史記陳陟世家夜篝火龜策傳卽以篝燭此地篝籠之用以夜也

構 宥　蓋也从木冓會意冓亦聲按此字實當爲冓之或體今系冓下字亦作搆淮南本經大搆駕興宮室注連也氾論築土構木注架也魯靈光殿賦觀其結構【轉注】詩四月我日構禍青蠅構我二人左桓十六傳構急子齊策秦楚構難又易繫辭傳男女構

gòu 遘　jiǎng 講　gōu 篝　gōu 韝　gòu 購　gòu 覯　gōu 溝

構皆交結會合之意〔叚借〕爲桷說文杜林以爲椽桷字又爲講廣
雅釋詁三成也史記黥布傳事以搆又淮南說林文王與諸侯搆
之注誺也又爲篝漢書陳勝傳夜構火狐鳴又爲遘淮南書解構
人閒之事又爲轂漢書敘傳注牛羊乳汁曰構〔古韻〕荀子勸學叶
束構

宥 宥 **遘** 遇也从辵冓聲字亦作逅易卦名以媾爲之字作姤鄭本正作
遘書金縢遘厲虐疾詩柏舟遘閔既多野有蔓艸邂遘相遇釋
文本作逅楚辭哀時命夫何予生之不遘時爾雅釋詁遘遻也〔叚借〕
爲覯爾雅釋詁遘見也又爲冓王粲七哀詩豺虎方遘患注與構同
〔古韻〕詩綢繆
叶芻隅逅

講 **講** 和解也从言冓聲西周策而秦未與魏講也史記樗里子甘茂
傳與魏講罷兵大戴千乘以中情出小曰閒大曰講又易象下
傳君子以朋友講習周禮校人講馭夫禮記禮運講信脩睦左莊三
十二傳雩講于梁氏襄五傳講事不令凡肄習較論之意皆一義之
引申初學記引廣雅講讀也〔叚借〕爲斠
按漢書曹參傳講若畫一注或作較

尤 **篝** 客也可熏衣从竹冓聲宋楚謂竹篝牆以居也方言五篝陳楚
宋魏之閒謂之墻居注今熏籠也史記陳涉世家夜篝火滑稽

傳甌窶滿篝集解籠也史記龜策傳字作篝按詩中冓以冓爲之〔轉
注〕楚辭招魂秦篝齊縷注絡也又廣雅釋詁四篝夜也字亦作篝

尤 **韝** 射臂決也按射臂捪也著左臂以朱韋爲之从韋冓聲詩謂之
拾儀禮謂之遂內則謂之捍非射亦用以斂衣便事曰韝衣著之
兩臂字亦作褠作韝廣雅釋器韝韝也則誤以著右手大指引弦之
決當之非是史記張耳陳餘傳袒韝蔽漢書東方朔傳董君綠幘傅
韝西京賦青骹摯于韝下〔轉注〕後漢馬皇后紀注褠臂衣今之臂韝
以縛左右手於事便也字作褠〔叚借〕雙聲連語史記滑稽傳希韝鞠
腿按猶卷句也〔聲訓〕釋名褠禪衣
之無胡者也言袖夾直形如溝也

宥 **購** 以財有所求也从貝冓聲廣雅釋言購償也漢書高帝紀乃多
以金購豨將注購設賞募也項籍傳吾聞漢購我頭千金〔叚借〕
爲𦱉爾雅購𦱉注𦱉蒿也按卽𦱉之
轉語又爲講史記韓世家將西購于秦

宥 **覯** 遇見也从見冓聲詩伐柯我覯之子〔叚借〕爲遘詩柏舟覯閔既
多綢繆見此邂覯又草蟲亦既覯止箋謂借爲構精之構不可
從又爲構左成六傳其惡易覯注成
也按亦交積之意〔古韻〕詩抑叶漏覯

尤 **溝** 水瀆廣四尺深四尺从水冓聲考工匠人九夫爲井井閒廣四
尺深四尺謂之溝又周禮遂人十夫有溝溝上有畛司險設國

gòu 媾　jiào 斠　zǒu 走　zòu 奏

之五溝五涂按匠人井田之制遂人鄉遂之制而遂廣深各二尺溝
倍之洫倍溝澮廣二尋丈六尺深二仞丈四尺則從同易說卦傳坎
爲溝瀆〔轉注〕爾雅水注谷曰溝此凡水相灌注之名廣雅坑也左僖
十九傳乃溝公宮注塹也周禮大司徒制其畿疆而溝封之注穿地
爲阻固也禮記禮運城郭溝池以爲固注城之塹漢書劉屈氂傳血
流入溝中注街衢之旁通水者也又釋名鐫溝也既割去壟上草又
辟其土以壅苗根使壟下爲溝受水潦也字亦作鐫〔叚借〕託名幖識
字古算經溝澗正載用以紀數又疊韻連語荀子儒效其愚陋溝瞀
注無知也非十二子世俗之溝猶瞀儒注讀爲怐
按怐郎佝字〔聲訓〕釋名溝搆也縱橫相交搆也

宥 宥 **媾** 重婚也从女冓聲今所謂重重姻眷也易屯匪寇婚媾鄭注猶
會也字亦作姤說文新附姤偶也〔叚借〕爲遘詩候人不遂其媾
按猶遘遇也易彖下傳姤遇也又爲講史記平原君虞卿傳不如發
重使而爲媾集解求和曰媾又爲竘管子地員其人夷姤注好也亦
雙聲連語猶嘔夷之爲水名也又爲垢思元賦咨姤嫭之難並分注
惡也〔聲訓〕詩候人傳媾厚也晉語不遂其媾注厚于其寵也〔古韻〕詩
候人叶咮媾
易屯叶寇媾

覺 **斠** 平斗斛也从斗冓聲月令角斗甬以角爲之漢書曹參傳講若
畫一以講爲之凡較量校讎榷酤揚推字疑皆當作此爲正文

走一名 子苟切

有 宥 **走** 趨也从夭止會意夭止者屈也凡趨則趾多屈與犇同義按此
字顧藹吉隸辨訂从犬从止存參詩緜來朝走馬儀禮士相見
禮某將走見注猶往也左昭廿三傳險其走集注走集邊境之壁壘
昭十七傳庶人走注步曰走漢書蕭何傳諸將皆爭走金帛財物之
府分之注謂趣向也爾雅中庭謂之走廣雅釋詁二走去也〔轉注〕小
爾雅廣言走我也報任少卿書太史公牛馬走注猶僕也左襄三十
傳使走問諸朝釋文走使之人也後漢蘇竟傳注走謂馳走之人謙
稱也虞詡傳走卒注伍伯之類也〔叚借〕疊韻連語史記張儀傳跿跔
科頭集解跳躍也偏舉一足曰跿跔字亦作跿〔聲訓〕釋名走奏也促
有所奏至也〔古韻〕詩緜叶附後走侮左昭七叶僂傴俯走侮口莊子
列禦寇叶傴僂俯走軌
〔轉音〕文子道原叶走遊

奏二名凡奏之派皆衍奏聲 則候切

宥 **奏** 進也从夲从廾从屮屮上進之義與𢾾同義古
文从人从夲省从廾又古文从夲从攴按夲迹也从
夲猶从本也虞書敷奏以言益稷暨益奏庶鮮食傳謂進于民詩六
月以奏膚公傳爲也論衡對作上書謂之奏文選表題注劾驗政事

còu 湊　zhòu 晝　zhū 朱

曰奏文賦奏平徹以閑雅注奏以陳情敘事尚書大傳御史奏鷄鳴于階下注猶白也廣雅釋詁四書也轉注禮記玉藻奏而食注奏樂也樂記要其節奏疏謂動作按節奏猶作止也周禮鼓人以晉鼓鼓金奏疏擊也崔靈恩周禮義宗奏謂堂上所懸又莊子養生主奏刀騞然按亦進也崔注閒也失之叚借爲走詩緜予曰有奔奏漢書張釋之傳注奏趣也又爲湊爾雅釋獸奏者貀公食大夫禮載體進奏注奏謂皮膚之理也周禮合方氏注津梁相奏聲訓釋名釋書契奏鄒也鄒狹小之言也古韻詩楚茨叶具奏祿綏叶附後奏侮

宥 **湊** 水上人所會也从水奏聲按上人二字當爲𠂢字之形譌周書作雒以爲天下之大湊注會也楚辭波湊而下降注聚也淮南原道趨舍指湊注所合也精神哀世湊學注趨也太元元挩臚湊羣辟注至也方言一二湊威也按威者會之借字轉注吳都賦果布輻湊而常然字亦作輳又儀禮鄉射禮進腠注膚理也難蜀父老躬腠胝無胈漢書作戚史記扁倉傳君有疾在腠理素問舉痛論寒則腠理閉注謂津液滲泄之所爾雅釋獸注皮理腠蹙字亦作腠淮南兵畧解必中揍注理也字亦作揍叚借爲走廣雅釋詁一湊趍也公羊傳賊至湊公寢燕策士爭湊燕史記作趨

晝一名 陟冑切

宥 **晝** 明也日之出入與夜爲介从日从畫省會意籀文亦畫省廣雅釋詁四明也周髀算經晝者陽易繫辭傳晝夜之象也荀注乾爲晝叚借託名幖識字孟子宿于晝荀悅漢紀作三宿而後出境按風俗通晝姓晝邑大夫之後齊策有夜邑封田單疑別有晝邑據水經注作澅史記晝邑人王蠋賢漢書耿弇傳晝中則爲晝之譌字也又論語宰予晝寢梁武帝論語疏當作畫謂繪畫古韻易雜卦叶晝誅過

朱十六名凡朱之派皆衍朱聲 章俱切

虞 **朱** 赤心木松柏屬从木一在其中指事轉注儀禮士冠禮注凡染絳一入謂之縓再入謂之赬三入謂之纁朱則四入歟詩七月我朱孔陽傳朱深纁也禮記月令乘朱路疏色淺曰赤深曰朱按淺于絳而深于纁曰朱史記呂后紀朱虛侯正義朱猶丹也論語惡紫之奪朱也王注朱正色也呂覽有始西南曰朱天易困朱紱方來詩采芑朱芾斯皇白虎通封禪朱草者赤草也後漢張衡傳朱鳥注鳳也別義大荒西經有樹赤皮朱榦青葉名曰朱木海外南經狄山爰有離朱注木名見莊子今圖作赤鳥叚借爲邾按顓頊元孫陸終弟五子曰安賜姓爲曹周武王時封安之苗裔曰挾於邾爲魯附庸在今山東兗州府鄒縣地至邾子克始見春秋公羊檀弓皆作邾婁疊

zhū 珠　zhū 茱　zhòu 咮　zhū 誅　shū 殊

韻連語婁其餘聲然也戰國時穆公改號爲鄒鄒即邾婁之合音字異聲同史記以騶爲之與今濟南府鄒平縣本舜後姚姓之鄒侯國迥別邾後滅于楚子孫以國爲氏曰朱故曹朱鄒三氏皆同祖也又按左哀六傳齊大夫朱毛是時邾猶未滅疑五代史云梁高祖出舜臣朱虎之後又別有朱氏至後漢朱暉傳注本宋微子後以國爲氏宋滅後奔碭易姓爲朱更不足據春秋郳庶其古今人表作朱又按邾俠七世孫友以父夷甫顏有功封爲附庸于郳曾孫犂來始見春秋在今兗州府嶧縣地後郳君從齊桓尊周室王命爲小邾子魯僖七年見春秋戰國時亦滅于楚友之子㸚以王父字爲氏曰顏郳滅後子孫以國爲氏曰兒或爲倪皆別于朱也叚借爲銅莊子庚桑楚人謂我朱愚亦疊韻連語左襄四傳朱儒是使漢書刑法志師朱儒注短人不能走者淮南主術短者以爲朱儒枅櫨注梁上戴蹲跪人也太元童比于朱儒字亦作侏晉語侏儒不可使援廣雅釋訓侏儒疾也釋詁二侏儒短也又雙聲連語孟子注離婁即離朱也按愼子作離珠周禮鞮鞻氏注四夷之樂西方曰朱離亦作侏僸作兜離作株離又水經若水注朱提山名也又論語朱張鄭作侏張即爾雅之侜張又重言形況字風俗通呼鷄曰朱朱按猶祝祝也太元童僮侏侏注無所知也又託名幖識字書益稷無若丹朱傲說文作絑

虞 **珠** 蚌之陰精按水精也或生于蚌亦陰精所凝从玉朱聲楚語珠足以禦火災尸子水方折者有玉員折者有珠淮南說山淵生珠而岸不枯又周禮玉府珠盤玉敦故書作夷齊策巖下有貫珠者元和姓纂作殊古韻墨子佚文叶嘔濡殊珠渝轉音文子符言叶珠由

虞 **茱** 茱萸茱屬从艸朱聲內則謂之藙蜀都賦蒟蒻茱萸劉注一名藙也

宥虞 **咮** 鳥口也从口朱聲與噣畧同詩候人不濡其咮射雉賦當咮値胷轉注爾雅釋天咮謂之柳左襄九傳咮爲鶉火按柳八星于古時値朱鳥之口古韻詩候人叶咮媾

虞 **誅** 討也从言朱聲白虎通誅伐誅猶責也周禮太宰誅以馭其過左襄三十一傳誅求無厭論語於予與何誅又禮記曲禮齒路馬有誅注罰也又晉語小國傲大國入焉曰誅叚借爲殊廣雅釋詁一誅殺也秦策使復姚賈而誅韓非淮南時則阿上亂法者誅易雜卦傳明夷誅也荀注誅滅也晉語故以惠誅患注誅治也荀子仲尼文王誅四注誅者討伐殺戮之名聲訓釋名釋喪制罪及餘人曰誅誅株也如株木根枝葉盡落也古韻易雜卦叶晝誅過莊子胠篋叶誅侯三畧下叶誅拘消

虞 **殊** 死也从歺朱聲漢令曰蠻夷長有罪當殊之左昭廿三傳釋文引說文一曰斷也廣雅釋詁一斷也四絕也漢書高帝紀其赦

zhū 鼄 zhū 絑 shū 㚬 shū 姝 zhū 洙 zhū 袾 zhū 邾 zhū 株 zhū 箓

天下殊死以下注斬刑也莊子在宥今世殊死相枕司馬注決也轉注禮記大傳殊徽號疏別也淮南本經而萬殊爲一注異也西京賦超殊榛薛注猶大也聲訓莊子在宥釋文殊誅也古韻墨子佚文叶嘔濡殊珠揄

虞 **箓** 䉶雙也从竹朱聲廣雅釋器䉶雙謂之箓按今糧艘以箬席爲帆是也箓雙疊韻連語

虞 **株** 木根也从木朱聲今語轉曰樁史記平準書命曰株送徒集解根蔕也海外南經三株樹其爲樹如柏葉皆爲株一曰其爲樹若彗列子黃帝若厥株駒釋文枯樹本也亦疊韻連語假借雙聲連語尚書大傳舞株離注舞曲名言象物生株離也詩鼓鐘傳西夷之樂曰株離古韻詩株林叶駒株

虞 **邾** 周武王時所封曹姓國也始封之君曰俠爲魯附庸从邑朱聲在今山東兗州府鄒縣地左隱元傳公及邾儀父盟于蔑別義說文鍇本一曰魯有小邾國按邾俠七世孫友別封于郳爲附庸從齊桓尊周室王命爲小邾子左僖七年小邾子來朝在今山東兗州府嶧縣地又說文邾江夏縣按在今湖北黃州府與邾國小邾皆不涉鄭善長謂楚宣王滅邾徙居於此不可信古韻左襄四叶儒邾

虞 **袾** 衣身也从衣朱聲廣雅袾襦也按襦者衣中也儀禮喪服記衣二尺有二寸注此謂袂中也言衣者明與身參齊假借爲絑荀子富國天子袾裷衣冕注古朱字廣韻朱衣曰袾又爲姝爲㚬說文袾好佳也引詩靜女其袾

說文通訓定聲 需部弟八

虞 **洙** 洙水出泰山蓋臨樂山北入泗从水朱聲按在今山東兗州府曲阜縣北不得其源下流則入沂與古入泗不同左莊九浚洙蓋其水易湮今水特冒洙名未必古洙也禮記檀弓事夫子於洙泗之閒

虞 **姝** 好也从女朱聲華嚴音義上引說文色美也詩靜女其姝傳美色也干旄彼姝者子傳順皃字亦誤作袾廣雅釋詁一袾好也假借託名幖識字楚策閭姝子奢韓外傳作㛐古韻詩靜女叶姝隅蹰

虞 **㚬** 好也从女殳聲說文引詩靜女其㚬按當爲姝之或體今附于此

虞 **絑** 純赤也虞書丹朱如此从糸朱聲淮南泰族而絑弗能統也注絑莧子也按此字後出易朱紱方來詩我朱孔揚只作朱蓋赤心木引申之義今書丹朱竝作朱

虞 **鼄** 鼅鼄也从黽朱聲按大腹故从黽或从虫朱聲爾雅次蟗鼅鼄鼅鼄鼄蟗土鼅鼄草鼅鼄又蠨蛸長踦注小鼅鼄長脚者俗呼爲喜子方言十一鼅鼄或謂之蠾蝓蠾蝓者侏儒之轉語也北燕朝鮮洌水之閒謂之蝳蜍注齊人又呼社公亦言网工太元

zhù 柱 tǒu ⿰主鳥 zhǔ 主 zhǔ 丶 zhū 銖

遇俾蛛网

虞 **銖** 權十分黍之重也从金朱聲按十黍之重爲絫十絫曰銖二十四銖曰兩十六兩曰斤三十斤曰鈞四鈞曰石謂之五權說文分黍二字當作絫禮記儒行雖分國如錙銖別義荀子富國注十黍之重爲銖又淮南書十二粟爲一分十二分爲一銖又說苑辨物六豆爲一銖假借爲錭淮南齊俗其兵戈銖而無刃注楚人謂刃頓爲銖廣雅釋詁三銖鈍也轉音鬼谷子陰符叶虛無銖

丶十一名凡丶之派皆衍丶聲 知庾切

虞 **丶** 有所絶止丶而識之也指事按今誦書點其句讀亦其一耑也乚則當爲古文曲字所謂讀書止輒乙其處也非乙乚字

虞 **主** 鐙中火主也从𡈼象形从丶丶亦聲按𡈼象鐙丶象火炎上其形同丶實非丶字俗字作炷假借爲壴廣雅釋詁一主君也按首出庶物萬民所望之意管子形勢解主者人之所仰而生也故公卿大夫皆曰主周禮太宰主以利得民家長亦曰主詩載芟侯主侯伯女之尊者亦曰主晉語主孟啗我獨斷帝之女曰公主帝之姊妹曰長公主又爲侸今字作住老子吾不敢爲主而爲客又爲尌廣雅釋詁三主守也論語主忠信史記天官書太白主中國凡專正掌領之義皆是又爲宔穀梁文二傳爲僖公主也注主蓋神之所馮依周禮司巫則共匰主注木主也又爲注荀子宥坐主量必平似法詩大田箋主雨于公田又爲眾大戴衛將軍文子主人聞之以成主眾雙聲又雙聲連語漢書馮唐傳唐曰主臣注主臣恐懼之言也古韻詩行葦叶主醹斗耉卷阿叶厚主易豐叶蔀斗主老子任信叶垢主文子符言叶府主轉音老子重德叶主下任成叶居主周書小明武叶古阻下主大明武叶武主穡寡管子七臣七主叶豐主文子守虛叶主寶符言叶主首素問疏五過論叶紀理主道理始矣寶殆府

說文通訓定聲 需部弟八

有 **⿰主鳥** 鳥也从鳥主聲按水鳥黑色

虞 **柱** 楹也从木主聲儀禮喪服傳翦屏柱楣注所謂梁闇書禹貢東至于厎柱水經河水注山名也河水分流包山而過山見水中若柱然字亦作砫高唐賦狀若砥砫轉注禮記明堂位殷柱鼓按有木支之如柱也大荒東經上有扶木柱三百里注猶起高也呂覽淫辭荆柱國莊伯注官名漢書禮樂志柱工員二人注主箏瑟之柱者又列子湯問柱指鉤弦又莊子徐无鬼藜藋柱乎鼪鼬之逕司馬注塞也又廣雅釋器柱距也說文樘衺柱也今字作拄漢書西域傳以道當爲拄置注支拄也蒼頡篇柱枝也假借疊韻連語爾雅釋草柱夫搖車即詩邛有旨苕之苕今之野豌豆也聲訓釋名釋宮室柱住也轉音高唐賦叶砫下

朱 丶

zhǔ 宔　zhǔ 罜　zhù 駐　zhǔ 麈　zhù 狌　zhù 注　tǒu 妵　zhù 㚅

廣 **宔** 宗廟宔祏从宀主聲左傳使祝史徙主祏于周廟公羊傳爲僖公主也主者曷用虞主用桑練主用栗注主狀正方穿中央達四方天子長尺二寸諸侯長一尺經傳皆以主爲之

廣過 **罜** 罜麗魚罟也从网主聲魯語水虞於是乎禁罝麗注罝當爲罜宋庠音獨按罜麗疊韻連語小魚网也

過 **駐** 馬立也从馬主聲後漢靈帝紀駐駕注停車處也蒼頡篇駐止也一切經音義十七駐古文作住尌侸逗四形葢皆通用字聲訓釋名釋姿容駐株也如株木不動也東征賦引蒼頡駐住也

廣 **麈** 麋屬从鹿主聲六書故引說文大力一角上林賦沈牛麈麋注麈似鹿而大蜀都賦𪊑旄麈注旄麈有尾故翦之漢書地理志粵地山多麈麖注麈似麞而大麖似鹿而小按麈尾辟塵古之談者揮焉釋藏旨義指歸云羣鹿隨麈惟其所往以尾旋轉爲準又乾隆閒上目驗麈角于冬至皆解麋角不解敕改時憲書麋角解爲麈解

過 **狌** 黃犬黑頭也从犬主聲讀若注黑犬黃頭曰獫

過過 **注** 灌也从水主聲詩泂酌挹彼注茲吳都賦振盪注流儀禮有司徹以挹湆注于疏匕注猶瀉也轉注按注猶引導也亦猶疏通也亦猶置寫也故周禮瘍醫祝藥注祝當爲注疏謂注藥于中釋名注病一人死一人復得氣相灌注也字亦作疰又保氏六書注象形會意轉注又荀子榮辱君子注錯之當注謂所注意錯履也儒效注錯習俗注注錯猶措置也又方言五所以注斛自關而西謂之注箕又儀禮鄭氏注疏言注者注義于經下若水之注物禮記曲禮目疏注者卽解書之名廣雅釋詁二註識也字亦作註假借爲屬左襄廿三傳又注注屬矢于弦昭廿一傳將注注傳矢荀子禮論注纊聽息之時注卽屬纊也字亦作紸秦策一舉眾而注地于楚注屬也魯靈光殿賦上崎嶬而重注注猶屬也老子百姓皆注其耳目注用也廣雅釋言注媒也按亦聯合之意又爲咮史記律書西至于注索隱柳星也考工梓人以注鳴者注精列屬又爲投莊子達生以瓦注者巧李注擊也聲訓周禮獸人及弊田疏注猶聚也詩鄭氏箋疏注者著也言爲之解說使其義著明也

有 **妵** 女字也从女主聲左傳宋有華妵人名

㚅一名 之戍切

過 **㚅** 馬後左足白也从馬二其足指事讀若注爾雅釋畜上皆白惟㚅又後右足白驤左白㚅易說卦傳震爲㚅足詩小戎駕我騏㚅

---

shù 澍　chú 廚　shù 樹　chì 憘　shù 尌　gǔ 鼓　zhù 壴

按今隸當作㚅古韻詩小戎叶續轂㚅玉屋曲

壴七名凡壴之派皆衍壴聲 中句切

廣過 **壴** 陳樂立而上見也从屮从豆會意按立謂虡也豆者豎也侸也高高在上遠而可望所謂崇牙是也轉注爲人所崇仰者皆曰壴古以主爲之

廣 **鼓** 擊鼓也从攴从壴會意壴亦聲讀若屬廣雅釋詁二鼓鳴也周禮小師掌教鼓鼗儀禮鄉飲酒禮記北面鼓之詩山有樞弗鼓弗考左僖廿二傳不鼓不成列論語鼓瑟希孟子今王鼓樂于此漢書枚乘傳鼓而驚之離騷呂望之鼓刀兮又易繫辭傳鼓之以雷霆鼓之舞之以盡神淮南原道鼓腹而熙又考工梟氏于上謂之鼓注所擊處磬氏鼓爲三注鼓其下小者所當擊者也又左昭廿九傳遂賦晉國一鼓鐵疏冶石爲鐵用槖扇火動槖謂之鼓今時俗語猶然服注則曰量名淮南本經鼓槖吹埵素問瘧論乃作寒慄鼓頷凡出音曰鼓振動亦曰鼓今字統作鼓讀若古形聲皆誤而此字遂廢

過 **尌** 立也从壴从寸持之也會意讀若駐按壴亦聲今凡主持𡈼掌字以主爲之樹立字以樹爲之

齊 **憘** 小怒也从心壴聲字亦作恒誤作悟按字亦作豉廣雅釋詁二豉勇也

廣過 **樹** 生植之總名从木尌聲籀文从尌省聲廣雅釋詁三樹本也左昭二傳猶敢不封殖此樹晉語夫堅樹在始注樹木也轉注禮記中庸地道敏樹注謂殖草木也周禮大司徒二曰樹藝廣雅釋地樹種也又爾雅釋宮屏謂之樹周禮野廬氏宿息井樹注爲蕃蔽假借爲尌立也左成二傳樹德而濟同欲焉昭元傳引其封疆而樹之官公羊僖三傳無易樹子周語犬戎樹惇呂覽不廣且以樹譬方言七燕之外郊凡言置立者謂之樹植易繫辭傳不封不樹廣注聚土爲樹詩有瞽崇牙樹羽傳置羽也又爲杜方言五牀其杠謂之樹又鄉射禮記皮樹中注皮樹獸名今文爲繁豎古韻詩巧言叶樹數口厚行葦叶句鍭樹侮易繫辭下叶樹數

廣 **廚** 庖屋也从广尌聲蒼頡篇廚主食者也孟子是以君子遠庖廚也漢書宣帝紀飾廚傳俗字誤作厨轉注後漢黨錮傳八廚者言能以財救人者也字林㡡帳也似廚形也字亦作㡡假借雙聲連語後漢仲長統傳注踟躕猶踟躇也字作蹰轉音楚詞惜往日叶流昭幽聊由廚

過 **澍** 時雨也从水尌聲難蜀父老文羣生澍濡論衡雨虛雨潤萬物名曰澍假借爲注洞簫賦聲磕磕而澍淵聲訓說文澍時雨樹

shū 几　shū 殳　shū 杸　fú 鳧　dōu 吺　gǔ 羖　gǔ 股

生萬物。

凡几名凡几之派皆衍几聲。市朱切。

虞　几　鳥之短羽飛几几也象形讀若殊。

虞　殳　以杖殊人也禮殳以積竹八觚長丈二尺建于兵車旅賁以先驅从又几聲按殳無刃周禮司戈盾授旅賁殳詩伯兮伯也執殳左昭廿三傳執殳而立于道左西京賦竿殳之所揘畢轉注方言几三刃枝其柄自關而西謂之柲或謂之殳叚借託名幖識字海內經伯陵同吳權之妻是生鼓延殳始為侯注三子名又虞書殳斨古今人表作朱聲訓釋名殳殊也有所撞挃于車上使殊離也古韻詩伯兮叶殳驅

虞　杸　軍中士所持殳也从木从殳會意殳亦聲司馬法曰執羽从杸按此字當為殳之或體今附于此或曰即方言之三刃枝戟也然以刃別則宜从金

虞　鳧　水鳥也从鳥从几鳧羽短會意几亦聲今野鴨也家鴨曰舒鳧[illegible]鷖曰邊俗作鳧以其行步舒遲故曰舒鳧爾雅某氏注在野舒翼飛遠者為鳧非是詩鳧鷖在涇傳水鳥也女曰雞鳴弋鳧與雁陸疏水鳥之謹愿者也禮記內則舒鳧翠則今之家鴨古韻楚辭卜居叶鳧軀

說文通訓定聲　需部第八

尤　吺　讘吺多言也从口投省聲按殳聲此即後人囁嚅字而用為不敢盡言之意適相反

虞　羖　夏羊牡曰羖从羊殳聲按夏羊黑羊牝牡皆有角吳羊白羊牝者無角其有角者別名羝夏羊亦謂之羺字亦作𢑠其牝者曰羭爾雅牡羭牝羖羭羖字誤倒羖之犗者謂之羯詩賓之初筵傳出童羖急就篇羖羯羠羝羭百里奚妻扊扅歌西入秦五羖皮寀食牛時盎粉五羊之皮為裘服者所服故詩羔羊以五紽五緎為大夫之節儉也非鬻身得五羊皮之謂轉音詩賓之初筵叶語羖

虞　股　髀下也从肉殳聲字亦作骰易咸其股崔注股髀而次于髀上詩采菽赤芾在股箋脛本曰股太元元數九體三為股肱注膝上為股海外東經元股之國海外西經長股之國淮南墜形奇股民注腳也廣雅釋親股脛也則散文之通稱轉注書益稷股肱喜哉廣雅釋詁二股肱臣也漢書溝洫志皆往往股引取之注股支別也周髀算經以髀為股注股猶末也考工輪人參分其股圍注謂近轂者磬氏股為二注磬之上大者梓人以股鳴者注蚣蝑動股之屬又儀禮士虞禮左脇上古文作左股此股字則从肉役省聲說文脇股字皆不錄聲訓釋名股固也為強固也轉音詩采菽叶股下紓予七月叶股羽野宇戶下鼠處

tóu 投　tóu ⿰豆殳　rǔ 乳　nǒu ⿰氵乳　shù 𦒱　shù 戍　yú 臾

尤　投　擿也从手殳聲小爾雅廣言棄也廣雅釋地種也按謂擲種于田也書大誥遺大投艱于朕身詩巷伯投畀豺虎禮記少儀侍投則擁矢左宣十四傳投袂而起史記范睢蔡澤傳或欲大投集解投瓊也呂覽古樂投足以歌八闋注猶蹀足也叚借為逗長笛賦察度於句投注投句之所止也字亦作鉒廣雅釋詁四鉒置也管子鉒金鉒銀鉒銅淮南說林以瓦鉒者全以金鉒者跋注鉒者提馬雒家謂之投翮

尤　⿰豆殳　繇擊也从殳豆聲古文投如此按遙擊也遙即遙字今附投下

乳二名凡乳之派皆衍乳聲。而主切。

虞　乳　人及鳥生子曰乳獸曰產从孚从乚乚者元鳥也明堂月令元鳥至之日祠于高禖以請子故乳从乚請子必以乚至之日者乚春分來秋分去開生之候鳥少昊司分之官也廣雅釋詁一乳生也蒼頡篇乳字也書堯典傳乳化曰孳尸子胎生曰乳史記扁倉傳懷子不乳呂覽音初主人方乳季冬紀鷄乳注乳卵也轉注廣雅釋器湩謂之乳謂哺子之汁血所變者也又說文毋下一曰象乳子形謂汁所出處也

說文通訓定聲　需部第八

有　⿰氵乳　乳水也从水乳聲叚借為醹廣雅釋器⿰氵乳酒也

𦒱一名。常句切。

遇　𦒱　老人行才相逮也从老省易行象讀若樹老人行遲步小足才相及一本从易省非

戍一名。傷遇切。

遇　戍　守邊也从人持戈會意按伐者左人右戈人持戈也戍者下人上戈人何戈也與从戊从一之戌迥別詩揚之水不與我戍申韓傳戍舍也管子地數武王立重泉之戍注戍名也爾雅釋言戍遏也注戍守所以止寇賊

臾七名凡臾之派皆衍臾聲。羊朱切。

虞　臾　束縛捽抴為臾从申从乙會意按臾者左抴臾者右抴考工記人往體多來體寡謂之夾臾之屬字亦作瘐漢書宣帝紀瘐死獄中集注肌寒而死曰瘐非爾雅釋訓瘐瘐病也此重言形況字叚借疊韻連語荀子大略流丸止于甌臾注窊下之地或曰借為匬漢

書顧須臾無死猶須搖斯須也又雙聲連語漢書縱臾讀曰㚷猶勉强也字亦作慫又漢書古今人表鬼臾區藝文志作鬼容邨容臾區邨皆一聲之轉

yú 萸

虞 **萸** 茱萸也从艸臾聲按茱萸亦疊韻連語後人加艸耳

yú 諛

虞 **諛** 諂也从言臾聲莊子漁父不擇是非而言謂之諛荀子脩身以不善和人者謂之諛說苑臣術從命病君謂之諛鬼谷子權諛言者博而于智周書芮良夫惟以貪諛爲事注曲從爲諛

yú 腴

虞 **腴** 腹下肥也从肉臾聲論衡堯若腊舜若腒桀紂之君垂腴尺餘禮記少儀冬右腴七發㹀牛之腴又少儀君子不食圂腴注腴有似于人穢疏豬犬腸也〔轉注〕笞賓戲味道之腴注道之美者也

yú 楰

虞 **楰** 鼠梓木从木臾聲詩南山有臺北山有楰陸疏楸屬今人謂之苦楸〔古韻〕詩南山有臺叶枸楰考後

yǔ 庾

麌 **庾** 水漕倉也从广臾聲一曰倉無屋者詩甫田曾孫之庾箋露積穀也周語野有庾積〔轉注〕荀子正名屋室廬庾葭稾蓐尚机筵而可以養形注庾屋如㢊庾者〔叚借〕爲匬考工陶人爲庾實二㲄按量名二斗四升也又左昭廿六傳粟五千庾論語與之庾包注十六

說文通訓定聲　需部弟八

斗也又爲臾周禮司弓矢夾弓臾弓注往體多來體寡曰夾庾又託名幖識字爾雅薜庾草釋文本作薁

yǔ 斞

麌 **斞** 量也从斗臾聲周禮弓人曰桼三斞按一弓之膠無幾與匬迥別但字从斗則亦必斗以上之量疑未能審別義莊子田子方斞斛不敢入于四境李注六斛四斗曰斞字作㪷司馬注讀曰鍾又廣雅釋器鍾十曰斞按是六十四斛矣必有誤姑從葢闕

俞二十七名凡俞之派皆衍俞聲　羊朱切

yú 俞

虞 **俞** 空中木爲舟也从舟从亼从巜會意巜水也此舟之始如椎輪爲大路之始也〔轉注〕靈樞經脈之所注曰俞素問奇病論治之以膽募俞注背脊曰俞按皆中空之義〔叚借〕爲逾吳語越聞俞章越語辭俞卑禮俞尊廣雅釋詁一俞益也漢書禮樂志注俞進也又爲踰史記蒙恬傳而俞弗立索隱俞卽踰也荀子解蔽而未有俞疾之福也又爲愉呂覽知分俞然而以待耳亦單辭形況字又莊子天運無爲則俞俞注從容自得之皃亦重言形況字又發語之詞爾雅釋言俞然也書堯典帝曰俞予聞禮記內則男唯女俞又疊韻連語大荒南經赤水之東有離俞注卽離朱莊子駢拇响俞仁義又駢拇離遁如俞皃淮南子作臾

yú 瑜

虞 **瑜** 瑾瑜美玉也从玉俞聲禮記玉藻世子佩瑜玉聘義瑕不揜瑜〔轉注〕漢書禮樂志象載瑜注美貌也

yú 逾

虞 **逾** 越進也从辵俞聲謂超越而進書顧命無敢昏逾秦誓日月逾邁淮南原道火逾然而消逾亟漢書敘傳福逾刺鳳注遠也〔叚借〕爲踰書禹貢逾于洛

yú 踰

虞 **踰** 越也从足俞聲廣雅釋詁二渡也詩將仲子無踰我里周禮野廬氏禁野之横行徑踰者吳語銜枚踰江禮記少儀尊長於己踰等論語不踰矩孟子疏踰戚史記汲黯傳無以踰人〔叚借〕爲遙廣雅釋詁一踰遠也禮記投壺毋踰言淮南主術志之所在踰于千里逾遙雙聲〔古韻〕左哀十七叶竇踰〔轉音〕家語觀周叶纂踰

yù 諭

遇 **諭** 告也从言俞聲字亦作喻廣雅釋言諭曉也釋詁四諭諫也周禮掌交以諭九稅之利禮記文王世子教之以事而喻諸德者也學記罕譬而喻論語君子喻于義漢書賈誼傳在于早諭教集注諭譬也〔叚借〕爲愉莊子齊物論自喻適志也李注快也廣雅釋訓喻喻喜也亦重言形況字

yú 羭

虞 **羭** 夏羊牡曰羭按牡曰羖牝曰羭从羊俞聲左僖四傳攘公之羭注美也歸藏齊母曰兩壺兩羭列子天瑞老羭之爲猨也釋文黑羊也牝羊也〔叚借〕託名幖識字西山經羭山神也〔古韻〕左僖四叶渝羭

說文通訓定聲　需部弟八

yú 榆

虞 **榆** 白枌按榆皮色赤其白者爲枌也从木俞聲莢可食亦可爲醬謂之醔醶赤榆先著莢後生葉白枌先生葉後著莢禮記內則堇荁枌榆莊子逍遙游我決起而飛搶榆枋嵇康養生論豆令人重榆令人眠博物志食枌榆則眠不欲覺〔別義〕廣雅山榆毋估也爾雅作無姑其實夷卽本草之蕪荑也易大過枯楊生荑鄭讀枯爲姑謂无姑也周禮壺涿氏牡橭字作橭山榆有二莢香者可漬食莢臭者能殺蟲又廣雅柘榆梗榆也爾雅蘵茎注今之刺榆也秋實齊民要術刺榆牢韌可爲犢車材〔叚借〕爲輸太元瑩榆漏率刻注猶寫也又爲搖素問骨空論折使榆臂齊肘又託名幖識字周禮疾醫注岐伯榆柎釋文本作俞〔古韻〕詩山有樞叶樞榆婁驅愉

shū 鄃

虞 **鄃** 清河縣从邑俞聲在今山東臨清州夏津縣東北境史記田蚡奉邑食鄃又呂嬰欒布皆封俞侯以俞爲之

tóu 牏

尤 虞 **牏** 築墻短版也从片俞聲讀若俞一曰若紐牏施于兩耑亦謂之槓其施于兩邊之長版曰栽一緰一横也〔叚借〕爲㡏史記萬石張叔傳取親中帬廁牏孟康曰行清中受糞函也東南人謂鑿木空中如曹謂之牏徐廣曰築墻短版也則以爲本字之轉注亦謂行清中受穢之短版如今所云抽屜者耳非異解也

tóu ⿸麻俞

尤 **⿸麻俞** 䋭屬从麻俞聲亦可緝〔別義〕廣韻麻一絜也

yú 窬　yù 瘉　shū 㡏　yú 褕　yú 覦　yú 歈　yǔ 貐　yú 愉

廡 **窬** 穿木戶也。一切經音義九引說文：門旁穿木戶也。从穴俞聲。三蒼：門邊小竇也。門旁穿壁以木爲直居之。漢書胡建傳：穿窬不繇路。左傳：篳門圭竇，以竇爲之。轉注：一曰空中也。史記萬石張叔傳：中裙廁窬。集解：行清也。字亦作窬。假借爲踰。論語：其猶穿窬之盜也。與漢書胡建傳穿窬不繇路，按皆當讀如無踰我墻之踰。又爲俞。淮南氾論：乃爲窬木方版以爲舟航。

廡 **瘉** 病瘳也。从疒俞聲。淮南本經注：瘉讀疾除瘉之瘉。漢書盧綰傳：幸上病瘉。李尋傳：至日中間差瘉。嚴書汲黯傳：亡以瘉人。又論語：然則師愈與。禮記三年問：痛甚者其愈遲。皆以愈爲之。假借爲逾。詩正月：胡俾我瘉。角弓：交相爲瘉。傳皆訓病也。周策：周王病瘉矣。史記作病甚。左襄三十一傳：夫亦愈知治矣。以愈爲之。按猶益進也。古韻詩角弓叶裕瘉，正月叶瘉後口愈侮。

虞 **㡏** 繒端裂也。从巾俞聲。衣之正褕裂曰㡏殘。帛裂曰㡏。字亦作輸。廣雅釋詁三：輸，餘也。

廡 **褕** 褕翟，羽飾衣。从衣俞聲。周禮內司服：褕狄。鄭仲師謂畫羽飾。鄭康成謂即爾雅之搖雉，刻繒爲之形而采畫之，箸于衣。解小異。禮記襍記：大夫不揄絞屬于池下。方言二：揄鋪𦠜也。皆以揄爲之。別義：一曰直裾謂之襜褕。按襌衣也，非正朝衣。史記司馬相如傳：紕[illegible][illegible]之褕袘。假借爲揄。史記淮陰侯傳：褕衣甘食。索隱：美也。按左僖四傳疏：美善之字皆从羊，故褕爲美也。或曰借爲羭，美也。

虞 **覦** 欲也。从見俞聲。謂有所冀望。左傳：而下無覬覦。褚淵碑文：窺覦神器。以窬爲之。

虞 **歈** 說文新附：歌也。从欠俞聲。切韻云：巴歈，歌也。案史記：渝水之人善歌舞，漢高祖采其聲，後人因加此字。今按漢書王霸傳注引說文有歈。廣雅釋樂：歈，歌也。楚辭招魂：吳歈蔡謳。史記司馬相如傳：巴俞。作俞。說文：渝水在遼西，與巴俞別。徐鼎臣說未然。今補附于此。揶揄字亦當作歈。歈字亦作歈，作揄。

廡 **貐** 貏貐，似貙，虎爪，食人，迅走。从豸俞聲。海內南經：窫窳，龍首。字作窳。淮南本經：貏貐鑿齒。注：狀若龍首，在西方也。蓋本北山經、海內南經、西經之說。

虞廡 **愉** 樂也。从心俞聲。廣雅釋詁一：喜也。三：說也。字亦作愈，下形上聲。詩山有樞：他人是愉。禮記祭義：其進之也敬以愉。又祭義：愉愉乎其忠也。論語：愉愉如也。廣雅釋訓：愉愉，和也。亦重言形況字。轉注：爾雅釋詁：愉，服也。按愉之言輸也，中心悅而誠服也。史記司馬相如傳：心愉于內。注：往也，悅也。又苟且也。周禮大司徒：則民不愉。詩：視民不恌。傳：恌，愉也。家語：賢君法無私而令不愉。假借爲媮。說文：愉，薄也。又爲瘉。爾雅釋詁：勞也。按猶病也。郭注：勞苦者多惰愉。今字或作窳，則謂借爲㼌窳。窳呂覽勿躬：而莫敢愉綖。注：解也。江淹雜體詩：測恩

yú 渝　yú 揄　tōu 媮　yǔ 匬　tóu 緰　yú 蝓　shū 輸

躋踰逸，以踰爲之。又爲歈。吳都賦：吳愉越吟。又爲逾。小爾雅廣詁：愈，益也。詩小明：政事愈蹙。爾雅釋訓：愈遐，急也。又爲逾。廣雅釋言：愈，賢也。左昭廿傳：相從爲愈。注：差也。論語：汝與回也孰愈。顏師古匡謬正俗：愈，勝也。故病差者爲愈。按皆過意。又爲揄。詩：他人是愉。箋：取也。又重言形況字。詩正月：憂心愈愈。傳：憂懼也。古韻詩山有樞叶樞榆婁驅愉，正月叶瘉後口愈侮。轉音素問疏五過論叶道葆口起咎理市愈得海晦。

虞 **渝** 變汚也。从水俞聲。易豫：成有渝。詩羔裘：舍命不渝。左桓元傳：渝盟無享國。海賦：沸潰渝溢。別義：一曰渝水，在遼西臨俞，東出塞。一統志永平府言古今水道變遷，未詳何水也。假借爲輸。左隱六年：鄭人來渝平。公穀皆作輸。又發聲之詞。易訟：渝安貞。鄭注：渝，然也。按謂與俞同。古韻詩羔裘叶濡侯渝，板叶渝驅，左僖四叶渝羭，老子同異叶偷渝隅，鬻子佚文叶嘔濡殊珠渝。

虞尤 **揄** 引也。从手俞聲。淮南主術：揄策于廟堂之上。注：出也。漢書郊祀志：神之揄臨壇宇。兩京賦序：雍容揄揚。假借爲臾。莊子漁父：被髮揄袂。史記司馬相如傳：揄紵縞。正義：揄，曳也。又爲褕。禮記喪大記：揄絞纁紐。又爲輸。方言十二：揄，揣，脫也。七發：揄弃恬怠，輸寫淟濁。又爲舀。詩生民：或舂或揄。古韻詩生民叶揄蹂叟浮。

尤尤 **媮** 巧黠也。从女俞聲。字亦作偷。左襄三十傳：晉未可媮也。注：薄也。廣雅釋詁一：媮，薄也。三：媮，巧也。論語：則民不偷。晉語：其下偷以幸。淮南道應：偷者，天下之盜也。後漢杜篤傳：偷忍淵囿。注：偷忍猶盜竊也。假借爲愉。漢書食貨志：民媮甘食好衣。路溫舒傳：媮爲一切。注：苟且也。禮記表記：安肆日偷。左文十七傳：齊君之語偷。注：苟且。又東京賦：勸民以媮樂。注：猶僥倖也。又後漢張衡傳：雖遨遊以媮樂兮。注：懷安也。爾雅釋言：佻，偷也。又荀子脩身：偷儒轉脫。非十二子：偷儒而罔。注：當爲輸，苟避于事也。亦疊韻連語。又爲揄。淮南說林：偷肥其體。注：取也。古韻老子同異叶偷渝隅。

尤 **匬** 甌器也。从匚俞聲。按荀子大略：流丸止于甌臾。以臾爲之。亦疊韻連語。又按字亦作瓵。方言五：罃，陳魏宋楚之閒曰瓵。廣雅釋器：瓵，瓶也。玉篇：器受十六斗。論語：與之庾。以庾爲之。儀禮聘禮：秉有五籔。以籔爲之。今文以逾爲之。小爾雅：釜二有半謂之籔。以藪爲之。

尤 **緰** 緰貲，布也。从糸俞聲。急就章：服瑣緰帶與繒連。顏師古注：緰貲，緆布之尤精者。

廡 **蝓** 虒蝓也。从虫俞聲。今蘇俗謂之延游，語之轉也。其有殼者如螺，古亦謂之蠃，即蝸牛也，蘇俗謂之背包延游。

廡 **輸** 委輸也。从車俞聲。以車遷賄之意。詩正月：載輸爾載。左襄九傳：輸積聚以貸。荀子成相：春申道綴基畢輸。方言十二：輸，挩也。廣

雅釋言寫也又穀梁隱六鄭人來輸平傳輸者墮也周禮司兵及其受兵輸注謂師還有司還兵也又秦策常以國情輸楚注語也又書呂刑輸而孚疏寫也【轉注】廣雅釋詁三輸聚也傾委多則積【叚借】爲愉方言儒輸愚也注猶儒撰也按即荀子偷儒憚事漢書西南夷傳恐議者選耎鄭注玉藻舒懦者所畏在前也皆一聲之轉苟且懷安之意亦疊韻連語又爲渝廣雅釋詁三輸更也

虞遇 **隃** 北陵西隃鴈門是也从阜俞聲鴈門山一名句注山一名西陘山在今山西代州西北二十五里有鴈門關西隃史記作先俞【別義】廣雅釋丘隃冢也字作𡍑【叚借】爲遙漢書趙充國傳兵難隃度鄭氏注遙也三輔言也隃遙一聲之轉又爲踰嚴助傳舁橋而隃領

虞尤宥 **𨠭** 醔𨠭也从酉俞聲謂榆醬齊民要術引四民月令榆莢色變白將落可作醔𨠭楚辭大招吳酸蒿蔞注或曰吳酸醔𨠭【聲訓】釋名𨠭投也味相投成也

禺十七名凡禺之派皆衍禺聲 牛具切

冬虞遇 **禺** 母猴屬頭似鬼从甶从内會意一名爲一名夔似獼猴而大赤目長尾亦曰沐猴即母猴之轉語也春秋魯公爲郎禮記檀弓公叔禺人左傳作務人以務爲之禺務一聲之轉【別義】大荒東經禺貜生禺京海外北經北方禺彊呂覽求人禺彊之所禺强即禺京水神也字元冥又史記司馬相如傳禺禺鱋魶徐廣曰魚牛也【叚借】託名幖識字大荒北經夸父不量力欲追日景逮之于禺谷注禺谷禺淵日所入也今作虞又吳都賦選自閩禺注番禺也在今廣東廣州府又借爲耦管子海王禺筴之商曰二百萬注偶對也又爲鍝周書王會解注禺魚名又爲隅管子侈靡是爲十禺注猶區也將合可以禺注謂事端初見也又爲寓史記封禪書木禺龍欒車一駟集解寄也【聲訓】說文愚下禺猴獸之愚者

有 **蕅** 夫渠根从艸从水禺聲字亦作藕作蕅魏都賦丹蕅凌波而的皪注一名水芝孔耽神祠碑躬菜菱蕅【聲訓】段氏玉裁云夫渠花實之莖必偕葉一莖同出似有耦然故名今俗所云蕅則蔤也蔤出莖之處爲莖之根者則古所謂蕅

冬虞 **喁** 魚口上見从口禺聲淮南書水濁則魚噞喁【轉注】漢書司馬相如傳喁喁然皆爭歸義王莽傳天下喁喁亦重言形況字

遇 **遇** 逢也从辵禺聲易睽遇主于巷崔注遇者不期而會書序乃遇汝鳩汝方左隱四公及宋公遇于淸禮記曲禮諸侯未及期相見曰遇爾雅釋詁見也又逆也釋言偶也【轉注】周禮大宗伯冬見曰遇又廣絕交論銜恩遇呂覽音初禹未之遇注禮也論衡逢遇不求自至不作自成是名爲遇又孟子而不相遇也注得也秦策王何不與寡人遇注合也又論衡卜筮卜曰逢筮曰遇左莊廿二傳遇觀之否【叚借】爲愚詩巧言遇犬獲之箋遇犬犬之馴者謂田犬也釋文世讀作愚【古韻】易襍卦叶晝誅遇

尤虞 **齵** 齒不正也从齒禺聲蒼頡篇齵重生也謂齒不齊平者考工輪人察其菑蚤不齵注人之牙齒參差謂之齵

有 **髃** 肩前也从骨禺聲字亦作腢凡肩後統于背其前曰髃字林肩前兩乳骨也儀禮既夕記即牀而奠當腢詩車攻傳達于右腢

有 **耦** 耒廣五寸爲伐二伐爲耦从耒禺聲按耒謂枱也御覽引說文作耕亦通詩噫嘻十千維耦論語長沮桀溺耦而耕吳語譬如農夫作耦荀子大略禹見耕者耦立而式按古者兩人兩枱並耕廣雅釋地耦耕也【轉注】左襄廿九傳射者三耦僖九傳耦俱無猜莊子齊物論嗒焉似喪其耦方言敵耦也廣雅釋詁三諧也又轉也四二也【叚借】爲濡呂覽必已遇盜于耦沙之中注淤沙爲耦【聲訓】釋名釋親屬耦遇也二人相對遇也

遇 **寓** 寄也从宀禺聲或从广周語國無寄寓禮記郊特牲諸侯不臣寓公孟子無寓人于我室【轉注】禮記曲禮大夫寓祭器于大夫左僖廿八傳得臣與寓目焉襄廿四傳子產寓書于子西莊子寓言十九又爾雅釋木寓木宛童中山經龍山上多寓木注寄生也一名宛童又爾雅釋獸寓屬後漢馬融傳注寓屬謂穴居之類【叚借】爲愚北山經馬成之山有鳥焉名鶌鶋可以已寓注猶誤也非

有 **偶** 相人也从人禺聲按各本作桐人也桐相形近而誤相人者像人也一名偶孟子爲其象人而用之也淮南繆稱魯以偶人而孔子歎注偶人相人也鄭注公食大夫禮賓入三揖曰相人偶注中庸仁者人也曰讀如相人偶之人蓋古有是語以相人偶爲耦俱貌合之意家語曲禮公西赤問今人或有偶史記殷本紀爲偶人謂之天神孟嘗君傳見木偶人與土偶人相與語後漢朱穆傳注偶人明器之屬也【叚借】爲耦爾雅釋詁偶合也列子力命多偶注諧也書君奭汝明勗偶王疏配也禮記曲禮偶坐不辭釋文副貳也史記高帝紀偶語者棄市集解對也荀子脩身偶視而先俯注對視也北山移文偶吹草堂注匹對之名史記黥布傳率其曹偶索隱類也文賦徒悅目而偶俗白虎通嫁娶陰數偶風俗通偶兩雙又爲遇與山巨源絕交書偶與足下相知耳注謂偶然非本志也亦發聲之詞又爲隅劉熊碑惟德之偶

冬 **顒** 大頭也从頁禺聲【轉注】詩六月其大有顒傳大皃易觀有孚顒若馬注敬也虞注君德有威容皃【叚借】重言形況字詩卷阿顒顒卬卬傳溫皃爾雅釋訓顒顒卬卬君之德也孫注體皃溫潤也七發顒顒卬卬注波高皃也

虞 **嵎** 封嵎之山在吳越之閒汪芒之國从山禺聲按于夏爲防風氏在今浙江湖州府武康縣東魯語汪芒氏之君也守封嵎之山

yú 偶　yú 愚　yú 湡　yóng 鰅　yú 堣　yú 隅　qū 區

者也韋昭以爲二山今從之〔叚借〕爲堣書堯典宅嵎夷傳東表之地稱嵎夷馬注海嵎也尚書考靈曜帝命驗皆作禺銕史記五帝紀作郁夷又爲隅禹貢青州嵎夷旣畧傳地名又列子周穆王西極之南嵎有國焉又孟子虎負嵎又李翊碑聲冠方嵎

虞 **偶** 懽也从心禺聲與下形上聲之愚別按左傳二三子閒于憂虞太元元瑩古者不逶不虞以虞爲之〔叚借〕託名幖識字說文琅邪朱虛有偶亭

虞 **愚** 戇也从心禺聲與左形右聲之偶別周禮司刺三赦曰惷愚注生而癡騃童昏者詩抑靡哲不愚疏癡也論語不違如愚皇疏不達之稱也荀子脩身非是是非謂之愚賈子道術深知禍福謂之知反知爲愚大戴保傅注引箕子曰知不用而言愚也三蒼愚無所知也亦鈍也〔古韻〕詩抑叶隅愚

虞 **湡** 湡水出趙國襄國之西山東北入寖从水禺聲在今直隸順德府邢臺縣西山一名百泉水又名死央水又名胡盧河至任縣合寖水即澧水之上源也〔叚借〕託名幖識字淮南本經甶拂遭回以像湡浯注湡番隅

虞冬 **鰅** 魚名皮有文出樂浪東暆神爵四年初捕收輸考工周成王時揚州獻鰅从魚禺聲史記司馬相如傳鰅鱅鰬魠楚辭大招鰅鱅短狐廣雅釋魚鰅鰅也鰅即說文之鱳是鱳即鰅矣又謂之班魚御覽引魚豢魏畧云濊國出班魚皮漢時恒獻之

說文通訓定聲　需部弟八　壹

虞 **堣** 堣夷在冀州暘谷立春日日值之而出从土禺聲書堯典宅堣夷今文作禺銕史記作郁夷皆借字此與禹貢青州之嵎夷別暘谷亦與極東日出之湯谷別。

虞 **隅** 陬也从阜禺聲廣雅釋邱隈也詩緜蠻止于邱隅〔轉注〕爾雅釋地齊有海隅又考工匠人宮隅之制七雉城隅之制九雉注謂角浮思也又禮記曲禮摳衣趨隅又周髀算經勾三股四徑隅五注隅角也亦謂之弦太元周周無隅注方也詩抑維德之隅傳廉也算術則以邊爲廉角爲隅楚辭逢尤豺狼鬥兮我之隅注旁也西京賦隅目高眶注隅目眼角視也〔叚借〕爲嵎魯語守封隅之山者也又託名幖識字列子湯問隅谷之際注虞淵也亦作禺作虞淮南墬形隅強天神也亦作禺〔古韻〕詩靜女叶姝隅蹰緜蠻叶隅趨抑叶隅愚綢繆叶芻隅逅老子同異叶偷渝隅

區二十名凡區之派皆衍區聲 豈俱切

虞尤 **區** 踦區藏匿也从品在匸中會意品眾也左昭七傳作僕區之法服注匿也荀子大略言之信者在乎區蓋之閒注區藏物處東京賦造我區夏注區域也太元元攤回行九區注虛也按九州之宇也蜀都賦茂八區而菴藹焉注四方四隅也思元賦上下無常窮六區注上下四方也按猶易之周流六虛南山經浮玉之山北望具區注尚書謂之震澤漢書胡建傳穿北軍壘垣以爲賈區注小室之名又論語區以別矣按猶品也又左昭三傳豆區釜鍾注四豆爲區二斗六升字亦作鏂管子輕重丁釜百泉則鏂二十也注斗二升八合曰鏂又爾雅釋器玉十謂之區〔叚借〕重言形況字廣雅釋訓區區小也左襄十七傳宋國區區又愛也呂覽務大區區焉相樂也文選古詩一心抱區區又發聲之詞淮南覽冥區冶生而淳鈞之劍成注讀歌謳之謳區越人善冶劍工也愚按區區越也猶言於越甌越歐越皆同不必定讀爲謳謳齊歌也又借爲句禮記樂記區萌達注屈生曰區又疊韻連語廣雅釋器鏂鍜謂之鏂銗又託名幖識字左哀十三陳夏區夫公羊作彊黃帝內經鬼臾區亢倉子作鬼容邱〔聲訓〕荀子大畧注器名區者與邱同義

qiū 蓲　ōu 謳　ōu 毆　ōu 鷗　shū 樞

虞尤 **蓲** 蓲艸也从艸區聲按烏蓲也或云即荍也〔別義〕詩山有蓲毛本以樞爲之傳荎也爾雅藲荎字亦作藲注今之刺榆又海內南經弱水中有木其木若蓲其名曰建木注蓲亦木名〔叚借〕爲傴方言八北燕朝鮮之閒謂伏鷄曰蓲按與煦嫗字同傴伏之意也又廣雅藲㰷也王氏引之訂與槁梔皆爲死木愚按藲者傴也即爾雅之瘣木苻婁樊注尫傴內病磈磊無枝也又爲蘬吳都賦異荂蓲蘛注與敷同華也

說文通訓定聲　需部弟八　叁

尤 **謳** 齊歌也从言區聲吳歌曰歈楚歌曰豔淫歌曰哇曹植詩齊謳楚聲〔轉注〕漢書高帝紀皆謳歌思東歸注齊歌也謂同聲而歌楚辭大招謳和揚阿注徒歌曰謳淮南氾論謳和也廣雅釋詁一謳喜也漢書外戚傳于夫爲平陽主謳者

有 **毆** 捶轂物也从殳區聲漢書梁王襄傳後數復毆傷郎注捶擊

尤 **鷗** 水鴞也从鳥區聲今作鷗字林水鳥也大如鳩出沛後漢馬融傳注白鷗也海外東經元股之國食鷗注水鳥也鮑照詩翻浪揚白鷗

虞 **樞** 戶樞也从木區聲爾雅釋宮樞謂之椳又樞達北方謂之落時易繫辭樞機之發注制動之主釋文門臼也漢書五行志覘門樞下當有白髮〔轉注〕管子水地其樞在水注主運轉者也太元事事在樞注始也莊子齊物論謂之道樞釋文要也素問繆刺論介人留于樞中注謂髀樞也後漢崔駰傳天樞注北斗七星弟一名天樞按謂天體南北極之樞也其實北斗去極甚遠後人于紫微垣中取近極之一小星命曰天樞然亦尚非極處極處無星可指又後漢馬皇后紀注樞機近要之官也〔叚借〕爲蓲詩山有樞〔古韻〕詩山有樞叶樞

ǒu 漚　qū 驅　chū 貙　ǒu 歐　yǔ 褔　qū 軀　yǔ 傴

褕婁　驅褕

虞 **傴** 傴 僂也。从人區聲。廣雅釋詁一：曲也。禮記問喪：傴者不袒。釋文：背曲也。呂覽盡數：苦水所多尫與傴人。荀子王制：是傴巫跛覡之事也。注：巫覡古以廢疾之人主之。（轉注）左傳：一命而僂，再命而傴，三命而俯。言恭敬也。又莊子人閒世：以下傴拊人之民。李注：謂憐愛之也。崔注：猶嘔呴，謂養也。（古韻）左昭七叶僂、傴、俯、走、侮、口。莊子列禦寇叶傴、僂、俯、走、軌。

虞 **軀** 軀 體也。从身區聲。（聲訓）釋名：軀，區也，是衆名之大總，若區域也。（古韻）楚詞卜居叶鳧、軀。

虞尤 麌 **褔** 褔 編枲衣。从衣區聲。此草雨衣之類。（別義）一曰頭褔，一曰次裹衣。方言四：緊袼謂之褔。注：即小兒次衣也。蘇俗謂之圍涎，著小兒頸肩，以受次者，其制圓。

有尤 虞尤 **歐** 歐 吐也。从欠區聲。字亦作嘔，作㗁。左哀二傳：吾伏弢嘔血。東山經：𩸀水其中多薄魚，其音如歐。海外北經：歐絲之野。太元竈：則歐歈之疾至。（叚借）爲毆。風俗通祀典：歐爵驅揚，田農之事也。漢書食貨志：今歐民而歸之。又爲毆。漢書張良傳：欲毆之。注：毆，擊也。又爲謳。三公山碑：百姓歐歌。荀子富國：晛嘔之。江賦：傲自足于一嘔。又爲傴。淮南書：嘔咐。按：即傴俯也。又發聲之詞。周書王會：歐人蟬蛇。注：東越之人也。淮南書：歐冶之劍。後漢虞詡傳：歐刀。注：刑人之刀也。按越爲歐越，猶邾爲邾婁，吳爲句吳，皆雙聲疊韻之方言也。鄭固碑：初受業于毆陽。以毆爲之。又史記張歐，漢書作毆。（聲訓）釋名：嘔，傴也，將有所吐，脊曲傴也。

虞 **貙** 貙 貙獌，似貍者。按貙似貍，其大者曰貙獌。从豸區聲。虎屬也。一曰似虎而五爪，常以立秋日祭獸，故漢有貙膢之祭，祠先虞。漢書司馬相如傳：蟃蜒貙犴。吳都賦：猰貐貙象。劉注：虎屬也。或曰能化爲人。蜀都賦：鼻貙氓於葽草。劉注：謂貙人也。字亦作貗。字林：貗，貙子也。見爾雅釋獸釋文。左昭十八傳：宋華貙，字子皮。

虞 **驅** 驅 敺 馬馳也。从馬區聲。古文从支。字亦作駈。廣雅釋室：奔也。易比：王用三驅。詩還：並驅從兩肩兮。孟子：驅騁田獵。詩山有樞疏：策馬謂之驅。蒼頡篇：隨後曰驅。（轉注）儀禮士昏禮：乃驅。注：行也。周禮：以靈鼓敺之。孟子：爲叢敺爵者。漢書禮樂志：而獨敺以刑罰。東京賦：戟五帝之長驅。風賦：敺溫致溼。（古韻）詩載驅叶驅、侯。伯兮叶殳、驅。山有樞叶樞、榆、婁、驅、愉。皇華叶駒、濡、驅、諏。板叶渝、驅。

尤 宥 **漚** 漚 久漬也。从水區聲。考工㡛氏：湅絲以涚水漚其絲。注：漸也。楚人曰漚，齊人曰涹。詩東門之池：可以漚麻。傳：柔也。左傳：僧人漚菅者。（叚借）爲鷗。列子黃帝：有好漚鳥者。（古韻）靈樞營衛生會篇叶霧、漚、瀆。

jù 具　yù 醧　qū 𨺗　kōu 彄　ōu 甌　yù 嫗　kōu 摳　qū 鰸

虞 **鰸** 鰸 魚名。狀似蝦，無足，長寸，大如釵股，出遼東。从魚區聲。

尤 **摳** 摳 繑也。从手區聲。按謂扣結所紐也。今俗鈕扣字以扣爲之。（別義）說文一曰摳衣升堂。禮記曲禮：兩手摳衣。疏：提挈也。廣雅釋詁一：舉也。（叚借）爲投。列子黃帝：以瓦摳者巧，以黃金摳者惽。又疊韻連語。方言六：摳揄，旋也。凡物樹稼早成熟謂之摳揄。

遇 **嫗** 嫗 母也。从女區聲。史記老嫗夜哭。（叚借）爲傴。淮南原道：羽者嫗伏。注：以氣剖卵也。禮記樂記：煦嫗覆育萬物。注：氣曰煦，體曰嫗。詩巷伯傳：柳下惠嫗不逮門之女。又後漢趙壹傳：嫗㛑。注：猶傴僂也。亦疊韻連語。又爲歈。方言十三：嫗，色也。注：嫗煦，好色皃。

尤 **甌** 甌 小盆也。从瓦區聲。方言五：甂，其大者謂之甌。方言十三注：江東名盂爲凱，亦曰甌也。荀子大畧：流丸止于甌臾。注：甌臾皆瓦器也。謂地之坳坎如甌臾者。又史記滑稽傳：甌窶滿篝。正義：謂高地狹小之區。又匈奴傳：境上斥候之室爲甌脫。索隱：土穴也。按即詩蜉蝣掘閱字，甌掘雙聲，脫閱疊韻。又海內南經：甌居海中。注：即東甌，在岐海中也。按即歐越，即於越。

尤 **彄** 彄 弓弩兩耑弦所居也。从弓區聲。蔡邕黃鉞銘：弓不受彄。（叚借）爲韝。周禮繕人釋文引劉音彄，韝字之異者。又爲投。列子黃帝：以瓦彄者巧。釋文：彄，探也。以手藏物探而取之曰彄，亦曰藏彄。左隱五魯公子彄，字子臧。又公羊哀十三陳夏彄夫。釋文：一作嫗。

虞 **𨺗** 𨺗 鼓也。从阜區聲。字亦作嶇。漢書諸侯王表：至虖阸陿河洛之閒。注：𨺗，踦𨺗也。字亦作嶇。周景功勳銘：𨺗陭。今字作崎嶇。傾側不平之皃。

尤 御 **醧** 醧 私宴飲也。按宴私之飲。从酉區聲。韓詩：飲酒之醧。傳：能者飲，不能者已，謂之醧。毛詩以飫爲之。魏都賦：愔愔醧讌。按凡不脫屨立成禮曰飫，跣而上坐曰宴，夜飲曰醧。湛露之詩是也。字亦作醞。轉注：詩角弓：如食宜饇。傳：饇，飽也。字亦作饇。（古韻）韓詩常棣叶豆、醧、具、孺。毛詩角弓叶駒、後、饇、取。

具五名凡具之派皆衍具聲

遇 **具** 具 其遇切 供置也。从廾从貝省。會意。古以貝爲貨，如後世之用泉刀。儀禮士相見禮：以食具告。注：猶辨也。禮記內則：佐長者視具。注：饌也。祭統：官備則具備。漢書何武傳：壽爲具召武弟顯。廣雅釋詁二：備也。東京賦：禮舉儀具。（叚借）爲俱。詩節南山：民具爾瞻。儀禮士冠禮：具饌于西塾。又疊韻連語。爾雅：藪，吳越之閒有具區。禹貢之震澤也。又單辭形況字。荀子宥坐：則具然欲爲人師。注：自滿足之皃也。按猶居然也。（古韻）詩常棣叶豆、飫、具、孺。無羊叶餱、具。楚茨叶具、奏、祿。離騷叶屬、具。呂覽大樂叶具、慾、務。

jú ⿱具木　jū 俱　jú ⿱具糸　jú 輂　xū 須

虞沃 ⿱具木 舉食者。从木具，會意，具亦聲。廣雅釋詁一：⿱具木，舉也。其制大于案，兩人舁之，無足。按禮記明堂位：俎，殷以椇。注：椇之言枳椇也，謂曲撓之也，以枸爲之。注以稱訓。轉注：廣雅釋器：⿱具木，輿也。字亦作梮。漢書溝洫志：山行則梮。注：木器，如今輿牀，人舉以行也。周語：侍而畚梮。注：舁土之器，亦名欙。孟子：蓋歸反虆梩而掩之。按梮，史記作橋，疑舉人與土之梮，卽輂字，非⿱具木字也。廣雅失之。別義：禮記內則：芝栭蔆椇。注：枳椇也。曲禮：婦人之摯，椇榛脯。卽今白石李也。按枳椇之合音爲枸，此借爲枸字。

虞 俱 皆也。从人具聲。齊策：而儀與之俱。注：偕也。呂覽蕩兵：與始有兵俱。注：皆也。素問三部九候論：所謂後者應不俱也。注：猶同也。一也。詩：火烈具舉；莫遠具爾；具禍以燼；神具醉止；兄弟具來；百卉具腓。皆以具爲之。古韻：周書太子晉叶俱、候。

沃 ⿱具糸 約也。从糸具聲。廣雅釋詁四：⿱具糸，連也。又纆也。按⿱具糸之言拘也。

沃 輂 直轅車轒也。从車具聲。按小車曲輈之縛曰輂；大車直轅之縛曰輂。

須五名。凡須之派皆衍須聲。相俞切。

虞虞 須 面毛也。从頁从彡，會意。禮記禮運疏引說文：須謂頤下之毛，象形。按頤下曰須，口上曰頿，頰旁曰髥。俗字作鬚。易賁：賁其須。左昭廿六傳：有君子白皙鬒須眉。漢書高帝紀：美須髯。禮記玉藻：大夫以魚須文竹。周禮冥氏：則獻其皮革齒須備。轉注：爲凡下垂之稱。爾雅：臺，夫須。按卽莎草也。其形扶蘇下垂，可爲蓑衣。夫須亦雙聲連語。子虛賦：靡魚須之橈旃。吳都賦：旂魚須。按如魚尾之𠂹也。此義後人皆以蘇爲之。史記司馬相如傳：蒙鶡蘇。集解：尾也。吳都賦：構流蘇。注謂剪繪綵垂于彤文之樓也。今吾鄉凡束彩線下垂爲飾者，俗曰蘇頭，皆須字也。須蘇雙聲。叚借爲頿。易歸妹：以須。虞注：需也。書序：須于洛汭。馬注：止也。詩匏有苦葉：卬須我友。儀禮士昏禮記：某敢不敬須。注：待也。孔子弟子齊樊須字遲。又爾雅釋獸：魚曰須。注：鼓鰓須息。按以鼓鰓爲本字之引申，又以須息爲頿字之叚借，又以息與須爲一聲之轉，說甚岐襍取巧。按獸曰釁，釁，扮也，謂握其爪；人曰撟，撟，蹻也，謂蹻足；魚曰須，須，頿也，謂不動如立；鳥曰狊，狊，闃也，謂亭安而靜。又爲諝。易歸妹鄭注：須，有才智之稱。又爲嬬。易歸妹荀陸作嬬，賤妾也。又託名幖識字。爾雅：須，葑蓯。卽蔓菁也，亦曰菘。菘須一聲之轉，字亦作蕦。又須，薞蕪，今醋醋流也，味酸。須卽薞蕪之合音。又詩泉水：思須與漕。傳：衛邑也。又疊韻連語。北征賦：聊須臾以婆娑。注：少時也。漢書禮樂志：神奄留，臨須搖。搖與一聲之轉，又雙聲連語。孟子：斯須之敬在鄉。人方言三：須捷，敗也。南楚凡人貧衣被醜敝謂之須捷，或謂之褸裂，或謂之襤褸，皆雙聲連語。戴氏震云：倰補綴之意，謂借爲須捷，或又曰扶蘇，百結之意，皆非也。聲訓：釋名：鬚，秀也，物成乃秀，人成而須生也。亦取須體幹長而後生也。須秀雙聲。

xǔ 盨　xū 䇓　xū 嬃　xǔ ⿰糸須　xū 需

麌 盨 槽盨，負戴器也。从皿須聲。或謂卽漢書東方朔傳之窶數，所以藉器者，非是。窶數疊韻連語，寄生亦不當从皿。

虞 䇓 待也。从立須聲。或从芻聲。漢書翟方進傳：下車立䇓。緷傳皆以須爲之。

虞 嬃 女字也。从女須聲。楚辭曰：女嬃之嬋媛。賈侍中說：楚人謂姊爲嬃。漢書呂后紀：后女弟呂須。叚借爲嬬。易歸妹：以須。陸績本作嬬。注：妾也。按天文北方宿女四星，亦曰須女，光微小；天市垣織女三星明大。故織女爲貴，須女爲賤。

麌 ⿰糸須 絆前兩足也。从糸須聲。按莊子馬蹄：司馬向崔本連之以羈⿰糸須。吳都賦：⿰糸須麋麏。轉注：說文云：漢令：蠻夷卒有⿰糸須。

需十三名。凡需之派皆衍需聲。相俞切。

虞 需 𩓣也。遇雨不進，止𩓣也。从雨而。按易曰：雲上于天，需。按許意謂而者須也，須者𩓣也。公羊傳：而者何，難也。穀梁傳：而，緩詞也。亦𩓣意，而引周易雲上于天，需。李陽冰傅會其說，謂字从雨从天，非是。愚謂此字當从雨从耎省，會意，卽今所用濡溼字，與霑同意。廣雅釋言：需，𩓣也。說文綮篆解引易既濟：需有衣袽。各本以繻以襦爲之。夬：若濡有慍。以濡爲之。叚借爲𩓣。易彖上傳：需，須也。雜卦傳：需，不進也。序卦傳：需者，飲食之道也。鄭讀需爲秀，陽氣秀而不直前者，畏上坎也。秀需雙聲。左哀六傳：需，事之下也。十四傳：需，事之賊也。釋文：疑也。莊子大宗師：聶許聞之需役。王注：待也。李注：濡弱爲役也。則謂本字。偏旁亦多誤作耎，又爲耎。古耎旁需旁字多相亂，蓋篆書形近，其義亦近也。考工鮑人之事：欲其柔滑而腥脂之，則需。故書字作劅，注讀爲爲柔需之需。云人薄其帤則需，注謂不充滿。輈人：馬不契需。注讀爲畏需之需。或曰皆借爲嬬爲懦，或曰卽本字之轉注。俱通。聲訓：左傳釋文：需，懦弱遲疑也。

nào 臑

號豪 臑 臂羊矢也。按臂上也。羊豕曰臑，在人曰肱。从肉需聲，讀若襦。與腝字別。儀禮少牢饋食禮：肩臂臑。注：肱骨。鄉射禮記：折脊脅肺臑。注：臑若膊胳殽之折，以大夫之餘體。淮南詮言：周公殽臑不收于前。注：前肩之美也。轉注：史記龜策傳：取前足臑骨穿佩之。集解：臂也。叚借爲煗。楚辭招魂：臑若芳些。大招：鼎臑盈室。注：熟爛也。又爲蝡。荀子臣道：臑而動。注：微動也。

rú 儒

虞 儒 術士之偁。从人需聲。與偄字別。法言君子：通天地人曰儒。論衡超奇：能說一經者爲儒生。墨子非儒下：儒浩居而自順者也。周禮太宰：四曰儒，以道得民。大司徒：四曰聯師儒。禮記儒行釋文：儒之言優也，和也，言能安人，能服人也。魯峻碑：學爲儒宗。以儒爲之。衡方碑：少以濡術。以濡爲之。叚借爲懦。荀子脩身：偷儒轉脫。方言十二：儒輸，愚也。注：猶懦撰也。禮記玉藻注釋文引別本：儒者所畏弱也。又廣

rú 襦　nóu 獳　rú 魗　nuò 懦　rú 濡　rǔ 擩　rú 嬬　xū 繻

雅釋詁侏儒短也聲訓說文儒柔也以儒爲訓風俗通儒者區也言其區別古今論語女爲君子儒皇疏儒者濡也禮記儒行疏儒濡也以先王之道能濡其身素問皮論名曰樞儒注順也儒柔順皆雙聲古韻左襄四叶儒邾

虞 **襦** 短衣也从衣需聲一曰𩏊衣其長及𨄔若今之短襖禮記內則衣不帛襦袴左昭廿五傳徵褰與襦急就篇袍襦表裏曲領帬方言四襦西南蜀漢謂之曲領字亦以襦爲之別義方言四褌謂之襦按即褔也小兒次衣又廣雅釋器𧝓作襦謂之褌襦叚借爲𦁤按周禮羅氏蜡則作羅襦司農注細密之羅聲訓釋名襦煗也言溫煗也古韻左昭廿五叶跦侯襦

虞尤遇 **魗** 鬼鬽聲魗魗不止也从鬼需聲

尤 **獳** 怒犬皃从犬需聲讀若槈字亦作𤟤左僖廿八傳曹豎侯獳廣韻注作獳成十傳晉景公獳史記侯表作據隱四傳衛獳羊肩按埤蒼有獳字胡羊也

虞 **懦** 駑弱者也从心需聲與偄嫖嬬俱畧同段氏玉裁訂即偄字亦作愞按耎需偏旁古多相亂莫能定也晉語少懦於諸侯注弱也賈注下也荀子禮論苟怠惰偷懦之爲安注讀爲儒漢書兒寬傳然懦於武注柔也

虞 **濡** 濡水出涿郡故安東入漆涑戴氏震校當作入淶是也从水需聲與渜字別水出今直隸易州窮獨山名北易水東南入保定府定興縣界爲沙河一曰東南流入容城縣境叚借爲需溼之需廣雅釋詁二漬也易賁如濡如詩濟盈不濡軌羔裘如濡六轡如濡皆潤澤之皃禮記祭義春雨露既濡喪大記濡濯棄于坎曲禮濡肉齒決內則濡豚包苦實蓼史記扁倉傳今客腎濡正義溺也素問至真要大論寒入下焦傳爲濡寫注謂水利也又爲渜漢書漁陽郡濡水今之灤河也渜灤聲近又爲嬃孟子是何濡滯也又爲嬬爲偄爲嫖爲懦史記刺客傳無濡忍之志管子版法藏溫濡又疊韻連語莊子徐无鬼濡需者豕蝨是也釋文偷安須臾一說借爲蝡蝡亦通後漢荀彧傳濡須注水名也古韻詩羔裘叶濡侯渝皇華叶駒濡驅諏墨子佚文叶嘔濡殊珠渝

虞支先 **擩** 染也从手需聲周禮六曰擩祭字亦作挼作撋作抐段氏玉裁訂此字當从耎聲儀禮公食禮以辯擩于醢特牲禮挼醢周禮太祝擩祭杜讀虞芮之芮廣雅釋詁四抐拄也考工鮑人注親手煩撋之字畧煩撋猶捼抄或曰耳濡目染字以濡爲之

虞 **嬬** 弱也从女需聲與嫖偄畧同別義一曰下妻也易歸妹以須陸績本作嬬注妾也又廣雅釋親妻謂之嬬

虞 **繻** 繒采色从糸需聲讀若易繻有衣廣雅釋詁二繻色也叚借爲𦁤易既濟繻有衣袽虞氏注繻者衣布帛端末之識也子夏傳作䋙即襦王注讀爲濡說文絮引作需有衣絮又左隱二紀裂繻來迎女字子帛公穀皆以繻爲之漢書終軍傳關吏予軍繻蘇林曰帛邊也張晏曰符也書帛裂而分之若契矣又左桓六傳申繻管子大匡作俞券

rú 孺　rǔ 醹　qǔ 取　zōu 菆　zōu 黀　qù 趣

遇 **孺** 乳子也从子需聲禮記內則孺子蚤寢晏起孟子今人乍見孺子轉注書金縢公將不利於孺子傳稚也晉語孺子何懼注少也孟子有孺子歌曰注童子也又禮記曲禮大夫曰孺人注孺之言屬按妻與孥類也左傳有南孺子季桓子妻史記佞幸傳籍孺閎孺齊策有七孺子叚借爲乳廣雅釋詁一生也莊子天運烏鵲孺又爲愉按詩常棣和樂且孺又疊韻連語說文一曰輸也輸尚小也按輸孺尚小也柔懦之意即荀子所云偷儒也聲訓爾雅釋言孺屬也李注骨肉相親屬也釋名兒始能行曰孺子孺濡也言濡弱也古韻詩常棣叶豆飫具孺

虞麌 **醹** 厚酒也从酉需聲詩行葦酒醴維醹按字亦作䤖字林䤖重醞也古韻詩行葦叶主醹斗耇

取十六名凡取之派皆衍取聲七庾切

麌 **取** 捕取也从又从耳會意周禮獲者取左耳司馬法曰載獻聝聝者耳也爾雅釋詁探篡俘取也左莊十一傳覆而敗之曰取某

師昭四傳凡克邑不用師徒曰取又禮記月令取鼉登龜取黿轉注廣雅釋詁三取爲也老子故取天下者常以無事易旅斯其所取災繫辭傳遠近相取韓詩外傳君取于臣謂之取孟子取傷廉漢書王吉傳言其取舍同也賈誼傳莫如先審取舍又禮記儒行力行以待取注進取位也叚借爲娶易需勿用取女禮記䙝記可以冠子取妻左哀十二傳昭公取于吳又漢書五行志內取茲謂禽注取如聚麀之聚又爲聚左昭二十傳取人于萑苻之澤注夬之聲訓釋名釋言語取趣也漢書王吉傳注取進趣也古韻詩角弓叶駒後饇取楚辭天問叶厚取文子符言叶聚取轉音素問離合眞邪論叶怒下取䨕樞官鍼叶下去取補寫眞邪篇叶取寫管子白心叶道取

尤 **菆** 麻蒸也从艸取聲籀文从𦭝儀禮既夕記御以蒲菆注牡蒲莖也古文作蒭西征賦感市閭之菆井注即渭城賣蒸之市也轉注一曰蓐也廣雅釋器蓐謂之菆即爾雅蓐謂之兹公羊傳之負兹也叚借爲㩁左宣十二傳抽矢菆注矢之善者按讀如殿㩁之㩁又爲叢廣雅釋詁三菆餘也又託名幖識字爾雅釋草𦱻小葉注未詳字亦誤作菆

尤 **黀** 麻藍也从麻取聲七諫菎蕗襍于黀蒸王逸注枲翮也按此字當爲菆之或體令系此

遇有 **趣** 疾也从走取聲廣雅釋詁一遽也字亦作趨作趍聲類趍音局促促長周禮縣正趣其稼事禮記月令趣民收斂漢書周勃傳

需 取

zōu 鯫　jù 聚　jù 冣　zōu 郰　zōu 棷　jū 諏　zōu 齱

趣爲我語翟方進傳督趣司隸叚借爲趨詩棫樸左右趣之緜來朝趣馬又列子湯問汝先觀吾趣注行也淮南原道秉其要歸之趣按向也琴賦序覽其旨趣注意也又爲取莊子齊物論趣舍不同又爲騶周禮趣馬書立政趣馬詩十月之交蹶維趣馬箋中士也掌王馬之政轉音棫樸叶槱趣

齱　尤　覺　齵也从齒取聲齒不正也字亦作齺作䠞叚借疊韻連語史記握齱漢書作齷齪吳都賦齷齪而算注好苛局小之皃西京賦獨儉嗇以齷齪注小節也又重言形況字漢書申屠嘉傳𪘨𪘨注持整之皃

諏　尤　虞　聚謀也从言取聲爾雅釋詁諏謀也詩皇皇者華周爰咨諏左襄四傳咨事爲諏魯語咨才爲諏按才亦借爲事當作士儀禮特牲饋食禮不諏日晉語諏于蔡原漢書敘傳胥仍物而鬼諏兮古韻詩皇華叶駒濡驅諏

棷　尤　木薪也从木取聲按斤木爲棷曰新廣雅釋木棷柴也叚借爲藪禮記禮運鳳皇麒麟皆在郊棷注聚草也又爲菆漢書五行志或棷一枚注麻幹也

郰　尤　魯下邑孔子之鄉从邑取聲字亦作鄹在今山東兗州府鄒縣西北之東鄒郰西鄒集孔子生於郰之闕里長徙曲阜仍號闕里左襄十傳郰人紇十七傳郰叔紇

說文通訓定聲　需部弟八

冣　渦　積也从冖从取會意取亦聲與㝡字音義皆別字亦作㝡作冣史記大冣樂戲于沙邱公羊傳會猶冣也凡冣月冣括殿冣字皆當作此六朝以後皆譌作最顏氏家訓書證冣木之冣高長者孔耽神祠碑君冣長

聚　虞　遇　會也从乑取聲邑落曰聚今曰邨曰鎮北方曰集皆是廣雅釋詁二凥也史記五帝紀一年而所居成聚平帝紀聚曰序漢書枚乘傳禹無十戶之聚後漢王扶傳所止聚落化其德注小於鄉曰聚轉注方言三萃襍集也東齊曰聚左成十三傳我是以有輔氏之聚注眾也哀十七傳陳人恃其聚禮記大學財散則民聚曲禮故父子聚麀又拾級聚足考工弓人六材既聚周禮委人以稍聚待賓客素問病能論聚者堅也史記厤書月名畢聚小爾雅廣詁聚叢也叚借爲纃廣雅釋詁三聚塞也猶穀梁傳兩足不能相過謂之輒也左傳衞絷作縶又疊韻連語莊子達生聚僂之中則爲之司馬注器名也今冢壙中注爲之又左哀廿七傳齊顏涿聚說苑正諫作燭趨晏子春秋外篇作燭鄒孟子作犨由古今人表作燭雛古韻文子符言叶聚取轉音海內經叶僻聚處

鯫　尤　有　白魚也从魚取聲按白小魚史記貨殖傳鯫千石鮑千鈞轉注史記項羽紀鯫生說我服虔曰鯫小人皃也高祖紀索隱小生

zōu 掫　qǔ 娶　jù 堅　zōu 陬　zhòu 驟　chú 芻　chú 犓

也

掫　尤　有　夜戒守有所擊从手取聲左昭廿傳賓將掫襄廿五傳陪臣干掫注行夜也服虔本作諏注謀也廣雅釋詁三掫持也又古今人表內史掫子毛詩以棸爲之叚借爲聚廣雅釋詁三成也

娶　遇　取婦也从女从取會意取亦聲易姤勿用娶女左襄廿六傳椒舉娶于申公牟論語君娶于吳孟子娶妻如之何叚借雙聲連語月令注日月會于娵訾疏亥次之號字亦作娵又爲嫛漢書楊雄傳注梁王魏嬰之美人閭娵聲訓白虎通娶者取也

堅　遇　土積也从土从聚省按取聲篆文吳人以積土爲埰埰堅也白虎通琮之言堅也象萬物之宗堅也

陬　尤　阪隅也从𨸏取聲廣雅釋言角也釋邱隈也宋策有雀生䳭於城之陬史記周勃世家後吳奔壁東南陬補亡詩在陵之陬注山足也吳都賦其荒陬譎詭注四隅也叚借爲聚魏都賦蠻陬夷落又雙聲連語月令注日月會于陬訾釋文本作娵卽娶字又託名𢢾識字爾雅釋天正月爲陬離騷攝提貞于孟陬兮

驟　宥　馬疾步也从馬聚聲廣雅釋室犇也詩載驟駸周禮大司馬車驟徒趨楚詞招魂步及驟處兮注走也禮記曲禮車驅而騶

說文通訓定聲　需部弟八

以騶爲之轉注小爾雅廣言驟數也左文十四傳公子商人驟施于國宣三傳宣子驟諫呂覽適威驟戰而驟勝楚辭湘夫人時不可以驟得周書太子晉太師何舉足驟又老子驟雨不終日注暴雨也素問氣交變大論其變驟注注急注也晉語多而驟立賈注疾也左成十八傳驟朝于晉疏驟是疾行之名

芻十名凡芻之派皆衍芻聲　叉愚切

芻　虞　刈艸也象包束艸之形按象斷艸包束以飤馬牛者也此字兼象形會意俗作蒭作犓小爾雅廣物稈謂之芻又生曰芻詩白駒生芻一束周禮太宰七曰芻秣之式左昭十三傳淫芻蕘者轉注禮記月令共寢廟之芻豢孟子猶芻豢之悅我口謂食芻之牛羊也又周禮充人芻之三月注養牛羊曰芻又禮記檀弓塗車芻靈注束茅爲人焉謂之靈者神之類淮南齊俗譬若芻狗土龍之始成注束芻爲狗以謝過求福又爾雅蒙王芻又廣雅釋草稷䅟謂之䅟叚借託名𢢾識字孟子注作亂者曰負芻春秋有曹伯負芻史記有楚王負芻益取曲禮能負薪意古韻詩綢繆叶芻隅逅

犓　虞　以芻莝養牛也从牛芻芻亦聲楚語曰犓豢幾何今作芻按此字後出當爲芻之俗字今附芻下

取　芻

zōu 騶　zōu 鄒　chú 雛　chǎo 鬻　zōu 齺　qū 趨

虞 **趨** 走也从走芻聲按疾行曰趨疾趨曰走禮記玉藻走而不趨又一節以趨曲禮帷薄之外不趨爾雅釋宮門外謂之趨荀子正論騶中韶護以騶爲之【轉注】史記商君傳秦人皆趨令索隱向也附也孟子其趨一也漢書藝文志苟趨省易淮南氾論故終身而無所定趨注歸也【叚借】爲取史記伯夷傳趨舍有時又爲趣廣雅釋詁一趨疾也荀子哀公趨駕召顏回注速也莊子徐无鬼篇王命相者趨射之釋文急也荀子禮論趨輿而藏之注速藏之意又爲促漢書高帝紀令趨銷印又若不趨降漢書食貨志馳傳督趨酷吏咸宣傳趨具食後漢文苑張升傳何足趨明威戮乎莊子外物脩上而趨下李注趨下下短也又爲趍周禮樂師趨以采齊行以肆夏故書作路按路即趍誤爲趨也漢書賈誼傳趣以肆夏是借趍爲趨也趍與行對文趍爲遲則行爲疾或說趨行二字當互易又詩猗嗟巧趨蹌兮釋文本作趍亦趍誤爲趨也凡芻旁古或作彐謅作多【古韻】詩緜蘊叶隅趨

尤覺 **齺** 齒搚也一曰齰也从齒芻聲廣雅釋詁三齺也管子輕重戊車轂齺注齺也【轉注】說文一曰馬口中橜也【叚借】單詞形況字荀子王霸齺然上下相信注齒相迎也上下相向之皃或曰轉注亦通

巧 **鬻** 熬也从𩰲芻聲字亦作煼作𤎵作焣作𩱢作㷅作炒方言七焣火乾也凡以火而乾五穀之類或謂之焣廣雅釋詁二焣乾也【叚借】爲聚古今人表聚子

虞 **雛** 雞子也从隹芻聲籀文从鳥爾雅釋鳥生噣雛釋文鳥子生而能自啄者禮記月令乃以雛嘗黍注新雛也內則雛燒雉鳥之小者又雛尾不盈握弗食管子五行不癘雛鷇【別義】南山經南禺之山有鳳皇鵷雛注亦鳳屬李翊夫人碑顏頷悲兮涕隕零誤从頁

尤 **鄒** 魯縣古邾國帝顓頊之後所封从邑芻聲按曹姓與郰字別或亦以騶以郰爲之漢騶縣今山東兖州府鄒縣鄒者邾婁之合音戰國時穆公改號邾婁爲鄒後爲楚所滅若今濟南府鄒平縣之鄒則古舜後姚姓之國與邾不涉【叚借】爲郰水經泗水注鄒山春秋左傳所謂嶧山也故邾婁之國叔梁紇之邑也按今鄒縣古邾國嶧縣古小邾國叔梁紇之鄉則在鄒縣西北之一村字作郰亦作鄹又古今人表鄒衍史記以騶爲之周禮司爟注以鄒爲之

虞尤 **騶** 廏御也从馬芻聲禮記月令命僕及七騶咸駕注謂趣馬主爲諸官駕說者也左襄廿三傳孟氏之御騶疏掌馬之官兼掌御事謂之御騶漢書惠帝紀武士騶比外郎注騶本廏之馭者後又令爲騎因謂騶騎周禮廋人以廋爲之【叚借】爲鄒實爲邾婁史記吳太伯世家九年爲騶伐魯又爲菆實爲取漢書鼂錯傳材官騶發注謂矢之善者蘇林則謂借爲驟又爲趨荀子正論騶中韶護以養耳又爲騶禮記曲禮車驅而騶又疊韻連語詩于嗟乎騶虞傳騶虞仁獸也白虎黑文不食生物禮記樂記右射騶虞注義應之獸也淮南道應得騶虞雞斯之乘注日行千里韓魯詩說騶虞天子掌鳥獸官又古有梁騶天子獵之田也賈子禮論騶者天子之囿也則爲本字本義又周禮大司樂令奏騶虞注樂章名在召南之卒章王射以騶虞爲節

chú 㛯　zhòu 縐　fù 付　fù 祔　fú 符

尤虞 **㛯** 婦人妊身也从女芻聲廣雅釋詁四㛯也書梓材至于㛯婦今本以屬爲之【別義】廣雅釋詁一㛯好也

宥 **縐** 絺之細也从糸芻聲詩君子偕老蒙彼縐絺傳絺之靡者爲縐【轉注】一曰㲀也按戚也詩鄭箋縐絺絺之蹙蹙者子虛賦襞積褰縐按今東洋日本所出野雞葛可移贈斯名又吾蘇稱浙湖所織絲紬亦謂之縐紗

付十六名凡付之派皆衍付聲 方遇切

遇 **付** 與也从寸持物對人會意廣雅釋詁三予也書高宗肜日今文天既付命正厥德今作孚梓材皇天既付中國民馬融作附【叚借】爲祔周禮大祝付練祥

遇 **祔** 後死者合食于先祖从示付聲儀禮既夕明日以其班祔注卒哭之明日祭名祔猶屬也祭昭穆之次而屬之禮記檀弓周公蓋祔又衛人之祔也離之注謂合葬也襍記大夫附于士以附爲之左傳祔而作主爾雅釋詁祔祖也【叚借】爲備禮記曾子問殤不祔祭祔備雙聲【聲訓】爾雅釋詁注祔付也付新死者于祖廟

虞 **符** 信也漢制以竹長六寸分而相合从竹付聲按有銅虎符竹使符或曰五寸古用圭璋其後乃以符代之周禮掌節門關用符節注如今宮中諸官詔符也孟子若合符節漢書高帝紀封皇帝璽符節注符謂諸所合符以爲契者也【轉注】答賓戲守爾天符注相命也史記孝武記以風符應合于天地集解瑞也淮南脩務故有符于中注驗也甘泉賦同符三皇注合也辯亡論如有前符注猶法也報任少卿書脩身者智之符也注信也【叚借】爲孚史記律書言萬物剖符甲而出也又爲浮蜀都賦符采彪炳注符采玉之橫文也按讀如孚尹旁達之孚孚付雙聲又爲稃淮南俶眞蘆符之厚注蘆之中白符又雙聲連語後漢班超傳符拔注形似麟而無角又訛名㯹識字爾雅釋草苻鬼目即本草之穀菜也漢書司馬相如傳葴持若蓀注符鬼目也字亦作苻从艸後借爲蒲晉書蒲洪孫堅背有草付字改姓苻【轉音】呂覽知度叶符周

fū 柎

虞 **柎** 闌足也从木付聲謂鐘鼓虡之足按凡器物之足皆得曰柎俗字作跗左成十六傳有韎韋之跗注注謂足跗字亦作蚹莊子齊物論吾待蛇蚹蜩翼耶司馬注謂蛇腹下齟齬可以行者也字又作趺補亡詩白華絳趺注與趺同匡謬正俗趺者俯也詩常棣鄂不韡韡箋柎鄂足也古聲不柎同西山經崇吾之山有木焉員葉而白柎管子地員朱跗黃實叚借爲拊按考工弓人方其峻而高其柎疏把中又爲坿按儀禮士冠禮以魁柎之注柎注也又雙聲連語爾雅釋魚蚹蠃螔蝓郎蝸牛也

fù 疛

麌 **疛** 俛病也从疒付聲方言十眥䀹短也東陽之閒謂之疛聲訓方言注疛言俯視之因名

fù 髩

遇 **髩** 結也从髟付聲廣雅釋詁四髻也按髻者綦之俗字

fǔ 府

麌麌 **府** 文書藏也从广付聲周禮有天府玉府大府內府外府左文七傳水火金木土穀謂之六府禮記曲禮在府言府注謂寶藏貨賄之處也爾雅釋地有九府釋文猶庫藏也廣雅釋室府舍也又官也周禮太宰以八灋治官府注百官所居曰府後漢郎顗傳注三府三公也承宮傳注三府大尉司徒司空也樊準傳注五府太傅太尉司徒司空大將軍也凡開第謂之開府又周禮宰夫府掌官契以治藏天官序官府六人此與史胥徒皆小吏轉注小爾雅廣詁府聚也秦策此謂天府注聚也書呂刑惟府辜功左傳吾不爲怨府素問陰陽應象大論神明之府也脈要精微論夫脈者血之府也又白虎通性情六府謂大腸小腸胃膀胱三焦膽也府者爲五藏宮府也俗字作腑又呂覽情欲身盡府種注腹疾也字亦作胕西山經竹山有草名黃藋浴之已疥又可以已胕注胕腫也叚借爲頫荀子非相府然若渠匽檃括之於已也聲訓風俗通府聚也公卿牧守道德之所聚也周禮春官疏凡物所聚曰府廣雅釋詁一府取也古韻文子符言叶府主轉音靈樞經脈篇叶腑道榮氣篇叶府紀始理素問陰陽應象論叶道紀母府疏五過論叶紀裡主道理始矣寶殆府陰陽類論叶在止胕

fù 駙

遇 **駙** 副馬也从馬付聲東京賦駙承華之蒲梢漢書百官公卿表駙馬都尉後漢明帝紀注掌天子之副馬按御乘輿副馬者武帝初置官也晉尚公主者並加此號轉注說文一曰近也經傳皆以附字傳字爲之叚借爲赴爲趴說文一曰疾也又爲輔史記司馬穰苴傳車之左駙劉伯莊曰駙馬箱外之立木承重校者聲訓漢書蘇武傳注駙付也後漢魯恭傳注駙副也付副雙聲

fū 怤

虞 **怤** 思也从心付聲別義方言十二怤愉悅也注猶呴愉也廣雅釋詁一喜也三說也

fū 泭

虞 **泭** 編木以渡也从水付聲爾雅釋水庶人乘泭釋言舫泭也孫注方木置水中爲泭栰也疏方木並木也齊語方舟設泭楚辭惜往日乘氾泭以下流注楚人曰泭秦人曰撥字亦作筏廣雅釋水筏也方言九泭謂之簰按大曰筏曰簰小曰泭今有竹簰木簰水淺宜竹字亦作艀廣雅釋水艀舟也論語乘桴浮于海以桴爲之

fù 鮒

遇遇 **鮒** 魚名从魚付聲今之鯽魚易井谷射鮒虞注小鮮也子夏傳則謂蝦蟆呂覽貴直鮒入而鯢居注小魚秦時孔鮒字子魚後名甲孔子九世孫著孔叢子其書有小爾雅一篇漢志列孝經家亦小學之津梁也古韻易井叶鮒漏

fǔ 拊

麌麌 **拊** 揗也从手付聲荀子富國拊揗之注與撫同詩蓼莪拊我畜我左宣十二傳拊而勉之漢書外戚傳主拊其背曰行矣注謂摩循之也西域傳子拊離代立注讀與撫同轉注左襄廿五傳公拊楹而歌釋文拍也衛策拊驂無笞服注擊也楚辭東皇太一揚枹兮拊鼓書益稷予擊石拊石管子禁藏毋拊卵史記秦始皇紀執捶拊以鞭笞天下又禮記少儀削授拊注謂把字亦作弣廣雅釋器弣柄也儀禮大射儀見鏃于弣釋名弓中央曰弣弣撫也人所撫持也又爲樂器之名周禮大師擊拊注形如小鼓以韋爲之著之以穅禮記明堂位拊搏史記樂書合守拊鼓亦名相禮記樂記治亂以相是也叚借爲趴方言十二拊疾也又爲付廣雅釋詁三拊求也付之爲求猶句之爲與一義相因聲訓荀子禮論縣一鍾尚拊之膈注拊一名相拊所以輔樂相亦輔之義

fū 紨

虞 **紨** 布也一曰粗紬从糸付聲廣雅釋器紬也漢書嚴延年傳女羅紨

fù 坿

遇 **坿** 益也从土付聲呂覽孟秋坿墻垣孟冬坿城郭經傳多以附爲之

bù 附

遇宥 **附** 附婁小土山也从𨸏付聲按附婁疊韻連語猶邾之爲邾婁也春秋左傳附婁無松柏今作培塿叚借爲坿廣雅釋詁一附益也禮記王制附于諸侯曰附庸注小城曰附庸詩角弓如塗塗附傳著也孟子附之以韓魏之家周語而附之以令名漢書諸侯王表設附益之法注封諸侯過限曰附益又爲駙小爾雅廣詁附因也又近也廣雅釋詁四依也周禮大司徒其附于刑者歸于士注麗也淮南說林附耳之言聞于千里難蜀父老今割齊民以附夷狄注令之親附呂覽貴直附郭自將兵注近郭也太元親肺附乾餱注柿曰附史記年表諸侯子弟皆肺腑索隱木皮也又爲腐按易說卦傳兌爲附決廣雅釋草附支蘧草也又爲祔禮記襍記朋友虞附而退古韻詩角弓叶木附屬縣叶附後奏侮皇矣叶禡附侮管子弟子職叶厚附轉音宋玉神女賦叶傳去附

fǔ 腐

麌 **腐** 爛也从肉府聲廣雅釋詁三敗也釋器臭也詩大東箋將濊腐不中用也釋文朽也呂覽盡數流水不腐楚辭離世淹芳芷於腐井兮又漢書景帝紀死罪欲腐者許之注宮刑也報任少卿書最下腐刑極矣轉注史記刺客傳此臣之日夜切齒腐心也漢書黥布

lù 𡕥　yù 弄　cù 黿　lù 坴　zú 歏　zào 竈　mù 睦　lù 鵱　lù 稑

傳腐傴注腐者爛敗古韻呂覽盡數叶腐螻

需之剝分部

𡕥二十九名凡𡕥之派皆衍𡕥聲（力燭切）

屋 𡕥　菌𡕥地蕈叢生田中从屮六聲按从大會意其形似蓋故从屮大籀文从三𡕥爾雅中馗菌注亦曰馗廚又出𧄼蓫注生菰草中皆此土菌也其未生者曰蕈曰梮字亦誤作尢吳仲山碑熹平九年蓋借𡕥爲六也

屋 弄　兩手盛也从廾𡕥聲與匊𦊆同

屋御 黿　𡕥黿詹諸也其鳴詹諸其皮黿黿其行𡕥𡕥从黽从𡕥𡕥亦聲或从酋聲按𡕥黿詹諸疊韻雙聲連語今作蟾蜍鳴詹諸者不能作聲也𡕥𡕥重言形況字皮𡕥𡕥者𤸃𤺆之形也行𡕥𡕥者不能跳趯也韓詩新臺得此𪓰𪔂字又誤作𪓹爾雅𪓹𪔂蟾諸注似蝦蟆居陸地淮南謂之去蚊王引之云說解三𡕥字皆當作去非是。

屋 坴　土塊坴坴也从土𡕥聲讀若逐鍇本若速字亦作𥐻玉篇𥐻𥗈多沙石別義說文一曰坴梁按其地土剛史記畧取陸梁地爲桂林象郡南海字作陸轉音老子法本叶𥐻玉

屋合 歏　歔歏也从欠黿聲俗从口从就聲口與口相就爲歏聲類𠲿鳴𠲿也

號 竈　炊穴也从穴黿省聲或不省史記孝武紀索隱引說文周禮以竈祠祝融倉頡篇楚人謂竈曰𥨍亦作𥧖禮記郊特牲竈者老婦之祭也獨斷夏爲太陽其氣長養祀之於竈白虎通五祀竈者火之主人所以自養也漢書五行志竈烟陽左傳鄭裨竈字諶謀者煁也齊公孫竈字子雅雅者黑也叚借爲造周禮大祝故書二曰竈聲訓釋名竈造也創造飲食也轉音論語叶奧竈禱

屋 睦　目順也从目坴聲古文从目𡕥聲各本下从囧誤轉注說文一曰敬和也廣雅釋詁一睦信也書堯典九族既睦周禮大司徒孝友睦婣任恤禮記禮運講信脩睦注皆訓親坊記睦于父母之黨注厚也孟子則百姓親睦注和也史記司馬相如傳旼旼睦睦集解敬也亦重言形況字漢書韋賢傳注密也易范長生本莧睦夬夬注通也轉音文子符言叶服稷睦國

屋 鵱　蔞鵞也从鳥坴聲爾雅注今之野鵝

屋 稑　疾孰也从禾坴聲或从翏聲後種先孰曰稑先種後孰曰穋詩七月黍稷穜稑周禮內宰而生穜稑之種于寳注稑陸穀黍稷之屬聲訓越語五穀曰孰注稑和也以睦爲訓轉音詩七月叶稑麥

lù 陸　yù 賣　xù 藚　dú 犢　dú 遺　dú 讀　dú 讟　dú 韇

屋 陸　高平地从𨸏从坴會意坴亦聲籀文从古文𨸏省从籀文𡕥爾雅釋地晉有大陸易漸鴻漸于陸左定元傳而田于大陸齊語陸阜陵墐史記孝武紀河溢皋陸注廣平曰陸楚辭憂苦巡陸夷之曲衍兮注大阜曰陸轉注爾雅釋天北陸虛也西陸昴也左昭四傳日在北陸而藏冰西陸朝覿而出之注道也論衡諭短知古不知今謂之陸沈叚借爲陸廣雅釋詁三陸厚也唐扶頌內和陸兮外弄赴又爲𧏙莊子馬蹄翹足而陸司馬注跳也又雙聲連語廣雅釋訓陸離參差也南都賦㶑漫陸離離騷長余佩之陸離又分散也蜀都賦毛羣陸離又美好皃淮南本經流漫陸離又楚辭逢紛薛荔飾而陸離薦兮注美玉也又西京賦怪獸陸梁注東西倡佯也又重言形況字後漢馬援傳今眾共陸陸注猶碌碌也又託名幖識字西山經崑崙之邱神陸吾司之注即肩吾也廣雅釋草陸英苺也即覆盆子易莧陸夬夬宋衷注商陸也子夏傳木根草莖即馬尾草虞注和睦也則謂借爲睦蜀才本作陸聲訓釋名陸漉也水流漉而去也轉音詩考槃叶陸軸宿告九罭叶陸復宿

屋 賣　衒也从貝𡕥聲𡕥古文睦讀若育廣雅釋詁三賣賣也周禮賈師凡國之賣價以價爲之禮記王制不粥于市以鬻爲之

沃 藚　水舄也从艸賣聲籀从𦬺爾雅藚牛脣今之澤瀉也詩汾沮洳言采其藚古韻詩汾沮洳叶曲藚玉族

屋 犢　牛子也从牛瀆省聲按賣聲禮記禮器諸侯膳以犢郊特牲用犢貴誠也注犢者誠慤未有牝牡之情叚借託名幖識字史記孔子世家鳴犢亦作鐸說苑作澤

屋 遺　媟遺也从辵賣聲據說文則與嬻同按字从辵當訓遻遺也走前頓之皃

宥屋 讀　誦書也从言賣聲公羊定元傳主人習其讀而問其傳孟子讀其書轉注廣雅釋詁二讀說也莊子則陽號而讀之也李注猶語也叚借爲抽小爾雅廣言讀抽也詩墻有茨不可讀也又爲續周禮巾車故書歲時受讀又爲、按今誦書斷其章句曰讀猶逗留也句者乚而止之讀者、而畄之古韻詩墻有茨叶束讀辱

屋 讟　痛怨也从誩賣聲左昭元傳民無謗讟注誹也宣十二傳君無怨讟注謗也漢書五行志怨讟動于民注痛怨之言也

屋 韇　弓矢韇也从革賣聲按所以藏矢曰韇其蓋曰掤字亦作䪅作櫝方言九所以藏箭弩謂之箙或謂之𩏂丸廣雅釋器韇𩍬矢藏也轉注儀禮士冠禮抽上韇注藏筴之器也

dú 殰　dú 櫝　dú 匵　shú 贖　dú 牘　dòu 竇　yù 儥　dú 黷

屋 **殰** 胎敗也。从歺，賣聲。字亦作膭，作殰。禮記樂記：胎生者不殰。注：內敗曰殰。管子五行：毛胎者不膭。淮南原道：獸胎不殰。轉音文子道原叶木石澤殰。

屋 **櫝** 匱也。从木，賣聲。儀禮聘禮：西面坐啟櫝。圭函也。禮記少儀：劍則啟櫝蓋襲之。劍函也。魯語：使求得之金櫝。矢函也。鄭語：櫝而藏之。龍漦函也。左昭七傳：賂以瑤甕玉櫝斝耳。論語：龜玉毀于櫝中。轉注。左昭廿九傳：公將爲之櫝。廣雅釋器：棺也。別義。說文一曰木名。又曰大梡也。按明堂位：俎用梡嶡之梡，舉食之案也。鍇本大梡作木枕，則即少儀之頴爲警枕歟。又釋名釋兵：松櫝長三尺，櫝速櫝也，前刺之言也。假借雙聲連語。蒼頡篇：櫝櫨，三輔舉水具也。按猶鹿盧。

屋 **匵** 匱也。从匚，賣聲。按當爲櫝之重文，今附于此。論語：韞匵而藏諸。釋文本作櫝。漢書楊王孫傳：窾木爲匵。注：小棺也。即櫝字。

屋沃 **贖** 貿也。从貝，賣聲。虞書：金作贖刑。馬注：意善功惡，使出金贖罪，坐不戒慎者。別義。管子五行：贖蟄蟲卵菱。注：猶去也。聲訓。後漢趙壹傳注：贖即續也。

屋 **牘** 書版也。从片，賣聲。長一尺，既書曰牘，未書曰槧。史記緹縈：通尺牘。漢書陳遵傳：與人尺牘，主皆藏弆。昌邑王髆傳：持牘趨謁。周勑傳：吏乃書牘背示之。游俠原涉傳：削牘爲疏。注：木簡也。別義。周禮笙師：舂牘。應雅。司農注：舂牘以竹，大五六寸，長七尺，短者一二尺，其端有兩空，髤畫，以兩手築地。聲訓。釋名釋書契：牘，睦也，手執之以進見，所以爲恭睦也。釋樂器：舂，撞也；牘，築也，以舂築地爲節也。

宥 **竇** 空也。从穴，賣聲。禮記月令：穿竇窖。注：入地隋曰竇。禮運：順人情之大竇也。注：孔穴也。周語：不竇澤。注：決也。假借爲瀆。周禮大宗伯注：不見四竇者。大司樂注：四竇同。古韻左哀十七叶竇踰。

屋 **儥** 見也。从人，賣聲。字亦作覿。易困：三歲不覿。儀禮聘禮：私面私覿。左昭十九傳：龍不我覿也。周語：武不可覿。東京賦：故曠世而不覿。集韻以說文覿字爲覿字，大謬。假借爲賣。說文鉉本：儥，賣也。从人賣。周禮胥師：察其詐僞飾行儥慝者。司市：以量度成賈而徵儥。古韻易困叶木谷覿。

屋 **黷** 握持垢也。从黑，賣聲。一切經音義引廣雅：𪑶也。漢書谷永傳注：黷，汙也。經傳皆以辱爲之。儀禮士昏禮：今吾子辱。注：以白造緇曰辱。又以瀆爲之。左昭元傳：瀆齊盟。昭廿六傳：國有外援，不可瀆也。禮記緇衣：則爵不瀆。周語：不亦瀆姓矣乎。按皆垢恥之意。又聲類：黷，黑也。假借爲溽。吳都賦：林木爲之潤黷。注：黑茂也。按溼也。又爲嬻。說文引易曰：再三黷。公羊桓八傳：亟則黷。漢書枚乘傳：以故得媟黷貴幸。注：垢濁也。按狎近也。後漢陳蕃傳注：黷，媟也。劉廙傳注：黷猶慢也，數也。廣雅釋言：黷，狎也。漢書郊祀志：敬而不黷。注：汙渫也。

dú 瀆　dú 嬻　xù 續　dú 隫　lù 录　lù 禄

屋宥 **瀆** 溝也。从水，賣聲。一曰邑中溝。爾雅釋水注：澮曰瀆。廣雅釋水：瀆，坑也。易說卦傳：坎爲溝瀆。或曰田閒曰溝，邑中曰瀆。荀子脩身：開其瀆。楚辭離世：漸藁木于洿瀆。史記屈賈傳：彼尋常之汙瀆兮。索隱：小渠也。周禮雍氏：掌溝瀆澮池之禁。假借爲隫。按爾雅：江淮河濟爲四瀆。又爲嬻。易蒙：再三瀆。繫辭傳下：交不瀆。禮記表記：夏道未瀆辭。左昭廿六傳：貫瀆鬼神。又爲黷。左昭十三傳：瀆貨無厭。周語：不亦瀆姓矣乎。晉語：瀆其信也。又爲殰。太元難：凍冰瀆。注：敗也。聲訓。荀子脩身：開其瀆。注：水竇也。又釋名：瀆，獨也，各獨出其所入海也。白虎通：瀆者，濁也，中國垢濁發源東注海，其功冣大，故稱瀆也。風俗通：瀆者，通也，所以通中國垢濁。通瀆雙聲。古韻靈樞營衛生會篇叶霧漚瀆。

屋 **嬻** 媟嬻也。从女，賣聲。據說文則與瀆同。經傳皆以黷以瀆爲之。

沃 **續** 聯也。从糸，賣聲。古文从庚貝省聲。庚者，絡絲柎，从干象柎，乂乂手絡之，詳見余所箸說解商。从庚猶从糸也。爾雅釋言：續，繼也。廣雅釋器：續，絲也。爾雅釋詁：賡，續也。蓋以今字釋古字也。庚賡二字義畧同而聲則異，後人音讀誤耳。詩小戎：陰靷鋈續。禮記深衣：續衽鉤邊。周禮巾車：歲時更續。史記扁倉傳：刑者不可復續。淮南脩務：教順施續。注：猶傳也。書盆稷：乃賡載歌。曰管子國畜：愚者有不賡本之事。注：猶償也。假借託名幖識字。家語申續，字周，論語作棖，史記仲尼弟子傳正義作繚。聲訓。深衣注：續猶屬也。古韻詩小戎叶續轂馵玉屋曲，艮粈叶角續。

屋送 **隫** 通溝也。鍇本：通溝以防水也。从阜，賣聲。讀若瀆。今音或轉若洞。古文从谷。按隫者，山閒泉成溝也。爾雅釋山：隫無所通谿。注：所謂窮瀆者。按爾雅：江淮河濟爲四瀆。四瀆者，發原注海者也。正字當作隫。邑中曰瀆，人爲之；山中曰隫，非人爲之。

录十一　名凡录之派皆衍录聲　盧谷切

屋 **录** 刻木录录也。象形。按此字實即剝之古文。又按歷録字雖雙聲連語，似宜作此录爲正。

屋 **禄** 福也。从示，录聲。詩瞻彼洛矣：福禄如茨。既醉：天被爾禄。儀禮少牢饋食禮：使女受禄于天。爾雅釋詁：無禄，死也。曲禮：士曰不禄。又短折曰不禄。石渠禮議：君死未葬曰不禄。晉語：又重之以寡君之不禄。假借爲穀。周禮天府：若祭天之司民司禄。注：司禄，文昌第六星。禄之言穀也。周禮太宰：四曰禄以馭其士。注：若今月俸也。禮記王制：王者之制禄爵。疏：穀也。易象上傳：不可營以禄。魯語：禄次之，食也。又請納禄與車馬而違署。注：田邑也。晉語：敢歸禄。注：所得賞也。論語：子張學干禄。孝經：然後能保其禄位。注：食稟爲禄。韓非子解老：禄也者，

lù 菉　lù 趢　lù 逯　lù 睩　bō 剝　lù 覦　lù 娽　lù 綠

人之所以持生也按經傳凡云穀祿一借一正實同字猶戲謔乞匄步武曲局族屬方法之複語也轉注廣雅釋詁一祿善也聲訓孝經援神契祿者錄也取上所以敬錄接下下所以謹錄事上釋名士曰不祿不復食祿也白虎通崩薨祿之言消也古韻詩楚茨叶具奏祿天保叶穀祿足正月叶祿僕屋又叶屋穀祿啄獨楚詞天問叶欲祿

沃 **菉** 王芻也从艸录聲詩曰菉竹猗猗籀从茻爾雅注鹿蓐也今呼鴟脚莎按即今淡竹葉也說文之藎艸莫艸皆此可染黄綠色詩淇澳草木疏菉似竹高五六尺淇水側人謂之菉竹楚辭離騷薋菉葹以盈室兮招魂菉蘋齊葉兮詩終朝采綠以綠爲之假借爲錄實爲录周書王會堂下之東面郭叔掌爲天下菉幣焉

沃 **趢** 趢趗也从走录聲說文趢篆行趢趗也一曰行曲脊皃東京賦狹三王之趢趗亦疊韻連語

屋沃 **逯** 行謹逯逯也从辵录聲方言十二逯行也假借爲录按廣雅釋訓逯逯眾也亦重言形況字又爲逮之誤字廣雅釋詁一逮及也漢書翟方進傳逯並爲橫壁將軍又單辭形況字淮南精神逯然而來注謂無所爲忽然往來也又託名幖識字後漢郅惲傳注逯秦邑也

屋 **睩** 目睞謹也从目录聲讀若鹿楚詞招魂蛾眉曼睩目騰光注視皃憫上哀世今睩睩亦重言形況字假借爲祿廣雅釋詁一睩善也

覺 **剝** 裂也从刀从录會意录刻割也录亦聲或从卜聲廣雅釋詁三剝離也按離者冎也剺也四剝脫也周禮柞氏冬日至令剝陰木而水之注謂斫去次地之皮太宰注革曰剝夏小正剝鱓剝瓜易序卦傳剝爛也荀子彊國然而不剝脫不砥礪謂刮去其生澀假借爲攴易剝卦馬注落也鄭注萬物零落故謂之剝也詩七月八月剝棗傳擊也夏小正剝棗傳取也轉注禮記檀弓喪不剝奠也斂注猶倮也僞泰誓剝喪元良傳傷害也後漢董卓傳注剝猶亂也古韻周書周祝叶剝足

沃 **覦** 笑視也从見录聲

屋 **娽** 隨從也从女录聲史記平原君傳公等錄錄因人成事者也以錄爲之索隱引說文娽娽隨從之皃莊子漁父祿祿而受變于俗以祿爲之亦皆重言形況字後漢馬援傳今共陸陸以陸爲之別義埤蒼娽顓頊妻名

沃 **綠** 帛青黄色也从糸录聲按東方閒色也西方白青曰縹中央黄黑曰綨北方黑赤曰紫南方赤白曰紅詩綠兮衣兮傳閒色箋

lù 錄　lù 鹿　lù 簏　lù 麓

則謂褖字之誤禮記玉藻君朱綠字亦作綠廣雅釋器綠青也轉注楚詞橘頌綠葉素榮注猶青也獨斷綠車名曰皇孫車天子有孫乘之以從假借爲菉詩綠竹猗猗終朝采綠漢書司馬相如傳揜以綠蕙又爲角禮記喪大記君大夫鬊爪實于綠中注當爲角聲之誤也或爲篆或作琢䍧按謂實于褁棺之四角綠繒中作本字亦通又託名幖識字穆天子傳天子之駿盜驪綠耳字亦作騄騏楚辭絕世赴崑山兮靶騄注駿馬也南都賦騄驥齊鑣古今人表綠圖新序作錄圖聲訓釋名綠瀏也荆泉之水於上視之瀏然綠色此似之也古韻詩采綠叶綠匊局沐

沃 **錄** 金色也从金录聲假借爲录按今鈔錄字古剝木爲書故曰录今也公羊隱十傳春秋錄內而略外廣雅釋詁三錄具也周禮職幣皆辨其物而奠其錄後漢和帝紀注錄謂總領之也字亦作籙廣雅釋器籙箹也永明十一年策秀才文朕秉籙御天又爲趢吳語今大國越錄注第也按行也又爲慮荀子脩身程役而不錄注檢束也漢書董仲舒傳錄德而定位注謂存視也按凡省錄字錄囚字皆慮也慮錄雙聲又爲綠荀子性惡文王之錄注劍以色名猶上文蔥也又爲逯爲娽漢書灌夫傳此特帝在即錄錄注言循眾也蕭望之傳不肯錄錄注謂循常也蕭曹傳贊當時錄錄未有奇節注猶鹿鹿言在凡庶之中也亦重言形況字又雙聲連語詩小戎傳鞪歷錄也謂束文古韻鶡冠子泰鴻叶錄辱足俗朴濁

鹿五名凡鹿之派皆衍鹿聲　盧谷切

屋 **鹿** 山獸也象頭角四足之形鳥鹿足相似从匕大曰鹿小曰麑易屯即鹿无虞詩呦呦鹿鳴儀禮鄉射禮記鹿中容八算假借爲麓易屯即鹿王肅注山足也魏受禪表書陳納于大鹿又爲簏吳語囷鹿空虛注員曰囷方曰鹿又疊韻連語莊子盜跖與蚩尤戰於涿鹿之野地名又尚書刑德放涿鹿者笮人頭也又雙聲連語廣雅釋器維車謂之厤鹿道軌謂之鹿車方言作轣轆又託名幖識字晉語取五鹿注衛地後又以邑爲氏又廣雅釋草鹿何澤鞠也即菾姑主療漆瘡又鹿腸元蔘也又爾雅囷鹿藿字亦作蔍又燕策鹿毛壽史記索隱引春秋後語作厝古韻詩野有死麕叶樕鹿束玉

屋 **簏** 竹高篋也从竹鹿聲或从录聲通俗文簏謂之匱笥楚辭愍命䭾騷蠹於筐簏轉注廣雅釋室簏倉也字亦作廘假借爲錄廣雅釋器籙箹也

屋 **麓** 林屬于山爲麓春秋傳曰沙麓崩从林鹿聲古文录聲按山足大林也僖十四年沙鹿崩穀梁傳林屬于山爲鹿水

經漳水注麓者林之大者也易屯即鹿无虞虞注山足稱陸虞書納于大麓詩瞻彼旱麓禮記王制林麓川澤周禮柞氏掌攻草木及林麓轉注說文麓守山林吏也晉語主將適螻而麓不聞注主苑囿之官左傳山之林木衡鹿守之以鹿爲之叚借爲录尚書大傳致天下于大麓之野注麓者錄也虞書納于大麓傳錄也魏公卿上尊號奏遵大鹿之遺訓聲訓釋名山足曰麓麓陸也言水流順陸燥也

屋 **麗** 罜麗也从网鹿聲按小魚罟魯語水虞於是乎禁罝罜麗罝者罜之譌字

沃屋 **漉** 浚也从水鹿聲或从录聲方言十三漉極也禮記月令毋漉陂池釋文竭也字亦作盝作逯方言十二逯涸也廣雅釋詁一逯盡也爾雅釋詁盝竭也轉注錯本說文一曰水下皃廣雅釋言漉滲也考工㡛氏清其灰而盝之封禪文滋液滲漉叚借託名幖識字漢書禮樂志淫淥澤注澤名

禿一名 他谷切

屋 **禿** 無髮也从人上象禾粟之形取其聲王育說蒼頡出見禿人伏禾中因以制字未知其審按此字當从秀而斷其下指事禾割穗則禿也轉注爲無髮今蘇俗老而禿頂曰秀頂凡物老而椎鈍皆曰秀故鐵刀生衣亦曰銹秀禿相近字也禮記問喪禿者不免喪服四制禿者不髽明堂位注齊人謂無髮爲禿揭呂覽明理盲禿傴尪盡數輕水所多禿與瘦人後漢匈奴傳禿翁注即乃翁也聲訓釋名釋疾病禿無髮沐禿也沐禿疊韻連語

說文通訓定聲 需部弟八

卜六名凡卜之派皆衍卜聲 補木切

屋 **卜** 灼剥龜也象灸龜之形按丨象龜坼一象楚焞一曰象龜兆之從橫也古文一屈下周禮大卜注問龜曰卜禮記曲禮龜爲卜蓍爲筮書洪範卜五占用二詩定之方中卜云其吉吳語請貞于陽卜叚借爲付爾雅釋詁卜予也詩天保君曰卜爾楚茨卜爾百福傳箋皆曰予也或曰卜者与字之譌蝕其下半耳又爲僕檀弓卜人師扶右聲訓白虎通卜赴也爆見兆也周禮大卜疏卜赴也赴來者之心故曰卜禮記曲禮疏卜覆也詩大田釋文引韓詩卜報也呂覽舉難卜相曰注卜擇也古韻詩小宛叶粟獄穀卜

遇 **赴** 趨也从走仆省聲按卜聲爾雅釋詁至也小爾雅廣詁疾也左昭廿五傳以赴禮者西京賦紛縱體而迅赴莊子秋水赴水則接腋持頤轉注左氏春秋序赴告策書疏凶事謂之赴儀禮聘禮赴者未至注今文赴作訃禮記檀弓赴於孔子注告也襍記凡訃于其君叚借爲仆帝堯碑若不虔恪輒赴殯

遇 **趴** 趣越皃从足卜聲與赴畧同

屋 **攴** 小擊也从又卜聲字亦作扑夏小正詩豳風剥棗皆以剥爲之又叩門曰剥啄亦疊韻連語虞書扑作教刑傳榎楚也儀禮鄉射禮取扑搢之周禮司市大刑扑罰注撻也轉注左文十八傳歜以扑挟職注箠也漢書陳項傳贊執敲扑以鞭笞天下注捶也叚借爲仆史記周本紀秦破韓魏扑師武又爲撲史記刺客傳舉筑扑秦皇帝

屋 **朴** 木皮也从木卜聲與樸樸皆別漢書司馬相如傳亭柰厚朴洞簫賦秋蜩不食抱朴以長吟轉注考工欲其樸屬而微至注猶附著堅固皃也以樸爲之又廣雅釋詁三朴離也按木皮即柹未削則爲柹附既削則爲柀離義相因也叚借爲趴廣雅釋詁二朴猝也急疾之意又爲樸廣雅釋詁一朴大也楚辭天問焉得夫朴牛懷沙材朴委積兮又荀子性惡生而離其朴注質也魯靈光殿賦鴻荒朴畧後漢王充王符傳論文朴遞行古韻莊子山木叶琢朴鶡冠子泰鴻叶録辱足俗朴濁

宥遇 **仆** 頓也从人卜聲前覆曰仆後仰曰偃素問經脈別論度水跌仆史記司馬穰苴傳仆表決漏索隱即其表也轉注漢書鄒陽傳卒仆濟北注偃仆也聲訓釋名仆踣也頓踣而前也仆踣雙聲

說文通訓定聲 需部弟八

菐九名凡菐之派皆衍菐聲 蒲屋切

沃 **菐** 瀆菐也从丵从廾廾亦聲按瀆菐疊韻連語煩猥之皃云廾聲者廾短言之即菐也孟子僕僕爾亟拜以僕爲之亦重言形況字菐本訓當爲承聚也詩既醉景命有僕以僕爲之方言撲盡也南楚凡物盡生者曰撲生注今種物皆生云撲地生也蕪城賦廛閈撲地皆以撲爲之

屋沃 **僕** 給事者从人从菐菐亦聲古文从臣从菐廣雅釋詁一僕使也詩正月并其臣僕左昭七傳隸臣僚僚臣僕僕臣臺公羊宣廿七傳則是臣僕庶孽之事也周禮大僕注侍御于尊者之名賈子等齊天子僞御號爲大僕左文十八傳而使歜僕注御也詩出車召彼僕夫傳御夫也後漢光武紀僕射注秦官也僕主也又禮記禮運仕于家曰僕易旅得僮僕貞左昭七傳作僕區之法服注僕隱也按隱者區之訓叚借爲菐詩既醉景命有僕傳附也管子地員累然如僕累中山經墠渚是多僕纍注蝸牛也子虛賦注引廣雅僕謂附著於人莊子人閒世適有蚉寅僕緣或曰皆借爲朴字柹附之義亦通又疊韻連語漢書息夫躬傳僕遬不足數注凡短之皃也又重言形況字孟子使己僕僕爾亟拜也注煩猥皃又託名幖識字左傳以金僕姑射南宮長萬字亦作鏷字林鏷鏑矢古韻詩正

樸 pǔ　撲 pū　墣 pú　轐 bú　樸 pú　濮 pú

屋 覺 **樸** 𣜩 木素也。从木菐聲。書梓材既勤樸斲。馬注未成器也。老子樸散則爲器。論衡量知無刀斧之斷者謂之樸。淮南精神而堯樸桷不斲。注采也。轉注東京賦尚素樸。注質也。淮南精神契大渾之樸。老子敦兮其若樸。漢書黃霸傳澆淳散樸。家語王言民敦而俗樸。荀子臣道若馭樸馬。注未調習之馬。又楚辭懷沙材朴委積兮。注壯大爲朴。廣雅釋詁一朴大也。以朴爲之。又秦策鄭人謂玉未理者璞。周人謂鼠未腊者璞。南都賦金彩玉璞。字亦作璞。孔耽碑蹈仁義兮履玌。純字又作玌。皆木素引申之義。叚借爲朴。考工記欲其樸屬而微至。注猶附著堅固皃也。按如木皮之附木。又爲樸。爾雅釋木樸枹者。注叢生者爲枹。按枹者苞也。又樕樸心。郎詩之林有樸樕。其心黃耐溼可作柱。故亦名心也。又詩芃芃棫樸。樸小爾雅廣詁樸叢也。古韻老子顯德叶樸谷濁。齊策叶足璞辱。文子上德叶木樸。大戴王言叶樸慤。月叶祿。僕屋。

覺 **撲** 𢱉 挨也。从手菐聲。通俗文連杖曰撲。又手到曰撲。字林手相搏曰撲。字亦作擈作𢷾。廣雅釋詁三𢷾擊也。淮南說林蔭不祥之木爲雷電所撲。太元格不𤻁其體撲。西京賦流鏑擂𢷾。叚借爲樸。方言三撲聚也。又爲菐。蕪城賦塵閈撲地。又爲薄。淮南時則具撲曲筥筐。撲薄雙聲。錢宮詹云此栿之誤字。

覺 **墣** 𡎺 圤 塊也。从土菐聲。或从卜聲。吳語王寢消人疇枕王以墣而去之。淮南書土之勝水也非以一墣塞江。

覺 **轐** 𨏥 車伏兔也。从車菐聲。形似屐伏于軸上以生革固束聯系之。其革曰輹。易說輹是也。考工記加軫與轐焉。疏今人謂之車屐。聲訓釋名轐伏也。伏于軸上也。伏樸雙聲。

屋 **樸** 𣜩 樸棗也。从木僕聲。按枹木也。叢生相包者。樕樸柞棫棗棘之屬。經傳皆以樸爲之。爾雅釋木樸枹者。舊注樸棗也。說文本此爾雅。樕樸心釋文本作樸。詩野有死麕林有樸樕傳小木也。小木疑當作心木。字體之誤。棫樸芃芃棫樸傳抱木也。按樸樕亦謂之槲樕。爾雅云樕樸正與詩棫樸字法一例矣。今蘇俗稱御棗曰白蒲棗。白蒲即枹樸之轉語也。聲訓方言三樸聚也。以撲爲之。

屋 **濮** 𤅢 濮水出東郡濮陽南入鉅野。从水僕聲。今曰濮河。自河南衛輝府封邱縣流經直隸大名府開州東南合洪河入山東濮州界。俗謂之普河語之轉也。禮記樂記桑間濮上之音。左昭九傳以夷濮西田益之。莊子秋水釣于濮水。釋文陳地水也。別義書牧誓彭濮人。左文十六傳麇人率百濮。昭十九傳爲舟師以伐濮。此江漢之閒楚之西北境。當在今湖南荊州府石首縣之南。又蜀都賦百濮所充。則又在四川。此百濮之散處者耳。

纀 pú　𡲸 pú　木 mù　沐 mù

屋 **纀** 𦅼 裳削幅謂之纀。从糸僕聲。爾雅釋器注削殺其幅深衣之裳也。按凡布幅廣二尺二寸。帛幅廣二尺四寸。朝祭喪服皆帷裳。前三後四正裁有辟積。惟深衣衣裳相連。以六幅之布直裁其四爲八。斜裁其二爲四。前後各六幅。故當旁之衽或削而上或削而下。無辟積也。又有中衣者。其在冕服爵弁服中用帛。餘皆用布。其制與深衣同。又有長衣者。喪服之次亦用布。轉注爲巾幞。字亦作幞。幞頭周武帝所制。裁幅巾出四脚以幞頭。因名焉。亦作袹作帞作帊。方言四絡頭曰帞頭。廣雅釋器帞頭幧頭也。禮記問喪注邪巾袹頭。又廣雅釋器袹襥謂之袹腹。通俗文帛三幅曰帊。帊衣幞也。或作帛二幅。見後漢王粲傳注。廣雅釋器帊幞也。

𡲸一名　蒲卜切

屋 **𡲸** 𡲸 行𡲸𡲸也。从又闕。讀若僕。錢宮詹云當从屑省。屑屑與𡲸𡲸義相近。即孟子僕僕爾亟拜之僕也。段氏玉裁則訂此字當作㚍。按吳仲山碑熹平元年元即共字。用爲六。是从又共聲也。

木三名凡木之派皆衍木聲　莫卜切

屋 **木** 𣎳 木曰曲直。東方之行也。从屮下象其根。五行不言艸。艸亦木也。春秋元命苞八推十爲木。八者陰合。十者陽數。以今隸說形非是。春秋繁露木者春生之性農之本也。管子權修一樹十穫者木也。左傳水火金木土穀謂之六府。禮記曲禮司木注山虞也。考工記攻木之工七輪輿弓廬匠車梓也。轉注周禮大師金石土革絲木匏竹。注柷敔也。又莊子列禦寇爲外刑者金與木也。報任少卿書關三木。注在項及手足也。又禮記檀弓原壤登木。注棺材也。叚借爲樸。論語剛毅木訥。王注質樸也。漢書周勃傳勃爲人木强敦厚。又爲鶩。淮南道應乃去其督而載之木。注木鶩鳥冠也。知天文者冠鶩。聲訓說文木冒也。冒地而生東方之行。釋名木冒也。華葉自覆冒也。白虎通五行木之爲言觸也。陽氣動躍觸地而出也。又情性木之爲言牧也。又爾雅釋文引白虎通木之言踴也。陽氣踴躍。古韻詩葛覃叶谷木。角弓叶木附屬。易困叶木谷覿。漸叶木桷。文子上德叶木樸。轉音文子道原叶木石澤殰。

屋 **沐** 𣳚 濯髮也。从水木聲。廣雅釋詁二洒也。論衡譏日沐者去首垢也。禮記玉藻沐稷而靧粱。周禮宮人共王之沐浴。左傳沐則心覆。史記外戚傳丐沐沐我。索隱沐米潘也。神女賦沐蘭澤含若芳。又公羊隱八傳諸侯皆有湯沐之邑焉。又沈約詩晚沐卧郊園。注休沐也。又禮記檀弓夫子助之沐椁。注沐治也。叚借爲攴爲撲。管子沐涂樹之枝。又託名幖識字。漢書楚人沐猴而冠。按猶母猴也。獼猴也。又疊韻連語釋名釋姿容沐禿。沐者髮下垂。禿者無髮。皆無上皃之稱也。古韻詩采綠叶綠匊沐。

yù 欲　yù 裕　sú 俗　yù 鵒　gǔ 谷　mù 霂

屋 **霂** 霢霂也。从雨沐聲。按小雨曰霢霂，亦雙聲連語。詩信南山益之以霢霂，語轉亦曰溟濛。古韻詩信南山叶霂渥足穀。

谷九名凡谷之派皆衍谷聲。 古祿切

屋 **谷** 泉出通川爲谷。从水半見出於口。會意。周禮匠人兩山之閒必有川焉。爾雅水注川曰谿，注谿曰谷。又釋丘谷者溦。管子度地山之溝一有水一無水者命曰谷水。公羊僖三傳無障谷。轉注易井谷射鮒。老子曠兮其若谷。皆謂空虛如谷也。素問氣穴肉之大會爲谷。楚辭遠逝橫飛谷以南征，注飛谷日所行道也。虞書宅西曰昧谷。漢書律厤志取竹之解谷，注竹溝也。叚借爲窮。詩桑柔進退維谷，傳窮也。又爲穀。詩習習谷風，傳東風謂之谷風。爾雅釋天孫注谷風生長之風。老子谷神不死，注養也。又廣雅釋詁二谷去也。王氏念孫訂爲去字之誤，與上文祛誤裕、竭誤竭同。末一去字則曹憲音誤入正文者，其說是也。去篆作厺，與谷相似。古韻詩葛覃叶谷木，桑柔叶谷穀垢，易困叶木谷覿，老子顯德叶樸谷濁。

沃 **鵒** 鴝鵒也。从鳥谷聲。或从隹與聲。古者鴝鵒不踰泲。今考工記作鸜鵒不踰濟。鸜者或字，濟者借字。古韻左昭廿五叶鵒辱，又叶鵒哭。

說文通訓定聲　需部弟八

沃 **俗** 習也。从人谷聲。周禮大司徒六曰以俗教安，注謂土地所生習也。太宰六曰禮俗以馭其民，注禮俗昏姻喪紀舊所行也。禮記曲禮入國而問俗。淮南氾論循俗未足多也，注常也。呂覽情欲俗主虧情，注凡君也。叚借爲欲。荀子解蔽由俗謂之道盡嗛矣。聲訓孝經移風易俗，疏引韋昭曰隨其趨舍之情欲，故謂之俗。周禮土均疏俗者續也。後漢班彪傳注隨君上之情欲謂之俗。釋名俗欲也，俗人所欲也。古韻鶡冠子泰鴻叶欲辱足俗朴濁。

過 **裕** 衣物饒也。从衣谷聲。易晉有孚裕无咎，按衆本皆作罔孚。廣雅釋詁四裕容也。書盤庚裕汝衆，今本作格。吳語裕其衆庶。詩角弓綽綽有裕，傳饒也。周語布施優裕也，注緩也。叔父若能光裕大德，注寬也。易裕父之蠱，虞注不能爭也。法言孝至天地裕於萬物，注足也。賈子道術包衆容物謂之裕。叚借爲繇。方言三裕猷道也。書君奭告君乃猷裕，康誥乃由裕民，乃裕民曰遠乃猷裕，乃以民寧。按道理之道，導引之導，皆道也。又廣雅釋詁三裕開也。王氏念孫訂爲袪之誤字。古韻詩角弓叶裕瘉。

沃 **欲** 貪欲也。从欠谷聲。按欠者，次省也。俗字亦作慾。荀子正名欲者情之應也。呂覽貴生六欲，注生死耳目口鼻也。素問上古天真論以欲竭其精，注樂色曰欲。易頤其欲逐逐。詩文王有聲匪棘其欲。禮記坊記命以防欲。論語根也慾。叚借爲裕。按祭義其薦之也敬以欲，注婉順皃。又爲歎。玉藻疾趨則欲發而手足毋移。古韻楚詞天問叶欲祿，呂覽大樂叶具慾務，韓非主道叶握欲。轉音詩文王有聲叶欲孝，文子道原叶慕欲慮。

jué 桷　jiǎo 角　yú 螸　yù 鋊　yù 浴　yù 猶

沃 **猶** 獨猶獸也。从犬谷聲。如虎，白身豕鬣，馬尾。

沃 **浴** 洒身也。从水谷聲。周禮宮人共王之沐浴。論衡譏日浴去身垢。轉注夏小正黑鳥浴，傳浴也者，飛乍高乍下也。別義北山經錞于毋逢之山，浴水出焉，注即黑水也。叚借爲谷。老子銘浴神不死。古韻禮記檀弓叶浴足。

沃 **鋊** 可以句鼎耳及鑪炭。从金谷聲。讀若浴。別義一曰銅屑。漢書食貨志民盜摩錢以取鋊。

虞沃 **螸** 螽醜螸垂腴也。从虫欲聲。宋本說文作螽醜。爾雅螽醜螸，蠅醜扇，螽類腹多肥腴，下垂以自休息。孝經援神契蜂蠆垂芒是也。按爾雅施乾本作螽醜螸。

角四名凡角之派皆衍角聲。 古欲切

覺 **角** 獸角也。象形。角與刀魚相似。廣雅釋言角䚡也。詩良耜有捄其角，傳社稷之牛角尺。史記樂書角觡生，注牛羊有䚡曰角。

說文通訓定聲　需部弟八

爾雅釋地北方之美者有幽都之筋角焉。考工弓人角也者以爲疾也。轉注左襄十四傳晉人角之，疏謂執其角也。又禮記內則男角女羈，注夾囟曰角。鄭語惡角犀豐盈，注謂顏角有伏犀。又爾雅釋天壽星角亢也。按角二星，亢四星，以喻蒼龍之首。漢書天文志動搖角大兵起，傅會觸鬥之義也。又特牲饋食禮記一角一散，注角四升。疑古酒器之始以角爲之，故觚觶觴觥等字多从角。又淮南齊俗角觿不厭薄，注刀劍羽䎀之屬角也。亦雙聲連語。叚借爲觸。漢書武帝紀作角抵戲。又爲校，實爲㲉。呂覽孟冬肄射御角力，注猶試也。舞鶴賦角睞分形，注猶競也。角交雙聲。又爲斠。禮記月令角斗甬，注謂平之也。管子七法角量也。又託名幖識字。爾雅釋樂角謂之經。樂記角爲物。呂覽孟春其音角，注角木也，位在東方。聲訓漢書賈誼傳注角校也，競也。史記李斯傳集解角抵即㲉抵。廣雅釋言角觸也。爾雅釋樂釋文角觸也。物觸地而出戴芒角也。白虎通禮樂角者躍也，陽氣動躍。詩卷耳疏引韓詩說四升曰角，角觸也，飲不能自適，觸罪過也。古韻詩麟趾叶角族，行露叶角屋獄足，良耜叶角續。

覺 **桷** 榱也。椽方曰桷。从木角聲。按圜曰椽。易漸或得其桷。春秋莊廿四年刻桓宮桷。詩閟宮松桷有舄。叚借爲苗。廣雅釋器桷槌也。聲訓釋名釋宮室桷确也，其形細而疏确也。古韻易漸叶木桷。

木谷角

quèquè　hú　què
确　斛　青　㱿

覺 **确**　磬石也。从石，角聲。或从㱿聲。字亦作埆。土之多石瘠薄者謂之墝埆。吳都賦同年而議豐确乎。注：薄也。叚借爲交爲觸。漢書李廣傳數與虜确。注：謂競勝敗也。又爲校。詩行露傳獄埆也。釋文引盧植說獄相質㱿爭訟者也。又引崔注埆者埆正之義。後漢寇榮傳不復質确其過。注：實也。又爲墧。後漢崔實傳言辯而确。注：堅正也。

屋 **斛**　十斗也。从斗，角聲。容黍二百四十萬。與𣫭字別。字亦誤作斢。莊子田子方䠞斛不敢入于四竟。叚借爲斠。太元元掜日月相斛。注：量也。聲訓漢書律厤志斛者角斗平多少之量也。借角爲斠。

青十七名凡青之派皆衍青聲　苦鉤切

江 **青**　幬帳之象。从冂，㞢其飾也。按與彀鼓同意。今音讀如腔。腔㲉聲之轉。轉注凡物之郭甲在外者曰青。字作㱿。書皆以㱿爲之。

覺 **㱿**　从上擊下也。从殳，青聲。七命剖椰子之㱿。注：凡物內盛者皆謂之㱿。思元賦元武縮於㱿中兮。舊注：㱿甲也。字亦作𣫭。卵外堅也。叚借爲㲉。說文一曰素也。按瓦器未燒爲㲉，猶木石之樸也。即坏。又爲㲉。廣雅釋詁一：善也。

hù
覺 **嗀**　歐皃。从口，㱿聲。左哀廿五傳若見之君將嗀之。

說文通訓定聲　需部弟八

kòu
宥 **鷇**　鳥子生哺者。从鳥，㱿聲。生而須母哺者曰鷇，生而能自啄者曰雛。廣雅鷇雛也。方言八爵子及雞雛皆謂之鷇。魯語鳥翼鷇卵。漢書東方朔傳鳥哺鷇也。五行志有二鷇鷇燒死。莊子天地夫聖人鶉居而鷇食。列子湯問視來丹猶雛鷇也。

hú
覺 **觳**　盛觵卮也。从角，㱿聲。讀若斛。字亦作𧤯。考工陶人鬲實五觳。注：豆實三而成觳，則觳受斗二升。司農注：觳受三斗。失之。觳者，疑貯酒以待酌之器。別義說文一曰射具。疑借爲韇。叚借爲确。管子地員剛而不觳。字又誤作𣫭。莊子天下其道大觳。注：無潤也。又爲㱿。左哀廿五傳君將觳之。又爲祔。特牲饋食禮記主婦俎觳折。注：後足。又爲觸。史記李斯傳方將觳抵優俳之觀。集解即角抵。又爲羙。爾雅釋詁觳盡也。史記秦始皇紀不觳於此。爾雅郭注則以爲發聲之詞，本無正字。又疊韻連語孟子吾不忍其觳觫。注：恐貌。

kòu
宥 **㲄**　未燒瓦器也。从缶，㱿聲。讀如筩莩。按此讀从缶，从㱿，缶亦聲。廣雅釋言㲄培也。謂坏也。今本作㲄，誤。

kū
屋 **麳**　餅籟也。从麥，㱿聲。讀若庫。謂麳堅築之成餅也。方言十三[illegible]也。

gǔ
屋 **榖**　楮也。从木，㱿聲。惡木，皮可作紙。詩鶴鳴其下維榖。陸疏：楮，幽州人謂之榖桑。書咸乂序桑榖共生于朝。南山經祝餘狀如榖而黑理。注：亦名構。蓋或以構爲之。史記貨殖傳材竹榖櫨。叚借爲㱿。呂覽將榖其頭矣。

gǔ
屋 **穀**　百穀之總名。从禾，㱿聲。百穀者，稻粱菽各二十，蔬果助穀各二十也。然國語百穀百蔬並言，易言百穀草木，言百果甲坼，疑蔬果不得并于穀數，謂之百者，多種之詞耳。九穀者，周禮太宰三農生九穀，先鄭後鄭說不同，古今注及炙轂子說又不同。八穀者，見本草注，亦與大象賦注不同。六穀者，周禮膳夫食用六穀，先鄭注與王應麟三字經說不同。五穀者，周禮疾醫以五味五穀五藥養其病，鄭注與孟子樹藝五穀趙注不同。三穀者，稾種總爲稻，黍稷總爲粱，𣏌豆總爲菽，其說亦混。按穀之大名有三，禾穀粟也。穀之種類有九：黍即秬與秠也，黏者也；稷即粢與穄也，不黏者也；粱即穈與芑也，小米之粗而不黏者也；秫即𥢶也，小米之細而黏者也；稻即稌也，有黏有不黏者也；麥有大小，即來與麰也；菽有大小，即豆與藿也；麻即苴與蕡也；苽即雕胡也。若今之高粱，謂之蜀黍，亦曰蜀秫，亦曰蘆穄，亦曰荻粱，三代時其種未入中國。又胡麻，今之脂麻，亦後世始有之，皆不可以釋經。其重穋稙穉，則成熟早晚之稱，而非穀名也。管子山權數穀者民之司命也。書古太誓五王以穀俱來。鄭注：蓋牟麥也。轉注爲食稾。詩正月蔌蔌方有穀。論語邦有道穀。孟子穀祿不平。注：穀所以爲祿也。又訓養。詩小弁民莫不穀。甫田以穀我士女。周禮大宗伯子執穀璧。注：穀所以養人。爾雅釋言穀生也。詩大車穀則異室。小宛自何能穀。或曰生養皆借爲鞠，實爲畜，非是。又訓善，養美善義皆从羊，故又轉爲善。書洪範既富方穀。詩東門之枌穀旦于差。論語不至於穀。

說文通訓定聲　需部弟八

叚借爲祿。詩天保俾爾戩穀。淮南人閒不穀親傷。注：不穀，不祿也，人君謙以自稱也。又爲𣫭。廣雅釋言穀培也。又爲穀。漢書敘傳楚人謂乳穀。左莊三十傳鬭穀於菟。荀子禮論臧穀猶且羞之。莊子駢拇臧與穀二人。崔注：孺子曰穀。又爲告。禮記檀弓齊穀王姬之喪。又託名標識字。晉語出穀戌。注：齊地。水經注穀水即雎水也。中山經瞻諸之山少水東流注于穀水。注：穀水世謂慈澗。周語穀洛鬭。注：二水名。又埤蒼布穀鵠鸇也。又字林穀菜生水中。又左傳晉郤穀、士穀、先穀。釋文本作穀。衛右宰穀。廣絕交論注作穀。聲訓說文穀續也。爾雅釋言穀祿也。古韻詩七月叶屋穀。天保叶穀祿足。黃鳥叶穀粟穀族。正月叶屋穀祿椓獨。小宛叶粟獄穀卜。四月叶濁穀。信南山叶霂渥足穀。桑柔叶谷穀垢。穆天子傳古文五叶澤玉穀。

bó
屋覺 **豰**　小豚也。从豕，㱿聲。左傳晉先穀字彘子，以穀爲之。廣雅釋獸穀豭也。按豭爲牡豚，其說小異。別義爾雅貔白狐，其子穀。注：一名執夷，虎豹之屬。叚借爲穀。漢書司馬相如傳獑胡穀蛫。注：穀似貔而大，要以後黃，一名黃要，食獼猴。又疊韻連語通俗文斗藪謂之穀𣫭。孟子作穀觫，亦同。

hù
宥屋 **㲉**　犬屬。腰已上黃，腰已下黑，食母猴。从犬，㱿聲。讀若構。子虛賦獑胡㲉蛫，以㲉爲之。別義或曰㲉似牂羊，出蜀北嚻山中，犬首而

què 慤　hù 㱿　gòu 彀　hú 縠　gǔ 轂　gòu 㝅　jú 局

馬尾

覺 **慤** 謹也从心㱿聲廣雅釋詁四慬也周書謚法行見中外曰慤禮記祭義其親也慤疏謂質慤禮器不然則已慤注慤愿皃檀弓殷已慤淮南主術其民樸重端慤注誠也古韻大戴王言叶樸慤

沃 **㱿** 日出之赤从赤㱿省聲按㱿聲

宥 **彀** 張弓弩也从弓㱿聲孟子必志於彀又變其彀率莊子德充符游于羿之彀中史記馮唐傳彀騎萬三千東京賦雅弓斯彀射雉賦捧黃閒以密彀叚借爲彀爾雅釋詁彀善也

屋 **縠** 細縛也从糸㱿聲按今之縐紗也不縐者周禮之素沙廣雅釋器縠綃也漢書江充傳充衣紗縠禪衣注輕者爲紗縐者爲縠神女賦動霧縠以徐步兮論衡量知無染練之治名縠麤叚借爲穀左宣十三傳先縠字彘子公縠作穀亦借字又僖廿七傳郤縠文二傳士縠釋文本作穀

屋 **轂** 輻所湊也从車㱿聲在輪正中轂中空曰槾裹其空之鐵曰釭程氏瑤田曰輻所趨之空曰槾當從之廣雅軝謂之轂按軝者

約轂之革也考工輪人轂也者以爲利轉也漢書食貨志轉轂百數注車也周髀算經車輻引繩就中央之正以爲轂又老子孤寡不轂注踰不能如車轂爲衆輻所湊叚借爲穀後漢蔡邕傳速速方轂注轂祿也又云此作轂者謂小人乘寵方轂而行方猶並也則謂本字又列子天瑞鷃之爲布轂聲訓釋名轂埆也體堅埆也按謂堅埆也古韻詩小戎叶續轂馵玉屋曲楚詞遠遊叶屬轂

有宥 **㝅** 乳也从子㱿聲字亦作吼廣雅釋詁一生也釋親子也左宣四傳楚人謂乳穀荀子禮論君子以倍叛之心接臧穀猶且羞之按卽莊子之臧穀也叚借疊韻連語說文一曰穀瞀也按卽荀子儒效之溝瞀愚無知之皃

局二一名凡局之派皆衍局聲 渠錄切

沃 **局** 促也从口在尺下復局之按復局疊韻連語猶局促也此字當訓分也猶界也从尺从口會意尺猶手也手口所以分部之尺亦其度寸咫尺仞尋常皆於人手取法爾雅釋言局分也禮記曲禮左右有局注部分也後漢袁紹傳注局部也轉注說文一曰博所以行棊象形按謂畫界以分疆者叚借爲曲說文局促也詩正月不敢不局傳曲也小爾雅廣詁局近也大戴四代局以觀功又疊韻連語詩采綠予髮曲局傳局卷也按短言曰曲長言曰曲局漢書灌夫傳局趣效轅下駒注趣小之貌也舞賦哀蟋蟀之局促字亦作跼寡婦

jū 挶　qū 曲　yù 玉

賦馬悲鳴而跼顧東京賦豈徒跼高天蹐厚地而已哉注傴僂也聲類偏舉一足曰跼又重言形況字莊子天地季徹局局然笑曰釋文大笑之皃古韻詩采綠叶綠匊局沐轉音詩正月叶蹐脊蜴

沃 **挶** 戟持也从手局聲左傳裙師出公戟其手謂垂其肱肘翹其臂如戟形也叚借爲𢍰周語畚而挶注舁土之器又雙聲連語詩予手拮据傳拮据戟挶也

曲一名 丘玉切

沃 **曲** 象器曲受物之形古文𠃊亦象曲形廣雅釋詁一曲折也書洪範木曰曲直按字亦作𠙹今讀如宦音誤轉注詩小戎亂我心曲傳心之委折也禮記禮器曲禮三千中庸其次致曲注小小之事也易繫辭傳曲成萬物而不遺注不係一方者也荀子王制其餘雖曲當注謂委曲皆當解蔽曲知之人觀于道之一隅注言不通于大道者也吳都賦固亦曲士之所歎也注謂僻也秦策以曲合于趙王注邪也禮記閒傳三曲而偯注一舉聲而三折也周語少曲與焉注章曲也其詩樂少章曲又爾雅河出百里一小曲千里一曲一直中山經和山五曲楚辭大招曲屋步櫩注周閣也賈子審微曲縣衛君之樂體也叚借爲苗說文或說曲蠶薄也史記周勃世家

以織曲薄爲生又爲局方言五所以行棊謂之局或謂之曲道廣雅釋器曲道挶也又託名幖識字莊子人閒世至于曲轅崔注道名左傳曲沃晉宗邑漢書曲遇侯地名亦疊韻連語又左桓十二傳盟于曲池公羊作歐蛇古韻詩小戎叶續轂馵玉屋曲汾沮洳叶曲藚

玉

族

玉五名凡玉之派皆衍玉聲 魚欲切

沃 **玉** 王 𤣩 石之美者有五德潤澤以溫仁之方也䚡理自外可以知中義之方也其聲舒揚專以遠聞智之方也不撓而折勇之方也銳廉而不忮絜之方也象三玉之連丨其貫也謂貫組古文又象綬禮記曲禮君無故玉不去身疏玉謂佩也虞書五玉鄭注執之曰瑞陳列曰玉按三圭二璧也周禮玉府王齊則共食玉注玉是陽精之純者食之以禦水氣書洪範惟辟玉食馬注美食易說卦傳乾爲玉白虎通考黜玉者德美之至也又楚辭離世背玉門以奔鶩今注君門管子七臣七主瑤臺玉餔不足處按玉餔玉府也注猶玉食失之爾雅西方之美者有霍山之多珠玉焉書顧命大玉夷玉鄭注大玉華山之球也西山經玉山西王母之所居也吳都賦不窺玉淵注水深之處美玉所出也南山經堂庭之山多水玉注今水精也轉注詩板王欲玉女按美也呂覽貞直身好玉女注美女也禮記玉

藻玉色注色不變也尚書大傳皆莫不磬折玉音注言宏殺之調也叚借爲項周禮太卜一曰玉兆杜注帝顓項之兆又疊韻連語爾雅釋天四氣和謂之玉燭聲訓禮斗威儀玉之爲言溝刻也古韻詩野有死麕叶樕鹿束玉小戎叶續轂馵玉屋曲汾沮洳叶曲藚玉族棫樸叶豕玉句中韻穆天子傳古文五叶澤玉轂老子法本叶祿玉轉音文子上德叶玉素

沃 **項** 項 頭項項謹皃从頁玉聲莊子天地項項然不自得行李注自失皃按亦重言形況字禮記月令其帝顓項白虎通號項者正也風俗通引書大傳項者信也愨也聲訓通典引左氏說項猶愉也白虎通五行顓項者寒縮也

沃 **豊** 豊 忧豊也从曲玉聲按委曲字卽曲器之轉注此字後出

沃 **苗** 苗 蠶薄也从艸豊聲以萑葦爲之廣雅釋器笛薄也字亦作笛禮記月令具曲植籧筐呂覽具栚曲籧筐淮南具撲曲筥筐皆以曲爲之

覺 **珏** 珏 瑴 二玉相合爲一珏會意或从玉㱿聲左莊十八傳賜玉五珏僖三十傳納玉於王與晉侯皆十瑴襄十八傳以朱絲係玉二瑴魯語行玉二十瑴穆天子傳載玉萬瑴

說文通訓定聲　需部第八　卌五

獄四名凡獄之派皆衍獄聲 魚欲切

沃 **獄** 獄 确也从㹜从言會意二犬所以守也按㹜兩犬相爭也獄訟也兩劑禁民獄注謂相告以罪名者大司徒而有獄訟者注爭罪曰獄左襄十傳坐獄于王庭周語夫君臣無獄晉語梗陽人有獄淮南氾論有獄訟者搖軺漢書路溫舒傳夫獄者天下之大命也春秋繁露精華獄政之末也風俗通獄者陰也轉注廣雅釋室獄犴也按獨斷唐虞曰士官夏曰均臺殷曰牖里周曰囹圄漢曰獄鄭志曰周曰圜土秦曰囹圄漢曰若盧魏曰司空又按韓詩小宛宜犴宜獄傳鄉亭之繫曰犴朝廷曰獄聲訓詩行露何以速我獄傳獄埆也疏引鄭駁異義獄者埆也囚證于角核之處釋名獄确也言實确人情僞也按皆以墝實爲訓古韻詩行露叶角屋獄足小宛叶粟獄穀卜

覺 **鸑** 鸑 鸑鷟鳳屬神鳥也从鳥獄聲周語周之興也鸑鷟鳴于岐山後漢賈逵傳昔武王終父之業鸑鷟在岐吳都賦鸑鷟食其實別義說文又曰江中有鸑鷟似鳧而大赤目按鸑鷟亦疊韻連語亦作鸀玉吳都賦鶂鷍鸀鳿注水鳥亦作屬玉漢書宣帝紀屬玉觀注似鵁鶄

覺 **嶽** 嶽 𡶳 東岱南靃西華北恒中泰室王者之所以巡狩所至从山獄聲古文从山象高形今作岳東岱在今山東泰安府泰安縣南靃卽衡在湖南衡州府衡山縣漢移于天柱山改名霍山在安徽六安州霍山縣西華在陝西同州府華陰縣北恒在直隸定州曲陽縣中泰室在河南河南府登封縣古王者巡狩之所至也按唐虞言四岳至周禮大宗伯始有五嶽之名何休公羊注引尚書還至嵩如初蓋妄以緯書增經文邵晉涵曰唐虞以霍太山爲中岳卽禹貢冀州之岳陽在今山西平陽府此可備一說又爾雅別有河西嶽卽禮記中庸之嶽禹貢之岍職方雍州之鎭也在今陝西鳳翔府山標吳嶽之名而不居五嶽之列鄭注周禮大司樂失之又思元賦二女感于崇嶽兮注山也謂咸上卦艮爲山叚借重言形況字漢書朱雲傳五鹿嶽嶽注長角之皃魯靈光殿賦神仙岳岳于棟閒注立皃又託名幖識字左襄廿八傳反陳于嶽注里名聲訓廣雅釋山嶽确也白虎通巡狩嶽之爲言捔也捔功德也風俗通山澤嶽者捔功考德黜陟幽明也禮記王制疏嶽者何嶽之爲言桷也桷功德也按謂嶽之言校也較也榷也角也斠也實皆觳字也

覺 **頋** 頋 面前頋頋也从頁岳聲吾蘇俗諺言人趾高氣揚之皃曰頭高頋頋

說文通訓定聲　需部第八　卌六

屋六名凡屋之派皆衍屋聲 烏谷切

屋 **屋** 𡱂 𡲕 居也从尸尸所主也一曰尸象屋形从至至人所至止室屋皆从至籀文尸下又从厂古文上象𡉟高出形按尸象人側形篆當作尸屋象重覆形篆當作尸許書宜別立屋部从尸者皆从屋省也廣雅屋舍也易豐其屋干注乾爲屋宇書禹貢至于王屋山在今河南懷慶府按山西平陽府及澤州府界山有三重如屋按王之言大也史記周本紀至于王屋此古太誓文馬注王所居屋實借爲幄轉注司馬法夫三爲屋周禮小司徒考夫屋旅師屋粟閒粟又司烜氏邦若屋誅注謂夷三族字亦作剭謂所殺不于市而以適甸師者也易鼎鄭本其刑剭廣雅釋詁四剭刑也字亦作䵎又禮記喪大記畢塗屋注殯上覆如屋者也又詩權輿夏屋渠渠箋具也按房俎之類或曰借爲幄叚借爲楃詩尚不愧于屋漏傳小帳也獨斷黃屋者以黃爲裏也又漢書陸賈傳去黃屋稱制注謂車上之蓋也聲訓考工匠人注屋具也釋名屋奧也其中溫奧也古韻詩行露叶角屋獄足小戎叶續轂馵玉屋曲七月叶屋穀正月叶祿僕屋又叶屋穀祿椓獨

覺 **喔** 喔 鷄聲也从口屋聲按嗢喔者重言形況字呃喔者雙聲連語叚借疊韻連語難蜀父老豈特委瑣喔躖注急促之皃

覺 **楃** 楃 木帳也从木屋聲按屋亦意以帛衣版爲之字亦作幄周禮幕人掌帷幕幄帟綬之事注四合象宮室巾車翟車有握以握爲

wò 偓　wò 渥　wò 握　shǔ 蜀　zhòu 噣

之小爾雅廣服幄幕也覆帳謂之幄後漢仲長統傳注在上曰幄左昭十三傳子產以幄幕九張行疏幕大幄小幄在幕下張之聲訓釋名幄屋也以帛依板施之形如屋也

覺 **偓** 偓佺也从人屋聲古仙人漢書司馬相如傳偓佺之倫 假借疊韻連語楚辭憂苦偓促談于廊廟兮注拘愚之皃

覺 **渥** 霑也从水屋聲廣雅釋詁二漬也三厚也又濁也詩信南山旣優旣渥簡兮赫如渥赭終南顏如渥丹韓詩作沰以涿爲之易鼎其形渥注沾濡之皃鄭作刑剭虞作刑渥注大刑也九家注渥者厚大言辠重也字亦作腥考工鮑人腥脂之則需 假借爲偓考工梳氏渥淳其帛 古韻詩信南山叶霂渥足穀易鼎叶足餗渥

覺 **握** 搤持也从手屋聲古文从口从古文屋聲○東也易萃一握爲笑注一握者小之皃也鄭讀夫三爲屋之屋傳本作渥穀梁昭八傳流旁握注四寸也禮記王制宗廟之牛角握儀禮鄉射禮記長尺有握又士喪禮設握乃連擊釋名握以物著尸手中使握之也又莊子庚桑楚終日握而手不掜李注捲手曰握又管子入國篇躄偏枯握遞注兩手相拱著而不申者謂之握遞又淮南書臺無所鑒謂之狂生又臺簡以游太清皆古文臺字之誤 假借爲幄爾雅釋言握具也按猶供帳也或爲屋詩夏屋傳具也又周禮巾車翟車貝面組總有握馬本作幄卽楃也 又疊韻連語史記陸賈傳其將皆握齱韋昭曰小節也應劭曰急促之皃司馬相如傳委瑣握齪索隱局促也 古韻韓非主道叶握欲 轉音文子道原叶夕握又叶極握

說文通訓定聲　需部弟八　老

蜀十九名凡蜀之派皆衍蜀聲 市欲切

沃 **蜀** 葵中蠶也爾雅釋文引說文桑中蟲也从虫上目象蜀頭形中象其身蜎蜎詩東山蜎蜎者蠋俗字作蠋傳桑蟲也管子水地欲小則化如蠶蠋注藿中蟲也 假借爲獨 實發聲之詞方言十二一南楚謂之蜀廣雅釋詁一蜀弌也爾雅釋山獨者蜀又爲燭仲尼弟子石作蜀字子明又後漢劉焉傳焉遣叟兵五千助之注漢代謂蜀爲叟又託名幖識字蜀都賦三蜀之豪注三蜀蜀郡廣漢犍爲也秦策蜀西僻之國也而戎狄之長也漢書司馬相如傳蜀石黃碝注石次玉者也又楚語懼之以蜀之役注蜀魯地又管子形勢抱蜀不言而廟堂既脩注蜀祠器也 轉音詩東山叶蠋宿

覺 **噣** 喙也从口蜀聲與咮畧同廣雅釋親噣口也詩盧令箋畢噣也釋文噣畢星名按謂畢宿開張處如口也 假借爲咮左襄九傳疏噣謂咮也又爲啄爾雅釋鳥生噣雛太元夤三歲不噣

zhú 趨　zhú 躅　zhuó 斀　dú 髑　chù 觸　zhú 韣　shǔ 襡　zhǔ 屬

沃 **趨** 行皃从走蜀聲讀若燭按小皃行皃

沃 **躅** 蹢躅也从足蜀聲按迹也字亦作躅作蹢一切經音義引漢書敘傳音義三輔謂牛蹄處爲躅爾雅序企望塵躅 假借雙聲連語易姤羸豕孚蹢躅按與踟躕踟跦峙踞箸皆同一聲之轉也又疊韻連語周書太子晉師曠東躅其足注東躅蹢也

覺 **斀** 去陰之刑也从攴蜀聲書呂刑刖劓斀黥今本作劅刵椓黥詩昬椓靡共亦以椓爲之

屋 **髑** 髑髏頂也从骨蜀聲人頂骨廣雅釋親頊顱謂之髑髏按頊顱髑髏皆疊韻連語髑髏之合音爲頭字又作髗聲類髑顱也髏亦作頊

沃 **觸** 牴也从角蜀聲字亦作觕新序雜事獸窮則觸 轉注左傳觸槐而死又廣雅釋詁四觸揬也易繫辭傳觸類而長之虞注動也 聲訓呂覽過理乃觸廷槐而死注觸蓄也

屋沃 **韣** 弓衣也从韋蜀聲卽韔也其外又有韇以木爲之飾以皮故亦从革字又作韣禮記少儀弓則以左手屈韣月令帶以弓韣 轉注明堂位載弧韣注弧旌旗所以張幅也其衣曰韣考工輈人有衣謂之韣疏韜也 聲訓廣雅釋詁三韣束也

說文通訓定聲　需部弟八　夫

屋沃 **襡** 短衣也从衣蜀聲 別義廣雅釋器襡長襦也字亦作𧝎釋名襡屬也衣裳上下相連屬也荊州謂禪衣曰布襡禮記雜記注繭衣裳者若今大襡也正義謂衣裳相連而以綿纊著之晉書夏統傳使妓女服袿襡又廣雅釋器襡袖也 假借爲韣禮記內則斂簟而襡之注韜也

遇沃 **屬** 連也从尾蜀聲附近迨及之意小爾雅廣義屬逮也漢書田蚡傳相屬于道東京賦屬車九九又誰謂駕遲而不能屬書禹貢涇屬渭汭爾雅釋山屬者嶧齊策舉齊屬之海又爲聯綴纍著之意廣雅釋詁二續也儀禮鄉飲酒禮皆不屬焉士冠禮屬于缺左僖廿三傳右屬櫜鞬漢書賈誼傳以能誦詩書屬文莊子駢拇屬其性于仁義者呂覽順民孤雖知要領不屬詩干旄素絲祝之以祝爲之又爲會合結聚之意禮記經解屬辭比事王制五國以爲屬齊語十縣爲屬又管子小匡三鄉爲屬周禮州長各屬其州之民而讀灋考工梓人不屬于王所左昭三十二傳屬役賦丈晉語必屬怨焉吳語屬兵將殘伐越國孟子乃屬其耆老又爲付託委致之辭史記魏其武安侯傳夫起舞屬丞相漢書王莽傳屬予以天下兆民呂覽貴公寡人將誰屬國又周禮澤虞植虞旌以屬禽越語請委管籥屬國家公羊桓十六傳屬負茲穀梁定十傳退而屬其二三大夫又爲醜類非一之辭或言屬或言別同也周禮甸人掌六牲之屬甸祝乃屬禽司常

各有屬以待國事禮記玉藻注蜃射之屬轉注廣雅釋詁一屬解也按猶廢之爲置徂之爲存也或曰借爲燭叚借爲注考工匠人水屬不理孫儀禮士昏禮記酌元酒三屬于尊又考工函人犀甲七屬注讀爲注思按此連續之意當如字讀射雉賦屬剛罫以潛擬選詩超乘壺三屬亦皆本字因左襄廿三傳又注昭廿一傳將注借注爲屬轉而訓屬爲注也又晉語則恐國人之屬耳目於我也漢書文帝紀其屬意非止此也實亦本字之轉注又爲嫐昔梓材至于屬婦小爾雅廣義妾婦之賤者謂之屬婦則以爲本字又爲適實爲啻左昭四傳屬有宗祧之事于武城又漢書李尋傳屬者頻有變改注謂近時也杜欽傳祭近屬之符驗注猶言甫爾也適屬屬雙聲又爲足左昭廿八傳屬厭而已又疊韻連語考工記欲其樸屬而微至孝經緯祝融之樂曰屬續運命論盍知伍子胥之屬鏤於吳注劍名廣雅釋器屬鹿劍也漢書宣帝紀屬玉觀注水鳥似鵁鶄按即鸑鷟也亦作鸀鳿廣雅釋蟲蠋蛾蠮螉也方言十一鼅鼄自關而東或謂之蠾蝓注侏儒語之轉也又重言形况字廣雅釋訓屬屬敬也禮記禮器屬屬乎其忠也淮南天文洞洞灟灟以濁爲之亦同聲訓釋名釋親屬屬續也恩相連續也按三族九族經傳皆以族爲之漢書靈帝紀五屬注謂五服內親也禮記喪服小記屬從者疏屬者骨血連續以爲親也書盤庚爾忱不屬馬注獨也呂刑屬于五極疏著也周禮大行人七歲屬象胥諭言語注聚也韓非子解老屬之謂徒也淮南氾論屬鏤注一曰長劍屬施鹿盧鋒曳地屬録而行之也射雉賦注屬謂注矢于弦也古韻詩角弓叶木附屬楚詞離騷叶屬具天問叶屬數遠遊叶屬數

歜　沃　感

盛气怒也从欠蜀聲轉注左僖三十傳有昌歜白黑形鹽服注昌本之菹按菖蒲辛香之氣發起充盛故以爲名玉篇以歜爲之或曰此欲之誤字借欲爲蘫也存疑叚借託名幖識字左文十八傳齊邴歜史記作邴古今人表顏歜齊策作觸說苑王歜史記作王蠋

獨　屋

犬相得而鬥也从犬蜀聲羊爲羣犬爲獨也按鹿爲麗字亦作獨轉注犬性獨故爲寡單嫥壹之辭書洪範無虐煢獨詩白華俾我獨兮孟子老而無子曰獨後漢劉翊傳注無夫曰獨莊子養生主天之生是使獨也注偏別曰獨又荀子君道無卿相輔佐足任者謂之獨莊子人閒世回聞衛君其年壯其行獨注不與民同欲也又禮記禮器君子慎其獨也疏少也儒行儒有特立而獨行老子獨立而不改注無匹雙易中行獨復虞注初一陽爻故稱獨鄭固碑獻曷敢忘別義說文一曰北嚻山有獨狢獸如虎白身豕鬣尾如馬按疊韻連語叚借爲孰實爲蜀呂覽必已獨如嚮之人又疊韻連語荀子成相到而獨鹿弃之江注屬鏤同又雙聲連語方言八鶡鴠或謂之

獨舂聲訓釋名獨鹿也鹿鹿無所依也又釋牀帳牀小者曰獨坐主人無二獨所坐也又後漢單超傳獨坐注言驕貴無偶也古韻詩正月叶屋穀祿椓獨

燭　沃

庭燎大燭也从火蜀聲按燋也未爇曰燋執之曰燭大燭樹地曰庭燎葦薪爲之小者麻蒸爲之儀禮燕禮司宮執燭于西階上周禮司烜氏共墳燭庭燎注樹于門外曰大庭燎禮記曲禮燭不見跋疏古者未有蠟燭唯呼火炬爲之也西山經燭者百草之未灰轉注呂覽士容火燭一隅注照也西京賦火炎燭天庭漢書武帝紀一夜三燭又後漢張衡傳燭龍注北山之神也叚借託名幖識字淮南精神燭營指天注陰華也燭營讀曰括撮又左昭廿七傳吳子燭庸史記作屬古今人表顏燭雛左哀廿七傳作涿聚

濁　覺

濁水出齊郡厲嬀山東北入鉅定从水蜀聲今曰北陽水出山東青州府益都縣九迴山即古爲山北流入清水泊水經淄水注濁水一曰溷水別義水經漾水注濁水即白水之異名也轉注詩四月載清載濁老子渾兮其若濁荀子解蔽濁明外景清明內景離騷世溷濁而不分兮又賈子道術行善決衷謂之清反清爲濁又禮記樂記倡和清濁注濁謂黃鐘至中呂又莊子天地五味濁口使口厲爽叚借爲蠋爾雅釋天蠋謂之畢孫注掩兔之畢或呼爲濁因名星又重言形况字淮南書洞洞灟灟字亦作灟聲訓釋名釋言語濁瀆也汁滓演瀆也史記律書濁者觸也素問濁氣歸心注濁氣穀氣也古韻詩四月叶濁穀老子顯德叶樸谷濁鶡冠泰鴻叶録辱足俗朴濁

鐲　覺

鉦也从金蜀聲軍法司馬執兩鐲形如小鐘即左宣四傳之丁寧也丁寧之合音爲鉦廣雅釋器鐲鈴也周禮鼓人以金鐲節鼓大司馬辨鼓鐸鐲鐃之用

斣　屋

相易物俱等爲斣从斗蜀聲

欘　沃

斤柄性自曲者从木屬聲考工車人一宣有半謂之欘注欘斲斤柄長二尺海內經百仞無枝有九欘注欘枝回曲也叚借爲斸說文欘斫也齊謂之鎡錤齊語惡金以鑄鉏夷斤欘

孎　沃

謹也从女屬聲讀若人不孫爲不孎按宋本說文作人不孫爲孎是也謂讀如倨孎倨雙聲廣雅釋詁一孎善也或曰禮記祭義洞洞乎屬屬乎當作此孎

斸　沃

斫也从斤屬聲按似斤其首如鉏句于矩字亦作钃或以欘爲之爾雅斪斸謂之定轉注荀子榮辱所謂以狐父之戈钃牛矢

rǔ 辱　rù 蓐　nòu 槈　rǔ 鄏　rù 溽　rù 縟

也。注：刺也。又中山經縣斸之山。［聲訓］釋名：斸，誅也，主以誅鉏根株也。

辱六名，凡辱之派，皆衍辱聲。而蜀切

辱 沃　失也。从寸从辰會意，辰者伏不見也，與奪同意。老子寵辱若驚，簡文注：辱，失也。管子侈靡辱舉其死，注：猶逆也。易繫辭傳名必辱。說文：辱，恥也。从寸在辰下，失耕時於封畺上戮之也。辰者，農之時也。故房星爲辰，田候也。說甚紆曲。寸在辰下，亦正是不失耕時。［叚借］爲黷，廣雅釋詁三：汙也。又：惡也。儀禮士昏禮今吾子辱，注：以白造緇曰辱。素問氣交變大論黑氣迺辱，左傳大辱國，晉語辱之近行，荀子富國是辱國已，聖主得賢臣頌去卑辱奧渫而升本朝。又爲脣，實爲滑。按廣雅釋邛：辱，厓也。脣辱形近而譌。又爲溽，禮記月令土潤辱暑。［聲訓］釋名釋言語：辱，衄也，言折衄也。［古韻］詩墻有茨叶束讀辱，左昭廿五叶鴝辱，齊策叶足璞辱，鶡冠子泰鴻叶録辱足俗朴濁。

蓐 沃　陳艸復生也。从艸辱聲。籒文从茻。薅字从此。［轉注］爾雅釋器：蓐謂之茲。注公羊桓十六傳屬負茲，茲者，蓐席也。聲類：薦也。方言十二：厚也。其有著者曰茵，見少儀。左文七傳秣馬蓐食，宣十二傳左追蓐，周禮圉師春除蓐，注：馬茲也。又說文一曰：蔟也。此蠶茲字。亦作褥，釋名釋牀帳：褥，辱也，人所坐褻辱也。［叚借］爲縟，左昭廿九傳金正曰蓐收，釋文本作辱。白虎通五行：蓐，縮也。西山經泑山神蓐收居之。海外西經西方蓐收。

說文通訓定聲　需部弟八　圭

槈 宥　薅器也。从木辱聲。或从金。字亦作耨。刃廣六寸，柄長六尺。詩臣工釋文：柄長一尺。易繫辭耒耨之利，左僖三十三傳見冀缺耨，注：鉏。齊語挾其槍刈耨鎛，注：茲其也。周禮甸師掌帥其屬而耕耨王藉，注：芸芓也。莊子外物銚鎒于是乎始脩。［轉注］禮記禮運講學以耨之。

鄏 沃　河南縣直城門官陌地也。从邑辱聲。春秋傳曰成王定鼎于郟鄏。按郟鄏，郟山下邑，今河南河南府西北有郟鄏陌，或謂之郟山北二里名邙山。

溽 沃　溼暑也。从水辱聲。廣雅釋詁一：溼也。禮記月令土潤溽暑，注：潤溽謂塗溼也。素問五常政大論其候溽蒸，注：溼也。［叚借］爲縟，禮記儒行其飲食不溽，注：恣滋味爲溽。［聲訓］儒行注：溽之言欲也。

縟 沃　繁采色也。从糸辱聲。西京賦注引說文：繁采飾也。吳都賦綢繆縟繡，注：草木花光似繡文。江賦縟組爭映，注：繁采也。［轉注］周禮大宗伯注文有纖縟耳，疏：細也。廣雅釋詁三：數也。儀禮喪服其文縟，漢書王莽傳注：繁也。

shù 束　sù 速　sù 諫　cù 棟　shuò 欶　sōu 涑　chuò 娕

束十四名，凡束之派，皆衍束聲。書玉切

束 沃　縛也。从口木會意。易賁束帛戔戔，子夏傳：五匹爲束。禮記襍記束五兩，小爾雅度：兩有五謂之束。儀禮士冠禮束帛儷皮，注：十端也。管子治國春糴以束，注：十疋。誤。按疋卽兩也，兩卷爲一匹，每卷二丈，得四丈也，五兩則十卷。聘禮釋幣制元纁束，注：凡物十曰束。疏：束者每卷一丈八尺爲制。未知所本。左襄十九傳賄荀偃束錦。又詩束矢其搜，傳：五十矢爲束。周禮大司寇入束矢于朝，注：古者一弓百矢，束矢其百个歟。又儀禮聘禮疏：脯十脡亦曰束。又論語自行束脩以上，孔注：束帶脩飾。鄭注謂年十五以上，是訓束髮也。［聲訓］釋名釋言語：束，促也，相促近也。漢書食貨志注：束，聚也。［古韻］詩野有死麕叶樕鹿束玉，墻有茨叶束讀辱，荀子勸學叶束構。

速 屋　疾也。从辵束聲。籒文从欶聲。又有古文警，从言欶聲，今訂爲諫之古文。古警或借諫爲速耳。考工記不微至無以爲戚速也，荀子議兵輕利僄遬，左傳衛侯速、甯速、孟孺子速，公羊皆作遬。［轉注］爾雅釋言：速，徵也。易需有不速之客，馬注：召也。儀禮鄉飲酒禮主人速賓，詩行露何以速我獄，左閔二傳與其危身以速罪也。［叚借］爲娕，禮記玉藻見所尊者齊遬，注：蹙蹙也。則謂借爲促。楚辭大司命吾與君兮齊速。又爲數，考工弓人則莫能以速中。又爲促，管子小匡別苗莠列疏遬。又爲束，晉語處曲沃以速縣。按縣卽宗邑也，以速縣與下以徹無辱對文，卽下篇所云宗邑無主則民不威，疆埸無主則啟戎心也。虞訓疾，谿殊繆。又爲蹙，爾雅釋獸其迹速。又重言形況字，爾雅釋訓：速速、蹙蹙，惟逑鞫也。楚辭逢紛躬速速而不吾親，注：不親附皃。後漢蔡邕傳注：速速，陋也。

說文通訓定聲　需部弟八　圭

諫 沃　言之促也。从言束聲。古文欶聲。古文本在速下，今訂移于此。說文：諫，餔旋促也。似謂从餗省，與从言不合。廣雅釋言：諫，督促也。

棟 沃屋　短椽也。从木束聲。

欶 覺宥　吮也。从欠束聲。字亦作嗽、作瘶。通俗文：含吸曰嗽。周禮疾醫冬時有嗽上氣疾，欬也。風賦啗齰嗽獲，注：吮也。［叚借］爲漱，釋名釋飲食：嗽，促也，用口急促也。

涑 尤屋　澣也。从水束聲。去垢曰浣，用足無垢加功曰涑，但用手斗擻。經傳皆以漱爲之。［叚借］託名幖識字。說文：河東有涑水。左成十三傳伐我涑川，出今山西絳州絳縣陳邮峪，西南入河。

娕 沃覺　謹也。从女束聲。讀若謹敕數數。字亦作娖，史記張丞相傳娖娖廉謹，集解：持整之皃。漢書作齺齺。按亦重言形況字。

屋 **鬻** 鼎實惟葦及蒲陳留謂鍵爲鬻从䰜速聲或从食束聲詩韓奕其鬻維何維筍及蒲今字作蔌按孰肉謂之羹以菜盉羹曰餗卽芼也以米盉羹亦曰鬻卽糜也鍵也易鼎覆公餗鄭注菜也馬注鍵也釋文馬本作粥盉作鬻也虞注八珍之具也周禮疏引鄭注糝謂之餗美饌李氏集解又云餗者雉膏之屬古韻易鼎叶足餗渥

屋 **䴥** 鹿迹也从鹿速聲爾雅鹿其跡䴥釋文亦作速段若膺訂从速云字亦作踈不可從踈卽蹟字

屋 **蔌** 牡茅也从艸遬聲遬籒文速爾雅注白茅屬疏茅之不實者本草茅根陶注其根如渣芹甜美按今小兒所啖茅茅針亦謂之甜草

屋 **樕** 樸樕木从木欶聲爾雅樕樸心注槲似槲樕而庳小某氏注有心耐溼江河閒以作柱故得心名心亦作杺詩野有死麕林有樸樕

宥 **漱** 盪口也从水欶聲按欶亦意卽曲禮之虛口也以酒曰酳以水曰漱禮記內則咸盥漱轉注考工匠人善溝者水漱之注猶齧也左思招隱詩石泉漱瓊瑤張協禊詩沈液漱陳根叚借爲湅禮記內則和灰請漱曲禮諸母不漱裳公羊莊三十一傳臨民之所漱浣也注無垢加功曰漱

宥 **鏉** 利也从金欶聲玉篇云鐵生鏉也則謂今之銹字然鐵鏽作釆古只作鏽

粟一名 相欲切

沃 **粟** 嘉穀實也从卤从米會意古文从三卤按卤者穗下𠂹也今字作粟禾者未割之穗粟與穀皆穗之既采分爲顆粒者之名其皮曰糠其中曰米廣雅釋言粟穀也論衡量知穀未舂蒸曰粟禮記曲禮獻粟者執右契疏粱稻之屬孟子粟米之征注兵糧也轉注南山經英水多丹粟注細丹沙如粟也西山經注引禮記瑱密似粟今聘義作以粟叚借爲竦管子小問未敢自恃自命曰粟注謹促之名也聲訓說文引孔子曰粟之爲言續也廣雅釋詁四粟祿也古韻詩黃鳥叶穀粟穀族小宛叶粟獄穀卜

族五名凡族之派皆衍族聲 昨木切

屋 **族** 矢鋒也束之族族也从㫃从矢从㫃會意按㫃所以標衆矢之所集也凡矢五十爲一束今字以鏃爲之釋名釋兵矢齊人謂之鏃鏃族也言其所中皆族滅也反以正字訓借字叚借爲屬詩汾沮洳殊異乎公族傳公屬也齊語工立三族注屬也禮記仲尼燕居注三族疏屬也左成十六傳注二族劉炫曰屬也楚語在中軍王族而已注部屬也書堯典方命圮族傳類也周禮大司徒族墳墓注猶類也周書程典工不族居注羣也晉語天祚將在武族注嗣也周禮司市百族爲主司農注百姓也周禮大司徒四閭爲族注百家也周語王御不參一族注一父子也小宗伯掌三族之別注謂父子孫人屬之正名大戴記保傳三族輔之注父族母族妻族也堯典九族既睦馬鄭注上自高祖下至元孫凡九族今文尚書歐陽說異姓有屬者父族四母族三妻族二按五服內爲一族姑母家爲一族姊妹家爲一族女壻家爲一族皆父族也母家爲一族外祖母家爲一族母姨家爲一族皆母族也妻家爲一族妻母家爲一族皆妻族也左隱八傳疏別而稱之謂之氏合而言之則曰族又禮記祭法族厲疏衆也莊子養生主族庖月更刀折也司馬注襍也周禮朝士禁慢朝錯立族談者疏聚也又莊子在宥雲氣不待族而雨下爾雅木族生爲灌呂覽辯土三以爲族乃多粟淮南要畧族鑄大鐘又爲奏尚書大傳貢正聲而九族具成或說族字當訓大旗古軍中弓矢之兵聚于旗下故从㫃从矢會意矢鋒當爲鏃字之本訓轉注爲利則左傳在其中軍王族爲本字本訓而氏族類族聚族字皆得爲轉注屬者義近之聲訓矣史記晉世家宰族古史考作曼旗聲訓廣雅釋言族湊也白虎通族者湊也聚也爾雅釋木注叢也叢族一聲之轉古韻詩麟趾叶角族汾沮洳叶曲賣玉族黃鳥叶穀粟穀族禮檀弓叶哭族

宥 屋 **蔟** 行蠶蓐从艸族聲轉注周禮硩蔟氏司農注讀爲爵蔟之蔟謂巢也字亦作簇廣蒼胡餅家用簇簇刺也叚借爲奏禮記月令律中太蔟周語二曰太蔟所以金奏贊陽出滯也白虎通五行蔟者湊也言萬物始大湊地而出也字亦作簇淮南天文太簇者簇而未出也又爲湊尚書大傳蔟以爲八注蔟猶聚也

宥 有 **嗾** 使犬聲从口族聲左宣二傳公嗾夫獒焉服注取也釋文服本作嗽按作嗽也

覺 **鷟** 鸑鷟也从鳥族聲鳳屬鸑鷟亦疊韻連語別有生江中似鳧者亦名鸑鷟字亦作鸀鳿屬玉

屋 **鏃** 利也从金族聲呂覽貴卒所爲貴鏃者注鏃矢輕利也小曰鏃矢大曰鏑矢叚借爲族廣雅釋器鏃鏑也漢書膠東王寄傳私作兵車鏃矢注大鏃之矢今所謂兵箭者也鼂錯傳中不能入與亡鏃同陳勝項籍傳贊秦無亡矢遺鏃之費地理志木弓弩竹矢或骨爲之或說鏃本訓當爲矢鋒轉注爲利族者大旗也

足四名凡足之派皆衍足聲 卽玉切

沃 遇 **足** 人之足也在下从止口按郄下至跖之總名也从止卽趾字从口象郄形非口齒字舉郄與止以晐脛止則爲足行則爲疋

zhuó 椓 zhuó 斀 zhuó 啄 zhuó 琢 chù 豕 zhuō 捉 zhuó 浞 cù 促

動象口靜象也。易說卦傳震爲足。大戴記足恭而口聖。即論語之巧言令色足恭。次且盤辟之意。漢書趙敬肅王彭祖傳卑諂足恭注謂便辟也。轉注上林賦足壄羊。郭注謂踏也。又禮記明堂位夏后氏之鼓足。釋名木以根爲足。矢本亦曰足。易剥牀以足。又鼎折足。鄭注無事曰趾。陳設曰足。按足即止也。故義又爲止。漢書五行志足者止也。老子常德乃足注止也。荀子禮論法禮足禮謂之有方之士。假借爲浞。詩信南山既霑既足。列子楊朱以晝足夜。釋文益也。禮記王制國無九年之蓄曰不足。左襄廿五傳言以足志文以足言。注猶成也。管子五行苗足本注猶擁也。禮記禮器百官皆足注猶得也。呂覽義賞不足於文注猶厭也。又重言形况字。白虎通鳳鳴曰節節皇鳴曰足足。聲訓釋名釋形體足續也。言續脛也。古韻詩行露叶角屋獄足。天保叶穀祿足。信南山叶霂渥足穀。易鼎叶足餗渥。禮記檀弓叶浴足。周書周祝叶剝足。齊策叶足璞辱。鵠冠子泰鴻叶録辱足。俗朴濁。轉音素問示從容論叶足著索逆。三畧下叶足樂。

沃 **促** 促 迫也。从人足聲。與趣畧同。字亦作蹙。廣雅釋詁三促近也。莊子庚桑楚外韄者不可繁而促將內揵。爾雅釋蟲注今促織也。廣雅釋蟲趨織蜻蛚也。釋詁一蹙急也。儀禮士相見禮容彌蹙注促恭愨皃也。禮記樂記衛音趨數煩志以趨爲之。史記孫吳傳趣使使下令。陳涉世家趣趙兵亟入關。漢書高帝紀因趣丞相急定行封。成帝紀督趣逐捕。皆用趣字。聲訓漢書高帝紀注促速也。

覺 **浞** 浞 濡也。从水足聲。廣雅釋詁二漬也。詩信南山既霑既足。以足爲之。轉注爲饒益之意。經傳皆以足爲之。假借託名幖識字。楚辭天問浞娶純狐。按寒浞夏有窮后羿相也。

覺 **捉** 捉 搤也。从手足聲。廣雅釋詁三持也。莊子庚桑楚內韄者不可繆而捉將外揵。聲訓釋名釋姿容捉促也。使相促及也。

豕八名凡豕之派皆衍豕聲 丑欲切

屋 **豕** 豕 豕絆足行豕豕。从豕繫二足。按丶者指事。

覺 **琢** 琢 治玉也。从玉豕聲。鐫鑿之使有彣彰也。石曰摩。爾雅釋器雕謂之琢。詩淇奧如琢如磨。棫樸追琢其章。禮記學記玉不琢不成器。禮器大圭不琢。釋文本作瑑。假借爲啄。尸子卵生曰琢。古韻莊子山木叶琢朴。詩棫樸叶琢玉。句中韻。

覺屋 **啄** 啄 鳥食也。从口豕聲。廣雅釋詁三齧也。楚詞招魂啄害下人些。東征賦諒不登樔而椓蠡兮。以椓爲之。

覺 **斀** 斀 擊也。从攴豕聲。廣雅釋詁四椓也。按實與椓殺同字。椓殺當訓所以擊之木。轉注爲擊。

覺 **椓** 椓 擊也。从木豕聲。廣雅釋詁一椎也。詩兔罝椓之丁丁。斯干椓之橐橐。轉注哀十七傳太子又使椓之。釋文訴也。字亦作諑。離騷

zhuó 涿 zhú 瘃 dú 殺 chù 亍

謠諑謂余以善淫。楚辭逢尤諑譖兮虛獲尤。廣雅釋詁一諑責也。三諠也。釋言譖也。方言十諑愬也。楚辭注諑毀也。假借爲啄。東征賦諒不登樔而椓蠡兮。注謂食蠃蚌之屬。未有火化之時。按登樔即居橧巢也。椓蠡即居營窟也。疑借爲斲。又爲斀。書呂刑爰始淫爲劓刵椓黥。鄭注椓破陰。詩召旻昏椓靡共。傳夭椓也。正月天夭是椓。疏如椓杙之椓。謂打之也。古韻詩正月叶屋穀祿椓獨。

沃 **殺** 殺 椎毃物也。从殳豕聲。玉篇廣韻皆無此字。按當爲椓之或體。今系于此。

沃 **瘃** 瘃 中寒腫覈。从疒豕聲。腫而肉中鞕也。如果之覈。今蘇俗謂之凍瘃。字亦作瘯。廣雅釋詁一瘃病也。漢書趙充國傳手足皸瘃。注寒創也。

覺 **涿** 涿 昍 流下滴也。从水豕聲。古文奇字从日从乙。未詳。廣雅釋詁二漬也。俗字作沰。崔寔四民月令上火不落下火滴沰。周禮掌舍注作涑橐。今蘇俗語如篤。謂雨聲滴沰也。韓詩終南顏如渥丹。傳沰赭也。廣雅釋言沰磓也。按周禮壺涿氏是本字本義。故書以獨爲之。先鄭讀爲濁。後鄭讀爲椓。皆非。假借爲瑑。張公神碑刊鑿涿摩。又爲尻。蜀志潞涿君之諱是也。經傳以醜以州爲之。俗字作豚。亦作𡱂。作豗。廣雅釋親豗臀也。又疊韻連語。說文上谷有涿鹿縣。莊子盜跖與蚩尤戰于涿鹿之野。在今直隸宣化府保安州。又古涿郡。有涿縣。今順天府涿州是也。又左莊廿七顏涿聚。古今人表作燭雛。說苑正諫作燭趨。晏子春秋作燭鄒。皆同。淮南氾論作喙聚。則形之誤。

亍一名 丑玉切

沃 **亍** 亍 步止也。从反彳。指事。讀若畜。魏都賦澤馬亍皐。赭白馬賦秀騏齊亍。按躕躅即彳亍也。

足 豕 亍

跦 趎 瓬 䅵 䳜 毲 艛 瓡 𤬪 甊 𣂸 睮 𠜾 鉅 毹 蕍 熰 䡱 蝺 鍝

附說文不録之字

跦　左昭廿五傳鸜鵒跦跦注跳行皃廣雅釋訓踦躙䠞跦也成公綏嘯賦踟跦步趾

趎　莊子庚桑楚南榮趎古今人表作疇或作壽作儔淮南書作幬賈子勸學作跦

瓬　方言五㼜陳魏宋楚之閒或曰瓬廣雅釋器瓬瓶也

䅵　廣雅釋詁四䅵黏也

䳜　南山經柜山有鳥焉其狀如鴟而人手其音如痺其名曰䳜

毲　聲類毲氎毛布也字林毲麤罽也廣雅釋器毲罽也

艛　廣雅釋水艛舟也

瓡 𤬪　廣雅釋草𤬪瓡瓡王瓜也

甊　廣雅釋器甊瓶也

𣂸　字林𣂸斢奪取物按斗婁疊韻連語𣂸者斢之誤字斢者鞋之誤字

睮　漢書韋賢傳睮睮注自媚皃

𠜾（剾）　廣雅釋詁四剾𠜾剜也釋言剾𠜾也

鉅　廣雅釋器鉅鍜謂之鉅鉅

毹（𣰦 毹）　聲類氍毹毛席也字苑作氍毹亦作𣰦𣰦釋名作裘溲或云即禹貢之渠搜

蕍（蘛 藇）　吳都賦異荂蓲蘛注蘛與蕍同廣韻作蕍爾雅蕍蕮注今澤蕮又蕍芛葟華榮注猶敷蕍亦華之皃

熰　管子侈靡有時而熰注熱甚也謂旱熱甚而祭

䡱　字林䡱鞬也邊人謂之幡

蝺　廣雅釋蟲蟱蝺青蚨也

鍝　後漢杜篤傳注引埤蒼鍝鋸也

𤸃 𤭁 鑐 檽 羺 䰭 譳 𩋿 𨸹 鮈 箹 袧 眗 夠 豿 貗 練 摝 睺 楀

𤸃　廣雅釋言𤸃疾也

𤭁　廣雅釋器𤭁缶也

鑐　管子禁藏被蓑以當鎧鑐注鑐著甲周身若襦炙故曰鑐按即襦之轉注

檽　後漢王苻傳注檽似榭檄而庳小

羺　通俗文羊卷毛曰羺埤蒼羺胡羊也按蘇俗所謂緜羊

䰭　廣雅釋獸䰭兔子也

譳（嚅）　埤蒼謰譳不能言也按亦作嚅

𩋿　廣雅釋器𩋿鞍也

𨸹　廣雅釋詁三𨸹離也

鮈　漢書景十三王傳子項王鮒鮈嗣亦作胕朐又鯸鮈魚名按疊韻連語猶劍之偁吳鉤也

箹　廣雅釋草箹篛桃支也

袧　儀禮喪服記幅三袧注謂辟兩側空中央也廣雅釋言襞也

眗（嘵）　埤蒼眗目深皃字亦作曉魏都賦注引

夠　廣雅夠多也

豿　字林豿豕鳴也

貗　廣雅釋獸貗豕牝也

練　玉篇練紡纑絲也集韻絡屬引後漢禰衡傳著練巾說文新附練布屬

摝　周禮大司馬乃止三鼓摝鐸注摝掩上振之為摝摝者止行息氣也司農讀如弄

睺　方言十二半盲為睺又聲類睺瞷大視也

楀　廣雅釋器楀构也

皺 躁 趚 𪉫 磚 瓩 棱 鮎 蘣　黈 蘢 豵 㸷 㔧 搊 刉 艪

艪 廣雅釋水艪舟也埤蒼海中船曰艆艪

刉 廣雅釋詁二刉裂也釋言刉㓨也

搊 集韻引廣雅搊掮也

㔧 廣雅釋詁一㔧斷也字林細斷也

㸷 犳 江賦夔㸷翹踛于夕陽注㸷夔牛之子也與犳同爾雅釋畜注青州呼犢爲犳別義字林犳牛鳴也廣雅釋詁二犳鳴也則即吼吽呴字與呴同

豵 按即尨字當从尨从豕聲楚語日月會于龍豵

蘢 吳都賦封豨蘢注蘢豨聲

黈 䵡 漢書東方朔傳黈纊充耳注黃色東京賦注謂以黃緜大如丸懸冠兩邊當耳不欲妄聞不急之言也穀梁莊廿四傳士黈注黈黃色廣雅釋器黈黃也長笛賦猶以二皇聖哲黈益注黈猶演也恐按黈者本爲黈之誤字又誤爲䵡纊者紞之誤字纊或作紞紞紞形近故也東京賦薛注曲說不可從長笛賦黈益蓋借黈爲佳淮南主術黈纊塞耳注讀如買黈益之黈亦黈字也

蘣 廣雅釋詁一蘣好也亦蘣之誤字

鮎 廣雅釋魚鮎鰈也

棱 上林賦黃甘橙棱郭注棱亦橘之類小橘也

瓩 廣雅釋器瓩甂也

磚 廣雅釋詁四磚伐也

𪉫 廣雅釋器𪉫鹽也

趚 廣雅釋室趚森也按字當从夌不从夋

躁 埤蒼躁醉倒兒

皺 埤蒼皺石皺膜也一曰石皺

跬 鮭 溙 砡 儌 珢 稆 媉 搖 氀　䎻 鬻 戣 搿 擉 鸀 曯 甂 艫 轆

轆 通俗文載喪車謂之轆轒方言五維車趙魏之閒謂之轆轆廣雅作厤鹿

艫 廣雅釋水舸艫舟也

甂 廣雅釋室甂瓬也通俗文狹長者謂之甂瓬

曯 韻略曯視也

鸀 爾雅鸀山烏注似烏而小赤觜穴乳出西方

擉 爾雅序釋文拘擉字林竹足反

搿 尚書大傳搿弁者爲文注或爲振非當言㨨揣廣雅釋詁四搿拄也

戣 廣雅釋器戣鋒謂之戣其矛謂之戣

鬻 廣雅釋器鬻鼎也

䎻 廣雅釋地䎻耕也

氀 廣雅釋器氀氉氍也

搖 廣雅釋詁三搖抨也

媉 廣雅釋詁一媉好也

稆 齊民要術引字林稆劢稻今年死來年自生曰稆

珢 廣雅釋詁四珢齊也

儌 後漢杜篤傳注儌假爲粟犢西域國名今有肅特國恐是也按假讀如伻疊韻連語字加人旁猶今外夷地與人皆加口旁也

砡 廣雅釋詁四砡齊也

溙 蜀都賦注溙雨曰溙

鮭 南山經柢山有魚狀如牛陵居名曰鮭

跬 江賦注跬跳也

⿰馬坴　琭　醭　蹼　鳪　瘯　殐　殕　螜　⿰虫录　鈺

⿰馬坴 莊子馬蹄翹足而陸釋文引字書作⿰馬坴馬健也

琭 老子不欲琭琭如玉注琭喻少

醭 埤蒼醭酺醬敗壞也醬敗則酺生也

蹼 蹼 爾雅鳧雁醜其足蹼

鳪 爾雅釋鳥鳪雉

瘯 左桓六傳爲其不疾瘯蠡也釋文本作蔟

殐 廣雅釋詁三殐歺也

殕 廣雅釋詁三殕歺也

螜 爾雅釋蟲螜天螻夏小正螜則鳴

⿰虫录 字林⿰虫录聽蟲名似蜥蜴出魏興居樹上輒下齧人人必死復上樹垂頭聽聞哭聲乃去

鈺 玉篇鈺堅金也

說文通訓定聲目

豫部弟九 分部澤轉 隨解履

旲 吺吳吳 誤 虞 澞 俁 娛

嚧 烏 [illegible]於鳴 [illegible] 瑦 鄔

歍 鳴 隖 塢[illegible] 菸 瘀 淤

閼 午 許 杵 汻 滸

卸 御 馭 禦 篽 魰籞 鋤 鋙峿

五 乂㐅 吾 伍 䓊 莽 衙

齬 峿 語 敔 梧 圄

部 晤 寤 寤 害 魯

悟 忢 浯 牾 忤仵捂 牾 乎 呼

評 謼 虖 滹𣷹 枰 嘑

罅 樗 樗樺 鄠 歑 埠 陴

虍 虘 虛 虎 虒彪 虡 鐻虡簴 璩

虜 擄 虛 墟驢壚 虞 慮 𪾏 虗 壚墟

虧 虧 戲 戲 琥 魖 虜

鯱 鐻 噓 䖸 魖

蘧 蘧蘧 噱 遽 㯫 籧 篴 據

勮 劇 𠞰 醵 酤 勴 勴

鑢 鐳 盧 盧盧 蘆 蔖 䕡 蘆 蔖

鸕 臚 膚攄 籚 櫨 艫

顱 髗 𪔀 廬 驢 黸 臚

𤣺 攎 纑 壚 鑪 爐

壺 戶 戾 扈 鶚鳸偓 扈 岵嶋 蔖 鄠

妒 妬 扆 所 顧 齭 齭

互 笪 枑 罟 無 璑

蕪 膴 膴 舞 習僟 鄦

憮 訏𢴕 廡 廡 憮 潕 撫 辻拊

嫵 娬嫎婦 𣞤 无 𪏭 舞 毋

巫 筮 誣 父 甫 布

斧 莆 蒲 哺 逋 逋

誧 鬴 釜 尃 專 脯 簠 匚

餔 𩚞晡 圃 圃 郙 痡 黼

俌 賻 補 酺 匍 俑 補

豧 悑 怖 浦 捕 鋪

輔 酺 抪 挎 哺 鬴

博 鞲 敷 鋪 髆 膊

韝 榑 傅 賻 溥 搏

縛 鎛 篿 簙 薄

鑮 欂 榑 武 䄅 賦 賦 陚

夫鳺芺䟷扶 麩鋪 枎 邞 衭
鈇 扶㪄 蚨 鉄 麤麄麁
蔍 初 疋 䟽 延疨
胥胥偦 楚 䟽 疏疎蔬 稰
壻婿胥揟壻 諝 楈 糈 㥠
湑醑 鰖 揟 蝑 梳
索素嗉 圖 土𡉀 社社 吐
徒辻 杜 兔菟鵵䖘 娩 毚
鹵滷 夃 古鴣罟 祜 苦筈
詁 鬻 故 殆殆 胡
盬 枯胋榑 固 黏粘糊 痁痼
罟 岵阽 居 怙 沽
盬鮕 姑 蛄 辜 酤
楛 瑚 餬餂 鼯猢 湖
菌 箇个個 棝 涸涸𣸷沍冱 婟詁嫴
錮 婼 蔰 居㞐踞鶋 踞凥屈蹶
琚 腒 椐 倨 裾
涺 据 鋸 鼓鼓皷 瞽
兜 蠱 庫 晋 步
莽 踄 莫暮 嗼寞 謨暮謩譕

募 膜 模𣕁橅 鄚 募
瘼 幕 鬕 獏貊狛 鷍
慔 慕 漠 摹摸 嫫嫫悔
蟆 墓 募 鏌 魚鮝
穌 蘇穌 魯 蓾 櫓樐艣
䲉 𤅋漁𢿸敔 舁 與舉旟 擧
于 玗瑦 芋 吁 迂
訏 軒 盱 竽 盂
杇杅圬 粤荂蘤花陓 邘 宇寓 衧
夸骻 侂 忓 汚汙 雩䨕
扜 弙 紆 華驊鞾䕒 𢏳華
跨 跨 誇 胯 刳
瓠 侉遳侉 洿 絝袴 姱
謣誇 樗 譁 苿釪鏵鋘 羽
䨞 詡 栩 翊 雨𩁹
黍 禹禹蝺 瑀玗 萭 䄨
踽偊 楀禹 鄅 齲 聥
与 與舁𢍰䳜 璵與 趣 譽
鸒 旟 歟 礜 鷽
𠥼 懙懙 鱮 舉 嬩

㵰 予 芧苧 柔 杼
伃妤 𡰪 序 豫忬預 抒
紓 野埜壄 女 如 瘉
汝 茹 𡜳 帤 恕忞伽
挐 絮 洳 奴伮駑 呶
𣭖鴽駕 筎 帑 袈 砮
怓 怒 拏 弩 䋈
圉 車 尻 巨渠巨矩詎駏𤝞槼 苣炬
岠拒岠 𪗋 距歫𧿳 柜櫸 𧍱蟝
鉅 𣬦秬柜 渠鐻蕖渠 𩢳 䀠

說文通訓定聲 六 豫部第九目 五

瞿戳鑺 奭欋欋 睢 界鑁 趯
衢 躣 衢 臞癯 懼䁥懼
灈 䝤 斣 謣 矍
趯 躩 玃 玃蠼 攫
攫 玃蒦 钁 厶弆 去
胠呿 虍 㚇 柭 祛祛
袪怯 魼鱋 陸 宁佇竚 眝佇竚
羜 㝆 貯諸 紵綍紵 齬
盧 鼠癙 処處 且几跙 趄
祖䬍 珇 苴蘆 咀 退

詛禮 鴡雎濉 殂𣨛 虘 柤查
郥 租 粗 𤛇衙 疽
罝䍜𦋺 伹 祖 岨砠碴 㡹庳
𧱝 駔 狙 怚 沮
抯 姐 組 坥 助
爼 鉏鋤 阻 葅菹蒩 齇齟
謯 𧇊摣 樝 𨞔 𪊲
覷覰覻 𣸣 𡡤 蒩 菹蘫蘁菹䕸
𪌶劫 𥁞 旅㫃侶櫓 者 諸蝫
煮鬻鬻 書 睹覩𦽻 翥 觰

說文通訓定聲 六 豫部第九目 六

箸筯䈇笒署着 楮柠 都 暏曙 暑
瘏 署 褚㭫柠 屠 豬潴
赭 奢奓 渚 闍 緒
堵䐗 陼 諸 儲 櫧鐯䃴
𥗡 躇踷躕 鄐 藷 譇
呂膂 莒 筥籧 梠櫚 閭
庶鷓 蔗睹 嗻 遮 蹠
樜 蟅虴蟆 度 席㡿 𢿨剫
渡 蓆 舍 舒 𨛬
涻 捨 余 𣗥 荼茶梌

[illegible] 徐(途 塗 蒤) 敘 筡(筎) 餘(艅)
賒 𨛬 稌 俆 [illegible]
駼 悆(悇) 涂(滁) 捈(梌) 畬
斜 除 酴 蒢 [illegible]
〔䠶〕(射) 謝(謝 榭) 麝(麝) 〔牙〕(𤘆) 芽
訝 迓 雅(鴉 鵶) 枒(椰 梛 椏 丫) 邪(琊 耶)
衺 庌(廈) 釾(鋣) [illegible] 〔亞〕(婭)
啞(瘂) [illegible] 惡(恶) 蝁 堊
錏 晋 〔下〕(丅 下 二) 芐 〔夏〕([illegible])
寡 〔襾〕 賈(價 估) 檟(榎) 〔叚〕([illegible])
瑕(霞 鰕) 葭(蕸) 假(佫) 𨂝 遐(遐 遐 遐)
䩭(緞) 椵 暇 瘕 假
豭 叏 騢 麚(麛 豭) 鰕
蝦 鍜 家(豙) 稼 幏
嫁 〔斝〕 〔乍〕 迮(笮) 詐
胙(胙) 笮 飵 柞(苲) 昨
秨 作 怍(㤰) 阼(阼) 酢
詐 筰 〔巴〕(𢀳 芭) 靶 杷(朳 捌)
皅(葩) 豝 把 鈀 祀
葩(芭) 〔馬〕([illegible]) 禡 𨛔 㾺

罵(傌) 〔瓜〕 苽(菰) 呱 瓟
柧(軱) 窊(溛 㼘) 罛 狐 [illegible]
泒(滹) 弧 孤 菰([illegible]) 箛
胍 窳(窊) 〔各〕 茖 路
詻 輅 略 雒 鵅
骼([illegible]) 胳(格) 挌 [illegible] 笿
格(落 𢾭) 賂 客 額(頟) 貉(貊 貃 [illegible])
駱 [illegible] 洛 [illegible] 鮥
閣 挌([illegible]) 絡([illegible]) 垎(烙) 略([illegible])
鉻([illegible]) 輅 璐 鷺(鷺) 簬(簵)
潞 露 愙(恪) 落(𦷸) 〔𩫏〕(𩫖 郭)
椁(槨) 郭 崞 鞹(鞟) 漷
霩(廓) 〔虢〕 [illegible] 〔叡〕(壑) 〔霍〕(霍)
藿(萑) 籗(籗 篧) 〔蒦〕(彠 矱) 護 韄
矆 篗(䉶 籆) 臒 穫 獲
濩(頀) 鱯 擭 蠖 鑊(鑵)
〔霸〕 霸([illegible]) 〔白〕(自) 碧 迫
敀 柏(栢) 帛 伯 魄(粕 珀 礴)
狛 怕 鮊(鮊) 〔百〕(百) 佰(陌 佰 栢)
洦(泊 帕) 𢪃(拍) 〔索〕 索 〔若〕(叒)

諾 箬 婼 蠚 䖃蠚 叒 桑蕊
𣥛 踖跛跅 赤 烾 赦 赦 郝 捇
螫 赫 焃赩爀共 𧖃 尺 㞕 彳 䢜 乇
吒 咤嚄詫 託 亳 秅 宅 厇庑
頊 魠 奼 姹 詫 庑 秺秖
侂 佗托 炙 䗪炙㸃 磔 隻 昔 腊焟 唶
逪 散撒㪚 遺 齰 齚咋 踖 諎 唶
耤 厝 碏 踖 惜 浩
措 蜡 蒩䄍 胆 䏣 錯 鑊 䜺 㪤
猎 稍粱栅 醋 藉 䥄 借 籍

鄦 揖 箱 舃 誰鵲 寫 瀉 猲 猎䶂
夕 汐 穸 石 祏 跖 蹠
磔 矺 柘 橐 蠹 柘 祏
碩 鼫 拓 摭 斫 榛
蠹 蠧螙 屰 咢 咢諤 鄂 逆 蓆 䳺
朔 遡 席 斥 渴鶂 蚸 鰐 蝪鱷 遻 愕逜 迕 倍赶
咢 鄂 萼蘁 繸 訴 謝愬 趚
柝 拆 斥 泝 溯 游 倈 坼 亦 腋 迹 奔
奕 夜 液 掖 蔽 睪
釋 僕 譯 斁 斁 殬

圛 檡 醳 嶧 驛
澤 擇 繹 襗 鐸 蘀
谷 𨙻 䐉 谻 紒 絕 郤 郄 卻 却 郄 綌 㕡
楖 腳 脚 御 䘖 㗂 蝍
京 虩 覤 蟓 隙
右文字共九百一十四名。旁注五百七十八字，附存一百八十五字。

說文通訓定聲

吳郡朱駿聲豐芑甫紀錄
新安朱鏡蓉伯和甫參校

豫部弟九 凡九十六部

吳六名凡吳之派皆衍吳聲、五乎切

虞 **吳** 吳 㖏 姓也亦郡也一曰大言也从夨口會意按大言疑大言之譌謂反側之言也古文从口从夰或曰夫聲何承天云當从口下大故魚之大口者名吳胡化反顏氏家訓國志以天上有口為吳皆謬說不可從詩絲衣不吳不敖泮水不吳不揚傳箋譁也史記武帝紀不虞不驚衡方碑不虞不揚以虞為之楚辭九章齊吳榜以擊汰叚借為芋廣雅釋詁三吳本也又為俁方言十三吳大也又託名幖識字說文吳姓也亦郡也漢書高帝紀吳古之建國也水經漸江水注三吳吳興吳郡會稽又渭水注吳山古文以為汧山又大荒西經吳回注吳回祝融弟亦為火正也聲訓釋名吳虞也太伯讓位而不就歸封之于此虞其志也按謂娛其志

遇 **誤** 誤 謬也从言吳聲

虞 **虞** 虞 騶虞白虎黑文尾長於身仁獸食自死之肉从虍吳聲或以吾以牙為之左隱元傳疏石經古文虞作㕜晉唐叔虞字子于取聲近轉注賈子禮虞者囿之司獸者也易屯即鹿无虞書汝作朕虞詩于嗟乎騶虞周禮太宰虞衡作山澤之材晉語詢於八虞賈唐云周八士皆在虞官按官以虞名猶古泰誓之蒼兕以兕名也叚借為娛易中孚虞吉孟子驩虞如也莊子讓王許由虞于潁濱漢書王褒傳虞說耳目儀禮士虞禮記三虞卒哭釋名既葬還祭于殯宮曰虞謂虞樂安神使還此也廣雅釋詁一仁虞撫有也又為度為慮書太甲若虞機張詩抑用戒不虞禮記少儀隱情以虞左成八傳其孰以我為虞孟子有不虞之譽方言十二虞望也廣雅釋詁一虞揀選擇也又為備廣雅釋詁二虞護助也又為誤詩閟宮無貳無虞左傳爾無我虞廣雅釋詁二虞欺也又為牾崔駰北征頌謂爾無虞大元元瑩古者不遷不虞注憂也廣雅釋言虞驚也又託名幖識字書堯典曰虞舜鄭注虞氏又詩緜虞芮質厥成孟子百里奚虞人也左僖五傳太伯虞仲吳越春秋作吳在今山西解州平陸縣又昭十二傳道于鮮虞注白狄別種在今直隸正定府晉州又史記晉世家周王子虞字子于又爾雅釋山陵夾水澞字亦作澞古韻詩騶虞叶葭豝乎虞抑叶虞雲漢叶去故莫虞怒左宣十五叶詐虞

虞 **俁** 俁 大也从人吳聲詩僩兮碩人俁俁傳容貌大也按亦重言形況字韓詩作扈扈古韻詩僩兮叶俁舞虎組

虞 **娛** 娛 樂也从女吳聲詩出其東門聊可與娛周書程典諸侯不娛離騷夏康娛以自縱張景陽詠史詩朝野多歡娛經傳亦多以虞為之詩出其東門叶闍荼且藘娛楚詞悲回風叶紆娛居大招叶夸都娛舒

虞虞 **噳** 噳 麋鹿羣口相聚皃从口虞聲字亦作麌作麌作噳詩韓奕麀鹿噳噳傳噳噳然衆也吉日傳麌麌衆多也亦重言形況字別義爾雅釋獸麕牡麌古韻詩韓奕叶土訏甫噳虎吉日叶午馬麌所

烏十名凡烏之派皆衍烏聲、哀都切

魚虞 虞虞 **烏** 烏 𢀜 𢀜 孝烏也象形古文亦象形又古文象形省小爾雅廣鳥純黑而反哺者謂之烏小而腹下白不反哺者謂之雅烏白項而羣飛者謂之燕烏燕烏白脰烏也雅烏鸒也周禮羅氏掌羅烏鳥注謂卑居鵲之屬射鳥氏以弓矢敺烏鳶注烏鳶善鈔盜便汙人春秋元命苞陽成于三故日中有三足烏烏者陽精穆天子傳於鵲與處轉注小爾雅廣器軶上者謂之烏啄又爾雅釋蟲蚅烏蠋按即蜀桑蟲也字變作螐又淮南原道扜烏號之弓注烏號桑柘也其材堅勁烏峙其上及其將飛枝必撓下勁能復巢烏隨之烏不敢飛號呼其上伐其枝以為弓因名又莊子至樂陵舄得鬱棲則為烏足司馬注草名廣雅釋草烏蓬射干也烏蘧蓄也叚借疊韻連語說文引孔子曰烏肟呼也取其助气故以為烏呼字亦作嗚小爾雅廣訓烏乎吁嗟也書洪範嗚呼漢書五行志作烏嘑禮記大學於戲詩雲漢王曰於乎漢書武帝紀烏虖北海相景君碑歍歔哀哉皆同又左宣四傳楚人謂乳穀謂虎於菟按關穀於菟字子文廣雅釋獸於䖘虎也又漢書西域傳烏秅國注音鵶拏又吳都賦烏滸狼䀛注南夷別名也又詩那於赫湯孫又莊子天地於乎以蕎衆司馬注夸誕皃釋文行仁恩之皃字亦作吁又雙聲連語借為歍史記刺客傳乃於邑曰索隱煩寃愁苦也漢書成帝紀言之可為於邑注短氣皃又發聲之詞左定五於越入吳注夷言發聲也書堯典僉曰於鄭注於者烏聲詩文王於昭于天傳歎詞也易繫辭傳於稽其類侯注嗟也孟子於答是也何有又助語之詞借為于爾雅釋詁於代也孟子汝其於予治廣雅釋言於于也釋詁二於尻也呂覽期賢衛有士十人於吾所注於猶狂也淮南時則天子烏始乘舟又為烏呉都賦烏聞梁岷有陟方之館又單辭形況字周禮銜枚氏禁嘂呼歎鳴於國中者注鳴吟也又重言形況字素問寶命全形論見其烏烏注歎其氣至聲訓漢書司馬相如傳烏有先生者注於何也烏謂此乎注猶焉也西域傳注烏急言之聲如鵝呂覽明理烏聞至樂注安也凡曷害安焉烏胡惡何奚諸字皆一聲之轉古韻詩北風叶狐烏車

wǔ 瑦　wǔ 趨　wū 鄔　wū 歍　wǔ 隖　yū 菸　yū 瘀　yū 淤　è 閼

晉語優施歌叶吾烏枯叉詩權輿叶於乎句中韻

虞 **瑦** [篆] 石之似玉者从玉烏聲

虞 **趨** [篆] 走輕也从走烏聲讀若鄔

虞 **鄔** [篆] 太原縣从邑烏聲在今山西汾州府介休縣左昭廿八傳司馬彌牟爲鄔大夫又有鄔臧以邑爲氏者水經汾水注鄔水俗亦曰慮水慮鄔聲相近又鄔澤呂覽謂之大陸又名之曰漚洟之澤許慎說文曰漚水即此水也按鄦說非是漚水今無攷不得以鄔澤當之別義左隱十一傳王取鄔劉蔿邘之田于鄭注今河南河南府偃師縣西南五十里有鄔聚

虞 **歍** [篆] 心有所惡若吐也从欠烏聲與歐略同字亦作嗚大荒北經相繇食于九土其所歍所尼即爲源澤注歍嘔猶噴吒別義說文一曰口相就按歍歍口與口相就也叚借雙聲連語淮南覽冥歍唈流涕注失聲也讀鷰鴦之鴦歍唈皆雙聲或作於邑快悒皆同又疊韻連語論語子曰嗚呼注言先知嗚呼天先秋而後春乎注嗟歎之聲或作於戲烏虖於乎皆同聲訓釋名釋言語嗚舒也氣憤懣故發此聲以舒寫之也

說文通訓定聲 豫部第九 三

虞 **隖** [篆] 小障也从𨸏烏聲字亦作塢作䧢上林賦阜陵別隖郭注水中山也聲訓一曰庳城也通俗文營居曰隖

魚 **菸** [篆] 鬱也从艸於聲一曰殘也韻集今關西言菸山東言蔫江南亦言殘又作萎菸邑無色也楚辭九辯葉菸邑而無色按亦雙聲連語

御 **瘀** [篆] 積血也从疒於聲廣雅釋詁一病也太元元數八爲疾瘀楚辭九辯形銷鑠而瘀傷

魚御 **淤** [篆] 澱滓濁泥从水於聲方言十二水中可居爲州三輔謂之淤上林賦行乎洲淤之浦注漫也

月曷 **閼** [篆] 遮擁也从門於聲與遏略同荀子禮論以象槾茨番閼也注謂門戶塞閼風塵者漢書召信臣傳起水門提閼注閼所以壅水爾雅大歲在甲曰閼逢李注萬物鋒芒欲出擁遏未通莊子逍遙遊而莫之夭閼者注塞也尚書中候義明禮閼郵注止也莊子楊朱謂之閼聰呂覽古樂民氣鬱閼而滯著注讀遏止之遏左隱十一傳鄭公孫閼字子都閼都疊韻字叚借爲淤漢書溝洫志注填閼之水又雙聲連語爾雅在卯曰單閼注陽氣推萬物而起或作蟬焉實安皆同漢書揚雄傳窮兀閼與注容暇之皃也後漢和帝紀閼氏注匈奴后之號也音焉支又託名幖識字移天子傳閼氏胡氏又左襄廿五傳虞閼父史記陳世家索隱作遏古韻爾雅釋天叶格閼壑落若

wǔ 午　xǔ 許　chǔ 杵　hǔ 汻　xiè 卸　yù 御

午九名凡午之派皆衍午聲 疑古切

虞 **午** [篆] 啎也从丁毌一一其物也指事周禮壺涿氏以牡橭午貫象齒而沈之文象杵形古亦以爲杵字故舂秦字从此周伯琦曰斷木爲午又戴氏侗曰午象植榦楔首腰鍵形或曰从十成偉至成人突而弁兮从人與𠔁同意从十亦成數也故成亦从午凡皆異說非是叚借託名幖識字用以紀旬左昭三十一傳庚午之日注午火也因又以紀年紀月紀時爾雅太歲在午曰敦牂五月爲皋說文午啎也五月陰气逆陽冒地而出此與矢同意李陽冰曰五月筍成竹此半枝出也文選遊天台山賦爾乃羲和亭午注日中六書正義曰从入十十定四方入指正南六書分類曰上象天體半覆十象中立明午時應天之中也皆謬說不可從論衡物勢午火也其禽馬也左襄十二注楚公子午字子庚又借爲五古文五作乂儀禮大射儀度尺而午注一縱一橫曰午特牲饋食禮記午割之史記律書午者陰陽交故曰午項羽紀楚蠭起之將皆爭附凡物交橫爲午故曰蠭午亦作旁午又爲啎禮記哀公問午其衆以伐有道荀子富國午其軍聲訓說文午啎也釋名釋天午仵也陰氣從下上與陽相仵逆也廣雅釋言午仵也淮南天文午忤也太元元數辰巳午注午取其鄂布也禮記月令疏午萼也古韻詩吉日叶午馬麌所

說文通訓定聲 豫部第九 四

語 **許** [篆] 聽也从言午聲按聽從其言也廣雅釋言與也孟子則王許之爲平注信也可復許予注猶與也呂覽首時王子許注諾也叚借爲御詩下武昭茲來許傳進也又爲處墨子吾將惡許用之世說新語晉人每言某許皆是字亦以所爲之同謝元暉詩良辰竟何許注猶所也又爲鄦詩揚之水不與我戍許世本許州向申姜姓也炎帝後後穆天子傳見許男于洧上又爲所詩伐木許許傳柹皃亦重言形況字古韻詩伐木叶許藇羜父顧揚之水叶蒲許閟宮叶嘏魯許宇莊子列禦寇叶者鉅傳父許

語 **杵** [篆] 舂杵也从木午聲易繫辭傳斷木爲杵掘地爲臼世本雍父作舂杵廣雅釋器築謂之杵禮記雜記杵以梧注杵所以擣也管子任法然故諶杵習士注杵所以毀碎于物者也又左氏春秋陳侯名杵臼齊侯名杵臼

虞 **汻** [篆] 水厓也从水午聲字亦作滸詩葛藟在河之滸緜率西水滸江漢江漢之滸釋注爾雅釋邱岸上滸注岸上地別義爾雅釋水淮爲滸疑即水經注之滸水字形近也叚借重言形況字後漢朱穆傳注顏氏家訓皆引詩伐木滸滸古韻詩葛藟叶滸父顧

禡 **卸** [篆] 舍車解馬也从卩止午按午聲讀若汝南人寫書之寫大徐云午爲馬故从午俗說

御 **御** [篆] [篆] 使馬也从彳从卸按卸聲古文从又从馬會意詩車攻徒御不驚周禮大司徒禮樂射御書數保氏四曰五馭司農

注五馭鳴和鸞逐水曲過君表舞交衢逐禽左管子形勢解馭者操轡也荀子哀公東野子之善馭（轉注）廣雅釋詁一御使也詩思齊以御于家邦箋治也崧高王命傅御傳治事之官也周禮太宰以八柄詔王馭羣臣注凡言馭者所以敺之內之於善史記范蔡傳弊御於諸侯索隱御者制也素問天元紀大論天有五行御五位注謂臨御穀梁桓十四傳御廩災注藏公所親耕以奉粢盛之倉也後漢曹節傳注水入宮苑爲御水又左昭廿九傳御龍氏詩谷風亦以御冬周禮掌蜃注以蜃御溼左襄四傳季孫不御注止也字亦以禦爲之又小爾雅廣言侍也廣雅釋詁二進也書顧命御王冊命詩六月飲御諸友行葦授几有緝御禮記內則冢子御食儀禮大射儀士御于大夫左成十六傳使鍼御持矛周禮春官御史天官女御晉語朱也當御禮記曲禮婦人不當御獨斷天子所進曰御凡衣服加于身飲食入于口妃妾接于寢皆曰御荀子大略天子御珽諸侯御荼禮記王制千里之內以爲御（叚借）爲訝禮記曲禮大夫士必自御之儀禮士昏禮媵御沃盥交詩鵲巢百兩御之甫田以御田祖書洛誥御衙不迷穀梁成元傳齊使禿者御禿者左襄廿六傳朱也當御按亦迎也（聲訓）釋名釋言語御語也尊者將有所欲先語之也亦言其職卑下尊者所勒御如御牛馬然也（古韻）詩鵲巢叶居御大叔于田叶射御黍苗叶御旅處行葦叶席御斝禮記禮運叶椵度御序又叶車御序莊子徐无鬼叶御馬野塗鬼谷子內揵叶御去與楚辭九辯叶錯路御去舉文子道原叶車慮御

yù 禦

語 **禦** 祀也从示御聲爾雅釋言禦禁也（叚借）爲御廣雅釋詁三禦止也小爾雅廣言抗也易蒙利禦寇書牧誓弗禦克奔詩緜予曰有禦侮周禮司寤氏禦晨行者左昭四傳雹可禦乎論語禦人以口給孟子孰能禦之又詩黃鳥百夫之禦傳當也周書世俘禽禦八百注大臣也又爾雅釋器竹前謂之禦李注謂編竹當車前以擁蔽漢書王莽傳不畏彊圉國策列圉寇以圉爲之史記東越傳禦兒侯正義今作語石門頌綏億衙彊北海相景君碑強衙以節以衙爲之（古韻）詩黃鳥叶楚虎禦烝民叶茹吐甫寡禦三略上叶寡苦虜禦周書大明武叶暑虜賈女下解禦武主櫓寡

yǔ 篽

語 **篽** 禁苑也从竹御聲按御亦意或从又魚聲字亦作籞說文引春秋傳曰澤之目篽按目疑當作舟卽左傳澤之萑蒲舟鮫守之二語左傳之鮫當作魰也後漢章帝紀注折竹以繩懸連之使人不得往來謂之籞揚雄傳注於池苑中以竹綵聯之爲禁籞也漢書宣帝紀詔池籞未御幸者假與貧民服注籞在池水中作室可用棲鳥鳥入則捕之元帝紀罷籞池田晉注射苑也又廣雅釋器籞翳也

yǔ 鋙

語 **鋙** 鉏鋙也从金御聲或从吾聲按鉏鋙疊韻連語猶齒曰齟齬周禮玉人注駔牙左傳人名西鉏吾也疑此器如鋸刀之屬說文錡下鉏鋙也詩又缺我錡傳鑿屬惟錡及釜傳釜有足按鑿屬之錡借爲齮錡釜之錡本字（叚借）疊韻連語文賦或岨峿而不安字亦作岨峿

wǔ 五

五十八名凡五之派皆衍五聲　疑古切

虞 **五** 五行也从二陰陽在天地閒交午也古文省二按作交畫形用以紀數據悟字偏旁古文又作𠄡穀梁僖十六隕石于宋五劉向曰五陽數也後漢楊震傳注五陽爻也大戴易本命五主音（叚借）爲午周禮故書壺涿氏五貫象齒杜注五貫當爲午貫又爲伍孫叔敖碑五舉古今人表五參又左成十七傳晉夷羊五晉語作夷陽午古今人表作羊魚（古韻）詩小星叶五夜句中韻干旄叶組五予鶡冠度萬叶五下

wú 吾

虞 **吾** 我自偁也从口五聲經傳亦以余以予以我爲之（叚借）爲御續漢百官志執金吾注猶禦也又爲鋙左傳使西鉏吾庀府守又爲虞海內北經林氏國有珍獸名曰騶吾注周書曰酋耳大傳謂之怪獸又爲五國策吾得將爲楚王屬怒于周又重言形況字晉語暇豫之吾吾注不敢自親之皃讀如魚（聲訓）爾雅釋詁吾我也吾我雙聲（古韻）晉語優施歌叶吾烏枯呂覽貴直叶居墟胥閭吾乎

wǔ 伍

虞 **伍** 相參伍也从人从五按五亦聲周禮小司徒五人爲伍五伍爲兩疏在家爲比在軍爲伍又宮正會其什伍而教之道藝又周書大聚五戶爲伍管子乘馬五家爲伍又左昭元傳伍于後服注百二十乘爲伍司馬法百二十五乘爲伍又周禮太宰傳其伍注謂大夫五人又漢書律麻志八八爲伍注耦也（叚借）爲五易繫辭傳參伍以變齊語參其國而伍其鄙又託名幖識字左傳伍參伍奢伍尚亦以五爲之（古韻）禮記郊特牲叶賦伍社旅左襄三十一叶褚伍與逸周書小明武叶女所下苦野鼓怒戶弩女伍武

wú 菩

虞 **菩** 菩艸也从艸吾聲大篆从茻楚詞有菩蕭艸今楚詞無此字按草似艾方言三注今江東人呼荏爲菩音魚又長沙人呼野蘇爲菩音轄按蓍菩亦形近

yú 衙

魚麻語 **衙** 行皃从行吾聲楚辭九辯導飛廉之衙衙亦重言形況字（轉注）衙有行列之義故以官治爲衙封氏聞見記衙字本作牙（叚借）爲御釋名釋樂器衙止也周禮田僕注逆衙還之又託名幖識字左文二傳戰于彭衙在今陝西同州府白水縣（古韻）楚詞九辯叶躍衙

yǔ 齬

魚虞語 **齬** 齒不相值也从齒吾聲按齟齬亦疊韻連語（轉注）太元親其志齟齬注相惡也文賦或岨峿而不安字亦作岨峿

語御 **語** 論也。从言吾聲。詩公劉于時語語。傳論難曰語。周禮大司樂興道諷誦言語注答述曰語。禮記文王世子既歌而語注談說也。語使能也注言也。素問刺禁論其動爲語注所在氣爲語。轉注禮記雜記言而不語注爲人說爲語。又穀梁僖二傳語曰脣亡則齒寒注諺言也。孟子語云盛德之士注諺語也。叚借爲悟。莊子漁父甚矣子之難語也。又恥言形況字。廣雅釋訓語語喜也。聲訓釋名釋言語語敘也敘己所欲說也。又託名幖識字。左桓十四經鄭伯使其弟語來盟。穀梁作禦。古韻詩東門之池叶紵語。蓼蕭叶湑寫語處。斯干叶祖堵戶處語。賓之初筵叶語羖。公劉叶野處旅語。禮記樂記叶旅鼓武雅語。古下又叶俯止女子語。古宋玉神女賦叶遠據處語曙。楚詞遠遊叶語曙。

語 **敔** 樂器椌楬也。形如木虎。从攴吾聲。按樂器柷爲椌，敔爲楬。如伏虎狀，以木爲之。書益稷合止柷敔鄭注狀如伏虎，背有刻鉏鋙，以物櫟之，所以止樂。周禮小師掌教鼓鼗柷敔。禮記月令飭鐘磬柷圉。以圉爲之。白虎通禮樂敔終也。叚借爲御。說文敔禁也。聲訓釋名敔衙也。衙止也。所以止樂也。按謂敔御也。御止也。古韻禮記月令叶鼓羽敔。

虞過 **梧** 梧桐木。从木吾聲。一名櫬。按青桐也。皮青，花五出，子如珠，綴于瓢邊。瓢如羹匙。賈子胎教梧者東方之草，春木也。詩卷阿梧桐生矣傳梧桐柔木也。禮記雜記杵以梧。孟子舍其梧檟。轉注莊子齊物論惠子之據梧也。崔注琴瑟也。叚借爲俉。儀禮既夕梧受疏梧即逆也。漢書司馬遷傳贊或有抵梧注相支柱不安也。史記項羽紀莫敢枝梧集解邪柱爲梧。後漢方術徐登傳梧鼎而爨注支也。北山經滑魚其音如梧注如人相枝梧聲。又爾雅當途梧丘釋名梧忤也，與人相當忤也。又景福殿賦桁梧複疊注梧柱也。釋名梧在梁上兩頭相觸牾也。又爲俣。史記留侯世家贊計魁梧奇偉漢書注謂借爲遌，失之。又爲鼫。荀子勸學梧鼠五技而窮注當爲鼫。蓋本誤爲鼯，傳寫又作梧耳。

語 **圄** 守之也。从口吾聲。論衡遂遇乃使馬圄往說之。經傳皆以圉爲之。叚借爲圉。左宣四傳圉伯嬴于轑陽注囚也。禮記月令省囹圄注所以禁守繫者，若今別獄矣。獨斷周曰囹圄。聲訓風俗通周曰囹圄。圄與也，言令人幽閉思愆，改惡爲善，因原之也。釋名釋宮室圄禦也。古韻呂覽貴直叶衍圄處。

虞 **郚** 東海縣。故紀侯之邑也。从邑吾聲。在今山東青州府安邱縣西南。左莊元傳齊師遷紀郱鄑郚。

過 **晤** 明也。从日吾聲。叚借爲遌。詩東門之池可與晤歌傳晤遇也。箋猶對也。又爲寤。說文引詩柏舟晤辟有摽。

過 **寤** 寐覺而有言曰寤。从㝱省吾聲。籀文亦从㝱省。小爾雅廣言寤覺也。詩下泉愾我寤歎。左昭三十三傳[illegible]季寤字子言。轉注說文一曰晝見而夜夢也。周禮占夢四曰寤夢注覺時道之而夢。又司寤氏掌夜時。叚借爲悟。左隱元傳莊公寤生按足先見逆生也。杜注非。風俗通說亦非。又爲悟。東京賦盍亦覺東京之事以自寤乎。後漢班彪傳注寤猶曉也。淮南要略欲一言而寤。又發聲之詞。蒼頡篇楚人呼寐曰寤。聲訓釋名釋姿容寤忤也，能與物相接忤也。按謂相接遻也。古韻離騷叶固惡寤。古管子版法叶寤圄度舍懼。詩下泉叶下寤，句中韻。

過 **⿱宀吾** 寤也。从宀吾聲。按當爲寤之或字。今附寤下。

禡 **⿱㲋吾** 獸名。从㲋吾聲。讀若寫。

過 **悟** 覺也。从心吾聲。古文五聲類悟心解也。素問八正神明論慧然獨悟注猶了達也。叚借爲寤。寡婦賦怛驚悟兮無聞。又爲遌。文選泛湖歸出樓中翫月詩悟言不知罷注與晤同。古韻荀子成相叶悟苦下戶。

虞 **浯** 浯水出琅邪靈門壺山，東北入濰。从水吾聲。出今山東沂州府莒州壺山，亦曰巨平山，至安邱縣東南入濰。叚借爲梧。淮南本經曲拂邅回以像湡浯注浯蒼梧。

遇過 **啎** 逆也。从午吾聲。字亦作忤，作仵，作迕，誤作牾。廣雅釋詁二牾裂也。呂覽明理長短頡許百疾注逆也。穆天子傳白鹿一牾乘逸出走注觸也。史記刺客傳不敢忤視。莊子天道迕道而說者。司馬注橫也。高唐賦陬互橫牾注牾逆也。又春秋元命苞陰陽散忤注錯也。亦作捂。儀禮既夕疏捂即逆也。叚借爲伍。管子七臣七主不許則國失勢注謂耦合也。古韻宋玉風賦叶口下忤迕莽。素問離合眞邪論叶牾度條路忤布故處寫。又子自然叶度惡故迕。

乎十二名凡乎之派皆衍乎聲 戶吳切

虞 **乎** 語之餘也。从兮，丿象聲上越揚之形。廣雅釋詁四詞也。詩著俟我于著乎而。孟子然而無有乎爾注歎而不怨之詞。禮記檀弓麑裘亦用絞乎疏疑詞。少儀子亟食于某乎疏謙退之詞。史記多以乎爲之。叚借爲于。禮記中庸莫見乎隱，莫顯乎微。孟子同乎流俗，合乎汙世。呂覽貴信又況乎人事注乎於也。又爲卒之誤字。廣雅釋詁一乎極也。形近而譌。又疊韻連語詩抑於乎小子。古韻詩騶虞叶葭豝乎虞。權輿叶乎渠餘輿。呂覽貴直叶居墟胥閭吾乎。

hu 呼

虞 **呼** 外息也从口乎聲與吙嘑字別書大傳陰盛則呼吸萬物而藏之內也素問離合眞邪論候呼引鍼假借爲嘑詩蕩式號式呼禮記曲禮城上不呼儀禮特牲禮記凡祝呼佐食許諾注猶命也漢書東方朔傳呼譽陳勝傳遮道而呼涉莊子讓王仰天而呼又荀子儒效呼先生以欺愚者注謂稱舉又發聲之詞左文元傳江芈怒曰呼禮記檀弓曾子聞之瞿然曰呼又疊韻連語漢書司馬遷傳注古字或作烏虖今字或作烏呼東方朔傳先生曰於戲同古韻詩蕩叶呼夜禮記曲禮叶呼舍故楚詞招魂叶絡呼居

hū 評

虞 **評** 召也从言乎聲與呼吸字別檀弓平公呼而進之曰蕢以呼爲之假借爲嘑廣雅釋詁二評鳴也爾雅釋言注江東評卞爲駔

hū 謼

遇 **謼** 評也从言虖聲按當爲評之或體今附評下漢書景武昭宣元成功臣表下摩侯謼毒尼假借爲嘑漢書賈山傳一夫大謼漢書敘傳式號式謼

hū 虖

虞 **虖** 哮虖也从虍乎聲謂哮唬也假借爲乎史記漢書多以爲語餘之詞又疊韻連語漢書司馬遷傳注古字或作烏虖今字或作烏呼又雙聲連語周禮職方氏其川虖池嘔夷注虖池出鹵城穆天子傳北循虖沱之陽注今在鴈門鹵城縣陽水北字亦作嫭作滹

lú 枰

虞 **枰** 枰木也从木乎聲出橐山亦名黃枰可染與樗別疑上林賦之華楓枰櫨誤作枰枰櫨疊韻連語也郭注望文生訓耳

hū 嘑

虞 **嘑** 號也从口虖聲與呼吸字別廣雅釋詁二嘑鳴也周禮雞人夜嘑旦以嘂百官假借爲單辭形況字孟子嘑爾而與之注猶呼爾咄啐之皃也

xià 罅

禡 **罅** 裂也从缶虖聲燒缶善裂卽考工旊人所謂薜也蜀都賦罅栗罅發劉注栗皮拆罅而發也假借爲墟鬼谷子抵巇注罅者㵎也古韻鬼谷子抵巇叶射罅

chū 樗

魚麻 禡藥 **樗** 樗木也以其皮裹松脂从木虖聲讀若華或从蒦聲與杼樗二木皆別鉉本樗樗二篆說解互譌今从段氏玉裁訂正鍇本脫樗篆字亦作樺爾雅釋木檴落詩無浸穫薪以穫爲之陸疏今柳榆也其葉如榆皮堅韌剝之長數尺可爲絙索又可爲甁帶其材可爲桮圈按以其皮卷之可然爲燭所謂樺燭也今人又以裹鞍及弓靶緻密爽滑所謂㮨皮也

hǔ 鄜

麌 **鄜** 地名从邑虖聲按魯地

hū 歑

虞 **歑** 溫吹也从欠虖聲書大傳吁荼萬物以吁爲之

xià 壉

禡 **壉** 坼也从土虖聲或从阜與罅字別

hū 虍　hū 雐　xī 䖒　hǔ 虎

虍五十名凡虍之派皆衍虍聲荒烏切

虞 **虍** 虎文也象形

虞 **雐** 雐鳥也从隹虍聲

䖒 古陶器也从豆虍聲

虎 山獸之君从虍虎足象人足象形古文二皆从虎象形秦策虎者戾蟲淮南時則虎始交許注陰中陽獸與風同類也高注虎陽中之陰也天文虎嘯而谷風至注虎土物也爾雅虎竊毛謂之虦貓西山經孟山其獸多白虎注白虎名甝𧆑易說卦九家艮爲虎詩小戎虎韔鏤膺書立政虎賁後漢班彪傳注宿衛之臣周禮師氏虎門注路寢門也漢書鼂錯傳爲中周虎落注虎落者以竹篾相連遮落之也鄭氏曰虎落者外蕃也若今時竹虎落按循衛也左襄廿九傳鄭罕虎字子皮假借託名幖識字廣雅釋草虎蘭澤蘭也虎掌瓜屬也釋蟲虎王蛸也後漢王符傳虎虓注琥也聲訓白虎通五行虎之言搏討也古韻詩簡兮叶俁舞虎組大叔于田叶馬組舞舉虎所女黃鳥叶楚虎禦何草不黃叶虎野暇韓奕叶土訏甫噳虎常武叶武怒虎虜浦所易乾文言叶虎覩下韓非主道叶餘輔虎寫道詩巷伯叶謀虎

jù 虡

語御 **虡** 鐘鼓之柎也飾爲猛獸从虍異象其下足按異象形丌其足也虍亦聲或从金豦聲篆文省田凡植曰虡橫曰栒爾雅釋器木謂之虡詩靈臺虡業維樅說文業篆引詩以巨爲之考工梓人爲筍虡禮記明堂位夏后氏以龍簨虡字亦作簴太史公自序鋗銷鑄鐻索隱鐻也轉注方言五凡其高者謂之虡別義漢書郊祀志鐻虡銅人皆生毛注虡神獸名也懸鐘之木刻飾爲之因名曰虡賈山傳注虡猛獸之名後漢董卓傳注虡鹿頭神身獸也又莊子達生梓慶削木爲鐻司馬注樂器也似夾鐘又中山經魅武羅穿耳以鐻注金銀器之名字又作璩說文新附璩環屬見山海經一切經音義引字書耳璩也玉名聲訓釋名虡舉也在旁舉筍也古韻詩有瞽叶瞽虡羽鼓圉舉楚詞東君叶鼓虡姱舞

lǔ 虜

麌 **虜** 獲也从毌从力力而拘之會意虍聲詩常武仍執醜虜傳服也公羊莊十二傳此虜也注執虜也禮記曲禮獻民虜者操右袂注軍所獲也轉注方言十二虜強也字亦作擄廣雅釋詁一擄強也張孟陽七哀詩珍寶見剽虜又史記李斯傳而嚴家無格虜者索隱奴隸也古韻詩常武叶武怒虎虜浦所三略上叶寡若虜樂

乎虍

xū 虛　jù 豦　lǜ 慮

魚 **虛** 𠀉 大丘也崑崙丘謂之崑崙虛从丘虍聲爾雅河出崑崙虛字亦作墟易升虛邑釋文虛邱也詩定之方中升彼虛矣莊子天運以遊逍遙之虛又漢書賈誼傳凡十三歲而社稷爲虛禮記檀弓虛墓之間風俗通山澤今故廬居處高下者亦名爲墟轉注說文古者九夫爲井四井爲邑四邑爲丘丘謂之虛又昭十七傳大辰之虛也疏虛者舊居之處也按此義疑借爲廬又大丘空曠故爾雅釋詁虛閒也廣雅釋詁三虛空也周書文政無虛不敗注國無人謂之虛西京賦有憑虛公子者注虛無也淮南俶眞虛室生白注心也遊天台山賦太虛遼廓而無閡注太虛天也易繫辭傳周流六虛注六位也太元元圖九虛設闢注九位也又丘者四方高中央下故秦策囷倉虛注不實也史記吳起傳批亢擣虛淮南氾論若循虛而出入注孔竅也呂覽辨土虛稼先死注根不實也素問調經論虛者聶辟氣不足又禮記曲禮客不虛口注謂酳也又書堯典宵中星虛爾雅釋天元枵虛也顓頊之虛虛也北陸虛也按虛二星危三星合之如元武形元武介鳥離中虛之象故以爲名段借爲居荀子大略非其里而虛之非禮也又疊韻連語詩北風其虛其邪爾雅釋訓其虛其徐威儀容止也幽通賦承靈訓其虛徐兮曹注狐疑也又爾雅釋地與邛邛駏驉比字亦作驢又作獹又託名幖識字左桓十二公會宋公于虛注宋地古韻詩北風叶虛邪且定之方中叶虛楚左傳十五叶孤弧姑逋家虛文子守樸叶虛無呂覽貴直叶居墟胥閭吾乎韓非揚搉叶疎閭虛囷靈樞根結叶虛枯著期文子精誠叶由除虛餘鬼谷陰符分威篇叶虛無銖

魚御 **豦** 𧰼 鬥相丮不解也从豕虍豕虎之鬥不捨也讀若蘮蒘艸之蘮按虎食豕不相鬥當从虍聲豦劇雙聲別義說文司馬相如說豦封豕之屬按爾雅釋獸豦迅頭注玃類齊梁邨據字猶以據爲之又說文一曰虎兩足舉

御魚 **慮** 𢘍 謀思也从思虍聲詩雨無正弗慮弗圖周禮朝士慮刑貶故書作憲禮記學記發慮憲荀子禮論禮之中焉能思索謂之能慮左宣十二傳前茅慮無注慮無如今軍行前有斥候蹹伏皆持以絳及白爲幡見騎賊舉絳幡見步賊舉白幡備慮有無也墨子經上慮求也廣雅釋詁四慮議也莊子逍遙遊何不慮以爲大樽司馬注猶結綴也非段借爲虛按呂覽長利無慮吾農事注亂也非又爲錄實爲象漢書雋不疑傳注今云慮囚本錄聲之去者耳又疊韻連語廣雅釋訓無慮凡也漢書趙充國傳亡慮萬二千人注亡慮大計也食貨志天下大氐無慮皆鑄金錢矣注無慮亦謂大率又爾雅釋木諸慮山櫐亦作攄釋蟲諸慮奚相亦作蠦別義廣雅釋詁二慮廣也又漢書溝洫志注慮猶恐也聲訓齊策願王孰慮之注度也釋名釋言語慮旅也旅衆也易曰一致百慮慮及衆物以一定之也古韻楚詞悲回風叶慮曙去火招叶假路慮孫子九地叶居塗慮文子道原叶車慮御又叶慕欲慮詩雨無正叶慮圖句中韻

lú 𠧧　kuī 虧　xì 戲

虞 **𠧧** 𠧧 𧇭 𨐃 𦉼也从甾虍聲讀若盧同篆文盧聲籀文从缶盧聲廣雅釋器罏缶也

支 **虧** 虧 𧆿 气損也从亏虍聲或从兮爾雅釋詁虧毀也小爾雅廣言虧損也廣雅釋詁二去也三少也詩閟宮不虧不崩小雅作騫義相近易謙天道虧盈馬本作毀離騷唯昭質其猶未虧注歇也段借託名幖識字左閔二齊公子無虧古今人表作詭諸詭虧雙聲轉音離騷叶離虧莊子山木叶離挫議虧韓非揚搉叶虧靡

支寘 **戲** 𢧵 兵也从戈䖒聲與我戠同意其器失傳無考段借爲麾說文三軍之偏也廣雅釋詁三戲施也史記高帝紀兵罷戲下正義大旗也漢書項籍傳戲下騎從者八百餘人注大將之旗也又爲謔太平御覽引說文一曰相弄也書西伯戡黎惟王淫戲用自絕史記作虐爾雅釋詁戲謔也詩板無敢戲豫傳逸豫也禮記坊記戲而不歎注謂孺子言笑者也東京賦渚戲躍魚薛注游也廣雅釋詁戲衺也又爲豦左傳請與君之士戲晉語鬪牛談有力請與之戲注角力也又戲不過所復左傳作夷吾能鬥不過亦同按鬥相丮不解爲豦是戲猶言劇鬥也又爲羲禮含文嘉風俗通皇霸皆云戲獻也法也後漢光武紀注戲與羲同又爲歌方言十戲歇也楚謂之歇又爲犧子成相文武之道同伏戲卽庖犧也犧羲摩戲謔歌一聲之轉又雙聲連語詩淇澳善戲謔兮戲者謔之詞助如乞匃𣪊祿之比又辛通達李仲曾造橋碑戲險登陵字亦作巇或曰借爲墟或曰借爲隃亦通戲險亦雙聲字又疊韻連語非有先生論先生曰於戲可乎哉注歎詞也匡謬正俗云今文尚書悉爲於戲字古文尚書悉爲嗚呼字而詩皆爲於乎字故廣雅釋詁三戲悲也又離騷陟陞皇之赫戲兮西京賦叛赫戲以煇煌注炎盛也按與詩於赫同故方言六戲怒也齊曰戲楚曰憚又託名幖識字周書世俘呂他命伐越戲方注紂三邑也魯語幽滅于戲注戲山在西周又周語魯懿公名戲漢書作被又禮記月令注伏戲釋文本作虧聲訓易繫辭庖犧氏之王天下也孟喜章句作戲化也古韻楚詞遠游叶居霞戲除轉音荀子成相叶施罷戲爲

hǔ 琥　hū 魖　lǔ 虜　lǔ 鱸

麌 **琥** 琥 發兵瑞玉爲虎文从玉从虎會意虎亦聲按周禮大宗伯以白琥禮西方注虎猛象秋嚴小行人琥以繡璜以黼注子男於諸侯則享用琥璜禮記禮器琥璜爵而周禮以起軍旅者牙璋也許說未詳何本疑漢有銅虎符許以意當之耳又引左傳賜子家子雙琥

虞 **魖** 魖 鬼皃从鬼虎聲

麌 **虜** 虜 廡也从广虜聲讀若鹵廣雅釋室庿也

麌 **鱸** 鱸 魚名出樂浪潘國从魚虜聲

lǔ 鐪　xū 噓　xū 歔　xū 魖　qú 藘　jué 噱　jù 遽　jǔ 簴　jù 據

廣

鐪 鐪 煎膠器也从金虜聲廣雅釋器鏞也

魚御 **噓** 噓 吹也从口虛聲聲類出氣緩曰噓莊子齊物論仰天而噓向注息也海賦噓噏百川注猶吐納也叚借爲歔楚辭憂苦長噓吸以於悒兮注噓吸於悒皆啼泣皃七發噓唏煩酲又大荒西經日月山有神人名曰噓注言噓啼也

魚 **歔** 歔 欷也从欠虛聲離騷曾歔欷余鬱邑兮注懼皃或曰哀泣之聲也楚辭悲回風增歔欷之嗟嗟兮按歔欷亦雙聲連語叚借爲噓說文一曰出气也老子或歔或吹

魚 **魖** 魖 秏鬼也从鬼虛聲東京賦殘夔魖與罔象漢書楊雄傳捎夔魖而抶獝狂

魚 **藘** 藘 菜也似蘇者从艸豦聲按苦藘今吳俗謂之萵苣筍野生者曰褊苣人家常食者曰白苣字亦以苣爲之或作蘧別義或謂卽蕒也或曰苦葵也青州謂之芭芭或作芑字亦作蘧

藥 **噱** 噱 大笑也从口豦聲漢書敘傳談笑大噱注噱噱笑聲也叚借爲臄卽谷廣雅釋親噱舌也羽獵賦遙噱乎紘中注口之上下名爲噱

御 **遽** 遽 傳也从辵豦聲周禮大僕以待達窮者與遽令行夫掌邦國傳遽之小事注若今時乘傳騎驛而使者也左僖三十三傳且使遽告于鄭注傳車禮記玉藻士曰傳遽之臣轉注晉語公懼遽見之注疾也禮記儒行遽數之不能終其物注猶卒也又說文一曰窘也西京賦百禽㥄遽注促也羽獵賦虎豹之凌遽太元窮萬物窮遽注忙也字亦作懅後漢徐登傳主人見之驚懅注懅忙也又後漢王霸傳慚懅而退注亦慙也廣雅釋詁二遽懼也左襄三十一傳豈不遽止方言二苹矜奄遽也楚辭大招萬物遽只注猶競也叚借爲處莊子天地則其自爲遽危其觀臺釋文本作御古韻神女賦叶遽據處語暇轉音楚詞大招叶昭遽逃遙

語 **簴** 簴 飲牛筐也从竹豦聲方曰筐圜曰簴按飲牛當作飤牛左隱三疏引作飯轉注呂覽季春具栚曲簴筐方言十三簞籅籅筥篆也江河之閒謂之籅按籅卽簴字又廣雅釋器籅杯落也謂盛杯器籠字亦作籅聲微轉耳

御 **據** 據 杖持也从手豦聲方言六據定也廣雅釋詁一引也三按也釋言杖也詩柏舟不可以據傳依也左僖五傳神必據我注猶安也禮記玉藻稽首據掌致諸地注以左手覆按右手也論語據於德又莊子大宗師據梁之失其力司馬注據梁強梁也按猶杖梁也杖梁疊韻據彊雙聲書禹貢傳東南據濟疏謂跨之又漢書楊雄傳三摹九据魏都賦因長川之据勢以据爲之叚借爲虡左昭廿傳梁邱

---

jù 勮　jù 劇　zù 𠁅　jù 醵　lǜ 勴　lǜ 鑢　lú 盧

據字子猶史記魯世家作字子將則扶將與據本義相應說訓釋名釋姿容據居也晉語今不據其安注居也古韻詩柏舟叶茹據愬怒神女賦叶遽據處語暇老子元符叶䇓據搏固作嗄

御 **勮** 勮 務也从力豦聲謂用力之甚廣雅釋詁一疾也聲訓釋名釋言語勮巨也事功巨也

陌 **劇** 文選注引說文劇甚也凡三見按卽勮字之誤文今附于此漢書楊雄傳口吃不能劇談注疾也鄭氏注甚也劇秦美新何其劇歟荀子非十二子猶然而材劇志大注繁多也解蔽不以夢劇亂知謂之靜注囂煩也太元元衝劇惡不息又爾雅釋宮三達謂之劇旁釋名古者列樹以表道道有夾溝以通水潦恆見脩治此道旁轉多用功稍劇也叚借爲臄廣雅釋親舌也又史記荀卿傳劇子之言愚按卽燕策之劇辛集解引應劭作處子非

遇 **𠁅** 𠁅 且往也从且豦聲詩溱洧且往觀乎豈卽此字歟

魚御藥 **醵** 醵 酟 會飲酒也从酉豦聲或从巨聲禮記禮器周禮其猶醵與注合錢飲酒爲醵史記貨殖傳進醵飲食徐廣曰會聚食詩良耜箋又有祭酺合醵之歡今燕俗尙有扛醵之語

御 **勴** 勴 助也从力从非从慮聲爾雅釋詁助勴也注謂贊勉字亦作勴从力慮聲

御 **鑢** 鑢 厝銅鐵也从金慮聲廣雅釋詁三磨也考工記注字作鑪左定四傳鑢金初宦於子期氏古今人表作鑪金

虍 **盧** 盧 盧 飯器也从皿盧聲籀文从皿卤省聲上虍疑涉小篆衍器以柳爲之亦曰笑盧疊韻連語叚借爲驢書文侯之命盧弓一傳黑也詩盧令令傳田犬漢書王莽傳是猶紲韓盧而責之獲也注黑色曰盧字亦作獹荀子性惡鉅闕辟閭注盧黑色也以閭爲之上林賦盧橘夏熟注黑也又箭萘勝朱有雉有盧又漢書楊雄傳玉女無所眺其清盧服注目童子也字亦作矑又爲壚釋名釋地土黑曰盧盧然解散也又爲鑪淮南原道盧牟六合注猶規矩也按盧牟卽鑪模又爲鑪漢書食貨志率開一盧以賣司馬相如傳文君當盧趙廣漢傳椎破盧罌又爲籚晉語侏儒扶盧又爲鸕上林賦箴疵鵁盧廣雅釋鳥盧休老鵁也又爲廬荀子富國君盧屋妾又爲櫨禮記明堂位注刻欂盧又爲蘆漢書司馬相如傳蓮藕觚盧注葦也又爲顱漢書武五子傳蠶頭盧相屬于道又雙聲連語漢書楊雄傳輻輪不絕按猶鹿盧字亦作轆又疊韻連語爾雅螺蠃蒲盧夏小正傳蜂者蒲盧又西京賦非都盧之輕趫注都盧國其人善援又託名標識字書牧誓微盧彭濮人傳盧彭在西北史記作纑水經灉水注盧水卽久台水也又左成十三曹伯盧公穀作廬昭二十蔡侯盧釋文

qú 蘧　qú 籧　lú 蘆　lú 鸕　lú 臚

本作盧

魚 **蘧** 蘧麥也。从艸，遽聲。爾雅大菊蘧麥注一名麥句薑卽瞿麥按麥句薑乃巨句麥之誤徐鍇繫傳其小而華色深者俗謂石竹按葉形似竹莖亦有節故名本草陶注花紅紫赤可愛子頗似麥故名瞿麥叚借爲遽莊子天運仁義先王之蘧廬也司馬注猶傳舍又爲蘧漢書敘傳舅氏蘧蒢注口柔公羊定十五次于蘧蒢亦疊韻連語爾雅釋艸出隧蘧蔬注似土菌生菰草中今江東啖之甜滑音同氍毹又西京賦蘧藕拔蔤注芙蕖按疊韻字當作夫渠又重言形況字莊子齊物論則蘧蘧然周也李注有形之皃魯靈光殿賦揭蘧蘧而騰湊注高也又單辭形況字莊子大宗師蘧然覺釋文本作據又託名幖識字左襄十四傳蘧伯玉淮南作璩

魚 **籧** 籧篨粗竹席也。从竹，遽聲。亦疊韻連語一名筕方言五簟宋魏之間或謂之籧苗其麤者謂之籧篨廣雅釋器籧篨䈇也又笙䉤謂之籧篨淮南本經若簟籧篨注葦席叚借爲籧禮記月令具曲植籧筐又疊韻連語詩新臺籧篨不鮮傳不能俯者爾雅釋訓籧篨口柔也舍人注巧言也孫注口柔之人視人顏色常亦不伏因以名云晉語籧篨不可使俯注偃人廣雅釋訓籧篨疾也

虍 **蘆** 蘆菔也。从艸，盧聲。似蕪菁實如小尗字亦作蘆爾雅葖蘆萉萉疑葩之譌字蘆服雙聲連語盧巴疊韻連語其實同也郭注俗呼蘆菔今又謂之蘿蔔萊菔皆語之轉廣雅𦵠遬蘆菔也陸佃埤雅萊菔言來牟之所服謂制麪毒說近鑿方言三蕪菁其紫花者謂之蘆菔注今江東名溫菘按有大小圓長赤白青黃數種北土者佳後漢書更始亂宮人食蘆菔根別義詩騶虞傳葭蘆也淮南脩務銜蘆而翔注未秀曰蘆已秀曰葦假眞蘆荐之厚覽冥積蘆灰以止淫水上林賦蓮藕觚盧以盧爲之又說文一曰蕣根也叚借疊韻連語詩出其東門縞衣茹藘東門之墠茹藘在阪爾雅釋草茹藘茅蒐古韻詩出其東門叶闍荼且藘娛

虍 **鸕** 鸕鷀也。从鳥，盧聲。字林似鶂而黑水鳥也一名鷧不卵而吐生多者生八九少者亦五六相連而出今蘇俗謂之水老鴉畜以捕魚別義爾雅釋鳥鸕諸雉漢書司馬相如傳箴疵鵁盧注引張揖曰白雉皆未詳叚借爲鶩按楚辭悼亂鴻鸕兮振翅注鸕鷀也非是

魚魚 虍 **臚** 皮也。从肉，盧聲。籒文从盧聲禮記禮運膚革充盈疏革外之薄皮論語膚受之愬皇疏人肉皮上之薄𦎧者易贅无膚荀子性惡骨體膚理好愉佚東京賦末學膚受薛注謂不經于心胸轉注一切經音義引釋名腹前曰臚也又廣雅釋器膚肉也易噬膚釋文柔脆肥美曰膚禮記內則麋膚魚醢注切肉也儀禮少牢膚雍人倫膚九注脅革肉聘禮膚鮮魚鮮腊注豕肉也唯燖者有膚廣雅釋詁三離也釋言剝也又易剝牀以膚崔注牀之膚謂薦席虞注辨上稱膚京本以簠爲之叚借爲專按公羊僖三十一傳膚寸而合

lú 籚　lú 櫨　lú 艫　lú 顱　lú 䰕　lú 廬

注側手爲膚尙書大傳以扶爲之又爲博詩六月以奏膚公傳大也狼跋公孫碩膚傳美也文王殷士膚敏傳美也孟子注大也又爲敷爾雅釋言臚敘也史記六國表臚於郊祀索隱陳也晉語風聽臚言於市注傳也漢書叔孫通傳大行設九賓臚句傳注上傳語告下爲臚下告上爲句韋注大行今之鴻臚也百官表應劭注鴻臚者郊廟行禮讚九賓鴻聲臚傳之也莊子外物大儒臚傳東京賦臚人列思元賦卽歧趾而臚情或曰皆旅字之轉注借爲旅也周禮司儀皆旅擯爾雅釋詁旅陳也史記司馬相如傳攄之無窮字亦作攄廣雅釋詁一攄張也四攄舒也西京賦心猶憑而未攄聲訓史記孝景紀索隱引韋昭臚附也古韻詩狼跋叶胡膚素問脈要精微論叶膚餘去

虍 **籚** 積竹矛戟矜也。从竹，盧聲。晉語朱儒扶籚今本以盧爲之考工輪輿弓盧以盧爲之叚借爲篨籚廣雅釋器籚筐也

虍 **櫨** 柱上柎也。从木，盧聲。單言曰櫨絫言曰欂櫨爾雅開謂之槉栭謂之楶注卽櫨也按方木似斗形在短柱上拱承屋棟亦名枅亦名榰門柱上者謂之槉梁柱上者謂之楶也淮南本經標株欂櫨脩務不可以爲櫨棟別義說文引伊尹曰果之美者箕山之東靑鳧之所有甘櫨焉夏熟也上林賦盧橘夏熟以盧爲之叚借爲枰說文又云一曰宅櫨木出宏農山也漢書司馬相如傳華楓枰櫨注今黃櫨木也史記索隱櫨合桲也

虍 **艫** 舳艫也。从舟，盧聲。一曰船頭漢書武帝紀舳艫千里注艫船前頭刺櫂處也又小爾雅廣器船尾謂之艫吳都賦巨檻接艫劉注船後也或又曰船頭有屋如盧舍者亦名飛艫

虍 **顱** 頊顱首骨也。从頁，盧聲。字亦作髗卽髑髏也國策頭顱僵仆射雉賦擬青顱而點項爾雅釋畜注俗所謂漫顱徹齒

虍 **䰕** 鬛也。从彡，盧聲。

魚 **廬** 寄也。秋冬去，春夏居。从广，盧聲。按去居皆與廬疊韻廣雅釋室廬舍也詩信南山中田有廬漢書食貨志餘二十晦以爲廬舍注田中屋也左襄三十傳廬井有伍荀子正名屋室廬庾注草屋也易小人剝廬轉注詩公劉于時廬旅左閔二傳立戴公以廬于漕又周禮野廬氏注賓客行道所舍遺人十里有廬注若今野候徙有房也又西都賦周廬千列漢書嚴助傳君厭承明之廬注直宿所止曰廬又後漢儒林傳論精廬暫建注講讀之舍又儀禮既夕記居倚廬注倚木爲廬在中門外東方北戶禮記雜記廬嚴者也又釋名釋船其上屋曰廬象廬舍也又西京賦恨阿房之不可廬注居也叚借爲籚考工記秦無廬或曰摩鑢之器則謂借爲鑪又託名幖識字周語廬由荊嬀注嬀姓之國左桓十三傳羅與廬戎兩軍之又莊子讓王自沈于廬水水經廬江水注廬山彭澤之山也晉語軍于廬柳注晉

lǘ 驢　lú 黸　lú 旅　lú 攎　lú 纑　lú 壚　lú 鑪　hú 壺

地又孟子屋廬子廣韻作盧左成十三晉伯廬釋文本作盧考工桼無廬本作蘆莊子廬水本作盧聲訓釋名寄止曰廬廬慮也取自覆慮也古韻詩信南山叶廬瓜菹宋玉風賦叶灰餘廬

魚 **驢** 似馬長耳从馬盧聲驢騾駃騠騊駼驒騱皆匈奴奇畜中國未有故不見經傳儀禮鄉射禮閭中閭如驢一角岐蹏周書王會北唐以閭皆非驢也

虞 **黸** 齊謂黑爲黸从黑盧聲經傳皆以盧爲之方言三黸瞳之子謂之瞜俗字作矑

虞 **旅** 左僖廿八傳旅弓矢千疏引說文有旅字按當爲黸之俗體姑附于此古借旅爲之史記誤作旅耳

虞 **攎** 挐持也从手盧聲方言十二張也廣雅釋詁一引也廣韻斂也

虞 **纑** 布縷也从糸盧聲孟子妻辟纑注練麻曰纑左昭十九傳注因紡纑釋文麻縷也凡麻之涑者以爲吉服不涑者以爲凶服不涑者曰纑史記貨殖列傳林竹穀纑集解紵屬可以爲布別義墨子經上纑閒虛也

說文通訓定聲　豫部弟九　廿五

虞 **壚** 剛土也書釋文引說文黑剛土也从土盧聲書禹貢下土墳壚周禮草人埴壚用豕楚辭思古倘佯壚阪淮南墬形壚土人大覽冥契黃壚

虞 **鑪** 方鑪也从金盧聲字亦作爐聲類爐火所居也左傳邾莊公廢于鑪炭又淮南齊俗鑪橐埵坊注鑪橐埵皆冶具太元將鑪鈞否又江淹詩膏鑪絕沈燎注熏鑪也又爾雅釋天注夜獵載鑪照假借爲鑪莊子大宗師皆在鑪錘之閒耳崔注鑪謂之食按謂盧罃字又史記司馬相如傳文君當鑪韋昭曰酒肆也後漢孔融傳注鑪累土爲之以居酒瓮四邊隆起一面高如鍛鑪故名鑪愚按亦酒缶耳

壺一名　戶吳切

虞 **壺** 昆吾圜器也象形从大象其蓋也○左昭廿五傳國子執壺漿注禮器腹方口圓曰壺反之曰方壺有爵飾儀禮聘禮八壺設于西序注酒尊也周禮掌客壺四十注酒器也司尊彝其饋獻用兩壺尊注以壺爲尊太元居少女提壺又禮記禮器門內壺注壺大一石又周禮挈壺氏掌挈壺以令軍井注盛水器也壺涿氏注壺謂瓦鼓禮記喪大記狄人出壺注漏水之器也又大戴記投壺壺脰脩七寸口徑二寸半壺高尺二寸受斗五升壺腹脩五寸吳都賦拚射壺博假借爲瓠詩七月八月斷壺又楚詞招魂元蠭若壺方言十一蠭其大而蜜謂之壺蠭又爾雅壺棗孫注棗形上小下大似瓠○古韻詩七月叶瓜壺苴樗夫韓奕叶居壺魚蒲車且胥楚詞招魂叶宇壺

hù 户　hù 雇　hù 扈　hù 鄠　dù 妒

戶九名凡戶之派皆衍戶聲　侯古切

虞 **戶** 半門曰戶象形古文下又从木按㡿通俗文以爲椽字字書一扇曰戶兩扇曰門又在于堂室東曰戶在於宅區域曰門易豐闚其戶繫辭傳闔戶謂之坤儀禮聘禮設于戶西禮記禮器未有入室而不由戶者轉注易訟其邑人三百戶又禮記月令蟄蟲坏戶疏謂穴也又小爾雅廣詁戶止也左宣十二傳屈蕩戶之假借託名幖識字水經濁漳水注三戶地名莊子讓王石戶之農人名又爲扈大宗師子桑戶楚辭涉江作扈聲訓說文戶護也釋名戶所以謹護閉塞也古韻詩綢繆叶芻戶者七月叶股羽野宇戶下處鼠鴇叶雨土戶予禮記禮運叶戶下俎鼓嘏祝予所祐周書小明武叶女所下苦野鼓怒戶旁女伍武孫子九地叶女戶拒荀子成相叶悟苦下戶轉音鬼谷揮閭叶戶復

遇 廣 **雇** 九雇農桑候鳥扈民不婬者也从隹戶聲春雇鳻鶞夏雇竊玄秋雇竊藍冬雇竊黃棘雇竊丹行雇唶唶宵雇嘖嘖桑雇竊脂老雇鷃也或从鳥雩聲籒文从鳥戶聲經傳皆以扈爲之假借爲賈後漢光武紀注谷甲女子犯徒遣歸家每月出錢雇人於山伐木名曰雇山桓帝紀注雇猶酬也張讓傳注謂酬其價也南匈奴傳注雇賞報也俗字作僱又託名幖識字左昭十七傳

說文通訓定聲　豫部弟九　廿六

九扈爲九農正扈民無淫者也按以戶爲訓戶者止也九扈字以扈爲之

廣 **扈** 夏后同姓所封與啓戰于甘者在鄠有扈谷甘亭从邑戶聲古文从山弓聲弓戶一聲之轉地在今陝西西安府鄠縣書甘誓序有扈釋文國名左昭元傳夏有觀扈假借爲雇詩小宛交交桑扈爾雅釋鳥鳸鴳楚辭涉江桑扈裸行注隱士也東京賦行致貢于九扈注農正又爲戶左昭十七傳扈民無淫者也小爾雅廣詁扈止也又爲俁淮南要略以儲與扈冶注廣大也韓詩簡兮碩人扈扈美皃禮記檀弓爾毋扈扈爾注謂大廣亦重言形況字爾雅山卑而大扈注扈廣也字亦作嶋上林賦扈從横行晉灼曰大也封氏聞見記百官從駕謂之扈從或曰護之借字又爲貢廣雅釋詁一扈使也公羊宣十二傳厮役扈養注養馬者曰扈莊三十二傳鄧扈樂卽左傳之圉人犖又爲被離騷扈江離與辟芷兮注楚人謂被爲扈吳都賦扈帶鮫函被扈雙聲又雙聲連語淮南俶眞雚蒦炫煌後漢馬融傳扈嶭注花葉皃字亦作蒦古韻詩小宛叶扈寡

廣 **鄠** 右扶風縣从邑雩聲按當爲扈之變體今系于此西都賦鄠杜濱其足

遇 **妒** 婦妒夫也从女戶聲字亦作妬从石聲廣雅釋言嫉也離騷各興心而嫉妒注害色爲妒詩小星序夫人無妒忌之行轉注猶

huà 冡　suǒ 所　gù 顧　chǔ 齭　hù 笠

子大略隱良者謂之妬〔別義〕釋名釋疾病乳癰曰妬妬褚也氣積褚不通至腫潰也〔古韻〕離騷叶下字佇妬馬女又叶索愬

陌 馬
冡 冡 履也一曰青絲頭履也讀若阡陌之陌从糸戶聲方言四履或謂之冡廣雅釋器冡屩也按麻屨曰屨亦曰不借曰𪘏角曰𪙡曰屐此當爲青絲頭履之名

語
所 所 伐木聲也从斤戶聲詩曰伐木所所毛本作許許按鍇聲也亦重言形況字〔叚借〕爲處廣雅釋詁二所凥也書君子所其無逸詩殷武有截其所禮記檀弓無所不用斯言也左昭二十傳人復而所論語居其所呂覽謹聽辟遠幽閒之所禮記哀公問求得當欲不以其所注猶道也又左傳公朝于王所獨斷天子所在曰行在所又爲顧史記扁倉傳醫之所病集解猶療也又助語之詞禮記檀弓高四尺所疏所是不定之辭後人多用許字又書牧誓爾所弗勖鄭注所言且也穀梁僖廿八傳所者非其所也〔古韻〕詩大叔于田叶馬組舞舉虎所碩鼠叶鼠黍女顧土所鴇羽叶羽栩盬黍怙所吉日叶午馬麌所雲漢叶沮所顧助祖予常武叶武怒虎虜浦所禮記禮運叶戶下俎鼓嘏祖予所祜射義叶舉士處所儒行叶櫓處所周書小明武叶女所下苦野鼓怒戶督女伍武秦碣石刻石銘叶宇阻撫序所矩管子弟子職叶坐所矩下緒

遇
顧 顧 還視也从頁雇聲廣雅釋詁四嚮也詩匪風顧瞻周道箋回首曰顧論語車中內顧書顧命鄭注臨終出命故謂之顧顧將去之意也〔轉注〕書多方開厥顧天鄭注顧由視念也禮記大學顧諟天之明命注顧念也東京賦神歆馨而顧德注眷也〔叚借〕爲買漢書食貨志公得顧租注顧租謂顧庸之值或雇其本又助語之詞秦策顧爭于戎狄注反也穆天子傳吾顧見汝注還也禮記祭統顧上先下後耳疏故也史記五帝紀顧第弗深考又託名幖識字詩長發韋顧既伐箋顧昆吾皆已姓〔古韻〕詩日月叶土處顧葛藟叶滸父顧碩鼠叶鼠黍女顧土所墓門叶顧予伐木叶許藇羜父顧斯干叶祖堵戶處語小旻叶除莫庶暇顧怒雲漢叶沮所顧助祖予穆天子傳古文三叶土野處顧楚詞叶瑤顧圖

語
齭 齭 齒傷酢也从齒所聲讀若楚字亦作𪙊今酸楚字以楚爲之

互三名凡互之派皆衍互聲胡誤切

遇
笠 笠 互 所以糾繩也从竹象形中象人手所推握或省竹按省竹者古文小篆加竹廣雅釋器𥳑謂之笠〔轉注〕周禮司會以參互攷日成漢書劉向傳宗族磐互注字或作㸦謂若犬牙相交入之意也又周禮牛人共其牛牲之互注若今屠家懸肉格按形類糾繩具故名西京賦置互擺牲〔叚借〕爲梐周禮脩閭氏掌比國中宿互㯿者又爲罟按周禮鼈人掌取互物司農注謂有甲㒼胡龜鼈之屬掌蜃掌斂互物蜃物注互物蚌蛤之屬

hù 枑　hù 罟

遇
枑 枑 行馬也从木互聲周禮掌舍設梐枑再重後世謂之攔叉

遇
⿱罒互 ⿱罒互 罟也从网互聲按此謂取鰕蟲蚌蛤之罟周禮互物以互爲之說文罠釣也吳都賦罠蹏注罠網也爾雅有麋罟兔罟羅則罟之制不一而皆得謂之罟大約介屬曰者利猶小罟亦用网虎職罝罟兔罟也說者謂罟者罟之譌字恐非按罟罝罟皆有罝當本張書或張因說文罟罝罝三字連屬罟罝許訓兔罟因而致誤也

wú 橆(無)　wú 璑　wú 蕪　móu 瞴　hū 膴

橆十六名凡橆之派皆衍橆聲文甫切

廡
橆 橆 豐也从林𣞤或說規模字从大卌數之積也林者木之多也卌與庶同意商書曰庶艸繁橆按从林从大从卌會意或謂𣞤規模字則以𣞤爲聲也又云卌與庶同意似謂庶从廿與庶解广下光岐異書洪範今本庶草蕃廡以廡爲之今隸作無借爲有橆字

廡
璑 璑 三采玉也从玉無聲按當訓玉之亞者周禮弁師故書諸公之繅璑玉三采司農注璑惡玉名謂以璑䜌玉備三采天子則純玉備五采今作瑎

廡
蕪 蕪 薉也从艸無聲周語田疇荒蕪注穢也孟子土地荒蕪楚辭招魂卒于俗而荒穢注不治曰蕪〔別義〕小爾雅廣言蕪草也爾雅釋草蘄茞蘪蕪注香艸須蘱蕪注似羊蹄又葖注蕪菁屬釋文本作蕪〔叚借〕爲橆爾雅釋詁蕪豐也又爲遹楚辭哀郢孰兩東門之可蕪〔古韻〕楚辭哀郢叶苑蕪少司命叶蕪下予苦

廡
瞴 瞴 瞴婁微視也从目無聲〔叚借〕爲憮廣雅釋詁一好也

廡 虞
膴 膴 無骨腊也楊雄說鳥腊也从肉無聲讀若謨廣雅釋器膴脯也按非腊而鮮者曰膴判周禮腊人膴胖凡腊肉𦞂刑膴胖骨鱐司農注夾脊肉或曰膺肉也後鄭注大者載之大臠膴者魚之反覆膴又詁曰大二者同矣則是膴亦膴肉大臠按膴者魚肉皆有鄭謂借爲膴訓大是也儀禮公食禮士羞庶羞皆有大注膴大也籩人膴鮑魚鱐注膴牒生魚爲大臠儀禮有司徹皆加膴祭于其上注讀如冔刳魚時割其腹以爲大臠也〔轉注〕詩節南山則無膴仕傳厚也〔叚借〕爲模詩小旻民雖靡膴箋法也疏大也則謂借爲幠韓詩以膴爲之又爲橆詩緜周原膴膴傳美也韓詩以膴爲之亦重言形況字〔古韻〕晉語引諺叶黍膴〔轉音〕詩小旻叶膴謀緜叶膴飴謀龜時茲

wǔ 舞

麌 **舞** 樂也。用足相背，从舛，無聲。古文从羽亡聲。亡無一聲之轉。按樂容也。字亦作儛。禮記樂記：舞動其容也。左隱五傳：夫舞所以節八音而行八風。白虎通禮樂：舞者象功。周禮司干：掌舞器。爾雅釋訓：舞號雩也。海外西經：大樂之野，夏后啓於此儛九代。楚辭招魂：起鄭舞些。注：鄭國之舞也。或曰鄭重屈折而舞也。又詩大叔于田：兩驂如舞。易繫辭傳：鼓之舞之以盡神。廣雅釋詁一：舞，疾也。叚借為務。楚詞天問：干協時舞。又為侮。列子仲尼：為若舞彼來者奚若。注：世或謂相嘲調為舞弄。漢書汲黯傳：舞文。注：猶弄也。又為廡。孔耽碑：舞士芊芺。又託名幖識字。考工鳧氏：鉦上謂之舞。又左莊十：蔡侯獻舞。穀梁作武。燕策：秦舞陽。亦作武。又為燕之誤字。周禮樂師：以弓矢舞。古韻：詩簡兮叶舞處。又叶俁舞虎組。大叔于田叶馬組舞舉武所女。伐木叶湑酤鼓舞暇。楚詞東君叶鼓簴姱舞。大招叶舞下鼓楚呂。莊子列禦寇叶者鉅傳父許。海內經叶儛聚處。詩猗嗟叶舞射句中韻。那叶鼓舞句中韻。

xǔ 鄦

語 **鄦** 炎帝太嶽之後，甫侯所封，在潁川。从邑，無聲。讀若許。按四岳伯夷之裔文叔，武王封之，在今河南許州。史記鄭世家：鄦公惡鄭于楚。漢後書籍皆以許為之。

hū 幠

虞 **幠** 覆也。从巾，無聲。字亦作冔，作冔。儀禮士喪禮：幠用斂衾。既夕：幠用夷衾。又詩文王：常服黼冔。禮記郊特牲：周弁殷冔夏收。荀子禮論：無帾絲歶縷翣，其須以無為之。詩斯干：君子攸芋。以芋為之。轉注：爾雅釋詁：大也。叚借為侮。禮記投壺：毋幠毋敖。注：傲慢也。侮幠雙聲。又為撫。爾雅釋詁：有也。又為誣。漢書薛宣傳：焉可幠也。聲訓：儀禮士冠禮注：冔名出于幠。幠，覆也。言所以自覆飾也。以古字釋今字。古韻：詩文王叶冔祖。

wǔ 廡

麌 **廡** 堂下周屋。从广，無聲。籀从舞聲。謂屋于堂之四周者。漢書竇嬰傳：所賜金陳廊廡下。注：門屋也。召信臣傳：覆以屋廡。蜀都賦：千廡萬屋。劉注：庌也。轉注：廣雅釋室：舍也。釋名：大屋曰廡。廡，幠也；幠，覆也。管子國蓄：夫以室廡籍謂之毀成。注：大曰廡。叚借為蕪。晉語：不能蕃廡。東京賦：草木蕃廡。注：盛也。古韻：管子七臣七主叶廡馬斧。

wǔ 憮

虞麌 **憮** 愛也。韓鄭曰憮。从心，無聲。按方言一：憮，愛也。宋衛邠陶之閒曰憮。爾雅釋言：憮，撫也。轉注：方言一：憮，哀也。自楚之北郊曰憮。又廣雅釋詁二：思也。別義：說文一曰不動也。又三蒼：憮，怪愕之詞。憮然，失意皃也。論語：夫子憮然。皇疏：猶驚愕也。孟子：夷子憮然。注：猶悵然也。叚借為嫵。漢書張敞傳：長安中傳張京兆眉憮。又為幠。廣雅釋詁一：憮，張也。詩巧言：亂如此憮。傳：大也。又為侮。爾雅釋言：憮，傲也。又為膴。巧言疏：禮內鐢亦謂之憮。古韻：詩巧言叶且辜憮。

wǔ 潕

虞 **潕** 潕水出南陽舞陰，東入潁。錯本作入汝。从水，無聲。出今河南南陽府泌陽縣北平地，湧出東入于汝。縣名舞陽、舞陰，以舞為之。

fǔ 撫

麌 **撫** 安也。从手，無聲。一曰循也。古文从辵亡聲。亡無一聲之轉。字亦作㧉。按字从手，則與拊專字略同。儀禮鄉射禮：撫矢而乘之。注：拊之也。晉語：撫而泣之。注：拊也。釋名釋姿容：撫，敷也。敷手以拍之也。禮記曲禮：國君撫式。注：猶據也。楚辭招魂：撫按下些。注：抵也。東皇太一：撫長劍兮玉珥。注：持也。儀禮士喪禮：君坐撫當心。注：手按之。禮記曲禮：撫僕之手。撫席而辭。皆當為本訓。而古文从辵，則史記麻書：撫十二節。正義：猶循也。後漢杜篤傳注：撫，巡也。似亦可為本訓。轉注：小爾雅廣言：拾也。錯本說文一曰撥也。又廣雅釋詁一：有也。禮記文王世子：君王其終撫諸。注：猶有也。荀子富國：拊循之。當作拊揗。注：撫循慰悅之也。爾雅釋訓：矜憐，撫掩之也。注：猶撫拍，謂慰卹也。後漢趙壹傳：撫拍。注：相親狎也。周禮大行人：撫邦國諸侯。注：猶安也。魯語：鎮撫敝邑。注：安也。左定四傳：若以君靈撫之。注：存恤也。廣雅釋詁四：定也。神女賦序：撫心定氣。楚辭懷沙：撫情効志兮。叚借為膴。荀子宥坐：勇力撫世，守之以怯。注：掩也。又為舞。方言十二：撫，疾也。古韻：泰碣石刻石銘叶宇阻撫序所矩。

wǔ 嫵

麌 **嫵** 媚也。从女，無聲。俗字作娬。通俗文：頰輔妍美曰嫵媚。史記司馬相如傳：嫵媚姌嫋。廣雅釋詁一：好也。按字亦作姱，作嫮。雪賦：玉顏掩嫮。注：嫮與姱同，好皃。廣雅釋詁一：嫮，好也。楚詞大招：嫮與姱只。東君：思靈保兮賢姱。禮魂：姱女倡兮容與。射雉賦：參雄鵲之姱姿。注皆訓好。思元賦：既姱麗而鮮雙兮。舊注：才也。古韻：楚詞大招叶姱都娛舒。東君叶鼓簴姱舞。抽思叶姱怒。

wú 𣞤(無)

虞 **𣞤** 亡也。从亡，無聲。无，奇字无，通于元者。虛无道也。王育說：天屈西北為无。育錯本作述。易經無字皆作无。左襄廿七傳：有棠无咎。今隸作無。蓋以𣞤為之。老子：其無正。注：不也。管子心術：至不至無。注：虛也。又爾雅釋詁：閒也。漢書貨殖傳：寧爵毋刀。注：無，發聲語助。漢書多以亡為之。史記引洪範皆以毋為之。叚借為毋。皋謨：無敎逸欲有邦。益稷：無若丹朱傲。詩采芑：荀亦無與。傳：無與勿同也。又為罔。莊子達生：水罔象。司馬注：無傷狀如小兒。又為舞。周禮鄉大夫：故書五曰興無。又為憮。荀子禮論：無帾絲歶。又疊韻連語。爾雅釋地：醫無閭。楚辭遠遊作微於閭。釋木：無姑，其實夷。左宣十五：會齊高固于無婁。公羊作牟婁。古韻：文子守樸叶虛無。鬼谷子陰符叶虛無鉄。

wú ⿰阝無

虞 **⿰阝無** 弘農陝東陬。从阜，𣞤聲。

wǔ ⿱罒舞

麌 **⿱罒舞** 牖中网也。从网，舞聲。即楚辭招魂所謂网戶也。鏤作綺寮。

毋一名 武扶切

wú 毋

虞 **毋** 止之也从女有奸之者按禮記曲禮疏引說文禁止之勿令奸是一以止之指事與乍㐄同意詩谷風疏引說文从女象有奸之者衍象字僞禹謨帝曰毋疏引說文云古人言毋猶今人言莫詩角弓毋教猱升木箋禁詞儀禮士昏禮記夙夜毋違命禮記檀弓其毋以嘗巧者乎考工梓人毋或若女不寧侯論語過則勿憚改以勿爲之毋勿雙聲請益曰無倦以無爲之叚借爲模禮記內則淳毋又爲無孝經毋念爾祖史記引洪範于其毋好德又一極毋凶又發聲之詞儀禮士冠禮記毋追夏后氏之道也亦作牟追

wū 巫

虞 **巫** 祝也女能事無形以舞降神者也象人兩褎舞形與工同意古文又从ㄇ从廾古者巫咸初作巫書序伊陟贊于巫咸鄭注巫官離騷巫咸將夕降兮注古神巫也易巽用史巫紛若說卦兌爲巫周禮男巫注能制神之處位次主者儀禮士喪禮巫止于廟門外左襄廿九傳乃使巫以桃茢先祓殯按後世始別女巫男覡楚語在女曰巫公羊隱四傳於鍾巫之祭焉注巫者事鬼神禱解以治病請福者也男曰覡女曰巫荀子正論出戶而巫覡有事注女曰巫淮南說山巫之用糈注醫師在女曰巫海內西經開明東有巫彭巫抵巫陽巫履凡巫相注皆神醫也左襄廿六傳楚申公巫臣字子靈轉注書君奭時則有若巫賢傳巫氏按以官爲氏者又注言君子人以巫鼓注猶妄說也又海外西經巫咸國在登葆山羣巫所從上下也又託名幖識字左僖十七疏齊雍巫字易牙

巫二名凡巫之派皆衍巫聲 武扶切

說文通訓定聲 豫部弟九 卅三

wū 誣

虞 **誣** 加也一切經音義引說文加言也从言巫聲謂憑虛搆架以誣人漢書孫寶傳注誣謗也轉注禮記樂記誣上行私注罔也曾子問故誣于祭也注妄也左昭廿六傳祗取誣焉注欺也周語其刑矯誣注加誅無辜曰誣大戴曾子立事不能行而言之誣也方言六誣𧦝與也吳越曰誣荊齊曰𧦝與𧦝與雙聲連語廣雅誤其句讀而釋詁三云誣𧦝授施予也予者借爲與亦非𧦝與之與

fù 父

虞 **父** 家長率教者从又舉杖按丿指事禮記曲禮生曰父死曰考儀禮喪服傳父至尊也又父子首足也又父者子之天也易說卦傳乾爲父史記屈賈傳父母者人之本也荀子致仕父者家之隆也轉注詩伐木以速諸父儀禮士冠禮父兄戒宿禮記曲禮天子同姓謂之伯父左隱十一傳寡人惟是一二父兄又荀子仲尼遂立以爲仲父注事之如父又方言六凡尊老南楚謂之父或謂之父老又爾雅釋畜注江東呼父馬爲騭叚借爲甫禮記檀弓尼父疏父者且字甫是丈夫之美稱詩緜古公亶父韓奕顯父餞之春秋隱元邾儀父史記齊太公世家師尙父集解男子之美號也又爲阜列子湯問曾不能損魁父之形又爲文之誤字荀子性惡不如齊魯之孝具敬父

父五十名凡父之派皆衍父聲 扶雨切

者又曡韻連語爾雅釋蟲蠰與父守瓜注黃甲小蟲食瓜葉又託名幖識字雍父黃帝臣也世本作春杵聲訓說文父榘也白虎通父者矩也以法度教子也釋名釋親屬父甫也始生己也又穀梁隱元傳父猶傳也男子之美稱也史記孔子世家尼父集解父丈夫之顯稱也古韻詩蝃蝀叶雨父句中韻蓼莪叶父怙句中韻葛藟叶父顧陟岵叶岵父杕杜叶杜湑踽父伐木叶許藇羜父顧常武叶父旅浦士虞緒閟宮叶武緒野女旅父魯宇輔莊子列禦寇叶者鉅儛父許

fǔ 甫

虞 **甫** 男子美稱也从用父父亦聲按父聲經傳亦以父爲之禮記曲禮曰有天王某甫注某甫且字也按所以且藉伯仲叔季之字者也雜記稱陽童某甫儀禮士冠禮曰伯某甫爾雅釋詁甫我也叚借爲父老子以閱衆甫王注衆甫物之始也周禮小宗伯甫竁亦如之注始也又爲兼按詩甫田無田甫田車攻東有甫草爾雅釋詁甫大也後漢班彪傳豐甫草以毓獸注引韓詩薛君章句博也則謂借爲博又爲呂詩揚之水不與我戍甫傳諸姜也崧高維申及甫箋甫侯也左傳周有亂政而作甫刑又爲冔實爲憮儀禮士冠禮記章甫殷道也卽下文殷冔憮者覆也亦大也論語端章甫蓋諸侯日視朝之服又爲輔白虎通封禪梁甫者泰山旁山名禮記禮器注禪乎梁甫疏甫輔也又重言形況字廣雅釋訓甫甫衆也詩韓奕魴鱮甫甫傳大也聲訓釋名釋首飾甫丈夫也詩倬彼甫田箋甫之言丈夫也

說文通訓定聲 豫部弟九 卅四

古韻詩揚之水叶楚甫烝民叶甫茹吐寡禦韓奕叶土訏甫噳虎儀禮士冠禮叶假甫

bù 布

遇 **布** 枲織也从巾父聲古無木棉布但有麻布葛布易說卦坤爲布小爾雅廣服麻紵葛曰布布通名也詩氓抱布貿絲孟子女有餘布吳都賦果布輻湊而常然儀禮既夕商祝免袒執功布入注灰治之布也喪服注齊衰以下用布喪服傳大功布九升小功布十一升轉注古以布爲幣後製貨泉卽以名之周禮載師里布廛人絘布總布質布罰布廛布司市司農注辭布外府掌邦布之入出注布泉也讀爲宣布之布其藏曰泉其行曰布取名于水泉其流行無不徧則以敷溥爲訓也禮記檀弓欲以賻布之餘具祭器荀子榮辱餘刀布莊子山木爲其布與亦于之布寡矣或曰借爲賦亦通又爾雅釋草布似布華山有之叚借爲敷周書諡法布施也小爾雅廣言布展也廣雅釋詁一布列也三散也左昭十六傳敢私布之鄭語乃布幣焉注陳也周語布戎于牧之野注陳兵也檀弓布材與明器注班也儀禮聘禮管人布幕注今文作敷校官碑布政優優詩作敷海內經禹鯀是始布土注猶敷也又爾雅釋天祭星曰布孫注既祭布散于地似星辰布列又封氏聞見記露布亦謂之露版又方言八布穀禮記月令注鳩搏穀也以搏爲之又爲溥漢書司馬相如傳氾溥護之注遍布也史記以專爲之東京賦聲教布濩注猶散被也長笛賦氣噴勃以布覆兮注周布四覆也聲訓周語而時布之於農注賦也釋名

毋 巫 父

fǔ 斧　fǔ 莆　pú 蒲　bǔ 哺　bū 逋

釋采帛布布也布列衆縷爲經以緯橫成之也此訓敷也又太古衣皮女工之始始于是施布其法使民盡用之也此謂甫實爲父也古韻素問離合眞邪論叶處度條路忤布故處寫轉音周書允文叶記在賄里吏士布恥喜子女母

麌 **斧** 斫也从斤父聲易旅得其資斧注所以斫除荆棘以安其舍者也詩既破我斧傳隋銎曰斧又周語斧鉞刀墨之刑注斧鉞大刑也又爾雅釋器斧謂之黼考工畫繢之事白與黑謂之黼其文如斧形也禮記明堂位天子負斧依注爲斧文屏風于戶牖之閒禮記檀弓加斧于椁上注白黑文也叚借爲黼法言學行斧藻其德聲訓春秋元命苞斧之爲言補也釋名釋用器斧甫也甫始也凡將制器始用斧伐木已乃制之也古韻易旅叶處斧管子七臣七主叶應馬斧

麌 **莆** 萐莆也从艸甫聲瑞草

虞 **蒲** 水草也可以作席从艸浦聲按从水艸甫聲詩揚之水不流束蒲傳草也韓奕維筍及蒲傳蒲蒻也箋深蒲也澤陂有蒲與荷箋柔滑之物周禮澤虞共其葦蒲之事注以爲席大宗伯男執蒲璧注蒲爲席所以安人左傳妾織蒲後漢逸民傳蒲車注以蒲裹輪取其安釋名釋牀帳蒲平以蒲作之其體平也按卽書厎席別義左襄十二傳董澤之蒲注楊柳叚借爲符禮記明堂位周以蒲勺注蒲合蒲如鳧頭也廣雅釋器蒲杓也又爲匍左昭十三傳奉壺飲冰以蒲伏焉史記蘇秦傳嫂委蛇蒲服七發蒲伏連延又爲浦周禮職方氏其澤藪曰弦蒲又疊韻連語夏小正傳蜃者蒲盧廣雅盒蒲盧也吳語其民必移就蒲羸于東海注深蒲非又爾雅螺羸蒲盧謂細腰蜂也魏志詩蒲盧繁緻注卽蒲且也又廣雅釋器蒲蘇鈹也書序將遷其君于蒲姑馬本作薄同又託名幖識字左桓三傳齊侯衛侯胥命于蒲在今直隸大名府長垣縣治又桓十一傳鄖人軍于蒲騷在今湖北德安府應城縣北又晉書音義蒲梢良馬也後漢班超傳蒲類注匈奴中海名水經河水注蒲昌亦有鹽澤之稱也海名聲訓釋名釋宮室草圓屋曰蒲蒲敷也總其上而敷下也古韻詩揚之水叶蒲許魚藻叶蒲居韓奕叶屠壺魚蒲車且胥

遇 **哺** 哺咀也从口甫聲醫書有㕮咀字亦作㕮漢書高帝紀輟飯吐哺注口中所含食也匈奴傳贊稚子咽哺別義釋名釋疾病小兒氣結曰哺哺露也哺而寒露乳食不消生此疾也

虞 **逋** 亡也从辵甫聲籀文从捕聲廣雅釋言竄也書大誥于伐殷逋播臣左僖十五傳六年其逋易象傳歸逋竄也後漢光武紀逋稅注謂欠田租也叚借爲捕南山經注引記曰條風至出輕繫督逋留淮南天文作去稽留廣雅釋詁四逋遲也按羈維之意

bū 誧　fǔ 鬴　fū 尃　fǔ 脯　fǔ 簠　bū 餔

古韻左僖十五叶孤弧姑逋家虛

虞 **誧** 大也从言甫聲讀若逋按言之大也與吳誇略同叚借爲俌說文一曰人相助也又爲敷廣雅釋詁四謀也又諫也

麌 **鬴** 鍑屬从鬲甫聲或从金父聲按如鍑而小口易說卦坤爲釜詩采蘋維錡及釜傳有足曰錡無足曰釜又考工㮚氏量之以爲鬴注六斗四升也四區曰釜左昭三傳豆區釜鍾論語與之釜管子輕重丁今齊西之粟釜百泉則鏂二十也注五鏂爲釜斗二升八合爲鏂古韻詩采蘋叶筥釜

虞 **尃** 度四寸也从寸甫聲字亦誤作專公羊僖三十一傳膚寸而合注側手爲膚禮記王制注摶謂長不出膚以膚爲之禮記投壺籌室中五扶注鋪四指曰扶廣四寸尚書大傳扶寸而合以扶爲之釋名摶傅也四指廣博亦以擊之也以博爲之轉注廣也經傳皆以博爲之叚借爲敷說文尃布也易說卦傳震爲尃干寶注尃花之通名爲鋪花朶謂之敷則謂借爲薄史記司馬相如傳尃結縷又三國華佗傳一名尃注古尃字與專相似寫書者多不能別尋佗字元化其名宜爲尃也又爲溥史記司馬相如傳氾尃濩之又託名幖識字後漢荀淑傳儉親靖尃注爽肅尃

麌 **脯** 乾肉也从肉甫聲亦曰脩周禮腊人凡田獸之脯腊膴胖之事注薄析曰脯小物全乾曰腊膴夫疏不加薑桂以鹽乾之者謂之脯禮記內則牛脩鹿脯又麥食脯羹曲禮脯脩棗栗又脯曰尹祭呂覽行論殺鬼侯而脯之聲訓釋名脯搏也乾燥相搏著也又脯炙以餳蜜豉汁淹之脯脯然也曲禮以脯脩置者疏脯訓始始作卽成也以甫爲訓又棋榛脯脩疏脯搏肉無骨而曝之按謂膊肉也古韻詩鳧鷖叶渚處湑脯下

麌 **簠** 黍稷圜器也从竹从皿甫聲古文从匚夫聲按盛稻粱器曰簠許云簠黍稷圜器簋黍稷方器周禮舍人注方曰簠圓曰簋詩權輿釋文外方內圓曰簠儀禮聘禮釋文外圓內方曰簠按簠簋古文皆从匚疑其器皆方外簠則圓其中耳聘禮夫人使下大夫勞以二竹簠方此簠疑筥之借字或方之爲言並也非方圓字要之非禮器之簠禮器小此大也叚借爲簋漢書賈誼傳不謂不廉曰簠簋不飾按猶言矩規不飾也若作本字訓可喻不敬不可喻不廉或曰此簠簋如聘禮之簠筐筥之類猶言苞苴則爲轉注又借爲膚易京本剝牀以簠

虞遇 **餔** 日加申時食也从食甫聲籀文从皿浦聲莊子盜跖我將以子肝益晝餔之膳淮南天文日至于悲谷是謂餔時三

父

蒼。餔夕食也。【轉注】字亦作晡。左昭五傳注：晡時。謂僕神女賦序：晡夕之後。注：日昳時也。素問標本病傳論：夏下晡。注：謂日下于申時之後五刻也。又後漢王符傳：非朝餔不得通。【假借】爲餔。漢文帝紀：餔五日。太元：大或益之餔。注：賜也。又爲哺。漢書高帝紀：呂后因餔之。注：餔食之。餔以食食人亦曰餔。【別義】爾雅：鴆餔䜴。說文作鋪。此以鳥聲爲名。又釋名釋飲食：餔，哺也。如餳而濁可哺也。疑幽朱爲之，古亦謂之餔䜴。餔䜴本連語。【古韻】管子度地叶把餔女野。

pǔ 圃

麌 **圃** 種菜曰圃。从口甫聲。字亦作圃。見爾雅釋地釋文。周禮太宰：二曰園圃毓草木。注：樹果蓏曰圃。詩七月：九月築場圃。傳：秋冬爲場，春夏爲圃。左莊十九傳：取蔿國之圃以爲囿。論語：請學爲圃。莊子天地：方將爲圃畦。【轉注】楚辭惜賢：覽芷圃之蠡蠡。注：野也。吳都賦：遭藪爲圃。注：有草曰圃。禮記射義：孔子射于矍相之圃。【假借】爲蕃。韓詩車攻：東有圃草。周語：藪有圃草。爾雅釋地：鄭有圃田。周禮職方：其澤藪曰圃田。注：在中牟。又左襄廿八傳：石圃。史記作傳。【聲訓】論語子路皇疏：圃之言布也。車攻韓詩章句：圃，博也。風俗通：圃，補也。【古韻】詩東方未明叶圃瞿夜莫；七月叶圃稼；離騷叶圃暮；楚詞涉江叶璐顧圃。

fǔ 郙

麌 **郙** 汝南上蔡亭。从邑甫聲。在今河南汝寧府上蔡縣西南。

說文通訓定聲 豫部弟九 卅七

pū 痡

虞 **痡** 病也。从疒甫聲。詩卷耳：我僕痡矣。爾雅釋詁孫注：痡，人疲不能行之病。僞泰誓：毒痡四海。【古韻】詩卷耳叶砠瘏痡吁。

fǔ 黼

麌 **黼** 白與黑相次文。从黹甫聲。爾雅釋言：黼黻，彰也。孫注：文如斧形，蓋半白半黑，似刃白而身黑。釋器：斧謂之黼。書益稷：黼黻絺繡。以爲裳也。顧命：王麻冕黼裳。詩采菽：元衮及黼。文王：常服黼冔。又周禮司几筵：王位設黼依。儀禮覲禮：天子設斧依于戶牖之閒。又周禮典絲：共黼畫組就之物。漢書賈誼傳：美者黼繡。射雉賦：身挖黼繢。注：繡也。【古韻】詩采菽叶筥予馬黼。

fǔ 俌

麌 **俌** 輔也。从人甫聲。讀若撫。按：助也。與傅略同。爾雅釋詁：弼、棐、輔、比，俌也。經傳皆以輔爲之。【轉注】字亦作賻。儀禮既夕：知死者贈，知生者賻。穀梁隱元傳：錢財曰賻。隱三傳：歸生者曰賻。荀子大略：賻賵所以佐生也。漢書朱建傳：故往賻。注：布帛曰賻。白虎通崩薨：貨財曰賻。禮記檀弓：說驂而賻之。注：助喪用也。周禮小行人：則令賻補之。故書作傳。【聲訓】儀禮既夕注：賻之言補也，助也。

bǔ 補

麌 **補** 完衣也。从衣甫聲。詩烝民：袞職有闕，維仲山甫補之。呂覽順說：田贊衣補衣。【轉注】廣雅釋詁四：完也。漢書董仲舒傳注：益也。荀子臣道：事暴君者有補削無撟拂。注：謂彌縫其闕。大戴曾子立事：疾其過而不補也。注：改也。史記六國表：補厖城籍姑。索隱：修也。【假借】託名標識字。秦策：神農伐補遂。注：國名也。後語作輔。【古韻】詩烝民叶舉圖助補；素問離合眞邪論叶故慕護處補；靈樞官鍼叶下去取補寫。【轉音】靈樞根結叶補數府走取始；脹論叶寫下道止始殆補。

fǔ 酺

遇 **酺** 頰也。从面甫聲。其內上下持牙之骨曰酺車，亦曰頰車。經傳皆以輔爲之。

pú 匍

虞 **匍** 手行也。从勹甫聲。廣雅釋詁三：伏也。詩谷風：匍匐救之。生民：誕實匍匐。禮記檀弓以扶服爲之。問喪：故匍匐而哭之。注：猶顛蹶。按：匍匐亦雙聲連語。今蘇俗以手撫摩曰匍，音如蒲。【聲訓】釋名釋姿容：匍匐，小兒時也。匍猶捕也，藉索可執取之言也。

fū 庯

虞 **庯** 石閒見。从广甫聲。讀若敷。按：謂空隙處乍見也。溫子昇曰：詩章易作，逋峭難爲。亦作峬峭，卽此庯字。字林：峬峭，好形皃。近世有波俏字，音義皆轉。

fū 豧

虞 **豧** 豕息也。从豕甫聲。謂喘息。

bù 悑

遇 **悑** 惶也。从心甫聲。或从布聲。廣雅釋詁二：怖，懼也。神女賦：神心怖覆。注：恐怖而反覆也。淮南脩務：焦心怖肝。注：猶戒懼。

pǔ 浦

麌 **浦** 瀕也。从水甫聲。廣雅釋邱：厓也。詩：率彼淮浦。傳：涯也。秦策：還爲越王禽于三江之浦。呂覽召類：堯戰于丹水之浦。本味：江浦之橘。楚辭湘君：望涔陽兮極浦。羽獵賦：儲與虖大浦。思元賦：召洛浦之宓妃。【古韻】詩常武叶父旅浦土處緒，又叶武怒虎虜浦所。

說文通訓定聲 豫部弟九 卅八

bǔ 捕

遇 **捕** 取也。从手甫聲。莊子秋水：捕鼠不如狸狌。又周髀算經：捕影而視之。注：猶索也。【聲訓】廣雅釋言：捕，搏也。

pū 鋪

虞遇 **鋪** 箸門鋪首也。文選舞賦注引說文：箸門抪首。从金甫聲。古者箸門爲螺形，謂之椒圖，是曰鋪首。以金爲之則曰金鋪，以青畫瑣文鏤中則曰青瑣。長門賦：擠玉戶以撼金鋪兮。蜀都賦：金鋪交映。景福殿賦：青瑣銀鋪。漢書哀帝紀：銅龜蛇鋪首鳴。注：鋪首所以銜環者也。【假借】爲痡。詩江漢：淮夷來鋪。傳：病也。又爲敷。小爾雅廣詁：鋪，布也。廣雅釋詁二：陳也。詩常武：鋪敦淮濆。左宣十二傳：鋪時繹思。又爲溥。詩雨無正：淪胥以鋪。箋：徧也。又雙聲連語。方言十二：鋪頒，索也。東齊曰鋪頒，猶秦晉言抖藪也。方言十二：鋪脾，止也。鋪脾亦雙聲連語。藪氏震以詩淮夷來鋪當之，非。王氏念孫謂借爲蟠，亦非。【古韻】詩雨無正叶圖辜鋪；江漢叶車旟舒鋪。

fǔ 輔

麌 **輔** 人頰車也。从車甫聲。按：當作木夾車也。說文棐篆訓輔，蓋箸車兩傍以防助者，可系可解之木，其制未詳。周禮太宰司農注：輔爲民之平也。知輔防車傾側者，詩：無棄爾輔。左僖五傳：諺所謂輔車相依。注：頰車，失之。呂覽權勳：若車之有輔。注：頰也，亦失之。【轉注】爾雅釋木：輔，小木。按：車輔木之小者，故木卽以輔名。邵二雲則謂卽詩之扶蘇，輔爲扶胥之合音。【假借】爲俌。爾雅：輔，俌也。廣雅釋詁二：助也。易象傳：輔相天地之宜。書湯誓：爾尙輔予一人。又尙書大傳：左曰輔，右曰弼。大戴記千乘：輔，卿也。又周禮太宰：置其輔。注：府史庶人在官者

父

pú 酺　bù 捕　bó 嚗　bó 齲　bó 博

也又禮記學記離師輔而不反也疏即友也孟子王驩爲輔行注副
使也又後漢光武紀注三輔謂京兆左馮翊右扶風又爲顐說文輔
人頰車也易咸其輔艮其輔素問骨空論頷下爲輔釋名頤或曰輔
車言其骨強所以輔持口也又單辭形況字荀子非十二子輔然注
相親附之皃古韻詩正月叶雨輔予閟宫叶武緒野女旅父魯
宇輔易艮叶輔序韓非主道叶餘輔虎文子符言叶與助輔

虞遇 **酺** 酺 王德布大飲酒也从酉甫聲王居明堂禮仲秋命國醵是也漢
律三人以上無故飲酒罰金四兩有詔令乃得會聚漢書文帝
紀酺五日注字或作脯廣雅釋詁四酺飲也別義周禮族師春秋祭
酺亦如之注酺者爲人物烖害之神也故書或爲步又漢書天文志
奢爲酺注引鄭氏酺扶聲近
聲訓後漢明帝紀注酺布也

虞 **捕** 捕 挶持也从手布聲字亦作抪儀禮鄉飲酒禮抪越內弦注持也
叚借爲刳易繫辭傳抪木爲舟九家注除也又爲溥漢書中山
靖王勝傳塵埃抪覆注亦布散也又爲敷廣雅釋詁三抪布也一切
經音義引字書抪敷也謂敷舒之也又爲搏廣雅釋詁三抪擊也又
疊韻連語唐扶頌東粤抪掘猶跋扈也跋抪
雙聲聲訓一切經音義十六引說文抪布也

藥 **嚗** 嚗 噍皃从口尃聲
廣蒼嚗聲也

藥 **齲** 齲 噍堅也从齒博省聲按尃聲

藥 **博** 博 大通也从十从尃尃布也按尃聲詩泮水戎車孔博左桓六傳
博碩肥腯淮南氾論豈必褒衣博帶魯靈光殿賦豐麗博敞楚
辭招魂倚沼畦瀛兮遙望博注平也又禮記學記不學博依又然後
能博喻論語博我以文孟子博學而詳說之又荀子議兵和博而一
注衆也脩身多聞曰博後漢和帝紀注博士秦官也新序雜事博通
士也者國之尊也鬼谷子權篇繁稱文辭者博也叚借爲專廣也考
工冶氏倨句外博磬氏其博爲一車人其博三寸儀禮士冠禮純博
寸鄉射禮記楅長如笴博三寸爾雅釋魚蝮虺博三寸釋名搏博也
四指廣博以擊之也又爲簙論語不有博奕者乎後漢梁冀傳六博
注投六箸行六棊故曰六博世本烏曹作博南山經漆吳之山多博
石公羊莊十二傳與閔公博又爲搏漢書貨殖宣曲任氏傳掘冢博
注六博也失之又爲捕詩箋交博好也按凡取于人曰博取皆捕字
或曰借爲賦收也亦通春秋繁露仁義法求諸人謂之薄以薄爲之
又爲夫孟子不受於褐寬博按謂褐完夫也賤者與左傳褐之父同
又爲伯廣韻博字注古有博勞善相馬也按即伯樂也云姓非又託
名幖識字吳語遵汶伐博注博齊別都又水經若水注博南山名也
縣以氏之渠水注博浪陽武南地名也古
韻詩泮水叶博斁逆獲楚詞招魂叶薄博

bó 轉　fū 敷(敷)　bó 髆　pò 膊　pò 轐　fú 榑　fù 傅

藥 **轉** 轉 車下索也从革尃聲釋名轉
縛也在車下與輿相連縛也

虞 **敷** 敷 㰻也从攴尃聲周書曰用敷遺後人小爾雅廣詁布也書禹貢
禹敷土馬注分也舜典敷奏以言傳陳也顧命敷重蔑席康王
之誥用敷遺後人休詩賚敷時繹思傳猶偏也長發敷政優優孟子
舉舜而敷焉穆天子傳敷筵席漢書禮樂志敷與萬物東京賦武士
星敷按字俗又作鋪今列市買賣者曰鋪猶肆也肆亦陳也經傳多
以布以傳爲之叚借爲薄傳禹貢篠簜既敷吳都賦異荂蓲蘛注敷蘛
華開皃又爲溥詩常武鋪敦淮濆韓詩章句敷大也臯陶謨翕
受敷施史記作普金縢敷佑四方詩抑罔敷求先王箋廣索

藥 **髆** 髆 肩甲也从骨尃聲漢書武帝紀立王子
髆邑王周禮醢人豚拍魚醢以拍爲之

藥 **膊** 膊 薄脯膊之屋上从肉尃聲按曝之屋上者方言七膊暴也凡暴
肉發人之私披牛羊之五藏謂之膊淮南繆稱故同味而嗜厚
膊者轉注左成二傳殺而膊諸城上注磔也周禮掌戮掌斬殺賊諜
而搏之以搏爲之別義聲類破鮑不相離謂之膊叚借爲髆淮南說
林一膊炭熯注一脡也又發聲之詞方言十膊兒也荆揚之鄙謂之
膊按猶伯也聲訓廣雅釋詁二膊曝也釋名膊迫也薄椓肉迫著物
使燥也

藥 **轐** 轐 軶裹曰轐从韋尃聲別義廣雅
釋器轐車也或曰轉字之譌

虞 **榑** 榑 榑桑神木日所出也从木尃聲按即叒木也生東方日所出地
呂覽求人禹東至榑木之地東山經無臯之山東望榑木淮南
墬形暘谷榑桑在東方注在登保之山東
北方也離騷總余轡乎扶桑以扶爲之

遇 **傅** 傅 相也从人尃聲按與俌略同字亦作賻左僖廿八傳鄭伯傅王
漢書陳平傳今日傅教帝大戴保傅傅傅其德義穀梁隱元傳
父猶傅也又禮記曲禮弔喪弗能賻周禮小行人則令賻補之故書
正作傅又禮記內則出就外傅又詩南山箋及傅姆同處叚借爲附
實爲輔爲迫晉語未傳而鼓降注著也左隱七傳傅于許淮南兵略
傅堞而守原道傅旄象禮記祭統注傅著于鐘鼎也漢書五行志傅
以洪範又爲副詩崧高王命傅御箋貳王治事謂冢宰也史記衞將
軍驃騎傳校獲王漢書灌嬰傳臣願得大王左右善騎者傅之又
爲駙爲迫小爾雅廣詁近也廣雅釋詁三就也考工廬人重欲傅人
詩菀柳亦傅于天箋至也又爲符周禮小宰聽稱責以傅別司農注
謂券書也傅傅著約束于文書別別爲兩兩家各得一按鄭大夫讀
爲符是也又爲付考工匠人爲溝洫里爲式然後可傅衆力又爲敷
詩長發傅奏其勇史記用傅錫其庶民皇極之傅言漢書文帝紀傅
納以言後漢東平憲王傳傅聞在下荀子成相禹傅土平天下孔宙

bó 搏　pǔ 溥

碑祇傳五敎廣雅釋言傳敷也釋詁三治也又爲欲莊子天運魚傅沫司馬注以沫相育也又託名幖識字孟子傅說舉於版築之閒漢書賈誼傳傅說胥靡乃相武丁按傅巖在今山西解州平陸縣高宗即以地命之氏與天文尾東之傅說星謂傅姆禱祀求子迥別又爾雅釋草傅橫目釋蟲傅負版又左莊十四傳傅瑕史記作甫〔聲訓〕漢書百官公卿表注傅覆也謂猶憮也傅覆亦雙聲賈誼傳注傅輔也漢書集注傅讀曰附數十見史記夏本紀與人徒以傅土索隱傅即付也〔古韻〕神女賦叶傅去附

廣 **溥**

溥 大也从水尃聲本義爲水之大轉注爲凡大之稱禮記祭義溥之而橫乎四海長笛賦氾濫溥漠亦疊韻連語詩北山溥天之下韓奕溥彼韓城公劉瞻彼溥原召旻溥斯害矣禮記中庸溥博如天經傳多以普爲之〔叚借〕爲浦漢書楊雄傳儲與乎大溥注水崖也

蘖 **搏**

搏 索持也从手尃聲廣雅釋詁三擊也穀梁僖元傳𡰥左右而相搏疏以胸取之爲攫以翼擊之爲搏莊子逍遙遊搏扶搖羊角而上者史記魏其武安侯傳夫醉搏甫衛將軍驃騎傳搏戰獲王〔叚借〕爲迫說文一曰至也按讀如詩亦傅于天之傅又爲捕左莊十一傳公右顓孫生搏之注取也西京賦摭紫貝搏耆龜淮南說山雖貧者不搏詩車攻搏獸于敖西山經西望帝之搏獸之邱又爲膊周禮掌戮掌斬殺賊諜而搏之釋文磔也又爲髆西山經東望恒山有窮鬼居

之各在一搏注猶脅也又爲拍考工記搏埴之工二注搏之言拍也禮書益稷搏拊琴瑟釋名搏拊以韋盛穅形如小鼓以手拊拍之也禮記明堂位拊搏玉磬又爲輔或爲迫釋名釋牀帳搏壁以席搏著壁也又爲敀左昭十七傳注水火合而相搏又爲敷禮記月令注鳩搏穀也即布穀亦疊韻連語取其聲又爲鋪月令注搏鋪器也又疊韻連語釋名屛或曰不借齊人云搏腊猶把作麤皃也又雙聲連語魯靈光殿賦互勁糾而搏負注負荷而搏也月令注搏勞釋文本作伯按猶駮犖爆爍也又託名幖識字詩葛覃傳黃鳥搏黍也按此亮爲搏字之誤淮南要略說捍搏囷亦搏字〔聲訓〕史記李斯傳盜跖不搏索隱猶攫也取也釋名釋姿容搏博也四指廣博亦以擊之也〔古韻〕老子元符叶螫據搏固作嗄素問五常政大論叶博郭錯

bó 鎛　fù 縛

蘖 **縛**

縛 束也从糸尃聲〔聲訓〕釋名釋言語縛薄也使相薄著也按謂輔著謂迫笮

蘖 **鎛**

鎛 鎛鱗也鐘上橫木上金華也从金尃聲謂栒上刻爲龍以黃金涂之者考工記鱗屬以爲筍是也淮南俶眞華藻鎛鮮注今之金尊也失之〔叚借〕爲鑮周禮鎛師注如鐘而大周語細鈞有鐘無鎛注小鐘晉語及寶鎛注小鐘成施直鎛注鐘也以聲求之訓大爲長三禮舊圖鐘特懸者謂之鎛〔別義〕一曰田器詩臣工庤乃錢鎛傳耨也考工記粵無鎛段氏爲鎛器周語曰服其鎛齊語挾其槍刈耨鎛

bó 薄　fū 蒪　bó 簙

廣雅釋器鉏也〔聲訓〕白虎通禮樂君臣有節度則萬物昌無節度則萬物亡亡與昌正相迫故謂之鎛又釋名釋用器鎛亦鋤田器也鎛迫也迫地去草也

蘖 **簙**

簙 局戲也六箸十二棊也从竹博聲古者烏曹作簙楚辭招魂注簡簬作箸韓非子謂之博箭故字从竹方言簙謂之蔽或謂之箭裏或謂之簙毒廣雅釋言簙奕也奕圍棊亦簙類

遇 **蒪**

蒪 華葉布从草傅聲讀若傅禹貢篠簜既敷以敷爲之

蘖 **薄**

薄 林薄也从艸溥聲謂叢迫而密者廣雅釋草草藂生爲薄釋詁三薄聚也楚辭涉江露申辛夷死林薄兮注草木交錯曰薄漢書楊雄傳列新雉于林薄吳都賦傾藪薄淮南原道隱于榛薄之中注深草曰薄〔轉注〕一曰蠶薄也即苗史記周勃世家勃以織曲薄爲生又荀子禮論薄器不成內注竹葦之器又爾雅釋訓凡以薄爲魚笱者又禮記曲禮帷薄之外不趨莊子達生高門縣薄注簾也左僖廿三傳浴薄而觀之晉語設微薄而觀之注皆曰迫也失之〔叚借〕爲膊旱字从到亯豐厚之羞也膊者薄析之肉也故轉注爲微薄輕薄鄙薄或曰借爲迫笮之迫厭亦迫笮也故爲厭薄〔o〕于義稍紆遠周禮大司徒二曰薄征禮記月令薄滋味大學其所厚者薄又爲迫小爾

雅廣言薄迫也京房易飛候占凡日蝕皆於晦朔不於晦朔蝕者名曰薄左文十二傳薄諸河成十六傳楚師薄于險吳語今會日薄矣荀子天論寒暑未薄而疾又爲附實爲輔爲駙亦爲迫廣雅釋言薄附也易說卦雷風相薄又陰陽相薄虞注入也楚辭怨世安眇眇而無所歸薄哀郢忽翺翔之焉薄注止也史記司馬相如傳掩薄草渚正義依也莊子秋水非謂其薄之也注謂以體著之射雉賦飛鳴薄廩廣雅釋詁一至也釋言致也又爲普淮南精神薄蝕無光漢書天文志日月無光曰薄又日月赤黃爲薄又爲敷書益稷外薄四海詩蓼蕭箋正作敷又爲構漢書王莽傳爲銅薄櫨注柱上枅即今所謂楷也又爲暴漢書宣帝紀暴室嗇夫注薄亦暴也今俗語亦云薄曬又爲鎛史記禮書注金薄繆龍索隱猶飾也又爲博實爲捕廣雅釋詁二薄買也又爲備釋詁二薄懼也又雙聲連語淮南本經旁薄眾宜按猶旁溥也注近也失之太元中昆侖旁薄幽注猶彭魄也地之形也又方言一薄勉也鄙語曰薄努猶勉努也又淮南天文薄靡而爲天又重言形況字大戴記公冠薄薄之土注旁薄也荀子榮辱薄薄之地不得履之注旁薄廣大皃又詩載驅薄薄傳疾驅聲也又發聲之詞詩芣苢薄言采之時邁薄言震之韓詩章句薄辭也又漢書嚴助傳王居遠事薄遽注語助也按此借爲迫又託名幖識字呂覽具備湯嘗約于郼薄矣禮記郊特牲薄社北牖荀子議兵古者湯以薄周書般祝以薄之居經傳多借亳爲之又水經河水注薄山即襄

山也。[?]訓。釋名釋言語。薄迫也。單薄相偪迫也。詩時邁鄭箋。薄猶甫也。甫始也。【古韻】詩載驅叶薄鞹夕。易說卦叶薄射錯逆。楚辭哀郢叶蹠客薄釋。招魂叶薄博。大招叶酪薄。淮[?]釋。管子內業叶舒固合薄。又叶舍薄圖。呂覽任地叶逆慕薄。都慕下。

藥 **鎛** 鑮 大鐘淳于之屬。所以應鐘磬也。堵以二金。樂則鼓鎛應之。从金薄聲。形正圓如碓頭。大上小下。儀禮大射儀。其南鎛。按此特縣者也。堵則無之。經傳皆以鎛爲之。鑮注廣雅釋器。鈴也。

藥 陌 **欂** 欂 壁柱也。从木薄省聲。字亦作欂[?]。不省。欂注淮南本經。欂櫨注。欂枅也。按欂櫨猶蒲盧。疊韻連語。在柱耑。亦名枅。亦作楷。亦名楮。即論語山節之節。漢書王莽傳。爲銅薄櫨。以薄爲之。別有曲枅名欒者。非此。

武三名。凡武之派。皆衍武聲。文甫切。

虞 **武** 武 左氏春秋宣公十二年傳。楚莊王曰。夫文止戈爲武。又曰。夫武禁暴戢兵保大定功安民和衆豐財者也。說文本此。从止戈會意。春秋元命苞。武者伐也。廣雅釋詁二。武勇也。又健也。易履。武人爲于大君。僞禹謨。乃武乃文。詩長發。武王載旆。傳湯也。周禮大司樂。大濩大武。禮記祭統。舞莫重于武宿夜。注武宿夜。武曲名也。爾雅釋地。空桐之人武。又周書謚法。威彊叡德曰武。克定禍亂曰武。刑民克服曰武。夸志多窮曰武。又海內東經。章武注郡名。【別義】爾雅釋訓。武迹也。釋詁。武繼也。此誼似字从止戈聲。詩下武。下武維周。繩其祖武。生民。履帝武敏歆。武嗣武受之儀。禮士相見禮。武舉前曳踵。鄉射禮。下綱不及地武。禮記曲禮。堂上接武。堂下布武。又牛曰一元大武。離騷。及前王之踵武。又周語。不過步武尺寸之閒。注半步爲武。何承天纂要。三尺曰武。或曰。字實借爲步。爲柎。柎亦足也。存參。【叚借】爲幠。禮記雜記。委武元縞而后蕤。注委武。冠卷也。秦人曰委。齊東曰武。玉藻。縞冠元武。注冠卷也。古者冠卷殊。是知漢時冠卷共材。又爲無。禮器。詔侑武方。又疊韻連語。海內經。有九邱。曰武夫之邱。注此山出美石。按字俗作碔砆。又中山經。青要之山。䰠武羅司之。注神名也。又託名標識字。穀梁。蔡侯獻武。左傳作舞。燕策。秦武陽。史記作舞。【聲訓】釋名。武舞也。征伐動行。如物鼓舞也。【古韻】詩叔于田叶野馬武。常武叶武怒虎虜浦所。閟宮叶武緒野女旅父魯宇輔。兔罝叶兔武。句中韻。禮記樂記叶旅鼓武雅語古下。周書小明武叶女所下苦野鼓怒戶砮女伍武。大明武叶樂武主橰寡。

遇 **賦** 賦 斂也。从貝武聲。按斂財也。字亦作賦。爾雅釋言。量也。謂量人也。方言十三。賊也。賊即今藏字。廣雅釋詁二。稅也。書禹貢。厥賦惟上上錯。傳謂土地所生以供天子。周禮太宰。以九賦斂財賄。注言問道七賦之所養。注五穀桑麻也。小司徒而令貢賦。注謂出車徒給繇役也。公羊哀十二傳。譏始用田賦也。【轉注】左隱四傳。敝邑以賦。服注兵也。以田賦出兵。故謂之賦。魯論。悉帥敝賦。方言十三。賦動也。論語可使治其賦也。魯讀以傳爲之。【叚借】爲敷。小爾雅廣詁。賦布也。晉語。賦職任功。注授也。呂覽分職。出高庫之兵以賦民。注予也。漢書元帝紀。賦貸種食。注給與也。翼奉傳。賦醫藥。注分給之。周禮宮正注。若今賦冬夏衣。疏班也。又詩烝民。明命使賦。傳布也。左僖廿七傳。賦納以言。注取也。非是。又漢書藝文志。不歌而誦謂之賦。周禮大師。曰賦曰比曰興。楚詞悲回風。竊賦詩之所明。招魂。同心賦些。兩都賦序。賦者古詩之流也。文賦。賦體物而瀏亮。又爲捕。方言十二。賦操也。【聲訓】管子山權數。賦藉藏龜。注敷也。周禮大師注。賦之言鋪。直鋪陳今之政教善惡。釋名。敷布其義謂之賦。【古韻】詩烝民叶若賦。禮記郊特牲叶賦伍社旅。月令叶賦下赦。呂覽樂成叶賦貯與。楚詞招魂叶夜錯假賦故居。

遇 **陚** 陚 邱名。从阜武聲。【別義】廣雅釋地。陚上也。

夫九名。凡夫之派。皆衍夫聲。甫無切。

虞 虞 **夫** 夫 丈夫也。从大一。以象簪。御覽引說文。冠而既簪。人二十而冠。成人也。按天从一大會意。兼指事。夫从一大會意。兼象形。周制以八寸爲尺。十尺爲丈。人長八尺。故曰丈夫。易睽。遇元夫。隨。係小子。失丈夫。恆。婦人吉。夫子凶。小畜。夫妻反目。後漢列女傳。夫者天也。又孟子。大夫一位。又曲禮。諸侯曰夫人。【轉注】詩車攻。射夫既同。疏。夫男子之總名。墓門。夫也不良。傳夫傅相也。又孟子。殘賊之人謂之一夫。注將必降爲匹夫。又司馬法。晦百爲夫。管子乘馬。二田爲一夫。孟子。無夫里之布。周禮載師。出夫家之征。又孟子。餘夫二十五畝。又左哀元傳。夫屯晝夜九日。注猶兵也。又禮記曲禮。若夫坐如尸。檀弓。夫由賜也見我。注皆訓丈夫。左襄八傳。夫人愁痛。東京賦。夫懷貞節。注訓人人。又淮南本經。夫容芰荷。注藕華也。【叚借】爲敷。禮記王制。夫圭田無征。注猶治也。周禮宰夫。疏。夫者治也。孟子。舉舜而敷焉。注治也。今本敷下衍治字。又發聲之詞。周禮司烜氏。掌以夫遂取明火於日。禮記少儀。加夫襓與劍焉。易比。後夫凶。禮記禮運。夫禮之初。檀弓。夫夫也爲習于禮者。注猶言此丈夫也。孝經。若夫慈愛恭敬。劉瓛注。猶凡也。思元賦。獲我所求夫何思。舊注。復也。左宣二傳。公嗾夫獒焉。服注。語辭。報任少卿書。而事乃有大謬不然者夫。注。語助也。孟子。必子之言夫。注歎辭也。又疊韻連語。南山經。會稽之山。其下多砆石。注。武夫石似玉。字變作砆。作玞。又爾雅釋艸。荷夫渠也。臺夫須。又雙聲連語。詩四牡傳。雖夫不也。爾雅作鳺。【聲訓】禮記郊特牲。夫也者夫也。夫也者以知帥人者也。按謂傅也。風俗通。夫者膚也。言其知膚敏。按謂博也。白虎通嫁娶。夫者扶也。扶以人道者也。爵大夫之言大扶。扶進人也。

故傳曰進賢達能謂之卿大夫又風俗通夫賦也言消息百姓均其
役賦釋名釋親屬諸侯之妃曰夫人夫扶也扶助其君也〔古韻〕詩兎
罝叶罝夫七月叶瓜壺苴樗夫十月之交
叶徒夫易睽叶孤夫左襄四傳叶家夫

虞 **麩** 小麥屑皮也从麥夫聲或从甫聲〔叚借〕託名幖
識字後漢華陀傳青麩注一名地節一名黃芝

虞 **枎** 扶疏四布也从木夫聲按漢書司馬相如傳垂條扶疏
作扶疏詩山有扶蘇作扶蘇皆疊韻連語此字後出

虞 **邞** 琅邪縣一名純德从夫邑聲按漢
文帝侯呂平國也王莽改名純德

虞 **衭** 襲袂也从衣夫聲廣雅釋器夫襓劒衣也以夫爲之禮記少儀
劒則啓櫝蓋襲之加夫襓與劒焉注夫或爲煩皆發聲〔別義〕六
書故引說文一曰前衿廣韻衭
衣前襟也今蘇俗有衭襟之語

虞 **𩵹** 𩵹鯕魚出東
萊从魚夫聲

虞 **扶** 佐也从手夫聲古文从攴晉語侏儒扶盧注援也衛策車
至門扶注扶謂下車左宣二傳遂扶以下禮記喪服四制
不言而事行者扶而起宋策若扶梁代趙注助也淮南本經扶撥以
爲正注治也又扶搖掺抱羊角而上注攀也覽冥降扶風注疾風也

說文通訓定聲 豫部弟九 三十五

莊子逍遙遊摶扶搖羊角而上司馬注上行風謂之扶搖又中山經
龜山多扶竹注邛竹也高節實中中杖也名之扶老竹吳都賦東風
扶留注藤也〔叚借〕爲榑海外東經湯谷上有扶桑十日所浴後漢張
衡傳注其桑相扶而生又莊子在宥將東遊過扶搖之枝司馬注扶
搖神木也又爲扶淮南人閒去高木而巢扶枝注旁也又疊韻連語
史記司馬相如傳垂條扶於漢書作扶疏淮南脩務舞扶疏注槃跚
皃又爲匍禮記檀弓扶服救之左昭廿一傳扶伏而擊之長楊賦扶
服蛾伏又爲跣之誤字左宣二傳遂扶以下服虔本作跣又雙聲連
語後漢章帝紀扶拔注似麟無角又託名幖識字管子地員莖葉如
扶櫄注亦草名又重言形況字太元礥赤子扶扶注幼小之皃也〔聲
訓〕釋名釋言語扶傳也傳近之也言駙近之釋姿容拜于婦人爲扶
自抽扶而上下也漢書天文志注扶附也方言十三扶護也太元進
或杖之扶注助也〔古
韻〕文子上德叶瞿扶

虞 **蚨** 青蚨水蟲可還錢从虫夫聲以其血涂錢出之飛還其事見淮
南萬畢術按神記鬼谷子內揵曰若蚨母之從其子也出無閒
入無朕注以螳螂解之誤
蚨爲爾雅王蚨蜴之蚨

虞 **鈇** 莝斫刀也从金夫聲今俗謂之鍘刀所以斷芻〔轉注〕周禮掌戮
斬以鈇鉞公羊昭廿五傳君不忍加之以鈇鑕注要斬之罪漢

書戾太子傳不顧鈇鉞之誅揚雄傳製以質鈇〔叚借〕爲斧穀梁莊元
傳注禮有九錫疏鈇鉞謂大柯斧列子說符人有忘鈇者注鉞也漢
書尹翁歸傳以鈇自剄〔別義〕文選策魏公九錫文注鈇椹也質也後
漢李固傳注鈇鑕椹也謂伏于質戉斬之故古詩稾砧隱鈇字借以
言
夫

麤二名凡麤之派皆衍麤聲 倉胡切

虞 **麤** 行超遠也从三鹿會意字俗作麄作麁釋名釋言語麤錯也相
遠之言也漢書禮樂志麤厲猛奮之音作注抗厲也按亦夸越
鹵莽之意本字之轉注禮記樂記以粗爲之樂記其聲粗以厲說苑
修文作壯又公羊隱元疏引說文一曰大也廣雅釋詁一麤大也月
令其器高以粗注猶大也以粗爲之〔叚借〕爲䕯方言四麤屨也急就
篇屐屩絜麤又左襄十七傳晏嬰麤縗斬疏三升布荀子禮論資麤
衰經凡疏略之義皆當爲麤之轉注麤即周禮之疏屨也禮記儒行
麤而翹之注猶疏也微也經傳亦以粗爲之又爲粗列子說符得其
精而忘其麤左哀十三傳梁則無
矣麤則有之禮記王制布帛精麤

虞 **䕯** 艸屨也从艸麤聲以蕉蒯爲之不借之類儀
禮謂之疏屨〔聲訓〕䕯措也言所安措足也

說文通訓定聲 豫部弟九 三十六

初一名 楚居切

魚 **初** 始也从刀从衣會意裁者衣之始也廣雅釋詁四初舒也按謂
展布帛以就裁〔轉注〕易既濟初吉終亂書大傳名曰初慮詩㦤
初生民儀禮覲禮伯父帥乃初事注猶故也禮記檀弓夫魯有初左
隱元傳初鄭武公娶于申乾鑿度太初者氣之始也方言十三梁益
之閒謂鼻爲初〔叚借〕託名幖識字史記
伯夷傳索隱夷齊之父名初字子朝

疋十八名凡疋之派皆衍疋聲 所菹切

魚馬 **疋** 足也上象腓腸下从止弟子職曰問疋何止古文亦以爲足字
按足者靜象疋者動象〔叚借〕爲諝說文古文以爲詩大疋字疋
正形相似故有雅者正也之訓今經傳皆以雅爲之又說文一曰疋
記也按諝者知也知亦記也又爲胥說文又云或曰胥字疋胥諝雅
皆同
部字

魚 **䟽** 門戶疏窻也从疋疋亦聲囱象䟽形讀若
疏按从囪疋聲窗穿刻爲文青以飾之

魚 **㽷** 通也从爻从疋疋亦聲按从爻疋聲當爲䟽之古文爻象囱
文字亦誤作𤕟〔轉注〕禮記月令其器㽷以達今本以疏爲之

〔叚借〕爲疏太元有姼元衡姼則來元錯姼也進

魚 **胥** 𦙃 蟹醢也从肉疋聲字亦誤作骨周禮庖人注青州之蟹胥釋文醬也釋名蟹胥取蟹藏之使骨肉解胥胥然也〔叚借〕爲諝周禮府史胥徒又閽胥象胥儀禮燕禮胥薦主人于洗北按謂知數記事者也禮記王制小胥大胥注皆樂官屬也又爲疏詩角弓無胥遠矣莊子應帝王是于聖人也胥易又爲鬚詩桑柔載胥及溺附無正淪胥以鋪角弓民胥然矣閟宮壽胥與試孟子帝將胥天下而遷之焉注須也管子大匡姑少胥其自及也注待也史記廉藺傳胥後令扁倉傳胥與公往見之列子天瑞胡蝶胥也釋文謂少時也又爲相爾雅釋詁胥相也詩緜聿來胥宇公劉于胥斯原又周禮士師以比追胥之事字亦作偦注謂借爲司司伺也或曰借爲捕皆通管子樞言與人相胥又君臣胥介而動者也注視也又爲襄實爲餟方言六胥輔也廣雅釋詁二胥助也胥相襄一聲之轉又爲與爾雅釋詁胥皆也詩有駜于胥樂兮桑柔不胥以穀書無逸胥訓告胥保惠胥教誨民無或胥譸張爲幻禮記表記無能胥以寧左桓三傳齊侯衛侯胥命于蒲穀梁傳胥之爲言相也孟子睊睊胥讒又爲犀史記匈奴傳黃金胥紕一犀胥雙聲又助語之詞詩桑扈君子樂胥疏須胥古今字耳按猶楚辭之些也又疊韻連語莊子山木猶且胥疏于江湖之上書大傳不愛人者及其胥餘注胥餘里落之壁左僖十五傳疏胥餘箕子名列子天瑞乾餘胥之沫釋文南華經作骨吳都賦注姑胥郎姑蘇又雙聲連語呂覽求人傳說殷之胥靡莊子庚桑楚胥靡登高而不懼注刑徒人也漢書楚元王交傳二人諫不聽胥靡之注聯名也〔古韻〕詩韓奕叶屠壺魚蒲車且胥呂覽貴直叶居墟胥閭吾乎

語 **楚** 𣏟 叢木也一名荆从林疋聲詩揚之水不流束楚漢廣言刈其楚儀禮士喪禮楚焞置于燋禮記學記夏楚二物儀禮鄉射禮記楚扑長如笴刊本尺漢書韓延壽傳民無箠楚之憂左傳公子荆字楚〔叚借〕爲齭陸機詩慷慨含辛楚宋孝武宣貴妃誄鏘楚挽于槐風按酸辛痛苦之意又爲䟽詩賓之初筵籩豆有楚傳列兒亦單詞形況字又爲齼秦策不韋使楚服而見注盛服又重言形況字詩楚楚者茨傳茨棘兒蜉蝣衣裳楚楚傳鮮明兒說文引作髗髗又託名幖識字詩殷武奮伐荆楚水經沔水注舊名江陵爲南楚陳爲東楚彭城爲西楚左昭九傳巴濮楚鄧吾南土也昭元傳鄭游楚字子南定八傳林楚公羊作臨南今湖北宜昌府歸州成王始封鬻繹于此熊達徙都郢今荆州府江陵縣也芈姓春秋莊公以前書荆僖公以後書楚又方言八鶅黃自關而西或謂之楚雀廣雅釋草楚蘅杜蘅也〔聲訓〕釋名釋州國楚辛也其地蠻多而人性急數有戰爭相爭相害辛楚之禍也按以雙聲爲訓〔古韻〕詩漢廣叶楚馬定之方中叶虛楚楊之水叶楚甫綢繆叶楚戶者黃鳥叶楚虎禦儀禮士冠禮叶楚俎楚詞招魂叶舞下鼓楚呂轉音宋玉笛賦叶竇道老好受保楚戊

語 **貾** 𧵍 齎財卜問爲貾从貝疋聲讀若所史記日者傳卜而有不審不見奪糈貨殖傳爲重糈也皆以糈爲之

魚御 **疏** 𤴓 通也从㐬从疋會意疋亦聲按㐬者子生也疋者破包足動也孕則塞生則通困轉注爲開通分遠之誼俗字作疎故漢疏廣之後隱其半爲東氏禮記樂記朱絃而疏越又疏遠而信周語疏爲川谷以導其氣注通也晉語公令疏軍而去之注徹也楚語以疏其穢而鎮其浮注滌也淮南原道蘘子疏隊而擊之注分也春秋文曜鉤亢爲疏廟宋注外也楚詞大司命不寢近兮愈疏注遠也〔轉注〕呂覽辨土不知其稼之疏而不適也注希也楚辭東皇太一疏緩節兮安歌注稀也淮南說林若以燧取火疏之則弗得廣雅釋詁四遲也淮南氾論體大者節疏注長也太元止車轂均疏注人也楚辭湘夫人疏名蘭兮爲芳注布陳也廣雅釋詁三治也又漢書蘇武傳數疏光過失注謂條錄之杜周傳疏爲令注謂分條也揚雄傳獨可抗疏注疏條其事而言之廣雅釋詁二識也今注疏字亦以疏通分析爲義又爾雅釋天疏不熟爲饉周禮太宰八曰臣妾聚斂疏材注疏材百草根實可食者論語飯疏食孔注菜食也字亦作蔬小爾雅廣物菜謂之蔬魯語能植百穀百蔬曲禮稷曰嘉蔬〔叚借〕爲粗實爲䟽詩予曰有疏附按疏備也相疏雙聲又爲梳江賦濯翮疏風注理也又爲疋淮南道應子佩疏揖注徒跣也俶眞萬物之疏躍枝舉注疏躍布散也又爲糈莊子天道鼠壤有餘蔬又爲䟽史記禮書疏房牀笫几席索隱謂窗也魯靈光殿賦天窗綺疏張注刻鏤也西京賦交綺豁以疏寮注刻穿之也又禮記明堂位疏屏注刻之爲雲氣蟲獸殷以疏勺注通刻其頭又周禮典瑞疏璧琮以斂尸注讀爲沙儀禮有司徹覆二疏匕于其上注匕柄有刻飾者廣雅釋器龍疏杓也周禮巾車疏飾故書以揟爲之禮記月令其器疏以達又爲粗詩彼疏斯粺論語雖疏食菜羹又爲䟽孟子齊疏之服注齊衰也儀禮喪服傳疏屨者藨蒯之屝也又爲搜漢書趙充國傳疏捕山閒虜搜疏雙聲又疊韻連語漢書司馬相如傳垂條扶疏魏策東有淮潁沂黃煮棗海鹽無疏史記作無胥〔聲訓〕釋名釋言語疏索也獲索相遠也釋采帛紡麤絲織之曰疏疏寥也寥寥然也〔古韻〕離騷叶車疏韓非揚權叶疏閭虛國

語 **稰** 𥜑 祭具也从示胥聲

齊 **壻** 𡎸 𡛜 夫也从士胥聲詩曰女也不爽士二其行士者夫也讀與細同或从女胥聲爾雅女子子之夫爲壻又兩壻相謂爲亞又廣雅同門謂之壻禮記昏義壻執雁入釋文本作聟唐公房碑期聟谷口山上按聟當爲諝婿之或體詩有女同車箋壻御輪三周釋文本作壻壻又聟之誤文儀禮士昏禮注壻之室也釋文本作壻按胥有誤作骨者又誤爲咠左文八傳復致公壻池之封釋文本作

sù 素　shū 梳　xū 蝑　xū 揟　xū 䱬　xǔ 湑　xǔ 㥠　xǔ 糈　xū 楈　xū 諝

壻耳亦𢌿文漢書有五壻山

魚語 **諝** 知也从言胥聲廣雅釋詁三智也周禮大行人屬象胥注諝謂象之有才知者也漢書司馬相如傳樂樂胥注有材智之人也經傳皆以胥爲之淮南本經設詐諝注諝謀也

魚 **楈** 楈木也从木胥聲讀若芟刈之芟 芟楈雙聲 南都賦有楈枒亦作胥邪似幷閭皮可作索

魚語 **糈** 糧也从米胥聲莊子天道鼠壤有餘糈司馬注粒也廣雅釋器糈饊也又離騷懷椒糈而要之注精米所以享神也淮南說山巫之用糈南山經凡鵲山之首糈用稌米又史記日者傳不見奪糈索隱卜求神之米也或曰此借爲[illegible]

語 **㥠** 知也从心胥聲一切經音義十二㥠古文諝同

魚語 **湑** 莤酒也从水胥聲字亦作醑廣雅釋詁二湑盈也詩伐木有酒湑我傳以藪曰湑鳧鷖爾酒既湑箋酒之泲者也儀禮士冠禮旨酒既湑注淸也吳都賦酣湑半劉注樂也按樂者酣字之訓[叚借]爲揟說文一曰浚也又單辭形況字說文一曰露皃詩蓼蕭零露湑兮又車舝其葉湑兮裳裳者華其葉湑兮傳盛皃又重言形況字詩杕杜其葉湑湑傳枝葉不相比也[古韻]詩杕杜叶杕杜湑踽父伐木叶

湑酤鼓舞暇蓼蕭叶湑寫語處鳧鷖叶渚處湑脯下

魚 **䱬** 䱬魚也从魚胥聲

魚 **揟** 取水沮也从手胥聲按當作取水柤也取水滓而柤之今所謂濾水如湑酒然周禮巾車疏飾小服皆疏注故書疏爲揟杜子春讀揟爲沙釋文本又作㥠按皆借爲鯅[叚借]託名幖識字說文武威有揟次縣

魚 **蝑** 蜙蝑也从虫胥聲爾雅蜇螽蜙蝑即詩之螽斯斯螽考工梓人注股鳴蜙蝑動股屬蜙蝑之轉音爲舂黍又爲蜙蠑又爲舂箕 按其聲戛戛今蘇俗謂之札兒與草螽俗名叫哥哥者微別

魚 **梳** 理髮也从木疏省聲廣雅釋器梳櫛也史記匈奴傳索隱引蒼頡篇靡者爲比麤者爲梳[轉注]以梳理髮即曰梳[聲訓]釋名梳言其齒疏也

素一名 桑故切

遇 **素** 白緻繒也从糸𠂹取其澤也按取其滑澤下𠂹會意俗字作素 生帛曰素湅帛曰練釋名素朴素也已織則供用不復加功飾也又物不加飾皆自謂之素此色然也禮記雜記純以素檀弓素服哭于庫門之外注縞冠也詩庶見素冠兮傳練冠也周禮染人暴練注練其素而暴之疏即絹也又小爾雅廣服縞之麤者曰素周禮內司服素沙注今之白縛也後漢襄楷傳注素縑也文賦惟毫素之所擬注書縑曰素[轉注]詩羔羊素絲五紽傳白也禮記喪大記素錦褚疏白飾也儀禮覲禮注如今絲素屏風也又詩著充耳以素乎而傳象瑱又管子水地素也者五色之質也考工記凡畫繢之事後素功注白采也論語素以爲絢兮又儀禮士冠禮素韠注白韋韠周禮巾車素車棼蔽注以白土堊車也爾雅釋草素華軌鬷楚詞哀時命含素水而蒙深兮注泉也蜀都賦素柰夏成後漢張衡傳素威注白虎也又方言十三素廣也廣雅釋詁四素博也又乾鑿度太素者質之始也禮記仲尼燕居不能樂于禮素儀禮鄉射禮握素注刊之非淮南本經其事素而不飾注樸也考工玉人瑑琡射素功廣雅釋詁三素本也易素履往无咎儀禮士喪禮獻素獻成亦如之注形法定爲素左宣十一傳不愆于素檀弓以生者有哀素之心也又管子禁藏果蓏素食當十石注果蓏不以火化而食故曰素食謝靈運詩夫子照情素注猶實也漢書鄒陽傳見情素又廣雅釋詁三素空也易象傳不素飽也詩伐檀不素餐兮左定十二傳與其素厲禮記中庸素隱行怪莊子天道素王之道也又小爾雅廣言素故也儀禮喪服傳飯素食寡婦賦目仿佛乎平素注昔也書大傳者其素注猶始也吳

語必素見成事焉注猶豫也廣絕交論斯賢達之素交注雅素也禮記中庸君子素其位而行史記貨殖傳命曰素封[叚借]爲嗉爲咮史記天官書張素爲廚主觴客索隱素嗉也[古韻]詩著叶著素華文子守平叶素故[轉音]文子上德叶玉素

圖一名 同都切

虞 **圖** 畫計難也从囗从啚啚難意也爾雅釋詁謀也廣雅釋詁四議也詩常棣是究是圖傳謀也儀禮聘禮君與卿圖事公羊莊十三傳君不圖與秦策而天下可圖也漢書息夫躬傳豫圖未形論語不圖爲樂之至於斯也[轉注]廣雅釋詁四畫也太元元圖注圖者象也周語省其典圖刑法子虛賦不可勝圖宋孝武宣貴妃誄稱圖照言注圖謂畫物象也又書顧命天球河圖東方朔畫贊陰陽圖緯之學周禮小宰聽閭里以版圖司農注地圖也內宰掌書版圖之灋注宮中吏官府之形象也冢人辨其兆域而爲之圖注畫其地形及邱壟所處韓勅後碑改畫聖象如古圖省作啚非[叚借]爲度楚辭懷沙前圖未改注法也[聲訓]廣雅釋詁一圖度也後漢杜篤傳注圖猶規度也[古韻]詩雨無正叶處圖辜鋪烝民叶舉圖助補越語范蠡語叶予圖管子版法叶瘖圖度舍懼四稱叶樹舍圖夜處內紫叶舍圖度又叶舍薄圖

tǔ 土

土五名凡土之派皆衍土聲 他魯切

麌 土 土

地之吐生萬物者也二象地之下地之中丨物出形也爾雅釋言土田也易象傳百穀草木麗乎土書禹貢禹敷土又厥貢惟土五色周禮大司徒辨十有二土之名物掌節土國用人節後漢明帝紀注山陵川澤邱陵墳衍原隰謂之五土莊子在宥百昌皆生于土而反乎土又獨斷皇子封爲王者受天子之社土東方受青南方受赤苴以白茅授之歸國以立社故謂之受茅土公羊僖三十一傳諸侯祭土詩緜乃立冢土傳大社也周禮大祝先告后土注社神也又管子霸言地大而不理謂之土滿又春秋繁露五行對土者火之子也魏略土水之牡也〔轉注〕詩緜自土沮漆傳居也莊子讓王其土苴以治天下注瓦礫也又周禮司儀土揖庶姓注推手小下之也詩鴟鴞徹彼桑土按根也根在土即謂之土據方言荄杜根也則借爲杜鴟鴞釋文引字林作𣎴又禮記郊特牲土反其宅疏即坊也又曲禮土工注陶旊也周禮大師金石土革注塤也籥章掌土鼓豳籥杜注以瓦爲匡以革爲兩面可擊也禮記曾子問下殤土周注壂周也莊子田子方直土梗耳司馬注土人也爾雅土蠭螘蟻〔叚借〕爲度周禮典瑞封國則以土地大司徒以土圭土其地土方氏以土地相宅考工玉人以致日以土地又詩長發相土世本作士〔聲訓〕春秋元命苞土之爲言吐也廣雅釋言土瀉也〔古韻〕詩日月叶土處顧碩鼠叶鼠黍女顧土所鴟鴞叶雨土戶予小旻叶土野暑苦雨呂韓奕叶土訏甫噳虎常武叶父旅浦土處緒閟宮叶黍秬土緒穋天子傳古文三叶土野處顧

shè 社

馬 社 社 禮

地主也从示土會意按土亦聲古文又从木春秋傳曰共工之子句龍爲社神周禮二十五家爲社各樹其土所宜之木按禮記郊特牲疏社是地祇之別周禮大司徒設其社稷之壝而樹之田主各以野之所宜木疏社者五土總神按句龍有平水土功故配社祀之白虎通天子之社壇方五丈諸侯半之公羊哀四傳社者封也按天子之社封五色土爲之諸侯受封各割其方色土與之上皆冒以黃土尚書大傳大社惟松東社惟柏南社惟梓西社惟栗北社惟槐則天子當樹五木其處則王爲羣姓立者曰大社在皋門內之西自爲立者曰王社在藉田之中俱北向其主則用石又亡國之社在皋門內之東社之祭歲有三禮記月令命民社春也詩甫田以社以方秋也月令大割祠于公社孟冬也禮記大宗伯以血祭祭社稷五祀鼓人以靈鼓鼓社祭又肆師凡師甸用牲于社宗注軍社也大司寇涖戮于社注謂社主在軍者也小宗伯若大師則帥有司而立軍社又祭法諸侯爲百姓立社曰國社自爲立社曰侯社大夫以下成羣立社曰置社論語哀公問社於宰我鄭本作主謂社宔〔轉注〕周禮大司樂注天社在東井輿鬼之外按天社六星在弧矢之東鬼柳之間又左昭廿五傳請致千社注二十五家爲社哀十五傳書社五百又管子乘馬方六里命之曰社〔叚借〕託名幖識字方言十一蠪蠪注齊人又呼社公又發聲之詞淮南說山社何愛速死注江淮謂母爲社讀雖家謂公爲阿社之社也〔古韻〕書甘誓叶祖社汝禮郊特牲叶賦伍社旅

tǔ 吐

麌遇 吐 吐

寫也从口土聲廣雅釋言瀉也釋名揚豫以東謂瀉爲吐蒼頡篇吐棄也亦寫也〔叚借〕託名幖識字水經河水注吐京郡即土軍縣又吐谷渾者始是東燕慕容之支庶因氏其字以爲首類之種號也〔古韻〕詩烝民叶茹吐甫寡禦

tú 辻(徒)

虞 徒 辻

步行也从辵土聲今隸作徒此與徙從字皆篆體之未盡變者易賁舍車而徒詩黍苗我徒我御禮記王制君子耆老不徒行吳語徒遽來告論語吾不徒行莊子徐无鬼無徒驥于錙壇之宮上林賦徒車之所轔轢又爾雅釋訓溯河徒涉也〔轉注〕左襄元傳敗其徒兵于洧上疏步行謂之徒故步兵謂之徒兵也隱八傳彼徒我車吳語帥師徒以爲過賓于宋因又訓衆白虎通封公侯徒衆也周書芮良夫寶萬有徒淮南覽冥廝徒馬圉詩十月之交番維司徒箋司徒之職掌天下土地之圖人民之數周禮府史胥徒因又訓黨左宣十二傳原屛咎之徒也注黨也襄三十傳豈爲我徒孟子聖人之徒也淮南俶眞分徒而訟因又訓從左昭四傳且而皆召其徒注從者論語非吾徒也孟子其徒數十人廣雅釋詁一徒使也又無車而行謂之徒無舟而渡亦謂之徒故聲類徒空也左襄廿四傳齊師徒歸論語而豈徒哉禮記王藻徒坐不盡席尺王制庶人耆老不徒食檀弓徒使我不誠於伯高儀禮聘禮上介徒以公賜告注謂空手鄉射禮記以爵拜者不徒作爾雅釋訓暴虎徒搏也史記司馬相如傳家居徒四壁立荀子仲尼雖在貧窮徒處之勢又史記張儀傳徒裼以趨敵廣雅釋詁四徒袒也按謂但也因又爲但詞呂覽異用非徒網鳥也史記酷吏傳徒請名禍猾吏羽獵賦徒角搶題或曰徒裼者叚借爲但裼而徒但第地特獨則皆發聲之詞與本訓不涉〔別義〕論衡四諱被刑謂之徒〔叚借〕爲涂列子天瑞食于道徒者又爲度管子七法則官徒毀注事也〔古韻〕詩十月之交叶徒夫易賁叶車徒

dù 杜

麌 杜 杜

甘棠也从木土聲按牡曰棠牝曰杜爾雅杜甘棠注今之杜棃又杜赤棠白者棠詩有杕之杜陸疏子有赤白美惡子白色爲白棠甘棠也赤棠子澀而酢無味俗語云澀如杜是也按陸讀爾雅杜甘爲句謂杜之甘者爲棠與說文毛傳乖異方言七杜歰也趙曰杜注今俗語通言歰如杜杜此陸之所本疑牝而子赤者味歰牡而子白者味甘史記司馬相如傳樗棃初學記引序志云上黨樗棃小而甘樗棠一聲之轉牡者子小小者味甘也〔轉注〕廣雅釋詁三杜歰也按歰从四止其義止塞不通故莊子應帝王是殆見吾杜德機

也注德機不發曰杜書費誓杜乃擭王注閉也周禮大司馬犯令陵政則杜之注杜塞使不得與鄰國交通漢書敘傳塞隘杜津小爾雅廣詁杜塞也廣雅釋詁三壞塞也字亦作𡊣又管子度地杜曲則擣毀注杜猶衛也亦一意之引申或曰皆借爲斁字【假借】託名幖識字爾雅釋草杜土鹵注杜衡也似葵而香說文若杜若香艸按土鹵卽杜之合音又芜杜榮注似茅皮可爲繩索履屩又廣雅釋木杜仲蔓榆也釋蟲杜伯蠍也天杜蟅蝦也方言十一蛣蚰謂之杜蛒螻螲謂之壤蛄南楚謂之杜狗又史記周本紀畢在鎬東南杜中徐廣曰一作社禮記檀弓杜蕢注或作屠蒯詩長發相土荀子解蔽作乘杜䌛自土沮漆漢書地理志土作杜左傳堵敖古今人表作杜敖【別義】方言三杜根也東齊曰杜韓詩鴟鴞徹彼桑杜毛本作土傳桑土桑根也【古韻】詩杕杜叶杜湑踽父杕杜叶杜盬

tù 兔

兔三名凡兔之派皆衍兔聲 湯故切

遇 兔

獸名象踞後其尾形兔頭與兔頭同其獸前足短後足長俗字作菟按因俗兎絲加艸又以菟爲兎論衡奇怪兎舐毫而孕及其生子从口而出也按以兔爲吐聲訓之法必非實事兎生子極易人不見其生但見其舐故有是說詩小弁躍躍毚兔禮記曲禮兔曰明視爾雅釋器兔罟謂之罝詩肅肅兔罝唐扶頌白菟素鳩【假借】託名幖識字新序雜事昔者齊有良兔曰東郭㕙蓋一旦而走五百里按馬名也淮南說林兔齧爲螚注兔齧蟲名廣雅釋草兔丘兔絲也兔頭瓜屬也爾雅釋鳥鶨鵙軌字亦作鵵又左隱十一傳使營菟裘地在今山東兗州府泗水縣又史記六國表有兔臺字亦作菟爾雅釋艸菟奚顆凍卽款冬也又疊韻連語左莊三十傳謂虎於菟於菟者虎字之合音漢書作檡字亦變作䖘【古韻】詩兔罝叶兔武何中韻

fàn 娩

阮 娩

兔子也娩疾也从兔女會意按兎亦聲爾雅兔子㛹字誤作生子齊均之㛹類聚引爾雅不誤曹憲音匹萬誤爲免聲也字亦作嬔廣雅作嬔兔子也需者嬎字亦誤从免聲而製此字廣雅又有䨲亦同後魏俗字作冤云小兔爲䨲【假借】爲㝃說文又曰娩疾也蓋以㝃爲訓兔生子疾速故兔血腦主胎產

fù 㝃

遇 㝃

疾也从三兔會意闕按闕其音也今讀如赴俗作趭禮記少儀無報往注讀赴疾之赴疑卽此字一切經音義引廣雅趭行也

鹵一名 郎古切

lǔ 鹵

廣 鹵

西方鹹地也从籒文西省象鹽形安定有鹵縣東方謂之㡿西方謂之鹵春秋昭元年晉荀吳帥師敗狄于大鹵左傳作太原穀梁傳中國曰太原夷狄曰大鹵今山西太原府太原縣也易說卦兌爲剛鹵春秋說題辭廣衍曰大鹵漢書宣帝紀常困于蓮勺鹵中

字亦作滷爾雅釋言滷苦也注苦地也【假借】爲擄方言十二鹵奪也史記高帝紀毋得鹵掠吳王濞傳鹵御物集解抄掠也後漢光武紀有出鹵掠者又爲櫓中山策血流漂鹵又疊韻連語裐斷天子出車駕次第謂之鹵簿封氏聞見記謂甲盾有先後部伍皆著之簿籍則亦櫓字按本朝鹵簿有四曰大駕鹵簿曰法駕鹵簿曰鑾駕鹵簿曰騎駕鹵簿制皆有別又莊子則陽勿鹵莽按莽讀如莫莫从茻茻亦聲鹵莫一聲之轉也滅裂亦叠韻字【聲訓】釋名地不生物曰鹵鹵爐也如爐火處也

乃一名 古乎切

gǔ 乃

虞 乃

秦以市買多得爲乃从乃从夕會意益至也據此論語求善賈而沽諸以沽爲之按此字當訓姑且之詞从乃从及皆紓遲審難之意說文引詩我乃酌彼金罍是本字本義經傳皆以姑爲之盈字从乃小滿也苟合苟完意晉荀盈字伯夙夙疑乃之誤猶楚薦賈字伯嬴也

古四十六名凡古之派皆衍古聲 公戶切

gǔ 古

虞 古

故也从十口會意十口識前言者也古文疑又从堂未詳十口相傳爲古十口並協爲叶廣雅釋詁一始也詩緜古公亶父傳古言久也那自古在昔傳先王稱之曰在古儀禮士冠禮記大古冠布注大古唐虞以上穀梁桓三傳以是爲近古也注古謂五帝時書康誥別求聞由古先哲王鄭注古虞夏也轉注周書周祝天爲古書堯典曰若稽古鄭注古天也易繫辭傳其於中古乎虞注乾爲古又禮記祭義以祀天地社稷山川先古注先古先祖又周書常訓民乃有古注皆有經遠之規謂之有古【假借】疊韻連語吳都賦松梓古度注樹也不華而實子從皮中出大如安石榴正赤初時可煮食也廣州有之又𪄳蒼鶕鴰鳥似服鳥而大字指其鳴自呼飛但南不北形如雌雉吳都賦鷓鴣南而中留字亦作𪄳又爾雅𪁳䳦古按古龍苦紅字之合音【古韻】禮記樂記叶旅鼓武雅語古下又叶[illegible]止女子語古周書小明武叶古陎下主

hù 祜

廣 祜

說文云上諱蓋漢恭宗名不箸解爾雅釋詁祜福也又厚也詩信南山受天之祜載見思皇多祜泮水自求伊祜烈祖有秩斯祜賈子禮祜大福也【古韻】詩信南山叶祖祜禮記禮運叶戶下俎鼓嘏祖父所祜

kǔ 苦

廣 苦

大苦苓也从艸古聲按苓者蘦字爾雅蘦大苦孫叔然注今甘艸也蔓延生葉似荷青黃莖赤有節節有枝相當或云蘦似地黃郭注同孫沈括筆談云此乃黃藥也其味極苦故名大苦非甘艸甘艸枝葉悉如槐按宋本草圖經黃藥葉似蕎麥疑卽上林賦之黃

gǔ 詁

蘗香艸而苦者孫云似地黃者似此非苄也黃藥亦稱地黃似之云者謂疑爲地黃不爲甘草非謂形似也著或說似㯹與義耳按甘艸而謂之大苦名實相紊本草甘草亦無蘦名當从或說與沇說爲是王氏引之以爾雅大苦爲大苄之借字夫爾雅或可謂之借字若說文訓甘艸也苄地黃也蘦大苦也大苦苓也解系本字謂之叚借可乎此可豁然無疑矣詩簡兮隰有苓傳大苦也亦借苓爲蘦經傳言大苦者惟此一見按榛猶楚楚猶𣙗榛苓以隱苦楚也其他采苦采苦儀禮特牲禮記鉶芼用苦若薇禮記內則濡豚包苦實蓼穋天子傳天子於是食苦苦皆謂荼荼非大苦也詩采苓采苓則借爲蓮傳亦訓大苦失之〔轉注〕草味似苦者皆得苦名詩谷風誰謂荼苦廣雅釋草苦心沙蔘也苦莘款冬也而凡味之似苦者亦命爲苦周禮瘍醫以苦養氣注火味也方言十三苦熾也爾雅釋言鹹苦也注苦即大鹹素問五運行大論苦勝辛按火克金也禮記月令則苦雨數來又苦者人所惡故甘苦爲物之美惡亦爲人之愛惡管子小匡辨其功苦注謂濫惡周禮典婦功辨其苦良史記五帝紀皆不苦窳匈奴傳不備苦惡集解麤也淮南主術是以器械不苦呂覽誣徒從師苦而欲學之功也注苦不精至也詩王事靡盬以盬爲之又齊策無勞倦之苦注勤也秦策不苦一民注勞也漢書谷永傳納至忠甚苦注勞苦爾雅釋詁苦息也呂覽遇合自苦而居海上注傷也貴卒皆甚苦之注病也淮南精神苦洿之家注疾也法言先知或苦亂注患也莊子庚桑楚則蝗能苦之廣雅釋詁四苦窮也凡哀矜字憐憫字亦皆蘦字也又莊子天道疾則苦而不入司馬注急也集韻引說文苦一曰急也廣雅釋詁一苦急也字誤作苦〔叚借〕發聲之詞方言二苦快也楚曰苦注猶以臭爲香治爲亂徂爲存按苦快一聲之轉取聲不取義與徂存雙聲字同若臭兼香臭是本義亂與𤔔別故當訓治也又借爲盬周禮鹽人共其苦盬散盬又爲枯莊子人閒世此以其能苦其生者也又廣雅釋詁三苦開也則苦之誤字方言閻苦閭也閻苦疊韻連語〔聲訓〕釋名釋言語苦吐也人所吐也〔古韻〕詩凱風叶下苦小旻叶土野者苦雨𢈔周書小明武叶女所下苦野鼓怒戶弩女伍武荀子成相叶悟苦下戶三略上叶寡苦虜禦楚詞少司命叶蕪下予苦靈樞官鍼篇叶部府下在苦

虞 **詁**　詁　訓故言也後漢桓譚傳鄭興傳注皆引說文訓古言也从言古聲按會意古亦聲詩曰詁訓按疑引詩古訓是式也又按毛詩周南關雎詁訓傳疏詁者古也古今異言通之使人知也春秋公羊經傳解詁釋文詁訓也爾雅釋詁釋文引字林詁故言也廣雅釋詁四詁言也漢書楊雄傳訓詁通而已注詁謂指義也按爾雅釋詁者釋古言也釋言者釋方言也釋訓者釋雙聲疊韻連語及單辭重辭與發聲助語之辭也

hú 胡　kū 𣧛　gù 故　hú 鬻

虞 **鬻**　鬻　鍵也从古文鬲古聲爾雅釋言餬饘也以餬爲之

過 **故**　故　使爲之也从攴古聲墨子經故所得而後成也廣雅釋詁三故事也易繫辭傳又明於憂患與故禮記禮運則是無故體信以達順故呂覽不侵我將告子其故楚語夫有其故注猶意也淮南氾論勤問其故注意也〔轉注〕荀子王霸而好詐故注事變也周禮宮正國有故則令宿禮記曲禮君無故玉不去身周語且無故而料民鄭語王室多故論語故舊無大故孟子至於大故又穀梁桓元傳繼故注謂弒也文十八傳子卒不曰故也注殺也〔叚借〕爲古爾雅釋詁古故也故今也今者對古而言古爲舊今之舊事亦爲古今之舊人亦爲古詩緜思齊傳大明抑箋並云肆故今也蓋述爾雅而連引之非以故今訓肆也周語咨于故實管子侈靡故道新道呂覽至忠嘗讀故記注古書也楚辭招魂反故居些注古也左昭三傳豐氏故主韓氏十二傳曼成然故事蔡公管子五行發故粟以田數孟子所謂故國者楚辭招魂樂先故些注舊也又左襄廿六傳問晉故焉昭廿五傳昭伯問家故公羊昭三十一傳習乎邾婁之故所謂今之舊事也詩正月召彼故老周禮小司寇議故之辟秦策寡人與子故也所謂今之舊人也又史記張丞相傳其心冀幸丞相物故也匈奴傳士卒物故釋名漢以來謂死爲物故言其諸物皆就朽故也或曰物者歿之借字按故字戴侗六書故據唐本說文从攴古聲則舊之訓爲本字本義存參又爲詁漢書劉歆傳學者傳訓故而已丁寬傳訓故舉大誼而已藝文志魯故二十五卷注故者通其指義也又爲雇實爲賈史記張釋之馮唐傳注故彼不行又發語之詞禮記曲禮故君子戒愼疏承上起下之辭周髀算經故折矩注申事之辭〔古韻〕詩式微叶故露遵大路叶路祛惡故羔裘叶祛居故采薇叶作莫故雲漢叶去故莫虞怒易繫辭叶度懼故禮曲禮叶呼舍故離騷叶固惡寤故楚詞天問叶錯洿故懷沙叶故慕招魂叶夜錯假賦故居莊子知北遊叶度舍居故荀子成相叶惡度途故素問離合眞邪論叶故慕護處補又叶處度𠊱路忤布故處寫文子道原叶度舍居故守平叶素故自然叶度惡故迮

虞 **𣧛**　𣧛　枯也从歺古聲古文从死說文誤系辜篆下今移于此漢書郊祀志有雲陽越巫𣧛鄭祠三所周禮掌戮殺王之親者辜之注辜之言枯也謂磔之以辜爲之字亦誤作骷漢書地理志注骷音辜磔之辜

虞 **胡**　胡　牛顄垂也从肉古聲詩狼跋其胡漢書郊祀志有龍垂胡顄下迎黃帝爾雅鶘鵜注今之鵜胡也領下胡大如數斗囊〔轉注〕漢書金日磾傳捽胡投何羅殿下注頸也又考工冶氏胡三之司農注援直刃也胡其孑廣雅釋器胡戟也又禮記深衣注謂胡下也釋文下垂曰胡〔叚借〕爲盬左哀十一傳胡簋之事注禮器夏曰胡韓勑碑胡輦器用又爲遐詩載芟胡考之寧傳壽也左僖廿二傳雖及胡

gù 固　kū 枯　gǔ 𥂳

考儀禮士冠禮永受胡福周書謚法彌年壽考曰胡保民耆艾曰胡廣雅釋詁一胡大也又爲𦙶詩日月胡能有定禮記中庸君子胡不慥慥爾與安焉何惡烏奚皆一聲之轉又爲壺爾雅方邱胡邱又疊韻連語爾雅釋水胡蘇李注其水下流故曰胡蘇胡下也蘇流也孫注水流多散胡蘇然漢書溝洫志徒駭胡蘇注下流急疾之皃也又訛名螻蟈字考工記胡無弓車注今匈奴又莊子齊物論其葉爲胡蝶注蛺蝶也爾雅鶘胡鳥按白頭翁也廣雅釋草胡豆䜹豆也聲訓釋名釋形體胡互也在咽下垂能斂互物也釋首飾胡粉胡餬也脂和以塗面也釋飲食胡餅作之大漫沍也亦言以胡麻著上也風俗通胡者互也言其被髮左衽言語贄幣事殊互也古韻詩狼跋叶胡膚又叶胡瑕

麌 **𥂳** 器也从皿从缶古聲疑卽瑚璉之本字

虞 **枯** 槁也从木古聲易大過枯楊生稊漢書禮樂志枯槀復產注謂草木經冬零落者也楚辭怨上芳藭兮挫枯注挫枯棄不用也轉注荀子勸學淵生珠而崖不枯注燥也周禮司書注童枯則不稅疏川澤無水曰枯管子齊晉之水枯旱而運注謂水慘澀而無光也又太元差過其枯城注虛也謂故都也又淮南原道終身運枯形于連嶁列埒之間注猶病也又呂覽異用澤及枯骨又莊子外物早索我于枯魚之肆注猶乾魚也廣雅釋詁二𦙶乾也字亦作胋段借爲楛說文引書禹貢唯箘輅枯木名也又爲殆荀子正論斬斷枯磔注棄市暴屍也又爲梧齊策下壘枯邱別義周禮壺涿氏牡梓注梓讀爲枯山榆也故書誤作梓易大過枯楊鄭注枯謂無姑山榆是枯一名無姑無姑疊韻連語山榆木字亦作榆古韻晉語優施歌叶吾烏苑枯根結篇叶虛枯著期文子上德叶枯考

說文通訓定聲　豫部弟九　四七

遇 **固** 古 四塞也从囗古聲周禮掌固注國所依阻者也國曰固野曰險大司馬負固不服秦策東有肴函之固注牢堅難攻易守也論語固而近於費左昭十傳齊公子固字子城轉注左昭四傳固陰沍寒疏牢也詩天保亦孔之固傳堅也魯語帝嚳能序三辰以固民注安也禮記中庸苟不固聰明聖知論語君子固窮禮記曲禮主人固辭注再辭曰固儀禮士昏禮記某固敬具以須廣雅釋詁一固陋也荀子儒效萬物莫足以傾之之謂固左襄廿九傳齊公子固字子成段借爲故小爾雅廣詁久也易繫辭恆德之固也史記魯世家否於固實論語固天縱之將聖禮語道固然乎晉語吾固問之又周語固有之乎注猶嘗也呂覽時固不易得注常也秦策王固不能注必也又爲錮論語學則不固孔注蔽也禮記曲禮君子謂之固注謂不達於禮也哀公問寡人固不固注不固言君由鄙故故也論語儉則固孟子固哉高叟之爲詩也大戴曾子立事少知而不問焉固也廣雅釋言固陋也又素問至真要大論諸厥固泄注謂禁錮也魯語不議窮固又求自邇注廢也漢書揚雄傳注固閉也古韻詩天保叶固除庶皐奚叶枯柘路固墓子尚賢廿叶下固離騷叶固惡薄古老子元符叶螫據搏固作嗄管子內業叶舒固舍薄

gǔ 盬　gū 沽　hù 怙　hù 𠩹　hù 岵　gǔ 罟　gù 𤵸　hú 𪏮

虞 **𪏮** 黏也从黍古聲或从米字亦作糊作𥹫作粘作粲方言三黏黏也蕪城賦糊頳壤以飛文段借爲餬廣雅釋器粘饘也又通俗文干餅者謂之粔籹蒼頡篇粔籹餅餌也

遇 **𤵸** 久病也从疒古聲字亦作痼後漢周章傳注痼猶廢漢書賈誼傳必爲錮疾注堅久之疾以錮爲之

虞 **罟** 网也从网古聲易繫辭傳作結繩而爲罔罟周禮獸人掌罟田獸魯語里革斷其罟而棄之淮南說山好魚者先具罟與罛爾雅魚罟謂之罛轉注詩小明畏此罪罟古韻詩小旻叶野暑苦雨罟易繫詞下叶罟魚

虞 **岵** 山有草木也从山古聲字亦作陆爾雅山多草木曰岵詩陟彼岵兮傳山無草木曰岵與爾雅說文互異聲訓釋名山有草木曰岵岵怙也人所怙取以爲事用也古韻詩陟岵叶岵父

虞 **𠩹** 美石也从厂古聲

說文通訓定聲　豫部弟九　四八

虞 **怙** 恃也从心古聲詩蓼莪無父何怙無母何恃韓詩章句怙賴也按父怙疊韻母恃疊韻諧聲成章恃亦怙也鴇羽父母何怙毛傳亦云怙恃也古韻詩鴇羽叶羽栩盬黍怙所蓼莪叶父怙句中韻

虞麌 **沽** 沽水出漁陽塞外東入海从水古聲出今直隸宣化府獨石山今曰白河至順天府密雲縣與潮河合至天津縣界合諸大川由直沽入海也段借爲苦儀禮喪服傳冠者沽功也注猶麤也麤功大功也禮記檀弓以爲沽也注猶略也又爲賈論語求善賈而沽諸馬注賣也沽酒市脯釋文買也按買賣皆曰賈買者所出賣者所入亦曰賈

麌 **盬** 河東鹽池袤五十一里廣七里周百十六里水經注引說文鹽池周百十四里从鹽省古聲左成六傳郇瑕氏之地沃饒而近鹽穆天子傳戊子至于盬又周禮鹽人共其苦鹽散鹽疏盬謂出于鹽池今之顆鹽也字誤作盬史記貨殖傳猗頓用盬鹽起索隱出鹽直用不煉也段借爲暇詩鴇羽王事靡盬按卽爾雅之苦息猶胡之爲遐也毛傳不攻緻也四牡王事靡盬傳不堅固也左襄廿九傳疏盬亦盬也皆失之又爲苦漢書息夫躬傳器用盬惡荀子天論楛耕傷稼以楛爲之又爲姑按方言十三盬雜猝也盬且也凡言姑且者亦倉猝不及詳審意字亦作𧺳疑古文辜之誤字廣雅釋詁二𧺳息也又發聲之詞左僖廿八傳楚子伏己而盬其腦注唼也疏盬之

爲唓，未見正訓，蓋相傳爲然。按唓之古古然，狀其聲也。今蘇俗吸飲曰盬，是其遺語。孟子蠅蚋姑嘬之，按當讀如盬。【古韻】詩鴇羽叶羽栩盬黍怙所，杕杜叶杜盬。

gū 姑

虞 **姑** 夫母也。从女古聲。爾雅姑在則曰君姑，姑歿則曰先姑。又婦謂夫之庶母爲少姑。白虎通親如母而非母者，姑也。又爾雅父之姊妹爲姑。詩泉水問我諸姑。左傳十五傳姪其從姑，注謂我姪者我謂之姑。又爾雅舅之母爲外姑。又妻之母亦曰外姑。禮記坊記壻親迎見於舅姑。【叚借】爲及。詩卷耳我姑酌彼金罍。禮記內則姑與之。左昭元傳子姑待之。越語請姑無庸戰。周書周祝故惡姑幽。小爾雅廣言姑且也。又疊韻連語。吳語以罷民于姑蘇，注臺名。爾雅釋木無姑，注姑榆也。又發聲之詞。孟子蠅蚋姑嘬之，按當讀如左傳伏己而盬其腦之盬。又託名幖識字。周語三曰姑洗所以脩潔百物考神納賓也。周禮大師姑洗，注姑洗辰之氣也。又越語西至于姑蔑，注今太湖是也。楚辭抽思宿北姑兮，注地名。又穆天子傳以觀於姑繇之木。又左傳姑尤以西，二水名，出山東，今姑名大姑河，尤名小姑河，尤者治也。【聲訓】釋名父之姊妹曰姑，姑故也，言於己爲久故之人也。夫之母曰姑，亦言故也。爾雅孫注姑之言古，尊老之名也。又史記吳世家宋忠注姑之言諸也。又淮南天文注姑洗三月也，姑故也，洗新也，陽氣養生，去故就新也。【古韻】左僖十五叶孤弧姑逋家虛。

gū 蛄

虞 **蛄** 螻蛄也。从虫古聲。爾雅𧍢天螻，注螻蛄也。方言十一蛄詣謂之杜蛒，螻螲謂之螻蛄，南楚謂之杜狗，或謂之蛞螻，皆一聲之轉。月令螻蟈鳴。廣雅炙鼠、津姑、蛞螻，蛄也。易晉如鼫鼠，釋文引本草螻蛄一名鼫鼠。又廣志小學篇會稽謂之蟪蛄。孟子蠅蚋姑嘬之，釋文蚋或作螎，一說即螻蛄也。今按螻蛄黃色四足，頭似狗，形似鼠，夜鳴聲如蚯蚓，喜就燈光，翅短不能遠飛。古或以五技鼠當之，亦非無義。今俗謂之土狗。又本草一名螻蛄，疑誤。【別義】爾雅蛄𧊤強蛘，注今米穀中蠹小黑蟲也。說文作強芈。

gū 辜

虞 **辜** 辠也。从辛古聲。說文有古文从死，按當爲殆之古文，今移殆下。書微子凡有辜罪。詩正月民之無辜。公羊宣六傳天乎無辜。莊子則陽至齊見辜人焉。【叚借】爲殆。周禮小子凡沈辜侯禳，司農注謂磔牲以祭也。掌戮殺王之親者辜之。大宗伯以疈辜祭四方百物，司農注罷辜披磔牲以祭，若今時磔狗祭以止風。大人凡殺埋沈辜。又爲嫴，實爲固。漢書陳咸傳沒入辜榷財物，注辜榷專固也。一切經音義辜固也，謂規固販鬻以求利也。孝經疏辜較猶梗概也，字亦以酤爲之。又爲故。漢書律麻志集注辜必也。史記屈賈傳亦夫子之辜也。又爲固。後漢靈帝紀注辜障也。又託名幖識字。爾雅十一月爲辜。【古韻】詩雨無正叶圖辜鋪。巧言叶且辜憮。爾雅釋天叶辜餘。

gū 酤

虞遇 **酤** 一宿酒也。从酉古聲。詩烈祖既載清酤。西京賦清酤𤁣。【叚借】爲買。說文一曰買酒也。詩伐木無酒酤我，箋買也。漢書食貨志注酤買也。又廣雅釋詁三酤賣也。漢書景帝紀夏旱禁酤酒。凡買賣皆曰賈也。【古韻】詩伐木叶湑鼓舞酤暇，載見叶酤嘏。

hù 楛

虞 **楛** 楛木也。从木苦聲。詩旱麓榛楛濟濟。草木疏楛莖似荆而赤，葉似蓍。書禹貢惟箘簬楛，傳楛中矢幹。家語辯物肅慎氏貢楛矢。西山經上申之山下多榛楛。【叚借】爲苦。荀子議兵械用兵革窳楛不便利者弱，注楛濫惡，謂不堅固也。王霸百工莫不忠信而不楛矣。富國芒軔僈楛。天論楛耕傷稼，注謂麤惡不精也。勸學問楛者勿告也，注濫惡也。

hú 瑚

虞 **瑚** 珊瑚也。从玉胡聲。色赤，生於海或生於山，大者樹高三尺餘，枝格交錯，無葉。別有青色者曰琅玕。吳都賦珊瑚幽茂而玲瓏。漢脩堯廟碑地致墦瑚。石闕二坐墦瑚。即璠瑚。【叚借】爲簠。禮記明堂位殷之六瑚。論語瑚璉也，包注夏曰瑚，誤。三禮圖瑚受一斗，如簋而平下。賈公彥謂以木爲之。

hú 餬

虞 **餬** 寄食也。从食胡聲。字亦作䬴。左隱十一傳而使餬其口於四方，注鬻也，失之。莊子人間世足以餬口，李注食也。【叚借】爲鬻。爾雅釋言餬饘也。說文饘糜，宋謂之餬。

hú 鶘

虞 **𪕮** 斬𪕮鼠，黑身白腰若帶，手有長白毛，似握版之狀，類蝯蜼之屬。从鼠胡聲。字亦作獑猢，作鼸胡。

hú 湖

虞 **湖** 大陂也。从水胡聲。周禮職方揚州浸有五湖，浸川澤所仰以灌溉也。按古言鴻隙大陂，言汪汪千頃陂，皆謂大池也。凡大澤畜水，南方名曰湖。漢書元帝紀江海陂湖園池，注深水也。廣雅釋地湖池也。越語戰於五湖，水經沔水注五湖謂長蕩湖、太湖、射湖、貴湖、滆湖也。虞翻曰是湖有五道，故曰五湖。韋昭曰五湖今太湖也，尚書謂之震澤。後漢馮衍傳注太湖有五湖，故謂之五湖，隔湖、洮湖、射湖、貴湖及太湖也，在今江蘇。又後漢梁冀傳注湖謂洞庭湖也，在今湖南。

gù 菌

遇 **菌** 菌草也。从艸固聲。

gè 箇

箇 **箇** 个 竹枝也。从竹固聲。戴侗六書故引唐本說文或作个，半竹也，象形，今據補。史記貨殖傳竹竿萬个，索隱箇个古今字也。引釋名竹曰个，木曰枚。或曰个即介之變。【轉注】儀禮大射儀搢三挾一个。有司徹組釋三个。齊語鹿皮四个，注皆曰枚也。禮記檀弓國君七个，注个謂所包遣奠牲體之數也。少儀太牢則以牛左肩臂臑折九箇，少牢則以羊左肩七箇，犆豕則以豕左肩五箇。周禮祭僕注皆作个。考工梓人爲侯上兩个與其身三，下兩个半之，注上个下个皆謂舌也。字亦作個。儀禮士虞禮注今俗或名枚曰個，音相近。又書秦誓若有一介臣，左傳亦不使一介行李，皆个字。左昭四傳使邑饋於个而退，禮記月令左个右个，則介字也。

gù 棝

棝 遇 棝斗可射鼠从木固聲

hé 涸

涸 藥遇 渴也从水固聲或从水卤會意舟聲讀若狐貈之貈禮記月令水始涸周語天根見而水涸楚辭謬諫孰江河之可涸注塞也淮南主術不涸澤而漁注涸澤漉池也方言十二淪涸也廣雅釋詁一盡也按字亦作沍史記封禪書秋涸凍索隱凝也涸與沍同字又作冱左昭四傳固陰冱寒注閉也莊子齊物論河漢沍而不能寒向注凍也字又作凅漢書五行志金鐵冰滯涸堅注凝也

hù 婟

婟 遇 嫪也从女固聲聲類婟嫪戀惜不能去也按今俗謂女所私之人曰孤老其遺語也字亦作嫭廣雅釋詁一嫭妒也漢書楊雄傳知眾嫭之嫉妒兮注美皃楚詞大招嫭以姱只廣雅釋言嫭嫪也以姱爲之姱卽嫵字爾雅鸏澤虞注今婟澤鳥似水鴞蒼黑色常在澤中見人輒鳴喚不去俗呼謂護田鳥釋文本作姱又作訛則誇之誤文方言鳲鳩或謂之鷂鶻則別一義疑誤也

gù 錮

錮 遇 鑄塞也从金固聲謂銷鐵以窒穿穴漢書賈山傳治銅錮其內注謂鑄而合之也劉向傳雖錮南山猶有隙〔轉注〕左成二傳錮欒氏也注禁錮勿令仕漢書貨殖宣曲任氏傳下錮齊民之業注亦謂專取之也求通親親表禁固明時以固爲之

gū 嫴

嫴 虞 保任也从女辜聲今律有保辜字以辜爲之〔叚借〕爲買廣雅釋言嫴榷也釋訓嫴榷都凡也廣雅釋言菇括也字亦作菇又爲

說文通訓定聲 豫部第九

乃廣雅釋詁三菇且也

kù 蔛

蔛 遇 韭鬱也从艸酤聲廣雅釋器蔛菹也

jū 居

居 魚魚御 蹲也从尸古者居从古俗居从足按居从古當作凥从古謂古文作凥从古也此篆本在足部踞下許寫書時未弁耳踞當從錯本作凥古文則从尸古聲也吾蘇俗語謂之蹬凡足底着席而下其臀着其膝曰蹲踞若臀着席而伸其兩足於前曰箕踞膝着席而聳其體曰跪下其臀曰坐經傳皆用踞字而以居爲凥字左襄廿四傳皆踞轉而鼓琴廿五傳釋甲執冰而踞注踞是游也漢書高帝紀沛公方踞牀注反企也〔轉注〕西京賦據渭踞涇注却倚也〔叚借〕爲凥周禮凡以神仕者以猶鬼神示之居禮記樂記居吾語女注坐也又仲尼燕居孔子閒居王制數各居其上之三分皆猶處也詩葛生歸于其居箋墳墓也周禮趣馬辨四時之居治注謂牧序所處左僖九傳送往事居注居生者禮記玉藻居士錦帶注道藝處上也又書懋遷有無化居字亦作居作賭廣雅釋詁三賭賣也論語臧文仲居蔡漢書張湯傳居物致富猶儲蓄也穀梁僖廿四傳居者居其所也又爲錮呂覽圜道人之竅九一有所居則八虛注猶壅閉也又爲車爾雅釋草望乘居郭蔽也又爲倨漢書酷吏郅都傳丞相條侯至貴居也又重言形況字詩羔裘自我人居居傳懷惡不相親比之皃又疊韻連語詩日居月諸居諸疊韻又雙聲連語爾雅鶿斯鵯鶋字亦作鶋又助語之詞左成二傳誰居後之人必有任是夫襄廿三傳國有人焉誰居其孟椒乎注猶與也禮記檀弓何居郊特牲何居注怪之也讀爲姬姬居一聲之轉〔聲訓〕易繫辭傳則居可知矣釋文處也莊子齊物論何居乎司馬注猶故也呂覽精諭闇蹟皆從女居注所也廣雅釋言居據也封氏聞見記吳楚人謂居爲于漢書張湯傳注居儲也〔古韻〕詩鵲巢叶居御蟋蟀叶莫除瞿居羔裘叶袪居故葛生叶夜居柏舟日月叶居諸采薇叶家居出車叶華塗居書我行其野叶樗居家魚藻叶蒲居韓奕叶居譽易雜卦叶居書洪範叶居敘楚詞招魂叶夜錯假賦故居老子羨身叶居去任成叶居主管子白心叶居舍度周書柔武叶居落孫武子九地叶居塗處文子道原叶度舍居故九守叶宅居楚詞天問叶衢居如悲回風叶紆娛居招魂叶絡呼居遠遊叶子居都閭又叶居霞戲除莊子知北遊叶度舍居故山木叶居處又叶倨居車呂覽貴直叶居墟胥閭吾乎

jù 踞

踞 御 蹲也从足居聲按此爲居之俗字今系于此此字當從徐鍇本作凥从尸从足俗作踞汗簡玉篇引說文又作居誤答賓戲字亦作踞

jū 琚

琚 魚 瓊琚从玉居聲詩釋文引說文佩玉名按與瑀略同納衡牙所瑱之閒石次玉者詩木瓜報之以瓊琚大戴保傅琚瑀以襍之

說文通訓定聲 豫部第九

注琚瑀總曰玭珠赤者曰琚或曰石次玉纂要琚瑀所以納閒在玉之閒今白珠也按玭珠與琚瑀異赤曰琚者因瓊琚連文爲說不知瓊亦非赤玉也皆誤注〔古韻〕詩木瓜叶瓜琚

jū 腒

腒 魚 北方謂鳥腊曰腒从肉居聲周禮庖人夏行腒鱐注乾雉也穀梁莊廿四傳男子之贄羔鴈雉腒注腊也夏用腒備腐臭也廣雅釋詁三腒久也釋器腒腩也說文引傳曰堯如腊舜如腒桀紂之君垂腴尺餘按見王充論衡〔叚借〕爲居廣雅釋言腒央也按央从大在冂詩宛在水中央猶言水可凥之處也

jū 椐

椐 魚御 樻也从木居聲詩皇矣其檉其椐北山經虢山其下多桐椐注樻木腫節中杖字林椐靈壽也〔叚借〕重言形況字七發椐椐彊彊注相隨之皃〔別義〕釋名釋宮室籬青徐曰椐椐居也居于中也〔古韻〕詩皇矣叶椐柘路固

jù 倨

倨 御 不遜也从人居聲禮記曲禮遊毋倨踈慢也樂記倨中矩句中鉤左傳直而不倨秦策嫂何前倨而後恭也大戴曾子立事與其倨也寧句按凡侈曰倨斂曰句宥坐其流也埤下倨拘必循其理注方也以椐爲之脩身體倨固而心執詐注傲也廣雅釋詁三倨踞也爾雅釋畜倨牙食虎豹〔叚借〕爲踞史記酈陸傳方倨牀又重言形況字淮南覽冥臥倨倨注無思慮也〔古韻〕莊子山木叶倨居車呂覽

jū 裾　jū 涺　jū 据　jù 鋸　gǔ 鼓

權勳叶倨。夸文子符言叶倨餘。禮記樂記叶倨矩。句中韻。

魚 **裾** 衣袌也。从衣，居聲。讀與居同。衣之前襟也。今蘇俗曰大襟。爾雅釋器：𧛞謂之裾。方言四：袿謂之裾。又無袌者謂之裎衣。古謂之深衣。今蘇俗曰對襟。曰外套。凡褻衣無裾，禮服必有之。淮南齊俗：楚莊王裾衣博袍。注：裾，裦也。按袌者袌之誤字。【叚借】爲倨。漢書酷吏趙禹傳：禹爲人廉裾。荀子宥坐：裾拘必循其理。即倨句也。又重言形況字。荀子子道：由是裾裾何也。注：衣服盛皃。【聲訓】裾，倨也。倨倨然直。亦言在後常見踞也。

魚 **涺** 涺水也。从水，居聲。

魚 **据** 戟挶也。从手，居聲。按：拮据雙聲連語。詩鴟鴞：予手拮据。【叚借】爲據。魏都賦：因長川之据勢。又爲倨。史記司馬相如傳：据以驕驁兮。索隱：直項也。【古韻】詩鴟鴞叶据、荼、租、瘏、家。

御 **鋸** 槍唐也。从金，居聲。按：槍唐，疊韻連語。列女傳仁智：鋸者所以治木也。古史考曰：孟莊子作鋸。又按：魯語：中刑用刀鋸。漢書刑法志注引韋昭：刖刑也。【別義】廣雅釋器：鋸，鉏也。管子小匡：惡金以鑄斤斧鉏夷鋸欘。注：鋸欘，钁頭也。【聲訓】釋名：鋸，倨也。其體直，所截應倨句之平也。

鼓二名。凡鼓之派，皆衍鼓聲。公戶切。

虞 **鼓** 革樂也。按：从壴，从又，手擊之也。會意。从屮，象垂飾，如崇牙樹羽之屬。與㪨同意。鼓本作攴，疑从卜聲。籒文又从古聲。俗字作皷，與从攴之鼓別。周禮六鼓：靁鼓八面，靈鼓六面，路鼓四面，鼖鼓、皋鼓、晉鼓皆兩面。禮記學記：鼓無當于五聲。疏：鼓之爲聲，不宮不商。樂記：鼓鼙之聲讙。疏：鼓鼙爲坎。禮運：蕢桴而土鼓。周禮大司馬：辨鼓鐸鐲鐃之用。白虎通禮樂：鼓，震音，煩氣也。萬物憤懣震動而出。管子兵法：鼓所以任也，所以起也，所以進也。其訓擊、訓奏、訓鳴、訓動者，皆鼓字。讀如屬。【轉注】小爾雅：衡斤十謂之衡，衡有半謂之秤，秤二謂之鈞，鈞四謂之石，石四謂之鼓。管子地數：民自有百鼓之粟者不行。注：鼓，十二斛。禮記曲禮：獻米者操量鼓。釋文：樂浪人呼容十二石者爲鼓。左昭廿九傳：遂賦晉國一鼓鐵。注：量名。廣雅釋器：斛謂之鼓。荀子富國：然後瓜桃棗李一本數以盆鼓。又管子揆言：釜鼓滿，則人概之。按：以曲禮、管子、荀子推之，當从廣雅十斗之說爲正。小爾雅及各注十二石，或後世量名，不足據也。呂覽當染注：虢公鼓，字石父。或曰左傳一鼓鐵，字宜作鼓。【叚借】託名幖識字。爾雅：何鼓謂之牽牛。按：河鼓三星，中一星明大，在牛宿北，故謂之牽牛。語轉亦曰黄姑。

gǔ 瞽　gǔ 兜　gǔ 蠱

與織女對射，中隔天河，故有七夕渡河之說。又中山經：鼓鍾之山，帝臺之所以觴百神也。又晉語：圍鼓。水經濁漳水注：鼓，白狄之別也。又西山經：鍾山，其子曰鼓。海內經：緣婦孕三年，是生鼓、延、殳。注：三子名。又世本：共鼓、貨狄作舟船。宋注：黃帝二臣名。又淮南說林：鼓造辟兵，壽盡五月之望。注：鼓謂梟，一曰蝦蟆。今世人五月望作梟羹，亦作蝦蟆羹。【聲訓】說文：鼓，郭也。春分之音，萬物郭皮甲而出，故謂之鼓。从壴，攴象其手擊之也。釋名：鼓，郭也。張皮以冒之，其中空也。按：讀霩也，今字作廓。【古韻】詩宛丘叶鼓、下、夏、羽。伐木叶湑、鼓、舞、酤、暇。采芑叶鼓、旅。那叶鼓、舞，句中韻。有瞽叶瞽、虡、羽、鼓、圉、舉。禮月令叶鼓、羽、敔。樂記叶旅、鼓、武、雅、語、古、下。禮運叶戶、下、俎、鼓、殽、祖、父、所、祜。楚詞東君叶鼓、簴、姱、舞。招魂叶舞、下、鼓、楚、呂。周書小明武叶女、所、下、苦、野、鼓、怒、戶、弩、女、伍、武。

虞 **瞽** 目但有眹也。从目，鼓聲。謂目眹不開，惟有縫者。廣雅釋言：盲也。禮記少儀：瞽曰聞名。仲尼燕居：譬猶瞽之無相與。論語：與瞽者。莊子逍遙遊：瞽者無以與乎文章之觀。楚辭懷沙：瞽以爲無明。【轉注】周禮瞽矇。詩有瞽：有瞽有瞽。書堯典：瞽子。左昭十七傳：瞽奏鼓。周語：瞽獻曲。孟子：瞽瞍亦北面而朝之。皆樂官也。大戴保傅：鼓夜誦詩，以鼓爲之。又論語：未見顏色而言謂之瞽。韓詩外傳：棄老取少謂之瞽。又禮記明堂位：瞽宗，殷學也。注：樂師瞽矇之所宗。周禮大司樂：祭于瞽宗。周語：古之神瞽。廣雅釋室：瞽宗，官也。【叚借】爲鼓。周禮樂師：詔來瞽皋舞。司農注：當爲鼓。【聲訓】釋名：瞽，鼓也。瞑瞑然目平合如鼓皮也。莊子逍遙遊注：瞽者無目，如鼓皮也。【古韻】詩有瞽叶瞽、虡、羽、鼓、圉、樂。

兜一名。公戶切。

虞 **兜** 廱蔽也。从古文人，象左右皆蔽形。讀若瞽。按：兜字从此，傳寫誤作如兜耳。晉語：在列者獻詩使勿兜。兜者，兜之譌字。又按：凡蠱惑字，經傳皆以蠱爲之，本字當作此。

蠱一名。公戶切。

虞 **蠱** 腹中蟲也。春秋傳曰：皿蟲爲蠱。晦淫之所生也。梟桀死之鬼亦爲蠱。从蟲，从皿。會意。皿，物之用也。按：凡蠱行毒飲食中，殺人人不覺。左昭元傳：於文皿蟲爲蠱。周禮庶氏：掌除毒蠱。翦氏：凡庶蠱之事。注：蠹之類。傳又曰：穀之飛亦爲蠱。爾雅釋蟲：蟓，康。謂之蠱。論衡商蟲：穀蟲曰蠱。禮記王制注：左道巫蠱及俗禁。【轉注】史記秦本紀：以狗禦蠱。正義：蠱者，熱毒惡氣爲傷害人。又史記封禪書：磔狗邑四門以禦蠱菑。樂彥曰：梟磔之鬼亦爲蠱。又素問玉機真藏論：少腹冤熱而痛，出白，一名曰蠱。【叚借】爲兜。按：爾雅釋詁：蠱，疑也。左莊廿八傳：楚令尹子元欲蠱文夫人。釋文：惑也。晉語：將以驪姬之惑蠱君而誣國人。注：化也。西京賦：妖蠱豔夫夏姬。注：媚也。左昭元傳：女陽物而晦時，淫則

kù 庫　pǔ 普　bù 步　bù 荹

生內熱惑蠱之疾又曰在周易女惑男風落山謂之蠱後漢馬融傳注蠱與冶通南山經青邱之山有獸如狐而九尾食者不蠱注不逢妖邪之氣又爲故易序卦傳蠱者事也雜卦傳蠱則飭也書大傳乃命五史以書五帝之蠱事易蠱馬注蠱爲造事之端幹父之蠱虞注事也又爲假漢甯公房碑厲蠱不遐又託名標識字南山經有獸焉名曰蠱雕古韻易蠱叶蠱下

庫一名 苦故切

過 庫 [seal] 兵車藏也从車在广下會意禮記曲禮在庫言庫注謂車馬兵甲之處也淮南時則七月官庫注兵府也轉注廣雅釋宮庫舍也禮記檀弓管庫之士注物所藏左昭十八傳使府人庫人管子七律衡庫者天子之禮也注庫所以藏寶物又禮記明堂位庫門天子皐門郊特牲獻命庫門之內注或爲廄聲訓釋名庫舍也物所在之舍也故齊魯謂庫曰舍也

普一名 滂古切

虞 普 [seal] 日無色也从日从竝按竝者旁也旁者溥旁溥也或曰竝聲竝普亦一聲之轉今隸作普朱駿聲訓衣無色說文亦讀若普叚借爲溥孟子普天之下注徧也儀禮士虞禮記普淖注大也謂黍稷又普薦注徧薦淮南本經普氾無私漢書王褒傳注博也又嵩山石闕銘竝天四海以竝爲之古韻易乾叶下普墨子尙賢叶普下固

步三名凡步之派皆衍步聲 薄故切

過 步 [seal] 行也从止少相背按止少相隨會意小爾雅度跬一舉足也倍跬謂之步禮記祭義跬步而不敢忘孝也釋文再舉足爲步爾雅堂下謂之步書召誥王朝步自周禮記曲禮步路馬必中道少儀執轡然後步左襄廿六傳見夫人之步馬者僖廿三傳將步師出於敝邑定五傳改步改玉離騷步余馬于蘭皐兮注徐行也又考工匠人野度以步司馬法六尺爲步禮記王制古者以周尺八尺爲步今以周尺六尺四寸爲步轉注詩白華天步艱難桑柔國步斯頻禮記少儀未步爵不嘗羞吳語以安步王志又尚書大傳注步推也素問閒氣者紀步也注步六十日餘八十七刻半也又周禮校人冬祭馬步注馬步神爲災害馬者又釋名狹而長者曰步盾步兵所持與刀相配者也又爾雅徒鼓瑟謂之步又方言十一蜻蛚謂之蚇蠖注蟦就又呼步屈聲訓釋名徐行曰步步捕也如有所司捕務安詳也古韻離騷叶路步

過 荹 [seal] 亂艸从艸步聲廣韻引說文亂稾也玉篇牛馬草亂稾

bó 踄　mù 莫　mò 嗼　mó 謨

過 踄 [seal] 蹈也从足步聲

莫廿二名凡莫之派皆衍莫聲 謨故切

過藥陌 莫 [seal] 日且冥也从日在茻中會意按茻莫亦一聲之轉俗字作暮从二日不可通廣雅釋詁四莫夜也詩東方未明不夙則莫抑誰夙知而莫成禮記文王世子及莫又至齊策旦莫日進食洪範五行傳星辰莫同七發雲烟闇莫轉注詩采薇歲亦莫止臣工維莫之春論衡明雩暮者晚也又歎逝賦寤大暮之同寐注猶長夜也又廣雅釋言莫稚也爾雅雉之暮子爲鷚別義詩汾沮洳言采其莫傳菜也陸疏以爲酸迷按卽爾雅之蓩蕪似羊蹄菜而酸或曰借爲蕪叚借爲蕪易遯莫之勝說詩抑莫捫朕舌廣言釋言莫無也又爲慕論語無莫也又爲嗼禮記樂記莫其德音左昭廿八傳德正應和曰莫莊子齊物論注取其寂莫之情耳漢書外戚傳注莫靜也又爲謨詩巧言聖人莫之又爲瘼詩皇矣求民之莫又爲怕詩板民之莫矣傳定也禮記禮運是謂合莫注虛無也廣雅釋言莫漠也怕也又爲敷文選注引韓詩章句莫散也廣雅釋詁三莫布也又爲絜荀子成相悖亂昏莫不終極注闇也又爲冪史記張釋之馮唐傳上功莫府廉藺傳皆輸入莫府漢書李廣傳莫府省文書又爲漠爲溥左傳狄之廣莫莊子逍遙游廣莫之野太元注坎爲廣莫夙小爾雅廣詁莫大也

又爲銘管子制分屠牛坦解九牛而刀可以莫鐵注猶削也又爲嫫淮南繆稱猶未之莫與注勉之又雙聲連語論語文莫吾猶人也廣雅釋詁一劮莫強也猶毛詩之黽勉韓詩之密勿爾雅釋詁之蠠沒釋訓之懋慔封禪文之旼穆大戴五帝德之亹穆漢書谷永傳之閔免方言二篇之紛毋七篇之侔莫也左傳楚莫敖官名古今人表作鄭非又疊韻連語廣雅釋詁二抾莫去也方言作抾摸史記屈賈傳莫耶爲頓集解大戟也爾雅釋蟲莫貈螳蜋蛑又重言形況字詩葛覃維葉莫莫傳成就之皃旱麓莫莫葛藟傳施皃蜀都賦稉稻莫莫注茂也詩楚茨君婦莫莫傳言清靜而敬至也荀子非十二子莫莫然注讀爲貊貊羽獵賦莫莫紛紛注風塵之皃也又單辭形況字莊子人閒世安則其信之也莫注莫然疑之聲訓詩雲漢寧莫我聽箋瘼莫皆無也禮記內則注幠莫也釋名釋采帛煮繭曰莫莫幕也貧者著衣可以幕絡絮也古韻詩葛覃叶莫濩綌斁楚茨叶踖碩炙莫客錯度獲格酢皇矣叶赫莫獲度廓宅東方未明叶圃瞿夜莫汾沮洳叶洳莫度路蟋蟀叶莫除瞿居采薇叶作莫故小旻叶除莫庶暇顧怒雲漢叶去故莫虞怒離騷叶圃暮禮記禮運叶席幕帛炙魄莫

藥 嗼 [seal] 啾嗼也从口莫聲今字作寞爾雅釋詁貉嗼安定也

虞 謨 [seal] [seal] 議謀也从言莫聲虞書曰咎繇謨古文从口字亦作暮作譕書序皐陶矢厥謨詩抑訏謨定命左襄廿一傳聖有謩

庫普步莫

勳孟子謨蓋都君管子形勢誣臣者注爲天下計者謂之誣臣爾雅釋詁謨僞也按僞者作也造也經傳皆以爲爲之爲之稱者假也詐也經傳皆以僞爲之爲者母猴也〔古韻〕管子四稱叶義謨

𡖙 mò 蘗 死宋𡖙也从夕莫聲

膜 mó 藥 肉間胲膜也从肉莫聲素問舉痛論膜原之下注謂鬲間之膜痺論熏於肓膜注肓膜五藏之間鬲中膜也叚借爲摹穆天子傳吾乃膜拜而受注音模又爲漠穆天子傳西膜之所謂鴻鷺注沙漠之鄉

模 mú 虞 法也从木莫聲讀若嫫母之嫫據無下說解當補或體橅字亦作橅按水曰法木曰模土曰型金曰鎔竹曰範書大傳纘乎其猶模糯也注模所琢文章之範漢書劉向傳初陵之橅後漢杜篤傳橅未央禮記內則淳毋注象也以毋爲之鄭固碑作世模式以幕爲之字亦作橅方言十三凡葬而無墳謂之墓所以墓謂之橅叚借託名幖識字穆天子傳事皇天子之山模堇注模堇木名

鄚 mò 藥 涿郡縣从邑莫聲在今直隸河間府任邱縣北十三里有鄚州城往來孔道也俗音如冒左昭七傳注東北至河間鄚縣史記扁鵲傳鄭人今鄚州有扁鵲墓

𡖙 mò 陌 宋也按夜宋𡖙也从夕莫聲之靜曰呶嘆死之靜曰宋殘

瘼 mò 藥 病也从疒莫聲詩四月亂離瘼矣桑柔瘼此下民瘼借爲㪧文選注引韓詩章句瘼散也

幕 mù 藥 帷在上曰幕从巾莫聲在旁曰帷字亦作幙廣雅釋器幭也周禮幕人掌帷幕幄帟綬之事左昭十三傳以幄幕九張行莊廿八傳楚幕有烏穀梁定十傳雛于會君之幕下答蘇武書韋韝毳幙轉注說文覆食案亦曰幕又易井收勿幕方言十二幕覆也又禮記檀弓布幕衛也縿幕魯也注所以覆棺上也又廣雅釋室幕庵也又莊子則陽解朝服而幕之叚借爲募爾雅釋言幕暮也又爲漠史記匈奴傳益北絕幕臣瓚曰沙土曰幕衛將軍驃騎傳不能度幕又爲漫史記大宛傳錢如其王面索隱幕錢背也漢書西域傳幕爲人面又重言形況字後漢張衡傳幕幕注同兒聲訓釋名釋牀帳幕絡也在表之稱也嘯賦羣鳴號乎沙漠注幕漫也漫幕同義猶今人呼張幔亦曰幕〔古韻〕禮記禮運叶席幕帛炙醜莫

鬘 mà 禡 鬘帶結飾也从髟莫聲按謂繞于髻上爲飾者謂之鬘帶西京賦朱鬘鬣鬣植髮如竿注引說文鬘帶結頭飾也

貘 mò 陌 似熊而黃黑色出蜀中从豸莫聲爾雅釋獸貘白豹注似熊小頭庳腳黑白駁能舐食銅鐵及竹骨骨節強直中實少髓皮辟逸周書王會不令支玄貘注貘白狐元貘黑狐非尸子程中國謂之豹越人謂之貘白帖引廣志貘大如驢色蒼白字作獏後漢西南夷傳字作貊中山經郭注字作貊又西山經南山獸多猛豹聲轉爲猛按今四川川東有此獸上林賦其獸則㺎旄貘犛

驀 mò 陌 上馬也从馬莫聲吳都賦驀六駮叚借今用爲猝乍之詞曰驀然蓋單詞形況字

慔 mù 遇 勉也从心莫聲與下形上聲字別爾雅釋訓慔慔勉也

慕 mù 遇 習也从心莫聲按思也與𢜩形右聲字別禮記檀弓其往也如慕孟子巨室之所慕又人少則慕父母楚辭懷沙邈不可慕兮又淮南原道誘慕于名位注貪也叚借爲慔說文慕習也按習與勉同詁〔古韻〕楚詞懷沙叶故慕呂覽任地叶逆慕薄郝慕下素問離合眞邪論叶故慕護處補家語觀周叶慕踰文子道原叶慕欲慮

漠 mò 藥 北方流沙也从水莫聲楚辭疾世踰隴堆兮渡漠封燕然山銘經磧鹵絕大漠別義說文一曰清也爾雅釋言漠清也叚借爲怕淮南俶眞時既者其神漠注定也選注引廣雅漠泊也七命沖漠公子含華隱曜注沖虛恬漠也漢書賈誼傳注漠靜也又爲謨爾雅釋詁漠謀也又爲瘼史記扁倉傳爪幕索隱漠病也又爲慕淮南原道漠睧於勢利注猶鈍暗非又爲嘆漢書馮奉世傳元成等漠然注

無聲也又重言形況字楚詞疾世塵漠漠兮未晞注合也荀子解蔽聽漠漠而以爲哅哅注無聲也亦即嘆字〔古韻〕楚詞遠遊叶漠壑

摹 mó 虞藥 規摹也从手莫聲字亦作摸方言十三摸撫也太元法摹法以中克注摹取也元圖規生三摹注摹而得之漢書揚雄傳三摹九據音義引字林廣求也高帝紀規摹宏遠矣韋昭曰如畫工未施采事摹之矣埤蒼摸索摸也捫孫即摸索之轉音叚借爲模廣雅釋詁四摹刑也太元元攡攔神明而定摹注數也東京賦規萬世而大摹注法也又爲幕方言一張小使大謂之廓陳楚之閒謂之摸又疊韻連語方言六抾摸猶言持去也

嫫 mó 虞 嫫母都醜也从女莫聲錯本古帝妃按都疑鄙之誤字亦作嫫作悔古今人表梅母黃帝妃生蒼林楚辭怨世嫫母勃屑而日侍荀子賦嫫母力父是之嘉也注醜女黃帝時人淮南說山嫫母有所美脩務嫫母仳倠也即荀子所謂嫫母倭傀善譽者不能掩其醜

蟆 má 麻 蝦蟆也从虫莫聲背有黑點身小能跳接百蟲作呷呷聲舉動極急與鼃𪓰諸皆別禮記月令反舌無聲釋文蔡伯喈云反舌蝦蟆也又蝦蟆掉尾肅肅則借爲夏馬字

墓 mù 遇 邱也从土莫聲爾雅釋文引說文兆域也廣雅釋邱墓冢也論衡譏日墓土也周禮墓大夫注冢塋之地禮記曲禮適墓不登

墓檀弓古也墓而不墳注墓謂兆域今之封塋也詩墓門有梅棘箋
因以宜陽之郭爲墓注葬也方言十三凡葬而無墳謂之墓聲訓釋
名墓慕也孝子思慕之處
也古韻左僖廿八叶舍墓

遇 募 廣求也从力莫聲荀子議兵招延募選王制謹募選閱材伎之
士注招也段借爲膜素問奇病論治之以膽募俞注胸腹曰募
又託名幖識字呂覽離俗務光負
石而沈于募水注讀千伯之伯

藥 鏌 鏌鋣也鎁本鏌釾大戟也从金莫聲漢書揚雄傳杖鏌邪而羅
者以萬計注大戟也後漢杜篤傳注鏌鋣大戟也史記干將之
雄戟吳王劍師干將所造一曰劍名廣雅釋器鏌鋣劍也荀子彊國
剖刑而莫邪已注古之良劍呂覽用民莫邪不爲勇者興淮南脩務
而不期於墨陽莫邪注美劍名皆
以莫邪爲之按莫邪亦疊韻連語

魚八名凡魚之派皆衍魚聲語居切

魚 魚 水蟲也象形魚尾與燕尾相似易中孚豚魚吉注魚蟲之隱者
也論衡指瑞魚木精儀禮特牲記魚十有五注魚水物以頭枚
數陰中之物取數于月十有五日而盈詩南有嘉魚禮記曲禮鮮魚
曰脡祭詩采薇象弭魚服傳魚皮也書大傳魚刀魚劍注魚兵如刀
劍也魚石注頭中石也荀子禮論無帾絲歶注或曰歶讀爲魚謂以
銅魚懸于池下禮記曰魚躍拂池字亦作歶按疑歶之誤字轉注淮
南脩務夫純鉤魚腸之始下型注文理屈辟若魚腸者良劍也段借
爲漁易繫辭傳以田以魚左隱五傳公將如棠觀魚者又爲吾列子
黃帝姬魚語汝又託名幖識字詩駉有驔有魚爾雅釋畜二目白魚
左閔二傳歸夫人魚軒服注魚獸名詩采薇陸疏魚獸之皮也廣雅
釋蟲魚伯青蚨也又水經濟水注魚山卽吾山也又重言形況字唐
韓愈詩魚魚雅雅古韻詩無羊叶魚旟韓奕叶屠壺魚蒲車且胥湑
叶沮魚駉叶
驔魚祛邪徂

虞 穌 把取禾若也从禾魚聲稈皮散亂把而梳取之廣雅釋詁一穌
取也今樵蘇字皆以蘇爲之段借爲寤廣雅釋詁一穌生也釋
言寤也別義廣
雅釋詁一滿也

虞 蘇 桂荏也从艸穌聲今謂之紫蘇段借爲穌漢書韓信傳樵蘇後
爨注取草也離騷蘇糞壤以充幃兮注取也淮南脩務蘇援世
事注猶索也管子法禁漁利蘇功注因少構多謂之蘇功又爲寤或
爲甦小爾雅廣名死而復生謂之蘇左襄十傳蘇而復上者三孟子
后來其蘇禮記樂記蟄蟲昭蘇注更息曰蘇又爲疏楚辭橘頌蘇世
獨立注寤也失之又爲須史記司馬相如傳蒙鶡蘇集解尾也東京

賦注凡下垂爲蘇又爲遡荀子議兵蘇刃者死又疊韻連語後漢東
夷傳注蘇塗之義有似浮屠又廣雅釋宮廜廝庵也通俗文屋平曰
廜廝字亦作廝又重言形況字易震蘇蘇馬注尸祿素餐皃鄭注不
安也王肅注躁動皃釋文疑懼皃古韻詩山有扶蘇叶蘇華都且

虞 魯 鈍詞也从白魚省聲按魚聲論語參也魯左傳魯人以爲敏禮
記檀弓容居魯人也釋名釋州國魯魯鈍也國多山水民性樸
魯也史記仲尼弟子傳冉耕字子魯文選贈五官中郎將詩小臣信
頑鹵以鹵爲之段借託名幖識字周書殷祝徙于魯注地名水經江
水注魯山古翼際山也詩閟宮乃命魯公按今山東兖州府曲阜縣
本奄國成王滅奄乃封魯公于此明堂位言地方七百里孟子所云
儉于百里蓋矯當時過制而爲此言非實錄也又莊子庚桑楚魯雞
固能矣向注大雞也釋文蜀雞也別義廣雅釋詁三魯道也然鄉傳
無訓道者豈詩魯道有蕩之道耶抑論語魯一變至於道之
道也古韻詩閟宮叶武緒野女旅父魯宇輔又叶嘏魯許宇

虞 蘆 蘆艸也可以束从艸魯聲或从鹵聲爾雅釋草蓾蘆是
郎說文之苴履中艸也漢書賈誼傳冠雖敝不以苴履

虞 櫓 大盾也从木魯聲或从鹵聲左襄十傳蒙之以甲以爲櫓
禮記儒行禮義以爲干櫓家語注大楯非漢書司馬相如
傳泰山爲櫓廣雅釋器櫓盾也過秦論流血漂鹵以鹵爲之別義釋
名釋船在旁曰櫓櫓旅也用旅力然後舟行也字亦作艣段借爲樐
實爲樐漢書劉屈氂傳以牛車爲櫓注望敵之樓也左成十六傳巢
車注車上爲櫓疏櫓澤中守草樓也釋名釋宮室櫓露也露上無屋
覆也切韻城上守禦曰櫓按此皆樐字之沿誤形近致淆耳古韻禮
記儒行叶櫓處所管子輕重乙叶弩戟櫓周書大明武叶暑處貢女
下解樂武
土櫓寡

魚 鱻 二魚也按从二魚會意魚亦
聲易剝貫魚蓋連行之皃

魚 灋 捕魚也从鱻从水會意按鱻亦聲此大篆也小篆从魚
亦聲古讀如語字亦作𢿌作𢿌禮記月令命漁師伐蛟命
漁師始漁詩魚麗傳獺祭魚然後漁淮南說林漁者走淵原道朞年
而漁者爭處湍瀨漢書地理志舜漁靁澤王莽傳以漁采爲業轉注
管子法禁漁利蘇功漢書宣帝紀欲其毋侵漁百
姓何竝傳以氣力漁食閭里古韻易繫詞叶罟漁

舁三名凡舁之派皆衍舁聲以居切

魚 舁 共舉也从臼从廾會意讀若余謂眾人舉之左傳使五
人舉輿豭從己以輿爲之轉注爲眾意經傳皆以輿爲之

魚 輿 車輿也从車舁聲字亦作轝按車中受物之處廣六尺六寸深
四尺四寸大車謂之箱箱謂之轅亦曰車牀也考工輿人爲車

廣雅釋詁二輿載也易大壯壯于大輿之腹困困于金轝孟子今乘輿已駕矣又左成二傳司馬司空輿師注主兵車魯語敢𢹂輿師又漢書淮南王安傳案輿地圖注猶盡載之意史記弟子傳曾參字子輿公西輿如字子上轉注南方宿鬼四星似櫃中有積尸氣白故曰輿鬼假借爲舁禮記曾子問遂輿機而往疏猶抗也漢書虞助傳輿轎而隃領又廣雅釋詁三輿多也周禮輿司馬注眾也左昭七傳皁臣輿服注眾也佐皁轝眾事也僖廿八傳聽輿人之謀哀廿四傳使求從輿人公羊昭二十傳注世子卒輿守國又雙聲連語爾雅釋草𦶜車乞輿香草也又疊韻連語呂覽淫辭前呼輿謣注或作邪謣又託名幖識字爾雅釋鳥輿鵛鶿怪鳥之屬又禮記玉藻大夫側尊用棜注棜斯禁也無足有似於棜是以言棜儀禮特牲禮棜在其南注棜之制如今大木轝矣上有四周下無足字亦作棜聲訓釋名輿轝也古韻詩權輿叶乎渠餘輿

魚 **轝** 對舉也从手輿聲謂兩人舉之音誤讀如鍵

于三十八名凡于之派皆衍于聲 羽居切

虞 **于** 於詞也象气之舒亏从丂从一一者其气平也指事論語引書孝于惟孝詩崧高于邑于謝左宣二傳于思于思注多鬚之皃荀子勸學于越夷貉之子漢書貨殖傳譬猶戎翟之與于越注戎蠻之語則然于越猶言句吳耳書呂刑王曰吁以吁爲之假借爲乎呂覽審應然則先王聖于又爲捕孟子殺越人于貨詩七月晝爾于茅二之日于耜一之日于貉或曰借爲轝亦通又爲吳淮南原道于越生葛絺又爲訏禮記檀弓于則于疏謂廣大尚書大傳名曰朱于注大也方言一于大也于通語也又爲紆禮記文王世子況于其身以善其君乎注讀爲迂論語子之于也鄭注枉也又爲曰詩六月王于出征左宣十二傳于民生之不易儀禮聘禮記在聘于賄爾雅釋詁于曰也于曰雙聲又爲如詩桃夭之子于歸雨無正維曰于仕往也又疊韻連語公羊哀六傳陳乞使人迎陽生于諸其家注于諸置也齊人語也莊子齊物論前者唱于而隨者唱喁李注于喁聲之相和也魏大饗碑于赫斯怒又雙聲連語詩于嗟乎騶虞箋美之也又重言形況字莊子應帝王其覺于于司馬注無所知皃太元飾白舌于于注多難之皃也又託名幖識字考工鳧氏銑閒謂之于司農注鐘脣之上袪也大荒西經成湯伐夏桀于章山注于章山名後漢馬融傳格韮菹于注于軒于也一名蕕生於水中按廣成頌用儀禮葵菹芋也

虞 **玗** 石之似玉者从玉于聲爾雅醫無閭之珣玗琪穆天子傳玗琪海內西經開明北有玗琪樹按書所謂夷玉也詩著尚之以瓊

華乎而以華爲之字亦作瑀西山經小華之山其陽多㻬琈之玉

虞 遇 **芋** 大葉實根駭人故謂之芋也从艸于聲按蹲鴟也亦曰芋渠馬融廣成頌蘘荷芋渠史記項羽本紀士卒食芋菽又廣雅釋草水芋烏芋也按今俗謂之茨菰又儀禮士喪禮其實葵菹芋注齊人或名全菹爲芋假借爲憮爲宇詩斯干君子攸芋又爲訏方言十二芋大也聲訓說文駭人故謂之芋謂取訏大之意吁驚之聲古韻詩斯干叶除去芋

虞 **吁** 驚也从口于聲書堯典帝曰吁嚚訟可乎傳疑怪之辭呂刑王曰吁來傳歎也禮記檀弓曾子聞之曰吁釋文吹氣聲也法言君子吁是何言歟注駭歎之聲東京賦曰吁漢帝之德假借爲忏詩卷耳云何吁矣傳憂也又爲歔尚書大傳賜盛則吁荼萬物而養之外也注吁荼氣出而溫亦疊韻連語又雙聲連語史記伯夷傳吁嗟徂兮小爾雅廣訓吁嗟嗚呼也又發聲之詞方言十二吁然也廣雅釋詁一吁磨也古韻詩卷耳叶砠瘏痡吁

虞 **迂** 避也从辵于聲按僻遠也書盤庚迂乃心傳僻也論語子之迂也皁疏遠也晉賓戲彼豈樂爲迂闊哉呂覽先己寡人以爲迂言也假借爲紆周語郤犨見其語迂注迂回加誣于人晉語不度而迂求注邪也後漢蔡邕傳注迂曲也又爲謣史記孝武紀事如迂誕漢書五行志叔迂季伐注夸誕也郊祀志然則怪迂阿諛苟合之徒又疊韻連語太元羨其次迂塗注曲縈之皃別義說文迂避也按避回也

虞 **訏** 詭譌也从言于聲齊楚謂信曰訏玉篇引說文齊楚謂大言曰訏是也字與誇略同轉注詩溱洧洵訏且樂生民實覃實訏抑訏謨定命傳皆本爾雅訓大方言一訏大也中齊西楚之間曰訏詩韓奕川澤訏訏傳大也亦重言形況字假借雙聲連語說文一曰訏蓍館吁嗟字古韻詩生民叶去呱訏路韓奕叶土訏甫噳虎

虞 **靬** 輨內環靼也从革于聲按輨耆車駕具其內有鞢革以環之曰靬

虞 **盱** 張目也从目于聲易盱豫悔疏謂睢盱漢書王莽傳盱衡厲色注盱衡舉眉揚目也魏都賦乃盱衡而語曰注舉眉大視也荀子非十二子盱盱然莊子寓言而睢睢而盱盱注跋扈之皃亦重言形況字假借爲忏詩何人斯云何其盱都人士云何盱矣箋病也爾雅釋詁盱憂也又爲訏易盱豫王肅注大也漢書谷永傳廣盱營表晉灼曰大也又託名幖識字公羊昭三十一傳有子焉謂之盱又爾雅釋草盱虺牀郭蛇牀也又重言形況字廣雅釋訓盱盱元氣也劇秦美新權輿天地未祛睢睢盱盱魯靈光殿賦鴻荒朴略厥狀睢盱

yǔ 宇　yú 邘　huā 𠌶　wū 杅　yú 盂　yú 竽

【別義】說文一曰朝鮮謂盧童子曰盱。方言二：驢瞳之子謂之矊，燕代朝鮮洌水之閒曰盱。疑今俗眸子字爲盱之譌。【古韻】詩都人士叶餘旟盱，何人斯叶舍車盱。

竽 虞　竹三十六簧也。按管樂也。三十六管，長四尺二寸，管有簧。从竹于聲。周禮笙師掌教龡竽笙塤籥。呂覽仲夏調竽笙壎篪，注：竽，笙之大者，以匏爲之。荀子正名調竽奇聲以耳異，注：竽，八音之首，笙類，所以導衆樂者。釋名竽以匏爲之，竽亦是也，其中汙空以受簧也。

盂 虞　飲器也。从皿于聲。鉉本作飯器。方言五：盌謂之盂。漢書東方朔傳置守宮盂下，注：若盔而大。答客難安于覆盂。【叚借】爲邘。左定八傳劉子伐盂，本鄭地，後爲周地。又託名幖識字。左文十傳宋公爲右盂，鄭伯爲左盂，注：田獵陳名。又傳廿一年會于盂，宋地，在今河南歸德府睢州，穀梁作雩，公羊作霍。昭廿八傳盂丙爲盂大夫，哀四傳盂壷口，晉地，今山西平定州盂縣。哀十四傳太子蒯聵獻盂于齊，衛邑，按在東境。又襄廿二傳鄭石盂，字奐。

杅 虞 虞　所以涂也。秦謂之杇，關東謂之槾。从木于聲。字亦作杇，亦作圬。今其器有鐵有木。趙策豫讓刃其杇。經傳亦以徐爲之，字作塗。【轉注】涂之亦曰杇。論語不可杇也。又左襄三十一傳圬人以時塓館公室。【叚借】爲盂。儀禮既夕兩敦兩杅，注：杅盛湯漿。又禮記玉藻出杅履蒯席，注：浴器也。又爲表。公羊宣十二傳杅不穿，舊說是杅字，若今食帒矣。又爲窊。史記孔子世家生而首上圩頂，索隱：言頂上窊也。又重言形況字。荀子儒效是杅杅亦富人矣，注：自足之皃。又託名幖識字。西山經黑水西流于大杅，注：山名。

說文通訓定聲　豫部弟九　圭

𠌶 虞　草木華也。从𠂹于聲。或从艸夸聲，字亦作蘤，俗作花。按𠌶與葩雖从艸，亦艸木之通名，猶朶雖从木，亦艸木之通名也。與華爲開花字微別。莊子折楊皇荂，吳都賦異荂蘛蘛，漢書張衡傳百卉含蘤，注：蘤，古花字也。經傳皆以華爲之。【轉注】爾雅釋草芙蓟其實荂，注：芙與蓟莖頭皆有蘤臺，名荂，荂即其實也。【叚借】爲華。爾雅釋草華荂也，華荂榮也。方言一：荂，晠也。廣雅釋草荂華也。又託名幖識字。爾雅釋地秦有楊陓，字亦作陓，淮南作紆，呂覽正作華。【古韻】文子上德叶枯荂。

邘 虞　周武王子所封，在河內野王是也。从邑于聲。又讀若區。在今河南懷慶府河內縣西北。尚書大傳文王受命之二年伐邘，是邘本殷諸侯，周滅之。左傳邘晉應韓武之穆也。隱十一傳王取鄔劉蔿邘之田于鄭。定八傳劉子伐盂，以盂爲之。

宇 虞　屋邊也。一切經音義引說文屋檐也。从宀于聲。籀文禹聲。易繫辭傳上棟下宇。詩七月八月在宇，釋文：屋四垂爲宇。

wū 汙　xū 忓　yū 尪　kuā 夸　yú 衧

儀禮士喪禮置于宇西階上。楚辭招魂高堂邃宇。漢書郊祀志五帝廟同宇。淮南覽冥而燕雀佼之，以爲不能與之爭於宇宙之閒。【轉注】三蒼：四方上下曰宇，古往今來曰宙。呂覽下賢神覆宇宙，注：四方上下曰宇，以屋喻天地也。東京賦威振八寓，注：八方區宇也。又德寓天覆，注：猶蓋也。左昭四傳失其守宇，注：于國則四垂爲宇。詩緜聿來胥宇，閟宮大啓爾宇，周語使各有寧宇，越語而爲敝邑宸宇，離騷爾何懷乎故宇，淮南俶眞徙倚于汗漫之宇。又考工輪人爲蓋上欲尊而宇欲卑，注：隤下曰宇。又荀子儒效君子言有壇宇。又莊子庚桑楚宇泰定者發乎天光，王注：器宇也。又爾雅釋詁宇大也。荀子非十二子喬宇嵬瑣。【叚借】疊韻連語。水經江水注望帝者杜宇也。【聲訓】廣雅釋詁二：宇，凥也。楚辭招魂其外曠宇些，注：野也。釋名宇羽也，如鳥羽翼自覆蔽也。詩桑柔念我土宇，傳：居也。儀禮士喪禮注宇梠也。【古韻】詩七月叶股羽野宇戶下鼠處，桑柔叶宇怒處圉，閟宮叶武緒野女旅父魯宇輔，離騷叶女汝宇惡，又叶下宇佇妒馬女，楚辭招魂叶宇臺，荀子雲賦叶下鉅矩禹寓，秦碣石刻石叶宇阻撫序所矩。

衧 虞　諸衧也。从衣于聲。按大掖衣如婦人袿衣也。後漢書諸于繡䘿，以于爲之。諸衧亦疊韻連語。

夸 麻　奢也。从大于聲。廣雅釋詁一：大也。荀子仲尼貴而不爲夸，注：奢侈也。呂覽下賢富有天下而不騁夸，注：誇而自大也。史記屈賈傳夸者死權，集解：奏也。漢書司馬相如傳夸條直暢，注：張布也。【叚借】爲誇。周書謚法華言無實曰夸。呂覽本生非夸以爲名也，注：虛也。史記劉敬叔孫通傳此宜夸矜，集解：張也。又爲洿。按方言十二：夸，烴也。又爲華。舞賦夸容乃理，注：猶美也。又爲蠖。洪範五行傳華孼，注：夸蝸蟲之生于土而游于土者。又爲侉。淮南脩務形夸骨佳，注：弱也。詩無爲夸毗，爾雅釋訓夸毗體柔也，注：屈已卑身以柔順人也。後漢崔駰傳注謂佞人足恭善爲進退，字亦作𡗝䠷，按當爲侉此字。或曰以籧篨戚施例之，借爲紆紕，亦通。又疊韻連語。海外北經夸父與日逐走入日，注：神人之名。呂覽求人夸父之野，注：獸名。淮南墬形夸父棄其策，注：神獸，一曰仙人。北山經梁渠之山有鳥焉，其狀如夸父，注：或作舉父。【古韻】呂覽權勲叶倨夸。【轉音】鶡冠世兵叶夸何。

說文通訓定聲　豫部弟九　畲

尪 虞　股尪也。从允于聲。謂紆詘。

忓 虞　憂也。从心于聲。讀若吁。詩以吁盱字爲之。

汙 虞 麻 遇　薉也。一曰小池爲汙。从水于聲。按與淤略同，字亦作汚。廣雅釋詁三：汙，濁也。經傳亦以徐爲之，字作塗。【轉注】孟子暴君汙吏，注：貪吏也。賈子道術放理潔靜謂之行，反行爲汙。荀子彊國其聲樂不流汙，注：濁也。正論流淫汙漫，注：穢行也。僞允征舊染汙俗，釋文：洿泥

亏(于)

hūa 華　yū 紆　wū 弙　yū 扜　yú 雩

著物也或曰借爲𣴎亦通又左傳川澤納汙隱三傳潢汙行潦之水潢注水不流謂之汙周語猶塞川原而爲潢汙也注大曰潢小曰汙呂覽達鬱水鬱則爲汚注水淺不流曰汚荀子王制汙池淵沼川澤注汚水之處史記老莊申韓傳汚瀆之中自快索隱小渠也又詩葛覃薄汚我私傳煩也汚之爲澣猶槁之爲犒息之爲止也左昭元傳處不避汚注勞事段借爲宖禮記檀弓道汙則從而汙注猶殺也荀子非相終身不免埤汙傭俗注下也莊子齊物論似汚者注汚下淮南說山文王汚膺注陷胸也又爲宧禮記禮運汙尊而杯飲注鑿地爲尊也又爲窪大戴少閒汙池土察又爲誇孟子汙不至阿其所好注下也丁音不平皃皆失之又爲紆左成十四傳盡而不汙釋文曲也漢書鄒陽傳回面汙行注曲也又爲柄說文一曰涂也又爲夵淮南原道蹟蹈于汚壑穿陷之中注大壑又爲夸大戴子張問入官羣臣服汙矣注濫也又疊韻連語史記滑稽傳汙邪滿車集解下地田也〔聲訓〕廣書鼂錯傳注汙惡也〔古韻〕左宣十五叶汙瑕

虞 **雩** 夏祭樂于赤帝以祈甘雨也从雨于聲或从羽雩羽舞也按爲壇南郊之旁旱祭故从雨周禮司巫則帥巫而舞雩鼓師翌舞舞旱暵之事爾雅釋訓舞號雩也故或从羽左傳龍見而雩廣雅釋天雩禜祭水旱也禮記祭法作雩宗誤字公羊桓五傳大雩者何旱祭也注使童男女各八人舞而呼雨故謂之雩〔別義〕爾雅釋天螮蝀謂之雩〔段借〕託名幖識字穀梁僖廿一會于雩注宋地或爲宇按左氏作盂今河南歸德府睢州有盂亭〔聲訓〕月令大雩帝注雩吁嗟求雨之祭也論語風乎舞雩皇疏雩吁也春秋考異郵雩者吁嗟求雨之聲左桓五服注雩遠也遠爲百穀求膏雨也雩遠雙聲

虞 **扜** 指麾也从手于聲方言十二扜揚也〔段借〕爲弙山海經扜弓射黃蛇

虞 **弙** 滿弓有所向也从弓于聲廣雅釋詁一弙張也

虞 **紆** 詘也从糸于聲一曰縈也考工矢人中弱則紆注曲也梓人連行紆行注紆行蛇屬淮南本經盤紆刻儼高唐賦水澹澹而盤紆分注回也楚辭惜誦心鬱結而紆軫東京賦紆皇組注垂也〔轉注〕廣雅釋詁三紆索也〔段借〕雙聲連語楚辭憂苦志紆鬱其難釋注屈也漢書楊雄傳超紆譎之清澄注曲折也〔古韻〕楚辭悲回風叶紆娛居

麻 **華** 榮也从艸从𠌶會意按𠌶亦聲開花謂之華與花朵之𠌶微別爾雅釋艸木謂之華草謂之榮又云蕍芛葟華榮釋言華皇也葟皇卽說文之𩁹字則華雖从艸亦艸木之通名矣禮記月令桃始華桐始華〔轉注〕禮記曲禮爲國君者華之注中裂之又魯語以德榮爲國華注榮華也淮南墬形末有十日其華照地注光也方言一華晠也離騷就重華而敶詞書傳訶文德又七命於是衘華大夫聞而

kuà 胯　kuā 誇　kuà 跨　kuà ⿰足荂　huà 崋

造焉注浮華也後漢馬融傳華譽注虛譽也又漢書五行志華者色也書顧命華玉仍几傳彩色又稷華蟲傳象草華詩著尚之以瓊華乎而箋石色似瓊也禮記玉藻大夫元華注黃色也檀弓華而睆注畫也後漢崔駰傳華顛注白首也穆天子傳右服華騮注色如華而赤今名棗騮字亦作驊作𩧐作蘬景福殿賦華表注謂華飾屋外之表也上林賦建翠華之旗注葆也東京賦鏐華鍾注謂有篆刻文又龍螭華轙注采畫也楚辭傷時顧章華兮太息注楚臺名謬諫黿鼉游乎華池注芳華之池也漢書司馬相如傳華榱璧璫注彫畫之也又素問異法方宜論其民華食而脂肥注謂鮮美又左定十傳夷不亂華疏中國有禮儀之大故稱夏有服章之美謂之華〔段借〕爲𠌶詩皇皇者華爾雅權黃華禮記月令鞠有黃華呂覽本味壽木之華漢書司馬相如傳注華蕊也又爲瓠禮記郊特牲天子樹瓜華注果蓏也又爲蠵爲咼周禮形方氏無有華離之地注讀爲㼌哨之㼌或曰借爲𢓊亦通又爲嶨禮記中庸載華嶽而不重爾雅釋草華山有之莊子天地堯觀乎華又爲蠖按洪範五行傳時則有華孼又託名幖識字南都賦華薌重秬注鄉名也蜀都賦卻背華容注水名東京賦植華平於春圃注瑞木也〔古韻〕詩桃夭叶華家何彼襛矣叶華車山有扶蘇叶蘇華都且出車叶華塗居書著叶著素華〔轉音〕宋玉舞賦叶華波羅

說文通訓定聲　豫部弟九

禡 **崋** 崋山也在宏農華陰从山𠌶聲在今陜西同州府華陰縣南十里經傳皆以華爲之爾雅河南華又華山爲西嶽周禮職方氏其山鎮曰華山水經注華山古之惇物山也又渭水注華山遠而望之又若華狀西山經太華之山削成而四方又小華之山注卽少華山莊子天下作爲華山之冠注華山上下均平禮記中庸載華嶽而不重秦策見說趙王於華屋之下注華屋夏屋又云山名又周憬碑陰耒陽華蓋按字作𦾓誤爲華〔聲訓〕風俗通崋者華也白虎通華之爲言穫也言萬物成熟可得穫也

禡 **⿰足荂** 踞也从足荂聲荂或𠌶字

禡 **跨** 渡也从足夸聲張兩股越渡晉語不跨其國注猶據也西京賦跨谷彌阜注越也上林賦跨壄馬注騎之也〔段借〕爲⿰足荂一切經音義引俗典江南謂開膝坐爲跘跨山東謂之甲趺又爲誇列子楊朱而欲尊禮義以跨人釋文本作夸

麻 **誇** 譀也从言夸聲通俗文自矜曰誇字林大言也管子白心萬物均既誇衆矣注大也〔段借〕重言形況字廣雅釋訓誇誇切切也又釋言誇諏也按諏之誤字

過禡 **胯** 股也从肉夸聲按兩股之閒也廣雅釋言胯奎也史記淮陰侯傳出我胯下一作袴漢書不能出跨下以跨爲之

chū 樗　yú 謣　hù ⿱汙女　kù 絝　wū 洿　kuā 侉　hù 瓠　kū 刳

虞 **刳** 判也。从刀，夸聲。書泰誓疏引説文：刳，判也。廣雅釋詁三：屠也。方言十二：狄也。按：借狄爲剔。禮記内則：刲之刳之。僞泰誓：刳剔孕婦。易繫辭傳：刳木爲舟。【轉注】蕪城賦：刳濬洫。注：謂除消其土也。【假借】爲夸。莊子天地：君子不可以不刳心焉。崔本作軒。

虞遇 **瓠** 匏也。从瓜，夸聲。有甘苦二種。詩：甘瓠纍之。今蘇俗謂之壺盧。瓠卽壺盧之合音。碩人：齒如瓠犀。傳：瓠瓣。爾雅釋草：瓠棲瓣。注：瓠中瓣也。今謂之子。又廣雅釋器：瓠，瓢也。此苦不中食者。【假借】爲壺。爾雅釋器：康瓠謂之甈。注：壺也。史記屈賈傳：斡棄周鼎兮而寶康瓠。又疊韻連語。莊子逍遥遊：則瓠落無所容。司馬注：布護也。簡文注：猶廓然也。又託名幖識字。後漢明帝紀注：瓠子，隄名也。水經濟水注：瓠口所謂瓠中也。爾雅以爲周焦穫矣。

麻 **侉** 備詞。从人，夸聲。謂疲憊之詞也。爾雅釋訓：夸毗，體柔也。疑以夸爲之。按字亦作遷。太元元瑩：古者不遷不虞，漫其思慮。注：遷，恕也。字又作恗。廣雅釋詁四：恗，快也。

虞遇 **洿** 濁水不流也。从水，夸聲。一切經音義十八引説文：濁水不流池也。廣雅釋詁三：洿，濁也。又：聚也。孟子：數罟不入洿池。漢書敘傳：振拔洿塗。注：停水也。【轉注】左文六傳：治舊洿。注：治理洿穢。漢書貢禹傳：洿朝之臣也。外戚傳：洿沫悵兮。注：洿沫，涕洟也。【假借】爲淤。釋名釋言語：汙，洿也。如洿泥也。又爲注。廣雅釋詁三：洿，深也。楚辭天問：川谷何洿。注：洿，猶滲也。淮南精神：其在洿也。注：洿水，猶潦水也。又爲夸。嘯賦：大而不洿。注：洿，漫也。又爲宊。説文一曰宊下也。爾雅釋邱注：頂上洿下者。【古韻】楚詞天問叶錯洿故。

説文通訓定聲　豫部第九　七十

遇 **絝** 脛衣也。从糸，夸聲。字亦作袴。今蘇俗謂之套褲。古又名襗，若滿襠褲古曰幝，曰幒。方言四：袴，齊魯之閒謂之𧝓，或謂之襱。史記淮陰侯傳：出我袴下。一作胯。【轉注】上林賦：絝白虎。注：謂絆絡之也。【聲訓】釋名：絝，跨也。兩股各跨別也。

虞 **⿱汙女** 妄鹵貪也。从女，汙聲。按：亦疊韻連語，經傳皆以汙爲之。

虞 **謣** 妄言也。从言，雩聲。或从夸聲。【假借】爲訏。方言十二：謣，然也。廣雅釋詁一：謣，譽也。

魚鐸藥 **樗** 樗木也。从木，雩聲。説文樗、檴二篆互譌，今从段氏玉裁訂正。今之臭椿樹也。析薪用之。有一種葉香者可食。詩七月：采荼薪樗。我行其野：蔽芾其樗。傳：惡木也。莊子逍遥遊：人謂之樗。【假借】託名幖識字。廣雅釋蟲：樗鳩，樗鷄也。又史記樗里子傳索隱引紀年作楮里疾。又疊韻連語。五木也。博物志：樗蒱，老子入胡作之。用摴，今人擲之爲戲也。説文新附：摴，舒也。字亦作摴。【古韻】詩七月叶瓜壺苴樗夫。我行其野叶樗居家。

xǔ 詡　yù ⿱雨羽　yǔ 羽　huá 茉　huā 譁

麻 **譁** 讙也。从言，華聲。晉語：士卒在陳而譁。注：囂也。楚語：若夫譁囂之美。吴語：三軍皆譁釦以振旅。注：讙呼也。【假借】爲匕。方言三：譁，化也。廣雅釋詁三：譁，匕也。

茉一名　五瓜切

虞麻 **茉** 兩刃臿也。从木，丫象形。宋魏曰茉也。或从金于聲。字亦作鏵，作鋘。方言五：臿，宋魏之閒謂之鏵。廣雅：鏵，鍫也。吴越春秋：夫差夢兩鋘殖吾宫牆。後漢獨行戴就傳：又燒鋘斧。【聲訓】釋名：鏵，刳也。刳地爲坎也。

羽五名，凡羽之派皆衍羽聲。　王矩切

麌 **羽** 鳥長毛也。象形。或曰羽字、弱字俱从竝彡。家語執轡：羽蟲三百六十而鳳爲之長。又周禮舞師：教羽舞。注：析白羽爲之，形如帗也。左隱五傳：初獻六羽。又考工鍾氏：染羽。注：所以飾旌旗及王后之車。又爲石仲容與孫皓書：羽檄燭日。七命：屯羽隊於外林。注：士負羽而爲隊也。又天文志：虛危南有衆星曰羽林軍。又楚辭招魂：寶羽觴些。注：翠羽也。又後漢李章傳：羽衣。注：緝鳥羽以爲衣也。又禮記仲尼燕居：徹以振羽。注：樂章也。振鷺。又淮南原道：胡羽民。注：南方羽國之民。又釋名：矢，其旁曰羽，鳥須羽而飛，矢須羽而前也。鮑照詩：陷我一白羽。注：矢名。又呂覽離俗：羽有動靜。注：釣浮也。【轉注】太元：翕其羽。注：羽，朋友之用，美稱相翼之謂也。呂覽舉難：三士羽翼之也。注：佐之。【假借】爲紆。考工弓人：弓而羽閷。注：讀爲扈，緩也。又託名幖識字。書舜典：殛鯀于羽山。馬注：東裔也。按：當在山東蓬萊縣東海中。禹貢：蒙羽其蓺。鄭注：二山名，則在山東沂水縣，接江蘇贛榆縣界。又禮記月令：其音羽。樂記：羽爲物。漢書律厤志：羽爲水。爾雅釋樂：羽謂之柳。按：説文有⿱雨羽字，水音也，俗。【聲訓】風俗通聲音：羽者，宇也。物聚藏宇覆之也。白虎通禮樂：羽者，紆也。五行：羽之爲言舒，言萬物始孳。【古韻】詩燕燕叶羽野雨。雄雉叶羽阻。鴇羽叶羽栩盬黍怙所。宛丘叶鼓下夏羽。東山叶羽馬。七月叶股羽野宇戶下鼠處。鴻鴈叶羽野寡。有瞽叶瞽虡羽鼓圉舉。禮記月令叶柘羽。又叶鼓羽敔。

説文通訓定聲　豫部第九　六十

麌 **⿱雨羽** 水音也。从雨，羽聲。按：當爲羽之俗字，姑係于此。春秋繁露五行五事：雨者，水氣也，其音羽也。俗本此而製字。宫商角徵羽皆託名幖識字，必無羽音獨有正字之理。或曰：流水之音，非五音之羽，爲水也。存疑。

麌 **詡** 大言也。从言，羽聲。禮記少儀：會同主詡。注：謂敏而有勇。疏：敏，大言語。【轉注】禮器：德發揚，詡萬物。注：猶普也，徧也。廣雅釋訓：詡詡，大也。亦重言形況字。【假借】爲嫵。漢書張敞傳：眉嫵。注：北方人謂嫵好爲詡。

麌 栩 柔也从木羽聲其實阜斗一曰樣按卽柞櫟木也詩鴇羽集于苞栩東門之枌宛丘之栩假借重言形況字莊子齊物論栩栩然胡蝶也釋文喜皃古韻詩鴇羽叶羽栩盬黍怙所東門之枌叶栩下

麌 ⿰羽阝 南陽舞陰亭从邑羽聲在今河南南陽府庾信賦栩陽亭有離別之賦豈其地歟

雨二名凡雨之派皆衍雨聲王矩切

麌 遇 雨 水从雲下也一象天冂象雲水霝其閒也古文亦象形春秋元命苞陰陽和而爲雨淮南天文天地之含氣和者爲雨易小過密雲不雨虞注陽上薄陰陰能固之然後烝而爲雨書洪範曰雨鄭注雨木氣也兆之體氣如雨然也詩大田興雨祁祁顏氏家訓曰湌已是陰雲何勞復云興雲祁祁耶雲當爲雨俗寫誤耳按作雲是也雨自上下不可言興詩韓奕祁祁如雲祁祁正是雲皃周禮大宗伯槱燎祀風師雨師司農注畢也海外東經雨師妾在其北注雨師謂屏翳也左傳凡雨自三日以往爲霖河圖帝通紀雨者天之施也素問陰陽應象大論天氣下爲雨轉注春秋繁露玉英螽墜謂之雨聲訓釋名雨羽也如鳥羽動則散也又雨者輔也言輔時生養也廣雅釋天雨禦也春秋繁露五行五事雨者水氣也其音羽也管子形勢解雨濡物者也古韻詩燕燕叶羽野雨蝃蝀叶雨父句中韻谷風叶雨怒微荀叶䲡雨鴟鴞叶雨土戶予正月叶雨輔予谷風叶雨女予小旻叶土野暑苦雨罟斯干叶雨鼠句中韻易小畜叶雨處

語 黍 禾屬而黏者也从禾雨省聲孔子曰黍可爲酒禾入水也則謂从禾大水會意按黍糜屬而黏者宜爲酒及飷餈酏粥今北方謂之黃米色黃于糜糜宜爲飯禮記月令天子乃以雛嘗黍注黍火穀曲禮黍曰薌合假借爲䵝呂覽權勳操黍酒而進之注酒器也受三升曰黍或云借爲盂又託名幖識字荀子性惡繁弱鉅黍古之良弓也史記作拒來聲訓說文以大暑而穜故謂之黍齊民要術黍者暑也穜者必待暑春秋說題辭黍者緒也故其立字禾入米爲黍古韻詩碩鼠叶鼠黍女顧土所鴇羽叶羽栩盬黍怙所豐年叶黍秭宮叶黍秬土緒句中韻詩黍苗叶黍叶黍又詩楚茨叶黍與句中韻

禹九名凡禹之派皆衍禹聲王矩切

麌 禹 禹蟲也从内象形古文亦象形字亦作蝺假借爲梁考工輪人故書禹之以眡其匡也又託名幖識字夏后氏以爲名楚辭天問伯禹腹鯀注鯀子也書堯典引謚法淵源流通曰禹淮南氾論禹之時以五音聽治注受禪成功曰禹又左昭三十年徐子章禹奔楚穀梁作羽又爲偊登徒好色賦旁行蝺僂今本作踽亦雙聲連語又單辭形況字淮南書然而視之蝺焉好皃聲訓風俗通禹者輔也廣雅釋詁四禹舒也古韻周書太子晉叶下禹荀子雲賦叶下鉅矩禹寓

麌 瑀 石之次玉者从玉禹聲詩女曰雞鳴雜佩箋珩璜琚瑀按上珩下璜衝牙之中用之與玼珠相閒大戴記保傅琚瑀以雜之注琚瑀總曰玭珠而白者曰璫或曰瑀美玉字亦作瑀吳志薛綜字子瑀

麌 萬 萬艸也从艸禹聲假借爲梁考工輪人萬之以眡其匡也又古今人表師氏萬詩作楀五行志作𢶜蝺字

麌 齲 齒蠹也从牙禹聲或从齒釋名齲齒朽也蟲齧之齒缺朽也廣雅釋詁一齲病也史記齊中大夫病齲齒後漢梁冀傳注齲齒笑者若齒痛不忻忻別義玉篇齲齒重生也

麌 踽 疏行皃从足禹聲字亦作偊西京賦奎踽盤桓注奎踽開足也詩杕杜獨行踽踽傳無所親也廣雅釋訓踽踽行也列子力命偊偊而步亦皆重言形況字假借爲傴漢書東方朔傳行步偊旅注曲躬皃登徒子好色賦旁行踽僂古韻詩杕杜叶杜湑踽父

麌 楀 楀木也从木禹聲假借託名幖識字詩十月之交楀維師氏古今人表作萬五行志作𢶜从手

麌 鄅 妘姓之國从邑禹聲讀若規榘之榘春秋傳曰鄅人藉稻按鄅國後屬魯魯有其地名啓陽哀三年城啓陽是也在今山東沂州府蘭山縣北

麌 䨞 雨皃方語也从雨禹聲讀若禹鍇本若瑀集韻引韻集北方謂雨䨞聲訓廣雅釋詁四䨞舒也

麌 䎔 張耳有所聞也从耳禹聲廣雅釋詁一䎔驚也

与十六名凡与之派皆衍与聲余呂切

語 与 賜予也一勺爲与會意此与與同小徐袪安篇與予皆同按經傳皆以與以予爲之

魚 語 御 與 黨與也从舁从与按与聲古文从𠬞从与西征賦託與國於亡虞齊策君不與勝者而與不勝者注猶助也莊子大宗師孰能相與於無相與釋文猶親也周禮太卜三曰與注謂所與共事也禮記曲禮生與來日按猶交也連下知生知死爲一章注與猶數也謂成服斂殯事失之齊語桓公知天下諸侯多與己也注從也轉注論語惟我與爾有是夫釋文及也公羊襄廿九傳與季子同母者四注并也淮南墬形蛤蟹珠龜與月盛衰注隨也報任少卿書而世俗又不與能死節者次比注如也史記夏本紀與益予衆庶稻

鮮食索隱同也莊子養生主人之貌有與也注兩足共行曰有與又禮記射義與爲人後者注猶寄也儀禮士昏禮記我與在注猶兼也禮記王制六十不與服戎注及也穀梁僖十九傳因邾以求與之盟注厕豫也儀禮士虞禮主人不與注古文與爲豫〔叚借〕爲許論語惟我與爾有是夫皇疏許也孟子罕言利與命與仁皇疏言語許與之也淮南天文聖人不與也注猶說也又爲与周書謚法愛民好與曰惠注施也荀子富國其於貨財取與計數也注謂賜與詩皇矣此維與宅漢書作予又爲予方言十二與操也又爲歟論語然非與皇疏不定之詞也荀子子道衣與繆與不女聊又爲譽廣雅釋詁四與譽也又助語之詞周語其與能幾何晉語將與幾何又重言形況字論語與與如也皇疏猶徐徐也詩楚茨我黍與與箋蕃廡皃又單辭形況字詩伐木釃酒有藇傳美皃字亦作藇玉篇作醧又莊子大宗師與乎其觚而不堅也釋文疑皃又託名幖識字爾雅釋鳥與鵛樊孫本作鸒又疊韻連語廣雅釋草蕍萸署預也又雙聲連語禮記曲禮定猶與也釋文本作豫又廣雅釋詁一與生也則與之誤字又書舜典伯與古今人表作柏譽〔聲訓〕廣雅釋言與如也易象傳物與无妄虞注舉也秦策不如與魏以勁之注猶助也〔古韻〕詩江有汜叶渚與處伐木叶許藇羜父顧楚茨叶黍與句中韻左襄三十一叶褚伍與離騷叶與莽序暮叶與予呂覽樂成叶賦貯與鬼谷子內揵叶御去與文子符言叶與助輔又叶譽與原道叶下與後

yú 璵

魚 **璵** [篆文] 璵璠美玉也从王與聲此字大徐補入說文爲十九文之一姑附于此左定五傳陽虎將以璵璠斂疏引說文魯之寶玉釋文璵本作與楊統碑器其璵璠之質字又作璵

yú 趣

語 **趣** [篆文] 安行也从走與聲

yù 譽

魚 御 **譽** [篆文] 偁也从言與聲墨子經譽名美也周書謚法狀古述今曰譽禮記表記君子不以口譽人注繩也淮南本經經誹譽注善也法言淵騫妄譽仁之賊也〔轉注〕孝經援神契譽之爲言名也天子之孝曰就諸侯曰度大夫曰譽詩振鷺以永終譽箋聲美也禮記射義則燕則譽注言國安則有名譽〔叚借〕爲娛左昭二傳宜子譽之服注游也引孟子一游一譽〔古韻〕詩韓奕叶居譽車輂叶譽射振鷺叶惡斁夜譽文子符言叶譽與〔轉音〕楚詞九辨叶知譽

yù 鸒

御 **鸒** [篆文] 卑居也从鳥與聲爾雅釋鳥鸒斯鵯鶋注鵯雅烏也小而多羣腹下白字林楚烏也秦云雅烏詩小弁弁彼鸒斯文選注鸒鳩小鳥

yú 旟

魚 **旟** [篆文] 錯革畫鳥其上所以進士眾旟眾也从㫃與聲爾雅釋天錯革鳥曰旟畫謂畫急疾之鳥置其上詩所謂識文鳥章是也爾雅李注旟以革爲之置于旐端說文錯革畫鳥皆失之考工輈人鳥旟七斿河圖握矩記南方法赤鳥曰旟周禮司常鳥隼爲旟又州里建旟大司馬百官載旟詩干旄孑孑干旟無羊眾維旟矣旐維旟矣故說文云旟眾也畫以與爲訓〔轉注〕詩都人士髮則有旟傳揚也箋枝旟揚起也〔聲訓〕釋名旟譽也軍吏所建急疾趨事則有稱譽也〔古韻〕詩干旄叶旟都無羊叶魚旟都人士叶餘旟盱江漢叶車旟舒鋪

yú 歟

魚 **歟** [篆文] 安气也从欠與聲漢書武帝賢良詔猗歟偉歟注詞也呂覽自知可反歟注邪也漢書王嘉傳材難不其然與注讀曰歟經史多以與爲之

yù 礜

御 **礜** [篆文] 毒石也出漢中从石與聲入藥品西山經皋塗之山有白石焉其名曰礜可以毒鼠注蠶食之而肥

yú ⿱與馬

魚 **⿱與馬** ⿱與馬⿱與馬馬行徐而疾也从馬與聲詩四牡⿱與馬⿱與馬今本作奕按⿱與馬⿱與馬重言形況字與與與趨趨悉悉同今據集韻九魚王應麟詩攷引說文有此字姑附于此

yù ⿸鹿與

御 **⿸鹿與** [篆文] 似鹿而大从鹿與聲蜀都賦⿸鹿與⿸鹿與鹿麚

yǔ 惥

語 **惥** [篆文] 趣步惥惥也从心與聲疾而舒之皃字亦作懙漢書敘傳長倩懙懙注行步安舒也

xù 鱮

語 **鱮** [篆文] 魚名从魚與聲詩敝笱其魚魴鱮箋似魴而弱鱗陸疏徐州人謂之鰱或謂之鱅幽州人謂之鴞鶥或謂之胡鱅〔古韻〕詩敝笱叶鱮雨

jǔ 舉

語 **舉** [篆文] 對舉也从手與聲謂兩手舉之考工廬人舉圍欲細注謂手所操儀禮鄉飲酒禮舉觶于賓淮南道應舉白而進之注進酒也又小爾雅廣衡倍捷曰舉謂三兩也又史記孟嘗君傳其母竊舉生之索隱謂浴而乳之書洪範馬注舉猶生也詩烝民箋舉者提持之言〔轉注〕晉語舉而從之注起也齊策三十日而舉燕國注拔也呂覽順說莫不延頸舉踵注企望之也禮記儒行懷忠信以待舉注用也周禮師氏王舉則從注猶行也西京賦烏不暇舉注飛也禮記雜記過而舉君之諱則起注猶言也魯語君爲是舉注動也左襄廿七傳仲尼使舉是禮也沈注謂記錄之也墨子經舉擬實也呂覽異寶不足與舉注猶謀也又周禮膳夫王日一舉注殺牲盛饌曰舉〔叚借〕爲與左襄六傳君舉不信羣臣乎注皆也禮記內則濡炙之舉燋疏皆也楚辭初放舉世皆然兮注與也又爲貯史記弟子傳好廢舉索隱謂物賤而買之又爲舁說文鍇本一曰與也又疊韻連語西山經崇吾之山有獸焉其狀如禺而文臂豹虎而善投名曰舉父注或作夸父又託名幖識字中山經敖岸之山北望河林其狀如蒨如舉注木名〔聲訓〕楚辭自悲顧離羣而遠舉注去也顏氏家訓北人之音多以

zhù 杼　shù 柔　zhù 芧　yǔ 予　yú 澦　yú 嬩

舉莒爲矩【古韻】詩大叔于田叶馬御舞舉虎所女悉民叶舉圖助補有瞽叶瞽虡羽鼓圉舉禮記射義叶舉士處所楚詞九辨叶錯路御去舉轉音呂覽行論叶踣舉

魚 嬩 女字也从女與聲讀若余按與倢伃之伃略同

魚 澦 澦水也从水旟聲未詳其地

予十一名凡予之派皆衍予聲 余呂切

魚語 予 推予也象相予之形謂手授與与微別爾雅釋詁畀卜予也方言十三擽予也廣雅釋詁三予與也儀禮士喪禮以右手抽扃予左手兼執之淮南本經予之與奪也【叚借】爲与爾雅釋詁予賜也賚予也詩干旄何以予之采菽何錫予之史記夏本紀與益予衆庶稻鮮食索隱謂施與之與又爲與荀子大略然而有所共予也方言二予賴儺也按儺當讀爲儺比備之意注賴亦惡名失之又爲許管子宙合主盛處賢而自予雄也漢書外戚傳春秋予之又爲余實爲吾爾雅釋詁予我也禮記中庸人皆曰予知坊記非予武史記弟子傳魯宰予字子我【古韻】詩干旄叶組五予墓門叶顧予鴟鴞叶雨土戶予五月叶雨輔予谷風叶雨女予四月叶夏暑予采菽叶筥予馬黼又叶服下紓予雲漢叶沮所顧助祖予楚詞遠遊叶予居都閭離騷叶予野又叶與予湘夫人叶渚予下少司命叶蕪下予苦越語叶予圃

語 芧 芧艸也从艸予聲可以爲繩按卽三稜也字亦作苧葉似莎極長莖三稜如削高五六尺莖端開華江蘇蘆灘中極多訏爲馬苧上林賦蔣苧青薠南都賦蘪苧薠莞管子小匡首戴苧蒲注蔣也齊語作苧今誤作茅【別義】周書大聚教芧與樹蓺注根衍曰芧【叚借】爲柔莊子齊物論狙公賦芧列子黃帝與若芧釋文橡子也

語 柔 栩也从木予聲讀若杼與杼字別卽柞櫟也其實橡斗列子黃帝與若芧注栗也以芧爲之

語 杼 機之持緯者从木予聲與柔字別俗字作梭今又以梭爲之聲義俱隔詩小東大東杼柚其空後漢陳忠傳注杼柚注謂機也【轉注】考工玉人杼上終葵首注閷也又輪人行澤者欲杼注謂削薄其踐地者按杼兩頭銳其製宜薄【別義】中山經景山其木多杼檀注音橡栭之柱淮南本經菱杼紾抱注杼采實也讀楚言杼按借爲柔也又方言六杼柚作也東齊上作謂之杼木作謂之柚似釋詩之杼柚言役作於周至空匱也【叚借】爲紓詩杼柚鄭箋謂無他貨惟有絲枲今盡杼柚不作也是讀柚爲軸讀杼爲紓也又爲舒小爾雅廣

yú 伃　xù 屖　xù 序　yù 豫

言杼長也方言二燕記曰豐人杼首杼首長首也史記平原虞卿傳注杼意通指按申也又爲序書大傳諸侯疏杼注牆也又託名幖識字左襄四傳后杼史記作予墨子非儒作伃世本作與系本作佇俗

魚 伃 婕伃也从人予聲字亦作妤漢制昭儀位視丞相倢伃視上卿漢書外戚傳至武帝制倢伃娙娥傛華充依各有位注伃美稱也聲類妤幸也【叚借】爲紓方言六杼首長首也楚謂之杼【聲訓】史記外戚世家尹婕妤索隱妤助也

語 屖 履屬从履省予聲

語 序 東西牆也从广予聲字亦作序謂堂之東西牆書顧命西序東嚮儀禮鄉飲酒禮賓爵于序端書大傳貢庸諸侯疏杼以杼爲之【轉注】禮記鄉飲酒義疏無室謂之序廣雅釋室序庠官也孟子殷曰序周禮州長而射于州序注州黨之學也禮記學記術有序疏遂有序亦學名【叚借】爲敘易艮言有序文言與四時合其序詩序賓以賢儀禮燕禮序進左宣十二傳內官序當其夜皆次第之意考工鮑人則厚薄序也注飾也謂其革均也又左氏春秋序疏序與敘音義同又爲緒詩閔予小子繼序思不忘公羊僖四傳序績也禮記郊特牲皆禮不賀人之序也注猶代也史記趙世家而序往古之勳正義重也又爲徐詩常武傳紓序也又禮記射義序點又揚觶而語注或爲徐點【聲訓】孟子序者射也白虎通辟雍序者序長幼也漢書儒林傳殷曰序正義舒也平帝紀聚曰序禮記王制注西序小學疏序則豫也又公羊序疏序者舒也敘也釋名釋言語序杼也拙杼其實也【古韻】易艮叶輔序禮記禮運叶椒度御序又叶車御序孟子叶序射離騷叶與莽序暮秦碣石刻石叶宇阻撫序所矩

御 豫 象之大者賈侍中說不害于物从象予聲古文从古文象予聲【叚借】爲悆爲娛爾雅釋詁豫樂也又安也易豫鄭注喜豫說樂之皃也書金縢弗豫孟子吾王不豫字亦作忬又爲敘爲宁爲儲爲素禮記學記禁于未發之謂豫中庸凡事豫則立荀子大略先患慮患謂之豫爾雅釋言豫敘也漢書陸賈傳注豫素也晉語豫而後給注備也廣雅釋言豫早也俗字作預又爲紓書洪範曰豫恆燠若鄭王本作舒亦借字易雜卦謙輕而豫怠也爾雅釋詁豫射厭也楚辭惜誦行婞直而不豫今又爲與漢書薛宣傳注豫干也儀禮士虞禮古文主人不豫今正作與俗字亦作預珠叢凡事相及爲預漢書灌夫傳注預干也又爲謝儀禮鄉射禮豫則鉤楹內注讀如榭按榭者謝字又爲譸周禮司市注防詐豫也按妄言也荀子儒效不豫賈淮南覽冥市不豫賈又疊韻連語說苑正諫豫且宋國賤臣也又託名幖識字周禮職方氏河南曰豫州又漢書司馬相如傳楩柟豫章注大木也生七年乃可知史記正義引溫活人云豫今之枕

shū 抒　shū 紓　yě 野　nǚ 女

木也後漢王符傳注豫章即樟木也又西京賦登豫章注池中臺也〔聲訓〕釋名釋州國豫州地在九州之中京師東都所在常安豫也爾雅釋地李注河南其氣著密厥性安舒故曰豫豫舒也春秋元命苞豫之言序也言陽氣分布各得其處其氣平靜多序也〔古韻〕詩板叶怒豫孟子叶豫助度

語 **抒** 挹也从手予聲通俗文汲出謂之抒廣雅釋言渫也蒼頡篇取也除也楚辭惜誦發憤以抒情漢書劉向傳一抒愚意〔假借〕爲紓方言十二抒解也左文六傳難必抒矣〔聲訓〕後漢殤帝紀注抒舒也

魚語 **紓** 緩也从糸予聲廣雅釋詁一解也詩采菽彼交匪紓左莊三十傳以紓楚國之難成十六傳可以紓憂僖廿一傳是崇皞濟而脩祀紓禍也魯語敢告滯積以紓執事後漢左周黃傳贊並紓災昏〔古韻〕詩采菽叶股下紓予

馬 **野** 郊外也从里予聲古文从里省从林按从林从土予聲字亦作埜作壄易坤龍戰于野書牧誓王朝至於商郊牧野詩駉在坰之野周禮體國經野注謂一百里以外三等采地之中列子湯問八紘九野之水注九野天之八方中央也又爾雅釋地牧外謂之野又魯有大野藪名〔轉注〕易繫辭傳野容誨淫又論語質勝文則野包注如野人言鄙略也禮記檀弓若是野哉疏不達禮也仲尼燕居敬而不中禮謂之野賈子道術容志審道謂之僩反僩爲野〔假借〕爲序褚淵碑文餐東野之祕寶〔古韻〕詩燕燕叶羽野雨叔于田叶野馬武七月叶股羽野宇戶下鼠處鴻雁叶羽野寡小旻叶土野暑苦雨虘何草不黃叶虎野暇公劉叶野處旅語圉宮叶武緒野女旅父魯宇輔書禹貢叶旅處野敘楚詞離騷叶予野穆天子傳古文三叶上野處顧管子度地叶把餔女野莊子徐无鬼叶御馬野塗周書小明武叶女所下苦野鼓怒戶弩女伍武

說文通訓定聲　豫部弟九　三五

女廿三名凡女之派皆衍女聲 尼呂切

語御 **女** 婦人也象形王育說對文則處子曰女適人曰婦詩候人季女斯飢傳女民之弱者荀子賦此夫身女好而頭馬首者與注女好柔婉也〔轉注〕書堯典女于時左桓十一傳宋雍子女于莊公注以女妻人曰女越語請句踐女女于王又漢書楊雄傳奚必云女彼高邛注女仕也又東京賦鳴女牀之鸞鳥注山名在華陰西六百里又釋名城上垣曰睥睨亦曰女牆言卑小比之于城如女子于丈夫也又爾雅釋艸女蘿菟絲詩頍弁蔦與女蘿釋文在草曰兔絲在木曰松蘿又廣雅釋草女腸女菀也又詩七月猗彼女桑傳荑桑也箋少枝也又方言八桑飛自關而東謂之女匠廣雅釋鳥女鴎工雀也〔假借〕發聲之詞與用汝若而爾同禮記仲尼燕居女三人者孝經女知

rú 如　rǔ 㝈　rǔ 汝　rú 茹

之乎又託名幖識字左文十年及蘇子盟于女栗注地名闕又昭廿六傳使女寬守闕塞〔聲訓〕大戴本命女者如也白虎通女如也從如人也釋名女如也婦人外成如人也故三從之義少如父教嫁如夫命老如子言〔古韻〕詩采蘋叶下女大叔于田叶馬組舞舉虎所女碩鼠叶鼠黍女顧土所谷風叶雨女予閟宮叶武緒野女旅父魯宇輔離騷叶女汝宇惡又叶下宇佇妒馬女管子度地叶把餔女野周書小明武叶女所下苦野鼓怒戶弩女伍武大明武叶暑處賈女下孫武子九地叶女戶拒素問陰陽應象大論叶下女路〔轉音〕禮記樂記叶俯止女子語古周書允文叶恥音子女毋

魚 **如** 從隨也从女从口會意或曰女亦聲按此字疑从女若省聲女子從人者也爾雅釋詁往也小爾雅廣詁適也左隱五傳公將如棠觀魚者昭廿八傳御以如皋〔轉注〕廣雅釋言如均也宋策夫宋之不足如梁也注當也史記孝武紀可爲觀如緱氏城集解猶比也詩羔裘如濡疏似也〔假借〕爲與儀禮鄉飲酒禮公如大夫入注讀若今之若又發語之詞論語如用之皇疏猶若也公羊隱元傳且如桓立注假設之詞又如勿與而已注如即不如齊人語也又定八傳如丈夫何注猶柰也論語不曰如之何爾雅釋詁如謀也又助語之詞易屯如邅如子夏傳辭也左隱七傳歃如忘莊七經星隕如雨注而也詩常武如震如怒釋文本作而又託名幖識字爾雅釋天二月爲如〔古韻〕爾雅釋天叶如余且楚詞天問叶衙居如哀郢叶如蕪

說文通訓定聲　豫部弟九　三六

御 **㝈** 楚人謂寐曰㝈从㝱省女聲

語 **汝** 汝水出宏農盧氏還歸山東入淮从水女聲謂出今河南河南府盧氏縣也按今水出河南汝州魯山縣大孟山蒙柏谷至安徽潁州府南入淮水道與古異詩遵彼汝濆爾雅釋水汝有濆風俗通汝南楚之界也華山廟碑汝南女陽人以女爲之〔假借〕發聲之詞書舜典汝陟帝位詩蕩咨汝殷商與用女若戎乃而爾等字同皆一聲之轉〔聲訓〕春秋說題辭汝之爲言女也廣雅釋水汝汝也〔古韻〕書甘誓叶祖社汝離騷叶女汝宇惡

魚語御 **茹** 飤馬也从艸如聲〔轉注〕爾雅釋言啜茹也方言七茹食也吳越之閒凡貪飲食者謂之茹注今俗呼能麤食者爲茹廣雅釋詁二茹貪也四茹柔也詩烝民柔則茹之莊子人閒世不茹葷又詩七月箋菜茹疏茹者咀嚼之名以爲菜之別稱七發白露之茹注菜之總名漢書食貨志采茹有畦〔假借〕爲慮爾雅釋言茹度也詩柏舟不可以茹六月玁狁匪茹臣工來咨來茹又爲挐易泰拔茅茹注相牽引之皃也又爲帤呂覽功名以茹魚去蠅注臭也讀茹船漏之茹魏都賦神惢形茹注臭敗之義也又疊韻連語詩出其東門縞衣茹藘東

予女

門之墠茹藘在阪陸疏一名地血齊人謂之茜徐州人謂之牛蔓爾雅釋草茹藘茅蒐孫注一名蒨可以染絳（古韻）詩柏舟叶茹據愬怒六月叶茹穫烝民叶茹吐甫寡禦

rú 邚

魚 **邚** 地名从邑如聲

rú 帤

魚 **帤** 巾帤也从巾如聲與从奴之帑別方言四大巾嵩嶽之南陳潁之閒謂之帤（轉注）一曰敝巾也內景黃庭經人閒紛紛臭帤如 按猶褺爲敝衣絮爲敝絮也（叚借）爲絮考工弓人厚其帤司農注謂弓中裨讀爲襦有衣絮之絮

shù 恕

御 **恕** 仁也从心如聲古文从女聲孟子彊恕而行求仁莫近焉聲類以心度物曰恕賈子道術以己量人謂之恕墨子經上恕明也周禮大司徒注忠言以中心疏如心曰恕禮記中庸忠恕違道不遠疏恕忖也忖度其義于人按字亦作伽詩民勞柔遠能邇箋能猶伽也按順施之意（聲訓）蒼頡篇恕如也（轉音）素問四氣調神論叶恕秀

ná 挐

麻魚 **挐** 牽引也从手如聲與从奴之拏別今本說解挐拏二篆互譌茲訂正錯本一曰誣也方言十嘄咋謰嘍挐也淮南覽冥美人挐首墨面而不容注挐首亂頭也本經芒繁紛挐注讀上谷茹縣之茹楚辭九辯枝煩挐而交橫漢書嚴安傳禍挐而不解注相連引也（叚借）爲挐莊子漁父杖挐而引其船注橈也羽獵賦熊羆之挐攫注惶遽也又公羊僖元年獲莒挐釋文本作茹

xù 絮

御 **絮** 敝緜也从糸如聲與从奴之絮別好者爲緜惡者爲絮漢書文帝紀絮三斤古無木緜以絮納袷衣中謂之裝褚曰袍（叚借）爲絮廣雅釋詁三絮塞也按易需有衣絮之訓又爲挐禮記曲禮毋絮羹注猶調也按紛挐攪和之意（聲訓）釋名釋采帛絮胥也胥久能解落也

rù [氵挐]

御 **[氵挐]** 漸溼也从水挐聲字亦作洳詩彼汾沮洳

nú 奴

虞 **奴** 奴婢皆古之辠人也从女从又按从又手所以執事女聲古文从人女聲周禮司厲其奴男子入于辠隸女子入于舂槀注奴從坐而沒入縣官者男女同名呂覽開春叔嚮爲之奴而朡注奴戮也律坐父兄沒入爲奴（轉注）凡下賤之稱皆曰奴木之類近根者奴今妻帑鳥帑字以帑爲之駑馬字別作駑廣雅釋言駑駘也王命論駑蹇之乘注今謂馬之下者爲駑荀子脩身庸眾駑散注謂材下如駑馬者也（叚借）爲洳水經滱水注水黑曰盧不流曰奴

náo 呶

肴 **呶** 讙聲也从口奴聲詩賓之初筵載號載呶（轉音）賓之初筵叶號呶民勞叶休逑呶憂休

rú 雓

魚 **雓** 牟毋也从隹奴聲或从鳥字亦作鴽爾雅鴽鴾毋鴽子鶉廣雅鴽鴾也夏小正田鼠化爲鴽儀禮公食大夫禮以雉兔鶉鴽注鴽無母禮記內則雉兔鶉鷃疏引皇氏鴽蝙蝠

nú 笯

虞遇麻 **笯** 鳥籠也从竹奴聲楚辭懷沙鳳皇在笯兮注籠落也

tǎng 帑

虞養 **帑** 金幣所藏也从巾奴聲與从如之帤別按帑之爲言囊也漢匈奴傳盧費府帑注藏金帛之所也按本訓裹金帛之囊曰帑通俗文庫藏曰帑晉書音義帑金帛舍此轉注也音變如蕩如儻（叚借）爲奴字亦作孥書甘誓予則孥戮汝傳子也漢書王莽傳正作奴左文六傳宣子使臾駢送其帑注妻子也禮記中庸樂爾妻帑注古者謂子孫曰帑太元果丈人摧孥注子弟也又左襄廿八傳以害鳥帑疏於人則妻子爲帑于鳥則鳥尾曰帑漢書天文志集注帑雌也又後漢朱馮虞鄭周傳注帑屬也

ná [奴衣]

麻 **[奴衣]** 敝衣从衣奴聲字亦作袽易既濟繻有衣袽虞注敗衣也說文引作絮京房本作絮皆可通子夏傳以茹爲之

nú 砮

虞麌 **砮** 石可爲矢鏃从石奴聲書禹貢荊州貢砮丹梁州貢砮磬魯語肅慎氏貢楛矢石砮廣雅釋器砮丹也又鏑也

náo 怓

肴 **怓** 亂也从心奴聲與下形上聲字別詩民勞以謹惽怓

nù 怒

麌遇 **怒** 恚也从心奴聲與左形右聲字別周語怨而不怒注作氣也廣雅釋詁三怒勉也又多也二健也春秋繁露怒氣爲清而當秋鬼谷子摩怒者動也淮南道應怒者逆德也原道人大怒破陰注怒者陰氣荀子榮辱快快而亡者怒也又廣雅釋詁一怒責也禮記內則而后怒之又公羊莊四傳此非怒與注怒遷怒齊人語也（轉注）後漢第五倫傳怒馬注馬肥壯其氣憤怒（叚借）爲奴漢書天文志其怒青黑色注謂芒角刺出（古韻）詩柏舟叶茹據愬怒小旻叶除莫庶暇顧怒板叶怒豫雲漢叶去故莫虞怒桑柔叶宇怒處圉谷風叶雨怒巧言叶怒沮常武叶武怒虎虜浦所楚詞抽思叶姱怒周書小明武叶女所下苦野鼓怒斥弩女伍武書洪範叶怒斁敘素問離合眞邪論叶怒下取宋玉風賦叶口下怒迕莽

ná 拏

麻 **拏** 持也从手奴聲今本說解拏挐二篆互譌茲訂正錯本一曰已也按把也之誤蒼頡篇拏捽也引也西京賦熊虎升而拏攫注相搏持也

nǔ 弩

虞 **弩** 弓有臂者从弓奴聲周禮四弩夾弩庾弩唐弩大弩方言三卒謂之弩父注擔幔弩導幨因名水經膠水注五弩山蓋膠山之殊名也（叚借）發聲之詞方言一凡人語而過或謂之弩弩猶怒也（聲訓）釋名釋兵弩怒也有埶怒也（古韻）管子輕重乙叶弩戟櫓周書小

明武叶女所下苦野鼓怒戶弩女伍武

魚禡 **絮** 絮 絜組也从糸奴聲漢書蒯通傳所謂束組是也與从如之絮別叚借爲襞爲絮說文一曰敝絮易既濟需有衣絮虞本作袽注敗衣盧本作袽注殘幣帛王注衣袽所以塞舟漏也廣雅釋詁三絮塞也

圉一名 魚舉切

語 **圉** 圉 囹圄所以拘辠人从㚔从口會意獄夏曰均臺殷曰羑里周曰圜土秦曰囹圄漢白若盧魏曰司空爾雅釋言圉禁也周書寶典不圉我哉叚借爲宇說文一曰圉垂也爾雅釋詁圉垂也詩桑柔孔棘我圉召旻我居圉卒荒左隱十一傳亦聊以固我圉也又爲圉說文一曰圉人掌馬者周禮圉師注養馬曰圉校人乘馬一師四圉左哀十四傳將圉馬于成僖廿八傳誰扞牧圉十七傳故名男曰圉廣雅釋詁一圉臣也又使也又爲禦實爲御周書謚法威德剛武曰圉圉注禦也太元驪終莫之圉注止也爾雅太歲在丁曰強圉漢書貨殖傳圉奪成家者爲雄桀又爲馭卽御楚辭遠遊悉靈圉而來謁注崑崙眾神也又爲敔詩有瞽鞉磬柷圉傳楬也又重言形況字孟子始舍之圉圉焉注魚在水羸劣之皃又荀子疆國在魏者乃據圉津此圉字形誤古韻詩桑柔叶宇怒處圉有瞽叶瞽虞羽鼓圉舉韓非揚權叶疎閭虛圉又叶圉度

說文通訓定聲　豫部第九　丸

車一名 九魚切

魚麻 **車** 車 𨏥 輿輪之總名夏后時奚仲所造象形按橫視之肖或云車少昊時駕牛奚仲始駕馬籀文从二車二戈戈兵車之所建也考工輿人爲車大車柏車羊車皆兩轅駕牛田車兵車乘車皆一輈駕馬大車平地任載柏車山車羊車善車也田車兵車乘車通謂之小車左閔元傳車從馬注震爲車晉語車班內外注車雷也墨子小取車木也大戴記保傅仰則觀天文注車爲月公羊昭廿五傳注禮天子大路諸侯路車大夫大車士飾車書舜典車服以庸易剝君子德車禮記禮運天子以德爲車轉注釋名車或曰輔車或曰牙車或曰頰車或曰鼸車凡繫于車皆取在下載上物也左僖廿五傳輔車相依叚借託名幖識字離騷畦留夷與揭車兮注芳草也一名芞輿又廣雅釋鳥車搗鶒秺也卽爾雅之鶅鴮今烏鴟也聲訓釋名古者曰車聲如居言行所以居人也今曰車聲近舍行者所處若舍也古韻詩何彼襛矣叶華車北風叶狐烏車何草不黃叶狐車卷阿叶車馬韓奕叶屠壺魚蒲車且胥江漢叶車旟舒鋪何人斯叶舍車盱易睽叶孤塗車弧貢叶車徒困叶徐車禮記禮運叶車御序楚詞離騷叶車疏莊子山木叶倨居車文子道原叶車虛御

尻一名 九魚切

魚 **尻** 尻 處也从尸得几而止會意孝經曰仲尼尻尻謂閒尻如此按从几與処同意經傳皆以居爲之居者屋字俗居作踞

巨十一名凡巨之派皆衍巨聲 其呂切

語麌 **巨** 巨 榘 𢀜 規巨也从工象手持之或又从木矢矢者其中正也或曰从矢柜聲古文與小篆同蓋小篆从古文特整齊其筆畫耳禮記大學是以君子有挈巨之道也今字作矩管子宙合成功之術必有巨矱注矩矱也孟子規矩方員之至也離騷求榘矱之所同廣雅釋詁一榘方也世本倕作規矩周髀算經員出于方方出于矩矩出于九九八十一故折矩以爲句廣三股修四徑隅五又平矩以正繩偃矩以望高覆矩以測深臥矩以知遠轉注呂覽序意大矩在下注地也又爾雅釋詁矩法也常也論語不踰矩漢書敘傳疆士踰矩注法制也管子山至數皆有矩券於上注常券也字亦誤作榘沈子琚碑刑世章榘蓋榘之譌叚借爲鉅小爾雅廣詁巨大也公羊哀六傳力士舉巨囊儀禮大射儀右巨指鉤弦孟子巨室巨屨巨擘史記楚元王世家過巨嫂食呂覽慎大發巨橋之粟注紂倉名有始南方曰巨風注一曰凱風又託名幖識字列子周穆王至于巨蒐氏之國按禹貢作渠搜又發聲之詞字亦作詎漢書高帝紀公

說文通訓定聲　豫部第九　卆

巨能入乎注猶豈也孫寶傳掾部渠有其人乎張平子碑庸渠限其所至哉皆用渠亦同字林詎未知詞也莊子齊物論庸詎知吾所謂知之非不知邪又疊韻連語爾雅釋地與邛邛巨虛比字亦作駏作狟作岠又素問鍼解巨虛者蹻足注穴名也古韻管子弟子職叶坐所矩下緒荀子雲賦叶下鉅矩禹寓宋莱叶巨下黍稱石刻石叶宇阻撫序所矩禮記樂記叶倨矩句中韻

語 **苣** 苣 束葦燒从艸巨聲俗字作炬後漢皇甫嵩傳束苣乘城張衡傳注炬可以昭明叚借爲藘按今俗以爲萵苣字菜名

語 **岠** 岠 止也从止巨聲一曰槍也一曰超岠字亦誤作岠今字作拒廣雅釋詁一岠至也爾雅釋地岠齊州以南注岠去也論語其不可者拒之荀子仲尼注拒敵也史記投石超距謂兩人以手相按能拔引之也以距爲之叚借爲榘淮南齊俗拘罷拒折之容注拒折方也左桓五傳鄭子元請爲左拒注拒方陳也古韻孫武子九地叶女戶拒

麌 **齟** 齟 斷腫也从齒巨聲

語 **距** 距 雞距也从足巨聲字亦作鉅作艍左傳郈氏爲之金距漢書五行志不鳴不將無距注距鷄附足骨鬭時所用刺之淮南原道雖有鉤箴芒距注距爪也轉注儀禮少牢禮長皆及俎距注脛中當橫節也叚借爲岠管子小問來者鷙距注止也書益稷予決九川距

四海傳至也周語距今九日注去也儀禮鄉射禮記距隨長武注距隨者物横畫也始前足至東頭爲距後足來合而南面爲隨又廣雅釋言距困也荀子仲尼注距與拒同敵也漢書趙廣漢傳注距閉也書益稷距川疏距者相抵之名詩皐矣敢距大邦桑柔箋女雖觝距已又爲躍左僖二十八傳距躍三百注超越也羽獵賦距連卷又爲鉅淮南氾論䠊距者舉遠注大也又爲褜釋名釋形體鬢曲頭曰距距矩也言曲似矩也又疊韻連語後漢馬援傳旅距注不從之皃又發聲之詞晉語距非聖人注猶自也〔古韻〕管子度地叶下距

語 **柜** 柜 柜木也从木巨聲俗字作櫸似柳皮可煮作飲孟子性猶杞柳也注柜柳也〔叚借〕疊韻連語大荒西經有方山者上有青樹名曰柜格之松注柜格之松木名〔别義〕周禮掌舍故書設梐柜再重司農注柜受居溜水涑橐者也今文作梐行馬也

魚 **蝨** 蝨 蝨蠓也从䖵巨聲即蚷蠓字亦作蝶方言十一蚷蝶秦晉之閒謂之蝶蝁

語 **鉅** 鉅 大剛也从金巨聲荀子議兵宛鉅鐵鉇慘如蠭蠆史記禮書宛之鉅鐵〔轉注〕西征賦䤥青鯤於網鉅注鉅鉤也又禮記三年問創鉅者其日久注大也尚書大傳鉅野薮注大野也漢書郊祀志言吾欲見鉅公注天子爲天下父故曰鉅公漢書西域傳贊鉅象師子〔别義〕墨子貴義鉅者白也〔叚借〕爲遽荀子正論是豈鉅知見侮之爲不辱哉又託名幖識字廣雅釋器鉅闕劒也釋草鉅勝胡麻也荀子性惡繁弱鉅黍古之良弓也〔古韻〕莊子列禦寇叶者鉅粦父許荀子雲賦叶下鉅矩禹寓

語 **䰞** 䰞 秬 黑黍也一稃二米以釀也从鬯矩聲按取一稃二米曰秠者以釀酒謂之鬯从鬯渠省聲或从禾巨聲字亦作秬从米按秬當爲正篆以爲鬯酒復製䰞字爾雅釋草秬黑黍管子地員其種大秬細秬詩生民維秬維秠閟宮有稻有秬呂覽本味南海之秬書文侯之命用賚爾秬鬯一卣左昭十五傳鍼鉞秬鬯穀梁莊元傳注禮有九錫九曰秬鬯〔古韻〕詩閟宮叶黍秬土緒

魚 **渠** 渠 水所居从水榘省聲或曰柜聲廣雅釋水坑也爾雅釋水河所渠幷千七百一川色黃禮記曲禮門閭溝渠必步疏溝也荀子非相府然若渠匽檃括之於已也注渠匽所以制水〔轉注〕周禮典瑞駔圭璋璧琮琥璜之渠眉注玉飾之溝瑑也〔叚借〕爲鉅僞書允征殲厥渠魁字亦作鐻廣雅釋言鐻帥也又荀子彊國是渠衝入穴而求利也注攻城之大車也又爲牙爲枒考工車人渠三柯者三注渠謂車輮所謂牙字亦作轅廣雅釋器轅輞也書大傳取大貝如車渠又爲蠾詩蜉蝣傳蜉蝣渠畧也又爲鰈爾雅釋鳥鶅鴒雝渠又爲芋廣雅釋草蕖芋也其莖謂之𦯬又爲舉後漢蓟子訓傳軒渠笑悅按兩手高舉也後儒用爲笑皃失之又疊韻連語方言五杷宋衞之閒謂之渠挐或謂之渠疏爾雅釋草荷夫渠也字亦作蕖左定十五次于渠蒢公羊作蘧穀梁作蕖後漢馬融傳注芋蕖即芋魁也一名蹲鴟

又廣雅釋器無緣衣也又無綠𦈪屨也其緣謂之無㡇字亦作縨又重言形況字廣雅釋訓渠渠盛也詩權輿夏屋渠渠箋猶勤勤也荀子脩身有法而無志其義則渠渠然注不寬泰之皃又託名幖識字齊語渠弭於有渚注渠弭神海也又魯語金奏肆夏繁遏渠注納夏一名渠此三夏曲也又管子小匡渠門赤旂注渠門旂名又淮南氾論渠𧆢以守注渠漸也一曰甲名又漢書鼂錯傳具藺石布渠荅注渠荅鐵疾藜也又穆天子傳爰有𥙿溲之口注今西有渠搜國又發聲之詞漢書孫寶傳掾部渠有其人乎按豈也俗作詎又古詩未渠央猶夜未央也遽也又後世用爲彼人之偁猶他也伊也又孟子癰疽史記作雍渠韓子作雝鉏說苑作雎〔古韻〕詩權輿叶乎渠餘

魚 **⿰鳥渠** ⿰鳥渠 雝鶏也从鳥渠聲爾雅鶅鴒雝渠注雀屬也飛則鳴行則搖一名雝與爾雅鶅鴒鶹别〔别義〕吳都賦注鶄鶄似鳧灰色而雞足上林賦作庸渠

䀠二十三名凡䀠之派皆衍䀠聲 九御切

遇 **䀠** 䀠 左右視也从二目會意讀若拘又讀若良士瞿瞿

虞遇 **瞿** 瞿 鷹隼之視也从隹从䀠會意䀠亦聲讀若章句之句〔叚借〕爲界禮記雜記見似目瞿聞名心瞿字林瞿大視皃又檀弓公瞿然

失席曰莊子徐无鬼子綦瞿然喜曰漢書東方朔傳吳王懼然易容以懼爲之亦單詞形況字又爲矍書顧命一人冕執瞿鄭注戣瞿蓋今三鋒矛按形如釘鈀又魯商瞿字子木見史記弟子傳字亦作戵作鑺說文新附鑺兵器也又重言形況字詩蟋蟀良士瞿瞿傳瞿瞿顧禮義也爾雅釋訓瞿瞿儉也東方未明狂夫瞿瞿傳無守之皃禮記玉藻視容瞿瞿梅梅注不審皃疏驚遽之皃荀子非十二子瞿瞿然注睽視皃素問靈蘭秘典論窘乎哉消者瞿瞿注勤勤也〔古韻〕詩東方未明叶圃瞿夜莫蟋蟀叶莫除瞿居文子上德叶瞿扶

虞 **㮂** 㮂 茱萸也从木入象形䀠聲按字亦作欋作欔釋名齊魯閒四齒杷爲欋魯商瞿字子木以瞿爲之〔轉注〕爾雅釋草欔烏階注柴草蓋花葉形似之也烏階即烏枷枷階雙聲〔叚借〕疊韻連語太元進進以欋疏注附離也

虞 **⿱䀠大** ⿱䀠大 目衺也从䀠从大大猶人也䀠亦聲

遇 **⿱䀠夰** ⿱䀠夰 舉目驚䀠然也从夰从䀠會意䀠亦聲漢書吳王濞傳膠西王瞿然駭曰以瞿爲之惡𢾭紀聞叔孫通之誅則懼然以懼爲之字亦作矍魏都賦矍焉相顧注大視也

虞 **⿺走瞿** ⿺走瞿 走顧皃从走瞿聲讀若劬

虞過 忂 行皃。从彳，瞿聲。按或从足。楚辭九辯：右蒼龍之躣躣。亦重言形況字。

虞 躣 行皃。从足，瞿聲。按當爲忂之或體。今附于此。古韻 楚詞九辯叶躣衢。

虞 衢 四達謂之衢。从行，瞿聲。爾雅淮南繆稱：猶中衢而致尊邪。注：道六通謂之衢。按爾雅曰莊，大戴子張問入官：必於四面之衢。易大畜：何天之衢。周禮保氏注：舞交衢。管子國蓄：壤正方，四面受敵，謂之衢國。段借爲岐。荀子勸學：行衢路者不至。注：衢路，兩道也。今秦俗猶以兩爲衢，古之遺言歟。荀子王霸：楊朱哭衢涂。中山經：宣山其上有桑焉，其枝四衢。又有木焉，名曰帝休，其枝五衢。又爲欋。楚辭天問：靡蓱九衢。注：九交道。衢，道岐。雙聲 聲訓 釋名：齊魯間謂四齒杷爲欋。欋，杷也。杷地則有四處，此道似之也。古韻 易大畜叶牙衢。楚詞天問叶衢居。如

虞 臞 少肉也。从肉，瞿聲。字亦作癯。爾雅釋言：臞，瘠也。史記司馬相如傳：形容甚臞。集解：瘦也。安陸昭王碑文：癯瘠改貌。周禮廛人注：久則瘦臞腐敗。轉注 太元爭：赫河臞。注：耗也。

過 懼 恐也。从心，瞿聲。古文从䀠。莊子天運釋文引說文古文作愳。方言十三：懼，病也。荀子解蔽：故有知非以慮是，則謂之懼。禮記禮運：喜怒哀懼愛惡欲。疏：懼則怒中之小別。段借爲䀠。方言十三：懼，驚也。廣雅釋詁一：懼，驚也。非有先生論：吳王懼然改容。漢書王莽傳：懼然祗畏。注：自失之意。鄒陽傳：長君懼然。注：無守之貌。莊子庚桑楚：南榮趎懼然顧其後。釋文本作戄，亦單辭形況字。古韻 易繫詞叶度懼。管子版法叶鄉圖度舍懼。

虞 灈 灈水。出汝南吳房，入瀙。从水，瞿聲。按春秋時楚滅房國，後封吳夫槩王于此，爲棠谿氏。今河南汝寧府遂平縣治也。灈出縣之奧來山，入瀙，又入汝。

過 鑺 魚名。从魚，瞿聲。

虞 斞 挹也。从斗，臾聲。廣雅釋詁二：抒也。四：酌也。思元賦：斞白水以爲漿。詩賓之初筵：賓載手仇。以仇爲之。轉注 何允毛詩隱義：斞，容四升。禮記喪大記注：以爲斞水斗。釋文：斞，水斗也。

禡 諣 相誤也。从言，畀聲。猶詿誤也。

藥 矍 隹欲逸去也。从又持之，矍矍也。讀若詩穬彼淮夷之穬。按从又从瞿，會意。瞿亦聲。與攫擢略同。段借爲界。說文一曰：視遽皃。管子戒：君請矍已乎。注：矍已，謂有所驚懼而問未止也。漢書楊雄傳：河靈矍䠐。注：驚動之皃。又爲䀠，亦重言形況字。易震：視矍矍。馬注：中未得之皃。鄭注：目不正。則謂借爲䀠。廣雅：矍矍，視也。禮記射義：孔子射於矍相之圃。相亦視也。又疊韻連語。後漢馬援傳：矍鑠哉。注：勇皃。古韻 易震叶索矍。

藥 趯 大步也。从走，矍聲。

藥 躩 足躩如也。从足，矍聲。按論語：足躩如也。盤辟皃。此單辭形況字。本訓當爲疾行，即衢躣字之或體。莊子山木：褰裳躩步。司馬注：疾行也。漢書司馬相如傳注：引張揖：躩，跳也。

藥 貜 㲉貜也。从豸，瞿聲。廣韻引作㲉玃也。按犬屬，食母猴。西山經：崇吾之山有獸焉，其狀如鹿而白尾，馬足人手而四角，名曰玃如。疑即此也。呂覽察傳：故狗似玃。注：猳玃，獸名。以玃爲之。段借爲玃。爾雅：玃父善顧。又疊韻連語。左成十七傳：郤子蠲，且古今人表作玃。

藥 玃 母猴也。从犬，矍聲。爾雅云：玃父善顧。攫持人也。按大母猴，字亦作貜。抱朴子：獼猴八百歲化爲玃，玃壽千歲。古今注：猨五百歲化爲玃。史記司馬相如傳：蜼玃飛鸓。索隱引郭璞：色蒼黑，能攫搏人，故云玃也。又蛭蜩蠼蝚。索隱引司馬彪：獮猴也。江賦：孤玃登危而雍容。段借爲玃。呂覽察傳：故狗似玃。又爲躩。史記司馬相如傳：蠼以連蜷。索隱引韋昭：龍之行貌也。

藥 攫 扟也。从手，矍聲。韻會引說文：爪持也。禮記儒行：鷙蟲攫搏。史記李斯傳：盜跖弗攫。索隱：凡鳥翼擊物曰搏，足取曰攫。周禮獸人注：備獸觸攫。公羊莊十二傳注：乳犬攫虎。莊子讓王：左手攫之則右手廢。李注：取也。淮南說山：熊羆之動以攫搏。精神：造化者之攫援物。注：撮也。魯靈光殿賦：奔虎攫挐以梁倚。又楊雄傳：攫挐者亡。注：妄有搏執牽引也。段借 疊韻連語。爾雅釋草：攫，橐含。按上文有櫻烏啄此，當攫橐連文。从手。又託名㯷識字。淮南俶務：攫援之捷。注：攫援，黄帝時捷疾者也。聲訓 淮南俶務：攫援摽拂。注：攫讀如屈直木令句欲句此木之句。

虞沃 擢 爪持也。从手，瞿聲。按當爲攫之正篆。太元瑩：故不擢所有。注：去也。今系于此。

藥 彏 弓急張也。从弓，矍聲。字亦作彍。漢書楊雄傳：彏天狼之威弧。

藥 钁 大鉏也。从金，矍聲。廣雅釋器：櫡謂之钁。淮南齊俗：今之脩干戚而笑钁插。注：斫屬。兵略：剡摲筡，奮儋钁。

厶十名，凡厶之派皆衍厶聲。去魚切。

魚 **厶** 厶盧飯器以柳爲之象形或从竹去聲去以厶爲聲小篆之厶反以去爲聲〔轉注〕藏也經傳皆以去爲之字亦作弆左昭十九傳疏去字書作弆謂掌物也今關西仍呼爲弆東人輕言爲去或曰藏之訓借去爲胠胠者夾藏之意

語御 **去** 人相違也从大厶聲按大猶人也一說去亦古凵字大其蓋也象形與盍同意去來字發聲之詞去除字借爲祛去藏字借爲胠存參廣雅釋詁一去行也春秋莊四年紀侯大去其國穀梁傳大去者不遺一人之辭也左襄二十傳武子去所注避席也齊策不能相去注離也鬼谷子捭闔益損去就倍反〔轉注〕論語去喪無所不佩孔注除也禮記禮運在埶者去注罪退之也孟子則去之否乎注殺之也非是秦策處女相與語欲去之注猶遣之也漢書五行志夏帝卜殺之去之止之注謂驅逐也或曰皆借爲祛〔叚借〕爲筶或爲胠左昭十九傳紡焉以度而去之襄二十傳則去其肉而以其洎饋閔二傳衛侯不去其旗釋文皆曰藏也漢書蘇武傳掘野鼠去中實而食之游俠陳遵傳王皆藏去以爲榮字亦作弆通俗文密藏曰弆左昭十九傳疏字書去作弆謂掌物也又爲驅左傳千乘三去〔古韻〕詩斯干叶除去芋生民叶去呱訏路雲漢叶去故莫虞怒左僖十五叶去餘狐楚辭九辨叶錯路御去舉神女賦叶傳去附鬼谷子內揵叶御去與老子養身叶居去靈樞官箴叶下去取補寫素問脈要精微論叶膚餘去

魚御洽 **胠** 腋下也从肉去聲一名胳胳迫于肱肱迫于臂廣雅釋親胠脅也素問欬論則兩胠下滿注謂脇上也南山經柢山鯥魚其羽在鮭下以鮭爲之〔轉注〕左襄廿三傳胠商子車御侯朝注右翼曰胠又莊子將爲胠篋探囊發匱之盜司馬注從旁開爲胠又呂覽重言君呿而不唫注呿開也字亦作呿莊子秋水口呿而不合〔叚借〕爲祛或爲去荀子榮辱胠于沙而思水

感 **⿰虎去** 虎屬从虎去聲或曰从劫省聲白虎也即爾雅之虦當爲謙部字

御語 **麮** 麥甘鬻也从麥去聲按大麥煮鬻其味甘荀子夏日則與之瓜麮注煮麥飯也按大麥性清虛宜夏〔聲訓〕釋名釋飲食煮麥曰麮麮亦齲也煮熟則齲壞也

魚 **⿰木去** 极也从木去聲如今馱嶶

魚 **袪** 衣袂也从衣去聲禮記玉藻袪尺二寸注謂袂末按析言之則袖曰袂袂口曰袪詩遵大路摻執子之袪兮羔裘羔裘豹袪左僖五傳披斬其袪楚辭哀時命左袪挂于榑桑〔轉注〕揮開之意廣雅釋詁二袪去也三袪開也舞賦𧜟帳袪而結組兮注猶舉也南州桓公九井詩惑袪吝亦泯注去也字亦誤作祛〔叚借〕爲裾說文一曰袪褱也褱者裦也又重言形況字詩駉以車袪袪傳彊健也字亦誤作祛〔聲訓〕釋名釋衣服袪虛也〔古韻〕詩遵大路叶路袪惡故羔裘叶袪居故駉叶騢魚袪邪且〔轉音〕登徒子好色賦叶袪妙

洽 **⿰犭去** 多畏也从犬去聲杜林說从心或曰劫省聲當爲謙部字按如狂狡哭笑等字本謂犬移以言人乃从心所謂轉注也賈子道術持節不恐謂之勇反勇爲怯史記魯仲連鄒陽傳勇士不怯死而滅名廉頗藺相如傳然士或怯懦以怯爲之〔聲訓〕釋名怯脅也見敵恐脅也廣雅釋詁二怯去也

魚 **魼** 魼魚也从魚去聲字亦作鱋或曰劫省聲當爲謙部字玉篇廣韻謂卽鰈按鰈卽許書鰨字漢書司馬相如傳禺禺魼鰨注比目魚也史記作鱋

魚 **阹** 依山谷爲牛馬圈也从𨸏去聲漢書司馬相如傳上林賦江河爲阹注阹獵者圍陳遮禽獸也楊雄傳以網爲周阹注遮禽獸圍陣也吳都賦阹以九疑注闌也

宁八名凡宁之派皆衍宁聲 直呂切

語 **宁** 辨積物也象形按與貯略同〔叚借〕爲眝爾雅門屛之間謂之宁李注正門內兩塾閒孫注門內屛外人君視朝所宁立處也按視朝見羣臣曰視故立處曰眝俗作佇作竚謂取義于佇非也人臣見君故朝位亦曰宁詩俟我于著乎而左昭十一傳朝有著定周語大夫士日恪位著皆以著爲之著之爲言睹也禮記曲禮天子當宁而立楚語位宁有官司之典史記始皇紀繆公學著人其地在應門之內樹屛之外淮南主術天子外屛其說出于禮緯未足信也又詩燕燕佇立以泣爾雅釋詁佇久也實皆眝引申之義非引申于宁也又楚詞大司命結桂枝兮延竚幽通賦竚盤桓而且俟曹注竚立也〔聲訓〕釋名宁佇也將見君所佇立定氣之處也

語 **眝** 長眙也一曰張目也从目宁聲字亦作佇作竚漢書外戚傳飾新宮以延眝兮今誤作貯陸機弔魏武帝文眝美目其何望注與貯同亦誤經傳皆以宁以著爲之〔古韻〕離騷叶下予佇妒馬女

語 **羜** 生羔五月也从羊宁聲讀若煑詩伐木既有肥羜爾雅釋畜未成羊羜〔古韻〕詩伐木叶許藇羜父顧

語 **⿱宁皿** 器也从皿宁聲

語 **貯** 積也从貝宁聲按與宁同因宁爲朝宁義所專復製此字字亦作儲周禮廛人注貨物儲藏于市中釋文本作貯史記貨殖傳

zhù 紵　zhǔ 䍆　zhù 𧇡　shǔ 鼠　chǔ 処

廢著鬻財以著爲之平準書索隱引字林貯塵也按塵也之誤〔古韻〕呂覽樂成叶賦貯與

語 紵 縈屬細者爲絟粗者爲紵从糸宁聲或从緒省宁聲詩東門之池可以漚紵周禮典枲掌布緦縷紵之麻草之物史記司馬相如傳揄紵縞漢書高帝紀賈人毋得衣錦繡綺縠絺紵〔叚借〕爲芧史記貨殖傳索隱紵今山閒野紵又爲褚通俗文裝衣曰紵字亦作䘢〔古韻〕詩東門之池叶紵語呂覽貴直叶紵圄處

語 䍆 𠧪也所以載盛米从宁从甾會意甾缶也按宁亦聲

語 𧇡 器也从虘宁會意宁亦聲闕按闕字衍

鼠一名 書呂切

語 鼠 穴蟲之總名也象形按象拱立形詩相鼠有體漢書五行志鼠小蟲性盜竊說苑善說鼠者人之所燻也論衡物勢鼠水也屬子爲十二肖之首易說卦傳艮爲鼠〔轉注〕詩雨無正鼠思泣血箋憂也按鼠晝伏夜動多畏者也正月癙憂以痒爾雅釋詁癙病也中山經脫扈之山有草焉名曰植楮可以已癙字亦作癙〔古韻〕詩碩鼠叶鼠黍女顧土所七月叶股羽野宇戶下鼠處斯干叶雨鼠句中韻書禹貢叶旅鼠野斂韓非揚權叶夜鼠

説文通訓定聲　豫部第九

処一名 昌與切

語御 処 止也得几而止从几从夂會意按及從後致也或又从虍聲廣雅釋詁二處凥也詩殷其靁莫敢遑處傳居也禮記射義處者半注猶距也檀弓何以處我注猶安也晉語蚤處之注定也史記弟子傳秦后處字子里楚語譬之如牛馬處暑之既至注止也〔轉注〕孟子處士橫議淮南主術處人以譽尊謂有道藝在家隱居不仕者莊子逍遙遊淖約若處子釋文在室女也按凡士與女未用皆稱處管子問處器之具注處器謂貯庫而爲備者又左文十八傳德以處事注猶制也漢書谷永傳臣愚不能處也注斷決也又呂覽音初猶思故處上農重徙則死其處誣徙喜怒無處注處常也東京賦安處先生注處處也〔叚借〕爲癙實爲鼠呂覽愛士陽城胥渠處注處病也〔古韻〕詩殷其靁叶下處江有汜叶渚與處日月叶土處顧餬兮叶舞處七月叶股羽野宇戶下鼠處蓼蕭叶湑寫語處斯干叶祖堵戶處語黍苗叶御旅處公劉叶野處旅語鳧鷖叶渚處湑脯下桑柔叶宇怒處圉常武叶父旅浦土處緒易小畜叶雨處旅叶處斧離卦叶故旅下寡處禮儒行叶櫓處所射義叶舉土處所穆天子傳古文三叶土野處顧呂覽貴直叶紵圄處楚詞悲回風叶處慮曙去九辨叶處踖神女賦叶遽据處語嚐管子四稱叶樹舍圄夜處莊子山木叶居處素問離合眞邪論叶故慕護處補又叶處與候路忤布故處寫周書大明武叶暑處買女下海內經叶儺聚處

jū 且　jū 趄　zǔ 祖

且四十八名凡且之派皆衍且聲 子魚切

魚馬 且 薦也从几足有二横一其下地也鍇本几古文以爲且又以爲几字按从几無二横且者㚘卽俎字之古文〔轉注〕古表德之字曰且字所以藉伯仲叔季者也二十而冠但云某甫五十而後以伯仲加于且字上稱之〔叚借〕爲徂詩溱洧士曰旣且釋文往也又爲苴按詩韓奕籩豆有且箋多皃莊子庚桑楚與物且者釋文始也非又爲取老子舍慈且勇又爲此詩載芟匪且有且傳此也且此雙聲又爲且之誤字左成二傳且辟左右唐石經不誤又雙聲連語易夬其行次且俗字作趑趄作跙詩有客有萋有且敬愼皃又發聲之詞穀梁文五傳其曰且志兼也齊語且有後命注猶復也孟子且志曰注復言也或曰有藉而加之之意亦轉注也又助語之詞秦策城且拔矣注將也墨子經說自前曰且自後曰已詩閟宮孔曼且碩箋然也儀禮大射儀且左還又詩泉水聊與之謀箋聊且略之詞禮記檀弓夫祖者且也注且者未定之詞又韓詩穀且于差且作且章句苟且也詩巧言曰父母且鄭音苟且之且或曰姑且苟且之意

説文通訓定聲　豫部第九

皆借爲借廣雅釋詁二且借也今本誤作借也又詩山有扶蘇乃見狂且傳詞也西京賦其樂只且注助句辭也又託名幖識字爾雅釋天六月爲且水經濕水注且蘭縣故且蘭侯國也一名頭蘭牂柯郡治又詩假樂且君且王釋文本作宜〔古韻〕詩北風叶虛邪且山有扶蘇叶蘇華都且出其東門叶闍荼且藘娛巧言叶且辜憮韓奕叶屠壺魚蒲車且胥爾雅釋天叶如余且

魚 趄 趑趄也从走且聲大徐補入說文爲十九文之一易夬其行次且王肅注作趑趄行止之礙也新序雜事作趑趄按次且雙聲連語不煩製字又重言形況字太元更駟馬跙跙字又作跙注不調也

麌 祖 始廟也从示且聲詩生民序疏祖者始也已所從始也自父之父以上皆得稱焉易小過過其祖書舜典受終于文祖詩斯干似續妣祖禮記大傳別子爲祖繼別爲宗穀梁僖十五傳始封必爲祖爾雅釋親祖王父也廣雅釋詁一祖上也又遠也三本也史記三王世家祖先也周禮校人春祭馬祖注天駟也詩甫田以迓田祖傳先嗇也史記始皇本紀祖龍者人之先也字亦作䄨孫根碑陰孫弘䄨〔轉注〕爾雅釋詁祖始也書舜典黎民祖飢禮記仲尼燕居則無以祖洽於衆也又廣雅釋詁一祖𤅀也禮記鄉飲酒義祖陽氣之發于東方也魯語祖識地德注習也史記韓世家秦王必祖張儀之故智又小爾雅廣言祖送也禮記檀弓主人旣祖塡池白虎通祖者始也

zǔ 詛　cú 退　jǔ 咀　jū 苴　zǔ 珇

始載于庭也又初學記引說文一曰祈請道神詩烝民仲山甫出祖箋將行犯軷之祭也左昭七傳夢襄公祖注祭道神［叚借］爲徂方言十二祖上也揺也轉也又爲楚史記弟子傳秦祖字子南［聲訓］釋名釋親屬祖祚也祚物先也方言十三梁益之閒謂鼻爲初或謂之祖祖居也禮記檀弓夫祖者且也風俗通祀典祖者徂也［古韻］詩斯干叶祖堵戶處語信南山叶祖祜文王叶𡨥祖雲漢叶沮所顧助祖予書甘誓叶祖社孜禮記禮運叶戶下俎鼓嘏祖父所祜

虞 **珇** 珇 珇琮玉之瑑从玉且聲周禮典瑞駔琮以駔爲之鄭注讀借駔爲組［叚借］爲祖方言十三珇好也美也

魚麻語 **苴** 苴 履中艸从艸且聲字亦作蘆漢書賈誼傳冠雖敝不以苴履注履中之藉也楚辭悲回風草苴比而不芳注枯曰苴又詩召旻如彼棲苴傳水中浮草也按棲苴雙聲連語草惡皃一切經音義引作租管子七臣七主苴多螣蟇注謂艸之騶苻呂覽貴生其土苴以治天下注草蒯也［別義］詩七月九月叔苴傳麻子也左襄十七傳苴絰帶杖注麻之有子者或曰借爲芧芧苴雙聲［叚借］爲藉禮記曲禮苞苴簞笥內則編萑以苴之釋文苞裹也又儀禮士虞禮苴刌茅長五寸束之書禹貢傳苴以白茅漢書郊祀志席用苴稭注茅藉也又爲粗禮記禮運飯腥而苴肉又爲粗儀禮喪服傳苴杖竹也荀子禮論齊衰苴杖注謂以苴惡色竹爲之杖哀公篇注謂蒼白色自死之竹也喪服小記苴杖竹也疏苴者黯也又莊子讓王苴布之衣而自飯牛釋文本作麤又疊韻連語史記張儀傳苴蜀相攻擊譙周讀爲芭藜之芭按芭卽葩字芭苴亦作芭蕉蕉苴雙聲苴蜀卽巴蜀也［古韻］詩七月叶瓜壺苴樗夫呂覽貴生叶苴下

魚語 **咀** 咀 含味也从口且聲通俗文嚼也廣雅釋言咀也字林齟也三蒼噍也管子水地三月如咀咀者何注口和嚼之謂大戴易本命咀嚾者九竅而胎生醫書有吹咀［聲訓］釋名咀藉也以藉齒牙也

虞 **退** 退 徂 𨒪 往也从辵且聲或从彳籒文从辵虘聲方言一徂往也齊語也詩氓自我徂爾桑柔云徂何往閟宮徂來之松水經注作岨徠山非是文選諷諫詩歲月其徂［叚借］爲駔詩駉思馬斯徂箋猶行也非是又爲殂詩四月六月徂暑箋猶始也又爲殂孟子放勳乃徂落注死也史記伯夷傳吁嗟徂兮索隱徂死也又爲阻莊子則陽已死不可徂又爲存爾雅釋詁徂存也徂存雙聲詩出其東門匪我思且以且爲之猶匪我思存也又爲但按書費誓徂茲淮夷徐戎並興［聲訓］釋名徂落徂祚也禎祚隕落也［古韻］詩駉叶駓魚祛邪徂

御 **詛** 詛 詶也从言且聲周禮詛祝注大事曰盟小事曰詛謂祝之使沮敗也書無逸否則厥口詛祝疏請神加殃謂之詛詩巧言以詛

cū 觕　cū 粗　zū 租　jū 郥　zhā 柤　cuó 虘　cú 殂　jū 鴡

爾斯釋文以禍福之言相要曰詛左隱十一傳以詛射潁考叔者詩侯作侯祝以作爲之按祝兼吉凶詛則專言凶左傳雖其善祝豈能勝億兆人之詛字亦作禮［聲訓］釋名詛阻也使人行事阻限于言也

魚 **鴡** 鴡 𣃁 王鴡也从鳥且聲雎類字亦作雎詩關雎雎鳩傳摯而有別左昭十七傳雎鳩氏司馬也爾雅郭注江東呼之爲鶚鶚卽說文鷢字淮南說林謂之沸波蓋此鳥能扇波令魚出食之史記正義王鴡金口鶚也陸璣詩疏鴡鳩幽州人謂之鷲按鷲者鴡鳩之合音［叚借］雙聲連語廣雅釋訓趑雎難行也卽易夬次且字又記名𥂕識字秦策范雎韓子外儲作且左成十五傳出舍于雎上注水名按在今河南歸德府字亦作濉

虞 **殂** 殂 𣧩 往死也从歺且聲古文从歺从作按从死作聲書堯典古文放勛乃殂落孟子以徂爲之

歌 **虘** 虘 虎不柔不信也从虍且聲讀若𨟻縣按不柔者伹之訓不信者譃之訓因字从虎而曰虎不柔不信似紆曲傅會

麻魚虞 **柤** 柤 木閑也从木且聲廣雅釋器柤距也釋室柤匽也［叚借］爲樝通俗文刈餘曰柤又爲樝禮記內則柤棃曰鑽之字亦作查又爲粗辯下論百度之鈇柤修又爲柤韓勑碑爵鹿柤梪又爲䖒春秋襄十年會于柤今查姓以邑爲氏又發聲之詞封氏聞見記俗呼丈夫婦人縱放不拘禮度者爲查又有百數十種語自相通解謂之查

魚 **郥** 郥 右扶風鄠鄉从邑且聲在今陝西西安府鄠縣

虞 **租** 租 田賦也从禾且聲廣雅釋詁二稅也［轉注］禮記玉藻關梁不租管子國蓄租籍者所以彊求也注在農曰租稅在工商曰租籍［叚借］爲貯爲儲詩鴟鴞予所蓄租韓詩章句積也毛傳爲也則謂借爲作疏訓始也則謂借爲祖［古韻］詩鴟鴞叶捋荼租瘏家

虞虞 **粗** 粗 疏也从米且聲按糲米也禾黍粟十六斗大半斗舂爲米一斛詩彼疏斯粺論語飯疏食以疏爲之稷米粒大亦謂之疏左傳梁則無矣麤則有之以麤爲之［轉注］廣雅釋詁一粗大也凡不精者皆曰粗禮記月令其器高以粗樂記其聲粗以厲又疑是精粗之體周禮大司馬注粗者曰侵精者曰伐又難蜀父老請爲大夫粗陳其畧荀子正名愚者之言芴然而粗注疏畧也［叚借］爲㡑廣雅釋室粗庵也

虞 **觕** 公羊釋文引說文有此字从牛角姑附于此淮南王書獸窮則觕作觕周伯琦六書正譌謂卽觸字按說文角部有𧣾長皃从角爿聲讀若粗𧣾且爿雙聲字亦作觕觕疑卽𧣾字之誤公羊莊十傳觕者曰侵精者曰伐何觕麤也周禮大司馬注作粗呂覽孟夏其

jū 疽　jiē 罝　qū 伹　jù 袓　qū 岨　jū 宜　chú 豠　zǎng 駔　jū 狙

氣高以犅注犅大也月令作粗異寶其知彌犅注犅麤疏也漢書藝文志庶得麤犅漢書敘傳犅舉僚職犅麤粗形體皆不涉必非同字當是借犅爲麤爲粗耳犅粗雙聲

魚 **疽** 疽 癰也後漢劉焉傳注引說文久癰也从疒且聲廣蒼瘡名也呂覽盡數辛水所多疽與痤人注皆惡瘡也漢書項籍傳疽發背死轉注莊子田子方邱是以日疽司馬注疽病也叚借爲癰孟子主癰疽史記孔子世家作雍渠韓非子作雍鉏說苑作雍鴡疽渠鉏鴡皆叚借字

麻 **罝** 罝 䍦 罝 兔网也从网且聲或从組聲籒文从虘聲爾雅兔罟謂之罝舍人注兔自作徑路張罝捕之也詩肅肅兔罝禮記月令田獵罝罘羅網魯語獸虞於是乎禁罝羅漢書貨殖傳罝網不布于埜澤西京賦結罝百里聲訓爾雅注罝猶遮也古韻詩兔罝叶罝夫

魚 **伹** 伹 拙也从人且聲廣雅釋詁三鈍也

語麻 **袓** 袓 事好也从衣且聲或曰卽䘸字之或體廣雅釋詁一袓好也大荒南經有宋山者有人名曰袓狀之尸

說文通訓定聲　豫部第九　卆

魚語 **岨** 岨 石戴土也从山且聲字亦作砠作磍詩卷耳陟彼岨矣爾雅釋山土戴石爲砠按謂土戴於石上也孫注非是聲訓釋名石戴土曰岨岨臚然也古韻詩卷耳叶砠瘏痡吁

魚 **宜** 宜 人相依宜也从广且聲字亦作㢈疑與廁畧同

魚 **豠** 豠 豕屬从豕且聲廣雅釋獸豠豕也

養 **駔** 駔 壯馬也六書故引作奘馬从馬且聲史記樊酈滕灌列傳蘇駔軍于於泥陽索隱駔者龍馬也楚辭憂苦同駑羸與乘駔兮注駔駿馬也別義說文一曰馬蹲駔也叚借爲貯後漢郭太傳注引說文一曰駔儈也廣雅釋言駔會也史記貨殖傳節駔會集解馬儈也索隱度牛馬市云駔後漢郭泰傳注駔會也謂合兩家之賣買按如今牙行是也呂覽尊師段干木晉國之大駔也注駔儈人也淮南氾論注駔驕怚則謂借爲怚又爲粗爾雅釋言裝駔也按謂奘粗也又爲組周禮典瑞駔圭璋璧琮琥璜之渠眉司農注駔外有捷盧也考工玉人駔琮五寸

魚御 **狙** 狙 玃屬从犬且聲一曰犬也暫齧人者一曰犬不齧人也廣雅釋獸狙獮猴也莊子齊物論猿猵狙以爲雌司馬注狙一名獦牂

jù 怚　jū 沮　zhā 担　jiě 姐　zǔ 組

似猿而狗頭叚借爲覷管子七臣七主從狙而好小察注伺也史記留侯世家良與客狙擊秦皇帝通俗文伏伺曰狙又爲担方言六掩索取也或曰狙

御 **怚** 怚 驕也从心且聲廣雅釋詁三怚傷也叚借爲阻方言十二𢘑怚劇也按謂險阻劇也

魚語御 **沮** 沮 沮水出漢中房陵東入江从水且聲出今湖北鄖陽府房縣景山至荊州府入江左傳江漢雎漳楚之望也以雎爲之江賦汲引沮漳叚借爲瀘書禹貢漆沮既從又東過漆沮詩潛猗與漆沮此水出今陝西鄜州中部縣又爲徂詩緜自土沮漆王氏引之謂自杜往漆也邠地無沮水胡氏渭說甚詳又爲阻詩巧言亂庶遄沮傳止也禮記儒行沮之以兵注謂恐怖之也家語注難也小爾雅廣言沮疑也按疑與㣔別疑者止也又詩小旻何日斯沮傳壞也淮南脩務故力竭功沮注敗也說山故沮舍之下不可以坐注沮舍壞也史記秦本紀而子沮哭吾軍正義毀也漢書史馬遷傳以爲僕沮貳師注毀壞也周勃傳上默然而沮注止壞之意也又左莊十一傳注若沮岸崩山釋文岸崩謂之沮後漢列女傳注沮喪也又爲狙張納碑旣修沮桓又爲澤詩彼汾沮洳按沮澤疊韻連語單言曰洳絫言曰沮洳沮卽澤也或曰借爲淤禮記王制山川沮澤注謂萊沛釋文沮沮洳也廣雅釋詁一沮溼也論語長沮婁壽碑榮且溺之耦耕以且爲

說文通訓定聲　豫部第九　卆

之孟子驅蛇龍而放之菹綦毋邃注澤生草曰菹以菹爲之聲訓水經沔水注沔水一名沮水闞駰曰以其初出沮洳然故曰沮水也縣亦受名焉古韻詩潛叶沮魚巧言叶怒沮雲漢叶沮所顧助祖予

麻馬 **担** 担 挹也从手且聲讀若樝棃之樝叚借爲戲方言十担取也南楚之閒凡取物溝泥中謂之担方言六自關而西素或曰担

馬 **姐** 姐 蜀謂母曰姐淮南謂之社从女且聲讀若左叚借爲謯琴賦或怨姐而躊躇注嫿嬌也或作姐古字通謂借爲嫿失之謯姐雙聲又爲嫿幽憤詩恃愛肆姐

虞 **組** 組 綬屬其小者以爲冠纓按織絲有文以爲綬纓之用者也从糸且聲潤者曰組爲帶綬陋者曰絛爲冠纓圓者曰紃施襌與屨之縫中廣雅釋器組綬也周禮典絲掌組書禹貢厥篚元纁璣組禮記內則織紝組紃漢書高帝紀係頸以組嚴助傳丈二之組注印之綬也又禮記少儀甲不組縢左襄三傳師組甲三百賈注以組綴甲馬注以組爲甲裏杜注漆甲成組文管子五行衍組甲厲兵注以組貫甲也轉注詩簡兮執轡如組箋如組織之爲也又爾雅釋草組似組東海有之注草生彩理有象之者因以名云叚借託名幖識字禮記中庸注組紃以上釋文組紃亦曰諸盭按盭當爲𥿆借爲緺帛黃黑色卽漢諸侯王緺綬之緺諸緺諸也亦曰扁緒名字相應古韻詩

且

zhā 齇　zǔ ⿱艹祖　zǔ 阻　chú 鉏　zǔ 俎　zhù 助　qū 坥

簡兮叶俁舞虎組干旄叶組五子大叔于田叶馬組舞輿虎所女

坥 魚 坥 益州部謂螾場曰坥从土且聲方言六坥場也梁宋閒螾場謂之坥注螾蛐蟮也其糞名坥按醫書謂之蚓樓土面虛起者是

助 御 助 左也从力且聲爾雅釋詁勴也小爾雅廣詁佐也廣雅釋詁一舉也論語非助我者也孔注猶益也孟子九一而助注殷家稅名也考工匠人注字皆作莇[段借]爲鉏莊子徐无鬼顏不疑歸而師董梧以助其色按猶去也[聲訓]孟子助者藉也釋名釋言語助作也作往相助非長久也[古韻]詩雲漢叶沮所顧助祖予烝民叶舉圖助補孟子叶豫助度又叶助藉文子符言叶輿助輔

俎 語 俎 禮俎也从半肉在且上會意按且亦聲實卽且之後製字方言五俎几也儀禮士昏禮七俎從設注所以載也漢書項籍傳乃爲高俎注所以薦肉按半體肉曰胖詩閟宮籩豆大房傳房半體之俎也儀禮鄉射禮賓辭以俎注俎者肴之貴者也又禮記玉藻特牲三俎注三俎豕魚腊五俎四簋注加羊與其腸胃也儀禮公食大夫禮士設俎于豆南西上牛羊豕魚在牛南腊腸胃亞之膚以爲特又上大夫九俎注加鮮魚鮮腊三三爲列[轉注]漢書項籍傳注引李奇曰軍中巢櫓謂之俎[段借]爲阻書堯典黎民俎飢[古韻]儀禮士冠禮叶楚俎禮記禮運叶戶下俎鼓嘏祖子所祜

鉏 魚 鉏 立薅所用也廣韻引說文立薅斫也从金且聲字亦作鋤坐薅所用者曰槈槈柄短鉏柄長其柄曰櫃其頭曰鶴三蒼鉏犁也蒼頡篇鉏茲其也史記陳涉世家鉏耰棘矜[轉注]爾雅釋鳥鷺舂鋤[段借]爲藉周禮司巫及鉏館杜注藉也又疊韻連語爾雅釋樂注鼓背上有二十七鉏鋙按與齟齬同意又託名幖識字孔子世家黎鉏左定九傳作彌韓子內儲說作且左宣三傳鉏麑呂覽作沮麛襄廿三傳魯公鉏亦作公彌哀六傳齊公子鉏亦作南郭且于按且于之合音爲鉏[聲訓]釋名鋤助也去穢助苗長也

阻 語 阻 險也从𨸏且聲爾雅釋詁難也書舜典黎民阻飢鄭注戹也漢書作祖史記作始易繫辭傳德行恆簡以知阻詩殷武罙入其阻又左隱四傳阻兵而安忍宋本正義恃也東京賦邪阻城洫注依也釋名水出其後曰阻邱背水以爲險也廣雅釋詁二阻衰也[轉注]左閔二傳狂夫阻之服注止也杜注疑也晉語韋注則謂古詛字[古韻]詩雄雉叶羽阻秦碣石刻石叶宇阻撫序所矩周書小明武叶古阻下主

⿱艹祖 虞 ⿱艹祖 ⿱艹祖菜也从艸祖聲今魚腥草一名土茄葉覆地生根似茅根凶年从掘食之蜀都賦注蒩䕸也字亦作葅又作蔖

齇 麻 齇 齰齒也从齒虘聲按齒不正字亦作齟漢書東方朔傳齟者齒不正也注音樝梨之樝

zū 菹　zū 蒩　jù ⿰女虘　jū ⿰氵虘　qù 覰　chǔ ⿰黹虘　cuó 䣜　zhā 樝　zhā ⿰虘又　jiē 謯

謯 麻 謯 謯䛩也从言虘聲廣雅釋言謯詸也說文無詸其義未聞[段借]爲詛漢書外戚傳爲媚道祝謯後宮有身者注古詛字

⿰虘又 麻 ⿰虘又 叉取也从又虘聲字亦作摣廣雅釋詁一摣取也方言十南楚之閒取物溝泥中謂之摣字亦以担爲之釋名釋姿容摣叉也五指俱往叉取也西京賦摣狒猬批窳狻注摣批皆謂戟撮之

樝 麻 樝 樝果似棃而酢从木虘聲爾雅釋木樝李曰鑽之釋文字亦作查廣雅釋木樝棃也漢書司馬相如傳樝棃梬栗注似棃而甘中山經綸山多柤栗海外北經平邱爰有甘柤以柤爲之

䣜 歌 䣜 沛國縣从邑虘聲鍇本今酇縣按今河南歸德府永城縣西南有故城此縣漢後改爲酇與南陽之酇縣同字異音蕭何始封于酇縣不久高后又封何于酇縣

⿰黹虘 語 ⿰黹虘 合五采鮮色从黹虘聲[段借]重言形況字說文引詩蜉蝣衣裳⿰黹虘⿰黹虘毛本作楚同

覰 御 過 覰 覰規覰闚觀也从見虘聲廣雅釋詁一覰視也通俗文伏覗曰覰史記留侯世家狙擊秦皇帝以狙爲之字亦作覻又誤作覷[段借][疊韻連語]說文拘覰未致密也

⿰氵虘 麻 ⿰氵虘 ⿰氵虘水出北地直路西東入洛从水虘聲按出今陝西鄜州中部縣子午山入洛河與說文漢書地理志水經注俱不合書禹貢漆沮既從詩生民自土沮漆以沮爲之

⿰女虘 御 ⿰女虘 嬌也从女虘聲按許書無嬌鍇本作驕是也疑卽怚字之或體幽憤詩恃愛肆姐以姐爲之[段借]爲譇琴賦或怨⿰女虘而躊躇

蒩 魚 虞 蒩 茅藉也从艸租聲禮曰封諸侯以土蒩以白茅周禮鄉師共茅蒩司巫及鉏館以鉏爲之儀禮士虞禮苴刌茅以苴爲之[段借]爲蒩廣雅蒩䕸也蜀都賦樊以蒩圃又爲菹孟子棼毋遂注澤生草言蒩[聲訓]司巫注蒩之言藉也

菹 魚 菹 𧄩 𧆩 酢菜也从艸沮聲或从艸从皿沮聲或从艸从缶从皿且聲字亦作葅作蒩周禮醢人七菹注韭菁茆葵芹箈筍凡醯醬所和細切爲齏全物若牒爲菹禮記祭統水草之菹廣雅釋器䪡䪢醃蘁菹也[段借]爲蘁禮記內則少儀麋鹿爲菹離騷后辛之菹醢兮漢書刑法志菹其骨肉於市注謂醢也又爲苴管子輕重甲請君伐菹薪注草枯曰菹穆天子傳紐菹之獸注吳人呼田獵草地曰菹又爲澤孟子驅蛇龍而放之菹注菹澤生草者也今青州謂澤有草者爲菹今按菹字本訓當爲澤生草者从水苴會意苴亦聲菹菜之菹借爲蘁重文二卽䀇𧇞字从血不从皿凡醢酒所釀之菜與肉牒而不切者俱謂之蘁菜蘁又肉蘁之轉注也因

且

chú 耡　zú 𧖴　lǚ 旅

經傳皆以菹爲之故誤取从血之𧖴从血以當菹字耳聲訓釋名菹阻也生釀之遂使阻於寒温之閒不得爛也古韻詩信南山叶廬瓜菹

御魚 **耡** 商人七十而耡耡耤稅也从耒助聲周禮遂人以興耡利萌旅師耡粟屋粟閒粟孟子殷人七十而助考工匠人注作莇按字从耒即鉏字之或體周禮興耡注鄭大夫讀爲藉杜子春讀爲助知借耡爲助也孟子今作助是正字轉注周禮里宰以歲時合耦于耡注若今街彈之室疏漢時在街置室檢彈一里之民於此合耦使相佐助因放而名焉按正字亦當作助

魚 **𧖴** 醢也从血菹聲或从血从缶苴聲廣雅釋器𧖴謂之𧖴經史皆以菹爲之

旅三十三名凡旅之派皆衍旅聲力舉切

語 **旅** 軍之五百人爲旅从㫃从从會意从俱也古文从止从从古文以爲魯衞之魯左傳仲子生而有文在其手曰爲魯夫人爲魯二文當似古文㠯㫃也又按者篆說解㫃古文旅字與此異疑當補㫃易旅釋文軍旅也書牧誓亞旅詩皇矣爰整其旅周禮小司徒五卒爲旅五旅爲師五師爲軍左哀元傳有眾一旅轉注爾雅釋詁旅眾也周禮地官旅師宰夫四曰旅掌官常以治數注下士

也掌次旅幕司士旅揖儀禮士冠禮旅占燕禮旅食禮記曾子問旅見郊特牲旅幣又詩載芟侯亞侯旅傳子弟也禮記樂記進旅退旅注猶俱也字亦作侶聲類伴侶也說文新附徒侶也儀禮司儀皆旅擯燕禮賓以旅酬于西階上注序也又左襄十四傳商旅于市書序旅天子之命詩賓之初筵殽核維旅爾雅釋詁旅陳也周書作雒解旅楹注列也儀禮特牲禮自左受旅注行也禮記郊特牲臺門而旅樹爾雅釋宮旅道也叚借爲廬廣雅釋詁四旅客也易旅釋文羇旅也復商旅不行雜卦傳寡旅也周禮遺人以待羇旅管子小匡衞人出旅于曹詩公劉于時廬旅又左襄廿八傳旅于明年之次又後漢光武紀注旅寄也不因播種而生故曰旅字書作穭音呂又爲膂書旅力既愆考工匠人上旅下旅司農注要以上要以下典引亦宜勤憖旅力又爲緒按方言十三旅末也又爲祖廣雅釋詁一畜旅養也又爲臚實爲敷字亦作祣書禹貢蔡蒙旅平周禮大宗伯則旅上帝司尊彝大旅亦如之論語季氏旅於泰山又託名幖識字書序西旅獻獒西夷名詩皇矣以按徂旅傳地名按借爲莒也孟子作莒又疊韻連語後漢馬援傳黠羌欲旅距注不從之皃聲訓儀禮鄉射禮末旅注旅序也周禮旅師注旅猶處也風俗通旅拒也言陽氣欲出陰不許也古韻詩采芑叶鼓旅又句中韻黍苗叶御旅處公劉叶野處旅語常武叶父旅浦土處緒閟宮叶武緒野女旅父魯宇輔易雜卦叶故旅下寡處書禹貢叶旅鼠野敘禮郊特牲叶賦伍社旅樂記叶旅鼓武雅語

zhě 者　zhū 諸　zhǔ 鬻　shū 書

馬 **者** 別事詞也从白𣥏聲𣥏古文旅字按與旅下古文不同未詳儀禮喪服菅屨者注者明爲下出也今者皆者回字俗以迎這字爲之書洪範曰時五者來備後漢李雲傳作五氏荀爽傳作五韙按約舉經文而借氏爲時實爲是也古韻詩綢繆叶楚戶者莊子列樂寇叶者鉅傳父許轉音露樞九鍼十二原叶右者殆

魚 **諸** 辯也从言者聲按者亦意辯詞也蒼頡篇諸非一也聲類諸詞之總也爾雅釋訓諸諸便便辯也小爾雅廣訓諸之乎也廣雅釋言諸之也又於也釋詁三眾也禮記曲禮諸母不漱裳注庶母也周禮夏官諸子注主公卿大夫士之子者或曰庶子又儀禮鄉射禮則薦諸其席禮記郊特牲或諸遠人乎公羊桓六傳其諸以病桓與左文五傳不祀忽諸論語韞匵而藏諸爾雅釋魚前弇諸叚借爲菹禮記內則桃諸梅諸又爲者左僖九傳以是藐諸孤禮記郊特牲或諸遠人乎按爾雅釋魚前弇諸後弇諸亦是又疊韻連語漢光武紀諸于注大掖衣也如婦人之袿衣爾雅釋木諸慮山櫐按滕本蔓生者今山蒲桃也釋蟲諸慮奚相疑即上文䖵桑蟲之屬漢書司馬相如傳諸柘巴且注甘柘也又託名幖識字淮南許注方諸五石之精作圓器似杯仰月則得水又周禮職方氏其澤藪曰望諸爾雅釋地

作孟諸禹貢作孟豬史記夏本紀作明都漢志作盟諸當在今河南歸德府商邱縣今不可識又西山經槐江之山北望諸毗鷹鸇之所宅也注山名北山經諸毗之水淮南墬形諸稽攝提天神之名也注諸比天神也又吳語諸稽郢史記作柘稽又雙聲連語爾雅鼁𪓰蟾蠩字亦作蠩聲訓釋名桃諸藏桃也諸儲也藏以爲儲待給冬月用之也古韻詩柏舟叶居諸日月叶居諸土處顧

語 **鬻** 亯也从䰜者聲或从火者聲或从㶕从水在其中者聲周禮鹽人鬻鹽注湅治之養生論醴醪鬻其腸胃爾雅釋木煮填棗又漢書樊噲傳屠煮棗城名

魚 **書** 著也按說文序云著於竹帛謂之書从聿者聲周禮保氏五曰六書按象形指事會意諧聲轉注叚借也指事先鄭作處事諧聲許序作形聲班氏作象事象意象聲作書上古以刀彔于竹若木中古以漆畫于帛後世以墨寫于紙易繫辭傳易之以書契虞注坤爲書尚書序疏書者以筆畫記之辭周禮司書注主計會之簿書史記禮書索隱書者五經六籍總名也又論衡對作篇奏記轉易其名謂之書凡成書者曰書未成而書之亦曰書儀禮士冠禮書卦周禮纂正書其德行道藝廣雅釋言書紀也聲訓說文序書者如也孝經援神契書如也舒也紀也廣雅釋言書著也左哀十五傳書社五百服注籍也賈子道德說著德之理於竹帛而陳之令人觀焉以著所

chǔ 楮　zhù 箸　zhā 觰　zhù 翥　dǔ 睹

從車古韻詩出車叶華涂居書

廣 睹 覩 見也从目者聲古文从見廣雅釋詁一視也易文言傳聖人作而萬物覩莊子秋水今我睹子之難窮也東京賦仰不睹炎帝帝魁之美字亦作𧡊周禮職金注今時之書有所表識謂之楬𧡊按揭而見之也假借爲褚實爲買魏策文侯謂覩師贊後語又作堵古韻易乾叶虎覩下

御 翥 飛舉也从羽者聲爾雅釋蟲翥醜鏬西京賦鳳騫翥于甍標

麻 觰 觰拏獸也从角者聲按疊韻連語別義說文一曰角下大者也轉注廣雅釋詁一觰大也

御御藥 箸 飯攲也从竹者聲箸必傾側用之故曰飯攲禮記曲禮羹之有菜者用梜注今人或謂箸爲梜廣雅釋器筴謂之箸史記十二諸侯年表紂爲象箸而箕子唏龜筴傳象箸而羹索隱箸卽筯也字亦作筯作籒作竽史記絳侯周勃世家又不置籒方言五箸筩注盛朼箸籠也假借爲睹今字作曙小爾雅廣詁著明也字變作著从艸禮記大傳名著而男女有別樂記著不息者天也又爲睹中庸形則著注形之大著也莊子田子方女殆著乎吾所以著也注見也又爲貯史記貨殖傳廢著鬻財又爲宁實爲貯詩俟我于著乎而傳門屏

之間曰著周語大夫士日恪位著左昭十一傳朝有著定十二傳則固有著矣家語問玉立而無次序則亂于著矣又爲處小爾雅廣言著忠也禮記祭義致慤則著淮南主術皆著于明堂又爲書爲署漢書杜周傳前王所是著爲律注謂明表也張湯傳受而著讞法注謂明書之也張良傳故不著注謂書之于史又爲儲禮記郊特牲由主人之絜著此水也樂記以著萬物之理注猶成也又爲積實爲絮廣雅釋言著納也儀禮士喪禮著組繫注充之以絮也一切經音義引廣雅著補也引字書著相附著也字俗作着又爲處晉語底著滯淫按止也又禮記明堂位著殷尊也注著地無足周禮司尊彝用兩著尊司農注著尊者著略尊也或曰無足著地史記十二諸侯年表象箸索隱著者尊也又廣雅釋水浮著水也俗字亦作着又爲藸爾雅釋木蕵莖著按木中亦有五味見齊民要術疑卽如何之樹隨刀改味者與釋艸同名而異又託名幖識字爾雅在戊曰著雍釋文本作祝淮南天文注著雍言位在中央萬物繁養四方也則謂借爲宁漢書地理志竚我于著乎而集注著地名出濟南郡著縣也聲訓禮記樂記樂著大始注著之言處也史記廢著鬻財集解猶居也淮南皆著于明堂注猶圖也古韻詩著叶著素華易雜卦叶居著禮曲禮叶獲箸素問示從容論叶足著索逆靈樞根結篇叶虛枯著期

語 楮 柠 榖也从木者聲或从宁聲西山經鳥危之山其陰多檀榖

shǔ 署　tú 瘏　shǔ 暑　dǔ 睹　dū 都

虞 都 有先君之舊宗廟曰都从邑者聲周禮距國五百里爲都按左莊廿八傳凡邑有宗廟先君之主曰都無曰邑周禮大司徒凡造都鄙注都鄙王子弟公卿大夫采地其界曰都鄙所居也太宰邦都之賦注四郊去國百里邦甸二百里家削三百里邦縣四百里邦都五百里按王畿方千里其最外之一周東南西北方百里者三十六謂之都小謂之大都王子弟及三公之采也其內一周方百里者廿八謂之縣亦謂之小都九卿之采也又其內一周方百里者二十謂之削亦謂之家邑大夫之采也周官有都宗人都司馬都則都士故侯國之下邑亦曰都詩干旄在浚之都左隱元傳大都不過三國之一晉語翟之廣莫於晉爲都秦策王不如因而賂一名都轉注尙書大傳十邑爲都管子度地州十爲都乘馬四鄉曰都廣雅釋地十鄉爲都又廣雅釋詁四都國也釋名國城曰都都者國君所居人所都會也書文侯之命簡恤爾都詩彼都人士穀梁僖十六傳民所聚曰都淮南天文中央爲都又廣雅釋詁三都聚也書堯典曰幽都孟子謨蓋都君咸我績又管子水地水以爲都居爾雅澤中有丘都丘周禮職方注滎波既都水經注都野澤卽休屠澤也禹貢皆以豬爲之廣雅釋地都池也又小爾雅廣言都盛也廣雅釋詁一都大也詩洵美且都傳閑也山有扶蘇不見子都傳世之美好者也史記司馬相如傳妓冶嫻都索隱雅也又甚都集解猶姣也又廣雅釋訓都凡也後漢齊武王縯傳注都部者都統其眾也按秦官都尉都官都內

同漢書兒寬傳嘗爲弟子都養注都凡眾也楊雄傳注都大指也假借爲椴實爲斷方言五椴謂之椴注椴楬杙也江東呼都都椴雙聲又爲儲廣雅釋詁四都藏也又發聲之詞爾雅釋詁都於也書堯典驩兜曰都傳都於歎美之詞聲訓漢書東方朔傳注都居也古韻詩干旄叶旟都山有扶蘇叶蘇華都且楚詞遠遊叶予居都閭大招叶姱都娛舒轉音楚詞招魂叶都觺駓牛災

御虞 睹 旦明也从日者聲與上形下聲之暑別字亦作曙小爾雅廣詁曙明也楚辭悲回風思不眠以至曙淮南天文曙于蒙谷之浦呂覽重已一曙失之古韻楚詞遠遊叶語曙神女賦叶遽據處語曙悲回風叶處曙去

語 暑 熱也从日者聲與左形右聲之睹別暑近溼如蒸熱近燥如烘易繫辭傳一寒一暑禮記月令土潤溽暑論語當暑素問天元紀大論寒暑燥溼風火注少陽爲暑聲訓釋名釋天暑煮也熱如煮物也古韻詩四月叶夏暑予小旻叶土野暑苦雨呂周書大明武叶暑處賈女下解禦武主櫓寡

虞 瘏 病也从疒者聲詩卷耳我馬瘏矣鴟鴞予口卒瘏楚詞思古躬劬勞而瘏悴古韻詩卷耳叶砠瘏痡吁鴟鴞叶据荼租瘏家

御 署 部署有所系屬从网者聲廣雅釋詁四置也史記項梁部署吳中豪傑魯語署位之表也署所以朝夕虔君命也漢書孟喜傳

chǔ 褚　tú 屠　zhū 豬　zhě 赭　shē 奢

曲臺署長西京賦嚴更之署注位也吳都賦廨署棊布注暨亞所居曰署轉注漢書蘇武傳注署表也題也禮樂志我署文章注分部也鄭當時傳翟公大署其門齊策馮煖署曰能今著述字以署爲之或曰借爲書亦通聲訓釋名書文書檢曰署署予也題所予者官號也

褚 語 𧝸 卒也从衣者聲或曰从衣从赭省亦聲方言三卒或謂之褚注轉注廣雅幡幡也凡徽識皆有幖題與褚同義荀子禮論無帾絲歶縷翣其貌以象菲帷幬尉也字亦作幬叚借爲絮說文一曰裝衣左成三傳置諸褚中按緻緜曰絮故裝緜卽曰絮漢書南粵王傳注以綿裝衣曰褚宁亦作衿經傳亦以著爲之或曰左傳之褚中借爲貯亦通又爲儲左襄三十傳取我衣冠而褚之注畜也又爲而禮記檀弓褚幕丹質釋文覆棺者喪大記素錦褚疏屋也又爲貫左昭二傳請以印爲褚師注市官古韻左襄三十一叶褚伍與

屠 虞魚 𡱼 刳也从尸者聲楚辭天問何勤子屠母注裂剝也轉注漢書高帝紀今屠沛注謂破取城邑誅殺其人如屠六畜然周書周祝解國孤國屠注謂人分裂也廣雅釋詁一屠壞也叚借爲瘏詩鴟鴞予口卒屠又爲鄗詩韓奕出宿于屠傳地名又託名幖識字淮南天文未在巳曰屠維注言萬物各成其性故曰屠維屠別維離也非是史記厤書作祝犁又水經河水注屠申澤闞駰謂之寘𤃓澤又左昭九傳晉屠蒯檀弓作杜蕢古韻詩韓奕叶居壺魚蒲車且胥

豬 魚 𧱥 豕而三毛叢居者从豕者聲按豕子也叚借爲豬獨豰豭豬車重綱縵輪有畫田獵乘之又爲都禹貢大野旣豬傳水所停曰豬禮記檀弓洿其宮而豬焉注南方謂都爲豬字亦作瀦周禮稻人以豬畜水左襄廿五傳規偃瀦聲訓說文豬豕而三毛叢居者謂一孔三毛按凡豕皆然古韻左定十四叶豬豭

赭 馬 𧹞 赤土也从赤者聲中山經若山多赭西山經灌水其中有流赭管子上有赭者下有鐵子虛賦其土則丹青赭堊漢書張敞傳偷長以赭汙其衣裾詩簡兮赫如渥赭釋文丹也列子周穆王赭堊之色西山經竹山有草焉名曰黃雚赤實其狀如赭水經江水注赭要洲名轉注廣雅釋器赭赤也荀子正論殺赭衣而不純注以赤土染衣故曰赭衣封氏聞見記赭或謂柘木染漢書王莽傳挑湯赭鞭

奢 麻 奓 奢 奓 張也从大者聲籒文从大从多會意太平御覽引說文反儉曰奢言誇大于人也經傳亦多以侈爲之爾雅釋詁奢勝也左隱三傳驕奢淫泆疏奢謂夸矜借上論語與其奢也皇疏侈也西京賦紛瑰麗以奓靡射雉賦奓雄豔之姱姿注豐也老子是以聖人去甚去奢去泰西京賦心奓體泰叚借爲都荀子賦閭娵子奢莫之媒也齊策閭姝子奢韓詩外傳作閭娵子都又託名幖識字海外東經奢比之民注亦神名也按淮南墬形作諸稽

zhǔ 渚　dū 闍　xù 緒　dǔ 堵　zhǔ 陼　zhū 藷

渚 語 㴋 水出常山中邱逢山東入湡从水者聲出今直隸正定府逢山東至張邑入湡叚借爲陼說文引爾雅小州曰渚詩江有渚傳小洲也韓詩章句一益一否曰渚鳧鷖在渚傳沚也左文十傳王居渚宮禮運不使渚者居中原莊子秋水兩涘渚涯之閒齊語渠弭於有渚楚辭湘君夕弭節兮北渚涉江乘鄂渚而反顧兮西京賦海若游於元渚東京賦渚戲躍魚聲訓廣雅釋水渚處也釋名渚遮也體高能遮水使從旁回也淮南墬形注水中可居者曰渚古韻詩江有汜叶渚與處鳧鷖叶渚處湑脯下楚詞湘夫人叶渚予下

闍 虞麻 闍 闉闍也从門者聲曲城曰闉城臺曰闍卽城隅也爾雅釋宮闍謂之臺李注積土爲之所以觀望詩出其闉闍鄭箋則謂借爲都國外曲城之中市里也聲訓爾雅孫注闍積土如水渚可以望氣祥也古韻詩出其東門叶闍荼且藘娛

緒 語 𦃃 絲耑也从糸者聲廣雅釋詁一末也轉注爾雅釋詁緒事也廣雅釋詁四緒業也詩閟宮纘禹之緒周語纂修其緒周禮宮正稽其功緒東京賦故宗緒中圯辥注統也漢書梅福傳治暴秦之緒注餘業也又莊子讓王其緒餘以爲國家司馬注緒者殘也楚辭涉江款秋冬之緒風注餘也莊子漁父先生有緒言而去釋文猶先言也又管子弟子職奉椀以爲緒注然燭燼也叚借爲組廣雅釋器緒絛也古韻詩常武叶父旅浦土處緒閟宮叶黍秬土緒又叶武緒野女旅父魯宇輔管子弟子職叶所矩下緒

堵 虞 𡎺 𩫖 垣也五版爲一堵从土者聲籒文从𩫖版廣二尺積高一丈曰堵其版之長詩鴻雁百堵皆作毛傳淮南原道環堵之室高注左隱元傳都城過百雉杜注皆謂長丈是一堵方丈也鴻雁韓詩章句八尺爲板公羊定十二傳注堵凡四十尺是一堵高丈長八尺也鄭君謂五堵而雉橫三丈是一堵高丈長六尺也按家語相魯注高丈長丈曰堵三堵曰雉是也板長一丈當從毛雉橫三丈當從鄭轉注周禮小胥凡縣鐘磬半爲堵全爲肆注編縣之二八十六枚而在一簴謂之堵又禮記禮器堵者謂之臺釋文本作闍叚借託名幖識字左莊十四傳楚堵敖史記作杜古韻詩斯干叶祖堵戶處語

陼 麌語 𨻰 如渚者陼邱水中高者也从阜者聲按小洲也廣雅釋水陼止也爾雅釋邱如陼者陼邱釋名陼邱形似水中之高地隆高而廣也經傳亦以渚爲之轉注子虛賦且齊東陼鉅海越語黿鼉之與同陼注水邊亦曰陼

藷 魚 𦾪 藷蔗也从艸諸聲南都賦藷蔗薑䕩注甘蔗也按藷蔗疊韻連語與爾雅釋草蕏荎藷之草五味釋木味荎著之木五味廣雅釋草藷藇署預也北山經景山其上多草藷藇之卽今山藥同音單言曰蔗菜言曰藷蔗耳南都賦四物並言疑藷當爲諸藇本字漢書

音義訓甘蔗則四字爲三物恐非山海經郭注草藷藇今江南單呼爲藷語有輕重耳又按蘇頌本草圖經閩中出一種藷藇根如薑芋而皮紫極有大者土人單呼爲藷此疑卽蘇俗所云山芋形短而橢圓與山藥不同

魚 **儲** 偫也从人諸聲漢書平帝紀注積也何竝傳注豫備也楊雄傳注峙也東京賦注待也曹子建詩小人德無儲注引說文一曰具也謂蓄積之以待無也王元長曲水詩序盈衍儲邸注猶府藏也又蔡邕勸學篇儲副君也西征賦注儲君副主言設以待之叚借爲除實爲祛周語身聳除潔又疊韻連語楚辭哀時命衣攝葉以儲與兮注不舒展皃淮南要略儲與扈冶注猶攝業也俶眞注褒大意也本經陰陽儲與注猶尙羊無所主之皃漢書楊雄傳儲與乎大溥注相羊也又長楊賦木擁槍纍以爲儲胥注蕃落之類也漢書注猶言有餘也

藥 **櫡** 斫謂之櫡从木箸聲與钁䦆同字亦作鐯作櫡爾雅斫謂之鐯按大鉏也

藥 **䃴** 斫也从石箸聲按當爲櫡之或體以其可擊石故从石

虞魚支藥 **躇** 峙躇不前也从足屠聲字亦作䠧按峙躇雙聲連語猶猶豫從容徘徊踟躕之皃亦作躊躇躊躇躊躇躊躇躊躇踟躇踟躕踟躕踟跦踟跦踶躕詩靜女搔首踟躕韓詩作躊躇毛詩作踟躕皆同據公羊宣六傳躇階而走注猶超遽不暇以次釋文與跢同又作辵列子天瑞若躇步跐蹈釋文踐蹈之皃疑當爲此字本訓公羊又作辵則以辵爲之叚借爲辵廣雅釋詁三躇止也楚辭九思握佩玖兮中路躇古韻楚詞九辨叶虞躇疇詩靜女叶姝隅躕

虞 **䣝** 左馮翊䣝陽亭集韻類篇引說文皆作郃陽亭从邑屠聲在今陝西同州府郃陽縣詩韓奕出宿于屠以屠爲之

魚 **藸** 莖藸也从艸豬聲爾雅釋草菋莖藸卽五味也木亦有五味具者釋木味莖著釋文亦作都作屠疑卽所謂如何之樹隨刃改味者按莖藸雙聲連語單評曰藸系評曰莖藸耳

麻 **譇** 譇拏羞窮也按疊韻連語遁辭也羞澀辭窮支離牽引之謂从言奢聲字亦作譇作惹方言十拏或謂之惹說文新附惹亂也

呂五名凡呂之派皆衍呂聲 力舉切

語 **呂** 膂 脊骨也象形人項大椎至下共二十一椎篆文从肉旅聲方言六呂長也膂力也宋魯曰膂膂用力也方言七膂儋也廣雅釋膐脊肉也素問瘧論篇循膂而下注謂脊兩傍書旅力既愆詩旅力方剛以旅爲之轉注說文昔太嶽爲禹心呂之臣故封呂侯按命氏呂賜姓姜周語氏曰有呂注呂之言膂也書呂刑大傳以甫爲之史記周本紀呂侯古今人表以甫爲之又莊子達生孔子觀乎呂梁司馬注河水有石絕處也叚借託名幖識字禮記禮運六律注陰曰呂太元元瑩六閒爲呂周語律所以立均出度也注六呂林鐘中呂夾鐘大呂應鐘南呂也聲訓呂覽律中大呂注呂旅也所以旅陰卽養助其成功淮南注呂旅也萬物萌動于黃泉未能達見所以旅旅去陰卽陽助其成功白虎通五行呂者拒也言陽氣欲出陰不許也又呂之言拒者旅抑拒難之也淮南天文音比大呂注呂侶也古韻楚詞招魂叶舞下鼓處呂

語 **莒** 齊謂芋爲莒从艸呂聲叚借託名幖識字鄭語滕薛鄒莒注己姓東夷之國也左文八傳稱穆伯奔莒從己氏譜云嬴姓少昊之後周武王封茲輿于莒世本自紀公以下爲紀姓疑後以諡爲氏紀己同聲字也十一世茲丕公始見春秋又四世楚滅之地在今山東沂州府莒州莒初都計後徙莒計在今萊州府膠州管子小問齊桓與管仲臺上謀伐莒東郭牙望見桓公開口而不閉知言莒也注莒字兩口故二君開口相對卽知其言莒按徐莒同音而開口閉口不同故東郭望而知之注傳會字形非也呂不从口

語 **筥** 䈰也从竹呂聲與筶與篆𥫗同亦曰筶篆疊韻連語字林筥飯器受五升秦謂筥也詩采蘋維筐及筥傳方曰筐圓曰筥淮南時則具撲曲筥筐注員底曰筥禮記月令以籧爲之字亦作篆方言十三南楚謂之筲趙魏之郊謂之筶篆轉注聲類筥箱也亦盛杯器籠曰筥叚借託名幖識字儀禮聘禮記四秉曰筥注筥穧名也周禮掌客米百有二十筥注筥謂一穧也按禾束四把也詩彼有遺秉魯語出稯禾秉芻缶米此秉與量名十六斛之秉迥別說文秅字注韋昭魯語注張揖廣雅釋器皆誤讀聘禮記而失之惟小爾雅廣物把謂之秉秉四曰筥又廣量秉十六斛最分明與鄭合古韻詩采蘋叶筥釜采菽叶筥予馬黼

語 **梠** 楣也从木呂聲亦曰櫓曰梍方言十三屋梠謂之櫺注雀梠卽屋檐也亦呼爲連緜文選馬汧督誄梠梠桷之松別義南都賦楈枒栟櫚注栟櫚椶也字亦作櫚聲訓釋名梠旅也連旅旅也

魚 **閭** 里門也从門呂聲周禮大司徒五家爲比五比爲閭地官閭胥秋官脩閭氏廣雅釋室閭里也公羊成二傳相與踦閭而語漢書張良傳表商容閭又書大傳三階爲閭左傳楚公子閭字子啟轉注周書武順左右一卒曰閭注陳名又莊子秋水尾閭泄之司馬注閭者聚也水聚族之處故稱閭也叚借爲廬廣雅釋詁二閭凥也又爲驢儀禮鄉射禮記閭中注如驢一角或曰如驢岐蹄北山經縣雍之山其獸多閭注卽羭也一名山驢又爲驢荀子性惡鉅闕辟閭注黑色也閭盧聲相近又疊韻連語爾雅釋地醫無閭漢書地理志作

說文通訓定聲　豫部弟九　亘

shù 庶　zhè 蔗　zhè 嗻　zhē 遮　zhí 蹠　zhè 樜　zhè 蟅

慮聲【聲訓】說文閭侶也二十五家相羣侶也按侶當作旅【古韻】楚詞遠遊叶子居都閭呂覽貴直叶居墟胥閭吾乎韓非揚權叶疏閭慮固

庶十二名凡庶之派皆衍庶聲 商署切

庶（御）庹 屋下眾也从广炗炗古文光字按屋下光多也詩庭燎有煇亦眾盛意春秋考異郵明庶風至按猶曰光風也【轉注】爾雅釋詁庶眾也釋言庶侈也易晉用錫馬蕃庶書皋謨庶明勵翼詩天保以莫不庶儀禮公食大夫禮上蓋庶羞周語制義庶孚以行之【叚借】為度為慮為覬爾雅釋言庶幸也又庶幾尙也詩抑庶無大悔禮記檀弓其庶幾乎按庶幾猶覬覦也又為蠱周禮庶氏注庶讀如藥煑之煑驅除毒蠱之言書不作蠱者字从聲又為袪蒻氏凡庶蠱之事注庶除毒蠱者或曰眾也是本義又疊韻連語吳都賦注鷓鴣如雞黑色其鳴自呼字亦作鷓【聲訓】釋名釋親屬庶摭也拾摭之也謂拾摭微陋待遇之也顏氏家訓北人以庶為戍【古韻】詩天保叶固除庶小旻叶除莫庶暇顧怒

蔗（禡）䕿 藷蔗也从艸庶聲通俗文荆州出甘蔗或作甘柘一物也按亦作竿蔗作邯賭

嗻（禡）嗻 遮也按多語之皃遮遏人言也从口庶聲史記高帝紀遮說漢王正義橫道自言曰遮以遮為之【聲訓】說文嗻遮也

遮（麻）遮 遏也从辵庶聲易晉鄭本用錫馬藩遮晉語候遮扞衛不行注遮遮罔也呂覽應同予不遮乎親注遮後遏也通俗文天子出虎賁伺非常謂之遮迾【叚借】為庶管子侈靡六畜遮育五穀遮熟注猶兼也

蹠（陌）蹠 楚人謂跳躍曰蹠从足庶聲與跖字別方言一蹠路跳也楚曰蹠淮南說林蹠越者或以舟或以車注至也【叚借】為跖蒼頡篇蹠蹋也廣雅釋詁一履也又行也楚辭哀郢眇不知其所蹠注踐也淮南脩務蹠達膝原道獸蹠實為走又自無蹠有自有蹠無氾論蹠鉅者舉遠主術一人蹠耒而耕繆稱各從其蹠而亂生焉說山必食其蹠注雞足踵也又託名幖識字孟子蹠之徒也【古韻】楚詞哀郢叶蹠客淳釋

樜（禡）樜 樜木出發鳩山从木庶聲北山經以柘為之

蟅（禡）蟅 蟅蟲也从虫庶聲字亦作䗪作蟅廣雅釋蟲飛蟅飛蠊也即上文之蠜蠜蝗爾雅之蜚蠦蜰說文之蠜春秋之蜚也又廣雅蟅螃蝑也即螽也蝗也阜螽也蛓螽也蠜也蝩也蟒也蚳蚸也蚸蚱也蚳蜢也按飛蟅與蟅蟒同類小別蜚性本不食穀食穀為災蝗性則害苗者也【別義】本草之䗪則今俗所云蟧底蟲種類各別

度（遇 藥）度 法制也从又庶省聲按五度分寸尺丈引也度起于人手取法故从又凡八寸曰咫七尺曰仞八尺曰尋皆同惟倍尋曰常常長也十丈曰引引亦長也言度數最長也虞書同律度量衡孟子度然後知長短按古以一黍之廣為一分橫絫十黍得古尺一寸今以一黍之縱為一分直絫十黍得今尺一寸今尺八寸一分當古尺十寸也又宗動天一日一周三百六十五度四分度之一日月隨天左旋日每日右旋一度月每日右旋十三度有奇又禮記樂記百度得數而有常注百度百刻也又周禮司市執鞭度守門注謂殳也因刻丈尺耳廣雅釋器度杖也方言五俞宋魏之閒謂之𣪍殳或謂之度注今江東呼打為度音量度也【轉注】說文度法制也書盤庚度乃口呂刑度作刑以詰四方馬注法度也詩禮儀卒度傳法度也周禮大司徒九曰以度教節注謂宮室車服之制左昭四傳度不可改注法也襄卅五傳度山林賈注九夫為度禮記緇衣往省括于度則釋注度謂可擬射也又王制度地居民釋文量也少儀不度民械釋文計也又賈子道術以人自觀謂之度左襄四傳咨禮為度昭廿八傳心能制義曰度書呂刑何度非及詩皇矣爰究爰度爾雅釋詁度謀也【叚借】為宅小爾雅廣言度居也方言三度凥也廣雅釋詁三度就也左文十八傳不度于善周禮縫人注度西曰柳穀文選典引正位度宗又為劇左隱十一傳山有木工則度之又為投詩緜度之薨薨韓詩章句度塡也投度雙聲又為渡楚辭惜賢年忽忽而日度注去也漢書王莽傳度百里之限注踰越也匡衡傳注度過也史記平準書度四百萬石索隱違也【聲訓】詩緜傳度居也【古韻】詩汾沮洳叶莫度路抑叶度虞又叶格度射楚茨叶踖碩炙莫客錯度獲格酢皇華叶駱若度皇矣叶赫莫獲度廓宅閟宮叶柏度尺舄碩奕作若易繫辭叶度懼故禮記禮運叶暇度御序左隱十一叶度擇孟子叶豫助度管子版法叶寤圖度舍懼白心叶居舍度內業叶舍圖度又叶度圖莊子知北遊叶度舍居故文子道原同荀子成相叶惡度途故韓非揚權叶固度文子自然叶度惡故迕素問離合眞邪論叶處度候路忤布故處寫離騷叶度路又叶錯度

xí 席

席（陌）席 㔶 藉也禮天子諸侯席有黼繡純飾从巾庶省按卽筵也方幅如巾故从巾从庶省聲古文象形石省聲按㔶卽因字周禮司几筵設莞筵紛純加繅席畫純疏初在地者一重謂之筵重在上者卽謂之席五席注莞藻次蒲熊也禮記祭統注設之曰筵坐之曰席儀禮旣夕加抗席三注席所以禦塵漢書蒯通傳注席因也劉向傳注席猶因也按席廣三尺三寸三分寸之一長則蒲筵丈六尺其尋席皆八尺文王世子遠近閒三席卽曲禮之函丈也【轉注】禮記儒行儒有席上之珍注陳也儀禮鄉飲酒禮乃席賓注敷席也論語必正席先嘗之皇疏猶坐也漢書賈捐之傳相枕席於道路注藉也【叚借】為席漢書賈誼傳應劭注席大也【聲訓】說文席藉也釋名席

釋也可卷可釋也［古韻］詩柏舟叶石席行葦叶席御酢爵炙臄咢禮曲禮叶席作尺禮運叶席幕帛炙醆莫轉音管子弟子職叶食席

奭藥 **敷** 敷 閉也从攴度聲讀若杜或从刀按剫也爾雅釋器木謂之剫廣雅釋詁一剫分也左隱十一傳工則度之以度爲之又按或體說文刀部重出今删［假借］爲杜說文敷閉也周禮雍氏注敷乃擭又爲涂實爲杇皆梓材惟其敷丹雘

遇 **渡** 渡 濟也从水度聲廣雅釋詁二渡去也三渡過也子史皆以度爲之

陌 **蓆** 蓆 廣多也从艸席聲按艸多也［轉注］詩緇衣之蓆兮爾雅釋詁蓆大也［假借］爲儲韓詩章句蓆儲也按讀借爲儲也［古韻］詩緇衣叶蓆作

舍二十八名凡舍之派皆衍舍聲 始夜切

馬禡所 **舍** 舍 市居曰舍从亼屮象屋也口象築也按客居也周禮之廬也路室也候館也皆是周官有掌舍注行所解止之處舍人注猶宮也司戈盾及舍注止也禮記曲禮將適舍注主人家也又左莊三傳凡師一宿爲舍呂覽不廣却舍延尸注軍行三十里爲一舍左僖廿三傳其避君三舍賈注九十里也又儀禮覲禮天子賜舍注猶致館也又齊策舍之上舍注甲第也［轉注］史記律書七正二十八舍淮南覽冥曰爲之反三舍又鬼谷子本經陰符神歸其舍注宅也又禮記檀弓舍于子夏氏公羊莊十二傳散舍諸宮中呂覽必已舍故人之家注止也楚令尹舍字子發齊慶舍字子之又周禮太史舍筭注讀爲釋非是又漢書高帝紀其舍人陳恢注舍人親近左右之通稱也又主廄內小史官名也［假借］爲捨易屯不如舍虞注置也禮記月令耕者少舍注止也書湯誓舍我穡事釋文廢也爾雅釋詁廢舍也論語舍之則藏釋文放也左昭九傳舍藥物可也服注止也論語山川其舍諸釋文棄也詩車攻舍矢如破行葦舍矢既均箋釋也儀禮鄉飲酒禮古文主人舍服楚語闞子文三舍令尹注去也孟子舍正路而不由注縱也周語故聖人之施舍也議之注不予也魯語蟲舍蚳蝝注不取也西京賦舍利㹌㹌注獸名性吐金故曰舍利又爲藉爲敍禮記檀弓有司以几筵舍奠于墓左疏釋也月令入舞釋菜疏今即釋呂覽仲春入舞舍菜注舍猶置也周禮占夢乃舍萌於四方大胥入學舍菜句祝舍奠于祖廟注皆讀爲釋左桓二傳舍爵策勳周禮大馭注乃舍軷或謂借爲捨皆失之又爲赦左襄廿五傳舍之得民哀十二傳乃舍衛侯周書王佩施舍在平心注謂赦罪詩雨無正舍彼有罪傳除也楚語女無謂我老耄而舍我周禮司圜上罪三年而舍爾雅釋詁赦舍也又爲舒左襄八傳鄭公孫舍之字子展史記屈原傳舍憂娛哀又爲釋列子天瑞舍然而喜儀禮大射儀古文獲而未舍獲［聲訓］釋名舍於中舍息也論語君子疾夫舍曰欲之皇疏

除也詩行葦箋舍之言釋也周禮鄉大夫其舍者注謂有復除害不收役事也詩羔裘舍命不渝箋猶處也素問瘧論此榮氣之所舍也注猶居也春秋文曜鉤咸池天潢五星五帝居舍也注舍庫也儀禮喪服傳舍外寢注所謂堊室也穆天子傳出造舍注舍倚廬也史記律書舍者舒氣也［古韻］詩何人斯叶舍車盱易乾叶下舍禮曲禮叶呼舍故射義叶射繹舍左僖廿八叶舍墓管子版法叶辭圖度舍懼四稱叶橺舍圖夜處白心叶居舍度內業叶舍圖度又叶舍薄圖又叶舒固舍薄莊子知北遊叶度舍居故文子道原同

魚 **舒** 舒 伸也从舍从予予亦聲按从予手之伸也舍聲小爾雅廣詁舒展也方言六東齊之閒凡展物謂之舒勃淮南原道舒之幎于六合本經贏縮卷舒注散也楚辭懷沙舒憂娛哀素問五常政大論其介條舒注啟也［假借］爲紓爲徐說文一曰舒緩也爾雅釋言舒緩也廣雅釋詁四舒遲也書洪範曰舒恒燠若鄭注舒舉遲也王注舒惰也詩野有死麕舒而脫脫兮傳徐也月出舒窈糾兮傳遲也穀梁桓十四傳聽遠音者聞其疾而不聞其舒注謂徐緩也禮記玉藻君子之容舒遲疏閑雅也史記五帝紀貴而不舒索隱猶慢也又爾雅釋鳥舒鳧鶩舒鴈鵝儀禮聘禮記出如舒雁又爲懪實爲釋方言十舒蘇也楚通語也又爲敍爾雅釋詁舒敘也舒緒也又託名幖識字詩閟宮荆舒是懲在今安徽廬州府廬江縣西有舒古城左成二傳陳夏徵舒字子南襄廿二傳楚公子追舒字子南又離騷前望舒使先驅兮注月御也按方諸望諸字亦同［古韻］詩江漢叶車旟舒鋪楚詞大招叶姱都娛舒管子內業叶舒固舍薄

麻 **郤** 郤 地名从邑舍聲其地不可攷［假借］爲舒玉篇春秋僖三年徐人取郤

禡 **涻** 涻 涻水出北囂山入邛澤从水舍聲按北山經鉤吾之山又北三百里北囂之山涔水出焉東流注于卬澤涔卬字與涻邛字形體相似未詳孰是

馬 **捨** 捨 釋也从手舍聲廣雅釋詁四捨置也書湯誓釋文捨廢也老子注萬物捨此而求全經傳皆以舍爲之訓放訓棄訓止訓去訓除訓縱皆是論語舍瑟而作皇疏訓投荀子勸學鍥而舍之注舍與捨同［假借］爲舍左莊三傳注捨宿不書疏捨者君行一日止而捨息也按正字當作舍

魚 **余** 余 語之舒也从八舍省聲爾雅釋詁余我也又身也蓋自稱發聲之詞或曰借爲吾亦通左僖九傳小白余敢貪天子之命十二傳余嘉乃勳家語觀周亦莫余敢侮離騷皇覽揆余于初度兮經傳亦多以予爲之［假借］爲餘周禮委人凡其余聚以待頒賜又爲梌史記匈奴傳比余漢書作疏又爲徐易困王蕭本來余余亦重言形況字又託名幖識字爾雅釋天四月爲余詩小明箋作除又釋草荅接

tú 荼 yú ⿱余余

余釋文本作荼聲訓爾雅余身也孫注余舒遲之身也釋天李注四月萬物皆生枝布葉故曰余余舒也古韻爾雅釋天叶如余且

魚 **⿱余余** ⿱余余 二余也讀與余同易困來徐徐王肅本作余余駿按⿱余余即余之籀文故說文八部記文十二重一

虞 麻 **荼** 荼 苦荼也从艸余聲按荼屬詩谷風誰謂荼苦其甘如飴七月采荼薪樗禮記月令孟夏之月苦菜秀易通卦驗苦菜生于寒秋經冬歷春得夏乃成顏氏家訓葉似苦苣而細摘斷有白汁花黃如菊本草稍葉似鸛觜故名老鸛菜轉注爾雅釋木檟苦荼注樹小如梔子冬生葉可煮飲今呼早采者為荼晚取者為茗一名荈亦名蔎今字誤作茶埤蒼作𣘻按以其味苦故亦名荼茗飲蓋起于漢代也又一切經音義引廣雅荼痛也書湯誓弗忍荼毒傳荼毒苦也周語寗為荼毒注苦也叚借為藉夏小正取荼傳荼也者以為君薦蔣也灌荼傳萑葦之秀為蔣褚之也漢書禮樂志顏如荼注荼者今俗所謂兼錐也詩出其東門有女如荼傳英荼也箋荼茅秀物之輕者飛行無常鴟鴞予所捋荼傳萑苕也周禮掌荼儀禮既夕記茵著用荼吳語望之如荼太元守與荼有守注白也方言十二荼借也按如今蘆花之類可以裝褚為藉故得藉名或曰借為賒存疑又爾雅釋草荼委葉詩良耜以薅荼蓼按穢草彡似茅莠故以藉名之委地亦藉意也又為紓為徐尚書大傳厥咎荼注緩也考工弓人斲目必荼司農注舒徐也易困來荼荼子夏傳內不定之意虞注舒遲也亦重言形況字又為舒禮記玉藻諸侯荼字亦作瑹廣雅釋器瑹笏也考工弓人寬緩以荼又為涂文選與孫皓書生人陷荼炭之艱又託名幖識字左哀六年齊陳乞弒其君荼公羊作舍古韻詩出其東門叶闍荼且藘娛鴟鴞叶据荼租瘏家

說文通訓定聲 豫部弟九 亖

xú 徐 tú ⿰牛余

虞 **⿰牛余** ⿰牛余 黃牛虎文也从牛余聲讀若涂

魚 **徐** 徐 安行也从彳余聲廣雅釋詁四遲也易困乃徐有說虞注坤為徐宋策徐其攻而留其日注緩也轉注按以徑字从彳路字从足道字从辵行字訓道例之徐亦訓道字古借涂後變作途又作塗爾雅釋宮堂途謂之陳又路旅途也釋邱當途梧邱齊策而不利說途也東京賦經途九軌又郭璞遊仙詩長揖當途人注當仕路也又易說卦傳為大塗鄭注國中三道曰塗禮記儒行道塗不爭險易之利仲尼燕居皆出此塗出也論語遇諸塗又道聽而塗說上林賦長塗中宿注樓閣閒陛道石門頌塗路歮難字又作塗叚借為俱公羊成十五傳魯人徐傷歸父之無後也注徐皆共之辭也關東語又為汙字亦作塗後漢班彪傳注塗汙也西都賦注塗汙也廣雅釋詁三塗泥也易睽見豕負塗書禹貢厥土惟塗泥詩角弓如塗塗附禮檀弓塗車芻靈夏小正來塗孟子坐於塗炭答賓戲振拔洿塗又為洿漢書東方朔傳塗者漸洳徑也又為杇字亦作塗書梓材惟其塗塈茨詩角弓如塗塗附穀梁襄廿四傳臺榭不塗注塗飾釋名塗杜也

xù 敘 tú 筡 yú 餘

杜塞孔穴也又為荼後漢南匈奴傳注塗苦也又為嵞書益稷娶于塗山傳國名西山經醜塗之水注山名水經伊水注三塗大行轘轅崤澠新序善謀四嶽三塗陽城大室荊山終南九州之險也又重言形況字易困來徐徐注疑懼之詞也馬注安行皃莊子應帝王其臥徐徐司馬注安隱皃釋文注寐之狀也崔本作袪袪素問三部九候論中手徐徐然者病注緩也楚辭逢紛白露紛紛以塗塗兮注厚皃又疊韻連語詩北風其虛其邪箋讀如徐又託名幖識字書禹貢海岱及淮惟徐州又柴誓徂茲淮夷徐戎並興後作郐是後製字又爾雅釋天太歲在辰曰執徐又廣雅釋草徐長卿鬼督郵也又齊策楚威王戰勝于徐州注或作舒州聲訓釋名釋州國徐州徐舒也土氣舒緩也爾雅釋天李注徐舒也釋地李注淮海閒其氣寬舒稟性安徐故曰徐春秋元命苞徐之為言舒也言陰收內安詳也古韻易困叶徐車

語 **敘** 敘 次弟也从攴余聲經傳亦以序為之虞書百揆時敘周禮司書以敘其財注猶比次也宮伯行其秩敘注才等也司市以次敘分地而經市注肆行列也小司寇以敘進而問焉注更也又晉語紀言以敘之注述也叚借為緒爾雅釋詁敘緒也聲訓書皋陶謨惇敘九族鄭注敘次序也釋名釋典藝敘杼也杼泄其實宣見之也古韻書禹貢叶旅豬野敘洪範叶居敘又叶怒懌敘

說文通訓定聲 豫部弟九 頁

虞 魚 **筡** 筡 析竹筤也从竹余聲讀若絮方言十三筡析也析竹謂之筡廣雅釋詁一分也按凡析可用者曰筤亦作篨即筤之轉語醫經竹筎字亦作茹今以茹為之

魚 **餘** 餘 饒也从食余聲廣雅釋詁四盈也秦策不得煖衣餘食呂覽辯土亦無使有餘注猶多也梟仲山碑父有余財以余為之轉注莊子天道則用天下而有餘注閒暇之謂也荀子富國不求其餘注謂過度公羊春秋序此世之餘事疏末也又廣雅釋詁三餘久也叚借為俱廣雅釋詁三餘皆也又為鹽越絕書越人謂鹽曰餘又為余史記屈原傳餘何畏懼又為庶為諸周書糴匡餘子務藝注眾也書大傳餘子皆入學注猶衆子也周禮小司徒大故致餘子注謂羨也孟子餘夫注其餘老少尚有餘力者漢書食貨志餘子亦在于序室注庶子也未任役為餘子呂覽報更張儀魏氏餘子也注大夫庶子為餘又雙聲連語左昭十七傳乘舟餘皇字亦作艅艎廣雅釋水艅艎舟也又詩巷伯釋文貝黃白曰餘蚳又託名幖識字南山經其名曰祝餘注或作桂荼又古今人表吳餘眛春秋作夷末古韻詩權輿叶乎渠餘輿都人士叶餘旟盱左傳十五叶去餘狐爾雅釋天叶皋餘文子符言叶倨餘精誠叶由除虛餘素問脈要精微論叶膚餘去韓非主道叶餘輔虎宋玉風賦叶灰餘廬

舍

shē 賖　麻

賖 賖 貰買也。从貝余聲。在人曰貰，在我曰賖。周禮泉府：凡賖者，祭祀無過旬日，喪紀無過三月。〔叚借〕爲奢。爲餘。後漢王充王符仲長統傳論注：賖，奢同。又爲紓。爲徐。謝元暉詩：徒使春帶賖。

tú 𨛜　虞

𨛜 𨛜 邾下邑也。从邑余聲。讀若涂。魯東有𨛜城。書費誓：淮夷徐戎。左傳：周有徐奄。史記魯世家：楚伐我，取徐州。皆作徐。疑𨛜字後製。

tú 稌　虞麌

稌 稌 稻也。从禾余聲。古專謂黏者爲稌，吾蘇所云糯米也。或以偁不黏者，亦通語耳。今北人曰南米，亦曰大米。詩豐年：多黍多稌。禮記內則：折稌。犬羹兔羹。周禮食醫：牛宜稌。司農注：稌，稉也。南山經：其祠糈用稌。注：穬也。〔古韻〕詩豐年叶黍稌。

xú 俆　魚

俆 俆 緩也。从人余聲。廣雅釋詁四：遲也。經傳皆以徐爲之。〔叚借〕爲𨛜。史記齊世家：執簡公于徐州。魯世家作徐，左傳作舒。

tú 嵞　虞

嵞 嵞 會稽山。从屾余聲。在今浙江紹興府。左傳：禹會諸侯於塗山。字作塗。吳越春秋：禹登茅山朝羣臣，乃大會計，改名會稽山。作茅。今本誤作茅。〔別義〕說文一曰九江當嵞也。民以辛壬癸甲之日嫁娶。書益稷：娶于嵞山。傳：國名。字今作塗。其俗以辛壬癸甲嫁娶者，傳會書文也。按在今安徽鳳陽府懷遠縣東南。

tú 駼　虞

駼 駼 騊駼也。从馬余聲。北野之良馬。按騊駼亦雙聲連語。周書王會解：禺氏騊駼。史記匈奴傳：騊駼驒騱。徐廣曰：似馬而青。

yù 悆　虞御

悆 悆 喜也。从心余聲。說文引書金縢：王有疾不悆。悆，喜也。今本以豫爲之。東京賦：曆多福以安悆。薛注：寧也。穆天子傳：天子使孟悆如畢討戎。注：音豫。〔別義〕說文悆忘也。廣雅釋詁二：悆，忘也。〔叚借〕雙聲連語。字亦作悇。說文又曰憛也。廣雅釋訓：悇憛，懷憂也。楚辭謬諫：心悇憛而煩冤兮。注：憂愁皃。後漢馮衍傳注：悇憛，禍福未定也。又賈誼新書：孰能無悇憛。淮南書：憛悇。注：貪欲也。

tú 涂　魚虞

涂 涂 涂水。出益州牧靡南山，西北入澠。从水余聲。按今出雲南臘谷，入金沙江，至四川入江。〔別義〕魏志王淩傳：吳塞涂水。字亦作滁。滁州即涂中也。〔叚借〕爲荼。廣雅釋詁三：涂，害也。又爲塗。爲途。實爲徐。周禮司險：五溝五涂。注：五涂，徑畛涂道路也。量人：量其市朝州涂軍社之所里。禮記王制：士遇之涂。爾雅釋邱：堂涂梧邱。亦作當途。考工匠人注引爾雅釋宮：堂涂謂之陳。荀子儒效：混然涂之人也。漢書禮樂志：大朱涂廣。周慓功勳銘：行旅語于涂陸。按徐，安行也。〔轉注〕訓道路，與行同意。又爲泥。禮記內則：涂皆乾擘之。又爲杇。說文：杇，所以涂也。又託名幖識字。爾雅：十二月爲涂。〔聲訓〕釋名：涂，度也。人所由得通度也。〔古韻〕詩出車叶華涂居書。易睽叶孤涂車弧。莊子徐无鬼叶御馬野涂。孫武子九地叶居涂。麌荀子成相叶惡度途故。

tú 捈　麌

捈 捈 臥引也。从手余聲。謂橫引之。廣雅釋詁一：引也。法言問神：捈中心之所欲。〔叚借〕爲筡。廣雅釋詁四：捈，銳也。淮南兵略：剡摲筡奮

擔钁以當脩戟強弩。正作筡，字亦誤作捈。玉篇：捈，刺木也。又爲斜。廣雅釋詁二：捈，抒也。

yú 畬　魚麻

畬 畬 三歲治田也。从田余聲。按一歲曰葘，二歲曰新田。易无妄：不葘畬，凶。董遇注：悉耨曰畬。虞翻注：田二歲曰畬。釋文引說文亦作二歲。詩臣工：如何新畬。〔聲訓〕爾雅釋地孫注：畬，和也。田舒緩也。

xié 斜　麻

斜 斜 抒也。从斗余聲。讀若荼。史記褒斜道注：谷名。楊君石門頌：余谷之川。以余爲之。〔叚借〕爲衺。今俗用爲斜正字。

chú 除　魚御

除 除 殿陛也。从阜余聲。按階級如山石之高下，故从阜。漢書蘇武傳：扶輦下除。注：謂門屏之閒。王莽傳：自前殿南下椒除。注：殿陛之道也。西都賦：修除飛閣。東京賦：登自東除。廣雅釋室：除，道也。〔叚借〕爲祛。廣雅釋詁二：除，去也。詩蟋蟀：日月其除。傳：去也。小明：日月方除。傳：除，陳生新也。箋則以爾雅四月爲余當之。禮記曲禮：馳道不除。注：治也。周禮典祀：則帥其屬而修除。注：芟埽之。考工玉人：以除慝。注：誅惡逆也。老子：朝甚除。王注：潔好也。又漢書景帝紀：初除之官。注：凡言除者，除故官就新官也。又方言三：愈或謂之除。廣雅釋詁一：除，瘉也。又淮南天文：是故春夏則羣獸除。注：冬毛微墮也。又爲儲。按詩斯干：風雨攸除。釋文：去也。非。易萃：君子以除戎器。鄭注：去也。虞注：修也。非。荀本作慮。又爲舒。詩天保：何福不除。傳：開也。按舒之言予也，展也。〔古韻〕詩斯干叶除去芋。蟋蟀叶莫除居。天保叶固除庶。小明叶除莫庶暇顧怒。霝柩制節叶邪除。楚詞遠遊叶居霞除。文子精誠叶由除盧餘。

tú 酴　虞

酴 酴 酒母也。从酉余聲。讀若盧。蓋今之酵也。〔轉注〕廣雅釋器：酴，酒也。玉篇云：麥酒不去滓飲也。齊民要術有蜀人作酴酒法。

chú 蒢　魚

蒢 蒢 黃蒢，職也。从艸除聲。似苦蕆。〔別義〕廣雅釋草：蒱蒢，地榆也。茱屬，亦名玉豉。

chú 篨　魚

篨 篨 籧篨也。从竹，籧聲。粗竹席。按籧篨亦疊韻連語。

射二名凡射之派皆衍射聲　食夜切

shè 躲(射)　禡陌

躲 躲 射 弓弩發於身而中於遠也。从矢从身。會意。篆文从寸从身。寸，法度也。亦手也。按說文矢部況詞之疾，疑古射字。周禮保氏：三曰五射。司農注：白矢、參連、剡注、襄尺、井儀也。按禮射有四：大射、賓射、燕射及鄉射。又投壺亦射之細也。禮記射義：射者，男子之事也。又射者，仁之道也。孟子：序者，射也。注：射者，三耦四矢，以達物導氣也。〔轉注〕漢書蕭望之傳：以射策甲科爲郎。注：射之言投射也。又後漢光武紀：射聲校尉。注：射聲，謂工射者也。夜中聞聲則射之，因以爲名。又周禮典瑞：璋邸射。注：剡也。考工玉人：射四寸。注：炎出者也。又列子說符：博者射。注：凡戲爭能取中皆曰射。〔叚借〕爲斁。爾雅釋詁：射，厭也。易說卦：水火不相射。詩車舝：好爾無射。禮記中庸：在此無射。緇衣服

yá 牙　shè 麝　xiè 謝

之無射周禮大宗師無射周語無射所以宣布哲人令德示民軌儀也白虎通五行射者終也無射者無厭也又爲睪楚辭天問皆歸躲鞫而無害厥躬按古書本有兊干啟位之說言伺獲啟窮治也註訓行窮失之又爲驛廣雅釋詁一躲行也又爲殬春秋繁露郊祀耗射下土又託名標識字史記儀射官名音夜水經漸江水注射堂縣先名上諸暨亦曰句無矣大戴勸學西方有木名曰射干後漢馮衍傳注射于鳥翼也陳寵傳注射卽今之烏扇也廣雅釋魚射工蜮也又易井谷射鮒荀爽作耶穀梁桓九世子射姑莊廿三曹伯射姑釋文本作亦史記作夕左文六傳狐射姑穀梁作夜射姑蓋疊韻連語聲訓禮記射義射之爲言者繹也或曰舍也繹者各繹己之志也又玉藻注謂靈射之屬疏射則繹也按爾雅釋魚作謝周禮龜人作繹又考工玉人注射其外駔牙古韻詩大叔于田叶射御車舝叶譽射抑叶格度射易說卦叶薄射錯逆禮射義叶射繹舍孟子叶序射鬼谷子抵巇叶射鏃詩猗嗟叶舞射句中韻

禡 **謝** 䜗 辭去也从言䠶聲按辭而去也字亦作謝禮記曲禮若不得謝注猶聽也漢書蒯通傳語以事而謝之注謂告辭也轉注楚辭大招青春受謝注去也淮南俶眞二者代謝舛馳注敘也莊子秋水是謂謝施司馬注化也顏延年詩屬美謝繁翰注猶懇也段借託名標識字詩崧高于邑于謝傳周之南國也潛夫論作序旣入于謝楚詞注作徐泰苗肅肅謝功傳邑也又爾雅釋魚龜仰者謝釋文本作

說文通訓定聲　豫部弟九　亖

射按周禮龜人作繹又爾雅釋宮闍謂之臺有木者謂之榭又無室曰榭字作榭按臺上有屋無四壁與堂皇之有屋無四壁皆名榭者謂室去序也左宣十六傳成周宣謝火荀子王霸臺謝甚高皆正作謝禮記禮運以爲臺榭左襄三十一傳無觀臺榭穀梁宣十六傳宣榭書僞泰誓宮室臺榭釋文竝云本作謝按左哀元傳亦有臺榭陂池焉禮記月令可以處臺榭楚辭招魂層臺累榭淮南精神高臺層榭此皆爾雅所云有木者謂之榭也左成十七傳三郤將謀于榭注講武堂公羊宣十六傳宣宮之榭也東京賦謻門曲榭魯靈光殿賦陽榭外望儀禮鄉射禮豫則鉤楹內以豫爲之此皆爾雅所云無室曰榭也古韻管子四稱叶榭舍圖夜處交子自然叶謝夜

禡 **麝** 䴡 麝如小麋臍有香从鹿䠶聲字亦作麝爾雅麝父麕足西山經翠山其陰多旄牛麢麝注似獐而小有香

牙十一名凡牙之派皆衍牙聲 五家切

麻 **牙** 𤘈 𠂰 牡齒也象上下相錯之形九經字樣石木引作壯齒也古文下又象齒易大畜豶豕之牙虞注剛白從頤中出牙之象也鄭注謂互之誤字左隱五傳皮革齒牙疏頷上大齒謂之牙轉注後漢崔駰傳童牙注謂幼小也又考工輪人牙也者以爲固抱也司農云或謂之罔書或作輮車人注釋文本或作迓又廣雅釋器機謂之牙釋名釋兵弩鉤弦者曰牙似齒牙也又周禮典瑞牙璋以起

yǎ 雅　yà 迓　yà 訝　yá 芽

軍旅司農注琢以爲牙牙齒兵象故以牙璋發兵若今時以銅虎符發兵又東京賦牙旗繽紛注古者天子出建大牙旗竿上以象牙飾之又崇牙張注崇牙栒虡上板作鉏鋙者又禮記玉藻佩玉有衝牙皇氏注衝居中央牙是外畔兩邊之璜段借託名標識字書君牙禮記緇衣作雅呂覽本味伯牙破琴絕絃注或作雅聲訓釋名釋形體牙樝牙也古韻詩行露叶牙家易大畜叶牙衢

麻 **芽** 𦬕 萌芽也从艸牙聲廣雅釋艸芽孽也轉注廣雅釋詁一芽始也古韻禮月令叶芽孤

禡 **訝** 𧥎 相迎也从言牙聲周禮曰諸侯有卿訝發按作接必以言故从言俗字作迓周官有訝士有掌訝司農注引公羊成二傳跛者訝跛者儀禮公食大夫禮從者訝受皮注迎也聘禮訝賓于館注以君命迎賓謂之訝又訝受几于筵前注今文訝爲梧蓋以梧爲之書牧誓馬本弗禦克奔以禦爲之書洛誥御衡不迷詩甫田以御田祖荀子榮辱御旅注逆旅也皆以御爲之周禮田僕注逆衙還之以衙爲之段借爲庌周禮圉師故書夏訝馬又爲遻今用訝爲相驚之辭

禡 **迓** 此字徐鉉補入說文爲十九文之一从辵牙聲按卽訝字之俗書盤庚予迓續乃命于天牧誓弗迓克奔洛誥旁作穆穆迓衡皆衞包所改俗字左成十三傳迓晉侯於新宮公羊成二傳使眇者迓眇者思元賦僉供職而來迓爾雅釋詁迓迎也古本皆作訝故左

說文通訓定聲　豫部弟九　亖

傳公羊傳爾雅釋文竝云迓本作訝

麻馬 **雅** 𨾊 楚烏也一名鸒一名卑居秦謂之雅从隹牙聲按大而純黑反哺者烏小而不純黑不反哺者雅雅卽烏之轉聲字亦作鴉作鵶書古太誓流之爲鵰鄭注鵰烏也莊子齊物論鴟鴉耆鼠釋文本作鵶按鴉烏非小爾雅之鴉烏乃爾雅之鷽烏鴟鴉卽漢書梅福傳之鳶鴟皆連文得名其聲亦雅雅然與此楚烏不同也段借爲誶毛詩序雅者正也言王政之所由廢與也孝經大雅云鄭注雅者正也詩鼓鐘以雅以南箋周禮大師曰雅注論語子所雅言皇疏史記三王世家文章爾雅索隱皆訓正也風俗通聲音雅之爲言正也白虎通禮樂雅者古正也按說文疋下古文以爲詩大雅字疋字隸體似正故傳會訓正其實古文借疋爲諝後又借雅爲諝也風諷也雅諝也頌誦也此四始之本字又賈子道術辭令就得謂之雅方言一舊書雅記注雅爾雅也爾雅序釋文本作疋釋名釋典藝雅義也又爲夏荀子榮辱君子安雅按與儒效篇居夏而夏之夏同注正而有美德者謂之雅又爲庌左傳齊公孫竈字子雅又爲素亦爲故史記荆燕世家今呂氏雅故高帝紀雅不欲屬沛公張耳陳餘傳張耳雅游漢書張禹傳忽忘雅素又爲舒實爲徐陸雲詩雅步擢纖腰注閑雅謂妖麗也失之又託名標識字周禮笙師春牘應雅司農注雅狀如漆筩而弇口大二圍長五尺六寸以羊韋鞔之有兩紐疏畫禮記樂

yé 釾　yǎ 庌　xié 衺　yé 邪　yá 枒

記訊疾以雅注亦樂器名狀如桼筩中有椎又緇衣君雅曰注書序作牙假借字也聲訓釋名釋言語雅雒也爲之難人將爲之雒雒然憚之也古韻禮記樂記叶旅鼓武雅語古下

麻　**枒**　枒木也从木牙聲亦謂之胥邪俗字作梛作椰作椰其木葉在顛耑似椶樹實大如瓠繫在顛若挂物然今俗所用椰瓢是也異物志椰高十尋叚借爲牙說文一曰車輞會也又疊韻連語方言江東謂椏杈魯靈光殿賦枝牚杈枒而斜據字亦作椏又重言形況字釋名釋用器枷或曰了了以杖轉于頭故以名之也字又作了

麻麻　**邪**　琅邪郡从邑牙聲按其地有琅邪山古齊東南邑也在今山東青州府諸城縣字亦作琊孟子放於琅邪海內東經琅琊臺在渤海閒琅琊之東水經濰水注琅邪山名越王句踐之故國也句踐并吳欲霸中國徙都琅邪叚借爲衺賈子道術方直不曲謂之正反正爲邪春秋繁露竹林前正而後有枉者謂之邪道禮記樂記回邪曲直祭義雖有奇邪而不治者周書王佩亡正處邪注姦衺也素問邪氣之客於身也注不正之目登徒子好色賦愚亂之邪臣注僻也爾雅釋器注襌邪交落帶繫於體又後漢靈帝紀天祿辟邪注皆獸名也又爲餘史記麻書歸邪于終集解餘分也又疊韻連語詩北風其虛其邪爾雅作徐同又史記滑稽傳汙邪滿車集解下地田也又呂覽用民莫邪不爲勇者興注美劍漢書楊雄傳杖鏌邪注大戟也又爲除廣雅釋室邪除道也邪卽除也又爲咫莊子在宥豈直過也而去之邪咫雙聲又助語之詞字亦誤作耶顏氏家訓邪者未定之辭北人卽呼爲也史記刺客傳顧不易邪索隱不定之辭漢書外戚傳內邪若不私府小取注語辭也荀子正名其求物也其養生也注邪問之辭邪也亦雙聲古韻詩北風叶虛邪且騶叶豝魚祛邪徂靈樞刺節眞邪叶邪除

麻　**衺**　衺也按褱也从衣牙聲錯本六書故引唐本說文皆作紉也周禮比長有辠奇衺則相及注猶惡也宮正與其奇衺之民注奇衺譎觚非常內宰禁其奇衺注若今媚道司救衺惡過失注衺惡謂侮慢長老言語無忌而未麗于辠者衺字他經傳多以回邪爲之

馬　**庌**　廡也从广牙聲通俗文客堂曰庌廣雅釋室庌舍也周禮圉師夏庌馬注廡所以庇馬涼也按字亦作㾑淮南說林大厦成而燕雀相賀注屋也西京賦大廈耽耽薛注屋之四下者爲廈聲訓釋名大屋曰廡并冀人謂之庌庌正也屋之正大者也按傳會詩大疋字爲訓

麻　**釾**　鏌釾也从金牙聲字亦作鋣莊子大宗師我且必爲鏌鋣釋文劍名又漢書杜篤傳注鏌鋣大戟也按鏌釾亦疊韻連語荀子呂覽淮南皆作莫邪同

è 惡　wù 誈　è 啞　yà 亞　yé 䒦

麻　**䒦**　茆䒦也从艸邪聲卽昌蒲

亞八名凡亞之派皆衍亞聲　衣稼切

禡　**亞**　醜也象人局背之形書洪範五曰惡孟子雖有惡人以惡爲之易繫辭荀本言天下之至賾而不可亞也注次也非今作惡叚借爲敘說文賈侍中說以爲次弟也爾雅釋言亞次也書牧誓亞旅詩載芟侯亞侯旅儀禮士虞禮魚亞之觀禮路下四亞之特牲禮亞獻尸左文六傳爲亞卿焉襄十九傳亞宋子論語亞飯干西京賦當亞于乘輿字亦作婭爾雅兩壻相謂爲亞詩節南山瑣瑣姻亞釋文本作婭

麻馬陌　**啞**　笑也从口亞聲易震笑言啞啞鄭注樂也按啞啞笑聲也亦重言形況字史記刺客傳吞炭爲啞索隱謂瘖病當爲此字本訓坤苍瘂瘖也字亦作瘂古韻易震叶號啞

麌　**誈**　相毀也从言亞聲叚借爲惡說文一曰畏亞

箇遇藥　**惡**　過也从心亞聲俗字作悪顏氏家訓惡上安西按宜从西聲於六書尙合周禮司救掌萬民之衺惡過失左定五傳吾以志前惡易象傳君子以遏惡揚善又不惡而嚴注言脩身脩其惡則爲惡人叚借爲亞左昭廿八傳鬷蔑惡注貌醜也書洪範五曰惡傳醜陋也禮記大學人莫知其子之惡老子天下皆知美之爲美斯惡已管子樞言惡者美之充也左成六傳其惡易覯注疾疢也又齊語惡金以鑄鉏夷斤欘注麤也呂覽簡選與惡卒無擇注怯卒也儀禮旣夕記主人乘惡車古文以至爲之禮記喪服小記齊衰惡笄疏榛木爲笄也又易繫詞言天下之至賾而不可惡也荀諝本正作亞呂覽首時其皃適吾所甚惡也注憎也論語君子亦有惡乎皇疏謂憎疾也史記弟子傳且王必惡越索隱猶畏也齊策齊衛之交惡注不睦也呂覽安死非惡其勞也注猶患也易象傳人道惡盈而好謙繫辭傳愛惡相攻禮記王制奉諱惡注忌日若子卯也漢書夏侯勝傳惡察察言注謂忌諱又爲誣漢書鄒陽傳惡之孝王注謂讒毀也張禹傳數毀惡之注謂言其過惡又爲汙左成六傳有汾澮以流其惡注垢穢也周書武順地有五行不通曰惡管子水地夫水淖弱以清而好灑人之惡又漢昌邑哀王髆傳如是青蠅惡矣注惡卽矢也又爲瑕漢書路溫舒傳瑾瑜匿惡又爲敘書大傳王升舟入水鐘鼓惡注當爲亞亞次也又發聲之詞與於烏何安焉等字同實借爲曷惡曷一聲之轉左桓十六傳惡用子矣注安也家語曲禮子貢問有亡惡乎

齊注何也太元元文而惡入乎逆注於也荀子法行孔子曰惡賜是何言也注猶言烏小爾雅廣訓惡乎於何也論語惡乎成名孟子惡是何言也注不安事之歎辭也【雙聲連語】禮記禮器必先有事乎惡池注當爲呼釋文本作虖穆天子傳作滹沱皆同聲【聲訓】釋名釋言語惡扼也扼困物也惡扼雙聲呂覽愼小謹小物以論好惡注惡惡也漢書爰盎傳後雖惡君注謂譖毀之言其過惡【古韻】詩遵大路叶路袪惡故節南山叶惡懌雨無正叶夜夕惡振鷺叶惡斁夜譽楚詞離騷叶固惡寤古又叶女汝宇惡荀子成相叶惡度途故父子自然叶度惡故迕

藥 **蝁** 𧍧 虺屬从虫亞聲一名蝮大眼最有毒淮南人呼惡子

藥 **堊** 𡋯 白涂也从土亞聲西山經大次之山其陽多堊注堊似土色甚白子虛賦其土則丹青赭堊注白土也穀梁莊廿三傳天子諸侯黝堊又北山經滽水其中多黄堊【轉注】廣雅釋室堊塗也周禮司祧其祧則守祧黝堊之爾雅釋宮牆謂之堊禮記喪大記既祥黝堊注黝堊堊室之飾也後漢尹敏傳堊堤注有泥塗之也考工匠人營國注以蜃灰堊牆疏堊即白墡【叚借】爲惡實爲亞禮記雜記廬堊室之中【聲訓】釋名堊亞也次也先泥之次以白灰飾之也

麻 **錏** 𨧫 錏鍜頸鎧也从金亞聲按錏鍜亦疊韻連語一名盆領

禡 **晋** 𣅀 闕按从日亞聲讀若亞洏汗簡以爲惡字云出魏石經字从日必非惡字

下二名凡下之派皆衍下聲 胡雅切

馬 禡 **下** 丅 二 𠄟 底也指事楷本从反上爲下按古文一在一之下據偏旁補篆文从古文二又作丅直而屈之書舜典疇若予上下草木鳥獸傳謂飛微子用亂敗厥德于下馬注世也詩下武維周箋猶後也周禮典同下聲肆注謂鍾形下大禮記曲禮君臣上下釋文謂大夫士又爾雅釋詁下落也方言十三捈下也注捈下謂陷下也又禮記射義下而飲注降也史記項羽紀未能下正義以兵威服之曰下周禮司民歲登下其死生注下猶去也荀子堯問賜爲人下而未知也注謙下也書僞五子之歌民可近不可下傳謂失分秦策下兵三川注出兵也【古韻】詩采蘋叶下女殷其靁叶下處凱風叶下苦宛邱叶鼓下夏羽東門之枌叶栩下七月叶股羽野宇戶下鼠處采菽叶股下紓予鳧鷖叶渚處湑脯下訪落叶下家下泉叶下寤句中韻易乾叶下普又叶虎覩下又叶下舍蠱叶蠱下巽叶下若雜卦叶故旅下寡處禮記月令叶賦下赦䈁邇叶戶下俎鼓瑕樂記叶旅鼓武雅語古下楚詞離騷叶下予佇妒馬女湘夫人叶渚予下少司命叶蕪下予苦招魂叶舞下鼓楚呂管子度地叶下距弟子職叶坐所矩下緒周書大明武叶暑處賈女下小明武叶女所下苦野鼓怒戶弩女伍武又叶古阻下主大子晉叶下禹荀子成相叶悟苦下戶雲賦叶下鉅矩禹寓宋策叶互下鬻子倚賢中叶普下固文子道原叶與後呂覽任地叶逆慕薄郄慕下貴生叶直下鶡冠子度萬叶五下禍素問陰陽應象大論叶下女路離合眞邪論叶怒下取【轉音】易觀叶下化文子道原叶下地老子重德叶主下家語觀周叶下後靈樞官鍼叶下去取補寫又叶理在部府下在苦脹論叶寫下道止始殆補高唐賦叶砫下風賦叶口下怒迕

虞 禡 **芐** 𦬞 地黄也从艸下聲爾雅釋草注一名地髓本草一名芑儀禮公食大夫禮記鉶芼牛藿羊苄豕薇古文作苦疑許所見本借苄爲苦耳地黄藥品未宜爲羹【叚借】禮記間傳苄翦不納注今之蒲苹也此苄字之形譌

夏二名凡夏之派皆衍夏聲 胡雅切

馬 禡 **夏** 𡕰 㑒 中國之人也从夊从頁从臼臼兩手夊兩足也古文从亼从日从足按就全地言之中國在西北一小隅故陳公子少西字夏鄭公孫夏字西又按此字本誼當訓大也萬物寬假之時也从頁臼夊象人當暑燕居手足表露之形于六書爲指事春夏秋冬四時並本字本誼爾雅釋天夏爲朱明夏爲長嬴春秋繁露夏大氣也又夏主養夏氣樂又賞爲夏崔靈恩三禮義宗夏大也至此之時物已長大故以爲名【轉注】虞書蠻夷猾夏傳華夏也公羊成十五傳春秋內其國而外諸夏注諸夏外土諸侯也謂之夏者大總下上言之辭也左襄廿九傳此之謂夏聲服注與諸夏同風呂覽察今東夏之命注東方也又方言一凡物之壯大謂之嘏或曰夏又凡物之壯大而愛偉之謂之夏【叚借】爲廈詩權輿夏屋渠渠法言吾子知夏屋之爲帡幪也楚詞哀郢曾不知夏之爲邱兮注大殿也招魂冬有突夏注大屋也家語終記吾見封若夏屋者注今之殿形中高而四方下也又爲華周官有夏采巾車孤乘夏篆注五采畫轂約也染人秋染夏注染五色書禹貢羽畎夏翟傳翟雉名又爲檟禮記樂記夏楚二物注槄也又爲暇詩皇矣不長夏以革愚按夏暇也以與也革亟也猶孟子勿忘勿助長意傳箋訓諸夏失之書多方須夏之子孫鄭注夏之言暇漢靈臺碑日稷不夏又爲嘏呂覽求人夏海之窮注大冥也按大者夏字轉注之訓實嘏之本訓也又託名幖識字白虎通號夏殷周者有天下之大號也周禮大司樂大夏注禹樂也詩時邁肆于時夏箋樂歌大者稱夏思文陳常于時夏箋夏之屬有九又大司樂王夏肆夏昭夏注三夏皆樂章名儀禮燕禮注凡夏以鐘鼓奏之又淮南本經放之夏臺白虎通夏曰夏臺又儀禮士喪禮夏祝鬻餘飯注祝習夏禮者也又水經夏水注夏之爲名始于分江冬竭

夏流故納厥稱既有中夏之目亦包大夏之名矣左昭十三傳王沿夏釋文漢水也水經江水注夏水過郡入江故曰江夏又禮記月令半夏生注藥草又重言形況字廣雅釋訓夏夏行也按猶衙衙吾吾雅雅也聲訓廣雅釋言夏假也禮記鄉飲酒義夏之爲言假也書大傳夏者假也吁荼蒔物養之外者也東京賦造我區夏矣注華夏也古韻詩宛邱叶鼓下夏羽四月叶夏暑予禮孔子閒居叶夏露

馬 **寡** 少也从宀从頒省頒分賦也故爲少駿按此字从古文貧从夏省聲爾雅釋詁寡罕也周禮小司徒各登其鄉之衆寡注民之多少論語則寡尤皇疏少也又禮記曲禮自稱曰寡人注謙也坊記自稱其君曰寡君注猶言少德之君詩思齊刑于寡妻傳適妻也轉注廣雅釋詁三寡獨也小爾雅廣義凡無妻無夫通謂之寡詩鴻雁哀此鰥寡傳偏喪曰寡禮記王制老而無夫者謂之寡左襄廿七傳生戍及彊而寡注寡特也又成十三傳寡我襄公注弱也叚借爲顧禮記緇衣故君子寡其言而行以成其信又易說卦巽爲寡髮鄭本作宣聲訓釋名無夫曰寡寡踝也踝踝單獨之言也水經汝水注賈復城俗語謬訛謂之寡婦城古韻詩鴻雁叶羽野寡小宛叶扈寡黍民叶茆吐甫寡禦易雜卦叶故旅下寡處三㬥上叶寡苦虜禦周書大明武叶暑處賈女下解禦武主檜寡

襾二名凡襾之派皆衍襾聲　呼訝切

禡 **襾** 覆也从冂上下覆之按亠指事讀若晋字與幠𢂗同

麌馬 **賈** 市也从貝襾聲謂以財致物左昭廿九傳平子每歲賈馬注買也桓十傳若之何其以賈害也成二傳賈余餘勇注買也晉語謀于衆不以賈好注求也轉注說文一曰坐賣售也詩谷風賈用不售漢書敘傳呂行詐以賈國注讎也周書命訓極賞則賈其上注賣也論語求善價而賈諸漢石經以沽爲之又越語臣聞之賈人注賈賤賣貴者周禮太宰商賈阜通貨賄注行曰商處曰賈載師賈田注在市賈人其家所受田也司農注吏爲縣官賣財與之田漢書胡建傳穿北軍壘垣以爲賈區又禮記王制命市納賈注謂物貴賤厚薄也周禮典婦功比其小大而賈之天官序官賈八人注主市買知物賈地官賈師注定物賈左昭廿五傳郈魴假使爲賈正焉儀禮聘禮賈人西面坐俗字作價小爾雅廣言賈價也琴賦經千載以待價兮注物之數也俗又作估荀子儒效君子不如賈人注賈與估同左哀十四傳楚鷹賈字伯嬴叚借託名幖識字禮記雜記繫巿以飯公羊賈爲之也或疑即論語之公明賈又大荒南經有蒼梧之野爰有鷹賈注亦鷹屬聲訓白虎通賈固也固其有用之物以待民來以求其利者也古韻周書大明武叶暑處賈女下

馬 **檟** 楸也从木賈聲爾雅楸大而皵楸小而皵榎注老乃皮粗皵者爲楸小而皮粗皵者爲榎字作榎又椵山榎注今之山楸學記

夏楚二物以夏爲之左襄二傳穆姜使擇美檟襄四傳樹六檟于蒲圃哀十二傳檟可材也別義爾雅又云檟苦荼注樹小似梔子冬生葉可煮作羹飲今呼早采者爲荼晚取者爲茗一名荈蜀人名之苦荼按檟非楸梓之檟荼亦非苦菜之荼皆同名異實也

叚二十二名凡叚之派皆衍叚聲　古雅切

麻馬 **叚** 借也闕說文𣪠又部是从又按字體疑从皮从二未詳其義古文从冖从彳从攴譚長說从耑省从彐从又皆未詳晉士伯瑕楚陽子瑕皆名匄鄭駟子瑕名乞皆以瑕爲之左傳晉侯使瑕嘉平戎于王周禮典瑞注作叚嘉釋文亦作假

麻 **瑕** 玉小赤也从玉叚聲子虛賦赤瑕駁犖注赤玉也蜀都賦江珠瑕英注玉屬也轉注考工弓人深瑕而澤按謂膠紋色深赤也又漢書揚雄傳噏清雲之流瑕兮注謂日旁赤氣也今字作霞从雲省瑕省亦通字亦作騢江賦壁立騢駮注古霞字說文新附騢赤色也叚借爲瘕禮記聘義瑕不揜瑜注玉之病也管子水地瑕適皆見精也注瑕適玉病也老子善言無瑕讁釋文疵過也左傳不汝疵瑕爾雅序剟其瑕礫釋文玉翳也廣雅釋詁二瑕蔵也左宣十五傳瑾瑜匿瑕漢書路溫舒傳以惡爲之又爲蝦南都賦駮瑕委蛇又爲遐詩泉水不瑕有害傳遠也景北海碑陰魂靈瑕顯又爲惡狼跋德音不瑕傳過也又爲遐實爲瑕思齊烈假不瑕箋已也又爲鍜淮南精神審乎無瑕注猶釁也廣雅釋詁二瑕裂也又助語之詞禮記表記瑕不謂矣注瑕之言胡也又託名幖識字水經泗水注瑕邱魯邑春秋之負瑕矣又禮記檀弓注簡子瑕也釋文本作瑕左莊十四傳傳瑕史記索隱作甫假十二諸侯年表宋共公名瑕春秋作固古韻詩狼跋叶胡瑕左宣十五叶汙瑕楚詞遠遊叶居霞戲除轉音楚詞九辯叶瑕加

麻 **葭** 葦之未秀者从艸叚聲籀文从䒑爾雅葭蘆李注葦初生又葭華舍人注一名華詩碩人葭菼揭揭騶虞彼茁者葭蒹葭蒹葭蒼蒼漢書中山靖王勝傳非有葭莩之親叚借託名幖識字左定十三年經次于垂葭在今山東曹州府鉅野縣公羊作瑕古韻詩騶虞叶葭豝乎虞

馬 **假** 至也从彳叚聲字亦作徦書堯典假于上下爾雅釋詁假陞也以假爲之爾雅釋詁格至也以格爲之叚借爲遐遠也漢書禮樂志假狄合處華山碑思登假之道魏孔羨碑洪聲登假繁陽令楊君碑假爾僉服武斑碑商周假貊

麻 **蹍** 足所履也从足叚聲此字疑即玉篇之蹋从段聲與碬字誤从叚同

馬 **嘏** 大遠也从古叚聲爾雅釋詁大也禮記郊特牲嘏長也大也儀禮特牲禮進聽嘏詩賓之初筵錫爾純嘏卷阿純嘏爾常矣周

xiá 騢　jiǎ 椵　xiá 暇　xiá 瘕　jiǎ 假

書寶典樂獲純嘏左昭廿傳駿嘏無言又方言一凡物壯大謂之嘏斥長田君碑遐尒作遐㑊成碑遐邇作遐易泰不遐遺爾雅釋詁遐遠也詩天保降爾遐福汝墳不我遐棄皆作遐轉注卷阿箋予福曰嘏我將伊嘏文王閟宮天錫公純嘏箋受福曰嘏載見俾緝熙于純嘏箋天子受福曰大嘏嘏辭有福祚之言禮記禮運祝以孝告嘏以慈告又修其祝嘏注嘏者祝爲尸致福於主人之辭也又祝嘏辭說釋文本作假以假爲之儀禮少牢禮以嘏於主人古文以格爲之或曰皆借爲祜存參［叚借］爲助語之詞詩南山有臺遐不眉壽旱麓遐不作人［古韻］詩載見叶祜嘏閟宮叶嘏魯許宇禮記禮運叶尸下組鼓嘏祖父所祜又叶嘏度御序［轉音］文子道原叶嘏地

麻 **䩭** 履也从革叚聲或曰即鞵之誤字按急就篇履舄沓裒越緞紃顏注乎加切又音遐緞當爲此之或體鞵亦或作緞从糸从段

麻馬 **椵** 椵木可作牀几从木叚聲讀若賈爾雅櫠椵注柚屬也子大如孟皮厚二三寸中似枳食之少味按椵葉似桐甚大陰廣其下常庠人薆高麗人作人薆贊曰三椏五葉背陽向陰欲來求我椵樹相尋說文繫傳椵梓屬非［叚借］託名幖識字周禮封人注衡設於鼻如椵狀也疏置於犬上謂之椵按漢時繫犬之具有曰椵者

禡 **暇** 閑也按閒也从日叚聲書無逸不敢自暇自逸左成十六傳好以暇晉語暇豫之吾吾楚語官寮之暇經傳多以假爲之［古韻］詩伐木叶湑酤鼓舞暇何草不黃叶虎野暇小旻叶除莫庶暇顧怒

麻馬 **瘕** 女病也从疒叚聲［別義］瘕積病素問大奇論三陽急爲瘕注太陽受寒血疑爲瘕氣厥論爲虙瘕又南山經麗麐之水多沛育佩之無瘕疾注蟲病也

馬禡 **假** 非眞也从人叚聲墨子經上假今不然也詩小弁假寐永歎箋不脫冠衣而寐曰假寐史記項羽紀爲假上將軍正義攝也漢書匈奴傳假令單于初立注猶言或當也［叚借］爲叚廣雅釋詁二假借也禮記曲禮假爾大龜有常注因也左隱十一年傳而假手於我寡人漢書龔遂傳遂迺開倉廩假貧民文帝紀贊常假借納用焉周書皇門假余德憲管子四稱假寵鬻貴小問假而禮之公羊桓元傳其言以璧假之何易之也又爲嘏爾雅釋詁假大也易萃王假有廟書僞禹謨不自滿假詩烈祖鬷假無言儀禮士冠禮宜之于假禮記鄉飲酒義夏之爲言假也禮運是爲大假曾子問不旅不假方言一凡物之壯大者而愛偉之周鄭之閒謂之假又爲遐實亦爲嘏列子黃帝而帝登假禮記曲禮天王登假淮南齊俗乘雲升假爾雅釋詁假已也史記六國表魏王假越絶書作歇又爲假說文一曰至也虞書曰假于上下方言一假至也易家人王假有家書堯典假於上下詩雲漢昭假無贏禮記王制歸假于禰祖孔子閒居昭假遲遲注至

xiá 鍜　há 蝦　xiā 鰕　jiā 麚　xiá 騢　xiá 叚　jiā 豭

也又爲暇詩長發昭假遲遲箋假暇列子力命行假念死乎注當作何暇登樓賦聊假日以銷憂漢書薛宣朱博傳贊注假讀休假又爲嘉詩假樂假樂君子維天之命假以溢我雝假哉皇考爾雅釋詁假嘉也又爲瘕詩思齊烈假不瑕箋病也唐公房碑作癘蠱不遐又爲周詩文王假哉天命又爲駕淮南主術假輿馬者足不勞而致千里又爲賈莊子山木子獨不聞假人之亡與李注假國名也非是廣雅釋詁三假敗也即交傷之傷又助語之詞詩維天之命假以溢我說文作誐左襄廿七傳作何以恤我又託名幖識字禮記檀弓公肩假古今人表作瑕［古韻］儀禮士冠禮叶假甫楚詞招魂叶夜錯假賦故居大招叶假路慮

麻 **豭** 牡豕也从豕叚聲廣雅釋獸豭雄也左定十四傳盍歸我艾豭昭四傳深目而豭喙隱十一傳使卒出豭史記始皇紀夫爲寄豭漢書翟方進傳與豭豬連繫都亭下［古韻］左定十四叶豬豭

麻 **叚** 豕也从彑下象其足讀若瑕按當爲豭之古文今系于此

麻 **騢** 馬赤白雜毛从馬叚聲爾雅釋畜彤白雜毛騢詩駉有駰有騢［聲訓］說文又謂色似鰕魚也按鰕魚斑文此魚名與鰝大鰕之鰕別然亦可云色似瑕玉也［古韻］詩駉叶騢魚祛邪徂

麻 **麚** 牡鹿从鹿叚聲以夏至解角爾雅釋獸鹿牡麚牝麀其子麛又麐麚短脰字亦作麍作豭

麻 **鰕** 魵也从魚叚聲爾雅魵鰕注出濊邪頭國魏略濊國出斑魚皮漢時恒獻之斑魵同聲字也［別義］爾雅鰝大鰕注出海中長二三丈鬚長數尺按此長須水蟲小者纔寸許吾蘇以爲常饌又爾雅鯢大者謂之鰕注鯢似鮎四腳前似獼猴後似狗聲如小兒啼大者長八九尺海外西經龍魚陵居一曰鰕按此即人魚也亦名鯑亦名鰨亦名鯢異物志鯢魚體而足行故曰鰕魚含水仰天不動小鳥就飲因而吞之

麻 **蝦** 蝦蟆也从虫叚聲按蝦蟆疊韻連語賈誼弔屈原文夫豈從蝦與蛭螾注蝦蟆易通卦驗景風至而博勞鳴蝦蟆無聲按即月令之反舌無聲也［叚借］爲鰕楚辭逼路從蝦兮遊陼注小魚也又爲霞實爲瑕山海經景燭日煇朱蝦九光蜀都賦舒丹氣而爲霞東京賦揄朝霞楚辭遠逝載營魂而登霞兮字皆作霞釋名白雲映日光而成赤色假日之赤光而成也故字从叚遐聲按从雲省叚聲其實當爲瑕之轉注古只作瑕見甘泉賦

麻 **鍜** 錏鍜頸鎧也从金叚聲錏鍜疊韻連語

叚

麻

家 𡧀 𡨦 居也从宀豭省聲古文从宀从㸚㸚亦豕也按戴氏侗曰宀與牢同意借爲人所凥室段懋堂先生云此篆學者但見从豕而已从豭之字多矣安見其爲豭省耶何以不从叚而紆回至此耶竊謂此乃豕之凥叚爲人之凥如牢牛之凥叚爲拘辠之陛牢也豢豕之生子冣多故人凥聚處借用其字久而忘其本義使叚借之義得冒據之蓋自古而然許書之作蓋正其失而猶未免此且曲爲之說是千慮之一失也家篆當入豕部駿按許書之失其必不可從者以十榦十二枝爲本字本誼此泥于師承未經釐正耳餘皆未可輕議也宀豕之義甚顯許不謂會意者必有所受斷非肌說省聲之字如羔量哭送杏耿狄監紂汨炊宕虜葺梓麇彘婦閵猶鮮旬官㥯彪䨏襲融𨉡歎犖貌安梳彔宜燹攷綷之類無慮數十字何獨於此而疑之使秋梓等無籀文或體可證不亦可疑耶許書殘闕不少烏知元本不再出一不省之籀今或奪去耶放家古文有从宀下犬者見郭氏汗簡戴說不爲無因然經傳未有以家作豖用者豈宜妄滋異說段訂贏字爲贏省聲若家下之議學者亦但知贏而已爾雅釋宮牖戶之閒謂之扆其內謂之家詩緜未有家室傳室內曰家易䕺卦傳家人內也又周禮小司徒上地家七人注有夫有婦然後爲家左文十八傳男有室女有家人字子家者魯公孫歸父齊析歸父楚仲歸鄭歸生皆名歸轉注天子諸侯曰國大夫曰家書臯謨夙夜浚明有家易師開國承家禮記禮運藏于私家又周官有家司馬家宗人載師以家邑之田任稍地注家邑大夫之采地又獨斷天家百官小吏之所稱天子無外以天下爲家故稱天家後漢馬融傳注三家三皇也又呂覽貴卒爭先入公家注公之朝也又漢書惠帝紀見蘭陵家人非中注家人言庶人之家按猶今言人家也又管子乘馬三夫爲一家與周禮小司徒夫家異叚借爲賈莊子列禦寇單千金之家又左桓八傳家父古今人表作嘉古韻詩桃夭叶華家行露叶牙家鴟鴞叶据荼租瘏家釆薇叶家居我行其野叶樗居家訪落叶下家左襄四傳叶家夫僖十五叶孤弧姑逋家虛

禡

稼 𥡿 禾之秀實爲稼莖節爲禾从禾家聲一曰稼家事也按以聲訓一曰在野曰稼按在畝則曰穡詩甫田曾孫之稼箋禾也謂有稾者也轉注詩伐檀不稼不穡傳種之曰稼收之曰穡大荒南經巫𢧵民不稼不穡食也書洪範土爰稼穡周禮遂大夫簡稼器注耒耜鎡基之屬儀禮少牢禮宜稼于田古者后稷作稼又周禮司尊彝祼用斝彝黃彝以斝爲之司農注稼彝畫禾稼也聲訓周禮序官司稼注種穀曰稼如嫁女以有所生古韻詩七月叶圃稼

禡

幏 𢅥 南郡蠻夷賨布从巾家聲後漢書廩君之巴氏歲輸幏布八丈

禡

嫁 𡣍 女適人也从女家聲按家亦意爾雅釋詁嫁往也易序卦歸妹虞注嫁歸也儀禮喪服子嫁反注凡女行于大夫以上曰嫁行于士庶人曰適人方言三女謂之嫁子注言往適人叚借爲賈酒周策以嫁之齊也注賣也聲訓方言一自家而出謂之嫁由女家而出爲家也白虎通嫁者家也婦人外成以出適人爲家

斝一名 古雅切

馬

斝 𣁋 玉爵也夏曰琖殷曰斝周曰爵从吅从斗冂象形按从斗門象形與爵彝同意或說斝受六升按斝受一升詩行葦洗爵奠斝禮記禮運醆斝及尸君非禮也明堂位殷以斝郊特牲舉斝角疏天子曰斝諸侯曰角左昭七傳賂以瑤甕玉櫝斝耳昭十七傳若我用瓘斝玉瓚叚借爲嘏周禮鬱人與鬯人受斝歷而皆飲之鬯人與量人受舉斝之卒爵而飲之又爲稼司尊彝祼用斝彝聲訓明堂位殷以斝注畫禾稼也按周禮斝彝先鄭讀爲稼其他爵名之斝非必畫禾稼也古韻詩行葦叶御斝

乍十五名凡乍之派皆衍乍聲 鉏䅘切

禡

乍 𠤎 止也一曰亡也从亡从一按止亡詞也从亡一以礙之指事與丂以凝ㄅ出以邕川毋以止姦弗以止氷同意亡與止亡皆倉猝事故亦爲倉猝之詞廣雅釋言乍暫也孟子今人乍見孺子左傳桓子咋謂林楚以斷爲之又蒼頡篇乍兩辭也未詳其義兩疑止网二字之誤

樂陌

迮 𨑥 迫也从辵乍聲後漢陳忠傳共相壓迮文選數逝賦注引聲類迮迫也俗字作窄廣雅釋詁一窄陋也華山亭碑齋室逼窄叚借爲作說文迮迮起也从辵作省聲按迮迮意取之乍起意取之辵亦不必傳會作省也又爲乍公羊傳今若迮而與季子國

禡

詐 𧦝 欺也从言乍聲爾雅釋詁詐僞也方言三膠譎詐也詐通語也荀子脩身匿行曰詐富國有掎挈伺詐注僞其辭新序雜事人窮則詐公羊哀九傳詐之也注謂陷阱奇伏之類呂覽義賞繁戰之君不足于詐注謂詭變而用奇也務本無功伐而求榮富詐也注以虛取之爲詐叚借爲乍公羊僖三十三傳詐戰不日注詐卒也齊人語也古韻左宣十五叶詐虞晉語叶詐賂周書周祝叶𢷾詐𩐁音周書周祝叶事詐

過

胙 𦙝 祭福肉也从肉乍聲周禮以脤膰之禮親兄弟之國先神錫福同受之意爾雅釋天夏曰復胙左僖九傳王使宰孔賜齊侯胙僖四傳歸胙於公周禮膳夫徹王之胙俎注主人飲食之俎皆爲胙俎管子小問祝鳧已疵獻胙轉注周語永錫胙允注胙福也胙以天下注祿也齊語反胙于絳注賜也又位也左襄十四傳世胙太師注報也隱八傳胙之土而命之氏字亦作祚詩既醉永錫胙允釋文本

zuò 作　zuó 秨　zuó 昨　zuò 柞　zuò 飵　zé 笮

作祚。左昭十一傳非胙之也。釋文本作祚。【假借】爲作。荀子哀公登自胙階。曹騰碑陰踐胙之初。東都賦漢祚中缺。注位也。恩倖傳論寶祚夙傾。注猶寶命也。【聲訓】周禮膳夫親徹胙俎。疏胙酢也。

築陌 **笮** 迫也。在瓦之下棼上。从竹乍聲。按屋上薄也。一名笮，如今之蘆廉。【假借】爲迮。漢書王莽傳迫笮青徐盜賊。後漢耿恭傳笮馬糞汁而飲之。注謂壓笮也。廣雅釋詁二笮隘也。詩雨無正箋其急笮且危急。又爲鑿。晉語其次用鑽笮。注黥刑也。長笛賦剡鏤鑽笮。【別義】儀禮既夕甲胄干笮。注矢箙也。周禮司兵注作笮。又廣雅釋室棤謂之笮。【聲訓】說文笮迫也。釋名釋宮室笮迮也。編竹相連迫迮也。釋兵笮受矢之器。織竹曰笮。相迫笮之名也。

築 **飵** 楚人相謁食麥曰飵。从食乍聲。方言一飵食也。相謁而食麥饘謂之餥。楚曰飵。又相謁而餐亦或曰飵。

築陌 **柞** 柞木也。从木乍聲。水經河水注吳越之間名柞爲櫪。西山經大時之山上多穀柞。詩緜柞棫拔矣。𦺇柞也。采菽維柞之枝。按木不中材。析薪之用居多。【假借】爲槎。詩載芟載柞。周禮序官柞氏注柞除木之名。除木者必先刊剝之。西京賦柞木翦棘。後漢馬融傳注柞邪斫木也。又爲迮。考工輪人轂小而長則柞。鳧氏侈則柞。又託名幖識字。漢書宣帝紀五柞宮。水經渭水注長楊五柞並以樹名宮。亦猶陶氏以五柳立稱。字亦作莋。揚雄傳振師五莋。又水經若水注莋夷也。蜀曰邛，漢嘉曰越巂，曰莋，皆夷種也。【古韻】詩載芟叶柞澤。

說文通訓定聲　豫部弟九

築 **昨** 壘日也。按絫日也。从日乍聲。蒼頡篇隔日也。爾雅釋天夏曰復昨。釋文本作胙，又作祚。【假借】爲酢。周禮司几筵昨席莞筵紛純。司尊彝諸臣之所昨也。

築 **秨** 禾搖皃。从禾乍聲。讀若昨。

過箇築 **作** 起也。从人从乍。按乍聲。易離明兩作。書無逸作其即位。詩無衣與子偕作。周禮鄉師凡作民。考工記或作而行之。儀禮特牲禮三獻作止爵。禮記禮運後聖有作。左襄廿三傳而後作焉。論語舍瑟而作。孟子天油然作雲。又爾雅釋言作爲也。易益利用爲大作。書舜典汝作司徒。周書太子晉士率眾時作。謂之曰作。詩下武世德作求。常武王舒保作。箋行也。周禮羅氏蜡則作羅襦。注猶用也。又儀禮鄉飲酒禮作相爲司正。注使也。禮記哀公問作色而對。注猶變也。書序汩作傳興也。又廣雅釋詁一始也。詩駉思馬斯作。又生也。詩天作高山。又長也。老子未知牝牡之合而全作。又書大傳五作十道。注五教也。【假借】爲詛。詩蕩侯作侯祝。又爲斮。禮記內則魚曰作之。又爲鑿。郊特牲作龜禰宮。周禮太卜則眡高作龜。又爲詐。禮記月令毋或作爲注今爲詐僞。又爲柞。周禮稻人以涉揚其芟作田。注猶治也。又爲作

zuò 怍　zuò 阼　cù 酢　zhà 詐　zuó 筰　bā 巴

孟子聞文王作興。此形體之誤。又疊韻連語。爾雅釋天太歲在酉曰作噩。李注作鄂皆物芒枝起之貌。孫注作愕者物落而枝起之皃。淮南天文注作鄂零落也。萬物皆陊落。【古韻】詩緇衣叶蓆作。無衣叶澤戟作。鴻鴈叶澤作宅。駉叶駱雒繹斁作。閟宮叶柏度尺舄碩奕作若。那叶斁奕客懌昔作夕恪。采薇叶莫故。易解叶作坼。老子元符叶螫據搏固作嗄。荀子勸學叶㪺作。管子度地叶沱作。

築 **怍** 慙也。从心作省聲。按乍聲。禮記曲禮容無作。祭義孝子臨尸而不作。公羊宣六傳靈公心作焉。字亦作怎。荀子儒效無所儗怎。太元上階天不怎。【假借】爲作。曲禮容無作注顏色變也。管子弟子職顏色毋作。注謂變其容皃。又爲詐。論語其言之不怍。【古韻】禮記曲禮叶席怍尺。

過 **阼** 主階也。从𨸏乍聲。从𨸏者與階除同意。儀禮鄉射禮席主人於阼階上。注東階也。禮記冠義故冠以阼。字亦作祚。祝睦碑踐祚州郡。廣雅釋詁三阼主也。按天子踐阼臨祭祀。故國運曰阼，阼位也。今字亦作祚。【假借】爲胙。儀禮特牲禮祝命徹阼俎。【聲訓】儀禮士冠禮注阼猶酢也。東階所以荅酢賓客也。

築過 **酢** 醶也。从酉乍聲。亦曰酨。經傳多借爲醻醋字。今酢醋二字互譌，如穜種之比。【假借】爲醋。爾雅釋詁酢報也。蒼頡篇客報主人曰

說文通訓定聲　豫部弟九

酢。廣雅釋詁一酢㱃也。又託名幖識字。方言五餓自關而東謂之酢餾。【古韻】詩楚茨叶踖碩炙莫庶客錯度獲格酢。瓠葉叶炙酢。行葦叶席酢炙臄咢。

禡 **詐** 慙語也。从言作聲。論語其言之不作。以作爲之。

築陌 **筰** 筊也。从竹作聲。竹索也。今之綹纜。【假借】爲迮。周禮典同侈聲筰。【別義】周禮司兵注有甲胄干筰。儀禮既夕作笮。矢箙也。【聲訓】釋名引舟者曰筰。筰作也。起舟使動行也。

巴九名。凡巴之派皆衍巴聲。伯家切。

麻 **巴** 巴蟲也。或曰食象蛇。象形。海內南經巴蛇食象，三歲而出其骨。注說者云長千尋。又海內經朱卷之國有黑蛇青首食象。注即巴蛇也。【假借】疊韻連語。漢書司馬相如傳諸柘巴且。注一名巴蕉。字亦作䒶。張揖注䒶苴蘘荷也。又託名幖識字。海內經西南有巴國。注今三巴是。史記張儀傳稱苴蜀。同周書王會巴人以比翼鳥。注巴人在南者。荀子彊國秦西有巴戎。注巴在西南，或在西。皆隸屬蜀都賦其中有巴菽巴戟。注巴戟巴戟天也。字亦作芭。史記張儀傳注益州天苴讀爲芭黎。索隱芭黎即織木葺爲葦籬也。今江南亦謂葦籬曰

bà 靶　pá 杷　pā 皅　bā 豝　bǎ 把　bā 鈀　bǎ 䎬　pā 葩　mǎ 馬

芭䈂按蘺俗謂之䈂芭舌韻楚詞大招叶酪苴蓴擇

禡 **靶** 轡革也从革巴聲按轡首革漢書王褒傳王良執靶吳都賦迴靶乎行睨

麻 禡 **杷** 收麥器从木巴聲桂之屬方言五杷宋魏之閒謂之渠挐或謂之渠疏注無齒爲朳字亦作朳作捌八別巳一聲之轉漢書貢禹傳捽中杷土注手掊之也叚借爲䎬釋名釋樂器引手卻曰杷按卽今琵琶字當作琵䎬又雙聲連語說文枇篆解枇杷木也聲訓釋名釋用器杷播也所以播除物也杷播雙聲

麻 禡 **皅** 艸華之白也从白巴聲靈樞經紛紛皅皅終而復始亦重言形況字字亦作葩廣雅釋草葩華也

麻 **豝** 牝豕也从豕巴聲一曰二歲能相把挐也孫氏星衍栞宋本作一歲詩騶虞壹發五豝吉日發彼小豝周禮大司馬小禽私之司農注二歲爲豝禮記射義注獸一歲曰豝古韻詩騶虞叶葭豝乎虞

馬 **把** 握也从手巴聲廣雅釋詁三持也孟子拱把之桐梓注以一手把之也莊子人閒世其拱把而上者司馬注一手曰把禮記曲禮注弣把中釋文手執處也楚辭東皇太一盍將把兮瓊芳淮南繆稱無把之枝漢書張敞傳把其宿負射雉賦戾翳旋把古韻管子度地叶把鋪女野

麻 **鈀** 兵車也一曰鐵也司馬法晨夜內鈀車从金巴聲按兵車或施鐵固之取其堅緻別義方言九凡箭其廣長而薄鎌謂之錍或謂之鈀箙廣雅釋器鈀鏑也

馬 **䎬** 𢭏擊也从巴帚闕按字當从帚巴聲卽今琵琶字據搜神記謂琵琶如聲䰉則語之轉

麻 **葩** 華也从艸皅聲按謂斧之麗采美盛聲類葩取其盛皃也琴賦若眾葩敷榮曜春風注古本葩字爲花皃西京賦吐葩颺榮思元賦百艸斧葩轉注字亦作芭楚辭招魂傳芭兮代舞注巫所持香艸名也漢書有侯芭又思元賦纖瑚與而樹葩兮注葢之金華也東京賦葩瑵曲莖注葩爪悉以金作華形莖皆曲叚借疊韻連語海賦葩華蹴沑注分散也

馬 **馬** 馬五名凡馬之派皆衍馬聲 莫下切

馬 馬畜也周禮廋人馬八尺以上爲龍七尺以上爲騋六尺以上爲馬公羊隱元傳注五尺以上爲駒象頭髦尾四足之形橫視之肖小篆當作𢑢上出之彡其髦也古文亦象形無髦籀文同古文象形有髦漢書石建奏事事下建讀之曰誤書

mà 禡　mà 𨜴　mà 𤸪　mà 罵　guā 瓜

馬字與馬尾當五今乃四不足一上譴死矣新序雜事騂騮綠驥天下之俊馬也春秋考異郵地生月精爲馬大戴記易本命月主馬十二月而生洪範五行傳馬者兵象白虎通封公侯馬陽物易說卦乾爲良馬爲老馬爲瘠馬爲駁馬爾雅釋畜首馬屬周禮馬質禁原蠶者注天文辰爲馬蠶爲龍精月值大火則浴其種是蠶與馬同氣按辰言房星天駟也故曰辰爲馬又周官大司馬史記趙世家賜號爲馬服君正義引虞喜志林馬兵之首也又賈子等齊天子諸侯宮門曰司馬轉注莊子逍遙遊野馬也崔注天地閒遊氣如野馬馳也又禮記投壺請爲勝者立馬注馬勝筭也謂之馬者若云技藝如此任爲將帥乘馬也又景福殿賦承以陽馬注四阿長桁也又說文桓行馬也今俗謂之擋眾又爾雅莽馬帚遂薚馬尾廣雅馬尾蔏䔖也馬唐馬飯也馬帚屈馬第也字書有馬腦石次玉者或取形或取意叚借爲罵廣雅釋詁三馬罵也又託名幖識字爾雅釋草馬莧卽馬齒莧馬藍卽染青草馬舄卽車前蘇馬卽羊齒廣雅釋草馬莧卽馬齒莧馬辛卽麋草馬先卽蔄蔯馬䗃卽蛐䗃馬蔘卽水荭馬䗁卽荔挺爾雅釋蟲馬蜩卽大蟬方言十一馬蚿其大者謂之馬蚰淮南脩務馬蠁蟲也管子地員黑鸞馬夫注草名楚辭怨世馬蘭踸踔而日加注惡草大都物之大者謂之馬亦謂之牛或謂之王也又水經巨馬水注馬邑川俗謂之磨川聲相近聲訓說文馬怒也武也周禮目錄馬者武也言爲武者也管子形勢解馬者所乘以行野也古韻詩漢廣叶楚馬叔于田叶野馬武大叔于田叶馬組舞舉虎所女東山叶羽馬吉日叶午馬麌所呆葭叶筥予馬鸞卷阿叶車馬楚詞離騷叶下宇佇妒馬女詐子七臣七主叶廡馬斧弃子徐无鬼叶御馬野涂

禡 **禡** 師行所止恐有慢其神下而祀之曰禡从示馬聲禮記王制禡於所征之地詩皇矣是類是禡傳於野曰禡桓序講武類禡也周禮大司馬有司表貉以貉爲之或曰祭造軍法者聲訓肆師祭表貉注貉讀爲十百之百疏名此祭爲百者以其取應十得百爲十倍之義詩桓序疏貊之言百祭祀此神求獲百倍漢書敘傳禡者馬也轉音詩皇矣叶禡附侮

禡 **𨜴** 存𨜴犍爲縣从邑馬聲在今四川敘州府治西南

禡 **𤸪** 目病一曰惡气箸身也一曰蝕創从疒馬聲廣雅釋詁一𤸪創也

禡 **罵** 詈也从网馬聲字亦作傌漢書賈誼傳笞傌弃市之法聲訓釋名罵迫也以惡言被迫人也

麻 **瓜** 瓜十六名凡瓜之派皆衍瓜聲 古華切

瓜 㼌也象形按蓏也縢生布于地外象其蔓中象其實易姤以杞苞瓜虞注乾圜稱瓜續漢五行志瓜者外延離本而實詩緜緜

gū 菰　gū 呱　gū 觚　gū 柧　wā 窊　gū 罛

緜瓜瓞傳瓜紹也禮記玉藻瓜祭上環月令王瓜生注王瓜萆挈也詩木瓜傳木瓜楙木也可食之木轉注後漢董卓傳注瓜者蓋弓頭爲瓜形也假借論語瓜祭必齊如也鄭注魯讀爲必按謂形近而譌古韻詩七月叶瓜壺苴樗夫木瓜叶瓜琚信南山叶廬瓜菹

虞 **菰** 雕菰一名蔣从艸瓜聲按蔣也其米雕胡俗名茭中臺如小兒臂曰菰手可食其根亦曰葑字亦作菰周禮食醫禮記內則有菰食楚辭大招設菰粱只注菰粱蔣實漢書司馬相如傳蓮藕菰盧淮南詮言菰飯犓牛弗能甘也天文大旱菰封熯江賦泛之以遊菰假借爲菰風俗通聲音菰吹鞭也菰者撫也言其節撫威儀又爲菰校官碑履菰竹之廉

虞 **呱** 小兒嗁聲从口瓜聲詩生民后稷呱矣廣雅釋訓呱呱號也書益稷啟呱呱而泣亦重言形況字古韻詩生民叶去呱訏路

虞 **觚** 鄉飲酒之爵也一曰觴受三升者謂之觚从角瓜聲按禮飲爵也儀禮特牲禮記二觚注爵一升觚二升觶三升角四升散五升考工梓人觚三升注觚當爲觶論語觚不觚馬注禮器也按凡爵觚觶角散實之以行酒皆曰觴大戴記曾子事父母執觴觚杯豆而不醉儀禮燕禮坐取觚洗又賓洗南坐奠觚假借爲柧史記酷吏傳破觚而爲圜索隱觚八稜有隅者漢書注觚方也莊子大宗師其觚而不堅也崔注稜也西都賦上觚稜而棲金爵太元大自削以觚注法也文賦或操觚以率爾注木之方者古人用之以書猶今之簡也

按若今書童所用粉板既書可拭去再書者或六面或八面有稜角即孔子所歎也又爲把淮南主術操其觚招其末注劍拊又爲孤爾雅釋地觚竹莊子大宗師王注觚特立不羣也又爲菰漢書司馬相如傳蓮藕觚盧注觚盧扈魯也疊韻連語聲訓韓詩說二升曰觚觚寡也飲當寡少

虞 **柧** 棱也从木瓜聲又柧棱殿堂上最高之處也凡木四方有隅爲棱八棱爲柧故殿堂上宬高之處曰柧棱史記破觚西京賦上觚棱以觚爲之又莊子養生主而況大軱乎崔注軱槃結骨字亦作軱

麻 **窊** 窊污衺下也从穴瓜聲按窊污疊韻連語廣雅釋詁一窊下也史記污邪滿車污邪亦疊韻連語謂下地田邪窊者也吳都賦窊隆異等長笛賦窊隆詭戾漢書禮樂志窅窊桂華江賦泝洄窊漥注不平之皃亦雙聲連語字亦作㽇又作㼜周禮形方氏注正之使不㼜邪離絕疏㼜者兩頭寬中狹邪者一頭寬一頭狹

虞 **罛** 魚罟也从网瓜聲詩碩人施罛濊濊魯語水虞於是乎講罛罶吳都賦同罛共羅淮南說山好魚者先具罟與罛注罛大綱又說林罛者扣舟注罛者以柴積水中以取魚魚聞擊舟聲藏柴下壅而取之㪅按此罧字形體之誤與罛不涉非罛字或作罛也

hú 狐　gū ⿱大瓜　gū 泒　hú 弧　gū 孤

虞 **狐** 祅獸也鬼所乘之有三德其色中和小前大後死則丘首从犬瓜聲䊵行記狐一名野干多疑善聽漢書文帝紀朕狐疑注狐性多疑每渡冰河且聽且渡故言疑者稱狐疑易未濟小狐汔濟虞注狐獸之長尾者也解田獲三狐注狐隱伏之物說苑善說狐者人之所攻也詩七月取彼狐貍假借爲弧廣雅短狐蜮也按能含沙射人亦名射工又託名蟔蟘字方言十一蝍蛉注六足四翼蟲也江東名爲狐黎又晉語令狐文子注令狐晉邑名按在今山西蒲州府猗氏縣西又古今人表狐黶左哀十五傳作盂史記弟子傳作壺古韻詩北風叶狐烏車何草不黃叶狐車左僖十五叶去餘狐

麻 **⿱大瓜** 大也从大瓜聲

虞 **泒** 泒水起雁門葰人戍夫山東北入海从水瓜聲按字亦作㶁郎虖池水之上源也出今山西代州繁峙縣泰戲山即武夫山古亦作戍夫山亦名泒阜山有大泒山小泒山之別其地左傳謂之霍人

虞 **弧** 木弓也从弓瓜聲一曰往體寡來體多曰弧易繫傳弦木爲弧鄭語檿弧箕服漢書韓安國傳弧弓䠶獵蓋弓之不傳以角者其體直而微紆故角弓之往體寡來體多者亦曰弧周禮司弓矢王弓弧弓又爲弓之通稱儀禮大射儀注朱其有弧矢之威魏都賦燕

弧盈庫而委勁注弓也轉注楚辭守志彀天弧兮䠶䠶西京賦弧旌枉矢按弧矢九星在天狼一巨星之左形似張弓發矢故以爲名又禮記明堂位載弧韣疏以竹爲之其形爲弓以張縿之幅又周禮冥氏掌設弧張注罝罦之屬所以冒扃禽獸假借爲宖考工輈人凡揉輈欲其孫而無弧深杜注讀爲汙廣雅釋詁四弧盭也鹽鐵論非鞅篇弧刺之鑿按乖剌之意楚辭謬諫正法弧而不公注戾也又易睽後說之弧京馬鄭王翟本皆作壺聲訓說苑修文弧之言豫也又史記律書弧者言萬物之吳落古韻易睽叶孤塗車弧左僖十五叶孤弧姑述家虛

虞 **孤** 無父也从子瓜聲禮記深衣如孤子注三十以下無父稱孤廣雅釋詁三孤獨也周禮外饔邦饗耆老孤子周語司民協孤終寡婦賦少佁傍而偏孤兮又左哀廿七傳陳成子屬孤子三日朝舊注死事者之子孫轉注禮記曲禮自稱曰孤呂覽君守君名孤寡注人君之謙稱又書傳周官曰三孤傳特也後漢城陽恭王祉傳注孤者特也卑于公尊于卿故曰孤周禮掌次孤卿有邦事注王之孤三人副三公論道者又周書周祝國孤國虐注孤謂無人又東京賦由余以西戎孤臣注謂孤陋之臣也漢書終軍傳注孤遠也又後漢明德馬皇后紀注孤負也蓋背恩之意又書禹貢嶧陽孤桐史記老莊申韓傳雖欲爲孤豚索隱小也特也又後漢方術傳孤虛注謂六甲

gū 菰　gū 箛　yǔ 㼌　yǔ 窳　gè 各　gé 茖　lù 路

之孤㞢〔叚借〕爲顧易睽孤遇元夫虞注孤顧也又爲睾按吳語以心孤句踐注孤棄也又疊韻連語後漢南匈奴傳注謂于爲孤屠又託名幖識字東京賦孤竹之管薛注國名出竹按周禮大司樂注非是孤竹孫竹陰竹當與龍門等皆爲地名〔聲訓〕釋名無父曰孤孤顧也顧望無所瞻見也史記始皇紀攻龍孤慶都正義孤都聲相近水經滱水注世以山不連陵曰孤山孤都聲近疑即所謂都山也〔古韻〕易睽叶孤夫又叶孤塗車弧禮月令叶芍孤左僖十五叶孤弧姑逋家虛

虞 **菰** 艸多皃从艸狐聲大篆从茻江夏平春有菰亭按此字即菰之誤文說文重出姑附于此宜刪

虞 **箛** 吹鞭也从竹孤聲以葭爲之急就章箛篍起居課後先宋書樂志吹小箛大箛以箛爲之別義南都賦篠簳箛箠注箛箠二竹名或曰竹名當爲本訓吹鞭則箛之轉注也存參

麌 **㼌** 本不勝末微弱也从二瓜會意讀若庾按瓜亦聲謂一蔓二瓜也

麌 **窳** 污窬也从穴㼌聲按㼌亦意朔方有窳渾縣按洿下低陷引申爲病弱嬾惰之意字亦作㾼一切經音義引承慶字說窳嬾人不能自起瓜瓠在地不能自立故字从㼌又嬾人恒在室中故从宀史記五帝紀皆不苦窳貨殖傳以故呰窳集解病也漢書地理志注窳惰也又弱也詩召旻傳訿訿窳不供事也釋文本作㾼按㾼窳形近本作从穴也荀子議兵械用兵革窳楛不便利者弱注器病也字正作窳〔轉注〕長笛賦窳圔寘䃂注窳圔聲下皃〔叚借〕爲貐西京賦批窳狻注窫窳也類貙虎

豫之澤分部

各三十七名凡各之派皆衍各聲 古洛切

鐸 **各** 異詞也从口夊會意夊者有行而止之不相聽也廣雅釋詁四各詞也詩載馳疏亦各不一之辭

陌 **茖** 茖艸也从艸各聲按爾雅釋草茖山蔥北山經邊春之山多蔥注山蔥名茖後漢馬融傳以格爲之

遇 **路** 道也从足从各按各聲爾雅釋宮途也又道也又一達謂之道路又周禮遂人澮上有道川上有路注徑畛涂道路皆所以通車徒于國都也路容三軌詩遵大路兮易說卦艮爲徑路〔轉注〕周官典路注路王所乘車引書顧命大路贅路先路次路巾車王之五路玉路金路象路革路木路釋名釋車謂之路者言行于道路也詩汾沮洳殊異乎公路箋公路主君之軞車又荀子哀公繞而乘路注路王者之車亦車之通名〔叚借〕爲奕或爲碩爾雅釋詁路大也詩生民厥聲載路皇矣串夷載路傳大也考工匠人路門不容乘車之五个

è 詻　luò 輅　luò 略　luò 雒　luò 鵅　gé 骼

注路門者大寢之門周禮宮人注路寢一疏路大也人君所居皆曰路詩閟宮路寢孔碩傳正也白虎通車旂路大也正也道也又爲䃂荀子議兵路亶者也注暴露也又爲柧周禮鼓人以路鼓鼓鬼享注四面鼓也又爲羸詩皇矣串夷載路釋文瘠也孟子是率天下而路也注羸路又爲客管子四時國家乃路注失其常居也楚辭怨世路室女之方桑兮注客舍也又爲道之誤字王氏引之云詩遵大路次章當作道又託名幖識字古今人表曹靖公路春秋定八作露〔聲訓〕釋名道路也路露也言人所踐蹈而露見也〔古韻〕詩大路叶路祛惡故汾沮洳叶洳莫度路生民叶去呱訏路皇矣叶椐柘路固楚詞離騷叶路步九辯叶錯路御去舉大招叶假路慮素問陰陽應象論叶下女路調經論叶路寫離合眞邪論叶虛度候路忤布故處寫韓非大體叶路澤

陌 **詻** 論訟也从言各聲按各亦意〔叚借〕爲格莊子人閒世若唯無詻崔注逆擊也又重言形況字說文引傳曰詻詻孔子容按禮記玉藻言容詻詻注教令嚴也謂軍旅之容又廣雅釋訓詻詻語也

藥 **輅** 生革可以爲縷束也从革各聲

藥 **略** 眄也从目各聲

藥 **雒** 鵋鵙也从隹各聲怪鴟〔叚借〕託名幖識字詩騑有駵有雒傳黑身白鬣曰雒又周禮職方氏豫州其川熒雒按雒水出今陝西西安府雒南縣冢嶺山至河南河南府鞏縣東北入河與渭洛之洛別魏黃初以前伊雒字皆作雒史記夏本紀浮于雒東過雒汭周禮天官序官注太保朝至于雒攻位于雒汭漢石經今陸作大邑于茲雒今書皆以洛爲之周禮內司服注伊雒而南今爾雅亦以洛爲之易王肅本雒出書左桓二傳乃營雒邑詩清廟序既成雒邑周禮天官注使居雒邑治天下陸氏德明曰洛字从水後漢都洛陽以火德爲水尅故改各旁隹其說非也鵅舊尤爲不祥字又古今人表大雒史記作駱雒陶尸子作雄〔聲訓〕廣雅釋水洛繹也春秋說題辭洛之爲言繹也繹其耀也言水繹繹光耀也〔古韻〕駉叶駱雒繹斁作亦皆以洛爲之

藥 **鵅** 烏鸔也从鳥各聲按水鳥穆天子傳有鵁者鵅

陌 禡 **骼** 禽獸之骨曰骼从骨各聲儀禮少牢禮脟骼注股骨骼一古文以胳爲之禮記禖記注包牲取下骼疏謂取脟下股骨也〔轉注〕禮記月令掩骼埋胔注骨枯曰骼肉腐曰胔字亦作骼〔叚借〕爲挌吳都賦罵罵笑而被骼又爲碩漢書陳湯傳掩骼巢注骼大也又按骼本訓當爲骨人畜之通稱少牢脟骼月令掩骼是本字有司徹羊骼禖記注下骼皆借爲胳有司徹古文本作胳也解嘲折脅

gē 胳　gé 挌　gé 觡　luò 笿　gé 格

拉骼注骨也字林骼腰骨也素問長刺節論刺兩骼髎注胥骨字又作髂作骻

藥 **胳** 腋下也从肉各聲一名胠胠迫于臂胳迫于胠埤蒼肘後曰胳禮記深衣胳之高下可以運肘俗字作袼廣雅釋器袼袖也【叚借】託名幖識字廣雅釋器繫袼衣也又爲骼儀禮有司徹肩臂肫胳臑愚按此言羊豕肫下肉猶肩臂本以稱人移以言畜也胳爲本字或以骼爲之叚借字也骼骨也說文訓禽獸之骨曰骼泥于禮經之言羊骼耳

陌 **挌** 枝格也从丰各聲遮禦之意

陌 **觡** 骨角之名也从角各聲按骨角無肉禮記樂記角觡生注無鰓曰觡淮南原道注觡麋角也淮南主術桀之力制觡伸鉤東山經其神皆獸身人面戴觡史記司馬相如傳犧雙觡共抵之獸轉注方言五鉤宋楚陳魏之間謂之鹿觡

藥 **笿** 桮笿也从竹各聲一名豆筥字林笿杯籠也轉注廣雅釋詁三笿束也今籠絡字以絡爲之

藥陌 **格** 木長皃从木各聲上林賦天蟜枝格庾信小園賦草樹混淆枝格相交轉注廣雅釋室落杝也按今謂之籬笆蒼頡篇格檝架也又史記酷吏傳置伯格長徐廣曰古村落字亦作格又方言五絡謂之格按絡絲具吾蘇謂之籆頭以上三義皆枝格相交之意字亦作落作落又孟子惟大人爲能格君心之非注正也禮記學記則扞格而不勝公羊莊三十一傳注諸侯交格而戰者疏猶拒也素問四氣調神大論是謂內格史記李斯傳而嚴家無格虜者索隱捍也又後漢梁冀傳注簺有四采塞白乘五是也至五即格不得行故謂之格五【叚借】爲愙論語有恥且格集解正也又爲度蒼頡篇格量度也按大學致知在格物淮南兵略射儀度不得則格的不中注格射之櫬質也後漢傅燮傳注格猶標準也又禮記緇衣言有物而行有格注舊法也家語五儀口不吐訓格之言又爲挌周書武稱窮寇不格注鬥也荀子議兵格者不舍後漢陳寵傳注格擊也淮南覽冥身枕格而死注榜楚也字亦作茖又爲落後漢鍾離意傳注格拘執也又呂覽過理肉圃爲格注格以銅爲之布火其下以人置上人爛墮火而死字亦作烙又爲笿周書作雒復格藻梲孔晁注復格累芝栭也按即廣雅格謂之笮櫖也又爲閣小爾雅廣詁格止也史記梁孝王世家竇太后議格索隱歧閣也漢書淮南王安傳格明詔注謂被閣不行之又爲假字亦作徦爾雅釋詁格至也又陞也釋言格來也方言一格至也又徦登也二徦來也書堯典格于上下詩抑神之格思傳至也書舜典格汝舜詩楚茨神保是格傳來也書呂刑庶有格命鄭注登也詩那湯孫奏假箋升也又託名幖識字爾雅太歲在寅曰攝提格淮南天文注格起也言萬物承陽而起也又重言形況字爾雅釋訓格格舉也【古韻】詩楚茨叶蹐碩炙莫客錯度獲格酢

lù 賂　kè 客　é 額　mò 貉　luò 駱

扣叶格度射爾雅釋天叶格鬩噩落若

遇 **賂** 遺也从貝各聲詩泮水大賂南金晉語驪姬賂二五吳都賦其琛賂則琨瑤之阜劉注貨也【古韻】晉語叶詐賂

陌 **客** 寄也从宀各聲按字與𡨥爲對文𡨥今作住經傳皆以主爲之禮記曲禮主人敬客則先拜客按客小於賓周禮大行人掌大賓之禮及大客之儀司儀諸侯諸伯諸子諸男之相爲賓也又諸公之臣相爲國客象胥詔相國客之禮儀注謂諸侯使臣若散文則賓客亦通稱禮記祭義濟濟者客也釋文賓客也家語曲禮子夏問濟濟者客也遠也論語居不客釋文本作容禮記少儀客爵居左左襄廿七傳趙孟爲客呂覽自知終座以爲上客【轉注】禮記月令注爲客不利疏起兵伐人者謂之客又素問陰陽類論後至爲客王機眞藏論今風寒客於人【古韻】詩白駒叶藿夕客楚茨叶蹐碩炙莫客錯度獲格酢那叶斁奕客懌昔作夕恪易繫詞叶柝客楚詞哀郢叶蹠客薄釋

陌 **額** 顙也从頁各聲字亦作頟漢書景武昭宣元成功臣表龍頟衛青傳封說爲龍頟侯【叚借】重言形況字書益稷罔晝夜頟頟疏不休息之意【聲訓】釋名額鄂也有垠鄂也故幽州人謂之鄂也

藥 **貉** 北方豸種从豸各聲按北狄名字亦作貊作狛周禮職方氏七閩九貉周書職方解七閩八貉孟子貉道也史記匈奴傳以臨胡貉索隱即濊也海內西經貊國在漢水東北詩韓奕其追其貊又釋名釋飲食貊炙全體炙之各自以刀割出於胡貊之爲也【叚借】爲貈列子湯問貉踰汶釋文似狐善睡獸也爾雅釋獸注今江東呼貉爲貈貈後漢列女傳注貉大如貙狀頗似熊詩七月一之日于貉論語與衣狐貉者立字亦作貉雪賦御狐貉之兼衣字亦作貛中山經扶豬之山有獸焉其狀如貉注或作貛古字又爲禡周禮肆師祭表貉注師祭也甸祝表貉之祝號又爲嘆爾雅釋詁貉定也又靜也詩皇矣貊其德音箋德正應和曰貉亦作貊左傳作莫又爲貉廣雅釋詁二貉健也以形近而誤又爲絡爾雅釋詁貉綸也【聲訓】說文引孔子曰貉之爲言惡也白虎通禮樂言貉貉舉惡也又詩桓序類禡疏貉之言百祭祀此神求獲百倍【古韻】詩七月叶穫擇貉韓奕叶貊伯壑籍閟宮叶繹宅貊諾

藥 **駱** 馬白色黑鬣尾也从馬各聲廣雅釋嘼白馬朱鬣駱詩四牡嘽嘽駱馬駉有驒有駱禮記月令駕白駱明堂位夏后氏駱馬黑鬣【叚借】疊韻連語漢書王莽傳駱驛道路注言不絕洞簫賦或漫衍而駱驛兮注相連延皃舞賦駱漠而歸注奔馳之皃又託名幖識字後漢馬援傳注駱者越別名【古韻】詩皇華叶駱若度裳裳者華叶白駱若駉叶駱雒繹斁作

luò 絡　gé 挌　gé 閣　luò 鮥　luò 雺　luò 洛　hé 鼶

藥 鼶 鼶鼠出胡地皮可作裘从鼠各聲

藥 洛 洛水出左馮翊歸德北夷界中東南入渭从水各聲鍇本雝州浸也按洛出今甘肅慶陽府合水縣北白於山經洛川縣合瀘水亦名瀘水經耀州合漆水至同州府朝邑縣入渭今不入渭徑入河此與豫州之雒川別又按洛之下流古稱漆沮水禹貢導渭又東過漆沮是也與涇西之漆沮別周禮職方氏雍州其浸渭洛詩瞻彼洛矣叚借爲雒爾雅釋水洛爲波孝經援神契八方之廣周洛爲中謂之洛邑廣雅釋水洛繹也又爲落楚辭憫上冰凍兮洛澤注洛竭也亦疊韻連語又重言形況字西山經槐江之山爰有淫水其清洛洛注水流下之皃也又穀梁閔元年盟于洛姑釋文本作路亦疊韻連語

藥 雺 雨雺也从雨各聲今以零落字爲之廣雅釋詁二零隕也釋訓雺雺雨也亦重言形況字

藥 鮥 叔鮪也从魚各聲爾雅鮥鮛鮪按叔鮪少鮪也郎鱘皇魚之小者川江中有之呼鮥子魚亦名尉魚其大者曰王鮪字林以鮥爲當魱以鮥爲叔鮪蓋二字互誤

藥 閣 所以止扉也从門各聲門開則旁有兩長橜扞格之止其自闔也爾雅所以止扉謂之閣今本誤作閎又杙長者謂之閣廣雅釋詁三閣止也轉注左傳高其閈閎按兩扉中之闑亦名閣今本亦誤作閎又禮記內則大夫七十而有閣注以板爲之庋食物檀弓其餘閣也與疏架橙之屬廣雅釋詁二閣載也釋詁三閣攱也釋室閣廚也又史記高祖紀棧道崔浩云險絕之處傍鑿山巖而施板梁爲閣又後漢張衡傳閣道注絕漢抵營室曰閣道按紫微垣閣道八星斜穿天河三近奎五近策在北斗之上又文選陸機詩絜身躋祕閣注祕書省亦爲祕閣按卽尚書省也又古詩阿閣三重階注閣有四阿謂之阿閣又凡止而不行皆謂之閣叚借重言形況字詩斯干約之閣閣傳猶歷歷也考工匠人注作格格同又今俗誤用爲閨閣字聲義俱隔古韻詩斯干叶閣橐

說文通訓定聲　豫部弟九　四十三

陌 挌 擊也从手各聲後漢書搒挌酷烈之痛字亦作㪾廣雅釋詁三㪾擊也凡格殺格鬥字史書多以格爲之叚借爲垎管子地員乾而不挌注謂堅墼也

藥 絡 絮也从糸各聲按纏束之意今本說文作絮也誤廣雅釋詁四絡纏也釋器絙也字亦作縶廣雅釋詁二縶絆也轉注論語摘輔象地典受州絡注維絡也海內經有九邱以水絡之注猶繞也楚辭招魂鄭緜絡些注縛也漢書揚雄傳緜絡天地西京賦衍地絡注網也又素問三部九候論治其經絡靈樞經經脈爲裏支而橫者爲絡又方言四絡頭帞頭也廣雅釋器絡頭幧頭也又釋名釋兵盾以

lù 鷺　lù 璐　lù 輅　luò 鉻　lüè 略　hè 垎

縫編版謂之木絡別義說文一曰麻未漚也又廣雅釋器絡䋏也叚借爲笿西都賦籠山絡野又爲露淮南覽冥黃雲絡注絡讀道路之路謂車之垂路也又疊韻連語蜀都賦蔚羅絡幕劉注施張皃也後漢馬融傳注絡繹張羅皃古韻楚詞招魂叶絡呼居

陌 垎 土乾也一曰堅也从土各聲齊民要術溼耕堅垎楚辭九思冰凍兮垎澤亦疊韻連語俗字作洛澤

藥 略 經略土地也从田各聲書禹貢嵎夷既略傳用功少曰略左傳天子經略諸侯正封凡經界曰略小爾雅廣詁略界也又取也廣言行也又求也廣雅釋詁三略治也左隱五傳吾將略地焉莊廿一傳與之武公之略宣十五傳以略狄土又淮南脩務誦詩書者期於通道略物注達也七發雖有心略辭給注智也漢書司馬相如傳觀士大夫之勤略注智略也選注訓巡行轉注廣雅釋詁一略濫也左定四傳吾子欲復文武之略注道也成二傳侵敗王略注經略法度又方言二就室曰搜於道曰略略強取也左襄四傳季孫曰略注不以道取爲略淮南兵略貪金玉之略注獲得也齊語犧牲不略注奪也晉語略則行志注犯也又廣雅釋言略要也孟子嘗聞其略也注兗也公羊哀五傳喪數略也晉靈光殿賦鴻荒朴略注野略也管子侈靡略近臣注禮略謂不繁也叚借爲䂮卽剠詩載芟有略其耜傳利也又爲路書僞武成以遏亂略傳路也又疊韻連語爾雅釋蟲蜉蝣渠略字亦作蝨作蠈古韻周書周祝叶逆略

說文通訓定聲　豫部弟九　四十四

藥 鉻 鬄也从金各聲俗字作剠作䂮同俗儈家披鬄謂之鉻鬄通俗文去節曰剠

遇 輅 車軨前橫木也从車各聲按人挽之車施輅與駕牛馬者不同儀禮既夕當前輅注轅縛所以屬引史記劉敬傳脫輓輅索隱鹿車前橫木解嘲婁敬委輅脫輓注謂以木當胸以輓車也韻集輅前橫木曰路以路爲之轉注管子小匡服牛輅馬按挽也叚借爲路廣雅釋器輅車也書顧命大輅先輅次輅晉語輅車十五乘注廣車也論語乘殷之輅禮記樂記大輅者天子之車也列子力命乘其䡛輅釋文柴車也又爲訝左僖十五傳輅秦伯注迎也宣二傳狂狡輅鄭人

遇 璐 玉也从玉路聲楚辭涉江被明月兮佩寶璐注寶璐美玉也雪賦連似連璐注引許叔重淮南注美玉也古韻楚詞涉江叶璐顧圃

遇 鷺 白鳥也从鳥路聲詩白鳥翯翯字亦作鷖爾雅鷺舂鉏注頭翅背上皆有長翰毛江東取爲睫攡曰白鷺縗按接離白帽也詩宛邱值其鷺羽傳羽可以爲翳陸疏水鳥也好而潔白青脚高七八寸尾如鷹尾喙長三寸頭上有毛十數枚長尺餘取魚時則弭之振鷺振鷺于飛有駜振振鷺按楚威王時有朱鷺來舞則亦有赤者舊鼓吹朱鷺曲是也

各

lù 簬　lù 潞　lù 露　kè 愙　luò 落

遇 **簬** 簬輅 箘簬也从竹路聲古文从輅聲按竹名爲矢笴良廣雅釋草簬箭也書禹貢惟箘簬楛

遇 **潞** 潞 冀州浸也上黨有潞縣从水路聲今山西潞安府潞城縣即古潞子國盖以水得名其源流今不可攷周禮職方氏其浸汾潞注以出歸德之洛水當之非也水經濁漳水注潞水即漳水也亦非又㶟水注笥溝潞水之別名也叚借爲潞呂覽不屈士民罷潞注潞羸也

遇 **露** 露 潤澤也从雨路聲按土气津液從地而興若薄以寒气即結而爲霜月令章句露陰液也五經通義和气津凝爲露大戴記曾子天圓陽氣勝則散爲雨露廣雅釋詁二露漬也詩行露謂行多露參蕭零露湑兮【轉注】晉語是先子覆露子也注潤也漢書鼂錯傳覆露萬民注膏澤也廣雅釋器承露覆結也【叚借】爲裸長楊賦今樂遠出以露威靈注顯㬎也荀子富國都邑露注謂無城郭墻垣方言三露敗也封氏聞見記露布捷書之名也謂不封檢露而宣布欲四方速知又爲羸左昭元傳以露其體注羸也又爲路淮南本經是日松柏箘露夏槁又託名幖識字詩式微胡爲乎中露傳衛邑名列女傳作中路是借爲路【聲訓】釋名釋天露慮也覆慮物也按謂覆廡物【古韻】詩行露叶露夜湛露叶露夜句中韻式微叶故露禮孔子閒居叶夏露文子道原叶露澤

說文通訓定聲　豫部弟九

樂 **愙** 愙 敬也从心客聲春秋傳曰以陳備三愙按黃帝堯舜後也二王之後則封上公魯峻碑敬愙恭儉帝堯碑若不虔愙魏修孔子廟碑追存二代三愙之禮字亦作恪字林恪恭也詩那執事有恪禮記祭義嚴威儼恪周語儼莫不任肅純恪也【叚借】爲格賓爲遐即嘏左昭七傳叔父陟恪按猶登假也注非【古韻】詩那叶斁奕客懌昔作夕恪

藥 **落** 落 凡艸曰零木曰落从艸洛聲按陊也禮記月令草木黃落離騷及榮華之未落兮【轉注】吳語民人離落注殞也史記汲鄭傳賓客益落索隱謂散也莊子天地無落吾事釋文猶廢也又爾雅釋詁殂落死也字變作㱙釋文本作落虞書帝乃殂落【叚借】爲頟爾雅釋詁落始也按頟之爲始猶元首之爲始也詩訪予落止周書文酌物無不落又左昭七傳願與諸侯落之注宮室始成祭之曰落昭四傳饗大夫以落之注以豭豬血釁鐘曰落又爲格西京賦楷枳落注籬也後漢列女傳注落藩也水經汳水注落架水名也後漢仇覽傳注落居也今人謂院爲落也廣雅釋詁二落凥也又爲閻漢書李廣傳禹從落中以劍斫絕纍又爲絡漢書西域傳贊落以隨珠和璧羽獵賦注落纍也又遊天台山賦落五界而迅征注邪行也景福殿賦落帶金釘注壁帶也漢書李尋傳落脈通注謂經絡也又託名幖識字水經河水注清水逕皋落城北世謂之倚亳城聲相近又爾雅太歲在巳曰大荒落天官書作駱又疊韻連語左閔元傳盟于落姑

guō 𩫏　guǒ 椁　guō 郭　guō 崞　kuò 鞹　kuò 漷

公穀作洛莊子逍遙遊瓠落無所容司馬注零落也史記酈生傳家貧落魄集解志行衰惡之皃漢書注失業無次也書洪範曰圛疏落驛希疏之意又重言形況字老子落落如石注喻多也歎逝賦親落落而日稀注稀皃左思詠史詩落落窮巷士注疏寂皃【聲訓】漢書司馬相如傳注落蘀也【古韻】詩氓叶落若爾雅釋天叶格閼噩落若周書柔武叶居落

𩫏七名凡𩫏之派皆衍𩫏聲古博切

樂 **𩫏** 𩫏𩫏 外城也从回象城𩫏之重兩亭相對也或但从口經傳皆以郭爲之世本鯀作城郭【轉注】詩皇矣憎其式廓傳廓大也字又作廓方言一張小使大謂之廓通俗文廓寬也【聲訓】說文𩫏度也民所度居也

藥 **椁** 椁 葬有木𩫏也从木𩫏聲按周棺者也字亦作槨周禮閭師不樹者無椁禮記喪大記君松椁【叚借】爲度考工輪人椁其漆内司農注椁者度兩漆之内相距之尺寸也【聲訓】說文椁葬有木𩫏也白虎通椁之爲言廓所以開廓辟土無令迫棺也釋名槨廓也廓落在表之言也

藥 **郭** 郭 齊之郭氏虛善善不能進惡惡不能退是以亡國从邑𩫏聲按郭國名春秋郭公公羊傳謂失地之君歸于曹者名赤【叚借】爲𩫏管子度地城外爲之郭公羊文十五傳郛郭也禮記禮運城郭溝池以爲固又漢書酷吏尹賞傳致令辟爲郭注謂四周之内也風俗通郭大也詩皇矣憎其式郭釋名釋兵弩牙外曰郭爲牙之規郭也廣雅釋器郭劍削也方言九作𩫏又鄭劍衣也素問湯液醪醴論津液充郭注郭皮也皆𩫏字之轉注又爲虢周書王會郭叔掌爲天子菜幣焉注文王弟公羊僖二傳夏陽者何郭之邑也穀梁昭元年會于郭又託名幖識字周書作雒乃因蔡叔于郭陵注地名僞蔡仲之命郭鄰傳則云中國之外地名【聲訓】釋名郭廓也廓落在城外也白虎通郭之言廓也大也亦皆𩫏字之訓【古韻】三略下叶百郭素問五常政大論叶博郭錯

說文通訓定聲　豫部弟九

藥 **崞** 崞 崞山在鴈門从山𩫏聲在今山西代州崞縣西南

藥 **鞹** 鞹 去毛皮也从革郭聲論語曰虎豹之鞹俗字作鞟按即革也革象形字鞹諧聲字詩韓奕鞹鞃淺幭載驅簟茀朱鞹楚辭離世篦澤瀉以豹鞹兮【轉注】呂覽贊能乃使吏鞹其拳注革也【古韻】詩載驅叶薄鞹夕

藥 **漷** 漷 漷水在魯从水郭聲出今山東兗州府滕縣東北述山西流會南梁河入運河舊名南沙河左襄十九年取邾田自漷水據杜注出東海合鄉縣經魯國至高平湖陸縣入泗則在今山東兗州府魚臺縣東北

各　章

kuò 霩　　guó 虢　　guó 虢　　hè 叡　　huò 靃

藥 **霩** 雨止雲罷皃。从雨，郭聲。淮南書道生于虛霩。按字亦作廓。廣雅釋詁三：廓，空也。淮南虛大廓之宇，注：虛也。又禮記檀弓祥而廓然，海賦廓如靈變，注：猶開也。長楊賦廓然已昭矣，注：除皃。老子我獨廓兮其未化，亦皆單辭形況字。【古韻】詩皇矣叶赫莫獲度廓宅。

虢二名，凡虢之派皆衍虢聲。古伯切

陌 **虢** 虎所攫畫明文也。从虎，寽聲。按从寽會意。【叚借】託名幖識字。書君奭亦惟有若虢叔，傳：國名。左隱元傳虢叔死焉，釋文：國名。公羊傳、秦策、周書王會解皆作郭。左昭元年會于虢，公羊作漷，穀梁作郭。按文王弟虢仲初封于今陝西鳳翔府寶雞縣，爲西虢，後改封于今河南陝州，爲東虢。又水經濟水注：虢亭，俗謂之平咷城，亦謂之號咷城，蓋號虢字相類轉失實也。

陌 **㶁** 水裂去也。从水，虢聲。

叡一名。呼各切

藥 **叡** 溝也。从𣦼从谷，會意。或又从土。讀若郝。爾雅釋詁：壑，虛也。晉語谿壑可盈。西京賦陵巒超壑，注：阬谷也。孟子則舉而委之于壑，注：路旁坑壑也。禮記郊特牲水歸其壑，注：猶坑也。淮南原道而蹪蹈于汙壑阱陷之中。又爾雅釋言：隍，壑也。詩韓奕實墉實壑，釋文：城池也。【轉注】左襄三十傳吾公在壑谷，注：窟室也。又大荒西經西有王母之山壑山海山。又江賦注：大壑在東海外。【古韻】詩韓奕叶貊伯壑籍。楚詞遠遊叶漠壑。

霍三名，凡霍之派皆衍霍聲。呼各切

藥 **靃** 飛聲也。雨而雙飛者其聲靃然。从雨从雔，會意。俗省作霍。【轉注】荀子議兵霍焉離耳，注：猶渙焉也。七發霍然病已，注：疾皃也。甘泉賦翕赫曶霍，注：曶霍，疾皃。亦雙聲連語。【叚借】疊韻連語。琴賦霍濩紛葩，注：盛皃。又託名幖識字。爾雅釋山：霍山爲南嶽。廣雅釋山：天柱謂之霍山。周禮職方氏冀州其山鎮曰霍山。此三霍同名而異實。爾雅之霍即衡山別名，在今湖南衡州府衡山縣，古之南嶽也。廣雅之霍即天柱山，漢武帝移祀南嶽于此，在今安徽六安州霍山縣也。職方之霍即禹貢岳陽，亦名霍太山，在今山西平陽府岳陽縣也。又爾雅大山宮小山霍，小山別大山鮮。愚按此幖識以別山形，非山名也。或以霍即天柱之霍，鮮即毛詩皇矣之鮮、公劉之巘，蓋有此形者皆得被此名，必實指爲何山則鑿矣。又左閔元傳以滅耿滅霍滅魏，按文王子叔處所封，在山西平陽府霍州。即襄十傳納諸霍人也，邑又名霍人。又爲藿。漢書鮑宣傳漿酒霍肉。【聲訓】白虎通巡狩：霍之爲言護也，言太陽用事護養萬物也。風俗通山澤：霍者，萬物盛長，垂枝布葉，霍然而大。崔靈恩禮記義宗：南嶽謂之霍者，霍，護也，言陽氣用事，盛夏之時護養萬物，故以爲稱。

huò 藿　　zhuó 籗　　huò 蒦　　hù 護　　hù 韄　　huò 矆　　yuè 篗　　wò 臒　　huò 穫　　huò 獲

藥 **藿** 尗之少也。从艸，靃聲。按尗之嫩葉，字亦作藿。廣雅釋草：豆角謂之莢，其葉謂之藿。詩白駒食我場藿，傳：猶苗也。儀禮公食大夫禮記牛藿。大戴曾子制言聚橡栗藜藿而食之。莊子庚桑楚奔蟬不能化藿蠋，注：豆葉中大青蟲也。【別義】楚辭天問甫藿是營，注：草名也。【古韻】詩白駒叶藿夕客。

藥 **籗** 罩魚者也。从竹，靃聲。或作篧，字亦作籱。爾雅：籗謂之罩。李巡注：編細竹以爲罩捕魚也。孫炎注：今楚籗也。按楚者以荆爲之。

蒦十三名，凡蒦之派皆衍蒦聲。乙虢切

陌藥 **蒦** 規蒦，商也。从又持萑，會意。一曰蒦度也。或从尋，尋亦度也。楚詞曰：求矩彠之所同。按此字實从萑聲，萑短言之即蒦，以雙聲得聲也。故篗字或體亦从䦨。或曰鳥飛多中度，故雉蒦皆以度高廣，此泥于許說而傅會也。廣雅釋詁三：蒦，持也。字亦作矱。離騷求矩矱之所同。長笛賦規摹彠矩。【叚借】爲矆，實爲瞁。說文一曰視遽皃。【聲訓】說文一曰蒦度也。後漢崔駰傳注：矱，尺也。

遇 **護** 救視也。从言，蒦聲。史記蕭何世家數以吏事護高祖。漢書李廣傳有白馬將出護兵，注：謂監視之。張耳傳煩公卒調護太子，注：調保安之。又臥而護之，注：謂監領諸將。又素問離合眞邪論適而自護，注：慎守也。【聲訓】廣雅釋詁二：護，助也。【古韻】素問離合眞邪論叶故暮護處補。

陌 **韄** 佩刀系也。从革，蒦聲。蒼頡篇：佩刀把韋也。【叚借】爲獲。莊子庚桑楚外內韄者，崔注：怵廓也，則謂借爲鞹。

藥 **矆** 大視也。从目，蒦聲。魏都賦矆焉相顧。

藥 **篗** 收絲者也。从竹，蒦聲。或从角閒聲。字亦作籰。方言：五篗，榬也。今蘇俗謂之篗頭，有車曳者，有手轉者。

藥 **臒** 善丹也。从丹，蒦聲。讀若隺。書梓材惟其敗丹臒。南山經雞山多丹臒。

遇藥 **穫** 刈穀也。从禾，蒦聲。其器曰銍曰鎌，既穫斂之曰穧。易无妄不耕穫。詩七月八月其穫。大東無浸穫薪，傳：艾也。吳語以歲之不穫也，注：收也。【叚借】託名幖識字。爾雅釋地周有焦穫。【聲訓】呂覽審時稼就而不穫，注：得也。按謂獲也。【古韻】詩七月叶穫擇貉。六月叶茹穫。

陌 **獲** 獵所得也。从犬，蒦聲。易巽田獲三狐。詩小弁遇犬獲之。周禮大司馬獲者取左耳。左傳魯展獲字禽。【轉注】小爾雅廣言：獲，得也。

huò 鑊 huò 蠖 wò 擭 huà 鱯 huò 濩

禮記檀弓不獲二毛注係虜之左僖元傳獲莒挐注大夫生死皆曰獲又定九傳獲寶玉大弓凡獲器用曰得得用曰獲又儀禮鄉射禮獲者坐而獲注射者中則大言獲又釋獲者遂以所釋餘獲注餘獲餘算也又周禮朝士凡得獲貨賄人民六畜者注停而取之曰獲又方言三罵婢曰獲女而婦奴謂之獲亡婢謂之獲楚辭哀時命釋管晏而任臧獲兮莊子駢拇臧與穀二人以穀爲之墨子小取獲人也廣雅釋詁三獲辱也又詩楚茨笑語卒獲傳得時也皇矣其政不獲箋得也書微子乃罔恒獲鄭注猶得也左昭元傳楚公子不獲注不得安也曲禮毋固獲注爭取曰獲中庸不獲乎上論語先難而後獲孟子耕者之所獲假借爲誤淮南兵略八風屈伸不獲五度又爲穫荀子富國一歲而再獲之又周髀算經物有朝生暮獲禮記儒行不隕獲于貧賤亦皆穫字引申之義又疊韻連語風瀐陷齰嗽獲拔齰獲亦作嚄唶嚄舌韻詩駟鐵叶碩獲楚茨叶蹠碩炙莫客錯度獲格酢皇矣叶赫莫獲度廓宅泮水叶博斁逆獲禮記曲禮叶獲者左昭廿七傳叶索獲

藥過 **濩** 雨流霤下皃从水蒦聲漢書司馬相如傳氾濘濩之楚辭疾世望江漢兮濩渃注大皃亦疊韻連語北山經濩濩之水亦重言形況字轉注廣雅釋詁三濩污也假借爲鑊詩葛覃是刈是濩韓詩濩瀹也又爲護周禮大司樂大夏大濩大武注湯樂也風俗通聲音

濩言救民也春秋繁露楚莊王護者救也廣雅釋詁四濩護也字亦作頀又託名幖識字穆天子傳休于濩澤注今平陽濩澤縣古韻詩葛覃叶莫濩綌斁

碼遇陌 **鱯** 魚名从魚蒦聲爾雅魾大鱯小者鮡注鱯似鮎而大白色按大口亦曰鰥曰鱯曰鯇今揚州人呼爲鮰魚江中多有余常食之北山經洧水其中有鱯黽

陌過 **擭** 搫擭也一曰握也錯本作搤也从手蒦聲廣雅釋詁三擭持也西京賦擭獑猢注擭取之也轉注書棐誓杜乃擭鄭注柞鄂也王注所以捕禽獸機檻之屬與蒼擭地爪持也禮記中庸驅而納諸罟擭陷阱之中段借爲濩說文一曰布擭也古韻周書周祝叶擭詐

藥 **蠖** 尺蠖屈伸蟲也从虫蒦聲一名步屈爾雅蠖蚇蠖易尺蠖之屈侯果注詘行蟲蛇蝛也考工弓人麋筋斥蠖灂按斥蠖尺蠖皆疊韻連語

藥 **鑊** 鑴也从金蒦聲蓋大盆字亦作鑊儀禮少牢禮羊鑊豕鑊周禮大宗伯省牲鑊注亨飪器也亨人掌共鼎鑊注所以煮肉及魚腊之器既孰乃脀于鼎淮南說山嘗一臠肉知一鑊之味注無足曰鑊漢書刑法志有鑿顛抽脅鑊亨之刑注鼎大而無足曰鑊轉注爾

pò 霸 gé 䨣

雅釋訓是刈是鑊韓詩瀹也

䨣二名凡䨣之派皆衍䨣聲 匹各切

藥 **䨣** 雨濡革也从雨从革會意讀若膊革濡則虛起今蘇俗語音如朴

碼陌 **霸** 月始生魄然也承大月二日承小月三日从月䨣聲古文从月雨未詳後世以魄爲之書康誥惟三月載生霸馬注魄朏也月三日始生兆朏名曰魄漢書律歷志死霸朔也生霸望也又旁死霸孟康注魄月質也按書僞武成疏魄者形也太元元數注魄者死之體也書曰明死而魄生故知魄爲體也此皆以魄爲質法言五百注魄光也謝惠連詩頹魄不再圓注月魄也此皆以魄爲光按訓光是也假借爲伯白虎通號霸者伯也行方伯之職孟子離婁丁音霸者長也言爲諸侯之長禮記祭法共工氏之霸九州也呂覽先已五伯注昆吾大彭豕韋齊桓晉文也風俗通齊桓晉文秦穆宋襄楚莊是五霸也論語霸諸侯鄭注天子衰諸侯興故曰霸漢書凡伯王字注皆云讀曰霸反以借字作正字非是又水經渭水注霸者水上地名也古曰滋水矣秦穆公霸世更名滋水爲霸水以顯霸功字亦作灞聲訓白虎通霸猶迫也把也迫脅諸侯把持其政也風俗通霸者把也駁也言把持天子政令糾率同盟也漢書王莽傳伯者繼空續乏以成歷數故其道駁

bái 白[2]

白十一名凡白之派皆衍白聲 旁陌切

陌 **白** 西方色也殷用事物色白从入合二二陰數古文作白詳汁簡作白按青黃赤黑皆舉一事以形之白字何獨爲會意入二意亦紆曲不憭蔣驥曰字从日上象日未出初生微光按日未出地平時先露其光恒白今蘇俗語昧爽曰東方發白是也字當从日丨指事訓太陽之明也皓皞昈等字亦皆从日訓白莊子人閒世虛室生白崔注白者日光所照也知北遊若白駒之過隙釋文白駒日也漢書賈誼傳白晝大都之中注白晝晝日也呂覽士節注自明也荀子榮辱注白彰明也皆可爲从日之證六書正譌云象魚胞形六書統云目無精也皆因古文而傅會其說六書本義云米粒果蔬核仁也殆以皀字从白而生訓皆非也釋名釋采帛白啓也如冰啓時色也易說卦巽爲白淮南墬形西南方曰編駒之山曰白門注金氣白素問風論注白肺色也孔子曾孫白字子上禮注荀子王霸仁人之所務白也注白明白也漢書馮奉世傳威功白著注謂顯明也有白上者注明告也又荀子王制乘白之數注猶今之白丁也管子七發擊敺衆白徒注謂不練之卒後漢高彪傳白屋注匹夫也按皆空素之意又楚詞招魂呼五白些注五白簙齒也又周禮遵人

bì 碧　pò 迫　pò 敀　bǎi 柏　bó 帛　bó 伯

白黑形鹽注稻曰白禮記內則酒清白注白事酒昔酒也又後漢儒衍傳注白黑猶賢愚也漢書王莽傳注白黑猶清濁也叚借爲帛詩六月白旆央央爾雅釋天孫注正作帛後漢馬融傳忸伯于靈臺注師節也以伯爲之易說卦巽爲白按賁束帛虞注巽爲帛又託名幖識字漢書敘傳皆引蒲輿白奐都賦飛鶴舉白注罰爵名也又水經㶟水注白登臺名聲訓釋名釋兵白旆殷旌也以帛繼旐末也水經河水注半達晉言白也古韻詩雲漢者華叶白騶若考工弓人叶昔澤白赤楚詞惜誦叶釋白

陌　**碧**　石之青美者从玉石白聲西山經高山其下多青碧又章莪之山多瑤碧東山經耿山多水碧淮南墬形昆侖碧樹瑤樹在其北漢書司馬相如傳錫碧金銀轉注廣志碧有縹碧有綠碧廣雅釋器碧青也

陌　**迫**　近也从辵白聲廣雅釋詁一迫陿也又急也離騷望崦嵫而勿迫注附也呂覽貴生迫生爲下注促也淮南精神迫而動注切也古韻楚詞離騷叶迫索

陌　**敀**　迮也从攴白聲叚借爲伯說文引書立政常敀常任

陌　**柏**　鞠也从木白聲字亦作栢爾雅柏椈禮記雜記暢白以椈許書無椈字攴闕奪也此注以鞠爲之詩閟宮新甫之柏論語殷人以柏叚借爲迫周禮司几筵其柏席用萑司農注迫地之席後鄭以爲槨字漢書溝洫志魚弗鬱兮柏冬日又爲魄東方朔傳柏者鬼之廷也又爲伯考工車人柏車轂長一柯注山車釋名柏車柏伯也大也丁夫服任之大車也按伯猶長也又爲舶廣雅釋詁一柏㱾也又託名幖識字左定四傳戰于柏舉公羊作伯聲訓史記陳餘傳柏人者迫於人也白虎通宗廟柏者所以自迫促古韻詩頍弁叶柏奕懌閟宮叶柏度尺舄碩奕作若

陌　**帛**　繒也从巾白聲字亦作帊左形右聲左閔二傳大帛之冠注厚繒也虞書五玉三帛鄭注帛所以薦玉淮南原道執玉帛者萬國注帛元纁也周禮大宗伯孤執皮帛注帛如今璧色繒也太宰六曰幣帛之式注幣帛所以贈勞賓客者釋名釋衣服帛展以帛作之如屬也易說卦九家本坤爲帛左傳紀子帛字裂繻公穀以伯爲之轉注爾雅釋草帛似帛華山有之叚借爲帞即幞釋名釋衣服帞腹橫帞其腹也又爲白禮記玉藻大帛不緌古韻禮記禮運叶炙酪帛朔又叶席幕帛炙魄莫

陌　**伯**　長也从人白聲儀禮士冠禮曰伯某甫仲叔季唯其所當詩載芟侯主侯伯傳長子也又禮記曲禮下五官之長曰伯又書多方胥伯詩巷伯禮記內則州伯疏伯長也又周禮大宗伯九命作伯禮記王制千里之外設方伯又孝經而況于公侯伯子男乎舊注一

pò 魄　pò 狛　bó 怕　bà 鮊

國之長也又荀子仲尼羞稱乎五伯注爲諸侯之長廣雅釋詁一伯君也穆天子傳河宗之子孫鄘柏絮注爵也以柏爲之轉注周書武順四卒成衞曰伯注卒名莊子人間世匠伯不顧崔本作石叚借爲禡詩吉日既伯既禱爾雅釋天馬祭也又爲迫淮南人閒陽虎將舉劍而伯頤又爲佰孟子或相什伯漢書食貨志有仟伯之得又疊韻連語海內南經伯慮國方言入虎自關而西謂之伯都又託名幖識字廣雅伯趙鶪也與博勞同又書伯益伯與左傳伯封有逢伯陵古今人表皆作柏史記伯嚭吳越春秋作白喜論衡作帛喜聲訓風俗通皇霸伯者白也言其功實明白春秋元命苞伯之爲言白也明白于德也白虎通姓名伯者子㝡長迫近父也古韻詩擇兮叶擇伯崧高叶伯宅韓奕叶貊伯壑籍

陌藥　**魄**　陰神也从鬼白聲左昭七傳人生始化曰魄注形也既生魄陽曰魂疏附形之靈爲魄晉語其魄兆于民矣魄意之精也禮記祭義魄也者鬼之盛也注耳目之聰明爲魄淮南主術地氣爲魄賈子禮容心之精爽是謂魂魄列子仲尼是若欺魄焉按顛魄者醜貌也轉注爾雅釋詁魄閒也按亦空虛之意莊子天道古人之糟魄已夫釋文糟爛爲魄俗字造粕叚借爲霸周書世俘既死魄法言五百月未望則載魄于西注光也月賦朏魄示冲又託名幖識字爾雅釋木魄榽橀注似檀齊人諺曰上山斫檀榽橀先殫今京西諸山之白

木也又恩倖傳論素練丹魄廣志虎魄生地中其上及旁不生草木深者八九尺大如斛削去上皮中成虎魄有汁初如桃膠凝堅乃成其方人用以爲蜜也字作珀又爲嘆書古太誓其聲魄馬注魄然安定意也亦單辭形況字又疊韻連語漢書酈食其傳家貧落魄按與落薄拓落落託皆同又雙聲連語吳都賦旁魄而論都字亦作礴聲訓白虎通情情性魄者白也白者猶迫然著人也古韻禮記禮運叶席冪帛炙魄莫

藥　**狛**　如狼善驅羊从犬白聲讀若蘗甯嚴讀之若淺泊

禡陌　**怕**　無爲也从心白聲子虛賦怕乎無爲今澹泊字以泊爲之廣雅釋詁四怕靜也漢書楊雄傳泊如也注安靜也叚借爲𢘊按今懼怕字其義當爲𤻲迮

陌　**鮊**　海魚名从魚白聲讀若書白不黑按太元昆次三曰昆白不黑鱻豈昆下今本奪書字耶廣雅釋魚鮊鱎也郎說兆之鴫橋今之白魚也一名鱖古今注白魚赤尾者曰魟一曰魧古太誓白魚入于王舟字亦作鲌石鼓文又鱄又鮊

百四名凡百之派皆衍百聲　博陌切

bǎi 百　bǎi 佰　pò 洦　pāi 拍　suǒ 索

百 陌 陌 百𦣻 十十也从一白數十百爲一貫相章也韻會引說文从一白數十十爲一百百白也十百爲一貫貫章也古文从一从自按許謂从白會意相章者白章明也因古文誤隸𦣻部耳按字實當从一白聲百亦一也故从一詩天保羣黎百姓傳百官族姓也噫嘻播厥百穀韓詩穀類非一種故言百也晉語庭實旅百注舉成數也淮南時則律中百鐘注林鐘也說山猶百舌之聲注百舌鳥名【叚借】爲慔左僖廿八傳距躍三百曲踊三百注猶勵也【古韻】莊子秋水叶百若三略下叶百郭

佰 陌 佰 相什佰也从人百會意按百亦聲過秦論俛起什佰之中此言百夫長也漢書食貨志有什佰之得此言貨錢數也漢書匡衡傳南以閩佰爲界丁魴碑口流喪佰此言田東西界也今字作阡陌廣雅釋室陌道也史記秦本紀開阡陌風俗通河東以南北爲陌【叚借】爲袹即襪釋名釋首飾綃頭或謂之陌頭言從後橫陌而前也

洦 陌 藥 洦 淺水也从水百聲字亦作泊作䒱顏氏家訓引趙州柏人城徐整碑洦流東指謝惠連詩曲汜薄停旅以薄爲之【叚借】爲怕子虛賦泊乎無爲澹乎自持後漢蔡邕傳注泊猶靜也又爲泊遷讓傳注泊汁也此字形之誤【又疊韻連語】海賦澗泊柏而迤颺注泊柏小波也洞簫賦密漠泊以㺃猭注與帞同嘆帞竹密皃又單辭形況字漢書禮樂志泊如四海之池注水皃也

拍 陌 拍 拊也从手百聲字亦作拍廣雅釋詁三拍擊也拍擊也釋言拍搏也考工搏埴之工以搏爲之楚辭湘君薜荔拍兮蕙綢注搏壁也【轉注】釋名釋兵短刀曰拍髀帶時拍髀旁也又曰露拍言露見也【叚借】爲膊周禮醢人豚拍魚醢【聲訓】釋名釋姿容拍搏也以手搏其上也

索二名凡索之派皆衍索聲 桑各切

索 藥 陌 索 艸有莖葉可作繩索从𣎵糸會意杜林說𣎵亦朱市字小爾雅廣器大者謂之索大戴記主言十尋而索按草如蔽秆茅麻之屬木如欆桑之屬竹如筊皆可爲繩亦曰綷曰紼楚辭惜誓并紉茅絲以爲索方言九注車紂今江東通呼索綸【轉注】詩七月宵爾索綯淮南主術索鐵歙金注絞也【叚借】爲索小爾雅廣言索空也廣雅釋詁三獨也說苑權謀索也者盡也禮記檀弓吾離羣而索居注猶散也儀禮鄉射禮命曰取矢不索注猶盡也左襄八傳悉索敝賦歎逝賦索然已盡又爲索易繫辭傳探賾索隱疏謂求索說卦一索而得男馬注數也左襄二傳以索牛馬注簡擇好者又爲略左定四傳疆以周索注法也昭二傳八索九丘賈注三王之法又重言形況字易震索索馬注內不安皃鄭注猶蹜蹜足不正也又單辭形況字莊子徐无鬼索然出涕司馬注涕下皃又疊韻連語洞簫賦薄索合沓漢

suǒ 𡩋　ruò 若　nuò 諾　ruò 箬

書揚雄傳蔣索蛟螭【聲訓】釋名釋典藝八索素也著素王之法若孔子者聖而不王制此法者有八也水經河水注索郎反語爲桑落【古韻】易震叶索矍楚詞離騷叶索妒又叶迫索招魂叶託索石釋素問示從容論叶足著索遂左昭廿七傳叶索獲句中韻

𡩋 陌 𡩋 入家搜也从宀索聲廣雅釋詁三索求也小爾雅廣言索求也方言六索取也考工㮚氏時文思索釋文求也周禮方相氏以索室毆疫注廋也禮記郊特牲索祭祝于祊注求神也漢書杜林傳吹毛索疵皆以索爲之

若五名凡若之派皆衍若聲 而灼切

若 藥 鬲 若 擇菜也从艸右會意右手也字亦作𦱔家語弟子曾有若字子有爾注晉語吾誰使先若夫二公子而立之按擇也【別義】說文一曰杜若香艸楚辭雲中君華采衣兮若英舞賦順微風揮若芳注杜也漢書司馬相如傳衡蘭芷若又廣蒼云若蹈足皃【叚借】爲順爲善善順若一聲之轉爾雅釋詁若善也釋言若順也易觀有孚顒若書堯典欽若昊天詩烝民天子是若左宣三傳不逢不若禮記曾子問若義也又爲叒離騷折若木又發聲之詞小爾雅廣詁若汝也考工梓人惟若寧侯儀禮士昏禮記若則有常禮記祭統若纂乃祖服又助語之詞爾雅釋言猶若也考工梓人毋或若女不寧侯注如也禮記檀弓吾欲暴尪而奚若注何如也左僖三十三傳以閒敝邑若

何注如何也管子小問與若之多虛而少實注似也又漢書賈誼傳苟若而可注猶然也又小爾雅廣言若乃也周語若能有濟也又漢書高帝紀若一郡降者封萬戶注及也武帝紀爲復子若孫周禮稍人若有會同疏不定之辭也漢書賈誼傳各爲若干國注若干預設數也又老子寵辱若驚顧注而也管子海王若其事立注然後也荀子王霸出若入若注如此也秦策織自若注如故也又易豐有孚發若注詞也易離出涕沱𦱔疏是語辭也釋文𦱔古文若皆如此斥彰長田君斷碑養善若春陽以叒爲之又重言形況字漢書石顯傳綬若若注長皃又託名幖識字莊子秋水望洋向若司馬注海神西山經榣木之有若注大木之奇靈者爲若又周禮龜人北龜曰若爾雅龜右倪不若【古韻】詩氓叶落若皇華叶駱若度裳裳者華叶白駱若閟宮叶繹宅貊諾若又叶柏度尺舄碩奕作若烝民叶若賦易巽叶下若爾雅釋天叶格閼噩落若莊子秋水叶百若

諾 藥 諾 譍也从言若聲按應詞也緩應曰諾疾應曰唯詩閟宮莫敢不諾箋應聲也禮記投壺大師曰諾疏承領之辭也論語子路無宿諾皇疏許也呂覽知士剛貌辨答曰敬諾注順也【古韻】詩閟宮叶繹宅貊諾若

箬 藥 箬 楚謂竹皮曰箬从竹若聲

藥 **婼** 不順也。从女，若聲。左昭七傳叔孫婼，如齊涖盟。公羊作舍。〔叚借〕發聲之詞。漢書婼月氐羌名也。讀如兒。

藥 **蠚** 螫也。从虫，若省聲。實與螫同字。字亦作𧒂，作𧎅。字林：蠚，蟲行毒也。廣雅釋詁二：蠚，痛也。蠚，痛也。漢書蒯通傳：蠚，毒也。

叒一名。而灼切。

藥 **叒** 日初出東方暘谷所登榑桑，叒木也。象形。籀文又从叩。與𦬫下同。未詳。字亦作𣑴。古書皆以若為之。離騷：折若木以拂日。〔叚借〕為若。斥彰田君斷碑：養善𣑴春暘。

辵一名。丑略切。

藥 **辵** 乍行乍止也。从彳从止，會意。讀若春秋公羊傳曰辵階而走。〔叚借〕為𨒈。按公羊宣六傳辵階而走，注：超遽不暇以次。今作踖。釋文與踱同。儀禮公食大夫禮：栗階升，注：不拾級而下曰辵。廣雅釋室：辵，犇也。三蒼：徒跣作踱跣，又作跅。以腳踐土也。又疊韻連語。漢書武帝紀：跅弛之士，注：跅落無檢局也。

赤六名。凡赤之派皆衍赤聲。昌石切。

說文通訓定聲　豫部弟九　壐

陌 **赤** 南方色也。从大从火，會意。古文从炎土。按心三星，赤曰大火，中一星正赤。洪範五行傳：赤者，火色也。素問風論：其色赤，注：赤者，心色也。白虎通三正：赤者，盛陽之氣也。易說卦：乾為大赤，離為火。困困于赤紱，鄭注：朱深曰赤。書顧命：赤刀，鄭注：武王誅紂時刀，赤為飾。周正色。周禮巾車：建大赤。屨人：赤繶。禮記月令：駕赤騮。又孟子：不失其赤子之心者也。注：嬰兒也。漢書賈誼傳注：赤子言新生未有眉髮，其色赤。又大荒北經：竹南有赤澤水。水經渭水注：小赤水即山海經灌水也。穆天子傳：昆侖之阿，赤水之陽。注：赤水東北流。爾雅：蒷，赤莧。後漢光武紀：赤草。注：朱草也。左傳羊舌赤，字伯華。孔子弟子公西赤，字子華。又釋名：輕疾者曰赤馬舟，其體正赤，疾如馬也。〔轉注〕淮南天文：殺不辜則國赤地。覽冥：晉國赤地。注：旱也。解嘲：不知一跌將赤吾之族也。注：謂誅滅也。皆顯然盡露，蓋蔽無存之意。亦體赤，腳亦同。或曰皆借為捇。〔叚借〕為捇。周禮赤犮氏注：猶言捇拔也。東京賦：逐赤疫於四裔。注：疫鬼惡者也。又為斥。史記晉世家：虜秦將赤。又託名幖識字。爾雅：在丑曰赤奮若。淮南天文注：言陽奮物而起之，無不順其性。赤，陽色。墬形注：天神也。說亦傳會。爾雅釋草：赤枹薊，即今之蒼术也。〔聲訓〕赤，赫也。太陽之色也。〔古韻〕考工弓人叶昔澤白赤。〔轉音〕靈樞決氣篇叶赤血。

禡 **赦** 置也。从攴，赤聲。或从亦聲。周禮司刺：掌三刺、三宥、三赦之灋。公羊昭十八傳：赦止者，免止之罪辭也。書偽允征：先時

者殺無赦。釋文亦作赦。易象傳：君子以赦過宥罪。疏：謂放免。經傳多以舍為之。〔叚借〕為螫。韓詩小毖：自求辛赦。傳：事也。按借事為數，數，刺也。〔聲訓〕爾雅釋詁：赦，舍也。按謂捨也。〔古韻〕禮記月令叶賦下赦。

藥陌 **郝** 右扶風鄠鄉，盩厔縣。从邑，赤聲。在今陝西西安府。〔叚借〕為赫。字林：郝，赤兒也。楚策：馮郝。古今人表作赫。又重言形況字。爾雅釋訓：郝郝，耕也。舍人注：釋釋猶藿藿，解散之意。今詩載芟作澤澤。亦同。又託名幖識字。廣雅釋草：郝，蟬丹蔘也。或曰借為赤。

陌 **捇** 裂也。从手，赤聲。周禮赤犮氏以赤為之，拔除去之也。

陌 **螫** 蟲虫行毒也。从虫，赦聲。實與蠚同字。詩小毖：自求辛螫。韓詩以赦為之。淮南說山：貞蟲之動以毒螫。傚負蠭蠆螫指而神不能憺。〔轉注〕史記魏其武安侯傳：有如兩宮螫將軍。集解：怒也。漢書以奭為之。〔古韻〕老子元符叶螫據搏固作嗄。

陌 **赫** 火赤兒。从二赤，會意。字亦作焃，作赩。廣雅釋器：焃，赤也。詩簡兮：赫如渥赭。瞻彼洛矣：韎韐有奭。以奭為之。方言十三：焃，赫也。〔轉注〕詩桑柔：反予來赫。傳：炙也。俗字作嚇。莊子秋水：仰而視之曰嚇。又小爾雅廣詁：赫，明也。廣言：顯也。方言十二：怒也。發也。廣雅釋詁四：覺也。詩生民：以赫厥靈。〔叚借〕為捇。江賦：或嚇鰓乎巖間。注：猶開也。又重言形況字。爾雅釋訓：赫赫，濯濯，迅也。廣雅釋訓：赫赫，明也。詩常武：赫

說文通訓定聲　豫部弟九　奠

赫明明，赫赫業業。節南山：赫赫師尹。大明：赫赫在上。雲漢：赫赫炎炎。楚語：赫赫楚國，而君臨之。皆顯盛之意。孔龢碑：㷊㷊彌章。字亦作㷊。又單辭形況字。詩皇矣：王赫斯怒。淇奧：赫兮咺兮。爾雅釋訓：威儀也。公羊宣六傳：則赫然死人也。注：支解之皃。高唐賦：巫山赫其無疇兮。又疊韻連語。詩那：於赫湯孫。離騷：陟陞皇之赫戲兮。莊子馬蹄：夫赫胥氏之時。此古帝號。釋文本作𧹞。又託名幖識字。漢書注：薄小紙也。或作擊。又西周策：仇赫。史記作机郝。古今人表：高赫。書外戚傳：赫蹏。呂覽作赦。〔聲訓〕廣雅釋器：赫，赤也。太元爭：赫河臞。注：虛也。廣雅釋詁二：赫，怒也。〔古韻〕詩皇矣叶赫莫獲度廓宅。

尺一名。昌石切。

陌 **尺** 十寸也。人手卻十分動脈為寸口，十寸為尺。尺所以指斥規榘事也。从尸从乙。乙所識也。指事。周制寸咫尺仞尋常諸度皆以人之體為法。蔡邕獨斷：夏以十寸為尺，殷以九寸為尺，周以八寸為尺。禮記王制：古者以周尺八尺為步。注：周猶以十寸為尺。又後漢明帝紀注：六尺謂年十五以下。又海賦：揭百尺。注：帆檣也。對楚王問：尺澤之鯢。注：言小也。〔叚借〕疊韻連語。廣雅釋蟲：尺蠖，蠀蝛也。字亦作蚇。考工弓人以庥為之。〔古韻〕詩閟宮叶柏度尺舃碩奕作若。禮記曲禮叶度作尺。

zhái 宅 chá 秅 bó 亳 tuō 託 zhà 吒 zhé 乇 chì 彳

彳一名。丑亦切。

陌 彳 小步也。象人脛三屬相連也。謂股脛足三屬。射雉賦彳亍中輟注止皃也。今字作躑躅。

乇十二名。凡乇之派皆乇聲。陟格切。

陌 乇 艸葉也。似來穗上貫一下有根。象形。按一地也。指事。

麻禡陌 吒 噴也。叱怒也。从口乇聲。字亦作咤、作喥。禮記曲禮毋咤食。疏謂口舌中作聲。史記世家喑噁叱吒。漢書王吉傳口倦乎叱咤。別義通俗文痛惜曰咤。郭璞遊仙詩撫心獨悲吒。注歎聲也。又孟子梁惠王上丁音咤誇也。字亦作詫。莊子達生踵門而詫子扁慶子。司馬注告也。一本作託。李注屬也。史記司馬相如傳子虛過詫烏有先生。亦以奼為之。注誇誑之也。又虞書五流有吒。鄭注吒懲刈之器。謂五刑之流皆有器懲刈。五吒者是五種之器。謂桎一梏二拲三。今本作宅。假借為詫。書顧命三咤。王注奠爵也。釋文字亦作宅。馬本作詫。鄭注卻行曰咤。則謂借為彳。又疊韻連語。方言十一注蟒亦呼吒陌。按字亦作蚝蛨。以蟅為之。

藥 託 寄也。从言乇聲。禮記檀弓久矣予之不託於音也。莊子達生踵門而託子扁慶子。李注屬也。假借為侂。論語可以託六尺之孤。齊策託于東海之上。孟子士之不託諸侯。又託名幖識字。淮南論衡項託。漢書注作橐。古韻楚詞招魂叶託索石釋。

說文通訓定聲 豫部弟九

藥 亳 京兆杜陵亭也。从高省乇聲。假借為薄。按殷湯始居之邑。為南亳。在今河南歸德府商邱縣。又遷西亳。在今河南府偃師縣。與關中之亳亭不涉。書立政三亳。鄭注東成皋南轘轅西降谷也。左哀四年亳社災。公羊作蒲。禮記薄社北牖。正作薄。漢書郊祀志亳人謬忌。注亳亦薄也。又為宅。書盤庚序將治亳殷。束晳說壁中尚書作將始宅殷。又為京。左襄十一年同盟于亳城北。此形體之誤。公穀皆正作京。在今河南開封府滎陽縣。

麻禡 秅 二秭為秅。从禾乇聲。周禮曰二百四十斤為秉。四秉曰筥。十筥曰稯。十稯曰秅。四百秉為一秅。按儀禮聘禮車三秅。記四秉曰筥。十筥曰稯。十稯曰秅。四百秉為一秅。而說文又引上文二百四十斤為秉。誤以禾束之秉為量名之秉。又誤斗為斤。字當删。周禮掌客車三秅。注讀秅秭麻苔之秅。假借疊韻連語。漢書西域傳烏秅國名。注音鷃拏。

陌 宅 所託也。从宀乇聲。古文从宀土乇聲。又古文从广乇聲。爾雅釋言宅居也。齊語宅章之次也。易象傳上以厚下安宅。書堯典宅嵎夷。詩皇矣此維與宅。又儀禮士相見禮宅者注謂致仕者去官而居宅。周禮載師宅田。轉注禮記郊特牲土反其宅。毛疏安也。儀禮士喪禮筮宅注葬居也。孝經卜其宅兆。假借為坼。易象傳百果草木皆甲宅。鄭注皮曰甲。根曰宅。則為本字。又為乇。虞書五宅三居。鄭讀為咤。又為度。書禹貢三危既宅。詩文王有聲宅是鎬京。齊詩釋名宅擇也。擇吉處而營之也。古韻詩鴻雁叶澤作宅。皇矣叶赫莫獲度廓宅。崧高叶伯宅。閟宮叶繹宅貊諾若。易解鄭本叶作宅。文子九守叶宅居。

xī 昔 zhī 隻 suǒ ⿰石炙 zhì 炙 tuō 侂 chá ⿸广秅 dù ⿱冖託 chà 奼 tuō 魠 duó ⿰乇頁

屋藥陌 ⿰乇頁 ⿰乇頁顱也。从頁乇聲。按⿰乇頁顱者頟顱連語。猶髑髏也。短言之即頭。

藥 魠 哆口魚也。从魚乇聲。上林賦魼鰨鰈魠。郭璞注魠鱤也。一名黃頰。是即詩鱨鯊之鱨。廣雅魠鱤也。

禡馬 奼 少女也。从女乇聲。字亦作姹。假借為吒。史記韓長孺傳即欲以姹鄙縣。集解姹誇也。漢書作嫭。則以嫭為之。嫭即嫵字。

遇 ⿱冖託 奠爵酒也。从冖託聲。書顧命王三宿三祭三⿱冖託。按謂酌者實三爵于王。王三進爵。三祭酒。三奠爵也。鄭則讀為彳。訓卻行。

麻 ⿸广秅 開張屋也。从广秅聲。濟陰有⿸广秅縣。字亦作秺、作秺。漢書景武昭宣元成功臣表秺侯商邱成。今開⿸广秅字以秺為之。

藥陌 侂 寄也。从人庑聲。庑古文宅字。亦作任。俗作托。廣雅釋詁三侂寄也。四侂依也。玉篇引論語可以侂六尺之孤。

說文通訓定聲 豫部弟九

炙二名。凡炙之派皆衍炙聲。之石切。

禡陌 炙 炮肉也。从肉在火上。會意。按炮當作炰。籀文又从棗。即㸑字。未詳。字亦作炙、作熫。顏氏家訓火傍作庶為炙字。凡傅于火曰燔。毋之而加于火曰炙。裹而燒者曰炮。柔者炙之。乾者燔之。廣雅釋詁二炙爇也。詩瓠葉燔之炙之。禮記曲禮毋嘬炙。疏火灼曰炙。禮運以亨以炙。詩行葦箋炙用肝。又孟子耆秦人之炙。史記刺客傳置匕首魚炙之腹中。漢書戾太子傳炙胡巫上林中。注燒也。轉注孟子而況於親炙之者乎。假借疊韻連語。廣雅釋蟲炙鼠螻蛄也。聲訓釋名炙炙也。炙于火上也。古韻詩楚茨叶踖碩炙莫客錯度獲格酢。瓠葉叶炙酢。行葦叶席酢炙臄咢。禮記禮運叶炙酪帛朔。又叶席冪帛炙魄莫。

陌 ⿰石炙 碎石隕聲。从石炙聲。

隻一名。之石切。

陌 隻 鳥一枚也。从又持隹。會意。持一隹曰隻。持二隹曰雙。轉注公羊僖三十三傳匹馬隻輪無反者。注踦也。

昔廿三名。凡昔之派皆衍昔聲。思夕切。

藥陌陌 昔 乾肉也。象殘肉日以晞之。與俎同意。籀文又从肉。字亦作腊。廣雅釋詁二腊乾也。釋器腊脯也。周禮腊人注小物全

jí 耤　zé 諎　jí 踖　zé 齰　cuò 遣　què 趞

乾也易噬嗑噬腊肉儀禮士昏禮腊一肫既夕魚腊鮮獸注上腊用兎有司徹無腊與膚注腊爲庶羞穆天子傳魚腊注乾魚〔假借〕爲昨鄭語毒之酋昔者注極也周語厚味實腊毒注亟也賈注久也周禮酒正二日昔酒注今之酋久白酒所謂舊醳者也易說卦傳昔者聖王之作易也疏據今而稱上世謂之昔者書無逸昔之人無聞知疏久也詩那自古在昔傳古日在昔爾雅釋訓誰昔昔也廣雅釋詁一昔始也禮記檀弓予疇昔之夜又爲夕廣雅釋詁四昔夜也左傳爲一昔之期穀梁莊七傳辛卯昔字亦作昔莊八傳日入至于星出謂之昔莊子齊物論今日適越而昔至也楚辭大招以娛昔只列子周穆王昔昔夢爲國君古樂府昔昔鹽猶夕夕引也又爲錯實爲遣考工弓人老牛之角紾而昔司農注謂牛角觕理錯也西山經錢來之山有獸名曰羬羊其脂可以已腊注治體皴皵又疊韻連語西山經鳥韭注鳥韭在屋曰昔邪在牆曰垣衣〔聲訓〕周禮序官腊人注腊之言夕也〔古韻〕詩那叶斁奕客懌昔作夕恪考工弓人叶昔澤白赤

藥 **趞** 趞趞也一曰行皃从走昔聲按行輕之皃廣雅釋訓趞趞行也

藥 **遣** 迹遣也从辵昔聲廣雅釋詁二遣傦也釋言迹也按東西爲迹衺行曰遣詩楚茨獻酬交錯以錯爲之〔轉注〕爾雅釋木大而散楸釋文或作㰈又楷散按謂木理交錯也字變作皵作皵埤蒼皵皮皴散也廣雅釋言皵皴也字又作皵素問生氣通天論寒薄爲皵注皵刺長于皮中形如米或如鍼

說文通訓定聲　豫部弟九

陌 陌 **齰** 齧也从齒昔聲或从乍聲漢書鄧通傳使太子齰癰通俗文齰㗭曰齚字亦作咋淮南脩務齚咋足以噆肌碎骨〔假借〕爲乍左定八傳桓子咋謂林楚注咋暫也

陌 藥 **踖** 長脛行也从足昔聲禮記曲禮毋踖席釋文蹴也〔假借〕雙聲連語說文一曰踧踖論語踧踖如也恭敬皃又重言形況字詩楚茨執爨踖踖傳有容也爾雅釋訓踖踖敏也太元勤勞踖踖注愍媿皃也又爲厝即䐑漢公羊石經石䐑〔聲訓〕釋名釋姿容踖藉也以足藉也〔古韻〕詩楚茨叶踖碩炙莫客錯度獲格酢

陌 禡 **諎** 大聲从言昔聲讀若笮或从口爾雅行扈唶唶李注唶唶嘖嘖鳥聲皃也後漢光武紀注唶歎也贈白馬王彪詩注引聲類大呼也

陌 **耤** 帝耤千畝也从耒昔聲所以共粢盛事天地社稷先古按周禮甸師主之掌帥其屬而耕耨王藉廣雅釋詁二耤稅也又耕耤之禮古者孟春祈穀後乃擇元辰今以仲春吉亥古天子三推今每歲奉旨加一推爲四推四返經傳皆以藉爲之〔聲訓〕說文云古者

cuò 錯　qū 胆　qù 蜡　cuò 措　zé 𣸣　xī 惜　què 䇎　cuò 厝

使民如借故謂之耤

遇 藥 陌 **厝** 厲石也从厂昔聲按如今金剛鑽之類字亦作䃢詩鶴鳴佗山之石可以爲厝今本以錯爲之左隱三傳石䃢漢石經公羊傳以踖爲之〔假借〕爲措考工梓人故書則必如將廢厝孝經而安厝之漢書賈誼傳抱火厝積薪之下注置也寡婦賦將遷神而安厝又爲踧踖之踖唐韻䃢敬也

藥 **䇎** 驚皃从立昔聲

陌 **惜** 痛也从心昔聲楚辭惜誓序惜者哀也〔轉注〕楚詞惜誦惜誦以致愍兮注貪也廣雅釋詁一惜愛也呂覽長利爲天下惜死

陌 **𣸣** 所以攤水也从水昔聲漢律曰及其門首洒𣸣廣雅釋宮𣸣陋也

遇 **措** 置也从手昔聲禮記中庸學之弗能弗措也考工梓人則必如將廢措論語鄭本舉直措諸枉淮南說山物莫措其所修而用其所短書微子序殷既錯天命馬注錯廢也以錯爲之〔轉注〕禮記禮器措則正月令措之于參保介之御閒中庸故時措之宜也論語則民無所措手足公羊昭十二傳注不欲令人妄聽錯疏置意于言也以錯爲之〔假借〕爲猎淮南繆稱猨狖之捷來措注刺也

說文通訓定聲　豫部弟九

禡 **蜡** 蠅胆也从虫昔聲蠅乳肉中成蜡爾雅蠶醜鱌謂裂蛹而出也字亦作蠚俗字作蛆周禮蜡氏掌除骴〔假借〕爲索禮記郊特牲伊耆氏始爲蜡蜡也者索也周禮羅氏蜡則作羅襦司農注謂十二月大祭萬物也家語觀鄉射子貢觀于蜡注歲十有二月索羣神而祀之今之臘也獨斷祭日索八神而祭之也郊特牲八蜡不通字亦作䄍廣雅釋天䄍祭也

魚 御 **胆** 蠅乳肉中也从肉且聲字亦作蛆按此篆當爲蜡之或體今附于此〔假借〕爲蛬一切經音義引字書蛆螢也又疊韻連語廣雅釋蟲蛆蝶馬蚿也又雙聲連語莊子齊物論蝍蛆甘帶

遇 藥 **錯** 金涂也从金昔聲今所謂鍍金俗字作鍍通俗文金銀要飾謂之錯鏤淮南說山鼎錯日用而不足貴注小鼎失之〔假借〕爲遣賈子道術動靜攝次謂之比反比爲錯小爾雅廣訓錯襍也易繫辭傳錯綜其數書禹貢厥賦惟上上錯詩漢廣翹翹錯薪儀禮特牲禮交錯以辯注猶言東西穆天子傳士女錯踊注互也楚辭國殤車錯轂兮短兵接注交也吳都賦襍襲錯繆注聊亂皃太元元掜錯絣也書中侯考河命亦文綠錯注分也禮記祭義不錯則隨注厲行也左隱七滕侯錯字叔繡又爲厝廣雅釋詁三錯磨也釋器鋁謂之錯列女傳仁智錯者所以治鋸易說卦傳八卦相錯虞注摩也書禹貢錫貢磬錯詩鶴鳴可以爲錯又爲措方言大錯藏也廣雅釋詁四錯廢

zhuó 斮 zé 矠 zuó 醋 jiè 藉

也易繫詞傳苟錯諸地而可矣禮記仲尼燕居舉而錯之而已注旃也楚詞懷沙各有所錯兮注安也又論語爲政舉直錯諸枉鄭注投也顏淵皇疏廢也史記周本紀刑錯四十餘年集解置也張儀傳則秦魏之交可錯矣索隱停止也又爲差楚詞惜上心懷兮隔錯注失其性也按差錯雙聲字又爲𧿥後漢寒朗傳二人錯愕不能對注猶倉卒也亦疊韻連語又爲𨂻踖之踖字易履錯然注警順之皃也亦單辭形況字古韻詩鶴鳴叶蘀石錯楚茨叶踖碩炙莫客錯度獲格酢易說卦叶薄射錯逆楚詞天問叶錯洿故九辨叶錯路御去舉招魂叶夜錯假賦故居素問五常政大論叶搏郭錯

覺藥

斮

𣂔 斬也从斤昔聲衰斮曰斫正斬曰斮爾雅釋器魚曰斮之廣雅釋詁一斮斷也羽獵賦斮巨狿東京賦斮獨狂注擊也又公羊成二傳曰法斮楚詞怨世羌兩足以畢斮後漢董卓傳剞肝斮趾之性假借爲厝爾雅釋器犀謂之斮字亦作剒

陌覺

矠

𥎿 矛屬从矛昔聲讀若笮字亦作猎作槊廣雅釋器猎矛也釋名矛長丈八尺曰猎馬上所持言其猎猎便殺也省昔雙聲假借爲簎魯語矠魚鼈注㨯也別義廣雅釋室柵謂之樜字亦作欂

遇

醋

𨡗 客酌主人也从酉昔聲今以爲酢醶字醋酢二字互譌如種穜之比凡進酒于客曰獻客答主人曰醋主人又導飲以酌客曰酬凡酌而無酬醋者謂之醮易繫詞京本可與酬醋儀禮特牲禮尸以醋主人有司徹尸以醋主婦又爾雅釋詁酢報也廣雅釋詁一酢樂也詩楚茨萬壽攸酢瓠葉酌言酢之書顧命秉璋以酢周禮大行人再祼而酢儀禮鄉射禮東南面酢主人禮記少儀介爵酢爵僎爵皆以酢爲之

說文通訓定聲 豫部第九

禡陌

藉

𦺉 祭藉也从艸耤聲按藉之爲言席也儀禮士虞禮藉用葦席注猶薦也易大過藉用白茅列子黃帝藉芳燔林遊天台山賦藉萋萋之纖草注以草薦地而坐曰藉又禮記曲禮執玉其有藉者則裼周禮大行人繅藉九寸注繅藉以五采韋衣板若奠玉則以藉之轉注說文一曰艸不編狼藉又小爾雅廣言藉借也史記陳涉世家藉弟令毋斬集解假也左僖廿八傳藉之告楚成二傳苟有以藉口注薦也管子內業彼道自來可藉與謀注因也穀梁哀十三傳其藉于成周注謂貢獻又莊子讓王藉夫子者不禁釋文陵藉也史記魏其武安侯傳人皆藉吾弟索隱蹈也荀子王霸日欲司閒而相與投藉之注踐也字亦作䠣又漢書董賢傳嘗晝寢偏藉上褏注身臥其上也又薛廣德傳溫雅有醞藉注有所薦藉也又郭解傳藉友報仇以藉爲之假借爲耤爲襯風俗通古者使民如借故曰藉田左宣十五傳穀出不過藉周禮甸師掌帥其屬而耕耨王藉周語宣王不藉千畝禮記王制公田藉而不稅又爲籍列子仲尼而爲牢藉又爲組

jiè 借 jí 籍 jí 鄐 cè 簎 què 舃

爲索莊子應帝王執斄之狗來藉司馬注繩也崔注繫也又重言形況字素問方盛衰論見人斬血藉藉注夢死狀也又託名幖識字水經洞水注藉水即洋水也七發合戰于藉藉之口注地名也聲訓甸師注藉之言借也管子山權數賦藉藏龜注席也古韻孟子叶助藉

禡陌

借

借 叚也从人昔聲此字徐鉉補入說文爲十九文之一按即藉字之轉注古只作藉詩抑借曰未知漢書霍光傳正作藉漢書薛宣朱博傳贊假借用權假借雙聲連語廣雅釋器不借履也釋名屝或用不借言賤易有宜各自蓄之不假借人也按不借亦謂之把作亦謂之薄借皆同劉說繁

陌

籍

𥳑 簿書也从竹耤聲周禮大司馬乃以九畿之籍注籍其禮差之非禮也勿籍注書也東京賦蓋六籍所不能談注六經也荀子儒效履天下之籍注圖書也漢書功臣表以昭元功之侯籍云注謂名錄也假借爲藉孟子助者藉也注藉者借也又尚書大傳籍之謂殺其身執其家瀦其宮又爲耤爲𣚁禮記祭義天子爲藉千畝注藉田也詩韓奕實畝實籍箋稅也又爲阼淮南氾論履天子之籍又爲雜史記本紀項籍字羽弟子傳原籍字子元元和姓纂晉韓籍字叔禽又重言形況字漢書劉屈氂傳事籍籍如此注猶紛紛也江都易王非傳國中口語籍籍注諠聒之意聲訓史記梁孝王世家著引籍正義謂名簿也釋名釋書契籍籍也所以疏人名戶口也漢書霍光傳注籍假也書孔序由是文籍生焉疏籍者借也借此簡書以記錄政事古韻詩韓奕叶貊伯壑籍

說文通訓定聲 豫部第九

陌

鄐

𨞔 蜀地也从邑耤聲按漢鄐鄉在今四川邛州

陌

簎

𢹫 刺也从手籍省聲或曰从竹措聲字亦作擉周禮鼈人以時簎魚鼈龜蜃司農注謂以杈刺泥中搏取之周語矠魚鼈列子仲尼長幼羣聚而爲牢籍釋文謂以竹木圍繞又刺也以藉爲之

舃三名凡舃之派皆衍舃聲 七雀切

藥陌

舃

舃 𠃬 䧿 䧿也象形或从隹昔聲按䧿鵲也今謂之喜鵲字亦作鵲詩維鵲有巢假借爲舃廣雅釋器舃履也周禮屨人注複下曰舃禪下曰屨詩車攻赤芾金舃傳達屨也狼跋赤舃几几小爾雅廣服達屨謂之金舃舃而金絇也左桓二傳帶裳幅舃又爲斥漢書溝洫志終古舃鹵兮生稻粱海賦襄陵廣舃又爲舄禮記少儀注名謂若韓盧宋鵲之屬又疊韻連語典引舃奕乎千載注光曜流行皃又單辭形況字詩閟宮松桷有舃傳大皃又託名幖識字莊子至樂生于陵屯則爲陵舃聲訓釋名釋衣服舃腊也行禮久立地或泥

涇故複其下使乾腊也【古韻】詩車攻叶奕舃繹閟宮叶柏度尺舃碩奕作若

寫（馬馬）寫 置物也从宀舃聲俗字亦作瀉廣雅釋詁一寫盡也三除也周禮稻人以澮寫水穀阮碑承寫其流禮記曲禮器之溉者不寫注傳已器中乃食之也【轉注】凡以此注彼皆曰寫詩泉水以寫我憂傳除也爾雅釋詁寫憂也淮南本經可以鼓鐘寫也注猶放散也周髀算經笠以寫天注猶象也釋名釋書契書稱刺又曰寫到寫此文也按凡作字作畫皆是【叚借】【疊韻連語】方言十無寫憐也相見歡喜有得亡之意也【古韻】詩蓼蕭叶湑寫語處素問調經論叶路寫離合眞邪論叶處度候路忤布故處寫靈樞官鍼叶下去取補寫【轉注】靈樞刺節眞邪篇叶取瀉脈論叶寫下道止始殆補

獡（藥陌）獡 犬獡獡而附人也从犬舃聲宋本作不附人也按獡良犬也字亦作猎作狻字林狻朱良犬也禮記少儀注名謂若韓盧朱鵲之屬以舃爲之廣雅釋言獡虐也【叚借】爲譜方言二獡驚也南楚凡相驚曰獡說文南楚謂相驚曰獡讀若愬又重言形況字說文犬獡獡不附人也又大荒北經有黑蟲如熊狀名曰猎猎

夕二名凡夕之派皆衍夕聲（詳亦切）

夕（陌）夕 莫也从月半見指事易夕惕若虞注坤爲夕詩公劉度其夕陽爾雅山西曰夕陽周禮大司徒日東則景夕多風司農注謂日跌景乃中立表之處大東近日也洪範五行傳注初昏爲夕又將晨爲夕【轉注】洪範五行傳注晡時至黃昏爲日之夕下旬爲月之夕自九月盡至十二月爲歲之夕荀子禮論月夕卜宅注月末也又左成十二傳朝而不夕昭十二傳子革夕周禮道僕以朝夕燕出入注朝朝暮夕又抱朴子潮汐言汐者據夕至也字變作汐【叚借】【疊韻連語】史記管蔡世家曹莊公夕姑索隱即射姑也【聲訓】廣雅釋詁二夕衺也史記楚世家非特朝夕之樂也索隱猶昔也許書多象說解重夕者相繹也【古韻】詩載驅叶薄鞹夕白駒叶藿夕客雨無正叶夜夕惡那叶斁奕客懌昔作夕恪管子度地叶汐作【轉音】文子道原叶夕握

穸（陌）穸 窀穸也从穴夕聲窀穸猶厚夕也厚夕猶長夜也左襄十三傳惟是春秋窀穸之事注夜也

石十四名凡石之派皆衍石聲（常隻切）

石（陌）石 山石也在厂之下口象形爾雅釋山西南之美者有華山之金石焉易豫介于石說卦傳艮爲小石書予擊石拊石傳磬也周禮典同厚聲石呂覽精通慈石召鐵或引之也注石鐵之母也書大傳大夫有石材庶人有石承注石材柱下質石承當柱下而已又素問腹中論禁芳草石藥注石藥英乳也左襄十九傳背楊石字食我【轉注】素問腹中論石之則狂注謂以石鍼開破之又平人氣象論胃而有石曰冬病注石冬脉水氣也又廣雅釋詁四石擿也新書連語提石之者猶未肯止後漢堅鐔傳注石謂發石以投人也【叚借】爲柘說苑辨物十斗爲一石周語關石龢鈞注今之斛也又四鈞重一石周語重不過石注百二十斤也又爲碩漢書匈奴傳石畫之臣甚眾莊子外物無石師而能言漢書律厤志石者大也又託名標識字論語子路宿於石門魯城外門蓋郭門也水經洙水注石門鄉禹所生汾水注石桐水即綿水也大荒西經有人名曰石夷來風曰韋吳都賦石帆水松注草類也後漢張衡傳石菌注芝之也閒居賦石榴蒲陶之珍注即若榴也字亦變作楉廣雅釋木楉榴石榴也又呂覽本味漢上石耳注菜名也方言十一蟷螂注江東呼爲石郎廣雅釋魚石首鯼也【聲訓】釋名山體曰石石格也堅捍格也廣雅釋山石䄷也又春秋說題辭石之爲言託也託立法也又漢書匈奴傳石畫注石言堅固如石也【古韻】詩柏舟叶石席鶴鳴叶擇石錯楚詞招魂叶託索石釋【轉音】文子道原叶木石澤殰靈樞九鍼十二原叶藥石

祏（陌）祏 宗廟主也按宗廟宔藏也从示从石會意石亦聲周禮有郊宗石室按凡宔天子長尺二寸諸侯長尺刻謚于背大夫無宔束帛依神士結茅爲菆宔木夏以松殷以柏周以栗凡遠祖及毀廟之宔則有石室藏焉左莊十四傳典司宗祏昭十八傳使祝史徙主祏

于周廟哀十六傳反祏于西圃注祏藏主石函管子山權數十世則爲祏【別義】說文一曰大夫以石爲宔【叚借】爲拓實爲䄬桐柏碑開祏神門殽阬碑宏祏其祠白石神君碑開祏舊兆無極山碑恢祏宇室

跖（藥陌）跖 足下也从足石聲謂足底字亦作蹠史記跖勁弩七命下無跖實之蹊漢書賈誼傳又苦跌盭呂覽用眾必食其跖注鷄足踵廣雅釋詁一蹠履也又行也淮南脩務蹠達膝素問蹠跛寒風溼之病也以蹠爲之【叚借】爲摭漢書揚雄傳蹠魂負沴

磔（陌）磔 辜也按姑也从桀石聲刳雞胷腹而張之令其乾枯不收故从桀字亦作矺廣雅釋詁一磔張也三磔開也禮記月令旁磔注攘也爾雅祭風曰磔李注以牲頭蹄及皮破之以祭【轉注】荀子宥坐伍子胥不磔姑蘇東門外乎注車裂也史記李斯傳十公主矺死于杜【別義】字林矺山名也

柘（禡）柘 柘桑也从木石聲與桑微別其木堅勁鳥峙其上不屈禮記投壺以柘若棘淮南本經林無柘梓【轉注】廣雅柘榆梗榆也即刺榆其針刺如柘其葉如榆【叚借】爲蔗楚詞招魂有柘漿些漢書禮樂志泰尊柘漿析朝酲【古韻】詩皇矣叶椐柘路固禮月令叶柘羽

橐（藥）橐 囊也从㯻省石聲按小而有底曰橐大而無底者曰囊詩公劉于橐于囊左僖廿八傳甯子職納橐饘焉注衣囊秦策負書擔

tuò 欜　zhuó 斫　zhí 拓　shí 鼫　shuò 碩　tuō 祏　shí 柘

槖漢書趙充國傳持槖輸筆注契囊也轉注老子其猶槖籥乎淮南本經鼓槖吹埵以消銅鐵注冶鑪排槖也文賦同槖籥之罔窮注冶鑄者用以吹火使炎熾又上林賦騊駼槖駝注背上有肉似槖假借爲蠹管子地員槖土蟲易全處注謂其土多竅穴若槖多竅又重言形況字詩斯干椓之槖槖傳用力也又託名幖識字童子逢盛碑才亞后稷按卽项託也字亦作橐又爲束之誤字爾雅稷槖含錢官詹曰當從下華蓉爲句。

古韻詩斯干叶閣槖

陌 **柘** 柘 百二十斤也稻一柘爲粟二十斗禾黍一柘爲粟十六斗大半斗从禾石聲禮記月令鈞衡石左昭廿八傳晋楊食我字伯石以石爲之假借爲石楚辭悲任柘之何益

藥 **祏** 祏 衣祄从衣石聲按褭衩在正中者廣雅釋器祏膝也言其中分曰祄言其開展曰祏今展祏字以拓爲之

陌 **碩** 碩 頭大也从頁石聲轉注爾雅釋詁碩大也詩碩人碩鼠椒聊碩大無朋狼跋公孫碩膚巧言蛇蛇碩言大田既庭且碩崧高其詩孔碩閟宮路寢孔碩左桓六傳博碩肥腯禮記大學莫知其苗之碩穆天子傳爰有大木碩草假借爲石爲曹公作書與孫權明棄碩交又爲祏按小爾雅廣言碩遠也又爲蹠易蹇往蹇來碩按謂跳躍也古韻詩駟鐵叶碩獲楚茨叶踖碩炙莫客錯度獲格酢閟宮叶柏度尺舄碩奕作若

陌 **鼫** 鼫 五技鼠也能飛不能過屋能緣不能窮木能游不能渡谷能穴不能掩身能走不能先人从鼠石聲荀子勸學謂之梧鼠廣雅鼫鼠鼫鼠易晋如鼫鼠子夏傳以碩爲之與詩之碩鼠別轉注古今注螻蛄一名鼫鼠今目驗螻蛄實似此五技故卽以鼫鼠之名名之

藥 陌 **拓** 拓 摭 拾也陳宋語从手石聲或从庶聲方言一摭取也陳宋之閒曰摭禮記禮器有順而摭也儀禮有司徹乃摭于魚腊俎漢書楊雄傳往往摭離騷文而反之思元賦摭若華而躊躇列子說符能拓國門之關注舉也假借爲庶小爾雅廣詁拓開也漢書揚雄傳廒敁注拓廣也又爲碩廣雅釋詁一拓大也又疊韻連語解嘲何爲官之拓落也注猶遻落不諧偶也魏都賦或鑛朗而拓落今注廣大之皃

藥 **斫** 斫 擊也从斤石聲假借發聲之詞方言十揚越之郊凡人相侮以爲無知或謂之斫注卻斫頑直之皃今關西語亦皆然按卻斫疊韻連語

藥 **欜** 欜 行夜所擊者从木橐省聲易曰重門擊欜經傳亦以柝爲之行夜謂之欜見左傳易繫辭傳九家注欜兩木相擊以行夜也周禮

nì 逆　è 咢(咢)　nì 屰　dù 蠹(蠹)

挈壺氏縣壺以序聚欜脩閭氏掌比國中宿互欜者宫正夕擊柝而比之以柝爲之左哀七傳魯擊柝聞于邾假借重言形況字廣雅釋訓欜欜聲也詩緜椓之槖槖作槖同

過 **蠹** 蠹 木中蟲从䖵橐聲或从木从虫象蟲在木中形譚長說今字作蠧俗曰蛀蟲周禮翦氏掌除蠹物注穿食人器物者蠹魚亦是也吕覽達鬱樹鬱則爲蠹注蠹蝎木中之蟲也方言十一蛸蟱秦晋之閒謂之蠹左襄三十一傳栝蠹以重敝邑之罪釋文蠹敗也公羊宣十二傳皮不蠹注壞也轉注素問五常政大論其主飛蠹蛆雉注内生蟲也又襄廿七傳財用之蠹蔡策有漢中蠹注害也古韻荀子勸學叶蠹作

屰十七名凡屰之派皆衍屰聲 宜綌切

陌 **屰** 屰 不順也从干下屮屰之也會意經傳多以逆爲之

藥 **咢** 咢 譁訟也从吅屰聲今作咢字亦作諤漢書韋賢傳咢咢黃髮注直言也文選諷諫詩作諤注正直也廣雅釋訓諤諤語也三國名臣序贊豈徒蹇諤而已哉注引史記千人之諾諾不如一士之愕愕又引東觀漢記臣無蹇愕之節以遻爲之字又作噩周禮占夢二曰噩夢注當爲驚愕之愕綏民校尉熊君碑臨朝謇鄂費氾碑謇鄂質直以鄂爲之假借託名幖識字爾雅釋樂徒擊鼓謂之咢釋文本作鄂又詩行葦或歌或咢釋文引毛傳徒歌曰咢又疊韻連語漢書律麻志咢布子午爾雅太歲在酉曰作噩史記作鄂漢書天文志作詻鞁阬碑光和四年作詻之歲古韻詩行葦叶席酢炙臄咢爾雅釋天叶格鬩詻落若

陌 **逆** 逆 迎也从辵屰聲關東曰逆關西曰迎按迎逆一聲之轉書禹貢同爲逆河鄭注言相迎受呂刑爾尚敬逆天命周禮司儀車逆拜辱田僕設驅逆之車注逆衙還之使不出圍宰夫萬民之逆司農注迎受王命者太僕掌諸侯之復逆司書以逆羣吏之徵令注受而鉤考之左僖二傳保于逆旅注客舍也論語不逆詐左哀十一傳齊陳逆字子行假借爲屰禮記仲尼燕居勇而不中禮謂之逆賈子道術行歸而過謂之順反順爲逆廣雅釋詁三逆亂也晋語末退而逆之注反也素問通評虛實論氣滿發逆洪範五行傳星辰逆行漢書天文志天文以東行爲順西行爲逆水經瀧水注瀧水[illegible]循迴湍率多曲復亦謂之曲逆水也爾雅釋畜馬逆毛居馻又爲斥考工匠人逆墻六分注猶卻也聲訓齊策專兵一志以逆秦注拒也廣雅釋言逆遌也釋名逆遌也遌不從其理則生殿遌不順也古韻詩泮水叶博斁逆獲易說卦叶薄射錯逆周書周祝叶逆略吕覽任地叶逆莫薄郄墓下素問示從容論叶足著索逆

yuān 鳶　shuò 朔　pò 𦥑　chì 㡿(斥)　è 蝷　è 遻

藥先 **鳶** 鷙鳥也从鳥屰聲字亦作鶚玉篇謂卽鳶字非廣雅釋鳥鶚鷹也西山經欽䲹化爲大鶚蒼頡解詁鶚金啄鳥也見則天下兵能殺麞鹿漢書鄒陽傳不如一鶚注大雕也鶡鶚賦鷙鶚鷁鴻

覺 **朔** 月一日始蘇也从月屰聲按月行二十九日有奇而退就日而與日會从屰會意屰亦聲凡月與日同經度不同緯度則爲合朔同經度又同緯度卽爲日食計一百七十三日有奇日月適當九道之交則爲經緯同度也釋名釋天朔月初之名也白虎通四時篇月言朔儀禮士喪禮朔月奠注朔月月朔也詩朔月辛卯俗本誤朔日轉注書堯典平在朔易詩出車城彼朔方爾雅釋訓朔北方也阮氏元云合朔時刻雖不定而一月一周天朔與望弦分四位則朔必在正北爲定故于北方命之又廣雅釋詁一朔始也禮記禮運皆從其朔儀禮大射儀朔聲在其北釋名朔在前曰朔朔始也聲訓說文朔月一日始蘇也廣雅釋言朔穌也釋名朔蘇也月死復蘇生也禮記禮運注朔亦初也古韻禮記禮運叶炙酪帛朔

藥 **𦥑** 齊謂舂曰𦥑从臼屰聲讀若膊

陌 **斥** 㡿 卻屋也从广屰聲今字作斥謂卻退其屋不居按一切經音義廿二引說文作卻屋是也廣雅釋詁三斥推也漢書郊祀志乘

輿斥車馬帷帳器物注不用也武帝紀無益於民者斥注謂棄逐之江都易王非傳擊吉斥之注謂退棄之史記天官書斥小疏弱集解遠也思元賦斥西施而弗御兮注卻也素問調經論勿之深斥注推也叚借爲㡿小爾雅廣詁斥開也史記貨殖傳塞之斥也司馬相如傳除邊關益斥索隱廣也蒼頡篇斥大也魏都賦墳衍斥斥注廣大之皃也亦重言形況字又爲澤廣雅釋地斥池也禹貢海濱廣斥鄭注謂地鹹鹵字亦作潟周禮草人鹹潟用貆史記貨殖傳地潟鹵又爲尺莊子逍遙遊斥鴳笑之七啟山鷄斥鷃字亦作鴳又爲遻左襄三十一傳寇盜充斥注見也又爲逆左襄十八傳斥山澤之險注候也淮南兵略相爲斥闉要遮者注堠也書禹貢傳斥候而服事釋名釋船五百斛以上還有小屋曰斥候以視敵進退也穀梁僖五傳目皆候斥殺注指斥也聲訓史記李將軍傳然亦遠斥候索隱度也漢書東方朔傳注斥卻也

藥 **蝷** 似蜥易長一丈水潛吞人卽浮出日南从虫屰聲字亦作鰐作⿰虫咢作鱷大魚也吳都賦龜蟕鯖鰐注長二丈餘喙長三尺齒利甚虎鹿渡水鰐擊之皆中斷其卵如鴨子亦有黃白可食

遇樂 **遻** 相遇驚也从辵从㗊㗊亦聲按㗊聲字亦作逜作迕作遌又作愕高唐賦卒愕異物漢書張良傳愕然欲毆之爾雅釋詁遻見也舊注心不欲見而見曰遻後漢陳蕃傳王甫時出與蕃相迕注迕猶遇也爾雅釋言遻寤也釋文本作迕楚辭懷沙重華不可遻兮注逢也幽通賦乘高而遻神兮注遇也列子黃帝遻物不慴史記天官書其人逢俉化言字又作俉劉伯莊注迎也亦作迕廣雅釋詁一愕驚也叚借爲啎小爾雅廣詁迕犯也管子心術無形則無所位迕注逆也

è 剽　è 鄂　nì 縌　sù 訴　chě 趚　tuò 柝

藥 **𠛱** 劍刃从刀㗊聲籒文从㓞各聲字亦作鍔爾雅釋詁𠛱利也莊子說劍齊岱爲鍔漢書蕭望之傳底厲鋒鍔王襃傳越砥斂其㗊以㗊爲之詩載芟有略其耜以略爲之叚借重言形況字西京賦鍔鍔列列注皆高皃

藥 **鄂** 江夏縣从邑㗊聲在今湖北武昌府武昌縣別義又有西鄂在今河南南陽府又左隱六傳納諸鄂在今山西平陽府太平縣叚借爲咢甘泉賦紛披麗其亡鄂景福殿賦蕭坻鄂之鏘鏘注鄂垠鄂也周語穽鄂注鄂柞格所以誤獸者也又詩常棣鄂不韡韡傳猶鄂鄂然言外發也箋承華者曰鄂字亦作蕚江淹詩青松挺秀蕚又爲遻列子周穆王二曰蘁夢注當爲驚愕之愕蘁卽蕚字漢書霍光傳羣臣皆驚鄂失色注凡言鄂者皆謂阻礙不依順也則謂借爲屰又爲咢長笛賦不占成節鄂注直言也大戴曾子立事君子出言以鄂鄂注辨厲也亦重言形況字又疊韻連語淮南天文作鄂之歲注零落也

陌 **縌** 綬維也从糸逆聲按秦漢之綬所以代古之韍佩也秦漢之縌如古之綬也秦漢之綬長丈二尺至丈九尺九寸其縌長三尺至三尺二寸漢書翟義傳持黃金印赤韍縌服虔曰縌者系也縌卽今之綬也續漢輿服志縌者古佩璲也佩綬相逆受故曰縌

遇陌 **訴** 告也从言㡿省聲故今隸作訴廣韻引說文从㡿聲不省或从朔聲或从心朔聲公羊昭三十一傳負孝公之周愬天子齊策必東愬于齊又廣雅釋詁二訴諻也左成十六傳訴公于晉侯注譖也論語膚受之愬又公伯寮訴子路於季孫叚借爲遻公羊宣六傳愬而再拜注驚皃又爲泝西征賦愬黃巷以濟潼又重言形況字易履愬愬終吉子夏傳恐懼皃按與虩虩索索皆同古韻詩柏舟叶茹據愬怒

馬藥 **趚** 距也按謂党距也从走㡿省聲漢令曰趚張百人姚秋農先生云據漢書申屠嘉傳作蹶張玉篇廣韻皆以趚爲蹶之或體知此字从厥省傳寫誤从㡿又从隸變作斥存參

藥 **柝** 判也从木㡿聲土裂曰坼木判曰柝字亦作㡿俗又作拆叚借爲欜說文引易繫辭傳重門擊欜穀梁莊廿五傳士擊柝孟子抱關擊柝西京賦尉不施柝東京賦函谷擊柝於東按欜亦判木爲之鏄其中令相擊作聲此叚借之最近亦可爲韇注者又爲㡿淮南

屰

原道、柝入極。注、開也。古韻易繫詞叶柝客。

sù 泝

遇 **泝** 𣴱（篆） 逆流而上曰泝洄。泝，向也。水欲下違之而上也。从水，㡿聲。或从辵朔聲。字亦作遡，作溯，作傃。順流而下曰泝游。方言十二：遡，行也。左文十傳：沿漢泝江。吳語：沿海泝淮。東京賦：泝洛背河。注：向也。史記司馬相如傳：泝入埏。集解：流也。又詩桑柔：如彼遡風。公劉：遡其過澗。傳：鄉也。洛神賦：御輕舟而上遡。法言五百：其遡於日乎。注：迎也。七命：遡九秋之鳴飈。按：字亦作傃。中庸：素隱行怪。注：傃猶鄉也。荀子議兵：蘇刃者死。以蘇爲之。廣雅釋言：傃，經也。假借單辭形況字。素問皮部論：泝然起毫毛。注：惡寒也。

chè 坼

陌 **坼** 𡍞（篆） 裂也。从土，㡿聲。按：土裂。淮南本經：天旱地坼。注：燥裂也。廣雅釋詁一：坼，分也。三：開也。轉注：詩生民：不坼不副。又易解：百果草木皆甲坼。又周禮占人：卜人占坼。注：兆璺也。古韻易解叶作坼。

亦六名，凡亦之派，皆衍亦聲。羊睪切。

yì 亦

陌 **亦** 𠓖（篆） 人之臂亦也。从大，八象兩亦之形。字俗作腋。廣雅釋親：胳謂之腋。埤蒼：腋在肘後。轉注：廣雅釋器：帟，帳也。按：象兩腋之張也。字亦作帟。周禮幕人：掌帷幕幄帟綬之事。注：帟主在幕若幄中坐上承塵。幄帟皆以繒爲之。周書王會：埤上張赤帟陰羽。假借爲奕。詩豐年：亦有高廩。噫嘻：亦服爾耕。箋皆云：大也。又爲易。文王：不顯亦世。後漢袁術傳以奕爲之。武榮碑：亦世載德。周語以奕爲之。列子黃帝：二人亦知。素問氣厥論：謂之食亦。又廣雅釋詁三：亦，治也。易亦雙聲。又助語之詞。易井：亦未繘井。疏：言亦者，不必之辭。左昭廿傳：亦有和羹。公羊昭十七傳：北辰亦爲大辰。注：亦者，兩相須之意。詩泉水：亦流于淇。疏：已也。論語：不亦說乎。皇疏：猶重也。孟子：不亦善乎。注：不亦者，亦也。帝堯碑：奕孔禎純。以奕爲之。又疊韻連語。古今人表：曹嚴公亦姑。師古曰：卽射姑也。聲訓。釋名釋形體：腋，繹也。言可張翕尋繹也。釋牀帳：小幕曰帟。張在人上，帟帟然也。

yì 弈

陌 **弈** 𢍎（篆） 圍棊也。从廾，亦聲。與奕別。小爾雅廣服：棊局謂之弈。左襄廿五傳：視君不如弈棊。論語：不有博弈者乎。孟子：今夫弈之爲數。假借重言形況字。廣雅釋訓：弈弈，容也。方言二：弈，容也。聲訓。左襄廿五傳疏：圍棊稱弈者，取其落弈之義也。

yì 奕

陌 **奕** 𡙇（篆） 大也。从大，亦聲。與弈別。太元格：往小來奕。假借重言形況字。詩韓奕：奕奕梁山。巧言：奕奕寢廟。傳：大皃。續漢祭祀志：寢廟奕奕。言相通也。閟宮：新廟奕奕。箋：姣美也。周禮隸僕注作繹繹。同。詩頍弁：憂心奕奕。傳：奕奕然無所薄也。爾雅釋訓：奕奕，憂也。東京賦：六元虬之奕奕。注：光明也。廣雅釋訓：奕奕，盛也。又行也。吳都賦：儐從奕奕。注：輕靡之皃。又單辭形況字。詩那：萬舞有奕。傳：奕奕然閑也。東京賦：萬舞奕奕。同。古韻詩車攻叶奕舄繹；頍弁叶柏奕懌；閟宮叶柏度尺舄碩奕作若；那叶斁奕客懌昔作夕恪。

yè 夜

禡 **夜** 𡖍（篆） 舍也。天下休舍也。从夕，亦省聲。按：以聲訓。廣雅釋言：夜，暮也。周禮雞人：夜嘑旦。注：夜，夜漏未盡，雞鳴時也。左莊七年：辛卯夜，恒星不見。疏：夜者，自昏至旦之總名。周髀算經：夜者陰。假借爲液。洪範五行傳：時則脂夜之妖。又託名幖識字。齊策：今將軍東有夜邑之奉。說苑作掖。又續漢百官志注：夜，士今都侯之屬。又後漢馮緄傳注：夜郎，西南夷之國也。又荀子勸學：西方有木焉，名曰夜干。亦作射。又疊韻連語。左昭廿五傳：狐夜姑。釋文本作射。又大戴保傅：瞽夜誦詩。注：夜，史爲字誤也。古韻詩行露叶露夜；湛露叶露夜；句中韻東方未明叶圃瞿夜莫；葛生叶夜居；蕩叶呼夜；雨無正叶夜夕惡；振鷺叶斁夜譽；小星叶五夜；句中韻楚詞招魂叶夜錯假賦故居；管子四稱叶榭舍圖夜處；韓非揚權叶夜鼠；文子自然叶謝夜。

yè 液

陌 **液** 𣹢（篆） 盡也。从水，夜聲。一切經音義引說文：盡，潤也。字林：汁也。素問調經論：人有精氣津液。注：精之滲于空竅留而不行者爲液也。腹中論：鼻出清液。注：清水也。莊子人閒世：以爲門戶則液樠。注：津液也。假借爲醳。實爲釋。考工弓人：冬析幹而春液角。按：解也。又爲掖。漢書王莽傳：液門。注：液與掖同，古字通用。又疊韻連語。北山經：液女之水。注音悅懌之懌。非是。又託名幖識字。史記穰侯傳：仇液。國策作郝。周有叔液鼎，疑卽八士之叔夜。

yè 掖

陌 **掖** 𢯝（篆） 以手持人臂投地也。从手，夜聲。左僖廿五傳：二禮從國子巡城，掖以赴外。疏：掖本持臂之名，遂謂臂下脅上爲掖，是因名轉而相生也。按：臂下脅上，正字當作亦。假借爲亦。說文：一曰臂下也。應劭地理風俗記：張掖，言張國臂掖以威羌狄。又漢書成帝紀：闌入尚方掖門。注：在兩旁如人臂掖也。後漢䟽楷傳注：端門左右星爲掖門。西京賦：歷掖庭。注：掖庭，今官主後宮。又禮記儒行：衣逢掖之衣。注：大掖之衣，大袂禪衣也。字亦作袚。方言四：襜謂之袚。廣雅：袚，袖也。又詩衡門序：誘掖其君。箋：扶持也。又託名幖識字。左襄四傳注：東萊掖縣。漢書作夜。在今山東萊州府。

睪十六名，凡睪之派，皆衍睪聲。羊亦切。

yì 睪

陌 **睪** 𦋡（篆） 司視也。从橫目，从㚔。會意。令吏將目捕罪人也。按：目猶今言眼目。購線者。字俗作睪。假借爲澤。荀子正論：側載睪芷以養鼻。按：卽儀禮實綏澤之澤。香艸，澤蘭也。孫叔敖碑：收九睪之利。又爲皐。水經潁水注：睪城卽古成皐亭。皐睪相似。荀子正論：代睪而食。按：亦伐皐之誤。卽淮南之鼛鼓而食也。又爲畢。荀子王霸：睪牢天下而制之。注：讀如嫭，或作畢。新序作宰。按：作畢是也，形之誤。又單辭形況字。家

shì 釋　yì 譯　yì 𢍰　yì 斁　dù 殬

語困誓則睪如也注高皃又託名
幖識字魏策戰勝睪子史記作𡚁

陌

釋

𥷚解也从釆取其分別物也睪聲與从米之釋別儀禮大射儀釋獲又爾雅釋詁至釋畜十九篇左襄廿九傳釋不朝正于廟也釋
晉語或不釋也吳語乃使行人奚斯釋言于齊呂覽上德太子不肯
自釋注理也遊天台山賦釋二名之同出注謂解說今散也轉注淮
南本經發怒則有所釋憾矣楚辭惜誦謇不可釋老子渙兮若冰之
將釋注釋者消亡禮記月令冰凍消釋又爾雅釋詁釋服也字亦作
懌詩既夷既懌傳服也爾雅釋詁懌樂也字林懌怡也詩板辭之懌
矣傳悅也禮記文王世子其成也懌注悅懌書顧命王不懌馬本作
釋注疾不解詩靜女說懌女美箋當作釋假借爲捨左襄廿一傳釋
茲在茲注除也禮記禮器禮釋回增美質注猶去也儀禮鄉射禮主
人釋服注說朝服士虞禮俎釋三个注猶遺也楚辭惜誦欲釋階而
登天兮注置也呂覽長見視釋天下若釋躧注棄也漢書東方朔傳
服膺而不釋注廢置也方言六懌改也廣雅釋詁三懌更也又爲赦
晉語君其釋申生也注舍也史記周本紀釋箕子之囚晉語臣亦釋
宋之圍漢書趙充國傳釋有罪誅亡辜又爲藉爲敍儀禮聘禮記出
祖釋軷禮記月令習舞釋菜周禮占夢注古書釋菜釋奠多作舍字
又重言形況字爾雅釋訓郝郝耕也舍人注釋釋猶藿藿解散之意
詩載芟以澤爲之同古韻詩節南山叶惡懌頍弁叶柏奕懌那叶斁

奕客懌昔作夕恪楚辭惜誦叶釋白哀郢叶蹠客薄釋招魂叶託索
石釋大招叶酪薄薄釋轉音楚詞悲回風叶積擊策迹適惄益釋

陌

譯

𧬰傳譯四夷之言者从言睪聲方言十三譯傳也禮記王制北方
曰譯漢書平帝紀越裳氏重譯貢白雉一東京賦重舌之人九
譯假借爲睪方言十三譯見也注非是又爲擇漢脩堯廟碑
各相土譯居啓訓周禮序官象胥疏譯即易易譯雙聲字

陌

𢍰

𢍰引給也从廾睪聲廣韻誤作舉引縉皃合睪𢍰爲一
字段氏玉裁云引之使長蓋作僞之事未知所本

陌遇

斁

𢾊解也从攴睪聲詩曰服之無斁斁厭也一曰終也詩振鷺在此
無斁禮記大傳無斁于人斯假借爲繹說文一曰終也按終者
繹字之誤又爲度後漢張衡傳惟盤逸之無斁兮注古度字也按此
當訓厭爲本字注因僞五子之歌盤遊無度句以晉人改漢人非是
又爲擇實爲殬詩思齊古之人無斁釋文擇也按禮記口無擇言之
擇駉思無斁泮水徒御無斁又雲漢耗斁下土書洪範彝倫攸斁傳
敗也又單辭形況字詩那庸鼓有斁傳斁斁然盛也古韻詩葛覃叶
莫濩綌斁振鷺叶惡斁夜譽駉叶駱雒繹斁作泮水叶博斁逆獲那叶
叶斁奕客懌昔作夕
恪書洪範叶怒斁敘

遇

殬

𣨛敗也从歺睪聲商書曰彝倫攸殬今洪範以
斁爲之春秋繁露郊祀耗射下土以射爲之

yì 圛　shì 釋　duó 襗　yì 嶧　yì 驛　zé 澤

陌

圛

𡈼回行也从口睪聲商書曰圛圛者升雲半有半無讀若驛今洪
範以驛爲之鄭注則謂借爲澤按古文作悌史記作涕皆澤之
誤字也或
曰借爲繹

陌

釋

𥼶漬米也从米睪聲與釋字別詩生民釋之叟叟爾雅釋訓釋文
作淅之溞溞按字亦作醳禮記郊特牲注舊醳之酒謂昔酒也
經文以澤爲之假借爲釋史記淮陰侯傳醳兵張儀傳醳之石門頌
醳艱即安鄐閣頌醳散關之嶃漯北海相景君碑農夫醳耒啓訓釋
名醳酒久
釀酉澤也

藥

襗

𧞈絝也从衣睪聲謂脛衣按廣韻袴襗也疑即詩與子同澤之澤
周禮王府疏作襗毛傳澤潤澤也鄭箋褻衣近汗垢者則謂澤
本字之
轉注

陌

嶧

𡾟葛嶧山在東海下邳西从山睪聲在今江蘇淮安府邳州書禹
貢嶧陽孤桐與詩鳧繹史記鄒嶧山在今山東兗州府鄒縣者
別今縣名亦作嶧假借爲繹爾雅
釋山屬者嶧注言駱驛相連屬

陌

驛

𩣡置騎也从馬睪聲即孟子之置郵所謂遽也馹爲傳車驛爲馬
騎左文十六傳楚子乘驛襄廿七傳使驛謁諸王假借爲圛書

洪範曰驛王注霍驛消滅如雲陰疏兆氣落驛不連屬也鄭注圛者
色澤而光明者也則謂借圛爲澤周禮太卜注正作圛又疊韻連語
漢書王莽傳駱驛道路注不絕也又重言形
況字詩載芟驛驛其達廣雅釋訓驛驛盛也

藥陌

澤

𣿅光潤也从水睪聲禮記曲禮共飯不澤手少儀澤劍首考工㮚
氏實諸澤器荀子禮論順非而澤離騷芳與澤其雜糅兮又素
問經絡論熱多則淖澤玉機眞藏論色夭不澤又孟子君子之澤注
滋潤之澤又則是于澤也注祿也按猶恩膏又史記河渠書溉澤鹵
之地經傳皆以斥爲之又漢書楊雄傳澤滲灕而下降注雨露也又
儀禮既夕記實綏澤焉注澤澤蘭也又詩無衣與子同澤釋名汗衣
詩謂之澤受汗澤也字亦作襗轉注釋名下而有水曰澤言潤澤也
風俗通水草交厝名之爲澤言其潤澤萬物以阜民用也周語澤水
之鍾也左宣十二傳川壅爲澤廣雅釋地澤池也易說卦傳兌爲澤
左成十四傳宋蕩澤字子山假借爲擇家語郊問王親立于澤宮禮
記射義天子將祭必先習射于澤澤者所以擇士也周禮司弓矢澤
共射椹質之弓矢司農注澤宮所習射選士之處也又爲醳實爲釋
禮記郊特牲舊澤之酒注澤讀爲醳周禮司尊彝注澤讀曰醳又爲
宅莊子則陽比于大澤百材皆度又爲釋夏小正農及雪澤又史記
孝武紀先振兵澤旅又託名幖識字左襄十七傳澤門之皙釋文本
亦作皋廣雅釋鳥澤虞戴勝也釋草蔆澤甘遂也爾雅釋草澤烏薞

zé 擇　yì 繹　duó 鐸　tuò 蘀

又蕭蔦疏澤瀉名水瀉一名鵠瀉又趙策尹澤晉語作尹鐸又重言形況字詩載芟其耕澤澤爾雅作郝郝同聲訓素問疏五過論令澤不息注澤者液也又左文十八傳宋公孫澤字碩甫古韻詩無衣叶澤戟作鴻雁叶澤作宅載芟叶柞澤考工弓人叶昔澤白赤韓非大體叶路澤文子道原叶露澤呂覽任地叶澤隙轉音穆天子傳古文五叶澤主穀文子道原叶木石澤殰

陌 **擇** 柬選也从手睪聲呂覽簡選與惡劍無擇注別也淮南俶眞而錯擇名利注取也漢書韋元成傳中此擇辭注謂斂艾也假借爲殬書呂刑罔有擇言在身孝經口無擇言身無擇行按敗也古韻左隱十一叶度擇

陌 **繹** 抽絲也从糸睪聲爾雅釋詁陳也方言一長也六理也絲曰繹之廣雅釋詁四充也窮也終也釋言擂也三蒼抽也解也詩賚敷時繹思禮記射義射之爲言繹也繹者各繹己之志也論語繹如也鄭注志意條達之皃繹之爲貴馬注尋也揚雄劇秦美新神歇靈繹注猶緒也轉注爾雅釋天繹又祭也書高宗肜日傳殷曰肜周曰繹詩絲衣序繹賓尸也公羊宣八傳繹者何祭之明日也左傳注陳昨日之禮所以賓尸字亦作醳假借爲驛詩常武徐方繹騷又爲奕詩車攻會同有繹按繹亦奕也傳訓陳非又爲斁詩泮水徒御無繹又爲懌實爲釋詩板辭之繹矣那莫不夷繹又託名幖識字詩閟宮保有鳧繹傳山也左宣十年伐邾取繹公羊作蘱與禹貢之嶧陽別又周禮龜人地龜曰繹屬按卽爾雅之仰者謝也作謝作射作繹皆同又重言形況字爾雅釋訓繹繹生也詩載芟驛驛其達作驛同驅以車繹繹傳善走也韓詩章句盛皃漢書揚雄傳注繹繹相連皃韋元成傳注繹繹和調之皃五行志注繹繹光采皃白虎通封禪繹繹之山繹者無窮之意也聲訓風俗通正失繹明己功成而去德者居之繹繹者無所指斥也古韻詩車攻叶奕舄繹駉叶駱雒繹斁作閟宮叶繹宅貊諾若禮射義叶射繹舍

說文通訓定聲　豫部第九　卅三

藥 **鐸** 大鈴也軍法五人爲伍五伍爲兩兩司馬執鐸从金睪聲按金口金舌爲金鐸所以奮武事周禮大司馬振鐸鼓人以金鐸通鼓是也金口木舌爲木鐸所以振文教周禮小宰徇以木鐸宮正司烜氏以木鐸脩火禁鄉師士師以木鐸徇于市朝禮記檀弓執木鐸以徇于宮左襄十四傳遒人以木鐸徇于路淮南氾論告寡人以事者擊鐸是也又淮南繆稱鐸以聲自毀說林心所欲毀鐘爲鐸轉注論語天將以夫子爲木鐸孔注制作法度以號令于天下假借託名幖識字漢書劉輔傳殺其大夫鳴犢說苑作鐸聲訓釋名釋兵鐸度也號令之限度也

藥 **蘀** 艸木凡皮葉落陊地爲蘀从艸擇聲詩蘀兮蘀兮傳槁也七月十月隕蘀鶴鳴其下維蘀傳落也別義中山經甘棗之山有草

jué 谷　jué 谻　xì 郤　què 卻　xì 綌　hé ⿰木郤　jiǎo 腳　jué ⿰亻卻

爲葵木而杏葉黃華而莢實名曰蘀可以已瞢又謝靈運詩初篁苞綠蘀注竹皮也古韻詩蘀兮叶蘀伯七月叶穫蘀貉鶴鳴叶蘀石錯

谷十名凡谷之派皆衍谷聲 其逆切

藥 **谷** 口上阿也从口上象其理或从口卻聲或从肉𧆛聲口之兩旁上曰谷下曰函轉注詩行葦嘉殽脾臄傳函也散文亦通稱轉注廣雅釋詁一谷笑也古韻詩行葦叶席酢炙醢咢

藥陌 **谻** 相踦谻也从丮谷聲假借爲御史記司馬相如傳微谻受詘索隱倦也集解疲極也漢書誤作紭注音與劇同文選子虛賦誤作埶

陌 **郤** 晉大夫叔虎邑也从邑谷聲與从卩之卻別聲類郤鄉在河內假借爲隙漢書孫寶傳與紅陽有郤禮記曲禮相見于郤地曰會莊子養生主批大郤字亦作郄周書典寶喜怒不郄

藥 **卻** 節欲也按退也从卩節制意谷聲與从邑之郤別俗字作却考工梓人卻行仄行莊子人間世吾行卻曲秦策怒戰慄而卻儀禮既夕卻下而載之楚辭懸命卻騏驥以轉運兮老子卻走馬以糞釋文除也又廣雅釋詁二卻讓也漢書爰盎傳盎引卻愼夫人坐又莊子天道今吾心正卻矣釋文息也素問血氣內卻注閉也呂覽召類舜卻苗民注猶止也任地使其民而卻之注逆之也字亦作郄轉注儀禮士昏禮啓會卻于敦南注仰也謂仰于地也公食大夫禮亦一一合卻之假借爲隙莊子知北遊若白駒之過卻德充符使日夜無卻列子黃帝其神无郤素問刺其郄中古韻呂覽任地叶逆莫薄郤莫下

說文通訓定聲　豫部第九　卌四

陌 **綌** 粗葛也从糸谷聲或从巾小爾雅廣服葛之精者曰絺麤者曰綌詩葛覃爲絺爲綌儀禮士昏禮綌冪燕禮冪用綌鄉飲酒禮記尊綌冪士喪禮皆用綌禮記檀弓綌衰繐裳月令巾以綌論語孔本袗絺綌古韻詩葛覃叶莫濩綌斁

陌 **⿰木郤** 角械也从木郤聲謂門器別義一曰木下白也

藥 **腳** 脛也从肉卻聲俗字作脚荀子正論捶笞臏腳假借爲谻子虛賦射麋腳麟史記集解掎足也漢書以格爲之聲訓釋名腳卻也以其坐時卻在後也

藥 **⿰亻卻** 徼御受屈也从人卻聲按與谻同字子虛賦徼谻受詘以谻爲之此字當訓勞也方言十二作⿰亻卻倦也廣雅釋詁一⿰亻卻勞也又極也假借爲臄廣雅釋詁一⿰亻卻笑也

藥 ⿰忄卻 勞也、从心、卻聲、按此字當爲御之或體、今附于此、

藥 ⿰虫卻 渠⿰虫卻、一曰天社、御覽引作天柱、从虫、卻聲、按卽蛣蜣也、蜣蛣之翻語爲⿰虫卻、後口言之渠⿰虫卻者、疊韻連語、猶蜉蝣之爲蟲蝣也、莊子蛣蜣之智在於轉丸、蟲喜入糞中、丸糞極圓、一前者兩足抱而卻行、一後者推而致之坎地、納丸不數日有蜣蜋自其中出、亦名推丸、今蘇俗謂之屎羌郎、

貟四名、凡貟之派、皆衍貟聲、起逆切、

陌 貟 際見之白也、从白上下小皃、按會意、際見之光一綫而已、

陌 虩 蠅虎也、从虎、貟聲、易陸績注、虩蠅虎、始在穴中、跳躍而出、假借重言形況字、說文引易履虎尾虩虩、恐懼、廣雅釋訓、虩虩、懼也、易履馬注、虩虩、恐懼也、今作愬愬、同、又震來虩虩、荀諝作愬愬、字亦誤作覤、莊子天地、覤覤然、釋文、驚懼之皃、古韻、易震叶虩啞、

藥 蟟 蟲蟟也、一曰蜉蝣、朝生莫死者、从虫、貟聲、按蟲蟟疊韻連語、亦作渠略、同、

陌 隙 壁際孔也、从𨸏、从貟、會意、貟亦聲、廣雅釋詁二、隙、裂也、左傳、墻之隙壞、誰之咎也、周禮赤𠂇氏、凡隙屋、疏謂孔穴也、禮記三年問、若駟之過隙、漢書魏豹傳、如白駒過隙、轉注、史記貨殖傳、居雍隙、集解、閒孔也、又左哀十二傳、宋鄭之閒有隙地焉、注、閒田也、楚語、四時之隙、注、空閒時也、周語、三閒夾鐘出四隙之細也、又可以上下無隙矣、注、瑕釁也、左襄廿八傳注、宋盟有衷甲之隙、字亦多以郤以卻爲之、古韻、呂覽任地、叶澤隙、

說文通訓定聲　豫部弟九　塈

附說文不錄之字

吩 廣雅釋詁一、吩、笑也、

扵 廣雅釋詁三、扵、擊也、

菸 廣雅釋詁四、菸、葱也、釋器、菸、臭也、

錐 爾雅釋畜、錐大者蜀、蜀子錐、釋文本作餘、

駼 爾雅釋鳥、其鳥爲駼、注、似鵄而小、黃黑色、

蒤 爾雅釋草、蒤、虎杖、又蒤、萎葉、又姚莖、蒤莽、

潊 說文新附、潊、水浦也、

瘵 廣雅釋言、瘵、𤺄也、

蘇 廣雅釋草、蘇、穗也、

說文通訓定聲　豫部弟九附　巽

騇 爾雅釋畜、牝曰騇、

牿 廣雅釋獸、牿、雌也、

櫧 中山經、前山其木多櫧、注、似柞、漢書司馬相如傳、沙棠櫟櫧、郭注、似采、柔、張注、似柃、葉冬不落、

賭 䞱 通俗文、錢戲曰賭、摴蒱、賭𧶽也、說文新附、賭、博簺也、韋曜博奕論、賭及衣物、疑射覆之射字、猶意錢之戲爲意也、字林、䞱、賭勝亦作䞱、

箸 廣雅釋親、箸、父也、

撦 廣雅釋詁三、撦、開也、

捨 㨋 廣雅釋詁三、捨、擊也、字亦作㨋、

樚 廣雅釋宫、樚、䉬也、

攄 廣雅釋詁三、攄、擊也、

猇 濾 攄 蠦 憈 濾 𤸆 䱊 䗋 笡 䕏 𧘇 垽 忬 鼯 㛄 旴 鮬 骬 疛

猇 漢書地理志、猇縣名、音虎、說文新附、

濾 濾水名、

攄 方言十二、攄張也、廣雅釋詁、攄引也、

蠦 方言八、守宮或謂之蠦蝘、廣雅釋魚、蠦蝘蜥蜴也、

憈 荀子非十二子、勞苦事業之中則憈憈然、注、不勉強之皃、

濾 廣雅釋詁、二、濾乾也、

𤸆 廣雅釋言、𤸆疳也、

䱊 海外西經、女戚女祭居兩水閒、戚操魚䱊、注、䱉魚屬、

䗋 䗋 爾雅釋獸、䗋其子䗋、字亦作䗋、叚借爲䗋、爾雅釋草注、當歸似蘄而䗋大、

笡 廣雅釋器、𥫶謂之笡、

說文通訓定聲 豫部第九附 卅五

䕏 西山經、濫水多䕏魮之魚、是生珠玉、注、亦蚌類、

𧘇 廣雅釋詁、三、𧘇𧘇也、

垽 字林、垽塵也、

忬 廣雅釋詁、三、忬舒也、通俗文、多意謂之忬憒、

鼯 鴮 爾雅釋鳥、鼯鼠夷由、字亦作鴮、蕪城賦、階鬥麏鼯、

㛄 埤蒼、㛄美女也、釋名釋長幼、女青徐曰㛄、㛄忤也、始生時人意不喜忤忤然也、

旴 易、旴豫、姚信注、旴日始出、漢書地理志下注、旴大也、則借爲訏、

鮬 爾雅釋魚、鰝鮬鱖鯞、注、俗呼魚婢、按今旁皮魚也、釋文、鮬郭音步、字林、工于反、施蒲悲反、

骬 廣雅釋親、骬肯也、

疛 廣雅釋詁、一、疛病也、

韡 軒 𥦗 蟀 𢱌 㼌 莁 嫵 甒 嘸 氍 鸛 䳰 䓓 瓳 䘛 軲 䤴 胅

韡 𩋝 釋名、韡本胡服、趙武靈王所服、俗作𩋝、

軒 廣雅釋器、軒柳車也、

𥦗 長笛賦、運裛𥦗浚、注、𥦗曲不平也、疑卽窐字、

蟀 字林、蟀六𧉮也、出魏興、咬人、蛇吸蝦但張口小蛇自入也、

𢱌 左昭廿一傳、大者不𢱌、注、橫大不入、

㼌 廣雅釋詁、三、㼌寬也、

莁 爾雅釋草、莁荑蔱蘠、本草、一名無姑、一名𦳋蘠、

嫵 方言十三、凡葬而無墳謂之墓、所以墓謂之嫵、注、嫵謂規度墓地也、漢書曰、初陵之嫵是也、則卽爽字、模字、橅字、

甒 𤮐 禮記禮記、甕甒、注、甒瓦器、禮器、君尊瓦甒、注、甒五斗、儀禮士冠禮、一甒醴、少牢禮、司宮尊兩甒于房戶之閒、古文皆以廡爲之、方言五、𤮐甖也、廣雅釋器、𤮐瓶也、字亦作𤮐、按此字當補入說文、

說文通訓定聲 豫部第九附 卅六

嘸 漢書韓信傳、諸將皆嘸然、陽應曰、諸、注、嘸不精明也、按單詞形況字、

氍 毹 說文新附、氍毹𣰽毲、皆氊緂之屬、廣雅釋器、氍毹也、風俗通、織毛褥謂之氍毹、字苑作𣰽𣰆、

鸛 考工記、鸛鵒不踰濟、按卽鴝字、

䳰 廣雅釋器、䳰畜也、

䓓 漢書外戚傳、函菱䓓以俟風兮、李奇注、䓓花中齊也、韋昭注、荷葉未落時也、

瓳 廣雅釋宮、瓳甋也、

䘛 廣雅釋器、䘛袖也、又袺謂之䘛、

軲 廣雅釋器、軲車也、

䤴 說文新附、醍醐酪之精者也、通俗文、酪酥謂之䤴餬、字作䤴、

胅 埤蒼、胅膊大脯也、

⿰革度　⿰齒庶　⿰忄度　謢　鱄　蜅　蚥　⿰禾甫　⿰骨甫　⿸疒尃

⿰言尃　⿰虫尃　⿰羊尃　⿰土乎　礎　⿰石烏　嶼　濋　⿱五皿　稰

⿰革度　通俗文⿰革度折皮具午牽船、

⿰齒庶　廣雅釋器⿰齒庶畜也、

⿰忄度　廣雅釋言⿰忄度忩也、

謢　廣雅釋詁二謢欺也、

鱄　廣雅釋魚鱄鮮鱐也、呂覽本味洞庭之鱄、

蜅　廣雅釋魚蜅蛇也、

蚥　廣雅釋魚蚥蝦蟆也、

⿰禾甫　廣雅釋詁四⿰禾甫稍也、

⿰骨甫　廣雅釋親⿰骨甫骫也、

⿸疒尃　廣雅釋言⿸疒尃痞也、

⿰言尃　廣雅釋言⿰言尃謫也、

⿰虫尃　廣雅釋蟲⿰虫尃蟭蟳蛸也、

⿰羊尃　廣雅釋嘼吳羊犗曰⿰羊尃、

⿰土乎　淮南要略注⿰土乎𡉏煩也、

礎　廣雅釋宮礎礩也、淮南說林山雲蒸柱礎潤注、柱下石礩也、許注、楚人謂柱⿰石烏曰礎、

⿰石烏　西京賦雕楹玉⿰石烏注、礩也、

嶼　吳都賦島嶼緜邈劉注、海中洲上有山石、

濋　爾雅釋水、濟爲濋、

⿱五皿　廣雅釋器⿱五皿杯也方言五⿱五皿㭾也注所謂伯⿱五皿者也、按今字以雅爲之、

稰　禮記內則稰穛注孰穫曰稰、

穭　絽　⿸戶呂　粔　垿　櫲　肚　譜

姥　靯　芏　⿰土瓦　⿰車鳥　帍　昈　嗉　⿸戶乎　呀

穭　後漢獻帝紀注、稆與穭同埤蒼穭自生也、又見光武紀旅字注、

絽　廣雅釋詁二絽絣也、釋言紧也、

⿸戶呂　埤蒼晉大夫冀叔⿸戶呂也、

粔　蒼頡粔粄餅餌也江南呼爲膏糫通俗文干餅者謂之粔籹、

垿　廣雅釋宮坫謂之垿、

櫲　吳都賦木則楓柙櫲樟、

肚　廣雅釋親胃謂之肚、

譜　諩　廣雅釋言譜牒也、說文新附籍錄也字亦作諩、桓君山云、太史公三代世表旁行斜上、普效周譜、是譜之名起于周代也、左傳序及地名諡第孫叔敖碑陰別口諩純也、聲訓釋名譜布也布列見其事也亦日緒也主緒人世類相繼如統緒也史記三代世表不可得而譜正義譜布也詩譜序以立斯譜疏譜者普也疑卽敷字、

姥　媽　一切經音義引字書媽母也、今以女老者爲姥也、

靯　釋名釋車靯𩌑車中重薦也、輕靯𩌑小䩓者也、

芏　爾雅釋草芏夫王、

⿰土瓦　廣雅釋器⿰土瓦甓也、

⿰車鳥　廣雅釋器⿰車鳥頭車也、

帍　廣雅釋器帍帔巾也、

昈　方言十二昈文也、埤蒼昈赤文也、漢書楊雄傳注昈明也、

嗉　膆　爾雅釋鳥亢鳥嚨其粻嗉釋獸鳥曰嗉字亦作膆射雉賦裂膆破嗉徐注、喉受食處也、

⿸戶乎　廣雅釋詁一⿸戶乎抒也、

呀　齖　說文新附呀張口皃字林呀大空也通俗文唇不覆齒謂之齖漢書楊雄傳瀖泋窗而呀窔濆夯蕭該曰字或作呵呵叱問四

颬 䍐 忬 遻 煆 ⿰牛叚 ⿰阝頁 ⿰女叚 蚆 笆 設 妑 到 ⿰石亞 ⿰亻亞 ⿰亞欠 抓 ⿰木焉 篤

濆也。假借爲雙聲連語。海賦：猶尚呀呷。注：波相吞吐之皃。

颬 西京賦：舍利颬颬。薛注：容也。

䍐 廣雅釋器：䍐罨，罟也。或曰卽置字之誤。

忬 列子力命：繆忬。阮孝緒云：忍忬，伏態皃。

遻 爾雅釋草：荷，其葉遻。釋文：或作蕸。

煆 廣雅釋詁二：煆，爇也。

⿰牛叚 爾雅釋畜：牛絕有力欣⿰牛叚。

⿰阝頁 字林：[illegible]顆，難語。廣雅：雙聲連語。

⿰女叚 廣雅釋詁一：⿰女叚，好也。

蚆 爾雅釋魚：蚆，博而頯。字林：蚆，蠃屬。

笆 三蒼：棘竹，一名笆竹。

設 廣雅釋詁三：設，拏也。

妑 字林：妑，女字也。

到 廣雅釋詁四：到，到也。與語自到于客前以酬客，疑剄之誤字。到卽[illegible]字，斫也。

⿰石亞 江賦：元蠣磈礫而碨⿰石亞。注：不平之皃。

⿰亻亞 韻集：⿰亻亞，倚也。今言⿰亻亞息、⿰亻亞卧、卻⿰亻亞，皆是也。

⿰亞欠 廣雅釋詁一：⿰亞欠，極也。

抓 廣雅釋詁一：抓，引也。

⿰木焉 方言五：案謂之⿰木焉。

篤 廣雅釋器：篤，程也。

隅 庽 ⿷匚夓 ⿰車夓 雘 ⿰石蒦 嚄 飵 鮓 莋 舴 蚱 岝峉 酪 ⿺走各 鴼 蛒 烙

隅 方言十三：隅，益也。按：此偶之誤字。

庽 廣雅釋宮：庽，庵也。

⿷匚夓 淮南說林：則推車至今無蟬⿷匚夓。注：蟬⿷匚夓，車類。讀如夓相之圖之夓。

⿰車夓 廣雅釋器：⿰車夓，輌也。

雘 南山經：青邱之山多青雘。注：黝屬。

⿰石蒦 字林：⿰石蒦碍，打草田器。

嚄 史記信陵君傳：晉鄙嚄唶。索隱：多詞句也。聲類：大笑也。風賦注：大唤也。外戚世家：武帝下車泣曰：嚄。索隱：嚄蓋恡之詞。正義：失聲驚愕皃也。

飵 廣雅釋詁一：飵，食也。釋器：飵，饙也。

鮓 釋名：鮓，菹也。以鹽米釀魚以爲菹，熟而食之也。疑卽蘫字。

莋 廣雅釋草：莋菇，烏芋也。

舴 廣雅釋水：舴艋，舟也。

蚱 一切經音義引字書：蚱蜢。淮南名去父也，卽蟾蠩也。

岝峉 埤蒼：岝峉，山不齊也。按：與柞鄂同。海賦：啓龍門之岝嶺。注：高皃。峉亦作嶺。

酪 廣雅釋器：酪，漿也。禮記禮運：以爲醴酪。襍記：食鹽酪可也。注：酪，酢藏。漢書百官公卿表注：梁州亦名馬酪爲馬酒。通俗文：煴羊乳曰酪。說文新附：酪，乳漿也。聲訓：釋名：酪，澤也，乳汁所作，使人肥澤也。

⿺走各 廣雅釋詁四：⿺走各，偃也。

鴼 爾雅釋鳥：鴼，鵋鶀。注：鵂鶹也，亦謂之鵋鶀。

蛒 方言十一：蠀螬謂之蛒。廣雅釋蟲：蛒，蚰蜒也。

烙 說文新附：烙，灼也。

硌 略 鮨 疕 侘 茺 窊 飥 馲 崿 嵮岶 ⿰白鳥 ⿺走白 舶 ⿰白瓦 胉 陠 燡

硌 西山經上申之山多硌石、注、磊硌大石皃、楚詞惜上山皃兮硌硌、

略 方言二、略眄也、六、略視也、

鮨 薛翊異物志、鐇鮨有橫骨在鼻前、狀如斧斤、江東呼斧斤爲鮨、故謂鐇鮨也、此類有二十種、各異名、如鉆鮨等、齒利如鋸、即名鋸鮨也、按即斮字、或䱜字、

疕 通俗文、乳病曰疕、

侘 恈 離騷、忳鬱邑余侘傺兮、注、失志皃、侘猶堂堂立皃也、字亦作恈、恈傺見後漢馮衍傳、

茺 廣雅釋草、茺菩、黃芩也、

窊 魯靈光殿賦、窋窊垂珠、注、窊亦窋也、

飥 方言十三、餅謂之飥、

馲 驝 爾雅釋畜釋文引字林、馲駝似鹿而大、肉鞍、出燒山、字亦作驝、亦以橐爲之、

崿 ⿰阝咢 西京賦、坻崿鱗眴、注引文字集略、崿、崖也、通俗文、山如重甗曰⿰阝咢、字亦作⿰阝咢、按即咢字之轉注、

嵮岶 洞簫賦、密漠泊以㺟猭、注、嵮岶、竹密皃、此疊韻連語、本無正字、

⿰白鳥 字林、⿰白鳥鶴、鳥名、似鸛、出縣雍山、按雙聲連語、

⿺走白 江賦、⿺走白漲截洞、注、⿺走白猶越也、

舶 廣雅釋水、舶、舟也、字林、大船也、今江南泛海船謂之舶、崑崙及高麗皆乘之、大者受萬斛也、通俗文、吳船曰艑、晉船曰舶、長二十丈、載六七百人、

⿰白瓦 廣雅釋室、⿰白瓦、甑也、

胉 儀禮士喪禮、兩胉亞、注、脅也、

陠 廣雅釋詁二、陠、衺也、

燡 小爾雅廣詁、燡、明也、魯靈光殿賦、赫燡燡而燭坤、注、燡燡、光明皃、按即睪字之轉注、

說文通訓定聲　豫部弟九附　二

燡 墿 檡 曎 蠌 ⿰石鳥 ⿱竹斫 ⿺走赤 蔦 烣 ⿺辶素 ⿰素刂 濩 ⿰素刂 韖 鄀 ⿱竹無

燡 字林、燡、炎也、

墿 廣雅釋室、墿、道也、

檡 儀禮士喪禮、若檡棘、注、今文爲澤、

曎 方言十三、曎、明也、

蠌 爾雅釋魚、蜅蠌小者蟧、注、螺屬、按即寄居也、如小蟹、戴殼而走、注又引或說、即彭蜞、謂今之蟛蜞也、

⿰石鳥 廣雅釋鳥、⿰石鳥鳥、雁也、

⿱竹斫 廣雅釋器、⿱竹斫、簞也、

⿺走赤 字林、⿺走赤、急走也、

蔦 爾雅釋草、蓨、蔦、又芣苢、馬舃、

烣 字林、烣、火光也、

⿺辶素 廣雅釋詁四、⿺辶素、匿也、

⿰素刂 廣雅釋詁二、⿰素刂、裂也、

濩 廣雅釋詁二、濩、漬也、洞賦、濩濟濩湇、注、眾波之聲、

⿰素刂 廣雅釋詁二、⿰素刂、裂也、

韖 韡 釋名、韖韡、鞾之缺前壅者、胡中所名也、韖韡猶速獨、足直前之言也、廣雅釋器、韖韡、屩也、

鄀 左僖廿五傳、秦晉伐鄀、注、本在商密、秦楚界上小國、按在今河南南陽府內鄉縣西南、即三戶也、注又云、其後遷于南郡鄀縣、則在今湖北襄陽府宜城縣、即鄀也、字林、鄀、楚邑、按此字當補入說文、

⿱竹無 字林、⿱竹無、竹黑皮、竹浮有文、

說文通訓定聲　豫部弟九附　四

說文通訓定聲目

隨部第十 分部同㨖 轉解履乾

戈 𢦑娍旼郕 我㧴 莪䕒 誐

鵝 餓 俄䫊 峨㞋 硪礒

騀 涐 娥 䖸蟻 𧕧蛾

義羛 議 鸃𪆄 羲㦤 檥艤

䣡 儀儀 𡰺㞾 轙钀 犧

果倮猓 祼 踝 課 敤

髁 婐 棵 窠 裹

顆堁 淉 鯉 婐 戹

㛄 冎剮另 咼嗚瑀 禍 過濄蝸𥍉

諣 楇輠鍋鐹 猧 煱 騧驫䮦

媧嫡 緺 蝸 薖撾 渦渦

𠂒 鬲鍋 𡤋歪 蠣蜾 它蛇

詑訑訑訑佗 乾 佗駝馱他 袉袘袘䙧 覘

沱沲 池跎䡐 鮀 拕拖拕柁 鉈鉈𩨒鉈

迆迤 䖧 杝籬欏椸欐 施旋䞶施葹 馳

阤陁陀 𪓐 蟲 多䬌𡖅 哆

䞶跢 迻 誃誃𧩣 眵胗 核

㝖 移 𤷕𡰠 侈 袳

說文通訓定聲目

䣲 移 黟 㚤㚤㚤 垑㑥

鉹鉹 軫軝 宜宐竩宜 𦳅 庨

誼 朵朶 𥬨檛撾遖 烸㛅 埰㻪

𡧋 挼挼抄搓 羅罹邏 蘿 嬴

嬴 羸祼倮羸 羸騾騾 羸 羸螺

𡣍𤸰 𧕿 繃 䥶 𧖅

禾 咊和𡉞脉 龢 盉 科蝌

乙 可 苛茍苛 訶呵欪吪 駉鵝駕

奇 哿珈 柯笴 疴痾 何蚵

砢 河 閜 抲 妸

坷 軻 阿 渮 荷

齮齮麒 猗 踦躸 攲 婍

剞刉 觭 椅 旖 寄𢊁

倚 騎 猗漪 掎 綺

畸 錡 輢 陭崎碕埼隑 荷蓮

閜 䆶 檹 哥 歌訶

渮 臥 𠂇 左佐差 犮

𨺅㥳㜝憶 陊 蓌 蓌 隓

髓髓䯝 隓 隋 隋 蓨

隨 𡦂 橢楕 䜣 惰惰媠

鰖（䲉）　嫷（媠）　鐫（錥）　禱（褃）　鬌（鬌毻毲）
〔坐〕（坐）　莝　趖（𦮩𦮩）　脞（脞）　剉
痤　侳　髽　挫　娷（𨔄）
銼　〔𧴪〕　瑣（璅鎖鏁）　䐝（脞）　䞶
溑　〔惢〕（蕊桑蘂蘃）　〔沙〕（砂𡊅紗）　莎（蓑芯芯）　娑
魦（鯊）　〔叉〕（釵𢽸衩䒜）　杈　〔麻〕　髍（麼）
縻　穈（麿）　靡（𢕟）　磨　摩（劘攠𨟻灖）
縻（終）　磨（𢷾）　𪎉　礳（磨）　靡
摩（麾）　〔加〕（架㗬）　茄　嘉（㗬）　枷
賀　痂　駕（㚨）　袈　迦（迦遮）

說文通訓定聲　隨部弟十目　三

〔瓦〕　〔巳〕　化　魤　吪
囮（圝）　貨　傀　鈋　〔爲〕（𠧘）
蔿（蘤）　譌（訛）　𧶬（䞈）　鄬　寪
𤸫　僞　闟（闟）　撝　嬀（溈）
𨹃　皮（𡰨𡰿）　彼　詖　𢻱
鞁　柀（皺）　貱　旇　疲
帔（𧞞）　被　頗　髲　破（礔）
駊　䏘（彼）　跛　波　鮍
披（狓）　紴　鈹（鉟鎜）　陂（岥）　坡
〔罷〕　龍　鑼（鑼䩭）　羆（𤣐）　〔𠂢〕（㘬）

𦈢（甀）　垂（華倕）　陲　唾　諈（種）
娷　睡　䍋　腄　箠（箠棰）
厜（㕒）　騹（騺）　涶　捶（棰）　埵
錘（錘）　陲　𨘷　差（𢀩䞣）　瑳（磋）
𦎧（嗟蒫）　䢦（𨓿）　槎（楂）　瘥（瑳）　傞
鬖（𨓿𩬻）　嵯　溠　縒　瑳
羨（𦏄）　䰈（鮓）　𦍫（𨓿）　𦍵（𦍵）　〔吹〕
炊　龡（歈）　〔离〕（魑）　謧　離（𩀨醨樆𥠻）
摛（攡）　縭（褵）　螭（彲𧲝貐）　醨（漓）　蘺
〔丽〕（𠀚儷𡝩）　麗（攦）　𪊨　儷（孋）　䴡（孋）

說文通訓定聲　隨部弟十　四

邐　躧（𨇋蹝蹤屣）　籭（簁篩）　酈　曬
𤺊　覼（𥈭𥉂）　驪　灑　鱺（鯬）
纚（縰）　釃（䤙）　〔詈〕　〔罵〕（羈䩭羇羈）

右文字三百五十四名　旁注二百六十三字　附存七十三字

gē 戈　huà 戕　wǒ 我　é 莪　é 誐　é 鴚

說文通訓定聲

吳郡朱駿聲豐芑甫紀錄
新安朱鏡蓉伯和甫參訂

隨部第十 凡三十三部

戈二十五名凡戈之派皆衍戈聲 古禾切

歌 **戈** 平頭戟也从弋一橫之象形按弋者柲也長六尺六寸其刃橫出可句可擊與矛專刺殳專擊者不同亦與戟之兼刺與句者異書牧誓稱爾戈顧命執戈上刃鄭注即今鉤孑戟考工冶氏戟廣二寸注或謂之鷄鳴或謂之擁頸周禮夏官司戈盾易說卦離爲戈兵詩公劉干戈戚揚禮記曲禮進戈者前其鐏後其刃左傳以戈擊之吳都賦戈船掩乎江湖注船下有戈也【聲訓】釋名戈過也所刺擣則決過所鉤引則制之弗得過也

馬 **戕** 擊踝也从丮从戈讀若踝按戈亦聲字亦作敤作划廣雅釋詁三戕投也又敤擊也又作划

箇 **我** 施身自謂也从戈从手手或說古垂字駿按呂覽重言齊東郭牙說苑權謀牙作垂疑牙當作此手也說文又云手一曰古殺字古文从戈从刃按刃从古文乑省聲小篆亦从古文乑省聲兵也其器失傳或曰戈亦聲今附于此【假借】爲俄說文或說我頃頓也又爲義齊闞止字子我猶高止字子容也又爲餓莊子山木吾無糧我無食又發聲之詞說文身自謂也按如卬台朕陽之比易觀我生虞注身也【聲訓】說文施身自謂也【古韻】詩有杕之杜叶左我下泉叶彼我句中韻柏舟叶彼我句中韻葛藟叶河他我句中韻權輿叶我嗟句中韻何人斯叶禍我可

歌 **莪** 蘿莪蒿屬从艸我聲廣雅釋草蘿蒿蘪蒿也詩菁菁者莪蓼蓼者莪衡方碑悼蓼儀之劬勞以儀爲之字亦作䕏魯峻碑悲蓼䕏之不報【古韻】詩菁莪叶莪阿儀

歌 **誐** 嘉善也从言我聲詩周頌誐以謐我按毛本作假左傳作何

歌 **鴚** 鴚鵝也从鳥我聲爾雅舒鴈鵝李注野曰鴈家曰鵝按飛行舒遲故曰舒鴈孟子則有饋其兄生鵝者【假借】託名標識字管子地員黑鵝馬夫注草名也又左昭廿一傳鄭翩願爲鸛其御願爲鵝注皆陳名

è 餓　é 俄　é 峨　é 硪　ě 騀　é 涐　é 娥　yǐ 蛾　é 䖸

箇 **餓** 飢也从食我聲穀梁疏引徐邈說有死者曰大饑無死者曰大餓孟子餓其體膚淮南說山無一月餓注困乏也

歌 **俄** 行頃也从人我聲詩賓之初筵仄弁之俄傳傾皃羽獵賦俄軒冕注卬也歸田賦于時曜靈俄景注斜也廣雅釋詁二俄䫱衺也字亦作䫱【假借】發聲之詞公羊桓二傳俄而可以爲其有矣注謂須臾之間創得之頃也漢書孝成班倢伃傳以蛾爲之又重言形況字漢書楊雄傳注俄俄陳舉之皃【古韻】詩賓之初筵叶俄傞

歌 **峨** 嵯峨也从山我聲廣雅釋詁四高也按嵯峨疊韻連語與厜㕒同字亦作厜㕒【轉注】詩棫樸奉璋峩峩傳盛壯也公羊定八傳注釋文本作娥爾雅釋訓峨峨祭也廣雅釋訓峩峩高也楚辭惜賢冠浮雲之峨峨西京賦神山峩峩亦皆重言形況字【古韻】詩棫樸叶峩宜

歌 **硪** 石巖也从石我聲字亦作礒

哿 **騀** 馬搖頭也从馬我聲【假借】疊韻連語甘泉賦崇丘陵之駊騀兮注高大皃

歌 **涐** 涐水出蜀汶江徼外東南入江从水我聲按此渽之誤字今隸頤部才聲

歌 **娥** 帝堯之女舜妻娥皇字也秦晉謂好曰姪娥从女我聲大戴五帝德倪皇以倪爲之倪娥雙聲【轉注】方言一娥好也秦曰娥秦晉之間凡好而輕者謂之娥又二秦晉之間美皃謂之娥故漢制倢伃下有娙娥傛華充依列子周穆王娥媌靡曼者注妖好也又重言形況字廣雅釋訓娥娥容也

紙 **蛾** 羅也从虫我聲與䖸蛾字別今本說文作左形右聲與䖸蛾字同愚按爾雅釋蟲蛾羅釋文蛾本又作蛾此蛾字蟻之誤又蟻下釋文云按說文蟻羅也蟻或作義此義字蛾之誤今據爾雅訂正篆爲下形上聲又補或體从虫義聲爾雅蛾羅孫注郭注謂蠶蛾非是書顧命麻冕蟻裳鄭注謂色元也禮記檀弓蟻結于四阿注蚍蜉也報任少卿書與螻蟻何以異洞簫賦螻蟻蝘蜓按大者爲蚍蜉小者爲螘通名爲蛾即蟻

歌 **䖸** 蠶化飛蟲从䖵我聲或从虫說文今本作下虫上我今據爾雅螘下釋文訂从左形右聲蠶吐絲則成蛹蛹化而爲蛾與蛾羅之蛾別漢書元帝紀有白蛾羣飛蔽日注若今之蠶蛾類也離騷衆女嫉余之蛾眉兮詩螓首蛾眉大戴禮食桑者有絲而蛾廣雅螔蛾也【假借】爲蚔海內北經朱蛾其狀如蛾注蚍蜉也列子黃帝禽獸蟲蛾釋文無足曰蛾則謂借爲豸廣雅釋蟲蛾螘也禮記學

yí 義　yì 議　yí 鸃　xī 羲

記蛾子時術之長楊賦扶服蛾伏陳球後碑蜂聚蛾動方言十二蚍蜉燕謂之蛾蛘又列子湯問命夸蛾氏二子釋文一本作蟻此雙聲連語

義 寘　己之威儀也从我羊墨翟書从羊弗魏郡有羛陽鄉讀若錡今屬鄴本內黃北二十里按字从羛省與善同意我聲許以己訓我失之漢之羛陽卽左昭九傳之戲陽也在今直隸大名府衛有戲陽速以邑爲氏者賈子道德說有義德之美也禮記樂記制之禮義周禮肆師故書治其禮義典命掌諸侯之五義注古者書儀但爲義今時所謂義爲誼書呂刑鴟義姦宄鄭訓狀文侯之命父義和鄭訓匹則謂借爲儀與名仇相應書大傳何考大室之義漢書高帝紀署行義年注行狀年紀也又孟子非義襲而取之也按此義字猶貌也又周語義文之制也經傳多以儀爲之【叚借】爲誼書洪範遵王之義周禮大司徒知仁聖義忠和孟子義人之正路也禮記禮運義者藝之分仁之節也易繫辭理財正辭禁民爲非曰義又詩文王宣昭義問傳善也禮記緇衣章義癉惡皇疏善也又莊子馬蹄雖有義臺路寢崔注猶靈臺也又祭法以義終魯語作以儀民按謂善衆猶宜民也又單辭形況字莊子天道而狀義然注踶跂自持之皃【聲訓】禮記中庸義者宜也祭義義者宜此者也春秋繁路義者我也宜在我謂之義墨子經義利也左昭十傳義利之本也孟子人皆有所不爲達之於其所爲義也太元誼疾乎不誼注施之爲義【古韻】易鼎叶義何書洪範叶頗義禮記禮運叶義過又叶地義叶義宜登徒子好色賦叶義差莊子盜跖叶義爲荀子成相叶過施義【轉音】易家人叶義謂說卦傳叶義卦管子四稱叶義譏

議 寘　語也从言義聲廣雅釋詁四言也又謀也按謂論事之宜詩北山或出入風議儀禮有司徹乃議侑于賓注猶擇也荀子王制法而不議注謂講論也非有先生論欲聞流議者注猶餘論也又禮記閒傳大功言而不議注謂陳說非時事也【叚借】爲儀易繫辭傳議之而後言鄭語伯翳能議百物【古韻】詩斯干叶儀議罹北山叶議爲莊子山木叶離挫議虧

鸃 支　鵔鸃也从鳥義聲秦漢之初侍中冠鵔鸃冠按卽爾雅之鷩雉虞書之華蟲左昭十七傳之丹鳥也淮南書作鵕鸃注讀曰私此子虛賦郭注鵕鸃似鳳有光彩爾雅鷩雉注似山雞而小背毛黃腹下赤項綠色鮮明

羲 支　气也从兮義聲【叚借】託名幖識字堯典乃命羲和馬注羲氏掌天官論衡是應作曦廣雅釋天日御謂之羲和大荒南經注羲和蓋天地始生主日月者也離騷吾令羲和弭節兮秋懷詩傾羲無兩旦遊仙詩朱羲將由白注朱羲日也又書序伏羲氏之有天下也釋文引張揖字詁羲古字戲今字易繫辭作犧孟京本皆作戲【聲訓】廣雅釋詁三羲施也

yǐ 檥　yí 𨟻　yí 儀　wéi 㕒　yǐ 轙

檥 支　榦也从木義聲史記項羽紀烏江亭長檥船待集解正也附也漢書注整船向岸曰檥按若今浙江烏篷船頭尾俱植篙爲系俗字作艤蜀都賦艤輕舟

𨟻 支　臨淮徐地从邑義聲春秋傳曰徐𨟻楚按左昭六傳徐儀楚聘于楚楚子執之以儀爲之蓋古徐國地在今安徽泗州北竟徐嬴姓亦作盈姓

儀 支　度也从人義聲詩烝民我儀圖之傳宜也我將儀式刑文王之典傳善也文王儀監于殷魯語堯能單均刑法以儀民周語儀之于民注準也儀禮有司徹其脅體儀也又其眾儀也又周語百官軌儀注法也東京賦儀姬伯之渭陽注則也易繫詞傳是生兩儀虞注乾坤也太元元攡三儀同科注天地人也演連珠儀天步晷而修短可量注猶法象也後漢明帝紀注渾儀以銅爲之正天文之器也管子形勢解儀者萬物之程式也淮南齊俗一儀不可以百發注儀弩招顏也【叚借】爲義詩鳲鳩其儀一兮斯干無非無儀周禮大司徒故書以儀辨等禮記中庸禮儀三百按卽周官也威儀三千卽儀禮也大學威儀也左襄三十一傳有儀而可象謂之儀昭廿五傳是儀也非禮也廣雅釋訓儀儀容也又爲儷實爲麗詩柏舟實維我儀周語丹朱馮身以儀之爾雅釋詁儀匹也方言二儀來也書文侯之命父義和以義爲之又爲觀廣雅釋詁三儀見也呂覽處方射者儀毫而失牆注望也又爲獻實爲賢廣雅釋言儀賢也爾雅釋詁儀善也書大傳民儀有十夫儀賢雙聲或曰借爲誼亦通又爲宜楚語采服之儀又爲羲書大傳儀伯樂舞鼚哉又爲皃費鳳別碑黎儀瘁傷斥彰長田君碑安惠黎儀又爲檥爾雅釋詁儀榦也注謂體榦失之又發聲之詞韓詩角弓如食儀饇傳我也又託名幖識字論語儀封人鄭注衞邑按卽浚儀在今河南開封府祥符縣又穆天子傳右驂赤蘬而左白儀字亦作俄【聲訓】釋名釋典藝儀宜也得事宜也【古韻】詩柏舟叶阿儀他東山叶縭儀嘉何湛露叶椅離儀菁莪叶莪阿儀斯干叶儀議罹荀子成相叶儀爲移它天論叶儀化過何

㕒 支　厜㕒也从厂義聲爾雅山頂冢崒者厜㕒注謂山峯頭巉巖釋文或作屖展按厜㕒字後出疊韻連語與嵯峨同實卽崔嵬之轉語也

轙 紙支　車衡載轡者从車義聲或从金獻聲義獻一聲之轉爾雅載轡謂之轙按謂衡上大環所以貫六轡者其軾前之服則以貫兩驂之內轡者淮南說山遺人車而稅其轙東京賦龍輈華轙注引郭注誤【轉注】漢書郊祀歌象輿轙謂發駕也禮樂志注待也【別義】爾雅鑣謂之钀注馬勒旁鐵謂口銜外之鐵著幩其上以扇汗者故亦名扇汗又曰排沫詩碩人朱幩鑣鑣是也許君以钀轙同字

疑誤

犧（支）犧 宗廟之牲也。从牛，義聲。賈侍中說此非古字。書微子：今殷民乃攘竊神祇之犧牷牲用。傳：色純曰犧。周禮牧人：共其犧牲。注：毛羽完具也。大戴曾子天圓：宗廟曰芻豢，山川曰犧牲。左昭廿二傳：自憚其犧也。疏：繫養之名耳。轉注：史記司馬相如傳：犧雙觡共抵之獸。又左昭廿五傳：三犧。服注：雁、鶩、雉也。又淮南俶真：百圍之木，斬而為犧尊。阮諶三禮圖：犧尊於尊腹畫為牛形。王注禮器：犧尊為犧牛及象之形，鑿其背為尊。又周禮司尊彝：司農注：犧尊飾以翡翠。明堂位：犧象，周尊也。注：以沙羽為畫飾。詩閟宮：犧尊將將。傳：有沙飾也。按：讀有莎飾。鄭志：沙，鳳皇也。左定十傳：犧象不出門。注：犧尊、象尊也。疑尊以木為之，以象骨飾畫莎羽形。王肅說非是。經傳亦多以獻為之。叚借託名幖識字。易繫詞：包犧氏。釋文：本作羲，又作戲。古韻：詩閟宮叶犧宜多。

果十四名凡果之派皆衍果聲古瑣切

果（哿）果 木實也。从木，田象果形，在木之上。易說卦傳：艮為果蓏。周禮場人：而樹之果蓏珍異之物。張晏曰：有核曰果，無核曰蓏。臣瓚曰：在地曰蓏，在樹曰果。素問藏器法時論：五果為助。注：謂桃、李、杏、栗、棗也。轉注：廣雅釋詁一：果，信也。論語：行必果。繆協曰：成也。淮南道應：令不果往。注：誠也。老子：善有果而已。王注：猶濟也。謝靈運詩：始果遠遊諾。注：猶遂也。孟子：果在外。注：猶竟也。呂覽忠廉：果伏劍而死。注：終也。按：皆猶實也。叚借為敢。論語：由也果。包注：謂果敢決斷也。果哉末之難矣。皇疏：果者，敢也。晉語：其身果而辭順。注：謂敢行其志也。是之不果奉。注：克也。孟子：行不必果。注：能也。易說卦：巽為不果。左宣二傳：殺敵為果。果、敢一聲之轉。魏都賦：風俗以韰果為嫿。字亦作惈。爾雅釋詁：惈，勝也。廣雅釋詁二：惈，勇也。蒼頡篇：惈，憨也。殺敵為惈。又為甘。鄭語：味一無果。注：美也。又為干。漢書五行志：黑蜺果之氣正直。果甘、果干皆雙聲字。又為婐。孟子：二女果。又為祼。周禮小宗伯：以待果將。又為裹。爾雅釋魚：前弇諸果。周禮龜人：東龜曰果屬。杜子春則謂借為祼。又疊韻連語。爾雅釋草：果蠃之實栝樓。注：今齊人呼為天瓜。釋蟲：果蠃，蒲盧。注：細腰蠭也。俗呼蠮螉。廣雅釋鳥：果蠃，工雀也。又單辭形況字。莊子逍遙遊：腹猶果然。釋文：飽皃。又託名幖識字。穆天子傳：玉果。注：石似美玉，所謂大果者也。又吳都賦：狖鼯猓然。注：猨狖之類。字亦作猓。又晉語：知果。古今人表作過。莊子至樂：若果養乎，予果歡乎。釋文皆云：本作過。

祼（翰）祼 灌祭也。从示，果聲。謂始獻尸求神時，灌以鬱鬯也。君以圭瓚酌鬯授尸，灌地為一獻；夫人以璋瓚酌為亞獻。周禮大宗伯：以肆獻祼享先王。按：肆者，實以彝而陳之；祼者，將以瓚而行之；獻者，奉以爵而進之。祼一事而有三節也。考工玉人：祼圭尺有二寸。禮記祭統：君執圭瓚祼尸。書洛誥：王入太室祼。詩文王：祼將于京。經傳亦以盥、以果、以灌為之。轉注：周禮典瑞：以祼賓客。注：爵行曰祼。叚借：周禮鬯人：凡祼事用概。鄭謂埋字之誤。蓋祼和鬱不用秬鬯，祼用彝尊，不用漆尊也。聲訓：周禮小宰：祼將之事。注：祼之言灌也。

踝（馬）踝 足踝也。从足，果聲。謂足左右隆然圜起者。禮記深衣：負繩及踝以應直。注：跟也。聲訓：釋名：踝，确也，居足兩旁，磽确然也；亦因其形踝踝然也。

課（箇）課 試也。从言，果聲。廣雅釋言：第也。楚辭天問：何不課而行之。北山移文：常綢繆於結課。注：今考第為課也。

敤（哿）敤 研治也。从攴，果聲。廣雅釋詁二：敤，椎也。三：擊也。叚借託名幖識字。說文：舜女弟名敤首。古今人表作戰手。史記五帝紀作顆手。

髁（箇 馬）髁 髀骨也。从骨，果聲。謂髀與髖相接之處，醫經謂之機。廣雅釋親：髁，臀也。字林：髁，骻也。膝骨也。埤蒼：尻骨也。

夥（哿）夥 齊謂多為夥。从多，果聲。方言一：凡物盛多謂之寇。齊宋之郊、楚魏之際曰夥。史記陳涉世家：夥頤，涉之為王沈沈者。服虔曰：楚人謂多曰夥。

稞（馬）稞 穀之善者。从禾，果聲。一曰無皮穀。按：謂顆粒精好。

窠（歌）窠 空也。穴中曰窠，樹上曰巢。从穴，果聲。小爾雅廣獸：鷄雉所乳謂之窠。廣雅釋宮：窠，巢也。蜀都賦：窠宿異禽。轉注：詩考槃：碩人之適。以邁為之。孟子：盈科而後進。以科為之。或曰科借為坎。

裹（哿 箇）裹 纏也。从衣，果聲。穆天子傳：朱三百裹。管子君臣：富之以國裹。注：謂財貨所包裹而藏也。呂覽本生：無不裹也。注：猶囊也。淮南俶真：況乎以無裹之者邪。注：無形也。江賦：濯穎散裹。注：謂草實也。高唐賦：綠葉紫裹。注：猶房也。

顆（哿）顆 小頭也。从頁，果聲。轉注：顏氏家訓：北土通呼物一凷改為一顆。按：如米粒珠子皆是，猶一枚也。叚借為塊。漢書賈山傳：曾不得蓬顆蔽冢而託葬焉。注：謂土塊。塊、顆一聲之轉。風賦字作堁。廣雅釋詁三：堁，塵也。淮南說山：上食晞堁。說林：揚堁而欲弭塵。此後出字，或曰堁者塵字。

淉（哿）淉 淉水也。从水，果聲。

鯉（馬）鯉 鱧也。从魚，果聲。一名鱯，今謂之同魚。

婐（哿）婐 婐妮也。一曰女侍曰婐。讀若騧，或若委。从女，果聲。孟軻曰：舜為天子，二女婐。今孟子以果為之。按：婐妮疊韻連語，猶婀娜、旖施。

guò 過　huò 禍　kuā 咼　guǎ 冎　nuǒ 姽　ě 厄

也。通俗文：肬骨柔弱曰倮姽。聲訓：說文鍇本，一曰果敢也。

厄二名，凡厄之派皆衍厄聲。五果切。

笴　**厄**　科厄，木節也。从卪，厂聲。按厂象木皮裹蓋之形，竹卪曰節，木卪曰厄。科厄者疊韻連語，突起之皃也。易說卦為科上槁，以科為之。【叚借】為褁。賈侍中說以為厄裹也。一曰厄蓋也。

笴　**姽**　婐姽也。一曰弱也。从女，厄聲。廣雅釋詁一：好也。【叚借】為頪。太元耆：不宜熒且姽。注：姽，小皃也。

冎十四名，凡冎之派皆衍冎聲。古瓦切。

馬　**冎**　剔人肉置其骨也。象形，頭隆骨也。俗字作剮。【轉注】分也。俗字誤作另，形聲俱乖。

馬佳　**咼**　口戾不正也。从口，冎聲。通俗文：斜戾曰咼。字亦作喎。淮南修務：啳睽哆噅。或以噅為之。噅即破字。廣雅釋詁二：噅，醜也。【叚借】為和。淮南說山：咼氏之璧。字亦作⿰王咼。

笴　**禍**　害也，神不福也。从示，咼聲。周禮掌客：禍烖殺禮。史記屈賈傳：禍兮福所倚。荀子天論：逆其類者謂之禍。論衡累害：來不由我故謂之禍。京房易傳：賦斂不理茲謂禍。釋名釋言語：禍，毀也。【古韻】詩何人斯叶禍我可。老子順化叶禍倚。荀子成相叶過施義禍。又叶禍徙施。【轉音】周書周祝叶徙禍。鶡冠子度萬叶下禍。

歌箇　**過**　度也。从辵，咼聲。廣雅釋詁二：渡也。易大過疏：相過者，謂相過越之甚也。左昭元傳：過則為菑。疏：淫也。公羊隱六傳：首時過則書。注：歷也。素問玉版論要篇：逆行一過。注：遍也。史記外戚世家：皆過粟姬。索隱：謂踰之。管子立政：德厚而位卑者謂之過。呂覽貴當：田獵之獲常過人矣。注：多也。又異寶：五員過于吳。注：猶至也。秦策：臣不得復過矣。注：見也。呂覽決勝：巧拙之所以相過。注：絕也。【轉注】論語：過猶不及。又：不貳過。皇疏：猶失也。周禮調人：凡過而殺傷人者。注：無本意也。廣雅釋詁三：過，誤也。孟子：然則聖人且有過歟。注：謬也。說苑修文：諸侯貢士，一不適謂之過。又呂覽適威：煩為教而過不識。廣雅釋詁一：責也。【叚借】為禍。禮記大學：過也。按菑及國也。又託名幖識字。爾雅釋水：過辨回川。字亦作渦。詩公劉：遡其過澗。傳：澗名也。又爾雅釋蟲：不過，蟷蠰。字亦作蝸。方言八：過，蠃。自關而東謂之過蠃。又為楇。史記孟荀傳：炙轂過髡。索隱：盛脂之器。又發聲之詞。字亦作過。方言一：凡人語而過謂之過。【古韻】詩江有汜叶汜過歌。考槃叶阿過歌過。禮記禮運叶義過。楚詞橘頌叶過地。老子守微叶貨過為。荀子天論叶儀化過何。成相叶過施義禍。莊子則陽叶知化為圍過。又孟子盡心叶過化

guō 渦　kē 薖　wō 蝸　guā 緺　wā 媧　guā 騧　wěi ⿰丸咼　huò 旤　huò 楇　huà 譌

化，句中韻。

禡卦　**譌**　疾言也。从言，咼聲。

箇　**楇**　盛膏器。从木，咼聲。讀若過。按今御者系小瓶于車旁盛油以脂轂，此其具也。古宜以木為之，故从木。史記炙轂過髡以過為之。字亦作輠，作鍋，作鐹。方言九：車釭謂之鍋，自關而西，釭盛膏者乃謂之鍋。廣雅釋器：鐹，釭也。禮記雜記：而輠輪者。釋文：廻也。【聲訓】釋名：輠，裹也，裹軹頭也。

笴　**旤**　屰惡驚詞也。从旡，咼聲。讀若楚人名多夥。【叚借】為禍。荀子仲尼：猶恐及其旤。漢書五行志：時則有雞旤。又：及六畜謂之旤，言其著也。

紙　**⿰丸咼**　鷙鳥食已吐其皮毛如丸。从丸，咼聲。讀若骫。

麻佳　**騧**　黃馬黑喙。从馬，咼聲。籒从爾聲。詩小戎：騧驪是驂。爾雅：白馬黑脣駩，黑喙騧。宋明帝以字似禍，改作⿰馬瓜，从瓜，猶秦始皇以辠似皇用罪字也。【叚借】為過。按論語季隨季騧，或以瓜為之。又為蝸。景福殿賦：騧徙增錯。【古韻】論語微子叶隨騧。

麻佳　**媧**　古之神聖女，化萬物者也。从女，咼聲。籒从爾聲。按女媧在大庭柏皇前，亦古皇之號，非必婦人也。風俗通：天地初開，女媧摶黃土為人，劇務力不暇供，乃引繩絙泥中舉以為人。故富貴賢知黃土人也，貧賤凡庸引絙人也。又女媧禱祠神祈而為女媒，因置昏姻。楚辭注：女媧，風姓，承伏羲制度，亦人頭蛇身，一日七十化。帝系譜：女媧命娥陵氏制都良管，以一天下之音；命聖氏為班管，合日月星辰，名曰充樂。世本：隨作笙，女媧作簧。列子湯問：女媧氏練五色石以補天闕。

麻佳　**緺**　綬紫青色。从糸，咼聲。史記滑稽傳：佩青緺。續漢輿服志注：徐廣曰：紫綬名緺。何承天曰：緺，青紫色。綬，太元格：邇緺匭。

麻佳　**蝸**　蝸蠃也。从虫，咼聲。東京賦：供蝸蠯與菱芡。江賦：鸚螺蜁蝸。按禮記內則：蝸醢。周禮作蠃。注：蝸蝓也。古蝸蠃同訓，後人別水生可食者為蠃，陸生不可食者為蝸牛。匡謬正俗云：蝸者螺之類耳。莊子則陽有所謂蝸者。李注：蝸蟲有兩角，俗謂之蝸牛。廣雅釋魚：蝸牛，螔蝓也。三蒼：蝸，小牛螺也。俗名黃犢。【叚借】雙聲連語。淮南俶真：蠃蠡蝸睆。注：目疾也。

歌　**薖**　薖，艸也。从艸，過聲。【叚借】為窠。窠，空也。詩考槃：碩人之薖。傳：寬大皃。箋訓飢意，則借為餓。韓詩字作過。【古韻】詩考槃叶阿薖歌過。

歌　**渦**　渦水，首受淮陽扶溝浪湯渠，東入淮。从水，過聲。在今河南開封府扶溝縣至安徽鳳陽府懷遠縣入淮。字亦作渦。爾雅釋水：渦

tuó 詑　tā 它　guǒ 蜾　huā 竵　guō 咼　kuǎ 𦫳

爲洵。〔叚借〕爲蝸。江賦「盤渦谷轉」注「渦，水旋流也。」

𦫳四名，凡𦫳之派皆衍𦫳聲。苦瓦切。

馬 𦫳 跨步也。从反夊。指事。𨾊从此。按：謂夸張其兩股。讀

歌 咼 秦名土釜曰𨾊。从鬲，𦫳聲。讀若過。字俗作鍋，蓋以楇爲之。

麻 竵 不正也。从立，咼聲。俗字作歪。

哿 蜾 蜾蠃，蒲盧，細要土蠭也。天地之性，細腰純雄無子。詩小宛曰「螟蛉有子，蜾蠃負之」。从虫，咼聲。或从果聲。淮南書曰：貞蟲之性以毒螫。按：蜾蠃、蒲盧皆疊韻連語。猶夏小正傳「蜃者，蒲盧」。蜃龜之類。埤雅「瓠細腰者曰蒲盧」，即匏瓠也。又按：一名蠮螉，雙聲連語。蜾負子則獻而祝曰「似我」、「似我」，蠮螉似我，皆狀其聲也。

它十九名，凡它之派皆衍它聲。託何切。

歌麻支 它 虫也。从虫而長，象宛曲垂尾形。或又从虫。左襄廿八傳「蛇乘龍」注「蛇，元武之宿，虛危之星。」吳語「爲虺弗摧，爲蛇將若何」注「虺小，蛇大也。」洪範五行傳「龍蛇之孽」注「蛇，龍之類也。」儀禮鄉射禮記「龍首，其中蛇交」注「蛇龍，君子之類也。」論衡言毒「巳爲蛇」。海內經「朱卷之國有黑蛇，食象」注「即巴蛇也。」方言八「蜴，南楚謂之蛇醫。」〔轉注〕說文「上古艸居患它，故相問無它乎。」按：猶今言無恙也。〔叚借〕爲佗。魯語「仲孫它」，子服。又發聲之詞，字亦以佗爲之。儀禮覲禮「天子曰非他」注「親親之辭。」燕禮「其他不拜」注「謂衆士也。」禮記大學「無他技」注「異端之技也。」曲禮「他日君問之」疏「謂別日。」雜記「哭之他室」注「別室也。」檀弓「或敢有他志」注「謂私心。」周語「不出于它矣」注「它，它族也。」又詩鶴鳴「它山之石」釋文「它，古他字。」按：經傳用彼、伊字亦同。又雙聲連語。詩羔羊「委蛇委蛇」傳「行可從迹之皃。」又重言形況字。詩巧言「蛇蛇碩言」傳「淺意也。」又託名幖識字。古今人表「尹公佗」，孟子作他。漢書高帝紀「項它」注「與他同。」又借爲陁。太元元攡「夫地他然示人明矣」注「猶泰也。」則以聲求之，他、泰雙聲。〔古韻〕詩羔羊叶皮、紽、蛇，斯干叶何、羆、蛇，楚詞招魂叶蛇、池、荷、波、陀、羅、離、爲，吳語叶蛇、何，句中韻。荀子成相叶儀、爲、移、它。莊子山木叶訾、蛇、化、爲。〔轉音〕楚詞東君叶雷、蛇、懷、歸，遠遊叶始、歌、飛、夷、蛇、徊。

歌支齊 詑 兗州謂欺曰詑。从言，它聲。廣雅釋詁二「詑，欺也。」字亦作訑、作詑、作訑。國策「寡人正不喜詑者言也。」〔叚借〕爲迆。纂文「訑，避也。」又重言形況字。孟子「則人將曰訑訑」注「自足其智，不嗜善言之皃。」張音「蓋言辭不正，欺罔于人，自誇大之皃。」

tuó 鞁　tuó 佗　tuó 袉　shī ⿰它見　tuó 沱　tuó 池

歌 鞁 馬尾紂也。从革，它聲。今之般緧。按：或謂之曲綯。

歌歌 佗 負何也。从人，它聲。漢書趙充國傳「以一馬自佗負三十日食」。按：本訓謂人負物，故畜產載負亦曰佗。俗字作駝、作馱。司馬相如傳「騊駼橐駝」注「言其可負橐駝物，故以名云。」〔轉注〕詩小弁「予之佗矣」傳「加也。」〔叚借〕重言形況字。爾雅釋訓「佗佗，美也。」詩君子偕老「委委佗佗」傳「德平易也。」釋文亦作禕禕它它。太平御覽引作委委蛇蛇。又發聲之詞，字亦作他。呂覽貴生「又況於他物乎」注「猶異也。」儀禮士昏禮記「某以非他故」注「彌親之辭。」士虞禮記「他用剛日」，字亦以它爲之。又託名幖識字。史記周本紀「莊王佗」，春秋世族譜作他。〔古韻〕詩柏舟叶阿、儀、他，君子偕老叶珈、佗、河、宜、何，漸漸之石叶波、沱、他，小弁叶椅、杝、佗。楚詞離騷叶他、化。詩葛藟叶河、他、他、我，句中韻。

歌哿支 袉 裾也。从衣，它聲。謂衣前襟。字亦作袘、作袉。〔叚借〕爲拕。說文引論語「朝服袉紳」，今本作拖。又儀禮士昏禮「纁裳緇袘」注「謂緣也。」按：袘下文「純衣纁袡」爲褫字之轉注也。史記司馬相如傳「揚袘卹削」。〔別義〕廣雅釋器「袘，袖也。」史記司馬相如傳「抴獨繭之褕袘」，字亦作袘。

支 ⿰它見 司人也。从見，它聲。讀若馳。〔叚借〕爲䵶。爾雅「戚施，面柔也。」釋文字書作⿰它見。凡面柔之人常俯，故似戚施之疾不能仰者。說文作䵶黿。

歌 沱 江別流也。出㟭山，東別爲沱。从水，它聲。字亦作沲、作池。書禹貢「岷山導江，東別爲沱」。詩「江有沱」。爾雅釋水「江爲沱」。在今四川成都府郫縣北，一名郫江，至瀘州復入江。〔別義〕禹貢荊州「沱潛既道」，在今湖北荊州府入漢，即夏水也。〔叚借〕單辭形況字。易離「出涕沱若」，荀本作池。詩漸漸之石「俾滂沱矣」，史記弟子傳作池。又雙聲連語。穆天子傳「北循虖沱之陽」，字亦作滹沲。〔古韻〕詩江有汜叶沱、過、歌，澤陂叶荷、何、爲、沱，漸漸之石叶波、沱、他。

支 池 此字按即沱之變體。〔別義〕禮記月令「毋漉陂池」注「穿地通水曰池。」周禮雍氏「掌溝瀆澮池之禁」注「謂陂障之水道也。」周語「囿有林池」注「積水也。」又詩東門之池傳「城池也。」易泰虞注「無水曰隍，有水曰池。」漢書食貨志「湯池百步」。〔轉注〕小爾雅廣名「坑謂之池」。檀弓「主人既祖塡池」，鄭則謂借爲奠徹。徹、池一聲之轉。又檀弓「池視重霤」疏「柳車之池也。」儀禮既夕「一池」注「池者，象宮室之承霤，以竹爲之，狀如小車笭，衣以青布。」〔叚借〕爲池，實爲拖。匡謬正俗「池者，緣飾之名，今所謂被池、裝池是也。」又爲敀。禮記樂記「咸池備矣」注「池之言施也。」漢書禮樂志注「言其包容浸潤也。」又疊韻連語。左襄九傳「而何敢差池」，釋文本作沱。廣雅「蹉跎，失足也。」字亦作跎、作跎。又託名幖識字。左桓十二「盟于曲池」，公羊作毆蛇。又漢西嶽山亭碑「歲在戊午，名曰咸池」。〔古韻〕詩東門之池叶池、麻、歌，無羊叶阿、池、訛。楚詞

tuó 鮀　tuō 拕　shī 鉈　yǐ 迆　shī 𢻱　lí 杝　shī 施

招魂叶蛇池荷波陀羅籬爲、又詩白華叶池歌句中韻、

鮀 歌
[篆] 鮎也、从魚它聲、一名鮷、亦名鯷、名鮧、左傳衛祝鮀字子魚、古今人表以佗爲之、【別義】爾雅釋魚、鯊鮀、注、今吹沙小魚、體圓而有黜文、舍人注、鯊石鮀也、詩魚麗傳、魦鮀也、

拕 歌箇哿
[篆] 曳也、从手它聲、字亦作拖、作扡、廣雅釋詁一、拕引也、禮記少儀、拖諸帶、疏、猶擲也、論語、加朝服拖紳、皇疏、猶牽也、今作拖、淮南齊俗、縱體拖髮、人閒、拖其衣被、注、奪也、漢書南越傳、拕舟而入水、【轉注】字亦作柁、釋名釋船、其尾曰柁、柁拕也、在後見拕曳也、且弼正船使順流不他戾也、【叚借】爲佗、易訟、鄭本終朝三拕之、注、三加之也、漢書司馬相如傳、宛虹拕於楯軒、注、申加于上也、

鉈 麻寘支
[篆] 短矛也、从金它聲、一名鋋、字亦作鍦、作鉇、晉書丈八鉈矛左右盤、吳都賦、藏鍦於人、方言九、矛謂之鍦、字亦作鉇、荀子議兵、宛鉅鐵鉇、

迆 支紙
[篆] 衺行也、从辵也聲、按當从它聲、字亦作迤、書禹貢、東迆北會于匯、傳、溢也、馬注、迆靡也、考工記、既建而迆、司農注、讀爲倚移從風之移、謂著戈於車邪倚也、弓人、菑栗不迤、司農注、謂邪行絕理者、弓發之所從起、鮑人、欲其無迆也、司農注、謂草不齞、東京賦、立戈迤戛、注、邪也、海賦、潤泊柏而迆颺、注、邪起也、廣雅釋詁二、迤衺也、【叚借】疊韻連語、甘泉賦、巒石關迤靡乎延屬、注、相連皃也、洞簫賦、倚巇迤巏、注、邪平之皃、爾雅釋丘、邐迆沙丘、詩秦譜、其封域東至迆山、疏、迆謂靡迆境界廣被之意、又雙聲連語、海賦、迆涎八裔、注、迆涎邐迆相連也、

𢻱 支
[篆] 敷也、从攴也聲、讀與施同、按當从它聲、經傳皆以施爲之、

杝 紙支
[篆] 落也、从木也聲、讀若他、五音韻譜引說文、讀若阤、按當从它聲、字亦作籬、作欐、作柂、廣雅釋宮、欐柂也、編豎竹爲之、竹曰杝、木曰柵、通俗文、柴垣曰杝、仲長子曰、杝落不完、楚辭招魂、瓊木籬些、注、柴落爲籬、【轉注】字亦作椸、作箷、禮記曲禮、不同椸枷、注、可以加衣者、內則注、竿謂之椸、蒼頡、椸格也、架也、埤蒼作箷、又方言五、檷前几謂之榹、字林、椸架也、【別義】夏小正、梅杏杝桃則華、傳、山桃也、爾雅以榹爲之、【叚借】爲迆、詩小弁、析薪杝矣、箋、謂觀其理也、又爲𢻱、太元元圖、地杝其緒、注、謂施大之也、【聲訓】釋名、籬離也、以柴竹作之、疏離離然也、詩小弁、疏杝者施也、【古韻】詩小弁叶椅杝佗、楚詞招魂叶蛇池荷波陀羅籬爲、

施 支寘寘
[篆] 旗皃、从㫃也聲、齊欒施字子旗、知施者旗也、按當从它聲、鄭豐施、魯巫馬施、皆字旗、又齊弦施字子多、見左哀四傳、聲相近也、

說文通訓定聲　隨部第十　十一

chí 馳

按旖施、柔順搖曳之皃、猶木之橋施、枝之猗儺、禾之倚移也、亦疊韻連語、字亦作旎、漢書楊雄傳、夫何旟旐郅偈之旖旎也、注、旖旎、旒纚之形也、乘雲蜺之旖旎兮、注、雲皃、楚詞、謬諓若李旖旎、注、盛皃、史記司馬相如傳、旖旎從風、索隱、猶阿那也、【叚借】爲𢻱、廣雅釋詁三、施予也、易乾、德施普也、釋文、與也、周禮內宰、施其功事、注、賦也、晉語、齊侯好示務施、注、惠也、左宣十二傳、旅有施舍、昭十九傳、王施舍不倦、周語、縣無施舍、閒居賦、陰謝陽施、注、布也、左僖廿四傳、施者未厭、注、功勞也、禮記祭統、勤大命施于烝彝鼎、注、猶著也、又論語、爲政施于有政、包注、行也、禮記禮器、施則行、疏、用也、學記、不陵節而施之爲孫、注、猶教也、荀子臣道、爪牙之士施、注、謂展其材也、史記韓世家、施三川而歸、正義、猶設也、又左昭十四傳、施生戮死、注、行罪也、晉語、秦人殺冀芮而施之、注、陳尸曰施、按論語、君子不施其親、亦晉語爲大戮施之施陳也、孔注、易也、則謂借爲[illegible]、字亦作肔、作胣、莊子胠篋、萇弘胣、崔注、施裂也、司馬注、剔也、釋文、刳剔曰胣、又爲迆、詩葛覃、施于中谷、傳、移也、孟子、施從良人之所之、注、邪施而行、又儀禮、絕族無施服、注、在旁而及曰施、淮南要略、接徑直施、注、衺也、齊俗、去非者非披邪施也、注、微曲也、又爲弛、韓詩何人斯、我心施也、釋文、善也、按猶解也、周禮小司徒、凡征役之施舍、遂師、辨其施舍、與其可任者、左昭十四傳、乃施邢侯、晉語、爲大戮施、孔注、廢也、楚詞天問、夫何三年不施、注、舍也、又爲迻、史記衞綰傳、劍人之所施易、漢書注、讀曰貤、非是、荀子儒效、充虛之相施易、莊子人閒世、哀樂不易施乎前、又詩皇矣、施于孫子、箋、猶易也、延也、淮南修務、名施後世、注、延也、倣眞、施及周室之衰、注、讀難易之易、又爲侈、按論語、無施勞、謂不斂也、又爲暆、史記屈賈傳、庚子日施兮、索隱、猶西斜也、又爲拕、通志氏族畧、魯公子尾字施父、又爲鼀、詩新臺、得此戚施、又爲[illegible]、廣雅釋詁三、施[illegible]也、又疊韻連語、史記司馬相如傳、登降施靡、正義、猶遲延也、又重言形況字、詩丘中有麻、將其來施施、傳、難進之皃、孟子、施施從外來、注、猶扁扁喜悅之皃、又託名幖識字、爾雅、卷施艸、拔心不死、注、猶宿莽也、離騷、夕攬中洲之宿莽、字亦作葹、周書王會、樓煩以星施、星施者珥旄、管子地員、其施七尺、注、施者大尺之名也、其長七尺、又禮記雜記、魯有少施氏、孟子、有孟施舍、注、施發音也、則以爲發聲之詞、又詩旱麓、施于條枚、韓詩外傳作延、【聲訓】淮南氾論、譬若斤斧椎鑿之各有所施也、注、宜也、【古韻】詩新臺叶離施、邶中有麻叶嗟施、楚詞天問叶施化、大招叶苛罷麾施爲僞、六韜武韜叶施移化僞、三畧上叶施加宜知移化隨、莊子則陽叶和化宜施、荀子成相叶施罷戲爲、又叶過施義禍、又叶罷私施移、又叶禍從施、天論叶倚施多化、【轉音】楚詞大招叶佳規施卑移、文子上德叶類遂施、

馳 支
[篆] 大驅也、从馬也聲、按當从它聲、廣雅釋宮、犇也、左昭十七傳、嗇夫馳、注、車馬曰馳、周禮田僕、大夫馳、注、放不扣也、【轉注】詩板、無

說文通訓定聲　隨部第十　十二

它

zhì 陁　yí 暆　shī 螔　duō 多　chǐ 哆

敢馳驅傳自恣也淮南原道執元德於心而化馳若神注行也東京賦煌火馳而星流注疾也北山移文馳東皋之素謁注猶宣布也叚借爲敂神女賦五色並馳古韻詩車攻叶駕倚馳破卷阿叶多馳歌莊子秋水叶馳移化爲趙貨叶馳被

陁（紙）　阪也从𨸏也聲按當从它聲字林陁小山也字亦作阤作陀考工記則于馬終古登陁也輈人及其登陁史記司馬相如傳巖陁甗錡郭注陁陊際也長笛賦膺陗陁注落也非是叚借爲陊卽墒說文小崩也方言六壞也漢書劉向傳山陵崩陁注下頽也周語聚不陁崩注大曰崩小曰陁西京賦吳嶽爲之陁堵注落也吳都賦崩巒陁岑太元鋭陵嶮峥岸峭陁淮南繆稱岸崝者必陀廣雅釋詁一陁壞也又爲迆釋詁二陀衺也又疊韻連語子虛賦登降陁靡注邪靡也漢書作陁注旁衺也史記作施古韻楚詞招魂叶蛇池荷波陀羅離爲

暆（支）　日行暆暆也从日施聲樂浪有東暆縣讀若酏按暆暆重言形況字當作施作迆此字後出史記屈賈傳庚子日施兮借施爲迆也

螔（支）　姑螔強羊也从虫施聲米麥中小黑蟲今蘇俗謂之翼子其大者則曰烏甲蟲方言十一姑施謂之強蛘注米中小黑甲蟲也江東謂之蛩

說文通訓定聲　隨部第十　圭

多二十三名凡多之派皆衍多聲得何切

多（歌）　重也从重夕會意重夕爲多重日爲疊古文从竝夕爾雅釋詁多衆也史記五帝紀與爲多焉索隱大也徐廣曰一作朋按朋者多之誤字漢書趙廣漢傳注多厚也荀子致仕寬裕而多容注廣納也又禮記檀弓多矣乎予出祖者疏猶勝也又詩卷阿矢詩不多傳不多多也字亦作移廣雅釋詁四移多也按猶緟从糸也爾注漢書灌夫傳士亦以此多之注猶重之也呂覽謹聽者自多而不得注自賢也又周禮司勳戰功曰多書文侯之命汝多修扞我于艱史記絳侯周勃世家集解獨捷曰多叚借爲祇實爲啻論語多見其不知量也左襄廿九傳祇見疏也疏古人多祇同音又託名幖識字左哀七傳魏曼多史記晉魏世家作魏侈趙世家作魏哆聲訓說文多从重夕夕者相繹也故爲多按重卽緟字故以繹義爲訓古韻詩晨風叶何多魚麗叶鯊多節南山叶猗何瘥多嘉嗟鳧鷖叶沙宜多嘉爲卷阿叶多馳歌閟宮叶犧宜多左宣二叶皮多那何老子立戒叶貨多荀子天論叶多化又叶畸多又叶畸施多化

哆（哿 紙）　張口也从口多聲詩巷伯哆兮侈兮傳大皃箋箕星哆然踵狹而舌廣淮南脩務哆隊哆嗚史記弟子傳漆雕哆字子斂轉注

chí 趍　yí 迻　chǐ 誃　chī 眵　yí 栘　zhā ⿱尚多　yí 移

穀梁僖四傳于是哆然外齊侯也注寬大之意也亦單辭形況字古韻詩巷伯叶哆侈

趍（支）　趍趙夊也从走多聲行遲夊夊之意按字亦作跢方言十三注跢小兒行周禮樂師趨以采齊故書作跢趍遲于行也詩猗嗟巧趨蹌兮釋文本作趍皆以趨爲之叚借爲多景福殿賦厥庸孔多注多當爲趍引廣雅趍多也又爲迻或爲侈說文詨篆解讀若論語跢予之足

迻（支）　遷徙也从辵多聲經傳皆以移爲之叚借爲趍方言十三跌蹷也注江東言跢一曰小兒行

誃（紙）　離別也从言多聲讀若論語跢予之足周景王作洛陽誃臺字亦作謻埤蒼謻冰室門名東京賦謻門曲榭字亦作簃爾雅釋宮連謂之簃通俗文連閣曰簃周書作雒設移以移爲之按此字疑當爲哆之或體爾雅釋言誃離也借爲冎字誃葢借爲迻字㢋字耳

眵（支）　目傷眥也从目多聲一曰瞢兜今蘇俗謂之眼眵音如侈韓愈文兩目眵昏叚借爲多字作眵詩楚茨箋庶眵也釋文本作侈

栘（支）　棠棣也齊民要術十引說文如李而小子如櫻桃从木多聲爾雅唐棣栘常棣棣按實一種花實俱赤者爲棠棣其白者爲常棣耳與櫻桃郁李皆相似而不同今俗謂之棣棠花三家詩夫栘之華萼不煒煒毛詩作常棣何彼襛矣唐棣之華逸詩唐棣之華偏其

說文通訓定聲　隨部第十　卤

反而與晨風山有苞棣采薇維常之華實皆一物也叚借託名幖識字漢書昭帝紀栘中監蘇武應劭曰地名蘇林曰廄名也

⿱尚多（麻）　厚脣皃从多从尚按多聲从尚未詳

移（支 寘）　禾相倚移也从禾多聲一曰禾名按倚移疊韻連語猶旖旎旖施旖施猶儺阿那也禾名當爲此字本訓叚借爲迻廣雅釋詁三移遷也又徙也四轉也齊語則民不移注徙也孟子貧賤不能移注易其行也周書文政紡子移成注易子而教荀子大畧移而從所仕注就也晉語弗能移也注動也洛神賦精移神駭注變也楚辭大招思怨移只注去也莊子庚桑楚拔然曰移是注是無常在故曰移又爲離實爲冎庚桑楚介者移畫又爲迆禮記大傳絕族無移服釋文猶傍也玉藻手足毋移注移之言靡迆也按衺也又爲侈韓詩外傳幾廉倚跌謂之移周書寶典移潔干清又爲廢禮記表記衣服以移之注猶廣大也郊特牲以移民也注移之言羨也又周書作雒設移注承屋曰移又爲袳儀禮少牢禮被錫衣袳袂又爲敂廣雅釋言移遺也史記田叔傳如有移德于我集解猶施也又漢書揚雄傳注以物與人曰移後漢翟酺傳移病注謂作文移而稱病也安帝紀注移書也漢書韓延壽傳注移猶傳也又爲姼按廣雅釋詁一移沾褲也廣韻姑姼輕薄皃本此亦雙聲連語猶安帖之爲安也古韻楚詞漁父叶移波釃爲僞武韜叶施移化僞三畧上叶施加宜知移化隨

垑 chǐ　姼 chǐ　黟 yī　烗 chī　卶 chǐ　袳 chǐ　侈 chǐ　瘃 duò

周書謚保叶移化奇、莊子秋水叶馳移化爲、荀子成相叶儀爲移宅、又叶罷私施移〔轉音〕楚詞大招叶佳規施卑移、

紙 褰 **瘃** 馬病也、从疒、多聲、詩曰、瘃瘃駱馬、毛本作嘽、多單雙聲、廣雅釋訓、瘃瘃疲也、按亦重言形況字〔叚借〕爲㢊、大人賦、瘃以陸離、漢書注、自放縱也、張揖曰、眾皃、史記作壇、又託名幖識字、莊子徐无鬼、張若謵瘃前馬、亦作㞕作朋、

紙 **侈** 掩脅也、从人、多聲、詩巷伯、侈兮哆兮、吳語、俠溝而㢊我、以㢊爲之〔叚借〕爲奓、即奢、說文、一曰奢也、字林、汰也、韓非子解老、多費謂之侈、賈子道術、廣較自斂謂之儉、反儉爲侈、管子侈靡注、謂珠玉之用也、僞泰誓、侈服、左昭三傳、於臣侈矣、注、奢也、又爲多、爾雅釋言、庶侈也、楚語、不陳庶侈、又爲㢊、吳語、以廣侈吳王之心、注、大也、淮南本經、侈苑囿之大、注、廣也、管子大匡、關市之征侈之、注、謂過常也、又周禮典同、侈聲筰、注、謂中央約也、約則聲迫、筰出去疾也、考工梟氏侈弇之所由興、禮記少儀、疏、謂鐘口寬大、又爲移、儀禮少牢禮、侈袂、禮記雜記、其衰侈袂、又爲迆、按孟子、放辟邪侈、當訓衺行也、又託名幖識字、史記樗里子傳、公仲侈、徐廣曰、一作馮、按、㐱誤爲朋、朋聲又誤爲馮也、晉世家、魏侈、趙世家作哆〔古韻〕詩巷伯叶哆侈、

紙 **袳** 衣張也、从衣、多聲、聲類、袲開衣領也、儀禮禮記、侈袂以侈爲之〔叚借〕託名幖識字、說文引春秋傳曰、公會齊侯于袳、按左桓十五、公會宋公衛侯陳侯于袲、在今安徽鳳陽府宿州、公羊作侈、後漢志注、袲一名犖、

説文通訓定聲　隨部弟十　十五

寘 **卶** 有大度也、从卩、多聲、讀若侈、段氏玉裁改度爲㢊、非是、

紙 賄 **烗** 盛火也、从火、从多、會意、按多亦聲、字亦作𤋱、方言十、𤋱火也、楚轉語也、

支 **黟** 黑木也、从黑、多聲、丹陽有黟縣、廣雅釋器、黟黑也、按周書王會夷用閟木、注、生水中、色黑而光、其堅若鐵、又崔豹古今注、烏文木出波斯國、樹高七八丈、色正黑如水牛角、皆黟木類也〔叚借〕託名幖識字、漢書地理志、丹陽郡黝、注、黝字本作黟、今安徽徽州府黟縣、本秦置、縣以黟山得名、黟山唐以後改稱黃山、傳會黃帝嘗遊于此、非古義、今休寧祁門及池州府建德石埭古皆屬黟、其地甚廣、或曰黟縣有柿心黑木、舊充貢品、今三都碧山有此種、未知其審、或又曰、縣南有石墨嶺、出石墨、故名、則不違古今之說、

紙 支 **姼** 美女也、从女、多聲、或从氏聲、按與姡略同、廣雅釋詁一、移沾禘也、以移爲之、漢書敘傳、姼姼公主、注、好皃、孟康曰、姼姼惕惕、愛也、亦重言形況字〔叚借〕發聲之詞、方言六、南楚瀑洭之閒謂婦妣曰母姼、稱婦考曰父姼、按俗字作㚲、廣雅釋親、㚲父也、

紙 **垑** 恃也、从土、多聲、按爾雅釋言、恀恃也、字从心、注、今江東呼母爲恀、亦發聲之詞、舊注、恀恃事自恀也、荀子非十二子、恀然、注、恃尊長之皃、亦單辭形況字、此恀字本訓當从玉篇治土地名、又疑許書系其字于埠下、或恃也爲時也之誤、

筡 zhuā　朵 duǒ　誼 yì　㢊 chǐ　萎 yí　宐(宜) yí　𨋢 qǐ　鉹 chǐ

支 紙 **鉹** 曲鉹也、从金、多聲、一曰鬻鼎、讀若摘、一曰若詩云、侈兮哆兮、字亦作鈘、見聲類〔別義〕集韻、一曰小刀也、

齹 **𨋢** 礙也、从車、多聲、按字亦作軝、軔爲礙車、此謂車相礙也、

支 **宐** 所安也、从宀之下一之上、會意、指事、多省聲、古文不省、籀文作㝖、宜俗字作宜、爾雅釋詁、宜事也、蒼頡篇、宜得其所也、詩鳧鷖、公尸來燕來宜、傳、宜其事也、桃夭、宜其室家、禮記內則、子甚宜其妻、注、猶善也、呂覽當賞、爵祿之所加者宜、注、猶當也、淮南本經、旁薄衆宜、注、適也〔轉注〕禮記王制、宜乎社、爾雅釋天、起大事動大衆、必先有事乎社而後出、謂之宜、又詩小宛、宜岸宜獄、箋、仍得曰宜〔叚借〕爲儀、詩文王、宜鑒于殷、又爲鉹、詩女曰鷄鳴、與子宜之、爾雅釋言、宜肴也、李注、飲酒之肴也、按猶𩰫也、又爲嘉、太元符、好是宜德、注、美也、又爲誼、晉語、將施于宜、注、義也、又詩假樂、宜君宜王、釋文作且、聲訓東京賦、宜無嫌于往初、注、宜之言義也、禮記禮器、宜次之、疏、義也、中庸、義者宜也〔古韻〕詩君子偕老叶珈佗河宜何、女曰鷄鳴叶加宜、裳裳者華叶左宜、鳧鷖叶羅宜、棫樸叶峩宜、鳧鷖叶沙宜多嘉爲、閟宮叶犧宜多、易繫詞下叶地宜、又叶化宜、禮記中庸叶義宜、莊子則陽叶和化宜施、又叶爲化宜差僞、三略上叶施加宜知移化隨〔轉音〕周書大明武叶溪離宜夷、

説文通訓定聲　隨部弟十　十六

支 **萎** 艸萎蔞、从艸、移聲、按亦疊韻連語、猶禾之倚移、木之橠施、華之猗儺也、

紙 **㢊** 廣也、从广、侈聲、廣雅釋詁一、大也、凡㢊廉字經傳皆以侈斂爲之〔叚借〕爲侈、說文引吳語、俠溝而㢊我、注、旁擊也、

寘 **誼** 人所宜也、从言、从宜、會意、宜亦聲、此古仁義字、經傳皆以義爲之、今別用誼爲恩誼字、釋名釋言語、誼宜也、裁制事物使合宜也、太元元數、性誼、注、誼之言宜也、書序、誼伯仲伯作典寶、史記作義、

朵四名、凡朵之派、皆衍朵聲、丁可切

哿 **朵** 樹木𠂹朵朵也、从木、象形、此與𥝌同意、字亦作桗、廣雅釋木、桗株也〔轉注〕易頤、觀我朵頤、注、朵頤者嚼也、集解、頤垂下動之皃也、京本作椯、椯朵一聲之轉、義亦相近、〔叚借〕爲埵、後世有朵殿字、蓋埵之轉注、

哿 麻 **筡** 箠也、从竹、朵聲、與椯略同、字亦作檛、作撾、作過、左文十三傳、注、策馬檛也、漢書第五倫傳、檛婦翁、後漢禰衡傳、參檛蹀躞而前、注、擊鼓杖也、陳球傳注、檛擊也、長笛賦、裁已當檛便易持、注、馬策也、麤者曰檛、細者曰枚、笙賦、修檛內辟、注、長管也〔叚借〕爲踝、射雉賦、䳄

luó 羅　ruó 捼〔挼〕　tuǒ 妥　duǒ 垛　duò 㛊

綺翼而輕揭注：肶也，非是。

哿 **㛊** 量也。从女，朵聲。按：與揣略同，字亦作㛊。廣雅釋詁三：㛊，量也。又按：字从女當別有本訓，量之訓借爲揣耳。

哿 **垛** 堂塾也。从土，朵聲。門堂之塾有左右，左右各有南向北向兩塾，今俗謂門兩邊伸出小牆曰垛頭，其遺語也。字亦作隊。字林：隊，小堆也。吳人謂積土爲隊。纂文：垛，聖也。

妥二名　凡妥之派皆衍妥聲　他可切

哿 **妥** 安也。从爪从女，會意。飲食男女人之大欲存焉，故盜从皿，安晏皆从女。此字許書奪佚，今據偏旁補。詩楚茨：以妥以侑。爾雅釋詁：妥，止也。又妥，安坐也。禮記郊特牲：詔妥尸。儀禮士相見禮：妥而後傳言。注：古文妥爲綏。漢書燕刺王旦傳：北州以妥。孟康曰：古綏字。按：綏从糸妥會意，妥綏義相近，非同字也。文賦：或妥帖而易施。亦雙聲連語。〔叚借〕爲朶。禮記曲禮：國君綏視。疏讀爲妥，下也。庾曰：頹下之皃。又爲隋，即橢。後人謂花落曰妥是也。

歌灰 **挼** 推也。玉篇引說文：摧也。从手，委聲。一曰兩手相切摩也。三蒼：挼，手挼也。今从段氏訂妥聲，字亦作挱。聲類：摩挱猶捫摸也。亦抹殺也。字亦作捼。埤蒼：捼，挪也。〔叚借〕爲隋。儀禮少牢禮、士虞禮：隋祭。或作挼，又作綏，又爲槎。後漢馬融傳注：挼，斫也。

說文通訓定聲　隨部第十

羅二名　凡羅之派皆衍羅聲　魯何切

歌 **羅** 以絲罟鳥也。从网从維，會意。古者芒氏初作羅。詩兔爰：雉離于羅。周禮大司馬：羅弊致禽以祀祊。禮記月令：田獵罝罘羅網。爾雅釋器：鳥罟謂之羅。注：謂羅絡之。〔轉注〕字亦作罹。書洪範：不罹于咎。詩兔爰：雉罹于罦。小弁：我獨于罹。家語辯政：亂罹瘼矣。漢書敘傳：遭罹阨會。幽通賦：故遭罹而嬴縮。僞湯誥：罹其凶害。又爾雅釋詁：罹，憂也。釋言：罹，毒也。詩兔爰：逢此百罹。斯干：無父母詒罹。經傳亦以離爲之。又釋名釋采帛：羅，文羅疏也。楚辭招魂：羅幬張些。注：綺屬也。淮南齊俗：弱緆羅紈。注：縠也。又廣雅釋詁一：羅，列也。楚辭招魂：步騎羅些。史記五帝紀：旁羅日月星辰。索隱：廣布也。又按：今藩籬字亦當爲羅之轉注，或曰杝之俗字。又漢書楊雄傳：杖鏌邪而羅者以萬計。韻畧：邏，循行非常也。晉書音義：中遊兵也。字亦作邏。〔叚借〕雙聲連語。洞簫賦：羅鱗捷獵。注：布列也。謝靈運詩：羅縷豈闕辭。注：或爲覼。又託名幖識字。周語：羅由季姬。注：熊姓國。〔聲訓〕方言七：羅謂之離，離謂之羅。〔古韻〕詩兔爰叶羅爲罹吪，斯干叶儀議罹鶩，叶羅宜。楚詞招魂叶蛇池荷波陀羅離爲，又叶羅歌荷酡波奇離。周書周祝叶柯羅爲。宋玉舞賦叶華波羅。

luǒ 蠃　luò ⿳亡口⿲月立凡　luó 驘　luǒ 臝　léi 羸　luó 嬴　luó 蘿

歌 **蘿** 莪也。从艸，羅聲。蒿屬。詩頍弁：蔦與女蘿。傳：女蘿，菟絲，松蘿也。釋文：在田曰兔絲，在水曰松蘿。〔轉注〕廣雅釋草：海蘿，海藻也。〔叚借〕爲籮。實爲杝。周禮委人注：苑囿藩蘿之材。按：實亦借爲羅也。〔古韻〕楚詞山鬼叶阿蘿。

嬴十名　凡嬴之派皆衍嬴聲　郎可切

哿 **嬴** 或曰嘼名，象形，闕。集韻引說文作獸名。

支 **羸** 瘦也。从羊，嬴聲。按：本訓當爲瘦羊，轉而言人耳。廣雅釋詁一：羸，極也。三：惡也。釋言：瘠也。禮記問喪：身病體羸。釋文：疲也。淮南繆稱：小子無謂我老而羸我。注：劣也。詮言：兩人相鬭，一羸在側。注：劣人也。楚語：恤民之羸。注：病也。〔轉注〕左桓六傳：請羸師以張之。周語：此羸者陽也。注：弱也。漢書鄒陽傳：身在貧羸。注：謂無威力。又淮南脩務：今劍或絕側羸文。注：無文也。〔叚借〕爲纍。易姤：羸豕孚蹢躅。宋衷注：大索所以繫豕。大壯：羸其角。馬注：大索也。井：羸其瓶。虞注：鉤羅也。又爲裸。左昭元傳注：而體羸露。呂覽首時：眾林皆羸。注：葉盡也。〔聲訓〕釋名釋言語：羸，累也，恆累於人也。羸累雙聲。〔古韻〕老子無爲叶隨吹羸墮。

哿 **臝** 袒也。按：但也。从衣，嬴聲。或从果聲，字亦作倮，誤作臝。廣雅釋詁四：臝，袒也。左僖廿三傳：欲觀其裸。昭三十一傳：趙簡子夢童子臝而轉以歌。周禮大司徒：其動物宜臝物。注：虎豹貔貐之屬，淺毛者。呂覽觀表注：麒麟麋鹿牛羊之屬，蹄角裸見，皆爲裸蟲。又呂覽求人：羽人裸民之處。注：不衣衣裳也。大戴曾子天圓：唯人爲倮匈而後生也。注：倮匈謂無毛羽與鱗介也。與嵇茂齊書表：龍章於裸壤。注：文身也。〔轉注〕管子七臣七主：倮大衍。注：謂焚燒令蕩然俱盡。〔聲訓〕漢書王嘉傳注：裸，露也。江都易王非傳：輒令嬴立擊鼓。注：露其形也。裸露雙聲。

說文通訓定聲　隨部第十

歌 **驘** 驢父馬母。从馬，嬴聲。或从羸聲，俗字作騾。其馬父驢母者爲駃騠。楚辭憂苦：同駑騾與乘駔兮。漢書霍去病傳：單于遂乘六驘。上林賦：駃騠驢驘。

箇 **⿳亡口⿲月立凡** 瘻也。从立，嬴聲。

哿歌 **蠃** 螺蠃也。从虫，嬴聲。一曰虒蝓。俗字作螺。易說卦傳：離爲蠃。周禮鼈人：共蠯蠃蚳。醢人：葵菹蠃醢。吳語：其民必移就蒲蠃于東海之濱。注：蚌蛤之屬。淮南本經：冠無觚蠃之理。注：讀指端蠃文之蠃。按：字與蝸同訓。爾雅釋魚：蚹蠃螔蝓。書大傳：鉅定蠃。注：蝸牛也。經傳亦以蠡爲之。後人別水生可食者爲螺，陸生不可食者爲蝸牛。

朵妥羅嬴

部 **癳** 癳 疥病也从疒从羸聲按相聚傳染之病左桓六傳謂其不疾瘯蠡也以蠡為之正字當作族癳釋文引說文作瘰云瘯瘰皮肥也誤俗字作瘰耳

部 **𡳆** 𡳆 𣃇中病也从尢羸聲

箇 **𦆽** 𦆽 不均也从糸羸聲

歌 **𨰲** 𨰲 銼𨰲也从金羸聲按釜屬銼𨰲亦疊韻連語

蓏一名 郎果切

部 **蓏** 蓏 在木曰果在地曰蓏从艸从㼌會意按艸實也木曰果艸曰蓏瓜瓠之屬也易說卦傳艮為果蓏京本作墮周禮場人而樹之果蓏珍異之物張晏曰有核曰果無核曰蓏甸師共野果蓏之薦注瓜瓞屬

禾五名凡禾之派皆衍禾聲 戶戈切

歌 **禾** 禾 嘉穀也二月始生八月而孰得時之中故謂之禾禾木也木王而生金王而死从木从𠦒省𠦒象其穗按得時之中猶曰得時之和古中和通訓齊民要術及思元賦注皆引說文得時之中和後人以意沾和也廣雅釋草粢黍稻其采謂之禾蓋凡穀皆以成實為貴禾象穗成故為嘉穀之通名穀未秀曰苗已秀曰禾實曰粟粟中肉曰米莠草絕似禾其穗揚起不實害禾而不得為禾也春秋說題辭禾者含滋液也淮南繆稱夫子見禾之三變也按始于苗成于穗終于粟儀禮聘禮門外米禾皆二十車注禾稾實并刈者也轉注穆天子傳西膜之所謂木禾注粟類也聲訓說文得時之中故謂之禾按易蒙釋文曰中和也書歸禾序疏禾者和也管子小問故命之曰禾注禾以其調和人之性命

歌箇 **咊** 咊 相應也从口禾聲今字作左形右聲字亦作咊廣雅釋言咊和也詩蘀兮倡予和女論語而後和之列子周穆王王和之注荅也轉注爾雅釋樂大笙謂之巢小者謂之和孫注和應和於笙又周禮小師與其和注和錞于又爾雅釋樂徒吹謂之和叚借為龢周語樂從和注八音克諧也大戴保傅聲曰和周禮典同凡和樂亦如之注謂調其故器也又禮記明堂位垂之和鐘周禮大馭以鸞和為節注鸞在衡和在軾皆以金為鈴又大司樂中和祗庸孝友注剛柔適也周書王佩化行在知和注可否相濟曰和禮記郊特牲陰陽和而萬物得中庸發而皆中節謂之和論語和為貴皇疏和即樂也左昭十二傳和正信之本也又秦策與荊人和注平也鄭語以它平它謂之和又考工弓人和弓轂摩注猶調也素問五常政大論其候溫和注春之氣也又周書謚法和會也廣雅釋詁三和諧也又為盉周禮內饔煎和之事注齊以五味食醫掌和王之六食注調也烈祖亦有和羹賓之初筵酒既和旨箋旨酒調美也又禮記內則和灰請漱注和漬也又託名幖識字大戴衛將軍文子至于其為和容也注和容主賓容也又周禮大司馬以旌為左右和之門注軍門曰和今謂之壘門立兩旌以為之吳語遷軍接龢作龢又呂覽開春見棺之前和注棺題曰和字亦作𣐤廣雅釋器𣐤柩其當謂之𣐤又書堯典乃命羲和馬注和氏掌地官盧子諒詩趙氏有和璧淮南說山以鬲為之又禹貢和夷底績馬注地名也水經桓水注引鄭注和讀曰桓在今四川又周禮大司樂雲和之琴瑟注山名又為私之誤字魯語懷和為每懷又史記表秦共公和秦本紀索隱本作猳和桓和猳皆雙聲古龍詩蘀兮叶吹和易中孚叶和靡莊子則陽叶和化宜施

歌 **龢** 龢 調也从龠禾聲讀與和同一切經音義六引說文音樂和調也周語聲相應保曰龢洞簫賦與謳謠乎相龢東都賦龢鑾玲瓏經傳多以和為之轉注周語言惠必及龢注睦也又龢同可觀注以可去不曰龢答賓戲稟仰太龢叚借疊韻連語洞簫賦行鍖銋以龢囉注聲迭蕩相雜皃

歌 **盉** 盉 調味也从皿禾聲詩烈祖亦有和羹七發肥狗之和經傳皆以和為之

歌 **科** 科 程也从禾从斗會意斗者量也按禾亦聲廣雅釋言品也又條也又蔂也釋詁三本也論語入佾為力不同科秦策科條既備太元元攡三儀同科注法也公羊經傳解詁疏科者段也叚借為坎孟子盈科而後進太元從從水之科滿注法也廣雅釋詁三科空也科坎雙聲又為厄按易說卦傳為科上槁釋文空也非是虞本作折又託名幖識字爾雅科斗活東注蝦蟆子樊孫注蟾諸子也莊子秋水還虷蟹與科斗書序科斗文字字書水蟲也字亦作蝌聲訓釋名釋典藝科課也課其不如法者罪責之也

𠀀四十六名凡𠀀之派皆衍𠀀聲 虎何切

歌 **𠀀** 𠀀 反丂也讀若訶按氣之舒也从反丂指事

部 **可** 可 肎也从口从𠀀會意𠀀亦聲按許詞也禮記玉藻士竹本象可也疏言可者通許之辭曾子問不可疏不可不許之辭中庸體物而不可遺注猶所也按所者許也荀子解蔽則不可道而可非道注可謂合意也禮記少儀即席曰可矣注可猶止也論語期月而已可也皇疏可者未足之辭也易說卦九家坎為可叚借為㚇禮記內則擇於諸母與可者注可者傳御之屬也聲訓晉語大夫辭之不可

kē 苛　hē 訶　gē 鴚　qí 奇

注肯也。又固止之不可。注肎也。難蜀父老其殆不可乎。注猶言不堪也。可肯堪一聲之轉。後漢皇甫規傳注可猶宜也。【古韻】詩桑柔叶可歌。何人斯叶禍我可。

歌 **苛** 小艸也。从艸可聲。【轉注】一切經音義一引說文苛尤劇也。漢書成帝紀勿苛留注細刻也。史記酈生陸賈傳好苛禮。晉語內無苛慝注煩也。楚語弭其百苛注虐也。荀子富國苛關市之征注暴也。管子小匡小廉而苛忕注密也。素問玉真要大論筋肉拘苛注重也。逆調論人之肉苛者注謂痹重。又晉語以皋落翟之朝夕苛我邊鄙注擾也。【叚借】爲訶。禮記王制譏苛察。周禮射人不敬者苛罰之注謂詰問。世婦注譴也。方言二苛怒也。陳謂之苛。許君說文敘曰廷尉說律至以字斷法苛人受錢。苛之字止句也。蓋自叚借之理不明。秦漢俗隸至改苛爲岢。言止而鉤取其錢。玉篇因又有岢字。此許君一書所謂功不在禹下也。又爲疴。禮記內則疾痛苛養注疥也。呂覽審時身無苛殃注病也。爾雅釋言苛妎也。按猶痾疥也。【古韻】楚詞大招叶苛罷麾施爲。

歌 **訶** 大言而怒也。从言可聲。字亦作呵。廣雅釋詁二訶怒也。漢書食貨志縱而弗呵虖注責怒也。南山經青丘之山有鳥焉其音若呵。經傳皆以苛爲之。字亦作歌。廣雅釋詁二歌息也。【叚借】重言形況字。字亦作嗬。廣雅釋訓呵呵嗬嗬笑也。釋詁一嗬笑也。又雙聲連語海賦呵欶注掩鬱不明皃。

説文通訓定聲　隨部第十

歌 **鴚** 鴚䳺也。从鳥可聲。按雁也。字亦作鳹作駕。方言八鴈或謂之倉鴚。太元裝鴚鵞慘于冰注水鳥。上林賦連駕鵝。西京賦駕鵝鴻鶤注駕野鵝。左定元傳魯大夫榮駕鵝以駕爲之。

支支 **奇** 異也。从大可聲。周禮閽人奇服怪民不入宮注衣非常。禮記曲禮國君不乘奇車。何注不如法之車。宮正奇衺之民注譎觚非常。晉語奇生怪。又荀子非相足以爲奇偉偃卻之屬注奇偉誇大也。荀子脩身倚魁之行以倚爲之。老子以奇用兵注詐也。史記外戚世家因欲奇兩女索隱奇者異之也。管子自心奇身名廢注謂邪不正。淮南兵畧刑德奇賅之數注奇賅陰陽奇秘之要。又素問三部九候論其病者在奇邪注謂奇繆不偶之氣而與經脈繆處也。【叚借】爲畸。史記貨殖傳時有奇羨索隱餘衍也。漢書食貨志操其奇贏注謂有餘財。又首長入分有奇注謂有餘也。管子禁藏旁入奇利注餘也。又爲踦。說文一曰不耦。白虎通嫁娶陽數奇。儀禮鄉射禮一筭爲奇。海外西經奇肱之國其人一臂三目有陰有陽。大荒西經有人曰吳回奇左是無右臂。淮南墬形奇股民注隻也。又周禮大祝七曰奇𢷬大夫注謂一拜也。按先屈一膝即所謂雅拜也。杜注又讀曰倚則謂持節持戟時身倚之以拜也。又爲觭。漢書李廣傳以爲李廣數奇按觭

gě 哿　kē 柯　ē 痾　hè 何

者角一俛一仰。轉注爲鉏鋙不合之意。故觭亦謂之鉏鋙。孟康曰奇隻不耦也。非是。又託名幖識字。廣雅釋天汉神謂之奇相。【古韻】楚詞招魂叶羅歌荷酡波奇離。周書鄷保叶移化奇。

哿 **哿** 可也。从可加聲。詩正月哿矣富人傳可也。左昭八傳哿矣能言注嘉也。疏哿無正訓以其字从加从可故各以意訓耳。愚按此字从加可聲。即詩君子偕老副笄六珈之珈。傳珈笄飾之最盛者。箋珈之言加也。大元嘗婦人易哿注笄飾也。正作哿。字亦作珈。詩哿矣富人叚借爲可耳。

歌 **柯** 斧柄也。从木可聲。齊人謂之椑。詩伐柯如何。考工記車人之事一欘有半謂之柯。車人爲車柯長三尺。晉語今若大其柯。廣雅釋器柄也。【轉注】字亦作笴。考工記妢胡之笴矢人以笴厚爲之羽深注謂矢幹也。讀爲稾。古文叚借字。按笴稾亦雙聲。故書作笱。詛亦可通。據儀禮大射儀北一笴鄉射禮記物長如笴注矢幹長三尺與跬相應。正與車人柯長三尺合。又爾雅釋詁柯法也。【別義】廣雅釋木柯莖也。顏延年曲水詩序幷柯共穗之瑞注幷枝連理也。詩湛露箋使物柯葉低垂。疏謂枝也。又方言五盂謂之柯。按盂者椑屬。故齊人亦謂斧柄爲椑。皆語言之異耳。又託名幖識字。左襄十九諸侯盟于祝柯在今山東濟南府長清縣。公羊作阿。又成十七年同盟于柯陵注

説文通訓定聲　隨部第十

鄭西地。風俗通引國語作加。淮南人閒訓作嘉。未知孰是。又水經溫水注牂柯江中兩山名也。又發聲之詞。匡謬正俗俗謂如許物爲若柯。按猶言若干。干柯雙聲。【古韻】周書周祝叶柯羅爲顯宜。周書周祝叶柯枝。

歌 **痾** 病也。从疒可聲。洪範五行傳時即有口痾。字亦作痾。漢書五行志及人謂之痾。痾病皃。言𤸃深也。

歌 **何** 儋也。从人可聲。易噬嗑何校滅耳。小爾雅廣言何任也。詩候人何戈與祋傳揭也。無羊何蓑何笠。元鳥百祿是何。儀禮鄉飲酒禮二人皆左何瑟。經傳亦以荷爲之。李翊碑長柯芬芳成人之行以柯爲之。【叚借】發聲之詞。易大畜何天之衢注辭也。論語能以禮讓爲國乎何有。集解言不難也。左昭七傳嗣吉何建。入年傳若何弔也。公羊桓三傳曰否何者注將設事類之辭。儀禮喪服傳無爵而杖者何疏稱何以者據彼決此。童子逢盛碑無可柰何。以河爲之。又說文錯本一曰誰也。廣雅釋詁二何問也。左襄十傳則何謂正矣。高唐賦何節奄忽。射雉賦何調翰之喬桀。又史記秦皇紀陳利兵而誰何。漢書衞綰傳不孰何綰或曰借爲訶。又託名幖識字。爾雅釋蟲蛶螪何。字亦作蚵。蜥易之屬。【古韻】詩北門叶爲何。君子偕老叶珈佗河宜何。晨風叶何多。澤陂叶陂荷何爲沱。東山叶縭儀嘉何。斯干叶何羆蛇。節南山叶猗何瘥多嘉嗟。隰桑叶阿難何。巧言叶何河爲。何中韻。易鼎叶義何。左宜二叶皮多。那何。吳語叶蛇何。楚詞九辯叶化何。荀子天

論叶儀化過何。轉音鶡冠子世兵叶夸何。

哿 砢 磊砢也。从石，可聲。石魁礧之皃。上林賦水玉磊砢。又世說新語曰其人磊砢而英多。

歌 河 河水出焞煌塞外昆侖山發原注海。从水，可聲。出今西域枯爾坤山即崑崙山，經甘肅陝西河南山東至江蘇淮安府安東縣入海。禹貢導河積石。積石山在今甘肅西寧府。續漢五行志注河者經天亙地之水也。爾雅江河淮濟爲四瀆。又河出崐崘虛色白。公羊文十二傳河千里而一曲也。孝經援神契河者水之伯。又爾雅九河徒駭太史馬頰覆鬴胡蘇簡絜鉤般鬲津。又水經沁水注河南河東河內爲三河也。轉注謝元暉詩秋河曙耿耿。注天漢也。按天河亙于兩極，爲周天南北之圜。泰西測以遠鏡則無數微星合成光氣也。牛斗乘槎無稽妄說。又易坎用馮河。莊子自淛河以東。釋文北人名水皆曰河。後漢鄭炎傳注河者水之總名也。本朝河道工程以黃淮二瀆爲大運河。次之永定河。又次之及南北條諸川湖淀附流入海分流濟運者咸受治焉。又穆天子傳是爲河宗氏。注河四瀆之宗。又家語困誓河目隆顙。注河目上下匡平而長。叚借爲渮。禹貢徐州浮于淮泗達于河。又爲㵢。晉語有如河水。注字相似而誤。又發聲之詞。吳仲山碑感痛柰河。聲訓廣雅釋水河何也。詩元鳥景員維河。箋河之言何也。春秋說題辭河之言荷也，荷精分布懷陰引度也。書大傳河者播也。播爲九流出龍圖也。釋名河下也。隨地下處而通流也。古韻詩君子偕老叶珈佗河宜何。葛藟叶河他他我。句中韻。巧言叶何河爲句中韻。楚詞河伯叶河波螭。轉音詩元鳥叶祁河。

哿馬 閜 大開也。从門，可聲。上林賦谽呀豁閜。莊子知北遊日中奓戶而入。司馬注開也。以奓爲之。別義說文大杯亦爲閜。按方言五栝其大者謂之閜。猶盂謂之柯也。語言之異耳。叚借疊韻連語。上林賦坑衡閜砢。注相扶持也。

歌 抲 抲撝也。从手，可聲。書酒誥盡執抲。今本作拘。

歌 婀 女字也。从女，可聲。讀若阿。叚借託名幖識字。莊子知北遊婀荷甘。人名。一作娿。

哿 坷 坎坷也。从土，可聲。漢書楊雄傳減南巢之坎坷兮。按坎坷雙聲連語。不平之皃。亦作轗軻。叚借託名幖識字。說文梁國寧陵有坷亭。

歌哿 軻 接軸車也。从車，可聲。史記孟子傳正義孟子名軻，字子輿。叚借雙聲連語。轗軻猶坎坷也。或曰孟子居貧多迍，故名字子居。

歌 阿 大陵也。一曰曲阜也。从𨸏，可聲。詩皇矣我陵我阿。卷阿有卷者阿。考槃考槃在阿。傳曲陵曰阿。爾雅釋邱偏高阿邱。廣雅釋邱四京曰阿。穆天子傳天子獵于鈃山之西阿。注山陂也。思元賦流目眺夫衡阿兮。注山下也。楚辭山鬼若有人兮山之阿。注曲隅也。轉注穆天子傳天子飲于河水之阿。注水崖也。漢書禮樂志紛之阿。注水之曲隅。又考工匠人四阿重屋。周書作雒咸有四阿。注宮廟四下曰阿。儀禮士昏禮賓升西階當阿。注棟也。莊子外物被髮闚阿門。司馬注屋曲簷也。西都賦周阿而生。注庭之曲也。左傳椁有四阿。又說文谷口上阿也。叚借爲倚。詩長發實惟阿衡。箋阿倚也。衡平也。左昭廿傳阿下執事。注比也。又廣雅釋詁三阿近也。二亥也。周語弗諫而阿之。注隨也。呂覽長見阿鄭君之心。注從也。楚辭逢紛行叩誠而不阿兮。注曲也。禮記月令是察阿黨。注謂治獄吏以私恩曲橈相爲也。離騷皇天無私阿兮。注所私爲阿。又爲纙。列子周穆王衣阿錫。注細穀也。漢書禮樂志曳阿錫。注細繒也。又爲妿。後漢崔實傳阿保。注傅母也。又單辭形況字。詩隰桑有阿。傳阿然美皃。阿那亦雙聲連語。又託名幖識字。淮南天文天阿者羣神之闕也。楚辭謬諫遠棄太阿。注利劍也。古韻詩柏舟叶阿儀他。考槃叶阿邁歌過。菁莪叶莪阿儀。無羊叶阿池訛。隰桑叶阿難何。楚詞山鬼叶阿蘿。

歌 渮 渮澤水。在山陽胡陵南。禹貢浮于淮泗達于渮。从水，苛聲。按徐州之境達濟以達于河也。今本作河，誤。其水當在今山東兗州府魚臺縣東流入泗，與豫州導渮澤及導沇水又東至于渮，當在今曹州府荷澤縣東南及定陶縣界者微別。而皆濟水下流也。史記字作荷。周禮職方疏作柯。

支 徛 舉脛有渡也。从彳，奇聲。轉注爾雅釋宮石杠謂之徛。廣雅釋宮徛步橋也。按亦曰略彴。聚石水中以爲步渡者。

紙 齮 齧也。从齒，奇聲。蒼頡篇齊人謂齧咋爲齮。齮側齧也。史記田儋傳齮齕用事者墳墓。字亦作齣作𪘏。廣雅釋詁三齣𪘏齧也。其奇雙聲。

支 𤘽 虎牙也。从牙，从奇，奇亦聲。按奇聲。楚辭大招靨輔奇牙，宜笑嫣只。以奇爲之。

支 踦 一足也。从足，奇聲。魯語踦跂畢行。注蹩躠也。書大傳其跳者踦也。注踦步足不能相過也。管子一踦腓一踦屨。字亦作踦。字林踦隻也。謂一身。轉注爾雅釋畜前足左白踦。漢書段會宗傳注踦隻也。方言二凡全物而體不具，梁楚之閒謂之踦。雍梁之西郊凡嘼支體不具者謂之踦。叚借爲奇。大戴子張問入官矢言勿踦。注邪也。又爲畸。太元元瑩或嬴或踦。注不足也。按畸者所賸之少分也，故有餘爲畸，不足亦爲畸。聲訓風俗通踦者奇也。

支 攲 持去也。从支，奇聲。通俗文以箸取物曰攲。說文持去疑持亦之誤。叚借爲攱。荀子宥坐孔子觀于魯桓公之廟有攲器焉。注傾

qī 碕

皴易蠹之器、

碕 支 [seal] 棄也、从歺奇聲、俗語謂死曰大碕、廣雅釋詁四、碕非也、

jī 剞

剞 支 剞剧曲刀也、从刀奇聲、字亦作㓷、見顔氏家訓、楚辭哀時命、握剞劂而不用兮、注、刻鏤刀也、漢書楊雄傳、般倕弃其剞劂兮、淮南本經、公輸王爾無所錯其剞劂削鋸、注、剞巧刺畫墨邊箋也、倣眞鏤之以剞劂、注、巧工鉤刀也、段借爲柯、吳都賦、剞劂能熊之室、注、亦剞也、又託名幖識字、穆天子傳、至于剞閭氏、注、音倚、

qī 觭

觭 支 角一俯一仰也、从角奇聲、易睽、其牛觭、段借爲踦、漢書五行志引公羊、匹馬觭輪無反者、注、隻也、又爲奇、周禮大卜、二曰觭夢、按、怪異也、

yī 椅

椅 支 紙 梓也、从木奇聲、按梓屬、詩定之方中、樹之榛栗、椅桐梓漆、草木疏、梓實桐皮曰椅、今人云梧桐也、爾雅、椅梓、注、卽楸、尸子、荊有長松文梓、則椅木有美文、古韻詩湛露叶椅離儀、小弁叶椅杝佗、

yǐ 旖

旖 支 旗旖施也、从㫃奇聲、按旖施疊韻連語、亦作旖旎、雙聲連語、猶猗儺、倚移也、

說文通訓定聲　隨部弟十　卅五

jì 寄

寄 寘 託也、从宀奇聲、廣雅釋詁四、依也、一切經音義引廣雅、客也、儀禮喪服傳、寄公者何、失地之君也、經傳寄廬字以羈旅爲之、字亦作羇、轉注、論語、可以寄百里之命、皇疏、寄是暫寄、有反之目也、齊語、令可以寄政、莊子繕性、物之儻來寄也、又廣雅釋草、寄屏寄生也、釋木、寄生蔦也、段借爲羈、禮記王制、東方曰寄、

yǐ 倚

倚 紙 依也、从人奇聲、易說卦、參天兩地而倚數、虞注、立也、書盤庚、恐人倚乃身、傳、曲也、禮記中庸、夫焉有所倚、疏、謂偏有所近、曲禮、主佩倚則臣佩垂、注、謂附于身、禮器、有司跛倚以臨祭、注、依物爲倚、論語、在輿則見其倚於衡也、皇疏、猶憑也、老子、禍兮福所倚、注、因也、荀子解蔽、倚其所私、注、任也、漢書韓安國傳、上方倚欲以爲相、注、謂仗任之也、段借爲奇、荀子儒效、倚物怪變、桀辱、文姦言爲倚事、釋名釋姿容、倚、徛也、徛作清徛也、言人多伎巧、尙輕細如徛也、莊子天下、南方有倚人焉、又爲踦、穀梁僖三十三傳、匹馬倚輪無反者、又託名幖識字、爾雅釋草、倚商活脫、廣雅釋器、倚陽符篤也、方言二、作倚佯、古韻詩車攻叶駕倚馳破、老子順化叶禍倚、

qí 騎

騎 支 寘 跨馬也、从馬奇聲、按左昭廿五傳、左師展將以公乘馬歸、宣十二傳、趙旃以良馬二、濟其兄與叔父、是單騎、春秋時已有之、史記袁盎傳、不騎衡、索隱、謂跨之、楚辭招魂、步騎羅些、注、乘馬爲騎、釋名釋姿容、騎、支也、兩腳枝別也、轉注、禮記曲禮、前有車騎、史記項羽紀、乃上馬騎、漢書高帝紀、操兵乘騎馬、注、單騎也、

yī 猗

猗 支 紙 哿 犗犬也、从犬奇聲、廣雅釋獸、猗、犍也、段借爲倚、詩淇奧、猗重較兮、釋文、依也、詩巷伯、猗于畝丘、傳、加也、又爲掎、詩七月、猗彼女桑、傳、角而束之曰猗、七發、注、引作倚、又爲阿、按、詩節南山、有實其猗、傳、訓長、則謂借爲阿、又疊韻連語、詩猗嗟、昌兮、傳、歎辭、列子黃帝、吾與之虛而猗移、釋文、至順之皃、嘯賦、藉臯蘭之猗靡、注、隨風之皃、漢書司馬相如傳、扶輿猗靡、注、今人猶呼相撫掩容養爲猗靡、又雙聲連語、晉語、猗兮違兮、注、歎也、漢書孔光傳、猗違者連蔑、注、猶依違耳、漢武賢良詔、猗歟偉歟、注、美也、詩那、猗與那與、傳、歎辭、隰有萇楚、猗儺其枝、傳、柔順也、楚辭章句作旖旎、漢書司馬相如傳、又猗狔以招搖、注、下垂皃、又猗狔從風、注、猗阿那也、高唐賦、猗狔豐沛、注、柔弱下垂皃、江賦、隨風猗萎、注、隨風之皃、又重言形況字、詩淇奧、綠竹猗猗、傳、美盛皃、琴賦、靡靡猗猗、注、衆盛皃、又單辭形況字、詩潛、猗與漆沮、箋、歎美詞、又助語之詞、詩伐檀、河水淸且漣猗、爾雅釋水作漪、吳都賦、剛濦漪瀾、非是、莊子大宗師、而我猶爲人猗、按、猶兮也、古韻詩淇奧叶猗嗟磨、節南山叶猗何蹉多嘉嗟那叶猗那、

jǐ 掎

掎 紙 偏引也、从手奇聲、詩小弁、伐木掎矣、傳、則謂借爲倚、左襄十四傳、諸戎掎之、疏、言戾其足也、魯語、掎止晏萊焉、注、從後曰掎、漢書息夫躬傳、躬掎䪥曰、注、從後引之也、漢書敘傳、劉季逐而掎之、注、偏持其足也、

說文通訓定聲　隨部弟十　卅六

qǐ 綺

綺 紙 文繒也、从糸奇聲、廣雅釋器、綺、絲也、漢書地理志、織作冰紈綺繡純麗之物、注、卽今細綾也、漢書敘傳、在於綺襦紈袴之閒、神女賦序、羅紈綺繢盛文章、轉注、魯靈光殿賦、天窗綺疏、張注、文也、七命、流綺星連、注、光色也、後漢宦者傳、綺室、注、室之麗者、東都賦、疆場綺分、謂迻遣成文也、段借疊韻連語、文賦、詩緣情而綺靡、注、精妙之言、聲訓、釋名、綺、敧也、其文敧邪不順經緯之縱橫也、

jī 畸

畸 支 殘田也、从田奇聲、謂餘田不整齊者、論語學而、千乘、集解、三百一十六里有畸、荀子天論、墨子有見于齊、無見于畸、經傳皆以奇爲之、段借爲奇、廣雅釋詁二、畸、衺也、莊子大宗師、敢問畸人、李注、奇異也、古韻荀子天論叶畸多、又叶畸施多化、

yǐ 錡

錡 紙 鉏鋤也、从金奇聲、詩、又缺我錡、傳、鑿屬、按、此器疑如今疏櫌鉎刀、轉注、西京賦、設在蘭錡、注、架也、受他兵曰蘭、受弩曰錡、別義、說文、江淮之閒謂釜曰錡、方言五、鍑、江淮陳楚之閒謂之錡、注、三腳釜也、詩采蘋、維錡及釜、傳、有足曰錡、無足曰釜、段借爲敧、上林賦、巖陁甗錡、注、敧也、又疊韻連語、文賦、固崎錡而難便、注、不安皃、古韻詩破斧叶錡吪嘉、

yǐ 輢

輢 紙 寘 車旁也、从車奇聲、車之兩傍、人可倚之處也、兵車戈殳矛戟皆植于輢、其內縱橫小木以縮輢板者謂之軹、輢之崇處反出者

yǐ 陭　hé 荷　ě 閜　ē 婀　yǐ 橢　gē 哥　gē 歌　gē 渮

曰輒，輢之上出軾者曰較。【叚借】爲倚。蜀都賦「枕輢交趾」，注：寄也。或曰借爲掎。

支 **陭** 上黨陭氏阪也。从𨸏奇聲。陭氏，漢縣，在今山西潞安府，與河東猗氏縣在今蒲州府者別。【叚借】雙聲連語。周憬功勳碑「增陖峭兮甚嶇陭」，字亦作崎。廣雅釋訓：崎嶇，傾側也。埤蒼：崎嶇，不安也。【又】疊韻連語。魯靈光殿賦「上崎嶬而重注」，注：危嶮皃。文賦「固崎錡而難便」。【別義】漢書揚雄傳「探巖排碕」，注：曲岸也。司馬相如傳「激堆埼」，又「臨曲江之隑州」，字亦作碕、作埼、作隑。

歌哿 **荷** 芙渠葉。从艸何聲。爾雅字作蕸，而以荷爲總名。釋草：荷，扶渠，其莖茄，其葉蕸，其本蔤，其華菡萏，其實蓮，其根藕，其中的，的中薏。按其花亦曰夫容，高誘曰：幽州總謂之光荷。詩澤陂「有蒲與荷」，箋：芙蕖之莖曰荷。山有扶蘇「隰有荷華」，傳：荷華，扶渠也，其葉菡萏。是荷、茄、菡萏亦可互稱耳。風俗通：荷，水物也，所以厭火。【叚借】爲何。小爾雅廣言：荷，擔也。左昭七傳「其子弗克負荷」，公羊宣六傳「有人荷畚」，論語「有荷蕢」，「以杖荷蓧」。東京賦「荷天下之重任」。又爲苛。漢書酈食其傳「皆握齱好荷禮」。【又】託名幖識字。莊子知北遊「妸荷甘與神農同學於老龍吉」。【古韻】詩澤陂叶陂荷何爲沱。楚詞招魂叶蛇池荷波陀羅離爲。又叶羅歌荷酡波奇離。

哿 **閜** 門傾也。从門阿聲。【叚借】疊韻連語。上林賦「阬衡閜砢」，注：相扶持也。

歌 **婀** 陰婀也。从女阿聲。按陰婀雙聲連語，猶婀阿也。廣韻曰：婀娜，不決。

支 **橢** 木橢施也。从木旖聲。賈侍中說：橢即椅木，可作琴。按橢施疊韻連語，猶禾之倚移、枝之猗儺，逶迤說是也。當爲椅字之或體。

歌 **哥** 聲也。从二可。按發聲之語，如可而平，今以爲稱兄之詞。【叚借】說文古文以爲謌字。

歌 **歌** 詠也。从欠哥聲。或从言。易離「不鼓缶而歌」，虞書「歌永言」，禮記樂記「歌詠其聲也」，「故歌之爲言也，長言之也」。周禮小師「掌教鼓鼗柷敔塤簫管弦歌」，詩行葦「或歌或咢」，傳：歌者比于琴瑟也。園有桃「我歌且謠」，傳：曲合樂曰歌。梁簡文帝曰：在辭爲詩，在樂爲歌。孔耽神祠碑「含詞如頌」。【轉注】詩墓門「歌以訊之」，箋：歌，謂作此詩也。【聲訓】釋名：人聲曰歌。歌，柯也，所歌之言是其質也，以聲吟詠有上下，如草木之有柯葉也。故兗冀言歌聲如柯也。【古韻】詩江有汜叶沱過歌，考槃叶阿薖歌過，東門之池叶池麻歌，卷阿叶多馳歌，桑柔叶可歌，白華叶池歌。句中韻：易中孚叶罷歌。楚詞天問叶歌地，招魂叶羅歌荷酡波奇離。管子形勢叶歌化。【轉音】楚詞遠遊叶妃歌飛夷蛇徊。

歌 **渮** 多汁也。从水哥聲。廣雅釋言：渮，淖也。淮南原道「甚淖而渮」，注：饘粥多瀋者謂渮。渮讀歌謳之歌。

臥一名 吾貨切

說文通訓定聲　隨部弟十

wò 臥(卧)　zuǒ ナ　zuǒ 左　zuǒ 𡯽　huī 隓

箇 **臥** 休也。从人臣，取其伏也。說文鍇本：臥，伏也。按凡寢于牀，臥于几。孟子「隱几而臥」，故臨从臥爲意。說文「尸下曰象臥之形」。或曰字从人臣無理，當从几从臣。臥則臣聳於几也。筆畫相承誤耳，存參。禮記樂記「聽古樂則惟恐臥」。【轉注】廣雅釋詁四：臥，偃也。墨子經「臥，知無知也」。經說：臥，夢。荀子解蔽「心臥則夢」，注：寢也。北山經「邊春之山有獸，見人則臥，名曰幽鴳」，注：言佯眠也。南山經「基山有鳥焉，名曰鵂鵂，食之無臥」。又管子白心「臥名利者寫生危」，注：猶息也。【聲訓】釋名：臥，化也，精氣變化不與覺時同也。

ナ二十三名。凡ナ之派皆衍ナ聲。 臧可切

哿 **ナ** 左手也。象形。按从反又，指事。ナ所以左又手者也。經傳皆以左爲之。

哿箇 **左** 手相左助也。从ナ工，會意。按ナ亦聲。ナ手所以助又手者也。據隓篆當補籀文𡍮，俗字作佐。易象上傳「以左右民」，虞書「予欲左右有民」，詩長發「實左右商王」，周禮士師「以左右刑罰」，禮記檀弓「左右就養無方」，注：謂扶持之。漢書王莽傳「𡍮𡍮在左右之不得從意」。又周禮天官「以佐王均邦國」，田僕「掌佐車之政」，注：副也。禮記少儀「乘貳車則式，左車則否」，注：副車也。朝祀之副曰貳，戎獵之副曰佐。左成二傳「鄭周父御佐車」，晉語「召之使佐食」，注：猶勸也。呂覽仲秋「禁佐疾以通秋氣」，注：謂療也。爾雅釋詁：左右，導也。又勴也。又亮也。廣雅釋詁二：佐，助也。三：佐，覗也。左傳齊國佐字賓媚人。【叚借】爲ナ。易師「師左次」，荀注：陽稱左。書君奭序「相成王爲左右」，釋文：東爲左。詩有杕之杜「生于道左」，箋：道東也。周禮卜師「辨龜之上下左右陰陽」，注：左，左倪也。儀禮士相見禮「入門左」，疏：凡門出則以西爲右，以東爲左；入則以東爲右，以西爲左。禮記少儀「軍尚左」，注：陽也。內則「凡男拜尚左手」，老子「吉事尚左」，注：生位也。左僖廿六傳「凡師能左右之曰以」，又昭四傳「不亦左乎」，注：左，不便也。襄十傳「所左亦左之」，疏：右便而左不便，故以所助者爲右，不助者爲左。魏策「必右秦而左魏」，注：疏外也。史記孝文紀「右賢左戚」，韋昭注：猶下也。漢書諸侯王表「作左官之律」，應劭注：人道尚右，今舍天子而仕諸侯，故謂之左官。又禮記王制「執左道以亂政」，注：若今巫蠱。又史記田完世家「公常執左券」，漢書楊惲傳「考問左驗明白」，注：左，證左也。又爲蓋。左傳齊北郭佐字子車。【聲訓】釋名：佐，左也，在左右也。【古韻】詩竹竿叶左瑳儺，裳裳者華叶左宜，下武叶賀佐，有杕之杜叶左我。禮記郊特牲叶左坐。

箇 **𡯽** 𡯽，行不正。从允左聲。

支哿 **隓** 敗城阜曰隓。从𨸏左聲。按此籀文也。籀文多桑字複體，故作𡐦，如箙籢、瞢敷、奭惢之比。小篆从土，隋聲，俗字亦作隳。方言十三：隓，壞也。左定十二年「叔孫州仇帥師墮郈」，注：毀也。荀子議兵「猶以錐刀墮大山也」，呂覽順說「隳人之城郭」，方言十二：墮，脫也。

duò 陊　cuó 齹　cī 齹　wéi ⿱隓隹　suǐ ⿰骨隓　duò ⿱隓山　duò 嶞　duò 隋　wéi 蓶

字亦作憜。漢書匈奴傳注：墮，落也。〔轉注〕虞書：萬事墮哉。左昭廿八傳：毋墮乃力。注：損也。僖三十三傳：墮軍實而長寇讎。哀十二傳：是墮黨而崇讎也。注：毀也。穀梁隱六傳：輸者，墮也。詩正月箋：輸，墮也。老子：或挫或隳。注：危也。漢書刑法志：法度墮。淮南脩務：名立而不墮。注：廢也。〔叚借〕爲隋。儀禮士虞禮：祝命佐食墮祭。注：下祭曰墮，墮之猶言墮下也。又齊魯之閒謂祭爲墮，字亦以挼以綏爲之。又爲輸。左昭四傳：寡君將墮幣焉。服注：輸也。釋文：布也。則謂借爲敷。又爲隨。淮南氾論：而後墮谿壑。注：入也。又爲隋。爾雅：巒山墮。又爲惰。大戴子張問入官：怠墮者時之所以後也。〔古韻〕書益稷叶脞墮惰。老子無爲叶隨吹羸墮。〔轉音〕管子版法叶墮危。

哿 陊 落也。从𨸏，多聲。廣雅釋詁一：陊，壞也。吳都賦：若陊山谷。按與阤略同，當爲墮之或體，今系于此。

歌 齹 齒差跌皃。从齒，佐聲。春秋傳：鄭有子齹。

支 齹 齒參差。从齒，𡍮聲。左昭十六傳：鄭子齹，許書引作齹。按當爲齹之或體，今系于此。

支 ⿱隓隹 飛也。从隹，隓聲。

紙 ⿰骨隓 骨中脂也。从骨，隓聲。字亦作髓，作䯝。素問解精微論：刺骨無傷髓。注：髓者，骨之充也。〔轉注〕長楊賦：髓余吾。又廣雅釋草：地髓，地黃

也。字亦作瀡。禮記內則：滫瀡以滑之。注：齊人滑曰瀡也。〔聲訓〕釋名釋形體：髓，遺也，遺遺也。

哿 ⿱隓山 山皃。从山，隓聲。

哿 嶞 山之嶞嶞者。从山，从橢省聲。按隋聲。讀若相推落之㯐。按當爲⿱隓山之或體，今系于此。字林：嶞，山之施嶞者。爾雅：巒山嶞。注：謂山形長狹者。詩般：嶞山喬嶽。傳：山之嶞嶞小者也。按凡隋方隋圓字當作此，亦以橢爲之。

支 哿 箇 隋 裂肉也。从肉，从隓省聲。謂尸所祭之餘。周禮小祝：贊隋。注：隋，尸之祭也。守祧：既祭則藏其隋。注：尸所祭肺脊黍稷之屬。司農注謂神前所沃灌器名，則謂借爲橢耳。儀禮少牢禮綏祭以綏爲之，士虞禮以墮爲之，或以挼爲之。按楊隋國號本作隨，諱辵用隋，而反爲裂肉，亦非吉語。蓋六書之不講久矣。〔叚借〕爲墮。史記天官書：廷藩西有隋星五，曰少微，士大夫。宋均曰：南北爲隋。隋謂垂下也。爾雅釋詁注：蓏隋更生細者。又爲隨。廣雅釋詁二：隋，歸也。又爲嶞。御覽引詩：隋山喬嶽。又爲橢。儀禮士冠禮注：隋方曰篋。禮記月令注：隋曰竇。詩破斧傳：隋銎曰斧。又曲禮：言不隋。注：不正之言。又爲惰。方言十三：隋，易也。曲禮：臨祭不隋。又爲嫷。廣雅釋詁一：隋，好也。

紙 蓶 藍蔘秀。从艸，隨省聲。按隋聲。或曰與芛略同。爾雅釋草：芛，葟。注：芛音豬。廣雅釋草：蓶，蔕也。按果鼻曰蔕，花本亦曰蔕。許書艸

suí 隨　huī ⿱隓言　tuǒ 橢　wéi ⿰豕隋　duò 憜　duò 鰖　duò 嫷　duò ⿰金隋　duò ⿰衤隋　chuí 鬌

部蓶蔕二字連屬。〔叚借〕〔疊韻連語〕爾雅釋草注：蓶也者，莎隋。

支 隨 從也。从辵，㯐省聲。按隋聲。廣雅釋詁一：隨，順也。又行也。三：遂也。易雜卦：隨无故也。書禹貢：隨山刊木。循也。詩：無縱詭隨。儀禮聘禮：凡庭實隨入。注：不並行也。鄉射禮記：距隨長武。注：距隨者，物橫畫也。始前足至東頭爲距，後足來合而南面爲隨。荀子天論：列星隨旋。〔叚借〕雙聲連語。七發：四支委隨。注：不能屈伸也。又託名標識字。呂覽至忠：射隨兕中之。注：惡獸名。又莊子讓王：卞隨。荀子作隋。〔古韻〕論語叶隨騧。老子無爲叶隨吹羸墮。三略上叶施加宜知移化隨。

寘 歌 ⿱隓言 相毀也。从言，隨省聲。按隋聲。〔別義〕方言一：虔、儇，慧也。楚謂之⿰言隋。

哿 橢 車笭中橢，橢器也。从木，隋聲。三蒼：盛鹽豉器也。急就篇：作橢。注：小桶也。按凡狹長之器皆得曰橢，聲義取于山之嶞也。史記平準書：三曰復小橢之。爾雅釋魚：蟦小而橢。注：謂狹而長。廣雅釋詁二：橢，長也。傳注多以隋爲之。

紙 支 ⿰豕隋 豶也。从豕，隋聲。豕之小者。爾雅釋獸：豶，⿰豕隋。釋草：芛、葟、華，榮。注：今俗呼草木華初生者爲芛，音⿰豕隋豬。

哿 箇 憜 不敬也。从心，㯐省。按隋聲。春秋傳曰：執玉憜。或省阜。古文从女，隋省聲。按古文當爲嫷之或體。左襄三十

一傳：憜而多涕。大戴盛德：無度量則小者偷墮。注：解墮也。以墮爲之。廣雅釋詁二：惰，嬾也。漢書韋元成傳：無惰爾儀。谷永傳：車馬媠出之具。外戚傳：妾不敢以燕媠見帝。按以媠爲之。〔古韻〕書益稷叶脞隋惰。

哿 鰖 魚子已生者。从魚，隋省聲。籒从隓省聲。未生者曰鯤。鯤即說文卝字，字亦作卵。

哿 嫷 南楚之外謂好曰嫷。从女，隋聲。按憜下古文媠當爲此字之或體。方言二：嫷，美也。南楚之外曰嫷。通俗文：形美曰嫷。漢書張敞傳：被輕嫷之名。七發：嫷服分揚。幽按：字亦作⿰女隨。〔叚借〕託名標識字。爾雅釋鳥注：一名嫷羿。釋文：嫷，古以爲解惰字。

哿 賄 ⿰金隋 鈴鑐也。从金，隋聲。大梨也。一曰器類枱。廣雅釋器：鑐，鉹也。又鍇也。字亦作鐀。

箇 哿 ⿰衤隋 無袂衣謂之⿰衤隋。从衣，惰省聲。按隋省聲。字亦作⿰衤隨。

支 箇 哿 鬌 髮隋也。从髟，隋省聲。字亦作⿰身隋，作毻，作毤。禮記內則：翦髮爲鬌，男角女羈。注：所遺髮也。〔轉注〕方言十二：鬌，盡也。注：毛物漸落去之名。又鬌，梢盡也。廣雅釋詁三：鬌，落也。廣雅釋詁一：毻，解也。又鬌，盡也。方言十三：毻，易也。按猶鬌也。管子輕重甲：文皮毻服。注：落毛也。江賦：產毻積羽。〔聲訓〕廣雅釋詁二：鬌，墮也。

坐十一名凡坐之派皆衍坐聲 徂臥切

哿　箇

坐 坐 坐 止也。从土从畱省，會意。土所止也，此與畱同意。按畱以丣爲聲，坐以丣爲意，丣者闔戶也。古文从土从二人對坐，或曰小篆从丌在土上，从二人相對，與古文同，存疑。禮記曲禮坐而遷之，疏：坐通名跪，跪名不通坐也。玉藻退則坐取屨。少儀受立授立不坐。樂記武坐致右憲左。疏：坐，跪也。左昭廿六傳坐行而入，注：膝行也。按坐者尻也，処也。古席地而坐，膝着席而下其臀曰坐，聳其體曰跪。跪亦謂之跽。跪可言坐，坐不可言跪也。【轉注】爲坐落之坐，左桓十二傳楚人坐其北門，注：猶守也。又爲坐罪之坐，左昭廿三傳使與邾大夫坐，注：訟曲直也。蒼頡篇：坐，辠也。【叚借】爲自然之詞，張華詩蘭膏坐自凝。陸機詩體澤坐自捐。張協詩百籟坐自吟。謂無故自疑自捐自吟也。【聲訓】釋名：坐，挫也，骨節挫詘也。【古韻】禮記郊特牲叶左、坐，句中韻。【轉音】管子弟子職叶坐、所、矩、下、緒。

箇

莝 莝 斬芻也。从艸坐聲。漢書尹翁歸傳使斫莝。素問湯液醪醴論去菀陳莝。詩鴛鴦摧之秣之，韓傳：莝也。以摧爲之，摧、莝雙聲。【轉注】字亦作脞。虞書元首叢脞哉，鄭注：總聚小小之事。或曰脞者脞字。按叢脞雙聲連語，脞亦叢也，脞實脞之誤。

歌

趖 趖 走意。从走坐聲。按今京師謂日昃時爲晌午趖，此其誼也。字亦作⿰夊坐，从夊坐聲。玉篇作⿱夊坐，从夊坐聲。【叚借】爲坐，禮記曲禮爲其拜而夎拜。按釋文盧本作蹲，蹲猶坐也。注謂借爲詐，疏謂借爲挫，皆失之。

歌　哿

脞 脞 目小也。从目坐聲。【叚借】雙聲連語，虞書元首叢脞哉，傳：細碎無大略。今字作脞。或曰脞者莝字。【古韻】書益稷叶脞、墮、惰。

箇

剉 剉 折傷也。从刀坐聲。莊子山木廉則剉，呂覽必已注：剉，缺傷也。考工記揉牙內不挫，以挫爲之。【叚借】爲厝，今俗用爲鋼錯字。

歌

痤 痤 小腫也。从疒坐聲。廣雅釋詁二：痤，癰也。中山經金星之山多天嬰，可以已痤。淮南說林潰小皰而發痤疽。管子法痤雎之礦石也。注：癰也。素問生氣通天論鬱乃痤，注：色赤瞋憤，內蘊血膿，形小而大如酸棗，或如豆，此皆陽氣內鬱所爲。【別義】說文一曰族絫，左桓六傳謂其不疾瘯蠡也。瘯當作族，蠡俗作瘰。【叚借】託名幖識字，爾雅釋木痤接慮李，注：今之麥李。又左傳有宋世子痤，魏策有范痤。

箇

侳 侳 安也。从人坐聲。【叚借】爲剉，淮南說山爲其剉廉也，注：辱也。

麻

髽 髽 喪結。从髟坐聲。禮女子髽衰，弔則不髽。春秋魯襄公四年，臧武仲與齊戰于狐駘，魯人迎喪者皆髽，于是始髽而弔。按婦人之露紒猶男子之髻，髽去纚著以麻，若布。廣雅釋詁四：髽，髻也。儀禮既夕丈夫髽，注：髽，婦人之變。禮記喪服四制禿者不髽，注：髽，婦人也，男子免而婦人髽。檀弓魯婦人之髽而弔也。奔喪東髽即位，注：去纚而紒曰髽。

箇

挫 挫 摧也。从手坐聲。老子或挫或隳，釋文：搦也。莊子人間世挫鍼治繲，李注：按也。楚辭招魂挫糟凍飲，注：捉也。【叚借】爲剉，廣雅釋詁一：挫，折也。考工輪人外不廉而內不挫。淮南時則銳而不挫。脩務蝱兵挫銳。荀子解蔽蚊虻之聲聞則挫其精，注：損也。吳語而未嘗有所挫也，注：毀折也。秦策挫我于內。漢書陳湯傳久挫于刀筆之前，注：屈折也。後漢班固傳脫角挫脰。又爲坐，春秋考異郵倩明者精芒挫收也。【古韻】莊子山木叶離、挫、議。墨子親士叶挫、靡。

歌

⿰女坐 ⿰女坐 訬疾也。从女坐聲。輕薄之意。字亦作遳，魏都賦稟質遳脆，注：遳亦脆也。【別義】女字也。穆天子傳盛姬之喪叔⿰女坐爲主。

歌　箇

銼 銼 鍑也。从金坐聲。聲類：銼䥈，小釜也。亦土釜也。廣雅釋器：鍋鏑謂之銼䥈。按銼䥈疊韻連語，烏育雙聲連語。

𧴪五名凡𧴪之派皆衍𧴪聲 蘇可切

哿

𧴪 𧴪 貝聲也。从小貝，會意。【轉注】爲細碎之辭，經傳皆以瑣爲之。

哿

瑣 瑣 玉聲也。从玉𧴪聲。字亦作璅。【叚借】爲𧴪。太玄成成魁瑣，注：細也。後漢劉梁傳注：瑣，碎也。班彪傳注：小也。又易旅瑣瑣，鄭注：猶小小。馬注：疲弊皃。虞注：最蔽之皃。疏：細小卑賤之皃。詩節南山瑣瑣姻亞，傳：小皃。爾雅釋訓：佌佌、瑣瑣，小也。舍人注：計謀褊淺之皃。東京賦既璅璅焉。又爲[illegible]，按離騷欲少畱此靈瑣兮，注：門鏤也。吳都賦青瑣丹楹，注：戶兩邊以青畫爲瑣文。漢書丙吉傳注：瑣，鏁也。廣雅釋詁四：瑣，連也。又琅鐺謂之瑣，俗字作鎖，亦[illegible]文連還之轉注，瑣[illegible]雙聲。新附鎖，鎖門鍵也，字亦作鏁。又雙聲連語，詩旄邱瑣兮尾兮，傳：瑣尾，少好之皃。荀子非十二子商宇嵬瑣，注：謂爲姦細之行者也。按亦作猥瑣。又託名幖識字，左成十二年公會晉侯衛侯于瑣澤，公羊作沙。定七傳乃盟于瑣，注：郎沙也。

哿

⿰月𧴪 ⿰月𧴪 [illegible]也。从肉𧴪聲。按骨也，膏肥皃。或曰字亦作脞。

哿

⿰麥𧴪 ⿰麥𧴪 小麥屑之覈。从麥𧴪聲。麪中粗屑如覈，蓋篩之未淨者。廣雅釋器：⿰麥𧴪，糏也。

哿

⿰氵𧴪 ⿰氵𧴪 ⿰氵𧴪水也。从水𧴪聲。

惢一名 蘇可切

支　紙

惢 惢 心疑也。从三心，會意。讀若易旅瑣瑣。魏都賦神惢形茹。【別義】或曰花心也。字亦作蕊，作橤，作蘂，作蕋。蒼頡篇：蕊，聚也。廣雅釋草：蘂，華也。離騷貫薜荔之落蘂，注：實也。蜀都賦藏蘂葳蕤，劉注：蘂者或謂之華，或謂之實，一曰花鬚頭點也。又廣雅釋詁一：惢，善也。【聲訓】魏

shā 沙　suō 莎　suō 娑　shā 魦

都賦注：菓垂也。謂垂下也。〔古韻〕離騷叶藥纚。

沙四名。凡沙之派皆衍沙聲。所加切。

沙（麻）　水中散石也。从水从少。會意。水少沙見。楚東有沙水。譚長說：沙或从水从尐。字亦作砂。廣雅釋詁三：沙，質也。易需：于沙。荀注：水中之剛，故曰沙。詩鳧鷖：在沙。傳：水旁也。管子地員：剸土之次曰五沙。五沙之狀，粟焉如屑塵厲。按說文：楚東沙水，亦名新溝。左昭廿七傳：及沙汭而還。注：水名。水經：渦水注沙汭。楚東地也。淮南墬形：西北方曰沙所。注：蓋流沙所出也。一曰漠名。穆天子傳：南絕沙衍。注：沙衍，水中有石者。又穀梁僖十四傳：沙鹿崩。注：山名也。北山經：白沙山廣員三百里，盡沙也。爾雅釋邱：邐迤沙邱。楚辭招魂：紅壁丹沙。大招：沙堂秀只。字亦作𣳇。袁良碑：振𣳇䉢。〔轉注〕周禮內司服：素沙。禮記雜記：內子以鞠衣褒衣素沙。釋名：縠又謂之沙，亦取戚戚如沙也。今字作紗。方言四：紗繢，幧頭也。廣雅釋詁四：紗，微也。漢書江充傳注：輕者爲紗，縐者爲縠。〔假借〕爲莎。詩閟宮傳：犧尊有沙飾也。禮記明堂位疏引鄭志：沙，鳳皇也。按莎雞或謂之天雞，鳳如鷄，五采，亦得莎名歟。又爲㽷。按周禮內饔：鳥皫色而沙鳴，貍。注：沙，嘶也。禮記內則注：嘶也。沙㽷雙聲。又雙聲連語。字林：宿沙氏，煮鹽之神。按亦作夙沙，古諸侯也。又託名幖識字。呂覽本味：沙棠之實。注：木名也。崑崙有之。淮南墬形：沙棠琅玕在其東。注：玉名。一說木名。廣雅釋草：龍沙，麻黃也。釋蟲：沙蝨，蝬蠉也。又後漢楚王英傳注：沙門，漢言息也。蓋息意云欲而歸于無爲。〔古韻〕詩鳧鷖叶沙宜多嘉爲。

說文通訓定聲　隨部第十　卅三

莎（歌）　鎬侯也。从艸沙聲。按鎬侯雙聲連語，亦名沙隨，一名地毛。其實附根而生，謂之緹，即今香附子。漢書地理志字作芯，說作芯。淮南覽冥：路無莎蘋。漢書司馬相如傳：薛莎青薠。射雉賦：青䒑莎靡。〔假借〕託名幖識字。詩七月：六月莎雞振羽。陸疏：或謂之天雞。禮記明堂位：儀象。疏引鄭志：沙，鳳皇也。以沙爲之。又周書王會：莎車。注：北狄之別名也。又借爲挼。按儀禮大射儀：兩獻酒。注：獻讀爲沙。周禮司尊彝：鬱齊獻酌。注：獻讀爲摩莎之莎，齊語聲之誤也。禮記郊特牲：汁獻涗于醆酒。注：獻當爲莎。皆挼字。

娑（歌）　舞也。从女沙聲。按婆娑，舞皃。詩東門之枌：市也婆娑。毛本作婆娑。婆娑，疊韻連語。般涉一聲之轉。許書無婆字。又後漢張衡傳：修初服之娑娑。今注：娑娑，衣皃。此重言形況字。又西都賦：經駘盪而出馺娑。馺娑，殿也。此雙聲連語。〔古韻〕詩東門之枌叶差麻娑。

魦（麻）　魦魚名。出樂浪潘國。从魚沙省聲。或云即鮫也。〔別義〕詩魚麗：鱨鯊。傳：鮀也。陸疏：吹沙也。一名重脣鯊。爾雅釋魚：鯊，鮀。注：今吹沙小魚，體圓有點文。蜀都賦：鰋鱧魦鱨。注：魦似鮫。字亦作鯊。〔古韻〕詩魚麗叶鯊多。

chā 叉　chā 杈　má 麻　mó 髍　méi 黁　mí 糜　mǐ 靡

叉二名。凡叉之派皆衍叉聲。初牙切。

叉（麻、佳）　手指相錯也。从又，象叉之形。按二者指事。〔轉注〕凡岐頭之物皆曰叉。釋名：矢栝旁曰叉，形似叉也。廣雅釋言：叉，括也。又西征賦：挺叉來往。注：取魚叉也。又釋名釋首飾：釵，叉也。象叉之形，因名之也。字亦作釵。又通俗文：箭箙曰步靫。廣雅釋器：靫，韊矢藏也。字亦作靫。釋名釋兵：步叉，人所帶以箭叉於其中也。又廣雅釋器：衩，褌膝也。字亦作衩。又䙜謂之叉，字亦作舣。〔假借〕爲杈。廣雅釋木：叉，股枝也。

杈（麻）　杈，枝也。从木叉聲。按叉亦意。方言：江東謂樹枝爲椏杈。魯靈光殿賦：枝牚杈枒而斜據。注：參差之皃。亦疊韻連語。按此字後出，亦即叉之轉注。

麻十三名。凡麻之派皆衍麻聲。莫遐切。

麻（麻）　麻與林同，人所治，在屋下。从广从林。按枲已緝績者曰麻。从林从广。古無木棉，凡言布皆麻爲之。詩蜉蝣：麻衣如雪。箋：深衣也。論語：麻冕。孔注：緇布冠也。儀禮喪服：緦麻三月。注：緦麻布衰裳而麻絰帶也。〔轉注〕爲凡枲之大名。周禮土訓注：幽幷地宜麻。素問五常政大論：其穀豆麻。注：麻，木穀也。〔假借〕託名幖識字。爾雅釋樂：大鼗謂之麻。注：麻者音槃而長也。又漢書地理志：牧靡升麻所出，以靡爲之。〔聲訓〕春秋說題辭：麻之爲言微也。陰精寖密，女作纖微也。〔古韻〕詩邱中有麻叶麻嗟施。東門之枌叶差麻娑。東門之池叶池麻歌。禮記禮運叶麻皮。句中韻。

說文通訓定聲　隨部第十　卅四

髍（歌）　㾓病也。从骨麻聲。髍謂體半枯不仁。〔假借〕爲麻。廣雅釋詁二：麼，小也。四麼，微也。通俗文：細小曰麼。漢書敘傳：幺麼不及數子。列子湯問：江浦之閒生麼蟲。按麻子最細，故爲微小之偁。俗字作麼。

黁（支）　穄也。从黍麻聲。黍之不黏者，色微黃；其黏者北人謂之黃米，色深黃。儀禮特牲禮：主人有摶黍之儀。蓋以黁爲飯，不粘者故摶以授尸。

糜（支）　糝也。从米麻聲。黃帝初作糜。廣雅釋器：饘也。又糒也。爾雅釋言注：粥之稠者曰糜。字亦作𪎊。禮記問喪：鄰里爲之糜粥。〔假借〕爲穈。荀子富國：以糜敝之。注：散也。又爲糜。孟子：糜爛其民而用之。又託名幖識字。呂覽孟夏：糜草死。注：葶亭歷之類。月令作靡草。〔聲訓〕釋名：糜，煮米使糜爛也。

靡（紙）　披靡也。从非麻聲。按披靡，疊韻連語，亦作披靡，作旇靡。字从非，本訓當爲無。爾雅釋言：靡，無也。詩采薇：靡室靡家。箋：無也。秦策靡不有初注无也揚雄解嘲然則靡元無所成名乎按非也叚借爲𤢪秦策而百姓靡于外注盡也廣雅釋言靡離也禮記少儀國家靡敝疏謂財物糜散凋敝荀子大畧利夫秋豪害靡國家注披靡也史記漢軍皆披靡分散之皃亦疊韻連語又爲縻答客難至則靡耳盧子諒詩靡軀不悔又爲縻易中孚吾與爾靡之虞注共也詩無封靡于爾邦傳累也漢書揚雄傳靡薜荔以爲席兮注纖密也荀子儒效積靡使然也注順也榮辱靡之儇之注順從也漢書淮南衡山濟北王傳贊臣下漸靡使然莊子胠篋伍員靡司馬注縻也又爲麻小爾雅廣言靡細也詩小旻國雖靡止傳言小也又爲麗賓爲麗爲儷楚辭招魂靡顏膩理注緻也漢書韓信傳靡衣媮食注輕麗也文賦言徒靡而弗華注美也又爲侈賓爲奓賈子道術費弗過適謂之節反節爲靡禮記檀弓若是其靡也注侈也周禮司市禁物靡而均市又爲爲廣雅釋詁三靡爲也又爲摩莊子馬蹄喜則交頸相靡釋文愛也荀子性惡靡使然也注磨切也又爲濆史記司馬相如傳的皪江靡集解湛也又爲蔓吳都賦孰愈尋靡蕣于中逵濆蔓靡皆一聲之轉又爲羅方言二東齊言布帛之細者曰綾秦晉曰靡又雙聲連語史記司馬相如傳敞罔靡徙索隱失正也漢書注自抑退也呂覽順民目不視靡曼注好色也本生靡曼皓齒列子周穆王娥媌靡曼注柔弱也莊子應帝王因以爲弟靡崔注猶遜伏也又重言形況字詩黍離行邁靡靡傳猶遲遲也廣雅釋訓靡靡行也字亦作𢕟高唐賦

薄草靡靡注相依倚皃琴賦靡靡猗猗注順風皃洞簫賦被淋灑其靡靡兮注聲之細好也吳都賦靡靡愔愔劉注言樂容與閑麗也歎逝賦友靡靡而愈索注盡皃又託名幖識字禮記月令靡草死注薺亭歷之屬又周書世俘侯來命伐靡注紂邑也呂覽任數西服壽靡注一作麻古韻詩黍離叶離靡易中孚叶和靡墨子親士叶挫靡轉音韓非揚權叶虧靡

紙　𪎭　乘輿金馬耳也按馬當作龍从耳麻聲讀若湖水一曰若月令靡草之靡按車上重較爲交龍之形黃金飾之也西京賦倚金較荀子禮論絲末彌龍史記禮書彌龍以彌爲之彌麻雙聲

歌箇　摩　研也按擘也从手麻聲字亦作劘作攠作磨考工記刮摩之工鳧氏于上之攠謂之隧注所擊處攠弊也齊策錯擊摩車而相過注猶比也秦策人肩摩左宣十二傳摩壘而還注近也晉語摩笄之役注齊山名字亦作灖淮南原道雪霜滾灖禮記大學如琢如磨以磨爲之轉注易繫辭傳剛柔相摩京注相磑切也禮記樂記陰陽相摩注猶迫也學記相觀而善之謂摩又秦策簡練以爲揣摩注合也漢書賈鄒枚路傳賈山自下劘注厲也呂覽精通刃若新劘研注砥也叚借爲靡廣雅釋詁一順也漢書董仲舒傳摩民以誼注砥厲之非是又爲靡孟子摩頂放踵又爲磨方言十三摩滅也六藏也莊子徐无鬼循古而不摩王注消滅也淮南精神形有摩而神未嘗化

考工弓人强者在內而摩其筋注猶隱也或曰借爲靡無也又爲揅禮記禮器不摩蚤舊注齊人謂快爲摩非是聲訓釋名釋姿容摩娑猶末殺也手上下之言也

支　縻　牛轡也从糸麻聲或从多聲　蒼頡篇牛緪也小爾雅廣言縛也廣雅釋詁二係也釋器索也應劭漢官儀馬曰羈牛曰縻史記司馬相如傳羈縻勿絕索隱牛紖也王仲宣詩涕下如綆縻荀子儒效胥靡之人正論藉靡舌縪以靡爲之叚借爲糜易中孚陸績本吾與爾縻之釋文引埤蒼散也吳都賦請攘臂而靡之注縻碎也又爲磨越語靡王躬身注縻損也楚辭離世名靡散而不彰注縻散猶消滅也

骨灰　塺　塵也从土麻聲　楚辭愈氛霧其如塺按字亦作堁淮南齊俗物或堁之也注坋塵也主術譬猶揚堁而弭塵注塵塺也楚人謂之堁堁動塵之皃

支紙歌　䊳　碎也从米靡聲　通俗文碎糠曰䊳按粉也離騷精瓊靡以爲粻注屑也以靡爲之

箇歌　礳　石磑也从石靡聲　字亦作磨轉注以磨碎物亦曰磨叚借爲摩爾雅釋器石謂之磨詩淇奧如琢如磨論語磨而不磷說苑建

本相觀於善之曰磨張公神碑刊礱琢磨正作摩廣雅釋器磨礪也古韻詩淇奧叶猗磋磨

支　爢　爛也从火靡聲　廣雅釋詁三爢熟也孟子爢爛其民以爢爲之叚借爲䊳漢書揚雄傳精瓊爢與秋菊兮注爢屑也

支　攠　旌旗所以指麾也从手靡聲　字亦作麾周禮巾車建大麾注大麾不在九旗中以正色言之則黑夏后氏所建左隱十一傳周麾而呼注招也書牧誓右秉白旄以麾楚辭離騷麾蛟龍以梁津兮大招近禹麾只注舉手曰麾或言以手教曰麾五君詠一麾乃出守又詩無羊麾之以肱轉注穀梁莊廿五傳置五麾注旌幡也思元賦前祝融使舉麾兮舊注麾執旌以指撝也秦漢以來卽以所執之旂名曰麾頭陀寺碑文軍麾命服之序注旌旗之名州將之所建也史記麾下漢書多以戲爲之叚借爲遁禮記禮器不麾蚤注麾之言快也齊人所善曰麾謂借爲快非是

加九名凡加之派皆衍加聲　古牙切

麻　加　語相增加也从力从口會意　按此字从口非誼疑从力可省聲或吹省聲許君謂語相增加隷口部恐屬傳會左襄十三傳君子稱其功以加小人論語我不欲人之加諸我也馬注陵也老子抗兵相加王注當也禮記檀弓獻子加于人一等矣注猶踰也內則不

jiā 茄　jiā 嘉　jiā 枷　hè 賀　jiā 痂

敢以富貴加于父兄宗族注猶高也周語聖人知民之不可嘉注加猶上也又老子尊行可以加人注別也當爲此字本訓轉注爾雅釋詁加重也儀禮鄉飲禮則辭加席注上席也鄉射禮乃復求矢加于福注增故曰加禮記少儀其禽加于一雙注猶多也明堂位加以璧散璧角注加加爵也魯語今無故而加典注益也楚語祀加于舉注增也鄭語將俟淫德而加之焉注遺也論語加朝服拖紳皇疏覆也孟子夫子加齊之卿相注猶居也呂覽孝行光耀加于百姓注施也荀子性惡加日縣久注累日也楚辭怨世馬蘭踸踔而日加注盛也叚借爲葭今字作架淮南本經大夏曾加注材木相乘架也詩鵲巢傳冬至架之禮記曲禮不同椸枷釋文本作架廣雅釋器篋謂之楳又作枷又荀子致仕殘賊加累之譖注以罪惡加累誣人也說文誣加言也加冓雙聲又爲駕廣雅釋詁二加載也又託名幖識字爾雅釋地陵莫大于加陵據淮南書風俗通郎左成十七之柯陵也古韻詩女曰雞鳴叶加宜儀三畧上叶施加宜知移化隨轉音楚詞九辨叶瑕加

歌麻 **茄** 夫渠莖从艸加聲叚借爲荷西京賦蔕倒茄于藻井漢書楊雄傳衿芰茄之綠衣兮漢樂府鷺何食食茄下爾雅𦵑注引詩有蒲與茄

麻 **嘉** 美也从壴加聲亦作[illegible]爾雅釋詁嘉善也易隨孚于嘉書無逸嘉靖殷邦詩假樂君子以假爲之儀禮覲禮今文予一人賀之以賀爲之周禮大宗伯以嘉禮親萬民大司冦以嘉石平罷民注文石也庶氏嘉草攻之禮記曲禮稻曰嘉蔬坊記爾有嘉謀嘉猷禮運以嘉魂魄注樂也左桓六傳嘉栗旨酒定十傳嘉樂不野合注鐘磬也白虎通封禪嘉禾者大木也風俗通祀典夏曰嘉平漢書禮樂志俠嘉夜注嘉夜芳草也聲訓詩行葦嘉殽脾臄箋以脾函爲加故謂之嘉古韻詩東山叶縭儀嘉何破斧叶錡吪嘉節南山叶猗何瘥多嘉嗟兔爰叶沙宜多嘉爲

麻 **枷** 柫也从木加聲淮南謂之柍齊語耒耜枷芟注柫也所以擊草釋名枷加也加杖於柄頭以撾穗而出其穀也俗又名了了假借爲架實爲加爲冓禮記曲禮不同椸枷

箇 **賀** 以禮相奉慶也从貝加聲左昭三傳鄭罕虎如晉賀夫人叚借爲加儀禮士喪禮賀之結于後又爲嘉覲禮今文余一人賀之廣雅釋言賀嘉也又爲何方言七賀儋也古韻詩下武叶賀佐

麻 **痂** 疥也从疒加聲廣雅釋詁一痂創也轉注今謂瘡所蛻之鱗爲痂南史劉邕嗜食痂謂有鰒魚味

jià 駕　ē 妿　jiā 迦　wǎ 瓦　huà 匕　huà 化

禡 **駕** 馬在軛中从馬加聲按加亦意籒文从牛各聲按馬在軛下廣雅釋詁四駕乘也一行也詩大叔于田疏馬之上者謂之上駕獨斷天子出車駕次第謂之鹵簿有大駕有小駕有法駕轉注法言學行仲尼駕說者也注傳也叚借爲加小爾雅廣言駕淩也左昭元傳猶詐晉而駕焉注猶陵也又莊子庚桑楚譬猶飲藥以駕病也崔注加也又爲冓淮南本經大構駕興宮室注駕材木相乘駕也又爲鴐中山經靑要之山北望河曲是多駕鳥左定元傳桀駕鵝古今人表作駕又楚辭大招伏戲駕辯楚勞商只注駕辯勞商皆曲名古韻詩車攻叶駕倚馳破

歌 **妿** 女師也从女加聲讀若阿按婦人年五十無子者擇以爲傅史記阿保字以阿爲之聲訓杜林說加教于女也

麻 **迦** 迦互令不得行也从辵枷聲按即梐枑行馬也後人謂之攩衆玉篇互作牙迦牙疊韻連語使不得進之皃又太元迎迦父迦逅注邂逅解脫之皃也字亦作迦又作邂詩邂逅相遇邂逅亦雙聲連語

瓦一名 五寡切

馬 **瓦** 土器已燒之總名象形其未燒者曰坏燒之之竈曰窯周書神農作瓦器禮記有虞氏上陶世本云夏時昆吾作瓦按當爲祝

融之孫陸終第二子名黎已姓封昆吾者非夏時之昆吾也詩斯干載弄之瓦傳紡磚也左昭廿三傳楚囊瓦字子常儀禮燕禮公尊瓦大兩注瓦大有虞氏之尊也禮記禮器君尊瓦甒疏瓦甒五斗又周禮大卜二曰瓦兆杜注帝堯之兆莊子駢拇纍瓦結繩轉注左昭廿六傳射之中楯瓦注瓦楯脊也聲訓釋名釋宮室瓦踝也踝确堅皃也亦言腂也在外腂見也轉音詩斯干叶地裼瓦

匕入名凡匕之派皆衍匕聲 呼罷切

禡 **匕** 變也从倒人指事倒子爲𠫓生也倒人爲匕死也經傳皆以化爲之轉注周禮大宗伯以禮樂合天地之化注凡能生非類曰匕按如雀入水爲蛤螟蛉有子蜾蠃負之是也此匕則彼生故曰化生素問天元紀大論物生謂之化

禡 **化** 教行也从匕从人匕亦聲按从人匕聲諸葛穎桂苑珠叢云教成于上而俗易于下謂之化也荀子七法篇漸也順也靡也久也服也習也謂之化不苟篇神則能化矣注謂遷善也禮記中庸變則化孟子所過者化呂覽大樂皆化其上注猶隨也士容淳淳乎純謹畏化注教也叚借爲匕易繫辭傳知變化之道者虞注在陽稱變在陰稱化四時變化荀注春夏爲變秋冬爲化坤化成物今本爲作誤又禮記樂記和故百物化焉周禮柞氏若欲其化也注猶生也荀子正名狀變而實無別而爲異者謂之化注化者改舊形之名又爲

語勝敗若化注言轉化無常也素問五常政大論化不可代注謂造化也又爲貨虞書懋遷有無化居傳易也墨子經上化徵易也又爲過公羊桓六傳正月寔來化我也注行過無禮謂之化齊人語也又爲譌史記天官書其人逢俉化言又爲禍周禮大祝四曰化祝司農注弭災兵也【古韻】易繫詞下叶化宜楚詞離騷叶他化又叶化離夫問叶爲化又叶施化九辯叶化何僞六韜武韜叶施移化管子形勢叶歌化周書鄭保叶移化奇莊子天運叶化波秋水叶馳移化爲則陽叶和化宜施又叶爲化宜差山木叶訾蛇化爲荀子天論叶多化又叶畸施多化又叶儀化過何三略上叶施加宜知移化隨【轉音】易觀叶下化周書武寤叶地化莊子則陽叶知化爲圍過

禡 **魤** 魚名从魚匕聲

歌 **吪** 動也从口化聲詩兔爰尚寐無吪又無羊或寢或訛以譌爲之【叚借】爲化詩破斧四國是吪又爲譌廣雅釋詁四吪言也【古韻】詩兔爰叶羅爲罹吪破斧叶錡吪嘉

歌 尤 **囮** 譯也从囗化聲率鳥者繫生鳥以來之名曰囮讀若譌或从口繇聲按繇聲之字同誼非同字今分附孚部繇聲下而此宜从删許書譯也當作睪也伺視之意囮者如今之雉媒也

箇 **貨** 財也从貝化聲書洪範二曰貨鄭注掌金帛之官周禮太宰商賈阜通貨賄注金玉曰貨布帛曰賄六曰貨貢司農注珠貝自然之物也大行人其貢貨物注貨龜貝也職金乞罰貨罰注貨泉貝也禮記曲禮司貨注卝人也顏氏家訓漢書以貨泉爲白水眞人此謠讖庾辭幻形假說無關正字按周禮外府注貨布長二寸五分廣寸首長八分有奇廣八分其圜好徑二分半足枝長八分其右文曰貨左文曰布重二十五銖直貨泉二十五又貨泉徑一寸重五銖右文曰貨左文曰泉直一也【聲訓】儀禮聘禮記多貨則傷于德注貨天地所化生謂玉也【古韻】老子守微叶貨過爲立戒叶貨多

禡 **⿰化鬼** 鬼變也从鬼化聲

歌 **鈋** 吪圜也从金化聲按破觚爲圜也廣雅釋言鈋刓也謂去其角

爲三十六名凡爲之派皆衍爲聲 薳垂切

支 寘 **爲** 母猴也其爲禽好爪爪母猴象也下腹爲母猴形王育曰爪象形也按字从爪下象形古文象兩母猴相對形左昭廿五傳公爲卽公叔務人禮記檀弓作公叔禺人禺者正字務者借字相承以爲作僞以僞作譌而爲之本訓廢而不用【叚借】爲僞爾雅

釋言造作爲也小爾雅廣詁爲治也廣雅釋詁三爲施也又成也論語爲之難皇疏猶行也汝爲周南召南矣乎皇疏猶學也晉語爲後世之見之也注使也史記五帝紀便程南爲又廣雅釋詁一爲瘉也左成十傳疾不可爲也又詩鳧鷖福祿來爲箋猶助也禮記祭統不求其爲注謂福祐爲己之報論語夫子爲衛君乎鄭注助也又爲譌左成九傳爲將改立君者定十二傳子爲不知詩采苓人之爲言說文對篆下說解責對而爲言多非誠又爲嬀論語不圖爲樂之至於斯也釋文本作嬀又助語之詞禮記曾子問無用爲疏爲是助語孟子將爲君子焉注有也爲閒不用注有閒也又爲惟之誤字孟子有攸不爲臣趙注惟念【古韻】詩東門叶爲何兔爰叶羅爲罹吪澤陂叶陂荷何爲沱北山叶議爲鳧鷖叶沙宜多嘉爲巧言叶何河爲句中韻楚詞天問叶爲化大司命叶披離爲漁父叶移波醨爲招魂叶蛇池荷波陀羅離爲大招叶苛能靡施爲老子守微叶貨過爲周書周祝叶柯羅爲莊子秋水叶馳移化爲則陽叶爲化宜差盜跖叶義爲山木叶訾蛇化爲荀子成相叶施罷戲爲又叶儀爲移宅【轉音】老子能爲叶離兒疵爲知莊子則陽叶知化爲圍過

紙 **蔿** 艸也从艸爲聲字亦作蘤蔿蘤一聲之轉【叚借】爲譌廣雅釋言蔿譌也又譁也方言二猗楚鄭曰蔿又爲皺晉語士蔿注字子輿又託名幖識字左傳廿七傳蔿賈古今人表作蘤左襄十八傳楚蘤子馮釋文本作蔿昭十一傳僖子使助蘤氏之簉釋文本作蔿

【聲訓】方言二蔿化也廣雅釋詁三蔿匕也

歌 **譌** 僞言也从言爲聲字亦作訛詩沔水正月皆云民之譌言毛本作訛箋僞也爾雅釋詁訛言也注世以妖言爲訛廣雅釋言譌譁也西山經章莪之山有鳥焉名曰畢方見則其邑有譌火漢書成帝紀訛言大水至【叚借】爲化爾雅釋言訛化也方言三譌化也詩節南山式訛爾心又爲吪爾雅釋詁訛動也韓詩無羊或寢或譌傳覺也又爲僞實爲僞書堯典平秩南訛史記作便程南譌漢書王莽傳以勸南僞正作僞【古韻】詩無羊叶阿池訛

寘 **⿰貝爲** 資也从貝爲聲讀若貴或曰此古貨字廣雅釋言⿰貝爲賭也一切經音義⿰貝爲古文作貺

支 **鄬** 地名从邑爲聲按鄭地左襄七年公會晉侯宋公陳侯衛侯曹伯莒子邾子于鄬

紙 **寪** 屋皃从宀爲聲【叚借】疊韻連語文選招隱士注崎嶇閒寪

紙 **⿸疒爲** 口咼也从疒爲聲按此言病中風者與咼不同

寘 **僞** 詐也从人爲聲按作也經傳皆以母猴之爲爲之廣雅釋詁二僞爲也釋言僞端也又係也又引也詩兔爰尚無造傳造僞也

闈 wěi 撝 huī 嬀 guī ⿰阝爲 huī 皮 pí 彼 bǐ

禮記月令無或詐僞淫巧今作作爲荀子性惡篇不可學不可事而在人者謂之性可學而能可事而成之在人者謂之僞正名篇心慮而能爲之動謂之僞注僞矯也又慮積焉能習焉而後成謂之僞莊子齊物論道惡乎隱而有眞僞禮記曾子問作僞主以行注猶假也【假借】爲譌說文僞詐也廣雅釋詁二僞欺也賈子道術言行抱一謂之貞反貞爲僞禮記樂記唯樂不可以爲僞疏謂虛僞呂覽離謂辨而不當理則僞注巧也淮南俶眞德蕩者其行僞注不誠也又爲帷禮記喪大記加僞荒僞帷一聲之轉又爲化楚辭離世若青蠅之僞質兮注猶變也

闈 紙佳支 闈門也从門爲聲魯語闈門與之言注闈也廣雅釋詁三闈開也字亦作閜三蒼閜小開門也

撝 支 裂也从手爲聲與揮不同易謙撝謙馬注猶離也或曰禮記曲禮爲國君者華之注中裂之也以華爲之華撝雙聲【假借】爲麾說文一曰手指也按謂手指撝也易撝謙釋文撝指撝也又爲揮撝謙荀注猶舉也鄭讀爲宣按宣者揮之誤字典引麾號師矢敦奮撝之容太元元數事貌用恭撝肅注猶佐也撝揮雙聲

嬀 支 虞舜居嬀汭因以爲氏从女爲聲按堯賜之氏釐降二女故从女漢書元后傳舜起嬀汭注水名也左隱三傳厲嬀莊廿二傳有嬀之後注陳姓也字亦變作溈虞書疏溈水在河東虞鄉縣歷山西【別義】方言十二嬀傷也注爛傷健狡之皃

⿰阝爲 支 鄭地阪从𨸏爲聲春秋傳曰將會鄭伯于⿰阝爲今本作鄬按阪在鄭地故得⿰阝爲名

皮 支 剝取獸革者謂之皮从又爲省聲古籀从又疑亦皆爲省聲廣雅釋言皮剝也周禮大宗伯孤執皮帛注虎豹皮儀禮士昏禮儷皮注鹿皮孟子事之以皮幣注狐貉之裘楚語若杞梓皮革焉注皮革犀兕也按有毛曰皮去毛者曰革曰韋鞹注素問欬論皮毛者肺之合也皮部論皮者脈之部也人亦以爲偁又方言七皮傳強也秦晉言非其事謂之皮傳【假借】爲披廣雅釋詁三皮離也韓策皮面抉眼又託名幖識字儀禮鄉射禮記則皮樹中注皮樹獸名今文爲繁竪又周書史記皮氏以亡注皮氏古諸侯也又詩番維司徒古今人表作司徒皮【聲訓】釋名釋形體皮被也被覆體也【古韻】詩羔羊叶皮紽蛇左宣二叶皮多那何

彼 紙 往有所加也从彳皮聲靈臺碑德彼四表經傳皆以被爲之【假借】爲頗爲彼廣雅釋言彼𢓊也又爲匪實爲非詩采菽彼交匪紓荀子勸學作匪交左成十四傳彼交匪傲漢書五行志作匪傲又發聲之詞禮記大學彼爲善之注君也呂覽本味道者止彼在己注謂他人也先己令因於彼注亦外也後漢崔駰傳注彼衆人也【古韻】詩下泉叶彼我句中韻

詖 bì 鞁 bèi 簸 bǒ 柀 bǐ 貱 bì 旇 pī 疲 pí 帔 pèi 被 bèi 頗 pō

詖 寘 辯論也从言皮聲廣雅釋詁一詖慧也【假借】爲頗說文古文以爲頗字孟子詖辭知其所蔽楚辭靈懷不從俗而詖行兮注猶傾也詩卷耳序無險詖私謁之心崔注不正也漢書敘傳注詖佞也

鞁 寘 車駕具也从革皮聲晉語吾兩鞁將絕注靷也史記封禪書駕被具以被爲之

簸 箇哿 揚米去康也从箕皮聲【轉注】西京賦簸林薄注揚也

柀 紙 檆也从木皮聲爾雅釋木柀煔注似松生江南可以爲船及棺作柱埋之不腐蓋即杉木之肌理細膩者古謂之文木有實可食本草曰彼子【別義】說文一曰析也左傳披其地以塞夷庚以披爲之字亦作⿰女皮

貱 寘 遺予也从貝皮聲廣雅釋詁一益也

旇 支 旌旗披靡也从㫃皮聲埤蒼旇旗又衣服皃按爾雅旇謂之䉀以䉀爲之

疲 支 勞也从疒皮聲廣雅釋詁一極也管子小匡以疲馬犬羊爲幣注謂瘦也莊子齊物論苶然疲役簡文注病困之狀也淮南俶眞疲馬之死也注老也經傳多以罷爲之

帔 寘 宏農謂帬帔也从巾皮聲字亦作襬方言四帬自關而東謂之襬今男子之披肩婦人之壓領其遺意也【聲訓】釋名帔披也披之肩背不及下也

被 紙寘 寢衣也長一身有半从衣皮聲臥衣曰被大被曰衾楚辭招魂翡翠珠被注衾也【轉注】儀禮士昏禮記笄纚被纁裏注表也又左襄三傳被練三千疏被是被覆衣著之名史記周勃世家甲楯五百被集解具也漢書司馬相如傳被班文又詩采蘩被之僮僮傳首飾也又陸機詩龍幌被廣柳注猶衣也又書禹貢西被于流沙傳及也堯典光被四表管子立政俗之所被注合也按此誼實借爲彼又禮記禮運食味別聲被色按猶受也又楚辭涉江被明月兮珮寶璐注在背曰被招魂皐蘭被徑兮注覆也【假借】爲髲儀禮少牢禮主婦被錫又爲帔方言四帍裱謂之被巾注婦人領衣也又爲披考工廬人以其一爲之被而圍之注把中也按猶持也又爲柀論語吾其被髮左衽矣淮南原道民人被髮文身注翦也又爲彼實助語之詞荀子宥坐復瞻被九蓋皆繼又疊韻連語甘泉賦紛被麗其亡鄂注分散皃也又託名幖識字莊子知北遊齧缺向道于被衣【聲訓】廣雅釋詁二被加也釋名被被也所以覆人也【古韻】趙策叶馳被

頗 歌 頭偏也从頁皮聲廣雅釋詁二衺也【轉注】左昭二傳君刑已頗注不平昭十二傳書辭無頗荀子臣道正義之臣設則朝廷不

pī 披　pī 鮍　bō 波　bǒ 跛　bǒ 𡯁　pǒ 駊　pò 破　bì 髲

頗注邪也離騷循繩墨而不頗注傾也思元賦行頗辟而獲志兮注頗僻邪佞也【假借】託名幖識字公羊襄三十年楚子使薳頗來聘釋文本作跛左傳作罷

【古韻】書洪範叶頗義

寘

髲 鬄也从髟皮聲詩疏引說文益髮也廣雅釋器髲謂之䰂謂之髲周禮追師疏謂翦鬄取賤者刑者之髮而爲鬄按聚他人梳墮之髮以益己髮不必盡取之髡人也周禮謂之次後世亦曰義髻儀禮少牢禮主婦被錫以被爲之【聲訓】髲被也髮少者得以被助其髲也

箇

破 石碎也从石皮聲廣雅釋詁一破壞也【轉注】左隱三傳注破義疏謂破敗禮記中庸語小天下莫能破焉字亦作𥓍淮南俶眞休于天鈞而不𥓍注敗也

【古韻】詩車攻叶駕倚馳破

哿

駊 駊騀也从馬皮聲馬搖頭皃按駊騀疊韻連語甘泉賦亦用爲山高大皃

哿

𡯁 蹇也从尢皮聲字亦作跛作彼廣雅釋詁二彼衺也

哿

跛 行不正也从足皮聲讀若彼按此字當爲𡯁之或體今系于此易履跛能履夬其行次且虞注坎爲跛禮記曲禮立毋跛

注偏任也禮器有司跛倚以臨祭問喪跛者不踊釋文足廢也王制瘖聾跛躃斷者【別義】說文一曰足排之

歌

波 水涌流也从水皮聲淮南人間起波濤西京賦河渭爲之波盪注搖動也【轉注】晉語其波及晉國者注流也莊子外物夫孰能不波釋文高下皃楚辭招魂目曾波些注華也神女賦若流波之將瀾注流波目視皃舞賦目流涕而橫波【假借】託名幖識字書禹貢滎波既豬水名史記漢書皆作播周禮職方氏其浸波溠注讀爲播又漢書諸侯王表波漢之陽注讀爲陂【古韻】詩漸漸之石叶波沱他楚詞河伯叶河波螭遠遊叶靡波漁父叶移波醨爲招魂叶蛇池荷波陀羅離爲又叶羅歌荷酡波奇離莊子天運叶化波宋玉舞賦叶華波羅

支

鮍 魚名从魚皮聲

支　紙

披 從旁持曰披从手皮聲禮記檀弓設披周也注披柩行夾引棺者周禮司士執披注柩車行所以披持棺者有紐以結之謂之戴儀禮士喪禮執披者旁四人既夕設披字亦作翍又甘泉賦翍桂椒而鬱栘楊注與披同又晉寺人披字伯楚亦作勃鞮按披者勃鞮之合音【假借】爲柀左成十八傳而披其地注猶分也昭五傳又披其邑注析也史記魏其武安侯傳不折必披正義分析也淮南齊俗披

bà 罷　pō 坡　bēi 陂　pī 鈹　bō 紴

斲㮨㰃注解也琴賦披重壤以誕載兮注開也廣雅釋詁一披張也方言六披散也又雙聲連語莊子天運孰居無事而披拂是釋文風貌又疊韻連語史記項羽紀漢軍皆披靡正義言精體低垂又重言形況字楚辭大司命靈衣兮披披怨思服雲衣之披披注長皃思古髮披披以鬤鬤兮注解亂皃也【聲訓】釋名釋喪制兩旁引之曰披披擺也各于一旁引擺之備傾倚也【古韻】楚詞大司命叶披離爲

歌

紴 絛屬从糸皮聲讀若被或讀若水波之波

支

鈹 劍如刀裝者从金皮聲左傳夾之以鈹吳都賦羽族以觜距爲刀鈹劉注兩刃小刀也字亦作𨦃漢書高惠高后文功臣表長鉟都尉【轉注】方言九錟謂之鈹注今江東呼大矛爲鈹又廣雅釋器鈹鉬也埤蒼鑿鉬也字亦作鑿又說文鈹大鍼也廣雅釋器鑱謂之鈹靈樞經鈹鍼長四寸廣二分半末如劍鋒按用以破腫潰癰者【假借】爲柀荀子成相吏謹將之無鈹滑注與披同正名疾養滄熱滑鈹輕重以形體異注與披同

或曰當爲鈒傳寫誤耳

支　寘

陂 阪也从𨸏皮聲按字亦作坡爾雅釋地陂者曰阪李注謂高峯山陂釋名山旁曰陂言陂陁也按陂之言頗也傾倚之處也廣雅釋邱陂陁險也西征賦戴岐岭以隱嶙注頗皃字亦作㟥亦疊韻連語魏都賦比岡隒而無陂淮南俶眞百姓曼衍于淫荒之陂越語

故濱于東海之陂注崖也世說新語云叔度汪汪若千頃陂或作波非是【轉注】說文一曰沱也書僞泰誓陂池疏障澤之水使不流溢謂之陂匡謬正俗陂是隄防之指號詩彼澤之陂禮記月令毋漉陂池注畜水曰陂周語陂唐污庳淮南說林十頃之陂詩泮傳泮坡也釋文引字林坡阪也亦所以爲陘之限域也吳語陂漢以象帝舜注壅也【假借】爲頗方言六陂衺也易泰无平不陂釋文偏也禮記樂記商亂則陂注傾也書洪範無偏無陂傳不正也周禮典同陂聲散荀子成相讒人罔極險陂傾側此之疑景福殿賦悟政刑之夷陂或曰亦皆本字之轉注又疊韻連語楚辭招魂侍陂陁些注長陛也上林賦陂池貏豸注旁頹皃也又託名幖識字中山經婁涿之山陂水出于其陰注世謂之百答水【聲訓】風俗通山澤陂者繁也言因下鍾水以繁利萬物也繁陂雙聲【古韻】詩澤陂叶陂荷何爲沱

歌

坡 陂也从土皮聲按即陂之或體今系于此

罷四名凡罷之派皆衍罷聲 薄瓦切

禡　支　蟹

罷 遣有辠也从网能會意言有賢能而入网即貰遣之周禮曰議能之辟廣雅釋詁二罷歸也史記齊悼惠王世家乃罷魏勃索隱謂不罪而放遣之禮記月令罷官之無事荀子王霸無國而不有罷士【轉注】賈子道術伏義誠必謂之節反節爲罷論語欲罷不能皇

爲 罷

chuí 垂　chuí 䍋　chuí 𠂹　pí 羆　bēi 䥯　bēi 藣

疏罷猶罷息也按實疲字之轉注疲勞則休止易離或鼓或罷禮記少儀師役曰罷周禮大司寇以嘉石平罷民亦謂游惰如疲之民也倉頡篇罷嬾也叚借爲疲廣雅釋詁一罷勞也左成十六傳而罷民以逞昭十九傳勞罷死轉齊語罷士無伍罷女無家注病也又諸侯罷馬以爲幣注不任用也荀子非相君子賢而能容罷注罷弱不任事者離騷時曖曖其將罷兮注極也史記平原君虞卿傳臣不幸有罷癃之病索隱言腰曲而背隆高漢書夏侯嬰傳漢王急馬罷賈誼傳坐罷軟不勝任者又爲柀周禮大宗伯司農注罷辜披磔牲以祭若今時磔狗祭以止風又左襄三十傳楚子使薳罷來聘罷字子蕩公羊作遠頗古韻易中孚叶罷歌楚詞大招叶苛罷靡施爲荀子成相叶施罷戲爲

又叶罷私施移

支　**藣**　艸也从艸罷聲叚借爲旋爾雅旌謂之藣

支　**䥯**　枱屬从金罷聲讀若嫣字亦作䥯一作耚廣雅釋地䥯耚耕也

支　**羆**　如熊黃白文从熊罷省聲古文从能皮聲書禹貢熊羆狐貍織皮牧誓如虎如貔如熊如羆西山經嶓冢之山獸多犀兕熊羆古韻詩斯干叶何羆蛇

𠂹三十五名凡𠂹之派皆衍𠂹聲是爲切

支　**𠂹**　艸木華葉𠂹象形古文从乇按如旗勿之𠂹从勿會意漢書地理志武功垂山古文以爲敦物疑敦物當爲敦㧑傳寫譌作物耳禹貢惇物山在今陝西鳳翔府郿縣東即太一之北峯也轉注爲凡物𠂹下之稱經傳皆以垂爲之又以錘爲之

寘　**䍋**　小口罌也从缶𠂹聲字亦作甀方言五甀甖也其大者謂之甀又𤮂謂之甀廣雅釋器甀瓶也淮南氾論抱甀而汲注甀武今兗謂小武爲甀幽州曰瓦周禮凌人注鑑如甀大口以盛冰

支　**垂**　遠邊也从土𠂹聲荀子臣道邊境之臣處則疆垂不喪書傳皆以陲爲之轉注史記司馬相如傳坐不垂堂樂彥曰邊也莊子逍遙遊其翼若垂天之雲崔注猶邊也王粲詩兄弟與路垂叚借爲𠂹春秋元命苞以土垂一人詰屈折著爲廷字宋均注垂係也大戴保傳桓公垂拱無事而朝諸侯注言無所指麾者也荀子富國垂事養民注下也後漢鄧禹傳垂髮注童幼也又爲箠周禮垂氏注荊也字亦作華又託名幖識字虞書垂女共工顧命垂之竹矢禮記明堂位垂之和鍾呂覽垂至巧也字亦作倕世本倕作規矩荀子解蔽倕作弓淮南說山人不愛倕之手而愛己之指海內經不距之山巧倕葬其西

duǒ 埵　chuí 捶　tuō 涶　zuī 䮔　zuī 厜　chuí 箠　zhuī 腄　shuì 䧳　shuì 睡　zhuì 娷　zhuì 諈　tuò 唾　lěi 陲

寘　**陲**　磊也从𨸏𠂹聲按磊陲也磊陲雙聲連語猶纍𡾋也此字與陲別

哺　箇　**唾**　口液也从口垂聲或从水與河津同字素問宣明五氣篇腎爲唾左傳不顧而唾禮記內則不敢唾洟

寘　**諈**　諈諉累也从言垂聲按當作絫也爾雅釋言注以事相屬累爲諈諉孫注楚人曰諈齊曰諉列子力命釋文諈諉鈍滯也又煩重也字亦作種廣雅釋詁一種積也

寘　**娷**　諉也从女垂聲按當爲諈之或體今附于此

寘　**睡**　坐寐也从目垂聲秦策讀書欲睡

寘　**䧳**　䧳也从隹垂聲俗謂之鴟鷹

支　**腄**　瘢胝也从肉垂聲俗謂之老繭漢書地理志之罘山于腄音甀

紙　**箠**　擊馬也从竹垂聲廣雅釋器箠杖也按荊也周禮垂氏以垂爲之字亦作棰作捶漢書司馬遷傳其次關木索被箠楚注杖也婁敬傳杖馬箠王吉傳手苦于箠轡注馬策也吾邱壽王傳民以耰鉏箠梃相撻擊注馬撾也公羊昭三十一傳注季氏負箠謝過莊子天下一尺之棰叚借爲捶文選報任少卿書注箠與捶同以之笞人同謂之箠楚

支　**厜**　厜㕒山顛也从厂垂聲爾雅崒者厜㕒釋文本作𡵔又作𡸕按疊韻連語與嵯峨同

紙　**䮔**　馬小皃从馬垂聲籀文从𠂹籀文馬𠂹聲字亦作騅

歌　**涶**　河津也在西河西从水垂聲未詳其地字與唾或體同

紙　**捶**　以杖擊也从手垂聲錯本或曰摘也禮記內則捶反側之注擣之也荀子正論捶笞臏腳後漢杜篤傳捶驅氏僰又淮南道應捶鉤者年八十矣注鍛銀擊也廣雅釋詁四捶舂也字亦作硾說文新附硾擣也呂覽四月紀硾之以石叚借爲箠莊子至樂檄以馬捶釋文馬杖也又爲錘莊子大宗師皆在鑪捶之閒耳

哿　**埵**　堅土也从土垂聲讀若朶字林聚土也淮南齊俗狟狢得埵防弗去而緣注水埒也說林埵坊便也說山不見埵堁注埵堁猶席翳也埵讀似望作江淮閒人言能得之也叚借爲錘淮南齊俗鑪橐埵坊設注冶具也本經鼓橐吹埵注銅橐口埵筒埵入火中吹火也又發聲之詞荀子議兵槃角鹿埵隴種東籠而退耳注鹿埵垂下之皃如禾實垂下然鹿埵隴種東籠蓋皆摧敗披靡之皃也

chuí 錘

寘 支 **錘** 八銖也。从金，垂聲。八百黍之重。淮南詮言雖割國之錙錘以事人注六兩爲錙倍錙爲錘。通俗文銖六則錘錘[illegible]也。皆與許異。方言六錘重也。淮南說山冠錙錘之冠注八銖曰錘。與許同。字亦作鎚。別義莊子大宗師鑪錘李注錘鍛頭顙口句鐵以吹火也。叚借爲乑。漢書律厤志五權之制注錘者稱之權也。

chuí 陲

支 **陲** 危也。从𨸏，垂聲。與陲別。叚借爲垂。俗用爲邊境字。

zhù 䢄

遇 冬 **䢄** 不行也。从辵，𨚗聲。讀若住。住即侸字之俗。或曰馬不行也。从辵从騅會意。𨚗亦聲。

chā 差

佳 麻 支 卦 **差** 貳也。差不相值也。从左从乑。按式也。忒也。左不相值也。从左猶从屮也。凡又便而屮不便，故爲不相值之義。从乑聲。籀文从屮从二，會意，乑聲。或曰小篆𠂹籀文而誤存。參左文二年注忒差也。釋文差二也。廣雅釋詁二差貳也。又僭也。三次也。又爾雅釋詁差擇也。皆一誼之相生。禮記月令毋有差貸注謂失誤。荀子天論亂生其差注謬也。楚辭哀時命稱輕重而不差注失也。太元廓或生之差注過差也。淮南本經衣無隅差之制注邪也。漢書司馬相如傳紛湛湛其差錯兮注交互也。亦雙聲連語。又禮記祭統明尊卑之差。荀子大畧差爵祿注謂制等級也。詩燕燕差池其羽。左襄廿一傳而何敢差池注不齊一也。亦疊韻連語。荀子正名差差然而齊注不齊

皃。亦重言形況字。又詩東門之枌穀旦于差。吉日既差我馬。儀禮既夕記差盛之注擇之也。又方言三差愈也。南楚病愈者謂之差。叚借爲䴾。廣雅釋詁三差磨也。又爲鮺。左襄十四傳庾公差字子魚。又爲按禮記喪大記御者差沐于堂上注淅也。疏差是差摩。又爲蒫。左傳差車鮑點。又發聲之詞。淮南道應差須夫子也注差須猶意須也。又疊韻連語。廣雅釋詁蹉跎失足也。說文新附蹉跎失時也。禮記曲禮注重蹉跌也。字亦作蹉。古韻詩東門之枌叶差麻娑。登徒子好色賦叶義差。莊子則陽叶爲化宜差。

cuō 瑳

歌 **瑳** 玉色鮮白。从玉，差聲。與玼畧同。字亦作磋。轉注詩竹竿巧笑之瑳傳巧笑皃。叚借爲䴾。字作磋。爾雅釋器象謂之磋。詩淇奧如切如磋。廣雅釋詁三磋磨也。按治象之器有齒相錯以爲用，如齒之差錯不平也。又託名幖識字。古今人表景瑳師古曰即景差。古韻詩淇奧叶猗磋磨。竹竿叶左瑳儺。

jiē 䜐

麻 **䜐** 咨也。按嗞也。一曰痛惜也。从言，差聲。字亦作嗟，作𧫞。爾雅釋詁嗟嗟也。舊注楚人發語端也。小爾雅廣言嗟發聲也。廣雅釋詁二嗟吟也。易離大耋之嗟注憂歎辭。節則嗟若虞注哀號聲。詩麟趾于嗟麟兮。猗嗟猗嗟昌兮傳歎辭。臣工嗟嗟臣工傳勑之也。烈祖嗟嗟烈祖箋重言嗟嗟美歎之聲。節南山憯莫懲嗟箋嗟乎柰何也。禮記樂記故嗟歎之注嗟歎和續之也。呂覽知化嗟乎吳朝必生荆棘矣。漢書賈誼傳嗟若先生。魯峻碑能不嘯虖。聲訓釋名嗟佐也。言之不足以盡意，故發此聲以自佐也。古韻詩邱中有麻叶麻嗟施。節南山叶猗何瘥多嘉嗟。權輿叶我嗟，句中韻。

cuó 䴾

歌 **䴾** 礦麥也。从麥，差聲。轉注字亦作𪍿。廣雅釋詁四䴾舂也。

zhà 槎

馬 **槎** 衺斫也。从木，差聲。春秋傳曰山木不槎。按魯語山不槎蘖。後漢馬融傳槎棘枳。射雉賦奮勁骹以角槎。字亦作楂。西京賦柞木翦棘，以柞爲之。漢書貨殖傳然猶山不茬蘖，以茬爲之。長笛賦蹉纖根注擨也，以差爲之。

chài 瘥

歌 卦 **瘥** 病也。从疒，差聲。字亦作㾪。爾雅釋詁瘥病也。詩節南山天方薦瘥傳病也。周語無夭昏札瘥之憂注病也。左昭十九傳札瘥夭昏賈注小疫曰瘥。叚借爲差。說文瘥瘉也。廣雅釋詁一瘥瘉也。古韻詩節南山叶猗何瘥多嘉嗟。

suō 傞

歌 **傞** 醉舞皃。从人，差聲。詩賓之初筵屢舞傞傞傳不止也。此重言形況字。說文女部引作姕姕。此差雙聲。古韻詩賓之初筵叶俄傞。

cuǒ 鬌

哿 **鬌** 髮好也。从髟，差聲。字亦作蹉，作跍。海外東經蹉邱一曰嗟邱。叚借爲嗟。太元樂則哭泣之蹉資注憂哀之皃也。晉時蹉蹉注長歎也。爾雅釋詁嗟咨蹉也。釋文蹉跍皆古嗟字，非是。

cuó 嵯

歌 **嵯** 山皃也。从山，差聲。廣雅釋詁四嵯高也。史記司馬相如傳崔巍嵯峨正義皆峻皃。坐入曾宮之嵯峩注高皃。按與𡽱㟼亦同。疊韻連語。

zhā 溠

麻 禡 **溠** 溠水。在漢南。从水，差聲。荆州浸也。左莊四傳除涂梁溠注在義陽厥縣西南入鄖水。按出今湖北德安府隨州西北栲栳山，至漢川縣入漢。又周禮職方氏其浸波溠，在豫州，當別爲一水。

cī 縒

支 **縒** 參縒也。从糸，差聲。字从糸，當言絲之不齊。集韻引說文謂亂絲皃。按參差雙聲連語。此字疑後出。

cuó 𤰝

歌 **𤰝** 殘田也。从田，差聲。按與畸略同。類篇引說文作殘薉田也。叚借爲瘥。詩節南山天方薦𤰝毛本正作瘥。

zhǎ 𦍋

支 **𦍋** 束炭也。从火，差省聲。讀若齹字。亦作𦎦。廣雅釋詁二𦎦乾也。

zhǎ 鮺

馬 **鮺** 藏魚也。南方謂之魿，北方謂之鮺。从魚，差省聲。字亦作鮓。以鹽米釀魚爲菹，耐久。即禮記內則之魚膾聶而切之者也。或曰大魚爲鮺，小魚爲魿。晉陶侃以鮓遺其母。蓋可久蓄而味不變者。聲訓釋名鮓菹也。以鹽米釀魚以爲菹，熟而食之也。

cuó 𪉈

歌 **𪉈** 鹹也。从鹵，差省聲。河內謂之𪉈。沛人言若䣜。字亦作鹺。禮記曲禮鹽曰鹹鹺注大鹹曰鹺。今河東云。

chái 䡨　chuī 吹　chuī 炊　chuī 龡　chī 离　lí 謧　lí 離

佳 **䡨** 連車也，从車，差省聲，讀若遲，字亦作𨏥。左傳差車鮑點，官名，以差爲之，齊北郭佐字子車，以佐爲之【別義】一曰卻車抵堂爲䡨。東京賦䡨于東階，薛注，䡨之言卻也。廣雅釋詁三，䡨塞也。

吹三名，凡吹之派，皆衍吹聲。昌垂切

支寘 **吹** 噓也，从口，从欠，會意，聲類，出氣急曰吹。老子，或呴或吹，注，吹寒也。後漢章帝紀，省冰紈方空縠吹綸絮，注，言吹噓可成，亦紗也。莊子齊物論，夫言非吹也，崔注，猶籟也。逍遙游，生物之以息相吹也。【轉注】方言十二，吹，助也。【叚借】爲籥。蔡邕月令章句，吹者所以通氣也。管簫竽笙塤篪，皆以吹鳴者也。又爲炊。海賦，吹炯九泉，注，猶然也。又疊韻連語，莊子駢拇注，從容吹累。釋文，一作炊絫。【聲訓】釋名，竹曰吹，吹推也，以氣推發其聲也。【古韻】詩蘀兮叶吹和。老子無爲叶隨吹羸墮。

支 **炊** 爨也，从火，吹省聲。公羊傳，析骸而炊之。漢書枚乘傳，一人炊之。史記封禪書，先炊之屬，正義，先炊，古炊母之神也。【叚借】爲吹。荀子仲尼，可炊而僓也。又疊韻連語，莊子在宥，而萬物炊累焉，司馬注，炊累猶動升也。【轉音】僞三罍上叶炊饑。

支 **龡** 籥音律管壎之樂也，从龠，炊聲，字亦作歈。凡竽笙籥簫篪篴管壎之樂，吹之曰龡，實亦吹之轉注。歈後出字。

离八名，凡离之派，皆衍离聲。呂移切

支 **离** 山神獸也，从禽頭，从厹，从屮。按象形。歐陽喬說，离猛獸也。廣雅釋天，山神謂之离，字亦作魑。左文十八傳，以禦魑魅，注，魑魅山林異氣所生爲人害者。東京賦，捎魑魅，薛注，山澤之神。通俗文，山澤怪謂之魑魅。經傳亦以螭爲之。

支 **謧** 謧詍多言也，从言，离聲。按謧詍亦雙聲連語。

支紙寘霽 **離** 離黃倉庚也，鳴則蠶生，从隹，离聲，亦曰鵹黃。爾雅，倉庚商庚，注，即鶬鶊也。又鵹黃楚雀，注，即倉庚也。又倉庚鵹黃也，注，其色黧黑而黃，因名。今曰黃鸝，曰黃鶯，字亦作鸝。晉書郭璞傳，欣黎黃之音者，不羣蟪蛄之吟，亦作黎黃，皆音近通寫，字俗亦作鸝。顏氏家訓，離則配禹【轉注】易說卦，離爲雉。九家，離爲鳥，爲飛，爲鶴，爲黃。詩旄丘，流離之子，傳，流離鳥也。爾雅，鳥少美長醜爲鶹鷅，注，猶留離，按因此鳥名流離，故又名離黃，爲黃栗留，爲黃鸝留，流離栗留，皆雙聲連語。又廣雅，鶹離，怪鳥屬也。又思元賦，前長離使拂羽兮，舊注，長離朱鳥也。【叚借】爲麗，實爲丽。易序卦傳，離者麗也。否疇離祉，九家注，附也。兌麗澤，鄭注，離猶併也。儀禮大射儀中離維綱，注，猶獵也。白虎通，嫁娶離皮者，兩皮也。禮記曲禮，離坐離立，注，兩也。月令，宿離不貸，注，讀如儷偶之儷。詩漸漸之石，月離于畢。公羊桓二傳，離不言會，注，二國會曰離。左昭元傳，楚公子圍設服離衛，注，陳也。晉語，非天不離數，注，歷也。管子乘馬，四聚爲一離。莊子則陽，子獨先離之，曰，釋文，著也。楚辭招魂，離榭修幕，注，列也。方言十二，𣓨離，待也。又爲䴡。易說卦傳，離也者，明也，萬物皆相見，南方之卦也。又離爲火，爲日，爲電。左昭五傳，離火也。傳長虞詩，二離揚清暉，注，日月也。又爲羅。史記管蔡世家，無離曹禍，索隱，被也。屈原傳，故憂愁幽思而作離騷，離騷者，猶離憂也。楚辭天問，卒然離蠥，注，遭也。思元賦，循法度而離殃，注，罹也。詩新臺，鴻則離之，兔爰，雉離于罦。方言七，羅謂之離。又詩四月，亂離瘼矣，傳，憂也。字亦作罹。又爲𠠲，或爲𠕁，與分別字同誼。廣雅釋詁一，離分也。釋言，離刳也。儀禮士冠禮，離肺，注，割也。鄉飲酒禮記，肺皆離，注，猶𢧢也。論語，邦分崩離析，孔注，不可會聚。秦策，是我離秦而攻楚也，注，絕也。又廣雅釋詁一，離遠也。二，去也。三，散也。左傳，離局姦也。楚語，邇者騷離。吳語，民人離落，注，畔也。周語，聽淫曰離其名，注，失也。呂覽誣徒，合則弗能離，注，別也。論威，形性相離，注，違也。禮記學記，一年視離經辨志，注，章斷句絕也。雖離師輔而不反也，疏，猶違也。樂記，禮勝則離，注，析居不和也。公羊襄五傳，離至不可得而序，注，離別前後至也。管子侈靡，昭穆之離，注，謂次位之別也。又爾雅釋親，出之子爲離孫。淮南泰族，離先稻熟，注，稻米隨而生者爲離，與稻相似。又海內南經，離耳國，注，鎪離其耳，分令下垂以爲飾，即儋耳也。又爲棃。子虛賦，檗離朱楊，注，山棃也，字亦作樆，見爾雅。又爲离。史記周本紀，如豺如離。又爲椸。楚語，爲之關籥蕃離，注，壁落也。又爲蘺。離騷，扈江離與辟芷，注，香草名。又爲縭。漢書外戚傳，申佩離以自思。又爲觸。按周禮形方氏，無有華離之地，謂𡐓跛也。杜注，當爲雜，謂形誤。又疊韻連語，荀子王霸，有侈離之德則必滅，注，乖離非是。上林賦，離靡廣衍，注，不絕之皃也。洞簫賦，鋑鏤離灑，注，鋑鏤之皃。周禮鞮鞻氏注，西方曰侏離。疏，物生亦曰離長。政注，違俗自絜之皃。又雙聲連語，荀子非十二子，綦谿離跂。門賦，離樓梧而相撐，注，攢聚衆木皃。景福殿賦，丹綺離婁，注，刻鏤之皃。海賦，𪅆離離褷，注，毛羽始生之皃。又重言形況字，詩彼黍離離，韓傳，長皃。釋文，字亦作穲。湛露，其實離離，毛傳，垂也。荀子非十二子，離離然，注，不親事之皃。楚辭思古，曾哀悽欷心離離兮，注，剝裂皃。又託名標識字。爾雅釋草，離南活莌，按即倚商活脫，今之通草也。釋樂，大琴謂之離。孫注，離聲留離也。禮記明堂位，叔之離磬，注，和離謂次序其聲縣也。又燕策，高漸離。論衡作麗。【古韻】詩新臺叶離施。黍離叶離靡。湛露叶椅離儀。楚辭離騷叶化離。大司命叶披離爲。招魂叶羅歌荷酡波奇離。莊子山木叶離挫議虧。【轉音】楚詞離騷叶離虧。管子五行叶地離。老子能爲叶離兒疵爲知。反朴叶雌離兒。呂覽精諭叶疵知窺離。素問陰陽類論叶堤離。周書大明武叶溪離宜夷。

chī 摛

支 **摛** 舒也，从手，离聲，字亦作攡。答賓戲，摛藻如春華，韋昭注，布也。蜀都賦，摛藻掞天庭。太元元攡，幽攡萬類，注，張也。元挩，攡張之【叚

lí 縭　chī 螭　lí 醨　lí 蘺　lì 丽　lì 麗

借雙聲連語。魏都賦壯翼摛鏤于青霄，按猶離婁也，注摛布其彫鏤也，非是。

縭 支　以絲介履也。从糸离聲。周禮所謂總絢。字亦作褵。爾雅釋言縭介也，注繫也。轉注爾雅釋器婦人之褘謂之縭，縭綏也。詩東山親結其縭，韓傳帶也。女史箴施衿結褵，漢書外戚傳申佩離以自思，注袿衣之帶也，以離爲之。又思元賦獻環琨與琛縭兮，注今之香纓。按香纓以五采繩爲之，許嫁後佩之，明有繫屬。古韻詩東山叶縭儀嘉何。

螭 支　若龍而黃，北方謂之地螻。从虫离聲。或云無角曰螭。漢書司馬相如傳蛟龍赤螭，文穎曰龍子爲螭，張揖曰雌龍也。楊雄傳翠虯絳螭，韋昭曰似虎而鱗，鄭氏曰虎類也，龍形。呂覽舉難螭食乎清而游乎濁，注龍之別也。字亦作彲。史記齊世家非龍非彲。段借爲离。西京賦挐熊螭，注引歐陽尚書說猛獸也。周禮大司徒注虎豹貔螭，字亦作貔，又誤作豨。曹植白馬篇勇剽若豹螭。左宣三傳螭魅罔兩，服注山神獸形。文十八傳以禦螭魅，賈注如虎而噉虎。後漢竇憲傳螭虎之士。古韻楚詞河伯叶河波螭。轉音高唐賦叶螭諧哀懷欷。

醨 支　薄酒也。从酉离聲。讀若離。楚辭卜居何不餔其糟而歠其醨，注薄也。醇爲厚，醨爲薄。俗字作漓。古韻楚詞漁父叶移波醨爲。

蘺 支　江蘺，蘼蕪。从艸離聲。按江蘺芎藭苗也，香艸，似槀本，其似蛇床而香者爲蘼蕪。上林賦被以江蘺。江賦繁蔚芳蘺。段借疊韻連語。爾雅釋草莞苻蘺，蓋席草之細小纖弱者，亦作夫離。

丽十七名，凡丽之派皆衍丽聲。郎寄切

丽 支齊　兩耦也。象兩兩相附之形。从兩二相竝，下畫𠫓者猶凡字之上畫𠫓也。籀又从二卜。按字亦作𢿢作儷作孋作娌。方言十二娌耦也。廣雅釋詁四娌二也。丽里雙聲。經傳皆以麗爲之。廣雅釋言儷扶也。

麗 支齊　旅行也。鹿之性見食急則必旅行。从鹿丽聲。禮麗皮納聘，蓋鹿皮也。說文𪊨下出古文丽，籀文丽，汗簡古文作丽。按古籀不與麗同字，今別爲正篆，而小篆之麗从丽會意，丽亦聲。北史裴安祖聞講鹿鳴而兄弟同食，此旅行之誼。凡經傳附著之訓則皆丽字也。段借爲丽。小爾雅廣言麗兩也。周禮校人麗馬一圉，注耦也。小司寇以八辟麗邦灋，注附也。儀禮士喪禮設決麗于擘，注施也。禮記祭義既入廟門麗于碑，注猶繫也。又易麗澤兌，注猶連也。左傳爲魚麗之陳，按相次比也。書呂刑越茲麗刑，鄭注施也。左宣十二傳射麋麗龜，服注著也。詩干旄疏引王肅夏后氏駕兩謂之麗。漢書楊雄傳麗鉤芒與驂蓐收兮，注並駕也。荀子正名累而成文名之麗也，注與儷同。又爲⿰麗攴，亦即丽字。小爾雅廣言麗數也。詩文王其麗不億。又爲羅。詩魚麗于罶。又爲阿。莊子秋水梁麗可以衝城，人閒世求高名之麗者，司馬注屋棟也。易漸或得其桷，虞注離爲麗。亦作欐。列子湯問餘音繞梁欐，力命居則連欐，釋文屋棟也。上林賦連卷欐佹，注支柱也。亦雙聲連語。又爲慮。小爾雅廣言麗思也。麗慮雙聲。又爲麗。衞策食高麗也。中山策佳麗人之所出也，注美也。西京賦紛瑰麗以麥靡。登徒好色賦玉爲人體貌閒麗。楚辭招魂麗而不奇些，注美好也。甘泉賦于胥德兮麗萬世，注光華也。漢書地理志織作冰紈綺繡純麗之物，注華靡也。廣雅釋詁一麗好也。又託名標識字。莊子徐无鬼君亦必無陳鶴列於麗譙之閒，注高樓也。又淮南墜形西北曰麗風，注一曰閶闔風。詩渭陽序文公遭麗姬之難，釋文本作驪。聲訓廣雅釋言麗離也。釋詁三麗施也。漢書司馬相如傳注麗靡也。釋名睞子明而不正曰通視，又謂之麗視。麗離也，言一目視天，一目視地，目明分離所視不同也。詩魚麗傳麗歷也。麗歷雙聲。

lǐ ⿰麗攴　lí 儷　lí ⿱艹麗　lǐ 邐　xǐ 躧　shāi 籭　lì 酈

⿰麗攴 支齊　數也。从攴麗聲。按即丽字之小篆，今附于此。方言三⿰麗攴數也，注偶物爲麗。廣雅釋詁三⿰麗攴布也。詩文王其麗不億，以麗爲之。

儷 支齊　按此字亦即丽之或體。从人麗聲。字亦作孋。廣雅釋詁四儷耦也。周語棄其伉儷妃嬪。左成十一傳鳥獸猶不失儷。儀禮士冠禮士昏禮聘禮儷皮，注兩也。淮南精神鳳皇不能與之儷，注借也。後漢袁紹劉表傳魚儷，注猶相次比也。吳都賦安可以儷王公而著風烈也，注著也。段借雙聲連語。說文儷琴儷也。按茂密之皃。東都賦鳳蓋棽儷，大人賦作林離，亦同。

⿱艹麗 支　艸木相附麗土而生。从艸麗聲。易曰百穀艸木⿱艹麗於地。按此字當訓華也，凡美好華靡之誼，經傳皆以麗爲之，字亦作孋。

邐 紙　行邐邐也。从辵麗聲。縈紆之皃。廣雅釋訓三邐過也。段借疊韻連語。西京賦墱道邐倚以正東，注一高一下一屈一直也。

躧 紙蟹　舞履也。从足麗聲。或从革。字亦作蹝作屣作𩋯，與鞻略同。漢書地理志女子彈弦跕躧。轉注凡舞不納履，故不著跟曳履而行曰躧。長門賦蹝履起而彷徨，注引蒼頡篇躧徐行皃。莊子讓王曳躧而歌商頌，釋文躡也。孟子猶棄敝蹝也。漢書郊祀志如脫屣耳，注小履。

籭 支　竹器也，可以取粗去細。从竹麗聲。字亦作簁。漢書賈山傳篩土作阿房之宮，字又作篩，亦以簁爲之。

酈 錫支　南陽縣。从邑麗聲。在今河南南陽府內鄉縣東北。漢書地理志注音蹢，又史記酈食其音歷。別義左僖元年公子友帥師敗莒師于酈，注魯地。

shài 曬　lì 癘　lì 覼　lí 驪　sǎ 灑　lí 鱺　xǐ 纚

寘卦 **曬** 暴也。从日，麗聲。方言七：暴五穀之類，秦晉之閒謂之曬。方言十：曬，乾物也。【叚借】爲摛。漢書中山靖王勝傳：白日曬光，幽暗皆照。注：舒也。暴也。

寘霽錫 **癘** 癘也。从疒，麗聲。讀若隸。【別義】說文一曰瘦黑。

支寘霽蟹 **覼** 求也。从見，麗聲。讀若池。吳都賦注引蒼頡篇：覼，索視之皃。字亦作䙰，作矖，作𥌗。史記屈賈傳：矖九州而相君兮。索隱：謂歷觀也。後漢馬融傳注：矖，視也。

支 **驪** 馬深黑色。从馬，麗聲。小爾雅廣詁：驪，黑也。詩駉：有驪有黃。禮記檀弓：戎事乘驪。爾雅釋畜：驪馬白跨，驈。又牡驪牝玄。穆天子傳：盜驪。列子：左驂盜驪而右山子。謂馬細頭黑色。荀子作纖離，以離爲之。楚辭招魂：青驪結駟兮。【轉注】莊子列禦寇：驪龍頷。釋文：黑龍也。【叚借】爲丽。漢書平帝紀服注：併馬，驪駕也。西京賦：驪駕四鹿。注：猶羅列駢駕之也。呂覽執一：今御驪馬者。注：駢馬也。又託名幖識字。晉語：獻公卜伐驪戎。注：西戎之別在驪山者也，姬姓，男爵，在今陝西西安府臨潼縣東。水經注作麗山。左莊廿八傳：女以驪姬。穀梁作麗。淮南說林作孋。竹書紀年作離。又漢書地理志犂軒注：驪軒，急言之曰力虔。按：驪犂力一聲之轉。

寘蟹馬 **灑** 汛也。从水，麗聲。凡埽者先灑。通俗文：以水撿塵曰灑。管子弟子職：堂上則播灑。禮記內則：灑埽室堂及庭。詩山有樞：弗洒弗埽。周禮赤犮氏：以灰洒毒之。隸僕：掌五寢之埽除糞洒之事。經傳多以洒爲之。【轉注】周書大匡：賦灑其幣。注：散也。江賦：駭浪暴灑。注：散也。西征賦：灑釣投網。注：灑亦投也。江賦：箭灑連鋒。注：箭灑皆釣名也。【叚借】爾雅釋樂：大瑟謂之灑。此託名幖識字。瑟灑雙聲。

支齊薺 **鱺** 魚名。从魚，麗聲。按：即鰻也，形似鯡，與鱧魚之鯉、鮦魚之鱧皆別。字亦作䱘。爾雅釋魚：鰲鯬。注：未詳。廣韻云：鰻鯬，魚名，是也。粵諺曰：三鯬不上銅鼓灘。【叚借】爲鱧。廣雅：鱺，鯣鮦也。韓詩外傳：南假子曰：聞君子不食鱺魚。爾雅：鯉大鮦，小者鮵。注：青州呼小鱺爲鮵。玉篇：鯣，赤鱺也。此皆蘇俗謂之黑魚，有斑點，作北斗七星之象者。

紙支 **纚** 冠織也。从糸，麗聲。字亦作縰。按：韜髮之繒帛也。其帛廣二尺二寸，長六尺，織而成之，不待翦裁者。儀禮士昏禮：姆纚笄宵衣。士冠禮：緇纚。注：今之幘梁也。禮記內則：櫛縰。問喪：雞斯徒跣。笄纚字亦以雞斯爲之。漢書江充傳：冠禪纚步搖冠。注：織絲爲之，即今方目紗是也。楊雄傳：戴縰垂纓而談者。【轉注】後漢張衡傳：纚朱鳥以承旗。注：繫也。又詩采菽：紼纚維之。傳：緌也。韓詩作縭。又西京賦：纚鰋鮋。薛注：纚網如箕形，狹後廣前。【叚借】爲躧。莊子讓王：縰履杖藜而應門。注：謂履無跟也。又爲邐。上林賦：輦道纚屬。注：連屬也。景福殿賦：若幽星之纚連也。又雙聲連語。海賦：被羽翮之襂纚。注：羽垂之皃。又重言形況字。離騷：索胡繩之纚纚。注：索好皃。高唐賦：縰縰莘莘。注：眾多之皃。【聲訓】釋名釋采帛：纚，簁也。麤可以簁物也。【古韻】楚詞離騷叶蘂纚。

shī 釃　lì 詈　jī 羈

支紙 **釃** 下酒也。一曰醇也。从酉，麗聲。廣雅釋詁二：釃，盝也。字亦作麗。詩伐木：釃酒有藇。傳：以筐曰釃，以藪曰湑。後漢馬援傳注：釃，酒濾也。【轉注】漢書溝洫志：釃二渠以引河。注：分也。

詈　一名　力議切

寘 **詈** 罵也。从网，从言。网辠人。會意。按：言之觸辠网者也。或曰从言，羅省聲。禮記曲禮：怒不至詈。秦策：乃使勇士往詈齊王。楚辭：申申其詈予。中山經：苦山有獸焉，名曰山膏，善詈。注：好罵人。【聲訓】釋名釋言語：詈，歷也，以惡言相彌歷也。亦言離也，以此挂離之也。

羈　一名　居宜切

支 **羈** 馬絡頭也。从网，从馽。會意。馽，馬絆也。或从革，从网馬，會意。字亦作羇，作䩨，作覊。廣雅釋器：羈，勒也。左僖廿四傳：臣負羈紲。晉語：從者爲羈紲之僕。離騷：余雖好修姱以鞿羈兮。漢書刑法志：是猶以鞿而御馯突。郊祀志：天子猶羈縻不絕。張遷碑：西羈六戎。呂覽慎勢：不用象譯狄鞮。注：東方曰羈。禮記王制：以犾爲之。呂覽決勝：而有以羈誘之也。注：牽也。報任少卿書：僕少負不羈之才。注：言材質高遠，不可羈繫也。荀子大略注：齊子家羈，字駒。左僖廿四傳：曹僖負羈。【轉注】禮記內則：男角女羈。注：午達曰羈。疏：隻也。謂借爲踦，非是。穀梁昭十九傳：羈貫成童。釋文：交午翦髮爲飾曰羈貫。【叚借】爲寄。廣雅釋詁三：羈，寄也。左昭七傳：單獻公棄親用羈。注：寄客也。周禮遺人：以待羈旅。注：過行寄止者。按：羈旅，寄廬也。字亦作羇。【聲訓】釋名釋車：羇，檢也，所以檢持制之也。羈檢雙聲。

珂　泀　舸　裒　樓　祠　琦　螭　痔　婍　韡　䋍　紽　酡　䡐　牠　醝　艖

附說文不錄之字

珂　通俗文：勒飾曰珂。說文新附：珂，玉也。玉篇：珂，石次玉也。亦碼碯絜白如雪者。吳都賦：致遠流離與珂珬。劉逵注：老鵰入海化爲珬，已裁割若馬勒者謂之珂。

泀　㲖　廣雅釋宮：㲖，杙也。

舸　方言九：南楚江湘凡船大者謂之舸。

裒　袤　樓　字書：裒樓，柔弱皃也。亦字書：裒，草木盛也。按猶阿那。

樓　字書：裒樓。按疊韻連語。

祠　廣雅釋器：祠，袖也。

琦　埤蒼：琦，瑋也。叚借爲奇。荀子非十二子：玩琦辭。

螭　方言十一：蟬，海岱之閒謂之螭。

痔　廣雅釋詁二：痔，短也。釋言：痔，㾤也。

婍　廣雅釋詁一：婍，好也。

韡　靴　釋名釋衣服：韡，跨也。兩足各以一跨騎也。說文新附：韡，鞮屬。字亦作靴。

䋍　廣雅釋器：䋍，練也。

紽　詩羔羊：素絲五紽。廣雅釋詁四：紽，數也。左莊廿二傳：陳公子佗字五父，以佗爲之。

酡　楚詞招魂：朱顏酡些。注：著也。按謂赭也。

䡐　廣雅釋器：䡐，蠹也。

牠　㸦　淮南說山：旣㸦而犧。注：㸦無角。字亦作牠。

醝　通俗文：白酒曰醝。廣雅釋器：醝，酒也。叚借爲蕭。廣雅釋言：蕭，醎也。

艖　舤　方言九：小舸謂之艖。廣雅釋水：艖，舟也。又作舤。舤，舟也。

蓌　綞　䁔　籮　囉　㛗　瘸　䏲　鍋　莪　魔　㦬　㾓　䶒　㱓　笳　袈　裟　蛡

蓌　爾雅釋草：蓌，薺實。

綞　字林：綞，子綫也。

䁔　西都賦：䁔北阜。注：視也。

籮　廣雅釋器：籮，箕也。方言：所以注斛，宋楚之閒謂之籮。字林：籮，竹器也。

囉　洞簫賦：行鉀鉀以龢囉。注：迭蕩相雜皃。

㛗　通俗文：侏儒曰㛗。廣雅釋詁二：㛗，短也。

瘸　瘸　韻集：瘸，㾓病也。春發者謂之蠶瘸，秋發者謂之鴈瘸。別義：蒼頡篇：瘸，禿也。張揖雜字作瘸，同。

䏲　聲類：䏲，手理也。

鍋　划　方言五：刈鉤，江淮陳楚之閒或謂之鍋。字亦作划。

莪　南海志：莪，藤名也。

魔　說文新附：魔，鬼也。按周書世俘：解馘魔億有十萬七千七百七十有九，俘人三億萬有二百三十。後魏武定六年造石象頌：羣魔稽首，疑殊方絕域異言異服之人謂之魔。

㦬　爾雅釋畜：㦬牛。注：出巴中，重千斤。今西寧府西寧衛出此，俗名犛牛。

㾓　方言五：㾓，㾏也。

䶒　江賦：鱝䶒鼉鼊。注：鼊䶒與鼅鼊相似，形大如簦，生乳海邊白沙中，肉極好，中啖。

㱓　廣雅釋言：㱓，共也。

笳　後漢竇融傳贊注：笳，胡樂也。老子作之。別義：廣雅釋器：笳，籥也。又釋木：笳，枝也。

袈　髦　韻集：音加沙，亦作髦毧字。

裟　毧　丸始改从衣，疊韻連語。

蛡　方言十一注：強蛘，米中小黑甲蟲也，江東謂之蛡。

說文通訓定聲 十 隨部第十附錄 卅七

⿰革沙 廣雅釋器、⿰革㐬⿰革犬、履也、

訬 廣雅釋詁三、訬、擊也、

叵 三蒼、叵、不可也、按从反可、指事、謝靈運詩、懷故叵新歡、別義、後漢班超傳、超欲因此叵平諸國、注、叵、猶遂也、

⿺麥果 方言十三、⿺麥果、麴也、注、即麯也、

粿 廣雅釋器、粿、糒也、

頦 廣雅釋詁二、頦、醜也、

⿰夌委 廣雅釋詁三、⿰夌委、多也、

拸 廣雅釋詁二、拸、加也、

股 廣雅釋器、股、几也、

⿰酉宜 字林、⿰酉宜、酡面皃、

峻 埤蒼、峻、山長皃、甘泉賦、峻嶒嵬乎其相嬰、

扼 廣雅釋言、扼、擿也、

餚 方言十三、餚謂之餚、注、以豆屑雜餳也、字書、餚、⿰食登也、

袏 方言四、襌衣有袌者、趙魏謂之袏衣、

掮 通俗文、捫摸曰掮、別義、廣雅釋詁一、掮、棄也、

璃 字林、瑠璃、火齊珠也、按雙聲連語、

黐 廣雅釋詁四、黐、黏也、字書、木膠也、

葹 廣雅釋草、葹、枲耳也、離騷、薋菉葹以盈室兮、按即蒼耳、

⿰女頼 廣雅釋詁一、⿰女頼、好也、

秛 廣雅釋詁二、秛、稅也、

說文通訓定聲 十 隨部第十附錄 卅八

僞 方言九、僞謂之杌、注、僞船動搖之皃也、

蟡 管子水地、蟡者、一頭而兩身、其形若蛇、其長八尺、以其名呼之、可以取魚鼈、此涸川水之精也、

犤 爾雅釋畜、犤牛、注、今之犤牛也、庳小、

矲 方言十、矲、短也、按周禮典同注、陂讀如人罷短之罷、只作罷、

⿰虫罷 廣雅釋蟲、⿰虫罷、蚰蜒也、

⿰忄言 方言十、⿰忄言㥏、欺謾之語也、按疊韻連語、

說文通訓定聲目

解部弟十一（分部並轉履泰乾）

支（芓）芰（芗）越 跂（歧）敲
猉（狔）雉（鳷）枝 郊 岐（棤）
菽（豉）伎 攱 庪（輾庪破皮）頍
魃 攲（崎）鼓 忮 汥
技 妓 蚑 蘇 知
歚（歚智暂）澌 鞿 籭（螲籭蜘）暂（智）
卮 梔（梔）只 迟 齞
胑（肢）枳 稜 疻 伿（倲伿）

咫 抧 軹 訾 豕
鷈 斯（厮蟴）檰 凘（㩗厮嘶厮）凘（儩㒋）
澌 誓（誓）是（昰）視 莀
趧 偍（偍）踶 諟 禔
醍 翟 箟 寔（寘）匙（匙）
禔 題 題（鵜）騠 徥
湜 提 媞 緹（衹醍秖）隄（陡）
朿（楝蝀䩸䖀）帝（帝）莿 趚
柴 迹（蹟速踈跡）諫 敕（敕揀）刺（剌厎𩉏）
策 責（債）涑（潄）狄 禘

啻（商）諦（謕）締 蔽 嚏（讀𧃹嬻）
鬝 豬 簣 積（積）幘
磧 漬 嫧 績（勣）遬（遏）
適 蹢（蹢躑）譎 敵 鷊
麴 樀 樀（禘）滴 摘
嫡 鏑（鍉）擿（摘擲）厂 虒（傂）
㕯 禠 嗁（啼謕）遞 遞
䟄（蹏䶵）䶵（篪箎）騠 艤 㯅
褫 㕯（㩳擨）鼶 愢 溡
褫（螔）鎞 乁 氏（祇）也（艾）

匜 祇 芪（蚔）跃 眠（昏）
疷 忯 汦 抵 紙
蚳（眂）坻 堤 軝（甄靳）貤（貤）
灺 弛（弞弛）地（墬𡐦坔）酏（酏）巂（觿巂）
謔 韉 觿 酅 癄
攜 攜 攜（攜携）孈 纗
蠵（蠨）鑴 兮 盻 醯（醯醯）
企（跂跂）芈（蚌）兒 齯 說
鬩 䍜 睨 鬩 鯢（鶂鷊鵖艗）
䑑 郳 倪（堄）屍 麑（猊）

霓　鯢（鮭）　婗（晲）　蜺　輗（輨棿）
危（垝桅峗）　祪　跪　詭　觤
頠　恑（佹）　洈　姽　蛫
垝（庣）　鮠（敧鎸鵤）　規（摫）　巂　窺（䙿）
闚（闚）　嫢　圭（珪）　茥　哇
趌（跬頍）　街　詿　卦　[illegible]
刲　[illegible]　觟　桂　邽
窐　佳　崖　厓（涯）　[illegible]
烓　奎　奊（奊）　恚　洼
罣（罣）　閨　挂（掛卦罣罣）　娃（眭）　絓（袿罣褂）

說文通訓定聲　解部弟十一　三

畫　畵　畦　黊（黊）　漥
嫿　蘳（蘳）　丫　乖　𠦬（奊）
卑（匾鵯䴽）　椑　萆（蓖）　鞞（鞞䩛）　[illegible]
牌（牌）　髀（蹕）　脾　箄　鼙
[illegible]　郫　稗　粺　粺
俾（睥䡵）　裨（裨）　頼　[illegible]　庳（捭）
碑　猈　[illegible]（[illegible]）　[illegible]（[illegible]）　捭（擺）
婢　甀　[illegible]（蜱）　埤　錍
陴（鞞）　[illegible]（[illegible]）　[illegible]（蚍蛙[illegible]）　厽　[illegible]（[illegible]）
[illegible]（累磦）　垒　[illegible]　[illegible]（[illegible]）　解（[illegible]）

薢　懈（[illegible]）　澥　蟹（[illegible]）　[illegible]（[illegible]）
買（鷶）　[illegible]　賣　[illegible]　汨
𠂢　派　覛（䖭覓覔[illegible]）　脈　衇（[illegible]脈[illegible]）
𥿗　霢（霡）　畫（書[illegible]）　劃（劃[illegible][illegible]）　嫿
𣏟　易（蜴）　[illegible]（[illegible][illegible][illegible]）　[illegible]　賜
[illegible]　賜（[illegible]）　睗　[illegible]　傷
[illegible]　鬄（[illegible]）　狄　惕（[illegible]）　緆（[illegible]）
錫　[illegible]　[illegible]（[illegible][illegible][illegible]）　剔　覡
益（[illegible]）　溢（[illegible]）　嗌（[illegible]）　[illegible]　謚（[illegible]）
謚　[illegible]（[illegible]）　搤　縊　[illegible]

說文通訓定聲　解部弟十一　四

[illegible]（[illegible]）　[illegible]　[illegible]　[illegible]　[illegible]
繫　[illegible]　[illegible]　繫　[illegible]
[illegible]　[illegible]　擊　[illegible]　[illegible]
[illegible]　[illegible]　秝　厤　歷（[illegible]）
[illegible]（[illegible]）　櫪　[illegible]　瀝　鬲（[illegible]）
[illegible]　[illegible]　[illegible]　[illegible]　[illegible]（[illegible]）
搹（[illegible]）　隔（[illegible]）　[illegible]　系（糸）　[illegible]（[illegible]）
冖　[illegible]　辟（[illegible]）　壁　薜
[illegible]（[illegible]）　避　譬　[illegible]　臂
[illegible]（[illegible]）　[illegible]（[illegible]）　[illegible]　[illegible]　僻（[illegible]）

襞 擗 廦 㕒 闢 閞

擘 擗 嬖 甓 檗 壁

析 㭊 晢 淅 蜥 脊

蹐 膌 𤻲瘠𤺺 鰿 鰿蠈 冊 笧筴 𣊫

柵 役 伇 杸 疫 殺

垼 坄 狊 瞁湨 鶪 雎鵙鶪嗅 郹 鷊 鷊䳘

右文字共四百二十名 旁注二百四十六字 附存一百字

說文通訓定聲

吳郡朱駿聲豐芑甫紀錄
新安朱鏡蓉伯和甫參訂

解部弟十一 凡四十三部

支二十四名、凡支之派、皆衍支聲、章攜切、

支（支）　去竹之枝也、从手持半竹、會意、古文又从巾、按手持二个也、莊子人間世、支離疏者、司馬注、形體支離不全皃、魯靈光殿賦、支離分赴、注、分散也、荀子富國、其候徼支繚、注、支分繚繞、叚借爲枝、詩芄蘭之支、文王、本支百世、禮記曲禮、支子不祭、儀禮喪服傳、支子可也、疏、取支條之義、又後漢呂布傳、中小支、注、謂胡也、卽今之戟、傍曲支、又周禮鄉士、注、和合支榦善日、疏、十二辰子丑之等是支、又方言十、謰謱、拏也、南楚謂之支、注、又爲積、爾雅釋言、支、載也、周語、天之所支、不可壞也、注、拄也、越語、皆知其資財不足以支長久也、注、堪也、西周策、魏不能支、注、猶拒也、大戴保傅、燕支地計衆、注、猶計也、後漢郭泰傳、注、支、猶持也、支榰雙聲、又爲梔、纂文、白鮮支、絹也、亦名縞也、按亦曰鮮卮、【古韻】詩芄蘭叶支、觽、知、素問陰陽類論叶脾支、

芰（寘）　蔆也、从艸、支聲、杜林說、从多聲、廣雅釋草、蔆芰、薢茩也、言其葉之岐起曰芰、言其實有棱角曰蔆、楚謂之芰、秦謂之薢茩、楚語、屈到嗜芰、離騷、製芰荷以爲衣兮、列子說符、夏日則食菱芰、淮南本經、夫容芰荷、漢書楊雄傳、衿芰茄之綠衣兮、

𧺆（支）　緣大木也、从走、支聲、叚借爲跂、說文、一曰行皃、廣雅釋訓、𧺆𧺆、行也、詩小弁、維足伎伎、伎作𧺆、亦同、

跂（支紙、寘）　足多指也、从足、支聲、莊子駢拇、而枝者不爲跂、字亦作歧、海外南經、歧舌國、笙賦、光歧儼其偕列、注、歧、衆管也、以其分別、故謂之歧、爾雅釋宮、二達謂之歧旁、釋名、物兩爲歧、在邊曰旁、舞鶴賦、臨歧矩步、又孫叔敖碑、少見拔首蛇、以拔爲之、按、跂字後出、其誼實爲枝之轉注、叚借爲企、方言一、跂、登也、莊子德充符、闉跂支離無脤、司馬注、企也、廣雅釋詁一、跂、履也、詩河廣、跂予望之、莊子秋水、掇而不跂、海外北經、跂踵國、淮南墬形、有跂踵民、注、踵不至地、以五指行也、荀子非十二子、離縱而跂訾者也、注、謂跂足違俗而恣其志意、亦謂跂足自高而訾毀于人、史記高祖紀、日夜跂而望歸、又詩斯干、如跂斯翼、又爲忮、淮南俶眞、夫挾依于跂躍之人、注、猶齟齬不正之道也、又爲𧺆、老子、跂者不立、注、進也、又爲蚑、淮南原道、澤及跂蟯、笙賦、翾翾跂跂、注、飛行皃、亦重言形況字、又爲知、吳都賦、歧嶷繼體、按、詩、克岐克嶷、謂能知能擬也、

𩰲（紙）　三足鍑也、一曰滫米器也、从鬲、支聲、廣雅釋器、𩰲、斧也、蓋如釜大口、

翄（寘）　翼也、从羽、支聲、或从氏聲、魏都賦、翄翄精衞、亦重言形況字、叚借爲啻、孟子、奚翅食重、注、辭也、王粲詩、見眷良不翅、注、不啻、猶過多也、

𨾴（支）　𨾴鳥也、从隹、支聲、字亦作鳷、漢武於甘泉宮外造𨾴鵲觀、叚借爲支、說文、一曰𨾴度、又疑𨾴之誤文、公羊傳、五堵而𨾴、是也、

枝（支）　木別生條也、从木、支聲、素問移精變氣論、草莖之枝、注、莖也、左僖九傳、秦公孫枝字子桑、【轉注】管子度地、水別于他水入于大水及海者、命曰枝水、又易繫辭傳、其辭枝、又荀子解蔽、心枝則無知、注、旁引如樹枝也、又莊子駢拇、枝指、注、謂指有岐也、據說文則借爲跂、疑跂是後出字、又廣雅釋天、寅卯爲枝、月之靈也、又荀子儒效、以枝代主、注、枝、枝子也、叚借爲積、莊子齊物論、師曠之枝策也、司馬注、拄也、史記項羽紀、莫敢枝梧、瓚曰、小柱爲枝、魯靈光殿賦、漂嶢峴而枝柱、張注、言無根而倚立也、又爲肞、孟子、爲長者折枝、注、案摩折骨節解罷枝也、或曰折腰也、言揖拜耳、存參、左昭十三傳、枝如子躬、聘于鄭、疑枝名躬字、春秋繁露王道、引公羊傳、枝解、【古韻】詩萇楚叶枝、知、小弁叶伎、雌、枝、知、【轉音】周書周祝叶柯、枝、

郊（支）　周文王所封、在右扶風美陽中水鄉、从邑、支聲、或从山、因岐山以名之也、古文从枝、从山、按、周太王所徙國、在岐山之下、今陝西鳳翔府岐山扶風二縣地、漢書地理志、賜受郊鄷之地、

岐（支）　按、岐山山有兩枝、故名、从山、从枝省、會意、支亦聲、古文不省、在今陝西鳳翔府岐山縣、易升、王用享于岐山、思元賦、卽岐阯而臚情、以岐爲之、說文此二篆系郊下、岐爲或體、郊爲古文、按、邑以山名、先有岐、後有郊、郊者正字、岐者省字、郊者後出字也、此篆許書當隸山部、今分爲各字、【轉注】水經渭水注、岐水名也、叚借爲郊、詩序、從岐周、

敊（寘）　配鹽幽尗也、从尗、支聲、俗从豆、楚辭招魂、大苦醎酸辛甘行些、大苦、豉也、凡作豉、必室中溫暖幽之、乃配鹽五升、【聲訓】釋名、豉、嗜也、五味調和、須之而成、乃可甘嗜也、故齊人謂豉聲如嗜也、

伎（支紙）　與也、从人、支聲、叚借爲忮、說文引詩、瞻卬、鞫人伎忒、又爲技、法言、君子通天地而不通人曰伎、書秦誓、無他伎、思元賦、襍伎藝以爲珩、舊注、手伎曰伎、又爲𧺆、詩小弁、維足伎伎、傳、舒皃、亦重言形況字、【古韻】詩小弁叶伎、雌、枝、知、

qì 跂　jī 屐　kuǐ 頍　jì 魃　qī 敧　zhì 馶　zhì 忮　zhī 汥　jì 技

寘 **跂** 頃也。从匕，支聲。匕頭頃也。按匕者偏也，與頃卬同意。敧側字當作此。荀子宥坐：有敧器焉。注：傾敧易覆之器。以敧爲之。跂敧雙聲。叚借爲企。說文引詩小東：跂彼織女。

陌 **屐** 屩也。从履省，支聲。蒼頡篇：屐，木屩也。莊子天下：以屐屩爲服。李注：木曰屐。按雨行所以踐泥者。異苑：介子推抱樹燒死，晉文公伐以制屐也。其說不經。轉注 釋名釋車：屐，似人屐也。按即輿底板下左右兩木銜軸之輮，亦謂之伏兔，俗字作輹。叚借爲庪。字誤作庪。爾雅釋天：祭山曰庪縣。釋文亦作庋。按猶儀禮覲禮之祭山邱陵升也。李注謂庪置几上，眡之若縣。孫注謂埋于山足曰庪，埋于山上曰縣。皆失之。俗又作祾，作庋。御覽引爾雅正作庋。又爲楮。儀禮鄉射記注：正中曰棟，次曰楣，前曰庪。又禮記內則注：庪，食物也。按此皆支拄之義。聲訓 釋名釋衣服：屐，搘也，爲兩足搘以踐泥也。支旨雙聲。

紙 **頍** 舉頭也。从頁，支聲。詩曰：有頍者弁。毛傳：弁皃。亦叚借形況字。別義 儀禮士冠禮：缺項。注：滕薛名蔮爲頍。鄭意頍者所以爲搘冠之用，圍于髮際，結于項中，其隅爲四綴以固冠。釋名釋首飾：簂，齊人曰頍。頍，傾也，言著之傾近前也。

寘支 **魃** 鬼服也。从鬼，支聲。韓詩漢廣傳曰：鄭交甫逢二女，魃服佩兩珠，大如荊鷄之卵。按魃服裝衣厳裘之屬。別義 一曰小兒鬼。東京賦：況魃蜮與畢方。注：魃，小兒鬼；畢方，老父神。按顓頊有三子，生而亡去，一居人室隅，善驚人，爲小兒鬼。

支 **敧** 敧嘔也。从危，支聲。按敧嘔雙聲連語。一切經音義引說文：敧嘔，傾側不安也。字又作崎嶇。

支 **馶** 馬彊也。从馬，支聲。廣雅釋詁一：馶，強也。通俗文：強健曰馶。

寘 **忮** 很也。从心，支聲。一切經音義九引說文：恨也。廣雅釋詁三：很也。詩雄雉：不忮不求。瞻卬：鞫人忮忒。傳：害也。莊子齊物論：大勇不忮。李注：健也。達生：雖有忮心者不怨飄瓦。天下：不忮于衆。注：逆也。荀子榮辱：察之而殘者忮也。呂覽慎行：行忮之故也。注：惡也。漢書酷吏周陽由傳：汲黯爲忮。注：意堅也。又淮南齊俗：恭敬而忮。

支 **汥** 水都也。从水，支聲。謂水之所聚。

紙 **技** 巧也。从手，支聲。禮記坊記：尚技而賤車。注：猶藝也。大學：無他技。公羊文十二傳注：他技，奇巧異端也。老子：人多技巧。注：工匠之巧也。莊子天地：能有所藝者技也。注：技者，萬物之末用也。養生主：道也，進乎技矣。荀子富國：故百技所成，所以養一人也。注：工也。又勸學：梧鼠五技而窮。注：才能也。又議兵：齊人隆技擊。注：材力也。鬼谷子捭闔：校其技巧短長。注：謂百工之役。法言君子：通天地而不通人曰伎。

說文通訓定聲　解部弟十一　三

jì 妓　qí 蚑　guī 䫜　zhī 知　zhì 𥏼

以伎爲之。叚借爲楮。史記魯仲連鄒陽傳：按桓公之心。索隱：猶擬也。古韻 家語觀周叶技卑。

紙 **妓** 婦人小物也。从女，支聲。讀若跂行。與嫈䰞同訓，其說未詳，疑物爲巧字之誤，或曰弱之誤。與姑諳同。別義 埤蒼：妓，美女也。切韻：妓，女樂也。

支寘 **蚑** 行也。从虫，支聲。文選注引說文：蚑，徐行也。凡生類之行皆曰蚑。凡四見。按蟲行也。淮南俶眞：蚑行噲息。脩務：蚑行蟯動之蟲。原道：蚑蟯貞蟲。又蝡動蚑作。七發：蚑蟜螻蟻。七命：昆蚑感惠。洞簫賦：蚑行喘息。聲類：蚑蛷，多足蟲也。通俗文：務求謂之蚑蛷。漢書禮樂志：跂行畢逮。公孫宏傳：跂行喙息。淮南原道：澤及跂蟯。皆以跂爲之。漢書東方朔傳：跂跂脈脈善緣壁。亦重言形況字。

寘 **䫜** 小頭䫜䫜也。从頁，枝聲。讀若規。與䫌略同。叚借爲規。廣雅釋詁三：䫜，圖也。四畫也。張耒碑：䫜榘未合。

知六名凡知之派皆衍知聲 陟倪切

支 **知** 詞也。从口，从矢，會意。按識也。憭于心，故疾于口。智則爲識詞。莊子外物：心徹爲知。荀子王制：草木有生而無知。注：謂性識。又解蔽：多能非以脩蕩，是則謂之知。又脩身：是是非非謂之知。周禮大司徒：知仁聖義中和。注：明于事。周語：言知必及事。又知，文之輿也。禮記中庸：好學近乎知。史記淮陰侯傳：知者，決之斷也。墨子經上：知，材也。經典亦以智爲之。轉注 儀禮既夕：所知則賵而不奠。注：所知，通問相知也。莊子庚桑楚：知者，接也。墨子經上：知，接也。叚借爲𥏼。呂覽自知：知于顏色。注：猶見也。情欲：而終不自知。注：猶覺也。公羊宣六傳：趙盾知之。注：由人曰知之，自已知曰覺。禮記樂記：知誘於外。注：猶欲也。又爲伎。詩萇楚：樂子之無知。爾雅釋詁：知，匹也。又發聲之詞。方言三：知，愈也。南楚病愈者或謂之知。古韻 詩芄蘭叶支觿知。墓門叶斯知。萇楚叶枝知。小弁叶伎雌枝知，又叶篪知斯。何人斯叶易知祇。轉音 素問至眞要大論叶維歸知。楚詞少司命叶離知。老子能爲叶離兒疵爲知僞。三略上叶施加宜知移化隨。呂覽精諭叶疵知窺離。又楚詞九辨叶知譽。莊子則陽叶知化爲圍過。

寘 **𥏼** 識詞也。从白，从亏，从知，會意。按知亦聲。古文从匠从于从知。匠猶白也，或誤从工。字亦作智。荀子注引孟子：然後智生于憂患。是本字。經傳皆以知爲之。叚借爲知。法言脩身：智，燭也。韓非子顯學：智，性也。淮南俶眞：智者，心之府也。老子：絕聖棄智。注：聖智，才之善也。管子四時：一事能變謂之智。淮南覽冥：道德上通而智故消滅也。注：智故，巧詐也。白虎通情性：智者進止無所疑惑。又度尚碑：智舍淵藪。校官碑：親賢寶智。孔龢碑陰作智。是俗隸。聲訓 法言問道：智也者，知也。釋名釋言語：智，知也，無所不知也。白虎通情性：智者，知也。

說文通訓定聲　解部弟十一　四

zhí 潪　jí ⿰智見　zhī 鼅　zhī ⿱智酉　zhī 卮　guǐ 桅 zhī 〔梔〕　zhǐ 只　qì 迟　yǎn 齞

也、獨見前聞、不惑於事、見微知著也、淮南道應、知可否者、智也、

陌 潪 潪 土得水沮也、从水、智聲、讀若麵、按沮洳也、

錫 ⿰智見 ⿰智見 目赤也、从見、潪省聲、按、潪省聲、集韻謂卽覿字、誤、

支 鼅 鼅 鼅 鼅鼄也、从黽、智省聲、或从虫、字亦作蜘、作鼅、爾雅、次蠹鼅鼄、鼅鼄蝥、又土鼅鼄、草鼅鼄、按蟲之大腹者、故从黽、卽許書之蝃蝥也、次蠹蝃蝥一聲之轉、抱朴子、太昊師蜘蛛而結網、

支 ⿱智酉 ⿱智酉 酒也、从酉、智省聲、字亦作⿱智酉、按酒厚也、

卮二名、凡卮之派、皆衍卮聲、章攜切、

支 卮 卮 圜器也、一名觛、所以節飲食、象人、卩在其下也、易曰、君子節飲食、按卮之小者曰觛、又有觹有觶、禮記內則、敦牟卮匜、注、卮匜酒漿器、史記項羽紀、賜之卮酒、則與斗卮酒、漢書高帝紀、上奉玉卮、注、飲酒圜器也、沈約詩、金瓶汎羽卮、叚借爲支、莊子寓言、卮言日出、司馬注、謂支離無首尾言也、又爲梔、史記貨殖傳、地饒卮茜、集解、烟支也、紫赤色也、千畝卮茜、集解、鮮支也、

支紙 桅 桅 黃木可染者、从木、危聲、按此字當依韻會从卮聲、傳寫誤耳、今系于此、廣雅釋木、梔子、楠桃也、神農本草、梔子、一名木丹、唐段成式酉陽雜俎云、諸花少六出者、惟梔子花六出、陶貞白言梔子翦花六出、刻房七道、其花香甚、相傳卽西域瞻蔔花也、史記司馬相如傳、鮮支黃礫、索隱、又名林蘭、謝靈運山居賦、林蘭近雪而揚猗、自注、支子也、以支爲之、漢官儀、染園出卮茜、供染御服、以卮爲之、別義、爾雅釋木、桑辨有甚梔、注、辨半也、舍人注、桑樹一半有甚、半無甚、名梔也、叚借、淮南說林、遽契其舟桅、此桅之誤字、按桅卽笵、

只十二名、凡只之派、皆衍只聲、諸氏切、

紙 只 只 語已詞也、从口、象气下引之形、按丷指事、詩北風、既亟只且、疏、只且、語助也、左襄廿七傳、諸侯歸晉之德只、注、辭也、叚借爲䠶、按詩采菽、樂只君子、箋、只之言是也、南山有臺同、左傳皆以旨爲之、今俗語用爲但詞、借爲啻字、

陌 迟 迟 曲行也、从辵、只聲、廣雅釋詁一、迟、曲也、漢書韓安國傳、廷尉當恢迟橈、按軍法有迟橈有逗留、

銑霰 齞 齞 口張齒見、从齒、只聲、發徒子好色賦、齞脣歷齒、

zhī 胑　zhǐ 枳　zhǐ ⿰禾⿱只支　zhǐ 疻　yì 伿　zhǐ 咫　zhǐ 抧　zhǐ 軹

支 胑 胑 胑 體四胑也、从肉、只聲、或从支聲、按體四枝也、孟子、四肢之於安佚也、荀子、如四胑之從心、管子君臣、四肢六道、注、謂手足也、易文言、暢于四支、素問陽明脈解、四支者、諸陽之本也、以支爲之、周書武順、左右手各握五、左右足各履五、曰四枝、孟子、爲長者折枝、以枝爲之、聲訓、釋名、胑、枝也、似木之枝格也、

紙 枳 枳 枳木、似橘、从木、只聲、考工記、橘踰淮而北爲枳、禮記明堂位、殷以椇、注、椇之言枳椇也、謂曲橈之也、西山經、浮山多盼木、枳葉而無傷、注、枳刺鍼也、後漢馮衍傳、摭六枳而爲籬兮、注、枳芬木也、岑彭傳、我有枳棘、岑君伐之、注、枳棘多榛梗、管子侈靡、然則貪動枳而得食矣、注、枳棘者所爲壅塞也、按其木橈曲多刺、可以爲籬、本草有枳實、達氣下積、轉注、周書小開、何嚮非翼、維有共枳、枳亡重大害小、又德枳維大人、大人枳維卿、卿枳維大夫、大夫枳維士、登登皇皇、□枳維國、國枳維都、都枳維邑、邑枳維家、家枳維欲、無疆、按衞禦之意、叚借爲疻、小爾雅廣言、枳害也、孔叢子刑論、率過以小、謂之枳、注、猶傷也、又爲枝、爾雅釋地、中有枳首蛇焉、釋文、謂蛇有兩頭、廣雅釋木、枳、枝也、又託名幖識字、周書王會、鬼親枳已、注、枳已、西戎之別名也、

紙 ⿰禾⿱只支 ⿰禾⿱只支 多小意而止也、从禾、从支、會意、只聲、按凡有所礙閡、支拘屈曲曰⿰禾⿱只支⿰禾叔、叚借爲枳、說文、一曰木也、

紙 疻 疻 毆傷也、从疒、只聲、按凡毆傷皮膚起青黑而無創瘢者爲疻、有創瘢者曰痏、

寘 伿 伿 惰也、从人、只聲、字亦作㑀、醫經、解㑀、說作㑀、

紙 咫 咫 中婦人手長八寸謂之咫、周尺也、从尺、只聲、左僖九傳、天威不違顏咫尺、魯語、其長尺有咫、晉語、吾不能行也咫、楚語、是知天咫、注、言少也、周書太子晉、視道如咫、注、喻近、淮南道應、終日行不離咫尺、太元元瑩、天元咫步、漢書韓信傳、奉咫尺之書、叚借爲迟、爲枳、按詩正月、不敢不局、局者咫之誤字、以咫爲枳與跼脊蜴韻、又爲只、賈子連語、墻薄咫亟壞、繒薄咫亟裂、

紙 抧 抧 開也、从手、只聲、讀若抵掌之抵、

紙 軹 軹 車輪小穿也、从車、只聲、按輢之植者衡者皆曰軹、亦謂之輢、考工輿人、參分較圍、去一以爲軹圍、其圍三寸四分又百分分之六十一、司農注、立者爲𨌘、橫者爲軹、非是、軹者輢內縮板之縱橫小木、𨌘者、軹內縮板之縱橫小木也、叚借爲軝、說文、軝車輪小穿也、考工輪人、去三以爲軹、司農注、小穿也、按其長一尺八寸二分有奇、又弓長六尺謂之庇軹、注、轂末也、總目軹崇三尺有三寸也、司農注、軎也、周禮大馭、右祭兩軹、祭軓、杜注、謂兩轊也、故書軹爲軒、按軝亦謂之軒、此說發之程氏瑤田精覈不磨、又爲軏、周禮大行人、立當前軹、

xì [illegible]　zhì 豸　zhì 廌　sī 斯

此形近而誤又爲只莊子大宗師而奚來爲軹崔注軹辭也李注軹是也聲訓釋名軹指也如指而見於轂頭也此亦軹字之訓

聲 **[illegible]** 待也从言伿聲讀若醫

豸二名凡豸之派皆衍豸聲 池爾切

紙 **豸** 獸長脊行豸豸然欲有所司殺形今貓伺捕物狀如是轉注爾雅釋蟲無足謂之豸漢書五行志蟲豸之類謂之孽按長脊蟲行亦豸豸然也叚借爲廌太元難角解豸終注解豸直獸也續漢輿服志獬豸神羊能別曲直獨斷獬豸獸名蓋一角廣雅釋器解豸冠也又爲解左宣十七傳庶有豸乎注解也又疊韻連語上林賦陂池貏豸又雙聲連語西京賦增嬋娟以此豸按皆池邐兒

解 **廌** 解廌獸也似山牛一角古者決訟令觸不直象形从豸省按豸省聲論衡一角之羊臯陶治獄令觸有辠者漢書司馬相如傳弄解廌注似鹿一角人君刑罰得中則生于朝廷主觸不直者按廌食薦草書傳亦以豸爲之轉注廣雅釋器獬豸冠也又釋詁一廌灋也叚借爲薦實爲荐易豫殷廌之上帝釋文獸名此借薦爲荐廌薦又形近而誤

斯六名凡斯之派皆衍斯聲 息攜切

支 **斯** 析也从斤其聲按从其會意其所以盛木柿詩墓門斧以斯之書酒誥有斯明享鄭注析也爾雅釋言斯離也廣雅釋詁一分也二裂也列子黃帝不知斯齊國幾千萬里注離也又史記蘇秦傳厮徒十萬正義謂炊烹供養襍役漢書嚴助傳厮輿之卒注析薪者也蓋以㯕爲之字又誤厮耳又西域傳厮留甚眾注言前後離厮不相逮及也叚借爲斯儀禮鄉射禮斯禁注切地無足者鄉飲酒禮疏斯盡之名或曰借爲澌迫切之義禮記檀弓我喪也斯沾注盡也詩板無獨斯畏箋盡也呂覽報更斯食之注猶盡也又爲㽄廣雅釋詁三斯敗也又爲柴按爾雅釋詁斯此也詩殷其靁何斯違斯抑斯言之玷左襄三傳使臣斯司馬論語斯焉取斯又爲蜇詩七月五月斯螽動股即爾雅之蜇螽又爲纚禮記問喪雞斯徒跣注當爲笄纚又爲鬻孟子庾公之斯字子魚見左傳又爲鸁魯公子奚斯字子魚詩瓠葉有兔斯首箋斯白也今俗語斯白之字作鮮齊魯之閒聲近斯纚蓁蠡斯皆雙聲又助語之詞詩小弁弁彼鷽斯蠡斯蠡斯羽禮記玉藻二爵而言言斯注猶耳也莊子齊物論注豁然確斯也又雙聲連語祭義禮樂不可斯須去身注猶須臾也莊子至樂乾餘骨之沫爲斯彌李注蟲名列子天瑞斯彌爲食醯又釋名釋用器鐁鐁彌也斤有高下之跡以此鐁彌其上而平之字亦作鐁古韻詩墓門叶斯知小弁叶斯提又叶伎知斯輕音楚詞卜居叶訾斯喔咿嚅兒

xī 㯕　xī 㽄　sī 澌　sī 凘　xī 䜣　shì 是　zhī 禔

齊 **㯕** 榹㯕也从木斯聲按㧖指也如今之㯕指莊子罪人交臂𢪒指是也

支 齊 **㽄** 散聲从疒斯聲方言六㽄散也東齊聲散曰㽄秦晉聲變曰㽄器破而不殊其音亦謂之㽄字亦作㰷埤蒼㰷聲散也通俗文凡病而瘖瘖而聲散曰㰷禮記內則鳥皫色而沙鳴注沙猶嘶也大戴文王官人其聲斯醜注嘶當聲誤爲斯漢書王莽傳大聲而嘶注聲破也按此皆發聲之詞故字亦作嘶㽄斯沙無定本訓當从方言六㽄噎也楚曰㽄注謂咽痛也叚借爲斯按字亦誤作㽄作厮廣雅釋詁一㽄使也公羊宣十二傳厮役扈養注刈草爲防者曰厮淮南覽冥厮徒馬圉注役也漢書陳餘傳有厮養卒注取薪者也又史記河渠書乃厮二渠以引其河集解分也漢書揚雄傳蹂屍輿厮注破析也

支 齊 寘 **澌** 水索也从水斯聲方言三澌盡也十三澌索也俗字作㵖禮記曲禮注死之言澌也釋文本作㵖荀子大略惡言死焉注澌猶消盡也別義晉書音義引字林澌流水也按澌誤作澌冰誤作水耳

支 **凘** 流仌也从仌斯聲風俗通冰流曰凘

支 齊 **䜣** 悲聲也从言斯省聲字亦作𧬊不省叚借爲鮮實爲鱻爾雅釋詁鮮善也釋文本或作𧬊

是二十三名凡是之派皆衍是聲 承紙切

紙 **是** 直也从日正會意按十目燭隱曰直以日爲正曰是其義同也籀从古文正或曰从𣅀从正亦通易未濟有孚失是虞注正也禮記玉藻而疑是精麤之體疏謂正也楚語王弗是注理也荀子勸學使目非是無欲見也注謂正道也淮南脩務立是廢非注善也爾雅釋詁是則也說苑說叢是者非之尊也詩閟宮邦國是有箋是有猶常有也叚借爲寔西周策是攻用兵注實也淮南脩務貴是而同今古又爲此實爲紫詩葛屨維是褊心禮記曲禮是職方左僖五傳必是時也論語夫如是是以詩關雎序疏是以者承上生下之辭廣雅釋言是此也白虎通宗族惟氏三族之不虞韓勑後碑於氏憤憤之思以氏爲之又爲氏儀禮覲禮太史是右又爲眂荀子解蔽是其庭可以搏鼠又託名幖識字爾雅釋魚鯷是鯷注鮎屬也蓋江豚類字疑鯷之誤是逐疊韻連語聲訓釋名釋言語是嗜也人嗜樂之也是嗜雙聲古韻呂覽權動叶虖是

支 齊 **禔** 安福也从示是聲易坎禔既平今本作祇京注安也鄭注謂坻之誤字小沚也方言十三禔福也又喜也漢書司馬相如傳中外禔福注言脩身士何如斯可以禔身叚借爲齊史記韓安國傳禔取辱耳漢書作祇

支 **萛** 萛艸也从艸是聲字林萛毋卽知毋草據此則當爲茈之或體

齊 **趧** 趧婁四夷之舞各自有曲从走是聲按周禮鞮鞻氏注鞮屨四夷舞者所屝也今時倡蹋鼓沓行者自有屝許書無鞻字疑趧婁者夷舞聲容之目周禮以鞮爲之未必如鄭所說也

支佳紙 **徥** 徥徥行皃从彳是聲方言六徥行也字亦作偍荀子脩身難進曰偍注謂弛緩也與提媞皆同叚借爲是說文引爾雅釋言徥則也今本正作是又爲媞方言二凡細而有容謂之嫢或曰徥

霽 **踶** 躛也从足是聲聲類踶蹋也通俗文小蹋謂之踶莊子馬蹄怒則分背相踶李注蹋也吳都賦踶趹乎紭中劉注踶趹促遽皃今作狠跋

紙 **諟** 理也从言是聲禮記大學顧諟天之明命注猶正也廣雅釋言諟是也左傳君與大夫不善是也以是爲之叚借爲題爲睼方言六讀諦諟也注諟亦審

齊 **鞮** 革履也从革是聲周禮鞮履氏注四夷舞者所屝也胡人履連脛謂之絡鞮如今韈也轉注方言四履禪者謂之鞮禮記曲禮鞮屨素韈注無絇之菲也又史記晉世家宦者履鞮又漢書韓延壽傳被甲鞮鍪居馬上楊雄傳鞮鍪生蟣蝨注卽兜鍪也叚借爲翨按昭十六傳以鼓子鳶鞮歸翨是者鷙鳥之彊羽也又疊韻連語王制西方曰狄鞮注鞮之言知也廣雅釋詁三鞮智也四鞮驛也

霽齊 **睼** 迎視也从目是聲讀若珥瑱之瑱眞是雙聲故睼亦作寘詩小宛題彼脊令以題爲之思元賦親所睼而弗識兮注視也

齊寘 **翨** 鳥之彊羽猛者从羽是聲讀與翮略同周禮翨氏注鳥翮也司農注讀爲翅翼之翅

支 **箟** 黃屬从竹是聲今之鎖匙字當以瑣箟爲之凡鎖者簧張則閉箟以歛之則啟

質陌職 **寔** 止也从宀是聲按字亦作寘是眞雙聲易坎姚信本寔于叢棘注寔寘也按依也子夏傳作湜叚借字左昭四傳寘饋于个而退疏禮置器物于地皆謂之寘文選齊竟陵文宣王行狀寘諸掌握注寘致也凡詩卷耳寘彼周行伐檀寘之河之干今谷風寘予于懷生民誕寘之隘巷周禮大司寇寘之圜土左文七傳將焉寘此成十五傳盡寘諸戚桓二傳寘其賂器于太廟晉語饋飧寘璧焉又寘鴆于酒晉語不如寘里革于劍楚語吾憖寘之於耳皆卽寔字又詩鹿鳴示我周行禮記中庸其如示諸斯乎亦卽寔字寘示雙聲或曰寘者寘之誤字訓置者植之借字眞直雙聲存參叚借爲是周語咨于故寔注故事之是也又爲是實爲紫公羊桓六傳寔來者何猶曰是人來也西京賦寔爲咸陽薛注是也詩小星寔命不同傳是也爾雅釋詁寔是也又韓奕實墉實壑實畝實藉箋當作寔趙魏之東實寔同聲頍弁實維伊何箋實是也燕燕實勞我心釋文本作寔儀禮覲禮伯父實來注今文實作寔按禮記大學實能容之實不能容當从今本作寔皆以實爲之又爲實禮記坊記寔受其福西京賦寔蕃有徒又太元法餅寘腹注寘滿也或曰此寘之誤字

說文通訓定聲　解部第十一　九

支 **匙** 匕也从匕是聲字亦作鍉作提蘇俗所謂茶匙湯匙調羹飯㮯者也古人取飯載牲之具其首必銳而薄可挹亦可刺故矢鏃曰匕劍曰匕首後漢隗囂傳奉盤錯鍉作鍉以鏑爲之

齊紙齊 **禔** 衣厚禔禔从衣是聲按衣厚皃與禔福字迥別

齊 **䚦** 顯也从見是聲廣雅釋詁一䚦視也

齊霽 **題** 頟也从頁是聲爾雅釋言頟題也小爾雅廣服題定也禮記王制雕題交趾漢書司馬相如傳赤首圜題揚雄傳徒角搶題太元視粉其題頟又北山經石首之山有獸焉文題白身名曰孟極莊子馬蹄齊之以月題崔注馬頟上當顱如月形者也轉注詩凊人箋矛矜近上及室題釋文題頭也淮南本經橑檐榱題注頭也漢書楊雄傳璇題玉英注頭也又在上居前者皆得稱題左襄十傳舞師題以旌夏注識也詩商頌疏題名也叚借爲匙方言九凡箭向者謂之平題注今戲射箭頭題如羊頭也廣雅釋器平題鏑也又爲翨春秋考異郵陰陽氣貪故題肩多注題肩鷂也字亦作鶗廣雅鶗鴂鷂也又爲提後漢隗囂傳注宋楚之閒謂盎爲題又爲睼小爾雅廣言題視也詩小宛題彼脊令聲訓釋名釋書契書稱題題諦也審諦其名號也亦言第也因其次第也

齊 **騠** 駃騠也从馬是聲馬父驘母孟康曰駃騠生七日而超其母按驘性不健犍則必駿

齊 **𡰨** 彼不能行爲人所引曰𡰨𡰌从允从爪是聲按與提攜略同亦疊韻連語

職 **湜** 水清底見也从水是聲詩谷風湜湜其止亦重言形況字鄭箋湜湜持正皃則謂借爲是也

齊支 **提** 挈也从手是聲詩抑言提其耳禮記曲禮長者與之提攜又提者當帶周禮田僕王提馬而走注猶舉也孟子孩提之童吳語建旌提鼓淮南要略提名責實俶眞提挈天地注一手曰提管子輕重乙與天子提衡爭秩於諸侯注持也太元事豎子提壺注用也轉注周禮大司馬師帥執提司𣪠注謂馬上鼓有曲木提持鼓立馬髦上故謂之提又爾雅太歲在寅曰攝提格古步天歌大角左右攝提星三三相似如鼎形叚借爲擿史記周勃世家以冒絮提文帝秦策夏無且以藥囊提荊軻又爲斯禮記少儀牛羊之肺離而不提心注

說文通訓定聲　解部第十一　十

猶絕也。又爲堤。荀子脩身不由禮則勃亂提僈，注：舒緩也。又爲是。太元元攡疑者提之，注：猶正也。又爲紫。公羊僖十六，提月六鷁退飛，何休注：提月邊也，則謂借爲隄。鶡冠子王鈇家里用提，陸佃注：提，零日也。又重言形況字。詩小弁歸飛提提，傳：羣皃。葛屨好人提提，傳：安諦也。管子白心爲善乎毋提提，注：謂有所揚舉也。淮南說林提提者射，注：安也。又雙聲連語。漢書地理志朱提之山，音時。左傳提彌明，公羊作祁。又發聲之詞。廣雅釋訓：提封，都凡也。西都賦提封五萬，臣瓚曰：撮凡也。漢書東方朔傳舉籍阿城以南盩厔以東，宜春以西，提封頃畝，蓋即多凡之轉語。舊說皆非也。【聲訓】釋名釋姿容：提，地也。臂垂所持近地也。【古韻】詩小弁叶斯提，葛屨叶提辟揥刺。

紙齊 **媞** 姡黠也。从女，是聲。【別義】一曰江淮之閒謂母曰媞。【叚借】爲題。說文：媞，諦也。又爲禔。廣雅釋詁一：媞，安也。又爲緹。爾雅薦俟涉其實，媞按實在莖端，丹黃色，故以緹名。又重言形況字。爾雅釋訓：媞媞，安也。楚辭怨世西施媞媞而不得見兮，注：好皃。詩葛屨好人提提，作提，亦同。楚辭注引作媞，非是。

齊齊支 **緹** 帛丹黃色。从糸，是聲。或从衣，氏聲。與祇裯字迥別。廣雅釋器：緹，赤也。史記滑稽傳張緹絳帷，正義：厚繒也。後漢應劭傳緹縚十重，注：赤色繒也。緹縚，謂鮮明之衣。【轉注】周禮草人赤緹用羊，注：縓色也。又酒正四曰緹齊，注：成而紅赤，如今下酒矣。釋名：緹齊色赤如緹也。禮記禮運字亦作醍。文字集略有醍醐字。又夏小正緹縞，傳：緹者其實也。【叚借】爲啻。詩何人斯祇攪我心，或以祇爲之，或誤作秖、作衹、作衹、作祗。東京賦祇吾子之不知言也，薛注：是也。

齊 **隄** 唐也。从阜，是聲。字亦作陡。禮記月令完隄防，周書作雒隄唐，注：隄謂高爲之也。荀子王制脩隄梁，注：隄所以防水。爾雅釋宮：隄謂之梁。李注：防也，障也。蜀都賦注：大曰隄，小曰塍。北山經隄山，注：或作院。【轉注】淮南詮言瓴甋有堤，注：堤者，瓴甋下安也，以堤爲之。【轉音】素問陰陽類論叶堤離。

朿四十三名。凡朿之派皆衍朿聲。七賜切。

寘 **朿** 木芒也。象形。按从木，象形。讀若刺。【轉注】爾雅釋木：槐，赤棟；白者棟，注：赤棟，葉細而岐銳，皮理錯戾，好叢生山中，中爲車輞；白棟葉員而岐，爲大木。字亦作棟。又廣雅釋蟲：蝨蠍也。又蟹蟆蠼也。字亦作蝀、作蟹、作蝨。

霽 **帝** 王天下之號也。从上，朿聲。古文从一。古文諸上字皆从一，篆文皆从二。二，古文上字。辛言示辰龍童音章皆从古文上。按：本訓上天也。易益王用享于帝，虞書肆類于上帝，詩烈祖古帝命武湯，周禮小宗伯兆五帝于四郊，注：蒼曰靈威仰，大昊食焉；赤曰

說文通訓定聲　解部弟十一　十一

赤熛怒，炎帝食焉；黃曰含樞紐，黃帝食焉；白曰白招拒，少昊食焉；黑曰汁光紀，顓頊食焉。黃帝亦于南郊。按天文，上元太微垣五帝座五星，中元紫微垣北極五星，第二爲帝星，下元天市垣帝座一星。【轉注】周書諡法：德象天地曰帝。西京賦同天號于帝皇，穀梁隱八傳：誥誓不及五帝，注：軒轅、顓頊、高辛、堯、舜也。書呂刑皇帝哀矜庶戮之不辜，傳：帝堯也。禮記曲禮措之廟立之主曰帝。爾雅釋詁：帝，君也。【別義】周伯琦字原以此爲花蔕字，象形，與不字同意。說雖不經，然小篆从朿而缺其顛，古文亦不類朿形，疑帝之本字當爲啻，从口與后君辟同誼。【叚借】爲定。周禮瞽矇世帝繫，小史帝繫世，杜注：書亦或爲奠，讀爲定。按：帝、奠、定一聲之轉。又爲臺。呂覽過理宋王築爲櫱帝，注：當作臺，此形近而誤。又爲諦。廣雅釋詁三：帝，諟也。【聲訓】說文：帝，諦也。白虎通號：帝者，諦也，象可承也。風俗通：帝者，任德設刑，以則象之，言其能行天道，舉錯審諦。呂覽下賢：帝也者，天下之適也。【古韻】詩文王叶帝易，閟宮叶解帝，呂覽下賢叶帝適。【轉音】周書太子晉叶訾帝，秦琅琊刻石叶帝地懈辟易畫。

陌 **茦** 莿也。从艸，朿聲。爾雅釋草：茦，刺。注：草刺針也。按依字當訓艸芒也，木曰朿，艸曰茦。【轉注】方言三：凡草木刺人，北燕朝鮮之閒謂之茦，或謂之壯。

寘 **莿** 茦也。从艸，刺聲。按當爲茦之或體，今系于此。

陌 **趚** 側行也。从走，朿聲。詩正月謂地蓋厚，不敢不趚。毛本作蹐，誼略同。

紙 **⿱此朿** 識也。从此，朿聲。按識，詞也。經傳皆以此爲之，又以斯、以是爲之。【叚借】爲積。說文：一曰藏也。廣雅釋詁四：⿱此朿，聚也，謂聚積。又爲朿，爲茦。廣雅釋器：石鍼謂之⿱此朿。又爲觜。廣雅釋親：⿱此朿，口也。

陌 **迹** 步處也。从辵，亦聲。或从足，責聲。籀从辵，朿聲。唐李陽冰云：蔡中郎以豊同豐，李丞相持朿作亦，謂小篆迹字狄字改从亦，省皆謬誤也。今隸于此。字亦作踈、作跡。小爾雅廣言：跡，蹈也。廣雅釋詁三：跡，迹也。又蹟，止也。詩沔水念彼不蹟，傳：不蹟，不道也。周禮迹人，注：迹之言跡，知禽獸處。論語不踐迹，管子宙合猶迹求履之憲也。莊子天運夫迹履之所出而迹豈履哉，楚辭悲回風見伯夷之放迹，注：行也。天問昏微循迹，注：道也。漢書季布傳迹且至臣家，注：謂尋其蹤迹也。楊統碑勳速藐矣，老子善行無徹跡。論衡奇怪：跡者，基也。【叚借】重言形況字。方言十：迹迹、不安也。注：迹迹、屑屑，皆往來之皃。【聲訓】釋名釋言語：跡，積也，積累而前也。【古韻】老子巧用叶迹謫策解，荀子賦叶隘狄敵迹適，莊子知北遊叶迹崖。楚詞悲回風叶積擊策迹適愁益釋。【轉音】楚詞卜居

說文通訓定聲　解部弟十一　十二

cì 諫　cè 敇　cì 刺　cè 策

叶輗、蹟

賓 **諫** 數諫也。从言朿聲。謂數其失以諫。經傳皆以刺爲之。轉注廣雅釋言譏諫怨也。叚借爲冊。廣雅釋詁四諫書也。卽上文筞字。

陌 **敇** 擊馬也。从攴朿聲。與从朿之戒敕字从攴从束之欶軟字皆迥別。按字亦作䇲作撖。公羊定八傳臨南䇲馬。釋文本又作撖。

賓陌 **刺** 君殺大夫曰刺。刺直傷也。从刀从朿朿亦聲。字亦作刾與从束之刺音義迥別。爾雅釋詁刺殺也。周禮司刺掌三刺三宥三赦之法。左成十六年經刺公子偃注晉殺大夫皆言刺。僖廿八傳公子買戍衛不卒戍刺之。按晉語刺懷公於高梁。孟子是何異於刺人而殺之。秦策無刺一虎之勢。刺亦殺傷之名。惟魯春秋書法以加大夫耳。又考工冶氏與刺重三鋝注謂援也。廬人刺兵欲無蜎注矛屬。又車人爲耒注刺耒下前曲接耜者。儀禮士相見禮庶人則曰刺草之臣。按字亦作庛。轉注史記封禪書刺六經中作王制索隱謂采取之也。漢書丙吉傳至公車刺取注謂探候之也。漢官儀刺史行郡國省察政教黜陟能否斷理寃獄也。字亦作𥊽。管子侈靡深𥊽之毋涸注謂探其深情常令見之。又釋名釋書契書稱刺書以筆刺紙簡之上也。下官刺曰長刺長書中央一行而下也。又曰爵里刺書其官爵及郡縣鄉里也。又史記酷吏傳刺骨索隱至也。叚借爲諫。廣雅釋詁二刺箴也。齊策面刺寡人之過者注舉也。詩關雎序下以風刺上。爾雅釋訓刺素食也。又爲責。詩瞻卬天何以刺。又爲斯。荀子富國刺中殖穀注絕也。又爲萊。方言十三凡草木刺人自關而西謂之刺。爾雅釋草萊刺。古韻詩葛屨叶辟揥刺。瞻卬叶刺狄。轉音靈樞九鍼十二原叶疾刺結閉畢術。

陌 **策** 馬箠也。从竹朿聲。廣雅釋器策箠也。考工記輈人軓前十尺而策半之。禮記曲禮則僕執策立于馬前。左文十三傳繞朝贈之以策。襄十七傳左師爲己短策。漢書王褒傳傷吻敝策。陳勝頂籍傳贊振長策而馭宇內。又莊子齊物論師曠之枝策也注杖也。遊天台山賦振金策之鈴鈴注錫杖也。轉注晉語天策焞焞注天策尾上一星一名傳說。叚借爲筴。奏策錯龜數策注蓍也。易繫辭乾之策。史記五帝紀迎日推策集解數也。又禮記仲尼燕居田獵戎事失其策注謀也。呂覽簡選此勝之一策也注謀術也。又爲諫。廣雅釋詁二策箴也。又爲𢽾。莊子達生元端以臨牛筴李注木欄也。又爲冊。周禮內史則策命之注以簡策書王命。儀禮聘禮記百名以上書于策。禮記中庸布在方策。後漢光武紀策書者編簡也其制長二尺短者半之。書孔序疏策長二尺四寸。左氏春秋序疏單執一札謂之簡連編諸簡乃名爲策。荀子大略受天子一策注策編竹爲之後易之以玉。魏都賦鬩玉策于金縢注玉牒也。又爲萊。方言二策小也。木細枝謂之杪燕之北鄙朝鮮洌水之閒謂之策。聲訓釋名策書教令於上所以驅策諸下也。古韻楚詞悲回風叶積擊策迹適愁益釋。九辨叶適惕策益。老子巧用叶迹謫策解偽。武韜叶策敵。

說文通訓定聲　解部弟十一　十三

zé 責　sè 涑　dí 狄　dì 禘

陌卦 **責** 求也。从貝朿聲。俗字作債。周禮小宰聽稱責以傅別司農注稱責謂貸子。左昭二十傳薄斂已責。管子輕重乙使無券契之責。漢書淮陽憲王欽傳博言負責數百萬注謂假貸人財物未償者。叚借爲債。穆天子傳債車受載。按債之誤字。又爲諫。孟子人之易其言也無責耳矣。按數其失也。又爲謫。書金縢是有丕子之責于天。按罰也。又爲績。按責任之責當爲事功勸紹意。或貰字之誤借貰爲任與。

陌 **涑** 小雨零皃。从水束聲。與朿聲之涑瀚字迥別。按涑涑雨聲也。字亦作瀕。

錫 **狄** 赤狄本犬種。从犬亦省聲。按亦當作北。从亦省者小篆之誤。人民。爾雅九夷八狄。禮記明堂位五狄之國。王制北方曰狄衣羽毛穴居。正義引李巡爾雅注五狄者一月支二穢貊三匈奴四單于五白屋。按三經之數不同。而爾雅各本又不同。疑五狄據漢時而言。八狄六狄夏殷周亦異。難𠘧定也。叚借爲翟。廣雅釋器狄羽也。周禮內司服揄狄闕狄。禮記樂記干戚旄狄以舞之。喪大記狄人設階注樂吏之賤者。書顧命狄設黼扆綴衣傳下士也。左昭廿二傳劉狄字伯蚠。疑借蚠爲鶯也。或曰地行鼠曰蚡。狄借爲逖也。又爲覿。詩泮水狄彼東南。又爲逖。詩瞻卬舍爾介狄。又爲躍。禮記樂記狄成滌濫之音作注往來疾皃也。疏謂蹴字失之。又疊韻連語。王制西方曰狄鞮。周禮象胥疏狄卽敵也。非是。廣雅釋詁四驛也。又重言形況字。荀子非十二子狄狄然注讀爲趯。又託名幖識字。海外南經狄山一曰湯山。又世本共鼓貨狄。宋注黃帝二臣名也。又史記殷本紀契母曰簡狄。亦作易作逿。又爾雅釋木狄臧槔。釋獸麢絕有力狄。聲訓說文狄之爲言淫辟也。廣雅釋詁三狄敭也。釋言辟也。白虎通禮樂狄者易也辟易無別也。古韻詩君子偕老叶狄髢揥皙。瞻卬叶刺狄。荀子賦叶隘狄敵迹適。

霽 **禘** 諦祭也。从示帝聲。周禮曰五歲一禘。按許引禮緯文。爾雅釋天禘大祭也。漢儒說禘有三。有郊祭之禘。禮記祭法有虞氏禘黃帝而郊嚳注此禘謂祭昊天于圜丘也。喪服小記不王不禘注謂祭天。詩長發序箋大禘郊祭天是也。有殷祭之禘。五年再祭。舉以孟夏與三年孟冬之祫異。詩雝序箋禘大祭也大于四時而小于祫是也。有時祭之禘。禮記王制夏曰禘。祭義春禘秋嘗注夏殷禮也周以禘爲殷祭更名春祭曰祠。郊特牲春禘注當爲禴。按經傳凡禘郊連文者言祭天之禘。禘祫連文者言殷祭之禘。禘嘗連文者言時祭之禘。若春秋所書之禘。魯僭其名耳。三傳注家皆以大祭釋之。此曲說非通義。論語或問禘之說子曰不知也。叚借爲諦。廣雅釋詁三禘諟也。聲訓白虎通宗廟禘之爲諦也序昭穆諦父子也。說苑修文禘者諦其德而差優劣也。舊唐書引禮記盧注禘帝也事尊明帝故曰禘。左

說文通訓定聲　解部弟十一　十四

朿

zé 簀　zì 羵　zé 𪘂　zé 嘖　cè 莋　dì 締　dì 諦　chì 啻

閔二年吉禘夏注禘者遞也審諦昭穆遷主遞位孫居王父之處

寘　**啻**　啻 語時不啻也从口帝聲讀若鞮今偏傍作商蒼頡篇不啻多也按適相敵之詞曰啻不啻猶言不但書多士爾不啻不有爾土無逸不啻不敢含怒秦誓不啻如自其口出左傳吾謀適不用也以適爲之詩祇攪我心以祇爲之孟子奚翅食重以翅爲之叚借爲諦

說文一曰提也

霽　**諦**　諦 審也从言帝聲字亦作諦方言六諦審也廣雅釋詁三諦諟也叚借爲嗁荀子禮論哭泣諦號

霽 齊　**締**　締 結不解也从糸帝聲小爾雅廣言締閉也過秦論合從締交注連結也吳都賦締交翩翩楚辭九章氣繚轉而自締古韻楚詞悲回風叶解締

陌　**莋**　莋 以穀萎馬置莝中从艸敕聲以穀曰銖以芻曰莝與餗字俗作蔌者迥別

陌 陌　**嘖**　嘖 大呼也从口責聲或从言字亦作賾按大嘖者唶字之訓諎此字當訓爭言也左定四傳嘖有煩言荀子正名嘖然而不類叚借爲積易繫辭傳聖人有以見天下之嘖又探嘖索隱虞注初也京注情也疏謂幽深難見九家本以冊爲之太元元瑩陰陽所以抽嘖也小爾雅廣詁嘖深也字亦作憤廣雅釋言憤情也又爲縝督郵班碑嘖意五業又爲諫廣雅釋詁二嘖讓也又爲謫怒也又重言形況字爾雅宵扈嘖嘖廣雅釋訓嘖嘖鳴也

陌　**𪘂**　𪘂 齒相值也从齒責聲按整齊之意與嫧同誼左定九傳晳𪘂而衣貍製注謂齒上下相值也今本以幘爲之叚借爲齰說文一曰齧也昔責雙聲

寘　**羵**　羵 羖羵也从羊責聲按羊相羵也夏小正三月䍽羊傳羊有相逐之時其類䍽䍽然記變爾或曰䍽羝也按䍽卽羵字逐者羊性羣當配合之時則牡相逐也羝牡羊也言牡尾牝也非羝羭字二說一意

陌　**簀**　簀 牀棧也从竹責聲爾雅簀謂之第小爾雅廣服簀牀第也廣雅釋器簀杫也方言五牀齊魯之間謂之簀注牀版也禮記檀弓大夫之簀與史記范睢傳卽卷以簀索隱謂葦荻之薄也後漢袁術傳注簀第也謂無茵席也按簀如今北道以稾秸稡牀古人質素如此後加以席其席亦謂之簀牀亦謂之簀杫亦謂之簀者皆所謂轉注也詩淇奧綠竹如簀傳積也按密如簀耳非借爲積叚借爲績淮南說山死而棄其招簀古韻詩淇奧叶簀錫璧

jì 績　zé 嫧　zì 漬　qì 磧　zé 幘　jī 積

寘 陌　**積**　積 聚也从禾責聲按禾穀之聚曰積詩良耜積之栗栗周禮大司徒令野脩道委積注少曰委多曰積皆所以給賓客遺人掌邦之委積疏三十里言委五十里言積司儀主國五積牛人共其牢禮積膳之牛左僖三十三傳居則具一日之積注芻米禾薪漢書刑法志兇者使守積轉注小爾雅廣詁積叢也廣雅釋詁四積重也字亦作積埤蒼積積也禮記儒行不祈多積注或爲貨楚語無一日之積注積儲也列子湯問聚柴積而焚之大戴子張問入官源泉不竭故天下積也注謂歸湊也太元元衡積多財荀子脩身不窮而通者積焉注積委也解蔽私其所積注習也莊子天道運而無所積釋文謂積滯不通淮南兵略積弩陪後注連弩也儀禮士冠禮素積注猶辟也以素爲裳辟蹙其要中新序積竹刺杖者驕蹇少年杖也叚借爲漬實爲骴公羊莊十七傳瀸積也注積眾多也失之周禮羊人凡沈辜侯禳釁積注故書爲眥漢書鼂錯傳屯則卒積死又託名幖識字書禹貢導河積石山名又論衡量知銅未鑄鑠曰積石古韻詩公劉叶場積何中韻高唐賦叶積益楚詞悲回風叶積擊策迹適愁益釋

陌　**幘**　幘 髮有巾曰幘从巾責聲方言四覆髻謂之幘巾後世亦名承露獨斷幘者古之卑賤執事不冠者所服也續漢輿服志古者有冠無幘至秦乃加武將首飾爲絳袙以表貴賤漢文後上下羣臣皆服之按元帝額有壯髮不欲使人見始進幘服之然尚無巾如今半頭幘而已王莽無髮乃施巾故語曰王莽禿幘施屋叚借爲𪘂左定九傳晳幘而衣貍製訓釋名幘賾也下齊眉賾然也或曰聧聧折其後也急就篇注幘韜髮之巾所以整嫧髮也常在冠下或單著之續漢輿服志幘者賾也頭首嚴賾也

陌　**磧**　磧 水渚有石者从石責聲三蒼水中沙堆也漢書元帝紀注吳越謂之瀨中國謂之磧吳都賦翫其磧礫而不窺玉淵者注淺水見沙石見叚借曡韻連語上林賦下磧歷之坻注不平也郭曰阪名也又託名幖識字水經江水注上磧山名也仲雍謂之大小竹磧也

寘　**漬**　漬 漚也从水責聲考工鍾氏淳而漬之注猶染也詩楚茨箋剝削淹漬以爲菹通俗文水浸曰漬叚借爲膌呂覽順民以視孤寡老弱之漬病注漬亦病也又爲骴禮記曲禮四足曰漬注謂相瀸汙而死也非

陌　**嫧**　嫧 齊也从女責聲方言十嫧嫧好也廣雅釋詁一嫧善也蓋整齊脩飭之意

錫　**績**　績 緝也从糸責聲爾雅釋詁繼也詩七月八月載績轉注爾雅釋詁功也又業也又事也又成也字亦作勣聲類勣功也書堯典庶績咸熙詩文王有聲維禹之績左昭元傳遠績禹功按迹也績也左莊十一傳大奔曰敗績穀梁成五傳伯尊其無績乎魯語男女效績孟子謨蓋都君咸我績離騷恐皇輿之敗績古韻詩七月叶鵙績文王有聲叶績辟殷武叶辟績適解離騷叶隘績

tì 逖　shì 適　zhí 蹢　zhé 讁

逖 錫

遠也。从辵狄聲。古文从易聲。易渙其血去逖出。書牧誓逖矣西土之人。詩舍爾介狄，以狄爲之。左傳豈敢離逷。史記司馬相如傳逖聽者風聲。【叚借】爲鬄。詩抑用逷蠻方。左僖廿八傳糾逖王慝。又重言形況字。楚辭悲回風注逖逖欲利皃。又託名幖識字。古今人表簡逷。楚辭史記作狄。准南作翟。

適 陌錫

之也。从辵啻聲。適，宋魯語。按方言一適往也，宋魯語也。書盤庚民不適攸居。呂刑上刑適輕下服。詩四月爰其適歸。儀禮大射儀降適阼階下。周禮小行人使適四方。禮記內則以適父母舅姑之所。左昭十五傳氏知所適。論語子適衛。又儀禮喪服注凡女行于大夫以上曰嫁，行于士庶人曰適人。【叚借】爲敵。禮記雜記大夫訃于同國適者。儀禮士相見禮適者曰。論語無適也。史記周勃世家與戰卻適。荀子君子四海之內無客禮，告無適也。又儀禮士喪禮死于適室注正寢之室也。詩伯兮誰適爲容傳主也。漢書杜欽傳此必適妾將有爭寵相害注謂正后也。又爲嫡。廣雅釋詁一善也。三蒼悅也。呂覽適音何謂適衷音之適也。明理其風雨則不適注時也。大樂寒暑適注和也。重己故聖人必先適欲注猶節也。侈樂此六者非適也注中適也。適威不能用威適注宜也。過理不適也注動中禮儀之謂適。處方其右攝其一軔適之注猶等也。鶡冠子環流氣之害人者謂之不適。荀子法行瑕適並見情也注適玉之美澤調適之處也。史記日者

傳歲穀不熟不能適索隱猶調也。素問離合眞邪論適而自護注調適也。又書大傳一適謂之攸好德注猶得也。按皆整齊美好之意。又爲讁。禮記昏義適見于天注適之言責也。史記天官書日月暈適集解災變咎徵也。詩殷武勿予禍適韓傳數也。又爲諫。孟子人不足與適也注過也。方言十三適牾也。廣雅釋言適悟也。又爲積。儀禮喪服記適博四寸出于衰注辟領也。又爲啻。秦策疑臣者不適三人。又疊韻連語。周禮遂師注磨者適歷疏分布稀疏得所名爲適歷也。又重言形況字。莊子秋水適適然驚釋文驚視自失皃。又單辭形況字。鬼谷子事有適然注有時而然也。【古韻】詩北門叶適益讁。殷武叶辟績適解。楚詞九辨叶適惕策益。悲回風叶積擊策迹適慾益釋。呂覽下賢叶帝適。荀子賦叶隘狄敵迹適。

蹢 錫陌

蹢也。从足啻聲。詩漸漸之石有豕白蹢。爾雅釋獸四蹢皆白豥。廣雅釋獸足也。字亦作蹄。【別義】賈侍中說足垢也。【叚借】爲擿。莊子徐无鬼齊人蹢子于宋者釋文投也。又雙聲連語。說文蹢住足也，从足適省聲，或曰蹢躅。易姤羸豕孚蹢躅釋文不靜也。字亦作躑。禮記三年問蹢躅焉釋文不行也。荀子禮論作躑注以足擊地也。古詩沈吟聊躑躅。司馬紹統詩撫劍起躑躅。陸機詩躑躅千畝田。

讁 陌

罰也。从言啻聲。字亦作謫。方言三讁怒也。通俗文罰罪曰讁。左昭七傳以自取讁于日月之災注譴也。三十一傳日始有讁注

dí 敵　dí 鶙　zhí ⿺麥適　dí 樀　tì ⿰衤啇　dī 滴　zhāi 摘　dí 嫡　dí 鏑

變氣也。又成十七傳國子讁我。齊語桓公擇是寡功者而讁之。周語秦師必有讁。史記屈賈傳又以適去。漢書食貨志故吏皆適令伐棘，以適爲之。【叚借】爲諫。小爾雅廣言讁責也。方言十讁過也，南楚凡相非議人謂之讁。詩北門室人交徧讁我。左桓十八傳公讁之。列子力命不相讁發。後漢王符傳討讁物情。【聲訓】廣雅釋詁一讁責也。【古韻】詩北門叶適益讁。老子巧用叶迹讁策解。【轉音】文子精誠叶讁出。

敵 錫

仇也。从攴啻聲。爾雅釋詁匹也。廣雅釋詁一輩也。秦策四國之兵敵注強弱等也。楚語且夫自敵以下注體敵也。周語敵國賓至注位敵也。禮記玉藻敵者不在。又左文六傳敵惠敵怨。孟子仁者無敵。經傳多以適爲之。又廣雅釋詁一敵正也，三主也。釋名嫡敵也，與匹相敵也。經傳多以適以嫡爲之。【轉注】爾雅釋詁當也。左文四傳敵王所愾。哀十五傳敵子路。秦策隣國敵也注讎也。獨斷卻敵冠監門衛士服之。【古韻】老子元用叶臂敵僞。武韜叶策敵。荀子賦叶隘狄敵迹適。【轉音】家語觀周叶死敵。管子國蓄叶敵詘。

鶙 錫

雉屬，戇鳥也。从鳥適省聲。按啻聲。

⿺麥適 陌

麥覈屑也，十斤爲三斗。从麥啻聲。廣雅釋器⿺麥適糏也。按䴭麥未簏麩與麪并者。

樀 錫

戶樀也。从木啻聲，讀若滴。爾雅釋宮檐謂之樀注屋梠也。按亦曰梍，曰櫋，曰檐，凡樀皆卽檐，雨水所滴處，故曰樀。門前之樀則曰閭，故字从門，亦無廟門朝門之別。【轉注】通俗文磨牀曰樀。

⿰衤啇 齊

緥也。从衣啻聲。詩斯干載衣之⿰衤啇，韓詩作褅，毛詩以裼爲之。

滴 錫

水注也。从水啻聲。列子力命若何滴滴釋文流蕩皃，或作滂滂。亦重言形況字。

摘 齊陌錫

拓果樹實也。从手啻聲。廣雅釋詁一取也。【轉注】詩君子偕老傳揥所以摘髮也。列女傳母儀舒而無窮者摘也。列子黃帝摘矢復沓。又後漢光武紀聽羣盜自相糾擿注猶發也，以擿爲之。隗囂傳注摘擾也。【叚借】爲擿。說文一曰指近之也。又爲嫧。按舞賦摘齊行列注相摩切也，非是。【古韻】詩葛屨叶辟揥刺。君子偕老叶狄髢揥皙。

嫡 錫

嫡孎也。从女啻聲。謹飭之意。按嫡孎猶蹢躅，雙聲連語。【叚借】爲敵。詩江有汜序嫡能悔過也釋文正夫人也。廣雅釋詁一嫡君也。釋名嫡敵也，與匹相敵也。經傳皆以適爲之。左傳卷首注明始適夫人也，故敵之子爲嫡子。公羊隱元傳立適以長不以賢。漢書五行志適庶數更。宣帝紀又賜功臣適後注適承嗣者也。

鏑 錫

矢鏠也。从金啻聲。通俗文鐵鏃曰鏑。字亦作鍉。廣雅釋器鉟鏑鏑也。史記匈奴傳作爲鳴鏑索隱髇箭也。射雉賦蘋焉中鏑過

zhì 擿　yì 厂　sī 虒　yí ⿸厂次　sī 禠　tí 嗁　chí ⿺走虒　dì 遞　tí 蹏

秦論銷鋒鍉、聲訓釋名矢又謂之鏑、鏑敵也、言可以禦敵也、

陌　擿　搔也、从手適聲、字亦作擿、詩君子偕老象之揥也、傳所以摘髮者、按卽所謂搔頭也、列子黃帝指擿无痟癢、別義說文一曰投也、字亦作擲、莊子胠篋擿玉毀珠、史記刺客傳以擿秦王、管子宙合擿擋則擊、注擿擋鼓聲猶鏜鞳也、按擿擋非雙聲亦非疊韻與鏜鞳不同、假借爲摘、淮南本經擿蚌蜃、注猶開也、又漢書趙廣漢傳其發姦擿伏如神、注謂動發之也、劉向傳乃著疾讒擿要救危、注謂指發之也、孫寶傳擿觖以揚我惡、注謂挑發之也、廣雅釋詁一擿語也、二擿嬈也、戲也、又爲逖、文賦意徘徊而不能擿、按遠也、

厂十九名、凡厂之派皆衍厂聲、余智切、

霽　厂　抴也、明也、象抴引之形、虒字从此、按與曳抴略同、明也之訓未聞、

支　虒　委虒、虎之有角者也、从虎厂聲、假借爲軝、按太元止車纍其傂、注輪也、字亦作傂、又爲褫、按左昭八傳晉侯方築虒祁之宮、虒祁者褫祁也、後因以爲地名、在今平陽府曲沃縣西、水經注汾水逕虒祁宮北、有故梁截汾水中、凡三十柱、柱徑五尺、蓋平公時物也、又雙聲連語、左襄十傳狄虒彌、古今人表作斯、

說文通訓定聲　解部弟十一　廿九

支　⿸厂次　歠也、从次厂聲、讀若移、

支　禠　福也、从示虒聲、東京賦祈禠禳災、

齊　嗁　號也、从口虒聲、字亦作啼、作謕、左莊八傳豕人立而嗁、莊子駢拇齕之則啼、轉注禮記襍記主人啼、儀禮既夕記注啼卽泣也、

支　⿺走虒　⿺走虒隝輕薄也、从走虒聲、讀若池、

霽齊　遞　更易也、从辵虒聲、爾雅釋言迭也、小爾雅廣詁更也、廣雅釋詁三代也、按此字本訓當爲遽也、如今言驛遞、故从辵、遞必按程更替、故轉注爲迭代之誼、齊策六國之遞甚也、楚辭招魂二八侍宿射遞代些、呂覽先巳詐術遞用、上林賦族居遞奏、舞賦合場遞進、假借爲坻、管子入國偏枯握遞、注著也、按實借爲觬曲也、莊子庚桑楚終日握而手不掜、

齊　蹏　足也、从足虒聲、字亦作蹄、易說卦爲薄蹄、爾雅釋畜騉駼枝蹄趼、穀梁昭八傳馬候蹄、莊子馬蹄可以踐霜雪、司馬注馬足甲也、轉注莊子外物蹄者所以在兔、釋文兔罟也、係其脚故曰蹄也、又淮南脩務墨子跌蹄而趍、注蹄趍走也、假借爲踶、禮記月令注相蹄齧也、釋文踶也、又疊韻連語、漢書武帝紀上林蹏氏館、郊祀志作磃、按磃磃怪石也、銳石也、磃卽厗字、

chí ⿰龠虒　tī 鷈　zhì ⿰角虒　sī 榹　chǐ 褫　yí 歋　sī 鼶　yǐ ⿰忄虒　sī ⿰氵虒　lí ⿰糹虒　tí ⿰金虒

支　⿰龠虒　管樂也、从龠虒聲、或从竹、按篪七孔、字亦作竾、詩何人斯仲氏吹篪、世本蘇辛公作篪、或曰蘇成公善歊篪、皆傅會不足信也、爾雅釋樂大篪謂之沂、廣雅⿰龠虒以竹爲之、長尺四寸、有八孔、蔡邕月令章句六孔有距、橫吹之、呂覽仲夏調竽笙壎篪、注篪以竹、大二尺、長尺二寸、七孔、一孔上伏、橫吹之、周禮笙師龡篪、遂管疏引禮圖九空、楚辭東君鳴篪兮吹竽、古韻詩何人斯叶篪知斯、板叶篪圭攜、

齊　鷈　鷿鷈也、从鳥虒聲、爾雅釋鳥鷈須鸁、注似鳧而小、膏中瑩刀、方言八野鳧其小而好沒水中者謂之鷿鷈、按鷿鷈亦疊韻連語、其大者曰鶻鷈、

紙　⿰角虒　角傾也、从角虒聲、

支　榹　槃也、从木虒聲、承水器、急就篇槫榼椑榹、別義爾雅榹桃山桃、注實如桃而小不解核、夏小正梅杏杝桃則華、以杝爲之、

支紙　褫　奪衣也、按敓衣也、从衣虒聲、讀若池、易訟終朝三褫之、侯果注解也、鄭本作拕、雪賦念解佩而褫紳、轉注吳都賦魂褫氣懾而自踢跌者、注奪也、

說文通訓定聲　解部弟十一　卅

支　歋　人相笑相歋瘉、从欠虒聲、按相笑謂之歋瘉、雙聲連語、猶蝸牛之稱螔蝓、蜥易之稱螔蝾也、亦作歋歈、作擨歈、作搋歈、作揶揄、後漢王霸傳市人皆大笑舉手邪揄之、注歋歈手相笑也、

支齊　鼶　鼶鼠也、从鼠虒聲、爾雅鼶鼠、注夏小正曰鼶鼬則穴、今本作鼬鼬則穴、按鼬卽鼬、今黃鼠狼也、當从郭注作鼬矣、鼶鼠亦曰鼬鼠、淮南時則注田鼠鼬鼠、鼶鼠也、弟虒聲相近、

紙　⿰忄虒　低⿰忄虒、不憂事也、从心虒聲、讀若移、按低⿰忄虒疊韻連語、

支　⿰氵虒　⿰氵虒水出趙國襄國東入湡、从水虒聲、在今直隸順德府邢臺縣、至朝平入湡水、

齊　⿰糹虒　繫⿰糹虒也、从糸虒聲、按繫⿰糹虒疊韻連語、惡絮也、與絓略同、亦謂之牽離、別義說文一曰維也、疑此四字當在繫篆下、假借疊韻連語、埤蒼㦣⿰忄虒、亦紙字、亦作⿰虎虒、按亦作赫蹏、

齊　⿰金虒　器也、从金虒聲、

乁二十二名、凡乁之派皆衍乁聲、弋支切

支 **乁** 流也从反𠂆指事讀若移經傳多以地以施以移爲之

支紙 **氏** 巴蜀名山岸脅之堆旁箸欲落墮者曰氏氏崩聞數百里象形乁聲楊雄賦響若氏隤按許說此字非也因小篆橫視似隸書山而傳會之耳本訓當爲木本汗簡引石經作[illegible]中一象地綫曲子地下者象根出於地上者象由榫小篆象古文之形艸之始爲屮木之始爲氏實卽氏字氐字柢字亦卽坻字後人加一以象地爲氐復于地下引而深之爲氐俗又加木傍爲柢或加土傍爲坻踵事而增分其音讀遂不可復正矣轉注爲姓氏蓋取水源木本之誼左隱八傳胙之土而命之氏鄭駁許五經異義氏者所以別子孫之所出也周禮干注凡言氏者世其官也白虎通所以有氏者何所以貴功德賤伎力或氏其官或氏其事聞其氏卽可知其德也字亦作詆楊君石門頌建定帝位以漢詆焉古或以是爲之漢張遷碑張是輔漢儀禮覲禮大史是右此叚借也叚氏玉裁反謂姓氏之氏其正字當作是乖踳不可從叚借爲阺說文引解嘲響若氏隤氏氐二音古不甚別或字本作氏許據誤文作氏亦難肊定也又爲是實爲寔大戴記氏產青陽及昌意後漢李雲傳五氏來備蓋約舉書洪範曰時五者來備文也又託名幖識字漢書韋元成傳破東胡禽月氏注讀曰支又匈奴傳閼氏讀曰燕支華言后夫人也

馬 **也** 女陰也象形秦刻石亦象形按當乁聲許說此字必有所受然是俗說形意俱乖知非經訓此字當卽匜字後人加匸耳說文匜似羹魁柄中有道則也正本字象形从乁會意乁亦聲三禮圖引梁正禮圖匜受一斗流長大寸漆赤中諸侯以象飾天子以黃金叚借爲助語之詞詩殷武允也天子江有汜其後也悔野有死麕無使尨也吠顏氏家訓也是語已及助句之辭按亦與邪字通用論語子張問十世可知也又其從之也荀子正名其求物也養生也粥壽也又與兮通用毛詩兮也二字他書所引或互易鐘鼎款識載秦權一秦斤一權也字作乜斤也字作殹石鼓文汧殹沔沔殹兮同聲邪兮也一聲之轉又也形與㐌相似說文迆𧿶杝施馳阤六文皆从也聲按當从㐌聲轉寫之誤古聲讀可證也今分系隨部

支紙 **匜** 似羹魁柄中有道可以注水从匸也聲按卽也字之或體今附于此沃盥器也凡沃盥承水者杅挹而注之者匜盛所棄水者槃儀禮公食禮槃匜在東堂下旣夕禮兩杅槃匜左傳廿三傳奉匜沃盥禮記內則斗敦卮匜則亦可爲注酒之用

支 **祇** 地祇也从示氏聲與赤緹之或體从衣衹敬之从示从氐祇裯之从衣从氐皆迥別尸子天神曰靈地神曰祇書微子今殷民乃攘竊神祇之犧牷牲用周禮大司樂及土示大宗伯當建邦之天神人鬼地示之禮以示爲之月賦柔祇雪凝注地也叚借爲底易復

說文通訓定聲　解部弟十一　[illegible]

无祇悔鄭注病也九家作敍王弼注大也則謂借爲多京劉注安也則謂借爲禔陸績王肅本作禔馬注辭也則謂借爲晉又爲禔詩何人斯俾我祇也箋安也聲訓說文祇地祇提出萬物者也古韻詩何人斯叶易知祇

支 **芪** 芪母也从艸氏聲一名知母亦作蝭母作蚳母卽蕁也字林芪母卽知母草則疑與茋同字廣雅芪母兒踵東根也名醫別錄陶注出彭城形似菖蒲而柔潤葉至難死掘出隨生須枯燥乃止范子計然云提母出三輔黃白者善

紙 **跂** 封也从足氏聲跱立之意叚借爲踶廣雅釋詁二跂蹋也

支寘霽紙 **眂** 眂皃从目氏聲與視之古文从氏聲者有別廣雅釋詁一眂視也長笛賦特麏昏髟宇作下形上聲

支 **疧** 病也从疒氏聲爾雅釋詁孫注疧者滯之病也按謂从坻省以聲訓也詩白華俾我疧兮叚借爲怟詩無將大車祇自疧兮此形近傳寫之誤聲訓說文鍇本疧病不翅也古韻詩白華叶卑疧

支 **忯** 愛也从心氏聲爾雅釋訓忯忯愛也李注和適之愛也按適者媞也以聲訓

支紙 **泜** 箸止也从水氏聲與从氐之泜水字迥別據許書與坻略同叚借爲湛左僖三十三傳與晉師夾泜而軍泜湛一聲之轉又重言形况字後漢蔡邕傳注泜泜齊皃按與怟怟略同

說文通訓定聲　解部弟十一　[illegible]

紙 **抵** 側擊也从手氏聲與从氏之排抵字別秦策抵掌而談注據也叚借爲擿後漢黃瓊傳注抵投也又爲疧管子國蓄前有萬乘之國而後有千乘之國謂之抵國按病也又爲楮中山策臣抵罪注當也按猶受也又爲邸爲底呂覽無義抵公孫與注主也方言一抵敵會也

紙 **紙** 絮也一曰苫也从糸氏聲按敝絮一箔也造紙昉于漂絮以箔荐而成之後漢蔡倫造意用樹膚麻頭及敝巾魚網爲之今亦用竹質木皮其細者有緻密竹簾荐焉按字與从氏之紙滓字小別聲訓釋名釋書契紙砥也謂平滑如砥石也

支 **蚔** 畫也从虫氏聲蠆蟲蝥人者與从氏之螘子字迥別孟子齊大夫蚔蛙以爲名別義字亦作蚳爾雅釋魚貝餘蚳黃白文李注餘蚔貝甲黃爲質白爲文彩西山經文貝郭注餘泉蚔之類也

紙 **坻** 箸也从土氏聲箸讀爲處據許書與泜略同字與从氐之坻阯字迥別左昭廿九傳物乃坻伏服注止也今誤从氐叚借爲阺陵阪也文選解嘲響若坻隤許書引作氏按當作坻或作氐與阺同聲叚借

dì 地　chí 弛　xiè 炧　yì 貤　qí 軝　dǐ 堤

說文通訓定聲　解部弟十一

堤 齊　滯也。从土，是聲。按當爲坻之或體，與从阜之隄唐字迥別。叚借爲隄。淮南詮言：瓶甌有堤。注：堤，瓶甌下安也。

軝 支　長轂之軝也，以朱約之。从車，氏聲。或从革。即所謂軎也，轂末也，小穿也。與从氏之軧後字迥別。詩采芑：約軝錯衡。按轂長三尺九寸又千分寸之三百三十三，其約者一尺八寸又千分寸之二百二十二，是之謂軝。周禮大馭：右祭兩軹，以軹爲之，故書字作軒。氏、幵一聲之轉。轉注：方言九：輪，韓楚之閒或謂之軝。

貤 支 眞　重次弟物也。从貝，也聲。按與乁略同。字俗作貤。廣雅釋詁一：貤，益也。漢書武帝紀：受爵賞而欲移賣者無所流貤。注：今俗猶謂凡物一重爲一貤也。上林賦：貤丘陵。注：延也。

炧 馬　燭妻也。从火，也聲。曲禮謂之跋，弟子職謂之𤎩。𤎩者，妻之灰也；跋者，妻之足也。

弛 紙　弓解也。从弓，从也。按也聲。或从虒聲。字俗作弛。廣雅釋詁一：弛，張也。二：弛，緩也。四：置也。又：弛，舍也。禮記曲禮：弛弓尚角。襍記：一張一弛。疏：謂落弦。左襄十八傳：乃弛弓而自後縛之。楚辭謬諫：弧弓弛而不張。轉注：爾雅釋詁：弛，易也。按怠緩即慢易。借易爲駃。上文平均夷弟易也，矢弛也，弛易也，一義引申相承。注：相延易，謂借爲流貤之貤，失之。郝氏懿行謂借弛爲施，借易爲移，尤非。又周禮大司樂：令弛縣。注：釋下之。大司徒：四曰弛力。注：息繇役也。小宰：斂弛之聯事。杜注讀曰施，非。禮記樂記：庶民弛政。注：去紂時苛政也。坊記：君子弛其親之過。注：猶棄忘也。左昭三十二傳：弛周室之憂。注：猶解也。莊廿二傳：弛于負擔。注：去離也。穀梁襄廿四傳：弛侯。注：廢也。魯語：文公欲弛孟文子之宅。注：毀也。論語：君子不弛其親。釋文：落也。西京賦：城尉不弛柝。注：弃也。漢書武帝紀：跅弛之士。注：放廢不遵禮度也。素問刺要論：病熱而筋弛。注：猶縱緩也。又爾雅：矢弛也。注：放也。謂弓張而矢弛。叚借爲貤。禮記孔子閒居：弛其文德。注：施也。按延也，猶流也。詩作矢。弛、矢雙聲，轉音。楚詞九辯：叶偕、毀、弛。

地 眞　墜　元气初分，輕清昜爲天，重濁侌爲地，萬物所陳列也。从土，也聲。籀文从土，从阜，彖聲。彖，說文讀若弛。彖也一聲之轉。按地在太虛正中，大氣舉之，故不隊。其形，沙土山海合爲一丸。圓周九萬里，其厚當得二萬八千六百三十六里有奇。今中國所居之地，面在東北一小隅。大戴記曾子曰：如誠天圓而地方，則是四角之不揜也。參嘗聞之夫子曰：天道曰圓，地道曰方。易坤至靜而德方，此其指也。保傅篇下無取于墜。淮南有墜形篇。無極山碑與死墜俱生。管子山權數：故天毀墜，凶旱水跌。字亦作墬，作埊。春秋元命苞：立字土力於一者爲地。爾雅釋地。釋文：𡈽乙力爲地。皆因俗隸妄說。叚借爲啻，亦發聲之詞。漢書丙吉傳：西曹地忍之。注：地亦但也。語聲之急耳。

xié 攜　wěi 𤻮　xī 酅　xī 觿　shuī 𩌏　xié 讗　guī 巂　yǐ 酏

按與用第特徒等字皆同。又爲諟。廣雅釋詁三：地，諟也。又爲杝。廣雅釋室：杝，離也。此杝之形近而誤。聲訓：廣雅釋詁一：地，大也。釋名：地，底也。其體底下，載萬物也。又：地，諦也。五土所生，莫不審諦也。爾雅釋地釋文：地，施也，諦也。應變施化，審諦不誤。春秋元命苞：地者，易也。言養物懷任，交易變化，含吐應節。春秋說題辭：地之爲言媲也。承天行其義也。古韻：詩斯干叶地、裼、瓦。韓非揚權叶地、解。又叶地、賜、益。秦琅邪刻石銘叶帝、地、懈、辟、易、畫。轉音：易繫詞下叶地、宜。禮記禮運叶地、義。楚詞天問叶歌、地。橘頌叶過、地。管子五行叶地、離。周書武寤叶地、化。文子道原叶下、地。又叶蝦、地。

酏 支 紙　黍酒也。从酉，也聲。一曰甜也。賈侍中說：酏爲鬻清。按字亦作酏。稀者爲酏，厚者爲餈。周禮酒正：四曰酏。注：今之粥。內則有黍酏。酏，飲粥稀者之清也。禮記內則：饘酏。注：粥也。粉酏。注：當爲䬼，以與稻米爲酏。注：當從䬼。周禮醢人：酏食糝食。注：餈也。司農注：酏食以酒酏爲餅。穆天子傳：脯棗酏。注：酏，粥清也。

巂十三名。凡巂之派，皆衍巂聲。戶圭切

巂 齊 紙　周燕也。从隹，屮象其冠也，冏聲。按巂者，周曰燕，越曰巂，猶雅者，楚曰烏，秦曰雅也。古巂、舊、㝱三字聲相轉。漢書越巂注：又音髓。一曰蜀王望帝婬其相妻，慙亡去，化爲子巂鳥，故蜀人聞子巂鳴皆起，云望帝。按元烏古所重，特製燕、乙、巂三字，皆象形。叚借爲規。禮記曲禮：立視五巂。釋文：車輪轉一周爲巂。字亦作䡓。又爲酅。公羊僖廿六年：追齊師至巂。又託名幖識字。王君鄉道碑：西與蜀郡青衣越巂通界。誤作嶲。

說文通訓定聲　解部弟十一

讗 陌　言壯皃。廣韻引說文：自是也。一曰數相怒也。从言，巂聲。讀若畫。

𩌏 支　綏也。从革，巂聲。此當爲挽以上車之革。

觿 齊　佩角，銳耑，可以解結。从角，巂聲。詩芄蘭：童子佩觿。傳：成人之佩也。禮記內則：小觿、金燧。注：觿皃如錐。管子白心：若有適觿解。

酅 齊　東海之邑。从邑，巂聲。按漢酅亭在今山東青州府臨淄縣東。左莊三傳：紀季以酅入于齊。僖廿六：公追齊師至酅。叚借爲崖。左僖廿八傳：楚師背酅而舍。注：邱陵險阻者。

𤻮 紙　創裂也。从疒，巂聲。廣雅釋詁二：裂也。別義。說文：一曰疾𤻮。

𨆌 齊　𨆌𨆌也。从尢，从爪，巂聲。跛不能行，爲人所引。

xié 懏 xié 攜 huì 嬀 zuī 纗 xié 蠵 xī 鑴 xī 兮 xì 盻 xī 醯

懏 齊 有二心也从心巂聲廣雅釋詁三離也晉語懏民國移心焉楚語民之精爽不懏貳者字亦以攜爲之

攜 齊 提也从手巂聲公羊襄廿七傳攜其妻子淮南覽冥相攜于道注引也字亦誤作擕作携〔叚借〕爲懏左僖七傳招攜以禮廿八傳不如私許復曹衛以攜之周語百姓攜貳周書謚法怠政外交曰攜〔古韻〕詩板叶篪圭攜

嬀 支 愚戇多態也从女巂聲讀若隓按戇鳥亦曰[illegible]

纗 齊支寘 維綱中繩从糸巂聲讀若畫或讀若維按維當作絓太元樂絕其纗注綱也〔轉注〕思元賦纗幽蘭之秋華兮注係褭之繩也引說文纗維綱中繩舊注糸也廣雅釋器帶也

蠵 支齊 觜蠵大龜也以胃鳴者从虫巂聲司馬相如說从敻聲即爾雅十龜之靈龜字林大龜似猬也東山經深澤其中多蠵龜注觜蠵大龜也楚辭招魂露鷄臛蠵漢書揚雄傳抾靈蠵東京賦淵游龜蠵吳都賦搊觜蠵〔轉注〕天文西方七宿觜蠵三星在參口中如蘂

鑴 支齊 瓽也从金巂聲大盆之名〔轉注〕廣雅釋器鑴鼎也〔別義〕字林鑴大鐘也〔叚借〕爲觿廣雅釋器鑴錐也周禮眡祲三曰鑴注謂日旁氣刺日也按司農注謂四面反鄉如暈狀則謂借爲規或爲觿或爲通

說文通訓定聲 解部第十一 [illegible]

兮二名凡兮之派皆衍兮聲 胡醯切

兮 齊 語所稽也从丂八象气越亏也廣雅釋詁四兮詞也禮記大學斷斷兮詩甫田未幾見兮伐檀河水淸且漣猗以猗爲之老子淵兮似萬物之宗河上本作乎古亦多以也字殹字爲之

盻 齊 恨視也从目兮聲孟子使民盻盻然注勤苦不休息之皃亦重言形況字丁音作肹按猶肩肩也

醯一名 呼兮切

醯 齊 酸也作醯以鬻以酒从鬻酒並省从皿皿器也會意字亦作醯廣雅釋器醯酢也禮記內則和用醯周禮醯人儀禮士昏禮醯醬二豆注以醯和醬聘禮醯醢百甕注醯穀陽也醢肉陰也左昭廿傳水火醯醢鹽梅又列子天瑞醯雞生乎酒按醯中蠛蠓也〔叚借〕疊韻連語爾雅釋木㰈㯩醯字亦作榼即今白木與檀樹梓榆皆相似梓榆駮馬也故齊人諺曰上山斫檀㯩榼先殫又語曰斫檀不諦得繄迷繄迷尚可得駮馬亦作繄迷作挈榼作㰈迷作瀰瀰

qì 企 mǐ 芈 ér 兒 ní 齯 nì 說 xì 鬩 ní 𢼌 nì 睨

企一名 去智切

企 紙寘 舉踵也从人止聲按从止會意古文从人从足字俗作跂廣雅釋詁四企立也老子企者不立漢書高帝紀日夜企而望歸楚辭憂苦登巑岏以長企兮江賦渠黃不能企其景歎逝賦望湯谷以企予又爾雅釋鳥鳧雁醜其踵企蓬賦如鳥斯企詩跂予望之以跂爲之〔聲訓〕釋名企啓也啓開也言自延竦之時樞機皆開張也企啓雙聲

芈一名 緜婢切

芈 紙 羊鳴也从羊象聲气上出與牟同誼按會意兼指事〔叚借〕方言十一蛄蟹謂之强蛘注芈即蛘也按强芈疊韻連語注誤讀又託名幖識字魯語芈姓實嗣注楚姓也史記楚世家六曰季連芈姓

兒十八名凡兒之派皆衍兒聲 汝攜切

兒 支 孺子也从儿儿古文奇字人象小兒頭囟未合蒼頡篇男曰兒女曰嬰廣雅釋親兒子也漢書張湯傳湯爲兒守舍又項籍傳外黃令舍人兒年十三注以其幼弱故係其父〔轉注〕詩閟宮黃髮兒齒釋文齒落更生細者也又廣雅釋草兒踵東根也即芮毋〔古韻〕莊

說文通訓定聲 解部第十一 美

子人閒世叶兒崖眭疵〔轉音〕老子能爲叶離兒疵爲知反朴叶雌谿離兒

齯 齊 老人齒从齒兒聲按兒亦意此字後出只當作兒詩閟宮黃髮兒齒爾雅釋詁齯齒壽也釋名九十曰鮐背或曰兒齒大齒落盡更生細者如小兒齒也

說 佳 言相說司也从言兒聲按言時刺探人意而睨伺埤蒼詁說言不正也

鬩 錫 恒訟也从鬥从兒會意兒善訟者也按兒亦聲詩常棣兄弟鬩于墻傳很也爾雅釋言恨也周語兄弟讒鬩注佷也〔轉注〕廣雅釋詁二鬩懼也又鳴也〔叚借〕單辭形況字易豐姚信本鬩其无人字亦作闃注空也馬鄭注无人皃吳都賦㦥澗闃按闃即窬字當作鬩又疊韻連語漢書外戚傳有褭褼二枚赫蹏書注今謂薄小物爲鬩蹏又借爲鬩楚辭疾世鬩睄窕兮靡睹注窺也

𢼌 齊 鈹也从攴兒聲按鈹毀也亦疊韻連語

睨 齊 衺視也从目兒聲方言十三睨明也左哀十三傳余與褐之父睨之禮記中庸睨而視之莊子山木雖羿蓬蒙不能眄睨也楚辭惜賢睨玉石之嵾嵯漢書李廣傳睨其傍有一兒騎善馬洞簫賦魚瞰雞睨〔叚借〕疊韻連語釋名城上垣曰睥睨言于其孔中睥睨非

nì 覞　yì 鶂　ní 觬　ní 郳　ní 倪　yì 屔　ní 麑　ní 霓

常也、亦以俾倪爲之。古韻左哀十三叶繫睨。

霽 **覞** 旁視也、从見兒聲、按當爲睨之或體、今附于此。

錫 **鶂** 鶂鳥也、按水鳥、从鳥兒聲、或从鬲聲、司馬相如說从赤聲、字亦作鷁、公羊春秋僖十六年、六鷁退飛過宋都、注、鳥中之耿介者、左氏作鷁、洪範五行傳、鷁者、陽禽、莊子天運、夫白鶂之相視、列子天瑞、河澤之鳥、視而生曰鶂、三蒼、鶂高飛、似雁、目相擊而孕、吐而生子、其色蒼白、或曰雄鳴上風、雌鳴下風則孕、轉注、方言九、艀首或謂之艗艏、注、今江東貴人船前作青雀、是其像也、字變作艗、漢書司馬相如傳、浮文鷁、假借重言形況字、孟子、惡用是鶂鶂者爲哉、注、鶂鶂、鳴之聲。

齊 **觬** 角觬曲也、从角兒聲、西河有觬氏縣。

齊 **郳** 齊地、从邑兒聲、左襄六傳、齊侯滅萊、遷萊于郳、高厚崔杼定其田、別義、國名、公羊莊五年、倪犂來來朝、左氏作郳、疏、郳之上世出于邾、國譜云、小邾、邾挾之後也、夷父顏有功于周、其子友別封爲附庸、居于郳、曾孫犂來始見春秋、從齊桓尊周室、王命爲小邾子、宋忠曰、邾顏別封小子肥于郳、爲小邾子、今山東兖州府滕縣嶧縣並有郳城、疑在嶧者近是、與文獻通考合。

齊 **倪** 俾也、从人兒聲、按俾下云、益也、一曰門侍人、莊子齊物論、和之以天倪、李注、分也、似與益義爲近、按俾倪者疊韻連語、猶衺視之爲睥睨、女墻之爲埤堄、本無正字、未審許意何屬也、疑頤指氣使之意、假借爲婗、實爲兒、孟子、反其旄倪、注、弱小緊倪者也、又爲睨、廣雅釋詁二、頓倪衺也、爾雅釋魚、左倪不類、右倪不若、又管子正世、力罷則不能無墮倪、注、傲也、又爲題、實亦爲兒、莊子大宗師、不知端倪、按耑者草之微始、兒者人之微始也、齊物論、天倪亦同、又疊韻連語、城上垣曰俾倪、墨子備城門篇、四尺曰倪、字亦作堄、蒼頡篇、堄、城上小垣也、又託名標識字、漢書貨殖傳、范蠡計然、注、倪研及然聲皆相近、莊子、王倪、古今人表作兒。

錫 **屔** 石地惡也、从厂兒聲、與礙略同。

齊 **麑** 狻麑獸也、从鹿兒聲、如虦貓、字亦作猊、穆天子傳、狻猊、注、獅子、亦食虎豹、假借爲麛、論語、素衣麑裘、管子五行、不夭麑麇、西京賦、效獲麑麇、注、皆訓鹿子、又託名標識字、晉語、使徂麑賊之、注、力士、說苑立節作鉏䴂。

齊 **霓** 屈虹、青赤或白色陰氣也、从雨兒聲、按雨與日相薄而成光、有雌雄、鮮者爲雄、虹、闇者爲雌、霓、又海中鬻魚噴氣亦成青絳、爾雅、螮蝀虹也、蜺爲挈貳、經傳多以蜺爲之、孟子、若大旱之望雲霓也、離騷、率雲霓而來御、轉注、後漢張衡傳、蜺旌飄而飛揚、聲訓、釋名、霓

ní 鯢　ní 婗　ní 蜺　ní 輗　wēi 危

齧也、其體斷絕、見於非時、此災氣也、傷害於物、如有所食齧也。

齊 **鯢** 刺魚也、从魚兒聲、爾雅釋魚、鯢大者謂之鰕、注、似鮎、四腳、前似獮猴、後似狗、聲如小兒啼、大者長八九尺、周書王會、穢人前兒、以兒爲之、亦名人魚、北山經、決決之水、其中多人魚、食之無癡疾、亦名魶、廣雅、魶、鯢也、亦名龍魚、海外西經、龍魚陵居、如鯉、即廣志所謂鯢、形如鯪鯉、可以治牛、出伊水也、按字亦作鮭、北山經、敦薨之水、其中多赤鮭、注、今名鯸鮐爲鮭魚、非是、莊子達生、倍阿鮭蠪、司馬注、鮭蠪如小兒、別義、異物志、鯢、鯨之雌者也、左宣十二傳、取其鯨鯢而封之、注、大魚名、呂覽貴直、鮒入而鯢居、注、大魚、魚之賊也、莊子應帝王、鯢桓之審爲淵、吳都賦、脩鯢吐浪、假借爲鰤、莊子外物、守鯢鮒、李注、鯢、小魚也。

齊 **婗** 嫛婗也、从女兒聲、按嫛婗雙聲連語、即嬰兒之音轉、廣雅釋親、婗子也、字亦作唲、荀子富國、唲嘔之、別義、一曰婦人惡兒。

齊 屑 **蜺** 寒蜩也、从虫兒聲、方言十一、蟬黑而赤者謂之蜺、夏小正、七月寒蟬鳴、傳、蝭蠑也、爾雅郭注、蜺、寒螿也、似蟬而小、青赤、轉注、方言十一、蟪謂之寒蜩、寒蜩、瘖蜩也、按蜺至秋深聲淒漸歇、寒蜩其大名、瘖蜩、言其聲歇時也、假借爲霓、春秋元命苞、陰陽交爲虹蜺、西京賦、虹旃蜺旄、楚辭天問、白蜺嬰茀、注、雲之有色似龍者也、魏都賦、蜺若元雲、舒蜺以高垂、春秋演孔圖、蜺者斗之精也、轉音、宋玉舞賦、叶節、結、絕、蜺、列、悅。

齊 **輗** 大車轅耑持衡者、从車兒聲、或从宜聲、或从木兒聲、韓非子、吾不知爲車輗者巧也、用咫尺之木而引三十石之任、蓋轅與鬲相接之關鍵曰輗也、論語、大車無輗、鄭注、輗穿轅端著之、苞注、轅端橫木以縛枙者也、假借爲軗、晉書音義下、輗礙車也。

危十二名凡危之派皆衍危聲　魚規切

支 **危** 在高而懼也、从厃、自卪止之、會意、或曰从人在厓上、厄木節也、鬼谷子決、危而美名者、注、山高也、晉語、榣木不生危、注、高險也、孝經、高而不危、鄭注、殆也、西周策、竊爲君危之、注、不安也、秦策、魏必危、注、亡也、管子禁藏、吏不敢以長官威嚴危其命、注、謂毀敗、禮記儒行、有比黨而危之者、注、欲毀害之也、周禮小司寇、一曰詢國危、注、謂有兵寇之難、轉注、廣雅釋詁一、危、正也、論語、危言危行、包注、厲也、莊子繕性、危然處其所、注、獨正之皃、又盜跖、去其危冠、李注、高也、又禮記喪大記、中屋履危、注、棟上也、史記魏世家、痤因上屋騎危、又按淮南說林、遽契其舟桅、作桅、當作危字、釋名、其前立柱曰桅、桅、巍也、巍巍高皃也、假借託名標識字、禮記月令、旦危中、按北方之宿三星如

guǐ 祪　guì 跪　guǐ 詭　guǐ 觤　wěi 頠　guǐ 恑　wéi 洈　guǐ 姽　guǐ 蛫

磬折淮南天文酉爲危又書禹貢三危既宅在今甘肅鞏昌府岷州塞外之西雲南麗江府之北西番界或曰雲南大理府雲龍州西三崇山是也字亦作峗莊子在宥投三苗于三峗轉音管子版法叶隳危文子符言叶衰威非危幾僞禹謨叶危微

紙 **祪** 祔祪祖也从示危聲爾雅釋詁祪祖也注毀廟主按將毀而祭曰祪新廟曰祔

紙 **跪** 拜也从足危聲按兩膝拄地所以拜也不拜曰跽禮記曲禮授立不跪轉注荀子勸學蟹六跪而二螯注足也叚借爲垝列子力命跪食惡肉按毀也釋文謂疏之形誤

紙 **詭** 責也从言危聲漢書趙充國傳自詭滅賊叚借爲恑莊子齊物論其名爲弔詭釋文異也淮南本經詭文回波注奇異之文也漢書石顯傳持詭辯以中傷人荀子正論求利之詭緩注詐也孟子爲之詭遇注橫而射之曰詭遇莊子馬蹄詭銜竊轡洞簫賦鶩合沓以詭譎注猶奇怪也後漢梁冀傳注詭億一曰射意一曰射數郎擲錢也又管子幼官詭禁不脩注詭禁禁非常也又爲觤淮南說林尺寸雖齊必有詭注不同也又爲乖西京賦注引說文詭違也賈子道術容服有儀謂之儀反儀爲詭淮南主術詭自然之性注違也辯亡論古今詭趣長笛賦窊隆詭戾又疊韻連語詩民勞無縱詭隨按猶委隨也廣雅釋訓詭隨小惡也又託名幖識字左傳齊公子無虧史記作無詭公穀晉侯詭諸左作佹

紙 **觤** 羊角不齊也从角危聲爾雅釋畜注角一短一長

紙 **頠** 頭閑習也从頁危聲轉注爾雅釋詁頠靜也

紙 **恑** 變也从心危聲譎詐怪異之意一切經音義三引說文變詐也史書皆以詭爲之字亦作佹鄭固碑造膝佹辭叚借爲姽廣雅釋言恑美也又爲乖廣雅釋言恑反也莊子齊物論恢恑譎怪李注戾也幽通賦變化故而相詭兮亦以詭爲之又重言形況字列子力命佹佹成者釋文幾欲之皃又雙聲連語上林賦連卷欐佹注支重累也

紙 **洈** 水洈水出南郡高城洈山東入繇从水危聲山海經宜諸之山洈水出焉南流注于漳此水當在今湖北或以江南之油水當之非是

紙 **姽** 閑體行姽姽也从女危聲猶頠之爲頭嫺習也廣雅釋詁一姽好也神女賦既姽嫿于幽靜注引說文姽好皃按亦疊韻連語

紙 **蛫** 蟹也从虫危聲亦曰蜅其雄曰蜋螘其雌曰博帶

guǐ 垝　guǐ 鈽　guī 規　guī 鬹　kuī 窺　kuī 闚　guī 嫢

紙 **垝** 毀垣也从土危聲或从阜詩氓乘彼垝垣爾雅釋詁垝毀也漢書杜篤傳業因勢而抵陒注亦險也荀子霸形東山之西水深滅垝注敗墻也轉注爾雅釋宮垝謂之坫按凡絫土爲之者皆得以坫名即皆得以垝名

紙 **鈽** 臿屬从金危聲讀若跛行尷鍇本讀若毀別義一曰鑒鐵也謂明瑩之鐵字亦作鈹廣雅釋器鈹臿也从臿支聲字又作鍷淮南精神訓注臿三輔謂之鍷爲危雙聲轉注廣雅釋鳥鴟鶬子規也按子嶲來正買鈽耕穜之時故名字變作鶬

規五名凡規之派皆衍規聲 俱危切

支 **規** 有法度也从夫从見會意按从夫非誼當从矢从見會意與短字及或體榘字同相承寫誤耳圜出於方方出于矩規矩同原故皆从矢說文隸夫部非孟子規矩方員之至也詩沔水序箋規者正圓之器也周語其母夢神規其臀以墨注書也楚辭大招曲眉規只注圜也凡渾員曰圜平員曰圓天體曰圜總名曰規轉注周語規方千里以爲甸服注規畫而有之楚語不規東夏注猶有也東京賦規遵王度注摹也規摹踰溢注圖也同規乎般盤注法也字亦作槼方言二槼裁也梁益之閒裂帛爲衣曰槼又左昭十六傳子寧以他規我注正也楚語其又以規爲瑱也注諫也東京賦卒無補于風規又託名幖識字左襄廿五傳規偃豬賈注偃豬之地九夫爲規四規而當一井周書王會規規以麟注規規亦戎也又重言形況字莊子秋水規規然自失也釋文驚視自失皃古韻楚辭大招叶佳規施卑移

支 **鬹** 三足釜也有柄喙从鬲規聲讀若嬀

支 **窺** 小視也从穴規聲與闚略同禮記禮運皆可俯而窺也少儀不窺密注嫌伺人之私也呂覽精諭弗能窺矣注猶見也字亦作䙫廣雅釋詁一䙫視也埤蒼䙫眇視皃叚借爲跬漢書息夫躬傳未有能窺左足而先應者也又重言形況字荀子非十二子䙫䙫然注小見之皃古韻呂覽精諭叶疵知窺離

支 賓 **闚** 閃也从門規聲與窺略同字林傾頭門內視也方言十闚視也凡相竊視南楚謂之闚易觀窺觀利女貞豐闚其戶公羊成二傳踊于踣而闚客魏都賦距遠闚以闚闟注望尊位也吳仲山廟碑未嘗闚城字誤从視轉注史記刺客傳闚以重利索隱視也後漢李雲傳闚諫注視人君顏色而諫也

支 **嫢** 媞也从女規聲讀若癸秦晉謂細要爲嫢方言二嫢細也秦晉之閒凡細而有容謂之嫢廣雅釋詁嫢好也二小也叚借發聲

之詞。方言七：婁盈，惄也。凡言呵叱者謂之婁盈。

圭三十五名，凡圭之派皆衍圭聲。古攜切。

圭 齊

圭 珪 瑞玉也。上圜下方，以封諸侯。从重土，會意。古文又从玉，或曰从玉从十，古文从珏从十，存疑。公執桓圭九寸，侯執信圭，伯執躬圭，皆七寸。此命圭也。諸侯執以朝天子，別有瑑圭，無桓信躬之文，用以聘。白虎通瑞贄：珪者，兌上。莊子馬蹄：孰爲珪璋，李注：銳上方下曰珪。周禮大宗伯以青圭禮東方，注：圭銳，象春物初生。按古圭制廣三寸，厚半寸，皆杼上，惟天子大圭又爲終葵首，上下皆方，長三尺。鎮圭則杼上而圜，長尺二寸，亦曰珍圭，曰琬圭。其穀圭、琬圭、琰圭及諸侯之命圭、瑑圭，則上無不殺者，惟圜銳之制不可得而詳矣。又左哀十四傳：司馬牛致其邑與珪焉，注：守邑符信。又楚辭有執圭。【轉注】禮記王制：賜圭瓚，注：鬯爵也。祭統：君執圭瓚，注：祼器也。按以圭爲柄。又爾雅釋器：弓以玉者謂之珪。又周禮大司徒：以土圭之灋，注：所以致四時日月之景也。又禮記儒行：篳門圭窬，注：穿牆爲之如圭矣。又孟子：圭田。前明孫蘭云：九章方田有圭田，求廣縱法，圭者合二句股形，井田外零星不成井之田也。【叚借】爲佳，善也。按周禮蜡氏注：吉圭惟饎，詩作蠲。廣雅釋詁三：圭，絜也。儀禮士虞禮記：圭爲而哀薦之。又爲畦。禮記王制：圭田無征，田五十畝曰畦也。又託名幖識字。漢律麻志：不失圭撮，注：六十四黍爲圭。又孟子：白圭，名丹，魏策作珪。【古韻】詩板叶攜。

茥 齊

茥 缺盆也。从艸，圭聲。爾雅：茥，蒛葐，注：覆盆也，實似莓而小，亦可食。按莓子形似覆盆，謂之茥矣。與山莓、藨莓皆同類別種。

哇 佳

哇 諂聲也。按淫之聲也。从口，圭聲。讀若醫。蒼頡篇：謳也。廣雅釋詁二：哇，衺也。東京賦：咸池不齊度於𪓰咬，注：𪓰咬，淫聲也。以𪓰爲之。【叚借】爲吐。按孟子：出而哇之，論衡刺孟正作吐。莊子大宗師：其嗌言若哇，皆吐字之形誤。又重言形況字。太元飾：利口哇哇，注：展轉之皃也。

趌 紙

趌 半步也。从走，圭聲。讀若跬同。按讀若珪，字亦作跬。小爾雅廣度：跬，一舉足也。按白虎通：人踐三尺，法天地人，再舉足步，備陰陽也。司馬法：跬三尺。儀禮鄉射禮注：與跬相應。淮南說林：跬步不休，注：猶咫尺也。又禮記祭義：故君子頃步而弗敢忘孝也，以頃爲之，字亦作頍。荀子勸學：不積頍步，無以至千里。【叚借】爲恑。按莊子駢拇：而敝跬譽無用之言，向注：近也，失之。

街 佳

街 四通道也。从行，圭聲。廣雅釋室：街，道也。三蒼：交道也。西京賦：街衢相經，注：大道也。又管子五行：六多，所以街天地也，注：街，猶陰陽多也。莊子徐无鬼：通適通渠公之街。後漢蘇竟傳注：昴畢間爲天街。【轉注】素問水熱穴論：此腎之街也。【聲訓】風俗通：街，攜也，離也，四出之

路，攜離而別也。

詿 卦

詿 誤也。从言，圭聲。廣雅釋詁二：詿，欺也。史記吳王濞傳：詿亂天下。漢書文帝紀：詿誤吏民。

卦 卦

卦 筮也。按所以筮也。从卜，圭聲。易說卦傳：觀變於陰陽而立卦，注：卦，象也。劇秦美新：神卦靈兆，注：蓍曰卦。【轉注】儀禮士冠禮：卦者在左，注：有司主畫地識爻者也。又所卦者，注：所卦者，所以畫地記爻。少牢禮：卦以木，注：每一爻畫地識之，六爻備書於版。【聲訓】廣雅釋詁三：卦，巳也。釋言：卦，挂也。易緯：卦者，掛也，言懸掛物象以示於人。又釋名釋姿容：卦，賣。卦，挂，自挂于市而自賣之，自可無慚色，言此似之也。【轉音】易說卦叶義。

⿸盾圭 齊

⿸盾圭 盾握也。从盾，圭聲。其背脊隆起者曰瓦。

刲 齊

刲 刺也。从刀，圭聲。廣雅釋詁三：刲，屠也。釋言：刲，刳也。易歸妹：士刲羊無血。楚語：刲羊擊豕。禮記內則：刲之刳之。儀禮少牢禮：司馬刲羊。【轉注】齊策：封魏之東野，注：取也。

䎣 齊

䎣 冊叉，可以劃麥，河內用之。从耒，圭聲。集韻引說文作卌叉。按四齒五齒杷也，冊卌皆象形，未知孰是。廣雅釋地：䎣，耕也。

觟 齊馬

觟 牝牂羊生角者也。从角，圭聲。牂羊多無角者，故詩以俾童而角爲自用。羖羊無無角者，故詩以俾出童羖爲相難。【叚借】爲觽。淮南俶眞：萬民乃始觽觟離跂。

桂 齊

桂 江南木，百藥之長。从木，圭聲。爾雅：梫，木桂。漢書五行志：桂，赤色。按江南丹桂生桂陽，牡桂生南海，箘桂生交趾。桂林箘桂正圓如竹，空中。禮記內則：以爲薑桂之類也。周書王會：自深桂，注：自深亦南蠻也。楚辭遠遊：麗桂樹之冬榮。呂覽：桂枝之下無禨木。南山經：招搖之山多桂樹。大荒西經：西北海外有桂山、樒山。中山經：雲山有桂竹，注：今桂陽出筀竹，交趾有簝竹，亦此類也。【叚借】託名幖識字。廣雅釋草：桂，支瓜屬也。陸機瓜賦：桂髓起于巫山。又釋木：木欄，桂欄也，即離騷朝搴阰之木蘭也，亦芳木。又自唐以來，木犀謂之桂花，亦因芳而被以桂名。古之所謂桂者，如淮南招隱士：桂樹叢生兮山之幽；王逸九思：桂樹列兮紛敷；靈光殿賦：朱桂黝儵於南北，皆今之肉桂，無言木犀者也。

邽 齊

邽 隴西上邽也。从邑，圭聲。在今甘肅秦州。秦武公伐邽冀戎，始縣之，故邽戎地也。京兆又有下邽。【叚借】爲圭。左文十二：郕太子以夫鍾與郕邽來奔，服注：一曰郕之寶圭也。按訓邑，非是。

wā 窐　jiā 佳　yá 崖　yá 厓　guī ⿸鹿圭　wēi 烓　kuí 奎　xié 奊　huì 恚

齊 麻 **窐** 窐 甑空也。从穴，圭聲。按，空也。呂覽任地：子能以窐爲突乎。注：窐，容汙下也。高唐賦注引廣雅：窐，寥，空，深也。【叚借】爲鑴。楚辭哀時命：璋珪雜于甑窐兮。注：甑下孔。失之。說文訓甑空，亦誤。

佳 **佳** 佳 善也。从人，圭聲。廣雅釋詁一：佳，大也。又，好也。老子：佳兵者不祥。注：善也。中山策：佳麗人之所出也。楚辭大招：麗以佳只。漢書外戚傳：佳俠函光。注：佳俠猶佳麗。淮南脩務：形夸骨佳。說林：佳人不同體，美人不同面，而皆說于目。【叚借】託名幖識字。東京賦注：佳，己帝魁之母。【古韻】楚辭大招叶佳、規、施、卑、移。

佳 **崖** 崖 高邊也。从屵，圭聲。與厓微別。荀子勸學：淵生珠而崖不枯。注：岸也。爾雅釋丘：望厓洒而高，岸。按，厓之峻而高者崖也。即岸也。左襄廿八傳：伯有廷勞于黃崖。【叚借】爲厓。漢書司馬相如傳注：崖，廉也。淮南本經：肆畛崖之道。注：垠也。太元元數：九地三爲沚崖。莊子秋水：兩涘渚崖之閒。又單辭形况字。莊子天道：而容崖然。注：進趨不安之皃。【古韻】莊子人閒世叶皃、崖、蛙、疵。知北遊叶迹、崖。

佳 支 **厓** 厓 山邊也。从厂，圭聲。與崖微別。廣雅釋詁一：厓，方也。按，猶旁也。西京賦：設切厓隒。【轉注】爾雅釋水：滸，水厓。字亦作涯。詩公劉傳：芮，水涯也。北山傳：濱，涯也。左成十四傳注：涘，水涯也。莊子養生主：吾生也有涯。又淮南天文：氣有涯垠。古詩：各在天一涯。西京賦：浸石菌於

說文通訓定聲　解部第十一

重涯。【轉音】文子道原叶涯、嘗。

齊 **⿸鹿圭** ⿸鹿圭 鹿屬。从鹿，圭聲。

齊 紙 迥 **烓** 烓 行竈也。从火，圭聲。讀若冋。坰烓一聲之轉。詩白華：卬烘于煁。傳：煁，烓竈也。按，三隅竈，如今火鑪，非飲食之竈。【轉注】方言十三：烓，明也。

齊 **奎** 奎 兩髀之閒。从大，圭聲。西京賦：奎踽盤桓。注：開足也。莊子徐无鬼：奎蹏曲隈。按，豕之胯與蹏也。【轉注】西方奎宿十六星，東北一星稍明大。按，橫視有兩髀形，直視如連勝，或曰如破鞋也。【聲訓】史記律書：奎者，主毒螫萬物也，奎而藏之。後漢蘇竟傳：奎爲毒螫，主庫兵。按，以畫爲說。古作圭也。

屑 支 **奊** 奊 頭衺骫奊態也。从夨，圭聲。廣雅釋詁二：衺也。字亦作㚖。廣雅釋言：㚖，顧也。【叚借】爲謑。即謑。漢書賈誼傳：奊詬無節。又爲纗。按，左襄廿八傳：齊慶奊，即慶纏。或曰奊亮，繩直本字，亦相應。

寘 **恚** 恚 恨也。从心，圭聲。廣雅釋詁二：怒也。史記絳侯世家索隱：恚者，嗔也。管子地員：其種㯰葛，赨莖黃秀，恚目。注：謂穀實怒開也。

wā 洼　xī ⿱西圭　guī 閨　guà 挂　wā 娃　huà 絓　kuí ⿱圭虫　wā 鼃

佳 麻 **洼** 洼 深池也。从水，圭聲。方言三：漥，洿也。廣雅釋詁三：洼，污也。漢書武帝紀：馬生渥洼水中。莊子齊物論：似洼者。淮南覽冥：澤無洼水。注：洼，渟水也。

齊 **⿱西圭** ⿱西圭 姓也。从西，圭聲。玉篇作䙷，酄也。廣韻作𧟀，即挂字。按，此當刪，姑附于此。

齊 **閨** 閨 特立之戶，上圜下方，有似圭。从門，圭聲。據說則圭亦意。左襄十傳：篳門圭竇之人。注：圭竇，小戶，穿壁爲戶，上銳下方，狀如圭也。荀子解蔽：俯而出城門，以爲小之閨也。【別義】爾雅釋宮：宮中之門謂之闈，其小者謂之閨。公羊宣六傳：自閨而出者。齊策：至中閨。注：閨，閤也。離騷：閨中既邃遠兮。楚辭逢尤：念靈閨兮奧重深。注：閤也。漢書司馬相如傳：奔星更於閨闥。又別賦：金閨之諸彥。注：金馬門也。謝元暉詩：既通金閨籍。

卦 **挂** 挂 畫也。六書故引唐本：縣也。从手，圭聲。字亦作掛。易繫辭：掛一以象三。儀禮特牲禮：挂于季指。莊子漁父：變更易常，以掛功名。釋文：別也。【叚借】爲絓。實爲纗。楚辭招魂：挂曲瓊些。注：懸也。廣雅釋詁三：挂，止也。穀梁昭八注：輦挂則不得入門。釋文：掛，礙也。字亦作罫。射雉賦：屬剛罫以潛擬。阮孝緒字略：罣，網礙也。字亦作罜、作罣。

說文通訓定聲　解部第十一

佳 **娃** 娃 圜深目皃。从女，圭聲。字亦作眭。說文新附：眭，深目也。淮南原道：今人之所以眭然能視。注：音桂。或曰與睢同字。非。【別義】說文：吳楚之閒謂好曰娃。方言二：娃，美也。吳楚衡淮之閒曰娃。吳有館娃之宮。廣雅釋詁一：娃，好也。【叚借】託名幖識字。玉篇：眭，人姓也。則即⿱西圭字。

卦 **絓** 絓 繭滓絓頭也。从糸，圭聲。一曰以囊絮練也。御覽引說文：一曰牽繪。字亦作袿。【轉注】廣雅釋器：絓，紬也。急就篇：絳緹絓紬絲絮緜。顏注：紬之尤麤者曰絓，繭滓所抽也。又禮記襍記上注：如今絓裹袍襈重繒矣。廣韻引廣雅：袿，長襦也。字又作袿。【叚借】爲纗。廣雅釋詁四：絓，縣也。史記齊太公世家：車絓于木而止。正義：止也。楚辭哀郢：心絓結而不解兮。注：縣也。太元元榮：而禍福絓羅。注：猶流離也。按，猶維絷也。漢書敘傳：不絓聖人之罔。字亦作罣。又發聲之詞。方言六：絓，介，特也。廣雅釋詁三：獨也。按，猶耿介特立之皃。耿絓一聲之轉，如跬之爲頃灶之讀同也。或曰借爲挂，介畫分別之意。【聲訓】釋名：紬又謂之絓。絓，挂也。挂于杖端振舉之也。

佳 **⿱圭虫** ⿱圭虫 蟲也。从虫，圭聲。史記律書：北至于⿱圭虫。⿱圭虫者，主毒螫殺萬物也。星以蠍名，亦如觜觽之以龜名也。今相承作奎。孟子：齊大夫蚳鼃。以鼃爲之。【叚借】爲鼃。禮記月令注：螻蟈，鼃也。

佳 **鼃** 鼃 蝦蟆屬。从黽，圭聲。以脰鳴者。蘇俗謂之田雞。揚州謂之水雞。亦曰吠蛤，言其聲閣閣也。周禮蟈氏司農注：鼃黽，蝦蟆屬。莊子秋

bēi 卑　guāi 丵　guāi 乖(乖)　guǎ 丫　huà 蘳　huì 嫢　yǐng 洼　huà 䵷　qí 畦

水䧟井之鼃司馬注形似蝦蟇漢書武帝紀鼃蝦蟇鬬按鼃可食蝦蟇不可食同類而異物廣雅釋魚鼃蝈長股也晉語沈竈產鼃越語鼃黽之與同陼列子天瑞若鼃爲鶉叚借爲規按方言十二鼃律始也皆法則故爲始

畦　齊　畦　田五十畞曰畦从田圭聲孟子病於夏畦劉注今俗以二十五畞爲小畦五十畞爲大畦蒼頡篇五十畞曰畦畦埒也離騷畦畱夷與揭車兮注畦共呼種之名五十畞爲畦王制圭田無征以圭爲之轉注莊子天地方將爲圃畦李注埒中曰畦楚辭招魂倚沼畦瀛兮注猶區也史記貨殖傳千畦薑韭漢書食貨志菜茹有畦古韻莊子人閒世叶兒崖畦疵

䵷　齊有馬　䵷　鮮明黃也从黃圭聲字相承誤作鞋从圭穀梁莊二十三傳士䵷淮南主術䵷纊塞耳東京賦注以黃縣大如丸縣冠兩邊當耳叚借爲規長笛賦猶以二皇聖哲䵷益注猶演也淮南主術注讀如買䵷益之䵷按規者猶圖也摹也或曰借爲佳

洼　麻佳梗　洼　清水也从水圭聲叚借爲圭說文一曰窊也廣雅釋詁一洼下也老子洼則盈釋文洿也

嫢　寘　嫢　不說皃也从女恚聲與恚略同疑爲恚之或體

蘳　支馬　蘳　黃華从艸䵷聲讀若壞後漢馬融傳蓶蘳蘳榮字亦誤作蘳廣雅釋詁一蘳好也

丫二名凡丫之派皆衍丫聲　工詭切

丫　馬　丫　羊角也象形讀若乖

乖　佳　乖　戾也从丫而𠂢𠂢古文別按盭也从𠂢丫聲𠂢从重八八分也或曰从北北者二人相背與乖同意筆畫稍缺耳三國虞翻傳注北古別字按𠂢兆北三字形義皆與別近段氏訂𠂢卽兆字非是廣雅釋詁二乖背也又衺也三離也四差也賈子道術剛柔得適謂之和反和爲乖楚辭怨世吾獨乖剌而無當兮西征賦人度量之乖舛

丵一名　古危切

丵　佳　丵　背呂也象脅肋也按𠂆象背脊居中而直从象兩旁肉形一爲要指事六書故引說文奕从大讀若乖

卑三十三名凡卑之派皆衍卑聲　賓倪切

卑　支　卑　賤也執事者从𠂇甲聲按許說形聲義俱誤此字卽椑之古文圓榼也酒器象形𠂇持之如今偏提一手可携者其器橢圓有柄故考工廬人注云齊人謂柯斧柄爲椑椑隋圓也廣雅釋器匾榼謂之椑史記大宛傳注𢿡器椑榼索隱謂今之偏榼也字亦作匾𥶵

pí 椑　pì 萆　bǐng 鞞

文匾㔸薄也不圓也猶廣雅釋木下枝謂之𣕎𣕎一切經音義關中呼廣薄爲椑㔸也从匚扁聲匾卑雙聲轉注爲尊卑凡酌酒必資乎尊禮器故爲貴椑者如左傳攝榼承飲孔叢子子路嗑嗑尚飲十榼便于提攜常用之器故爲賤亦如貨貝有貴賤轉而爲人貴賤之偁也許書收椑不收𤭛因經典酒器字用尊未見用卑耳或曰卑下之義皆借爲庳亦通廣雅釋言卑庳也易繫辭天尊地卑知崇禮卑釋文本作埤詩正月謂天蓋卑釋文本作庳書無逸文王卑服馬本作俾管子水地人皆赴高已獨赴下卑也樞言卑者尊之充也禮記樂記卑高已陳注謂山澤也喪服小記養卑者否注謂子弟之屬左僖廿二傳公卑邾注小也昭廿五傳語卑宋大夫注其才德薄文元傳卑讓德之基也昭元傳卑讓禮之宗也穀梁僖十五傳德薄者流卑注猶近也晉語今周室少卑注微也何以卑我注賤也荀子脩身卑溼重遲貪利注謂過謙恭而無禮者又卑溼亦謂遲緩也鬼谷子摩卑者諂也史記張釋之傳卑之無甚高論索隱下也叚借爲裨荀子禮論庳絻黼黻文織又爲俾宥坐卑民不迷校官碑卑爾熾昌又雙聲連語莊子天地子貢卑陬失色李注愧懼皃周禮羅氏注卑居鸛之屬疏雅烏也爾雅鸒斯鵯鶋字亦作鵯管子封禪東馬懸車上卑耳之山注卽齊語所謂辟耳又疊韻連語上林賦㟪池𡾑豸字亦作貏豸古韻詩白華叶卑疷楚詞大招叶佳規施卑移家詭觀周叶技卑

椑　齊錫　椑　圓榼也从木卑聲按當爲卑之或體今系于此漢書美酒一椑叚借爲庳禮記檀弓君卽位而爲椑注謂杝棺親尸者椑堅著之言也左哀二傳不設屬辟以辟爲之曾子問三年之戒以椑從按猶言伏舍也

萆　錫　萆　雨衣一曰衰衣从艸卑聲卽簑衣也別義一曰萆藨似烏韭按卽爾雅釋艸之蘽從水生也萆藨當作萆藨郝懿行謂蘽卽湄非草名非是神農本草烏韭生山谷石上注卽石衣也亦曰石苔又曰石髮生巖石陰不見日處陳藏器云青翠茸茸似苔而非苔也按生水中者爲萆亦曰水衣曰水垢曰魚衣卽說文之菭爾雅之藫也取以爲紙謂之陟釐紙亦呼曰側理紙其生海中者曰蕁爾雅蕁海藻是也博物志石髮生海中者長尺餘大小如韭葉以肉雜蒸極美其實菭萆蘽一聲之轉藫蕁同聲皆所爲藚從水生者又爾雅藚鼠莞注纖細似龍須可以爲席字亦作薢叚借爲陴漢書萆山而望楚軍注音蔽按以山爲陴睨也

鞞　紙迥　鞞　刀室也从革卑聲字亦作鞸作琕詩公劉鞞琫容刀傳下曰鞞上曰琫瞻彼洛矣鞞琫有珌傳容刀之鞞也按亦曰削俗曰鞘鞘末之飾曰珌左桓二傳藻率鞞鞛周書王會請令以魚皮之鞞小爾雅廣器刀之削謂之室室謂之鞞鞘方言九劍削自關而西謂之鞞叚借爲鼙藉田賦鼓鞞磤隱以砰磕聲訓釋名刀下末之飾曰琕琕卑也在下之言也

bǐ 敱　bēi [冎卑]　bǐ 髀　pí 脾　bǐ 箄　pí 鼙　pí 朇　pí 郫　bǎi 稗　bǐ [黍卑]

齊 **敱** 毀也。从攴，卑聲。

支 **[冎卑]** 別也。从冎，卑聲。讀若罷。隸作脾。廣雅釋詁二：脾，裂也。

紙齊 **髀** 股也。从骨，卑聲。文選七命注引說文：股外也。古文从足髀。上曰髖，兩髀之閒曰奎。儀禮士昏禮：髀不升。有司徹：臑辯無髀。士喪禮：載兩髀于兩端。漢書賈誼傳：至于髖髀之所。詩車攻傳：射左髀。莊子人閒世：兩髀爲脅。以脾爲之。轉注：周髀算經：周髀長八尺。髀者，表也。髀表雙聲。假借爲頓。按列女傳：婦人身不立不踔，猶傾也。又爲庳。周禮典同注：當髀。又爲脾。儀禮既夕：髀析蜱醢。聲訓：釋名：髀，卑也，在下稱也。

支 **脾** 土藏也。从肉，卑聲。古文尚書說木藏。春秋元命苞：脾者胃之主。素問靈蘭秘典論：脾胃者，倉廩之官，五味出焉。白虎通情性：脾，信也。淮南精神：脾爲雷。又禮記月令：祭先脾。又周禮醢人：脾析蠯醢。司農注：脾析，牛百葉也。按即膍也。或曰借爲膍。膍脾雙聲。假借爲埤。方言十二：脾，止也。聲訓：春秋元命苞：脾之爲言附著也。按猶髀也。白虎通情性：脾之爲言併也，所以積精稟氣也。脾併雙聲。釋名：脾，裨也，在胃下，裨助胃氣，主化穀也。廣雅釋親云：脾，卑也。古韻：素問陰陽類論叶脾支。

說文通訓定聲　解部弟十一　老

支紙佳齊 **箄** 簁箄也。从竹，卑聲。竹器。方言十三：簍小者謂之箄。注：今江東亦名籠爲箄。按筐筥之類，與籠不同。假借爲簰。方言十三：箄，析也。

齊 **鼙** 騎鼓也。从鼓，卑聲。按儀禮有朔鼙、應鼙，小鼓也，亦謂之鞞。詩縣：鼛鼓。箋：凡大鼓之側有小鼓，謂之應鼙、朔鼙。周禮大司馬：旅帥執鼙。說文以師帥所執之提當之，訓騎鼓。按提亦鼙屬，以其可提持謂之提耳。

支 **朇** 益也。从會，卑聲。按此爲增益之正字，經傳皆以俾以裨以埤爲之。

支 **郫** 蜀縣也。从邑，卑聲。今四川成都府郫縣。別義：左文六傳：趙孟使殺諸郫。今河南懷慶府濟源縣西有郫亭。襄廿三傳：戍郫邵。注：取晉邑而守之。

卦 **稗** 禾別也。从禾，卑聲。琅邪有稗縣。按稗一名稊子，亦人所種，實小亦可食。左定十傳：用秕稗也。注：草之似穀者。孟子：不如荑稗。轉注：漢書藝文志：蓋出于稗官。注：偶語爲稗。按亦別種非正之意，故小販亦謂之稗販。如淳音鍛家排。九章細米爲稗，則借爲粺，非是。或曰借爲埤也，亦通。假借爲粺。七啓：芳菰精稗。又廣雅釋詁二：稗，小也。又爲俾。廣雅釋詁二：待也。

紙 **[黍卑]** 黍屬。从黍，卑聲。按猶稗之于禾，黍之別也。或曰與粺略同。禾黍米曰粺，稻米曰粺。

bài 粺　bǐ 俾　bì 裨　pǐ [頁卑]　bēi [須卑]　bì 庳

卦 **粺** 毇也。从米，卑聲。謂糲米一斛舂爲八斗。按詩召旻：彼疏斯粺。箋：米之率，糲十、粺九、鑿八、侍御七。又九章粟米之法：粟率五十，糲米三十，粺二十七，鑿二十四，御二十一。許則謂鑿粗于粺，未知其審。鹽鐵論國病篇：匹庶粺飯肉食。假借爲稗。家語相魯：見用粃粺。轉音：詩召旻叶粺替。

紙 **俾** 益也。一曰俾，門侍人。从人，卑聲。或曰侍當作持，非。爾雅釋詁：俾，使也。又從也。釋言：職也。俾爲門侍人，故轉注爲使、爲從、爲職。書堯典：有能俾乂。君奭：罔不率俾。詩天保：俾爾單厚。載見：俾緝熙于純嘏。假借爲朇。說文：卑，益也。西狹頌：緣崖俾閣。又爲比。禮記樂記：克順克俾。俾比雙聲，又疊韻。連語：字亦作睥。廣雅釋詁一：睥睨，視也。漢書灌夫傳：辟睨兩宮閒。以辟爲之。史記信陵君傳：俾倪故久立。正義：不正視也。字林：俾倪，傾側不正也。又埤堄。俾倪，城上小垣也。又聲類：俾倪，戟中環持蓋杠者也。字又作轉。釋名：轉輗，猶秘齧也，在車軸上，正輪之秘齧前卻也。

支 **裨** 衣別也。从衣，卑聲。猶禾之稗，黍之[黍卑]也。儀禮覲禮：侯氏裨冕。注：天子六服，大裘爲上，其餘爲裨，以事尊卑服之，而諸侯亦服焉。禮記樂記：裨冕搢笏。注：衣裘之屬也。玉藻：裨冕以朝。注：公衮，侯伯鷩，子男毳也。曾子問：大祝裨冕。注：絺冕、元冕也。又廣雅釋器：裿作襦，謂之裨襦。轉注：史記孟荀傳：於是有裨海環之。索隱：小海也。漢書衛青傳：得右賢裨王十餘人。注：小王也。若言裨將也。文選爲袁紹檄豫州：授以裨師。注：偏師也。字亦誤作裨。假借爲朇。說文：裨，接益也。鄭語：若以同裨同。注：益也。晉語：裨輔先君，裨諸侯之闕。注：補也。漢書項籍傳注：裨，助也。又爲埤。廣雅釋詁三：裨，予也。又爲稗。西京賦：裨販夫婦。按小販別販，非正商也，薛注失之。又爲陴。晉語：反其裨。注：城上女垣。又託名幖識字：左襄廿九傳：裨諶。古今人表作卑。聲訓：覲禮注：裨之爲言埤也。荀子禮論：卑絻。注：裨之言卑也。天子六服，大裘爲上，其餘爲卑。

說文通訓定聲　解部弟十一　柔

齊 **[頁卑]** 傾首也。从頁，卑聲。蒼頡篇：頭不正也。廣雅釋詁二：衺也。淮南書：左[頁卑]右倪。

支 **[須卑]** 須髮半白也。从須，卑聲。鬐類髯兒。

紙支 **庳** 中伏舍。从广，卑聲。謂兩傍高中低伏之舍。或讀若逋。逋卑雙聲。轉注：一曰屋卑。又周禮司弓矢：恒矢、庳矢。釋文：弩矢也。鄭謂借爲比。又漢書司馬相如傳：其庳溼。注：下地也。又史記循吏傳：楚民好庳車。索隱：下也。又法言孝至：庳則秦儀鞅斯亦忠嘉矣。假借爲埤。周禮大司徒：其民豐肉而庳。注：猶短也。又爲毗。荀子宥坐：天子是庳。又爲鍼。太元增：澤庳其容。注：衆水所湊也。又疊韻連語：廣雅釋木：下支

卑

pí 埤　pí 蠯　pí 甈　bì 婢　bǎi 捭　pín 顰　bà 𥩓　bài 猈　bēi 碑

謂之槺槭字亦作㡙又爲庳之誤字孟子封之有庳又託名幖識字爾雅鵖鴔其雄鵲牝庳【古韻】呂覽權勳叶庳是

碑（支）豎石也从石卑聲儀禮聘禮上當碑南陳注宮必有碑所以識日景引陰陽也宗廟則麗牲焉以取毛血其材宮廟以石窆用木禮記喪大記四綍二碑注桓楹也檀弓公室視豐碑【轉注】釋名釋典藝碑被也此本葬時所設也施鹿盧以繩被其上引以下棺也臣子追述君父之功美以書其上後人因焉無故建于道陌之頭顯見之處名其文就謂之碑也文賦碑披文以相質注碑以敘德水經潧水注夫封者表有德碑者頌有功後漢竇憲傳注方者謂之碑按古者刻石但言石不言碑

猈（佳 蟹）短脛狗从犬卑聲【假借】託名幖識字左昭十三傳與史猈先入

𥩓（齊 蟹 馬）短人立𥩓𥩓皃从立卑聲字亦作矲方言十矲短也桂林之中謂短矲周禮典同注以罷爲之字又作𥏡从矢佳聲字亦作[illegible]廣雅釋詁二𥩓短也

顰（眞）涉水顰蹙从頻卑聲字俗作嚬晉書音義顰蹙憂愁不樂之狀魯靈光殿賦嚬蹙而含悴江賦江妃含嚬而矊眇易頻復頻巽孟子已頻蹙曰以頻爲之

說文通訓定聲　解部弟十一

捭（蟹）兩手擊也从手卑聲字亦作擺吳都賦拉捭摧藏經傳多以擗爲之【假借】爲擘廣雅釋詁三捭開也鬼谷子捭闔捭之者料其情也注捭撥動也又西京賦置互擺牲注謂破磔懸之禮記禮運燔黍捭豚

婢（紙）女之卑者也从女从卑卑亦聲按卑聲禮記曲禮自世婦以下自稱曰婢子注婢之言卑也檀弓使吾二婢子夾我注妾也內則父母有婢子注所通賤人之子左僖廿二傳使婢子侍執巾櫛注婦人之卑稱也

𤭛（齊）罌謂之𤭛从瓦卑聲方言五罃謂之𤭛廣雅釋器𤭛瓶也

蠯（蕭 支）蠯蛸也蚰从卑聲堂蜋子或从虫卑聲爾雅不過蟷蠰其子蜱蛸注一名蟳蟭月令螳蜋生注螵蛸母也蜱蟳螵一聲之轉本草桑螵蛸生桑枝上范子計然云螵蛸出三輔吳普本草一名冒焦按即蟳蟭語轉廣雅烏淺螵蛸也按初著時未凝有似鼻洟堅成如繭黏樹枝不能解也【假借】爲蠯儀禮既夕蜱醢

埤（支 紙）增也从土卑聲按與坒略同增土也廣雅釋詁一埤益也詩北門政事一埤益我爾雅釋詁埤厚也方言十三埤予也【假借】爲陴土純碑陰共出義錢埤石碑直唐扶頌諸學徒相埤助廣雅釋詁二埤助也又爲卑爲庳晉語松柏不生埤注下溼也荀子非相終身

lěi 垒　lěi 絫　luǒ 瘰　lěi 厽　pí 蠯　pài 𤄷　pí 陴　bēi 錍

不免埤汙傭俗注下也有坐其流也埤下裾拘漢書五行志塞埤擁下劉向傳增埤爲高

錍（支）鈭錍也从金卑聲按斧也【假借】爲鏑方言九凡箭鏃胡合嬴者其廣長而薄鐮謂之錍廣雅釋器錍鏑也

陴（支）城上女牆俾倪也从𨸏卑聲或从𩫏城上爲短牆有孔穴可以窺視城外亦曰堞曰俾倪亦作埤堄僻倪睥睨皆疊韻連語小爾雅廣器墉墻謂之陴廣雅釋室埤堄女墻也左宣十二傳守陴者皆哭又子產授兵登陴【轉注】廣雅釋邪陴庢也【假借】爲髀呂覽明理有鬼投其陴注脚也【聲訓】釋名城上垣曰睥睨亦曰陴陴裨也言裨助城之高也

𤄷（佳 卦）𤄷水在丹陽从水箄聲今無考【別義】廣雅釋水𤄷筏也方言九泭謂之𥴦字亦作𥴦後漢南蠻西南夷傳注箄船縛竹木爲箄以當船也以箄爲之字又作簰廣雅釋器簰簿也按簿也又釋地𤄷種也疑即上文簰字同

蠯（佳 梗）蚌也修爲蠯圜爲蠇說文陛也韻會引說文陛也皆蚍之誤从虫庳聲按字亦作蚍作蜌作螷卑比雙聲本草爲蜌蝗合音即蠯也爾雅釋魚蜌蠯實同字廣雅蜌蛤蒲盧也周禮鱉人共蠯蠃蚔杜注蜯也司農注蛤也醢人脾析蠯醢東京賦供蝸蠯與菱芡

厽六名凡厽之派皆衍厽聲 力詭切

說文通訓定聲　解部弟十一

厽（紙）絫坺土爲牆壁象形按坺土者如蘇俗築墳所用之草皮泥【轉注】書西伯戡黎乃罪多參在上參本作厽誤作參

瘰（哿）瘯瘰皮肥也从疒絫聲左桓六傳謂其不疾瘯蠡也以蠡爲之釋文引說文有此字姑附于此按即厽之轉注一曰瘰癧人筋結病也俗字作癳

絫（紙 寘）增也从厽从糸會意糸十黍之重也按厽亦聲字俗作累穀梁隱十一傳累數皆至也注累數總言之也僖十八傳善累而後進之注積也哀十三傳累累致小國以會諸侯注猶數也公羊昭五傳不以私邑累公邑也注次也禮記儒行不累長上注繫也荀子正名其累百年之欲秦策有累世之怨楚辭招魂層臺累榭注重也周髀算經若誠累思之漢書食貨志庶人之富者累鉅萬累者兼數非止一也上林賦襍襲累輯又後漢廣陵思王荆傳累息注疊息也劉祐傳累氣注屏氣也列子黃帝累垜二而不墜字亦作磥冀州從事郭君碑磥爲台衡【假借】爲裸禮記曲禮爲大夫累之按累者果之誤字又爲纍呂覽觀世齊人累之名爲越石父注累之累然有罪又疊韻連語舞賦浮騰累跪注進跪皃

垒（紙）絫墼也从土从厽會意按厽亦聲與軍壘字音義迥別凡合適之未燒者爲墼蘇俗謂之土墼

xiè 懈　xiè 薢　jiě 解　lěi 㠫　léi 樏

支 **樏** 木實也。从木，絫聲。按木果絫絫也。卽厽之轉注。此字後出，叚借爲槵，或又以樏爲扁榼之名。

脂 **㠫** 嶵也。从山，絫聲。按嶵㠫山皃。疊韻連語，猶甘泉賦之嶵隗，西京賦之壘嵬，字亦作㠥。或曰當从㠭聲。

解六名凡解之派皆衍解聲　佳買切

蟹聲 卦 **解** 判也。从刀判牛角，會意。方言十二：解，挩也。廣雅釋詁三：解，散也。呂覽仲夏：鹿角解，注：墮也。漢書賈誼傳：皆衆理解也，注：支節也。莊子徐無鬼：鴟目有所適，鶴脛有所節，解之也悲，注：去也。又禮記曲禮：解屨不敢當階，疏：脫也。易彖傳：天地解而雷雨作，鄭注：謂坼呼。又儀禮大射儀：解綱，注：猶釋也。東京賦：解罘放麟。又爾雅釋獸：麢其跡解，廣雅釋詁：解，迹也。又素問骨空論：寒府在附膝外解營，注：謂骨解。又淮南齊俗：冬則羊裘解札，注：裘敗解也。又漢書五行志：歸獄不解，注：舍也，止也。管子五輔：上必寬裕而有解舍，注：放也。又魯語：晉文公解曹地以分諸侯，注：削也。漢書陳餘傳：恐天下解也，注：謂離散其心也。呂覽古樂：萬物散解，注：落也。莊子：古者謂是帝之懸解，吳都賦引古注：有繫謂之懸，無謂之解。字亦作繲，莊子人閒世：挫鍼治繲，司馬注：浣衣也。失之。轉注：禮記經解，皇氏曰：解者分析之名。廣雅釋詁三：解，說也。史記呂后紀：君知其解乎，正義：謂解說也。淮南原道：此之謂天解，注：天之解故也。荀子正論：今子宋子不能解人之惡侮，注：達也。漢書爰盎傳：不以親爲解，注：若今言分疏矣。外戚傳：君知其解未，注：猶解說其意。聲類：悟心曰解。史記項羽紀：業已講解，索隱：折伏也。淮南脩務：以身解於陽盱之阿。後漢蔡邕傳：雖有解除，注：猶謝過也。叚借爲懈，易彖卦傳：解，緩也。詩烝民：夙夜匪解。禮記禓記：三日不解，注：倦也。又雙聲連語，莊子胠篋：解垢同異之變多，崔注：隔角也。釋文：詭曲之辭。淮南俶眞：孰肯解構人閒之事乎，注：猶合會也。後漢陳餘傳：分用傍人解構之言，注：猶閒構也。按猶蔆之名薢茩，遇之謂邂逅也。詩綢繆：見此邂逅，傳：解說之皃。字亦作邂。又荀子儒效：解果其冠，注：解果，陿隘也。按果者㮚之誤字。又重言形況字，太玄干：何戟解解，注：戟多之皃。又疊韻連語，說文一曰解廌，獸也。太元難：角解豸，注：解豸者，直獸也。字亦變作獬。古韻詩閟宮叶解帝，韓奕叶解易辟，般武叶辟績適解，楚詞悲回風叶解締，老子巧用叶迹讁策解，韓非揚權叶地解。轉音文子上德叶啟解，此靈樞九鍼十二原叶拔雪解決說梟術，又周書大明武叶暑處買女下解禦武。

聲 **薢** 薢茩也。从艸，解聲。按蔆也。亦曰芰。薢茩雙聲連語。別義爾雅釋草：薢茩，英光，注：英明也。又蔆蕨攈，注：今水中芰。按蕨攈亦卽英光之轉語。芰名薢茩，故決明子亦謂之薢茩，亦皆得曰決光也。

卦 **懈** 怠也。从心，解聲。孝經：夙夜匪懈，鄭注：惰也。廣雅釋詁二：懈，嬾也。又緩也。經傳多以解爲之。張納功德碑：敍匪懈于職，亦作懈。

pài 派　pài 𠂢　mì 汨　mì 潤　mài 賣　mái 䁲　mǎi 買　xiè 𨼎　xiè 蠏　xiè 澥

釋名釋疾病：懈，解也，骨節解緩也。古韻秦瑯琊刻石叶帝地懈辟易畫。

聲 **澥** 勃澥，海之別名也。从水，解聲。史記司馬相如傳：浮渤澥。今海自山東登州府成山至直隸出山海關，迄金州南界，有旅順口，南與登州海口相對，皆謂之勃海。叚借爲𨼎，卽𨼎。說文一曰澥，卽澥谷也。昔黃帝使泠綸取竹昆侖之解谷，亦以澥爲之。

聲 **蠏** 有二敖八足，旁行，非蛇鮮之穴無所庇。从虫，解聲。或从魚。一切經音義引說文：水蟲也。荀子楊注引說文：六足二螯。云足當爲跪，言足之屈折處。易說卦：離爲蟹，外剛而內柔也。廣雅釋魚：蟹，蛫也。其雄曰蜋螘，其雌曰博帶。又海內北經：大蟹在海中，注：蓋千里之蟹也。叚借雙聲連語，荀子儒效：解果其冠，注：蟹螺，蓋高地也。

聲 **𨼎** 水衡官谷也。从𨸏，解聲。漢書天文志：有解谷，亦其義也。別義一曰小谿。字亦作嶰。爾雅：小山別大山，嶰。又昆侖山有解谷，實亦解字之轉注。吳都賦：嶰谷弗能迹，注：昆侖北谷也。廣雅釋山：嶰，谷也。

買五名凡買之派皆衍買聲　莫蟹切

聲 **買** 市也。从网貝，會意。孟子：登壟斷而网市利。墨子經說：買，鬻易也。禮記曲禮：買妾不知其姓則卜之。又廣雅釋鳥：鸐鵤，子規也。按卽買鵤，字變作鵤。叚借託名幖識字，左僖廿八傳：魯公子買字子叢。又莒子買朱鉏，經作密。按密買一聲之轉，朱鉏之合音爲州也。

佳 **䁲** 小視也。从目，買聲。太元師：爭言之哭丑䁲。

卦 **賣** 出物貨也。从出从買。按買亦聲。周禮賈師：凡國之賣價。

聲 **潤** 潤水也。出豫章艾縣，入湘。从水，買聲。出今江西寧都州，經湖南長沙府湘陰縣爲汨羅江，入湘。字亦作汨。

錫 **汨** 長沙汨羅淵，屈原所沈之水。从水，冥省聲。冥、買一聲之轉。段氏玉裁訂卽潤字之或體，是也。今附于此。

𠂢七名凡𠂢之派皆衍𠂢聲　匹卦切

卦 **𠂢** 水之衺流別也。从反永，指事。讀若稗縣。爾雅釋水：灉、灘、澗、波、潛、涬、沱、洵、沙、濆，皆是字，亦作派。

卦 **派** 別水也。从水从𠂢，𠂢亦聲。卽𠂢字之或體，今附于此。吳都賦：百川派別。江賦：流九派乎潯陽。別義廣雅釋水：水自汾出爲汾陂，陂南接鄔。地理志：九澤在北，并州藪也。下云：又西北入鄔陂而歸于汾流。疑廣雅派字爲陂字之誤。

陌 **覛** 衺視也、从𠂢从見、按𠂢聲、或从左形右聲、字亦作覓、俗作覔、爾雅釋詁、覛相也、廣雅釋詁一、覛視也、周語、古者太史順時覛土、西京賦、覛往昔之遺館、字亦作𩑿、射雉賦、無見自𩑿、

陌錫 **眽** 目財視也、从目𠂢聲、廣韻引說文、目邪視也、按當爲覛之或體、覛篆或體眽字、疑卽眽之誤、廣雅釋詁一、眽視也、漢書揚雄傳、眽隆周之大寧、注、卽覓字、叚借重言形況字、魯靈光殿賦、徒眽眽而狋狋、張注、視皃、漢書東方朔傳、跂跂眽眽善緣壁、注、視皃、

陌 **䘑** 血理之分衺行體中者、从𠂢从血、會意、或从肉从𠂢、籒文作、左血右𠂢、按𠂢亦聲、字俗作脈、素問刺志論、脈實血實、脈要精微論、夫脈者血之府也、六節藏象論、諸脈者皆屬於目、轉注、周語、土乃脈發、注、理也、叚借發聲之詞、方言十、南楚以南凡相非議人謂之譎、或謂之䘑、䘑又慧也、又疊韻連語、方言十、䘑蜴欺謾之語也、又重言形況字、古詩、脈脈不得語、聲訓、釋名釋姿容、䘑摘猶譎摘也、如醫別人䘑知疾之意、見事者之稱也、轉音、靈樞九鍼十二原叶脈氣、素問陰陽應象論叶脈察、

卦 **䋊** 散絲也、从糸𠂢聲、

陌 **霢** 霢霂小雨也、从雨脈聲、詩信南山、益之以霢霂、按霢霂雙聲連語、聲之舒緩卽曰溟濛也、聲訓、釋名釋天、霢霂言裁霢歷霑漬如人沐頭惟及其上枝而根不濡也、

畫三名、凡畫之派皆衍畫聲、胡卦切、

卦陌 **畫** 界也、从田、𠆢象田四界、聿所以畫之、會意、指事、古文从田从聿、左襄四傳、畫爲九州、注、分也、蜀都賦、畫方軌之廣塗、注、言端直也、爾雅釋邛、途出其右而還之畫邛、釋名、人尚右、凡有指畫皆用右也、按字亦作𤰈、詩信南山、疆埸翼翼、傳、畔也、廣雅釋詁三、埸界也、从土猶从田、漢書曹參傳、講若畫一、注、言整齊、又論語、今女畫、孔注、止也、法言學行、是故惡夫畫也、又列女傳母儀、畫者所以均不均服不服也、又爾雅釋言、畫形也、釋名、畫繪也、以五色繪物象也、書顧命、畫純、傳、彩色爲畫、莊子庚桑楚、介者拸畫、外非譽也、司馬注、飾容之具、又周禮司常、皆畫其象焉、又後漢酷吏傳注、畫象者、其衣服象五刑也、又釋名釋書契、畫姓名于奏上曰畫刺、作再拜起居字、皆達其體使書盡邊、徐引筆書之、如畫者也、轉注、史記屈賈傳、章畫職墨、索隱、計畫也、列子天瑞、畫其終、釋文、計策也、漢書匈奴傳、石畫之臣甚眾、叚借爲過、穀梁桓六傳、以其畫我、注、畫是相過、公羊作化、亦同、畫化過雙聲、古韻、詩公劉叶埸積何中韻、楚詞天問叶畫歷、秦琅琊刻石叶帝地辟易畫、

陌 **劃** 錐刀曰劃、从刀从畫、會意、畫亦聲、古文从古文畫、此古文字後出、卽畫字轉注之意、轉注字亦作砉、莊子養生主、砉然嚮然、司馬注、皮骨相離聲、按字宜从石圭聲、字又作騞、列子湯問、騞然而過、釋文、破聲、西征賦、繣瓦解而冰泮、注、繣破聲也、字作繣、

陌 **嫿** 靜好也、从女畫聲、神女賦、既姽嫿于幽靜、魏都賦、風俗以韰果爲嫿、又荀子儒效、解果其冠、注、靜好也、按果一作畫、解畫疊韻連語、猶緯繣之雙聲連語也、叚借雙聲連語、後漢馬融傳、徽嫿霍奕、注、並奔馳皃、

𣏟一名、匹卦切、

卦 **𣏟** 葩之總名也、𣏟之爲言微也、微纖爲功、象形、按从二朩會意、葩枲之名也、治枲皮細析之、孟子、妻辟纑、以辟爲之、

解之益分部

易十八名、凡易之派皆衍易聲、羊益切、

寘陌 **易** 蜥易蝘蜓守宮也、象形、按在壁爲蝘蜓守宮也、蘇俗謂之壁虎、在草爲蜥易榮蚖也、蘇俗謂之四腳蛇、蛇醫卽蜥易之轉語、二

者同類、故爾雅釋魚通名之、字亦作蜴、詩正月、胡爲虺蜴、說文引作蜥、別義、祕書說、日月爲易、象陰陽也、一曰从勿、按此說專以解義經、周禮大卜、掌三易之法、一曰連山、二曰歸藏、三曰周易、駿謂三易之易讀若覡、周易之易讀若陽、夏后首艮、故曰連山、商人首坤、故曰歸藏、周人首乾、故曰周易、周者匊之借字、易者昜之誤字也、而六爻皆昜、故曰匊昜、後人或謂蜥易十二時變色、故經以爲稱、不知變易不易之字借爲傷、交傷卽迻遞之意也、簡易之字借爲䝾、𠎝䝾卽無難之辭也、叚借爲傷、周禮簭人、五曰巫易、注、謂民眾不說、筮所改易也、大卜、三易、注、易者揲蓍變易之數可占者也、釋名釋典藝、易易也、言變易也、書盤庚、無俾易種于茲新邑、按遞也、儀禮燕禮、易觶洗、注、凡爵不相襲者、於爵者言更、自敵以下言易、更作新易、有故之辭也、書堯典、平在朔易、易繫辭、爻易而退、考工玉人、以易行、釋文、改也、左宣二傳、易之戮也、注、反也、晉語、子常易之、注、變也、周書謚法、好更改舊曰易、賈子道術、緣法循理謂之軌、反軌爲易、方言十三、易始也、又爲䝾、書盤庚、今予告汝不易、疏、讀爲難易之易、左襄三傳、以歲之不易、注、不易多難也、襄廿六傳、變范易行以誘之、注、謂簡易兵備也、公羊宣六傳、是子之易也、注、省也、禮記檀弓、易則易、于則于、疏、簡也、又左襄四傳、貴貨易土、注、猶輕也、禮記樂記、易慢之心入之矣、公羊僖三傳、易也、注、無守禦之備、說苑修文、有質而無文謂之易、野又爲徬、易繫辭傳、易者使傾、陸注、平也、禮記中庸、故君子居易以俟命、注、平安

也。淮南兵略、易則用車。注、平地也。又詩何人斯、我心易也。傳、說也。禮記樂記、則易直子諒之心油然生矣。注、和易也。禮記郊特牲、小易以敬也。注、和說也。易、徒雙聲。又爲傷。按論語、與其易也寧戚。鄭注、訓簡包注訓和。集註訓治。皆失之。又爲貤。實爲乀。左隱六傳、商書曰、惡之易也。按延也。又爲𢿱。詩甫田、禾易長畝。傳、治也。孟子、深耕易耨。易其田疇。射雉賦、農不易壠。徐注、修也。呂覽辯士、農夫知其田之易也。注、讀如易綱之易也。又爲埸。卽畺。易大壯、喪羊于易。旅、喪牛于易。周禮縣師注、郊內謂之易。詩載芟傳、畛易也。呂君碑、慎守畺易。又爲瘍。漢書樂平侯訢、病狂易。又託名幖識字。禮記祭義、立以爲易。易抱龜南面。注、官名。又周禮職方氏、其浸淶易。注、易出故安。又管子戒、易牙大戴論衡、皆作狄。又發聲之詞。廣雅釋言、易、如也。又疊韻連語。廣雅釋室、易、廟庵也。古韻、詩文王、叶帝易。板、叶益易辟。韓奕、叶解易辟。正月、叶蹐脊蜴。何人斯、叶易知祇。吳子應變、叶易隘。泰琅琊刻石、叶帝地懈辟易畫。

shì 鬄
紙 鬄 以舌取食也。从舌、易聲。或从也聲。字亦作舐、作咶。莊子田子方、舐筆和墨。荀子仲尼、是猶伏而咶天。漢書吳王濞傳、狧糠及米。以狧爲之。

yì 敡
寘 敡 侮也。从攴、从易。易亦聲。按易聲。經傳皆以易爲之。轉注、廣雅釋詁四、敡、嫚也。

shì 睗
陌 睗 目疾視也。从目、易聲。吳都賦、忘其所以睒睗。

tì 鬄
錫 鬄 骨間黃汁也。从骨、易聲。讀若易曰夕惕若厲。

cì 賜
寘 賜 予也。从貝、易聲。禮記少儀、束脩一犬賜人。注、於卑者曰賜。玉藻、凡賜、君子與小人不同日。曲禮、三賜不及車馬。注、三命也。儀禮士喪禮、君若有賜焉。注、恩惠也。覲禮、天子賜舍。注、猶致館也。周禮大府、幣餘之賦以待賜予。注、卽好用也。史記弟子傳、衛端木賜字子貢。轉注、孟子、賜之則不受。注、賜者謂禮之橫加也。假借爲澌。西征賦、若循環之無賜。方言三、賜、盡也。俗字作儩。又疊韻連語。方言十、賜施、欺謾之語也。注、中國相輕易蚩弄之言。又託名幖識字。水經濛水注、賜水、卽厲水也。賜厲聲相近。古韻、韓非子揚權、叶地賜益。

yì 暘
陌 暘 日覆雲暫見也。从日、易聲。

yì 瘍
陌 瘍 脈瘍也。从疒、易聲。廣雅釋詁一、病也。三、癡也。漢書病狂易、以易爲之。假借、疊韻連語。方言十、脈瘍、欺謾之語也。本亦作蜴。按卽賜施也。亦卽蜥蜴也。

yì 傷
寘 傷 交傷也。从人、易聲。經傳皆以易爲之。假借爲敡。說文、輕也。蒼頡篇、慢也。又爲㑥。蒼頡篇、平也。

xī 裼
錫 裼 袒也。按但也。从衣、易聲。凡澤衣之上、冬則加裘、裘上必有衣、謂之裼衣。裼衣之外、又有正服、皆同色。非盛禮、則以見美爲敬。開其正服之前衿、見裼衣、謂之裼。當盛禮、則又以充美爲敬、不露裼衣、謂之襲。禮記玉藻、裘之裼也、見美也。君在則裼、盡飾也。不文飾也、不裼。內則、非敬事不敢袒裼。轉注、詩大叔于田、襢裼暴虎。爾雅、襢裼、肉袒。孟子、雖袒裼裸裎於我側。史記張儀傳、徒裼以趨敵。韓非子、頓足徒裼。按皆謂去衣見體也。假借爲褅。詩斯干、載衣之裼。傳、褓也。又爲緆。實爲裔。禮檀弓、袒裼之可也。注、緣袂口也。又曰、備飾也。正義、失之。古韻、詩斯干、叶地裼瓦。

xī 鬄
錫 陌 鬄 髲也。从髟、易聲。或从也聲。詩君子偕老、不屑髢也。禮記曲禮、斂髮毋髢。左哀十七傳、使髠之以爲呂姜髢。莊子天地、禿而施髢。漢書揚雄傳、資娵娃之珍髢兮。假借爲鬍。周禮小子、羞羊鬄羊殽肉豆。注、羊鬄所謂豚解也。儀禮士喪禮、四鬄。注、解也。古韻、詩君子偕老、叶狄髢揥皙。

zhé 狦
陌 狦 犬張耳皃。从犬、易聲。

tì 惕
錫 惕 敬也。文選射雉賦注、引說文、驚也。从心、易聲。或从狄聲。易乾、夕惕若厲。鄭注、懼也。小畜、血去惕出。虞注、憂也。家上傳、有孚惕若。荀注、疾也。夬、惕號。九家以錫爲之。東京賦、猶怵惕于一夫。按論語、與其易也寧戚。以易爲之。假借、重言形況字。詩防有鵲巢、心焉惕惕。傳、猶忉忉也。爾雅釋訓、惕惕、愛也。楚語、豈不使諸侯之心惕惕焉。注、懼也。古韻、詩防有鵲巢、叶甓鷊惕。楚詞九辯、叶適惕。策益大招、叶嗌役瀝惕。

xī 緆
錫 緆 細布也。从糸、易聲。或从麻。子虛賦、被阿緆。又儀禮燕禮、冪用綌若錫、以錫爲之。按喪服有錫衰、與緦同、亦七升有半。治其布、使滑易者爲緆。不治其布者爲緦。假借爲裔。儀禮既夕記、縓綼緆。注、飾裳在幅曰綼、在下曰緆。按綼、卑也。緆、裔也。衣易雙聲。說文亦無綼。

xī 錫
錫 錫 銀鉛之間也。从金、易聲。爾雅釋器、錫謂之鈏。周禮卝人、掌金玉錫石之地。注、鈏也。職方氏、其利金錫竹箭。注、鑞也。漢書司馬相如傳、錫碧金銀。注、青金也。中山經、讙山多白錫。假借爲鍚。廣雅釋器、赤銅謂之錫。按卽詩韓奕、鉤膺鏤錫之錫字之誤也。又爲緆。列子周穆王、衣阿錫。注、細布也。漢書禮樂志、曳阿錫。儀禮喪服傳、錫者十五升抽其半、無事其縷、有事其布曰錫。周禮司服、王爲三公六卿錫衰。司農注、錫麻之滑易者。儀禮大射儀、冪用錫若絺。又爲鬄。少牢禮、主婦被錫。洪頤煊云、當錫衣連讀、卽阿錫之錫、別於特牲之綃衣也。

參又為賜爾雅釋詁錫賜也易師王三錫命書禹貢錫土姓詩文王陳錫載周春秋莊元年王使榮叔來錫桓公命離騷肇錫余以嘉名又託名幖識字左文十一傳至于錫穴注麋地又哀十二傳嵒戈錫地在宋鄭之閒字亦皆作錫未知孰是古韻詩淇奧叶簀錫璧

寘 **蕮** 蕮草也从艸賜聲

錫陌 **鬄** 解骨也从刀鬄聲字亦作剔作剔作㔕作㓭通俗文去骨曰剔廣雅釋詁二𠛶屠也太元夷陽氣傷剔注除也增往益來剔注憂也謂借為惕失之莊子馬蹄燒之剔之釋文剪也詩皇矣攘之剔之釋文本作㓭又後漢王渙傳糾剔姦盜注與逖通非又淮南要略剔河而道九岐注洩去也周禮大司徒羞其肆大宗伯肆獻祼禮記郊特牲腥肆爓腍祭皆以肆為之叚借為鬀說文鬄鬀髮也从髟从刀易聲䰇類剔亦鬄字謂剔去髮也又為髢釋名釋首飾髢剔也剔刑人之髮為之也又為賜射雉賦邪眺旁剔注與惕通非又為敡廣雅釋詁三剔鷖也又古今人表剔成君竹書紀年作易

錫 **剔** 此字大徐增入說文為十九文之一訓解骨也按即鬄字之或體今附於此古韻詩皇矣叶辟剔

覡一名 胡狄切

錫 **覡** 覡能齊肅事神明者也从巫从見會意如見神明也楚語在男曰覡在女曰巫荀子正論出戸而巫覡有事淮南說山巫之用糈藉注醫師在男曰覡廣雅釋詁四醫覡巫也按周禮巫馬掌養疾馬世本巫彭作醫論語不可以作巫醫管子權脩好用巫醫二者皆以除疾故並偁

益十一名凡益之派皆衍益聲 伊昔切

陌 **益** 饒也从水皿皿益之意也按从水浮于皿會意字亦作溢廣雅釋詁二益加也易襍卦傳損益盛衰之始也齊策可以益割于楚注多也又益一言臣請烹注猶過也秦策出利金以益公賞注助也中山策中山雖益廢王注大也儀禮少牢禮益多注彌多也禮記坊記故亂益亡疏漸也呂覽貴當其家必日益注富也察今澭水暴益注長也又廣雅釋艸益母茺蔚也字亦作蓋釋木益智龍眼也叚借託名幖識字釋名釋州國益州益阨也所在之地險阨也又虞書咎益史記作翳漢書百官公卿表以恭為之聲訓春秋元命苞益之為言隘也謂物類並決其氣急切決列矣古韻詩北門叶適益讁叶益易辟易益叶益擊楚辭九辨叶適惕策益悲回風叶積擊策迹適愁益釋高唐賦叶積益韓非揚權叶地賜益

質 **溢** 器滿也从水益聲按从二水無誼當為益之或體今附于此或曰泆之俗或曰加于內曰益出于外曰溢爾雅釋詁溢盈也廣雅釋詁一溢滿也又出也二盛也小爾雅廣詁溢没也書禹貢溢為滎古本作泆漢書東方朔傳溢于文辭注言其有餘也郊祀志銀自山溢注流出也孝經滿而不溢注奢泰也莊子人閒世兩喜必多溢美之言東京賦規摹踰益注過也轉注小爾雅廣量一手之盛謂之溢儀禮喪服傳朝一溢米禮記喪大記注二十兩曰溢粟米之法一溢為米一升二十四分升之一按古量二斗七升當今五升四合則一溢當今二合稍贏儀禮注滿手曰溢理亦相合字亦作鎰孟子雖萬鎰注二十兩為鎰晉語黃金四十鎰注二十四兩為鎰按二十四兩為鎰二十四乃涉鄭注禮經二十四分升而誤也漢書食貨志黃金以溢為名張良傳注秦以鎰名金若漢之論斤也按過于一斤十六兩故曰溢或曰借為搹叚借為謐爾雅釋詁溢慎也靜也詩維天之命假以溢我又為佾漢書禮樂志千童羅舞成八溢古韻僞三略上叶穴實迹溢

陌 **嗌** 咽也从口益聲籀文上象口下象頸脈理也穀梁昭十九傳嗌不容粒注喉也老子終日號而嗌不嗄素問至真要大論嗌塞而咳注謂喉之下接連胸中肺兩葉之閒者也北山經單張之山有鳥焉名曰白鵺食之已嗌痛轉注廣雅釋親嗌舌也又楚辭大招不澀嗌只注餶也叚借為噎方言六嗌噎也莊子大宗師其嗌言若哇又雙聲連語楚辭憫上諓諓兮嗌喔注容媚之聲古韻楚詞大招叶嗌役懖惕

陌 **齸** 鹿麋粻也从齒益聲蘇俗謂之轉草爾雅牛曰齝羊曰齥麋鹿曰齸

寘陌 **謚** 北堂書鈔九十四引說文謚行之迹也从言益聲白虎通謚者別尊卑彰有德也禮記表記先王謚以尊名論衡道應諱生時所行為之謚字亦作諡衡方碑諡以旌德轉注喻巴蜀檄謚為至愚注猶號也洞簫賦幸得謚為洞簫兮叚借為謚爾雅釋詁謚靜也蓋形之謂又為氏左隱八傳諸侯以字為謚聲訓釋名釋典藝謚曳也物在後為曳言名之於人亦然也白虎通謚之為言列也引列行之迹也所以進勸成德使上務節也又謚法地也法月也月已入有餘光也五經通義謚之言列其所行身雖死名常存故謂謚也書堯典序疏謚者累也累其行而號也詩文王釋文謚悉也生存之行終始悉錄之以為謚也

寘陌 **諡** 今本說文諡行之迹也从言兮皿闕又謚笑皃从言益聲五經文字引字林謚笑聲今據廣韻六書故按諡者謚之誤字當刪笑皃者字林之誤後人攔入說文諡字姑附于此

è 鼵　è 搤　yì 縊　juān 蠲　ài 𨽍　nè 𩞄　jī 毄(毄)

陌 **鼵** 鼠屬。从鼠，益聲。或从豸。

陌 **搤** 捉也。从手，益聲。與搹略同。廣雅釋詁三：搤，持也。漢書婁敬傳：不搤其亢。揚雄傳：搤熊羆。〔叚借〕爲扼。游俠傳序：搤𢷎而游談者。莊子馬蹄：加之以衡搤。釋文：搤，叉馬頸者也。又爲阨。管子度地：因而搤之可也。注：塞也。又爲溢。史記孝武紀集解：滿手曰搤。

寘 **縊** 經也。从糸，益聲。春秋傳曰：夷姜縊。廣雅釋詁四：縊，絞也。公羊僖元傳：召而縊殺之。又左桓十三傳：莫敖縊於荒谷。注：自經也。周書克殷：乃適二女之所，既縊。〔轉注〕爾雅釋蟲：蜆，縊女。即蘇俗所謂蓑衣蟲也，常吐絲自懸。〔聲訓〕釋名：懸繩曰縊。縊，扼也，扼其頸也。

先 **蠲** 馬蠲也。从虫，益聲。目勹象形。按从蜀，益聲。蜎蜎似蜀，故从蜀。許書無蜀部，附虫部。亦名馬蚿、馬𧒂、馬蚰、馬軸、馬陸、馬蚈、馬蚿、馬蠸。又名蛆蟝、蠶蛆、商蚷、秦渠，又曰蝍，曰蚐，皆一聲之轉。又謂之刀環蟲者，以其死側臥狀如刀環也。多足而行遲。蘇俗所呼商延蟲、火百腳之類是也。說文引明堂月令曰：腐艸爲蠲。呂覽、淮南作蚈。今月令作螢。按蠲未有有火者，積溼生光，與螢同類。李當之本草云：長五六寸，夏月登樹鳴，人呼爲飛蚿。今未見如此大，大約亦有能飛鳴者歟。〔叚借〕爲圭，實爲佳。小爾雅廣詁：蠲，潔也。詩天保：吉蠲爲饎。左襄九傳：明神不蠲要盟。周禮蜡氏：令州里除不蠲。晉語：國人弗蠲。按皆當訓善也。爾雅釋言：蠲，明也。書多方：不蠲烝。左襄十四傳：惠公蠲其大德。亦同。又爲捐。廣雅釋詁三：蠲，除也。劇秦美新：應時而蠲。思元賦：湯蠲體以禱祈兮。魏元丕碑：餘類不蠲。以蠲爲之。又廣雅釋詁一：蠲，癒也。

卦 **𨽍** 隘 陋也。从𨺅，蒜聲。蒜，籒文嗌。籒文从𨸏，益聲。按从蒜者籒文，从益者小篆。廣雅釋詁一：隘，陋也。詩殷武箋：踰方城之隘。釋文：窄也。左昭三傳：湫隘囂塵。注：小也。東京賦：不恃隘害。注：險也。〔轉注〕禮記禮器：君子以爲隘矣。注：狹陋也。荀子禮論：不至于隘懾傷生。注：窮也。孟子：伯夷隘。蔡母邃注：謂疾惡太甚，無所容。又管子：阨者所以益也。漢書刑法志：其生民也陿阨。注：險固也。吳都賦：邦有湫阨而踡跼。以阨爲之。〔古韻〕離騷叶隘、績。吳子應變叶易、隘。荀子賦叶隘、狄、敵、迹、適。

𨽍一名 尼革切

陌 **𩞄** 嬾也。楚謂小兒嬾𩞄。从臥、食，會意。

𩞄一名

錫 **毄** 相擊中也。如車相擊，故从殳从軎。按：如車轂相轚，會意。考工弓人：和弓毄摩。注：拂也。郭仲奇碑：鷹偫偫電毄。〔叚借〕爲系。周禮校人注：三阜爲毄。漢書景帝紀：無所農桑毄畜。

毄十五名。凡毄之派，皆衍毄聲。 古歷切

lì 瓅　jī 𦺵　jì 蘻　gé 𧇡　qì 罊　jì 檕　xì 𣤶　kè 𥗽　qì 𢢊　jī 擊　qì 𡠞　jì 繫

錫 **瓅** 玉也。从玉，毄聲。讀若鬲。

錫 **𦺵** 𦺵艸也。从艸，毄聲。按與蘻同字。

霽 **蘻** 狗毒也。从艸，繫聲。按與𦺵同字，今系于此。爾雅樊注：俗語苦如蘻。說文繫傳謂即狼毒。博物志：房葵似狼毒。抱朴子：禳應狼毒冶葛治耳聾。

陌 **𧇡** 虎聲也。从虎，毄聲。讀若隔。

霽 **罊** 器中盡也。从缶，毄聲。與罄略同。爾雅釋詁：罊，盡也。注：今江東呼厭極爲罊。

霽 **檕** 繘耑木也。从木，毄聲。汲綆下繫罋上，耑有木以爲椺。〔別義〕机檕梅。即山樝之小者。〔叚借〕疊韻連語。詩將仲子陸疏：檕迷一名挈橀。按即榽橀也。

錫 **𣤶** 𣤶且也。唾聲。从欠，毄聲。〔轉注〕一曰小笑。按𣤶且亦微笑聲也。或曰嗄聲。

陌 **𥗽** 堅也。从石，毄聲。

霽 **𢢊** 備也。从心，毄聲。

錫 **擊** 攴也。从手，毄聲。易蒙：擊蒙。釋文：治也。虞書：戛擊鳴球。後漢馬融傳注：擊，柷也。象桶中有椎柄，連底撞之，所以作樂。孟子：抱關擊柝。注：椎之也。列子說符：擊搏樓上。注：打也。〔叚借〕爲解。按儀禮少牢禮：司士擊豕。楚語：刲羊擊豕。注：殺也。又爲轚。秦策：車轂擊。注：相當也。又爲覡。荀子王制：傴巫跛擊之事也。又爲繫，實爲系。莊子田子方：目擊而道存矣。司馬注：動也。又爲乖。荀子脩身：非擊戾也。注：猶言了戾也。淮南主術：曲得其宜，無所擊戾。注：掌也。又雙聲連語。方言八：布穀，周魏之閒謂之擊穀。又託名幖識字。尚書大傳：擊閒。注：狀如鮐魚，大五六尺。〔古韻〕易益叶益、擊。楚辭悲回風叶積、擊、策、迹、適、惕、益、釋。

卦 **𡠞** 難也。从女，毄聲。

霽 **繫** 繫𦄙也。一曰惡絮。从糸，毄聲。與絓略同。繫𦄙之轉語爲牽離。〔叚借〕爲系。易繫辭釋文：系也，續也。周禮大宰：以九兩繫邦國之民。注：聯綴也。瞽矇：世奠繫。杜注：謂帝繫、諸侯卿大夫世本之屬是也。小史：奠繫世。同。荀子禮論：其銘誄繫世。儀禮士喪禮：著組繫。注：組繫爲可結也。周書作雒：南繫于洛水。注：連接也。左氏春秋序：以事繫日。疏：繫者以下綴上，以末連本之辭。說文繫篆說解一曰維也，四字疑當

在槃篆下、于部

左哀十三叶槃槃睆。

墼 錫 墼 令適也。从土，毄聲。爾雅釋器：瓴甋謂之甓。今俗曰甎。別義一曰未燒者也。今俗云土墼是與𡑞同誼。

轚 錫 轚 車轄相擊也。从車，从毄，會意。毄亦聲。周禮野廬氏：舟輿擊互者。穀梁昭八傳：御轚者不得入。注：挂也。

秝七名。凡秝之派，皆衍秝聲。郎擊切

秝 錫 秝 稀疏適也。从二禾，會意。讀若歷。吾鄉江艮庭先生云：適下脫秝字。廣雅釋詁三：秝，疏也。按適秝者，疊韻連語，均勺之皃。蓺禾宜勻，故會二禾意也。

厤 錫 厤 治也。从厂，秝聲。疑與厝略同，所以治玉石者。

歷 錫 歷 過也。从止，厤聲。漢書天文志：陵歷門食。注：經之爲歷。東京賦：歷世彌光。注：經也。又廣雅釋言：歷，逢也。羽獵賦：立歷天之旂。注：干也。離騷：喟憑心而歷茲。又小爾雅廣詁：歷，久也。魏都賦：優賢著于揚歷。注：試也。又廣雅釋詁一：歷，行也。秦策：横歷天下。注：行也。字亦作从日。厤聲。爾雅釋詁：歷，數也。洪範五行傳：歷者，聖人所以揆天行而紀萬國也。易革：君子以治歷明時。虞注：歷象謂日月星辰也。辯亡論：歷命應化而徵。注：歷數，天命也。劇秦美新：歷紀圖典之用。注：歷數綱紀也。淮南本經注：歷，術也。漢書司馬相如傳：歷猶算也。天文志：歷者，正行也。【假借】爲厤。爾雅釋詁：歷，傳也。又：相也。按猶治也。楚辭天問：河海何歷。注：過也。非。禮記月令：命宰歷卿大夫至于庶民土田之數。注：猶次也。郊特牲：歷其卒伍。注：簡歷，謂算具陳列之也。又漢書劉向傳：歷周唐之所進以爲法。注：謂歷觀之。論衡超奇：上通下達，謂之洞歷。又爲櫪。莊子天地：罪人交臂歷指。按如今桚指。又爲秝。管子地員：其民疆。赤壚歷疆肥。注：疏也。登徒好色賦：齞脣歷齒。又爲瀝。釋名釋疾病：歷，匘匘從耳鼻中出，歷歷然也。又爲鬲。周禮量人：與鬱人受斝歷。又爲鬲。史記滑稽傳：銅歷爲棺。又疊韻連語。釋名釋天：辟歷，辟析也。所歷破析也。俗作霹靂。又雙聲連語。方言五：維車，趙魏之間謂之歷鹿車。字亦作轣轆。詩小戎箋：束有歷錄。疏：文章之皃。又託名幖識字。周處風土記：舜所耕田于山下，多柞樹，吳越之間名柞爲櫪，故曰歷山。按謂櫟也。又按此隱之傳會之說。水經注：歷山有四，一云在河東郡。此康成說也。一云在雷澤西南。一云在歷城縣，濼水所出。一云在潘城西北。余謂在今山東歷城爲是。閻百詩則主鄭氏河東之說。又爾雅釋草：葶、亭歷。字亦作葶藶。又廣雅釋草：大室，藶也。【聲訓】論衡讕告：歷者，適也。大戴子張問入官：歷者，獄之所由生也。注：歷，亂也。歷亂，雙聲連語。【古韻】楚詞天問叶畫、歷。

磿 錫 磿 石聲也。从石，厤聲。蜀都賦：飛九以礰礰。字亦作礰。亦疊韻連語。【假借】爲秝。周禮遂師：及窆，抱磿。注：磿者，適歷執綍者名也。又託名幖識字。楚策：遂自棄于磿山。史記樂毅傳：故鼎反乎磿室。索隱：宮名。

櫪 錫 櫪 櫪櫪，柙指也。从木，歷聲。通俗文：考具謂之櫪撕。按櫪撕亦疊韻連語。別義，方言五：櫪。注：養馬器也。【假借】爲櫟。南都賦：楓柙櫨櫪。

歷 錫 歷 履下也。从履省，歷聲。謂底著地者。

瀝 錫 瀝 浚也。从水，歷聲。與漉略同。廣雅釋器：瀝，酒也。楚辭大招：和楚瀝只。注：清酒也。轉注：一曰水下滴瀝。按滴瀝，疊韻連語，水聲。思元賦：漱飛泉之瀝液兮。舊注：流也。【古韻】楚詞大招叶嗌、役、瀝、㥛。

鬲九名。凡鬲之派，皆衍鬲聲。郎擊切

鬲 陌 錫 鬲 融 歷 䰛 鼎屬，實五觳，斗二升曰觳。象腹交文，三足。或从瓦。漢令从瓦，厤聲。古文兩傍著𠔿，象孰飪五味气上出也。考工陶人：鬲實五觳，厚半寸，脣寸。爾雅釋器：鼎款足者謂之鬲。舍人注：鼎足相去疏闊曰鬲也。漢書郊祀志：其空足曰鬲。方言五：鍑，吳揚之閒謂之鬲。廣雅釋器：鬲，䰛也。【轉注】儀禮士喪禮：重鬲，皆濯。禮記喪大記：陶人出重鬲。疏：謂懸重之器也。是瓦瓶受三升。【假借】爲隔。爾雅釋水：鬲津。孫注：水多阨狹，可隔以爲津而横渡也。漢書五行志：鬲閉門戶。薛宣傳：陰陽否鬲。荀子大略：鬲如也。素問至眞要大論：鬲咽不通。注：謂食飲入而復出也。楊君石門頌：垓鬲尤艱。又爲搹。儀禮士喪禮：苴絰大鬲。注：搤也。中人之手搤圍九寸，絰帶之差自此出焉。又爲槅。考工車人：鬲長六尺。司農注：轅端壓牛領者。又託名幖識字。水經河水注：鬲，偃姓，咎繇後。

蒚 錫 陌 蒚 莢 夫離上也。从艸，鬲聲。爾雅：莞，苻離，其上蒚。本草：白蒲，一名苻蘺，楚謂之莞蒲，其上臺別名蒚。【別義】爾雅：蒚，山蒜。爾雅翼引孫炎以蒚爲山名，其上出蒚。按蒚自爲山蒜之名，孫說無本。

翮 陌 翮 翮 羽莖也。从羽，鬲聲。與翨略同。爾雅釋器：羽本謂之翮。周禮羽人：掌以時徵羽翮之政于山澤之農。荀子王制：南海則有羽翮齒革曾青丹干焉。漢書王莽傳：取大鳥翮爲兩翼。【轉注】笙賦：擢纖翮以震幽簧。注：管也。【假借】爲鬲。史記楚世家：吞三翮六翼。索隱：空足曰翮。

槅 陌 槅 大車扼。从木，鬲聲。與軛同誼。【假借】爲覈。蜀都賦：肴槅四陳。【聲訓】釋名：槅，扼也。所以扼牛頸也。

䙐 陌 䙐 裘裏也。从裘，鬲聲。讀若擊。按即詩所言羔羊之縫也。以緝傳于革曰䙐。

碣 陌 碣 石地惡也。从石，鬲聲。按與厎略同。字亦作碣。管子地員：沙土之次曰五塥。注：塥謂堅不相著。

è 搹　gé 隔　lì ⿰酉鬲　mì 糸　ruǐ 繠　mì 冖　shì 冟　bì 辟

陌 **搹** 把也。从手，鬲聲。或从戹聲。字亦作扼，與搤略同。廣雅釋詁三：搹，持也。釋詁一：扼，取也。儀禮喪服傳：苴絰大搹。注：盈手曰搹。漢書李陵傳：力扼虎，射命中。

陌 **隔** 障也。西京賦注引說文：塞也。从𨸏，鬲聲。西京賦：隴坻之隘，隔閡華戎。（轉注）漢書五行志：上下皆蔽，茲謂隔。又後漢陳忠傳：隔并屢臻。注：隔并，謂水旱不節也。管子水地：髀生隔。注：隔在髀土也。素問方盛衰論：五部隔無徵。注：謂隔遠。字亦作膈。釋名釋形體：膈，塞也。塞上下，使氣與穀不相亂也。（假借）爲擊。長楊賦：拮隔鳴球。荀子禮論：縣一鐘尚拊之膈。史記禮書：縣一鐘尚拊膈。索隱：懸鐘格也。

錫 **⿰酉鬲** 酮也。从酉，鬲聲。與瀝、漉略同。按：實即隔字之轉注。周禮量人：受斝歷，以歷爲之。

糸二名，凡糸之派皆衍糸聲。莫狄切

錫 **糸** 細絲也。象束絲之形。讀若䀕。古文糸。亦象形。（轉注）廣雅釋詁四：糸，微也。

紙 **繠** 垂也。按：惢也。从惢，糸聲。花惢垂下皃。字亦作蕊、作蘂。（轉注）左哀十三傳：佩玉繠兮，余無所繫之。（假借）爲惢。離騷：貫薜荔之落蘂。又爲纍。廣雅釋詁一：繠，及也。（古韻）左哀十三叶繠、睆。

冖二名，凡冖之派皆衍冖聲。莫狄切

錫 **冖** 覆也。从一下垂。按：象形。巾字从此，即幎字之古文也。

陌 **冟** 飯剛柔不調相著。从皀，冖聲。讀若適。皀者米之馨香也。按：蘇俗謂之隔生飯。

辟二十三名，凡辟之派皆衍辟聲。毗益切

陌陌 **辟** 法也。从卩，从辛，節制其辠也。从口，用法者也。會意。許說與䢃同誼。按：本訓當爲君也。从口與君后同意。節制人辠，惟辟作威也。爾雅釋詁：辟，君也。詩文王有聲：皇王維辟。禮記坊記：厥辟不辟。周書武順：三卿一長曰辟。太元元瑩：一辟三公九卿。漢書五行志：辟遏有德。注：天子也。賈子審微：辟，彊天子之號也。（轉注）尸子廣澤：辟，大也。（假借）爲璧。禮記王制：天子曰辟雍。注：明也。又爲辟。離騷：扈江離與辟芷兮。注：幽也。又爲甓。荀子正論：不能以辟馬毀輿致遠。又爲避。小爾雅廣言：辟，除也。周禮掌交：使咸知王之好惡辟行之。孟子：行辟人可也。荀子榮辱：不辟死傷。又爲譬。荀子彊國：辟稱比方，則欲自並乎湯武。周禮宰夫：凡失財用物辟名者。注：詐爲書以空作見文書，與實不相應也。又爲僻。詩葛屨：宛如左辟。禮記投壺：主人盤旋曰辟。荀子宥坐：行辟而堅。成相：邪枉辟回失道遠。詩：民之多辟。又爲襞。莊子田子方：口辟焉而不能言。司馬注：卷不開也。庚桑楚：形之與形亦辟矣。崔注：相著也。七命：萬辟千灌。注：謂疊之。素問調經論：聶辟氣不足。注：辟謂辟疊也。史記扁倉傳：則邪氣辟矣。索隱：猶聚也。又爲嬖。左莊廿一傳：鄭伯享王于闕西辟。又爲闢。詩召旻：日辟國百里。荀子議兵：辟門除涂。又禮記祭統：對揚以辟之。注：明也。尚書大傳：禹乃共辟厥德。又爲襞。論語：友便辟。又爲擘。詩燕燕：寤辟有摽。禮記喪大記：不辟。又爲劈。廣雅釋詁四：辟，半也。又爲壁。爾雅釋天：營室東辟也。又爲譬。書金縢：我之弗辟。詩板：無自立辟。周禮鄉師：以攷司空之辟。爾雅釋詁：辟，法也。釋言：歷也。猶麻也。又禮記王制：司寇正刑明辟。文王世子：某之罪在小辟。書呂刑：大辟之罰。爾雅釋詁：辟，辠也。又爲林。孟子：妻辟纑。注：緝績其麻曰辟。又爲裨。禮記玉藻：素帶終辟。注：謂以繒采飾其側。又爲庳。左哀二傳：不設屬辟。釋文：親身棺也。又爲弭。禮記郊特牲：有由辟焉。辟弭雙聲。又爲脾。周禮司市：辟布者。注：市之羣吏考實諸泉入及有遺忘。按：分別其美惡數目，如今所謂估也。又爲賈。按：郭有道碑文：遂辟司徒掾。詔蔣公奏記辟書始下。注：猶召也。又疊韻連語。漢書灌夫傳：辟睨兩宮間。注：傍視也。莊子馬蹄：擿辟爲禮。按：辟仄之意也。吳語：員不忍稱疾辟易。注：狂疾也。釋名釋天：辟歷。辟，析也。所歷皆破析也。俗字作霹靂。又雙聲連語。齊語：與辟耳之谿拘夏。注：山名。禮記曲禮：負劍辟咡詔之。按：猶俾倪近視也。負劍在後，辟咡在前。荀子性惡：鉅闕辟閭。注：即湛盧也。廣雅釋器：辟閭，劍也。又發聲之詞。方言三：南楚凡罵庸賤謂之田儓，或謂之辟。辟，商人醜稱也。注：辟，辟便黠皃。按：當作辟便辟黠皃，非重言形況字。（古韻）詩葛屨叶辟、揥、刺，皇矣叶辟、剔，文王有聲叶績、辟，板叶益、易、辟，韓奕叶解、易、辟，殷武叶辟、績、適、解，秦琅邪刻石叶帝、地、懈、辟、易、畫。

bì 璧　bì 薜

陌 **璧** 瑞玉，環也。从玉，辟聲。爾雅釋器：肉倍好謂之璧。注：肉，邊；好，孔。王人：璧好三寸。白虎通：璧者，方中圓外。鄭元三禮圖：璧徑九寸。又書顧命：宏璧。鄭注：大璧度尺二寸。周禮大宗伯：以蒼璧禮天。崔靈恩三禮義宗：蒼璧其長尺有二寸，法天之十二時。說文圭篆說解：子執穀璧，男執蒲璧，皆五寸。典瑞：圭璧。注：圭其邸爲璧。小行人：璧以帛。注：五等諸侯享天子用璧，享后用琮。儀禮聘禮：束帛加璧。注：君享用璧，夫人用琮。天地配合之象也。（轉注）詩靈臺：於樂辟廱。傳：水旋丘如璧，曰辟雍。許慎五經異義：謂以土雍水外圓如璧。獨斷：流水四面以節觀者。（假借）爲襞。淮南覽冥：璧襲無理。又爲壁。後漢琅邪孝王京傳：壁帶。注：壁中橫木也。又爲擗。費鳳別碑：諸姑咸璧踊。（聲訓）白虎通瑞贄：璧之爲言積也。又辟雍，辟之言積也，積天下之道德。（古韻）詩淇奧叶簀、錫、璧。

霽陌 **薜** 牡贊也。从艸，辟聲。爾雅：薜，牡贊。注：未詳。按：飯帚曰贊，今北人束馬薤以刷鍋，則牡贊疑即薜荔。（別義）爾雅：薜，山蘄。又：薜，白蘄。按：皆即當歸。細葉者名蘦頭當歸，出歷陽，色白；大葉者名馬尾當歸，出隴西。古今注：古人相贈以芍藥，相招以文無。文無名當歸，芍藥名將

bì 壁　bì 避　pì 譬　pì 鷿　bì 臂　pī 劈　bò 檗　bò 糪　mì 幦

離故也。又爾雅薜山麻注似人家麻生山中。莊子知北遊在芥薜釋文本作椑。又薜庾荁注未詳。假借爲僻。漢書揚雄傳陿三王之阸薜又爲劈。考工旊人髻墾薜暴不入市注破裂也。

陌 **躄** 人不能行也。从止辟聲。字亦作躄。按兩足廢。廣雅釋言躄瘥也。禮記王制瘖聾跛躄。呂覽盡數重水所多尰與躄人。七發猶將伸傴起躄。史記平原君虞卿傳民家有躄者正義跛也。素問急薄著則生痿躄也。漢書賈誼傳又類辟且病痱以辟爲之。

賓 **避** 回也。从辵辟聲。漢書胡建傳注避迴也。蒼頡篇避去也。周語無乃實有所避注違也。史記袁盎鼂錯傳避吾親索隱隱也。呂覽直諫桓公避席再拜注下席也。介立拜請以避死注猶免也。儀禮士昏禮賓以几辟注逡遁也。周禮司儀客辟三揖注逡巡不荅拜也。禮記曲禮左右攘辟疏遠也。經傳皆以辟爲之。假借爲僻。儀禮士相見禮隱辟而後屨注俛而逡遁失之。字亦以辟爲之。

賓 **譬** 諭也。从言辟聲。詩小弁譬彼舟流。論語能近取譬。齊策臣竊爲公譬可也。墨子小取辟也者舉他物而以明之也。經傳多以辟爲之。假借爲嬖。按禮記學記燕辟廢其學疏譬喻也非是。又爲僻。大學人之其所新愛而辟焉注猶喻也失之。

錫 **鷿** 鷿鷉也。从鳥辟聲。按野鳧其大者曰鶻鷉。廣雅釋鳥鷿鷉鶻鷉也。鷿鷉亦疊韻連語。別義廣雅鷿鷉鷄鵁也。又方言入鷄陳楚宋魏之閒謂之鷿鷉。按亦疊韻連語。

賓 **臂** 手上也。从肉辟聲。廣雅釋親肱謂之臂。公羊莊十二傳臂摋仇牧。史記弟子傳楚馯臂字子弓。轉注儀禮少牢禮肩臂臑注肱骨。又北山經滑水其中多水馬其狀如馬文臂注前腳也。周禮內饔馬黑脊而般臂。又莊子大宗師以汝爲蟲臂乎。又釋名釋兵弩其柄曰臂似人臂也。聲訓釋名釋形體臂裨也在旁曰裨也。古韻老子元用叶臂敵。

錫 **劈** 破也。从刀辟聲。與擘微別。廣雅釋詁一劈分也。二裂也。埤蒼劈剖也。字亦作鎃。廣雅釋詁二鎃裁也。方言二梁益之閒裁木爲器曰鎃鎃又斲也。晉趙之閒謂之鎃鎃。漢書藝文志鉤鎃析亂而已。蜀都賦鎃摫兼呈。

陌 **檗** 黃木也。从木辟聲。一名檀桓。字亦作蘗。子虛賦蘗離朱楊注皮可染者。

陌 **糪** 炊米者謂之糪。按炊米半生半熟也。从米辟聲。與麴糵字迥別。爾雅釋器食饐謂之餲。摶者謂之糷。米者謂之糪。蘇俗所云隔生飯也。與皀略同。

錫 **幦** 髼布也。从巾辟聲。周禮曰駹車犬幦。按廣雅覆笭謂之幦。古者車前後禦風塵之篚用竹或用髼布。禮記少儀拖諸幦疏車覆闌也。公羊昭廿五傳以幦爲席注車覆笭。假借爲幭。禮記玉藻君羔幦虎犆。儀禮既夕白狗幦。周禮巾車王之喪車五木車素車犬禝藻車鹿淺禝駹車然禝雀車豻禝以幎爲之。按車笭疑夏用竹簟。春秋用髼布。冬用獸皮。幭與幎皆以巾覆物之總名。幦則髼布之專名也。

pì 僻　bì 襞　bì ⿱辟井　bì 廦　pì ⿸厂辟　pì 闢　bò 擘

陌 **僻** 避也。一曰從旁牽也。从人辟聲。詩葛屨宛如左僻毛本以辟爲之。轉注詩板民之多僻釋文邪也。禮記曲禮負劍辟咡釋文側也。論語師也僻王弼注飾過差也。楚辭涉江雖僻遠之何傷注左也。呂覽愼行而荆僻也注遠也。詩蕩其命多辟。左昭六傳楚辟我衷。哀七傳辟君之執事注陋也。賈子道術襲常緣道謂之道反道爲辟。皆以辟爲之。假借爲躄。淮南說山畏馬之辟也不敢騎。家語入官邇臣便辟者羣僕之倫也。又爲闢。按素問陰陽別論陰陽虛腸辟死注陰也。字亦作澼。亦皆以辟爲之。

陌 **襞** 韏衣也。从衣辟聲。後漢張衡傳注襞積衣襵也。廣雅釋詁四襞詘也。按蹙布帛之廣而摺疊之。蘇俗所謂打襉也。子虛賦襞積褰縐。漢書注即今之帬襵。古所謂皮弁素積即謂此積也。漢書揚雄傳固不如襞而幽之離房注疊衣也。思元賦美襞積以酷烈兮注衣縫也。經典皆以辟爲之。

陌 **⿱辟井** 治也。从辟从井。周書曰我之不⿱辟井。書金縢釋文引說文法也。按从井辟聲。爾雅辟法也。又辟辠也。皆此⿱辟井字。經傳以辟爲之。又按書我之弗辟馬鄭皆讀爲避。僞孔傳法也。謂以法治之。則用說文。

錫陌 **廦** 牆也。从广辟聲。廣雅釋室廦垣也。據此則與壁同字。愚按當訓旁室也。幽隱之處。左莊廿一傳闕西辟以辟爲之。

錫 **⿸厂辟** 仄也。从厂辟聲。廣雅釋器⿸厂辟幽也。按偪仄字當作此。

陌 **闢** 開也。从門辟聲。虞書闢四門。从門从𠬞。按與古文開同意。易繫辭傳闢戶謂之乾。太元元攡闢宇謂之宙。元圖九虛設闢注闢也。思元賦叫帝閽使闢扉分。經傳皆以辟爲之。左襄廿三傳孟氏將辟注穿藏也。假借爲避。周禮闈人則爲之闢釋文避也。荀子解蔽是以闢耳目之欲注屏除也。小爾雅廣言辟除也。漢書項籍傳辟易數里亦以辟爲之。

陌陌 **擘** 大指也。从手辟聲。字亦作擗。左形右聲。爾雅釋魚首大如擘。孟子吾必以仲子爲巨擘焉。漢書申屠嘉傳注今之弩以手張者曰擘張。以足蹋者曰蹶張。假借爲劈。說文擘撝也。廣雅釋言擘剖也。淮南要略擘畫人事之終始者也注分也。西京賦擘肌分理注破裂也。禮記禮運其燔黍捭豚以捭爲之。又借爲擗。孝經擗踊哭泣。禮記檀弓辟踊哀之至也。又歎斯辟。詩柏舟寤辟有摽。爾雅釋訓辟拊心也。亦皆以辟爲之。楚辭湘夫人擗蕙櫋兮既張注擗析也。

辟

xī 淅　xī 晳　xī 析　bì 壁　bì 繴　pì 甓　bì 嬖

錫 **嬖** 便嬖，愛也。从女，辟聲。廣雅釋詁三：親也。禮記緇衣：毋以嬖御人疾莊后。注：愛妾也。左隱三傳：嬖人之子也。注：親幸也。鄭語：而嬖是女也。注：以邪僻取愛曰嬖。〔轉注〕禮記緇衣：毋以嬖御士疾莊士大夫卿士。注：愛臣也。孟子：嬖人臧倉者。注：愛幸小人也。漢書項籍傳：張耳嬖臣也。楚辭惜誦：斥讒夫與便嬖。〔聲訓〕釋名：嬖，卑賤婢妾媚以色事人得幸者也。詩綠衣序：毋嬖而州吁驕。釋文：媟也，又卑也。

錫 **甓** 瓴甓也。从瓦，辟聲。爾雅釋宮：瓴甋謂之甓。廣雅釋室：甓，甎也。詩防有鵲巢：中唐有甓。莊子知北遊：在瓦甓。〔古韻〕詩防有鵲巢叶甓鷊惕。

陌 **繴** 捕鳥覆車也。从糸，辟聲。爾雅釋器：繴謂之罿，罿，罬也，罬謂之罦，罦，覆車也。注：展轉相解，廣異語。孫炎曰：一物五名。方言異也。

錫 **壁** 垣也。从土，辟聲。風俗通：壁亦土也。儀禮特牲禮記：饎爨在西壁。〔假借〕託名幖識字。爾雅釋天：娵觜之口，營室東壁也。按北方宿，壁二星在室之東，故曰東壁。又有壘壁陣十二星。思元賦：觀壁壘於北落兮。〔聲訓〕釋名：壁，辟也，所以辟禦風寒也。按以避爲訓。

析四名，凡析之派皆衍析聲。先擊切。

錫 **析** 破木也。一曰折也。从木，从斤，會意字。亦作㭊。廣雅釋詁一：析，分也。〔聲類〕析，劈也。詩南山：析薪如之何。魯峻碑：析薪弗何。公羊宣十五傳：析骸而炊之。〔轉注〕書堯典：厥民析。周禮醢人：脾析蠯醢。注：牛百葉也。史記司馬相如傳：析圭而儋爵。索隱：中分也。淮南俶真：析才士之脛。注：解也。史記田完世家：弓膠昔幹，以昔爲之。又魏都賦注引說文：析，量也。史記弟子傳：伯虔字子析，或作子晳。〔假借〕爲晳。左昭廿傳注：衛黑背析朱鉏，王父。按以父字爲氏。又託名幖識字。左僖廿五傳：秦人過析隈。注：一名白羽。按周禮太宰注：羽曰析。地在今河南南陽府內鄉縣。又史記司馬相如傳索隱引埤蒼：析生水中，可食。又〔重言形況字〕檀弓：吉事欲其折折爾。按當作析，从木，猶媞媞也。

說文通訓定聲　解部第十一　三七

錫 **晳** 人色白也。从白，析聲。與从日折聲之晢迥別。詩君子偕老：揚且之晳也。周禮大司徒：其民晳而瘠。左襄十傳：澤門之晳。定九傳：晳幘而衣貍製。漢書霍光傳：白晳疏眉目。左傳公孫黑、狄黑、楚公子黑肱、仲尼弟子曾點、奚容蔵皆字晳。〔假借〕爲析。尚書大傳：名曰晳陽。注：春厥民析。樊敏碑：晳爲韓魏。又託名幖識字。左僖十五傳：蛾晳。釋文：或作析。爾雅釋木：晳無實棗。注：不著子者。謂無核。〔古韻〕詩君子偕老叶狄鬄揥晳，左襄十七叶晳役。

錫 **淅** 汏米也。从水，析聲。廣雅釋詁二：淅，洒也。儀禮士喪禮：祝淅米于堂。孟子：接淅而行。丁音：漬米也。淮南兵略：淅米而儲之。注：漬也。方言五：炊䉛或謂之匠。注：江東呼淅籤。

zhà 柵　cè 𣌭　cè 冊　jì 鰿　jí 膌　jí 蹐　jǐ 脊　xī 蜥

錫 **蜥** 蜥易也。从虫，析聲。爾雅釋魚：蜥蜴，蝘蜓。方言八：守宮或謂之蠦蝘，或謂之蜥易。按在草曰蜥易，蘇俗謂之四脚蛇是也。在壁曰守宮，蘇俗謂之壁虎，即蠍虎是也。二者同類。

脊四名，凡脊之派皆衍脊聲。資昔切。

陌 **脊** 背呂也。从𠂹，从肉，會意。詩正月：有倫有脊。傳：理也。春秋繁露作迹。〔轉注〕儀禮特牲禮：舉肺脊。注：脊，正體之貴者。士虞禮記：脊脅。易說卦傳：坎爲美脊。〔假借〕託名幖識字。詩常棣：脊令在原。傳：脊令，雝渠也。爾雅、左昭七注皆作鶺鴒。又〔重言形況字〕莊子在宥：天下脊脊大亂。釋文：相踐藉也。或作脊脊。〔聲訓〕釋名：脊，積也，積續骨節終上下也。〔古韻〕詩正月叶局蹐脊蜴。

陌 **蹐** 小步也。从足，脊聲。詩正月：不敢不蹐。傳：絫足也。說文走部又引作趚。東京賦：豈跼高天，蹐厚地而已哉。〔古韻〕正月叶跼蹐脊蜴。

陌 **膌** 瘦也。从肉，脊聲。按脊亦意。瘦則脊見。古文从疒，朿聲。字亦作瘠，作瘠，作殰。周禮大司徒：其民晳而瘠。注：臞也。禮記曲禮：毀瘠不形。左襄廿一傳：瘠則甚矣。管子入國：身之膌胜。史記叔孫通傳：羸瘠老弱。〔轉注〕魯語：擇瘠土而處之。注：墝埆爲瘠。又公羊莊二十傳：大瘠者何，痾也。注：病也。齊人語也。禮記樂記：曲直繁瘠。疏：謂省約。荀子富國：若是則瘠。注：奉養薄也。禮論：送死不忠厚，不敬文，謂之瘠。注：薄也。又易說卦：爲瘠馬。王廙注：健之甚者爲多骨也。禮記月令：瞻肥瘠。漢書東海恭王彊傳：吐血毀瘠。以瘠爲之。〔假借〕爲胔。漢書食貨志：而國亡捐瘠者。孟康注：肉腐爲瘠。又託名幖識字。孟子：寺人瘠環。說苑作脊。

說文通訓定聲　解部第十一　三八

陌 **鰿** 魚名。从魚，脊聲。形似小鯉，色黑而體促，腹大而脊高，所在有之。字亦作鯽，作鰿。廣雅：鰿，鮒也。楚辭大招：煎鰿臛雀。俗誤以鯽爲鰿之轉注。爾雅：貝大者魧，小者鰿。又鰿小而橢。〔聲訓〕楚辭注：鰿之言茦也。方言：茦，小也。

冊三名，凡冊之派皆衍冊聲。楚隔切。

陌 **冊** 符命也。諸侯進受于王者。象其札一長一短，中有二編之形。古文又从竹。廣雅釋詁四：策，書也。書金縢：乃納冊于金縢之匱中。洛誥：王命作冊。經傳多以策爲之。字俗作筴。〔聲訓〕釋名釋書契：漢制約敕封侯曰冊。冊，賾也，敕使整賾不犯之也。按以嫧爲訓。

陌 **𣌭** 告也。从曰，从冊，會意。冊亦聲。凡策命字當作此。

陌 **柵** 編樹木也。从木，从冊，冊亦聲。按編豎木爲柵，从冊，象柵形。通俗文：木垣曰柵。廣雅釋室：柵，杙也。列子仲尼釋文引莊子：以臨牢柵。李注：木柵也。〔聲訓〕釋名：柵，賾也，以木作之，上平賾然也。

yì 役

役五名、凡役之派皆衍役聲、營責切、

陌 **役** 役伇 戍邊也、从殳从彳、會意、執殳巡行也、古文从人、周禮遂人若起野役、小宰聽政役以比居州長師田行役之事、詩杕杜序勞還役也、公羊宣十二傳厮役扈養注、汲水漿者、吳語寡人帥不腆吳國之役、注兵也、轉注、廣雅釋詁一、役使也、二役助也、三爲也、釋名役車給役之車也、書牧誓以役西土、周禮瞽矇以役大師、罪隸掌役百官府、又左昭十三傳爲此役也、注事也、鄭語正七體以役心、注營也、楚辭大招不歡役只、注賤也、莊子庚桑楚老聃之役、司馬注學徒弟子也、又禮記表記君子恭儉以求役仁、注役之言爲也、假借爲穎、詩生民禾役穟穟、傳列也、又重言形況字、莊子胠篋而悅夫役役之佞、李注鬼黠皃、又託名幖識字、大宗師聶許聞之需役、王注亭毒也、古韻左襄十七叶晳役、楚詞大招叶溢役瀝㬰、

yì 𣘦

陌錫 **𣘦** 𣘦 穜樓也、从木役聲、按穜具曰樓、別義、一曰燒麥柃𣘦也、按柃𣘦、熱麥器、

yì 疫

陌 **疫** 疫 民皆疾也、从疒役省聲、字林病流行也、後漢第五種傳注、癘氣也、史記天官書氐爲天根主疫、漢書刑法志、鬻棺者欲歲之疫、聲訓、釋名釋天、疫役也、言有鬼行役也、

yì 豛

陌 **豛** 豛 上谷名豬豛、从豕役省聲、上谷今直隸宣化府保安縣、

yì 坄

陌 **坄** 坄 匋竈窻也、从土役省聲、字亦作垼、儀禮士喪禮爲垼于西墻下、注塊竈、既夕記垼用塊、

jú 狊

狊四名、凡狊之派皆衍狊聲、古闃切、

錫 **狊** 狊 犬視皃、从犬目聲、按从犬从目、會意、俗字作瞁、轉注、通俗文驚視曰瞁、假借、託名幖識字、爾雅釋獸鳥曰狊、注張兩翅、按鳥休息氣體如人欠伸也、又公羊襄十六年會于狊梁、今河南懷慶府濟源縣西北原山有白澗水即狊梁也、左傳爾雅字作湨、

jú 鶪

錫 **鶪** 鶪 䳗 伯勞也、从鳥狊聲、或从隹、字亦作䴗、或誤作鵙、詩七月鳴鵙、禮記月令鵙始鳴、楚辭悼亂左見兮鳴鵙、孟子南蠻鴃舌之人、夏小正五月鴂則鳴、以鴃爲之、左昭十七傳伯趙氏司至者也、疏引爾雅樊注、夏至來、冬至去、易通卦驗博勞好單棲、其聲嗅嗅、字亦作嗅、爾雅郭注似鶷鶡而大、鶷鶡即反舌鳥、今伯勞純黑似鴝鵒而大、曹植惡鳥論賊害之鳥也、呂覽高注能殺蛇磔之于棘而鳴于上、漢書揚雄傳徒恐鶗鴂之將鳴兮、注鶗鴂字也、誤、古韻詩七月叶鵙績、

jú 郹

錫 **郹** 郹 蔡邑也、从邑狊聲、左昭十九傳、郹陽封人之女奔之、當在今河南汝寧府上蔡地、別義、定十二傳、次于垂葭實郹氏、此衞地、當在今山東曹州府鉅野縣、

yì 虉

錫陌 **虉** 虉 綬艸也、从艸鷊聲、詩防有鵲巢、邛有旨鷊、毛本作鷊、陸疏草五色作綬文、爾雅釋草虉綬、字作虉、

纗 癖 鐴 辮 憵 檗 幭 辦 𣩵 薪 䕘 㦚 樀 䆐 覿 螪 稿 膭

附說文不錄之字

纗 周禮大司馬注，有纗結項中銜枚氏注，爲之纗，疏以組爲之繫著兩頭于項後結之。漢書高帝紀注，纗結礙也。叚借爲劃，西征賦，纗瓦解而冰泮，注，破聲也。又雙聲連語，離騷，忽緯纗其難遷，注，乖戾也。

癖 聲類，癖宿食不消也。

鐴 埤蒼，鐴土犂具也。

辮 新字林，辮豆中小硬者。

憵 方言十二，憵朴猝也。

檗 方言十二，水中可居爲洲，蜀漢謂之檗。

幭 廣雅釋器，幭𢄼謂之帨。

辦𣩵 廣雅釋詁一，辦𣩵極也，三，𣩵𣩵夕也。按疊韻連語，辦亦作壁。

薪（蔪） 爾雅釋草，薪莫大薺，廣雅釋草，薪蓂馬辛也。按猶析蓂疊韻連語，子虛賦，葴薪苞荔，注，似燕麥，字亦作蔪，字林，蔪草也，生水中，其花可食。

䕘 廣雅釋詁四，䕘黏也。

㦚 廣雅釋詁二，㦚痛也。

樀 廣雅釋詁三，樀搏也。

䆐 廣雅釋室，䆐窻也。

覿 廣雅釋詁一，覿視也。

螪 字林，螪蟲名。

稿（䅬） 廣雅釋地，積䅬也。又䅬稺也。

膭 新字林，膭子魚子膭。

䔈 甂 磆 斛 犗 敊 毃 迗 㾊 輵 鳊 謆 篙 膉 菠 炍 鵖 㦉

䔈（蒚蘛） 淮南說林，蒚苗類絮，注，䔈秀，楚人謂之蒚，幽冀謂之䔈若。按今曰蘆花。中山經，泰山有草焉，名曰梨，其葉狀如䔈。廣雅釋草，蘛䔈也。𤃀注，風俗通，䔈篛也，言其聲音䔈䔈名自定也。穆天子傳，大籥䔈，注，今戲吏所吹者。

甂 廣雅釋室，甂甎也。

磆 廣雅釋詁四，磆伐也。釋言，磆磓也。

斛 廣雅釋詁三，斛量也。

犗 廣雅釋獸，犗雄也。

敊 字林，敊橫首枝也。

毃 西京賦，清𨣪毃，注，多也。

迗 廣雅釋詁三，迗避也。

㾊 廣雅釋室，㾊舍也。

輵 廣雅釋詁四，輵補也。

鳊 廣雅釋魚，鳊魮也。

謆（惼） 廣雅釋詁一，謆慧也，釋詁三，惼𢙫也。

篙 方言五，所以注斛，陳之篙，注，亦籮屬也。

膉（股） 儀禮士虞禮記，取諸左膉上，注，脰肉也。古文曰，左股上。按字从肉役省聲，非股肱字，膉疑即嗌字也。別義，埤蒼，膉豕伏槽。疑借爲殺。

菠 方言三，菠芡雞頭也，北燕謂之菠。

炍 廣雅釋詁四，炍禁也。

鵖 方言八，鳩其小者謂之鵖鳩，注，今荊鳩也。廣雅釋鳥，鵖鳩也。

㦉 三蒼，㦉亦竭也。

殺　廣雅釋器、殺、矛也、按字从殳省聲、

濶　方言十、濶沐、逴遽也、江湘之閒凡窘猝怖遽謂之濶沐、注、喘嗜皃、按沐當作沭、疊韻連語、

緀　廣雅釋器、緀、索也、

柀　埤蒼、柀、藤屬、蜀人以織布、

椇　爾雅釋畜、椇牛、

鼰　爾雅釋獸、寓屬、云鼰鼠、身長須而賊、秦人謂之小驢、注、似鼠而馬蹄、一歲千斤、爲物殘賊、按長須卽下文須屬之須、有水陸二種、常隱伏、出則爲害也、又鼠屬云鼰鼠、注、如鼠而大、蒼色、在樹木上、初學記引蒼色二字作食鳥、

崥　太元增、賴彼峽崥、注、山足也、叚借疊韻連語、七命、金岸崥崹、注、漸平皃也、

痺　爾雅釋鳥、鷝、牝痺、山海經、柜山有鳥焉、其音如痺、

麴　方言十三、麴、麴也、注、細餅麴、

綼　儀禮既夕記、縓綼緆、注、飾裳在幅曰綼、在下曰緆、

𧼮　廣雅釋詁四、𧼮、客也、

諀　廣雅釋詁二、諀訿也、釋言、訾也、通俗文、難可謂之諀訿、

𨁈　廣雅釋草、𨁈豆、蹄豆也、

鯙　廣雅釋魚、黑鯙、鯉謂之鯙、

𢌿　廣雅釋器、𢌿、鬲也、

螔　方言八、守宮東齊海岱謂之螔蜥、注、似蜥易、今所在通言蛇醫、

㾷　廣雅釋詁一、㾷、病也、

搋　通俗文、拳手挃曰搋、

遞　聖主得賢臣頌、雖伯牙操遞鍾、注、音遞、按遞鍾琴名、卽楚詞之號鍾、瓚說是也、

磃　廣雅釋詁三、磃、磨也、

鐁　方言十二、鐁、鈍也、

榹　埤蒼、橀榹、木名、實可食、按如橀榹之疊韻連語、

瘬　廣雅釋詁二、瘬、裂也、

𩧢　爾雅釋獸、𩧢如馬、一角、不角者騏、釋文、本作雟、

𠥩　通俗文、𠥩匽、薄也、今俗呼廣薄爲匾𠥩、關中呼綼𠥩、

𠞰　廣雅釋言、𠞰、削也、

秖　漢書刑法志、提封萬井、注、陳留人謂舉田爲秖、

䬴　字林、䬴、寄食也、別義、通俗文、酪酥謂之䬴餬、

𥻘　集韻引廣雅、𥻘、粘也、按與糔同字、

𧣾　廣雅釋器、𧣾、觶也、

馶　廣雅釋器、馶、杖也、

𤭯　廣雅釋器、𤭯、甂也、通俗文、小甌曰𤭯、

訳　廣雅釋言、訳、調也、

鴡　中山經、丑陽之山、有鳥焉、名曰鴡鵌、

搮（𢷏）　廣雅釋詁二、搮、理也、字亦作𢷏、

瓻　廣雅釋室、瓻、甎也、

郄　中山經、陸郄之山、注、音跪、

尯（𡯷　𡰅）　廣雅釋詁一、尯、病也、字亦作尯、又釋言、尯、券也、顏氏家訓、𡰅卽𡯷倦之𡯷、字亦作𡯷、作𡰅、

吹　廣雅釋詁二、吹、息也、

蟿　蕒　廨　覭　睚　啀　腣胿　睳　䍵　視　挸　褔　篇

說文通訓定聲

蟿　爾雅釋蟲蟿螽螇蚸按即斯螽之細小者俗呼蛤啓板

蕒　廣雅釋草蕒藚也

廨　吳都賦廨署棊布注藏官物曰公廨

覭　廣雅釋詁一覭視也

睚　廣雅釋詁二睚裂也漢書杜欽傳報睚眦怨注睚目皃

啀　埤蒼啀齜犬相啀拒也

腣胿　埤蒼腣胿腹胅也按疊韻連語

睳　埤蒼睳瘠人視皃一曰健而無德一曰目眥

䍵　字林䍵羺羊也埤蒼䍵羺胡羊也通俗文羊卷毛者謂之䍵羺胡羊也

視　爾雅釋器衣裗謂之視

挸　廣雅釋詁四挸擬也太元有元挸篇叚借爲䚷曲也按莊子庚桑楚終日握而手不挸崔注寄也非

褔　廣雅釋詁一褔褌也

篇　通俗文篇子竹障

說文通訓定聲

下

附音序、筆畫、四角號碼檢字

〔清〕朱駿聲 撰

中華書局

說文通訓定聲目

履部弟十二 分部曰轉 泰乾屯

敳 敚 微 癥 溦 溦 薇 菽 徽 簓篃䉋
黴 黴 徽 數標黴霉 黴 豈
䝨 豑 豉 殪 剴 鎧
饑 皚 溰 覬 顗 磑
愷 凱颽 闓 螘 塏 鎧
肥 淝 萉 䕁 䖒 痱 蜰
尾 浘 犀 焜 爔 娓
遲 迟遟迟 徲 徲徲 墀 墀 隶 逮 𨔩

說文通訓定聲 履部弟十二目 一

遝 隸 殔 殔 棣 隸 髼肆
逮 莅涖 悷 眔 蒜 莅 褱
謎 櫰 櫰 懷 瀤 壞 𡎳
毅 未 味 眛 韎
昧 寐 沬 頮靧 妹 菋
飛 霏靟 騑 非 菲 餥菲 芴 䓔
輩 跳 剕 誹 背 翡 緋
腓 胥 蜚 棐 耆 痱 疕
罪 俳 徘 裵 裴裶 毳 屝
斐 屝 跳扉 騑 悲 悱蕜 扉

排 婓 匪 蠹 蜚 蜚
輩 輫 篚 妃 婓 配 口
韋 㟪 韍 葦 𦵸 韙 偉 違
諱 㭏 韡 圍 韖
幃 偉 瑋 禕 煒 暐 𩏑
湋 闈 媁 緯 禮
潿 威 㖡葳 楲 委 䵋 萎
逶 蝺逶 踒 諉 矮 𦘘 㱰
餧 餒 餧 鯘 痿 倭 俀 覣
巍 魏巋 綏 錗 尉 尉熨 蔚

說文通訓定聲 履部弟十二目 二

罻 褽 慰 䵳 蠶 畏
餵 根 猥 煨 渨
鍡 碨崴㟪 隈 胃 䏘 喟 嘳 敵
謂 渭 媦 緭 颶
彙 彙蝟猬 蔚 劌 郼 位 回 回迴徊
洄 鬢 毀 毀 毀 擊
嬰 虫 彗 篲䨮䨮 嘒 嘒嘒嚖 槥
䫲 𩒨 慧 繐 鏏 鏸 慧蕙
惠 蟪憓譓蟪蕙 𧜀 橞 潓 繐
采 穗 衣 哀 㥎 依 熂 熂

㞙（戾戾） 㛄 𨸗 㥋（㑚） 肙
伊（死） 蛜（蝛） 夷（𡰪侇恞） 荑 咦
㑊 羠 鶇（鵜䳘） 桋 痍
洟（鯷） 姨 乚 曳（抴） 𤥭
怈 系（㲠䌛） 係（傒） 奚 徯（蹊傒）
謑（謑） 鞵（鞋） 雞（鷄） 膎（鮭） 豯（豯）
騱 鼷 谿（徯溪） 㜎 螇
𪓑 禾 卟（乩） 幵 𥄳（𥈈）
羿（羿） 笄 筓 几 肌
飢（飢） 机（㯜） 𨚍（叽） 𡵆 幾（遾）
璣 嘰（𠻨） 𧾖 譏 𦜄
𡾲 𥂸 饑（飢） 機（𢄫） 禨
僟 覬（禨） 蟣 鐖 計
㡭（蠿） 𥃌 𣡚 气（炁） 芞
吃 𧺠 齕 訖（迄） 刉
𧆞 𤇸 杚（扢） 𥞖 氣（槩餼）
仡（矻） 欯 𩑶 忔（氣疙） 汔
紇 圪（屹） 釳 愾 鎎
旡（㢧） 旣 𢜩（𢝊） 蔇 嘅
𦂭 暨 穊 慨 漑（瀣）

摡 塈（墍） 愛 𧅑（薆𩞑曖） 僾
启（闙） 啟 晵 棨 啓
綮 棄（𣓁弃𢍃） 器（𡇄㗊） 𧢲 晉
豙 毅 顡 藙（毅） 忍
齊 薺 嚌 躋（隮） 臍
劑 齍 櫅 齎（賫） 齋（亝）
穧 儕 齌（䶒） 齌（懠） 濟
霽 𩃎 擠 齎 齌（蠐蠀）
𪗋（䶒穧） 妻（𡛦） 萋 郪 齏
悽 淒（凄） 緀 屖 𧩾
稺（穉稚䄺） 𡳐 季 痵 悸
米 迷 敉（侎） 眯 𢊁（𡪾）
罙（宷） 頪 麋 𥿞（𪋮） 類
類 麋（蘪） 𩕊 氏（低） 𣏌（𥝻）
祗 牴（觝） 趆 𨑴 詆
呧 䧑（鴟） 羝 胝 邸
衹 䙵（䙵） 底 厎（砥） 奃
泜 抵 紙 蚳（𧕏壁蚳） 坻（汥渚）
軝 阺 䓿（鹽） 弟（𠂉悌） 第
苐（荑） 蕛（稊） 睇 梯 鬀（剃）

涕(淚)　鮷(鮧鯷鮷)　娣　綈　銻
【豊】　禮(礼)　體(軆)　澧　鱧
⿰魚蠡　醴　【戾】(㑦)　⿱艹戾　綟
【盭】　【利】(秎)　颲　棃(梨䴐)　𨫿
黎　藜(𦿢荔䔧)　犂(犁𥞩)　邌　⿰黎隹(鵹鸝)
⿱黎心　鑗(劙)　【匕】(朼)　牝　旨(𠮛)
疕　⿰巾匕　尼(昵)　詣(栺)　⿰革旨
鴲　脂　稽　耆　眉
⿰齒旨　⿸鹿旨(麂)　恉　鮨(鰭鬐)　指
柅(苨苊抳)　秜(秠穧)　⿱兆尼(嵬)　呢(坭)　泥
蓍　嗜　榰(鼓)　比(笓篦)　⿰礻比
玭(蠙蚍𧖷)　芘　枇　秕　枈(棐梐枇)
仳　吡　庇(庀)　⿰鹵比(吡)　妣(妃)
紕(毞紕)　坒(坒)　⿰鹵比(蔵)　膍(肶膍)　⿰木鬼
貔(豼貔)　⿰扌鬼(批琵)　媲(媲)　螕　⿱比比虫(蚍)
陛(泚)　梐　陛(狴)　此　柴(䇓)
玼　茈　呰(些吡)　呰　訾
⿰走此(跐)　齜(庛)　眥(眦)　雌　⿱此牛
⿱此鳥　骴(胔髊殨)　⿱此月(嘴觜)　柴(傑柴)　貲
⿰此疒　⿰此欠　⿰此頁(髭)　⿰此馬　⿱此鼠

⿱大此　泚　⿱艹魚(鮆)　批　⿱此手
⿱此女　紫　⿱此金　【閉】(閇)　【閑】
敝　蔽(䔖)　蹩　瞥(覕)　鷩
鄨　幣(贅)　弊(斃獘)　潎(瀎)　擎(撇撤)
嫳(憋)　彆(弸)　鼈(蟞鱉鼈)　鐅　【㚒】(㚖)
⿸疒殸　【䜌】(攣)　【𠂤】(推雁追)　歸(婦歸)　追(鎚頧)
帥(帨帥)　師(率獅)　⿱艹歸(蘬)　覽　槌
縋　⿰肉辟(脾)　【對】(對)　倒　懟(譈)
轛　【靁】(罍靁靁雷)　藟(蘽𧄝蘽)　讄(讄誄)　鸓(鸓鸓鸓)
櫑(罍罍罍)　瓃　儡　纍(累纍縲纍)　壘
⿰畾力(擂)　虆(礨櫐)　欙(樏)　儽(傫儽)　灅
⿰氵壘　鑸　【磊】(礧礌磓磊)　【耒】　⿱耒木
誄　郲　頪　【内】(枘)　芮
冏(吶)　訥　笍(錣)　肭　汭
納　軜　蜹(蚋)　魶(魶)　喬(喬)
喬(夰夷𡗨)　嘺　趫(獢犞僑)　遹　譑
鷮(鷮)　⿰喬刂　橋　簥(閩閦)　驕(驊)
憍　潏　繑(𦃄𦃄)　蟜(蚑)　⿰酉喬
【校】　【眉】　瑁　楣　郿
湄(塎𤁬湄𤁬)　媚　【美】　媄(媺)　【彪】(魅隶彔鬽祙)

鬆 〔開〕(閧) 〔皆〕 揩 喈
鍇 諧 腊 楷 稭(秸穌藒)
偕 䯸 湝 緒 鍇
階(堦) 〔𧶠〕 〔蕢〕(臾貿) 貴(肖) 遺
讀(譿) 䪢 殨 𩪘 饋
樻 僓 蹪(頹) 鬢 憒
潰(⺈) 闠 聵(聲聭) 匱(鐀櫃) 繢
隤(墤) 〔凷〕(塊) 屆 〔隹〕 琟
芔(莽) 唯 趡(踓) 誰 誰(灘)
雗(隼鶽) 奞 脽 椎 帷(㙬)

說文通訓定聲　履部第十二目　七

倠 顀 魋 崔 崔(磪)
陮 雇 碓 騅 惟
淮 推 婎 維 蜼
錐 萑 巂 雖 讙
濰(摧) 摧(讙慛嗺) 催 維 匯
蓷(蓷) 灘 〔耑〕(㪜) 瑞(璲繸) 檇
惴(蝙) 〔叉〕 退(復徇) 〔綏〕(荽) 桵
〔衰〕(蓑𦗕) 榱 瘣 縗(𧝓) 〔水〕
㶣 林 〔尸〕(鳲) 屍(咿吚) 屍
屎(𡱂) 履(頮) 〔豕〕(豖) 彖(豙) 豕

說文通訓定聲　履部第十二目　八

貇 𧰨 喙(豫𧲪) 悑 蠡(蠡蠡)
遂(逋隧淥) 樣(檖) 頯 㒸(檖) 隊(墜)
礈 䅺(𣟴) 旞(旞) 穟(遂) 遂
襚 稅 闠(燧燧) 墜 鐩
〔矢〕 矦(矦) 芺 雉(鴩垙) 彘
医 䛍 薙 璲(瑑) 殹
翳(瞖𦏁) 鷖 瘱 繄 嫛
緊 堅 〔癸〕(𤼽癸) 戣 葵(𦳌)
睽(睽) 楑 鄈 俟 騤(𢾮)
湀 闋 聧 揆 聵

〔菌〕(屎) 〔示〕(丌) 祋 柰(奈) 祁
視(眎眂) 狋 隸(隸隸隸) 漆 櫟
〔厶〕 私 私 菘 鬼(䰠)
瑰(瓌瓖) 蒐 餽 槐(櫰) 瘣
傀(儡) 褢 𩕢 嵬(崔巍魏) 隗
騩 媿(愧聭) 蜆 魁 〔死〕(屍)
〔四〕(亖三) 柶(䬴) 呬(㣈) 栖 駟
泗 〔兕〕(𧰼𧰼光) 〔自〕 凷 詯(嗅膞)
郋 臮(槩) 眉(睂䰨) 洎(洎) 垍
鼻 替(朁替替) 濞 𪖴(鼻) 濞(淠)

黹 希鵗 䘄緻 莃 唏
睎 脪㾙脪 郗 晞烯 稀
俙 欷悕 豨狶 絺 及
至垔 緻 荎 咥 𪗉
胵 致 桎 郅晊 室
窒恎懫 耋耊䵵 庢厔 挃 䥶憄
姪 絰 蛭 垤 銍䬹
𦺽 𢶗 疐蹪𧽢駤 嚏 朿
趚屖 迹 第 柹柹 秭
䵒䵒𥊚 疿 䙺視 沸 姊

說文通訓定聲 履部弟十二目 九

鉩 㸚 尒 爾你 薾苶
迩迩𤕨 𨷺 籋鑈 檷 𩮀
𪏃 濔瀰濔洋 𪓌 璽璽 獮禰獼禰獼
彌彌弥 𦆽絤𦆽 二弍 次苘 貳貮
茨 咨諮 趑 欬胏 餈粢餈
資懫 佽 鬏 恣 姿
欶 垐垔 膩 樲 攭
楶楶 薋 積 濟霽 懿懿禕
火 炓 質櫍鑕 嚔 躓躓
礩 出 祟𩊚 茁 咄啌

趉䠇 齣 詘訕詘 柮 朏䏝
窋 疶 屈屈詘屈 欪 䪳
貀豽 炪 黜 泏 聉
拙 絀 蚰䘵 𢻱 鶌
款款窾 䓛 鶌 𠜹劂 崛倔
淈 掘 堀窟𩨊 𡒞 𦽵
𡪿 𩬓 𩤢 屮 徹徹轍撤
衞撤 聅 䰝 朮秫 茮
述遂 術 訹 𤶌怵 怵
沭 颵颵 鉥 遂茂 夏

說文通訓定聲 履部弟十二目 十

卒倅 䘹 萃稡 啐 𪘁
踤 誶 翠膵 崒 粹睟晬
窣 䊹綷琗 顇瘁䫐 崒崔 碎
猝 焠 悴瘁 淬 捽
瓾 醉 濢 率 㗳
達 衛 繂繂䡆 甶 畀
鼻 箅 𥥆萆 痹疪 濞淠
濞嗅𢜥 勿㫚 物 吻腥脗 昒
𡚮歿 曶 忽惚緫 颸颸颸 丿
乀 夊叐 弗 茀茀第 咈

跳 昔 剕 刖 梻 費

佛 髴 艴 第 炥 曊 咈

㚕 费 怫 沸 濆 拂 紼 綍

樻 趯 灊 鬱 鬱 欝 鬱 鬱

穴 駃 麩 狨 狖 泬

絘 血 盇 蕅 卹 侐

恤 洫 睸 聿 筆 𠂆

律 葎 回 棡 楣 𣊭 𦆕

淈 湝 圔 㘣 窟 夏 瓌

頞 㳶 没 沕 骨 榾 齸 鶻

說文通訓定聲 履部第十二目 十一

歆 顝 體 滑 猾 猾 搰 扫

緍 惛 圣 䓇 怪 兀 杌

抏 虺 仇 杌 虺 阢 屼 𠫓 㐬 突 堗

栗 稟 稟 鶇 瑮 溧 溧 慄 日 日

貀 䝟 貀 祖 馹 還 涅

䭾 實 設 設 乙

𡕒 𡕒 尼 厄 失 軋 呢 呃

餛 軏 軏 阢 阢 芙 送 𢧁

趺 跌 昳 眣 眣 昳 駃 朕 凸

秩 𧾷 跡 帙 袠 佚 㧰 魅 殃

說文通訓定聲 履部第十二目 十二

駃 駚 泆 㧰 扶 趺

紩 鉄 軼 一 弍 抑 归 逸

骨 胅 屑 屑 髓 梢 柣 砌

吉 鴶 趌 黠 詰 桔

佶 袺 欯 頡 硈

黠 㚔 壹 鮚 拮

姞 結 蛣 劼 䂒 擷

噎 餄 𠤕 吧 饐 殪 𧿤 饐 餩 饐 曀

𥢌 撎 壇 桼 𣋿 鶇 鷅

剌 判 郪 䣛 膝 漆 𨟝

說文通訓定聲 履部第十二目 十二

七 叱 切 扨 沏 砌 刀 卽 蝍

㔾 節 㵊 揤 櫛 楖 㧗 耳

卯 疒 疾 疾 瘍 𥎊 䬶 嫉 謑 㑵

必 祕 珌 理 瑆 苾 䬈 咇 祕 鞸

䏅 䏅 虙 盜 䬻

柲 柴 邲 宓 佖 㘠

覕 邲 駜 泌 鮅

閟 瑟 珓 謐 醠 密 㝥

瑟 藌 畢 𣡚 趩 蹕 僤 䟆 戰

篳 蓽 鞸 楎 㻭 熚

渒、猑、繂、䤑　四　疋鳴

右文字共一千一百九十五名　旁注六百七十三字　附存二百八十二字

說文通訓定聲

吳郡朱駿聲豐芑甫紀錄
新安朱鏡蓉伯和甫參訂

履部弟十二 凡一百十五部

散二十五名，凡散之派皆衍散聲。無非切。

散 微　杪也。从耑从攴省，會意。耑萌始攴杳篠也。說文：妙也。从人从攴，豈省聲。而于豈篆又曰散省聲，歧誤。六書故引唐本說文：散，見其耑也。凡微妙字經傳皆以微爲之。字亦作微。玉篇引書舜典序：虞舜側微。

微 微　隱行也。从彳，从散，會意，散亦聲。左襄十九傳：崔杼微逆光。叚借爲職。史記黥布傳：使人微驗。漢書游俠郭解傳：使人微知賊處。又爲散。老子：搏之不得名曰微。廣雅釋詁二：微，小也。爾雅釋訓：式微式微者，微乎微者也。考工輪人：欲其微至也。禮記祭義：雖有奇邪而不治者則微矣。注：猶少也。周禮典同：微聲韽。注：小也。楚辭大招：豐肉微骨。注：細也。法言修身：君子微愼厥德。注：纖也。又詩日月之交：彼月而微，此日而微。箋：不明也。柏舟：胡迭而微。傳：謂虧傷也。又左哀十六傳：其徒微之。注：匿也。禮記學記：微而臧。疏：謂幽隱。檀弓：禮有微情者。疏：不見也。白虎通三正：三微者何謂也，陽氣始施黃泉，萬物動微而未著也。又公羊隱元傳：內之微者也。注：謂士也。書序：虞舜側微。疏：其人貧賤謂之微。又荀子議兵：諸侯有能微妙之以節。注：微妙，精盡也。淮南說山：此皆微眇可以觀論者。注：微眇，謂見始知終也。登徒好色賦：口多微辭。注：妙也。又爲尾。晉語：歲之二七，其靡有微兮。又爲非。小爾雅廣詁：微，無也。詩伐木：微我弗顧。禮記檀弓：雖微晉而已。論語：微管仲。又爲徽。晉語：設微薄而觀之。按微薄連讀，猶竹簾也。注：薇也。則謂借爲薇，而以薄爲迫。又爲黴。詩巧言：旣微且尰。爾雅釋訓：骭瘍爲微。孫注：微尰皆水溼之疾也。字亦作癓。三蒼：癓，足瘡。又爲違。廣雅釋詁三：微，離也。又爲闇。廣雅釋詁四：微，明也。又重言形況字。南都賦：清廟肅以微微。注：幽靜皃。又託名幖識字。書微子傳：圻內國名。微子之命序鄭注：微，宋地名，在今山東泰安府東平州西。左莊廿八：築郿，以鄭爲之。公穀正作微。又論語微生高，國策作尾生。古韻：詩柏舟叶微衣飛。僞禹謨叶危微。晉語叶懷歸衰微依妃。老子贊元叶夷希微。鬼妃搏闇叶密微追。

溦 微　小雨也。从水，散聲。字亦作溦。叚借爲湄。爾雅釋丘：谷者溦。又爲黴。通俗文：凡物傷溼曰溦。

薇 微　菜也，似藿。从艸，微聲。籀文散聲。爾雅釋草：薇，垂水。詩草蟲：言采其薇。陸疏：山菜也。按山居水濱皆生之，即野豌豆也。儀禮公食禮：鉶芼豕以薇。是薇可芼羹，其嫩梢亦可生食。史記伯夷傳：采薇而食之。索隱：蕨。誤。古韻：詩草蟲叶薇悲夷，谷風叶薇違哀。

籢 微　竹也。从竹，微聲。籀文散聲。或曰即西山經之箭䉋，厚裏而長節。中山經：求山多䉋。注：篠屬。廣雅釋草：䉋，䉶也。亦作篃。

贜 微支微　司也。从見，微聲。廣雅釋詁三：贜，視也。字亦作覹。

徽 微　幟也。以絳微帛著於背。从巾，微省聲。春秋傳曰：揚徽者公徒。按凡表朝位之旂與軍中之幟皆用絳帛，以尺易徽，小而爲之。又將帥以下衣皆有題識，平時則城門僕射及亭長所著，又凡救火人衣用絳帛著於背，皆徽屬也。廣雅釋器：徽，幡也。左昭廿一傳：揚徽者公徒也。注：徽，識也。後漢魯恭傳：徽號器械而已。注：徽號，旌旗之名也。經傳多以徽爲之。

黴 支　中久雨青黑也。从黑，微省聲。字亦作黴，作黣，作䵋。廣雅釋詁三：黴黣，敗也。釋器：黴黣，黑也。埤蒼：黣，禾傷雨而生黑斑點也。楚辭九歎：顏黴黧以沮敗兮。淮南脩務：堯瘦臞，舜黴黑。列子黃帝：肌色皯黣。俗字作霉。

徽 微　三糾繩也。从糸，微省聲。易坎：係用徽纆。劉注：三股爲徽。爾雅釋詁：徽，止也。廣雅釋詁三：徽，束也。釋器：索也。漢書揚雄傳：免於徽索。注：繩也。轉注：揚雄傳：高張急徽。注：琴徽也。按琴軫係弦之繩謂之徽。琴賦：徽以鍾山之玉。言玉軫也。又絃長故徽鳴。傳毅雅琴賦：時促均而增徽。文賦：猶絃么而徽急。皆言糾弦也。後人乃以琴面識點爲徽。叚借爲幑。說文：幑，袞幅也。按謂幑帛與詩之邪幅在下，即內則之偪，國策之行縢者，不涉。禮記大傳：殊徽號。注：徽號，旌旗之名也。王肅注：徽謂旌旗旂也。齊策：章子爲變其徽章。注：識名也。東京賦：戎士介而揚徽。羽獵賦：徽車輕武。又爲媺。虞書：愼徽五典。詩角弓：君子有徽猷。思齊：大姒嗣徽音。爾雅釋詁：徽，善也。故媺字周禮亦作媺。又爲揮。淮南主術：鄒忌一徽而威王終夕悲感于憂。許注：鼓琴循弦謂之徽。按揮徽雙聲。又重言形況字。文賦：文徽徽以溢目。猶煥爛也。又託名幖識字。趙宋改歙州爲徽州，以績溪有徽嶺、徽溪而名。或曰：徽，美也。今安徽徽州府。

豈 尾紙　還師振旅樂也。从豆，微省聲。按从壴省，散省聲。經傳皆以愷爲之。周禮大司樂：則令奏愷樂。注：獻功之樂。大司馬：愷樂獻于社。注：兵樂曰愷。左僖廿八傳：振旅愷以入于晉。注：樂也。叚借爲愷。詩魚藻：豈樂飲酒。箋：豈亦樂也。又疊韻連語。詩蓼蕭：孔燕豈弟。泂酌：豈弟君子。載驅：齊子豈弟。按樂易之意，作愷作凱皆同。載驅箋：豈弟猶言發夕。謂借爲闓圛，猶云且明發行也。又孟子：其好惡與人相近也者幾希。注：豈希，言不遠也。又爲覬。說文一曰欲也。蒼頡篇：豈，冀也。又發聲之詞。廣雅釋詁四：豈，詞也。周語：豈緊多寵。注：辭也。東京賦：豈徒躅高天踳厚地而已哉注非也別義說文一曰登也按此謂詩于豆于登之登故云从豆微省聲方言十三盂謂之銚銳木謂之梋㭰注今江東名盂爲凱其義相近

古韻詩蓼蕭叶泥弟豈

尾紙 **䓺** 䓺菜也从艸豈聲伊尹曰菜之美者雲夢之䓺今呂覽作芑疑與芑同字或曰卽芑非是

灰 **齸** 齸牙也从齒豈聲 謂齒相摩切

灰 **敳** 有所治也从攴豈聲讀若豤假借爲疊韻連語左文十八傳隤敳史記索隱作𩓞潛夫論作凱

灰 **殨** 殺羊出其胎也从歺豈聲廣雅釋親殨胎也

灰 **剴** 大鎌也从刀豈聲一切地以芟刈者亦名鉊字亦作鐖史記淮南衡山傳鐖鑿棘矜也轉注周禮注言古以剴今謂諷刺也詩雨無正正義引書大傳注剴切假借爲磑

說文一曰摩也廣雅釋詁三剴磨也

顚 **饐** 饐饐也从食豈聲秦人謂相謁而食麥曰饐饐方言一陳楚之郊南楚之外相謁而餐或曰飵秦晉之際河陰之閒曰饐饐此秦語也注今關西人呼食欲飽爲饐饐廣雅釋詁二饐食也按饐饐疊韻連語

灰 **皚** 霜雪之白也从白豈聲廣雅釋器皚白也劉歆遂初賦漂積雪之皚皚兮字亦作溰七發浩浩溰溰注高白之皃

寘 **覬** 欲幸也从見豈聲小爾雅廣言覬望也左桓二傳下無覬覦後漢盧芳傳臣非敢有所貪覬經傳多以冀爲之覬冀雙聲

尾 **顗** 謹莊皃从頁豈聲爾雅釋詁顗靜也

灰隊 **磑** 䃀也从石豈聲古者公輸班作磑轉注方言十二艮磑堅也廣雅釋詁一聲也按石之堅也假借重言形況字高唐賦振陳磑磑注高皃魯靈光殿賦汨磑磑以璀璨思元賦行積冰之磑磑兮又漢書禮樂志美芳磑磑卽卽注崇積也古韻高唐賦叶氣鼻淚瘁磑

賄 **愷** 樂也从心豈聲此字豈部重出从豈从心會意按豈愷實同字後人加心耳亦作凱从豈几聲禮表記凱以強教之卽以戰勝豈樂爲訓周禮眂瞭鼙愷獻疏戰勝獻俘之時作愷樂吳都賦沱可休而凱歸爾雅釋詁愷樂也釋天南風謂之凱風廣雅釋詁一凱大也詩凱風自南幽通賦飄颻風而蟬蛻又作颽又左文十八傳八愷注和也莊子天道中心勿愷假借爲疊韻連語詩載驅齊子豈弟箋猶言發夕也是也而云讀爲闓欲作闓圍則失之爾雅釋言愷悌發也又旱麓愷弟君子青蠅豈弟君子禮孔子閒居凱弟君子皆樂易意

賄 **闓** 開也从門豈聲方言六闓苦開也楚謂之闓漢書兒寬傳發祉闓門又廣雅釋詁四闓明也春秋運斗樞北斗七星一天樞二旋三機四權五衡六闓陽七搖光一至四爲魁五至七爲杓詩大東箋喻王闓置百官假借爲愷封禪文闓懌漢書注樂也又爲覬廣雅釋詁一闓欲也古韻管子七臣七主叶衰闓

尾紙 **螘** 蚍蜉也从虫豈聲義與蛾略同爾雅釋蟲蚍蜉大螘小者螘蠪打螘䗄飛螘楚辭招魂赤螘若象詩東山傳垤螘冢也夏小正傳夘駒也者螘也按蛾螘皆大名蚍蜉馬螘也蜉小螘也蠪赤螘也螱木中白螘所化也

賄 **塏** 高燥也从土豈聲按謂高地左昭三傳請更諸爽塏者

賄 **鎧** 甲也从金豈聲漢書尹賞傳被鎧扞持刀兵者聲訓御覽引釋名鎧猶塏也塏堅重之言也按以磑爲訓

肥五名凡肥之派皆衍肥聲 符非切

微 **肥** 多肉也从肉从卩會意大戴易本命堅土之人肥禮記月令瞻肥瘠又左桓六傳吾牲牷肥腯服注牛羊曰肥轉注廣雅釋詁二肥盛也禮記禮運家之肥也秦策而肥仁義之誠注猶厚也又淮南墬形西北台州曰肥土假借爲腓按易肥遯子夏傳饒裕失之又託名幖識字詩泉水我思肥泉爾雅歸異出同流肥釋名所出同所歸異曰肥泉本同出時所浸潤少所歸各枝散而多似肥者也而水經淇水注本爾雅舍人注謂異出同流卽詩泉源之水博物志謂之澳水與毛傳郭注異列子黃帝肥水之潘爲淵字林肥水出良餘山字亦作淝又吳語肥胡注肥胡幡也又廣雅釋鳥肥鴸怪鴟也古韻楚詞天問叶懷肥

文未 **萉** 枲實也从艸肥聲或从麻賁聲䕠今但作油用之爾雅釋艸蕡枲實孫注麻子也按牡麻曰枲華而不實母麻曰苧實而不華麻實曰萉卽蕡亦曰蘊又曰苴蘊苴疊韻苴苧雙聲也廣雅䕠麻也按䕠卽苴之異文淮南齊俗夫胡人見蕡注麻子也又儀禮喪服傳苴絰者麻之有蕡者也周禮籩人其實麷蕡皆以蕡爲之轉注淮南說林蕡不類布而可以爲布說山見蕡而求成布列子楊朱常衣緼蕡按以蕡稱麻儀禮喪服之苴絰以苴稱麻論語縕袍漢書蒯通傳之束緼以緼稱亂麻猶月令之食麻嘗麻亦以麻稱蕡也又如列子楊朱篇之甘枲莖以枲稱蕡也對文有定名通文則互相轉注耳假借爲屝幽通賦安慆慆而不萉兮注避也又爲菔之誤字爾雅釋草葖蘆萉

紙 **嶏** 崩也从户肥聲字亦誤作屍列子黃帝口所偏肥注引字林屍毁也字又作㔗史記三王世家毋㔗德索隱敗也一作菲

月 **⿸山配** 崩聲从户配聲讀若費按卽嶏之或體今附於此

fěi 蜰　wěi 尾　xī 犀　huǐ 烜　huǐ 燬

微 尾 **蜰** 盧蜰也从虫肥聲爾雅蜚蠦蜰注卽負盤臭蟲廣雅䗀蠦蜰也又云飛蟅飛蠊也實一物春秋廿九年有蜚漢書五行志劉歆以爲負蠜也性不食穀食穀爲灾介蟲之孼劉向以爲蜚色青近青眚非中國所有南越盛暑男女同川浴婬風所生爲蟲臭惡按此蟲形似䗪而輕小能飛圜薄如錢故名負盤蠜盤聲近非草蟲之負蠜也劉歆說失之其蟲作廉薑氣味辛辣而臭故名飛廉漢中人食之言下氣又按蜰蜚實同字

尾廿六名凡尾之派皆衍尾聲 無匪切

尾 **尾** 微也从到毛在尸後古人或飾系尾西南夷亦然按禽獸後也當从到毛从尸聲近是易履履虎尾未濟濡其尾又書堯典鳥獸孳尾傳交接曰尾〔轉注〕爾雅釋天大辰房心尾也按東方七宿尾九星在後象蒼龍之尾故名又方言十二尾梢也尾盡也廣雅釋詁四尾後也爾雅釋水瀵大出尾下注猶底也字亦作浘莊子秋水尾閭泄之司馬注尾閭泄海水出外者也又史記張儀傳獻恒山之尾五城索隱猶末也又易遯尾注尾之爲物最在體後者也又秦策王若能爲此尾注後也太元元文故首尾可以爲庸也注終也〔假借〕爲孅詩旄邱瑣兮尾兮傳瑣尾小好之皃按瑣小也尾好也又莊子盜跖尾生與女子期于梁釋文本作微古今人表尾生晦論語作微〔聲訓〕釋名尾微也承脊之末稍微殺也〔古韻〕詩汝墳叶尾燬邇狽跋叶尾几左文十七叶尾幾吕覽審時叶機尾

齊 **犀** 南徼外牛一角在鼻一角在頂似豕从牛尾聲爾雅郭注犀似水牛豬頭大腹庳腳腳有三蹄黑色三角一頂上一額上一鼻上鼻上者卽食角也小而不橢好食棘亦有一角者左傳疏引交州記犀出九德毛如豕蹄有三甲頭似馬越語水犀之甲注今徼外所送有山犀有水犀水犀之皮有珠甲山犀則無爾雅釋地南方之美者有梁山之犀象焉吳都賦戶有犀渠注楯也犀皮爲之漢書平帝紀黃支國獻犀牛周書王會篇正南以文犀爲獻按犀角攪湯解諸毒藥見葛洪抱朴子國策公孫衍號犀首疑額有墳肉以類命爲象也〔轉注〕漢書馮奉世傳注刀兵利爲犀又犀堅也廣雅釋言犀總也總疑當作偲愢按皆借爲厗〔假借〕爲棲詩碩人齒如瓠犀按瓠瓣棲于瓠中者也〔古韻〕詩碩人叶荑脂蠐犀眉

尾 **烜** 火也从火尾聲詩汝墳王室如烜方言十烜火也楚轉語也猶齊言烜火也

紙 **燬** 火也从火毀聲毛詩汝墳王室如燬傳火也韓詩烈火也周禮故書司燬氏司農云當爲烜春秋僖廿五衛侯燬滅邢按

wěi 娓　chí 遲　tí 徲　chí 墀　dài 隶　dài 逮

烜燬同字其實皆火字之或體爾雅釋言孫注方言有輕重故謂火爲燬也周禮司烜氏疏燬火之別名也今系於此〔古韻〕詩汝墳叶尾燬邇

尾 眞 **娓** 順也从女尾聲讀若媚錢宮詹云字亦作媺卽周禮以媺詔王字〔假借〕爲媄韓詩防有鵲巢誰侜予娓傳娓美也

支 眞 **遲** 徐行也从辵犀聲或从古文仁按實从尼聲尼之壞字也籀从犀聲廣雅釋詁二遲緩也三遲晚也遲久也易歸妹遲歸有待離騷恐美人之遲暮荀子宥坐陵遲故也注慢也三公山碑愍俗陵迟字亦作迟范彥龍詩遲笛法未輕〔假借〕爲偓荀子脩身故學曰遲注待也謝靈運詩傾想遲嘉音注猶思也又爲遅漢書杜周傳周少言重遲注謂性非敏速也又爲直史記衞將軍驃騎傳遲明西征賦資旅竦而遲御按正見也當也訓待失之又疊韻連語詩四牡周道倭遲韓詩作夷亦同衡門可以棲遲又重言形況字爾雅釋訓遲遲徐也廣雅釋訓遲遲長也詩七月春日遲遲傳舒緩也采薇行道遲遲傳長遠也谷風傳舒行皃楚辭惜賢時遲遲其日進兮注行也〔聲訓〕釋名釋言語遲頹也不進之言也〔古韻〕詩谷風叶遲違畿四牡叶騑遲歸悲采薇叶依霏遲飢悲哀楚茨叶尸歸遲私長發叶違齊遲躋祗圍

齊 支 **徲** 久也从彳犀聲讀若遲字亦作徲作徲按欽遲希待之意當作此〔假借〕疊韻連語繁陽令楊君碑徲徲樂志晝壽禪祁徯衡門又重言形況字廣雅釋訓徲徲往來也

支 **墀** 涂地也从土犀聲禮天子赤墀字亦作墀廣雅釋室墀塗也漢典職儀云以丹漆地故稱丹墀魏都賦丹墀臨猋劉注以丹與蔣離合用塗地也七啓金墀玉箱注猶金戺也〔假借〕爲坻易略例陛墀永歎注水中墀也

隊 **隶** 及也从又从尾省會意又持尾者從後及之也按隶者手相及也从尾省聲

霽 隊 **逮** 唐逮及也从辵隶聲按逮者行相及也古曰唐逮雙聲連語公羊成二傳逮于袁婁而與之盟又書呂刑羣后之逮在下詩桑柔并云不逮禮記曲禮逮事父母又史記始皇紀以罪過連逮漢書王莽傳逮治黨與注捕也爾雅釋詁逮及暨與也釋言遏遾逮也方言七蝎噬逮也逮通語也皆一意之引申〔假借〕重言形況字禮記孔子閒居威儀逮逮注安和之皃也漢書韋元成傳棣棣其則注逮逮閑習之皃又疊韻連語通俗文雲覆日爲靉靆字亦作靆海賦靉靆雲布注昏闇皃字又作靆〔古韻〕詩桑柔叶僾逮易說卦叶逮悖氣物旅叶位快逮高唐賦叶旆蓋逝會害逮滯歲

tà 遝　xiè 齂　yì 殔　dì 棣　sì 肆

合
遝 䢜 迨也从辵眔聲按與逮同字今系于此爾雅釋言逮遝也方
言三迨遝及也廣雅釋言遝𧼈及也禮記中庸所以遝賤也
石經公羊殘碑祖之所遝聞州輔碑遝事和熹
后孝安帝劉寬碑未遝誅討陳球碑遝完徂齊

頤 卦
齂 齂 臥息也从鼻隶聲讀若
虺爾雅釋詁齂息也

頤 頤
殔 殔 瘞也从歺隶聲字亦作肂小爾雅廣名埋柩謂之殔殔坎謂之
池儀禮士喪禮掘肂見衽注肂在西階上周書作雒肂于岐周
注肂櫕塗也呂覽先識威公薨肂九月不得葬周乃分為二按禮記
檀弓主人既祖塡池塡池所殔之坎也鄭讀為奠徹非是聲訓釋名假
葬于道側曰
肂肂翳也

需
棣 棣 白棣也从木隶聲按其花白爾雅常棣棣注子如櫻桃可食故
亦名山櫻桃齊民要術北人謂之相思此與唐棣移赤花者微
別按唐棣許書作棠棣唐常皆同聲借字當為大名其白花者棣赤
花者移也知者詩晨風山有苞棣傳棣唐棣也釆薇維常之華傳常
常棣也常棣常棣之華三家作夫移之華是常棣唐棣皆即棠棣因
子如甘棠故稱棠爾雅特分其名耳又詩七月六月食鬱及薁傳鬱
棣屬也此即奧李郁李山李爵梅雀李車下李因實如李故稱李與
白棣赤棣又微別上林賦隱夫薁棣二木也閑居賦梅杏郁棣之屬

四木也字亦作棣魯峻碑棣貞子然按漢書法家有游棣子蓋復姓
也叚借為逮漢書律麻志萬物棣通又重言形況字詩柏舟威儀棣
棣傳富而閑習也賈子容經棣棣富也禮記孔
子閑居作逮逮亦同古韻詩晨風叶棣檖醉

頤 頤
肆 肆 鬃 極陳也从長隶聲或从髟字亦作肆愚按此字本訓長詩
崧高其風肆好傳肆長也書梓材子先王肆疏訓遂詩緜
肆不殄厥慍傳訓故今時適肆于時夏箋訓陳禮記玉藻肆束及帶
詁訓餘謂借為枅左昭卅二傳伯父若肆其大惠注訓展放越語肆
與大夫觴飲注訓放皆失之通訓長也書君奭肆教酒誥肆酒洪範
彝倫詩烝民秉彝皆以彝為之訓常實訓長叚借為次廣雅釋詁二
肆陳也詩行葦或肆之筵儀禮燕禮南肆聘禮記為肆又周禮小胥
半為堵全為肆左襄十一傳歌鐘二肆注列也又周禮地官肆長論
語百工居肆漢書王貢龔鮑傳閉肆下簾而按老子注市也又為恣
小爾雅廣言肆極也左昭十二傳昔穆王欲肆其心周語藪澤肆既
又爾雅釋言肆力也論語古之狂也肆苞注極意敢言之也東京賦
厥庸孔肆注勤也又小爾雅廣詁肆疾也廣言肆突也詩大明肆伐
大商皇矣是伐是肆左文十二傳若使輕者肆焉其可又廣雅釋詁
三肆踞也禮記表記安肆日偷注放恣也左襄廿六傳豈其一人肆
于民上注放也史記魯仲連鄒陽傳寧貧賤而輕世肆志焉索隱放
縱也漢書叙傳何有踞肆于朝法言五百夷俟倨肆列子湯問肆咤

lì 𨽻　tuì 悚　dà 眔　sì 蕼　huái 褢

則徒卒百萬又為勦周禮大宗伯以肆獻祼享先王大司徒羞其肆
大祝肆享小子羞羊肆禮記郊特牲腥肆爓腍祭詩楚茨或肆或將
夏小正狸子肇肆淮南脩務奮翼攫肆廣雅釋詁一肆殺也釋言肆
噬也又書牧誓昏棄厥肆祀弗答史記集解引鄭注祭名周禮典瑞
以肆先王注肆解牲體以祭因以為名又為屍周禮掌戮肆之三日
注猶申也陳也禮記月令毋肆掠注謂死刑暴尸也論語吾力猶能
肆諸市朝鄭注有罪既刑陳其尸曰肆也又周禮小宗伯大肆注始
陳尸伸之鬱人共其肆器注陳尸之器又為尸實為申廣雅釋詁四
肆伸也易繫辭傳其事肆而隱虞注直也禮記樂記肆直而慈愛者
史記樂書集解引鄭注正也左僖三十一傳又欲肆其西封注申也
老子直而不肆注申也又為肆爾雅釋詁治肆古故也按故者使為
之也詩昊天有成命肆其靖之周語肆固也周禮小宗伯故書肆儀
為位又春官肆師之職按習也又為悚小爾雅廣言肆緩也廣雅釋
詁二肆減也三肆置也虞書眚災肆赦春秋莊廿二年肆大眚穀梁
傳肆失也公羊傳肆者何跌也釋文本作佚又為遂實為豕爾雅釋
詁肆故今也小爾雅廣言肆遂也虞書肆類于上帝大誥肆朕誕以
爾東征詩思齊肆戎疾不殄抑肆皇天弗尚又廣雅釋詁一肆信也
法言五百肆筆而成書注操也按今也遂也信也皆發聲之詞又為
四今官書數目一二三四作壹貳參肆所以防奸易也又書多士予
惟率肆矜爾論衡雷虛作率夷憐爾聲訓詩楚茨崧高時邁疏皆云

肆是設之言也古韻詩
皇矣叶茀仡肆忽拂

需 頤 頤
𨽻 𨽻 臨也从立隶聲字亦作莅作涖爾雅釋詁涖視也詩釆薇方叔
涖止儀禮士冠禮吾子將莅之周禮州長皆涖其事禮記曲禮
涖官行法左僖三經公子友如齊莅盟又周禮大宗伯涖玉鬯左昭
六傳涖之以彊注施之于事為涖叚借為汔廣雅釋詁一涖盡也又
為位廣雅釋言位莅也又雙聲連語漢書司馬相如傳莅颯芔欻
注飛相及也又重言形況字司馬相如傳涖涖下瀨注聲也聲訓穀
梁昭七年傳莅位也內之前定之辭謂之莅又按莅
字當為隸之或體經傳借隸為𨽻或借汔為𨽻耳

隊 月
悚 悚 肆也从心隶聲廣雅釋
詁二悚緩也又忘也

合
眔 眔 目相及也从目从隶省會意隶亦聲按以目
尾其後猶孟子之施從而瞷也从尾省亦合

頤
蕼 蕼 赤蕼也从艸肆聲按莅字當為此字之或體經傳借為𨽻
也叚借單詞形況字荀子非十二子肆然注寬舒之皃

佳
褢 褢 夾也从衣眔聲與褱略同在衣曰褢在手曰握在器曰匱廣雅
釋器褠謂之褢武榮碑咸褢傷愴經傳皆以懷為之轉注一曰
橐也叚借託名幖識字廣雅釋草褢績
齘也一名接骨亦名槐槐褢同聲字

tà 謎　tà 樑　huái 懷　huái 瀤　huài 壞　huài 敷　wèi 未

謎 合 語相反謎也、六書故引唐本說文語相及也、从言遝聲、諧下曰謎諧也、謎諧雙聲連語、淮南主術辯慧懷給以懷爲之、

樑 合 榙樑木也、从木遝聲、埤蒼果似李、字亦作樑、史記司馬相如傳榙樑荔枝、漢書作榙遝、注似李出蜀、按榙遝雙聲連語、疑即郁李之類、棣屬、

懷 佳 念思也、从心褱聲、詩卷耳嗟我懷人、傳思也、終風願言則懷、傳傷也、皇皇者華每懷靡及、傳和也、晉語臣聞之曰懷和爲每懷也、將仲子烝民鄭箋皆作懷私、楚辭悲回風惟佳人之獨懷兮、注念也、北海相景君碑銘驚慟傷褱、以褱爲之、周書謚法執義揚善曰懷、慈仁短折曰懷、〔叚借〕爲褢、易旅懷其資、詩谷風寘予于懷、左傳懷與安實敗名、論語然後免于父母之懷、少者懷之、楚辭懷沙懷瑾握瑜兮、注在衣爲懷、懃命懷椒聊之蒻蒻兮、注在袖曰懷、蒼頡篇懷抱也、又書堯典蕩蕩懷山襄陵、傳懷包也、淮南覽冥懷萬物、注猶褱也、又爾雅釋詁懷止也、懷至也、釋言懷來也、詩南山曷又懷止、鼓鍾懷允不忘、又匪風懷之好音、傳歸也、周禮小宰以懷賓客、注亦安也、左襄十四傳王室之不懷、服注柔也、詩時邁懷柔百神、又爲謎、淮南主術不知而辯慧懷給、注佞也、〔聲訓〕釋名釋姿容懷回也、本有去意回來就己也、亦言歸也、來歸己也、〔古韻〕詩卷耳叶嵬隤罍懷、終風叶霾懷、將仲子叶懷畏、南山叶崔綏歸懷、東山叶畏懷、常棣叶威懷、谷風叶頹懷遺、左成十七叶瑰歸懷、楚詞天問叶懷肥、東君叶雷蛇懷歸、晉語叶懷歸哀微依妃、荀子成相叶衰歸累懷、又左襄三十一傳叶畏懷、句中韻、

瀤 佳 北方水也、从水褱聲、北山經獄法之山瀤律之水出焉、

壞 卦卦 敗也、按當訓毀也、从土褱聲、古文从𣪘、籒文从攴褱聲、按籒文攴部別出正篆、此當刪、爾雅釋詁壞毀也、史記秦始皇紀墮壞城郭、正義坼也、自頹曰壞、〔轉注〕論語禮必壞、〔叚借〕爲褢、左襄十四傳王室之不壞、按安也、又爲瘣、詩小弁譬彼壞木、傳瘣也、謂傷病也、〔古韻〕詩板叶壞畏、禮檀弓叶頹壞萎、

敷 卦 毀也、按當訓敗也、从攴褱聲、〔叚借〕爲土敗之壞、說文壞下出籒文敷、

未九名、凡未之派、皆衍未聲、 無沸切

未 未 木老枝葉重也、从木、重屮象形、〔別義〕或說即洙之古文、从手从巾、會意、因爲借義所專、復製洙頮字、存參、〔叚借〕以紀旬、後又以紀年、紀月、紀時、說文未味也、六月滋味也、五行木老于未、象木重枝葉也、爾雅太歲在未曰協洽、六月爲且、論衡物勢未土也、其禽羊也、淮南天文未爲執、又書無逸疏日昳爲未、又以命天體十二宮、周禮大司樂注未坤之位、皆託名摽識字、又助語之詞、與非弗同意、易未濟、儀禮鄉射禮衆賓未拾取矢、注猶不也、秦策而未能復戰也、注无也、荀子正論且徵其未也、注謂將來、又借爲尾、按方言一、未續也、或曰未及也、王氏廣雅疏證疑爲末之誤字、非是、〔聲訓〕釋名釋天未昧也、日中則昃向幽昧也、白虎通五行未味也、史記律書未者言萬物皆成有滋味也、漢書律麻志昧薆于未、

wèi 味　mèi 眛　mèi 韎　mèi 昧

味 未 滋味也、从口未聲、周禮疾醫以五味五穀五藥養其病、注醯酒飴蜜薑鹽之屬、禮記禮運五味六和十二食、鶡冠子泰錄味者氣之父母也、大戴四代食爲味、管子揆度味者所以守民口也、〔叚借〕爲沬、禮記檀弓瓦不成味、按當作沬、見家語、又託名摽識字、白虎通禮樂西夷之樂曰味、味之爲言昧也、〔古韻〕靈樞決氣叶味溉氣、老子仁德叶味見既、文子符言叶味旣大、

眛 泰 目不明也、从目未聲、按與从末之眛同字、左僖廿四傳目不別五色之章爲眛、以眛爲之、〔叚借〕爲寐、淮南精神故覺而若眛、注眛暗也、厭也、楚人謂厭爲眛、喻無知也、

韎 未隊 茅蒐染韋也、一入曰韎、从韋未聲、說文从末聲、傳寫之誤、其色即緅也、緼也、蒨也、赤黃之閒色、詩瞻彼洛矣韎韐有奭、傳韎韐者茅蒐染草也、一曰韎韐所以代韠也、按染草染韋之誤、又言祭服稱韠、戎服稱韎韐也、箋茅蒐韎韐聲也、國語韋注急疾呼茅蒐成韎、儀禮士冠禮緇帶韎韐、左成十六傳有韎韋之跗注、〔叚借〕託名摽識字、周禮韎師掌教韎樂、先鄭讀如味飲食之味、杜讀如菋荎著之菋、禮記明堂位作昧、東夷之樂也、

昧 隊易 昧爽旦明也、从日未聲、一曰闇也、按將明尚暗之時也、小爾雅廣詁昧冥也、廣雅釋訓昧昧暗也、書堯典曰昧谷、亦作柳、牧誓時甲子昧爽、易彖傳天造草昧、左昭三傳讒鼎之銘曰昧旦丕顯、〔轉注〕左宣十二傳兼弱攻昧、注昏亂也、太元聚狂作昧、注迷也、荀子大略殿公者謂之昧、〔叚借〕爲冒、左襄廿六傳昧于一來、注猶貪冒、吳都賦昧潛險、注冒也、又爲務、公羊襄廿七傳昧雉彼視、注割也、又託名摽識字、易豐日中見沬、薛注昧輔星也、字林昧斗杓後星、子夏傳昧星之小者、亦作妹、作沬、又禮明堂位昧東夷之樂也、公羊昭廿五注作北夷、白虎通禮樂作西夷、亦作味、作韎、又公羊昭十五吳子夷昧、史記李廣利傳名昧蔡、爲宛王、注音末、又爲眛、左僖廿四傳目不別五色之章爲昧、又爲忽、周書王會佩之令人不昧、注不忘也、又雙聲連語、吳都賦聊復乎昧莫之坰、注廣大皃、又重言形況字、楚辭懷沙日昧昧其將暮、淮南俶真其道昧昧芒芒然、注純厚也、又昧昧晰晰、注欲明而未也、〔古韻〕楚詞九辨叶帶介慨邁穢敗昧、老子贊元叶昧物、

真 **寐** 臥也从㝱省未聲詩關雎寤寐求之傳寢也晉語歸寢不寐注瞑也按在牀曰寢病寢曰寢隱几曰臥合目曰眠眠而無知曰寐坐寐曰睡不脫冠帶而眠曰假寐轉注東山經諸鉤之山多寐魚注即鮇魚聲訓釋名寐謐也靜謐無聲也古韻詩小弁叶嘒屆淠寐終風叶曀寐嚏陟岵叶季寐棄

泰隊 **沬** 洒面也从水未聲古文从水从頁會意字亦作頮作靧書顧命王乃洮頮水漢書律厤志作沬禮記玉藻沬稷而靧梁漢書司馬遷傳沬血飲泣淮南厲王長傳沬風雨禮樂志沬流赭禮記檀弓瓦不成味以味爲之荀子禮論陶器不成物以物爲之叚借託名幖識字詩桑中沬之鄉矣傳衞邑書妹邦作妹水經注朝歌城本沬邑武丁遷居之爲殷都當在今河南衞輝府淇縣東北又易豐日中見沬九家注斗杓後小星也王注微昧之明則謂借爲昧愚按當从末作沫猶沛也與沛韻

隊 **妹** 女弟也从女未聲爾雅釋親男子謂女子後生爲妹又夫之女弟爲女妹左襄十二傳及姑姊妹疏古謂父之姊爲姑姊父之妹爲姑妹易歸妹注妹者少女之稱也泰帝乙歸妹詩碩人東宮之妹大明俔天之妹叚借託名幖識字書酒誥明大命于妹邦鄭注紂之都所處也詩桑中作沬又晉語妹喜荀子新序皆作末聲訓白虎通三綱六紀妹者末也纂文妹媚也釋名妹昧也猶日始入歷時少尚昧也古韻詩大明叶妹渭

未 **菋** 莖豬也从艸味聲爾雅注五味也蔓生子叢在莖頭按皮肉甘酸核中辛苦皆有鹹味又蜀圖經云莖赤花黃白子生青熟紫則又具五色也春生苗引蔓于高木轉注爾雅釋木味荎著齊民要術孔子冢塋中樹有柞枌雒離女貞五味棠樹之屬啟蒙記如何之樹隨刀改味是木中亦有五味郭疑重出未見其然也

飛二名凡飛之派皆衍飛聲 甫微切

微 **飛** 鳥翥也象張翼之形易小過飛鳥遺之音太元唐明珠彈于飛肉注飛肉禽鳥也轉注易乾飛龍在天虞注離爲飛漢書天文志彗孛飛流注絕迹而去也呂覽離俗飛兔要褭古之駿馬也淮南覽冥飛黃伏阜注乘黃也吳都賦追飛生注鼯也又鬼谷子飛箝注謂作聲譽以飛揚之後漢梁松傳注飛書者無根而至若飛來也即今匿名書也與飛語同史記周本紀蜚鴻滿野封禪文蜚英聲以蜚爲之叚借爲斐考工梓人且其飛色必似鳴矣司農注讀爲匪又爲非盧子諒詩徒煩飛子御又託名幖識字廣雅釋天風師謂之飛廉釋草飛廉扁蘆也飛芝鳥毒也淮南俶真騎蜚廉而從敦圄注獸名長毛有翼後漢馮衍傳注飛廉觀名孟子驅飛廉于海隅戮臣名又發聲之詞與非同稾長蔡湛頌飛陶唐氏孔耽碑飛其學也又單辭形況字詩北風雨雪其霏傳甚皃石壁精舍詩雲霞收夕霏注雲飛皃又重言形況字詩采薇雨雪霏霏廣雅釋訓霏霏雨也楚辭怨上雹霰兮霏霏注集皃字亦作霏又作霦古韻詩葛覃叶萋飛喈柏舟叶微衣飛東山叶飛歸楚辭遠遊叶飛迴又叶妃歌飛夷蛇佪國策秦攻邯鄲叶稚飛又詩北風叶喈霏歸采薇叶依霏遲飢悲哀九嘆叶飛歸句中韻

微 **騑** 馬逸足也从馬从飛會意飛亦聲司馬法曰飛衞斯輿按此字後出即飛字之轉注也馬有名飛兔者呂覽離俗注日行萬里馳若兔之飛因以爲名故或曰馬而兔足曰騑

非三十名凡非之派皆衍非聲 甫微切

微 **非** 違也从飛下翄取其相背也指事篆當作兆周伯琦說文字原如此作而伯琦以爲飛之本字則否李登云析朱爲非謂即緋字異說不可從違背故爲不是之詞禮記檀弓非刀匕是共皇氏注不也禮運非禮也注猶失也穀梁宣十五傳私田稼不善則非吏注責也史記李斯傳非世而惡利索隱譏也呂覽慎行莫不非令尹注告也長見將以非不穀注猶罪也又晉語今既無事矣而非鯀注恨

也淮南脩務立是廢非注惡也又獨斷卻非冠宮門僕射等服之叚借爲誹漢書鼂錯傳非謗不治王尊傳妄誑欺非謗赦前事王莽傳非謗之木荀子解蔽百姓怨非而不用又託名幖識字伯益之後大駱生非子周孝王封爲附庸邑之秦又史記弟子傳魯秦非字子之聲訓釋名釋言語非排也人所惡排去也古韻文子符言叶衰威非危幾莊子盜跖叶非幾徊

微尾 **菲** 芴也从艸非聲籀文从茻爾雅菲芴注即土瓜也又菲䓴菜注生下溼地似蕪菁華紫赤色可食愚按菲芴同字即葍茶猶葍當同字即葍茅也詩谷風采葑采菲無以下體傳芴也禮記坊記注葍類也叚借爲𢼸小爾雅廣言菲薄也廣雅釋詁一菲薄也禮記坊記不以菲廢禮論語菲飲食又爲屝漢書刑法志菲屨赭衣注草屨也儀禮喪服傳繩菲注今時不借也又爲扉荀子禮論菲帷幬尉注菲當爲屝亦通又爲悲方言十二菲悵也又重言形況字太元昆白黑菲菲注襍也又廣雅釋訓菲菲香也楚辭東皇太一芳菲菲兮滿堂吳都賦蔭兮菲菲注花美皃集韻引廣雅馡馡香也字亦作馡古韻詩谷風叶菲體死

物 **芴** 菲也从艸勿聲籀从茻按即菲之或體今附于此叚借爲忽荀子正名愚者之言芴然而粗莊子天下芴漠無形古韻莊子至樂叶芴出

fèi ⿱非牛 fèi ⿰足非 fěi 誹 fēi ⿱非目 fěi 翡 féi 腓 fěi 餥 fěi 棐 péi 䣺

尾未 **⿱非牛** 兩壁耕也从牛非聲讀若匪按兩牛同田此往彼來兩邊耕也廣雅釋地⿱非牛耕也【別義】說文一曰覆耕種也此與㥶同意

未 **⿰足非** 跀也从足非聲讀若匪字亦作剕爾雅釋言⿰足非刖也書呂刑剕罰之屬五百漢書百官公卿表正五刑注剕去髕骨也左莊十六傳注斷足曰刖按古臏刑去厀骨周改爲刖斬足

徵尾未 **誹** 謗也从言非聲按放言曰謗微言曰誹曰譏墨子經上誹明惡也廣雅釋詁三誹惡也二詛也漢書食貨志而廢格沮誹注謂非上所行呂覽決勝賢者誹淮南本經經誹譽

徵 **⿱非目** 大目也从目非聲

木 **翡** 赤羽雀也出鬱林从羽非聲雄赤曰翡雌青曰翠南方異物志翡大于燕小于烏腰身通黑惟胷前背上翼後有赤毛也翠通身青黃惟六翮上毛長寸餘其飛即羽鳴翠翠翡翡因以名焉漢書賈山傳飾以翡翠淮南人閒翡翠珠璣楚辭招魂翡翠珠被東京賦翡翠不裂西都賦翡翠火齊【轉注】字亦作緋說文新附緋帛赤色也

徵 **腓** 脛腨也从肉非聲蘇俗謂之膀肚腸子易咸其腓鄭注膊腸也艮其腓疏腸也在足之上按字亦作䏿海外北經無䏿之國注䏿肥腸也廣雅釋親䏿腨也莊子養生主技經肯綮之未嘗以綮爲之【假借】爲厞廣雅釋詁三腓避也詩生民牛羊腓字之采薇小人所腓傳辟也鄭箋謂借爲庇又爲痱詩四月百卉具腓傳病也又爲跸白虎通五刑腓者脫其臏也【古韻】詩采薇叶騤依腓四月叶淒腓歸

徵尾 **餥** 餱也从食非聲爾雅釋言餥食也方言一陳楚之內相謁而食麥饘謂之餥

尾 **棐** 輔也从木非聲爾雅釋詁棐俌也段氏玉裁云此弓檠之類按荀子性惡不得排檠注輔正弓弩之器蓋從弼字生訓然字作排愚謂棐者夾車之木也爾雅輔小木注云未詳疑小木二字即棐字之誤如禮記祭義閒見爲覸論語五十爲卒孟子正心爲忘史記蔡澤傳刺齒爲齧之比棐爲輔木故木即以棐名春秋宣元年會晉師于棐林襄三十一傳印段廷勞于棐林即文十三年鄭伯會公于棐之棐或稱棐或棐林連文是棐又爲木名也【轉注】爲備助書大誥天棐忱辭越天棐忱漢書翟方進傳俱作輔幽通賦實棐諶而相順【假借】爲非實爲斐漢書燕刺王旦傳注服虔曰棐薄也又爲非書呂刑明明棐常墨子尚賢作不常又爲匪漢食貨志賦入貢棐注方曰筐隋曰棐地理志厥棐織文燕王旦傳注棐古匪字又託名標識字左傳棐林鄭地在今河南開封府新鄭縣東廿五里

灰 **䣺** 河東聞喜縣从邑非聲在今山西絳州聞喜縣伯益之後封于䣺因以爲氏後徙解邑乃去邑以裴爲之

féi 痱 zuì 罪 pái 俳 péi 裴 fēi ⿱非毳 fèi 屝 fěi 斐 fèi 厞 fēi 騑 bēi 悲

徵賄 **痱** 風病也从疒非聲字亦作疿爾雅釋詁痱病也字略痱痛小腫也漢書灌夫傳即陽病痱賈誼傳又類辟且病痱

賄 **罪** 捕魚竹网也从网非聲【假借】爲辠秦始皇以辠字似皇改作罪以形聲字爲會意詩天降罪罟毛此罪罟此其義也禮記服問罪多而刑五呂覽至忠故伏其罪注殃也仲秋行罪無疑注罰也【古韻】左昭七叶器罪

佳 **俳** 戲也从人非聲亦曰優曰倡三蒼俳優樂也又倡也又嘯也漢書枚乘傳詼笑類俳倡廣川惠王越傳令倡俳羸戲坐中霍光傳擊鼓歌吹作俳倡【假借】疊韻連語漢書高后紀俳佪往來俗字作徘

灰 **裴** 長衣皃从衣非聲子虛賦衯衯裶裶字亦作裶作裴【假借】爲䣺伯益之後裴氏又疊韻連語後漢蘇竟傳注裴回謂縈繞淹留也俗字作徘徊

徵 **⿱非毳** 毛紛紛也从毳非聲

未 **屝** 履屬从尸非聲釋名齊人謂韋屨曰屝屝皮也以皮作之又左僖四傳共其資糧屝屨疏麻作之曰屝禮記襍記不屝曾子問菲杖儀禮喪服傳菅菲也以菲爲之【假借】爲厞禮記喪大記西北厞釋文隱也

尾 **斐** 分別文也从文非聲易革君子豹變其文斐也今以蔚爲之詩巷伯萋兮斐兮傳萋斐文章相錯也亦疊韻連語禮記大學有斐君子注有文章皃也論語斐然成章太元文斐如邠如琴賦斐韡奐爛注明皃天台山賦彤雲斐亹以翼櫺注文皃亦疊韻連語【假借】爲棐公羊文十三年會公于斐宣元年會晉師于棐林又重言形況字文選泛湖歸出樓中翫月詩斐斐氣冪岫注輕皃【古韻】詩巷伯叶萋斐【轉音】易革叶彪斐

徵未 **厞** 隱也从厂非聲字亦作陫詩抑箋厞隱之處字亦誤作𢈈【轉注】禮記喪大記何人取所徹廟之西北厞薪用爨之疏屋簷也儀禮特牲禮凡在南厞有司徹設右几厞凡宗西北隅曰屋漏厞又西北隅隱蔽之處【假借】爲悲楚辭湘君隱思君兮陫側注陋也失之

徵 **騑** 驂旁馬从馬非聲按駕三馬曰驂中一馬曰駕旁兩馬曰騑也續漢輿服志在左驂馬軛上注馬在中曰服在外曰騑騑亦名驂陽給事誄如彼騑駟配服驂衡注在服之左曰驂右曰騑左襄八傳鄭公子騑字子駟【假借】重言形況字詩四牡四牡騑騑傳行不止之皃廣雅釋訓騑騑疲也左桓三傳疏名騑者以驂馬有騑騑之容【古韻】詩四牡叶騑遲歸悲

支尾 **悲** 痛也从心非聲廣雅釋詁二傷也三悵也詩鼓鐘憂心且悲素問宣明五氣篇并於肺則悲注肺虛而肺氣并之則爲悲淮南

天文至於悲谷注西南方之大壑也言深峻臨其上令人悲思故名字亦作慧廣雅釋詁三悲悵也字亦作悱嘯賦注引字書悱心誦也按論語不悱不發亦悵恨之意憤近于怒悱近于怨自怨自艾也〔古韻〕詩草蟲叶薇悲夷四牡叶騑遲歸悲采薇叶依霏遲飢悲哀鼓鐘叶喈悲回瞻卬叶幾悲

微 扉 戶扇也从戶非聲爾雅釋宮闔謂之扉儀禮士喪禮闔東扉左襄廿八傳子尾抽桷擊扉三思元賦叫帝閽使闢扉兮荀子禮論無帾絲歶縷翣其貌以象菲帷幬尉也以菲爲之

佳 排 擠也从手非聲廣雅釋詁三排推也孟子排淮泗注壅也莊子大宗師獻笑不及排注排者推移之謂也後漢竇融傳排迮注猶蹙迫也〔叚借〕爲擗實爲擘淮南原道排閶闔注斥也又爲韮按今排偶字當作韮耦或作輩耦

微 婓 醜皃从女非聲〔叚借〕爲妃蜀都賦娉江婓與神遊曹景完碑大女桃婓又重言形況字說文婓往來婓婓也楊雄反騷婓婓遲遲而周邁注往來皃詩四牡騑騑禮記匪匪翼翼作騑作匪皆同

尾 匪 器似竹筐从匚非聲逸周書曰實元黃于匪按古者盛幣帛以匪其器隋方周禮肆師共設匪罋之禮經傳多以篚爲之〔叚借〕爲非易屯匪寇昏媾詩氓匪來貿絲禮記緇衣苗民匪用命周語莫匪爾極廣雅釋詁四匪非也又爲彼實發聲之詞左襄八傳如匪行邁謀廣雅釋言匪彼也荀子勸學匪交匪舒注當爲彼交又爲斐詩淇奧有匪君子考工梓人且其匪色必似鳴矣又爲分周禮廩人以待國之匪頒非分雙聲又重言形況字禮記少儀匪匪翼翼詩四牡作騑騑亦同

尾 术 蜚 臭蟲負蠜也从䖵非聲或从虫爾雅蜚蠦蜰左隱元傳有蜚不爲災疏厲蟲也穀梁莊廿九秋有蜚舊注南方臭惡之氣所生也中山經瑤碧之山有鳥焉恒食蜚名曰鴆按蜚疑與蜰同字急言曰蜚緩言曰蠦蜰耳〔轉注〕東山經有獸焉其名曰蜚又素問皮部論名曰害蜚注蜚生化也

朱 ⿱非土 塵也从土非聲

隊 灰 輩 軍發車百兩爲輩从車非聲字亦作輫〔轉注〕倉頡篇輩比也太元元攡位各殊輩注類也詩桑柔箋其鹿相輩耦行〔別義〕方言九箱謂之輫謂大車牝服也

尾 篚 車笭也从竹匪聲車前後蔽也詩碩人翟茀以朝以茀爲之〔叚借〕爲匪儀禮士冠禮洗有篚燕禮設膳篚士虞禮受肺脊實于篚士喪禮受用篚書禹貢厥篚織文厥篚纖纊孟子篚厥元黃三禮圖篚以竹爲之長三尺廣一尺深六寸足高三寸如今小車笭

妃二名凡妃之派皆衍妃聲 芳非切

微 妃 匹也从女己聲按从女儷己會意字亦作⿱肥女从女肥聲爾雅釋詁妃媲也又合也又對也左桓二傳嘉耦曰妃哀元傳宿有妃嬙嬪御焉隱元傳惠公元妃孟子疏妃者名通適妾禮記曲禮天子之妃曰后疏配也儀禮少牢禮以某妃配某氏注某妃某妻也經傳亦以配爲之〔轉注〕左昭五傳妃以五成注合也〔聲訓〕白虎通妃者匹也妃匹者何謂相與爲偶也釋名妃輩也一人獨處一人往輩耦之也〔古韻〕晉語叶懷歸哀微依妃楚辭遠游叶妃歌飛夷蛇徊

隊 配 酒色也从酉妃省聲〔叚借〕爲妃易豐遇其配主詩皇矣天立厥配左隱八傳先配而後祖又公羊宣三傳王者必以其祖配注配配食也楚辭守志配稷契兮恢唐功注匹也東京賦推光武以作配注對也廣雅釋詁三配當也又託名幖識字禮記禮器必先有事于配林注林名又疊韻連語漢書楊雄傳配藜四施注披離也〔古韻〕文子精誠叶資貴配小言賦叶貴類配位

口二十二名凡口之派皆衍口聲 羽非切

微 口 回也象回帀之形凡圍繞匊圍字經傳皆以圍爲之按圓匊也篆當作○古方圓本字爲匚○圍圓一聲之轉

微 韋 相背也从舛口聲古文同經傳多以違爲之〔轉注〕獸皮之韋可以束枉戾相違背故借以爲皮韋按熟曰韋生曰革字林韋柔皮也考工攻皮之工函鮑韗韋裘韋氏闕儀禮聘禮君使卿韋弁注韋弁韎韋之弁兵服也而服之者皮韋同類取相近耳其服蓋韎布以爲衣而素裳周禮司服凡兵事韋弁服晉語韋藩木楗以過于朝注韋藩韋蔽前後又王文憲集序無待韋弦注韋皮繩喻緩也張遷碑晉陽佩瑋以瑋爲之按西門豹性急常佩韋以自緩董安于性緩常佩弦以自急〔叚借〕爲口漢書成帝紀大木十韋以上又託名幖識字詩長發韋顧既伐箋豕韋彭姓也又大荒西經有人名曰石夷來風曰韋〔古韻〕楚詞卜居叶梯稽脂韋

微 ⿰韋攴 戾也从攴韋聲廣雅釋詁四⿰韋攴盭也釋訓⿰韋攴儘乖刺也按當爲韋之或體因韋爲皮革義所專復製此字今附于此〔叚借〕爲違廣雅釋詁二⿰韋攴衺也

尾 葦 大葭也从艸韋聲籀从茻葭之已秀者也詩七月八月萑葦傳葭爲葦易說卦震爲萑葦爾雅葦醜芀葭華按萑亂菼雖爲一物今之荻也未秀曰蒹葦爲一物今之蘆也未秀曰葭周禮稻人共其葦事注葦以闌壙禦溼之物詩河廣一葦杭之疏謂一

非妃口

wěi 韙　wéi 違　huì 諱　wěi 椲　wěi 韡　wéi 圍　wéi ⿰束韋

東也後漢靈帝紀葦笥注郡國讖篋也叚借單辭形况字漢書王莽傳埶然閔漢氏之終不可濟注變動之皃古韻詩七月叶火葦行葦叶葦履體泥弟爾几

尾 **韙** 是也从是韋聲籀从心左隱十一傳犯五不韙昭廿傳君子韙之東京賦罔有不韙注善也漢書敘傳愇世業之可懷文選作違非是叚借爲媁廣雅釋詁四愇恨也又釋言愇淺也

微 **違** 離也从辵韋聲爾雅釋詁違遠也詩谷風中心有違傳離也殷其靁何斯違斯傳去也書酒誥薄違農父馬注行也左定十傳凡諸侯之大夫違注奔放也齊語天威不違顏咫尺注遠也左成十六傳乃首左右相違于淖注辟也晉語陳不違忌注避也叚借爲韋廣雅釋詁二違偝也書堯典靜言用違左文十八傳作靖譖庸回哀十四傳且其違者不過數人注不從也禮記大學而違之俾不通注猶戾也周書芮良夫無道左右臣妾乃違注畔也西京賦能違之者寡矣注猶易也又爲回周語以逞其違注邪也太元禮懷其違注不正也古韻詩谷風叶遲違畿小旻叶哀違依底長發叶違齊遲躋祗圍

未 **諱** 誋也从言韋聲按謂諱而不道者廣雅釋詁三諱避也禮記曲禮卒哭乃諱又入門而問諱檀弓舍故而諱新王藻有公諱王

說文通訓定聲　履部第十二　七

制奉諱惡周禮小史詔王之忌諱鄭注史記范蔡傳擊斷無諱集解畏也秦策不諱强大注猶辟也楚辭謬諫恐犯忌而干諱注所隱爲諱後漢劉陶傳諱言注謂拒諫也

尾 **椲** 椲木也可屈爲杅者从木韋聲或曰其木皮柔如韋叚借爲梯易通卦驗楊柳椲

尾 **韡** 盛也从華韋聲詩常棣鄂不韡韡傳光明也藝文類聚引作煒亦重言形況字叚借爲煒西京賦流景曜之韡曄注明盛也琴賦翕韡曄而繁縟方言十二焜爗曬也注韡爗焜燿曬皃也古韻詩常棣叶韡弟

微 **圍** 守也从囗韋聲公羊莊十傳圍不言戰注以兵守城曰圍又左襄廿五傳注奕圍棋疏棋者所執之子以子圍而相殺故謂之圍叚借爲囗詩長發帝命式于九圍傳九州也考工匠人以其長爲之圍注謂札要廣厚盧人而圍之注圍之也易繫詞傳範圍天地之化九家注周也莊子人閒世三圍四圍李注環八尺爲一圍又絜之百圍李注徑尺爲圍方言十二圍就也廣雅釋詁四圍衺也又左傳楚靈王子圍楚世家作子回論衡作子圍古韻詩長發叶違齊遲躋祗圍轉音莊子則陽叶知化爲圍過

微 **⿰束韋** 束也从束韋聲按此字訓束則當从韋束聲今在束部疑即韡之或體花盛也

wéi 幃　wěi 偉　huī 褘　wěi 煒　wéi 𡘾　wéi 湋　wéi 闈　wéi 媁　wěi 緯

微 **幃** 囊也从巾韋聲離騷椒又欲充夫佩幃注盛香之囊又蘇糞壤以充幃兮注幃謂之幐叚借爲帷七發如素車白馬幃蓋之張注帳也又詩漸車幃裳箋幃裳童容也又鄭語王使婦人不幃而譟之注裳正幅曰幃蒼頡篇幃幰也又爲褘爾雅釋器婦人之幃謂之縭亦以徽爲之又疊韻連語廣雅釋器⿰巾鬼幃絿也古韻離騷叶幃祇

尾 **偉** 奇也从人韋聲字亦作瑋莊子大宗師偉哉夫造物者向注美也史記荆燕世家不爲偉乎索隱盛也漢武賢良詔猗歟偉歟注大也思元賦偉關雎之戒女舊注異也又吳都賦瑋其區域又廣雅釋詁三瑋重也

微 **褘** 蔽厀也从衣韋聲按祭服曰韍曰韠戎服曰韐通名曰韠褘穆天子傳天子大服冕褘爾雅婦人之褘謂之縭縭緌也方言四蔽厀謂之褘或謂之大巾釋名韠所以蔽膝前也婦人蔽膝亦如之郭注爾雅褘即今之香纓也則謂借爲幃失之詩東山正義引孫炎曰褘帨巾也亦非叚借爲翬說文周禮曰王后之服褘衣謂畫袍按周禮內司服褘衣注畫翬者禮記玉藻王后褘衣注讀爲翬明堂位夫人副褘立于房中注王后之上服翬褘雙聲又玉藻再命褘衣則鞠之誤字又疊韻連語音轉如阿衡方碑褘隋在公按猶委蛇也又重言形況字爾雅釋訓委委佗佗釋文引顧舍人作褘褘它它

說文通訓定聲　履部第十二　大

尾 **煒** 盛赤也从火韋聲一切經音義引說文盛明皃一曰赤也凡三見三蒼煒光華也廣雅釋訓煒煒盛也詩靜女彤管有煒傳赤皃叚借爲煇漢書王莽傳青煒赤煒白煒元煒字亦作暐古韻詩靜女叶煒美

微 **𡘾** 衺也从交韋聲凡回遹回辟字經傳皆以回爲之

微 **湋** 回也从水韋聲廣雅釋水湋淵也漢書地理志湋渠出韋谷

微 **闈** 宮中之門也从門韋聲爾雅釋宮孫注闈者宮中相通小門也周禮保氏使其屬守王闈注宮中之巷門儀禮士虞禮記注闈門如今東西掖門禮記雜記夫人至入自闈門疏旁側之門左閔二傳賊公于武闈哀十四傳攻闈與大門轉注考工匠人闈門容小扃參个注廟中之門曰闈又左昭十三傳遇諸棘闈以歸孔晁注巷門也吳語乃匍匐將入棘闈注門也

微 **媁** 不說皃从女韋聲錯本一曰恣也

未 **緯** 織橫絲也从糸韋聲從曰經經在軸緯在杼廣雅釋言緯橫也莊子列禦寇恃緯蕭而食者釋文織也轉注大戴易本命凡地東西爲緯周髀算經正晳經緯考工匠人國中九經九緯注謂涂也又西京賦五緯相汁注五星也又郭有道碑文探綜圖緯注六經及

口

孝經皆有緯也、又夏小正農緯厥耒傳、束也、又楚辭愍命、挾人箏而彈緯注、張弦也、叚借雙聲連語、離騷、忽緯繣其難遷注、乖戾也、聲訓、釋名釋典藝、緯圍也、反覆圍繞以成經也、

微 **禕** 重衣皃、从衣圍聲、叚借重言形況字、說文引爾雅禕禕潰潰、夫論佪佪潰潰、今釋訓作儚儚洄洄、惛也、無禕禕字、蓋迷亂之意、作禕潰佪潰洄潰皆同、詩召旻潰潰回遹、疑三家詩有作洄佪者、回遹疊韻連語、洄洄重言形況字、其義一也、

微 **潿** 不流濁也、从水圍聲、按止水圍守、少所宣洩之謂、左傳有汾澮以流其惡、卽流濁意、

威二名凡威之派皆衍威聲 於非切

微 **威** 畏也、从戌、从妥省、會意、戌古文矛字、說見矛部、叚古文戟字、見郭宗正圩簡引義雲章、與戎从戈甲同意、或說从女、从威省、會意、廣雅釋詁二、威、健也、卽此字、存參、呂覽蕩兵、威也者、力也、廣雅釋詁二、威、力也、左襄三十一傳、有威而可畏謂之威、按威近剛、儀近柔、賈子道術、誠動可畏謂之威、韓非子詭使、威者所以行令也、周書謚法、彊毅信正曰威、猛以剛果曰威、易家人、有孚威如、書洪範、惟辟作威、詩巧言、昊天已威、禮記祭義、嚴威儼恪、轉注、爾雅釋言、威、則也、詩有客、既有淫威、廣雅釋言、威、德也、禮記表記、德威維威、叚借爲君、說文、威、姑也、从女、从戌、漢律曰、婦告威姑、廣雅釋親、姑謂之威、按卽爾雅所謂姑舅在則曰君舅君姑是也、家人嚴君之意、君威雙聲、古音相近、說文著下亦讀若威、漢律借威爲君、許據以解字、謂从女戌聲、失之、又爲畏、考工弓人、故書恒當弓之威、杜注謂弓淵角之中央與淵相當、又疊韻連語、詩東山、伊威在室、傳、委黍也、爾雅釋獸、威夷、長脊而泥、釋地、西陵威夷、韓詩、周道威夷、薛君章句、險也、西征賦、登峻坂之威夷、廣雅釋邱、隇陝、險也、字亦作隇、按與倭遲委蛇逶迤並同、又東京賦、羽蓋威蕤、注、羽皃、景福殿賦、流羽毛之威蕤、又重言形況字、甘泉賦、昭華覆之威威、注、威蕤也、史記司馬相如傳、紛綸葳蕤、索隱、亂皃、字亦作葳、聲訓、釋名釋言語、威、畏也、可畏懼也、古韻、詩常棣叶威懷、巧言叶威罪、有客叶追綏威夷、書皋謨叶畏威、文子符言叶哀威非危幾、

微 **楲** 楲窬、褻器也、从木威聲、史記萬石傳集解、楲、虎子也、按受尿之器曰楲、受糞之具曰窬、曰廁、亦曰行清、

委十五名凡委之派皆衍委聲 以水切

支紙 **委** 委隨也、从女、从禾、鍇本从禾聲、按委隨猶委蛇、疊韻連語、从女从禾、意亦支離傳會、卽如所說、是與倭順同字、按本訓積也、从禾、威省聲、讀如阿者、聲之轉、周禮遺人、掌邦之委積、注、少曰委、多曰積、疏、二十里言委、五十里言積、孟子、孔子嘗爲委吏矣、注、主委積倉廩之吏也、管子大匡、三十里置遽委焉、注、謂當有儲擬以供過者、又公羊桓十四傳、粢盛委之所藏也、甘泉賦、瑞穰穰兮委如山、轉注、管子山至數、則必積委幣、注、蓄也、莊子知北遊、是天地之委形也、司馬注、積也、劇秦美新、委心積意、蕪城賦、委骨窮城、又吳語、親委重罪、注、猶歸也、非是、又廣雅釋言、委、閱也、禮記學記、或原也、或委也、注、流所聚也、管子國蓄、計本量委、又廣雅釋詁一、委、棄也、孟子、委而去之、離騷、委厥美以從俗兮、淮南精神、委萬物而不利、叚借爲諉、左成二傳、王使委于三吏、注、屬也、文六傳、委之常秩、注、任也、越語、請委管籥、注、歸也、齊策、願委之于子、注、付也、又爲痿、楚辭哀時命、飲然悴而委惰兮、注、懈倦也、亦疊韻連語、又爲萎、家語終記、哲人其委、注、頓也、赭白馬賦、長委離兮、謝元暉詩、時菊委秋霜、注、猶悴也、又爲隈、楚辭遠逝、委兩館于咸唐、注、曲也、又爲葳、爾雅釋草、蒤、委葉、又疊韻連語、詩羔羊、委蛇委蛇、傳、行可從迹也、箋、委曲自得之皃、韓詩作逶迤、德之美皃也、又莊子應帝王、嘗與之虛而委蛇、釋文、至順之皃、南都賦、駮騢委蛇、注、長皃、琴賦、婉順叙而委蛇、注、聲長皃、廣雅釋訓、委蛇、逶衺也、又莊子達生、食之以委蛇、司馬注、泥鰌也、李注、大鳥吞蛇、字亦作蜲、西京賦、聲清暢而蜲蛇、舞賦、蜲蛇姌嫋、又重言形況字、詩君子偕老、委委佗佗、傳、行可委曲從迹也、爾雅釋訓、美也、注、佳麗美豔之皃、李注、寬容之美也、或作逶逶褘褘、亦同、後漢任李萬邳劉耿傳贊、委佗還旋、注、行皃、又單辭形況字、荀子仲尼、委然成文、注、俯就之皃、又託名幖識字、左昭元傳、吾與子弁冕端委、服注、文德之衣尚褒長、故曰委、又詩東山傳、伊威、委黍也、釋文、鼠婦、又禮記襍記、委武、元縞而后蕤、注、冠卷也、秦人曰委、齊人曰武、聲訓、釋名釋言語、委、萎也、萎蕤、就之也、白虎通紼冕、委皃者、言委曲有皃也、儀禮士冠禮記注、或謂委皃爲元冠、委、猶安也、言所以安正容皃、越語、委制于吳、注、歸也、

支寘 **萎** 食牛馬也、从艸委聲、詩鴛鴦、箋、則委之以莝、以委爲之、禮記月令、餧獸之藥、以餧爲之、叚借爲痿、詩谷風、無木不萎、禮記檀弓、哲人其萎乎、離騷、雖萎絕其亦何傷兮、聲類、萎、草木菸也、又爲痿、字林、萎、痹也、後漢馬援傳、而但萎腇咋舌、注、耎弱也、素問氣交變大論、悉萎蒼乾、注、柔耎也、古韻、詩谷風叶嵬萎、禮檀弓叶頽壞萎、

支 **逶** 逶迤、衺去之皃、从辵委聲、或从虫爲聲、按逶迤疊韻連語、此字後出、或體之蟡、卽莊子食之以委蛇字也、亦後製字、詩韓詩羔羊、逶迤逶迤、章句、公正皃、一切經音義引詩、逶迤佗佗、傳、逶佗者、行可委曲迹也、亦自得之皃、漢書禮樂志、旗逶蛇、按猶旖施也、後漢楊秉傳、逶迤退食、注、逶曲自得皃、楚辭怨思、帶隱虹之逶蛇、注、長皃、靈懷、遵曲江之逶移兮、注、長也、甘泉賦、蠁不周之逶蛇、注、欲平皃也、笙賦、餘簫外逶、注、逶迤、漸邪之皃、又詩四牡、周道倭遲、傳、逶遲、歷遠之皃、又唐扶頌、在朝逶隨、費鳳別碑、君有逶虵之節、童子逢

wō 踒　wěi 諉　wèi 䍴　wěi 㱍　něi 餧　něi 餒　wěi 痿　wēi 倭　wēi 覣　wēi 巍

盛碑、當遂遞、迆字亦作過、

歌 **踒** 足跌也、从足委聲、倉頡篇挫足為踒、廣雅釋詁一、踒折也、韓非說林、此其為馬也、踒肩而腫足、易林蒙之隨猿墮高木、不踒手足、

寘 **諉** 絫也、从言委聲、按絫也、爾雅釋言諈諉累也、注以事相屬累為諈諉、孫炎注楚人曰諈、秦人曰諉、漢書賈誼傳注諉者託也、

寘 **䍴** 羊相羵也、从羊委聲、按字亦作羵、夏小正三月羵羊、

支寘 **㱍** 病也、从歺委聲、廣雅釋詁四、㱍萎也、眾經音義云今關西言菸、山東言蔫、江南言㱍、按皆一聲之轉、禮記內則注今益州有鹿㱍者、疏將鹿肉畜之、㱍爛謂之鹿㱍、

寘賄 **餧** 飢也、从食委聲、三蒼餧餓也、王純碑閔其粥饘湅餧之患、假借為萎、漢書陳餘傳如以肉餧虎、注飤也、廣雅釋詁三、餧食也、又為餒、論語魚餧而肉敗、釋文本又作餒、說文引爾雅釋器魚謂之餧、

賄 **餒** 按即餧之或體、今附於此、廣雅釋詁四、餒飢也、左桓六傳今民餒而君逞欲、襄廿傳吾有餒而已、注餓也、假借為㱍、論語魚餒而肉敗、孔注魚敗曰餒、皇疏謂魚臭壞也、爾雅魚謂之餒、李注魚餒肉爛、廣雅釋詁三、鮾敗也、釋器臭也、字亦作鮾、

支 **痿** 痹也、从疒委聲、廣雅釋詁一、病也、素問痿論大經空虛、發為肌痹、傳為脈痿、注謂痿弱無力以運動、漢書哀帝紀贊即位痿痹、注病兩足不能相過曰痿、韓王信傳如痿人不忘起、注風痹病也、呂覽重己多陰則蹷、多陽則痿、注躄不能行也、

支歌 **倭** 順皃、从人委聲、左宣元傳魯宣公名倭、史記侯表作俀、假借疊韻連語、詩四牡周道倭遲、韓詩作威夷、漢書地理志作郁夷、白帖作逶遲、又淮南書嫫母倭傀、醜面也、與仳倠同、又託名標識字、海內北經倭屬燕、

支 **覣** 好視也、从見委聲、假借發聲之詞、廣雅釋詁二、覣[illegible]怒也、方言作[illegible]亦同、

微未 **巍** 高也、从嵬委聲、字亦作魏、从嵬省、又作巋、爾雅釋山小而眾巋、釋文高峻皃、轉注周禮太宰乃縣治象之灋于象魏、司農注象魏闕也、按在雉門外、淮南本經魏闕之高、注門闕高崇嵬嵬然、故曰魏闕、又莊子讓王心居乎魏闕之下、呂覽審為注心下巨闕也、心下巨闕言神內守也、又左閔元傳魏大名也、又周書謚法克威捷行曰魏、克威惠禮曰魏、又莊子天下巋然有餘、注獨立自足之皃、魯靈光殿賦序而靈光巋然獨存、注高大堅固皃、假借為威、按方言十三、魏能也、又為覣、廣雅釋詁二、魏好也、又重言形況字、論語巍巍乎舜禹之

ruí 緌　nèi 鍷　wèi 尉(尉)　wèi 蔚　wèi 罻

有天下也、集解高大之稱也、孟子勿視其魏魏然、丁音當作巍巍、楚辭遠逝貌揭揭以巍巍、劇秦美新令萬世常戴巍巍、又託名標識字、左桓三傳出居于魏、按姬姓國、在今山西解州芮城縣北、晉滅之、後以邑為氏、水經洞過水注魏晉邑榆州里名也、又古今人表魯魏公律、厤志作微、

支 **緌** 系冠纓也、从糸委聲、謂纓之垂者、爾雅釋詁緌繼也、禮記內則冠緌纓、注纓之飾也、王藻有事然後緌、檀弓喪冠不緌、轉注釋名釋兵緌有虞氏之旌也、注旄竿首其形燊燊然也、明堂位樂記以緌為之、又爾雅釋器縭緌也、按婦人蔽膝之系也、郭注失之、又釋水縭緌也、謂維舟之小索、其大索曰紼、詩采菽縭作纚、又禮記檀弓范則冠而蟬有緌、注謂蜩喙長在腹下、古韻禮檀弓叶緌衰、

寘 **鍷** 側意、从金委聲、此字疑即鍋之或體、鍋亦作鍋、許訓側者、以鍋為咼也、鍷咼一聲之轉、

尉六名　凡尉之派皆衍尉聲、於胃切

未物 **㷉** 從上按下也、从𡰥古文仁、从又持火、以尉申繒也、會意、俗字作熨、又作㷉、謏通俗文火斗曰㷉、轉注漢書胡建傳所以尉薦走卒、注尉者自上安之也、趙廣漢傳其尉薦待遇吏、注尉亦薦藉也、韓安國傳以尉士大夫心、注古尉安之字正如此、春秋元命苞言尉者尉民心、撫其實也、示戴尸首以寸者、為言寸度治法數之分、示惟尸稽于寸、舍則法有分、故為尉、示與尸寸、此以繆體為說、無稽之言、許君所謂俗儒鄙夫不見通學者也、又左閔二傳羊舌大夫為尉、注軍尉、淮南時則八月官尉、注戎官、又左襄廿一傳將歸死于尉氏、注討姦之官、晉語有元尉、輿尉、軍尉、禮記月令命太尉、蔡邕章句卿官、水經渠水注尉鄭國之東鄙、弊獄官名也、鄭大夫尉氏之邑、後漢光武紀注廷尉秦官、聽獄必質於朝廷、與眾共之、尉平也、故稱廷尉、漢書百官公卿表注自上安下曰尉、車千秋傳注尉安之字、本無心也、假借為罻、荀子禮論菲帷幬尉、注網也、

未物 **蔚** 牡蒿也、从艸尉聲、爾雅蒿鼓蔚牡鼓、按鼓者青蒿也、牡鼓者齊頭蒿也、詩蓼莪匪莪伊蔚、別義廣雅釋草蔚香藁也、按藁本之別名、假借為黭、蒼頡篇蔚草木盛皃也、易象傳其文蔚也、虞注蔇也、禮記大學注知鳥擇岑蔚安閒、魯靈光殿賦葱翠紫蔚、注文皃、淮南兵略設蔚施伏、注草木繁盛曰蔚、廣雅釋詁一、蔚鬱也、三數也、詩候人薈兮蔚兮、廣雅釋訓蔚蔚茂也、亦重言形況字、又為㱍、淮南俶真五藏無蔚氣、注病也、古韻詩蓼莪叶蔚瘁、候人叶薈蔚、

未寘 **罻** 捕鳥网也、从网尉聲、禮記王制然後設罻羅、注小网也、楚辭惜誦罻羅張而在下、蜀都賦罻羅絡幕、

委　尉(尉)

未 **褽** 祉也。从衣，尉聲。左哀十一傳：褽之以元纁，加組帶焉。注：薦也。叚借爲委。廣雅釋器：褽，晰也。

未 **慰** 恚怒也。从心，尉聲。詩車舝：以慰我心。釋文：怨也。王注：慰，怨恨之意。韓詩作慍，是也。毛訓安，則謂借爲尉。莊子外物：慰暋沈屯。李注：鬱也。盆跖貪財而取慰。釋文本作畏。叚借爲尉。說文：慰，安也。詩凱風：莫慰母心。縣：迺慰迺止。書呂刑：罔不由慰日勤。或曰安爲本訓。車舝借爲鬱，存參。又爲閩。方言三：慰，凥也。

未 **蠿** 飛蟲也。爾雅釋蟲釋文引說文有此字，姑附于此。字亦作螱。

畏九名凡畏之派皆衍畏聲 於胃切

未 **畏** 惡也。从甶从虎省。會意。鬼頭而虎爪，可畏也。按當作从虍省，故曰虎爪。古文从甶从爪。廣雅釋詁一：敬也。二：懼也。三：難也。辠也。四：恐也。釋言：威也。素問宣明五氣篇：腎虛而脾氣并之則畏。南山經：佩之不畏。注：不知恐畏。禮記曲禮：畏而愛之。注：心服曰畏。又檀弓：畏、厭、溺。王肅注：犯法獄死謂之畏。白虎通：畏者兵死也。呂覽勸學：無乃畏邪。注：猶死也。又風俗通過譽：畏，毋慢也。左文十傳：楚申無畏字子舟。叚借爲隈。考工弓人：恒當弓之畏。又疊韻連語。莊子齊物論：山林之畏佳。李注：山阜皃。庚桑楚：以北居畏壘之山。釋文本作

說文通訓定聲　履部弟十二　圭

猥。古韻：將仲子叶懷畏，東山叶畏懷，板叶壞畏，書皋謨叶畏威，詩何人斯叶愧畏，句中韻。左襄卅一傳叶畏懷，句中韻。

灰賄 **鰃** 角曲中也。从角，畏聲。考工弓人：夫角之中，恒當弓之畏。許意謂角之鰃恒傅于弓之隈也。按此字後出，角曲處、弓曲處皆當引申于隈。製此字者直以當考工畏字耳，謂弓之中曲處。

灰 **椳** 門樞臼也。从木，畏聲。淵中以居樞，蘇俗謂之門臼子。

灰 **瘣** 病也。詩卷耳釋文引說文有此字，而爾雅釋詁釋文又引作字林，姑附于此。

賄 **猥** 犬吠聲。从犬，畏聲。按猥猥，狀吠。叚借爲委。漢書五行志：兼受其猥。注：積也。管子八觀：以人猥計其野。注：衆也。長笛賦：山水猥至。注：多也。又後漢隗囂傳注：猥猶濫也。凡煩猥之意皆是。又爲痿。廣雅釋言：猥，頓也。蘇俗言氣弱不任運動曰委頓，蓋痿鈍字。廣疋與古勘連文，正謂此也。又爲隈。文選上責躬應詔詩表：不圖聖詔猥垂齒召。六代論：猥用鼂錯之計。出師表：猥自枉屈。報孫會宗書：而猥隨俗之毀譽也。注皆訓曲，實亦發聲之詞。又爲葳。衆經音義引廣雅：鄙猥也。

灰 **煨** 盆中火也。从火，畏聲。義與衮略同。廣雅釋詁四：爊、煨，熅也。通俗文：熱灰謂之㶿煨。謂埋物熱灰中令熟。秦策：蹈煨炭。又廣

雅釋言：煨，㶷也。或作火也，誤。

灰 **渨** 沒也。从水，畏聲。按此字當訓水曲澳也。山曲曰隈，水曲曰渨。沒義他書無所見，惟見廣雅釋詁，張氏亦述許耳。

賄 **鍡** 鍡鑸，不平也。从金，畏聲。按鍡鑸疊韻連語。埤蒼作碨磊。莊子庚桑楚：畏壘之山，亦作喂累。史記老子韓非傳作畏累。管子輕重乙：山閒堣壝之壞，作堁堁。魏都賦：或嵬崔而複陸，作嵬崔。海賦：碨磊山壟，作碨磊。皆同。上林賦：隱轔鬱𡾰。大人賦：砰磷鬱律。鬱𡾰、鬱律聲之轉，亦同字。又作崴。楚辭抽思：軫石崴嵬。注：崴嵬，不平也。史記司馬相如傳：崴磈嵔瘣。正義：嵔瘣，高峻皃。崔巍，高皃。吳都賦

灰 **隈** 水曲隩也。从𨸏，畏聲。按字从𨸏，當訓山曲隩也。渨篆當訓水曲澳也。隩篆訓隈厓也。澳篆當訓渨厓也。爾雅釋丘：隩，隈。厓內爲隩，外爲隈。釋文本作渨。此借字，古本作鞫，鞫則借爲沇也。管子形勢：大山之隈。注：山曲也。西征賦：憑高望之陽隈。注：厓也。琴賦：觸巖觝隈。轉注：列子黃帝：指河曲之淫隈。釋文：水曲也。淮南覽冥：漁者不爭隈。注：曲深處，魚所聚也。按此義實當作渨。又江淹詩：采藥白雲隈。注：曲也。魏都賦：考之四隈。注：猶隅也。又儀禮大射儀：順左右隈。注：弓淵也。考工弓人：恒當弓之畏。以畏爲之。又莊子徐无鬼：奎蹄曲隈。向注：股閒也。又左僖廿五傳：隈入而係輿人。注：隱蔽之處。

說文通訓定聲　履部弟十二　圕

胃十一名凡胃之派皆衍胃聲 于貴切

未 **胃** 穀府也。从肉，囗象形。按中卽米字，斜書之。俗字亦作膟。白虎通情性：胃者，脾之府也。續漢五行志：胃，供養之官也。素問玉機眞藏論：胃者，五藏之本也。五藏別論：胃者，水穀之海，六府之大源也。陽明脈解篇：胃者，土也。又禮記內則：鹿胃。考工梓人：以胃鳴者。釋文：靈蠵也。叚借託名幖識字。天文：西方胃宿三星，鼎足，河之次下，有天囷諸星。聲訓：史記律書：胃者，言陽氣就藏，皆胃胃也。春秋元命苞：胃者，穀之委也。釋名：胃，圍也，圍受食物也。古韻：靈樞營氣叶胃肺外隧，榮衛生會叶胃肺氣衛外會。

未卦 **喟** 大息也。从口，胃聲。或从貴聲。論語顏淵：喟然歎曰。集解：歎聲也。漢書高帝紀：喟然大息。注：歎息皃。儒林傳：然後喟然興于學。楚辭懷沙：永歎喟兮。離騷：喟憑心而歷茲。愍命：行唫累欷聲喟喟兮。亦重言形況字。又方言十：嘳，憐也。字林：嘳息，憐也。舞賦：嘳息激昂。古韻：楚詞懷沙叶喟謂愛類。

卦 **叡** 爾雅釋詁：叡，息也。按此字卽喟之古文，未審所从，今附于此。或曰嘳字，或作聵。左傳：屠蒯。禮記作蕢。據此叡當爲貴之古文，是爾雅借叡爲喟也。存參。

未 **謂** 報也。从言胃聲。廣雅釋詁二：謂，說也。荀子大略：子謂子家駒。注：言也。漢書霍光傳：人以謂霍氏。注：告語也。又廣雅釋詁一：謂，使也。詩出車：謂我來矣。又廣雅釋言：謂，指也。公羊隱元傳：王者孰謂，謂文王也。又論語：孔子謂季氏。皇疏：評論之辭也。又漢書楊王孫傳：不損財於亡謂。注：謂者，名稱也，亦指趣也。又詩節南山：不平謂何。箋：猶云何也。齊策：吾獨謂先王何乎。注：猶奈何也。叚借為勤。爾雅釋詁：謂，勤也。詩摽有梅：迨其謂之。北門：謂之何哉。隰桑：遐不謂矣。又為彙實。爾雅釋木：樸枹者謂。錢宮詹說。聲訓釋名釋書契：謂，猶謂也。猶得敕不自安，謂謂然也。古韻詩摽梅叶塈、謂。隰桑叶愛、謂。楚詞懷沙叶慨、謂。又叶喟、謂、愛、類。轉音易家人叶義、謂。

未 **渭** 渭水也。出隴西首陽渭首亭南谷，東入河。杜林說：夏書以為出鳥鼠山，雝州浸也。按渭出今甘肅蘭州府渭源縣首陽山，在鳥鼠山之西北，至陝西西安府華陰縣北入河。水經渭水注：渭水，秦大川也。書禹貢：涇屬渭汭。詩谷風：涇以渭濁。釋文：渭，清水也。又海內東經：涇水北入渭戲北。注：渭戲，地名。聲訓春秋說題辭：渭之言布也，渭渭流行皃。廣雅釋水：渭，偶也。古韻詩大明叶妹、渭。

未 **媦** 楚人謂女弟曰媦。从女胃聲。廣雅釋親：媦，妹也。公羊桓二傳：若楚王之妻媦。

未 **緭** 繒也。从糸胃聲。轉注：廣雅釋器：緭，緊也。

未 **颹** 大風也。从風胃聲。廣雅釋詁四：颹，風也。

未 **彙** 作彙。彙蟲也。似豪豬而小。从希，籀文希，胃省聲。或从虫胃聲，字亦作猬。今字作蝟，誤。爾雅釋獸：彙，毛刺。注：今蝟，狀似鼠。廣雅釋蟲：虎王，蝟也。史記龜策傳：蝟辱於鵲。集解：蝟能制虎，見鵲仰地。淮南說山：鵲矢中蝟。北山經：梁渠之山，其獸多居暨，其狀如彙。漢書賈誼傳：反者如蝟毛而起。叚借為實。易泰否：以其彙。荀注：類也。釋文：美也。則謂借為偉。吳都賦：蔕彙非一。幽通賦：柯葉彙而零茂。漢書敘傳注：彙，盛也。詩召旻：草不潰茂，以潰為之。爾雅釋木：謂櫬采薪，以謂為之。

卦 **蔽** 蔽艸也。从艸㕯聲。今字作蒯，誤。聲類：草中為索。按茅屬也。左傳：無棄菅蒯。儀禮喪服傳：菅蒯蒯非也。史記孟嘗君傳：馮諼有一劍，蒯緱。叚借為郶。史記傳靳蒯成傳。按以邑為氏者。又左昭九傳：屠蒯，禮記檀弓作杜蕢。又疊韻連語，左傳衛蒯聵。按即蔽類頭皃也。

卦 **郶** 汝南安陽鄉。从邑，蔽省聲。在今河南汝寧府真陽縣東。

位一名 于愧切

寘 **位** 列中廷之左右謂之位。从人立，會意。周禮朝士：掌外朝之位。司士：掌治朝之位。太宰：四曰祿位，以馭其士。注：爵次也。廣雅釋言：

位，涖也。禮記坊記：朝廷有位。周語：大夫士日恪位著。楚詞：位者有官師之典。轉注：管子心術：位者，謂其所立也。易繫詞傳：聖人之大寶曰位。春秋：公即位。周禮太僕：掌正王之服位。又儀禮燕禮：賓反位。注：反席也。左成十七傳：以戈殺駒伯、苦成叔于其位。注：所坐處也。又禮記大傳：族人不得以其戚戚君位也。注：謂齒列也。又周禮小宗伯：掌建國之神位。又成葬而祭墓為位。又肆師：凡師甸，用牲于社宗，則為位。又禮記中庸：天地位焉。注：猶正也。又易說卦：易六位而成章。繫辭傳：列貴賤者存乎位。注：爻之所處曰位。古韻詩嘉樂叶位、塈。易旅叶位、快、逮。說卦叶位、氣。小言賦叶貴、類、配、位。轉音易渙叶外、大、位、害。

回二名凡回之派皆衍回聲 戶威切

灰 隊 **回** 轉也。从口，中象回轉形。古文亦象形。字亦作迴、作徊。詩雲漢：昭回于天。傳：轉也。爾雅釋天：迴風為飄。注：旋風也。釋水：過辨回川。注：旋流也。淮南本經：詭文回波。注：若水波也。七發：迴翔青箴。注：水復流也。漢書李廣傳：東道少回遠。注：繞也，曲也。太元元攡：天日迴行。注：運也。又周禮典同：回聲衍。注：謂其形微圜也。又史記弟子傳：魯顏回，字子淵。淵者，回水也。叚借為違，實為韋。詩大明：厥德不回。常武：徐方不回。又為僞。詩小旻：謀猷回遹。傳：邪也。左昭二十傳：不為利疚于回。禮記禮器：禮釋回。注：邪辟也。廣雅釋詁二：回，衺也。又疊韻

連語。風賦：迴穴錯迕。注：凡事不能定者迴穴。漢書敘傳：畔回穴其若茲兮。注：轉旋之意也。又廣雅釋訓：徘徊，便旋也。荀子禮論：則必徘徊焉。注：回旋飛翔之皃。漢書高后紀：徘徊往來。注：徬徨不進之意也。又重言形況字。思元賦：焱回回其揚靈。注：光明皃。古韻詩鼓鐘叶喈、湝、悲、回。常武叶回、歸。楚詞遠遊叶飛、迴。莊子盜跖叶非、幾、徊。轉音楚詞遠遊叶妃、歌、飛、夷、蛇、徊。

灰 **洄** 溯洄也。从水回，會意，回亦聲。爾雅釋水：逆流而上曰泝洄。三蒼：水轉曰洄。詩蒹葭：溯洄從之。叚借為闇。七發：洄闇悽愴焉。按：幽暗意也。又重言形況字。爾雅釋訓：洄洄，惛也。

贙一名 胡畎切

霰 **贙** 分別也。从虤對爭貝。讀若回。魏都賦：蔂葭贙。按虎不爭貝，當是貴省聲。今音讀如縣。別義：爾雅釋獸：贙有力。注：西海大秦國有養者，似狗，多力獷惡。按今所謂西洋獅子狗也。郭氏讚云：豫有獸，厥狀似犬，飢則馴伏，飽則反眼。出于西海，名之曰贙。按此當為本訓。

毇四名凡毇之派皆衍毇聲 許偉切

紙 **毇** 糲米一斛舂為九斗也。从臼从米从殳，會意。稻米曰毇，禾黍米曰粺。淮南主術：粢食不毇。注：細也。轉注：廣雅釋器：毇，饘也。

紙 **毀** 缺也从土毇省聲古文从壬按从壬者俗字非古文小爾雅廣言毀壞也廣雅釋言毀虧也蒼頡篇毀破也易說卦傳兌爲毀折禮記雜記至於廟門不毀墻春秋文十六年毀泉臺轉注文二傳毀廟之主注謂親過高祖毀其主於太廟中又周禮牧人凡外祭毀事杜注謂副辜候禳毀除殃咎之屬又秦策壹毀魏氏之威注敗也又左莊三十傳自毀其家注滅也又禮記檀弓毀不危身注謂憔悴將滅性又左文十八傳毀則爲賊疏壞法也叚借爲嫛孟子不求全之毀又題辭滅倉毀鬲丁音毀鬲壼譜毀之齊策每言未嘗不毀孟嘗君也注謗也古韻呂覽行論叶毀累楚詞九辨叶偕毀死

紙 **擊** 傷擊也从手毀會意毀亦聲

紙 **嫛** 惡也从女毀聲凡毀謗字經傳皆以毀爲之別義一曰人皃也按謂皃醜惡

虫一名 許偉切

尾 **虫** 一名蝮博三寸首大如擘指象其臥形物之微細或行或飛或毛或蠃或介或鱗以虫爲象按凡蟲皆有毒虫最毒故从虫其實亦蟲省也許序說俗隸虫者屈中謂不作象形以中字曲其下者繆也又按虫者蛇之總名其類有蝮有虺蝮者長一尺許首尾相等俗謂之土骨蛇甚毒虺者蜥蜴之屬以注鳴俗謂之馬蛇子爾雅釋魚蝮虺博三寸首大如擘按首尾粗細相等借虺爲虫借擘爲臂耳許所述首大如擘指郭注本之皆誤也南山經猨翼之山多蝮虫注一名反鼻

彗七名凡彗之派皆衍彗聲 祥帥切

霽 **彗** 埽竹也从又持甡會意按甡訓衆生竝進於義爲迂疑从甡者古文𡴩字亦象彗形也或又从竹古文从竹从習未詳凡彗柔者用苅剛者用竹字亦作篲禮記曲禮國中以策彗卹勿驅注竹帚史記孟荀傳擁彗先驅漢書王褒傳忽若彗汜畫塗高帝紀太公擁彗莊子達生開之操拔篲以侍門庭海外南經三株樹其爲樹若彗轉注爾雅釋詁彗勤也後漢班固傳戈鋋彗雲注埽也又爾雅釋天彗星爲欃槍釋名彗星光梢似彗也左昭十七傳彗所以除舊布新也河圖帝通紀彗星者天之旗也按彗象近在月輪天下因日以流光故晨見東則指西夕見西則指東未有百日不滅者蓋百日則太陽已移三次光所不及也又爾雅釋草葥王彗注王帚也似藜其樹可以爲埽彗江東呼之曰落帚聲訓新序褋事天之有彗以除穢也轉音爲文韜叶彗割伐

霽 **嘒** 小聲也从口彗聲或从慧聲字亦作噦詩小弁鳴蜩嘒嘒傳聲也那嘒嘒管聲傳和也宋菽鸞聲噦噦傳中節也亦重言形況字爾雅釋訓儵儵嘒嘒罹禍毒也廣雅釋訓嘒嘒鳴也叚借單辭形況字詩小星嘒彼小星傳微皃雲漢有嘒其星傳衆星皃字亦誤作嚖古韻詩小弁叶嘒屆淠寐

霽 **槥** 棺櫝也从木彗聲漢書高帝紀令士卒從軍死者爲槥注小棺也今謂之櫝成帝紀給槥櫝葬埋注謂小棺

霽 **熭** 暴乾也从火彗聲字亦作㬳漢書賈誼傳日中必熭語出六韜注謂暴曬之也

霽 **慧** 儇也从心彗聲方言三知或謂之慧注慧憭皆意精明賈子道術亟見窕察謂之慧周書謚法柔質受諫曰慧左成十八傳周子有兄而無慧注不慧蓋世所謂白癡論語好行小慧鄭注謂小小之才知齊語聰慧質仁注解瞭也素問藏氣法時論肝病者平旦慧下晡甚八正神明論慧然獨悟注謂清爽也廣雅釋詁一慧瘉也叚借爲熭廣雅釋詁二慧乾也古韻孟子齊諺叶慧勢

霽 **繐** 蜀細布也从糸彗聲蜀都賦黃潤比筒揚雄蜀都賦亦曰筒中黃潤一端數金一切經音義八引說文蜀白細布也

霽 **鏏** 鼎也从金彗聲讀若彗淮南說林水火相憎鏏在其閒五味以和注小鼎又曰鼎無耳

軎一名 胡貴切

霽 **軎** 車軸耑也从車口象形杜林說御覽引杜林說轂轄也按口象小穿受䡴者即軹也周禮大馭右祭兩軹故書作兩斬軹者軹之借字斬者軹之古字一說口聲或从車彗聲字亦作轊方言九齊謂之轆廣雅釋器轆轊也史記萬石張叔傳櫟機轊田單傳以轊折車敗轉注子虛賦轊陶駼漢書注謂軸頭衝而殺之也

惠五名凡惠之派皆衍惠聲 胡貴切

霽 **惠** 仁也从心从叀會意或曰叀省聲古文亦从叀作𢝊者三牛首也非卉木字爾雅釋詁惠愛也又順也廣雅釋言惠賜也周書謚法愛民好與曰惠柔質慈民曰惠孟子分人以財謂之惠賈子道術心省恤人謂之惠周語惠所和民也又惠文之慈也又言惠必及寬書亮采惠疇傳順也詩北風惠而好我傳愛也禮記表記節以壹惠注猶善也論語小人懷惠苞注恩也莊子則陽惠子明之而見戴晉人釋文施也字亦作憓史記司馬相如傳義征不憓魏都賦荊南懷憓注順也字亦作譓叚借爲發聲之詞左襄廿六傳寺人惠牆伊戾服注惠伊皆發聲又中山經祠嬰用圭璧十五五彩惠之注猶飾也方言也又釋名釋采帛齊人謂涼爲惠又託名幖識字書顧命二人雀弁執惠傳三隅矛鄭注惠狀蓋斜刃宜芟刈又莊子逍遙游惠蛄不知春秋司馬注寒蟬也一名蝭蟧方言十一蛥蚗楚

yī 衣　suì 采　suì 繐 huì 潓 huì 櫘 suì 韢

謂之蟪蛄。廣雅釋蟲：蟪蛄，蛁蟟也。家語：初見蟪蛄之聲，猶在于耳。字亦作蟪。又廣雅釋草：薰草，蕙草也。字亦作蕙，疑即籀文惠字。中山經：升山其草多蕙。又西山經：中皇之山多蕙棠。注：形棠之屬。按木名。【古韻】詩節南山叶惠、戾、屆、闋。【轉音】詩瞻卬叶惠、厲、瘵。禮月令叶泄、出、達、內、惠。絕。

齊 **韢** 橐紐也。从韋，惠聲。【別義】一曰盛虜頭橐也。

齊 **櫘** 櫘木也。从木，惠聲。

齊 **潓** 潓水也。从水，惠聲。當在今安徽廬州府南至安慶府境，今無考。

齊 **繐** 細疏布也。从糸，惠聲。禮記檀弓：綌衰繐裳。又請繐衰而環絰。注：繐衰，小功之縷而四升半之衰。儀禮士冠禮：不屨繐屨。荀子禮論：菲繐。按布二尺二寸之廣，用縷三百六十，其縷細以恩輕也，其布疏以服至尊也。【聲訓】釋名釋采帛：繐，惠也。齊人謂涼為惠，言服之輕細涼惠也。

采 一名。徐醉切。

寘寘 **采** 禾成秀也，人所以收。从爪禾。會意。與采同意。或从禾，惠聲。按許諱秀，成秀當作成采。詩黍離：彼稷之穗。曲水詩序：禎莖素毳，并柯共穗之瑞。注：共穗，嘉禾也。又呂覽審時：疏穖而穗大。注：穗，果贏也。按果贏疊韻連語，猶花蕊之言骨朵也。【古韻】詩大田叶穉、穧、穗、利。黍離叶穗、醉。

衣入名，凡衣之派皆衍衣聲。於稀切。

微未 **衣** 所以蔽體者也。上曰衣，下曰裳。象覆二人之形。按上象首弁，中象兩袖，下象衣承之形，與亥異意。許云覆二人者，釋字形如之，猶曰反从為比，反后為司，非說其義也。易說卦荀九家：乾為衣。既濟：繻有衣袽。書武城：一戎衣。傳：服也。詩葛覃：薄澣我衣。箋：謂褘衣以下至褖衣。儀禮聘禮：主人長衣練冠以受。注：素純布衣也。左閔二傳：衣，身之章也。【轉注】禮記曲禮：兩手摳衣。疏：謂裳也。詩素冠：庶見素衣兮。箋：謂素裳也。爾雅釋水：以衣涉水為厲。注：謂褌也。又禮記曲禮：童子不衣裘裳。論語：衣敝緼袍。皇疏：猶著也。【叚借】為殷。禮記中庸：壹戎衣。注：齊人言殷聲如衣。虞夏商周氏者多矣，今姓有衣者，殷之胄與。衣殷雙聲。又為扆。漢石經書顧命：狄設黼衣。又為愛。老子：衣養萬物而不為主。又為齋。禮記檀弓：衣衰而繆絰。注：當為齊壞字也。【聲訓】說文：衣，依也。釋名：人所依以芘寒暑也。白虎通：衣者隱也。衣隱雙聲。【古韻】詩

ēn 㶣　yǐ 扆　yī 依　āi 哀　yī 䧇　yī 㛄

葛覃叶歸、私、衣。柏舟叶微、衣、飛。碩人叶衣、妻、姨、私。東方未明叶晞、衣。無衣叶衣、師。七月叶火、衣。

灰 **哀** 閔也。从口，衣聲。字亦作㥾。廣雅釋詁二：哀，痛也。釋訓：哀哀、悽悽、懷報德也。春秋繁露：哀氣為太陰而當冬。周禮大宗伯：以凶禮哀邦國之憂。注：救患分裁。孟子：舍正路而不由，哀哉。注：傷也。穆天子傳：天子作詩三章以哀民。注：猶愍也。周書謚法：恭仁短折曰哀。柳敏碑：嗚呼懷哉。【叚借】為悉。呂覽報更：人主胡可以不務哀士。注：愛也。又詩關雎序：哀窈窕。箋：哀當為衷。則謂誤字。又雙聲連語。莊子德充符：曰哀駘它。李注：哀駘，醜皃。又託名標識字。後漢班彪傳：哀牢。注：西南夷號。實發聲之詞。【古韻】詩采薇叶依、霏、遲、飢、悲、哀。小旻叶哀、違、依、底。谷風叶薇、棲、哀。桑柔叶騤、夷、黎、哀。晉語叶懷、歸、哀、微、依、妃。高唐賦叶蟖、諧、哀、悽、欷。

微 **依** 倚也。从人，衣聲。廣雅釋詁三：依，恃也。方言十三：依，祿也。詩載芟：有依其士。箋：依之言愛也。那：依我磬聲。傳：倚也。楚辭怨世：余生終而無所依。注：保也。又禮記學記：不學博依。注：博依，廣譬喻也。【叚借】為扆。周禮司几筵：王位設黼依。禮記明堂位：天子負斧依。又為㥯。按詩依彼平林。傳：茂木皃。又疊韻連語。漢書禮樂志：依韋饗昭。注：諧和不相乖離也。劉歆傳：猶依違謙讓。注：言不專決也。七啟：依違厲響。注：猶徘徊也。又重言形況字。蘇子卿古詩：思心常依依。注：思戀之皃。又託名標識字。儀禮既夕記：設依撻焉。注：依，纏弦也。撻，弣側矢道也。皆

以韋為之。【古韻】詩采薇叶騤、依、腓。又叶依、霏、遲、飢、悲、哀。小旻叶哀、違、依、底。公劉叶依、濟、几。載芟叶媚、依，句中韻。楚詞天問叶依、譏。晉語叶懷、歸、哀、微、依、妃。

元 **㶣** 炮肉以微火溫肉也。廣韻引說文：炮炙也，以微溫肉。从火，衣聲。或曰衮省聲。字亦作煾。按恩衣雙聲。廣雅釋詁二：衮，熅也。四：煾，熅也。

尾 **扆** 戶牖之閒謂之扆。从戶，衣聲。爾雅釋宮李注：謂牖之東、戶之西為扆。經傳多以依為之。儀禮覲禮：天子設斧依于戶牖之閒。注：如今綈素屏風也，有繡斧文，所以示威也。書顧命：設黼扆。東京賦：負斧扆。注：屏風樹之坐後也。禮記曲禮：天子當依而立。疏：狀如屏風，以絳為質，高八尺。【叚借】為隱。通俗文：奧內曰扆。又為匸。廣雅釋詁四：扆，藏也。字亦作㕈。釋詁一：㕈，翳也。亦作庡。字林：庡，翳也。【聲訓】釋名釋牀帳：扆，倚也。在後所依倚也。

微 **㛄** 女字也。从女，衣聲。讀若依。按漢婦官十四等有充依，只作依，此後製字。

微 **䧇** 酒泉郡天䧇縣阪也。从𨸏，衣聲。

尾 **㥋**〔篆〕痛聲也从心依聲委曲不直遂非痛之至者也孝經曰哭不㥋字亦作偯禮記閒傳三曲而偯

㐆一名 於機切

微 **㐆**〔篆〕歸也从反身指事按釋氏書有皈依字皈字疑當从反身作㱕即㐆之俗也

伊二名凡伊之派皆衍伊聲 於脂切

支 **伊**〔篆〕〔古文〕殷聖人阿衡尹治天下者从人从尹會意古文从人死聲 按伊阿尹衡一語之轉字當从人尹聲據說文則此字當製于商初水經伊水注昔有莘氏女采桑于伊川得嬰兒于空桑中取而獻之命養于庖而長有賢德殷以爲尹曰伊尹也按帝王世紀以尹爲力牧之後夏書禹貢伊洛瀍澗出今河南河南府盧氏縣熊耳山至偃師縣南入洛是水名在伊尹前如神農以姜水爲姓也惟水名从人从女難以肌說叚借聲韻連語禮記郊特牲伊耆氏始爲蜡周禮秋官伊耆氏注古王者號今姓有伊耆氏又詩東山伊威在室傳委黍也陸疏一名鼠婦又爲㓞漢石經洪範繇伊洪水又發聲之詞爾雅釋詁伊維也又侯也詩蒹葭所謂伊人傳維也儀禮士冠禮嘉薦伊脯注惟也詩秦洧伊其相謔箋因也都人士匪伊垂之箋辭也正月伊誰云憎箋讀當爲緊太元廓伊德攸興注是也又後漢楚王英傳注伊蒲塞即優婆塞也中華翻爲近住言受戒行堪近僧住也又雙聲連語後漢趙壹傳注伊優屈曲佞媚之皃洞簫賦憒伊鬱而酤䣾景福殿賦感乎溽暑之伊鬱注煩熱皃又爲推周書大匡展盡不伊注推也古韻詩巧言叶麋階伊幾

支 **蛜**〔篆〕蛜威委黍委黍鼠婦也从虫伊省聲一名蟠字亦作蚒按此字後出詩伊威在室伊威疊韻連語威字亦得加虫傍也蘇俗謂之草鞋蟲生水瓦底溼處背有橫文腹下多足爾雅釋蟲蟠鼠負又云伊威委黍實一物也或曰蟠鼠婦䗪也蘇俗曰地鼈蟲

夷十名凡夷之派皆衍夷聲 以脂切

支 **夷**〔篆〕東方之人也从大从弓會意弓所持也字亦作𡰥與古文仁同 按𡰥者尼之壞字孝經仲尼居字或借尼爲之耳蠻閩从虫狄从犬貉从豸羌从羊皆異種棘僥从人夷獨从大夷俗仁壽有君子不死之國故孔子欲居九夷也後漢東夷傳夷有九種曰畎夷于夷方夷黃夷白夷赤夷元夷風夷陽夷書堯典宅嵎夷馬注萊夷也周禮職方氏四夷八蠻又其外方五百里曰夷服大司馬又其外方五百里曰夷畿左傳鄭靈公夷字子蠻又字子貉轉注穀梁序四夷交侵疏四夷者東夷西戎南蠻北狄之總號淮南原道四夷納職注四夷海外也越絕書吳內傳夷海也又書禹貢淮夷蠙珠暨魚馬注淮夷二水名水經沔水注夷水即蠻水也夷水注夷水即佷山清江也蜀人見其澄清因名清江叚借爲侇說文夷平也詩天作有夷之行老子大道甚夷而民好徑左成十八傳以塞夷庚注吳晉往來之要道辯亡論旋皇輿于夷庚注藏車之所非是書堯典厥民夷傳平也爾雅釋丘夷上洒下不漘李注平上周語五曰夷則所以歌詠九則平民無貳也史記律書夷則言陰氣之賊萬物也則謂借爲痍又爲彝明堂位夏后氏以雞夷又孟子民之秉夷注常也又爲儕禮記曲禮在醜夷不爭史記留侯世家皆陛下故等夷又爲尸周禮凌人共夷槃冰注夷之言尸也寒尸之槃曰夷槃牀曰夷牀衾曰夷衾移尸曰夷于堂皆依尸而爲言者也按尸者陳也𡰥也字亦作侇又爲台爾雅釋言夷悅也字亦作恞詩風雨云胡不夷那亦不夷懌楚辭陶壅羕余術兮可夷注喜也台夷雙聲又爲痍小爾雅廣言夷傷也易明夷序卦傳夷者傷也左成十六傳察夷傷襄廿六傳王夷師熸又爲薙左隱六傳芟夷蘊崇之注殺也周禮薙氏曰夏至而夷之注夷之以鉤鎌迫地芟之也管子小匡惡金以鑄斤斧鉏夷鋸欘注鋤類也爾雅釋詁夷易也廣雅釋詁三夷敡也四滅也周語是以人夷其宗廟賈注毀也漢書酷吏傳注夷除也又爲跠按論語原壤夷俟馬注踞也白虎通禮樂夷者僔夷無禮義夷跠雙聲又雙聲連語楚詞抽思徘徊夷猶注猶豫也後漢馬融傳注夷由不行也射雉賦崇墳夷靡注穨弛也笙賦案衍夷靡注夷而漸平也又疊韻連語韓詩四牡周道威夷爾雅釋獸威夷長脊而泥按猶逶迤也又單辭形況字老子視之不見名曰夷按希夷亦疊韻連語無聲色之言也又考工廬人夷矛三尋按酋夷亦雙聲連語短長之名也又發聲之詞周禮行夫故書夷使則介之注夷發聲易渙匪夷所思又託名幖識字春秋僖元年邢遷于夷儀在今直隸順德府邢臺縣西公羊作陳儀漢書樊噲傳與司馬𡰥戰碭東注𡰥讀與夷同孝經仲尼居釋文𡰥古夷字又離騷畦留夷與揭車兮注香草楚辭湘夫人辛夷楣兮葯房注香草又周語夷羊在牧注神獸淮南本經注土神也又淮南原道馮夷大丙之御注或作遲又爾雅釋木無姑其實夷聲訓風俗通夷者柢也言仁而好生萬物柢地而出又淮南天文夷則者易其則也釋名夷矛夷常也其矜長丈六尺不言常而曰夷者言其可夷滅敵亦車上所持也蓋以彝痍兩字釋之古韻詩草蟲叶薇悲夷風雨叶淒喈夷桑柔叶騤夷黎哀有客叶追綏威夷老子贊元叶夷希微楚詞遠遊叶妃歌飛夷蛇徊轉音周書大明武叶溪離宜夷

齊 **荑**〔篆〕荑艸也从艸夷聲按茅之初生也與苐稊皆別弟夷篆體相似凡偏傍多致錯誤詩靜女自牧歸荑風俗通荑者茅始熟中穰也既白且滑轉注通俗文草陸生曰荑郭璞遊仙詩陵岡掇丹荑注凡草之初生通名曰荑又詩七月傳女桑荑桑也疏葉之新生者易大過枯楊生稊鄭注木更生以稊爲之又從遊京口北固應詔詩原隰荑綠柳又爾雅莁荑蔱蘠注一名白蕢此莧菜之白者叚借爲苐

yí 咦　yí 徲　yí 羠　tí 鵜　yí 桋　yí 痍　tì 洟　yí 姨

說文萬州也又爲𧀟孟子不如萬𧀟莊子知北遊在萬𧀟以弟爲之古韻詩碩人叶萬脂蠐犀倉

支 **咦** 南陽謂大呼曰咦从口夷聲按大息之聲也假借爲唏廣雅釋詁一咦笑也

支 **徲** 行平易也从彳夷聲經傳皆以夷爲之廣雅釋訓徲徲行也亦重言形況字

支紙 **羠** 騬羊也从羊夷聲按馬曰騬牛曰犗曰犍豕曰豶犬曰猗羊曰羠曰羯蘇俗語通謂之扇急就篇牂羖羯羠挑羝羭史記貨殖傳其民羯羠不均謂很如羊也

齊支 **鵜** 鵜胡汙澤也从鳥夷聲或从弟聲亦名淘河爾雅釋鳥鵜鴮鸅注好羣飛沈水食魚詩候人維鵜在梁陸疏水鳥形如鶚而極大喙長尺餘頷下胡大如數斗囊小澤中有魚羣共抒水滿其胡而棄之令水竭盡乃共食魚禮記表記注污澤善居泥水之中淮南齊俗鵜胡飲水數斗而不足東山經沙水其中多鴛鶘狀如鴛鴦而人足其鳴自訓亦作鸄鶘莊子外物魚不畏網而畏鵜鶘按此鳥黑色高足吳語盛以鴟夷而投之於江注鴟夷革囊按似鵜之胡故名也以夷爲之或曰疊韻連語假借爲鷤離騷恐鵜鴂之先鳴兮使夫百草爲之不芳注一名買鵤常以春分鳴按卽子規也規字亦作鴂誤从夬耳思元賦作鶗鴂服注謂鵙伯勞也此因百草不芳而爲之說乃以五月始鳴之鶪當之其實非也鶪亦非鴂爾雅鵙鳩鵤小鳥鵤也

說文通訓定聲　履部第十二

齊支 **桋** 赤梀也从木夷聲爾雅梀赤梀白者梀注赤梀樹葉細而岐銳皮理錯戾好叢生山中中爲車輞白梀葉圓而岐爲大木詩四月隰有杞桋陸疏梀葉如柞皮薄而白木理赤者爲赤梀其木皆堅韌今人以爲車轂假借爲荑爾雅女桑桋桑古韻詩四月叶薇桋哀

支 **痍** 傷也从疒夷聲通俗文體創曰痍公羊成十六傳王痍者何傷乎矢也經傳多以夷爲之假借爲剔左成十三傳芟痍我農功釋文本作夷聲訓釋名釋疾病痍侈也侈開皮膚爲創也

齊支 **洟** 鼻液也从水夷聲字亦作鮷易萃齎咨涕洟禮記檀弓垂涕洟詩澤陂涕泗滂沱以泗爲之古韻易萃叶齎咨涕洟

支 **姨** 妻之女弟同出爲姨从女夷聲爾雅妻之姊妹同出爲姨詩碩人邢侯之姨左莊十傳蔡哀侯曰吾姨也轉注釋名母之姊妹曰姨左襄廿三傳注姨昆弟疏據父言之謂之姨據子言之當謂之從母但子效父語亦呼爲姨聲訓釋名姨弟也言與己妻相長弟也古韻詩碩人叶衣妻姨私

匸一名　胡禮切

xì 匸　yè 曳　yì 玴　yì 怈　xì 系　xì 係　xī 奚　xī 徯

齊 **匸** 衺徯有所夾藏也从乚上有一覆之指事讀與徯同

曳三名凡曳之派皆衍曳聲　余制切

齊 **曳** 臾曳也从申丿會意丿者抴也說文丿聲丿曳亦一聲之轉臾曳束縛捽抴之意按實與抴同字亦作拽易睽見輿曳未濟曳其輪虞注坎爲曳禮記曲禮車輪曳踵儀禮士相見禮武舉前曳踵注古文作抴楚辭怨思曳彗星之皓旰兮注引也假借爲貰洞簫賦超騰踰曳注亦踰也古韻易睽叶曳劓

齊 **玴** 石之似玉者从玉曳聲按玉篇又有玴字

齊 **怈** 習也从心曳聲按與忕略同假借爲閟蒼頡篇怈明也

系十五名凡系之派皆衍系聲　胡計切

齊 **系** 繫也从糸从丿會意說文厂聲厂系亦一聲之轉或从毄處籀文从爪从絲廣雅釋詁四系連也按垂統於上而連屬于下謂之系猶聯綴也經傳多以繫爲之轉注魏都賦本前修以作系劉注胄也幽通賦系高頊之元胄兮注連也又後漢班彪傳注系謂易繫辭也東京賦雖系以隤牆填塹注繼也思元賦系曰注繫也聲訓說文系繫也釋名釋衣服系繫也相聯繫也

說文通訓定聲　履部第十二

齊 **係** 絜束也从人从系會意系亦聲與結略同易遯係遯虞注巽繩爲係吳語係馬舌注縛也越語係妻孥注繫也孟子係累其子弟注猶縛結也淮南本經傒人之子女字亦作傒又左傳朱絲係玉二穀經傳多以繫爲之假借爲系爾雅釋詁係繼也左傳輿係柴而僞遁

齊 **奚** 大腹也从大𦣻省聲𦣻籀文系說文豯纂曰豚生三月腹奚奚皃也左傳晉祁奚呂覽去私注字黃羊大戴史記以徯爲之又魯公子奚斯字子魚或疑借爲繇假借爲媄周禮天官序官奚三百人注古者從坐男女沒入縣官爲奴其少才知以爲奚今之侍史官婢或曰奚宦女禁暴氏凡奚隸注女奴男奴也又發聲之詞小爾雅廣言奚何也禮記檀弓吾欲暴尪而奚若注何如也與用何烏惡安焉皆同又託名幖識字春秋桓十七年及齊師戰于奚注曾地水經注夏車正奚仲之國也在今山東兖州府滕縣南奚公山下又廣雅釋草奚毒附子也又孟子百里奚管子史記作傒

齊齊 **徯** 待也从彳奚聲或从足字亦誤作傒通俗文邪道曰徯廣雅釋宮蹊道也左宣十一傳牽牛以蹊人之田注徑也孟

子山徑之蹊閒介長笛賦是以閒介無蹊思元賦不識蹊之所由漢書李廣蘇建傳贊下自成蹊貨殖傳給弋不施于徯隧周憬功勳銘小徯乃平又虞書惟動丕應徯志傳待也孟子徯我后太元徯陽氣有徯假借爲疊韻連語方言六徯醯危也東齊掎物而危謂之徯醯聲訓釋名釋道步所用道曰蹊蹊傒也言射疾則用之故還傒于正道也

齊 **謑** 恥也从言奚聲或从奊聲荀子非十二子無廉恥而忍謑詬呂覽誣徒不可謑詬遇之漢書賈誼傳奊詬亡節以奊爲之假借爲奊莊子天下謑髁無任釋文謑髁訛倪不正皃

佳 **鞵** 生革鞮也从革奚聲字亦作鞋聲訓釋名鞵解也著時縮其上如履然解其上則舒解也

齊 **雞** 知時畜也从隹奚聲籒从鳥漢書五行志雞者小畜主司時起居人禮記月令食菽與雞注木畜賈子胎敎雞者東方之牲也禮記曲禮雞曰翰音易說卦傳巽爲雞方言八雞陳楚宋魏之閒謂之鸊鷈周禮大宗伯工商執雞注取其守時而動又司尊彝祼用雞彝鳥彝注謂刻而畫之假借雙聲連語淮南道應得騶虞雞斯之乘注神馬也又廣雅釋詁四鷄斯瞥也禮記問喪雞斯徒跣注當爲笄纚皆之誤也按笄纚者謂去冠而見髻雞斯卽笄之合音也又楚辭離世弃雞駭於筐簏注文犀也又託名幖識字水經鍾水

注雞水卽桂水也雞桂聲相近又莊子徐无鬼雞廱也司馬注卽雞頭也一名芡淮南說山雞頭已瘻注幽州謂之雁頭又後漢隗囂傳王孟塞雞頭道注或作笄又淮南主術天下之物莫凶于雞毒注烏頭也按廣雅作奚毒又廣雅釋草鷄狗獳喃公也卽蒲公英

佳 **膎** 脯也从肉奚聲廣雅釋器肉也字亦作鮭太元逃多田不婁費我膎功注孰食爲膎南史孔靖飲宋高祖無膎取伏鷄卵爲肴焦仲卿妻詩交廣市鮭珍

齊 **豯** 生三月豚腹奚奚皃也从豕奚聲方言八豬子或謂之豚或謂之豯字亦誤作貕假借託名幖識字周禮職方氏幽州其澤藪曰貕養注在長廣

齊 **騱** 驒騱馬也从馬奚聲按驒騱雙聲連語此野馬也似馬而小爾雅釋畜前足皆白騱當爲此字本訓然騱駒舍人本作雞狗

齊 **鼷** 小鼠也从鼠奚聲春秋成七年鼷鼠食郊牛角爾雅鼷鼠注有螫毒者博物志或謂之耳鼠按玉篇螫毒食人及鳥獸皆不痛今之甘口鼠也莊子應帝王鼷鼠深穴乎神丘之下以避熏鑿之患漢書中山靖王勝傳社鼷不灌屋鼠不熏

齊 **谿** 山瀆無所通者也从谷奚聲字亦作徯作溪爾雅釋山山瀆無所通谿按卽釋邱所云窮瀆氾也廣雅釋山谿谷也呂覽窮微

若高山之與深谿注無水曰谿左文十六傳子越自石溪注入膚道別義爾雅釋水水注川曰谿李注出于山入于川爲谿也左隱三傳澗谿沼沚之毛注谿亦澗也史記天官書川塞谿坼漢書司馬相如傳振溪通谷水經沅水注武陵有五溪謂雄溪樠溪無溪酉溪辰溪其一焉轉注呂覽適音則耳谿極注虛也又素問六節藏象論此四支入谿之朝夕也氣穴論肉之小會爲谿至眞要大論太谿絕注太谿脊脉氣也假借雙聲連語莊子外物則婦姑勃谿釋文空也失之又託名幖識字淮南俶眞谿子之弩注弩所出國名也或曰谿蠻夷也以柘桑爲弩因曰谿子揚鄭國善爲弩匠因以爲名也又莊子田子方數稱谿工曰無擇之里人也古韻老子反樸叶雌谿莊子天下叶雌谿轉音周書大明武叶溪離宜奚

齊 **媄** 女隸也从女奚聲周禮春官序官奚四人注女奴也以奚爲之

齊 **螇** 螇鹿蛁蟟也从虫奚聲爾雅蜓蚞螇螰注卽蝭蟧也小正作蝭蟧廣雅作蟪蟧方言十一蟧蛈齊謂之螇螰楚謂之蟪蛄今蘇俗曰知了卽蝭蟧之音轉也亦曰遮了鹽鐵論諸生獨不見季夏之螇乎別義爾雅蟿螽螇蚸注似蜙蝑而細長飛翅作聲今俗呼蛤荅板是也

齊 **䵷** 水蟲也从黽奚聲薉貉之民食之按此蟲大腹故从黽猶中原食鼃謂之水雞也

禾一名 古奚切

齊 **禾** 木之曲頭止不能上也从木而屈其上指事與天同意玉篇以爲卽礙字

卟一名 古伊切

齊 **卟** 卜以問疑也从口从卜會意讀與稽同按與占同意疑卽占之或體音讀異耳書洪範明用卟疑今本以稽爲之按俗字作乩

枅五名凡枅之派皆衍枅聲 古伊切

齊 **枅** 屋欂櫨也从木从幵會意幵平也說文幵聲枅幵亦一聲之轉廣雅釋室欂謂之枅蒼頡篇枅柱上方木三蒼一名楷按卽爾雅開謂之槉也淮南主術短者以爲朱儒枅櫨精神素題不枅轉注廣雅釋詁枅謂之欒此柱上曲木兩頭受欂櫨者魯靈光殿曲枅要紹而環句

齊 **𥄎** 蔽人視也从目枅省聲讀若擕或作下形上聲別義一曰直視也

霽 **羿** 羽𦐓風而上也。从羽，幵省聲。字亦誤作𢍺。假借爲𢏚。說文亦古諸侯也。左襄四傳：有窮后羿。海內經：羿是始去恤下地之百艱。注：有窮后羿慕羿射，故號此名也。又說文一曰射師。淮南書：雖有羿之知而無所用之。注：是堯時羿也，能射十日，繳大風，殺窫窳，斬九嬰，射河伯之知巧也，非有窮后羿。

齊 **筓** 簪也。从竹，幵省聲。按筓有二：髮內安髮之筓，男女皆有之；固冕弁之筓，惟男子有之。又冕弁則有筓貫之于其左右，屈組爲紘，垂爲飾；冠無筓，則纓而結其絛。儀禮士冠禮：皮弁筓、爵弁筓。淮南齊俗：中國冠筓。東京賦：玉筓綦會。此冕弁之筓也。禮記內則：櫛縱筓總。儀禮士冠禮：櫛設筓。晉語：折委筓。此男子安髮之筓也。詩君子偕老：副筓六珈。周禮追師：爲副編次追衡筓。儀禮喪服：箭筓長尺。注：箭，篠也。又惡筓傳：櫛筓也。注：以櫛之木爲筓，或曰榛筓。又傳：吉筓者，象筓也。吉筓尺二寸。公羊僖九傳：字而筓之。鄭語：既筓而孕。注：女十五而筓。史記趙世家：摩筓之山。此皆女子安髮之筓也。聲訓：釋名：筓，係也，所以拘係冠使不墜也。

霽 **𢏚** 帝嚳射官，夏少康滅之。从弓，幵省聲。論語曰：𢏚善射。今經傳皆以羿爲之。按帝嚳射官者，楚辭天問：𢏚焉彃日。淮南書：堯令羿射十日，中其九。又稱其有功于天下，死爲宗布，人皆祀之者也。夏少康所滅者，左襄四傳：昔有夏之方衰也，后羿自鉏遷于窮石，因夏民以代夏政，恃其射也，不脩民事。下又稱夷羿。注：夷，羿之氏也。此論語羿善射、孟子逢蒙學射于羿之羿、夷羿好射，因以古羿爲名，許君合爲一人，非也。計帝嚳至夏后相，歷三百餘載，斷非年壽；若謂卽堯時射官所封國，則亦無祖孫同名之理。

說文通訓定聲　履部第十二

几六名　凡几之派皆衍几聲　居履切

紙 **几** 坐所以凭也。象形。周禮司几筵：掌五几五席之名物。注：五几，左右玉、彫、彤、漆、素。考工匠人：室中度以几，堂上度以筵。按几五尺，筵九尺。東京賦：度室以几。薛注：几，俎也，長七尺，非。白虎通致仕：几杖所以扶助衰也。禮記曲禮：必操几杖以從之。又禮記檀弓：有司以几筵舍奠于墓左。疏：依神也。又左襄十傳：投之以几。本以机爲之，假借爲几。周禮小史：故書敘昭穆之俎几。司農注：讀爲簋，失之。几，古文且字，以形近而誤。釋名：几，庪也，所以庪物也。又重言形況字。廣雅釋訓：几几，盛也。詩狼跋：赤舄几几。傳：絇貌。許書手部引作擊，巳部又引作己。太元親：飲食几几。注：偕也。聲訓：儀禮有司徹：受宰几。注：几所以坐安體。古韻：詩狼跋叶尾几；行葦叶葦履體泥弟爾几；公劉叶依濟几。

支 **肌** 肉也。从肉，几聲。春秋繁露度制：肌膚血氣之情也。聲訓：釋名：肌，懻也，膚幕堅懻也。几冀雙聲。

支 **飢** 餓也。从食，几聲。與饑別。字亦作飥。詩衡門：可以樂飢。箋：飢者不足於食也。經傳或以饑爲之。假借爲邔。史記殷本紀：西伯伐飢國。又爲𩚵之誤字。廣雅釋詁四：飢，詞也。石鼓文：𩚵西𩚵北，蓋發聲之詞，用載與則亦同。又爲饑。西周策：秦飢而宛亡。古韻：詩汝墳叶枚飢；侯人叶隮飢；采薇叶依霏遲飢悲哀。

紙 **机** 机木也。从木，几聲。北山經：單狐之山多机木。注：似榆，可燒以糞稻田。中山經：葌簡之山，其上多机柏。注：机柏一名括樓也。蜀都賦：春机楊柳。今成都府有榿樹，字作榿。假借爲几，實爲几，卽且。易渙：奔其机。注：承物者也。又爲几。左昭元傳：圍布几筵。釋文本亦作机。又爲机之誤字。机卽簋。大戴武王踐阼：机之名曰：口生垢，口戕口。注：几者人君出令所依，失之。

紙 **邔** 地名。从邑，几聲。按字亦作阢。假借爲耆。史記殷本紀：西伯伐飢國。徐廣曰：飢一作阢。

紙 **屼** 屼山也。或曰溺水之所出。从山，几聲。按卽女几山也。溺水出今甘肅甘州府山丹縣西南窮石山。隋志：刪丹縣有祁山、弱水、嶷。祁字卽屼字之誤。屼山卽窮石之異名也。

說文通訓定聲　履部第十二

幾十五名　凡幾之派皆衍幾聲　居衣切

微尾 眞 **幾** 微也，殆也。从𢆶，从戍。會意。戍，兵守也。𢆶而兵守者危也。易繫辭傳：幾者，動之微，吉之先見者也。書皋陶謨：一日二日萬幾。論語：事父母幾諫。又爾雅釋詁：幾，危也。詩瞻卬：維其幾矣。左宣十二傳：利人之幾。假借爲近。爾雅釋詁：幾，近也。易小畜：月幾望。禮記樂記：知樂則幾於禮矣。又莊子天地：意幾乎後言。司馬本作頎。史記老莊申韓傳：則幾矣。索隱：庶也。淮南要略：使學者孳孳以自幾也。注：庶幾也。費鳳別碑：庶遴昔子夏。字亦作遴。又爲圻。禮記少儀：車不雕幾。郊特牲：丹漆雕幾之美。注：沂鄂也。又爲祈。周禮犬人：凡幾珥沈辜。先鄭謂借爲庪縣之庪，後鄭謂借爲刉。幾斤一聲之轉。又爲機。按小爾雅廣詁：幾，法也。法言先知：或問爲政有幾。注：要也。詩楚茨：如幾如式。傳：期也。又爲譏。禮記玉藻：御瞽幾聲之上下。注：猶察也。管子小匡：使關市幾而不正。又爲覬。左宣十二傳：庸可幾乎。哀十六傳：日月以幾。史記晉世家：毋幾爲君。索隱：望也。漢書東方朔傳：可幾而見也。注：庶幾也。易繫辭：其殆庶幾乎。按庶幾猶覬覬也。禮記檀弓：其庶幾乎。疏：冀也。又爲期。左定元傳：易幾而哭。注：幾哭，會也。後漢臧宮傳注：幾，會也。幾期雙聲。又爲[illegible]，爲汔，爲訖。莊子齊物論：適得而幾矣。又三子之志幾乎。釋文：盡也。淮南繆稱：君子幾。注：終也。又疊韻連語。孟子離婁：幾希矣。注：無幾也。告子：幾希。注：豈也。又發聲之詞。左昭十六傳：幾爲之笑而不陵我。荀子榮辱：幾直夫芻豢稻粱之縣糟糠爾哉。大略：幾爲知計哉。注：辭也。皆與用豈字同。又史記留侯世家：豎儒幾敗而公事。索隱：殆近也。又助語之詞。周語：其與能幾何。注：言不久也。漢書五行志：民生幾何。注：言無多時也。古韻：詩巧言叶麋階伊幾，句中韻；瞻卬叶幾

jī 璣　jī 嘰　jī ⿺走幾　jī 譏　jī ⿰月幾　qí ⿰豈幾　jī ⿱幾血　jī 饑　jī 機

悲左文十七叶尾幾文子符言叶衰威非危幾莊子盜跖叶非幾佩

微　璣　[篆]　珠不圜者也从玉幾聲書禹貢厥篚元纁璣組史記李斯傳傅璣之珥呂覽重己爱已之一蒼璧小璣長楊賦賤瑇瑁而疏珠璣吳都賦蘋丹明璣〔叚借〕爲機虞書在璿璣玉衡北堂書鈔引書大傳璣爲轉運宋文皇帝元皇后哀策文仰陟天璣又託名幖識字太元元攡正玉衡之平注琁璣斗魁也按北斗七星一樞二琁三璣四權五衡六闓陽七搖光

微　嘰　[篆]　小食也从口幾聲按與旣略同字亦作嘰大人賦嘰瓊華禮記玉藻進禨進羞以禨爲之〔叚借〕爲唏實爲欷淮南繆稱紂爲象箸而箕子嘰

微　⿺走幾　[篆]　走也从走幾聲

微　譏　[篆]　誹也从言幾聲公羊隱二傳此何以書譏注猶譴也廣雅釋言譏譴也楚辭大招誅譏罷只注非也史記游俠傳二者交譏正義非言也〔轉注〕廣雅釋詁四譏諫也楚辭天問殷有惑婦何所譏又釋言譏怨也〔叚借〕爲幾廣雅釋詁二譏問也禮記王制關執禁以譏注呵察也孟子關譏而不征注察也周禮宮正幾其出入大司徒大日去幾史記李斯傳去其幾也皆以幾爲之〔古韻〕楚辭天問叶依譏

微　⿰月幾　[篆]　頰肉也从肉幾聲讀若畿漢書東方朔傳樹頰胲以胲爲之

微　⿰豈幾　[篆]　訖事之樂也从豈幾聲訖事之樂如賓出奏陔公入奏驁或曰訖事猶言樂成也〔轉注〕爾雅釋詁⿰豈幾汔也說文⿰豈幾幾也許書無⿰豈幾幾乞皆聲無豈是無意當是誤字見王篇引申爲竭盡之義與訖略同

微　⿱幾血　[篆]　以血有所刏涂祭也从血幾聲謂刏牲以釁也周禮肆師及其祈珥注禨衈者釁禮之事以魕爲之

微　饑　[篆]　穀不孰爲饑从食幾聲與飢別字亦作饑墨子七患五穀不收調之饑穀梁襄廿四經大饑傳二穀不升謂之饑詩雨無正降喪饑饉論語因之以饑饉淮南天文天下大飢以飢爲之〔轉音〕三略上叶煩饑

微　機　[篆]　主發謂之機从木幾聲按說文敘次㯕機滕杼㮰五篆連屬是許意謂織具也但經傳無訓織具者惟見於易通卦驗機杼始出揠機矩法北斗七星而立七政緯書多漢以後假托不足據此字當訓樞耑也周語耳目心之樞機也注樞機發動也〔轉注〕虞書在璇機玉衡馬注機渾天儀可轉旋故曰機鄭注轉運者爲機是以北斗第一星曰樞二三星曰旋機也又廣雅釋宮機朱也即梱也呂覽本生注機臬門內之位也說苑政理正橛機之禮蔡邕司徒袁公夫人馬氏靈表不出其機化導宣暢詩谷風薄送我畿傳門內也以畿爲之又按列女傳持交而不失出入不絕者梱也樞謂之機亦謂之梱故複謂之梱亦謂之機又禮記緇衣若虞機張注弩牙也鬼谷子飛箝料氣勢爲之樞機以迎之隨之注機所以主弩之放發淮南原道其用之也若發機注機弩機關言其疾也又後漢趙壹傳注機捕獸機檻也又宋策公輸般爲楚設機注雲梯之屬也釋名釋兵弩含括之口曰機言如機之巧也亦言如門戶之樞機開闔有節也又素問骨空論俠髖爲機又禮記大學其機如此注發動所由也秦策聽者存亡之機注要也莊子大宗師耆欲深者天機淺天機謂自然之發也列子仲尼大夫不聞齊魯之多機乎注巧也又漢書刑法志是猶以機而御駻突離騷余雖好修姱以鞿羈兮注韁在口曰鞿字亦作鞿按凡皆門樞發動之引申〔叚借〕爲幾淮南原道處高而不機注危也又列子天瑞皆出于機注機者羣有之始又託名幖識字禮記曾子問遂輿機而往注輿尸之牀也或曰借爲几

jǐ 穖　jī 僟　qí 魕　jǐ 蟣　jī 畿　jì 計

尾　穖　[篆]　禾穎貫穗者也从禾幾聲呂覽審時得時之禾疏穖而穗大〔古韻〕呂覽審時叶穖尾

微　僟　[篆]　精謹也从人幾聲按此譏察之本字經傳皆以譏爲之〔叚借〕爲幾實爲近說文引明堂月令歲將僟終今作數將幾終歲且更始

微未　魕　[篆]　鬼俗也从鬼幾聲字亦作禨埤蒼禨妖祥也列子說符楚人鬼而越人禨淮南人閒吳人鬼越人魕注祥也氾論因鬼神禨祥而爲之立禁注禨祥吉凶也漢書趙敬肅王彭祖傳不好治宮室禨祥注禨祥總謂鬼神之事也又廣雅釋天禨祭也周禮肆師故書及其禨衈〔叚借〕爲嘰禮記少儀禨者醮者注已沐飲酒

微尾　蟣　[篆]　蝨子也从虫幾聲韓策公子幾瑟以幾瑟爲之〔別義〕說文一曰齊謂蛭曰蟣爾雅釋魚蛭蟣注今江東呼水中蛭蟲入人肉者爲蟣按蘇俗謂之馬黃蓋黃色而大之蛭也

微　畿　[篆]　天子千里地以遠近言之則曰畿也从田幾省聲按遠畿疊韻近畿雙聲字與垠圻略同周禮大行人邦畿方千里職方氏方千里曰王畿大司馬乃以九畿之籍注猶限也按九畿國畿及侯甸男采衛蠻夷也唐虞稱服殷周稱畿詩烈祖邦畿千里傳疆也後漢朱浮傳炎自畿夏董卓傳論毀裂畿服〔叚借〕爲機詩谷風薄送我畿傳門內也按即戶樞之轉注爲門限也〔古韻〕詩谷風叶遲違畿

計一名　古詣切

齊　計　[篆]　會算也从言从十會意廣雅釋言計校也管子七法計數剛柔也輕重也大小也實虛也遠近也多少也謂之計數禮記內則

幾　計

jī 吃　qì 芞　qì 气　jì 檵　jì 𢇍　jì 繼

學書計。禮記月令命農計耦耕事，猶會也。漢書黃霸傳使領郡錢穀計，注謂出入之數也。又周禮太宰以六計弊羣吏之治，春秋繁露考功前後三考而絀陟命之曰計。管子立政州長以計于鄉師，齊策王官之計，又漢書武帝紀令與計偕，注計者上計簿使也。轉注廣雅釋詁四計謀也。吳語以能遂疑計惡，注慮也。鄭語計億事，注算也。秦策計者事之本也。韓非子存韓計者所以定事也。聲訓史記淮陰侯傳計者事之機也。漢書蒯通傳計者存亡之機也。

繼三名凡繼之派皆衍繼聲 古詣切

齊 **繼** 續也。从糸㡭。一曰反㡭爲繼。易象傳大人以繼明照于四方，注謂不絕也。繫辭傳繼之者善也，虞注統也。周禮司儀賓繼主君，注儐主君也。離騷折瓊枝以繼佩。叚借爲脊。大荒北經有無腸之國無繼子，注亦當作脊。又託名幖識字。爾雅釋蟲密肌繼英，注未詳，字亦作䲭。按釋鳥有密肌繫英，作繫與此同名，又爲係。後漢李固傳羣下繼望。

齊 **𢇍** 按此字當爲繼之古文，从反㡭指事。說文繼下一曰反㡭爲繼，知小篆加糸耳。莊子至樂得水則爲𢇍，列子同，今補附于此。

齊 **檵** 枸杞也。从木，按古文繼聲。爾雅釋木杞枸檵，禮記表記豐水有芑，注芑枸檵也。陸璣詩疏莖葉及子服之輕身益氣。蘇頌圖經其根名地骨，別義。說文一曰堅木也。

气廿一名凡气之派皆衍气聲 去既切

未物 **气** 雲气也。象形。今隸作乞。按雲者地面之气，溼熱之气升而爲雨，其色白；乾熱之气散而爲風，其色黑。又按古文云，乞象雲气，此气象天地閒氤氳之气也。經傳皆以氣爲之。字亦作炁。周禮眡祲注煇謂日光炁也。禮記月令天氣下降地氣上騰，考工記總目地有氣，注剛柔也。左昭元傳天有六氣，曰陰陽風雨晦明也。素問寶命全形論天地合氣，注氣者生之母也。周禮疾醫五氣五聲五色，注肺氣熱心氣次之肝氣涼脾氣溫腎氣寒。禮記祭義氣也者神之盛也。孟子氣者體之充也。莊子人閒世氣也者虛而待物者也。又楚語民氣縱則底，注志氣也。叚借爲匄。蒼頡篇乞謂行匄也。春秋僖八年鄭伯乞盟，穀梁傳乞者處其所而請與也。莊子盜跖操瓢而乞者。廣雅釋詁三求也。又予也。聲訓釋名釋天氣愾也，愾然有聲而無形也。

物 **芞** 芞輿，香艸也。从艸气聲。爾雅藒車芞輿，離騷畦留夷與揭車，今上林賦揭車衡蘭。

質物 **吃** 言蹇難也。从口气聲。與㖫字別，聲類吃重言也。方言十謇極吃也，楚語也。漢書周昌傳昌爲人吃，注言之難也。

xì 氣　hé 秅　gài 杚　hé 麧　yì 䖈　jī 刉　qì 訖　hé 齕　jí 趌

物 **趌** 直行也。从走气聲。

月屑 **齕** 齧也。从齒气聲。禮記曲禮庶人齕之，莊子駢拇枝于手者齕之，則啼。左傳齊高齕，史記魯世家作齕，秦本紀秦王齕，始皇紀作齕。大戴易本命齕吞者八竅而卵生，注鳥屬也。又廣雅釋蟲齕肱蛣蜋也。轉注漢書田儋傳則齧齕首用事者。叚借託名幖識字。孟子臣聞之胡齕曰。

物 **訖** 止也。从言气聲。字亦作迄。爾雅釋詁訖止也，迄至也。書禹貢聲教訖于四海。禮記祭統訖其嗜欲，穀梁僖九傳毋訖糴。又詩生民以迄于今，維清迄用有成，周語迄于天下，楚辭天問吳獲訖古，漢書王莽傳迄于四表，注竟也。又書秦誓民訖自若，疏盡也。周書皇門訖亦有孚，注既也。叚借爲仡。書秦誓馬本訖訖勇夫，注無所省錄之皃，亦重言形況字。

微泰 **刉** 劃傷也。从刀气聲。一曰斷也，讀若殪。廣雅釋詁一刺也。周禮士師凡刉珥則奉犬牲，注刉衈釁禮之事，用牲毛者曰刉，羽者曰衈。犬人幾珥以幾爲之，先鄭則謂借爲㡯。按借爲祈，衈也。又中山經刉一牝羊，注猶刲也，毛用一雄雞一牝豚刉，注亦割刺之名。叚借爲杙。說文一曰刀不利于瓦石上刉之。

物 **䖈** 虎皃。从虎气聲。按卽書仡仡勇夫字。

月 **麧** 堅麥也。从麥气聲。謂麥䵄中不破者，卽漢書陳平傳所謂糠覈也。

月 **杚** 平也。从木气聲。西都賦杚仙掌與承露，今本作抗，誤字。曹子建詩承露槩泰清，班固終南山賦槩青宮，以槩爲之。按字亦作扢，淮南要略濡不給扢，注拭也。吳都賦注引廣雅扢摩也。今釋詁三作抗磨也。叚借爲𢘅，形況字。莊子讓王扢然執干而舞，李注奮舞皃，司馬注喜皃。

未 **秅** 稭也。从禾气聲。謂舂米不潰散，散曰槩，稭曰秅。

未未 **氣** 饋客之芻米也。从米气聲。或从既，或从食，从米气聲。按相承以氣爲气，因又加食傍，此後出字。小爾雅廣言餼饋也。考工玉人以致稍餼，注造賓客納稟食也。周禮廩人餼，注生曰餼，禾米也。轉注儀禮聘禮餼之以其禮，注凡賜人以牲生曰餼。按謂殺而未孰。左桓六傳齊人饋之餼，注孰曰饔，生曰餼。周禮掌客饔餼九牢。又論語子貢欲去告朔之餼羊，孔注特牲曰餼。鄭注牲生曰餼。又禮記王制皆有常餼，注常廩也。中庸既廩稱事，注稍食也。以既爲之。叚借爲既。越語公與之餼，注食也。又方言十二餼餽也。

yì 仡　jì 欯　kū 頜

又魯語馬餼不過稂莠注秣也又爲气禮記月令以達秋氣素問天元紀大論故在天爲氣注謂風熱溫燥寒禮記祭義注氣謂嘘吸出入者也又論衡無形形氣性天也列子湯問汝志彊而氣弱注謂質性淮南精神氣志者五藏之使候也又爲器禮記樂記然後樂氣從之王氏引之曰卽上文金石絲竹樂之器也古韻易說卦叶位氣又叶逮悖氣物靈樞決氣叶味溉氣營衞生會叶胃肺氣高唐賦叶氣鼻淚瘁殪鬼谷陰符叶氣一術素問五常政大論叶抑氣轉音靈樞九鍼十二原叶脈氣

物 **仡** 勇壯也从人气聲廣雅釋詁二仡勇也釋訓仡仡武也書秦誓仡仡勇夫漢書李尋傳任仡仡之勇楊雄傳金人仡仡其承鐘虡兮字亦作矻漢書王褒傳注矻矻健作皃亦重言形況字公羊宣六傳仡然從乎趙盾而入注壯勇皃莊子讓王抗然執干而舞以抗爲之亦單辭形況字叚借爲頊史記司馬相如傳仡以佁儗注舉頭也魯靈光殿賦仡奮亹而軒鬐按卽考工注頯頊之頊又爲圪詩皇矣崇墉仡仡傳猶言言也亦重言形況字古韻詩皇矣叶茀仡肆忽拂

未 **欯** 喜也从欠气聲按與覬略同叚借爲吃說文一曰口不便言又爲勾廣雅釋詁三欯予也

月 **頜** 禿也从頁气聲淮南齊俗親母爲其子治抗禿而血流至耳以抗爲之按義與顒略同故玉篇音切如髡疑此字本訓頯旁考

xì 忔　qì 汔　hé 紇　yì 圪

工作其鱗之而注頯頊也謂魚之頤顧玉篇有頯字訓頯下頯卽許書頯字或頯頯與頊錯誤故說文以頊爲頯玉篇復以頯爲頊而以頊爲頤也

未物 **忔** 癡皃从心气聲字亦作氣下形上聲史記扁倉傳數忔食飲索隱風痺忔然不得動也字亦作疙廣雅釋詁三疙癡也通俗文小癡曰疙叚借爲呬爾雅釋詁忥静也廣雅釋詁二忥息也又爲訖廣雅釋詁一忔喜也釋訓忥忥喜也亦重言形況字

物 **汔** 水涸也从水气聲廣雅釋詁一汔盡也爾雅釋詁幾汔也叚借爲幾實爲近易井汔至亦未繘井未濟小狐汔濟詩民勞汔可小康傳訓危失之又爲泣說文或曰泣下也

月 **紇** 絲之下也从糸气聲春秋傳有臧孫紇叚借爲麧漢書陳平傳亦食糠覈耳晉灼曰京師人謂麤屑爲紇頭又爲仡左襄十傳郰人紇疏字叔梁

物 **圪** 牆高皃从土气聲字亦作屹詩皇矣崇墉圪圪傳猶言言也毛本以仡爲之魯靈光殿賦注作屹廣雅釋訓圪圪高也亦重言形況字魯靈光殿賦屹山峙以紆鬱張載注猶孼也高大皃亦單辭形況字又疊韻連語南都賦嶮巇屹嶬注斷絕之皃江賦虎牙嵥豎

xì 釳　xì 愾　xì 鎎　jì 旡　jì 既

以屹崒注高峻皃

物 **釳** 乘輿馬頭上防釳也插以翟尾鐵翮象角所以防網羅釳去之从金气聲蔡邕獨斷方釳者鐵也廣數寸在鑁後有三孔插雉尾其中東京賦方釳左纛薛注方釳謂轅傍以五寸鐵鏤錫中央低兩頭高如山形而貫中以翟尾結著之轅兩邊恐馬相突也按在馬鬃後故許曰馬頭上非金鑁馬冠也

未隊 **愾** 大息也从心氣聲詩下泉愾我寤歎箋歎息之聲廣雅釋詁一愾滿也禮記祭義愾然必有聞乎其歎息之聲叚借爲怖爲慨左文四傳敵王所愾注恨怒也詩形弓箋愾很也又爲訖禮記哀公問則愾乎天下矣注猶至也古韻禮記問喪叶忽愾

未 **鎎** 怒戰也从金氣聲春秋傳曰諸侯敵王所鎎金本作愾詩形弓箋愾很也則謂借爲慨怖

旡十五名凡旡之派皆衍旡聲　居毅切

未 **旡** 飲食气屰不得息曰旡从反欠指事古文从反先疑誤體按與欭嚘噎唈歇皆略同詩正月亦孔之僾以僾爲之

未 **既** 小食也从皀旡聲與嘰略同叚借爲汔儀禮鄉飲酒禮不拜既爵注卒也春秋桓三年日有食之既穀梁傳既者盡也有繼之

gài 槩　kài 嘅　jì 蔇　ài 㤅

辭也虞書既月左宣十二傳董澤之蒲可勝既乎周語藪澤肆既廣雅釋詁一既盡也又爲訖公羊宣元傳既而曰注事畢也禮記玉藻君既食疏猶畢竟也方言六既定也又爲旡按方言六台既失也失者旡字之誤台者借爲齝也又爲餼禮記中庸既稟稱事又發語之詞易既濟未濟又小畜既雨既處書堯典九族既睦詩汝墳既見君子儀禮既夕周禮司干既舞禮記檀弓我則既言矣周語既榮公爲卿士孟子夫既或治之廣雅釋詁四既已也古韻文子道原叶既費衍言叶味既大老子仁德叶味見既

隊 **㤅** 惠也从心旡聲古文从既聲經傳皆以愛爲之說苑說叢愛施者仁之端也修文積思爲愛法言君子自愛仁之至也管子樞言愛者憎之始也左昭廿傳古之遺愛也賈注惠也轉注周書謚法嗇于賜與曰愛孟子百姓皆以王爲愛也注嗇也

未寘 **蔇** 艸多皃从艸既聲禾多曰穊叚借爲訖左隱六傳猶懼不蔇注至也又託名幖識字左莊九傳公及齊大夫盟于蔇在今山東兖州府嶧縣東

隊 **嘅** 嘆也从口既聲詩中谷有蓷嘅其嘆矣

隊 **槩** 杚斗斛者也从木既聲禮記月令正權槩荀子宥坐盈不求概似正楚辭惜誓同權槩而就衡淮南書律厤志以井水準其槩韓

xì 塈 gài 摡 gài 漑 kǎi 慨 jì 穊 jì 暨

非子外儲說槩者平量者也轉注禮記曲禮食饗不爲槩注量也謝宣遠詩翻飛各異槩注謂異量也漢書楊惲傳漂然皆有節槩注度量也史記范睢傳而不槩于王心邪按平也老莊申韓傳則無以其難槩之索隱猶格也文選逸民傳論或垢俗以動其槩注猶操也江淹詩常慕先達槩注志節也又史記伯夷傳不少槩見索隱槩是梗槩謂畧也詩載馳傳進取一槩之義疏一槩者二端也假借爲摡七發澡槩胷中又爲杚曹植詩承露槩泰清又爲嘅莊子至樂我獨何能無槩然司馬注感皃又託名幖識字周禮鬯人凡祼事用槩注槩尊以朱帶者疏橫槩之義又左定四傳吳夫槩王史記項羽紀正義作摡

未 寘 暨 日頗見也从旦旣聲按日出地平謂之旦暨者乍出微見也假借爲訖小爾雅廣言暨及也史記泰皇紀東至海暨朝鮮西京賦左暨河華又爲臮爾雅釋詁暨與也書堯典汝羲暨和禹貢淮夷蠙珠暨魚梓材暨厥臣春秋昭六年暨齊平周語上求不暨又爲塈禮記喪大記塗不暨于棺又重言形況字禮記王藻戎容暨暨注果毅皃廣雅釋訓暨暨武也又發語之詞爾雅釋訓暨不及也注引公羊隱元傳及我欲之暨不得已而曰暨不得已是不得及段氏云日頗見者見而不全見之意故爾雅曰不及也是謂本義之轉注

寘 穊 稠也从禾旣聲漢書齊悼惠王肥傳深根穊種立苗欲疏非其種者鉏而去之

說文通訓定聲 履部第十二 四十三

隊 慨 忼慨壯士不得志也从心旣聲按義與愾略同忼慨亦雙聲連語禮記檀弓慨焉如不及注憊皃假借爲嘅爲愾東京賦慨長思而懷古注歎息也思元賦慨含唏而增愁注太息也楚辭怨思情慨慨而長懷兮注歎皃亦重言形況字古韻楚詞懷沙叶慨謂哀郢叶慨邁九辨叶慨邁穢敗昧

隊 漑 漑水也出東海桑瀆覆甑山東北入海从水旣聲出今山東萊州府濰縣塔山即覆甑今名漑源山北流至昌邑縣境入海即東虞河也亦名東丹河別義一曰灌注也漢書溝洫志注漑灌也淮南詮言日月廋而無溉於志注灌也假借爲摡詩泂酌可以濯漑傳清也禮記曲禮器之漑者不寫疏漑滌也長笛賦漑盥汙濊又雙聲連語史記司馬相如傳澎濞沆漑索隱亦作灌古韻詩泂酌叶漑塈靈樞決氣叶味漑氣

未 隊 摡 滌也从手旣聲周禮世婦帥女官而濯摡注拭也詩匪風摡之釜鬵毛本以溉爲之楚辭哀時命摡塵垢之枉攘兮別義廣雅釋詁一摡取也玉篇引詩摽有梅頃筐摡之毛本以塈爲之傳取也又廣雅釋詁三摡主也

未 寘 塈 仰涂也从土旣聲字亦作下形上聲廣雅釋室塗也書梓材惟其塗塈茨馬注塈色漢書谷永傳凶年不塈塗注如今仰泥屋

qǐ 啟 qǐ 启 ài 僾 ài 薆 ài 𤕦(愛)

也禮樂志同不肹飾以肹爲之假借爲呬詩谷風伊余來塈假樂民之攸塈小爾雅廣言塈息也又爲摡詩摽有梅頃筐塈之傳取也聲訓釋名釋宮室塈猶煟煟細澤皃也古韻詩摽有梅叶塈謂谷風叶潰肄塈嘉樂叶位塈泂酌叶漑塈

隊 愛 行皃从夊㤅聲假借爲㤅廣雅釋詁四愛仁也禮記表記愛莫助之注猶惜也孝經愛親者不敢惡于人沈宏曰親至結心爲愛論語愛之能勿勞乎皇疏慕也又齊策有與君之夫人相愛者注猶通也又爲薆詩烝民愛莫助之傳隱也靜女愛而不見方言六注引作薆廣雅釋詁一翳愛也釋言愛僾也古韻詩隰桑叶愛謂楚詞懷沙叶喟謂愛類

隊 薆 蔽不見也从竹愛聲楚辭九歌余處幽篁兮終不見天竹善蔽故从竹詩靜女愛而不見以愛爲之廣雅釋詁二薆障也字亦作薆爾雅釋言薆隱也方言翳薆也離騷衆薆然而蔽之司馬相如傳觀衆樹之蓊薆上林賦晻薆咇茀亦雙聲連語字又作䨠通俗文雲覆日爲䨠魏都賦䨠靉雲布亦疊韻連語字又作曖南都賦晻曖蓊蔚思元賦繽連翩兮紛晻曖亦雙聲連語廣雅釋訓曖曃翳薈也亦疊韻連語離騷時曖曖其將罷兮亦重言形況字

隊 僾 仿佛也从人愛聲禮記祭義僾然必有見乎其位注微見皃假借爲薆詩靜女僾而不見又爲旡詩桑柔亦孔之僾爾雅釋言僾唈也古韻詩桑柔叶僾逮

說文通訓定聲 履部第十二 四十四

启六名凡启之派皆衍启聲 康禮切

齊 启 開也从口从戶會意埤蒼作闙書堯典允子朱启明爾雅釋天明星謂之启明經傳皆以啓爲之虞書啓呱呱而泣左僖六傳微子啓哀六傳楚公子啓字子閭史記弟子傳曾漆雕啓字子開春秋哀三城啓陽在今山東沂州府皆启字也

齊 啟 教也从攴启聲論語不憤不啟左定四傳皆啟以商政禮記祭統啟右獻公孟子佑啟我後人轉注通俗文官信曰啓釋名釋書契啓詣也以啓語官司所至詣也假借爲启小爾雅廣詁啓開也左僖二十傳凡啟塞從時注門戶道橋謂之啟塞廿五傳若啟之注開門也儀禮士虞記啟戶又夏小正正月啟蟄傳言始發蟄也啓灌藍蓼傳啟者別也陶而疏之也又書閟宮大啟爾宇大東東有啟明又左僖五傳凡分至啟閉昭十七傳青鳥氏司啟者也又書金縢啟籥見書儀禮士昏禮贊啟會注發也禮記少儀劍則啓櫝又左襄廿三傳啟牢成御襄罷師凡軍在前曰啟在後曰殿在傍曰胠又昭廿九傳衛侯來獻其乘馬曰啟服注馬名爾雅馬前足皆白啟又素問六元正紀大論爲壘啟注開坼也又爲眚眹論語啓予足啓予手謂省視也書梓材王啟監同又爲曩爾雅釋言啓跪也廣雅釋詁三啓

qì 晵　qǐ 棨　qǐ 晵　qǐ 綮　qì 棄　qì 器

踦也。詩四牡不遑啟處，采薇不遑啓居。聲訓釋名釋姿容啟開也。晉語天將啟之注啟闓也。古韻文子上德叶啟解此。

薺 虞 晵 省視也。从目，啟省聲。廣雅釋詁一晵視也，釋言題也。

薺 棨 傳信也。从木，啟省聲。漢書文帝紀除關無用傳注棨者刻木為合符也。韓延壽傳建幢棨注有衣之戟也。匈奴傳棨戟十。後漢杜詩傳注棨戟前驅之器也。按猶今之令箭，其用繒帛者謂之繻，亦謂之棨，別義。廣雅釋木棨條也。今蘇俗語樹新枝曰棨條，其遺言歟。又今訓棨為兵闌，古無此義。

薺 晵 雨而晝姓也。从日，啓省聲。雨而夜姓為姓，今皆曰晴。

薺 綮 緻繒也。从糸，啓省聲。轉注一曰徽幟信也，有齒。據此似如今百鄉旗用以前導者，即有衣之戟謂之棨也。按漢書終軍傳關吏予軍繻，繻者棨也，其刻木為合符者謂之棨，戟亦謂之棨。又莊子養生主技經肯綮之未嘗，司馬注綮猶結處也。

棄一名　詰利切

寘 棄 捐也。从廾推華棄之，从𠫓，𠫓，逆子也。按許意謂逆子人所棄，義甚紆曲。疑从𠬞推華，又从𠫓省，會意。疏者遠也，徹也，外也。古文从廾从去，籀文从廾从華从去，去𠫓同字，亦疏省也。字亦誤作弃。爾雅釋言棄忘也。左昭十三傳其庸可棄乎注猶忘。昭廿九傳水官棄矣注廢也。秦策子弃寡人注去也。又虞書棄黎民阻飢，汝后稷。取臨巷平林寒冰之寘以為名也。又北海相景君銘棄臣子兮卿令。景君闕銘續毋棄之。古韻詩汝墳叶肄棄。陟岵叶季寐棄。管子弟子職叶棄積。

器一名　去計切

寘 器 皿也。象器之口，犬所以守之，會意。此說費解。元周伯琦謂从吅从缶，亦異說，不足據，闕疑可也。字或作噐，从工，頗有意理。凡有所盛曰器，無所盛曰械。老子天下神器，王注器合成也。易繫辭傳形乃謂之器。周書寶典物周為器。虞書如五器，傳謂圭璧。周禮大行人其貢器物注尊彝之屬。左成二傳惟器與名不可以假人，注車服。周語而利其器用注兵甲也。禮記月令其器疏以達，字誤作器，轉注禮記學記大道不器，論語君子不器，法言先知先自治而後治人之謂大器。後漢陳寵傳朝廷器之注重也。古韻左昭七叶器鼎，轉音六韜文韜叶害敗器世。

霼一名　虛器切

xì 霼　nǐ 孴　yì 豙　yì 毅　wài 顡　yì 藙　yì 忍　qí 齊

寘 霼 見雨而止息也。从覞从雨，會意，讀若歘。宋本說文誤作見雨而比息。段若膺謂遇雨喘息，故與歘尸咽吚同音，非。今從篇韻引。

孴一名　魚几切

紙 孴 盛皃。从孨从日，讀若薿，一曰若存。籀文从二子，與奇字晉同。按魯靈光殿賦芝栭欑羅以戢孴，注戢孴眾皃。此疊韻連語，當讀若卒，入臨部。薿卒一聲之轉。說文卒下曰讀若籋，亦一聲之轉也。

豙四名，凡豙之派皆衍豙聲　魚既切

未 豙 豕怒毛豎也。从豕从辛，會意。按从辛猶从干，入一為干，并犯之意，各本从辛，誤。段借為毅。說文一曰殘乂也。

未 毅 妄怒也。从殳，豙聲。楚語毅而不勇，注果也。廣雅釋言毅，困也。按亂妄所以致困。轉注說文一曰有決也。爾雅釋詁毅勝也。左宣二傳致果為毅，書皋陶謨擾而毅，周書謚法彊毅果敢曰剛，周語故制戎以果毅。論語士不可以不宏毅，包注強而能決斷也。又剛毅木訥，王肅注果敢也。

卦 顡 癡不聰明也。从頁，豙聲。按與忙略同。廣韻引說文癡顡，不聰明也。按雙聲連語。

未 藙 煎茱萸也。从艸，顡聲。漢律會稽獻藙一斗。字亦作藙。禮記內則三牲用藙，注爾雅謂之樧。賀氏云九月九日取茱萸之枝連實廣長四五寸，一升實可和十升膏，名之藙也。按藙即本草之吳茱萸，其實本名藙，煎之亦即稱藙耳。

忍一名　魚既切

未 忍 怒也。从心从刀，會意，讀若毅。

齊二十一名，凡齊之派皆衍齊聲　徂雞切

齊 齊 禾麥吐穗上平也。象形。按二象地，其中高地之禾，左右下地之禾也。禮記曲禮立如齊，注謂祭祀時失之，尸齊疊韻，非一事之譬況也。齋在祭先，亦不常立。轉注廣雅釋詁一齊，敬也，釋言整也。詩小宛人之齊聖傳正也。思齊大任傳莊也。左文二傳子雖齊聖注肅也。昭十三傳下善齊肅注嚴也。禮記玉藻見所尊者齊遬注謙愨皃。中庸齊莊中正，周語其君齊明衷正注一也，外內齊給注整也。楚語為齊敬也注潔也。荀子脩身齊明而不竭注無偏無頗也。春秋說題辭齊者度也。又周禮亨人以給水火之齊注多少之量也。酒正辨五齊之名注齊者每有祭祀以度量節作之。禮記少儀有湇者不以齊注和也。曲禮徹飯齊以授相者注醬屬也。左昭廿傳齊之以味注益也。又襄廿二傳以受齊盟注同也。禮記學記大時不齊疏謂一時同也。列子楊朱百年壽之大齊注限也。淮南原道齊靡曼之色注列也。史記平準書民不齊出于南畝李奇注皆也。儀禮既夕記馬不齊毛注翦也。【叚借】爲齋。周禮齊右前齊車注金路也。儀禮士冠禮齊則緇之。禮記儒行儒有居處齊難注齊莊可畏難也。左昭十三傳使五人齊而長入拜孟子弟子齊宿而後敢言注敬也。又爲臍。爾雅釋言齊中也。春秋說題辭齊員也。爾雅釋地岠齊州以南注中也。儀禮既夕記齊三采注居柳之中央。莊子達生與齊俱入司馬注同水如磨齊也。又書呂刑天齊于民馬注中也。又爲齌。周禮樂師行以采齊按鐘師齊夏亦是也。又爲齎。詩采蘋有齊季女傳敬也。按材也。又爲儕爲齎。莊子漁父以化於齊民李注等也。史記弟子傳楚任不齊字子選齊當亦不齊字子賤。又爲躋。禮記樂記地氣上齊孔子閒居聖敬日齊又爲齎。禮記曲禮去齊尺王藻齊如流深衣下齊如權衡儀禮喪服齊衰四升又爲劑爲銻。按易旅得其齊斧張軌注黃鉞斧也。又爲齋禮記祭統君執鸞刀羞齊荀子禮論祭齊大羹而飽庶羞又爲齏詩甫田以我齊明儀禮士虞禮記明齊溲酒孟子以供齊盛又爲齍周禮醢人五齊七醢又爲齌。爾雅釋詁齊疾也。釋言齊壯也。尚書大傳多文而齊給荀子脩身齊給便利史記五帝紀幼而徇齊集解速也。按齊短言亦卽疾。又重言形況字。禮記玉藻廟中齊齊注恭慤皃祭義齊齊乎其敬也。又單辭形況字。論語必齊如也孔注嚴敬皃又託名。幖識字。孟子太公之封於齊也。按四岳之後呂望所封國侯爵其都營邱在今山東青州府臨淄縣。後胡公徙都薄姑則在今博興縣也。或曰亦借爲臍也。左昭元傳晉女齊字叔侯。又書大傳冬伯之樂舞齊落注或爲聚。又獨斷齊冠或曰長冠竹裹以纚高七寸廣三寸形制如板。或曰亦借爲劑也。【聲訓】易說卦傳齊也者言萬物之絜齊也。釋名釋州國齊齊也。地在勃海之南勃齊之中也。【古韻】詩烝民叶騤喈齊歸長發叶違齊遲躋祇圍思齊叶齊媚句中韻

說文通訓定聲 履部第十二 卌九

cí 薺

齊 支 **薺** 蒺蔾也。从艸齊聲。按薺卽蒺蔾之合音。詩曰牆有薺毛本以茨爲之。爾雅茨蒺蔾注布地蔓生細葉子有三角刺人。亦以茨爲之。離騷薋菉葹以盈室兮注訓蒺蔾引詩楚楚者薋以薋爲之【別義】藝文類聚引說文薺艸可食也。爾雅荼薺實詩谷風其甘如薺釋文菜也。春秋繁露薺甘味也。按其根名蒫禮記仲尼燕居和鸞中采薺樂章名。又廣雅葶藶薺蔥也。按卽葶藶葶也。月令之靡草淮南天文五月爲小刑薺麥亭歷枯淮形薺冬生中夏死注薺水也水王而生土王而死。按入藥品愈脹。【聲訓】春秋繁露薺之爲言濟與濟大水也此謂甘菜之薺。【古韻】詩谷風叶薺弟

jì 嚌

佳 **嚌** 嘗也。从口齊聲。書顧命太保受同祭嚌儀禮有司徹嚌肺一。禮記雜記主人之酢也嚌之注嚌啐皆嘗也。嚌至齒啐入口。【叚借】

重言形況字。太元樂管弦齊齊注憂悲也。北征賦鵾雞鳴以嚌嚌注衆聲也。

jī 躋

齊 **躋** 登也。从足齊聲。字亦作隮。爾雅釋詁躋陞也。易震躋于九陵釋文升也。書微子今爾無指告予顛隮馬注猶墜也。按如顛訓頂轉訓墜也。但此書當言升降猶進退耳。詩長發聖敬日躋。又蝃蝀朝隮于西周禮眡祲九曰隮注虹也。司農注升氣也。春秋文二年躋僖公【古韻】詩蒹葭叶淒晞湄躋坻候人叶隮飢長發叶違齊遲躋祇圍

qí 𪗉

齊 **𪗉** 朏𪗉也。从肉齊聲。字亦作左形右聲。經傳多以齊爲之。中州曰中也。書天齊于民左文十八傳齊聖廣淵管子內篇適之齊皆訓中亦皆臍字。【聲訓】釋名臍劑也腸端之所限劑也。按以齊爲訓

jì 劑

支 **劑** 齊也。从刀从齊會意齊亦聲。後漢劉梁傳注劑剪齊也。太元永其命劑也注剪絕也。周禮大司寇以兩劑禁民獄注今券書也士師正之以傅別約劑注各所持券也。小宰聽賣買以質劑注謂兩書一札同而別之長曰質短曰劑。【叚借】爲齊。漢書郊祀志而事化丹沙諸藥齊爲黃金矣注藥之分齊也。今俗書以劑爲之

zī 齍

支 **齍** 黍稷在器以祀者也。从皿齊聲。經傳多以粢爲之。周禮春人祭祀共其齍盛之米甸師以共齍盛注齍盛祭祀所用穀也粢稷也穀者稷爲長是以名云。按稷曰粢既實于簠簋曰齍實之曰盛鄭以粢爲說者此聲訓之法小宗伯辨六齍之名物黍稷稻粱麥苽也外宗王侯以樂羞齍亞廟殘碑資盛三牲以資爲之【轉注】周禮九嬪贊玉齍注玉盛玉敦受黍稷器大宗伯奉玉齍

說文通訓定聲 履部第十二 五十

jī 櫅

齊 **櫅** 櫅木也可以爲大車軸。从木齊聲。按榆屬蜀都賦桃櫅枎棍【別義】爾雅釋木櫅白棗凡棗熟時赤此獨白熟爲異

jī 齎

齊 **齎** 持遺也。从貝齊聲。俗字作賫。廣雅釋詁三齎持也四送也。周禮外府共其財用之幣齎注行道之財用也。小祝設道齎之奠注猶送也。小宗伯受其將幣之齎釋文本作資。儀禮聘禮記又齎皮馬注猶付也。西周策王何不以地齎周最注進也。史記貨殖傳齎貸子錢家隱與人物曰齎。漢書食貨志行者齎注謂將衣食之具以自隨也。荀子大略齎盜糧。【叚借】爲劑。按周禮邑人禁門用瓢齎。又爲臍列子黃帝與齎俱入與汩俱出注水迴入涌出。又爲資。周禮典婦功以授嬪婦及內人女功之事齎典枲頒功而授齎掌皮歲終則會其財齎巾車入齎于職幣。漢書霍去病傳約輕齎。廣雅釋言齎裝也。又疊韻連語易萃齎咨涕洟馬注悲聲怨聲。虞注謂本字。非。【古韻】易萃叶齎咨涕洟

zī 𪗋

支 **𪗋** 稷也。从禾齊聲。或从次聲。與左形右聲之秶及从米之粢卽餈別按稷者今之高粱也。五穀之長穀最但大月令稱

首穜穜亦最先爾雅粢稷以資爲之左桓二傳粢食不鑿禮記曲禮稷曰明粢楚辭招魂稻粢穱麥淮南精神糲粢之飯史記李斯傳粢糲之食皆以粢爲之

jì 穧

霽 **穧** 穫刈也从禾齊聲與下形上聲之⿱齊禾別按既刈之禾曰穧鄭注周禮四秉曰筥謂一穧也是四把爲穧數爾雅釋詁穧穫也詩大田此有不斂穧疏禾之鋪而未束者別義說文一曰撮也按謂量名圭撮之撮古韻詩大田叶穉穧穗利

chái 儕

佳 **儕** 等輩也从人齊聲字林等也廣雅釋詁一輩也漢書楊雄傳注耦也左宣十一傳吾儕小人僖廿三傳晉鄭同儕禮記樂記故先王之喜怒皆得其儕焉注猶輩類

zī ⿱齊衣

支 **⿱齊衣** 緶也从衣齊聲謂裳下緝字亦作左形右聲廣雅釋詁一⿰衤齊緶也漢書朱雲傳攝齊登堂經傳皆以齊爲之轉注儀禮喪服若齊注齊緝也凡五服之衰一斬四緝緝裳者內展之緝衰者外展之

jì 齌

霽 **齌** 炊餔疾也从火齊聲轉注離騷反信讒而齌怒疾也字亦作懠爾雅釋言懠怒也詩板民勞天之方懠釋文疾怒也假借爲悽爾雅釋詁四懠怒也古韻詩板叶懠毗迷尸屎葵資師

jǐ 濟

齊 霽 **濟** 濟水也出常山房子贊皇山東入泜从水齊聲出今直隸正定府贊皇縣至元氏縣合泜水至寧晉縣入胡盧河卽古大陸一名槐水段借爲泲四瀆之一也書禹貢導沇水東流爲濟又濟河惟兗州又浮于濟漯詩有瀰濟盈舊解失之又春秋莊三十年遇于魯濟注濟水歷齊魯界在齊界爲齊濟在魯界爲魯濟左隱三傳鄭伯之車僨于濟吳語西屬之濟注宋水也爾雅濟爲泲錢氏坫云泲當爲滎近是又爲齊爾雅釋言濟成也禮記樂記事蚤濟也左文十八傳世濟其美昭廿傳先王之濟五味又爾雅釋言濟益也左桓十一傳盍請濟師於王昭廿傳寬以濟猛又爲悽方言一濟憂也又爲擠方言十三濟滅也晉語二帝用師以相濟也又爲霽書洪範鄭本曰濟淮南天文大風濟注止也詩載驅不能旋濟又重言形況字爾雅釋訓濟濟止也廣雅釋訓濟濟敬也禮記祭義濟濟者容也遠也玉藻濟濟翔翔注莊敬皃也詩楚茨濟濟蹌蹌傳言有容也文王濟濟多士傳多威儀也又載驅四驪濟濟傳美皃旱麓榛楛濟濟傳眾多也又載芟載穫濟濟傳難也別義中山經支離之山濟水出焉南流注于漢注今出鄜縣西北山中南入漢鄜離音同又爾雅釋言濟渡也易未濟旣濟書君奭予往暨汝奭其濟詩匏有苦葉濟有深涉左昭廿九傳遂濟窮桑賈注度也淮南原道强濟天下注通也呂覽離俗君子濟人於患注入也聲訓風俗通山澤濟者齊齊其度量也春秋說題辭濟之爲言齊也齊者度也度者圓也按以臍爲訓釋名釋水濟濟也言源出河北濟河而南也皆借爲四瀆之泲古韻詩載驅叶濟瀰弟載馳叶濟閟公劉叶依濟几載芟叶濟秭醴比禮楚詞九辨叶濟至死詩匏有苦葉叶濟雉句中韻

jì 霽

霽 **霽** 雨止也从雨齊聲書洪範曰霽鄭注兆之光明如雨止淮南本經霜雪不霽注止也尚書中候臨壇止霽聲訓爾雅釋天濟謂之霽

qī 霋

齊 **霋** 霽謂之霋从雨妻聲按當爲霽之或體今系于此

jǐ 擠

齊 霽 **擠** 排也从手齊聲廣雅釋詁三擠推也左昭十三傳知擠于溝壑矣注隊也荀子仲尼抑有功而擠有罪注排也莊子人閒世因其脩而擠之司馬注陷也壽也淮南兵略擠其揭揭史記項羽紀漢軍卻爲楚所擠又楚辭憫上魁壘擠摧兮常困辱注擠摧折屈也亦疊韻連語

qí ⿱齊女

齊 **⿱齊女** 材也从女齊聲廣雅釋詁一⿱齊女好也詩采蘋有齊季女毛本以齊爲之傳訓敬

qí ⿱齊虫

齊 **⿱齊虫** ⿱齊虫螬也从虫齊聲字亦作左形右聲亦作蟦爾雅蟦蠐螬方言蠐螬謂之蟦此在糞土中者身短足長青黃色背有毛筋有足而以背行莊子至樂烏足之根爲蠐螬論衡無形蠐螬化爲復育復育轉而爲蟬又爾雅蝤蠐蝎詩碩人領如蝤蠐此在木中者白色身長足短口黑無毛爾雅又云蝎桑蠹卽蝤蠐之在桑中者亦名蛣蝠按蠐螬蝤蠐皆雙聲連語古韻詩碩人叶荑脂蠐犀眉

zhāi 齋

佳 **齋** 戒潔也从示齊省聲籀文又从𩁹省𩁹籀文禱字亦作齋周禮膳夫王齊日三舉蓋王日一舉太牢日中及夕則餕餘齊則每食一太牢也論語齊必變食至不多食皆言齋時古人祭祀行禮委曲煩重非强有力者弗能勝三日之先殺牲盛饌者所以增益其精神致齊內寢散齊外寢者所以專壹其意志且凡敬其事則盛其禮故齋之饌必加于常時也莊子人閒世曰不飲酒不茹葷荀子哀公曰端衣元裳冕而乘輅者志不在于食葷後人因之誤會不知葷者辛臭之菜葱薤之屬女能損精酒可亂性葷合氣穢將交於神明是皆戒之後世不求其端不訊其末惟怪之欲聞亦惑矣西方聖人卽今西域其地食飲皆資牛羊無貴米麥之奉卽以釋氏論亦欺世之言適足爲明理者所嗤也禮記祭統定之之謂齊齊者精明之至也廣雅釋言齋慄也白虎通齋者言己之意念專一精明也禮記曾子問載於齋車以行呂覽孟秋天子乃齋楚詞大司命吾與君兮齋速登徒好色賦潔齋俟兮惠音聲桐柏廟碑齋潔沈祭經傳多以齊爲之聲訓禮記祭統齊之爲言齊也齊不齊以致齊者也

qī 妻　qī 萋　qī 郪　qí 齏　qī 悽　qī 凄　qī 緀

妻七名凡妻之派皆衍妻聲 七雞切

齊 霽 **妻** 妻 𡜊 婦與夫齊者也从女从屮从又按从女从疌省會意疾敬持事妻職也或曰疌省聲妻疌亦一聲之轉古文从女从古文貴聲古文貴各本作肖今从汗簡作肖禮記曲禮庶人曰妻又天子有妻有妾内則聘則爲妻奔則爲妾哀公問妻也者親之主也春秋繁露妻者夫之合也儀禮喪服傳夫妻胖合也廣雅釋親媍謂之妻易小畜夫妻反目詩十月之交豔妻煽方處轉注左桓六傳齊侯又請妻之漢書吳芮傳黥布歸芮芮妻之注妻嫁女與人也聲訓白虎通妻者齊也與夫齊體釋名士庶人曰妻妻齊也夫賤不足以尊稱故齊等言也古韻詩碩人叶衣妻姨私易大過叶稊妻困叶藜妻

齊 **萋** 萋 艸盛也从艸妻聲漢書外戚傳中庭萋兮鮮草生注青草皃叚借疊韻連語詩巷伯萋兮斐兮傳萋斐文章相錯也說文系部引作緀亦同又雙聲連語詩有客有萋有且傳萋且敬愼皃又重言形況字廣雅釋訓萋萋茂也詩葛覃維葉萋萋蒹葭萋萋卷阿菶菶萋萋爾雅釋訓藹藹萋萋臣盡力也又大田有渰萋萋傳雲行皃韓詩外傳作凄凄亦同古韻詩葛覃叶萋飛喈巷伯叶萋斐

齊 **郪** 郪 新郪汝南縣从邑妻聲左文十六盟于郪邱在今安徽潁州府城東八里公羊以師爲之穀梁以犀爲之

齊 **齏** 齏 等也从齊妻聲按與儕略同

齊 **悽** 悽 痛也从心妻聲廣雅釋訓悽悽悲也淮南本經悽愴之志叚借雙聲連語漢書王襃傳不憂至寒之悽愴注寒冷也又重言形況字爾雅釋訓哀哀悽悽懷報德也按卽杕杜之其葉萋萋後漢周黃徐姜申屠傳注悽悽飢病皃也古韻楚辭九辯叶悽欷高唐賦叶螭諧哀悽欷

齊 **凄** 凄 雨雲起也从水妻聲詩大田有渰凄凄毛本作萋按亦重言形況字四月秋日凄凄傳涼風也風雨風雨凄凄說文引作湝湝亦同綠衣凄其以風傳寒風也呂覽有始西南曰凄風楚辭悲回風涕泣交而凄凄兮注流皃叚借疊韻連語漢書外戚傳秋氣潛以凄淚兮注寒涼之意也史記司馬相如傳儵眒凄浰集解疾皃又雙聲連語素問氣交變大論其德凄滄注薄寒也五常政大論凄滄數至注大涼也俗字亦作淒从仌左昭四傳春無淒風注寒也思舊賦寒冰凄然注冷也古韻詩風雨叶凄喈夷蒹葭叶淒晞湄躋坻四月叶凄腓歸

齊 **緀** 緀 帛文皃从糸妻聲詩巷伯緀兮斐兮成是貝錦按亦疊韻連語毛本作萋亦同

xī 犀　chí 謘　zhì 稺　tí 厗　jì 季　jì 痵　jì 悸

犀七名凡犀之派皆衍犀聲 先稽切

齊 **犀** 犀 犀遲也从尸辛聲辛犀雙聲也按此字實犀之籀文犀遲卽詩衡門之棲遲據字義當作屖遲借犀爲徲亦疊韻連語古或作犀遲耳孟子盡心下丁音犀義與棲遲同息也久也或作犀牛字誤按作犀牛字亦同也遲籀文作遅徲婁壽碑作徲徲衡門墀廣雅釋室作墀塗也稺字秝作稺知犀屖實同字許書誤分耳

支 灰 **謘** 謘 語諄謘也从言犀聲按諄謘猶遲鈍

寘 **稺** 稺 幼禾也从禾犀聲字亦作穉作稚作稺詩閟宮稙稺菽麥傳復種曰稺按復種者禾小韓詩傳幼稼也尚書考靈曜百穀稚熟注晚熟曰稚轉注廣雅釋詁三稺晚也又稚少也方言二稺小也稺年小也書立政傳言皆以告稚子王儀禮喪服傳妻稺注謂未滿五十楚辭大招稺朱顏只注幼也淮南脩務衞之稚質注亦少女也又列子天瑞純雄其名稺蜂注小也叚借爲摘管子重令工以雕文刻鏤相稺也謂之逆注驕也又史記田完世家稺孟夷稺名孟夷字聲相近古韻詩大田叶稺火又叶穧穧穗利

齊 **厗** 厗 唐厗石也从厂犀省聲按銳石也字亦作㟳漢書馮奉世傳注刀兵利爲犀凡犀利正字當作此玉篇以厗爲銻之古文非是鎕銻爲火齊唐厗爲銳石不嫌同音也叚借疊韻連語漢書地理志漁陽郡厗奚縣孟康音題字或作蹄又郊祀志上林磃氏館武帝紀作磃

寘 **季** 季 少稱也从子从稚省會意稚亦聲廣雅釋詁三少也儀禮士冠禮曰伯某甫仲叔季唯其所當注伯仲叔季長幼之稱穀梁昭廿五傳季者有中之辭也白虎通季者幼也詩采蘋有齊季女候人季女斯飢陟岵毋曰嗟予季晉語武子之季注季二子也史記弟子傳冉季字子產轉注禮記月令季春之月儀禮特牲禮挂於季指周禮山虞凡服耜斬季材注猶穉也管子乘馬季絹注三等其下者曰季又晉語雖當三季之王注末也聲訓釋名叔父之弟曰季父季癸也甲乙之次癸最在下季亦然也古韻詩陟岵叶季寐棄皇矣叶對季

寘 **痵** 痵 气不定也从疒季聲廣雅釋詁一痵病也

寘 **悸** 悸 心動也从心季聲楚辭悼亂惶悸兮失氣注懼也魯靈光殿賦心猥猥而發悸轉注廣雅釋詁二悸怒也叚借爲痵漢書田延年傳使我至今病悸素問氣交變大論煩心躁悸陰厥又單辭形況字詩芄蘭垂帶悸兮韓詩作萃亦同古韻詩芄蘭叶遂悸

mǐ 米　mí 迷　mǐ 敉　mǐ 眯　mǐ 𥧌　mí 罙　lèi 頪　mí 麋

米十三名凡米之派皆衍米聲 莫禮切

薺 **米** 米 粟實也象禾實之形按四注象米卜其介者九穀之分也春秋說題辭米出甲謂磑之爲糲米也舂之則粺米也䊪之則鑿米也酋之則毇米也又導擇之暘曬之則爲晶米書益稷粉米傳若聚米轉注禮記明堂位米廩有虞氏之庠也又史記天官書淩雜米鹽正義細碎也漢書黃霸傳米鹽靡密注謂雜而且細咸宜傳其治米鹽注細雜也古韻呂覽辨土叶死米秕弟

齊 **迷** 𨒌 或也从辵米聲廣雅釋詁三迷誤也韓非子解老凡失其所欲之路而妄行之則爲迷易坤先迷復迷復虞書烈風雷雨弗迷洛誥迓衡不迷離騷及行迷之未遠楚辭惜誦迷不知寵之門涉江迷不知吾之所如哀命志瞀迷而不知路莊子人間世迷陽迷陽無傷吾行假借南山經招搖之山有木焉其狀如穀而黑理其華四照名曰迷穀古韻詩節南山叶師氐維毗迷板叶懠毗迷尸屎葵資師

紙 **敉** 敉 侎 撫也从攴米聲讀若弭或从人廣雅釋詁一侎安也書洛誥亦未克敉公功周禮小祝彌烖兵以彌爲之男巫春招弭以除疾病以弭爲之

齊 **眯** 眯 艸入目中也从目米聲字林物入眼爲病也莊子簸糠眯目假借爲寐莊子天運必且數眯焉司馬注厭也又爲彌史記晉世家示眯明也索隱以眯爲彌音相近耳又爲敉廣雅釋詁一眯安也淮南繆稱故若眯而撫注眯芥入目也

薺紙 **𥧌** 𥧌 寐而厭也从㝱省米聲字亦作𥨊按𥧌之爲言迷也倉頡篇伏合人心曰厭今俗字作魘𥧌卽魘也西山經鵸鵌服之使人不眯淮南精神楚人謂厭爲眯皆以眯爲之假借爲寱廣雅釋詁一寱安也

支 **罙** 罙 𥄉 周行也从网米聲詩曰罙入其阻或从占按此字从网當訓冒网也周行是誤字詩殷武罙入其阻鄭箋以爲宷字冒也毛傳訓深則謂宷字說文錯本罙周也詩釋文集韻類篇皆引說文一曰深也冒也

泰隊 **頪** 頪 難曉也从頁从米一曰鮮白皃从粉省按此字从頁米聲謂相似難分別經傳皆以類爲之戴氏六書故曰从迷省亦以頪爲類之本字或曰頪視不明也今蘇俗謂近視者曰頪覷眼按此義卽眯字之轉注假借爲敏廣雅釋詁一頪疾也米每一聲之轉

支 **麋** 麋 鹿屬从鹿米聲麋冬至解其角按乾隆三十一年 上目驗麋角不解而麈角皆解 敕改時憲書麋角解爲麈角解周禮獸人夏獻麋疏麋是澤獸史記司馬相如傳沈牛麈麋正義似水牛中山經荆山其獸多閭麋注似鹿而大楚辭湘夫人麋何食兮庭中周禮醢人昌本麋臡假借爲蘼楚辭招魂麋散而不可止些注碎也又爲糜素問氣厥論上爲口麋注爛也又爲眉荀子非相伊尹之狀面無須

mǐ 䋛　lèi 類　lèi 纇　méi 蘪

麋方言十二麋老也又漢書王莽傳赤麋聞之又爲湄詩巧言居河之麋傳水草交謂之麋左僖廿八傳余賜汝孟諸之麋又爲蘪爾雅蘄茝蘪蕪太元去庭有麋注草也又爾雅釋鳥鶬麋鴰按鹿之誤字此鳥亦呼爲鴰鹿爲錯落爲鴰捋皆象其聲也又廣雅釋獸麈麞也考工畫繢之事山以章注齊人謂麋爲獐則皆麋之誤字聲訓公羊莊十七年冬多麋注麋之爲言猶迷也白虎通鄉射麋侯麋之言迷也古韻詩巧言叶麋階伊幾

薺 **䋛** 䋛 繡形如聚細米也从糸从米會意米亦聲字亦作黺虞書黺䋛今作粉米按黺䋛字皆後出因書絺繡而加黹旁糸旁耳粉米白米也當从鄭說爲正

寘 **類** 類 種類相似惟犬爲甚从犬頪聲按南山經亶爰之山有獸焉其狀如貍而有髦其名曰類自爲牝牡食者不妒莊子類自爲雌雄而化列子天瑞亶爰之獸自孕而生曰類假借爲類廣雅釋詁四類象也吳語類有大憂注似也禮記曲禮既葬見天子曰類見言謚曰類注猶象也楚辭橘頌類可任兮注猶貌也荀子禮論先祖者類之本也注種也詩桑柔貪人敗類箋等夷也又禮記學記九年知類通達注知事義之比也緇衣行無類也注謂比式孟子此之謂不知類也注事也又方言十三類法也楚辭懷沙吾將以爲類兮史記屈原傳正義例也或曰借爲律字又爾雅釋詁類善也按類者肖也周語類也者不忝前哲之謂也故又轉爲善詩皇矣克明克類左僖廿四傳召穆公思周德之不類周書芮良夫后作類又爲禷周禮大祝一曰類虞書肆類于上帝謂非時祭天也又小宗伯四望四類司農注三皇五帝九皇六十四氏後鄭注日月星辰又淮南本經類共社注祭社曰類以事類祭之也又爲盭周書悅類無親注戾也又爲戾左昭十六傳刑之頗類釋文事類也非是又爲類史記周本紀公叔祖類索隱一名組紺諸盩字叔類又託名幖識字爾雅釋魚龜左倪不類卽周禮之靁屬作靁亦同古韻詩既醉叶匱類蕩叶類懟對內桑柔叶隧類對醉悖皇矣叶類比又叶類致句中韻孟子公孫丑叶類萃易頤叶貴類悖楚詞懷沙叶喟謂愛類小言賦叶貴類配類呂覽有始叶物類轉音靈樞病形叶類會文子上德叶類遂施

隊 **纇** 纇 絲節也从糸頪聲廣雅釋言纇節也通俗文多節曰纇轉注老子夷道若纇簡文注疵也淮南氾論明月之珠不能無纇注纇般若絲之結纇也假借爲盭左昭廿八傳忿纇無期注戾也又爲戾昭十六傳刑之頗纇服注不平也

支 **蘪** 蘪 蘪蕪也从艸麋聲字亦作蘼爾雅蘄茝蘪蕪注香草似蛇牀淮南說林蛇牀似蘪蕪而不能芳子虛賦芎藭菖蒲江蘺蘪蕪上林賦被以江離糅以蘪蕪中山經蒸蘪蕪芍藥芎藭後漢馮衍傳注蘪蕪似蛇牀而香其根卽芎藭也按江離也蘪蕪也芎藭也蛇牀也

zhī 祗　dǐ 柢　dǐ 氐　lèi 禷

藁本也白芷也皆同類而異種西山經熏草臭如蘼蕪〔別義〕爾雅蘠蘼虋冬即今薔薇也又虋從水生水草也又方言十三蘪蕪也注謂草蘵蕪也

寘

禷 禷 以事類祭天神也从示類聲按非常而祭以事類告皆曰禷虞書肆類于上帝禮記王制類乎上帝皆非時祭天也周禮小宗伯四望四類注謂兆日東郊月風師西郊司中司命南郊雨師北郊也又云類社稷宗廟注類者依其正禮而爲之又淮南本經類其社注祭社曰類又詩皇矣是類是禡桓序講武類禡也爾雅釋天是禷是禡師祭也是凡祭皆有類惟類上帝禮尊耳經傳多以類爲之

氐廿五名凡氐之派皆衍氐聲 丁禮切

齊 薺

氐 氐 至也本也从氏下箸一一地也指事按此字實卽柢之古文蔓根曰根直根曰氐廣雅釋言氐柢也詩節南山維周之氐傳本也又爾雅釋天天根氐也按氐四星似箕而側東方宿也〔轉注〕漢書食貨志封君皆氐首仰給焉注猶俯首也字亦作低〔叚借〕爲邸廣雅釋詁四低舍也又爲底說文氐至也史記律書氐者言萬物皆至也漢書禮樂志注氐歸也楚辭招魂軒輬既低注屯也又雙聲連語方言十江湘之閒頓愍或謂之氐惆南楚飲毒藥懣謂之氐惆愁恚憒憒而不發謂之氐惆注猶懊憹也又史記秦始皇紀大氐盡畔秦吏正義氐猶略也或曰借爲衰又託名幖識字詩殷武自彼氐羌箋夷狄國在西方者也周書王會氐羌以鸞鳥注氐羌地羌不同故謂之氐羌今謂之氐矣史記匈奴傳西接氐羌索隱氐亦羌種則謂借爲羝後漢竇融傳注小月氐西胡國名杜篤傳注氐僰邛莋並西南夷號又海內南經有氐人國又疊韻連語埤蒼低徊謂婟遊也漢書楊雄傳大道低回注紆衍也司馬相如傳低徊陰山注猶徘徊也〔古韻〕詩節南山叶氐維毗迷師

薺 霽

柢 柢 木根也从木氐聲按卽氐字之小篆今系于此爾雅釋言柢本也韓非子解老柢也者木之所以建生也老子深其根固其柢漢書鄒陽傳蟠木根柢注根下本也按蔓根爲根直根爲柢〔轉注〕爾雅釋器邸謂之柢又字林柢碓衡也又漢書刑法志提封萬井注陳留人謂舉田曰柢字亦作秪〔叚借〕爲胝儀禮士虞禮記載猶進柢注本也

支

祗 祗 敬也从示氐聲與神祇字祇但字秖祇稠字皆迥別書皋陶謨日嚴祗敬六德詩長發上帝是祗周禮大司樂中和祗庸孝友廣雅釋訓祗祗敬也〔叚借〕爲啻廣雅釋言祗適也詩我行其野亦祗以異何人斯祗攪我心無將大車祗自塵兮左僖十五傳祗以成惡襄廿七傳祗成惡名周語祗以覿武晉語祗取憂也凡皆祇之誤字祗者緹之或體緹啻聲近叚借也又爲疧詩何人斯俾我祗也毛傳病也易復無祗悔鄭注病也亦皆祇之誤字又爲坻易坎祗既平鄭注小沚也王注詞也則謂借爲適實爲啻又爲衰易復无祗悔侯果注大也又禮記內則祗見孺子注或作振書無逸治民祗懼史記周公世家作震振震祗一聲之轉〔古韻〕詩長發叶違齊遲躋祗圍離騷叶幃祗

chī 雎　dǐ 呧　dǐ 詆　dǐ 遞　dī 趆　dǐ 牴

薺

牴 牴 觸也从牛氐聲字亦作觝琴賦觸巖觝隈注至也則謂借爲底〔叚借〕爲羝詩生民取羝以軷

薺

趆 趆 趨也从走氐聲

薺

遞 遞 怒不進也从辵氐聲一曰驚也遲重見

薺

詆 詆 苛也一曰訶也从言氐聲按苛卽訶之借字廣雅釋詁二詆諟也釋言呵也漢書劉向傳注詆毀也辱也哀帝紀注詆誣也後漢杜林傳注詆欺謂飾非成釁非其本罪史記老莊申韓傳詆訿孔子索隱訐也漢書息夫躬傳歷詆公卿大臣汲黯傳專深文巧詆枚乘傳故其賦有詆娸東方朔〔叚借〕爲柢淮南兵略兵有三詆注事要也

薺

呧 呧 苛也从口氐聲一切經音義引說文呵也按卽詆之或體今系于此蒼頡篇呧欺也

支

雎 雎 鴡 雎也从隹氐聲籀文从鳥蘇俗所謂鶻鷹者是與爾雅鴟鴞鵋鶀狂茅鴟怪鴟梟鴟皆別詩瞻卬爲梟爲鴟按梟不孝鳥也鴟鵂也二物〔別義〕詩鴟鴞鴟鴞傳鸋鴂也卽鷦鷯小鳥亦名巧婦亦名工雀亦名桑飛楚辭憂苦鴟鴞集于木蘭注貪鳥漢書賈誼傳鴟鴞翱翔注怪鳥按此鴟字皆當作梟楚辭初放近習鴟梟太元沈赤肉鴟梟厲漢書郊祀志鴟梟羣翔皆不誤又左襄廿八傳使工爲之誦茅鴟廣雅鵂鶹鵋鶀也此鳥蘇俗謂之貓頭鷹其頭似貓大目有毛角鳴聲轂轆人惡之又莊子秋水鴟鵂夜撮蚤察豪末晝出瞋目而不見邱山淮南主術鴟夜撮蚤蚊此卽爾雅之怪鴟山海經之鴟久說文之鵂舊也又漢書司馬相如傳射游梟武五子傳昌邑多梟此食母之鳥漢儀夏至賜百官梟羹者亦名鵩造見淮南說林卽爾雅之梟鴟也或曰怪鴟梟鴟連文以其怪惡故以梟名郭注分之誤也亦通〔轉注〕後漢梁冀傳鳶肩注上竦也華陀傳鴟顧注身不動而迴顧也書呂刑鴟義姦宄鄭注盜賊狀如鴟梟以狀訓義馬注鴟輕也則謂借爲詆戲字〔叚借〕疊韻連語吳語盛以鴟夷而投之江注革囊史記越世家自謂鴟夷子皮索隱生牛皮也鄒陽傳子胥鴟夷索隱以皮作鴟鳥形皮榼也漢書注卽今之盛酒鴟夷幐伍子胥傳盛以鴟夷革集解鴟夷榼形或曰借爲鴟鵂字〔古韻〕詩瞻卬叶鴟階

dī 羝　zhī 胝　dǐ 邸　dī 袛　mí ⿰見氐　dǐ 底　zhǐ 厎　dī 奃

齊 **羝** 牡羊也从羊氐聲廣雅釋獸羝雄也釋畜吳羊牡一歲曰牡䍩三歲曰羝易大壯羝羊觸藩張注羖羊也詩生民取羝以軷周書王會周頭煇羝漢書蘇武傳使牧羝江都易王非傳與羝羊及狗交別義字林羝牂羊也

支 **胝** 腄也从肉氐聲謂足跟皮厚荀子子道手足胼胝以養其親注皮厚也漢書貢禹傳注胝繭也轉注史記躬胝無胈足踵也

齊 **邸** 屬國舍也从邑氐聲漢書盧綰傳舍燕邸注諸侯王及諸郡朝宿之館在京師者謂之邸張耳傳注邸歸也轉注王元長曲水詩序盈衍儲邸注儲邸猶府藏也叚借為底楚辭涉江邸余車兮方林注舍也史記河渠書自中山西邸瓠口為渠正義至也又為抵風賦邸華葉而振氣又為柢周禮典瑞四圭有邸考工玉人兩圭五寸有邸以祀地注有邸僢共本也弁師象邸玉笄注下柢也掌次設皇邸司農注後版也爾雅釋器邸謂之柢

齊 **袛** 袛裯短衣也从衣氐聲亦名襜亦曰甲襦與神祇祇敬祇但字皆迥別廣雅釋器袛裯襜褕也方言汗襦自關而西或謂之袛裯後漢羊續傳帷有布衾敝袛裯

齊 **⿰見氐** 病人視也从見氐聲讀若迷字亦作覭按民迷雙聲

紙齊 **底** 止居也从广氐聲與厎礪字迥別爾雅釋詁底待也左昭元傳勿使有所壅蔽湫底注滯也又底祿以德注致也按居也宣三傳有所底止昭十三傳盟以底信詩武耆定爾功晉語耆其股肱以耆為之楚語夫民氣縱則底注箸也晉語戾久將底注止也又詩祈父靡所底止傳至也小旻伊于何底左昭廿六傳未有攸底周語日月底于天廟叚借為氐說文一曰下也列子無底之谷名曰歸墟又為氐左桓十七傳日官居卿以底日注平也孟子周道如底又為阺後漢光武紀馮異與赤眉戰于崤底注阪也古韻楚詞天問叶底雉

紙 **厎** 柔石也从厂氐聲或从石蓋礪石之精者與底止字迥別廣雅釋詁三砥磨也釋器砥礪也書禹貢礪砥砮丹南山經可以為厎漢書枚乘傳磨礱厎厲錯傳厎厲其節文選上書吳王聖王厎節脩德轉注書禹貢東至于厎柱漢書梅福傳天下之厎石又詩大東周道如砥又書顧命敷重厎席傳蒻苹按青蒲為席柔滑而平也又家語正論而厎其遠近注平也叚借為底爾雅釋言厎致也虞書乃言厎可績馬注定也禹貢震澤厎定又楚辭天問南土爰厎注至也左襄九傳無所厎告襄十傳其能來東厎乎古韻詩小旻叶哀違依厎大東叶匕砥矢履視涕

齊 **奃** 大也从大氐聲讀若氐按大氐大抵字疑當作此

chí 泜　dǐ 抵　dī ⿰糸氐　chí 蚳　chí 坻　dǐ 軧　dǐ 阺

支 **泜** 泜水也在常山从水氐聲與汦伏字迥別出今直隸正定府元氏縣封龍山即韓信斬陳餘處入槐河槐河即濟水也北山經云敦與之山泜水出于其陰注泜肆也叚借重言形況字後漢蔡邕傳泜泜庶類注齊皃古韻左昭十二叶淮泜師

齊紙 **抵** 擠也从手氐聲與側擊之抵聲義俱別廣雅釋詁三抵推也夏小正抵蚳傳抵猶推也漢書梁懷王揖傳注抵距也田延年傳延年抵曰注拒諱也叚借為牴廣雅釋言抵觸也漢書武帝紀作角抵戲又禮樂志注抵忤也又為詆後漢劉隆傳注抵欺也又為柢周禮泉府買者各從其抵注本也司農注故賈也又方言十二抵刺也注抵秘皆矛戟之槿又為底廣雅釋詁一抵至也史記始皇紀抵九原天官書抵營室漢書李陵傳抵山谷中又為邸史記張耳陳餘傳去抵父客集解歸也項羽紀抵櫟陽獄掾司馬欣又為楮小爾雅廣言抵當也史記高帝紀傷人及盜抵罪喻巴蜀檄或亡逃抵誅又為擿後漢獻穆曹后紀注抵擲也又雙聲連語史記平準書天下大抵無慮皆鑄金錢矣索隱歸也酷吏列傳大抵盡詆以不道索隱猶大都也老莊申韓傳大抵率寓言也索隱猶大略也漢書杜周傳其治大抵放張陽注大歸也賈誼傳大抵皆冠注猶言大凡也或曰皆借為奃

齊 **⿰糸氐** 絲滓也从糸氐聲與紙筆字別

支 **蚳** 螘子也从虫氐聲讀若祁籀文从䖵氐聲古文从虫从土辰聲與蚔蛪字聲義俱別爾雅螘其子蚳周禮醢人蜃蚳醢禮記內則腶脩蚳醢夏小正抵蚳魯語蟲舍蚳蝝注螘子可以為醢轉注爾雅釋魚貝餘蚳黃白文字亦作貾

齊支紙 **坻** 小渚也从土氐聲或从水夂聲或从水耆聲與坁伏字音義俱別爾雅水中可居者曰洲小洲曰陼小陼曰沚小沚曰坻詩蒹葭宛在水中坻甫田如坻如梁史記屈賈傳得坻則止上林賦臨坻注壑又下磧厤之坻思元賦伏靈龜以負坻兮舊注坻所以止船也轉注廣雅釋室坻除也景福殿賦肅坻鄂之鏘鏘注殿基也又方言六坻場也梁宋之閒蚍蜉犁鼠之場謂之坻十一蚍蜉其場謂之坻楊雄答劉歆書由鼠坻之與牛場也叚借為阺埤蒼坻坂也解嘲響若坻隤又左昭十九傳物乃坻伏此坻之誤字聲訓廣雅釋水渚至也釋名小沚曰坻坻遲也能過水使流遲也古韻詩蒹葭叶湄躋坻甫田叶茨坻句中韻

齊 **軧** 大車後也从車氐聲與約軝字聲義俱別

齊 **阺** 秦謂陵阪曰阺从𨸏氐聲與坁坻皆別揚雄解嘲響若坻隤以坻為之漢書正作阺注巴蜀人名山旁堆欲墮落曰阺說文氏篆下引作氏隤按字或借氐為阺許據誤文傅會以解氏字非矣蜀都賦坻頹於前劉注坻頹崩聲也亦非高唐賦臨大坻之稸水

氐

菧 菹也从艸泜聲或从皿泜聲皿器也此酢菜之名細切者曰䪡全物若䐑者曰菹亦曰菧

弟十二 名凡弟之派皆衍弟聲 特計切

弟 韋束之次弟也从古文之象古文弟从古文韋省丿聲按古文實从韋省丿省會意丿亦聲小篆增一屈折亦象束形如衡三束纓三就之類吕覽原亂亂必有弟注弟次也【轉注】爾雅釋親男子先生爲兄後生爲弟釋名弟弟也相次弟而生也又儀禮喪服稱小功以下爲兄弟大功以上爲昆弟又周禮大司徒聯兄弟注兄弟婚姻嫁娶也又白虎通弟子者民也按古文民與古文弟略相似又爾雅釋詁弟易也詩齊子豈弟孔燕豈弟君子禮記表記豈以强教之弟以說安之按實疊韻連語樂易之訓亦無定詁又禮記曲禮僚友稱其弟也孟子徐行後長者謂之弟荀子王制能以事兄謂之弟荀子脩身端慤順弟字亦作悌釋名悌弟也廣雅釋詁一悌順也家語弟子行悌德之序也賈子道術弟敬愛兄謂之悌孟子出則悌【假借】爲圛古文尚書洪範曰弟曰克蓋圛之誤字借睪爲圛耳據鄭意明也則謂借爲澤詩載驅云齊子豈弟箋此豈弟猶言發夕謂闓明回行之意而箋亦訓圛爲明非又發聲之詞史記五帝紀顧弟弗深考徐廣曰但也孫吳傳君弟重射索隱且也漢書陳勝傳藉弟令毋斬注第使也與用地但特字皆同【聲訓】白虎通弟者悌也心順行篤也廣雅釋親弟者悌也【古韻】詩谷風叶薺弟泉水叶泲禰弟姊蝃蝀叶指弟葛藟叶藟弟揚之水叶水弟載驅叶濟瀰弟陟岵叶弟偕死常棣叶韡弟蓼蕭叶泥弟豈沔水叶水隼弟行葦叶葦履體泥弟爾几吕覽辨土叶死米秕弟

第 毛詩周南正義楊士勛穀梁隱公疏引說文有第字从竹弟聲按即弟之或體姑附于此小爾雅廣詁第次也釋名釋書契書稱題亦言第因其第次也按用爲書冊次弟字故又加竹又左哀十六傳楚國第釋文次第也又漢書高帝紀賜大第室注有甲乙次第故曰第文選古詩注出不由里門面大道者名曰第西京賦北闕甲第薛注館也【假借】發聲之詞史記司馬相如傳第俱如臨邛文穎曰且也漢書申屠嘉傳汝第往注但也陳平傳陛下第出僞游雲夢注第但語聲急也

苐 苐艸也从艸弟聲此字小徐本作荑从夷而無苐字大徐本作苐从弟而無荑字故集韻并苐荑爲一字按弟夷篆文近似故偏傍多相亂鵜鶘或作鶇胡見說文亦其一也今據玉篇兩存之荑隸夷聲下苐隸弟聲下或曰即爾雅𦸸荑蔱蘠之荑荑當作苐白莧菜也或又疑苐即蕛之壞字存參

蕛 蕛英也从艸从禾會意弟聲字亦作稊爾雅蕛英注似稗布地生穢草莊子秋水不似稊米之在太倉乎注小米也知北遊道

在稊稗射雉賦稊菽漿糅孟子不如荑稗以荑爲之按稗亦人所種實小可食蕛則野生者米尤小人不食之【假借】爲荑易大過枯楊生稊虞注稊稺也楊葉未舒稱稊夏小正柳稊傳稊發孚也以稊爲之又夏小正時有見稊始收傳稊者所爲豆實蓋若筍蒲椿楮之屬【古韻】易大過叶稊妻

睇 目小衺視也从目弟聲方言二睇眄也小爾雅廣言睇視也禮記內則睇視注睇傾視也楚辭山鬼既含睇兮又宜笑注微眄皃也史記屈賈傳離婁微睇正義眄也幽通賦養流睇而猿號又夏小正來降燕乃睇又易明夷鄭本睇于左股注旁視曰睇

梯 木階也从木弟聲史記孟荀傳注爲雲梯之械索隱構木瞰高也【轉注】廣雅釋室梯階也謝靈運詩躡步陵丹梯注丹墀也又越語以爲亂梯注階也【假借】爲體海內北經西王母梯几而戴勝杖注梯謂憑也【古韻】楚詞卜居叶梯稽脂韋

鬀 鬄髮也从髟弟聲大人曰髡小兒曰鬀盡及身毛曰鬄字亦作剃廣雅釋詁一剃剔也

涕 泣也从水弟聲易萃齎咨涕洟虞注自目曰涕詩澤陂涕泗滂沱魯語無洵涕注無聲涕出爲洵涕列子湯問悲愁垂涕長門賦涕流離而從橫按字亦作淚篆體夷弟偏傍易于相亂故別製淚以當之廣雅釋言涕淚也漢書西域傳胡桐白草注流俗語訛呼淚爲律【假借】爲洟禮記內則不敢唾洟又父母唾洟不見素問解精微論腦滲爲涕【古韻】詩大東叶七砥矢履視涕易萃叶齎咨涕洟高唐賦叶氣鼻淚瘁磑【轉韻】楚詞遠遊叶涕弭

鮷 大鮎也从魚弟聲字亦作鮧作鯷作鳀按即鱯也爾雅魾大鱯小者鮡是鮎爲通名一曰鮡大者曰鮷曰鱯亦曰鮎曰鯷其尤大者曰魾又曰鱯曰鯱也爾雅翼云鮧魚偃額兩目上陳頭大尾小身滑無鱗知鮷爲今之鱓魚其尤大之魾今之鰻魚也蜀都賦鮷鱧魦鰽注似鯰北山經決決之水多人魚狀如鯑魚注亦呼鮎爲鮷廣雅釋魚鯷鮎也趙策鯷冠秫縫注以其皮爲冠【假借】託名幖識字漢書地理志會稽海外有東鯷人

娣 女弟也从女弟會意弟亦聲爾雅釋親女子同出謂後生爲娣易歸妹以娣詩韓奕諸娣從之晉語其娣生卓子禮記曲禮大夫不名世臣姪娣疏妻之妹也【轉注】爾雅釋親長婦謂稚婦爲娣婦廣雅釋親娣姒先後也釋名娣弟也已後來也或曰先後以來先後弟之也漢書郊祀志注古謂之娣姒今關中俗呼先後吳楚俗呼之爲妯娌按女子同適一夫則以已之年分娣姒爾雅後生爲娣是也各事一夫則以夫之齒分娣姒爾雅稚婦爲娣婦是也【聲訓】公羊莊十九傳娣者何弟也【古韻】易歸妹叶娣履

tí 綈　tí 銻　lǐ 豊　lǐ 禮　tǐ 體

綈　厚繒也。从糸，弟聲。管子輕重丁，魯梁之民俗爲綈。史記范睢蔡澤傳，取綈袍賜之。匈奴傳，亦綈綠繒。漢書文帝紀贊，身衣弋綈。賈誼傳，白衣阜綈。貢禹傳，衣綈履革。董賢傳，柱檻衣以綈錦。【聲訓】釋名，綈似蝶蟲之色，綠而澤也。按蝶即蝭字。

銻　鎕銻，火齊也。从金，弟聲。似雲母，重沓而開，色黃赤如金，出日南，即玫瑰也。

豊七名。凡豊之派皆衍豊聲。盧弟切。

豊　行禮之器也。从豆，象形。讀若禮。此字經傳無考。疑與豐略同。周伯琦謂即古禮字，非也。

禮　履也。所以事神致福也。从示从豊，會意，豊亦聲。古文从占文示乚聲。虞書，脩五禮。馬注，吉凶軍賓嘉也。有能典朕三禮。馬注，天神地祇人鬼之禮也。禮記王制，脩六禮以節民性。六禮，冠昏喪祭鄉相見。按禮有五經，莫重于祭，故从示。豊者，行禮之器，豆之屬也。又大戴本命，冠婚朝聘喪祭賓主鄉飲酒軍旅，此之謂九禮。禮記中庸，禮儀三百。易繫辭傳，謙以制禮。左昭廿五傳，夫禮天之經也，地之義也，民之行也。僖十一傳，禮國之幹也。廿七傳，禮樂德之則也。成十三傳，禮身之幹也。襄廿一傳，禮政之輿也。禮記禮運，禮也者義之實也。禮器，禮也者物之致也。又禮也者反其所自始。晉語，夫禮國之紀也。荀子大略，禮者政之輓也。致仕，禮者節之準也。韓非子解老，禮者義之文也。淮南齊俗，禮者實之文也。大戴本命，禮義者恩之主也。孟子，禮門也。法言脩身，禮服也。【轉注】莊子外物，儒以詩禮發冢。漢書河閒獻王德傳，周官尚書禮禮記。注，禮者禮經也。【叚借】爲醴。周禮司儀，及禮私面私獻。儀禮覲禮，饗禮乃歸。論語，亨禮有容色。又爲札，札之誤字。淮南說林，鳥力勝日而服于鵻禮。又廣雅釋詁四，禮甲也。札似古文𠃉而誤。【聲訓】禮記祭義，禮者履此者也。仲尼燕居，言而履之禮也。禮器，禮也者猶體也。喪服四制，凡禮之大體，體天地，法四時，則陰陽，順人情，故謂之禮。又仲尼燕居，禮也者理也。樂記，禮也者理之不可易者也。禮理雙聲。【古韻】詩相鼠叶體禮死。賓之初筵叶禮至。載芟叶濟秭醴妣禮。豐年叶秭醴妣禮皆。【轉音】禮記禮運叶選禮。

體　總十二屬之名也。从骨，豊聲。字亦作軆。按十二屬者，頂面頤，首屬三；肩脊臀，身屬三；厷臂手，手屬三；股脛足，足屬三也。孟子，猶其有四體也。謂二手二足。廣雅釋親，軆，身也。墨子經上，體分于兼也。【轉注】周禮內饔，辨體名肉物。按牲體有七，脊也，左右肩也，左右肱也，左右股也，所謂全脀也。七體乾之爲腊，或用于俎，乃折爲二十一體：正脊、脡脊、橫脊，三也；代脅、長脅、短脅，左右六也；肩、臂、臑，左右六也；髀、肫、骼，左右六也，所謂殽脀也。其首尾與四蹏不用。周禮牲體貴右，吉禮用右胖，凶禮用左胖，若左右皆用謂之合升。愚按俎有十一體、九體、七體、五體、三體、一體之差，大氐皆用奇數。士虞禮祝俎，髀脰脊脅，脰者短字之誤，短脊即橫脊也，蓋三體。少牢禮脩俎，羊左肩左肫正脊脅，左肫二字當爲折字，亦三體也。鄉射記釋獲者之俎，折脊脅肺，肺者肫字之誤，亦三體也。上文獲者之俎行肺字，不行臑字。又詩相鼠有體，傳，支體也。行葦方苞方體，箋，體成形也。氓體無咎言，傳，兆卦之體也。谷風無以下體，傳，根莖也。又周禮天官體國經野，注，猶分也。禮記學記就賢體遠，注，猶親也。中庸體物而不可遺，注，生也。體羣臣也，注，猶接納也。文王世子體異姓也，注，猶連結也。漢書賈誼傳所以體貌大臣，注，謂加禮容而敬之也。又淮南氾論聖人以身體之，注，行也。【古韻】詩谷風叶菲體死。相鼠叶體禮死。行葦叶葦履體泥弟爾几。

lǐ 澧　lǐ 鱧　lǐ 鱺　lǐ 醴　lì 戾

說文通訓定聲　履部弟十二　畣

澧　澧水也。出南陽雉衡山，東入汝。从水，豊聲。此出今河南南陽府之水也。中山經，雉山澧水出焉。注，今澧水出南陽。按雉字恐有一誤。【叚借】爲醴。書禹貢，又東至于澧。出今湖南澧州永定縣西歷山，至安鄉縣會赤沙河入洞庭湖。史記正作醴。又禮記禮運，地出澧泉。釋文本作醴。又重言形況字。楚辭，靈懷波澧澧而揚澆兮。注，波聲也。

鱧　鱯也。从魚，豊聲。按此字當訓鮦也。爾雅，鱧鮦也。又鰹大鮦，小者鮵。詩魚麗魴鱧傳，鱧鮦也。字林訓鯇，與說文訓鱯，皆以鱧爲鱺之誤。廣雅，鱺鮦也。又以鱺爲鱧，亦誤。詩陸疏，鱧似鯉，頰狹而厚。本草陶注，舊言是公蠣蛇所變，然亦有相生者，至難死，猶有蛇性。埤雅，諸魚中惟鱧魚膽甘可食，有舌，鱗細有花文，其首戴星，夜則北向。爾雅翼，鱧圓長而斑，有七點，作北斗象。韓詩外傳，南假子曰，聞君子不食鱺魚。以鱺爲之。今蘇俗謂之黑魚者是也。【古韻】詩魚麗叶鱧旨。

鱺　鮦魚也。从魚，蠡聲。按此字當爲鱧之或體，今系于此。爾雅釋魚釋文，鱧又作蠡，知鱧鱺同字。許君誤以鱧爲鱺，故兩訓耳。

醴　酒一宿孰也。从酉，豊聲。如今蘇俗之白酒。凡醴沛曰清，未沛曰糟。周禮酒正醴齊，注，醴猶體也，成而汁滓相將，如今恬酒矣。又漿人水漿醴涼醫酏，注，醴清也。又禮記內則或以酏爲醴，注，釀粥爲醴。呂覽重己注，醴者以蘗與黍相體，不以麴也，濁而甜耳。禮記醴者稻醴也。【轉注】爾雅釋天，甘雨時降，萬物以嘉，謂之醴泉。尚書中候，醴泉出山。注，醴甘也。又儀禮士冠禮請醴賓，士昏禮贊醴婦。禮記內則，宰醴負之，謂以醴飲之也。注皆讀爲禮，非是。【叚借】託名幖識字。書禹貢，馬鄭本又東至于醴。馬注水名，鄭注陵名。案水出今湖南，與河南之澧水別。【聲訓】釋名，醴，禮也，釀之一宿而成，禮有酒味而已也。【古韻】詩吉日叶矢兕醴。載芟叶濟秭醴妣禮。豐年叶秭醴妣禮皆。

戾三名。凡戾之派皆衍戾聲。郎計切。

戾　曲也。从犬出戶下，身曲戾也。會意。與車戸之戾迥別。字亦作㑦。【叚借】爲盭字。林，戾乖背也。詩節南山，降此大戾。荀子榮辱，猛貪而戾淮南覽冥舉事戾蒼天注反也素問五常政大論其氣緛戾拘緩射雉賦戾翳旋把徐注轉也賈子道術合得密周謂之調反調爲戾又廣雅釋詁三戾佷也二戾怒也秦策虎者戾蟲注貪也莊子天道雖萬物而不爲戾釋文暴也荀子脩身勇膽猛戾注忿惡也賈子道術心兼愛人謂之仁反仁爲戾又爾雅釋詁戾辠也詩抑亦惟斯戾左文四傳其敢干大典以自取戾周書大匡刑罰之戾或曰罪義借爲律亦通又爲逮爾雅釋詁戾至也戾待也戾止也廣雅釋詁四戾定也詩泮水魯侯戾止傳來也四月翰飛戾天采菽亦是戾矣爾無正靡所止戾又爲利禮記大學一人貪戾注戾之言利也或作㑦又爲颲禮記祭義風戾以食之釋文燥也秋興賦勁風戾而吹帷注勁疾之皃又爲賴實爲類廣雅釋詁一戾善也又爲裂淮南主術曲得其宜無所擊戾注破也又爲勸晉語夫以果戾順行注帥也又爲莀史記司馬相如傳攢戾莎又雙聲連語孟子樂歲粒米狼戾注狼藉也〔古韻〕詩節南山叶惠戾屆闋抑叶疾戾采菽叶維葵膍戾呂覽樂成叶韠戾轉音詩雨無正叶滅戾勩

霽 **莀** 莀艸也可染留黃从艸戾聲草似艾所染色黧黑而黃近綠漢書匈奴傳黃金璽盭綬注戾艸名也以盭爲之〔轉注〕爾雅藐茈草注可以染紫一名茈戾廣雅茈莀茈草也周禮掌染草注紫莀之屬以莂爲之是染紫之草亦得莀名今蘇俗所謂紫草子也

霽 **綟** 綟帛莀艸染色也从糸戾聲廣雅釋器緑綟紫綟綵也漢書百官表諸侯王金璽盭綬以盭爲之急就篇縹綟綠紈早紫硟獨斷貴人緺綟金印緺綟色似綠

盭一名 郎計切

霽 **盭** 弼戾也諳本作引戾之也从弦省从盭會意讀若戾按盭者山曲也經傳多以戾爲之廣雅釋詁二盭俏也史記司馬相如傳盭夫爲之垂涕呂覽遇合長肘而盭注胝也上林賦宛潬膠盭〔叚借〕爲戾廣雅釋詁一盭曲也又爲莀爲綟漢書百官表金璽盭綬如淳曰盭綠也

利十一名凡利之派皆衍利聲 力至切

賓 **利** 銛也从刀从和省和然後利古文从勿疑刀之誤體按此字从刀刈禾會意禾亦聲許意从和省者詩信南山執其鸞刀傳鸞刀刀有鸞者言割中節也以是爲說耳愚謂兵革堅利之利是本字古讀如離上思利民之利是借字當讀爲賴利賴一聲之轉書呂刑乃命重黎傳黎即和禹貢厥土青黎史記作纚說文䨻离黃也是䨻即離荀子非十二子綦谿利跂注利與離同辨亡論丁奉

離婁注黎與離音近此古音禾聲之證易繫辭其利斷金論語必先利其器孟子兵革非不堅利也老子國之利器不可以示人〔轉注〕易乾元亨利貞文言傳利物足以和義何注利者裁成也左宣十五傳信載義而行之爲利禮記中庸或利而行之注謂貪榮名非是西周策西周弗利注便也孟子天時不如地利注險阻城池之固也老子絕巧棄利王注巧利用之善也淮南墬形輕土多利注利疾也〔叚借〕爲賴周禮太宰六曰主以利得民注讀如上思利民之利大司徒一曰散利司農注貸種食也職方氏周知其利害注金錫竹箭之屬秦策西有巴蜀漢中之利注饒也又禮記表記事君大言入則望大利注祿賞也晉語必將求利於我注爵賞也又儀禮特牲禮利洗散獻於尸注利佐食也祝東面告利成注利猶養也又廣雅釋詁四利仁也易義海撮要益萬物爲利又廣雅釋詁一利貪也鬼谷子摩利者求也墨子經上利所得而喜也易說卦爲近利市三倍禮記坊記先財而後禮則民利淮南說山不憎人之利之也注猶取也〔聲訓〕廣雅釋詁三利和也易文言傳義者利之和也〔古韻〕詩大田叶穉穧穗利易大壯叶退遂利越語叶物一失利鬼谷捭闔叶實利死閉管子心術上叶死利

質 **颲** 風雨暴疾也从風利聲讀若栗

齊支 **棃** 棃果也从木古文利聲字亦作梨棃之不甘而酢者謂之樝禮記內則樝棃薑桂莊子天運柤棃橘柚又爾雅棃山樆此棃之生山中者即詩隰有樹檖之檖實如棃但小耳〔轉注〕荀子堯問顏色棃黑而不失其所注謂面如凍棃之色也釋名九十曰鮐背或曰凍棃皮有斑點如凍棃色也字亦作黧字林黧黃黑也通俗文斑黑謂之棃黮楚辭逢紛顏黴黧以沮敗兮方言一棃老也按字實借爲耆〔叚借〕爲剺淮南齊俗伐楩柟豫樟而剖棃之注分也荀子五輔傳帶棃注劃也刊也又爲黎實爲齊桐柏廟碑棃庶賴祉

齊 **𨞲** 殷諸侯國在上黨東北从邑古文利聲商書西伯戡𨞲大傳以耆爲之今本以黎爲之史記以飢爲之在今山西潞安府黎城縣左宣十五傳棄仲章而奪黎氏地又今山東東昌府范縣有黎侯城則狄人追逐黎侯失國寓衛所居之地也〔別義〕按左昭四傳商紂爲黎之蒐東夷叛之注東夷國名當與此別

齊 **黎** 履黏也从黍古文利省聲作履黏以黍米〔叚借〕爲齊爾雅釋詁黎眾也詩桑柔民靡有黎傳齊也書堯典黎民於變時雍傳眾也禮記大學以能保我子孫黎民注眾也漢書司馬相如傳覺寤黎烝注黎烝眾庶也或曰借爲旅爲麗皆一聲之轉亦通又爲壚書禹貢厥土青黎馬注小疏也史記以纚爲之釋名土青曰黎似黎草色也則謂借爲藜又爲棃實爲耆吳語今王播棄黎老注凍棃壽徵也

lí 黎　lí 藜　lí 犂　lí 邌　lí 䳀

方言十二黎老也按書西伯戡黎大傳作耆是黎耆通爲字或曰借爲𪘲故漢書鮑宣傳蒼頭廬兒作盧孟康曰黎黔皆黑也非是又爲邌爲遲實爲直史記高帝紀黎明圍宛城三帀索隱比也衛將軍驃騎傳遲明索隱黎遲也漢書高帝紀亦作遲注徐緩之意也史記酷吏傳之旁郡國黎求索隱比也又爲黧書序周人乘黎詩序黎侯寓于衞又託名幖識字書吕刑乃命重黎傳黎卽和思元賦覩有黎之圯墳注黎高辛氏之火正謂祝融也漢書郊祀志注黎陰官也又書禹貢至于合黎傳水名按山名在今甘肅甘州府西北境一名要塗山又水經河水注枝扈黎卽恒水也古韻詩桑柔叶騤夷黎哀

齊 **藜** 藜艸也从艸黎聲籒文从茻字亦作菞作棃卽詩北山有萊之萊爾雅之釐蔓華也初生可食古蒸以爲茹謂之萊蒸故有蒸藜不孰出妻之事大戴曾子制言聚橡栗藜藿而食之注藿也史記太史公自序藜藿之羹正義似藿而表赤漢書注藜草似蓬也左昭十六傳斬之蓬蒿藜藿叚借爲黎城埧碑藜首韓勑後碑菞民或曰借爲驢也又雙聲連語廣雅藜蘆葱菼也本艸陶注根下極似葱而多鬚按亦作豊蘆同又疊韻連語易困據于蒺藜卽詩牆有薺之薺也又爾雅蒺藜蝍蛆郭注似蝗而大腹長角能食蛇腦不識準今何物廣雅以蝍蛆爲吳公高注淮南以蝍蛆爲蟋蟀唐本草注以蝍蛆爲蜘蛛稱謂或同皆非此蒺藜也古韻易困叶藜妻

說文通訓定聲　履部弟十二　七

齊 **犂** 耕也从牛黎聲釋湛然止觀輔行傳宏決二引說文人曰耕牛曰犂字亦作犁作𤚩按海內經稷之孫叔均是始作牛畊注始用牛犂論語犂牛之子皇疏或音梨謂耕犂也又論語孔注宋司馬犂字子牛轉注後人謂牛耕之器曰犂叚借爲黧或爲驪論語犂牛之子王氏引之曰犂牛生騂角以祀山川猶列子說符黑牛生白犢以爲上帝耳又爲貍論語皇疏犂或音貍謂襍文也東山經鱃鱅之魚其狀如犂牛注牛似虎文者按卽上林賦之獏犂也淮南說山髡屯犂牛注不純色又爲邌史記齊世家犂明至國晉世家犂廿五年不來而後嫁索隱猶遲也南越尉陀傳犂旦吕靜曰犂結也按謂詰朝也又爲梨傷黍瞢播棄犂老傳鮐背之耇稱犂老又爲齊三公山碑犂犂百姓又爲鑗爲𠞰禮記少儀犂而不提心釋文本作離漢書匈奴傳犂其庭注耕也則謂本字又單辭形況字莊子山木犂然有當于人之心司馬注猶栗然又託名幖識字方言六犂鼠之場注蚡鼠也按潛行地中起土如耕故名又廣雅釋草犂如桔梗也本草亦名盧如犂盧一聲之轉聲訓釋名釋用器犂利也利發土絕草根也

齊 **邌** 徐也从辵黎聲廣雅釋詁四邌遲也史書皆以黎以犂爲之舞賦黎收而拜注邌與黎同

支齊 **䳀** 離黃也从隹黎聲一名楚雀其色黎黑而黃字亦作鵹作鸝爾雅鵹黃楚雀舊注一名倉庚方言八作驪黃詩草木疏謂之黃

---

lí 𢡃　lí 鑗　bǐ 七　pìn 牝　zhǐ 旨　bǐ 疕　bǐ 帔

鸝留或謂之黃栗留皆一聲之轉俗曰黃鸎按此字實卽離之異體古音相同許君未并亦其疏也

支 **𢡃** 恨也从心黎聲別義一曰怠也廣韻引說文很也

齊 **鑗** 金屬从金黎聲叚借爲𠞰說文一曰剝也字亦作劙

七八十一名凡七之派皆衍七聲　卑履切

紙 **七** 相與比敘也从反人人亦所以用比取飯一名柶按此字象形據比下古文作𠤎知七古文作𠤏从到千當補七者撓鼎之器如今飯操有淺斗狀其柄有刻飾者曰疏七詩大東有捄棘七傳七所以載鼎實儀禮士昏禮七俎從設注七所以別出牲體也字亦作朼禮記襍記朼以桑長三尺或曰五尺以朼爲之又儀禮少牢禮廩人摡甑甗七與敦于廩爨注所以七黍稷者也亦名柶三禮舊圖柶長尺按七吉禮用棘喪禮用桑柶吉事用角喪事用木士冠禮角柶士喪禮木柶此酌醴之柶也少牢禮皆有柶此羞鉶之柶也不獨取飯有之轉注左昭廿六傳七入者三寸注矢鏃也又史記吳太伯世家使專諸置七首于炙魚之中索隱七首短劍也漢書鄒陽傳以信荊軻而七首竊發注其首類七便于用也叚借爲獸足象七比形故鳥从七皃从比古韻詩大東叶七砥矢履視涕

說文通訓定聲　履部弟十二　七六

軫 **牝** 畜母也从牛七聲按讀如妣今音轉如臏或曰艮省聲非廣雅釋獸牝雌也易坤利牝馬之貞離畜牝牛吉轉注素問水熱穴論腎者牝藏也注陰也老子是謂元牝注牝于人爲口又牝常以靜勝王注雌也大戴易本命谿谷爲牝越語凡陳之道設右以爲牝設左以爲牡又考工車人注牝服八尺疏牝服謂車較卽今人之謂平鬲又周禮山虞疏車平較皆有鑿孔以軨子貫之故謂之牝服也古韻老子成象叶死牝文子微明叶雌牝死

紙 **旨** 美也从甘七聲古文从舌含一指事與甘同意詩谷風我有旨蓄頍弁爾酒既旨魚麗物其旨矣儀禮鄉飲禮告旨有司徹拜告旨禮記樂記雖有嘉肴弗食不知其旨也論語食旨不甘孟子禹惡旨酒叚借爲指漢書翟方進傳有旨匽土又爲恉禮記王制有旨無簡不聽注有其意又助語之詞左襄十一傳樂旨君子與用只同古韻詩魚麗叶鱧旨又叶旨偕賓之初筵叶旨偕文子精誠叶旨至

支紙 **疕** 頭瘍也从疒七聲周禮醫師凡邦之有疾病者疕瘍者造焉注疕頭瘍亦謂禿也廣雅釋言疕痂也

紙 **帔** 裂也从巾七聲殘帛裂曰帔正幅裂曰幨急就篇帔敝囊橐不直錢

ní 尼　yì 詣　zhì 鞊　zhī 鴲　zhī 脂　jī 稽

支 頤

尼 尼 從後近之也。从尸，匕聲。小爾雅廣詁：尼，近也。按：近暱之意，字亦作昵，與邇略同。尸子：不避遠尼。爾雅釋詁：即，尼也。書高宗肜日：典祀無豐于昵。【叚借】爲呢。孝經：仲尼居。後漢高獲傳：尼首。注：首象尼邱山，中下四旁高也。又爲比。廣雅釋詁三：尼，和也。按：本孝經仲尼居張禹說。又爲蚍。孝經援神契：尼，蟲也。又爲疑。爾雅釋詁：尼，止也。又定也。孟子：止或尼之。大荒北經：相繇食于九土，其所歍所尼，即爲源澤。廣雅釋詁一：尼，安也。又周書文酌解：三尼。注：是也。疑尼一聲之轉。

霽

詣 詣 候至也。从言，旨聲。小爾雅廣詁：詣，進也。漢書楊王孫傳：未得詣前。注：至也。【叚借】疊韻連語。西都賦：枍詣承光，殿名，在建章宮之西。俗字作栺。又洞簫賦：躋躓稽詣。注：言聲稽留如有所詣也。引蒼頡篇：詣，至也。失之。又左昭五傳：叔詣，公羊作倪，孟子作疑。

眞

鞊 鞊 車蓋杠系也。从革，旨聲。

支

鴲 鴲 䳓鴲也。从鳥，旨聲。廣韻：小青雀也。蓋以桑扈竊脂當之，未審許意然否。【別義】玉篇：鳥㲉未生毛也。又集韻：雀聲也。

支

脂 脂 戴角者脂，無角者膏。从肉，旨聲。大戴易本命：有羽者脂。廣蒼：脂，肪也。禮記內則：脂膏以膏之。疏：凝者爲脂，釋者爲膏。考工梓人：脂者、膏者。注：脂，牛羊屬；膏，豕屬。爾雅釋器：冰，脂也。詩碩人：膚如凝脂。越語：句踐載稻與脂於舟以行。注：膏也。按：對文則別，散文亦通名耳。或只在人曰膏，在物曰脂。【轉注】太元：童出泥入脂。注：脂，美也。謂榮祿也。又爾雅：桑扈竊脂。注：俗謂之青雀，觜曲，食肉，好盜脂膏，故名。左傳孔疏謂當與竊元、竊藍、竊黃、竊丹及虎竊毛同，爲淺字之借。但桑扈非白鳥，當以爾雅郭注、詩陸疏爲正。此鳥善鳴，疑即今所謂烏青者也。【聲訓】釋名釋首飾：脂，砥也。著面柔滑如砥石也。【古韻】詩碩人叶荑、脂、蠐、犀、眉；生民叶惟、脂；楚詞卜居叶梯、稽、脂、韋。

說文通訓定聲　履部弟十二　卆

齊

稽 稽 留止也。从禾，从尤，旨聲。按：與積、稸、穧、稽皆同意。或曰：从禾，耆聲，傳寫誤作耆。周禮司稽。注：司稽，察留連不時去者。管子君臣：令出而不稽。注：留也。水地：秦之水泔㝡而稽。注：停也。漢書食貨志：稽市物。注：貯滯也。後漢段熲傳：稽固熲軍。注：猶停留也。【叚借】爲計。水經河水注：禹合諸侯大計東治之山，因名會稽。周禮大司馬：簡稽鄉民。注：猶計也。宮正：稽其功緒。注：猶考也，計也。質人：掌稽市之書契。注：猶考也，治也。禮記緇衣：行必稽其所敝。注：猶考也，議也。小爾雅廣言：稽，考也。又爲卟。廣雅釋詁二：稽，問也。書洪範：七稽疑。史記樗里甘茂傳正義：稽，疑也。太元元攡。注：稽猶卟也。又爲䭫。荀子大略：至地曰稽顙，下衡曰稽首。禮記射義：再拜稽首。釋文：徐本作䭫。檀弓：拜而後稽顙。釋文：稽顙，觸地無容。左僖五傳：士蔿稽首。疏：稽首，頭至地，頭緩下至地也。又爲棨。吳語：䡃鐸拱稽。注：稽，唐尚書云：棨戟也。又爲齊。廣雅釋詁二：稽，合也；三：當也；四：同也。書堯典：曰若稽古帝堯。鄭注：同也。禮記儒行：古人與稽。注：猶合也。史記三王世家：維稽古。稽者，當也。又莊子逍遥游：大浸稽天而不溺。司馬注：至也。又爲楷。老子：亦稽楷式。說文引賈侍中說：稽、䅋、䅇三字皆木名。又爲禾。漢書公孫宏傳注：稽，礙也。又爲積。急就篇：沽酒釀醪稽極程。王伯厚云：稽極當作積稸，是也。【古韻】禮記儒行叶稽、楷、推；楚詞卜居叶梯、稽、脂、韋；管子弟子職叶棄、稽。

qí 耆　qì 屒　qǐ 䭫　jǐ 𪊨　zhǐ 恉　qí 鮨　zhǐ 指

支 紙 眞

耆 耆 老也。从老省，旨聲。爾雅釋詁：耆，長也。禮記曲禮：六十曰耆。王制：耆老皆朝于庠。射義：耆耋好禮。【轉注】西山經：騩山神耆童居之。注：耆童，老童，顓頊之子。西京賦：搏耆龜。【叚借】爲底。左宣十二傳：耆昧也。注：致也。齊語：耆其股肱。又爲榰。廣雅釋詁一：耆，強也。左昭廿三傳：不懦不耆。注：彊也。或曰借爲𢩉。又爲嗜。孟人：耆秦人之炙。荀子非十二子：無廉恥而耆飲食。又爲𢡘。詩皇矣：上帝耆之。傳：惡也。又爲脊。儀禮士虞禮：魚進耆。七發：薄耆之炙。字亦作鬐。後漢西羌傳：龍耆。注：即龍支。又爲黎。史記周本紀：敗耆國。集解：一作𨙻。又疊韻連語。禮記明堂位：伊耆氏之樂也。字亦作祁。周禮伊耆氏。注：古王者號。【聲訓】禮記曲禮賀瑒注：耆，至也，至老境也。釋名：六十曰耆。耆，指也，不從力役，指使人也。

霽 眞

屒 屒 尻也。从尸，旨聲。廣雅釋親：屒，臀也。

薺

䭫 䭫 下首也。从首，旨聲。廣雅釋詁四：䭫，低也。穆天子傳：䭫首。漢書諸侯王表：厥角䭫首。經傳皆以稽爲之。禮記郊特牲：拜，服也；稽首，服之甚也。周禮大祝：一曰稽首。注：頭至地也。尚書中侯：伯禹稽首。注：拜頭至手。按：稽首者，拱手至地，頭亦至手，近地，即經傳所言拜手稽首，或言拜稽首也。䭫只訓下首，經傳多用稽，後儒因有至地多時稽留不起之說，其實非也。又檀弓：稽顙，隱之甚也。注：稽顙，觸地無容。蓋即大祝之頓首，漢人之言叩頭也。稽首爲吉禮，稽顙爲凶禮。顙之爲言喪也。非凶禮則稱頓首，稱叩頭。凶吉別于首與顙之稱，不別於稽也。今稽首專用之凶禮，非是。【聲訓】白虎通：稽，至也。後漢杜篤傳：袒跣稽顙。注：稽，止也。稽止雙聲。

說文通訓定聲　履部弟十二　丰

紙

𪊨 𪊨 大麋也。狗足。从鹿，旨聲。或从几聲。爾雅：𪊨，大麕，旄毛，狗足。中山經：女几之山多閭麋麖麂。注：麂似麞而大。

紙

恉 恉 意也。从心，旨聲。廣雅釋詁三：恉，志也。經傳皆以旨、以指爲之。

支

鮨 鮨 魚䏢醬也。出蜀中。从魚，旨聲。豕肉醬曰䏢，魚曰鮨。爾雅釋器：魚謂之鮨。注：鮓屬也。廣雅釋器：鮨，鮺也。字亦作鰭。【轉注】儀禮公食大夫禮：醓牛鮨。注：內則謂鮨爲膾，今文鮨作鰭。【別義】說文一曰：鮪魚名。按：古書用鮪，或誤作鮨耳，形相近。【叚借】爲脊。禮記少儀：夏右鰭。上林賦：揵鰭掉尾。注：背上鬣也。字又作鬐。儀禮士喪禮：進鬐。士虞禮記：魚進鬐。西京賦：瞰宛虹之長鬐。又說文新附：鬐，馬鬣也。

紙

指 指 手指也。从手，旨聲。大指曰巨指，巨擘；次曰食指；中曰將指，㧾指；次曰無名指；末曰小指。易說卦：艮爲指。【轉注】離騷：指九天以爲

匕

shī 蓍　ní 泥　ní 屔　mí 䊳　lí 秜　nǐ 柅

正令爾雅釋言指示也廣雅釋詁一指語也又呂覽必已目裂鬢指注直也又廣雅釋言指斥也叚借爲恉孟子願聞其指荀子王霸明一指注指指歸也淮南脩務攄書明指以示之注書也漢書河閒獻王德傳文約指明又爲底按淮南原道趨舍指湊注所之也指湊猶言行止也古韻詩蝃蝀叶指弟鬼谷分威叶指次

柅　支　齊　紙　柅木也實如棃从木尼聲與杘之或體柅別錯本無此篆按杘之或體當作下形上聲叚借爲檷通俗文張絲曰柅易姤繫于金柅子夏傳作鑈又爲尼實爲疑易金柅馬注在車之下所以止輪令不動也按謂軔也蜀才本作尼王肅本作抳廣雅釋詁三抳止也又重言形況字蜀都賦柅柅蔡蔡劉注茂盛皃也引詩維葉柅柅字亦作苨作苨

秜　支　稻今年落來年自生謂之秜从禾尼聲淮南王書離先稻熟而農夫耨之不以小利傷大穫也以離爲之後漢書尚書郎以下自出采秜字作稆亦作穭

䊳　支　潰米也从米尼聲謂拋散于地字亦誤作麊按舂米不潰曰䊳叚借託名幖識字說文交阯有䊳泠縣漢書誤作麊

屔　齊　反頂受水丘也从丘尼聲爾雅水潦所止泥丘以泥爲之字亦作坭孔子生而圩頂以類命爲象故字泥亦以尼爲之夏堪碑

說文通訓定聲　履部弟十二

仲泥何佗以泥爲之

泥　齊　薺　霽　泥水也出北地郁郅北蠻中从水尼聲亦曰白馬水一名東河出今甘肅慶陽府安化縣北沙漠亦稱馬嶺水又曰馬蓮河叚借爲坭爾雅水潦所止泥丘釋名泥丘其止汙水留不去成泥也易震遂泥虞注坤土得雨爲泥李奇曰泥溺于水不能自拔書禹貢厥土惟塗泥又論語致遠恐泥鄭注謂滯陷不通也又爲閵爾雅釋獸威夷長脊而泥注少才力又重言形況字詩蓼蕭零露泥泥傳沾濡也廣雅釋訓泥泥露也行葦維葉泥泥傳初生泥泥皃字亦作苨釋文引張揖曰苨草盛也亦作苨亦以柅爲之又託名幖識字詩式微胡爲乎泥中傳衛邑也左僖七盟于甯母注甯地高平方與縣東有泥毋亭音如甯按甯泥一聲之轉在今山東兖州府魚臺縣東廿里即穀城鎮也聲訓釋名釋宮室泥邇也邇近也以水沃土使相黏近也按以尼訓泥古韻詩蓼蕭叶泥弟豈行葦叶葦履體泥弟爾几易需叶泥至

蓍　支　蒿屬从艸耆聲生千歲三百莖宋本說文生十歲百莖易以爲數天子蓍九尺諸侯七尺大夫五尺士三尺故惟士禮坐筮大夫以上皆立筮尚書大傳蓍百年一本生百莖易說卦傳幽贊于神明而生蓍荀注蓍者冊也詩下泉浸彼苞蓍草木疏蓍似藾蕭青色

bǐ 比　zhī 榰　shì 嗜

科生楚辭匡機蓍蔡兮踴躍注筮也聲訓白虎通蓍之言耆也蓍陽之老也古韻詩下泉叶蓍師

嗜　寘　嗜欲喜之也从口耆聲廣雅釋詁二嗜貪也淮南原道嗜欲者性之累也後漢黨錮傳嗜惡從形注愛也猶好也禮記祭義思其所嗜注素所欲飲食也轉注檀弓二三子之嗜學也注貪也孟子不嗜殺人者注猶甘也子史亦多以耆爲之呂覽誣徒然則王者有嗜乎禮義也注猶樂也

榰　支　柱底也从木耆聲古用木今以石蘇俗謂之柱磉石易恒榰恒凶按恒上變爲鼎鉉宜在上故大吉榰宜在下在上故凶今本作振一作震轉注爾雅釋言榰柱也今支柱字皆以支爲之字亦作攱廣雅釋詁二攱載也史記梁孝王世家索隱引通俗文高置立攱棚云攱企閣

比　紙　寘　密也二人爲从反从爲比古文作芃按密山如堂者親密謂之密即比字之叚借許謂反从爲比者說字之形非釋其誼反从宜爲北二人相背也此字當从二匕會意匕亦聲匕从到干故殷王子比干楚公子比字子干書費誓比爾干兩兩相並故爲合并敘次之誼古文亦从二匕左閔元傳屯固比入屯固者奄固也比入者匕入也易序卦傳比者比也史記天官書危東六星兩兩相比

說文通訓定聲　履部弟十二

曰司空周禮世婦比其具注次也凡周禮云比先鄭皆以爲庀具後鄭皆以爲校比義實相通田僕及獻比禽注種物相從次數之儀禮大射儀遂比三耦注選次之也禮記祭統身比焉釋文次比也景福殿賦綺錯鱗比注相次也漢書食貨志比其音律注謂次之也賈子道術動靜攝次謂之比又詩良耜其比如櫛史記匈奴傳比余一索隱櫛也蒼頡篇靡者爲比麤者爲梳釋名梳數言比比於梳其齒差數也比言細相比也今字作篦又作箆廣雅釋詁三箆次也釋器箄筌謂之箆又莊子齊物論人籟則竹比是已按簫之屬又考工矢人夾其陰陽以設其比司農注謂括也又海外南經比翼鳥兩鳥比翼轉注凡比附之意皆合并之轉注比校皆敘次之轉注爾雅釋詁比俌也易象傳比輔也方言三比代也詩杕杜胡不比焉廣雅釋詁一比輩也周禮族師五家爲比大司馬比小事大注親也詩皇矣克順克比左昭廿八傳擇善而從之曰比又論語君子周而不比孔注阿黨爲比荀子不苟交親而不比注暱狎也晉語而孩童焉比謀注合也管子五輔比順以敬注和也易襍卦傳比樂師憂廣雅釋詁一比樂也禮記樂記比于慢矣注同也詩六月比物四驪釋文齊同也又禮記投壺比投不釋疏頻也又廣雅釋詁三比近也孟子比其反也丁音及也論語比及三年皇疏至也禮記祭義比時具物注猶先時也王制比年一小聘注每歲也又釋名事類相似謂之比周禮大師曰賦曰比曰興左文七傳君子以爲比疏興之顯者謂之比又禮王制

bǐ 祉　pín 玭　pí 芘　pí 枇　bǐ 秕　bì 粊

必察小大之比以成之、注、己行故事曰比、漢書任敖傳、比定律令、食貨志、有腹非之法比、注、則例、陳湯傳、無比者先以聞、注、謂相比附也、齊語、比校民之有道者、注、方也、儀禮聘禮記、會莅僞獻比、注、放也、禮記少儀、適有喪者曰比、注、猶比方、史記天官書、太白白比狼、正義、類也、荀子不苟、天地比、注、謂齊等也、周禮大胥、比樂官、注、猶校也、小司徒、及三年則大比、注、簡閱民數及財物也、縣正、各掌其縣之政令徵比、注、案比也、【叚借】爲庇、莊子人閒世、隱將比其所藾、又爲紕、國策、胡服黃金師比、注、胡革帶鉤也、又爲皆、告子、比天之所以與我者、按、皆之壞字、坊本作此、誤、又爲坒、漢書諸侯王表、諸侯比境、注、謂相接次也、又重言形況字、漢書哀帝紀、郡國比比地動、注、猶言頻頻也、又託名標識字、公羊哀五年、城比、左作毗、昭十一、大蒐于比蒲、杜皆無注、又左莊十傳、蒙皋比而先犯之、注、虎皮也、又海內北經、舜妻登比氏、一曰登北氏、【古韻】詩皇矣、叶類比、良耜、叶比櫛、載芟叶濟秭醴比禮、杕杜、叶比佽、楚詞悲回風、叶至比、

祉 紙　祉 以豚祠司命也、从示比聲、漢律曰、祠祉司命、按、司命者、或曰文昌、或曰人閒小神、

玭 眞　玭 珠也、从玉比聲、宋宏云、淮水中出玭珠、玭珠之有聲、夏書蠙从虫賓、按、明楊慎云、有聲謂有名價、唐文有珠聲玉價之語、禹貢、淮夷蠙珠暨魚、釋文、字又作蚍、蓋以蠶爲之、大戴保傅、玭珠以納其閒、注、亦作蠙、按、玭蠙各字、今分蠙爲正篆、隸屯部、蠙者玭母、

玭者蠙珠也、

芘 支 眞　芘 芘艸也、从艸比聲、【別義】一曰芘茮木也、王氏念孫曰、當作芘茮卽荍也、【叚借】爲庇、莊子人閒世、隱將芘其所藾、左文十七傳、注、欲廕芘于楚、又託名標識字、南山經、洵水其中多芘蠃、注、紫色螺、按、當爲茈之誤、

枇 支紙 眞　枇 枇杷木也、从木比聲、按、枇杷雙聲連語、上林賦、枇杷橪柿、注、似槲樹而葉長、子似杏、【叚借】爲匕、禮記襍記、枇以桑、儀禮少牢禮、長枇、士喪禮、枇載、字亦作朼、又爲比、廣雅釋器、枇櫛也、今字作篦、又爲捭、釋名、枇杷本出于胡中、馬上所鼓也、推手前曰枇、引手卻曰杷、象其鼓時、因以爲名也、按、杷借爲祀、枇杷亦雙聲連語、今字作琵琶、

秕 紙　秕 不成粟也、从禾比聲、左定十傳、用秕稗也、注、穀不成者、今蘇俗謂穀不充者曰癟穀、蓋卽此字、字亦以粃爲之、【叚借】爲粊、莊子逍遙游、是其塵垢秕糠、釋文、秕糠猶煩碎、【叚借】爲吡、漢書、秕我王度、

粊 眞　粊 惡米也、从米北聲、周書有粊誓、按、今本作費誓、字亦作鄪、史記魯周公世家、以汶陽鄪封季友、尚書大傳作肸誓、史記一作獮、按、粊字當从比聲、字亦作粜、作粸、作粃、今訂系於此、【叚借】爲秕、家語相魯、是欲粃穢、呂覽辨土、後生者爲粃、又發聲之詞、方言十、

pǐ 仳　bì 𠨘　bì 庇　pí 毗　bǐ 妣　bǐ 紕

粃、不知也、注、今淮楚閒語聲如非也、廣雅釋詁四、粃、不也、【古韻】呂覽辨土、叶死米粃弟、

仳 支 紙　仳 別也、从人比聲、詩中谷有蓷、有女仳離、【別義】淮南脩務、嫫母仳倠也、注、古之醜女、廣雅釋詁二、仳倠、醜也、按、仳離、仳倠、皆疊韻連語、

𠨘 質　𠨘 輔信也、从卩比聲、虞書、𠨘成五服、今本以弼爲之、

庇 眞　庇 蔭也、从广比聲、按、字亦作庀、禮記表記、雖有庇民之大德、注、覆也、周語、口以庇信、注、猶蔭也、晉語、愁庇州犂焉、考工輪人、弓長六尺謂之庇軹、注、謂覆軹也、【轉注】方言二、庇、寄也、【叚借】爲比、小爾雅廣詁、庀、具也、周禮遂師、庀其委積、左襄廿五傳、子木使庀賦、注、治也、穀梁哀元傳、始庀牲、疏、猶簡擇也、魯語、夜庀其家事、賈注、由理也、【聲訓】通俗文、自蔽曰庇、

毗 支　毗 人臍也、从囟、囟取气通也、从比聲、字亦誤作毗、【叚借】爲裨、詩節南山、天子是毗、傳、厚也、箋、輔也、釋文、王本作埤、荀子宥坐作庳、隋書律厤志作裨、蓋增益之意、卑比雙聲、又爲比、莊子在宥、人大喜耶、毗于陽、司馬注、助也、釋文、并也、又方言十三、毗、曉明也、按、猶言遂旦也、又爲秕、按、方言十三、毗、緣廢也、又爲剝、按、爾雅釋詁、毗劉、暴樂也、注、謂木葉缺落蔭疏暴樂、蓋暴樂者疊韻連語、猶言剝落也、毗暴雙

聲、劉樂雙聲、以毗劉爲剝落耳、又雙聲連語、方言十二、毗頻、懣也、注、謂憤懣也、又疊韻連語、水經河水注、毗舍利、維耶離國也、按、毗利疊韻、舍者助語之詞、西域三合音也、又託名標識字、左哀五、城毗、注、備晉也、則其地當在魯西境、公羊作比、【古韻】詩節南山、叶氏維毗迷師、板、叶懠毗迷尸屎葵資師、

妣 紙　妣 殁母也、从女比聲、籀文从匕聲、易小過、過其妣、虞書、百姓如喪考妣、詩、烝畀祖妣、周禮大司樂、以享先妣、注、姜嫄也、禮記曲禮、王母曰皇祖妣、【轉注】爾雅釋親、母爲妣、蒼頡篇、考妣延年、方言六、南楚瀑洭之閒謂婦妣曰母、古者通以考妣爲生存之稱、【聲訓】曲禮注、妣之言媲也、媲于考也、釋名、妣、比也、比之于父亦然也、【古韻】詩豐年、叶秭醴妣禮皆、

紕 支 紙　紕 氐人𦃞也、从糸比聲、讀若玭、謂氐人所織毛布、周書王會、伊尹爲四方獻令、正西以紕罽獻、後漢書字作𣮰、按、此字本訓當爲緣、爾雅釋言、紕、飾也、廣雅釋詁二、紕、緣也、禮記玉藻、縞冠素紕、注、邊緣也、襍記、紕以爵韋六寸、注、在旁曰紕、詩干旄、素絲紕之、傳、所以織組也、【轉注】禮記大傳、五者一物紕繆、按、凡絲必斜理施之、故引申爲亂妄之意、【叚借】爲庀、實爲比、方言六、紕、理也、字亦作維、廣雅釋言、維、并也、【古韻】詩干旄、叶紕四畀、

bì 坒　pí 蓖　pí 膍　pí 梍　pí 貔　pī 𢯱　pì 媲　bī 螕　pí 蠯　bì 陛　bì 梐

坒　地相次比也。从土比，會意，比亦聲。廣雅釋詁三：坒，次也。字亦作䠊，左形右聲。太元元首都序：陰陽坒參，注：比也。說文引衛大夫貞子名坒，按衛褚師比謚聲子，今本作比。

蓖　蒿也。从艸𣬈聲。三蒼：蓖，草名也。其生似樹也。韻集：蓖麻，其生似樹者也。字亦作蓖。本草：葉似大麻，子如牛蜱，殼中白肉如續隨子，仁油可作印色。

膍　牛百葉也。从肉𣬈聲。或从比聲。字亦誤作膍。按即胘也。周之厚處，切而食之，謂之脾析。周禮醢人脾析、蠯醢是也。莊子庚桑楚：臘者之有膍胲。廣雅釋器：百葉謂之膍胵。[轉注]說文一曰鳥膍胵。禮記內則鴇奧，注：脾肶也。按肶即胵字之異體。鳥膍曰肶也。[叚借]爲𣬈，詩采菽福祿膍之，傳：厚也。爾雅釋詁：肶，厚也。[古韻]詩采菽叶維葵膍戾。

梍　梠也。从木𣬈聲。讀若枇杷之枇。即櫋也，檐也。西京賦鏤檻文梍，注：屋連綿也。景福殿賦梍梠緣邊，注：秦名屋綿聯，楚謂之梠也。

貔　猛獸也。豹屬，出貉國。从豸𣬈聲。或从比聲。字亦誤作貔。詩韓奕獻其貔皮，草木疏：似虎，或曰似熊，遼東人謂之白羆。書牧誓如虎如貔，傳：貔，執夷，虎屬也。禮記曲禮前有摯獸則載貔貅。[別義]爾雅：貔，白狐，其子豰。方言八：貔狉狸，別名也。廣雅：貔，貓也。

𢯱　反手擊也。从手𣬈聲。字亦作批。廣雅釋詁三：𢯱，擊也。四：𢯱，轉也。左莊十二傳：批而殺之。史記司馬相如傳：批巖衝壅。刺客傳：欲批其逆鱗哉。甘泉賦：蠁咈肸以棍批兮。琴賦：觸𢯱如志。按今琵琶字當作𢯱把。[叚借]爲排。史記孫吳傳：批亢擣虛。魏其武安侯傳：引繩批根。范雎蔡澤傳：𢯱患折難。淮南說林：在於批伉。洪範五行傳：則會批之六沴，注：推也。[聲訓]釋名釋姿容：批，裨也，兩相裨助共擊之也。

媲　妃也。从女𣬈聲。字亦誤作媲。字林：媲，配也。詩皇矣天立厥配，傳：配，媲也。

螕　齧牛蟲也。从虫𣬈聲。與蠶別。今蘇俗謂之牛蝨。[轉注]通俗文：狗蝨曰螕。今蘇俗謂之狗蟞。

蠯　蠯蜌，大蛤也。从䖵𣬈聲。或从虫比聲。方言十一注：作蠯以鼈爲之。

陛　升高階也。从𨸏坒聲。按夫子之陛九級。獨斷：陛，階也，所由升堂也。楚辭大招：舉傑壓陛。漢書五行志：陛者皆聞焉，注謂執兵列于陛側者。高帝紀：大王陛下。按臣與至尊言，不敢指斥，故呼在陛下者告之。[轉注]離騷朝搴阰之木蘭兮，注：山名。按阜也。字亦作阰。[聲訓]釋名：陛，卑也，有高卑也。天子殿謂之納陛，言所以納人言之階陛也。

梐　梐枑也。从木坒聲。周禮掌舍梐枑再重，古謂之行馬，後世謂之攩衆。[叚借]爲陛。廣雅釋室：梐，牢也。

bī 陛　cǐ 此　chái 祡　cǐ 玼　zǐ 茈　zǐ 呰　zǐ 𠴫　zǐ 訾

陛　牢也。所以拘非人。从非，陛省聲。字亦作狴。與犴、獄同意。家語始誅：夫子同狴執之。易林比之否：失意懷憂，如幽狴牢。

此　止也。从止从匕。匕，相比次也。按从匕聲。[叚借]發聲之詞。老子：吾何以知其然哉，以此。注：今也。呂覽貴生：彼且奚以此之也，注：此，此物也。荀子儒效：必將誠此然後就也，注：身也。列子說符：此其於馬，或曰皆借爲紫，亦通。束此雙聲。[古韻]文子上德叶啟解此。[轉音]家語觀周叶此徙，按卑。

祡　燒柴焚燎以祭天神也。从示此聲。古文隋省聲。虞書至於岱宗，祡。馬注：祭時積柴加牲其上而燔之。漢樊毅修華嶽碑：祡燎壇埋。漢書揚雄傳：於是欽祡宗祈。禮記王制：祡而望祀山川，注：祡，祭天告至也。大傳：祡於上帝，注：告天地及先祖也。皆以柴爲之。[叚借]爲柴。列子湯問：聚祡積而焚之。

玼　玉色鮮也。从玉此聲。與瑳略同。今璀璨字亦作璀。[叚借]單辭形況字。詩新臺有玼，韓作漼，毛作泚，鮮明皃。又君子偕老：玼兮玼兮，傳：鮮盛皃。王肅曰：顏色衣服鮮明皃。釋文：本亦作瑳。

茈　茈艸也。从艸此聲。爾雅：藐，茈草，注：可以染紫。廣雅：茈𦯝，茈草也。西山經：勞山多茈草。今蘇俗謂之紫草子。[別義]廣雅：茈葳，蓮麥也。按陵苕亦名紫葳，瞿麥、陵苕華皆紫，故同名。又茈萁，蕨也。按即爾雅之月爾。蕨萁初生色紫，萁似之，故亦名蕨也。又爾雅：芍，鳧茈。今聲轉謂之蒲薺，亦謂之葧臍是也。初生亦紫色，老則黑。又上林賦茈薑蘘荷，按即紫字。凡泛稱顏色，古用茈；稱縉帛，乃用紫。猶凡綠當作菉，綠則稱綠也。[叚借]雙聲連語。上林賦：柴池茈虒，注：不齊皃。按猶參差、差池也。

呰　苛也。从口此聲。華嚴音義十五引說文：訶也。按與訿略同，字亦作吡。莊子列禦寇：吡其所不爲者也，注：呰也。[叚借]爲疵。史記貨殖傳：以故呰窳。集解：窳，弱也。漢書翟義傳：我國有呰災。又助語之詞。爾雅釋詁：呰，此也。釋文：謂語餘聲也。按字亦作些，見楚詞，相承形誤。

𠴫　窳也。闕。按此字實即呰之異體，从吅此聲。說文隸此部，非。今附於此。[叚借]爲疵。漢書地理志：呰窳偷生而無積聚。晉灼曰：呰，病也。應劭曰：呰，弱也。徐廣曰：呰窳，苟且惰嬾之謂也。方言十：呰，短也。江湘之會謂之呰。故師古曰：呰，短也；窳，弱也。言短力弱，才不能勤作。如淳曰：呰或作紫，借紫亦同。漢書敘傳：闒尹之呰。

訾　訾訾，不思稱意也。从言此聲。詩曰：翕翕訿訿。按此字亦即呰之異體，今附於此。禮記喪服四制：訾之者，是不知禮之所由生也，注：口毀曰訾。元應書引作呰。左昭廿一傳注：不訾，小怨。釋文：本作呰。呂覽審應：公子沓訾之，注：毀也。淮南氾論：訾行者不容於

cǐ　chái　zì　cī
越　齜　眥　雌

眾又禮記少儀不訾重器毋訾衣服成器注訾訓思按謂借爲咨失之叚借爲咨齊語訾相其質注量也淮南原道息耗減益通於不訾呂覽知度訾功丈而知人數注相也又爲次管子君臣吏嗇夫盡有訾程事律七臣七主貧富之不訾注限也又爲疵禮記檀弓亦非禮之訾也注病也又爲庛實爲比廣雅釋詁三訾具也又爲訾周書太子晉四荒至莫有怨訾注歎恨也漢書禮樂志郊祀歌訾黃其何不徠下注嗟歎之詞也應劭謂訾黃即乘黃亦通又爲資爲貲列子力命訾兄弟也漢書膠西王端傳遂爲無訾省注財也楊雄傳家産與地虖侔訾杜周傳家訾累巨萬矣蓋寬饒傳用不訾之軀司馬相如傳以訾爲郎地理志高訾富人又重言形況詩小旻潝潝訿訿傳訿訿然不思稱其上荀子作噏噏呰呰爾雅釋訓翕翕訿訿莫供職也又召旻皋皋訿訿傳訿訿窳不供事也又雙聲連語左襄三十傳歲在娵訾之口娵訾元武宿也又發聲之詞方言十訾何也湘潭之原荆之南鄙謂何爲曾或謂之訾若中夏言何爲也注今江東人語云訾爲聲如斯又尸子東不訾韓子說疑作董不識古韻楚詞卜居叶訾斯喔咿兒轉音莊子山木叶訾蛇化爲文子道原叶涯訾周書太子晉叶訾帝

紙　**越**　淺渡也从走此聲字亦作跐莊子秋水彼方跐黃泉而登大皇司馬注測也釋名跐弭也足踐之使弭服也廣雅釋詁一跐履也二蹋也淮南齊俗必有訾屬跐蹢注偶也

說文通訓定聲　履部弟十二　卌五

佳支麻　**齜**　齒相齘也一曰開口見齒之皃从齒此聲讀若柴轉注考工車人爲耒庛司農注謂耒下岐字亦作庛叚借爲䶣玉篇䶣齜廣韻齒不正也按此義則與䶣同

賓齊卦　**眥**　目厓也从目此聲字亦作眦列子湯問拭眥揚眉而望之釋文自際也素問氣交變大論目赤痛眥瘍注謂四際瞼睫之本子虛賦中必決眦轉注漢書杜欽傳報睚眦怨廣雅釋詁二眦裂也後漢黨錮傳注眦瞋目皃也又爾雅釋器衣眥謂之襟李注衣領之襟叚借爲眡素問解精微論一水不勝五火故目眦盲注視也又爲漬周禮羊人故書凡沈辜侯禳釁眦又爲訾莊子外物眥滅可以休老

支　**雌**　鳥母也从隹此聲爾雅鳥翼左掩右雌詩南山疏對文則飛曰雌雄走曰牝牡散文則可以相通轉注老子守其雌王注雌後之屬也淮南原道聖人守清道而抱雌節注雌柔弱也大元元告日月雌雌之序注月爲雌古韻老子叶雌谿文子微明叶雌牝死轉音詩小弁叶伎雌枝知

cī　cí　cī　zuǐ　chái　zī　cī
羋　鴜　骴　觜　柴　貲　疵

支　**羋**　羊名蹏皮可以割桼从羊此聲孔子弟子衛高柴字羔以柴爲之

支　**鴜**　鸃鴜也从鳥此聲似鳧味如鐵銳或曰即鸕鷀也鸕鷀雙聲上林賦以疵爲之

賓支支支　**骴**　鳥獸殘骨曰骴骴可惡也从骨此聲或从肉字亦作髊傳殨西京賦收禽舉胔薛注死禽獸將腐之名也轉注明堂月令曰掩骼薶骴禮記釋文白骨爲骼有肉曰骴呂覽孟春作髊又異用澤及髊骨周禮蜡氏掌除骴故書以脊爲之注脊讀爲漬引曲禮四足死者曰漬漢書婁敬傳徒見羸胔老弱後漢寇榮傳剖棺露胔耳淮南說林海不受流胔以胔爲之別義大戴用兵六畜餧胔注殨也叚借爲瘠廣雅釋詁一殨病也

支紙　**觜**　鴟舊頭上角觜也从角此聲頂有毛似角轉注鳥味銳如角故曰觜射雉賦裂膆破觜注喙也又廣雅釋親觜口也以觜爲之則移以稱人俗字作嘴又說文一曰鵂也按佩角銳耑象觜形叚借爲觜淮南說林海不受流觜又疊韻連語吳都賦𢴤觜蠵注大龜也漢書楊雄傳呿靈蠵注雄曰毒冒雌曰觜蠵字亦作蠵又雙聲連語爾雅釋天娵觜之口營室東壁也注室壁星四方似口又託名㯹識字西方宿觜三星小似聚柴在參宿兩肩之閒

說文通訓定聲　履部弟十二　卌六

佳支寘　**柴**　小木散材也从木此聲大曰薪禮記月令收秩薪柴注小者合束謂之柴柴以給燎禮器燔柴于㚇楚辭愍命樹枳棘與薪柴注枯枝爲柴太元勤柴不卻注老木稱柴轉注後漢袁紹傳柴轂注賤者之車趙壹傳柴車注弊惡之車也叚借爲祡虞書柴望秩于山川禮記大傳柴于上帝又爲訾詩車攻助我舉柴傳積也莊子外物柴生乎守注塞也又雙聲連語史記司馬相如傳柴池茈虒集解參差也文選字作傑古韻詩車攻叶佽柴

支　**貲**　小罰以財自贖也从貝此聲漢律民不繇貲錢二十二按七歲至十四歲不任傜役出貲錢二十三所謂頭錢是也叚借爲資廣雅釋詁四貲貨也蒼頡篇財也通俗文平財賄曰貲史記張釋之馮唐傳以貲爲騎郎索隱積財也管子山權數立寶曰無貲注立龜爲寶號曰無貲無貲無價也又爲訾後漢陳蕃傳注貲量也又史記楚世家楚王熊貲淮南說山作疵

支　**疵**　病也从疒此聲易繫辭言乎其小疵也書大誥知我國有疵馬注瑕也禮記禮運是謂疵國穀梁序鬼神爲之疵癘注謂災變也齊策齊貌辨之爲人也多疵注闕病也後漢左周黃傳贊景章國疵叚借爲呰荀子不苟非毀疵也又託名㯹識字爾雅釋木輪無疵注梗屬似豫章字亦作㮳蓋以柴爲之說文作毋柀又史記弟子傳江東人矯疵字子庸漢書作橋庇轉音老子能爲叶離兒疵爲知呂

zī 頿　cǐ ⿰此馬　zī ⿱此鼠　xiè ⿱此大　cǐ 泚　jì 鮆　zǐ 批　zì ⿱此手　zī 姕　zǐ 紫

覽精諭叶疵、卯、夔、離、莊子人閒世叶兒、崖、畦、疵。

頿（支）口上毛也。从須此聲。字亦作髭。左傳、至于靈王、生而有頿、是爲頿王。【叚借】託名幖識字。穆天子傳、升于髭之隥。【聲訓】釋名、口上曰髭、髭、姿也、爲姿容之美也。

⿰此馬（紙）馬名。从馬此聲。

⿱此鼠（支）鼠也、似雞、鼠尾。从鼠此聲。

⿱此大（卦）瞋大也。从大此聲。廣韻引說文、瞋大聲也。按目眥盡裂之意。據此則睚眦之眦、當作⿱此大。

泚（霽 紙 紙）清也。从水此聲。【叚借】爲洒。廣雅釋詁一、泚、度也。釋言、泚、測也。又單辭形況字。詩新臺、有泚。傳、鮮明皃。說文引作玼、亦同。又孟子、其顙有泚。注、汗出泚泚然也。考工車人、司農注引作疵。愚按、泚實借爲骴、其者指死親也。言頭殘骨尚歷歷可辨也。注失之。【古韻】詩新臺叶泚、瀰、鮮。

鮆（霽 支）刀魚也。鮆飲而不食。九江有之。从魚此聲。字亦作鱭。卽鮤、鱴也。爾雅、鮤、鱴刀。注、今之鮆魚、亦呼爲魛魚。漢書貨殖傳、鮐鮆千鈞。音義、鮆音如楚人言薺。今蘇俗謂之江鱭。南山經、苕水注于具區、其中多鮆魚。【叚借】爲呰。實爲疵。方言十、凡物生而不長大、亦謂之鮆。廣雅釋詁二、鮆、短也。又爲鱭。廣雅釋器、鮆、鱭也。

批（紙）捽也。从手此聲。一切經音義十八引作擨也。通俗文、掌挽曰批。按與下形上聲之⿱此手別。西京賦、批窳狻。薛注、謂戟撮之。

⿱此手（寘）積也。从手此聲。與左形右聲之批別。詩車攻、助我舉⿱此手。毛本以⿱此手爲之。西京賦、收禽舉胔。以胔爲之。或曰、詩實借⿱此手爲骴也。又按、批、⿱此手疑同字。詩之舉⿱此手猶舉捽也。【別義】說文、一曰搣頰旁也。莊子外物、眥搣可以休老。以眥爲之。亦作揃搣。

姕（支）婦人小物也。从女此聲。與妓篆同訓。【叚借】重言形況字。詩賓之初筵、屢舞姕姕。毛本作傞傞。傳、不止也。

紫（紙）帛黑赤色也。从糸此聲。北方閒色。與綠紅碧騮黃爲五閒。論語、惡紫之奪朱也。孔注、閒色之好者。漢書王莽傳贊、紫色蛙聲。按紫卽緅爵頭色。禮記玉藻、元冠紫緌。注、以爲僭宋王者之後服。左哀十七傳、紫衣狐裘。注、紫衣君服。管子桓公好服紫、齊人尚之、五素而易一紫。疑紫爲春秋時所貴重。論語、紅紫不以爲褻服、二者各義。【轉注】吳都賦、綸組紫絳。注、紫、紫菜也。荀子王制、東海則有紫紶魚鹽焉。注、紫、紫貝也。王元長曲水詩序、紫脫華。又淮南天文、紫宮者、太一之居也。西京賦、厭紫極之閒敞。【叚借】顏氏家訓音辭、以紫爲姊。【聲訓】春秋元命苞、紫之言此也。釋名、紫、疵也、非正色。五色之疵瑕、以惑人者也。

zī 鈭　bì 閉　bì 尚　bì 敝　bì 蔽

鈭（支）鈭錍、斧也。从金此聲。

閉一名　博計切

閉（霽 屑）闔門也。从門、才所以歫門也。象形。或曰从材省、亦通。材、木挺也。又王右軍書黃庭經三用閉字、从午。午者、杵也、亦象形。廣雅釋詁三、閉、塞也。禮記月令、修鍵閉。注、鍵、牡。閉、牝也。易象傳、先王以至日閉關。左昭元傳、勿使有所壅閉湫底。晉語、閉而不通。注、壅也。【轉注】詩小戎、竹閉緄縢。傳、紲也。呂覽君守、魯鄙人遺宋元王閉。注、結不解者也。釋文、反閉襦之小者也。卻向著之、領含于項、反于背後閉其襟也。淮南道應、若轉閉錘。注、閉、錘格也。又左僖五傳、凡分至啟閉。注、閉、立秋立冬。哀六傳、潛師閉塗。又素問舉痛論、寒則腠理閉。又呂覽君守、外欲不入謂之閉。京房易傳、利邪以食茲謂閉。【叚借】重言形況字。廣雅釋訓、閉閉、盛也。【古韻】鬼谷捭闔叶實、利、死、閉。素問調經論叶閉、疾。靈樞脹論叶穴、閉、越。九鍼十二原叶疾、刺、結、閉。畢術三略上叶密、一、疾、閉、結。

尚十五名、凡尚之派皆衍尚聲。毗祭切

尚（霽）敗衣也。从巾、象衣敗之形。按上下四注、於六書爲指事。謂破痕也。本訓爲敗巾。轉注爲敗衣。又爲凡敗之偁。廣雅釋詁三、尚、敗也。【叚借】爲蔽。廣雅釋詁二、尚、小也。

敝（霽）帗也。从攴从尚、尚亦聲。一曰敗衣。或曰尚敝二字說解當互易。尚者、二幅巾也。廣二尺二寸、列五采繒爲之。周禮樂師帗舞。舞者所執。从巾、四注、指五采之事也。敝、敗衣也。从攴尚、尚亦聲。存疑。禮記緇衣、苟有衣、必見其敝。按、帗也。鄭訓敗衣、非。【叚借】爲尚。郊特牲、冠而敝之。釋文、棄也。詩敝笱在梁。又左僖十傳、敝于韓。注、敗也。昭廿六傳、曾之敝室。注、壞也。襄九傳、而還師以敝楚。注、疲也。禮記少儀、國家靡敝。注、賦稅亟也。禮運、刑肅而俗敝。疏、凋殘也。又淮南原道、齒堅于舌而先之敝。注、盡也。史記樂書、土敝則草木不長。正義、猶勞熟也。莊子駢拇、而敝跬譽無用之言。【叚借】爲蔽。考工弓人、長其畏而薄其敝。【古韻】晏子春秋諫下叶殺、敝。

蔽（霽）蔽蔽、小艸也。从艸敝聲。字亦作蔽。按此字本訓蓋覆也。爾雅釋詁、蔽、微也。謂敚也。廣雅釋詁二、障也。四、隱也。祝睦碑、蔽以茇蔭。爾雅釋器、輿竹後謂之蔽。周禮巾車、蒲蔽。注、車旁禦風塵者。管子乘馬、其蔽五。注、所以捍車馬。方言四、絜襦謂之蔽厀。又淮南脩務、景以蔽日。注、擁也。楚辭懷沙、脩路幽蔽。史記以拂爲之。史記淮陰侯傳、閒道萆山。索隱、蔽者、蓋覆也。或曰此誼借爲閉。【轉注】老子、故能蔽不新

bì 獘　bì 幣　bì 鄨　biē 鷩　piē 瞥　bié 蹩

成王注覆蓋也河上公注匿光榮也論語一言以蔽之鄭注塞也包注猶當也淮南主術聰明先而不蔽注闇也本經明可見者可得而蔽也荀子解蔽篇蔽者言不能通明滯于一隅如有物壅閉之也又京房易傳大臣厭小臣茲謂蔽又呂覽當染功名蔽天地注猶極也〔叚借〕爲撆按小爾雅廣言蔽斷也今蘇俗言人明決曰有撇斷書康誥丕蔽要囚左昭十四傳叔魚蔽罪邢侯哀十八傳惟能蔽志晉語及蔽獄之日注決也周禮以弊爲之或曰借爲制亦通又爲丿史記刺客傳跪而蔽席索隱猶拂也又爲僔方言五僔謂之蔽楚辭招魂菎蔽象棊僔蔽雙聲又爲弊揚君石門頌惡蟲蔽狩又左襄廿七傳以誣道蔽諸侯服注踣也又疊韻連語詩蔽芾甘棠傳蔽芾小皃我行其野蔽芾其樗釋文葉始生皃魏元丕碑蔽芾其縱張遷碑蔽芾棠樹說文蔽蔽小草也蓋謂小草之皃〔古韻〕越語叶蔽察蓺荀子成相叶蔽勢制埶離騷叶蔽折

屑 **蹩** 踶也从足敝聲〔叚借〕爲躄一曰跛也辟敝雙聲又疊韻連語莊子馬蹄蹩躠爲仁崔本作敝亦同

屑 **瞥** 過目也一曰財見也从目敝聲莊子徐无鬼瞥之猶一覕也以覕爲之思元賦遊塵外而瞥天兮後漢書注視也〔叚借〕爲蔑說文又目翳也

霽 **鷩** 赤雉也从鳥敝聲一名鵔鸃卽虞書之華蟲左昭十七傳之丹鳥也中山經牡山鳥多赤鷩西山經小華之山多赤鷩是鳥以立秋來立冬去入水爲蜃故少皞官丹鳥氏司閉周禮司服亭先公饗射則鷩冕注畫以雉〔別義〕廣雅釋地南方有鳥焉三首六目六足三翼其名曰鷩鴝〔聲訓〕釋名釋首飾鷩憋也性急憋不可生服必自殺故畫其形於衣以象人執耿介之節

霽 **鄨** 牂柯縣也从邑敝聲讀若鷩在今貴州遵義府治西又有水曰鄨水

霽 **幣** 帛也从巾敝聲周禮大宰四曰幣貢司農注繡帛又六曰幣帛之式注所以贈勞賓客者禮記曲禮幣曰量幣月令用圭璧更皮幣注謂元纁束帛也孟子事之以皮幣注繒帛之貨也〔轉注〕儀禮士相見禮凡執幣者疏玉馬皮圭璧帛皆稱幣禮記郊特牲旅幣無方疏庭實也又漢書武帝紀有司以幣輕多姦注錢也食貨志量資幣注凡言幣者皆所以通貨物易有無也故金之與錢皆名爲幣字亦作贅〔叚借〕爲敝孔宙碑彫幣〔聲訓〕儀禮聘禮記幣美則沒禮注幣人所造成以自覆蔽謂束帛也

霽 **獘** 頓仆也从犬敝聲或从死春秋傳曰與犬犬獘字亦作斃按誤爲大又作廾也爾雅釋言斃踣也禮記檀弓射之斃一人左隱元傳必自斃爾雅釋木木自斃神周禮大司馬質明弊旗注仆也〔轉注〕晉語信反必斃注踣也楚語以斃于鄢左閔元傳難不

bì 奰(奰)　piě 鐅　biē 鼈　biè 彆　piè 嫳　piē 撆　pì 潎

已將自斃〔叚借〕爲敝周禮大司馬火弊羅弊車弊徒乃弊山虞及弊田注皆訓止也又爲敝晉語今吾司寇之刀鋸日弊注敗也秦策黑貂之裘弊注壞也西周策是公以弊高都得完周也注破也禮記祭義骨肉斃于下按猶化也周禮司弓矢句者謂之弊弓注猶惡也又爲疲管子侈靡澤不弊而養足注竭也秦策韓楚乘吾弊注極也西周策兵弊於周注罷也又爲蔽秦策南陽之弊幽注隱也又爲撆或爲制周禮大宰以弊邦治眡祲歲終則弊其事掌囚以待弊罪注皆訓斷也史記范蔡傳弊御於諸侯索隱斷也又爲潎淮南俶眞不與物相弊撇注猶雜揉按卽潎洌卽抹摋卽摩挲也亦疊韻連語又爲幣莊子則陽史鰌奉御而進所搏弊而扶翼按搏弊者敷弊也又重言形況字莊子逍遥遊孰弊弊焉簡文注經營皃〔轉音〕三略下叶外斃世

霽屑 **潎** 於水中擊絮也从水敝聲今蘇俗語謂之漂莊子洴澼絖字亦作澼〔轉注〕方言十二潎清也〔叚借〕疊韻連語史記司馬相如傳轉騰潎洌索隱流輕疾也琴賦漂繚潎洌注水波浪皃又重言形況字秋興賦玩遊鯈之潎潎注遊皃也

屑 **撆** 別也一曰擊也从手敝聲字亦作撇按斷制之誼書蔽四左傳蔽罪以蔽爲之周禮弊邦治漢書刑法志桎以待弊以弊爲之所謂撇斷也撆斷也四子講德論故膺騰撇波而濟水〔叚借〕爲丿洞簫賦注引說文撆抵也史記孟荀傳側行撇席索隱拂也字亦作撇

屑 **嫳** 易使怒也从女敝聲讀若擊擊之擊廣雅釋詁二嫳怒也字亦作憋方言十憋惡也注憋怤急性也列子力命嘽咺憋懯左傳齊有盧蒲嫳〔叚借〕爲撆周禮大司寇故書以邦成憋之司農注當爲弊

屑 **彆** 弓戾也據詩采薇疏引說文有此字姑附于此字亦作彆

屑 **鼈** 甲蟲也从黽敝聲字亦作鱉作鼈易說卦傳離爲鱉爾雅釋魚鼈三足能中山經從水多三足鼈考工梓人注内骨鱉屬〔轉注〕爾雅釋草蕨鼈詩草蟲釋文其初生似鼈腳故名字亦變作虌又釋名輿棺之車曰柩亦曰鼈甲似鼈甲然也〔叚借〕爲蟞廣雅釋蟲蟞蛑蟼也又雙聲連語蛺蝶蟞蛈也〔古韻〕管子弟子職叶鼈別

屑 **鐅** 河内謂臿頭金也从金敝聲方言五注江東呼鐅刃爲鐅

奰二名凡奰之派皆衍奰聲平秘切

寘 **奰** 壯大也从三大三目會意二目爲㬎三目爲奰益大也一曰迫也讀若虙宓字亦作奰又誤作贔詩蕩内奰于中國毛傳不醉而怒曰奰魏都賦奰回内贔淮南墬形食木者多力而奰〔叚借〕疊韻連語西京賦巨靈贔屭注作力之皃也贔屭卽眉之誤體

pì 𤼸　pèi 轡　duī 𠂤　guī 歸

寘 **𤼸** 滿也。从疒，𤼸聲。按，肵氣張滿之病，𤼸亦意。

轡一名 兵媚切

寘 **轡** 馬轡也。从絲从軎，會意。與連同義。五經文字引說文从車从絲口聲。按，廣韻字作䜌。詩節南山「執轡如組」，車舝「六轡如琴」。禮曲禮「執策分轡」，疏：御馬索也。家語執轡：六官在手以爲轡。左襄六傳：宋樂轡字子蕩。按，蕩者借爲鍚字。聲訓 釋名：轡，拂也，牽引拂戾以制馬也。

𠂤十名，凡𠂤之派皆衍𠂤聲 都回切

灰 **𠂤** 小阜也。象形。字亦作堆，作𨸏，作追。楚辭疾世：「踰隴堆兮渡漢」，上林賦「激堆埼」。爾雅釋水注：「呼水中沙堆爲墠」。史記河渠書「鑿離碓」，以碓爲之。漢書作崔。益崖之誤字。周語「高山而蕩以爲魁陵糞土」，以魁爲之。七發「踰岸出追」，以追爲之。爾雅「邛一成爲敦邛」，以敦爲之。敦𠂤雙聲。儀禮士冠禮「毋追」，以追爲之。左文十六傳「分爲二隊」，襄十傳「以成一隊」，注：百人爲隊。以隊爲之。周憬功勳銘「殄絕𤜴魋」，以魋爲之。

微 **歸** 女嫁也。从止从婦省，會意。从𠂤聲。籀文从婦省。从止，會意。俗書追來爲歸，見顏氏家訓。易泰「帝乙歸妹」，詩「之子于歸」。禮記禮運「女有歸」，公羊隱二傳「婦人謂嫁曰歸」，左傳「魯公孫歸父，楚仲歸，鄭公子歸生，蔡公孫歸生，齊析歸父」皆字子家。轉注 廣雅釋詁一：「歸，往也」。三：「就也」。釋言：「歸，返也」。左莊廿六傳「凡諸侯之女歸寧曰來，出曰來歸」。公羊傳「大歸曰來歸」。又爾雅「謂姪之子爲歸孫」，釋名「婦人謂嫁歸姪子列，故其所生爲孫也」。又左成十八傳「凡去其國，國逆而立之曰入；復其位曰復歸；諸侯納之曰歸」。又禮記少儀「燕遊曰歸」。又周禮大卜「二曰歸藏」，易說卦傳「萬物之所歸也」，虞注：藏也。又列子天瑞「古者謂死人爲歸人」，呂覽報更「以之所歸」，注：終也。尚書大傳名曰歸來，注：言反其本也。假借 爲饋。廣雅釋詁三：「歸，遺也」。儀禮聘禮「歸饔餼五牢」，禮記曾子問「不歸肉」，內則「子弟猶歸器」。書序「王命唐叔歸周公于東，作歸禾」，左閔二傳「歸公乘馬」，昭廿四傳「歸王乘舟」，論語「詠而歸」，又「齊人歸女樂」。又爲媿。秦策「狀有歸色」。又爲巋。禮記表記「子言之：歸乎君子」，按，獨立自足之皃。正義失之。又爲夔。尚書中侯讓于益歸。又水經江水注：秭歸子國也。又楚子熊繹之始國，而屈原之鄉里也。歸鄉，蓋夔鄉矣。又爲懷。禮記緇衣「私惠不歸德」。又託名幖識字。說苑「管仲築三歸之臺，以自傷于民」。韓非子「管仲曰：臣貧。桓公曰：使子有三歸之家」。疑亦如齊棧臺、鹿臺爲貯藏之所矣。泉志載布文有齊歸化者，或即三歸之貨幣。聲訓 水經江水注：屈原有賢姊，聞原放逐，亦來歸，因名之曰秭歸。古韻 詩葛覃叶歸私衣，采蘩叶祁歸，北風叶喈霏歸，南山叶崔綏歸懷，四牡叶騑遲歸悲，四月叶淒腓歸，楚茨叶尸歸遲私，崧高

叶郿歸，烝民叶騤喈齊歸，東山叶飛歸，九歎叶飛歸句中韻，左成十七叶瑰歸懷，晉語叶懷歸哀微依妃，荀子成相叶哀歸畏懷，楚詞東君叶雷蛇懷歸。轉音 詩東山叶山歸。按讀如關也。素問至眞要大論叶維歸知。

zhuī 追

支灰 **追** 逐也。从辵，𠂤聲。方言十二：「追，隨也」。周禮小司徒「以比追胥」，注：逐寇也。左莊十八傳「公追戎于濟西」。管子七臣七主「馳車充國者追寇之馬也」。離騷「背繩墨以追曲兮」。轉注 詩有客「薄言追之」，箋：送也。素問調經論「是謂追之」，注：猶補也。又周禮司尊彝「追享朝享」，注：謂追祭遷廟之主。論語「愼終追遠」。假借 爲彫。詩棫樸「追琢其章」，傳：彫也。周禮追師，追衡笄，注：猶治也。追彫雙聲，字亦作鎚。又爲𠂤。儀禮士冠禮記「毋追」，注：猶堆也。白虎通「夏統十三月爲正，其飾最大，故曰毋追」。廣雅「無追，冠也」。字亦作頧。又爲蜼。孟子「以追蠡」，注：鐘紐也。愚按，借爲考工鳧氏「于上之攠謂之隧」之隧，實爲邃也。蠡借爲𧏙。或曰追蠡，疊韻連語，猶剝落也。又單辭形況字。禮記檀弓「追然如不勝衣」，釋文「和柔皃」。本作退。又託名幖識字。詩韓奕「其追其貊」，傳：戎狄國也。古韻 詩有客叶追綏威夷，論語微子叶衰追，高唐賦叶隤追，鬼谷捭闔叶密微追。

shuài 帥

寘霽 **帥** 佩巾也。从巾，𠂤聲。或从兌聲。字亦誤作帨。詩野有死麕「無感我帨兮」，儀禮士昏禮「毋施衿結帨」，禮記內則「左佩紛帨」，又「女子設帨于門右」。又廣雅釋器：「帥，弦也」。疑董安于性緩，佩弦以自急，故謂佩帨爲弦也。假借 爲衛。儀禮有司徹「坐帨手」，又爲衛。禮記月令「賞軍帥武人於朝」，注：諸將也。周禮大司馬「帥以門名」，注：謂軍將及師帥旅帥至伍長也。左成十三傳「晉帥乘和」，襄廿五傳「五吏三十帥」，齊語「五鄉之帥」，注：長也。又爲述。禮記內則「欽有帥」，注：循也。王制「簡不帥教者以告」，周語「能帥舊德」。又爲逹。周禮校人「則帥驅逆之車」，注：猶將也。儀禮聘禮「帥大夫以入」，注：道也。左宣十二傳「帥七覆于敖前」，注：將也。論語「子帥以正」，皇疏：猶先也。古韻 詩野有死麕叶脫吠帨。

shī 師

支 **師** 二千五百人爲師。从帀从𠂤，衆意也。按，𠂤亦聲。古文未詳。或曰行師有進無退，故从本；兵凶多喪亡，故从哭省。存參。易「師貞丈人吉」。書「偽泰誓「王乃大巡六師」。詩采芑「陳師鞠旅」。周禮小司徒「五旅爲師」。春秋隱二年「無駭帥師入極」。左傳魯公子益師字衆父。史記弟子傳陳顓孫師字子張。轉注 爾雅釋詁：「師，衆也」。釋言：「師，人也」。書堯典「師錫帝曰」，詩文王「殷之未喪師」，左哀五傳「師乎師乎」。又獨斷「天子所都曰京師。京，大；師，衆也」。廣雅釋訓：「師師，衆也」。亦重言形況字。又易褋卦傳「比，樂師憂」。廣雅釋詁一：「師，憂也」。假借 爲帥，實爲衛。周禮司常「師都建旗」，大司馬「師都載旜」，晉語「及爲成師，居大傳」。又爲帥，實爲逹。周禮旅師注「師之言帥也」。虞書「州十有二師」，鄭注：「長也」。左襄十四傳「師保萬民」，疏：法也。廣雅釋詁四：「師，官也」。周禮大宰「三曰師，以賢得民」，注：「有德行以

duì 對　lǜ 膟　zhuì 縋　zhuì 槌　kuī 覽　kuī 蘬

敎民者師氏注教人以道者之稱禮記文王世子師也者敎之以事而喻諸德者也賈子保傅師道之敎訓韓詩外傳行可以爲表儀者人師也太元窺師在心也注循也莊子秋水師是而無非釋文順也漢書百官表注師訓也法言學行師者人之模範也淮南主術師傅諭導注師者所從取法則者也穀梁僖三十二傳注師者敎人以不及禮記內則使爲子師注敎示以善道者又周語師箴瞍賦矇官無目者也詩葛覃言告師氏傳女師也又書臯謨百僚師師微子卿士師師非度言相師法也又託名幖識字爾雅釋獸豕生二師釋畜犬生二師又後漢順帝紀注師子似虎正黃有頓彫尾端茸毛大如斗字亦作獅又東山經湖水其中多活師注科斗也爾雅謂之活東北山經師魚食之殺人注或作鯢又公羊文十六年盟于師邛穀梁作犀又國策胡服黃金師比史記匈奴傳作胥紕古韻詩無衣叶衣師下泉叶蓍師節南山叶氏維毗迷師瞻彼洛矣叶茨師板叶懠毗迷戶屎葵資師左昭十叶淮浕師

微尾 蘬 薺實也从艸歸聲𦯀从𦯀爾雅紅蘢古其大者蘬𦯀薺實許所見當是𦯀字在蘬上𦯀即今水葒花之大者薺實細薄黃黑色味甘其根名蘆所謂蘬矣叚借爲葵廣雅釋草蘬葵也謂向日葵蘬葵同部字

支 覽 注目視也从見歸聲

說文通訓定聲　履部弟十二　金

支寘 槌 關東謂之槌關西謂之㭔从木追聲按懸蠶薄柱也方言五槌宋魏陳楚江淮之閒謂之植自關而西謂之槌齊謂之㭔其橫關西曰㯝齊部謂之㭔許不同者或誤記耳叚借爲椎後漢禰衡傳爲漁陽參撾注槌及撾並擊鼓杖也

寘 縋 以繩有所縣也从糸追聲左僖三十傳夜縋而出襄十九傳夜縋納師昭十九傳子占使師夜縋而登廣雅釋器縋索也轉注一切經音義引說文以繩有所縣鎮也通俗文縣鎮曰縋今稱錘字當作𠂢或作縋

質 膟 血祭也从肉帥聲或从率聲禮記祭義取膟膋乃退注血與腸閒脂也又郊特牲取膟膋燔燎升首注但訓腸閒脂微異

對四名凡對之派皆衍對聲　都隊切

隊 對 譍無方也从口从丵从寸會意寸法度也漢文帝以爲責對而僞言多非誠故去其口以从士廣雅釋言對畣也儀禮士冠禮冠者對注應也聘禮對曰非禮也敢辭注荅問也詩桑柔聽言則對箋荅也轉注廣雅釋詁四對衞也又揚也詩江漢對揚王休清廟對越在天禮記祭統對揚以辟之爾雅釋言對遂也廣雅釋詁三對當也詩皇矣帝作邦作對傳配也呂覽審時本大而莖葉格

duì ⿰亻對　duì 懟　zhuì 轛　léi 靁　lěi 藟

對注等也後漢周黃申屠傳贊注對偶也儀禮士昏禮設對醬于東注婦醬也叚借爲蒯荀子正論菲對屨注又以爲紂之誤字又廣雅釋詁三對治也此討之誤字聲訓詩皇矣以對于天下蕩流言以對傳皆云遂也古韻詩皇矣叶對季蕩叶類懟對內桑柔叶隧類對醉悖

隊 ⿰亻對 市也从人對聲今俗兌換字以兌爲之

寘 懟 怨也从心對聲字亦作譈廣雅釋詁四懟恨也左僖廿四傳以死誰懟穀梁莊三十一傳力盡則懟孟子以懟父母漢書外戚傳懟以手自擣注怨怒也古韻詩蕩叶類懟對內

寘灰隊 轛 車橫軨也从車對聲考工輿人爲車參分軹圍去一以爲轛圍注式之植者衡者也按輿前揜板謂之軓軓內縱橫小木以縮板者也轛圍當二寸一分有奇與兩旁輢內縮板之木曰軹者別司農注立者爲轛橫者爲軹非是聲訓輿人注轛者以其鄉人爲名蓋以對爲訓也軹在兩旁轛在前嚮人也

靁十六名凡靁之派皆衍靁聲　魯回切

說文通訓定聲　履部弟十二　朱

灰 靁 陰陽薄動靁雨生物者也从雨畾象回轉形古文从雨㗊象回轉形又古文从四田中𠷎象回轉形按田猶地也在地中轉也汗簡引作䨻籀文又加雨頭說文靁閒有回回靁聲也按入字當在古文下靁閒當作田閒小篆實从籀文省作三田非回轉形也今隸作雷又省雷者天地開易气也地中之易爲地面会揜則破地而爲雷其烈者爲辟歷易說卦傳震爲雷禮記月令仲春雷乃發聲仲秋雷始收聲春秋元命苞陰陽合爲雷白虎通雷者陰中之陽也春秋繁露雷者土之氣也論衡雷虛雷火也太陽之激氣也河圖帝通紀雷者天地之鼓洪範五行傳雷者人君之象大荒東經橛以雷獸之骨注雷獸雷神也轉注周禮大司樂靁鼓靁鼗八面鼓也論衡語增雷罇刻畫雲雷之形叚借爲罍漢禮器碑雷洗觴觚又爲儡長笛賦靁歎頹息又爲礧周禮職金注搶雷椎椁之屬按守城所用擊敵石又爲纇周禮龜人西龜曰靁屬又託名幖識字穆天子傳至於雷首注山名書禹貢雷夏既澤傳澤名周禮職方氏其浸盧維注當爲雷雍字之誤也又海內經雷祖古今人表作絫祖史記五帝紀作嫘祖古韻詩終風叶靁懷雲漢叶推雷遺摧楚詞東君叶雷蛇懷歸

支紙 藟 藟艸也一曰秬鬯也从艸𤳳省聲字亦作虆作蘲作蘽與从木从藟之蘽皆藤屬而微別易困于葛藟詩樛木葛藟纍之旱麓

自 對 靁

léi 纍　léi 儡　léi 壘　léi 櫑　lěi 鸓　lěi 讄

茣茣葛藟楚詞憂苦葛藟纍於桂樹兮漢書敘傳藟葛藟而援余兮楊王孫傳葛藟爲緘廣雅釋草藟藤也按一名巨荒即說文之秬鬯或作巨荿者荿荒形近而誤也似蘡薁連蔓而生葉似艾白色其子赤可食酢而不美幽州人謂之椎纍蓋今蒲桃之類也〔叚借〕爲欙孟子蓋歸反虆梩而掩之劉注盛土籠也淮南說山虆成城注土籠也〔古韻〕詩葛藟叶藟弟樛木叶藟履句中韻易困叶藟鼿

紙　讄　禱也絫功德以求福从言纍省聲或从纍聲字亦作讄與誄迴別論語讄曰禱爾於上下神祇今本以誄爲之孔注禱篇名也按此字當从孔注訓禱篇名蓋古有是書

紙　鸓　鼠形飛走且乳之鳥也从鳥畾省聲籀文亦鸓省字亦作鸓作猵上林賦蜼玃飛鸓注鼺鼠也南都賦騰猿飛鸓棲其閒注與猵同飛鼠也按狀如兔而鼠首肉翅類蝙蝠今雲南有之即爾雅釋鳥之鼯鼠夷由也

灰灰賄　櫑　龜目酒尊刻木作雲雷象象施不窮也从木畾省聲或从缶或从皿籀文亦从缶䍣省廣雅釋器罍罇也爾雅小罍謂之坎注形似壺大者受一斛詩泂酌可以濯罍傳祭器禮記明堂位山罍夏后氏之尊也周禮鬯人社壝用大罍注瓦罍又詩卷耳我姑酌彼金罍疏引異義毛詩說金罍酒器也諸臣之所酢人君以黃金飾尊大一碩金飾龜目蓋刻雲雷之象又蓼莪維罍之恥〔轉注〕儀禮少牢禮司宮設罍水于洗東有枓注凡設水用罍又漢書雋不疑傳帶櫑具劍晉灼曰櫑具古長劍首以玉作井鹿盧形上刻木作山形如蓮花初生未敷時〔古韻〕詩卷耳叶嵬隤罍懷

灰　瓃　玉器也从玉畾省聲按亦與櫑同字今系于此爾雅彝卣罍器也詩卷耳金罍疏引異義韓詩說天子以玉諸侯大夫皆以金士以梓故或从玉或从木周禮鬯人大罍注瓦罍也故从缶儀禮少牢設罍水故从皿

灰賄　儡　相敗也从人畾省聲讀若雷淮南俶真然而不免於儡身注身不見用儡儡然也寡婦賦容貌儡以頓頓注羸皃洞簫賦槩跖鸎博儡以頓頓注羸疾皃西征賦寮位儡其隆替注敗壞皃老子傳奕本儡儡今其不足以無所歸亦重言形況字〔叚借〕疊韻連語今謂木偶戲爲傀儡

支寘紙　纍　綴得理也从糸畾省聲與絫字聲義俱別字亦作累誤作縲作縲齊語甲不解纍按綴也注所以盛甲非莊子外物揭竿纍司馬注綸也廣雅釋器纍絡也詩南有嘉魚傳甘瓠纍之傳蔓也禮記儒行不纍長上注纍也易大壯羸其角以羸爲之又公羊昭五傳不以私邑纍公邑也注次也齊策皆以國事纍君注屬也爾雅釋言縲誄纍也穀梁桓二傳以是知君之纍之也注從也〔轉注〕一曰大索也

lěi 灅　lěi 儽　léi 欙　lěi 虆　lèi 𠡍　lěi 壘

字林纍文索也小爾雅廣器纍綸也廣雅釋言纍拘也論語雖在縲紲之中孔注黑索也按孔本當作纍字孟子係纍其子弟注猶縛結也左成三傳兩釋纍囚注係也荀子成相箕子纍又禮記月令乃合纍牛騰馬注纍騰皆乘匹之名淮南時則字作縲注特牛也按縻也又尚書大傳大罪勿纍注延罪無辜按猶連也〔叚借〕爲雷史記老莊申韓傳蓬纍而行正義轉行皃也又爲纇秦策此國纍也荀子王制纍多而功少注憂纍也謝靈運傳論蕪音纍氣呂覽審分主無所避其纍矣注猶負也或曰皆絫之誤字又爲盭太元劇骨纍其肉注猶禍也又爲絫之誤字穀梁僖十八傳善纍而後進之注積也楚詞招魂層臺纍榭注重也又爲果之誤字禮記曲禮爲大夫纍之又疊韻連語莊子在宥而萬物炊纍焉注若遊塵之自動又重言形況字禮記玉藻喪容纍纍注羸憊皃樂記纍纍如貫珠漢書石顯傳印何纍纍注重積也穀梁哀十三傳纍纍致小國以會諸侯注猶數數也太元差足纍纍注履桎皃也史記纍纍如喪家之狗〔古韻〕詩樛木叶纍綏荀子成相叶衰歸纍懷呂覽行論叶毀纍

紙　壘　軍壁也从土畾省聲與垒別周禮量人營軍之壘舍禮記曲禮四郊多壘左文十二傳請深壘固軍〔叚借〕爲絫廣雅釋詁二壘積也四重也又爲纍荀子大略不憂其係壘也又疊韻連語莊子庚桑楚畏壘之山又重言形況字北芒何壘壘注冢相次之皃又託名幖識字思元賦觀壁壘於北落兮按壘壁陣十二星在室宿下北落師門一大星之上

隊　𠡍　推也从力畾省聲按字亦作擂

紙　虆　虆木也从木藟會意藟亦聲籀文从木畾省聲字亦作櫐與藟微別中山經卑山多櫐注今虎豆狸豆之屬爾雅釋木諸慮山櫐欇虎櫐按山櫐即蘡薁今之山蒲桃也虎櫐即招豆藤今之芝藤花也其華紫色作穗垂垂人家以飾庭院

支紙　欙　山行所乘者也从木纍聲與樏迥別字亦作樏虞書予乘四載傳水乘舟陸乘車山乘欙澤乘輴按亦謂之橋亦謂之梮亦謂之輂人舁以行或且牽引之亦以舁土孟子蓋歸反虆梩而掩之以虆爲之

支賄　儽　垂皃一曰嬾懈从人纍聲與儡微別字亦作傫又誤作儽廣雅釋詁二儽勞也釋訓儽儽疲也老子儽儽兮若無所歸釋文敗也又欺也河上公本作乘乘垂垂之誤亦重言形況字

支　灅　灅水出雁門陰館累頭山東入海亦曰治水也从水纍聲今之永定河其源出山西朔州馬邑縣洪濤山至直隸天津府大沽河北入海即桑乾河古一名治水

lěi 灅　lěi 鑸　lěi 磊　lěi 耒　lèi 萊　lěi 誄　lèi 郲　lèi 頛

紙 **灅** 灅 灅水也出右北平浚靡東南入庚从水畾聲出今順天府遵化州經溫泉而南入浭水爲黎河黎灅語之轉也浭水西入海

賄 **鑸** 鑸 鍡鑸也从金壘聲廣雅釋訓鍡鑸不平也按鍡鑸疊韻連語本無正字

磊一名 落猥切

賄隊 **磊** 𥗊 衆石也从三石會意字亦作磥作礧作礌楚辭石磊磊兮葛蔓蔓高唐賦礫磥磥而相摩兮漢書司馬相如傳礧石相擊莊子秋水不似礨孔之在大澤乎轉注上林賦水玉磊砢注魁礨皃吳都賦金鎰磊砢注衆多皃魯靈光殿賦磊砢相扶注壯大之皃海賦磊匒匌而相豗注大皃江賦駭崩浪而相礧又與蒼礧推石自高而下也韻集今守城下石擊賊曰礧叚借雙聲連語閑居賦磊落蔓衍乎其側注實皃琴賦踸踔磥硌注壯大皃朱龜碑磥落煥炳魯峻碑礧落彰駿又疊韻連語海賦磈磊山壟注不平皃爾雅釋木注盤結磈磊

耒五名凡耒之派皆衍耒聲 盧對切

隊 **耒** 耒 手耕曲木也从木推丰古者垂作耒相以振民也按丰象刻齒爲庛句形相所以起土耨所以薅草耒非推草之用相廣五寸耨廣六寸亦不同考工車人爲耒易繫詞傳揉木爲耒京注耜上句木也禮記月令天子親載耒耜注耒耜之上曲也莊子胠篋耒耨之所刺李注耜柄也犁也後漢章帝紀注耒其柄耜其刃聲訓釋名耒來也亦推也

隊 **萊** 萊 耕多艸也从艸耒聲

紙 **誄** 誄 謚也从言耒聲案列生時行迹讀之以作謚者周禮大史遣之日讀誄大祝六曰誄禮記曾子問幼不誄長墨子魯問誄者道死人之志也論語皇疏誄者如今行狀也文賦誄纏綿而悽愴詩定之方中傳喪紀能誄以誄爲之叚借爲讄論語誄曰禱爾於上下神祇聲訓廣雅釋詁四誄累也釋名誄累也累列其事而稱之也周禮大祝六曰誄司農注謂積累生時德行以賜之命按皆以纍爲訓累者俗誤字也

隊 **郲** 郲 桂陽郲陽縣从邑耒聲在今湖南衡州府耒陽縣其地以耒水得名

隊 **頛** 頛 頭不正也从頁耒聲讀又若齧說文謂从耒耒頭傾也亦會意爾雅釋魚左倪不類周禮龜人西龜曰靁屬以類靁爲之

內廿七名凡內之派皆衍內聲 奴對切

nèi 內(内)　ruì 芮　nè 㕯　nè 訥　zhuì 笍　nǜ 肭　ruì 汭

隊 **內** 內 入也从冂从入自外而入也按當从冂林外曰冂遠界也禮記月令無不務內注謂收斂入之也周禮職內注主入也史記范蔡傳惡內諸侯客經傳多以納爲之轉注廣雅釋言裏也莊子內篇釋文內者對外立名周禮內宰內司服內小臣皆官中官槁人掌共外內朝宂食者之食閽人凡外內命夫命婦出入儀禮特牲禮洗獻內兄弟于房中禮記昏義以聽天下之內治注婦學之法也左襄廿八傳則以其內實注寶物妻妾也魯語卿之內子爲大帶謂適妻也禮記檀弓晝居于內注正寢之中又大學外本內末疏親也又論語車中不內顧皇疏猶後也東京賦車中內顧薛注謂不外視臣下之私也又禮記禮器無節于內者疏猶心也又詩魚麗序天保以上治內箋謂中夏也又爾雅釋邪厓內謂隩孫注曲裏也又考工輪人注鑿枘而合之莊子在宥仁義之不爲桎梏鑿枘也釋文引三蒼枘柱頭枘也廣雅釋詁四枘拄也字亦作柄又考工梓人外骨內骨注內骨龜屬又廣雅釋草內虛黃芩也叚借禮記月令蟄蟲咸俯在內此穴之誤字呂覽正作穴古韻詩蕩叶類懟對內月令叶泄出達內惠絶呂覽權勳叶外內貴

霽 **芮** 芮 芮芮艸生皃从艸內聲讀若汭叚借爲汭詩公劉芮鞫之卽傳水厓也又爲納呂覽必己不衣芮溫注絮也又爲蜹莊子至樂瞀芮生乎腐蠸按卽蟲蜹也皆蟲一聲之轉又爲繘史記蘇秦傳吹芮索隱謂繫楯之紛綏也又託名幖識字詩大明虞芮質厥成國名書旅巢命序芮伯作旅巢命傳注周同姓詩桑柔序芮伯刺厲王又左桓三傳芮伯萬之母芮姜聲訓詩公劉箋芮之言內也

層黠 **㕯** 㕯 言之訥也从口从內會意內亦聲字亦作左形右聲荀子非相其辯不若其吶也漢書李廣傳廣吶口少言鮑宣傳臣宣吶鈍于辭韓非子八經吶者言之疑禮記檀弓其言吶吶然注舒小皃亦重言形況字

月 **訥** 訥 言難也从言从內會意內亦聲按當爲吶之或體今附于此賈子道術論物明辯謂之辯反辯爲訥廣雅釋詁四訥遲也論語君子欲訥於言又剛毅木訥楚辭初放言語訥譅兮注鈍也古韻老子同異叶屈拙訥

黠霽 **笍** 笍 羊車騶箠也箸鍼其耑長半分从竹內聲羊車者美飾之車駕以犢馳騾不揮鞭策以笍橾刺以促之騶者騾也字亦作錣淮南道應訓倒杖策錣上貫頤氾論訓是猶無鏑銜橜策錣

黠 **肭** 朔而月見東方曰縮肭从月內聲按此朒之誤字今訂正隸孚部肉聲下又通俗文肭再生也此字从肉从內卽朒之別字

霽 **汭** 汭 水相入也从水从內會意內亦聲書堯典釐降二女于嬀汭馬注水所入曰汭方言一荆吳淮汭之閒注水口也召誥攻位于洛汭鄭注隈曲中也左昭元傳館于洛汭注水曲流爲汭廿四傳豫章之汭注水曲又禹貢涇屬渭汭傳水北曰汭穆天子傳斷多之汭

靁 磊 耒 內(内)

nà 納　nà 軜　ruì 蜹　nà 魶　yù 矞　yì 裔

注水涯也。假借託名標識字。周禮職方氏其川涇汭注在䧃地。聲訓左莊四傳漢汭注內也。堯典釋文汭水之內也。

合 **納** 絲溼納納也。从糸內聲。楚辭逢紛衣納納而掩露注濡溼皃也。按納納重言形況字。本訓絮也。呂覽必己不衣芮溫注芮絮也。以芮為之。假借為內。廣雅釋詁三納入也。易納約自牖。虞書納于大麓。詩七月十月納禾稼。周禮泉府而納其餘。儀禮聘禮擯者又納士介。禮記曲禮俯而納屨。左成十八傳諸侯納之曰歸。晉語則請納祿與車服注歸也。又晉語納其室以分婦人注取也。又琴賦夕納景于廣淵注藏也。又為魶。周書王會於越納。又為軜。家語執轡司會均入以為納。荀子正論三公奉軶持納。又為豽。後漢東夷傳注納似豹無前足。又託名標識字。周禮鐘師納夏故書作內。

合 **軜** 驂馬兩內轡繫軾前觼中者也。从車內聲。餘六轡則總貫于轙而持于手。詩小戎洪以觼軜。大戴盛德司會均入以為軜。聲訓小戎釋文軜內也。轉音詩小戎叶合軜邑。

履 **蜹** 蟁也。秦晉謂之蜹，楚謂之蟁。从虫芮聲。字亦作蚋。通俗文小蚊曰蚋。孟子蠅蚋姑嘬之，張音諸本或作蠅誤也。漢書枚乘傳譬猶蠅蚋之附羣牛。

合 **魶** 魶魚也。似鼈無甲，有尾無足，口在腹下。从魚納聲。字亦作鈉。別義。廣雅魶鯢也。史記司馬相如傳禺禺鱋魶，漢書作鰨。

質 **矞** 以錐有所穿也。从矛冏聲。廣雅釋詁三矞穿也。假借為潏。說文一曰滿有所出也。廣雅釋詁一矞出也。又為遹。禮記禮運故鳥不矞。又為譎。荀子非十二子矞宇嵬瑣。又為瓊。按魏都賦矞雲翔龍注外赤內青也。字亦作霱。或曰借為鷸，青羽鳥也，知天將雨。又重言形況字。太元交矞矞皇皇注物長春風之聲皃也。

履 **裔** 衣末邊也。从衣冏聲。古文从几聲。字亦作褎，外形內聲，故又誤作褒。轉注小爾雅廣言褒末也。字亦以緆為之。方言十三裔末也。左襄十四傳是四嶽之裔冑也。晉語紹續昆裔。離騷帝高陽之苗裔兮。張納功德敘枝裔滋布。漢書藝文志亦大經之支與流裔。又廣雅釋言邊也。淮南原道江潯海裔。左哀十七傳裔焉大國。又小爾雅廣言裔外也。廣雅釋詁一裔遠也。四表也。左文十八傳投諸四裔。定十傳裔夷之俘。晉語以實裔土。海賦迆延八裔。方言十二裔夷狄之總名。假借為㥏。方言十二裔習也。又為裔之誤字。廣雅釋詁一裔出也。又為睍。方言十三裔相也。又雙聲連語。東京賦紛焱悠以容裔注高低皃。又重言形況字。廣雅釋訓裔裔行也。史記司馬相如傳般乎裔裔集解羣行皃。神女賦步裔裔兮曜殿堂注行皃。遊天台山賦覿翔鸞之裔裔注飛皃。轉音楚詞湘夫人叶裔澨逝蓋。

yù 噊　jú 趫　yù 遹　jué 譎　yù 鷸　guā 劀　jú 橘　xuè ⿱穴矞　yù 驈　jué 憰

質 **噊** 危也。从口矞聲。爾雅釋詁噊危也。舊注事之危也。按字从口，當訓危言也。

質 **趫** 狂走也。从走矞聲。轉注禮記禮運故鳥不獝疏驚飛也。字亦作獝，作翻，作僪。東京賦斮獝狂注惡戾之鬼名。江賦鼓翅翻翻。呂覽明理有倍僪注日旁之危氣也，在上反出為僪。廣雅釋詁四僪狂也。

質 **遹** 回避也。从辵矞聲。按猶衺行也。與僻略同。轉注詩小旻謀猶回遹傳辟也。韓詩以欥為之。假借為述。爾雅釋言遹述也。釋詁自也。又循也。釋訓不遹不蹟也。詩日月報我不術，以術為之。書康誥今民將在祗遹乃文考。又為欥。詩文王有聲遹駿有聲，遹求厥寧，遹觀厥成。又雙聲連語。思元賦察二紀五緯之綢繆遹皇注往來皃也。

履 **譎** 權詐也。益梁謂謬欺天下曰譎。从言矞聲。心詐為憰，言詐為譎。廣雅釋詁二譎欺也。釋言恑也。論語晉文公譎而不正。皇疏詭詐也。文選毛詩序主文而譎諫注詠歌依違不直諫也。周禮宮正注譎觚非常。轉注廣雅釋言譎恑美也。東京賦瑰異譎詭注變化也。合二九而成譎注變也。舞賦瑰姿譎起注異也。費鳳碑卓譎而超倫。假借為趫。淮南覽冥君臣乖心則背譎見于天注日旁五色氣在兩邊外向為譎。莊子天下而倍譎不同。按乖違也。崔注決也，失之。又為決。荀子儒效若夫譎德而定次。

質 **鷸** 翠鳥也。知天將雨。从鳥矞聲。或从遹聲。百三十一篇禮記曰知天文者冠鷸。左僖廿四傳鄭子臧好聚鷸冠。莊子天地皮弁鷸冠。爾雅釋鳥翠鷸注似燕紺色生鬱林。李注其羽可以飾物。別義。廣雅釋鳥鷸子鵽也。漢書五行志注鷸大鳥即戰國策所云啄蚌者也。張晏曰赤足黃文。廣志鷸子大如壺燕色似鶉食雀。假借為趫。海賦鷸如驚鳧之失侶注疾皃。又為欥。韓詩外傳鷸彼晨風。

黠 **劀** 刮去惡創肉也。从刀矞聲。周禮瘍醫劀殺之齊注刮去膿血。

質 **橘** 橘果也。出江南。从木矞聲。禮會引說文云橘樹碧而冬生。書禹貢厥包橘柚傳小曰橘大曰柚。考工記橘踰淮而北為枳。蜀都賦戶有橘柚之園。古韻爾雅釋天叶畢橘。

履錫 **⿱穴矞** 空皃。从穴矞聲。按字亦作閴。又誤作闃。字林闃靜也。易豐闃其无人。虞注空也。馬鄭干注无人皃。孟本作窒，姚本作闐，是誤字。楚詞疾世闃睄窕兮靡睹注窺也。吳都賦嶰澗闃注空也。

質 **驈** 驪馬白跨也。从馬矞聲。詩駉有驈有驔。字亦作騂。

履 **憰** 權詐也。从心矞聲。言詐曰譎，心詐曰憰。莊子齊物論恢恑憰怪。李注憰乖也。以譎為之。

質 居 **潏** 水涌出也从水矞聲與泬略同漢書司馬相如傳鄗鎬潦潏注水涌出聲也又潏潏淈淈水微轉細涌之皃亦重言形况字別義一曰水中坻人所爲爲潏爾雅釋水釋文人亦於水作洲而小不可止住者名潏水中地也又一曰水名在京兆杜陵按出今陝西西安府長安縣南山西北流入渭亦名沈水或作沇水水經汾水注潏水卽巢山之水也又中山經勞水西流注于潏水大荒東經有潏水假借疊韻連語南都賦汲滑濊潏封禪文汋潏曼羨又雙聲連語江賦潏湟淴泱聲訓釋名人所爲之曰潏潏術也偃水使鬱術也魚梁水碓之謂也

質 **繘** 綆也从糸矞聲古文从絲籒文从絲从𦥑易井汔至亦未繘井荀注綆汲之具也儀禮士喪禮不說繘假借爲潏易繘井王注未出井也

質 **蟜** 蟜蟥也从虫矞聲字亦作蚗按蟜蟥雙聲連語蛢也甲蟲以翼鳴大如虎豆色綠爾雅作蚗蟥考工鄭注作發皇此蟲長寸許金碧熒然吾蘇婦女用爲首飾俗謂之金烏蟲

質 **⿰酉矞** 醬也从酉矞聲按與醳略同

枚一名 謨回切

灰 **枚** 枝榦也可爲杖从木从攴會意釋名竹曰个木曰枚廣雅釋木枚條也詩汝墳伐其條枚旱麓施于條枚轉注廣雅釋詁二枚長也景福殿賦雙枚既脩注屋內重檐也又左襄十八傳以枚數闔注馬檛也昭十二傳南蒯枚筮之疏今人數物云一枚兩枚枚是籌之名也僞禹謨枚卜功臣方言十三枚凡也又長笛賦當簻注簻者曰檛細者曰枚周禮銜枚氏注銜枚止言語囂讙也枚狀如箸橫銜之爲之繣結于項七發銜枚檀桓注水無聲也假借爲微詩東山勿士行枚傳微也按微者徽之誤字行軍將帥以下衣皆有題識今無事制此行閒衣也箋訓銜枚之事失之又爲救之誤字廣雅釋詁三枚收也又重言形况字詩閟宮實實枚枚傳礱密也韓詩閑暇無人之皃也又託名幖識字考工輪人十分寸之一謂之枚注一分又鳧氏篆閒謂之枚司農注鐘乳也古韻詩汝墳叶枚飢東山叶悲枚

眉六名凡眉之派皆衍眉聲 美悲切

支 **眉** 目上毛也从目象眉之形上象頟理也轉注方言一眉老也詩七月以介眉壽傳豪眉也閟宮眉壽無有害箋秀眉亦壽徵儀禮士冠禮古文麋壽萬年以麋爲之少牢禮古文以微爲之假借爲湄漢書游俠陳遵傳居井之眉注井邊也又爲媚仲定碑不顧近戚

聲訓釋名眉媚也有嫵媚也古韻詩碩人叶荑脂蠐犀眉

支 **瑂** 石之似玉者从玉眉聲讀若眉

支 **楣** 屋邊聯也齊謂之檐楚謂之梠秦謂之楣从木眉聲亦曰櫋廣雅釋室楣梠也轉注七發陽氣見于眉宇之閒按以屋之近前下垂處喻額前也以眉爲之假借爲楣爾雅楣謂之梁注門戶上橫梁儀禮喪服傳剪屏柱楣注柱楣所謂梁闇鄉飲禮主人阼階上當楣公食禮公當楣北鄉皆是也楣梠一聲之轉別義儀禮鄉射禮記堂則物當楣注正中曰棟次曰楣前曰庪按此則南北五架之堂其前第二架梁也下豎東西兩楹者與庪與楣皆別楣在庪下庪在階上聲訓釋名楣眉也近前若面之有眉也按此謂楣宇楣廡之楣

支 **郿** 右扶風縣从邑眉聲今陝西郿縣詩崧高王餞于郿假借爲微左莊廿八年冬築郿公穀皆正作微在今山東泰安府東平州西古韻詩崧高叶郿歸

支 **湄** 水艸交爲湄从水眉聲爾雅釋水釋文字亦作堳又作瀓濂詩蒹葭在水之湄傳水隒也疏謂水草交際之處水之岸也何人斯居河之麋以麋爲之轉注廣雅釋邱堳厓假借爲浼考工㡛氏以湄水漚其絲司農注漚水也聲訓釋名湄眉也臨水如眉臨目也水經川歸之處也古韻詩蒹葭叶淒晞湄躋坻

寘 **媚** 說也从女眉聲詩思齊思媚周姜傳愛也假樂媚于天子卷阿媚于庶人左宣三傳人服媚之如是周語若是乃能媚于神轉注小爾雅廣詁媚美也廣雅釋詁一媚好也僞冏命便辟側媚呂覽不屈烟視媚行注徐行也周禮內宰注若今媚道疏謂道妖衺巫蠱以自衒媚假借爲魅列子力命鬼媚不能欺古韻詩載芟叶媚依句中韻思齊叶齊媚句中韻

美一名凡美之派皆衍美聲 毋比切

紙 **美** 甘也从羊从大會意羊在六畜主給膳也美與善同意易甘節虞注坎爲美管子五行然後天地之美生注謂甘露醴泉之類也廣雅釋草美丹甘草也轉注論語盡美矣皇疏堪合當時之稱孟子充實之謂美詩關雎序美教化晉語彼將惡始而美終注善也荀子致仕美意延年注樂意也假借爲媄左桓元傳美而艷齊策我孰與城北徐公美注好也魯語楚公子甚美注謂服飾盛也大戴易本命息土之人美釋名虹又曰美人又爲義之誤字禮記少儀言語之美古韻詩靜女叶煒美周書文傳叶美茨費

紙 **媄** 色好也从女美聲字亦作嬍經傳皆以美爲之轉注周禮大司徒一曰媺宮室注善也行夫媺惡而無禮者注福慶也師氏掌

以𡟒詔王賢訓師氏疏嫐美也

彪二名凡彪之派皆衍彪聲 密祕切

質 **彪** 老物精也从鬼彡彡鬼毛會意或从鬼未聲古文从鬼省尾省聲籒文从彖省尾省聲字亦作魅廣雅釋天物神謂之彪周禮凡以神仕者致地示物彪左宣三傳螭魅罔兩注怪物也海内北經字又作祙

未 **𩬊** 髴也忽見也从髟籒文彪聲魅亦忽見意按从髟未詳疑即彖字从髟被髮也

開一名 苦哀切

灰 **開** 張也从門从幵古文闓按从門从𠬞一一者關也小篆與古文不異筆畫整齊之耳非从幵也字與闓启皆略同爾雅釋言開闢也小爾雅廣詁開達也方言六開戶楚謂之闓書序東郊不開老子天門開闔轉注晉語樂以開山川之風注通也周書武順一卒居前曰開注猶啟也又禮記檀弓爾心或開予注謂諫爭有所發起也學記開而弗達注謂發頭角也管子幼官凡物開靜注動靜也後漢馮衍傳注開發皆始也假借託名幖識字荀子議兵微子開封于宋注紂之庶兄名啟此云開者蓋漢景帝諱劉向改之也海內西經開明獸立崑崙上注天獸也

說文通訓定聲　履部弟十二　卆

皆十四名凡皆之派皆衍皆聲 古諧切

佳 **皆** 俱詞也从白从比會意小爾雅廣言皆同也詩豐年降福孔皆傳徧也儀禮聘禮皆行至于階讓注猶並也假借為嘉廣雅釋言皆嘉也皆嘉雙聲古韻詩豐年叶秭醴妣禮皆

佳 **瑎** 黑石似王者从王皆聲讀若諧

佳 **喈** 鳥鳴聲也从口皆聲一曰鳳皇鳴聲喈喈按喈喈重言形況字詩卷阿雝雝喈喈爾雅釋訓雝雝喈喈民協服也葛覃其鳴喈喈傳和聲之遠聞也風雨雞鳴喈喈猶膠膠也楚辭悼亂鶬鶊兮喈喈注鳴之和也又詩鼓鐘鼓鐘喈喈傳猶將將也烝民八鸞喈喈傳猶鏘鏘也又單辭形況字詩北風北風其喈傳疾皃古韻詩葛覃叶萋飛喈北風叶喈霏歸風雨叶淒喈夷鼓鐘叶喈湝悲回烝民叶騤喈齊歸

佳 **龤** 樂龢也从龠皆聲虞書八音克龤經傳皆以諧為之

佳 **諧** 詥也从言皆聲爾雅釋詁諧和也廣雅釋詁四諧耦也書堯典克諧以孝周禮調人掌司萬民之難而諧和之漢書東方朔傳妄為諧語注諧者和韻之言也假借為龤虞書八音克諧禮記樂記啴諧慢易左襄十一傳無所不諧列子周穆王一人不盈于德而諧于樂注辨也古韻高唐賦叶螭諧哀悽欷

佳 **⿰肉皆** 膗也从肉皆聲

蟹 **楷** 楷木也从木皆聲孔子冢蓋樹之者假借為介廣雅釋詁一楷灋也四式也禮記儒行後世以為楷武梁祠堂畫象後世㱿式以愷為之按介之為式猶井之為法也古韻禮記儒行叶稽楷推

黠 **稭** 禾稾去其皮者从禾皆聲祭天以為藉字亦作秸作秙作藍廣雅釋草稭稾也書禹貢三百里納秸馬注去其穎也禮記禮器稾鞂之設注穗去實曰鞂史記封禪書席用苴稭

佳 **偕** 俱也从人皆聲詩擊鼓與子偕老陟岵夙夜必偕左莊七傳與雨偕也僖廿四傳與女偕隱晉語俯出偕入禮記樂記名與功偕孟子故油油然與之偕漢書文帝紀偕之大道又管子版法偕度量注同也假借重言形況字詩北山偕偕士子傳强壯皃說文偕彊也古韻詩陟岵叶弟偕死杕杜叶偕邇魚麗叶旨偕賓之初筵叶旨偕楚詞九辨叶偕毀弛

說文通訓定聲　履部弟十二　杂

佳 **⿰馬皆** 馬和也从馬皆聲荀子六馬不和則造父不能以致遠

佳 **湝** 水流湝湝也从水皆聲詩鼓鐘淮水湝湝傳猶湯湯也廣雅釋訓湝湝流也別義一曰湝湝寒也詩風雨風雨湝湝毛本作淒淒按亦皆重言形況字古韻詩鼓鐘叶喈湝悲回

佳 **䋙** 大絲也从糸皆聲

蟹 **鍇** 鐵也九江謂鐵曰鍇从金皆聲吳都賦銅鍇之垠劉注金屬也轉注方言二鍇堅也自關而西秦晉之閒曰鍇廣雅釋詁一鍇堅也

佳 **階** 陛也从𨸏皆聲字亦作堦尚書大傳御史奏雞鳴于階下景福殿賦浮階乘虛轉注孟子捐階注梯也禮記喪大記狄人設階注簨虡之屬虞人設階注所乘以升屋者又漢書匡衡傳但以無階朝廷注謂升次也藉田賦森奉璋以階列注爵之次也又小爾雅廣詁階因也詩瞻卬維厲之階易繫辭傳則言語以為階禮記少儀不得階主注上進者左襄廿四傳懼而思降乃得其階注猶道也周語

kuí 夔　kuì 蕢(臾)　guì 貴　yí 遺

婚姻禍福之階也。叚借託名幖識字。後漢崔駰傳注三台謂之三階
三公之象也。按六星在太微垣北門外之西，上階爲司命，中階爲司
中，下階爲司祿。三階亦名泰階。〔古韻〕詩巧言
叶麋階伊幾。桑柔叶資維階。瞻卬叶鴟階。

夔一名　渠惟切

夔　神魖也。如龍一足，人面，从頁，从己止夊，象手足形，上象其角。卽
山魈也。晉語木石之怪曰夔罔蝄。注越人謂之山繅，或作猱，富
陽有之，人面猴身能言。莊子達生山有夔。司馬注形如鼓而一足。東
京賦殘夔魖與罔像。薛注如龍有角，鱗甲光如日月。〔叚借〕託名幖識
字。中山經岷山多夔牛。注卽爾雅魏牛。又虞書夔命汝典樂。禮記樂
記夔始制樂以賞諸侯。樂緯歸典協律，以歸爲之。又左僖廿六傳夔
子不祀祝融。注楚之別封。公羊僖廿六以隗爲之。漢書地理志歸
子國，以歸爲之。又重言形況字。孟子夔夔齋栗。注敬愼戰懼也。

蕢十九名　凡蕢之派皆衍蕢聲　求位切

臾　艸器也。古文臾象形。小篆从艸貴聲。貴以臾爲聲，而小篆
之臾反以貴爲聲。字亦作簣，从竹。廣雅釋器蕢籠也。論語
有荷臾而過孔氏之門者。皇疏織草爲器可貯物也。未成一簣。鄭注
盛土籠也。孟子我知其不爲蕢也。漢書何武王嘉師丹傳贊以一蕢

障江河。王莽傳成在一匱，以匱爲之。〔別義〕爾雅釋草蕢赤莧。注今之
人莧赤莖者。〔叚借〕爲塊。禮記禮運蕢桴而土鼓。明堂位土鼓蕢桴。注
皆讀爲凷。今按當讀爲蒯，謂束茅莖以擊也。凷非可爲鼓椎者。又爲
殨。呂覽達鬱篇草鬱則爲蕢。注穢也。又託名幖識字。禮記檀弓杜蕢
自外來。左昭
九傳作屠蒯。

貴　物不賤也。从貝，古文蕢聲。今字作貴。古文臾見蕢篆說解。今
據補。未詳其誼。又初學記引說文汝潁言貴聲如歸。今
按此釋名文也。晉語貴貨而賤土。注重也。老子不貴難得之貨。王注
隆之稱也。〔轉注〕廣雅釋言貴尊也。貴賤以物喻，猶尊卑以器喻。周禮
太宰一曰爵以馭其貴。禮記坊記民猶犯貴。注秩異者。祭義貴貴爲
其近于君也。〔聲訓〕釋名釋言語貴歸也，物所歸仰也。汝潁言貴聲如
歸往之歸也。〔古韻〕易頤叶貴類。悖小言賦叶貴類配位。靈樞官鍼叶
貴騖。文子精誠叶資貴配。呂覽權勳叶外內貴。文子守平叶制勢大
貴遂。

遺　亡也。从辵貴聲。廣雅釋詁三又釋言遺離也。易泰不遐遺。詩谷
風棄予如遺。左成十六傳君惟不遺德刑。注失也。列子說符得
人遺契者。注棄也。禮記鄉飲酒義知其能弟長而無遺矣。注猶脫也。
忘也。漢書刑法志三曰遺忘。注忽忘也。孝經不敢遺小國之臣。劉炫

huì 譮　guì 鞼　kuì 殨　kuì 䯣　kuì 饋　kuì 櫃　tuǐ 僓

謂意不存錄。〔叚借〕爲饋。廣雅釋詁三遺予也。四送也。周禮遺人掌邦
之委積。禮記曲禮凡遺人弓者。左隱元傳爾有母遺。又詩北門政事
一埤遺我。傳加也。鴟鴞序爲詩以遺王。疏流傳致達之稱。禮記檀弓
天不遺耆老。疏置也。漢書嚴助傳遺王之憂。注猶與也。又爲殨。呂覽
本味遺風之乘。注行迅謂之遺風。聖主得賢臣頌追奔電逐遺風。注
風之疾者也。又爲隤。詩角弓莫肯下遺。箋讀曰隨，謂隨也。荀子非相
作隧，謂隊也。楚辭思古目眇眇而遺泣。廣雅釋詁二遺墮也。又爲績。
廣雅釋詁三遺餘也。又爲貤。史記孝文紀遺財足。索隱猶留也。陳涉
世家不如少遺兵。索隱留餘也。又書盤庚無遺育。禮記樂記有遺音
者矣。左昭三傳及遺姑姊妹若而人。孟子其故家遺俗。史記淮南衡
山傳子孫無遺類。後漢張衡傳遺光儵爚。注言光彩射也。按猶流光
也。遺貤一聲之轉。又雙聲連語。漢書東方朔傳遺蛇其迹。注猶逶迆
也。又託名幖識字。海外北經平邱爰有遺玉。注玉名。〔古
韻〕詩北門叶遺摧。谷風叶隤懷遺。雲漢叶推雷遺摧。

譮　中止也。从言貴聲。司馬法曰師多則人譮。譮止也。按魏都賦譮
偏裂以譮列。注引說文譮列中止也。又曰然或止或列，是此字
許書訓止無疑。从言未審其恉。或欲改中止爲中訌，非許意。〔別義〕廣
雅釋訓譮譊嘲欺也。按卽詩召旻之潰潰回遹，皋皋訿訿也。字亦作
譮。方言三注汝南呼欺爲譮，訰亦難定
爲譮字本訓。又廣雅釋詁二譮怒也。

鞼　韋繡也。从革貴聲。漢書烏桓傳婦人能刺韋作文繡。齊語鞼以
鞼盾一戟。注綴革有文如繢也。〔叚借〕爲勢。廣雅釋詁一、釋詁四
鞼強也。又爲劌。淮南原道堅強
而不鞼。本經剛而不鞼。注折也。

殨　爛也。从歺貴聲。一切經音義十
七引說文漏也。今多以潰爲之。

䯣　厀脛閒骨也。从骨貴聲。
其外之骨曰骹。

饋　餉也。从食貴聲。禮記檀弓君有饋焉曰獻。周禮玉府注古者致
物于人尊之則曰獻，通行曰饋。左僖三十傳注野饋曰饁。經傳
亦多以餽以歸以遺爲之。廣雅釋詁三饋遺也。〔轉注〕易家人在中饋。
釋文食也。儀禮旣夕記燕養饋羞湯沐之饌。注朝夕食也。淮南氾論
一饋而十起。注食也。又蒼頡篇饋祭名也。儀禮特牲饋食禮注祭祀
自孰始曰饋食。饋食者食道也。周禮籩人饋食之籩。注薦孰也。〔聲訓〕
儀禮士虞禮特豕饋食。注猶歸也。禮記坊記君子
於有饋者弗能見。注遺也。〔古韻〕易家人叶遂饋。

櫃　椐也。从木貴聲。爾雅釋木椐櫃。詩皇矣傳椐櫃
也。草木疏櫃節中腫似扶老，卽今靈壽是也。

僓　嫺也。从人貴聲。一曰長
皃。廣雅釋詁二僓長也。

tuí 穨　kuì 鬢　kuì 憒　kuì 潰　huì 闠　kuì 聵　guì 匱　huì 繢

灰 **穨** 秃皃从秃貴聲字亦作頹假借爲隤詩谷風維風及頹爾雅釋天焚輪謂之頹李注暴風從上下降謂之頹頹下也毛詩傳風薄相扶而上疑下脫曰飆二字長笛賦感迴飆而將頹注落也又禮記檀弓頹乎其順也注順皃史記河渠書水頹以絶商顏瓚曰下流曰頹又雙聲連語洞簫賦頹唐遂往注隕墜皃古韻詩谷風叶頹懷遺禮記檀弓叶頹壞萎

脂 **鬢** 屈髮也从髟貴聲與紒略同方言四幧頭其偏者謂之鬢帶廣雅釋詁四鬢髻也按斂其髮曰髻盤其髮曰鬢斂之而盤之盤之而鬢之既成曰紒

隊 **憒** 亂也从心貴聲漢書息夫躬傳憒眊不知所爲注心亂也王莽傳憒眊不明楚辭逢尤心煩憒兮意無聊廣雅釋訓憒憒亂也亦重言形況字

隊 **潰** 漏也从水貴聲鍇本亦決也蒼頡篇潰旁決也水經河水注不遵其道曰洚亦曰潰吳都賦潰渱泮汗注調直望無涯也海賦沸潰渝溢注亂流也高唐賦潰淡淡而並入注水相交過也轉注荀子議兵當之者潰注壞散也左文三傳凡民逃其上曰潰周書作雒殷大震潰又詩谷風有洸有潰傳潰潰怒也假借爲遂爲憒詩召旻草不潰茂傳遂也箋云當作彙小旻是用不潰于成傳遂也又爲殨周禮瘍醫掌腫瘍潰瘍金瘍折瘍之祝藥素問五常政大論分潰癰腫注爛也又爲憒詩召旻無不潰止箋亂也又重言形況字召旻潰潰回遹傳亂也古韻詩谷風叶潰肄塈

隊 **闠** 市外門也从門貴聲市墻曰環亦作闤廣雅釋室闠道也西京賦通闤帶闠注闠中隔門也蜀都賦闤闠之裏注市外內門也

卦 **聵** 生而聾也从耳貴聲或从叡聲又鍇本或从家聲晉語聾聵不可使聽注生而聾曰聵轉注周書芮良夫爾乃聵禍翫烖注陽不聞也

脂 **匱** 匣也从匸貴聲字亦作鐀俗作櫃漢書司馬遷傳石室金鐀之書莊子胠篋將爲胠篋探囊發匱之盜楚辭謬諫玉與石而同匱兮愍命藏瑤石於金匱兮假借爲潰禮記月令則財不匱注乏也詩既醉孝子不匱傳竭也漢書昭帝紀注匱空也杜欽傳注匱盡也又爲遺實爲饋廣雅釋詁二匱加也古韻詩既醉叶匱類左成九叶蒯悴匱

隊 **繢** 織餘也从糸貴聲謂機尾也機頭曰紝皆可系物漢書東方朔傳狗馬被繢罽假借爲會考工畫繢之事禮記禮運疏初畫曰畫成文曰繢曲禮飾羔鴈者以繢深衣衣純以繢玉藻緇布冠繢緌周禮司几筵蒲筵繢純巾車勒面繢總虞書華蟲作會鄭本作繢字

tuí 隤　kuài 凷　jiè 屆　zhuī 隹　wéi 琟　zhuī 萑　wěi 唯

亦以繪爲之別義神女賦注引蒼頡篇繢似纂色赤

灰 **隤** 下隊也从𨸏貴聲字亦作墤經傳亦以頹爲之廣雅釋詁一隤下也又壞也二衰也易繫辭夫坤隤然示人簡矣馬注柔皃虞注安也孟作退陸董姚作妥漢書食貨志因隤其土注謂下之也淮南原道先者隤陷注隤者車承或言跋躓之躓也轉注釋名陰腫曰隤氣下隤也假借疊韻連語詩卷耳我馬虺隤聲訓漢書蘇武傳注隤隧也歎逝風引韓詩章句隤猶遺也古韻詩卷耳叶嵬隤罍懷高唐賦叶隤追

凷二名凡凷之派皆衍凷聲 苦對切

隊 **凷** 塊 墣也一切經音義引說文堅土也从土一屈象形或从土鬼聲爾雅釋言塊堛也儀禮喪服傳寢苫枕塊釋文土也莊子齊物論大塊噫氣文選張華詩大塊稟羣生注謂地也假借爲瘣楚辭初放塊塊鞠兮當道宿按塊鞠病窮也又單辭形況字穀梁傳五傳塊然受諸侯之尊疏安然也漢書陳湯傳使湯塊然注獨處之皃東方朔傳魁然無徒荀子性惡傀然獨立天地之閒用魁傀亦同

卦 **屆** 行不便也从尸凷聲意與艐略同假借爲界爾雅釋言屆極也詩采菽君子所屆蕩靡屆靡究瞻卬靡有夷屆閟宮致天之屆節南山君子如屆又爾雅釋詁艐至也孫炎云古屆字方言一注同按艐屆同意古者通用故亦以艐爲界也詩節南山不知所屆箋至也僞禹謨無遠弗屆傳至也古韻詩節南山叶惠戾屆闋瞻卬叶疾屆小弁叶嘒屆淠寐

隹三十九名凡隹之派皆衍隹聲 職追切

支 **隹** 鳥之短尾總名也象形與从人圭聲之佳迥別假借爲騅爾雅釋鳥隹其鳺鴀又爲雗廣雅隹鶴也雗隹一聲之轉又疊韻連語莊子山林之畏隹與嵬崔同

支 **琟** 石之似玉者从玉隹聲讀若維

支 **萑** 艸多皃从艸隹聲籀文从𦼐假借爲蓷爾雅釋草萑蓷管子地員蕣下于萑萑下于茅注茺蔚草也即今益母草

支紙 **唯** 諾也从口隹聲廣雅釋詁一唯譍也華嚴音義引書孔傳直曉不問曰唯禮記曲禮必慎唯諾又唯而起注應辭唯恭于諾故禮父命呼唯而不諾左昭四傳號之曰牛曰唯釋文猶㕧也史記太史公自序唯唯否否漢書東方朔傳伏而唯唯荀子大略惟惟而亡者誹也注聽從皃以惟爲之假借重言形況字詩敝笱其魚唯唯傳出入不制也箋行相隨順之皃韓詩作遺遺亦同又發聲之詞廣雅

cuǐ 趡　shuí 誰　huī 睢　zhuī 鵻　suī 奞

釋詁三唯獨也易彖傳唯君子爲能通天下之志禮記奔喪唯父母之喪注言唯菁異也表記唯天子受命于天注當爲雖荀子性惡然則唯禹不知仁義法正注讀爲雖莊子庚桑楚唯蟲能蟲釋文本作雖按與用惟維字皆同舌韻詩敝笱叶唯水

紙 **趡** 動也从走隹聲字亦作踓廣雅釋室趡犇也史記司馬相如傳茂蒙踊躍騰而狂趡叚借託名幖識字左桓十七年公會邾儀父盟于趡注魯地當在今山東兗州府泗水縣之間

支 **誰** 何也从言隹聲按詞問之詞也過秦論陳利兵而誰何注誰何問之也易林無敢誰者詩墓門誰昔然矣爾雅釋訓誰昔昔也莊子天運不至乎孩而始誰注誰者別人之意也詩桑柔誰能執熱墨子尚賢以孰爲之誰孰一聲之轉史記孝武紀索隱河東人呼誰與孰同叚借爲詐此誤字也公羊僖廿一傳注誰該劫質諸侯求其國聲訓釋名誰推也有推擇言不能一也

支寘 **睢** 仰目也从目隹聲與从隹且聲之雎聲義迥別聲類睢矆大視也史記伯夷傳暴戾恣睢正義仰白目怒皃也漢書五行志萬衆睢睢注仰目視皃也亦重言形況字叚借疊韻連語南都賦方今天地之睢剌注喻禍亂也按猶乖戾又爲雎之誤字魯靈光殿賦厥狀睢盱注質朴之形莊子寓言老子曰而睢睢盱盱而誰與居注跋扈之皃列子黃帝而睢睢而盱盱釋文視聽皃淮南俶眞萬民睢

說文通訓定聲　履部弟十二　亖

盱盱然注聽視之皃也易盱豫向秀注睢盱小人喜悅佞媚之皃也廣雅釋訓睢睢盱盱元氣也劇秦美新權輿天地未祛睢睢盱盱按睢盱者疊韻連語睢睢盱盱者又重言形況字此以聲爲義義不在字之从目也高誘聽視之訓失之又託名幖識字中山經景山睢水出焉注音癰疽之疽則亦雎之誤字左成十五傳出舍于睢上注水名字亦作濉

支 **鵻** 祝鳩也从鳥隹聲或體从隹字今移置屯部鶩篆下爾雅隹其鳺鴀以隹爲之注今鵓鴣方言八鳩其小者梁宋之間謂之鵻詩四牡翩翩者鵻傳夫不也箋鳥之慤謹者南有嘉魚傳壹宿之鳥也左昭十七傳祝鳩氏司徒也注鵻鳩也鵻者鵖之誤字按孝鳥今之勃姑也亦曰楚鳩曰荊鳩曰鶻鵃鴡鳩鵖鶆所謂天將雨鳩逐婦者也又有善鳴而形小者蘇俗謂之水勃姑亦其屬也別義淮南說林烏力勝日而服于鵻禮注爾雅謂之禪芷秦人謂之祝祝鸒時晨鳴人舍者鴻鳥皆畏之按爾雅鵗鳩鵖鶆注小黑鳥鳴自呼江東名謂烏鳴此鳥小于烏而能逐烏亦名雖札札誤爲祇因爲禮耳廣雅車搗鵻札也今又誤作鵻杙或借爲雖廣雅雖鵻也按張用說文而誤許謂隹一曰雖字非謂雖有鵻訓也又託名幖識字詩大車傳炎雖也釋文本作茬疑萑之誤字萑誤爲萑因又爲隹雖耳

支 **奞** 鳥張毛羽自奮也从大从隹會意隹亦聲讀若睢

shuí 脽　chuí 椎　wéi 帷　suī 倠　chuí 顀　tuí 魋　duī 嵟　cuī 崔

支 **脽** 尻也从肉隹聲鍇本作尻也廣雅釋親臀謂之脽漢書東方朔傳連尻脽叚借爲䧌漢書武帝紀汾陰脽上集注彼鄉人呼葵音如誰故轉而爲脽又爲自水經汾水注脽亦類也又託名幖識字武帝紀脽上注脽者以其形高起如人尻脽故以名

支 **椎** 所以擊也齊謂之終葵从木隹聲按終葵之合音爲椎考工玉人杼上終葵首疏終葵椎也後漢禰衡傳漁陽參撾注撾及撾並擊鼓杖也以撾爲之轉注字林椎擊也三蒼椎打也史記張釋之馮唐傳五日一椎牛索隱擊之也爾雅釋訓辟拊心也注謂椎胷又素問刺熱篇三椎下間主胷中熱注脊節謂之椎又後漢度尚傳椎髻注獨髻也又史記周勃世家其椎少文如此集解椎不撓曲直至如椎漢書注謂樸鈍如椎也服虔曰訥鈍也應劭曰拙語爲椎叚借爲䪴匡謬正俗俗謂髮落頭禿爲椎又爲錘實爲綌爲縋尚書帝命驗握石椎注讀曰錘按謂稱懸之權也聲訓釋名釋用器椎推也古韻國策秦攻邯鄲叶椎飛

支 **帷** 嗛也在旁曰帷在上曰幕皆以布爲之从巾隹聲古文从匚韋聲按匚者隱也不从匚圓之匚廣雅釋器帷帳也周禮幕人掌帷幕幄帟綬之事禮記曲禮帷薄之外不趨釋文幔也莊子漁父孔子遊乎緇帷之林轉注禮記喪大記帷之疏障也又君龍帷注在旁曰帷在上曰荒皆所以衣柳也詩氓漸車帷裳傳婦人之車也又論語非帷裳鄭注帷裳朝祭之服其制正幅如帷又安陸昭王碑文獻替帷扆注帷扆帝座也又後漢郎顗傳注帷幄謂謀謨之臣也

說文通訓定聲　履部弟十二　亖

支 **倠** 佌倠醜面也从人隹聲字實與雉同淮南脩務嫫母佌倠注讀近尯佌倠一說讀曰莊維也按佌倠疊韻連語或以倭傀爲之

亦同

支 **顀** 出額也从頁隹聲謂頟胅出向前蘇俗謂之充頟角

灰 **魋** 爾雅釋獸魋如小熊竊毛而黃注淺赤黃色俗呼謂赤熊建平山中有此獸此字从鬼隹聲大徐補入說文爲十九文之一按說文有从言魋聲字今補附于此叚借爲椎漢書陸賈傳尉陀魋結箕踞服虔曰今兵士椎頭髻也又爲顀史記魋顏蹙齃膝攣索隱顏皃魋回若魋梧然也以爲魁梧字失之又託名幖識字論語桓魋其如予何按宋向戍之孫

灰 **嵟** 高也从屵隹聲說文鍇本無崔知嵟即崔也今據大徐本並存之

灰 **崔** 大高也从山隹聲鍇本無此篆按與嵟陮字皆同字又作確爾雅釋山石戴土謂之崔嵬詩卷耳陟彼崔嵬傳土山之戴石者按爾雅謂石戴於土與毛不異孫郭注失之谷風維山崔嵬傳山巔也南山南山崔崔傳高大皃按崔嵬亦疊韻連語楚詞涉

江冠切雲之崔嵬西都賦崔嵬層構琴賦確嵬岑嵓西狄頌刻舀確嵬（段借）爲摧費鳳別碑肝確意悲又疊韻連語漢書廣川惠王越傳日崔隤時不再注猶言蹉跎也又雙聲連語上林賦崔錯登骫注交雜也又單辭形況字莊子大宗師崔乎不得已乎向注動皃蕳文注速皃又託名幖識字齊丁公子食采于崔後以邑爲氏在今山東濟南府（古韻）詩南山叶崔綏歸懷

賄 **陮** 陮隗高也从𨸏隹聲按即崔崔之或體今附于此

灰 **雇** 屋從上傾下也从广隹聲

隊 **碓** 舂也从石隹聲舂以手碓以足舂掘地爲臼木爲杵碓則以石後世又有水碓水磑方言五碓機謂之𢓜注機𢗗按碓上主發之機也（段借）爲椎周禮鼓人注圜如碓頭

支 **騅** 馬蒼黑雜毛也从馬隹聲爾雅釋畜蒼白雜毛騅詩駉有騅有駓傳同大荒東經三青馬三騅漢書項籍傳駿馬名騅（段借）託名幖識字爾雅釋言菼騅也注草色如騅在青白之閒今按騅當爲萑之誤字萑誤作隹因又誤借騅也

支 **惟** 凡思也从心隹聲爾雅釋詁惟思也又謀也詩生民載謀載惟漢書韋賢傳不惟履冰翟義傳惟經藝分析經傳亦以維爲之

說文通訓定聲　履部弟十二

（段借）爲唯漢書地理志惟甾其道又發聲之詞魯語師尹惟旅注陳也呂覽知分予惟之矣注宜也東京賦卜惟洛食注有也東征賦惟永初之有七兮注是也呂覽義賞不失君臣之禮者惟赦注獨也孟子惟士無田注辭也廣雅釋詁四惟詞也經傳亦以維以唯爲之又左定六年小惟子釋文本作帷（古韻）詩生民叶惟脂

佳 **淮** 淮水也出南陽平氏桐柏大復山東南入海从水隹聲出今河南南陽府桐柏縣桐柏山經安徽至江蘇清河縣合于河經安東縣至雲梯關入海爾雅江淮河濟爲四瀆書禹貢淮夷蠙珠暨魚馬注二水名周禮職方氏其浸淮泗司農注或爲睢夏小正元雉入于淮爲蜃唐扶頌匯夷來降以匯爲之（段借）爲濉左昭十二傳有酒如淮又爲淫之誤字尚書大傳淮雨注暴雨之名也又託名幖識字周書王會祝淮氏榮氏次之注二祝氏之官也又海內東經汝水入淮極西北注淮極地名（聲訓）春秋說題辭淮者均其勢也廣雅淮均也淮均雙聲釋名淮圍也圍繞揚州北界東至海也（古韻）左昭十叶淮泜師

支灰 **推** 排也从手隹聲倉頡篇推軵也前也墨子小取推也者以其所不取之同於其所取者予之也詩雲漢則不可推傳去也禮記祭義推而放之東海而準公羊定四傳推刃之道也莊子天運孰居無事推而行是淮南脩務與物推移（轉注）禮記儒行不弗推注猶進

也舉也公羊昭三十一傳於是推而因之也注猶因也（段借）爲惟或爲揣按管子海王受人之事以重相推注猶度也太元元圖馴幽推厤注謀也後漢馮緄傳注推步謂推究日月五星之度昏旦節候之差淮南本經可以厤推得也注求也說林類不可必推注猶知也又爲摧夏小正抵蚳傳抵猶推也又託名幖識字左傳介之推琴操作介子綏（古韻）詩雲漢叶推雷遺摧禮記儒行叶稽楷推

支 **婎** 醜也从女隹聲字實與催同（段借）疊韻連語說文姿婎恣也按即暴戾恣睢字

支 **維** 車蓋系也从系隹聲廣雅釋詁二維係也楚辭天問斡維焉繫（轉注）周禮節服氏維王之大常注維之以縷又儀禮大射儀中離維綱注侯有上下綱其邪制躬舌之角者爲維左昭十傳居其維首疏綱也管子禁藏法令爲維綱又爾雅釋水諸侯維舟李注中央左右相維持者曰維舟又詩白駒繫之維之傳繫也公羊昭廿五傳牛馬維婁注繫馬曰維又廣雅釋言維隅也秦策其宜于太山四維淮南天文東北爲報德之維也注四角爲維西京賦振天維又太元達蒼木維流注枝枚垂皃也又周禮大司馬以維邦國注猶連結也易隨乃從維之虞注兩係稱維（段借）爲惟詩維天之命韓詩念也史記三王世家維者度也念也秦楚之際月表維萬世之安又爲雍之誤字周禮職方氏其浸盧維注當爲雷雍又發聲之詞爾雅釋詁維侯也詩板价人維藩烈祖維民所止長發濬哲維商荀子子道非維

說文通訓定聲　履部弟十二

下流水多邪與用惟唯字皆同又託名幖識字爾雅太歲在己曰屠維淮南高注屠別維離也史記作祝犁亦同又疊韻連語大荒南經赤水之東有委維注即委蛇也（古韻）詩節南山叶氏維毗迷師桑柔叶資維階采菽叶維葵膍戾素問至眞要大論叶維歸知

寘 **蜼** 獸如母猴卬鼻長尾从虫隹聲其鼻向上雨即自縣樹以尾塞鼻尾長數尺中山經鬲山多猴蜼海外南經狄山爰有蜼豹西山經崦嵫之山有鳥焉蜼身或曰一名狖即許書之貁江賦迅蜼臨虛以騁巧注狖也譙允南異物志說狖如此（段借）爲雖周禮司尊彝祼用虎彝蜼彝先鄭讀爲𧌒或讀爲隼後鄭以爲禺屬按讀爲隼是也雖孝謹之鳥蜼不見于他經不必泥雞鳥皆禽虎蜼皆獸

支 **錐** 銳也从金隹聲釋名釋用器錐利也淮南兵略疾如錐矢注金鏃翦羽之矢也（轉注）後漢樊準傳注錐刀喻小事也

紙 **蓶** 蓶芛也从艸唯聲玉篇似烏韭而黃（段借）爲芛後漢馬融傳蓶蘼䔊熒注草木花初生

篠 **鷕** 雌雉聲也从鳥唯聲詩匏有苦葉有鷕雉鳴釋文引字林于水反傳寫誤水作小因有今讀射雉賦雉鷕鷕而朝雊按鷕者狀其聲也古當用唯字後又加鳥耳

（古韻）詩匏有苦葉叶瀰鷕句中韻

支 **雖** 雖蟲也似蜥蜴而大从虫唯聲（段借）發聲之詞廣雅釋詁四雖詞也禮記少儀雖請退可也疏假令也易象傳雖凶居吉疏雖

tuí 譢　cuǐ 漼　cuī 摧　cuī 催　suì 繀　huì 匯　tuī 蓷　wéi 濰

者與奪之辭又少儀雖有君賜注或爲唯僞五子之歌雖悔可追釋文本作睢按用唯睢字亦同或曰雖字从唯虫聲商詞也存參

灰 **譢** 譟也从言魋聲

灰 賄 **漼** 深也从水崔聲詩小弁有漼者淵傳深皃叚借爲摧後漢崔駰傳王綱漼以陵遲注猶摧落也西征賦名節漼以隳落注壞皃又單辭形況字韓詩新臺有漼傳鮮皃弔魏武帝文指季豹而漼焉注泣涕垂皃又舞賦漼似摧折注折皃又託名標識字水經鍾水注漼水即佳水也又雙聲連語字亦作璀洛神賦披羅衣之璀粲兮注衣聲遊天台山賦琪樹璀璨而垂珠注珠垂皃魯靈光殿賦汨磑磑以璀璨注衆材飾皃又下弗蔚以璀錯注衆盛皃

灰 賄 **摧** 擠也一曰挏也一曰折也从手崔聲詩夗央摧之秣之傳莝也楚辭憂苦折銳摧矜注挫也轉注詩北門室人交徧摧我傳沮也箋刺譏之言韓詩字作譙易晉如摧如虞注憂愁也釋文退也繁陽令楊君碑哀兮慛傷郭究碑萬夫慘慛字亦作慛廣雅釋詁一慛憂也釋訓慛慛悲也又釋詁三摧推也素問五常政大論其變振拉摧拔注謂仆落叚借疊韻連語史記司馬相如傳摧崣崛崎郭注皆隆屈皃折皃按猶崔嵬也又發聲之詞爾雅釋詁摧至也方言一摧至也楚語也廣雅釋詁三摧就也詩雲漢先祖于摧傳至也箋當作嗺嗟也東京賦五精帥而來摧又太元元圖摧上萬物注極也古韻詩北門叶遺摧鴛鴦叶摧綏雲漢叶推雷遺摧吳語叶虺摧

灰 **催** 相擣也从人崔聲引詩室人交徧催我按即摧之或體今系于此侯成碑鴻儀催零金廣延毋紀產碑五內催碎

隊 **繀** 箸絲于筟車也从糸崔聲通俗文織纖謂之繀

賄 **匯** 器也从匚淮聲叚借爲回書禹貢東匯澤爲彭蠡傳迴也鄭注回也又爲彙按廣雅釋詁一匯大也

灰 **蓷** 萑也从艸推聲字亦誤作蓷詩中谷有蓷傳鵻也釋文本作萑韓詩傳茺蔚也爾雅釋草萑蓷注葉似荏方莖白華華生節閒又名益母李巡曰臭穢草也按萑與鵻皆蓷之同聲茺蔚者蓷之合音臭穢又茺蔚之轉語也段氏改萑爲隹以合毛傳其實隹鵻亦各字知萑鵻皆蓷之同聲叚借無煩改字耳

支 **濰** 濰水出瑯邪箕屋山東入海兗州浸也从水維聲禹貢濰淄其道左襄十八傳東侵及濰出今山東沂州府莒州箕屋山即覆舟山至萊州府昌邑縣東北入海曰淮河淮濰本同聲也周禮職方氏兗州其浸盧維以維爲之鄭讀爲雷雝謂雷夏雝水也灉水則在東昌府濮州雷澤縣平地求時已涸

chuǎi 揣　ruì 瑞　duǒ 椯　zhuì 惴　suī 夊　tuì 復(退)

揣四名凡揣之派皆衍揣聲 初委切

紙 旨 **揣** 量也从手从耑會意按耑者高也方言十二度高曰揣廣雅釋詁一揣度也方言十三揣試也字亦作敪左昭三十二傳揣高卑孟子不揣其本而齊其末轉注論衡逢遇准主調說以取尊貴是名爲揣鬼谷子摩內符者揣之主也注所以度其情慕秦策簡練以以爲揣摩注定也漢書陸賈傳生揣我何念翟方進傳方進揣知其指注謂探求之淮南人閒規慮揣度注商量高下也叚借爲敠易頤京房本觀我揣頤廣雅釋詁一揣動也或曰借爲剟釋訓揣抁揣捎也亦雙聲連語猶喘耎之疊韻連語也又爲剟廣雅釋詁三揣除也又爲摧老子揣而銳之顧注治也

寘 **瑞** 以玉爲信也从玉揣省聲周禮典瑞掌玉瑞玉器之藏注符信也人執以見曰瑞禮神曰器蓋圭璧璋琮之總稱虞書輯五瑞謂桓信躬穀蒲也周禮小行人成六瑞王所用鎮圭也禮記禮器以圭爲瑞轉注廣雅釋言瑞符也左哀十四傳司馬請瑞焉注符節以發兵又蒼頡篇瑞應也信也周禮大祝五曰瑞祝司農注逆時雨寍風旱也論衡指瑞異物見則謂之瑞東京賦總集瑞命又左襄九傳信者言之瑞也注符也又爾雅釋器璲瑞也詩大東鞙鞙佩璲字亦作璲又爾雅釋器璲綬也注即佩玉之組所以連繫瑞玉者字亦作繸或曰此繸之誤字

哿 先 **椯** 箠也从木揣省聲叚借爲揣一曰度也又爲剟一曰剟也別義太元難狂馬椯木注差也

寘 **惴** 憂懼也从心揣省聲廣雅釋詁一惴憂也漢書甯成傳人皆惴惴恐又詩黃鳥惴惴其栗爾雅釋訓惴惴懼也莊子齊物論小恐惴惴李注小心皃亦重言形況字叚借爲遄孟子吾不惴焉丁公著音義作遄是也形之譌又雙聲連語莊子胠篋惴耎之蟲釋文無足蟲也實喘蝡字字亦作蝡轉音莊子齊物論叶惴縵

夊二名凡夊之派皆衍夊聲 楚危切

支 **夊** 行遲曳夊夊也象人兩脛有所躧之形詩南山雄狐綏綏玉篇引作夊夊按亦重言形況字

隊 **退** 卻也从彳从日从夊會意夊亦聲一曰从彳从夊从日聲或从彳內聲古文从辵从日从夊儀禮聘禮賓三退負序注三逡遁也鄉射禮主人少退注猶少辟也禮記玉藻侍坐則必退席注謂旁側也易說卦傳巽爲進退又廣雅釋詁二退歸也儀禮士冠禮主人退注去也詩碩人大夫夙退韓傳罷也禮記少儀朝廷曰退燕遊曰歸左宣十二傳退思補過轉注廣雅釋詁二退

隹 揣 夊

suō 衰　ruí 桵　suī 綏

減也周禮小司寇以圖國用而進退之注猶損益也詩羔羊退食自公箋謂減膳也又楚語夫子踐位則退注謙退也賈子道術功遂自卻謂之退又晉語雖欲有退注改悔也又呂覽仲夏退嗜慾注止也叚借爲夂說文一曰行遲也方言十二退緩也禮記曲禮退讓以明禮又單辭形況字檀弓文子其中退然如不勝衣注柔和皃或作妥聲訓釋名釋言語退墜也古韻詩雨無正叶退遂瘁誶退易大壯叶退遂利

綏二名凡綏之派皆衍綏聲 息遺切

支 **綏** 車中把也从糸从妥會意廣雅釋器靶謂之綏儀禮士昏禮授綏注所引以升車者禮記少儀負良綏君升所用又以收綏升及曲禮取貳綏僕升所用左哀二傳子良授太子綏論語必正立執綏漢書司馬相如傳繆繞玉綏注即今所謂采䋙垂鑷者也叚借爲妥爾雅釋詁綏安也廣雅釋言綏撫也書禹貢五百里綏服詩樛木福履綏之夏小正綏多女士漢書燕刺王旦傳北州以妥正作妥或曰皆本字之轉注亦通又爲緌禮記明堂位夏后氏之綏注謂注旄牛尾于杠首所謂大麾曲禮武車綏旌王制天子殺則下大綏周禮夏采以乘車建綏復于四郊又詩韓奕淑旂綏章箋謂本字失之又爲隋儀禮少牢禮上佐食以綏祭禮記曾子問不綏祭不配又爲垂實爲蕤禮記曲禮國君綏視又大夫則綏之又爲蕤儀禮既夕記實綏澤焉注廉薑也字亦作葰閒居賦蓼葰芬芳又爲退左文十二傳乃皆出戰交綏注古名退軍爲綏司馬法注綏卻也齊語以勸綏謗言注止也又爲夂廣雅釋詁四綏舒也洞簫賦時恬淡以綏肆注遲也又重言形況字詩南山雄狐綏綏傳綏綏然無別有狐有狐綏綏傳匹行皃漢書禮樂志赤蛟綏綏又荀子儒效綏綏兮其有文章也注安泰之皃古韻詩樛木叶纍綏南山叶崔綏歸懷鷙鴦叶摧綏有客叶追綏威夷

支 **桵** 棫也材理全白無赤心者爲白桵从木綏省聲可爲矛戟矜爾雅棫白桵注小木叢生有刺字亦以蕤爲之

衰四名凡衰之派皆衍衰聲 所追切

支 支 从歌 **衰** 艸雨衣也秦謂之萆从衣䘨象形古文上象笠中象人面下象衰形字亦作蓑按亦名襏襫見齊語其非草者謂之製見左傳詩無羊何蓑何笠儀禮既夕記稾車載蓑笠公羊定元傳不蓑城也謂以草覆城管子禁藏被蓑以當鎧鑐注雨衣又西山經三危之山有獸焉其豪如披蓑又南都賦敷華蘂之蓑蓑注下垂皃按實借爲蕤蕤亦重言形況字叚借爲瘦素問瘧論衰則氣復反入注謂病衰退也又左襄廿九傳其周德之衰乎注小也穀梁序昔周道衰微疏謂衰弱陵遲淮南泰族乘衰而流注下也主術年衰志憫注老也呂覽去宥人之老也形益衰注肌膚消也楚辭涉江年既老而不衰注懈也又太元衆兵衰衰注瘦瘠之皃亦重言形況字又爲差左桓二傳皆有等衰注殺也襄廿五傳自是以衰注差降也昭三十二傳遲速衰序齊語相地而衰征注差也管子地員凡彼草物有十二衰注謂草上下相重次也或曰此義如編衰之上下長短有叙則爲本字之轉注亦通又爲縗儀禮喪服記凡衰外削幅裳內削幅左襄廿三傳墨衰冒經禮記檀弓衰與其不當物也聲訓後漢郭丹傳注經之言實衰之言摧言實摧痛於中也古韻禮記檀弓叶緌衰論語微子叶衰追管子七臣七主叶衰闓荀子成相叶衰歸纍懷文子符言叶衰威非危幾

cuī 榱　cuī 縗　shuāi 㿓　shuǐ 水

支 **榱** 秦名屋椽也周謂之榱齊魯謂之桷从木衰聲或曰圜曰椽方曰桷爾雅釋宮桷謂之榱左襄三十一傳榱棟折榱崩孟子榱題數尺注榱題屋霤也荀子哀公仰視榱棟淮南主術脩者以爲櫚榱注櫋也漢書司馬相如傳華榱璧璫楊雄傳怳浮柱之飛榱兮脅蟨光殿賦騰虵蟉虯而遶榱張注亦椽也聲訓釋名榱在櫋旁下列衰衰然垂也

支 **㿓** 減也从疒衰聲按本訓爲病減轉注爲凡減損消退之稱經傳皆以衰爲之

灰 **縗** 喪服衣也長六寸博四寸直心从糸衰聲字亦作縗按前曰衰後曰負版左右有辟領經傳亦以衰爲之儀禮喪服斬縗裳注凡服上曰衰下曰裳又飽齊衰四升總衰四升有半左襄十七傳晏嬰麤縗注縗在胸前襄三十一傳三易縗聲訓釋名三日不生生者成服曰縗縗摧也言傷摧也儀禮喪服釋文縗之言摧也所以表中心摧痛

水三名凡水之派皆衍水聲 式癸切

紙 **水** 準也北方之行象衆泉並流中有微陽之氣也其文即坎卦豎作春秋元命苞水之立字兩人交一以中出者爲水一者數之始兩人譬男女言陰陽交物以一起也此俗書謬說白虎通五行水者盛陰者也淮南天文積陰之寒氣爲水易說卦傳坎爲水書洪範五行一曰水左昭十七傳水火之牡也昭九傳火水如也管子水地水者地之血氣如筋脉之流通者也洪範五行傳厥罰恒寒注聽曰水按淮南天文水曰內景水內明故聽屬水漢書魏相傳注水爲智又左桓元傳凡平原出水爲大水又禮記曲禮水曰清滌叚借託名幖識字五緯辰星爲水星按其色黑暗故名于七曜及凡恒星中體最小在日之下月之上第八重天去地中心九十一萬八千七百五十里附日而行或前或後一歲一周天見以二分二至其餘常伏日下也又列子說符注引古博經博法局分爲十二道兩頭當中名爲水聲訓說文水準也釋名水準也準平物也白虎通水之爲言准也養物平均有准則也春秋元命苞水之爲言演也陰化淖濡流施潛

jì 𥨍　zhuǐ 沝　shī 尸　xī 吚　shī 屍　chì 杘

行也。古韻詩揚之水叶水弟、敝笱叶唯水、河水叶水隼弟、管子形勢解叶水至。

紙 𥨍 孰寐也。从寱省，水聲。讀若悸。與从米之寱說文作寐者別。廣雅釋詁一：寱，安也。以寱為之，實形誤字。

紙 沝 二水也。闕。今附于此。

尸五名、凡尸之派皆衍尸聲 式脂切

支 尸 神像也。象臥之形。按：凴几曰臥。儀禮士虞禮：祝迎尸。注：尸，主也。孝子之祭不見親之形象，心無所繫，立尸而主意焉。又記：男，男尸；女，女尸。必使異姓，不使賤者。按：使適孫婦，不使孫女，不使孫妾也。禮記郊特牲：尸，神象也。注：此尸神象當從主訓之言，陳非也。曲禮：孫可以為王父尸。儀禮特牲禮注：尸，所祭者之孫也。祖之尸則主人乃宗子，禰之尸則主人乃父道。公羊宣八傳注：祭必有尸者，節神也。禮：天子以卿為尸，諸侯以大夫為尸，卿大夫以下以孫為尸。夏立尸，殷坐尸，周旅酬六尸。爾雅釋詁：尸，寀也。寀，官也。晉語：董伯為尸。又詩采蘋：誰其尸之。按：女尸也。轉注爾雅釋詁：尸，主也。書康王之誥序：康王既尸天子。左襄廿七傳：非歸其尸盟也。成十七傳：殺老牛莫之敢尸。禮記表記：近而不諫，則尸利也。戰國策：愁為鷄尸，毋為牛從。又後漢梁冀傳：尸官。注：猶尸祿也。叚借為屍。易師：或輿尸。禮記曲禮：在牀曰

說文通訓定聲　履部弟十二　覔

尸。左隱元傳：贈死不及尸。晉語：殺三郤而尸諸朝。又後漢方術傳：尸解。注：言將登仙，假託為尸以解化也。又為陳。爾雅釋詁：尸，陳也。詩祈父：有母之尸饔。左莊四傳：楚武王荊尸。陳古讀如申，申尸雙聲。又託名標識字。詩鵲巢：德如尸鳩。西山經：鳥多尸鳩。注：布穀類也，或曰鳲鶡也。方言、廣雅以為即戴勝，誤。爾雅：鳲鳩，鵠鵴。字亦作鳲。聲訓禮記郊特牲：尸，陳也。邛季彬禮統：尸之為言矢也，陳也。又釋名：既定死曰尸。尸，舒也，骨節解舒，不復能自勝斂也。此當為屍之訓。古韻詩楚茨叶尸歸遲私、板叶懠毗迷尸屎葵資師。

支支 吚 唸吚，呻也。五經文字引說文：呻吟也。从口，尸聲。詩板：民之方唸吚。毛本以殿屎為之。或曰从尸誤字，當从尹，伊省聲。字亦作咿。字林：咿，內悲也。唸吚者，猶吟呻也。存疑。楚詞卜居：喔咿嚅唲。亦雙聲連語。轉音楚詞卜居叶訾斯咿唲。

支 屍 終主也。从尸，从死。按：从死，尸聲。許誤也。春秋元命苞：示戴尸首以寸者，此俗隸謬說。史記周公世家：以其屍與之。禮記曲禮：在牀曰尸。以尸為之。假借為尸。周禮大司樂：屍出入則令奏肆夏。

寘紙 杘 籆柄也。从木，尸聲。或从尼聲。與左形右聲之柅別。檷收于籆，既收則去其柄，絲縩之時，植杘籆於架傍而轄之，其架謂之檷。廣雅釋言、釋器：杘，柄也。叚借發聲之詞。方言十：嚃杘，猶也。廣雅釋詁二：嚃杘，欺也。列子力命：墨杘單至。

lǚ 履　shǐ 豕　chǐ 彖　suì 㒸　ruí 甤　ruí 蕤

紙 履 足所依也。从彳，从夂，會意。舟象履形。尸聲。古文从舟，从足，从頁。按：古曰舄曰屨，漢以後曰履，今曰鞵。此字本訓踐，轉注為所以踐之具也。易坤：履霜。履：履虎尾。䕫卦傳：履，不處也。詩生民：履帝武敏。東方之日：履我即兮。禮記玉藻：履蒯席。祭義：禮者，履此者也。文王世子：行不能正履。表記：處其位而不履其事。左僖十五傳：登臺而履薪焉。又僖四傳：賜我先君履。注：所踐履之界。文元傳：履端于始。疏：步也。晉語下：貳代履。轉注釋名釋姿容：履以足履之，因以名之也。小爾雅廣詁：履，具也。廣服：在足謂之履。方言四：絲作之者謂之履。儀禮圖：單下曰履。莊子讓王：縱履杖藜而應門。列子黃帝：脫履戶外。釋文皆云本作屨。漢書鮑宣傳：衣敝履空。注：猶屨也。叚借為禮。詩長發：率履不越。爾雅釋言：履，禮也。又為鼇。詩樛木：福履綏之。爾雅釋詁：履，福也。釋言：履，祿也。又為體。禮記坊記：履無咎言。又為覿。韓詩氓傳：履，幸也。又託名標識字。論語：予小子履。白虎通姓名：湯名也。聲訓易歸妹：跛而履。虞注：禮也。釋名釋衣服：履，禮也，飾足所以為禮也。古韻詩大東叶匕砥矢履視涕、行葦叶葦履體泥弟。爾凡易歸妹叶娣履、詩樛木叶藟履，句中韻。

豕二十三名凡豕之派皆衍豕聲 式視切

紙 豕 彘也。竭其尾，故謂之豕。象頭足而後有尾。讀與豨同。今世字誤以豕為彘，以彘為豕。何以明之？為啄琢从豕，蠡从彘，皆取其聲，以是明之。駮按：三豕字皆當作豕，三彘字許以代豕字，避形近也。古文亦象形，與亥同字。易說卦：坎為豕。詩漸漸之石：有豕白蹢。傳：豬也。禮記曲禮：豕曰剛鬣。大戴曾子天圓：豕曰饋食。叚借託名標識字。莊子徐无鬼：豕零也。司馬注：豕囊，一名猪苓，根似猪卵。古音易睽叶豕鬼何，中韻。

說文通訓定聲　履部弟十二　覃

紙 彖 豕也。从彑，从豕。讀若弛。與彖字音義俱別。按：即豕之異體。喙𠃜蠡皆以為聲，今系于此。又古文豕當據蠡下古文補。

寘 㒸 从意也。从八，豕聲。按：八象氣之舒散。經傳皆以遂為之。

支 甤 艸木實甤甤也。从生，豕聲。讀若綏。按：下垂之皃。

支 蕤 艸木華垂皃。从艸，甤聲。按：字實甤之或體，今系于此。白虎通五行：蕤者，下也。叚借為緌。甘泉賦：鸞鳳紛其銜蕤。注：緌也。又疊韻連語。甘泉賦：蝮略蕤綏。注：龍行之皃也。又託名標識字。周禮大師：蕤賓。注：長六寸八十一分寸之二十六。淮南天文：蕤賓者，安而服也。則以綏為訓。又蕤賓，五月也，陰氣萎蕤在下，似主人；陽在上，似賓客也。周語：四曰蕤賓，所以安靖神人，獻酬交酢也。以綏為訓。注：委蕤，柔皃也。史記律書：蕤賓者，言陰氣幼少，故曰蕤；痿陽不用事，故曰賓。又太元元數：應鍾生蕤賓。注：繼也。漢書律厤志：蕤，繼

水　尸　豕

suì 遂　lǐ 蠡　xié 㥦　huì 喙

也則以綏爲訓

隊 **喙** 口也从口彖聲各本作豙聲誤按獸蟲之口曰喙鳥曰咮禮記少儀羞首者進喙祭耳左昭四傳深目而豭喙爾雅釋畜黑喙騧漢書匈奴傳以攫餓虎之喙又易說卦艮爲黔喙之屬漢書公孫宏傳跂行喙息注凡有口能息者也轉注莊子徐无鬼丱頤有喙三尺叚借爲呬方言二息秦晉之閒或曰喙又晉語余病喙注短氣皃詩緜維其喙矣傳困也字亦作𤞞方言十二𤞞傍也亦作㾗十三㾗極也古韻詩緜叶拔兌駾喙

佳 **㥦** 恨也从心彖聲各本作豙聲誤讀若膎

支齊 **蠡** 蟲齧木中也从䖵彖聲各本作豙聲誤古文亦从䖵从古文彖按汗簡引古文作𧒆从者从䖵孟子以追蠡注蠡欲絕之皃也叚借爲𧇾按孟子追蠡謂鐘隧𧇾坼也或曰追蠡疊韻連語猶眦劉剝落之意亦通方言六蠡分也楚曰蠡通俗文瓠瓢曰蠡漢書東方朔傳以蠡測海按一瓠劈爲二故曰蠡字亦作𧓕方言五注蠡瓠勺也又爲嬴東征賦諒不登樔而椓蠡兮又廣雅釋魚蠡螔蝓也又爲羅尚書考靈曜取六項加三旁蠡順餘之注猶羅也又重言形況字楚辭惜賢覽芷圃之蠡蠡注猶歷歷行列皃也又託名幖識字水經睢水注蠡臺亦曰升臺又越范蠡字少伯史記谷蠡王音離

寘 **遂** 亡也从辵㒸聲古文形似隸書之遹或曰亡者往之誤往亡聲相近古文从辵朮聲用未詳按許書列字次弟自訓亡不訓往但此義不見經傳愚按遂道也與術略同春秋演孔圖使開階立遂宋均注道也史記蘇秦傳禽夫差於干遂索隱遂者道也字亦作隧蓋從辵㒸聲詩桑柔大風有隧禮記曲禮出入不當門隧左襄十八傳連大車以塞隧哀十三傳爲二隧晉語具舟除隧莊子馬蹄山無蹊隧淮南兵略隧路亟傳注皆訓道也左昭十七傳盈其隧炭注出入道也廣雅釋室隧道也以隊爲之西都賦貨列隧分西京賦俯察百隧薛注列肆道也轉注爲永道周禮稻人以遂均水考工匠人廣二尺深二尺謂之遂注夫閒小溝廣雅釋水遂坑也字亦作澻又爲郊外之道周禮遂人五縣爲遂注鄭里鄙縣遂猶郊內比閭族黨州鄉也書費誓魯人三郊三遂禮記王制不變移之遂又爲水閒之道荀子大略溺者不問遂注水中可涉之徑也又爲地中之道周禮冢人以度爲丘隧注羨道也左隱元傳隧而相見注若今延道也僖廿五傳請隧弗許注闕地通路曰隧又爲人身血行之道素問調經論五藏之道皆出于經隧注潛道也故又爲進往通達之誼廣雅釋詁一遂往也又行也易大壯不能遂虞注進也禮記月令遂賢良注猶進也緇衣百姓以仁遂焉注猶達也晉語置而不遂

zhuì 隊　suì 㥞　wài 顡　suì 㯟

注從也尚書大傳三王愨然欲錯刑遂罰注行也淮南精神何往而不遂注通也周語而行以遂八風注猶順也叚借爲穟穟者禾穗成秀也故轉注爲生成長育之誼禮記月令百事乃遂注猶成也齊語犧牲不略則牛羊遂注長也漢書禮樂志根荄以遂注生也春秋元命苞歲之爲言遂也注出也晉語遂威而遠權注申也又廣雅釋言遂育也禮記樂記氣衰則生物不遂史記樂書作育又爲家聲類遂從意也廣雅釋詁三遂竟也素問六元正紀大論請遂言之注盡也詩長發遂視既發箋猶偏也穀梁襄十傳遂直遂也僖四傳遂繼事也儀禮燕禮遂卒爵注猶因也左僖三遂伐楚注兩事之辭也詩蟋蟀傳聿遂也疏從始向末之言也又爲鐩考工㮚氏爲遂六分其厚上文于上之攠謂之隧注隧在鼓中窐而生光有似夫遂又爲邃輿人去一以爲隧司農注謂車輿深也楚辭天問遂古之初按遠也又爲燧漢書西域傳欲起亭隧北征賦登鄣隧而遙望兮又爲隊易震遂泥荀子儒效至共頭山隧非相莫肯下隧又爲綏詩雨無正飢成不遂傳安也又爲揣吳語以能遂疑計惡注決也又爲及遲也詩候人不遂其媾箋言既遂矣傳箋皆訓久也論語遂事不諫荀子禮論然而遂之則是無窮也注謂不時除也又重言形況字爾雅釋訓遂遂作也禮記祭義陶陶遂遂注相隨行之皃又單辭形況字詩芄蘭容兮遂兮按垂也又託名幖識字儀禮大射儀袒決遂注射韝也以朱韋爲之著左臂所以遂弦也周髀算經二十蔀爲一遂注遂者竟也聲訓詩芄蘭箋遂瑞也按當作觀我揣頤之揣實爲彖也古韻詩芄蘭叶遂悸雨無正叶退遂瘁誶退易大壯叶退遂利家人叶遂饋文子守平叶貴遂上德叶類遂施

寘 **㯟** 羅也从木㒸聲字亦作檖爾雅檖羅注今楊檖也實似梨而小酢可食詩晨風隰有樹檖傳赤羅也按如小梨圓而赤山東濟南有之叚借爲繸廣雅釋詁三繸遺也又爲邃荀子禮論疏房檖貌古韻詩晨風叶㯟檖醉

卦 **顡** 頭蔽顡也从頁豙聲左傳衞太子蒯聵以蒯聵爲之疊韻連語

寘 **㥞** 深也从心㒸聲字亦作㥞廣雅釋詁三㥞智也按心思深邃也

寘寘隊 **隊** 從高隊也从𨸏㒸聲俗字作墜爾雅釋詁墜落也廣雅釋詁二墜陊也考工輪人殷畝而馳不隊禮記檀弓退人若將隊諸淵公羊文三傳死而墜也注墜地也又廣雅釋詁三墜失也左僖廿八傳俾隊其師注隕也書君奭乃其墜命晉語敬不隊命淮南說山愈于一人之隧注陷也石經論語殘碑未隧于地西狹頌數有顛覆實隧之患皆以遂爲之叚借爲𠂤廣雅釋詁二隊陳也左文十六傳分爲二隊注部也襄十傳以成一隊注百人爲隊淮南齊俗襄子疎隊而擊之注軍二百人爲一隊漢書揚雄傳曲隊堅重又爲隧實爲遂

suì 𤐫 shuì 祱 suì 襚 suì 邃 suì 穟 suì 旞 lǐ 欚 zhuì 磙

穆天子傳于是得絕鈃山之隊注谷中險阻道也又爲洧左閔二傳服本吠犬戎于渭隊【古韻】詩桑柔叶隧類對醉悖【轉音】靈樞營氣叶胃肺外隧

隊 **磙** 隊也从石家聲按卽隊之或體今系于此漢書天文志星磙至地則石也漢書敘傳薄姬磙魏

薺 **欚** 江中大船名从木蠡聲字亦作𦆾越絕書欐溪城閭廬所置船宮也以欐爲之【轉注】方言九東南丹陽會稽之閒謂艖爲欚莊子秋水梁欐可以衡城司馬注小船也三國王朗傳注獨與老母共乘一欐皆與方言之欚爲小舸同又曹植盤石篇呼吸吞船欐【別義】廣雅釋器罝罯免罟也其罟謂之欚

寘 **旞** 全羽曰旞从㫃遂聲或从遺聲按竿首飾有犛牛毛曰旄復以五采全羽注于上者曰旞其析羽者曰旌周禮司常道車載旞蓋象路也旞與旌卽常旂旜物旗旟旐七旗之加以羽旄者左襄十四傳范宣子假羽旄于齊是也天子所建齊私有之【聲訓】說文旞道車所以載全羽以爲允允進也旞允雙聲允者毦字也釋名全羽爲旞旞猶滑也順滑之皃也

寘 **穟** 禾采之皃也从禾遂聲或从艸詩生民禾穎穟穟傳苗好美也爾雅釋訓穟穟苗也【轉注】射雉賦瞻挺穟之傾掉徐注挺穟草莖也【古韻】詩生民叶旆穟

寘 **邃** 深遠也从穴遂聲小爾雅廣詁邃深也離騷閨中既邃遠兮招魂高堂邃宇【轉注】禮記玉藻前後邃延注言皆出冕前後而垂也又典引伊考自邃古注遠古也以遂爲之

寘 **襚** 衣死人也从衣遂聲春秋傳曰楚使公親襚春秋說題辭襚遺也廣雅釋詁四襚送也貨財曰賻車馬曰賵衣衾曰襚卽襚也禮記少儀敵者曰襚左文九年秦人來歸僖公成風之襚公羊隱元傳衣被曰襚注知死者贈襚【聲訓】白虎通襚之爲言遺也以饋爲訓禮記少儀疏襚者遂彼生時之意也以諧以綏爲訓

霽泰 **祱** 贈終者衣被曰祱从衣兌聲漢書朱建傳迺奉百金祱鮑宣傳祱以衣衾按當爲襚之重文今附于此

寘 **𤐫** 塞上亭守𤐫火者从𨸏从火會意遂聲篆文从火隊聲字亦作燧見說文𤐫篆下史記周本紀幽王爲𤐫燧正義炬火也漢書司馬相如傳聞𤐫舉燧燔注燧積薪有寇則燔然之也按晝舉𤐫夜燔燧【轉注】左定四傳王使執燧象以奔吳師又西京賦升觴舉燧注火也【叚借】爲鐩考工輪人謂之鑒燧之齊注鑒燧取水火于日月之器也禮記內則小觿金燧注可取火于日大觿木燧注鑽

說文通訓定聲 履部弟十二 卌三

shǐ 矢 suì 鐆 duì 䪢

火也左文十傳命夙駕載燧注取火者又世本造火者燧人因以爲名也

隊 **䪢** 齏也从韭隊聲細切者爲齏爲䪢全物若䪥者爲菹通俗文淹韭曰齏淹薤曰䪢

寘 **鐆** 陽鐆也从金隊聲經傳皆以遂以燧爲之司烜氏掌以夫遂取明火于日禮記內則小觿金燧釋文火鏡也

矢十七名凡矢之派皆衍矢聲 式視切

紙 **矢** 弓弩所發矢也从入象鏑栝羽之形古者夷牟初作矢或曰少皞子般爲之考工矢人爲矢周禮司弓矢掌六弓四弩八矢之灋八矢者枉矢絜矢殺矢鍭矢矰矢茀矢恒矢痺矢也廣雅釋器矢箭也易噬嗑得金矢解得黃矢太元唐注兵而飛者矢也又齊策疾如錐矢注小矢也又禮記少儀侍投則擁矢大戴記投壺矢以柘若棘毋去其皮大七分【轉注】廣雅釋詁三矢直也詩小東其直如矢又釋詁一矢正也太元養得矢夫【叚借】爲陳實爲敶敶从陳聲陳从申聲申矢一聲之轉猶尸申一聲之轉也爾雅釋詁矢陳也書序皋陶矢厥謨詩大明矢于牧野卷阿以矢其音左隱五傳公矢魚于棠又爲敂矢敂雙聲詩江漢矢其文德傳施也爾雅釋詁矢弛也法言五百聖人矢口而成言又爲誓爾雅釋言矢誓也詩柏舟之死矢靡它考槃永矢弗諼論語夫子矢之又爲菌史記廉藺傳三遺矢矣莊子人間世夫愛馬者以筐盛矢又爲盩太元戾殺生相矢注乖也【聲訓】釋名矢指也言其有所指向迅疾也【古韻】詩車攻叶佽矢柴句中韻吉日叶矢兕醴大東叶匕砥矢履視涕易噬嗑叶胏矢

𡰥 此古文矢字據𡰥篆說解補按又从尸聲爾雅釋詁𡰥陳也廣雅釋詁二𡰥陳也皆卽古文矢

紙 **苵** 苵菜也从艸矢聲

紙 **雉** 雉有十四種盧諸雉喬雉鳪雉鷩雉秩秩海雉翟山雉翰雉卓雉伊洛而南曰翬江淮而南曰搖南方曰𠁥東方曰甾北方曰稀西方曰蹲从隹矢聲古文从弟聲駿按爾雅兩言鶅疑首曰鶅雉當依說文作盧諸雉也雗鵫郭注合爲一亦當從說文分爲二惟絕有力奮說文不數以與雉羊屬同爲通名疑亦當數此爲十五雉而翬素質五采鷂青質五采則許引文不備也尚書大傳雉者野鳥韓詩章句雉耿介之鳥也易說卦離爲雉謂其有文章禮記曲禮凡摯士雉謂其守介節交有時別有倫也虞書三帛二生一死爲其不可生服也漢書五行志雉者聽察先聞雷聲故月令以紀氣禮記曲禮雉曰疏趾【轉注】公羊定十二傳五堵而雉五雉而城過百雉注三堵曰雉考工匠人王宮門阿之制五雉注長三尺高一丈按方丈爲堵版廣二尺長一丈是五版而堵三堵而雉也鳥飛多

說文通訓定聲 履部弟十二 卌四

zhì 雉 shǐ 苵 shǐ 𡰥

豕 矢

中庋故以雉名字亦作㢕太元閑閑黃垁又釋名屈頸閉氣曰雉經如雉之爲也假借爲薙周禮雉氏掌殺草又爲夷左昭十七傳五雉爲五工正夷民者也服注雉者夷也方言六雉理也按謂平治之又爲敶爾雅釋詁雉陳也雉陳一聲之轉與尸矢同又託名標識字禮記明堂位雉門天子應門周禮閽人注雉門三門也文選列新雉于林薄即辛夷香草也聲訓春秋感精符雉之爲言弟也古韻楚詞天問叶底雉詩匏有苦葉叶濟雉句中韻公羊襄廿七傳叶昧雉彼視句中韻

霽 **彘** 豕也後蹏廢謂之彘从彑矢聲从二匕彘足與鹿足同按象形小爾雅廣獸彘豬也禮記月令食黍與彘注水畜也賈子胎教彘者北方之牲也魯孟武伯名彘字子洩按以泄爲繼也轉注西山經竹山有獸焉名曰毫彘注狟豬也吳楚呼爲鸞豬漢書五行志以爲人彘假借託名標識字周語乃流王于彘注晉地古韻荀子成相叶蔽埶制彘

霽 **医** 盛弓弩矢器也从匸从矢會意矢亦聲齊語兵不解医今本以翳爲之廣雅釋器医矢藏也

支 **𠤕** 未定也从匕吴聲吴古文矢字經傳皆以疑爲之而本字廢置不用

霽 **薙** 除艸也从艸雉聲明堂月令曰季夏燒薙按禮記月令燒薙行水注謂迫地芟草也周禮薙氏注讀如鬀小兒頭之鬀書或作

說文通訓定聲　履部弟十二　臺

夷左隱六傳芟夷蘊崇之亦以夷爲之

霽 **璏** 劍鼻玉也从玉彘聲漢書王莽傳欲獻其瑑耳注劍鼻也按字亦作瑑从彖聲非从豕聲也注謂傳寫者訛以瑑非誼耳不知瑑瑑各字

支霽 **殹** 擊中聲也从殳医聲假借爲雉一曰惡姿也又爲殪一曰病聲也又爲兮石鼓文汧殹沔沔又爲翳方言十一殹幕也

霽 **翳** 華蓋也从羽殹聲君之乘輿以羽覆車蓋所謂羽葆幢也海外西經夏后啟左手執翳轉注禮記月令畢翳羅網注射者所以自隱也管子小匡兵不解翳注所以蔽兵謂盾之屬按借爲医字注失之又方言六翳薆也十三掩也廣雅釋詁二障也韻集瞖目病也字變作瞖江賦摽之以翠翳注草之翳薈也字變作𦏺周語是去其藏而翳其人也注猶屏也一曰滅也楚語從過而翳諫注鄣也離騷召神翳其備降兮怨思石嵾嵯以翳日注蔽也甘泉賦翳華芝注隱也西京賦翳雲芝注覆也假借爲殪爾雅釋木蔽者翳郎詩皇矣之其菑其翳傳自斃爲翳也韓詩作殪郭注爾雅失之按或神或榴凡斃皆曰翳又疊韻連語楚辭怨思舉蜺旌之墆翳兮注陰翳兒廣雅釋訓墆翳障蔽也又重言形況字張景陽詩翳翳結繁雲注曀也又託名標識字海內經翳鳥注鳳屬也詩讖堯時有伯翳者翳益一

聲之轉鶩轉音詩皇矣叶翳栵

齊 **鷖** 鳧屬从鳥殹聲詩鳧鷖在涇釋文引蒼頡篇鷖鷗也一名水鴞後漢馬融傳鶬鴰鷗鷖周處風土記鷖鷖鷗以名自呼大如鶏生卵荷葉上疑即爾雅之鷗沈鳧也別義離騷駟玉虬以乘鷖兮注鳳皇別名後漢張衡傳注九疑山有五采之鳥名曰鷖按山海經作鷖假借爲緊周禮巾車彫面鷖總故書正作緊青黑色繒也

卦 **癥** 劇聲也从疒殹聲按疾病呻吟之聲

齊 **黳** 小黑子也从黑殹聲古謂之黳子今謂之痣

齊霽 **嫛** 嫛婗也从女殹聲孟子反其旄倪注弱小緊倪者也按嫛婗雙聲連語猶言嬰兒也禮記雜記嬰兒失其母注嬰猶鷖彌也釋名釋長幼嫛是也言是人也婗其啼聲也按嫛婗皆小兒學語聲

齊 **緊** 赤黑色繒也从糸殹聲周禮巾車故書彫面緊總司農注青黑色以繒爲之假借爲緊說文戟衣也按猶弓矢衣之爲医又爲底廣雅釋詁一緊至也又發聲之詞左隱元傳緊我獨無僖五傳惟德緊物周語豈緊多寵吳語緊起死人而肉白骨也注是也詩雄雉

說文通訓定聲　履部弟十二　奠

自詒伊阻蒹葭所謂伊人東山伊可懷也用伊亦同又左襄十四傳緊伯父是賴服注蒙也謂借爲緊非是

堅 塵埃也从土殹聲

癸十三名凡癸之派皆衍癸聲 居誄切

紙 **癸** 兵也象形𢍰文从鍐省矢聲戴氏侗曰古鼎文作𣎆按即戣字三鋒矛也因爲借義所專復加戈傍假借託名標識字禮記月令其日壬癸虞書辛壬癸甲又以紀年紀月爾雅太歲在癸曰昭陽月在癸曰極說文冬時水土平可揆度也象水從四方流入地中之形又太一經曰癸承壬象人足𢍰文从癶从矢周伯琦曰象二木交錯度地取平與準同意六書正義曰以足步量地也从癶矢會意矢者以近度遠六書統曰水王之盛也亦象水縱橫于木根荄之形古文作𣥠此意自壬而變眾說皆失之又左哀十三傳呼庚癸乎注北方之水素問上古天眞論二七而天癸至左傳衛石癸字甲父鄭印癸字子柳聲訓史記律書癸之爲言揆也白虎通癸者揆度也釋名釋天癸揆也揆度而生乃出土也太元元數注癸取其揆然向前芽也

支 **戣** 周制侍臣執戣立于東垂兵也从戈癸聲按即癸之後製字今系于此書顧命一人冕執戣傳戣瞿皆戟屬鄭注蓋今三

說文通訓定聲　履部第十二

鋒矛。按西京賦「騤瞿奔觸」以騤爲之，言執利兵奔而觸之也。舊注「騤瞿，走皃」，失之。

葵　支　菜也。从艸，癸聲。今字作葵。爾雅「莃，菟葵」注「似葵之滑」。又「芹，楚葵」，今水芹菜。廣雅「蘋、苑，菟葵也」。今葶茨，許書所說當即三者之大名。而詩七月「亨葵及菽」，儀禮士虞禮記「夏用葵」，周禮醢人「其實葵菹」，疑專指菟葵。其二則經傳稱芹稱茆也。【轉注】爾雅「葿，戎葵」注「今蜀葵也」。廣雅「荆葵，蕺也」，似蜀葵而小。又「蘢，葵也」，今之秋葵，向日者。左成十七傳「葵猶能衛其足」。又爾雅「蔠葵，蘩露」注「承露也」。疑即今之西番蓮。又廣雅「地葵，地膚也」，今藥品之地膚子。此五者皆不得爲菜。【叚借】爲揆。爾雅釋言「葵，揆也」。詩采菽「天子葵之」，板「則莫我敢葵」。又爲椎。考工玉人「杼上終葵首」，按連語也，終葵之合音爲椎。又託名幖識字。左傳「殷民七族，終葵氏」。又兆六戌葵邱，齊地，在今山東青州府臨淄縣西。【古韻】詩板叶懠、毗、迷、尸、屎、葵、資、師。采菽叶維、葵、膍、戾。

睽　齊　目不相視也。从目，癸聲。廣蒼「睽，目少精也」。易序卦傳「睽者，乖也」。襍卦傳「睽，外也」。漢書五行志「睽孤，見豕負塗」注「睽孤，乖剌之意」。左僖十五傳「歸妹之睽」注「乖離之象」。莊子天運「下睽山川之精」。【叚借】疊韻連語。魯靈光殿賦「顧頸而睽睢」注「張目皃」。又雙聲連語。西京賦「睽罛庨豁」，皆臺形貌。爾雅釋草「鉤，睽姑」。廣雅釋草「睽菇，王瓜也」。字亦作藈。

鄈　支　河東臨汾地，即漢之所祭后土處。从邑，癸聲。在今山西平陽府太平縣。水經汾水注「鄈邱，故漢氏之方澤也。澤中有方邱，故謂之方澤邱，即鄈邱也」。漢書武帝紀「汾陰脽上」，以脽爲之。

偰　寘　左右兩視也。从人，癸聲。按蘇俗謂之鬥雞眼。疑睽、偰二篆說解當互易。偰者，兩人之目神不相屬；睽者，一人之目神不相貫。

騤　支　馬行威儀也。从馬，癸聲。詩采薇「四牡騤騤」傳「彊也」。桑柔「四牡騤騤」傳「不息也」。烝民傳「猶彭彭也」。周語「四牡騤騤」注「行皃」。廣雅釋訓「騤騤，盛也」。按亦重言形況字。字亦作猤。吳都賦「狂趭獷猤」注「壯勇皃」。【叚借】爲戣。西京賦「騤瞿奔觸」，薛注「走皃」，非是。【古韻】詩采薇叶騤、依、腓。六月叶棲、騤。烝民叶騤、喈、齊、歸。桑柔叶騤、夷、黎。

湀　齊紙　湀辟，深水處也。从水，癸聲。爾雅「湀闢，流川」注「通流」。疑許讀闢爲辟，讀流爲深，與郭異也。說文錯本作流水處。

闋　屑　事已，閉門也。从門，癸聲。莊子人閒世「瞻彼闋者，虛室生白，吉祥止止」。【轉注】廣雅釋詁四「闋，訖也」。詩節南山「俾民心闋」傳「息也」。儀禮大射儀「樂闋」注「止也」。呂覽古樂「投足以歌八闋」注「終也」。史記留侯世家「歌數闋」索隱「謂曲終也」。左莊元注「喪制未闋」。【叚借】託名幖識字。爾雅釋畜「馬回毛在背，闋廣」。按與上「陽方」爲韻語也。

說文通訓定聲　履部第十二

聧　齊　耳不相聽也。玉篇、廣韻引說文有此字，姑附于此。按形即睽之誤文，義即睽之轉注，不則亦𦗴之或體也。

揆　紙　度也。據六書故引唐本說文訂。从手，癸聲。易繫辭傳「初率其辭而揆其方」。虞書「納于百揆」。詩定之方中「揆之以日」。周語「南北之揆七同也」。孟子「其揆一也」。離騷「皇覽揆余于初度兮」。爾雅釋言「揆，度也」。【聲訓】說文「揆，葵也」。猶爾雅「葵，揆也」。

𦗴　黠　吳楚之外，凡無耳者謂之𦗴。言若斷耳爲盟。从耳，闋聲。按方言六「聾之甚者，秦晉之閒謂之𦗴。吳楚之外，郊凡無耳者亦謂之𦗴。其言𦗴者，若秦晉中土謂墮耳者明也」。廣雅釋詁三「𦗴，聾也」。說文遺聾一訓，殆以聉字當之。盟者，明之誤字也。

菌一名

菌　紙　糞也。从艸，胃省。會意。說文胃亦聲。字亦作屎。莊子知北遊「在屎溺」。史傳皆以矢爲之。【叚借】爲吚。詩板「民之方殿屎」。【古韻】詩板叶懠、毗、迷、尸、屎、葵、資、師。

示九名凡示之派皆衍示聲

示　寘　神至切　天垂象，見吉凶，所以示人也。从古文上，三垂，日月星也。觀乎天文，以察時變。示神事也。古文上省，與帝、旁同上省。爲一二。一者天也，亦指事也。莊子應帝王「嘗試與來，以予示之」。蒼頡篇「示，現也」。秦策「武王示之病」。楚辭懷沙「窮不得所示」注「語也」。東京賦「示斅斬牲」注「教也」。漢書趙充國傳「敕視諸羌」，以視爲之。【叚借】爲寘，實爲寘。周禮朝士注「示于叢棘」。詩鹿鳴「示我周行」。禮記中庸「其如示諸斯乎」。荀子大略「示諸檃括」。又爲視。莊子徐无鬼「中之質若示日」，司馬注「瞻遠也」。又爲祇。尚書中候「示乃天聖」。【聲訓】釋名釋書契「示，示也。過所至關津以示之也」。【古韻】禮記儒行叶示、死、致。

祋　泰　殳也。从殳，示聲。詩候人「何戈與祋」。【別義】或說城郭市里高縣羊皮，有不當入而欲入者，暫下以驚牛馬曰祋，故从示殳。按謂縣羊皮之竿爲祋也，非謂驚牛馬之聲如咄。【轉音】詩候人叶祋、芾。

柰　泰　柰果也。从木，示聲。字亦誤作奈。閑居賦「二柰曜丹白之色」。【叚借】發聲之詞。書召誥「曷其柰何弗敬」。禮記曲禮「柰何去社稷也」疏「猶言如何也」。老子「柰何萬乘之主」注「疾時主傷痛之辭」。廣雅釋言「柰，那也」。按那者，柰何之合音。

祁　支　太原縣。从邑，示聲。今山西太原府祁縣也。左傳「賈辛爲祁大夫」。又晉祁奚、祁午，皆以邑爲氏。【叚借】爲大。詩吉日「其祁孔有」傳「大也」。小爾雅廣詁「祁，大也」。鄭箋云當作麎，疑鄭本祁爲祈耳，然示辰亦雙聲。禮記緇衣「資冬祁寒」注「祁之言是也，齊西偏之語也」。示是亦雙聲又重言形況字詩七月釆蘩祁祁傳衆多也釆蘩被之祁祁傳舒遲也大田興雨祁祁傳徐也韓奕祁祁如雲傳徐靚也烈祖來假祁祁箋衆多也漢書韋賢傳祁祁我徒集注行來皃又漢書霍去病傳至祁連山注匈奴呼天爲祁連祁連天者祁連之合音也又左傳提彌明公羊作祁史記晉世家作示眯明鄒誕生音祁彌祁提亦雙聲又潛夫論氏姓祁父世本作畢夷父祁者亦畢夷之合音也又託名幖識字爾雅釋地燕有昭餘祁釋文本作底古

韻詩釆蘩叶祁歸轉音詩元鳥叶祁河

紙 寘 **視** [篆] [篆] [篆] 瞻也从見示聲古文从目示聲又古文从目氐聲與从氐之眂別書洪範三曰視鄭注視屬火禮記曲禮毋淫視注睇眄也左成六傳視流而行速注不端諦也呂覽重已莫不欲長生久視注活也廣雅釋詁四視明也左僖三十二傳百里視字孟明周禮春官眡瞭又大宗伯殷頫曰視穀梁隱五傳常事曰視非常曰觀又儀禮士昏禮記視諸衿鞶今文以示爲之又禮記坊記則不視其饋注猶不內也又海外有經爰有視肉注聚肉形如牛肝有兩目也轉注小爾雅廣言視比也廣雅釋詁三視效也按觀此可以知彼也周禮食醫凡食齊眡春時詩小東小人所視禮記王制天子之卿視伯叚借爲示廣雅釋詁一眡語也詩鹿鳴視民不恌禮記曲禮幼子常視毋誑漢書高帝紀亦視項羽無東意注漢書多以視爲示古通用字又爲指列子湯問視撝則諸侯從命又爲覶之誤字中山經虎水視水出焉聲訓釋名視是也察其是非也古韻詩大東叶七砥矢履視涕莊子知北遊叶視至公羊襄廿七傳叶昧雉彼視

支 **狋** [篆] [篆] 犬怒皃从犬示聲一曰犬難得類篇引作難附讀又若銀則與狺同字漢書東方朔傳狋吽牙者兩犬爭也叚借託名幖識字代郡有狋氏縣

霽 **隸** [篆] [篆] [篆] 附箸也从隶柰聲篆文从祟聲字亦作隸作𨽾史記酷吏附屬也後漢馮異傳注隸屬也轉注左昭七傳輿臣隸服注隸隸屬于吏也定四傳社稷之常隸也注賤臣也廣雅釋詁一隸臣也又周語煙替隸圉注役也周禮司隸注隸給勞辱之役者禁暴氏凡奚隸注女奴男奴也儀禮既夕記隸人涅廁注罪人也今之徒役作者也又水經穀水注用隸人之省謂之隸書按秦始皇時有獄吏程邈造簡易字以施官事急速之用俗多便之後以此體爲隸書也叚借爲肄史記劉敬叔孫通傳羣臣習隸索隱隸亦習也又託名幖識字廣雅釋器棣謂之篗其尿謂之隸

泰 **渿** [篆] 沛也从水柰聲

霽 **棣** [篆] 棣木也从木隸聲別義集韻類篇引廣雅篗其尿謂之棣

厶十九名凡厶之派皆衍厶聲 息夷切

支 有 **厶** [篆] 姦衺也韓非曰蒼頡作字自營爲厶指事按韓非子五蠹自環者謂之私說文繫傳引詩碩人譚公惟厶經傳皆以私爲之叚借託名幖識字穀梁桓二注鄧厶地按不知其處而懸之猶今之用某字也

支 **玊** [篆] 石之似玉者从玉厶聲讀若私

支 **私** [篆] 禾也从禾厶聲北道名禾主人曰私主人叚借爲厶賈子道術兼覆無遺謂之公反公爲私管子任法私者下之所以侵法亂主也離騷皇天無私阿兮注竊愛爲私秦策賞不私親近注猶曲也呂覽有度奚道知其不爲私注邪也轉注儀禮燕禮寡君君之私也注謂獨受恩厚也秦策王雖有萬金弗得私也注愛也左襄廿五傳非其私暱注所親愛也又禮記聘義賓私面私覿疏以其非公聘正禮故謂之私襍記大夫有私喪注妻女子之喪也曾子問自卿士大夫之家曰私館公羊昭五傳不以私邑累公邑也注臣邑也詩崧高遷其私人傳家臣也噫嘻駿發爾私傳民田也葛覃薄污我私傳燕服也又碩人譚公維私爾雅女子謂姊妹之夫爲私又孟子有私淑艾者注獨也又呂覽似順以臣私之鐸可賞也注惟也又左襄十五傳師慧過宋朝將私焉注小便也又方言二私小也梁益之閒凡物小者謂之私小此發聲之詞聲訓釋名釋言語私恤也所恤念也呂覽而以私其子孫注私利也古韻詩葛覃叶歸私衣碩人叶衣妻姨私楚茨叶尸歸遲私轉音荀子成相叶罷私施移

支 **菘** [篆] 茅秀也从艸私聲其色正白亦謂之荼廣雅釋草菘穗也

尾 **鬼** [篆] [篆] 人所歸爲鬼从古文人由象鬼頭也鬼陰氣賊害从厶會意按厶聲古文又从古文示禮記祭義衆生必死死必歸土此之謂鬼水經河水注彼羌目鬼爲唐述易睽載鬼一車淮南本經蒼頡作書鬼夜哭轉注廣雅釋天鬼祭先祖也又物神謂之鬼周禮鼓人以路鼓鼓鬼享注享宗廟也禮記祭法庶士庶人無廟死曰鬼又去墠曰鬼又論衡訂鬼鬼者老物之精也又後漢楊綸傳鬼薪注取薪以給宗廟三歲刑也叚借發聲之詞方言一虔儇慧也或謂之鬼又託名幖識字易既濟高宗伐鬼方于注北也虞注國名詩蕩及鬼方傳遠方也又禮記明堂位鬼侯史記作九侯又莊子有徐无鬼有門无鬼又郭璞詩云是鬼谷子注鬼谷之名隱者通號也又廣雅釋草鬼箭神箭也鬼桃羊桃也聲訓爾雅釋訓鬼之爲言歸也尸子鬼者歸也故古人以死人爲歸人古韻易睽叶豕鬼句中韻

灰 ○ **瑰** [篆] [篆] [篆] 玫瑰火齊也从玉鬼聲或从褱聲或體本在傀篆下今訂移於此字亦作瓌按玫瑰雙聲連語如雲母重沓而可開

huái 槐　guì 餽　sōu 蒐

色黃赤似金出日南史記司馬相如傳赤玉玫瑰〔別義〕一曰圜好也玫篆下一曰石之美者字林石之美好曰玫圜好曰瑰郭璞曰玫瑰石珠也張揖曰玫瑰珉玕也出昆侖關明山詩渭陽瓊瑰玉佩傳瓊瑰石而次玉左成十七傳或與瓊瑰而食之注瑰珠也穆天子傳枝斯璿瑰注璿瑰玉名〔叚借〕爲傀莊子天下其書雖瓌瑋司馬注大也廣雅釋訓瑰瑋琦玩也瑋蒼瑰瑋珍奇也西京賦何工巧之瑰瑋注奇好也又西京賦瑰異日新瓌貨方至紛瑰麗以侈靡東京賦瑰異譎詭注皆訓奇也舞賦瑰姿譎起注美也〔古韻〕左成十七叶瑰歸懷

尤

蒐 茅蒐茹藘人血所生可以染絳按御覽引作茹藘是也許書無藘从艸从鬼會意唐韻所鳩切愚按此字从艸鬼聲詩瞻彼洛矣箋茅蒐韎韐聲也正義引鄭云齊魯之閒言茅蒐聲如韎韐晉語韋注急疾呼茅蒐成韎是古讀如瘣因字多借蒐爲獀瘦形誤作蒐而蒐聲遂誤同獀也或曰茅蒐茹藘皆疊韻連語存疑周禮掌染草注茅蒐蒨也詩東門之墠陸疏一名地血齊人謂之茜徐州謂之牛蔓中山經釐山其陰多蒐注今之蒨草按葉似棗葉延蔓草木上驢喜啖之根紫赤色〔叚借〕爲獀此獀之誤字爾雅釋天春獵爲蒐周禮大司馬遂以蒐田注春田爲蒐又公羊桓四傳秋曰蒐白虎通田獵秋謂之蒐何蒐索肥者也又借爲搜爲數公羊昭八傳蒐者何簡車徒也桓六傳注比年簡徒謂之蒐三年簡車謂之大閱五年大簡車徒謂之大蒐左成十六傳蒐乘補卒注閱也蒐數雙聲爾雅釋詁蒐聚也注以其聚人衆也又爲叜亦即搜字左文十八傳服讒蒐慝注隱也又託名幖識字穆天子傳巨蒐之人按即禹貢之渠搜〔聲訓〕左襄廿四傳蒐軍實服注數也按數也隱五傳春蒐注蒐索擇取不孕者周語蒐于農隙注春田曰蒐蒐擇也禽獸懷姙未著秋乃取之也說苑脩文蒐者搜索之皆以搜爲訓

寘 寘

餽 吳人謂祭鬼曰餽从食鬼會意鬼亦聲〔叚借〕爲饋禮記檀弓君有餽焉曰獻孟子王餽兼金一百中山策飲食餔餽漢書禮樂志齊人餽魯而孔子行食貨志千里負擔餽饟高帝紀給餉餽廣陵厲王胥傳數相餽遺又爲匱實爲潰墨子七患四穀不收謂之餽又爲媿莊子庚桑楚夫復謵不餽而忘人

佳 佳 灰

槐 槐木也从木鬼聲爾雅櫰槐大葉而黑按槐皆細葉其大黑者別其字爲櫰也莊子曰槐之生也入季春五日而兔目十日而鼠耳西山經中曲之山有木焉狀如棠而圓葉赤實大如木瓜名曰櫰漢書西域傳罽賓國奇木有櫰又爾雅守宮槐葉晝聶宵炕注晝聶合而夜炕布者〔叚借〕爲梂之誤字爾雅槐小葉曰榎〔聲訓〕周禮朝士面三槐三公位焉注槐之言懷也春秋元命苞槐之言歸也淮南時則九月官候其樹槐注懷也

kuí 魁　guī 螝　kuì 媿　guī 騩　wěi 隗　wéi 嵬　kuǐ 頠　huái 褢　guī 傀　huì 瘣

賄

瘣 病也从疒鬼聲詩小弁譬彼瘣木一曰腫旁出也毛本以壞爲之爾雅瘣木苻婁注謂木病尫傴癭腫無枝條〔叚借〕疊韻連語爾雅枹遒木魁瘣注謂樹叢生根枝節目盤結磈磊

紙 灰

傀 偉也从人鬼聲此篆本有或體瓌今移置瑰下字亦作儡方言二儡盛也注言瓌瑋也莊子列禦寇達生之情者傀注傀然大解悟之皃〔叚借〕爲怪周禮大司樂大傀異烖又單辭形況字荀子性惡則傀然獨立天地閒而不畏注偉大皃也按與塊然同孤立之皃

佳

褢 袖也从衣鬼聲〔叚借〕爲褱一曰藏也

賄

頠 頭不正也从頁鬼聲〔叚借〕爲傀廣雅釋詁一頠大也

灰 賄

嵬 高不平也从山鬼聲字亦作峞又誤作嵔吳都賦嵬嶷嶢屼注高大皃又詩谷風維山崔嵬郙閣頌高山崔隗兮魏都賦或嵬罍而複陸亦疊韻連語字亦作磈江賦元蠣磈碨而碨硊注不平皃史記司馬相如傳崴磈嵬瘣正義高峻皃吳都賦磈磈巍巍劉注石在山中皃廣雅釋訓嵬嵬高也亦重言形況字〔叚借〕爲怪荀子正論夫是之謂嵬說注狂妄之說非十二子篇字嵬瑣注謂爲狂險之行者也〔古韻〕詩卷耳叶嵬隤罍懷谷風叶嵬萎怨

灰 賄

隗 陮隗也从𨸏鬼聲按即嵬之或體今附于此〔叚借〕託名幖識字大荒南經有隗山左傳有叔隗季隗莊子徐无鬼將見大隗于具茨之山釋文神明也又大道也

微 支 寘

騩 馬淺黑色也从馬鬼聲漢舊儀天地大變丞相上病使者奉策書駕騩騮馬他過駕騅騩馬〔叚借〕爲魏莊子讓王司馬本居心于騩闕之下又託名幖識字西山經有騩山

寘

媿 慙也从女鬼聲或从心廣雅釋詁媿恥也字亦作聭禮記聘義所以媿厲之也儒行小則如媿表記不以人之所不能者愧人詩抑尚不愧于屋漏莊子駢拇余愧乎道德荀子儒效衆人媿之秦策狀有歸色以歸爲之〔古韻〕詩何人斯叶愧畏句中韻

支 隊 賄

螝 蛹也从虫鬼聲讀若潰爾雅孫炎注螝即是雄蛹即是雌按蠶在繭中之未變者荀子蠶賦蛹以爲母蛾以爲父〔叚借〕爲虺莊子螝二首

灰

魁 羹枓也从斗鬼聲漢書梅福傳投以魁柄〔轉注〕天文北斗七星魁爲身杓爲柄樞璇璣權四星爲魁衡開陽搖光三星爲杓漢書天文志平旦建者魁又廣雅釋詁三魁主也禮記檀弓不爲魁注猶首也漢書尹賞傳賞所置皆其魁宿注根本也〔叚借〕爲傀廣雅釋

sì 駟　sì 柶　xì 呬　sì 牭　sì 四　sǐ 死

詁一魁大也史記留侯世家計魁梧奇偉荀子脩身尚魁之行吳都賦魁岸豪傑廣雅釋訓魁岸雄傑也又後漢許楊傳注芋魁芋根也又爲裹太光周吉凶之魁注藏也又爲㿝周語魁陵糞土史記趙世家洮魁之西又疊韻連語楚辭怨思陸魁堆以蔽視兮注高皃倜上魁壘擠摧兮常困辱注促迫也爾雅枹遒木魁瘣注盤結魂磊漢書鮑宣傳耆艾魁壘之士注壯皃又爲㕓後漢東夷傳注魁頭猶科頭也㕓魁雙聲又託名幖識字釋名盾大而平者曰吳魁本出于吳爲魁帥所持也又東京賦仰不睹炎帝帝魁之美按神農子臨魁也又儀禮士冠禮以魁柎之注蜃蛤爾雅釋魚魁陸注今之蚶也又單辭形況字莊子庚桑楚猶之魁然釋文主也安也

死一名 息姊切

紙 **死** 民之卒事也从歺从人會意古文亦从古文歺古文人刎子天瑞死者人之終也禮記曲禮庶人曰死檀弓小人曰死廣雅釋詁四死窮也淮南精神死歸也易豫恒不死叚借爲屍漢書陳湯傳求谷吉等死注尸也聲訓說文死澌也人所離也白虎通死之爲言澌精氣窮也古韻詩谷風叶萎體死相鼠叶體禮死陟岵叶弟偕死禮記儒行叶示死致楚詞九辨叶濟至死老子成象叶死牝呂覽辨土叶死米粃弟管子心術上叶死利鬼谷揣闔叶實利死閉文子微明叶雌牝死轉音家語觀周叶死敵

說文通訓定聲　履部弟十二　三十三

四六名凡四之派皆衍四聲 息利切

宣 **四** 三 会數也四分之指事古文亦指事籀文从重二會意亦積畫也儀禮覲禮路下四亞之注謂乘馬也又四享注當爲三古書作三四或皆積畫由此誤也大戴公冠四加元冕注當爲三王制今以周尺六尺四寸爲步按考工云六尺有六寸與步相中也四寸當爲六寸𠕁𠕁字相似而誤後世官書數目以肆爲之所以防姦易也古韻詩干旄叶紕四畀

宣 **牭** 犆 四歲牛也从牛从四會意四亦聲籀文从貳聲別義廣雅釋詁三牭很也玉篇牭很也

宣 **呬** 東夷謂息爲呬从口四聲按方言二呬息也東齊曰呬疑東夷爲東齊之誤詩緜維其喙矣以喙爲之字亦作㖅思元賦㖅河林之蓁蓁注息也

宣 **柶** 七也从木四聲儀禮士冠禮角柶注狀如七以角爲之者欲滑也又周禮王府角枕角柶禮記喪大記小臣楔齒用角柶疏長六寸兩頭屈曲

宣 **駟** 馬一乘也从馬从四會意四亦聲夏后氏駕兩謂之麗殷益以一騑謂之驂周人又益一騑謂之駟詩青人駟介旁旁禮記三

zì 自　sì 㠯(兕)　sì 泗

年問若駟之過隙論語駟不及舌孟子繫馬千駟穆天子傳乃獻良馬十駟家語子路初見及文馬四十駟漢書五行志宋公子地有白馬駟左定十傳作四轉注廣雅釋詁三駟遂也又爾雅天駟房星也孫注龍爲天馬故房四星爲駟按東方宿也諺傳夏夜有六八星房四星直下爲面向西周語駟見而隕霜又文十一傳富父終甥駟乘注四人共車叚借爲四禮記樂記天子夾振之而駟伐

宣 **泗** 水受泲水東入淮从水四聲出今山東兖州府泗水縣陪尾山徑曲阜與沂合至濟寧州天津閘入運河古道則至江蘇清河縣入淮今自徐州府以南爲黃河所占矣書禹貢泗濱浮磬又魯語宣公夏濫于泗淵注泗在魯城北又曰南門叚借爲洟詩澤陂涕泗滂沱

兕一名 徐姊切

紙 **兕** 如野牛而青象形與禽离頭同周伯琦云當作𠮨古文从凶从儿象其足字亦作兕左傳疏引說文其皮堅厚可制鎧藝文類聚引說文𡒊冢之山其獸多兕晉語唐叔射兕于徒林殪以爲大甲考工函人兕甲壽二百年按皮堅厚過于犀又詩卷耳我姑酌彼兕觥韓詩說以兕角爲之容五升左昭元傳舉兕爵曰注所以罰不敬爾雅釋獸注兕一角海內南經兕其狀如牛蒼黑一角劉欣期交州記兕出九德有一角角長二尺餘形如馬鞭柄廣志角班似瑇瑁又儀禮鄉射記大夫兕中按作爲兕形也南山經禱過之山其下多犀兕注似水牛重千斤廣志兕有十八叚借託名幖識字書古太誓蒼兕蒼兕馬注主舟楫官名論衡是應蒼兕者水中之獸也善覆人船古韻詩吉日叶矢兕醴轉音楚詞招魂叶先還兕

說文通訓定聲　履部弟十二　三十四

自十三名凡自之派皆衍自聲 疾二切

宣 **自** 鼻也象形古文加一面也指事叚借發聲之詞廣雅釋詁一自從也易大有自天右之又詩文王自西自東箋由也禮記䄍記客使自下由路西注率也又書召誥自服于土中鄭注用也皋謨自我五禮傳用也詩緜自土沮漆蒸裘自我人居居傳用也又老子道法自然王注自然者無稱之言窮極之辭也漢書禮樂志湛沔自若注言自如故也公羊僖廿八傳自者何有力焉者也又禮記大學毋自欺也按已也然古傳注未見此訓今按自之通訓當爲始即本義之轉注方言十三梁益之閒謂鼻爲初或謂之祖說文皇篆下自始也俗以始生子鼻子爲自子後世俗說謂人之胚胎鼻先受形又借爲詯方言十二憤自盈也又爲嗜書酒誥庶羣自酒疏俗本多誤爲嗜按嗜正字

zì 白[1] huì 詯 xí 郎 jì 臮 xiè 眉 jì 洎 jì 垍 zuì 辠 tì 暜 jì 㵑 zuì 嶵

說文通訓定聲 履部第十二

寘 **白** 此亦自字也省自者詞言之氣從鼻出與口相助也按凡語詞字如皆者之類俱从白

隊 **詯** 膽气滿聲在人上从言自聲讀若反目相睞方言十二自盈也以自為之此字元人作咱而音則變字亦作嚊作膞羽獵賦注引與莅嚊喘息聲也方言二膞盛也十三膞息也

齊 **郎** 汝南邵陵里从邑自聲讀若奚今河南許州郾城縣東四十五里有故召陵城召陵有郎里又有萬歲里許叔重萬歲里人也

寘 **臮** 衆與詞也从乑自聲古文从囙从八从尗尗詳虞書臮臯陶史記夏本紀淮夷蠙珠臮魚漢書地理志注臮及也今字以暨為之或以洎為之

卦 **眉** 臥息也从尸从自會意自亦聲與呬略同字亦誤作屓作屭按屓眉疊韻連語鼓息作力之皃西京賦巨靈贔屭吳都賦巨鼇贔屓

寘 **洎** 灌釜也从水自聲謂以水添釜字亦誤作浻周禮士師洎鑊水注謂增其沃汁史記封禪書水而洎之呂覽應言多洎之則淡而不可食轉注左襄廿八傳去其肉而以其洎饋釋文肉汁也又管子水地越之水濁重而洎注浸也假借為臮書無逸鄭本爰洎小人注與也漢書王莽傳左洎前七部注及也東京賦于斯胥洎又澤洎幽荒

寘 **垍** 堅土也从土自聲讀若息周禮所謂彊檗管子所謂五塩也

賄 **辠** 犯法也从辛从自言辠人蹙鼻苦辛之憂秦以辠似皇字改用罪按辛从羊上大辠也干上為辛羊上為羊羊者刺也此字从辛自聲爾雅釋詁辠辟戾辠也經傳皆以罪為之假借為皆廣雅釋詁二辠誤也古韻詩巧言叶威辠

齊 **暜** 廢一偏下也从竝白聲六書故引說文廢也一曰偏下也或从曰或从兟从曰俗字作替按从日者白之誤體爾雅釋詁替止也替待也釋言替滅也替廢也詩楚茨勿替引之楚語唯獨居思念前世之崇替離騷謇朝誶而夕替又晉語薦可而替不注去也君之冢嗣其替乎注滅也又書大誥不敢替上帝命漢書翟方進傳作僭疑即暜字之誤假借為逮廣雅釋詁一替往也太元永不替不爽注施也古韻楚詞懷沙叶抑替轉音詩召旻叶粺替離騷叶艱替

寘 **㵑** 水也从水臮聲

賄 **嶵** 山皃从山辠聲字亦作嶉假借疊韻連語甘泉賦峨嶵隗乎其相嬰按猶崔嵬也

cuǐ 滜 zhǐ 黹 zhǐ 希 zhǐ 𧝪 xī 莃 xī 唏 xī 睎 xìn 脪

賄 **滜** 新也从水辠聲按水之鱻也字亦作漼玉篇漼清也

黹十四名凡黹之派皆衍黹聲 陟几切

紙 **黹** 鍼縷所紩衣从㡀丵省象刺文也按北宋本說文疑作𢇍汗簡作㡀疑象形非丵省爾雅釋言黹紩也虞書絺繡以絺為之

微 **希** 此黹之古文也从巾从爻象紩文說文奪記今據書益稷鄭注周禮司服注知黹希同字補系于此以希為聲者凡十一文周禮司服祭社稷五祀則希冕注引書曰希繡九章藻粉米黼黻皆希以為繡或作黹字之誤也言古文不作今文黹字假借為稀爾雅釋詁希罕也論語怨是用希又十世希不失矣孔注少也鼓瑟希皇疏疏也呂覽原亂禍希不及身注鮮也又為睎莊子讓王夫希世而行司馬注望也漢書董仲舒傳希世用事注觀相也周髀算經希望北極中大星注仰也又為覬後漢盧植傳注希求也趙壹傳注希慕也吳良傳注希猶冀望也西征賦注引廣雅希庶也又為睎周禮澤虞注水希曰藪疏乾也又疊韻連語老子聽之不聞名曰希視之不見名曰夷注無聲曰希非是又孟子異於深山之野人者幾希注遠也亦非又發聲之詞方言七希摩也燕齊摩鉊謂之希廣雅釋詁三希磨也又託名標識字周禮染人注北方希雉左昭十七傳注同字亦作鵗爾雅北方曰鵗古韻論語公冶長叶齊希老子贊元叶夷希微

說文通訓定聲 履部第十二

紙 **𧝪** 紩衣也从衣黹會意黹亦聲按紩為繡文曰黹凡衣縫紉曰𧝪字亦作緻方言四紩衣謂之褸秦謂之緻廣雅釋詁四緻補也假借為至詩鴇羽傳不攻緻假樂箋緻密無所失

微 **莃** 兔葵也从艸希聲爾雅莃菟葵注頗似葵而小葉狀如藜有毛汋啖之滑按經言菟葵葵葅者疑專指此若楚葵則稱芹鳧葵則稱茆也其他蜀葵向日葵以今度之皆不得為菜

尾 **唏** 笑也从口希聲按笑聲也方言十三唏聲也廣雅釋訓唏唏笑也假借為欷說文一曰哀痛不泣曰唏史記十二諸侯表紂為象箸而箕子唏思元賦慨含唏而增愁方言一唏痛也哀而不泣曰唏於方則楚言哀曰唏

微 **睎** 望也从目希聲海岱之間謂眄曰睎方言二睎眄也東齊青徐之間曰睎廣雅釋詁一視也又望也淮南氾論引而伸之可直而睎西都賦睎秦嶺漢書公孫宏傳希世用事以希為之

震 支 **脪** 創肉反出也从肉希聲謂皮肉卷肤字亦作㾙作脈或曰瘡脪熱氣著膚中玉篇脪腫起也

支 **郗** 周邑也在河內从邑希聲左隱十一年溫原絺樊以絺爲之地在漢河內郡波縣杜曰在野王縣今河南懷慶府河內縣

微 **晞** 日乾也从日希聲詩湛露匪陽不晞禮記玉藻髮晞用象櫛楚辭少司命晞汝髮兮陽之阿方言七晞暴也十三晞燥也字亦作烯小爾雅廣言烯乾也叚借爲稀楚辭疾世塵漠漠兮未晞又爲閻按詩東方未晞傳明之始升古韻詩東方未明叶晞衣蒹葭叶淒晞湑躋坻湛露叶晞歸

微 **稀** 疏也从禾希聲按禾稀疏適秝也經傳皆以希爲之

佳 **俙** 訟面相是也从人希聲虞書所謂面從叚借單辭形況字封禪文俙然改容注感動之意也或爲沛亦同

微未 **欷** 歔也从欠希聲廣雅釋詁三欷悲也蒼頡篇欷歔泣餘聲也漢書中山靖王勝傳悲者不可爲絫欷字亦作唏公羊成十六傳在招丘悕矣古韻楚辭九辨叶悽欷又叶冀欷宋玉風賦叶慄欷高唐賦叶壚諸哀悽欷

微尾 **豨** 豕走豨豨也从豕希聲古有封豨脩蛇之害方言八豬南楚謂之豨廣雅釋獸豨豕也字林東方名豕曰豨字亦作狶莊子知北遊履狶也每下愈況李注大豕也楚辭天問封豨是䠶注神獸也淮南本經封豨修蛇列子黃帝食狶如食人史記田完世家狶膏棘軸漢書食貨志名曰豬突豨勇叚借託名標識字漢書高帝紀代相國陳豨反

支 **絺** 細葛也从糸希聲麤者曰綌今之葛布其緝績之一如麻枲也小爾雅廣服葛之精者曰絺書禹貢厥貢鹽絺詩葛覃爲絺爲綌儀禮大射儀冪用錫若絺禮記曲禮袗絺綌不入公門月令天子始絺叚借爲希虞書絺繡傳葛之精者曰絺誤

夂一名 陟几切

紙 **夂** 從後至也象人兩脛後有致之者讀若黹與夊久二字皆別

至廿二名凡至之派皆衍至聲 脂利切

寘 **至** 鳥飛從高下至地也象形从一一猶地也指事不上去而至下來也古文从土上亦象飛下之形尾上首下論語鳳鳥不至至者本字不者轉注字字林至到也轉注易臨至臨无咎虞注下也周禮太卜六曰至注謂至不也禮記樂記物至知知注來也樂至則無怨注猶達也行也楚語必至于神明注通也又左僖五傳凡分至啟閉注冬夏至也易象傳先王以至日閉關虞注冬至之日按日體行最南遠于人爲冬至行最北近于人謂夏至近故晝長遠故晝短卽月令所謂長至短至也史記春申君傳物至則反注極也孟子尤類至義之盡也注甚也又周禮師氏至德以爲道本禮記孔子閒居致五至而行三無中庸至道不凝焉莊子天下不離於眞謂之至人東京賦降至尊以訓恭又考工弓人覆之而角至注猶善也詩節南山箋至猶善也管子法法夫至用民者注善也詩鴇羽傳盬不攻緻也假樂箋緻密無所失以禰爲之叚借爲撽爾雅釋蟲蛭蝚至掌古韻詩東山叶垤室窒至蓼莪叶恤至賓之初筵叶禮至易需叶泥至楚詞悲回風叶至比九辨叶濟至死管子形勢解叶水至文子精誠叶旨至莊子知北遊叶視至呂覽審時叶至疾節

寘 **緻** 此字大徐補入說文爲十九文之一按卽禰字之或體徐鉉曰緻密也廣雅釋器緻練也釋名細緻染縑爲五色細且緻不漏水也

或曰皆至字之轉注姑附於此

支 **荎** 荎藸艸也从艸至聲按雙聲連語爾雅釋草菋荎藸注五味也本草一名會及按春生苗引赤蔓于高木長六七尺葉似杏而大子作房大如蘡子轉注爾雅釋木味荎著注疑重出豈以蔓引于木亦列其名歟然齊民要術載孔子家樹有五味是木中亦或有荎著具五味者矣別義爾雅釋木櫙荎注今之刺榆叚借廣雅釋草牛荎牛鄒也此荎之誤字

禾寘屑 **咥** 大笑也从口至聲詩氓咥其笑矣按當爲笑聲與唏略同易訟鄭本有孚咥注覺悔皃叚借爲𪘲易履不咥人亨馬注齕也鄭注噬齧也廣雅釋詁三咥齧也

質 **𪘲** 齒堅也从齒至聲

支 **胵** 鳥胃也从肉至聲一曰鳥獸五藏總名也

寘寘 **致** 送詣也从夂从至會意至亦聲易象下傳君子以致命遂志詩皇矣是致是附儀禮聘禮卿致館曾子問殷人既葬而致事明堂位七年致政於成王左襄廿八傳受而稍致之公羊莊三十二傳吾將焉致乎魯國論語事君能致其身漢書武帝紀存問致賜史記伯夷傳索隱叔齊名致字公達叚借爲至禮記大學先致其知中庸其次致曲月令必工致爲上又樂記武坐致右憲左玉藻稽首據掌致諸地曲禮五十不致毀文王世子合德音之致鄉飲酒義致實於西階上檀弓致喪三年禮器德產之致也精微又其致一也周禮大卜一曰致夢小司寇以致萬民而詢焉遂人以下劑致甿左宣二傳致果爲毅哀四傳致蔡于負函論語致遠恐泥君子學以致其道喪致乎哀而止人未有自致者也孟子可坐而致也又漢書嚴延年傳皆文致不可得反注至密也又爲質實爲札禮記曲禮獻田宅者操書致按猶券也聲訓廣雅釋詁一致至也樂記致右憲左注謂膝至地也魯語子治歸致祿而不出注歸也遂人致甿注猶會也漢書鼂

zhì 桎　zhì 郅　shì 室　zhì 窒

孫宏傳致利除害注謂引而至也古韻禮記儒行叶示死致詩皇矣叶類致句中韻

質 **桎** 足械也从木至聲在手曰梏易蒙用說桎梏說卦九家坎為桎桎梏注手足各一木也詩節南山維周之氐據鄭箋以氐為之叚借為庢莊子達生故其靈臺一而不桎司馬注閡也聲訓風俗通桎實也言其下垂至地然後吐情首實周禮釋文引說文桎所以質地梏所以告天

質 **郅** 北地郁郅縣从邑至聲在今甘肅慶陽府安化縣水經謂之尉李城叚借為至字亦作眰爾雅釋詁眰大也史記司馬相如傳爰周郅隆索隱大也盛也文穎注至也又為陟方言一郅登也魯衛曰郅郅陟雙聲又疊韻連語甘泉賦夫何旟旐郅偈之旖旎也注竿之皃也

質 **室** 宮也从宀从至會意室屋皆从至所止也按至亦聲易繫辭傳上古穴居而野處後世聖人易之以宮室古者宮室貴賤同稱內則由命士以上父子皆異宮詩斯干序宣王考室秦漢以來惟王者所居稱宮焉又宗廟亦稱宮室公羊文十三傳魯公稱世室羣公稱官詩采蘋宗室牖下凡堂之後一架以墻閒之中曰室左右曰房房之左右曰東夾室西夾室亦稱箱字書洛誥王入太室祼顧命王

說文通訓定聲 履部弟十二

入翼室轉注詩桃夭宜其室家左桓十八傳男有室女有家禮記曲禮三十曰壯有室又詩葛生歸于其室箋猶冢壙也又周禮大司徒以其室數制之注城郭之宅曰室孟子不得罪於巨室注大家也又為巨室注大宮也又楚語施二帥而分其室注家資也又詩鴟鴞無毀我室箋猶巢也又小爾雅廣器刀之削謂之室史記刺客傳劍長操其室又淮南俶真虛室生白注身也又爾雅營室謂之定按北方宿二星上下兩旁有離宮六星兩兩而綴室亦謂之天廟其星昏中周在小雪時今在大雪時周語營室之中土功其始左莊廿九傳水昏正而栽故以營室名也又海內東經少室山在雍氏一曰緱氏聲訓說文室實也釋名人物實滿其中也古韻詩桃夭叶實室定之方中叶日室栗漆瑟大車叶室穴日東門之墠叶栗室東山叶垤室窒至雨無正叶血疾室瞻彼洛矣叶珌室絲叶瓞漆穴室良耜叶挃栗櫛室高唐賦叶室乙畢

質 **窒** 塞也从穴至聲廣雅釋詁一窒滿也易訟有孚窒虞注窒止也詩七月穹窒熏鼠傳塞也呂覽盡數處鼻則為鼽為窒注不通也字亦作恎作懫易損孟喜本懲忿恎欲鄭劉本為懫釋文懫止也廣雅釋詁一懫止也二恎懼也三恎佷也叚借為室韓勑後碑舟口廧域庫室中郎又為庢論語惡果敢而窒者按礙也又託名幖識字左宣十四傳屨及于窒皇注寢門闕也古韻詩東山叶垤室窒至

dié 耋　zhì 庢　zhì 挃　chì 𢆡　zhí 姪　dié 絰　zhì 蛭

屑 **耋** 年八十曰耋从老省至聲字亦作耊作𦒷爾雅釋言耋老也易離則大耋之嗟馬注七十曰耋公羊宣十二傳使率一二耋老而綏焉注六十稱耋詩車鄰逝者其耋禮記射義耆耋好禮漢書孔光傳犬馬齒𢦔注老也聲訓釋名耋鐵也皮膚變黑色如鐵也至呈雙聲古韻詩車鄰叶漆栗瑟耋

質 **庢** 礙止也从广至聲七發發怒庢沓注或為底按底沓雙聲連語又實字記山曲曰盩水曲曰庢漢書地理志作盩厔縣在今陝西西安府

質 **挃** 穫禾聲也从手至聲詩良耜穫之挃挃爾雅釋訓挃挃穫也按挃挃亦重言形況字本訓實與撳同撳挃一字也廣雅釋詁一挃刺也淮南兵略五指之更彈不若捲手之一挃注擣也釋名挃殊也有所撞挃于車上使殊離也古韻詩良耜叶挃栗櫛室

眞 **𢆡** 忿戾也从至至而復遜遜遁也周書曰有夏氏之民叨𢆡讀若摯今多方作懫郭忠恕汗簡遜引古周易作𢆡疑即遯卦之遯又禮記大學有所忿懥字亦作懥此字从孫未詳其義孫遁孫順與忿戾意亦相反

質屑 **姪** 兄之女也从女至聲爾雅女子謂晜弟之子為姪儀禮喪服傳謂吾姑者吾謂之姪禮記曲禮大夫不名世臣姪娣疏姪是妻

說文通訓定聲 履部弟十二

之兄女左襄十九傳其姪鬷聲姬生光廿三傳繼室以其姪漢書杜欽傳娣姪雖缺不復補轉注左僖十五傳姪其從姑周語則我皇妣大姜之姪注女子謂昆弟之子男女皆曰姪按受姪稱者男女皆可通而稱人姪者必婦人也男子稱兄弟之子曰從子聲訓釋名姑謂兄弟之女為姪姪迭也共行事夫更迭進御也

屑 **絰** 喪首帶也从糸至聲儀禮喪服苴絰注首絰象緇布冠之缺項周禮司服弁絰服注加爵弁而素加環絰按環絰者大如緦之麻絰纓而不糾又禮記襍記大夫之哭大夫弁絰注大夫錫衰相弔之服也按喪禮苴絰斬衰之絰也牡麻絰齊衰以下之絰也轉注儀禮喪服注麻在首在要皆曰絰要絰象大帶也別義爾雅釋草絰履注未詳聲訓禮記檀弓絰也者實也釋名絰實也傷摧之實也成伯璵禮記外傳絰者實也表其有衰慼之情實也古韻禮記檀弓叶絰實

質屑 **蛭** 蟣也从虫至聲爾雅釋魚蛭蟣注今江東呼水中蛭蟲入人肉者為蟣又釋蟲蛭蝚至掌注未詳今按賈子春秋連語楚惠王食寒菹而得蛭遂吞之久病心腹之疾皆愈論衡福虛蛭之性食血惠王殆有積血也博物志水蛭三斷而成三物此釋魚之蛭也陶注本草有山蛭居本注有草蛭在深山草木蜀本注有石蛭泥蛭論衡商蟲下地之澤其蟲曰蛭蛭食人足今蘇俗謂之馬黃此釋蟲之蛭

cī 趀　zǐ 朿　tì 嚏　zhì 疐　zhì 摯　zhì 菿　zhì 銍　dié 垤

也史記屈賈傳夫豈從螘與蛭螾注水蟲別義方言十一蛸蟷梁益之閒或謂之蛭蛒此桑蠹也又史記司馬相如傳索隱引字林蛭蛒二獸名段借爲垤淮南人閒世人莫蹪于山而蹪于蛭

屑　**垤**　螘封也从土至聲方言十一垤場也十一蚍蜉其場謂之坻或謂之垤詩東山鸛鳴于垤傳螘冢也按鸛水鳥見垤知天將雨故喜而鳴也孟子泰山之於邱垤呂覽慎小不蹷於山而蹷於垤古韻詩東山叶垤室窒至

質　**銍**　穫禾短鎌也从金至聲轉注小爾雅廣物截穎謂之銍釋名銍穫禾鐵也銍銍斷禾穗也詩臣工奄觀銍艾又書禹貢二百里納銍鄭注斷去藁也史記秦本紀乞食銍人字誤作銍

寘　**菿**　艸大也从艸致聲按即菿字之誤文當刪

紙寘　**摯**　刺也一曰刺之財至也从手致聲廣雅釋詁三摯搏也段借爲至方言十三摯到也廣雅釋詁一摯至也甘泉賦摯北極之嶟嶟

疐二名凡疐之派皆衍疐聲陟利切

說文通訓定聲　履部弟十二　臺

霽寘　**疐**　礙不行也从叀引而止之也叀者如叀馬之鼻从此與牽同意按从此者从冂之誤爾雅釋文引說文疐礙足不行也字亦作躓作疐詩狼跋載疐其尾字又作駤廣雅釋詁三駤止也淮南脩務胡人有知利者而人謂之駤段借爲躓爾雅釋言疐仆也疐跲也又爲柢爾雅釋木棗李曰疐之孫注去柢也禮記曲禮士疐之注不中裂橫斷去疐而已疏疐爲脫華處又託名幖識字漢書息夫躬傳單爰疐強盛

霽　**嚏**　悟解气也从口疐聲謂鼻有所觸逆而歕氣蒼頡篇嚏噴鼻也詩終風願言則嚏以嚏爲之毛傳跲也謂借爲躓失之禮記內則不敢噦噫嚏咳月令民多鼽嚏聲訓釋名嚏疐也聲作疐而出也古韻詩終風叶嚏寐嚏

朿十二名凡朿之派皆衍朿聲卽履切

紙　**朿**　止也从𣎳盛而一橫止之也一指事與毋之一止𡖅乍之一止亡同意

支　**趀**　从朿聲　蒼卒也从走朿聲讀若資字亦作𨁂廣雅釋詁二𨁂猝也段借雙聲連語易夬鄭本其行趀且又爲趑蒼頡篇𨁂此也則字當

zǐ 姊　jǐ 泲　cī 䚥　zǐ 𤵸　jī 𪗉　zǐ 秭　shì 柹　zǐ 第　bó 迹

曷　**迹**　行皃从辵朿聲按唐韻蒲撥以此訓前頓迹字之音也說文今本迹迹二字皆誤作迹而唐韻一蒲撥切一北末切又皆誤爲迹今訂正

霽紙　**第**　牀簀也从竹朿聲方言五牀陳楚之閒或謂之第爾雅釋器簀謂之第儀禮士喪禮牀第夷衾既夕記設牀第周禮玉府衽席牀第凡褻器禮記喪大記設牀襢第左襄廿八傳牀第之言不踰閾荀子禮論越席牀第几筵所以養體也注牀棧也楚辭怨世蓬艾親入御于牀第兮易頤噬乾胏鄭謂以胏爲之

紙　**柹**　赤實果也从木朿聲俗誤作柿禮記內則棗栗榛柹瓜桃李梅

紙　**秭**　五稷爲秭从禾朿聲禾二百秉也周禮掌客注秅秭麻荅廣雅釋詁一秭積也段借託名幖識字說文一曰數億至萬曰秭爾雅釋詁秭數也注今以十億爲秭詩豐年萬億及秭傳數億至億曰秭韓詩傳陳穀曰秭也按五經算術有億兆京垓秭壤溝澗正載十等之大數風俗通十垓謂之秭又漢書秭歸縣據水經江水注則借爲姊古韻詩豐年叶秭醴妣禮皆載芟叶濟秭醴比禮

齊　**𪗉**　墜也从韭次朿皆聲或从齊聲字亦作韲按从韭从次會意細切之有叙也朿聲說文云兩聲者𪗉𦬁二文禼亦非聲也凡醯醬所和細切爲𪗉全物若牒爲菹廣雅釋器𪗉菹也周禮醢人五齊注謂當爲齏禮記曲禮徹飯齊以授相者釋文本作齊轉注莊子大宗師韲萬物而不爲義司馬注碎也天道韲萬物而不爲戾注變而相雜故曰韲列禦寇韲其所患釋文亂也知北遊以是非相韲注和也聲訓釋名韲濟也與諸味相濟成也

說文通訓定聲　履部弟十二　臺

紙　**𤵸**　瘕也从疒朿聲廣雅釋詁一病也

寘　**䚥**　䚥覰闚觀也从見朿聲字或誤作覝

薺　**泲**　沇也東入于海从水朿聲此四瀆之水發原入海者也經傳皆以濟爲之出今河南懷慶府濟源縣王屋山有東西二池合流至溫縣東南入河今不特入河以後如禹貢云云不可考即所謂東流爲泲當王莽時溫之故瀆已枯絕其流已非禹跡之舊矣今山東大清河小清河非無泲水在其閒而混淆不辨與古絕殊也段借爲濟周禮酒正注清謂醴之泲者按猶滲漉也又託名幖識字詩泉水出宿于泲傳地名古韻詩泉水叶泲禰弟姊

紙　**姊**　女兄也从女朿聲爾雅男子謂女子先生爲姊又夫之姊爲女公方言十二姉孟姊也詩泉水遂及伯姊聲訓白虎通姊者咨

qí ⿰金朿　lǐ 㸚　ěr 尒　ěr 爾　ěr 薾　ěr 邇

齊 ⿰金朿 利也从金朿聲讀若齊易旅得其資斧各家作齊以資以齊爲之也釋名姊積也猶日始出積時多而明也按太迂曲【古韻】詩泉水叶沸瀰弟姊

㸚一名 力几切

紙 㸚 二爻也按象交文麗爾之形實即古文爾字

尒十五名凡尒之派皆衍尒聲 兒矢切

紙 尒 詞之必然也从入丨八會意八者气之分散珠叢尒謂言相然也按猶言如此也經傳皆以爾爲之假借爲邇荀子禮論尒則歡哀公不可以身尒也斥彰長田君斷碑紘覆邇尒

紙 爾 麗爾猶靡麗也从冂从㸚其孔㸚从尒聲此與爽同意按實即㸚字小篆加冂又聲也本義爲窗𥇧之交文玲瓏可觀詩采薇彼爾維何傳華盛皃即本義之轉注說文引作薾後出字也因爾爲借義所專㸚廢不用故有薾之俗乎假借爲尒猶言如此也禮記檀弓爾毋從從爾注語助也孟子鬱陶思君爾注辭也謝元暉詩故人心尚爾注詞之終也世說聊復爾耳猶云如此而已也或作爾爾誤又爲邇儀禮特牲禮祝命爾敦少牢禮上佐食爾上敦黍于筵上燕禮南鄉爾卿士昏禮贊爾黍周禮肆長實相近者相爾也又大戴小辨爾雅以觀於古荀子天論其說甚爾釋名釋典藝爾昵也昵近也雅義也義正也五方之言不同皆以近正爲主也又發聲之詞俗字作你小爾雅廣詁爾汝也書呂刑告爾祥刑詩雄雉百爾君子周禮大司徒各共爾職又重言形況字詩載驅垂轡爾爾傳眾也釋文本作濔若穿鑿說之當作爾【古韻】詩行葦叶葦履體泥弟爾几

說文通訓定聲　履部第十二

葉齊紙 薾 華盛从艸爾聲詩曰彼薾維何按此後製字當爲爾之重文字亦作苶假借爲⿵門爾莊子齊物論苶然疲役而不知其所歸崔注忘皃司馬注極皃

紙 邇 近也从辵爾聲古文从尒聲與尼略同字亦作禰作禮虞書柔遠能邇詩汝墳父母孔邇禮記郊特牲節遠邇之期也左僖廿二傳戎事不邇女器昭廿九傳吾何邇封之有儀禮多以爾爲之轉注周禮甸祝禰亦如之司農注父廟也禰廟碑祖禰所出按書高宗肜日典祀無豐于昵以暱爲之虞書格于藝祖以藝爲之考于七廟最近也小徐本示部有禰字訓秋畋則與獮同非是假借託名幖識字詩泉水飲餞于禰傳地名韓詩作坭九域志引作禰愚按借爲泥即式微之泥中也在今山東兖州府魚臺縣東若據寰宇記大禰溝在濮州兖句縣則在今曹州府三國魏有禰衡疑以邑爲氏【古韻】詩汝墳叶尾燬邇泉水叶禰弟姊杕杜叶偕邇

nǐ ⿵門爾　niè 籋　nǐ 檷　nǐ ⿱髟爾　mí 镾　mǐ 濔　shī ⿱爾黽　xǐ 璽

齊 ⿵門爾 知少力劣也从門爾聲廣雅釋詁一⿵門爾弱也爾雅釋獸威夷長脊而泥以泥爲之莊子齊物論苶然疲役以苶爲之苶即薾字

葉 籋 箝也从竹爾聲字亦作鑈方言十二鑈正也按凡脅持物以竹曰籋曰箝以鐵曰鑈曰鉗曰鈷曰鈚蘇俗謂之鑷子假借爲躡漢書郊祀志籋浮雲籋躡雙聲又爲檷易姤子夏傳繫于金鑈

齊 檷 絡絲柎似木爾聲讀若柅今絡絲架子是也易姤子夏傳繫于金鑈以檷爲之

齊 ⿱髟爾 髮皃从髟爾聲讀若江南謂酢母爲⿱髟爾按實與镾同字髮長皃又按酢母之⿱髟爾有音無字猶蘇俗稱母爲呵嬭也嬭亦有音無字即母之轉聲廣雅釋親嬭母也後製字準此則酢母亦可作嬭

支 镾 久長也从長爾聲按實與⿱髟爾同字今字作彌蓋以璽爲之爾雅釋言彌終也小爾雅廣詁彌久也轉注左哀廿五傳以肥之得備彌甥也注遠也假借爲敉周禮小祝彌裁兵又爲眯周禮眡祲七曰彌注氣貫日也按如物入目中又爲冞子虛賦罘網彌山注覆也西京賦跨谷彌阜注掩也方言十二彌合也又爲摩呂覽明理有豕生而彌注蹄不甲也又爲濔小爾雅廣詁彌益也廣雅釋詁三彌深也漢書司馬相如傳掩平彌泮注滿也又爲𥿋方言十三𥿋縫也易繫辭彌綸天地之道王肅注猶纏裹也或曰借爲靡亦通又爲磨荀子禮論絲末彌龍所以養威也注讀爲弭又爲擘穆天子傳彌旗以節之注猶低也

說文通訓定聲　履部第十二

齊紙 濔 滿也从水爾聲字亦作瀰作沵詩匏有苦葉有瀰濟盈傳深水也按謂沸水深滿也新臺河水瀰瀰傳盛皃漢書地理志作泮泮韓詩作浘浘亦重言形況字轉注爲凡盈益之誼經傳皆以彌爲之假借疊韻連語蕪城賦瀰迤平原注相連漸平之皃也按猶迤靡也又重言形況字詩載驅垂轡瀰瀰傳眾也【古韻】詩匏有苦葉叶瀰鷕載驅叶濟瀰弟新臺叶泚瀰鮮

支 ⿱爾黽 醜黿詹諸也从黽爾聲詩曰得此⿱爾黽⿱爾黽言其行⿱爾黽⿱爾黽也今詩新臺以戚施爲之⿱爾黽施一聲之轉詹諸蘇俗謂之癩團

紙 璽 王者印也所以主土从土爾聲籀文从玉按蔡邕月令章句云秦以前諸侯卿大夫皆曰璽獨斷云秦以來天子獨以印稱璽又獨以玉羣臣莫敢用也此字本訓當曰印也用印以泥故从土秦以後字从玉亦非籀文廣雅釋器印謂之璽淮南齊俗若璽之抑埴按周禮職金楬而璽之掌節貨賄用璽節左襄廿九傳璽書追而與之注古者大夫之印亦稱璽此通言印也史記高祖紀封皇帝璽符節西京賦懷璽藏紱東京賦佩王璽此言天子印也按本朝御寶二十有五一金一旃檀香木餘皆玉有白碧青黑四色脣

xiǎn 獮　xǐ 瓕　shī 纚　èr 二　cì 次

訓釋名璽徙也封物使可轉徙而不可發也漢書百官表注璽之言信也皆雙聲

銑 獮 秋田也从犬璽聲或从示豕聲宗廟之田也故从示爾雅釋天秋獵爲獮釋文引說文从犬爾聲或从示作禰按字亦作獮周禮大司馬遂以獮田禮記玉藻惟君有黼裘以示省明堂位春社秋省皆以省爲之又按周語獮于既烝春秋繁露夏獮此說之岐者當以爾雅周禮左傳爲正轉注爾雅釋詁獮殺也西京賦已獮其什七八

紙 瓕 弛弓也从弓璽聲字亦作瓕作彌叚借爲镾漢石門頌歷世彌久周書謚法彌久也詩卷阿俾爾彌爾性傳終也又爲瀰西京賦彌望廣澤注遠也漢書司馬相如傳彌山跨谷注滿也周禮大祝彌祀社稷禱祠注猶偏也眡祲七曰彌司農注白虹彌天也易繫辭彌綸天地之道劉瓛注廣也又儀禮士冠禮三加彌尊注猶益也晉語讒言彌興東京賦愍世彌光又爲弭爲敉儀禮士喪禮注巫掌招彌以除疾病又爲眯左宣二傳提彌明哀十一傳衞公孫彌牟又爲冞廣雅釋詁二彌合也西京賦彌皋被岡注猶覆也又爲襧廣雅釋詁二彌縫也左昭二傳敢拜子之彌縫敝邑注猶補合也又爲靡淮南原道橫之而彌于四海注猶絡也又爲曆史記禮書彌龍又疊韻連語爾雅釋詁注茀離卽彌離彌離猶蒙龍耳莊子至樂乾餘骨之沫爲斯彌又重言形況字漢書韋賢傳彌彌其失注猶稍稍也又託名㯅識字周書王會其右泰士臺右彌士注泰彌相儀之士也又彌宗旁之注官名又左傳彌子瑕大戴作迷

支 纚 粗緒也从糸璽聲字亦作絁作纚廣雅釋器纚紬也按略如今之棉紬

二廿三名凡二之派皆衍二聲 而至切

眞 二 弍 地之數也从耦一會意古文又从弋說苑辨物二者陰易之數也易繫辭因二以濟民行虞注謂乾與坤也後世官書數目以貳爲之爲防奸易又後漢鄧騭傳元二之災注卽元元也古書字當再讀卽于上字之下爲小二字言此字當兩度言之叚借爲貳禮記坊記唯卜之日稱二君疏副貳也呂覽應言令二輕臣也注疑也

眞 次 不前不精也从欠从二會意二亦聲古文未詳疑本爲茨之古文象茅蓋屋次弟之形此字从欠本訓當爲欽詞也左宣十二傳內官序當其次楚辭思古宗鬼神之無次注第也漢書楚元王傳元王亦次之詩傳注謂綴集之也又廣雅釋詁三次近也又呂覽季冬次諸侯之列注列也東京賦次和樹表注比也晉語失次犯令注行列也又書顧命次輅在右塾之前鄭注象輅之貳繆天子傳次車之乘注副車也又周禮追師爲副編次注次次第髮長短爲之所謂髲髢又周禮司几筵次席黼純注桃枝席有次列成文又

èr 貳　cí 茨　zī 咨

廣雅釋詁四次舍也左莊三傳凡師一宿爲舍再宿爲信過信爲次穀梁傳次止也易師左次旅卽次莊子田子方喜怒哀樂不入于胷次又周禮司市以次敘分地而經市上旌于思次涖于介次謂市中候樓也又掌次張大次小次注謂幄也宮伯入次入舍注在內爲次在外爲舍儀禮士冠禮賓就次大射儀司射適次注若今時更衣處禮記弁絰相者告就次注倚廬也襍記既冠于次注廬也左僖九傳里克殺奚齊于次注喪寢也又晉語五刑三次注處也又禮記月令日窮于次謂日所宿之處又左僖十九傳注水次有妖神疏水旁也叚借雙聲連語論語造次必於是鄭注謂借調蒼猝或謂借爲造資或謂借爲趑趄皆可通又易其行次且馬注卻行不前也後製有趑趄字又重言形況字太元養次次注恣睢不安皃也又託名㯅識字爾雅釋蟲次蟗鼅鼄古韻易旅叶次資鬼谷分威叶指次

眞 貳 副益也从貝从弍會意弍亦聲易坎簋貳用缶周禮酒正大祭三貳大行人貳車九乘禮記曲禮取貳綏王制七十貳膳孟子帝館甥於貳室又周禮職內受其貳令按猶副本也又小宰掌六典八法八則之貳大宰立其貳左僖十五傳其卜貳圉也西京賦察貳廉空廣雅釋詁一貳益也叚借爲二易繫辭因貳以濟民行虞注乾坤也左昭十三傳貳偷之不暇注不壹也隱元傳命西鄙北鄙貳於己注兩屬襄廿四傳則諸侯貳注離也周語百姓攜貳注二心也晉語子盍早自貳焉注猶別也論語不貳過孟子妖壽不貳廣雅釋詁四貳二也又爲弍之誤字禮記中庸其爲物不貳釋文本作貳緇衣長民者衣服不貳釋文本作貸周語平民無貳儀禮注作弍僨卽貸之誤僨貸皆弍字也左昭二十傳臣不敢貳注違命也周語事成不貳注變也思元賦恭夙夜而不貳兮舊注不差貳也詩都人士序箋變易無常謂之貳爾雅釋詁貳疑也又爲膩廣雅釋言貳洿也

支 茨 以茅葦蓋屋也从艸次聲書梓材惟其塗塈茨詩甫田如茨如梁瞻彼洛矣福祿如茨周禮圉師茨牆則翦闔穀梁成二傳茨雍門之茨荀子禮論屬茨倚廬莊子讓王環堵之室茨以生草廣雅釋詁一茨積也二覆也三聚也叚借爲薋詩牆有茨楚楚者茨爾雅釋草茨蒺藜又爲垐淮南泰族茨其所決而高之注積土填滿之也又爲餈周禮籩人故書糗餌粉茨又託名㯅識字莊子徐无鬼具茨之山聲訓釋名屋以草蓋曰茨茨次也次比草爲之也古韻詩瞻彼洛矣叶茨師周書文傳叶美茨費又詩甫田叶茨坻句中韻

支 咨 謀事曰咨从口次聲字亦作諮爾雅釋詁咨謀也左襄四年傳訪問于善曰咨詩皇皇者華周爰咨諏臣工來咨來茹周語咨于故實晉語咨于二虢曹全碑聖主諮諏叚借爲嗞爲羕書堯典帝曰咨咨嗟也詩蕩文王曰咨傳嗟也思元賦咨姤嫭之難並兮漢書王莽傳咨虖羣公注咨者歎息之言又爲此爾雅釋詁咨此也聲訓爾雅釋詁嗟咨蹉也按蹉卽䰈字髮好皃古亦借䰈爲嗟耳古韻易

zī 趑　zì 殈　cí 餈　zī 資　cì 佽　cì 𩬁　zì 恣

弗叶齎、咨、涕、洟。

支 **趑** 趑趄，行不進也。从走从次，會意，次亦聲。按此二字後出。趑趄者，雙聲連語，易夬其行次且，只作次且字。

眞 **殈** 凡戰死而復生曰殈，見血曰傷，亂或爲惛。从死，次聲。按左傳六日而蘇，以蘇爲之。蘇、殈雙聲。廣雅釋詁一：殈，病也。字亦作胏，通俗文：胏，再生也。

支支 **餈** 二 稻餅也。从食次聲。或从米，或从食齊聲。亦曰餎，曰䬼，曰餻。蘇俗謂之餈團。方言十三：餌或謂之餈。廣雅釋器：餎，餌也。周禮籩人：糗餌粉餈。司農注：合蒸曰餌，餅之曰餈。疏：今之餈糕，皆餅之名。【叚借】爲粢。禮記曲禮：稷曰明粢。孟子：以供粢盛。淮南精神：糲粢之飯。又爲齊。禮記禮運：粢醍在堂。【聲訓】釋名：餈，漬也。烝糝屑使相潤漬餅之也。

支 **資** 貨也。从貝次聲。廣雅釋詁四：資，用也。易旅：懷其資。詩板：喪亂蔑資。傳：財也。儀禮聘禮記：問幾月之資。禮記少儀：致馬資于有司。【轉注】小爾雅廣言：資，取也。廣雅釋言：資，操也。考工記：或通四方之珍異以資之。禮記明堂位：是以天下資禮樂焉。禮記喪服四制：資於事父以事君。又史記信陵君傳：如姬資之三年。索隱：蓄也。又秦策：王資臣萬金。注：給也。史記李斯傳：以資敵國。留侯世家：宜縞素爲資。集解：藉也。【叚借】爲次。儀禮少牢禮：資黍于羊俎兩端。注：猶減也。又爲至。禮記緇衣：資冬祈寒。又爲齎。禮記昏義：爲后服資衰。荀子禮論：資麤衰經。又爲咨。禮記表記：事君先資其言。注：謀也。廣雅釋詁三：資，問也。又爲齎，爲致。楚語：若資東陽之盜。注：賂也。莊子德充符：不以翣資。李注：送也。又爲劑，爲鉃。易旅：得其資斧。又爲齎。左僖三十三傳：惟是脯資餼牽竭矣。注：糧也。晉語：資困窮。注：稟也。禹廟殘碑：資盛三牲。又爲齋。荀子性惡：離其資。注：材也。漢書陳平傳：大王資侮人。注：天性也。董仲舒傳：又有能致之資。注：材質也。淮南精神：隨其天資。注：時也。柳敏碑：天資鯁直。字亦作𧶠。【古韻】詩板叶懠、毗、迷、尸、屎、葵、資、師。桑柔叶資、維、階。易旅叶次、資。文子精誠叶資、貴、配。

眞 **佽** 便利也。从人次聲。詩車攻：決拾既佽。傳：利也。箋謂手指相次比也。漢書百官表：更名左弋爲佽飛。【叚借】爲次。說文：一曰遞也。廣雅釋詁三：佽，代也。方言以恣爲之。左昭十六傳：與商人庸佽比耦。又詩杕杜：胡不佽焉。傳：助也。【古韻】詩杕杜叶比、佽。車攻叶佽、矢、柴。

眞 **𩬁** 二 用梳比也。从髟从次，會意，次亦聲。疑卽周禮副編次之次。此後出字。常飾曰𩬁，禮飾曰次。【轉注】爲用梳比，猶梳曰梳，梳之亦曰梳也。

眞 **恣** 二 縱也。从心次聲。詩隰有萇楚序：疾恣也。箋謂狡猾淫戲不以禮也。淮南書：所以禁民，使不得自恣也。注：放也。又莊子大宗師：遙蕩恣睢。李注：自得皃。荀子解蔽：無正而恣睢。注：矜夸也。非十二子：安恣睢，禽獸之行。注：矜放皃。史記禮書：暴慢恣睢。索隱：猶毀訾也。亦疊韻連語。【轉注】廣雅釋詁四：恣，置也。恣爲放，故又爲置也。又釋詁一：恣，懸也。【叚借】爲次，爲佽。方言三：恣，代也。

說文通訓定聲　履部第十二　一七三

zī 姿　cì 絘　cí 垐　nì 膩　èr 樲　zhì 擳　jié 楶　cí 薋　zī 積　cí 澬　yì 懿

支 **姿** 二 態也。从女次聲。按態者，材藝巧善也，卽才能。實能本字。漢書谷永傳注：姿，材也。長笛賦：唯笛因其天姿。注：天然之姿也。【聲訓】釋名釋姿容：姿，資也。資，取也。形皃之稟，取爲資本也。

眞 **絘** 績所緝也。从糸次聲。按當謂麻所緝也，次弟麻之以待績也。【叚借】爲次。周禮廛人：絘布、總布。司農注：列肆之稅布也。

支 質 **垐** 二 以土增大道上也。从土次聲。古文从卽聲。【轉注】禮記檀弓：夏后氏堲周。注：火熟曰堲，燒土冶以周于椁也。或謂之土周，由是也。【叚借】爲疾，實爲疒。說文引虞書曰：龍朕堲讒說殄行。堲，疾惡也。按猶病之也。又爲𢀳。管子弟子職：右手折堲。𢀳、堲一聲之轉。

眞 **膩** 肥也。从肉貳聲。楚辭招魂：靡顏膩理。注：滑也。

眞 **樲** 酸棗也。从木貳聲。爾雅釋木注：樹小實酢。按卽樲也。孟子：養其樲棘。今本作棘，誤。棘，不實。水經濟水注：曰豫章以樹氏郡，酸棗以棘名邦。棘與棗實則別，辭章之用亦可通言也。

眞 **擳** 當也。从手貳聲。

屑 **楶** 欂櫨也。从木咨聲。爾雅釋宮：栭謂之楶。字亦作槉。釋宮又云：開謂之槉。注：柱上欂也。漢書敘傳：楶棁之林。注：所謂枅也。法言學行：若兌藻其楶者歟。吳都賦：彫欒鏤楶。魯靈光殿賦：雲楶藻棁。禮記、論語：山節藻棁。以節爲之。

支 **薋** 艸多皃。从艸資聲。禾多曰積，與薋迥別。離騷：薋菉葹以盈室兮。注謂借爲薺，失之。【叚借】爲薺。漢書禮樂志：采薺肆夏。注：禮經或作薋。

支 **積** 積禾也。从禾資聲。詩曰：積之秩秩。今周頌良耜毛本作積之栗栗。廣雅釋詁一：積，積也。

支 **澬** 久雨涔澬也。从水資聲。一曰水名，在常山郡。亦作霣，別義。與竇略同字。

眞 **懿** 二 嫥久而美也。从壹，恣省聲。字亦作懿，不省。或曰嚞當有重文懿。歖，此字从心，歖聲也。爾雅釋詁：懿，美也。周書謚法：溫柔聖善曰懿。又柔克曰懿。易象傳：君子以懿文德。詩烝民：好是懿德。時邁：我求懿德。左文十八傳：忠肅恭懿。僖廿四傳：不廢懿親。東京賦：東京之懿未罄。幽通賦：懿前烈之純淑兮。琴賦：嘉斯器之懿茂。東京賦：侯其禕而。爾雅釋詁：禕，美也。字亦作禕。【叚借】爲医。按長也。小爾雅廣詁：懿深

zhì 質　huǒ 炨　huǒ 火

也詩七月女執懿筐傳深筐也楚辭遵尤懿風后兮受瑞圖注深也則非又爲抑實重言形況字楚語於是乎作懿戒卽抑抑威儀之詩也又楚辭離世芳懿懿而終敗兮注芳貌又爲噫實發聲之詞書金縢對曰信懿馬注猶億也詩瞻卬懿厥哲婦皆歎聲也【聲訓】釋名釋言語懿僾也言奧僾也此深意

火二名凡火之派皆衍火聲呼燬切

哿 **火** 南方之行也炎而上象形春秋元命苞火之爲言委隨也故其字人散二者爲火也此俗說無理易說卦離爲火左昭九傳火水妃也春秋感精符火者陽之精也大戴曾子天圓火日外景論衡詰術火日氣也書洪範疏火外光故視屬火孝經說火性則禮又左宣十六傳人火曰火天火曰災穀梁昭九傳國曰災邑曰火公羊襄九傳大者曰災小者曰火【轉注】詩七月流火爾雅釋天大火謂之大辰按東方之宿三星中一星色赤而大故命之曰火諺云夏夜初昏見巨人星心三星微曲當肩背也又左傳咮爲鶉火此謂南方柳宿八星曲如拳尾論衡言毒火爲口舌之象傳曾朱鳥口也又玉緯火爲熒惑在木星之下太陽之上第五重天二歲一周天亦以色赤名之又大荒西經崑崙之邱其外有炎火之山投物輒然水經濕水注火山其山火從地出故亦名熒臺蜀都賦火井沈熒於幽泉注鹽井

也又左昭十七傳爲火師而火名服注炎帝以火名官春官大火夏官鶉火秋官西火冬官北火中官中火也又高辛氏火正祝融鄭志火當爲北漢書律厤志火正黎司地注古文火字與北相似【聲訓】說文火燬也白虎通火之言化也陽氣用事萬物變化也又火之爲言委隨也言萬物布施釋名火化也消化物也又火言毀也物入中皆毀壞也【古韻】詩七月叶火衣又叶火葦大田叶穉火

哿 **炨** 地名从邑火聲

履之日分部

質四名凡質之派皆衍質聲之日切

質寘 **質** 以物相贅也从貝从所闕按以錢受物曰贅以物受錢曰質此字當从所贅所疑卽櫍質之質後人又製櫍字卽所字也質以爲聲所字今附屯部左隱三傳故周鄭交質昭廿傳以三公子爲質【叚借】爲實小爾雅廣言質信也左昭十六傳與蠻子之無質也注信也襄九傳要盟無質服注誠也大戴衛將軍文子子貢以其質告注由實也廣雅釋言質慬也又緇衣君子多聞質而守之注猶少也白虎通姓名質略也禮記聘義君子於其所尊弗敢質注謂正自相當失之又論語質勝文則野皇疏實也文選大將軍讌會詩遺華反質

chū 出　zhì 礩　zhì 躓　zhì 𡃤

注淳樸也又禮記樂記禮之質也論語君子義以爲質皇疏本也廣雅釋言質地也又質軀也易繫辭傳以爲質也注體也禮記禮器增美質注猶性也周書謚法名實不爽曰質又爲準爾雅釋詁質成也小爾雅廣言質正也廣雅釋詁四質定也三質主也周禮地官質人夏官馬質注平也詩緜虞芮質厥成周禮詛祝以質邦國之劑信莊子庚桑楚因以己爲質荀子勸學質的張而弓矢至焉淮南原道先者則後者之弓矢質的也注質的射者之準埶也周禮司裘注方十尺曰侯四尺曰鵠二尺曰正四寸曰質又爲札周禮小宰聽賣買以質劑注長曰質短曰劑謂兩書一札同而別之也質人凡賣價者質劑焉司農注質大賈劑小賈廛人質布罰布左文六傳趙盾爲國政由質要注券契也小爾雅廣詁質要也又爲詰廣雅釋詁二質問也禮記中庸質之鬼神而無疑太元元數爰質所疑漢書汲黯傳黯質責湯于上前又禮記曲禮雖質君之前注猶對也又爲執曲禮疑事無質少儀無身質言語注成也楚辭怨思北斗爲我質中兮注正也又爲摯孟子庶人不傳質爲臣出疆必載質晉語臣委質於翟之鼓魯語質之以儀牲尚書大傳則君子不饗其質又爲哲周禮大司馬質明儀禮士冠禮質明行事或訓正或訓平皆失之又爲所俗亦作櫍考工弓人射利革與質注木椹也穀梁昭八傳以葛覆質注椹也漢書張蒼傳解衣伏質注鑕也字亦作鑕公羊昭廿五傳君不忍加之以鈇鑕又爲哲齊語聰慧質仁注性也又爲滑禮記禮運五味六

和十二食還相爲質也北周甄鸞五經算術正作滑也又爲夔呂覽古樂乃命質爲樂注當爲夔又爲質之誤字廣雅釋詁三質巳也【轉音】詩緜叶質蹶句中韻

質 **𡃤** 野人之言也从口質聲

寘 **躓** 跲也从足質聲詩狼跋載躓其尾毛本以疐爲之長笛賦馳趣期而赴躓注躓仆也廣雅釋詁二躓蹋也通俗文事不利曰躓又列子說符其行足躓株陷注躓也疑借爲疐字亦作蹪廣雅釋言蹪疐也淮南說林人莫蹪于山注躓也原道足蹪趎埳注楚人讀躓爲蹪說山萬人之蹪俯務以一蹪之難注皆同

質 **礩** 柱下石也據御覽引說文有此字姑附于此

出三十七名凡出之派皆衍出聲尺律切

質寘 **出** 進也象艸木益茲上出達之形按才屯乇甲中之生耑出半米丰乇朿十四文草木生長之紋禮記樂記句者畢出【轉注】易說卦萬物出乎震韓非子解老始之謂出又爾雅釋親男子謂姊妹之子爲出左莊廿二傳陳厲公蔡出也公羊文十四傳獲且齊出也注

suì 祟　zhuó 茁　duō 咄　jué 趉　zhí 齣　qū 詘

外孫也又考工玉人注郞射刻而出也疏向上謂之出漢書文帝紀大水潰出注上涌曰出又爲外達之誼左僖廿八傳出入三覲注猶去來也禮記王制量入以爲出注謂所當給爲虞書以出納五言後漢劉愷傳注出納尚書喉舌之官也又秦策而出齊女注婦人大歸曰出左莊廿七傳出曰來歸文十八傳遂出武穆之族貫注逐也周禮大司寇不能改而出圜土者注謂逃亡也又史記禮書士出死要節呂覽忠廉殺身出生以徇其君注去也叚借疊韻連語爾雅釋草出隧蘧蔬蘇俗謂之菼白又重言形況字左傳嘻嘻出出火意聲訓釋名釋言語出推也推而前也又姊妹之子曰出出嫁于異姓而生之也西周策出楚王以爲和注出歸也古韻詩雨無正叶出瘁日月叶出卒述漸漸之石叶卒沒出高唐賦叶物出茀子至樂叶芴出宥子成相叶出律滑拙轉音禮記月令叶泄出達內惠絕文子精誠叶謫出孟子公孫丑叶出拔句中韻

寘 **祟** 祟 神禍也从示出聲籀文从𥛯省出聲𥛯籀文禱字莊子天地其鬼不祟李注禍也漢書江充傳祟在巫蠱注謂禍咎之徵也太元干君子以解祟也

質黠 **茁** 艸初生出地皃从艸从出會意出亦聲詩騶虞彼茁者葭傳出也轉注孟子牛羊茁壯長而已矣注生長皃也按謂犢羔之生繁育成遂也或曰茁芻草也言牛羊壯茁長也史記牛羊遂而已矣則與言牛羊聲訓廣雅釋詁二茁出也

月曷 **咄** 相謂也从口出聲字林咄相訶也蒼頡篇咄啐也孟子嘑爾丁日音咄叱也漢書東方朔傳咄口無毛注叱咄之聲字亦作𡄷廣雅釋言𡄷咄也

物 **趉** 走也从走出聲讀若屈字亦作𨂕方言六𨂕力也東齊曰𨂕廣雅釋言趉衝也

質 **齣** 齚齒也从齒出會意出亦聲廣雅釋詁三齣齧也

物 **詘** 詰詘也一曰屈襞从言出聲或从屈聲按詰詘疊韻連語曲也字从言當與吃同意凡單言詘者皆曲之轉聲也亦以屈爲之廣雅釋詁一詘屈也詘折也荀子勸學詘五指而頓之富國詘要橈膕長楊賦迺展人之所詘又禮記喪服小記詘而反以報之春秋元命苞宋均注詘還也秦策詘令韓魏歸帝重子秦注反也轉注漢書高帝紀無所詘注曲屈也呂覽壅塞宋王因怒而詘殺之注枉也子虛賦徼𨔣受詘叚借爲屈秦策詘敵國注服也管子國蓄出二孔者其兵不詘注窮也史記大宛傳皆詘其勞注抑退也又周髀算經往者詘注從夏至南往日益短故曰詘又爲闕禮記聘義其終詘然注絕止皃也又雙聲連語禮記儒行不充詘于富貴祭義其立之也敬以詘注充詘形容喜皃也又方言四襜褕其短者自關而西謂之裗襦秦晉之閒無緣之衣謂之裗襦注俗名襦掖字變作襦又疊韻連語漢書司馬相如傳詘折隆窮注曲委也又重言形況字周禮庭氏注嘻嘻詘詘左傳作出出亦同古韻文子道原叶忽詘轉音管子國蓄叶敵詘

duò 柮　pěi 朏　zhuó 窋　wù 𤵸　qū 屈(屈)　chù 欪　zhuō 𩑺

黠 **柮** 斷木也从木出聲讀若𣓤左文十八傳謂之檮杌說文檮下引作檮柮後人言木頭曰榾柮蓋斷下之棞頭不中于用者

隊尾 **朏** 月未盛之明也从月出聲廣雅釋詁四朏明也書召誥三月惟丙午朏傳月三日明生之名月賦朏魄示沖轉注淮南天文曰登于扶桑爰始將行是謂朏明叚借重言形況字楚詞疾世時朏朏兮且旦又廣雅釋親朏曲𠜜也字从肉與此別說文不錄

黠 **窋** 物在穴中皃从穴出聲魯靈光殿賦窋窡垂珠按言邃房也亦雙聲連語窋窡疑即宅字叚借託名幖識字周語我先王不窋按后稷棄之子

月 **𤵸** 病也从疒出聲

物 **屈** 無尾也从尾出聲今字作屈省字亦作𡲬埤蒼𡲬短尾犬也淮南原道用不屈兮注讀如秋雞無尾屈之屈韓非子鳥有周周

者重首而屈尾轉注淮南詮言聖人無屈奇之服注短也字亦作䎌方言十三䎌短也荀子王制而財物不屈注竭也呂覽安死智巧窮屈注盡也法言先知籥屈人孤注窮也淮南氾論小節伸而大略屈注廢也又詩泮水屈此羣醜傳收也孟子威武不能屈注挫其志也叚借爲詘實爲曲爾雅釋詁屈聚也儀禮聘禮屈繅注斂之也其南醓醢屈注猶錯也士喪禮不說繻屈之注縈也老子大直若屈釋文㑦也後漢蘇竟傳屈節注謂臣事也又淮南墬形海閒生屈龍注游龍鴻也又爲剧禮記玉藻君命屈狄周禮司服作闕謂刻繒爲翟雉形也又爲崛漢書敘傳屈起在此位廣川惠王越傳謀屈奇起自絕陸賈傳屈强於此注不柔服也揚雄傳萬騎屈橋注壯捷皃又爲汩詩屈此羣醜箋治也又爲闕荀子禮論案屈然已注空然也亦單辭形況字又疊韻連語莊子駢拇屈折禮樂又雙聲連語廣雅釋草屈居盧茹也又託名幖識字史記楚世家屈匄左哀十八傳作遠匄又水經湘水注屈潭即汨羅淵也古韻老子洪德叶屈拙訥熱

質 **欪** 咄欪無慙一曰無腸意从欠出聲讀若卉按若中咄欪疊韻連語本字當爲咄之重文廣韻欪訶也嚴可均校無腸當作無知則謂聉字之借

質 **𩑺** 頭𩑺𩑺也从頁出聲讀又若骨按𩑺𩑺疊韻連語猶詰詘也低曲之皃與頡頏之爲高直者相反廣雅䫉𩑺𩑺也當爲此字本

出

訓說文讀又若骨者也漢書高帝隆準以準爲之

黠 **貀** 貀獸也無前足从豸出聲漢律能捕豺貀購百錢字亦作䝟廣雅䝟豹也爾雅貀釋文引字林似虎而黑郭注晉太康中召陵檻得一獸似狗豹文有角兩腳卽此種也異物志貀出朝鮮似猩猩能捕鼠

質 **炪** 火光也从火出聲讀若拙疑卽左傳譆譆出出字又類篇引說文火不光也段借爲拙書盤庚予亦炪謀作乃逸今本正作拙

質 **黜** 貶下也从黑出聲按字从黑本訓當爲下色也黑晤之色但經傳無用此義者書缺有閒矣其實貶斥之訓段借爲出耳或疑此字从出黑聲當入頤之革分部存參廣雅釋詁二黜去也虞書黜陟幽明傳退其幽者左襄廿六傳何以黜朱于朝注退也昭廿六傳咸黜不端注去也周語王黜翟后注廢也公羊襄廿七傳黜公者非吾意也注猶出逐楚辭愍命蔡女黜而出帷兮遷紛后聽虛而黜實兮注貶也論語三黜莊子徐无鬼君將黜耆欲又借爲屈廣雅釋詁二黜減也書序湯既黜夏命左襄十傳而黜其事注減損也

質月 **泏** 水皃从水出聲讀若窋按衍在中也字林泏水定也文子原流泏泏沖而不盈

黠 **聉** 無知意也从耳出聲讀若孽按廣雅聉聾也方言六聾之甚者謂之聉皆以聉爲之同聲通語也

說文通訓定聲　履部弟十二

屑 **拙** 不巧也从手出聲廣雅釋詁三拙鈍也墨子貴義不利于人謂之拙書盤庚予亦拙謀離騷理弱而媒拙兮史記貨殖傳田農拙業聲訓釋名拙屈也使物否屈不爲用也古韻老子同異叶屈拙訥荀子成相叶出律滑拙

質 **絀** 絳也从糸出聲史記趙世家卻冠秫絀徐廣則謂借爲鉥鉄段借爲屈禮記王制君絀爵詩有客箋成王既絀殷命又爲詘實爲曲荀子不苟恭敬縛絀以畏事人

物 **𧊒** 結𧊒也从虫出聲字亦作蝠爾雅蝎蛣蝠注木中蠹蟲蓋桑蠹蛸蠐之類

霽 **𠭫** 楚人謂卜問吉凶曰𠭫从又持祟祟亦聲讀若贅按从又者握粟出卜之意

質 **𪄀** 𪄀鳥也从鳥祟聲

旱 **歀** 意有所欲也从欠款省或从柰按此字古音讀如窾从欠祟聲或从柰聲今音長言之正如竄古讀竅今讀窾皆聲之轉也蒼頡篇款誠重也至也廣雅釋詁一款誠也又愛也釋訓款款愛也楚辭卜居吾甯悃悃款款朴以忠乎史記司馬相如傳謁款天神荀子脩身愚款端慤文選報任少卿書欲效其款款之愚太元樂獨樂款款段借爲空爾雅釋器款足者謂之鬲史記史公自序實

不中其聲者謂之窾淮南說山見窾木浮而知爲舟莊子養生主導大窾揚王孫傳窾木爲匱字亦變作窽空款雙聲又爲叩爲扣實爲敂廣雅釋言款叩也史記商君傳款關請見後漢章帝紀款塞自至呂覽愛士夜款門而謁敂款亦雙聲又爲訊莊子達生今休款啟寡聞之民也李注空也失之西京賦繞黃山而款牛首薛注至也又爲栞史記孝武紀文鏤無款識集解刻也栞款亦一聲之轉又助語之辭法言淵騫始皇方獵六國而剪牙款注款者絕語款聲聲訓爾雅款足者謂之鬲釋文款闊也太史公自序重譯款塞如淳曰款寬也寬闊款雙聲

物月物 **䓛** 㕞也从艸屈聲謂掊之杷之字林䓛刷也

物 **鶌** 鶌鳩也从鳥屈聲項有繡文爾雅鶌鳩鶻鵃舍人注今之班鳩也郭注似山鵲而小短尾青黑色多聲按骨舟卽鳩聲後人所云鉤輈格磔也以其善鳴故又謂之鳴鳩詩小宛宛彼鳴鳩氓于差鳩兮夏小正三月鳴鳩禮記月令鳴鳩拂其羽左昭十七傳鶻鳩氏司事也東京賦鶻鳩春鳴莊子逍遙游鷽鳩笑之廣雅鶻鳩鶌鳩皆是物

物 **𠞊** 剞𠞊也从刀屈聲蓋曲刀所以刻鏤者字亦作𠜾按禮記王藻君命屈狄以屈爲之又淮南本經無所錯其剞𠞊削鋸注𠞊鋸

說文通訓定聲　履部弟十二

尺敂眞鏤之以剞𠞊注𠞊者規度刺畫墨邊箋也似剞爲曲刀𠞊爲畫圓錐規可開可合者

物月 **崛** 山短高也从山屈聲字亦作㟴史記司馬相如傳邛虛崫巋正義堆壟不平皃又摧崣崛崎索隱隆屈窣折皃張揖曰斗絕也西京賦神明崛其特起注高皃漢書揚雄傳洪臺崛其獨出兮注特皃轉注後漢王劉張李彭盧傳注倔強謂強梁也亦雙聲連語

月 **淈** 濁也一曰滒泥从水屈聲楚辭漁父何不淈其泥而揚其波怨上哀哉兮淈淈後漢張衡傳注淈亂也段借爲汩爾雅釋詁淈治也詩泮水淈此羣醜又爲屈荀子宥坐其洸洸乎不淈盡似道又重言形況字說文一曰水出皃蒼頡篇水通皃上林賦潏潏淈淈史記索隱水微轉細涌之皃與汩汩同

物月 **掘** 搰也从手屈聲廣雅釋詁三穿也左哀廿六傳掘褚師定子之墓僖廿五傳闕地下冰而牀焉以闕爲之儀禮既夕記掘坎南順淮南說林土中有水弗掘無泉墜形掘昆侖虛以下地段借爲堀詩蜉蝣掘閱傳容閱也秦策窮巷掘門又爲屈老子虛而不掘顧注猶竭也太元文掘變極注盡也

kū 堀　kū 堀　cè ⿱艹𣪊　cuì ⿱宀𣪊　cuì ⿱𣪊心　cuì ⿱𣪊䖵　chè 屮　chè 徹

月 堀 兎堀也从土屈聲字亦作窟見說文丞篆下小爾雅廣獸兎之所息謂之窟通俗文獸穴曰窟按凡穴土皆曰堀左昭廿七傳光伏甲于堀室荀子法行魚鼈黿鼉猶以淵為淺而堀其中漢書鄒陽傳士有伏死堀穴巖藪之中耳漢書楊雄傳西厭月峭字亦作蛸〔叚借〕雙聲連語風賦堀堁揚塵注風動塵皃

月 堀 突也詩曰浮游堀閱从土屈省聲按卽堀之或體今并系于此

泰 ⿱艹𣪊 ⿱艹𣪊艸也从艸𣪊聲

泰 ⿱宀𣪊 塞也从宀𣪊聲讀若虞書曰⿱宀𣪊三苗之⿱宀𣪊按邊塞曰塞竄人于邊塞曰⿱宀𣪊猶竄也唐陸贄關中事狀倘有賊臣盜竄以⿱宀𣪊為塞

非是

齊 ⿱𣪊心 謹也从心𣪊聲讀若毳廣雅釋言質⿱𣪊心也疑以質為之

泰 ⿱𣪊䖵 ⿱𣪊䖵蟲也从虫𣪊聲

屮一名 丑律切

屑 屮 艸木初生也象丨出形有枝莖也讀若徹尹彤說〔叚借〕古文或為艸字按謂作艸字偏旁或省从屮也漢書貢禹傳捽屮杷土

徹二名凡徹之派皆徹聲 丑律切

屑 徹 通也从彳从攴从育古文中从鬲按字疑从彳从敞省會意散者徹也有疏通之誼去聲古文从鬲聲鬲[illegible]聲相近字亦作撤小爾雅廣詁徹達也廣言徹道也詩十月之交天命不徹爾雅釋訓不徹不道也方言三徹列也東齊曰徹廣雅釋詁三轍迹也漢書賈誼傳注車跡曰轍字又作𨅊列子說符絶塵弭𨅊注𨅊跡也左昭二傳徹命于執事注達也魯語焚烟徹于上周語其何事不徹貫注明也莊子應帝王物徹疏明又獨斷羣臣異姓有功封者稱徹侯避武帝諱改曰通侯或曰列侯〔轉注〕詩公劉徹田為糧崧高徹申伯土田傳治也則謂借為勶後因以為賦名論語盍徹乎孟子周人百畝而徹公劉箋什一而稅謂之徹按野九一而助謂九夫而稅一夫之田國中什一使自賦謂十一夫而貢一夫之穀通之則二十夫而稅二是其實亦什一也廣雅釋詁二徹稅也〔叚借〕為勶儀禮有司徹又燕禮司宮徹之士冠禮徹筵席禮記曲禮大夫無故不徹縣左宣十二傳軍衞不徹論語以雍徹又詩鴟鴞徹彼桑土傳剝也孟子注取也則謂借為掇管子內業俯仰磬折拚毋有徹注動也楚辭天問何令徹彼岐社廣雅釋詁一徹壞也又託名幖識字爾雅釋木楊徹齊棗疑卽說文之樸棗也〔聲訓〕孟子徹者徹也釋名㮇又謂之徹徹繫也說說然緊也坤履分部同〔古韻〕詩十月之交叶徹逸〔轉音〕老子任契叶契徹管子弟子職叶徹祭又叶折徹

屑 勶 發也从力徹聲字亦作撤論語不撤薑食孔注去也皇疏除也廣雅釋詁二撤減也三治也詩徹我墻屋儀禮大射儀乃徹豐與觶士喪禮徹帷禮記曲禮徹緣左襄廿三傳平公不徹樂經傳皆以徹為之〔叚借〕為掇廣雅釋詁一撤取也

---

chè 勶　chè 联　zhì 䏲　shú 秫　zhú 苿　shù 述　shù 術

联一名 恥律切

屑 联 軍法以矢貫耳也从耳从矢會意司馬法曰小罪联之中罪刖之大罪剄之

䏲一名 直質切

質 䏲 爵之次弟也从豊从弟會意按爵之次弟如玉爵瑤爵散爵廢爵足爵繶爵及角散觚觶等皆是〔叚借〕為秩實為徹書堯典平䏲東作按當讀為徹田為糧徹申伯土田之徹平秩者辨理也

朮十一名凡朮之派皆衍朮聲 直律切

質 秫 稷之黏者也从古文朮加禾古文象形爾雅粢稷衆秫急就篇稻黍秫稷粟麻秔考工鍾氏染羽以朱湛丹秫蓋有赤白二種今北地謂高粱之粘者為秫秫亦曰胡秫蓋古語也常以不黏者為飯粘者為酒秫得酒多而美也〔轉注〕古今注稻之黏者為秫廣雅秫稬也氾勝之種植書三月種秔稻四月種秫稻禮記月令秫稻必齊今則稻米稱穤不聞稱秫矣

質 苿 山薊也从艸朮聲爾雅朮山薊以朮為之今之白朮也下文楊枹薊又云赤枹薊則今之蒼朮與白朮有別中山經首山草多苿芫又榆木其狀如苿〔轉注〕廣雅白苿牡丹也今藥品之牡丹皮也又名醫別錄芍藥一名白朮則今之白芍也按古今注芍藥有二種有草芍藥有木芍藥木者花大而色深俗呼為牡丹然則因芍藥亦名牡丹故白苿亦名牡丹輾轉混淆耳今時三名皆正

質 述 循也从辵朮聲𧻘籀文从秫聲詩日月報我不述儀禮少牢禮遂述命曰禮記樂記識禮樂之文者能述左昭五傳小有述職孟子諸侯朝于天子曰述職論語述而不作按由故道為述故凡循其舊而申明之亦曰述經傳多以遹為之〔古韻〕詩日月叶出卒述三略上叶穴實述流

質 寘 術 邑中道也从行朮聲按與遂略同廣雅釋宮術道也禮記月令審端徑術漢書刑法志園圃術路注大道也燕剌王旦傳橫術

何廣廣今轉注廣雅釋詁一術法也禮記祭統惠術也文王世子不以犯有司正術也又鄉飲酒義古之學術道者注猶藝也樂記不接心術大傳服術有六注猶道也樂記然後心術形焉注所由也穀梁宜十五傳滅國者三術史記袁盎傳德術岸高易繫辭愼斯術也以往荀子非相不如擇術漢書鼂錯傳以知術數也張晏曰刑名之書也後漢伏湛傳注術謂醫方卜筮叚借爲遂管子度地州者謂之遂禮記樂記術有序左僖三十三傳西乞術文十二秦伯使術來聘公羊皆作遂又爲述禮記祭義而術省之漢書賈山傳術追厥功張表碑方伯術職樊敏碑臣子褒術靈臺碑陰州里稱術聲訓賈子道術術者接物之隊古韻宋玉釣賦叶失術鬼谷陰符叶氣一術靈樞九鍼叶疾刺結閉畢術

質 **訹** 誘也从言术聲魏策橫人訹王外交強虎狼之秦漢書武帝紀訹于邪說管子心術君子不怵乎好以怵爲之

質月 **𤵸** 狂走也从疒术聲讀若欻按欻卽欻字廣雅釋詁四𤵸狂也字亦作怴公羊桓五傳甲戌己丑陳侯鮑卒曷爲二日卒之怴也

質 **怵** 恐也从心术聲廣雅釋詁二怵懼也釋訓怵惕恐懼也禮記祭統心怵而奉之以禮孟子皆有怵惕惻隱之心周語猶日怵惕家語六本怵於待祿西京賦怵悼慄而聳兢叚借爲訹史記賈生傳怵迫之徒洪範五行傳禦聽于怵攸注怵攸者是不聰之刑也淮南

原道怵然若有所誘慕又爲趉史記司馬相如傳怵臭以梁倚集解奔走也亦雙聲連語

質 **沭** 沭水也青州浸从水术聲出今山東沂州府沂水縣北沂山流入江蘇沭陽縣界不流入海此迥非古道古沭入泗周禮職方氏其浸沂沭注沭出東莞

質 **䬍** 小風也从風术聲字亦作颰廣雅釋詁四颰風也

質 **鉥** 綦鍼也从金术聲管子輕重乙一女必有一刀一錐一箴一鉥注長鍼也史記趙世家郤冠秫絀以秫爲之叚借爲訹晉語吾請爲子鉥注導也

質 **蒁** 蒁艸也从艸述聲按蒁莪茂也字亦作茂一名波殺

旻一名呼律切

居 **旻** 舉目使人也从目从攴會意讀若颰史記項羽紀梁眴籍曰以眴爲之旻旬雙聲

卒廿三名凡卒之派皆衍卒聲臧沒切

質月 月隊 **卒** 隸人給事者爲卒卒衣有題識者按从衣从一指事本訓當爲衣名因卽命箸此衣之人爲卒也古以染衣題識若救火衣及亭長箸絳衣之類亦謂之褚今兵役民壯以絳緣衣當胸與背有題字其遺制也左隱元傳具卒乘注步曰卒車曰乘昭三傳卒列無長淮南本經武王甲卒三千秦策而卒不上注士也莊子秋水人卒九州司馬注眾也叚借爲萃周禮夏官序官百人爲卒小司徒四兩爲卒晉語上大夫一卒之田又周書武順五五二十五日元卒又卒必力注卒二十五人之帥又禮記王制三十國以爲卒注猶聚也公羊桓六傳注三連爲卒又周禮射人掌王之倅車注戎車之副車僕掌戎車之萃注猶副也正作萃諸子故書掌國子之卒禮記燕義庶子之卒廣雅釋詁一倅盈也字亦作倅又爲戰爲沇爲訖或爲悉爾雅釋詁盡也又終也又已也釋言卒既也虞書卒乃復詩日月畜我不卒楚茨禮儀卒度儀禮鄉射禮坐卒爵士冠禮卒筮左襄三十傳卒與之魯語民羸幾卒孟子卒爲善士注後也禮記奔喪三日五哭卒注猶止也史記麻書雞三號卒明集解斯也又爲𣨛爾雅釋詁卒死也禮記曲禮壽考曰卒又大夫曰卒孟子卒于鳴條注終也又爲崒詩漸漸之石維其卒矣傳竟也失之又爲猝爲窣論語子路卒爾而對皇疏謂無禮儀也漢書成帝紀與卒暴之作注謂急也食貨志行西踰隴卒注倉卒也王慶忌傳則亡以應卒注謂暴也司馬遷傳卒卒無須臾之閒霍光傳見雲家卒卒注怱遽之皃也亦重言形況字

司馬相如傳卒然遇逸材之獸注謂暴疾也古韻詩日月叶出卒述十月之交叶沸卒句中韻蓼莪叶律弗卒漸漸之石叶卒沒出轉音宋玉風賦叶熱曦卒

隊 **䘹** 月祭曰䘹藝文類聚初學記皆引說文有此字姑附于此廣雅釋天䘹祭也

寘 **萃** 艸皃从艸卒聲讀若瘁按艸聚皃轉注易序卦傳萃者聚也左昭七傳萃淵藪孟子拔乎其萃穆天子傳賜七萃之士戰又小爾雅廣言萃集也詩墓門有鴞萃止長門賦翡翠脅翼而來萃兮子虛賦萬端鱗崪以崪爲之字亦作䘹爾雅序會䘹舊說西京賦悵懷萃注猶至也楚辭天問北至回水萃何喜注止也又方言十二萃待也又副益也周禮車僕掌戎車之萃字亦作倅或以卒爲之叚借爲顇荀子富國勞苦頓萃而愈無功又疊韻連語子虛賦翕呷萃蔡注衣有聲也史記索隱猶璀璨也又單辭形況字韓詩芄蘭垂帶萃兮傳垂皃古韻詩墓門叶萃誶孟子公孫丑叶類萃

卦隊 **啐** 驚也从口卒聲按驚聲也叚借爲啐廣雅釋詁三啐嘗也釋言啐歃也儀禮士昏禮啐醴鄉射禮席末坐啐酒禮記襍記主人之酢也嚌之眾賓兄弟則皆啐之注嚌至齒啐入口

zú zú suì cuì zú cuì sū zuì
⿰齒卒 踤 誶 翠 ⿰歺卒 粹 窣 ⿰黹卒

月 ⿰齒卒 齰也从齒卒聲廣雅釋詁三⿰齒卒齧也

質月 踤 觸也从足卒聲漢書揚雄傳帥軍踤阹注足蹵之也〔段借〕爲猝爲窣一曰蒼踤也又爲啐一曰駭也又爲萃文選長楊賦踤阹注踤聚也

寘隊 誶 讓也从言卒聲吳語誶申胥漢書賈誼傳立而誶語莊子徐无鬼察士無淩誶之事列子力命注誶納澀辨給之皃又爾雅釋詁誶告也史記屈賈傳誶曰束隱猶宣也莊子山木虞人逐而誶之注問之也詩墓門歌以訊之訊予不顧正月莫肯用訊皆以訊爲之訊誶形近亦雙聲字爾雅莊子本亦作訊廣雅釋詁四誶諫也離騷謇朝誶而夕替〔古韻〕詩墓門叶萃誶雨無正叶退遂瘁誶退

寘 翠 青羽雀也出鬱林从羽卒聲其雄而赤羽者曰翡爾雅翠鷸注似燕或曰與知雨之鷸同名而異物非也周書王會倉吾翡翠楚辭招魂翡翠珠被蜀都賦孔翠羣翔又高唐賦蜺爲旌翠爲蓋大荒南經有翠山注此山有翠鳥也今見此鳥如雀而大毛色翠味正赤而長〔轉注〕山海經孟山有白翡翠西山經其鳥多鴟其狀如翠又爾雅釋山未及上翠微蜀都賦鬱葐蒕以翠微按山氣輕青之狀亦疊韻連語〔段借〕爲臎禮記內則舒鴈翠注尾肉也呂覽本味雋觾之翠注厥也字亦作臎廣雅釋親䐈臎也釋言臎肥也又雙聲連語琴賦新衣翠粲注衣聲也子虛賦用萃翠亦同

質 ⿰歺卒 大夫死曰⿰歺卒从歺卒聲廣雅釋詁三⿰歺卒竟也四絕也經傳皆以卒爲之

寘 粹 不襍也从米卒聲按精米不雜也米不襍曰粹酒不澆曰醇〔轉注〕廣雅釋詁四粹同也釋言粹純也呂覽用衆天下無粹白之狐淮南時則視肥臞全粹又易文言純粹精也崔注不雜曰粹荀子王霸粹而王注全也非相粹而能容襍注專一也性惡折速粹孰而不急注所著論甚精孰也離騷昔三后之純粹兮注齊同曰粹思元賦何道貞之淳粹兮注不襍曰粹七發注粹淳也又孟子睟然見于面魏都賦注引趙注潤澤皃玉篇引作日旁太元將元睟注純也元衡睟君道也又睟文之道或淳或班法言君子牛元睟白睟而角注色純曰睟字亦作睟作晬〔別義〕玉篇晬周年也〔段借〕爲碎荀子儒效夸粹折無適也又爲萃荀子正名所欲未嘗粹而來也

月 窣 從穴中猝出也从穴卒聲〔段借〕疊韻連語子虛賦媻姍㪍窣上乎金隄注匍匐上也

泰隊 ⿰黹卒 會五采繒色从黹綷省聲按卒聲字亦作綷方言三綷同也宋衛之閒曰綷大人賦綷雲蓋如注合也吳都賦孔雀綷羽以翱翔射雉賦丹臆蘭綷〔段借〕爲萃景福殿賦綷以紫榛注猶襍也江賦瑤珠怪石琗其表字亦作琗又雙聲連語漢書外戚傳紛綷䌨兮紈

cuì zú suì cù cuì cuì cuì zuó
顇 崒 碎 猝 焠 悴 淬 捽

素聲注衣聲也子虛賦作萃翠

寘 顇 顦顇也从頁卒聲字亦作瘁爾雅釋詁顇病也漢書王莽傳邦國殄顇洞簫賦偏以頓顇詩雨無正憯憯日瘁蓼莪生我勞瘁四月盡瘁以仕出車僕夫況瘁左襄廿八傳車甚澤人必瘁歎逝賦戚貌瘁而尠歡高唐賦使人心瘁大戴用兵六畜餧胔字又作𩜾〔段借〕爲粹太元劇貞顇注純也又疊韻連語歎逝賦悼堂構之隤瘁注猶毀也又重言形況字莊子達生使天下瘁瘁焉釋文病也崔本作醉醉亦同

質月 崒 危高也从山卒聲爾雅崒者厜㕒注謂山峰頭巉巖詩十月之交山冢崒崩漸漸之石維其卒矣以卒爲之蕪城賦崪若斷岸注高峻也子虛賦隆崇嵂崒亦疊韻連語字亦作崔漢書揚雄傳摧崔而成觀〔段借〕爲猝按詩山冢崒崩突忽也又爲萃漢書賈誼傳異物來崒兮注集也高唐賦崒中怒而特高兮注聚也

隊 碎 䃺也从石卒聲按石䃺也瓦曰瓪廣雅釋詁一碎壞也三碎散也列子黃帝其碎之之怒也

月 猝 犬从艸暴出逐人也从犬卒聲按言艸者以卒爲訓〔轉注〕方言十二慈朴猝也注謂急速也漢書五行志注猝暴也〔段借〕爲咄漢書韓信傳項王意烏猝嗟亦雙聲連語〔古韻〕晉語叶骨猾猝

隊 焠 堅刀刃也从火卒聲廣雅釋言焠堅也漢書王褒傳清水焠其鋒注燒而內水中以堅之也史記刺客傳以藥焠之索隱染也子虛賦脟割輪焠素問調經論焠鍼藥熨〔轉注〕荀子解蔽有子惡臥而焠掌注灼也

寘 悴 憂也从心卒聲讀若萃字亦作瘁與顇略同左昭七傳或憔悴事國詩頍篇瘁憂也方言一悴傷也按顇者面容枯槁悴者心思勞愁兩義互相轉注〔古韻〕詩雨無正叶退遂瘁誶退又叶出瘁蓼莪叶蔚瘁左成九叶蒯悴匱高唐賦叶氣鼻淚瘁磑鈞賦叶悴費文子上德叶悴〔續轉音〕詩出車叶旆瘁

隊 淬 滅火器也从水卒聲按貯水以焠刃之器其實焠淬同字刃出于火故从火入于水故从水方言十三淬寒也漢書天文志火與水合爲淬史記刺客傳以藥淬之司馬相如傳脟割輪淬集解染也淮南脩務身淬霜露

月 捽 持頭髮也从手卒聲荀子正論詈侮捽搏漢書金日磾傳捽胡投何羅殿下賈誼傳不使捽抑而刑之也王尊傳捽搏其頰〔轉注〕晉語戎夏交捽注交對也漢書貢禹傳捽中杷土注拔取也

suì ⿰卒瓦　zuì 醉　zuǐ 濢　shuài 率

隊 ⿰卒瓦　破也。从瓦，卒聲。瓦破曰⿰卒瓦，石破曰碎。

寘 醉　酒卒也。各卒其度量，不至于亂也。一曰潰也。从酉，从卒。按卒聲。滿其量謂之醉，溢其量謂之酗。酗者，潰。【叚借】爲悴。大戴文王官人：乞言勞醉。又託名幖識字。公羊定十四年：於越敗吳于醉李。在今浙江嘉興府，左作檇。【聲訓】說文：醉，卒也。卒之本訓爲衣，轉注爲隸。叚借爲數。許謂數其度量也。【古韻】詩黍離叶穗、醉；晨風叶棣、檖、醉；桑柔叶隧、類、對、醉、悖。

紙 濢　小溼也。从水，翠聲。

率五名凡率之派皆衍率聲 所律切

質 率　捕鳥畢也。象絲網，上下其竿柄也。詩吉日：悉率左右。箋：循也。東京賦：悉率百禽。薛注：斂也。按羅致也。別義。周伯琦曰：索也，中象索，兩旁象枲餘，上下象糾具，謂卽繂字之古文。存參。【叚借】爲述。爾雅釋詁：率，循也。又自也。廣雅釋言：率，述也。易繫辭：初率其辭。書君奭：罔不率俾。詩假樂：率由舊章。左宣十二傳：今鄭不率。注：遵也。哀十六傳：率義之謂勇。注：行也。詩思文：帝命率育。傳：用也。周書大匡：三州諸侯咸率。注：奉順也。又爲達。小爾雅廣詁：率，勸也。春秋元命苞：律之爲言率也。注：猶導也。荀子王霸：論一相以兼率之。注：領也。淮南時則：天子親率三公九卿大夫。注：使也。又爲帥。左桓二傳：藻率鞞鞛。服注：㡕巾也。又爲繂。禮記玉藻：士練帶率。注：繂也。又爲律。孟子：變其彀率。陸注：法也。周髀算經：以率率之。廣雅釋言：率，校也。禮記祭義：其率用此歟。史記老莊申韓傳：大抵率寓言也。漢書宣帝紀：率常在下杜。注：總計之言也。按猶均也。又爲衛。荀子富國：將率不能則兵弱。議兵：凡在大王將率末事也。又爲鋝。史記周本紀：其罰百率。集解：卽鍰也。夏侯歐陽書說：古以六兩爲率。又爲猝。莊子人閒世注：率然拊之。又單辭形況字。漢書東方朔傳：今先王率然高舉。注：猶颯然。文選注：輕舉之皃。又託名幖識字。管子小匡：十邑爲率。【聲訓】漢書外戚傳注：率，猶計也，類也。【古韻】詩采芑叶涖、率。

霽 屑 質 啐　小飲也。从口，率聲。讀若叙。禮經皆以啐爲之。

質 達　先導也。从辵，率聲。按經傳凡表達字，師保則以師爲之，達領則以率、以帥爲之。

質 衛　將衛也。从行，率聲。經傳皆以帥爲之。

質 繂　素屬。从素，率聲。廣雅釋器：繂，素也。字亦作綍。別義：周伯琦謂卽率字之異文。爾雅釋水：紼，繂也。孫注：大索也。李注：竹爲索，所以維持舟者。但字从素，不从索，疑各字矣。禮記檀弓注：棺以繂繞。疏：卽紼也。或曰與緷略同。禮記玉藻：凡帶有率無箴功。當作此，是縫𦄆之

fú 由　bì 畀　bí 鼻　bì 箅　wèi ⿱艹畀　bì 痹　pèi 淠

名。亦非許意。【聲訓】釋名：懸下擿曰繂。繂，捋也。徐徐捋下之也。

由八名凡由之派皆衍由聲 敷勿切

物 由　鬼頭也。象形。

寘 畀　相付與之物在閣上也。从丌，由聲。爾雅釋詁：畀，予也。又賜也。禮記祭統：畀之爲言與也。公羊僖廿八傳：畀者何？與也。書洪範：不畀洪範九疇。詩干旄：何以畀之。禮記祭統：祭有畀煇胞翟閽者。春秋傳：八年執曹伯以畀宋人。周語：三而畀驩之子孫。又禮記祼記注：畀所齎。釋文：償也。【叚借】託名幖識字。漢書鄒陽傳：封之于有畀。孟子作庳，誤作庳。括地志：鼻亭亦作鼻。其地闇𣳚卽斷爲必非遠在永州府零陵縣是矣。或謂鉅鹿有象城，則在今保定府東鹿縣。愚疑借爲淠。淠水在河南，其地或以水得名也。又春秋郱畀我，春秋繁露作鼻。【古韻】詩干旄叶紕、四、畀。

寘 鼻　主臭者也。从自，畀聲。老子：天食人以五氣，從鼻入；地食人以五味，從口入。白虎通：鼻出入氣，高而有竅。又鼻者，肺之使。易噬嗑：滅鼻。虞注：艮爲鼻。太元割：割鼻入口。注：鼻者，氣息之主也。【轉注】方言十三：鼻，始也。首之初生謂之鼻。梁益之閒謂鼻爲初，或謂之祖。又考工玉人：鼻寸。注：勺流也，凡流皆爲龍口。又廣雅釋器：鈕謂之鼻。【叚借】託名幖識字。水經湘水注有鼻墟，言象所封也。【聲訓】說文：鼻，引气自畀也。从自畀，會意。釋名：鼻，嘒也，出氣嘒嘒也。【古韻】楚辭高唐賦叶氣、鼻、淚、瘁、磑。

寘 箅　所以蔽甑底者也。从竹，畀聲。按甑以蒸飯，底有七穿，以竹席蔽之。庾信哀江南賦：敝箅不能救鹽池之鹹。按舊箅能淡鹽味。【聲訓】說文：箅，蔽也。

未 ⿱艹畀　艸木⿱艹畀孛之皃。从朩，畀聲。字亦作⿱艹畀。易泰古文以其⿱艹畀，經傳皆以彙爲之。

寘 痹　溼病也。从疒，畀聲。漢書藝文志：五藏六府痹十二病方三十卷。注：風溼之病。岐伯曰：風寒溼三氣襍至，合而爲痹。字亦作疪。漢書雁疵爲煇渠侯。【叚借】周禮司弓矢：故書恒矢痹矢。南山經：柜山有鳥，其音如痹。皆庳之誤字。

霽 寘 淠　淠水也。出汝南弋陽垂山，東入淮。从水，畀聲。字亦誤作渒。出今河南光州南岳山，至固始縣合春河入淮，今之白鷺河也。疑孟子封之有庳，或在其閒地，以淠水得名。舊說在今湖南永州府，則安能常常而見之乎。或曰鉅鹿有象城，則在今直隸保定府，又疑太近，不得謂之放矣。【叚借】單辭形況字。詩棫樸：淠彼涇舟。傳：舟行皃。又重言形況字。詩采菽：其旂淠淠。傳：動也。小弁：萑葦淠淠。傳：衆也。廣雅釋

訓滂濞戾也。古韻詩小弁叶嘒屆濞寐。

濞（寘）濞　水暴至聲也。从水，鼻聲。高唐賦濞洶洶其無聲。又上林賦滂濞沆溉，洞簫賦澎濞慷慨一何壯士，亦雙聲連語。叚借託名幖識字。漢書高帝紀沛侯濞，重厚。史記晉世家眞公濞，亦作暝，作㵧，又作摯，作執。

勿八名，凡勿之派皆衍勿聲。文弗切。

（物）勿　旗也。大夫士之所建，象其柄，有三游，襍帛，爲之幅，赤白半。或从㫃从勿。周禮司常襍帛爲物，以物爲之。叚借重言形況字。說文勿所以趣民，故遽偁勿勿。按後人作匆匆，則用囪字。說文悤下云多遽悤悤也，則正字當作悤，疑未能定。又禮記禮器勿勿乎其欲其饗之也，注猶勉勉也。祭義勿勿諸其欲其饗之也，注慤愛皃。大戴曾子立事君子終身守此勿勿也。按猶密勿，黽勉也。又發聲之詞，小爾雅廣詁勿無也。廣雅釋詁四勿非也。易夬得勿恤虞注无也。論語雖欲勿用皇疏猶不也，過則勿憚改皇疏猶莫也。詩節南山勿罔君子箋當作末。又疊韻連語，洞簫賦趣從容其勿述兮，注無所適誤之皃。又易井收勿幕，干本作冈。

（物）物　萬物也。牛爲大物，天地之數起于牽牛，故从牛，勿聲。按商時冬至日躔牽牛，今時冬至日躔在箕上，溯倉頡造字時當在危牽

合此義不必。禮記樂記物以羣分。淮南天文四時之散精爲物。荀子正名物也者大共名也。春秋繁露物也者洪名也。莊子在宥賤而不可不任者物也。周禮太宰九曰物貢。又詩烝民有物有則，傳事也。左昭九傳事有其物，注類也。又周禮犬人用牷物，司農注色也。詩六月比物四驪，傳毛物也。穆天子傳收皮效物，注謂毛色也。周禮雞人辨其物，注毛色也。保章氏以五雲之物，注色也。左隱五傳取材以彰物采謂之物。疑物字本訓牛色，轉注爲凡色，凡有形者皆有色，又轉注爲形質，爲事類也。轉注儀禮鄉射禮記物長如笴，按長三尺，橫一尺二寸，以丹若墨畫地作十字形，履之以射也。叚借爲昒。周禮載師以物地事，卝人則物其地，草人掌土化之法以物地，遺師物之可以封邑者，按猶度地也。儀禮既夕記冢人物土，左昭三十二傳物土方，按猶覜土也。周禮校人物馬而頒之，按猶相馬也。又爲勿，周禮司常雜帛爲物，儀禮鄉射禮記旌各以其物，士喪禮爲銘各以其物。又爲殁，漢書司馬相如傳士卒多物故，劉向傳物故流離。古韻易說卦叶遂悖氣物，越范蠡語叶物一失利，老子贊元叶昧物，虛心叶物惚，呂覽有始叶物類，高唐賦叶物出，文子上德叶物絕。

（吻）吻　口邊也。从口，勿聲。或从肉，昏聲。字俗作脗。廣雅脗謂之吻。與齶吻謂脣兩角頭邊也。考工梓人銳喙決吻。漢書王褒傳傷吻敝策而不進于行。聲訓釋名吻免也，入之則碎，出則免也。又取抆也，漱唾所出，恒加抆拭，因以爲名也。或曰口卷也，可以卷制食

物使不落也。

（隊　曷）昒　目冥遠視也。从目，勿聲。一曰久視也。廣雅釋詁昒昒視也。叚借爲曶，一曰旦明也。

（月）歾　終也。从歺，勿聲。或从叟聲。太元更共所歾，注盡也。經傳皆以沒爲之。

（月　物）曶　尚冥也。从日，勿聲。郭璞三蒼解詁昒旦明也。廣雅釋詁四昒冥也。漢書郊祀志冬至昒爽，注日尚冥，蓋未明之時也。史記司馬相如傳曶爽闇昧，索隱早朝也。幽通賦昒昕寤而仰思兮。叚借爲颮，舞賦雲轉飄曶。又爲忽，楊雄傳贊時人皆曶之。又爲昒，羽獵賦獵曶如神。又雙聲連語，甘泉賦翕赩曶霍，注疾皃。

（月）忽　忘也。从心，勿聲。廣雅釋詁三忽輕也。漢書食貨志柰何而忽，王嘉傳忽于小過，東平思王宇傳忽于道德，賈誼傳頗幸毋忽。東京賦忽下叛而生憂也。叚借爲殁，爾雅釋詁忽盡也。詩皇矣是絕是忽，傳滅也。又爲颮，廣雅釋詁一忽疾也。左莊十一傳其亡也忽焉，注速皃。謝元暉詩參差世祀忽。離騷忽反顧以遊目兮，注疾皃。又爲佛爲髴，尚書大傳禦視于忽似。又重言形況字，高唐賦悠悠忽忽，注迷皃。素問王機眞藏論忽忽眩冒而巔疾，注不爽也。又爲囪，亦單辭形況字，荀子彊國劙盤盂刎牛馬忽然耳，注言易也。莊子天地忽然出

勃然動，注皆無心而應之皃。又雙聲連語，淮南原道忽兮怳兮，注無形皃也。字亦作怳惚，禮祭義夫何怳惚之有乎。又託名幖識字，漢書律厤志無有忽微，注細于髮者也。敘傳造計秒忽，注蜘蛛網細者也。史記太史公自序閒不容翲忽，正義一蠶口出絲也。字亦作總，廣雅釋詁四總微也。又莊子應帝王北海之帝爲忽。又左傳鄭昭公忽。論語仲忽，古今人表作曶。古韻詩皇矣叶茀仡肆忽拂，左莊十一叶悖忽，論評微子叶突忽，楚詞懷沙叶汨忽，文子道原叶忽訕，高唐賦叶發忽血實貝，老子虛心叶物惚，禮記問喪叶忽懷，句中韻。

（月）颮　疾風也。从風，忽聲。字亦作颭。廣雅釋詁四颮風也，一颮疾也。按字亦誤作颶。

丿一名。房密切。

（屑）丿　右戾也。象左引之形。今書家命曰撆。

乀二名，凡乀之派皆衍乀聲。分勿切。

（物）乀　左戾也。从反丿，指事。讀與弗同。今書家曰磔。

（屑）尐　少也。从小，乀聲。讀若輟。方言十二尐杪也。十一蟬有文謂之蜻蜻，其雌蜻謂之尐。孟子力不能勝一尐雛，字誤作疋，因又誤作

fú 弗　fú 茀　fú 咈　fú 跡　fèi 昲　fú 刜

四

弗廿一名凡弗之派皆衍弗聲　分勿切

物　弗　弗　撟也。从丿从乀从韋省。按撟也。从丿乀从乃。乃者難也。或曰从弟省。从丿會意。丿亦聲。弟韋束也。經傳皆以拂爲之。叚借爲祓。詩生民以弗無子。傳去也。又爲彿。易頤子夏傳弗經于丘頤。注輔弼也。又爲佛。漢書溝洫志魚弗鬱兮柏冬日。注憂不樂也。又爲拂。爾雅釋詁弗治也。又爲佛。漢書匪兩夏侯傳贊仿弗一端。又發聲之詞。廣雅釋詁四弗不也。公羊桓十傳弗者不之深也。與用非勿略同。禮記學記弗食不知其旨。又五聲弗得不和。又重言形況字。詩蓼莪飄風弗弗。傳猶發發也。又託名幖識字。史記十二諸侯表晉穆侯弗生。系本作費。或作濆。古韻詩蓼莪叶律弗卒。

物　茀　茀　艸多也。从艸弗聲。字亦作芾。周語道茀不可行也。注艸穢塞路爲茀。爾雅釋詁艱學茀離也。亦雙聲連語。轉注詩碩人翟茀以朝。傳蔽也。載驅簟茀朱鞹。傳車之蔽曰茀。采芑簟茀魚服。韓奕簟茀錯衡。字亦作笰。爾雅輿革後謂之笰。又爲𣪠。易旣濟婦喪其茀。按即爾雅之𧙝也。注首飾也。則謂借爲髴。子夏傳正作髴。董遇作髢。或曰笰之誤字。又詩采芑朱茀斯皇。釋文本作紱。又爲刜。周禮司弓矢矰矢茀矢。注茀矢所用也。又爲拂。詩生民茀厥豐草。傳治也。又爲祓。詩卷阿茀祿爾康矣。傳小也。謂祓芾之芾。實爲必。失之。又爲彿。左宣八傳始用葛茀。楚詞天問白蜺嬰茀。注白雲逶蛇若蛇者也。又爲殺。實亦爲刜。考工矢人茀矢參分。字亦作笰。廣雅釋器笰箭也。又雙聲連語。爾雅馬回毛在幹茀方。又疊韻連語。古今人表茀肸與佛肸同。又重言形況字。詩皇矣臨衝茀茀。傳彊盛。廣雅釋訓茀茀茂也。古韻詩皇矣叶茀仡肆忽拂。

說文通訓定聲　履部弟十二

物　咈　咈　違也。从口弗聲。按詞之違也。書堯典咈哉。傳戾也。叚借爲弗。周書曰咈其耇長。僞禹謨罔咈百姓以從己之欲。荀子性惡則兄弟相咈奪矣。廣雅釋詁四咈盭也。

物　跡　跡　跳也。从足弗聲。本方言一。

未　昲　昲　目不明也。从目弗聲。按與昧眛字皆同。

物　刜　刜　擊也。从刀弗聲。廣雅釋詁一刜斷也。釋言刜斫也。左傳苑子刜林雍。齊語刜令支斬孤竹而南歸。楚辭愍命刜讒賊於中廇兮。注去也。字亦作𠞰。禮記檀弓𠞰其人。荀子而𠞰其頸以𠞰爲之。

fú 柫　fèi 費　fú 佛　fú 髴　bó 艴　fú 㷆　fú 炥　bì 奰　fú 怫

物　柫　柫　擊禾連枷也。从木弗聲。方言五僉自關而西或謂之柫。即撟殳也。又名丁丁。漢書王莽傳必鉏𣫚柫。聲訓釋名柫撥也。撥使聚也。

未真物　費　費　散財用也。从貝弗聲。廣雅釋言費耗也。又損也。禮記緇衣口費而煩。注猶惠也。論語君子惠而不費。呂覽安死非愛其費也。注財也。轉注禮記表記恥費輕實。疏辭費也。呂覽禁塞費神傷魂。叚借爲拂。實爲弗。禮記中庸費而隱。注猶佹也。後儒誤解。又爲怫。楚辭招魂費白日些。注光皃也。又託名幖識字。書費誓。說文作粊。尚書大傳作肹。僖元傳公賜季友汶陽之田及費。在今山東沂州費縣。又隱元傳費伯帥師城郎。此費庈父食邑。在今兗州府魚臺縣。又左莊八傳徒人費。史記齊世家作茀。成六傳鄭悼公費。鄭世家作濆。晉世家穆侯費生。世本作弗。古韻宋玉釣賦叶悴費。文子道原叶旣費。周書文傳叶美茨費。

物　佛　佛　見不審也。从人弗聲。此仿佛字。仿佛亦雙聲連語。寡婦賦目仿佛乎平素。注引字林仿相似也。佛不審也。叚借爲拂。實爲弗。禮記曲禮獻獸者佛其首。注戾也。學記其求之也佛。注違也。又爲弼。詩敬之佛時仔肩。傳大也。箋輔也。謂借爲弼。又疊韻連語。笙賦中佛鬱以怫惆。注不安皃。又單辭形況字。荀子非十二子佛然平世之俗起焉。注讀爲勃。又發聲之詞。水經穀水注西方有神名曰佛。後漢楚王英傳注佛者漢言覺也。將以覺悟羣生也。按西域之通人彼處謂之佛。猶中國言聖也。

物　髴　髴　若似也。从髟弗聲。按此佛字之訓。文从髟疑𩬊也。易旣濟子夏傳婦喪其髴。虞注髴髮謂鬒髮也。一名婦人之首飾。俗說髴爲婦人蔽膝。非也。按𩬊亦可通。叚借爲佛。聲類髣髴相似皃不諦也。許書無髣字。古韻靈樞官鍼叶貴髴。

月　艴　艴　愠怒色也。从色弗聲。論語色艴如也。字象下又引作孛。今本以勃爲之。孟子曾西艴然不悅。

物　㷆　㷆　山脅道也。从山弗聲。楚辭坱兮北山曲㷆。亦名岪。淮南書彷徨于山岬之旁。是也。叚借疊韻連語。吳都賦嶼嵂鬱㷆。注山氣暗昧之狀。埤蒼㷆鬱山皃。魯靈光殿賦下㷆蔚以璀錯。注與起皃。又重言形況字。曾子白心美哉㷆㷆。注特起皃。

曷　炥　炥　火皃。从火弗聲。與爇略同。按字亦作𤍠。淮南墬形日之所𤍠。注猶照也。又作㶇。方言十㶇乾物也。廣雅釋詁二㶇𤌗也。列子周穆王。宥未㶇。

質　奰　奰　大也。从大弗聲。讀若予違汝弼之弼。字亦作下形上聲。廣雅釋詁一奰大也。詩蕩爲奰賊以廢爲之。佛時仔肩以佛爲之。

物　怫　怫　鬱也。从心弗聲。字林怫鬱心不安也。漢書鄒陽傳大后怫鬱泣血。注蘊積也。文賦沈辭怫悅。注難出之皃。叚借爲艴。素問刺𦾔

fèi 沸　fú 拂　fú 紼　fèi 櫠　fú 𧼮

痛痛怫然腫又爲拂實爲弗史記太史公自序五家之文怫異索隱悖也家語三恕陳道而弗怫注詭也

未 **沸** 滭沸濫泉也从水弗聲按涌出之皃字亦作濆詩采菽觱沸檻泉十月之交百川沸騰上林賦沸乎暴怒郭注水聲也西山經丹水是有玉膏其源沸沸湯湯廣雅釋訓沸沸流也亦重言形況字叚借疊韻連語洞簫賦佚豫以沸渭注引埤蒼不安皃又託名幖識字史記鄭悼公濆索隱一作沸一作弗竹書晉魏公潰漢書律厤志作費古韻詩十月之交叶沸卒句中韻

物 **拂** 過擊也从手弗聲按隨擊隨過蘇俗語謂之拍也與拭略同廣雅釋詁二拂去也三除也釋言拂搏也儀禮大射儀挍弓拂弓注去塵也考工弓人和弓轂摩注拂之摩之既夕商祝拂柩有司徹以右袂推拂几三又楚辭大招長袂拂面注拭也禮記內則拂髦注振去塵著之太元元攤而拂其所有餘注除也太元從拂其惡注去也淮南齊俗拂于四達之衢注放也顏延年詩滯瑕難拂莊子天運孰居無事而披拂是叚借爲咈實爲弗易頤拂經于邱頤詩皇矣四方以無拂禮記大學是謂拂人之性漢書王莽傳拂世矯俗東方朔傳拂於耳杜欽傳言之則拂心逆指吳語而無拂吾慮荀子臣道事暴君者有補削無撟拂大戴易本命食木者多力而拂淮南本經曲拂遭回又爲弼廣雅釋詁四拂輔也聲類拂扶也荀子臣道功伐足以成國之大利謂之拂漢書蓋寬饒傳匡拂天子東方朔傳上以拂主之邪王莽傳甄豐爲大阿右拂又爲咈史記老莊申韓傳大忠無所拂辭又爲茀離騷折若木以拂日兮注蔽也楚辭招魂蒻阿拂壁注薄也東京賦雲旗拂霓薛注至也又爲拔按夏小正拂桐芭猶擢也淮南天文拂于扶桑注猶過一曰至也又爲晉語拂衣從之注褱也又疊韻連語甘泉賦帷弸彋其拂汩兮注鼓動之皃又重言形況字夏小正拂桐芭傳或曰言桐芭始生皃拂拂然也聲訓賈子保傅潔廉而切直匡過而諫邪者謂之拂拂者拂天子之過者也荀子臣道有能抗君之命反君之事以安國之危除君之辱功伐足以成國之大利謂之拂按皆以咈訓弼也又小正拂桐芭傳拂也者拂也按以發訓拔也古韻詩皇矣叶茀仡肆忽拂

物 **紼** 亂系也从系弗聲一切經音義十二引作亂麻也字亦作綍可裝衣可然火可緝之爲索爾雅釋水紼縭維也詩采菽紼纚維之禮記緇衣其出如綍又白虎通紼者所牽持棺者也周禮遂人帥而屬六綍禮記曲禮助葬必執紼喪大記君葬用輴四綍二碑左昭三十傳先君有所助執紼矣按據在車曰引據在棺曰紼聲訓釋名從引之曰紼紼發也發車使前也

未 **櫠** 櫠木也从木費聲按本無此篆

物 **𧼮** 走也从走弗聲

fèi 灒　yù 鬱　yù 鬱

未 **灒** 涫也从鬲沸聲上林賦湁潗鼎灒

鬱二名凡鬱之派皆衍鬱聲 迂勿切

物 **鬱** 芳艸也十葉爲貫百廿貫築以煮之爲鬱从臼冖缶鬯彡其飾也一曰鬱鬯百艸之華遠方鬱人所貢芳艸合釀之以降神鬱今鬱林郡也經傳皆以鬱爲之周禮鬱人和鬱鬯注鬱爲草若蘭周語鬱人薦鬯注鬱金香艸宜以和鬯酒也禮記明堂位鬱尊用黃目爾雅釋言鬱氣也轉注廣雅釋器鬱金絲也又左定二傳鬱攸從之注火氣也漢書王褒傳不苦盛暑之鬱燠注熱氣也亦雙聲連語素問五運行大論其令鬱蒸注盛也

物 **鬱** 木叢生也从林鬱省聲字俗作欝經傳或以菀以蔚爲之方言十二欝長也詩晨風欝彼北林傳積也古詩欝欝園中柳注茂盛也亦重言形況字轉注海賦欝沏迭而隆頹注盛皃射雉賦欝軒翥以餘怒注暴怒也亦單辭形況字叚借爲鬱禮記鬱合鬯馬注草名家語哀公問政加以鬱鬯注香草又爲菸廣雅釋器鬱幽也又臭也禮記內則鳥皫色而沙鳴鬱注腐草也荀子正名香臭芬鬱注腐臭也管子中匡鬱濁困滯注謂穢塞不潔清者也又爲於爲淤管子君臣鬱令而不出者幽其君者也注塞也周書成開二發鬱注謂穀帛滯積者也呂覽精氣鬱也注不通也左昭廿九傳鬱湮不育注滯也周禮典同弇聲鬱舞賦或有宛足鬱怒注怒氣遲留不發也太元贖藏鬱於泉注化也管子地員葉下於鬱字亦作欝薀鬱於一聲之轉又爲越素問至真要大論諸氣贖鬱注奔迫也又雙聲連語方言鬱悠思也離騷曾歔欷余鬱邑兮注憂也楚辭惜誦心鬱邑余侘傺兮注愁皃憂苦志紆鬱其難釋注愁也又報任少卿書獨鬱悒而誰與語注不通也後漢崔寔傳注鬱伊不申之皃李固傳注鬱洪雲起皃又爾雅釋詁鬱陶喜也孟子鬱陶思君爾樂緯稽耀嘉酌酒鬱搖又僞五子之歌鬱陶乎予心傳哀思也此用孟子而誤又廣絕交論言鬱郁於蘭茝注香也又疊韻連語甘泉賦雷鬱律於巖窔兮注小聲江賦時鬱律其如烟注烟上皃海賦澎濞鬱碨注高峻皃字亦作鬱七發中鬱結之輪菌注隆高之皃又重言形況字莊子庚桑楚汝目灑濯孰哉鬱鬱乎崔注孰酒皃又託名幖識字詩六月食鬱及薁傳棣屬按即郁李也用郁亦同鬱郁雙聲又水經溫水注鬱水即夜郎豚水也又莊子至樂陵舄得鬱棲司馬注蟲名李注糞壤也又史記陳杞世家平公鬱索隱一作郁釐古韻詩晨風叶鴥鬱句中韻宋玉笛賦叶鬱絶

穴六名凡穴之派皆衍穴聲 胡血切

屑 **穴** 土室也，从宀，八聲。按象嵌空之形，非八字。易需出自穴，注：陰之路也。詩緜陶復陶穴，箋：鑿地曰穴。黃鳥臨其穴，箋：壙中也。周禮穴氏注：蟄獸所藏者。夏小正熊羆貊貉鷈鼬則穴。高唐賦背穴偃蹠，注：孔也。又爾雅氿泉穴出，穴出，仄出也。又詩緜推度穴，穴鼻時萌注：決也。【叚借】爲通，幽通賦叛迴穴其若茲兮，注：僻也。又爲弗，後漢陳忠傳不敢穴見。【古韻】詩大車叶室穴，黃鳥叶穴慄，緜叶瓞漆穴室，靈樞脹論叶穴閉，三略上叶穴實述溢。

質 **鴥** 鸇飛皃，从鳥，穴聲。詩鴥彼晨風，傳：疾飛也。采芑鴥彼飛隼。蜀都賦鸕鷀鵁鶄其陰。【古韻】詩晨風叶鴥鬱，句中韻。

結 **麧** 餅麴也，从麥，穴聲。方言十三：麧，麴也。齊右河濟曰麧。

宥 **狖** 鼠屬，善旋，从豸，穴聲。按一切經音義廿一引說文禺屬，善游，字亦作狖。廣雅釋獸：狖，狖也。蒼頡篇：狖似猫，搏鼠，出河西，似獮猴而大，蒼黑色，江東養之捕鼠，爲物捷健也。又廣雅：狖，蜼也。淮南覽冥猨狖顛蹶而失木枝，注：猨屬，長尾而仰鼻，讀中山人相遺物之遺。吳都賦狖鼯猓然，謝靈運詩乘月聽哀狖，此字據說文似與鼬同，黃鼠狼也。據廣雅則狖爲貍屬，狖爲禺屬，然許書無狖，疑兩獸同名矣。至段氏訂此字从冘，冘散之冘，謂與鼬同字，則可，而又欲改說文鼠屬爲禺屬，此騎牆之見也。

屑 **泬** 水從孔穴疾出也，从水，从穴，穴亦聲，會意。與潏略同。爾雅氿泉穴出。【叚借】爲遹辭，詩回泬其德。又爲潏水，水經洵水注：泬水亦謂是水爲潏水也。又疊韻連語，楚辭九辯泬寥兮，注：曠蕩而虛靜也，猶蕭條，蕭條者無雲皃。按讀如由劉也。

屑 **䋎** 縷一枚也，从糸，穴聲。

血六名，凡血之派皆衍血聲。 呼穴切

屑 **血** 祭所薦牲血也，从皿，一，指事。詩信南山取其血膋，箋：血以告殺也。公羊僖十九傳叩其鼻以血社也。【轉注】左僖十五傳陰血周作，言馬也。易坤其血元黃，言龍也。淮南精神血氣者人之華也，又以言人。又易屯泣血漣如，答蘇武書戰士爲陵飲血，注：即淚也。又南山經侖者之山有木名白咎，可以血玉，注：染玉作光彩。【叚借】爲恤，大戴少閒血者猶血，注：憂色也。【聲訓】釋名：血，濊也，出於肉流而濊濊也。【古韻】詩雨無正叶血疾室，易渙叶血出，高唐賦叶發忽血實日。【轉音】靈樞決氣叶赤血。

屑 **⿱艹血** ⿱艹血艸也，从艸，血聲。籀文从䖵。疑即蒐之異名。茜草一名地血。

質 **䘏** 憂也，从卩，血聲。按說文隸血部，非是。書大誥無毖于䘏，虞書惟刑之䘏哉，以䘏爲之。史記作靜，謂借爲侐、爲謐，失之。史記司馬相如傳眇閻易以䘏削，又揚袘䘏削，索隱：刻除皃，集解：裁制皃。亦雙聲連語。【叚借】爲恤，說文：憂也，从血，卩聲。周書祭公而莫䘏其外，周禮典瑞以䘏凶荒，後漢郭鎮傳不䘏諱忌。又爲述，史記弟子傳曹䘏字子循。又疊韻連語，莊子徐无鬼若䘏若失，李注：驚悚若飛也。又雙聲連語，求元失䘏而悚而注，憂懼卒至之皃也。又單辭形況字，七發則䘏然足以駭矣，注：驚恐皃。又古今人表鄭無䘏，晉語作正。

職 **侐** 靜也，从人，血聲。詩閟宮有侐，傳：清淨也。

質 **恤** 憂也，从心，血聲。易泰勿恤其孚，書大誥不卬自恤，詩祈父胡轉予于恤，左昭十二傳恤恤乎，湫乎，攸乎，亦重言形況字。晉鄭無恤字樂，一字良。【轉注】說文又曰收也，猶救也。周書大宗伯以恤禮哀寇亂，大司徒孝友睦婣任恤，六曰不恤之刑，八曰以誓教恤，禮記月令恤孤寡，漢書韋元成傳注：恤，安也。【別義】廣雅釋詁三：恤，敬也。【叚借】爲䘏，虞書惟刑之恤哉，按節省也。【古韻】詩蓼莪叶恤至，桑柔叶毖恤熱。

職 **洫** 田閒水道也，从水，血聲。考工匠人方十里爲成，成閒廣八尺深八尺謂之洫，此井田之制。周禮遂人百夫有洫，洫上有涂，此鄉遂之制，而其廣深從同。左襄十傳子駟爲田洫，三十傳田有封洫。論語而盡力乎溝洫。【轉注】廣雅釋水：洫，池也。西京賦經城洫，魏都賦崇墉濬洫，謂城下池也。詩文王有聲築城伊淢，以淢爲之，韓詩正作洫。又後漢鮑昱傳注：洫，渠也，以石爲之，猶今之水門也。【叚借】爲渫，莊子則陽所行之備而不洫，李注：溢也。又爲侐，齊物論以言其老洫也。【古韻】韓詩文王有聲叶洫匹。

䀏一名。 於穴切

屑 **䀏** 目深皃，从目𡨄，會意。讀若易勿䘏之䘏。與睛誼略同。

聿四名，凡聿之派皆衍聿聲。 余律切

質 **聿** 所以書也，楚謂之聿，吳謂之不律，燕謂之弗，从聿，一，指事，一者牘也。秦以後皆作筆字。【叚借】爲述，詩文王聿脩厥德，傳：述也。後漢傅毅傳注：聿，循也。又助語之詞，詩蟋蟀歲聿其莫，傳：遂也。緜聿來胥宇，箋：自也。左昭廿六傳聿懷多福，注：惟也。穆天子傳聿將六師，注：猶曰也。又爲遹，羽獵賦武騎聿皇，流輕疾皃。吳都賦聿越巉險，劉注：豹走皃，亦疊韻連語。

質 **筆** 秦謂之筆，从聿，从竹。按此秦製字，秦以竹爲之，加竹。爾雅釋器：不律謂之筆。禮記曲禮史載筆，字亦作貟。咸伯著碑貟墨

lǜ 律　lǜ 葎　hū 回(曶)　hū ⿰木曶　hū ⿱曶黍　hū 淴　hū 匫　hū 寣

敏疾嚴訢碎發憤授貞轉注漢書禮樂志筆則筆削則削注謂有所增益也又釋名釋天筆星星氣有一枝末銳似筆也聲訓釋名筆述也述事而書之也

質 律 均布也从彳聿聲爾雅釋詁律法也又常也易師出以律淮南覽冥以治日月之行律注度也又爾雅釋言律述也禮記中庸上律天時又爾雅釋言律銓也注所以銓量輕重管子七臣七主律者所以定分止爭也轉注蔡邕月令章句截竹爲管謂之律虞書同律度量衡周禮典同掌六律六同之和禮記禮運五聲六律十二管注陽曰律孟子不以六律注黃鐘大蔟姑洗蕤賓夷則無射也爾雅釋器律謂之分太元元瑩六始爲律方言十二律始也周語律所以立均出度也大戴易本命律主禽鹿注麋鹿角長短大小似律又荀子禮論不沐則濡櫛三律而止注律理髮也叚借爲制七發上擊下律又重言形況字詩蓼莪南山律律傳猶烈烈也莊子庚桑楚律乎猶有惡也崔注惡皃聲訓廣雅釋言律率也春秋元命苞律之爲言率也所以率氣令達也周禮典同注律述氣者也以銅爲之古韻詩蓼莪叶律弗卒荀子成相叶出律滑拙

質 葎 葎艸也从艸律聲似葛有刺亦謂之葛勒

回五名凡回之派皆衍回聲 呼骨切

月 回 出氣詞也从曰象气出形籀文从口字亦作曶一曰佩也象形大徐謂即經傳之笏字按字象佩玉形不象笏形禮記玉藻笏度二尺有六寸其中博三寸其殺六分而去一又說文引春秋傳鄭太子回今本作忽書傳凡倏忽字皆以忽爲之荀子彊國忽然耳莊子天地忽然出皆是

月 ⿰木曶 高皃从木回聲字亦作⿰木曶

月 ⿱曶黍 黍黏也从黍回聲字亦作⿱曶黍

月 淴 青黑色鍇本青黑皃从水回聲字亦作淴

月 匫 古器也从匸回聲字亦作匫太倉畢秋帆尚書得名鼎一自是人名此字从匸殆非鼎屬

寣一名 火滑切

月黠 寣 臥驚也从㝱省从言會意疑與寤略同廣雅釋詁四寣覺也蘇俗語略略睡曰困一寣當此字叚借重言形況字說文一曰

寣寣小兒號聲又發聲之詞說文一曰河南相評曰寣此如漢書嘆大姊咄少卿之比

mò 叟(叜)　mò ⿰王叟　mò ⿰叟頁　mò 没　gǔ 骨　huá 䶵　gǔ 鶻

叟四名凡叟之派皆衍叟聲 莫突切

月 叟 入水有所取也从又在回下會意回古文回淵水也讀若沬莊子達生若乃夫没人則未嘗見舟而便操之也注能鶩没於水底者以没爲之轉注周語戎狄冒没輕儳注入也亦以没爲之

月 ⿰王叟 玉屬从玉叟聲讀若没穆天子傳采石之山有⿰王叟瑤

月 ⿰叟頁 內頭水中也从頁从叟會意叟亦聲

月 ⿰氵叟 沈也从水从叟會意叟亦聲字亦作沕小爾雅廣詁没滅也漢書匈奴傳贊注没溺也左襄廿四傳何没没也注沈滅之言按猶昧昧也禮記坊記不以美没禮史記屈賈傳沕深潛以自珍徐廣注沕潛藏也轉注小爾雅廣詁没無也史記酷吏傳始爲小吏乾没集解得利爲乾失利爲没又詩漸漸之石曷其没矣傳盡也論語没階趨皇疏猶盡也儀禮聘禮没其竟注盡也禮記襍記如未没喪而毋死注猶竟也叚借爲歿小爾雅廣言没終也易繫辭庖犧氏没儀禮士昏禮若舅姑既没論語没齒無怨言周語蔑劉其不没乎晉語

將壽寵得没又爲昧晉語闇没字明又爲冒晉語不没爲後也注貪也没冒雙聲又疊韻連語南都賦没滑瀎潏注疾流之皃也封禪文沕潏曼羨注沕没也又雙聲連語史記屈賈傳沕穆無窮兮索隱深微皃文選注不可分別也又託名幖識字越語又敗之于没注地名中山經没水注世謂之禮水古韻詩漸漸之石叶卒没出

骨九名凡骨之派皆衍骨聲 古忽切

月 骨 肉中覈也从冎有肉會意生人之骨也素問脈要精微論骨者髓之府管子四時風生木與骨按人身三百六十五骨男骨白女骨黑太元劇骨纍其肉注幹也轉注周禮內饔凡掌共羞脩刑膴胖骨鱐注牲體也又晉語挾以銜骨又考工弓人骨直以立注謂强毅也又後漢來歙傳注骨鯁喻正直也又考工梓人千本以骨鳴者注骹屈屬也馬本作冎今作骨叚借託名幖識字埤蒼狗榾木名也字亦作榾聲訓釋名骨滑也骨堅而滑也古韻晉語叶骨猾猝

黠 䶵 齒骨聲从齒从骨會意骨亦聲與齺略同

月黠 鶻 鶻鵃也从鳥骨聲爾雅鶌鳩鶻鵃孫注一名鳴鳩左昭十七傳鶻鳩氏注鶻鵃也詩草木疏鶻鳩斑鳩也桂陽人謂之斑隹廣

gǔ 縎　hú 搰　huá 滑　hú 尳　kuī 顝　wā 歆

雅鶻鵃鵃也按經傳凡單言鳩或言鳴鳩皆此也別義方言八野鳧南楚之外大者謂之鶻蹏

黠 **歆** 咽中息不利也从欠骨聲通俗文大咽曰歆按大咽多至哽噎

月 **顝** 大頭也从頁骨聲讀若魁廣雅釋詁一顝大也二醜也按今俗凡言大曰魁首當作此顝字叚借單辭形況字思元賦顝羈旅而無友兮注獨也按猶塊然也別義蒼頡篇顝相抵觸也按謂以頭相觸

月 **尳** 厀病也从尣从骨會意骨亦聲按類滑骨差也

黠月 **滑** 利也从水骨聲周禮瘍醫以滑養竅注凡諸滑物通利往來似竅儀禮公食禮記皆有滑注堇荁之屬又素問六節藏象論夫脈之小大滑濇浮沉注滑者往來流利又廣雅釋言滑澤也釋詁一滑美也埤蒼滑美皃也又史記樗里甘茂傳滑稽多智索隱滑稽酒器可轉注吐酒不已滑稽傳索隱猶俳諧也轉注左昭廿六傳無助狡猾字亦作猾晉語齒牙為猾注弄也史記酷吏傳滑賊任威漢書作猾劉敬叔孫通傳專言大猾何也索隱狡也東京賦巨猾間舋方言十婚娗也或謂之猾三蒼猾黠惡也叚借為汩實為淈小爾雅廣言滑亂也周語滑夫二川之神晉語不如置不仁以滑其中莊子齊物論滑疑之耀又置其滑涽天地滑心使性飛揚荀子成相吏謹將之無披滑淮南俶眞不足以滑其和又虞書蠻夷猾夏鄭注侵亂中國也潛夫論正作滑廣雅釋詁四猾擾也賜馮煥詔側輕狡猾字誤作猾又疊韻連語莊子徐无鬼頡滑有實又重言形況字淮南原道混混滑滑按與汩汩同又託名標識字左莊三年公次于滑在今河南歸德府睢州公穀皆作郎又十六年滑伯姬姓國在今河南河南府偃師縣又宣八傳楚子疆之及滑汭是水當在今安徽廬州府東境又墨子公輸禽滑釐列子楊朱作骨古今人表作屈周語鄭武公滑突史記作掘此疊韻連語古韻荀子成相叶出律滑拙晉語叶骨猾、狻、

說文通訓定聲　履部弟十二

月 **搰** 掘也从手骨聲吳語狐埋之而狐搰之注發也字亦作抇廣雅釋詁二抇裂也三抇穿也釋言抇掘也荀子堯問深抇之而得甘泉焉荀子正論亂今厚葬飾棺故抇也列子說符俄而抇其谷叚借為淈呂覽本生物者抇之注亂也又莊子天地搰搰然用力甚多而見功釋文用力皃

月 **縎** 結也从糸骨聲楚辭九思心結縎兮折摧廣雅釋訓結縎不解也字亦作愲漢息夫躬傳心結愲兮傷肝

圣三名凡圣之派皆衍圣聲 苦骨切

kū 圣　guài ⿰多圣　guài 怪　wù 兀　wù 扤　huǐ 虺　wù 阢　tū 厺

月 **圣** 汝潁之閒謂致力於地曰圣从土从又會意讀又若兔窟之窟

灰 **⿰多圣** 大也从多圣聲與恢略同

卦 **怪** 異也从心圣聲論衡自紀詭於眾而突出曰怪書禹貢鉛松怪石中山經苟牀之山多怪石注似玉也禮記祭法見怪物疏慶雲之屬周禮閽人奇服怪民不入宮注狂易也論語怪力亂神周書大戒六出觀好怪莊子逍遥遊齊諧者志怪者也齊物論恢恑譎怪南山經猨翼之山多怪獸怪魚中山經江水其中多怪蛇爾雅釋鳥怪鴟又風俗通怪神怪者疑也淮南說林知者不怪注惑也轉音楚詞懷沙叶怪態遠遊叶怪來

兀四名凡兀之派皆衍兀聲 五忽切

月 **兀** 高而上平也从一在人上一者平也指事讀若敻茂陵有兀桑里叚借為跀莊子德充符魯有兀者李注刖足曰兀又單辭形況字遊天台山賦兀同體於自然注無知之皃也

刀 **扤** 動也从手兀聲方言九僞謂之扤扤不安也詩正月天之扤我考工輪人則是以大扤上林賦扤崇臺吳都賦扤白帶注搖也按字亦作卼作仡作杌易困臲卼亦作倪仉書秦誓杌隉亦皆疊韻連語

說文通訓定聲　履部弟十二

尾灰 **虺** 以注鳴者从虫兀聲或曰从長省从虫虫亦聲詩正月胡為虺蜥陸疏一名蠑螈水蜴也或謂之號蜥或謂之蛇醫吳語為虺弗摧叚借為虫爾雅釋魚蝮虺廣雅釋魚虺蝰也楚辭天問雄虺九首大招王虺騫只又疊韻連語詩卷耳我馬虺隤爾雅釋詁虺隤病也又重言形況字詩終風虺虺其靁廣雅釋訓虺虺聲也又託名標識字書序仲虺作誥史記作䖒大戴作偎荀子作蘬古韻吳語叶虺摧句中韻

月 **阢** 石山戴土也从𨸏从兀會意兀亦聲按阢即崔嵬之合音也與卼字扤字迵別字亦作屼字指兀秃山也

厺一名 他骨切

月 **𠫓** 不順忽出也从到子指事或从到古文子按子生首先出惟到乃順故育字流字皆从之會意與司字反后乃向后同義叚借為突易古本𠫓如其來如焚如鄭注以焚如為不孝之刑說文引易亦曰不孝子突出不容於內也皆誤以𠫓為本字而失之

突一名 徒骨切

tū 突

月 突 犬从穴中暫出也。从犬从穴，會意。漢書刑法志：是猶以鞿而禦駻突。注：惡馬也。【轉注】廣雅釋詁二：突，猝也。方言十：江湘之間凡卒相見謂之藥相見，或曰突。易離：突如其來如。又魯靈光殿賦：盜賊奔突。張注：唐突也。後漢光武紀：突騎。注：言能衝突軍陳。【叚借】爲掘。左襄廿五傳：宵突陳城。注：穿也。又爲肤。呂覽任地：子能以窒爲突乎。注：理出豐高也。又爲堗。爾雅釋宫：傳謂之突。按竈也。後漢竇融傳：突門。注：守城之門。又爲誦。廣雅釋詁二：突，欺也。又爲穾之誤字，字亦作堗。廣雅：竈謂之竈，其窗謂之堗。易離荀注：火光宣揚，故突如也。漢書敘傳：墨突不黔。淮南人閒：百尋之屋，以突隙之烟焚。按突从穴中求火，本訓當爲竈突，以形近相承誤作突，許時已然，然心知其意，故于突篆注一曰竈突，而于突下絕不出竈義也。又雙聲連語。荀子王霸：汗漫突盜以先之。注：陵觸也。榮辱：陶誕突盜。注：淩突不順也。又疊韻連語。海賦：突扤孤遊。注：高皃。【古韻】論語徵子叶突忽。

lì 㮚(栗)

㮚四名，凡㮚之派皆衍㮚聲。力質切

質 㮚 栗木也。从木，其實下垂，故从鹵，會意。古文从木从二鹵，从西。徐巡說：木至西方戰㮚。今字作栗，从古文省也。詩定之方中：樹之榛栗，椅桐梓漆。又東門之栗。又公羊文二傳：練主用栗。又素問五常政大論：其果李栗。注：水果也。按入腎經。【轉注】詩生民：實穎實栗。傳：其實栗栗然。按下垂之皃。【叚借】爲律。考工㮚氏。按均布也。古又作慄。又爲瑮。禮記聘義：縝密以栗。注：堅皃。又爲裂。考工弓人：菑栗不迆。注：謂以鋸副析幹。詩東山：烝在栗薪。箋：析也。韓詩作蓼蓼，栗雙聲。又爲溧。漢書楊惲傳：不寒而栗。注：竦縮也。詩七月：二之日栗烈。虞書：寬而栗。左桓六傳：嘉栗旨酒。論語：曰使民戰栗。孟子：蘡薁齊栗。又爲歷。儀禮聘禮：栗階升。按越也。又疊韻連語。纂文：必栗者，羌胡樂器名也。又雙聲連語。爾雅釋鳥：少美長醜爲鶹鷅。字變作鶹。又發聲之詞。荀子禮論：滌蕩三律。注：今秦俗猶以枇髮爲栗。又重言形況字。詩良耜：積之栗栗。爾雅釋訓：栗栗，衆也。說文引作秩。又託名幖識字。大荒西經：女媧之腸化爲神，處栗廣之野。注：野名。又廣雅釋草：蚍栗，蚍床也。又公羊哀二傳：戰于栗。左作鐵，在今直隸大名府開州。【聲訓】白虎通宗廟：栗者所以自戰慄。魯語：婦贄不過棗栗。注：㮚取敬栗。【古韻】詩定之方中叶日室栗漆瑟，東門之墠叶栗室即，車鄰叶漆栗瑟耋，良耜叶挃栗櫛室。

lì 瑮

質 瑮 玉英華羅列秩秩也。从玉，栗聲。逸論語曰：玉粲之璱兮，其瑮猛也。

lì 溧

質 溧 溧水也。出丹陽溧陽縣。从水，栗聲。當在今江蘇鎮江府溧陽縣北，爲永陽江，古三江之中江也。今水道絕異，其源流亦不可考。

lì 凓

質 凓 寒也。从仌，栗聲。字亦作慄。詩七月：二之日凓冽。今本以栗爲之。素問氣交變大論：其變凓冽。春秋繁露：燕凓謂寒暖也。素問瘧論：乃作寒慄鼓頷。風論：使人怢慄而不能食。【轉注】爾雅釋言：慄，感也。廣雅釋言：慄，戰也。釋訓：慄慄，懼也。詩黃鳥：惴惴其慄。莊子人閒世：吾甚慄之。【古韻】詩黃鳥叶穴慄，宋玉風賦叶慄欷。

rì 日

日七名，凡日之派皆衍日聲。人質切

質 日 太陽之精也。从口一，象形。日大于地球一百六十五倍八之三，去地一千六百餘萬里，出沒時以遠鏡測之，其體如雞卵，面有浮游黑點，大小不均，隱見隨從，常閱十四日則周日面之徑，前點出，後點入，莫能解其何物何故。造字以中一象之，古文并象其移動徵曲之形。予夏易傳：日內明翼翼，似黑，其體在熒惑之下，太白之上，第六重天，其行每日不及天一度，故積三百六十五日有奇而與天會以成歲。易說卦：離爲日，爲火。周禮大司徒：以土圭之法正日景，求地中。孝經援神契：日中則光溢。【轉注】太陽行一晝夜即命之爲一日。書洪範：日月星辰。太陽也。歲月日時，亦即曰日。孟子：天無二日。太陽也。左傳：天有十日。亦即曰日。易革：已日乃孚。書皐謨：一日二日萬幾。詩十月之交：朔日辛卯。禮記內則：教之數日。月令：乃以元日。蔡邕章句：幹也。盧注：甲至癸也。又左文七傳：日衞不睦。注：往日也。列子湯問：日與偕來。注：別日也。又辯命論：豈日者卜祝之流乎。注：占候時日謂之日者。又初學記引說文：日又君象也。【叚借】託名幖識字。大荒西經：有山名曰日月山，天樞也。又爲旬之誤字。王制：用民之力，歲不過三日。按與周禮均人豐年則公旬用三日合。又爲曰之誤字。左襄九傳：是以日知其有天道也。按承上文知有天道語。【聲訓】說文：日，口實也，太陽之精不虧。白虎通：日之爲言實也。釋名：日，實也，光明盛實也。廣雅釋言：日，節也。釋詁四：日，二也。未詳。【古韻】詩旄邱叶葛節日，定之方中叶日室栗漆瑟，伯兮叶日疾，犬車叶室穴日，荀子成相叶節必實日，家語致思叶實日密，高唐賦叶發忽血實日。

nì 䵒

質 䵒 黏也。从黍，日聲。或从刃聲。爾雅釋言：䵒，膠也。【轉注】說文引左隱元傳：不義不䵒。考工弓人：凡䵒之類。杜子春注引作不義不昵，云昵或爲䵒。按䵒爲膠合之義，昵爲親近之義，皆可通。考工之昵則借爲樴也。

chī 黐

齊 黐 此字說文汲古閣本增入。按即䵒之異體，姑附于此。

yì 衵

質 衵 近身衣也。从衣，日聲。左宣九傳：皆衷其衵服以戲于朝。【聲訓】說文：衵，日日所常衣。从衣从日，日亦聲。

rì 馹

質 馹 傳也。从馬，日聲。車曰馹，曰傳；馬曰驛，曰遽。左襄廿一傳：乘馹而見宣子。昭五傳：楚子以馹至于羅汭。晉語：乘馹自下。呂覽士節：乘馹而自追晏子。爾雅釋言：馹，傳也。字亦作遷。聲類：與馹同。

屑 **涅** 〔篆〕 黑土在水中者也从水从土日聲論語涅而不緇孔注涅可以染皁淮南俶眞今以涅染紫則黑於涅注礬石也西山經女牀之山其陰多石涅注卽礬石也楚名爲涅石秦名爲羽涅廣雅釋詁三涅泥也釋器涅黑也【轉注】廣雅釋詁三涅巳也方言三涅化也雞伏卵而未孚始化之時謂之涅按形與色其變同【假借】爲休方言涅休也廣雅釋詁一涅汲也又爲窒儀禮旣夕記隸人涅厠注塞也錢宮詹云借爲敜　敜涅亦雙聲

質 **颶** 〔篆〕 大風也从風日聲

實一名 神質切

質 **實** 〔篆〕 富也从宀从貫會意貫貨貝也與寔字音義俱別左文十八傳聚斂積實晉語吾有卿之名而無其實楚語令尹問蓄聚積實禮記哀公問好實無厭表記恥費弨實注財貨也又儀禮聘禮庭實設注乘馬後漢班彪傳注庭實貢獻之物也【轉注】小爾雅廣詁實滿也又塞也墨子經上實榮也廣雅釋詁一實誠也素問調經論有者爲實故凡中質充滿皆曰實禮記祭統草木之實注菱芡榛栗之屬詩載芟實函斯活箋種子也易頤自求口實鄭注頤中有物曰口實左襄廿二傳而以爲口實服注譴讓也宣十二傳實其言必長晉國注猶充也隱五傳以數軍實易鼎有實晉語令司正實爵與史蘇又淮南原道獸蹠實而走注地也楚辭遷紛后聽虛而黜實兮注誠也賈子大政能言之能行之者謂之實呂覽觀世晏聞察實者不留聲禮記王藻盛氣顚實素問玉機眞藏論此謂五實注謂邪氣盛實【假借】爲寔爾雅釋詁寔是也詩韓奕實墉實壑燕燕實勞我心傾其實維伊何生民實覃實訏箋實之言適也儀禮覲禮伯父實來周語而咨於故實注故事之是者又爲至禮記雜記使某實又重言形況字詩閟宮實實枚枚傳廣大也【聲訓】淮南泰族知械機而實衰注質也【古韻】詩桃夭叶實室黍離叶實噎禮記檀弓叶經實三略上叶穴實述盜鬼谷捭闔叶實利死閑荀子成相叶節必實日家語致思叶實日密高唐賦叶發忽血實日【轉音】易蒙叶順實毀靈樞九鍼十二原叶實泄又易泰叶實願亂

設二名 凡設之派皆衍設聲 識律切

屑 **設** 〔篆〕 施陳也从言从殳會意殳使人也與般同意按言以口使殳以手使禮記月令壑設于門外注陳也經解規矩誠設注謂彈畫也儀禮士冠禮設纚注施也秦策張樂設飲注置也又設策於前注貪也【假借】爲泆易繫辭益長裕而不設鄭注大也又爲褻荀子大略設衣不踰祭服注宴也又爲𡪢廣雅釋詁二設合也又發聲之詞史記魏其武安侯傳設百歲後索隱脫也法言重黎設秦得人如何注假也按與用使字同【古韻】詩賓之初筵叶設逸【轉音】僞三略上叶設奪

屑 **蔎** 〔篆〕 香艸也从艸設聲【假借】重言形況字廣雅釋訓蔎蔎香也楚辭九歎懷椒聊之蔎蔎兮

乙廿八名 凡乙之派皆衍乙聲 於筆切

質 **乙** 〔篆〕 艸木冤曲而出也象形與丨同意與燕乙字音義皆別白虎通乙者物蕃屈有節欲出文賦思乙乙其若抽注抽也亦重言形況字【假借】以紀旬爲十幹之一禮記月令其日甲乙淮南天文注甲乙皆木也又以紀年紀月說文乙象春艸木冤曲而出陰氣尚彊其出乙乙也爾雅太歲在乙曰旃蒙月在乙曰橘又太乙經曰乙承甲象人頸又易泰帝乙歸妹左哀九傳微子啓帝乙之元子也按湯曰天乙又有祖乙小乙商質以十幹遞爲名疑借以紀十日者本爲燕乙之乙天命元鳥降而生商故湯以爲號後世因之也又爾雅釋魚腸謂之乙左僖三十二傳秦白乙名丙又禮記內則魚去乙注今東海鰫魚有骨名乙在目旁狀如篆乙食之鯁人不可出又東京賦致高煙于太乙注天之尊神也曜魄寶也凡此皆託名標識字【聲訓】釋名乙軋也自抽軋而出也史記律書乙者言萬物生軋軋也【古韻】高唐賦叶室乙畢

屑 **𤔰** 〔篆〕 撮也从受从己鍇曰己者物也今從鍇本从甲乙之乙乙聲

陌 **戹** 〔篆〕 隘也从戶乙聲字亦作厄若頡篇厄困也詩谷風箋厄難勤苦之事也易解注能濟其厄涣注不在厄劇【假借】爲軶詩韓奕倬革金厄傳烏噣也【古韻】詩韓奕叶幭戹

質 **失** 〔篆〕 縱也从手乙聲謂在手而奪去也易晉失得勿恤孟馬虞王肅本皆作矢禮記禮運故人情不失注猶去也經解故詩之失愚注不能節其敎者也表記君子不失足於人注失其容止之節也周禮師氏掌國中失之事注失失禮者也司救掌萬民之衺惡過失穀梁廿五傳莊公失言疏謂放言也【假借】爲逸荀子哀公其馬將失又爲泆周禮大宗伯注防其淫失管子立政德薄而位尊者謂之失漢書杜欽傳言失欲之生害也又爲佚左昭三十二傳魯君世從其失王氏懷祖曰縱其佚也又疊韻連語莊子徐无鬼若卹若失李注失驚悚若飛也【古韻】易需叶吉失家人叶失節宋玉釣賦叶失術越語叶物一失利

黠 **軋** 〔篆〕 輾也从車乙聲通俗文車轢曰軋史記匈奴傳罪小者軋索隱歷也漢書注輾轢其骨節若今之厭踝者也【轉注】漢書刑法志軋軋然常恐天下之一合而軋己也【假借】爲乙穀梁宣十九傳軋辭也注謂委曲也七發軋盤涌裔注軋坱無垠皃也又爲吃方言十吃

è 呝　è 餛　è 軶　è 阸　dié 苵　dié 迭　diē 跌　dié 詄　dié 眣

或訓之軋廣雅釋詁二軋吃也亦發聲之詞又疊韻連語漢書禮樂志假清風軋忽注長遠之皃也司馬相如傳纚紛軋芴注緻密也又重言形況字史記律書乙者言萬物生軋軋也

陌 **呝** 呝喔也从口戹聲字亦作呃按呝喔雙聲連語狀雞之聲射雉賦良遊呃喔引之規裏

陌 **餛** 飢也从食戹聲讀若楚人言恚人按恚人之詞有聲無字許時則常語人共知也今蘇俗如亥短言之

陌 **軶** 轅前也从車戹聲字亦作軛按軛耑之衡轅耑之槅皆名軶以其下缺處爲軥所以扼制牛馬領而稱也考工車人鬲長六尺以鬲爲之詩韓奕鞗革金厄以厄爲之儀禮既夕記楔貌如軶荀子正論三公奉軶持納轉音楚詞卜居叶軶蹟

陌 **阸** 塞也从𨸏戹聲字亦作阨史記商君傳魏居領阨之西索隱阻也左定四傳還塞大隧直轅冥阨注三者漢東之隘道按冥阨在今河南汝寧府信陽州卽春申君傳黽隘之塞楚策塡黽塞之內亦言鄳阨者也叚借爲戹賈子道術優賢不逮謂之寬反寬爲阨孟子阨窮而不憫左昭元傳所遇又阨吳都賦邦有湫阨而踡跼羽獵賦狹三王之阨僻又荀子議兵除阨其下注迫蹙也

屑 **苵** 蕛苵也从艸失聲按野生穢草似稗不可食

屑 **迭** 更遞也从辵失聲小爾雅廣詁迭更也廣雅釋詁三迭代也易說卦傳迭用柔剛詩日月胡迭而微韓詩作𢧜禮記樂記迭相爲經左昭十七傳三呼皆迭對公羊襄廿九傳弟兄迭爲君孟子迭爲賓主莊子天運四時迭起史記樂書迭相陵調之慢正義亙也叚借爲泆思元賦𤃩漫麗靡藐以迭逷注過也又書洛誥史迭逸周書作逸又爲達說文迭一曰达

屑 **跌** 踼也从足失聲方言十三跌蹷也字林跌失蹠也通俗文失躡曰跌漢書鼂錯傳跌而不振注足失據也揚雄傳一跌將赤吾之族注足失厝也荀子王霸此夫過舉蹞步而覺跌千里者夫哀哭之注差也淮南繆稱若跌而據注仆也舞賦跗蹋摩跌叚借爲軼說文一曰越也淮南脩務墨子跌蹏而趍千里注疾行也又爲泆公羊莊廿二傳肆者何跌也注過度也後漢孔融傳注跌蕩無儀檢也按聲家跌宕字當作泆蕩亦雙聲連語聲訓釋名拜于丈夫爲跌跌然詘折下就地也

屑 **詄** 忘也从言失聲與忽略同廣雅釋詁三詄誤也叚借爲泆漢書禮樂志詄蕩蕩又疊韻連語甘泉賦猕詄肸以掍批兮注疾皃也字亦作呹

質黠 **眣** 目不正也从目失聲聲類目露皃字亦誤作眹公羊傳眣晉大夫或曰咦卽眴字今按此字當訓目美也齊策鄒忌修八尺有

dié 鴃　dié 胅　zhì 秩　dié 瓞　zhí 帙　yì 佚

餘而形貌昳麗離騷見有娀之佚女注美也以佚爲之字亦作妷

屑 **鴃** 鋪豉也从鳥失聲爾雅鴆鋪枝注未詳按與鋪豉卽布穀不同鋪豉亦狀其聲也

屑 **胅** 骨差也从肉失聲廣雅釋詁二胅脽也按謂骨差突出也通俗文肉胅曰瘤爾雅犦牛注領上肉胅起高二尺許今凹凸字倉頡篇作容胅當作窅胅也字苑凸起者也卽胅字

質 **秩** 積也从禾失聲詩積之秩秩今艮部作積之栗栗禮記月令大合百縣之秩芻王制九十日有秩周禮宮伯行其秩敘注祿稟也左莊十九傳而收膳夫之秩注祿也謂穀也荀子彊國官人益秩庶人益祿注皆謂廩食也轉注禾之積有敘廣雅釋詁三秩次也釋言秩序也爾雅釋詁秩常也虞書望秩于山川平秩東作汝作秩宗天秩有禮詩賓之初筵不知其秩烈祖有秩斯祜周禮酒正凡有秩酒者鄉師令作秩敘禮記內則大夫無秩膳文王世子與秩節周語脩執秩以爲晉法叚借重言形況字詩假樂德音秩秩爾雅釋訓秩秩清也小戎秩秩德音爾雅釋訓秩秩智也巧言秩秩大猷傳進知也賓之初筵左右秩秩傳肅敬也斯干秩秩斯干傳流行也又託名幖識字爾雅秩秩海雉卽夏小正之元雉入淮爲蜃者也又海內西經開明南有秩樹古韻詩賓之初筵叶抑怭秩嘉樂叶抑秩匹

屑 **瓞** 瓝也从瓜失聲或从弗聲爾雅瓞瓝其紹瓞孫注小瓜子如瓝其本子小紹先歲之瓜曰瓞舍人注漢中小瓜曰瓞詩緜緜緜瓜瓞傳瓝也凡近本之瓜常小末則多大故詩以喻化家爲國郭注爾雅則謂瓜之旁緒亦箸子而小其說異古韻詩緜叶瓞漆穴室

質質 **帙** 書衣也从巾失聲或从衣亦謂之幒今人謂之函後漢楊厚傳吾綈袠中有先祖所傳秘記廣雅袠謂之袠轉注禮記內則右佩箴管線纊施縏袠玉篇帙小囊也別義廣雅釋言袟程也按謂裸裎也叚借爲秩楚辭惜命遂下袟於後堂兮注下袟謂妻御也

質屑 **佚** 佚民也从人失聲漢書梅福傳佚民不舉論語逸民伯夷叔齊以逸爲之按佚民者獨樂其身之民也廣雅釋詁一佚樂也孟子以佚道使民四支之于安佚也漢書李廣傳而其士亦佚樂注閑豫也司馬相如傳而終于佚樂者也司馬遷傳主勞而臣佚匈奴傳不壹勞者不久佚淮南脩務非以佚樂其身也注安也經傳多以逸爲之逸不經書無㑊字亦作㑊廣雅釋言㑊㑊也轉注周禮庾人以阜馬佚特注用之不使甚勞安其血氣也叚借爲詄說文一曰忽也孟子遺佚而不怨按忘也又爲逸公羊成二傳其佚獲秦何注已獲

yì 泆　yì 䮚　dié 镻　chì 䰡

而逃亡也宣十二傳而佚晉寇注猶過也荀子宥坐身不佚者志不廣注奔竄也漢書外戚傳熊佚出圈又爲泆倉頡篇佚蕩也方言六佚婬也又佚惕緩也論語樂佚遊皇疏出入不知節也漢書楊雄傳爲人簡易佚蕩淳于長傳具言長驕佚王莽傳以輿馬聲色佚游相高刑法志男女淫佚又爲失書盤庚惟予一人有佚罰傳失也君奭遏佚前人光又爲迭方言三佚代也齊曰佚穀梁文十一傳佚宕中國注猶更也又爲懿或爲昳離騷見有娀之佚女注美也

質 **䰡** 厲鬼也从鬼失聲西山經剛山是多神䰡注厲魅之類字亦作[illegible]

屑 **镻** 蛇惡毒長也从長失聲按當作蠆蛇毒長也爾雅釋魚镻蝁注蝮屬大眼最有毒今淮南人呼蝁子釋文引說文镻蛇毒長也玉篇镻蝁也蛇毒長也

屑 **䮚** 馬疾足也从馬失聲凡奔軼字後逸字書傳以軼以逸爲之

質 **泆** 水所蕩泆也从水失聲書禹貢泆爲滎衛包改作溢多士誕淫厥泆大淫泆有辭酒誥淫泆于非彝左隱三傳驕奢淫泆禮記坊記淫泆而亂于族字亦作妷廣雅釋詁一妷婬也三戲也又莊子天地數若泆湯李注疾速如湯沸泆也假借雙聲連語莊子達生則泆陽處之司馬注泆陽豹頭馬尾一云神名也

yī 一　yì 軼　zhì 紩　dié 𢆉　chì 抶

質 **抶** 笞擊也从手失聲左文十傳無畏抶其僕以徇十八傳歜以扑抶職聲訓釋名釋姿容抶鐵也其處皮熏黑色如鐵也

屑 **𢆉** 觸也从氐失聲按當从柢省

質 **紩** 縫也从糸失聲凡鍼功曰紩急就篇鍼縷補縫綻紩緣顏注紩刺謂之紩廣雅釋言紩納也按猶補也假借爲紼或爲縪廣雅釋器紩索也字亦作鉄方言車下鉄陳宋淮楚之閒謂之畢

質屑 **軼** 車相出也从車失聲廣雅軼過也三蒼軼從後出前也左隱五傳懼其侵軼我也注突也淮南覽冥軼鶤鷄於姑蘇莊子徐无鬼超軼絕塵漢書敘傳艮樂軼能于相御楊雄傳機駭蠭軼東京賦軼五帝之長驅假借爲徹齊策車軼之所能至又主者循軼之途也史記田完世家伏式結軼又爲泆漢書地理志軼爲滎又爲䮚漢書王褒傳因奏褒有軼材

一 一名 於膝切

質 **一** 一 弌 惟初太始道立於一造分天地化成萬物古文又从弋爲記數之始後世簿書假壹弌字爲之所以防奸易也一字

yì 归(抑)　yì 逸

於六書爲指事凡从一之字多指事不指天至亘丠至旦立或丕屯乇韭指地日易兀血匀葬毋兩夫芈奇閒指其事以爲形朱本末而亙刃卒寸㝵冢丑聿指其事以爲意又涇以覆土丂以礙丁毋以止叕束以止朿乍以止亡㐅以邕川辛以受辛于以取平干言所入音甘戌言所含正言所止皆所謂指事也方言十二一蜀也南楚謂之獨淮南詮言一也者萬物之本也無敵之道也易繫辭天下之動貞夫一者也老子抱一爲天下式又書君奭故一人有事于四方傳天子也周書文傳從生盡以養一丈夫注天子也又後漢郎顗傳三百四歲爲一德假借發聲之詞呂覽知士一至此乎注猶乃也又疊韻連語漢書路溫舒傳媮爲一切翟方進傳奏請一切增賦後漢光武紀注一切謂權時非久制也古韻詩素冠叶韠結一楚詞遠遊叶一逸越范蠡語叶物一失利老子贊元叶詰一三略上叶密一疾閉結一鬼谷子陰符叶氣一術

抑 一名 於律切

職 **抑** 归 抑 按也从反印指事用印必向下按之淮南云若璽之抑埴俗从手从归今誤作抑方言十三抑安也禮記內則而敬抑搔之學記強而弗抑淮南精神捧心抑腹楚辭惜誦情沈抑而不達兮漢書賈誼傳不使捽抑而刑之也轉注廣雅釋詁三抑治也孟子禹抑洪水而天下平荀子成相禹有功抑下鴻注遏也或曰借爲汩亦通又晉語叔魚抑邢侯注枉也史記劉敬叔孫通傳皆伏抑首集解屈也楚語而爲之聲善而抑惡焉注貶也淮南本經抑減怒激以揚激波注止也又淮南本經民之滅抑夭隱注沒也假借重言形況字爾雅釋訓抑抑密也詩假樂威儀抑抑傳美也賓之初筵威儀抑抑傳愼密也抑抑威儀傳密也又爲懿詩猗嗟抑若揚兮傳美色也又發聲之詞詩十月之交抑此皇父韓詩意也禮記中庸抑而強歟注辭也左宣十一傳抑人亦有言曰昭八傳抑臣又聞之廿一傳抑君有命可若何周語敢問天道抑人故也漢書敘傳其抑者縱橫之事古韻詩賓之初筵叶抑怭秩嘉樂叶抑秩匹楚詞懷沙叶抑替素問五常政大論叶抑氣

逸 一名 夷質切

質 **逸** 失也从辵兔會意兔謾訑善逃也與奪同意廣雅釋詁二逸去也四置也左桓八傳隨侯逸注逃也成十六傳逸楚囚注縱也鄭語以逸逃于褒注亡也假借爲䮚晉語馬逸不能止注奔也舞賦良駿逸足注疾也莊子田子方夫子奔逸絕塵海賦朔陽逸駭於扶桑之津注言出疾也又爲佚詩十月之交民莫不逸箋豫也吳語不自安恬逸注樂也呂覽重己足以逸身煖骸而已注安也察賢國治

qì 佾　xì 肸　xiè 屑　qiè ⿰齒屑　xiè 榍

身逸注不勞也書無逸今文尚書字作劮漢書律厤志舉逸民注謂有德而隱處者又爲泆書臯謨無敎逸欲有邦僞允征天吏逸德楚語耳不樂逸聲注淫也又爲失爾雅釋言逸過也廣雅釋言逸失也書盤庚予亦拙謀作乃逸周語是有逸罰又爲秩劉琨答盧諶詩逸珠盈椀按積也又重言形況字詩賓之初筵舉醻逸逸傳往來次序也謂借爲秩古韻楚詞遠遊叶亅逸詩十月之交叶徹逸賓之初筵叶設逸

佾五名凡佾之派皆衍佾聲許訖切

佾 質 物　振佾也从肉八聲按此卽舞佾字後又加人旁耳許云振佾者猶言振萬振羽也字當从背省从八會意舞者用足相背八人數也左隱五傳夫舞所以節八音而行八風故自八以下按八人爲一行天子用八六十四人諸侯用六四十八人大夫四三十二人士二十六人也昭廿五傳萬者二人人者八之誤字穀梁傳舞夏公大佾侯四佾又尸子舞夏自天子至諸侯皆八佾非是廣雅釋詁一佾列也禮記祭統八佾以舞大夏左隱五傳始用六佾也論語八佾舞于庭王元長曲水詩序葆佾陳階

肸 質　肸響布也从十佾聲按此字本訓許時已闕肸響者雙聲連語上林賦肸蠁布寫司馬彪注過也漢書注盛作也蜀都賦作翕響亦同左傳宋公子肸字向父晉叔向名肸檀弓作叔譽疑蠁之誤也叚借爲壁漢書禮樂志冏不肸飾集注振也則謂借爲佾又疊韻連語甘泉賦薌呹肸以掍批兮注疾皃

說文通訓定聲　履部弟十二

屑 履　動作切切也从尸佾聲今字誤作屑方言十二屑勞也思元賦屑瑤蘂以爲糇兮舊注碎也儀禮既夕醯醢屑注薑桂之屑也又方言十屑屑不安也注往來之皃漢書王莽傳晨夜屑屑亦重言形況字轉注方言十二屑猶也叚借爲絜小爾雅廣詁屑潔也詩谷風不我屑以君子偕老不屑髢也傳絜也疑絜之誤字孟子不屑就不屑之敎誨不屑不潔之士莊子則陽心不屑與之俱又爲泆小爾雅廣詁屑過也書多士馬本大淫屑有辭又疊韻連語海賦或屑沒于黿鼉之穴注猶碎也又重言形況字後漢崔駰傳注屑屑猶區區也又單辭形況字漢書外戚傳屑兮不見注疾意也荀子儒效屑然藏千溢之寶注𥿻碎眔多皃

⿰齒屑 屑　齒差也从齒屑聲讀若切按謂齒相摩切也

榍 屑　限也从木屑聲字亦作楔爾雅釋宫楔謂之閾今蘇俗謂之門檻蓋限之聲轉或曰卽書顧命之戺也漢書外戚傳切皆銅沓黃金塗西都賦元墀釦切以切爲之字又作砌廣雅栿砌也

jí 吉　jí 趌　xiá ⿰齒吉　jié 詰　jié 桔　jí 佶　jié 袺　xì 欯　xié 頡

吉廿八名凡吉之派皆衍吉聲居質切

吉 質　善也从士口會意周書武順禮義順祥曰吉易坤安貞吉書臯謨吉哉詩天保吉蠲爲饎周禮大宗伯吉禮大祝三曰吉祝五曰吉拜禮記曲禮吉事先近日儀禮士冠禮令月吉日大荒西經江山之南棲爲吉叚借爲姞詩都人士謂之尹吉又爲趌廣雅釋詁一吉行也又爲告之誤字禮記緇衣尹吉曰又雙聲連語爾雅釋鳥鳲鳩鴶鵴廣雅鴶鵴布穀也字亦變作䳍聲訓釋名釋言語吉實也有善實也古韻詩摽梅叶七吉易需叶吉失

趌 質　趌⿺走曷怒走也从走吉聲纂文趌⿺走歷跳起也按趌⿺走曷趌⿺走歷皆疊韻連語

⿰齒吉 黠　齒堅聲也从齒吉聲

詰 質　問也从言吉聲廣雅釋詁一詰責也二讓也書呂刑度作刑以詰四方周禮大宰五曰刑典以詰邦國注猶禁也干注彈正糾察也大司馬制軍詰禁注猶窮治也大司寇詰四方注謹也左襄廿一傳子盍詰盜注治也昭十四傳詰姦慝注責問也又易姤鄭本后以施命詰四方注止也叚借爲昕小爾雅廣訓詰朝明旦也左成二傳詰朝請見注平旦襄十四傳詰朝之事注明旦吉斤雙聲聲訓書

說文通訓定聲　履部弟十二

立政其克詰爾戎兵馬注實也周禮布憲以詰四方邦國注謹也吉堇雙聲古韻老子贊元叶詰一

桔 屑　桔梗藥艸也从木吉聲秦策今求柴胡桔梗於沮澤纍世不得一焉莊子徐无鬼桔梗也雞廱也別義一曰直木也左傳門于桔柣之門鄭城門名柣卽榍字門限也

佶 質　正也从人吉聲叚借爲趌詩六月四牡既佶旣佶且閑箋壯健之皃傳訓正也失之

袺 屑 黠　執衽也从衣吉聲詩芣苢薄言袺之爾雅釋器執衽謂之袺古韻詩芣苢叶袺襭

欯 質　喜也从欠吉聲廣雅釋訓欯欯喜也

頡 屑 黠　直項也从頁吉聲淮南書王公大人有嚴志頡頏之行漢書楊雄傳鄒衍以頡亢而取世資東方朔畫贊頡頏以傲世按皆傲睨之意猶言强項也呂覽明理頡許百疾注猶大也叚借爲抗漢書王子侯表䕫頡侯又雙聲連語詩燕燕頡之頏之傳飛而上曰頡飛而下曰頏歸田賦交頸頡頏甘泉賦魚頡而鳥䀚又疊韻連語莊子徐无鬼頡滑有實向注錯亂也胠篋頡滑堅白李注滑稽也崔注纏屈也則謂借爲結又託名幖識字黃帝史倉頡殆青項以類命爲象也又中山經蔵山視水出焉多頡注頡如青狗

qià 硈　xiá 黠　jié 㚅　yī 壹　jí 鮚　jié 拮　jí 姞　jié 結

黠 **硈** 石堅也从石吉聲與砎字別爾雅釋言硈鞏也今俗結實字以秸爲之叚借爲趌說文一曰突也

黠 **黠** 堅黑也从黑吉聲叚借發聲之詞方言虔儇慧也趙魏之閒謂之黠按虔黠皆即儇之轉語史記桀黠奴漢書注惡也

屑 **㚅** 頭傾也从夨吉聲讀若孑着頭傾㚅佗佗也按此當爲頡字之訓

質 **壹** 專壹也从壺吉聲易繫辭傳天地壹壺按氣凝聚也亦雙聲連語據壹訓則吉亦意禮記大學壹是皆以脩身爲本注壹是專行是也表記欲民之有壹也注謂專心於善玉藻壹食之人一人微注猶聚也左莊三十二傳聰明正直而壹者也昭廿六傳壹行不若文三傳與人之壹也注無貳心昭十傳而壹用之注同也穀梁僖九傳壹明天子之禁注猶專也儀禮公食禮壹以授賓注猶稍也孟子志壹則動氣荀子大略君子壹教弟子壹學亟成叚借爲一廣雅釋詁一壹弌也儀禮凡壹拜壹揖壹讓聘禮壹食再饗古文本皆作一禮記表記節以壹惠注讀爲一非是按以壹貳爲數者後世官書恐防奸易儀禮今文俗本也又發聲之詞禮記檀弓壹似重有憂者禮記壹使足以成文理左傳今壹不免其身敗者壹大又疊韻連語漢書賈誼傳于獨壹鬱其誰語與抑鬱於邑同又漢書張敞傳願得壹切比三輔九異注謂權時也與一切同

質 **鮚** 蚌也从魚吉聲漢律會稽郡獻鮚醬三斗漢書地理志鄞縣注鮚長一寸廣二分有一小蟹在其腹中此鮚之小者其地有鮚埼亭江賦瑣鮚腹蟹以鮚爲之

質屑 **拮** 拮据手口共有所作也从手吉聲詩鴟鴞予手拮据傳拮据撠挶也按亦雙聲連語即丮厈也

質 **姞** 黃帝之後伯儵姓后稷妃家也从女吉聲按姞姓國南燕密須是也詩韓奕爲韓姞相攸傳蹶父姞也左宣三傳有賤妾曰燕姞注南燕姓聲訓宣三傳姞吉人也

屑 **結** 締也从糸吉聲左昭十一傳帶有結禮記玉藻紳韠結三齊注約餘也曲禮德車結旌注收斂之也左莊十九傳鬻公子結字御孫定四傳楚公子結字子期期者綦之借字轉注廣雅釋詁一結曲也二績也四詘也又終也釋訓結縎不解也釋名釋姿容結束也禮記月令虹蜺結蔡注猶屈也西京賦罝羅之所羂結注縛也南都賦結根竦本注猶固也荀子王霸縣縣常以結引馳外爲務注繫于軸以引車也又陶詩結廬在人境左太沖詩巖穴無結構又秦策不足以結秦呂覽勿躬車不結軌注交也楚辭逢紛始結言於廟堂兮注猶聯也陸機詩傾雲結流靄注積也春秋元命苞精華結紐淮南繆稱君子行思乎其所結注要終也後漢楊倫傳坐石敬結鬼薪注正其罪也左襄十二傳使陰里結之注成也漢書司馬相如傳激楚結風注曲名也楚辭招魂激楚入結注頭髻也莊子在宥地氣鬱結又海外南經結匈國其爲人結匈叚借疊韻連語漢書息夫躬傳心結愲兮傷肝注亂也又雙聲連語方言八布穀楚之閒謂之結誥按猶鵠鶘也古韻詩素冠叶韠結一鳲鳩叶一結三略上叶密一疾閉結靈樞九鍼叶疾刺結閉畢術轉音詩正月叶結厲滅威宋玉舞賦叶節結絕蜺列悅

jié 蛣　jié 劼　xié 襭　yē 噎　yì 鷧　yì 殪　yì 饐　yì 曀

質屑 **蛣** 蛣蚰蝎也从虫吉聲爾雅蝎蛣蝠注木中蠹蟲即下文蝤蠐蝎又蝎桑蠹也按蛣蚰疊韻連語凡體耎屈曲之蟲皆得謂之蝎也蝎即蛣蚰之合音別義爾雅蛣蜣蜣蜋注黑甲蟲噉糞土按即說文之渠蜋也蛣蜣雙聲蜣蜋疊韻又廣雅蟜蛣蟬也按蟜蛣亦雙聲連語猶鄞縣有鮚埼亭鮚埼即結也叚借爲結江賦瑣蛣腹蟹

質黠 **劼** 慎也从力吉聲錯本或曰非力刀也爾雅釋詁劼固也廣雅釋詁四劼勤也書酒誥汝劼毖殷獻臣

屑 **襭** 以衣衽扱物也从衣頡聲或从手詩芣苢薄言襭之今蘇俗謂之衣兜按兜而扱于帶閒曰襭手執之曰袺古韻詩芣苢叶袺襭

屑 **噎** 飯窒也从口壹聲方言大嘶嗌噎也通俗文塞喉曰噎字亦作餲作噎詩黍離中心如噎傳憂不能息也漢書賈山傳祝餲在後注食不下也中山經堵山有木名曰天楄服者不噎字亦或以咽爲之轉注方言一凡怒而噎噫謂之脅鬩字亦作呃爾雅釋言僾呃也荀子禮論悍詭呃僾注氣不舒憤鬱之皃淮南覽冥爲之增欷歍呃注失聲也噎呃雙聲古韻詩黍離叶實噎

寘 **鷧** 鷧鸕鶿也从鳥壹聲蘇俗謂之水老鴉畜之以捕魚

霽 **殪** 死也从歺壹聲古文从死壹省聲書康誥殪戎殷疏殺也詩吉日殪此大兕傳壹發而死左隱九傳前後擊之盡殪昭廿六傳聲子射其馬斬鞅殪定八傳中頰殪又宣六傳將可殪也注盡也晉語殪以爲大甲注一發而死曰殪聲訓釋名殪翳也就隱翳也韓詩皇矣其菑其殪傳因也因高填下也因壹一聲之轉

寘霽 **饐** 飯傷溼也从食壹聲字亦作餩作饐按餩當从弌聲字林饐飯傷熱溼也葛洪字苑饐餿臭也爾雅釋器食饐謂之餲注飯饑臭論語食饐而餲按經久而味惡曰餲傷熱而餲臭曰饑傷溼而腐臭曰饐

霽 **曀** 陰而風也从日壹聲開元占經引說文天地陰沈也小爾雅廣詁曀冥也詩終風且曀又曀曀其陰楚辭惜賢曰陰曀其將暮

吉

yì 豷　yì 撎　yì ⿰土壹　qī 桼　qī ⿰桼鳥　chì ⿰桼刂　qī ⿰桼阝　xī 厀　qī 漆

注暗昧也。聲訓釋名曀翳也言雲氣掩翳日光使不明也。叚借雙聲連語楚辭逢紛徑淫曀而道壓。古韻詩終風叶昧寐嚏。

眞 豷　豕息也从豕壹聲春秋傳曰生敖及豷今左傳作生澆及豷

霽眞 撎　拜舉首下手也从手壹聲謂下手不俯首在婦人曰肅拜婦人以肅拜當男子之空首古婦人亦跪至唐武后欲尊婦人始不跪也左成十六傳注肅手至地若今撎釋文撎揖也

霽 ⿰土壹　天陰塵也唐開元占經引作陰沈从土壹聲與霾意略同詩終風⿰土壹⿰土壹其陰毛本作曀

桼七名凡桼之派皆衍桼聲 親吉切

質 桼　木汁可以髤物从木象形桼如水滴而下从水周禮載師唯其桼林之征字亦作軟周禮巾車故書髤杜注讀爲桼垸之桼西山經號山其木多漆注似樗經傳皆以漆爲之叚借託名標識字廣雅釋草桼莖澤桼也按即大戟苗又桼姑澤柳也葉似菊紫花子如枸杞子根如遠志主瘰桼瘡又爲七新莽侯鉦重五十桼斤字作桼

質 ⿰桼鳥　⿰桼鳥鳥也从鳥桼聲

質屑 ⿰桼刂　傷也从刀桼聲字亦作⿰来刂廣雅釋詁二⿰来刂割也釋詁一⿰来刂斷也埤蒼⿰来刂割也斷也

質 ⿰桼阝　齊地也从邑桼聲

質 厀　脛頭卪也从卪桼聲字亦作膝素問脈要精微論膝者筋之府轉注家語曲禮公西赤問而瓦不成膝注膝腫按堅如厀骨而形窒也禮記檀弓誤作味聲訓釋名膝屈也可屈伸也

質 漆　漆水出右扶風杜陵岐山水經注引說文作杜陽岐山東入渭一曰入洛从水桼聲今漆水出陝西西安府同官縣北高山至耀州合沮水同入渭古水道則出今邠州至鳳翔府入渭也書禹貢漆沮既從詩吉日漆沮之從緜自土沮漆潛猶歎漆沮別義一曰入洛禹貢導渭又東過漆沮傳二水名亦曰洛水此入洛之漆沮在東與涇西者別轉注說文錯本一曰漆城池也按漢漆縣在今邠州又左襄廿一年邾庶其以漆閭丘來奔漆在今山東兗州府鄒縣北有漆城叚借爲桼詩山有樞山有漆定之方中樹之榛栗椅桐梓漆考工弓人漆也者以爲受霜露也周禮巾車漆車注黑車也又畫書形況字禮記祭義漆漆者容也自反也注讀如朋友切切古韻詩定之方中叶日室栗漆瑟畫繇叶膝漆穴室

qī ⿰木厀　qī 七　chì 叱　qiē 切　jié 卪　jí 即

質 ⿰木厀　⿰木厀木也可爲杖从木厀聲蓋榔栗之屬

七三名凡七之派皆衍七聲 親吉切

質 七　陽之正也从一微陰从中衺出也此說紆遠難通造字之始畫以紀數本無深意但別異其形耳當曰从一乚指事禮記月令其數七南齊書引月令章句南方有火二土五故數七漢書律麻志七者天地四時人之始也大戴易本命七主星易既濟七日得虞注震爲七虞書以齊七政傳日月五星各異政考工記凡攻木之工七叚借周禮職方氏方三百里則七伯此十一兩字之誤古韻詩摽梅叶七吉

質 叱　訶也从口七聲蒼頡篇大呵爲叱通俗文遊而吐之曰叱公羊莊十二傳手劍而叱之注罵也秦策叱以遠言叱也莊子齊物論叱者吸者史記淮陰侯傳喑噁叱咤索隱發怒聲

屑霽 切　刌也从刀七聲字亦作⿰扌切廣雅釋詁一切斷也二割也釋言切膾也儀禮少牢禮祭肺三皆切又心皆安下切上又爾雅釋器骨謂之切詩淇奧如切如磋又周禮大宰注珠曰切轉注小爾雅廣詁切近也廣雅釋詁三⿰扌切磨也字林⿰扌切摩也史記扁倉傳不待切脈

正義按也淮南原道可切循把握注摩也海賦激勢相切注摩也字變作⿰扌切又論語切問而近思皇疏猶急也漢書揚雄傳而客自覽其切焉注要也霍光傳注切深也又廣雅釋詁二切直方義也叚借爲楣西京賦設切厓隒字亦作砌西都賦元墀釦砌注砌也又疊韻連語史記李斯傳請一切逐客按權時也正義猶一例非是又重言形況字廣雅釋訓切切敬也論語切切偲偲鄭注勸競貌馬注相切責之皃後漢竇憲傳注切切猶勤勤也又疊韻連語海賦鬱⿰扌切迭而隆頽注疾皃

卪八名凡卪之派皆衍卪聲 子結切

屑 卪　瑞信也象相合之形按卪卩同物若卯篆則相合也經傳皆以節爲之周禮掌節守邦國者用玉節守都鄙者用角節凡邦國之使節山國用虎節土國用人節澤國用龍節皆金也以英蕩輔之門關用符節貨賄用璽節道路用旌節漢書高帝紀注節以毛爲之上下相重後漢光武紀注以竹爲之柄長八尺旄牛尾爲其眊三重

職 即　就食也从皀卪聲皀米之馨香也儀禮公食禮席末取粱即稻轉注方言十二即就也易屯即鹿无虞書康誥勿庸以即汝封來語姑詳用此今本以次爲之詩氓來即我謀春秋桓元年公即位禮記曲禮將即席周語無即慆淫史記平準書即山鑄錢又爾雅釋

吉桼七卪

詁卽尼也注猶今也書殷之卽喪史記高帝紀卽日因留沛公與飲公羊宣元傳不卽人心注近也叚借爲卩方言十二卽半也又爲堲卽垐禮記檀弓夏后氏之卽周又爲祝水經沭水注卽耶縣故春秋之祝卽也卽祝雙聲又雙聲連語廣雅釋蟲蝍蛆吳公也莊子齊物論蝍且甘帶史記龜策傳殆于卽且郭璞注似蝗大腹食蛇腦淮南說林注謂蟋蟀非是又字林蝍蛚蛜蟆又方言十一蜻蛉謂之蝍蛉又廣雅釋蟲蠻蛤倉蠬也字亦變作蝍又重言形況字漢書禮樂志美芳磑磑卽卽注充實也論衡講瑞鳳雄鳴曰卽卽又發聲之詞漢書西南夷傳注卽若也左傳卽欲有事何如

〔古韻〕詩東門之墠叶栗室卽公劉叶密卽

屑 **㔾** 陬隅而高山之節也从山卩聲孟子虎負隅注依陬而怒所謂㔾也

屑 **節** 竹約也从竹卽聲易說卦傳艮爲堅多節吳都賦苞筍抽節轉注素問至眞要大論客勝則大關節不利注腰膝也寶命全形論人有十二節注謂節氣詩推度災雄生入月仲節注猶氣也左僖十二傳若節春秋注時也越語夫節不遠注期也又禮記明堂位山節藻梲注刻欂盧爲山也叚借爲卩易繫卦傳節止也廣雅釋言節己也周書謚法好廉自克曰節賈子道術費弗過適謂之節考工弓人厚其液而節其帑注猶適也禮記樂記好惡無節于內注法度也文王世子與秩節注猶禮也仲尼燕居樂也者節也疏制也爾雅和樂謂之節樂記廉肉節奏注閡作進止所應也趙策進退之謂節周禮趣馬節其六節注猶量也左成十八傳節器用注省也又禮記文王世子其有不安節注謂居處故事哀公問節醜其衣服疏正也又荀子性惡善言古者必有節於今注準也又荀子君子節者死生此者也王霸士大夫莫不敬節死制注忠義也又爲卩周禮地官掌節禮記凡君召以三節孟子若合符節漢書高帝紀注取象竹節因以爲名非也又淮南主術執節于掌握之閒注策也又爲㔾詩節彼南山傳高峻皃則謂單辭形況字韓詩傳視也則謂借爲眂又重言形況字白虎通鳳雄鳴曰節節又疊韻連語七發瀄汩潺湲注瀄汩波相擊也字變作瀄又洞簫賦啾咇㘉而將吟兮注聲出皃字變作㘉〔聲訓〕釋名釋形體節有限節也春秋繁露節者天之制也〔古韻〕詩旄丘叶葛節日易家人叶失節荀子成相叶節必實日呂覽審時叶至疾節宋玉舞賦叶節結絕蜺列悅

職 **抑** 捽也从手卽聲〔別義〕廣雅釋詁二抑拭也叚借託名標識字說文魏郡有抑裴侯國按漢書王子侯表抑裴戴侯鄭氏注在肥鄉縣南五里卽非城也地理志作卽

質 **櫛** 梳比之總名也从木節聲字亦作楖又作扻蓋从手次省疏曰比密曰櫛尤密者曰篦儀禮士冠禮奠纚笄櫛于筵南端喪服傳惡笄者櫛笄也注以櫛之木爲笄或曰榛笄禮記內則櫛縰笄總考工記玉楖雕矢磬楖人闕莊子庚桑楚簡髮而扻詩艮耜其比如櫛吳都賦中營櫛比叚借爲𦠙管子弟子職櫛之遠近乃承厥火注櫛謂燭盡𦠙櫛雙聲〔古韻〕詩艮耜叶挃栗櫛室

宥 **卪** 卩也闕按从反卩指事合卩之半也方言卽半也以卽爲之今音讀如奏或用以爲節奏字今附于此

薺 庚 **卯** 事之制也从卩卪六書故引唐本反卩爲卪會意按字當讀如節今讀如卿大誤卿字从卯爲意从皀爲聲卯非聲也玉篇讀如齎廣韻讀如薺則節緩言之凡節制節度品節節省字經傳皆以節爲之而卯廢矣今附于此

疒四名凡疒之派皆衍疒聲 女戹切

陌 **疒** 倚也人有疾病象倚箸之形按鍇本作㾏也是也字从牀省一指事人疒則常在牀也或曰一聲經傳皆以疾爲之而疒廢矣

質 **疾** 病也从疒矢聲古文亦从疒重一直籀文从𣎆省从廿按此字當訓急速从矢疒聲籀文从𣎆省从廿會意或廿聲廿疾雙聲爾雅釋言疾壯也廣雅釋詁一疾急也詩召旻旻天疾威禮記樂記奮疾而不拔月令征鳥厲疾王藻疾趨則欲發左襄五傳而疾討陳十一傳晉不吾疾也穀梁桓十四傳聽遠音者聞其疾而不聞其舒周語高位實疾僨齊語深耕而疾耰之論語不疾言孟子夫撫劍疾視管子七臣七主美哉成事疾呂覽勤學聖人生于疾學方言十二掖撫疾也叚借爲疒易豫貞疾恒不死書金縢王有疾詩小弁疢如疾首周禮鄉大夫老者疾者皆舍左桓六傳不以隱疾又爲族禮記緇衣毋以嬖御人疾莊后少儀有亡而無疾左昭九傳謂之疾日注惡也荀子不苟不上同以疾下又爲侯之誤字周禮大行人立當前疾字本借侯爲胡謂騶馬車轅前胡下垂拄地者侯胡雙聲〔聲訓〕釋名釋言語疾截也有所越截也釋疾病疾疾也客氣中人急疾也〔古韻〕詩伯兮叶日疾雨無正叶血疾室抑叶疾戾瞻卬叶疾届素問調經論叶閉疾靈樞九鍼叶疾刺結閉畢術三略上叶密一疾閉結呂覽審時叶至疾節〔轉音〕詩思齊叶疾殄

屑 **竊** 盜自中出曰竊从穴从米禼廿皆聲廿古文疾禼古文偰按廿者廿字古文或借廿爲疾耳廿疾雙聲此字當訓蟲私取米食也从禼从穴米會意以米爲穴也禼省聲籀文疾今倉廩中蟲如蠶作𧉮皆米蟣結者是莊子馬蹄詭銜竊轡釋文竊轡也轉注廣雅釋詁一竊取也四私也又盜也書微子乃攘竊神祇之犧牷牲用周禮山虞凡竊木者有刑罰禮記禮運小臣竊詩桑中序相竊妻妾論語雖賞之不竊其竊位者與又竊比於我老彭呂覽知士孟嘗君竊以諫靖郭君叚借爲淺爾雅釋鳥夏扈竊元秋扈竊藍冬扈竊黃桑扈竊脂棘扈竊丹釋獸虎竊毛謂之虦猫廣雅釋言竊淺也竊淺雙聲又爲察荀子哀公竊其有益與其無益又爲切廣雅釋詁三竊著

jí 㑵　bì 必　mì 祕　bì 珌　bì 苾　bì 鞑　bì 䀣　bié 䏟　fú 虙

也爾雅釋草蘮蒘竊衣孫注似芹實如麥兩兩相合有毛著人衣又重言形況字莊子齊物論竊竊然知之司馬注猶察察也庚桑楚竊竊乎又何足以濟世哉司馬注細語也釋文計校之皃

質 **㑵** 妎也从人疾聲一曰毒也或从女字亦作誒作愱廣雅釋詁一嫉妬也三惡也又賊也離騷各興心而嫉妬注害賢爲嫉害色爲妬經傳多以疾爲之書秦誓冒疾以惡之

必廿七名凡必之派皆衍必聲 卑吉切

質 **必** 分極也从八从弋會意弋者樹臬則介分也說文弋亦聲非是假借爲縪考工弓人天子圭中必注組約其中也讀如鹿車縪之縪又爲毖廣雅釋詁四必敕也又發聲之詞墨子經上必不已也賈子道術克行遂節謂之必漢書韓信傳且漢王不可必注謂必信之又法言君子必進易儷也必退易儷也注苟也又疊韻連語纂文必栗者羌胡樂器名也古韻荀子成相叶節必實日

寘 **祕** 神也从示必聲詩閟宮有侐以閟爲之西京賦祕舞更奏注言希見爲奇也後漢袁安傳祕器注棺也班彪傳祕寶注河圖之屬蘇竟傳祕經注圖緯書也假借爲毖廣雅釋詁一祕勞也又爲閟太元眾豹騰其祕注閉也又爲庛考工輪人故書謂之祕軹又爲泌韓詩泉水祕彼泉水

質 **珌** 佩刀鞞末飾也从玉必聲天子以珧諸侯以璆大夫以鏐士以珕字亦作琿作琕小爾雅廣器珌鞞之飾也詩瞻彼洛矣鞞琫有珌傳下飾漢書王莽傳瑒琫瑒珌注上曰琫下曰珌古韻詩瞻彼洛矣叶珌室

質 **苾** 馨香也从艸必聲按艸香也字亦作馝轉注詩楚茨苾芬孝祀韓詩作馥字又作咇作飶上林賦晻薆咇茀注馝馞同假借疊韻連語洞簫賦啾咇喞而將吟兮注聲出皃

質 **鞑** 車束也从革必聲束曰鞑組約曰縪

寘質 **䀣** 直視也从目必聲讀若詩泌彼泉水之泌廣雅釋詁一䀣視也別義方言楚魏之閒謂慧曰䀣

屑 **䏟** 肥肉也从肉必聲

屋 **虙** 虎皃从虍必聲假借爲伏素問氣厥論小腸移熱於大腸爲虙瘕爲沈又託名幖識字漢書五行志虙羲氏繼天而王又虙羲木德亦作伏犧亦作庖犧虙即孔子弟子子賤之姓或以宓爲之故伏生稱子賤之後又司馬相如傳青琴虙妃之徒

mì 𥁑　bì 飶　bì 柲　bì 邲　mì 宓　bì 佖　bì 毖　miè 覕　bì 𠨘　bì 駜　bì 泌

質 **𥁑** 械器也从皿必聲集韻類篇引說文皆作拭器按受水以撇撥之器如蘇俗所謂冰雲者

質 **飶** 食之香也从食必聲詩載芟有飶其香傳芬香也按草香曰苾食香曰飶

寘屑 **柲** 欑也从木必聲字亦作柴廣雅釋器柲柄也方言十二柲刺也按殳用積竹杖而無刃戈戟矛皆用積竹爲柄他器用木者工廬人戈柲六尺有六寸左昭十二傳君王命剝圭以爲鏚柲假借爲弼儀禮既夕記有柲注弓檠弛則縛之於弓裏備損傷以竹爲之又託名幖識字廣雅釋邛邛上有木爲柲邛按詩衡門泌之洋洋三家當有邛名之訓蔡邕郭林宗碑棲遲泌邛周巨勝碑洋洋泌邛東皆元居釋夫何爲乎柲邛皆不以爲泉水也

質 **邲** 鄭邑也从邑必聲左宣十二戰于邲在今河南開封府鄭州據水經濟水注邲在敖北則即濟水流至滎口受河之處名邲當在今滎澤縣西也

質 **宓** 安也从宀必聲埤蒼宓祕宓也淮南覽冥宓穆息于太祖之宇注寧也經傳皆以密爲之假借爲虙史記弟子傳宓不齊按太皞虙羲之後又疊韻連語上林賦滭沸宓汨注去疾也

質 **佖** 威儀也从人必聲詩賓之初筵威儀佖佖按毛本作怭怭重言形況字媟嫚之皃未必爲此字本訓假借爲比羽獵賦駢衍佖路注滿也漢書注次比也

寘 **毖** 慎也从比必聲比者今所用之密字也廣雅釋詁三毖比也書酒誥汝劼毖殷獻臣大誥無毖于卹詩桑柔爲謀爲毖小毖而毖後患假借爲坒廣雅釋詁一毖遠也又爲泌廣雅釋言毖流也詩泉水毖彼泉水傳泉水始出毖然流也魏都賦溫泉毖涌而自浪又爲勞之誤字勞古文作𢡟形相近書大誥天閟毖我成功所漢書翟方進傳正作勞古韻詩桑柔叶毖恤熱

屑 **覕** 蔽不相見也从見必聲假借爲瞥莊子徐无鬼瞥之猶一覕也司馬注暫見也又爲切莊子郭注覕割也

寘 **𠨘** 宰之也从卩必聲假借爲斐韓詩淇奧有𠨘君子傳美貌也

質 **駜** 馬飽也从馬必聲詩有駜有駜傳馬肥彊皃

寘質 **泌** 俠流也从水必聲輕快之皃魏都賦注引說文水駃流也詩衡門泌之洋洋傳泉水也假借疊韻連語上林賦偪側泌瀄注相揳也

疒 必

質 鮅 鮅魚也从魚必聲爾雅鮅鱒注似鯶子赤眼孫注鱒好獨行爾雅翼鱒目中赤色一道橫貫瞳魚之美者食螺蚌也〔別義〕字林鮅魴也

寘 閟 閉門也从門必聲與閉略同詩載馳我思不閟傳閉也左莊三十二傳閟而以夫人言魏都賦閟象竹帛〔轉注〕素問五常政大論其病癃閟注大便乾澀不利也〔叚借〕爲祕詩閟宮有侐箋神也姜嫄神所在故廟曰神宮傳閉也則爲本字孟子丁音清淨之宮則謂借爲宓又爲毖書大誥天閟毖我成功所傳閟慎也〔古韻〕詩載馳叶濟閟

質 瑟 庖犧所作弦樂也从珡必聲古文亦从珡一指事禮記明堂位大瑟小瑟爾雅大瑟謂之灑注二十七弦世本庖犧作五十弦黃帝使素女鼓瑟哀不自勝乃破爲二十五弦三禮圖雅瑟長八尺一寸廣一尺八寸二十三弦其常用者十九弦頌瑟長七尺二寸廣一尺八寸二十五弦盡用之〔叚借〕單辭形況字詩淇奧瑟兮僩兮傳矜莊皃爾雅釋訓瑟兮僩兮恂慄也旱麓瑟彼柞棫傳衆皃又瑟彼玉瓚箋潔鮮皃據說文則借爲璱又雙聲連語楚辭蕭瑟兮猶騷屑也〔聲訓〕釋名瑟施弦張之瑟瑟然也白虎通瑟者嗇也閉也所以懲忿窒欲正人之德也世本瑟潔也使人精潔于心淳于行〔古韻〕詩定之方中叶日室栗漆瑟車鄰叶漆栗瑟耋

質 謐 靜語也从言𥁑聲〔叚借〕爲侐按爾雅釋詁謐靜也虞書今文惟刑之謐哉詩惟天之命誐以謐我素問氣交變大論其化清謐又爲宓賈子禮容謐者寧也億也

質 ⿰酉𥁑 飲酒俱盡也从酉𥁑聲〔叚借〕爲醳廣雅釋器⿰酉𥁑醬也

質 密 山如堂者从山宓聲字亦誤作峦爾雅注引尸子曰松柏之鼠不知堂密之有美樅〔叚借〕爲比左文十七傳以陳蔡之密邇於楚易小畜密雲不雨晉語加密石焉注密密理太元元衡密不可閒考工廬人傳人則密注審也正也失之又爲謐孟子四海遏密八音注無聲也又爲侐爾雅釋詁密靜也管子大匡詐密而後動者勝禮記孔子閒居夙夜其命宥密詩毛傳宥寬也則謂借爲宓又爲毖易繫辭傳是以君子愼密而不出也又爲閟禮記少儀不窺密注隱曲處也樂記陰而不密注密之言閉也又爲宓詩公劉止旅乃密傳安也又疊韻連語漢書劉向傳密勿從事注猶黽勉也洞簫賦怵慄密率注安靜也又爲蔤淮南說山注荷其本曰密又託名幖識字周語一年王滅密今河南開封府密縣按縣三面皆山惟東面缺所謂山如堂者因以爲名也又左昭十五傳密須之鼓注姞姓國在今陝西平涼府靈臺縣西又隱二盟于密在今山東萊州府昌邑縣東南又襄三十一傳莒密州字買朱鉏買密雙聲州者朱鉏之合音又爾雅釋

鳥密肌繫英釋蟲密肌繼英皆未詳字亦作鶓釋名密蜜也如蜜所塗無不滿也此釋比字之義〔古韻〕詩公劉叶密即三略上叶密一疾閉結家語致思叶實目密鬼谷捭闔叶密微追

質 璱 玉英華相帶如瑟弦也从玉瑟聲詩旱麓瑟彼玉瓚

質 蔤 夫渠本也从艸密聲爾雅注莖下白蒻在泥中者〔轉注〕蒲本亦稱蔤書顧命蔑席以蔑爲之禮記檀弓子蒲名滅以滅爲之

畢十二名凡畢之派皆衍畢聲 卑吉切

質 畢 田网也从田从華象形或曰从華由聲畢网形小而柄長詩鴛鴦畢之羅之禮記月令田獵罝罘羅網畢翳齊語田狩畢弋注掩雉兔之网漢書楊雄傳其餘荷垂天之畢字亦作罼呂覽季春田獵罼弋廣雅釋器罼率也楚辭守志攀天罼兮掩邪〔轉注〕爾雅釋天濁謂之畢按西方宿八星丫叉如畢網形亦曰罕車詩大東有捄天畢漸漸之石月離于畢又儀禮特牲禮宗人執畢先入注狀如叉禮記襍記畢用桑長三尺注所以助主人于載者蓋助載鼎實之器亦象網形又儀禮大射儀以弓爲畢注畢所以教助執事者以木爲之長三尺此以弓代之也按當亦岐頭象網形〔叚借〕爲密爾雅釋邱畢堂墻注今終南山道名畢其邊若堂之墻

按猶釋山之山如堂者密也又爲箕禮記學記呻其佔畢爾雅釋器簡謂之畢按佔畢者笘葉也又爲㪤爾雅釋詁畢盡也儀禮士冠禮兄弟畢袗元周禮封人國人畢作禮記月令寢廟畢備玉藻笏畢用也秦策羣臣聞見者畢賀又廣雅釋詁三畢竟也書大誥攸受休畢疏終也左莊廿九傳龍見而畢務高唐賦言辭已畢東京賦六變既畢又爲泌淮南覽冥體便輕畢注疾也又爲繹方言九車下鉄陳宋淮楚之閒謂之畢按謂纙車之索也鉄即秩字又託名幖識字廣雅釋天朮神謂之畢方東京賦況魃蜮與畢方注老父神如鳥兩足一翼者常銜火在人家作怪灾也又左僖廿四傳畢原酆郇其地在今陝西西安府咸陽縣北孟子卒于畢郢周書史記解昔有畢程氏此在渭南者名畢原也又史記秦本紀集解秦武王冢在扶風安陵縣西北畢陌中此在渭北者名畢陌也又爾雅月在甲曰畢史記厤書月名畢聚按正月得甲爲畢陬也〔古韻〕爾雅釋天叶畢橘高唐賦叶室乙畢靈樞九鍼叶疾刺結閉畢術〔轉音〕六韜文韜叶殺竭拔畢

質 趩 止行也从走畢聲字亦作蹕作⿰亻畢漢書梁孝王武傳出稱警入言趩韓安國傳故出稱趩入言警周禮大司寇使其屬趩師氏且蹕閽人蹕宮門廟門隸僕掌蹕宮中之事禮記曾子問主出廟入廟必蹕左襄廿五傳不蹕魏大饗碑乃儀㒟禦〔別義〕一曰蹕上祭名按玉篇有禪字

bì 斁　bì 篳　bì 韠　bì 𣘺　bì 㻫　bì 熚　bì 滭　bì 彃　bì 縪　bì 醳　pǐ 匹

質 **斁** 斁 盡也。从攴，畢聲。經傳皆以畢爲之。

質 **篳** 篳 藩落也。从竹，畢聲。廣雅釋室：篳，籬也。左襄十傳：篳門圭竇之人。注：柴門也。禮記儒行：篳門圭窬。注：荆竹織門也。方言三：篳路襤褸。注：柴車也。左傳字作蓽。

質 **韠** 韠 韍也。所以蔽前者，以韋爲之。下廣二尺，上廣一尺，長三尺，其頸五寸，肩革帶博二寸。从韋，畢聲。按朝服曰韠，祭服曰韍，戎服曰韐。上古之世，衣獸皮，先知蔽前，繼知蔽後。後王易以韋布，而存其蔽前者，以象之不忘本也。禮記玉藻：韠，君朱，大夫素，士爵韋。注：必象裳色。儀禮士冠禮：緇帶素韠。釋名：韠，蔽膝也，所以蔽膝前也。【聲訓】玉藻注：韠之言蔽也。【古韻】詩素冠叶韠結一，吕覽樂成叶韠戾。

質 **𣘺** 𣘺 𣘺木也。从木，畢聲。

眞 **㻫** 㻫 足气不至也。从疒，畢聲。今俗所謂轉筋。

質 **熚** 熚 熚𤇾，火皃。从火，畢聲。按熚𤇾雙聲連語，猶滭沸之狀，水滭泼之狀寒也。

質 **滭** 滭 滭泼，風寒也。从仌，畢聲。按雙聲連語。詩七月：一之日觱發。作觱發亦同。

質 **彃** 彃 䠶也。从弓，畢聲。楚辭天問：羿焉彃日，烏焉落羽。莊子、淮南、歸藏皆云：昔者十日並出，草木焦枯，堯乃令羿射十日，中其九日，中烏盡死。此古荒唐之言也。

質 **縪** 縪 止也。从糸，畢聲。廣雅釋詁二：縪，縫也。儀禮既夕記：縪外縪。注：縫著于武也。按以組約圭中，以索鉄車下，皆曰縪。考工以必爲之，方言以畢爲之，假借爲韠。廣雅釋器：韍謂之縪。

齊 **醳** 醳 擣榆醬也。从酉，畢聲。按卽醬醶也。齊民要術：榆莢色變白將落，可作醬醶。廣雅：醶，醬也。以醶爲之。

匹一名。普吉切。

質 **匹** 匹 四丈也。从匸、八，八揲一匹，八亦聲。字亦誤作疋。按从匸者，卷而可藏也；八者，分也。分四丈爲二卷也。會意。許謂八揲一匹者，凡人伸兩臂一尋，故以八爲度。字若从五，可曰五揲一匹。今从八，無從憑虛先得五數，而曰八揲也。許說失之。漢書食貨志：布帛廣二尺二寸爲幅，長四丈爲疋。小爾雅廣度：倍丈謂之端，倍端謂之兩，兩謂之匹，匹五謂之束。禮記襍記：納幣一束，束五兩，兩五尋。按二丈一卷謂之端，四丈兩卷謂之匹，廿丈十卷謂之束。轉注。爾雅釋詁：匹，合也。廣雅釋詁：四匹，二也；三匹，辨也；一匹，輩也。詩文王有聲：作豐伊匹。傳：配也。禮記三年問：失喪其羣匹。注：偶也。白虎通：匹，偶也，與其妻爲偶，陰陽相成之義也。左僖廿三傳：秦晉匹也。注：敵也。方言二：臺、敵，匹也。楚辭懷沙：獨無匹兮。注：雙也。二人爲匹，四人爲曹。又禮記緇衣：惟君子能好其正，小人毒其正。字誤作正。又匹者，先分而後合，故雙曰匹，隻亦曰匹，猶獨曰特，配亦曰特也。孟子以先於匹夫者。注：一夫也。說苑指武：失其民則爲匹夫。或曰：上古質樸，衣服短狹，二人衣裳，惟共用一匹，故曰匹夫匹婦也。淮南天文：匹者，中人之度也。又周禮校人注：馬四匹曰乘。假借爲片。公羊僖三十三傳：匹馬隻輪無反者。注：一馬也。失之。匹，片一聲之轉。又爲正之誤字。禮記禮器：匹士太牢而祭。又爲必之誤字。孟子：力不能勝一匹雛。必誤疋，因又誤匹。然禮記曲禮：庶人之摯匹。注：說者以匹爲鶩。白虎通瑞贄：匹謂鶩也。又疑鶩古自有匹稱，故字亦作鴄。廣雅釋鳥：鴄，鶩也。或曰借爲屈。鶩無尾，稱屈也。【聲訓】釋名釋親屬：匹，辟也，往相辟偶也。按辟當作比。【古韻】韓詩文王有聲叶洫匹，毛詩嘉樂叶抑秩匹。

⿰金黴　黴　鍏　褉　甈　䳡　湀　俙　䁍　鑲　握　㕒　訞　饋　俁　輻　搥　熄　蕢

說文通訓定聲　履部第十二附

附說文不錄之字

⿰金黴　方言五、鉤或謂之⿰金黴。埤蒼、⿰金黴縣物鉤。

黴　爾雅釋魚、魚有力者黴。吳都賦、黴鯨輩中於羣犗。注、黴鯨、魚之有力者也。字亦作黴。

鍏　方言五、臿宋魏之閒謂之鍏。

褉　廣雅釋器、褉袟也。埤蒼、衣袖也。

甈〔䃂〕　廣雅釋詁三、甈磨也。通俗文、𪒅磨曰䃂。方言五、磑或謂之䃂。字亦作䃂。

䳡　爾雅釋鳥、䳡劉疾。又鵗鴉其雄䳡。

湀　廣雅釋詁三、湀濁也。釋訓、湀𣿖汙穢也。

俙　廣雅釋詁一、俙解也。集韻引廣雅、䁍笑也。

䁍

鑲　酉陽雜俎引廣雅、鑲鹽也。集韻引廣雅、握摩也。

握　海賦、磊匒匌而相㕒。注、相擊也。

㕒

訞　廣雅釋詁四、訞調也。漢書東方朔傳、朔雖訞笑。注、嘲戲也。

饋　埤蒼、饋餽也。

俁　列子黃帝、不俁不愛。注、愛也。海內經、天毒俁人愛人。注、亦愛也。叚借爲傻。字林、俁仿佛皃不審也。

輻　漢書陳遵傳注、輻聲也。叚借雙聲連語。楊雄傳、輻轤不絕。注、環轉也。孟康曰、連屬皃。

搥〔䞈〕　廣雅釋詁四、搥擿也。後漢禰衡傳注、搥及䞈並擊鼓杖也。海賦、五嶽鼓舞而相䞈。注、猶激也。字亦作䞈。

熄　字林、熄熄毛。

蕢〔𧆞〕　爾雅釋草、蕢牛蘈。詩、我行其野、箋、遂牛蘈也。字亦作𧆞。

屖　酸　隑　暟　澧　濰　篠　颽　瘣　媿　嬭　矮　㿉　琲　腲　腇　潰　漼　蒐　鑸　㞀

說文通訓定聲　履部第十二附

屖〔屖〕　方言四、履、西南梁益之閒或謂之屖。注、字或作屖。

酸　字林、酸一飯。

隑　方言七、隑企立也。東齊海岱北燕之郊委痿謂之隑企。注、隑企腳躄不能行也。按、此雙聲連語。又方言十三、隑陭也。注、江南呼梯爲隑。又廣雅釋詁二、隑長也。

暟　方言十三、暟照也。又美也。

澧〔濰〕　廣雅釋訓、濰澧霜雪也。按、疊韻連語。

篠　方言九、車枸簍、宋魏陳楚之閒謂之篠。廣雅釋器、篠篷筆也。

颽　江賦注引埤蒼、颽風遲也。

瘣　埤蒼、瘣陰病。

媿　西山經、剛山是多神媿。注、媿亦魑魅之類。

嬭　廣雅釋親、嬭母也。

矮　說文新附、矮短人也。

㿉　字略、㿉𤸊小腫也。疊韻連語。

琲　吳都賦、珠琲闌干。劉注、貫也。珠十貫爲一琲。新附云、琲珠五百枚也。見埤蒼、埤蒼又云、珠百枚曰琲。孫權貢百琲、琲貫也。按、琲之轉注。

腲〔腇〕　洞簫賦、阿那腲腇而已。注引埤蒼、腲腇肥皃。

潰〔漼〕　江賦、碧沙潰漼而往來。注、沙石隨水皃。按、猶滅寂。

蒐　爾雅釋草、蒐懷羊。

鑸　江賦、鱗甲鑸鑽。注、閑傫之皃。雙聲連語。

㞀　中山經、㞀山。

林 篏 蘾 㓡 霨 葪 餯 䝟 祽 澍 債 䏿 睗 嶎 黷 𧰳 霬 蜛 鑈 嵇

林 廣雅釋木、林梏也。

篏 廣雅釋草、篏前也。

蘾 爾雅釋草、蘾烏蘋。

㓡 廣雅釋詁一、㓡斷也。

霨 新附、䨴霨雲黑皃。江賦、霨如晨霞孤征。注、征皃。

葪 廣雅釋訓、葪葪茂也。

餯 爾雅釋器、飯謂之餯。李注、皆饐臭也。按字从彖聲。

䝟豲 爾雅釋獸、䝟鼠。釋文本作豲。中山經、倚帝之山有獸焉、狀如䝟鼠、名曰狙如。注、音吠。則此字吠省聲。

祽 廣雅釋器、祽、襌衣也。

澍 廣雅釋詁二、澍漬也。

債 廣雅釋詁二、債長也。

䏿 廣雅釋詁一、䏿病也。

睗 高唐賦、睗兮若松榯。注、茂皃。如瞟瞷也。

嶎 魏都賦、對若崇山崛起以崔嵬。注、高皃也。

黷 魏都賦、䵝黷階隨。注、黷亦黑也。

𧰳 廣雅釋詁二、𧰳短也。按字从彖聲。

霬 字林、霬、霽雲。

蜛蝭 方言十一、蟧蚑自關而東或謂之蝭蟧。字亦作蛦。

鑈鈋 通俗文、鑪渠曰鈋。字亦作鑈。

嵇 新附、嵇山名。奚氏避難特造此字。非古。按、會稽山即計字也。

麐 鰲 鶩 餧 幌 蛦 鏏 瞖 𡕌 鸂 䙝 娣 䏁 𦥔 䶵 蔍 蕙 喉

麐 後漢南蠻西南夷傳注、郎邪獠也。

鰲 爾雅釋魚、鰲鯸。埤蒼、鰲鯸也。

鶩 廣雅釋鳥、鸄鶩怪鳥屬也。

餧 通俗文、酪酥謂之餧。餉別義。字林、餧寄食。

幌 廣雅釋器、幌𢄼也。

蛦 廣雅釋蟲、蛦蛾也。

鏏 方言二、鏏堅也。廣雅釋詁一、鏏堅也。

瞖 方言十、瞖然也。南楚凡言然者或曰瞖。廣雅釋詁一、瞖磨也。

𡕌 廣雅釋詁二、𡕌短也。

鸂 吳都賦、鸂鶒鷛鶇。劉注、水鳥也。

䙝 廣雅釋器、䙝衣也。

娣 史記龜策傳、案卵娣黃。正義、焦也。索隱、灼龜木也。

䏁 爾雅釋詁、䏁病也。禮記玉藻、親瘠。又方言十、凡物生而不長大亦謂之䏁。又曰䏁。廣雅釋詁二、䏁短也。

𦥔 廣雅釋詁二、𦥔遠也。

䶵 廣雅釋言、䶵隱也。

蔍 爾雅釋草、蔍蔍。

蕙即惠 中山經、升山其草多蕙。西山經、天帝之山、下多菅蕙。又嶓冢之山有草焉、其葉如蕙、名曰蓇蓉。注、蕙香草。蘭屬也。史記司馬相如傳、蕙圃衡蘭。又、揄以綠蕙。離騷、又樹蕙之百畝。廣雅釋草、菌薰也、其葉謂之蕙。段借爲識。名䚾識字。西山經、中皇之山、其下多蕙棠。注、彩、案之屬。

喉 舞鶴賦、喉清響於丹墀。注、鶴聲也。

骶　⿰舟氐　齌　漇　諟　蠀　櫅　謎　嫟　濟

骶　廣雅釋親：背謂之骶。素問刺熱：榮在骶也。注：脊窮之謂骶。

⿰舟氐　字林：⿰舟氐，艗，水戰船。按：謂抵當敵人也。

齌　通俗文：齧悅曰齌。

漇　通俗文：霝滴謂之漇。滴與脊滴漇漉也。

諟　方言六：諟，禘也。吳越曰詩諦。廣雅釋詁三：諟也。

蠀　方言十一：蠀，其小者謂之蠀蠐。按：雙聲連語，狀其聲。

櫅（櫅）　字林：櫅，木釘也。廣雅釋器：櫅，釘也。

謎　新附：謎，隱語也。

嫟　神女賦：澹清靜其愔嫟兮。注：淑善也。引韓詩章句：悅也。引蒼頡篇：密也。女史箴注：嫟，深邃也。

濟　高唐賦：洪波淫淫之溶濟。注：猶蕩動也。

說文通訓定聲　履部第十二附

⿰𧾷氐　⿰酉齊　⿰惠羽　⿰𧾷龟　劙　⿰糹隸　悷　𦙶　⿰犭曳　挂

⿰𧾷氐　廣雅釋詁二：⿰𧾷氐，蹋也。

⿰酉齊　廣雅釋器：⿰酉齊，醬也。

⿰惠羽（⿰犭惠）　廣雅釋器：⿰惠羽，羽也。淮南人間：奮翼揮⿰犭惠。注：六翮之末也。字亦作⿰犭惠。

⿰𧾷龟　廣雅釋言：⿰𧾷龟，踦也。

劙（攦）　荀子賦：攦兮其相逐而反也。注：分判皃。彊國：則劙盤盂。注：割也。方言十三：劙，解也。按：即勢。

⿰糹隸　廣雅釋器：⿰糹隸，緣也。

悷　高唐賦：愀悷憯悽。注：悲傷皃。雙聲連語。

𦙶　廣雅釋詁二：𦙶，盛也。釋訓：𦙶𦙶，肥也。埤蒼：𦙶，肥大也。

⿰犭曳　廣雅釋訓：⿰犭曳⿰犭曳，飛也。

挂　廣雅釋詁二：挂，裂也。

傂　珶　壝　瓷　⿱雨遞　⿰忄夷　⿰黎刂　⿱敫食　鸍　獼

傂　廣雅釋訓：傂傂，憬也。按：即皆。

珶　洛神賦：抗瓊珶以和予兮。注：玉也。

壝　周禮大司徒：設其社稷之壝。注：壇與堳埒也。封人注同。鬯人注：謂委土為墠壇，所以祭也。

瓷　字林：白瓶長頸。

⿱雨遞　廣雅釋天：⿱雨遞，雷也。

⿰忄夷　廣雅釋言：⿰忄夷，悅也。按：即怡。

⿰黎刂　廣雅釋言：⿰黎刂，剺也。按：即剺。

⿱敫食　管子形勢：⿱敫食者多所惡也。注：嫌食皃。

鸍　爾雅釋鳥：鸍，沈鳧。

獼　禮記樂記注：獼猴也。論衡物勢：獼猴，金也。按：母沐轉語。

說文通訓定聲　履部第十二附

阰　䲡　諧　訵　稽　⿰忄癸　⿰月癸　⿰癸鳥　䁆　躨跜

阰　史記劉敬叔孫通傳索隱引埤蒼：阰，山名。離騷：朝搴阰之木蘭兮。按：即陛字。

䲡　廣雅釋魚：䲡，河魠也。

諧　廣雅釋詁二：諧，怒也。

訵　字林：訵，陰知也。

稽（稭）　廣雅釋地：稽，穜也。

⿰忄癸　方言十二：⿰忄癸，悸也。

⿰月癸　廣雅釋詁二：⿰月癸，醜也。淮南脩務：啳⿰月癸哆噅。

⿰癸鳥　方言八：鳩，其小者或謂之⿰癸鳥鳩。廣雅釋鳥：⿰癸鳥鳩，鶻鳩也。

䁆　廣雅釋詁一：䁆，視也。或曰當作睽，入解部。

躨跜　魯靈光殿賦：頷若動而躨跜。注：動皃。疊韻連語。

偈 雝 詿 滾 怩 鮀 蛦 瓻 帔 旎 檄 泚 㪍 沶 葉 颻 膇 鴦 蠪

偈 方言十三、偈，使也。

雝 方言八、宛野謂鼠爲雝。

詿 㤝 廣雅釋詁三、詿，誤也。魏都賦、䆫重㤝以貤繆。注、用心并誤也。

滾 淮南原道、雪霜滾灖。注、雪霜之皃。雙聲連語。

怩 新附、忸怩，慙也。見孟子。郎惡凝亦雙聲連語。

鮀 新附、文鮀，魚名。山海經、文鮀之魚是生珠玉。

蛦 蜀都賦、蛦蛦山棲。劉注、鳥名，如今山雞，出巴東。

瓻 新附、瓻，酒器。按、語云借書一瓻，還書一瓻。

帔 埤蒼、帔，布名。

旎 卽旖 楚辭謬諫、苦李旖旎。注、盛皃。史記司馬相如傳、旖旎從風。索隱猶阿那。漢書楊雄傳、乘雲蜺之旖旎兮。注、雲皃。犬何旖旎郅偈之旖旎也。注、旖旎之形。按、皆雙聲連語。

檄 爾雅釋木、檄，大椒。

泚 後漢光武紀、泚水。注、在唐州泚陽縣南。盧江灊縣亦有泚水。

㪍 方言六、器破而未離，南楚謂之㪍。

沶 左昭四傳注、新城沶鄉縣。

葉 方言十、葉，猝也。江湘之閒凡猝相見謂之葉相見。

颻 江賦、長風颻以增扇。注、大風皃。

膇 㿉 字林、㿉，重疾也。埤蒼、㿉，病也。左成六傳、沈溺重膇之疾。注、足腫。

鴦 海外西經、鴦鳥、鶬鳥所經國亡。注、應禍之鳥，卽今梟鴟之類。

蠪 廣雅釋蟲、蠪，蚌也。楚語、蝱蠪之旣多。注、大曰蝱，小曰蠪。

賢 媚 蘱 饋 鮚 儆 黻 醴 鰲 撎 亃 禣 嵂 縒 痓 幘 闟 爋 㬎 痱

賢 廣雅釋詁一、賢，益也。三、賢，孳也。

媚 廣雅釋器、媚，謂之媚。

蘱 爾雅釋草、蘱，薡蕫。廣雅、蘱，芽蔽也。

饋 屆 字林、饋，下出气也。東山經、泚水多芘魚，食之不饋。

鮚 廣雅釋詁三、鮚，多也。

儆 方言一、儆，會也。凡會物謂之儆。

黻 字林、黻，剌履底也。按、今皮匠所用黻鑽當作此。

醴 廣雅釋言、醴，企也。禮記文王世子注、州里醴于邑。

鰲 爾雅釋魚、鰲，是鱁。注、鰲屬也。字林、鯇胎生魚。

撎 左成十六傳注、肅手至地，若今撎。釋文、揖也。

亃 亂 方言十、亃，貪也。凡貪而不施謂之亃。吳都賦、亃費錦繢。注、錦文皃。疊韻連語。[叚借]

禣 方言四、無祠之袴謂之禣。注、卽今犢鼻褌也。廣雅釋器、禣，褌也。

嵂 廣雅釋詁二、嵂，待也。

縒 廣雅釋詁二、縒，忘也。

痓 廣雅釋詁三、痓，惡也。大荒南經、有山曰去痓。素問氣厥論傳爲柔痓。注、骨痓而不隨。

幘 字林、幘，飾也。

闟 太元元衡、闟闟乎恩。元錯、闟也皆合二。

爋 詩旱麓箋、乃人爋燎。釋文、爋，草燒之曰爋。

㬎 吳都賦、芒芒㬎㬎。注、不明皃。劉注、䌊遠皃。

痱 素問生氣通天論、乃生痤痱。注、痱，風瘾也。

惘 廣雅釋訓、惘惘、怅怅、慌也、

粻 廣雅釋器、粻、糗也、

瞶 蒼頡篇、瞶、極視也、

熶 詩斯干箋、噦噦猶熶熶也、廣雅釋訓、熶熶、光也、

颺 廣雅釋詁四、颺、風也、

辟 爾雅釋畜、牛黑耳、辟、

勑 廣雅釋詁四、勑、扶也、

伂 史記三王世家、毋伂德、索隱、敗也、一作菲、

㴙 海賦、㴙漬淪而滀漯、注、亂皃、

攢 淮南要略、撓不暇攢、注、排去也、

湪 廣雅釋詁三、湪、濁也、考工記㡛氏注、漚、漸也、楚人曰漚、齊人曰湪、

䅂 廣雅釋詁三、多也、

唧 通俗文、唧唧、鼠聲也、蒼頡篇、唧、衆𡧞聲也、

麋 爾雅釋獸、麕牝麋、

蒺 易困、據于蒺蔾、按、此疊韻連語、薺之合音也、又爾雅釋蟲、蒺蔾、蝍蛆、字亦變作螏、

㴵 史記司馬相如傳、㴵浡滵汩、索隱、盛皃、

䜆 方言十、䜆、不知也、沅澧之間凡相問而不知荅曰䜆、

侄 廣雅釋詁一、侄、堅也、

狱 〈𢗞〉 莊子山木、𨓆狖狱狱、李注、狖翼聲、或作𢗞、

蟋蟀 爾雅釋蟲、蟋蟀、蛬、詩、蟋蟀在堂、按、蟀字亦作蟀、蠶作蟋、一名促織、一名蜻蛚、楚人謂之王孫、

跮 史記司馬相如傳、跮踱輵轄、張揖注、疾行皃、徐廣注、乍前乍卻也、

剺 廣雅釋詁一、剺、斷也、

緟 廣雅釋器、蒸、緟、絲也、

䜝 廣雅釋詁四、䜝、苦也、

汔 通俗文、逆而吐之曰汔、

鶔 字林、鶔鳩、人面鳥身、

㛃 廣雅釋親、㛃、母也、

滵 史記司馬相如傳、㴵浡滵汩、索隱、去疾也、南都賦、玉膏滵溢、流其隅、注、流皃、

楁 〈榓〉 字林、楁、香木也、

潷 廣雅釋詁二、潷、盪也、通俗文、去汁曰潷、

拯 〈𢷎〉 方言十、拯、推也、南楚凡相推搏曰拯、廣雅釋詁三、拯、擊也、一、拯、刺也、列子黃帝、攩拯挨抌、

鰭 爾雅釋魚、鰭、鮬、鱖、鯞、注、小魚也、俗呼爲魚婢、江東呼妾魚、

蒒 廣雅釋草、蒒子、菜也、

飅 海賦、蕩颸島濱、注、風疾皃、

鮃 廣雅釋魚、鮃、鯈也、

萃 廣雅釋詁一、萃、始也、又、出也、

怈 方言十二、怈、中也、

飋 魯靈光殿賦、飋蕭條而淸冷、注、淸凉之皃、廣雅釋訓、飋飋、風也、

眑 方言六、山之東西自愧曰恧、趙魏之間謂之眑、

菙 廣雅釋草、菙、蔾也、

瑰　穆天子傳四玲瑰𤦺凡注玉名音鈴瓚

态　管子地員五沃之狀剽态注密也又五态之狀廪焉如㙮

踤　長楊賦帥軍踤阹注聚也漢書注足蹙之也

坲　楚辭怨思飄風蓬龍埃坲坲兮

迦　廣雅釋詁一迦遠也

烼（㷊）　廣雅釋詁二烼乾也四㷊爐也按㷊當从彖聲

謠　通俗文謠大語也廣雅釋訓謠謠語也

笏　禮玉藻笏天子以球玉諸侯以象大夫以魚須文竹士竹本象可也又笏度二尺有六寸其中博三寸其殺六分而去一內則搢笏注所以記事也儀禮士喪禮竹笏注笏所以書思對命者左桓二傳疏古者貴賤皆執笏即今手板也此字大徐謂即說文𥄉揬說文一曰佩也象形不象笏形笏字當補聲訓釋名釋書契笏忽也君有教命及所啓白則書其上備忽忘也

說文通訓定聲　履部第十二附　五十五

胐　廣雅釋親胐曲腳也此字从肉

椊　字林椊杜頭柄也

揬　一切經音義五引字書揬揩也

崛　廣雅釋訓崛崛憂也

萺　西山經嶓冢之山有草焉黑華而不實名曰萺蓉

秭　字林秭秭禾秀

䶵　爾雅釋鳥鳥鼠同穴其鳥為鵌其鼠為䶵注如人家鼠而短尾

奨　爾雅釋草奨藘𦯧

鵽　爾雅釋鳥鵽鳩寇鳥

鈯　廣雅釋詁三鈯鈍也

䅷　廣雅釋地䅷耕也

揔　方言十南楚凡相推搏曰揔或曰揔廣雅釋詁三揔擊也

㔲　捭蒼㔲力作也廣雅釋詁四㔲仂也一切經音義引廣雅㔲勤也

抐　廣雅釋言抐擩也

㧍　字林㧍摩也廣雅釋詁三磨也

紭　廣雅釋詁三紭索也

𩋻　廣雅釋詁四𩋻挾也

㵣　字林㵣鹽池

甗　七命甗林㵣石注以鼻搖動也

怢　廣蒼怢忽忘也後漢崔寔傳怢不自覩

說文通訓定聲　履部第十二附　五十六

䘲　廣雅釋器幝無襠者謂之䘲

乾　埤蒼乾急繫縛也

蜎　爾雅釋魚蜎蠉小者蜆注螺屬或曰即蚻蜎也

疕　廣雅釋詁一疕病也

歾　左昭十九傳釋文引字林歾夭死也謂夭札字

昳（眣）　通俗文日陰曰昳周禮司市注日昃昳中也左昭五注日昳為臺疏日昳謂蹉跌而下也假借為眣齊策身體昳麗

瞲　聲類瞲驚視上也荀子榮辱瞲然視之江賦猶𦖁眣瞲乎廠空魯靈光殿賦仡欺𢡸以鵰眣

膶　廣雅釋言膶脂也釋器同

訦　廣雅釋詁二訦怒也

襦　廣雅釋器襦袖也

控 廣雅釋詁四控擿也

蛈 爾雅釋蟲王蛈蝪注蛭蟷似蜘蛛在穴中有蓋河北人呼蛈蝪鬼谷子內揵若蛈母之從其子也今作蛈母青蛈

垤 方言大垤下也凡柱而下曰垤

袾 廣雅釋器袾袂也

勯 廣雅釋詁一勯大也

颰 廣雅釋詁四颰風也

⿰酉㣇 廣雅釋訓⿰酉㣇⿰酉㣇香也

墊 字林墊大阜在左馮翊池陽縣北

峌 海賦峌峴孤亭注高皃

⿰犭頁 中山經浦浦之水有獸焉曰⿰犭頁

蝂 蜀都賦蝂蟆山棲劉注如今山鷄

扒 廣雅釋言扒擘也

豟 爾雅釋畜豕絕有力豟

蚅 爾雅釋蟲蚅烏蠋

鴄 爾雅釋鳥鴄鴒雝渠

殈 禮記樂記卵生者不殈注殈猶裂也

殺 廣雅釋器殺矛也按設省聲

蒳 吳都賦藿蒳豆蔻注蒳草樹也葉似栟櫚而小

鞆 廣雅釋詁一鞆弱也

衲 廣雅釋詁四衲補也

妠 後漢順烈梁皇后紀注妠妠娶也

⿰土內 坹 廣雅釋詁三⿰土內空也又深也又釋詁四⿰土內靜也按字亦作坹集韻引廣雅坹深也

擫 笙賦擫纖翮以震幽簧注指捻也

襀 說文襛篆說解有此字按衣紐也

⿰身止 乾鑿度⿰身止躭萬源鄭音指

瓾 淮南說山敝箄甑瓾

說文通訓定聲目

泰部弟十三 分部月 轉乾屯

大忲　羍伞　杕枤舵　忕愧　汏汰
泰夳太汰達㳫　戾闥　釱鈦　軑　達达遳
撻遾斁　兌悅兌莌　說　敓　鵽
脫莌䬇　餟鷈祱　梲　稅　痥
駾　涚　閱　挩　娧侻
蛻　銳厠莪厠　蕨蕨　劂　瀱
䌝　帶帶　蔕蒂　遰遰　蹛
懘嵽滯殢　滯　摕𢴤揥　螮蝃　貝

退　䟺狽　敗敗　敳　浿
難蕹䧝　䝔　會佮　禬　薈
噲　膾鬠　膾鱠　劊　檜
鄶　旝　襘　儈　襘
廥　獪狭猾狨　黵　澮　嬒
繪　冄　枽　拜𢫦　外
衞衛　衛　䡁　衞　衞
叡睿壡　趣　璿璿壡琁璇　最　撮
贅　毳　毳　膬　脃脆脺
竁　毳　蠆蠆蠆蝁　厲礪厲礪　萬万

犡　噧　邁邁　譪讆　贎
糲糲　蠇蠣　勵勱　癘癘癩疠　蠤蠣
砅濿濿　丯　㓞　夅　害
齧囓　㓞　栔契　瘈瘈瘛　契
挈　絜揳潔潔挈　犗　割刏　豁
搳　稭　轄　趌　鶷
楔　䣜　窫　偰　類
鍥　瘛摩挈　夬觖　抉訣　玦
赽　趹　眏　鴂　胅
契　缺㼫䍗　䨒　突　疦

袂褋襖　駃　臭　快　決决
妜　蚗　鈌　䦼　窡
巜　介　玠　芥芥　齘
鴧　疥蚧　价　祄　㾏紒髻䯻价
馻　夰　㤉　念㓞　忦
閄　扴砎　揩　妎　界
盇盍　匃匄丐　曷　騔　葛
喝嗌嗷　趨　遏　謁　羯
鶡　蠍　餲腸䏯鶍鴿　楬　暍
稭　䍣　褐毼褐　歇　嵑

碣(𨇼嵑) 猲(獦) 竭 愒(憩偈[illegible]) 渴
⿵門曷 揭([illegible]) 褐([illegible]) 蝎 堨
藹 ⿰葛阝 擖 ⿰禾葛 ⿰氵藹(靄[illegible])
澈 【摯】(贄) 【鷙】 【制】(㓡) 【製】
【世】(也㦻卋) 呭 詍 迣 齛(詍)
跇 貰 泄(洩) 抴(拽枻栧) 紲(緤絏[illegible])
勩 【筮】([illegible]) 噬 澨 【祭】
蔡([illegible]) 𥈤 ⿰祭阝 穄 察
瘵 憏(縩) 際(漈) 詧 【乇】
[illegible]([illegible]) 彝([illegible]) 肄([illegible]) [illegible]([illegible]) [illegible]

說文通訓定聲　泰部弟十三目錄　三

【埶】(蓺藝勢) 槸([illegible]) 暬 ⿱埶巾 褻
⿱埶鳥 熱 爇(焫) ⿱埶女 ⿱埶金([illegible])
⿱埶車(輊[illegible]) 【乂】(刈) 艾(𤞞) ⿰火艾 ⿱癶艾
⿱乂心 餀 【吠】(吠吹) 【[illegible]】([illegible]) 舝(鎋轄)
𤩽 達 ⿱達䖵 【竄】 【戉】
歲 威 薉(穢[illegible]) 噦 ⿰言歲
翽 劌([illegible]) 饖 ⿱歲衣 濊
[illegible] 滅 搣([illegible]) 【雪】([illegible]) 【禼】
【折】([illegible]) ⿱折糸 哲(嚞喆) 逝 誓
晢([illegible]) ⿱折日 狾(猘[illegible]) 悊 浙(淛)

⿱叕女 ⿱叕金 【叕】 啜([illegible]) ⿱叕殳
鵽 腏 剟 餟(醊) 棳
⿱穴叕 罬 歠(吷) 惙 掇
娺 ⿰目叕 輟 綴 窡
[illegible]([illegible]) 【絕】([illegible]) 蕝(蕞) [illegible] 【劊】
薊(葪) [illegible] 【孑】([illegible]) 孓 【[illegible]】
辥 薛([illegible]) [illegible] [illegible] [illegible]
嶭 [illegible] 孼([illegible]) 【[illegible]】 【臬】
劓([illegible]) [illegible]([illegible]) 寱([illegible]) 闑 甈([illegible])
【桀】(㯳) 傑 【[illegible]】([illegible]) 【[illegible]】(戶) [illegible]

說文通訓定聲　泰部弟十三目錄　四

列(刷) 茢 迾 [illegible] 栵
[illegible] 例 裂([illegible]) 鴷 烈([illegible])
洌 蛚 颲 【劣】 【寽】
捋 [illegible] 脟 [illegible] 蛶
埒([illegible]) 鋝 酹 【弼】([illegible]) 【別】([illegible])
【[illegible]】([illegible]) 【癶】 發 蹳 [illegible]([illegible])
[illegible] 橃 [illegible] 廢 撥
鏺 【八】 穴 𣎵(浡) ⿰馬八
汃([illegible]) [illegible] [illegible]([illegible]) 肺([illegible]) 柿
[illegible] 旆 犻 [illegible]([illegible]) 沛(霈)

魳 抻 酶 孛 誖(悖𧬆慦)
鬻 郣(渤) 勃 鵓(䳝) 爨(㷚)
犮 祓(䄼) 茇 跋 瞂(𢧵)
叐 馛 柭(捌杋柭) 帗 黻
祓 髮(𩬊頒) 魃 废 炦
汥 鮁(鱍鮁) 拔(抜) 妭 坺(墢坺)
軷 巿(韍紱) 末(抹) 昧 餗(秣)
沫 苜 莫 奪(敓) 瘷(欶)
厥 闕 蕨(𦻔) 蹶 蹶(蹶蹷)
鷢 䙠 鱖 橜(嶡) 鱖

撅 蟨 𢇍 丿 乀
戉 越 逑(狨) 跋 眓
泧 娍 絾 鉞(鐵) 氒(身)
昏(昬) 䛡 若 适 齤
話(譮䛡誸) 鴰 髺 刮 栝(筈)
栝 佸 碩 髺(髻) 活(漷)
聒 括(撘) 姡 銛 闊
懖(聲) 月 跀(趴) 刖 玥
抈 刖(舠) 粤 曰 吹
汩 曶 顯 乙(𠃉) 杋(蚻)

乞 取 鑒 䀹 擊(腕捥)
叡 刷 舌 絬 殺(殺㹞敓帋 殺㷟䋞 筏𦪇)
椒(菽) 棨 鍛 伐(閥岱) 茷
蔑(𥈠) 蔵 巘 轕(昧) 穢
穢 幭(薎) 懱 瀎 𩕄(粖)
罰(佾) 刺 瑚 梀 賴
瘌(辣菽) 剌 籟 獺 賴
瀨(洌) 鰊 嬾(孏懶) 獺 瀨

右文字五百二十八名 旁注二百九十四字 附存一百四十二字

dì 杕　dá 羍　dà 大

說文通訓定聲

吳郡朱駿聲豐芑甫紀録
新安朱鏡蓉伯和甫參訂

泰部弟十三 凡七十三部

大十一名凡大之派皆衍大聲 徒蓋切

泰曷 箇 **大** 大 介 天大地大人亦大故大象人形古文大也籀文介攷古文亦象人形凡大大人大夫太子太君皆尊詞史記范雎傳文王得呂尚以爲太公禮記中庸追王太王王季皆大字本誼也又易大有釋文大有包容豐富之象詩泮水大賂南金箋大猶廣也禮記郊特牲大報天而主日也注猶徧也周禮司尊彝其朝踐用兩大尊司農注大古之瓦尊穀梁桓元傳而祭大山之邑也釋文亦作泰祭統然後會於大廟注始祖廟也孟子充實而有光輝之謂大莊子天地不同同之之謂大老子强爲之名曰大注大者高而無上羅而無外無不包容太元元衡大肥也漢書劉向傳注大巨也字亦作忕後漢南蠻西南夷傳注忕奢侈也經傳又多以泰以太爲之轉注爾雅釋木大而散楸舍人注老也荀子性惡大齊信焉而輕貨財注重也呂覽愼大江河之大也注長也勿躬神合乎大一注通也管子法不與大慮始注猶衆也易坤直方大荀注大者陽也說苑修文大者文也穀梁莊廿八傳大者有顧之辭也又淮南覽冥殫盡大半注大半過半也凡荀子榮辱權食大侈非十二子上功用大儉約禮論以歸大一君子篇莫敢犯大上之禁注皆云讀爲泰或爲太非是叚借爲泰荀子富國儒術誠行則天下大而富使有功又爲盇之誤字孟子時日害喪注害大也又疊韻連語漢書地理志大末縣注音闥聲訓白虎通五行大者大也風俗通大者太也古韻詩民勞叶愒泄厲敗泮水叶茷噦邁易坤叶發害泰叶外際渙叶外位害繫下傳十一章叶廢禮中庸卅章叶悖害呂覽士容叶害越外賴世揭衛厲折靈樞經刺節眞邪叶害界外廢文子守平叶制勢轉音文子符言叶味旣

曷 **羍** 羍 羍 小羊也从羊大聲讀若達初學記獸部引說文羍七月生羔也或从籀文大省廣雅釋畜羍羔也詩生民先生如達箋達羊子也以達爲之臧氏琳謂后稷七月而生故比于羍按于先生爲合于上文彌月不合恐先生祇是初生猶蘇俗言頭生也頭生而如羍之易也

霽 **杕** 杕 樹特生皃从木大聲詩有杕之杜凡大見別義淮南說林心所說毀舟爲杕注舟尾也按字今作柁作柂作舵楚辭涉江齊吳榜以

shì 忕　tài 汏　tài 泰　tì 戾　dì 鈦

擊汏以汏爲之汏水波也非是

霽 **忕** 狃習也从心大聲據詩蕩釋文四月疏左桓十三疏爾雅釋言疏引說文有此字補附于此字亦作愧見字林詩四月傳廢忕也禮記表記注以本忕於鬼神虛無之事疏忕串也習也左桓十三傳注狃忕也爾雅釋詁注貫貫忕也釋文忕狃忕過度史記漢興以來諸侯年表忕邪臣索隱忕訓習也別義管子小匡曹孫宿之爲人小廉而苛忕注忕察也

泰 **汏** 汏 淅澗也从水大聲今沙汰淘汰字亦作汰廣雅釋詁二汏洒也別義廣雅釋水汏波也叚借爲大左昭三傳伯石之汏也注驕也荀子仲尼般樂奢汏注侈也又爲泰左宣四傳伯棼射王汏輈注過也又爲汏楚辭九章齊吳榜以擊汏古韻楚詞涉江叶汏滯

泰泰 **泰** 𡘙 夳 滑也从廾水會意大聲古文从水省大聲字林達滑也字亦作達今作太亦作汏疑泰太汏汰四形實同字列子周穆王齊角爲右字又作𡗜轉注左昭廿六傳縣轅汏輈注矢激又易序卦泰者通也論語泰伯按伯之字猶雍歷爲仲季字也若作大則擬于太王不可荀子議兵用財欲泰注不吝賞叚借爲大詩巧言昊天泰憮箋泰言甚也論語泰而不驕按大也今拜乎上泰也皇疏驕泰也孟子不亦泰乎注甚也西京賦心奓體泰爾雅釋天西風謂之泰風詩桑柔箋正作大廣雅釋山岱宗謂之泰山風俗通泰山山之尊者荀子賦請占之五泰注五帝也漢書禮樂志惟泰元尊注泰元天也莊子天地泰初有無太元元圖泰柄雲行管子山權而藏諸泰臺注高臺也禮記明堂位泰有虞氏之尊也廣雅釋器泰罇也又書泰誓顧氏說泰者大之極也禮記曲禮假爾泰龜有常疏大中之大也廣雅釋詁一太大也白虎通五行太亦大也易繫辭易有太極注大極者无稱之稱書洛誥王入太室祼王注清廟中央之室禮記曲禮太上貴德釋文三皇五帝之世魏文侯孝經傳太學者中學明堂之位也左昭四周幽王爲太室之盟注中嶽白虎通爵天子之子稱太子後漢蔡邕傳太清注謂天也班彪傳太古注遠古也張衡傳太陰注北方極陰之地也光武紀太史注史官之長也左桓六傳太牢疏牢之大者又禮記檀弓汰哉叔氏釋文自矜大賈子道術厚志隱行謂之潔反潔爲汰又後漢樊準傳飢而不損茲曰太注猶甚也漢書谷永傳作泰以上凡皆大字之轉注後世安康之訓古者無之疑借爲達古韻老子仁德篇叶害

泰 **戾** 戾 輜車旁推戶也从戶大聲讀與釱同凡衣車前後有蔽旁有開闔戶與从戶从犬字迥別或曰亦作闥後漢桓帝紀注闥謂之闔小門也轉注爲車旁戶按闥即闒字非戾字

泰 霽 **鈦** 鈦 鐵鉗也御覽引說文脛鉗也从金大聲史記平準書釱左趾三蒼踏脚鉗也廣雅釋器釱錧也管子幼官刑則交寒害釱注釱

dì 軑 dá 達 tà 撻 duì 兌(兑)

或爲鈸按狀如跟衣著足下重六斤以代
刖叚借爲軑漢書揚雄傳肆玉釱而下馳

霽泰 **軑** [篆] 車輨也从車大聲方言九輪韓楚之閒謂之軑又輨軑鍊鏅也關之東西曰輨南楚曰軑離騷齊玉軑而
並馳注錮也甘泉賦肆玉軑而下馳注車輨也按軑之言鉗制輨所
以制轂輨所以固轂於字義皆合未知孰是許以方言輪可謂轂則
包轂之鐵連于轂即連於輪故有此稱
似訓輨爲長若輨則斷不可謂之輪也

霽曷 **達** [篆][篆] 行不相遇也从辵羍聲或从大聲或曰迖者迖字非按達
字惟書顧命用克達殷集大命似當訓絕禮內則左右達
爲夾室所以相隔吳語寡人其達王于甬句東與不相遇義近愚謂
許君云行不相遇者如爾雅釋宮之九達旁岐交道行路者不相遇
大通之道也釋名釋言語達徹也廣雅釋詁一達通也虞書達四聰
禹貢達于河周禮大宰七曰達吏儀禮士昏禮下達禮記中庸天下
達道五論語賜也達孟子達則兼善天下又方言十三達芒也詩載
芟驛驛其達傳射也史記樂書區萌達正義出也莊子達生釋文暢
也淮南脩務蹏達膝注穿也又考工弓人恒角而達注謂長于淵幹
字亦作達高彪碑敏達義理叚借爲大詩車攻傳金舄達屨也小爾
雅廣服履尊者曰達履又禮記樂記非達禮也注具也禮器君子達
亹亹焉注猶皆也周禮典同達聲贏注謂其形微大也又爲羍左傳

鄭羍達字子姚按名羍字挑也詩生民先生如達箋羊子也傳訓生
則與載芟義同或曰滑也借爲泰亦通又爲泰洞簫賦注引字林达
滑也又雙聲連語子衿岦兮達兮或曰鄭罕達字姚即佻達字古韻
詩青衿叶闕月生民叶月害載芟叶活傑長發叶撥越發烈截又叶
旆鉞烈櫱截伐桀論語八士章叶适楚辭天問叶蠥素問
六元正紀論叶伐奪泄折轉音禮記月令叶泄出內惠絕

曷 **撻** [篆][篆] 鄉飲酒罰不敬撻其背也从手達聲古文从虍達聲未詳
字亦作𢷾虞書撻以記之周禮閭胥掌其比觵撻罰之事
注扑也小胥而撻其怠慢者注猶抶也禮記內則而撻之流血注擊
也列子黃帝斫撻無傷痛釋文打也叚借爲駃詩撻彼殷武傳疾意
也又爲達儀禮既夕記設依撻焉注弣側矢
道也以韋爲之聲訓韓詩撻彼殷武撻達也

兌二十名凡兌之派皆衍兌聲 杜外切

泰 **兌** [篆] 說也从人㕣聲按㕣非聲當从人从口會意八象氣之舒散兒者
與祝同意从八與𠔁同意今字作悅又加心旁易說卦兌爲口
序卦兌者說也釋名釋天兌說也物得備足皆喜悅也荀子脩身佞
兌而不曲注兌悅也不苟見由則兌而倨莊子德充符豫通而不失
于兌管子七臣七主多兌道以爲上爾雅釋詁悅樂也又悅服也廣
雅釋詁一悅喜也方言十悅蘇也易彖下傳悅以動論語不亦悅乎

shuō 說 duó 敓

大戴子張問入官調悅者情之道也莊子天地共利之之謂悅東京
賦海內同悅又齊策孟嘗君有舍人而弗悅注敬也叚借爲鋭荀子
議兵兌則若莫邪之利鋒史記天官書隋北端兌釋名釋首飾幘或
曰兌上小下大兌兌然也又爲涗釋名釋飲食生瀹葱薤曰兌言其
柔滑兌兌然也又爲閲實爲穴老子塞其兌注目也淮南道應則塞
民於兌注耳目鼻口也又爲說老子簡文注兌言也又爲𢻎孟子禾
得不可以爲悅按彊取也喪凶禮也何謂悅又爲枺詩皇矣松柏斯
兌傳易直也又爲達詩緜行道兌矣傳成蹊也又爲㪺今俗書彈兌
兌換字又託名幖識字書顧命兌之戈傳古之巧人禮記樂記緇衣
文王世子兌命曰注尚書篇名書說命釋文本作兌命又疊韻連語
爾雅釋草離南活莌字亦變作莌作莌舌韻
詩緜叶拔駾喙皇矣叶拔兌谷損兌篇叶決

屑屑 **說** [篆] 釋也一曰談說也从言兌會意按兌亦聲墨子經上說所以明
也廣雅釋詁二說論也周禮太祝六曰說注以辭責之禮記少
儀游於說疏謂論說考工毣氏有說注猶意也吳語使人說于子胥
注告也秦策王不聞夫管與之說乎注言也詩定之方中傳山川能
說鄭志云說其形勢也荀子正名說合于心注言經爲說呂覽當務
備說非六王五伯注道也史記伯夷傳而說者曰索隱說者謂諸子
雜記也漢書𣿀錯傳不問書說也注謂所說之義也又荀子正論而
務說人以勿辱也注讀爲稅史記魯仲連鄒陽傳以貲說士劉氏讀

爲銳又左昭九傳佐下軍以說焉注自解說越語句踐說于國人注
解也漢書王莽傳是欲以我爲說于匈奴也注解說也又天文傳說
一星在箕尾之閒近尾東主後宮女巫祈子按傳女傳說禱說也或
以商臣傳說騎箕殊爲不經叚借爲悅即兌字易困乃徐有說虞注
兌爲說詩艸蟲我心則說傳服也周禮掌交達萬民之說注所喜也
左僖廿七傳說禮樂而敦詩書疏謂愛樂之周語厲王說榮夷公注
好也且其語說昊天有成命注樂也楚語又能上下說乎鬼神注媚
也秦策敝邑之王所說甚者注敬也家語入官說者情之導也又爲
閲詩擊鼓與子成說傳數也又爲挩易脫後說之壺虞注猶置也詩
瞻卬女覆說之傳赦也垠猶可說也箋解也禮記檀弓天下其孰能
說之大戴曾子立事不說人之過又詩甘棠召伯所說傳舍也蜉蝣
於我歸說箋猶舍息也周禮典路與其用說司農注謂舍車也儀禮
鄉射禮弟子說東左宣二傳日中而說字亦以脫以稅爲之又爲涗
禮郊特牲明水說齊又爲脫實爲奪荀子正名說故喜怒哀樂愛惡
欲以心異注誤也聲訓釋名釋言語說述也宣述人意也古韻詩甘
棠叶拜草蟲叶蕨惙擊鼓叶闊蜉蝣叶閱雪都人士叶撮髮噦卬叶
奪易咸叶末困叶刖紱禮記曲禮叶撥蹶楚辭天問叶㢘
轉音宋玉風賦叶絕蜺列靈樞九鍼十二原叶拔雪解決

曷 **敓** [篆] 彊取也从攴兌聲書呂刑敓攘撟虔廣
雅釋詁一敓取也經傳皆以奪爲之

yuè 鶂

屑 **鶂** 鶂 水鳥也从鳥兌聲

tuō 脫

泰 曷 **脫** 脫 消肉臞也从肉兌聲轉注禮記內則肉曰脫之皇注治肉除其筋膜爾雅釋器李注肉去其骨曰脫列子天瑞其狀若脫釋文謂剝皮也假借為挩方言十二解輸脫也廣雅釋詁三脫離也公羊昭十九傳則脫然愈注疾除皃也齊語脫衣就功注解也家語辯樂虎賁之士脫劍注解劍也管子霸形言脫于口注出也漢書枚乘傳百舉必脫注免于禍也史記平津侯主父傳脫粟之飯索隱纔脫穀而已又為奪廣雅釋言脫遺也後漢隗囂傳注脫失也又左僖卅二傳無禮則脫注易也史記禮書凡禮始乎脫索隱猶疏略也荀子正名注脫誤也又重言形況字詩野有死麕舒而脫脫兮傳舒遲也或曰借為娧又單辭形況字淮南精神則脫然而喜矣注舒也又疊韻連語爾雅釋草倚商活脫即離南活莌字亦作茷作莌今之通草也中山經升山其草多寇脫又託名標識字史記齊太公世家成公脫十二諸侯年表作說古韻詩野有死麕叶帨吠老子脩觀篇叶拔輟

shuì 䬽

齊 **䬽** 䬽 小餟也从食兌聲字亦作餟作祱

tuō 梲

月 曷 屑 **梲** 梲 木杖也从木兌聲亦曰棓曰棁急就篇鐵錘檛杖梲柲杸顏注小棓也穀梁宣十八傳挩殺也范注謂捶打以挩為之淮南主術揮梲而狎犬後漢禰衡傳手持三尺梲杖注引說文大杖也轉注禮記禮器山節藻梲注梁上楹謂之梲襍記山節而藻梲注侏儒柱畫之為藻文爾雅釋宮以棳為之管子侈靡是梲傳華注柱也魯靈光殿賦雲楶藻梲王命論棨梲之材假借為銳老子揣而梲之河上公本作銳是也

shuì 稅

齊 **稅** 稅 租也从禾兌聲穀梁宣十五傳初稅畝釋文賦也大戴主言稅十取一漢書刑法志有稅有賦注稅者田租也食貨志注稅謂公田什一及工商衡虞之入也東京賦注稅斂也按周禮凡稅通言賦漢志以軍賦為賦以田宅所征為稅稅有三孟子粟米之征即周禮旅師之粫粟此田稅也力役之征即周禮鄉大夫之辨其可任者皆征之此丁稅也布縷之征即周禮太宰之嬪貢此宅稅也而田稅中有不自耕而閒民代耕者謂之屋粟宅稅中若商賈之類廛市湊集出泉當賦謂之里布又婦人業他事不桑麻者亦出泉當賦謂之夫家之征丁稅中工商賈不能赴役則以其所出當役如閭師所謂七貢又閒民為人執事不赴役亦出布以當役謂之夫布而凡應出布者以粟當布又謂之閒粟周禮掌交諭九稅之利注謂稅民九職當即此矣轉注後世有關稅牙稅契稅及鹽課茶課礦課之類亦稅也假借為挩爾雅釋詁稅舍也方言七稅舍車也史記李斯傳吾未知所稅駕也索隱猶解駕言休息也呂覽慎大稅牛于桃林注釋也禮記檀弓稅驂于舊館文王世子不稅冠帶少儀車則稅綏左莊九傳及堂阜而稅之又禮記服問以有本為稅注稅亦變易也又為稅禮記檀弓未仕者不敢稅人注謂遺於人又為閱禮記喪服小記而父稅喪已則否注讀如無禮則稅之稅檀弓小功不稅注日月已過乃聞喪而服曰稅按猶積日曰閱之意又為繐左襄廿七傳如稅服終身又為遂禮記襍記繭衣裳與稅衣纁衻為一注稅衣若元端而連衣裳者也疏謂黑衣也喪大記士妻以稅衣即儀禮之褖衣周禮之褖衣禮記玉藻士褖衣注或作稅

duó 痥

曷 **痥** 痥 馬脛瘍也从疒兌聲一曰將傷也

tuì 駾

泰 **駾** 駾 馬行疾來皃从馬兌聲詩緜混夷駾矣傳突也說文口部又引作犬夷呬矣孟子注作昆夷兌矣左傳注作畎夷彖矣魯靈光殿賦注作昆夷突矣廣韻引作昆夷𢑴矣古韻詩緜叶拔兌駾喙

shuì 涚

齊 **涚** 涚 財溫水也从水兌聲考工記㡛氏以涚水漚其絲注以灰所泲水也又周禮司尊彝盎齊涚酌禮記郊特牲醆酒涚于清疏泲也又明水涚齊凡涚新之也注猶清也祭統夫人薦涚水注盎齊也疏是明水愚按考工之涚水郊特牲之涚齊祭統之涚水皆謂盎之司尊彝之涚酌郊特牲之涚于清涚于醆酒皆借為脫滲漉之使清猶肉消而臞也即脫字之轉注假借為帨即帥司尊彝涚酌司農注

挩拭勺而酌也挩者帨字之誤

yuè 閱

屑 **閱** 閱 具數于門中也从門兌聲小爾雅廣詁閱具也廣雅釋詁四閱數也左襄九傳商人閱其禍敗之釁注猶數也公羊桓六傳大閱者何簡車徒也左昭七傳有亡荒閱注蒐也管子度地常以秋歲末之時閱其民注謂省視漢書文帝紀閱天下之義理多矣注猶更歷也轉注淮南俶真此皆生一父母而閱一和也注總也老子以閱衆甫注稟也荀子脩身良賈不為折閱不市注賣也按猶數也史記高祖功臣年表明其等曰伐積日曰閱漢書車千秋傳又無伐閱功勞朱博傳齎伐閱詣府注所經歷也假借為穴詩蜉蝣掘閱傳容閱也禮記表記我躬不閱注猶容也又為悅詩蜉蝣疏閱者悅懌之意則以掘閱為疊韻連語容閱為容悅詩谷風我躬不閱左襄廿五傳作說亦為悅也又託名標識字爾雅釋宮桷直而遂謂之閱謂方椽之長而直達于檐者亦有積歷之意古韻詩蜉蝣叶閱雪說谷風叶逝發閱

tuō 挩

月 曷 **挩** 挩 解挩也从手兌聲經傳皆以說以稅以脫為之淮南本經其行倪而順情注倪簡易也則以娧為之假借為梲穀梁宣十八傳挩殺也注謂捶打殘賊而殺

tuì 娧　tuì 蛻　ruì 銳　jì ⿱艹㓹　jì 罽　jì 瀱　jì ⿰糸罽　dài 帶

泰　**娧**　好也。从女，兌聲。字亦作倪。廣雅釋詁三：倪，可也。神女賦：倪薄裝。注：好也，又可也。法言君子篇：荀卿非數家之書，倪也。叚借爲挩。淮南本經：其行倪而順情。按：脫畧疏闊之意。

齊泰　**蛻**　蟬蛇所解皮也。从虫，兌聲。廣雅釋詁一：蛻，解也。史記屈賈傳：蟬蛻於濁穢。

泰齊齊　**銳**　芒也。从金，兌聲。籀文从厂从剡，會意。字亦作䬽。廣雅釋詁二：銳，利也。四：㓹，傷也。莊子天下：銳則挫矣。秦策：使輕車銳騎，策約而出銳師。又漢書天文志：有三星銳，曰罰。注：上小下大，故曰銳。漢書刑法志：秦昭以銳士勝。轉注：方言二：䬽，小也。凡草生而初達謂之䬽。又左昭十六傳：不亦銳乎。注：細小也。哀十一傳：子羽銳敏。注：精也。又集韻引廣雅：㓹，禿也。字又誤作㓹。叚借爲駾。孟子：其進銳者其退速。按：猶疾也。五等論：夫進取之情銳。注：疾也。又爲鈗之誤字。書顧命：一人冕執銳。鄭注：矛屬。又雙聲連語。方言十三：盂謂之銚銳。按：猶挑達、跳脫、條脫字也。

齊　**⿱艹㓹**　艸之小者。从艸从㓹，會意。㓹亦聲。㓹，籀文銳字，讀若芮。字亦作蘮。爾雅釋草：蘮，蒘，竊衣。王逸九思作蘮蕠。按：此草狀如瞿麥，黃紫，蓬首，其下有芒刺，黏箸人衣，不能捝，故曰竊衣。

齊　**罽**　魚网也。从网，㓹聲。㓹，籀文銳。叚借爲⿰糸罽。爾雅釋言：氂，罽也。通俗文：織毛曰罽。漢書東方朔傳：狗馬被繢罽。高帝紀：賈人毋得衣錦繡綺縠絺紵罽。注：若今氈及氍毹之類。

齊　**瀱**　井一有水一無水謂之瀱汋。从水，罽聲。中山經：視山有井，名曰天井，夏有水，冬竭。又超山有井，冬有水，夏竭。水經淮水注：斟水導源穴口，若井，一日之中，十溢十竭，信若潮流，而注淮水。聲訓：釋名釋宮室：瀱，竭也。汋，有水聲汋汋也。

齊　**⿰糸罽**　西胡毳布也。从糸，罽聲。漢書皆以罽爲之。

帶八名，凡帶之派皆衍帶聲。當蓋切

泰　**帶**　紳也。上象繫佩之形，佩必有巾，从重巾。禮記內則：男鞶革，女鞶絲。古者革帶所以繫佩韍，而後加之大帶。廣雅釋詁三：帶，束也。易訟：或錫之鞶帶。詩鳲鳩：其帶伊絲。箋：謂大帶也。儀禮士虞禮記：不說帶。注：帶，下體之上也。左襄卅傳：鄭駟帶，字子上。禮記襍記：率帶。字亦作帶。轉注：方言四：厲謂之帶。按：詩都人士：垂帶而厲。故小爾雅廣服：帶之垂者爲厲。考工梟氏：鍾帶謂之篆。注：帶所以介其名也。莊子齊物論：蝍且甘帶。崔注：蛇也。叚借爲遰。方言十三：帶，行也。注：帶隨人行，非是。聲訓：釋名釋衣服：帶，帶也，著於衣，如物之繫帶也。古韻：詩有

dì 蔕　dì 遰　dài 蹛　dì 懘　zhì 滯　dì 摕　dì 螮　bèi 貝

狐叶厲。楚詞九辨入叶介、慨、邁、穢、敗、昧。

齊　**蔕**　瓜當也。从艸，帶聲。聲類：果鼻也。吳都賦：扤白蔕。劉注：花本也。老子：深根固蔕。禮記曲禮：士疐之。以疐爲之。俗字作蔕。古韻：高唐賦叶蓋、會、靄、沛、籟。

齊　**遰**　去也。从辵，帶聲。夏小正：遰鴻雁。傳：往也。字亦作遾。叚借爲晳。易大有鄭本[illegible]辨遰也。又爲帶。禮記內則：右佩玦捍管遰。注：刀鞞也。按：瓜當之爲刀室，猶竹樂之爲筆彄也，此謂轄。注或曰借爲[illegible]即鞞。又爲滯。石門頌：遰尋弗前。

泰齊齊　**蹛**　踶也。从足，帶聲。按：與躛誼同。叚借爲逝。者秋逝斗樞：躛入水而前去。注：去也。古文奇字云：躛，古文逝字。又爲滯。史記平準書：蹛財役貧。集解：停也。又留蹛無所食。索隱：積財也。又託名幖識字。史記匈奴傳：大會蹛林。索隱：地名。或謂繞林木而祭。

齊齊卦　**懘**　也。禮記樂記：則無怗懘之音矣。注：怗懘，敝敗不和皃。別義：說文：極也。一曰困劣也。从心，帶聲。字亦作懘，作殢。廣雅釋詁一：殢，極高也。按：集韻：峼嵽，山形。字作嵽。峼嵽亦雙聲連語。叚借疊韻連語。史記屈賈傳：細故懘薊兮。索隱：懘介，鯁刺也。愚按：薊者，蔽之誤字。懘蔽疑借爲滯塊，猶磊塊也。或作帶芥，非。

齊　**滯**　凝也。从水，帶聲。周禮廛人：凡珍異之有滯者。泉府：斂市之不售貨之滯于民用者。周語：氣不沈滯。注：積也。晉語：敢告滯積以紓執事。注：久也。晉語：底著滯淫。注：廢也。楚辭涉江：淹回水而凝滯。注：留也。淮南時則：流而不滯。注：止也。叚借疊韻連語。史記司馬相如傳：弇揚滯沛。索隱：水灑散皃。古韻：楚辭涉江叶汰。高唐賦叶旆、蓋、逝、會、害、逮、歲。

齊脣　**摕**　撮取也。从手，帶聲。讀若蠆。或从折，示聲。兩手急持人也。字亦作揥。儀禮有司徹：乃摕于魚腊俎。今本作摭，或作揲。西京賦：摕飛鼯。注：捎取之也。叚借爲遰。文賦：意徘徊而不能揥。

齊脣　**螮**　螮蝀，虹也。从虫，帶聲。字亦作蝃。詩蝃蝀：在東。傳注：太元堅螮其蝃蝀。注：螮，德也。別義：爾雅釋蟲注：蠢螢，今江東呼蛍螢。聲訓：釋名釋天：蝃蝀，其見每于日在西而見於東，啜飲東方之水氣也。

貝八名，凡貝之派皆衍貝聲。博蓋切

泰　**貝**　海介蟲也。居陸名猋，在水名蜬。象形。古者貨貝而寶龜，周而有泉，至秦廢貝行泉。按：古五貝爲一朋。廣雅釋詁四：貝，貨也。易震：億喪貝。干注：寶貨也。書禹貢：厥篚織貝。傳：水物。顧命：大貝。傳：如車渠。詩巷伯：成是貝錦。傳：錦文也。閟宮：貝胄朱綅。傳：貝胄，飾也。儀禮士喪禮

huì 會　kū 𡓁　xiè 䪥　pèi 浿　gài 敹　bài 敗　bèi 䟺　bài 退

貝三寶於笄西山經濛水其中多黄貝楚辭逢紛紫貝闕而玉堂徙好色賦齒如含貝注貝海螺其色白按爾雅貝居陸贆在水者蜬大者魧小者鰿玄貝貽貝餘貾黄白文餘泉白黄文蚆博而頯蜠大而險蟦小而橢古以爲貨故特詳其名目形色也轉注爾雅啇貝母注根如小貝圓而白廣雅貝父藥實也按即貝母叚借託名幖識字左文十六傳子貝自仞楚臣釋文本作員古韻易震叶厲登徒好色賦叶雪蔡

卦 **退** 从辵貝聲此字疑即䟺之或體叚借爲敗說文斁也周書㪙子我興受其退

泰 **䟺** 步行獵跋也从足貝聲聲類狼䟺顛䟺也俗字亦作狽

卦 **敗** 毁也从攴貝敗賊皆从貝會意按貝聲籀文从重貝爾雅釋言敗覆也詩民勞無俾正敗箋壞也禮記孔子閒居四方有敗注謂禍裁也公羊隱十傳公敗宋師于菅釋文凡臨他曰敗書實典序夏師敗績傳大奔曰敗績又左文十傳臣歸死于司敗也注陳楚名司寇爲司敗轉注爾雅釋器肉謂之敗又穀梁成十六傳四體偏斷曰敗又春秋繁露陽尊陰卑篇寒暑移易其處謂之敗歲穀梁莊廿八傳豐年補敗注敗謂凶年又素問診要經終論此十二經之所敗也注敗謂氣終盡而敗壞也聲訓釋名釋言語敗潰也古韻詩甘棠叶憩民勞叶愒泄厲大楚辭九辯叶帶介慨邁穢昧三暑下叶制素問寶命全形論叶泄發噦鬼谷損兌叶察家語子路初見叶謁歲六韜文韜叶害器世轉音家語觀周叶患文子微明叶廢患

說文通訓定聲　泰部弟十三　九

隊 **敹** 敹叙深堅意也从叙从貝會意貝堅寶也讀若概按貝聲廣雅釋詁四敹耦也按耕所以起堅土耕者必耦故敹得訓耦

卦 **浿** 浿水出樂浪鏤方東入海从水貝聲一曰出浿水縣按今東洋朝鮮國之大通江在平壤城北

卦卦 **䪥** 䪥菜也葉似韭从韭敹聲字俗作薤爾雅釋草䪥鴻薈按鴻薈之合音爲䪥也北山經丹熏之山其艸多韭䪥注皆山菜禮記内則膏用䪥又後漢周舉傳䪥露注今之挽歌也叚借爲監漢書揚雄傳何文肆而質䪥集注䪥狹也字亦作𨶇廣雅釋詁一𨶇陿也䪥監雙聲

黠 **𡓁** 凷突出也从土敹聲按从土豈圜土歟

會十九名凡會之派皆衍會聲黄外切

泰泰 **會** 合也从亼从增省會意增益也古文从合从彡按彡亦眾多意爾雅釋詁會合也又對也廣雅釋詁三會聚也又至

kuài 䯤　kuài 噲　huì 薈　guì 禬

也詩車攻會同有繹周禮大宗伯時見曰會禮記曲禮相見于郤地曰會公羊桓十傳會者何期辭也隱元傳會猶最也按最當作冣又會及暨皆與也又書禹貢會于渭汭傳逆流曰會方言十湘沅之會注兩水合處也又禮記樂記會守拊鼓注猶合也皆也周禮食醫凡會膳食之宜注成也漢書周勃傳注會集也後漢周章傳注會際也素問五運行大論注會遇也禮記大傳異姓主名治際會注昏禮交接之會也哀公問不廢其會節疏猶期也琴賦激清響以赴會注會節會也史記弟子傳皆叔仲會字子期轉注詩大明會朝清明傳甲也按猶期也凡帀一月爲期故帀一歲帀十二辰帀十幹皆謂之期太元元圖章會統元注會者日月交會一終也禮記月令注聖王因其會而分之疏一會即一辰也毛意自甲至甲爲會周以甲子克商故曰會朝也又儀禮公食禮坐啓簋會士虞禮命佐食啓會注蓋也按蓋所以合物又周禮司會以歲會攷歲成注大計也按謂總其數而算媒氏令會男女同言有故而三十未娶二十未嫁者不禁奔所以恥其父母下會字亦同周語月會注計也周禮職方氏其山鎮曰會稽史記夏本紀會稽者會計也又周禮弁師會五采玉璂注縫中也詩淇澳會弁如星箋謂弁之縫中又禮記雜記會去上五寸注謂上領縫也疏韠上緣又廣雅釋草會及五味也叚借爲䯤莊子人閒世會撮指天司馬注會撮髻也向注兩肩聳而上會撮然也又爲薈爾雅序會稡舊說按薈稡聚之意又爲旝詩大明其會如林古韻

說文通訓定聲　泰部弟十三　十

高唐賦叶磕礚厲滃霈邁喙竄摯又叶旆蓋逝害逮滯歲靈樞榮衛生會叶胃肺氣衛外轉音靈樞病形叶類

泰 **禬** 除疾殃祭也从示會聲廣雅釋天禬祭也周禮太祝三曰禬四曰禜注禬禜告之以時有災變也女祝禬禳之事以除疾殃注除灾害曰禬猶刮去也凡以神仕者以禬國之凶荒注除也讀如潰癰之潰皆即聲即義也聲訓說文禬會福祭也从示从會會亦聲按聲是而訓非

泰 **薈** 艸多皃从艸會聲廣雅釋詁一薈翳也二障也江賦潛薈葱龍注水中茂盛也轉注詩候人薈兮蔚兮傳雲興皃亦疊韻連語海賦薈蔚雲霧注雲霧盛潤也古韻詩候人叶蔚

卦 **噲** 咽也从口會聲讀若快史記弟子傳魯顏噲字子聲轉注說文一曰嚵也淮南俶眞蚑行噲息叚借爲快淮南精神噲然得卧又詩斯干噲噲其正箋猶快快也亦重言形況字古韻詩斯干叶噲噦句中韻

泰 **䯤** 骨擿之可會髮者从骨从會會意會亦聲字亦作鬠詩淇奧䯤弁如星周禮故書弁師䯤五采玉璂注沛國人謂反紒爲䯤詩箋禮注鄭皆讀爲會訓縫中儀禮士喪禮鬠笄用桑長四寸纋中又鬠用組注古文皆爲括

kuài 膾

泰 膾 細切肉也从肉會聲禮謂之報切廣雅釋詁二膾割也禮內則肉腥細者爲膾論語膾不厭細釋文又作鱠漢書東方朔傳生肉爲膾假借託名幖識字莊子齊物論欲伐宗膾胥敖司馬注宗膾國名聲訓膾會也細切肉令散分其赤白異切之已乃會合和之也

guì 劊

泰 劊 斷也从刀會聲今大辟刑人之隸俗語謂之劊子手易困京房本劓刖困于赤紱

guì 檜

泰 檜 柏葉松身木也从木會聲松葉柏身者樅詩竹竿檜楫松舟書禹貢杶榦栝柏以栝爲之假借爲鄶詩檜風序釋文本作鄶又爲旝左成二傳棺有翰檜注上飾

kuài 鄶

泰 鄶 祝融之後妘姓所封溱洧之閒鄭滅之从邑會聲今河南許州密縣地周語鄶由叔妘鄭語妘姓鄔鄶路偪陽詩國風檜以檜爲之漢書地理志子男之國虢會爲大以會爲之

kuài 旝

泰 旝 旃也从㫃會聲說文引詩大明其旝如林左桓五傳旝動而鼓別義說文旝建大木置石其上發以機以追敵也左桓五傳賈注旝爲發石一曰飛石太平御覽引春秋舊說旝發石車也按字从㫃當爲旌旗之名飛石起于范蠡兵法左傳所云飘受矢石恐是守城所用下以禦敵之具或如左傳桀石投人子虛賦礧石相擊未必有用車發機之事也

說文通訓定聲 泰部第十三 十一

kuài 穭

泰 穭 穅也从禾會聲裹米之皮曰穭既脫于米曰穅蘇俗謂之礱穅

kuài 儈

泰 儈 聲類云合市人也漢書貨殖傳節駔儈注合會二家交易者史記只作會按如今之牙行主人謂平會兩家買賣之價即會字之轉注據太平御覽卷八百廿八引說文有此字姑附于此

guì 襘

泰 襘 領會也从衣會聲左昭十一傳衣有襘帶有結漢書五行志注襘領之交會也禮記曲禮天子視不上于袷不下于帶玉藻視帶以及袷皆以袷爲之袷襘字所从會合同誼故誤借也說文今本訓帶所結也必是傳寫之誤

kuài 廥

泰 廥 芻稾之藏也从广會聲廣雅釋宮廥倉也史記趙世家邯鄲廥燒徐廣曰廄之名非是轉注漢書天文志其南眾星曰廥積按即芻稾六星在天苑之西

kuài 獪

泰 卦 獪 狡獪也从犬會聲字亦作狭作猾作狨方言二剿𤜀獪也廣雅釋詁四獪㥘也詩隰有萇楚序箋謂狡狭按本訓當謂犬黠移以言人與狂獸等字皆同所謂轉注也

wèi ⿰黑會

泰 ⿰黑會 沃黑色从黑會聲廣雅釋器⿰黑會黑也尚書大傳山龍青也華蟲黃也作繪黑也宗彝白也藻火赤也兊以繪爲⿰黑會

guì 澮

泰 澮 澮水出河西霍山西南入汾从水會聲按河西當作河東出今山西霍州霍山即禹貢之太岳也至澤州入汾假借爲巜爾雅釋水注溝曰澮虞書濬畎澮距川鄭注澮所以通水于川也考工匠人同閒廣二尋深二仞謂之澮周禮稻人以澮寫水注田尾去水大溝荀子解蔽醉者越百步之溝以爲蹞步之澮也注小溝也聲訓澮會也小溝之所聚會也

huì 嬒

泰 嬒 女黑色也从女會聲按許意从⿰黑會省假借爲儈通俗文可惡曰嬒又爲薈詩候人嬒兮蔚兮亦疊韻連語

huì 繪

泰 繪 會五采繡也从糸會聲小爾雅廣訓襍彩曰繪按字从糸是繪與繡同訓从會亦意假借爲會虞書山龍華蟲作繪詩何彼襛矣箋勸面繪總論語繪事後素射雉賦身挖黼繪注皆謂畫文也周禮皆以織餘之績爲之按凡會五采繡作繪會五采畫只宜作會書益稷本作會馬鄭讀爲繪非是

卉三名凡卉之派皆衍卉聲 許衞切

huì 卉

尾 未 卉 艸之總名也从屮从艸會意有大有小也按三屮亦眾多意爾雅釋草卉草舍人注凡百草一名卉詩出車卉木萋萋四月百卉具腓太元元圖百卉權輿書禹貢島夷卉服後漢南蠻西南夷傳卉衣注草服也轉注廣雅釋詁三卉眾也假借爲𠦪上林賦卉然興

說文通訓定聲 泰部第十三 十二

道而遷義注猶勃也亦單辭形況字又雙聲連語上林賦蔚莅卉歙史記索隱林木鼓動之聲漢書注走相追也或曰此卉之誤字疊韻連語也又疊韻連語西京賦沸卉軿訇注奮迅聲也漢書禮樂志卉汩臚注疾意也

hū 𠦪

月 𠦪 疾也从夲卉聲按卉短言之如忽也拜从此爲聲上林賦卉然興道而遷義以卉爲之

bài 𢷎

卦 𢷎 首至手也从手𠦪聲揚雄說从兩手下會意古文从此从二𠦪周禮九拜之空首即拜手即拜也九拜無不用手故以拜統之書召誥拜手稽首傳拜手首至手禮記郊特牲拜服也荀子大畧平衡曰拜假借爲拔詩甘棠勿翦勿拜又託名幖識字爾雅釋草拜蔏藋注似藜古韻詩甘棠叶說

外一名 五會切

wài 外

泰 外 遠也从夕卜會意卜尚平旦今夕卜于事外矣古文卜如此作按許說此字不憭宜從盇闕或曰禮記曲禮凡卜筮日旬之外曰遠某日夕爲半月借作旬外意或曰字當从卜骨省誤从夕也考工梓人外骨內骨注外骨龜屬龜所以卜廣雅釋詁四外表也易繫辭吉凶見乎外虞注外上也按筮畫從下始故近爲內卦遠爲外卦又爾雅釋親母之考爲外王父母之妣爲外王母又妻之

父爲外舅妻之母爲外姑儀禮士喪禮外兄弟注兄弟異姓有服者也又周禮內豎掌內外之通令注外卿大夫也轉注大戴小辨內恕外度曰知外法言脩身其爲外也肅括注威儀也又荀子非相五帝之外無傳人注謂已前也又莊子大宗師參日而後能外天下注猶遺也呂覽有度則貪汙之利外矣注棄也淮南精神外此其餘無足利矣注猶除也漢書霍光傳盡外我家注謂疏斥也古韻詩十畝之閒叶泄逝蟋蟀叶逝邁蹶慼民叶舌發易泰叶大際渙叶大位害會予叛法叶殺廢三畧下叶斃世呂覽離俗叶察賴害執世士容叶大害越賴世竭衛厲折靈樞刺節眞邪叶大害界廢轉音左隱元傳叶洩呂覽權勳叶內貴靈樞營氣叶胃肺隧榮衛生會叶胃肺氣衛會

衛五名凡衛之派皆衍衛聲于歲切

衛 宿衛也从韋帀从行會意行列也按韋者相背也凡守禦護衛之舍與禦侮之人必向外背內故从韋或曰从圍省或曰韋聲亦通報任少卿書出入周衛之中注言宿衛周密也後漢安帝紀注衛尉秦官掌宮門衛屯兵也易大畜曰閑輿衛注護也左文七傳文公之入也無衛注從兵也齊語以衛諸夏之地注蔽扞也晉語有貨以衛身也注營也呂覽懷寵衛人之懈者注護利也又周禮巾車以封四衛注四方諸侯守衛者大司馬又其外方五百里曰衛畿大行人謂之衛服職方氏曰衛服書禹貢五百里衛服爾雅釋詁衛垂也轉注呂覽審時四衛變彊注四枝也又素問痺論衛者水穀之悍氣也又列子仲尼綦衛之箭淮南原道彎綦衛之箭注利也釋名釋兵矢其旁曰羽齊人曰衛所以導衛矢也假借爲璏漢書匈奴傳注衛劍鼻也又託名幖識字春秋譜衛姬姓文王子康叔封之後也周公旣誅祿父以其地封康叔爲衛侯居殷墟今朝歌是也狄滅衛文公徙楚丘成公徙帝丘今東郡濮陽是也按朝歌故城在今河南衛輝府淇縣東北又借爲嬖爾雅釋詁衛嘉也聲訓釋名釋州國衛衛也旣滅殷立武庚爲殷後三監以守衛之也古韻詩泉水叶牽邁害呂覽士容叶大害越外賴世竭厲折靈樞營衛生會叶胃肺氣外會

䘗 牛踶䘗也从牛衛聲

卦 躛 踶躛也从足衛聲假借爲譎左哀廿四傳是躛言也注過也服注躛僞不信也釋文謂過謬之言

𧱏 豚屬从豚衛聲讀若罽

𢤹 夢言不慧也从心衛聲與寱䆿同廣雅釋言衛寱也

叡三名凡叡之派皆衍叡聲似兌切

叡 深明也通也从𣦼从谷省从目古文从𣦼从谷省从土从目按皆从𣦼省从谷省从目會意又按古文又作睿从𣦼省从谷與叡同字一省一不省當據璿下古文補周書謚法叡聖也廣雅釋詁三叡智也楚語謂之叡聖武公注明也大戴五帝德幼而叡齊史記作徇南都賦宏懿明叡注哲也假借書洪範思曰睿春秋繁露五行五事洪範五行傳皆作容漢書五行志作睿按皆容之誤字洪範馬注王注皆曰睿通也鄭注睿通于政事春秋繁露容者言無不容漢書五行志應劭注容通也洪範五行傳容寬也容通以疊韻爲訓寬亦容義洪範恭從明聰容是韻語其字漢時已傳寫有誤

眞 𧾩 走皃从走叡聲讀若紃按當云讀若綴叒旁誤川也

先 璿 美玉也从玉睿聲古文璿按从古文睿聲籀文从叡聲虞書在璿璣玉衡左傳楚子玉自爲璿弁玉纓穆天子傳一璿珠四枝斯璿瑰周髀算經欲知北極樞璿周四極說苑辨物璿璣謂北辰句陳樞星也按讀如旋者誤以瓊字之音爲音也瓊璿義同而音異旣讀如瓊故字亦作琁或作璇琁者瓊之或體也大荒西經有沃之國爰有璇瑰注玉名淮南本經紂爲琁室瑤臺注玉石之似玉以飾室臺也呂覽過理作爲琁室蕪城賦琁淵碧樹注玉池也又太元元攡以通琁璣之統注琁璣斗魁也聲訓太平御覽引尚書大傳璿者還也淮南本經注琁或作旋言室施機關可轉旋也

最二名凡最之派皆衍最聲祖外切

泰 最 犯而取也从冃从取會意冃者冒也字與積聚之冣聲義皆別假借爲絕管子水地秦之水泔最而稽注絕也又爲冣之誤字公羊隱元傳會猶最也注聚也小爾雅廣詁最叢也又要也尚書中候乃拜稽首受最注要言也史記絳侯周勃世家最從高帝索隱都凡也殷本紀犬最戲樂于沙丘一作冣漢書宣帝紀課殿最以聞注凡要之首也答賓戲猶無益于殿最也注上功曰最凡此皆誤字與此冣不涉

曷 撮 三指撮也从手最聲字林手小取也廣雅釋詁三撮持也莊子秋水鴟鵂夜撮蚤轉注說文四圭也一曰兩指撮也漢書律厤志不失圭撮注四圭曰撮三指撮之也按六粟爲圭四圭爲撮醫經刀圭一撮謂四刀圭也又孫子算經六粟爲圭十圭爲撮十撮爲杪十杪爲勺十勺爲合漢書孟康注六十四黍爲圭十圭爲合說皆異假借爲最實爲冣家語始誅其居處足以撮徒成黨注聚也漢書藝文志撮其旨意司馬遷傳撮名法之要注總取也又爲𦙶詩都人士臺笠緇撮傳緇布冠也聲訓釋名釋姿容撮捽也擘捽取之也古韻

zhuì 贅　cuì 毳　cuì 𥜳　cuì 膬

詩都人士叶髮說、

贅一名、之銳切

贅 以物質錢也。从敖貝會意。敖貝猶出放貝，當復取之也。廣雅釋詁三：贅，得也。按以物得錢，轉注。管子法禁：大臣之贅下而射人心者。注：越職行恩曰贅。又漢書嚴助傳：民待賣爵贅子以接衣食。如淳注：淮南俗，賣子與人作奴婢，名曰贅子，三年不能贖，遂爲奴婢。按贅而不贖，主家配以女，則謂之贅壻。史記始皇紀：發諸贅壻賈人，是也。若賣妻作婢，謂之贅妻。淮南本經：贅妻鬻子。注：從嫁也。失之。叚借爲綴。錯本一曰肬也。小爾雅廣言：贅，屬也。廣雅釋詁四：贅，定也。釋言：贅，肬也。釋名釋疾病：贅，屬也。横生一肉屬著體也。詩桑柔：具贅卒荒。傳：屬也。公羊襄十六傳：君若贅旒然。注：繫屬之辭，若今俗名就壻爲贅壻矣。書顧命：贅路在阼階面。鄭注：次也。後漢班彪傳：贅衣。注：主衣之官。老子：餘食贅行。注：貪也。河上公注：行之無當爲贅。楚辭惜誦：反離羣而贅肬。注：過也。莊子駢拇：附贅懸疣。釋文：瘤結也。爲袁紹檄豫州：操贅閹遺醜。注：謂假相連屬也。又爲最，實爲冣。廣雅釋詁三：贅，聚也。四：具也。漢書武帝紀：毋贅聚。注：會也。

毳六名、凡毳之派皆衍毳聲、楚銳切

毳 獸細毛也。从三毛會意。字林：毳，細羊毛也。今蘇俗謂之底絨。周禮掌皮：共其毳毛爲氈。內饔：牛冷毛而毳。禮內則：羊冷毛而毳。注：冷毛，毳毛別聚於不解者也。答蘇武書：韋韝毳幙。注：氈帳也。恩倖傳論：南金北毳。注：狐貂之屬。轉注。曲水詩序：頳莖素毳。注：素毳，白虎也。後漢烏桓鮮卑傳注：鳥之縟細者爲毳。叚借爲蜼。周禮司服：祀四望山川則毳冕。注：畫虎蜼，謂宗彝也。司農注：罽衣，則爲本字。釋名：毳冕，芮也，畫藻文于衣，象水草之芮溫暖而潔也。則謂借爲芮。詩大車：毳衣如菼。傳：大夫之服。釋文：冕名。又爲毳。漢書溝洫志：泥行乘毳。如淳注：以板置泥上以通行路也。孟康注：毳形如箕，擿行泥上。又爲膬，爲脆。漢書丙吉傳：數奏甘毳食物。詩蒸民箋：柔猶濡毳也。又荀子議兵：楚事小敵毳則偷可用也。

𥜳 數祭也。从示毳聲。讀若舂麥爲𥜳之𥜳。按舂麥爲𥜳者，當時俗語，有音無字，猶扰下讀若告言不正曰扰也。說文鍇本作舂麥爲毳，亦同。或曰舂麥爲𥜳，疑當作竁，穿地爲臼也。存疑。或又以廣雅釋詁四有𥜳字，从木舂也。按廣雅用說文，當从示，从木者誤。廣雅釋詁四：𥜳，謝也。此本義。

膬 耎易破也。从肉毳聲。老子河上本：其膬易泮。七發：溫淳甘膬。字或以毳爲之。

cuì 脃　cuì 竁　hū 𢡱　chài 蠆　lì 厲

脃 小耎易斷也。从肉，从絕省。按从肉从刀从卪會意。卽膬字之古文。易破卽易斷。字亦作脺，俗誤作脆。廣雅釋詁一：脃，弱也。老子：其脃易泮。周禮小宗伯注：聲如腐脃之脃。後漢許劭傳：脃薄。注：猶輕薄也。魏都賦：稟質遳脃。七發：甘脃肥膿。

竁 穿地也。从穴毳聲。小爾雅廣名：壙謂之竁。周禮小宗伯：甫竁亦如之。量人：掌喪祭奠竁之俎實。司烜氏：則爲明竁。爲別義。說文一曰小鼠。按當作鼠小穴。玉篇引作小鼠聲。

𢡱 精戇也。从心毳聲。別義。玉篇：寢熟也。廣雅釋詁四：𢡱，覺也。則謂與寤同。

蠆十三名、凡蠆之派皆衍蠆聲、丑害切

蠆 毒蟲也。从虫，象形。或从䖵。俗作蠇，與牡蠣字無別。字又作蠆。列子：傷朱蛮于口。釋文：痛也。通俗文：長尾爲蠆。字林：關西謂蝎爲蠆。廣雅：蠆，蠍也。詩都人士：卷髮如蠆。箋：蠆，蟲也。左僖廿二傳：蠭蠆有毒。楚詞哀歲：下堂兮見蠆。注：土蠡也。李翊夫人碑：飛蠭蠆分。左襄九傳：鄭公孫蠆字子蟜。昭三傳：齊公孫蠆字子尾。叚借爲蔕，實爲蔕。西京賦：睢眦蠆芥。又左傳鄭獻公名蠆，公羊作囆。按囆字或噧字之誤。古韻都人士叶厲邁。

厲 旱石也。从厂，蠆聲。或从蠆聲作𠪾。字亦作厲，作礪。按精者曰厎，粗者曰厲。漢書地理志述禹貢：厲砥砮丹。詩公劉：取厲取鍛。禮內則：刀礪。西山經：若水其中多砥厲。中山經：陰山多礪石。史記高祖功臣侯年表：泰山若厲。轉注。廣雅釋詁三：礪，磨也。一：厲，方也。禮記儒行：砥厲廉隅。荀子性惡：鈍金必將待礱厲然後利。說苑建本：礪所以致刃也。秦策：綴甲厲兵。注：利也。蕪城賦：飢鷹厲吻。注：摩也。叚借爲癘。詩民勞：以謹醜厲。箋：惡也。莊子齊物論：厲與西施。史記范蔡傳：漆身爲厲。索隱：癩病。又爲蠆。禮記檀弓：斬祀殺厲。注：疫病也。列子黃帝：札傷疵厲。釋文：風氣不和之疾也。左昭七傳疏：厲者，陰陽之氣相乖不和之名。又論語則以爲厲已也。王肅注：病也。又左襄十七傳：爾父爲厲。注：惡鬼。又爲凓，爲冽。易乾：夕惕若厲。遯：有疾厲。書金縢：遘厲虐疾。廣雅釋詁一：厲，危也。又爲巁。禮月令：征鳥厲疾。漢書息夫躬傳：鷹隼橫厲。高唐賦：洙潼潼而高厲。注：起也。廣雅釋詁一：厲，上也。四：厲，高也。又爲烈。禮記樂記：發揚蹈厲之已蚤。王肅注：疾也。左定十二傳：與其素厲。注：猛也。論語：子溫而厲。皇疏：嚴也。荀子宥坐：威厲而不試。注：抗也。洛神賦：聲哀厲而彌長。注：急也。楚辭招魂：厲而不爽些。注：烈也。周禮司厲注：犯政爲惡曰厲。周書謚法：殺戮無辜曰厲。又禮記祭法：厲山氏之有天下也。注：炎帝也。莊子齊物論：厲風濟。呂覽有始：西北曰厲風。又爲[illegible]。韓詩：旱鶾翰飛厲天。薛君章句：附也。西都賦：譬厲天。莊子大宗師：女夢爲鳥而厲乎天。廣雅釋詁三：厲，近也。又爲連方言十二厲今也按今當爲合廣雅釋詁二厲合也故厲山氏亦爲連山氏連厲雙聲又爲臑方言十二羞厲熟也又爲勸書皋謨庶明厲翼周書和寤王乃厲翼于尹氏八士注獎厲也漢書儒林傳以厲賢材焉注勸勉之也爾雅釋詁厲作也方言六厲爲也又爲迾周禮司隸守王宮與野舍之厲禁注遮列也山虞物爲之厲注每物有蕃界也墓大夫而巡墓厲注塋限遮列處又爲裂詩都人士垂帶而厲左桓二傳鞶厲游纓方言四厲謂之帶又爲砅爾雅釋水以衣涉水爲厲又𥿘帶以上爲厲論語深則厲鄭注由鄰以上爲厲詩有狐在彼淇厲傳深可涉之旁水經河水注吐谷渾于河上作橋謂之河厲又爲頼論語則以爲厲已也鄭注讀爲賴又爲洌長笛賦激朗清厲注列也又疊韻連語素問陰陽離合論陽明根起于厲兌注穴名在足大指次指之端聲訓釋名釋天厲疾氣也中人如磨厲傷物也【古韻】詩匏有苦葉叶揭有狐叶帶正月叶結滅威瞻卬叶惠瘵都人士叶蠆邁民勞叶愒泄敗大易震叶貝高唐賦叶會碣磕滴霈邁喙竄摯

願

萬 萬蟲也蠆屬从蠆省从内象形蠆亦聲叚借託名標識字古用以紀數風俗通十千謂之萬左閔元傳萬盈數也書洛誥公其以予萬億年莊子秋水號物之數謂之萬呂覽貴當此功之所相萬也注萬倍廣雅釋詁一萬大也唐人字亦作万左傳楚國方城以爲城水經汝水注萬城或作方字疑以万爲萬因誤方也按方城山在今河南南陽府裕州東北又詩簡兮方將萬舞傳以干羽爲萬舞疏萬者舞之總名干戚與羽籥皆是箋干舞也詩鼓鐘箋雅萬舞也公羊宣八經萬入去籥傳萬者何干舞也注萬者其篇名武王以萬人服天下民樂之故名之云爾左莊廿八傳而振萬焉昭廿五傳使其衆萬于季氏

泰

犡 牛白脊也从牛厲聲

卦

噧 高气多言也从口萬聲說文蠆省聲叚借爲譪說文引春秋傳曰噧言按左哀廿四傳是讆言也服注僞不信也杜注過也今本以讆爲之

卦

邁 遠行也从辵萬聲說文蠆省聲或从蠆聲爾雅釋言行也廣雅釋詁一往也詩黍離行邁靡靡蟋蟀日月其邁東門之枌越以鬷邁崧高申伯信邁時邁時邁其邦叚借爲勱左莊八傳皋陶邁種德注勉也思元賦咎繇邁而種德兮舊注行也本僞禹謨傳非是又重言形況字詩白華視我邁邁傳不說也韓詩作怖怖則謂借爲怖亦可【古韻】詩泉水叶舝衞害蟋蟀叶逝外蹶都人士叶厲蠆菀柳叶愒瘵泮水叶茷噦大高唐賦叶會碣磕厲滴霈喙竄摯楚詞九辯叶帶介慨穢敗昧【轉音】楚詞哀郢叶慨

卦

讗 譀也从言萬聲謗誕之意字亦作讆管子形勢推譽不肖謂之讆又訾讆之人也

願　泰

贎 貨也从貝萬聲

泰　易

糲 粟重一秳爲十六斗大半斗舂爲米十斗曰糲从米萬聲字亦作糲聲類糲粒米不碎漢書司馬遷傳糲粱之食服虔注粗米也張晏注一斛粟七斗米爲糲史記臣瓚注五斗粟三斗米爲糲韋昭注礲也淮南精神糲粢之飯注粗也史記刺客傳麤糲之費正義脫粟也

蠇 蚌屬似螊微大出海中今民食之从虫萬聲讀若賴字亦作蠣【轉注】字林蠣蛤燕雀所化也秦曰牡蠣叚借爲蠆莊子天運其知憯于厲蠆之尾本亦作誤厲蠆之尾釋文蠆當作蠍非

卦

勱 勉力也从力萬聲讀若萬鍇本讀若厲按字亦作勵埤蒼勱強也勉也勵也小爾雅廣詁勵勸也廣言勵勉也文選勸勵題注勵者勸已之稱書立政用勱相我邦家皋謨庶明勵翼鬼谷子決篇勵于一言

泰

癘 惡疾也从疒蠆聲字亦作癘作癩作痢韓詩芣苢傷夫有惡疾也又論語伯牛有疾先儒以爲癩也西山經英山有鳥名曰肥遺食之已癘注或曰惡創素問經風論癘者有榮氣熱胕其氣不清故使其鼻柱壞而色敗皮膚瘍潰淮南精神夫癩者趨不變叚借爲癘周禮疾醫四時皆有癘疾注氣不和之疾左哀元傳天有菑癘注疾疫也公羊莊二十傳大瘠者何痢也注邪亂之氣所生莊子逍遙游使物不疵癘李注癘也東山經澧水其中多珠鱉魚食之無癘注時氣病也經傳亦以厲爲之又爲列管子五行不癘雛𣪘注殺也

屑

巁 巍高也从山蠆聲讀若厲字亦作巁

砅 履石渡水也从水从石會意或从水厲聲字亦作濿詩匏有苦葉深則砅毛本以厲爲之

砅一名 力制切

丰廿六名凡丰之派皆衍丰聲 古拜切

卦

丰 艸蔡也象艸生之散亂也讀若介按介畫竹木爲識也刻之爲韧上古未有書契刻齒於竹木以記事丨象竹木彡象齒形

韧 巧韧也从刀从丰會意丰亦聲疑即契字之古文

泰　卦

夆 相遮要害也从夂丰聲與迦畧同南陽華野有夆亭

hài 害

泰 曷 **害** 害 傷也从宀从口會意言爲亂階從家起也丯聲墨子經上害所得而惡也荀子臣道門怨害也韓非子六反害者利之反也周禮職方氏周知其利害注神姦鑄鼎所象百物也山虞與其利害注螫物及螫噬之蟲獸菜蔬而無伐楚之害注危也淮南脩務時多疢病毒傷之害注患也素問皮部論名曰害蜚注害殺氣也漢書董仲舒傳注猶妨也穀梁文十一傳佚害中國釋文本作宕假借爲曷小爾雅廣言害何也詩葛覃害澣害否孟子時日害喪注大也按大者盇之誤字又爲遏詩長發則莫我敢害漢書刑法志正作遏聲訓釋名釋天害割也如割削物也古韻詩泉水叶舝邁衛二子乘舟叶逝蓼莪叶烈發蕩叶揭撥世生民叶月達召旻叶竭易坤叶發大呂覽離俗叶外察賴執世亡容叶大越外賴世竭衛厲折高唐賦叶旆盖逝會達歲六韜文韜叶敗器世老子仁德章叶泰任爲章叶殺活素問五常政大論叶殺罰制刺禁論叶察靈樞刺節眞邪叶大界外廢轉音文子符言叶厲

niè 齧

屑 **齧** 齧 噬也从齒㓞聲字亦作囓鳥曰啄獸曰齧爾雅釋地爲邛邛駏驉齧甘草轉注淮南人閒於隙劍之折必有齧注缺也又賈子道術安柔不苛謂之良反良爲齧或曰借爲契契刻也假借疊韻連語莊子天地許由之師曰齧缺堯時人又託名幖識字爾雅釋草齧苦堇按堇菜味苦瀹之則甘滑與烏頭之堇蒴藋之堇皆別又齧彫蓬按秋蓬至秋則枯根拔爲風所卷所謂孤蓬自振飛蓬不寘者也又釋鳥齧齒艾鄭樵注即鴳也是鶉鴳之鴳者名聲訓釋名釋姿容齧掣掣卷掣也齧噬也語說卷掣與人相持齧也又釋飲食獸曰齧齧齾也所臨則禿齾也

shì 觢

齊 **觢** 觢 一角仰也从角㓞聲爾雅釋畜角皆踊觢謂兩角皆仰與許異易睽其牛觢子夏傳以契爲之解同說文虞本以掣爲之荀本作觭皆謂一俯一仰鄭本字作犎注牛角皆踊同爾雅古韻易睽叶曳劓

qì 栔

齊 **栔** 栔 刻也从㓞从木會意㓞亦聲按實與㓞同字字亦作㓡廣雅釋言栔缺也左定九傳鍥其軸荀子勸學鍥而舍之朽木不折淮南本經鍥金玉皆以鍥爲之大戴楔而舍之以楔爲之史記司馬相如傳挈三辰之驂韋昭注缺也以挈爲之詩爰契我龜以契爲之假借重言形況字廣雅釋訓栔栔憂也詩契契寤歎作契亦同

chì 瘛

齊 **瘛** 瘛 小兒瘛瘲病也按从疒从心會意㓞聲字亦作瘈作瘛今謂之驚風瘛之言掣也瘲之言縱也漢書藝文志有金創瘲瘛方素問玉機眞藏論筋脈相引而急病名曰瘛假借爲㓞方言十二瘛解也又託名幖識字史記高祖功臣侯年表惠侯許瘛

qì 契

齊 屑 屑 **契** 契 大約也从大从㓞會意㓞亦聲凡質劑之書券今言合同簿書之最目今言總帳獄訟之要辭今言案卷言結皆曰契易繫辭後世聖人易之以書契鄭注以書書木邊言其事刻于木謂之書契周禮質人掌稽市之書契注取予市物之券也其券之象書兩札刻其側禮記曲禮獻粟者執右契疏謂兩書一札同而別之又司會凡在書契版圖者之貳注書謂簿書契其最凡也又左傳王叔氏不能舉其契轉注文賦意司契而爲匠假借爲契詩緜爰契我龜傳開也周禮菙氏掌共燋契杜注謂契龜之鑿也考工輈人馬不契需列子湯問契臂以誓淮南許注刻臂出血也又爲挈漢書母將隆傳契國威器晉灼注取也荀子議兵掎契司詐注持也又爲割爾雅釋詁契絕也又爲猰易睽子夏傳契一角仰也又爲偰爲禼虞書讓于稷契暨皋陶又疊韻連語詩擊鼓死生契闊傳勤苦也韓詩約束也後漢傳毅傳注謂辛苦也又重言形況字詩大東契契寤歎傳憂苦也楚辭作挈挈同爾雅釋訓佌佌契契愈遐急也廣雅釋訓契契憂也作契栔亦同楚辭惜賢孰契契而委棟兮注憂皃也聲訓釋名契刻也刻識其數也按以栔契爲訓古韻易繫辭叶察轉音老子任契叶徹

qiè 挈

屑 **挈** 挈 縣持也从手㓞聲廣雅釋詁四挈提也周禮挈壺氏禮王制班白不提挈穀梁宣十一傳挈國之辭也公羊襄廿七傳挈其妻子荀子勸學若挈裘領注舉也荀子富國有掎挈伺詐注舉其過漢書韓信傳信挈其手假借爲契漢書張湯傳廷尉挈令注獄訟之要也莊子大宗師以挈天地司馬注要也崔注成也魏受禪表書挈所錄史晨奏銘孝經援神挈校官碑衆儁挈聖又爲契儀禮士喪禮注

掌共燋挈漢書敘傳爰挈我龜又爲介方言六挈特也廣雅釋詁三挈獨也又疊韻連語爾雅釋天霓爲挈貳又單辭形況字莊子庚桑楚其妾之挈然向注挈知也聲訓釋名釋姿容挈結也結束也持之也

jié 絜

屑 屑 **絜** 絜 麻一耑也从糸㓞聲謂一束字亦作揳作㨗作潔通俗文束縛謂之揳廣雅釋詁三揳束也埤蒼揳圍係也莊子人閒世絜之百圍司馬注匝也釋文約束也過秦論與陳涉度長絜大管子版法六舉而絜知事變注闊度也荀子不苟君子絜其辯而同焉者合矣注脩整也非相不揳大注揳約也周禮司弓矢枉矢絜矢利火射釋文努矢也按可結束火以射敵者轉注廣雅釋言絜靜也按謂清也釋器白也禮記鄉飲酒義主人之所以自絜注猶清也史記五帝紀直哉維靜絜正義明也補亡詩絜爾晨餐注鮮靜也管子水地鮮而不垢潔也楚辭招魂朕幼清以廉潔兮周語姑洗所以脩潔百物亦作㪍魯峻碑樂於陵灌園之絜史記弟子傳衛廉絜字庸詩谷風不我屑以以屑爲之假借爲挈禮記大學是以君子有絜矩之道也注猶結也挈也結爲本字挈爲借字鄭兼存兩說按挈義爲長又爲楔淮南要略櫼楔唲齵之郄也注塞也又託名幖識字爾雅釋水簡絜注水多約束李注言河水多山石治之苦絜絜苦也則謂借爲鹼鹼絜雙聲聲訓釋名釋言語潔确也确然不羣皃也潔确雙聲

丯

jiè 犗 gē 割 huò 豁 xiá 搳 kài 稓 xiá 轄 chì 趩 jié 鶪 xiè 楔 jì 郏

卦 犗 騬牛也从牛害聲廣雅釋獸犍也今謂之騸以刀去其陰莊子外物巨緇五十犗以爲餌

曷 割 剥也从刀害聲古字亦作刧爾雅釋言裂也廣雅釋詁一斷也二裁也四截也周禮內饔割亨煎和之事注肆解肉也司士帥其屬而割牲注制體也呂覽孟冬大割祠于公社注殺牲也方言八雞桂林之中謂之割雞又尚書刑德放割者丈夫淫割其勢也又秦策必割地以交于王矣注猶分也叚借爲害書堯典湯湯洪水方割湯誓率割夏邑大誥天降割于我家又爲盍禮記緇衣周田觀文王之德古文尚書作割申勸注割之言蓋也按博士或作厥亂勸割厥亦聲近古韻文子符言叶剝伐六韜文韜叶萚伐

曷 豁 通谷也从谷害聲廣雅釋詁三豁空也蜀都賦豁險吞若巨防劉注深皃史記司馬相如傳谽豁閜郭注澗谷之形容也司馬彪注空虛也叚借爲㵱史記高祖紀意豁如也服注達也呂覽適音則耳豁極注虛也漢書楊雄傳注豁開也按皆空大也景福殿賦開南端之豁達注門通之皃亦疊韻連語

黠 搳 擖也从手害聲按擖刮也一曰撻也廣雅釋詁二搳搔也

泰 稓 矛屬从矛害聲廣雅釋器稓鈹也

黠 轄 車聲也从車害聲左昭廿五傳昭子賦車轄毛詩以舝爲之叚借爲舝說文一曰轄鍵也左哀三傳巾車脂轄又疊韻連語大人賦跮踱輵轄史記索隱前却也漢書注搖目吐舌也今按轄字當爲舝之或體詩閒關車之舝兮閒關乃轄與轂相擊之聲舝非車聲也許因詩誤解

霽 趩 超特也从走契聲

屑 鶪 鶪䳓鳧屬从鳥契聲按契䳓疊韻連語南都賦鶪鶘鶬鴰契皃雙聲連語同物也

屑 楔 櫼也从木契聲考工記牙得則無槷而固以槷爲之轉注禮檀弓復楔齒綴足喪大記小臣楔齒用角柶儀禮既夕記楔皃如軛上兩末又爾雅釋宮棖謂之楔注門兩旁木別義爾雅釋木楔荆桃注今櫻桃又蜀都賦櫻梬楔樅劉注似松有刺也叚借爲挈楚辭招魂楔梓瑟些注鼓也

霽 郏 周封黃帝之後于郏从邑契聲讀若薊上谷有郏縣按今京師大興縣治也即燕都豈燕召公奭固黃帝後歟禮記樂記封黃帝之後于薊以薊爲之

xiè 偰 yì 窫 qì 䫔 qiè 鍥 chì 瘛 guài 夬 jué 抉 jué 玦

霽 窫 靜也从宀契聲按謂竫也亭安之意蒼頡篇窫安也叚借爲絜一切經音義十六絜古文作窫同

屑 偰 高辛氏之子堯司徒殷之先也从人契聲左傳八元之一按元王名禼與禹同取于物爲假也史記司馬相如傳漢書古今人表並作禼此字後出

霽 䫔 伺人也一曰恐也从頁契聲讀爲楔

屑 鍥 鎌也从金契聲六書故引蜀本剡鎌也一曰小鎌南方用以乂穀方言五刈鉤自關而西或謂之鍥叚借爲契左定九傳鍥其軸注刻也後漢劉陶傳寬鍥薄之禁猶云刻薄也

霽 瘛 引縱曰瘛从手瘛省聲字亦誤作瘲俗作掣西征賦注引字書掣牽也釋名釋衣服掣開也爾雅釋訓傳夆掣曳也詩抑箋非但以手提掣之釋文掣也叚借爲挈按詩板箋女攜厚民又爲掣易睽其牛掣又重言形況字海賦或掣掣洩洩于裸人之國注任風之皃聲訓釋名釋姿容掣制也制頓之使順已也字林掣拔也

夬廿三名凡夬之派皆衍夬聲 古邁切

卦 夬 分決也从又屮象決形按本義當爲引弦彄也从又彐象彄丨象弦今俗謂之扳指字亦作觖周禮繕人抉拾注抉矢時所以持弦飾也著右手巨指以抉爲之詩車攻決拾既佽釋文夬本作抉叚借爲抉易襍卦傳夬決也剛決柔也漢書孫寶傳故欲擿觖以揚我惡呂覽辯土夬心中央又爲昳史記盧綰傳爲羣臣觖望索隱猶怨望也又爲缺淮南繆稱自視猶觖如也注不滿也聲訓釋名釋言語夬決也有所破壞決裂之於終始也

屑 抉 挑也从手夬聲按此爲分決字荀子抉人之口史記伍胥傳抉吾眼又左襄十傳郰人紇抉之以出門者注擫也字亦作詇切韻詇別也字畧詇絕之也通俗文與死者辭曰詇史記孔子世家相詇而去漢書蘇武傳與武決去以決爲之叚借爲夬按周禮繕人繪弋抉拾司農注抉者所以縱弦也又爲穿廣雅釋詁三抉穿也又疊韻連語笙賦抉厲悄切注訓決斷清洌也

屑 玦 玉佩也从玉夬聲左閔二傳金寒玦離注如環而缺不連漢書五行志佩之金玦注半環曰玦楚辭湘君捐余玦兮湘中荀子大畧絕人以玦還人以環叚借爲抉實爲夬詩芄蘭箋韘抉也聲訓晉語而玦之以金銑者寒甚矣注猶決也左閔二傳注玦示以當決斷漢書五行志注金玦猶決去不反意也

jué 趹　jué 趹　jué 眏　jué 鴂　jué 肤　jiá 契　quē 缺　quē [𩫏夬]　yuè 窔　jué 疦　mèi 袂

屑 **趹** 踶也。从走，夬聲。與躛略同。叚借爲趹。廣雅釋詁一：趹，疾也。

屑 **趹** 馬行皃。从足，夬聲。秦策：秦馬之良，探前趹後，蹏間三尋。淮南脩務：敕蹻趹，注：趣也。後漢班彪傳注：趹，奔也。

屑 **眏** 眳目也。从目，夬聲。按：自窒下曰眳，含怒之視，低首側目似之。故晏子云：眳眳胥讒也。史記盧綰傳：爲羣臣觖望。集解：猶冀也。索隱：猶怨望也。以夬爲之。又按：宋刊說文作涓目也。疑目病涕出，以列字次弟求之，宋本爲是。

屑 **鴂** 寧鴂也。从鳥，夬聲。爾雅：鴟鴞，鸋鴂。方言八：桑飛，自關而東謂之鸋鴂。廣雅：鸋鴂，工雀也。詩鴟鴞傳釋文：鸋鴂似黃雀而小，俗呼巧婦。即詩之桃蟲、莊子之鷦鷯也，蓋小鳥。蔡邕弔屈原文：鸋鴂軒翥，鸞鳳挫翮。則誤讀爾雅以鴟鴞爲鴟梟矣。叚借爲鶪。夏小正：鴂則鳴。傳：百鷯也。孟子：南蠻鴂舌。注：博勞也。詩七月：鳴鶪，應陰而殺物者也。

屑 **肤** 孔也。从肉，夬聲。讀若決。按：尻空也。蘇俗語曰菌孔，亦曰髖髋。

黠 **契** 晝堅也。从㓞，夬聲。叚借爲快，或爲缺。廣雅釋詁三：契，戲也。又疊韻連語。說文：齡契，刮也。集韻引廣雅：契，括也。括又刮字之誤。

屑 **缺** 器破也。从缶，夬聲。按：謂瓦器破。又按：字亦作缺，因誤作𣣹。小爾雅廣詁：缺，隙也。老子：大成若缺。經傳多以闕爲之。

轉注。廣雅釋詁二：缺，去也。後漢靈帝紀注：缺，廢也。叚借託名幖識字。廣雅釋親：缺盆，齊也。史記倉公傳：疽發乳上，入缺盆。索隱：人乳房上骨名也。素問氣府論：缺盆各一。注：穴名也，在肩上橫骨陷者中。又爲絜。儀禮士冠禮：缺項。注：讀爲頍。按：謂圍髮際結項中以固冠者，即笣也。又爲鈌。後漢朱穆傳注：以鐵著足曰缺。古韻老子順化章叶察。

屑 **[𩫏夬]** 城缺也。从𩫏，夬聲。古者城缺其南方謂之[𩫏夬]。讀若拔物爲決引。按：讀若抉也。古諸侯軒城，缺其南以受過，與天子制異。詩子衿：在城闕兮。以闕爲之。

屑 **窔** 穿也。从穴，夬聲。廣雅釋詁三：窔，空也。

屑 **疦** 寎也。从疒，夬聲。謂疾病口戾不正。

霽 **袂** 袖也。从衣，夬聲。字亦作𧝓，作褹。易歸妹：其君之袂，不如其娣之袂良。注：衣袖所以爲禮容者也。禮記深衣：袂之長短，反詘之及肘。釋文：袂末曰袂。儀禮聘禮注：純袂半耳。疏：袂爲口緣。按：析言之則袂口曰袪，統言之則袪亦曰袂也。又方言四：複襦，江湘之閒或謂之筩褹。注：褹即袂字耳。聲訓。釋名：袂，掣也；掣，開也，開張之以受臂屈伸也。

jué 駃　jué [㲋夬]　kuài 快　jué 決　yuè 妜　jué 蚗　jué 鈌　jué 䶎

屑 **駃** 駃騠，馬父贏子也。从馬，夬聲。廣雅釋室：駃，奔也。淮南齊俗：六騏驥，四駃騠。注：北翟之良馬也。凡贏不僆，僆則必駿。孟康云：駃騠生七日而超其母。

屑 **[㲋夬]** [㲋夬]獸也，似狌狌。从㲋，夬聲。廣雅：[㲋夬]貁也。玉篇、廣韻並云似貍，蓋貉屬也。

卦 **快** 喜也。从心，夬聲。方言二：逞、苦、了，快也。注：今江東人呼快爲愃。方言三：逞、曉、恔、苦，快也。秦策：文信侯去而不快。注：樂也。叚借發聲之詞。字林：快，一也。又託名幖識字。公羊昭廿七：邾婁快來奔。釋文：本作喻。轉音。易旅叶位逮。

屑 **決** 行流也。从水，夬聲。字亦誤作决。一切經音義九引說文：下流也。書益稷：予決九川，距四海。孟子：決之東方則東流。按：水性趨下，決之爲言突也。掘地注之爲決。漢書溝洫志：治水有決河深川。注：分泄也。廣雅釋訓：決決，流也。亦重言形況字。轉注。人導之而行曰決，水不循道而自行亦曰決。左成十五傳：則決睢澨。注：壞也。淮南天文：賁星墜而勃海決。注：溢也。別義。說文又云：廬江有決水，出于大別山。大別在今安徽潁州府霍邱縣，決水出焉，即史河也，與灌水合，注淮。叚借爲抉。按：抉者，分斷挑掘之謂。淮南說山：決指而身死。注：傷也。禮記曲禮：濡肉齒決。注：猶斷也。甘泉賦：天閫決兮地垠開。注：決亦開也。又淮南時則：審決獄。注：決，斷也。易說卦：兌爲附決。荀子仲尼：是天下之

大決也。注：謂斷決之大也。後漢馮衍傳：決者，智之君也。秦策：寡人決講矣。注：必也。管子七法：予奪也，險易也，利害也，難易也，開閉也，殺生也，謂之決塞。又史記外戚世家：與我決于傳舍中。索隱：別也。又爲玦。莊子齊物論：麋鹿見之決驟。崔注：疾走不顧爲決。逍遥游：我決起而飛，搶榆枋。李注：疾皃。又爲夬。按：詩車攻：決拾既佽。集韻作夬，是也。周禮注作抉，亦借字。儀禮大射儀：袒決遂。注：以象骨爲之，著右手巨指，所以鉤弦而闓之。士喪禮：設決麗于擘。注：以韋爲之藉，有彄，彄內端爲紐，外端有橫帶，設之以紐擐大擘本也。吳語：百夫決拾。注：鉤弦也。楚辭天問：馮珧利決。注：射韝也。史記蘇秦傳：革決。聲訓。儀禮鄉射禮：袒決遂。注：決猶闓也，以鉤弦闓體也。按：謂開弓體。古韻。禮記月令孟秋叶折，孟子叶察斃，莊子在宥叶制殺，鬼谷子損兌叶兌，靈樞九鍼十二原叶拔雪解說。

屑 **妜** 鼻目閒皃。从女，夬聲。讀若烟火炔炔。段氏謂眉語目成之意，未知其審。又按：說文無炔，炔亦作炅，說文亦無炅。

屑 **蚗** 蚗蚗，蛁蟟也。从虫，夬聲。蘇俗謂之知了。別義。史記龜策傳：蚗蠶伏之。徐廣注：蚗蠶，龍屬也。

屑 **鈌** 刺也。从金，夬聲。與鐍略同。史記弟子傳：鈌屈盧之矛。索隱：斧也。非是。

屑 **䶎** 鼻窒也。从自，夬聲。謂兩鼻閉空缺處。

屑 寏 深抉也。从穴从抉，會意，抉亦聲。疑即窔字之或體。

巜一名 古外切

泰 巜 水流澮澮也。象形。方百里爲巜，廣二尋，深二仞。經傳皆以澮爲之。虞書濬巜巜距川，今本益稷亦作澮。

介十九名 凡介之派皆衍介聲 古拜切

卦 介 畫也。从八从人，會意。人各有介。按八者分也，从人者取人身之左右以見意。詩生民攸介攸止，箋介左右也。爾雅釋言李孫顧舍人本並云緉羅也。介別也。今本作緉介也，不同。易兌介疾有喜，注隔也。左昭廿傳偪介之關，襄三十一傳介于大國，注猶閒也。史記十二諸侯年表楚介江淮，索隱夾也。漢書鄒陽傳介于羊勝公孫詭之閒，注謂閒廁也。按孟子山徑之蹊閒介，長笛賦閒介無蹊，杜預曰言山閒隔無蹊徑也。又周禮司市泣于介次，注市亭之屬別小者也。詩甫田攸介攸止，箋舍也。又穀梁文十五傳不以難介我國也，注猶近也。轉注爾雅釋詁介右也。凡有介則有二耦助之義也。詩七月以介眉壽，小明介爾景福，酌是用大介，箋助也。韻會引說文一曰助也。古者主有擯，客有介。禮記檀弓子服惠伯爲介，注副也。周語仲孫蔑爲介，注在賓爲介。周禮大行人介九人，注輔也，行禮者也。又左僖七傳而求介于大國，注因也。又左昭四傳介卿以葬，注次也。又凡介分上下前後左右皆二，而介則一，故又爲孤特之義。廣雅釋詁三介獨也。書秦誓若有一介臣，左襄八傳亦不使一介行李，吳語一介嫡男，孟子一介不以與人，思元賦孑不羣而介立，孟子不以三公易其介，陸注謂特立之行。又莊子養生主惡乎介也，司馬注則也。又方言六獸無偶曰介。又凡物分之則少小，故又爲纖微之義。易繫辭憂悔吝者存乎介，虞注纖也。列子楊朱無介然之慮者，釋文微也。今俗以芥爲之。叚借爲奔。爾雅釋詁介大也。易晉受茲介福，左襄廿八傳寡君之貴介弟也，昭廿四傳問于介衆，哀十四傳有介麇焉。又爲价。爾雅釋詁介善也。詩板介人維藩。又爲玠。書顧命太保承介圭，詩崧高錫爾介圭。又爲扴。易豫介于石，馬注觸小石聲。字亦作砎。又爲界。詩思文無此疆爾介。又爲甲。廣雅釋器介鎧也。詩臣工嗟嗟保介，禮記曲禮介者不拜，周禮旅賁氏軍旅則介而趨，昭廿五傳季氏介其雞，禮月令其蟲介，周禮大司徒其動物宜介物。介甲雙聲。又爲芥。左傳介其雞，一說搗芥子爲末播雞羽。按史記作芥。又爲齘。莊子馬蹄而馬知介倪，按齘輗也。注睥睨，非是。又爲騀。詩淸人駟介旁旁，左成二傳不介馬而馳之，注甲也，非是。又重言形況字。大元傒傒禍介介，注有害也。後漢馬援傳注介介猶耿耿也。又單辭形況字。荀子脩身善在身介然必以自好也，注堅固皃。漢書陳湯傳使百姓介然有秦民之恨，注猶耿耿也。又疊韻連語。史記屈賈傳細故慸薊兮，索隱慸介鯁

刺也。後漢孔融傳注介猶帶芥也。作蔕芥亦同。又託名幖識字。左僖廿九年介葛盧來朝，釋文國名。又淮南墬形介潭生先龍，注介國也，魚之先。古韻楚辭九辨叶帶慨邁穢敗昧。

卦 玠 大圭也。从玉介聲。按天子之鎮圭，諸侯之命圭也。爾雅釋器珪大尺二寸謂之玠。禮記禮器大圭不琢。書顧命太保承玠圭。按說文引作稱奉玠圭，涉洛誥賓稱奉圭兼幣而誤。魯靈光殿賦錫介珪以作瑞。以介爲之。

卦 芥 芥菜也。从艸介聲。籀文从茻。字林辛菜也。春秋繁露天地之行芥苦味也。方言三蕪菁謂之大芥，其小者謂之辛芥，或謂之幽芥。禮記內則秋用芥，注芥醬也。轉注廣雅釋草芥蒩水蘇也。神農本草水蘇味辛生九眞池澤，按亦名雞蘇，亦名芥。叚借爲塊。左哀元傳以民爲土芥，注草也，非是。又爲丰。按爲蔡。孟子君之視臣如草芥，廣雅釋草芥草也，莊子逍遙游芥爲之舟，李注小草也，淮南俶眞猶飛羽負芥也，注中也。又疊韻連語。漢書賈誼傳細故芥，注小鯁也。史記作慸葪亦同。子虛賦張揖注蔕芥刺鯁也。

卦 齘 齒相切也。从齒介聲。三蒼鳴齒也。方言二怒也，小怒曰齘。考工函人衣之欲其無齘也，司農注謂如齒齘。

卦 鴧 鴧鳥似鶡而青，出羌中。从鳥介聲。漢書張敞傳敞舍鴧雀飛集丞相府。顏氏家訓引說文雀似鶡而青。

卦 疥 搔也。从疒介聲。廣雅釋詁一疥病也。又創也。字亦作蚧。後漢書手足之蚧搔。叚借左昭二十傳齊侯疥，此痎之誤字。聲訓釋名疥齘也，癢搔之齒類齘也。

卦 价 善也。从人介聲。詩板价人維藩，傳善也。箋謂借爲甲，與毛許說異。爾雅介善也。以介爲之。

卦 衸 袥也。从衣介聲。袥下云衣衸也。廣雅釋器衸褋䙠也。禊音刺。玉篇褋䙠衸也。衩衣衸也。徐鍇引字書衸補郄襞也。

䯻 卦 髻 簪結也。从髟介聲。以纚韜髮而後結之，結而後簪之。既簪之結曰髻。字亦作髺，作紒。今字作髻。御覽引說文髻結髮也。廣雅釋詁四髻髻也。曹憲音髻。籀文髻引說文字林髻絜髮也。漢書陸賈傳尉佗魋髻。字又作帉。廣雅釋器帉幘也。儀禮士冠禮采衣紒，注結髮也。又莊子達生竈有髻，司馬注髻竈神也。按神或畫髻像。

卦 馻 系馬尾也。从馬介聲。按結馬尾如人之髻。太元元文車軨馬馻，注尾結也。按詩駟介旁旁，左傳不介馬而馳，以介爲之。

卦 乔 大也。从大介聲。讀若蓋。方言一乔大也。東齊海岱之閒曰乔。經傳皆以介爲之。

卦 尬 尲尬也。从尣介聲。行不正皃。蘇俗謂事乖剌曰尲尬。亦雙聲連語。

xiè 忿 jiá 忦 xiè 閅 jiá 扴 kāi 揩 hài 妎 jiè 界 gài 蓋

卦黠 **忿** 忽也。从心，介聲。按，謂遺忘。與左形右聲之忦別。孟子以孝子之心爲不若是忿，字亦作恝，注：無愁之皃。

卦黠 **忦** 憂也。从心，介聲。與下形上聲之忿別。方言十二：忦，恨也。廣雅釋詁二：忦，憚也。四：憚也。易豫介于石，釋文引馬注：忦，觸小石聲。按，扴之誤字。

霽卦 **閅** 門扇也。从門，介聲。廣雅釋宮：閅，扉也。

卦黠 **扴** 刮也。从手，介聲。易豫介于石，馬本作扴，注：扴，觸小石聲。鄭本作砎，注：砎謂摩砎也。字林：砎，堅也。叚借疊韻連語字。指礣砎，雷大聲也。

佳 **揩** 禮明堂位拊搏玉磬揩擊，注：揩擊謂柷敔。韻集：揩，摩也。字林：揩，摩也。廣雅釋詁三：揩，磨也。又西京賦揩枳落，廣雅釋詁三：揩，聚也。此攢之誤字。按，揩即扴之或體，據一切經音義引說文有此字，姑附于此。

泰 **妎** 妒也。从女，介聲。字林：妎，疾害妒也。叚借爲扴。楚語妎其讒慝，注：覆也。按，刮也。或曰，㐱字之誤。

卦 **界** 境也。从田，介聲。按，田畔也。从田介，會意，介亦聲。轉注爾雅釋詁：界，垂也。廣雅釋詁三：界，竟也。齊策故三國與秦壤界，注：猶此也。遊天台山賦瀑布飛流以界道，注：謂爲道疆界也。後漢馬融傳注：界猶限也。實皆介字之轉注。古韻靈樞刺節眞邪叶大害外廢。

蓋一名 古太切

泰合 **蓋** 苫也。从艸，从盇，會意，與茨義略同。爾雅釋言：弇，蓋也。小爾雅廣詁：蓋，覆也。爾雅釋器：白蓋謂之苫。李巡曰：編菅茅以覆屋曰苫。按，覆屋用茅若葦。葦不白，惟茅白也。左襄十四傳被苫蓋，注：蓋，苫之別名。轉注左成二傳所蓋多矣。淮南說林日月欲明而浮雲蓋之。吳語夫固知君王之蓋威以好勝也，注：猶尚也。釋名釋言語：蓋，加也，加物上也。史記司馬相如傳蓋號以況榮，索隱：合也。非。又車覆也。左莊三十一傳能投蓋于稷門。家語傾蓋與之語。獨斷：三蓋車一名芝車，耕稭用之。通俗文：蓋張帛也。又步覆也。淮南氾論爼蹻贏蓋。又方言五：篷篠自關而東或謂之籃。按，字亦作籃。又史記吳世家公子蓋餘，春秋作掩餘。叚借爲害。書呂刑鰥寡無蓋。孟子謨蓋都君咸我績。阮氏元云：兼并廩言當從之。又爲割。爾雅釋言：蓋，割裂也。蓋亦割字之借。又爲曷。秦策蓋可忽乎哉。又爲盍。荀子大略言之信者在乎區蓋之閒。漢書儒林傳疑者丘蓋不言。丘蓋即區蓋，注：語辭，非是。又爲蹭。廣雅釋言：蓋，黨也。又爲閈。荀子宥坐復瞻彼九蓋，皆繼，注：戶扇也。又爲价。莊子天地於乎以蓋衆，司馬本作善。又爲鄙。孟子蓋大夫王驩。又爲發聲之詞。詩黍苗蓋云歸哉，箋：猶皆也。易文言蓋言順也，疏：稱蓋者是疑之詞。禮記禮運蓋歎魯也，疏：謙爲疑詞。孝經蓋天子之孝也，孔傳：蓋者辜較之詞。又爲何弗之合音。禮記檀弓子蓋言子之志於公乎。孟子蓋亦反其本矣。又疊韻連語。論語蓋闕如也。古韻楚詞湘夫人叶裔澨逝。轉音高唐賦叶會藹沛蒂籟。

gài 匃 hé 曷 gě 駒 gé 葛 yè 喝 jié 趨 è 遏

匃卅五名凡匃之派皆衍匃聲 古太切

泰隊物曷 **匃** 气也。逯安說：亡人爲匃。按，許以通借字訓正字，當訓求也。亡人求食于他鄉也。蒼頡篇：乞人亡財物則行求匃。非是。通俗文：求願曰匃。廣雅釋詁三：匃，求也。字亦誤作匄，又作丐。左昭六傳不強匃。十六傳毋或匃奪。史記外戚世家丐沐沐我。經傳多以乞爲之。蒼頡篇：乞，行匃也。穀梁僖八傳：乞者處其所而請與也。漢書西域傳乞匃無所得。左襄三十一傳楚陽匃字子瑕，晉士匃字伯瑕。按，瑕者借爲叚字。轉注廣雅釋詁三：匃，予也。漢書廣川惠王越傳盡取善繒匃諸宮人，注：遺之也。西域傳我匃若馬，注：與也。左昭十六疏：乞一字也，取則入聲，與則去聲也。又漢書朱買臣傳上計吏卒更乞匃之。正字借字連用，與西域傳同。

曷 **曷** 何也。从曰，匃聲。易損曷之用。書盤庚汝曷弗告朕。詩何彼襛矣，曷不肅雝。此語詞，正字何也者，以通借字爲訓也。經傳亦以害爲之。又爾雅釋言：曷，盍也。按，長言曰何弗，短言亦曰何，故曷又爲盍也。叚借爲遏。爾雅釋詁：曷，止也。詩四月曷云能穀，傳：曷，逮也。又爲害。

詩長發則莫我敢曷，傳：害也。又爲蝎。史記范蔡傳先生曷鼻巨肩，索隱：曷鼻如蝎蟲也。

曷 **駒** 馬疾走也。从馬，匃聲。

曷 **葛** 絺綌艸也。从艸，曷聲。易困于葛藟，疏：葛藟引蔓纏繞之。詩大東糾糾葛屨，箋：夏屨也。周禮旅賁氏喪紀則葛，注：葛絰。吳都賦蕉葛升越，劉注：蕉葛，葛之細者。叚借爲褐。穀梁昭八傳以葛覆質。又託名幖識字。書湯征序葛伯不祀。按，路史載有二葛：一爲黃帝後，姬姓，在今河南歸德府寧陵縣；一爲嬴姓，左傳齊昭公母葛嬴，在今河南懷慶府河內縣。古韻詩采葛叶月。轉音詩旄丘叶節日。

卦曷 **喝** 㵣也。从口，曷聲。按，音之歇也。字亦作歇。莊子庚桑楚嗌不嗄，崔注：喝，啞也。子虛賦榜人歌聲流喝，郭注：言悲嘶也。論衡氣壽兒生號啼之聲鴻朗高暢者壽，嘶喝溼下者夭。後漢張酺傳音聲流喝，李賢注：流或作嘶。按，嘶者，誓字。方言：嘶，噎也。字亦作嗌。按，聲破散而啞曰嘶喝。別義廣雅釋詁二：㵣，怒也。玉篇：㵣，訶也。素問生氣通天論煩則喘喝，注：大呵出聲也。一作喝。

月 **趨** 趌趨，怒走也。从走，曷聲。按，疊韻連語，疑即趉之或體。

月 **遏** 微止也。从辵，曷聲。讀若蝎。謂尾而止之。爾雅釋言：遏，逮也。釋詁：遏，止也。蒼頡篇：遏，遮也。易大有君子以遏惡揚善，虞注：絕也。廣

jié 楬　yè 餲　qiè 朅　hé 鶡　jié 羯　yè 謁

書四海遏密八音詩民勞式遏寇虐箋止也周禮禁殺戮遏訟者司農注遏止欲訟者也京房易傳臣進善君不試玆謂遏周憬功勳銘阨隅壅藹以譪爲之假借爲害韓詩文王無遏爾躬傳病也釋文或作竭又託名幖識字左襄十五吳子遏公穀皆作謁又左襄十四傳注郁夏一名遏

月
謁 白也从言曷聲若今書刺自言爵里姓名並列所白事爾雅釋詁謁告也釋言謁請也儀禮覲禮擯者謁諸天子禮記曲禮能典謁矣左隱十一傳惟我鄭國之有請謁焉晉語不謁而歸泰策請謁事情大荒北經章尾山有神人風雨是謁是謂燭龍注言能請致風雨又左昭四傳入弗謁注見也又漢書食貨志坐肆列里區謁舍注今之客舍也聲訓釋名釋書契謁詣也詣告也書其姓名于上以告所至詣者也古韻家語子路初見叶敗歲

月
羯 羖羊犗者从羊曷聲亦曰羠廣雅釋獸羯犍也漢書貨殖傳其民羯羠不均

曷
鶡 鶡鳥也似雉出上黨从鳥曷聲方言八鶡鴠或謂之倒懸秦隴之內謂之鶡鴠注似雞五色冬無毛赤倮晝夜鳴按黃黑色勇于鬥一死乃止故趙武靈王表武士以鶡尾竪左右爲鶡冠禮記月令鶡旦不鳴坊記相彼盍旦注盍旦夜鳴求旦之鳥也呂覽注鶡旦

說文通訓定聲　泰部弟十三

山鳥陽物也東京賦虎夫戴鶡薛注鷙鳥也列子黃帝雕鶡鷹鳶爲旗幟鹽鐵論利議鶡鴠夜鳴無益于明七發朝則鸝黃鳱鴠鳴焉廣志作侃旦後世謂之寒號蟲後漢南蠻西南夷傳氂雞注似雉而大青色以褐爲之別義北山經北囂之山有鳥焉名鶖鶡食之已暍

屑
朅 去也从去曷聲漢書司馬相如傳朅輕舉而遠遊蜀都賦殆而朅來思元賦回志朅來從元謀假借爲趨接詩伯兮朅兮傳武皃碩人庶士有朅傳武壯皃韓詩作桀古韻詩碩人叶活濊發揭孽伯兮叶桀呂覽士容叶大害越外賴世衛厲折

曷 霽 卦
餲 飯餲也从食曷聲疑與饖同字飯傷熱也今蘇俗謂之餿爾雅釋器食饐謂之餲注飯饖臭論語食饐而餲孔注饐餲臭味變也皇疏餲經久而味惡也釋注字亦作腸作脵廣雅釋詁三脵敗也按字从肉當謂肉敗又作鯣廣雅釋器鯣臭也按當謂魚臭據集韻疑鯣之誤即餲字別義通俗文寒具謂之餲假借爲肌淮南精神腸下迫頤注肝脅也乙曷雙聲

月 黠 屑
楬 楬桀也从木曷聲一切經音義十四引說文楬櫫杙也按楬桀疊韻連語封氏聞見記物有標榜皆謂之楬廣雅釋室楬杙也按即爾雅樴謂之杙說文弋橜也凡木之直而短者之稱亦即爾雅雞栖于弋爲桀桀猶楬也周禮蜡氏若有死于道路者則令埋而置楬焉鄭衆注楬欲令其識取之今時楬櫫是也又泉府物楬而書之司農注楬著其物也按楬櫫猶楬著也職幣以書楬之司農注若今

jié 碣　yè 𢈈　xiē 歇　hè 褐　ài 藹　jié 稭　yē 暍

時爲書以著其幣職金楬而璽之注既楬書揃其數量又以印封之今時之書有所表識謂之楬櫫又漢書尹賞傳楬著其姓名注楬弋也凡皆謂以小木有所標識耳假借爲樴禮記樂記椌楬壎篪注敔也按敔如木虎背有鉏鋙以物櫟之如刮爲聲也又爲渴禮記明堂位夏后氏以楬豆注楬無異物之飾也齊人謂無髮爲禿楬按渴盡無餘之意儀禮士喪禮毼豆兩注毼白也以褐爲之

月 曷
暍 傷暑也从日曷聲字林傷熱也廣雅釋詁三暍煗也大戴千乘夏服君事不及暍淮南人間武王蔭暍人于樾下素問刺瘧論熇熇暍暍然荀子富國使民夏不宛暍漢書武帝紀民多暍死北山經北囂之山有鳥焉名鶖鶡食之已暍今蘇俗戒人衣被過暖曰勿太暍熱

月 曷
稭 禾舉出苗也从禾曷聲穗初出莖如揭而未秀也轉注廣雅釋器穅謂之稭按穅者穀之皮也穗出則穅見故穅可曰稭爾雅康謂之蠱

泰
藹 上林賦晻薆咇茀注藹薆音義同引說文有此字姑附于此按晻藹雙聲連語無煩製字

曷
褐 編枲韤也一曰粗衣从衣曷聲字亦作褐今蘇俗有韤名無大小者編枲及毳爲之其用可長可短可窄可寬豈其類歟轉注

說文通訓定聲　泰部弟十三

詩七月無衣無褐箋毛布也左哀十三傳余與褐之父睨之注寒賤之人孟子不受于褐寬博注獨夫被褐者許子衣褐注以毳織之若今馬衣也或曰枲衣也一曰粗布衣也漢書貢禹傳裋褐不完史記始皇紀寒者利裋褐家語三恕被褐而懷玉王命論思有短褐之褻素問異法方宜論其民不衣而褐薦又穀梁昭八注葛或爲褐淮南覽冥許注楚人謂袍爲短褐又左傳有馬褐所以被馬字亦作毼廣雅釋器毼罽也假借託名幖識字釋名釋疾病毼頭生創也頭有創曰瘍毼亦然也古韻詩七月叶發烈歲

月
歇 息也一曰气越泄也从欠曷聲廣雅釋詁二歇泄也七發精神越泄百病咸生顏延年詩芬馥歇蘭若注氣越泄也假借爲渴爾雅釋詁歇竭也按謂渴也方言十二歇涸也左宣十二傳憂未歇也襄廿九傳難未歇也注皆訓盡又宣十六傳注屋歇前疏歇前者無壁也如今廳是也此如齊人謂無髮曰禿楬楬亦渴字又爲猲詩駟鐵載獫歇驕古韻老子法本篇叶裂發竭滅蹶

月
𢈈 屋迫也从广曷聲

月 屑
碣 特立之石也東海有碣石山从石曷聲古文䂬未詳字亦作嵑書禹貢夾右碣石傳海畔山按今山東濟南府海豐縣馬谷山是也魏都賦恒碣碪礍於青霄漢書地理志掤南通齊趙碣石之間又封燕然山銘封神丘兮建隆嵑後漢竇憲傳注圓者謂

xiē 猲　jié 竭　qì 愒　kě 渴　yà 閼　qì 揭

之碣又漢書楊雄傳碣以崇山注山特立皃文選羽獵賦注猶表也景福殿賦碣以高昌崇觀注揭也按隆碣表碣字實當作楬後人以石爲墓碣因用碣字古韻高唐賦叶會磕厲濿霈邁喙竄摯

月 曷 **猲** 短喙犬也从犬曷聲字亦作獦詩駟鐵載獫猲獢毛本以歇驕爲之傳田犬也長喙曰獫短喙曰歇驕爾雅釋畜犬短喙猲獢叚借爲喝齊策恫疑虛猲注喘息恐懼漢書王子侯表恐猲受賕注以威力脅人也王莽傳恐猲良民

月 屑 **竭** 負舉也从立曷聲禮記禮運五行之動迭相竭也注猶負戴也說文豕部曰竭其尾謂之豕叚借爲渴左宣十二傳且律竭也盈而以竭注敗也禮記大傳人道竭矣注盡也周語伊洛竭而夏亡注涸也荀子脩身齊明而不竭注不窮也淮南說林淵泉不能竭本經竭澤而漁晉語竭力以從事又爲歇淮南主術耳目淫則竭注減也按气越泄也又爲揭呂覽權勳豎竭而齒寒注亡也按去也又疊韻連語荀子議兵遠者竭蹶而趨之注顚仆猶言僵仆也古韻詩召旻叶害老子法本章叶裂發歇滅蹷管子內業叶末廢四稱叶烈伐三略下叶傑轉音莊子在宥叶漫

霽 泰 **愒** 息也从心曷聲字亦作憇作偈蒼頡篇作憩詩菀柳不尚愒焉民勞汔可小愒又甘棠召伯所憩西京賦旋憩乎昆明之池甘泉賦度三巒兮偈棠棃爾雅釋詁憩息也舊注止之息也舍人注卧之息也叚借爲歇爾雅釋言愒貪也左昭元傳翫歲而愒日晉語正作歇詩雲漢箋時旱愒雨按遲待之意又爲趨集韻引廣雅偈疾也廣雅釋詁二偈健也詩匪車偈兮又重言形況字莊子天道又何偈偈乎釋文用力之皃古韻詩匪風叶發怛民勞叶泄厲敗大菀柳叶瘵邁

曷 **渴** 盡也从水曷聲經傳多以竭爲之爾雅釋詁涸渴也周禮草人渴澤用鹿注渴澤故水處也按謂涸水處叚借爲歇詩車舝匪飢匪渴釋名日月未滿而葬曰渴言欲速葬無恩也公羊隱三傳渴葬也注喻急也又後漢張讓傳渴烏注爲曲筒以氣引水上也古韻詩君子于役叶月佸桀括采薇叶烈車舝叶舝逝渴括

黠 **閼** 門聲也从門曷聲

霽 月 屑 **揭** 高舉也从手曷聲字亦作搹詩蕩顚沛之揭傳見根皃賈誼過秦論揭竿爲旗思元賦修劍揭以低昂莊子胠篋負匱揭篋擔囊而趨又詩匏有苦葉淺則揭傳褰衣也爾雅釋水繇膝以下爲揭漢書司馬相如傳涉氷揭河又北揭石瀨叚借爲竭小爾雅廣言揭擔也三蒼揭舉也儋也負也埤蒼揭立舉也後漢馮衍傳注揭謂負也又持也又爲楬管子君臣上猶揭表而令之止也東京賦揭以熊耳薛注猶表也江賦峨嵋爲泉陽之揭注揭標皆表也又爲藒上林賦揭車衡蘭又疊韻連語魯靈光殿賦飛陛揭孽注高皃謝靈運詩暮坐括揭鳴又雙聲連語射雉賦眄箱籠以揭驕注志意肆也卽楚辭之拮矯又重言形況字詩碩人葭菼揭揭傳長也楚辭遠逝皃揭揭以巍巍注高皃淮南兵畧擠其揭揭注欲拔也漢書王吉傳揭揭注疾驅皃古韻詩匏有苦葉叶厲碩人叶活濊發孽朅大東叶舌蕩叶害撥世

yì 𦁊　hé 蝎　yè 堨　ǎi 譪　gé 鄗　qià 擖　qiè 藒　ài 藹

霽 **𦁊** 不成遂急戾也从弦省曷聲讀若瘞字亦作𦁊

曷 **蝎** 蝤蠐也从虫曷聲爾雅蝤蠐蝎又蝎蛣蝠又蝎桑蠹按三者一物木中蠹也白色身長足短口黑至春羽化爲天牛方言十一蠀螬梁益之閒或謂之蝎按蠀螬卽蝤蠐倒言之非在糞土之螬名蠀螬者也魯語雖蝎譖之晉語雖蝎焉避之叚借爲過方言七蝎逝也

東 月 屑 **堨** 壁閒隙也从土曷聲讀若謁別義西都賦軼埃堨之混濁淮南兵畧揚塵起堨注埃也又今義訓堰

泰 **譪** 蕢也从艸謁聲爾雅釋木蕢藹注樹實繁茂菴藹叚借說文譪臣盡力之美从言葛聲按詩卷阿藹藹王多吉士傳猶濟濟也

爾雅釋訓藹藹萋萋臣盡力也又藹藹濟濟止也注賢士盛多之容止廣雅釋訓藹藹盛也楚辭逢紛譺夫藹藹而曼著兮注盛多皃補亡詩其林藹藹注茂盛皃此皆重言形況字又長門賦望中庭之藹藹兮注月光微闇之皃吳都賦藹藹翠幄注盛皃管子侈靡藹然若夏之靜雲注油潤皃陸士衡挽歌詩傾雲結流藹此疑皆借爲藹也又雙聲連語蜀都賦茂八區而菴藹焉江淹樫頌碧葉菴藹皆本離騷揚雲霓之晻藹與上林賦晻薆高唐賦闇藹同也別義或曰據說文从言葛聲當訓言之美也故曰仁義之人其言藹如但藹如亦單辭形況字存參古韻高唐賦叶蓋會藹沛菴籟詩卷阿叶翽藹句中韻

曷 **鄗** 南陽陰鄉从邑葛聲在今河南南陽府左傳遷陰于下陰鄗在陰地

黠 **擖** 刮也从手葛聲一曰撻也廣雅釋詁一擖折也二擖搔也

月 屑 **藒** 芞輿也从艸楬聲爾雅藒車芞輿注香草廣志味辛生彭城高數尺黃葉白華按此草辟蠹離騷畦留夷與揭車兮上林賦揭車衡蘭以揭爲之

泰 **藹** 蓋也从艸渴聲今字作靄作藹雪賦連氣累靄注靄雲狀靄亦藹也

kě 㵣　zhì 摯　zhì 鷙　zhì 制

曷 㵣 欲飲也从欠渴聲晋語今忨日而㵣歲注渴也按渴待也經傳多以渴爲之

摯一名 脂利切

寘 摯 握持也从手从執會意字亦作贄周禮大宗伯以禽作六摯孤執皮帛卿執羔大夫執雁士執雉庶人執鶩工商執雞儀禮士冠禮奠摯見于君禮記郊特牲執摯以相見虞書三帛二生一死贄左成十二傳交贄往來又孟子出疆必載質庶人不傳質爲臣以質爲之叚借爲婺爾雅釋詁摯臻也書西伯戡黎大命不摯傳至也又詩關雎傳摯而有別箋摯之言至也又爲致考工弓人斲摯必中函人凡甲鍛不摯又爲鷙輈人大車之轅摯又爲槷輪人大而短則摯又爲𤸃廣雅釋詁一摯引也又解也又爲折禮記月令雪霜大摯又爲鷙廣雅釋詁三摯俍也西京賦青骹摯于韝下詩常武傳摯如翰又託名幖識字詩大明摯仲氏任周語昔摯疇之國也由大任注二國奚仲仲虺之後又左桓十八傳釋文少皞摯字青陽逸周書作質又伊尹名贄見孫子墨子𨶹訓爾雅釋詁注摯至也考工弓人注摯之言致也函人司農注贄謂質也白虎通瑞贄贄者質也質己之誠致己之悃愊也穀梁莊廿四傳注贄所以至者也虞書鄭注贄之言至所以自致也古韻楚辭天問叶摯說高唐賦叶會磍磕厲淯霈邁喙竄摯

說文通訓定聲　泰部弟十三　廿三

鷙一名 脂利切

寘 鷙 擊殺鳥也从鳥从執會意廣雅釋言鷙執也禮記儒行鷙蟲攫搏不程勇者注猛鳥猛獸也離騷鷙鳥之不羣兮注執也詩常武傳摯如鷙以摯爲之轉注賈子道術欣熛可安謂之熅反熅爲鷙管子小問來者鷙距注鷙疑也廣雅釋詁三鷙俍也以摯爲之叚借爲折莊子鷙曼詭銜按折轂也司馬注從旁出也李注抵也不憭

制二名凡制之派皆衍制聲 征例切

霽 制 裁也从刀从未會意未物成有滋味可裁斷古文又从彡按以刀斷木从未猶从木也木老而堅中材用故从未古文从彡象斫木紋淮南主術猶巧工之制木也廣雅釋詁一制折也孟子可使制梃注作也轉注書呂刑制以刑禮記王制凡制五刑注斷也魯論語片言可以制獄者又說文一曰止也廣雅釋詁四禁也易象下傳君子以制數度虞注民止爲制秦策王因而制之注御也解嘲制以鑽鐵注縛束也又晋語二三子之制也注專主也淮南主術以利見制於人也注猶禽也氾論聖人作法而萬物制焉注猶從也禮記表記義者天下之制也又月令注制肺及心肝爲俎郊特牲注主人親制其肝疏割也又周禮質人壹其淳制杜注謂匹長也儀

xiè 齛　zhì 迣　yì 詍　yì 呭　shì 世　zhì 製

禮既夕賵用制幣注丈八尺曰制禮記王制度量數制注布帛幅廣狹也考工弓人弓長六尺有六寸謂之上制上士服之管子乘馬五離爲一制荀子王制處國有制注謂差等也孝經制節謹度注費用約儉謂之制又禮記曲禮必告之以其制注法度也士死制注謂君教令所使爲之越語君行制臣行意注法也廣雅釋言制誓也獨斷制書者制度之命也後漢蔡邕傳制作國之典也又禮記喪服四制喪有四制左宣十二傳鄭石制字子服又淮南天文母勝子曰制呂覽去宥威王好制注術數也叚借爲浙莊子外物自制河以東古韻文子守平叶制勢大貴遂三略下叶制敗莊子在宥叶制殺決荀子成相叶蔽勢制禊

霽 製 裁也从衣从制會意制亦聲左襄三十一傳不使人學製焉定九傳晳幘而衣貍製漢書叔孫通傳服短衣楚製離騷製芰荷以爲衣兮思元賦旌性行以製佩兮轉注左哀廿七傳成子衣製杖戈注雨衣也

世十一名凡世之派皆衍世聲 舒制切

霽 世 三十年爲一世从卅而曳長之指事按音讀亦卅之聲轉論語必世而後仁轉注終一人之身爲世秦策負芻必以魏殁世事秦注身也又父子相繼爲世周禮大行人世相朝也周語昔我先王世后稷公羊文十三傳世室世世不毀也隱三傳譏世卿穀梁僖五

說文通訓定聲　泰部弟十三　廿四

傳天子世子世天下也世子猶世世子也爾雅釋親父之晜弟先生爲世父釋名世父言爲嫡統繼世也故世子亦曰大子左襄廿九衛世叔儀十四傳作大叔周禮大司徒以世事教能注謂士農工商之事禮記禮運大人世及以爲禮左文十六傳宋華世字子家字亦作𢦏作卋唐扶頌垂後世兮耿勳碑𢦏有令名富春碑各復早世叚借爲歲禮記曲禮去國三世虞王注世歲也萬物以歲爲世此曲說聲訓詩裳裳者華序絶功臣之世焉疏謂繼也古韻詩蕩叶揭害撥世文王叶世世六韜文韜叶害敗器世三略下叶外斃世呂覽離俗叶外察賴害埶世士容叶大害越外賴世揭衛厲折素問三部九候論叶世胏泄

霽 呭 多言也从口世聲詩板無然呭呭

霽 詍 多言也从言世聲詩板無然詍詍按卽呭字之或體今附于此荀子解蔽辨利非以言是則謂之詍按詍詍亦重言形況字孟子毛詩作泄泄三家詩作呭呭詍詍爾雅釋訓作洩洩皆同

霽屑 迣 迾也晉趙曰迣从辵世聲讀若寘廣雅釋詁二迣遮也漢書鮑宣傳男女遮迣叚借爲跇漢書禮樂志迣萬里孟康注超踰也

屑 齛 羊粻也从齒世聲字亦作齥食之已久復出嚼之蘇俗謂之轉草爾雅釋獸牛曰齝羊曰齥麋鹿曰齸鳥曰嗉寓鼠曰嗛

xiè 紲　yè 抴　yì 泄　shì 貰　yì 跇

跇　迣也。从足，世聲。字林：述也。史記樂書：騁容與兮跇萬里。如淳注：謂超踰也。羽獵賦：跇巒阬。漢書注：渡也。吳都賦：跇踰竹柏。洞簫賦：超騰踰曳。注：跇，度也，以曳爲之。

貰　貸也。从貝，世聲。受者曰賖，予者曰貰。史記高祖紀：常從武負王媼貰酒。集解：賖也。周禮司市：則賖貰而予之。漢書甯成傳：迺貰貸陂田千餘頃。注：假取之也。轉注：吳語：不貰不忍。注：赦也。漢書梁平王襄傳：得見貰赦。注：謂寬其罪。劉向傳：遂貰寬。注：緩恕其罪也。車千秋傳：良久乃貰之。注：寬縱也。

泄　泄水也。受九江博安洵波，北入氐。从水，世聲。水經注：過芍陂北入淝。字亦作洩。叚借爲歇。詩民勞：俾民憂泄。箋：猶出也，發也。傳訓去，則謂渫之誤字。方言十：泄，歇也。泄，息也。莊子山木：運物之泄也。司馬注：發也。魏都賦：窮岫泄雲。注：猶出也。素問平人氣象論：宗氣泄也。注：謂發泄。淮南本經：精泄于目。注：猶過也。又爲泆。禮記中庸：振河海而不洩。廣雅釋言：泆，泄也。泄，漏也。左昭廿五傳：言若泄，臣不獲死。史記萬石張叔傳：陰重不泄。又春秋潛潭巴：君精泄。注：失也。素問六元正紀大論：金鬱泄之。注：謂滲泄也。爲脇痛嘔泄。注：謂利也。廣雅釋言：洩，㳂也。又左昭二十傳：濟其不及，以泄其過。注：減也。管子山權數：而天下不吾洩矣。注：散也。又爲褻。孟子：武王不泄邇。注：狎也。荀子榮辱：橋泄者，人之殃也。又重言形況字。詩板：無然泄泄。孟子：泄泄猶沓沓也。爾雅釋訓：憲憲泄泄，制灋則也。十畝之閒：桑者泄泄兮。傳：多人之皃。雄雉：泄泄其羽。傳：飛而鼓其翼泄泄然。海賦：洩洩淫淫。注：飛翔之皃。左隱元傳：其樂也泄泄。注：和樂也。思元賦：展洩洩以彤彤。注：和皃。又引左傳。杜注：舒散也。又託名幖識字。左哀二傳：洩庸。廿六傳作后庸。吳語作舌庸。越春秋作曳庸。漢書董仲舒傳作泄。四子講德論作渫。按后者舌之誤字，渫者泄之誤字，泄、洩、曳、舌皆同聲。古韻：詩十畝之閒叶外、泄、逝。板叶蹶、泄。民勞叶愒、泄、厲、敗、大。左隱元傳叶外、洩。禮月令季春叶泄、出、達、内。患、絶。素問三部九候論叶世、肺、泄。寶命全形論叶泄、敗、發、噬。轉音：靈樞九鍼十二原叶實、泄。

抴　捈也。从手，世聲。與曳略同。俗作拽字。又作栧，作枻。荀子非相：接人則用抴。注：牽引也。楚辭湘君：桂櫂兮蘭抴。注：船旁板也。按舟抴之而後行，故所抴之具即名抴，所謂轉注也。子虛賦：揚桂枻。注：船柀。史記集解：檝也。漢書注：柂也。淮南道應：佽非謂枻船者曰。注：櫂也。西京賦：齊栧女。叚借爲歇。釋名釋言語：抴，泄也，發泄出之也。又爲揲之誤字。廣雅釋詁四：抴，數也。又爲紲。荀子非相注：抴者，檠枻也。正弓弩之器也。古韻：楚詞湘君叶枻、雪、末、絶。

紲　繫也。从糸，世聲。或从枼。字亦作緤，作韘。廣雅釋器：紲，索也。釋詁二：紲，係也。小爾雅廣器：縲而紾之爲綫。方言十：緤，緒也。論語：雖在縲絏之中。孔注：攣也。東京賦：紲子嬰於軹塗。注：猶繫也。漢書司馬遷傳：幽於纍紲。注：長繩也。此系人之紲也。考工弓人：譬如終紲。注：弓鞑也。詩角弓傳：不善紲檠巧用。此係弓之紲也。左僖廿四傳：臣負羈紲。注：馬繮。思元賦：縱余緤乎不周。此係馬之紲也。禮記少儀：犬則執緤。西京賦：韓盧噬于緤末。此係犬之紲也。詩君子偕老：是紲袢也。傳箋謂借爲歇。說文爲褻。按此係衣之紲也。轉注：管子輕重戊：縄繑而踵相隨。注：謂連續也。叚借爲跇。羽獵賦：亶觀夫剽禽之紲踰。漢書注：度也。聲訓：釋名釋車：紲，制也，牽制之也。

勩　勞也。从力，世聲。今蘇俗語謂物消磨曰勩，謂衣可耐久曰勩着。詩雨無正：莫知我勩。谷風：既詒我肄。以肄爲之。古韻：詩雨無正叶滅、戾。

jì 祭　shì 澨　shì 噬　shì 筮　yì 勩

筮三名。凡筮之派皆衍筮聲。時制切。

筮　易卦用蓍也。从竹，从𢀖。𢀖，古文巫字。小篆據說解偏旁補。周禮作簭。易蒙：初筮告。書洪範：擇建立卜筮人。詩氓：爾卜爾筮。周禮簭人：掌三易以辨九簭之名。儀禮士冠禮：筮于廟門。禮記曲禮：筴爲筮。左僖四傳：筮短龜長。十五傳：筮，數也。白虎通蓍龜：筮也者，信也。見其卦也。

噬　啗也，啖也。从口，筮聲。易噬嗑卦：噬嗑，食也。左哀十二傳：國狗之瘈，無不噬也。注：齧也。考工梓人：爪以攫殺援簭，以筮爲之。叚借爲逝。方言七：蝎、噬，逮也。爾雅釋言：作逿逝。詩有杕之杜：噬肯適我。傳：逮也。又爲制。方言十二：噬，憂也。按謂喪有四制。古韻：周書周祝叶噬、擨。

澨　埤增水邊土，人所止者也。从水，筮聲。左成十五傳：則決睢澨。注：水涯也。楚辭湘夫人：夕濟兮西澨。轉注：書禹貢：過三澨。左傳句澨、雍澨、薳澨，其地在今湖北襄陽府宜城縣北。馬、鄭皆曰水名。古韻：楚詞湘夫人叶裔、澨、逝、蓋。

祭十名。凡祭之派皆衍祭聲。子例切。

祭　祀也。从示，从手持肉，會意。廣雅釋言：祭，薦也。說苑權謀：祭之爲言索也。穀梁成十七傳：祭者，薦其時也，薦其敬也，薦其美也，非享味也。桓八經注：無牲而祭曰薦，薦而加牲曰祭。禮記祭統：祭者，所以追養繼孝也。周禮酒正：司農注：大祭天地，中祭宗廟，小祭五祀。又都宗人：既祭。注：謂報塞也。疏：凡所禱曰禱，至於得福則曰祭。轉注：周禮膳夫：授祭。注：禮飲食必祭，示有所先。儀禮特牲禮：祭酒。注：穀味之芬芳者，齊敬共之。又後漢班超傳注：一坐所尊則先祭酒，今稱祭酒相尊敬之辭。又夏小正：獺獸祭魚。傳：祭也者，得多也，善其祭而後食之。叚借爲𨛘。左昭十二傳：凡蔣邢茅胙祭，周公之允也。穆天子傳五：乃宿于祭。注：祭，祭公邑。按：[illegible]謂祭地有三，一爲直隸大名府長垣

cài 蔡　qì 聧　zhài ⿰祭阝　jì 穄　chá 察

縣之祭城一爲河南開封府鄭州之祭城一爲中牟縣之祭亭長垣
當爲衛地鄭州中牟爲鄭地今按初封當在今陝西而三祭皆遠王
畿或其後祭公入爲鄉士周東遷後改食邑於河南歟禮記坊記葉
公之顧命是祭公之誤聲訓春秋繁露祭義祭之爲言際也察也又
祭者察也以善逮鬼神之謂也善乃逮不可聞見者故
謂之察廣雅釋言祭際也古韻管子弟子職叶徹祭

泰 **蔡** 艸也从艸祭聲魏都賦蔡莽螫刺注引楚辭注蔡草莽也字亦
爲槃按實爲殺按諸邊塞也左昭元傳周公殺管叔而蔡蔡叔注上
蔡字从殺下米書禹貢二百里蔡馬注法也鄭注蔡之言殺減殺其
賦則謂借爲衰或爲差又託名幖識字書禹貢蔡蒙旅平按蔡山亦
名周公山在今四川雅州府又尚書大傳秋伯之樂舞蔡俶注蔡猶
衰也又書蔡仲之命傳國名按文王子叔度封于汝南上蔡爲侯作
亂周公放之其子蔡仲成王復封至平侯徙新蔡昭侯徙九江下蔡
戰國時滅于楚上蔡新蔡皆在今河南汝寧府新蔡即州來在今安
徽鳳陽府壽州又左襄廿三傳子以大蔡納請論語臧文仲居蔡家
語好生臧氏有守龜焉名曰蔡漢書食貨志元龜爲蔡按蔡即左氏
所稱僂句僂句者傴僂倨句之謂疊韻連語是周禮龜人所謂天龜
爾雅釋魚所謂龜俯者靈也或曰寶龜產于蔡地亦求其說不得而
爲肌揣之辭楚辭匡機蓍蔡兮踊躍疑蔡者燋契契字之叚借實即

梨字不言龜而言契猶不言卦而言蓍也又廣雅釋器蔡倫劍也豈
即漢和帝時常侍蔡倫之劍因以名其器歟古韻登徒子好色賦叶
雪貝
蔡

齊 **聧** 察也从目祭聲廣雅釋詁一視也
魏都賦聧呂梁琴賦明爐聧惠

卦齊 **⿰祭阝** 周邑也从邑祭聲穆天子傳⿰祭阝公謀
父周語以祭爲之餘見祭字叚借下

齊 **穄** 穈也从禾祭聲一切經音義引說文似黍而不黏者關西謂之
穈也按黍之不粘者色黃飯用之粘者釀酒及爲餌餈𩚵粥專
名黍黏者頗爲穄大黍也穆天子傳五穄麥百載呂覽本
味飯之美者陽山之穄注關西謂之穈冀州謂之緊

黠 **察** 覆審也从宀祭聲爾雅釋詁察審也釋言淸也賈子道術纖微
皆審謂之察廣雅釋詁一察至也禮記五獻察注明也吳語今
君王不察注理也呂覽本味察其所以然注省也離騷覽察草木注
視也漢書食貨志吏益慘急而法令察注微視也大戴少閒汙池土
察注深也呂覽貴公處大官者不欲小察注苛也禮記中庸言其上
下察也注猶著也淮南俶眞而不能察方圓注見也東京賦目察區
陬注觀也孟子察于人倫注識也禮記喪服四制皆可得而察焉注
知也禮器觀物弗之察矣注猶分辨也淮南說林視之可察注別也

zhài 瘵　xiè ⿰巾祭　jì 際　chá 詧　jì 彑　yì 㣇　yí 彝

論語察其所安皇疏沈吟用心忖度之也西京賦察貳廉空注察廉
皆視也史記刺客傳乃察舉吾弟索隱猶選之也後漢班彪傳注察
舉也叚借爲殺禮記鄉飲酒義愁以時察守義者也注嚴殺之皃也
又重言形況字廣雅釋訓察察著也老子俗人察察注急且疾也楚
辭漁父安能以身之察察淸潔也古韻易繫辭下叶契察孟子叶察
歠決越語范蠡語叶蔽察藝管子七臣七主叶察勢老子順化叶察
缺呂覽離俗叶外察賴害執世素問刺禁論叶害察
鬼谷子損兌叶敗察轉音素問陰陽應象論叶脉察

卦齊 **瘵** 病也从疒祭聲詩菀柳無自瘵焉鄭箋接也則謂借爲際瞻卬
士民其瘵三蒼江東曰瘵齊東曰瘼古韻詩菀柳叶愒瘵邁瞻
卬叶惠
厲瘵

齊屑 **⿰巾祭** 殘帛也从巾祭聲廣雅釋詁三餘也廣韻⿰巾祭縷桃花盞
如今剪繒爲花字亦作縩淮南要畧箴縷縩綴之閒

齊 **際** 壁會也从阜祭聲字亦作際小爾雅廣詁際界也廣雅釋詁四
際方也又會也釋詁二合也又爾雅釋詁際捷也按謂接也凡
兩墻相合之縫曰際疑山中兩峰相會之隙曰際與隙畧同轉注左
昭四傳爾未際注接也孟子敢問交際何心也又有際可之仕禮記
大傳治際會又淮南精神與道爲際注合也原道高不可際注至也
又一之解際天地注機也詩菀柳無自瘵焉鄭箋接也謂以瘵爲之

孔耽神祠碑亡新之際又張遷碑臘正之際字作傺疑別製爲交際
字離騷侘傺是雙聲連語叚借爲瘵易豐天際翔也鄭注病也據孟
喜本則降之誤字古
韻易泰叶外大際

黠屑 **詧** 言微親察也
从言察省聲

齊 **彑** 豕之頭也象其銳
而上見形讀若罽

彑六名凡彑之派皆衍彑聲 居例切

眞齊 **㣇** 脩豪獸也从彑下象毛足彑亦聲讀若弟籒文古文
皆畧同字亦作𧰨爾雅釋獸𧰨脩毫亦作貄別義說
文一曰河内名豕也按此
謂即豪豬說文豪从㣇

支 **彝** 宗廟常器也从糸糸綦也廾持米器中實也按酒也
彑聲或曰彑象形與爵相似古文从粊省不从糸又
古文𢑱𢑴簡引作彝未詳爾雅釋器彝器也周禮司尊彝掌六尊六
彝之位春祠夏禴祼用雞彝鳥彝秋嘗冬烝祼用斝彝黄彝凡四時
之閒祀追享朝享祼用虎彝蜼彝按尊盛鬱鬯以祼將之器六彝受
三斗書盆稷宗彝鄭注虎也書分器序班宗彝鄭注宗廟尊也禮記

yì 埶　yí 㯖　sì 𦅫　yì 肄(肆)

祭統勤大命施于烝彝鼎注尊也轉注爾雅釋詁彝常也書洪範彝倫攸敘酒誥無彝酒詩烝民民之秉彝左襄十九傳取其所得以作彝器又明堂位夏后氏以雞夷正義彝法也與餘尊爲法書君奭茲迪彝教疏法也

寅 肄 肄 肄 肄 習也从聿希聲籀文从隶希聲篆文从聿𠯑聲按𠯑古文矢字周禮小宗伯肄儀儀禮聘禮未入竟壹肄禮記學記宵雅肄三左文四傳臣以爲肄業及之也段借爲勩詩谷風既詒我肄傳勞也左昭三十傳若爲三師以肄焉注猶勞也又爲櫱詩汝墳伐其條肄傳餘也斬而復生曰肄方言一烈栫餘也秦晉之間曰肄廣雅釋木肄栫也又禮記玉藻肄束及帶注餘也又左襄廿九傳夏肄是屛小爾雅廣詁肄餘也又託名標識字海內東經肄水水經溱水注肄水盍溱水之别名也古韻詩汝墳叶肄棄谷風叶潰肄塈

寅 𦅫 𦅫 𦅫 希屬从二希會意古文𢑚同段借爲肆虞書𦅫類于上帝

支 㯖 㯖 㯖木也从木𢑚聲

埶十一名凡埶之派皆衍埶聲 魚祭切

[illegible] 埶 埶 埶 種也从坴从丮持而種之會意字亦作蓺作藝又作勢廣雅釋詁三蓺治也釋地埶種也書禹貢岷嶓既蓺詩楚茨我埶黍稷周禮大司徒以教稼穡樹蓺左昭六傳不采蓺轉注爲氣勢之勢按力也埶植用力最勞易象傳地勢坤虞注力也韓非子八說勢者勝衆之資也考工弓人射遠者用埶司農注謂形埶淮南說林觀射者遺其埶注事也法言問神盡勢諸名卿可幾也注親也後漢崔駰傳范蠡錯埶于會稽注謂謀畧也又新附勢盛力權也禮記禮運在埶者去注埶埶位也荀子王霸雖臧獲不肯與天子易勢業注權勢事業也正名無埶列之位注班列也按孟子不如乘勢勢亦力也長短經作逢代非又爲道藝之藝按猶材也樹埶則成材周禮大司徒六藝禮樂射御書數上林賦游于六藝之囿注六經也漢書司馬遷傳以拾遺補蓺又禮記禮運義者藝之分注猶才也又文王世子曲藝皆誓之注小技能也樂記藝成而下注才技也段借爲爾實爲邇虞書歸格于藝祖馬注爾也鄭注文也則爲本字又爲臬漢書司馬相如傳蓺殪仆注謂射的即今之垛上槷也詩行葦箋蓺質也左文六傳陳之藝極注準也晉語貪欲無蓺注極也越語用人無蓺注的也左昭二十傳布常無藝注法制也昭十三傳貢之無藝服注一曰常也則謂借爲彝又爲穀之誤字周語𤔲田若蓺注猶蒔也非是古韻禮禮運叶蓺列越語范蠡語叶蔽察蓺管子七臣七主叶察勢晉子成相叶蔽勢制歲文子守平叶制勢大貴遂呂覽離俗叶外察賴害

zhì ⿱埶金　zhì ⿱埶女　ruò 爇　ruò 熱　zhì 騺　xiè 褻　shuì 㡜　xiè 暬　yì 槸

埶世轉音孟子叶慧勢

[illegible] 槸 槸 槸 木相摩也从木埶聲或从艸按埶省聲爾雅釋木注樹枝相切磨字亦作槷下形上聲考工輪人大而短則槷注謂輻危槷也轉注輪人牙得則無槷而固注搬也謂木楔搬蹩寬則動相摩搬所以止其槸其實亦當訓危槷爲長段借爲臬小爾雅廣器正中者謂之槷槷方六寸又考工匠人置槷以縣疏槷亦謂柱也又爲闑穀梁昭八傳以葛覆質以爲槷注門中臬也詩車攻傳褎纏質以爲槸儀禮士冠禮古文布席于門中槷西按凡槷皆得謂之臬聲訓考工輪人疏槷讀如湼者謂湼物于孔中之湼

屑 暬 暬 日狎習相慢也从日埶聲詩雨無正曾我暬御傳侍御也楚語居有暬御之箴注近也字亦以褻爲之

胥寅 㡜 㡜 禮巾也从巾埶聲與帥畧同廣雅釋器㡜巾也

屑 褻 褻 私服也从衣埶聲字林褻衣也三家詩君子偕老是褻絆也毛詩作紲論語紅紫不以爲褻服鄭注袍襗也王肅注私居非公會之服也段借爲暬廣雅釋言褻狎也禮記檀弓君之褻臣也注嬖也論語雖褻必以貌周生烈注謂數相見也又周禮內豎執褻器以從遣車注振飾頮沐之器玉府凡褻器司農注清器虎子之屬又爲褻之誤字通俗文褻重衣也漢書敘傳思有短褐之褻注親身之衣非是集註衣破壞之餘則謂借爲裂亦非

寅 騺 騺 馬重皃从馬埶聲史記晉世家惠公馬騺不行索隱謂馬重而陷之于泥段借爲折莊子馬蹄介倪闉扼鷙曼詭銜竊轡按鷙輗輊軏折輗也

屑 熱 熱 温也从火埶聲詩桑柔誰能執熱孟子則熱中注心中恐懼也則謂借爲怵素問脈要精微論皆在陽則爲熱五常變大論肺其畏熱六元正紀大論其運風清熱腹中論熱中消中注多飲數溲謂之熱中又老子靜勝熱注熱者生之源聲訓釋名釋天熱爇也如火所燒爇也古韻宋玉風賦叶怛蔑又叶賤卒韓非揚權叶月罰轉音詩桑柔叶毖恤老子洪德章叶屈拙訥

屑 爇 爇 燒也按从火从艸會意埶聲字亦作焫廣雅釋詁二焫爇也以古字釋今字通俗文然火曰焫左僖廿八傳爇僖負羈氏淮南兵畧毋爇五穀又禮記郊特牲焫蕭秦策秦且燒焫滅君之國素問異方法宜論其治宜灸焫注火艾燒灼謂之灸焫

寅緝 ⿱埶女 ⿱埶女 至也从女埶聲讀若摯書西伯戡黎大命不摯段借爲摯說文一曰虞書雉摯又重言形況字廣雅釋訓摯摯喜也

屑寅 ⿱埶金 ⿱埶金 羊箠也耑有鐵从金埶聲讀若至廣雅釋詁二⿱埶金椎也字亦作錣淮南道應白公勝朝而立倒杖策錣上貫頤注策耑有針以

zhì 轚　yì 乂　ài 艾

刺馬謂之錣氾論注揣頭箴列子說符注杖末鋒是馬箠亦或有之別義管子國蓄且君引錣量用耕田發草注錣也

轚（真）車底也从車埶聲廣雅釋詁四轚低也按低卽底字也字亦作輊作轅詩六月如輊如軒潘岳賦作轅淮南人閒置之前而不轚考工輈人大車之轅摯以摯爲之儀禮士喪禮記軒輖中注輖蟄也以蟄爲之又誤作蟄

乂六名凡乂之派皆衍乂聲　魚肺切

乂（隊隊）芟艸也从丿乀相交會意或从刀廣雅釋詁一刈斷也又殺也詩葛覃是刈是濩韓傳取也吳語而又刈亡之大戮用兵以刈百姓注翦也離騷願竢時乎吾將刈注獲也草曰刈穀注管子小匡挾其槍刈耨鎛注鎌也假借爲𡰥爾雅釋詁乂治也書堯典有能俾乂禹貢淮沂其乂洪範從作乂詩小旻或肅或乂又史記平津侯主父傳海內乂安索隱理也書益稷萬邦作乂鄭注養也又爲傑書皋陶俊乂在官馬鄭注才德過千人爲俊百人爲乂或曰借爲彥彥乂雙聲亦通又爲⿱乂心漢書淮陽憲王欽傳懲乂霍氏注創也禮記表記注謂創乂古韻離騷叶刈穢詩漢廣叶刈秣句中韻

艾（泰隊）冰臺也从艸乂聲博物志云削冰令圓舉以向日乾艾于後承其景則得火故曰冰臺詩采葛彼采艾兮傳艾所以療疾孟子求三年之艾也按師曠謂艾爲病草離騷戶服艾以盈要兮注白蒿也假借爲蒼荀子正論共艾畢注艾蒼白色詩出其東門傳綦蒼艾色後漢張奐傳注以艾艸染之故曰艾馮魴傳注艾卽盭綠色也又爲外按孟子則慕少艾晉語國君好艾大夫殆好內適子殆齊策王不以與工乃與幼艾楚辭少司命慫長劍兮擁幼艾皆卽內嬖外嬖之外男色也左定四傳盍歸我艾豭按上文婁豬婁爲維係猶內也艾亦外也廣雅釋獸豭豭也是俗字又艾爲灸草灸之爲言久也故轉訓老爾雅釋詁艾長也又歷也小爾雅廣詁艾大也廣言老也詩庭燎夜未艾傳艾久也禮記曲禮五十曰艾周書謚法保民耆艾曰胡注七十曰艾詩訪落朕未有艾箋數也按猶歷也又爲刈左昭元傳國未艾也注絕也管子侈靡地與他若一者從而艾之注滅削也禮記祭統草艾則墨注艾取草也詩頌奄觀銍艾又爲⿱乂心詩小毖箋懲艾又爲愒小爾雅廣言艾止也左襄九傳大勞未艾注息也又爲嬖廣雅釋詁一艾至也又爲𡰥詩小旻或肅或艾傳治也孟子自怨自艾有私淑艾者漢書郊祀志天下艾安又左哀十六傳是得艾也注安也爾雅釋詁艾相也太元元數事言用從摀艾注乂治以佐從也又爲餀爾雅釋詁艾養也詩鴛鴦福祿艾之南山有臺保艾爾後傳皆訓養又周語艾人必豐晉語必有艾注皆訓報又疊韻連語東京賦齊騰驤而沛艾注作姿容皃又託名幖識字左隱六年公會齊侯盟于艾穀梁作蒿公羊借鄗艾者蒿屬故得通稱地在今山東沂州府蒙陰縣西北有艾山聲訓釋名五十曰艾艾乂也乂治也治事能斷割芟刈無所疑也古韻詩采葛叶艾歲庭燎叶艾晣噦鸞央叶秣艾轉音詩訪落叶艾渙難

yì ⿰乂虎　yì ⿱辟乂　yì ⿱乂心　hài 餀　fèi 吠　fèi 𩲃　xiá 舝　xiá ⿰王舝　huì ⿺辶舝　xiá ⿱舝䖵

⿰乂虎（隊）虎皃从虎乂聲

⿱辟乂（隊）治也从辟乂聲虞書曰有能俾⿱辟乂經傳皆以乂以艾爲之

⿱乂心（隊）懲也从心乂聲經傳皆以乂以艾爲之

餀（泰）食臭也从食艾聲爾雅釋器餀謂之餯李巡注餀餯皆穢臭也按凡食物臭之總名

吠一名　符廢切

吠（隊）犬鳴也从口从犬會意字亦作𠯔作吹廣雅釋詁二吠鳴也詩野有死麕無使尨也吠楚辭九章邑犬羣吠兮吠所怪也文選獄中上書自明桀之狗可使吠堯假借託名幖識字齊語反其侵地柴夫吠狗注燕之二邑古韻詩野有死麕叶脫帨吠

𩲃五名凡𩲃之派皆衍𩲃聲　符廢切

𩲃（未）周成王時州靡國獻𩲃人身反踵自笑笑卽上脣掩其目北方謂之土螻爾雅𩲃𩲃如人被髮迅走食人一名梟羊从内象形錯本讀若費字亦作狒爾雅注俗呼之曰山都大者長丈許按周書王會篇作費費淮南氾論山出嘄陽注山精也人形長大而黑色吳都賦𩲃𩲃笑而被格郭注海內南經謂之贛巨人也圖讚云狒狒怪獸被髮操竹見人則笑脣蔽其目終亦號咷反爲我戮又按古文𩲃从内上象被髮各本說文誤系𩲃篆下今移于此

舝（黠）車軸耑鍵也兩穿相背从舛萬省聲萬古文𩲃字按轄卽此字之或體許書誤分爲二也字又作鎋詩泉水載脂載舝車舝閑關車之舝兮左昭廿五傳昭子賦車轄哀二傳巾車脂轄詩節南山箋爲周之桎鎋祝睦後碑七政綰鎋聲訓釋名轄害也車之禁害也古韻詩泉水叶舝邁衛害車舝叶舝逝渴括

⿰王舝（泰）石之似玉者从玉舝聲讀若曷

⿺辶舝（泰）無違也从辵舝聲讀若害

⿱舝䖵（曷）螻蛄也从䖵舝聲

cuàn 竄

竄一名、七外切、

翰 竄 竄 匿也、从鼠在穴中、會意、按古音讀如毳、字林、竄、逃也、易訟、歸逋竄也、高唐賦、䬇揚伏竄、注、走也、廣雅釋詁四、竄、藏也、周語、自竄于戎翟之閒、晉語、求廣土而竄伏焉、注、隱也、又爾雅釋詁、竄、微也、晉語、歆能竄謀、莊子駢拇、竄句遊心于堅白同異之閒、司馬注、謂邪說隱微、穿鑿文句也、又漢書王莽傳、章因自竄姓名、注、謂匿著也、呂覽審分、無所竄其姦矣、注、猶容也、荀子大略、貧窶者有所竄其手、注、容也、假借爲𢿱、虞書、竄三苗于三危、疏、竄者投棄之名、按、逐之邊土也、古韻、易訟叶竄、逋、高唐賦叶會、磑、礚、厲、濟、霈、邁、喙、竄、摯、

泰之月分部

戌十四名、凡戌之派、皆衍戌聲、辛列切、

xū 戌

質 戌 戌 恤也、人被殺傷可矜恤也、从戌、古文矛字、一指事、識其殺傷處、與叉同意、轉注、史記司馬相如傳、眇閻易以戌削、徐廣注、戌削、言如刻畫作之、子虛賦、揚袘戌削、張揖注、裁制皃也、假借以紀六旬、因又以紀年紀月紀時、此託名幖識字、說文、戌、滅也、九月陽氣微、萬物畢成、陽下入地也、五行土生于戊、盛于戌、从戊含一、鍇本一亦聲、爾雅釋天、太歲在戌曰閹茂、九月爲玄、論衡物勢、戌土也、其禽犬也、淮南天文、戌爲成、風俗通祀典、戌者溫氣也、又以命天體十二宮、後漢郎顗傳注、戌亥之閒爲天門、又公羊成十五宋世子戌釋文、本作成、聲訓、白虎通五行、戌者滅也、釋名釋天、戌、恤也、物當收斂矜恤之也、亦言脫也、落也、史記律書、戌者萬物盡滅、禮記月令注、觀斗所建、疏、戌、畢也、漢書司馬相如傳集注、戌、鮮也、戌鮮雙聲、

suì 歲

霽 歲 歲 木星也、越歷二十八宿、宣偏陰陽、十二月一次、从步、戌聲、律歷志、名五星爲五步、按、歲星在填星天之下、熒惑天之上、十二年一周天、其光青色、旁有四小星、左右隨從、其形體大于地九十四倍半、左襄廿八傳、歲在星紀、穀梁序、歲次大梁、轉注、爾雅釋天、載、歲也、夏曰歲、商曰祀、周曰年、唐虞曰載、孫注、四時一終曰歲、取歲星行一次也、夏小正、初歲祭耒、周禮小宰、正歲、注、謂夏之正月、得四時之正以出教令者、審也、太史注、中數曰歲、又馮相氏、掌十有二歲、注、謂太歲、歲星與日同次之月、斗所建之辰也、硩蔟氏、十有二歲之號、注、從攝提格至赤奮若、又周髀算經、日復星爲一歲、注、冬至日出在牽牛、從牽牛周牽牛則爲一歲也、按、恒星每歲東行五十一秒、是謂歲差、故冬至日躔、唐虞時在虛、夏商在女、周秦在斗、今則在箕矣、凡三百六十五日四分日之一爲歲實、歲實內減歲閏、凡三百五十四日三分日之一有奇爲歲策、此其大率也、又左哀十六傳、如望歲焉、注、年穀也、孟子、樂歲粒米狼戾、富歲子弟多賴、左桓三傳、有年、疏、取其歲穀一熟之義、聲訓、白虎通四時、歲者遂也、釋名釋天、歲、越也、越故限也、古韻、詩采葛叶艾歲、七月叶發烈褐歲、生民叶軷烈歲、家語子路初見叶謁敗歲、高唐賦叶帶介慨邁穢敗昧、又叶旆蓋逝會害逝滯歲、

miè 威

屑 威 威 滅也、从火戌、火死于戌、陽氣至戌而盡、按、从火戌聲、戌非意、詩正月、褒姒威之、又按此字據郭忠恕汗簡所載古文、皆从戊、蓋戌省聲、惟義雲章从戌、古韻、詩正月叶結厲滅威、

huì 薉

隊隊 薉 薉 蕪也、从艸歲聲、字亦作穢、作薈、荀子王霸、涂薉則塞、大略、國之薉孽也、考工總目注、粵地塗泥多草薉、漢書李尋傳、谿谿濁薉、蕭望之傳、以行汙薉不進、以薉爲之、假借爲鐖、書盤庚、無起穢以自臭、又託名幖識字、周書王會、穢人前兒、注、韓穢東夷別種、漢書夏侯勝傳、東定薉貉朝鮮、嚴安傳、略薉州、建城邑、度尚碑、薉貊寧輯、漢書地理志、皆朝鮮濊貉句驪蠻夷、以濊爲之、古韻、楚辭招魂叶沬穢、九辯叶帶介慨邁穢敗昧、離騷叶艾刈穢、轉音、文子道原叶亂穢、

yuē 噦

泰月 噦 噦 气啎也、从口歲聲、禮記內則、不敢噦噫嚏咳、素問陰陽應象大論、在變動爲噦、注、噦謂噦噫、胃氣所生、寶命全形論、病深者其聲噦、注、謂聲濁惡也、假借爲譏、實重言形況字、詩庭燎、鸞聲噦噦、傳、徐行有節也、泮水、鸞聲噦噦、傳、言其聲也、東京賦、鑾聲噦噦、薛注、和鳴聲、又詩斯干、噦噦其冥、箋、猶煟煟也、古韻、詩庭燎叶艾晣噦、泮水叶茷噦大邁、斯干叶噲噦、句中韻、素問寶命全形論叶泄敗發噦、

huì 譏

泰月 譏 譏 聲也、从言歲聲、詩曰、有譏其聲、按、許所引未審準毛詩何句、若雲漢、瞻卬昊天、有嘒其星、辭義不類、恐許誤記未檢耳、此字恐卽噦之或體、詩鸞聲噦噦、噦噦其冥、皆重言形況字、依聲託意也、

huì 翽

泰 翽 翽 飛聲也、从羽歲聲、詩卷阿、翽翽其羽、傳、衆多也、箋、羽聲也、廣雅釋訓、翽翽、飛也、按、亦重言形況字、說苑奉使作噦噦其羽、亦同、古韻、詩卷阿叶翽藹、句中韻、

guì 劌

霽 劌 劌 刺傷也、从刀歲聲、說文及字林皆作利傷也、廣雅釋詁二及釋言皆作利也、恐傳寫承誤、按、方言三、凡草木刺人、自關而東或謂之劌、廣雅釋詁二、劌、傷也、利傷自當作刺傷、禮記聘義、廉而不劌、注、傷也、家語問王注、劌也、有廉隅而不割傷也、荀子榮辱、廉而不見貴者劌也、字亦作𠜾、廣雅釋詁四、𠜾、傷也、算歲雙聲、假借爲會、太元告、日月相劌、又託名幖識字、左莊九傳、曹劌請見、管子大匡、曹劌之爲人也、齊策、史記刺客傳作沫、呂覽貴信作翽、古韻、文子符言叶劌伐、

wèi 饖

隊 饖 饖 飯傷熱也、从食歲聲、廣雅釋器、饖、臭也、蒼頡篇、饖、食臭敗也、按、蘇俗所謂餿、凡傷熱則餿、疑與餲同字、

huò 奯　huì 濊　huò 濊　miè 滅　miè 搣　xuě 䨮　xiè 卨

曷 **奯** 空大也从大歲聲讀若詩施罛濊濊按王蘭泉先生藏宋本說文作濊濊

泰曷 **濊** 水多皃从水歲聲難蜀父老文湛恩汪濊漢書郊祀志澤汪濊輯萬國叚借爲薉廣雅釋詁三濊濁也漢書楊雄傳濊南巢之坎坷兮匈奴傳是時東漢拔濊貉朝鮮以爲郡修華嶽碑荒淫𪄻濊又爲濊毛詩碩人施罛濊濊古韻詩碩人叶活濊發揭孽揭

曷 **濊** 礙流也从水薉聲詩碩人施罛濊濊毛本以濊爲之

屑 **滅** 盡也从水威聲爾雅釋詁滅絕也小爾雅廣詁滅沒也禮記內則膏必滅之楚辭初放賢者滅息注消也晉語滅其前惡注除也呂覽愼勢以小畜大滅注亡也莊子應帝王已滅矣崔注不見也左文十五傳凡勝國曰滅之襄十三傳用大師焉曰滅公羊昭廿三傳君死于位曰滅生得曰獲靈臺碑興滅繼絕以威爲之叚借爲蔑檀弓滅字子蒲蔑滅雙聲又爲翦史記弟子傳魯澹臺滅明字子羽又疊韻連語莊子則陽治民焉勿滅裂注鹵莽滅裂輕脫末畧不盡其分司馬注滅裂斷其草也古韻詩雨無正叶滅戾勩正月叶結厲滅威老子法本叶裂發歇竭滅鏖轉音楚優孟歌叶罪滅

屑 **搣** 批也从手威聲廣雅釋詁三搣捽也凡鬍拔眉髮去其不整者謂之揃搣段氏玉裁云莊子外物眥搣可以休老益掔搣頰旁

之類道家修養之一法也按段以今按摩爲解本玉篇搣摩也而爲此說字亦作㨉其實挚搣字猶瀎泧抹摋摩挲皆疊韻連語

雪一名　相絕切

屑 **䨮** 凝雨說物者从雨彗聲按从雨从彗會意今字省作雪雨而可彗埽者雪也凡水下于雲爲寒氣結諸雨中者爲霰水未出雲而溼氣結諸雲中者爲雪故霰點如雨必在雪前洪範五行傳雪者陰之畜積甚也雪賦注引五經通訓寒凝爲雪左隱九傳平地尺爲大雪叚借爲㕞廣雅釋詁三雪除也呂覽不苟雪殷之恥觀表吳起雪泣淮南說山流言雪汙又家語子路初見篇黍者所以雪桃列子力命景公雪涕而顧晏子或曰皆借爲洒洒雪雙聲又重言形況字廣雅釋訓雪雪雨也按小雨也又託名幖識字孟子齊宣王見孟子于雪宮注離宮之名也聲訓釋名釋天雪綏也水下遇寒氣而凝綏綏然也古韻詩蜉蝣叶閱雪說楚辭湘君叶枻雪末絕登徒子好色賦叶雪貝蔡靈懷九歎十二原叶拔雪解決說

卨一名　私列切

屑 **卨** 卨蟲也从禸象形讀與偰同卨下本有古文禼今訂爲〓字之古文移置〓下卨字商元王以爲名與夏禹同所謂取于物爲假也史記司馬相如傳漢書古今人表皆作卨後又別製偰字以當之非古也

shé 斱　biē 𥿍　zhé 哲　shì 逝

折十二名凡折之派皆衍折聲　旨熱切

屑滑 **斱** 斷也从斤斷艸會意譚長說籀文从艸在仌中仌寒故折篆文从手从斤易豐折其右肱說卦兌爲毀折書呂刑折民惟刑詩將仲子無折我樹杞周禮瘍醫折瘍之祝藥儀禮特牲禮設折俎禮記少儀以牛左肩臂臑折九箇左哀元傳無折骨轉注廣雅釋詁一折曲也又下也西周策則周必折而入于韓注屈也禮記玉藻折還中矩注曲行也宜方孟子爲長者折枝注按摩折手節罷枝也淮南覽冥河九折注于海又楚辭惜誦令五帝以折中兮注猶分也又荀子修身良賈不爲折閱不市注損也又禮記祭法萬物死皆曰折書洪範凶短折傳未三十洪範五行傳注未婚曰折漢書五行志父喪子曰折又史記淮陰侯傳折北不救集解衂敗也叚借爲哲禮記祭法瘞埋于泰折注壇折封土謂祭處也折昭哲也管子內業折折乎如在於側注明皃亦重言形況字又爲窒家語賢君忠士折口注杜口也又爲碆廣雅釋器折簃也又託名幖識字禮記襍記而后折入釋文形如牀無足儀禮既夕折橫覆之注折猶庋也方鑿連木爲之蓋如牀而縮者三橫者五無簀窆事畢加之壙上以承抗席荀子禮論抗折其額注抗所以禦土折所以承抗此義

疑𥿍字之轉注其橫緪如編緒也又大荒東經東方曰折又左桓十一年盟于折注地闕古韻禮月令叶折決離騷叶蔽折呂覽士容叶大害越外賴世竭衛厲折素問六元正紀論叶達伐奪泄折轉音管子弟子職叶徹

屑 **𥿍** 編緒也一曰弩腰鉤帶从系折聲按條也

屑 **哲** 嚞 知也从口折聲古文从三吉字亦作喆爾雅釋言哲智也書皋謨知人則哲詩下武世有哲王又瞻卬哲夫成城哲婦傾城箋謂多謀慮也書伊訓敷求哲人釋文本作喆郭旻碑既明且喆又漢書五行志悊知也漢書敘傳或悊或謀谷永傳懿厥悊婦王莽傳熒惑司悊皆以悊爲之說文哲篆下或从心與心部悊重出按古借悊爲哲也今刪叚借爲歡荀子大畧多言無法而流喆然注當爲湎或曰當爲㛃皆非

霽 **逝** 往也从辵折聲讀若誓廣雅釋詁一逝行也詩東門之枌穀旦于逝論語君子可逝也又逝者如斯夫皇疏往去之辭也日月逝矣皇疏速也詩谷風無逝我梁傳之也十畝之間行與子逝兮箋逮也韓詩有杕之杜逝肯適我傳及也轉注謝宣遠詩逝者如可作注謂死也叚借爲誓按詩碩鼠逝將去女日月逝不古處桑柔逝不以濯皆要約之辭古韻詩抑叶舌逝車舝叶舝逝渴括二子乘舟叶

shì 誓　zhé 晢　chè 硩　zhì 狾　zhé 悊　zhè 浙　xiè 娎　shì 銴

逝害、十畝之閒、叶外泄逝、蟋蟀、叶逝邁外蹶、楚詞湘夫人、叶裔澨逝蓋、高唐賦、叶旆蓋逝會害逮滯、詩谷風、叶逝發閱、句中韻、

誓 以言約束也、从言、折聲、禮記曲禮、約信曰誓、書甘誓、予誓告汝、馬注、軍旅曰誓、周禮典命、誓于天子、注、猶命也、左文十八傳、作誓命、注、要信也、儀禮大射儀、司射西面誓之、注、猶告也、禮記玉藻、惟君有黼裘以誓省、疏、告勑也、易、矢得勿恤、論語、夫子矢之、以矢爲之、假借爲悊、爾雅釋言、誓、謹也、禮文王世子、曲藝皆誓之、注、謹也、聲訓、釋名釋言語、誓、制也、以拘制之也、

晢 昭明也、从日、折聲、與哲白字聲義皆別、字亦作晣、左形右聲、又作㫼、易大有、明辨晢也、儀禮士冠禮、晣明行事、大戴文王官人、喜怒之如度、晣日守也、高唐賦、晣兮若姣姬、揚袂、思元賦、雖司命其不晣、詩庭燎、晣晣、東門之楊、明星晢晢、亦重言形況字、假借託名幖識字、左僖十五傳、蛾晢、謂慶鄭、釋文、或作析、又爲哲之誤字、爾雅釋器、晢白也、史記弟子傳、曾點字晢、又爲哲、書洪範、鄭本明作晢、古韻、詩東門之楊、叶肺晢、庭燎、叶艾晣、

硩 上擿山巖空青珊瑚墮之、从石、折會意、折亦聲、周禮硩蔟氏、掌覆夭鳥之巢、吳都賦、硩陊山谷、劉注、言其如硩擿、

狾 狂犬也、从犬、折聲、字亦作猘、作狛、作瘈、作𤞞、廣雅釋詁四、狾、狂也、後漢馬融傳注、𤞞亦狂也、漢書五行志、宋國人逐狾狗、左襄

十七傳、哀十二傳、皆作瘈、以瘈爲之、轉注、北山經、單張之山有鳥焉、名曰白鵺、可以已瘌、注、癡病也、按人癡病、

悊 敬也、从心、折聲、爾雅釋言、悊、謹也、以誓爲之、按此字玉篇廣韻皆从析、非是、假借爲哲、書洪範疏、哲字王肅本及漢書五行志皆云悊、智也、鄭本作悊、按五行志集注引應劭、悊、明也、又爲折、漢書刑法志、悊民惟刑、書呂刑、馬注、悊、智也、非是、又重言形況字、廣雅釋訓、悊悊、憂也、詩采薇、憂心烈烈、作烈、亦同、

浙 江水東至會稽山陰爲浙江、从水、折聲、按即禹貢三江之南江也、但江故道今不可攷、世俗以錢唐江當之、非是、錢唐江古謂之漸江、疑字體轉寫承誤矣、字又作淛、

娎 娎婜、姣也、从女、折聲、廣雅釋詁一、娎、喜也、

銴 銅生五色也、从金、折聲、讀若誓、別義、說文、車樘結也、車樘者、在車兩旁穿憲使不得進卻者、此謂系縻于樘之結、按字从金、結字疑衍文、

叕十九名、凡叕之派、皆衍叕聲、陟劣切、

zhuó 叕　chuò 啜　zhuó 輟　duò 鵽　chuò 腏　zhuō 剟　zhuì 餟　zhuō 棳　zhuó 窡　zhuó 罬　chuò 歠

叕 綴聯也、象形、疑即綴字之古文、假借爲窡、淮南人閒、愚人之思叕、注、短也、

啜 嘗也、从口、叕聲、字亦作餟、作䶂、爾雅釋言、啜、茹也、廣雅釋詁二、啜、食也、一切經音義云、通俗文作䶂、今通謂細食物曰䶂、禮記檀弓、啜菽飲水、荀子富國作餟、孟子、徒餔啜也、轉注、說文、一曰喙也、假借發聲之詞、詩中谷有蓷、啜其泣矣、傳、泣皃、釋名釋言語、啜、惙也、心有所念、惙然發此聲也、聲訓、爾雅釋言注、啜者拾食、按以掇爲訓、又釋名釋飲食、啜、絕也、乍啜而絕于口也、

輟 車具也、从革、叕聲、

鵽 鵽鳩也、从鳥、叕聲、爾雅釋鳥、鵽鳩、寇雉、又寇雉泆泆、注、鵽大如鴿、似雌雉、鼠腳、無後指、岐尾、爲鳥憨急、群飛、出北方沙漠地也、肉美、俗名突厥雀、生蒿萊之閒、按此鳥色淺黃、余嘗于吳江食之、美、南都賦、歸鴈鳴鵽、亦以爲珍味也、又舊唐書謂之突厥雀、云、鳴鵽群飛入塞、突厥必入寇、按突厥之合音爲鵽、突厥雀之名不始于唐、唐以其名適符夷目、爾雅又以寇稱、故爲是言、

腏 挑取骨閒肉也、从肉、叕聲、讀若詩啜其泣矣之啜、

剟 刊也、从刀、叕聲、廣雅釋詁三、剟、削也、史記張耳陳餘傳、吏治榜笞數千、刺剟、注、亦刺也、漢書賈誼傳、盜者剟寢戶之簾、注、割取

之也、商子定分篇、有敢剟定法令、損益一字以上、罪死不赦、周書和寤、豪末不掇、將成斧柯、以掇爲之、淮南繆稱、匠人制剟材、無所不用矣、注、疏殺也、

餟 祭酹也、从食、叕聲、史記孝武紀、其下四方地爲餟食、封禪書字作醊、後漢何顒傳、以頭醊其墓、亦作醊、漢書郊祀志爲腏食、群神從者、以腏爲之、字林、餟、以酒沃地祭也、方言十二、餟、餽也、按以酒曰酹、以飯曰餟、

棳 棳木也、从木、叕聲、假借爲棁、爾雅釋宮、宋廇謂之梁、其上楹謂之棳、釋名、棳儒、梁上短柱也、棳儒猶侏儒、短、故以名之也、又託名幖識字、說文、益州有掇縣、按當爲毋掇縣、

窡 穴中見也、从穴、叕聲、

罬 捕鳥覆車也、从网、叕聲、或从車、按輟字車部重出、古書或借䍜爲罬耳、今則或體罬亦名罿、名罦、按網有兩轅、中施罥以捕鳥、展轉相解、

歠 飲也、从㱃省、叕聲、或从口、叀聲、孟子、放飯流歠、禮記檀弓、歠主人主婦室老、爲其病也、注、歠、歠粥也、假借單辭形況

chuò 惙　duó 掇　zhuó 娺　zhuì 畷　chuò 輟　zhuì 綴　zhuó ⿳穴叕口

字莊子則陽吹劍首者吷而已矣司馬注吷吷然如風過古韻孟子叶察㪚決

屑 **惙** 憂也从心叕聲一曰意不定也聲類惙短氣皃也方言十二惙中也中者忡之壞字詩草蟲憂心惙惙爾雅釋訓惙惙憂也淮南原道其爲悲不惙惙注傷性也亦重言形況字叚借爲輟莊子秋水匡人圍之數匝而弦歌不惙又爲掇易訟鄭本患至惙也鄭注憂也失之古韻草蟲叶蕨惙說

曷屑 **掇** 拾取也从手叕聲小爾雅廣詁拾也廣雅釋詁一取也易訟患至掇也詩芣苢薄言掇之莊子達生承蜩猶掇之也淮南要略覽取撟掇漢書董仲舒傳掇其切當世施朝廷者叚借爲剟史記張耳傳刺掇身無可擊者索隱掇亦刺也又爲窡莊子秋水掇而不跂注猶㧸也又爲輟魏都賦剞劂罔掇古韻詩芣苢叶掇捋易訟叶竄掇

黠 **娺** 疾悍也从女叕聲讀若唾掇唾者啜之誤字廣雅釋詁二娺怒也別義廣韻婠娺好皃

屑 **畷** 兩陌閒道也廣六尺从田叕聲言兩百夫之閒有洫洫上有涂謂之畷廣六尺故涂容一軌兩千夫之閒有澮澮上有道則謂之阡也阡陌字說文只作千百禮記郊特牲饗農及郵表畷樂記注爲下國畷郵聲訓郊特牲疏畷謂井畔相連畷於此田畔相畷之所

說文通訓定聲　泰部弟十三　卌九

掇以綴爲訓周禮大宗伯疏畷止也按以輟爲訓

屑 **輟** 車小缺復合者从車叕聲轉注爾雅釋詁輟已也穀梁文七傳輟戰而奔秦論語耰而不輟秦策齊王有輟志禮記曲禮輟朝而顧注猶止也莊子在宥拊髀雀躍不輟李注止也叚借爲罬說文罬篆下或从車今刪古韻老子修觀叶拔脫輟

霽屑 **綴** 合箸也从糸从叕會意叕亦聲疑實叕之或體廣雅釋詁四綴連也書立政綴衣傳掌衣服顧命出綴衣于庭傳幄帳詩長發爲下國綴旒箋猶結也儀禮士喪禮綴足用燕几注拘也禮記檀弓殷人綴重焉注猶聯也大戴盛德赤綴戶也注飾也楚詞招魂網戶朱綴注緣也羽獵賦熊耳爲綴漢書注所以縣旌也秦策綴甲厲兵轉注禮記大傳綴之以食釋文連合也漢書高帝紀綴之以祀注言不絶也楚辭遠逝綴鬼谷于北辰注繫也書顧命綴路在阼階面西京賦綴以二華又禮記樂記綴兆舒疾注謂酇舞者之位也疏舞者行列相連綴也其舞行綴遠疏謂酇也史記樂書皆作級形義俱近叚借爲輟禮記樂記禮者所以綴淫也荀子成相春申道綴基畢輸注止也又爲蕝詩長發傳樂記行其綴兆注皆訓表又重言形況字荀子非十二子綴綴然注不乖離之皃

黠 **⿳穴叕口** 口滿食也从口窡聲按猶窒也

zhuó ⿳穴叕女　jué 絶　jué 蕝　zhuō 蠿　jié 劊　jì 薊

黠 **⿳穴叕女** 短面也从女窡聲字亦作⿰短叕方言十三⿰短叕短也

絶三名凡絶之派皆衍絶聲 情雪切

屑 **絶** 斷絲也从糸从刀从卩會意古文𢇍象不連體絶二絲按丨者指事莊子至樂得水則爲𢇍廣雅釋詁一絶斷也三落也四滅也史記始皇紀舉鼎絶臏離騷雖萎絶其亦何傷兮周禮大祝七曰絶祭司農注不循其本直絶肺以祭也又論語子絶四皇疏無也呂覽季春振乏絶注居而無食曰絶淮南本經江河山川絶而不流注竭也鮑照詩絶目盡平原注猶盡也呂覽權勳嗜酒甘而不能絶于口注止也秦策必絶其謀注斷也長楊賦殊鄰絶黨之域注遠也素問奇病論胞之絡脈絶也注謂脈斷絶而不通後漢梁冀傳絶席注別也尊顯之也又左哀十五傳絶世于良注猶言棄也漢書楊雄傳贊誅絶之罪注謂無允嗣也轉注廣雅釋詁二絶渡也穆天子傳乃絶漳水注猶截也海內東經濟水絶鉅鹿注猶截渡也呂覽異寶丈人渡之絶江注過也按禹貢謂之亂又史記天官書後六星絶漢正義直度曰絶李將軍傳南絶幕正義度也漢書成帝紀不敢絶馳道注橫度也張良傳橫絶四海注謂飛而直度也又後漢吳良傳注絶猶極也又蔡邕題曹娥碑絶妙好辭以色絲隱絶字此遊戲之筆絶旁非色辭章非辤不可爲典要也聲訓釋名釋言語絶截

說文通訓定聲　泰部弟十三　五十

也如割截也截絶雙聲古韻詩皇矣叶伐絶禮月令叶泄出達內惠絶楚詞湘君叶枻雪末絶笛賦叶㦤絶轉音文子尚德叶物絶大戴武王踐祚叶古絶

霽屑 **蕝** 朝會束茅表位曰蕝从艸絶聲字亦作蕞晉語置茅蕝表坐漢書叔孫通傳爲緜蕞野外字亦以纂爲之纂絶雙聲別義晉語注謂束茅而立之所以縮酒

黠 **蠿** 蠿蟊作网蠿蟊也从𧉮𢇍聲𢇍古絶字亦名鼅鼄

劊三名凡劊之派皆衍劊聲 古辥切

屑 **劊** 楚人謂治魚也从刀从魚會意讀若鍥廣雅釋詁二劊割也

霽 **薊** 芺也从艸劊聲其實曰莕字亦誤作薊爾雅鉤芺注大如拇指中空莖頭有臺似薊初生可食又芺薊其實莕注芺與薊莖頭皆有蓊臺名莕莕即其實也又术山薊注术似薊而生山中又楊枹薊注似薊而肥大今呼之馬薊又赤枹薊注即上枹薊據郭注則白术蒼术與苦芺皆似薊而非薊然則薊何物也竊疑許說爲是芺即薊耳爾雅鉤芺下疑脫薊字叚借爲鄴禮記樂記封黃帝之後于薊

jié 趨　jié 孑　jué 孓　niè 岊　xuē 辥　xuē 薛　jiá ⿰鳥辥　xiè ⿱辥刀　niè 糱

水經㶟水注薊縣今城內西北隅有薊邱因邱以名邑也

屑 趨 [篆] 走也从走薊聲讀若髽結之結按讀若髮也

孑二名凡孑之派皆衍孑聲 居列切

月 屑 孑 [篆] 無右臂也从了象形按从子缺右指事廣雅釋詁二孑短也爾注詩雲漢靡有孑遺箋孑然遺失也漢書高惠高后文功臣表靡有孑遺耗矣注孑然獨立皃周語胡有孑然其效戎翟也注孑然全體之皃亦單詞形況字方言二孑餘也又廣雅釋器孑戟也左傳授師孑焉以伐隨字亦作釪方言九戟楚謂之孑凡戟而無刃秦晉之間謂之釪又釋名釋兵狹而短者曰孑盾車上所持者也孑小稱也[段借]爲傑方言二孑俊也又雙聲連語魯靈光殿賦白鹿孑蜺于欂櫨注延首之皃又重言形況字詩干旄孑孑干旄傳干旄之皃又疊韻連語廣雅釋蟲孑孓蜎也井中赤蟲亦謂之蛣蟩淮南書孑孓爲蟁

月 孓 [篆] 無左臂也从了象形按从子缺左指事廣雅釋詁二孓短也 山海經吳回奇左盍卽奇肱國又顓頊之子三面一臂

岊九名凡岊之派皆衍岊聲 魚列切

說文通訓定聲　泰部第十三　[illegible]

屑 岊 [篆] 危高也从𠂤屮聲讀若臬 按屮象高形與豈同意

屑 辥 [篆] 辠也从辛岊聲

屑 薛 [篆] 薛艸也从艸辥聲字亦作薛史記司馬相如傳薛莎青薠集解賴蒿也子虛賦高燥生薛按藾蕭一名苹[段借]託名幖識字鄭語滕薛鄒莒注妊姓詩閟宮箋在薛之旁作薛隱十一傳疏譜云薛任姓黃帝之後奚仲所封奚仲遷于邳仲虺居薛爲湯左相周武王復以其胄爲薛侯按孟子齊人將築薛薛爲齊田嬰食邑則其國當是田齊所滅地在今山東兗州府滕縣南四十里後有薛姓以國爲氏

屑 ⿰鳥辥 [篆] 鵊⿰鳥辥也从鳥辥聲按鵊⿰鳥辥疊韻連語南都賦作[illegible]雙聲連語亦同

屑 ⿱辥刀 [篆] 斷也从刀辥聲

屑 糱 [篆] 牙米也从米辥聲凡黍稷稻[illegible]出于穰者不芽未出于穰者漬覆之則芽麥豆穰漬本不去之故能芽[轉注]禮記月令麴糱必時楚辭大招吳醴白糱注米麴也按此糱不必芽以凡穀漬之則芽故漬米亦謂之糱耳又漢書李廣傳隨而媒糱其短注麴也

niè 嶭　niè 蠥　niè 孼　niè 隉　niè 臬

[聲訓]釋名釋飲食糱缺也漬麥覆之使生芽開缺也

曷 嶭 [篆] 巀嶭山也从山辥聲在今陝西西安府涇陽縣北謂之嵯峨山 按巀嶭雙聲連語嵯峨疊韻連語漢書楊雄傳掭巀嶭而爲弋

屑 蠥 [篆] 禽獸蟲蝗之怪謂之蠥从虫辥聲衣服歌謠草木之怪謂之祅六畜謂之𥘺人謂之痾異物生謂之眚自外來謂之祥气相傷謂之沴詩十月之交下民之孼禮記中庸必有妖孼左昭十傳蘊利生孼書僞太甲天作孼楚辭天問卒然離孼注憂也白虎通災變孼者何謂也曰介蟲生爲非常凡皆以孼爲之[轉注]漢書息夫躬傳孼杳冥兮未開如淳注虹蜺覆日月光明謂之孼師古注邪氣也亦以孼爲之[聲訓]釋名釋天蠥藥也遇之如物見髡藥也漢書五行志蟲豸之類謂之孼孼則牙孼矣按以藥爲訓[古韻]楚詞天問叶蠥達

屑 孼 [篆] 庶子也从子辥聲字亦作孽孟子獨孤臣孽子書大傳孽伐其宗注支子也公羊襄廿七傳臣僕庶孽之事注庶孽眾賤子猶樹之有孽生禮玉藻公子曰臣孽注當爲枿詩白華序以孽代宗疏孽者蘖也樹木斬而復生謂之蘖漢書賈誼傳庶人孽按注庶賤者按庶子旁出之義本當爲櫱之轉注从子者恐係後出字[段借]爲蠥漢書司馬遷傳隨而媒孽其短臣瓚曰孽謂爲生其罪釁也又爲蠥董仲舒傳而妖孽生矣注災也荀子大畧國之蘖孽也議兵莫不毒孽又賈子道術子愛利親謂之孝反孝爲孽楚辭天問革孽夏民注憂也呂覽遇合賢聖之後反以孽民注病也又重言形況字詩碩人庶姜孽孽傳盛飾也爾雅釋訓孽孽戴也韓詩作钀钀亦同[古韻]詩碩人叶活濊發揭孽朅

說文通訓定聲　泰部第十三　[illegible]

隉一名 五薛切

屑 隉 [篆] 危也从𨸏从毀省會意徐巡以爲隉凶也班固說隉不安也讀若虹蜺之蜺書秦誓邦之阢隉易作臲卼亦作倪仉作槷䡆亦以刖爲之[段借]爲臬 賈侍中說隉法度也

臬六名凡臬之派皆衍臬聲 五薛切

屑 臬 [篆] 射準的也東京賦注引說文埻的从木从自會意按从自者鼻于面居中特出之形凡臬似之爾雅釋宮杙在地者謂之臬郭以爲門橜是與下椳謂之閾重出其說非也小爾雅廣器正中者謂之槷槷方六寸以槷爲之上林賦弦矢分藝殪仆以埶爲之[轉注]考工匠人置槷以縣謂于平地之中央樹八尺之臬以規識日景亦以槷爲之又小爾雅廣詁臬法也廣言臬極也廣雅釋詁一臬灋也書康誥汝陳時臬多方爾罔不克臬左昭十六傳而共無藝文六傳陳之藝極以埶爲之

yì 劓　niè 臲　yì 寱　niè 闑　qì 甈　jié 桀　jié 傑

霽眞 **劓** 𠜂 劓 刑鼻也。从刀，臬聲。或从刀，鼻會意。易睽其人天且劓。廣雅釋詁一：劓，斷也。四：截也。易困劓刖，書呂刑爰始淫爲劓刵椓黥，周禮司刑劓罪五百，左昭十三傳後者劓。白虎通：劓者法木之穿土，謂本克土去其皮革也。【叚借】爲刈。按書盤庚我乃劓殄滅之，左哀十一傳則劓殄無遺育。又疊韻連語，易困劓刖，荀作臲鼿，鄭注當爲倪伔，說文引作槷魁。【古韻】易睽叶曳、劓。

屑 **臲** 𡴫 槷魁，不安也。从出，臬聲。字亦作𨺅。易曰：槷魁。今困卦作劓刖，荀本作臲鼿，書秦誓作杌隉。按皆疊韻連語。廣雅釋訓：臲臲，危也。

霽 **寱** 𡪗 瞑言也。从㝱省，臬聲。字亦作囈。通俗文：夢語謂之寱。聲類：眠內不覺妄言也。【轉注】廣雅釋詁一：寱，驚也。三蒼：寱，謊言也。

屑 **闑** 𨶬 門梱也。从門，臬會意，臬亦聲。爾雅：樴謂之闑。注：門閫。廣雅釋室：闑，朱也。按古者門有二闑，二闑之中曰中門，二闑之旁皆曰棖。必設此者，所以爲尊卑出入之節也。門闑豎木爲之，故謂之橜，若門限橫木爲之，則謂之閾。許於梱下訓門橜，於闑下訓門梱，原不誤。自後世以梱爲閾，而許氏說文、爾雅郭注、張氏廣雅皆不可通矣。儀禮士冠禮布席于門中闑西閾外，士喪禮席于闑西閾外，特牲禮席于門中闑西閾外。禮記曲禮大夫士出入君門由闑右，不踐閾。玉藻君入門介拂闑，大夫中棖與闑之閒，士介拂棖，賓入不中門，不履閾，公事自闑西，私事自闑東。蓋中門惟君行之。漢書五行志明離闑內，王尊傳闑內不理，馮唐傳闑以內寡人制之，史記作閫，以內同訓也。又儀禮古文皆以槷爲之。

霽屑 **甈** 𤬪 𤮊 康瓠也，破罌。从瓦，臬聲。或从埶聲。按康瓠猶言空壺也。廣雅釋詁二：甈，裂也。釋器：甈，甂也。周禮牧人故書凡外祭甈事。法言先知：剛則甈，柔則坏。注：燥也。

桀二名，凡桀之派皆衍桀聲。渠列切

屑 **桀** 𣏟 磔也。从舛在木上，會意。按此字當訓雞棲弋也，舛象雞足。字亦作榤。字林：榤，杙也。詩君子于役：雞棲于桀。爾雅：雞棲于弋爲榤。【轉注】淮南墬形：足桀兩龍。或曰桀之譌字。【叚借】爲趨。韓詩碩人：庶士有桀。傳：健也。又爲傑。詩伯兮：邦之桀兮。傳：特立也。史記屈賈傳：誹俊疑桀。又爲竭。左成二傳：桀石以投人。注：擔也。又爲揭。廣雅釋詁二：桀，去也。又重言形況字。詩甫田：維莠桀桀。傳：猶驕驕也。又託名幖識字。呂覽功名：桀紂貴爲天子。注：殘義損善曰桀。獨斷：殘人多壘曰桀。又管子地員：凫土之次曰五桀，五桀之狀甚鹹以苦。又單詞形況字。呂覽下賢：桀乎其必不渝移也。注：特也。【古韻】詩伯兮叶朅、桀、殳，君子于役叶月、佸、桀、括、渴，長發叶旆、鉞、烈、櫱、達、截、伐、桀。【轉音】詩甫田叶桀、怛。

屑 **傑** 𠈉 傲也。从人，桀聲。按謂埶也，埶者健也。鍇本埶也，材過萬人也。白虎通聖人引辨名記：五人曰茂，十人曰選，百人曰俊，千人曰英，倍英曰賢，萬人曰傑，萬傑曰聖。禮記月令：命太尉贊傑俊。孟子：俊傑在位。漢書高帝紀：三者皆人傑。齊策：小國英傑之士。注：才勝萬人曰英，千人曰傑。春秋繁露爵國：百人者曰傑。荀子儒效：英傑化之。注：倍萬人曰傑。呂覽功名：則豪桀歸之。注：才過百人曰豪，千人曰桀。孟秋：簡練桀俊。注：材過萬人曰桀，千人曰俊。以桀爲之。【轉注】詩載芟：有厭其傑。傳：言傑苗厭然特美也。箋：先長者。爾雅釋邛注：魁梧傑大。【古韻】詩載芟叶活、達、桀、傑。三略下叶傑、竭。

è 𡗜　è 歺　liè 𡿪　liè 列　liè 茢

曷 **𡗜** 𡗜 語相訶歫也。从口歫辛，會意，辛，惡聲也。讀若櫱。按怙過歫諫之意，辛者惡也。字亦作咢，誤作咾，作听。廣雅釋詁四：听，聲也。文賦：務嘈囋而妖冶。亦作囋，作讞。

𡗜一名。五葛切

歺十五名，凡歺之派皆衍歺聲。五割切

曷 **歺** 𣦵 𣦶 骨之殘也。从半冎，指事。古文从尸，上象骨形。讀若櫱岸之櫱。【叚借】爲蘗。廣雅釋詁一：歺，極也。

屑 **𡿪** 𡿪 水流𡿪𡿪也。从川，歺省聲。疑即洌字之古文。

屑 **列** 𠛱 分解也。从刀，𡿪聲。義與別略同。管子五輔：大袂列。注：決之也。荀子哀公：兩驂列，兩服入廄。字亦作𠜾。射雉賦：前𠜾重膺。箠賦：𠜾生榦。注：割也。大戴曾子天圓注：列，疈辜也。思元賦：列缺曄其照夜。注：電也。亦疊韻連語。【轉注】小爾雅廣詁：列，次也。廣言：陳也。廣雅釋詁三：列，布也。又治也。禮記服問：上附下附列也。注：等比也。喪大記：火三列。疏：行也。長楊賦：掉八列之舞。注：八佾也。太元元攡：列敵度宜之謂義。注：序也。禮記禮運：故事可列也。注：與作有次第。又左僖十五傳：大而未定列。昭十三傳：輕重以列。注：位也。周語：翟無列于王室。注：位次也。說苑臣術：列士者所以參大夫也。後漢光武紀注：列侯即徹侯也。又禮記玉藻：非列采不入公門。注：列采，正服也。又呂覽孝行：列文章。注：別也。又周禮稻人：以列舍水。注：田之畦埒也。又漢書食貨志：小者坐列販賣。注：若今市中賣物行也。又荀子天論：列星隨旋。注：星有列位者，二十八宿也。【叚借】爲迾。周禮師氏：朝在野外則守內列。注：蕃營之在內者也。禮記玉藻：山澤列而不賦。注：列之言遮列也。又託名幖識字。海內北經：列姑射在海河洲中。注：莊子所謂藐姑射之山也。又列陽屬燕。注：水名也，今在帶方，帶方有列口縣。【古韻】禮記禮運叶列、藝。宋玉風賦叶絕、蜺、列、悅。

屑 **茢** 𦯬 芀也。从艸，列聲。葦花已退其穎，可爲帚。周禮戎右：贊牛耳桃茢。注：茢，苕帚，所以埽不祥。禮記檀弓：以巫祝桃茢執戈。注：萑苕。玉藻

liè 迾　là 䶛　liè 栵　liè ⿱列禾　lì 例　liè 裂　liè ⿱列馬　liè 烈

有蜚桃茢注茢帚也左襄廿九傳以桃茢先注黍穰別義爾雅茢劬茢注一名石芸本草云又茢蘵豕首按卽天名精也許君茢字上屬與郭讀異按茢字本訓當爲石芸桃茢之茢當作梨古以黍穰爲帚後用萑苕亦卽梨之轉注非別製茢字也借茢爲梨耳說文似誤

屑 **迾** 遮也从辵列聲與迣畧同西京賦迾卒清候周禮山虞物爲之厲以厲爲之

昌 **䶛** 齒分骨聲从齒列會意列亦聲讀若剌與䶛畧同

屑齊 **栵** 栭也从木列聲爾雅釋木栵栭注樹似槲樕而庳小子如細栗可食今江東亦呼爲栭栗廣韻栭楚呼爲茅栗也詩皇矣其灌其栵古韻詩皇矣叶翳栵

屑齊 **⿱列禾** 黍穰也从禾列聲按經傳桃茢字以茢爲之黍莖古以爲帚後亦用藡穗爲之苕帚稱梨所謂轉注也許君以茢从艸訓爲芀似失之

齊 **例** 比也从人列聲按禮記服問上附下附列也分別比例之義古只作列此字後出假借爲迾周禮司隸厲禁注厲遮例也謂借厲爲迾

說文通訓定聲　泰部第十三　壹

屑 **裂** 繒餘也从衣列會意列亦聲字亦作裂廣雅釋詁二裂裁也三裂餘也詩都人士垂帶而厲以厲爲之左隱二紀裂繻公穀以履爲之叚借爲列廣雅釋詁一裂分也禮內則衣裳綻裂方言三南楚凡人貧衣被醜敝或謂之褸裂注衣壞皃又莊子天下道術將爲天下裂注分離也淮南覽冥九州裂又列子仲尼能裂犀兕之革釋文或作分又後漢竇憲傳裂眦注瞋目皃字又作裂管子大匡注裂謂擊斷之也叚借爲歇楚辭逢紛精越裂而衰耄按猶言泄也注訓分失之古韻老子法本叶裂發歇竭滅蹷

屑齊屑 **⿱列馬** 次弟馳也从馬列聲廣雅釋室⿱列馬犇也

屑 **烈** 火猛也从火列聲爾雅釋詁烈光也方言十三烈暴也廣雅釋詁二烈熱也詩生民載燔載烈傳貫之加于火曰烈孟子益烈山澤而焚之注熾也轉注上林賦吐芳揚烈注酷烈漢書刑法志其使民也酷烈淮南齊俗若事嚴主烈君又爾雅釋詁烈業也詩武無競維烈周書謚法有功安民曰烈秉德遵業曰烈淮南要略此鴻烈之泰族也注功也詩賓之初筵烝衎烈祖箋美也孟子武王烈注光也晉語君有烈名注明也左哀二傳烈祖康叔注顯也又周語觀武無烈注威也叚借爲列詩大叔于田火烈具舉按行也卽禮喪大記之火三列又爲裂爾雅釋詁烈餘也詩雲漢序宣王承厲王之烈又爲颲虞書烈風雷雨又爲例後漢馮衍傳注烈慘也詩七月二之日栗烈亦疊韻連語又重言形況字爾雅釋訓烈烈威也詩長發相土烈烈黍苗烈烈征師又廣雅釋訓烈烈憂也詩采薇憂心烈烈又蓼莪南山烈烈傳烈烈然至難也四月冬日烈烈箋猶栗栗也字亦誤作烈集韻引廣雅烈烈憂也古韻詩七月叶發烈褐歲采薇叶烈渴蓼莪叶烈發害生民叶軷烈歲長發叶撥達越發烈截又叶旆鉞烈曷達截伐桀管子四稱叶烈伐竭

liè 冽　liè 蛚　liè 颲　liè 劣　lǜ 寽　luō 捋　liè ⿰牛寽　liè 脟　liè ⿰木寽　liè 蛶　liè 埒

屑 **冽** 水清也从水列聲易井冽寒泉食注潔也東京賦元泉冽清注澄皃

屑 **蛚** 蜻蛚也从虫列聲爾雅蟋蟀蛬注亦名青蛚方言蜻蛚楚謂之蟋蟀許書字敘不與蟋相次未審許意然否也考工梓人以注鳴者注精列屬

屑 **颲** 烈風也从風列聲讀若列風俗通猛風曰颲按義當爲烈之轉注此字後出

劣一名 力輟切

屑 **劣** 弱也从力少會意廣雅釋詁二劣減也三少也釋言鄙也

寽九名凡寽之派皆衍寽聲 郎括切

說文通訓定聲　泰部第十三　叁

貨 **寽** 五指持也从受一聲讀若律按从一者指事疑卽捋之古文

昌 **捋** 取易也从手寽聲按寽亦意鍇本一曰劣也未詳詩芣苢薄言捋之傳取也桑柔捋采其劉古韻詩芣苢叶掇捋

屑 **⿰牛寽** 牛白脊也从牛寽聲

屑 **脟** 脅肉也从肉寽聲其骨曰肋叚借爲寽子虛賦脟割輪焠又爲脺說文一曰腸閒肥也一曰膫又借爲輪聲之轉也九歎龍卬脟圈按猶輪囷疊韻連語

屑 **⿰木寽** ⿰木寽木也从木寽聲

昌屑 **蛶** 商何也从虫寽聲爾雅釋蟲蛶螪何注未詳字林作蟷何音謫河未知孰是集韻以爲蚚易類也

屑 **埒** 卑垣也从土寽聲字亦作脟作埒廣雅釋室埒隄也釋邱埒厓也釋地埒厓也爾雅釋山山上有水埒注有停泉釋邱水潦所還埒邱注邱邊有界埒水繞環之按埒有人爲之者有地自然者皆曰埒列子湯問分爲四埒注山上水流叚借爲例史記平準書富埒天子集解等也佞倖傳埒如韓嫣也集解疇等之名又爲列列子天瑞易无形埒淮南本經含氣化物以成埒類注形也繆稱道之有篇

lüè 鋝　lèi 酹　bì 弼　bié 刪(別)

章形埒者注形埒兆朕也按分形類列之意聲訓釋名釋山山上有水曰埒埒脫也脫而下流也古韻呂覽辨土叶奪捋㩧拔

屑 **鋝** 鋝 十銖二十五分之十三也从金寽聲周禮曰重三鋝北方以二十兩爲鋝小爾雅衡倍舉曰鋝鋝謂之鍰按謂六兩也考工冶氏重三鋝注鍰也今東萊戒以大半兩爲鈞十鈞爲鍰鍰重六兩大半兩弓人膠三埒注鍰也書呂刑其罰百鍰馬注鍰六鋝也鋝重十一銖二十五分銖之十三也賈逵說俗儒以鋝重六兩按諸說乖異戴氏震曰鋝與鍰不同鋝者一萬六千黍之重鍰者一千一百五十二黍之重考工弓人之鋝當爲鍰呂刑之鍰當爲鋝篆體相近而誤其說是也鍰重十一銖又五十二黍鋝重六兩又十六銖當從戴說訂正按史記周本紀其罰百率以率爲之

泰隊 **酹** 酹 餟祭也从酉寽聲按以食曰餟以酒曰酹漢書外戚傳飲酒酹地注以酒沃地也

弜一名 芳滅切

質 **弼** 弼弻𢐀 輔也重也从弜西聲或从弓从二西古文从弜从攴又古文从弓从弗按當訓弓輔也从重弓从西會意詩小戎交韔二弓西者竹上皮也凡弛弓則縛于裏以備損傷用竹若木爲之亦曰檠曰㯳曰閉曰柲轉注爾雅釋詁弼俌也書益稷弼成五服越語憎輔遠弼注矯過爲弼大戴保傅絜廉而切直匡過而諫邪者謂之弼書大傳左曰輔右曰弼字亦多以佛以拂爲之叚借爲弗漢書五行志君臣故弼茲謂悖注猶相戾也又爲㔗爲拂廣雅釋詁三弼擊也又爲𢏍按爾雅釋詁弼重也方言十二弼高也廣雅釋詁一弼上也聲訓大戴保傅弼者拂天子之過者也

別一名 皮列切

屑屑 **別** 𠚯 分解也从冎从刀會意與列略同廣雅釋詁一別分也轉注周禮小宰聽稱責以傅別注傅別謂爲大手書于一札中字分之司農注別別爲兩兩家各得一也管子問有別券者幾何家注謂分契也字亦變作莂釋名釋書契莂別也大書中央中破別之也又爾雅釋山小山別大山鮮孫注不相連也轉注楚詞離騷余既不難夫離別兮注遠曰別按猶背也又荀子王制孕別之時注謂生育與母分別也又禮記樂記序故羣物皆別注謂形體異也鄉飲酒義貴賤之義別矣注猶明也穀梁襄六傳由別之而不別也注猶識也周書成開七荒樂無別注無別亂同也列子楊朱我又欲與若別之注猶辨也荀子宥坐三月不別注猶決也又漢書楊雄傳不知伯僑周何別也注謂分系緒也又方言三別治也按分辨則不淆亂古韻管子弟子職叶蹩別

fā 發　bō 蹳　bá 癹　bō 址　tà 少

少一名 當割切

曷 **少** 𣥂 蹈也从反止指事讀若撻按字亦作𨀛一切經音義十五引字書及地曰蹟

𣥠十名凡𣥠之派皆衍𣥠聲 北末切

曷 **𣥠** 𣥠 足刺𣥠也从止少會意讀若撥止少相背曰𣥠止少相連曰步

曷 **癹** 癹 以足蹋夷艸也从𣥠从殳按从𣥠省會意𣥠亦聲春秋傳曰癹夷蘊崇之今本作芟上林賦崔錯癹骫注蟠戾也答賓戲夷險發荒以發爲之

曷 **蹳** 說文小徐本有此从足發聲按即發之或體姑附于此漢書夏侯嬰傳常蹳兩兒弃之集注蹳音足跋物之跋

月 **發** 𤼽 射發也从弓𤼲聲字亦作𤼽詩騶虞壹發五豝賓之初筵發彼有的禮記射義循聲而發漢書匈奴傳矢四發服虔曰發十二矢也後漢南匈奴傳注發四矢曰𤼽轉注爾雅釋言愷悌發也舍人注行也廣雅釋詁二發去也詩東方之日履我發兮長發遂視既發又齊策王何不發將而擊之注遣也周髀算經日道發斂之所生也注猶往也方言七發舍車也又廣雅釋詁三發開也書武成發鉅橋之粟孟子將復爲發棠又禮記月令雷乃發聲注猶出也左昭元傳發爲五色注見也書微子我其發出狂鄭注起也詩生民實發實秀禮記中庸發強剛毅呂覽季春陽氣發泄注猶布散也儀禮聘禮記發氣怡焉注發氣舍息也素問六元正紀大論火鬱發之注謂汗之令其疏散也又廣雅釋詁四發明也詩載驅齊子發夕韓詩傳旦也小宛明發不寐又說苑辨物晨鳴曰發明又論語不悱不發亦足以發皇疏發明義理也列子力命不相謫發釋文謂攻其惡也又廣雅釋詁發舉也東京賦發鯨魚又史記樂書發揚蹈厲之已蚤正義初也又呂覽報更因發酒于宣孟注猶致也又論語廢中權鄭注發動皃以廢爲之叚借爲撥爲坺詩噫嘻駿發爾私傳伐也伐耜考工二伐爲耦之伐俗作垡又爲𤼲詩谷風無發我笱韓詩傳亂也考工弓人則弓不發按猶荀子之撥弓曲矢謂匡刺也又爲旆荀子議兵詩曰武王載發又爲祓禮記檀弓晉大夫發焉按祓猶𢪻也又爲廢莊子列禦寇曾不發藥乎又重言形況字詩蓼莪飄風發發傳疾皃碩人鱣鮪發發傳盛皃又託名幖識字周書王會發人鹿注東夷禮記檀弓衛公叔發亦名拔聲訓釋名釋言語發撥也撥使開也古韻詩碩人叶活濊發揭孽朅烝民叶舌外發東方之日叶月闥發匪風叶發偈怛七月叶發烈褐歲蓼莪叶烈發害長發叶撥達越發烈截谷風叶逝發閱句中韻考工弓人叶發𦟝老子法本叶裂發歇竭滅蹷易坤叶發大害素問寶命全形論叶泄敗發噦轉音高唐賦叶發忽

fèi 觼　fá 橃　fèi 癈　fèi 廢　bō 撥　pō 鏺

也實、几、

隊　**觼** 觼　雉射收繳具也。从角，發聲。其具以角爲之。

月　**橃** 橃　海中大船也。从木，發聲。別義，廣韻橃筏也。本韻集筏作橃，說文無筏，筏俗字。

隊　**癈** 癈　固病也。从疒，發聲。瘖、跛、躄、侏儒之類。

隊　**廢** 廢　屋頓也。从广，發聲。按傾圮無用之意。轉注淮南覽冥四極廢注，頓也。禮記學記教之所由廢也注，弛也。少儀廢則少而更張之注，政教壞亂無可因也。左定三傳廢于爐炭注，墮也。又爾雅釋詁廢舍也，又止也。周禮大宰廢置以馭其吏注，猶退也。廢以馭其罪注，猶放也。禮記中庸半塗而廢注，猶罷止也。曾子問廢喪踰，猶除也。莊子讓王左手攫之則右手廢，李注，棄也。楚詞廢周邵於遐夷注，不用曰廢。史記淮陰侯傳千人皆廢，索隱伏也。又詩楚茨廢撤不遲箋，去也。又禮器天子諸侯之尊廢禁，儀禮士虞禮主人洗廢爵注，爵無足曰廢爵。士喪禮廢敦注，敦無足者所以承米也。又小爾雅廣言廢，置也。公羊宣八傳廢其無聲者注，置也。置者不去也。齊人語。莊子徐无鬼廢一于堂，列子黃帝曾不廢藥乎。史記弟子傳子貢好廢舉，集解廢舉謂停貯也。史記平準書廢居居邑，集解廢居貯蓄之名也。假借爲癈。周禮小司徒以辨其貴賤老幼廢疾注，謂癃病也。淮南覽冥走獸廢腳注，跛躄也。又爲發。論語廢中權，鄭注發動皃。又爲[illegible]，爾雅釋詁廢大也。列子楊朱廢虐之主注，大也。周書官人華廢而誣。又爲怢。詩四月廢爲殘賊，傳忕也。又單辭形況字。考工梓人故書則于眡必廢爾而怒，司農注讀爲撥。按發撥亦同。古韻管子版法叶殺廢外；易繫詞叶大廢；靈樞制節眞邪叶大害界外廢；文子道原叶墆廢；呂覽孝行叶殺廢闕；管子內業叶未廢。竭轉音文子微明叶敗廢患。

曷　**撥** 撥　治也。从手，發聲。詩長發元王桓撥，公羊哀十四傳撥亂世，淮南齊俗撥斷撥𢫬注，析理也。假借爲拂。禮記曲禮衣毋撥注，發揚皃。又爲廢。楚詞惜賢撥諂諛而匡邪兮，一切經音義引廣雅撥棄也。又爲拔。撥詩蕩本實先撥箋，猶絕也，列女傳作敗。又爲𠜍。廣雅釋詁四撥絕也。又爲癹。廣雅釋詁三撥除也。又爲𣦼。荀子正論不能以撥弓曲矢中，淮南脩務琴或撥刺枉橈注，撥刺不正。又爲𦆄。禮記檀弓哀公欲設撥注，可撥引輴車所謂紼。又單辭形況字。考工梓人撥爾而怒，故書作廢，亦同。聲訓釋名釋言語撥播也，播使移散也。撥播雙聲。古韻詩蕩叶揭害撥世，長發叶撥達越發烈截，禮曲禮叶撥蹶說。

曷　**鏺** 鏺　兩刃木柄可以刈艸。从金，發聲。讀若撥。廣雅釋器鏺鎌也。聲訓釋名釋用器鏺殺也，言殺草也。

說文通訓定聲　泰部弟十三　兲

bā 八　bié 𠔁　bā 𩡧　bīn 汃　pò 𣎳　bèi 犻　bó 迹　fèi 肺

八廿四名凡八之派皆衍八聲 博拔切

黠　**八** 八　別也。象分別相背之形。按特製以紀數，管子五行地理以八制。注，八少陰之數。白虎通嫁娶陰數八，大戴本命八者維綱也。按謂八方，四正四隅。又按左襄九年遇艮之八，史曰是謂艮之隨，言六二爻也。餘五爻皆變。凡易用六不用八，八少陰不變也。又初學記引書大傳八眉者如八字。又後漢崔實傳八世注，謂三王五帝也。

屑　**𠔁** 𠔁　分也。从重八，會意。八，別也，八亦聲。孝經說曰故上下有𠔁。經傳皆以別爲之。兆字从此，中有丨，猶卜字古文之丨也。段氏以𠔁爲兆字，大誤。且云許引孝經緯說字形，亦非。篆文作左右八，不如今隸作上下八也。

黠　**𩡧** 𩡧　馬八歲也。从馬，从八，八亦聲。

黠　**汃** 汃　西極之水也。从水，八聲。爾雅釋地西至於汃國謂西極。今本作邠。上林賦注作豳。別義，埤蒼汃大聲也。南都賦砏汃輣軋，字亦作湃。上林賦洶涌澎湃，司馬彪注，波相戾也。按雙聲連語。

曷　**𣎳** 𣎳　艸木盛𣎳𣎳然也。象形。八聲。讀若輩。或曰从屮从八，枝葉分布也。八亦聲。疑即孛字之古文，字亦變作浡。孟子則苗浡然興之矣。爾雅釋詁浡作也。廣雅釋詁二浡盛也。轉注淮南原道原流泉浡注，湧也。漢書揚雄傳浡滃海賦天綱浡潏注，沸湧皃，亦疊韻連語。

泰　**犻** 犻　二歲牛也。从牛，𣎳聲。按爾雅釋畜體長犻，許義未詳何本。

曷　**迹** 迹　前頓也。从辵，𣎳聲。賈侍中說一讀若拾，又若郅。按此字今本說文誤从𣎳，與行皃之迹同形，而唐韻北末切不誤，今訂正系於此。字亦作𨁙，作跡。論語顛沛必於是，越迹字以顛沛爲之。段氏經韻樓說文注據廣韻改从業聲，先頰切。按玉篇䢙前頓也，口點竹季二切，字果从業，則不應切口點竹季，而廣韻迎䢙走也，與前頓之訓亦異，不宜妄改。竊疑迹字俗或作䢙，故賈讀若拾，而廣韻有先頰之切，玉篇有前頓之訓也。其實兩字讀同音別，許不錄䢙。

隊　**肺** 肺　金藏也。从肉，市聲。古尚書說肺火也。春秋元命苞肺者金之精，制割立斷。淮南精神肺爲氣。白虎通情性肺義。素問刺禁論肺藏于右。靈蘭秘典論肺者相傳之官，治節出焉。痿論肺者藏之長也，爲心之蓋也。六節藏象論肺者氣之本，魄之處也，其華在毛，其充在皮。水熱穴論肺者太陰也。詩桑柔自有肺腸，字亦作胏。儀禮士昏禮舉肺脊二。禮記月令祭先肺。假借爲柿。周禮大司寇以肺石達窮民注，赤石也。按柿之誤字。柿者赤果。又爲柿。史記魏其武安侯傳蚡以肺腑，正義碎木札也。漢書劉向傳臣得託肺附注，引舊解謂肝肺相

說文通訓定聲　泰部弟十三　本

址八

pèi 沛　pèi 怖　bó 犻　pèi 旆　pèi ⿰市阝　fèi 柹

附著猶言心膂也尖之太元親肺附乾餱注削曰肺又重言形況字詩東門之楊其葉肺肺傳猶牂牂也〔聲訓〕白虎通情性肺之言費也釋名釋形體肺勃也言其氣勃鬱也太元元數注肺之言敷也肺敷雙聲〔古韻〕詩東門之楊叶肺晢素問三部九候論叶世肺泄靈樞榮衛生會叶胃肺氣衛外會〔轉音〕靈樞營氣篇叶胃肺外隧

隊 **柹** 削木札朴也从木市聲陳楚謂櫝爲柹〔三蒼〕柹札也今江南謂斫削木片爲柹關中謂之札或曰柹札今蘇俗諺謂之木柹柴與从朩之柹果字迥別史記魏其武安侯傳蚡以肺腑索隱柹木札附木皮也惠景閒侯者年表諸侯子弟若肺腑皆以柹爲之晉書王濬造船木柹蔽江而下按此字本訓木皮之削成片者札櫝亦用薄木片故謂柹爲札因之又謂札爲柹互相轉注也

泰 **⿰市阝** ⿰市阝國郡从邑市聲今江蘇徐州府地漢沛郡也字亦以沛爲之〔假借〕爲郭玉篇⿰市阝郭海郡也

泰 **旆** 繼旐之帛也从㫃市聲按繼旐末如燕尾旐用緇帛旆仍用絳帛旐長八尺旆亦長八尺詩六月白旆央央釋名釋兵白旆殷旌也長發武王載旆荀子議兵作載發左宣十二傳拔旆投衡注大旗也昭十三傳建而不旆注旆也哀二傳以兵車旆之注旆先驅車也僖廿六傳亡大旆之左旃注大旆旗名宣十二傳令尹南轅反旆注軍前大旗定四傳綪茷以茷爲之〔轉注〕易豐其沛釋文謂幡幔也以沛爲之〔假借〕重言形況字詩出車胡不旆旆傳旆旆垂皃生民荏菽旆旆傳旆旆然長也〔聲訓〕說文旆繼旐之旗也沛然而垂〔古韻〕詩長發叶旆鉞烈櫱達截伐桀高唐賦叶旆蓋逝會害達滯歲〔轉音〕詩出車叶旆瘁生民叶旆襚

月 **犻** 過弗取也从犬市聲讀若孛此義未詳或改爲犬過拂取也非是

泰隊 **怖** 恨怒也从心市聲字亦作悖廣雅釋詁二怖怒也四悖恨也方言十二悖強也又悖懟也韓詩白華視我怖怖傳意不說好也釋文引說文很怒也亦重言形況字毛本作邁邁

泰 **沛** 沛水出遼東番汗塞外西南入海从水市聲按出今奉天府東北塞外西南流入海〔別義〕孟子沛澤多注草木之所生也劉注水草相半公羊僖四傳大陷于沛澤之中注草棘曰沛管子揆度焚沛澤注大澤也禮記王制注萊沛釋文水所生曰沛〔假借〕爲怖公羊宣十二傳使君王沛焉注怒有餘之皃又爲蔽易豐其沛九家注大暗謂之沛易畧例小闇謂之沛虞注日在雲下稱沛沛不明也又爲旆王注沛幡幔所以禦盛光也又爲逑或爲跋詩蕩顚沛之揭又疊韻連語漢書司馬相如傳沛艾赳螑注沛艾駿駹也又雙聲連語易豐姚注沛滂沛也又重言形況字廣雅釋訓沛沛流也吳都賦常沛沛以悠悠注行皃又單詞形況字孟子沛然下雨沛然莫之能禦也

說文通訓定聲　泰部弟十三　七十三

bó 郣　bó 鬻　bèi 誖　bèi 孛　pò ⿰酉市　pō ⿰扌市　bèi 鮊

字亦作霈漢書司馬相如傳沛然改容注感動之意也後漢袁術傳沛然俱起注自恣縱皃也洞簫賦沛焉競溢注多皃釋名釋水水從河出曰雍沛言在河岸限內時見雍出則沛然也又三蒼沛水波流也楚詞湘君沛吾乘兮桂舟注行皃思元賦凍雨沛其灑塗注雨皃漢書禮樂志神哉沛注疾皃又沛施祐注沛然泛皃也公羊文十四傳力沛若有餘注沛有餘皃廣雅釋詁一沛大也〔聲訓〕詩蕩顚沛傳拔也風俗通山澤沛者草之蔽茂禽獸所蔽匿也〔古韻〕易豐叶沛沫高唐賦叶蓋會藹沛蒂穢

泰 **鮊** 鮊魚也出樂浪潘國从魚市聲

曷 **⿰扌市** 撥也从手市聲與拂㪍字畧同

曷 **⿰酉市** 酒色也从酉市聲疑與配同字廣韻⿰酉市酒氣

隊月 **孛** 㝈也从𣎵人色也从子論語曰色孛如也按㝈字艸木盛出之皃字當从𣎵从孶省會意市亦聲孛之言茀也故古亦以茀爲孛〔轉注〕古論語色孛如也按盛皃亦單辭形況字魯論以勃爲之又釋名釋天孛星星旁氣孛孛然也春秋文十四年有星孛入于北斗注彗也穀梁傳孛之爲言猶茀也穀梁昭十七有星孛于大辰漢書李尋傳則伏不見而爲彗茀息夫躬傳角星茀于河鼓文選劇秦美新大茀經貫皆以茀爲之按孛之狀光芒四射如草木枝葉旁出彗之狀光長如帚微有不同而皆妖星之著其象于月輪天下者〔聲訓〕漢書五行志孛者惡氣之所生也訓之孛者言其孛孛有所妨蔽闇亂不明之皃也恭以蔽爲訓

隊隊月月 **誖** 亂也从言孛聲或从心籒文从二或相對按从二或省會意也字亦作悖廣雅釋詁三誖擬也漢書五行志注誖惑也律厤志注誖乖也地理志注誖亂也惑也外戚傳注誖違也廣雅釋詁三悖亂也方言十悖惛也禮記月令毋悖於時注猶逆也荀子正名足以喻治之所悖注惑也正名悖其所辭注違也秦策計有一二者難悖也注誤也淮南原道疏達而不悖注謬也說山行者爲之悖戾注讒惡也漢書高五王傳注悖乖也呂覽審問無使放悖注亂也〔假借〕爲米爲孛左莊十一傳其興也悖焉注盛皃又爲勃廣雅釋詁一悖強也又爲蔽莊子胠篋上悖日月之明司馬注悖薄食也〔古韻〕禮記中庸叶悖害〔轉音〕詩桑柔叶隧類對悖易頤叶貴類悖說卦叶逮悖氣物左莊十一叶悖忽

月 **鬻** 炊釜溢也宋本說文炊聲沸也从弻孛聲今蘇人俗語曰鋪音之轉也

月屑 **郣** 郣海地从邑孛聲漢勃海郡在今直隸河閒天津二府北史記高祖紀北有勃海之利索隱海旁曰勃漢書司馬相如傳浮勃

說文通訓定聲　泰部弟十三　七十三

八

bó 勃　bì 觱　fú 㸅　bá 犮　fú 祓　bá 茇

㴾注勃㴾海別枝也淮南天文貫星墜而勃海決注勃大也以勃爲之字亦作渤南山經丹水南流注于渤海注渤海海岸曲崎頭也字林渤㴾海別名也【別義】說文一曰地之起者曰勃周禮草人勃壤用狐以勃爲之

月 **勃** 勃 排也从力孛聲廣雅釋詁三勃展也今蘇俗語以力旋轉物曰勃【轉注】廣雅釋詁四勃勤也【叚借】爲悖廣雅釋言勃懟也又爲悖莊子外物婦姑勃谿司馬注反戾也釋文爭也淮南說山病而不就藥則勃矣注不擇于事曰勃也又爲郣周禮草人勃壤用狐注粉解者淮南天文貫星墜而勃海決注大也又疊韻連語楚辭怨世嫫母勃屑而日侍注猶媻姍膝行皃風賦勃鬱煩冤注風迴旋之皃又雙聲連語長笛賦氣噴勃以布覆兮注盛皃又重言形況字廣雅釋訓勃勃盛也又單辭形況字論語色勃如也說文引作孛亦同荀子非十二子勃然平世之俗起焉注興起皃又託名幖識字左僖廿八傳楚鬭勃字子上

貿 **觱** 觱 羌人所吹角屠觱以驚馬也从角𤼽聲𤼽籀文誖字字亦誤作觱按西羌吹之以驚中國之馬後乃易角以竹管蘆首謂之觱栗【叚借】爲滭詩七月一之日觱發傳風寒也亦疊韻連語說文引作滭泼又爲滭詩瞻卬觱沸檻泉傳泉出皃亦疊韻連語說文引作滭沸

物 **㸅** 㸅 熚㸅火皃从火𤼽聲𤼽籀文悖字字亦誤作𤈦按熚𤈦亦疊韻連語猶滭沸之狀水滭泼之狀寒也廣韻𤈦鬼火也未知所本

犮二十一名凡犮之派皆衍犮聲　蒲撥切

曷 **犮** 犮 走犬皃从犬而丿之指事曳其足則剌犮也【叚借】爲拔周禮赤犮氏注猶言捇拔也

物彝 **祓** 祓 除惡祭也从示犮聲爾雅釋詁祓福也小爾雅廣詁祓潔也廣雅釋天祓祭也周禮女巫掌歲時祓除釁浴注歲時祓除如今三月上巳如水上之類左襄廿五傳祝祓社注除也僖六傳受其璧而祓之注除凶之禮昭十八傳祓禳于四方周語王其祗祓監農不易注齋戒祓除也敬其祓除注猶埽除也管子小匡鮑叔祓而浴之荀子議兵若祓不祥漢書五行志三月祓霸上按字亦作禊廣雅釋天禊祭也禊即祓耳風俗通祀典禊者潔也史記外戚世家武帝祓霸上徐廣注三月上巳臨水祓除謂之禊【聲訓】周語故祓除其心注猶拂也

曷 **茇** 茇 艸根也从艸犮聲春艸枯根引之而發土爲撥故謂之茇方言三茇杜根也東齊或曰茇【轉注】禮記曲禮燭不見跋以跋爲之【別義】說文一曰艸之白華爲茇爾雅苕陵苕黃華蔈白華茇按即紫葳亦曰淩霄花也此草著處生根引蔓于樹必造其顛又西山經臯

fú 黻　bō 帗　bā 柭　bó 䳊　fú 翇　fá 瞂　bá 跋

塗之山有草如槀茇注槀茇香草【叚借】爲废詩甘棠召伯所茇傳草舍也周禮大司馬中夏教茇舍注茇舍草止之也軍有草止之法【古韻】詩甘棠叶伐茇

曷 **跋** 跋 顚跋也从足犮聲按仆也詩顛沛之揭以沛爲之【叚借】爲癹爾雅釋言跋躐也詩狼跋其胡又爲癹獵賦跋犀犛注蹋也漢書注反戾也則謂借爲癹又爲茇小爾雅廣言跋本也禮記曲禮燭不見跋又爲癹詩載馳大夫跋涉傳草行曰跋韓傳不由蹊遂而涉曰跋涉左成十三傳跋履山川儀禮聘禮記注軷涉山川謂借爲軷亦通漢耿勳碑經營拔涉以拔爲之又爲暴西京賦睢盱跋扈後漢朱浮傳注跋扈猶暴橫也詩皇矣箋畔援猶跋扈也疏凶橫自恣之皃按跋暴畔一聲之轉扈橫援亦雙聲皆强梁之謂强梁亦疊韻連語又爲少按後世所用題跋字題者額也猶耑也跋者足也猶茇也

月 **瞂** 瞂 盾也从盾犮聲字亦作瞂方言九盾自關而東或謂之瞂周書王會鮫瞂瞂利爲獻海內西經鳳皇鸞鳥皆戴瞂吳都賦去瞂自閭詩小戎蒙伐有苑毛傳中干也以伐爲之史記蘇秦傳吠芮以吠爲之

物 **翇** 翇 樂舞執全羽以祀社稷也从羽犮聲讀若紱周禮樂師有帗舞司農注帗舞者全羽社稷以祀以帗爲之後鄭謂析五綵今靈

星舞子持之是也則以爲帗本字與先鄭許君說異

曷 **䳊** 䳊 䳊鳥也从鳥犮聲讀若撥

曷 **柭** 柭 棓也从木犮聲按方言五杷注無齒爲朳亦作柭廣韻作捌淮南書解捽者不在捌格在于批伉急就篇櫟穫秉把插捌杷疑即此字之或體

物曷 **帗** 帗 一幅巾也从巾犮聲讀若撥一幅謂廣二尺二寸周禮鼓人鼓兵舞帗舞者注帗列五采繒爲之有秉皆舞者所執樂師先鄭注謂借爲翇【轉注】方言帗縷毳也陳宋鄭衛之閒謂之帗縷注帗縷謂物之扦蔽也【叚借】爲韍穆天子傳一帗帶注韠也天子赤帗按韠當作韠

物 **黻** 黻 黑與青相次文也从黹犮聲繡于裳書益稷黼黻傳爲兩已相背阮氏元云兒者兩弓相背漢書韋賢傳注兒古弗字爾雅釋言黼黻彰也孫注謂刺繡爲己字相背以青黑線繡釋文黻戾也周禮縫人注黻三列詩終南黻衣繡裳論語而致美乎黻冕鄭注祭服之衣據朱注則謂借爲韍【叚借】爲韍江淹詩雲裝信解黻又朱黻咸髦士蒼頡篇黻綬也【聲訓】釋名黻紩也畫黻紩文采于衣也

bá 拔　bō 鮁　fú 泼　bá 炦　bá 废　bá 魃　fà 髮　bō 祓

隊曷 **祓** 蠻夷衣也。从衣犮聲。左衽者。【別義】廣雅釋器：祓，襦也。按謂小兒褙。蘇俗謂之抱裙。【假借】爲韍。方言四：蔽鄰，江淮之間或謂之祓。又爲祓。方言七：福祿謂之祓戩。

月 **髮** 頭上毛也。从髟犮聲。或从首犮聲。或从頁从犮。易說卦：巽爲寡髮。素問六節藏象論：其華在髮。注：髮者腦之所養。莊子逍遙游：窮髮之下。列子湯問：終髮之北。又大戴保傅：束髮而就大學。注：謂成僮。蘇武古詩：結髮爲夫妻。注：結髮始成人也。謂男年二十、女年十五，時取笄冠爲義也。【轉注】王文憲集序：至若齒危髮秀之老。注：髮秀猶秀眉也。又赭白馬賦：垂梢植髮。注：額上毛也。又賈子六術：十豪爲髮。【聲訓】說文：髮，根也。按以犮爲訓。犮，草根也。釋名：髮，拔也，拔擢而出也。【古韻】詩都人士叶撮、髮、說。

曷 **魃** 旱鬼也。从鬼犮聲。詩雲漢：旱魃爲虐。傳：旱神也。大荒北經：有人衣青衣，名曰黃帝女魃。【假借】爲拔。說文引周禮赤魃氏掌除牆屋。今作犮。或作茇。

曷 **废** 舍也。从广犮聲。詩甘棠：召伯所废。毛本以茇爲之。按當从毛傳訓草舍也。

曷 **炦** 火气也。从火犮聲。

物 **泼** 滭泼，風寒也。从仌犮聲。詩七月：一之日滭泼。按滭泼疊韻連語。毛詩作觱發，亦同。

曷 **鮁** 尾掉皃。从魚犮聲。韓詩碩人：鱣鮪鮁鮁。毛本作發發。傳：盛皃。[illegible]注：魚著網尾發發然。呂覽季春注作潑潑。按皆重言形況字，不必有正字也。字亦作䱽，作鮇。荀子榮辱：鯈鮇者，浮陽之魚也。注：鮇字蓋當爲鮁。鯈魚一名鯈鮁。按鯈字疑皆鯈之誤。

昒黠 **拔** 擢也。从手犮聲。蒼頡篇：拔，引也。字亦作㧞。爾雅釋詁：拔，盡也。廣雅釋詁一：拔，出也。三：除也。又：拵拔也。易乾：確乎其不可拔。鄭注：移也。老子：善建者不拔。吳都賦：拔距投石之部。注：拔距，謂兩人以手相拔，能拔引之也。按亦曰超距。封氏聞見記：拔河，古謂之牽鉤。莊子達生：開之操拔篲以侍門庭。李注：把也。又素問：其變振拉摧拔。注：拔謂出本。又秦策：拔宜陽。注：得也。拔燕酸棗。注：取也。漢書高帝紀注：拔者，破城邑而取之，言若拔樹木并得其根本也。呂覽慎行：圍朱方，拔之。注：覆取之曰拔。【假借】爲茇。詩駟驖：舍拔則獲。傳：矢末也。箋：括也。廣雅釋器：拔，箭也。又爲废。左僖十五傳：反首拔舍，從之。注：草舍。漢書刑法志：夏拔舍以苗。注：草止不妨農也。禮樂志：拔蘭堂。注：舍止也。又爲犇。禮記少儀：毋拔來。釋文：急疾也。史記黥布傳：拔興之暴。索隱：疾也。後漢寇恂傳注：拔，猝也。又爲兆。史記樂書：奮疾而不拔也。正義：傾側也。又爲弼。廣雅釋詁四：拔，輔也。又疊韻連語：洞簫賦：或拔撥以奮棄。注：分散也。思元賦：彎威弧之拔剌兮。舊注：彎弓皃。又託名幖識字。爾雅釋草：拔，蘢葛。注：似葛，蔓生有節。江東呼爲龍尾，亦謂之虎葛，細葉赤莖。又左定三年經：盟于拔。傳言盟于郯。注：郯即拔也，則在今山東沂州府郯城縣地。公羊字又作枝。又禮記檀弓：公叔文子。注：衛文子名拔，或作發。【古韻】詩緜叶拔、兌、駾、喙。皇矣叶拔、兌。老子修觀叶拔、脫。六韜文韜叶殺、竭、拔、畢。呂覽辨土叶奪、埒、撅、拔。靈樞九鍼十二原叶拔、雪、解、決。說孟子公孫丑叶出、拔，句中韻。

bá 軷　bá 坺　bá 妭　fú 市

曷 **妭** 婦人美也。从女犮聲。【假借】爲魃。山海經：不苟之山有黃帝女妭，本天女也。黃帝下之殺蚩尤，不得復上，所居不雨。後漢張衡傳：女妭北而應龍翔。注：妭亦魃也。

曷 **坺** 治也。一曰臿土謂之坺。从土犮聲。按字亦作墢。周語：王耕一墢。臿爲一凷，形如土墼，惟不剛堅耳。按此亦可得坺名。【假借】爲旆。說文引三家詩：武王載坺。又爲坋。說文：一曰塵皃。廣雅釋詁三：坺，塵也。周禮草人：勃壤用狐。注：粉解者。以勃爲之。按坋、坺一聲之轉。字亦作垺。通俗文：垺土曰坌。今蓬勃字亦當作坋。

昒 **軷** 出將有事于道，必先告其神，立壇四通，樹茅以依神爲軷。既祭軷轢於牲而行爲範軷也。从車犮聲。按犯之而過，喻無險難也。詩生民：取羝以軷。傳：道祭也。周禮大馭：及犯軷。杜子春注：謂祖道轢軷，磔犬也。則謂用犬。鄭注：封土爲山象，以菩芻棘柏爲神主。儀禮聘禮記：出祖釋軷。注：山行之名也。古文亦作被。【轉注】月令：其祀行。注：行在廟門外之西，爲軷壤，厚二寸，廣五尺，輪四尺，北面設主于軷上。曾子問：釋軷。正義引崔靈恩云：宮內之軷，祭古之行神。【古韻】詩生民叶軷、烈、歲。

市一名 敷勿切

物 **市** 韠也。祭服曰市。上古衣獸皮，先知蔽前，繼知蔽後。市象前之形。篆文从韋犮聲。字亦作紱。後世韍廢而存其係，縫乃从糸也。禮記明堂位：有虞氏服韍。注：舜始作之，以尊祭服。玉藻：一命緼韍幽衡。左桓二傳：袞冕韍珽。白虎通：紼，上廣一尺，下廣二尺，法天一地二也。長三尺，法天地人也。以紼爲之。詩候人：三百赤芾。采菽：赤芾在股。斯干：朱芾斯皇。車攻：赤芾金舄。皆以芾爲之。易困：朱紱方來。作紱，後世字。【轉注】廣雅釋器：紱，綬也。漢書王莽傳：韍如相國。注：組也。又：受綠韍。袞冕衣裳注：韠韍，此秦漢時市廢，謂所存之係縫曰紱也。又西京賦：懷璽藏紱。漢書匈奴傳：授單于印紱。諸侯王表：奉上璽韍。堯廟碑：印紼相承。此繫印之組也。【假借】爲紼。莊子逍遙遊：足以纓紱其心矣。【聲訓】禮記玉藻注：韍之言蔽也。白虎通紼冕：紼者，蔽也。以紼爲之。【古韻】易困叶則、紱、說。【轉音】詩候人叶祋、芾。

mò 末 mò 眜 mò 䬴 mò 沫

末四名凡末之派皆衍末聲 莫撥切

易 末 末 木上曰末从木一在其上指事一在木下爲本戴侗六書故引唐本从木从上當作𣏌本从木从下當作𣎵按凡偏旁多从古文上作二下作二罕有从篆文丄丅者與說不可從左傳末大必折孟子不揣其本而齊其末淮南墬形末有十日其華照下地注端也轉注周書武順元首曰末又左昭元傳風淫末疾注四肢也樂記奮末廣賁之音作注動使四支也又淮南墬形末僂脩頸注猶脊也又禮記曲禮獻杖者執末疏拄地頭也考工弓人末應將興注猶蕭也又方言十末緒也廣雅釋言末垂也又小爾雅廣言末終也書立政我則末惟成德之彥又廣雅釋言末衰也禮記中庸武王末受命注猶老也又呂覽精喻淺智之所爭則末矣注小也禮記檀弓末之卜也注微也公羊桓十五傳末言爾注淺也左昭十四傳不爲末減注薄也楚辭離世退伏于末庭注遠也東京賦末學膚受注謂不經根本後漢馬援傳末規注猶下計也班彪傳末流注猶下流也又易象上傳本末弱也侯果注臣也象上傳志末也集解猶上也象下傳志末也流猶淺也假借爲過方言十二末隨也廣雅釋詁三末逐也又爲幭荀子禮論絲末注與幦同又爲櫗令米粉麪勃之類曰末又爲沫中山經末山末水出焉又爲弗亦發聲之詞與用蔑用莫同小爾雅廣詁末無也禮記檀弓末吾禁也論語末之也已又禮記文王世子末有原注猶勿也又左昭十五吳夷末公羊作昧又疊韻連語漢書谷永傳欲末殺災異注掃滅也字林抹摋滅也字亦變作抹古韻易咸叶末說楚詞湘君叶枻雪末絕管子內業叶末廢竭轉音老子守微叶散亂末

易 眜 眜 目不明也从目末聲按與从未之昧同字吳都賦眜潛險搜怪奇假借爲寐淮南精神故覺而若眜注暗也厭也楚人謂厭爲眜又託名幖識字公羊隱元經公及邾婁儀父盟于眜左氏作蔑在今山東兖州府泗水縣治東南有姑蔑故城

易易 䬴 䬴 食馬以穀也从食末聲字亦作秣詩夗央摧之秣之傳粟也漢廣言秣其馬傳養也周禮大宰七曰芻秣之式禮記少儀馬不常秣公羊宣十五傳柑馬而秣之漢書魏相傳禁秣馬酤酒貯積古韻詩鴛鴦叶秣艾漢廣叶刈秣句中韻

易 沫 沫 沫水也出蜀西徼外東南入江从水末聲按即淺水今四川之大渡河也與从未之沬即類迥別別義說文瀑下一曰沬也漢書禮樂志沬流赭注言汗流沫出也字从本末之末莊子至樂餘骨之沫爲斯彌李注口中汁也又高唐賦沫潼潼而高厲注水高低皃淮南說山人莫鑑于沫雨注雨潦上覆瓮也莊子德充符人莫鑑于沫水假借爲末爲過或爲沬廣雅釋詁四沬已也離騷芬至今猶未沫招魂身服義而未沫又左莊九傳曹劌史記刺客傳作沬古韻易豐叶沛沫楚詞招魂叶沫穢轉音離騷叶茲沫按讀如弭也

mò 苜 miè ⿱苜火 duó 奪 jué 瘚 jué 厥

苜二名凡苜之派皆衍苜聲 模孑切

屑 苜 苜 目不正也从丫从目會意莧从此讀若末按當訓羊目不正也所謂望羊故莧从此會意

屑 ⿱苜火 ⿱苜火 火不明也从火苜聲讀與蔑同假借爲篾說文引書顧命布重⿱苜火席纖蒻蓆也今本以蔑爲之衛包妄改爲篾按⿱苜火蔑一聲之轉俗字作篾

奪一名 徒活切

易 奪 奪 手持隹失之也从又从奞會意既得而失去也字亦作奪从寸經傳統以脫爲之轉注廣雅釋詁三奪誤也按猶失也又奪敗也孟子勿奪其時荀子注作失禮記仲尼燕居給奪慈仁注猶亂也後漢盧植傳論未有不允豫奪常者也注謂易其常分也素問通評虛實論精氣奪則虛注謂精氣減少如奪去也腹中論勿動亟奪注去也假借爲敓書呂刑奪攘矯虔周禮大宰奪以馭其貧注謂臣有大罪沒入家財者禮記大學爭民施奪注施其劫奪之情也荀子臣道奪然後義注奪者不義之名呂覽慎行無忌勸王奪注取也又爲隧禮記檀弓齊莊公襲莒于奪又爲遂史記秦本紀以奪其志又爲奮之誤字呂覽審時穗鉅而芳奪又發聲之詞西山經翼望之山有

獸焉名曰讙其音如奪百聲按其聲如曰奪百也古韻詩瞻卬叶奪說呂覽辨土叶奪埒撥拔素問六元正紀論叶達伐奪泄折轉音三略上叶設奪

瘚十四名凡瘚之派皆衍瘚聲 居月切

月月 瘚 瘚 𤸎 屰氣也从疒从屰从欠會意或从欠屰廣雅釋詁一瘚病也素問厥論陽氣衰于下則爲寒厥陰氣衰于下則爲熱厥釋名厥逆氣從下厥起上行入心脅也中山經服者不厥皆以厥爲之呂覽重已多陰則蹷多陽則痿注蹷逆寒疾也以蹷爲之假借爲厥爲掘廣雅釋詁三瘚穿也

月 厥 厥 發石也从厂欮聲海外北經相柳之所抵厥爲澤谿注掘也荀子大畧和之璧井里之厥也注石也轉注漢書李尋傳癸或厥弛注動搖皃假借爲蹶孟子若崩厥角漢書諸侯王表厥角韻首注猶豎也又爲瘚素問六節藏象論凝于足者爲厥注謂足逆冷也又陰陽離合論厥陰根起于大敦注盡也中山經大𦊅之山有草焉名曰牛傷服之不厥又爲蹶漢書古今人表吳厥由又發聲之詞爾雅釋言厥其也易大有厥孚交如書堯典厥民析詩厥初生民周禮鄉大夫厥明儀禮特牲禮厥明夕禮記學記厥脩乃來又爲助語之詞

書皋謨尤迪厥德詩瞻卬懿厥哲婦考工㮚氏永啟厥後禮記緇衣毋越厥命以自覆也又左宣十二傳韓厥公羊襄元經作屈文十年經次于厥貉公羊作屈貉【聲訓】釋名釋疾病厥逆氣從下厥起上行入心脅也按以⿺走厥爲訓

月

闕 闕門觀也从門欮聲凡平地四方而高者爲臺不必方而高者爲觀其在門左右者中央空隙爲路則謂之闕亦曰兩觀卽周禮之象魏也臺門則無隙易說卦艮爲門闕小爾雅廣詁闕隙也詩子衿在城闕兮傳乘城而見闕孫炎注宮門雙闕舊章懸焉使民觀之因謂之觀按城門無觀故以宮門釋之諸侯之闕在雉門天子之闕在應門穀梁桓三傳禮送女母不出祭門諸母兄弟不出闕門注兩觀也在廟門之外左莊廿一傳鄭伯享王于闕西辟注象魏也論語闕黨新序謂孔子所居顏氏炎武肇域記曲阜縣引史記魯世家煬公築茅闕門闕氏若璩則云外朝之地非士庶所敢居闕里乃後世之稱因魯恭王徙魯於孔子居里造宮室有雙闕焉人遂名孔子所居曰闕里若闕黨則在滋陽縣非闕里也愚按煬公至定哀五百歲廢置不一春秋所書雉門兩觀未必卽其遺址茅闕廢而里黨因以闕名正未可知且據闕說闕黨非闕里何亦以闕稱是或託名幖識皆別有取義亦難肊斷也闕黨童子古今人表作厥又曲水詩序排鳳闕以高遊注建章圓闕臨北道銅鳳在上【轉注】白虎通闕者何闕疑也周禮冢人亡者闕之注猶除也廣雅釋詁二闕去也又水經穀水注闕者上有所失下得書之于闕所以求論譽于人故謂之闕矣左宣二傳袞職有闕注過也成二其晉實有闕注失也晉語闕從補之注缺也呂覽任數知識甚闕注短也孝行子弗敢闕注猶毀也又左昭廿傳以當其闕注空也周禮車僕闕車之萃注所用補闕之車也漢書王莽傳圍城爲之闕注不合也又禮記禮運三五而闕疏謂月光虧損又左襄四傳闕而爲罪注不共也又漢書谷永傳闕更減賦注闕亦謂減削之又周禮內司服闕狄注刻而不畫釋名闕翟剪闕繒爲翟雉形以綴衣也【假借】爲掘爲厥吳語闕爲深溝注穿也左傳闕地下冰而牀焉又疊韻連語論語恭闕如也爾雅釋獸闕洩多狃注說者云腳饒指按狃者忕也【聲訓】釋名釋宮室闕闕也在門兩旁中央闕然爲道也白虎通門必有闕者所以飾門別尊卑也漢書五行志闕法令所從出也周禮大宰注象魏闕也疏闕去也闕去雙聲【古韻】詩青衿叶達闕

月呂覽孝行叶殺廢闕

月

蕨 蕨蕨鼈也从艸厥聲籀文从𦬕爾雅釋草蕨鼈注江西謂之鼈按初生如蒜苗無葉耑似鼈腳故名亦似小兒拳故曰拳菜紫黑色瀹爲茹滑美老則其耑散爲三枝發數葉不可食矣齊民要術蕨山菜也周秦曰蕨齊魯曰鼈詩草蟲言采其蕨謝靈運詩野蕨漸紫苞【轉注】廣雅茈蓁蕨也按紫蓁似蕨有花而味苦謂之迷蕨初生亦可食【古韻】詩草蟲叶蕨惙說

月

⿺走厥 ⿺走厥蹠也从走厥聲篆文趉趣凶豐也亦跳也跳起也經籍多以蹶爲之

齊月

蹶 蹶蹶僵也从足厥聲讀若橜或从閼聲字亦作蹷下形上聲廣雅釋詁三蹷敗也呂覽愼行小人之行不蹷于山注蹷躓顚頓也盡數處足則爲痿爲蹷注逆疾也淮南脩務蹶沙石精神形勞而不休則蹶荀子成相國乃蹷注顚覆也史記孫吳傳蹶上將軍索隱猶斃也淮南道應北方有獸其名曰蹷鼠前而兔後注前足短後足長【假借】爲⿺走厥說文一曰跳也爾雅釋詁蹶動也釋訓蹶蹶敏也詩緜文王蹶厥生板天之方蹶蟋蟀良士蹶蹶亦重言形況字禮記曲禮足毋蹶注行遽皃周書太子晉蹷然起曰注疾皃越語蹶而趨之注走也孟子今夫蹶者趨者是氣也羽獵賦蹶松柏注踏也上林賦蹷石闕注蹋也呂覽知化子胥兩袪高蹶而出于廷注蹈也漢書申屠嘉傳以材官蹶張注弩以手張者曰擘張以足蹋者曰蹶張又爲厥爲搰爲掘左襄十九傳是謂蹷其本注猶拔也風賦蹷石伐木注動也漢書賈誼傳蹷六國注謂拔而取之又爲价爾雅釋詁蹶嘉也又爲譎爲憰方言二蹶獪也又爲趉廣雅釋言蹷踶也又爲橜漢書王莽傳注蹷短也又疊韻連語爾雅釋木蹶泄苦棗注子味苦釋文亦作躛又託名幖識字詩十月之交蹶惟趣馬韓奕蹶父孔武左傳吳有蹶由皆氏也【古韻】詩蟋蟀叶逝邁外蹶板叶蹶泄老子法本叶裂發歇竭滅蹷【轉音】詩緜叶質蹶句中韻

月

鷢 鷢白鷢鴹鳥也从鳥厥聲爾雅鷢白鷢注似鷹飛上白初學記引廣雅白鷢鷹也廣韻善捕鼠古今注亦號印尾鷹按此鳥善捕鳥雀嚮風搖翅亦名風鷂子卽合白鷂子也【別義】說文字林及楊雄說皆曰白鷢王鴡也與爾雅不合愚按雎鳩白鷢皆鷙鳥鵰鷲鷹隼之屬同類而異名

月

⿰骨厥 ⿰骨厥臀骨也从骨厥聲故尾肉亦謂之⿰骨厥禮記內則舒雁翠舒鳧翠以翠爲之

月

⿰角厥 ⿰角厥角有所觸發也从角厥聲孟子若崩厥角以厥爲之西都賦狂兕觸蹷以蹶爲之

川

橜 橜弋也从木厥聲一曰門梱也按卽闑亦橜弋之一耑爾雅釋宮橜謂之闑廣雅釋宮橛杙也又朱也列子黃帝吾處也若橜株駒注豎也莊子達生作厥株拘按凡豎木而短者皆得曰橜【假借】爲丿史記司馬相如傳猶時有銜橜之變集解鉤逆者謂之橜漢書注謂車之鉤心也莊子馬蹄前有橛飾之患崔注銜也又爲撅大荒東經撅以雷獸之骨注猶擊也又爲距字亦作嶡禮記明堂位俎夏后氏以嶡注謂中足爲橫距之象嶡之言蹷也周禮謂之距賀氏云直有腳曰梡加腳中央橫木曰嶡禮圖如梡而橫柱四足中央如距也廣雅釋器橛几也厥巨雙聲或曰嶡借爲撅手可把也亦通

guì 鱖 juē 撅 jué 蟨 jué ⿱厥力 jué 亅 jué 乚 yuè 戉 yuè 越

鱖 霽月 鱖魚也从魚厥聲大口細鱗有斑文轉注爾雅鱊鮬鱖鯞注似鮒子而黑俗呼魚婢江東呼爲妾魚今蘇人謂之旁皮魚是也

撅 月 以手有所杷也从手厥聲廣雅釋詁二撅搔也假借爲揭禮記內則不涉不撅注揭衣也又發聲之詞方言十楚凡揮棄物或謂之敲注今汝潁閒語亦然或云撅也廣雅釋詁三撅投也古韻周書周祝叶墜撅呂覽辨土叶奪埒撅拔

蟨 月 蟨鼠也从虫厥聲按即爾雅之比肩獸也釋地西方有比肩獸焉與邛邛岠虛比爲邛邛岠虛齧甘草即有難邛邛岠虛負而走其名謂之蟨注引呂覽慎大篇北方有獸其名爲蟨鼠前而兔後趨則頓走則顛淮南道應篇作蹷義亦合也又按穆天子傳邛邛岠虛走百里注亦馬屬子虛賦蹷蛩蛩轔距虛周書王會獨鹿邛邛善走也又云孤竹距虛是邛邛岠虛爲兩獸邛邛青獸狀如馬距虛似嬴而小皆前足鹿後足兎能走而不能求食蟨鼠不與邛邛比卽與岠虛比耳

⿱厥力 月 ⿱厥力勥也从力厥聲廣雅釋詁一⿱厥力強也按勉力之意

亅一名 衢月切

亅 月 鉤逆者謂之亅象形讀若橜漢書王吉傳其樂豈徒銜橛之閒哉注橛車鉤心也以橜爲之

乚十名凡乚之派皆衍乚聲 居月切

乚 月 鉤識也从反亅指事讀若罽向左者亅向右者乚褚先生補滑稽傳曰東方朔上書人主從上方讀之止輒乙其處禮記內則魚去乙注今東海鰫魚有骨名乙在目旁狀如篆乙食之鯁人不可出皆非甲乙之乙字卽此乚字也爾雅魚腸謂之乙則甲乙字

戉 月 大斧也从戈乚聲司馬法曰夏執元戉殷執白戉周左杖黃戉右秉白髦書牧誓王左杖黃戉傳引六韜大柯斧重八斤一名天戉經傳皆以鉞爲之書顧命一人冕執鉞東京賦授鉞四七又戴金鉦而建黃鉞注黃鉞以黃金飾之假借爲越曲水詩序文鉞碧砮之琛又單詞形況字莊子大宗師戉然寐蘧然覺字亦誤作成釋訓釋名釋兵鉞豁也所向莫敢當前豁然破散也

越 月 度也从走戉聲與逿畧同廣雅釋詁二越渡也禮記曲禮戒勿越踰也王制爲越紼而行事注猶蹷也楚詞天問厥何越焉注度也呂覽長攻越十七阨注歷也家語五儀油然若將可越而不可及者注過也公羊桓十六傳越在岱陰齊注猶走也方言大離楚謂之越轉注小爾雅廣言越遠也左襄十四傳而越在他竟注遠也魯語越哉臧孫之爲政也注迂也楚詞逢紛精越裂而衰耄注去也又爾雅釋言越揚也禮記聘義叩之其聲清越以長注猶揚也左昭四傳風不越而殺注散也晉語使越于諸侯注發聞也假借爲宂儀禮鄉飲酒禮袴越注瑟下孔也樂記朱絃而疏越又爲括禮記禮運與其越席注蒲席也左桓二傳大路越席服注結括草以爲席也又爲蹷書盤庚顛越不恭傳墜也禮緇衣毋越厥命以自覆也注越之言蹷也左成二傳越于車下注墜也齊語恐隕越于下注失也又爲樂廣雅釋詁一越疾也又爲屈莊子庚桑楚越雞不能伏鵠卵司馬注小雞也又爲撥廣雅釋詁三越治也周語汩越九原又爲與廣雅釋詁三越與也書大誥越爾御事又爲粵書盤庚越其罔有黍稷傳於也顧命越七日癸酉詩越以鬷邁夏小正越有小旱又爲敓孟子殺越人于貨注越于皆於也失之又重言形況字呂覽本味豈越越多業哉注輕易之皃又託名幖識字禮記明堂位越棘大弓注國名也書顧命越玉五重馬注越地所獻玉也按越姒姓夏后少康庶子封于會稽自號於越於者夷言發聲也春秋宣八始見于傳定八始見于經外傳曰芈姓歸越疑越非夏後是楚之別封其地本在今浙江紹興府吳都賦包括于越劉注今之蒼梧鬱林合浦交阯九眞南海日南皆其地東京賦南諧越裳注今九眞也左定七傳苫夷注郎苫越又周書世俘呂他命伐越戲方注紂三邑也又呂覽順民越猛虎也又廣雅釋木越椒茱萸也又左傳楚有鬬越椒字伯棼又字子越疑芬香發越之義聲訓漢書楊雄傳集注越曰也釋名釋州國越夷蠻之國度越禮義無所拘也古韻詩長發叶撥達越發烈截呂覽士容叶大害越外賴世揭衛厲折轉音靈樞脹論叶宂閉越

yuè ⿺辶戉 yuè ⿰足戉 huò 眓 sà 泧 yuè ⿰女戉 yuè ⿰糸戉 huì 鉞

⿺辶戉 月 踰也从辵戉聲與越畧同易繫辭傳禳而不⿺辶戉說文新附狘獸走皃禮記禮運故獸不狘注獝狘飛走之皃字亦變作狘

⿰足戉 月 輕足也从足戉聲廣雅釋詁一⿰足戉疾也按飛揚發越之意與越畧同

眓 曷屑月 視高皃从目戉聲讀若詩施罟濊濊廣雅釋訓眓眓視也今字以豁爲之

泧 曷月 瀎泧也从水戉聲讀若椒榝之榝廣雅釋訓泧泧流也

⿰女戉 月 輕也从女戉聲與越同別義廣雅釋詁一⿰女戉愚也

⿰糸戉 月 采彰也一曰車馬飾从糸戉聲按綬絛縱紃之屬如今織成之貴子闌于旗邊纖邊珠媚邊類可緣飾物者古織爲乘車及騎從之象故曰車馬飾

鉞 泰月 車鑾聲也从金戉聲字亦作鐬詩庭燎泮水鑾聲鉞鉞毛本作噦按亦重言形況字鉞噦皆同廣雅釋訓鐬鐬盛也假借爲戉小爾雅廣器鉞斧也字林鉞王斧也按王者大也書顧命一人冕執鉞鄭注大斧牧誓王左杖黃鉞傳以黃金飾斧太元斷乃後有鉞古韻詩長發叶旆鉞烈櫱達截伐桀

huó 秳　kuò 栝[1]　guā 刮　guā 髺　guā 鴰　huà 話　kuò 𪘲　kuò 适　guā 𦰩　huó 䄆　guā 昏　jué 氒

氒廿三名凡氒之派皆衍氒聲

月 氒 木本、从氏、大于末、讀若厥、六書故作大於本、按一、指事、義與氐柢略同、字亦誤作𠂃、莊子達生、吾處也若厥株拘、以厥爲之、或曰借爲橜、列子作橜、居月切

曷 昏 塞口也、从口、氒省聲、古文从甘口舍一、亦塞意、戴震云古文从氒不省、誤、从甘、今隸偏旁作舌、非、

曷 䄆 祀也、从示、昏聲、與禬略同、刮除災禍之意、

曷 𦰩 若蔞果蓏也、从艸、昏聲、爾雅釋草、果臝之實栝樓、以栝爲之、注、齊人呼之爲天瓜、本草一名地樓、按蔞生、其實黃色、大如拳、山中人謂之生牛膽、

曷 适 疾也、从辵、昏聲、讀若括、叚借爲括、論語南宮适、亦名縚、字子容、古韻論語微子叶達适、

曷 𪘲 噍聲、从齒、昏聲、

卦 話 合會善言也、从言、昏聲、籀文从會聲、小爾雅廣言、話、善也、左文六傳、著之話言、十八傳、不知話言、襄元傳、告之話言、爾雅釋詁、話、言也、書盤庚、乃話民之弗率、詩板、出話不然、抑、慎爾出話、傳、善言也、字亦作譮、作諣、叚借爲懖、聲類、話、訛言也、廣雅釋詁四、話、調也、又爲擿、爲詁、小爾雅廣詁、話、治也、又爲訛之誤字、廣雅釋詁四、話、恥也、

曷 鴰 麋鴰也、从鳥、昏聲、似雁而黑、爾雅、鶬、麋鴰、按當爲麋鴰、與釋草、蕎、麋舌同名、麋鴰雙聲連語、釋草作舌、隸書昏字之誤、注、葉有似于舌、失之、漢書司馬相如傳、雙鶬下、注、鶬、俗名錯落、又謂鴰捋鶬鹿、皆象其鳴聲也、又廣雅釋鳥、鴰、鶊、鳳皇屬也、

曷 髺 骸耑也、从骨、昏聲、廣雅釋親、髺、骬也、骨空論曰、膝解爲骸關、其內之骨爲髀、

點 刮 掊杷也、从刀、昏聲、廣雅釋詁二、刮、減也、禮記明堂位、刮楹達鄉、注、刮、刮摩也、考工記、刮摩之工、故書以捖爲之、

曷 栝 㮌也、从木、昏聲、所以檃制衺曲之器、公羊何休序云、隱括使就繩墨、以隱括爲之、轉注、一曰矢栝檃弦處、書太甲、往省栝于度、以括爲之、晉語、故銘其括、注、箭羽之間、莊子齊物論、其發若機栝、字亦作筈、淮南兵略、夫筈淇衛箘簵、叚借爲檜、書禹貢、杶幹栝柏、馬注、白栝也、鄭注、柏葉松身曰栝、西京賦、木則樅栝椶柟、廣雅釋木、栝、柏也、又爲若、爾雅釋草、栝樓、聲訓、釋名、矢其末曰栝、栝、會也、與弦會也、

曷 秳 舂粟不潰也、从禾、昏聲、按與棃相反、叚借爲活、廣雅釋詁一、秳、生也、

huó 佸　kuò 頢　kuò 髺　guō 活　guō 聒　kuò 括　huá 姡　guā 銛[2]　kuò 闊

曷 佸 會也、从人、昏聲、詩君子于役、曷其有佸、韓傳、至也、叚借重言形況字、說文、一曰佸佸、力皃、古韻詩君子于役叶月佸桀括渴、

曷 頢 短面也、从頁、昏聲、與䫜略同、

曷 髺 絜髮也、从髟、昏聲、字亦作鬠、儀禮士喪禮、主人髺髮袒、注、髺髮者、去笄纚而紒、又鬠用組、又鬠笄用桑、長四寸、纋中、按婦人之髽亦同、叚借爲刮、或爲䟡、考工旊人、髺墾薜暴不入市、

曷 活 水流聲、从水、昏聲、或从聒聲、詩碩人、北流活活、傳、流也、亦重言形況字、轉注、書太甲、不可活、詩擊鼓、不我活兮、載芟、實函斯活、孟子、民非水火不生活、楚辭天問、巫何活焉、注、生也、古韻詩擊鼓叶闊活、碩人叶活濊發揭孽朅、載芟叶活達傑、老子任爲叶殺活害、

曷 聒 讙語也、从耳、昏聲、按戀下古文聲當爲聒之古文、蒼頡篇、聒、擾亂耳孔也、左襄廿六傳、聒而與之語、疏、聲亂叫謂之聒、楚辭疾世、鴝鵒鳴兮聒余、注、多聲亂耳爲聒、叚借重言形況字、書盤庚、今汝聒聒、傳、無知之皃、馬注、拒善自用之意、鄭注、難告之皃、

曷 括 絜也、六書故、又引結也、从手、昏聲、絜者束也、字亦作擖、廣雅釋詁三、擖、收也、易坤、括囊、虞注、結也、韓詩章句、括、約束也、左襄三十傳、衛北宮括、注、子結、周書文傳、括柱茅茨、淮南齊俗、羌人括領、叚借爲髺、禮記檀弓、袒括髮、莊子寓言、向也括而今也被髮、又爲昏、方言十二、括、閉也、廣雅釋詁三、括、塞也、又爲栝、廣雅釋詁一、括、灋也、法言修身、其爲外也肅括、又書太甲、往省括于度、疏、詣矢末、西京賦、尋景追括、淮南人間、一鼓民被甲括矢、又爲佸、廣雅釋詁一、括、至也、詩君子于役、羊牛下括、傳、至也、車舝、德音來括、傳、會也、太元羨、四馬就括、又爲适、易繫辭傳、動而不括、虞注作佸、古韻詩君子于役叶月佸桀括渴、

曷點 姡 面醜也、从女、昏聲、按當作面䩄也、詩何人斯、有靦面目、傳、靦、姡也、正義引說文、姡、面靦也、叚借爲猾、方言二、猾、楚鄭或曰姡、方言十、姡、獪也、凡小兒多詐而獪、或謂之姡、姡、娗也、

曷 銛 斷也、从金、昏聲、

曷 闊 疏也、从門、活聲、漢書溝洫志集注、闊、稀也、王莽傳集注、寬也、爾雅釋詁、闊、遠也、詩擊鼓、于嗟闊兮、列子黃帝、綏步闊視、太元斷、爾仇不闊、又廣雅釋詁二、闊、廣也、漢書司馬相如傳、迥闊泳沫、叚借疊韻連語、詩擊鼓、死生契闊、傳、勤苦也、又後漢馬武傳、闊達、注、大度也、古韻詩擊鼓叶闊說、又叶闊活、

kuò 懖　yuè 月

曷 懖 拒善自用之意也从心銛聲古文从耳按从耳之字當爲聒之古文書盤庚今汝懖懖今作聒馬注拒善自用之意亦重言形況字

月六名凡月之派皆衍月聲 魚厥切

月 月 太陰之精也象上下弦闕形月小于地三十三倍又三之一其體坳突不平突處得日光而明坳處則微闇月行十五日間人目視之有盈缺者月在九重天最下一重離地中心四十八萬二千五百廿二里有奇取近人目遠而在外晦朔則日照其上面而下面無光弦則月東行漸與日遠從旁得一線之明至望則對照下面也一晝夜東行十三度有餘積二十七日奇而與天會二十九日奇而與日會廣雅釋天夜光謂之月論衡說日月者水之精也河圖帝覽嬉月者金之精易說卦坎爲月書洪範月之從星則以風雨詩日居月諸儀禮覲禮禮月與四瀆於北門外淮南天文月虛而魚腦減月死而蠃蛖膲轉注周髀算經月與日合爲一月禮記鄉飲酒義月者三日則成魄三月則成時周禮硩蔟氏十有二月之號注謂從娵至荼聲訓說文月闕也白虎通月之爲言闕也有滿有闕也古韻詩君子于役叶月佸桀括渴采葛叶葛月青衿叶達闕月東方之日叶月闥發生民叶月達害韓非揚權叶月熱罰

泰部弟十三

yuè 跀　yuè 刖　wà 明　yuè 抈　wù 舠　yuè 粵

月 跀 斷足之刑也从足月聲或从兀聲跀斷趾用踊以行周以前去膝骨曰臏周改跀易困劓刖書呂刑刖辟之屬五百以刖爲之莊子德充符魯有兀者以兀爲之考工旅人髻墾薜暴注讀爲跀疏謂器不正敧邪者以髻爲之司農注則謂借爲刮

月黠 刖 絕也从刀月聲廣雅釋詁一刖斷也叚借爲跀周禮司刑刖罪五百注斷足也周改臏作刖左莊十六傳刖强鉏爾雅釋言跀刖也又爲刖廣雅釋詁一刖危也又疊韻連語長笛賦巔根跂之槷刖今注危皃按與𡰰𡰱槷䡆杌隉皆同古韻易困叶刖紱說

月黠 明 墮也从耳月聲方言六秦晉中土謂墮耳者明

月 抈 折也从手月聲與刖略同太玄羨其衝抈叚借爲扤晉語其爲本也固矣故不可抈也注動也

月 舠 船行不安也从舟刖省聲讀若兀字亦作𦨣又按今俗有舠字小舟也从舟刀聲亦作𦨖詩曾不容刀只作刀與此迥別

粵一名 王伐切

月 粵 于也審慎之詞也从于从寀會意爾雅釋詁粵曰也又於也書召誥粵三日丁亥史記周本紀粵詹雒伊書越其罔有黍稷以越爲之詩緜聿來胥宇以聿爲之叚借爲越考工記粵無鎛今兩廣省謂之粵東粵西

yuē 曰　yù 欥　gǔ 汩　yù 㬰　mèi 顆　yǐ 乞　zhá 札

曰五名凡曰之派皆衍曰聲 王伐切

月 曰 詞也从口乚象口气出也廣雅釋詁四曰言也詩園有桃子曰何其箋於也論語學而子曰皇疏發語之端也曰使民戰栗皇疏謂也曰苟合矣皇疏猶云也書大誥曰有大艱于西土傳語更端也洪範曰皇極之敷言傳曰者大其義詩緜曰止曰時疏上曰爲詞下曰爲於也叚借爲粵詩角弓見晛曰消抑曰喪厥國大明曰嬪于京七月曰爲改歲又爲曰之誤字孟子放勳曰丁音馹或作曰誤也

質 欥 詮詞也从欠从曰曰亦聲按與粵略同詩文王有聲欥求厥寧毛本以遹爲之箋訓述失之經傳亦多以聿爲之凡釋爲遂釋爲自者亦非也漢書敘傳欥中䌛爲庶幾兮

月質 汩 治水也从水曰聲書序作汩作傳治也楚辭天問不任汩鴻師何以尚之注治也周語洪汩九川注通也叚借爲滑小爾雅廣言汩亂也書洪範汩陳其五行又爲㬰莊子達生與汩俱出司馬注湧波也漢書司馬相如傳汩急漂疾注汩急轉皃也汩乎混流注疾皃也吳都賦汩乘流以砰宕注疾也離騷汩余若將弗及兮注去皃疾若水流也楚辭懷沙分流汩兮注流皃汩徂南土注行皃長笛賦紱槷汩湟注水流皃漢書揚雄傳汩低回而不能去兮注往意也方言六汩疾行也注汩汩急流也又爲䀜魯靈光殿賦汩磑磑以璀璨注淨皃亦單辭形況字又疊韻連語景福殿賦羅疏柱之汩越注光明皃七發蔚汩潏湲注汩潏水流疾也琴賦瀄汩澎湃注去疾皃又雙聲連語漢書司馬相如傳汩淢靸以永逝兮又汩淢滃習長笛賦汩活澎濞皆疾皃又今所用汨羅字當作从冥省聲之汨借爲滅也汩淢雙聲轉音楚詞懷沙叶汩忽

質 㬰 水流也从川曰聲廣雅釋訓㬰㬰流也字亦皆以汩爲之淮南書混混汩汩亦重言形況字

隊 顆 昧前也从頁㬰聲讀若昧其面墻而立之意皺或曰當作沬前謂頮面前也與顆略同

乞三名凡乞之派皆衍乞聲 烏轄切

黠質 乞 元鳥也齊魯謂之乞取其鳴自呼象飛之形與甲乙字迥別或又从鳥按燕乞當俱象形特製三字者商以來所重鳥也一名鷾周莊子謂之意而即乞鶩之轉也爾雅釋鳥燕燕鳦

黠 札 牒也从木乙聲其大者曰槧漢書郊祀志卿有札書司馬相如傳上令尚書給筆札注木簡之薄小者也叚借爲折周禮大司徒大荒大札注大疫病也司關國凶札司農注謂疾疫死亡也越人謂死爲札左昭十九傳札瘥夭昏賈注夭死曰札又家語觀周亳末

不札注拔也又莊子人閒世名也者相札也李注折也或作軋非又左宣十五傳王札子卽王子捷札捷一聲之轉又託名幖識字夏小正鳴札傳寧縣也爾雅蚻蜻蜻字亦作蚻方言十一蟬其小者謂之麥札按狀其聲札札然以其色青故謂之青青今京師名咨咨者是聲訓釋名釋書契札櫛也編之如櫛相比也釋天札截也氣傷人如有斷絕也截札一聲之轉又釋船櫂又謂之札形似札也櫂札亦雙聲

黠 **穵** 穵大也从穴乙聲廣雅釋詁三穵深也今蘇俗謂竊賊穴墻曰穵

𥄎四名凡𥄎之派皆衍𥄎聲 烏括切

曷 **𥄎** 捾目也从目从又會意

翰 **⿱𥄎玉** 石之似玉者从玉𥄎聲

寘 曷 **⿱𥄎目** 短深目皃从目𥄎聲叚借爲昏廣雅釋詁三⿱𥄎目塞也

翰 **掔** 手掔也楊雄曰掔握也从手𥄎聲字亦作腕作捥宛𥄎一聲之轉按指掌以上爲掔臂肘肱肩也左傳涉佗捘衛侯之手及捥儀禮士喪禮設決麗于掔旣夕記繫鉤中指結于掔皆誤作掔史記刺客傳搤捥而進漢書作扼腕言持手游民也叚借爲⿺走麻呂覽逃蕩之掔注踏也

㕞二名凡㕞之派皆衍㕞聲 所劣切

屑 **㕞** 飾也从又持巾在尸下會意按飾卽今拭字从尸者从屋省也經傳皆以刷爲之通俗文所以理髮謂之刷廣雅釋器𥰡謂之㕞聲訓釋名釋首飾㕞飾也飾髮長短皆令上從也亦言琵也㕞髮令上琵然也

黠 **刷** 刮也从刀㕞省聲爾雅釋文引廣雅刷削也叚借爲㕞說文禮有刷巾爾雅釋詁刷清也三蒼刷埽也廣雅釋器𥰡謂之刷周禮凌人秋刷注清也魏都賦刷馬江洲注猶飲也劉注小宵也則謂借爲啐非是漢書貨殖傳刷會稽之恥注謂拭除之也

舌二名凡舌之派皆衍舌聲 食列切

屑 **舌** 在口所以言也別味也从干从口會意言犯口而出食犯口而入也易說卦兌爲口舌素問陰陽應象大論心在竅爲舌周語云而使舌人體委與之注舌人能達異方之志象胥之官也東京賦重舌之人九譯荀子正論藉靡舌縪注或引莊子作口呿轉注儀禮

特牲禮記心舌皆去本末又鄉射禮記倍躬以爲左右舌注居兩旁謂之个左右出謂之舌考工梓人出舌尋縜寸焉司農注維持侯者又南洲異物志雞舌香是草菱可合香箋叚借周書美女破舌此后之誤字聲訓釋名舌泄也舒泄所當言也古韻詩大東叶舌揭烝民叶舌外發抑叶舌逝

屑 **結** 玉篇云結塵也从糸舌聲按謂絲韌也叚借爲褻說文論語曰結衣長短右袂

殺四名凡殺之派皆衍殺聲 所八切

卦 黠 **殺** 戮也从殳杀聲按說文無杀疑从殳从乂會意术聲或曰乂古文五五兵也非乂字古文从殳从衣从术聲又古文从攴左旁未詳又古文从攴从刀从出聲又古文从乂从巾未詳疑此㕞字之古文或借㕞爲殺也籀文亦从殳从乂从朮朮卽朮字也字亦作煞孫叔敖碑陰爲賊寇所煞武梁祠堂畫象豫讓煞身爾雅釋詁殺克也廣雅釋詁三殺賊也風俗通殺治也吳越曰殺周禮司刑殺罪五百又呂覽仲秋殺氣浸盛注陰氣也又考工冶氏爲殺矢注用諸田獵之矢也又後漢吳祐傳殺青注以火炙簡令汗取其青易復不蠹謂之殺青叚借爲苐考工矢殺矢七分注當爲苐又爲弑穀梁昭十三經殺其君虔于乾溪文十四經齊公子商人殺其君舍殺弑雙聲又爲衰爲㾮或爲差爲省差省殺亦雙聲儀禮士冠禮德之殺也注猶衰也考工輪人而殺其一注衰小之也周禮廩人詔王殺邦用注猶減也漢書杜鄴傳陰義殺也注謂減降也禮記文王世子親親之殺也注差也荀子大畧仁之殺也注差等也公羊僖廿二傳春秋詞繁而不殺者正也注省也字亦作閷考工匠人其閷參分去一亐人秋閷者矢人而閷其一按籀文閷之誤又爲悴禮記樂記志微噍殺之音作說苑修文正作悴又爲竄孟子殺三苗于三危又爲札實爲折禮記禮器是故年雖大殺注謂殺不孰也聲訓釋名釋喪制罪人曰殺殺竄也埋竄之使不復見也又書咸有一德傳始終不衰殺釋文殺害也古韻老子任爲叶殺活害管子版法叶殺廢外晏子春秋諫下叶殺敝莊子在宥叶制殺決呂覽孝行叶殺廢闕素問五常政大論叶殺罰制害六韜文韜叶殺竭拔畢又考工弓人叶發閷

黠 黠 **㮨** 似茱萸出淮南从木殺聲字亦作蔱廣雅釋木㮨茱萸也爾雅釋木椒椴醜莍注莍萸子聚生成房皃㮨似茱萸而小赤色按㮨一名藙亦名欓子蔱疑卽藙之誤字本草之吳茱萸也與山茱萸小異離騷㮨又欲充夫佩幃注似椒而非南都賦蘇蔱紫薑

曷 **⿱殺米** 悉⿱殺米散米也从米殺聲轉注左昭元傳周公殺管叔而蔡蔡叔注蔡放也以蔡爲之孟子殺三苗于三危以殺爲之按實皆借

shā 鎩　fá 伐　fá 茷　miè 蔑

爲叡、

卦黠 鎩 鎩 鈹有鐔也从金殺聲西京賦注引說文一曰鋋似兩刃刀漢書陳勝項籍傳贊不敵于鉤戟長鎩也注鈹也張衡傳稹鎩𩌏猷【轉注】淮南覽冥飛鳥鎩翼注鎩翼也又蜀都賦鳥鎩翮注殘也、

伐十二名、凡伐之派、皆衍伐聲。房越切

月 伐 伐 擊也从人持戈會意一曰敗也與戍字从人負戈別廣雅釋詁一伐殺也左莊廿九傳凡師有鐘鼓曰伐無曰侵公羊莊十傳觕者曰侵精者曰伐穀梁隱五傳斬樹木壞宮室曰伐春秋說題辭伐之爲言敗之也又陸希聲左傳通例聲罪致討曰伐又書牧誓不愆于四伐五伐鄭注一擊一刺爲一伐詩皇矣是伐是肆【轉注】詩甘棠勿翦勿伐采芑鉦人伐鼓傳擊也禮記月令命漁師伐蛟注蛟言伐者以其有兵衛也管子霸形伐鐘鼓之縣注謂斫斷也說文鍇本一曰敗也亦斫也【叚借】爲拔或爲旆史記高祖功臣侯年表明其等曰伐積日曰閱字亦作閥說文新附閥自序也左莊廿八傳且旌君伐注功也成十六傳驟稱其伐齊語期而書伐漢書朱博傳齊伐閱詣府論衡謝短吏上功曰伐按拔擢異于人也亦猶冣也又賈子道術功遂自卻謂之退反退爲伐論語願無伐善克伐怨欲老子不自伐故有功注取也左襄十二傳小人伐其技以馮君子注自稱其能爲伐小爾雅廣詁伐美也按自拔擢許異于人也禮記不自大其事卽不伐也又爲栰詩賓之初筵是謂伐德按亂也箋失之又爲茷公羊昭十七傳伐爲大辰考工輈人以象伐也注伐屬白虎宿與參連體而大星按如旁出之葉也又爲發考工匠人一耦之伐注𤰝上曰伐伐之言發也字亦變作垡【聲訓】公羊莊廿八傳注伐人者爲客讀伐長言之見伐者爲主讀伐短言之齊人語也白虎通伐者何伐敗也欲敗去之續漢禮儀志注引盧植禮記注伐發也【古韻】詩甘棠叶伐茇皇矣叶伐絕長發叶旆鉞烈曷達截伐桀管子四稱叶烈伐竭素問六元正紀論叶達伐奪泄折文子符言叶割劇伐、

泰月 月 茷 茷 艸葉多也从艸伐聲【叚借】春秋傳曰晉糴茷按宋又有樂茷字子路誤作筏此託名幖識字又詩泮水其旂茷茷傳言有法度也或誤作筏此重言形況字釋經音辨引作伐伐亦同又借爲旆詩六月白茷央央又按方言九簰謂之筏通俗文作橃廣雅釋水橃舟也爾雅釋言舫付也注竹曰筏此後世俗字【古韻】詩泮水叶茷噦大邁、

屑 蔑 蔑 勞目無精也从苜人勞則蔑然从戍按許說此字誤也當云从苜伐聲結字似戍耳風賦得目爲蔑注蔑與瞲古字通按瞲卽蔑之俗字蔑又卽蔑之俗字也【叚借】爲蔑左襄廿五傳鬷蔑字然明荀子議兵唐蔑字明史記楚世家作唐昧又爲滅易剝牀以足蔑貞凶注猶削也周語而蔑殺其民人又不滅民功注棄也鄰里相送方山詩音壓慰寂蔑又爲末小爾雅廣言蔑末也方言二小木細枝謂之杪江淮陳楚之內謂之蔑書君奭文王蔑德鄭注小也疏謂精微也又爲懱周語王而蔑之注小也是蔑先王之官也注欺也詩桑柔國步蔑資箋猶輕也又爲弗與用莫末靡罔等字同小爾雅廣詁蔑無也詩板喪亂蔑資傳無也左僖十傳蔑不濟矣成十六傳蔑從晉矣又爲篾書顧命敷重蔑席箋蔑雙聲又雙聲連語淮南脩務手若蔑蒙注言其疾也史記司馬相如傳蔑蒙踴躍集解飛揚也漢書揚雄傳集注蔑蠓疾後漢張衡傳注蔑蒙氣也又左隱元盟于蔑公穀作眛文七晉先蔑公羊作眛商子弱民唐蔑楚策作昧【古韻】宋玉風賦叶怛熱蔑、

miè 𥌘　miè 衊　wà 韤　miè ⿰禾蔑　mò ⿰米蔑　miè 幭　miè 懱

屑 𥌘 𥌘 目眵也从目蔑省聲字亦作䁾按卽蔑字今附于此呂覽盡數處目則爲䁾爲盲注眵也釋名目眥傷赤曰䁾【轉注】說文眵篆下一曰眵蔑兜也按今蘇俗曰眼疵蔑兜當作䁾覭覭目蔽垢也【聲訓】釋名釋疾病䁾末也創在目兩末也【古韻】宋玉風賦叶熱䁾卒、

屑 衊 衊 汙血也从血蔑聲廣雅衊血也素問氣厥論傳爲衄衊瞑目六元正紀大論少陰所至爲悲妄衄衊注汙血亦脂也【轉注】漢書梁平王襄傳汙衊宗室注謂塗染也、

月 韤 韤 足衣也从韋蔑聲字亦作韈左哀廿五傳褚師聲子韤而登席【聲訓】釋名韤末也在腳末也、

屑 ⿰禾蔑 ⿰禾蔑 禾也从禾蔑聲廣韻云見莊子、

曷 ⿰米蔑 ⿰米蔑 𪍿也从米蔑聲按末也今之粉麪勃皆是小爾雅廣言蔑末也以蔑爲之、

月屑 幭 幭 蓋幭也从巾蔑聲按與幎冪同字亦作𧝮詩韓奕鞹鞃淺幭傳覆式也禮記曲禮素幭管子小稱乃援素幭以裹首注所以覆軨也周禮巾車木車犬複禮記玉藻君羔幦虎犆注覆笭也以幦字幎字爲之幦幭幎一聲之轉又方言四襎裷謂之幭注卽帊幞也廣雅釋器幭幞也通俗文帛三幅曰帊帊衣襆也又說文一曰幭禪被也按幭者覆物之巾覆車覆衣覆體之具皆得稱幭【轉注】詩韓奕叶幭厄、

屑 懱 懱 輕傷也从心蔑聲商書曰以相陵懱今書闕有閒不知何篇之辭易剝蔑貞凶鄭注輕慢也詩桑柔國步蔑資箋蔑猶輕也周語王而蔑之是不明賢也注小也皆以蔑爲之【叚借】爲瀎埤蒼懱拭滅也又爲末廣雅釋詁一懱末也二小也又爲韈方言八桑飛或謂

lài là là là fá miè mò
賴 梾 瑓 刺 罰 鬻 瀎

之懱爵、

曷 **瀎** 㕞滅皃从水蔑聲按瀎泧猶𢴭摵也抹摋也摩挲之意

屑 **鬻** 粖 涼州謂鬻爲鬻从䰜機聲按當从鬲从米蔑聲或从米末聲又按即糜也糜鬻一聲之轉別義廣雅釋器粖饘也

罰一名、房越切

月 **罰** 辠之小者从刀从詈會意未以刀有所賊但持刀罵詈則應罰字亦作罸罰子經罰上報下之辠也周禮司救三讓而罰注謂撻擊之也司市小刑憲罰注播其肆也又職金掌受士之金罰貨罰注罰罰贖也廛人罰布廛布注犯市令者之泉也易彖上傳則刑罰淸而民服書盤庚惟予一人有逸罰禮王制郵罰麗于事楚辭惜誦忠何罪以遇罰兮太元斷次八勇侏之罰注反義爲罰叚借爲伐廣雅釋詁一罰折也又殺也四罰伐也又爲伐實爲茷後漢郎顗傳罰者白虎其宿主兵又爲畝周禮大馭故書及犯罰古韻韓非揚權叶月熱罰素問五常政大論叶殺罰制害

刺十二名凡刺之派皆衍刺聲盧達切

曷 **刺** 盭也从束从刀會意刀者刺之也按韋背故矯之紕繆故斷之廣雅釋詁二刺衺也周書謚法愎很遂過曰刺禮記禮運注不乖刺叚借爲瘌方言二刺痛也

曷 **瑓** 玉也从玉刺聲

曷 **梾** 楋木也从木刺聲

泰 **賴** 贏也从貝刺聲方言十三賴取也廣雅釋詁三賴恃也左襄十四傳緊伯父是賴注恃也周語先王豈有賴焉注利也齊語相示以賴注贏也魯語實永饗而賴之注蒙也經傳多以利爲之又史記高帝紀始大人常以臣亡賴方言十央亡嚜屎婚獪也江湘之間或謂之無賴按猶言不可恃也叚借爲嬾孟子富歲子弟多賴注善也廣雅釋詁一賴善也阮氏元謂當讀爲嬾按即沃土之民不材意阮說是也又爲癘史記刺客傳漆身爲賴索隱惡瘡疾病也又爲刺按方言二賴讎也南楚之外曰賴又託名幖識字左昭四遂城賴公穀作厲按即左僖十五齊師曹師所伐之厲在今湖北德安府隨州北有厲山古韻呂覽離俗叶外察賴害埶世士容叶大害越外賴世竭衛厲折

lǎn lài lài lài tǎ lài là là
嬾 𩼦 瀨 瀨 獺 籟 𢃳 瘌

曷曷 **瘌** 楚人謂藥毒曰痛瘌从疒刺聲方言三瘌痛也凡飲藥傅藥而毒南楚之外謂之瘌廣雅釋詁四瘌傷也按亦曰癆勞刺一聲之轉今蘇俗言物味辛曰辣辣即瘌之俗又言蟲螫痛或膚小痛皆曰瘌辢廣雅釋言辢辛也通俗文辛甚曰辢聲類江南曰辣中國曰辛字苑作莿亦俗字

曷 **𢃳** 刺也从巾刺聲按字从巾當訓敝也

泰 **籟** 三孔龠也大者謂之產其中謂之籟小者謂之箹从竹賴聲爾雅釋樂籥其中謂之仲許益以籟當之按廣雅云籟謂之簫史記司馬相如傳吹鳴籟集解籟簫也淮南齊俗注簫籟也孟子管籥之音注籥簫也是三者器相類古亦通名其二孔三孔六孔七孔之說不同者按吹籥宜短三孔舞籥宜長六孔呂覽遇合客有以吹籟見越王者注二孔籥廣雅籥謂之笛有七孔二者三之誤字七者張氏以籥即笛也莊注莊子齊物論地籟則眾竅是已人籟則比竹是已古韻高唐賦叶蓋會藹沛薄籟

曷黠 **獺** 如小狗水居食魚从犬賴聲蔡邕月令章句獺毛蟲西方白虎之屬水居而殺魚者也孟子故爲淵敺魚者獺也注獱也呂覽孟春獺祭魚注獺獱水禽也漢書郊祀志豺獺有祭揚雄傳蹈獱獺

泰 **瀨** 水流沙上也从水賴聲楚辭湘君石瀨兮淺淺注湍也淮南本經抑減怒瀨注急流也漢書武帝紀甲爲下瀨將軍注湍也吳越謂之瀨中國謂之磧司馬相如傳沍沍下瀨注疾流也又北揭石瀨注石而淺水曰瀨吳都賦直衝濤而上瀨注水大波魏都賦石瀨湯湯又史記南越傳爲戈船下厲將軍以厲爲之

泰 **瀨** 寒也从仌賴聲按經傳皆作冽詩下泉冽彼下泉傳寒也大東有冽氿泉傳寒意也叚借爲颲長笛賦瀏溧以風冽注寒皃漢書王褒傳故虎嘯而冽風注冽冽風皃也

泰 **𩼦** 𩼦魚也从魚賴聲

旱 **嬾** 懈也怠也一曰卧也鍇本作卧食按當作饕也从女賴聲字亦作孄作懶廣雅釋言嬾懈也孟子富歲子弟多賴以賴爲之

傺　墆　遾　⿱⺮衞　唳　袣　鯯　⿰鳥大　⿸疒帶　⿲彳斤亍　⿰⻊斤　⿱夭日　⿱⺮釿　⿲歹夕刂　涑　⿰忄矣　⿰扌祭

附說文不録之字

傺 方言七、傺逗也、南楚謂之傺、離騷忳鬱邑余侘傺兮、注、猶住也、楚詞惜誦心鬱邑余侘傺兮、注、楚人謂失志悵然住立爲侘傺、九辯然欲傺而沈藏、叚借爲際、張遷碑、臏正之傺、

墆 廣雅釋訓、墆障蔽也、埤蒼、長沙謂堤爲墆、叚借爲滯、管子法法、財無砥墆、注、久積也、蜀都賦、賈貿墆鬻、又雙聲連語、西京賦、直墆霓以高居、薛注、高皃、

遾 爾雅釋言、遾逮也、注、北燕曰遾、廣雅釋詁一、遾遠也、

⿱⺮衞 廣雅釋草、⿱⺮衞葥也、

唳 說文新附、唳鶴鳴也、舞鶴賦、唳清響於丹墀、

袣 卽裔 埤蒼、袣衣長皃、按卽裔之別義、漢書司馬相如傳、曳獨繭之褕袣、注、裔也、

鯯 字林、鯯鰶魚出東萊、文字集略、鯯亦作鰶、

⿰鳥大 卽雄 中山經首山、机谷多⿰鳥大鳥、疑卽雄字誤从大、

⿸疒帶 字林、⿸疒帶赤痢病也、三蒼、⿸疒帶下病也、廣雅釋詁一、⿸疒帶創也、釋名、下重而赤白曰⿸疒帶、言屬⿸疒帶而難也、字亦作⿰月帶、

⿲彳斤亍 方言十三、⿲彳斤亍刻也、

⿰⻊斤 方言一、踏路踹跳也、楚曰⿰⻊斤、廣雅釋詁二、⿰⻊斤跳也、

⿱夭日 晉書音義、不古有此姓、

⿱⺮釿 方言五、篗自關而西或謂之⿱⺮釿、注、今云⿱⺮釿篗、篷也、廣雅釋器、⿱⺮釿席也、

⿲歹夕刂 廣雅釋詁一、⿲歹夕刂病也、

涑 禮記曲禮、葱涑處末、注、烝葱也、此字不知何从、疑渫之誤字、

⿰忄矣 卽寏 字林、⿰忄矣心安也、按字當作寏、卽寏、

⿰扌祭 埤蒼、⿰扌祭挑取也、

⿰舟契　炔　⿰日夬　⿰歹夬　靳　餐　⿰巾曷　⿰山兌　懀　蘱　鴂　艜　⿰木帶　綐　襰　⿰革兌　攋　⿱艹害　鋇　⿰害攴

⿰舟契 廣雅釋水、⿰舟契舟也、

炔 炅 廣雅釋詁三、炅見也、漢書有炔欽、音桂、又王子侯表、徐鄉侯炅、注、炔字或作快、是字亦作炅、

⿰日夬 廣雅釋器、⿰日夬篋也、

⿰歹夬 廣雅釋詁一、⿰歹夬極也、

靳 廣雅釋器、靳刀削也、

餐 廣雅釋器、餐臭也、

⿰巾曷 廣雅釋器、直衿謂之⿰巾曷、

⿰山兌 長笛賦、嶰壑澮⿰山兌、注、嶰壑深平之皃、按疊韻連語、

懀 一切經音義引字書、眉目閒皃也、別義、廣雅釋詁三、懀惡也、

蘱 莊子人閒世、隱將芘其所蘱、向注、蔭也、

鴂 爾雅釋鳥、桃蟲鷦、其雌鴂、

艜 方言九、艇長而薄者謂之艜、

⿰木帶 方言五、槌、宋魏陳楚江淮之閒謂之⿰木帶、

綐 廣雅釋器、綐紬也、

襰 廣雅釋言、襰墮也、

⿰革兌 廣雅釋詁四、⿰革兌補也、

攋 方言十三、攋壞也、

⿱艹害 方言三、蘇、沅湘之閒或謂之⿱艹害、注、今長沙人呼蘇爲⿱艹害、廣雅釋草、⿱艹害荏蘇也、

鋇 廣雅釋器、鋇鋌也、

⿰害攴 廣雅釋詁三、⿰害攴辱也、

嘬　魿　唄　呞　鱲　滏　醸　簸　師　發　哱　顗　櫒　樾　蠍　劂　餑　馞　䝙

嘬　禮記曲禮毋嘬炙、注、一舉盡臠、孟子、蠅蚋姑嘬之、注、攢共食之也、太元翕翕食嘬嘬、注、食疾之皃也、

魿　吳都賦罩兩魿、劉注、形如十字、各長三寸、方似介、左右魿一目、所謂比目魚也、

唄　宣驗記、曹植曾登魚山、忽聞巖岫有誦經聲、清婉遒亮、遠谷流響、遂依擬其聲而製梵唄、至今傳之、一切經音義引此、

呞　廣雅釋詁二、呞息也、

鱲　廣雅釋器、鱲鹽也、

滏　說文新附、沆滏气也、琴賦、餐沆滏兮帶朝露、注、北方夜半氣也、

醸　集韻引廣雅、醸醬也、

簸　方言五、簟、注、江東呼籧篨爲簸、一切經音義引方言注、江南謂籧篨直文而麤者爲笪、斜文者爲簸、廣雅釋器、簸席也、字亦作簸、作簸、

師　廣雅釋詁四、師舂也、埤蒼、師踢米也、

發　廣雅釋詁二、發稅也、

哱　吳都賦、旭日晻哱、注、哱亦闇也、

顗　莊子外物、壓其顗、司馬注、頤下毛也、釋文本亦作𩔣、

櫒　爾雅釋木、櫒椵、注、柚屬也、

樾　字林、樹陰也、淮南人間、武王蔭暍人於樾下、注、眾樹之虛也、

蠍　通俗文、長尾爲蠆、短尾爲蠍、

劂　卽剧　廣雅釋器、劂刀也、漢書楊雄傳、般倕弃其剞劂兮、注、曲鑿也、疑卽剧、

餑　廣雅釋詁四、餑長也、

馞　廣雅釋訓、馞馞香也、集韻引廣雅、馝馞香也、按重言形況、雙聲連語、

䝙　家語禮運、鳥不䝙、注、飛走之皃、

薵　鐝　瀎　桲　颰　㵾　泼　玻　遻　瞎　樏　礣　鶡　訒　刹　聒　揑　篞　凸　㮚

薵　爾雅釋草、薵蔰、注、未詳、

鐝　通俗文、磨腨曰鐝、

瀎　字林、瀎水在義陽、

桲　方言五、僉、齊楚江淮之閒或謂之桲、廣雅釋器、桲杖也、別義、廣雅釋詁一、桲瀝也、

颰　廣雅釋詁四、颰風也、

㵾　獥　㵾按亦作猲獥、樊敏碑、不顧倡而、

泼　海賦、決陂潢而相泼、注、灌也、

玻　吳都賦、致遠流離與珂玻、劉注、老鵰化西海爲玻、已裁割若馬勒者謂之珂、玻者珂之本璞也、

遻　洞簫賦、馳散渙以遻律、注、遻律出遲皃、按疊韻連語、

瞎　字林、一目合之也、釋名、瞎迫也、膚幕迫迫也、

樏　字林、樏草木動搖聲、

礣　字指、礣砎、雷大聲也、又、通俗文、堅硬不消曰礣砎、按皆疊韻連語、

鶡　鶡　通俗文、白頭鳥謂之鶡鷵、按字林、鶡鷵似伯勞而小、鶡卽鶡之誤字、鶡鷵疊韻連語、

訒　廣雅釋詁二、訒怒也、

刹　說文新附、刹柱也、今爲蘭若浮圖字、疑卽殺、从殳、从刀、同誼、兩訓皆託名幖識耳、

聒　埤蒼、聒怒視皃、

揑　字林、揑捺也、埤蒼、揑捺搦治也、

篞　爾雅釋樂、管中者謂之篞、舍人注、中者聲相密、故曰篞、篞密也、

凸　卽突　蒼頡篇、凸作宊突也、凹作㝔墊下也、

㮚　通俗文、機汲謂之㮚橰、

闞　柍　芵　膠　㙚　擮　甈　蛂　鮤　鴷　娎　嵥　滐　肵　蹶　殘　諻　翙　䵷　蠛

說文通訓定聲　泰部弟十三附錄

闞 廣雅釋詁三、闞空也、廣雅釋器、

柍 柍盂也、

芵 爾雅釋草、蘮蒘芵光、又廣雅釋草、芵明羊角也、字亦作決、

膠 廣雅釋器、膠腴也、

㙚 方言六、㙚下也、凡柱而下曰㙚、

擮 廣雅釋詁三、擮擊也、

甈 廣雅釋器、甈瓶也、

蛂 爾雅釋蟲、蛂蟥蛢、

鮤 爾雅釋魚、鮤鱴刀、注今之鮆魚也、亦呼刀魚、按列蔑疊韻連語、

鴷 爾雅釋鳥、鴷斲木、按列字之轉注、

娎 廣雅釋詁一、娎美也、

嵥 江賦、虎牙嵥豎以屹崒、注、特立見、

滐 海賦、消渊滐而爲魁、

肵 廣雅釋器、肵脂也、

蹶 廣雅釋詁二、蹶跳也、

殘 廣雅釋詁一、殘盡也、

諻 廣雅釋詁二、諻怒也、

翙 廣雅釋詁一、翙病也、按羊病、

䵷 管子修靡、長喪以䵷其時、注、䵷也、

蠛 爾雅、蠓、蠛蠓、注、小蟲似蜹、喜亂飛、按蔑蒙雙聲連語、甘泉賦、浮蔑蠓而撇天、注、蟲小於蚊、郭氏爾雅圖讚、風舂雨磑、按飛而上

挒　搩　扒　鑯　怴　輵　梀　鞨　摋　襏　馛　葀　獦　髑　𤾷　馤　倢　潑　挈

說文通訓定聲　泰部弟十三附錄

下如舂主風、回旋如磑主雨、別義埤雅、蠓二名醯雞、按醯雞今蠓蠓、所謂醋蟲有螯如蟹、

挒 廣韻引埤蒼、挒捩也、

搩 字林、搩、張暴也、

扒 廣雅釋言、扒擘也、

鑯 集韻引廣雅、鑯鋋也、

怴 公羊桓五傳、曷爲以二日卒之、怴也、注、怴狂也、齊人語、廣雅釋詁二、怴怒也、釋訓、怴怴亂也、

輵 史記司馬相如傳、跮踱輵轄、索隱、輵轄前却也、漢書注、搖目吐舌也、按疊韻連語、

梀 一切經音義引周成難字、梀帘梀也、

鞨 廣雅釋器、鞨履也、別義列子湯問、鞨巾而裘、釋文、帕頭也、帕頭幧頭也、

摋 公羊莊十二傳、萬臂摋仇牧、注、側手曰摋、淮南原道、不與物相弊摋、

襏 通俗文、三尺衣謂之襏、齊語、身衣襏襫、注、襏襫衣也、管子小匡注、謂粗堅之衣、

馛 廣雅釋器、馛香也、釋訓、馛馛香也、

葀 甘泉賦、攢并閭與茇葀兮、注、草名也、按疊韻連語、

獦 字林、獦狚獸名、似狼赤眉、按雙聲連語、猶鳥名鶡旦也、

髑 廣雅釋親、髑脅也、

𤾷 廣雅釋器、𤾷白也、

馤 字林、馤香氣、

倢 方言十三、倢逃也、

潑 玉篇、潑水漏也、一曰弃水也、

挈 廣雅釋言、挈擊也、

痢 廣雅釋室、痢庵也、字亦作㾾、

瘍 廣雅釋詁一、瘍病也、

篙 廣雅釋草、篙盛桃支也、

醲 字林、醲醬也、

怵 廣雅釋詁二、怵忘也、

抹 廣雅釋詁三、抹塵也、

鴸 廣雅釋鳥、鴸鴟也、

鮵 爾雅釋魚、鯢小者鮵、注、今青州呼小鱺爲鮵、

落 爾雅釋草、落藁石、

蛞 廣雅釋蟲、蛞螻螻姑也、本方言十一、

科 廣雅釋詁二、科抒也、

袜 廣雅釋器、袜袂也、

剠 廣雅釋詁三、剠削也、

酰 字林、酰酒氣也、

肢 莊子在宥、股無胈、李注、白肉也、崔注、䐐也、則謂䏚䏶卽褐字、釋文或云當作㲌、史記司馬相如傳、躬腠胝無胈、徐廣云、䐐也、韋昭云、䐐中小毛也、漢書作躬傶胼胝無胈、孟康云、毳膚皮也、史記李斯傳、而股無拔、集解、膚毳皮、以拔爲之、

躄 莊子馬蹄、躄躠爲仁、按疊韻連語、

蝲 一切經音義九引廣雅、蝲蠍也、

眛 漢書李廣利傳、名眛蔡、爲宛王、注、音本末之末、

佅 孝經鉤命決、東夷之樂曰佅、東都賦、僸佅兜離、

盇 說文新附、盇器、盂屬、字俗作鉢、

菝 廣雅釋草、菝挈狗脊也、字林、菝葀瑞草也、按皆疊韻連語、

鬆 廣雅釋詁二、鬆秃也、字亦作髻、作鬜、廣雅皆訓秃、

猰 爾雅釋獸、猰貐類貙、虎爪、食人、迅走、字亦作猰、作窫、淮南本經、猰貐鑿齒、注、狀若龍首、或曰似貍、善走而食人、在西方也、海內南經、窫窳龍首、

圿 廣雅釋言、圿垢也、

鶡 字林、鶡鶡似伯勞而小、按卽鶡鶡也、鶡者鶡之誤字、

說文通訓定聲目

乾部弟十四 分部同泰 轉屯坤壯

寒 㝬 搴 搴攓擇捲掮 蹇 蹇 謇蹇譴 騫
褰 襆 鶱 攐 安 荌
搴 鴳 鴳 案 晏 案
侒 頞 齃頞 洝 按 䁙 眼䁙
晏 宴 䜩讌宴 鰋 鰋 匽 鼴堰鶠 鶠
郾 偃 褗 揠 蝘 蝘
雈 萑 寬 髖䯬 覽 奐 寬
髖 臗 丸 䞆 芄 骫 骫 肒

𡯷 紈 吅 喧嚾 雚 瓘
𧾻 讙 矔 驩 鴝鴉 䚷
權 顴 酄 觀 舊 歡 貛
驩 爟 烜𣈳 懽 灌 彏 藿奞
蠸 勸 元 玩 貦 芫 杬
䚈 刓 𠛮捖抏 邧 完 冠
頑 忨 䬧 沅 蚖 螈 黿 魭
𨋃 軏 阮 髡 髡 莞 䓓
脘 筦 梡 椀 俒 鯇
垸 院 冤 蒬 䩩 鞔韗

黦 䮝 婉 夗 苑 詋
眢 睕 鴛 豋 踠 盌 椀盌 𧵏 碗
宛 惌惋踠蜿蛪 帵 怨 命 𦬨 腱䓾 琬
菀 婉 妴 晼 輐
亘 咺 喛 𧻚 觛 桓
宣 瑄 貆 狟 𡘍 洹 汍
絙 綄 垣 䡝 愃 暵 晅暵䁅 嘆
難 鷬雗 歎 鸛 䭳 熯 漢 灘
鷬 䕼 䔵 灘 灘潬 𪇜 戁 儺
戁 厂 斥 厓 鴈 彥

屵 嵃 𠩺 贗 諺 喭 顏 𩔗 產 簅
岸 𤛑 滻 鏟 剷 反 反
返 彼 眅 飯 餅飰 販 昄
版 板鈑蝂 汳 汴 𨛄 軓 阪 坂
㫃 於 𣃕 𡕈 旋 斡
倝 鶾 韓 韓 榦 翰榦杆簳笴 幹
乾 鶾 榦 幹 㪋 乾 乾
嫙 縼 旋 鏇 淀 漩 蔙
瀚 浣澣 鄿 虤 焉 蔫 𣩞蔫
鄢 嗎 傿 鄢 漹 嫣 嘕嘢 衍

說文通訓定聲　乾部第十四目録　三

徧 寒僊僊 衛 燕 鄰 齎
驠 嬿 㳄 湺涎 漾洄 羨 遂
綫 閑 鷳 畢 顯 韅 韅
憲 蘐 蕿萱蘐 萲 𧽕 縣 懸 縣 縣
閔 戉 奻 姦 悬鬘奸 蕑
官 幻 虍 獻 甗 巘
巘 巘 巘 櫱不栓 柿蘗蘗 巘 讞 巘
原 𠫐驫源 原 𧀠 謜 傆 願
𤠯 愿 嫄 縓 遼
夐 肰 猒 然 嘫燃 嘫 橪
燃 撚 嬈 繎 㲋 𡰪
赧 赧 碾輾 㬎 善 譱 膳
鄯 僐 顫 嫸 繕
幵 趼 詽 𤠅 鳽
㼛 研 硯𥓏 豣 猏 麗 豜
䔖 汧 龐 妍 栞 栞
䍐 爰 舜鶢 援 捋揎 瑗 諼 諠
暖 楥 楦 䙀 頨 煖 暄暖
媛 鬆 緩 蝯 猨猿 鍰 肙
遺 繾 譴 㒸 㬎 顯

說文通訓定聲　乾部第十四目録　四

嬛 娟婘嬗 肩 肩 䚆 𧡫 顧 閒 閒澗
瞯 鷳 鵬 簡 橺 癎
僩 撊 鬜 鬝 騆 驌 憪 澗 嫺㵎
嫺 鐗 瀾 簡 蕑 柬 揀
諫 楝 欄欄 煉 鍊 湅
闌 練 漱 蘭 蕑 讕 讕
籣 韊 瀾 漣 爤 燗爛栞 蘭 擧
建 鞬 楗 揵 健 鍵 闥
見 莧 哯 听 靦 睍
晛 燃 俔 覸 䩄醲 硯 蜆
垷 挸峴 干 玕 捍 赶 趕 迂
衎 齗 訐 軒 奸
皯 鼾 鼾 𩨷 肝 刊
竿 邗 旰 旱 罕
秆 岸 研 豻 犴狱 忓 汗 㵄瀚
閈 扞 捍 奸 釬 軒
䵫 睅 睆 稈 秆 骭 骭 悍
戰 䮗 辛 言 訔 琂
喧 㾍 看 輸 侃 遀 鬻 餰飦鍵
肙 蜎 鞙 琄 睊 詞 削

鋗嚾 圓囩梋 稍鵍 痟 駽
焆 悁䰴 涓 捐 弲
絹 埍 鋗 䣺 官
菅 逭爟𨁼 輨 管琯 館
棺 倌 悹 涫涴 捾剜
婠 綰 輨錧 毌串 貫
患悶悤 遦 摜慣 丱卝畯朘 弄
關𨵽 盥 耑 喘蝡 遄
諯 腨 剬 䑐 篅圌
𥟍 褍 歂 顓 㟴
貒 端 湍 鶨 段腶
耎輭軟 椯 𨍭緞 碫 䤖
鍛 䓴楩檽 腝臑脘 稬糯 偄愞懦
碝礝瑌 麛 煗暖 渜湪濡 媆嫩嫰
甄瓬 緛 蝡蠕 㬉嚅嚅堧 陾
丹冃彤 旃旜 旦 靼韃 鴠
𦨡䩥 笪 亶 疸 但襢
袒綻䘺 炟 𪐴 怛悬怚 䋎
坦 䞡邅 䁪 鸇鸇鷏 膻
饘檀 檀 儃 氈 顫驙

驙 澶 鱣鱣 擅 嬗嬋
蟺蟮 壇襢㯩 鐔 短 彖豫腞
瑑 鶨 篆 椽 掾
緣褖 蝝 錄猭䝚 隊 單
單 禪 蕈䔤 嘽 殫勯
觶觗觝觥 簞 樿 鄲 癉癉
幝 僤 禪 磾 貚
驒 燀 𪔵 憚 鱓鮔鱔
闡灛 撣 戰 匰 彈弙
繟 蟬 鼉 墠 般般般
鞶槃 磐 槃鎜盤柈磐洀 瘢 幋
䰉 縏 搫搬 媻婆 螌
半 叛 胖 判牉拌 伴
牉 袢 泮頖泮 姅 絆靽
畔 料 㚘 輦 鄻
㒼 璊玧 瞞𥇊 樠㮇 𤨓
鬗 懣 滿漫 𢠵 巿
蔄𥈈𤷒 襔 曼 蔓 𧽒
謾 槾墁 幔 獌貓蟃 慢
鰻 嫚僈 縵 鏝 鞔

說文通訓定聲　乾部第十四

鄱　釆(平)　番(蹞𤰈蹯)　𢍏　璠
蕃(蕃)　譒　羳　橎　鄱
旛　墦　幡　皤(顮)　磻(磐碆)
⿰犭番　蹯　燔　⿰豸番(膰)　潘(瀋)
播(敽)　繙(憣)　蟠　⿱番囟　眷(睠)
券　⿱龹虫(蜷踡)　⿱龹豆　韏　桊(棬⿱龹皿)
帣　卷(弮啳菤綣婘)　豢　拳　絭
券(勬)　灊(滜)　藩(畚橎)　籓　圈(圏)
棬(椦)　倦(勌倦)　鬈　捲(𢪌)　⿰阝卷
覍(㝸弁弁絣卞)　昪　開(枅)　拚(抃)　畚(畚)

說文通訓定聲　乾部第十四目録　七

弆(攢)　䜌　宀　縣　鬳(鬳)
邊　邉　矏(矊)　籩(𥳓𩞀)　櫋
𡨄　鬓(鬓)　𨙅(𨙅)　面　䩶
偭　愐(勔偭)　湎(䤄)　緬　蝒(蝒)
片　緜(緜緐)　蘇(蕬)　鱉(瀟)　頻
蘋　桝(𣙁)　樊(騬)　礬　𩑶(𩑶)
𩓞　樊　𣏟(攀攀扳)　𠬝　餐(飡)
粲(燦璨)　妏　殘(𣧇)　贊(讚囋𩐨吘呠咔)　瓚
贊　鑽(屭屭)　欑(攢)　酇　攢
濽(濺)　嬻　纘　鑽　楸

傲(繖傘)　散　鐵　霰(霓)　潸
筭(筭)　算　𢿾(𩀟)　籑(饌餕籑)　篹
纂　潩(潩涮)　匴　纂(纗纂)　篫
沶　蒜　㬱(巽𤯔)　㩳(䩦)　巽(巽)
孱　鮮　癣　䕼　扇
偏(煽)　蝙　山　訕　邮
疝　汕　屾　刪　𥸮
珊　姍　冊　姍　弱
巽(䢁巽饌䉶篹䐣撰)　選　譔　巽(蹎)　僎
鐉　顛　顚　叀(𢆉卣)　專(摶韉磗)

說文通訓定聲　乾部第十四目録　八

袁　蒪　膞　簙　團(漙雾)
傳　𠊱(榑)　塼　鱄　摶
嫥　縳　轉　遠(逺遠)　睘
園　轅　環(鐶)　䢨　還(儇)
譞　暖　𩔈(翾𩖃)　檈　圜
儇　獧(狷)　懁　闤　擐
嬛(娟)　繯(綄)　蠉　轘　檈
擐　羂(罥羂)　𡈼(掁)　㝅　展
驏　屭　延　延(蜒蚰蜒莚)　追(駆𧿶)
𩨁(𩨁)　哶　誕(䛁譠)　筵　梴

說文通訓定聲　乾部第十四

七〇九

郔 梴 硟 挻(埏) 鋋
穿 斷(韶 飭) ⿱㡭胥 躖(䟷 暖) 戔
⿰衤戔 ⿴行戔 踐(履) 諓 殘
箋(㦽) 虥 餞 棧(輚 轏 碊) 賤
帴 俴 ⿰犭戔 淺 綫(線 絤)
錢 ⿰阝戔 醆(琖 盞 盞 [illegible]) 嶘(峩) 雋
⿰月雋(⿰火雋) 檇 ⿱雋䖵 鐫(鋑) 泉(洤 湶 ⿰虫泉)
灥 全(仝 弇 痊) 荃(筌) 牷 跧
詮 佺 恮 絟 銓(硂)
輇(輲) 歬(前) 葥(莿) 翦([illegible]) 前(剪 劗 剗)
鬋(鬋) 箭 ⿱前巾 煎 湔
揃 媊 ⿰氵葥(葥) 廌(薦) ⿰金廌
瀳(洊) 廛(壥 鄽 ⿺辶廛) 躔 纏(繵) 連
蓮 謰 槤(璉) ⿱連心 鰱
鏈 聯(縺) ⿱聯齒 䜌(卛) ⿱䜌⺄
變 臠 鸞 [illegible](⿱䜌冂) 欒
⿱䜌曰 ⿰䜌欠 巒 灓(灤) 關
攣 孌(戀) 彎 蠻 鑾
⿱䜌羊 孿([illegible] 顲 僆) ⿱䜌手(⿱䜌艹 蒓) 𤔔(寽) ⿰𤔔攵
覶(覼) ⿰女𤔔 亂 ⿰𤔔乙 鱻

𡕥(⿰足少) 夐(矎) 瓊(璚 瓗 琁) 藑 ⿺走夐
讂 觼(鐍) 奐 ⿱[illegible]复(叟 莞) 寏(院)
渙(煥 ⿰目奐) 換

右文字九百二名 旁注五百十七字 附存一百三十九字

jiǎn 蹇　jiǎn 䞿　qiān 搴　hán 寒

說文通訓定聲

吳郡朱駿聲豐芑甫紀録
新安朱鏡蓉伯和甫參訂

乾部弟十四 凡一百八部

寒八名凡寒之派皆衍寒聲 胡安切

寒（寒）寒 凍也。从人在宀下，以茻薦覆之，下有仌，會意。易說卦：乾爲寒。書洪範：曰寒。鄭注：寒，水氣也。左哀十二傳：若可尋也，亦可寒也。尋者㷋之借字。注：寒，歇也。非是。昭四傳：以享司寒。注：司寒，元冥，水神也。呂覽有始：北方曰寒風。注：坎氣所生，一曰廣莫風。又方言十一：蟪蛁謂之寒蜩，寒蜩瘖蜩也。爾雅：蜺，寒蜩。注：寒螿也，似蟬而小，青赤。夏小正：寒蟬鳴。傳：蝭蠑也。轉注：高唐賦：寒心酸鼻。注：寒心謂戰慄也。又史記范雎傳：范叔一寒如此哉。按：蹇苦也。叚借爲腍。七啓：寒芳苓之巢龜。注：今脠肉也。曹植名都篇：寒鼈炙熊蹯。又託名幖識字。左襄四傳：伯明后寒棄之。注：寒國。按今山東萊州府濰縣東有寒亭。又左襄八傳：寒浞，古今人表作韓。又淮南說林：寒將翔水。注：水鳥。又爾雅：葴，寒漿。卽燈籠草，亦曰紅姑娘，字亦變作蘵。聲訓：釋名釋天：寒，扞也，扞格也。古韻：楚辭天問叶寒、言；招魂叶姦、安、軒、山、連、寒、淺、蘭、筵。

搴（先銑）搴 拔取也。南楚語。从手，寒聲。字亦作搴，作攓，作摶，作捲，作揃。爾雅釋言：芼，搴也。小爾雅廣詁：搴，取也。方言一：攓，取也。南楚曰攓。廣雅釋詁一：搴，舉也；三：拔也。離騷：朝搴阰之木蘭兮。史記叔孫通傳：斬將搴旗之士。列子天瑞：攓蓬而指。楚辭湘君：搴芙蓉兮木末。注：手取也。淮南兵略：搴巨旗。注：卷取也。俶真：擢德攓性。注：縮也。漢書楊雄傳：所麾城摲邑。韋昭注：并也。叚借爲簡，爲慢，爲賤，實爲憪。淮南齊俗：望我而笑，是攓也。按：猶偷薄也。又託名幖識字。爾雅釋草：搴，拒胸。注：未詳。聲訓：叔孫通傳張晏注：搴，卷也。

䞿（銑）䞿 走皃。从走，寒省聲。

蹇（阮銑）蹇 跛也。从足，寒省聲。素問骨空論：蹇膝伸不屈。易蹇：往蹇來連。楚辭謬諫：駕蹇驢而無策兮。轉注：易序卦：蹇者難也。又呂覽別類：合兩淖則爲蹇。注：彊也。管子水地：凝蹇而爲人。注：停也。又洞簫賦：終嵬峩以蹇愕。注：正直之貌。字亦作謇，作讂，作寋，作讓。方言六：謇，難也。十：讓，吃也。楚語也。通俗文：言不通利謂之謇吃。列子力命：讓極。釋文：吃也。高頤碑：清謇之口。叚借爲揵。管子四時：毋揵華絕芋。注：拔也。又爲完。莊子秋水：與道大蹇。按：本作浣，當作俔。又疊韻連語。廣雅釋訓：蹇産，詰詘也。西京賦：珍臺蹇産以極壯。注：形貌也。上林賦：蹇産溝瀆。注：詰曲也。楚辭哀郢：思蹇産而不釋。注：詰屈也。左哀六傳：彼皆偃蹇。注：驕傲。又雙聲連語。漢書淮南厲王長傳：驕蹇數不奉法。注：不順也。又重言形況字。廣雅釋訓：蹇蹇，難也。易王臣：蹇蹇。漢書龔遂傳：蹇蹇亡已。張表碑：謇謇匪躬。離騷：余固知謇謇之爲患兮。注：忠貞貌。太元勤：往蹇蹇。注：平直也。又託名幖識字。離騷：吾令蹇修以爲理。注：蹇修，伏羲氏之臣也。又爾雅釋樂：徒鼓磬謂之蹇。釋文本作謇，亦作蹇。又發聲之詞。楚辭怨思：蹇騷騷而不釋。雲中君：蹇將憺兮壽宮。湘君：蹇誰留兮中洲。謬諫：蹇超搖而無冀。又離騷：謇吾法夫前修兮。楚辭招魂：謇其有意些。借論謇不可釋。又方言六：蹇，擾也。人不靜，秦晉曰蹇。聲訓：易象下傳：蹇卦傳：蹇，難也。古韻：莊子秋水叶賤、衍、蹇。

qiān 騫　qiān 褰　xiān 騫

騫（元）騫 飛皃。从鳥，寒省聲。西京賦：鳳騫翥於甍標。楚辭遠遊：鸞鳥軒翥而翔飛。以軒爲之。廣雅釋訓：騫騫，飛也。亦重言形況字。

褰（先阮）褰 絝也。从衣，寒省聲。字亦作襱。左昭廿五傳：徵褰與襦。小爾雅廣服：絝謂之褰。方言四：絝，齊魯之間謂之𧞑。叚借爲攓。詩褰裳：褰裳涉溱。禮記曲禮：暑無褰裳。注：袪也。射雉賦：褰微罟以長眺。注：開也。又史記司馬相如傳：襞積褰縐。索隱：褰縐，縮蹙之也。

騫（先元）騫 馬腹墊也。从馬，寒省聲。謂馬腹低陷不充。墊者下也。史記弟子傳：閔子騫名損。或曰卽左襄廿三傳之閔子馬。後漢楊秉傳注、文選撤吳將校部曲注、褚淵碑文注及北堂書鈔、白帖皆引作騫。轉注：考工梓人：小體騫腹。若是者謂之羽屬。按：鳥形如卵，胸滿而腹陷。又詩天保：不騫不崩。傳：虧也。漢書鼂錯傳：外無騫污之名。集注：損也。叚借爲搴。漢書楊僕傳：非有斬將騫旗之實也。注：拔取之。又爲攓。左襄廿六傳注：拂衣騫裳也。又爲騫。廣雅釋詁三：騫，飛也。釋訓：騫騫，飛也。楚辭大招：王虺騫只。注：舉頭貌。顏延年詩：人靈騫都野。注：驚懼之意也。又爲愆。荀子正名：永思騫兮。注：咎也。劉越石扶風歌：惟昔李騫期。又託名幖識字。風俗通：漢金城騫包，按姓也。古韻：楚辭大招叶蜒、騫。荀子正名叶漫、騫、慢、愆、言。

ān 安　qiān 攐

攐（先）攐 摳衣也。从手，褰聲。廣雅釋言：攐，摳也。經傳皆以褰爲之。

安二十二名凡安之派皆衍安聲 烏寒切

安（寒）安 竫也。从女在宀中，會意。飲食男女人之大欲存焉，故𥁰从宀心皿，安从宀女。爾雅釋詁：安，定也。又止也。廣雅釋詁四：安，靜也。莊子天地：共給之之爲安。周書謚法：好和不爭曰安。易繫辭下：利用安身。九家注：嘿處也。左文十一傳：自安于夫鍾。注：處也。襄七傳：吾子其少安。注：徐也。儀禮少牢禮：心皆安下切上。注：平也。論語：察其所安。皇疏：謂意氣歸向之也。晉語：君父之所安也。注：猶善也。呂覽樂成：三世然後安之。注：習也。淮南氾論：而百姓安之。注：樂也。周禮巾車：安車。釋名：安車，蓋卑坐乘。叚借爲曷。短言之曰曷，長言之曰安。易象上傳：安

yàn 妟　àn 案　yàn 鴳　ān 鞌　àn 荌

行也注詞也漢書劉向傳注安焉也東京賦安處先生注猶烏也素問示從容論又安足以明之注猶何也荀子勸學注安語助猶言抑也或作案亦同又託名幖識字春秋定十年會于安甫注地闕又哀六傳安孺子史記作晏定十三傳董安于淮南作閼聲訓釋名釋言語安晏也晏晏然和喜無動懼也古韻詩六月叶安軒閑原憲斯干叶莞安皇矣叶閑言連安民勞叶安殘般武叶山丸遷虔梴閑安禮記曲禮叶前安顔言楚辭招魂叶寒安軒山連寒淺蘭筵大招叶安延言又叶曼延安神女賦叶珊爛安煩原管子七臣七主叶善安三略下叶安殘患文子下德叶官于安慢轉音三略下叶君安

翰 **荌** 〔篆〕 荌艸也从艸安聲

寒 **鞌** 〔篆〕 馬鞁具也从革安聲此人跨馬所用左傳趙旃以良馬二濟其兄與叔父又左師展將以公乘馬而歸知單騎古亦有之漢書李廣傳令皆下馬解鞍韓安國傳投鞌高如城者數所假借託名幖識字春秋成二年及齊侯戰于鞌當在今山東濟南府歷城縣地穀梁曰鞌去齊五百里殆非也左氏紀始合至齊敗止一日之事華不注山即在今濟南府城北所以逐之而三周也

諫 **鴳** 〔篆〕 雇也从鳥安聲字亦作鷃爾雅釋鳥鳸鴳注鴳雀晉語平公射鴳不死注鴳鳸小鳥也呂覽明理雉亦生鴳注鴳一名冠[illegible][illegible]

于逍遙斥鴳笑之假借爲宴莊子達生樂鴳以鐘鼓也聲訓左昭十七傳賈注老扈鴳鴳趣民收麥令不得晏起者也

翰 **案** 〔篆〕 几屬从木安聲周禮掌次則張氈案注以氈爲牀于幄中設重帟重案注重案牀重席也轉注凡椀禁之類上有四周下有足者亦曰案所以進食考工玉人案十有二寸注玉飾案也漢梁鴻妻舉案齊眉許后朝皇太后親奉案上食皆是方言五案陳楚宋魏之閒謂之槁急就篇橢杅槃案桮問盌顔注無足曰槃有足曰案按或方或圓皆有之圓者曰㯓假借爲盌爲甃鹽鐵論取下篇從容房闥之閒垂拱持案而食廣雅釋器案盂也又爲頞夏小正漢案戶傳直戶也按鼻莖于面中而直此頞字轉注之義又爲按漢書王嘉傳內侍案脈注謂切診也史記扁倉傳案杌索隱亦謂按摩而玩弄身體使調也又司馬相如傳案節未舒索隱言頓轡也又荀子不苟非案亂而治之之謂也注據也淮南時則案程度注視也又爲安史記高帝紀吏民皆案堵如故集解次第也又爲畔齊語參國起案以爲三官注界也又疊韻連語史記司馬相如傳案衍壇曼索隱窊下也琴賦案衍陸離注不平貌又發聲之詞荀子王制案謹募選閱材伎之士注發聲又是案曰是非案曰非按猶則也

翰諫 **晏** 〔篆〕 天清也从日安聲小爾雅廣言晏明也揚雄羽獵賦于是天清日晏注無雲之處也淮南繆稱鶴日知晏陰蟾知雨注無雲也

yàn 妟　yǎn 䁙　àn 按　àn 洝　è 頞　ān 侒　àn 案

漢書郊祀志上集注日出清濟爲晏轉注詩羔裘羔裘晏兮傳鮮盛貌楚辭九辯被荷裯之晏晏兮注盛貌亦重言形況字假借爲安爲晏禮記月令以定晏陰之所成注安也陰稱晏漢書諸侯王表而海內晏如注安然也三都賦序元晏先生注安也法言孝至聖也晏也注和柔也後漢馮衍傳注寬容覆載謂之晏又書堯典欽明文思晏晏詩氓言笑晏晏爾雅釋訓晏晏柔也又晏晏悔爽忒也亦重言形況字又爲旰小爾雅廣言晏晚也淮南天文日至于桑野是謂晏食禮記禮器晏朝而退論語何晏也又楚辭山鬼歲既晏兮孰華余又離騷及年歲之未晏兮又菉叢一日晏駕注日暮而駕歸太陰也又疊韻連語長楊賦抑止絲竹晏衍之樂注邪聲也古韻詩氓叶怨岸泮宴晏旦反羔裘叶晏粲彥

翰 **案** 〔篆〕 轢禾也从禾安聲按即櫌也亦曰耮苗既出壟于苗閒縱橫杷之論語鄭注所謂覆種也至苗高尺乃鉏焉

寒 **侒** 〔篆〕 宴也从人安聲疑當爲宴之重文

曷 **頞** 〔篆〕〔篆〕 鼻莖也从頁安聲或从鼻曷聲廣雅釋親頞頞也急就篇頭頟頞頗眉目耳按鼻中直莖謂之準言高平中直也頞即準之轉音孟子舉疾首蹙頞史記蔡澤傳魋顔蹙齃素問氣厥論膽移熱于腦則辛頞鼻淵馮君開道碑䠞賁說作資驐訓釋名頞鞍

也偃仰如鞍也

翰 **洝** 〔篆〕 渜水也从水安聲與渜略同猶言安靡蘇俗謂之温暾也又按此字疑即水經之濡水今北方之灤河許不訓渜不訓湯而曰渜水似爲水名

翰 **按** 〔篆〕 下也从手安聲謂手抑物使下詩皇矣以按徂旅爾雅釋詁按止也管子霸言按強助弱注抑也文賦思按之而逾深注抑按也素問異法方宜論其治導引按蹻注抑按皮肉金匱眞言論冬不按蹻注謂按摩假借爲安楚辭招魂陳鐘按鼓注徐也又子虛賦車按行注次第也又爲過史記衛將軍驃騎傳按榆谿絕塞集解行也又尋也又發聲之詞荀子富國我按起而治之注然後也古韻素問離合眞邪論叶循散按

銑霰 **䁙** 〔篆〕 目相戲也从目晏聲字亦作䁙作㬈方言六㬈視也東齊曰㬈凡以目相戲曰㬈假借疊韻連語詩新臺㬈婉之求毛本作燕說文女部引作嬿皆同

諫 **妟** 〔篆〕 安也从女日按从女晏省聲此字疑即安之古文詩葛覃以妟父母毛本作歸寧父母

yàn 宴　yǎn 鰋　yǎn 匽　yǎn 鶠　yǎn 郾　yǎn 偃

銑霰 **宴** 𡪈 安也从宀晏聲按此當爲宴饗正字字亦作醼作讌字林作宴易需君子以飲食宴樂鄭注宴享宴也漢書陳湯傳引詩六月吉甫宴喜東京賦注引韓詩章句飲酒之禮下跣而上坐者謂之宴周語賈注不脫屨升堂曰宴其正禮有四君臣無事而宴如詩振鷺一也卿大夫聘還而宴如詩四牡二也卿大夫有王事之勞而宴三也四方聘客來宴四也外祭畢而宴及士庶人宴飲之常不在此數經傳皆以燕爲之叚借爲安爲佞爲晏詩谷風宴爾新昏列女傳作讌傳安也左成二傳衡父不忍數年之不宴注樂也論語樂宴樂孔注宴樂沈荒淫瀆大戴保傅七月而就宴室注宴室夾室次于寢也亦曰側室漢書賈誼傳是與太子宴者也注謂安居東京賦乃宴斯息注安也又重言形況字漢書五行志或宴宴居息【古韻】詩氓叶怨岸泮宴晏旦反頍弁叶霰見宴

阮 **鰋** 𩸞 𩸞 鮀也从魚晏聲或从匽聲爾雅鰋注今偃額白魚按魚額仰詩魚麗鰋鯉傳鰋鮎也蜀都賦釣鰋鮋劉注鰋鮋魚名按毛用爾雅謂即鮷而許以爲即鯊郭以爲即鰋即鱯皆與毛異讀愚謂爾雅鯊鮀別出注今吹沙小魚體圓而有點文則鮀或亦名點非鮎也許誤郭以偃額釋鰋於聲義爲近不則从毛讀當訓鮎也

銑願 **匽** 𠥲 匿也从匸晏聲轉注周禮宮人爲其井匽注匽豬謂霤下之池受畜水而流之者司農注匽路廁也又廣雅釋獸鼹鼠字變作鼴叚借爲偃韓勑兩側題名河南匽師方言九三刃枝南楚謂之匽戟又爲干漢書王吉傳冬則爲風寒之所匽薄又爲蝘夏小正匽之興

阮 **鶠** 𪁺 鳥也其雌皇从鳥匽聲一曰鳳皇也爾雅鶠鳳其雌皇詩卷阿陸璣疏鳳皇一名鶠其雛名鸑鷟按古書說鳳形聲山海經南山經周書王會篇韓詩外傳說苑辨物篇說文解字廣雅及史記司馬相如傳正義引京房易傳藝文類聚引樂汁圖書序正義引陰陽書初學紀引帝王世紀又引論語摘衰聖論衡講瑞篇引禮記瑞命篇互有異同而皆不著鶠名惟見爾雅也

願 **郾** 𨞪 潁川縣从邑匽聲今河南許州郾城縣

阮 **偃** 𠊖 僵也从人匽聲按伏而覆曰仆仰而倒曰偃廣雅釋言偃仰也左定八傳與一人俱斃偃且射子鉏吳越春秋迎風則偃背風則仆儀禮鄉射禮東面偃旌注猶仆也論語草上之風必偃皇疏卧也孟子注伏也詩北山或棲遲偃仰按仰而睡也莊子列禦寇緣循偃佒注偃佒不能俯執者也水經注徐偃王生而偃故以爲號疑宋王偃仰而射天有桀宋之名亦生而偃者歟漢律厤志魯景公名偃史記魯世家作匽叚借爲匽吳語兩君偃兵按好注匽也莊子逍遙遊偃鼠飲河按即鼢鼠地中行者一名隱鼠廣雅作鼴又周禮稻人注偃豬畝人注水偃按瀦築土以壅水也沈約詩東出千金堰作堰又作隁後漢董卓傳僞立隁以爲捕魚又莊子庚桑楚又適其偃焉注謂屏廁按廁者匿避人之處也又爲安爲佞爲晏荀子儒效偃然如固有之注猶安然也又爲扒左襄十三傳荀偃字伯游廿六傳鄭公子偃字子游昭十六傳鄭駟偃字子游史記弟子傳吳言偃字子游莊子齊物論李注顏成子游名偃又爲干左僖九傳晉狐偃字子犯或曰借爲㫃故文選注作㫃古今人表作㫃又疊韻連語廣雅釋訓偃蹇夭撟也左哀六傳彼皆偃蹇注驕傲史記司馬相如傳綢繆偃蹇索隱御距也長門賦澹偃蹇而待曙兮注佇立貌離騷望瑤臺之偃蹇兮注高貌何瓊佩之偃蹇兮注眾盛貌楚辭東皇太一靈偃蹇兮姣服注舞貌漢書禮樂志偃蹇驤注高驤也司馬相如傳掉指橋以偃蹇兮注委曲貌又託名幖識字左僖元經公敗邾師于偃當在今山東兗州府費縣南公羊作纓偃纓雙聲【聲訓】釋名釋姿容偃安也又偃蹇偃息而臥不執事也

yǎn 褗　yà 揠　yǎn 蝘　huán 萑　huán 萑

阮 **褗** 𧛱 偃領也从衣匽聲方言四衱謂之褗廣雅襋衱謂之褗即爾雅黼領謂之襮也按以黼文爲領緣褗緣也以匽匿其質言曰褗以文之表暴言曰襮禮記玉藻袷二寸袷即衱也儀禮士昏禮注卿大夫之妻刺黼以爲領如今偃領矣按領之有緣者爲褗散文則褗亦領也

點 **揠** 𢱊 拔也从手匽聲小爾雅廣物拔心曰揠廣雅釋詁一揠出也孟子宋人有閔其苗之不長而揠之者注挺拔之

阮銑 **蝘** 𧍫 𧍫 蝘蜓守宮也在壁曰蝘蜓在艸曰蜥易从虫匽聲或从䖵淮南精神視龍猶蝘蜓別義詩蕩如蜩如螗傳螗蝘也草木疏蝘一名蚏蟟青徐謂之蝶螓楚人謂之蟪蛄秦燕謂之蛥蚗或名之蜓蚞夏小正五月匽之興以匽爲之今按小正之匽即蝘蜓也蛇蝎之類世稱五月五日必伏故曰五日翁望乃伏翁望者起而望也不必如傳說借望爲瞾知者以上文良蜩鳴不當又曰匽之興也下傳云唐蜩者匽也則謂蟬蝘之蝘

萑二一名凡萑之派皆衍萑聲　胡官切

寒 **萑** 𨾊 鴟屬从隹从𦫳會意有毛角所鳴其民有旤讀若和按和萑一聲之轉爾雅萑老鵵注木兔也似鴟鵂而小兔頭有角毛脚夜飛好食雞按即廣雅鵰鷅老鵵也蓋今貓頭鷹之小者耳上有毛如角叚借爲萑易說卦震爲萑葦詩七月八月萑葦周禮司几筵其柏席用萑儀禮特牲禮藉用萑禮記內則編萑以苴之左昭二十傳取人于萑蒲之澤又雙聲連語淮南俶真萑蔰炫煌注采色貌也又疊韻連語漢書息夫躬傳涕泣流兮萑蘭按猶汍瀾也注草名失之

寒 **萑** 𦽏 𦽏 薍也从艸萑聲籀从茻按萑即菼也騅也薍也今所謂荻其未秀曰蒹此細小而實中者與葭葦之中空高大今謂

之蘆者別經傳皆以萑鵻字爲之又誤作从艸之萑儀禮公食禮記加萑席尋注細葦也今文萑爲莞穆天子傳五休于深萑注萑葦之蘻周禮巾車駹車萑蔽韓詩小弁萑葦淠淠漢書貨殖傳萑蒲材榦皆以萑爲之

萈四名凡萈之派皆衍萈聲 胡官切

寒 萈 山羊細角者从首从兔足會意讀若丸字亦作羱作𦍩作羦作羦爾雅釋獸羱如羊字林羱野羊也其角堪爲䈝月小榼也出西方似吳羊而大角角重于肉本草陶注萈似麢羊角有文極長惟一邊有節節亦踈大不入藥用按今出甘肅大者重百斤角大盤環小者角細長易夬孟喜本九五萈陸夬夬按五體兑兑爲羊陸獸也虞讀如萈爾而笑之萈悅也廣雅釋詁一萈笑也則謂發聲之詞陸讀爲睦諸家作萈菜字非是

寒翰 𠾰 呼也从㗊萈聲讀若讙字今作喚聲類𠾰呼召也廣雅釋詁二𠾰鳴也

寒 寬 屋寬大也从宀萈聲〔轉注〕爾雅釋言寬綽也詩淇奧寬兮綽兮傳寬能容衆易文言寬以居之虞注震爲寬仁書皋謨寬而栗鄭注謂度量寬宏禮記表記以德報怨則寬身之仁也注猶愛也周語以恭給事則寬于死注猶遠也吳語將必寬然有覇諸侯之心焉

注緩也莊子天地行不㢤異之謂寬賈子道術優賢不逮謂之寬又晉語注女寬字叔褒〔假借〕爲完孟子不受於褐寬博按褐完夫也謂寒賤之人猶左傳云褐之父〔古韻〕詩考槃叶澗寬言諼宋玉神女賦叶言顏觀丹閒閒寬

寒 髖 髀上也从骨寬聲字亦作臗廣雅釋親髖髂也又臗尻也急就篇尻髖脊膂腰背呂漢書賈誼傳至于髖髀之所〔聲訓〕釋名釋形體髖緩也其腋皮厚而緩也

丸六名凡丸之派皆衍丸聲 胡官切

寒 丸 圜也傾側而轉者从反仄按此字不从反仄从烏而首翼未成孚卵也指事呂覽本味丹山之南有鳳之丸漢書地理志燕地北隙烏丸夫餘按烏丸山象丸之形〔轉注〕爲彈丸爲藥丸又牢丸見東皙餅賦又後漢南匈奴傳弓鞬韥丸方言所以藏弓謂之鞬或謂之韥丸廣雅韥𩌏矢藏也按箭箙之圜者字亦作𩌏〔別義〕廣雅釋詁一𠃨病也〔假借〕爲嫥太元干丸鑽于内注猶專也又重言形況字詩殷武松柏丸丸傳易直也白帖引作桓桓亦同長笛賦丸梴彫琢按用商頌連綴成文注取也非是〔聲訓〕廣雅釋詁四丸完也〔古韻〕詩殷武叶山丸遷虔梴閑安

寒 芄 芄蘭莞也从艸丸聲爾雅雚芄蘭注蔓生斷之有白汁可啖詩名摩蘿幽州謂之雀瓢按莞爲葱蒲雚爲水鳥未審何者與此草同名也疑芄蘭疊韻連語叅言曰丸蘭單言曰芄耳詩芄蘭序釋文芄本作丸〔假借〕淮南原道禽獸有芄注蓐也按此芄野之芄从丸者誤字

紙 骫 骨耑骫𩨨也从骨丸聲列子黃帝釋文引說文骨曲直也字亦誤从九聲讀如委廣雅釋詁一骫曲也列子黃帝骫骨无𩨨〔轉注〕楚辭惜上骫靡兮成俗注骫靡面柔也史記司馬相如傳崔錯發骫集解古委字也容以骫麗兮漢書注骫麗左右相隨也又長楊賦骫屬而還招隱士林木茷骫漢書枚乘傳其文骫骳淮南厲王長傳皇帝骫天下正法太元元掜或以事之骫苯呂覽必已直則骫

翰 肒 搔生創也从肉丸聲

願 㛯 形義音皆闕此字許書隸丸部殆非與嬎娩字同誼而廣韻集韻皆讀丸聲未知其審六書統女之慧而員者从女丸言機如丸也殊屬杜撰

寒 紈 素也从糸丸聲謂白緻繒今之細生絹也御覽引范子計然云白素出三輔白紈素出齊魯按素者粗細絹之大名紈則其細

者齊策下宮糅羅紈曳綺縠漢書地理志織作冰紈綺繡純麗之物敘傳在於綺襦紈綺之間淮南齊俗弱錫羅紈脩務曳齊紈〔聲訓〕釋名釋采帛紈煥也細澤有光煥煥然也

吅二十名凡吅之派皆衍吅聲 況袁切

元 吅 驚嘑也从二口會意讀若讙字亦作喧作嚾大戴易本命咀噬者九竅而胎生注人及獸屬〔假借〕爲讙孟子注咻嚾也又爲宣爲愃爲烜爲亘禮記大學赫兮喧兮毛詩以咺爲之韓詩作宣又重言形況字荀子非十二子嚾嚾然而不知其所非也注喧諠之貌謂爭辯也

翰 雚 水鳥也从萑吅聲詩東山雚鳴于垤韓詩章句鸛水鳥巢處知風穴處知雨按毛傳則謂蝗徙穴則將雨鸛好水見之而喜也莊子寓言如鸛雀蚊虻以鸛爲之〔假借〕爲灌實爲貫高彪碑貧眢雚檀又託名幖識字爾雅釋草雚芄蘭

翰 瓘 玉也从玉雚聲左昭十七傳若我用瓘斝玉瓚注珪也哀十五傳齊陳瓘字子玉

先 趯 行趯趗也一曰行曲脊貌从走雚聲

huān 讙　guàn 矔　huān 鸛　xuān 觼　quán 權

寒 **讙** 讙 譁也。从言雚聲。三蒼：讙，言語譊譊也。廣雅釋詁二：讙，鳴也。漢書陳平傳：諸將盡讙。注：譁而議也。外戚傳：以息眾讙。注：讙譁眾議也。霍光傳：又聞民間讙言。注：眾聲也。荀子彊國：百姓讙敖。儒效：則天下應之如讙。又禮記樂記：鼓鼙之聲讙。注：或為歡。叚借為叩。後漢劉盆子傳：爭言讙呼。又為歡。書無逸：言乃讙。鄭注：喜悅也。論語作雝。又為囂。方言七：讙，讓也。北燕曰讙。又海外南經：讙頭國，或曰讙朱國。注：讙兜，堯臣，有辠自投南海而死，帝使其子居南海祠之。

翰諫 **矔** 矔 目多精也。从目雚聲。方言六：矔，轉目也。梁益之閒瞋目曰矔，轉目顧視亦曰矔。左傳有宋大夫鱗矔。

寒翰 **鸛** 鸛 鸛專，畐蹂也。如誰，短尾，射之，銜矢射人。从鳥雚聲。爾雅郭氏圖讚：鸛鸛之鳥，一名瞿鸎。按字亦作鳹，作鴅。廣雅：鳹鵲，鸛也。周禮司裘：設其鵠。注：謂之鵠者，取名于鳹鵠。鳹鵠小鳥而難中。按考工梓人：張皮侯而棲鵠。畫鳥，故曰棲。射人之士以三耦射豻侯。儀禮大射儀之參見鵠于干，豻干皆借字也。愚又謂梓人之皮侯，全用皮而鵠中畫鸛，所謂豻侯，大射用之。其全用布而正中畫五色，所謂五采之侯，賓射用之。其外用布畫以虎熊豹麋鹿豕而中設皮鵠，亦畫雝，所謂獸侯，燕射用之。大射儀之大侯、參侯、干侯，言崇廣有三等，皆皮侯也。司裘之所共，射人之所治，鄉射禮之所記，皆獸侯也。梓人張五采之侯，則遠國屬。此五采之侯也。融會經文而姑為此說，未知有當否。

穆天子傳一：鸛雞飛八百里。注：鶤雞，鵠屬也。〔轉注〕左昭廿一傳：鄭翩願為鸛。注：鸛、鵝皆陳名。叚借為雚。詩東山：鸛鳴于垤。又為歡。管子侈靡：鴅然若謞之靜。注：和順皃。又託名幖識字。鄭季宣殘碑：虞放鴅吺。書驩兜，古文尚書作鴅吺。又疊韻連語。淮南時則：鳱鳴不鳴，即曷旦也。又為鸛之誤字。公羊昭廿五傳：有鸛鵒來巢。注：鸛鵒猶權欲。考工記：鸛鵒不踰濟。按鸛者鵒之別體，又誤為鸛也。

元 **觼** 觼 揮角皃。从角雚聲。叚借託名幖識字。說文：梁隱縣有觼亭。又讀若雋。

先 **權** 權 黃華木也。从木雚聲。爾雅釋木：權，黃英。注：未詳。又釋草：權，黃華。注：今謂牛芸草為黃華，黃華葉似荍蓿。通志以為野決明。按字从木，是本字為木。轉注亦以名草也。叚借為縣。廣雅釋器：錘謂之權。漢書律厤志：權者，銖兩斤鈞石也。禮記月令：正權概。大傳：立權度量。孟子：權然後知輕重。按以今尺言之，鑄金為方，上下四旁均一寸，赤金得十六兩八錢，白金得九兩，紫銅得七兩五錢，黃銅得六兩八錢，黑鉛得九兩九錢三分，倭鉛得六兩，輕重準此，隨大小之用制以為權。又考工弓人：角與幹權。注：平也。因又為權變之權。公羊桓十一傳：權者反于經，然後有善者也。春秋繁露竹林：前枉而後義者謂之中權。論語：未可與權。孟子：嫂溺援之以手者，權也。又魏都賦：權假日以餘榮。注：猶苟且也。因又為權勢之權。廣雅釋詁三：權，重也。齊策：恐田忌欲以楚權復于齊。注：勢也。周書大戒：權先申之。注：謂勢重。文選五等

huān 酄　guān 觀　huān 歡　huān 貛　huān 驩

論注引國語賈注：權，秉也。又為權骨之權。中山策：眉目準頞權衡。洛神賦：靨輔承權。褚白馬賦：兩權協月。按兩高相平謂之權。字亦作顴。廣雅釋親：顴，頄也。凡此皆稱縣一義之引申。又為爟。史記封禪書：通權火。集解：烽火也。又為彏。爾雅釋詁：權輿，始也。詩：不承權輿。周書文酌：一斡勝權輿。周月：日月權輿。大戴誥志：百草權輿。太元圖：百卉權輿。爾雅釋草之其萌蘿蕍。說文：蕍，藿蕍也。按蘿蕍權輿，其本字又當為𨐌揄，曲引之意也。又託名幖識字。左莊十八年：楚武王克權。國在今湖北安陸府。又水經沔水注：權水出章山。〔古韻〕三畧上叶權，讀言根尊道；文子微明叶本權。

寒 **酄** 酄 魯下邑。从邑雚聲。春秋定十年：齊人來歸鄆、讙、龜陰田。今三傳皆以讙為之。桓三年：齊侯送姜氏于讙。亦作讙。在今山東泰安府肥城縣西南。

寒翰 **觀** 觀 䚀 諦視也。从見雚聲。古文从目。廣雅釋詁一：觀，視也。論語：觀其所由。皇疏：廣瞻也。又穀梁隱五傳：常視曰視，非常曰觀。〔轉注〕以此視彼曰觀，使彼視此亦曰觀。爾雅釋言：觀，示也。易風行地上觀。洪範五行傳：地上之木為觀。說文相从目木，引易說曰：地可觀者，莫可觀于木。巽為木，為風也。左襄十一傳：觀兵于南門。考工㮚氏：以觀四國。莊子天運：名譽之觀。漢書匡衡傳：又觀以禮樂。又爾雅

釋宮：觀謂之闕。孫注：宮門雙闕，舊章縣焉，使民觀之，因謂之觀。公羊昭廿五傳：設兩觀。注：天子外闕兩觀，諸侯內闕一觀。禮記禮運：出遊于觀之上。又左哀元傳：宮室不觀。注：臺榭也。又宣十二傳：以為京觀。注：積尸封土其上謂之京觀。叚借為勸。禮記緇衣：周田觀文王之德。管子七法：立少而觀多。又為貫。爾雅釋詁：觀，多也。詩采綠：薄言觀者。文王有聲：遹觀厥成。臣工：奄觀銍艾。或曰即爾雅灌木叢木之灌。按灌亦貫字之借，故釋文云本作樌也。〔聲訓〕釋名釋姿容：觀，翰也，望之延頸翰翰也。又釋宮室：觀，觀也，於上觀望也。〔古韻〕宋玉神女賦叶言顏觀丹；登徒好色賦叶見觀眄。

寒 **歡** 歡 喜樂也。从欠雚聲。與懽別。禮記曲禮：君子不盡人之歡。注：謂飲食。叚借為勸。孟子：而民歡樂之。左昭九傳注：正作勸。

寒 **貛** 貛 野豕也。从豸雚聲。爾雅：狼，牡貛。又貒子貗。注：貒豚也。一名貛。方言八：貛，關西謂之貒。是貛貒同物，形如豬，穴地而處，善攻隄岸。按有豬貛，亦有狗貛。貛與狼雖同類，而狼牡貛惟見爾雅，疑貆之借字也。周禮草人：鹹潟用貆。以貆為之，叚借。重言形況字。呂覽本味：貛貛之炙。注：鳥名。

寒 **驩** 驩 馬名。从馬雚聲。叚借為歡。孟子：驩虞如也。荀子大畧：夫婦不得不驩。又託名幖識字。書堯典：驩兜。傳：臣名。古文尚書作鴅吺。又

quàn 勸　quán 蠸　quán ⿰弓雚　guàn 灌　guàn 懽　guàn 爟

春秋文六年晉侯驩、公羊作讙、史記作歡、

阮翰 **爟** 爟 烜 舉火曰爟、周禮司爟、掌行火之政令、从火雚聲、或从亘聲、取火于日官名、廣雅釋詁二、爟、爇也、釋器、爟、烜也、周禮序官司爟、注、讀如予若觀火之觀、今燕俗名湯熱爲觀、則爟火謂熱火歟、故書爟爲燋、杜子春云、當爲爟、爟爲私火、史記封禪書通爟火、索隱、爟火、官名、呂覽贊能、祓以爟火、注、讀如權衡、又廣雅釋詁四、烜、明也、周禮司烜氏掌以夫遂取明火于日、序官注、烜、火也、讀如衛侯燬之燬、燬爟一聲之轉、按夏官秋官同名、亦如環人稾人之有二矣、爾雅釋訓、赫兮烜兮者、釋文、光明宣著、假借爲暵、易說卦、日以烜之、字又誤作晅、廣雅釋詁二、晅、暵也、玉篇、晅、乾燥也、

寒翰 **懽** 懽 款也、从心雚聲、與歡別、爾雅釋訓、懽懽愮愮、憂無告也、詩板、老夫灌灌、作灌灌、傳、猶款款也、亦重言形況字、假借爲歡、秦策、而大國與之懽、注、猶合也、

翰 **灌** 灌 灌水也、出廬江雩婁北入淮、从水雚聲、今水自河南固始縣東流至安徽潁州府霍邱縣、合史河、即古決水、同入淮、假借爲貫、爾雅釋木、灌木、叢木、又木族生爲灌、小爾雅廣詁、灌、叢也、廣雅釋詁三、灌、聚也、詩葛覃、集於灌木、皇矣、其灌其栵、夏小正、灌荼、又啟灌藍

蓼、又爲遺、爲損、實爲官、後漢雷義傳、義遂爲守灌謁者、注、謁者以郎中秩滿歲稱給事、未滿歲稱灌謁者、按後世用權字爲之、猶習也、又爲爟、七命、萬辟千灌、注、謂鑄之、又爲祼、禮記禮器、灌用鬯、注、獻也、投壺、奉觴曰賜灌、注、猶飲也、論語、禘自既灌而往者、又爲盥、廣雅釋詁二、灌、濆也、素問脉要精微論、當病灌汗、注、謂灌洗、今用爲灌溉、灌注字、亦盥之轉注、又重言形況字、詩板、老夫灌灌、爾雅作懽懽、漢書地理志、方灌灌兮、注、水流盛也、又託名標識字、左襄四傳、滅斟灌及斟尋氏、注、二國夏同姓諸侯、今山東青州府壽光縣東北四十里有斟灌城、史記作斟戈、戈

灌祼灌背一聲之轉、

諫 **⿰弓雚** ⿰弓雚 弓曲也、从弓雚聲、轉注、爾雅釋草、其萌虇、蕍按、即⿰弓雚揄字、曲引之詘也、字亦作蘿、初生句曲、引而漸長、字又作奮、方言十二、奮、始也、奮、化也、

先 **蠸** 蠸 蠸蟲也、从虫雚聲、爾雅釋蟲、蠸輿父守瓜、注、今瓜中黃甲小蟲喜食瓜葉、故曰守瓜、莊子至樂、瞀芮生于腐蠸、司馬注、蟲名、釋名、蚡鼠也、則謂借爲偃鼠之偃、別義說文一曰大螯也、讀若蜀郡布名、

願 **勸** 勸 勉也、从力雚聲、小爾雅廣詁、勸、力也、廣雅釋詁二、勸、助也、四教也、周禮喪祝、勸防之事、司農注、勸防、引柩也、秦策、則楚之應之

yuán 芫　wán 玩　yuán 元

也必勸、注、進也、假借爲倦、莊子天運、淫淫樂而勸、轉音、禮記禮運、叶勸列藝、

元二十五名凡元之派皆衍元聲、愚袁切、

元 **元** 元 始也、从一从兀、按當訓首也、从古文人古文上、首於人體最上、故从人上會意、長者首髮也、故古文亦从人上、與元同字、左襄九傳、元、體之長也、儀禮士冠禮、始加元服、左僖三十三傳、狄人歸其元、哀十一傳、歸國子之元、孟子、勇士不忘喪其元、又禮記曲禮、牛曰一元大武、注、頭也、轉注、爾雅釋詁、元、良、首也、詩閟宮、建爾元子、傳、首也、書益稷、元首起哉、傳、元首、君也、廣雅釋詁一、元、君也、又爾雅釋詁、元、始也、易乾元、九家注、元者氣之始也、呂覽召類、元者吉之始也、公羊隱元傳、元年者何、君之始年也、又廣雅釋詁四、元、長也、易文言、元者善之長也、虞書、惇德允元、左文十八傳、謂之八元、禮記月令、乃以元日、盧注、善也、虞書、月正元日、傳、上日也、又詩六月、元戎十乘、采芑、方叔元老、傳、大也、書金縢、即命于元龜、馬注、大龜也、酒誥、惟元祀、漢書董仲舒傳、元者辭之所謂大也、白虎通爵、天子之士獨稱元士何、士賤不得體君之尊、故加元以別於諸侯士也、左文二傳、娶元妃以奉粢盛、注、嫡夫人也、又淮南原道、執元德于心、而化馳若神、注、天也、楚辭守志、食元氣兮常存、注、天氣也、幽通賦、渾元運物、曹注、氣也、又論衡調時、四千六百一十七歲爲一元、周書謚法、始建國都曰元、行

義說民曰元、假借重言形況字、秦策、子元元、注、善也、史記孝文紀、以全天下元元之民、集解、元元猶喁喁、可憐愛貌、又淮南本經、元元至碭而運照、注、天也、又西都賦、元元本本、注、謂得其元本也、又爲允之誤字、史記伯夷傳索隱、伯夷名元、字公信、聲訓、春秋元命苞、元者端也、春秋繁露重政、元猶原也、轉音、文子符言叶元根門、素問天元紀大論叶元天乎旋、

翰 **玩** 玩 貦 弄也、从玉元聲、或从貝、周禮大府、以供玩好之用、楚語、若夫白珩、先王之玩也、吳語、將還玩吳國于股掌之上、呂覽精諭、終日玩之而不去、淮南精神、玩天地于掌握之中、荀子大略、玩好曰贈、劉琨答盧諶詩序、執玩反覆、不能釋手、潘正叔贈陸機詩、玩爾清藻、注、猶愛也、假借爲翫、周語、觀則玩、列子黃帝、玩其文也久矣、楚辭哀時命、誰可與玩此遺芳、注、習也、易繫辭、所樂而玩者、鄭本正作翫、陸機詩、國玩凱入、注、玩翫古字通、荀子非十二子、玩琦辭、注、與翫同、顏延年詩、與玩究辭情、注、愛也、素問寶命全形論、可玩往來、注、言精熟也、又爲忨、左昭廿六傳、玩求無度、服注、貪也、

元 **芫** 芫 魚毒也、从艸元聲、一名杜芫、其根名蜀桑、即今芫條、苗高二三尺、華紫、葉如柳而小、擣其汁投水中、魚盡浮出、中山經、首山草多芫、注、芫華、中藥、別義、爾雅釋木、杬、魚毒、字从木、注、大木、子似栗、生南方、皮厚汁赤、中藏卵果、吳都賦、緜杬杶櫨、異物志、杬、大樹也、其

wàn 翫　wán 刓　yuán 邧　wán 完　guān 冠

皮厚味近苦澀剝乾之正赤煎訖以藏眾果使不爛敗以增其味豫章有之臨海異物志杬味似楮用其皮汁和鹽漬鴨子按如今染紅蛋法今用蘇木又廣雅釋器杬櫝梡也豈大木堅厚可為椹與字或作杭俟考

翰 **翫** 習猒也从習元聲易繫辭傳而翫其辭左僖五傳寇不可翫昭元傳翫歲而愒日周書芮良夫躓禍翫烖荀子禮論介則翫家語正論民狎而翫之東京賦翫其所以先入叚借為玩張華詩流目翫鯈魚注猶悅也

寒 **刓** 剸也从刀元聲一曰齊也廣雅釋詁一刓斷也一切經音義引廣雅刓鏤也楚辭懷沙刓方以為圜兮注削也字亦作剜埤蒼剜削也字林剜削也字又作抏考工記故書抏摩之工五司農注讀為刓字又作抏上林賦抏士卒之精注損也漢書食貨志百姓抏敝注訛也按鈋也叚借為完按史記酈生陸賈傳刻印刓而不能授集解刓刓斷無復廉鍔也漢書韓信傳刻印刓忍不能予注與摶同後漢孔融傳注刓圜無稜角也魏都賦朝無刓印注印角刓也謂借為圜皆失之刻印方新角鈋非易或解玩弄情事亦乖又為玩荀子王霸縣樂奢泰游抏之脩

阮 **邧** 鄭邑也从邑元聲按當作秦邑也左文四傳晉侯伐秦圍邧新城當在今陝西同州府澄城縣境

寒 **完** 全也从宀元聲左昭十五傳不如完舊注猶保守考工輪人輪敝三材不失職謂之完孟子父母使舜完廩注治也王粲詩許歷為完士注謂全具也莊子不以物挫志之謂完轉注漢書惠帝紀皆完之注完不加肉刑髡鬄也刑法志完者使守積注謂不虧其體但居作也後漢明帝紀注完者謂不加髡鉗而築城也叚借為院荀子王制尚完利注堅也又為院即寏左襄卅一傳繕完葺牆又為寬說文云古文以為寬字後漢袁術傳完然注自得貌亦單詞形況字又為莧後漢馬融傳完羝注野羊也又為𧉘通俗文豆曰完又託名幖識字詩燕燕序生子名完按即州吁所弒之桓公也釋文本作皃古韻詩韓奕叶完蠻齊策顏斶語叶焉完全

寒翰 **冠** 弁冕之總名也从冖从元元亦聲冠有法制故从寸禮記問喪冠至尊也儀禮士冠禮緇布冠注今小吏冠其遺象主人元冠注委貌也記太古冠布注白布冠今之喪冠是也周禮司服凡甸冠弁服注冠弁委貌其服緇布衣亦積素以為裳禮記襍記上弁而祭于公冠而祭于已注元冠也孟子萬章以皮冠注皮冠弁也西京賦冠帶交錯注冠帶猶縉紳謂吏人也轉注禮記冠義冠者禮之始也說苑脩文冠者所以別成人也曲禮二十曰弱冠左襄九傳冠而生子又凡覆蓋加于上之稱漢書蕭曹傳贊位冠羣臣注謂居其首東京賦冠南山注覆也呂覽明理有冠珥注日旁危氣在上內向為冠聲訓說文冠絭也白虎通冠者帴也所以帴持其髮也釋名冠

wán 頑　wàn 忨　yuán 沅　yuán 蚖　yuán 黿　yuè 軏　yuán 阮　kūn 髡

貫也所以貫韜髮也古韻詩素冠叶冠欒慱

刪 **頑** 棞頭也从頁元聲謂頭棞鈍不銳轉注左僖廿四傳心不則德義之經為頑廣雅釋詁一頑愚也三鈍也書堯典父頑左傳廿入傳嚚賂怒頑注不可告請故曰頑鄭語而近頑童窮固注童昏固陋也非親則頑注謂蠻夷戎狄也漢書陳平傳士之頑頓者利無恥者注謂無廉隅也叚借為忨孟子頑夫廉注貪也又託名幖識字左襄七經鄭伯髡頑公羊作原

翰 **忨** 貪也从心元聲字亦作翫廣雅釋詁二翫貪也左昭廿六傳玩求無度以玩為之孟子頑夫廉以頑為之叚借為翫晉語今忨日而愒歲注偷也

元 **沅** 沅水也出牂柯故且蘭東北入江从水元聲出今貴州平越府至湖南常德府入洞庭湖古偁辰酉潊无漸五溪皆入焉離騷濟沅湘以南征兮

元 **蚖** 榮蚖蛇醫也以注鳴者从虫元聲字亦作螈爾雅釋魚蠑螈蜥蜴按今蘇俗謂之四脚蛇者是也形似壁虎而大史記周本紀龍漦化為玄蚖以入王後宮鄭語以黿為之注蚖蜥蜴也象龍叚借為杬說文作芫管子地員其木宜蚖蕍與杜松注蚖木名也

元 **黿** 大鼈也从黽元聲字亦作魭禮記月令取黿左宣四傳宰夫將解黿孟子盡心注鄭子公染指黿羹尚書大傳河黿楚辭河伯乘白黿兮逐文魚叚借為蚖鄭語化為玄黿聲訓續漢五行志五注黿者元也古韻禮記月令叶鼉黿

月 **軏** 車轅耑持衡者从車元聲字亦省作軏論語小車無軏鄭注軏因轅端著之包注軏轅端上曲鉤衡者也按小車之轅曰輈用一木其出軾前曲而上者丈與大車轅用兩木不同散文則輈亦可稱轅耳衡者輈耑下設一橫木所以扼馬頸其扼處有缺曰軥衡與輈本不連屬別有關鍵以鉤持之所謂軏也墨子翟之為車轄須臾斲三寸之木而引三十石之任按此轄非軸端之鍵即謂輗軏也輗韓非子所引自見且軸轄用鐵不用木太元經拔我輗軏貴以信也轅與鬲軶與衡之關鍵故曰拔

阮 **阮** 代郡五阮關也从阜元聲錯本讀若昆按亦曰五原關漢書成帝紀流民欲入五阮關者勿苛留地理志作五原關又地理志五原郡注秦九原郡武帝元朔二年更名別義詩皇矣侵阮徂共箋三國犯周而文王伐之按魯詩說也其國在岐渭之閒子孫以國為氏後漢有阮敦阮氏惟盛于晉宋

元 **髡** 鬄髮也从髟元省聲或不省按从兀者古文也古文丄皆从一古兀不至髡者完其而鬄曰耏周禮掌戮髡者使守

guān 莞　huán 蔇　wǎn 脘　guǎn 筦　hùn 梡　hùn 俒

積漢書刑法志作完楚辭涉江接輿髡首兮注剔也列女傳辯通鬈頗者髡叚借爲梡爾雅釋木髡梱按梱木薪也又託名幖識字左成十鄭釐公名髡頑穀梁作頵史記十二諸侯年表作惲又滑稽傳淳于髡齊之贅壻也又雙聲連語淮南說山髡屯犂牛注醜牛貌

寒 潛 **莞** 莞艸也可以作席从艸完聲廣雅莞藺也爾雅莞苻蘺其上蒿注今西方人呼蒲爲莞蒲按即今席子草也叢生水中細莖圓而中空詩斯干下莞上簟箋小蒲之席也正義引本草云白蒲楚謂之莞蒲穆天子傳爰有萑葦莞蒲注蒸蒲或曰莞蒲齊名耳關西云莞楚辭懸命莞芎棄于澤洲兮注莞苻蘺也漢書東方朔傳莞蒲爲席注夫離也列子天瑞老韭之爲莞也釋文一作莧按莞蒲蒸蒲小蒲白蒲一物也皆即苻蘺其單呼蒲者與莞異古先有蒲席後有莞席故莞亦得蒲名周禮司几筵諸侯祭祀蒲筵加莞席蒲粗而莞細蒲弱而莞堅莞如管故曰蒸蒲蒲扁而平故曰蒲苹也莞蔇同字許書誤分或曰莞細蒲蔇席草因說文及爾雅郭注而強分之非是叚借單辭形況字論語夫子莞爾而笑集解小笑貌按猶宛爾也易夬莧陸虞注引作莧亦同東京賦注莞爾舒張面目之貌也廣雅釋詁一莞笑也古韻詩斯干叶莞安句中韻

寒 **蔇** 夫離也从艸睆聲睆即睅字蔇當爲莞之或體爾雅釋草釋文莞本作蔇今附於此

說文通訓定聲　乾部第十四　十五

旱 **脘** 胃府也从肉完聲讀若患素問通評論胃之募也注中脘胃募也轉注鋎本說文舊云脯廣雅釋器脘脯也按漢書貨殖傳濁氏以胃脯而連騎

旱 **筦** 竽也从竹完聲一名筳蘇俗謂之篗頭列梃如柵而圓所以綰絲于其上者楚辭天問筦維焉繫轉注漢書車千秋傳自以爲國家興榷筦之利按收也叚借爲管詩執競磬筦將將穆天子傳獲筦注如併兩管笛漢書張禹傳後堂理絲竹筦絃賈誼傳以筦窺天藝文志筦子八十六篇又爲斡漢書劉向傳周大夫尹氏筦朝事谷永傳昔龍筦納言顏安樂傳廣授琅邪筦路王莽傳初設六筦之令按柄也猶匕領也

旱 **梡** 梱木薪也从木完聲廣雅釋木梡枝也一作支也字亦作輐莊子天下椎拍輐斷叚借爲案廣雅釋器梡几也禮記明堂位俎有虞氏以梡注梡斷木爲四足三禮圖梡長二尺四寸廣尺二寸高一尺

願 **俒** 完也从人从完會意完亦聲叚借爲恩說文引逸周書曰朕實不明以俒伯父俒恩一聲之轉今大戒解無下四字亦不宜以伯父稱周公未審當在何篇

huàn 鯇　huán 垸　yuàn 院　yuān 冤　yuān 蒬　yuān ⿰革冤　yuè ⿰黑冤　wǎn ⿰女冤

潸 **鯇** 鯇魚也从魚完聲爾雅釋魚鯇注今鯶魚似鱒而大按今俗謂之鯶子魚亦曰草魚舍人注鱧一名鯇與郭異讀爾雅鯉鱣鰋鮎鱧鯇先儒皆謂魚有兩名郭謂種類形狀有殊無緣强合定爲六魚不從舊說也按郭爲長

寒 翰 **垸** 以桼和灰而髹也从土完聲通俗文燒骨以桼和曰垸按今俗謂之搏垸凡髹物垸之而後㲀之以發澤禮記檀弓華而睆釋文明貌引孫炎曰睆漆也以睆爲之轉注說文一曰補垸蹐本作補垣也疑左傳繕完葺墻以完爲之叚借爲丸淮南時則員而不垸注轉也或曰借爲旋又爲鍰考工冶氏重三垸司農注量名

霰 **院** 堅也从阜完聲荀子王制尚完利莊子天地不以物挫志之謂完皆以完爲之按與寏之或體院訓周垣者別此从阜完聲彼从宀阮聲

冤五名凡冤之派皆衍冤聲 於表切

元 **冤** 屈也从兔在冂下不得走益屈折也會意按與戾同意廣雅釋詁一冤曲也四詘也釋言枉也一切經音義引廣雅冤抑也楚辭離世哀枯楊之冤雛兮注冤煩冤也按宛下或體惌疑當爲此字之重文即今悗惜字素問解精微論志悲者悗注謂內爍也叚借疊

說文通訓定聲　乾部弟十四　十六

韻連語說文繙冤說解繙冤也按與煩冤同

元 **蒬** 棘蒬也从艸冤聲爾雅葽繞棘蒬注今遠志也似麻黃赤華葉銳而黃其上謂之小草廣雅云按今本廣雅蕀苑遠志也以苑爲之苗似麻黃而無節莖葉俱絕細故葉名小草博物志苗曰小草根曰遠志郝隆譏謝安云處則爲遠志出則爲小草見世說排調篇又但有遠志不見當歸見御覽引魏氏春秋同異此藥名爲詩之濫觴也

元 **⿰革冤** 量物之器也一曰抒井具古以革爲之从革冤聲或从宛聲疑與韗同字字亦作𩍐叚借爲宛方言四自關而東複履其庳者謂之⿰革冤下

物 月 **⿰黑冤** 黑有文也从黑冤聲讀若登字亦作黦廣雅釋器黦黑也周禮染人故書夏纁元淮南時則天子衣苑春秋繁露五行順逆篇民病心腹宛黃以苑宛爲之按儀禮士喪禮褖衣注黑衣裳赤緣謂之褖褖之言緣也所以表袍者也釋名褖衣褖然黑色也以緣爲之褖即緣字

願 **⿰女冤** 宴婉也从女冤聲

元冤

yuàn 夗　yuàn 苑　yuǎn 𧦝　yuān 眢　yuān 鴛　wān 豋　wǎn 盌　wǎn 甇　wǎn 宛

夗十八名凡夗之派皆衍夗聲　於阮切

阮　**夗**　𡖄　夗轉臥也从夕从卪臥有卪也會意廣雅釋言夗轉也按夗轉疊韻猶輾轉也叚借疊韻連語方言五篿吳楚之閒或謂之夗專

阮阮　**苑**　𦱤　所以養禽獸囿也从艸夗聲三蒼養牛馬林木曰苑字林有垣曰苑吳都賦値林爲苑劉注有木曰苑漢書高帝紀故秦苑囿園池注養鳥獸曰苑西京賦上林禁苑左僖三十三傳疏天子曰苑或曰此字之訓與宛互譌如楞榑之比宛當訓圍故从宀苑當訓屈艸自覆故从艸从夗存參轉注後漢安帝紀天苑注星名按天苑十六星在胃昴之閒昔西面東北明南暗叚借爲鬱爲薀禮記禮運並行而不苑釋文積也管子地員其葉若苑注謂蘊結淮南本經百節莫苑注病也俶眞形苑而神壯注枯病也苑讀南陽苑按謂南陽宛縣之宛又爲鬱詩日月有苑其特晉語人皆集於苑注茂木貌苑藴鬱一聲之轉又爲夗莊子天地適遇苑風李注風小貌按夗轉屈曲意又爲垸詩小戎蒙伐有苑傳文貌卽檀弓華而睆之睆或曰借爲䡝亦通

願　**𧦝**　𧦝　慰也从言夗聲按此字當是齊魯詩車舝作以慰我心韓作慍毛作慰釋文慰怨也引韓詩慍恚也𧦝慍慰皆一聲之轉

元寒　**眢**　𥈠　目無明也从目夗聲轉注左宣十二傳目于眢井而拯之字林眢井無水叚借連言形況字晉書音義中睕睕目深也字亦作睕

元　**鴛**　鴛　鴛鴦也从鳥夗聲詩白華鴛鴦在梁鴛鴦于飛傳匹鳥按鴛鴦雙聲連語崔豹古今注鳧類雌雄不相離人得其一則一必思而死陸佃埤雅云鵲好外反鴛好內思此鳥詩再見而爾雅小爾雅方言釋名廣雅皆不詳其名何也其屬有鵷鶵別名紫鴛鴦

寒　**豋**　豋　豆飴也从豆夗聲以芽豆煎爲餳此後出字許書附豆部豆未也別義廣雅釋草豌豆蹓豆也字作豌按初生葉微嫩可食揚州人以爲常蔬四五月作莢長寸餘其中子圓如珠煮食甜美

旱　**盌**　盌　小盂也从皿夗聲字亦作椀作盋方言五盂宋楚魏之閒或謂之盌十三椀謂之盞又盂謂之櫂河濟之閒謂之盎盌通俗文醬杯曰盞或謂之盌管子弟子職捧椀以爲緒注椀所以貯緒

旱　**甇**　甇　小盂也从瓦夗聲按卽盌之或體俗亦作碗今附于此

翰阮阮　**宛**　𡩀　惌　屈艸自覆也从宀夗聲或从心从宛按或體疑當爲冤之重文卽今所用惋惜字又疑正篆與苑囿之苑相承互譌从艸故訓屈艸从夗故訓自覆考工弓人宛之無已應注謂引之也按猶屈也陶潛詩宛轡憩通衢注屈也字亦作踠東都賦馬踠餘足後漢張衡傳騰蛇踠而自糾轉注詩宛丘傳四方高中央下曰宛丘爾雅釋丘宛中宛丘又丘上有丘爲宛丘陳有宛丘郭注宛謂中央隆高與舊說異按釋山宛中隆韓詩外傳陳之富人觴于韞丘之上郭益謂借宛爲薀爲鬱故著此訓與丘上有丘文義合也較舊說爲優叚借爲薀爲鬱方言十三宛蓄也禮記內則兔爲宛脾注蓄類也或作鬱荀子富國使民夏不宛暍注讀爲蘊又爲婉管子五行然則天爲粵宛注順也左昭廿七傳楚郤宛字子惡名字相反爲應又爲眢考工函人欲其惌也司農注小孔貌又疊韻連語上林賦宛潬膠盭注展轉也廣雅釋蟲蜿蟺引無也卽虹蜺楚辭守志乘六蛟兮蜿蟬注蟬蛟之形也史記司馬相如傳蜿蟺膠戾索隱展轉也琴賦蜿蟺相糾洞簫賦垂喙蜿轉長笛賦絙宛蜿蟺注蜿委也字亦作蜿作蜒又單辭形況字詩小宛宛彼鳴鳩傳小貌葛屨宛然左辟傳辟貌蒹葭宛在水中央箋坐見貌山有樞宛其死矣傳死貌又重言形況字史記司馬相如傳宛宛黃龍索隱屈伸也西京賦狀蜿蜿以蝹蝹薛注龍形皃也廣雅釋訓蜿蜿蝹蝹也又託名幖識字爾雅寓木宛童廣雅宛童寄生槁也聲訓釋名中央下曰宛丘有丘宛宛如偃器也涇上有一泉水亦是也〔古韻〕楚詞大招叶蜒蜿審

yuān 帵　yuàn 怨　jiàn ⿱𥫗⿰月夗　wǎn 琬　wǎn 菀

元　**帵**　帵　幡也从巾夗聲書皃拭觚布叚借疊韻連語廣韻云繙帑亂取此猶說文繙下繙冤也

願　**怨**　𢙐　𠔌　恚也从心夗聲古文从心从令未詳禮記大學舉而不能先命也按命者命字之誤謂下民怨之鄭讀曰慢謂借命爲慢命慢一聲之轉亦通論語曰怨乎皇疏恨也賈子道術施行得理謂之德反德爲怨叚借爲蕴爲鬱荀子哀公富有天下而無怨財〔古韻〕詩氓叶怨岸泮宴晏旦反宋玉諷賦叶怨泉老子任契叶怨善轉音詩小雅谷風叶嵬萎怨又文子道原叶怨貧

願　**⿱𥫗⿰月夗**　⿱𥫗⿰月夗　腱　筋之本也从筋省夗省聲或从肉建聲廣雅釋器腱肉也字亦作䭈楚辭招魂肥牛之腱注筋頭也禮記內則注餌筋腱也釋文筋之大者

阮　**琬**　琬　圭首琬琬者从玉宛聲考工玉人琬圭九寸而繅注琬猶圜也王使之瑞節也周禮典瑞琬圭以治德以結好司農注琬圭無鋒芒按謂剡上處不銳而穹然也別義書顧命琬炎在西序淮南說山琬炎之玉注美玉也呂覽愼大好彼琬玉按琬者大璧之名是本義度尺二寸琬圭度九寸其實借爲宛字也琰篆說解訓璧爲是

阮　**菀**　菀　茈菀也出漢中房陵从艸宛聲急就篇牡蒙甘草菀藜蘆注菀謂紫菀又廣雅釋草女腸女菀也吕公炮炙論紫菀有白如練

xuǎn 咺 xuān 亘 yuān 輓 wǎn 畹 wǎn 㛱 wǎn 婉

色者號曰羊蹏草陶注本草紫菀白者名白菀唐本注白菀卽女菀也假借爲薀爲鬱詩都人士我心菀結箋猶結也積也素問生氣通天論大怒則形氣絶而血菀于上大奇論五藏菀熱四氣調神大論菀稾不榮注謂蘊積也楚辭離世菀蘼蕪與蘭若兮惜賢捐林薄而菀死又爲鬱詩正月有菀其特菀柳有菀者柳傳茂木也桑柔菀彼桑柔傳茂貌楚辭憂苦菀彼青青注盛貌又爲苑管子水地地者諸生之根菀也又爲宛王元賓碑陰河南菀陵【聲訓】風俗通菀蘊也言薪蒸所蘊積也

阮 **婉** 婉 順也从女宛聲左襄廿六傳宋棄生佐惡而婉昭廿六傳婦聽而婉輿誦故婉約其辭又左襄廿六傳大而婉注約也又詩猗嗟清揚婉兮傳好眉目也文選爲曹公作書與孫權婉彼二人注猶親愛也假借爲夗左成十四傳婉而成章注曲也又疊韻連語詩候人婉兮孌兮傳少貌甫田傳少好貌新臺燕婉之求傳順也禮記內則姆教婉娩聽從注謂言語也上林賦象輿婉僤於西淸注動貌射雉賦婉轉輕利注綢繆之稱又重言形況字離騷駕八龍之婉婉兮注龍飛貌謝宣遠張子房詩婉婉幙中畫注和順貌【古韻】詩候人叶婉孌甫田叶婉孌丱見弁猗嗟叶孌婉選貫反亂野有蔓草叶漙婉願

阮 **㛱** 㛱 婉也从女夗聲按卽婉之或體今附于此

說文通訓定聲 乾部第十四 十九

阮 **畹** 畹 田三十畝也从田宛聲離騷余旣滋蘭之九畹兮注十二畝爲畹或曰田之長爲畹魏都賦下畹高堂劉注引班固畹二十畝也玉篇云秦孝公二百三十步爲畝三十步爲畹說各不同

元 **輓** 輓 大車後壓也御覽引說文後掩也从車宛聲謂所以鎭覆者假借爲輼廣雅釋器輓輓車也玉篇輓輓兵車也墨子備城篇輓輼車孫子謀攻篇脩櫓輓輼魏武帝注輓牀也其下四輪從中推之至城下長楊賦碎輓輼注百二十步兵車或可寢處按窗閉者爲輼人藏其中並可禦矢石輓之爲言弇也其行速

亘十三名凡亘之派皆衍亘聲 須緣切

先 **亘** 亘 求亘也从二回回古文回象亘回形上下所求物也會意兼指事按宛轉經營之意

元阮 **咺** 咺 兒泣不止也从口亘聲方言一咺痛也凡哀泣而不止曰咺燕之外鄙朝鮮洌水之閒小兒泣而不止曰咺漢書外戚傳咺不可止兮字亦作喛方言十二喛哀也廣雅釋詁二喛愁也假借爲愃爲宣爲査詩淇奧赫兮咺兮傳威儀容止宣著也爾雅釋訓赫兮咺兮威儀也韓詩作宣說文心部引作愃禮記大學作喧又疊韻連語方言護台脅閱懼也凡恐而噎噫南楚江湘之閒謂之嘽咺列子力

huán 貆 xuān 宣 huán 桓 xuān 觛 yuán 趄

命嘽咺釋文寬綽貌則謂借爲愃又託名幖識字左傳衛大夫有元咺齊策有狐咺【古韻】詩淇奧叶僩咺諼

元 **趄** 趄 趄田易居也从走亘聲左僖十五傳晉于是乎作爰田服注易也以爰爲之漢書地理志制轅田注三年爰土易居古制也以轅爲之公羊何注作換按農夫計歲換耕之田也

元 **觛** 觛 角匕也从角亘聲讀若讙儀禮士冠禮有角柶是也

寒 **桓** 桓 亭郵表也从木亘聲木或四植或二植聲之轉曰和表亦曰華表禮記檀弓三家視桓楹注四植謂之桓周禮大宗伯公執桓圭注雙植謂之桓桓宮室之象所以安其上也桓圭蓋以桓爲瑑飾假借爲査詩桓序桓講武類禡也桓武志也按桓桓武王亦重言形況字又周書謚法辟土服遠曰桓克敬勤民曰桓詩長發元王桓撥傳大也又爲咺方言一桓憂也又爲亘書禹貢西傾因桓是來鄭注桓是隴坂名其道盤桓旋曲而上按桓水一名白水出强臺山卽西傾山今甘肅鞏昌府岷州東南分水嶺至四川保寧府昭化縣東入潛水亦託名幖識字又易屯磐桓猶般旋也亦疊韻連語莊子應帝王鯢桓之審爲淵箭文注盤桓也又爲宣禮記檀弓曹桓公卒于會又重言形況字書牧誓尚桓桓傳武貌說文引作狟亦同詩泮水桓桓于征傳威武貌爾雅釋訓桓桓威也廣雅釋訓桓桓武也【聲訓】史記孝文紀索隱陳楚俗桓聲近和

說文通訓定聲 乾部第十四 二十

先 **宣** 宣 天子宣室也从宀亘聲按當訓大室也與寬略同淮南本經武王破紂牧野殺之于宣室注宣室殷宮名一曰獄也漢書孝文紀受釐坐宣室注未央前正室也按猶月令大室假借爲旬卽旬爾雅釋言宣徧也詩公劉旣順迺宣緜迺宣迺畝周禮小司寇乃宣布于四方周書謚法聖善周聞曰宣又爲恂左文十八傳宣慈惠和又爲査或爲散書皋謨日宣三德傳布也左昭元傳節宣其氣注散也宣汾洮注猶通也廿七傳而弗敢宣也注用也周語爲民者宣之使言注猶放也匏以宣之注發揚也又爲徇小爾雅廣言宣示也詩鴻鴈謂我宣驕左宣九傳公卿宣淫周語宣所以施教也又爲顯左僖廿七傳未宣其用注明也韓詩淇奧赫兮宣兮傳顯也又爲元考工車人半矩謂之宣注頭髮皓落曰宣謂以人身爲度宣者頭也又爲𩬊易說卦爲宣髮釋文黑白雜爲宣髮或曰借爲鬒亦通又爲歊爾雅釋言宣緩也又爲瑄爾雅釋器璧大六寸謂之宣字亦作瑄又爲烜卽爟書舜典疏引虞喜宣夜說宣明也又疊韻連語詩江漢來旬來宣按宣亦旬也徇也【古韻】詩公劉叶原繁宣歎巘原崧高叶翰蕃宣

元寒 **貆** 貆 貉屬从豸亘聲爾雅釋獸貈子貆注其牝者名貈今江東呼貉爲貈貆詩伐檀胡瞻爾庭有縣貆兮傳獸名假借爲貆周禮草

入鹹鴻用狟注、獮也。北山經譙明之山有獸焉、其狀如狟而赤豪、注、狟豪豬也。[古韻]詩伐檀叶檀干漣廛貆餐。

寒 **狟** 𤞞 犬行也。从犬亘聲。廣韻犬犬也、未知所本。[叚借]爲貛。淮南齊俗狟狢得埵防、注、狟狟豚也。西山經豪彘、注、狟猪、吳楚呼爲鸞猪。又重言形況字。書牧誓尚狟狟、今作桓、亦同。

寒 **査** 𡗹 奢査也。从大亘聲。經傳多以桓以宣爲之。

元寒 **洹** 𣹸 洹水、在齊魯閒。从水亘聲。水經注及字林皆云出晉魯閒。按今自山西潞安府長子縣、經河南彰德府林縣、至內黃縣西北入衛河。衛河卽淇水也。左成十六傳聲伯夢涉洹、魏都賦淇洹之筍、注或爲圜。[叚借]重言形況字。廣雅釋訓洹洹、流也。韓詩溱洧方洹洹兮、傳盛貌。毛本作渙、字亦作汍。又疊韻連語。芇魏武帝文涕垂睫而汍瀾。

寒 **絙** 𦃃 緩也。从糸亘聲。疑爾雅釋言宣緩也、以宣爲絙。但按許書列字次第、似當訓緩、而緩爲誤字。或曰卽綄字。江賦覘五兩之動靜、注引淮南許注、綄候風也、楚人謂之五兩。又引兵書曰以鷄羽重八兩建五丈旗、繫其巔、立軍營中。按廣雅釋詁四綄纏也、則綄與緩同。

元 **垣** 𡋷 𩫏 墻也。从土亘聲。籒文从𩫖。書梓材既勤垣墉、馬注、卑曰垣。左襄三十一傳盡毀其館之垣、漢書蕭何傳爲家不治垣

屋。[轉注]詩板大師維垣、疏小墻之名。[叚借]爲珣。按西山經其陽多嬰垣玉、注或作短、作根、作埋、傳寫謬錯。[聲訓]釋名垣援也、人所依阻以爲援衛也。按何不云上下必攀援也。[古韻]詩抑叶垣閑。連言遷板叶藩垣翰。

先阮 **愃** 𢡊 寬閒心腹貌。从心宣聲。三家詩洪奥赫兮愃兮、毛本以咺爲之。方言二、快也、注今江東人呼快爲愃。[叚借]爲萱。平輿令薛君碑永矢不愃。

暵十三名。凡暵之派、皆衍暵聲。呼旰切。

旱翰 **暵** 𣊟 乾也。耕暴田曰暵。从日堇聲。易曰燥萬物者莫暵于離。今說卦作熯、熯乎火。按此字从日、从堇、會意。堇、黏土也、得日則燥。字亦作晅、作暵。埤蒼暵耕麥地也。又作𣘊、廣雅釋地𣘊耕也。易說卦傳日以晅之。周禮舞師教皐舞帥而舞旱暵之事、注、熱氣也。稻人旱暵供其雩斂。[叚借]爲灘。詩中谷有蓷暵其乾矣、傳菸貌。

翰 **嘆** 𡁧 吞歎也。从口、歎省聲。按暵省聲。一曰太息也。謂吞聲悲嘆、與歎別。廣雅釋詁二、嘆傷也。經傳皆以歎爲之。[叚借]爲歎。廣雅釋詁二、嘆吟也。[古韻]楚辭神女賦叶端嘆干鸞。

寒翰 **鸛** 𪈾 𪆵 𩀪 𩀲 鸛鳥也。从鳥堇聲。按暵省聲。或从隹、古文二俱从隹、从古文堇、亦暵省。又古文从隹、从省、未詳。[叚借]爲艱、爲蹇、爲憚。詩桑扈不戢不難、傳不難、難也。疏難者戒懼之辭。釋名釋言語難憚也、人所忌憚也。又莊子說劍瞋目而語難、釋文艱難也。又中山策陰簡難之、注惡也。又易屯剛柔始交而難生、釋文畏憚也。虞書而難任人、傳拒也。又史記五帝紀存亡之難、索隱猶說也。又左哀十二傳而藩其君舍以難之、注困苦也。周禮典瑞穀圭以和難、注仇讎也。調人掌司萬民之難而諧和之、注相與爲仇讎也。秦策以與秦爲難、注猶敵也。又爲亂。公羊隱四傳請作難、注難兵難也。列子說符民果作難、釋文本作亂。又爲儺。實爲魌。周禮占夢遂令始難毆疫。又單辭形況字。詩隰桑其葉有難、傳難然盛貌。按與有阿爲雙聲連語也。[古韻]易𥡴卦傳叶緩難。詩中谷有蓷叶乾歎難。常棣叶原難歎。桑扈叶翰憲難那。板叶難憲。訪落叶渙難。宋玉神女賦叶難闌端嘆干鸞。[轉音]詩隰桑叶阿難何。

翰 **歎** 𣤩 𣦆 吟也。从欠、鸛省聲。按暵省聲。籒文鸛聲。與嘆別。禮記樂記一倡而三歎。又嗟歎之不足。文選與吳季重書注歎猶歌也。情有所悅、吟歎而謌詠。盧諶覽古詩注引作說文。[叚借]爲嘆。詩中谷有蓷嘅其歎矣。下泉愾我寤歎。小弁假寐永歎。禮記檀弓戚斯歎。坊記戲而不歎、注謂有憂戚之聲也。楚辭九歎序、歎者傷也、息也。[古韻]詩泉水叶泉歎。下泉叶泉歎。中谷有蓷叶乾歎難。常棣叶原難歎。公劉叶原繁宣歎巘原。楚辭九辨叶漧歎。

歌 **魌** 𩴳 見鬼驚貌。从鬼、難省聲。按暵省聲。讀若儺。此驅逐疫鬼正字。擊鼓大呼、似見鬼而逐之、故曰魌。經傳皆以儺爲之。禮緯云、顓頊有三子、生而亡去爲疫鬼、一爲瘧鬼、一爲魃鬼、一居宮室區隅善驚人小兒。於是令方相氏索室驅之。說近誕。

旱銑翰 **熯** 𤏶 乾貌。从火、漢省聲。按暵省聲。初學記廿五引說文熯、蒸火也。易說卦莫熯乎火、王肅注火氣也、崔注亦燥也。管子禁藏萩室熯造、注謂以火乾也。[叚借]爲戁。詩楚茨我孔熯矣、爾雅釋詁熯敬也。

翰 **漢** 𣹟 𣿬 漢水也。上流曰漾。从水、難省聲。按暵省聲。古文从水、从或、从大、會意。域中大水也。出今陝西漢中府寧羌州北嶓冢山爲漾、至南鄭縣西爲漢、今名東漢水。東流至湖北襄陽府均州名滄浪之水、又東南流至漢陽府漢陽縣漢口合江。爾雅釋水漢爲潛。按禹貢荊州之潛、在今湖北安陸府潛江縣。東梁州之潛、在今四川保寧府廣元縣、亦名龍門水、別義。漢出今甘肅秦州嶓冢山者、今名西漢水、下流爲嘉陵江、非禹貢之漢水也。[轉注]詩大東維天有漢、傳漢天河也。夏小正漢案戶、傳漢天漢也。左昭十七傳漢水祥也。按天漢亦衆微星合而成光、西人以遠鏡測之可見。俗傳遇七夕而隱者、秋冬月躔適經天漢之間、七日後月色漸明、其光爲月所奪、及月躔

yàn 雁　hǎn 厂　nǎn 戁　nuó 儺　nàn 㬮　tān 灘　rán 䕼　hàn 鷬

距遠則如常也、思元賦淯雲漢之湯湯、叚借爲悍、方言十二、漢赫怒也、又疊韻連語、方言七漢漫、懣也、朝鮮洌水之閒煩懣謂之漢漫、又託名標識字、周秦後劉邦都關中十二傳爲西漢、劉秀都洛陽十二傳爲東漢、劉備都益州二傳爲後漢、論衡驗符漢土德也、魏畧漢火行也、聲訓廣雅釋水漢、達也、按達者建字之誤、古韻常武叶嘽翰漢、

翰 **鷬** 鷬、艸也、从艸鷬聲、籀从鷬、

先 **䕼** 䕼、艸也、从艸難聲、按即鷬字之或體、今附于此、又按然篆下或从艸難與此重出、葢誤文也、當从火䕼聲、

寒 **灘** 水濡而乾也、从水鷬聲、俗从或體難聲、詩中谷有蓷、灘其乾矣、毛本以暵爲之、傳暵、菸貌、叚借爲暵、按後世用爲沙灘字、葢隙地之意、水盈涸無常也、字亦作灘、爾雅灘沙出、注水中沙堆、又雙聲連語、爾雅釋天太歲在申曰涒灘、李注灘單盡也、呂覽序意歲在涒灘之歲、注灘循也、淮南天文涒灘之歲、注灘脩也、按皆以聲訓、而脩又循之誤、

翰 **㬮** 㬮安㬮溫也、从日難聲、廣雅釋詁三㬮、煗也、按字亦作暾、今蘇俗謂物不冷不寒曰溫暾、語之轉、又曰暍忒、皆即安㬮也、安㬮疊韻連語、叚借發聲之詞、射雉賦暾出苗以入場、注漸出貌、

說文通訓定聲　乾部第十四

歌哿 **儺** 行有節也、从人難聲、詩竹竿佩玉之儺、傳行有節度、叚借爲魖、論語鄉人儺、孔注驅逐疫鬼也、譙周注儺卻之也、以葦矢射之、呂覽季冬命有司大儺、注今人臘歲前一日擊鼓驅疫謂之逐除是也、周禮占夢遂令始難毆疫、注難謂執兵以有難卻也、以難爲之、按國儺有三、方相氏掌之、季春儺陰氣、仲秋儺陽氣、季冬送寒氣、鄉儺惟季冬乃下及庶人、國儺用牛羊、鄉儺止得用雞犬、又雙聲連語、詩萇楚猗儺其華、與旖施倚移阿那皆同、轉音詩竹竿叶左瑳儺、

潸 **戁** 戁、敬也、从心難聲、爾雅釋詁戁、懼也、又動也、詩長發不戁不竦、傳戁恐也、楚茨我孔熯矣、以熯爲之、叚借爲赧、小爾雅廣義面慙曰戁、

厂十三名、凡厂之派、皆衍厂聲、呼旱切、

旱 **厂** 山石之厓巖、人可居、象形、籀文从干聲、

諫 **雁** 雁鳥也、从隹从人、厂聲、讀若鴈、禹貢陽鳥、義與鴈別、按大曰鴻、小曰雁、雁隨陽飛、有行列、近人道、昏禮士相見禮用之、故从人、春秋說題辭、雁之言雁、雁起蚤以招期、知晚蚤、故南北以陽動也、儀禮士昏禮納采納吉請期皆用雁、雁木落南翔、冰泮北徂、順陰陽

chǎn 滻　chǎn 㹀　tàn 炭　chǎn 產　yán 顏　yàn 諺　yàn 𤎩　è 屵　yàn 彥(彥)　yàn 鴈

往來、婦從夫、似之也、詩匏有苦葉雝雝鳴鴈、以鴈爲之、又儀禮士相見禮下大夫相見以雁、注取知時飛翔有行列也、大元禮孔雁之儀、注孔雁鳥之知禮也、轉注北山經注于雁門、注雁門水名、水經河水注雁門雁之所育、古韻詩匏有苦葉叶雁旦泮、女曰雞鳴叶旦爛雁、

諫 **鴈** 鵝也、从鳥人、厂聲、按从鳥雁省聲、義與雁別、野鵝曰鴈、家鵝則曰舒鴈、周禮醢人箈菹鴈醢、禮記內則舒鴈翠、叚借爲雁、詩鴻鴈于飛、傳大曰鴻、小曰鴈、

霰 **彥** 美士有彣也、从彣厂聲、詩羔裘邦之彥兮、傳士之美稱、爾雅釋訓美士爲彥、禮記大學人之彥聖、聲訓說文彥美士有彣人所言也、爾雅注彥人所彥詠、舍人注彥國有美士爲人所言道也、古韻詩羔裘叶晏粲彥、

曷屑 **屵** 岸高也、从山厂、厂亦聲、按字亦作嵃、江賦厓隒爲之嶮嵃、注猶嶮也、西征賦峻嵃峭以繩直、注謂棧嵃嶮貌也、

諫 **𤎩** 火色也、从火、雁聲、讀若鴈、韓非子齊伐魯索讒鼎、以其鴈往、以鴈爲之、按知今作偽古物曰燒瘢者、俗字作贗、

霰 **諺** 傳言也、从言彥聲、字亦作喭、書無逸乃諺、禮記大學故諺有之曰、左隱十一傳周諺有之曰、越語諺有之曰、注諺俗之善謠也、漢書五行志諺所謂老將知而耄及之者、注俗所傳言也、叚借爲悍、論語由也喭、王弼注剛強也、或曰嘸之誤字、多語貌、存疑、

說文通訓定聲　乾部第十四

刪 **顏** 眉目之閒也、从頁彥聲、籀从頁文首、小爾雅廣服顏、顙也、方言十顏、顙也、齊語天威不違顏咫尺、注眉目之閒、史記高祖紀隆準而龍顏、集解顏額也、叚借爲雁、漢書嚴助傳以逆執事之顏行、又託名標識字、左莊五疏郳顏字夷父、按其後以名爲氏、聲訓春秋元命苞顏之言氣畔也、太元積魁而顏而、注見也、古韻詩君子偕老叶展袢顏媛、抑叶顏愆、禮記曲禮叶前安顏言、楚辭大招叶曼顏安、神女賦叶言顏、觀丹三畧上叶顏官端、

潸 **產** 生也、从生彥省聲、廣雅釋詁四產、貨也、周禮大宗伯百物之產、注生其種曰產、以天產作陰德、以地產作陽德、注天產者動物謂六牲之屬、地產者植物謂九穀之屬、禮記禮器德產之致也精微、孟子無恒產、又後漢明帝紀同產、注同母兄弟也、叚借爲㹀、左僖三傳請以屈產之乘、又爲彥、按左傳鄭公孫僑字子產、又作子美、又託名標識字、爾雅釋樂大籥謂之產、字亦作𥳑、古韻管子內業叶遠產、

翰 **炭** 燒木餘也、鍇本作燒木未灰也、从火、屵聲、釋名火所燒餘木曰炭、炭亦㶣也、廣雅釋詁四炭、炮也、孟子坐于塗炭、注墨也、

潸 **㹀** 畜牲也、从牛產聲、

潸 **滻** 滻水也、出京兆藍田谷、入霸、从水產聲、出今陝西西安府藍田縣藍田谷、經霸陵與霸水合、至高陵縣入渭、其地曰灞口、叚借

重言形况字、廣雅釋訓、漳漳漣漣、衆也、按卽詩烝然汕汕字、三家本皆作漳、汕作漣也、

鏟 潸 鋉

鏟鏶也、一曰平鐵、从金產聲、平鐵謂以剛鐵削平柔鐵也、字亦作剗、廣雅釋詁三、剗削也、聲類、剗平也、通俗文、攻板曰剗、蒼頡篇、鏟削平也、別義、廣雅釋器、鐵謂之鏟、

反十一　名凡反之派皆衍反聲　符遠切

反 元 阮

覆也、从又厂、象形、按厂聲、古文从又一、指事、與寸同意、厂聲、爪象形、爲已覆之掌、反謂覆其掌也、孟子、由反手也、轉注、易小畜、夫妻反目、漢書賈誼傳、反唇相稽、呂覽功名、蠻夷反舌、注、南方有反舌國、舌本在前、末倒向喉、仲夏反舌無聲、注、百舌也、能辨反其舌、變易其聲、效百鳥之鳴、後漢班彪傳、反宇、注、謂飛檐上反也、又易說卦、爲反生、釋文、麻豆之屬、戴孚甲而出也、中山經、講山有木焉、名曰帝屋、反傷、注、刺下勾也、考工廬人、車不反覆、注、猶軒輖也、荀子賦、願聞反辭、注、反覆敘說之辭、猶楚辭亂曰也、又詩氓、不思其反、箋、覆也、列子仲尼、回能仁而不能反、注、變也、周語、言反目爽其信、注、違也、晉語、反其埤、注、撥也、管子七臣七主、好佼反而行私、注、背理爲反、淮南氾論、紂居于宣室、而不反其過、注、悔也、荀子法行、身不善而怨人、不亦反乎、注、謂乖悖也、後漢高彪傳、反閒、注、因其敵閒而用之、也、又詩關雎、輾轉反側、正義引書傳、帝猶反側晨興、反側亦臥而不正也、何人斯、以極反側、傳、不正直也、書洪範、無反無側、馬注、反反道也、周禮匡人、使無敢反側、注、猶背違法度也、荀子王制、反側之民、注、不安也、左昭七傳、有所反之以取媚也、疏、謂反正道也、素問至眞要大論、諸轉反戾、注、反戾筋轉也、史記平準書、獄少反者、漢書雋不疑傳、有所平反、注、奏使從輕也、廣雅釋詁三、反治也、叚借爲返、儀禮士冠禮、主人發眂反之、注、還也、周禮調人、凡殺人有反殺者、注、復也、詩猗嗟、四矢反兮、箋、復也、按中皆復其故處也、禮記樂記、樂盈而反、注、謂自抑止也、反情以和其志、注、猶本也、論語、必使反之、皇疏、猶重也、孟子、君子反經而已矣、注、歸也、晉語、反使者、注、報也、呂覽察微、舉兵反攻之、注、更也、又禮記樂記、然後能自反也、注、求諸己也、莊子盜跖、反走再拜、釋文、小郤行也、又爲叛、齊策、若是者信反、呂覽愼行、將以方城外反、又爲販、荀子儒效、積反貨而爲商賈、又爲阪、晉峻碑、陰何東蒲反、又爲及之誤字、禮記樂記、武王克殷反商、易繫辭、原始反終、又疊韻連語、詩角弓、偏其反矣、論語、偏其反而、又莊子秋水、是爲反衍、崔注、猶漫衍、合爲一家、釋文本作畔、亦同、又重言形況字、詩執競、威儀反反、箋、順習之貌、賓之初筵、威儀反反、傳、言重愼也、韓詩作昄昄、潛夫論作板板、皆同、又單辭形況字、荀子彊國、反然舉惡桀紂而貴湯武、注、反變貌、聲訓、詩執競傳、反反難也、古韻、詩賓之初筵叶反幡、角弓叶反遠、載馳叶反遠、論語唐棣叶反遠、東門之墠叶墠反遠、

民勞叶綣反諫、執競叶簡反、氓叶宴晏旦反、猗嗟叶孌婉選貫反亂、易襍卦傳叶爛反、文子微明叶反變、

返 沅

還也、从辵反、反聲、春秋傳从彳、廣雅釋詁二、返歸也、書西伯戡黎、祖伊返、呂覽觀表、而返其璧、愼人、返瑟而弦、注、更也、儀禮聘禮、反幣、禮記郊特牲、土反其宅、齊語、反胙于絳、孟子、反命曰、東京賦、乃反旆而迴復、經傳多以反爲之、古韻、楚辭國殤叶返遠、文子道原叶坦遠返、

眅 删 普

多白眼也、从目反聲、左襄廿二傳、鄭游眅字子明、今本以販爲之、

飯 阮 願

食也、从食反聲、字亦作餅、作飰、儀禮少牢禮、注、食大名、小數曰飯、禮記玉藻、飯飧者三飯也、論語、君祭先飯、又漢書朱買臣傳、呼飯飲之、注、謂飲之也、又禮記檀弓、飯設飾、釋文、哈也、周禮典瑞、共飯玉、注、碎玉以襍米也、轉注、呂覽本味、飯之美者、元山之米、按飯所食也、叚借爲撰、按儀禮士喪禮、自飯持之、注、飯大擘指本也、謂自以大指扱持之、

販 願

買賤賣貴也、从貝反聲、周禮司市、販夫販婦、禮記曲禮、雖負販者、必有尊也、

昄 旱 潸

大也、从日反聲、詩卷阿、爾土宇昄章、傳、大也、叚借爲販、左襄廿二傳、鄭游昄、又重言形況字、韓詩賓之初筵、威儀昄昄、傳、善貌、

又按、釋氏書有皈依字、當从反身作𨈓、卽㐆字、非此眅字之誤也、

版 潸

判也、从片反聲、按判木也、字亦作板、周禮小宰、聽閭里以版圖、注、戶籍也、司士、掌羣臣之版、司農注、名籍也、論語、式負版者、鄭注、謂邦國籍也、又管子宙合、修業不息版、注、牘也、爾雅釋器、大版謂之業、又後漢楊賜傳注、板謂詔書也、又范滂傳注、版笏也、又孟子、傅說舉於版築之閒、公羊定十二傳、五板而堵、注、八尺曰板、詩鴻雁傳、一丈爲板、禮記檀弓、今一日而三斬板、注、板蓋廣二尺、長六尺、又荀子禮論、其須象版、注、謂車上障蔽者、閒居賦、太夫人乃御版輿、注、一名步輿、轉注、周禮職金、則共其金版、爾雅釋器、鉼金謂之鈑、字亦作鈑、其旅上帝之用、所未聞、叚借重言形況字、詩上帝板板、傳、反也、爾雅釋訓、僻也、又託名幖識字、楚辭哀時命、望閬風之板桐、注、板桐山名也、後漢桓帝紀、板楯、注、西南蠻之號、又爾雅釋蟲、傅負版、字亦作蝜蝂、柳子蝜蝂傳畧云、行遇物、輒取負之、背甚澀、物積不散、卒躓仆不能起、好上高、或至墜地死、今驗此蟲黑色、背有齟齬、故負不能釋、其名今未聞、聲訓、後漢李固傳注、板反也、古韻、詩板叶板亶遠管亶諫、

汳 霰

汳水也、受陳留浚儀陰溝、至蒙爲雝水、東入于泗、从水反聲、水經注作至蒙爲雝水、字亦作汴、水經汳水注、陰溝卽蒗蕩渠也、亦言汳、按在今河南開封府祥符縣、至歸德府商丘縣、一爲睢水、一爲獲水、獲水至江蘇徐州府碭山蕭縣間、合泗以入淮、蓋今之大河

xuán gàn chǎn yǎn bǎn fǎn bǎn
旋 倝 於 㫃 阪 軬 瓪

背封而下、徐州
而上皆故派、

潸 **瓪** 敗瓦也、从瓦反聲、謂破瓦、今蘇俗瓦片字當作此、俗呼片如辦平聲、別義玉篇瓪牝瓦也、

阮 **軬** 車耳反出也、从車从反會意、反亦聲、段氏玉裁謂較反出處其圜角之衺倚向外者、別義漢書景帝紀、朱兩轓、朱左轓、應劭注車耳反出所以爲之藩屏翳塵泥也、輒以簟爲之、或用革、按此卽小爾雅廣言轓輿也、廣雅釋器轓箱也、聲類轓車之蔽也、後漢董卓傳注轓車箱也、畫爲文彩、卽藩字之轉注、但以今時車飾推之、兩旁有飄檐以遮陽、如車之耳、疑卽古所謂轓與茀不同、輿服志畫轓黑轓朱轓、宜畫此朱此、太元積君子積善至于車耳、測曰君子積善至于蕃也、借車耳之轓爲蕃多之蕃、則古自訓轓爲車耳、特非詩之茀周禮之蔽耳、廣雅釋器轓謂之軬、疑指此非上文轓箱也之轓、

阮 **阪** 坡者曰阪、一曰澤障、一曰山脅也、从𨸏反聲、字亦作坂、廣雅釋詁二、阪衺也、詩車鄰阪有漆、爾雅釋地陂者曰阪、正月瞻彼阪田、箋崎嶇墝埆之處、東門之墠茹藘在阪、疏高阜、呂覽孟春阪險原隰注阪險傾危也、易說卦虞本爲阪生、注陵阪也、又書立政阪尹、鄭注其長居險故言阪尹、又水經河水注蒲坂縣、地理志曰縣故蒲也、應劭曰秦始皇東巡見有長坂故加坂也、孟康曰秦人還蒲于魏、魏人喜曰蒲反矣、故名則謂借爲返、古韻詩伐木叶阪衍踐遠愆、

說文通訓定聲 乾部弟十四

㫃二十二名、凡㫃之派、皆衍㫃聲 於顯切、

阮 **㫃** 旌旗之游㫃蹇之皃、从屮曲而下垂、丨相出入也、讀若偃、古人名㫃字子游、古文象形、及象旌旗之游、按从屮象竿首、曲其下者象通帛之旃柄、曲旁乑者象游、从入飄揚如一出一入然、左傳晉荀偃、鄭公子偃、駟偃、聖門言偃、晉語注、籍偃、莊子齊物成偃、皆字游、皆以偃爲之、

銑 **於** 旌旗杠皃、从丨从㫃、㫃亦聲、按丨象形、

翰 **倝** 日始出光倝倝也、从旦㫃聲、說文倝下出𠦝、注闕、按𠦝籀文、又从明與乾从明同、此部文三、當作文二、重一、

先 **旋** 周旋、旌旗之指麾也、从㫃从疋、疋足也、按此字當系疋部、从疋㫃聲、小爾雅廣言旋還也、字林旋回也、易履視履考祥其旋元吉、禮記玉藻周旋中規、折旋中矩、周語周旋序順、注周旋容止也、經傳亦多以還爲之、轉注素問天元紀大論七曜周旋、注謂左循天度而行、史記日者傳旋式正棊、索隱轉也、莊子達生旋而蓋規矩、司馬注圜也、考工鳧氏鍾縣謂之旋、旋蟲謂之幹、注旋屬鍾柄所以縣之也、

hán hàn hàn hàn
韓 鶾 雗 翰

淮南墬形、傾宮旋室、注室旋機關可轉旋、魯靈光殿賦旋室㛹娟以窈窕、注曲室也、上林賦交精旋目、注旋目鳥名、叚借爲淀、楚辭招魂旋入雷淵、列子黃帝鯢旋之潘爲淵、淮南俶眞湍瀨旋淵、注深淵也、又左定三傳夷射姑旋焉、注小便也、又爲趮、方言六秦晉凡物樹稼早成熟謂之旋、漢書董仲舒傳注旋速也、史記天官書索隱旋疾也、古韻宋玉神女賦叶瀾安煩原旋惓難、素問天元紀大論叶元天玄旋、

寒翰 **翰** 天雞赤羽也、从羽倝聲、愚按此字本義當訓翼也、詩常武如飛如翰、傳摯如翰、箋翰其中豪俊也、小宛翰飛戾天、易中孚翰音登于天、先儒皆訓翰爲高、禮記曲禮雞曰翰音、注猶長也、按鳥羽之長而勁者爲翰、高飛恃之、亦所以衛體、轉注詩桑扈之屛之翰、文王有聲王后維翰、板大宗維翰、崧高維周之翰、皆輔翼意、爾雅毛傳幹也、此聲訓之法、又左成二傳棺有翰檜、注翰旁飾、按如翼之在兩旁也、叚借爲鶾、說文翰天雞赤羽也、逸周書曰文翰若翬雉、一名鷐風、周成王時蜀人獻之、葢本王會篇、又晨風未知何據、爾雅釋鳥鶾天雞、樊注一名山雞、是也、西山經嶓冢之山鳥多白翰、注白鶾也、亦名鶾雞、又曰白雉、中山經岷山其鳥多翰鷩、又爲翰、易賁白馬翰如、馬荀注高也、黃注舉頭高卬也、謂借爲岸、失之、禮記檀弓戎事乘翰、注白色馬也、或曰易借爲𩢍、檀弓借爲騂、亦通、又爲榦、長楊賦翰林主人、注筆也、引說文毛長者曰翰、秋興賦染翰操紙、注筆豪也、劉公幹公讌詩投翰長歎息、注筆毛也、尚書大傳取白狐青翰、注長毛也、又爲幹、爾雅釋詁翰榦也、舍人注翰所以當牆兩邊障土者也、古韻詩桑扈叶翰憲難那、板叶藩垣翰、崧高叶翰蕃宣、又叶番嘽翰憲、常武叶嘽翰漢、易賁叶皤翰、

說文通訓定聲 乾部弟十四

翰 **雗** 雗鷽也、山鵲、从隹倝聲、與鶾別、叚借爲鶾、爾雅雗雉鶾雉、

翰 **鶾** 鶾雉肥翰音者也、从鳥倝聲、魯郊以丹雞祝曰以斯翰音赤羽去魯侯之咎、爾雅鶾天雞、注赤羽、逸周書曰文鶾若彩雞、成王時蜀人獻之、樊光曰一名山雞、按又名錦雞、又按爾雅雗雉鶾雉注今白鶾也、江東呼白雗亦名白雉、郭謂一物二名、許則以鶾爲赤雉、卓爲白雉、故說雉有十四種、鷩亦赤雉、與鶾異者、鷩腹赤、鶾翼赤也、卓亦名白翰者、猶鶾亦有白鷴也、西山經、中山經皆以翰爲之、爾雅以雗爲之、叚借託名幖識字、爾雅釋蟲螒天雞、按螒卽鶾字、林作螒、以別于鳥之天雞也、郭注小蟲黑身赤頭、一名莎雞、詩七月陸疏翅正赤、

寒寒 **韓** 井垣也、从韋取其帀也、倝聲、按井垣乃榦字之轉注、韓之本義卽𩏑、篆下所云抒井具也、故从韋、惜乎古書泰焚、並無孤證、叚

借爲榦說文韓井垣也今莊子漢書凡井榦字皆作幹作斡無作韓者又託名幖識字詩韓奕溥彼韓城燕師所完左僖廿四傳邘晉應韓武之穆也其地當在今直隸順天府固安縣又僖十傳敗于韓十五傳戰于韓原其地當在今山西平陽府河津萬泉之閒即桓三傳韓萬之采邑此別一韓國平王時晉滅之者又隋始析置之韓城縣其地在今陝西同州府即文十年晉伐秦所取之少梁也詩與左傳之韓皆非此鄭箋詩以爲即左傳之韓括地志以左傳之韓即韓城縣均失之又後漢光武紀建武二十年東夷韓國人注東夷有辰韓弁韓馬韓謂之三韓國也按凡七十八國皆古之辰國又海內經昌意降居若水生韓流注乾荒即韓流也又釋名釋飲食韓羊韓兔韓雞本法出韓國所爲也又後漢馮衍傳韓盧注天下之壯犬也

寒　翰　翰

榦　築牆耑木也从木倝聲字亦誤作榦俗作幹按植于兩邊者曰榦植于兩耑者曰楨散文則亦通稱也古築牆先度其廣輪乃樹楨榦繼施橫板于兩邊榦內以繩束榦實土築之一板竣則層絫而上五版爲堵書費誓峙乃楨榦馬注楨在前榦在兩旁左宣十一傳平板榦注楨也轉注廣雅釋詁三榦本也三蒼榦枝榦也又廣雅釋天甲乙爲榦榦者日之神也月令章句大撓作甲乙以名日謂之幹子丑以名辰謂之枝又左昭廿五傳惟是楄柎所以藉幹者注骸骨也公羊莊元傳搚幹而殺之注脅也爾雅釋畜在幹茀方注脅也儀禮少牢禮舉尸牢幹注正脅也特牲禮佐食舉幹注長脅也又禮記月令羽箭幹釋名矢其體曰幹言挺幹也又考工弓人幹也者以爲遠也凡取幹之道七柘爲上竹爲下書禹貢杶榦栝柏傳榦柘也字亦作杆廣雅釋木杆柘也又洞簫賦原夫簫幹之所生兮注幹小竹也字又作簳作笴儀禮鄉射禮記物長如笴注矢幹也長三尺中山經可以爲簳廣雅釋草笴箭也又淮南主術越人乘榦舟注小船也一曰大舟也又莊子秋水跳梁于井榦之上司馬注井欄也漢書枚乘傳單極之統斷幹注井上四交之幹郊祀志立神明臺井幹樓說文韓井垣也以韓爲之又小爾雅廣器較謂之幹又說文議榦也按楨榦以系船也又易幹父之蠱虞注正也詩韓奕榦不庭方韓詩章句正也又廣雅釋詁三榦事也易文言貞固足以幹事後漢伏湛傳注幹主也樊巴傳注幹府吏之類也司馬整碑陰有諸曹干十三人以干爲之又左成十三傳禮身之幹也晉語政之榦也淮南原道生之幹也注質也楚辭招魂去君之恒幹注體也淮南兵畧此善爲充榦者也注彊也假借爲斡考工梟氏旋蟲謂之榦謂鐘旋飾處又爲閈楚辭招魂去君之恒幹注里也聲訓廣雅釋詁一幹安也

翰

幹　六書故引唐本說文有此字按从倝又从干有聲無形蓋即榦之俗體姑附于此

翰

𩫞　獸豪也从毛倝聲爾雅釋畜注狗子未生𩫞毛者釋文謂長毛也經傳皆以翰爲之

翰

䮧　馬毛長者从馬倝聲

翰

𧹞　赤色也从赤倝聲讀若浣廣雅釋詁三𧹞濁也

曷

斡　蠡柄也从斗倝聲字亦作𣄴楚辭天問斡維焉繫張華勵志詩大儀斡運轉注廣雅釋詁四斡轉也史記屈賈傳斡棄周鼎幽通賦斡流遷其不濟兮別義說文云揚雄杜林說皆以斡爲軺車輪假借爲榦漢書百官公卿表斡官鐵市兩長丞

寒　先

乾　上出也从乙物之達也倝聲籀文又从明與倝从明同按達于上者謂之乾凡上達者莫若氣天爲積氣故乾爲天易說卦傳乾天也繫辭傳乾陽物也褋卦傳乾剛坤柔轉注廣雅釋詁一乾君也易說卦乾爲天爲圜爲君爲父爲玉爲金爲寒爲冰爲大赤爲良馬爲老馬爲瘠馬爲駁馬爲木果又九家注爲龍爲衣爲禾爲圭爲頂爲神爲甲爲高爲直爲四月爲巳爲玄又上達者莫若火故又爲燥易說卦離爲乾卦字林乾燥也易噬嗑噬乾肉注肉堅也儀禮士冠禮有乾肉折俎注脯也周禮腊人掌乾肉注大物解肆乾之謂乾肉禮記王制一爲乾豆注謂腊之呂覽禁塞單脣乾肺注晞也淮南說山漆見蟹而不乾注燥也又齊策今韓梁之目未嘗乾又北山經是水冬乾而夏流實惟乾河又莊子至樂雉掇千日爲鳥其名爲乾餘骨又方言十乾都老也注皮色枯瘁一說此義實皆借爲㬥爲暵存參又史記酷吏傳始爲小吏乾沒徐廣曰乾沒隨勢沈浮也服虔曰乾沒射成敗也漢書張湯傳注引如淳曰得利爲乾失利爲沒假借爲斡易離爲乾卦鄭注當爲幹陽在外能幹正也董遇本作幹又託名幖識字東山經北臨乾昧注山名也淮南氾論乾鵠知來而不知往又雙聲連語列女傳仁智南方有鳥名曰乾吉食其子不擇肉子常不遂又重言形況字易君子終日乾乾呂覽士容乾乾乎取舍不悅注進不倦也東京賦懋乾乾注敬也聲訓易說卦乾健也廣雅釋訓乾乾健也古韻詩中谷有蓷叶乾歎難

先

嫙　好也从女旋聲韓詩子之嫙兮傳好貌毛本作還注便捷之貌則謂借爲趨按韓詩是也與二三章茂昌同意

霰

縼　以長繩繫牛也从糸旋聲字亦作𢹿轉注長笛賦植持縼纆亦疊韻連語

霰

鏇　圜鑪也从金旋聲別義一切經音義引周成難字謂以繩轉軸裁木爲器曰鏇按此義當爲旋之轉注

先

淀　回泉也从水旋省聲字亦作漩華嚴音義引切韻漩洄也

旱　翰

𦼮　𦼮艸也从艸榦聲假借爲稈類篇𦼮禾莖也

旱　翰

澣　濯衣垢也从水榦聲或从完聲字亦作澣詩葛覃薄澣我衣箋謂濯之耳禮記內則和灰請澣注足曰澣禮運衣其

gān 鄿　yán 虤　yān 焉　yān 蔫　yān 鄢　yàn 傿

澣帛、注、練染以爲祭服、公羊莊三十一傳、臨民之所漱浣也、注、去垢曰浣、莊子秋水、與道大蹇、崔注、浣猶治也、以蹇爲之、叚借爲澣、淮南齊俗、而求之乎浣準、注、浣準水望之平、〔古韻〕楚詞九辨叶澣歎、

蹇 **鄿** [篆] 地名、从邑乾聲、

虤一名 五閑切

删 **虤** [篆] 虎怒也、从二虎、會意、兩虎鬥也、

焉六名、凡焉之派皆衍焉聲 有乾切

先 **焉** [篆] 焉鳥也、黃色、出於江淮、凡字朋者羽蟲之長、烏者日中之禽、舄者知太歲之所在、燕者請子之候、作巢避戊己、所貴者故皆象形、焉亦是也、叚借爲曷、與安同、廣雅釋詁一、焉安也、左昭九傳、則戎焉取之、注、猶何也、論語、人焉廋哉、皇疏、猶安也、詩白駒、於焉逍遙、於焉嘉客、同、又發聲之詞、公羊隱二傳、託始焉爾、注、焉爾猶於是也、宣六傳、則無人閨焉者、注、焉者於也、禮記三年問、焉使倍之、注、猶然也、論語、女得人焉耳乎哉、皇疏、焉耳乎栽、皆是送句之辭也、孟子盡心、焉耳矣、注、焉耳者懇至之辭、按論孟皆當作焉爾、猶云於此也、與左傳晉鄭焉依、禮記三年問、故先王焉爲之立中制節、鄉飲酒義、焉知其能和樂而不流也、呂覽、天子焉始乘舟、孟子、人莫大焉、無親戚君臣上下、晉語、焉作轅田、單用焉字亦同、又助語之辭、易坤、故稱龍焉、書秦誓、其心休休焉、論語、有民人焉、孟子、則眸子瞭焉、與用然字亦同、又按禮記學記、藏焉、脩焉、息焉、游焉、孝經、續焉、大焉、上焉字爲於是、下焉字爲助語也、〔古韻〕詩采苓叶旃然言焉、齊策顏斶語叶焉完全、老子儉武叶還焉年、

先 **蔫** [篆] 菸也、从艸焉聲、廣雅釋詁四、蔫葾也、按葾卽蔫之別體、字又作嫣、大戴用兵、草木嫣黃、今蘇俗謂物之不鮮新者曰蔫、詩中谷有蓷、嘆其溼矣、以暵爲之、

先阮 **鄢** [篆] 南郡縣、孝惠三年改名宜城、从邑焉聲、今湖北襄陽府宜城縣、〔別義〕左隱元、鄭伯克段于鄢、成十六、戰于鄢陵、今河南開封府鄢陵縣、字亦作傿、周語、昔鄢之亡也由仲任、注、妘姓之國、按爲鄭武公所滅、

願 **傿** [篆] 引爲賈也、从人焉聲、後漢書崔烈入錢五百萬、得爲司徒、及拜、靈帝顧謂親倖曰、悔不小傿、可至千萬、謂張大其價也、按字亦誤作嗎、方言十三、嗎、益也、

yān 漹　yān 嫣　yǎn 衍　qiān 愆

先 **漹** [篆] 漹水也、出西河中陽北沙、南入河、从水焉聲、當在今山西汾州府寧鄉縣境入河、今不可考、水經汾水注、漹水俗亦曰慮水、蓋以鄢澤當之、殆非也、

先願 **嫣** [篆] 長貌、从女焉聲、叚借單辭形況字、登徒好色賦、嫣然一笑、楚辭大招、宜笑嗎只、字亦作嗎、又託名幖識字、漢書韓王信傳、穨當孽孫嫣、李廣傳、天子日與韓嫣戲、又疊韻連語、揚雄反騷、有周氏之嬋嫣兮、猶蟬聯也、又重言形況字、廣雅釋訓、嗎嗎喜也、字又作嘆、方言十三、嘆樂也、注、嘆嘆歡貌、

衍三名、凡衍之派皆衍衍聲、 以淺切

銑霰 **衍** [篆] 水朝宗于海貌也、从水从行、會意、與从水行聲字別、小爾雅廣言、衍散也、又遠也、廣器、澤之廣謂之衍、廣雅釋詁一、衍大也、二、廣也、釋地、衍池也、易需、衍在中也、虞注、流也、書大傳、至今衍于四海、注、猶溢也、太元法、水直衍、注、達也、轉注、周禮大司徒、辨其山林川澤邱陵墳衍原隰之名物、注、下平曰衍、左襄廿五傳、井衍沃、注、平美之地也、淮南墬形、衍氣多仁、注、下而污者爲衍、史記封禪書、其日止于鄜衍、李奇曰、山阪曰衍、楚辭憂苦、巡陸夷之曲衍兮、注、澤也、又易繫詞、大衍之數五十、鄭注、演也、書洪範、二衍忒、史記宋世家注、謂貞悔也、詩板、及爾游衍、傳、溢也、伐木、釃酒有衍、傳、美貌、椒聊、蕃衍盈升、按皆饒多也、蕃衍亦疊韻連語、周禮典同、回聲衍、按洪也、西京賦、衍地絡、東京賦、仁風衍而外流、注、布也、荀子賦、暴人衍矣、注、饒也、西京賦、篠簜敷衍、注、蔓也、漢書楊雄傳、辭之衍者、注、旁廣也、司馬相如傳、浸淫衍溢、注、言有餘也、今衍文字亦以羨爲之、後漢宋意傳、衍食他縣、注、謂流衍也、叚借爲延、周禮大祝、一曰衍祭、男巫、掌望祀望衍授號、注、衍也、又爲沈、水經濟水注、衍水卽沈水也、又爲箄、莊子天運、盛以箧衍、李注、笥也、又疊韻連語、漢書武帝作漫衍之戲、又甘泉賦、駢交錯而曼衍兮、又託名幖識字、禮記檀弓、而立衍也、家語本姓、微子弟曰仲思、名衍、按字思、疑借爲羨、又檀弓、仲叔衍以告、注、或爲皮、聲訓、釋名釋地、下平曰衍、言漫衍也、〔古韻〕詩伐木叶阪衍踐遠愆、板叶旦衍、莊子秋水叶賤衍蹇、

先 **愆** [篆] [篆] [篆] 過也、从心衍聲、或从寒省聲、籀文从言侃聲、字亦作愆、按籀文疑當別出、正篆爲𡩋之本字、爾雅釋言、愆過也、周書謚法、寒過也、書牧誓、不愆于六步七步、詩楚茨、式禮莫愆、禮記緇衣、不愆于儀、左哀十六傳、失所爲愆、叚借爲蹇、左昭廿六傳、王愆於厥身、注、惡疾也、又爲遟、易歸妹、愆期、左昭四傳、冬無愆陽、宣十一傳、不愆于素、〔古韻〕詩抑叶顛愆、伐木叶阪衍踐遠愆、儀禮士昏禮叶言愆、荀子正名叶漫騫慢愆言、轉音、詩楚茨叶愆孫、

juàn 衛　yàn 燕　yān 酀　yàn 曣　yàn 驠　yàn 嬿　xián 㳄

霰 衛 衛 車搖也从車从行會意一曰衍省聲

燕五名凡燕之派皆衍燕聲 於見切

先霰 燕 燕 元鳥也籋口布翄枝尾象形爾雅巂周燕燕鳦舍人注巂周名燕燕又名鳦與說文同此古義也郭讀以巂周爲子規鳥不與下燕燕屬詩燕燕于飛夏小正來降燕乃睇淮南墬形燕鴈代飛別義爾雅燕白脰烏小爾雅廣烏白項而羣飛者謂之燕烏按大于雅烏而小于慈烏叚借爲晏安也易中孚有它不燕詩鹿鳴以燕樂嘉賓之心文王有聲以燕翼子雝燕及皇天禮記樂記宋音燕女溺志又燕朋逆其師注猶褻也仲尼燕居目録退朝而處曰燕居大戴保傅七月而就燕室注夾室次于寢也周禮朝士注內朝之在路門內者或謂之燕朝漢書蔡義傳願賜清閒之燕老子雖有榮觀燕處超然又爲宴饗宴也儀禮燕禮周禮磬師燕樂之鐘磬考工梓人則王以息燕詩六月吉甫燕喜閟宮魯侯燕喜左僖九傳加燕好又疊韻連語詩新臺燕婉之求又重言形況字詩北山或燕燕居息傳安息貌爾雅釋訓燕燕粲粲尼居息也又託名幖識字詩韓奕燕師所完左襄廿八傳北燕伯按姬姓召公奭之後今京師大興縣地齊語以燕爲主又左隱五傳衛人以燕師伐鄭注南燕國按姞姓黃帝之後今河南衛輝府汲縣地又水經汾水注燕京山管涔山之異名也又廣雅釋器燕支劍也聲訓釋名釋州國燕宛也北方沙漠廣平此地在涿鹿山南宛宛然以爲國都也按以衍爲訓今宛平縣猶曰衍平也古韻詩有駜叶駽燕

先 酀 酀 地名从邑燕聲左傳齊有高酀即高偃此託名幖識字未審孰爲正名

霰 曣 曣 星無雲也从日燕聲按謂姓明無雲晉書音義曣日生無雲暫見也或曰晝天清曰晏夜天清白曣从星省燕聲非是韓詩角弓曣睍聿消傳曣睍日出也廣雅釋詁三曣煗也

霰 驠 驠 馬白州也从馬燕聲爾雅釋畜白州驠注州竅按州者尻之借字或曰豚字之轉注亦通俗作豚北山經倫山有獸如麋其川在尾上川即州之誤字

霰霰 嬿 嬿 女字也从女燕聲叚借疊韻連語韓詩新臺嬿婉之求傳好貌西京賦從嬿婉後漢邊讓傳展中情之嬿婉注嬿安也非是

㳄四名凡㳄之派皆衍㳄聲 敘連切

先 㳄 㳄 慕欲口液也从欠从水會意或从水侃聲籀文从㳄字亦作涎作漾作湺三蒼涎小兒唾也說文䘰

xiàn 羨　yàn 䢭　chǎn 䌪　xián 閑　huán 𩡧

一曰次裏衣叚借重言形況字漢書外戚傳下尾涎涎注光澤之貌

霰 羨 羨 貪欲也从㳄从羑省會意羑呼之羨文王所拘羑里按㳄亦聲一切經音義十二引說文願欲也詩皇矣無然歆羨韓詩願也淮南說林臨河而羨魚思元賦羨上都之赫戲兮叚借爲埏周禮典瑞璧羨以起度司農注長也後鄭注不圜之貌蓋廣徑八寸袤一尺考工玉人璧羨注猶延也太元羨羨于微注邪也東京賦乃羨公侯卿士按埏猶引也又爲延也廣雅釋室羨道也史記衛世家共伯入釐侯羨自殺索隱墓道也儀禮既夕注夾羨道爲位疏謂入壙道字亦作埏又爲㛧廣雅釋詁一羨弱也又爲衍詩十月之交四方有羨傳餘也周禮小司徒以其餘爲羨司農注饒也漢書食貨志以收奇羨注饒溢也孟子以羨補不足司馬相如傳功羨于五帝又凡傳注云羨文者皆是又爲愆淮南精神有天下不羨其神注過也古韻詩皇矣叶援羨岸

霰 䢭 䢭 遴迿也从辵羨聲

銑 䌪 䌪 偏緩也从糸羨聲韓詩杕杜檀車䌪䌪廣雅釋訓䌪䌪緩也毛本作幝幝傳敝貌亦重言形況字

閑一名 戶閒切

刪 閑 閑 闌也从門中有木會意此字說文門部木部重出廣雅釋詁一閑正也又遰也二遮也易家人閑有家注閑也大畜曰閑輿衛注閡也周禮虎賁氏舍則守王閑注梐枑也又廋人掌十有二閑之政教漢書百官表龍馬閑駒注闌養馬之所也轉注左昭六傳閑之以義注防也論語大德不踰閑孔注猶法也穀梁桓二傳孔父閑也注謂扞禦叚借爲閒淮南本經閑靜而不躁注言無欲也服鳥賦貌甚閑暇注不驚恐也又爲嫺曹子建樂府美女妖且閑注幽閑也又爲還詩卷阿既閑且馳駟鐵四馬既閑爾雅釋詁閑習也荀子脩身多見曰閑又重言形況字詩十畝之閒桑者閑閑兮傳男女無別往來之貌皇矣臨衝閑閑傳動搖也廣雅釋訓閑閑盛也莊子齊物論大知閑閑李注無所容貌又單辭形況字詩殷武旅楹有閑韓詩章句大也謂閑然大也或曰借爲櫚又託名幖識字後漢班固傳招白閑注或作鷳謂鳥也或曰借爲鷴古韻詩十畝之閒叶閒閑還六月叶安軒閑原憲皇矣叶閑言連安殷武叶山丸遷虔梴閑安

𩡧一名 戶關切

刪 𩡧 𩡧 馬一歲也从馬一絆其足指事讀若弦一曰若環按隸當作馬

顯二名凡顯之派皆衍顯聲 呼淺切

xiǎn 顯　xiǎn 韅　xiàn 憲　xuān 藼　xiàn ⿺走憲　xuán 縣

銑 **顯** 明飾也从頁㬎聲按从頁从㬎會意首飾之光明也會弁充耳㬎之屬轉注爾雅釋詁顯光也又見也廣雅釋詁四顯明也釋訓顯顯明也又著也小爾雅廣訓不顯顯也詩文王有周不顯執競不顯成康韓奕不顯其光維天之命於乎不顯烈文不顯惟德左傳讒鼎之銘曰昧旦丕顯孟子丕顯哉又假樂顯顯令德亦重言形況字禮記中庸作憲憲同假借爲韅禮記檀弓子顯以致命于穆公注公子縶也又爲閒爾雅釋詁顯代也按顯即閒也注以代明爲訓失之又託名幖識字詩韓奕顯父餞之傳顯父有顯德者也按祗係其人之字古韻高唐賦叶顯遠

銑霰 **韅** 著腋鞥也从革顯聲字亦作韅左僖廿八傳韅靷鞅靽注在背曰韅別義荀子禮論寢兕持虎蛟韅注馬服之革史記禮書索隱馬腹帶也釋名釋車韅經也横經其腹下也韅經雙聲字

憲三名凡憲之派皆衍憲聲　許建切

願 **憲** 敏也从心从目害省聲按从宀从心目識丰會意丰猶簡策也宀猶屋下也或曰宀聲周書謚法博聞多能曰憲周禮朝士杜注憲謂幡書以明之史記弟子傳曾原憲字子思轉注爾雅釋詁憲法也書盆稷慎乃憲詩六月萬邦爲憲禮記學記發慮憲左襄廿八

說文通訓定聲　乾部弟十四　三五

傳此君之憲令楚語瘛足以憲臧否假借爲宣實爲伨周禮布憲掌憲邦之刑禁注表也小司徒令羣吏憲禁令注表縣之穆天子傳一受勅憲注教令也或曰借爲縣亦通又爲軒禮記樂記武坐致右憲左謂軒右軒左也又重言形況字禮記中庸憲憲令德注興盛之貌詩板無然憲憲傳猶欣欣也爾雅釋訓憲憲洩洩制法則也古韻詩六月叶安軒閑原憲桑扈叶翰憲難那板叶難憲藩高叶番嘽翰憲

元 **藼** 令人忘憂艸也从艸憲聲或从煖聲或从宣聲字亦作蘐作萲詩伯兮安得蘐艸毛本以諼爲之韓詩以諠爲之文選養生論注萱草今之鹿葱也西陵遇風詩無萱將如何轉注爾雅釋訓萲諼忘也諼亦毛詩之諼草字也

願 **⿺走憲** 走意从走憲聲石鼓文⿺走憲⿺走憲䟹亦重言形況字

縣二名凡縣之派皆衍縣聲　胡涓切

先霰 **縣** 繫也从系持県會意廣雅釋言縣抗也俗字作懸晉語驪姬請使申生處曲沃以速縣注縊也轉注吳都賦注引莊子有繫謂之縣考工旗人豆中縣注縣繩正豆之柄禮記經解故衡誠縣不可欺以輕重注謂錘也周禮小胥正樂縣之位注謂鐘磬之屬縣于筍簴者詩有瞽應田縣鼓傳周鼓也爾雅釋天祭山曰庪縣孫注埋于山上曰縣淮南本經縣聯房植注縣聯畢受雀頭著桷者一曰辟帶也泰族縣熢未轉注縣熢邊候禮記檀弓縣棺而封後漢周磐傳注縣封謂直下棺不爲埏道也射雉賦㨂縣刀注弩牙後刀也一名機又易繫辭縣象著明周禮大宰乃縣治象之法于象魏漢書食貨志縣法以誘民又荀子性惡加日縣久注縣繫以久長淮南主術其於御兵刃縣矣注遠也漢書高帝紀縣隔千里又莊子大宗師此古之所謂縣解也向注無所係也按猶虛也素問通評虛實論脈縣小者注謂懸物之動也又爾雅釋言白達素縣注素鼻莖也又周禮小司徒四甸爲縣遂人五鄙爲縣周禮縣士注距王城三百里至四百里曰縣按周制縣系于遂秦漢縣系于郡今縣系于府若州匡謬正俗云州縣字本作寰後借縣字爲之說文無寰字即環字之轉注假借爲環俗作寰禮記王制天子之縣內注縣內夏時天子所居州界名也殷周曰畿史記絳侯周勃世家庸知其盜買縣官器索隱縣官謂天子也又詩北山傳疏引鄒子中國名赤縣穀梁桓五傳注九州之內名曰赤縣聲訓釋名釋州國縣縣也縣系于郡也風俗通縣平也縣元也首也從系倒首舉首易偏矣言當元靜平徭役也水經河水注縣弦也弦以貞直言下體之居鄰民之位不輕其誓施繩用法不如弦弦聲近縣故以取名又廣雅釋室縣官也

xuàn ⿰目縣　xuàn ⿵門戈　huán ⿸广戈　nuán 奻　jiān 姦

銑 **⿰目縣** 盧童子也从目縣聲蘇俗謂之眼仙人頭字亦誤作縣方言二驢瞳之子謂之縣楚辭招魂遺視縣些注脈也假借爲縣江賦

說文通訓定聲　乾部弟十四　三六

江妃含嚬而縣眇注遠視貌亦雙聲連語古韻楚辭招魂叶縣閒

⿵門戈二名凡⿵門戈之派皆衍⿵門戈聲　胡卷切

銑 **⿵門戈** 試力士錘也从門从戈會意或曰从戰省聲讀若縣按字从戈當如今武場弓馬之外舉大刀開四門盤背面花以試力之類石亦是也民俗亦有鑿石爲鎖形舉以比力者

删 **⿸广戈** 屋牡瓦也从广⿵門戈省聲讀若環凡瓦下載者曰牝上覆者曰牡瓦今之甑瓦也牝瓦即史記之版瓦也假借爲絹說文一曰維綱也⿸广戈絹雙聲

奻三名凡奻之派皆衍奻聲　女還切

删 **奻** 訟也从二女會意易睽曰二女同居其志不同行革曰二女同居其志不相得此其誼也

删 **姦** 私也从三女會意按从女从奻會意奻亦聲國語云女三爲粲豈婪姦古同字與古文从心旱聲籀文从人中女作婁與婁形似上體非申亦非古文簡據患之古文疑古文毋聲字亦作姧廣雅釋詁四姦盜也轉注三蒼在內曰姦在外曰宄

顯憲縣⿵門戈奻

xiàn 獻　yàn 鬳　huàn 幻　huàn 宦　jiān 䔯

魯語用軌之財者爲姦、書舜典寇賊姦宄、鄭注由內曰姦、楚辭惜賢盪渨涹之姦咎兮、注亂在內曰姦、按左成十七傳臣聞亂在外爲姦、在內爲軌、疑外內字誤到、又左文十八傳盜器爲姦、楚辭招魂多賊姦些、注惡也、又廣雅釋言姦僞也、莊子徐无鬼夫神者好和而惡姦、注私自許者姦也、西京賦姦宄是防、注邪也、周書寶典十姦注不誠之行、故曰姦、禮記曲禮傾則姦、叚借爲干、淮南主術各守其職不得相姦、注亂也、聲訓釋名釋言語姦奸也、言奸正法也、古韻楚辭招魂叶姦安軒山連寒湲蘭筵三韻、上叶姦官便轉遭三韻、上叶姦尊振連恩、

刪 **䔯** 䔯艸出吳林山、从艸姦聲、衆經音義引說文作菅艸、中山經吳林之山其中多䔯草、注亦菅字、又青要之山有草焉、其狀如䔯、衆經音義十二引聲類䔯蘭也、又曰字書與蕑同、叚借託名標識字、中山經䔯山䔯水出焉而北流注于伊水、

宦一名 胡貫切

諫 **宦** 宦 仕也、从宀从臣會意、猶今試用學習之官也、左宣二傳宦三年矣、注學也、乃宦卿之適子、注仕也、禮記曲禮宦學事師、釋文宦

于大夫、越語與范蠡入宦於吳、注爲臣隸也、詩碩鼠三歲貫女、以貫爲之、叚借爲豢、左傳妾爲宦女焉、漢書惠帝紀宦官尚食比郎中、注閹寺也、文選宦者傳論注宦者養也、養閹人使其看宮人、此是小臣、古韻列子楊朱叶宦半、

幻一名 胡曼切

諫 **幻** 𢆯 相詐惑也、从到予、指事、按此誼从倒予無說、周伯琦曰𢆯古環字、从𠮷而了之、按謂卽今戶𢃼字、象形、書無逸民無或胥譸張爲幻、此叚借爲眩字也、漢書犛軒眩人、眩爲正字、

鬳八名、凡鬳之派皆衍鬳聲 牛建切

願 **鬳** 鬳 鬲屬、从鬲、虍聲、六書故引唐本虔省聲、按虍者鬲文也、會意、廣雅釋詁三鬳和也、按與上文芬調字同意、王氏念孫改作膚、非是、

願 **獻** 獻 宗廟犬名羹獻、犬肥者以獻之、从犬从鬳會意、鬳亦聲、禮記曲禮犬曰羹獻、按禮凡薦腥謂之獻、獻从鬳、則盃羹爲本義、薦腥爲轉注也、轉注廣雅釋詁二獻進也、周禮大司馬獻禽以祭社、注猶致也、屬也、庖人賓客之禽獻、又春秋隱五年初獻六羽、又詩瓠葉酌

niè 𣠞　yà 齾　huán 瓛　yǎn 甗

言獻之、傳奏也、楚茨獻醻交錯、行葦或獻或酢、按主人酌賓曰獻、賓還酌主人曰醋、主人又自飲以酌賓曰酬、又周禮玉府凡王之獻金玉、注古者致物于人、尊之則曰獻、通行曰饋、詩泮水來獻其琛、楚語公貨足以賓獻、注貢也、左莊三十一傳齊侯來獻戎捷、注下奉上之詞、又禮記內則其一獻之、州史注猶言也、坊記拜自獻其身、注猶進也、左僖廿八傳且曰獻狀、謂獻其驕脅之狀也、昭廿七傳獻體改服于門外、注解衣也、秦策宋獻西河之外、注致也、又吳語大夫種乃獻謀、東京賦然後以獻精誠、叚借爲賢、爾雅釋言獻聖也、周書諡法聰明叡哲曰獻、書益稷萬邦黎獻、大誥民獻有十夫、書大傳作儀、論語文獻不足故也、周書作徵、俘殷獻民于九畢、注士大夫也、莊子大宗師獻笑不及排、向注善也、又爲戲之誤字、實爲虛、禮記明堂位周獻豆、注疏刻之、郊特牲汁獻涗于醆酒、注讀當爲莎、儀禮大射儀兩壺獻酒、注沙酒濁、周禮司尊彝鬱齊獻酌、注讀爲摩莎之莎、其朝踐用兩獻尊、司農注讀爲儀、皆失之、按傳寫借戲爲虛、又誤戲爲獻也、又託名標識字、爾雅釋天大歲在亥曰大淵獻、李注近也、淮南高注迎也、聲訓孟子劉注獻猶軒、軒在物上之稱也、見景福殿賦注、儀禮燕禮獻庶子于阼階上、注凡獻皆薦也、古韻詩瓠葉叶燔獻、

元銑霰 **甗** 甗 甑也、一穿、从瓦鬳聲、讀若言、儀禮少牢禮廩人槪甑甗七、注如甑、一孔、考工陶人甗實二鬴、司農注無底甑、左成二傳賂以紀

甗、注玉甑、轉注爾雅釋山重甗隒、釋名山上大下小曰甗、甗甑一孔者、甗形孤出似之也、釋畜善陞甗、顧注山嶺曰甗、上林賦巖陁甗錡、漢書注甗錡隆屈突折貌、詩公劉陟則在甗、傳小山別于大山也、字亦作巘、爾雅小山別大山鮮、以鮮爲之、郝懿行曰、吳都賦長笛賦注並引爾雅作巘、是古本作巘、孫注不相連也、正釋解字之義、存參、古韻詩公劉叶原繁宣歎巘原、

寒 **瓛** 瓛 桓圭也、公所執、从玉獻聲、按雙植木謂之桓、桓圭之瑑飾似之、疑瓛卽桓之俗字、

黠曷 **齾** 齾 缺齒也、从齒獻聲、左傳兩軍之士皆未憖也、以憖爲之、

曷屑 **𣠞** 𣠞 櫱 不 栓 伐木餘也、从木獻聲、或从木辥聲、古文从木無頭、指事、又古文从木𠦪聲、按當从𠦪聲、形誤作𠦪也、亦作枿、从木𠦪聲、又誤作櫱作蘖、爾雅釋詁枿餘也、廣雅釋詁一、櫱始也、釋言櫱㽕也、書盤庚若顛木之有甹櫱、馬注顛木而肄生曰枿、詩長發苞有三櫱、韓傳絕也、魯語山不槎櫱、注以株生曰櫱、東京賦尋木起于櫱栽、注斬而復生曰櫱、淮南俶眞百事之莖葉條枿、又則必無餘梓、叚借爲餅、廣雅釋詁三櫱㪽也、又爲巘、呂覽過理宋王築爲櫱臺、注當作巘、聲訓漢書貨殖傳山不茬櫱、注㪽斬之也、轉音詩長發叶旆鉞烈櫱達截伐桀、

銳洎 𤅊 [篆] 議辠也。从水从獻，與法同意。獻亦聲。字亦作讞。廣雅釋言：讞，疑也。禮記文王世子：獄成，有司讞于公。注：讞之言白也。漢書景帝紀：當讞之。注：平議也。後漢申屠蟠傳：乃爲讞得減死論。注：請也。續漢郡國志：凡郡國讞疑罪。注：質也。

号 𨏹 [篆] 載高貌。从車，獻聲。呂覽過理：宋王築爲蘗臺。以𨏹爲之。【叚借】重言形況字。廣雅釋訓：𨏹𨏹，高也。韓詩碩人：庶姜𨏹𨏹。傳：長貌。西京賦：飛檐𨏹𨏹。薛注：高貌。

原九名。凡原之派皆衍原聲。愚袁切

元 原 [篆]灥 [篆]原 水泉本也。从灥出厂下。會意。篆文从泉。俗字作源。孟子：原泉混混。淮南原道：原流泉浡。禮記學記：或源也，或委也。月令：祈祀山川百源。漢書食貨志：猶塞川原爲潢洿也。禮樂志：猶濁其源而求其清流。文賦：或沿波而討源。左昭三年：滕子原。公羊作泉。【轉注】禮記孔子閒居：必達於禮樂之原。注：猶本也。王制：必原父子之親。又漢書薛宣傳：原心定罪。注：謂尋其本也。後漢羊續傳注：原，免也。管子戒：春出原農事之不本者謂之游。注：察也。神女賦：志未可乎得原。按：度也。又爾雅釋言：原，再也。注：今呼重蠶爲蠶。周禮馬質：禁原蠶。禮記文王世子：末有原。史記高帝紀：以沛宮爲高祖原廟。漢書禮樂志集注：原，重也。【叚借】爲邍。爾雅釋地：廣平曰原。又可食者曰原。小爾雅廣器：高平謂之太原。書禹貢：既修太原。又原隰底績。詩公劉：于胥斯原。周禮大司徒：辨其山林川澤邱陵墳衍原隰之名物。大卜：三曰原兆。左桓元傳：凡平原出水爲大水。僖廿八傳：原田每每。又爲愿。論語：鄉原，德之賊也。又託名幖識字。左昭元傳：敗無終及羣狄于太原。注：即大鹵也。今山西太原府太原縣。又隱十一傳：溫、原、絺、樊。在今河南懷慶府濟源縣西北。按：周文王第十六子原伯所封邑。周有原莊公，以邑爲氏。其族散在他國者，如詩東門之枌：南方之原。傳：大夫氏也。春秋時陳有原仲，晉亦有原軫，魯亦有原壤。又書伊陟原命序。馬注：原，臣名。又後漢鮮卑傳：原羊。注：似吳羊而大角，出西方。又雙聲連語。考工梓人注：胷鳴，榮原屬。按：蜥易也。爾雅作蠑螈。據說文作榮蚖，則即蚖字。又重言形況字。孟子：故源源而來。說文引作謜謜，亦同聲訓。易比：原筮元永貞。干注：原，原也。釋名釋地：廣平曰原。原，元也。如元氣廣大也。春秋說題辭：高平曰太原。原，端也。平而有度。【古韻】詩常棣叶原難歎。六月叶安軒閑原憲。公劉叶原繁宣歎巘原。又叶泉單原。神女賦叶瀾安煩原旋。韓非愛臣叶源端。三畧上叶訕源。呂覽權勳叶門端源。【轉音】素問八正神明論叶昏雲原論存。靈樞九鍼十二原叶神門原。又詩東門之枌叶差原麻娑。

元 蒝 [篆] 艸木形。从艸，原聲。

元願 謜 [篆] 徐語也。从言，原聲。【叚借】爲原。廣雅釋詁一：謜，度也。又重言形況字。孟子：故謜謜而來。今本作源。

願 傆 [篆] 黠也。从人，原聲。按：黠讀爲儇。

願 願 [篆] 大頭也。从頁，原聲。宋公孫願繹字碩父。【叚借】爲愿。大戴文王官人：言願以爲質。又發聲之詞。爾雅釋詁：願，思也。詩二子乘舟：願言思子。傳：每也。伯兮：願言思伯。箋：念也。終風：願言則嚏。箋：思也。禮記祭義：國人稱願然曰。荀子榮辱：小人莫不延頸舉踵而願曰。注：猶慕也。按：方言一：願，欲思也。先儒訓思、慕者，蓋謂借爲羨字。其實古語發聲之詞，依聲託意，即憖字慭字之轉音也。毛傳訓每，得之。不然，每華盛上，出豈得以釋願乎。此類在讀書者心知其意，不可膠柱。試思念我思伯，思我則懷，幾不辭矣。至祈卿時，則直作羨字用耳。【古韻】詩野有蔓草叶漙婉願。易履叶願亂。泰叶願亂。【轉音】易渙叶順願。楚辭抽思叶願進。

寒 獂 [篆] 逸也。从豕，原聲。讀若桓。六書故引唐本說文：豕屬也。周書周祝：狐有牙而不敢以噬，獂有爪而不敢以撅。疑與貛貒同類，或即貛之異文，均未可定。玉篇：貆與獂同。說文有狟無貆。周禮草人之貆，則亦借爲貛也。又按：許凡引周書，俱稱逸周書。此篆說解逸也，逸字疑本在周書之上，字有闕脫，顛到耳。

願 愿 [篆] 謹也。从心，原聲。廣雅釋詁一：愿，善也。釋言：愿，愨也。周書謚法：思厚不爽曰愿。韓非詭使：無利於上謂之愿。書皋陶謨：愿而恭。鄭注：謂容貌恭正。左襄三十一傳：愿，吾愛之。注：謹厚也。考工弓人：則莫能以愿中。注：愨也。周禮大司寇：上愿糾暴。注：愨愼也。禮記緇衣：而民作愿。論語：侗而不愿。楚語：吾有妾而愿。

元 嫄 [篆] 邰國之女，周棄母字也。从女，原聲。姜姓。詩生民：時維姜嫄。閟宮：赫赫姜嫄。史記作原。【轉音】詩生民叶民嫄。

霰 縓 [篆] 帛赤黃色也。从糸，原聲。爾雅釋器：一染謂之縓，再染謂之䞓，三染謂之纁。注：縓，今之紅也。儀禮喪服記：麻衣縓緣。注：淺絳也。既夕記：縓綼緆。禮記檀弓：練衣黃裏，縓緣。玉藻：溫韍。注：縕，赤黃之閒色，所謂韎也。以溫組爲之。

邍一名。愚袁切

元 邍 [篆] 高平之野也，人所登。从辵、备、彔，闕。或曰：字當从辵从夅从兀，高平可升降也；从田从水省，可食者原也。合五字會意。周禮邍師注：地之廣平者。經傳皆以原爲之。詩緜：周原膴膴。傳：周原，漆沮之閒也。箋：周之原地，在岐山之陽。左襄廿五傳：町原防。禮記禮運：不使渚者居中原。晉語：高山峻原。注：陛也。史記屈原傳：名平。

夐一名 況返切

阮 夐 大視也，从大、旻，會意，讀若齤。

肰八名凡肰之派皆衍肰聲 如延切

先 肰 犬肉也，从肉、从犬，會意，讀若然。古文从肉，未詳。又古文从日、从火、从犬，疑當爲然字之古文，从日、火，从肰省聲。

先 然 燒也，从火，肰聲。或从火，難聲。各本作从艸難，誤。文也。俗字作燃。孟子若火之始然。管子弟子職蒸閒容蒸，然者處下。馬融東巡頌烈火燔然。楊雄劇秦美新爇除仲尼之篇籍。左傳[illegible]蔑字然。明轉注淮南覽冥葵之鄉日雖有明智弗能然也，注猶明也。叚借爲嘫，廣雅釋詁一然譍也。論語衛靈對曰然，陽貨子曰然，皇疏如此也。史記張耳陳餘傳不侵爲然諾者也。又左莊廿三傳征伐以討其不然，注不用命。公羊僖三十三傳然而晉人與姜戎邀之殽而擊之，注然然上議猶豫留住之頃也。禮記大傳其義然也，注如是也。淮南原道不易自然也，注猶宜也。廣雅釋詁三然成也。又助語之詞，禮記祭義國人稱願然曰，注猶而也。詩葛屨宛然左辟，按猶如也。說文引作如，亦同。又託名幖識字，周禮巾車然複髤飾，注然果然也，賈氏獸名也。孫子九地率然者常山之蛇也。又疊韻連語，漢書地理志益州郡連然有鹽官，匈奴傳至涿邪烏燕然山。又左傳楚有然丹，鄭有然聞。史記貨殖傳計然，漢書敘傳作研，越絕書作倪，一聲之轉。聲訓禮記檀弓穆公召縣子而問然，注然之言焉也。古韻詩采苓叶旃然言焉，角弓叶遠然，楚辭遠遊叶傳垠然。轉音文子守樸叶循然，荀子哀公叶然鄰。

先 嘫 語聲也，从口，然聲。謂相應之聲，經傳皆以然爲之。

先銑 橪 酸小棗也，从木，然聲。上林賦枇杷橪柿，徐廣曰棗也，郭璞曰橪支木也，張揖曰橪支香草也。淮南王書伐橪棗以爲矜。叚借爲染，說文一曰染也，鍇本作柔也，則借爲偄。

銑 ⿰亻然 意膬也，从人，然聲。謂立意不堅。叚借爲嘫，通俗文驚聲曰⿰亻然，痛聲曰痛。

銑 撚 執也，从手，然聲。一曰蹂也。按當作煣也，煣卽今揉字。通俗文手捏曰撚。叚借爲蹨，方言一撚續也，聲類撚緊也。周書大武五後動撚之，注從也。淮南兵略前後不相撚，注揉蹈也。又爲橪，楚辭惜賢采撚枝於中州，注撚枝香草也。

霰 ⿰女然 人姓也，从女，然聲。

先 繎 絲縈也，从糸，然聲。別義廣韻繎縈勞貌，則與紾同誼。

㞋四名凡㞋之派皆衍㞋聲 人善切

銑 㞋 柔皮也，从申尸之後，尸或从又。按當云从又、申尸之後，會意，又或从又，今本有闕脫。又按許書列字次第㞋臀屆尼屈尾㞋屖八字連屬，疑謂人穀道兩傍之皮，說者以攻皮之工當之，則與𤿎字同，何不曰从皮省而隸尸部乎。轉注廣雅釋詁一㞋弱也。

潸 赧 面慙赤色也，从赤，㞋聲。周失天下于赧王。方言二凡愧而見上謂之赧，廣雅釋詁一赧慙也。楚語不則赧，注㦖也。孟子觀其色赧赧然，注面赤心不正之貌也。亦重言形況字。

銑 輾 轢也，从車，㞋聲。字亦作碾，作輾。通俗文石碢轢穀曰碾。西京賦當足見碾，注足所蹈爲碾。又蒼頡篇輾車行處也。叚借疊韻連語，詩關雎輾轉反側，澤陂輾轉伏枕，文選飲馬長城窟行展轉不可見，亦同，猶言宛轉也。

潸 㬮 溫溼也，从日，赧省聲，讀與赧同。按㬮溼生黴有色赤者。或曰从日赤會意。

善七名凡善之派皆衍善聲 常衍切

銑霰 善 吉也，从誩、从羊，會意，與義美同意。篆文从言、从羊。按善義羑善四字疑皆从祥省，善从言聲，籀文从二言也。晉語善德之建也。左成六傳夫善衆之主也，襄三十傳善人國之主也，昭十二傳供養三德爲善。孟子可欲之謂善。又詩桑柔覆背善詈，箋猶大也；載馳女子善懷，箋猶多也。論語求善賈而沽諸，皇疏貴賈也。管子法法赦過遺善，注卽惠也。秦策齊楚之交善，注猶親也。齊策子教文無受象牀甚善，注快也。莊子養生主善刀而藏之，釋文猶拭也。又夏承碑流恩褒譱，校君碑冠息譱歡。又楚語注王子善字子元。轉注荀子非相凡人莫不好言其所善，注所善謂已所好尚也。叚借爲繕，易略例故有善邇而遠至，注脩治也。又爲嬉，廣雅釋言善佳也，曹憲音夸嬉之善字。訓釋名釋言語善演也，演盡物理也。穀梁襄五傳吳謂善伊，謂稻緩。古韻老子任契叶怨善，管子七臣七主叶善安。

霰 膳 具食也，从肉，善聲。廣雅釋器膳肉也。周禮膳夫掌王之食飲膳羞，注膳牲肉也。儀禮士相見禮徧嘗膳，注膳謂進庶羞。禮記玉藻膳於君，注美食也。詩十月之交仲允膳夫，箋膳夫上士也。左閔二傳以朝夕視君膳者也，注廚膳。轉注禮記少儀爲已祭而致膳於君子曰膳。呂覽上德太子祠而膳於公，注胙之也。又儀禮公食禮宰夫膳稻于粱西，注猶進也。叚借爲善，儀禮燕禮主人酌膳，注君物曰膳。

鄯 僐 ⿰善頁 嫸 繕　　幵　趼 詽 雃

膳之言善也、按凡言膳饈膳尊膳爵皆是、又爲臬、周禮庖人斂而入于膳府、鄭注非是、聲訓周禮序官膳夫注膳之言善也、今時美物曰珍膳、

戳 **鄯** 鄯善西胡國也、从邑善聲、按本西域樓蘭國、漢昭帝元鳳四年誅其王更名爲刻印章、是此時初製字、其實重言曰善善、於上一字加邑傍耳、其地在今甘肅嘉峪關外哈密之東南、

銑 戳 **僐** 作姿態也、从人善聲、廣雅釋言僐態也、

銑 **⿰善頁** 倨視人也、从頁善聲、

銑 **嫸** 好枝格人語也、从女善聲、別義一曰靳也、謂如左傳宋公靳之之靳、本字爲听笑也、又廣韻偏忮也、

戳 **繕** 補也、从糸善聲、三蒼繕治也、華嚴音義引珠叢凡治故造新皆謂之繕也、左僖十五傳征繕以輔孺子、成十六傳繕甲兵、襄九傳繕守備、哀廿四傳軍吏令繕將進、周禮繕人掌王弓矢之事、轉注莊子繕性繕性于俗、崔注善也、治也、叚借爲勁、禮記曲禮急繕其怒、注讀曰勁、按勁意也、或曰借爲然、亦通、又爲膳、史記張儀傳繕兵不傷衆、正義具食也、聲訓三蒼繕之言善也、周禮序官繕人注繕之言勁也、善也、

說文通訓定聲　乾部第十四　四十三

幵二十九名　凡幵之派皆衍幵聲　古延切

先 先 **幵** 平也、象二干對構上平也、按干非毕字、毕又非笄字、笄上亦不平、从二干無理、愚謂即岍字、山名、吳嶽也、象上平下削枝起之形、或加山傍、并字、枅字皆从此會意、書禹貢導岍及岐、周禮職方雍州其山鎮曰嶽山、爾雅河西嶽、在今陝西鳳翔府隴州南、汧水出焉、古文幵下有足、據說文栞下說解補、又安定涇陽有幵頭山、在今甘肅平涼府、一名空同山、轉注後漢張衡傳注引河圖云正西弇州曰幵土、叚借疊韻連語、漢書趙充國傳罕幵、注羌之別種也、

銑 戳 **趼** 獸足企也、从足幵聲、爾雅釋畜騉蹄趼、按謂善舉踵而距也、本或以研爲之、舍人注研平也、謂蹏平正、李注其蹏正堅而平似研、孫注亦同、皆失之、叚借爲繭、莊子天道百舍重趼而不敢息、司馬注胝也、

删 先 **詽** 諍語詽詽也、从言幵聲、廣雅釋詁二詽怒也、

先 **雃** 石鳥、一名雝渠、一曰精列、从隹幵聲、按雀屬、即脊令也、脊令者精列之翻語、與鳽別、叚借託名幖識字、春秋傳秦有士雃、

鳽 ⿱幵束 研 豜 麉 ⿰犭幵 ⿱幵黑 汧 ⿱幵龍 妍 栞 揅

先 **鳽** 鵁鶄也、从鳥幵聲、與雃別、爾雅鳽鵁鶄、注似鳧、脚高毛冠、江東人家養之以厭火災、禽經云鵁睛交而孕、上林賦交精旋目、

銑 **⿱幵束** 小束也、从束幵聲、讀若繭、廣雅釋詁三⿱幵束束也、齊民要術麻⿱幵束欲小、縛欲薄、

先 **研** 䃺也、从石幵聲、字亦作硯、又今俗字疑研之譌、以石曰研、磨以手曰揅䃺、釋名釋書契硯研也、研墨使和濡也、轉注易繫辭能研諸侯之慮、鄭注研喻思慮也、疏精也、又極深研幾、蜀才本作揅、皆得轉注、東京賦研覈是非、注審也、叚借爲硯、江賦緑苔鬖髿乎研上、又爾雅釋畜騉蹄趼、本亦作研、舍人李孫注皆訓平也、

先 **豜** 三歲豕肩相及者、从豕幵聲、俗字作猏、小爾雅廣獸豕之大者謂之豜、詩七月獻豜于公、又還並驅從兩豜兮、毛本以肩爲之、呂覽知化猶懼虎而刺猏、叚借爲麉、爾雅釋獸麔絕有力豜、按麔鹿同類、故與鹿絕有力麉同名、

先 **麉** 鹿之絕有力者、从鹿幵聲、爾雅鹿絕有力麉、

諫 戳 **⿰犭幵** 獟犬也、从犬幵聲、字林⿰犭幵逐虎犬也、

銑 **⿱幵黑** 黑皴也、从黑幵聲、墨子百舍重⿱幵黑、淮南書申包胥累繭重胝、以繭爲之、莊子百舍重趼、以趼爲之、

說文通訓定聲　乾部第十四　四十四

先 **汧** 汧水出右扶風汧縣西北入渭、从水幵聲、出今陝西鳳翔府汧山東南、流至寶雞縣入渭、按此水出汧山故名、當作幵、別義爾雅釋水汧出不流、注水泉潛出便自停成汙池、列子黃帝汧水之潘爲淵、釋水又云水決之澤爲汧、注水決入澤中者亦名爲汧、按爾雅所釋爲汧字之本義、後儒牽合扶風之汧水、謂初出不流、停成弦蒲藪、非也、又聲類汧漂也、見七發注、

先 **⿱幵龍** 龍者脊上龍龍也、从龍幵聲、

先 **妍** 技也、一曰惠也、从女幵聲、讀若研、按慧巧之意、方言一娥嬿好也、秦晉之故都曰妍、文賦序妍蚩好惡可得而言、江淹襍體詩泯迹無妍蚩、注猶美惡也、叚借爲愿、說文一曰不省錄事也、又爲詽、說文一曰難侵也、又爲閒、說文一曰安也、聲訓釋名釋姿容妍研也、研精于事宜、則無蚩繆也、

寒 **栞** 槎識也、从木𢆶聲、讀若刊、篆文作幵字、與刊別、栞者表研木以爲表識、書禹貢隨山栞木、今本以刊爲之、廣雅釋詁二栞識也、蔡湛碑栞銘樹石、

先 **揅** 摩也、从手研聲、鍇本有此篆、鉉本無、易繫辭蜀才本極深揅幾、叚借爲研、廣雅釋詁三揅磨也、

yuán 爰

元 **爰** 𤔫 引也。从受从于。按亏者一在丂上，非此形。或曰从干，亦非干形。當从幵省聲，即援之古文也。下曲者結字之體，如此與卑同形。按字亦作粤。［轉注］廣雅釋詁四：粤，循也。［假借］爲亏，爲粤，爲曰，皆發聲之詞。爾雅釋詁：爰，于也。又於也。詩桑中：爰采唐矣。卷阿：亦集爰止。儀禮士冠禮：爰字孔嘉。又爾雅釋詁：爰，曰也。詩鴻雁：爰及矜人。四月：爰其適歸。書洪範：土爰稼穡。又爲趄，爲換。小爾雅廣詁：爰，易也。按以文書代易其口辭也。又書盤庚：我王來，既爰宅于兹。孔傳訓於，鄭注訓于，皆失之。左僖十五傳：晉於是作爰田。服注：易也。史記酷吏傳：傳爰書。蘇林注：易也。又爲轅。說文云：籀文以爲車轅字。又爲桓。廣雅釋詁四：爰，衰也。又爲咺。方言十二：爰，哀也。廣雅釋詁二：爰，愁也。楚辭九章：曾傷爰哀。注：訓於，失之。齊策：狐咺，古今人表作爰呂，覽作援。又爲愃。方言六：爰，恚也。不欲譍而强畣之意也。爰、愃雙聲。又爲袁。漢書爰盎，史記作袁。又爲蝯。漢書李廣傳：爲人長爰臂。注：緩意，失之。又重言形況字。詩有兔爰爰。爾雅釋訓：爰爰，緩也。韓詩：發蹤之貌也。又託名標識字。爾雅釋鳥：爰居，雜縣。樊注：似鳳皇。廣雅：延居，怪鳥也。魯語：海鳥曰爰居。莊子至樂：司馬彪注：爰居，舉頭高八尺。吳都賦：鶢鶋避風。字亦變作鶢。［聲訓］漢書張湯傳：爰書。注：爰，換也。

yuán 援

元 霰 **援** 𢯍 引也。从手，爰聲。按即爰之或體，今附于此。字亦作掙，作揎。爾雅釋獸：猱猿善援。考工冶氏：援四之。司農注：直刃也。詩皇矣：以爾鉤援。又禮記儒行：上弗援。注：猶引也，取也。中庸：不援上。注：謂牽持之也。魯語：夫爲四鄰之援。注：所攀援以爲助也。韓詩君子偕老：邦之援也。傳：助也。又字林：援，揎臂也。儀禮士虞禮注：鉤袒如今揎衣。釋文：手發衣曰揎。又爾雅序：援據徵之。釋文：引也。又墨子小取：援也者，曰子然我奚獨不可以然也。［假借］爲換。詩皇矣：無然畔援。漢書敘傳注引作換。又爲忨。廣雅釋詁二：援，貪也。［古韻］詩皇矣叶援羨岸。楚辭惜誦叶伴援。

yuàn 瑗

霰 **瑗** 𤦥 大孔璧也。人君上除陛以相引。从玉，爰聲。蒼頡篇：瑗，玉佩名。荀子：聘人以圭，召人以瑗。爾雅釋器：好倍肉謂之瑗，肉倍好謂之璧。管子輕重丁：瑗中五百。左襄廿六傳：衛遽瑗字伯玉。

xuān 諼

元 阮 **諼** 𧩊 詐也。从言，爰聲。廣雅釋詁二：諼，欺也。字亦作諠。公羊文三傳：爲諼也。漢書藝文志：則上詐諼而棄其信。注：詐言也。息夫躬傳：虛造詐諼之策。注：詐辭也。［假借］爲萱。詩伯兮：焉得諼草。考槃：永矢弗諼。淇奧：終不可諼兮。禮記大學：終不可諠兮。爾雅釋訓：諼，忘也。又爲讙。三蒼：諠，言語詾詾往來也。聲類：諠，譁也。衛方碑：國外浮諼。又爲吅。聲類：諠，聲也，驚呼也。［古韻］詩考槃叶澗寬言諼。淇奧叶僩咺諼。三詈上叶姦尊振蓮恩權諠言根。

xuān 暖

阮 **暖** 𥇹 大目也。从目，爰聲。疑與睅同字。

xuàn 楥

願 **楥** 𣗶 履法也。从木，爰聲。讀若指撝。按撝、楥一聲之轉。字亦作楦。蘇俗謂之楦頭。削木如履，置履中，使履成如式，平直不皺。［別義］爾雅釋木：楥，柜柳。注：未詳。或曰柳當爲柳。柜柳似柳，皮可煮作飲。按即孟子之杞柳，本草之欅柳也。馬融廣成頌：柜柳楓楊。說文柳楥椐木也。段氏訂楥爲楥之誤。

xuǎn 䚉

阮 **䚉** 𧢽 大視也。从見，爰聲。

yuǎn 䫑

阮 **䫑** 𩒹 面不正也。从頁，爰聲。

xuān 煖

元 旱 **煖** 𤍽 溫也。从火，爰聲。疑與㬉同字。字亦作暄，作暖。廣雅釋詁三：煖，煗也。爾雅釋言：燠，煖也。禮記王制：七十非帛不煖。楚辭天問：何所冬煖。素問至眞要大論：彼春之暖。五運行大論：其性爲暄。注：溫也。［假借］爲緩。莊子徐无鬼：有暖姝者。釋文：柔貌。本作安。

yuàn 媛

元 霰 **媛** 𡡃 美女也。人所援也。从女，从爰。爰，於也。詩曰：邦之媛兮。爾雅釋訓：美女爲媛。廣雅釋詁一：媛，美也。詩君子偕老：邦之媛也。韓詩作援。傳：助也。義亦正。［聲訓］說文錯本：媛，美人也，人所欲援也。从女从爰。爰，引也。詩鄭箋：媛者，邦人所依倚以爲援助也。爾雅孫注：媛，君子之援助然。郭注：媛，所以結好援。［古韻］詩君子偕老叶展袢顏媛。

huǎn 緩

旱 翰 **緩** 𦃇 𦅻 綽也。从素，爰聲。或从糸。周禮典同：正聲緩。穀梁僖廿八傳：緩辭也。文十八傳：三人緩帶。注：緩帶者，優游之稱也。晉語：丕鄭如秦謝緩賂。注：遲也。莊子田子方：緩佩玦者，事至而斷。按猶董安于佩弦之意。司馬本作綬，非。管子法禁：莫敢布惠緩行。注：從容養民謂之緩行。呂覽任地：急者欲緩。注：謂沙墳弱土也，使地肥而土緩。注：柔也。情欲：德義之緩。注：猶後也。史記樂書：嘽緩慢易。正義：和也。後漢杜篤傳：緩耳。注：耳下垂，即儋耳也。素問五常政大論：其動緛戾拘緩。注：不收也。［聲訓］釋名釋言語：緩，浣也，斷也。持之不急則動搖浣斷，自放縱也。［古韻］易雜卦傳叶緩難。

yuán 蝯

元 **蝯** 𧍲 禺屬，善援。从虫，从爰，會意，爰亦聲。字亦作猨，作猿。爾雅釋獸：猱蝯善援。按爲謂之獼猴。猴之長尾者謂之猱，老而大者曰玃，其長臂者謂之蝯。登攀尤捷，能嘯，其聲哀，色黑。蝯之白腰者爲獑胡。南山經：堂庭之山多白猿。

huán 鍰

刪 **鍰** 𨦿 鋝也。从金，爰聲。周書曰：罰百鍰。小爾雅廣衡：鋝謂之鍰。書呂刑：金其罰百鍰。馬注：鍰，六鋝也。鋝重十一銖二十五分銖之十三。鄭注：鍰，六兩也。史記平準書：白選。漢書蕭望之傳：金選。以選爲之。尚書大傳：死罪罰二千饌。以饌爲之。按戴氏震曰：鍰者一千一百五十二

qiǎn 𦣞(𦣝)　qiǎn 遣　qiǎn 譴　juàn 𡆧　yàn 𡘍　yuàn 𩕢　yuān 嬽　jiān 肩

黍之重二十五鍰而成十二兩鋝者一萬六千黍之重三鋝而成二十兩古說合爲一非是呂刑之鍰當作鋝考工弓人之鋝當作鍰形近互譌其說明通當從之按考工冶氏重三垸以垸爲之叚借爲環漢書五行志謂宮門銅鍰注讀與環同

𦣝三名凡𦣝之派皆衍𦣝聲　去衍切

銑　𦣝　𦣝商小塊也从𠂤从臾會意臾古文蕢字按商疑當爲啻

銑霰　遣　縱也从辵𦣝聲周禮太史遣之日讀誄注謂祖廟之庭大奠將行時也巾車大喪飾遣車注一曰鸞車儀禮既夕書遣於策注猶送也讀遣注遣者入壙之物君使史來讀之成其得禮之正以終也禮記檀記遣車視牢具疏送葬載牲體之車也檀弓遣車一乘注人臣賜車馬者乃得有遣車按此字古專用于凶禮叚借爲譴左僖廿三傳姜氏與子犯謀醉而遣之漢書孔光傳遣歸故郡又疊韻連語詩民勞以謹繾綣傳反覆也左昭廿五傳繾綣從公注不離散字變作繾

霰　譴　謫問也从言遣聲廣雅釋詁一譴責也二讓也蒼頡篇譴呵也詩小明畏此譴怒家語五行聞而譴發叚借疊韻連語方言十三譴喘轉也注譴喘猶宛轉也

說文通訓定聲　乾部第十四　四七

𡆧四名凡𡆧之派皆衍𡆧聲　居倦切

霰　𡆧　目圍也从䀠从𠂆會意按𠂆象目圍形讀若書卷之卷叚借說文古文以爲醜字按醜者䚆之誤說文鍇本正作䚆

願　𡘍　大貌从大𡆧聲或曰拳勇字一曰讀若傿

願　𩕢　頭頂也从頁𡘍聲篇韻皆謂與願同字叚借爲願實爲㥏爲愆廣雅釋詁一𩕢欲也願愁雙聲

先先　嬽　好也从女𡘍聲讀若蜀郡布名上林賦柔嬈嬽嬽漢書注柔屈貌亦重言形況字廣雅釋訓嬽嬽容也字亦作娟魯靈光殿賦旋室嬽娟以窈窕注迴曲貌亦疊韻連語字亦作嬛作嬛廣雅釋詁一嬛好也韓詩還揖我謂我嬛兮

肩三名凡肩之派皆衍肩聲　古賢切

先　肩　髆也从肉象形俗从戶非爾雅釋地北方有比肩民焉迭食而迭望轉注爾雅釋詁肩勝也又克也又作也書盤庚朕不肩好貨傳任也詩敬之佛時仔肩按當事以膺任事以肩又儀禮少牢禮肩臂臑注皆肱骨也叚借爲豜詩還並驅從兩肩兮傳獸三歲曰肩周禮大司馬注四歲曰肩又重言形況字莊子德充符其脰肩肩簡文注直貌李注羸小貌崔注猶元元也或曰借爲䏘又託

qiān 覸　qiān 顅　jiàn 閒

名幖識字漢書李廣傳日以大黃射其裨將注黃肩弩即黃閒也聲訓釋名釋形體肩堅也古韻詩還叶還閒肩儇

刪　覸　很視也从見肩聲齊景公之勇臣有成覸者字亦作覵孟子成覸覸謂齊景公曰淮南王書作成荆荆肩一聲之轉叚借爲閒禮記祭義見閒以俠甒注見閒當爲覸覸謂襍之兩甒

刪　顅　頭鬢少髮也从頁肩聲按與䫲同字轉注考工梓人數目顅脰故書作牼司農讀爲䫲後鄭注顅長脰貌則謂借爲脡爲𦡊肩王雙聲

閒十五名凡閒之派皆衍閒聲　古閑切

刪刪　閒　隙也从門中見月會意古文从門从外按從內而見外則有閒也或曰从半月从卜與古文恒同未詳墨子經有閒中也又閒不及旁也經說閒謂夾者也孟子其閒不能以寸史記管晏傳從門閒而窺其夫轉注禮記樂記一動一靜者天地之閒也漢書嚴助傳而閒獨數百千里注中閒也莊子人閒世攘臂于其閒司馬注猶裏也孟子山徑之蹊閒介長笛賦閒介無蹊注閒介一也漢書高帝紀閒道走軍注投空隙而行不公顯也禮記文王世子遠近閒三席注猶容也史記郭解傳居閒以十數注居中爲衪道以和歡

說文通訓定聲　乾部第十四　四八

之左哀廿七傳故君臣多閒注隙也又離之小者爲閒故孟子爲閒曰注有頃之閒也秦策乃留止閒曰注須臾也漢書文帝紀閒者諸呂用事擅權注猶言中閒之時也左成十六傳閒蒙甲胄注猶近也又方言三南楚病愈或謂之閒廣雅釋詁一閒瘉也左昭七傳晉侯有閒注差也禮記文王世子旬有二日乃閒論語病閒曰又斷而續者爲閒故爾雅釋詁閒代也書益稷笙鏞以閒傳迭也詩桓皇以閒之儀禮燕禮乃閒歌魚麗又左隱三傳遠閒親新閒舊釋文廁也莊十傳又何閒焉昭廿六傳以閒王政注猶與也漢書韋元成傳閒歲而祫注隔一歲也素問瘧論其閒日而作者又無閒則同有閒則異故小爾雅廣言閒非也論語吾無閒然矣人不閒於其父母昆弟之言禮記內則怵及七十同藏無閒疏別也淮南俶真則醜美有閒矣注遠也又無閒則密有閒則疏故廣雅釋詁二閒[illegible]也又加也史記樂毅傳乃縱反閒于燕晉語且夫閒父之愛注離也有閒則可窺爾雅釋言閒俔也注左傳謂之諜今之細作也廣雅釋詁三閒覗也四驛也大戴千乘以中情出小曰閒大曰諜魯語齊人閒晉之禍注候也左定四傳甚閒王室又無閒則一有閒則兩荀子正論衣被則服五采閒色注紅碧色又無閒則實有閒則空周禮太宰閒民無常職禮記王制以爲閒田孔子閒居子夏侍曲禮少閒願有復也左昭五傳閒而以師討焉晉語可以少閒孟子今國家閒暇楚辭招魂靜閒安些注空寬曰閒上林賦靈圄燕于閒館後漢鄧禹傳因留宿閒讌

注私也淮南俶眞甘瞑于𢕌㵎之域字又作㵎叚借爲閑左僖廿八傳願以閒執讒慝之口注閒執猶塞也又爲嫺史記司馬相如傳雍容閒雅妖冶閒都東京賦旣佶且閒又爲燗韓詩殷武旅楹有閑傳大也書大傳閒尾倍其身注大也又疊韻連語詩車舝閒關車之舝兮傳設舝也漢書王莽傳閒關至漸臺注猶言崎嶇展轉也又重言形況字莊子齊物論小知閒閒釋文有所分別也詩十畝之閒桑者閑閑兮傳往來之貌又託名幖識字左昭廿二大蒐於昌閒公羊作姦地當在今山東兗州府泗水縣南又趙策割河閒以事秦當在今直隸河閒府肅寧縣又射雉賦捧黃閒以密彀注黃閒弩名一名黃肩聲訓釋名釋言語閒簡也事功簡也古韻詩還叶還閒肩儇十畝之閒叶閒閑還楚辭湘君叶淺翩閒山鬼叶閒蔓閒招魂叶瞯閒神女賦叶言顏觀丹閒閒登徒好色賦叶鄲閒釣賦叶竿閒翩吳子料敵叶閒遠

删諫 **瞯** 戴目也从目閒聲目上視所謂望羊蒼頡篇目病也叚借爲驓爾雅釋畜馬一目白瞯又爲閒方言二瞯睇也吳揚江淮之閒或曰瞯廣雅釋詁一瞯視也孟子王使人瞯夫子

删 **鷳** 雉也从鳥閒聲廣雅釋鳥鷳鴟老鵵也按卽爾雅之萑說文之舊與雖莊子之鴟鵂之貓頭鷹也晝伏夜鳴頭有毛如角字亦作鷴叚借爲鵫後漢傳招白閑注本或作鷳謂鳥也按卽爾雅之鵫雉盩鶾雉赤羽者爲鷳故亦謂之白鵫西山經嶓冢之山多白翰注白鵫也又北山經縣雍之山多白鵫注卽白鵫也本草引張華曰行止閑暇故曰鷳望文生訓失之博物如茂先豈其言歟漢書平帝紀越裳重譯獻白雉一黑雉二抱朴子云白雉有種南越尤多西京襍記載南粵王獻白鷳黑鷳各一是白鷳卽白鵫明矣

潸 **簡** 牒也从竹閒聲竹謂之簡木謂之牒亦謂之牘亦謂之札聯之爲編編之爲冊爾雅釋器簡謂之畢廣雅釋器䈙謂之簡獨斷策者簡也其制長二尺短者半之其次一長一短兩編下附書孔序疏引顧氏說簡長一尺二寸詩出車畏此簡書傳戒命也禮記王制執簡記注策書也內則請肄簡諒注謂所書篇數也轉注考工弓人小簡而長注讀如簡札之簡謂筋條也按猶直也實借爲竿又簡者約而用之故爲省約周書謚法壹德不解曰簡平易不疵曰簡書臯謨簡而廉鄭注謂器量凝簡易繫辭坤以簡能虞注陰藏爲簡左昭元傳朱左師簡而禮注無所臧否故曰簡禮記樂記繁文簡節之音作注少易也周語不亦簡彝乎注畧也孟子是簡驩也按少也呂覽驕恣自驕則簡士注傲也處方而長不簡慢矣注惰也莊子天運食于苟簡之田司馬本作閒注分別也則謂借爲柬說苑脩文簡者易野也叚借爲㵎爾雅釋詁簡大也釋訓簡簡大也書盤庚予其懋簡相爾詩簡兮簡兮執競降福簡簡論語吾黨之小子狂簡皇疏大也

孟子注同可也簡皇疏謂疏大無細行也按大與約正相反大故須裁大故欲同人道于牛馬也與狂相因與狷迴別大戴文王官人智氣簡備注通也淮南說山周之簡圭注大圭也又爲㵎秦策簡練以爲揣摩注汰也又爲柬廣雅釋言簡閱也周禮小宰聽師田以簡稽司農注猶閱也趣馬簡其六節注差也左襄三傳爲簡之師注選練也禮記郊特牲簡其車賦注簡歷謂算具陳列之也王制簡不肖以絀惡注差擇也漢書馮奉世傳久廢不簡注謂選揀又爲撰吳語簡服吳國之士于甲兵注習也又爲見禮記王制有旨無簡不聽注誠也按猶實也又爲諫左成八傳是用大簡注諫也又疊韻連語荀子非十二子其容簡連注傲慢不前之貌又託名幖識字爾雅釋水九河簡絜李巡曰大也河水深且大也孫炎曰水通易也史記正義簡在貝州歷亭縣界今不可考蓋自齊管仲移河爲界塡閼太史而南之北流以自廣周定五年河徙以來至今轉徙而南九河故道日就湮沒矣聲訓釋名釋書契簡閒也編之篇篇有閒也古韻詩執競叶簡反

潸 **橌** 大木貌从木閒聲轉注爾雅釋詁簡大也以簡爲之

删 **癇** 病也从疒閒聲聲類今謂小兒瘨曰癇一切經音義十二引說文癇風病也

潸 **僩** 武貌从人閒聲字亦作撊小爾雅廣言撊忿也方言二撊猛也詩淇奧瑟兮僩兮爾雅釋訓瑟兮僩兮恂慄也毛傳訓寬大則謂借爲僩韓詩美貌僩謂借爲嫺左昭十八傳撊然授兵登陴注撊然勁忿貌叚借爲憪荀子榮辱恆者俄且僩也注猛也失之賈子道術容志審道謂之僩古韻詩淇奧叶僩咺諼

删點删 **鬜** 鬢禿也从髟閒聲疑與頒同字字又作𩬤廣雅釋詁二鬜𩬤禿也閒契雙聲

删 **驓** 馬一目白曰驓从馬閒聲字亦作瞯爾雅釋畜馬一目白瞯二目白魚以瞯爲之

删潸 **憪** 愉也从心閒聲叚借單辭形況字史記孝文紀故憪然念外人之有非集解猶介然也又寢視不安之貌按猶惕然也左宣二傳睅其目釋文引孟康睅猶分然也蘇林睅寢視不安貌是也說憪或作睅

諫 **澗** 山夾水也从水从閒會意閒亦聲字亦作㵎作磵詩采蘩于澗之中考槃考槃在澗江賦幽澗積岨鬼谷子抵巇注㵎者成大隙也別義說文一曰澗水出宏農西安東南入洛在今河南河南府澠池縣東卽今澠池也至洛陽縣入雒書洛誥我乃卜澗水西聲訓釋名釋水澗閒也言在兩山之閒也古韻詩考槃叶澗寬言諼

xián 嫺　jiàn 鐗　jiǎn 瀽　jiǎn ⿱⺮⿵門心　jiǎn 柬　jiàn 諫　liàn 楝　liàn 煉　liàn 鍊　liàn 湅　lán 闌

刪 **嫺** 嫺 雅也从女閒聲史記司馬相如傳姣冶嫺都漢書注閒都雅麗也後漢馬援傳注嫺雅猶沈靜也叚借爲撊今用爲嫺習字

諫 **鐗** 鐗 車軸鐵也从金閒聲廣雅釋器鐗錔也軸在轂中相摩處以鐵鍱裹之其在轂者曰釭【聲訓】釋名鐗閒也閒釭軸之閒使不相摩也

潸 **瀽** 瀽 淅也从水簡聲廣雅釋詁二瀽洒也

潸 **⿱⺮⿵門心** ⿱⺮⿵門心 存也从心簡省聲讀若簡字亦誤作蕳爾雅釋訓存存萌萌在也萌者又蕳字之誤論語簡在帝心以簡爲之

柬十五名凡柬之派皆衍柬聲 古旱切

潸 **柬** 柬 分別擇之也从束从八會意八分別也字亦作揀爾雅釋詁柬擇也廣雅釋詁一揀擇也荀子脩身安燕而血氣不惰柬理也注柬擇其事理所宜經傳皆以簡爲之叚借爲簡今用爲柬帖字

諫 **諫** 諫 証也从言柬聲楚辭七諫序諫者正也周禮司諫注諫猶正也以道正人行保氏掌諫王惡注以禮義正之公羊莊廿四傳三諫不從注諫有五一曰諷諫二曰順諫三曰直諫四曰爭諫五曰戇諫荀子臣道大臣父兄有能進言于君用則可不用則去謂之諫詩板是用大諫叚借託名幖識字說苑辨物東方有鳥名諫珂【聲訓】白虎通諫者閒也更也是非相閒革更其行也詩淇澳序疏諫干也干君之意而告之【古韻】詩民勞叶綣反諫板叶板亶遠管癉諫三畧下叶諫散叛倦

霰 **楝** 楝 楝木也从木柬聲似欒其實曰金鈴子可用浣衣中山經𣝷木其實如楝淮南時則其樹楝注讀如練按字亦作欄考工㡒氏湅帛以欄爲灰叚借爲闌廣雅釋宮欄牢也又堯廟碑階陛欄楯字亦作欄

霰 **煉** 煉 鑠冶金也从火柬聲叚借爲爛廣雅釋詁二煉爇也一切經音義引作爛

霰 **鍊** 鍊 冶金也从金柬聲按當爲煉之重文今附於此華嚴音義引珠叢鎔金使精曰鍊淮南墬形鍊土生木鍊木生火注猶治也江淹詩鍊藥矚虛幌冀州從事郭君碑服職鍛湅以湅爲之叚借託名幖識字方言九關之東西曰輨南楚曰軑趙魏之閒曰鍊鏅按謂車轂耑錔也又今鎖拏犯人之具曰鍊條郭忠恕佩觿以鍊鏅之鍊德紅翻字从東誤从柬未知其審

霰 **湅** 湅 瀾也从水柬聲疑當爲瀾之重文叚借爲練考工㡒氏湅絲湅帛

寒 **闌** 闌 門遮也从門柬聲廣雅釋詁二闌遮也釋言闌閑也管子小匡輕罪入蘭盾鞈革二戟注即所謂蘭錡兵架也漢書王莽傳與牛馬同蘭注謂遮蘭之皆以蘭爲之又後世所用欄干字按欄者遮也干者閑也以楝爲之轉注史記高祖紀酒闌集解言希也飲酒者半罷半在謂之闌謝靈運詩述職期闌暑注猶盡也宋孝武宣貴妃誄白露凝兮歲將闌注猶晚也琴賦曲引向闌注半在半罷謂之闌按皆止遏之意叚借爲闌漢書成帝紀闌入尚方掖門注無符籍妄入宮曰闌汲黯傳闌出財物如邊關乎注無符傳出入爲闌通俗文縱失曰闌以蘭爲之又疊韻連語吳都賦珠琲闌干注猶縱橫也則以爲闌竿字非是【古韻】宋玉神女賦叶難闌端嘆于鸞

liàn 練　liàn ⿰湅攵　lán 蘭　lán 讕

霰 **練** 練 湅繒也从糸柬聲華嚴音義引珠叢煑絲令熟曰練周禮染人春暴練淮南說林墨子見練絲而泣之轉注湅之曰練故已湅之帛即曰練禮記檀弓練練衣也左昭三十一傳季孫練冠麻衣疏練冠如喪服斬衰既練之後布冠也又喪十三月而服練故小祥之祭即曰練周禮大祝祔練祥禮記曾子問主人練祭而不旅荀子子道魯大夫練而牀又練治者用功多故爲精熟之稱漢書韋賢傳昔靡不練注猶閱歷之呂覽簡選可以勝人之精士練材注拳勇有力之材叚借爲湅秦策簡練以爲揣摩注灌也七發灑練五藏注猶汏也又爲柬離騷苟余情其信姱以練要兮注簡也月賦絲桐練響注引埤蒼擇也漢書禮樂志練時日【聲訓】釋名練爛也煑使委爛也

霰 **⿰湅攵** ⿰湅攵 辟⿰湅攵鐵也从攴湅會意謂取精鐵揩疊段之愈段愈善七命乃鍊乃鑠萬辟千灌

寒 **蘭** 蘭 香艸也从艸闌聲按字亦作蕑詩溱洧方秉蕑兮澤陂有蒲與蕑傳蕑蘭也蓋以古字釋今字韓詩溱洧鄭箋澤陂則謂借蕑爲蓮又按漢書司馬相如傳衡蘭芷若注即今澤蘭也江賦揔以蘭紅注澤蘭也荀子勸學蘭槐之根是爲芷草木疏蘭爲王者香其莖葉皆似澤蘭廣而長節節中赤高四五尺藏之書中辟蠹故古有蘭省芸閣夏小正蓄蘭傳爲沐浴也左宣三傳蘭有國香易繫辭其臭如蘭穀梁昭八傳艾蘭以爲防離騷紉秋蘭以爲佩楚辭招魂蘭膏明燭注以蘭香煉膏也皆非今所謂建蘭蕙蘭即藥品中之澤蘭蘇俗謂之淨頭草者是叚借託名幖識字離騷朝搴阰之木蘭兮注木蘭去皮不死按芳木也皮似桂而香狀似柟樹高數仞蜀都賦其樹則有木蘭梫桂劉注大樹也景福殿賦蘭栭積重注木蘭也又借爲闌史記扁倉傳以陽入陰支蘭藏者正義蘭者橫節又管子小匡蘭盾注即所謂蘭錡兵架也又漢書王莽傳與牛馬同蘭注謂遮蘭之又通俗文縱失曰蘭又疊韻連語後漢南蠻西南夷傳注蘭干獠言紵詩芄蘭之支按即芄也侯成碑泣涕沈蘭又單辭形況字漢脩堯廟碑蘭然成就【古韻】詩澤陂叶蕑卷悁溱洧叶渙蕑易繫辭叶言蘭楚辭湘夫人叶蘭言湲招魂叶姦安軒山連寒湲蘭筵

寒旱翰 **讕** 讕 譋 詆讕也从言闌聲或从閒聲按以言抵闌猶今言抵賴也漢書梁共王買傳王陽病抵讕置辭注誣諱也谷永傳滿

讕誣天。注謂欺罔也。叚借爲諫。按漢書藝文志讕言十篇，注陳人君法度。

寒 **籣** 所以盛弩矢人所負也。从竹闌聲。字亦作韊。漢書韓延壽傳抱弩負籣。史記信陵君傳負韊矢。索隱如今之胡簏而短。

寒先 翰 **瀾** 漣 大波也。从水闌聲。或从連聲。爾雅釋水大波爲瀾，小波爲淪。孟子必觀其瀾。四子講德論天下安瀾。轉注詩伐檀河水清且漣猗。傳風行水成文曰漣。又易屯泣血漣如。亦作㥕。後出字。詩氓泣涕漣漣。楚辭憂苦泣下漣漣。注流貌。亦重言形況字。海賦洪濤瀾汗。注長貌。洞簫賦悼悷瀾漫。注分散也。亦疊韻連語。叚借爲連。文賦或龍見而鳥瀾。按鳥者魚字之誤。魚連猶上言獸擾也。聲訓釋名漣，連也，波體轉流相及連也。古韻詩氓叶垣關漣言。還伐檀叶檀干漣廛貆餐。宋玉神女賦叶寬珊瀾安。

翰 **爤** 孰也。从火蘭聲。或从閒聲。字亦作爛。呂覽本味熟而不爛。淮南說山爛灰生蠅。注腐也。字亦作爤。廣雅釋詁三爤，熟也。叚借爲然。楚辭雲中君爛昭昭兮未央。注光貌。西都賦登降炤爛，注亦明也。漢書禮樂志爛揚光。王莽傳功德爛然。梅福傳爛然可睹矣。注章明之貌。又爲連。詩韓奕爛其盈門。箋爛爛粲然鮮明且眾多之貌。按眾多是也。又疊韻連語。史記司馬相如傳皓齒粲爛。索隱鮮明貌。楚辭哀時命忽爛漫而無成。注猶消散也。思元賦爛漫麗靡。注分散貌。禮記檀弓美哉奐焉。釋文奐爛，言眾多也。後漢延篤傳渙爛兮其溢目也。注渙爛，文章貌。或曰借爲渙，渙爛亦通。古韻詩女曰雞鳴叶旦爛鴈。易雜卦傳叶爛反。宋玉風賦叶楗爛。楚辭橘頌叶摶爛。

寒 **灡** 潘也。从水闌聲。叚借爲疊韻連語。周景功勳銘威怒定兮混灡。按猶沈灡也。

擧一名 居言切

元 阮 **擧** 段氏據玉篇列字次第，擧作攑，从手舉會意。舉也。今姑附此，於乾部不妄刪豫部擧字。上林賦揵鰭掉尾，注揵，舉也。以楗爲之。

建五名，凡建之派皆衍建聲 居箭切

願 **建** 立朝律也。从聿从廴。按从律省，廷省，會意。廣雅釋詁四建，立也。易屯利建侯。周禮天官序官惟王建國。小宰掌建邦之宮刑。禮記王制州建百里之國三十。書洪範皇建其有極。又擇建立卜筮人。魯語夫位政之建也。秦策然後可建大功。老子善建者不拔。轉注儀禮大射儀建鼓在阼階西。注猶樹也。書大傳九十杖而朝見君建杖。老子故建言有之，注設也。漢書鄒陽傳爰盎等皆建以爲不可。注謂立議。叚借爲鍵。實爲楗。禮記樂記名之曰建櫜。按猶括也，謂藏閉之。又爲楗。按左襄廿五傳楚屈建，哀十六傳太子建，皆字子木。又爲卷。水經瀎水注建城當爲卷，譌誤耳。又爲揵之誤字。按古多借揵爲插。儀禮士冠禮士昏禮建柶，注皆訓扱，扱者插也。又古今人表衛嗣伯子建，史記世家作虔，作建又爲逮之誤字。按周語使於晉者道相逮也，注及也。又託名幖識字。禮記月令旦建星中。按六星在南斗上，易坎鄭注建星似簋。

元 **鞬** 所以戢弓矢者。从革建聲。方言九所以藏弓謂之鞬。通俗文弓韇謂之鞬。左僖廿三傳右屬櫜鞬，注弓弢。後漢西羌傳注鞬，箭服也。聲訓釋名馬上曰鞬，鞬，建也，弓矢並建立于其中也。

阮 願 **楗** 歫門也。从木建聲。字亦作揵。晉語章滿木楗以過於朝。老子善閉無關楗。莊子庚桑楚外韄者不可繁而捉，將內揵。鬼谷子內揵。注揵者持之令固也。禮記月令脩鍵閉。蔡邕月令章句鍵，關牡也。所以止扉，或謂之剡移。周禮司門掌授管鍵，以鍵爲之。按今蘇俗謂之木鎖，其牝爲管，爲閉，其牡爲楗。轉注素問骨空論輔骨上橫骨下爲楗。叚借爲蹇。考工輈人終日馳騁左不楗。又爲建。史記河渠書頹竹林兮揵石菑。集解柱也。漢書賈誼傳淮陽包陳以南揵之江，注謂立封界也。聲訓後漢任文公傳注揵，健也。張衡傳注揵，堅也。古韻宋玉風賦叶楗爛。

願 **健** 伉也。从人建聲。易乾天行健。說卦傳震其究爲健。秦策使者多健，健強也。韓詩外傳四健，驕也。叚借爲羨。按荀子哀公健，貪也。聲訓釋名釋言語健，建也，能有所建爲也。

先 銑 **鍵** 鉉也。从金建聲。所以舉鼎，一名扃。叚借爲楗。方言五戶鑰自關而東陳楚之閒謂之鍵。字亦作⿵門建。廣雅釋室鍵，戶牡也。周禮司門掌授管鍵。司農注管謂籥也，鍵謂牡。禮記月令修鍵閉。注鍵，牡，閉，牝也。太元閑關無鍵。干莋鍵挈挈，元攤叩其鍵。又說文鍵一曰車轄也。爾雅序六藝之鈐鍵。釋文錧也。亦楗字之轉注。

見十一名，凡見之派皆衍見聲 古面切

霰 霰 **見** 視也。从儿目會意。按視知形也。禮記大學視之而不見。易乾利見大人。詩角弓見晛曰消。淮南脩務而明弗能見者何。注猶知也。轉注廣雅釋詁四見，示也。易乾見龍在田。注出潛離隱，故曰見。禮記坊記不有見焉。注謂睹其才藝也。論語天下有道則見。皇疏謂出仕也。孟子脩身見于世。注立也。漢書元后傳故天見戒。朱買臣傳少見其殺。韓信傳情見力屈。注顯露也。又左昭廿傳乃見鱄設諸焉。疏謂爲之紹介。又漢書王莽傳倉無見穀。注謂見在也。俗字作現。叚借爲荒。儀禮既夕藏器于旁加見。按以荒爲幠，形誤作見。注棺飾也。更謂之見者，加此則棺柩不復見矣。失之。又爲覵。禮記祭義見以蕭光。古韻詩甫田叶婉孌丱見弁。頍弁叶霰見宴。宋玉神女賦叶見贊登

xiàn 莧　xiàn 晛　xié 䩤　xiàn 睍　xiàn 晛　qiàn 俔　tiǎn 靦　yàn 硯　xiàn 蜆　xiàn 垷

說文通訓定聲　乾部弟十四　卅五

徒好色賦叶見觀眄、文子守樸叶見𤏡轉首、老子仁德叶味見既、

諫 **莧** 莧菜也、从艸見聲、管子地員䉪下于莧、莧下于蒲、又爾雅蕢赤莧、注今人莧赤莖者、本草陶注赤莧療赤下而不堪食、按莖葉純紫、與今常食之莧類而不類、叚借爲易夬莧陸夬夬、此莧之誤字、孟喜章句、莧陸獸名、按山羊也、外卦兌爲羊、子夏傳莧陸木根草莖、馬鄭注莧陸一名商陸、宋衷注莧菜也、王注莧陸草之柔脆者也、皆失之、虞注莧說也、讀夫子莧爾而笑之莧、按莧爾亦作莞爾、此單辭形況字、睦虞讀爲睦莧、睦亦不辭、殆非也、

銑 **晛** 不歐而吐也、从口見聲、謂喉閒不作惡而吐者、字亦作哯、廣雅釋詁四哯吐也、

屑 **䩤** 系牛脛也、从革見聲、

銑霰 **睍** 出目也、从目見聲、廣雅釋詁一睍視也、叚借疊韻連語、詩凱風睍睆黃鳥、傳好貌、韓詩作簡簡黃鳥、則重言形況字亦同、

霰 **晛** 日見也、从日見、會意見亦聲、詩角弓見晛曰消、傳晛日氣也、按當从毛非會意字、是形聲字、荀子非相作宴然聿消、

霰 **俔** 閒見也、从人从見、會意見亦聲、按俌象說解云石閒見也、閒見者於空隙中乍見之意、爾雅釋言閒俔也、注左傳謂之諜、今之細作也、亦窺伺空隙義、叚借爲絻、實爲繯、淮南齊俗辟若俔之見風也、注俔候風者也、世所謂五兩、叚借發聲之詞、說文俔譬喻也、詩大明俔天之妹、傳俔磬也、韓詩作磬亦同、韓非外儲犬馬人所知也、旦暮罄于前、鬼神無形者、不罄于前、按借罄罄爲俔也、見磬雙聲、

銑 **靦** 面見也、从面見、會意見亦聲、或从面、旦聲、按當作面皃也、字亦作䩄、詩何人斯有靦面目、疏引說文面見人也、爾雅釋言靦姡也、李孫注人面姡然也、越語余雖靦然而人面哉、注面目之貌也、聲訓爾雅舍人注靦擅也、一曰面貌也、謂自專擅之貌、

霰 **硯** 石滑也、从石見聲、江賦綠苔鬖髿乎研上、以研爲之、轉注後世名所以磨墨者曰硯、釋名釋書契硯研也、研墨使和濡也、

霰銑 **蜆** 縊女也、六書故引蜀本蜆爲蝶、从虫見聲、爾雅釋蟲蜆縊女、注小黑蟲赤頭、喜自經死、按即今蘇俗所謂蓑衣蟲也、吐絲自裹、有時而懸、非眞死、蜆之言經也、經蜆雙聲、故曰蜆、周禮磬于甸人、磬亦經也、詩俔天之妹、傳俔磬也、此發聲之詞、經磬蜆一音之轉、叚借爲俔、六書故引唐本即繭字、

銑 **垷** 涂也、从土見聲、謂𡑞塈墻屋也、字亦作垷、廣雅釋室垷塗也、釋詁二垷拭也、別義玉篇引蒼頡垷大坂、在暨西山、文選從游竹澗越嶺溪行詩逕𨖨陟陘峴、注引聲類峴山嶺小高也、字亦作峴、

gān 干　gān 玕　qián 赶　gān 迂　kàn 衎

說文通訓定聲　乾部弟十四　卅六

干三十六名、凡干之派、皆衍干聲、

寒 **干** 犯也、从反入从一、指事、按入一爲干、入二爲羊、左文四傳其敢干大典、以自取戾、襄廿三傳干國之紀、楚辭𧭈諫恐犯忌而干諱、注觸也、淮南說林不得相干、注亂也、太元元衝干狂也、轉注禮記大傳干祫及其高祖、注猶空也、叚借爲迂、爾雅釋言干求也、詩旱麓干祿豈弟、論語子張學干祿、孟子則是干澤也、公羊定四傳以干闔廬、注不待禮見曰干、後漢皇甫嵩傳注干謂冒進、離騷既干進而務入兮、又爲竿、詩孑孑干旄、禮記檀弓寢苫枕干、按猶梃也、注訓盾失之、又爲戩、小爾雅廣器干盾也、方言九盾自關而東或謂之干、書牧誓比爾干、詩公劉干戈戚揚、禮記儒行禮義以爲干櫓、周禮樂師有干舞、又爲扞、爾雅釋言干扞也、詩兔罝公侯干城、采芑師干之試、左襄廿五傳陪臣干掫、又爲岸、易漸鴻漸于干、陸績注水畔稱干、翟子元注涯也、詩伐檀寘之河之干兮、傳厓也、管子小問昔者吳干戰、注江邊地也、吳都賦長干延屬、注地下而黃曰干、又爲澗、詩秩秩斯干、傳澗也、又爲榦、爾雅釋木棧木干木、注殭木也、按即柘、其爲木死而不朽、可爲凡用之榦、亦謂其乾而彌堅也、又爲玕、荀子王制南海則有曾青丹干焉、又爲豻、實爲軒、儀禮大射儀公射大侯、大夫射參、士射干、又爲乾、莊子方將被髮而干、釋名釋飲食干飯飯而暴乾之也、又發聲之詞、禮記投壺某賢于某若干純、漢書食貨志下集注干猶箇也、又託名幖識字、廣雅釋器干將劍也、干隊劍也、楚辭離世秉干將以割肉、又史記春申君傳而不知干隊之敗、蘇秦傳禽夫差于干遂、按地名、即周語之吟遂也、今千、干雙聲字、又廣雅釋草鳶尾烏萐射干也、高唐賦青荃射干、楚辭懸民掘荃蕙與射干兮、注香草、又荀子勸學西方有木焉、名曰射干、又子虛賦騰遠射干、注似狐而小能緣木、廣志射干巢於絕巖高木、古韻詩泉水叶干言、伐檀叶檀干漣廛貆餐、斯干叶干山、宋玉神女賦叶闌嘆干、鷺文子下德叶官干安慢、

寒 **玕** 琅玕也、从玉干聲、古文从旱聲、按玉之生而圓似珠者、書禹貢厥貢惟球琳琅玕、鄭注珠也、賈誼新書言佩玉有玕珠以納其閒、叚借疊韻連語、唐扶頌道路琅玕、按猶言闌干也、琅闌雙聲字、

元 **赶** 舉尾走也、从走干聲、謂獸畜急走、字亦作䞶、轉注管子君臣心道進退而刑道滔赶、注走也、謂逡巡曲也、又周書謚法思慮果敢曰赶、

寒 **迂** 進也、从辵干聲、讀若干、爾雅釋言迂求也、經傳皆以干爲之、

旱翰 **衎** 喜貌、从行干聲、爾雅釋詁衎樂也、詩南有嘉魚嘉賓式燕以衎、那衎我烈祖、方言十三衎定也、注衎然安定貌也、禮記檀弓居

見干

yǎn 齗　jié 訐　jiān 靬　gàn 皯　gàn 旰　hān 鼾　gàn 骭　gān 肝　kān 刊　gūn 竿

處言語飲食衎爾注自得貌。假借爲侃。袁良碑其節衎然忠義之臣孫根碑衎譽不撓。唐扶頌衎衎誾誾。漢書趙尹韓張兩王傳贊注衎衎彊敏之貌。又重言形況字。廣雅釋訓衎衎和也。易漸飲食衎衎馬注饒衍貌。古韻易漸叶磐衎。詩南有嘉魚叶汕衎。

濟　齗　齗　齒見貌。从齒干聲。

屑月　訐　訐　面相斥辠相告訐也。从言干聲。論語惡訐以爲直者。皇疏謂面發人之陰私也。漢書賈誼傳所上者告訐也。趙廣漢傳吏民相告訐。王商傳父子相訐。三都賦序莫不詆訐其研精。

元翰　靬　靬　乾革也。从革干聲。假借託名幖識字。說文武威有麗靬縣。又漢書張騫傳抵安息奄蔡犛靬條支身毒國。注讀與軒同。

旱　皯　皯　面黑气也。从皮干聲。廣雅釋詁一皯病也。通俗文面黎黑曰皯黷。列子黃帝燋然肌色皯黴。

旱　旰　旰　目多白也。从目干聲。字亦作睅。廣雅釋器睅白也。假借爲睅。說文一曰張目也。

寒翰　鼾　鼾　卧息也。从鼻干聲。讀若汗。

翰諫　骭　骭　骹也。从骨干聲。爾雅釋訓骭瘍爲微。史記鄒陽傳索隱引埤蒼骭脛也。淮南俶眞易骭之一毛。注自膝以下脛以上也。

說文通訓定聲　乾部弟十四　[illegible]

寒　肝　肝　木藏也。从肉干聲。古文尚書說肝金也。素問靈蘭祕典論肝者將軍之官謀慮出焉。六節藏象論肝者罷極之本魂之居也。其華在爪其充在筋。淮南精神肝爲風。肝主耳。白虎通情性肝仁也。轉注儀禮士昏禮贊以肝從。注肝肝炙也。禮記月令祭先肝。又釋名釋地土赤曰鼠肝似鼠肝色也。聲訓釋名釋形體肝榦也。於五行屬木故其體狀有枝榦也。白虎通情性肝之言干也。廣雅釋親肝幹也。古韻宋玉小言賦叶端肝殫。

寒　刊　刊　剟也。从刀干聲。廣雅釋詁三刊削也。四定也。周禮柞氏夏日至令刊陽木而火之。注謂斫去次地之皮。禮記襍記刊其柄與末。注猶削也。儀禮士喪禮重木刊鑿之。注斵治也。左襄廿五傳井堙木刊注除也。假借爲栞。書禹貢隨山刊木。九山刊旅。又爲竿。儀禮既夕記抗木刊。

寒　竿　竿　竹梃也。从竹干聲。詩竹竿籊籊竹竿。管子禁藏毋柎竿。注竿笋之初生也。爾雅釋器竿謂之箷。注衣架也。西京賦竿殳之所揘畢。注竹也。鮑照樂府嚴秋筋竿勁。注箭幹也。詩孑孑干旄。禮檀弓寢苫枕干。以干爲之。假借爲簡。莊子列禦寇不離苞苴竿牘。司馬注謂竹簡爲書以相問遺。又爲擘。後漢董卓傳注竿摩謂相逼近也。今俗以事干人者謂之相竿摩。古韻楚辭釣賦叶竿閒鰛。轉音楚辭釣賦叶竿

hán 邗　gàn 旰　hàn 旱　hǎn 罕　gǎn 衦　àn 岸　àn 豻

綸、

寒　邗　邗　邗國也。今屬臨淮。从邑干聲。一曰邗本屬吳。按今韻書脫此邗字。左哀九傳吳城邗溝通江淮。注於邗江築城穿溝入淮通糧道也。按即通禹貢揚州之貢道。今江蘇揚州府江都縣古邗城地也。

翰　旰　旰　晚也。从日干聲。與上形下聲字別。左襄十四傳日旰不召。注日晏也。昭十二傳日旰君勤。哀十三傳日旰矣。假借重言形況字。景福殿賦皓皓旰旰。丹彩煌煌。注皆盛貌。

旱翰　旱　旱　不雨也。从日干聲。與左形右聲字別。穀梁僖十一傳不得雨曰旱。墨子七患二穀不收謂之旱。洪範五行傳旱所謂常陽。論衡明雩久陽爲旱。假借爲悍。鶡鳥賦水激則旱兮。又託名幖識字。詩瞻彼旱麓。漢書地理志漢中郡南鄭縣旱山池水所出東北入漢。曹氏曰旱山在梁州之地。與漢廣相近。聲訓洪範五行傳旱之爲言乾。春秋考異郵旱之言悍也。陽驕蹇所致也。

旱　罕　罕　网也。从网干聲。小網似畢長柄。廣雅釋器罕率也。高唐賦罘罕不傾。羽獵賦罕車飛揚。轉注史記天官書畢曰罕車主弋獵。按西方宿畢八星如網故曰畢曰罕車。漢書司馬相如傳載雲罕。注畢也。東京賦雲罕九斿。注雲罕旌旗之別名也。按參旗九星九斿九星

說文通訓定聲　乾部弟十四　[illegible]

在參畢之閒。故辭家即以罕諭旗。假借爲尟。爾雅釋詁希罕也。詩大叔于田叔發罕忌。傳罕希也。禮記少儀罕見曰聞名。學記罕譬而諭。論語子罕言利。又爲衎。左昭四傳鄭渾罕字子寬。韓非子又作軒。又鄭公子喜字子罕。其孫罕虎。罕魋以字爲氏。宋樂喜亦字子罕。又疊韻連語。後漢蔡邕傳罕漫而已。注猶無所知聞也。古韻詩大叔于田叶慢罕。

翰　衦　衦　摩展衣也。从衣干聲。按摩繒帛之縐而展之。猶曰擊也。熨以火衦以手。

翰　岸　岸　水厓而高者。从屵干聲。爾雅釋邱望厓洒而高岸。注洒謂深也。視厓峻而水深者曰岸。按洒者陵之借字耳。詩谷風淇則有岸。十月之交高岸爲谷。荀子宥坐三尺之岸而虛車不能登也。字又作矸。三齊記甯戚飯牛歌南山矸白石爛。轉注小爾雅廣詁岸高也。詩皇矣誕先登于岸。傳高位也。漢書江充傳充爲人魁岸。注岸者有廉稜如崖岸之形。假借爲屵。爾雅釋邱又云重厓岸。注兩厓累者曰岸。又爲犴。詩小宛宜岸宜獄。傳訟也。韓詩正作犴。古韻詩氓叶怨岸泮宴晏旦反。皇矣叶援羨岸。

寒翰翰　豻　豻　犴　胡地野狗也。从豸干聲。或从犬。字林豻野狗似狐黑喙。周禮巾車豻複雀飾。禮記玉藻麛裘青豻褎。漢書司馬相如傳蟃蜒貙豻。淮南道應元豹黃羆青豻。轉注韓詩小宛宜犴宜獄。傳鄉亭之繫曰犴。朝廷曰獄。荀子宥坐獄犴不治不可刑也。注獄从二

干

gān 忓　hàn 汗　hàn 閈　hàn 扞　jiān 奸　hàn 釬

犬象所以守者犴亦善守故謂之犴也漢書刑法志獄犴不平之所致也後漢皇后紀家婴緤絏于圄犴風俗通犴司空也字亦作狱高彪碑獄狱生屮又爲貚周禮射人犴侯一獲一容儀禮大射儀干五十注犴侯者犴鵠犴飾也先後鄭皆如字讀失之說見貚下

忓　寒翰　極也从心干聲方言自關而西秦晉之故都謂好曰忓廣雅釋詁一忓善也又好也

汗　寒翰　身液也从水干聲素問評熱病論汗者精氣也宣明五氣篇五藏化液心爲汗漢書劉向傳出令如出汗汗出而不反者也易渙汗其大號太元闞飲汗吭吭又釋名釋衣服汗衣近身受汗垢之衣也詩謂之澤受汗澤也叚借疊韻連語淮南道應吾與汗漫期于九垓之外上林賦采色澔汗吳都賦潰泓泮汗海賦洪濤瀾汗又重言形況字江賦汗汗沺沺字亦作澣吳都賦滮滮澣澣注水流行聲勢也字又作瀚淮南俶真浩浩瀚瀚又託名幖識字漢書地理志餘汗縣屬豫章郡番汗縣屬遼東郡又發聲之詞蠻夷呼酋長曰可汗聲訓釋名釋形體汗涆也出在于表涆涆然也

閈　翰　門也从門干聲左襄三十一傳高其閈閎沈注閉也則謂閉之誤字轉注說文汝南平輿里門曰閈風俗通閈城內郭外里門也廣雅釋宮閈里也釋詁二閈尻也楚辭招魂注楚人名里曰閈漢書盧綰傳綰自同閈蜀都賦里閈對出又蒼頡篇閈垣也

扞　翰翰　忮也从手干聲字亦作捍按稍柱之意莊子大宗師釋文引說文抵也左文六傳親帥扞之注衛也成十二傳此公侯之所以扞城其民也注蔽也西周策而設以國爲王扞秦注禦也漢書刑法志若手足之扞頭目注禦難也禮記祭法能捍大患則祀之叚借爲𢼛左桓十二傳請無扞採樵者以誘之禮記學記則扞格而不勝書文侯之命汝多修扞我于艱按皆止也又爲干荀子彊國白刃扞乎胷史記游俠傳時扞當世之文罔按皆犯也又爲馯漢書董仲舒傳集注扞突也家語致思懍懍焉若持腐索之扞馬注突馬又爲釬廣雅釋器扞韝也禮記內則右佩玦捍注謂拾也漢書酷吏尹賞傳被鎧扞持刀兵者注臂衣也又爲援大荒南經有人方扞弓射黃蛇注挽也呂覽壅塞因扞弓而射之注引也淮南原道射者扞烏號之弓注張也或曰皆扞之誤字借爲弙存參又單辭形況字管子地員五浮之狀捍然如米注堅貌

奸　寒　犯婬也从女从干會意干亦聲叚借爲干小爾雅廣言奸犯也左襄十四傳臣敢奸之昭廿傳是再奸也成十六傳奸時以動昭元傳女皆奸之莊子天運以奸者七十二君又爲迀漢書孔光傳以奸忠直注奸求也奸忠直之名也

釬　翰　臂鎧也从金干聲按平時之臂衣曰韝射時著左臂之拾曰遂戰陳所著者曰釬管子戒弛弓脫釬注所以扞弦叚借爲悍莊

說文通訓定聲　乾部第十四　卅九

xuān 軒　hàn 𢼛　hàn 睅　gǎn 稈　hàn 駻　hàn 悍

子列禦寇有綏而釬釋文急也別義方言九鏄謂之釬

軒　元　曲輈藩車从車干聲車之曲輈而有藩蔽者人所乘小車也暢轂其輈穹隆而上所謂軒轅也聲類軒安車也左閔二傳鶴有乘軒者僖廿八傳而乘軒者三百人也哀十五傳服冕乘軒注大夫車宋策舍其文軒注文錯之軒也羽獵賦俄軒冕注車有幡曰軒轉注詩六月如輊如軒按前視之似高而輕也通俗文後重曰軒按後重曰輊前高曰軒又七命承倒景而開軒注長廊之有窻也景福殿賦方軒九戶楚辭招魂檻層軒些別賦月上軒而飛光又釋名釋宮室廊或曰軒前有版似殿軒也又射雉賦鬱軒翥以餘怒注起望也五君詠交呂既鴻軒注飛貌又周禮小胥諸侯軒縣司農注軒縣三面其形曲家語正論請曲縣之樂注軒縣闕一面也又公羊定十二傳注軒城者缺南面以受過也叚借爲胖禮記內則肉腥細者爲膾大者爲軒少儀野豕爲軒注讀爲憲非是又爲衎莊子天地釋文軒寬悅之貌又託名幖識字淮南天文軒轅者帝妃之舍也按軒轅十六星在星張之顛屈曲夭矯如軿又黃帝有熊氏生于軒轅之邱姓公孫名軒轅長于姬水又以姬爲姓又疊韻連語海賦翔霧連軒注舉也又重言形況字楚辭悼亂鸛鶴兮軒軒注將止之貌古韻詩六月叶安軒閑原憲楚辭招魂叶姦安軒山連寒漫蘭筵

𢼛　翰　止也从攴旱聲書文侯之命𢼛我于艱今本以扞爲之

睅　潸潸　大目也从目旱聲從大徐補或體睆从目完聲左宣二傳睅其目注出目貌蒼頡篇睆目出貌也轉注詩太東睆彼牽牛傳明星貌杕杜有睆其實傳實貌叚借疊韻連語詩凱風睍睆黃鳥傳好貌又重言形況字莊子天地睆睆然在纆繳之中李注窮視貌又借爲矔一切經音義引淮南許注燭睆目內白翳病也又爲垸禮記檀弓華而睆釋文明貌孫炎曰睆漆也古韻左宣二傳叶睅皤句中韻

稈　旱　禾莖也从禾旱聲或从干聲小爾雅廣物䕸謂之稈廣雅釋草稻穰謂之稈說文引左昭廿七傳或投一秉稈今本作或取一秉秆焉

駻　翰　馬突也从馬旱聲字亦作馯淮南氾論而御駻馬也叚借爲靬廣雅釋器駻鞍也又爲釬漢書儒林傳馯臂子弓按臂衣也

悍　旱翰　勇也从心旱聲蒼頡篇悍桀也荀子大略悍戇好鬥注兇戾也漢書賈誼傳雖有悍如馮敬者霍去病傳誅猊悍陳湯傳且其人剽悍吳王濞傳上患吳會稽輕悍梁共王買傳彭離驕悍匈奴傳饒燕士果悍韓嬰傳其人精悍轉注史記河渠書水湍悍集解彊也

說文通訓定聲　乾部第十四　卌

yán 琂　yán 言　qiān 辛　àn 䮗　gān 戰

素問腹中論石藥之氣悍注利也叚借爲睅射雉賦瞵悍目以旁睞注戾也失之

寒翰 戰 𢦔 盾也从戈旱聲廣雅釋器戰楯也經傳皆以干爲之周禮司兵五盾注干櫓之屬按小者曰戰中者曰瞂大者曰櫓總名曰盾竿者所以犯人戰者所以自衛

翰 䮗 䮗 馬頭有發赤色者从馬岸聲

辛四名凡辛之派皆衍辛聲 去乾切

先 辛 辛 辠也从干二會意二古文上字讀若愆張林說又古文𢆉據帝篆說解補按干上爲辛辠也𢆉上爲辛大辠也

元 言 言 直言曰言論難曰語藝文類聚十九太平御覽三百九十皆引作論議从口辛聲左襄廿七傳志以發言昭九傳志以定言周語氣在口爲言莊子外物言者所以在意法言問神言心聲也左僖廿四傳言者身之文也晉語言貌之機也大戴曾子立事言者行之指也墨子經言口之利也莊子人間世言者風波也易需小有言虞注震爲言書洪範言曰從廣雅釋詁一言從也詩東門之池可與晤言傳道也公劉于時言言于時語語傳直言曰言論難曰語周禮大司樂興道諷誦言語注發端曰言廣雅釋言言端也冡人言鸞車象人司農注問其不如法度者禮曲禮君言不宿於家注有故所問也廣雅釋詁二言問也禮記言而不語注言言已事也詩彤弓受言藏之箋謂王策命也周語有不祀則脩言注號令也離騷初既與余成言兮注猶議也叚借發聲之詞爾雅釋詁言我也詩葛覃言告師氏至駉醉言歸凡六十七見傳于葛覃彤弓文王三詩訓我箋于采薇至載見十七詩訓我又助語之詞爾雅釋詁言閒也按如詩大東睠言顧之荀子作焉後漢劉陶傳作然似此之類箋皆訓我其實詞也卽雅訓所謂閒也又重言形況字詩皇矣崇墉言言傳高大也箋猶孽孽將壞貌禮記玉藻二爵而言言斯注和敬貌廣雅釋訓言言語存也又託名幖識字爾雅釋樂大簫謂之言字亦作䇾聲訓釋名言宣也宣彼此之意也古韻詩泉水叶干言考槃叶澗寬言諼叶頍闕漣言遷將仲子叶園檀言狡童叶言餐采苓叶旃然言焉東門之池叶菅言巷伯叶幡言遷青蠅叶樊言皇矣叶閑言連安易繫辭叶言蘭儀禮士昏禮叶言愆鑿禮記曲禮叶前安顏言楚辭湘夫人叶蘭言淺大招叶安延言天問叶寒言宋玉神女賦叶言顏觀丹閒閒寬珊蘭安煩原旋惓難蘭端嘆干鸞荀子正名叶漫鸞慢愆言轉直楚辭天問叶言文三晷上叶恩權誼言根素問八正神明論叶神聞先言昏雲原論存

元 琂 琂 石之似玉者从玉言聲

說文通訓定聲　乾部弟十四

yàn 唁　kān 看　kǎn 侃　qiān 遃　zhān 䰜　yuàn 肙　yuān 蜎　xuàn 鞙　juàn 睊

霰 唁 唁 弔生也从口言聲字亦作唁詩載馳歸唁衛侯傳弔失國曰唁何人斯不入唁我左襄十七傳齊侯使夙沙衛唁之注弔生曰唁昭廿五傳齊侯唁公于野井

看一名 苦寒切

寒翰 看 𥄫 𦣠 睎也从手下目會意或从目倝聲凡有所望者常以手加目上障日聚光也廣雅釋詁一看視也

侃三名凡侃之派皆衍侃聲 空旱切

旱翰 侃 侃 剛直也从川取其不舍晝夜从㐰古文信字會意叚借爲衍論語冉有子貢侃侃如也皇疏和樂也與下大夫言侃侃如也孔注和樂貌也漢書韋賢傳我徒侃爾注和悅貌

先 遃 遃 過也从辵侃聲叚借爲愆漢書劉輔傳元首無失道之遃

元先 䰜 䰜 餰 飦 𩜸 鬻也从𩱧侃聲或从食衍聲或从食干聲或从食建聲按與饘略同廣雅釋器飦饘也禮記內則以與稻米爲餈本誤酏孟子飦粥之食注糜粥也荀子禮論酒醴餰鬻叚借託名幖識字穆天子傳三諸飦獻酒于天子

說文通訓定聲　乾部弟十四

肙十九名凡肙之派皆衍肙聲 烏縁切

先 肙 肙 小蟲也从肉口聲按當作水蟲也从肉無骨也口象首尾可接之形卽蜎之古文爾雅釋魚蜎蠉注井中小蛣蟩赤蟲一名孑孑按今蘇俗謂之打拳蟲揚州謂之翻跟兜蟲生水中久則化爲蚊通俗文蜎化爲蚊者是也以其轉掉而行首尾相接如環故曰蠉轉注考工廬人刺兵欲無蜎注蜎亦掉也謂若井中蟲蜎之蜎故書以絹爲之疏蜎蜎擾擾然也叚借爲削說文一曰空也又爲蠉字林蜎蟲貌也又重言形況字詩東山蜎蜎者蠋傳蠋貌桑蟲也

先銑 蜎 蜎 肙也从虫肙聲按卽肙之或體詩蜎蜎者蠋重言形況字或以蠋亦有肉無骨如蜎也一說肙訓借爲蠉蟲行貌叚借爲翾鬼谷子揣蜎飛蠕動

先銑 鞙 鞙 大車縛軛靻也从革肙聲叚借重言形況字詩大東鞙鞙佩璲傳玉貌爾雅釋訓皋皋琄琄刺素食也字亦作琄聲訓釋名釋車鞙縣也所以縣縛軛也

霰 睊 睊 視貌从目肙聲孟子睊睊胥讒張音側目視貌字亦作䚈廣雅釋訓睊睊視也按亦重言形況字墨子經說作嗛也

juàn xuān juān juān yuān yè xuān yuān juān xuán yuàn yuān
絹 弲 捐 涓 悁 焆 駽 㾓 䅌 圓 䭇 削

先 削 挑取也。从刀肙聲。廣雅釋詁四：削，刻也。轉注。說文一曰窒也。錯本作窒也。

先 䭇 猒也。从食肙聲。伊尹曰：食而不䭇。逸周書字作嬛。

先 圓 規也。从囗肙聲。廣雅釋詁三：圓，圜也。字亦作园。按渾圜曰圜，平圜曰圓。規圓之器曰圓。今俗以圈爲之。莊子齊物論：五者园而幾向方矣。司馬注：圓也。字亦作梋。廣雅釋詁三：梋，圓也。通俗文：規模曰梋。轉注。廣雅釋器：梋，盂也。方言十三：梡木謂之梋杖。

先 䅌 麥莖也。从禾肙聲。字亦作[illegible]。射雉賦：鬫悶[illegible]葉。

先 㾓 疲也。文選謝靈運登臨海嶠詩注引說文有此字，姑附於此。素問陰陽別論：及爲痿厥腨㾓。注：痠疼也。

霰先 駽 青驪馬也。从馬肙聲。爾雅釋畜：青驪駽。孫注：色青黑之間。郭注：今之鐵驄。詩有駜：駜彼乘駽。古韻詩有駜叶駽燕。

先 焆 焆焆，烟貌。从火肙聲。江賦注引蒼頡篇：焆，明也。

先 悁 忿也。从心肙聲。籀文則聲。聲類：悁，憂貌也。字林：悁，含怒也。詩澤陂：中心悁悁。傳：猶悒悒也。亦重言形況字。叚借爲㾓。文選謝靈運登臨海嶠詩：顧望脰未悁。古韻詩澤陂叶蕑卷悁。

說文通訓定聲 乾部第十四

先 涓 小流也。从水肙聲。海賦：涓流泱瀼。江賦：商搉涓澮。廣雅釋訓：涓涓，流也。射雉賦：泉涓涓而吐溜。注：清新之色。叚借爲捐。捐者，棄也，除也，所以致潔也。吳語：乃見其涓人疇。注：涓人，今中人也。按供潔埽庭除之役，故曰中涓。漢書曹參傳注：涓，絜也。又凡有所棄乃有所取，故亦訓擇。魏都賦：涓吉日。注：擇也。或曰此謜借爲柬，亦通。又爲埍。廣雅釋水：涓，坑也。又爲瀆之誤字。說文引爾雅釋水：汝爲涓。據水經注，即今大濦水也。在河南許州郾城縣。

先 捐 棄也。从手肙聲。按棄除蔑污謂之捐，故寺人謂之中涓，以涓爲之。轉注。穀梁宣十八傳：捐殯。注：棄也。漢書食貨志：而國無捐瘠者。注：骨不埋者。孟康曰：捐謂民有飢相棄捐者，或謂貧乞者謂捐。釋名釋喪制：不得其尸曰捐。捐于他境也。又廣雅釋言：捐，㲃也。按猶詩云棄爾載也。又荀子賦：德厚而不捐。注：弃也。西京賦：捐衰色。叚借爲圜。爾雅釋器：環謂之捐。注：著車衆環。或曰借爲䡵。

先 弲 角弓也。从弓肙聲。洛陽名弩曰弲。別義。集韻引廣雅：弲，弦也。

霰 絹 繒如麥䅌者。从糸肙聲。謂麤厚之絲爲之。按生帛曰絹，與縛𦃃同。廣雅釋器：絣、支、縠、紨也。按亦曰縞，曰綃。其輕而緆者曰縠。叚借爲蜎。考工廬人：司農注：絹讀爲悁。又爲𦅆。後漢馬融傳注：絹，緊也。與罥通。聲訓。釋名釋采帛：絹，絚也。其絲絚厚而疏也。按絚即緊字。

guǎn guǎn huàn jiān guān juān xuān juǎn
管 䩪 逭 菅 官 酮 鋗 埍

銑 埍 徒隸所居也。从土肙聲。一曰女牢。一曰亭部。此謂鄉亭之獄也。按土房曰埍。

先 鋗 小盆也。从金肙聲。廣雅釋器：鋗謂之銚。急就篇：銅鍾鼎鋞鋗鉇銚。顏注：鋗，溫器也。博古圖有漢梁山鋗，容二斗，重十斤，元康元年造。漢書李廣傳：不擊刁斗自衛。注：鋗即銚也。按皆銚之有鐶者。叚借爲琄。琄，佩璲之鞙。漢書禮樂志：展詩應律鋗玉鳴。注：鋗，鳴玉聲也。實單辭形況字。

先 酮 䤄酒也。从酉肙聲。玉篇：酮，以孔下酒。按蘇俗所謂盪酒。

官十四名 凡官之派皆衍官聲。古丸切。

寒 官 吏事君也。从宀从𠂤，會意。𠂤猶衆也。此與師同意。廣雅釋詁一：官，君也。禮記明堂位：有虞氏官五十，夏后氏官百，殷二百，周三百。王制：論定然後官之，任官然後爵之，位定然後祿之。曲禮：在官言官。又祭法：官師一廟。注：官師，中士下士也。轉注。禮記樂記：天地官矣。注：猶事也。史記孝文紀：五帝官天下。索隱：猶公也。又孟子：耳目之官。荀子天論：耳目鼻口形能各有而不相能也，夫是之謂天官。莊子養生主：官知止而神欲行。叚借爲館。易隨：官有渝。蜀才本正作館。按隨者從也，故曰館，曰出門，曰在道，曰西山，皆於行路取義。聲訓。春秋元命苞：官之爲言宣也。禮記王制疏：官者，管也。古韻三略上叶頍官端，又叶姦官便。文子下德叶官干安慢。

說文通訓定聲 乾部第十四

刪 菅 茅也。从艸官聲。爾雅釋草：白華野菅。注：菅，茅屬。詩白華：白華菅兮。箋：刈白華于野，已漚名之爲菅。東門之池：可以漚菅。陸疏：菅似茅而滑澤，無毛，根下五寸中有白粉者，柔韌宜爲索，漚乃尤善矣。按已漚之茅曰菅，故未漚之茅曰野菅。左傳：雖有絲麻，無棄菅蒯。漢書賈誼傳：若刈草菅然。左襄十七傳：杖菅屨。士喪禮：菅筲三。南山經：其祠白菅爲席。又史記封禪書：而雜菅蒯。楚辭招魂：叢菅是食些。叚借爲蕑，即蘭。漢書地理志：方秉菅兮。西山經：天帝之山下多菅蕙。又爲姦。管子牧民：野蕪曠則民乃菅。古韻詩東門之池叶菅言。

翰 逭 逃也。从辵官聲。或从逃省藿聲。字亦作䟵。爾雅釋言樊注：行相避逃謂之逭。方言十二：逭，轉也。逭，步也。十三：逭，周也。廣雅釋詁二：逭，行也。禮記緇衣：自作孽不可以逭。釋文本亦作䟵。

旱 䩪 車轂具也。从革官聲。

旱旱 管 如篪，六孔，十二月之音。物開地牙，故謂之管。从竹官聲。按物開地牙，開者𨳇字之誤，𨳇者毌字之借，當作物毌地芽，以聲訓也。風俗通：物貫地而牙，故謂之管。蓋本說文。又古者玉琯以玉。舜之時，西王母來獻其白琯。前零陵文學姓奚於伶道舜祠下得

guàn 悹　guān 倌　guān 棺　guǎn 館

笙玉琯夫以玉作音故神人以和鳳皇來儀也从玉官聲按奚文學名景𨷂雅釋樂大管謂之簥其中謂之篞小者謂之篎廣雅管象篪長尺圍寸六孔無底周禮小師簫管弦歌注管如篴而小併兩而吹之穆天子傳叛筦漢書張禹傳後堂理絲竹筦弦以筦爲之大戴少閒西王母來獻白琯儀禮大射儀乃管新宮注謂吹簜以播新宮之樂禮記祭統下而管象注吹管而舞武象之樂也[轉注]周禮司門掌授管鍵司農注謂籥也左僖三十二傳鄭人使我掌其北門之管禮記檀弓管庫之士注鍵也按鑰籥其牡曰楗其牝曰管又周禮小行人都鄙用管節注如今之竹使符也又詩靜女貽我彤管禮記內則右佩玦捍管遰注筆彄也荀子賦管以爲母注管所以盛箴又莊子人閒世五管在上李注腧也[段借]爲館儀禮聘禮管人布幕注謂掌次舍帷幕者也士喪禮管人汲注有司主館舍者又爲筦爲貫禮記樂記管乎人情矣注猶包也荀子富國不富不厚之不足以管下也呂覽用民以信爲管又爲斡史記范蔡傳崔杼淖齒管齊索隱典也漢書食貨志管在縣官注謂主領也荀子儒效天下之道管是矣注樞要也或曰貫斡二誼亦本字之轉注存參又重言形況字詩板靡聖管管傳無所依繫箋管管然以心自恣廣雅釋訓管管浴也按浴者裕字之誤又託名幖識字書金縢管叔及其羣弟鄭注國名左宣十二傳次于管以待之今河南開封府鄭州卽隋之管城縣也管叔鮮子孫以國爲氏又春秋時齊有管夷吾管至父豈亦其苗裔歟書管叔墨子作關叔左傳管仲淮南說苑漢書藝文志並作筦仲[古韻]詩靜女叶孌管板叶板亶遠管癉諫

說文通訓定聲　乾部弟十四　卌五

旱翰 **館** 客舍也从食官聲周禮遺人五十里有市市有候館候館有積詩緇衣適子之館兮公劉于豳斯館左隱十一傳館于寫氏僖廿八傳晉師三日館穀莊元傳築王姬之館于外禮記曾子問公館復注若今縣官舍也[轉注]周禮司巫及蒩館注館所以承蒩若今筐也館神所館止也又文選典引敬恭館之金縢注恭館宗廟金縢之所在又今寺觀字唐始定以觀爲之本字卽館也[聲訓]周禮遺人注候館樓可以觀望者也[古韻]詩緇衣叶館粲公劉叶館亂鍛

寒 **棺** 關也所以掩屍从木官聲孝經鄭注周尸爲棺一切經音義引古文孝經作木棺有虞氏用瓦棺莊子人閒世求禪傍者司馬注棺之全一邊者謂之禪傍按兩傍壁木也[聲訓]說文棺關也白虎通棺之爲言完所以藏尸令完全也釋名棺關也關閉也廣雅釋詁四棺完也

寒諫 **倌** 小臣也从人从官會意官亦聲詩定之方中命彼倌人傳倌人主駕者按掌巾車脂轄之事

翰 **悹** 憂也从心官聲疑卽患字之異文字亦作悺左形右聲後漢桓帝紀具瑗左悺廣雅釋詁一悺憂也

guàn 貫　guàn 毌　guǎn 輨　wǎn 綰　wān 婠　wò 捾　guàn 涫

寒翰 **涫** 𤅩也从水官聲俗字作滾蘇俗音轉如衮史記龜策傳腸如涫湯[段借]爲盥列子黃帝進涫漱巾櫛又重言形況字荀子解蔽涫涫紛紛孰知其形又託名幖識字說文酒泉有樂涫縣在今甘肅肅州高臺縣西北鎮夷城之西南

阮曷黠 **捾** 搯也从手官聲字亦作剜[段借]爲援說文一曰援也

寒黠 **婠** 體德好也廣韻引作體態从女官聲讀若楚郤宛廣雅釋詁一婠好也通俗文容美曰婠

潸 **綰** 惡絡也从糸官聲一曰絹也宋本說文作絹讀若雞卵[段借]爲毌爲綰爲擐史記高帝紀盧綰集解音以繩綰結物之綰漢書周勃傳絳侯綰皇帝璽注謂引結其組一切經音義引淮南許注綰貫也又爲斡史記貨殖傳東綰穢貉朝鮮眞番之利索隱綰統其要津又爲筦廣雅釋詁三綰縮也

旱 **輨** 轂端錔也从車官聲字亦作錧錑之裹轂內者曰釭包轂外者曰輨方言九輨軑鍊鏅也關之東西曰輨南楚曰軑[轉注]祝睦碑七政錧鎋孟子題辭五經之錧鎋儀禮既夕記木錧[別義]字林錧田器也江南呼犂刀爲錧

毌五名凡毌之派皆衍毌聲　古丸切

說文通訓定聲　乾部弟十四　卌六

寒諫潸 **毌** 穿物持之也冂象寶貨之形兩貝爲朋也一橫穿之指事讀若冠按小篆亦作串縱書之與目四縱橫任作同也又變作弗字苑弗以籤貫肉炙之者也通俗文弗門楗也又串門串也按此字實卽貫之古文[段借]爲遺爲摜爾雅釋詁串習也荀子大略國法禁拾遺惡民之串以無分得也又託名幖識字詩皇矣串夷載路箋卽混夷西戎國名也按亦作昆夷又史記田完世家伐衛取毌邱索隱衛邑

翰諫 **貫** 錢貝之貫也从毌貝會意毌亦聲按此字實卽毌之小篆倉頡篇以繩穿物曰貫廣雅釋詁四貫累也釋言貫穿也易剝貫魚以宮人寵詩猗嗟射則貫兮儀禮鄉射禮不貫不釋禮記禮器貫四時而不改柯易葉論語吾道一以貫之荀子王霸貫日而治詳列子周穆王貫金石離騷貫薜荔之落蘂[轉注]周禮轡人和轡司農注十葉爲貫又左宣六傳以盈其貫注習也失之淮南俶眞使各有經紀條貫注位也[段借]爲遺爲摜爾雅釋詁貫事也又習也廣雅釋詁一貫行也周禮職方氏使同貫利論語仍舊貫又左襄三十一傳射御貫魯語貴而講貫孟子我不貫與小人乘漢書賈誼傳習貫如自然又爲彎史記陳涉世家士亦不敢貫弓而報怨索隱謂上弦也伍胥傳貫弓執矢嚮使者索隱謂滿張弓莊子田子方引之盈貫司馬注鏑也按謂引弦至鏑又爲丱穀梁昭十九傳羈貫成童注交午剪

guān guān guàn guàn luǎn huàn
關 𢇇 卵 攢 遺 患

說文通訓定聲 乾部第十四

爰以爲飾按卽詩總角丱兮之丱又爲宦詩碩鼠三歲貫女毛則謂遺字又託名幖識字禮記明堂位崇鼎貫鼎注國名又爾雅釋草藿苻止濼貫衆廣雅釋草貫節貫衆也按一名草鴟頭古韻詩猗嗟叶孌婉選貫反亂靈樞營衛生會篇叶貫端大戴保傅叶貫然句中韻

制 謙 **患** 憂也从心上貫吅吅亦聲按串卽毌字从心毌聲古文關省聲又古文从䀠按亦毌字疑籀文也春秋繁露云書文止于一者謂之忠持二中者謂之患患人之忠不一者也借形立說非本誼本形也禮記樂記論倫無患注害也齊語設之以國家之患而不疚注難也周禮司救凡歲時有天患民病注謂烖害也漢書申公傳戊不好學患申公廣雅釋詁三患惡也四苦也古韻韓非揚權叶患端三畧下叶安殘患轉音楚辭抽思叶聞患家語觀周叶敗患文子微明叶敗廢患

謙 **遺** 習也从辵貫聲按行之習也廣雅釋詁一貫行也以貫爲之

謙 **攢** 習也从手貫聲字亦作慣左昭廿六傳攢瀆鬼神今本以貫爲之爾雅釋詁串習也以毌爲之

卵三名凡卵之派皆衍卵聲盧管切

阜 謙 **卵** 凡物無乳者卵生象形按蟲之大腹者似之故黽从虎古文丱今本在磺篆下據唐張參五經文字唐唐元度九經字樣宋郭忠恕汗簡移此魯語鳥翼鷇卵注未孚曰卵莊子知北遊八竅者卵生史記龜策傳衆卵蜉黄索隱雞子也又禮記內則濡魚卵醬實蓼注讀爲鯤按說文無鯤魚子亦卵也昆卵雙聲字與丸同誼呂覽本味有鳳之丸丸卽丸字注古卵字非轉注禮記內則卵鹽注大鹽也夏小正納卵蒜傳本如卵者也又詩甫田總角丱兮傳幼穉也按剪髮爲鬌形似之又周禮丱人掌金玉錫石之地按礦之韞樸如卵在腹故曰卵注讀爲礦其義當然其音則非也許書誤隸丱于礦下正與鄭同一切經音義礦古文作砒亦未見必出于說文也又老子河上本未知牝牡之合而峻作一作朘字亦作峻作朘兮朘峻字附坤部古韻詩甫田叶婉孌丱見弁

制 **𢇇** 織絹以系貫杼也从絲省丱聲按丱古文卵字玉篇引說文織絹以絲貫杼也

制 **關** 以木横持門戶也从門𢇇聲方言十二關閉也按豎木爲閉横木爲關周禮司關注界上之門也儀禮聘禮乃謁關人注古者竟上爲關以譏異服識異言禮記王制關譏而不征淮南覽冥城郭不關廣雅釋詁三關塞也四驛也轉注周禮巾車嗇啟關注墓門也又素問水熱穴論腎者胃之關也注關者所以司出入也又周語關石龢鈞注衡也按衡者横木所以取平又史記梁孝王世家有所關說于景帝索隱隔也佞幸傳公卿皆因關說索隱通也按事不覿面相隔而由中人以通達謂之關故太元元測都序升降相關注交也

duān shuàn zhuān chuán chuǎn duān guàn
剬 腨 諯 遄 喘 耑 盥

說文通訓定聲 乾部第十四

漢書董仲舒傳注關由也又太元元攡攡神明而定摹注關也字亦作𨷏假借爲𢇇按今機關字當取義于杼軸又爲貫禮記襍記見輪人以其杖關轂而輠輪者疏穿也書大傳睢舊獸之聲猶悉關于律注猶入也又爲彎左昭廿一傳豹則關矣注引弓孟子越人關弓而射之又素問骨空論膕上爲關注楗後爲關又爲豢古今人表關龍逢潛夫論志氏姓正作豢又疊韻連語詩關關車之舝兮按舝聲也又重言形況字詩關關雎鳩爾雅釋詁音聲和也漢書楊雄傳王雎關關又託名幖識字水經湘水注關下地名也河水注河關縣盍取河之關塞也又後漢馬融傳關斧注斧名也古韻詩弁叶垣關連言遷

盥一名古玩切

阜 翰 **盥** 澡手也从臼水臨皿會意凡洒手以匜沃水于盤澆手上受以槃揮手令乾而已惟口尊用巾敬老亦盥卒授巾禮器之匜曰枓槃曰洗儀禮士冠禮贊者盥升禮記內則咸盥漱玉藻曰五盥左僖二十三傳奉匜沃盥襄十九傳范宣子盥而撫之轉注易觀盥而不薦馬注進爵灌地以降神也虞注沃盥也按依字當作祼其實以酒澆地以水澆手情事畧同亦引申之誼也

耑三十八名凡耑之派皆衍耑聲多官切

寒 **耑** 物初生之題也上象生形下象其根也按一者地也指事廣雅釋詁一耑末也考工㮚氏已下則摩其耑漢書天文志隋北耑兒經傳皆以端爲之假借今俗用以爲摶字

銑 **喘** 疾息也从口耑聲素問五常政大論其發欬喘注喘肺藏氣也又五藏生成篇赤脈之至也喘而堅注謂脈至如卒喘狀也又漢書丙吉傳牛喘吐舌注急也荀子臣道喘而言臑而動注微言微動也按暫而言也勸學篇作端莊子大宗師喘喘然將死亦重言形況字假借疊韻連語方言十三謰喘轉也注猶宛轉也按卽蝡蝡字亦作蠕聲訓釋名釋疾病喘湍也湍疾也氣出入湍疾也

先 **遄** 踹 往來數也从辵耑聲爾雅釋詁遄速也又疾也易損已事遄往詩相鼠胡不遄死泉水遄臻于衛巧言亂庶遄沮烝民式遄其

霰 **諯** 數也一曰相讓也从言耑聲讀若專按數其過而誚責之

銑 **腨** 腓腸也从肉耑聲素問至眞要大論腨如別注腨後軟肉處也儀禮肫骼以肫爲之膞骼以膞爲之

寒 銑 **剬** 齊斷也从刀耑聲假借爲耑字誤作剸考工鮑人故書腥脂之則剬

毌卵盥耑

duān　tuān　zhuǎn　zhuān　chuǎi　duān　duān　chuán　duān
端　貒　⿰卮耑　顓　歂　褍　⿰禾耑　篅　⿰角耑

寒 **⿰角耑** 角⿰角耑獸也。狀如豕，角善爲弓，出胡休多國。御覽引說文：出胡尸國。一曰出休尸國。从角耑聲。按：一角在鼻上。上林賦：麒麟角⿰角耑。

先 **篅** 判竹圜以盛穀也。从竹耑聲。字亦作圌。廣雅釋詁三：篅，圜也。釋器：笓謂之篅。倉頡篇：篅，圓倉也。急就篇：笓篅箯筥籅箅篝。按：大其下殺其上，高至于屋，下有小戶可出穀。蘇俗有編稻草爲之者，亦謂之米囤。淮南精神：守其篅笓。注：讀如顓。叚借爲圌。論衡變動：果蓏之細員，圌易轉。聲訓：釋名釋宮室：圌，以草作之，團團然也。

寒寄 **⿰禾耑** 禾垂皃。从禾耑聲。讀若端。轉注：易頤劉表本：觀我⿰禾耑頤。京作揣，誤字。王作朶，朶、⿰禾耑亦雙聲。

寒 **褍** 衣正幅也。从衣耑聲。衣及裳不衺殺之幅。經傳皆以端爲之。

先銑 **歂** 口气引也。从欠耑聲。讀若輇。左定八傳：鄭駟歂字子然。借然爲嘫也。衛有歂犬，疊韻字。魯有歂孫，古今人表作顓孫。

先 **顓** 頭顓顓謹皃。从頁耑聲。漢書賈捐之傳：顓顓獨居一海之中。注：猶區區也。淮南覽冥：猛獸食顓民。注：善也。法言學行：倥侗顓蒙。注：頑愚也。叚借爲嫥。漢書諸侯王表：顓作威福。食貨志：又顓川澤之利。地理志：急疾顓已。注：與專同。按：漢書例以顓爲嫥字。又託名幖識字。五帝：顓頊高陽氏，軒轅之孫，少昊之從子也。書大傳：顓者，事也；頊者，信也，慤也。聲訓：白虎通號：顓，專也。又五行：顓頊者，寒縮也。又陳公子顓孫仕晉，子孫以字爲氏。禮記檀弓申詳注：子張姓顓孫，今曰申，周秦之聲二者相近。

銑 **⿰卮耑** 小卮也。从卮耑聲。讀若捶。玉篇之奐切。疑與䏱同字。急就篇皇本作槫，顏本作椯，誤字。

寒 **貒** 貒獸也。从豸耑聲。讀若湍。按：與貛同物。字林：貒獸似豕而肥。爾雅釋文引作說文。本草衍義：貒肥矮，毛微灰色，頭連脊毛一道，黑觜，尖黑尾，短濶，蒸食極美。方言八：貛，關西謂之貒。爾雅釋獸：貒子貗。注：豚也。一名貛。又貍狐貒貈醜，其足蹯。說文引作貛。

寒 **端** 直也。从立耑聲。按：立容直也。廣雅釋詁一：端，正也。禮記玉藻：端行頤霤如矢。曲禮：振書端書于君前。祭義：以端其位。月令：決獄訟必端平。周語：端，德之信也。史記太史公自序：實中其聲者謂之端。貫予道術衷理不辟謂之端。又東京賦：啟南端之特闈。注：南方正門。又後漢李固傳：端門。注：太微宮南門也。按：太微垣左執法右執法五星，端門非星名，言門之中耳。叚借爲耑。墨子經：端，體之無序而最前者也。禮記禮器：居天下之大端矣。注：本也。家語禮運：五行之端。注：始也。中庸：執其兩端。疏：頭緒也。孟子：仁之端也。注：首也。淮南主術：運轉而無端。注：厓也。儀禮鄉射禮：奠爵于序端。注：東序頭也。考工輪人：鑿端一枚。注：內題也。又方言十：緤末紀緒也。南楚或曰端。廣雅釋詁四：端，業也。小爾雅度：倍丈謂之端。左昭廿六傳：幣錦二兩。注：二丈爲一端，二端爲一兩，所謂匹也。又爲褍。周禮司服：其齊服有元端素端。儀禮士冠禮：主人元端。禮記內則：端韠紳。左昭元傳：吾與子弁冕端委。服注：禮衣端正無殺，故曰端。論語：端章甫。鄭注：諸侯日視朝之服。又爲冕之誤字。禮記玉藻：元端而朝日。又諸侯元端以祭。又爲湍。荀子勸學：端而言，蝡而動。按：急言小動也。又託名幖識字。西山經：嶓冢之山多桃枝鉤端。注：鉤端，桃枝屬。古韻：宋玉神女賦叶惓難闈端嘆，于鸞小言賦叶端肝彈，韓非愛臣叶源端，揚權叶患端，三略上叶顏官端，靈樞營衛生會篇叶貫端，呂覽權勳叶門端源。

寒 **湍** 疾瀨也。从水耑聲。孟子：性猶湍水也。陸注：湍，波流也。史記河渠書：水湍悍。集解：疾也。楚辭抽思：長瀨湍流。淮南說山：稻生于水而不能生于湍瀨之流。注：急水也。聲訓：孟子湍水注：湍水，圜也。

寒 **⿰黃耑** 黃黑色也。从黃耑聲。廣雅釋器：⿰黃耑，黃也。

翰 **段** 椎物也。从殳，耑省聲。其藉以椎物之石曰碫。考工記攻金之工：築冶鳧㮚段桃。按：段氏闕。函人：鍛不摯，以鍛爲之。左襄二十七傳：鄭印段字子石。三十傳：鄭公孫段字伯石。襄二十傳：宋褚師段亦字子石。轉注：儀禮士昬禮：受笲段脩。禮記昬義：棗栗段脩。按：捶脯而施薑桂曰段脩。字亦作腶。叚借爲毈。管子五行：羽卵者不段。注：謂離散不成。又爲斷。今所用大段、分段字。又疊韻連語。史記老子：之子宗爲魏將，封于段干。按：本邑名。段干木、段干朋以邑爲氏。

duàn　duàn　xiá 碬 duàn　duàn　chuán　ruǎn　duàn　tuān　tuān
鍛　毈　〔碫〕　⿰韋段　⿰木遄　耎　段　⿰黃耑　湍

銑 **耎** 稍前大也。从大而聲。讀若畏偄。按：當作稍前大也，从大，从耑省會意，耑亦聲。所謂本不勝末也，所謂末大必折也。廣雅釋詁一：耎，弱也。通俗文：物柔曰耎。書堯典傳：耎毳細毛。漢書司馬遷傳：僕雖怯耎。太元文：耎有畏者。考工記：馬不契需。需者，耎之誤字。後漢明帝紀：輭輪。注：以蒲裹輪。字亦作輭。俗作軟。叚借爲蝡。莊子胠篋：惴耎之蟲。注：蠉蝡動蟲也。

先 **⿰木遄** ⿰木遄木也。从木，遄聲。

翰 **⿰韋段** 履後帖也。从韋段聲。或从糸。按：履跟箸以韋使堅厚也。轉注：今俗用緞爲繒帛之名，殆謂帛之堅厚如韋歟。

翰 **碬** 厲石也。从石段聲。春秋傳曰：鄭公孫碬，字子石。按：从段者，傳寫之譌，今訂正。碫，段石也。从石，从段會意，段亦聲。廣雅釋器：碫，礪也。堅石可爲椎物之椹質者。詩公劉：取厲取鍛。傳：石也。以鍛爲之。孫子勢篇：如以碫投卵。

翰 **毈** 卵不孚也。从卵段聲。按：謂中敗散不成也。呂覽雜卵多毈。淮南原道：鳥卵不毈。法言：先知其卵毈矣。

翰 **鍛** 小冶也。从金段聲。按：鎔鑄金爲冶，以金入火焠而椎之爲小冶，晉嵇康鍛竈是也。轉注：後漢韋彪傳：鍛練之吏。注：猶成熟也。叚

ruǎn 萸　ní 腝　nuò 稬　ruǎn 偄　ruǎn 碝　nuàn 麌　nuǎn 煗　nuǎn 渜　ruǎn 媆　liè 甄　ruǎn 緛

借爲段廣雅釋詁二鍛椎也考工函人凡甲鍛不摯莊子列禦寇取石來鍛之釋文謂槌破之淮南原道勁策利鍛又穀梁莊廿四傳棗栗鍛脩釋文脯也字亦作腶禮記內則腶脩蚳醢注腶脩捶脯施薑桂也儀禮有司徹取糗與腶脩注擣肉之脯又爲碫詩公劉取厲取鍛箋鍛石所以爲鍛質也【聲訓】公羊莊廿四傳腶脩云乎注腶脩取其斷斷自修正【古韻】詩公劉叶館亂鍛

銑　萸　木耳也一曰萮茈从艸耎聲字亦作栭作檽內則謂之栭按生于桑者良海藻爲蕈石髮爲苔土蕈爲菌木耳爲萸此數者類而不類

願齊　腝　有骨醢也从肉耎聲或从難聲字亦作臡凡作醢及臡者先膊乾其肉乃莝之雜以粱麴及鹽漬以美酒塗諸瓶中百日成矣爾雅釋器醢有骨者謂之臡周禮醢人昌本麋臡菁菹鹿臡茆菹麋臡【假借】爲耎詩采薇箋脃脆之時定本作腝【聲訓】釋名臡昵也骨肉相傅昵無汁也尼䏧雙聲

翰　稬　沛國謂稻曰稬从禾耎聲按稻比于黍稷性和耎故古謂之稬今又以稻之黏者爲稬米其不黏者爲稉米字俗作穤穀梁襄五經會吳于善稻傳吳謂善伊謂稻緩號從中國名從主人按謂稻緩者謂稻稬也以緩爲之左作善道地在今安徽泗州盱眙縣

翰　偄　弱也从人从耎會意耎亦聲字亦作愞作懦左僖二傳宮之奇之爲人也懦孟子懦夫有立志【古音】如媆今轉讀如懦

銑　碝　石次玉者从石耎聲字亦作礝作瓀禮記玉藻士佩瓀玟中山經扶猪之山其上多礝石注礝石白者如冰冰中有赤色者子虛賦碝石武夫西都賦碝碱采致

翰　麌　鹿麛也从鹿耎聲讀若偄弱之偄字亦作麛吳都賦翳薈無麛鷚

元旱　煗　温也从火耎聲疑與煖同字字亦作腝答賓戲孔席不腝

旱翰　渜　湯也从水耎聲字亦作湪儀禮士喪禮渜濯棄于坎注古文作湪荆沔之閒語【假借】託名幖識字水經濡水從塞外來渜誤作濡按即今北方灤河也字又變作灤

銑願　媆　好貌从女耎聲字林女嬻也按柔弱之貌字亦誤作嫩廣雅釋詁一媆弱也又好也【假借】爲耎俗字又變作嫰

桀　甄　蹈瓦聲从瓦耎聲字亦作甄通俗文瓦破聲曰甄

銑　緛　衣戚也从糸耎聲按韋之綴曰縱帛之綴曰緛廣雅釋詁三緛縮也【轉注】素問五常政大論其動緛戾拘緩注縮短也生氣通

ruǎn 蝡　ruán 瞑　réng 陾　dān 丹　zhān 旃

天論大筋緛短小筋弛長又考工弓薄其帑則需注謂不充滿按以耎爲之字又誤作需

銑　蝡　動也从虫耎聲字亦作蠕通俗文搖動蟲曰蠕鬼谷子揣篇蜎飛蝡動史記匈奴傳跂行喙息蝡動之類索隱蠕蠕動貌馬融廣成頌蝡蝡蟫蟫荀子勸學蝡而動注微動也

先　瞑　城下田也从田耎聲一曰卻也謂隙地字亦作壖作堧史記河渠書故盡河壖棄地集解謂緣河邊地漢與以來諸侯王年表廟壖垣索隱廟境外之墟漢書翟方進傳稅城郭堧及園田注城郭旁地食貨志趙過試以離宮卒田其宮堧地注餘也

蒸　陾　築墻聲也从𠂤耎聲詩緜捄之陾陾傳眾也按陾陾重言形況字猶爾雅烝烝作也廣雅仍仍眾也必非此字本義疑陾與陾同字讀如仍者聲之轉也

丹二一名凡丹之派皆衍丹聲　都寒切

寒　丹　巴越之赤石也象采丹井丶象丹形古文亦象形又古文彤从彡丹所以飾也按即彤字音讀異耳書禹貢礪砥砮丹詩終南顏如渥丹大荒北經有始州之國有丹山注此山純出丹朱也大荒西經爰有白丹青丹荀子王制加之以丹矸

注丹矸丹砂也吳都賦赭丹明璣【轉注】左莊廿三傳丹桓公之楹服注形也儀禮鄉射禮記凡畫者丹質注丹淺于赤考工鍾氏染羽以朱湛丹秫司農注赤粟也禮記郊特牲繡黼丹朱中衣疏赤色【假借】託名幖識字爾雅釋地岠齊州以南戴日爲丹穴又丹穴之人智又水經夷水注天陰欲雨輒有赤氣故名丹水楚辭惜誓涉丹水而馳騁兮注猶赤水也又遠游仍羽人于丹邱兮注丹邱晝夜常明也又書益稷無若丹朱傲傳丹朱堯子左襄十九傳鄭然丹字子革又左昭十七傳丹鳥氏注鷩雉也按腹下赤又爾雅釋鳥䳢鳥竊丹按淺赤色又夏小正丹鳥羞白鳥傳丹良也月令疏引皇氏丹良是螢火又後世言藥石之精亦曰丹【古韻】宋玉神女賦叶言顏觀丹

先　旃　旗曲柄也所以旃表士眾从㫃丹聲或从亶聲按絳帛不畫所謂周之大赤也其柄上曲故漢書田蚡傳曰曲旃子虛賦曰橈旃从丹亦意兼聲許云旃表士眾者葢以聲訓此旃字當作展謂展動之爲士庶之幖識也世本黃帝作旃周禮司常通帛爲旃注謂大赤從周正色無飾爾雅釋天因章曰旃注因其文章不復畫之司常及國之大閱孤卿建旜大司馬仲秋教治兵師都載旜儀禮聘禮使者載旜孟子庶人以旃穀梁昭八傳置旃以爲轅門左定四傳以大路少帛綪茷旃旌左昭十三傳楚闕成然字子旗成然之台胥即旃也【轉注】儀禮鄉射禮記龍旜按旜而曰龍則即司常之交龍爲旂也【假借】爲氈漢書王吉傳細旃之上又石崇王明君辭注旃

dàn 旦　dá 靼　dàn 鴠　dàn 觛　dá 笪　dǎn 亶

帳也。又爲顓。爾雅釋天：太歲在乙曰旃蒙，史記作端。按：顓冡者，遲鈍曲謹之意。又助語之辭。小爾雅廣訓：旃，焉也。廣雅釋言：旃，之也。詩陟岵：上慎旃哉。采苓：舍旃舍旃。左桓十傳：虞公求旃。襄廿八傳：其將聚而殲旃。又漢書王貢兩龔鮑傳：舉茲以旃。注：旃亦之也。【聲訓】釋名釋兵：旃，戰也，戰戰恭己而已。通以赤色爲之，無文采。三孤所建，象無事也。【古韻】詩采苓叶旃然言焉。

旦三十一名凡旦之派皆衍旦聲　得案切

翰 **旦** 明也。从日見一上，一，地也。指事。爾雅：旦，早也。易晉：明出地上。詩：昊天曰旦。儀禮少牢禮：旦明行事。注：旦，日質明也。公羊哀十三傳：見于旦也。注：日方出時。淮南天文：日至于曲阿，是謂旦明。【假借】重言形況字。詩氓：信誓旦旦。說文引作悬，亦同。爾雅釋訓：晏晏旦旦，悔爽忒也。又借爲鴠。禮記坊記：相彼盍旦，尚猶患之。注：夜鳴求旦之鳥也。月令：鶡旦不鳴。又爲神之誤字。禮記郊特牲：所以交于旦明之義也。按：祭必于旦明，作本字亦通。又爲怛。莊子大宗師：有旦宅而無情死。李本正作怛，㤩。【古韻】詩匏有苦葉叶雁旦泮，氓叶怨岸泮宴晏旦反，女曰雞鳴叶旦爛雁，板叶旦衎。

屑曷 **靼** 柔革也。从革旦聲。古文从亶聲。【假借】爲怛。莊子大宗師：崔本有靼宅。注：靼，怛也。

翰 **鴠** 渴鴠也。从鳥旦聲。廣雅：城旦、倒縣、定甲、獨舂，鴠鴠也。禮記月令作鶡旦，坊記作盍旦。注：夜鳴求旦之鳥也。按：鶡鴠疊韻連語，亦作鴇鴠，曷盍旱一聲之轉，疑此字後出，只宜作旦也。廣志作侃旦，云冬毛希，夏毛盛，後世則謂之寒號蟲。嘉祐本草云：寒號蟲四足有肉翅，不能遠飛。郭注方言：謂似雞，五色，冬無毛，赤倮，晝夜鳴。七發：朝則鸝黃鳱鴠鳴焉。

旱 **觛** 小觶也。从角旦聲。御覽引說文：小卮也。三蒼：觛，勺也。按：圜器，小卮也。字亦作𨠬。海外西經：女蔑操角觛，女祭操俎。急就篇：蠡斗參升半卮觛。賈子諭誠：酒二𨠬。

曷 **笪** 笞也。从竹旦聲。謂所以撻人之竹。按：一切經音義引說文：笪，箬也。凡兩見，存參。

旱 **亶** 多穀也。从㐭旦聲。爾雅釋詁：亶，厚也。詩十月之交：亶侯多藏。釋文：信也。失之。【轉注】周語：亶厥心。亶，厚也。毛詩作單。【假借】爲擅。按：擅，嫥也。嫥擅即誠信。又轉注爲自信，嫥輒之意。爾雅釋詁：亶，信也。又誠也。詩祈父：亶不聰。生民：胡臭亶時。板：不實于亶。常棣：亶其然乎。書盤庚：誕告用亶。君奭：在亶乘茲大命。荀子彊國：相國之於勝人之埶，亶有之矣。又爲彈。太元元瑩：君子所以亶表也。注：盡也。又爲袒。實爲但。荀子議兵：路亶者也。注：謂露袒。又發聲之詞。羽獵賦：亶觀夫剽禽之紲隃。漢書翼奉傳：臣奉亶居而改作。與用但、徒、特、弟等字同。【古韻】

dǎn 疸　dàn 但　zhàn 袒　dá 炟　dá 黵　dá 怛　zhàn 組　tǎn 坦

詩板叶板亶、遠管癉諫。

旱翰 **疸** 黃病也。从疒旦聲。素問平人氣象論：安臥者黃疸。注：勞也。非是。按：勞病曰癉，溼病曰疸。

旱翰霰 **但** 裼也。从人旦聲。經傳皆以袒爲之，字亦作襢。詩大叔于田：襢裼暴虎。爾雅釋訓：襢裼，肉袒也。李注：脫衣見體。【轉注】儀禮既夕禮第注：去席。禮記喪大記：大夫士襢之。注：謂不隋。【假借】爲袞。禮襍記下：大夫以襢衣。又疊韻連語。莊子馬蹄：崔本但漫爲樂。注：淫衍也。又發聲之詞。說文錯本：一曰徒。聲類：但，徒也。漢書高帝紀注：但，空也。陳勝傳注：但者，急言之則音如弟矣。按：與用徒、弟、特、等字皆同。或曰借爲襌。又爲誕。淮南說山：媒但者非學謾也。注：猶詐也。又爲彈。考工廬人故書：句兵欲無但。又託名標識字。淮南說林：使但吹竽。注：但，古不知吹人。【聲訓】周禮內司服注：襢之言亶。釋文：襢，坦也。坦然正白無文采也。

諫旱霰 **袒** 衣縫也。从衣旦聲。謂衣有縫也。有縫而補綴之曰組。廣雅釋詁一：袒，解也。字亦作綻，作䘺。禮記內則：衣裳綻裂。注：綻猶解也。【假借】爲但。儀禮鄉射禮：袒決遂。覲禮：乃右肉袒于廟門之東。禮記曲禮：勞毋袒。少儀：袒櫜奉冑。喪服四制：傴者不袒。喪服小記：袒降踊。檀弓：袒括髮。漢書高后紀：爲呂氏右袒。又方言：袒飾謂之直衿。廣雅釋器：袒飾，長襦也。即今蘇俗所云長棉襖，亦曰鄙袒。曰羞袒，見釋名。

曷 **炟** 上諱。从火旦聲。按：後漢肅宗章帝名，許君不箸說解。玉篇：炟，爆也。按：易履釋文引蒼頡：坦，著也。又引廣雅：坦坦，明也。禮記祭法注：坦，明貌也。皆即此炟字之訓。

曷 **黵** 白而有黑也。从黑旦聲。【假借】託名標識字。說文五原有莫黵縣。

翰曷 **怛** 憯也。从心旦聲。或作下形上聲，字亦作悬。方言一：怛，痛也。十三：怛，惡也。廣雅釋詁一：怛，憂也。釋訓：怛怛，憂也。詩匪風：中心怛兮。傳：傷也。漢書王吉傳作制。甫田：勞心怛怛。傳：猶切切也。史記屈賈傳：疾痛慘怛。莊子大宗師：叱！避！無怛化。又有怛咤而無情死。李注：驚惋之貌。【假借】爲顫。廣雅釋詁一：怛，驚也。列子黃帝：怛然內熱。又爲誕。淮南繆稱：矜怛生於不足。注：驕也。賈子道術：克行遂節謂之必，反必爲怛。又重言形況字。說文引詩：谷風信誓悬悬，毛本作旦旦。【轉音】詩甫田叶桀怛，匪風叶發偈怛，宋玉風賦叶怛熱蔑。

諫諫 **組** 補縫也。从糸旦聲。裂曰袒，補曰組。廣雅釋詁二：組，縫也。古豔歌行：故衣誰當補，新衣誰當綻，賴得賢主人，覽取爲我組。急就篇：鍼縷補縫綻紩緣。後漢崔實傳：期于補綻決壞。皆以袒爲之。【假借】爲靼。淮南繆稱：大弦組。注：急也。或曰絚之誤字。

旱 **坦** 安也。从土旦聲。論語：君子坦蕩蕩。鄭注：寬廣貌也。管子板法：坦氣修通。注：平也。西京賦：雖斯宇之既坦。注：大也。又易履：履道坦坦。

管子樞言坦坦之利不以功坦坦之備不爲用廣雅釋訓坦坦平也亦重言形況字老子繟然而善謀以繟爲之古韻文子道原叶坦返

zhān 趲
先 先 趲 趁也从走亶聲字亦作邅按實與儃同字叚借爲儃廣雅釋詁四邅轉也離騷注楚人名轉曰邅易屯如邅如馬注惟日不進之皃楚辭湘君邅吾道兮洞庭離世下江湘以邅迴注邅轉也淮南覽冥邅迴蒙汜之渚注猶儃佯也長笛賦遞相乘邅注邅邅迴也古韻易屯叶邅班

zhǎn 䁪
銑 䁪 視而止也从目亶聲按視而邅迴之皃廣韻引說文視而不止也

zhān 鸇
先 鸇 鷐風也从鳥亶聲籀文从廛聲字亦作鸇爾雅釋鳥晨風鸇舍人注摯鳥也詩草木疏鸇似鷂青色新序雜事四宋康王之時有爵生鸇者黑色食爵宋策作鸇孟子爲叢敺爵者鸇也注鸇土鴿也西山經諸毗鷹鸇之所宅也注鴟屬也

dàn 膻
旱 膻 氣海也在兩乳中閒从肉亶聲素問脈要精微論內以候膻中注膻中氣海也嗌也靈蘭祕典論膻中者臣使之官注在胸中兩乳閒爲氣之海叚借爲但說文膻肉膻也詩曰膻裼暴虎

zhān 饘
先 饘 糜也从食亶聲周謂之糜木謂之餰檀弓音義引說文宋衛謂之餰按厚者曰饘稀者曰粥方言一相謁而食麥饘注糜也按與餰同字亦作飦左僖廿八傳甯子職納橐饘焉昭七傳饘于是鬻于是禮記檀弓饘粥之食內則饘酏管子山權數湯七年旱禹五年水民之無饘賣子者

tán 檀
寒 檀 檀木也从木亶聲詩將仲子兮無折我樹檀傳彊韌之木杕杜檀車幝幝淮南時則其樹檀注陰木也按爾雅魄榽橀注大木細葉似檀齊人諺曰上山斫檀榽橀先殫詩草木疏檀木皮正青滑澤與繫迷相似又似駮馬駮馬梓榆故里語曰斫檀不諦得繫迷繫迷尚可得駮馬是三木皆相似叚借託名幖識字大戴保傅篇公以弑于檀注臺名又爲壇高彪碑貪昔韓檀聲訓釋名釋用器檀坦也摩之使坦然平也古韻詩將仲子叶園檀言伐檀叶檀干漣廛貆餐

chán 儃
寒 先 儃 儃回也从人亶聲楚辭惜誓儃回而不息注運轉也惜誦欲儃佪以干傺兮注猶低佪也莊子田子方儃儃然不趨李注舒閑之皃離騷邅吾道夫崑崙兮淮南本經曲拂邅回原道邅迴川谷之閒以邅爲之按儃實與邅同字

zhān 氈
先 氈 撚毛也从毛亶聲周禮掌皮共其毳毛爲氈聲訓釋名釋牀帳氈旃也毛相著旃旃然也

chàn 顫
霰 顫 頭不正也从頁亶聲按頭搖動不定也通俗文四支寒動謂之顫搷字亦作[illegible]淮南說山故寒顫懼者亦顫呂覽慎大天下顫恐而患之注驚也論語使民戰栗晉枚頤擬書仲虺之誥小大戰戰皆以戰爲之叚借爲闡莊子外物鼻徹爲顫列子楊朱謂之閼顫注鼻通曰顫

zhān 驙
先 驙 駗驙馬載重難行也从馬亶聲易曰乘馬驙如按許援引偶誤廣雅釋詁三屯驙難也易屯如邅如乘馬班如馬注難行不進之皃漢書敘傳紛屯亶與蹇連兮按趁邅駗驙雙聲連語卽易之屯邅也疑駗驙字後出因易文而製者別義廣雅釋獸白馬黑脊驙此條不審張氏何本

chán 澶
先 翰 澶 澶淵水也在宋从水亶聲左襄二十年盟于澶淵注今名繁汙此衛地又近戚田水經河水注澶淵卽繁淵也亦謂之浮水焉按在今河南彰德府內黃縣南叚借爲嘽莊子至樂遊之壇陸司馬注水沙澶也蓋卽今灘字又疊韻連語莊子馬蹄澶漫爲樂李注猶縱逸也崔本作但或作儃皆同史記司馬相如傳案衍壇曼索隱平博也作壇亦同後漢仲長統傳澶漫彌流

zhān 鱣
先 鱣 鯉也从魚亶聲籀文从魚蟺聲爾雅鯉鱣鰋鮎鱧鯇先儒皆謂一魚兩名郭注則以爲六魚按郭不從舊說是也鱣大魚似鱏而短鼻口在頷下體有邪行甲無鱗肉黃大者長二三丈江東呼爲黃魚今所謂鱘鰉魚也詩碩人鱣鮪發發四月匪鱣匪鮪潛有鱣有鮪傳箋皆訓鯉此古說不可從淮南氾論牛蹏之涔不能生鱣鮪西山經渭水經魚其狀如鱣史記弟子傳梁鱣字叔魚叚借爲鱓後漢楊震傳鳥銜三鱣古韻詩四月叶鶉鱣句中韻

shàn 擅
霰 擅 專也从手亶聲按謂嫥壹也爾雅釋詁亶誠也信也卽此字書詩皆以亶爲之轉注管子法法此所謂擅也詩狡童序權臣擅命也史記魏豹彭越傳擅將其兵叚借爲禪荀子正論堯舜擅讓注與禪同

shàn 嬗
先 霰 嬗 緩也从女亶聲是與繟緩字略同字亦作嬋廣雅釋詁四嬗嬋也不知何本叚借爲傳說文一曰傳也漢書律麻志堯嬗以天下王莽傳拜受金匱神嬗或作禪者亦借字又淮南精神以不同形相嬗也注傳也漢書賈誼傳變化而嬗注相傳與也又謂變蛻也史記集解嬗蟬蔓相連也又疊韻連語離騷女嬃之嬋媛兮湘君女嬋媛兮爲余太息哀郢心嬋媛而傷懷兮注猶牽引也南都賦垂條嬋媛注枝相連引也楚辭逢紛惟楚懷之嬋連注族親也又西京賦增嬋娟以此豸注姿態妖蠱也

shàn 蟺
先 銑 蟺 夗蟺也从虫亶聲謂曲折宛轉按夗蟺疊韻連語本字疑卽蟬之或體老子注夫蚖蟺以淵爲浚釋文本作蟮又玉篇蟺蚯蚓

也。假借爲蟬。文選服鳥賦：變化而蟺。注：如蜩蟬之蛻化也。史漢作嬗。

壇　寒　壇　祭壇場也。从土、亶聲。除地曰場，曰墠，于墠築土曰壇。壇無不墠，而墠有不壇。書金縢：爲三壇同墠。馬注：壇，土堂也。禮記祭法：燔柴于泰壇，祭天也。瘞薶于坎壇，祭寒暑也。四坎壇，祭四方也。又王立七廟一壇一墠。注：封土曰壇。又公羊莊十三傳：莊公升壇。注：土基三尺，土階三等曰壇。左襄廿八傳：舍不爲壇。字亦作禪。漢書武帝紀：脩天文禪。注：古禪字，非。轉注：南山經：成山四方而三壇。注：形如人築壇相累也。大荒南經：緡淵有水四方，名曰俊壇。注：狀似土壇，因名舜壇。又楚辭謬諫：滿堂壇兮。大招：南房小壇。淮南說林：腐鼠在壇。注：楚人謂中庭爲壇。又荀子儒效：君子言有壇宇。叚借爲僤。周禮大司馬：則壇之。又爲墠。詩東門之壇。又爲壥。周禮載師：以壇里任國中之地。又爲㬇。莊子至樂：遊之壇陸。司馬本作澶，同。聲訓：禮祭法注：壇之言坦也，坦，明貌也。古韻：楚辭涉江叶遠、壇。

饘　霰　饘　伐擊也。从金、亶聲。

短一名　都管切

短　旱　短　有所長短，以矢爲正。从矢、豆聲。按：短，不長也。橫用之器，矢最短；豎用之器，豆最短。故从矢，从豆，會意。長以髮喻，短以豆矢喻。或曰从豋，豋字省聲，非是。素問至真要大論：短而濇。注：往來不遠是謂短也。呂覽長見：以其長見與短見也。注：近也。楚辭國殤：車錯轂兮短兵接。注：刀劍也。此从矢之義。荀子非相：帝堯長，帝舜短，文王長，周公短，仲尼長，子弓短。史記孔子世家：僬僥三尺，短之至也。後漢劉平傳注：楚人謂袍爲短褐。此从豆之義。轉注：書堯典：日短星昴。按：太陽行度在南，遠于人，中國人目視之，其過也速，故晝短也。又洪範：凶短折。鄭注：未冠曰短。逢盛碑：命有悠短，字誤作短。又禮記表記：義有長短大小。疏：謂世位淺促。漢書五行志：兄喪弟曰短。又傷禽獸曰短。又呂覽先識：此治世之所以短。注：少也。又淮南脩務：知者之所短。注：缺也。又漢書蕭望之傳：短車騎將軍。注：謂毀其短惡也。史記屈原傳：上官大夫短屈原于頃襄王。又楚辭大招：鰅鱅短狐。注：短狐，鬼蜮也。亦作短弧。

彖十一名。凡彖之派，皆衍彖聲。　通貫切

彖　翰　彖　豕走也。从彑，从豕省。會意。故遯字亦作遂，與彖从彑从豕者音義俱別。廣雅釋言：彖，捝也。字亦作㣇。後漢馬融傳注：㣇，走也。按：鍇本說文有彖篆，無彖篆。叚借爲掾。易繫辭傳：彖者，言乎象者也。又彖者，材也。易畧例：凡彖者，統論一卦之體者也。按：孔子贊卦之辭曰彖，贊爻之辭曰象。緣飾爲掾，引書亦爲掾。掾，皆輔翼之義。字又作腞。禮記玉藻：圈腞行不舉足。釋文本作豚。按：疊韻連語。又莊子達生：死得

于腞楯之上。司馬注：猶篆也。又疊韻連語：西京賦：毚兔聯猭。注：走也。吳都賦作獮猭。注：逃也。洞簫賦：密漠泊以獑猭。注：相連延皃。聲訓：易彖上傳劉瓛注：彖者，斷也。

瑑　銑霰　瑑　圭璧上起兆瑑也。从玉、彖聲。周禮典瑞：瑑圭璋璧琮。司農注：有圻鄂瑑起。考工玉人：瑑圭璋八寸。注：文飾也。禮記禮器：大圭不瑑。列子黃帝：雕瑑復朴。釋文本作琢。漢書東方朔傳：陰奉琱瑑刻鏤之好以納其心。注：謂刻爲文也。董仲舒傳：良玉不瑑。

鶨　霰　鶨　欺老也。从鳥、彖聲。爾雅釋鳥：鶨，鵙老。注：鵗鶨也，俗呼爲癡鳥。字林：句喙鳥也。

篆　銑　篆　引書也。从竹、彖聲。謂引筆而箸之于竹帛。故史籀所作爲大篆，李斯所作爲小篆。又有用以摹印者爲繆篆。其實許君所云八體，唐元度所云十體，下至韋續所云五十六種書，夢英所云十八體書，皆得謂之篆也。吳都賦：鳥書篆素。注：篆書于素也。叚借爲緣。周禮巾車：孤乘夏篆。司農注：轂有約也。考工輪人：陳篆必正。注：轂約也。據說文則借爲⿰車刂。鳧氏：鍾帶謂之篆。按：皆緣之轉注，沿飾如衣之純也。

椽　先　椽　榱也。从木、彖聲。左桓十四傳：以大宮之椽歸爲盧門之椽。釋文：圜曰椽，方曰桷。晉語：斲其椽而礱之。轉注：管子侈靡：椽能踰則椽于踰。注：椽猶梯也。按：木階之桃如椽。聲訓：釋名：桷或謂之椽。椽，傳也，相傳次而布列也。

掾　霰　掾　緣也。从手、彖聲。按：本訓當爲佐助之誼，故从手。玉篇：公府掾史也。亦佐助之一事。漢書蕭何傳：爲沛主吏掾。注：正曰掾，副曰屬。後漢百官志：公府掾比古元士三命者也。叚借爲緣。史記貨殖傳：陳掾其閒。按：經營馳逐之謂，猶云貪緣也。即考工陳篆必正字，環繞不絕之意。聲訓：說解曰：掾，緣也。

緣　先霰　緣　衣純也。从糸、彖聲。字亦作褖。爾雅釋器：緣謂之純。注：衣緣飾也。禮記玉藻：緣廣寸半。注：飾邊也。方言：懸裺謂之緣。注：衣縫緣也。按：緣，衣領袂口曰純，純者邊也。緣裳邊側曰綼，綼者庳也。下曰緆，緆者裔也。緣冠曰紕，紕者椸也。屨亦曰純。又釋名：緣，襹襹施緣也。緣裙裾施緣也。轉注：爾雅釋器：弓有緣者謂之弓，無緣者謂之弭。注：緣者繳纏之，即今宛轉也。孫注：謂繁約而漆之。按：與轂約畧同，輪人所謂陳篆也。廣雅釋詁四：緣，循也。莊子列禦寇：緣循偃佒因畏。注：伏物而行者也。又荀子議兵：緣之以方城。注：繞也。又正名：緣耳而知聲，緣目而知形。注：因也。又謝靈運詩：永絕平生緣。注：因緣也。又莊子養生主：緣督以爲經。管子侈靡：緣地之利。注：順也。又素問五藏生成論：鍼石緣而去之。注：謂貪緣。叚借爲褖。周禮內司服：緣衣。禮記玉藻：士褖衣。又爲捐。方言十：緣，廢也。管子侈靡：好緣而好駔。又爲緆之誤字。實借緆爲裔。禮記深衣：純袂緣純邊。

先霰　蝝　復陶也。董仲舒說蝗子也。劉歆說蝝蚍蜉子。从虫彖聲。爾雅釋蟲蝝蝮蜪注蝗子未有翅者。左宣十五經冬蝝生注螽子也。公羊注蝝卽螺也始生曰蝝大曰螺。魯語蟲舍蚳蝝注復陶也可食。漢書貨殖傳蝝魚麛卵注小蟲也。五行志引劉歆說蝝蚍蜉之有翼者。非是。【聲訓】穀梁宣十五傳注蝝之言緣也。

冬江　鎵　小矛也。从金彖聲。此篆說文以爲鏦之或體。按從彖聲隔無通轉法。今从段氏訂爲各字附於此。一切經音義十一引字詁鑽古文鎵鑽二形今作𨭸同麤亂切小矛也。

銑　隊　道邊庳垣也。从阜彖聲。謂垣庳才有堳埒如緣也。廣雅釋室隊垣也。

華三十名凡華之派皆衍華聲　北潘切

寒　華　箕屬。所以推棄之器也。象形。官溥說。按貯藏其中可推而遠棄于野也。箕小華大。或謂持柄迫地推而前可去薉納于其中非是。

寒先旱銑　單　大也。从吅甲。吅亦聲。闕。按大言也。从吅華省聲。淮南天文單閼注陽氣推萬物而起。高謂字从華。故以推爲說。書呂刑明清于單辭。按夸誕之辭。後漢朱浮傳注單辭無証據也。【轉注】爲大。魯語堯能單均刑法。鄭語夏禹能單平水土。史記春申君傳王之威亦單矣。又匈奴傳集解單于者廣大之貌。漢書文帝紀注單于匈奴天子之號也。後漢南匈奴傳注言其象天單于然也。甘泉賦單埢垣兮注大貌。又列子力命墨屎單至注輕發之貌。【假借】爲擅。書洛誥乃單文祖德馬注信也。盤庚馬本誕告用單注誠也。又爲殫。禮記祭義歲既單矣注謂三月月盡之後也。郊特牲單出里。書君奭丕單稱德。詩公劉其軍三單箋無羨卒也。左襄廿七傳單斃其死。列子黃帝單憊於戲笑。莊子列禦寇單千金之家。又爲亶。詩天保俾爾單厚。昊天有成命單厥心傳厚也。又爲襌。荀子正名單足以喻則單注物之單名也。禮記閒傳注單獨也。儒行注庶人單衣。漢書枚乘傳注單一也。又託名幖識字。爾雅釋天太歲在卯曰單閼。孫本作蟬焉。史記厤書集解一作亶安。皆同。又水經淇水注南單之臺蓋鹿臺之異名也。又左莊元單伯送王姬注天子卿也。單采地。公穀皆以爲魯大夫則當是魯邑。單父今山東曹州府單縣。又書序咎單作明居馬注湯司空也。又史記弟子傳鄭單字子家。又發聲之詞。莊子讓王單以反一日之無故而不可得也。按與用但字同。【聲訓】越絕書吳內傳單者堵也。按爾雅歲陽歲陰月陽月名皆託名幖識。亦如䶄枝之借以爲稱。先儒穿鑿傅會之說殊嫌辭費。【古韻】詩公劉叶泉單原。

說文通訓定聲　乾部第十四

霰　禪　祭天也。从示單聲。風俗通正失禪謂壇墠。按禮記禮器疏引書說禪者除地爲墠。大戴保傅封泰山而禪梁父注除地于梁甫之陰爲墠以祭地也。變墠爲禪，神之也。史記衛將軍傳禪于姑衍。續漢祭祀志禪祭地于梁陰。孝經鉤命訣封禪刻石紀號也。是墠爲祭地，壇爲祭天。禮从壇省，禪从墠省，皆秦以後字。許書收禪不收禮，故云祭天耳。其實爲壇無不先墠者。祭天之義，禪自得兼。書封十有二山。禮記因名山升中于天。亦其物也。【假借】爲嬗。實爲傳。孟子唐虞禪。書堯典傳遜禪之。史記惠景閒侯者年表禪五世。莊子山木而不知其禪之者司馬注授予也。史記秦楚之際月表號令三嬗。漢書文帝紀而嬗天下焉。亦以嬗爲之。又爲匰。莊子人閒世求禪傍者釋文棺也。按匰字之轉注。又後世浮圖家號爲禪門。有外道禪、凡夫禪、小乘禪、大乘禪、最上乘禪。義無所取。殆亦傳字耳。故曰參禪。【聲訓】白虎通封禪言禪者明以成功相傳也。史記秦始皇紀禪梁父正義禪闡廣土地也。

銑　蕇　亭歷也。从艸單聲。籀从茻。爾雅釋草注實葉皆似芥一名狗薺。禮記月令靡草注薺亭歷之屬。淮南繆稱亭歷愈脹。本草蕇蒿一名大室一名大適一名丁歷。皆一聲之轉也。翟氏灝云有二種。一種葉近根生，角細長，味微甜。一種單莖向上，葉端出角，㨗且短，味至苦。按此草形似蒿而小，多生麥田，故俗呼麥裏蒿。

寒銑　嘽　喘息也。从口單聲。一曰喜也。按喜而甚亦喘息。禮記樂記其樂心感者其聲嘽以緩注寬綽貌。又嘽諧慢易疏寬也。則謂借爲憻。詩四牡嘽嘽駱馬傳喘息之貌。說文引作痑痑。漢書敘傳作驒驒。崧高徒御嘽嘽傳喜樂也。采芑戎車嘽嘽傳衆也。常武王旅嘽嘽傳盛也。箋閑暇有餘力之貌。則亦謂借爲憻。其實皆重言形況字。又疊韻連語。方言一謾台脅䦧懼也。南楚江湘之閒謂之嘽咺。列子力命墨屎單至嘽咺憋懯四人注嘽咺迂緩之貌。【古韻】詩崧高叶番嘽翰憲。常武叶嘽翰漢。

寒　殫　殛盡也。从歺單聲。按本作極盡也。左襄廿七傳單斃其死以單爲之。西京賦鳥獸殫。淮南說山池中魚爲之殫。東京賦不殫物以昭仁。【轉注】廣雅釋詁一殫盡也。西京賦殫所未見。東京賦穆穆之禮殫。呂覽本味相爲殫智竭力。漢書杜欽傳殫天下之財。楚辭憂苦猶未殫于九章。又禮記大傳戚單于下。呂覽禁塞自今單脣乾肺。皆以單爲之。呂覽重已尾絕力勯字亦作勯。【假借】爲癉。淮南覽冥殫盡大半注病也。【古韻】宋玉小言賦叶端肝殫。

支寘　觶　禮飲酒角也。受四升。从角單聲。或从辰聲。禮經作觗，从氏聲。按儀禮特牲禮記實二爵二觚四觶一角一散注引舊說觶三升。詩卷耳疏引韓詩說三升曰觶。觶，適也。飲當自適也。禮記禮器尊者舉觶。又考工梓人疏引鄭駁異義觶字角旁支。

簞 dān　樿 zhǎn　鄲 dān　癉 dàn　幝 chǎn　僤 dàn　襌 dān　磾 dī　貚 tán

汝潁之閒師讀所
作則字亦作觶

寒 **簞** [篆] 笥也从竹單聲漢律令簞小筐也禮記曲禮苞苴簞笥注簞笥盛飯食者圓曰簞方曰笥公羊昭廿五傳高子執簞食注葦器也孟子簞食壺漿廣雅釋器簞筐也又儀禮士冠禮櫛實于簞左哀廿傳與之一簞珠注小笥也疑此爲箱匧之屬當爲匧字之轉注其器方假借爲觶方言五籚陳楚宋魏之閒或謂之簞按瓢亦角類亦飲器類故名相冒歟

銑 **樿** [篆] 樿木也可以爲櫛从木單聲禮記禮器樿勺注樿木白理也玉藻櫛用樿中山經風雨之山其木多椒樿注白理中櫛

寒 **鄲** [篆] 邯鄲縣从邑單聲今直隸廣平府邯鄲縣聲訓水經濁漳水注單盡也城郭從邑故加邑盎以殫爲訓古韻登徒子好色賦叶鄲閑

旱寒 哿翰 **癉** [篆] 勞病也从疒單聲字亦作瘅爾雅釋詁癉勞也癉病也詩板下民卒癉禮緇衣章善癉惡詩大東哀我憚人小明憚我不暇以憚爲之轉注周禮泉府故書貨之癉于民用者按亦病也杜子春則讀爲滯假借爲燀爲炟素問奇病論名曰脾癉瘧論名曰癉瘧注熱也脈要精微論癉成爲消中注謂溼熱也史記扁鵲倉公傳風癉客脬正義旱也左襄十九傳荀偃癉疽注惡瘡又爲疸漢書藝文志五藏六府癉十二病方注黃病西山經服之已癉注黃病也又爲亶周語陽癉憤盈注厚也聲訓東京賦剛癉必斃注難也古韻詩板叶板亶遠管癉諫

銑 **幝** [篆] 巾敝貌从巾單聲假借重言形況字詩杕杜檀車幝幝傳敝貌韓詩作繟漢書劉陶傳作嘽亦同古韻詩杕杜叶幝痯遠

旱銑 翰 **僤** [篆] 疾也从人單聲詩桑柔逢天僤怒傳訓厚則謂借爲亶假借爲彈考工廬人故書句兵欲無僤謂滑也又爲闡爲炟廣雅釋詁四僤明也又託名幖識字公羊哀八齊人取讙及僤左穀作闡

寒 **襌** [篆] 衣不重也从衣單聲釋名釋衣服無裏曰襌禮記玉藻襌爲絅注有衣裳而無裏方言四襌衣江淮南楚之閒謂之褋又汗襦或謂之襌襦又襎裷謂之襌衣偏襌謂之襌襦衸繢謂之襌轉注釋名襌襦如襦而無絮也按此謂有表裏者又廣雅釋詁一襌襜也又仲秋下旬碑孤嗣襌𦎟假借爲殫夏小正往耰黍襌傳襌單也按傳謂盡也或曰時可衣襌衣亦通

齊 **磾** [篆] 染繒黑石也出琅邪山从石單聲廣韻引說文有此字姑附于此漢臣有金日磾又漢石經公羊傳以此爲隄字

寒 **貚** [篆] 貚貙屬也从豸單聲

說文通訓定聲　乾部弟十四

驒 tuó　燀 chǎn　奲 duǒ　憚 dàn　鱓 shàn　闡 chǎn　撣 dàn　戰 zhàn

寒先 先 **驒** [篆] 青驪白鱗文如鼉魚也从馬單聲詩駉有驒有駱爾雅釋畜青驪驎驒注色有深淺班駁隱粼今之連錢驄別義說文驒騱野馬也上林賦蛩蛩驒騱注駏驉類也史記匈奴傳騊駼驒騱假借重言形況字漢書敘傳驒驒駱馬毛詩作嘽

先銑 **燀** [篆] 炊也从火單聲字林燀灼也左昭二十傳燀之以薪周語火無灾燀注焱起貌周書周祝火之燀也固定上注然也漢書敘傳注燀熾也假借爲亶呂覽重己衣不燀熱注讀曰亶又爲蹇方言六蹇展難也齊魯曰燀

馬哿 銑 **奲** [篆] 富奲奲貌从奢單聲廣雅釋詁一奲大也

翰 **憚** [篆] 忌難也从心單聲一曰難也方言十三憚惡也詩緜蠻豈敢憚行雲漢我心憚暑箋猶畏也韓詩苦也禮記中庸小人而無忌憚也晉語小罪憚之注懼也假借爲顫廣雅釋詁一憚驚也通俗文旁驚曰憚考工矢人雖有疾風亦弗之能憚矣故書以怛爲之楚辭招魂君王親發兮憚青兕西京賦驚蝄蜽憚蛟蛇大戴曾子立事君子終身守此憚憚注憂惶也又爲亶大戴文王官人觀其信憚也逸周書作誠又爲癉詩大東哀我憚人小明憚我不暇傳勞也又爲坦荀子王霸是憚憚非變也又爲僤方言六憚怒也楚曰憚廣雅釋詁一憚强也又爲單秦策王之威亦憚矣按大也又雙聲連語淮南脩務無不憚悇癢心注憚悇貪欲也

銑 **鱓** [篆] 鱓魚也从魚單聲字亦作䱇作鱔黃質黑文蘇俗謂之黃鱔揚雄訓纂鱓蛇魚也北山經湖灌之水其中多䱇又滑水滑魚狀如鱓書大傳江鱓後漢楊震傳鸛雀銜三鱣以鱣爲之假借爲鼉淮南齊俗鱓鮪入口注鱓鮪魚名又爲鼉說文鱓魚名皮可爲鼓夏小正傳剝鱓以爲鼓也

銑 **闡** [篆] 開也从門單聲易繫辭下傳微顯闡幽注明也書序以闡大猷釋文大也呂覽決勝隱則勝闡矣注布也漢書禮樂志注闡廣也假借爲繟廣雅釋詁二闡緩也又託名幖識字左哀八年齊人取讙及闡闡地在今山東兖州府寧陽縣東北水經注洸水上承汶水於岡縣西闡亭爾雅汶爲灛字作瀾加水旁李注溢也公羊作僤

寒先 旱 **撣** [篆] 提持也从手單聲讀若行遲驒廣雅釋詁四撣提也釋訓撣撣援牽引也太元盛次五何福滿肩提禍撣撣注撣撣然敬也謂借爲憚失之假借爲戰太元撣繫其名訓觸又爲禪實爲傳荀子正論堯舜撣讓又託名幖識字漢書宣帝紀先賢撣注音纏

霰 **戰** [篆] 鬭也从戈單聲左莊十一傳皆陳曰戰公羊莊三十傳春秋敵者言戰小爾雅廣言戰交也左莊十傳夫戰勇氣也漢書鼂錯傳戰危事也後漢隗囂傳戰者逆德呂覽察微戰大機也轉注易坤龍戰于野假借爲顫爾雅釋詁戰慄懼也釋訓戰戰蹌蹌動也廣雅

釋訓戰戰懼也法言吾子見豺而戰注悸也詩小旻戰戰兢兢傳恐也漢書高五王傳股戰而栗注懼之甚也【聲訓】廣雅釋言戰憚也

dān 匰

寒 **匰** 匰 宗廟盛主器也从匚單聲周禮司巫祭祀則共匰主杜注器名廣雅釋器匰笥也【轉注】按儀禮士冠禮櫛實于簞左哀廿傳一簞珠以簞爲之

dàn 彈

寒翰 **彈** 彈𢎗弓 行丸也从弓單聲或从弓持丸按汗簡引說文作弓據許云从弓持丸當如此作廣雅釋器彃謂之彈【轉注】考工廬人句兵欲無彈司農注謂掉也字林彈拼也拼使戰動掉彈也廣雅釋言彈拼也衆經音義引仲長統昌言云繩墨得拼彈後人糾彈譏彈亦此義也【叚借】發聲之詞方言七彈憸強也言非其事江淮之間曰彈憸【轉音】靈樞刺節眞邪篇叶循彈

chǎn 繟

銑 **繟** 繟 帶緩也从糸單聲與緩略同廣雅釋詁二繟緩也釋訓繟繟緩也老子繟然而善謀注寬也

chán 蟬

先 **蟬** 蟬 以旁鳴者从虫單聲爾雅謂之蜩今蘇俗謂之知了禮記檀弓范則冠而蟬有緌注蜩也又夏小正寒蟬鳴傳寒蟬也者蝭蠑也禮記月令注寒蟬謂蜺也按寒蟬小而色青初秋始鳴深秋而歇與仙蜩微別後漢杜密傳劉勝知善不薦聞惡無言隱情惜已自同寒蟬【叚借】爲傳方言一蟬續也又爲但方言十三蟬毒也按慘毒也或曰借爲亶毒者厚也存參又爲戰實爲顫廣雅釋詁二蟬懼也又疊韻連語吳都賦蟬聯陵丘注不絕貌又檀欒蟬蜎注言竹妍雅也漢書揚雄傳有周氏之蟬嫣兮注連也又發聲之詞方言一蟬出也楚曰蟬或曰未及也又託名幖識字大戴帝繫窮蟬

tuó 鼉

歌 **鼉** 鼉 水蟲似蜥易長大御覽引說文長丈所是也从黽單聲三蒼似蛟而大周書王會會稽以鼉注其皮可以冠鼓中山經江水多鼉詩靈臺鼉鼓逢逢傳魚屬夏小正剥鱓以鱓爲之【古韻】禮記月令叶鼉黿

shàn 墠

銑 **墠** 墠 野土也从土單聲按實即禪之本字猶壇亦作禮也許書收禪未收禮耳又按埽除草薉曰墠築之堅實者曰場書金縢同墠傳除地也詩東門之墠傳除田町町者禮記祭法一壇一墠注除地曰墠左昭元傳請墠聽命公羊宣十八傳墠帷漢書韋元成傳壇墠則歲貢武梁碑前設壇坦以坦爲之【古韻】詩東門之墠叶墠反遠

般十一 名凡般之派皆衍般聲 北潘切

pán 般

寒删 **般** 般 般 辟也象舟之旋从舟从殳殳所以旋也會意古文从舟从支廣雅釋詁一般行也禮記投壺主人般旋曰辟史記賈生傳般紛紛其離此尤兮索隱般桓也文選注般久也廣雅釋訓般桓不進也易屯般桓利居貞亦疊韻連語又爾雅釋言般還也注左傳有般馬之聲【叚借】爲伴方言一般大也孟子般樂怠敖般樂飲酒注大也禮記大學心廣體胖以胖爲之又爲昪爾雅釋詁般樂也詩般箋樂也荀子賦忠臣危殆讒人般矣太元樂民神翠鳥之般又爲槃爾雅釋水鉤般李注河水曲如鉤屈折如盤也又爲鞶穀梁桓三傳諸母般申之曰注囊也又爲泮漢書郊祀志鴻漸于般史記孝武紀集解般水涯堆也按讀如隰則有泮之泮又爲瘢郭旻碑加有瑕般又爲鞶莊子田子方則解衣般礴司馬注謂箕坐也按即鞶攗也又爲辦周禮內饔馬黑脊而般臂螻注臂毛有文內則注前脛般般然也史記司馬相如傳般般之獸索隱文彩之貌也漢書字作斑西京賦奮鬣被般又爲班漢書禮樂志般縱縱般裔裔注相連也甘泉賦遳遳離宮般以相爥兮注布也又爲服之誤字廣雅釋詁二般任也又爲股之誤字易明夷馬融王肅本夷于左股注般旋也日隨天左旋也又託名幖識字左襄九傳祀般庚于西門之外禮記檀弓公輸般漢書東方朔傳魯般爲將作甘泉賦般倕棄其剞劂兮左成十三鄭公子般莊三十二傳魯公子般襄三十蔡世子般成十二傳楚鬭般字子揚孟子吾于顏般古今人表作敢【聲訓】漢書賈誼傳般反也

pán 鞶

寒 **鞶** 鞶 大帶也从革般聲易訟或錫之鞶帶虞注大帶也左桓二傳鞶厲游纓服注大帶也杜注紳帶也又御覽引易訟某氏注鞶帶革帶也白虎通男子所以有革帶者示有金革之事也太元格裳格鞶鉤渝注革帶曰鞶思元賦辮貞亮以爲鞶兮注所以帶佩也按帶有二大帶以束衣用素若絲革帶以佩玉用韋字从革當以革帶爲正故馬腹帶亦曰鞶東京賦咸龍旂而繁纓注繁與鞶古字通今之馬大帶也鞙內鞙亦曰鞶廣雅釋器軒謂之鞶是也車馬所施非革不任其以稱紳帶者散文亦通言耳或曰易訟馬注鞶大也則鞶帶字借爲伴存參又禮記內則男鞶革女鞶絲注小囊盛帨巾者儀禮士昏禮記施鞶左莊廿一傳王以后之鞶鑑與之法言寡見又從而繡其鞶帨此別一義絲囊亦稱鞶猶紳帶之亦稱鞶也內則施縏袠字又作縏或曰訓囊者槃之轉注以其盛帨巾也則謂借爲槃亦通【古韻】儀禮士昏禮叶言愆鞶

pán 𥉐

寒 **𥉐** 𥉐 轉目視也从目般聲按謂目般旋而視則般亦意廣雅釋訓𥉐𥉐視也齊策有田𥉐

pán 槃

寒 **槃** 槃 鎜 盤 承槃也从木般聲古文从金籀文从皿字亦作柈作盤作洀按槃承水器盥用之匜水沃手下流于槃廣雅釋器盂謂之槃禮記內則少者奉槃大學湯之盤銘儀禮士虞禮記執槃西面吳語奉槃匜以隨諸御【轉注】周禮凌人共夷槃冰注漢禮器大槃廣八尺長丈二尺深三尺漆赤中又玉府共珠槃玉敦槃以盛牛耳敦以盛牛血也【叚借】爲般易屯盤桓馬注旋也荀注動而

退也。西京賦奎踽盤桓注便旋也。管子小問君乘駮馬而洀桓侯成碑以禮盤桓史記屈賈傳大專槃物兮索隱猶轉也。漢書谷永傳百官盤互注盤結而交互也。何武傳槃辟雅拜注猶槃旋也。海賦盤盓激而成窟注旋繞也。周髀算經環而共盤又爲瘢。莊子駢拇注或以槃夾之事。又爲昪。詩考槃在澗傳樂也。書無逸文王不敢盤于遊田東京賦式宴且盤又爲鞶。左定六傳定之鞶鑑。又爲磻。荀子富國安于盤石。又託名幖識字。書君奭時則有若甘盤。又盤庚古今人表作般。又後漢公孫瓚傳注槃卽爾雅九河之鉤槃也。又水經沅水注盤瓠者高辛氏之畜狗也。【古韻】楚辭離騷叶遷盤。管子弟子職叶盤播。

寒 **瘢** 痍也。从疒般聲。蒼頡篇瘢痕也。漢書朱傅傳視其面果有瘢注創痕也。【聲訓】釋名瘢漫也生漫故皮也。

寒 **幋** 覆衣大巾也。从巾般聲。按與帑略同【別義】說文或以爲首幋。思元賦注引作首飾。

寒 **䰉** 臥髮也。从髟般聲。讀若槃。

寒 **⿱般黑** ⿱般黑姍下色也。从黑般聲。

寒歌 **搫** 搫擭不正也。从手般聲。按卽解衣搫礴字。今俗作搬。訓遷運。【假借】爲苹爲垒。廣雅釋詁三搫除也。又疊韻連語。廣韻搫擭宛轉也。

說文通訓定聲　乾部弟十四

寒歌 **婆** 奢也。从女般聲。與㛹略同【別義】錯木。一曰小妻也。韻會引說文一曰老女稱。按亦作媻、波。般雙聲【假借】疊韻連語。子虛賦媻姍猶蹣跚也。詩東門之枌市也婆娑爾雅釋訓婆娑舞也李注般辟舞也。神女賦又婆娑乎人間注猶盤姍也。北征賦聊須臾兮婆娑注容與之貌。洞簫賦優嬈嬈以婆娑注分散貌。答賓戲婆娑乎術藝之場注偃息也。

刪 **螌** 螌蝥毒蟲也。从虫般聲。廣雅釋蟲螌蝥晏青也。本草作斑猶蝥之轉。別録注云二三月在芫花上呼芫青四五月在王不留行上呼王不留行蟲六七月在葛花上呼葛上亭長八月在豆花上呼班猫九十月蟄呼地膽。本草陶注豆花時取之甲上黃黑斑色如巴豆大烏腹尖喙味辛寒有毒。

半十二名凡半之派皆衍半聲 博幔切

翰 **半** 物中分也。从八从牛。牛爲物大可分也。會意。按此字實卽判之本字。或曰卽胖之古文。故从牛。【假借】爲判。史記項羽紀漢有天下大半。集解凡數三分有二爲大半一爲少半。又爲料。漢書項籍傳士卒食半菽注五升器名。史記作芋。又爲片。李陵傳一半冰注讀曰

判。如淳讀曰片。【古韻】列子楊朱叶寘半。

翰 **叛** 半也。从半反聲。按反也。从反半聲。今系于此。廣雅釋詁三叛亂也。楚辭逢紛信中塗而叛之注倍也。左傳釋例叛者皮背之辭也。漢書五行志侯不朝茲謂叛。又諸侯更制茲謂叛。公羊僖四傳國曰潰邑曰叛。又定八傳叛者五人。又左襄三十一傳不吾叛也。劉炫曰違也。又呂覽尊師說義不稱師命之曰叛。經傳亦多以畔爲之【假借】疊韻連語。蜀都賦叛衍相傾注猶漫衍也。魏都賦雲撤叛換注猶恣睢也。又借爲伴。西京賦叛赫戲以煇煌注猶煥也。幽通賦叛迴穴其若茲兮注亂也。按皆大也。【聲訓】呂覽尊師注叛換也。左襄廿六傳入于戚以叛疏判也。【古韻】三略下叶諫散叛倦。

寒翰 **胖** 半體肉也。从肉半聲。一曰廣肉。从肉从半會意。半亦聲。按此實卽半之後製字。周禮腊人膴胖注胖之言片也。析肉意也。大夫注膴胖皆謂夾脊肉。禮家以胖爲半體。內饔注胖如脯而腥者。儀禮少牢禮司馬升羊右胖。禮記內則鵠鴞胖注謂脅側薄肉也。【假借】爲伴。禮記大學心廣體胖注猶大也。今俗謂人體肥盛曰胖子。【聲訓】廣雅釋詁四胖半也。

翰 **判** 分也。从刀半聲。按此實半之本字。字亦作胖作拌。經傳多以半爲之。周禮朝士凡有責者有判書注半分而合者。小胥卿大夫判縣。按宮縣四面判縣兩面。媒氏掌萬民之判。字林云胖合合其半以成夫婦也。楚辭惜誦背膺胖合以交痛兮。考工玉人注凡圭琰五寸判。公羊定八傳璋判白。素問五常政大論少角與判商同。轉注小爾雅廣言判散也。左莊三傳紀于是乎始判注分也。晉語則上下既有判矣注離也。離騷判獨離而不服注別也。詩訪落繼猶判渙傳分也。史記龜筴傳鑴石拌蚌索隱割也。方言十拌棄也。呂覽古樂瞽瞍拌五絃之瑟論威以木擊木則拌注析也。士虞禮尸飯播餘于篚以播爲之。又重言形況字。廣雅釋訓拌拌往來也。【聲訓】漢書翟義傳注判之言片也。字林胖半也。

說文通訓定聲　乾部弟十四

旱 **伴** 大貌。从人半聲。詩卷阿伴奐爾游矣傳廣大箋伴奐自縱弛之貌。亦疊韻連語。禮記大學心廣體胖以胖爲之。孟子般樂怠傲以般爲之【假借】爲扶。楚辭惜誦又何以爲此伴也注侶也。悲回風伴張弛之信期注俱也。【古韻】楚辭惜誦叶伴援。

銑 **件** 此字大徐補入說文爲十九文之一。訓分也。从人从牛。牛大物故可分。據所釋卽半字。愚按卽件字。从人半省聲。後世所用條件名件字皆借伴爲半耳。

元翰 **袢** 無色也。从衣半聲。讀若普。普判雙聲。按普者日無色。則袢者衣無色。詩君子偕老是紲袢也。傳紲袢是當暑袢延之服也。疏是當

pàn 泮　bàn 姅　bàn 絆　pàn 畔　bàn 料　bàn 扶　niǎn 輦

暑紲去袢延之服也正義紲袢者去熱之名袢延是熱之氣也據孔所說是借紲爲渫除去之義愚按袢延若是熱氣則毛云當暑之服已明何必增此二字以意揣之袢當爲裹衣之稱亦謂之袢襚裹衣素無色當暑用絺袢卽綌絺也紲係也係者絜束也加丹縠之褻衣而又束帶也古韻詩君子偕老叶展袢顔媛

翰翰 **泮** 泮 諸侯饗射之宮西南爲水東北爲墻从水从半會意半亦聲字亦作頖按頖卽頒字以頒爲泮耳禮記王制天子曰辟廱諸侯曰頖宮明堂位頖宮周學也禮器必先有事于頖宮注頖郊之學也字或爲郊宮廣雅釋室頖宮官也詩泮水傳泮宮之水也箋泮之言半也葢東西門以南通水北無也叚借爲畔詩氓隰則有泮又爲判詩匏有苦葉迨冰未泮傳散也史記封禪書因泮凍集解解也淮南說山冰之泮愈其凝也注釋反水也俗亦作泮从仌聲訓明堂位注頖之言班也於以班政教也許氏五經異義諸侯不得觀四方故歎東以南半天子之學曰泮宮詩泮水釋文泮半也半有水半無水也古韻詩匏有苦葉叶雁旦泮氓叶怨岸泮宴晏旦反

翰 **姅** 姅 婦人汙也从女半聲漢律曰見姅變不得侍祠按謂月事

翰 **絆** 絆 馬縶也从糸半聲字亦作靽詩白駒縶之維之傳縶絆也有客言授之縶以縶其馬箋縶絆也左僖廿八傳韅靷鞅靽注在後

說文通訓定聲　乾部弟十四

靽釋文縶也聲訓釋名釋車靽半也拘使半行不得自縱也

翰 **畔** 畔 田界也从田半聲按一夫百畮百畮有界左傳如農之有畔周語脩其疆畔轉注楚辭逢紛吟澤畔之江濱愍命江河之畔無隱夫詩氓隰則有泮傳坡也箋涯也以泮爲之叚借爲叛廣雅釋詁三畔離也楚語畔者半矣注舍也論語以費畔皇疏背叛也亦可以弗畔矣夫皇疏違背也書大傳改衣服制度爲畔荀子大畧言而不稱師謂之畔又爲泮史晨奏銘飲酒畔宮又疊韻連語詩皇矣無然畔援箋猶跋扈也韓詩武强也漢書敘傳項氏畔換注强恣之貌司馬相如傳放散畔岸注自縱之貌又爲伴漢書敘傳畔回穴其若茲分集注反也失之聲訓荀子大畧注畔者倍之半也

翰 **料** 料 量物分半也从斗从半會意半亦聲按五升量名史記項羽紀士卒食半菽以半爲之

扶三名凡扶之派皆衍扶聲 蒲旱切

旱 **扶** 扶 並行也从二夫會意讀若伴輦从此按伴侶字以伴爲之

銑 **輦** 輦 挽車也从車从扶在車前引之會意扶亦聲與連畧同周禮鄉師與其輦輦注人挽行又引司馬法夏后氏謂輦曰余車殷曰

liǎn 鄻　mán 㒼　mén 璊　mán 瞞　mán 樠　mén 𣯌　mán 鬗　mán 慲　mǎn 滿

胡奴車周曰輜輦輦一斧一斤一鑿一梩一鋤周輦加二版二築又夏后氏二十人而輦殷十八人周十五人詩黍苗我任我輦左莊十二傳以乘車輦其母襄十傳輦重如役晉語攀輦卽利而舍又藉田賦天子乃御玉輦吳都賦都輦殷而四奧來暨注輦王者所乘故京邑之地通曰輦焉又漢書司馬相如傳輦道纚屬注謂閣道可以乘輦而行者也聲訓釋名輦車人所輦也

銑 **鄻** 鄻 周邑也从邑輦聲左昭廿九傳王子趙車入於鄻以叛注周邑

㒼九名凡㒼之派皆衍㒼聲 母官切

寒 **㒼** 㒼 平也从廿五行之數二十分爲一辰网㒼平也會意讀若蠻按淮南俶眞注㒼讀簫簫無逢際之㒼下㒼字卽㒼也廣雅釋詁三㒼當也周禮鼈人司農注互物謂有甲㒼胡按今以皮冒鼓曰㒼言平帖無縫也又按此字疑从𠓛从芇聲

元 **璊** 璊 玉䞓色也从玉㒼聲讀若𧹞禾之赤苗謂之𧹞言璊玉色如之或从玉允聲詩大車毳衣如璊傳頳也

寒 **瞞** 瞞 平目也从目㒼聲按字亦作瞞字林瞞目皆平貌淮南原道瀵瞀於勢利注讀纖絹緻密瞞無閒孔之瞞荀子非十二子酒食聲色之中則瞞瞞然注閉目之貌亦重言形況字叚借爲謾今所用欺瞞字又單辭形況字莊子天地子貢瞞然慙俯李注慙貌司馬本作憮崔本作撫亦同又託名幖識字左哀十六傳衛瞞成經作子還成

說文通訓定聲　乾部弟十四

元 **樠** 樠 松心木也从木㒼聲字亦誤作樠左莊四傳樠木之下疏此字之音或爲明漢書西域傳山多松樠注其心似松莊子人閒世以爲門戶則液樠司馬注謂脂出樠樠然也疑此似松有脂叚借託名幖識字淮南墬形泥塗淵出樠山注讀人姓樠氏之樠謂讀如瞞也

元 **𣯌** 𣯌 以毳爲罽色如虋故謂之𣯌虋禾之赤苗也从毛㒼聲詩曰毳衣如𣯌按大車詩毛本作璊是也許所引三家詩當係俗字因詩辭而作毛傍耳但詩言如璊不云是𣯌作毛傍害義此字可刪或卽附爲璊之或體

寒 **鬗** 鬗 髮長也从髟㒼聲讀若蔓轉注漢書郊祀歌掩回轅鬗長馳注鬗鬗長貌

寒 **慲** 慲 慲兜忘也从心㒼聲粘涂不省事之謂叚借雙聲連語淮南俶眞乃始慲䚕離跂注讀簫簫無逢際之慲

旱 **滿** 滿 盈溢也从水㒼聲廣雅釋詁四滿充也按字亦作漫書堯典傳若漫天疏漫者加陵之辭轉注魯語哭吾子之太滿也注驕也又左閔元傳盈數也服注數從一至萬爲滿又素問大奇論肝滿腎滿肺滿皆實卽爲腫注謂脈氣滿實也又漢書司馬相如傳注引兮

盡箭鏽爲滿又管子霸言人衆而不理命曰人滿又法法滿者虛也又公羊定十五傳曷爲不言所食漫也注徧食其身也又方言十三漫敗也逕敗爲漫注漫淹皆謂水潦漫㳽壞物也又列子黃帝漫言注散也【叚借】爲謾漢書谷永傳滿讕誣天注謂欺罔也又爲曼左成十八年晉厲公名州滿史記作壽曼又爲懣漢書石顯傳憂滿不食又爲蔄呂覽孟冬注皮漫胡又爲饑呂覽離俗又欲以其辱行漫我注汙也滿饑雙聲荀子儒效行不免于汙漫注欺誑告之正論流淫汙優字又作優又疊韻連語宇林漭漫水廣貌荀子彊國汗漫爭奪莊子馬蹄澶漫爲樂方言七煩懣謂之漢漫洞簫賦或漫衍爲駱驛兮又重言形況字廣雅釋訓漫漫平也管子四時五漫漫注曠遠貌甘泉賦指東西之漫漫注無厓際貌後漢仲長統傳注漫漫猶縱逸也【古韻】荀子正名叶漫𩕳慢愆言轉意莊子在宥叶漫竭

懣 旱 願 煩也从心从滿會意滿亦聲楚辭哀時命惟煩懣而盈匈注憤也報任少卿書不得舒憤懣注悶也

芇三名凡芇之派皆衍芇聲 毋官切

芇 寒 相當也闕讀若宀廣韻今人賭物相折謂之芇 按此字不从羊角之丫疑从廿从再省會意

蔄 銑 蠶衣也从糸从虫蔄省六書故引說文从芇集韻引說文芇聲古文从糸見聲蒼頡蔄未繰也字亦誤作璽禮記月令分蔄稱絲效功【轉注】王制祭天地之牛角蔄栗漢書禮樂志牲蔄栗注角之小如蔄及栗之形也【叚借】爲襺襍記蔄衣裳注若今大襺也玉藻纊爲蔄縕爲袍注衣有著之異名也左襄廿一傳重蔄衣裘注綿衣又爲蘬宋策百舍重蔄注累胝也漢書敘傳申重蔄以存荆注足下傷起形如蔄也失之又重言形況字禮記玉藻言容蔄蔄注猶綿綿聲氣微也

襺 銑 袍衣也从衣从蔄會意蔄亦聲箸以絮曰襺以縕曰袍按絮謂新綿縕謂新舊綿襍施者爾雅釋言袍襺也左襄廿一傳方暑闕地下冰而牀焉重襺衣裘鮮食而寢今本以蔄爲之禮記玉藻纊爲蔄亦以蔄爲之廣雅釋器襺純也

曼十四名凡曼之派皆衍曼聲 無販切

曼 寒 願 引也从又冒聲按冒侵口言之即如曼也詩閟宮孔曼且碩傳長也箋修也廣也列子湯問韓娥因曼聲哀哭淮南氾論侯同曼聲之歌覽冥曼聲吞炭又脩務曼頰皓齒氾論非能貝綈綿曼帛楚辭招魂娥眉曼睩長髮曼鬋哀郢曼余目以流觀兮大招曼鸝鷞只漢書禮樂志世曼壽司馬遷傳曼辭以自解凡訓善訓細訓澤訓遠訓延訓美實皆引長之誼贍文變訓耳【叚借】爲莔荀子正論曼而饋又爲縵莊子說劍曼胡之纓司馬注謂麤纓無文理也或曰借爲㒼又爲幔莊子馬蹄闉扼鷙曼李注突也失之又疊韻連語莊子齊物論因之以曼衍司馬注無極也甘泉賦駢交錯而曼衍兮注分布也漢書揚雄傳曼漶而不可知注不分別也猶言濛鴻也漢書亂錯傳曼衍相屬注猶聯延也王莽傳延曼連州注與蔓同非史記司馬相如傳案衍壇曼索隱平博也封禪文汾漓曼羨注廣散也七發衣裳則雜遝曼煖注輕細也後漢安帝紀注曼延者獸名也西京賦所云巨獸百尋是爲曼延又重言形況字廣雅釋訓曼曼長也長門賦夜曼曼其若歲兮楚辭悲回風終長夜之曼曼兮又發聲之詞小爾雅廣詁曼無也法言五百病曼之也重黎聖人曼寡見曼是爲也漢書高帝紀注曼邛毋邛語有緩急耳與用蔑末沒靡莫等字同又託名幖識字商諸侯鄧國曼姓左傳夫人鄧曼子虛賦鄭女曼姬【古韻】楚辭大招叶曼顏安

蔓 願 葛屬从艸曼聲按爾雅蔄蔓于注多生水中一曰軒于此即說文之藸也似細蘆蔓生水上隨水高下汎汎然吳都賦㟮㖞蔓藻疑即謂此然非葛類又詩谷風葑菲箋二菜者蔓菁與葍之類此即蕪菁菜周禮醢人之菁菹者也今吾蘇芥與蘆菔甲之屬亦非葛類然則許云葛類者謂如葛之類引藤曼長者凡皆謂之蔓也故瓜瓠藟藥之屬皆曰蔓蔓之爲言曼也詩野有蔓草傳延也左隱元傳無使滋蔓楚辭怨上蔌藟兮蔓衍文選閒居賦石榴蒲陶之珍磊落蔓衍乎其側【轉注】楚辭憫上鬚髮蔓顇兮顠鬢白注亂也【叚借】重言形況字漢書禮樂志蔓蔓日茂注言其長久太元元掜抽天下之蔓蔓注難察之事也【古韻】楚辭山鬼叶閒蔓閒

趨 刪 行遲也从走曼聲今遲鈍意以慢爲之

謾 寒 翰 諫 欺也从言曼聲方言一虔儇意也秦謂之謾史記孝文紀而後相謾索隱相抵闌也淮南衡山傳謾吏曰索隱誑也漢書匈奴傳是面謾也注欺誑也灌夫傳迺謾好謝蚡注猶詭也荀子非相儒則謾之注欺毀也說苑敬慎謾誤者窮辱之舍也【叚借】爲慢漢書兩龔傳媮謾亡狀翟方進傳輕謾宰相董仲舒傳故桀紂暴謾外戚傳長書有詩謾又爲曼書大傳夏伯之樂舞謾或又爲趨廣雅釋詁二謾緩也又發聲之詞方言一謾台惟也燕代之閒曰謾台

槾 寒 杇也从木曼聲字亦作墁按今圬者塗器有鐵者形如刀有木者形如半月有柄二器相需爲用此篆鏝下或體重出今並存之孟子毀瓦畫墁荀子禮論以象槾茨番閼也注猶壂茨也【叚借】爲幔猶冒廣雅釋詁二槾貪也呂覽離俗不漫于利以漫爲之又爲鏝說文金部鏝下說解鏝或从木【聲訓】荀子禮論槾茨注槾扜也

幔 翰 幕也从巾曼聲以巾覆也釋言幔覆也在上曰幔在旁曰帷廣雅釋詁二幔陶也謂荒也釋器幔帳也【叚借】爲縵晉語乘幔不

màn màn màn mànmán màn màn
幔 鏝 縵 嫚鰻 慢 獌

轝注幔車無文也〔聲訓〕釋名釋牀帳幔漫也漫漫相連綴之言也

刪 願 **獌** 狼屬从犬曼聲爾雅釋獸貙獌似貍注今山民呼貙虎之大者爲貙犴按貙大者曰獌或以犴爲之也字亦作獌作蟃〔叚借〕疊韻連語漢書司馬相如傳蟃蜒貙犴注大獸似貍長百尋按西京賦是爲曼延作曼是也曼延言其長非與貙犴爲二獸也

諫 **慢** 惰也从心曼聲易繫辭上慢下暴禮記樂記嘽諧慢易公羊隱三傳漫葬也釋名過時而不葬曰慢謂慢傲不念早安神也以嫚爲訓書大傳寬而不察是慢也淮南脩務偷慢懈惰荀子不苟君子寬而不慢以嫚爲之〔叚借〕爲嫚說文一曰不畏也廣雅釋詁三慢傷也左襄三十一傳我遠而慢之注易也禮記緇衣可敬不可慢儒行其大讓如慢僞禹謨侮慢自賢呂覽處方而長不簡慢矣又爲趧詩大叔于田叔馬慢忌傳遲也廣雅釋詁二慢緩也又爲槾爲鏝莊子徐无鬼郢人堊慢其鼻端李注猶塗也〔聲訓〕釋名釋言語慢漫也漫漫心無所限忌也〔古韻〕詩大叔于田叶慢罕荀子正名叶漫鸞慢愆文子下德叶官干安慢

寒 **鰻** 鰻魚也从魚曼聲卽爾雅之鰲鯠廣雅之犬鰈謂之鮇今俗曰鰻鱺是也

諫 **嫚** 侮傷也从女曼聲字亦作僈賈子道術接遇肅正謂之敬反敬爲嫚荀子宥坐嫚令謹誅賊也淮南繆稱嫚生乎小人注倨也又漢書枚乘傳爲賦頌好嫚戲注褻汙也張敞傳皆以上嫚𡡉士高帝紀上嫚罵曰禮禘記注時人倨慢〔叚借〕爲慢漢書刑法志刑蕃而民愈嫚薛宣傳領職解嫚淮南主術而職事不嫚荀子富國芒軔僈楛非十二子上功用大儉約而僈差等注輕也又爲鏝爲槾荀子榮辱汙漫突盜正論流淫汙嫚按猶杇墁也轉注爲濁穢之意

翰 諫 **縵** 繒無文也从糸曼聲漢律曰賜衣者縵表白裏按今所謂素紬也春秋繁露庶人衣縵〔轉注〕周禮巾車卿乘夏縵晉語乘縵不舉注車無文也又磬師教縵樂燕樂之鍾磬漢書禮樂志縵樂鼓員十三人注襍樂也又食貨志常過縵田晦一斛以上注謂不爲甽者也〔叚借〕爲慢莊子齊物論縵者窖者簡文注寬心也又重言形況字齊物論大恐縵縵李注齊死生貌尚書大傳禮縵縵兮注教化廣遠也〔古韻〕莊子齊物論叶惴縵

寒 **鏝** 槾 鐵杇也从金曼聲或从木按槾字木部重出古書或以槾爲鏝今並存之鐵者曰鏝木者曰槾字亦作墁爾雅釋宮鏝謂之杇李注塗工作具也孟子毀瓦畫墁〔叚借〕爲縵方言八戟其大者曰鏝胡其曲者謂之鉤釨鏝胡按戟而無刃故曰縵

翰 **幔** 衣車蓋也从車曼聲衣四圍者曰帷衣其上者曰幔實卽幔也此字疑後出集韻一曰戰車以遮矢也

fán fán juàn fán biàn wàn
蕃 璠 弄 番 釆 鄤

願 **鄤** 蜀廣漢鄉也从邑蔓聲在今四川無考

釆四十四名凡釆之派皆衍釆聲 蒲莧切

諫 **釆** 辨別也象獸指爪分別之形讀若辨古文省下二、中豎曲末與釆色字形聲義迥別書堯典平章百姓史記作便章後漢劉愷傳注作辯章平秩東作史記作便程周禮馮相氏注作辨秩洪範王道平平與偏爲韻詩釆菽平平左右傳平平辨治也韓詩作便便左襄十一傳作便蕃又周禮遂師平野民注謂正其行列部伍也大司馬平士大夫注正其職與其位淮南時則平詞訟注治也上帝以爲物平注讀評議之評後漢朱浮傳注平謂平決也張酺傳注平之謂平論其罪也凡此皆卽古文釆字形誤作平

元 元 歌 **番** 獸足也从釆田象掌形或从足煩聲古文亦象形字又作蹯按此字實卽釆之異文也爾雅釋獸貍狐貒貈醜其足蹯廣雅釋獸蹯足也左宣六傳宰夫胹熊蹯不熟文元傳王請食熊蹯釋文掌也〔叚借〕爲播楚辭九歌𤣪芳椒兮成堂又爲藩荀子禮論槾茨番閼又爲磻漢書安帝紀贊注蹞蹳者弩名又爲蕃白石神君碑永永番昌無極山碑草木番茂又爲反列子湯問迭爲三番擇文更代也或曰借爲嬗亦通又重言形況字爾雅釋訓番番勇也詩崧高申伯番番書秦誓番番良士史記秦本紀番番黃髮正義謂借爲皤非是又託名幖識字水經泿水注番禺山海經謂之賁禺者也今廣東廣州府番禺縣左襄四傳狐駘注魯國番縣今山東兖州府滕縣又詩十月之交番維司徒箋氏也韓詩作繁〔古韻〕詩崧高叶番嘽翰憲

霰 **弄** 摶飯也从廾釆聲釆古文辨字讀若書卷之卷按釆非古文辨字是古文番字古多借釆爲辨耳

元 **璠** 璵璠魯之寶玉也从玉番聲孔子曰美哉璵璠遠而望之奐若也近而視之瑟若也一則理勝二則孚勝

元 **蕃** 艸茂也从艸番聲籒文从㹜書洪範庶草蕃廡傳滋也詩騶虞序庶類蕃殖椒聊蕃衍盈升亦疊韻連語〔轉注〕周禮大司徒以蕃鳥獸注蕃蕃息也又九曰蕃樂杜讀爲藩易晉用錫馬蕃庶釋文多也左僖廿三傳其生不蕃注息也漢書吾丘壽王傳此盜賊所以蕃也注盛也〔叚借〕爲藩易晉蕃庶鄭注藩遮禽也晉語以蕃爲軍注籬落也又周禮大行人九州之外謂之蕃國大司馬又其外方五百里曰蕃畿又爲軬太元積至于蕃也注車耳也嚴舉碑位至蕃車又爲繁禮記明堂位周人黃馬蕃鬣釋文赤也非又上林賦攣蕃弱又爲變漢書成帝記引書於蕃時雍又爲蘋西山經陰山其草多茆蕃注青蕃又爲服北山經涿光之山其鳥多蕃注卽鴞也蕃鵲雙聲又託名幖識字漢魯國蕃縣左襄四傳注作番〔古韻〕詩崧高叶翰蕃宣

bò 譒 歌 箇 **譒** 譒 敷也、从言番聲、書盤庚王譒告之脩、今本以播爲之、

fán 羳 元 **羳** 羳 黃腹羊也、从羊番聲、低小細肋、其耳甚小、西人謂之藺耳羊、

fán 橎 元 **橎** 橎 橎木也、从木番聲、讀若樊、

pó 鄱 寒 歌 紙 **鄱** 鄱 鄱陽豫章縣、从邑番聲、在今江西饒州府治鄱陽縣東六十里有故城、府之南有鄱江、叚借爲皮、史記太史公自序尼困鄱薛彭城、鄱皮雙聲、

fān 旛 元 **旛** 旛 幅胡也、从㫃番聲、九旗正幅之帛曰旛、胡亦曰緣、猶瓦器之有瓵瓬、玉之有璠璵、於古轉音爲疊韻連語、今字以幡爲之、聲訓釋名釋兵、旛幡也、其貌幡幡然也、

fán 䪤 元 **䪤** 䪤 小蒜也、从韭番聲、南都賦諸蔗薑䪤、

fān 幡 元 **幡** 幡 書兒拭觚布也、从巾番聲、觚者柧字、若今書僮及貿易人所用粉版、既書可拭去再書者、幡即拭布也、叚借爲反、漢書食貨志獄少幡者、注、幡謂從輕而出、又爲券、呂覽觀表綠圖幡薄、又爲旛、今所用幢幡字、又重言形況字、詩巷伯捷捷幡幡、傳、猶翩翩也、賓之初筵威儀幡幡、傳、失威儀也、瓠葉幡幡瓠葉、傳、葉貌、又單辭形況字、孟子既而幡然改曰、注、反也、荀子大畧君子之學如蛻、幡然遷之、又疊韻連語、史記司馬相如傳落英幡纚、索隱、飛揚貌也、古韻詩巷伯叶幡言遷、賓之初筵叶反幡、

說文通訓定聲　乾部弟十四

pó 皤 歌 **皤** 皤 䪸 老人白也、从白番聲、或从頁、易賁賁如皤如、集解、白素之貌、董遇注、馬作足横行曰皤、則謂借爲般、荀作波、鄭陸作蹯、又爾雅釋草蘩皤蒿、釋文、白也、後漢樊準傳、皤皤國老、注、白首貌也、叚借爲蕃、左宣二傳、皤其腹、注、大腹、按腹如𤰞也、又重言形況字、魏都賦行庖皤皤、注、豐多貌、謂借爲蕃也、古韻易賁叶皤翰、左宣二傳叶睅皤、句中韻、

bō 磻 寒 歌 **磻** 磻 以石箸隿繳也、从石番聲、按字亦作磻作𥖁、楚策被礛磻引微繳、西京賦磻不特絓、注、沙石膠絲爲磻、史記楚世家𥖁新繳羽、義、易漸鴻漸于磐、注、山石之安者也、虞注、聚石稱磐、馬注、山中磐紆則謂般字、爾雅釋山注、多磐石、聲類、磐大石也、按易磐古只作般屯爲邅語、漸借爲泮也、因漢晉注訓石因製此磐、叚借疊韻連語、易屯磐桓、馬注、旋也、又雙聲連語、江賦、荆門闕竦而磐礴、注、廣大貌、與莊子解衣般礴裸爲畝衰之貌不同、古韻易漸叶磐衎、

fán ⿰犭番 元 **⿰犭番** ⿰犭番 犬鬥聲也、从犬番聲、

fán ⿰鼠番 元 **⿰鼠番** ⿰鼠番 ⿰鼠番鼠也、从鼠番聲、讀若樊、廣雅釋獸、白⿰鼠番、地鏡圖云、黃金之見爲火、與白鼠、又廣志、白猨長尾白腹善緣登、若家鼠、叚借爲蟠、說文⿰鼠番或曰鼠婦、

fán 燔 元 元 **燔** 燔 爇也、从火番聲、與焚畧同、廣雅釋詁二、燔乾也、爾雅釋天、祭天曰燔柴、列子黃帝、藉芿燔林、漢書東方朔傳、燔之于四通之衢、注、焚燒也、素問生氣通天論、體若燔炭、叚借爲⿰炙番、詩生民載燔載烈、傳、傅火曰燔、瓠葉炮之燔之、傳、加火曰燔、楚茨或燔或炙、傳、燔取膟膋、又廣雅釋器、燔肉也、周禮量人制其從獻脯燔之數量、注、肉炙也、又左襄廿二傳、與執燔焉、釋文、祭肉也、公羊定十四傳、腥曰脤、熟曰燔、儀禮特牲禮、以燔從、禮記少儀燔亦如之、孟子、燔肉不至、古韻詩瓠葉叶燔獻、

fán ⿰炙番 元 元 **⿰炙番** ⿰炙番 宗廟火孰肉也、从炙番聲、字亦作膰、廣雅釋器、⿰炙番肉也、禮記禮運、以炮以燔、詩行葦或燔或炙、以燔爲之、轉注、左僖廿四傳、天子有事膰焉、成十三傳祀有執膰、疏、祭肉有燔而薦者、因謂祭肉爲膰也、周禮大宗伯、以脤膰之禮親兄弟之國、按異姓惟二王後饋焉、社肉曰脤、廟肉曰⿰炙番、公穀皆云肉腥曰脤、熟曰膰、家語子路初見若致膰于大夫、

pān 潘 元 寒 **潘** 潘 淅米汁也、从水番聲、蒼頡篇潘甘汁也、字亦作瀿、儀禮士喪禮受潘煮于垼、禮記內則燂潘請靧、注、米瀾也、左哀十四傳使疾而遺之潘沐、別義、說文一曰水名、在河南熒陽、今河南開封府滎澤縣、此水無考、據此則禹貢滎播既豬、周禮其浸波溠、皆是二水、以播波字爲之也、爾雅洛爲波、即此潘字、水經注謂之門水、叚借爲瀿、廣雅釋器、潘瀾也、列子黃帝、鯢桓之水爲淵、莊子崔注、潘回流所鍾之域也、管子五輔、決潘渚、注、溢也、又託名幖識字、按左傳楚有潘崇、說者謂楚之公族、其氏未詳其始、晉有潘父、疑即詩番維司徒之番、其裔自周往也、

說文通訓定聲　乾部弟十四

bō 播 元 阮 箇 **播** 播 𢿌 種也、从手番聲、古文从攴、汗簡引作𥞩、从禾、虞書播時百穀、大誥厥子乃弗肯播、詩噫嘻播厥百穀、楚辭惜誦播江離與滋菊兮、叚借爲譒、廣雅釋詁三、播布也、書盤庚王播告之修、禮記緇衣播刑之不迪、注、猶施也、禮運播五行于四時、釋文、舒也、禮器有撫而播也、朱龜碑亟歛聲以番爲之、又爲簸、左昭四傳播于諸侯、注、揚也、三十傳將焉用是播揚焉、注、謂動勞也、莊子人間世鼓筴播精、崔注、播卦占兆失之、按筴筮也、貯米器、又周禮大師皆播之以八音、瞽矇掌播鼗柷敔塤簫管弦歌、注、謂發揚其音、禮記禮運播樂以安之、論語播鼗武、廣雅釋言、播搖也、又爲判、書禹貢又北播爲九河、思元賦播余香而莫聞、聲類、播散也、又左襄廿五傳、成公播蕩、注、流移失所、書大誥予代殷逋播臣、吳語今王播棄黎老、注、放也、楚辭思古播規榘以背度兮、注、棄也、廣雅釋言、播抵也、又爲潘、史記夏本紀、

fán 繙　fán 蟠　quán 鬈　juàn 眷　quàn 券　quán 觠　juàn 𧯷　quàn 韏

桀播既都爾雅洛爲波以波爲之又爲半儀禮士虞禮尸飯播餘于篚又爲藩洪範五行傳播國率相行祀聲訓周禮大司樂播之以八音注播之言被也蓋謂簸者被也古韻管子弟子職叶盤播

元 繙 繙冤也从糸番聲各本作冤也誤按繙冤疊韻連語今據玉篇訂字亦作旙莊子天道于是繙十二經以說老聃司馬注煩冤也按襍亂之意列子周穆王旙校四時

元寒 蟠 鼠婦也从虫番聲爾雅釋蟲蟠鼠負注瓮器底蟲按即詩之伊威也詩陸疏伊威一名委黍一名鼠婦在壁根下甕底土中生似白魚者是今蘇俗謂之草鞋蟲大者長半寸許背有横文腹下多足井中亦有之大抵溼生也與蟅爲地鼈蟲者微別叚借爲般廣雅釋詁一蟠曲也方言十二未陞天龍謂之蟠龍書大傳蟠龍賁信于其藏注屈也漢書鄒陽傳蟠木根柢注屈曲之木又禮記樂記及夫禮樂之極乎天而蟠乎地注猶委也按猶匊也春秋文耀鉤圜軫七蟠注周也又疊韻連語東京賦龍雀蟠蜿天馬半漢注蟠蜿半漢皆形容也

先 鬈 缺齒也从齒𢍏聲讀若權一曰曲齒也淮南書若士鬈然而笑

霰 眷 顧也从目𢍏聲字亦作睠廣雅釋詁四眷嚮也詩皇矣乃眷西顧大東睠言顧之小明睠睠懷顧韓詩作眷眷補亡詩眷戀庭闈注思慕也謝靈運詩覽物眷彌重注猶戀也轉注今眷屬字按史記作婘則媛字

願 券 契也从刀𢍏聲券別之書以刀判契其旁故曰契券與从力之券迥別按券長者曰質短者曰劑禮記曲禮獻粟者執右契注券契也管子輕重乙使無券契之責注分之曰券史記田敬仲世家公常執左券索隱要也轉注莊子庚桑楚券內者行乎無名崔注分明也聲訓釋名券綣也相約束繾綣以爲限也

先霰 觠 曲角也从角𢍏聲爾雅釋畜角三觠羷舊注卷也轉注廣雅釋詁一觠曲也釋訓觠局匍跧也離騷蜷局顧而不行楚辭九思踡蹁兮寒局數字作蜷作踡亦雙聲連語或曰借爲卷爲韏爲蠸亦通

霰 𧯷 豆屬从豆𢍏聲此秦以後字古豆祇言尗俎豆言豆本草大豆黃卷味甘平主溼痺筋攣厀痛

霰願 韏 革中辨謂之韏从韋𢍏聲爾雅釋器革中絕謂之辨注中斷皮也革中辨謂之韏注復分半也廣雅釋詁一韏曲也四詘也王氏引之云韏之言卷曲爾雅革中辨之辨當爲辟字形相近又蒙上文辨字而誤愚按古襞積字皆以辟爲之王說是也此字郭注時已誤又辨疑辮字上辨从刀下辮从糸相涉而誤或上爲正字下爲叚借字郭誤注耳

juàn 桊　juàn 帣　juǎn 卷　huàn 豢

霰先 桊 牛鼻上環也从木𢍏聲字亦作棬埤蒼桊牛拘也廣雅釋器桊枸也呂覽重已使五尺豎子引其棬而牛恣所以之叚借爲圈孟子猶杯棬也禮記玉藻母沒而杯圈不能飲焉正作圈蓋圈字轉注之誼方言盂海岱齊燕之閒或謂之盎廣雅釋器盎盂也字亦作卷

銑霰 帣 囊也今鹽官三斛爲一帣从巾𢍏聲按小而無底曰橐大而有底曰囊叚借爲絭史記滑稽傳帣韝鞠䐔集解收衣袖也

先銑霰 卷 厀曲也从卩𢍏聲字亦誤作劵莊子徐无鬼有卷婁者釋文猶拘攣也逍遙遊卷曲而不中規矩淮南本經贏縮卷舒注屈也左襄三十傳鄭豐卷字子張轉注詩有卷者阿傳曲也方言十一蠀螬或謂之卷蠾或說借爲鋗淮南脩務啳睽哆噅字亦作啳叚借爲拳禮記檀弓執女手之卷然漢書李陵傳士張空弮文穎注弓弩弮也顏注與拳同皆失之又爲圈中庸一卷石之多注猶區也或曰借爲拳亦通又爲捲詩柏舟不可卷也儀禮公食禮有司卷三牲之俎注猶收也考工鮑人卷而搏之司農注讀爲可卷而懷之之卷淮南兵略南卷沅湘注屈取也又旗不解卷注束也又周禮大司樂舞雲門大卷注言黃帝能成名萬物民得以有族類疏卷者聚之義大卷即大章也又詩采采卷耳傳苓耳也即今蒼耳爾雅字作菤注形似鼠耳叢生如盤又爾雅釋草卷施草拔心不死注宿莽也按卷施即廣雅之無心鼠耳離騷之施與宿莽也與卷耳之爲枲耳者別廣雅葹枲耳也疑誤又漢書劉向傳客星見昴卷之閒按卷舌大星在昴上天漢中又冠武謂之卷按亦收也又爲券法言一卷之書必立之師按古冊竹木爲之非如今紙寫可捲舒者自當从刀絜之義爲券又爲豢禮記王制三公一命卷又爲券或爲卷漢書賈捐之傳敢昧死竭卷卷按猶勞勞勤勤也注讀爲拳失之又爲拳淮南原道短袂攘卷又爲鬈詩澤陂碩大且卷釋文本亦作婘又爲倦魏元丕碑施舍弗卷又託名幖識字漢書周勃傳其先卷人也在今河南又地理志安定郡眴卷又疊韻連語詩民勞以謹繾綣傳反復也左昭廿五傳繾綣從公注不離散字亦作綣甘泉賦單埢垣兮注圜貌字亦作埢古韻詩柏舟叶轉卷選澤陂叶蕑卷悁禮記檀弓叶斑卷

諫 豢 以穀圈養豕也从豕𢍏聲禮記月令案芻豢注養牛羊曰芻犬豕曰豢樂記豢豕爲酒周禮槁人掌豢祭祀之犬轉注禮月令共寢廟之芻豢大戴曾子天圓宗廟曰芻豢山川曰犧牲孟子猶芻豢之悅我口又左昭廿九傳故國有豢龍氏注養也哀十一傳是豢吳也夫

先 **拳** 手也、从手、𢍏聲、按張之爲掌、卷之爲拳、轉注、詩巧言無拳無勇傳、力也、齊語有拳勇股肱之力、注、人勇爲拳、假借爲劵、或爲眷、亦重言形況字、廣雅釋訓、拳拳愛也、按猶勞勞勤勤也、禮記中庸則拳拳服膺、注、奉持之貌、漢書司馬遷傳拳拳之心、注、忠謹貌、又爲卷、莊子人間世其枝細則拳曲、又託名幖識字、左莊十九傳鬻拳、後漢孔融傳作權、

願諫霰 **桊** 𥿋臂繩也、从糸、𢍏聲、所以約袖、史記滑稽傳帣韝、以帣爲之、列女傳攘卷操檝、以卷爲之、轉注、太元狩全桊其首尾、注、相眷之義、則謂借爲眷、假借爲拳、閒居賦引漢書張晏注、弩弓也、謂借桊爲劵、不知劵者卷之誤字、空劵乃空拳也、古韻詩民勞叶綣反諫、

霰 **劵** 勞也、从力、𢍏聲、按與倦字別、字亦作勬、廣雅釋詁四、勬勤也、考工輈人、故書左不劵、注、劵今倦字、非是、晉語用而不倦、注、勞也、以倦爲之、經傳皆以煩爲之、假借爲倦、廣雅釋詁一、劵極也、三劵止也、

元 **⿰氵旛** 大波也、从水、旛聲、按字亦作瀿、江賦注、楚人謂水暴溢爲瀿、

元 **藩** 屏也、从艸、潘聲、廣雅釋室、藩籬也、又藩柂也、按實郎栅字之異文、易大壯羝羊觸藩、馬注、籬落也、詩板价人維藩、左昭十三傳乃藩爲軍、哀十二傳藩衞侯之舍、楚語爲之關籥藩籬、周禮職方藩服注、屏四境也、又左襄廿三傳以藩載欒盈、注、車之有障蔽者、周禮

說文通訓定聲　乾部弟十四　老

巾車漆車藩蔽、注、今時小車藩漆席以爲之、字亦作蕃、作轓、方言九車枸簍西隴謂之轓、釋名釋車、轓藩也、蔽水雨也、又周禮司戈盾飾藩盾、注、盾可以藩衞者、如今之扶蘇歟、又莊子大宗師吾願遊于其藩、崔注、域也、向注、崖也、又周禮大司徒九曰蕃樂、杜注、謂閉藏樂器而不作、古韻詩板叶藩垣翰、

元 **籓** 大箕也、从竹、潘聲、廣雅釋器、籓箕也、假借爲藩、說文、一曰蔽也、

先阮銑願 **圈** 養畜之閑也、从囗、卷聲、字亦作圏、蒼頡篇、圈檻類也、管子立政圈屬、注、羊豕之類也、漢書張釋之傳、登虎圈、注、養獸之所、轉注禮記玉藻、母沒而杯圈不能飲焉、注、屈木所爲、謂卮匜之屬、莊子齊物論似圈似臼、字亦作棬、盎以桊爲之、孟子猶以杞柳爲杯棬、字又作盎、方言五、盂或謂之盎、又淮南原道天下爲之圈、注、版也、俶眞萬物一圈也、太元交大圈閎閎、注、國也、今所用文章圈點亦謂形周如圈也、假借疊韻連語、禮記玉藻圈豚行不舉足、注、轉也、又疑借豚爲脀、

阮 **粩** 粉也、从米、卷聲、字亦作粽、假借爲𢍏、廣雅釋詁三、粩搏也、

霰 **倦** 罷也、从人、卷聲、按與劵字別、字亦作勌、作惓、晉語則偏而不倦、注、懈也、漢書司馬相如傳集注、倦疲也、西征賦倦狹路之迫隘、

注、極也、禮記表記不繼之以倦、論語居之無倦、漢書嚴助傳士卒罷勌、又淮南道應方倦龜殼而食蛤梨、注、楚人謂倨爲倦、人間是猶病者已倦、注、劇也、晉書音義倦悶也、出玉篇、假借重言形況字、漢書劉向傳倦倦之義也、注、忠謹之意、作拳拳亦同、古韻易繫辭叶變倦、三畧上叶辨倦、又叶倦萬、三畧下叶諫散叛倦、宋玉神女賦叶倦難閑端嘆干蹇、

先 **鬈** 髮好也、从髟、卷聲、詩盧令其人美且鬈、傳、好貌、箋、鬈讀當爲權、權勇壯也、則謂借爲拳、

先銑 **捲** 收也、从手、卷聲、廣雅釋詁三、捲治也、經傳皆以卷爲之、假借爲拳、說文、捲气埶也、國語曰、有捲勇、按齊語有捲勇股肱之力、今本正作拳、史記孫吳傳不控捲、索隱、卽拳也、後漢張堪傳捲握之物、注、猶掌握也、又爲劵、莊子讓王、捲捲乎后之爲人、釋文、用力貌、李翊夫人碑、勤養捲、捲字誤作搼、

阮 **⿰阝卷** 河東安邑陬也、从𨸏、卷聲、

覍七名凡覍之派皆衍覍聲 皮變切

寒霰霰 **覍** 冠也、周曰覍、殷曰吁、夏曰收、从皃、八指事、籀文从収、上象形、或从人、亦象形、字亦作弁、俗作卞、凡大夫以

說文通訓定聲　乾部弟十四　癸

上服冕、士弁、制如冕、爵頭色、無繅、其布三十升、周禮弁師注、弁者古冠之大稱、委貌緇布曰冠、又儀禮士冠禮、皮弁服、注、以白鹿皮爲冠、象上古也、公羊宣元傳、已練可以弁冕、注、皮弁武冠、爵弁文冠、書金縢王與大夫盡弁、鄭注、爵弁也、禮記襍記、大夫冕而祭于公、弁而祭于己、注、爵弁也、爵弁純衣、疏、爵弁士服也、詩絲衣載弁俅俅、箋、爵弁也、又淇澳會弁如星、鳲鳩其弁伊騏、頍弁有頍者弁、傳皆云、皮弁也、儀禮覲禮、王使人皮弁用璧勞、注、皮弁天子之朝朝服也、禮記明堂位、皮弁素積、學記、皮弁祭菜、又左昭九傳、豈如弁髦、疏、謂緇布冠小爾雅廣服、弁髦太古布冠、冠而敝之者也、又弁師王之弁經、注、王弔所服也、如爵弁而素、所謂素冠也、司服故書絲經服作絻、轉注、天弁、九星在南斗、建星上、形似弁、又左僖廿八傳、楚子玉自爲瓊弁玉纓、西京賦、璿弁玉纓、薛注、馬冠也、假借爲寬、書顧命率循大卞法也、又爲昪、詩小弁、弁彼鸒斯、傳、樂也、又爲畜、爲懷、爲慫、爲褊、左定三傳、莊公卞急而好潔、注、躁疾也、禮記玉藻、弁行剡剡起屨、釋文、急也、又爲拚、漢書嚴延年傳、吏皆股弁、注、撫手也、哀帝紀贊、時覽卞射武戲、集注、手搏爲卞、又爲變、孔宙碑、於弁時雍、又託名幖識字、左僖十七傳、夫人姜氏會齊侯于卞、在今山東兗州府泗水縣東、論語卞莊子之勇、以邑爲氏、東方朔傳作弁、按論語釋文引鄭云、秦大夫、未詳、又左成十八傳、弁糾御戎、晉臣、又莊子讓王卞隨、殷人、又國策卞和、楚人、聲訓、士冠禮、周弁、注、弁名出于槃、槃大也、言所以自光大也、按以伴爲

biàn biàn biàn 昪 閞 拚 / běn 畚 / fèn 坌 / fàn 畨 / mián 宀 / mián 緜

訓白虎通弁之爲言攀也所以攀持其髮也釋名弁如兩手相合抃時也古韻詩甫田叶婉孌丱見弁

㪔 昪 喜樂貌从日弁聲按从㚶省㚶安也經傳皆以般以弁爲之

㪔頤 閞 門欂櫨也从門弁聲字亦作栟爾雅釋宮開謂之㭼注門柱上欂也亦名枅又曰楢舍人注朱儒上小方木

㪔 拚 拊手也从手弁聲字亦作抃楚辭天問鼇戴山抃注擊手曰抃呂覽古樂帝嚳乃令人抃注兩手相擊曰抃漢書甘延壽傳試弁爲期門王莽傳矛甚弁焉以弁爲之假借爲畚荀子王制抃急禁悍按嚴厲疾惡之意注當爲析愿失之此與上文異恉也又爲叁儀禮聘禮既拚以俟矣

阮 畚 𠨎屬蒲器也所以盛穜从甾弁聲今字作畚左襄九傳陳畚挶注簣籠也宣二傳寘諸畚注以草索爲之筥屬引說文可以盛糧宣十一傳稱畚築注盛土器公羊宣六傳有人荷畚注草器若今市所量穀者是也齊人謂之鍾周禮挈壺氏挈畚以令糧注所以盛糧之器方言五甾沅湘之閒謂之畚

問 坌 埽除也从土弁聲讀若糞字亦作㨤禮記少儀埽席前曰拚管子弟子職既拚盥漱以拚爲之周禮隸僕埽除糞洒之事以糞爲之

說文通訓定聲 乾部第十四 兖

顧 畨 酒疾孰也从酉弁聲轉注爲疾急之義經傳皆以卞爲之

宀一名 武延切

先 宀 交覆深屋也象形

緜一名 米延切

先 緜 緜聯微也从系从帛會意緜聯疊韻連語許以微訓緜聯也按緬篆云微絲也緜當訓聯轉注爲敚廣雅釋詁四緜連也釋訓緜緜長也詩緜緜瓜瓞緜緜葛藟傳長不絶之貌左哀十七傳緜緜生之瓜注瓜初生也洛神賦思緜緜而增慕注密意也楚辭招魂鄭緜絡些注纏也思元賦緜日月而不衰史記劉敬叔孫通傳爲緜蕞索隱引繩爲緜又穀梁文十四傳緜地千里注猶彌漫淮南兵略緜之以方城注落也又西京賦繚垣緜聯注猶連蔓也思元賦毋緜攣以倖己兮注係貌漢書注猶牽制也亦疊韻連語又上林賦微睇緜藐注遠視貌陸機詩去家邈以緜注遠也吳都賦島嶼緜邈注廣遠貌亦雙聲連語轉注釋名釋采帛綿猶湎湎柔而無文也廣雅釋器

mián 臱(𦤎) / biān biān 𨘢 邊 / mián mí 矏 𥳐 / mián mián mián biān 櫋 𡫬 𩯊 籩

緜細也又釋詁一緜禯也漢書敘助傳且越人緜力薄材集注弱也魏都賦薄戍緜冪注微貌亦雙聲連語素問方盛衰論緜緜乎屬不滿目注謂動息微也脈要精微論緜緜以去注言微微似有而不甚應手也家語觀周緜緜不絶注微細也假借雙聲連語詩緜蠻黃鳥傳小鳥皃韓詩章句文貌禮大學作緡亦同又重言形況字詩載芟緜緜其麃爾雅釋訓緜緜麃也詩常武緜緜翼翼傳靚也按言靜也韓詩皆作民民亦同又發聲之詞方言六緜施也吳越之閒脫衣相被謂之緜又託名幖識字爾雅釋草緜馬羊齒注細葉葉羅生而毛有似羊齒欒者以取繭緒

臱九名凡臱之派皆衍臱聲 米延切

先 臱 宀宀不見也闕按宀宀不見即𡫬字之解此字形義俱闕也字亦作𦤎錢竹汀師曰下疑古文穴省

先 𨘢 走意从走臱聲

先 邊 行垂崖也从辵臱聲爾雅釋詁邊垂也禮記玉藻其在邊邑注九州之外吳語頓頓于邊注邊邊境也史記高帝紀齊邊楚集解近也穀梁定十二傳邊乎齊也注謂相接左僖廿五傳楚屈禦寇字子邊轉注廣雅釋詁四邊方也按九章開方有兩廉一隅廉即旁

說文通訓定聲 乾部第十四 百

也有廉所以爲方也又禮記深衣續衽鉤邊按旁也又檀弓齊衰不以邊坐注偏倚也假借爾雅釋木邊要棗注子細要今謂鹿盧棗

先 矏 目旁薄緻宀宀也从目臱聲爾雅釋言矏密也注謂緻密或曰字亦作矊楚辭招魂遺視矊些注脈也矊非聯之誤字存參

支 𥳐 筡也从竹臱聲字亦作篾作籩聲類𥳐篾也今中國蜀土人謂竹篾爲𥳐也字林𥳐析竹笢也字亦作簢爾雅釋草簢筡中注言其中空竹類按此竹名也𥳐之轉注篾篾簢笢簟一聲之轉耆顧命敷重篾席傳桃枝竹鄭注析竹之次青者

先 櫋 屋櫋聯也从木臱聲亦曰梠曰櫓曰楣曰櫋楚辭九歌擘蕙櫋兮既張聲訓釋名梠或謂之櫋櫋緜也緜連榱頭使齊平也

先 𡫬 寡𡫬不見也一曰寡𡫬不見省人从宀臱聲莊子窅然喪其天下焉窅疑𡫬之誤字

先 𩯊 髮貌从髟臱聲讀若宀字亦作鬢

先 籩 竹豆也从竹邊聲籒文从匚臱聲禮器也受四升邊有縢緣竹豆曰籩木豆曰梪周禮籩人掌四籩之實儀禮祝實籩祭注棗栗之祭周語品其百籩校官碑匴豆用陳按豆盛溼物籩盛乾物豆重而籩輕故三禮多舉豆數而籩略特牲少牢禮設籩皆在薦豆差豆後也

覍 宀 緜 臱(𦤎)

piàn 片　mián 蝒　miǎn 緬　miǎn 湎　miǎn 愐　miǎn 偭　miǎn 䩄　miàn 面

面七名凡面之派皆衍面聲　彌箭切

霰 **面** 𩈋 顏前也从首外象人面形周禮撢人使萬民和說而正王面按嚮王之面也司儀私面私獻注私覿也又書顧命大輅在賓階面儀禮士冠禮面葉禮記少儀申之面注前也又廣雅釋詁四面嚮也孟子東面而征注向也考工匠人面朝後市注猶鄉也儀禮鄉射禮面鏃注猶尚也漢書夏侯嬰傳面雍樹馳注以面首向臨之也又荀子大畧愛之而勿面注謂以顏色慰悅之叚借爲偭書名諸面稽天若鄭注猶迴向也史記項羽紀馬童面之集解不正視也宋微子世家肉祖面縛索隱縛手于背而面向前也漢書張歐傳爲涕泣面而封之注謂偝之也禮記少儀尊壺者面其鼻或曰字有以相反爲義者如徂存汚浣之比則偭卽面字存參古韻易革叶變面

銑 **䩄** 䩄 勒靼也从革从面會意面亦聲

銑霰 **偭** 偭 鄉也从人面聲按背也禮記少儀尊壺者偭其鼻鄭本以面爲之注鼻在面中言鄉人也按鼻背于已則向人離騷偭規矩而改錯注背也漢書賈誼傳應劭注偭背也夏侯嬰傳面雍樹馳集注偝也以面爲之

銑 **愐** 愐 勉也从心面聲字亦作勔爾雅釋詁勔勉也釋文亦作僶思元賦勔自強而不息兮按爾雅蠠沒勉也注猶黽勉也韓詩谷風

密勿同心論語文莫吾猶人也方言侔莫強也皆雙聲連語蠠黽密文侔雖與愐一聲之轉然與本字不涉

銑 **湎** 湎 沈于酒也从水面聲字亦作䤄書酒誥罔敢湎于酒鄭注飲酒齊色曰湎詩蕩天不湎爾以酒韓詩章句飲酒閉門不出客曰湎禮記樂記流湎以忘本荀子非十二子多少無法而流湎然雖辯小人也注沈也漢書敘傳湎湎紛紛注流移也按猶泯泯棼棼亦重言形況字

銑 **緬** 緬 微絲也从糸面聲廣雅釋詁二緬小也以緜爲之楚語緬然引領南望賈注思貌也西征賦冀闕緬其堙盡注盡貌也亦單辭形況字叚借爲緜穀梁莊三傳舉下緬也釋文遠也

先 **蝒** 蝒 馬蜩也从虫面聲按與蚵別爾雅蝒馬蜩注蜩中最大者爲馬蟬方言十一蟬其大者謂之蟧或謂之蝒馬按字亦作蠠叚借雙聲連語爾雅釋詁蠠沒勉也注猶黽勉也

片一名　匹見切

霰 **片** 片 判木也从半木指事廣雅釋詁四片半也釋言片禪也論語片言可以折獄者鄭注半也孔注猶偏也漢書李凌傳一半冰以半爲之

fán 煩　fàn [緐泉]　fán 蘩(蘩)　fán 緐

緐三名凡緐之派皆衍緐聲　附袁切

元元寒 **緐** 緐 緐 馬髦飾也从糸每聲或从卑聲卑古文弁字亦誤作繁按每非聲當从糸从每會意每者草盛上出髮飾如之獨斷武冠或曰繁冠今謂之大冠疑本義之轉注或說小爾雅廣詁緐多也廣雅釋詁三緐衆也糸與每皆會衆多意本訓與蕃畧同存參叚借爲鞶禮記禮器大路繁纓一就疏馬腹帶也左哀廿三傳其可以稱旌繁乎注馬飾繁纓也東京賦咸龍旂而繁纓七啟飾玉路之繁纓獨斷繁纓在馬膺前如索帬者也周禮巾車錫樊纓注謂今馬大帶也詩采芑傳鉤膺樊纓也皆以樊爲之又爲蕃詩正月繁霜禮記樂記繁瘠廉肉鄉飲酒義獻醻辭讓之節繁左成十七傳今衆繁而從余昭三傳若公繁于刑離騷佩繽紛其繁飾兮東皇太一五音紛兮繁會淮南原道雜策繁用者非致遠之術也注數也又爲緬琴賦翕韡曄而繁縟注聲之細也又託名幖識字周禮鍾師呂叔玉注繁遏執競也又左定四傳封父之繁弱注大弓名呂覽具備注繁弱良弓所出地也因以爲弓名荀子性惡繁弱鉅黍古之良弓也又左定四傳殷民七族繁氏漢書陳湯傳御史大夫繁延壽疑卽詩番維司徒之番也音轉如婆如槃又爾雅釋草繁由胡注未詳據夏小正采繁傳卽蘩字廣雅繁母旁勃也同又爾雅蔠葵繁露注承露也大莖小葉華紫黃色或曰卽今所謂西番蓮未知是否古韻詩公劉叶原繁宣歎巘原韓非揚權叶嚫繁

元 **蘩** 蘩 蘩 白蒿也从艸緐聲籒文从𦽑爾雅釋草蘩皤蒿又蘩之醜秋爲蒿按今蘇俗謂之蓬蒿葉似艾粗于青蒿白于衆蒿可爲菹夏小正采蘩傳由胡者蘩母也蘩旁勃也詩七月采蘩祁祁傳白蒿也所以生蠶左隱三傳風有采蘩采蘋別義爾雅蘩菟奚又菟奚顆凍卽今之款冬也此草冬榮

願 **[緐泉]** [緐泉] 泉水也从泉緐聲讀若飯字亦作瀿淮南書莫鑒于流瀿而鑒于澄水許注楚人謂水暴溢爲瀿

煩二名凡煩之派皆衍煩聲　附袁切

元 **煩** 煩 熱頭痛也从頁从火會意一曰焚省聲轉注素問生氣通天論煩則喘喝注謂煩躁淮南精神煩氣爲蟲按旱熱也叚借爲棼廣雅釋詁一煩勞也三擾也禮記樂記衛音趨數煩志秦策不可以煩大臣周禮司隸役其煩辱之事注猶劇也考工弓人夏治筋則不煩注亂也淮南俶眞以物煩其性命乎注辱也史記樂書水煩則魚鼈不大正義猶數攪動也禮記祭義數則煩煩則不敬又爲蕃淮南

fán fán fán fán fán fán fán
蠜 顠 覢 鄻 樊 棥 蘋

主術法省而不煩注多也呂覽音初世濁則禮煩大戴少閒列五王之德煩煩如繁諸乎注眾也亦重言形況字又爲煩楚語若民煩可教訓注亂也失之又雙聲連語詩葛覃箋煩撋之用功深釋文猶挼莏也按亦反覆瀚潤之意聲訓釋名釋言語煩繁也古韻宋玉神女賦叶珊瀾安煩原旋

元 **蘋** 青蘋似莎者从艸煩聲子虛賦薛莎青蘋漢書注似莎而大生江湖雁所食淮南覽冥路無莎蘋注狀如葴葴如葭也

棥六名凡棥之派皆衍棥聲 附袁切

元 **棥** 藩也从林按爻象交午之形今俗所謂籬笆是也實卽藩字之古文詩青蠅止于棥毛本以樊爲之漢書昌邑王傳論衞商蟲皆作藩字亦作埜莊子山木遊乎雕陵之埜

元 **樊** 鷙不行也从癶从棥棥亦聲字亦作騃廣雅釋詁三樊止也叚借爲棥爲藩詩東方未明折柳樊圃爾雅釋言樊藩也莊子養生主澤雉十步一啄五步一飲不蘄畜乎樊中注所以籠雉也蜀都賦樊以蒩圃注畨也又廣雅釋言樊邊也莊子則陽鳥則休乎山樊李注傍也淮南精神游于天地之樊注崖也又爲鞶釋名鞶其下飾曰樊纓其形樊樊而上屬纓也周禮巾車樊纓注今馬大帶也犬行

人注馬飾也以罽飾之詩采芑傳鉤膺樊纓也左成二傳繁纓以朝疏樊卽鞶也又託名幖識字淮南墜形樊桐在昆侖閶闔之中注山名也又左隱十一傳溫原絺樊注一名陽樊在今河南懷慶府濟源縣東南本仲山甫采邑其後以邑爲氏左傳有樊皮又定四傳殷民七族樊氏孔子弟子樊遲是其裔也古韻詩青蠅叶樊言

元 **鄻** 京兆杜陵鄉从邑樊聲今陝西西安府南三十里之樊川卽秦嶺之子午谷也漢樊噲封地

元 **覢** 覢覢暫見也从見樊聲讀若幡字亦作𥌓

元 **顠** 大醜貌从頁樊聲

元 **蠜** 皁螽也从虫樊聲爾雅釋蟲皇螽蠜李注蝗子也漢書文帝紀注俗呼爲螽蝗按卽皁螽之轉語又爾雅草螽負蠜卽詩之草蟲螽大小如蝗而色青今蘇俗謂之叫哥哥及札兒者是也叚借爲蟠廣雅釋蟲負蠜蟠也與爾雅之蟠鼠負同類而微別今蘇俗所謂地鼈蟲也

癶一名 普般切

pān cán cān càn càn cán zàn
癶(攀) 奴 餐 粲 妝 𣦼 贊

刪刪 **攀** 引也从反廾指事或从手樊聲字亦作攀作扳平輿令薛君碑命不可癶劉脩碑扣馬攀輪張壽碑攀援持車上林賦仰攀橑而捫天莊子馬蹄可攀援而窺晉語攀輦卽利而舍廣雅釋言扳援也公羊隱元傳諸大夫扳隱而立之叚借疊韻連語謝靈運詩質弱易扳纏注猶牽引也聲訓釋名釋姿容攀翻也連翻上及之也

奴四名凡奴之派皆衍奴聲 昨干切

寒 **奴** 殘穿也从又从歺會意讀若殘

寒 **餐** 呑也从食奴聲或从食从水會意廣雅釋詁二餐食也方言一相謁而餐注畫飯爲餐晚飯爲飧詩伐檀不素餐兮漢書高后紀列侯幸得賜餐錢奉邑韋昭曰飧小食也叚借爲饡列子說符而下壺餐以餔之注水澆飯也又爲妝褚淵碑文餐東野之秘寶注美也聲訓釋名釋飲食餐乾也乾入口也古韻詩狡童叶言餐伐檀叶檀干漣廛貆餐轉音楚辭九辨叶溫餐垠春

翰 **粲** 稻重一秳爲粟二十斗爲米十斗曰糳爲米六斗大半斗曰粲从米奴聲詩緇衣還予授子之粲兮傳餐也爾雅釋言粲餐也按好賢之至欲以精米爲之餐也轉注廣雅釋詁三粲文也四明也釋言粲鮮也詩伐木於粲洒埽傳鮮

明貌法言孝至粲也晏也注文采也詩大東粲粲衣服傳鮮盛貌韓詩作采采采采雙聲爾雅宴宴粲粲尼居息也亦重言形況字又荀子榮辱俄而粲然有秉芻豢稻粱而至者注精絜貌非相欲觀聖王之跡則於其粲然者矣注明白之貌穀梁昭四傳軍人粲然皆笑注盛笑貌按露齒貌漢書董仲舒傳粲然有文以相接兒寬傳天文粲然注明貌亦單辭形況字又史記司馬相如傳皓齒粲爛索隱鮮明貌亦疊韻連語字亦作燦後漢班固傳備哉燦爛又作璨新附璨玉光也叚借爲妝周語女三爲粲賈注美貌詩綢繆如此粲者何又爲贊詩羔裘三英粲兮箋眾意古韻詩緇衣叶館粲羔裘叶晏粲彥

翰 **妝** 三女爲妝妝美也从女奴省聲周語夫粲美之物也以粲爲之

妠一名 昨干切

寒 **𣦼** 禽獸所食餘也从歺从肉會意廣雅釋詁三𣦼餘也字亦作膁經傳皆以殘爲之轉注廣雅釋詁二膁𣦼也

贊十一名凡贊之派皆衍贊聲 則肝切

翰 **贊** 見也从貝从兟會意見必有贄故从貝兟者進也按玉帛雉羔雁之屬皆貝類貝者佐見之具又古土相見禮賓必有紹介主

zuǎn 酇　cuán 欑　zàn 饡　zuǎn 篹　zàn 瓚

必有將命者皆佐見之人故小爾雅廣詁贊佐也廣雅釋詁三贊道也書皋謨思曰贊贊襄哉按進也漢書東方朔傳注贊進也周語太史贊王注導也周禮大行人以贊諸侯之喜注助也儀禮特牲禮宰自主人之左贊命注佐也達也禮記月令命太尉贊桀俊注猶出也後漢班彪傳注贊引也轉注書咸乂序伊陟贊于巫咸傳告也易說卦幽贊于神明而生蓍注明也呂覽孟夏贊傑儁注白也漢書郊祀志其贊饗曰孟康注贊說也王莽傳延登贊曰注謂祭祀之辭也字亦變作讚釋名釋言語讚録也省録之也方言十三讚解也小爾雅廣詁讚明也後漢崔駰傳注讚猶稱也列子黃帝喟然讚曰孔穌碑幽讚神明字又作囋荀子勸學問一而告二謂之囋又作唪作哷作囐作唪文賦務嘈囋而妖冶注唪與囋及囐同廣雅釋詁四唪聲也按此字當从卒贊聲與巘古文栓同餘皆誤字哷當从市聲聲訓釋名釋典藝稱人之美曰讚讚纂也纂集其美而敘之也古韻宋玉神女賦叶見贊

旱翰 **瓚** 三玉二石也从玉贊聲禮天子用全純玉也上公用駹四玉一石侯用瓚伯用埒玉石半相埒也按考工玉人天子執冒四寸以朝諸侯天子用全上公用龍侯用瓚伯用將繼子男執皮帛釋上下文義似不當如許君說泛記用玉爲飾之等鄭君讀瓚爲餈餍之餍餍卽饡字以羹澆飯也讀瓚爲饡其義亦未聞疑讀爲之爲字當作若擬其音也別義玉人祼圭尺有二寸有瓚以祀廟注瓚如盤其柄用圭有流前注周禮典瑞祼圭有瓚注漢禮瓚槃大五升口徑八寸下有龍口徑一尺按瓚者勺也黃金勺青金外朱中以圭爲柄曰圭瓚以璋爲柄曰璋瓚所以挹鬯祼祭禮記王制錫圭瓚然後爲鬯明堂位灌用玉瓚詩旱麓瑟彼玉瓚

旱 **篹** 竹器也从竹贊聲讀若纂廣雅釋器篹箭也急就篇槫榼椑榹匕箸篹籅注篹盛匕箸籠也別義說文一曰叢也

翰 **饡** 以羹澆飯也从食贊聲字亦作餍作餍周禮玉人注餍餍轉注禮記內則注似今膏餍集韻餍以膏煎稻爲𩞁

寒 **欑** 積竹杖也从木贊聲考工序注竹欑柲字亦作攢別義一曰叢木也叢頭爲欑欑聚也禮記喪大記君殯用輴欑至于上注猶菆也釋名塗曰欑欑木于上而塗之也楚辭哀歲匍匐兮欑叢注欑叢羅布也長笛賦踾蹴攢仄注攢聚貌西京賦攢珍寶之玩好注聚也叚借爲饡禮記內則相梨曰攢之注治擇之名也

旱翰歌 **酇** 百家爲酇酇聚也从邑贊聲周禮遂人四里爲酇注酇里酇鄙縣遂猶郊內比閭族黨州鄉也淮南時則注五里爲酇叚借託名幖識字說文南陽有酇縣在今河南歸德府永城縣南按漢蕭何始封于沛郡酇縣高后徙封于酇而酇字地理志亦借鄼爲之往往相亂也酇鄼雙聲

說文通訓定聲　乾部弟十四　卅五

sàn 散　sàn 𢿐　sàn 𣏟　zuàn 鑽　zuǎn 纘　zàn 𡢽　zàn 灒　zǎn 儹

旱 **儹** 冣也从人贊聲揚雄覈靈賦文王之始起浸仁漸義會賢儹智

翰 **灒** 汚灑也从水贊聲三蒼江南言灒山西言㳙按㳙洒之義轉注一曰水中人字亦作濺史記藺相如傳相如請得以頸血濺大王

翰 **𡢽** 白好也从女贊聲類𡢽綺也廣雅釋詁一𡢽好也通俗文服飾鮮盛謂之𡢽𡢽亦雙聲連語別義說文錯本一曰不謹也

旱 **纘** 繼也从糸贊聲詩七月載纘武功大明纘女維莘禮記中庸武王纘太王王季文王之緒叚借爲踐詩崧高王纘之事韓詩正作踐踐任也

寒翰 **鑽** 所以穿也从金贊聲方言九鑽謂之鍴魯語其次用鑽笮注臏刑也轉注爾雅釋木櫃椝曰鑽之按防有蟲于孔鑽視之也又荀子王制鑽龜陳卦注以火爇荊菙灼之也叚借爲欑西京賦列刃鑽鍭

𣏟六名凡𣏟之派皆衍𣏟聲 穌肝切

翰 **𣏟** 分離也从攴从林會意林𣏟之意也禮記曲禮積而能散太元元告散而聚經傳皆㪚爲之

翰 **𢿐** 繳𢿐也从隹𣏟聲鳥罟也繳网之類可收可放者與緐異具轉注通俗文張帛避雨謂之𢿐蓋字亦作𢿐俗字作傘叚借爲𣏟說文一曰飛𢿐也廣雅釋詁一𢿐壞也

旱翰 **散** 雜肉也从肉𣏟聲今隸作散轉注後漢華陀傳漆葉青黏散謂藥石爲屑襍和也又莊子人閒世散木也注不在可用之數曰散木荀子脩身庸眾駑散注不拘檢者也太元元瑩晝夜散者注猶雜也淮南精神不與物散注雜亂貌漢書敘傳師徒彌散注謂分派也又禮記少儀以散綏升注副綏也又周禮旄人掌教舞散樂注野人爲樂之善者若今黃門倡矣又周禮廋人散馬耳注以竹括押其耳頭動搖則括中物後遂串習不復驚司農注散讀爲中散大夫之散謂聒馬耳毋令善驚也按猶襍亂其耳也叚借爲𣏟公羊莊十二傳散舍諸宮中注放也禮記樂記馬散之華山之陽周禮典同陂聲散又後漢黃瓊傳日闇月散注不精明又漢書天文志散者不相從也又齊語其畜散無育注謂失亡也又周書文酌三留身散眞注失也又呂覽貴當貍處堂而眾鼠散注走也又爲𢿐廣雅釋詁三散布也素問脈要精微論陽氣未散注謂散布而出也洞簫賦馳散渙以逫律注分布也亦疊韻連語又爲𩞁周禮鹽人共其苦鹽散鹽注煮水爲鹽司農注湅治者按形如稷雪也又素問氣交變大論其災散落注謂物飄零而散落也又託名幖識字儀禮大射儀實一散于篚

說文通訓定聲　乾部弟十四　卅六

贊 𣏟

注爵名容五升禮記明堂位璧散璧角注皆以璧飾其口也又燕禮𨚵人凡牖事用散注漆尊也無飾曰散又疊韻連語史記平原君傳槃散行汲又發聲之詞方言三散殺也東齊曰散按散殺一聲之轉又託名幖識字大戴帝繫堯娶于散宜氏之子謂之女皇書君奭散宜生傳散氏宜生名恐非聲訓韓詩說五升曰散散訕也飲不自節為人所謗訕也古韻六韜文韜叶散遠三略下叶諫散叛偆素問離合眞邪論叶循散按轉音晏子諫下叶洗散老子守微叶散亂末

旱 饊 熬稻粻餭也从食散聲黏米煮孰為餦餭又乾煎之曰饊和之以飴則曰餳餳濡饊少乾者也

霰 霰 霓 稷雪也从雨散聲或从見聲亦曰米雪曰粒雪凡地面溼熱之氣為雲而升則散為雨雨已出雲為寒氣凝諸雨中者為霰雨未出雲為寒氣凝諸雲中者為雪故霰形如雨其下必在雪前爾雅釋天雨霓為霄雪注水雪襍下失之詩頍弁如彼雨雪先集維霰傳暴雪也薛君韓詩章句霰英也聲訓釋名霰星也水雪相摶如星而散也古韻詩頍弁叶霰見宴

刪潸 潸 涕流皃从水散省聲詩大東潸焉出涕史記扁倉傳流涕長潸

筭一名 蘇貫切

說文通訓定聲　乾部第十四

翰旱 筭 筭長六寸計歷數者从竹从弄會意言常弄乃不誤也按長六寸徑一分二百七十一枚而成六觚為一握縱橫算之此字實即祘之小篆祘象形筭會意也與从竹从具之算別字亦作笇轉注禮記投壺筭長尺二寸注長尺有握握數也以筭為之論語八佾集解多筭飲少筭釋文筭籌也

算九名凡算之派皆衍算聲 蘇貫切

旱翰 算 數也从竹从具會意讀若筭按具者備數也義與筭字別或曰字實从目筭省筭亦聲存參蒼頡篇算計也爾雅釋詁舍人注釋數之曰算儀禮燕禮無算爵禮記檀弓為之節文也有算論語何足算也又列子力命算之所亡若何注猶智也文選弔魏武文長算屈于短日注計謀也詩柏舟不可選也以選為之周禮大司徒羣吏撰車徒易繫辭襍物撰德以撰為之聲訓一切經音義引三蒼算選也

願 𢾴 小舂也从攴算聲字亦作𥼶

霰 籑 具食也从食算聲或从巽聲按此字當訓食餘也亦作餕與饌各字饌當為巽之或體移巽篆下儀禮特牲禮籑者

舉奠許諾籑有以也兩籑上籑下籑有司徹乃籑如儐諸籑字皆即此籑作从算者形近致譌猶錦繡纂組之誤為纂弋人何篹之誤為纂也禮記祭統餕者祭之末也又尸亦餕鬼神之餘也又玉藻日中而餕注食朝之餘也又內則子婦佐餕既食恒餕旨甘柔滑孺子餕曲禮餕餘不祭注食人之餘曰餕魯論語有酒食先生餕鄭注食餘曰餕叚借為飧廣雅釋器孰食謂之餕饔公羊昭廿五傳餕饔未就注孰食也淮南道應撞負羈遺之壺餕而加璧焉太元劇父母采餕若又為饌廣雅釋詁二籑進也籑食也又為纘漢書司馬遷傳仍父子相繼籑其職又為譔司馬遷傳贊至孔氏籑之藝文志籑二百章聲訓禮內則注餕既盡也盡食其所餘也

諫 篡 屰而奪取曰篡从厶算聲爾雅釋詁篡取也舊注盜位曰篡方言一凡取物而逆謂之篡荀子臣道逆命而不利君謂之篡莊子秋水差其時逆其俗者謂之篡夫史記衛將軍傳與壯士篡取之索隱猶劫也奪也轉注後漢逸民傳序鴻飛冥冥弋人何篡注今人謂以計數取物為篡篡亦取也叚借為算荀子解蔽察孰非以分是則謂之篡注謂篡奪失之

黠 ⿱算黑 黃黑而白也从黑算聲一曰短黑讀若以芥為齏名曰芥荃之荃

霰慁 潠 歕也一曰吮也从水算聲字亦作潩作潄

說文通訓定聲　乾部第十四

旱 匴 淥米籔也从匚算聲亦曰篔淅米訖則移于此器以漉乾之待炊所謂漉淅也別義儀禮士冠禮各一匴注竹器名今之冠箱也古文作篹按以巽為之又按米籔形似冠箱當以儀禮之匴為本訓淥米器為轉注

旱 纂 似組而赤从糸算聲字亦作繤又誤作纂齊語纂纂以為奉注織文也淮南齊俗衣纂錦注繒也說林繒為之纂繹注讀曰綫繹纂之纂漢書景帝紀錦繡纂組應劭曰纂今五采屬綷是也叚借為纘爾雅釋詁纂繼也禮記祭統纂乃祖服左襄十四傳纂乃祖考周語纂脩其緒又為蒞蒞纂纂雙聲史記叔孫通傳為綿蕞索隱蕞今之纂字又為櫕楊雄有訓纂篇二千四十字凡編纂字或亦作篹又以巽為之又筌賦歌纂下之纂纂注聚貌亦重言形況字

霰 ⿱算車 治車軸也从車算聲

祘二名凡祘之派皆衍祘聲 蘇貫切

翰 祘 明視以算之也从二示讀若筭按四橫六直象觚之形實即筭字之古文也逸周書本典解曰均分以祘之則民安今本作利誤字按古筭用竹徑一分長六寸二百七十一而成六觚為一握

suàn 蒜　cuàn 爨　zuān 韉　shān 羴　chàn 羼　xiān 鮮

翰 **蒜** 葷菜也。从艸，祘聲。齊民要術十引說文：菜之美者，雲夢之葷菜。爾雅釋草：蒚，山蒜。夏小正：納卵蒜。按皆謂今之小蒜也。若大蒜別一種，張騫始得自西域，亦名葫。

爨二名，凡爨之派皆衍爨聲。七亂切

翰 **爨** 齊謂之炊爨。臼象持甑，冂為竈口，廾推林內火。甑象形，又合五字會意。籀文从冂林廾火會意。林者，柴也。三蒼云：从臼持缶，缶，甑也。是从缶不从臼。儀禮士昏禮：大羹湇在爨。注：火上。特牲禮：視饎爨于西堂下。少牢禮：概鼎七俎于雍爨。注：爨，竈也。周禮亨人職：外內饔之爨亨煮。詩：執爨踖踖。孟子：許子以釜甑爨。注：炊也。楚辭：憂苦爨土鬵于中宇。注：炊竈也。禮記禮器：夫奥者，老婦之祭也。形誤為奥。轉注廣雅釋天：辰星謂之爨星，兔星或謂之鉤星。按辰星，水星也。免者，毚字之誤。史記天官書：免七命，曰小正、辰星、天攙、安周星、細爽、能星、鉤星。免亦毚之誤，毚即天攙也。若有免稱，則八命矣。毚爨雙聲字。聲訓釋名釋宮室：爨，銓也。銓度甘辛調和之處也。

寒 **韉** 車轅五束也。小車曲轅韉縛，大車直轅暈縛。从革，爨聲。讀若鑽。或从革，贊聲。

羴五名，凡羴之派皆衍羴聲。式連切

先 **羴** 羶 羊臭也。从三羊會意。或从羊，亶聲。周禮庖人：冬行鱻羽，膳膏羶。內饔：羊冷毛而毳，羶。禮記月令：其臭羶。假借為馨。禮記郊特牲：然後焫蕭合羶薌。祭義：燔燎羶薌。

潸 **羼** 羊相廁也。从羴在尸下。尸，屋也。會意，羴亦聲。一曰相出前也。轉注顏氏家訓：典籍錯亂，皆由後人所羼。

先銑 **鮮** 魚名。出貉國。从魚，羴省聲。衛公子鱄字子鮮。假借為鱻。禮記內則：冬宜鮮羽。注：生魚也。詩韓奕：魚鼈鮮魚。箋：鮮魚，中膾者也。老子：治大國若烹小鮮。注：魚也。又書益稷：奏庶鮮食。傳：鳥獸新殺曰鮮。馬注：生也。儀禮既夕：魚腊鮮獸。左襄三十傳：惟君用鮮。注：野獸。淮南泰族：以奉宗廟鮮犒之具。注：生肉。又易說卦：為蕃鮮。釋文：明也。淮南俶真：華藻鋪鮮。注：明好也。西都賦：鮮顥氣之清英。注：潔也。登徒好色賦：寤春風兮發鮮榮。注：華也。漢書廣川惠王越傳：衣服常鮮于我。注：謂新華也。史記酈生陸賈傳：數見不鮮。此義經傳亦多以新字為之。又左昭五傳：葬鮮者自西門。注：不以壽終曰鮮。按生殺也。又為善。爾雅釋詁：鮮，善也。方言十：鮮，好也。詩新臺：籧篨不鮮。北山：鮮我未老。車舝：鮮我覯爾。又為尟。爾雅釋詁：鮮，寡也。詩揚之水：終鮮兄弟。蓼莪：鮮民之生。蕩：鮮克有終。禮記大學：天下鮮矣。注：罕也。左昭廿八傳：吾毋多而庶鮮。注：少也。易繫辭傳：故君子之道鮮矣。釋文：盡也。又為獻。實為獻。詩皇矣：度其鮮原。爾雅：小山別大山，鮮。又為獻。禮記月令：鮮羔開冰。又疊韻連語。羽獵賦：鮮扁陸離。注：戰鬥軍陳貌也。漢書注：輕疾貌。鮮之聲又轉為斯。楚辭大招：若鮮卑只。注：鮮卑，衮帶頭也。莊子天運：鮮規之獸。李注：鮮規，明貌。釋文：鮮規，小獸也。又小蟲也。史記五帝紀：鮮支渠廋。索隱：鮮析聲相近。按禹貢析枝，今甘肅蘭州府河州之西，所謂河曲羌也。廣雅釋器：鮮支，絹也。說文：縳，白鮮卮也。亦皆疊韻連語。又託名標識字。周武王封箕子于朝鮮，今高麗國也。左昭十二傳：假道于鮮虞。在今直隸正定府新樂縣。晉語：與鮮牟守燎。注：東夷國。聲訓爾雅釋詁：鮮，罕也。禮表記：民鮮克舉之。注：罕也。古韻文子上仁叶全鮮賢。轉音詩新臺叶泚瀰鮮。

銑 **癬** 乾瘍也。从疒，鮮聲。廣雅釋詁一：癬，創也。聲訓釋名釋疾病：癬，徙也。浸淫移徙，處日廣也。故青齊謂癬為徙也。鮮徙一聲之轉。

歌支霰 **䨣** 小雨財零也。从雨，鮮聲。讀若斯。鮮斯一聲之轉。

xuǎn 癬　sī 䨣　shàn 扇　shàn 傓　shàn 蝙　shān 山

扇三名，凡扇之派皆衍扇聲。式戰切

霰 **扇** 扉也。从戶从羽會意。門兩傍如羽翼也。禮記月令：乃脩闔扇。注：用竹葦曰扇。轉注方言五：箑，自關而西謂之扇。按即翣也。呂覽知接：荅以楊門之扇。注：屏也。又射雉賦：候扇舉而清叫。注：布也，形如手巾。又爾雅釋蟲：蠅醜扇。注：好搖翅。方言十二：吹扇，助也。又搖扇疾也。魯詩十月之交：豔妻扇方處。毛本字作煽。爾雅釋言：煽，熾也。蜀都賦：高爓飛煽于天垂。按亦搖扇之義。

霰 **傓** 熾盛也。从人，扇聲。詩曰：豔妻傓方處。毛詩作煽。按傓、煽皆後出字，皆因詩辭而製也。魯詩閻妻扇方處，是本字。

霰 **蝙** 蠅醜搖翼也。从虫，扇聲。按此亦後出字。爾雅蠅醜扇，只作扇。

山六名，凡山之派皆衍山聲。所閒切

删 **山** 土有石而高。象形。爾雅釋文引說文：凡天下名山五千二百七十，出銅之山四百六十七，出鐵之山三千六百有九。按山海經文二百作三百，有九作九十。周語：山，土之聚也。春秋元命苞：山者，氣之苞，所以含精藏雲，故觸石而出。春秋運斗樞：山者，地之基。易說卦：艮為山。轉注左昭四傳：山人取之。注：山人，虞官。又廣雅釋言：山，彰也。禮記明堂位：夏后氏山。荀子大畧：天子山冕。書益稷：山龍華蟲。謂畫山于衣也。又周禮司尊彝：用兩山尊。注：山罍，亦刻而畫之為山雲之形。又獨斷：高山冠，齊冠也。高九寸，秦制，行人使官所冠，今謁者服之。方山冠以五采穀為之，漢祀宗廟舞人服之。又爾雅釋魚：七曰山龜。謂生于山者。又漢書地理志：非獨為奉山園也。注：黃圖謂陵冢為山。又禮記樂記：總干而山立。注：猶正立也。玉藻：山立時行。注：不搖動也。聲訓說文：山，宣也。宣气散生萬物，有石而高。春秋說題辭：山之為言

xiān 思　shàn 狦　shān 珊　sān 箾　shān 刪　shēn 屾　shàn 汕　shàn 疝　shān 邮　shàn 訕

宣也。名澤布氣調五行也。釋名山產也，產生物也。古韻詩斯干叶干、山，殷武叶山、丸、遷、虔、梃、閑、安，楚辭招魂叶姦、安、軒、山、連、寒。轉音文子上德叶山、淵，又詩東山叶山、歸。

刪諫 **訕** 謗也。从言，山聲。與姍略同。蒼頡篇：訕，誹毀也。廣雅釋詁二：訕，謓也。禮記少儀：有諫而無訕。論語：惡居下流而訕上者。古韻三略上叶訕、源。

刪 **邮** 地名。从邑，山聲。

刪諫 **疝** 腹痛也。从疒，山聲。素問長刺節論：腹痛不得大小便，病名曰疝。大奇論：腎脈大急沈，肝脈大急沈，皆爲疝。注：疝者，寒氣結聚之所爲也。漢書藝文志五藏六府疝十六病四十卷，注：心腹氣病。聲訓釋名：心痛曰疝。疝，詵也，氣詵詵然上而痛也。陰腫又曰疝，亦言詵也，詵詵引小腹急痛也。

諫 **汕** 魚游水皃。从水，山聲。詩南有嘉魚：烝然汕汕。傳：汕汕，樔也。箋：今之撩罟也。爾雅釋器：罺謂之汕。舍人注曰：以薄罺魚曰樔。按詩罩罩、汕汕，皆重言形況字，魚游水皃，而汕之爲樔、罩之爲籗，不妨別爲捕魚器。許以罩从网，汕不从网，故罩訓從爾雅毛傳，而汕不從，亦少泥矣。古韻詩南有嘉魚叶汕、衎。

眞 **屾** 二山也。从二山，會意。音闕。今附于此。

刪六名　凡刪之派皆衍刪聲　所姦切

刪 **刪** 剟也。从刀，从冊，會意。冊，書也。三蒼：刪，除也。聲類：刪，定也。漢書刑法志注：刪，刊也。丙吉傳注：刪，削也。書孔序：刪詩爲三百篇。

寒翰 **箾** 竹器也。从竹，刪聲。玉篇似箱而狹。別義：廣雅釋器：箾謂之箾。按今刷鍋帚也。箾箾亦一聲之轉。禮記內則：栗曰撰之，以巽爲之。

寒 **珊** 珊瑚色赤，生于海，或生于山。从玉，刪省聲。按似樹，大者高三尺餘，枝格交錯，無葉，有青色者曰琅玕。叚借重言形況字。神女賦：拂墀聲之珊珊。注：聲也。古韻宋玉神女賦叶寬、珊、瀾、安、煩。

刪諫 **狦** 惡健犬也。从犬，刪省聲。廣雅釋獸：狦，狼也。按狼似犬。叚借託名幖識字。漢書宣帝紀：稽侯狦，應劭音訕。

鹽 **思** 疾利口也。从心，从冊。按刪省聲。書盤庚：相時思民，本亦作憸。馬注：憸利，小小見事之人也。立政：國則罔有立政用憸人。馬注：憸利佞人也。釋文本又作思。按憸思雙聲字。

shān 姍　zhuàn 叩　xùn 巺　xuǎn 選

寒諫 **姍** 誹也。从女，刪省聲。與訕略同。漢書異姓諸侯王表：秦自任私智，姍笑三代。字亦作訕。見後漢馮衍傳注、東觀記作譏。別義：說文一曰翼便也。鍇本：一曰女皃也。又廣雅釋詁一：姍，好也。叚借重言形況字。漢書外戚傳：何姍姍其來遲。注：行皃。又疊韻連語。子虛賦：便姍嫳屑。注：衣曳地。按猶般旋也。

弜七名　凡弜之派皆衍弜聲　士戀切

霰 **叩** 二卩也。从二卩，會意。巽从此。按合卩爲卯，竝卩爲弜。事之制也。與卯略同。

願 **巺** 籑 具也。从丌，从弜，會意。弜亦聲。古文从二持弓指事。非从廾。篆文从𠬞从丌，皆弜聲。按籑下饌字當爲巽之或體，今附于此。字亦作篹、作籑、作譔、作撰。廣雅釋詁三：饌，撰具也。儀禮士冠禮：具饌于西塾。注：陳也。詩卷阿箋：尊之豫撰几疏，撰爲供置之。禮記曲禮：撰杖屨。注：猶持也。又古論語：先生饌。馬注：飲食也。後漢張衡傳：籑飧餞餔。盧諶詩：不免饌實。轉注：論語：異乎三子者之撰。孔注：具也。鄭本作饌，同。楚辭招魂：結撰至思。注：猶博也。廣雅釋詁四：撰，博也。又定也。叚借爲顨，實爲愻。易雜卦傳：巽，伏也。說卦傳：巽，入也。繫辭傳：巽，德之制也。廣雅釋詁一：巽，順也。論語：巽與之言。馬注：恭也。史記弟子傳：魯邽巽字子歛。又爲踐。書堯典：汝能庸命巽朕位。史記正作踐。馬注：讓也。則謂借爲遜。又爲算。周禮大司馬：羣吏撰車徒。易繫辭：以體天地之撰。若夫雜物撰德。注：數也。史記司馬相如傳：歷撰列辟。又爲箾。禮記內則：栗曰撰之。按：箾也。又爲匴。禮記明堂位：薦用玉豆雕篹。注：籩屬也，以竹爲之。喪大記：食于篹者盥。注：竹筥也。又爲櫕，爲詮。漢書藝文志：門人相與輯而論篹。敍傳：故探篹前記，纂書刪詩。草法篹元。注：與撰同。聲訓：釋名釋天：巳，于易爲巽。巽，散也。物皆生布散也。古韻易萃叶亂、變、巽。轉音易象叶順、賓、巽。

銑霰 **選** 遣也。从辵，从巺。巺遣之，巺亦聲。按以愻訓巺也。左昭元傳：弗去懼選。注：數也。失之。叚借爲柬。說文一曰：選，擇也。小爾雅廣言：選，擇也。白虎通聖人：十人曰選。禮記王制：命鄉論秀士，升之司徒曰選士。晉語：晝選男德以象穀明。管子七法：器成卒選，則士知勝矣。荀子王制：案謹募選閱材伎之士。又爲算。書盤庚：世選爾勞。詩柏舟：不可選也。又爲善。周書常訓：夫民羣居而無選。漢書武帝紀注：選，善也。又爲援。史記平準書：株送徒。索隱：選，引也。又爲巽。方言十三：選，徧也。詩猗嗟：舞則選兮。傳：齊也。齊語：牛馬選具。周書寶典：五中正，是謂權斷補損知選。仲尼弟子任不齊字選。又廣雅釋詁三：選，入也。又爲旋。呂覽任數：選閒食熟。注：須臾也。又爲僎。史記律書：選蠕觀望。索隱：謂身動欲有進取之狀也。漢書西南夷傳：恐議者選耎復守和解。注：怯不前之意。又爲鍰。史記平準書：名曰白選。又託名幖識字。風俗通十秭

謂之選海外東經五億十選一曰五億十萬（古韻）詩柏舟叶轉卷選猗嗟叶變婉選貫反亂轉（音）禮記禮運叶選禮

譔 先 銑 霰 專教也从言巽聲廣雅釋詁四譔教也（叚借）爲撰爲詮漢書揚雄傳譔以爲十三卷注與撰同禮記祭統論譔其先祖之美法言訓諸理譔孝行又爲巽楚辭大招聽歌譔只注具也又爲孱廣雅釋言州譔殊也按殊者姝之誤字州譔猶嬙嬻也密州即買朱倂張即朱張或州即姝之借（古韻）楚辭大招叶亂變譔

䍝 銑 网也从网巽聲或从足巽者纚足也逸周書曰不卵不䍝以成鳥獸

僎 銑 眞 具也从人巽聲按此字實即巽之或體論語大失僎釋文本作撰論語鄭本巽乎三子者之僎注僎讀曰詮詮之言善也則謂借爲詮（叚借）爲贊禮記少儀介爵酢爵僎爵注古文禮僎作遵謂鄉人爲卿大夫來觀禮者僎或爲騶鄉飲酒義介僎象陰陽也釋文僎輔主人者儀禮鄉飲酒禮遵者降席注謂此鄉之人仕至大夫者今來助主人樂賓主人所榮而遵灋者也因以爲名今文遵爲僎或爲全據鄭則遵爲本字亦通

鐉 先 所以鉤門戶樞也一曰治門戶器也从金巽聲（叚借）爲鍰實爲鋝尚書大傳死罪罰二千鐉又云一鐉六兩

顛二名凡顛之派皆衍顛聲 士戀切

顛 霰 選具也从二頁會意按此字實即孱之異體頁者人也二人來擇而共具之

顨 願 巽也从丌从顛會意顛亦聲此易顨卦爲長女爲風者按此字實即巽之異體古易卦如此作耳

叀三十九名凡叀之派皆衍叀聲 職緣切

叀 先 霰 專小謹也从幺省屮財見也屮亦聲按說解有誤字不憭古文从屮呂又古文从卜从日从乚據說則即嫥之古文與顓畧同今所用沾沾意叀亦重言形況字也惠字从此會意愚謂此字與牽同意从牛从幺會意幺者縻也疐字从此許君曰叀如穿牛鼻是也古文从牛省从幺又古文从占即叀从乚即厶也作者形稍變耳惠字从㝬省聲漢書陳遵傳迷揚雄酒箴一旦叀礙爲瓽所轠注叀縣也或以叀爲寋失之是叀爲牽繮之義此亦可證古文𤰇象三牛首當據𤰇篆古文補或曰叀即縛字白鮮色也从屮幺从十會意屮者出也人幺爲幺出幺爲縛十者具足義如染从九也存疑至李陽冰謂象枌人罍斗郭忠恕謂古專字周伯琦謂古篿字束中以卜楊桓訓厶爲埶訓屮爲之皆岨說不可從（轉注）古文㕡字从叀九聲牛馬同類

專 先 六寸簿也从寸叀聲按即笏也亦謂之手版其度二尺有六寸孟子庶人不傳贄爲臣注執也按以傳爲之蜀志秦宓以簿擊頰（別義）說文一曰紡專也字亦作塼作甎俗作磚詩斯干載弄之瓦傳瓦紡塼也通俗文甎方大謂之甋瓳荀子正論是猶以塼涂塞江海也注塼涂以涂塈塼也（叚借）爲嫥廣雅釋詁四專業也釋言專擅也禮記曲禮專席而坐注猶單也檀弓爾專之注猶司也左襄十九傳專黜諸侯服注獨也廿九傳若琴瑟之專壹易說卦姚本巽爲專注一也魯語獲骨焉節專車賈注滿也周語榮公好專利注擅也老子專氣致柔能嬰兒注任也秦策孰與文信侯專注權重也又爲摶廣雅釋言專齊也又爲轉廣雅釋言專轉也又爲團周禮大司徒其民專而長注圜也又儀禮士虞禮記用專膚爲折俎注厚也按圜也又左昭元傳專爲右角服注八十一乘爲專又爲圍史記屈賈傳大專槃物兮索隱讀曰鈞按圜天體也又爲環淮南本經民之專室蓬廬注專特小室也失之又爲剸之誤字按論語不能專對猶敷也與易說卦震爲專誤專同集解獨也失之又託名幖識字史記吳太伯世家勇士專諸索隱一作剸

袁 元 長衣貌从衣叀省聲（叚借）託名幖識字左成二盟于袁婁穀梁作爰當在今山東青州府臨淄縣西又僖四陳袁濤涂釋文本作轅按嫣姓陳胡公裔名諸字伯爰孫濤塗以王父字爲氏漢有轅固爰盎皆即袁氏也

蓴 寒 眞 蒲叢也从艸專聲廣雅釋草蒲穗謂之蓴按蒲花形圜其上黃粉即蒲黃也謝靈運詩新蒲含紫茸注蒲華（轉注）廣雅釋詁三蓴聚也（叚借）爲蓴今以爲蓴菜字亦作蒓

膞 先 銑 切肉也从肉專聲廣雅釋器膞臠也（別義）釋名膝頭曰膞膞團也因形團而名之也（叚借）爲腨儀禮膞骼謂髀腸也又爲輇考工旊人器中膞膞崇四尺方四寸

篿 寒 先 圜竹器也从竹專聲（別義）離騷索藑茅以筳篿兮注楚人名結草折竹以卜曰篿

團 寒 寒 圜也从囗專聲詩野有蔓草零露團兮毛本字作漙傳漙漙然盛多也字亦作霔周禮大司徒其民專而長以專爲之長笛賦冬雪揣封乎其枝以揣爲之後漢張衡傳注團圓垂貌亦疊韻連語也（叚借）爲摶莊子逍遙遊團扶搖而上者司馬注飛而上也鵩鳥賦何足控團注持也又爲嫥史記田完世家馮因團三國之兵索隱謂握領也（古韻）詩野有蔓草叶漙婉願

傳 先 霰 霰 遽也从人專聲爾雅釋言馹遽傳也按以車曰傳亦曰馹以馬曰遽亦曰驛皆所以達急速之事左成四傳晉侯以傳召伯宗

zhuān 嫥　tuán 摶　zhuǎn 鱄　zhuǎn 竱　shuàn ⿰危專

謂馹也周禮行夫掌邦國傳遽之小事注若今時乘傳騎馹而使者也禮記玉藻士曰傳遽之臣注以車馬給使者也【轉注】廣雅釋室傳舍也按傳于路必有官舍如今驛站尖宿處因又以傳爲舍漢書王莽傳廚傳勿舍注置驛之舍也又凡由此適彼皆曰傳周禮掌節必有節以傳輔之注說所齎操及所適司關則以節傳出之注如今移過所文書漢書王莽傳有事府第皆用傳注符也當成傳詐刻傳出關歸家注所出關之符也文帝紀除關無用傳注栞也又漢書劉屈氂傳以姦傳朱安世注逮捕也又禮記內則枕几不傳注移也秦策欲傳商君注猶禪也莊子養生主指窮于爲薪火傳也釋文延也又禮記樂記有司失其傳也注猶說也祭統傳著于鍾鼎也釋文謂傳述儀禮士相見禮妥而後傳言注猶出言也又公羊定元傳主人習其讀而問其傳注謂訓詁古今人表傳曰注謂能解說經義者也漢書淮南王安傳使爲離騷傳注謂解說之若今詩毛氏傳也又史記始皇紀推始終五德之傳索隱次也漢書郊祀志推終始傳注謂轉次之【段借】爲搋爾雅釋宮植謂之傳傳謂之突注戶持鎖直木也【聲訓】釋名釋書契傳轉也轉移所在執以爲信也釋宮室傳傳也人所止息而去後人復來轉轉相傳無常主也孟子以傳食於諸侯丁音言轉食也淮南精神而傳之於舜注禪也【古韻】楚辭遠遊叶傳垠然

銑 ⿰危專 小危有耳蓋者从危專聲疑與⿰卮耑同字急就篇皇象本作槫顏本作椯誤字

寒銑 竱 等也从立專聲齊語竱本肇末廣雅釋詁四竱齊也孟子不揣其本而齊其末或曰以揣爲之

寒銑先 鱄 鱄魚也从魚專聲儀禮士喪禮鱄鮒九腊呂覽伊尹曰魚之美者洞庭之鱄左襄廿七衛侯之弟鱄字子鮮公羊作縳穀梁以專爲之【段借】託名幖識字左昭廿傳乃見鱄設諸焉亦作專諸剸諸又吾蘇城東南門曰葑門古謂之鱄門又家語魚之大者名曰鱄疑借爲鱣又南山經黑水其中有鱄魚如鮒而彘尾其音如豚見則天下大旱注音團當是別一物

寒霰 摶 圜也从手專聲通俗文手團曰摶廣雅釋詁三摶著也考工鮑人卷而摶之輪人則是摶以行石也史記賈生傳何足控摶禮記曲禮毋摶飯【轉注】管子霸言摶國不在敦古注聚也內業摶氣如神萬物備存注謂結聚也【段借】爲團考工梓人摶身而鴻廬人刺兵摶弓人紾而摶廉矢人欲生而摶楚辭橘頌圜果摶兮又爲嫥史記始皇紀摶心壹志呂覽適音不收則不摶注不摶入不專一也又重言形況字楚辭九辯乘精氣之摶摶兮思元賦志摶摶以應懸兮又託名幖識字周禮羽人百羽爲摶注羽數束名也【古韻】楚辭橘頌叶摶爛靈樞五色叶摶遠

先 嫥 壹也从女專聲經傳皆以專爲之【別義】一曰女嫥嫥【段借】爲摶淮南俶眞嫥捖剛柔注和調也亦疊韻連語

說文通訓定聲 乾部弟十四 三十五

yuán 園　qióng 睘(睘)　yuǎn 遠　zhuǎn 轉　juàn 縳

先霰 縳 白鮮色也从糸專聲段氏玉裁云當作白鮮卮卽禹貢之纖縞周禮之素紗生帛也則與絹字同存疑【別義】廣雅釋詁三縳束也左襄廿五傳以帷縳其妻昭廿六傳縳一如瑱注卷也則與綣畧同又託名幖識字周禮羽人百羽爲摶十摶爲縳注羽數束名也爾雅釋器十羽謂之縳百羽謂之緷與周官起數異又按周禮誤緷爲縳字誤縳爲摶字

銑霰 轉 運也鍇本還也从車專聲廣雅釋詁一轉行也史記平準書漕轉山東粟索隱車運曰轉詩祈父胡轉予于恤箋移也左昭十九傳勞罷死轉注遷徙也吳語將轉于溝壑注入也楚辭愍命卻騁驥以轉運兮史記弟子傳與時轉貨貲【段借】爲傳漢書高帝紀轉送其家又淮南俶眞昔公牛哀轉病也注易病也又爲縳左襄廿四傳踞轉而鼓琴注衣裝也傅氏遜謂袗之誤字又爲獧左昭三十一傳嬴而轉以歌注宛轉也按跳也又疊韻連語詩關雎輾轉反側澤陂輾轉伏枕皆卧而不周之意又雙聲連語漢書司馬相如傳轉騰潎冽注轉騰相過也【古韻】詩柏舟叶轉卷選文子上德叶轉遠

阮願 遠 遼也从辵袁聲古文从辵从步从目爾雅釋詁遠遐也方言六雖楚或謂之遠禮記王制屛之遠方注九州之外也中庸柔遠人也注蕃國之諸侯也樂記窮高極遠而測深厚注高遠三辰也曲禮句之外曰遠某日儀禮士冠禮則筮遠日左定元傳好用遠人注異族也周語言無遠注謂非耳目所及也孟子不忘遠注謂諸侯也【轉注】廣雅釋詁三遠疏也周語將有遠志注逋逃也晉語諸侯遠已注疏外也吳語以遠我一二兄弟之國論語不仁者遠矣皇疏去也漢書劉向傳疏遠外戚注疏而離之也左昭廿八傳遠不忘君【段借】託名幖識字爾雅釋草葽繞棘蒬注今遠志也釋文字又作薳【古韻】詩角弓叶反遠又叶遠然載馳叶反遠東門之墠叶墠反遠論語唐棣叶反遠伐柯叶遠踐伐木叶阪衍踐遠愆杕杜叶嘽痯遠板叶板亶遠管癉諫易繫辭叶遠邇楚辭惜誦叶變遠涉江叶遠壇國殤叶反遠高唐賦叶顯遠管子內業叶遠產文子道原叶坦遠返上德叶轉遠上仁叶遠斷靈樞五色叶摶遠六韜文韜叶散遠矣子料敵叶間遠轉音素問寶命全神論叶遠瞋旬變

庚先 睘 目驚視也从目袁聲素問診要經絡論目睘絕系注謂直視如驚貌【段借】重言形況字詩杕杜獨行睘睘傳無所依也思元賦作煢睘煢雙聲轉音詩杕杜叶菁睘姓

元 園 所以樹果也从囗袁聲三蒼種樹曰園周禮大宰園圃毓草木注樹果蓏曰圃園其樊也載師以場圃任園地注樊圃謂之園易賁于邱園詩將仲子無踰我園【轉注】後漢光武紀園寢注謂塋域也【聲訓】風俗通園援也【古韻】詩將仲子叶園檀言易賁叶園戔

說文通訓定聲 乾部弟十四 三十六

叀

元 轅 轅輈也从車袁聲按大車柏車羊車皆左右兩木曰轅其形直一牛在轅閒田車兵車乘車皆居中一木穹隆而上曰輈其形曲兩馬在輈旁轅與輈對文則別散文則通輈曰軒轅言轅之高者也考工輈人今夫大車之轅摯謂轅卑也穀梁昭八傳置旃以為轅門注卬車以其轅表門叚借為趄晉語作轅田賈注易也或說車也則諸本字左傳以爰為之聲訓釋名轅援也車之大援也

刪 環 環璧也从玉睘聲爾雅釋器肉倍好謂之璧好倍肉謂之瑗肉好若一謂之環李注其孔及邊肉大小適等荀子大畧問士以璧召人以瑗反絕以環禮記經解行步則有環珮之聲玉藻孔子佩象環五寸轉注詩盧令盧重環傳子母環也白帖作鐶又曹植樂府皓腕約金鐶注釧也又釋名刀其本曰環形似環也又禮記玉藻瓜祭上環注上環頭忖也又儀禮士喪禮布巾環幅注廣袤等也又周禮弁師弁而加環絰釋名釋喪制環絰未無餘散麻圓如環也又莊子齊物論得其環中以應無窮素問奇病論環齊而痛叚借為旋為轉周禮樂師環拜以鐘鼓為節司農注謂旋也齊策環山者三大荒北經相繇九首蛇身自環注轉旋也又為還大戴保傳亟顧環面注旋也又為繯齊語環山于有牢注繞也西京賦譬衆星之環極漢書章賢傳我徒我環注遶也周禮秋官環人注猶圍也左昭十六傳環而塹之及泉注周也荀子臣道環主圖私為務按猶籠絡也禮記儒行環堵之室考工匠人環涂七軌孟子環而攻之而不勝字亦作寰穀梁隱元傳寰內諸侯注天子畿內大夫有采地者尹更始注天子以千里為寰又為懁為趧周禮夏官環人注猶卻也按疾急也又為鍰考工冶氏三鋝注十鈞為環環重六兩大半兩又託名幖識字周禮肆人九曰巫環注謂筮可致師不也禮記曲禮疏引作筮旋周柄中云孟子環而攻之謂筮而攻之故曰得天時又海內北經環狗獸首人身一曰蝟狀如狗古韻詩盧令叶環鬈考工弓人叶弦環

元 趧 趧疾也从走睘聲讀若讙

刪先轂 還 還復也从辵睘聲字亦作還爾雅釋言還返也方言十三還積也疑躓也廣雅釋詁二還歸也詩何人斯還而不入箋行反也儀禮鄉飲酒禮主人荅拜還注猶退也周禮司儀致饔餼還圭司農注歸其玉也左昭二十傳無所還忌注猶顧也周語視無還注睛轉復反為還漢書項籍傳羽還叱之注迴面也轉注荀子王霸舜禹還至王業還起注復也叚借為旋為轉禮記內則左還授師檀弓右還其封曲禮還辟再拜稽首玉藻周還中規折還中矩少儀還履左宣十二傳少進馬還傳十五傳晉戎馬還濘而止楚語將還玩吳國于股掌之上北山經歸山有獸曰驔善還莊子庚桑楚巨魚無所還其體又為嫙詩還子之還兮毛傳便捷之貌則謂借為趧又為繯左襄十傳還鄭而南哀三傳道還公宮公羊成二傳師還齊侯史記楚世家還蓋長城以為防又荀子成相比周還主黨與施注繞也按猶籠絡也又為趧廣雅釋詁一還疾也禮記檀弓還葬而無椁史記天官書殃還至又為懁爾雅釋木還味棯棗注還味短味說文作樣是後出字繫傳引爾雅注作短若聲訓禮記檀弓還葬縣棺而封注還之言便也古韻詩還叶還閒肩儇十畝之閒叶閒閑還老子儉武叶還焉年轉音楚辭悲回風叶還閒招魂叶先還兒

先 譞 譞譞譞慧也从言睘聲按言之慧也

銑 睘 睘兒初生瞥者也从目睘聲按生而目有翳者

先 翾 翾小飛也从羽睘聲字亦作翾作䴉廣雅釋訓翾翾䴉䴉翻翻飛也楚辭九歌翾飛兮翠曾韓詩外傳翾翾十步之雀法言問明朱鳥翾翾叚借為儇荀子不苟喜則輕而翾注與懁同又為反海賦翻動成雷注動貌後漢張讓傳翻車注謂機車以引水通俗文水碓曰翻車以轓為之

先 檈 檈圜案也从木睘聲

刪先 圜 圜天體也从口睘聲按渾圜為圜平圜為圓圓之規為圜易說卦乾為圜呂覽圜道注圜天道也序意大圜在上注天也周禮大司樂冬日至于地上之圜丘奏之釋名圜丘方丘就其方圜名之也轉注考工輪人取諸圜也鳧氏六分其厚以其一為之深而圜之禮記月令其器圜以閎家語致思圜流九千里列子說符圜流九十里史記孟荀傳欲內圜鑿西京賦圜闕竦以造天又漢書食貨志立九府圜法注卽錢也又周禮秋官司圜司農注今獄城曰圜比長則唯圜土內之注獄必圜者規主仁叚借為繯漢書高五王傳圜悼惠王冢圜邑注謂周繞之郊祀志注圜繞也又託名幖識字周禮大司樂圜鍾為宮注夾鍾也馬注應鍾也聲訓廣雅釋詁三圜圖也圖卽籥字

先 儇 儇慧也从人睘聲荀子非相鄉曲之儇子注輕薄巧慧之子也叚借為趧詩還揖我謂我儇兮傳利也韓詩作婘荀子榮辱靡之儇之注疾也又為譞楚辭惜誦忘譞媚以背衆兮注佞也方言十二儇謾也又為還荀子禮論設掩面儇目古韻詩還叶還閒肩儇

銑霰 獧 獧疾跳也从犬睘聲字亦作狷叚借為懁說文一曰急也論語狂狷乎孟子狂獧乎晉語小心狷介注守分有所不為也

先霰 懁 懁急也从心睘聲讀若絹與狷別字亦誤作衒孫叔敖碑衒節高義莊子列禦寇有順懁而達釋文引三蒼急腹也王注研辨也失之孟子必也狂獧乎以獧為之

huán 闤　huàn 擐　xuān 嬛　xuàn 繯　xuān 蠉　huàn 轘　xuán 檈　huǎn 攌　juàn 羂

删 闤 萻頡篇：市門也。釋元應一切經音義引說文有此字，姑附于此。按即繯字之俗體。廣雅釋室：闤，道也。西京賦通闤帶闠，薛注：市營也。蜀都賦闤闠之裏，劉注：市巷也。

删 諫 擐 貫也。从手，睘聲。廣雅釋詁三：擐，著也。左成二傳擐甲執兵，吳語服兵擐甲，賈注：衣甲也。淮南要略躬擐甲冑，注：貫著也。叚借爲援。禮記王制注擐衣出其臂脛。

先 嬛 材緊也。从女，睘聲。按方言一：嬛，未續也。楚曰嬛，卽欲續纔緊尚未結繫之意。廣雅釋詁二：未，亦訓續。失之。叚借重言形況字。詩閔予小子：嬛嬛在疚。韓詩作惸。左哀十六傳：嬛嬛余在疚。今作煢。按與獨行睘睘字同，皆孤特之貌，於本訓無涉也。史記司馬相如傳：柔橈嬛嬛，張揖曰：猶婉婉也。郭璞曰：骨體耎弱長豔貌也。皆以聲爲訓。本無正字，又疊韻連語。上林賦便嬛綽約，郭璞曰：便嬛，輕利也。似以儇趯二字爲訓，其實字亦作娟。魯靈光殿賦旋室㛹娟以窈窕，注：迴曲貌。豈亦可訓輕利乎。凡此皆以聲爲意，不當于本字求之。古韻：楚詞大招叶媔嗚娟便。

鈌 諫 繯 落也。从糸，睘聲。字亦作綄。廣雅釋器：繯，絡也。釋詁四：綄，纏也。方言五：所以懸檽，宋魏陳楚江淮之閒謂之繯，或謂之環。按蠶薄

上横者謂之檽。通俗文：所以懸繩。楚曰繯。繩當作檽。揚雄羽獵賦：虹蜺爲繯，韋昭注：旗上繫也。又新附：鬟，總髮也。字亦作䰐。又後漢馬融傳：繯橐四野之飛征，注：落也，還也。轉注：齊語：繯山於有牢，注：繞也。字亦以環爲之。又江賦注引淮南許注：綄，候風也。楚人謂之五兩。

鈌 蠉 蟲行也。从虫，睘聲。疑與蜎同字。轉注爾雅釋魚：蜎，蠉。按蜎所謂搖動蟲也。

删 諫 轘 車裂人也。从車，睘聲。左宣十一傳：轘諸栗門。桓十八傳：轘高渠彌。襄廿二傳：轘觀起于四竟。周禮條狼氏誓馭曰車轘。叚借爲環。管子地圖：轘轅之險。注：謂路形若轘而又轘曲。又史記樊噲傳：從攻長社轘轅。注：許州所屬縣也。按左定四傳：有直轅冥阨。元和郡縣志引左傳舊注：轘轅道路險隘，凡十二曲，將去復還，故曰轘轅。沈約詩：函轘方解帶。注：函谷、轘轅。國策：塞轘轅、緱氏之口。直轘在今湖北德安府。轘轅在今河南河南府。

先 檈 檈味，稔棗也。从木，還聲。按此字後出。爾雅只作遷。

阮 旱 攌 木柵也。賈誼服鳥賦：攌如囚拘。史記司馬貞索隱引說文有此字，姑附于此。按卽繯之別字也。

鈌 霰 羂 网也。从网，繯會意，繯亦聲。字亦作罥，作羂。聲類：罥，係也。以繩係取鳥獸也。切韻：罥，挂也。上林賦：羂要褭。注：羅繫之也。叚借爲繯。說文一曰綰也。西京賦：罝羅之所羂結。注：綰也。蕪城賦：荒葛罥塗。注：猶結也。

zhǎn 㠭　zhàn 𧝝　zhǎn 展　zhàn 驏　zhǎn 蟸　chān 㢟

㠭五名，凡㠭之派皆衍㠭聲。知衍切。

鈌 㠭 極巧視之也。从四工，會意。字亦作㩰。廣雅釋訓：㩰㩰，㠭極也。按展視展布字，經傳皆以展爲之。

霰 𧝝 丹縠衣也。从衣，㠭聲。詩君子偕老：其之展也。周禮內司服：展衣皆以展爲之。禮記玉藻：一命襢衣。以襢爲之。按詩毛傳以爲丹色。周禮先後鄭注皆以爲白色。愚謂後鄭云以禮見王及賓客之服，周不尚白，宜從毛。王后六服，褘衣五采，褕翟也，揄狄，青揄鷂也，闕狄，白闕翟也，鞠衣黃鞠蘜也，展衣赤，展丹也，緣衣黑緣，褖也。先儒以方色爲次，未敢信從。

鈌 展 轉也。从尸，𧝝省聲。字亦作輾。蓋以輾爲之。詩關雎：輾轉反側。箋：臥而不周曰輾。何人斯：箋：反側，輾轉也。廣雅釋訓：展轉，反側也。按單言之曰展，絫言之曰展轉。韓詩澤陂：展轉伏枕。楚辭惜賢：憂心展轉。飲馬長城窟行：展轉不可見。展轉卽展也。轉注：爾雅釋言：展，適也。廣雅釋詁三：展，直也。四：展，夆也。展，舒也。晉語：侈必展。注：申也。漢書王溫舒傳注：展，伸也。按展轉者，忽屈忽伸，不適而求適之意。懸也。叚借爲㠭。周禮祭僕：展而受之。注：謂録視其牲也。充人：展牲則告牷。注：若今夕牲也。司農注：具也。若今時選牲也。鄉師：稽器展事。注：猶整具

也。司市：平肆展成奠賈。注：展之言整也。內宰：展其功緒。注：猶録也。肆師：展犧牲。注：省閱也。大胥：展樂器。注：謂陳數之儀。禮聘禮：展幣。注：猶校録也。禮記少儀：主人展之以授使者。注：省具也。檀弓：展墓而入。注：省視之。曲禮：僕展軨。疏：視也。左成十六傳：展車馬。襄三十一傳：各展其物。哀廿傳：敢展謝其不恭。注：陳也。穀梁成七傳：展斛角而知傷。疏：省察也。周語：和展百事。注：審也。東京賦：禮事展。薛注：舒陳器物也。或曰凡皆借爲餪。實爲㞋。亦通。又爲嫥。爾雅釋詁：展，誠也，信也。詩雄雉：展矣君子。君子偕老：展如之人兮。猗嗟：展我甥兮。車攻：展也大成。思元賦：展洩洩以彤彤。又爲亶。魯語：分同姓以珍玉，展親也。注：重也。按厚也。又爲嘽。方言六：展，難也。山之東西凡難貌曰展。荆吳之人相難謂之展。又爲襢。周禮內司服：展衣，緣衣。古韻：詩君子偕老叶展袢顏媛。

霰 驏 字林云：馬臥土中也。據藝文類聚引說文有此字，姑附于此。按卽展字之轉注。韓詩外傳：其馬佚而驏吾園而食吾葵。

鈌 蟸 蟸，蟲也。从蚰，展省聲。

㢟十三名，凡㢟之派皆衍㢟聲。丑連切。

先 㢟 安步㢟㢟也。从廴，从止，會意。

先 **延** 延 長行也。从延丿聲。長行是與㢟同字。按長也。从丿延聲。字亦作蜒。楚辭大招蝮蛇蜒只。爾雅釋詁延長也。方言一延年長也。凡施于年者謂之延。廣雅釋訓延延長也。左成十三傳君亦悔禍之延。論語摘輔象隕邱受延嬉。離騷延佇乎吾將反。靈懷指日月使延照兮。洛神賦延頸秀項。淮南本經延樓棧道注高樓也。轉注方言十三延徧也。書呂刑延及于平民。僞禹謨賞延于世。齊策倍楚之割而延齊注猶饒也。及也。又周禮弁師延紐注冕之覆在上是以名焉。禮記玉藻前後邃延注冕上覆也。按覆長于冕故曰延。字亦作綖。左桓二傳衡紞紘綖。叚借爲引。實爲㢟。爾雅釋詁延進也。儀禮覲禮擯者延之曰升注從後詔禮曰延。禮記曲禮主人延客祭注道也。射義出延射。魯語相延食鱣。又爾雅釋詁延陳也。晉語使張老延謈于四方。又呂覽順說莫不延頸舉踵注引頸也。又爲閒。爾雅釋詁延閒也。又託名幖識字。穀梁莊廿九傳延廄者法廄也。海內經有神人名曰延維注委蛇也。廣雅釋鳥延居怪鳥屬也。魯語作㚑亦同。又疊韻連語爾雅釋草注蔓延生。釋言注蔓莚相被。釋文相連不斷字亦作莚。古韻楚辭遠遊叶仙延。大招叶安延言。又叶蜒蜿騫。

覈 **䢭** 䢭 相顧視而行也。从目从延會意。延亦聲。廣雅釋詁一䢭視也。字亦作睋。亦誤𧿗。釋訓𧿗𧿗行也。叚借爲變。廣雅釋詁三䢭更也。

先先 **脠** 脠 生肉醬也。从肉延聲。字亦作脠。釋名生脠以一分膾二分細切合和挻攪之也。

先 **唌** 唌 語唌嘆也。後漢梁鴻傳競舉枉兮措直。咸先佞兮唌唌。注唌讒言捷急之貌。亦重言形況字。叚借爲次。江賦噴浪飛唌注沫也。

旱 **誕** 誕 𧨎 詞誕也。从言延聲。籀文延省聲。按詞疑當作詞。爾雅釋詁誕大也。書酒誥誕惟民怨。大誥肆朕誕以爾東征。詩皇矣誕先登于岸。生民誕彌厥月。又旄邱何誕之節兮傳闊也。楚語是言誕也注虛也。荀子脩身易言曰誕。列子黃帝吾不知子之有道而誕子注欺也。家語五儀啍啍誕也注欺詐也。呂覽應言令許綰誕魏王注詐也。淮南說山弦高誕而存鄭注非正也。漢書郊祀志言神事如迂誕注大言也。藝文志欺誕迂怪之文。朱買臣傳妄誕耳。字亦作譠。方言十譠謾欺謾之語也。廣雅釋詁二譠欺也。叚借爲繟。廣雅釋詁二譠緩也。

先 **筵** 筵 竹席也。从竹延聲。周禮曰度堂以筵筵一丈。按考工匠人周人明堂度九尺之筵。又堂上度以筵。儀禮公食禮蒲筵常加萑席尋純。則九尺其恒度短不過八尺長不過一丈六尺也。周禮司几筵疏初在地者一重謂之筵重在上者謂之席。禮記祭統鋪筵設同几疏陳之曰筵坐之曰席。詩行葦肆筵設席。儀禮士冠禮蒲筵二。轉注儀禮士昏禮主人筵于戶西注爲神布席也。聲訓設名筵衍也舒而平之衍衍然也。古韻楚辭招魂叶連寒淺蘭筵。

先 **梴** 梴 木長也。从木延聲。詩殷武松桷有梴傳長貌。白帖引作挻。御覽引作延。按梴字後出。即延也。別義方言五碓機自關而東謂之梴。古韻詩殷武叶山丸遷虔梴閑安。

先 **郔** 郔 鄭地也。从邑延聲。左宣三傳晉侯伐鄭及郔。十二年楚子北師次于郔注鄭北地。當在今河南開封府鄭州。

先 **䘰** 䘰 車溫也。从衣延聲。按謂車蔽。廣韻帴䘰牛領上衣。此疊韻連語別一義。

覈 **硟** 硟 以石衦繒也。从石延聲。用石摩展繒痕使平。今俗謂之研。

先 **挻** 挻 長也。从手从延會意。延亦聲。字林挻柔也。按今字作揉。猶煣也。凡柔和之物引之使長搏之使短可析可合可方可圓謂之挻。陶人爲坯其一耑也。老子挻埴以爲器注和也。字亦誤作埏。管子任法猶埴之在埏也。又誤作挺。荀子性惡故陶人挺埴而爲器注擊也。叚借爲綖。廣雅釋詁二挻緩也。字多誤作挺。吳語王安挺志注寬也。禮記月令挺重囚益其食。後漢臧宮傳宜小挺緩。傳燮傳賊得寬挺注解也。又爲延。字亦誤作埏。聲類埏墓隧也。後漢陳蕃傳注埏隧今入墓道也。又廣雅釋地埏池也。又方言十三埏竟也。漢書音義八埏地之八際也。按皆延長之轉注。又爲篡。方言一挻取也。凡取物而逆謂之篡。楚部或謂之挻。又爲挺之誤字。漢書賈誼傳則因而挺之矣注音挻起。

先 **鋋** 鋋 小矛也。从金延聲。西京賦注引說文小戈也。聲類鏦也。廣雅釋器䂎謂之鋋。漢書司馬相如傳鋋猛氏注鐵把短矛也。匈奴傳短兵則刀鋋。聲訓釋名鋋延也。達也。去此至彼之言也。

穿一名。昌緣切。

先 **穿** 穿 通也。从牙在穴中會意。詩行露何以穿我墉。論語其猶穿窬之盜也歟孔注穿穿壁也。公羊宣十二傳古者杅不穿注敗也。轉注漢書外戚傳銜土投丁姬穿中注謂壙中也。

斷三名。凡斷之派皆衍斷聲。徒玩切。

旱翰翰 **斷** 斷 𠶷 𠚢 截也。从斤从㡭會意。㡭古文絕。古文从召𠂤聲。按从召卽从刀也。此作書時叚借。又古文从刀𠂤聲。此本字。𠂤古文叀。書秦誓𠶷𠶷猗無他技。王注守善之貌。禮記大學斷斷兮注誠一之貌。蓋以嫥爲訓也。史記魯周公世家斷斷如也。此重言形況字。廣雅釋言斷齊也。禮記玉制瘖聾跛躃斷者注謂支節絕也。易繫辭斷木爲杵。家語還瞻北蓋皆斷焉。莊子逍遙游斷髮文身。漢

tuán 𩠐 duàn 躖 cán 戔 jiàn 後 jiàn 䘺 jiàn 踐

書淮南厲王長傳大者立斷又廣雅釋器斷虵劍也又禮記門外之治義斷恩儒行不斷其威荀子富國出死斷亡以覆救之注猶判也莊子天下椎拍輐斷釋文方也轉注淮南說林是而行之故爲之斷禮記樂記臨事而屢斷注猶決也太元元錯斷多決叚借爲段公羊莊廿四傳斷脩云乎又爲緞孟子有私龍斷焉按岡壠平石也聲訓釋名釋言語斷段也分爲異段也古韻文子上德叶斷亂上仁叶遠斷

寒先銑 **𩠐** 截也从首从斷會意斷亦聲或从刀專聲廣雅釋詁一𩠐剸斷也通俗文截斷曰剸字林剸裁也禮記文王世子其刑罪則纖剸注割也漢書王褒傳陸剸犀革後漢杜篤傳燔魚剸蛇叚借爲竱荀子榮辱信而不見敬者好剸行也漢書淮南衡山濟北王傳贊剸懷邪僻之計司馬遷傳剸決于名又託名幖識字漢書司馬相如傳乃使剸諸之倫左傳作鱄史記世家作專

旱 **躖** 踐處也从足斷省聲楚辭王逸九思鹿蹊兮躖躖字亦作斷作畽博物志麋畽

戔二十名凡戔之派皆衍戔聲 昨干切

寒先 **戔** 賊也从二戈會意按卽殘字之古文廣雅釋詁四戔傷也叚借爲殲考工鮑人注讀爲羊豬戔之戔周禮稿人注雖其潘瀾戔餘又重言形況字易賁束帛戔戔馬注委積貌薛注禮之多也釋文顯見貌子夏傳作殘殘王君廟門斷碑束帛有殘作殘亦同又說文引周書戔戔巧言按公羊引秦誓惟諓諓善竫言楚辭九歎注引作諓諓靖言說文諞篆下引截截善諞言馬注辭語截削省要也戔諓截雙聲亦皆同叚借爲剪校官碑禽姦戔猾古韻易賁叶園戔

銑 **後** 迹也从彳戔聲

霰 **䘺** 迹也从行戔聲按卽後之異體

銑 **踐** 履也从足戔聲廣雅釋言踐蹋也書大傳踐之者籍之也禮記曲禮不踐閾明堂位周公踐天子之位中庸踐其位注猶升也或爲纘論語不踐迹孔注循也字亦作㦰淮南原道則後者㦰之說山足㦰地而爲迹說林足以㦰者淺矣脩務是猶釋船而欲㦰水也轉注禮記曲禮脩身踐言儀禮士相見禮不足以踐禮注行也孟子然後可以踐形注履居之也韓詩崧高王踐之事傳任也左文元傳踐脩舊好注猶履行也叚借爲饌實爲奠則禮司尊彝其朝踐用兩獻尊故書作餞詩伐柯籩豆有踐傳行列貌伐木籩陳列貌又爲殘禮記玉藻凡有血氣之類弗身踐也注當爲翦書序遂踐奄鄭注讀曰翦史記正作殘又爲翦史記孝文紀服臨皆無踐服虔注翦也孟

說文通訓定聲 乾部第十四

jiàn 諓 cán 殘 jiān 箋 zhàn 虦 jiàn 餞 zhàn 棧

康謂借爲跣呂覽古樂王命周公踐伐之注往也失之左僖十五傳亦晉之妖夢是踐注厭也亦失之魯宓不齊字子賤以賤爲之又爲善禮記曲禮日而行事則必踐之又爲淺詩東門之墠有踐家室又爲棧廣雅釋宮踐閣也又爲廛方言三廛或曰踐聲訓釋名釋姿容踐殘也使殘壞也古韻詩伐柯叶遠踐伐木叶阪衍踐遠愆

先銑 **諓** 善言也从言戔聲按謂能言廣雅釋訓諓諓善也公羊文十二傳惟諓諓善竫言注淺薄之貌越語又安知是諓諓者乎賈注巧言也鹽鐵論論誹疾小人諓諓面從以成人之過也漢書李尋傳昔秦穆公說諓諓之言注小善也後漢樊準傳習諓諓之辭注諂言也亦皆重言形況字聲訓鹽鐵論國病諓諓者賤也

寒 **殘** 賊也从歺戔聲按卽戔字之或體轉用殘而戔廢蒼頡篇殘傷也周禮大司馬放弒其君則殘之注殺也按碎割也秦策昔智伯瑶殘范中行注滅也齊策則汝殘矣注壞也史記樊酈滕灌傳凡二十七縣殘集解謂多所殺傷也秦策張儀之殘樗里疾也注害也淮南本經殘高增下注墮也歎逝賦夫何往而不殘注毁也西山經五殘注五刑殘殺之氣也轉注詩民勞國無有殘孟子賊義者謂之殘漢書食貨志是天下之大殘也又方言一晉魏河內之北謂惏曰殘方言十南楚凡人殘罵謂之鉗注猶惡也又七命髡殘象白注殘白盍煮肉之異名也叚借爲殈呂覽權勳達子又帥其殘卒注餘也古韻詩民勞叶安殘三略叶安殘患

先 **箋** 表識書也从竹戔聲字亦作牋廣雅釋詁四箋書也釋言箋云也聲訓後漢衛宏傳注箋薦也

删 **虦** 虎竊毛謂之虦苗从虎戔聲竊淺也按詩韓奕有貓有虎禮郊特牲迎貓迎虎說文不收貓字虦苗卽淺毛也然則貓曰虦

霰銑 **餞** 送去食也从食戔聲字林餞送行饋飢也詩泉水飲餞于禰傳祖而舍軷飲酒于其側曰餞韓奕顯父餞之崧高王餞于郿儀禮士虞禮記乃餞左成八傳季文子餞之昭十六傳鄭六卿餞宣子于郊周語賓禮贈餞轉注爾雅釋詁餞進也書堯典寅餞納日傳送也馬注滅也則謂借爲殘失之

潸諫 **棧** 棚也从木戔聲按柵者豎編之棚者橫編之齊策埋之馬棧之下管子小問傳馬棧最難注馬所立木也莊子馬蹄編之以皁棧崔注木棚也釋文編木作欞似牀以御濕也赭白馬賦𩨷于內棧注櫪也又王莽傳覆上棧下注謂以簀蔽之也轉注說文竹木之車曰棧按以竹若木散材編之爲箱字亦作輚作轏詩何草不黄有棧之車傳役車也周禮巾車士乘棧車注棧車不革鞔而漆之儀禮既夕賓奠幣于棧左服注謂柩車也凡士車制無漆飾左成二傳丑父寢于轏中愚按役車兵車柩車用棧者皆取其輕士車亦然大夫以

說文通訓定聲 乾部第十四

jiǎn 錢　xiàn 綫　qiǎn 淺　chǎn 獲　jiàn 俴　sàn 帴　jiàn 賤

上駕四士駕二也其飾亦從簡稱是又通俗文閣版曰棧史記高祖紀燒絕棧道索隱閣道也淮南本經延樓棧道注飛閣複道相連按山路高下轟陷不平施版以度謂之棧道故層樓飛閣亦曰棧也字亦作棧廣雅釋詁三棧歧也【叚借】爲棧西京賦棧齴巉嶮注高峻皃亦疊韻連語又爲淺爾雅釋樂大鐘謂之鏞小者謂之棧又爲箭爾雅棧木干木注殭木也江東呼木舩按箭木榦木枯之屬也【聲訓】釋名棧車棧靖也麻靖物之車也棧靖雙聲

綫

賤 賈少也从貝戔聲漢書食貨志糴甚貴傷民甚賤傷農【轉注】廣雅釋言賤卑也周禮小司徒以辨其貴賤老幼廢疾注賤謂占會販賣者論語貧與賤皇疏無位曰賤又儀禮士虞禮記不使賤者注謂庶孫之妾也禮記樂記是以君子賤之也疏謂棄而不用也漢書司馬遷傳又迫賤事注家之私事賤小者也又管子樞言賤者貴之充也【叚借】爲歬仲尼弟子宓子賤名不齊【聲訓】釋名釋言語賤踐也卑下見踐履也【古韻】莊子秋水叶賤衍蹇

銑　霰　黠

帴 帬也一曰帔也一曰婦人脅衣从巾戔聲讀若末殺之殺按帬如今之披肩帔者一幅巾脅衣如今之兜肚【叚借】爲淺考工鮑人則是以博爲帴也司農注讀爲翦謂以廣爲狹也

銑

俴 淺也从人戔聲詩小戎俴收傳淺也俴駟孔羣韓詩駟馬不著甲曰俴駟管子參患甲不堅密與俴者同實注謂無甲單衣者

潸

獲 齧也从犬戔聲

銑

淺 不深也从水戔聲按謂水少楚辭湘君石瀨兮淺淺注疾流皃亦重言形況字【轉注】詩韓奕鞹鞃淺幭傳虎皮淺毛也周禮巾車鹿淺複注以鹿夏皮爲覆笭儀禮既夕記鹿淺幦注鹿夏毛也又荀子儒效逢衣淺帶注博帶也言帶博則約束衣服者淺故曰淺帶考工以博爲帴以帴爲之又荀子脩身少聞曰淺又呂覽先己吾地不淺注褊也淮南齊俗傾䉛澆淺注薄也【古韻】楚辭湘君叶淺閑

霰

綫 縷也从糸戔聲古文从糸泉聲字亦作線周禮縫人掌王宮之縫線之事考工鮑人察其線禮記內則線纊公羊僖四傳中國不絕如綫注縫帛綫

先　銑

錢 銚也古田器从金戔聲亦曰臿曰銚詩臣工庤乃錢鎛【叚借】爲泉錔本一曰貨也古者貨貝而寶龜周太公立九府圜法乃有泉至秦廢貝行錢史記平準書龜貝金錢索隱本名泉言貨之如流泉也周語景王二十一年將鑄大錢注錢者金幣之名古曰泉後轉曰錢按本朝錢法以重二銖八十八黍爲率圜徑八分又史記天官書下有積錢按天錢九星在虛危南壘壁陣東端之下又景福殿

quán 泉　juān 鐫　juǎn ⿱雋䖵　zuì 檇　juǎn 臇　juàn 雋　zhàn 嶘　zhǎn 醆　jiàn ⿰阝戔

賦離離列錢注列錢金釭也

銑

⿰阝戔 水阜也从阜戔聲

潸

醆 爵也此字大徐補入說文爲十九文之一今附于此从酉戔聲字亦作琖作盞作盞作㼧方言五盞桮也廣雅釋器盞盂也禮記明堂位夏后氏以琖又爵用玉琖仍彫禮運醆斝及尸君非禮也注醆斝先王之爵也唯魯與王者之後得用之詩行葦傳夏曰醆殷曰斝周曰爵【別義】禮記郊特牲醆酒涚于清注醆酒盎齊禮運醴醆在戶按淸于醴齊而濁于緹齊

潸

嶘 山高也从山棧聲字亦作峨

雋五名凡雋之派皆衍雋聲 徂偃切

銑　霰

雋 肥肉也从弓所以射隹會意按野鳥之味雋永而美漢書蒯通傳號曰雋永【叚借】爲俊左宣十五傳酆舒有三雋才注絕異也

銑

臇 臛也从肉雋聲讀若纂或从火巽聲廣雅釋器臇臛也按臇之稍乾者爲臛臇又乾于臛楚辭招魂鵠酸臇鳧注小臛也七啟膾鯉臇胎鰕注少汁臛也

支　寘

檇 以木有所擣也从木雋聲戴侗六書故曰今人猶有此語宋永嘉時人【叚借】託名幖識字左定十四年於越敗吳于檇李公穀作醉漢書地理志作雋在今浙江嘉興府嘉興縣南四十五里

銑

⿱雋䖵 蟲食也从䖵雋聲鳥曰嗉寓鼠曰嗛昆蟲則曰⿱雋䖵欶

先

鐫 穿木鐫也从金雋聲讀若纖字亦作鋑廣雅釋言鐫鑿也【轉注】說文一曰琢石也方言二鐫椓也淮南本經鐫山石注猶鑿也漢書異姓諸侯王表鐫金石者難爲功溝洫志可鐫廣之辟宣傳故使掾平鐫令【聲訓】釋名釋用器鐫鐏也有所鐏入也

泉二名凡泉之派皆衍泉聲 疾緣切

先

泉 水原也象水流出成川形字亦作洤爾雅釋水濫泉正出沃泉縣出氿泉穴出詩召旻泉之竭矣傳泉水從中以益者也竹竿泉源在左傳泉源小水之源楚辭守志食時至今增泉注增泉天漢也孫叔敖碑波障源湶俗字作湶【轉注】周禮泉府疏錢與泉今古異名顏氏家訓漢書以貨泉爲白水眞人周禮外府注貨泉徑一寸重五銖右文曰貨左文曰泉直一也大泉徑一寸二分重十二銖文曰大泉直十五貨泉又其藏曰泉其行曰泉取名于水泉其流行無不徧也【叚借】託名幖識字爾雅釋魚餘泉白黃文按古以貝爲貨周有

quán 全(全)　xún 灥

泉故郎以泉名貝作蟓者俗字、古韻詩泉水叶泉、歎下泉叶泉歎、公劉叶泉單原、宋玉諷賦叶怨泉、

先 真 灥　三泉也、闕、

全十名凡全之派皆衍全聲、疾緣切、

先 全　完也、从亼从工、會意、篆文从入从玉、純玉曰全、按从玉於省聲、古文作仝、亦省聲、古文作全、廾聲、按廾古文卵、周禮醫師十全為上、注猶愈也、字亦作痊、莊子徐无鬼今予病少痊、李注除也、考工玉人天子用全、注純玉也、司農注純色也、弓人得此六材之全、注無瑕病也、轉注禮記祭統不明其義君人不全、注猶具也、列子天瑞天地無全功、注猶備也、莊子庚桑楚唯全人能之、注聖人也、又吳都賦與月虧全、注十五日時也、假借為卵、老子未知牝牡之合而全作、按赤子陰囊也、中核如卵、釋文河上本作朘、一作脧、朘脧皆卵字、古韻齊策顏斶語叶焉完全、文子上仁叶全鮮賢、轉音三略下叶全孫、

quán 荃

先 荃　芥脃也、从艸全聲、謂以芥為齏、鮮脃也、別義離騷荃不揆余之中情兮、注香艸也、又莊子外物荃者所以在魚、得魚而忘荃、釋文香艸也、又魚笱也、字亦作筌、吳都賦筌𦩊𩯭、劉注捕魚器、今之斗同也、江賦夾潨羅筌、頭陀寺碑文夊繫所筌、假借為絟、漢書江都易

說文通訓定聲　乾部弟十四　卌七

王非傳亦遺建荃葛、蘇林曰細布屬也、臣瓚曰細葛也、

quán 牷

先 牷　牛純色也、从牛全聲、周禮牧人以共祭祀之牲牷、犬人用牷物、司農注純也、書微子今殷民乃攘竊神祇之犧牷牲、鄭注體完具也、大戴曾子天圓山川曰犧牷、注體充曰牷、左桓六傳吾牲牷肥腯、注純色完全也、則兼二義、按月令循行犧牲視全具、字从全、亦會意、當以體完為本訓、

zhuān 跧

先 跧　蹴也、从足全聲、別義一曰卑也、綣也、按綣當作卷、廣雅釋詁三跧伏也、釋言匍也、王逸機賦兔耳跧伏、王延壽魯靈光殿賦狡兔跧伏于柎側、

quán 詮

先 詮　具也、从言全聲、通俗文釋言曰詮、論語鄭本異乎三子者之僎、注讀曰詮、詮之言善也、淮南詮言注就也、詮言者謂譬類人事相解喻也、史傳多以譔為之、

quán 佺

先 佺　偓佺、僊人也、从人全聲、司馬相如傳偓佺之倫、

quān 恮

先 恮　謹也、从心全聲、廣雅釋詁四恮慬也、

quán 絟　quán 銓　quán 輇

先 絟　細布也、从糸全聲、按江南䈽布之屬皆為絟、蜀都賦筒中黃潤、一端數金是也、漢書江都易王非傳遺帝荃葛、以荃為之、

先 銓　衡也、从金全聲、字亦作硂、聲類銓所以稱物也、廣雅釋器稱謂之銓、釋詁一硂度也、爾雅釋言坎律銓也、樊注銓亦平也、吳語無銓度天下之眾寡、注稱也、漢書王莽傳考量以銓、注權衡也、又魏都賦闡鈎繩之筌緒、注與銓同、次也、按鈎陳玉繩皆星名、緒者敘也、

先 先 輇　蕃車下庳輪也、一曰無輻也、从車全聲、讀若饌、字亦作輲、廣雅釋器輇輪也、墨子經說兩輪為輲車梯也、禮記襍記載以輲車、注輇崇蓋半乘車之輪、引說文無輻曰輇、喪大記注輇車柩車也、愚按即儀禮既夕之棧、借輇為棧也、假借為銓、莊子外物後世輇人諷說之徒、李注輇量人也、又為遄、穆天子傳是曰壺輲、注速也、

qián 歬(前)

前十二名凡前之派皆衍前聲、昨箋切、

先 歬　不行而進謂之歬、从止在舟上、會意、今隸作前、[illegible]以歬為之、廣雅釋詁二前進也、儀禮特牲禮尸謖祝前、注猶導也、禮記中庸可以前知、注亦先也、檀弓我未之前聞也、注猶故也、周書克殷百夫荷素質之旗于王前、考工冶氏長內則折前、假借為淺、周禮巾車木路前樊鵠纓、注讀為緇翦之翦、又託名幖識字、左昭廿二傳取前城、服注讀曰泉、

說文通訓定聲　乾部弟十四　卌八

jiàn 葥

霰 葥　山莓也、从艸歬聲、今隸作葥、爾雅葥山莓、注今之木莓也、實似藨莓大可食、按堇與藨皆莓生、葥則植生、亦謂之懸鉤子、管子地員其山之末有葥與苑、以箭為之、段借為蕭、爾雅葥王蔧、

jiǎn 翦

銑 翦　羽初生也、一曰矢羽、从羽歬聲、今隸作翦、假借為剬、爾雅釋器金鏃翦羽謂之鍭、骨鏃不翦羽謂之志、釋言翦齊也、周禮翦氏注翦斷滅之言也、儀禮士虞禮記沐浴櫛搔翦、注今文或為揃、詩甘棠勿翦勿伐、傳去也、泮水實始翦商、箋斷也、禮記文王世子不翦其類也、注割截也、左襄十四傳毋是翦棄、注削也、哀十一傳衛人翦夏戊、注削其爵邑也、西京賦而翦諸鶉首、注盡也、又爾雅釋詁翦勤也、按言𢦏除洒埽之勤也、又為淺、儀禮既夕緇翦、周禮巾車注翦淺黑也、又為殘、禮記玉藻弗身踐也、注翦猶殺也、又重言形況字、莊子在宥而佞人之心翦翦者、李注淺短貌、按後世所用戔戔也、司馬注善辯也、則謂借為諓、

jiǎn 剪

銑 潸 剪　齊斷也、从刀歬聲、今隸誤作剪、从二刀、字亦作劗、作剗、小爾雅廣詁剗滅也、齊策剗而類、呂覽覯世以兵相剗、韓詩甘棠勿剗勿伐、左襄八傳剪焉傾覆、莊子人閒世不為社者且幾有剪乎、漢書嚴助傳劗髮文身之民也、淮南主術是猶以斧劗毛、經傳多以翦為之、聲訓釋名釋兵翦刀、翦進也、所翦稍進前也、前以翦為之、歬以前為之、古韻禮記曲禮叶前安顏言、

泉 全(全) 歬(前)

jiǎn 鬋　jiàn 箭　jiān ⿰巾前　jiān 煎　jiān 湔　jiǎn 揃　qián 媊　jiǎn 葥　jiàn 薦

先銑 **鬋** 女鬢垂皃。从髟，歬聲。今隸作鬋，从前聲。楚辭招魂「盛鬋不同制，實滿宮些」。又長髮曼鬋亦疊韻連語。叚借爲翦，禮記曲禮「不蚤鬋」。漢書韋賢傳「鬋茅作堂」。韋元成傳「勿鬋勿伐」。淮南齊俗「越人鬋鬋」，注：「斷也。」

霰 **箭** 矢竹也。从竹，前聲。廣雅釋草「箭，篠也」。周禮職方氏「其利金錫竹箭」，注：「篠也。」西山經「英山其陽多箭䉋，竹水其陽多竹箭」。爾雅釋地「東南之美者，有會稽之竹箭焉」。禮記禮器「如竹箭之有筠也」。儀禮鄉射禮記「箭籌八十」。大射儀「綴諸箭」。按：箭竹主爲矢，其材小身大葉高者不過丈，節閒三尺，中矢。吳都賦注「通竿無節」，殆非也。字林「箭，笴也」。轉注。方言九「自關而東謂之矢，關西曰箭」。又方言五「簙，吳楚之閒或謂之箭裹」。又儀禮喪服傳注「箭笄，篠竹也」。聲訓。釋名釋兵「箭，進也」。

先 **⿰巾前** 幡識也。从巾，前聲。廣雅釋器「⿰巾前，幡也」。

先 **煎** 熬也。从火，前聲。廣雅釋詁二「煎，乾也」。方言七「煎，火乾也。凡有汁而乾謂之煎」。轉注。方言十三「煎，盡也」。

先 **湔** 湔水也。出蜀郡緜虒玉壘山，一名三危山，東南入江。从水，前聲。字林「湔水，一曰半浣水」。按：出今四川龍安府松潘廳，至瀘州入江，卽緜水、雒水也。別義。說文「一曰手瀚之」。三蒼「濯也」。廣雅釋詁二「湔，洒也」。叚借爲濺。通俗文「水傍沾曰湔」。齊策「以臣之血湔其衽」，注：「汙也。」湔灑。又廣絕交論「翦拂使其長鳴」，注：「湔拔、翦拂音義同也。」按：翦拂當爲剪拂，湔拔當爲湔祓。

銑 **揃** 搣也。从手，前聲。莊子外物「眥搣可以休老」，蓋擊挙按摩之法，以休養理體者。急就篇「沐浴揃搣寡合同」，顏注：「鬄拔眉髮。」則謂借爲剪，失之。叚借爲翦。字林「揃，搣也，亦斷也」。史記西南夷傳「西夷後揃」，索隱謂「被分割也」。莊子外物釋文引三蒼「揃，猶翦也」。禮記曲禮「不蚤揃」，亦作翦。又爲前。周禮職金注「既揭書揃其數量」，疏：「揃卽今錄記文書。」又說文鍇本「揃，一曰𢶍也」，未詳。

先 **媊** 甘氏星經曰：「太白號上公，妻曰女媊，居南斗，食厲，天下祭之，曰明星。」从女，前聲。封禪書「陳倉有上公、明星祠」。按：甘氏天官書云「昔之傳天數者，在齊甘公」，徐廣曰：「或曰名德，魯人。」然藝文志「甘德，楚人」，有長柳占夢卜一卷，非星經。

先 **葥** 王蔧也。从艸，湔聲。字亦作葥。爾雅釋草「葥，王蔧」，注：「似藜，其樹可以爲埽蔧，江東呼之曰落帚。」按：卽本草之地膚也，其子色青。

薦三名，凡薦之派皆衍薦聲。作綫切

霰 **薦** 廌獸所食艸也。从廌，从艸，會意。古者神人以廌遺黃帝，帝曰：「何食？何處？」曰：「食薦；夏處水澤，冬處松柏。」字亦作𧀂。爾雅釋草「薦，黍蓬」。按：蒿類也，或以爲野茇，無據。莊子齊物論「麋鹿食薦」，崔注：「甘草也。」叚借爲荐。廣雅釋器「薦，席也」。管子問「令薦者」，注：「草之美者。」八觀「薦草多衍」，注：「茂草也。」素問異法方宜論「其民不衣而褐薦」，注：「謂細草也。」漢書終軍傳「北胡隨畜薦居」，景帝紀「或地饒廣，薦草莽，水泉」，注：「草稠曰薦。」趙充國傳「今虜亡其美地薦草」，注：「稠草。」按：皆謂可以荐藉之美草也。方言九「江淮家居簰中謂之薦」。又詩雲漢「饑饉薦臻」，節南山「天方薦瘥」，傳：「重也。」左昭十八傳「薦爲敝邑不利」，哀十五傳「薦伐吳國」。又荀子儒效「以相薦撙」，注：「相陵駕也。」漢書胡建傳「所以尉薦走卒」，注：「舉藉也。」又爲瀳。爾雅釋詁「薦，臻也」。廣雅釋詁一「薦，至也」。又爲饌，實爲巽。爾雅釋詁「薦，進也」「薦，陳也」。易豫「殷薦之上帝」，觀「盥而不薦」。儀禮燕禮「士薦脯醢」，少牢禮「嘉薦普淖」，注：「菹醢也。」周禮籩人「薦羞之實」，注：「未食未飲曰薦，既食既飲曰羞。」庖人注：「備品物曰薦，致滋味乃爲羞。」又穀梁桓八注：「無牲而祭曰薦，薦而加牲曰祭。」又左昭十五傳「薦彝器于王」，注：「獻也。」宣十四傳「誅而薦賄」，昭五傳「求昏而薦女」。高唐賦「願薦枕席」。又淮南道應「夫子薦賢」，注：「先也。」按：前也，進也，猶薦也。禮記祭義「卿大夫有善，薦于諸侯」。孟子「薦之於天而天受之」。又爲晉。史記孝武紀「薦紳之屬」，索隱：「薦，搢挺也。」又託名幖識字。淮南覽冥「入榛薄，食薦梅」，注：「薦梅，草實也，狀如桑椹，其色赤，生江濱。」聲訓。御覽引書大傳「薦之言存也」，存、薦雙聲。釋名釋床帳「薦，所以自薦藉也」。釋車「薦版在上，如薦席也」。

cùn ⿰金薦　jiàn 瀳　chán 廛　chán 躔

霰 **⿰金薦** 瓦器也。从缶，薦聲。

元先霰 **瀳** 水至也。从水，薦聲，讀若尊。字亦作洊。易坎「水洊至」，陸注：「再也。」劉注：「仍也。」京作臻，干作荐。按：荐爲本字，瀳者後出字。易「洊雷震」，豈宜作瀳乎。

廛三名，凡廛之派皆衍廛聲。直連切

先 **廛** 二畝半，一家之居也。从广、里、八、土，會意。按：八者，別也。在里曰廛，在野曰廬。字亦作壥，作鄽。方言三「廛，尻也」。按：周禮廛人注：「民居區域之稱。」杜注：「市中空地。」司農注：「謂市中之地未有肆而可居以畜藏貨物者也。」司關「與其征廛」，注：「貨賄之稅與所止邸舍也。」廛人「廛布」，注：「貨賄諸物邸舍之稅。」孟子「市廛而不征」，管子五輔「市鄽而不稅」，此市廛也。載師「園廛二十而一」，遂人「夫一廛」，此民廛也。孟子「廛無夫里之布」。詩伐檀「胡取禾三百廛兮」，傳：「一夫之居曰廛。」叚借託名幖識字。淮南本經「導廛澗」，書禹貢「伊洛瀍澗」，字亦作瀍。廣雅釋水「瀍，壇也」。水出今河南河南府洛陽縣西北穀城山，至縣東入洛。古韻：詩伐檀叶檀、干、漣、廛、貆、餐。

先 **躔** 踐也。从足，廛聲。方言十二「躔，厤行也。日運爲躔，月運爲逡」。十三「躔，循也」。廣雅釋詁一「躔，行也」。漢書律厤志集注：「躔，徑也。」文選月賦注：「躔，處也，亦次也。」呂覽圜道「月躔二十八宿」，注：「舍也。」思元賦「躔建木于廣都兮」，舊注：「息也。」轉注。爾雅釋獸「麋，其跡躔」，注：「脚所踐也。」廣雅

chán 纏　lián 連

釋詁三、纏迹也。

先 纏 繞也。从糸廛聲。字亦作纏。廣雅釋詁三、纏、束也。淮南道應、臣有所與供儋纏采薪者九方堙。注、索也。太元元攡、萬物乃纏。注、謂纏絲也。又史記扁倉傳、動胃繵緣。正義、謂脈纏繞胃也。亦疊韻連語。假借爲纏。漢書王莽傳、歲纏星紀。注、踐歷也。又託名幖識字。古今人表、安陵纏。國策作壇。

連七名凡連之派皆衍連聲 力延切

先 連 員連也。从辵从車、會意。集韻類篇作負連。按員連疊韻連語。據許君列字次弟、廁迭迷逑退閒、疑紛紜錯亂之意。段氏訂員連爲負車、誤字。謂連卽輦古文、大亂許書之例矣。或曰兩人輓者爲輦、一人輓者爲連。求之全書列字以類相從之例、終屬不合。陳編散落、古義無徵、宜從蓋闕。假借爲輦。周禮故書巾車、連車組輓。鄉師、與其輦連。管子海王、行服連軺輦者。莊子讓王、民相連而從之。鄭君房君司馬君皆云讀爲輦、不曰古輦字也。又爲瀾。禮記玉藻、連用湯。按卽內則之燂潘所以頮也。注訓同。釋文訓釋未審以爲何字。又爲聯。廣雅釋詁二、連、續也。字林、連縷、不解也。周禮太卜、一曰連山。注、似山出內氣也。考工梓人、連行紆行。注、魚屬。禮記王制、十國以爲連。注、猶聚也。曲禮、連步以上。注、謂足相隨不相過也。孟子、連諸侯者次之。注、合從者也。楚語、雲連徒州。注、屬也。呂覽期賢、民相連而結之。注、結也。漢書司馬相如傳、連駕鶩。注、謂重累獲之也。吳都賦、民踐連綱。注、言不絕也。又爲褳。禮記明堂位、夏后氏之四連。又爲鏈。漢書食貨志、斂以連錫。又爲蘭。楚辭招魂、刻方連些。注、橫木關柱爲連。又雙聲連語。孟子、流連荒亡、從流上而忘反謂之連。注、引也。淮南原道、連嶁列埒之門。注、猶離婁也、委曲之貌。連讀陵蹇、幽州陵陵連之連。又疊韻連語。易蹇、往蹇來連。馬注、亦難也。鄭注、遲久之意。虞注、輦也。則謂借爲輦。揚雄解嘲、孟軻雖連蹇。注、言語不便利也。甘泉賦、蛟龍連蜷于東厓兮。注、長曲貌。南都賦、蛾眉連卷。注、曲貌。漢書司馬相如傳、蹇以連卷。注、句蹄也。上林賦、長眉連娟。注、杳曲細也。漢書外戚傳、美連娟以脩嫭兮。注、纖弱也。七發、蒲伏連延。注、相續兒。莊子天下、而連犿無傷也。李注、宛轉兒。釋文、相從兒。荀子非十二子、其容簡連。注、讀往蹇來連之連。又重言形況字。詩皇矣、執訊連連。傳、徐也。又單辭形況字。莊子大宗師、連乎其似好閉也。李注、連綿長兒。崔注、蹇連也。又託名幖識字。淮南天文、日至于連石。注、西北山、讀爲爛之爛。左襄十五傳、屈蕩爲連尹。注、射官。又爾雅釋草、連異翹。按本草謂之連翹。古韻詩皇矣叶閑言連安。楚辭招魂叶山連寒淺蘭筵轉道。三畧上叶亥尊振連恩。

lián 蓮　lián 謰　liǎn 槤　lián 㦁　lián 鰱　lián 鏈　lián 聯　lián ⿱聯齒　luán 䜌　luán 奱

先 蓮 扶渠之實也。从艸連聲。爾雅、荷其實蓮。注、謂房也。淮南本經、蓋樹蓮蔆。漢書司馬相如傳、蓮藕觚盧。詩澤陂、有蒲與蕑、以蘭爲之。又采苓采苓、以苓爲之。史記龜筴傳、龜千歲乃遊苓葉之上。七發、蔓草芳苓。七啟、寒芳苓之巢龜。同。

先 謰 謰謱也。从言連聲。辭支離牽引之謂。

先/銑 槤 胡槤也。从木連聲。字亦作璉。禮記明堂位、有虞氏之兩敦、夏后氏之四璉、殷之六瑚、周之八簋。論語、瑚璉也。鄭注包注皆云殷曰璉。三禮圖謂瑚璉皆受一升。瑚如簋而平下、璉如簠而銳下。按以木爲之。四璉盛黍稷稻粱、六瑚加麥菽。假借爲連。景福殿賦、又宏璉以豐敞。

先 㦁 泣下也。从心連聲。易屯、泣涕㦁如。按今作泣血漣如、以瀾爲之。詩氓、泣涕漣漣。楚辭憂苦、泣下漣漣。亦皆作漣。疑㦁後出字。

先 鰱 鰱魚也。从魚連聲。廣雅釋魚、鰱、鱮也。江賦、鯪鰩鯩鰱。按鰱魚色白、其微黑者謂之鰫。漢書司馬相如傳、鰅鰫鰬魠。鰫亦鰱也。

先 鏈 銅屬。从金連聲。廣雅釋器、鉛礦謂之鏈。史記貨殖傳、金錫連。集解、鉛之未鍊者。漢書食貨志、斂以連錫。應劭曰、連似銅。李奇曰、鉛錫璞。孟康曰、錫之別名。皆以連爲之。

聯二名凡聯之派皆衍聯聲 力延切

先 聯 連也。从耳、耳連于頰也。从絲、絲連不絕也。會意。聲類、聯、聯綿不絕也。按凡聯續聯合牽聯結聯字、經傳皆以連爲之。周禮大宰、三曰官聯以會官治。司農注、連事通職相佐助也。讀爲連。蓋自漢以來習用連不用聯、故反以借字改正字。大司徒、三曰聯兄弟。注、猶合也。字亦作縺。一切經音義引字書、縺縷、不解也。假借爲疊韻連語。神女賦、眉聯娟以蛾揚兮。注、微曲兒。與南都賦蛾眉連卷同。文賦、浮藻聯翩。注、將墜兒。

先 ⿱聯齒 齒見兒。从齒聯聲。

䜌二十名凡䜌之派皆衍䜌聲 呂圜切

先/霰 䜌 亂也。从言从絲、會意。按亂、煩也。古文䜌。按从爪从三糸省、三糸象亂、爪分理之、與亂同意。假借爲亂。說文一曰治也。又爲聯。說文一曰不絕也。又爲䜌。漢書蕭何傳、南䜌長喜爲酇侯。

先 奱 樊也。从廾䜌聲。按與攣畧同。

biàn 變

霰 變 更也从攴䜌聲小爾雅廣詁變易也廣雅釋詁三變敗也變巳也白虎通變者非常也易繫辭一闔一闢謂之變化而裁之謂之變精氣爲物游魂爲變又變通者趣時者也書黎民於變時雍漢書成帝紀作蕃韓詩猗嗟四矢變兮傳易也周禮司爟四時變國火注猶易也禮記檀弓不可以變注動也中庸動則變注改惡爲善也穀梁昭十五傳大夫以變注謂死喪也素問天元紀大論物極謂之變論衡自紀氣無漸而卒至曰變叚借爲辯禮記禮運大夫死宗廟謂之變又託名幖識字呂覽有始東北曰變天古韻易萃叶亂變巽革叶變面繫詞叶變倦楚辭惜誦叶變遠大招叶亂變譔文子微明叶反變素問寶命全神論叶遠曠勻變

mǎn 矕

潸 矕 目矕矕也从目䜌聲廣雅釋詁一矕視也釋訓矕矕視也長笛賦長矕遠引廣成頌右矕三塗漢書敘傳矕龍虎之文舊灼注視也孟康注被也則謂借爲蔄

luán 鸞

寒 鸞 說文夾鳳下解云亦神靈之精也後漢章帝紀注作赤神之精也說文又云赤色五采雞形鳴中五音頌聲作則至从鳥䜌聲周成王時氐羌獻鸞鳥按見周書王會篇注大于鳳廣雅釋鳥鸞鳥鳳皇屬也春秋元命苞離爲鸞西山經女牀之山有鳥名曰鸞鳥離騷鸞皇爲余先戒兮注俊鳥也漢書司馬相如傳菀雛孔鸞轉注西山經觀水多文鰩魚其音如鸞雞注鸞雞鳥名或作欒又東京賦鸞旗皮軒薛注以象鸞鳥也蔡邕車服志鸞旗俗人名曰雞翹叚借爲鑾周禮大馭以鸞和爲節注鸞在衡和在軾皆以金爲鈴詩蓼蕭和鸞雝雝傳在鑣曰鸞禮記明堂位鸞車有虞氏之路也左桓二傳錫鸞和鈴昭其聲也又詩信南山執其鸞刀傳刀有鸞者言割中節也古韻宋玉神女賦叶難闕端嘆干鸞

luán 臠

銑 臠 臞也从肉䜌聲詩素冠棘人臠臠兮毛本作欒傳欒欒瘠皃字亦作臠爾雅釋詁臠病也按瘠之病也別義說文一曰切肉臠也禮記曲禮注嘬謂一舉盡臠儀禮有司徹注膴刳魚時割其腹以爲大臠也按臠之大者曰胾此義當爲本訓叚借疊韻連語莊子在宥乃始臠卷獊囊司馬注不申舒之狀也崔本作欒亦同

luán 欒

寒 欒 欒木似欄御覽引說文似木蘭从木䜌聲禮含文嘉冢天子樹松諸侯柏大夫欒士槐庶人楊柳海內南經弱水有木其實如欒注欒木名生雲雨山爾雅釋蟲欒蠭注食欒葉本草有欒華唐本注葉似木槿而細薄叚借爲鑾考工鳧氏爲鍾兩欒謂之銑謂鐘口兩角又廣雅釋室曲枅謂之欒西京賦結重欒以相承注柱上曲木兩頭受櫨者魏都賦欒櫨疊施注欒櫨一也有曲直之殊耳又重言形況字詩素冠棘人欒欒兮傳瘠皃三家詩作臠亦同聲訓釋名釋宮室欒攣也其體上曲攣拳然也古韻詩素冠叶冠欒慱

luán 曫

寒 曫 日且昏時也从日䜌聲讀若新城䜌中據漢書地理志當作䜌中

luán ⿰䜌欠

寒 ⿰䜌欠 欠皃从欠䜌聲廣韻迷惑不解理也

luán 巒

寒 巒 山小而銳者从山䜌聲爾雅釋山巒山墮注謂山形長狹者荊州謂之巒楚辭自悲登巒山而遠望兮注小山也守志陟玉巒兮逍遙注山脊曰巒玉巒崑崙山也史記司馬相如傳諭以封巒集解山也漢書揚雄傳籤丠跳巒西京賦陵巒超壑蜀都賦岡巒糾紛又甘泉賦度三巒兮偈棠棃注三巒卽封巒觀也

luán 灓

寒 灓 漏流也从水䜌聲字亦作灤廣雅釋詁二灓漬也魏策季歷葬于楚山灓水齧其墓後語以灓爲之

lán 闌

寒 闌 妄入宮掖也从門䜌聲讀若闌漢書成帝紀闌入尚方掖門注無符籍妄入宮曰闌以闌爲之列子說符宋有蘭子者釋文凡人物不知生出者謂之蘭也以蘭爲之

luán 攣

先 攣 係也从手䜌聲易小畜有孚攣如馬注連也虞注引也子夏傳作戀史記范蔡傳魋頻蹙齃膝攣集解兩膝曲也素問疏五過論瘈瘲爲攣皮部論寒多則筋攣骨痛注急也叚借爲孌漢書外戚傳上所以孌孌顧念我者亦重言形況字

liàn 孌

銑霰 孌 慕也从女䜌聲字亦作戀易小畜子夏傳有孚戀如思也叚借爲孌廣雅釋言孌樊也又爲孈廣雅釋詁一孌好也詩泉水孌彼諸姬傳好皃猗嗟猗嗟孌兮傳壯好皃車舝思孌季女逝兮傳美皃又候人婉兮孌兮甫田婉兮孌兮傳少好皃亦疊韻連語古韻詩靜女叶孌管候人叶婉孌甫田叶婉孌丱見弁猗嗟叶孌婉選貫反亂

wān 彎

删 彎 持弓關矢也从弓䜌聲小爾雅廣詁彎引也淮南原道彎棊衛之箭西京賦彎弓射乎西羌注挽弓也思元賦彎威弧之拔刺兮經傳多以關爲之

mán 蠻

删 蠻 南蠻也蛇種从虫䜌聲周禮大司馬蠻畿職方氏蠻服又四夷八蠻七閩九貉五戎六狄之人民爾雅釋地九夷八狄七戎六蠻謂之四海賈子解縣蠻夷者天下之足也書禹貢三百里蠻詩角弓如蠻如髦抑用逷蠻方周語蠻夷要服呂覽功名蠻夷反舌叚借爲蠻廣雅釋詁三蠻傷也又爲曼左昭十六楚子誘戎蠻子殺之公羊正作曼又雙聲連語詩緜蠻黃鳥傳小鳥皃韓詩薛君章句文皃又託名幖識字水經汝水注蠻氏城俗以爲麻解城蓋蠻麻聲近又西山經崇吾之山有鳥焉相得乃飛名曰蠻蠻注比翼鳥也爾雅作鶼鶼聲訓書禹貢馬注蠻慢也鄭注蠻之言緡也漢書地理志注蠻謂以文德蠻幕而覆之蓋以幔爲訓周禮大司馬疏蠻者縻也周書

職方注鑾用事簡慢古韻詩韓奕叶完鑾

寒 **鑾** 人君乘車四馬四鑣八鑾鈴象鸞鳥聲和則敬也从金鸞省本鸞省聲按䜌聲廣雅釋器鑾鈴也東京賦鑾聲噦噦經傳以鸞為之禮記經解升車則有鸞和之音注鸞在衡和在軾詩烈祖八鸞鶬鶬箋鸞在鑣漢書司馬相如傳鳴玉鸞注在軛曰鸞聲訓說文鈴象鸞鳥聲和則敬也呂覽孟春乘鸞輅注鸞鳥在衡和在軾鳴相應和後世不能復致鑄銅為之飾以金謂之鸞輅也

願 **⿱䜌斗** 杼滿也从斗䜌聲通俗文汲取曰⿱䜌斗廣雅釋詁二⿱䜌斗杼也吾鄉汪元亮云今賣酒家挹酒于甕中之器曰酒端傾入于漏兜而注于酒瓶是其物也一切經音義引說文杼漏也存參

諫 **孿** 一乳兩子也从子䜌聲字亦作孌作𩕲作健字林孿雙生也廣雅釋詁四孿二也方言三凡人嘼乳而雙產謂之孿生秦晉之閒謂之健子太元元挩兄弟不孿方言二𩕲雙也廣雅釋詁三健𩕲孿也叚借為孿易中孚有孚孿如注繫其信之辭也又託名幖識字爾雅釋畜未成雞健

寒 **虊** 鳧葵也从艸攣聲字亦作𧄝作蘻一名茆廣雅釋草虊茆鳧葵也今江南謂之蓴菜以蓴為之又名屏風楚辭招魂紫莖屏風文綠波些注水葵也

𤔔六名凡𤔔之派皆衍𤔔聲　郎段切

翰 **𤔔** 治也幺子相亂受治之也讀若亂同一曰理也古文𤔔字筆畫稍異按从幺从冂从受會意幺絲也冂介也絲棼受分理之說文一曰理也四字衍理即治之本字此字實即亂之古文北海景君銘𤔔曰作𤔔省

翰 **⿰𤔔攴** 煩也从攴从𤔔𤔔亦聲經傳皆以亂為之

銑歌 **覶** 好視也从見𤔔聲字亦誤作覼叚借雙聲連語玉篇覶縷委曲也吳都賦嗟難得而覶縷詳言之意

銑 **⿰女𤔔** 順也从女𤔔聲詩候人甫田婉兮孌兮毛詩皆作孌亦疊韻連語此篆下有籀文孌重出今從毛本刪

翰 **亂** 治也从𤔔从乙乙治之也指事廣雅釋詁二亂理也據許說解則𤔔亂同字𢿢訓煩則為紊義𢿢敗𢿢放亦皆从攴書皋謨亂而敬盤庚茲予有亂政同位微子殷其弗或亂正四方禮記樂記復亂以飭歸治亂以相左襄廿八傳武王有亂臣十人論語予有亂臣十人史記孔子世家關雎之亂正義理也又離騷亂曰大招娛人亂只東京賦亂以收罝解罘雪賦起而為亂叚借為𢿢左宣十二傳人反物為亂文七傳兵作于內為亂宣十五傳民反德為亂家語執轡百事失紀曰亂韓詩外傳貴而忘賤謂之亂說苑臣術逆命病君謂之亂韓非子八說人主肆意陳欲曰亂管子君臣四正不正五官不官曰亂淮南說林非而行之必謂之亂京房易傳政悖德隱茲謂亂臣安祿樂逸茲謂亂又穀梁昭廿二傳亂之為言事未有所成也荀子不苟非禮義之為亂也列女傳節義畏死而棄義者亂也易萃乃亂乃萃既濟初吉終亂書微子用亂敗厥德於下詩猗嗟以禦亂兮周禮大宗伯以恤禮哀寇亂禮記樂記武亂皆坐注謂失行列也魯語亂在前矣注惡也又論語師摯之始關雎之亂按鄭注讀八字為句謂始為治借亂為𢿢也又為斷爾雅釋水正絕流曰亂書禹貢亂于河詩公劉涉渭為亂後漢張衡傳亂弱水之潺湲兮聲訓釋名釋言語亂渾也漢書終軍傳注亂變也古韻詩猗嗟叶變貫反亂公劉叶館亂鍛易履彖叶願亂萃叶亂變巽楚辭大招叶亂變誤文子上德叶斷亂老子守微叶散亂末轉音三略上叶順信奮亂文子道原叶亂穰

諫 **薍** 𦵔也从艸亂聲按即荻也葦也未秀為菼至八月秀為萑爾雅釋草菼薍注似葦而小實中江東呼為烏蓲蒹與葭蘆之為葦者別詩大車傳蘆字是萑字之誤爾雅舍人李巡樊光注並因毛傳而誤說文八月薍為萑萑亦萑字之誤

鱻一名　相然切

先 **鱻** 新魚精也从三魚不變魚也會意聲類鱻小魚也書益稷暨益奏庶鮮食鄭注謂魚鱉也以鮮為之周禮庖人冬行鱻羽𢽾人辨魚物為鱻薨轉注史記酈生陸賈傳數見不鮮以鮮為之書盤庚器非求舊惟新以新為之按凡經傳新舊字皆鱻久二字之借

尟一名　穌典切

銑 **尟** 是少也尟俱存也从是少會意賈侍中說字亦作尠易繫辭鄭本故君子之道尟矣虞本尟不及矣西京賦鮮則尠於驛經傳皆以鮮以罕為之爾雅釋詁鮮罕也鮮寡也鮮罕皆即此尟字

敻十一名凡敻之派皆衍敻聲　朽卷切

敬 **敻** 營求也从夏从人在穴上會意商書曰高宗夢得說使百工敻求得之傅巖巖穴也廣雅釋訓敻敻視也字亦作矎釋詁一矎視也魯靈光殿賦目矎矎而喪精注目不正也亦重言形況字按此字本義與眴略同叚借為遠韓詩擊鼓于嗟敻兮傳遠也毛本以洵為之穀梁文十四傳敻入千乘之國呂覽盡數與為敻明幽通賦敻冥默而不周赭白馬賦絢練敻絕注迥絕也廣雅釋詁二敻長也

qióng 瓊　qióng 藑　jú ⿺走夐　juàn 讂　jué 觼　huàn 奐　ruǎn ⿱北复

先庚 **瓊** 瓊璚瓗琁 說文玟玒瑩下解云亦玉也从玉夐聲今本作赤玉也誤或从玉矞聲或从巂聲或从旋省聲

文選陶徵士誄注引說文曰琁亦瓊字誤詩木瓜報之以瓊琚傳瓊玉之美者琚佩玉名次章傳瓊瑤美玉三章傳瓊玖玉名著尚之以瓊華乎而傳瓊華美石次章傳瓊瑩石似玉三章傳瓊英美石似玉者箋皆云石色似瓊渭陽瓊瑰玉佩傳瓊瑰石而次玉左僖廿八傳楚子玉自爲瓊弁玉纓注瓊玉之別名成十七傳或與已瓊瑰注瓊玉按瓊者美玉之大稱非玉名也離騷折瓊枝以爲羞楚辭東皇太一盍將把兮瓊芳注玉枝也招魂挂曲瓊些注玉鉤也漢書楊雄傳精瓊靡與秋菊兮注瓊玉之華也又大荒西經有沃之國爰有璇瑰注璇瑰亦玉名太元元攡以通琁璣之統注斗魁也淮南本經紂爲琁室瑤臺注琁瑤石之似玉蕪城賦琁淵碧樹注玉池也嵇喜答嵇康詩仰蟻瓊枝轉注後漢梁冀傳注引鮑宏博經用十二棊六棊白六棊黑所擲頭謂之瓊轉音楚詞招魂叶瓊光張璜

庚 **藑** 藑 藑茅葍也一名舜从艸夐聲爾雅葍藑茅注葍華赤者爲藑又葍葍注大葉白華又䒗雀弁注未詳按藑葍䒗三者一物又名舜蔓生即鼓子花也本草謂之旋葍花假借爲瓊離騷索藑茅以筳篿兮注藑茅靈草也按猶瓊枝瓊芳辭章家麗藻語耳

質屑銑 **⿺走夐** 走意也从走夐聲讀若繘疑與趫同字

霰 **讂** 讂 流言也从言夐聲疑與譎同字假借爲夐廣雅釋詁三讂求也又爲夐實爲遠管子宙合讂充言心也注遠也

屑質 **觼** 觼鐍 環之有舌者从角夐聲或从金矞聲爾雅環謂之捐以捐爲之詩小戎鋈以觼軜箋軜之觼以白金爲飾也莊子胠篋固扃鐍李注紐也崔注環舌也假借爲玦漢書天文志暈適背鐍孟康注其形如玉鐍也如淳注有氣刺日爲鐍則謂借爲鈌聲訓通俗文缺環曰鐍漢書天文志注鐍抉傷也

翰 **奐** 奐 取奐也从廾夐省聲疑即換字之古文假借爲渙禮記檀弓美哉奐焉注言眾多也漢書韋元成傳注奐盛也琴賦注引蒼頡篇奐散皃王純碑奐矣王君又疊韻連語詩卷阿伴奐爾游矣傳廣大有文章也蓋以廣大訓伴以文章訓渙箋伴奐自縱弛之皃箋得之說文奐一曰大也蓋本毛傳而誤矣又託名幖識字左襄廿七傳陳孔奐公羊作瑗轉音禮檀弓叶輪奐

銑 **⿱北复** 柔韋也从北从皮省从夐省聲讀若耎一曰若儁古文从皮省从人籀文从皮省从夐省聲按北者背也與韋从舛同意治革使柔必矯戾其質性也或曰小篆古籀皆奐省聲亦通考工記總目注蒼頡篇有鞄薨釋文薨柔革工薨即⿱北复之誤字

huán 寏　huàn 渙　huàn 換

寒霰 **寏** 寏院 周垣也从宀奐聲或从𨸏宀院聲與从𨸏从完字不同今所謂圍墻也廣雅釋室院垣也墨子大取其類在院下之鼠左傳繕完葺墻按以完爲之或曰完當作宇非

翰 **渙** 渙 流散也从水奐聲詩溱洧方渙渙兮傳盛也韓詩作洹洹漢書地理志作灌灌亦重言形況字轉注詩訪落繼猶判渙傳判分渙散也易序卦傳渙者離也漢書刑法志則渙然離矣注散皃老子渙兮注渙者解散又劉熊碑渙乎成功戚伯著碑功德渙彰淮南說山渙乎其有似也注讀人謂貴家爲腠主之腠字亦作煥論語煥乎其有文章集解明也字又作⿰日奐魯峻碑⿰日奐矣昀亦皆單辭形況字假借疊韻連語後漢延篤傳渙爛兮其溢目也注文章貌聲訓呂覽召類渙者賢也古韻詩訪落叶渙難溱洧叶渙閒

翰 **換** 換 易也从手奐聲疑即奐字之別體穀梁桓元注擅相換易左僖十五傳爰田史記酷吏傳爰書以爰爲之漢書地理志轅田以轅爲之公羊何注正作換說文別有趄字解云趄田易居也疑後製字假借疊韻連語漢書敘傳項氏畔換按即詩皇矣之畔援孟康曰易也失之

騵 湲 墦 棱 犍 笲 鵷 䬧 鐇 襎 裷 嗳 愋 蝖 鱕 揎

說文不錄之字

騵 爾雅釋畜騵馬白腹騵詩大明駟騵彭彭禮記檀弓戎事乘騵淮南主術騎騵馬而服駒騟

湲 楚詞湘君橫流涕兮潺湲謝靈運七里瀨詩注潺湲水流皃按疊韻連語

墦 廣雅釋邱墦冢也孟子東郭墦閒

棱 方言五簚棱也宛豫之閒謂之棱管子霸形今之縣鍾磬之棱注棱所以縣飾之

犍 僆 說文新附犍犗牛也亦郡名字林犍從牛也通俗文以刀去陰曰犍字亦作僆又北山經單張之山有獸焉名曰諸犍此記名幖識字

笲 儀禮士昏禮婦執笲棗栗注竹器而衣者其形蓋如今之筥筊蘆矣禮記昏義主以䈂笿竹爲之形如筥衣之以青繒以盛棗栗腶脩之屬

鵷 頻 莊子秋水南方有鳥其名鵷雛李注鸞鳳之屬史記司馬相如傳鵷雛孔鸞吳都賦鵷雛擾其閒李翊夫人碑頻顰悲兮涕隕顰字誤頻顰

說文通訓定聲 乾部第十四附録 [illegible]

䬧 方言十三餌或謂之䬧

鐇 廣雅釋詁二鐇摧也埤蒼鐇鏟也

襎 見裷下

裷 廣雅釋器襎裷幞也

嗳 方言六嗳恚也秦晉曰嗳不欲譍而强畣之意也

愋 方言十二愋知也廣雅釋詁三愋智也

蝖 方言十一蠀螬自關而東或謂之蝖蟄

鱕 吳都賦䱜龜鱕鯌劉注東人謂斧斤之斤爲鱕

揎 字林揎抹沒也

涴 慱 巑屼 峘 䌩 虷 䏼 躝 囒 荁 骯 逸 煓 鷔 甋 黚 跚 櫰

涴 涴 西山經涴水出焉注或作涴

慱 爾雅釋訓慱慱憂也詩素冠勞心慱慱兮傳憂勞也按重言形況字又大元元文慱爲息也

巑屼 廣雅釋詁四巑屼高也高唐賦盤岸巑屼楚詞九歎登巑屼以長企兮注銳山也按疊韻連語

峘 爾雅釋山小山岌大山峘注岌謂高過說文嶽篆下引爾雅有此字按埤蒼峘大山岌高也作峘疑當作峘出郭璞注也若峘則與大山宮小山霍字同意非其義矣錢氏坫云峘即恒山字是謂从亙不从亘以廣韻亦出峘一音也按从亙是也岌峘即汲綆字錢說恆山非爾雅釋文亙亘音兩收亦非

䌩 爾雅釋器䌩罟謂之䌩注幕也釋文本作罠按七命布飛䌩張脩罠則䌩罠各字疑䌩即𦆒字

虷 莊子秋水還虷蟹與科斗釋文井中赤蟲一名蜎按蘇俗謂之水虷以飼金魚與所謂打拳蟲者微別

䏼 通俗文在肯曰䏼考工鮑人釋文俗謂羊豬脂爲䏼

躝 上林賦躝元鶴注踐也按躝之誤字躝者躪之俗字

說文通訓定聲 乾部第十四附録 [illegible]

囒 方言十囒哰拏也廣雅釋訓囒哰謰謱也按雙聲連語

荁 儀禮特牲禮記夏葵冬荁士虞禮記冬用荁注堇類也禮記內則堇荁枌榆注冬用堇夏用荁

骯 廣雅釋親骯胻也

逸 廣雅釋獸逸兔子也

煓 方言十三煓赫也

鷔 北山經北嚻之山有鳥名鷔鵑宵飛而晝伏注鵂鶹之屬

甋 廣雅釋室甋瓳也埤蒼甋瓳大甎也

黚 字林黚部也一切經音義引廣雅黚黚也

跚 史記平原君傳槃散行汲索隱散一作跚按疊韻連語猶蹣跚般旋也

櫰 通俗文櫰閑門機

臛 傿 烻 ⿰月旋 纏 韉 狿 鄟 幰 晼 ⿰衤建 嫚 倇 䘼 蜑 痯 担 ⿰革延 趲

臛 廣雅釋詁二、臛，醜也。

傿 方言十二、嫣，傿也。

烻 景福殿賦、㵪景外烻。注、起皃。魯靈光殿賦、丹柱歙絶而電烻。注、光盛起。

⿰月旋 方言十三、⿰月旋，短也。

纏 廣雅釋器、纏，幘也。

韉 說文新附、韉，馬鞁具也。

狿 西京賦、圖巨狿。注、巨狿，麋也。怒走者爲狿。羽獵賦、蹶巨狿。注、獸名。

鄟 左成六年、取鄟。注、附庸國。襄廿九傳、門于鄟門。注、鄭城門。昭廿六年、盟於鄟陵。注、地闕。疑卽成六年魯所取之鄟。定八傳、晉師將盟衛侯于鄟澤。注、衛地。

幰 廣雅釋器、幨謂之幰。蒼頡篇、布帛張車上爲幰也。藉田賦、微風生於輕幰。釋名釋車、幰，憲也。所以禦熱也。

晼 歎逝賦、老晼晩其將及。注、言日將莫也。按、疊韵連語。

⿰衤建 廣雅釋器、⿰衤建，矛也。

嫚 廣雅釋詁三、嫚，離也。

倇 方言十三、倇，歡也。

䘼 方言四、襜褕謂之䘼。注、衣褾。江東呼碗。

蜑 說文新附、蜑，南方夷也。晉書音義、天門蜑蠻。屬字或作蜒。

痯 爾雅釋訓、痯痯，病也。詩杕杜、四牡痯痯。傳、罷皃。按、重言形況字。

担 廣雅釋詁三、担，擊也。

⿰革延 廣雅釋器、⿰革延，帶也。字林、馬帶也。

趲 廣雅釋言、趲，爲虘也。玉篇、趲，散走也。

䍸 ⿰車單 ⿰犭單 䘋 鳶 廨 駩 騝 鋑 秈 潫 菺 蚈 顲 翾 眰 剶 櫞 栓

䍸 字林、䍸，似羊無口。按、無角之誤。

⿰車單 廣雅釋器、⿰車單，輛也。

⿰犭單 蒼獮，犬鬬也。

䘋 廣雅釋器、䘋，襪也。按、卽襪字。

鳶 附頁部。

廨 廣雅釋宮、廨，倉也。爾雅釋言、廣，廨也。晉訓爾雅孫注、廨，藏穀解絜也。以疊韵爲訓。

駩 爾雅釋畜、白馬黑脣，駩。釋文、或作驎。

騝 爾雅釋畜、駵馬黃脊，騝。字或以騫爲之。

鋑 帝繫、彭鋑。史記楚世家集解引虞翻云、名鋑。

秈 廣雅釋草、秈，稉也。聲類、秈，不黏稻也。

潫 吳都賦、泓澄奫潫。注、迴復之皃。按、疊韵連語。

菺 爾雅釋草、菺，戎葵。

蚈（蠽　蚿） 呂覽季夏、腐草化爲蚈。注、馬蚿也。一曰螢火。淮南兵略、若蚈之足。注、馬蠸也。廣雅釋蟲、馬蚿，蠽蛆也。疑卽蠲字別義。方言十一、蟬大而黑者謂之蛖。

顲 方言十、顲，頷也。

翾（翻） 廣雅釋詁三、翾，翻飛也。

眰 廣雅釋言、眰，睫也。

剶 廣雅釋詁一、剶，削也。

櫞 廣志、枸櫞似橘，大如飯筥，可以浣濯，遥葛紵也。今出番禺，以南縷切蜜漬爲糝食之甚佳。

栓 廣雅釋器、栓，𣏾也。別義、栓，釘也。

䔿 攦 鏾 籭篸 餪 墡 衕 䝡 踹 瘍 簈 皾 穜 樣 韝 饍 摹 遂 蔨 鴘

䔿 字林䔿辛菜也。

攦 廣雅釋詁四攦轉也。

鏾 字林鏾刻也。埤蒼燒鐵入也。一曰灼鐵以識儞亥。

籭篸 廣雅釋器籭篸䈰也。

餪 集韻引廣雅餪饋也。

墡 字林墡白土也。亦名堊。

衕 衕螢 爾雅釋蟲螾衕入耳注蚰蜒。廣雅釋蟲螢螐蚰蜒也。按蘇俗所謂香延蟲多足。

䝡 廣雅釋訓䝡䝡武也。

踹 淮南人閒追者至踹足而怒注躍足也。今蘇俗曰跳脚。

瘍 廣雅釋言瘍婔也。

簈 廣雅釋器簈簈箸也。

皾 廣雅釋詁三皾離也。禮記內則去其皾注皮肉之上魄莫也。

穜 廣雅釋詁三穜束也。

樣 廣雅釋木樣椋也。

韝 廣雅釋器韝黃也。

饍 廣雅釋詁三饍摶也。

摹 爾雅釋草摹蕳玉篇作蘷未詳何艸。

遂 方言十二遂行也。

蔨 爾雅釋草蔨鹿蘿。

鴘 埤蒼鴘鷹鴘二年色。

潩 瀰 疲 攤 椴 彰 櫌 妧 爛 殜 膭 婔 罐 騣 婥 偲 涀 廠 痻

潩 通俗文水溢曰潩。三蒼潩潰也。後漢郭憲傳注引埤蒼潩漬也。

瀰 廣雅釋器瀰瓢也。

疲 方言十疲惡也。南楚凡人殘罵又謂之疲。

攤 廣雅釋詁三攤按也。

椴 爾雅釋木椴柂注白椴也。樹似白楊檀弓之柂棺以此木爲之。又釋草椴木堇櫬木堇即蕣華也。其樹如李其華朝生莫落與草同氣故在草中。又方言五椴謂之椴。廣雅釋室椴杙也則借爲斷字。

彰 廣雅釋詁三彰文也。四明也。

櫌 廣雅釋地櫌種也。

妧 廣雅釋詁一妧好也。

爛 爾雅釋器摶者謂之爛李注餪淖淖麋相箸也。

殜 廣雅釋詁三殜敗也。

膭 通俗文綫脣謂之膭痛。

婔 方言十婔好也。廣雅釋詁四婔齊也。列子力命僤交婔研容止峭嵲也。

罐 說文新附罐器也。

騣 爾雅釋畜馬尾本白騣。

婥 字林婥婆也。

偲 荀子儒效偲然若終身之虜注環繞囚拘之皃按單詞形況字。

涀 水經注卅二引字林涀水。

廠 廠 廣雅釋室廠舍也。

痻 方言四痻幧頭也。

瓶 莱 瞵 褑 犈 襈 匛 頒 撰 繏 飬 嫸 雞 鰊 彋 蔵

瓶 通俗文甖下孔曰瓶

莱 爾雅釋草莱苑芟玉篇白薇也

瞵 廣雅釋詁三瞵燐也

褑 爾雅釋器佩衿謂之褑埤蒼褑佩綬也

犈 爾雅釋畜牛黑脚犈

襈 釋名釋衣服襈緣也青絳爲之緣也

匛 廣雅釋器匛筥也

頒 太元視粉其題頒注面也

撰 廣雅釋畜撰羔也字林撰未晬羊也

繏 方言五所以縣㮰東齊謂之繏廣雅釋器繏索也

飬 餋 廣雅釋天餋祭也疑當作餋

嫸 郎 姍 後漢馮衍傳注嫸呂忱音仕眷反勉也東觀記作譏嫸盖亦譏刺之意也

雞 廣雅釋言雞䨝也

鰊 江賦鯖鰊鰆鮋注鰊似鱦

彋 甘泉賦帷彋張其拂汩兮注風吹帷帳之聲也按彋讀如嬛此雙聲連語

蔵 方言十三蔵備也廣雅釋詁四蔵敕也左文十七傳又朝以蔵陳事按此字無從下筆疑貳之誤字貳副益也因古訓爲敕即以敕之音轉而讀展既讀爲展因又借爲展方言十二蔵解也是也

說文通訓定聲目

屯部弟十五 分部同履泰 轉坤鼎壯

文 玟 砇瑉碈 吝 咳悋忞悋 旻 旼 彣
媽 忞 汶 閔 悲憫 紊 紋
麐 潤 泯湣涽泯 焚 焚炙燌 分 氛 雰
芬 芬 釁 衅舋璺璺 攽 盼 翂
鳻 翁鵨 盆 枌 棼 貧 穷
邠 粉 黺 帉 份 彬斌玢
秎 頒 朌 䰉 蚡鼖 忿 汾
魵 扮 紛 坋 班

粪 梤 棻棼 虋 穈穲虋虋 彬 糞 糞𡊅
穦 濆 奮 憤 熏 燻焄
薰 纁 燻 壎 塤 勳 勛勲 醺
壼 氳緼 云 雲𠍙 澐 芸 囩 紜
䞨 魂 伝 会 沄 抎
妘 䰟 允 吮 夋 粃
沇 㕣𣸣兖 鈗 阭 䞼 逡 後
駿 朘 𡜊峻皴 梭 椶 俊 儁 駿
狻 焌 晙 竣 踆 悛 浚
捘 晙 陖 峻 峻 酸 䤤

葰 荾荽蔞葰 霰 殷 磤鄞 慇 㐆 檼
㥯 䥯 檼 濦 濦殷 隱
𩐁 㠯 乚 君 𡆆 莙 羣
郡 宭 窘 㿏 帬 裠 頵
涒 輑 皸 軍 葷
喗 運 齳 韗 韗 暉
暈 鶤 䳍 餫 楎 鄆
睴 暈 幝 褌 𠈓 䡣 煇 揮㷇
惲 渾 揮 攟 緷 韗
輝 囷 菌 茵 䞿 䠞 𢿜

藺 麇 麕麞麏 攗 㩴捃 斤 祈 𢘆
靳 芹 靳 䢸 听 𩐜 赾
近 芹 齗 訢 欣 斳
䖐 昕 旂 旂 頎 𤝞 㺅嚬
忻 沂 齗斺 蚚 釿 掀 焮炘
菥 荻 㞬 所 筋 肋 巾
堇 墐茶 墐 瑾 堇 𦰩懃 謹 懂懃
殣 𨬍 鄞 瘽 僅
覲 廑 廑 㨷 螼 勤
屯 春 萅萅𦹂 肫 笹 囤 杶 櫄

邨村　窀　頓　庉　黗黇黕
奄　純　鈍　軘　偆
鬊　惷　蠢𢧵　辰辰　娠侲
裖　唇　𨂜　晨　脣頣
曟　賑　晨晨　宸桭　辰
㰮䩓䪱敐　麎　震䨷　振　蜃𧒃
陙　滣　鷐　𦎧　犉
啍啍　諄訰綧　敦憝　䁞　䨐鶉
焞焞　錞　惇　淳　弴弤
錞　醇䣩　鷻隼鶽　憝譈　鼜

䡅　準准　疢疹　寸忖　刌
尊䔿鐏樽　壿　蕁　噂　遵
蹲鷷　剸撙　僔　鱒　縛
鐏　孫　遜　愻　䌛鮌䲆䌛
飧　飱　刃　物　訒
杒杊　忉忉　仞認　忍韌肕　汈涊
紉　軔　荵　盾　遁
循　腯　楯楯　㡒　揗
侖侖侖　論　睔　棆　倫
惀　淪　掄　綸　蜦蜧

輪　陯　㞑䏰䐡䐡　㲋　㲊
澱淀　䶬　豚豚豘豘　遯遂　昆崑䮘猑
琨琨　焜　混　掍棍　緄
輥　䍐䍐　䔇蒐　鯀鰥鯤瘝瘝鯀　歠
蚰　困米　梱閫　稛捆稛　𩔇頵顒
悃　衮衮卷　盈　嗢　殟
熅氳　愠　温　搵　媪
緼氲　輼輐　醞醖　薀蘊　昏昏暱
鶕　顐　惛惛唔　閽　捪抆撋
婚䁰　䋝紷　鍩䝫　敯　殙殙殙

䫻崏崏崏峧㟠　䗃𢓊　輓䡇　圂　梱
橐　恩　溷　掘　門
問　閂　閺閿　悶憫　聞䎽
捫　闅　奔奔犇㵒　䔣䡔　賁
餴饙餴　蕡　噴　膹　幩
僨　歕　豶　憤　濆
墳墦羵　鐨　轒　本夲夯　笨
艮　珢　很　齦　跟䟫
詪　鞎　眼　根　痕
頣　豤䫷　狠　恨　垠圻

艱 囏墾墾 銀 限 豩 豳
燹 [illegible] 先 跣 詵
侁 毨 駪 洗 姺 莘㜪
銑 鐉 毨 谷 峇 船 沿 㳂
鉛 鈆 犬 犾 犯 㹜 く 甽畎𤰝畖
川 巛 巡 訓 順 馴
紃 𨊴 輴 舛 踳僢 舜 䑞𩒨 蕣
孨 㑄 僝 孱 存 荐
栫 栫 員 鼎貟 䐃 䐃 䅇 秐秐 圓 圎
鄖 邧 瘨 䚯 顛 慎

溳 實 霣 損 縜 隕 殞
磒 典 𠀘𡘜典 琠 敟 腆 𦛨
㥏 錪 㐱 殄 歺 飻 餮
西 𠧧棲卤𠧪 栖𠧧 茜 蒨菁 迺 逌逎𨓈 洒 垔 𡊘陻垔陻
畀 𢍐𦥑畀 禋 䄄𧦝 䵷 鄄 煙 烟𡏅𥧥䃩
湮 闉 㷑 甄 遷 拪
鄄 僊 仚 仙 蘮 頫 俛俯
免 鞔 睌 晚 冕 絻
浼 䩛 鮸 娩 勉 輓 挽
挽 娩

右文字四百八十六名 旁注二百九十六字 附存八十七字

說文通訓定聲

吳郡朱駿聲豐芑甫紀録
新安朱鏡蓉伯和甫參訂

屯部弟十五 凡五十六部

文十二名凡文之派皆衍文聲 無分切

文 **文** [篆] 逪畫也。象交文。今字作紋。葢以系爲之。說文序曰：黃帝史倉頡見鳥獸蹏迒之迹，知分理之可相別異也，初造書契。依類象形，故謂之文。按象形、指事謂之文，會意、形聲謂之字。故許君自標其書曰說文解字。易繫辭仰以觀於天文，又觀鳥獸之文，又物相雜謂之文。書序由是文籍生焉。左隱元傳有文在其手。宣十五傳故文反正爲乏。昭元傳於文皿蟲爲蠱。禮記中庸不考文。注書名也。論語則以學文。馬注古之遺文也。孟子不以文害辭。漢書孫寶傳前日君男欲學文。又禮記王制被髮文身。注謂刻其肌以丹青涅之。月令文繡有恒。注謂畫也。考工畫繢之事青與赤謂之文。叚借爲彣。廣雅釋詁二文飾也。論語文之以禮樂。孔注成也。文質彬彬。皇疏華也。博我以文。皇疏文章也。禮記樂記文采節奏聲之飾也。又禮自外作故文。注猶動也。又以進爲文。注猶美也。善也。仲尼燕居文爲在和。注文章所爲也。大傳考文章。注禮法也。易說卦坤爲文。書堯典欽明文思安安。詩思文后稷。左昭廿八傳經緯天地曰文。晉語吾不如衰之文也。周書謚法道德博聞曰文。學勤好問曰文。又詩小戎文茵暢轂。釋名釋車文鞇車中所坐者也。用虎皮爲之有文采。史記宋世家文馬四百疋。集解引左傳王肅注畫馬也。莊子人閒世若將比予於文木邪。吳都賦文欀楨橿。注文木也。周書王會蜀人以文翰。注鳥有文采者。又後漢陳寵傳注文致。謂前人無罪，文飾致於法中也。又爲棻。王氏引之云書洛誥咸秩無文。風俗通引云以次秩之。無有文也。又爲忞。廣雅釋詁三文勉也。論語文莫吾猶人也。按猶忞慔，亦雙聲連語。又託名幖識字。古今注文無名，當歸。又中山經放皋之山有獸狀如蜂，枝尾而反舌，善呼，名曰文文。【聲訓】鶡冠子泰録文者所以分物也。釋名釋言語文者會集衆采以成錦繡，會集衆字以成詞誼，如文繡然也。左昭廿八傳服注德能經緯順從天地之道，故曰文。【古韻】荀子雲賦叶損文神門。三畧叶文軍。【轉音】楚辭天問叶言文。

灰 **玫** [篆] 火齊玫瑰也。从玉文聲。蒼頡篇玫瑰火齊珠也。按如雲母重沓而可開，色黃赤似金，出日南。此字疑从枚省聲，當作玫。玫瑰疊韻連語。【別義】說文一曰石之美者。字林石之美好曰玫，圓好曰瑰。一切經音義引郭璞曰玫瑰石珠也。又引張揖曰玫瑰瑤玕也。出昆崙

關明山。史記司馬相如傳赤玉玫瑰。按此字則从文聲，亦作砇，作瑉，作碈。禮記玉藻士佩瓀玟。聘義貴玉而賤碈。

震 **吝** [篆] [篆] 恨惜也。文選琴賦注引說文貪惜也。从口文聲。古文彣聲。字亦作悋，俗作[illegible]，作恡。方言十凡貪而不施或謂之悋。悋恨也。廣雅釋詁四吝恨也。易蒙以往吝。說卦坤爲吝嗇。繫辭悔吝者言乎其小疵也。論語出納之吝。皇疏難惜之也。家語致思商甚恡於財。注嗇甚也。思元賦相舟悄悄吝不飛。注恨也。【轉音】易姤叶牽賓民正命吝。

眞 眞 **旻** [篆] 秋天也。从日文聲。字亦作旼。左形右聲。爾雅秋爲旻天。虞書說曰元气廣大則稱昊天，仁覆閔下則稱旻天。堯典欽若昊天。孟子舜往於田，號泣於旻天。詩雨無正旻天疾威。書多士不弔旻天。左哀十六傳旻天不弔。張壽碑顥天不弔，以顥爲之。叚借爲閔。平輿令薛君碑遘此旻旻，又重言形況字。史記司馬相如傳旼旼睦睦。集解和貌。【聲訓】爾雅釋天李注秋萬物成熟，皆有文章，故曰旻天。郭注旻猶愍也。愍萬物彫落。詩召旻序旻閔也。釋名秋曰旻天，物就枯落可閔傷也。

文 **彣** [篆] 䰂也。从彡从文。會意，文亦聲。凡彣章、彣采、彣明字，經傳皆以文爲之。

文 **䮕** [篆] 馬赤鬣縞身，目若黃金，名曰䮕。吉皇之乘。周成王時犬戎獻之。按見周書王會篇。六韜又云頂若雞尾，名曰雞斯之乘。从馬从文，會意，文亦聲。說文又曰：西伯獻紂以全其身。按見書大傳西伯伐耆。海內北經犬戎有文馬，名曰吉量，乘之壽千歲。海外西經奇肱之國乘文馬。注文馬即吉量也。皆以文爲之。廣雅釋獸白馬朱鬣駮。叚借爲文。說文又引春秋傳曰䮕馬百駟。畫馬也。見宣二年傳，宋以賂鄭。

眞 **忞** [篆] 彊也。从心文聲。讀如旻。按與暋略同。黽勉字以黽爲之，亦作閔。免忞黽雙聲。叚借爲暋，爲惽。書立政其在受德忞。又重言形況字。法言問神傳千里之忞忞者。注忞忞心所不了。葢以惽爲訓。

問 **汶** [篆] 汶水也。出琅邪朱虛東泰山，東入濰。从水文聲。桑欽說汶水出泰山萊蕪西南入泲。按漢志有二汶，出今山東泰安府萊蕪縣馬耳山者，徑汶上縣分流南北，今達河全資汶水，而入泲之故道已湮。此禹貢浮于汶，爾雅汶爲瀾之汶也。其出今青州府臨朐縣沂山至安丘縣合濰水者，水經注所謂東汶水也。其實述征記泰山郡水皆名汶。齊乘亦有三汶，則以汶名者并不止二矣。考工記貉踰汶則死。司農注在魯北。列子釋文謂借爲岷。吳語遵汶之上。注齊水。論語則吾必在汶上矣。叚借爲惽。史記屈原傳受物之汶汶。索隱猶昏暗不明也。亦重言形況字。

mǐn 閔　wèn 紊　lín 麐　mǐn 潣　fán 燓

彰 **閔** 𢗻 弔者在門也、从門文聲、古文𢙺患字、患閔聲誼相近、古書或通用耳、或曰古文下从思、上从民聲、作𢗻、俟考、字亦作憫、爾雅釋詁、閔病也、詩柏舟、覯閔既多、鴟鴞、鬻子之閔斯、禮記儒行、不閔有司、左宣十二傳、少遭閔凶、注、憂也、孟子、阨窮而不憫、注、懣也、叚借爲忞、書君奭、予惟用閔于天越民、傳、勉也、漢書五行志、閔勉遯樂、又爲昬、周禮大祝、注、閔天不淑、又爲惛、史記范雎蔡澤傳、竊閔然不敏、又重言形況字、左昭三十二傳、閔閔焉如農夫之望歲、注、憂貌、素問靈蘭秘典論、閔閔之當、注、深遠也、又雙聲連語、淮南精神、芒芠漠閔、古韻詩鴟鴞叶恩勤閔、

文問 **紊** 𥿻 亂也、从糸文聲、字亦作紋、左形右聲、書盤庚、有條而不紊、叚借爲文、今紋理花紋字、

真 **麐** 𪊐 牝麒也、从鹿吝聲、與麟別、爾雅釋獸、麐麕身牛尾一角、經傳皆以麟爲之、詩麟之趾傳、麟信而應禮、草木疏、麐身牛尾馬足黃色員蹄、一角角端有肉、音中鐘呂、行中規矩、王者至仁則出、京房易傳、又云狼額馬蹄、有五采、腹下黃、高丈二、公羊哀十四傳、麟者仁獸也、注、一角戴肉、設武備而不爲害、所以爲仁也、廣雅釋獸、麐不履生蟲、不折生草、不羣居、不旅行、不入陷穽、不羅罘罔、文章彬彬、春秋演孔圖、麟木之精也、孝經援神契、麟中央也、軒轅大角獸也、按龍虎鳳龜爲四方、鄭駁異義、麟西方毛蟲、家語、毛蟲三百有六十而麟爲之長、

彰 **潣** 𤁣 水流浼浼皃、从水閔聲、按字亦作泯、作湣、作潣、誤作泯、叚借爲湣、爾雅釋詁、泯盡也、廣雅釋詁四、泯滅也、詩桑柔、靡國不泯、左宣十二傳、不泯其社稷、周語、今將大泯其宗祊、又爲閔、荀子王霸、齊湣宋獻是也、注、與閔同、又爲惛、書呂刑、泯泯棼棼、周書祭公、汝無泯泯芬芬、注、亂也、荀子賦、湣湣淑淑、注、思慮昏亂也、亦重言形況字、

焚一名 附分切

文元 **燓** 𤆎 燒田也、从火楙、楙亦聲、段氏據玉篇廣韻有焚無燓、許書彬篆下焚省、元應書引說文从火燒林、凡四見、訂从火从林會意、今按經傳所用有焚無燓、當從段改、字亦作焚、作熕、廣雅釋言、焚燒也、公羊桓七年、焚咸丘、傳、焚之者何、樵之也、樵之者何、以火攻也、詩雲漢、如惔如焚、易離、焚如死如棄如、周禮掌戮、凡殺其親者焚之、左成十三傳、遂從而盡焚之、論語、廄焚、莊子外物、乃焚大槐、司馬注、謂霹靂時燒大樹也、轉注、廣雅釋詁二、焚乾也、叚借爲僨、左襄廿四傳、象有齒以焚其身、注、斃也、服注、僵也、又疊韻連語、爾雅釋天、焚輪謂之穨、古韻詩雲漢叶川焚熏聞遯、

fēn 分　fēn 氛　fēn 芬　xìn 釁

分三十一名凡分之派皆衍分聲 撫文切

文問 **分** 𠔁 別也、从八从刀會意、刀以分別物也、禮記月令、死生分、注、猶半也、日夜分、注、猶等也、漢書律厤志、分者自三微而成著、可分別也、春秋繁露、春秋分者、陰陽相半也、又禮記樂記、分夾而進、注、猶部曲也、呂覽功名、賢不肖不可以不相分、注、猶異也、神女賦、含然諾其不分兮、按、猶明辯可識也、注、當也、失之、又論語、邦分崩離析、孔注、民有異心曰分、莊子漁父、遠哉其分乎道也、司馬注、離也、列子黃帝、用志不分、注、猶散也、素問五常政大論、分潰癰腫、注、裂也、又廣雅釋詁三、分予也、左昭十四傳、分貧振窮、注、與也、昭十二傳、四國皆有分、注、珍寶之器、哀元傳、熟食者分而後敢食、注、猶徧也、又論語、五穀不分、皇疏、播種也、鄭注、猶理也、轉注、禮記禮運、男有分、注、猶職也、楚語、世敘天地而別其分主者也、注、位也、七發、感分遺身、注、分義也、又文選上責躬應詔詩表、自分黃耇永無執珪之望、注、謂甘慍也、叚借爲糞、禮記王制、百畝之分、又爲介之誤字、穀梁莊三十傳、周之分子也、又爲比之誤字、書盤庚、女分猷念以相從、又託名幖識字、賈子六術、十氂爲分、淮南主術、則寸分可得而察也、注、毛也、又寸生于稞、注、十粟爲一分、又重言形況字、呂覽慎大、紛紛分分、注、恐恨也、古韻列子力命叶分運、轉音楚詞天問叶分陳、招魂叶分紛陳先、荀子成相叶陳銀門分、鬼谷子養志叶堅分、

文文 **氛** 𣱛 雰 祥气也、从气分聲、或从雨、左襄廿七傳、楚氛甚惡、昭二十傳、梓慎望氛、注、氣也、楚語、臺不過望氛祥、注、凶氣爲氛、漢書元帝紀、氛邪歲增、注、惡氣也、思元賦、氛旄容以天旋兮、注、氛氣爲旄也、西京賦、消雰埃于中宸、注、塵穢也、轉注、禮記月令、雰霧冥冥、素問六元正紀大論、寒雰結爲霜雪、注、寒氣曰氛也、叚借重言形況字、詩信南山、雨雪雰雰、白帖引作紛紛、亦同、楚辭怨思、雪雰雰而薄木兮、悲回風、激凝霜之雰雰、廣雅釋訓、雰雰雨也、聲訓、釋名釋天、氛粉也、潤氣著草木、因寒凍凝、色白若粉之形也、古韻詩信南山叶雲雰、轉音楚辭惜誦叶顛天雰、轉音楚辭悲回風叶雰湲、

文 **芬** 𦬕 艸初生其香分布也、从屮从分、分亦聲、或从艸、方言十三、芬和也、廣雅釋訓、芬芬香也、春秋繁露天地之行、芬苦味也、詩鳧鷖、燔炙芬芬、亦重言形況字、吳都賦、芬馥肸蠁、亦雙聲連語、叚借爲墳、管子地員、芬然若灰、注、壤起貌、又爲紛、實爲紊、漢書禮樂志、芬哉芒芒、注、謂眾多、甘泉賦、鬱鬱芬芬、注、盛美也、亦重言形況字、又爲芥之誤字、廣雅釋草、芬草也、又芬葅水蘇也、按亦名雞蘇、亦名萊、古韻詩鳧鷖叶亹欣熏芬艱、

震 **釁** 𦥛 血祭也、象祭竈也、从爨省、从酉、酉所以祭也、从分、分亦聲、按分猶割也、非分布意、字亦作衅、又誤作舋、凡殺牲以血塗坼罅如

fēn 鳻　fén 羒　pàn 盼　bān 攽

廟竈鍾鼓龜筴寶器之屬因遂薦牲以祭曰釁周禮大祝隋釁注隋釁謂薦血也凡血祭曰釁夌人釁廟小子釁社稷五祀之宮兆圍師釁廐司約釁戸此釁星也大司馬涖釁主及軍器小子釁邦器及軍器天府釁寶鎮及寶器龜人釁龜太史釁龜筴小祝大師掌釁祈號祝司農注謂釁鼓也左僖三十三傳不以纍臣釁鼓禮記樂記車甲衅而藏之府庫孟子將以釁鐘呂覽愼大釁鼓旗甲兵此釁器也又管子小問桓公踐位令釁社塞禱注殺牲以血澆落于社曰釁社按釁用毛牲曰刏羽牲曰珥鬯人共釁鬯鷄人凡禳釁共鷄牲羊人凡刏珥共羊牲士師奉犬牲禮記襍記宗廟之器成則釁之以豭豚而用牛之釁則惟見孟子轉注塗鏬隙曰釁因卽謂鏬隙爲釁左桓八傳讐有釁注瑕隙也宣十二傳觀釁而動服注閒也昭元傳吳濮有釁注過也魯語若鮑氏有釁注兆也惡有釁雖貴罰也注孔也東京賦巨猾閒釁注隙也字亦作璺誤作釁廣雅釋詁二璺裂也方言六器破而未離謂之璺素問六元正紀大論爲璺啟注微裂叚借爲熏漢書豫讓傳釁面吞炭又爲薰周禮女巫掌歲時祓除釁浴注謂以香薰草藥沐浴齊語三釁三浴之注以香塗身曰釁又爲歡按爾雅獸曰釁謂如鼓舌吹氣注云自奮釁以聲訓不憭又爲忞易繫辭成天下之亹亹者詩文王亹亹文王崧高亹亹申伯禮記禮器君子達亹亹焉周語亹亹怵惕爾雅釋詁亹亹勉也廣雅釋訓亹亹進也亦重言形況字字亦誤作亹又作斖或曰亹亹皆釁之誤字

眞 制 **攽** 𢻱 分也从攴从分會意分亦聲書洛誥乃惟孺子攽亦讀與彬同按經傳皆以頒以班爲之字與頒畀同叚借爲分廣雅釋詁二攽減也

諫 **盼** 䀢 目黑白分也从目分聲見一切經音義八引說文詩碩人美目盼兮傳盼白黑分韓詩黑色也字林美目也論語馬注動目貌也太元沈盼得藥叚借爲聘一切經音義引廣雅盼視也又託名幖識字大荒北經深目民之國盼姓注黃帝時姓也西山經黃山盼水出焉又浮山多盼木轉音詩碩人叶倩盼論語叶倩盼絢

文 **羒** 𦍒 牂羊也从羊分聲爾雅釋畜羊牡羒牝牂注謂吳羊白羝按當從初學記廿九引說文牡羊也今本說文及鄭注內則皆字之誤

文 制 **鳻** 𩿧 鳥聚貌一曰飛貌从鳥分聲字亦作翁莊子山木翂翂翐翐李注羽翼聲司馬注舒遲貌一云飛不高貌釋文字或作𩿧廣雅釋訓翁翁飛也按此重言形況字又爾雅春鳸鳻鶞左昭十七疏引賈逵作分循則亦疊韻連語又方言八鳲鳩或謂之戴鵀此卽爾雅之戴鵀月令之戴勝也又鳩其大者謂之鳻鳩廣雅作鴔鳩此卽爾雅之鶌鳩月令之鳴鳩左傳之鶻鳩也二鳥皆因繡文班然得名則

fěn 黺　fěn 粉　bīn 邠　pín 貧　fèn 棼　fèn 枌　pén 盆

借爲彪或爲辨以上三義似俱非此字本訓俟考

元 **盆** 㿽 盎也从皿分聲考工陶人盆實二鬴厚半寸脣寸方言五甇甈自關而西或謂之盆周禮牛人與其盆簝司農注所以盛血儀禮士喪禮新盆槃瓶注以盛水禮記禮器盛于盆注炊器也漢書食貨志官與牢盆注煮鹽盆也叚借爲扮禮記祭義夫人繅三盆手注三盆手者三淹也按三揺其繭也廣雅釋詁二盆漬也俗製湓字

文 **枌** 𣏾 榆也从木分聲爾雅榆白枌詩東門之枌傳白榆也禮記內則堇荁枌榆注榆白曰枌漢書郊祀志士禱豐枌榆社稽康養生論豆令人重榆令人瞑按榆有赤白二種赤者先著莢後生葉白者先生葉後著莢又別有刺榆名梗所謂山枌榆也叚借爲棼七命枌棋嵯峨

文 **棼** 𣡍 複屋棟也从林分聲按从林者从二木也複屋故从二木爲意複屋者如蘇俗所云閣不可居重屋如樓可居廣雅釋室棼閣也按亦名欞叚借爲紊左隱四傳猶治絲而棼之也釋文亂也又爲蕡周禮巾車棼蔽注蕡麻以爲蔽又爲棼左僖廿八傳楚鬭椒字伯棼又託名幖識字楚策棼冒勃蘇左傳作蚡冒史記魯世家喬如弟棼如左傳作焚如又重言形況字書呂刑泯泯棼棼疏同惡

眞 **貧** 𧵓 𡨋 財分少也从貝从分會意分亦聲古文从宀从分莊子讓王無財謂之貧說苑襍言貧者士之常也詩北門終窶且貧傳貧者困于財左昭十四傳分貧振窮疏貧窮相類細言窮困于貧論語貧而無諂又貧而無怨難古韻詩北門叶門殷貧艱垠叶隕貧轉音文子道原叶怨貧

眞 **邠** 𨚔 周太王國在右扶風美陽从邑分聲按后稷十餘世孫公劉避桀之亂自邰徙此其地有豳山民俗以夜市今陝西邠州也爾雅釋地西至於邠國史記周本紀慶節立國于豳孟子太王去邠北征賦息郇邠之邑鄉叚借爲汃爾雅邠國說文汃篆下引作西至于汃國西極之水也又爲份太元文斐如邠如注文盛貌也

吻 **粉** 𥹸 傅面者也从米分聲齊民要術有傅面粉英太元視粉其題注飾也按米末謂之粉从米从分會意分亦聲傅于餌餈之上亦所謂傅面敷周禮籩人糗餌粉餈司農注豆屑也又書益稷藻火粉米鄭注粉米白米也聲訓釋名釋首飾粉分也研米使分散也

吻 **黺** 𪓐 袞衣山龍華蟲粉米也黺畫粉也从黹从粉省衛宏說按益稷藻火粉米衛說作璪火黺絲黺爲分閒布白所謂繪事後素也黹爲五采繡如聚細米也與鄭異指今按字从黹不當言畫粉黺絲分爲二事亦不合當以鄭說爲正

fēn 帉　bīn 份　fēn 衯　bān 頒　fén 鼢　fèn 忿　fén 汾　fén 魵

帉（文）帉 楚謂大巾曰帉。从巾，分聲。方言四：大巾謂之帉。廣雅釋器：帉，幘也。禮記內則：紛帨。以紛爲之。注：今齊人有言紛者。則又齊語。

份（眞眞）份 彬 文質備也。从人，分聲。古文从彡，焚省聲，字亦作斌，作玢。廣雅釋詁三：彬，文也。論語：文質份份。孔注：文質相半之貌。鄭注：襍半貌也。漢書敘傳：孝哀彬彬。禮記樂記注：欲其並行斌斌然。上林賦：玢豳文鱗。注：文理貌。亦疊韻連語。孫根碑陰：孫斌初。

衯（文）衯 長衣貌。从衣，分聲。史記司馬相如傳：衯衯裶裶。索隱：衣長貌。亦重言形況字。假借爲紊。廣雅釋訓：衯衯，亂也。亦重言形況字。

頒（文刪）頒 朌 大頭也。从頁，分聲。字亦作朌。詩魚藻：有頒其首。傳：大首貌。韓詩：眾貌。則謂借爲焚。苕之華：牂羊墳首。以墳爲之。假借爲辨，爲斑。說文：一曰鬢也。孟子：頒白者不負戴于道路矣。注：頭半白曰頒。斑然者也。羣頒雙聲。又爲攽。周禮大宰：匪頒之式。司農注：謂班賜也。小宗伯：遂頒禽。注：謂以予羣臣。儀禮聘禮記：朌肉及廋車。注：猶賦也。禮記王制：名山大澤不以朌。夏小正：頒冰。頒馬。又爲羹。書洛誥：乃惟孺子頒。周禮大胥：秋頒學合聲。大史：頒告朔于邦國。禮記禮運：頒爵位。明堂位：頒度量。東京賦：布教頒常。小爾雅廣詁：頒，布也。又疊韻連語。藉田賦：士女頒斌而咸戾。注：相雜之貌。聲訓：禮記祭義：頒禽隆諸長者。注：頒之言分也。孟子：頒白者。注：頒者，班也。

鼢（文吻 吻）鼢 蚡 地中行鼠，伯勞所化也。亦曰偃鼠。从鼠，分聲。或从虫。字亦作鼢。爾雅：鼢鼠。廣雅：鼢鼠。本草陶注：一名隱鼠。形如鼠大而無尾，黑色，長鼻甚強，常穿地行。按今謂之地鼠，尾僅寸許。方言謂之犂鼠，言起土如耕也。月令：田鼠化爲鴽。鄭此周禮草人故書：蚡壤用麋。司農注：多蚡鼠。假借託名標識字。左昭廿二傳：劉伯盆名狄。又史記：楚蚡冒。一作蚡，亦作粉。又借爲濆。左昭五：敗莒師于蚡泉。注：魯地。公羊作濆，穀梁作賁，亦皆借字。

忿（吻問）忿 悁也。从心，分聲。廣雅釋詁二：忿，怒也。易象傳：君子以懲忿窒欲。禮記大學：身有所忿懥。秦策：伯主約而不忿。注：怨也。莊子達生：忿滀之氣。李注：滿也。楚辭懷沙：懲違改忿。今注：恨也。東京賦：我世祖忿之。注：恚也。

汾（文）汾 汾水也。出太原晉陽山，西南入河。从水，分聲。或曰出汾陽北山，冀州浸。按字亦作瀢，見莊子山木釋文。水出今山西太原府靜樂縣管涔山，經太原縣合晉水，經絳州合澮水，至蒲州府滎河縣北入河，在龍門之南，曰汾口。周禮職方氏：其浸汾潞。詩：彼汾沮洳。左桓三傳：逐翼侯于汾隰。晉語：我命之汾陽之田百萬。假借爲墳。詩韓奕：汾王之錫。傳：大也。

魵（文吻）魵 鯿 魵魚也。出薉邪頭國。从魚，分聲。爾雅釋魚：魵，鰕。按魵之言辨也。廣志：斑文魚出濊國。魏畧：濊國出班魚皮，漢時恒獻之。今一統志朝鮮下云：海出班魚皮。

fěn 扮　fēn 紛　fèn 坋　bān 班

扮（文吻）扮 握也。从手，分聲。讀若粉。太元元數：地則虛三以扮天十八也。注：猶并也。按禮記祭義：犬人繅三盆手。以盆爲之。假借爲奮。廣雅釋詁一：扮，動也。又爲粉。今俗用爲優人妝扮字。

紛（文）紛 馬尾韜也。从糸，分聲。轉注：書費誓：敿乃干。傳：施汝盾紛。又羽獵賦：青雲爲紛。注：旗旒也。又周禮弁師注：沛國人謂反紛爲襜。又釋名釋車：紛，放也。防其放弛以拘之也。又離騷：紛總總其離合兮。注：盛多貌。老子：解其紛。注：結根也。假借爲份。易巽：用史巫紛若。荀注：變也。疏：盛多之貌。離騷：紛吾既有此內美兮。注：盛也。長笛賦：紛葩爛漫。按猶彬華也。太元：䙐鸞鳳紛如。注：有文章也。又爲扮。漢書霍去病傳：漢匈奴相紛拏。注：亂相持搏也。舞賦：般紛挐兮。注：相著牽引也。又爲帉。禮記內則：左佩紛帨。注：拭物之佩巾也。又爲黺。周禮司几筵：設莞筵紛純。注：如綬有文而狹者。司農注：讀爲豳。東京賦：次席紛純。注：謂以組爲緣。又爲紊。廣雅釋詁三：紛，亂也。左昭十六傳：獄之放紛。莊子應帝王：紛而封哉。楚辭惜誦：紛逢尤以離謗兮。憂苦心紛錯而不受。漢書王莽傳：白黑紛然。史記汲鄭傳：紛更之爲。又爲鴛。蜀都賦：羽族紛泊。注：飛薄也。舞賦：紛猋若絕。注：飛揚貌。又爲惛。廣雅釋訓：紛纁，不善也。按猶惽怓也。崔駰達旨：紛纁塞路。又疊韻連語。楚辭怨思：腸紛紜以繚轉兮。注：亂貌。橘頌：紛緼宜修。注：盛貌。漢書司馬相如傳：威武紛云。注：盛貌。漢書禮樂志：六紛員。注：多貌。紛云六幕浮大海。注：興作之貌。封禪文：紛綸葳蕤。注：亂貌。又重言形況字。荀子儒效：涫涫紛紛。注：雜亂貌。呂覽慎大：紛紛分分。注：斂亂也。神女賦序：紛紛擾擾。注：亂也。漢書賈誼傳：般紛紛其離此郵兮。注：構讒意也。尚書帝命驗：東南紛紛。注：動擾之貌。廣雅釋訓：紛紛，眾也。又發聲之詞。方言十：紛怡，喜也。湘潭之間曰紛怡。古韻：老子：無源叶紛塵存先。楚辭招魂：叶分紛陳先。

坋（吻硬）坋 塵也。从土，分聲。通俗文：埲土曰坋。假借爲扮。漢書司馬相如傳：坌入曾宫之嵯峨。集注：並也。又爲坌。文選薦禰衡表：溢氣坌涌。注：涌貌也。又爲墳。說文：一曰大防也。

班（刪）班 分瑞玉也。从玨，从刀。按从分省，會意，分亦聲。虞書：班瑞于羣后。傳：還也。假借爲羹。廣雅釋詁三：班，布也。左襄廿六傳：班荊相與食。漢書翟義傳：班度量。呂覽仲夏：班馬正。又爲攽。爾雅釋言：班，賦也。公羊僖三十一傳：班其所侵地于諸侯也。注：布徧還之辭。周語：其適來班貢。注：賦也。晉語：車班外內。注：徧也。又爲分。小爾雅廣詁：班，次也。方言三：班，列也。廣雅釋言：班，序也。儀禮既夕：以其班祔。禮記曲禮：班朝治軍。左桓六傳：使魯爲其班。文六傳：班在九人。注：位也。襄十八傳：有班馬之聲。注：別也。孟子：周室班爵祿也。注：列也。若是班乎。注：齊等之貌也。又爲彪。漢書敘傳：楚人謂虎文班。左莊三十傳：楚鬬班，字射師。又爲般。左襄十傳：請班師。注：還也。易屯：乘馬班如。子夏傳：相牽不

bān 𦍍　fēn 梤　mén 虋　bīn 虨　fèn 糞　fèi ⿰禾糞　fèn 瀵

進貌、班般雙聲、左成十二傳鄭公子班字子如、轉音易屯叶邅班、

刪 **𦍍** 𦍍 賦事也、从菐从八、八分之也、八亦聲、讀若頒、一曰讀若非、按从分省亦聲、周禮匪頒之式、按匪亦頒也、雙聲連語、經傳皆以頒以班為之、

文 **梤** 梤 香木也、从木芬會意、芬亦聲、與枌別、字亦作棻、作橨、漢書王莽傳歆子棻、叚借為分、或為芬、西都賦桑麻鋪棻、注棻與紛古字通、後漢書注、棻茂盛也、

元 **虋** 虋 赤苗嘉穀也、从艸釁聲、字亦作麖、作穈、作亹、誤作亹、爾雅釋草虋赤苗、注今之赤粱粟、舍人注虋是伯夷叔齊所食首陽山草也、是以虋為薇菜、失之、詩生民維穈維芑、傳赤苗也、說文璊篆說解禾之赤苗謂之璊、言璊玉色如之、別義、爾雅釋草蘠蘼虋冬、注門冬一名滿冬、按即今薔薇也、與天門冬麥門冬迥別、中山經條谷之山其草多芍藥虋冬、叚借為門、詩鳧鷖在亹、傳山絕水也、箋亹之言門也、漢書地理志金城郡浩亹、注水流峽山岸深若門也、景武功臣表先登石亹、古韻詩大車叶啍璊奔、以璊為之、鳧鷖叶亹欣熏芬艱、

刪 **虨** 虨 虎文彪也、从虍彬聲、廣雅釋詁三虨文也、班氏以班為之、司馬相如傳被豳文、以豳為之、轉音易革叶虨斐、

說文通訓定聲　屯部弟十五　九

糞三名、凡糞之派皆衍糞聲、方問切、

問 **糞** 糞 棄除也、从廾推華棄釆也、會意、官溥說似米而非米者矢字、按謂菌字省也、埽之曰坌、推而棄之曰糞、廣雅釋詁一、糞盡也、三、除也、論語糞土之墻、釋文本作坋、則謂塵土、非是、轉注周禮草人凡糞種、注凡所以糞種者皆謂煮取汁也、老子卻走馬以糞、注糞田也、廣雅釋詁四、糞饒也、叚借為分、孟子百畝之糞、禮王制正作分、

問未 **⿰禾糞** ⿰禾糞 稻紫莖不黏也、从禾糞聲、讀若靡、

問 **瀵** 瀵 水浸也、从水糞聲、爾雅釋水瀵大出尾下、注尾猶底也、今河東汾陽縣有水口如車輪許、濆沸涌出、其深無限、名之曰瀵、按在今山西蒲州府榮河縣、又云為郃陽縣復有瀵、亦如之、按在今陝西同州府、又按今山東濟南府歷城縣有趵突泉、亦瀵也、公羊昭五傳濆泉者何、直泉也、直泉者何、涌泉也、詩畢沸檻泉、爾雅濫泉正出、正出涌出也、皆瀵之類、列子湯問壺領山頂有口狀若員環、有水湧出、名曰神瀵、一源分為四、

奮二名、凡奮之派皆衍奮聲、方問切、

fèn 奮　fèn ⿰巾奮　xūn 熏　xūn 薰　xūn 纁

問 **奮** 奮 翬也、从奞在田上、會意、廣雅釋詁一、奮動也、二、進也、四、舒也、釋言奮振也、又訊也、詩柏舟不能奮飛、西京賦奮隼歸鳧、淮南原道羽翼奮也、注壯也、轉注爾雅釋鳥雉絕有力奮、釋畜羊絕有力奮、又虞書有能奮庸熙帝之載、傳起也、易豫雷出地奮、鄭注動也、禮記樂記奮之以風雨、注迅也、曲禮奮衣由右上、注振去塵也、史記樂書奮至德之光、集解發也、秦策是賁奮也、注勇也、荀子子道奮于言者華、奮于行者伐、注振矜也、叚借為僨、實為奔、詩行葦箋奮軍之將、轉音三略上叶順信奮亂、

吻 **⿰巾奮** ⿰巾奮 以囊盛穀太滿而裂也、从巾奮聲、

熏六名、凡熏之派皆衍熏聲、許云切、

文 **熏** 熏 火煙上出也、从屮从黑、屮黑熏象也、按炎上出四為煙、其色黑、中亦象煙上出形、此字當隸炎部或黑部、俗字作燻、爾雅釋訓炎炎熏也、詩雲漢憂心如熏、傳灼也、易艮厲薰心、以薰為之、荀本作勳、讀為動、呂覽離謂眾口熏天、注感動也、有始東南曰熏風、漢書杜欽傳欲以熏轑天下、字亦作焄、史記酷吏傳以焄大豪、索隱猶熏炙之、叚借為纁、禮記禮器元衣熏裳、又為葷、家語五儀則志不在於食焄、又為帥、後漢蔡邕傳注引韓詩熏帥也、又重言形況字、詩鳧鷖公尸來止熏熏、傳和說也、說文引作來燕醺醺、又雙聲連語、禮記祭義焄蒿悽愴、注謂香臭失之、古韻詩鳧鷖叶亹欣熏芬艱、雲漢叶川焚熏聞遯、

說文通訓定聲　屯部弟十五　十

文 **薰** 薰 香艸也、从艸熏聲、廣雅釋草薰草蕙草也、按即今零陵香、離騷王逸注葉曰蕙、根曰薰是也、其以注菌則非也、左僖四傳一薰一蕕、西山經浮山有草焉、名曰薰、麻葉而方莖、赤華而黑實、臭如蘼蕪、佩之可以已癘、周禮鬯人疏天子以鬯、諸侯以薰、大夫以蘭芝、此用其葉也、淮南說林腐鼠在壇、燒薰于宮、漢書龔勝傳薰以香自燒、此用其根也、叚借為葷、儀禮士相見禮古文問夜膳薰、又為熏、別賦陌上草薰、注香氣也、雪賦燎薰爐兮炳明燭、注火烟上出也、魏都賦蕙風如薰、注風至之貌也、漢書敘傳薰胥以刑、注謂相薰蒸、亦漸及之義耳、又單辭形況字、莊子天下薰然慈仁、釋文溫和貌、又為勳、夏承碑莢薰著於王家、又為帥、漢書敘傳注引三家詩薰帥也、古韻家語觀樂叶薰慍、

文 **纁** 纁 淺絳也、从糸熏聲、爾雅釋器三染謂之纁、考工鍾氏三入為纁、廣雅釋器纁赤也、按帛以朱漸丹秫、一染之為縓、在赤白黃之閒、韋以茜草一染曰韎、皆所謂紅也、再染為赬、赤黃色也、至三染則成赤、惟較四染之緅稍淺、故訓淺絳耳、書禹貢厥篚元纁璣組、周禮染人夏纁元、儀禮士冠禮爵弁服纁裳、禮記襍記纁袡為一、左哀十一傳製之以元纁、轉注漢書禮樂志琳瑉黃、注黃貌、字亦作燻、

xūn 壎　xūn 勳　xūn 醺　yūn 壹　yún 雲

元 壎 樂器也以土爲之六孔从土熏聲字亦作塤爾雅大塤謂之嘂周禮小師掌壎注燒土爲之大如鴈卵禮記月令調竽笙壎箎詩何人斯伯氏吹壎仲氏吹篪板如壎如篪按其聲平下與篪相諧白虎通禮樂壎坎音也叚借託名幖識字大荒東經有壎民之國聲訓白虎通壎之言薰也陽氣于黃泉之下薰蒸而萌釋名塤喧也聲濁喧喧然也

文 勳 能成王功也从力熏聲古文員聲爾雅釋詁勳功也周禮司勳王功曰勳史記高祖功臣年表以德立宗廟定社稷曰勳書堯典曰放勳左襄廿一傳聖有謨勳尹宙碑勛功有章袁良碑不問勳㕟字亦作勳从𦆅文員叚借爲閽漢書百官公卿表光祿勳集注勳之言閽也又爲帑後漢蔡邕傳注勳帥也

文 醺 醉也从酉熏聲詩曰公尸來燕醺醺毛本作來止熏熏箋坐不酉安之意蓋本三家爲說按此重言形況字毛傳和說得之醺疑後出字他經無用者

壹一名 於云切

文文 壹 壹壹也从凶从壺不得泄凶也會意易曰天地壹壹按壹壺者雙聲連語亦作絪縕作氤氳作烟煴氣凝聚充塞之狀音轉而爲抑鬱爲於邑又愁思蘊結之狀一切經音義氳字書作榅同盛貌也亦香也又香氣繚繞之狀或曰壹从壺中吉壺从壺中凶言元氣渾然吉凶未分也是壹亦當爲會意字許未著其說

說文通訓定聲　屯部第十五　十一

云十名凡云之派皆衍云聲 于分切

文文 雲 山川气也从雨从古文云古文从上象同轉形又古文象回轉形凡地面溼熱之氣上騰至冷際則散爲雨色恒白乾熱之氣則散爲風色恒黑亦或有從龍而起者與自然上升者微別素問陰陽應象大論地氣上爲雲呂覽明理有其狀若懸旆而赤其名曰雲旆叚借爲囩詩正月昏姻孔云傳旋也箋猶友也按圓也全也猶合也左襄廿九傳其誰云之廣雅釋詁一云有也謂相親友也又秦策云翔不敢校注猶解散按即回翔也又管子戒四時云下注運動貌又爲賱爾雅釋親仍孫之子爲雲孫注言輕遠如浮雲廣雅釋詁一云遠也按管元來鼻仍雲皆重累不絕之誼賱更言衆多也又爲曰亦發聲之詞詩微子我舊云刻子馬注言也詩何人斯伊誰云從晉語誰云救之又助語之詞禮記樂記故聖人曰禮樂云公羊莊廿四傳棗栗云乎腶脩云乎論語則可謂云爾已矣孟子是何足與言仁義也云爾史記封禪書其聲殷云又重言形況字漢書金安上傳敎當云云注多言也汲黯傳吾欲云云注猶言如此如此也呂覽圜道雲氣西行云云然注云運也周旋運布膚寸而合西行則雨也又託名幖識字爾雅釋地楚有雲夢禹貢雲土夢作又周禮職方其澤藪曰雲瞢左定四傳入于雲中在今湖北荊州府監利石首二縣地古亦名巴邱湖又周禮大司樂雲和之琴瑟注山名先鄭注地名舞雲門大卷注黃帝曰雲門大卷又後漢光武紀雲車注即樓車稱雲言其高也竇憲傳雲輜注輜車也稱雲言多也聲訓釋名釋天雲猶云云衆盛意也春秋說題辭雲之爲言運也動陰路觸石而起謂之雲合陽而起以精運也古韻詩出其東門叶門雲存巾員敝笱叶鰥雲何人斯叶艱門云信南山叶雲雰正月叶鄰云慇楚辭國殤叶雲先大招叶雲神存昆禮記孔子閒居叶神先雲素問八正神明論叶神聞先言昏雲原論存莊子馬蹄叶神魂云根

yún 澐　yún 芸　yún 囩　yún 賱　hún 魂　yǔn 会　yún 沄

文 澐 江水大波謂之澐从水雲聲按實與沄同字

文 芸 芸艸也似目宿从艸云聲淮南王說芸艸可以死復生禮記月令芸始生注香艸也呂覽注芸蒿菜名呂覽本味陽華之芸注芳菜也夏小正采芸注似邪蒿可食又通俗文芸薹謂之胡菜此別一種叚借爲賱詩裳裳者華芸其黃矣傳黃盛也又爲耘詩載芟千耦其芸論語植其杖而芸皇疏除草也孟子芸人之田注治也漢書王莽傳終年耕芸又重言形況字老子夫物芸芸各歸其根注華葉

說文通訓定聲　屯部第十五　十二

盛古韻詩載芟叶耘畛老子歸根叶芸根

眞 囩 回也从口云聲按與圓略同秦策云翔字管子戒云下字以云爲之

文文 賱 物數紛賱亂也从員云聲讀若春秋傳曰宋皇鄖字亦作紜紛賱亦疊韻連語顏氏家訓或有諱雲者呼紛紜爲紛煙

元 魂 陽氣也从鬼云聲左昭七傳人生始化曰魄旣生魄陽曰魂韓詩出其東門聊樂我魂傳神也論衡紀妖魂者精氣也易繫辭精氣爲物遊魂爲變靈樞經隨神而往來者謂之魂叚借爲賱爲運夏小正昆小蟲傳昆者衆也由魂魂也者動也按衆者賱字動者運字又重言形況字西山經其光熊熊其氣魂魂注皆焜燿之貌太元元告魂魂萬物注衆多之貌也聲訓孝經援神契魂芸也芸芸動也白虎通情性魂猶伝伝也行不休也古韻莊子馬蹄叶神魂云根

昀 会 大也从大云聲讀若䰟

文 沄 轉流也从水云聲讀若混按實與澐同字爾雅釋言沄沆也釋文引說文一曰沈按水廣大之貌楚辭哀歲流水兮沄沄注沸流也

熏壹雲

扢 軫吻 [篆] 有所失也。从手，云聲。左成二傳扢子辱矣。墨子天志扢失社稷。齊策唯恐失扢之。按實與損同字。叚借爲隕。楚策折清風而扢矣。吕覽音初扢于漢中。

妘 文 [篆] [籀文] 祝融之後姓也。从女，云聲。籀文从員聲。按鄅、鄶、路、偪陽、鄅皆妘姓國。

允廿六名凡允之派皆衍允聲 余準切

允 軫 [篆] 信也。从儿，㠯聲。按㠯允一聲之轉。爾雅釋詁允信也、允誠也、允佞也。易晉眾允。書堯典允恭克讓。詩定之方中終然允臧。左襄五傳成允成功，廿一傳允出茲在茲。論語允執其中。考工㮚氏允臻其極。文選典引茲事體大而允。又易允升注當也。叚借託名幖識字。詩十月之交仲允膳夫，古今人表作中術。按術字當卽𡴆字，从行𡴆聲，非从术聲也。又漢有允街縣、允吾縣，皆讀如鉛。

吮 軫銑 [篆] 㰯也。从口，允聲。聲訓釋名釋飲食吮，循也，不絕口，稍引滋汋，循咽而下也。

夋 眞 [篆] 行夋夋也。从夊，从允聲。叚借爲蹲，爲竣。說文一曰倨也，按倨當作踞。

𡴆 軫 [篆] 進也。从夲，从屮，允聲。易升允升大吉。漢上易傳引施讎易𡴆進也。按字亦作衠，从行𡴆聲，見古今人表。

沇 銑銑 [篆] [古文] 沇水也。出河東東垣王屋山，東流爲泲。从水，允聲。古文卽山閒陷泥地字。水經濟水注一水東南流，俗謂之爲衍水，以衍爲之。北山經王屋之山𣷩水出焉，字亦作𣷩。禹貢兗州東南據濟。釋名兗州取兗水以爲名也。字又作兖。按說文台篆下沇州九州之渥地也，故以沇名，是以沇州本字爲台，葢台沇本一字。泉出沮洳曰台，古以命沛水，上流作沇，因以沇水命州，後又別製兗字。水出今河南懷慶府濟源縣王屋山，有東西二池，合流至溫縣東南入河，卽沛之上流也。書禹貢導沇水東流爲濟，入于河。又濟河惟兗州。叚借雙聲連語。羽獵賦萃傱沇溶，注盛多之貌。又重言形況字。漢書禮樂志沇沇四塞，注流行之貌。又爲吮。漢書揚雄傳兗鋋瘢耆，按猶言中矛也，如淳注括也，則謂借爲箭。聲訓爾雅濟河閒曰兗州，李注濟河閒其氣專質，厥性信謹，故曰兗。兗，信也。按以允爲訓。春秋元命苞兗之言端也，言隄精端，故其氣纖殺。

鈗 軫 [篆] 侍臣所執兵也。从金，允聲。讀若允。書顧命一人冕執鈗。

阭 軫 [篆] 高也。一曰石也。从𨸏，允聲。按當以石爲本訓，高者借爲峻字。

𧼯 眞 [篆] 行𧼯𧼯也。从走，夋聲。疑卽夋之或體。鈔本說文繫傳作行速𧼯𧼯也。廣雅釋室𧼯，犇也。

逡 眞 [篆] 復也。从辵，夋聲。字亦作後。爾雅釋言逡，退也。方言十二逡，循也。日運爲躔，月運爲逡。小爾雅廣義體惡曰逡。漢書公孫宏傳有功者上，無功者下，則羣臣逡。鄭固碑逡遁退讓。亦疊韻連語。史記游俠傳逡逡有退讓君子之風。亦重言形況字。叚借爲迅。禮記大傳逡奔走，注疾也。

鵔 震 [篆] 鵔鸃，鷩也。从鳥，夋聲。爾雅鷩雉，注似山雞而小冠，背毛黃，腹下赤，項綠色鮮明。按卽虞書之華蟲，左傳之丹鳥。廣雅鵔鸃，鳳皇屬也。蒼頡篇鵔鸃，神鳥也，飛竟天。漢以爲侍中冠。淮南書作鵔鸃。楚辭九歎撫朱爵與鵔鸃。子虛賦射鵔鸃。聲訓九歎注鵔鸃，神俊之鳥也。

脧 先 [篆] 新附赤子陰也。从肉，夋聲。老子未知牝牡之合而脧作，音義引說文有此字。聲類脧又作屡。按老子王本作全，釋文河上作峻，本一作脧，全者，朘字之借也。又漢書董仲舒傳民日削月脧，孟康注謂轉褰蹙也，蘇林注俗語謂縮朒爲脧。朒皆卽今皺字之訓。說文亦無皺，按月脧之脧則鐫字之借，或逡字之借也。今姑附于此。

梭 歌震 [篆] 梭木也。从木，夋聲。類篇梭木如餘甘。按廣韻桫欏出昆侖山，木似桃榔，出麪。又玉篇桫棠花赤，實味如李，無核。上林賦作沙棠，未知卽此否。俊攷別義，通俗文梭，織具也，所以行緯，按卽杼也。廣雅釋器梭謂之㮴，字亦作梭，而又以爲持經之木，未知其審。

俊 震 [篆] 材千人也。从人，夋聲。字亦作儁。春秋繁露爵國十人者曰豪，百人者曰傑，千人者曰俊，萬人者曰英。又鶡冠子能天德萬人者謂之俊。白虎通聖人引禮別名記百人曰俊。月令疏引蔡氏辨名記十人曰選，倍選曰俊。書堯典克明俊德。洪範俊民用章。禮記王制俊士。月令贊傑俊。轉注。左莊十一傳得儁曰克。昭十二傳其以中儁也。又宣十五傳酆舒有三儁才，注絕異也，以儁爲之。叚借爲陖。夏小正時有俊風，傳大也。初俊羔傳大也。又託名幖識字。大荒東經帝俊生中容，又有水四方名曰俊壇。按虞帝名俊，經傳皆以舜爲之。

駿 震 [篆] 馬之良材也。从馬，夋聲。齊詩駿驪馬也。穆天子傳一天子之八駿：赤驥、盜驪、白義、踰輪、山子、渠黃、華騮、綠耳。又傳五天子賜許男駿馬十六。叚借爲陖。爾雅釋詁駿，大也。駿，長也。詩文王駿命不易。文王有聲遹駿有聲。崧高駿極于天。長發爲下國駿厖。雨無正不駿其德。又爲迅。爾雅釋詁駿，速也。詩清廟駿奔走在廟。噫嘻駿發爾私，箋疾也。聲訓詩長發箋駿之言俊也。

狻 寒 [篆] 狻麑，如虦貓，食虎豹者。从犬，夋聲。爾雅注卽師子也，出西域。穆天子傳狻猊日走五百里。漢書西域傳烏弋國有師子，似虎，正黃，尾端毛大如斗。後漢順帝紀疏勒國獻獅子、犎牛，注獅子似虎，正黃，有頓耏，尾端毛大如斗。束晳發蒙記師子五色，而食虎，唯畏鉤戟。

jùn 焌　jùn 竣　quān 悛　jùn 浚　zùn 捘　jùn 畯

按亦能搏象博物志言有物如貍能跳上師子頭殺師子西京賦批窳狻今讀如酸

焌　旱 梗　然火也从火夋聲周禮菙氏遂龡其焌契焌火在前以焞焯龜也鄭注謂以契柱燋火而吹之也按楚焞謂之契如今之麻骨以荆爲之炬謂之燋如今之火把以葦爲之轉注爾雅釋詁晙早也注亦明也字亦作晙

竣　眞　偓竣也从立夋聲按偓者倨之誤字倨者踞之借字也實與蹲同字亦作踆廣雅釋詁三竣伏也淮南精神日中有踆烏注猶蹲也謂三足烏莊子外物踆乎會稽釋文古蹲字南山經箕尾之山尾踆于東海大荒東經有一大人踆其上漢書貨殖傳下有踆鴟注謂芋也叚借爲逡齊語有司已于事而竣注退伏也按退也東京賦已事而竣薛注退也爾雅釋言注正作逡又爲悛廣雅釋詁三竣止也又爲鐏公羊宣六傳祁彌明逆而踆之注以足逆蹋曰踆又爲佺或說詩訓偓佺也又重言形況字西京賦犬雀踆踆注犬雀容也

悛　先　止也从心夋聲小爾雅廣言悛覺也方言六悛改也廣雅釋詁三悛更也左隱六傳長惡不悛成十三傳康猶不悛襄七傳亦無悛容昭三傳君曰不悛昭九傳爲是悛而止叚借爲銓左哀三傳外内以悛注次也又爲栓廣雅釋詁一悛敬也又重言形況字史記李將軍傳悛悛如鄙人口不能道辭按猶恂恂也

浚　震　抒也从水夋聲廣雅釋詁二浚盡也易恆浚恆侯果注深也詩小弁莫浚匪泉左莊九年冬浚洙孟子使浚井轉注左襄廿四傳而謂子浚我以生乎注取也晉語浚民之膏澤以實之注煎也則謂借爲煎叚借爲陖書皐謨夙夜浚明有家馬注大也傳須也按須者濬字之誤又爲俊方言六浚敬也又託名幖識字詩凱風在浚之下于旄在浚之郊傳衛邑也按在今直隸大名府開州又水經渠水注浚儀縣縣北有浚水像而儀之故曰浚儀則在今河南開封府祥符縣

捘　願　推也从手夋聲廣雅釋詁三捘按也左定八傳涉佗捘衛侯之手及捥長笛賦捘拏捘臧

畯　震　農夫也从田夋聲爾雅釋言畯農夫也按田畯農官也亦稱農大夫周語命農大夫咸戒農用亦稱農正周語農正再之亦稱農父書酒誥農父若保亦稱農夏小正農率均田禮記郊特牲饗農及郵表畷禽獸亦稱田月令命田舍東郊亦稱田大夫詩七月田畯至喜傳田大夫也亦稱嗇人夏小正嗇人不從亦稱嗇夫儀禮覲禮嗇夫承命詩甫田箋田畯司嗇今之嗇夫也亦稱農夫如爾雅說文是也又周禮籥章以樂田畯司農注古之先教田者鄭郊特牲之司嗇與饗農之農也按畯之爲言俊也逹衆農者也夫也者以知帥人者也故亦曰農夫

jùn 陖　jùn ⿱山陖　suān 酸　suī 葰　suān ⿱雨酸　yīn 殷

陖　震　陗高也从𨸏夋聲按陖峻皆此字之或體小爾雅廣詁峻高也晉語高山峻原注峻峭也西京賦脩路陖險注陖陡也禮記孔子閒居峻極于天注高大也轉注禮記大學克明峻德峻命不易注大也左傳垂不峻注高也離騷冀枝葉之峻茂兮注長也淮南覽冥山無峻榦注美材也又考工弓人方其峻而高其柎注謂簫也又廣雅釋詁一陖急也鹽鐵論周秦篇植高以峻文決罪于内王褒四子講德論大理峻法叚借託名幖識字穆天子傳陖翟致賂注隗姓國也

⿱山陖　震　高也从山陖聲或从夌聲按即陖之或體今系于此

酸　寒　酢也从酉夋聲籒文从畯聲關東謂酢曰酸書洪範曲直作酸周禮瘍醫以酸養骨注木味也呂覽本味酸而不酷楚辭大招吳酸蒿蔞轉注高唐賦寒心酸鼻注鼻辛酸淚欲出也又廣雅釋草酸木狐桃也疑即開寶本草之獮猴桃藤生醫訓呂覽孟春其味酸注酸者鑽也萬物應陽鑽地而出釋名釋疾病酸遜也遜遁在後也言脚疼力少行遁在後似遜遁者也

葰　震 支　薑屬可以香口从艸俊聲字亦作荾作荽作蓑作葰廣雅廉薑葰也儀禮既夕實綏澤焉注綏廉薑也取其香且御溼以綏爲之鹽鐵論散不足篇浚茈蓼蘇以浚爲之閒居賦蓼荾芬芳注荾與葰同香菜也按即藥品中三柰叚借爲尊漢書外戚傳函荾荴以俟風兮注華中脣也又爲陖司馬相如傳實葉葰茂注葰甬也選注大也又託名幖識字漢書地理志大原葰人

⿱雨酸　寒　小雨也从雨酸聲

殷二名凡殷之派皆衍殷聲　於春切

殷　文 眞 刪　作樂之盛稱殷从㐆从殳會意按㐆者舞之容殳者舞之器㐆殷亦一聲之轉易豫殷薦之上帝馬鄭注盛也公羊文二傳五年而再殷祭禮記曾子問服除而后殷祭儀禮士喪禮月半不殷奠釋名朔望祭曰殷奠所用殷衆也又周禮掌客殷膳大牢注中也失之轉注廣雅釋詁一殷大也三殷衆也周禮大宗伯殷見曰同職方氏王殷國亦如之大宰陳其殷大行人殷相聘也注中也失之又書呂刑惟殷于民詩溱洧殷其盈矣夏小正浮游有殷左成十六傳方事之殷也莊子秋水垺大之殷也西京賦百物殷阜東京賦六合殷昌叚借爲㥯爾雅釋言殷中也廣雅釋詁一殷正也書堯典以殷仲春史記天官書衡殷南斗又衡殷中州書禹貢九江孔殷鄭注猶多也失之又爲慇廣雅釋詁二殷痛也詩北門憂心殷殷爾雅釋訓殷殷憂也亦重言形況字又爲霳詩殷其靁傳靁聲也史記封禪書其聲殷云瓚曰聲也上林賦殷天動地注猶隱也失之字亦作磤廣雅釋詁四磤聲也又爲煙或爲焉左成二傳左輪朱殷注今人呼赤黑

yīn 慇　yǐn 𤔌　yǐn 㥯　wèn 䭃　yìn 檼　yīn 濦　yǐn 隱

為殷色。又疊韻連語。淮南兵略士卒殷軫注眾也。西京賦鄉邑殷賑。魏都賦振殷轔而軍裝注言盛多也。魯靈光殿賦承蒼昊之純殷注中也。又重言形況字。羽獵賦殷殷軫軫。王元長曲水詩序殷殷均乎姚澤。漢書禮樂志殷殷鐘石注聲盛也。又託名幖識字。白虎通號夏殷周者有天下之大號也。書盤庚遷于殷。水經穀水注昔盤庚所遷改商曰殷。字亦作郼。呂覽湯為天子夏民親郼如夏注讀為衣。此商盤庚所遷邑也。殷衣一聲之轉。今安徽黟縣人猶讀殷如衣。古韻詩北門叶門殷貧艱。桑柔叶殷辰西痻。

與文 **慇** 慇 痛也。从心殷聲。詩正月憂心慇慇。亦重言形況字。柏舟如有隱憂。左傳隱民將取食焉。以隱為之。叚借為殷。孫叔敖碑以慇潤國家。古韻詩正月叶云慇。

𤔌七名。凡𤔌之派皆衍𤔌聲。 於謹切。

吻問 **𤔌** 𤔌 所依據也。从爰从工。會意。讀與隱同。孟子隱几而臥。以隱為之。俗字作穩。新附穩，蹂穀聚也。一曰安也。郙閣頌處隱定柱。又郎便求隱。亦以隱為之。

文問 **㥯** 㥯 謹也。从心𤔌聲。叚借為慇。廣雅釋詁一㥯哀也。

顧問 **䭃** 䭃 秦人謂相謁而食麥曰䭃。从食㥯聲。方言一相謁而餐秦晉之際河陰之間曰䭃䭪。此秦語也。廣雅釋詁一䭃䭪食也。

問 **檼** 檼 棼也。从木㥯聲。廣雅釋室檼棟也。聲訓釋名釋宮室檼隱也所以隱桷也。按以𤔌為訓。

文吻 **濦** 濦 濦水也。出潁川陽城少室山東入潁。从水㥯聲。字亦作㶏。作溵。出今河南河南府登封縣少室山東流合于潁水。

吻問 **隱** 隱 蔽也。从𨸏㥯聲。廣雅釋詁一隱翳也。淮南地形東北薄州曰隱土。禮記檀弓其高可隱也注猶去也。按卽弆也。俗作弆猶藏也。左襄廿三傳踰隱而待之注短牆也。楚辭悲回風隱岷山以清江注伏也。齊策趙之于燕齊隱蔽也注蕃也。儀禮士虞禮隱之疏謂闇牖戶也。易說卦坎為隱伏。叚借為乚。齊語隱五刃注藏也。則事可以隱令注匿也。管子君臣法不隱則下無怨心注謂伏而不行。又左文十傳身將隱焉用文之。楚辭沈江巖穴處而隱藏。又爾雅釋詁隱微也。易繫辭探賾索隱。史記司馬相如傳春秋推見至隱。史記楚世家願有進隱。集解謂隱藏其意。又為億。實為意。隱意一聲之轉。爾雅釋言隱占也。廣雅釋詁一隱度也。禮記少儀隱情以虞注意也思也。管子禁藏下觀不及者以自隱也。書盤庚尚皆隱哉疏謂隱審也。座右銘隱心而復動。又為𤔌。方言六隱定也。廣雅釋詁一隱安也。禮記禮運今大道既隱注據也。孟子隱几而臥。莊子齊物論隱几而坐釋文馮也。大戴保傅隱琴瑟。文王官人征利而依隱於物。又為慇。詩柏舟如

yǐn 㯱　yǐn 乚　jūn 君

有隱憂傳痛也。左定三傳君以弄馬之故隱君身注憂約也。禮記檀弓哀戚之至隱也。周語勤恤民隱而除其害也。晉語隱悼播越。孟子王若隱其無罪而就死地。又惻隱之心。楚辭怨思志隱隱而鬱拂兮。亦重言形況字。又為偃。古今人表徐隱王。又為㯱。公羊序故遂隱括疏審也。非是。又為陵。楚辭怨思帶隱虹之逶蛇注大也。西征賦裁峻岴以隱嶙注絕起皃。亦疊韻連語。又為匽。詩魚麗傳士不隱塞謂為梁不得如堰豬盡塞也。又為殷。蜀都賦邑居隱賑注盛也。亦疊韻連語。上林賦沈沈隱隱。東京賦隱隱轔轔。閑居賦煌煌乎隱隱乎。史記司馬相如傳湛湛隱隱正義水流鼓怒之聲也。亦重言形況字。又為逡。儀禮士相見禮隱辟而后屨注俛而逡遁。又託名幖識字。素問陰陽離合論太陰根起于隱白注隱白穴名在足大指端。聲訓禮記曲禮不以隱疾注衣中之疾也。謂若黑肩黑臀。

吻 **㯱** 㯱 括也。从木隱省聲。荀子性惡枸木必將待㯱括烝矯然後直注㯱括正曲木之木也。大略示諸㯱括注矯煣木之器也。非相府然若渠匽㯱括之於己也注所以制木。公羊序故遂隱括使就繩墨焉。以隱為之。

乚一名。 於謹切。

吻 **乚** 乚 匿也。象迟曲隱蔽形。讀若隱。經傳皆以隱為之。

君十一名。凡君之派皆衍君聲。 舉云切。

文 **君** 君 𠙷 尊也。从尹發號故从口。古文象君坐形。按君出令治民者也。故从尹从口。會意。古文从𠙷猶从尹也。左昭廿八傳賞慶刑威曰君。春秋繁露君也者掌令者也。荀子禮論君者治辨之主也。王制能以使下謂之君。書呂刑君帝清問下民。詩皇矣克長克君。左襄十四傳夫君神之主也民之望也。爾雅釋詁林烝天帝皇王后辟公侯君也。廣雅釋詁一乾官元首主上伯子男卿大夫令長龍嫡郎將日正君也。轉注詩楚茨君婦莫莫。禮記玉藻君命屈狄。儀禮喪服妾之事女君。又君母之父母。釋名妾謂夫之嫡妻曰女君。夫為男君。故其名妻為女君也。又獨斷異姓婦女以恩澤封者曰君。比長公主。又禮記鄉飲酒義鄉人士君子注鄉大夫士也。儀禮士相見禮凡侍坐于君子注卿大夫及國中賢者也。左襄十三傳君子尚能。注在位者。又禮記哀公問君子也者人之成名也。易革君子豹變干注大賢次聖之人。又詩關雎序以配君子疏婦人謂夫為君子上下之通名。又荀子天論心居中虛以治五官夫是之謂天君。叚借託名幖識字。水經湘水注是山湘君之所遊處故曰君山。又為尹之誤字。左昭廿傳棠君尚。聲訓說文君尊也。儀禮喪服傳君至尊也。白虎通君羣也。羣下之所歸心也。周書謚法從之成羣曰君。太子晉侯能成羣謂之君。荀子王制君者善羣也。春秋繁露君者不失其羣者也。又君者

jùn 莙　qún 羣　jùn 郡　qún 宭　jiǒng 窘　qún 帬

温也。君者元也。君者原也。君者權也。荀子君道：君者民之原也。家語執轡：君者人也。鶡冠子道德：君者天也。又莊子天下篇：薰然慈仁謂之君子。【古韻】詩鶉之奔奔叶奔、君。皇矣叶君、順。【轉音】老子重德叶臣、君。三畧下叶君、安。

彰 **莙** 牛藻也。从艸，君聲。讀若威。按：君威雙聲，故君姑曰威姑。爾雅：莙，牛藻。注：似藻，葉大，江東呼爲馬藻。按：凡物之大者曰牛，曰馬，或曰王。此藻之大者。有二種，齊民要術曰：一種葉如鷄蘇，莖大如箸，長可四五尺；一種莖大如釵股，葉如蓬，謂之聚藻。皆可食。顔黄門以爲聚藻即牛藻也。左隱三傳：薀藻之菜。以薀爲之。

文 **羣** 輩也。从羊，君聲。周語：獸三爲羣。詩無羊：三百維羣。吉日：或羣或友。禮記曲禮：大夫不掩羣。【轉注】呂覽召類：羣者衆也。易繫辭：物以羣分。虞書：乃日覲四岳羣牧。禮記檀弓：吾離羣而索居。三年問：因以飾羣。祭法：王爲羣姓立社。左哀六傳：寘羣公子于萊。論語：羣居終日。【古韻】詩無羊叶羣、犉。小戎叶羣、錞。

問 **郡** 周制，天子地方千里，分爲百縣，縣有四郡。故春秋傳曰：上大夫受縣，下大夫受郡。是也。至秦初置三十六郡，以監其縣。从邑，君聲。按：漢又增四十六郡，二十一國，凡郡國一百有三。古者縣大郡小，秦以後郡大縣小。百縣四郡，許本周書作雒解，其說與周禮不合。又

說文通訓定聲　屯部弟十五　九

鶡冠子王鈇：五家爲伍，十伍爲里，四里爲扁，十扁爲鄉，五鄉爲縣，十縣爲郡。廣雅釋詁四：郡，國也。釋室：郡，官也。【叚借】爲藴。按：爾雅釋詁：郡、臻、仍、迺、侯，乃也。疑仍下脫也字，本爲二條。郡者藴也，藴者積也；臻者薦也，薦者再也，皆仍義。詩又窘陰雨，漢書敘傳：窘世薦亡。以窘爲之，猶左傳蘋蘩薀藻，又借薀爲莙也。【聲訓】釋名：郡，羣也，人所羣聚也。水經河水注：郡之爲言君也。改公侯之封而言君者，至尊也。

文 **宭** 羣居也。从宀，君聲。

彰 **窘** 迫也。从穴，君聲。廣雅釋詁一：窘，急也。詩正月：又窘陰雨。傳：困也。箋訓仍，則謂借爲藴。離騷：夫唯捷徑以窘步。服鳥賦：窘若囚拘。列子黄帝：窘于飢寒。漢書郭解傳：賊窘自歸。素問靈蘭秘典論：窘乎哉，消者瞿瞿。注：要也。【轉注】廣雅釋言：窘，㾕也。字亦作㾕。素問痹論：風寒溼三氣雜至，合而爲㾕痹。

文 **帬** 下裳也。从巾，君聲。或从衣。釋名：裙，下裳也。裙，羣也，聯接羣幅也。【別義】方言四：帬，陳魏之閒謂之帔，自關而東或謂之襬。又繞衿謂之帬。按：如今之披肩，繞于領者。方言郭注：帬，俗人呼接下，江東通言下裳。是帬本訓爲帔，而裳當謂之下帬，俗亦呼裳爲帬耳。

yūn 頵　tūn 涒　yǐn 輑　qún ⿰羣攴　jūn 軍　hūn 葷　yǔn 喗　yùn 運

眞 **頵** 頭頵頵大也。从頁，君聲。與䫻畧同。左文元年：楚世子商臣殺其君頵。公穀皆以髡爲之。【轉注】長笛賦：簡積頵砡。按：謂山石也。

元 **涒** 食已而復吐之也。从水，君聲。【叚借】疊韻連語。江賦：涒鄰圓潾。注：水勢迴翔之貌。又託名幖識字。爾雅釋天：太歲在申曰涒灘。孫注：萬物吐秀傾垂之貌。此傳會本義爲訓。呂覽高注：涒，大也。灘，循也。萬物皆大循其情性也。淮南高注：涒大灘修也。萬物皆修其精氣也。此以頵爲訓。按：漢孔廟禮器碑作涒歎。

眞 彰 **輑** 軺車前横木也。从車，君聲。讀若帬，又若褌。按：小車之軾也。【叚借】爲羣。南都賦：隄塍相輑。注：相連之貌。

文 **⿰羣攴** 朋侵也。从攴，从羣，會意，羣亦聲。

軍廿三名。凡軍之派，皆衍軍聲。居云切。

文 **軍** 圜圍也。从車，从勹，會意。軍，兵車也。字林：四千人爲軍。二千五百人爲師。包車爲軍，市自爲師，皆字意也。四千人，呂忱之誤。周禮小司徒：五旅爲師，五師爲軍。夏官序官：萬有二千五百人爲軍。又齊語：萬人爲一軍。注：齊制也。廣雅釋言：軍，圍也。晉語：軍于廬柳。注：猶屯也。吳都賦注：軍，容軍之容。表言矛劍等也。後漢朱浮傳注：軍實謂甲兵糧儲也。【古韻】左僖五傳叶辰、晨、振、旂、賁、焞、軍、奔。三畧上叶文、軍。

說文通訓定聲　屯部弟十五　十

文 **葷** 臭菜也。从艸，軍聲。蒼頡篇：葷，辛菜也。儀禮士相見禮：膳葷。注：辛物，蔥薤之屬。禮記玉藻：膳于君有葷桃茢。注：薑及辛菜也。爾雅翼：西方大蒜、小蒜、興渠、慈蔥、茖蔥爲五葷。莊子人閒世：唯不飲酒不茹葷者數月矣。荀子富國：然後葷菜百蔬以澤量。文選養生論：薰辛害口。以薰爲之。【叚借】爲薰。漢書霍去病傳：所獲葷允之士。

彰 **喗** 大口也。从口，軍聲。

問 **運** 逐徙也。从辵，軍聲。廣雅釋詁四：運，轉也。易繫辭：日月運行。姚信本作違。周髀算經：日月運行，四極之道。注：周也。方言：日運爲躔，月運爲逡。注：猶行也。逸周書史記：民運于下。孔晁注：亂移也。莊子逍遥游：是鳥也，海運。簡文注：徙也。淮南天文：運之以斗。注：旋也。楚辭哀郢：將運舟而下浮兮。注：回也。越語：廣運百里。注：東西爲廣，南北爲運。按：猶輪也。【轉注】禮記少儀：運笏澤劍首。注：謂玩弄也。淮南氾論：奉帶運履。注：正迴也。孟子：猶運之掌也。莊子山木：運物之泄也。司馬注：動也。又文選運命論注：謂五德更運，帝王所稟以生也。北征賦注：五運，五行用事之運也。【叚借】爲暈。周禮大卜：其經運十。保章氏注：日月薄食運珥。淮南覽冥：畫隨灰而月運闕。注：運者軍也。有軍事相圍守則月運出也。

君　軍

yǔn 齳　yùn 韗　gùn 睴　huī 翬　kūn 鵾　yùn 餫　hún 楎　yùn 鄆　huī 暈　kūn 幝

吻 **齳** 無齒也从齒軍聲韓詩外傳太公年七十二齳然而齒墮矣

問 **韗** 攻皮治鼓工也从革軍聲讀若運或从韋考工記函鮑韗韋裘韗人爲臯陶

願 **睴** 大目出也从目軍聲考工輪人欲其眼也以眼爲之

微 **翬** 大飛也从羽軍聲爾雅鷹隼醜其飛也翬馬融廣成頌翬然雲起廣雅釋訓翬翬飛也亦重言形況字左隱四傳魯公子翬字羽父別義爾雅釋鳥伊洛而南素質五采皆備成章曰翬注亦雉屬言其毛色光鮮詩斯干如翬斯飛射雉賦有五色之名翬禮記玉藻王后褘衣釋名畫翬雉之文于衣也以褘爲之

元 **鵾** 鵾雞也从鳥軍聲讀若運字亦作鶤爾雅釋畜雞三尺爲鶤注陽溝巨鶤古之名雞楚辭九辯鶤鷄啁哳而悲鳴大招鶤鴻羣晨別義淮南覽冥軼鶤鷄於姑餘注鳳皇之別名上林賦注似鶴黃白色又吳都賦鶤鷄鶲瑀注鳥也好鳴太元裝鶤鷄朝飛注水鳥西京賦翔鶤仰而不逮南都賦鷫鷞鵾鸕

問 **餫** 野饋曰餫从食軍聲左成四傳故宣伯餫諸穀

元微 **楎** 大义犁也一曰犁上曲木犁轅也从木軍聲讀若渾天之渾按每犁三义二牛耦耕共用三人其上爲樓貯穀下種亦名三脚樓今陝甘農家用之別義爾雅釋宮樴謂之杙在墻者謂之楎禮記內則不敢縣于夫之楎椸注杙也

問 **鄆** 河內沁水鄉从邑軍聲在今河南懷慶府沁水縣別義左文十二年城諸及鄆按本莒邑魯取之在今山東沂州府沂水縣此魯東鄆也又成四年城鄆十六年待于鄆在今山東曹州府鄆城縣此魯西鄆也又成九年楚人入鄆注莒別邑也

問微 **暈** 日光气也从日軍聲字亦作暉左形右聲周禮眡祲掌十煇之法注四面反鄉如暈狀也司農注日光炁也以煇爲之漢書天文志暈適背穴注日旁氣也呂覽明理有暈珥注氣圍繞日周匝有似軍營相圍守故曰暈也叚借爲煇說文光也易未濟其暉吉也太元祓厥德暉如注文德之貌謝元暉詩馳暉不可接注日也又爲運淮南繆稱暉目知晏注鴆鳥也天將晏靜暉目先鳴又爲渾莊子天下不暉于數度聲訓釋名釋天暈捲也氣在捲結之也日月俱然暈卷雙聲

元 **幝** 幒也从巾軍聲或从衣方言四褌陳楚江淮之間謂之𢄼按古之褌今之滿襠褲也古之絝今之套褲也叚借爲褌司馬相如傳犢鼻褌按今之圍身作裙也聲訓釋名褌貫也貫兩脚上繫要中也褌貫雙聲

wén 倱　hún 鼲　huī 煇　yùn 惲　hún 渾　huī 揮　yùn 緷　hún 堚

元 **倱** 人姓也从人軍聲

元 **鼲** 鼲鼠出丁零胡皮可作裘从鼠軍聲今俗以灰爲之

微阮 **煇** 光也从火軍聲字亦作輝作燿詩庭燎有煇禮記樂記故德煇動于內三國管輅傳注朝旦爲煇西京賦叛赫戲以煇煌又彤庭煇煇思元賦珮綝纚以煇煌漢修堯廟碑表著煇銘叚借爲暈周禮眡祲掌十煇之灋司農注謂日光炁也又爲韗禮記祭統煇者甲吏之賤者也古韻詩庭燎叶晨煇旂

吻 **惲** 重厚也从心軍聲今渾厚字以渾爲之別義方言十三惲謀也叚借託名幖識字古今人表楚成王惲左傳作頵公穀作髡

元阮 **渾** 混流聲也从水軍聲與混畧同方言二渾盛也廣雅釋訓渾渾大也法言問神渾渾若川注洪流也荀子富國財貨渾渾如泉源注水流貌西山經東望泑澤河水所潛也其源渾渾泡泡注水濆涌之聲也亦皆重言形況字叚借爲㴇說文一曰洿下貌切韻渾濁也老子渾兮其若濁漢書董仲舒傳賢不肖渾殽注雜也呂覽大樂渾沌沌江賦注渾渾沌沌鷄卵未分也素問脈要精微論渾渾革至如涌泉注濁亂也瘧論無刺渾渾之脉注言無端緒也亦重言形況字又爲棞太平御覽引說文渾天儀器也又左文十八傳謂之渾

敦注不開通之貌莊子應帝王中央之帝爲渾沌幽通賦渾元運物注大也列子天瑞氣形質具而未相離故曰渾淪亦皆疊韻連語又爲運太元瑩周渾歷紀元首渾行無窮又爲隕爾雅釋詁渾墜也注水落貌

微 **揮** 奮也从手軍聲字亦作撝廣雅釋詁一揮動也又爾雅釋詁揮竭也考工記㡆氏而揮之謂振去之也禮記曲禮飲玉爵者弗揮釋文振去餘酒曰揮左僖廿三傳既而揮之注湔也按濆也晉語注灑也齊策揮汗成雨注振也轉注易乾文發揮王肅注散也說卦發揮于剛柔鄭注揚也莊子田子方揮斥八極注猶縱放也文賦紛紜揮霍注疾貌叚借爲翬西征賦終奮翼而高揮左襄廿四傳鄭公孫揮字子羽又爲運太元元告天渾而攆注猶移也又爲徽東京賦薛注揮爲肩上絳幟如燕尾者也又爲煇王粲從軍詩良苗實已揮又託名幖識字世本揮作弓宋注黃帝臣也

問元 **緷** 緯也从糸軍聲叚借爲稛字林緷大束也廣雅釋詁三緷束也爾雅釋器百羽謂之緷穆天子傳三注十縛爲緷按周禮羽人誤緷爲縛又誤縛爲摶也惟起數本與爾雅異鄭謂爾雅失之其云音相近者謂箴與霤異文非謂摶縛緷也

元 **堚** 土也从土軍聲洛陽有大堚里按漢書王子侯表土軍侯郢容注土軍西河之縣說者以爲洛陽土軍里非也里名作土軍兩

軍

hún 輝　qūn 囷　jùn 菌　yǔn 趣　kǔn 踊　jùn 箘

書必有一誤

元 **輝** 輗輈也从車軍聲別義廣雅釋詁三輝輸也按猶軒軒也叚借為運廣雅釋詁四輝還也

囷七名凡囷之派皆衍囷聲 去倫切

眞軫 **囷** 廩之圜者从禾在囗中會意圜謂之囷方謂之廩考工匠人囷窌倉城注圜倉詩伐檀胡取禾三百囷兮禮記月令修囷倉吳語而囷鹿空虛注圓曰囷方曰鹿鹿字亦作簏叚借託名幖識字北山經神囷之山聲訓釋名釋宮室囷綣也藏物繾綣束縛之也囷卷雙聲古韻詩伐檀叶輪漘淪囷鶉飧

軫 **菌** 地蕈也从艸囷聲爾雅中馗菌小者菌又茵芝字誤作茵按似釘蓋亦曰共菌有土木石三種西京賦浸石菌于重涯思元賦咀石菌之流英此生于石者也禮記內則芝栭為木蕈後世亦呼樹雞此木耳之類生于樹者也爾雅中馗注亦曰馗廚孫炎云聞雷即生此今蘑菇之類生于地者也即所謂地蕈三者皆可食轉注莊子逍遙游朝菌不知晦朔司馬注大芝也一名日及崔注糞上芝也簡文注欻生之芝也齊物論蒸成菌列子湯問朽壤之上有菌芝者生于朝死于晦此生陰溼處夏日得雨叢起其色白見日即消黑形似

說文通訓定聲　屯部弟十五

菌而實非菌也不可食叚借為蕣莊子朝菌潘注木槿也支遁云一名舜英文選歎逝賦注潘尼有朝菌賦皆以菌為蕣而淮南道應高注又以為朝生暮死之蟲一名孳母殆謂即蜉蝣又異說也又借為箘呂覽本味駱越之菌注竹筍也淮南本經菌露夏槁注讀若綸又離騷襍申椒與菌桂兮矯菌桂以紉蕙蜀都賦菌桂臨崖劉注出交趾員如竹即今肉桂王逸注騷誤也又為薰廣雅菌薰也葉曰蕙根曰薰東山經孟于之山其草多菌蒲素問方盛衰論夢見菌香生草注香草此即七里香亦名零陵香者又為結莊子蒸成菌向注結也太元疑黃菌不誕注不申貌又疊韻連語南都賦芝房菌蠢生其隈注芝貌也長笛賦瞋菌碨柍注皆眾聲鬱積競出之貌又託名幖識字周書王會翠羽菌鶴注菌鶴可用為旌翳又海內經有菌山大荒南經有小人名曰菌人又淮南墬形海人生若菌若菌生聖人

吻 **趣** 走意从走囷聲

阮 **踊** 瘃足也从足囷聲字亦作皸廣雅釋言皸皴也漢書趙充國傳手足皸裂注拆裂也莊子逍遙遊不龜手之藥以龜為之龜囷雙聲

眞軫 **箘** 箘簬也从竹囷聲廣雅釋草箘簬也書禹貢惟箘簬楛鄭注是兩種竹也韋昭曰箘一名聆風中山經暴山其木多䉁箘按細小長丈餘無節中矢笴國策箘簬之勁轉注說文一曰博棊也方言五簙或謂之箘

jūn 麇　jùn 攈　jīn 斤　qí 祈　qí 斳

眞 **麇** 麞也从鹿囷省聲籀文囷聲字亦作麏作麕爾雅麕牡麌牝麜其子麆又麕大麢考工注齊人謂麕為獐詩野有死麕左哀十四傳逢澤有介麇焉公羊哀十四傳有麏而角者叚借為稛左哀二傳羅無勇麇之哀八傳縣之以入注束縛也廣雅釋詁三圜束也又託名幖識字左昭元楚子麇公穀作卷史記作員文十一楚子伐麇公羊作圈麇卷雙聲古韻詩野有死麕叶春

問問 **攈** 拾也从手麇聲字亦作攟作捃方言二攈取也魯語收攟而烝納要也賈注拾穗也管子小匡攟載而歸注收拾也漢書刑法志攈摭秦法藝文志捃摭遺逸

斤廿四名凡斤之派皆衍斤聲 居欣切

文問 **斤** 斫木斧也象形齊語惡金以鑄鉏夷斤欘注斤形似鉏而小貫注钁也莊子在宥於是乎釿鋸制焉以釿為之叚借託名幖識字小爾雅衡二鍰四兩謂之斤漢書律厤志十六兩為一斤斤者明也又重言形況字詩執競斤斤其明爾雅釋訓明明斤斤察也漢書敘傳平津侯斤斤注明察也又廣雅釋訓斤斤仁也又託名幖識字水經斤江水出交阯聲訓釋名釋用器斤謹也板廣不可得削又有

說文通訓定聲　屯部弟十五

節則用此斤之所以詳謹令平滅斧跡也

微 **祈** 求福也从示斤聲按字亦作懇从心狠聲爾雅釋詁祈告也釋言祈叫也廣雅釋詁三祈求也周禮大祝掌六祈注嗁也謂有災變號呼告神以求福禮記郊特牲祭有祈焉有報焉又禮器祭祀不祈轉注詩行葦以祈黃耇傳報也賓之初筵以祈爾爵傳求也禮記儒行不祈土地注猶求也叚借為饑詩祈父予王之爪牙傳司馬也高陽令楊著碑作頎甫又為展實為趨考工注引小爾雅祭山川曰祈沈又為盤周禮小子祈于五祀又為釁實為嘰周禮肆師及其祈珥又為頎呂覽慎行注齊公子祈字子高又助語之詞禮記緇衣資冬祈寒注祈之言是也齊西偏之語也或曰借為近亦通

文微 **斳** 斳艸也从艸斳聲江夏有斳春亭按从草斤聲說文無草部附艸部猶蠲附虫部耳爾雅薜山斳廣雅山斳當歸也又茭牛斳注今馬斳葉細鋭似芹本草注一名野茴香又薜白斳按即盤頭當歸細葉者山斳為馬尾當歸葉麤大又斳茝蘼蕪按即今川芎此字本訓當為香草山白馬皆冒斳名也字从草或以草蕎氣香斆爾雅山斳釋文斳古芹字非是叚借為斳西京賦結駟方斳薛注馬御也又為祈呂覽振亂所以斳有道注或作勤

qín 芹　qín 菦　yǐn 听　qǐn 赾　jìn 近　yín 齗　xīn 訢　xīn 欣　jìn 靳　yín 虒　xīn 昕　qí 旂

眞文 **芹** 楚葵也。从艸，斤聲。字俗作𦺋，卽今水芹菜也。詩采菽言采其芹，泮水薄采其芹，箋：水菜也。周禮醢人芹菹兔醢，呂覽本味菜之美者雲夢之芹。古韻詩采菽叶芹旂。

眞 **菦** 菦菜類蒿。从艸，近聲。周禮有菦菹。按卽芹之或體，今附于此。

軫吻 **听** 笑貌。从口，斤聲。子虛賦听然而笑，字亦作齗。集韻引廣雅：齗，笑也。

吻 **赾** 行難也。从走，斤聲。與蹇略同音，亦相近。廣雅釋詁三：赾，難也。

吻問 **近** 附也。从辵，斤聲。古文从止。禮記月令雖有貴戚近習，注：天子所親幸者。齊策有七孺子皆近，注：幸也。又禮記祭義爲其近于道也，疏：凡言近者非是實到，附近而已。又易說卦爲近利市三倍，虞注：坤爲近。轉注繫辭无有遠近幽深，虞注：近爲地。叚借爲祈，禮記祭法相近於坎壇，又爲延之誤字。荀子議兵招近募選。轉音詩杕杜叶偕近邇。

眞 **齗** 齒本也。从齒，斤聲。一切經音義引作齒本肉也。凡三見史記魯周公世家齗齗如也，索隱：鬥爭之貌。漢書地理志注：分辨之意也。劉向傳朝臣齗齗，注：忿嫉之意也。按爭辨露其齒本。禮記曲禮笑不至矧，以矧爲之。

文 **訢** 喜也。从言，斤聲。禮記樂記天地訢合，史記作欣。史記萬石君傳僮僕訢訢如也，集解：聲和貌。漢書注：謹敬之貌。賈山傳天下皆訢訢焉，王吉傳訢訢焉，注：古欣字。

文 **欣** 笑喜也。从欠，斤聲。按與訢同字，今系於此。爾雅釋詁：欣，樂也。晉語是以民能欣之，注：欣欣，戴也。詩鳧鷖旨酒欣欣，傳：欣欣然樂也。楚辭東皇太一君欣欣兮樂康，注：喜貌。叚借託名幖識字。爾雅釋獸兔絶有力欣，釋文本作忻。古逸詩鳧鷖叶亹欣熏芬艱。

問 **靳** 當膺也。从革，斤聲。左定九傳吾從子如驂之靳，注：車中馬也。言如驂馬之首當服馬之靳，相隨從也。別義廣雅釋器：弸鞑謂之靳。按詩小戎傳游環，靳環也。舊本皆作靳，疑作靷者非。叚借爲听。左莊十一傳宋公靳之，注：戲而相愧曰靳。服注：恥而惡之曰靳。按笑也。又爲攈，或爲掀。小爾雅廣言：靳，取也。又爲僞。後漢崔寔傳悔不小靳，注：固惜之也。失之。

文眞 **虒** 虎聲也。从虎，斤聲。

文 **昕** 旦明日將出也。从日，斤聲。讀若希。昕希一聲之轉。小爾雅廣詁：昕，明也。禮記文王世子大昕鼓徵，祭義及大昕之朝。

微 **旂** 旗有衆鈴以令衆也。从㫃，斤聲。周禮司常交龍爲旂，爾雅釋天有鈴曰旂。按帛上畫龍，旂端著鈴也。司常諸侯建旂，大司馬諸侯載旂，考工輈人龍旂九斿，詩載見龍旂陽陽，和鈴央央，字亦作旂。謝宣遠詩鑾旂歷穨寢，魏都賦攸攸旂旂。爾雅釋天釋文謂卽旂字，非。又河圖握矩記北方法元蛇曰旂。史記弟子傳樂旂字子旗也。叚借禮記明堂位旂十有二旒，爾雅釋天篇末旌旂皆旂之誤字。聲訓釋名釋兵：交龍爲旂，旂倚也。畫作兩龍相依倚，諸侯所建也。旂倚雙聲。古韻詩庭燎叶晨煇旂，采菽叶芹旂，左僖五傳叶辰晨振旂賁焞軍奔。

qí 頎　yín 犷　xīn 忻　yí 沂　qí 蚚　yǐn 釿　xiān 掀

阮微 **頎** 頭佳貌。从頁，斤聲。說文徐鍇本有此字，姑附於此。詩碩人其頎，猗嗟頎而長兮，傳：頎，長貌。按本字卽頎之或體，訓長者謂借爲引。其實單辭形況不必有正字也。叚借禮記檀弓頎乎其至也，注：頎，至也。則謂借爲近。釋文：惻隱之貌。則謂借爲懇。其實單辭形況不必有正字也。又考工輈人輈欲頎典，注：頎典，堅刃貌。謂借爲𣪠忍。司農注讀爲懇。按懇卽祈字之俗。其實疊韻連語亦不必有正字也。轉音詩碩人叶頎衣妻姨私。

文 **犷** 犬吠聲。从犬，斤聲。字亦作狺。楚辭九辯猛犬狺狺而迎吠。按字亦作嚚。韓非揚權一棲兩雄，其鬥嚚嚚。轉音韓非揚權叶嚚繁。

文 **忻** 闓也。从心，斤聲。司馬法曰：善者忻民之善，閉民之惡。叚借爲欣。淮南覽冥忻忻然常自以爲治，注：得意之貌也。原道其爲懽不忻忻，注：忻忻爲過制也。又爲斤斤之斤。埤蒼：忻，祭也。

微 **沂** 沂水也。出東海費東，西入泗。从水，斤聲。一曰出泰山蓋，青州浸。按出今山東沂州府沂水縣雕厓山，卽沂山。西峰南流至江蘇邳州，竟入泗。書禹貢淮沂其乂，周禮職方氏其山鎭曰沂山，注：沂水所出也。在蓋。論語浴乎沂。吳語北屬之沂。叚借爲垠。漢書敘傳研桑心計于無沂，注：厓也。漢帝堯碑億不殄兮祉無沂，孔彪碑永永無沂。又託名幖識字。爾雅釋樂大篪謂之沂，孫注：篪聲悲。沂，悲也。則謂借爲悠，或爲慇。釋文或作𩐁，又作㴑。

微 **蚚** 強也。从虫，斤聲。爾雅釋蟲強蚚，又姑𧒂強蝆，注：今米穀中小黑蟲也。建平人呼爲蝆子，音半姓之半。按今蘇俗呼爲羋子。又轉弋子強羊者，疊韻連語。郭讀爲羋，非也。爾雅強醜捋，注：以腳自摩捋。

軫 **釿** 劑斷也。从斤金，會意，斤亦聲。謂以斤斷金也。蒼頡篇：釿，剸也。叚借爲斤。六書故云：釿似錫而。

元 **掀** 舉出也。从手，欣聲。左成十六傳乃掀公以出于淖，注：舉也。釋文引也。叚借爲近。按左昭十七傳行火所掀，亦誤作焮，故注：炙也。成十六釋文引字林：掀，舉出也。火氣也。字又作炘。甘泉賦垂景炎之炘炘，此重言形況字，注引廣雅：爇也。漢書注：光盛也。小爾雅廣言：焮

yín 菥　yìn 垽　yín 所　jīn 筋　jīn 巾　qín 堇

晞也廣雅釋詁二炘爇也或曰炘欣皆卽煇字存參

文 菥 𦻐 艸多貌从艸狾聲江夏平春有菥亭按大篆从茻又說文大篆从茻五十三文有菰篆解云艸多貌从艸狐聲江夏平春有菰亭按卽此字之誤菰當刪

震 垽 垽 澱也从土沂聲按从水土會意斤聲

所一名 語斤切

文 所 所 二斤也从二斤闕按此字當讀如質卽椹櫍之櫍質从之得聲說文新附櫍柎也廣雅釋器櫍椹也穀梁昭八傳以葛覆質史記項羽紀身伏鈇質范雎蔡澤傳不足以當椹質索隱剉刀也漢書張蒼傳解衣伏質注鍖也皆以質爲之今姑從唐韻隸此部

筋一名 居欣切

眞文問 筋 筋 肉之力也从力从肉从竹會意竹物之多筋者素問五藏生成論諸筋者皆屬于節注筋氣之堅結者又爾雅釋地有幽都之筋角焉考工弓人強者在內而摩其筋字亦作肋埤蒼肋多力也廣雅釋詁二肋力也叚借記名標識字廣雅釋草地筋枸杞也聲訓釋名筋斳也肉中之力氣之元也

說文通訓定聲 屯部弟十五 老

巾一名 居銀切

眞 巾 巾 佩巾也从冂丨象糸也儀禮士冠禮沐巾一注所以拭汙垢禮記內則盥卒授巾注巾以帨手又儀禮士喪禮布巾環幅不鑿注籩巾也籩豆具而有巾盛之也特牲饋食禮有籩巾周語靜其巾冪注所以覆尊彝又風俗通愆禮巾所以飾首秋胡詩脫巾千里外北山移文濫巾北岳注隱者之飾又方言四蔽厀魏宋南楚之閒謂之大巾又文選皇太子釋奠會詩巾卷充街注巾箱也所以盛書轉注周禮巾車注巾猶衣也殊義云以衣被車謂之巾吳都賦乃巾玉路歸去來辭或巾柴車或擢孤舟聲訓釋名釋首飾巾謹也二十成人士冠庶人巾當自謹修四教也古韻詩出其東門叶門雲存巾員轉音宋玉小言賦叶塵鱗身巾泯

堇十五名凡堇之派皆衍堇聲 巨斤切

文震 堇 𡎺 𡏳 𦰩 黏土也从土从黃省會意古文不省又古文菫當作堇傳寫誤也禮記內則塗之以謹塗以謹爲之叚借爲僅史記貨殖傳堇堇物之所有集解少也轉音管子五行叶堇親

jìn 墐　jǐn 瑾　jǐn 菫　jǐn 謹　jìn 殣　jǐn 饉　yín 鄞　qín 瘽　jǐn 僅

眞震 墐 墐 涂也从土堇聲按此字實卽堇之轉注猶詩如塗塗附塗之卽曰塗無二字也詩七月塞向墐戶傳塗也禮記月令皆墐其戶注塗閉之叚借爲堇齊語陸阜陵墐注溝上之道也按田陌土黏又爲殣詩小弁尚或墐之傳路冢也古韻詩小弁叶先墐忍隕

吻震 瑾 瑾 瑾瑜美玉也从玉堇聲左傳瑾瑜匿瑕楚辭愍命捐赤瑾于中庭

吻 菫 𦰩 菫艸也根如薺葉如細柳蒸食之甘从艸堇聲大篆从茻爾雅齧苦菫注今菫葵也葉似柳子如米汋食之滑按此菜野生非人所種作紫花味苦瀹之則甘滑詩緜菫荼如飴禮記內則菫荁枌榆夏小正榮菫楚辭傷時菫荼茂兮敷疏注葯也經傳皆以菫爲之省艸別義爾雅芨菫草廣雅菫藋也所謂灰藋葉背有白灰其紅灰者古謂之藜皆可蒸食藜又可爲杖爾雅拜蔏藋蘇頌圖經蒴藋卽灰藋也又晉語置菫于肉注烏頭也莊子徐無鬼其實堇也呂覽勸學是救病而飲之以堇也淮南說林蝮蛇螫人傳以和堇則愈注和堇野葛毒藥廣雅奚毒一歲爲荝子二歲爲烏喙三歲爲附子四歲爲烏頭五歲爲天雄又禮記月令木堇榮注王蒸也按卽蕣又穆天子傳事皇天子之山有模堇皆以堇爲之字亦作槿叚借爲勤管子五行脩槩水土以待乎天堇注誠也

說文通訓定聲 屯部弟十五 耒

吻 謹 謹 慎也从言堇聲字亦作慬作懃詩民勞以謹無良荀子王制謹畜藏注嚴也楚辭懷沙謹厚以爲豐注善也叚借爲堇禮記內則塗之以謹塗又爲堇之誤字廣雅釋言僅懃賴也按僅或借堇堇誤堇堇亦作懃耳又重言形況字報任少卿書懃懃懇懇注忠款之皃也

震 殣 殣 道中死人人所覆也从歺堇聲詩小弁行有死人尚或殣之毛本以墐爲之傳路冢也左昭三傳道殣相望注餓死爲殣按以饉爲說也

震 饉 饉 蔬不孰曰饉从食堇聲爾雅釋天李注可食之菜皆不熟爲饉穀梁襄廿四傳三穀不升謂之饉墨子七患一穀不收謂之饉詩雨無正降喪饑饉叚借爲殣文選王命論餓饉流隸古韻爾雅釋天叶饉荐

眞文 鄞 鄞 會稽縣从邑堇聲在今浙江寧波府奉化縣有故鄞城以赤堇山得名越絕書赤堇之山破而出錫越語東至于鄞

文 瘽 瘽 病也从疒堇聲

震 僅 僅 才能也从人堇聲公羊僖十六傳僅逮是月也又僅然後得免周語余一人僅亦守府注猶劣也賈注猶言纔能也秦策僅以

救亡者。注、猶栽也。禮記射義蓋勵有存者。以瘽爲之。

jìn 覲

震 **覲** 𧢌 諸侯秋朝曰覲。勞王事。从見，堇聲。按勞王事者，以勤爲訓也。爾雅釋詁、覲見也。周禮大宗伯秋見曰覲。禮記曲禮天子當依而立，諸侯北面而見天子曰覲。儀禮有覲禮。朝宗禮備，覲遇禮省，是以享獻不見。三時禮亡，惟此存耳。虞書乃日覲四岳羣牧。詩韓奕韓侯入覲。左隱四傳王覲爲可。叚借爲僅。呂覽長見至于覲存。注、裁也。又爲墐。荀子正論琅玕龍茲華覲以爲實。聲訓大宗伯注、覲之言勤也，欲其勤王之事。

jǐn 瘽

文 震 **瘽** 𤺲 少劣之居。从广，堇聲。字亦作勤。按少劣者，以僅爲訓也。集韻引廣雅瘽瘽也。叚借爲僅。漢書賈誼傳其次瘽得舍人。注、劣也。鄒陽傳茅焦亦瘽脫死。注、少也。漢書敘傳賈瘽從旅。注、無幾也。又爲勤。漢書敘傳廣阿之瘽。

jìn 㨷

巽 問 **㨷** 𢷍 拭也。从手，堇聲。叚借爲謹。廣雅釋詁一、㨷善也。又爲覲。周禮故書恤民之㨷阨。

qǐn 螼

軫 震 **螼** 𧓍 螾也。从虫，堇聲。爾雅釋蟲螼蚓，豎蚕。注、蛩螼也。今蘇俗謂之曲蟮。按螼卽蚯蚓之合音。凡豎蚕、蜿蟺、朐䏰、蠢蝡、蜷蟺皆雙聲疊韻連語。

qín 勤

文 **勤** 𠡠 勞也。从力，堇聲。詩鴟鴞恩斯勤斯。王肅注、惜也。賚文王既勤止。傳、勞也。禮記玉藻勤者有事則收之。注、執勞辱之事也。左僖廿八傳令尹其不勤民。注、盡心盡力無所愛惜爲勤。呂覽不廣勤天子之難。注、憂也。晉語秦人勤我矣。注、助我也。法言先知或問民所勤。注、苦也。廣雅釋詁四、勤仂也。按仂卽力也。列子說符無以立懂于天下。注、勇也。以謹爲之。叚借禮記祭統勤大命施于烝彝鼎。按勤者勒之誤字。借勤爲防、爲扐，謂鐫文也。古韻詩鴟鴞叶恩勤閔。楚辭遠遊叶勤聞。老子成象叶門根存勤。

屯十八名。凡屯之派，皆衍屯聲。陟倫切。

zhūn 屯

眞 元 **屯** 𡳾 難也。象屮木之初生，屯然而難。从屮貫一，尾曲。一，地也。指事。易曰屯，剛柔始交而難生。序卦傳屯者物之始生也。雜卦傳屯見而不失其居。轉注莊子外物慰暋沉屯。司馬注、難也。幽通賦紛屯邅與蹇連兮。曹注、難也。叚借爲偆，爲奄。易序卦傳屯者盈也。廣雅釋詁一、屯滿也。又爲惇。晉語厚之至也，故曰屯。左閔元傳屯固比入。又爲笹。廣雅釋詁三、屯聚也。漢書陳勝傳注、人所聚曰屯。左哀元傳夫屯晝夜九日。周禮鄉師巡其前後之屯。東都賦陳師按屯。注、勒兵而守曰屯。離騷屯余車其千乘兮。注、陳也。管子輕重乙置屯籍農。注、戍也。又爲自。莊子至樂生于陵屯。司馬注、阜也。屯堆雙聲。

chūn 萅

眞 **萅** 𦯬 推也。从艸屯，从日，艸春時生也。會意，屯亦聲。大篆从𦯔。今隸作春。字亦作芚。爾雅釋天春爲青陽。春爲發生。春秋繁露、春者，天之和也。又春，喜氣也，故生。琴賦注、一時三月謂之三春，九十日謂之九春。公羊隱元傳春者何，歲之始也。詩七月爲此春酒。傳、凍醪也。東京賦注、謂春時作，至冬始熟也。轉注晉語羊舌肸習于春秋。注、春秋紀人事之善惡而目以天時。東京賦飛雲龍于春路。注、東方道也。又急就篇春草鷄翹鳧翁濯。顏注、象其初生纖麗之狀。廣雅釋器、春草䌒也。叚借爲蠢。考工梓人則春以功。注、作也，出也。又爲鈍。莊子齊物論聖人愚芚。注、無知而直往之貌。聲訓禮記鄉飲酒義東方者春，春之爲言蠢也，產萬物者聖也。尚書大傳春出也，物之出也。白虎通五行春之爲言偆偆動也。木王卽謂之春。說文春推也。春推雙聲。古韻詩野有死麕叶麕春。禮記鄉飲酒義叶春蠢。楚辭九辨叶溫餐垠春。莊子齊物論叶滑尊芚純溫。

zhūn 肫

眞 **肫** 𦙶 面頯也。从肉，屯聲。俗謂之兩顴。叚借爲腨。儀禮特牲禮右肩臂臑肫胳。又爲純，實爲全。士昏禮腊一肫。又爲惇。禮記中庸肫肫其仁。注、懇誠貌。亦重言形況字。古韻荀子哀公叶肫循。

dùn 笹

阮 **笹** 𥫮 篅也。从竹，屯聲。所以盛穀高大之器也。字亦作囤。釋名釋宮室、囤屯也，屯聚之也。凡屯兵、屯田字，經傳皆以屯爲之。

chūn 杶

眞 **杶** 𣏾 櫄 杶木也。从木，屯聲。或从熏聲。又有古文杻。按丑屯聲隔，無緣同字。爾雅釋木杻檍。說文檍杶或是同物。許書以類相次，傳寫脫誤，遂連屬書之耳。今別出杻爲正篆，隸手部。書禹貢杶榦栝柏。中山經成侯之山其上多櫄木。注、似樗材，中車轅。吳人呼櫄音輴車。或曰輴車。吳都賦䋡杬杶櫨。

cūn 邨

元 **邨** 𨙬 地名。从邑，屯聲。今字作村。叚借廣雅釋詁四、邨國也。此邦之誤字。後世用爲村落、鄉村，豈因張書誤本而貤繆邪。

zhūn 窀

眞 **窀** 𥦗 窀穸，葬之厚夕。从穴，屯聲。按以惇爲訓。左襄十三傳惟是春秋窀穸之事，所以從先君于禰廟者，請爲靈若厲。注、厚也。厚夕猶長夜也。

dùn 頓

願 **頓** 𩑼 下首也。从頁，屯聲。周禮大祝二曰頓首。注、拜頭叩地也。按拜頭至地而不叩爲稽首，叩者爲頓首。稽首爲吉禮之稱，稽顙爲凶禮之稱，其實一也。頓首則非常之事，如左傳九頓首而坐，頓首于宜子，非恒用之拜，無關于凶禮吉禮者。秦漢上疏以頓首爲請罪之辭，是也。今人動輒書頓首，失之。叚借爲鈍。漢書賈誼傳莫邪爲頓兮。左襄四傳甲兵不頓。注、壞也。秦策吾甲兵頓。注、罷也。又爲遂。文選安陸昭王碑文六龍頓轡。注、猶舍也。張翰雜詩頓足託幽深。注、猶止也。又爲趨。廣雅釋詁四、頓偃也。荀子仲尼頓窮則從之。注、謂困躓也。又爲惷廣雅釋詁三頓亂也周語而王幾頓乎注敗也方言十頓愍惛也南楚飲毒藥懣亦謂之頓愍猶中齊言瞋眩也又爲振演連珠頓綱探淵不能招龍注猶整也荀子勸學詘五指而頓之注挈也後漢鄭孔荀傳注頓挫猶抑揚也又爲𠂤詩氓至于頓丘傳丘一成爲頓丘爾雅作敦亦同頓敦堆雙聲

元 **庉** 庉 樓墻也从广屯聲廣雅釋室庉舍也【叚借】爲焞爾雅釋天風與火爲庉注熾盛之貌

阮元阮 **黗** 黗 黃濁黑也从黑屯聲字亦作䵍作黗廣雅釋器黗黑也黗黃也【叚借】託名幖識字禮記檀弓有爲公子䵍呂覽去私有墨者鉅子腹䵍

眞 **奄** 奄 大也从大屯聲讀若鶉

軫眞元先 **純** 純 絲也从糸屯聲論語今也純儉儀禮士冠禮純衣注絲衣也餘衣皆用布惟冕與爵弁服用絲耳漢書王褒傳難與道純綿之麗密注絲也法言孝至彼我純縝注繒也【叚借】爲稛或爲纏詩野有死麕白茅純束傳猶包之也秦策錦繡千純注束也穆天子傳錦組百純注疋端名也又爲準或爲壼儀禮聘禮注引朝貢禮曰純四只制丈八尺疏純謂幅之廣狹周禮內宰出其度量淳制以淳爲之注

淳制天子巡守禮所云制幣丈八尺純四䊷歟又爲媍易文言純粹精也崔覲注不雜曰純左隱元傳純孝也注猶篤也周語而守終純固注専也晉語九德不純注壹也淮南覽冥純溫以淪注一也漢書梅福傳一色成體曰純又爲奄爾雅釋詁純大也詩維天之命文王之德之純傳大也載見俾緝熙于純嘏箋大也又爲善方言十三純文也純好也郊特牲貴純之道也注謂中外皆善呂覽士容純乎其若鍾山之玉注美也漢書地理志冰紈綺繡純麗之物注精好也史記漢興以來諸侯年表非德不純索隱善也又爲全儀禮鄉射禮二筭爲純注猶全也耦陰陽也少牢禮腊一純而鼎注合升左右胖曰純又考工玉人諸侯純九注猶皆也又淮南要畧不剖判純樸大素也又爲緣廣雅釋詁二純緣也書顧命黼純周禮司几筵紛純儀禮士冠禮青絇繶純禮記曲禮冠衣不純素尚書大傳赭衣不純公羊定八傳䡍青純又淮南墬形純方千里又爲焞漢書揚雄傳光純天地又爲煩禮記緇衣事純而祭祀注猶皆也或爲煩又單辭形況字論語純如也鄭注感人之貌集解和諧也【古韻】莊子齊物論叶滑尊芚純溫

願 **鈍** 鈍 錭也从金屯聲文選檄吳將校部曲兵不鈍鋒傳注史記周勃世家注俗謂愚爲鈍椎廣雅釋詁四鈍遟也【叚借】疊韻連語淮南覽冥純悶以終注無惰也

元 **軘** 軘 兵車也从車屯聲釋名軘車戎者所乘也左宣十二傳使軘車逆之注兵車名服注屯守之車

軫 **偆** 偆 富也从人春聲【叚借】重言形況字春秋繁露偆偆者喜樂之貌也

震 **鬊** 鬊 鬙髮也从髟春聲儀禮士喪禮巾柶鬊爪埋于坎禮記喪大記君大夫鬊爪實于綠中注亂鬊也廣雅釋器鬊謂之鬈

軫 **惷** 惷 亂也从心春聲左昭廿三傳今王室實惷惷焉注動擾貌今本以蠢爲之【叚借】爲惇說文一曰厚也又爲鈍淮南氾論愚夫惷婦注亦愚無知之貌也

軫 **蠢** 蠢 𢦏 蟲動也从䖵春聲古文从𢦏按从𢦏省也周書曰我有𢦏于西按臬括大誥篇文爾雅釋詁蠢動也蠢作也廣雅釋詁一蠢出也詩采芑蠢爾蠻荊爾雅釋訓蠢不遜也書大誥允蠢鰥寡漢書翟方進傳作誠動魏三體石經遺字𢦏兹載【叚借】爲屯後漢南蠻西南夷傳蠢少貌也又重言形況字左昭廿三傳今王室實蠢蠢焉注動擾貌說文引作惷楚辭惜賢𠑺蠢蠢之溷濁注無禮儀貌也【古韻】禮記鄉飲酒義叶春蠢

辰二十名凡辰之派皆衍辰聲 植倫切

眞 **辰** 辰 辰 有身也从尸从丙省尸象人之形與后同意伏而邕蔽有所恥也辱字从此古文从尸省或曰身中有身知其蠢蠢不見其人故从丙亦通賑動賑富字从辰亦意兼聲史記律書辰者言萬物之蜄也【叚借】託名幖識字古用以紀旬周禮哲蔟氏十有二辰之號注謂從子至亥周書小開武一辰以紀日儀禮士冠禮吉月令辰禮記月令乃擇元辰注子丑寅卯之等謂之爲辰詩桑柔我生不辰爾雅釋訓不辰不時也小弁我辰安在傳時也太元元數辰戌丑未注辰取其延長按辰長形近故以爲訓因復以紀月說文辰震也三月陽气動雷電振民農時也物皆生从乙匕象芒達厂聲也辰房星天時也从二二古文上字又周伯溫曰岸之交會處曰辰从厂下象土拆裂之形此以脤爲訓楊桓曰木王于乙天地化萬物之時君立化于上民承化于下上下之化如一也从乙从立匕从一从匕此不知何語六書本義曰天之位交如地有岸下象交會交錯形此以晨爲訓又一說辰長也从厂从長省皆迂曲不可通又以紀年爾雅太歲在辰曰執徐亦以紀十二時書無逸疏食時爲辰又以命天體十二宮論衡言毒辰巳之位在東南【叚借】爲曟左昭七傳日月之會是謂辰書堯典厤象日月星辰按凡經傳言星辰星者五緯辰者二十八宿也又爲曟爾雅大辰房心尾也周語辰馬農祥也又爾雅大火謂之大辰注大火心也在中最明故時候主焉按心三星中一星明大而色赤故謂之火房之亦爲辰者以心得名也左昭元傳

shēn 娠　shèn 祳　zhēn 唇　zhèn 䟢　chén 晨　chún 脣

辰爲商星，成十傳，楚公子辰字子商。又爾雅北極謂之北辰。又廣雅參伐謂之大辰。又左桓二傳三辰旂旗注，謂日月星。則又皆晨字之轉注也。又爲晨。詩東方未明，不能辰夜。抑，遠猶辰告。漢書律麻志丙之辰。左僖五傳正作晨。又素問金匱眞言論上爲辰星注，水之精氣。按水星常伏日下，不見，故謂之晨。書皋謨撫於五辰，按謂五緯。又水星之轉注也。又託名幖識字。左宣十一傳盟于辰陵，按在今河南陳州府西華縣。穀梁作夷陵。又水經沅水注合辰水，楚辭涉江夕宿辰陽，按在今湖南辰州府辰溪縣。又爲麎。詩駟鐵奉時辰牡，按猶麎麐也。傳訓時，失之。又爲敐。詩車舝辰彼碩女，按笑容也。列女傳作展。盖字亦作䫨，又誤作顯，故作展也。傳訓時，亦失之。【聲訓】廣雅釋言辰振也。白虎通五行辰者震也。釋名釋天辰伸也，物皆伸舒而出也。【古韻】詩桑柔叶殷辰西痻。左僖五傳叶辰晨振旂賁焞軍奔。

眞 震 **娠** 女妊身動也。从女，辰聲。按即辰字之小篆，今附于此。左哀元傳后緡方娠注，懷身也。廣雅釋詁四娠，傳也。晉語太任娠文王注，身也。【叚借】爲賑。爾雅釋詁娠動也，注猶震也。【別義】說文一曰官婢女隸謂之娠。方言三官婢女廝謂之娠。又燕齊之閒養馬者謂之娠，後漢杜篤傳虜傲侲字亦作侲，西京賦侲僮程材，東京賦侲子萬童。

彡 **祳** 社肉盛以蜃，故謂之祳。天子所以親遺同姓。春秋定十四年天王使石尚來歸祳。周禮掌蜃注引作蜃，今經傳通以脤爲之。

說文通訓定聲　屯部弟十五

眞 **唇** 驚也。从口，辰聲。【叚借】爲脣，今俗用爲脣齒字。

眞 **䟢** 動也。从足，辰聲。

眞 **晨** 早昧爽也。从臼从辰。辰，時也。會意，辰亦聲。丮夕爲夙，臼辰爲晨，皆同意。經傳皆以晨爲之。爾雅釋詁晨，早也。詩庭燎夜鄉晨，箋明也。周禮司寤氏禦晨行者注，先明也。禮記曲禮昏定而晨省，疏旦也。晉語丙之晨注，早朝也。論語晨門曰，集解閽人也。司馬法昏鼓四通爲大鼜，夜半三通爲戒晨。又後漢張衡傳注東南神州曰晨土。【叚借】爲鷐。爾雅釋鳥晨風，鸇也。詩鴥彼晨風。【別義】廣雅釋器晨𩠐也。未詳。【聲訓】釋名釋天晨伸也，旦而日光復伸見也。

眞 彡 **脣** 頣 口耑也。从肉，辰聲。古文从頁。春秋元命苞脣者齒之垣，所以扶神設端。左傳脣亡齒寒，轉注。考工記陶人脣寸，㮚氏注圜其外者謂之脣。又爾雅釋艸蕢牛脣，按即今澤瀉。【叚借】爲祳。廣雅釋器脤肉也。周禮大宗伯以脤膰之禮親兄弟之國注，脤膰社稷宗廟之肉。左成十二傳成子受脤于社注，宜社之肉也。晉語受脤于社注，宜社之肉盛以蜃器。又穀梁定十四傳脤者何，俎實也。祭肉也，生曰脤，熟曰膰。又託名幖識字。左成十七年公孫嬰齊卒于貍脤注，地闕。【聲訓】釋名釋形體脣緣也，口之緣也。

chén 曟　zhèn 賑　chén 𣊫　chén 宸　zhěn 屒　shèn 㰮　chén 麎　zhèn 震

眞 泰 **曟** 日月合宿爲曟。从會从辰，會意，辰亦聲。廣韻作會聲。按即左昭七傳日月之會是謂辰。會字非聲。日行黃道所躔之次也。經傳星辰皆以辰爲之。星者，金木水火土五星。辰者，即二十八宿也。書洪範四曰星辰，馬注日月之所會也。

彡 **賑** 富也。从貝，辰聲。蜀都賦邑居隱賑，亦疊韻連語。【叚借】爲振，今用爲賑濟賑貸字。

眞 **𣊫** 房星也。爲民田時者。从晶，辰聲。或从晶省。爾雅釋天大辰房心尾也。大火謂之大辰。按房四星，心三星，尾九星，合而觀之，俗所謂大人星也。心中一星最明大，故从晶。房尾則以牽連得名。周語辰馬農祥也，謂房。左昭三十一傳日月在辰尾，謂尾。十七傳有星孛于大辰，謂房心尾。經傳皆以辰爲之。【叚借】爲晨。周語農祥晨正。又爲鷐。詩鴥彼晨風。【古韻】詩庭燎叶晨煇旂。左僖五傳叶辰晨振旂賁焞軍奔。

眞 **宸** 屋宇也。从宀，辰聲。謂屋檐。字亦作桭。越語而爲敝邑宸宇，注屋霤。西京賦消雰埃于中宸，注天地之交宇也。甘泉賦日月纔經于柍桭。魏都賦暉鑒柍桭。【叚借】爲辰。王元長曲水詩序得一奉宸。

彡 **屒** 伏貌。从尸，辰聲。尸部屍屍眉尼屇屋屖展八字或曰皆言抱背之事，存疑。【叚借】爲宸。說文一曰屋宇。

說文通訓定聲　屯部弟十五

彡 **㰮** 指而笑也。从欠，辰聲。讀若蜃。字亦作䫨，又誤作顯，作敐。莊子達生䫨然而笑，吳都賦䫨然而咍。【叚借】重言形況字。呂覽舜爲天子，轉轉敐敐，莫不載悅。誤从攴。

眞 彡 **麎** 牝麋也。从鹿，辰聲。爾雅麋牡麔牝麎。詩吉日其祁孔有，以祁爲之。周禮大司馬司農注五歲爲慎，以慎爲之。麎牝多，牡少，一牡輒交十餘牝，交畢即死。其牝或銜靈草活之。

震 **震** 䨓 劈歷振物者。从雨，辰聲。籀文从雨，𩂣云从二爻，从鬲，从二火，會意。震雷之烈者。地下陽氣破地而之陰氣而出，電即其光。如放礮必先見火而後聞聲也。晉語震雷也。車也。爾雅疾雷爲霆，注謂霹靂。詩十月之交爗爗震電，傳雷也。左僖十五傳震夷伯之廟，注雷電擊之。昭四傳雷出不震，注霆也。易說卦傳震動也。襍卦傳震起也。轉注。左文六傳其于何震之有。周語君之武震，注威也。書盤庚曷震動萬民以遷。詩時邁薄言震之。長發有震且業。周語玩則不震，注懼也。【叚借】爲賑。公羊文九傳地震者何，動地也。周語土氣震發，又西周山川皆震。爾雅釋詁震動也。又爲唇。爾雅釋詁震驚懼也。虞書震驚朕師。詩常武徐方震驚，時邁莫不震疊。又夏小正雉震呴，傳鼓其翼也。又爲娠。詩生民載震載夙。左昭元傳方震大叔。又爲振。廣雅釋詁一震𢡈也。易繫辭震无咎者存乎悔，周注懲也。又爲賑。藉田

zhèn 振　shèn 蜃　chún 陙

賦震震塡塡注盛也亦重言形況字西京賦震震爚爚注光明貌也又託名幖識字書禹貢震澤底定傳吳南大湖名今分隸江蘇蘇州府吳縣吳江縣常州府武進無錫宜興三縣浙江湖州府烏程長興二縣【聲訓】公羊僖九傳震之者何猶曰振振然釋名釋天震戰也所擊輒破若攻戰也震戰雙聲

振（眞 震）振 舉救也从手辰聲小爾雅廣言振救也周禮大司徒三曰振窮周語踣斃不振禮記月令振乏絶又晉語振廢淹注起也家語六本而弗可振也注拔也【叚借】爲踬說文一曰奮也廣雅釋詁一振動也史記禮書舉若振槁索隱動也擊也易恒振恒馬注動也鄭注搖落也禮記月令蟄蟲始振周禮大祝四曰振動又五曰振祭左莊廿八傳而振萬焉又文十六傳振廩同食注發也孟子金聲而玉振之也注揚也又爲𢆯或爲軫周禮職幣振掌事者之餘財注猶拼也檢也禮記中庸振河海而不洩注猶收也莊子齊物論振於無竟崔注止也又爲整爾雅釋天入爲振旅反尊卑也左成七傳中國不振旅昭三傳而辱使董振擇之西京賦振天維又爲正管子小問以振其淳又爲震素問氣交變大論其變振發注怒也五常政大論其變振拉摧拔注謂振怒又爲兾廣雅釋詁一振棄也左昭十八傳振除火災史記司馬相如傳振谿通谷索隱猶灑之也又禮記曲禮振書端書于君前注去塵也又爲奮爲迅爾雅釋言振訊也詩振鷺于飛禮記仲尼燕居徹以振羽注樂章也又爲袗禮記玉藻振絺綌不入公門又爲塵爾雅釋言振古也詩載芟振古如茲傳自也又爲娠方言三燕齊之閒官婢女厮謂之振又重言形況字詩螽斯振振兮麟之趾振振公子傳仁厚也殷其靁振振君子傳信厚也左僖五傳均服振振注盛貌詩有駜振振鷺傳羣飛貌【古韻】詩螽斯叶詵孫振左僖五傳叶辰晨振旂賁焞軍奔【轉音】三略上叶姦尊振連恩權諠言根

說文通訓定聲　屯部第十五

蜃（軫）蜃 雉入海化爲蜃廣韻引說文雉入水所化从虫辰聲字亦作蜄爾雅釋魚蜃小者珧周禮掌蜃注大蛤也夏小正雉入于淮爲蜃傳蒲盧也晉語注小曰蛤大曰蜃皆介物蚌類也周書王會且甌文蜃東山經激女之山多蜃珧按其甲可以飾物魏都賦弓珧解檠注蜃骨也可以盛物左傳成肅公受脤于社服注脤祭社之肉也盛以蜃器故謂之脤其灰可以堊墻考工匠人白蜃注灰也可以除蟲周禮赤茇氏以蜃炭攻之可以涹帛考工㡛氏淫之以蜃【轉注】周禮遂師共丘籠及蜃車之役注柩路載柳四輪迫地而行有似于蜃因以名焉禮記或作槫或作輇按襍記作輲又周禮鬯人凡山川四方用蜃注漆尊也畫爲蜃形

陙（眞）陙 水阜也从阜辰聲集韻作小阜也

chún 漘　chén 鷐　chún 辜　rún 犉　tūn 啍　zhūn 諄　dūn 敦

漘（眞）漘 水厓也从水脣聲爾雅釋丘夷上洒下不漘孫注平上陗下郭注厓上平坦而下水深者爲漘詩葛藟在河之漘傳水隒也伐檀寘之河之漘兮傳厓也【古韻】詩葛藟叶漘昆聞伐檀叶輪漘淪囷鶉飧

鷐（眞）鷐 鷐風也从鳥晨聲爾雅晨風鸇注鸇屬詩鴥彼晨風只作晨按鷐字後出疑與鷻同字詩沔水鴥彼飛隼隼卽鷻字晨風其别名也晨風猶伺風與晨門同意

辜十九名凡辜之派皆衍辜聲 常倫切

辜（眞）辜 孰也从亯从羊會意讀若純篆文从篆文𦎧省今隸偏旁誤作享別義一曰鬻也

犉（眞）犉 黄牛黑脣也从牛辜聲爾雅釋畜黑脣犉詩無羊九十其犉【古韻】詩無羊叶羣犉

啍（元）啍 口气也从口辜聲字亦作㬀【叚借】爲諄荀子哀公無取口啍口啍誕也又重言形況字詩大車啍啍傳重遲之貌莊子胠篋而悅夫啍啍之意注以己誨人也司馬注少智貌家語五儀無取啍啍注多言也【古韻】詩大車叶啍璊奔

諄（眞 震）諄 告曉之孰也从言辜聲讀若庉字亦作訰詩抑誨爾諄諄史記司馬相如傳不必諄諄集解告之丁寧也【叚借】爲惇晉語以詩

說文通訓定聲　屯部第十五

趙鞅之故注佐也按厚也又爲惷莊子天地諄芒將東之大壑李注望之諄諄察之芒芒爾雅釋訓訰訰亂也又爲肫爲焞左傳諄諄如八九十者漢書五行志注重頓之貌又後漢卓茂傳注諄諄忠謹之貌也亦皆重言形況字又爲憝方言三諄罪也七諄憎所疾也宋魯凡相惡謂之諄憎若秦晉言可惡矣廣雅釋詁四諄苦也【古韻】詩大車叶啍璊奔

敦（元 寒 願 隊）敦 怒也詆也一曰誰何也从攴𦎧聲按此字本訓擿也故从攴詩北門王事敦我箋猶投擲也傳訓厚謂借爲惇失之淮南兵略敦六博投高壺注致也按致者敲之誤【叚借】爲憝說文敦怒也甘泉賦白虎敦圉乎昆崙注盛怒貌淮南俶眞騎蜚廉而從敦圉注敦圉似虎而小一曰仙人名也則爲託名幖識字又爲譈說文詆也一曰誰何也敦譈雙聲又爲惇易敦臨禮記曲禮敦善行而不怠左成十六傳民生敦庬老子敦兮其若朴注質厚也又爲諄爾雅釋詁敦勉也漢書楊雄傳敦衆神使式道兮集注勉也後漢韋彪傳重以禮敦勸注猶逼也陳寔傳遣人敦寔注勸也又爲弴詩行葦敦弓既堅又爲焞漢書地理志敦煌郡爾雅釋天太歲在午曰敦牂淮南天文敦盛也又爲埻詩東山敦彼獨宿又爲錞莊子列禦寇敦杖蹙之乎頤注豎也又爲奄方言一敦大也陳鄭之閒曰敦又爲埻或爲笔詩常武鋪敦淮濆後漢班固傳號師矢敦注猶迫逼也失之左昭廿三傳敦陳整旅甘泉賦敦萬騎于中營兮又詩行葦敦彼行葦傳聚

zhùn 睶　chún 雗　tūn 焞　duì 竨　dūn 惇

也東山有敦瓜苦傳猶專專也又爲毀實爲敦周書武順一卒居後曰敦又爲儆詩閟宮敦商之旅箋治也又爲督孟子使虞敦匠注訓厚作失之荀子榮辱以敦比其事彊國敦比於小事注精審躬親之謂敦督一聲之轉又爲琱詩棫樸敦琢其旅敦琱一聲之轉又爲𠂤爾雅釋丘一成爲敦丘注今江東呼地高堆者爲敦又如覆敦者敦丘孫注一成之形象也敦器似盂穆天子傳六敦壺尊四十注敦似盤音堆周禮玉府珠槃玉敦儀禮士喪禮敦啟會面足禮記明堂位有虞氏之兩敦內則敦牟卮匜按槃取圜義敦取高義敦有足有蓋受一斗二升漆赤中無足者謂之廢敦敦以盛黍稷盟則以盛血或用木飾以金玉或用瓦無飾字亦作盭廣雅釋器盭盂也敦堆一聲之轉又爲幬周禮司几筵每敦一几注讀曰燾按覆也敦幬一聲之轉又爲準或爲耑周禮內宰故書出其度量敦制杜子春讀敦爲純本亦以淳爲之管子君臣丈尺一綧制字作綧又爲劖莊子說劍試使士敦劍司馬注斷也敦耑一聲之轉又疊韻連語爾雅太歲在子曰困敦孫炎注混沌也言萬物初萌混沌于黃泉之下也說文敘困頓之年作頓亦同左文十八傳謂之渾敦注不開通之貌〔聲訓〕素問上古天眞論長而敦敏注信也文選典引靡號師矢敦奮撝之容蔡注勉也〔古韻〕大戴王言叶信敦〔轉音〕詩北門叶敦遺

眞震元 **睶** 謹鈍目也从目𦎫聲

眞 **雗** 雗屬从隹𦎫聲字亦作鶉爾雅釋鳥鶉鶉其雄鶛牝痺又鴽牟母又鶉子鳼鴽子鸋列子天瑞田鼠之爲鶉也按鴽鶉同類而鶛大于鶉鶹黃色鶉黃黑雜文儀禮公食禮有鶉有鴽禮記內則有鶉羹鴽釀對文則別散文則通雄善鬭淮南齊俗又云蝦蟆爲鶉詩鶉之奔奔箋居有常匹飛則相隨伐檀胡瞻爾庭有縣鶉兮莊子天地聖人鶉居而鷇食釋文猶言野處〔叚借〕託名幖識字考工輈人以象鶉火也左僖五傳鶉之奔奔周語歲在鶉火按南方七宿星七星形如鳥伸項故得鶉名若統七宿言則井當爲咮鬼柳爲項星張爲胸腹翼軫爲尾象鳥棲也故其次有鶉首鶉火鶉尾之名〔古韻〕詩伐檀叶輪漘淪囷鶉飧

元 **焞** 明也从火𦎫聲字亦作燉鄭語以焞燿惇大天明地德光昭四海今本作淳注大也則謂借爲奄儀禮士喪禮楚焞卽周禮華氏之契所用以灼龜者以荆爲之又漢書地理志敦煌郡字亦作燉〔叚借〕重言形況字左僖五傳天策焞焞注無光燿也按天策一星在河中閣道之前王良之傍詩采芑嘽嘽焞焞傳盛也〔古韻〕左僖五傳叶辰晨振旂賁焞軍奔

賄 **竨** 磊竨重聚也从立𦎫聲今蘇俗尚有此語其音如磊堆

元 **惇** 厚也从心𦎫聲書洛誥惇大成裕經傳皆以敦爲之左僖廿七傳說禮樂而敦詩書周語敦厖純固禮記樂記樂者敦和孟子

chún 淳　dūn 弴　duì 錞　chún 醇　tuán 鷻

薄夫敦漢書鮑宣傳敦外親小童注謂厚重也皆是左定四傳分之土田陪敦按借敦爲𠂤注厚也失之

眞軫 **淳** 渌也从水𦎫聲考工幌氏渥淳其帛鍾氏淳而漬之注沃也儀禮士虞禮淳尸盥特牲禮記淳沃禮記內則淳熬淳毋周語王乃淳濯饗醴廣雅釋詁二淳漬也〔叚借〕爲準或爲耑周禮內宰出其度量淳制質人壹其淳制按布帛之幅也又爲對左襄十一傳廣車軘車淳十五乘注耦也淳耑對一聲之轉又爲瀕左襄廿五傳表淳鹵注埆薄之地賈注鹹也又爲醇爲惇思元賦何道貞之淳粹兮注不澆曰淳東京賦淳化通于自然淮南齊俗澆天下之淳注厚也漢書黃霸傳澆淳散樸注不雜爲淳三蒼淳濃也又爲焞鄭語以淳燿敦大注大也謂借爲奄失之又重言形況字莊子則陽禍福淳淳注流動貌又疊韻連語淮南覽冥區冶生而淳鈞之劍成注古大鋭劍也亦作純作醇又託名幖識字左桓五傳淳于公亦曰州公姜姓風俗通云春秋之小國也桓五年失國子孫以爲氏地在今山東青州府安丘縣東北

元 **弴** 畫弓也从弓𦎫聲字亦作弤公羊注天子彫弓諸侯彤弓大夫嬰弓士旅弓詩敦弓既堅孟子弤肬敦彫弤一聲之轉埤蒼弤舜弓名

眞隊 **錞** 矛戟柲下銅鐏也从金𦎫聲字亦以鐓爲之廣雅釋器鐓鐏也釋詁四錞低也詩小戎厹矛鋈錞禮記曲禮進矛戟者前其鐓注平底曰鐓淮南原道猶錞之與刃〔別義〕周禮鼓人以金錞和鼓注錞于也圜如碓頭大上小下樂作鳴之與鼓相應晉語戰以錞于丁寧吳語鳴鐘鼓丁寧錞于淮南兵略鼓錞相望注大鐘也又中山經嬰梁之山多蒼玉錞于元石按此亦玉石名注樂器失之〔叚借〕爲緣西山經䲧山是錞于西海注猶堤埻也〔古韻〕詩小戎叶羣錞

眞 **醇** 不澆酒也从酉𦎫聲字亦作醕廣雅釋詁三醇厚也釋詁一醇美也漢書爰盎傳買二石醇醪東京賦春醴惟醇琴賦旨酒清醇〔轉注〕莊子繕性澆醇散朴吳都賦非醇粹之方壯注不變曰醇〔叚借〕爲惇淮南氾論古者人醇工龐注醇厚不虛華也漢書萬石君傳慶醇謹而已注專厚也景帝紀贊黎民醇厚賈山傳不能爲醇儒又爲嫥漢書食貨志自天子不能具醇駟注不雜也禮樂志河龍供鯉醇犧牲注謂色不雜也又疊韻連語廣雅釋器醇鈞劍也淮南脩務作純鈞覽冥作淳鈞齊俗作淳均皆同〔古韻〕易繫辭叶醞醇老子順化叶悶醇

寒軫 **鷻** 雕也从鳥敦聲或从隹一指事或體說文在雗下云一曰鶉字按雗字也今移隸鷻下字亦作鷒詩四月匪鷻匪鳶

cùn 寸　chèn 疢　zhǔn 準　rǔn 毴　duī 鐜　duì 憝

今以鶉爲之易解公用射隼于高墉之上詩采芑鴥彼飛隼疏引説文一曰鶉字鷙鳥也魯語有隼集于陳侯之庭海内西經開明南有隼爾雅鷹隼醜其飛也翬按鵰鷂鸇鷂皆鷹之屬秋興賦隰有翔隼注鷙擊之鳥通呼曰隼詩采芑陸疏齊人謂之擊征或謂之題肩轉音詩沔水叶水隼弟

隊 **憝** 𢥺 怨也从心敦聲按怨者懟字之誤憝爲懟懟爲怨其誼不同字亦作譈書康誥凡民罔不憝孟子作譈周書世俘凡憝國九十有九國注惡也法言重黎楚憞羣策廣雅釋詁三譈皐也以詩爲之假借疊韻連語風賦狀直憞溷鬱邑注煩濁之貌

隊 **鐜** 𨭊 下垂也从金敦聲按此即錞字之訓别義説文一曰千斤椎按如今衆舉以築地者蘇俗謂之打夯蓋打鐜之誤也秦始皇造鐵鐓重不可勝刻力士像以祭之乃移動

腫軫 **毴** 𣭥 毛盛也从毛隼聲虞書鳥獸毴髦按毴與毧同字許所引書當作鳥獸毛毴乃仲秋文與氄篆所引仲冬文異

軫 **準** 𣴨 平也从水隼聲字亦誤作准管子水地準也者五量之宗也考工匠人水地以縣天下莫平于水故製平物之器謂之準臬氏權之然後準之輈人輈注則利準禮記月令先定準直漢書律厤志繩直生準又準者所以揆平取正也呂覽君守有准不以平管子宙合准壞險以爲平字誤作准轉注易繫辭易與天地準鄭注中也平也虞注同也京注等也禮記祭義推而放諸東海而準注猶平也又書立政準人傳準人平法謂士官漢書東方朔傳以仁義爲準注平法也又淮南覽冥羣臣準上意而懷當注望也又論語摘輔象力墨受準斥注凡事也黃帝紀作力牧受準亦按準尺也又史記高祖紀隆準而龍顏文頴曰鼻也應劭曰頰權準也始皇紀爲人蜂準正義鼻也漢光武紀隆準日角許負曰鼻頭爲準

疢一名 丑刃切

軫震 **疢** 𤵖 熱病也从疒从火會意字亦作疹詩小弁疢如疾首箋猶病也左成六傳美疢不如惡石哀六傳則有疢疢考工弓人疢疾險中注牛有久病疑當作疢疾字之誤也

寸二名凡寸之派皆衍寸聲 倉困切

願 **寸** 𠬝 十分也人手卻一寸動𧖴謂之寸口从又一指事按十髮爲程而當一分十分爲寸淮南主術寸生于稞大戴主言布指知寸公羊僖三十一傳膚寸而合注按指爲寸轉注詩巧言予忖度之字亦變作忖珠叢云忖測度也聲訓漢書律厤志寸者忖也

cǔn 刌　zūn 尊(尊)　cūn 墫　zǔn 蕁　zǔn 噂　zūn 遵

阮 **刌** 𠛁 切也从刀寸聲廣雅釋詁一刌斷也二刌割也儀禮特牲禮記刌肺三假借爲寸漢書元帝紀贊分刌節度注刌切也失之

尊十一名凡尊之派皆衍尊聲 祖昆切

元元 **尊** 𡮵 𡬶 酒器也从酋廾以奉之會意或从酋从寸按寸聲字亦作罇作樽周禮小宗伯辨六尊之名物司農注獻尊象尊著尊壺尊大尊山尊爾雅彝卣罍器也注皆盛酒尊按尊者大名彝爲上卣爲中罍爲下皆以待祭祀賓客之禮器也周禮司尊彝掌六尊六彝之位皆有舟鬯人廟用脩注讀曰卣卣中尊謂獻象之屬是尊即卣也卣者家大人云即酉字以其居中故獨得尊名其實彝卣罍皆尊也禮記明堂位尊用犧象山罍儀禮士冠禮側尊少牢禮乃啟二尊之蓋冪左襄廿三傳新樽絜之昭十五傳樽以魯壺淮南繆稱猶中衢而致尊邪轉注爾雅釋文引説文尊或从寸酒官法度也今之尊卑從此得名故尊亦爲君父之稱按凡禮酒必先實于尊以待酌貴重之器非如椑榼置酒爲尋常用物故引申爲尊卑之誼許書收椑不收樽其實椑亦卑字也廣雅釋詁一尊敬也四尊高也考工輪人部尊一枚注高也左昭五傳尊地也注重也易繫辭天尊地卑白虎通封禪天以高爲尊論語尊五美皇疏崇重也孟子尊德樂義注貴也又禮記喪服小紀養尊者必易服注謂父兄淮南精神視至尊窮寵注謂帝王漢書廣川惠王越傳背尊章嫖以忽注尊章猶言

舅姑也或曰凡尊卑字借爲宗廟尊宗二聲之轉義實正大當從又莊子逍遥遊何不慮以爲大樽司馬注樽如酒器縛之於身浮于江湖可以自渡假借爲劕淮南要略樽流遁之觀注止也又託名嫖識字莊子胠篋尊盧氏六韜作宗盧古韻莊子齊物論叶湣尊芚純溫轉音三畧上叶叙尊振連思權誼言根

眞阮 **墫** 𡎏 舞也从士尊聲詩伐木墫墫舞我釋文引説文士舞也爾雅釋訓墫墫喜也按毛詩作蹲此重言形況字毛訓舞貌猶坎坎爲鼓聲也坎不得訓鼓墫何得訓舞此後出字許可不録

阮 **蕁** 𦼳 叢艸也从艸尊聲廣雅釋詁三蕁聚也魏都賦嘉穎離合以蕁蕁注茂盛貌亦重言形況字

阮 **噂** 𡁲 聚語也从口尊聲詩十月之交噂沓背憎傳猶噂噂也説文人部又引作僔

眞 **遵** 𨗨 循也从辵尊聲爾雅釋詁遵自也方言十二遵行也三蒼遵習也詩遵彼汝墳遵大路兮孟子遵海而南又詩酌遵養時晦傳率也按遳也禮記鄉飲酒義大夫若有遵者注謂之遵者方以禮樂化民欲其遵法之也方言二遵俊也或曰僎之借字假借託名嫖識字爾雅釋木遵羊棗

dūn 蹲　zǔn 剸　zǔn 僔　zùn 鱒　zūn 縛　zùn 鐏　sūn 孫　xùn 遜

元 **蹲** 踞也。从足，尊聲。按，實與竣同字。史記貨殖傳：下有蹲鴟。蜀都賦：蹲鴟所伏。注：大芋也。假借爲僔。左成十六傳：蹲甲而射之。注：聚也。又重言形況字。詩伐木：蹲蹲舞我。傳：舞貌。又託名幖識字。爾雅釋鳥：西方曰鷷。左昭十七傳注：西方曰蹲雉，攻木之工也。周禮染人注引爾雅作蹲，字亦變作鷷。

阮 **剸** 減也。从刀，尊聲。廣雅釋詁一：剸，斷也。字亦作撙。禮記曲禮：恭敬撙節。注：猶趨也。按，謂促也。管子五輔：整齊撙詘以辟刑僇。注：節也。假借爲蹲。荀子儒效：以相薦撙。注：薦撙皆謂相陵駕也。按，猶踐蹲。

阮 **僔** 聚也。从人，尊聲。按，艸之聚亦曰蕈。假借爲噂。三家詩十月之交：僔沓背憎。又爲剸。荀子仲尼：則恭敬而僔。又重言形況字。廣雅釋訓：僔僔，衆也。

阮 **鱒** 赤目魚也。从魚，尊聲。爾雅：鮅，鱒。注：似鯶子，赤眼。詩九罭：鱒魴。傳：大魚也。孫炎曰：鱒好獨行。爾雅翼云：目中一道赤，橫貫瞳，魚之美者，食螺蚌也。按，今草魚之類，草魚，蘇俗謂之鯇魚。

元 **縛** 薉貉中女子無絝，以帛爲脛空，用絮補覈，名曰縛衣，狀如襜褕。从糸，尊聲。按，如今蘇俗婦人所用之卷膀也。假借爲剸，或爲緷。

荀子不苟：不能則恭敬縛絀以畏人。

願 **鐏** 柲下銅也。从金，尊聲。按，鋭可插地者曰鐏，平者曰鐓。禮記曲禮：進戈者前其鐏。注：鋭底曰鐏，取其鐏也。按，取其鐓也。

孫五名。凡孫之派皆衍孫聲。

元 **孫** 子之子曰孫。从子，从系，會意。系，續也。禮記雜記注：孫謂爲祖後者。爾雅釋訓：子子孫孫，引無極也。轉注：周禮大司樂：孫竹之管。注：竹枝根之末生者。素問氣穴論：願聞孫絡谿谷。注：小絡也。假借爲愻。詩文王有聲：詒厥孫謀。箋：順也。考工匠人：水屬不理孫。輈人：欲其孫而無弧深。注：順理也。儀禮聘禮記：辭無常，孫而說。禮記學記：不陵節而施之謂孫。緇衣：則民有孫心。注：順也。又爲遜。詩狼跋：公孫碩膚。箋：孫之言遜遁也。春秋莊元年：夫人孫于齊。公羊傳：內諱奔謂之孫。又託名幖識字。方言十一：蛣蚰，南楚之閒謂之蚟孫。聲訓：廣雅釋親：孫，順也。釋名釋親屬：孫，遜也，遜遁在後生也。古韻：詩螽斯叶詵孫振；何彼穠矣叶緡孫。轉音：詩楚茨叶愆孫；文子符言叶身孫；三略下叶全孫。〔思魂切〕

願 **遜** 遁也。从辵，孫聲。爾雅釋言：遜，遯也。廣雅釋詁二：遜，去也。書堯典序：將遜于位。微子：吾家耄遜于荒。假借爲愻。虞書：五品不遜。論語：危行言遜。集解：順也。呂覽士容：辭令遜敏。劉修碑：其於鄉黨，遜遜如也。論語作恂，亦重言形況字。

xùn 愻　gǔn 鯀　hùn ⿰阝鯀　sūn 飧

願 **愻** 順也。从心，孫聲。唐書曰：五品不愻。今本以遜爲之。史記五帝紀作馴，後漢鄧禹傳作訓，字林：愻，順也，謙也，恭也。

阮 **鯀** 鯀魚也。从魚，系聲。按，孫省聲。或曰：即鯤字。从魚系，會意，猶言魚子也。存疑。假借託名幖識字。書堯典：鯀哉。傳：崇伯之名。馬注：禹父。史記夏本紀索隱：鯀字熙。海內經：駱明生白馬，白馬是爲鯀。列子楊朱：鮌治水土。釋文本又作骸。禮記祭法：禘黃帝而郊鯀。釋文本又作鯀。

阮 **⿰阝鯀** 大阜也。从阜，鯀聲。

飧一名。〔思渾切〕

元 **飧** 餔也。从夕食，會意。詩伐檀：不素飧兮。傳：熟食曰飧。大東：有饛簋飧。傳：熟食謂黍稷也。周禮掌客：飧五牢。注：客始至致小禮也。儀禮聘禮：宰夫朝服設飧。注：食不備禮曰飧。左昭五傳：飧有陪鼎。孟子：饔飧而治。史記淮陰侯傳：將傳飧。集解：小飯曰飧。假借爲饡。字林：飧，水澆飯也。禮記玉藻：君未覆手不敢飧。注：勸食也。疏：謂用飲澆飯于器中也。又客飧主人辭以疏。注：飧者美主人之食也。釋名：飧，散也，投水于中解散也。飧散雙聲。古韻：詩伐檀叶輪漘淪囷鶉飧。

rèn 刃　rèn 牣　rèn 訒　rèn 杒　rèn 帎　rèn 仞

刃十一名。凡刃之派皆衍刃聲。〔而振切〕

震 **刃** 刀堅也。象刀有刃之形。按，从刀、丶，指事。考工記攻金之工：桃氏爲刃。注：刃，大刃，刀劍之屬。淮南氾論：鑄金而爲刃。注：五刃，刀、劍、矛、戟、矢也。原道：猶錞之與刃。假借爲仞。無極山碑：浚谷千刃。

震 **牣** 滿也。从牛，刃聲。小爾雅廣詁：牣，塞也。詩靈臺：於牣魚躍。子虛賦：充牣其中者不可勝記。以仞爲之。

震 **訒** 頓也。从言，刃聲。按，言之鈍也。廣雅釋詁三：訒，難也。論語：仁者其言也訒。孔注：難也。荀子正名：非是者謂之訒。聲訓：論語鄭注：訒，不忍言也。按，忍言也。

震 支 **杒** 桎杒也。从木，刃聲。玉篇云：木名。字亦作梕。按，本草別錄：丹桎木皮主瘑瘍風，未審即此否。

震 **帎** 枕巾也。从巾，刃聲。字亦作⿰巾忍，謂加于枕以藉首者。今蘇俗謂之枕衣。

震 **仞** 伸臂一尋，八尺也。从人，刃聲。孟子趙注、家語王肅注、山海經郭璞注、漢書師古注皆同。論語包注、儀禮鄭注、楚辭王逸注、呂覽

rěn 荵　rèn 軔　rèn 紉　niàn 汈　rěn 忍

高誘注皆以爲七尺漢書食貨志應劭注又謂五尺六寸小爾雅度則曰四尺謂之仞諸說不一禮記祭義築宮仞有三尺如小爾雅則其墻及肩矣考工匠人深八尺謂之洫深二仞謂之澮是洫澮無別矣其說非也應劭五尺六寸未見他書孤說無據惟八尺七尺聚訟紛如程先生瑤田云人伸兩手一尋度廣則適得八尺度深則身側臂曲而爲七尺仞七尺也按左昭三十二傳仞溝洫淮南覽冥百仞之中杜注高注皆云度深曰仞匠人廣二尋深二仞謂之澮尋仞異文必廣深不同也程說精確當從之【叚借】爲牣上林賦虛宮館而勿仞注滿也三公山碑巨仞不數又爲允漢書儒林孟喜傳喜因不肯仞列子周穆王夢仞人鹿字亦作認後漢卓茂傳有人認其馬

軫 **忍** 能也从心刃聲按謂堅中廣雅釋言忍耐也論語是可忍也皇疏猶容耐也東京賦百姓弗能忍注堪也管子地員以慈忍注耐也荀子儒效志忍私然後能公行忍性情然後能脩注忍謂矯其性也呂覽去私忍所私以行大義按容忍仁也堅忍義也殘忍不仁不義也皆曰能【轉注】賈子道術惻隱憐人謂之慈反慈爲忍按凡堅而能止曰忍堅而能行亦曰忍晉語以忍去過注以義斷也後漢崔琦傳忍忍注猶不忍也詩將仲子傳彊忍之木抑篇荏染柔忍之木按皆謂堅中也字亦作韌作肕字林韌柔也通俗文柔堅曰肕管子地員淖而不肕注肕堅也【古韻】詩小弁叶先墐忍隕【轉音】楚辭惜誦叶忍軫

說文通訓定聲　屯部弟十五

銑霰 陽軫 **汈** 汈水也从水刃聲類篇引說文出上黨字亦作涊【叚借】疊韻連語集韻沴汈涊相著也按猶淟涊廣雅釋訓淟涊垢濁也文賦淟涊而不鮮楚辭遠遊切淟涊之流俗又單辭形況字七發涊然汗出廣雅釋詁三涊濁也漢書楊雄傳紛纍以其淟涊兮音義俗謂水漿不寒而溫爲淟涊

眞 **紉** 繟繩也从糸刃聲凡單展曰紉合繩曰糾大繩曰絙織繩曰辮廣雅釋詁三紉索也四紉盤也釋言紉輦也禮記內則紉箴請補綴離騷紉秋蘭以爲佩豈惟紉夫蕙茝楚辭惜誓并紉茅絲以爲索離世情素潔于紉帛注結束也【叚借】發聲之詞方言六擘楚謂之紉管子霸形裸體紉胸稱疾注猶摩也按猶擗摽也方言注今亦以綫貫針爲紉失之

震 **軔** 礙車也从車刃聲詩小旻疏引說文礙車木離騷朝發軔於蒼梧兮注搘輪木也淮南兵畧車不發軔注車下支木秦策陛下嘗軔車于趙矣注軔車止仕也【叚借】爲仞孟子掘井九軔又爲忍管子制分攻堅則軔注牢固之名也荀子富國芒軔僈楛注柔也亦怠惰之義

軫 **荵** 荵冬艸从艸忍聲今蘇俗謂之金銀花藤

shǔn 揗　zhūn 㡓　shǔn 楯　tú 腯　xún 循　dùn 遁　dùn 盾

盾七名凡盾之派皆衍盾聲 豎隱切

軫 **盾** 瞂也所以扞身蔽目从目象形方言九干關西謂之盾周禮司兵掌五兵五盾注干櫓之屬司戈盾及舍設藩盾釋名以犀皮作之曰犀盾以木作之曰木盾按釋名有吳魁須羌陷虜步盾孑盾五名【轉注】釋名盾遯也跪其後避以隱遯也

阮願 **遁** 遷也从辵盾聲廣雅釋詁三遁避也後漢杜林傳注遁猶回避也周語陰遁而不能蒸漢書雋疏于薛平傳贊平當逡遁有恥敘傳逡遁致仕鄭固碑逡遁退讓字亦以巡爲之【叚借】爲遯說文一曰逃也廣雅釋詁四遁隱也楚語晉將遁矣注逃退也漢書谷永傳閔免遁樂注流遁也淮南原道淖溺流遁注逸也呂覽高義不復于王而遁注走也婁壽碑遁世無悶後漢方術傳遁甲注推六甲之陰而隱遁也

眞 **循** 順行也从彳盾聲爾雅釋詁循自也文選注引廣雅循從也廣雅釋言循述也書顧命率循大卞禮記少儀毋循往疏猶追述也楚辭天問昏微循迹注遵也淮南本經五星循軌注順也原道循天者與道游者也注隨也【叚借】爲巡珠叢云循巡也禮記月令循行國邑漢書東方朔傳徼循長楊以東注行視也又爲遁論語足蹜蹜如有循皇疏如緣循也按如有所般旋回避而逡遁也集注攷爲緣物失之又爲揗漢書李陵傳數數自循其刀環注謂摩順也又重言形況字論語循循然善誘人集解次序貌孟子章指作恂恂然亦同素問離合眞邪論其行于脈中循循然注順動貌一作輴輴亦同【古韻】荀子哀公叶肫循文子自然叶神循先【轉音】文子守樸叶循然靈樞刺節眞邪篇叶循彈素問離合眞邪論叶循散按

說文通訓定聲　屯部弟十五

月 **腯** 牛羊曰肥豕曰腯从肉盾聲禮記曲禮豚曰腯肥注充也左桓六傳吾牲牷肥腯注腯亦肥也服注牛羊曰肥豕曰腯方言十三腯腯也廣雅釋詁二腯盛也【叚借】託名幖識字禮記檀弓微子舍其孫腯而立衍也釋文本作遁

軫 **楯** 闌檻也从木盾聲上林賦宛虹拖于楯軒漢書注軒之闌板也史記袁盎鼂錯傳索隱宮殿四面檻縱者云檻橫者云楯按亦曰旁排堯廟碑階陛欄楯字亦作楯【轉注】莊子達生死于豚楯之上司馬注猶案也【叚借】爲揗淮南俶眞引楯萬物注拔也

眞 **㡓** 載米䋣也从巾盾聲讀若屯廣雅釋器㡓䋣也愚按㡓者輴之或體䋣耑也故从巾【叚借】爲笔則說文廣韻之所訓也

軫震 **揗** 摩也从手盾聲今撫揗字以循爲之【叚借】爲循廣雅釋詁一揗順也

侖十二名凡侖之派皆衍侖聲 力屯切

lún 侖　lún 論　gùn 睔　lún 棆　lún 倫　lún 惀　lún 淪　lún 掄

眞
侖 侖𠎣𠎣 思也从亼冊會意籒文从𠕁文冊按論語云學而不思則罔思而不學則殆冊猶典也好古敏求用思之法叚借疊韻連語太元中昆侖旁薄幽注侖也爾雅釋丘三成爲崑崙丘字亦變作崙又託名幖識字南山經侖者之山

元 願
論 論 議也从言侖聲論語序集解論理也次也釋文撰也世叔討論之皇疏評也文賦論精微而朗暢注論以評議臧否以當爲宗禮記王制凡官民材必先論之注謂考其德行道藝考工記或坐而論道注謂謀慮治國之政令也史記張儀傳臣請論其故索隱告也陳也西京賦不可勝論注說也叚借爲倫禮記王制必卽天論釋文理也初學記引廣雅論道也呂覽行論以堯爲失論注猶理也又爲侖詩靈臺於論鼓鐘傳思也呂覽應言不可不熟論也注辨也淮南說山以近論遠注知也又爲綸易屯君子以經論禮記中庸經論天下之大經釋文本作綸又爲掄齊語論比協材注擇也淮南兵畧夫論除謹注論除論賢除吏聲訓論語序集解論綸也輪也詩靈臺箋論之言倫也釋名釋典藝論倫也有倫理也古韻高唐賦叶天淵論素問八正神明論叶神聞先言昏雲原論存

阮
睔 睔 目大也从目侖聲春秋傳有鄭伯睔古今人表作綸

眞
棆 棆 毋杶也从木侖聲讀若易卦屯爾雅釋木棆無疵注楩屬似豫章按蜀都賦有枇毋杶疑杶之有實者未必毋之誤也

說文通訓定聲　天　屯部弟十五　四五

眞
倫 倫 輩也从人侖聲禮記曲禮儗人必於其倫注猶類也儀禮士相見禮別有倫也既夕記倫如朝服注比也晉語且臣之倫注伍也轉注說文一曰道也虞書無相奪倫傳理也詩正月有倫有脊傳道也論語言中倫包注道也理也孟子察于人倫注序也又禮記祭統夫祭有十倫焉注猶義也叚借爲掄爾雅釋詁倫勞也又爲掄儀禮少牢禮雍人倫膚九注擇也又託名幖識字呂覽古樂伶倫氏漢書律厤志作伶綸古今人表作泠淪聲訓禮記禮器倫也注倫之言順也太元昆同一倫也注正也

元
惀 惀 欲知之皃从心侖聲疑卽侖之小篆集思以求知也

眞
淪 淪 小波爲淪从水侖聲詩伐檀河水清且淪猗傳小風水成文轉如輪也韓詩章句從流而風曰淪淪文皃轉注說文一曰沒也書微子今殷其淪喪詩雨無正淪胥以鋪抑無淪胥以亡傳率也失之廣雅釋詁二淪漬也淮南精神淪于不測注入也楚辭遠逝微霜降而下淪兮注用法之深刻也又疊韻連語周禮大宗伯注神在混淪釋文本又作昆侖叚借爲倫爾雅釋言淪率也按猶律也類也大率也聲訓釋名淪倫也水文相次有倫理也古韻詩伐檀叶輪漘淪囷鶉飧

眞 元
掄 掄 擇也从手侖聲周禮山虞凡邦工入山林而掄材不禁注猶擇也晉語君掄賢人之後注擇也叚借爲倫錯本一曰貫也廣雅釋言掄貫也按有條理次敘也

guān 綸　lún 蜦　lún 輪　lún 陯　tún 㞘　diàn 殿

眞 删
綸 綸 青絲綬也从糸侖聲按秦漢百石官佩此綬非經緯織成但合青絲繩辮糾之者所謂宛轉繩也禮記緇衣其出如綸注今有秩嗇夫所佩也法言孝至五兩之綸注如青絲繩也轉注綸糾而成故糾之卽曰綸御覽引說文綸糾青絲綬也詩采綠言綸之繩箋釣繳也又爾雅釋詁絡綸也注綸者繩也謂牽縛纏絡之今俗語亦然易繫辭彌綸天地之道王肅注纏裹也荀注遊也京注知也則謂借爲倫易象傳君子以經綸姚信注謂綱也又莊子齊物論而其子又以文之綸崔注琴瑟弦也叚借爲倫廣雅釋詁三綸道也又疊韻連語史記司馬相如傳紛綸葳蕤胡廣注沒也謂借爲淪失之又託名幖識字爾雅釋草綸似綸組似組東海有之注草生彩理有象之者因以名焉古今人表鄭成公綸左傳作睔聲訓釋名綸倫也作之有倫理也轉音楚辭釣賦叶竿綸

眞 霽
蜦 蜦 蜧 蛇屬黑色潛于神淵能興風雨从虫侖聲或从戾聲讀若戾艸淮南齊俗於以致雨不若黑蜧注神蛇也

眞
輪 輪 有輻曰輪無輻曰輇从車侖聲考工有輪人易說卦坎爲弓輪叚借爲綸周禮大司徒廣輪之數注從也按廣者橫也綸者繩直也馬注東西爲廣南北爲輪儀禮既夕記廣尺輪二尺禮記檀弓廣輪揜坎又西征賦鼓枻迴輪注釣輪也江賦或揮輪于懸碕又爲論禮記檀弓美哉輪焉按論渙皆以水波有彣章喻也注輪囷言高大失之又疊韻連語吳都賦輪囷虯蟠注屈曲貌七發注委曲也古韻詩伐檀叶輪漘淪囷鶉飧

說文通訓定聲　天　屯部弟十五　四六

元
陯 陯 山阜陷也从𨸏侖聲疑淪沒淪胥字借爲此陯

㞘五名凡㞘之派皆衍㞘聲　徒魂切

元
㞘 㞘臀𦞅 髀也从尸下丌居几或从肉隼聲或从骨殿聲字亦作臋按臋者人之下基也故从尸丌坐得几而安故从几會意廣雅釋詁四㞘微也按猶尾也聲類臋㞘也易夬姤臋元膚困臋困于株木虞注坎爲臋周語故名之曰黑臋轉注考工㮚氏其臋一寸故書作㞘周禮鄉師巡其前後左右之屯杜子春謂以屯爲之聲訓釋名釋形體臋殿也高厚有殿遻也

霰 歡
殿 殿 擊聲也从殳㞘聲急就篇盜賊繫囚榜笞臋以臋爲之叚借爲堩御覽引說文殿堂之高大者也蒼頡篇殿大堂也按堂有陛四緣皆高起始皇作前殿始名曰殿言有圻鄂也漢書黃霸傳先上殿注屋之高嚴通呼爲殿謝元暉詩紫殿肅陰陰注紫宮也又爲臋廣雅釋詁四殿後也殿負也左襄廿三傳大殿注後軍也論語奔而殿馬注前曰啟後曰殿又答賓戲猶無益於殿最也注下功曰殿又

侖 㞘

tún 簸　diàn 澱　diàn 黰　tún 豚(豚)　dùn 遯　kūn 昆

爲鎮、詩采菽、殿天子之邦、傳、鎮也、小爾雅廣言、殿、塡也、又雙聲連語、爾雅釋訓、殿屎、呻也、詩板、民之方殿屎、傳、呻吟也、說文口部引作唸吚、

元 **簸** 榜也、从竹、殿聲、按所以檢柙弓弩者、以木爲之曰柲、曰檠、曰榜、以竹爲之曰簸、曰閉、詩小戎竹閉是也、通名曰弼、叚借爲殿、廣雅釋詁三、簸、擊也、張氏誼說文爲榜笞之榜、失之、

霰 **澱** 滓垽也、从水、殿聲、宋本作滓滋也、爾雅釋器、澱謂之垽、廣雅釋器、澱謂之滓、按卽涅也、可以染緇、轉注、今澱青藍澱曰澱、又江賦、㴍澱爲涔、字亦作淀、魏都賦、掘鯉之淀、注、如淵而淺也、水經泜水注、淀陂、水之異名也、按、水多泥滓則淺濁、

霰 **黰** 駁謂之垽、垽、滓也、从黑、屍聲、按卽澱之或體、今附於此、

豚一名、凡豚之派、皆衍豚聲、徒魂切、

元 **豚** 豚 小豕也、从古文豕、从又持肉、以給祠祀、會意、篆文从豕肉、字亦作䐁、作純、作肫、小爾雅廣獸、彘、豬也、其子曰豚、方言八、豬其子謂之豚、易中孚、豚魚吉、禮記曲禮、豚曰腯肥、襍記、豚肩不揜豆、論語、歸孔子豚、越語、生女子二壺酒一豚、叚借託名幖識字、廣雅釋草、豚耳、馬莧也、聲訓、太元𡸁、豚其埻、注、豚、遁也、

阮願 **遯** 逃也、从辵、豚聲、字亦作遂、爾雅釋言、遂、遯也、廣雅釋詁四、遯、去也、易遯、鄭注、逃去之名也、詩白駒、勉爾遯思、禮記緇衣、則民有遯心、注、厞也、離騷、後悔遯而有他、注、隱也、鄭烈碑、遂而不悶、轉注、廣雅釋詁二、遯、欺也、淮南脩務、審于形者不可遯以狀、注、欺也、叚借爲遁、易序卦、遯者、退也、書堯典序傳釋文、遯、退也、避也、漢書敘傳注、遯、避也、古韻、詩雲漢叶川焚熏聞遯、轉音、三畧上叶賢遯、

昆七名、凡昆之派、皆衍昆聲、古魂切、

元 **昆** 同也、从日、从比、會意、太元元錯、昆也、同元衡、昆、大同、元攡、理生昆羣、注、同也、羽獵賦、噍噍昆鳴、漢書注、同也、別義、爾雅釋言、昆、後也、注、方俗語、左哀十八傳、昆命于元龜、晉語、使寡君之紹續昆裔、楚辭大招、正始昆只、吳都賦、虞魏之昆、或謂借爲𦊆、非是、叚借爲𦊆、詩葛藟、謂他人昆、傳、兄也、儀禮喪服傳、昆弟、四體也、左昭十六傳、君之昆孫、又爲蚰、夏小正、昆小蟲、抵蚳、傳、昆者、衆也、禮記王制、昆蟲未蟄、注、明也、失之、又爲焜、廣雅釋詁二、昆、盛也、甘泉賦、樵蒸昆上、又爲犬、孟子、文王事昆夷、詩采薇序、西有昆夷之患、箋、西戎也、大荒南經、白淵、昆吾之師所浴也、注、古王者號、海內經、昆吾之丘、注、此山出名金也、列子湯問、西戎獻昆吾之劍、後漢杜篤傳、昆彌、注、西域國也、樓

kūn 琨　kūn 焜　hùn 混　hùn 掍　gǔn 緄　gǔn 輥

昆吾猶犬牙也、又疊韻連語、淮南原道、蹈騰昆侖、爾雅釋丘、三重爲崐崘丘、水經河水注、崑崘之山三級、下曰樊桐、一名板桐、二曰玄圃、一名閬風、上曰層城、一名天庭、字亦作崑崙、又託名幖識字、漢書百官公卿表、牧橐昆蹏令丞、注、好馬名、字亦作騉、作猑、爾雅釋畜、騉蹏趼善陞甗、又騉駼枝蹏趼、舍人注、騉駼、外國之名、後漢馬融傳注、猑蹏、野馬也、聲訓、釋名釋親屬、來孫之子曰昆孫、昆、貫也、恩情轉遠、以禮貫連之耳、按以緄紃𦊆也、論語、昆弟之言、皇疏、昆、兄也、謂兄爲昆、昆、明也、尊而言之也、按以焜訓𦊆也、古韻、詩葛藟叶滑昆聞、楚辭大招叶嫢神存昆、

元 **琨** 石之美者、从玉、昆聲、或从貫、貫聲、昆貫一聲之轉、書禹貢、揚州瑤琨篠簜、馬本作瓔、吳都賦、其琛賂則琨瑤之阜、史記司馬相如傳、琳瑉琨珸、索隱、石之次玉也、思元賦、獻環琨與璪縭兮、注、璧也、

阮 **焜** 煌也、从火、昆聲、方言十二、焜、晠也、左昭三傳、焜燿寡人之望、服注、明也、叚借雙聲連語、文選古辭長歌行、焜黃華葉衰、注、色衰貌也、

阮 **混** 豐流也、从水、昆聲、與渾畧同、廣雅釋訓、渾渾、流也、子虛賦、混流、江賦、或混淪乎泥沙、注、輪轉之貌、亦疊韻連語、孟子、原泉混混、七發、混混庉庉、亦重言形況字、叚借爲昆、周語、若能類善物以混厚民人者、注、同也、老子、故混而爲一、注、合也、漢書翟義傳、混壹風俗、又爲溷、法言脩身、善惡混、注、𥡗也、楚辭傷時、混混兮澆饡、注、濁也、亦重言形況字、又爲楓、荀子非十二子、使天下混然不知是非、注、無分別之貌、莊子繕性、古之人在混芒之中、崔注、混混芒芒、未分時也、淮南精神、契大混之樸、注、不散之貌、本經、猶在于混冥之中、注、大也、後漢班彪傳注、混元、天地之總名也、又爲運、廣雅釋訓、混混、轉也、淮南精神、混然而往、注、轉行貌、又爲犬、詩緜、混夷駾矣、箋、夷狄國也、

阮 **掍** 同也、从手、昆聲、按說解本方言、當爲昆之或體、西都賦、掍建章而連外屬、甘泉賦、薌呹肸以掍批兮、又紛蒙籠以掍成、漢書楊雄傳、不可掍于世俗之目、注、皆訓同、字亦作棍、叚借爲緄、爲稇、楊雄傳、掍申椒與菌桂兮、注、大束也、

阮 **緄** 織帶也、从糸、昆聲、詩小戎、竹閉緄縢、傳、繩也、後漢南匈奴傳、緄帶、注、織成布也、叚借爲稇、宋策、束組三百緄、注、十首爲一緄、又爲衮、高頤碑、當登緄職、樊敏碑、當窮台緄、

阮 **輥** 轂齊等貌、从車、昆聲、謂轂木正圜不橈減、考工輪人、望其轂欲其輥也、今本以眼爲之、鄭本以睍爲之、

𦊆四名、凡𦊆之派、皆衍𦊆聲、古魂切、

kūn 罤　kūn ⿱艹罤　guān 鰥　kūn ⿰罤欠　kūn 蜫　kùn 困

元 **罤** 周人謂兄曰罤。从弟从眔。會意。字亦誤作晜。爾雅釋親：晜，兄也。又來孫之子爲晜孫。儀禮言同姓大功以上曰昆弟，小功以下同異姓皆曰兄弟，以爲立文之別。經傳多以昆爲之。

元 **⿱艹罤** ⿱艹罤，艸也。从艸罤聲。字亦作菎。廣雅釋草：菎，蕢也。楚辭七諫：菎蕗雜於黀蒸兮。注：香直之草。按此卽箘簬。招魂：菎蔽象棋。注：菎，玉或言菎蕗，今之箭囊也。玉篇、廣韻皆訓香草，蓋本王逸注，其實失之。

刪 **鰥** 鰥魚名。从魚眔聲。按罤省聲。詩敝笱：其魚魴鰥。傳：大魚也。字亦作鯤。叚借爲矜，實爲憐，按當爲悹。爾雅釋詁：鰥，病也。詩鴻鴈：爰及矜人，哀此鰥寡。書堯典：有鰥在下。孝經鄭注：丈夫六十無妻曰鰥。詩何草不黃：何人不矜。禮記王制：老而無妻者謂之矜。以矜爲之。爾雅釋訓：瘝瘝，病也。詩板：靡聖管管。傳：無所依繫也。皆卽悹字。字亦作瘝。書康誥：恫瘝乃身。召誥：厥終智藏瘝在。鄭注：瘝，病也。或作㾮。詩桃夭序：國無鰥民。又作鱞。曹全碑：撫育鱞寡。又誤作鰥。又借爲卵。詩敝笱箋：鰥，魚子也。爾雅釋魚：鯤，魚子。晉語：魚禁鯤鮞。禮記內則：卵醬。正作卵。注：鯤或作攔蒜。又以擐爲之也。又託名標識字。莊子逍遙游：北冥有魚，其名爲鯤。崔注：當爲鯨。按南華寓言，不爲典要，魚之廣無數千里之理，猶鵬卽鳳，其背亦斷無有幾千里者也。必求其魚以實之，雖海鰌仍不足當。聲訓：尚書大傳：無室家之端，故謂之鰥。鰥、悹雙聲，悹、端疊韻也。釋名：鰥，昆也。昆，明也。愁悒不寐，目恒鰥鰥然也。故其字从魚，魚目恒不閉者也。按以焜訓悹也。古韻：詩敝笱叶鰥雲。楚辭天問叶鰥親。

元 **⿰罤欠** 昆干不可知也。从欠，鰥聲。按⿰罤欠干雙聲連語，與昆干同。

蜫一名 古魂切

元 **蜫** 蟲之總名也。从二虫。會意。讀若昆。經傳皆以昆爲之。

困五名，凡困之派皆衍困聲 苦悶切

願 **困** 故廬也。从木在口中。會意。古文从止木。方言十三：困，胎逃也。按猶隱居也。注：逃叛失之。轉注：廣雅釋詁一：困，極也。四：困，窮也。越語：日困而還，月盈而匡。論語：四海困窮，天祿永終。荀子脩身：橫行天下，雖困四夷。皆窮盡極至之義。易襍卦傳：井通而困相遇也。又廣雅釋言：困，悴也。尚書大傳：行而無資謂之乏，居而無食謂之困。又荀子：患至而後慮者謂之困。又賈子道術：心省恤人謂之慇，反慇爲困。又論語：困而學之。孔注：謂有所不通也。不爲酒困。馬注：亂也。又管子地圖：困殖之地。注：謂墝埆不可種藝，皆局促危苦之義。叚借

kǔn 梱　kǔn 稛　kūn 顐　kǔn 悃　gǔn 衮　wēn 昷　wà 嗢

爲梱。廣雅釋室：梱，機闑朱也。又疊韻連語。爾雅釋天：太歲在子曰困敦。孫注：混沌也。言萬物初萌，混沌于黃泉之下也。又託名標識字。爾雅釋草：困，衱袶。注：未詳。古韻：晉語叶訓困。

阮 阮 **梱** 門橜也。从木困聲。字亦作閫。按橫界于門下者爲閾，亦曰切；直豎于門中者爲梱，亦曰闑。禮記曲禮：外言不入于梱。注：門限也。凡橫者直者皆所以爲限。史記循吏傳：使高其梱。張釋之馮唐傳：閫以內者寡人制之。漢書匡衡傳：莫不始乎梱內。家語本命：無閫外之非儀也。文選述成記：閫閾忿趙。轉注：儀禮大射儀：梱復。注：矢至侯不著而還復。按謂臬也。又列女傳：持交而不失，出入不絕者梱也。按卽捆也。叚借爲稛。儀禮大射儀：既拾取矢梱之。注：齊等之也。淮南脩務：梱纂組。注：叩椓也。又爲梱。爾雅釋木：髡梱。按完木未析也。

軫 阮 **稛** 絭束也。从禾困聲。或作从囷者誤。齊語：稛載而歸。注：絭也。字亦作捆。孟子：捆屨織席以爲食。注：猶叩椓也。埤蒼：捆，致也。又方言三：稛，就也。廣雅釋詁三：稛，束也。字皆誤作稇。

元 **顐** 無髮也。一曰耳門也。从頁困聲。按無髮則與髡同，當以耳門爲本訓。字或誤从囷。玉篇亦作顐。

阮 **悃** 愊也。从心困聲。篇韻皆誤从囷。廣雅釋詁一：悃，至也。楚辭愍命：親忠正之悃誠兮。注：厚也。卜居：悃悃款款。注：志純一也。聖主得賢臣頌：陳見悃誠。注：悃誠，信也。

衮一名 古本切

阮 **衮** 天子享先王，卷龍繡于下幅，一龍蟠阿上鄉。从衣公聲。按上公始得服衮，从公衣，會意，公衮亦雙聲。爾雅釋言釋文引从台聲，存參。又按許說冕服九章，如衮如繪如黺絲，皆與鄭異。爾雅釋言：衮，黻也。按黻亦繡于裳者，或古說然耳。周禮司服：享先王則衮冕。司農注：卷龍衣也。詩九罭：衮衣繡裳。傳：衮衣，卷龍也。采菽：元衮及黼。傳：元衮，卷龍也。左桓二傳：衮冕黻珽。注：衮，畫衣也。禮記王制：制三公一命卷。玉藻：龍卷以祭。以卷爲之。管子君臣：衣服緷絻，以綑爲之。荀子富國：天子袾裷衣冕。字亦作裷。轉注：詩蒸民：衮職有闕。傳：有衮冕者，君之上服也。叚借爲公。廣雅釋詁一：衮，大也。按與王皇同意。又爲緄。廣雅釋器：衮，帶也。聲訓：釋名釋首飾：衮，卷也。畫卷龍于衣也。

昷十二名，凡昷之派皆衍昷聲 烏渾切

元 **昷** 仁也。从皿以食囚也。會意。官溥說。凡溫良、溫柔字，經傳皆以溫爲之。方氏以智曰：字當从日，訓煖。存疑。

月 **嗢** 咽也。从口昷聲。廣雅釋詁一：嗢，笑也。通俗文：樂不勝謂之嗢噱。琴賦：嗢噱終日。按大笑至息不利也。咽猶噎也。

wēn 殟　yūn 煴　yùn 慍　wēn 温　wèn 搵　ǎo 媪

殟 元　殟胎敗也从歺𥁕聲是與殰同誼按一切經音義引說文殟暴無知也凡三見聲類殟欲死也廣雅釋詁一殟病也殟極也廣韻心悶也楚辭九思悒殟絶兮咶復蘇皆同義說文顈篆解繫頭殟也當據以訂正

煴 文　煴鬱煙也从火𥁕聲漢書蘇武傳置煴火注謂聚火無焱者也賈子道術欣𢙏可安謂之煴按温燰温和字經傳皆以温爲之叚借爲壹廣雅釋訓煴煴元氣也文選典引注烟烟煴煴陰陽和一相扶貌也亦重言形況字思元賦天地烟煴注和貌魯靈光殿賦含元氣之烟煴注天地之蒸氣也易繫辭下傳作絪縕亦疊韻連語

慍 問　慍怒也从心𥁕聲詩疏引說文怨也毛詩柏舟慍于羣小傳怒也韓詩車舝以慍我心傳恚也蒼頡篇慍恨也禮記檀弓舞斯慍注猶怒也又慍哀之變也釋文怨恚也左襄廿三傳慍而不出釋文怨也怒也論語人不知而不慍鄭注怨也廣雅釋詁二慍愁也叚借爲蘊檀弓釋文引庾皇注慍積也又爲緼易夬若濡有慍洪頤煊云讀爲玉藻緼爲袍之緼猶旣濟言衣袽古韻詩緜叶殄慍隕問家語觀樂叶薰慍

温 元　温温水出犍爲涪南入黔水从水𥁕聲出今四川瀘州合江縣經重慶府涪州入黔江郎烏江亦曰涪江同入大江水經延江水注温水一曰煖水則謂字从煴省引說文入黚水又按此篆當出別義一曰溼也汪也叚借爲煴廣雅釋詁三温煗也禮記中庸温故而知新注讀如燖温之温月令温風始至論衡寒温陽氣温穆天子傳爰有温谷樂都注言冬煖也大荒東經有谷曰温源谷注即湯谷也按凡温泉之地其下必有硫石故浴之可已癬疥又爲𥁕廣雅釋詁一温善也詩小宛飲酒温克王肅注柔也燕燕終温且惠箋顏色和也論語色思温皇疏柔暢謂之温郎之也温皇疏潤也子温而厲皇疏和潤也又詩小宛温温恭人傳和柔貌抑温温恭人傳寛柔也賓之初筵温温其恭箋柔和也爾雅釋訓温温柔也亦重言形況字又爲𤌩禮記中庸温而理按猶言渾侖也又爲醖禮記內則柔色以温之注温藉也七發飮食則温淳甘膬注謂凡味之厚也又爲藴荀子榮辱其温厚矣注足也漢書張敞傳居皆温厚注言富足也視睢後碑温化以禮又疊韻連語淮南時則純温以淪注和也七發所温汾者注轉之貌也又雙聲連語史記屈賈傳衆世之温蠖索隱猶惛憒也古韻莊子齊物論叶滑尊芚純温轉音文子上仁叶温仁楚辭九辨叶温飧垠春

說文通訓定聲　屯部第十五

搵 吻 願　搵沒也从手𥁕聲廣雅釋詁四抐搵搙擩也各本皆作抐搵搙揗挂也誤字林搵抐沒也廣韻搵抐按物水中也

媪 晧　媪女老偁也从女𥁕聲讀若奥廣雅釋親媪母也趙策左師偁太后曰媪漢書禮樂志后土富媪又媪神蕃釐注媪神地也高帝紀劉媪注老嫗爲媪轉注史記衛將軍傳與侯妾衛媪通索隱婦人老少通稱叚借託名幖識字錯本說文武威有媪圍縣

yùn 緼　wēn 轀　yùn 醖　yùn 蘊　hūn 昏

緼 問 文 吻 元　緼紼也从糸𥁕聲謂亂麻論語衣敝緼袍孔注枲著也禮記玉藻緼爲袍注謂今纊及舊絮也列子楊朱常衣緼黂釋文謂紛弊麻絮之衣也漢書東方朔傳衣緼無衣注亂絮也蒯通傳郎東緼請火于亡肉家注亂麻也按論語皇疏碎麻爲緼此本訓又云故絮亦爲緼此轉注轉注廣雅釋詁三緼亂也法言孝至齊桓之時緼叚借爲醖易繫辭乾坤其易之緼耶虞注藏也王注淵奧也又爲藴廣雅釋詁四緼饒也又爲縕小爾雅廣詁緼朱也禮記玉藻一命緼韍幽衡注赤黃之間色所謂韎也又士佩瓀玟而緼組綬又疊韻連語易繫辭天地烟緼釋文本又作氤後漢馬融傳緼巡注並行貌也

轀 元　轀臥車也从車𥁕聲字亦作輼按如衣車密閉者爲轀開窗牖者爲輬韓非子外儲乘轀車至李史門墨子備城門篇有轒輼車孫子謀攻篇脩櫓轒轀長楊賦碎轒轀注百二十步兵車或可寢處按後以載喪因爲喪車之偁史記始皇紀棺載轀涼車中漢書霍光傳載光尸柩以轀輬車

醖 吻 問　醖釀也从酉𥁕聲廣雅釋器醖酘也蒼頡篇醖酒母也轉注淮南本經以相嘔咐醖釀注猶和調也漢書薛廣德傳温雅有醖藉注言如醖釀也按藉亦厚而不薄之謂又爲裹藏之義字作韞廣雅釋詁四韞裹也論語韞匵而藏諸馬注韞藏也漢書敘傳韞於荆石古韻易繫辭叶醖醇

說文通訓定聲　屯部第十五

蘊 元 吻 問　蘊積也从艸温聲字亦作蘊方言十二蘊崇也十三蘊饒也廣雅釋詁三蘊聚也二蘊盛也左隱六傳芟夷蘊崇之昭廿五傳蓄而弗治將蘊昭十傳蘊利生孼注畜也叚借爲著左隱三傳蘋蘩蘊藻之菜蜀都賦禨以蘊藻注叢也則謂本字又爲煴方言十三蘊晠也詩雲漢蘊隆蟲蟲韓詩作鬱漢書召信臣傳晝夜蘊火荀子富國夏不宛暍注蘊暑氣也以宛爲之又爲醖後漢桓榮傳温恭有蘊藉注蘊藉猶言寛博有餘也詩小宛箋温藉自持以温爲之又後漢周榮傳藴歴古今注藴藏也文選百辟勸進牋近以朝命藴策注與韞同荀子哀公富有天下而無怨財以怨爲之

昏十四名凡昏之派皆衍昏聲 呼昆切

昏 元　昏日冥也从日从氐省會意氐者下也一曰从民聲字亦作暋楚辭思美人與曛黃以爲期蓋从纁省纁赤黃色淮南天文日至于虞淵是爲黃昏日至于蒙谷是謂定昏儀禮士昏禮注日入三商爲昏書堯典疏日入後二刻半爲昏五經要義昏闇也且

昷昏

mín 鶻　mén 顐　hūn 惛　hūn 閽　mín 捪　hūn 婚

明也日入後漏三刻爲昏日出前漏三刻爲明爾雅釋詁昏代也注昏主代明明亦代昏叚借爲惛老子我獨若昏注如闇昧也晉語僮昏不可使謀注闇亂也楚子天問昏微遵迹呂覽有度不昏乎其所已知莊子在宥遠我昏乎又爲𤉢書益稷下民昏墊傳瞀也鄭注沒也左昭十九傳札瘥夭昏注短折曰夭未名曰昏周語無夭昏札瘥之憂注狂惑曰昏晉語君子失心鮮不夭昏注狂荒之疾左哀十六傳失志爲昏又爲怋書牧誓昏棄厥肆祀弗答傳亂也楚語而廢幽昏爲呂覽貴直先生之老歟昏歟漢書五行志禮失則昏注謂惑也又爲婚禮記昏義昏禮者將合二姓之好以事宗廟而下以繼後世也又爲𣪠左昭十四傳已惡而掠美爲昏注亂也失之又爲闇詩召旻昏椓靡共箋昏椓皆奄人也昏其官名也又爲𣪠爾雅釋詁昏強也書盤庚不昏作勞鄭注勉也又重言形況字莊子在宥至道之極昏昏默默注窈冥昏默皆了無也聲訓釋名釋天昏損也陽精損滅也古韻莊子天地叶婚昏順老子異俗叶昏悶素問八正神明論叶神聞先言昏雲原論存

眞 **鶻** 鶻鳥也从鳥昏聲廣韻似翠而赤喙

元 **顐** 繫頭殟也从頁昏聲謂被繫卒然無知叚借爲惛莊子問焉則顐然

說文通訓定聲　屯部弟十五

元 **惛** 不憭也从心昏聲字亦作惽作㥵廣雅釋詁三惽癡也秦策皆惽于教注不明也列子黃帝以黃金摳者惽注迷惽也荀子賦往來惽憊注猶晦瞑也漢書劉向傳臣甚惽焉注謂不了又管子四時六惽惽注微闇貌法言問神著古昔之惽惽注目所不見亦重言形況字叚借爲怋詩民勞以謹惽怓傳大亂也箋謹譁也大戴記虞戴德名失則惽又曾子立事怒之而觀其不惽也注亂也廣雅釋訓惽惽亂也亦重言形況字又爲悶呂覽本生下爲匹夫而不惽後漢張衡傳注惽猶悶也

元 **閽** 常以昏閉門隸也从門从昏會意昏亦聲易說卦傳艮爲閽寺禮記祭統閽者守門之賤者也周禮序官閽人注司昏晨以啟閉者刑人墨者使守門穀梁襄廿九傳閽門者寺人也後漢宦者傳注閽刖足者漢官光祿勳卿一人主殿宮門戶之職以勳爲之離騷吾令帝閽開闔兮轉注魏都賦重閽洞出注宮門也叚借爲熏易艮馬本厲閽心荀則謂動字誤作勳因借閽爲動也

眞 **捪** 撫也一曰摹也从手昏聲與㨉略同廣雅釋詁一捪順也四循也字亦作抆作捫廣雅釋詁二抆拭也洞簫賦擎涕抆淚漢書朱博傳抆拭用禁注摩也

元 **婚** 婦家也禮娶婦以昏時婦人陰也故曰婚从女从昏會意昏亦聲籀文未詳𡟸象說解又曰𡟸古昏字爾雅釋親婦之父爲婚又婦之黨爲婚兄弟又婦之父母壻之父母相謂婚姻按壻之親屬名曰姻女之親屬名曰婚經傳多以昏爲之左隱十一傳如舊昏媾昭廿五傳昏媾姻亞詩我行其野昏姻之故谷風宴爾新昏儀禮士昏禮樂以得爲外昏姻禮記哀公問大昏萬世之嗣也漢書王莽傳中昏以戊寅之旬爲忌日

mín 緍　mín 鍲　mǐn 敯　hūn 殙　mín ⿰山昏　néi 𢅌〔𢅌〕

眞 **緍** 釣魚繁也从糸昏聲字亦作緡爾雅釋言緡綸也詩何彼襛矣維絲伊緍吳都賦迎潮水而振緍轉注詩抑言緍之絲傳被也按猶糾之爲綸也又漢書武帝紀初筭緍錢注絲也以貫錢也食貨志賈人之緍錢叚借爲暝莊子齊物論置其滑緍崔注緍也失之在宥當我緍乎司馬注無心之謂也釋文合也又發聲之詞方言六緍施也秦曰緍吳越之閒脫衣相被謂之緍緜莊子則陽雖使丘陵草木之緍按被也注合也司馬注盛也皆失之又託名幖識字左傳后緍方娠賈注有仍之姓也又左僖廿三年圍緍在今山東兗州府金鄉縣東北穀梁作閔古韻詩何彼穠矣叶緍孫莊子天地叶緍昏順

眞 **鍲** 業也賈人占鍲从金昏聲按即緍之俗字字亦作䃉廣雅釋詁二緍稅也三䃉本也釋言鍲筭也史記平準書算軺車賈人緍錢皆有差酷吏傳出告緍令按一貫千錢出算二十故謂之緍从金者後出字

說文通訓定聲　屯部弟十五

眕 眕 **敯** 冒也从攴昏聲書康誥敯不畏死傳強也則謂借爲敃孟子以閔爲之叚借爲惽書立政其在受德暋又爲敃爾雅釋詁敃強也又爲悶莊子外物慰暋沈屯李注悶也

元 眕 **殙** 瞀也从歺昏聲字亦作殯作殞聲類殙殟欲死也廣雅釋詁一殙病也又極也三殙歺也按實與惛同字不省人事之謂也呂覽論威死殙之地注謂絕氣之閒叚借爲惛莊子達生以黃金注者殙

眞 **⿰山昏** ⿰山昏山也在蜀湔氐西徼外从山昏聲字亦作岷作嶓作峧作峨作敃在今四川龍安府松潘廳西北二百二十里江水所出即隴山之南首連峰千里不絕蜀西之山皆是也廣雅蜀山謂之嶓山水經江水注岷山即瀆山也水曰瀆水史記封禪書瀆山蜀之汶山也列子湯問貉踰汶則死矣以汶爲之書禹貢岷山導江岷嶓既藝吳都賦梁岷有陟方之館陸機詩庸岷稽顙

元 **𢅌** 墀地以巾撋之从巾𢅌聲讀若水溫𩌰之溫一曰箸也段訂此字从籀文婚聲誤作𢅌是也今隸于此廣雅釋室𢅌塗也漢書楊雄傳獿人亡則匠石輟斤而不敢妄斲服注獿人古之善塗墍者也顏注抆拭也誤作獿莊子以郢爲之鹽鐵論散不足篇富者堊𢅌壁飾塗以𢅌爲之又誤作𢅌

mǐn 轗　hùn 圂　hún 梱　gǔn 橐　hùn 慁　hùn 溷　hú 𢵧　mén 門

軫 **轗** 轗 車伏兔下革也、从車𤕦聲、𤕦古昏字、讀若閔、字亦作輀、按即韗也、縛之匊而曰韗、

圂六名、凡圂之派、皆衍圂聲 胡困切

願 諢 **圂** 圂 廁也、从豕在囗中、會意、亦曰圈、蒼頡篇、圂豕所居也、漢書五行志、豕出圂壞都竈、注、養豕牢、轉注、廣雅釋室、圂廁也、急就篇、屏廁清溷糞土壤、淮南說山、譬猶沐浴而抒溷、又甘氏星經、天溷七星在外屏南、外屏七星在奎南、按今測二星甚微、其下一大星爲土司空、皆以溷爲之、叚借爲豢、禮記少儀、君子不食圂腴、注、謂犬豕之屬、豢圂雙聲、又爲慁、賈子道術、誠動可畏謂之威、反威爲圂、

元 **梱** 梱 完木未析也、从木圂聲、篆文未判爲梱、通俗文、合薪曰梱、按今蘇俗常語謂之或侖、或侖者梱字之合音、

阮 **橐** 橐 橐也、从束圂聲、

願 **慁** 慁 憂也、从心圂聲、小爾雅廣言、慁患也、左昭六傳、主不慁賓、叚借爲溷、說文一曰擾也、廣雅釋詁三、慁亂也、禮記儒行、不慁君王、注、獨辱也、史記陸賈傳、無久慁公爲也、集解、汙辱也、范雎傳、是天以寡人慁先生、索隱、猶汨亂之意、

願 **溷** 溷 亂也、一曰水濁貌、从水圂聲、廣雅釋詁三、溷濁也、弔屈原文、世謂隨夷爲溷兮、爾雅釋水、河所渠并千七百一川色黃、注、眾水溷淆、宜其濁黃、離騷、世溷濁而不分兮、注、亂也、漢書五行志、溷淆亡別、注、謂襍亂、陸賈傳、無久溷公爲也、服注、辱也、翼奉傳注、溷汙也、易噬嗑注、不溷乃明、左定九傳、宋樂溷字子明、叚借爲圂、釋名釋宮室、廁或曰溷、言溷濁也、後漢李膺傳、郡舍溷軒有奇巧、注、廁屋也、

說文通訓定聲 屯部第十五

元 阮 **𢵧** 𢵧 手推之也、从手圂聲、廣雅釋言、𢵧揗也、則謂脅持之、叚借爲梱、三蒼、𢵧全物者也、

門八名、凡門之派、皆衍門聲、 莫奔切

元 **門** 門 聞也、从二戶相對、象形、二戶開爲門、二戶闔爲門、按一扇曰戶、兩扇曰門、又在堂室曰戶、在宅區域曰門、廣雅釋宮、闥謂之門、釋詁三、門守也、白虎通五祀、門以閉藏自固也、易說卦、艮爲門闕、周禮司門注、王城十二門、閽人司農注、王有五門、外曰皋門、二曰雉門、三曰庫門、四曰應門、五曰路門、路門一曰畢門、按明堂位、庫門天子皋門、雉門天子應門、爾雅釋宮、正門謂之應門、故宋劉敞云、天子諸侯皆三朝三門、天子之門不聞有庫雉、其說甚確、當從之、又釋宮、閍謂之門、按謂廟門也、又齊語、立于軍門、注、軍門立旌爲門、若今牙門矣、轉注、左襄九傳、及其大夫門子、注、卿之適子、又禮記檀弓、門人、注、門人弟子也、朱氏彝尊曰、受業者爲弟子、弟子之弟子爲門人、說亦甚確、又老子、天門開闔、注、謂北極紫微宮、又周禮大司樂、龍門之琴瑟、注、山名、又舞雲門以祀天神、黃帝之樂也、又管子、開其門、注、謂口耳目也、又老子、元牝之門、王注、元牝之所由也、叚借爲亹、爾雅釋草注、門冬一名滿冬、又爲蒙、荀子王霸、羿蠭門善服射者也、蒙門雙聲、聲訓、說文、門聞也、釋名、門捫也、在外爲人所捫摸也、古韻、詩北門叶門殷貧艱、出其東門叶門雲存巾員、何人斯叶艱門云、文子符言叶元根門、老子成象叶門根存勤、體道叶玄門、荀子成相叶陳銀門分雲、賦叶損文神門存陳、轉音、文子自然叶形門、楚辭遠遊叶傳垠然存先門、呂覽權勳叶門端源、靈樞九鍼叶神門原、

wèn 問　yín 誾　wén 閺　mèn 悶　wén 聞

問 **問** 問 訊也、从口門聲、書呂刑、皇帝清問下民、馬注、清訊也、又周禮大宗伯、時聘曰問、儀禮聘禮、小聘曰問、論語、問人於他邦、又易益、勿問元吉、崔注、猶言也、左莊八傳、公問不至、注、命也、禮記學記、善問者如攻堅木、疏、謂論難也、荀子大略、問士以璧、注、謂訪其國事、齊策、或以問孟嘗、注、告也、轉注、廣雅釋詁三、問遺也、禮記曲禮、嫂叔不通問、注、相稱謝、失之、凡以弓劍苞苴簞笥問人者、注、猶遺也、詩女曰雞鳴、雜佩以問之、傳、遺也、失之、左哀十一傳、使問弦多以琴、成十六傳、問之以弓、叚借爲聞、詩緜、亦不隕厥問、箋說失之、莊子庚桑楚、因失吾問、又禮記檀弓、問喪於夫子乎、漢書禮樂志注、問名也、古韻、詩女曰雞鳴叶順問、緜叶慍問、

眞 **誾** 誾 和說而諍也、从言門聲、叚借重言形況字、廣雅釋訓、誾誾敬也、論語鄉黨、誾誾如也、孔注、中正貌也、先進、皇疏、中正也、後漢袁安傳注、誾誾忠正貌、漢書萬石君傳、訢訢如也、注、讀與誾誾同、謹敬之貌也、

說文通訓定聲 屯部第十五

文 **閺** 閺 低目視也、从旻門聲、叚借託名摽識字、說文、宏農湖縣有閺鄉、今河南陝州閺鄉縣、又云、汝南西平有閺亭、今河南汝寧府西平縣、字亦誤作閿、漢書王莽傳、從閺鄉南出棗街作姑、注、讀與閔同、

願 **悶** 悶 懣也、从心門聲、俗字作𢜗、廣雅釋詁二、𢜗懣也、楚辭惜誦、中悶瞀之忳忳、注、煩也、家語弟子行、處賤不悶、注、憂也、素問風論、悶則熱而悶、注、不爽貌、叚借重言形況字、老子、我獨悶悶、注、無所割截也、其政悶悶、注、似若不明也、又單辭形況字、莊子德充符、悶然而後應、李注、不覺貌、崔注、有頃之閒也、古韻、老子異俗叶昏悶、順化叶悶醇、

文 問 **聞** 聞 䎽 知聲也、从耳門聲、古文从昏聲、墨子經上、聞耳之聰也、廣雅釋詁三、聞智也、禮記大學、聽而不聞、少儀、某固願聞名於將命者、呂覽重言、謀未發而聞於國、淮南主術、而臣情得上聞、注、猶達也、秦策、謹聞令、注、猶受也、漢書武帝紀、故詳延天下方聞之士、注、博聞也、轉注、珠叢、聞謂聲所至也、詩卷阿、令聞令望、車攻、有聞無聲、禮記學記、足以謏聞、論語、是聞也、非達也、荀子宥坐、魯之聞人也、注、謂有名爲人所聞知者也、古韻、詩葛藟叶滑昆聞、雲漢叶川焚熏聞遯、楚辭惜誦叶聞忳、遠遊叶勤聞、又叶天聞鄰、素問寶命全神論

昏圂門

叶存、聞、先、人。〔轉音〕文子上仁叶聽、爭、聞。素問八政神明論叶神、聞、先、言、昏、雲。原論存。楚辭抽思叶聞、患、悲、同、風。叶遷、聞。

元 **捫** 撫持也。从手，門聲。詩抑：莫捫朕舌，傳：持也。史記高帝紀：乃捫足，曰：虜傷吾指。索隱：摸也。素問離合眞邪論：必先捫而循之，注：謂手摸。

眞 **閩** 東南越也，蛇種。从虫，門聲。周禮職方氏：七閩、九貉，注：蠻之別也。秋官有閩隸。晉語：閩芊蠻夷。海內經：閩在海中，注：閩越即西甌。吳郡賦選自閩禺，注：秦并天下，以其地爲閩中郡。〔叚借〕爲蟁。夏小正傳：白鳥也者，謂閩蚋也。

奔十六名，凡奔之派，皆衍奔聲。博昆切

元 **奔** 走也。从夭，賁省聲。與走同意，俱从夭。按：从夭，从卉會意，與犇同意。漢書司馬相如傳：卉然興道而遷義。又劉茝卉歙。西京賦：沸卉軿訇。凡芔、猋、焱、蟲、鱻、麤、轟三比之字，多迅疾意。又按：石鼓文从犬，不从夭，字亦作犇，从三牛。爾雅釋宮：中庭謂之走，大路謂之奔。左昭三十一傳：將奔走之，注：猶赴趣也。又書牧誓：弗迓克奔。左莊十一傳：大奔曰敗績。又宣二傳：既合而來奔。釋例：奔者，窘迫而去，逃死四鄰，不以禮出也。又荀子議兵：犇命者不獲，注：來歸其命者。又漢書昭帝紀：發犍爲蜀郡犇命，注：言急也。又詩緜：予曰有奔奏，傳：喻德宣譽曰奔奏。又禮記內則：奔則爲妾。周禮媒氏：奔者不禁。周語：有三女奔之，注：不由媒氏也。淮南覽冥：姮娥竊以奔月，注：奔月或作坌肉。〔轉注〕考工弓人：忿埶以奔，注：猶疾也。又爾雅釋天：奔星爲彴約，注：流星。大而疾曰奔。淮南覽冥：後奔蛇，注：騰蛇也。莊子庚桑楚：奔蜂不能化藿蠋，司馬注：小蜂也，一名土蜂。又後漢馬融傳：濟蕩汾擾，注：入水皃也。字亦變作濆。〔叚借〕爲僨。易渙：奔其机，按：覆也。列子仲尼：先亟奔佚，注：偃仆也。謝靈運詩：徒旅苦奔峭，注：亦落也。又重言形況字。韓詩：鶉之奔奔，傳：乘匹之貌。禮表記作賁賁，亦同。〔聲訓〕釋名釋姿容：奔，變也，有急變奔赴之也。奔、變雙聲。〔古韻〕詩鶉之奔叶奔、君。大車叶啍、璊、奔。左僖五傳叶辰、晨、振、旂、賁、焞、軍、奔。

文 **鼖** 鞼 大鼓謂之鼖。鼖八尺而兩面，以鼓軍事。从鼓，賁省聲。按：奔省聲。或从革，賁聲。周禮鼓人：以鼖鼓鼓軍事。考工韗人：鼓長八尺，鼓四尺，中圍加三之一，謂之鼖鼓。書顧命：鼖鼓在西房。

寘文 元 **賁** 飾也。从貝，卉聲。按：奔省聲。讀如閩者，奔聲之轉。易序卦傳：賁者，飾也。襍卦傳：賁，无色也。王肅注：賁有文飾，黃白色。按：爾雅釋魚：貝餘貾，黃白文；餘泉，白黃文。傅氏讀賁爲斑，文章貌。呂覽壹行：孔子卜得賁，曰：不吉。注：色不純也。詩云：鶉之賁賁。廣雅釋詁一：賁，美也。書盤庚：用宏茲賁。大誥：敷賁。傳訓大，失之。〔叚借〕爲鼖。詩靈臺：賁鼓維鏞，傳：大鼓也。書大傳：天子賁庸，注：大也。又爲奔。書立政：綴衣虎賁，傳：以勇力事王。孟子：虎賁三千人。丁音：先儒言如猛虎之奔。按：即甲士也。漢書百官表：衛士旅賁，注：言爲奔走之任也。夏小正：元駒賁，傳：走于地中也。淮南天文：賁星墜而勃海決，注：客星也。素問繆刺論：無故善怒，氣上走賁上，注：謂氣奔也。又爲僨。禮記射義：賁軍之將，注：猶覆敗也。大學：此謂一言賁事，注：或作犇。釋文本又作僨。又爲濆。穀梁僖十傳：覆酒於地而地賁，注：沸起也。又爲憤。禮記樂記：奮末廣賁之音作，注：怒氣充實也。荀子彊國：下比周賁潰，注：憤然也。又爲墳。王政碑：研典賁。又重言形況字。左僖五傳：鶉之賁賁，注：鳥星之體也。晉語注：鶉火星貌也。禮記表記注：爭鬥惡視也。又託名幖識字。爾雅釋魚：龜三足賁。按：中山經：狂水其中多三足龜。又穀梁昭五年：敗莒師於賁泉，注：魯地，公羊作濆，左作蚡。又左宣十七傳：苗賁皇，晉語作棼，說苑作盆。又漢書英布傳：中大夫賁赫，注：音肥。後漢光武紀：賁休，注：音奔。皆姓。又山海經：桂林八樹在賁禺，注：讀如番。淮南：賁海即勃海。又單辭形況字。詩白駒：賁然來思，按：與易賁如同。詩狀其來，易狀其濡與皤也。傳、箋皆失之。又爲脊之誤字。脊即睦字。公羊宣三傳：楚子伐賁渾之戎。左、穀作陸。今河南河南府嵩縣山，其戎後遷今汝州伊陽縣。〔聲訓〕易賁，鄭注：賁，變也，文飾之貌。賁、變雙聲。〔古韻〕左僖五叶辰、晨、振、旂、賁、焞、軍、奔。

文 **饙** 餴 饙，脩飯也。从食，奔聲。或从賁聲，或从奔聲。按：奔者，奔之誤體，今系于此。如今北方蒸飯，先以米下水一涫漉出，再蒸勻熟之，下水涫之曰饙，再蒸之曰餾。爾雅釋言：饙、餾，稔也。詩泂酌：可以饙饎。疏引說文：饙，一蒸米也。毛本作餴。〔聲訓〕釋名：餴，分也，眾粒各自分也。

文 文 **蕡** 襍香艸也。从艸，賁聲。按：方言三：蘇亦荏也，周鄭之間謂之公蕡。疑許意本楊。〔別義〕爾雅釋木：蕡，藹。注：樹實繁茂菴藹。詩桃夭：有蕡其實，傳：實貌。又廣雅釋器：帥、蕡，弦也，未詳。〔叚借〕爲黂，即萉字。周禮籩人：其實麷蕡，注：枲實也。儀禮喪服傳：麻之有蕡者也。疏：是子麻。禮記內則：菽麥蕡稻，注：熬枲實也。又周禮草人：彊檃用蕡，司農注：麻也。司烜氏：共蕡燭庭燎，司農注：燭，麻燭也。考工弓人：牛筋蕡溺，按：枲也，謂如亂麻文，注：枲實也，失之。

願 元 **噴** 咤也。从口，賁聲。〔叚借〕爲歕。說文一曰鼓鼻。廣雅釋言：噴，嚏也。長笛賦：漏瀑噴沫，注：跳沫也。穆天子傳：其馬噴沙，注：歕鳴也。又爲憤。嚴訢碑：發憤按事。

吻 **膹** 脽也。从肉，賁聲。按：肉羹之多汁者也。稍乾者曰脽，又乾于脽者曰膹。賈子匈奴篇：羹脽炙膹。鹽鐵論散不足篇：蟄膹鴈羹。〔叚借〕爲憤。素問至眞要大論：諸氣膹鬱，注：謂膹滿。

fèn 幩　fèn 僨　pēn 歕　fén 豶　fèn 憤　fén 濆　fén 墳

幩 文 𢂑 馬纏鑣扇汗也。从巾賁聲。詩碩人：朱幩鑣鑣。傳：飾也。按以朱幓纏纏馬銜之上，垂之且以爲飾也。一名排沫。

僨 問 𠎤 僵也。从人賁聲。左隱三傳：鄭伯之車僨于濟。昭十三傳：牛雖瘠僨于豚上。注：仆也。周語：高位寔疾僨。注：隕也。漢書韓王信傳：僨于吳。集注：猶斃也。莊子天運：一僨一起。左襄廿四傳：象有齒以焚其身，以焚爲之。轉注：禮記大學：此謂一言僨事。注：猶覆敗也。射義：賁軍之將，以賁爲之。假借爲奮、爲濆。左僖十五傳：亂氣狡僨。注：動也。

歕 元願 𣢋 吹氣也。从欠賁聲。廣雅釋詁四：歕，吐也。一切經音義引廣雅：歕，潠也。東都賦：欲野歕山。

豶 文 𧱾 羠豕也。从豕賁聲。易大畜：豶豕之牙。虞注：劇豕稱豶。劉注：豕去勢曰豶。褚氏說：豶，除也。爾雅釋獸：豶豶。廣雅：豶，犍也。按羊曰羠，馬曰騬，牛曰犗。

憤 吻 𢚧 懣也。从心賁聲。方言十二：憤，盈也。十三：憤，阸也。周語：陽癉憤盈。注：積也。賈注：盛也。楚辭惜誦：發憤以抒情。注：懣也。幽通賦：周賈盪而貢憤兮。注：亂也。淮南脩務：憤于中則應于外。注：發也。

濆 文 𣽱 水厓也。从水賁聲。詩常武：鋪敦淮濆。按與墳略同，自然成者濆，人爲之者墳。別義：爾雅釋水：汝爲濆。水經汝水注：汝水東南逕

奇頟城西北，濆水出焉，世亦謂之大㶏水。按今大㶏水在河南許州郾城縣。又按說文引爾雅作汝爲涓，衆爾雅本皆同，惟郭本作濆。假借爲瀵。公羊昭五：敗莒師于濆泉。傳：濆泉者何？直泉也。直泉者何？涌泉也。即爾雅之濫泉正出，與瀵大出尾下也。左作蚡，轂作賁。又爲奮。管子勢：以待天下之濆作也。注：動亂也。又疊韻連語。海賦：潤濆淪而滀潔。注：相糾貌。

fén 墳

墳 文吻 𡐀 墓也。从土賁聲。按此字本訓大防也。爾雅釋丘：墳，大防。釋地：墳莫大于河墳。詩汝墳：遵彼汝墳。傳：大防也。常武：鋪敦淮濆。傳：涯也。鮑照蕪城賦：袤廣三墳。注：或曰河墳、汝墳、淮墳也。方言一：墳，地大也。青幽之間凡土而高且大者謂之墳。注：即大陵也。射雉賦：崇墳夷靡。注：今呼爲墳。楚辭哀郢：登大墳以遠望兮。注：水中高者爲墳。轉注：方言十三：冢，秦晉之閒謂之墳。注：墳取名于大防也。禮記檀弓：古也墓而不墳。注：土之高者曰墳。聲轉爲墦。孟子：卒之東郭墦閒。字亦作墦。又爾雅釋詁：墳，大也。假借爲頒。詩苕之華：牂羊墳首。傳：大也。又爲賁。周禮司烜氏：共墳燭庭燎。注：大也。失之。又爲文。左昭十二傳：是能讀三墳五典。賈注：大也。書孔序：伏羲神農黃帝之書謂之三墳。張納功德敘：綜賁典，以賁爲之。又爲濆。廣雅釋丘：墳，厓也。周禮大司徒：丘陵墳衍。注：水崖曰墳。又爲蚡。書禹貢：厥土黑墳。後漢明帝紀：漸就壤墳。注：起也。按鼢鼠穿地起土，故謂地之鬆者爲蚡。周禮草人：墳壤用麋。司農注：多蚡鼠也。禹貢馬注：墳，有膏肥也。則謂借爲賁。又爲瀵。晉語：地墳。注：起也。失之。又爲分。楚辭天問：地方九則，何以墳之。又託名幖識字。魯語：土之怪曰墳羊。唐注：雌雄不成者。後漢馬融傳注：其形似羊。字亦作羵。又單辭形況字。管子君臣：墳然若一父之子。注：順貌。聲訓：釋名釋典藝：三墳，墳，分也。論三才分天地人之始，其體有三也。廣雅釋詁一：墳，分也。轉音：楚辭天問叶寘墳。

fén 鐨　fén 轒

鐨 問 鐨 鐵屬。从金賁聲。讀若熏。鍇本若訓。

轒 文 轒 淮陽名車穹隆轒。从車賁聲。即蓋弓。亦曰枸簍，曰隆屈，曰箠籠，曰筷，曰篷，曰檐。別義：廣雅釋器：轒輼，車也。長楊賦：碎轒輼。漢書注：匈奴車也。玉篇：轒輼，兵車也。按實疊韻連語。

本三名　凡本之派皆衍本聲　布忖切

běn 本

本 阮 𣎵 𣎵 木下曰本。从木，一在其下，指事。古文从木从卄。據六書故引唐本古文作𣎵。按一者地也，从象根形。當訂正。又唐本小篆从木丅，會意，作朩。按凡从上下之字，多从古文二二，此有从篆文丄丅者，存疑。一在木上爲末，在木下爲本，在木中爲朱，皆指事也。廣雅釋木：本，幹也。詩蕩：本實先撥。左昭元傳：木水之有本原。又周書本典：帝鄉在地曰本。按以蔕諭帝。轉注：詩文王：本支百世。傳：本，本宗也。廣雅釋詁一：本，始也。周禮大司徒：以本俗六安萬民。注：猶舊也。孝經：其所因者本也。注：謂孝也。論語：君子務本。集解：基也。荀子天論：彊本而節用。注：謂農桑也。又儀禮鄉射禮注：肺離上爲本，下爲末。周禮醢人：昌本麋臡。注：昌蒲根。假借爲奔。詩緜：予曰有本奏。又託名幖識字。周語：本見而草木節解。注：氐也。按氐亦根也，故又謂天根氐。四星如箕，上狹。禮記曲禮：韭曰豐本。楚辭：㯿上㯿本兮萎落。轉音：文子微明叶本權。

bèn 笨

笨 阮 笨 竹裏也。从竹本聲。廣雅釋草：竹，其表曰笢，其裏曰笨。謂中之白質者也，其白如紙，可手揭者謂之竹孚俞。

艮十八名　凡艮之派皆衍艮聲　古恨切

gèn 艮　yín 琨

艮 願 𥃩 很也。从匕目，會意。匕目猶目相匕，不相下也。易曰：艮其限。匕目爲艮，匕目爲眞也。按艮者很視也，仰目而視，傾目而視，皆是。故从匕。假借爲限。廣韻引說文：艮，限也。又爲垠。易說卦傳：艮，止也。艮爲山。方言十二：艮，堅也。又爲艱。太元守：象艮有守。注：難也。聲訓：易艮鄭注：艮之言很也。

琨 眞 琨 石之似玉者。从玉艮聲。

hěn 很　kěn 齦　gēn 跟　hěn 詪　hén 鞎　yǎn 眼　gēn 根　hén 痕　gěn 頣　kěn 豤　yán 狠

阮 **很** 不聽從也。一曰盭也。从彳，艮聲。禮記曲禮很毋求勝，注鬩也。左襄廿六傳美而很，服注戾不從教。吳語今王將很天而伐齊，注違也。孟子好勇鬭很。莊子漁父見過不更，聞諫愈甚，謂之很。周書謚法愎很遂過曰剌。〔別義〕說文一曰行難也。〔聲訓〕廣雅釋詁四很，恨也。

文阮 **齦** 齧也。从齒，艮聲。與狠略同。〔叚借〕爲齗。太元密，琢齒依齗，注哂也。又重言形況字。太元爭，爭射齦齦，注戲笑之貌也。

元 **跟** 足踵也。从足，艮聲。或从止。思元賦陟焦原而跟趾。易艮卦以艮爲之。〔聲訓〕釋名足後曰跟，在下方著地，一體任之象木根也。

阮 **詪** 很戾也。从言，艮聲。廣雅釋訓詪詪，語也。

元 **鞎** 車革前曰鞎。从革，艮聲。爾雅釋器輿革前謂之鞎，注以韋鞔車軾。是即詩韓奕之鞹鞃矣。

潛 **眼** 目也。从目，艮聲。易說卦巽爲多白眼。〔轉注〕考工輪人望其轂欲其眼也，注眼出大貌也。先鄭則謂借爲限切之限。〔聲訓〕釋名眼，限也。童子限限而出也。

元 **根** 木株也。从木，艮聲。韓非子解老根者書之所謂柢也。淮南墬形根拔生程若，注根拔，根生之草先也。史記魯仲連鄒陽傳蟠木根柢，集解下本也。列子天瑞烏足之根爲蠐螬，注本也。〔轉注〕廣雅釋詁一根，始也。老子是謂天地根，注元也。〔叚借〕託名幖識字。周語天根見而水涸，注氐亢之閒也。又獨斷法駕上所乘曰金根車，駕六馬。又三蓋車名耕根車。〔古韻〕老子成象叶門根存勤歸根叶芸根。莊子馬蹄叶神魂云根。文子符言叶元根門。〔轉音〕三略上叶姦尊振連恩權諠言根。

元 **痕** 胝瘢也。从疒，艮聲。按謂从跟省，字亦作眼。廣雅釋詁二痕，腫也。通俗文創瘢曰痕。〔轉注〕今用爲凡物痕迹字。〔聲訓〕釋名釋疾病痕，根也。急相根引也。

瀕 **頣** 頰後也。从頁，艮聲。謂近耳及耳下。

元阮 **豤** 齧也。从豕，艮聲。今蘇俗尚有此語，與齦略同，字从豕，本訓當謂豕齧。〔轉注〕廣雅釋詁二豤，減也。考工旗人髻墾薜暴不入市，注頓傷也。以墾爲之。〔叚借〕重言形況字。漢書劉向傳故豤豤數奸死亡之誅，注款誠之意也。字亦作懇。司馬遷傳意氣懃懃懇懇，注至誠也。廣雅釋詁一懇，信也。釋訓懇懇，誠也。釋詁二懇，力也。則借爲艱。

阮 **狠** 犬鬭聲。从犬，艮聲。〔叚借〕今用爲很戾字。

hèn 恨　yín 垠　jiān 艱　yín 銀　xiàn 限　bīn 豩　bīn 豳

願 **恨** 怨也。从心，艮聲。荀子成相不知戒後必有恨，注悔也。〔聲訓〕漢書敘傳注恨，限也。

真文元微 **垠** 地垠也。一曰岸也。从土，艮聲。或从斤聲。按七發注引說文地垠咢也。四邊有稜角界限之貌，與限略同。廣雅釋邱垠，厓也。淮南覽冥不見朕垠，注形狀也。楚辭怨思山峻高以無垠兮，注岸涯也。鷫鷞賦或託絕垠之外，注天邊之地也。漢書禮樂志覽西垠，司馬相如傳舒節出乎北垠，荅賓戲漢良受書于邳垠，漢書敘傳注垠，限也，謂橋也。西京賦注垠堮，端崖也。又淮南俶真通于無圻，文選辯亡論風衍遐圻，魏大饗碑復九圻之彊寓。〔叚借〕爲畿。書酒誥矧惟若疇圻父，鄭注謂司馬主封畿之事。周書職方方千里曰王圻，注界也。左昭三十三傳今土數圻，又襄十六傳賦圻父，毛詩以祈爲之。〔古韻〕楚辭遠遊叶傳垠然存先門。九辨叶溫餐垠春。

刪 **艱** 土難治也。从堇，艮聲。籀文从喜。書益稷暨稷播奏庶艱食鮮食，馬本作根。按種植之物也。字亦作墾。廣雅釋地墾，耕也。釋詁三墾，治也。釋言墾，均也。方言十二墾，力也。又司也。周語墾田若蓺，注發也。後漢光武紀注墾，闢也。〔轉注〕爾雅釋詁艱，難也。易大有艱則无咎。書大誥遺大投艱于朕身。詩鳧鷖無有後艱。周禮遺人以恤民之艱阨。魯語固國之艱急是爲。離騷哀民生之多艱。〔聲訓〕釋名釋言語艱，根也。如物根也。〔古韻〕詩北門叶門殷貧艱。何人斯叶艱門云。鳧鷖叶亹欣熏芬艱。〔轉音〕離騷叶艱替。

真 **銀** 白金也。从金，艮聲。爾雅釋器白金謂之銀，其美者謂之鐐。漢書食貨志朱提銀重八兩爲一流，直一千五百八十，它銀一流直千。北山經少陽之山其下多赤銀，注銀之精也。按其光微赤，非質如黃金也。書禹貢梁州厥貢璆鐵銀鏤。後漢張衡傳銀臺，注仙人所居也。〔叚借〕爲垠。大戴衛將軍文子銀乎如斷，注廉鍔也。荀子成相稱陳守其銀，注與垠同。〔古韻〕荀子成相叶陳銀門分。

潸 **限** 阻也。从𨸏，艮聲。小爾雅廣詁限，界也。廣雅釋詁四限，齊也。楚辭懷沙限之以大故，注度也。秦策足以爲限，注難也。〔轉注〕說文一曰門榍也。又易艮其限，馬注要也。虞注要帶處也。王注身之中也。〔轉音〕周書太子晉叶憤限。

豩四名凡豩之派皆衍豩聲　伯貧切

真 **豩** 二豕也。闕。豳从此。按从此爲聲，或讀如頑，非是。

真 **豳** 美陽亭，即豳也。民俗以夜市。有豳山。从山，从豩。闕。按豩聲。在今陝西邠州。漢右扶風栒邑有豳亭。按國邑以豳得名，既別製邠字，當作邠；山名當作豳。與岐郊二字同。說文此字附邑部邠篆下。詩公劉于豳斯館，按自邠徙館于豳山之下也。史記周本紀

shēn 侁　shēn 詵　xiǎn 跣　xiān 先　fēn 闅　xiǎn 燹

公劉卒子慶節立國于豳按邠字宜製于此時周禮籥章龡豳詩
龡豳雅龡豳頌鄭分七月之詩同歸以上爲風眉壽以上爲雅無
疆以上爲頌以當之又掌土鼓
豳籥司農注豳籥邠國之地竹

銑 **燹** 火也从火豩聲
字林燹逆燒也

文 **闅** 門連結闅闅相牽也从門燹
聲按猶繽紛也疊韻連語

先十名凡先之派皆衍先聲 穌沿切

先霰 **先** 前進也从儿从之會意儿古文人字之出往也廣雅釋詁一先
始也易坤先迷後得同人先號咷而後笑詩緜予曰有先後傳
相道前後曰先後周禮士師以五戒先後刑罰注猶左右也後漢書
皇甫規傳未聞國家有所先後謂進退也又史記孝武紀見神於先
後宛若索隱先後猶娣姒今妯娌也又詩那先民有作傳昔曰先民
禮記坊記先民有言注先民謂上古之君也又曲禮從于先生注先
生老人教學者儀禮鄉飲酒禮主人就先生而謀賓介注先生鄉中
致仕者衛策乃見梧下先生注先生長者有德者稱又儀禮有司徹
其先生之脅折注先生長兄弟論語先生饌按猶內則之長者視具
也見其與先生並行也包注先生成人也漢書梅福傳夫叔孫先非

說文通訓定聲　屯部第十五　[illegible]

不忠也注先猶言先生也又禮樂志背死忘先者衆注先者先人謂
祖考論衡四諱死亡謂之先假借爲洗易繫辭京荀虞本聖人以此
先心又爲西神女賦先施掩面古韻詩小弁叶先墐忍隕禮記孔子
閒居叶神先雲楚辭國殤叶雲先招魂叶分紛陳先遠遊叶傳垠然
存先門大招叶嚬存先老子無源叶紛塵存先文子自然叶神循先
素問八正神明論叶神聞先言昏雲原論存轉音管子勢篇叶先信
楚辭招魂叶先還兇文子上仁叶先矜人堅
全鮮賢素問寶命全神論叶眞神存聞先人

銑 **跣** 足親地也从足先聲古者席地坐必說屨晉語公跣而出注徒
跣也禮記少儀注祭不跣者主敬也此謂說屨之跣也又燕坐
必褫襪公羊宣二傳趙盾跣以下左傳褚師聲子襪而登席爲不敬
禮記少儀注燕則有跣爲歡也此謂解韈之跣也淮南脩務贏糧跣
走

眞 **詵** 致言也从言从先會意先亦聲按致言以先容之意廣雅釋詁
二詵問也假借重言形況字詩螽斯詵詵兮傳衆多也說文引
作辥古韻詩螽
斯叶詵孫振

眞 **侁** 行皃从人先聲一切經音義七引說文往來行皃假借爲姺呂
覽本味有侁氏注讀曰莘又重言形況字楚辭招魂往來侁侁

xiǎn 毨　shēn 駪　xiǎn 洗　shēn 姺　xiǎn 銑　shēn 兟　yǎn 㕣　chuán 船

注行聲也轉音楚辭招
魂叶天人毛侁淵瞑身

銑 **毨** 仲秋鳥獸毛盛可選取以爲器用从毛先聲讀若選書堯
典鳥獸毛毨傳理也疏毛羽美悅之狀按此字與𣯛同

眞 **駪** 馬衆多皃从馬先聲詩皇皇者華駪駪征夫亦
重言形況字韓詩作莘莘楚辭注作侁侁皆同

銑薺 **洗** 洒足也从水先聲論衡譏日洗去足垢禮記內則足垢燂湯請
洗漢書黥布傳王方踞牀洗注濯足也假借爲洒儀禮鄉飲酒
禮水在洗東注承盥洗者棄水器也又易繫辭聖人以此洗心劉注
盡也書酒誥自洗腆馬注盡也西山經錢來之山其下多洗石注澡
洗可以磢體去垢圿又爲先漢書百官公卿表太子先馬韓子喻老
作洗馬又託名幖識字周語三曰沽洗注潔也呂覽注新也白虎通
鮮也太元注絜也又爾雅釋木洗大棗注今河東猗氏縣出大棗子
如雞卵按今山西蒲州府猗氏縣是郭鄉里故舉以言轉音晏子春
秋諫下
叶洗散

眞 **姺** 殷諸侯爲亂者疑姓也从女先聲左昭元傳商有姺邳注二國
商諸侯束晳竹書紀年外壬元年姺人邳人叛疑即左僖廿八
傳有莘之虛鄭語前河後莘孟子伊尹耕于有莘之野楚辭天問有
莘爰極字作莘在今河南開封府陳留縣東古今人表作𡚁呂覽作

說文通訓定聲　屯部第十五　[illegible]

侁若詩之纘女維莘在今陝西同州府郃陽縣左傳之莘敗蔡師于
莘在今河南汝寧府汝陽縣有神降于莘在今河南陝州盧氏縣則
皆別
也

銑 **銑** 金之澤者从金先聲爾雅釋器絕澤謂之銑注即美金最有光
澤也晉語而玦之金銑者寒甚矣假借託名幖識字爾雅釋器
弓以金者謂之銑又考工鳧氏兩欒謂之銑杜注鍾口兩角又說文
一曰小鑿也字亦作鍌埤蒼鍌小鑿聲訓晉語注銑猶洒也洒寒
貌

眞 **兟** 進也从二先會意贊从此爲
意音闕按先亦聲今附于此

㕣四名凡㕣之派皆衍㕣聲 以舛切

銑 **㕣** 山閒陷泥地从口从水敗皃讀若沇州之沇九州之
渥地也故以沇名焉古文从谷从夕省與壑同意按沛水
上流以㕣得名後別製沇字專以命水又以水
名命州別作兗也故說文沇篆下出古文㕣

先 **船** 舟也从舟㕣聲世本共鼓貨狄作舟船墨子小取船木也越絕
書吳內傳越人謂船爲須慮太元將跌船跋車按 本朝糧船

quǎn く　yín 犾　yá 猚　quǎn 犬　yán 鉛　yán 沿

山東河南江蘇安徽浙江者長七丈一尺闊一丈四尺四寸江西湖廣者長十丈短者九丈其闊則同歲設六千九百六十九船每歲出運【叚借】託名幖識字後漢明帝紀天船注星名按河中天船九星在胃宿之北與大陵八星相背如今隸兆字形【聲訓】釋名船循也循水而行也

先

沿 沿 緣水而下也从水㕣聲字亦誤作沿左昭十三傳王沿夏注順流爲沿文十傳沿漢泝江吳語沿海泝淮定四傳子沿漢而與之上下注緣也書禹貢沿于江海鄭注順水行也【轉注】禮記樂記不相沿樂又明王以相沿也注猶因也述也荀子榮辱鉛之重之注循也以鉛爲之

先

鉛 鉛 青金也从金㕣聲字亦誤作鈆書禹貢鉛松怪石史記屈賈傳鉛刀爲銛漢書江都易王非傳或髡鉗以鈆杵舂【轉注】洛神賦鉛華弗御注鉛華粉也按黺黛也【叚借】爲沿荀子禮論則必反鈆過故鄉榮辱反鈆察之而俞可好也注循也

犬三名凡犬之派皆衍犬聲 苦泫切

銑

犬 犬 狗之有縣蹏者也象形孔子曰視犬之字如畫狗也按橫視之莊子狗非犬禮記曲禮效犬者左牽之疏大者爲犬小者爲狗

月令食麻與犬注金畜也洪範五行傳時則有犬禍注畜之以口吠守者越語生丈夫二壺酒一犬注陽畜又禮記曲禮犬曰羹獻周禮秋官有犬人【轉注】海內北經西王母其東有犬封國曰犬戎國狀如犬注昔盤瓠殺戎王高辛以女妻之不可以訓乃浮之會稽東南海中是爲狗封之民也【叚借】託名幖識字左隱八傳遇于犬邱注垂也地有兩名當在今山東曹州府定陶縣又梁文紀有河東洗犬隴右蹲鴟耦句白帖集遵羊洗犬爲對即爾雅釋木之洗大棗古本有作犬棗者

隹宥　支紙

猚 猚 猚鳥也从隹犬聲睢陽有猚水按玉篇有狣字睢陽鄉名此水當在此鄉也惟猚篆大徐五隹切玉篇狣字胡灰切似从犬隹聲疑未能明也又按中山經首山多䳡鳥注音如鉗鈦之鈦从鳥與从隹同疑即猚字之誤

文

犾 犾 兩犬相齧也从二犬會意按犬亦聲與狺狠略同

畎一名 古泫切

銑

く く 甽 畎 水小流也象形古文从田川聲篆文从田犬聲字亦作畖誤作甽考工記匠人爲溝洫耜廣五寸二耜爲耦一耦之伐廣尺深尺謂之く倍く謂之遂倍遂曰溝倍溝曰洫倍洫曰巜凡六く爲一畝按謂容六畎之地爲畝也書益稷濬畎澮距

shùn 順　xùn 訓　xún 巡　chuān 川

川鄭注田閒溝也漢書食貨志一晦三甽注壟也莊子讓王居于畎畝之中司馬注壟中曰畎【轉注】書禹貢岱畎絲枲羽畎夏翟詩節南山疏甽是壟中小名因此而山谷通水之處亦名爲甽廣雅釋山畎谷也釋水畎坑也【叚借】爲犬詩皇矣疏畎混聲相近或作犬夷按串昆混緄皆借爲犬也【聲訓】釋名釋山山下根之受霤處曰甽甽吮也吮得山之肥潤也【轉音】呂覽任地叶甽盡

川七名凡川之派皆衍川聲 昌員切

先

川 巛 貫穿通流水也虞書曰濬く巜距巛言深く巜之水會爲川也按象水直達之形管子度地水之出于他水溝流于大水及海者命曰川水爾雅水注川曰谿注谿曰谷注谷曰溝注溝曰澮注澮曰瀆謂自瀆而澮而溝而谷而谿以注于川此言山谷水流也考工匠人自甽而遂而溝而洫而澮以達于川此言田閒水道也各載其名各不相涉周禮地官有川衡易需利涉大川左宣十二傳川壅爲澤十五傳川澤納汙周語川氣之導也淮南本經江河三川注三川涇渭汧也爾雅釋水河所渠并千七百一川【轉注】北山經倫山有獸焉其川在尾上注竅也按竅者物身之水道也或曰借爲穿【叚借】重言形況字太元難大車川川注重遲之貌也【聲訓】釋名川穿也穿地而流也【古韻】詩雲漢叶川焚熏聞遯【轉音】易訟叶人川

眞

巡 巡 視行也从辵川聲虞書五載一巡守鄭注行視所守也殷制六年一巡守周制十二年一巡守左莊廿一傳王巡虢守注天子省方謂之巡守孟子巡守者巡所守也又周禮掌固晝三巡之司諫巡問而觀察之遂師賓客則巡其道脩鄉師巡其前後之屯禮記祭義君巡牲左桓十二傳三巡數之襄九傳巡丈城三十一傳僕人巡宮【叚借】爲沿禮記祭義陰陽長短終始相巡又爲遁今逡巡退讓字【聲訓】白虎通巡狩巡者循也

門

訓 訓 說教也从言川聲爾雅釋詁訓道也書顧命大訓傳虞書典謨康誥矧惟外庶子訓人鄭注訓人師長詩烝民古訓是式傳道也周禮有土訓誦訓訓方氏左文六傳告之訓典注先王之書晉語是爲明訓注教也【叚借】爲順廣雅釋詁一訓順也書洪範于帝其訓又是訓是行詩烈文四方其訓之後漢周舉傳五品不訓注言事得其序之謂訓漢書韋元成傳注訓理也【古韻】詩蕩叶訓順晉語叶訓困【轉音】詩烈文叶人訓刑

震

順 順 理也从頁从川會意川亦聲按本訓謂人面文理之順【轉注】方言二好日謂之順又爾雅釋詁順敘也順緒也順陳也儀禮特牲禮南順注猶從也大射儀順左右隈注放之也周禮大祝一曰順祝司農注順豐年也禮記月令順彼遠方注猶服也詩泮水順彼長

shùn 舜　chuǎn 舛　chūn 輴　xún 紃　xún 馴

道箋從也皇矣克順克比左昭廿八傳慈和徧服曰順襄三傳以順爲武注莫敢違也又孝經以敬事長則順論語六十而耳順皇疏謂不逆也孟子爲不順於父母注愛也詩女曰雞鳴知子之順之箋謂與已和順叚借爲訓孝經先王有至德要道以順天下又以順則逆又順民如此其大又爲遁小爾雅廣言順退也又爲愼易坤益言順也禮記禮器順之至也聲訓釋名釋言語順循也循其理也古韻詩女曰雞鳴叶順問蕩叶訓順皇矣叶君順莊子天地叶緍昏順轉音易渙叶順願蒙叶順實巽三畧上叶順信奮亂

眞　**馴**　馬順也从馬川聲一切經音義引說文養野鳥獸使服謂之馴廣雅釋言馴擾也字林馴性行調順也史記司馬相如傳乃駕馴駮之駟淮南說林馬先馴而後求良注擾也禮記曲禮注養則馴釋文狎也漢書武帝紀南越獻馴象叚借爲順廣雅釋詁一馴善也易坤馴致其道史記五帝紀能明馴德萬石君傳馴行孝謹

眞　**紃**　圜采也从糸川聲禮記內則織紝組紃注條也疏薄闊爲組似繩者爲紃按以采線辮之其體圜紱紋縱條之屬也襍記紃以五采注施諸縫中字林紃圜縧也淮南說林條可以爲繶不必以紃注紃亦繶婉轉意也叚借爲訓淮南精神以道爲紃注法也又爲穿荀子富國布衣紃屨之士又爲循非十二子終日言成文典及紃察之又託名幖識字古今人表楚熊紃史記作徇

說文通訓定聲　屯部弟十五

眞　**輴**　車約輴也从車川聲周禮巾車𣎴乘夏輴本作篆先後鄭皆謂轂曰輴按實緣字之轉注輴後出字也叚借爲輇說文一曰下棺車按字亦作輴禮記檀弓天子龍輴而椁幬注殯車也喪大記君葬用輴儀禮既夕注輁狀如長牀穿程前後著金而關軹焉大夫諸侯以上有四周謂之輴天子畫之以龍又書益稷四載傳泥行乘輴史記作橇漢書作毳尸子作蕝按輇毳蕝雙聲

舛三名凡舛之派皆衍舛聲 昌兖切

軫軫銑　**舛**　對卧也从夂牛相背會意楊雄說从足春聲字亦作僢周禮典瑞注僢而同柢疏僢謂兩足相向廣雅釋詁二舛僢也球叢云舛相違背也字林舛錯也魏都賦注踳乖也淮南氾論而見聞舛馳于外者也注乖也倣眞二者代謝舛馳注互也漢書楊雄傳各以其知舛馳注相背也

震　**舜**　舜艸也楚謂之葍秦謂之藑蔓地連華象形舛聲或曰从如舜華傳木槿也又爲後書堯典曰虞舜鄭注名也馬注謚非白虎通仁聖盛明謚曰舜亦非聲訓禮記中庸其斯以爲舜乎注舜之言充也按充者允之誤字風俗通皇霸舜者准也循也言其准行道德循堯緒也白虎通號舜猶僢僢也言能推信堯道而行之廣雅釋詁三舜推也按風俗通引書大傳舜者推也推者準之誤字白虎通推行堯道同張稚讓承其誤

jiàn 荐　cún 存　chán 孱　zhuàn 僝　zhuǎn 孨　shùn 蕣

震　**蕣**　木堇朝華暮落者从艸舜聲詩有女同車顏如蕣華毛本以舜爲之疑其樹卽櫬木華英名蕣也爾雅釋草椴木堇櫬木堇樊光注別二名也其樹如李其華朝生夕隕與草同氣故在草中說文無椴疑卽櫬字月令木堇榮注王蒸也呂覽注華可用作蒸按詩陸疏齊魯之閒謂之王蒸又海外東經有薰華草朝生夕死注薰或作堇

孨六名凡孨之派皆衍孨聲 旨兖切

銑　**孨**　謹也从三子會意讀若翦

删霰潸　**僝**　具也从人孨聲與僎畧同讀若汝南淁水按許書無淁字水經注涪縣有潺水字作潺書堯典共工方鳩僝功走部又引作旁逑孱功史記作旁聚布功今作方鳩僝功傳見也馬注具也廣雅釋詁三僝見也字亦作僝

删先　**孱**　迮也从孨在尸下錯本一曰孨聲按偪仄之意从尸猶从屋也孨聲別義說文一曰呻吟也又廣雅釋詁三孱惡也叚借爲孨史記陳餘傳吾王孱王也韋昭注仁謹貌孟康注冀州人謂懦弱爲孱服虔注弱小貌也大戴曾子立事君子博學而孱守之注小貌按謹也又疊韻連語漢書司馬相如傳𡻕以孱顏注不齊也

說文通訓定聲　屯部弟十五

元　**存**　恤問也从子才聲按从在省孨省聲本訓當與在同與亡爲對文爾雅釋訓存存在也注存卽在易繫辭成性存存疏謂保其終也公羊隱三傳有天子存注在也孟子以其存心也注在也史記五帝紀存亡之難索隱猶安危也荀子議兵所存者神注至也叚借爲栫實爲巽禮記祭義存諸長老按猶進也皃也管子君臣作薦亦同又爲在實爲司存在雙聲爾雅釋詁存察也周禮司尊彝大喪存奠彝注省也小行人存頫省聘問臣之禮也大行人歲徧存三歲徧頫五歲徧省禮記大傳五曰存愛祭義致愛則存注謂其思念也詩出其東門匪我思存秦策無一介之使以存之注勞問也漢書文帝紀存問長老注省視也論語則有司存後漢崔琦傳文選頭陀寺碑皆言各有司存晉書職官志敘咸樹司存桓沖傳司存閫外北齊儒林傳敘齊氏司存按司存雙聲連語存亦司也又楚辭大招遽爽存只注前也古韻詩出其東門叶門雲存巾員老子無源叶紛塵存先成象叶門根存勤楚辭大招叶𠻞存先又叶雲神存昆遠遊叶傳垠然存先門荀子雲賦叶損文神門存陳素問寶命全神論叫存聞先人八正神明論叶神聞先言昏雲原論存孟子盡心叶存神句中韻

霰　**荐**　薦席也从艸存聲按凡親地者謂之筵加于筵者謂之席席卽因也重于筵也轉注爾雅釋言荐再也小爾雅廣言荐重也左

僖十三傳晉荐饑爾雅釋天仍饑爲荐襄廿二傳不虞荐至注仍也定四傳以荐食上國注數也楚語禍實荐臻【假借】爲薦左襄四傳戎狄荐居注聚也服注草也又爲栫左哀八傳荐之以棘今本誤作荐【古韻】爾雅釋天叶饑荐

顧嚴 嚴 **栫** 以柴木壅也从木存聲廣雅釋室栫籬也左哀八傳栫之以棘注擁也按猶十二傳藩衛侯之舍也字誤从手又廣雅釋器涔栫也江賦栫澱爲涔按猶說文之槑小爾雅之槮詩潛有多魚之潛也皆柴木所壅

員十五名凡員之派皆衍員聲 王川切

文先 **員** 物數也从貝口聲字亦誤作貟按囗者橛侖之形或曰㠯省聲籀文員作鼎木曰枚竹曰箇絲曰緫貝曰員廣雅釋詁三員衆也【轉注】漢書高惠高后功臣表國人過員注數也史記平原君傳願君即以遂備員而行矣漢書尹翁歸傳責以員程楚語伍員字子胥胥皆也【假借】爲均詩商頌元鳥景員維河傳均也與長發幅隕同箋則謂借爲圓又爲隕詩正月員于爾幅按落也與棄輔同傳訓爲益失之又爲覓詩出其東門聊樂我員正義謂語詞失之又爲圓廣雅釋詁一或員方云有也按有即域也或域同字員云皆圓也方者旁也孟子方員之至也又爲云實爲曰書秦誓若弗員來又爲眩素問刺熱論其逆則頭痛員員注謂似急也亦重言形況字又爲鄖漢書古今人表員公辛又託名幖識字匈奴傳出塞千二百餘里至烏員又左襄廿六傳有行人子員【古韻】詩出其東門叶門雲存也員

阮 **腪** 切孰肉于血中和也从肉員聲讀若遜廣雅釋器腪臑也釋名釋飲食肺腪腪饡也以米糝之如膏饡也字亦作膟

文 **䅃** 除苗閒穢也从耒員聲或从芸聲字亦作耘䅃有二播種後苗生三葉以上稍耨壠草因隤其土以附苗根比成壠盡而根深耐風與旱詩甫田所謂或耘或耔也苗既成後陳草復生有莠及董節生其閒又薅之論語所謂植其杖而芸也知者以荷蓧故按耘用耨廣六寸與枱廣五寸不同所謂立苗欲疏也詩載芟千耦其芸孟子芸人之田以芸爲之

删先問 **圓** 圜全也从囗員聲讀若員易繫辭圓而神大戴曾子天圓天道曰圓地道曰方墨子天志中吾規者謂之圓淮南地形水圓折者有珠詩長發幅隕既長以隕爲之字又作幁涉幅而誤【轉注】易繫辭注圓者運而不窮管子君臣圓者運注謂君道也

文 **鄖** 漢南之國也从邑員聲字亦作䢵今湖北德安府安陸縣左桓十一傳鄖人軍于蒲騷宣四傳從其母畜于䢵成七傳四鄖公鍾儀益楚滅鄖爲邑【別義】說文漢中有鄖關今湖北鄖陽府鄖西縣又左哀十二年公會衛侯宋皇瑗于鄖今江蘇揚州府如皋縣東立

發【轉注】公羊作運【假借】託名幖識字左襄九傳使皇鄖命校正出馬

問 **瘨** 病也从疒員聲

問 **覞** 外博衆多視也从見員聲讀若運

軫 **䫿** 面色䫿䫿貌从頁員聲讀若隕

文 **愪** 憂貌从心員聲

文 **溳** 溳水也出南陽蔡陽東入夏水从水員聲出今湖北德安府隨州大洪山至漢陽府漢川縣溳口塘入漢按鄖國以溳水得名

軫 **霣** 靁也齊人謂靁爲霣从雨員聲古文員作鼎按籀文也从籀文員【別義】一曰雲轉起也【假借】爲隕左宣十五傳有死無霣注廢墜也公羊莊七傳星霣如雨上林賦瀸瀎霣墜漢司馬季德碑不霣其功

阮 **損** 減也从手員聲墨子經損偏去也易繫辭傳損德之脩也雜卦傳損益盛衰之始也史記弟子傳曾閔損字子騫【古韻】荀子雲賦叶損文神門

眞 **縜** 持綱紐也从糸員聲按以小繩貫大繩而結于网可係可解者【轉注】考工梓人縜寸焉司農注籠綱者讀爲竹中皮之縜按讀如筡也此射侯所以係于植者

先軫 **隕** 從高下也从𨸏員聲按與磒同字亦作殞爾雅釋詁隕墜也隕落也易姤有隕自天詩氓其黃而隕左僖十六傳隕石于宋五隕星也周語䮚見而隕霜夏小正隕麋角【轉注】詩緜亦不隕厥問小弁涕既隕之左成二傳隕子辱矣注見禽獲楚辭逢紛辭靈脩而隕意兮注墜也列子周穆王王若殞虛焉注墜也又聲類殞沒也後漢隗囂傳注殞絕也【假借】爲均實爲運詩長發幅隕既長傳均也又雙聲連語禮記儒行儒有不隕穫于貧賤注困迫失志之貌家語注憂悶不安之貌以困以悶爲訓【古韻】詩氓叶隕貧小弁叶先墐忍隕緜叶殄隕穆天子傳三叶恩隕

軫 **磒** 落也从石員聲春秋傳曰磒石于宋五按即隕字之或體今附于此爾雅釋詁隕磒落也別異文耳

典六名凡典之派皆衍典聲 多殄切

銑 **典** 五帝之書也从冊在丌上會意尊閣之也莊都說典大冊也按謂从冊从大古文从古文冊書序少昊顓頊高辛唐

tiǎn 殄　zhěn 㐱(㐱[1])　tiǎn 錪　tiǎn 㥏　tiǎn 腆　diǎn 敟　tiǎn 琠

虞之書謂之五典。爾雅釋言典經也。釋詁典常也。易繫辭不可爲典要。虞書愼徽五典。傳五常之教。詩維清文王之典。傳法也。周禮太宰掌建邦之六典治教禮政刑事也。大司寇掌建邦之三典。輕典中典重典也。禮記曲禮典司六典。宰宗史祝士卜六大所敷之法也。儀禮士昏禮記吾子順先典。譙敏碑深明典奧。楊統碑蓍茲典猶字亦誤从艸。叚借爲敟。廣雅釋詁三典主也。周禮天官典婦功注主也。禮記樂記念終始典于學。後漢樊準傳典負者。又爲曲之誤字。周語瞽獻典。注樂典也。又疊韻連語考工輈人輈欲頎典注堅刃皃。司農讀爲殄。聲訓釋名五典典鎮也。制教法所以鎮定上下等差有五也。古韻詩維清叶典禋。

銑 琠 玉也。从玉典聲。

銑 敟 主也。从攴典聲。經傳皆以典爲之。

銑 腆 設膳腆腆多也。从肉典聲。古文从日、未詳。小爾雅廣言腆厚也。廣雅釋詁一腆美也。書酒誥自洗腆。儀禮燕禮寡君有不腆之酒。注善也。聘禮不腆先君之祧。注猶善也。左僖三十三傳不腆敝邑。文二傳不腆敝器。襄十四傳有不腆之田。昭七傳鄭雖無腆。公羊昭廿五傳有不腆先君之服。注皆訓厚。禮記郊特牲辭無不腆。注猶善也。詩新臺籧篨不殄。以殄爲之。叚借爲敟。書大誥殄小腆。王注主也。鄭注謂小國也。馬注至也。廣雅釋詁一腆主也。按書馬注至者主之誤。張氏承其誤耳。又爲眕。方言十三腆忘也。又爲晪實爲塵。廣雅釋詁三腆久也。

說文通訓定聲　屯部第十五　圭

銑 㥏 青齊謂慙曰㥏。从心典聲。方言六荆揚青徐之閒曰㥏。若梁益之閒言心内慙矣。

銑 錪 朝鮮謂釜曰錪。从金典聲。方言五鍑北燕朝鮮洌水之閒或謂之錪。叚借爲腆。方言六錪重也。東齊之閒曰錪。

㐱三名。凡㐱之派皆衍㐱聲。之忍切

軫 㐱 新生羽而飛也。从几从彡。象形。與从彡人聲之㐱別。

銑 殄 盡也。从歺㐱聲。古文未詳。論衡殄者死之比也。爾雅釋詁殄盡也。殄絕也。虞書朕堲讒說殄行。益稷用殄厥世。盤庚我乃劓殄滅之。詩桑柔不殄心憂。緜肆不殄厥慍。瞻卬邦國殄瘁。左僖十傳君祀無乃殄乎。宣二傳敗國殄民。周禮稻人夏以水殄草而芟荑之。注病也絕也。叚借爲腆。詩新臺籧篨不殄。箋善也。又疊韻連語洞簫賦澀殄沌兮。注不分也。古韻詩緜叶殄慍問。轉音思齊叶疾殄。

tiè 飻　xī 西　qiàn 茜　réng 迺(迺)

屑 飻 貪也。从食㐱聲。字亦作餮。左文十八傳謂之饕餮。注貪財爲饕、貪食爲餮。叚借疊韻連語射雉賦忌上風之餮切。注微動之聲。或曰借爲㐱。亦通。

西十九名。凡西之派皆衍西聲。先巾切

齊 齊 西 棲 鳥在巢上。象形。或从木妻聲。古文籀文亦皆象形。又古文卤據遍篆補。字亦作栖。廣雅釋詁三棲歧也。詩君子于役雞棲于塒。轉注說文日在西方而鳥棲。故因以爲東西之西。易隨王用亨于西山。虞注兌爲西。書堯典宅西。鄭注隴西之西。周禮大宗伯以白琥禮西方。注禮西方以立秋謂白精之帝。而少昊蓐收食焉。論衡物勢西方金也。其星白虎也。又大荒西經江南之山棲爲吉。注山居爲棲。越語越王句踐棲于會稽之上。注山處曰棲。又詩召旻如彼棲苴。傳謂浮于水中。箋謂枯于樹上。又考工梓人張皮侯而棲鵠。猶著也。又孟子二嫂使治朕棲。注牀也。叚借託名幖識字。管子小稱毛嬙西施。此古之西施。又墨子親士西施之沈其美也。此吳之西施。又莊子齊物論厲與西施。司馬注夏姬。按此涉陳少西而誤。洧子西子蒙不潔。楚詞怨世西施媞媞而不得見兮。亦作先施。又左宣十一傳陳少西字子夏。又疊韻連語詩衡門可以棲遲。傳游息也。爾雅釋詁棲遲息也。漢嚴發碑西遲衡門。婁壽碑徲徲衡門。繁陽令楊君碑徲伲樂志。甘泉賦靈迟迡兮。作徲、徲徲、伲、迟迡皆同。又重言形況字。詩六月棲棲。傳簡閱貌也。答賓戲棲棲遑遑。注不安居之意也。論語何爲是栖栖者與。聲訓書大傳西方者何也。鮮方也。白虎通五行西方者遷方也。萬物遷落也。古韻詩桑柔叶慇辰西痻。轉音詩六月叶棲騤。

說文通訓定聲　屯部第十五　圭

霰 茜 茅蒐也。从艸西聲。字亦作蒨作蒨。史記貨殖傳若千畝巵茜。徐廣曰一名紅藍。其花染繒赤黃也。爾雅釋草茹藘茅蒐。注今之蒨也。可以染絳。詩東門之墠陸疏茹藘一名地血。齊人謂之茜。徐州人謂之牛蔓。按晉語注急疾呼茅蒐成韎。故茜所染草色曰韎。詩韎韐有奭。左傳有韎韋之跗注是也。

賄 蒸 迺 驚聲也。从乃省籀文西聲。古文西作𠧧。按西篆下未出此體。宜補。莊子庚桑楚吾洒然異之。李注驚貌。以洒爲之。別義或曰往也。讀若仍。按此謂从乃省乃省聲。西古文遷字。聲類迺至也。蒼頡篇迺往也遠也。廣雅釋詁一乃往也。以乃爲之。叚借爲乃。爾雅釋詁迺乃也。詩緜迺慰迺止。公劉迺積迺倉。漢書律厤志迺命羲和。五行志箕子迺言曰。項籍傳必欲享迺翁。陳平傳事兄伯如事迺父。列子天瑞迺復變而爲一。湯問數月迺復。繁陽令楊君碑迺共追録厥勳。字又誤作逌。宗俱碑逌陟司空。

典　㐱(㐱)　西

yān 煙 juàn 鄄 yān 羥 yīn 禋 qiān 䙴 yīn 堙 xǐ 洒

阮銑 蟹薺 洒 滌也从水西聲字林洒濯也廣雅釋詁四洒㴉也孟子一洒之丁音謂雪其恥也漢書貨殖傳質氏吕洒削而鼎食注治刀劍者也鄭令景君闕銘姦邪洒心經傳皆以洗爲之叚借爲灑實爲汛說文古文以爲洒埽字按凡言古文以爲某者此古文謂古書也周禮赤犮氏以灰洒毒之隸僕掌五寢之埽除糞洒之事詩山有樞弗洒弗埽晉語父生不得供備洒埽之臣論語當洒埽應對進退漢書敘傳注洒汛也又爲陖爾雅釋丘望厓洒而高岸夷上洒下不漘詩新臺有洒傳高峻也又爲漘之誤字荀子正名腥臊洒酸又雙聲連語素問調經論洒淅起于毫毛注寒貌又單辭形況字禮記玉藻受一爵而色洒如也注肅敬貌素問風論腠理開則洒然寒注寒貌莊子庚桑楚吾洒然異之李注驚貌或曰借爲迺又重言形況字素問疏五過論洒洒然時驚注寒貌古韻詩新臺叶洒浼殄

眞眞 堙 塞也从土西聲古文从土从古文西又从宀未詳或从阜西聲字俗作堙作陻書洪範鯀陻洪水今作陻左襄廿五傳井堙木刊周語墮高堙庳北山經常銜西山之木石以陻于東海漢書石奮傳注陻塡也叚借爲湮周語堙替隸圉注沒也又爲闉左襄六傳甲寅堙之注土山也公羊宣十五傳宋華元亦乘堙而觀之注堙距堙上城具又爲禋華嶽碑柴燎堙埋又雙聲連語史記屈賈傳獨堙鬱兮漢書作壹鬱亦同

先 䙴 升高也从舁囟聲按囟省聲或又从卩古文从亜臼重囟按此籀文也字亦作䙴見三國志孫休傳注又按䙴卽左傳堙之環城傳于堞公羊乘堙而窺宋城之堙此其本字也叚借爲遷廣雅釋言䙴遷也漢書律厤志䙴去也地理志郊祀志韋賢傳注皆云古遷字非

眞 禋 潔祀也一曰精意以享爲禋从示垔聲籀文又从宀周語精意以享禋也爾雅釋詁禋祭也小爾雅廣詁絜也虞書禋于六宗洛誥則禋于文王武王周禮大宗伯以禋祀祀昊天上帝大祝凡大禋祀肆享祭示注祭天神也詩生民克禋克祀傳敬也維清肇禋傳祀也字亦作𥛱爾雅釋詁𥛱敬也聲訓書舜典禋之言煙洛誥鄭注芬芳之祭周禮大宗伯注周人尚臭煙氣之臭聞者皆以煙訓禋也書大傳煙于六宗史晨奏銘以供煙祀則直作煙續漢祭祀志禋也者煙祭之言也則又以垔訓禋古韻詩維清叶典禋

刪 羥 羣羊相積也从羊垔聲字林一曰羊羴羊相廁也此以垔與因重得訓別義說文一曰黑羊廣雅釋器羥黑也此以煙熏得訓

霰 鄄 衞地今濟陰縣鄄城从邑垔聲在今山東曹州府濮州東左莊十四年盟于鄄公羊釋文本亦作甄

眞先 煙 烟 火气也从火垔聲或从因聲古文从宀垔聲籀文从火𩙿省聲𩙿籀文禋字字亦作𤇭三蒼煙

xiān 僊 qiān 鄸 qiān 遷 zhēn 甄 yìn ⿺氐垔 yīn 闉 yīn 湮

迸火也蒼頡篇煙明也廣雅釋器煙臭也陸機連珠火壯則煙微後漢蔡邕傳煙炎之毀熸素問六元正紀大論草樹浮煙注燥氣也五常政大論煙埃朦鬱注土氣也轉注字林黫黑色也史記天官書黫然黑色甚明叚借爲疊韻連語後漢張衡傳天地烟煴注氣也又重言形況字廣雅釋訓烟烟元氣也文選典引烟烟煴煴注陰陽和一相扶貌也

眞 湮 沒也从水垔聲爾雅釋詁湮落也注沈落也封禪文湮滅而不稱者叚借爲垔左昭廿九傳鬱湮不育注塞也

眞 闉 城曲重門也从門垔聲詩出其東門出其闉闍傳曲城也轉注莊子德充符闉跂支離無脤司馬注曲也崔注闉跂傴者也按實借爲傴叚借爲垔周禮掌蜃以共闉壙之蜃注猶塞也又爲䢅莊子馬蹄介倪闉扼鷙曼按移軶也又爲䢅淮南兵畧無刑罰之威而相爲斥闉要遮者按卽公羊乘堙之堙注塞也失之

霰寘齊 ⿺氐垔 臥也从氐垔聲玉篇音致仆也則謂从垔氐聲

眞先 甄 匋也从瓦垔聲漢書董仲舒傳如泥之在鈞唯甄者之所爲注作瓦之人也廣雅釋地甄土也釋室甄㼾也又埏下謂之甄後漢郅惲傳注甄也者陶人旋轉之輪也轉注班固傳甄殷陶周注謂造成也又後漢魯丕傳注甄別也叚借爲準西征賦甄大義以明責

注表也書緯鄭注甄表也又爲焞周禮典同注甄讀甄燿之甄按緯書有雉書甄曜度後漢光武紀安帝紀注甄明也又爲震周禮典同薄聲甄注猶掉也周書謚法甄心動懼曰頃注積也又重言形況字楚辭悼亂鶉鷃今甄甄注小鳥飛貌按猶弃弃貢貢也

先 遷 登也从辵䙴聲古文从手西聲爾雅釋詁遷徙也廣雅釋言遷移也詩巷伯既其女遷傳去也箋則謂借爲訕禮記大傳有百世不遷之宗注猶變易也晉語成而不遷注離散也又周禮小司寇二曰詢國遷注謂徙都改邑也穀梁莊十傳遷亡辭也漢書郊祀志常山王有罪遷以舉爲之魏元丕碑有畢萬者僊去仕晉以僊爲之叚借爲䙴疊韻連語左襄十四傳晉人謂之遷延之役注却退也按猶逡遁也西京賦遷延邪睨南都賦翺遙遷延神女賦遷延引身舞鶴賦遷延遲暮淮南主術遷延而入之注猶偃佯也古韻詩賓之初筵叶遷僊轉音詩氓叶垣關漣言遷巷伯叶幡言遷殷武叶山丸遷虔梴閑安離騷叶遷盤易繫辭叶遠遷

先 鄸 地名从邑䙴聲疑卽郵之誤字

先 僊 長生僊去也从人䙴聲字亦作仙按卽㒨字廣雅釋詁三仙匕也漢書郊祀志求僊人羨門之屬列子黃帝仙聖爲之臣注仙壽考之跡又方言八蝙蝠自關而東謂之僊鼠廣雅釋鳥仙鼠蚨蝠也叚借爲遷國三老袁良碑僊修城之鄭尹宙碑支判流僊又重言

西

fǔ 頫　zhēn 䕯　xiān 屳

形況字詩賓之初筵屢舞僊僊傳舞皃莊子在宥僊僊乎歸矣注生起之皃又單辭形況字管子宙合適善備也僊也注輕順皃𡥧訓釋名釋長幼老而不死曰仙仙遷也遷入山也故其制字人傍作山也古韻詩賓之初筵叶遷僊轉音楚辭遠遊叶仙延

元 先 **屳** 人在山上皃从人从山會意按當爲僊之或體今附于此說文僊篆說解作仙釋名仙遷也遷入山也叚借爲䙴鮑照書勢鳥屳魚躍高舉之皃或曰仚之誤字

眞 **䕯** 豕首也从艸甄聲爾雅䓀䕯豕首注一名蟾蠩蘭許讀䓀字上屬與孫炎同與郭璞異卽本草之天名精也呂覽任地稀首生而麥無葉注其生時麥皆成毓也周禮掌染草注以豕首爲染草之屬按形似藍故名蝦蟇藍亦藍草類也

頫十二名凡頫之派皆衍頫聲 靡典切

銑 問 嬌廣 **頫** 俛 低頭也从頁逃省聲按从逃省會意太史卜書頫仰字如此楊雄曰人面頫或从人从免按或从人傍兆會意作㑷亦作人下兆爲兎又誤作人傍免爲俛耳漢書陳勝項籍傳注免字或作俛知免俛同字廣雅釋言免隤也隤者下也卽低俯也天官書免七命曰小正辰星天免按水星常伏日下故曰免星免者伏也冕从免世本宋注以其後高前下有俛俯之形故名兆字象人面左右皆蔽形與小篆逃省同意兆音如替俗誤爲形聲字故又䫜从人府聲之俯矣頫玉篇𩓋卷切孫強輩增說文音俯四字㚘甚西京賦伏欞檻而頫聽左成二傳韓厥俛定其右考工矢人前弱則俛淮南時則蟄蟲咸俛說林俛人之頸原道與道浮沈俛仰史記倉公傳不可俛仰寵策傳首俛漢書韓信傳俛出跨下東方朔傳俛啄也蔡義傳行步俛僂夏侯勝傳如俛拾地芥賈誼傳免起阡陌之中後漢劉充傳俛首刮席不敢視頫俛二字古皆讀如勉無府音也轉注廣雅釋詁二免歸也四免脫也左成十六傳免使者而復鼓注脫也禮記曲禮冠毋免注去也樂記人情之所不能免也注猶自止也周禮鄉士若欲免之注猶赦也左僖廿一年乃免牲注猶縱也成七年乃免牛注放也史記樂書免席而請正義猶避也又禮記檀弓免焉釋文以布廣一寸從項中而前交于額上又卻向後繞于髻大傳五世袒免殺同姓也玉藻當事免則說之儀禮士喪禮眾主人免于房既夕商祝免袒左襄廿五傳陳侯免免冠故謂之免叚借爲挽越語將免者以告注乳也漢書外戚傳婦人免乳大故注爲産子也又爲𪖀禮記內則免薨滫瀡以滑之注新生者又爲勉禮記表記俛焉日有孳孳注勤勞之貌亦單辭形況字荀子正名俛然而類注俯就貌釋名釋首飾俛平直貌也又爲覜之誤字周禮典瑞以頫聘大行人三歲徧頫左昭五傳享頫有璋齊語以驟聘頫於諸侯轉音左昭七叶傸傴俯走侮口莊子列禦寇叶傴傸俯走軌

miǎn 免　mán 鞔　mǎn 晚　wǎn 晚　miǎn 冕

銑 問 **免** 按免卽俛之正體今補附于此段氏訂入免部非是

寒 阮 **鞔** 履空也从革免聲蘇俗謂之鞵幫呂覽召類爲鞔者也注履也叚借爲輓呂覽召類注輓靭也又爲蔄廣雅釋詁鞔補也蒼頡篇鞔覆也又爲悶爲懣呂覽重已胃充則中大鞔注不勝食氣爲懣病也免滿雙聲

潸 **晚** 晚䀹目視皃从目免聲

阮 **晚** 莫也从日免聲轉注廣雅釋詁四晚後也晚負也晉語以晚蓋者也注後也齊策䩔與晚救之便注徐也漢書郊祀志雖晚周亦郊焉注謂末時也叚借託名幖識字釋名釋衣服晚下如舄其下晚晚而危婦人短者著之可以拜也

銑 問 **冕** 絻 大夫以上冠也邃延垂瑬紞纊从冃从免會意免亦聲古者黃帝初作冕或从糸免聲按冕尊于弁其制以木爲幹廣八寸長倍之前圓後方前下後高差一寸二分有俛伏之形故謂之冕衣以三十升布上元下纁前後各十二旒長六寸飾以玉周禮司服大裘而冕衮冕驚冕毳冕絺冕元冕服有六等而冕則無異詩文王常服黼冔傳周曰冕東京賦正冕帶注所謂平天冠也管子君臣衣服緷絻荀子正名乘軒帶絻叚借爲免左哀二傳使太子絻注始發喪之服十二傳季氏不絻注喪冠也論語見冕者又冕衣裳者錢宮詹云卽袒免之免經與齊衰與瞽並舉必非大夫之服大夫冕而祭于公非助祭無緣得見也又荀子非十二子其冠絻注當爲俛按低下也又爲輓公羊昭廿五傳注弔所執紼曰絻又託名幖識字論語師冕見古今人表注卽師免聲訓釋名釋首飾祭服曰冕冕猶俛也俛平直貌也亦言文也元上纁下前後垂珠有文飾也白虎通十一月之時陽氣俛仰黃泉之下萬物被施如冕前俛而後仰故謂之冕也周禮弁師疏冕則俛也以低爲號也

méi 浼　miǎn 鮸　fàn 嬎　miǎn 勉

賄 **浼** 汙也从水免聲方言三浼洿也孟子若將浼焉爾焉能浼我哉淮南人閒所浼者多矣字又作涴廣雅釋詁三涴污也叚借重言形況字詩新臺河水浼浼傳平地也韓詩作浘浘亦同古韻詩新臺叶洒浼殄

銑 **鮸** 魚名出薉邪頭國从魚免聲按卽尚書大傳之北海魚石廣雅之石首鯼也蘇俗謂之黃魚乾之爲白鯗腦有二石䲅黃魚地志石首至秋化爲冠鳧頭中猶有石也晉語注石首成鳧昔隋煬帝責貢四方海錯首曰鯼魚

阮 問 願 **嬎** 生子齊均也从女从生會意免聲錯本讀若幡周成䶱字云嬎息也同時生爲嬎方言二嬎耦也按與孿略同

銑 **勉** 勥也从力免聲小爾雅廣詁勉力也禮記月令勉諸侯注猶勸也左昭二十傳㕎其勉之注謂努力論語喪事不敢不勉皇

西 頫

miǎn 挽　wǎn 輓

疏強也。叚借雙聲連語。詩十月之交黽勉從事，文選注作僶俛，漢書劉向傳作密勿，亦同。又重言形況字。詩棫樸勉勉我王，韓詩作亹亹。禮記禮器君子達亹亹焉，疏勉勉勸樂之貌也。

阮 阮 **輓** 輓 引車也。从車免聲。字亦作挽。小爾雅廣詁挽引也，廣雅釋詁一輓引也。史記婁敬傳脫輓輅，索隱牽也。漢書韓安國傳轉粟輓輸，主父偃傳飛芻輓粟，霍光傳侍婢以五采絲輓顯，景帝紀發民輓喪。轉注後漢梁冀傳挽滿，注猶引強也。叚借為晚。史記貨殖傳輓近世，塗民耳目。

願 **挽** 挽 生子免身也。从子从免，會意，免亦聲。字亦作娩。纂要云，齊人謂生子曰娩。叚借為媚。禮記內則姆教婉娩聽從，注娩之言媚也。媚謂容貌也。荀子禮論說豫娩澤，注媚也。娩媚一聲之轉。又單辭形況字。思元賦偃蹇夭矯娩以連卷兮，注跳也。後漢張衡傳注娩卷並翺翔自恣之貌也。作娩字亦同。

皴　椿　歅　帳　籈　鶰　峮　痻　砏　䓪　涽　㕙　嶟　臐　蝹　敵　妢　橨

說文不錄之字

皴 字署皴皮細起也。埤蒼皮皴皵也。樹皮甲麤厚亦曰皴皵。

椿 橓 莊子逍遙游，上古有大椿者，司馬注椿木一名櫄，愚按即蕣也。蒙叟多寓言，特以朝榮夕瘁之華之樹謂之大蕣，猶鯤為魚子，而謂其廣數千里也。鯤即鯤字，訓魚子者借為卵。

歅 莊子徐无鬼九方歅，淮南作臬。天運司馬本唯循大變無所歅者，注疑也，郭本作湮。

帳 方言五，飤馬橐，燕齊之閒謂之帳。廣雅釋器帳囊也。

籈 爾雅釋樂所以鼓敔謂之籈。字林籈以竹長尺也。

鶰 爾雅釋鳥春鳸鳻鶰，樊注言分循也。按疊韻連語。

峮 南都賦或峮嶙而纚聯，注相連之皃。按疊韻連語。

痻 即惛 詩桑柔多我覯痻，箋病也。

砏 埤蒼砏𥗭大聲也。南都賦砏汃輣軋，波相激之聲也。廣雅釋詁四砏聲也。

䓪 太元元告人䓪䓪而處乎中，注䓪䓪眾多皃也。按重言形況字。

涽 江賦涽淪溓瀼，注迴旋之皃。按疊韻連語。

㕙 新序褋事，齊有良兔曰東郭㕙。

嶟 漢書揚雄傳撇北極之嶟嶟，注撇嶻也。字林嶟嶟山皃。按重言形況字。

臐 廣雅釋器臐香也。儀禮公食禮膷以東臐膮牛炙，注膷臐膮今時臛也。牛曰膷，羊曰臐，豕曰膮。古文作薰。疑即薰字之轉注。

蝹 江賦神蜧蝹蜦以沈遊，注行皃。按疊韻連語。

敵 字林敵糜上汁。

妢 考工記妢胡之笴，杜注妢胡地名也。鄭注妢胡子之國在楚旁。

橨 廣雅釋器橨樹也。埤蒼橨平仲木別名。

氄 芠 篔 鯩 ⿰口敦 蓀 驐 亹 楯 拫 ⿰犭軍 忶 惃 ⿰犭昷 ⿰且瓜 ⿰齒昷

氄 廣雅釋器氄毦氈也

芠 淮南精神芒芠漠閔注讀抆滅之抆按雙聲連語

篔 吳都賦其竹則篔簹箖箊注竹名

鯩 埤蒼鯩免竜鯩

⿰口敦 射雉賦⿰口敦出苗以入埸注漸出皃也

蓀 楚辭抽思數惟蓀之多怒兮上林賦葴持若蓀注香草按卽荃字莊子忘荃崔音孫類篇蓀亦作荃顏延年文比物荃蓀按猶孟子之穀祿祿亦穀內則之榼溲榼亦溲連語耳

驐 字林驐去畜勢也按猶騬犗

亹 詩鳧鷖在亹傳山絕水也箋亹之言門也漢書地理志金城郡浩亹注水流峽山岸深若門也按亹卽虋之誤體借虋爲門也又易繫辭成天下之亹亹者詩文王亹亹文王崧高亹亹申伯禮記禮器君子達亹亹焉周語亹亹怵惕爾雅釋詁亹亹勉也

說文通訓定聲 屯部弟十五附錄

廣雅釋訓亹亹進也說文新修字義俗書亹當作娓按此則借虋爲忞亦重言形況字娓忞雙聲娓訓順竊詩防有鵲巢借娓爲媄無勉意也

楯 廣雅釋詁一楯順也四楯表也

拫 廣雅釋詁一拫引也漢書灌夫傳引繩排拫注今吳楚俗猶謂牽引前卻爲拫挌也

⿰犭軍 獯 吳都賦⿰犭軍子長嘯注猨類亦作獯

忶 通俗文心亂曰忶埤蒼忶心悶也

惃 廣雅釋詁三惃亂也方言十惃惽也楚揚謂之惃

⿰犭昷 爾雅釋獸豕奏者⿰犭昷

⿰且瓜 廣雅釋草⿰且瓜瓜屬也按疊韻連語

⿰齒昷 廣雅釋器⿰齒昷盬也

忳 菕 炖 韕 蜳 飩 潺 蛝 匩 鷏 蹮 狁 ⿰口囷 ⿰王囷 䐃 蜠 簢 ⿰馬允 瞂 ⿸疒惷

忳 離騷忳鬱邑余侘傺兮注自念皃楚辭惜誦中悶瞀之忳忳注憂皃

菕 管子地員其木宜蚖菕與杜松注木名

炖 方言十三炖赫也

韕 管子白心韕乎其圜也又韕韕乎莫得其門注復皃按重言形況字疑惇之誤

蜳 莊子外物螴蜳不得存釋文讀言忡融言怖畏之氣忡融兩溢不安定也按疊韻連語

飩 一切經音義引廣雅餛飩餅也

潺 涛 字林潺流皃漢書溝洫志河湯湯兮激潺湲注激流也按字亦作涛說文孱篆下讀若汝南潺水水經注作潺

蛝 爾雅釋蟲蛝馬蝬

匩 方言五炊籅或謂之匩注江東呼淅籤

鷏 穆天子傳二爰有鷏鳥之山注音甄一名梅

說文通訓定聲 屯部弟十五附錄

蹮 躚 說文新附蹁蹮旋行按疊韻連語

狁 詩采薇玁狁之故漢書匈奴傳作允按雙聲連語

⿰口囷 廣雅釋詁四⿰口囷吐也

⿰王囷 廣雅釋詁四⿰王囷齊也

䐃 服虔通俗文獸脂聚曰䐃素問玉機眞藏論身熱脫肉破䐃注䐃者肉之標謂肘膝後肉如塊者皮部論䐃破毛直而敗

蜠 爾雅釋魚貝蜠大而險

簢 ⿱竹愍 爾雅釋草簢筡中注竹類釋文本作⿱竹愍

⿰馬允 字林⿰馬允馬逆毛也

瞂 海內西經鳳皇鸞鳥皆戴瞂按瞂之誤字注音盾非

⿸疒惷 纂文⿸疒惷疼捶痕也

纔 廣雅釋詁二、纔，絣也。通俗文：合袟曰纔。

轞 廣雅釋訓：轞轞，聲也。

斳 廣雅釋詁四：斳，黏也。

慬 廣雅釋詁四：慬，柔也。一、慬，善也。

沌 莊子天地：渾沌氏。按疊韻連語。老子：沌沌兮。呂覽大樂：渾渾沌沌。廣雅釋訓：沌沌，轉也。按重言形況字。别義：文字集畧云：沌水出江夏，入江。

倱伅 通俗文：大而無形曰倱伅。按疊韻連語。

醰 字林：醰，醲相沃。

蓘 左昭元傳：是穮是蓘。注：壅苗爲蓘。疑卽薅字。

䃂 硍 周禮典同：高聲䃂。注：故書作硍。杜子春讀爲鏗鎗、病聲。鄭大夫讀爲衮。

說文通訓定聲 一 屯部第十五附錄 全

錕 方言九：車釭謂之鍋，或謂之錕。

淟 廣雅釋詁三：淟，濁也。按淟涊疊韻連語。

劅 廣雅釋言：劅，攻也。釋獸：劅，犍也。

抏 廣雅釋詁一：抏，動也。

莬 爾雅釋草：莬，雀弁。

跈 廣雅釋詁一：跈，踐也。莊子外物：哽而不止則跈。

䀼 方言七：䀼眩，懣也。朝鮮冽水之間顚眴謂之䀼眩。按疊韻連語。疑眡字之誤。

韻 文賦：或託言於短韻。注：小文也。盧諶詩：光闡遠韻。注：謂德音之和也。裴光遠曰：字與均同。

殯 廣雅釋詁三：殯，歺也。殯，死也。

秎 廣雅釋詁四：秎，積也。

幰 廣雅釋詁四：幰，搴也。幰，褭也。

鼤 爾雅釋獸：鼤，鼣鼠。

瘨 通俗文：體蚌沸曰瘨疽。

湓 廣雅釋詁二：湓，瀆也。按此禮記繅三盆手之俗字。○通俗文：含水潠曰湓。按此卽歕字。○漢書溝洫志：湓涌也。司馬相如傳難蜀父老：氾濫湓溢。注：湓亦溢也。按此卽瀵字。

茛 廣雅釋草：茛，鉤吻也。

扽 廣雅釋詁一：扽，引也。

釧 通俗文：環臂謂之釧。

袸 爾雅釋器：衿謂之袸。

侟 太元元數：侟志。注：侟，存也。

說文通訓定聲 一 屯部第十五附錄 全

說文通訓定聲目

坤部弟十六 分部同履 轉鼎引豐

眞帋　禛　瑱 𤥕礥　嗔　趚

蹎　謓　瞋 䀼　䐜　槇 神

稹　瘨　顚 巔𡸣顛 傎鷏　愼 昚𢚒　滇

寘 䆵　闐　塡　寊 賓　鎮

轃 轒輤輷　㐱 𩔳驂䋴　珍　趁 跈踬　診

眕 眹　胗　袗 裖袀　畛　駗

沴 𡒄　紾 抮　昣 昀畤　軫　臣 𦣝星

茞　嚚 䜓　臨　臤　郎

頣　抾　菣 堅藖　𦥑　趣

緊 絚　堅 䅭壏　腎　腎　賢

硻 硜鏗鋻 礥砼 𥓲磤　掔 擥　豎　鋻　摼 掔拘摃

麐　丏　䴢　閵 刵　閑

藺　進　璡 瑨　閏　瞤

潤　人　儿　千 仟　仁 忎𡰥

年 秊　汘　𧮰 阡仟芊肝　佞　邾

申 𢁵𦥔　呻　胂 𦙍　伸　魁

電 䨪　紳　坤 巛　陳 𨸏　鞞

神　㞒　㑞　敶 陣　身

㑗　辛　亲 𠉲　辡　痒

親 儭　新　櫬　寴　瀙

薪 莘葉　燊　鮮　垶 垶牸騂騂　囟 𦞤出䎣

佡 㑉佌　汹　細　信 㐰訫　卂

迅　訊 訙詢　汛　扟　蝨

濬 容濬　聿　建　晝　津 𦘫

夷 㶳𢙅　䔿 䕙　盡 儘　賮 䁨䐬贐　璶

盡　晉 瑨搢　㬐 𢯱　鄑　戩

縉　秦 䅮　蓁　榛　溱

臻　轃　旬 旬　珣 𡨱瑄　筍 笋筠簹箟𥰭

𡩸 惸𢚧　郇 揗　恂 袧　徇 㣺　㤋

洵　姰　絇 緰約　櫛 枸𨯾籅　橁

勻　趋　袀 徇狗殉迿　均 昀韻　鈞 畇

酌 䣧　訇 㔤訡　旬 朐昀　茍 荀　㥯 恂

寅 𡨦　黃　瞚 瞬　夤 𡖊　演

戭 戭　螾 𧈅朐蚿蚈　濥　因　茵 𦈢絪𥘽

咽 𦧝　𣢾　駰　恩　洇 烟

捆　姻 婣　引　靷 𩋩　朄

紖 𦂕𦄂　釰　𢎐 㕙𠯸𠷒　弞 矤　㞋

廾 𢍺　𢍁 𢍏　𩑶　印　肩 𢍽

猌 憖 憖 鰲 [illegible] 齓 齔齓
丨 壼 齒 粦 燐蟒 遴 僯 蹸 轔轥躙
瞵 鄰 厸 驎 麟 獜 𤞤
憐 怜 粼 磷甐粦 鱗 嶙 令 鴒
玲 苓 命 笭 柃
囹 伶 領 嶺 泠 冷
零 魿 聆 齡 瓴 蛉
鈴 矜 矝獾 軨 轜 民 毋 珉 瑉碈砇
敃 笢 簢緍軨篗 罠 怋 痻瘖 蟁 蟲蚊鴖
愍 木 瀕 頻濱嚬 顰 櫇 檳

說文通訓定聲　坤部弟十六目錄　三

便 鞭 㝃鞭 箯 鯾 鯿 緶
辡 辨 辦 辧辦 辯 辬 斑斒
[illegible] 辮 辮 䛒 扁 萹
徧 遍揙 蹁 諞 翩 鶣翩 篇
楄 牑 瘺 偏 褊 惼
猵 獱 揙 媥 甂 編
蝙 獱 丏 眄 麪
穹 沔 㴐 蚵 賓 賔 蠙 玭
蘋 蘋 矉 殯 髕 臏 儐 擯
覵 顏 鬢 䚕 嬪 闤 繽

田 畋 佃 甸 畕
奠 鄭 屭 天 吞
忝 虔 掕 越 鄜 搋
淵 𣶒囦𡿺 淵 鼘 鼝 玄 𢆯
牽 縴 眩 炫 袨 泫 鉉
胘 肞 伭 伜 弦 弲絃紘舷 𢎘 弸 趚 趚
慈 慈 嬨 嫆 玆 滋 衒 衒
𨏥 軥𨋎軴

右文字三百二十六名　旁注二百三十三字　附存三十八字

說文通訓定聲　坤部弟十六目錄　四

zhēn 眞(真)　zhēn 禛　tiàn 瑱　tián 嗔　diān 趚　diān 蹎

說文通訓定聲

吳郡朱駿聲豐芑甫紀錄

新安朱鏡蓉伯和甫參訂

坤部第十六（凡四十九部）

眞二十一名凡眞之派皆衍眞聲（側鄰切）

（眞）**眞** 眞 𠑷 僊人變形而登天也从匕从目从乚乚隱也八所乘載也古文从𠤎宂未詳按六經無眞字莊子大宗師而已反其眞而我猶爲人猗列于天瑞歸其眞宅注太虛之域當爲此字本義叚借爲愼猶誠也莊子刻意能體純素謂之眞人漁父眞者精誠之至也大宗師有眞人而後有眞知秋水謹守而勿失是謂反其眞注眞在性分之內田子方其爲人也眞注無假也山木見利而忘其眞注身也荀子勸學眞積力久則入注誠也淮南精神所謂眞人者性合于道也本經質眞而素樸注不變也覽冥隱眞人之道注眞人眞德之人傚眞訓注實也韓非子解老眞者愼之固也又素問上古天眞論故眞牙生而長極注謂牙之最後生者古詩識曲聽其眞注猶

正也又爲叵之誤字廣雅釋言眞是此也〔古韻〕老子虛心叶眞信莊子秋水叶天命名眞文子符言叶身人鄰情眞信上德叶薪信眞成

（眞）**禛** 禛 以眞受福也从示眞聲與祗義略同

（先霰）**瑱** 瑱 𦗓 以玉充耳也从玉眞聲或从耳按天子以玉諸侯以石字亦作磌詩君子偕老玉之瑱也箋塞耳也周禮弁師玉瑱儀禮士喪禮瑱用白纊禮記檀弓角瑱左昭二十八傳縝一如瑱楚語其又以規爲瑱也叚借爲塡江賦金精玉英瑱其裏注文采相襍又爲鎭周禮天府故書玉瑱大寶器又爲蹎爲趚廣雅釋室磌蹎也又單辭形況字公羊僖十六傳聞其磌然釋文聲響也或作砰磌訓釋名瑱鎭也懸當耳旁不欲使人妄聽自鎭重也

（先）**嗔** 嗔 盛氣也从口眞聲禮記玉藻盛氣顚實以顚爲之注讀爲闐失之叚借重言形況字說文引詩采芑振旅嗔嗔毛本作闐闐魏都賦作軥輷軥輷卽𨍏字皆同廣雅釋訓聲也又盛也爾雅釋天注聲行聲著頡糯軥輷衆車聲也

（先）**趚** 趚 走頓也从走眞聲

（先）**蹎** 蹎 跋也从足眞聲荀子正論蹎跌碎折漢書賈禹傳誠恐一旦蹎仆氣竭注蹷蹎也經傳皆以顚爲之叚借淮南覽冥其行蹎蹎

chēn 謓　chēn 瞋　chēn 䐜　diān 槇　zhěn 稹　diān 瘨　diān 顚

注讀塡寘之塡〔古韻〕文子道原叶蹎腆

（眞）**謓** 謓 恚也从言眞聲廣雅釋詁二謓怒也今人以嗔爲之轉注說文賈侍中說謓笑一曰讀若振按猶蘇俗所謂冷笑也內怒而外笑

（眞）**瞋** 瞋 眎 張目也从目眞聲祕書从戌聲廣雅釋詁一瞋張也莊子秋水晝出瞋目而不見邱山司馬注張也漢書項籍傳羽瞋目叱之

（眞）**䐜** 䐜 起也从肉眞聲玉篇䐜引起也按肉脹起太元爭股脚䐜如注大也

（先）**槇** 槇 木頂也从木眞聲字亦作柛轉注一曰仆木也按猶顚之爲倒爾雅釋木木自斃柛注斃踣

（袗）**稹** 稹 穜概也从禾眞聲按猶比之意爾雅釋言苞稹也孫注物叢生曰苞齊人名曰稹郭注今人呼物叢緻者爲稹詩鴇羽箋稹者根相迫迮梱致也轉注考工輪人稹理而堅注致也先鄭讀爲蒷失之

（先）**瘨** 瘨 病也从疒眞聲瘨風病也廣雅釋詁四瘨狂也素問腹中論石藥發瘨注多喜曰瘨叚借爲䐜說文一曰腹張又爲㐱詩雲

漢胡寧瘨我以旱〔古〕旻瘨我飢饉箋病也

（先）**顚** 顚 頂也从頁眞聲小爾雅廣服顚頟也方言六顚上也廣雅釋詁一顚末也齊語班序顚毛儀禮典瑞注柱左右顚後漢蔡邕傳誨于華顚胡老字俗亦作巔素問方盛衰論頭痛巔疾又作癲廣雅釋親巔頟也轉注詩車鄰有馬白顚爾雅釋畜駒顙白顚又詩采苓首陽之顚俗作巔字本此又周髀算經以繩繫表顚注首也又易顚頤注養下曰顚鼎顚趾釋文倒也楚辭愍命顚衣以爲裳字亦作傎廣雅釋言傎倒也又作傎儀禮士喪禮注或傎倒衣裳叚借爲趚爲蹎詩蕩顚沛之揭傳仆也小爾雅廣言顚殞也書盤庚顚越不恭傳隕也楚辭逢紛椒桂羅以顚覆今注顚也惜誦行不羣以巔越兮注殞也又爲嗔禮記玉藻盛氣顚實又爲瘨素問脉解故狂巔疾也又雙聲連語莊子則陽因顚冥乎富貴之地司馬注顚冥猶迷惑也又疊韻連語左僖二傳人自顚軨按阪在今山西解州平陸縣東北又重言形況字莊子馬蹄其視顚顚崔注専一皃禮記玉藻色容顚顚注憂思皃又託名幖識字爾雅髦顚蕀廣雅釋草顚棘女术按卽天門冬也又爾雅釋鳥鷏蟁母注俗說此鳥常吐蚊〔古韻〕詩東方未明叶顚令采苓叶苓顚信車鄰叶鄰顚令易襍卦叶進親顚宋玉高唐賦叶顚年楚辭天問叶顚天雰素問寶命全神論叶眞神存𩕄先人

慎　震

慎　昚　謹也、从心眞聲、古文从㚘从日、未詳、爾雅釋詁、慎誠也、𢡖靜也、廣雅釋詁四慎敕也、慎恐也、方言一慎思也、周語慎德之守也、賈子道術僶勉就善謂之慎、詩白駒慎爾優游、乃言予慎無罪、巷伯慎爾言也、傳箋皆訓誠、桑柔考慎其相、箋成也、虞書昚徽五典、禮記表記齊慮而從之、儀禮聘禮記入門主敬、升堂主慎、周禮大司徒則民慎德、注謂矜其善德、勸爲善也、字亦作眘、馬江碑終溫淑慎、叚借爲順、荀子成相請布基、慎聖人、仲尼則慎行此道也、又爲引、禮記檀弓其慎也、又爲瘨、周禮大司馬司農注五歲爲慎、又爲歇、爲愍、方言一慎憂也、又爲悔之誤字、大戴曾子立事往者不慎也、禮記儒行正作悔、古韻管子正篇叶信新慎人身、周書太子晉叶慎限、

滇　先

滇　益州池名、从水眞聲、今雲南雲南府滇池、上流卽海口、大河下流至武定府入金沙江、金沙江在四川敘州府入江、釋名釋兵隆者曰滇盾、本出于蜀、蜀滇所持也、叚借重言形況字、漢書禮樂志泛泛滇滇從高斿、注盛皃、又疊韻連語、後漢安帝紀注滇零羌名、

霣　支

霣　雨聲、从雨眞聲、讀若資、字亦作䨦、

闐　先

闐　盛皃、从門眞聲、按此字本訓當與塡寘略同、疑卽塞門之屏樹、漢書游俠原涉傳人無賢不肖闐門、注與寘同、西都賦闐城溢郭、叚借詩采芑振旅闐闐、說文口部引作嗔嗔、魏都賦作輷輷、卽輷字、爾雅釋天振旅闐闐、注羣行聲、廣雅釋訓闐闐盛也、又聲也、古韻詩采芑叶淵闐、

填　眞先　散

填　塞也、从土眞聲、一切經音義引廣雅填滿也、漢書溝洫志注填閼之水、注謂壅泥也、貢禹傳以填後宮、注與寘同、叚借爲塵、詩桑柔倉兄填兮、瞻卬孔填不寧、傳皆訓久也、又爲瘨、詩小宛哀我填寡、傳盡也、又爲瑱、吳語眞如此以環瑱通相問也、注塞耳、淮南詮言昆山之玉瑱、注式也、又爲鎮、爾雅煮填棗、按可煮而壓取其油、又爲殄、穀梁隱五傳誅不填服、注謂填厭失之、又爲奠、禮記檀弓主人既祖填池、注當爲奠徹、又單辭形況字、孟子填然鼓之、注鼓音也、荀子大畧填如也、注謂土填塞也、又重言形況字、荀子非十二子填填然、注滿足之貌、莊子馬蹄其行填填、崔注重遲也、淮南兵畧不擊填填之旗、注旗立牢端皃、又託名標識字、五緯土星謂之填星、在弟三重天、離地二萬餘里、其體大于地九十倍、兩傍有三小星、久則漸近、或與土合而爲一、如卵之兩端、又如鼓之有兩耳、填星凡二十八歲一周天、古韻詩桑柔叶旬民填天矜、

寘　先

寘　塞也、从穴眞聲、按卽填之或體、今附于此、或曰字亦作寘、太元法𥡴寘腹、注滿也、經傳寘字皆借爲置、措也、眞直雙聲、存參、叚借爲鎮、長笛賦窾圝寘赦、注聲緩也、又爲塵、詩東山傳烝寘也、又疊韻連語、穆天子傳寘軨之隥、左僖二傳作顛軨、注坂也、古韻楚辭天問叶寘墳、按寘者窴之變體、楚辭太元皆寘眞誤字也、

鎮　震

鎮　博壓也、从金眞聲、按周禮大宗伯王執鎮圭、注鎮圭者蓋以四鎮之山爲瑑飾、考工玉人鎮圭尺有二寸、天子守之、職方氏其山鎮曰會稽、注名山安地德者也、大司樂四鎮五嶽、注山之重大者、大司馬鎮畿、職方氏鎮服、天府凡國之玉鎮大寶器、凡此不應以博壓之稱施于名山九畿瑞玉爲大號、抑本義當訓重也、今重可以壓物、故爲博壓、猶今所謂稦子、文具有壓書、亦謂之鎮紙矣、廣雅釋詁三鎮重也、周語爲摯幣瑞節以鎮之、魯語子以君命鎮撫敝邑、晉語社稷之鎮也、楚語而鎮其浮、注皆訓重、物壓則安、同、廣雅釋詁一鎮安也、周禮鎮圭、晉語鎮定大事、注皆訓安、蒼頡篇鎮按也、廣雅釋言鎮撫也、又物壓則定止、楚辭抽思覽民尤以自鎮、注止也、叚借爲填、廣雅釋天鎮星謂之地侯、古韻楚辭抽思叶鎮人、

⿰車眞　刪

⿰車眞　車⿰車眞鉉也、錯本車⿰車眞鉉聲也、从車眞聲、讀若論語鏗爾舍瑟而作、又讀若掔、字亦作輷、作輱、作輤、按許書無鉉、⿰車眞鉉疊韻連語、車聲也、與轟畧同、字亦作軥、易林頤之大有轟轟軥軥、蒼頡篇軥軥衆車聲也、

㐱十三名、凡㐱之派、皆衍㐱聲、之忍切、

㐱　彰軫　紾

㐱　鬒　稠髮也、从彡从人、會意、或从髟眞聲、字亦作鬒、作縝、詩君子偕老鬒髮如雲、傳黑髮也、左昭廿六傳白晳鬒須眉、釋文黑也、廿八傳生女黰黑、服注美髮爲黰、方言四黰謂之縝、廣雅釋器縝黑也、謝元暉詩誰能縝不變、注與黰同、叚借爲稹、禮記聘義縝密以栗、注緻也、又爲紾、廣雅釋詁一縝𥿬也、又爲縒、論語縝紛皇疏單也、又疊韻連語、漢書司馬相如傳縝紛軋芴、注衆盛也、

珍　眞

珍　寶也、从玉㐱聲、爾雅釋詁珍美也、珍獻也、廣雅釋詁三珍重也、周禮典瑞珍圭、注王使之瑞節、楚辭招魂多珍怪些、注金玉爲珍、轉注周禮膳夫珍用八物、注謂淳熬淳母炮豚炮牂擣珍漬熬肝膋也、醢人凡珍與之有滯者、注四時食物也、左文十六傳時加羞珍異、又周禮場人果蓏珍異之物、注蒲𦬸枇杷之屬、又禮記儒行儒有席上之珍以待聘、注善也、太元元數參珍睟精、注純也、又左文八傳書曰公子遂珍之也、注貴也、

趁　銑　震

趁　𧻓也、从走㐱聲、讀若塵、繫文闕西以逐物爲趁、易屯如邅如以屯爲之、字亦作跈、作蹍、廣雅釋詁二趁蹸履也、淮南說山足蹍地而爲迹、脩務猶釋船而欲蹍水也、叚借爲鎮、莊子外物哽而不蹍、釋文止也、

診　紾　震

診　視也、从言㐱聲、按告也、經傳皆以胗爲之、素問風論聽問其診、注謂可言之證、莊子人閒世匠石覺而診其夢、司馬注占夢也、

zhěn 眕　zhěn 胗　zhěn 袗　zhěn 䪴　zhēn 駗　lì 沴　zhěn 紾

叚借爲眕、三蒼、診候也、通俗文、診驗也、列子力命、診其所疾、釋文、候脉也、史記扁倉傳、特以診脈爲名耳、索隱、占也、漢書藝文志、原診以知政、注、謂視其脈及色候也、

軫
眕 目有所恨而止也、从目㐱聲、按眂也、故字亦誤作眡、古皆以診爲之、叚借爲鎮、左隱三傳、憾而能眕者鮮矣、按安定也、止也、爾雅釋言、眕重也、注、謂厚重、又爲診、玉篇引埤蒼、眡告也、

軫
胗 脣瘍也、从肉㐱聲、籀文从疒、三蒼、胗腫也、廣雅釋詁一、胗創也、風賦、中脣爲胗、叚借爲診、韓詩雲漢、胡寧瘨我以旱、傳、瘨重也、夫之思元賦、思百憂以自胗、注、疾也、素問奇病論、無損不足益有餘以成其疹、注、謂久病、

軫震
袗 玄服也、从衣㐱聲、或从辰聲、儀禮士冠禮、兄弟畢袗玄、士昏禮、女從者畢袗玄、注、同也、謂借爲均、失之、字亦作袀、漢書五行志、袀服振振、左僖五傳、以均爲之、服注、黑服也、淮南齊俗、尸祝袀袨、注、純服也、吳都賦、六軍袀服、呂覽悔過、袀服回建、注、皆訓同、失之、叚借爲襌、禮記曲禮、袗絺綌、注、單也、玉藻、振絺綌、以振爲之、袗襌一聲之轉、猶屯邅之雙聲也、或曰袗爲本字、論語、袗絺綌、必表而出之、君子絺綌用玄、其上之裼衣亦用玄、出者、出絺綌之色、謂表衣與之同色也、存參、又爲珍、孟子、被袗衣、注、畫也、畫衣黼黻絺繡也、陸注、衣之美者、又爲鎮、史記司馬相如傳、槃石裖崖、索隱、整也、盛多也、漢書注、砇致也、皆失之、

軫
䪴 顏色㐱䴆、慎事也、从頁㐱聲、按㐱䴆疊韻連語、叚借爲憚、廣雅釋詁一、㐱懃也、按釋詁四類亦訓恥、

眞
駗 馬載重難行也、从馬㐱聲、按即易屯如邅如之屯、屯亶雙聲連語、此字後出、

豨光
沴 水不利也、从水㐱聲、字亦作濜、漢書揚雄傳、跖魂負沴、注、河岸之坻也、按坻礙水使不行、叚借爲㐱、漢書五行志、氣相傷謂之沴、沴猶臨莅不和意也、說文引五行傳曰、若其沴作、按拂戾之氣也、莊子大宗師、陰陽之氣有沴、注、陵亂也、漢書孔光傳、六沴之作、注、惡氣也、五行志注、沴害也、聲訓、漢書五行志、惟金沴木、注、沴也、

軫
紾 轉也、从糸㐱聲、字亦作抮、考工弓人、老牛之角紾而昔、司農注、讀爲抮縳之抮、廣雅釋詁二、抮偝也、四、抮盭也、孟子、紾兄之臂、注、戾也、淮南原道、蟠委錯紾、注、轉也、又扶搖抮抱羊角而上、注、引戾也、本經、以相繆紾、注、相緾結也、叚借爲襌、論語、袗絺綌、釋文、本作紾、皇本作縝、或曰袗玄端朝服也、按朝服內有裼衣、即中衣、中衣內有葛衣、葛衣內有明衣、禮服之必表、眾人皆同、君子燕居時、中衣亦與葛衣同色耳、

zhěn 畛　zhěn 軫　chén 臣

眞軫
畛 井田閒陌也、从田㐱聲、按字亦作畇、小爾雅廣詁、畛界也、詩載芟、徂隰徂畛、箋、謂舊田有徑路者、傳、埸也、周禮遂人、十夫有溝、溝上有畛、注、畛容大車、楚辭大招、田邑千畛、注、田上道也、轉注、左定四傳、封畛土略、注、塗所經也、莊子齊物論、請言其畛、釋文、謂封域畛陌也、吳都賦、其四野則畛畷無數、注、謂地廣道多也、叚借爲診、爾雅釋詁、畛告也、釋言、畛致也、禮記曲禮、畛於鬼神、注、致也、祝告致于鬼神辭也、又云或爲祇、蓋眂與畛同誼、或亦以畛爲之、而畛之誤體作眂、因又誤爲祇也、又爲殄、爾雅釋言、畛殄也、又爲根、太元礥、不見其畛、注、根也、又爲沴、淮南要略、棄其畛挈、注、楚人謂澤濁爲畛挈、按猶洪泓也、又重言形況字、詩信南山、畇畇原隰、傳、墾辟皃、爾雅釋訓、畇畇田也、周禮均人注作營、營轉音、詩載芟叶耘畛、

軫
軫 車後橫木也、从車㐱聲、考工記、車軫四尺、又加軫與轐焉、注、輿也、輿人、六分其廣、以一爲之軫圍、輈人、軫之方也、以象地也、廣雅釋詁一、軫方也、按輿下至車後三面材、通謂之軫、正方六尺六寸、輿下四尺四寸、車後二尺二寸、亦謂之收、詩小戎、俴收、傳、收軫也、方言九、軫謂之枕、晉語、以還軫諸侯、漢書司馬相如傳、而羌夷接軫也、揚雄傳、回軫還衡、叚借爲紾、方言三、軫戾也、廣雅釋訓、軫軳轉戾也、楚辭哀郢、出國門而軫懷兮、注、痛也、惜誦、心鬱結而紆軫、注、隱也、又爲鎮、楚辭抽思、軫石崴嵬、注、方也、失之、又爲畛、淮南要略、以翔虛無之軫、注、道畛也、文選詠懷詩、連軫距阡陌、又爲袗、禮記月令、乘元路、注、今月令曰乘軫路、又疊韻連語、淮南兵略、士卒殷軫、注、乘輪多盛皃、又託名標識字、漢書天文志、軫爲車、按南方宿四星、不等方、中有一小星曰長沙、古韻、周書周祝叶軫盡、轉音、楚辭惜誦叶忍軫、

臣二十一名、凡臣之派、皆衍臣聲、 植鄰切、

眞
臣 事君者也、象屈服之形、禮記禮運、仕于公曰臣、晉語、事君不貳是謂臣、左成二傳、臣治煩去惑者也、春秋繁露基義、臣者君之合、漢書杜欽傳、臣者君之陰也、左文十八傳、鄭公子魚臣字僕叔、論語先進釋文、恋古文臣字、益六朝時俗作、或曰唐武后製、非、轉注、書費誓、臣妾逋逃、鄭注、臣妾厮役之屬也、周禮太宰、八曰臣妾、注、男女貧賤之稱、又禮記少儀、臣則左之、注、謂囚俘、又樂記、商爲臣、又秦策、而欲以力臣天下之主、注、服也、又漢書高帝紀、臣少好相人、注、古人相與語、多自稱臣、自卑下之道也、叚借發聲之詞、漢書王陵傳、陳平謝曰、主臣、文穎曰、惶恐之辭、猶今言死罪、晉灼曰、主擊也、臣服也、言其擊服惶恐之辭、聲訓、說文、臣牽也、白虎通、臣者繵也、堅也、厲志自堅固也、廣雅釋詁一、臣堅也、釋言、臣繵也、莊子在宥、臣者人道也、古韻、書臯陶謨叶臣鄰、詩北山叶濱臣均賢、易繫辭叶臣身成、左昭十二傳、南蒯鄉人言叶身臣人、何中韻、轉音、老子重德叶臣君、

真 茞 茞艸也。从艸臣聲。

真 嚚 語聲也。从㗊臣聲。古文从壬。按古文臣字作㞼，猶臧下籀文臣字作㞼，當據此補臣古文。左傳廿四傳，口不道忠信之言爲嚚。賈子道術，親愛利子謂之慈，反慈爲嚚。書堯典，嚚訟可乎。又父頑母嚚。蒼頡篇，嚚，惡也。廣雅釋詁一，嚚，愚也。按晉語，嚚瘖不可使言。疑本義亦廢疾之一，有聲而不能成語者。經傳皆借爲佞字。存參。

紙 真 𧦝 許也。从言臣聲。讀若指。

刪 臤 堅也。从又臣聲。讀若鏗鏘之鏗。按持之固也。與掔㧊同。【叚借】說文古文以爲賢字。按校官碑親臤寶智，師臤作朋；袁良碑優臤之寵。又託名幖識字。公羊成四年鄭伯臤卒，襄公名，左作堅，穀作賢。

真 𨚑 地名。从邑臣聲。

軫 頣 舉目視人皃。从頁臣聲。

震 挋 給也。从手臣聲。【別義】一曰約也。爾雅釋詁，挋，清也。儀禮士喪禮，乃沐櫛挋用巾。注，晞也，清也。按抑按之使乾也。禮記喪大記，挋用浴衣。注，拭也。

震 菣 香蒿也。从艸臤聲。或从堅聲。字亦作䔿。爾雅，蒿，菣。注，今人呼青蒿香中炙啖者爲菣。又蔚牡菣。注，無子者。詩鹿鳴，食野之蒿。傳，菣也。【叚借】爲掔。廣雅釋詁一，䁢，掔也。

銑 㸐 牛很不從引也。从牛从臤，會意，臤亦聲。讀若賢。廣雅釋詁三，㸐，很也。【別義】說文，一曰大皃。

軫 𧼒 行皃。从走臤聲。讀若菣。

軫 緊 纏絲急也。从臤从絲省，會意，臤亦聲。字亦作䋮。廣雅釋詁一，緊，急也。釋言，緊，糾也。楚辭疾世，心緊絭兮傷懷。注，糾繚也。南州桓公九井詩，風物自凄緊。注，猶實也。素問氣交變大論，其化緊斂。注，縮也。【叚借】爲鋻。管子問，戈戟之緊。注，謂其堅彊者。又託名幖識字。玉篇引春秋成四年鄭伯緊，左作堅，公羊作臤，穀梁作賢。

先 堅 剛也。从臤从土。按从土臤聲。剛土也。廣雅釋地，堅，土也。九章算術，穿地四爲壤五，爲堅三。按字亦誤作㙕，作壏。周禮草人，彊㙕用蕡。管子任地，五壏。【轉注】爾雅釋詁，堅，固也。廣雅釋詁一，堅，強也。四，堅，長也。呂覽審分，堅窮廉直。注，剛也。貴信，其穀不堅。注，好也。淮南時則，堅致爲上。注，功牢也。素問腹中論，其氣急疾堅勁。注，定也，固也。莊子齊物論，故以堅白之昧終。釋文，謂堅石白馬之辯也。【叚借】託名幖識字。公羊定十四年，公會齊侯衛侯于堅。在今河南衛輝府濬縣北。左氏作牽。古韻，詩行葦叶堅鈞均賢。轉音，鬼谷子養志叶堅分，文子上仁叶先矜人堅全鮮。

潸 䁢 大目也。从目臤聲。說文，晼下，晼，䁢目視皃。

軫 腎 水藏也。从肉臤聲。素問六節藏象論，腎者主蟄，封藏之本，精之處也。其華在髮，其充在骨。靈蘭秘典論，腎者作強之官，伎巧出焉。白虎通情性，腎智。春秋元命苞，腎者水之精，上爲虛危。【叚借】爲賢。書盤庚，今予其敷心腹腎腸歷。魏都賦注引作優賢揚歷，是也。【聲訓】釋名，腎，引也。腎屬水，主引水氣灌注諸脉也。廣雅釋親，腎，堅也。

先 賢 多才也。从貝臤聲。莊子徐无鬼，以財分人之謂賢。【轉注】小爾雅廣詁，賢，多也。廣雅釋詁一，賢，大也。白虎通聖人，引禮別名記，倍英曰賢。賈子道術，行道者謂之賢。周禮太宰，三曰進賢。注，有善行也。鄉大夫，而興賢者能者。注，有德行者。又廣雅釋詁一，賢，勞也。詩北山，我從事獨賢。又禮記內則，獻其賢者於宗子。注，猶善也。又秦策，賢於兄弟。注，猶厚也。晉語，敬賢於請。注，愈也。儀禮鄉射禮，右賢於左。注，猶勝也。大射儀，取賢獲。注，勝黨之算也。【叚借】爲臤。考工輪人，去一以爲賢。司農注，大穿也。按取譬于大目。【聲訓】廣雅釋詁一，賢，堅也。漢書匈奴傳，匈奴謂賢曰屠耆。古韻，詩北山叶濱臣均賢，行葦叶堅鈞均賢，韓非主道叶賢因，易大畜叶正賢天。轉音，三略上叶賢逝，文子上仁叶先矜人堅全鮮賢。

庚 硻 餘堅聲。从石臤聲。字亦作硜，作鏗，作鎨，作礥，作砎。廣雅釋詁四，鎨，撞也。論語，鏗爾舍瑟而作。孔注，投瑟之聲也。漢書禮樂志，但能紀其鏗鏘。注，金石之聲也。上林賦，鏗鎗闛鞈。注，鐘聲也。楚辭招䰟，鏗鍾搖簴。注，撞也。東京賦，鏗華鍾。注，猶擊也。吳都賦，鍾鼓之鏗耾有殷。注，大聲也。又素問五常政大論，其動鏗禁瞀厥。注，欬聲也。【叚借】爲掔。太元礥首，礥，物生之難也。太元難，拔石砎砎。注，鄞致之皃。

刪 先 掔 固也。从手臤聲。讀若詩赤舃几几。按與臤㧊同。爾雅釋詁，掔，厚也。字亦作豎。廣雅釋詁一，固，牢，掔也。【叚借】爲摼。廣雅釋詁三，摼，擊也。又爲牽。莊子徐无鬼，掔好惡。崔注，引去也。司馬注，牽也。史記楚世家，鄭襄公肉袒掔羊。

刪 㜷 美也。从女臤聲。

jiàn 鋻　kēng 摼　chén 塵　zhèn 𠫤　lìn ⿱𠫤䖵　lìn 閵　lìn ⿵門火　lìn 藺　jìn 進

震 **鋻** 剛也。从金，臤聲。

庚梗先 **摼** 擣頭也。从手，堅聲。讀若鏗爾舍瑟而作。字亦作撪，作掔。廣雅釋詁三：摼，擊也。又作𢵨。楚辭招魂：𢵨鳴鼓些。注：擊也。方言十二：𢵨，揚也。【叚借】爲䩯。羽獵賦：摼象犀。注：扼也。

塵一名 直珍切

眞 **塵** 鹿行揚土也。从麤从土，會意。籀文从二土。字亦省作𡋯。左昭三傳：湫隘囂塵。注：土也。莊子逍遙遊：塵埃也。崔注：塵埃，天地間氣如霧靄似塵埃揚也。齊物論：而遊乎塵垢之外。又楚辭招魂：奧朱塵筵些。注：塵，承塵也。【轉注】爾雅釋詁：塵，久也。思元賦：允塵邈而難虧。舊注：久也。書盤庚：陳于茲。詩甫田：我取其陳。以陳爲之。桑柔：倉兄塡兮。以塡爲之。東山：烝在桑野。常棣：烝也無戎。以烝爲之。東山傳：烝，寘也。以寘爲之。今人謂時之久曰鎭日，曰鎭年，以鎭爲之。皆塵字也。又周禮內司服：鞠衣。注：色如麴塵。廣雅釋器：麴塵，綵也。【叚借】疊韻連語。廣雅釋草：因塵，虵床也。按與本草之茵蔯別。【古韻】詩無將大車叶塵疷。宋玉小言賦叶塵鱗身巾泯。【轉音】老子無源叶紛塵存先。

𠫤七名凡𠫤之派皆衍𠫤聲 直聞切

震 **𠫤** 發也。从門二，會意。二，古文下字。讀若軍敶之敶。六書故引唐本从二，二古文上字。按隹部籀文閵作⿱𠫤隹，戴引是也。

眞 **⿱𠫤䖵** 蟲也。从䖵，𠫤聲。按此𠫤亦當从𠫤。

震 **閵** 今閵也。似鴝鵒而黃。从隹，𠫤省聲。籀文不省。【叚借】爲蹸。漢書司馬相如傳：徒車之所閵轢。注：踐也。

震 **⿵門火** 火皃。从火，𠫤省聲。讀若粦。

震 **藺** 莞屬。从艸，閵聲。急就篇：藺席。【叚借】爲棱。漢書鼂錯傳：具藺石。如淳注：城上雷石也。服虔注：可投人石。棱藺雙聲。或曰借爲𠫤。存參。

震 **進** 登也。从辵，閵省聲。易說卦：巽爲進退。詩常武：進厥虎臣。箋：前也。周禮大司馬：徒銜枚而進。注：行也。呂覽論人：貴則觀其所進。注：薦也。東京賦：冏進距衰。注：善也。禮記王制：升諸司馬曰進士。注：可進受爵祿也。樂記：禮減而進。注：謂自勉强也。月令：止聲色，毋或進。注：謂御見也。論語：先進。包注：先進後進，謂士先後輩也。晉語：事君者量力而進。注：進，進取也。【叚借】爲賮。史記高祖紀：蕭何爲主吏，主進。索隱：會禮之財。又爲餕。禮記祭統：百官進，徹之。又爲盡。列子黃帝：竭聰明，進智力。【聲訓】釋名釋言語：進，引也。引而前也。【古韻】易襍卦叶進親顚轄道。楚辭抽思叶顯進。

jīn 璡　rùn 閏　rún 瞤　rùn 潤　rén 人

眞震 **璡** 石之似玉者。从玉，進聲。讀若津。字亦作璶。

閏三名凡閏之派皆衍閏聲 如潤切

震 **閏** 餘分之月，五歲再閏。告朔之禮，天子居明堂，閏月居門中。从王在門中，會意。周禮大史：閏月詔王居門終月。禮記玉藻：閏月則闔門左扉。獨斷：閏月者，所以補小月之減日，以正歲數，故三年一閏，五年再閏。書堯典：以閏月定四時成歲。或曰唐虞時尚無王字，此字从三，三年一閏也。从丨，猶一也。指事。𠫤省聲。存疑。字亦誤作閠。[illegible]機銘：延光三年閏月。【叚借】廣雅釋詁一：閏，使也。此閏之誤字。玉篇：閏，使也。本張書。

眞 **瞤** 目動也。从目，閏聲。陸賈曰：目瞤得酒食。見西京雜記。【轉注】素問：肉瞤瘛。

震 **潤** 水曰潤下。从水，閏聲。廣雅釋詁一：潤，溢也。潤，溼也。二：潤，漬也。易繫辭：潤之以風雨。虞注：澤也。禮記聘義：溫潤而澤。注：或爲濡。吳都賦：林木爲之潤黷。注：膩也。【轉注】廣雅釋詁二：潤，飾也。論語：東里子產潤色之。漢書終軍傳：必待明聖潤色。注：謂光飾之。淮南俶眞：珠玉潤澤。注：潤澤有光也。

人九名凡人之派皆衍人聲 如鄰切

眞 **人** 天地之性最貴者也。此籀文，象臂脛之形。禮記禮運：故人者，其天地之德，陰陽之交，鬼神之會，五行之秀氣也。故人者，天地之心也，五行之端也，食味別聲被色而生者也。列子黃帝：有七尺之骸，手足之異，戴髮含齒，倚而食者，謂之人。書堯典：敬授人時。【轉注】禮記中庸：仁者人也。注：讀如相人偶之人。表記：仁者人也。注：謂施以人恩也。方言十：凡言相憐哀，江濱謂之思。相見驩喜有得亡之意也。九疑湘潭之閒謂之人兮。又穀梁莊十七傳：人者，衆辭也。僖廿六傳：人，微者也。又論語：脩己以安人。孔注：謂朋友九族也。又虞書：知人則哲，能官人。管子權修：一樹百穫者，人也。又周禮樂師：有人舞。注：人舞無所執，以手袖爲威儀。【叚借】左昭廿五傳：萬者二人。呂覽、淮南同。此實八之誤字。又託名幖識字。北山經：決決之水，其中多人魚。注：郎鯢也。又果實之人在核中，如人在天地之中，故曰人。俗以仁爲之。【聲訓】釋名：人，仁也，仁生物也。故易曰：立人之道曰仁與義。【古韻】詩桃夭叶蓁人。燕燕叶淵身人。凱風叶薪人。簡兮叶榛苓人。柏舟叶天人。定之方中叶零人田淵千。蝃蝀叶人姻信命。叔于田叶田人仁。褰裳叶溱人。揚之水叶鄰命人。鳲鳩叶榛人年。何人斯叶陳身人天。巷伯叶翩人信。

rén 仁　qiān 千　rén 儿

旱麓叶天淵人，離叶人天，假樂叶民人，句中韻。楚詞大司命叶轔天人，抽思叶鎮人，管子正篇叶信新愼人身，三畧叶人恩新。〔轉音〕楚辭遠遊叶榮人征，卜居叶耕名身生貞人清楹，九辨叶淸人新年生憐聲鳴征成，風賦叶淸泠醒人，越語叶刑人天生形成，易革叶成命天人，莊子天運叶聲命生形寘榮人，管子四稱叶令政矜人騁親身，荀子成相叶精聲誠人，韓非揚權叶天親人并，墨子襍守叶輕人矜民城，文子符言叶生成寧形身人鄰情眞信，下德叶情聲性正身人，又易訟叶人川，素問寶命全神論叶眞神存聞先人，又詩烈文叶人訓刑，楚辭招魂叶天人千佚淵瞑身，文子上仁叶先矜人堅全鮮賢，又晉語叶人，上家語觀周同。

眞

儿 𠆢 仁人也。古文奇字人也。象形。孔子曰：儿在下，故詰屈。

先

千 𠦃 十百也。从十人聲。漢書食貨志：有仟伯之得，以裕爲之。〔叚借〕爲裕，管子四時：正千伯，卽今字之阡陌。又疊韻連語，文賦：清麗千眠，注：光色盛貌。〔古韻〕詩甫田叶田千陳人年，定之方中叶零人田淵千，楚辭招魂叶天人千佚淵瞑身。

眞

仁 仁 忎 𡰥 親也。从人从二，會意。按人亦聲。二者，儀禮鄭注所謂相人偶之意，古語相人偶者，諸合耦俱彼此親密之辭也。古文从心千聲。或从尸从二。尸，卽橫人字。春秋元命苞：仁者情志好生愛人，故立字二人爲仁。禮記表記：仁者右也。廣雅釋詁一：仁，有也。按猶友也，右也。左襄七傳：參和爲仁。鶡冠子泰鴻：同和者仁也。莊子在宥：親而不可不廣者仁也。禮記經解：上下相親謂之仁。墨子經：仁，體愛也。韓詩外傳：愛由情出謂之仁。周語：仁，文之愛也。又博愛於人爲仁。韓非子解老：仁者謂其中心欣然愛人也。禮記儒行：溫良者仁之本也，敬愼者仁之地也，寬裕者仁之作也，孫接者仁之能也，禮節者仁之貌也，言談者仁之文也，歌樂者仁之和也，分散者仁之施也。禮運：仁者義之本，順之體也。大戴四代：仁，信之器也。禮記仲尼燕居：郊社之禮，所以仁鬼神也。注：猶存也。喪服四制：仁者可以觀其愛焉。注：有恩者也。周禮大司徒：知仁聖義中和。注：仁，愛人以及物。爾雅釋地：太平之人仁。〔轉注〕孟子：仁，人心也。夫仁，天之尊爵也，人之安宅也。禮記表記：仁者天下之表也。韓非子解老：仁者德之光。又禮記聘義：溫潤而澤，仁也。又管子水地：夫水淖弱以清，而好灑人之惡，仁也。又新序雜事：鷄見食相呼，仁也。又大戴保傅：仁者養之，注：仁者謂乳母也。〔叚借〕爲民，禮記表記：以德報怨，則寬身之仁也。又爲人，韓勑碑：四方士仁。又疊韻連語，上林賦：仁頻并閭，注：卽檳榔也。〔聲訓〕禮記中庸：仁者人也。祭義：仁者仁此者也。孟子：仁也者人也。呂覽當務：分均，仁也。論語：則民興於仁。皇疏：恩也。孟子：人皆有所不忍，達之於其所忍，仁也。釋名釋言語：仁，忍也，好生惡殺善含忍也。〔古韻〕詩叔于田叶田人仁。〔轉音〕文子上仁叶溫仁。

說文通訓定聲　坤部第十六　土

shēn 申　nián 郱　nìng 佞　qiān 谸　qiān 汘　nián 秊(年)

先

年 𥝐 穀孰也。从禾千聲。與秊秋同意。爾雅釋天：夏曰歲，商曰祀，周曰年，唐虞曰載。注：年取禾一熟。穀梁桓三傳：五穀皆熟爲有年。宣十六傳：五穀大熟爲大有年。又桓元傳：四時具而後爲年。禮記文王世子：古者謂年齡。又周禮大史：正歲年以序事。注：中數曰歲，朔數曰年。大祝二曰年祝。司農注：求永貞也。〔叚借〕爲佞。大戴公冠：近于民，遠于年。說苑正作佞。〔聲訓〕釋名：年，進也，進而前也。白虎通：年者仍也。年仍雙聲。〔古韻〕詩鳲鳩叶榛人年，信南山叶賓年，儀禮少牢禮叶天田年引，楚辭九辨叶清人新年生憐。〔轉音〕莊子養生主叶名刑經身生親年，老子儉武叶還焉年。

先

汘 𣲹 汘水也。从水千聲。

先　霰

谸 谸 望山谷谸谸青也。从谷千聲。字亦作阡、作仟、作芉、作盰。高唐賦：仰視山巔，肅何芉芉。謝朓詩：遠樹曖仟仟。亦重言形況字。〔轉注〕廣雅釋室：谸，道也。史記秦本紀：開阡陌。索隱：南北曰阡，東西曰陌。〔叚借〕疊韻連語，楚辭：芉眠。南都賦：青冥盰瞑。江賦：涯灖芉萰。又重言形況字，列子力命：美哉國乎，鬱鬱芉芉。潘岳詩：稻栽蕭仟仟。廣雅釋訓：芉芉，茂也。釋蟲：芉芉，螗蜋也。〔古韻〕高唐賦叶顚芉。

徑

佞 𠉛 巧讇高材也。从女信省。按鍇本仁聲是也。小爾雅廣言：佞，才也。左成十三傳：寡人不佞。十六傳：諸臣不佞。廣雅釋詁三：佞，巧也。論語：不有祝鮀之佞。皇疏：口才也。又韓詩外傳：佞，讇也。晉語：佞之見佞，果喪其田。注：僞善爲佞。莊子漁父：莫之顧而進之謂之佞。鹽鐵論刺議：以邪導人謂之佞。史記周本紀：爲人佞巧。集解：一作諂。〔古韻〕晉語叶佞田。〔轉音〕漢公孫乘月賦叶淨正佞。

先

郱 𨛁 左馮翊谷口鄉。从邑年聲。在今陝西西安府醴泉縣。

申十六名，凡申之派，皆衍申聲。 失眞切

眞

申 申 𢑌 㬰 束身也。从𦥔，自持也。从丨，身也。指事。與寅同意。古文𢑌，本作𢑌，與古文玄同，今據說解偏旁改。籀文㬰，从𦥔从身省。或曰申卽胂之古文，存參。淮南原道：約車申轅。注：束也。漢書韋元成傳：畏忌自申。注：言自約束也。文帝紀：勒兵申教令。元帝紀：明察申敕之。又禮記襍記：朱綠帶申加大帶于上。左傳：日討國人而申儆之。洛神賦：申禮防以自持。〔轉注〕爾雅釋詁：申，重也。書堯典：申命羲叔。詩采菽：福祿申之。儀禮士冠禮：乃申爾服。禮記月令：申嚴號令。左成十六傳：蓐食申禱。晉語：申盟而還。注：尋也。〔叚借〕託名幖識字。古以紀旬。淮南天文：庚申，泰也。因又以紀年、紀月、紀時。爾雅：太歲在申曰涒灘。說文：七月陰氣成，體自申束，从𦥔，自持也。吏臣餔時聽事，申旦政也。又以命天體之十二宮。淮南天文：申齊西魯。又詩揚之水：不與我戍申。傳：姜姓之國，今河南南陽府南陽縣北，春秋時楚滅之。又

說文通訓定聲　坤部第十六　主

kūn 坤　shēn 紳　diàn 電　shēn 魋　shēn 伸　shēn 胂　shēn 呻

淮南墬形正東陽州曰申土。又左僖廿六傳楚鬬宜申、哀六傳楚公子申、檀弓魯曾申皆字子西。又論衡物勢申猴也。又晉語申孫之矢注矢名。又重言形況字，論語申申如也，馬注和舒之皃也。皇疏心和也。廣雅釋訓申申容也。漢書石奮傳申申擊敕之貌。又離騷申申其詈余注重也。又借爲司，莊子大宗師申徒狄，史記留侯世家以良爲韓申徒，申徒卽司徒也，雙聲。又爲身，元和姓纂晉叔孫申字子我。又爲敶，禮記郊特牲所以申信也，後漢鄧騭傳非無申證注明白也。聲訓說文申神也。釋名釋天申身也，物皆成其身體各申束之使備成也。淮南天文申者呻之也。史記律書申者言陰用事申賊萬物。廣雅釋詁四申伸也。古韻詩崧高叶天神申。

眞 呻　吟也。从口申聲。禮記學記呻其佔畢，莊子列禦寇呻吟裘氏之地，崔注誦也。

眞 胂　夾脊肉也。从肉申聲。字亦作䏰，急就篇胂腴胸脅喉咽髃，廣雅釋親胂謂之脢，素問繆刺論兩胂之上，易艮列其夤，馬注夾脊肉也。

眞 伸　不屈也。从人申聲。或曰卽申字，申爲借義所專，因復製此，存參。廣雅釋詁三伸展也，伸直也。儀禮士相見禮君子欠伸注志倦則欠，體倦則伸。淮南精神熊經鳥伸注頻伸也。本經伸曳四時注猶抑引和調之也。易繫辭引而伸之。禮記儒行竟信其志，考工鮑人則

革信也，輪人信其程圍，經史多以信爲之。段借爲身，荀子儒效是猶傴伸而好升高也。又爲敒，廣雅釋詁伸理也。

眞 魋　神也。从鬼申聲。中山經青要之山魋武羅司之。按老子曰其鬼不神，此益鬼而神者也。

霰 電　陰陽激燿也。从雨申聲。古文从古文申。陽氣之發硠石之精與地面陰氣格鬥成光，必在雷先者，如施放火礮先見火而後聞聲，其聲所以遠近而分遲速也。易說卦離爲電。聲訓釋名釋天電殄也，言乍見卽殄滅也。古韻詩十月之交叶電令。

眞 紳　大帶也。从糸申聲。廣雅釋器紳帶也。按大帶束要垂其餘以爲飾謂之紳。禮記玉藻紳長制士三尺，有司二尺有五寸，子游曰參分帶下紳居二焉，紳韠結三齊。禮記麻者不紳。又漢書郊祀志縉紳者弗道。聲訓白虎通衣裳所以必有紳帶者示敬謹自約整也。禮記內則端韠紳注大帶所以自紳約也。廣雅釋詁三紳束也。皆以申爲訓。

沅 坤　地也。易之卦也。从土从申，土位在申。按申非意，从土申聲，實卽籀文陳字，从阜从土，同聲類。於伏羲所畫八卦，隨無獨造坤乾二字之理。字亦作巛，卽卦畫變作，或以川爲之也。易說卦坤地也。左莊廿二傳坤土也。晉語坤母也。廣雅釋詁四巛柔也。易文言坤道也，妻道也，臣道也。繫辭坤陰物也。又闔戶謂之坤。聲訓易說卦坤順也。釋名釋地坤順也，上順乾也。廣雅釋詁一巛順也。

chén 陳　yìn 𨋲　shén 神

眞震 陳　宛丘也。舜後嬀滿之所封。从阜从木申聲。籀文从籀文阜。籀文申聲，汗簡引爲古文作陣。左昭十七傳陳大皞之虛也。或曰大皞以木德王，故從木。地在今河南陳州府治。左昭八傳陳顓頊之族也。昭九傳陳水屬也。按春秋時陳厲公子完奔齊，以陳字爲田氏。史記田敬仲世家索隱陳田聲相近。別義，周書世俘侯來命伐靡集于陳注靡陳紂二邑。叚借爲敶，廣雅釋詁一陳列也。周禮肆師展器陳告備注列也。內宰陳其貨賄注猶處也。左隱五傳陳魚而觀之注張設也。周語陳錫載周注布也。穀梁定四傳徙陳器注樂懸也。禮記王制命大師陳詩注謂采其詩而視之。又齊語相陳以功注亦示也。古詩瞽樂難具陳注猶說也。又論語衛靈公問陳于孔子，太公六韜有大陳地陳人陳雲鳥之陳。字亦作陣。又上秦始皇書所以飾後宮充下陳注猶後列也。又詩何人斯胡逝我陳，爾雅釋宮堂途謂之陳。釋名陳堂途也，言賓主相迎陳列之處也。又爲塵，史記平準書於是大農陳集解久也。漢書文帝紀或以陳粟，食貨志陳陳相因注久舊也。素問奇病論治之以蘭除陳氣也。又疊韻連語，史記貨殖傳陳掾其閒得所欲，索隱猶經營馳逐也。又託名幖識字，書顧命陳寶赤刀，廣雅釋器陳寶刀也，疑用今文說。古韻詩何人斯叶陳身人天，轉音素問四氣調神論叶陳身榮庭形生。又楚辭天問叶分陳，招魂叶陳先。荀子成相叶陳銀。門分雲賦叶損文神門存陳。

震 𨋲　擊小鼓引樂聲也。从申柬聲。錯本周禮小樂事鼓𨋲讀若引。按此字從柬申聲，說文無柬部，故附申部，柬非聲也。說解引樂聲，引申同部，蓋以聲訓。詩有瞽應田縣鼓，箋田當作𨋲，小鼓在大鼓旁，應𨋲之屬也。傳訓大鼓，微異。

眞 神　天神引出萬物者也。从示申聲。周禮大司樂以祀天神注謂五帝及日月星辰也。大戴曾子天圓陽之精氣曰神。左莊卅二傳神聰明正直而壹者也。易說卦神也者妙萬物而爲言者也。繫辭陰陽不測之謂神。禮記禮運百神受職焉注列宿也。祭法山陵川谷邱陵能出雲爲風雨皆曰神。甘泉賦逆釐三神注天地人也。轉注太史公自序人所生者神也。淮南精神訓注神者人之守也。老子谷神不死注謂五藏之神也。孟子聖而不可知之謂神。易繫辭利用出入民咸用之謂之神。周書諡法民無能名曰神。淮南俶眞神者智之淵也。又禮記聘義精神見于山川注亦謂玉精氣也。又東京賦竊弄神器注帝位也。又易繫辭是興神物以前民用注蓍也。又太元元文乃窮乎神域注幽冥也。海內經神民之邱注言上有神人。又爾雅釋魚一曰神龜。後漢馮衍傳神從注謂鳳也。叚借爲申，爾雅釋詁神重也。又爲敶，釋詁神治也。又爲慎，釋詁神慎也。又爲陳，廣雅釋詁二神陳也。聲訓玉篇引廣雅神引也。禮記禮運列于鬼神注神者引物而出。風俗通怪神神者申也。禮含文嘉神者信也。古韻詩崧高叶天神申，保叶神民句中韻。韓非揚權叶神淵濟，轉韻莊子天地叶名形命神。

性德充符叶形身神精㾓鳴又禮記孔子閒居叶神先雲楚辭大招叶雲神存昆莊子馬蹄叶神魂云根荀子雲賦叶損文神門存陳素問寶命全形論叶眞神存聞先人文子自然叶神循先素問八正神明論叶神聞先言存雲原論存靈樞九鍼十二原叶神門原

眞 **㬳** 㬳 引也从又𦥑聲𦥑古文申

霰眞 **敒** 敒 理也从攴伸聲

燕霞 **敶** 敶 列也从攴陳聲俗字亦作陣廣雅釋詁三敶布也經傳皆以陳爲之漢書刑法志善師者不陳注戰陳之義本因陳列爲名而音變耳呂覽簡選以爲前陳注列也又周禮掌客皆陳注列也齊語陳妾數百注列也叚借爲敒周禮稍入注句讀維禹敶之之敶同今毛詩信南山以甸爲之傳治也轉音楚辭大招叶敶存先

眞 **身** 身 躳也象人之身从人厂聲按从申省聲爾雅釋詁身我也禮記哀公問身也者親之枝也祭義身也者父母之遺體也爾雅釋詁身親也周禮大宗伯侯執信圭伯執躬圭注身圭躬圭蓋皆象以人形爲瑑飾按身圭人形直躬圭人形曲經蓋以信爲之又書無逸文王受命惟中身鄭注謂中年轉注考工梓人上兩个與其身三注躬也叚借爲㑗廣雅釋詁四身㑗也詩大明大任有身傳重也按身中

有身故訓重也聲訓釋名釋形體身伸也可屈伸也古韻詩燕燕叶淵身人雨無正叶天信臻身何人斯叶陳身人天易繫辭叶臣身成左昭十二傳南蒯鄉人言叶身臣人句中韻管子正叶信新愼人身轉音禮記月令叶身寧性靜定楚辭卜居叶耕名身生貞人淸楹莊子養生主叶名刑經身生親年德充符叶形身神精㾓鳴管子四稱叶令政矜人騈親身七臣七主叶聲聽傾身荀子樂論叶情經刑正身聽成聲文子符言叶生成寧形身人鄰情眞信下德叶情營性正身人按讀如聲也又楚辭惜誦叶糧芳明身按讀如商也又文子符言叶身孫宋玉小言賦叶塵鱗身巾泯按讀如舜也

眞 **㑗** 㑗 神也从人身聲按廣雅孕重妊娠身嬔㑗也玉篇㑗妊身也許書神也疑坤字之誤坤爲母

辛十名凡辛之派皆衍辛聲 息鄰切

眞 **辛** 辛 大辠也从辛上會意干上爲辛辠之小者辛擬也擬刺也辛上爲辛辠之大者辠辥辜辟辧皆从此爲意白虎通五行辛所以煞傷之也轉注周書柔武以匡辛苦注辛苦躬也又周禮瘍醫以辛養筋注金味楚辭招魂辛甘行些注謂椒薑也聲類江南曰辣中國曰辛叚借託名幖識字古用以紀旬禮記月令其日庚辛注辛之言新也因以爲日名詩十月之交朔月辛卯箋辛金也因又以紀年

紀月紀時爾雅釋天太歲在辛曰重光月在辛曰塞說文秋時萬物成而孰金剛味辛辛痛卽泣出从一从辛辛辠也又引大一經辛承庚象人股又海內經有國名曰流黃辛氏注卽酆氏也又中山經陽華之山多苦辛其味酸甘又家語弟子魯顏辛字子柳又廣雅釋草莘莫馬辛也按卽蘼草之莘少辛細辛也似杜衡後漢書馮衍傳注辛夷亦樹也其花甚香又借爲信白虎通號帝嚳有天下號曰高辛高辛者道德大信也聲訓釋名釋天辛新也物初新者皆收成也禮記郊特牲盧植注辛之爲言自新絜也漢書禮樂志注辛取齋戒自新之義也史記律書辛者言萬物之辛生

眞 **桼** 桼 果木似梓實如小栗从木辛聲據齊民要術四訂字亦作榛廣雅釋木桼栗也詩定之方中樹之桼栗左莊廿四傳女贄不過桼栗棗脩今本作榛禮記曲禮婦人之摯椇榛脯脩棗栗周禮籩人其實棗栗桃乾䕩榛實皆作榛蜀都賦桼栗罅發作榛按此字卽榛之古文凡棗栗橘柚之屬木果皆卽以木爲名不別製字許書分桼榛爲二義失之

眞 **⿰多辛** 詩螽斯羽詵詵兮釋文引說文作⿰多辛⿰多辛姑附于此按卽詵字亦重言形况字廣雅釋詁三⿰多辛多也

眞 **⿸疒辛** ⿸疒辛 寒病也从疒辛聲

眞 **親** 親 至也从見桼聲字亦作儭廣雅釋詁三親近也易襍卦同人親也禮記大傳親者屬也孟子人之親其兄之子注愛也呂覽貴信不能相親注比也左僖五傳輕則失親注黨援也晉語親民之結也又禮記祭義其親也慤注謂身親文王世子世子親齊元而養注猶自也轉注公羊莊卅二傳君親無將注謂父母左昭十四傳祿勳合親注九族周語愛親禮新注六親也後漢泰彭傳注六親謂父子兄弟夫婦也周禮掌戮注親總服以內也禮記喪服小記祔于親者注親者謂舅所生鄭語非親則頑注謂支子甥舅叚借史記孟嘗君傳而聽親弗此親之誤字聲訓禮記郊特牲親之也者親之也釋名釋親屬親襯也謂隱襯也古韻詩節南山叶親信易襍卦叶進親顚呂覽愼行叶信親稈管子弟子職叶恩親轉音莊子養生主叶名刑經身生親年管子四稱叶令議矜人騈親身韓非揚權叶天親人并呂覽貴信叶寧輕令親貞楚辭天問叶綠親管子五行叶堇親

眞 **新** 新 取木也从斤桼聲按从斤木辛聲叚借爲[illegible]廣雅釋言新初也詩采芑于彼新田臣工如何新畬爾雅釋地二歲曰新田淮南齊俗而刀如新剖硎注新剖始製也太元務新鮮自求珍注新鮮淸潔之貌也亦雙聲連語又穀梁成三傳新宮禰宮也莊廿九年新延廄傳其言新有故也定二年新作雉門傳言新有舊也詩閟宮新廟奕奕箋修舊曰新又爲䙴禮記內則棗曰新之爾雅釋木正作䙴又爲親書金縢惟朕小子其新迎又託名幖識字甘泉賦列新雉於林

薄注、新雉辛夷也、按樹如杜仲、花如小蓮、一名木筆、又水經河水注新泰地名、又漢書王莽傳信鄉侯佟上言、按卽新鄉、以信爲之、古韻詩文王叶天、新、管子正叶信新愼人身、三略上叶人恩新、轉音楚辭九辨叶淸人新年生憐聲鳴征成、

震 **櫬** 櫬 棺也、从木、親聲、小爾雅廣名、空棺謂之櫬、左僖六傳士輿櫬、按天子四重、諸公三重、侯再重、大夫一重、士不重、天子水兕革棺最在內、諸侯杝棺最在內、檀弓君卽位而爲椑、卽杝棺、親屍者也、別義爾雅釋木、櫬梧注、今梧桐、按皮靑作莢、如小瓢子綴瓢邊如乳、其皮白中琴瑟材、古亦以爲棺者無子、爾雅又云、櫬桐木是也、又䒷櫬采薪、采薪卽薪注、今樵薪、錢宮詹云、䒷字當屬上句、又釋草櫬木堇、按卽蕣也、樹如李、其華朝榮夕瘁、

眞震 **寴** 寴 至也、从宀、親聲、廣韻屋空貌、叚借爲親、秦碑有寴剸字、卽親巡也、

震 **瀙** 瀙 親水、出南陽舞陽中陽山、入潁、从水、親聲、山今河南南陽府泌陽縣中陰山、卽蔽山、今水道與古異、水經瀙水注、山海經謂之視水也、

眞 **薪** 薪 蕘也、从艸、新聲、禮記月令收秩薪柴注、大者可析謂之薪、薪施炊爨、按薪草柴、柴木柴也、周禮委人薪蒸材木注、麤者曰薪、細

說文通訓定聲 坤部第十六 十七

者曰蒸、詩無羊以薪以蒸、左昭廿傳藪之薪蒸、管子輕重甲農夫得居裝而賣其薪蕘、又莊子養生主指窮于爲薪火傳也、崔注、薪火、爝火也、禮記曲禮某有負薪之憂、疏、樵也、轉注爾雅釋木謂櫬采薪采薪卽薪、按舍人李孫本謂皆作藁、當從之、與上櫬梧樸抱者連文、言皆可采取爲薪也、樕樕焦桐固其常矣、又按此字亦作莘作業、借爲姺、左僖廿八傳有莘之虛、孟子有莘之野是也、又託名幖識字、詩大明纘女維莘、傳、太姒國、又周禮有神降于莘、注、虢地、左莊十年荊敗蔡師于莘、注、楚地、又借爲駪、莊子徐无鬼禍之長也茲萃、李注、多也、晉語莘莘征夫、高唐賦維維莘莘、郭輔碑業業昆嗣、亦重言形況字、又單辭形況字、詩魚藻有莘其尾、傳、長貌、古韻詩凱風叶薪人、揚之水叶薪申、大明叶天莘、文子上德叶薪信眞戒、轉音詩車舝叶𦕈薪、

燊一名、所臻切、

眞 **燊** 燊 盛貌、从焱在木上、會意、讀若詩莘莘征夫、一曰役也、按此因詩起義、

觲二名、凡觲之派皆衍觲聲、息寅切、

庚 **觲** 觲 用角低仰便利也、从羊牛角、會意、詩曰觲觲角弓、毛本以垟爲之、觲者俗垟字、傳、騂騂調和也、按亦重言形況字、

庚 **垶** 垶 赤剛土也、从土、觲省聲、字亦作垶、作牸、作騂、作騂、廣雅釋地垶土也、周禮草人騂剛用牛、故書作騂、小爾雅廣詁牸赤也、轉注禮記郊特牲牲用騂尚赤也、詩閟宮享以騂犧、傳、赤也、周禮牧人凡陽祀用騂牲、公羊文十三傳魯公用騂犅、禮記明堂位周騂剛、論語騂且角、左襄十傳騂旄之盟、注、赤牛也、又詩駉有騂有騏、傳、赤黃曰騂、漢書匈奴傳南方盡騂馬、注、赤馬也、

囟四名、凡囟之派皆衍囟聲、息進切、

震 **囟** 囟 𦞤 𠙶 頭會匘盖也、象形、或从肉宰聲、古文作𠙶、亦象形、按上其髮也、一切經音義四囟引說文頭會匘盖額空也、古文胴脖二形、禮記內則注、夾囟曰角、疏引說文象小兒匘不合也、此釋古文之形、聲訓釋名釋形體囟峻也、所生高峻也、

紙 **佌** 佌 小皃、从人、囟聲、詩曰佌佌彼有屋、按詩正月毛本作佌、傳、佌佌小也、字亦作佌作𢔾、

霽 **汹** 汹 水、出汝南新郪、入潁、从水、囟聲、當出今安徽潁州府阜陽縣東、水經潁水注作細水、引地理志細水出細陽縣東南入潁、今此水未知其審、

霽 **細** 細 微也、从糸、囟聲、今讀如壻者、聲之轉、按細者絲之散也、轉注廣雅釋詁二細小也、禮記檀弓細人之愛人也以姑息、呂覽去宥

說文通訓定聲 坤部第十六 十八

細人也、注、小人、周語細鈞有鍾無鎛、注、細聲謂角徵羽也、叚借爲昔、荀子大略臨患難而不忘細席之言、注、講論之席、尸子作昔、細昔雙聲、又託名幖識字、論衡說日細柳西方野也、又廣雅釋草細條細辛也、聲訓釋名釋言語細弭也、弭弭兩致之言也、

信一名、息晉切、

震 **信** 信 𠈌 𧥓 誠也、从言从人、會意、古文从人从口、又古文从言从心、孟子有諸己之謂信、墨子經信言合于意也、廣雅釋詁一信敬也、白虎通情性信者誠也、專一不移也、晉語定身以行事謂之信、賈子道術期果言當謂之信、禮記經解民不求其所欲而得之謂之信、左僖七傳守命共時之謂信、宣十五傳臣能承命爲信、哀十六傳周仁之謂信、文元傳信德之固也、襄九傳信言之端也、僖廿五傳信國之寶也、穀梁僖廿二傳言之所以爲言者信也、周語信文之孚也、又制義庶孚信也、管子小問澤命不渝信也、鶡冠子學問所謂信者無二響者也、大戴四代信義之重也、衛將軍文子信德之厚也、禮記禮器忠信禮之本也、易繫辭人之所助者信也、論語信近於義、皇疏不欺也、荀子明主任計不信怒、注、亦任也、非十二子信信信也、疑疑亦信也、法言脩身信符也、爾雅釋地大蒙之人信、左昭卅三傳晉韓不信宇伯音、或曰音者言之誤字、叚借爲伸、詩擊鼓不我信兮、傳、極也、考工鮑人則革信也、注、無縮緩、易繫辭以求信也、周禮

彝經從冬至北來日益長故曰信炎都賦閫閻信其威又爲身周禮大宗伯侯則信圭考工玉人之事命圭七寸謂之信圭侯守之又爲申詩九罭于女信處有客有客信信左莊三傳凡師一宿爲舍再宿爲信過信爲次按謂之申者重宿之義次則有次第可數九不一宿也又爲儆左昭廿五傳信罪之有無定八傳盟以信禮也注猶明也晉語封疆信注審也詩谷風信誓旦旦按皆儆列之意又託名幖識字後漢張衡傳注正東揚州曰信土聲訓釋名釋言語信申也言以相申東使不相違也古韻詩擊鼓叶洵信蝃蝀叶人姻信命示苕叶苕顚信節南山叶親信雨無正叶天信臻身苍伯叶翩人信老子虛心叶眞信管子正叶信新愼人身轉音易坎叶盈信呂覽愼行叶信親秷文子符言叶生成寧形身人鄰情眞信上德叶薪信眞成又三畧上叶順信奮亂管子勢叶先信大戴王言叶信敎句中韻

卂六名凡卂之派皆衍卂聲 息進切

震 卂 疾飛也从飛而羽不見指事

震眞 迅 疾也从辵卂聲按疾走也从辵从卂會意卂亦聲爾雅釋獸猨絕有力迅又猰貐迅走周書王會麃者若鹿迅走轉注論語迅雷風烈東京賦若疾霆轉雷而激迅風也又西京賦紛縱體而迅赴又陸機長歌行年往迅勁矢

說文通訓定聲 坤部第十六 九

震 訊 問也从言卂聲古文从言西聲按字亦作詢漢宣帝名詢爾雅釋言訊言也釋詁訊告也詢謀也詩正月訊之占夢傳問也禮記學記多其訊注或爲訾按訾猶咨也左文十二傳執訊而與之書注通問之官公羊僖十傳君嘗訊臣矣注上問下曰訊又虞書詢事考言詩皇皇者華周爰咨詢左襄四傳咨親爲詢晉語詢于八虞又詩出車執訊獲醜周禮小司寇用情訊之司刺壹刺曰訊羣臣禮記王制以訊馘告漢書張湯傳訊鞫論報注考問也鄒陽傳卒從吏訊注謂鞫問也吳語乃訊申胥注告讓也今因經無以詢爲問舉字遂用訊不用詢其實訊詢一字也叚借爲迅廣雅釋詁一訊動也詩七月傳羽成而振訊之雉雉箋奮訊其形貌漢書揚雄傳猋駭雲訊注奮訊也又爲恂爾雅釋詁詢信也太元元圖乃訊感天注詰也失之又爲均尚書大傳詢十有二變注均也又爲誶之誤字詩墓門歌以訊之爾無正莫肯用訊箋告也形近誼同古韻詩皇華叶駰均詢

震 汛 灑也从水卂聲按此字經傳多誤作汎濫之汎禮記郊特牲汎埽反道管子弟子職汎拚席漢書王褒傳忽若彗汎畫塗剃桑汎美新汎盡汎埽前聖數千載功業皆此汎字也凡洒埽字古亦以酒爲之叚借爲訊按今所用汎地字蓋譏詰往來行人處也又爲汎之誤字按今所用潮汎字是水行氾溢之義或曰借爲信亦通

眞 扟 從上挹也从手卂聲讀若莘按從上把也與攐叉同通俗文從上取曰扟叚借爲損爲峻廣雅釋詁二扟減也

質 蝨 齧人蟲也从䖵卂聲其子曰蟣淮南書頭中蝨與空木瑟名同實異叚借託名幖識字韓策有公子蟣蝨又廣雅釋草狗蝨胡麻也

濬一名 私閏切

震 容 深通川也从谷从歺歺殘地阬坎意也按與浚誼畧同从谷从奴省會意或又从水古文从水从睿爾雅釋言濬深也虞書濬畎澮距川轉注今文尚書洪範思心曰容睿作聖按寶容之誤字詩長發濬哲維商史記五帝紀幼而徇齊以徇爲之

聿十名凡聿之派皆衍聿聲 將鄰切

眞 聿 筆飾也从聿从彡會意俗語以書好爲聿讀若津

先 逮 自進極也从辵聿聲埤蒼逮至也

說文通訓定聲 坤部第十六 十

眞 盡 气液也从血聿聲字多以津爲之

眞 津 水渡也从水聿聲古文从舟从淮按从舟省聲論語使子路問津焉鄭注濟渡處也書禹貢又東至于孟津疏渡處水經河水注自黃河泛舟而渡者皆爲津也轉注爾雅釋天箕斗之閒漢津也周語日在析木之津注天漢也史記天官書索隱津湊也呂覽求人日出九津注崖也叚借爲盡周禮大司徒其民黑而津注潤也管子侈靡若旬虛期于月津注明潤貌素問陰陽應象論津液充郭注津液者水也三蒼津液汁也又重言形況字莊子庚桑楚津津乎猶有忍也又託名幖識字廣雅釋蟲津姑螻姑也聲訓釋名釋形體津進也津進出也廣雅釋水津因也古韻靈樞決氣篇叶溱津

震 ⿱聿火 火餘也从火聿省聲一曰薪也按薪謂炭也字亦作燼作㶳小爾雅廣詁燼餘也廣雅釋詁四㶳夷妣也按同字詩桑柔具禍以燼箋災餘曰燼左成二傳請收合餘燼注火餘木也吳語然後安受其燼注餘也又左襄四傳收二國之燼注遺民也古韻詩桑柔叶翩泯燼頻

先 ⿱艹津 艸貌从艸津聲大篆从茻字林⿱艹津草茂貌

jìn 盡　jìn 賮　jìn 璶　jìn 藎　jìn 晉　jiàn 榗

軫 **盡**　器中空也。从皿，㶳聲。小爾雅廣言：盡，止也。墨子經：盡，莫不然也。禮記哀公問：固民自盡。疏謂竭盡。祭統：誠信之謂盡。荀子榮辱：農以力盡田，賈以察盡財，百工以巧盡械器。注謂精于事。呂覽明理：五帝三王之於樂，盡之矣。注：極也。孟子：盡信書。藝文類聚王粲論作專。又禮記曲禮：虛坐盡後，食坐盡前。俗字作儘。叚借重言形況字。荀子非十二子：盡盡然。注：極視盡物之貌。古韻詩楚茨叶盡、引。周書周祝叶軫、盡。轉音呂覽任地叶明、盡。

震 **賮**　會禮也。从貝，㶳聲。字亦作贐。蒼頡篇：賮，財貨也。孟子：行者必以贐。注：送行者贈賄之禮也。魏都賦：𥣬負賮贄。注：禮贄也。史記高祖紀：主進。以進爲之。按字又作賮，誤作賮。廣雅釋詁一：賮，盆也。

震 **璶**　石之似玉者。从玉，盡聲。

震 **藎**　草也。从艸，盡聲。或曰俗名菉蓐草，則即今淡竹葉。按本草：藎草可以染流黃，作金色，生蜀中。又御覽引：藎草一名黃草。益以其可染黃綠，則即莨草也。叚借爲進。爾雅釋詁：藎，進也。詩文王：王之藎臣。周書皇門：朕藎臣夫。又爲㶳。方言二：藎，餘也。炊薪不盡曰藎。詩桑柔：具禍以藎。長笛賦：藎滯抗絕。

晉五名，凡晉之派皆衍晉聲。即潤切。

震 **晉**　進也。日出萬物進。从日，从臸。會意。字亦作晋，从二日。說易曰：明出地上，晉。序卦：晉者，進也。襍卦：晉，晝也。幽通賦：盍孟晉以迨羣兮。注：進也。轉注：周禮田僕：王提馬而走，諸侯晉。注：猶抑也。按肅慎以進也。尚書大傳：見梓晉然實而俯。注：肅貌。叚借爲鐏。考工廬人：去一以爲晉圍。司農注：謂矛戟下銅鐏也。又周禮典瑞：王晉大圭。考工盧人注引作搢。按圭之插于帶，如鐏之插于地，故謂之鐏。廣雅釋詁二：搢，插也。儀禮鄉射禮：搢三而挾一个。禮記樂記：裨冕搢笏。吳語：挺鈹搢鐸。史記封禪書：搢紳者不道。淮南齊俗：無皮弁搢笏之服。禮記月令：司徒搢扑。皆鐏之轉注也。字亦作搢。又爲箭。周禮職方氏：故書其利金錫竹晉。又託名幖識字。周禮鼓人：以晉鼓鼓金奏。注：晉鼓長六尺六寸。又水經晉水注：叔虞成王封之于唐，縣有晉水，後改名爲晉。在今山西太原府太原縣。燮父改曰晉。成侯徙都曲沃，今平陽府曲沃縣。穆侯徙都絳，今翼城縣。春秋後韓魏趙分晉爲三。呂覽悔過：於東邊候晉之道。注：晉國也。聲訓：釋名釋州國：晉，進也。其地在北，有事於中國則進而南也。又取晉水爲名，其水迅進也。

霰 **榗**　木也。从木，晉聲。按字亦作梓。从木，辛聲。與从木宰省聲之梓別。尚書大傳：南山之陰有木名梓。晉晉然而俯，子道也。叚借爲箭。說文書曰：竹箭如榗。按周書職方解：其利金錫竹榗。許謂竹榗讀如箭也。又爲榛。說文木部引詩：榗楛濟濟。

zī 鄑　jiǎn 戩　jìn 縉　qín 秦　zhēn 蓁　zhēn 榛　zhēn 溱

支 **鄑**　宋魯閒地。从邑，晉聲。左莊十一年：公敗宋師于鄑。注：魯地，當在今山東兖州府境。別義：左莊元年：齊師遷紀郱鄑郚。鄑在今山東青州府昌樂縣西，則紀地。

銑 **戩**　滅也。从戈，晉聲。轉注：方言：福祿謂之祓戩。按除惡滅凶之義。爾雅釋詁：戩，福也。詩天保：俾爾戩穀。或曰借爲禛，或曰借爲盡。存參。叚借爲剪。詩閟宮：實始戩商。毛本以翦爲之。傳：翦，齊也。

震 **縉**　帛赤色也。从糸，晉聲。左文十八傳：縉雲氏有不才子。禮有縉緣。叚借爲搢，實爲鐏。荀子禮論：縉紳而無鉤帶矣。漢書郊祀志：縉紳者勿道。注：縉，插也。

秦六名，凡秦之派皆衍秦聲。匠鄰切。

真 **秦**　禾名。从禾，从舂省。會意。籀文从秝。叚借託名幖識字。說文：秦伯益之後所封國，地宜禾。在今甘肅秦州清水縣。又左莊卅一年：築臺于秦。在今山東曹州府范縣。又水經河水注引西域記：大秦一名梨軒。又風賦：離秦衡。注：秦，香草也。又云：木名也。則謂借爲榛。聲訓：釋名釋州國：秦，津也。其地衍沃，有津潤也。轉音：荀子堯問叶刑、秦、成、冥、傾。

真 **蓁**　艸盛貌。从艸，秦聲。詩桃夭：其葉蓁蓁。傳：至盛貌。廣雅釋訓：蓁蓁，茂也。爾雅釋訓：蓁蓁、孽孽，戴也。亦重言形況字。楚辭招魂：蝮蛇蓁蓁。注：積聚之貌。叚借爲榛。莊子徐无鬼：逃于深蓁。古韻：詩桃夭叶蓁、人。

真 **榛**　榛木也。从木，秦聲。按與亲同字。詩簡兮：山有榛。鳲鳩：其子在榛。周語：榛楛濟濟。注：似栗而小。其實亦曰榛。字林：亲似梓，實如小栗。按梓即榗字也，非桐梓之梓。左莊廿四傳：女贄不過榛栗棗脩。孟子章指謂之柚梓。別義：說文一曰菆也。一切經音義十引說文：叢木也。廣雅釋木：木叢生曰榛。釋詁三：榛，聚也。淮南原道：隱於榛薄之中。注：藂木曰榛，深草曰薄。又木處榛巢。本經：蓄榛穢聚埒畝。叚借重言形況字。漢書司馬相如傳注：榛榛，盛也。楊雄傳注：榛榛，梗穢貌。古韻：詩簡兮叶榛、苓、人。鳲鳩叶榛、人、年。

真 **溱**　溱水出桂陽臨武人匯。从水，秦聲。按出今湖南桂陽州臨武縣。山海經作肄水。水經溱水注：肄水，溱水之別名也。別義：詩褰裳：涉溱。又溱與洧。傳：鄭兩水名。按鄭自有溱水，說文及水經注則皆謂借爲潧。然古音潧、溱迴別，未敢信也。叚借爲臻。漢書王褒傳：萬祥畢溱。谷永傳：暴風三溱。又重言形況字。詩無羊：室家溱溱。傳：衆也。箋：子孫衆多也。潛夫論作蓁蓁，亦同。古韻：詩褰裳叶溱、人。靈樞決氣篇叶

zhēn 臻　zhēn 轃　xún 旬　xún 珣　sǔn 筍　sǔn ⿱旬兮

秦律、

臻　真　臻[篆] 至也、从至、秦聲、詩泉水、遄臻于衛、雲漢、饑饉薦臻、考工栗氏、尤臻其極、叚借爲荐、爾雅釋詁、臻乃也、按猶仍也、迺也、古韻、詩雨無正叶天信臻身、菀柳叶天臻矜、

轃　真　轃[篆] 大車簣也、从車、秦聲、讀若臻、按小車所藉者曰茵、叚借爲臻、漢書禮樂志、四極爰轃、王吉傳、則福祿其轃、王莽傳、百蠻並轃、甘泉賦、是時未轃夫甘泉也、

旬十三名、凡旬之派、皆衍旬聲、許臻切、

旬　真　旬[篆][篆] 徧也、十日爲旬、从勹日、按从日、从勻省、會意、古文从日、从勻不省、易豐、雖旬无咎、書堯典、三百有六旬有六日、周禮、旬終則令正日成、儀禮少牢禮、筮旬有一日、禮記曲禮、旬之外曰遠某日、轉注、詩江漢、來旬來宣、傳、徧也、魏都賦、量寸旬、注、時也、叚借爲徇、小爾雅廣詁、旬治也、詩信南山、維禹甸之、以甸爲之、又爲均、詩桑柔、其下侯旬、傳、言陰均也、周禮均人、公旬用三日焉、注、均也、禮記內則、旬而見、注、當爲均、易說卦、坤爲均、今亦或作旬也、又爲袀、管子入國、入國四旬、注、即巡也、太元、昆奚足旬也、注、猶徇也、又託名幖識字、楚辭遠遊、造旬始而觀清都、注、旬始、皇天名也、又東京賦、欃槍旬始、注、妖氣也、古韻、詩桑柔叶旬民塡天矜、

珣　真　珣[篆] 醫無閭之珣玗琪、周書所謂夷玉也、从玉、旬聲、爾雅釋地、東方之美者、有醫無閭之珣玗琪焉、按醫無閭山、屈賦作於微閭、在今盛京錦州府廣寧縣、別義、說文、一曰玉器、讀若宣、爾雅釋器、璧大六寸謂之宣、詛楚文、宣璧、以宣爲之、漢書郊祀志、有司奉瑄玉、字亦作宣、作瑄、

筍　軫　筍[篆] 竹胎也、从竹、旬聲、字亦作筭、作筠、又誤作筊、爾雅釋草、筍竹萌、詩韓奕、維筍及蒲、傳、竹也、吳都賦、苞筍抽節、注、苞筍冬筍也、轉注、書顧命、敷重筍席、鄭注、析竹靑皮也、馬注、箁箬也、孔傳、蒻竹也、儀禮既夕、注、筊竹箹蓋也、禮記禮器、如竹箭之有筠也、聘義、孚尹旁達、以尹爲之、又考工故書、紛胡之筍柱、注、當爲竹、按筍是也、箭竹、叚借爲箯、公羊文十五傳、筍將而來也、注、竹箯一名編輿、齊魯以北名曰筍、又爲簨、考工梓人、爲筍虡、釋名釋樂器、所以懸鍾鼓者、橫曰筍、筍峻也、在上高峻也、字亦作簨、作箕、禮記明堂位、夏后氏之龍簨虡、檀弓、有鍾磬而無簨虡、

⿱旬兮　軫　⿱旬兮[篆][篆] 驚詞也、从兮、旬聲、或从恂聲、莊子、恂然棄而走、以恂爲之、按字又誤作惸、周禮大司寇、惸獨老幼、注、無兄弟曰惸、詩

xuàn 絢　jūn 姰　xún 洵　xún 恂　xùn 侚　xún ⿰巾旬　xún 郇

正月、哀此惸獨、孟子、哀此煢獨、書洪範、無虐煢獨、離騷、夫何煢獨而不余聽、皆以煢爲之、叚借重言形況字、詩正月、憂心惸惸、傳、憂意也、爾雅釋訓、惸惸憂也、詩閔予小子、嬛嬛在疚、作嬛亦同、

郇　真　郇[篆] 周文王子所封國也、後爲晉地、从邑、旬聲、讀若泓、按讀若洵、誤泓也、字亦誤作栒、詩下泉、郇伯勞之、周書王會、以荀爲之、地在今山西蒲州府猗氏縣西北、左僖廿四年傳、盟于郇、晉語、師退次于郇、左成六傳、必居郇瑕氏之地、按郇瑕古二國名、叚借爲新、史記蘇秦傳、北有陘塞郇陽、

⿰巾旬　真　⿰巾旬[篆] 領耑也、从巾、旬聲、亦名㡒、字亦作裪、呂覽離俗、丹績之裪、法纓也、按嬰也、

侚　震　侚[篆] 疾也、从人、旬聲、字亦誤作徇、叚借爲濬、史記五帝紀、黃帝幼而徇齊、集解、疾也、失之、墨子、年踰五十、則聰明思慮不徇通矣、皆誤作徇、或曰徇者、徇字以徇爲之、

恂　真　恂[篆] 信心也、从心、旬聲、小爾雅廣言、恂恍也、方言一、恂信也、列子周穆王、且恂士師之言可也、大戴衞將軍文子、爲下國恂蒙、注、信也、詩作駿厖、傳、大也、則謂借爲峻、叚借爲㥞、禮記大學、恂慄也、注、字或作峻、讀如嚴峻之峻、言其容貌嚴栗也、按㥞慄、猶恐懼也、莊子齊物論、則惴慄恂懼、崔注、戰也、徐无鬼、恂然弃而走、司馬注、遽也、又爲旬、田子方、女怵然有恂目之志、列子黃帝釋文、吳人呼瞬目爲恂目、又疊韻連語、韓詩、溱洧、恂盱且樂、傳、恂盱樂貌也、盱即訏字、毛詩作洵訏、又重言形況字、論語、恂恂如也、鄭注、恭愼貌、王注、溫恭貌、史記李將軍傳、悛悛如鄙人、作悛、祝睦碑、鄉黨逡逡、作逡、劉修碑、遜遜如也、作遜、亦皆同、又論語、鄭本、夫子恂恂然善誘人、注、恭順貌、後漢趙壹傳、失恂恂善誘之意、廣雅釋訓、恂恂敬也、

洵　真　洵[篆] 過水中也、从水、旬聲、爾雅、過爲洵、水經陰溝水東南王沛爲過水、注、洵過水也、叚借爲恂、詩宛丘、洵有情兮、傳、信也、靜女、洵美且異、叔于田、洵美且仁、有女同車、洵美且都、溱洧、洵訏且樂、皆同、羔裘、洵直且侯、傳、均也、失之、又爲均、爾雅釋言、洵均也、李注、偏之均也、則謂借爲旬、又爲敻、詩擊鼓、于嗟洵兮、傳、遠也、又爲泫、魯語、無洵涕、又爲戳、爾雅釋言、洵龕也、按猶戳戊也、古韻、詩擊鼓叶洵信、

姰　真　姰[篆] 鈞適也、男女併也、从女、旬聲、別義、廣雅釋詁四、姰狂也、

絢　霰　絢[篆] 采成文也、从糸、旬聲、九經字樣作絢、引說文从筍聲、字亦作約、論語引詩、素以爲絢兮、馬注、文貌也、鄭注、文成章曰絢、儀禮聘禮記、絢組、注、采成文曰絢、今文作約、叚借爲徇、揗白馬賦、絢練夐絕、注、絢練疾皃也、轉音、論語叶倩盼絢、

眞 橁 橁杶也从木筍聲左襄十八傳孟莊子斬其橁以爲公琴注木名字亦作栒北山經綸山其木多栒注木中枚也按可爲策與杖別義詩有瞽傳衡者爲栒植者爲虡周禮典庸器帥其屬而設筍虡以筍爲之考工梓人爲筍虡作筍禮記明堂位龍簨簴作簨注以大版爲之謂之業叚借爲郇漢書地理志右扶風栒邑注讀與荀同

眞 樳 樳大木可爲鉏柄从木尋聲

匀十名凡匀之派皆衍匀聲 羊鄰切

眞 匀 匀少也从勹二會意凡物分則少二猶分也叚借爲均一切經音義十五引說文匀調匀也廣韻匀徧也齊也轉音素問寶命全神論叶遠瞚匀變

庚 赹 赹獨行也从走匀聲讀若煢詩杕杜獨行睘睘思元賦何孤行之煢煢兮以睘以煢爲之亦重言形況字

震 𢓊 𢓊行示也从彳匀聲司馬法斬以𢓊六書故引說文作徇从旬聲字亦作迿又誤作狥作殉周禮司市中刑徇罰注擧以示其地之衆也左僖廿八傳殺顛頡以徇于師昭四傳負之斧鉞以徇于諸侯又公羊定四傳朋友相衛而不相迿注出表辭猶先也轉注史記韓世家將以楚徇韓索隱從死也孟子以身殉道驅其所愛子弟以殉之注從也史記屈賈傳貪夫殉財索隱亡身從物謂之殉禮記檀弓不殆於用殉乎哉注殺人以衛死者曰殉左文六傳奄息中行鍼虎爲殉注以人從葬爲殉叚借爲循爲巡廣雅釋言徇巡也周語乃命其旅日徇注行也左桓十三傳莫敖使徇于師注宣令也漢書食貨志注徇巡也小爾雅廣言徇肆也按漢書義縱傳關吏稅肆注肆閱也即此誼史記項羽紀徇下縣集解略也又爲旬爲均爾雅釋言徇徧也三蒼徇偏也又爲順左文十一傳國人弗徇又爲營蒼頡篇徇求也廣雅釋言徇營也徇迷也史記項羽紀而徇其私吳都賦聊襲海而徇珍七命徇華大夫僞伊訓敢有殉於貨色又爲侚素問六節藏象論徇蒙招尤注疾也又爲濬史記五帝紀幼而徇齊索隱德也

眞 眞 均 均平徧也从土匀聲周禮小司徒乃均土地序官均人土均注平也夏小正農率均田傳始除田也按字亦作畇詩信南山畇畇原隰傳墾辟皃爾雅釋訓畇畇田也亦重言形況字轉注爾雅釋詁均易也廣雅釋言均賦也易說卦坤爲均詩節南山秉國之均傳平也皇皇者華六轡既均傳調也周禮大司樂掌成均之法五帝學名也後漢劉盆子傳均輸注官名屬司農又周語律所以立均出度也注均者均鐘木長七尺有弦繫之以均鐘者度鐘大小清濁也漢大予樂官有之後漢張衡傳注均長八尺施絃以調六律也禮記月令

均琴瑟管簫賦音均不恒注古韻字也又晉語均是惡也注同也史記酷吏傳未嘗敢均茵伏索隱等也周禮司稼掌均萬民之食注調度其多少又莊子寓言天均者天倪也離騷字余曰靈均叚借爲畛左僖五傳均服振振服注同也失之又爲沿書禹貢均于江海馬注均平也失之古韻詩皇華叶駰均詢北山叶濱臣均賢行葦叶堅鈞均賢轉音離騷叶名均

眞 鈞 鈞 𨥂 三十斤也从金匀聲古文从旬聲小爾雅衡斤十謂之衡衡有半謂之秤秤二謂之鈞周禮大司寇入鈞金禮記月令鈞衡石孟子吾力足以舉百鈞左定八傳顏高之弓六鈞叚借爲均史記鄒陽傳獨化于陶鈞之上索隱範也漢書注陶家名模下圓轉者爲鈞漢書賈誼傳大鈞播物淮南原道鈞旋轂轉張華詩洪鈞陶萬類注謂天也莊子齊物論休乎天鈞按即寓言天均者天倪也又孟子鈞是人也注同也左成六傳善鈞從衆禮記投壺鈞則曰左右鈞注等也又周語大不出鈞注鈞所以鈞音之法也細鈞有鐘無鎛注調也又呂覽有始中央曰鈞天注平也爲四方主故曰鈞天又爲純史記平準書自天子不能具鈞駟又爲鈞之誤字列子湯問一鈞而連六鼇釋文一本作均聲訓漢書律厤志鈞者均也陽施其氣陽化其物皆得其成就平均也權與物均重萬一千五百二十銖當萬物之象也古韻詩行葦叶堅鈞均賢

震 酳 酳少少歓也从酉从匀會意匀亦聲字亦作酳儀禮士昏禮酌酳主人注酳漱也酳之言演也安也漱所以潔口且演安其所食少牢禮乃酳尸注酳猶羨也既食之而又飲之所以樂之古文酳作酌漢書賈山傳執爵而酳注食已而蕩口也

眞 庚 訇 訇 𧦝 騃言聲从言匀省聲讀若玄籒文不省按騃即佁佁言癡言也字亦作詾左形右聲廣雅釋詁二詾欺也則說文騃言爲詭言叚借託名標識字說文漢中西域有訇鄉又借爲轟上林賦砰磅訇礚注皆水聲也西京賦沸卉軿訇注奮迅聲也

眞先 震霰 旬 旬 眴 目搖也从目匀省聲或从旬聲與瞚暑同與瞤別字亦作眴通俗文目動曰眴大戴本命三月而徹眴注精轉貌史記屈賈傳眴兮窈窕集解眩也失之叚借爲眩蒼頡篇眴視不明也劇秦美新臣嘗有顛眴病莊子田子方女怵然有眴目之志李注謂眩也又爲瞚莊子德充符少焉眴若司馬注驚也又雙聲連語風賦注眴煥粲爛鮮明貌又重言形況字管子小問苗始其小也眴眴乎何其孺子也注柔順貌按猶恂恂也

眞 軫 荺 荺茇也茅根也从艸均聲爾雅釋草荺茇茇者茇之誤字郭注今江東呼藕紹緒如指空中可啖者爲茇茇即此類按藕紹緒亦根也又按字亦作荀叚借爲郇周書王會唐叔荀叔周公在左注國名左僖二傳荀息潛夫論作郇按以國爲氏荀子儒效注漢宣帝名

qióng 𢡄　yín 寅　yín 蔩　shùn 瞚　yín 夤　yǎn 演

說劉向編錄、故以荀卿爲孫卿也、

眞 𢡄 惠也、从心、鈞聲、字亦作恂、

寅八名、凡寅之派、皆衍寅聲、弋眞切

眞支 寅 居敬也、从宀、𡗗象人體、从臼、手自約束之形、與申同意、古文从土从𡗗、𡗗即頁、覆體也、土猶宀也、按即夤字之古文、因寅爲借義所專、又製夤字、籒文寅當據夤篆補、爾雅釋詁、寅敬也、論語居處恭、檀弓入廄脩容、即寅从宀之義、書堯典寅賓出日、舜典夙夜惟寅、無逸嚴恭寅畏、周書祭公寅哉寅哉、皆本字本義、叚借託名幖識字、古以紀六旬爲十二枝之一、離騷惟庚寅吾以降、又以紀年紀月紀時、爾雅太歲在寅曰攝提格、說文寅髕也、正月陽气動、去黃泉欲上出、陰尚彊、象宀不達、髕寅于下也、論衡物勢寅木也、其禽虎也、又以命天體之十二宮、禮記月令疏寅爲天漢之津、淮南天文寅楚邜鄭、又借爲演、爾雅釋詁寅進也、詩六月元戎傳殷曰寅車先疾也、又爲濥、淮南說林寅邱無壑、注言汙潦水名、寅聲訓、釋名釋天寅演也、演生物也、淮南天文寅則萬物螾螾也、禮記月令疏寅引也、史記律書寅言萬物始生螾然也、

眞銑 蔩 兔瓜也、从艸、寅聲、爾雅釋草蔩菟瓜、注似土瓜、邢疏謂即王瓜、

震 瞚 開闔目數搖也、从目、寅聲、與眴畧同、字亦作瞬、叚借爲眩、莊子庚桑楚兒子終日視而目不瞚、釋文動也、失之、古韻素問寶命全神論叶遠瞚今變、

眞 夤 敬惕也、从夕、寅聲、籒文从籒文寅、易曰夕惕若、故字从夕、火滅脩容之意、按即寅之別體、因寅爲借義所專、別製此字、叚借爲䏰、易艮鄭董本以其夤、鄭注勤也、董注出也、按脊根也、又爲胂、易艮列其夤、馬注夾脊肉也、鄭本作䐪、蓋以胂爲之、又爲峻、方言十二夤大也、又爲延、吳都賦夤緣山嶽之岊、注夤緣布藤上貌、又淮南墬形、九州之外乃有八殥、注猶遠也、又爲限、殷阮君神祠碑殷阮以爲之夤、

銑 演 長流也、从水、寅聲、與濥別、蒼頡篇演引也、小爾雅廣言演遠也、漢書五行志注演廣也、轉注長笛賦有所搖演、注引也、別義說文一曰水名、叚借爲濥、周語夫水土演而民用也、注水土氣通爲演、演猶潤也、又爲引、文選陸機演連珠五十首、左昭二傳演謂爲其辭以演說之、又託名幖識字、呂覽忠廉衛懿公有臣曰宏演、注讀如胤聲、訓釋名釋言語演延也、言蔓延而廣也、

yǎn 戭　yǐn 螾　yǐn 濥　yīn 因　yīn 茵　yān 咽　yì 欭　yīn 駰

銑 戭 長槍也、从戈、寅聲、謂以長器相撐距、叚借託名幖識字、左文十八傳檮戭、古今人表作敳、潛夫論作演、

眞軫 螾 側行蟲也、从虫、寅聲、或作引聲、蘇俗謂之曲蟮、荀子勸學螾無爪牙之利、淮南說山螾無筋骨之強、注一名蜷端、史記封禪書黃龍地螾見、集解邜蚓也、方言六螾場謂之坥、禮記月令蚯蚓結、孟子則蚓而後可者也、廣雅釋蟲蚯蚓引無也、漢書賈誼傳夫豈從蝦與蛭螾、家語執轡食土者無心而不息、注螾屬、聲轉爲朐忍、漢書地理志朐忍縣以多此蟲得名、或誤爲朐䏰、叚借雙聲連語、爾雅釋蟲螾衘入耳、方言十一蚰蜒自關而東謂之螾衘、北燕謂之蚭蚭、考工梓人注卻行螾衍之屬、按此蟲象蜈蚣、黃色而細長多足、好脂油香、蘇俗謂之香延蟲、鷄食之死、字亦作蚿、莊子秋水夔憐蚿、司馬注馬蚿蟲也、亦作蚈、淮南兵畧若蚈之足、注馬蠸也、呂覽季夏腐草化爲蚈、注馬蚿也、一曰螢火也、字亦作蛟、廣雅馬蛟蠁蛆也、又重言形況字、淮南天文萬物螾螾、注動生貌、

軫 濥 水脈行地中濥濥然、从水、夤聲、蜀都賦濥以潛沫、注水潛行曰濥、江賦潛演之所汨淈、以演爲之、

因九名、凡因之派、皆衍因聲、於眞切

眞 因 就也、从口、从大、按口大俱非誼、江氏永曰象茵褥之形、中象縫綫文理、按即茵之古文、江說是也、席篆古文作㘝、蓋从因、厂象形、廣雅釋器因席也、正因字之誤文、轉注廣雅釋詁三因就也、親也、鄭語其民沓貪而忍、不可因也、注就也、呂覽盡數因智而明之、注依也、詩皇矣因心則友、傳親也、周書作雒北因于郟山、注連接也、後漢陳寵傳注因緣謂依附以生輕重也、又詩常武傳仍因也、東京賦因秦宮室、注仍也、按因爲仍、舊猶荐爲重、再也、古韻韓非子主道叶賢因、

眞 茵 鞇 車重席也、从艸、因聲、司馬相如說从革、按皆因之別體、今系於此、字亦作絪、作裀、詩小戎文茵暢轂、傳文茵虎皮也、禮少儀茵席、注著褥也、漢書五行志御者在茵上、周陽由傳同車未嘗敢均茵馮、霍光傳加畫繡絪馮、注蓐也、廣雅釋器鞋鞴謂之鞇、又複褥謂之裀、又裀𧘂也、轉注儀禮既夕加茵用疏布、注所以藉棺者、聲訓釋名鞇因也、因與下輿相連著也、

先 咽 嗌也、从口、因聲、漢書息夫躬傳咽已絕、注喉嚨、揚雄傳搤其咽、注頸也、後漢華陀傳見有病咽塞者、轉注孟子匍匐往將食之、三咽、字亦作嚥、因燕雙聲、叚借爲鼘、詩有駜鼓咽咽、傳鼓節也、亦重言形況字、

寘眞 欭 嚘也、从欠、因聲、與噎畧同、謂气逆不得息、

眞 駰 馬陰白襍毛也、从馬、因聲、爾雅釋畜陰白襍毛駰、注陰淺黑、注目下白也、詩皇華我馬維駰、駉有駰有騢、古韻詩皇華叶駰

yǐn 引　yīn 姻　yīn ⿰扌因　yīn 洇　ēn 恩

均、詢、

元 恩 惠也。从心因聲。禮記喪服四制恩者仁也。詩鴟鴞恩斯勤斯傳愛也。箋則謂借爲殷。殷殷勤疊韻連語。聲訓廣雅釋詁四恩隱也。按謂愍也。古韻管子弟子職叶恩親三晷上叶人恩新又叶恩民轉音詩鴟鴞叶恩勤閔。穆天子傳三叶恩隕三晷上叶姦尊振連恩權諠言、根、

眞 洇 洇水也。从水因聲。字亦作洇。

眞 ⿰扌因 就也。从手因聲。謂以手就也。

眞 姻 壻家也。女之所因故曰因。从女因聲。籀文从𣶒聲。爾雅釋親壻之父爲姻。又壻之黨爲姻兄弟。詩我行其野不思舊姻。節南山瑣瑣姻亞。儀禮士昏禮記某以得爲外昏姻。左昭廿五傳昏媾姻婭。僖五傳皆昏姻也。定十三傳荀寅范吉射之姻也。又禮記經解注壻曰昏妻曰姻。左昭九傳服注婦之父曰姻。非是。轉注周禮大司徒孝友睦婣任恤注婣親于外親。聲訓釋名姻因也。女往因媒也。白虎通姻者婦人因夫而成故曰姻。左隱元傳外姻至注猶親也。古韻詩蝃蝀叶人姻信命。

說文通訓定聲　坤部第十六

引七名凡引之派皆衍引聲、余刃切、

軫震 引 開弓也。从弓从丨。會意。丨亦象矢。按弓施弦曰張，矢括檃弦開之由漸而滿曰引，已滿曰彎，滿而審所向曰弙，矢離弦曰發。孟子君子引而不發躍如也。轉注爾雅釋詁引長也。釋訓子子孫孫引無極也。詩楚茨勿替引之。或曰借爲延，亦通。齊語是以國家不日引注申也。又爾雅釋詁引陳也。廣雅釋詁三引道也。詩行葦以引以翼箋在前曰引。左文六傳引之表儀注道也。禮記玉藻則必引而去君之黨注卻也。晉語引黨以封己注取也。周禮大司徒屬其六引司農注謂引喪車索也。儀禮既夕屬引注引所以引柩車在軸輴曰紼。禮記雜記紼引者三百人注在塗曰引。又桓公九并詩逸爵紆勝引注勝友也引猶進也。目友所以進己。又琴賦曲引向闌吳都賦注滴角徵羽各有引。又素問五常政大論是謂收引注斂也。痿論帶脈不引注謂牽引至眞要大論諸寒收引注謂急也。又寡婦賦甘捐生而自引注自殺也。叚借爲僞，按廣雅釋言弘買也。又爲尹，左昭元傳引其封疆注正也。又爲靷，荀子王霸縣縣常以結引馳外爲務。又疊韻連語淮南俶眞引楯萬物注拔擢也。又託名幖識字。漢書律麻志十丈爲引。聲訓律麻志引者信也信天下也。文選典引注引者伸也。顏延年詩臨塗未及引注進也。釋名釋姿容引演也。古韻詩楚茨叶盡引。儀禮少牢禮叶天田年引。

wěi 芛　yǐn 尹　yǐn 廴　shěn 矤　shěn 弞　yǐn 鈏　zhèn 紖　zhèn ⿰月引　yǐn 靷

軫 靷 引軸也。从革引聲。籀文从婚聲。詩小戎陰靷鋈續傳所以引也。廣雅釋器陰靷伏兔也。誤。叚借爲膺，左僖廿八傳韅靷鞅靽注在胸曰靷。按讀如虎韔鏤膺之膺。靷膺一聲之轉。聲訓釋名靷所以引車也。

軫 ⿰月引 瘢也。从肉引聲。別義一曰遽也。疑腠也之誤。

軫 紖 牛系也。从系引聲。讀若矤。廣雅釋詁二紖係也。釋器紖索也。禮記少儀牛則執紖。祭統君執紖注所以牽牲也。周禮作絼。按封人置其絼。司農注著牛鼻繩。字亦作縯。後漢齊武王縯傳注縯引也。

軫震 鈏 錫也。从金引聲。

軫軫 弞 笑不壞顏曰弞。从欠引省聲。字亦作哂，作吲，作嗔。三蒼哂小笑也。廣雅釋詁一嗔吲笑也。論語夫子哂之馬注笑也。皇疏齒本曰哂。謂借爲斷，失之。此字玉篇作弞，是誤字。

軫 矤 況詞也。从矢引省聲。从矢取詞之所之如矢也。按與矣同意。字亦作矧。書大誥矧亦惟卜用。矧今卜并吉。漢書作況。詩伐木矧伊人矣。賓之初筵矧敢多又。抑矧可射思。爾雅釋言矧況也。叚借爲斷。禮記曲禮笑不至矧注齒本曰矧。大笑則見。又爲引，方言六弞長也。東齊曰弞。

說文通訓定聲　坤部第十六

廴一名、余腎切、

軫 廴 長行也。从彳而引之。指事。

尹三名凡尹之派皆衍尹聲、余軫切、

軫 尹 治也。从又丿，握事者也。按丿指事。古文从収巾在尸下，與敀同意。或曰當爲帬之古文，非。爾雅釋言尹正也。左定四傳以尹天下。轉注廣雅釋詁四尹官也。書益稷庶尹允諧。鄭注正也。立政尹伯傳長官大夫。顧命百尹御事。傳百官之長。禮記檀弓則里尹主之注閭胥里宰之屬。又楚官多名尹。又水經穀水注尹正也，所以董正京畿率先百郡也。漢書地理志注尹主也。又曲禮脯曰尹祭。儀禮士虞禮記用尹祭注祭脯也。叚借託名幖識字。詩都人士謂之尹吉箋尹氏吉氏周室昏姻之舊姓也。詩崧高序尹吉甫箋官氏。又書序伊尹去亳傳伊尹字氏。又新序堯學乎尹壽，荀子作君疇。又爲筍，禮記聘義孚尹旁達注讀如竹箭之筠。

支軫質、 芛 艸之皇榮也。从艸尹聲。字亦誤作華。玉篇以爲古文。爾雅釋草蘬芛葟華榮注今俗呼草本華初生者爲芛，音豬猪。樊本作葦。

又華之誤字。

肹 **䪳** 面目不正貌。从頁，尹聲。

印一名 於潤切

震 **印** 執政所持信也。从爪从卪，會意。一切經音義七引說文：玉信也。蒼頡篇：印，驗也。三蒼：印，信也，檢也。小爾雅廣服：璽謂之印。按古上下通曰璽，左傳季武子使公冶問璽書追而與之是也。秦以來天子諸侯王稱璽，獨以玉；列侯至二千石曰章，千石至四百石曰印，別義。方言六：印，爲也。甌越曰印。按叚字形體與爲相近，以印代爲，當時方語也。【聲訓】釋名釋書契：印，信也，所以封物爲信驗也，亦言因也，封物相因付也。獨斷：璽者，印也；印者，信也。

胤一名 羊晉切

震 **胤** 子孫相承續也。从肉从八，象其長也；从幺，象重累也。古文从肉从幺从臼。按从八猶从分，分祖父之遺體也；从幺，如絲之繼續也。會意。爾雅釋詁：胤，繼也。書堯典：胤子朱啟明。高宗肜日：罔非天胤。傳：嗣也。左隱十一傳：太岳之胤也。注：繼也。劇秦美新：胤殷周之失業。注：續也。詩既醉：永錫祚胤。傳：胤，習也。按習者孚之誤字。【叚借】爲引，長笛賦：曲胤之繁會叢雜。注：亦曲也。又託名幖識字。書胤征序：胤往征之。鄭注：臣名。【古韻】詩既醉叶壼、胤。

猌三名 凡猌之派皆衍猌聲 魚寅切

眞震 **猌** 犬張齗怒也。从犬，來聲。讀又若銀。按來非聲，疑會意。

震 **憖** 問也，謹敬也。从心，猌聲。一曰說也，一曰甘也。按問者閒字之誤。玉篇作閒，亦非。方言一：憖，傷也。楚潁之閒謂之憖。廣雅釋詁一：憖，憂也。左文十二傳：兩軍之士皆未憖也。按皆未傷也。注：缺也，謂借爲觖失之。【叚借】爲欭。說文一曰說也。思元賦：戴勝憖其既歡兮。舊注：笑貌也。又爲憗之誤，憗即愸字。說文一曰謹敬也。楊著碑：不我憗遺。平輿令薛君碑：不憗遺君。皆誤憖爲憗。又發聲之詞。說文一曰甘也。玉篇作且也。是左哀十六傳：旻天不弔，不憖遺一老。注：且也。詩十月之交箋：憖者，心不欲自彊之詞也。韓詩云：閒也。疏引說文：憖，肯從心也。小爾雅廣言：憖，强也。字說：憖，又憖，願也。晉語：憖庇州犁焉以憖御人。楚語：吾憖寘之於耳。注：猶願也。左昭廿八傳：憖使吾君聞勝與臧之死也以爲快。注：發語之聲。又託名幖識字。左昭十一年會于厥憖，公羊作屈銀。又十二年公子憖，公羊作整。

眞 **⿱猌魚** ⿱猌魚魚也。从魚猌。【叚借】爲鱗。周禮大司徒劉本其動物宜鱗物。

⿱虤曰一名 語矜切

眞 **⿱虤曰** 兩虎爭聲。从虤从曰，會意。讀若憖。

齔一名 初憖切

吻震 **齔** 毀齒也。男八月生齒，八歲而齔；女七月生齒，七歲而齔。从齒从匕，會意。今作从七，誤。字俗又作齓。管子小問：未齔不入軍門。後漢邊讓傳、廣雅釋親皆作齓。【聲訓】釋名釋長幼：毀齒曰齔。齔，洗也，毀洗故齒更生新也。

丨一名 古引切

阮 **丨** 上下通也。指事。引而上行讀若囟，按讀若進也；引而下行讀若退，今讀若袞。

壼一名 苦引切

阮 **壼** 宮中道也。从囗，象宮垣道上之形。玉篇系橐部，則謂橐省聲。爾雅釋宮：宮中衖謂之壼。廣雅釋詁二：壼，尻也。南都賦：永巷壼術。【叚借】爲梱。詩既醉：室家之壼。箋：壼之言梱也。【聲訓】詩既醉傳：壼，廣也。釋文：梱，致也。周語：壼也者，廣裕民人之謂也。壼、廣雙聲。【古韻】詩既醉叶壼、胤。

粦十二名 凡粦之派皆衍粦聲 良潤切

眞震 **粦** 兵死及牛馬之血爲粦。粦，鬼火也。从炎从舛，會意。字俗作燐，作燐。徐鍇曰：舛者，人足也，言光行著人。或曰从舛聲，存參。詩東山：熠燿宵行。傳：熠燿，燐也。燐，熒火也。此熒火非爾雅釋蟲之即炤，謂鬼火也。淮南說林：抽簪招燐。注：燐，血精，似野火，招之應聲而至，血灑汚人，以簪招之則不至。

震 **遴** 行難也。从辵，粦聲。或从人。廣雅釋詁三：遴，䟽也。易蒙：以往吝。廣本作吝。大戴子張問入官：雖行必遴。注：䢢也。【叚借】爲吝。廣雅釋詁二：遴，貪也。漢書魯恭王餘傳：晚節遴。注：貪嗇也。又爲鷟。法言問明：鷦明遴集。注：類聚羣遊得其所也。又爲掄。漢書：遴柬布章。凡選擇字皆是。

震震眞 **蹸** 轢也。从足，粦聲。字亦作轔，作躙，作躪。廣雅釋言：轔，轢也。漢書王商傳注：躙，轢也。史記司馬相如傳：觀徒車之所轔轢。正義：踐也。

lín 瞵　lín 鄰　lǐn 驎　lín 麟　lín 獜　lián 憐

㨡免𨍸鹿集解車轢也西都賦蹂蹸其十二三注與蹸同叚借爲輪儀禮既夕注輴狀如轉轔又爲壼賨爲㮰淮南說林不發戶轔注戶限也又重言形況字楚辭大司命乘龍兮轔轔注車聲古韻楚辭大司命叶轔天人

瞵 眞 震　瞵目精也从目粦聲吳都賦鷹瞵鶚䀎射雉賦瞵悍目以旁睞叚借爲眩菅頡篇瞵視不了也又疊韻連語甘泉賦璧馬犀之瞵瑞注文貌

鄰 眞　鄰五家爲鄰从邑粦聲字亦作𠀭从𠀭周禮遂人注鄰里酇鄙縣遂猶鄰內比閭族黨州鄉也从字當是比之誤體淮南精神與德爲鄰注比也漢書敘傳亦从惪而助信劉德注从近也按當讀如比又韓詩外傳八家爲鄰廣雅釋地本之禮記雜記正義引尚書大傳古者八家爲鄰轉注小爾雅廣詁鄰近也書益稷臣哉鄰哉詩正月洽比其鄰東京賦始于宮鄰又論語必有鄰皇疏報也易小畜富以其鄰虞注兌西震東稱鄰禮記坊記東鄰殺牛不如西鄰之禴祭注東鄰紂國中西鄰文王國中左昭十二傳倍其鄰者恥乎注猶親也漢書楊雄傳武義動于南鄰注邑也新序善謀鄰國敵也叚借爲粦列子天瑞馬血之爲鄰也又爲零考工鮑人故書則雖敝不鄰司農注讀爲磨而不磷之磷字亦作甐輪人不甐于鑿注亦敝也又重言形況字詩有車鄰鄰傳眾車聲也又爲緊管子五行五穀鄰熟注緊也聲訓釋名釋州國五家謂伍又謂之鄰鄰連也相接連也鄰連雙聲古韻書益稷叶臣鄰詩車鄰叶鄰顛令文子符言叶身人鄰情眞信轉音詩正月叶鄰云慇楚辭遠遊叶天閒鄰又荀子哀公叶然鄰

驎 軫　驎軫驎也顏色軫驎愼事也从頁粦聲按疊韻連語叚借爲吝廣雅釋詁四驎恥也按釋詁一軫亦訓懟又爲顛說文一曰頭少髮也

麟 眞　麟大牡鹿也从鹿粦聲與麒麐字別子虛賦射麋腳麟東京賦解罘放麟注大鹿曰麟叚借爲麐公羊哀十四傳麟者仁獸也詩麟之趾釋文瑞獸也周書王會規規以麟注似鹿牛尾馬蹄一角也又重言形況字劇秦美新炳炳麟麟注光明也

獜 眞　獜健也从犬粦聲詩盧獜獜按重言形況字毛本作令令亦同埤蒼有獜字獸名以豕黃身白首疑即此字

憐 先　憐哀也从心粦聲字亦作怜爾雅釋訓矜憐撫掩之也按矜憐疊韻連語猶方言一之亟憐也轉注爾雅釋詁憐愛也方言七憐職愛也叚借爲聯廣雅釋言怜綴也又爲吝荀子解蔽無邑憐之心又爲隣史記高祖功臣侯年表栢至以駢憐從姚氏曰駢憐猶比鄰也轉音楚辭九辯叶清人新年生憐聲鳴征成

lín 粼　lín 鱗　lìn 疄　lìng 令

粼 眞　粼水生厓石閒粼粼也从巜粦聲字亦作磷州輔碑摩而不粼詩揚之水白石粼粼傳淸澈也按亦重言形況字叚借爲零論語磨而不磷按落也孔注薄也失之字亦作甐考工鮑人雖敝不甐輪人不甐于鑿又託名幖識字爾雅釋草粼堅中注竹類也其中實字亦作粦按卭竹扶老之類又釋畜青驪粼驔注今之連錢驄色有深淺班駮隱粼詩駟傳作驎據說文驔解則借爲驎古韻詩揚之水叶粼命人

鱗 眞　鱗魚甲也从魚粦聲家語執轡鱗蟲三百六十而龍爲之長大戴易本命介鱗夏食冬蟄廣雅釋詁四鱗甲也周禮大司徒其動物宜鱗物轉注難蜀父老鱗集仰流注鱗集相次也羽獵賦鱗羅布烈注若鱗之雜也又疊韻連語西京賦坻崿鱗眴注無涯也長笛賦波瀾鱗淪注相次貌古韻宋玉小言賦叶塵鱗身巾泯

疄 震 軫 眞　疄轢田也从田粦聲按如左傳蹊人之田檀弓犯人之禾之類

令十九名凡令之派皆衍令聲力鉦切

令 庚 敬　令發號也从亼卩會意爾雅釋詁令告也漢書東方朔傳令者命也鹽鐵論詔聖令者教也廣雅釋詁一令君也四令禁也釋言令靚也獨斷奉而行之名曰令貫子等齊天子之言曰令令甲令乙是也管子法法令者人主之大寶也鶡冠子度萬令也者出制者也詩東方未明自公令之周禮大司馬犯令陵政則杜之左僖九傳令不及魯轉注君之令曰律令天之令曰時令禮記月令命相布德和令注謂時禁也又後漢光武紀注萬戶以上爲令說文敘以令長爲叚借失之又廣雅釋詁一令使也釋言令伶也詩車鄰寺人之令韓詩作伶叚借爲靈實爲良令靈良皆雙聲爾雅釋詁令善也詩卷阿令問令望烝民令儀令色閟宮令妻壽母皋謨何畏乎巧言令色孔壬又爲佞詩防有鵲巢傳鷊令適也漢書尹賞傳致令辟爲郭又爲令之誤字廣雅釋詁四令完也又爲卻之誤字廣雅釋詁三令避也又重言形況字詩盧令令傳纓環聲韓詩作泠說文引作獜皆同又疊韻連語漢書陳湯傳西鄙呼偈堅昆丁令東京賦北變丁令注國名又託名幖識字齊語刜令支史記作離枝令離雙聲又左僖二十四年圍令狐水經涑水注令狐即猗氏也在今山西蒲州府猗氏縣又詩常棣脊令在原小宛題彼脊令傳雝渠也爾雅作䳭鴒按與蜻蛉同名一名精列聲訓釋名釋典藝令領也理領之使不得相犯也古韻詩東方未明叶顛令車鄰叶鄰顛令十月之交叶電令易革叶成令天人管子四稱叶令政矜人駢親身轉音詩小宛叶令鳴征生左襄五傳叶挺扃令定管子輕重已叶耕令韓非主道叶令命定情正名形文子符言叶令爭正敬寧秦會稽刻石銘叶淸名情貞誠程

mìng 命　líng 苓　líng 玲

紼令平傾銘又儀禮士冠禮叶正令管子七臣七主叶令請呂覽貴信叶亭輕令親貞

青　玲　玪　玉聲从玉令聲埤蒼玲瓏玉聲也甘泉賦和氏瓏玲叚借爲雙聲連語吳都賦珊瑚幽茂而玲瓏注明貌別義穆天子傳玲瓏无瓚注玉名

青　苓　䔖　卷耳也从艸令聲廣雅釋草苓耳卷耳也卽蒼耳別義漢書揚雄傳颺燁燁之芳苓注香草名叚借爲蘦詩簡兮隰有苓采苓采苓采苓傳大苦也又爲軨禮記少儀注幦覆苓也按借爲笭車蔽也又爲零漢書敘傳失時者苓落又爲靈荀子強國劙然有苓而據松柏之塞注漢書地理志常山郡靈壽縣今直隸正定府靈壽縣也古韻詩簡兮叶榛苓人采苓叶苓顚信

敬　命　𠇊　使也从口从令會意令亦聲按在事爲令在言爲命散文則通對文則別令當訓使也命當訓發號也於六書乃合爾雅釋詁命告也小爾雅廣言命予也廣雅釋詁二命呼也三命道也命名也賈子禮容語下命者制令也獨斷出君下臣名曰命文選閒居賦序注凡尊者之言曰命易師大君有命書甫刑曰苗民匪用命詩卷阿維君子命周禮內小臣掌王后之命儀禮燕禮某固辭不得命禮記玉藻書思對命左隱十一傳凡諸侯有命告則書轉注春秋元命苞命者天之令也詩維天之命箋猶道也昊天有成命夙夜基命宥密

周語命信也下武永言配命箋猶教命也禮記中庸天命之謂性注謂天所命生人者也是謂性命又祭法大凡生于天地之閒者皆曰命論語不知命皇疏謂窮通天壽也又周禮大司寇上命糾守注將命也春官典命注謂王遷秩羣臣之書小宰聽祿位以禮命司農注謂九賜也論語賜不受命而貨殖焉王弼注爵命也儀禮喪服爲大夫命婦者注自士至上公凡九等君命其夫后夫人亦命其妻矣又周禮大祝二曰命司農注論語所謂爲命又素問陰陽離合論結于命門注命門者藏精光照之所則兩目也又魯語黃帝能成命百物注名也荀子正名實不喻然後命儀禮特牲禮祝命挼祭注詔尸也周禮太卜命龜注告龜以所卜之事禮記內則不敢並命注爲使令禮記坊記命以防欲注謂教令又易說卦窮理盡性以至于命注命者生之極也又後漢班彪傳注命謂符瑞也又漢書咸宣傳作沈命法注命亡逃也刑法志已論命注逃亡也叚借託名幖識字周禮大宗伯以槱燎祀司中司命注司中司命文昌第五第四星按文昌六星在紫微垣外北斗上形如半月下爲三能卽三台亦六星兩兩相耦司民司農注文昌爲司命次司中次司祿次司民則卽三台也與後鄭說異又禮記祭法王爲羣姓立七祀曰司命注主督察三命疏宮中小神又爲命之誤字禮記大學舉而不能先命也按命卽怨字形體之誤注讀爲慢命慢雙聲則謂聲之誤又爲名凡史記言亡命按猶變名也古韻詩蝃蝀叶人姻信命揚之水叶欺命人易乾

líng 泠　lǐng 領　líng 伶　líng 囹　líng 栙　líng 笭

十大命形子秋水叶天命名眞傳道莊子天地叶名形命神性韓非主道叶令命定情正名形揚權叶形生盛寧命情又易臨叶正命楚辭大招叶盛命定呂覽順說叶勁命又易姤叶牽賓民正命衺莊子天運叶聲命生形冥榮人

青梗　笭　䇐　車笭也从竹令聲按車前後兩旁禦風塵者卽詩之第周禮之蔽說文之篚也別義一曰籯也廣雅釋器笭籠也按竹器受三四斗又方言箸筩亦謂之籯也又廣雅釋器笭箵按竹席集韻車中筵也亦疊韻連語又通俗文竹器謂之笭箵按漁具也亦疊韻連語又釋名釋船舟中牀以薦物者曰笭言但有簀如笭牀也又釋名釋采帛笭辟經絲貫杼中一閒并一閒疏疏者笭笭然并者歷辟而密也叚借爲軨廣雅覆笭謂之幦按式下縱橫交結之木釋名釋車笭橫在車前織竹作之孔笭笭也豈軨亦有織竹者歟

青梗　栙　栙　栙木也从木令聲上林賦注槲似栙別義廣韻栙椴也謂榱棟或曰栙椴熬麥器

青　囹　囹　獄也从口令聲華嚴音義引說文囹圄周之獄名也廣雅釋室周曰囹圄按夏曰均臺殷曰羑里周曰圜土秦曰囹圄漢曰若盧魏曰司空禮記月令省囹圄注所以禁守繫者若今別獄矣呂覽仲夏注法室也漢書禮樂志囹圄空虛聲訓釋名囹領也圄禦也領錄囚徒禁禦之也風俗通囹令也圄與也言令人幽閉思愆改惡爲善因原之也

青　伶　㣉　弄臣也从人令聲韓詩車鄰寺人之伶叚借爲泠周語聞之伶州鳩魯語令伶簫詠歌及鹿鳴之三詩簡兮序仕于伶官箋伶人樂官也伶氏世掌樂官而善焉故後世多號樂官爲伶官又疊韻連語寡婦賦少伶俜而偏孤兮注單孑貌又三蒼伶俜猶聯翩也又託名幖識字說文益州有建伶縣按義當借爲飷

梗　領　領　項也从頁令聲詩碩人領如蝤蠐傳頸也桑扈有鶯其領禮記檀弓是全要領楚語緬然引領南望轉注禮記深衣注古者方領按衣之曲袷曰領又荀子正論衣衾三領注三稱也又爾雅釋畜小領盜驪又漢書嚴助傳輿轎而隃領廣雅釋邛嶺阪也字亦作嶺按猶顚之爲巔叚借爲令實爲良法言君子純終領聞注令也又爲理禮記仲尼燕居領惡而全好者歟注猶治也樂記領父子君臣之節注猶理治也思舊賦託運遇於領會兮注其理相會也劉公幹襍詩注領錄也領理雙聲轉音詩節南山叶領騁桑扈叶領屏

青　泠　㳉　泠水出丹陽宛陵西北入江从水令聲按亦名清水今之青弋江也在安徽寧國府宣城縣西有三源一出旌德一出太平一出石埭叚借託名幖識字詩簡兮箋伶氏世掌樂官而善焉故後世多號樂官爲伶官按泠姓也如炎帝生姜水黃帝生嬀汭因以爲姓又轉而爲樂官之稱左成九傳泠人也昭廿一傳泠州鳩周語泠人告龢古今人表泠倫氏又借爲鈴禮記內則羊泠毛而毳羶注泠毛

líng 鈴　líng 蛉　líng 瓴　líng 聆　líng 魿　líng 零　lěng 冷

毚毛別聚于不解者也。按紫紆連結之誼。又爲命。莊子山木眞泠禹目司馬注曉也。又爲聆。淮南脩務精神曉泠注猶了也。又爲㱓。莊子天下泠汰於物以爲道理注猶聽放也。釋文猶沙汰也。又爲零。李翊夫人碑頑顂悲兮𠎣隕泠淚公神碑大時和兮甘露泠。又單辭形況字。莊子齊物論列子御風而行泠然善也。注輕妙之貌。又泠風則小和。李注小風也。呂覽任地子能使子之野盡爲泠風乎。按卽用莊子語。又重言形況字。楚辭初放下泠泠而來風注清涼貌。轉音宋玉風賦叶清泠醒人。

梗 冷 [篆] 寒也。从仌令聲。

青 零 [篆] 餘雨也。从雨令聲。廣韻引說文徐雨也。按與霝略同。詩定之方中靈雨旣零傳落也。野有蔓草零露漙兮轉注廣雅釋詁二零墮也。禮記王制草木零落。夏小正栗零傳降也。幽通賦柯葉彙而零茂注落也。又答賓戲失時零落注凋病也。叚借疊韻連語。漢書先零國注音憐。又今用零星字。畸餘瑣碎之意。又託名幖識字。水經洏水注零水卽洏水也。又莊子徐无鬼豕零也。司馬本作豨。古韻詩定之方中叶零人田淵千。楚辭遠遊叶征零成情程。

青 眞 魿 [篆] 蟲連行紆行者。从魚令聲。按魚屬連行，蛇屬紆行。

說文通訓定聲　坤部弟十六　卅七

青 聆 [篆] 聽也。从耳令聲。思元賦聆廣樂之九奏兮。轉注廣雅釋詁一聆從也。按猶聽從。叚借爲鈴。禮記文王世子夢帝與我九聆。釋文或作齡。又重言形況字。淮南說山所居聆聆注猶了了言逑解也。

青 瓴 [篆] 瓮似瓶也。从瓦令聲。漢書高帝紀譬猶居高屋建瓴水也。注盛水瓶也。別義爾雅釋器瓴甋謂之甓。廣雅釋室瓴甋甎也。長門賦綴錯石之瓴甓兮。

青 蛉 [篆] 蜻蛉也。从虫令聲。一名桑根。與蟠別。按桑根疊韻連語。作根者誤。楚策王獨不見夫蜻蛉乎。六足四翼飛翔乎天地之閒。尸子荊莊王命養由基射蜻蛉。拂左翼。蜻蛉身輕翼薄。故中之爲難矣。亦曰狐黎。曰康伊。曰蝍蛉。曰白宿。蘇俗謂之青亭。別義方言十一蛥蚗楚謂之蟪蛄。或謂之蛉蛄。廣雅釋蟲蛉蛄蛁蟟也。叚借爲螟。詩小宛螟蛉有子。爾雅螟蛉桑蟲。

青 鈴 [篆] 令丁也。从金令聲。按卽鐲也。有柄有舌。古謂之丁寧。似鐘而小。轉注詩載見和鈴央央傳在旂上。左桓二傳鍚鸞和鈴注在旂。又周禮巾車鳴鈴以應雞人。按在車者和之類。叚借爲笭。東京賦疏轂飛鈴注飛鈴以緹油廣八尺長拄地畫左青龍右白虎繫軸頭取兩邊飾。又重言形況字。廣雅釋訓鈴鈴聲也。遊天台山賦振金策之鈴鈴注策聲。

mín 民　líng 軨　jīn 矜

青 矜 [篆] 矛柄也。从矛令聲。作从今者誤。字亦作穫。史記陳涉世家鉏櫌棘矜。淮南兵畧伐棘棗而爲矜。廣雅釋器矜柄也。叚借爲憐。爾雅釋言矜苦也。小爾雅廣言矜惜也。方言一矜哀也。詩鴻鴈爰及矜人傳憐也。公羊宣十五傳見人之厄則矜之注閔也。書多士予惟率肆矜爾。呂刑哀矜庶戮之不辜。又爲引。猶夸張也。廣雅釋詁一矜大也。禮記表記不矜而莊注謂自尊大也。晉語不可以矜而祇取憂也。又矜其伐而恥其功。公羊僖九傳矜之者何。猶曰莫我若也。管子法法彼矜者滿也。或曰借爲賢。亦通。又爲堅。猶堅持也。論語君子矜而不爭。又古之矜也廉。皇疏莊也。大戴小辨矜行以事君注慎也。僞旅獒不矜細行。又爲堅。楚辭憂苦𢘫貌擢矜。呂覽重言矜者兵革之色也。注嚴也。又爲敬。孟子皆有所矜式注敬也。或曰借爲頤。亦通。又爲矜。猶凜凜也。詩菀柳居以凶矜傳危也。思元賦魚矜鱗而并凌兮注竦貌。後漢書注矜竦也。又爲繄。廣雅釋詁一矜急也。方言二矜遽也。又爲鰥。實爲寡。禮記王制老而無妻者謂之矜。詩何草不黃何人不矜。後漢和帝紀注矜病也。又重言形況字。詩無羊矜矜兢兢傳言堅彊也。又託名幖識字。廣雅釋草矜爲也。古韻詩菀柳叶天臻矜。何草不黃叶玄矜民。桑柔叶旬民塡天矜。管子四稱叶令政矜人。駢覩身。轉音文子上仁叶先矜人堅全鮮賢。

青 軨 [篆] 車轖閒橫木也。从車令聲。司馬相如說从霝聲。禮記曲禮展軨効駕。舊注車闌也。甘泉賦據軨軒而周流兮。漢書注軒閒小木也。楚辭倚結軨兮長太息。轉注尚書大傳車不得有飛軨注如今窗車也。又漢書百官表車府路軨注今之小馬車曲輿也。叚借爲零。莊子外物後世輇材諷說之徒。釋文小也。

說文通訓定聲　坤部弟十六　卅八

民八名。凡民之派。皆衍民聲。彌鄰切

眞 民 [篆] 衆氓也。从古文之象。按古文从母取蕃育也。上下衆多意指事。廣雅釋言民氓也。按土箸者曰民。外來者曰氓。穀梁成元傳古者有四民。有士民。有商民。有農民。有工民。左桓六傳夫民神之主也。穀梁桓十四傳民者君之本也。左閔元傳天子曰兆民。諸侯曰萬民。呂覽大樂注衆謂民爲黔首。孟子有天民者。注知道者也。又凡民也。注無異知者也。叚借重言形況字。韓詩載芟民民其麃。傳衆貌。又託名幖識字。周禮司民及孟冬祀司民之日。按卽三台之下台二星也。在太微西垣上相之上。注司民軒轅角也。非是。聲訓書呂刑苗民鄭注民者冥也。春秋繁露民者瞑也。賈子大政民之爲言萌也。萌之爲言盲也。荀子禮論注民泯無所知者。書君陳疏民者冥也。古韻詩天保叶神民。何中韻。假樂叶民人。何中韻。何草不黃叶玄矜民。桑柔叶旬民塡天矜。楚辭天問叶民嬪三瞿上叶恩民。轉音易屯叶正民觀叶賓民平。墨子親士叶輕人玲民城。又詩生民叶民嫄。易姤叶率賓民正命杳。

mín 琝　mǐn 敃　mǐn 笢　mín 罠　mín 怋　wén 蟁　mǐn 愍　pìn 朩　pín 瀕

眞 **琝** 琝 石之美者从玉民聲字亦作瑉作碈作砇周禮弁師瑉玉三采禮記聘義敢問君子貴玉而賤碈者玉藻士佩瓀玟以玟爲之釋文字又作砇中山經岐山其陰多白瑉漢書司馬相如傳琳瑉昆吾楚辭愍命藏瑉石于金匱兮注石次玉者

軫 **敃** 敃 彊也从攴民聲西京賦何必昏於作勞注勉也以昏爲之

眞軫 **笢** 笢 竹膚也从竹民聲字亦作篃作篾按竹外青也亦謂之筠析者聲轉謂之篾說文謂之篃方言謂之笭儀禮士喪禮謂之幹按字當作幹从令聲廣雅釋草笢竹也其表曰笢爾雅釋草簢筡中釋文或作篾聲類篾篾也今蜀及關中皆謂竹篾爲篾書顧命敷重篾席傳桃枝竹鄭注析竹之次青者按笢篾篾一聲之轉

眞 **罠** 罠 釣也从网民聲疑與緍同字詩何彼襛矣維絲伊緍別義集韻引廣雅兔罝罟也七命張脩罠注引廣雅兔罟也又吳都賦罠蹏連綱劉注麋網

眞元 諄 **怋** 怋 怓也从心民聲詩民勞以謹惛怓傳惛怓大亂也箋讙譁也以惛爲之按字亦作痻作瘽古韻詩無將大車叶塵痻字誤作疧桑柔叶殷辰西痻

文 **蟁** 蟁 䖟 蚊 齧人飛蟲从䖵民聲或从昏以昏時出也俗从虫文聲亦曰蟁通俗文蜎化爲蚊漢書中山靖王勝傳聚蟁成雷匈奴傳譬猶蟁蝱之螫莊子天運蚊虻噆膚轉注淮南主術權輕重不差蟁首注猶微細也叚借託名標識字爾雅釋鳥鷏蟁母釋文本作䳋注似烏鶚而大黃白襍文鳴如鴿聲俗說此鳥常吐蚊因以名云本草拾遺蚊母鳥大如雞黑色嶺表録異形如青鷁觜大而長於池塘捕魚而食

軫 **愍** 愍 痛也从心敃聲與閔微別廣雅釋詁一愍憂也二愍傷也又釋詁一愍愛也按如憐之爲哀亦爲愛也左昭元傳吾代二子愍矣注憂也楚辭惜誦以致愍兮注病也叚借爲㥸廣雅釋詁三愍亂也又爲敃周禮大司寇注民不愍作勞

朩一名　匹潤切

震 **朩** 𣎳 分枲莖皮也从屮八象枲之皮莖也讀若髕今蘇俗音轉曰劈與朮字聲義俱別

瀕三名凡瀕之派皆衍瀕聲　皮眞切

眞眞眞 **瀕** 瀕 水厓也人所賓附顰蹙不前而止从頁从涉會意字亦作頻作濱廣雅釋邱濱厓也書禹貢海濱廣斥漢書地理志作瀕詩召旻不云自頻列女傳作濱采蘋南澗之濱宋書何尚之傳作瀕北山率土之濱楚辭遠逝朝四靈于九濱轉注齊語是以濱于死注近也漢書地理志瀕南山注猶邊也叚借爲頻詩桑柔國步斯頻傳急也按亂也又爲顰易頻復馬注頻憂頻也虞注蹙也又頻巽虞注頞也孟子已頻顣曰丁音亦作嚬顰蹙雙聲又爲比廣雅釋詁三頻比也釋訓頻頻比也詩桑柔箋頻猶比也周書文酌三頻注數也楚語羣神頻行注並也或曰借爲並亦通瀕並比皆雙聲又爲㯓上林賦仁頻并閭亦疊韻連語古韻詩采蘋叶蘋濱北山叶濱臣均賢桑柔叶翩泯燼頻

pín ⿱頻言　pín 櫇　pián 便　biān 鞭　biān 箯　biān 鯾

眞 **⿱頻言** ⿱頻言 匹也从言頻聲

眞 **櫇** 櫇 櫇木也从木頻聲按字亦作檳今檳榔樹也上林賦仁頻并閭注檳榔一名撥以頻爲之

便五名凡便之派皆衍便聲　旁賢切

先霰 **便** 便 安也人有不便更之从人从更會意禮記表記故自謂便人釋文謂便習也秦策或謂救之便注利也楚辭大招恣所便只注猶安也呂覽忠廉以便事也注猶成也荀子解蔽由埶謂之道盡便矣注便便宜也漢書李廣傳人人自便注安利也孟子便嬖不足使令於前與荀子王制事其便辟注謂左右小臣親信者也叚借爲辯爾雅釋言便便辯也論語便便言鄭注言辯貌又爲諞友便佞鄭注辯也皇疏謂辯而巧也荀子非十二子齊給便利注謂言辭敏捷也性惡齊給便敏注輕巧也又爲般論語友便辟按猶足恭也馬注巧辟失之列子力命便辟釋文恭敬太過也或曰即孟子之便嬖安習愛幸之人則爲本字存參又雙聲連語左襄十一傳便蕃左右注數也韓詩采菽便便左右傳閑雅之貌則重言形況又上林賦便嬛綽約注輕利也南都賦便娟便娟注猶嬋娟也雪賦初便娟于墀廡注雪迴委之貌又方言十三朧瞪注便旋庳小貌古韻楚辭大招叶娟嫣娟便三畧上叶毅官便文軍

先 **鞭** 鞭 㝵 驅也从革便聲古文从攴宊疑令省聲字亦省作梗廣雅釋詁一鞭擊也按亦曰策曰箠亦用竹論語雖執鞭之士晉語其左執鞭弭注廣書鞭作官刑劉寬碑去鞭拊

先 **箯** 箯 竹輿也从竹便聲漢書陳餘傳箯輿前注編竹木以爲輿如今之食輿矣公羊文十五傳筍將以筍爲之按人舁以行者今人謂之轎

先 **鯾** 鯾 鯿 鯾魚也从魚便聲或从扁聲海內北經大鯾居海中注即魴也按爾雅魴魾注江東呼魴魚爲鯿一名魾雙聲古韻宋

民朩瀕便

biàn 緶　biàn 辨　pàn 辦　biǎn 辡　bān 辬　bàn 瓣　biǎn 㦓　biàn 辮　biàn 辯

玉鈎賦叶笄閒編

先 緶 緶 交枲也。从糸，便聲。以枲兩股交辮之。按此與緶畧同，別義一曰緶衣也。漢書賈誼傳：緁以偏諸。注：謂以偏諸緶著之也。按縫緝其邊曰緶，當爲此字本訓。

辡八名，凡辡之派皆衍辡聲 旁演切

銑 辡 辡 辠人相與訟也。从二辛，會意。

諫 辦 辦 小兒白眼也。从目，辡聲。

銑諫 辨 辨 判也。从刀，辡聲。字亦誤作辦，从片，又作辦，从力。小爾雅廣言：辨，別也。周禮天官：辨方正位。左襄廿八傳：男女辨姓。論語：脩慝辨惑。文選典引：惇睦辨章之化洽。爾雅釋木注：辨，半也。轉注：小爾雅廣言：辨，使也。考工記：以辨民器。注：猶具也。荀子議兵：城郭不辨。注：治也。王霸：必將曲辨。注：理也。後漢耿弇傳注：辨，猶成也。俗字作辦。又爾雅釋器：革中絕謂之辨，革中辨謂之韏。又釋木：桑辨有葚。叚借爲徧。廣雅釋詁二：辨，徧也。左定八傳：辨舍爵于季氏之廟。又爲㦓。廣雅釋詁一：辨，憂也。又爲貶。禮記玉藻：立容辨卑。貶辨雙聲。又爲釆。易剥：剥牀以辨。虞注：指閒稱辨是也。鄭云：足上稱辨。崔云：辨在第足之閒，是牀梐也。皆失之。轉音，三畧上叶辨、倦。

說文通訓定聲　坤部弟十六　四二

諫 瓣 瓣 瓜中實也。从瓜，辡聲。爾雅釋草：瓠棲瓣。孫注：瓠中瓣也。按今曰瓜子仁。文選祭古冢文：梅李核瓜瓣。叚借爲辨。今所用花瓣字，謂蕊分開也。

删 辬 辬 駁文也。从文，辡聲。字亦作斑，作斒。蒼頡篇：辬，文貌也。䙡色爲斑。廣雅釋詁三：辬，文也。通俗文：文章謂之斒斕。西京賦：上辬華以交紛。注：辬華，敷大也。禮記祭義：斑白者不以其任行乎道路。注：髮䙡色也。離騷：斑陸離其上下。注：亂貌。楚辭憂苦：䙡斑駁與闒茸。注：䙡色也。上林賦：被斑文。注：虎豹之皮也。七啟：拉虎摧斑。注：虎文也。按楚鬬穀於菟，子班其後以名爲氏，以班爲之。叚借爲辨，爲班。廣雅釋詁一：斑，分也。古韻禮記檀弓叶班、卷。

銑 㦓 㦓 憂也。从心，辡聲。別義一曰急也。或謂左傳卞急字，玉藻弁行字，以弁爲之。

銑 辮 辮 交也。从糸，辡聲。後漢張衡傳注引說文：交織也。通俗文：織縄曰辮。漢書終軍傳：解辮髮，削左衽。思元賦：辮貞亮以爲鞶兮。

銑 辯 辯 治也。从言在辡之閒，會意。辡亦聲。周禮鄉士：辯其獄訟。禮記曲禮：分爭辯訟。韓非子八經：辯者言之信。又書酒誥：勿辯乃司民

biǎn 扁　biān 萹　biàn 徧　pián 蹁　piǎn 諞　piān 翩

雅釋詁一：辯，使也。左昭元傳：主齊盟者，誰能辯焉。注：治也。管子五輔：任官辯事。注：明也。又書大傳：辯章百姓，辯秩東作。轉注：禮記表記：朝極辯。注：分別政事也。左襄廿九傳：辯而不德。服注：辯，苔闟辯也。穀梁序：公羊辯而裁。呂覽淫辭：言臧之三牙甚辯。注：說也。叚借爲諞。老子：辯者不善。注：謂巧言也。後魏俗字，巧言爲辯。賈子道術：論物明辯謂之辯。廣雅釋詁一：辯，慧也。又爲辨。易象上傳：君子以辯上下。禮記樂記：辯以立。辯儀禮士相見禮：必辯君之南面。周禮士師：則以荒辯之法治之。齊語：辯其功苦。孟子：萬鍾則不辯禮義而受之。又爲變。廣雅釋言：辯，變也。楚辭九辯序：辯者，變也。易坤：由辯之不早辯也。荀作變。莊子逍遙遊：而御六氣之辯。釋文：變也。又爲徧。儀禮鄉射禮：辯卒受者。燕禮：大夫辯受酬。有司徹：若是以辯。今文皆正作徧。又爲貶。周禮士師：荒辯。注：辯當爲貶。轉音，文子守樸叶見、辯。

扁十九名，凡扁之派皆衍扁聲 補丏切

先銑 扁 扁 署也。从戶冊，會意。戶冊者，署門戶之文也。秦書八體，六曰署書是也。鶡冠子王鈇：五家爲伍，十伍爲里，四里爲扁。叚借爲猵。書大傳：湯扁。扁者，枯也。又爲辯。荀子脩身：扁善之度。又爲編。莊子盜跖：扁虎須。又爲偏。漢書貨殖傳：迺乘扁舟。注：特舟也。後漢隗囂傳正作偏。又單辭形況字。詩白華：有扁斯石。傳：扁扁，乘石貌。又託名幖識字。莊子天道：輪扁。古今人表作邊。周禮疾醫注：扁鵲倉公。釋文本作鶣。

說文通訓定聲　坤部弟十六　四三

先銑 萹 萹 萹茿也。从艸，扁聲。爾雅釋草：竹，萹蓄。注：似小藜，赤莖節，好生道旁，可食，又殺蟲。按生于水傍者曰萹。詩淇澳之綠竹是也。楚辭思美人：解萹薄與雜菜兮。注：萹，萹蓄也。別義爾雅釋草：萹苻，止。注：未詳。釋文據本草謂即下文濼，貫眾。

霰 徧 徧 帀也。从彳，扁聲。字亦作遍，誤作徧。易益：徧辭也。虞注：周匝也。虞書：徧于羣神。詩北門：室人交徧讁我。禮記曲禮：殽之序，徧祭之。公羊傳：不崇朝而雨徧天下者，唯泰山耳。周語：敷施而宣，則徧。爾雅釋言：宣，徧也。張公神碑：公神日著，聲洞徧。

先 蹁 蹁 足不正也。从足，扁聲。讀若苹。或曰：徧。南都賦：蹴蹁蹁躚。一切經音義：蹁躚，盤姍也。亦疊韻連語。別義釋名釋形體：膝頭曰膊，或曰蹁。蹁，扁也。亦因形而名之也。又說文一曰拖後足馬。

先銑 諞 諞 便巧言也。从言，扁聲。書秦誓：惟截截善諞言。疏：猶辯也。論語：友諞佞。今本以便爲之。

先 翩 翩 疾飛也。从羽，扁聲。詩泮水：翩彼飛鴞。傳：飛貌。字亦作鶣，作翩。舞賦：鶣鷂燕居。注：輕貌。亦雙聲連語。廣雅釋訓：翩翩，飛也。轉注：詩桑柔：旟旐有翩。傳：在路不息也。思元賦：鶩翩飄而不禁。注：疾貌。亦雙聲連語。叚借重言形況字。易泰：翩翩不富。向秀注：輕舉貌。詩巷伯：緝緝翩翩。傳：往來貌。西京賦：上下翩翩。注：戲撞形也。吴都賦：締交翩翩。注：往來也。鷦鷯賦：翩翩然有以自樂也。注：自得之貌。古韻詩巷伯叶

piān 篇　pián 楄　biān 牑　piān 瘺　piān 偏　biǎn 褊　biān 猵　biàn 揙　piān 媥

劚人信、桑柔叶劚浪爐頻、轉音楚辭湘君叶淺劚閒、

先　**篇**　書也。从竹扁聲。謂書于簡册可編者也。其書下帛可捲者謂之卷。廣雅釋器、篇程也。論衡書說、著文爲篇。漢書公孫宏傳、著之于篇。注、簡也。遊天台山賦、故事絕于常篇。注、卽常典也。叚借爲扁。說文一曰關西謂榜曰篇。又重言形況字。易泰、篇篇不富。子夏傳作翩。古文作偏。亦同聲訓。詩關雎疏、篇者偏也。言出情鋪事明而偏者也。

先　**楄**　楄部方木也。从木扁聲。左昭廿五傳、惟是楄柎所以藉幹者。注、棺中苓牀也。說文引作楄部薦榦。景福殿賦、爰有禁楄。注、楄附陽馬之短桷也。

先銑　**牑**　牀版也。从片扁聲。讀若邊。廣雅釋器、牑版也。方言五、牀其上版或曰牑。

先　**瘺**　半枯也。从疒扁聲。尚書大傳、禹其跳湯扁。以扁爲之。

先　**偏**　頗也。从人扁聲。廣雅釋詁二、偏衺也。四、偏方也。謂傍也。書洪範、無偏無頗。傳、不平也。左閔二傳、衣身之偏。注、半也。成十五傳、桓氏雖亡必偏。注、不盡。禮記樂記、禮粗則偏矣。疏、謂倦畧。仲尼燕居、達于樂而不達于禮謂之偏。轉注、小爾雅廣言、偏屬也。左襄三傳、舉其偏不爲黨。三十傳、令尹之偏。注、佐也。宣十四傳、卒偏之兩。服注、五十人曰偏。昭元傳、偏爲前拒。服注、二十五乘爲偏。桓五傳、先偏後伍。注、車戰二十五人爲偏。成七傳、舍偏兩之一焉。注、車九乘爲小偏、十五乘爲大偏。又儀禮覲禮記、偏駕不入王門。注、在旁與巳同曰偏。又列子楊朱、殊方偏國。注、邊也。叚借爲徧。易益、偏辭也。孟喜正作徧。又爲諞。書秦誓、馬本、惟截截善偏言。注、少也。失之。莊子人閒世、巧言偏辭。同。古韻書洪範叶偏平。按釆卽辨字。

銑　**褊**　衣小也。从衣扁聲。爾雅釋言、褊急也。小爾雅廣言、褊狹也。廣雅釋詁一、褊陿也。淮南主術、萬人蒙之而不褊。轉注、賈子道術、包衆容易謂之裕、反裕爲褊。楚辭初放、淺智褊能兮。詩葛屨序、其君儉嗇褊急。字亦作惼。

眞先、先　**猵**　獺屬。从犬扁聲。或从賓聲。按如小狗、故从犬。羽獵賦、蹈獱獺。注、似狐、青色、居水中、食魚。淮南兵畧、畜池魚者必去猵獺。鹽鐵論輕重、水有猵獺而池魚勞。博物志、猵頭如馬腰、以下似蝙蝠、毛似獺、犬可五六十斤、是猵乃獺之大者。

銑　**揙**　撫也。从手扁聲。

先　**媥**　輕貌。从女扁聲。史記司馬相如傳、集解、媥姺、徶循衣服婆娑貌。

biān 甂　biān 編　biān 蝙　yǔ 頨　miǎn 丏　miǎn 眄　miàn 麪　miàn 宧　miǎn 沔　mián 蟔

先　**甂**　似小瓿、大口而卑、用食。从瓦扁聲。方言五、瓺自關而西謂之甂。楚辭繆諫、甂甌登于明堂兮。注、瓦器名也。淮南書、狗彘不擇甂甌而食。

先　**編**　次簡也。从糸扁聲。册字二橫、畫象編之形。聲類、以繩次物曰編。漢書儒林傳、讀之韋編三絕。張良傳、出一編書。諸葛豐傳、編書其罪。又穀梁桓元傳、春秋編年。注、錄也。轉注、周禮追師、爲副編次。追衡笄。注、編列髮爲之、其遺象若今假紒矣。四子講德論、編結沮頽。注、謂編髮也。又周禮磬師、擊編鐘。三禮圖、凡鐘十六枚同爲一簨簴、爲編鐘。又廣雅釋器、編絛也。蒼頡篇、編、文織也。又漢書東方朔傳、齒若編貝。又西京賦、編町成篁。注、連也。又楚辭悲回風、編愁若以爲膺。注、結也。叚借爲扁。巴蜀檄、非編列之民。漢書高帝紀、爲編戶民。注、編戶者、言列次名籍也。

先　**蝙**　蝙蝠也。从虫扁聲。亦曰服翼、曰飛鼠、曰蟙䘃。

先霰、麌　**頨**　頭妍也。从頁、翩省聲。讀若翩。按此字又誤讀如羽、故廣韻訓孔子頭也。傳會爲圩頂之圩。

丏十八名、凡丏之派、皆衍丏聲。彌演切。

銑　**丏**　不見也。象壅蔽之形。按[illegible]字从此。或曰从乏而勾其畫、指事。乏、獲者所以蔽身也。

銑霰　**眄**　目偏合也。从目丏聲。按目一閉一開、審諦而視也。一曰衺視也。秦語、蒼頡篇、旁視曰眄。列子黃帝、一眄而已。莊子山木、雖羿逄蒙不能眄睨也。淮南覽冥、與眄眄。注、視無智巧貌也。亦重言形況字。叚借疊韻連語。說文宧篆引書若藥不眄眩。轉音、登徒好色賦叶見、觀、眄。

霰　**麪**　麥末也。从麥丏聲。蘇俗所謂麪物是也。廣雅釋器、糒謂之麪。

霰　**宧**　冥合也。从宀丏聲。讀若周書若藥不眄眩。按眄孟子作瞑眩。枚氏擬說命用此以爲商書、其僞顯然。

銑　**沔**　沔水也。出武都沮縣東狼谷、東南入江。一曰入夏水。从水丏聲。按一名沮水、出今陝西漢中府畧陽縣東南狼谷、至沔縣入漢、名曰沮口。或曰至湖北漢陽府沔陽州合夏水至漢陽府入江。書禹貢、逾于沔。水經、沔水注、漾水東流爲沔、漾水注、始源曰沔。叚借爲瀰。詩沔水、沔彼流水。傳、水流滿也。沔瀰雙聲。字亦作㴐。吳都賦注、㴐㴐淼漫、山水瀾遠無厓之狀。

先　**蟔**　蚈蛈、蟬屬。廣韻引說文作蟔蛈。讀若周天子赧。从虫丏聲。按此爾雅之蜓蚞螇螰也。方言、蛥蚗、齊謂之螇螰、楚謂之蟪蛄、秦謂之蠽

bìn 髕　bìn 殯　pín 矉　pín 薲　pín 蠙　bīn 賓

之蛉蚗自關而東或謂之蟌蚗蓋以七月鳴者色青形小而長京師謂之犬參夫娘八月中卽不鳴或曰與蛁馬蜩同字非

眞 **賓** 賓 賓 所敬也从貝㝒聲古文从貝从冈未詳按从貝者賓禮必有贄廣雅釋詁一賓敬也禮記鄉飲酒義賓者接人以義者也儀禮鄉飲禮謀賓介注賢者爲賓其次爲介又其次爲衆賓又書康王之誥賓稱奉圭兼幣傳諸侯也又周禮司儀諸侯諸伯諸子諸男之相爲賓也諸公之臣相爲國客是散文賓客通稱對文則賓尊而客卑賓大而客小轉注書洪範七曰賓鄭注掌諸侯朝覲之官周禮大行人是也又詩絲衣序繹賓尸也箋卿大夫曰賓尸與祭同日叚借爲儐廣雅釋詁一賓列也穆天子傳六內史賓侯注贊禮儀儐相楚辭天問啟棘賓商注列也又書堯典寅賓出日傳導也賓于四門鄭注擯也列子黃帝賓者以告又爲擯實爲姘書多士予惟四方罔攸賓馬注卻也又爲并爾雅釋詁賓協服也按并者相從也協者同心也書堯典馬注賓從也禮記樂記諸侯賓服注協也楚語其不賓也久矣注服也史記司馬相如傳故遣中郎將往賓之賈注伏也又爲鬢莊子說劍皆蓬頭突鬢又重言形況字莊子德充符彼何賓賓以學子爲司馬注恭貌崔注有所親疏也簡文注好名貌又託名幖識字太元元數應鍾生㚘賓注道也白虎通封禪賓連者木名也其狀連累相承又呂覽季秋賓爵入大水爲蛤注老爵也棲宿于人堂宇之閒有似賓客故謂之賓爵聲訓白虎通五行賓者敬也言陽氣上極陰氣始起故賓敬之也古韻詩信南山叶賓年易觀叶賓民平轉音易姤叶牽賓民正命吝

說文通訓定聲　坤部弟十六　四十五

眞先 **蠙** 蠙 蚌也从虫賓聲此字說文附玭篆下云夏書玭从虫賓按玭者蠙之珠蠙者玭之母今分爲正篆系此書禹貢淮夷蠙珠暨魚西山經鰲魮之魚狀如覆銚音如磬是生珠玉亦蚌類也

眞 **薲** 薲 大蓱也从艸賓聲字亦作蘋爾雅釋草苹其大者蘋詩于以采蘋韓傳沈者曰蘋呂覽本味崑崙之蘋聲訓詩采蘋箋蘋之言賓也古韻詩采蘋叶蘋濱

眞 **矉** 矉 恨張目也从目賓聲叚借爲顰通俗文蹙頞曰矉莊子至樂髑髏深矉蹙頞李注愁貌又爲顰說文引詩桑柔國步斯矉

震 **殯** 殯 死在棺將遷葬柩賓遇之从歺从賓會意賓亦聲夏后氏殯于阼階殷人殯于兩楹之閒周人殯于賓階按棺肂于西階奉尸斂之曰殯所謂殯于客位也許以賓爲會意則此字製于周穀梁僖九傳今背殯而出會注橫木如梓塗之曰殯叚借爲賓禮記曾子問奠而后辭于殯聲訓釋名釋喪制于西壁下塗之曰殯殯賓也賓客遇之言稍遠也

軫 **髕** 髕 厀耑也从骨賓聲一切經音義引說文厀骨也字亦作臏大戴本命人生期而髕史記秦紀王與孟說舉鼎絕髕轉注漢書刑

tián 田　pīn 闠　pín 嬪　pín 䰼　bìn 鬢　bìn 覞　bìn 儐

法志髕罰之屬五百周禮司刑注周改臏作刖書刑德放臏者脫去人之臏也

眞震 震 **儐** 儐 擯 導也从人从賓會意賓亦聲或从手从賓廣雅釋詁三儐道也周禮司儀掌九儀之賓客擯相之禮注出接賓曰擯入詔禮曰相儀禮士冠禮擯者請期注在主人曰擯在客曰介聘禮卿爲上擯大夫爲承擯士爲紹擯有司徹宗人擯注贊也按禮諸侯相朝則交擯六人以次傳命若聘賓則旅擯雖陳列擯介不以次傳也轉注詩常棣儐爾籩豆傳陳也叚借爲賓禮記禮運所以儐鬼神也皇注敬也又爲姘莊子徐無鬼以擯寡人久矣司馬注棄也周書大武三擯厥親漢書中山靖王勝傳宗室擯卻注謂斥退也江賦擯落江山注謂被斥擯而漂落也

眞震 **覞** 覞 暫見也从見賓聲䚦象說解云覞䚦也按字亦作顮叚借爲悶方言十二顮懣也

震 **鬢** 鬢 頰髮也从髟賓聲鬢之曲頭曰距晉語美鬢長大則賢注髮頿也謂如禾穎之近穗聲訓釋名其上連髮曰鬢鬢濱也濱厓也爲面頟之崖岸也

眞 **䰼** 䰼 鬼貌从鬼賓聲

說文通訓定聲　坤部弟十六　四十六

眞 **嬪** 嬪 服也从女賓聲謂服事人者爾雅釋親嬪婦也書堯典嬪于虞詩大明曰嬪于京周禮大宰七曰嬪婦又二曰嬪貢大行人其貢嬪物注絲枲也左昭三傳以備嬪嬙注婦官也齊語九妃六嬪海外北經務隅之山九嬪葬于陰叚借爲賓太元從測日嬪月隨注嬪羈嬪也又禮記曲禮生曰妻死曰嬪疑賓敬之詞周禮太宰二曰嬪貢司農注皮帛之屬後鄭不從故書非又單辭形況字漢書王莽傳嬪然成行注多貌也古韻楚辭天問叶民嬪

眞 **闠** 闠 門也从門賓省聲讀如賓按闠闠謂門連結牽引字亦作繽轉注離騷九嶷繽其並迎注盛貌也亦單辭形況字廣雅釋訓繽繽衆也亦重言形況字離騷佩繽紛其繁飾兮注盛貌東京賦牙旗繽紛注風吹貌思元賦思繽紛而不理注亂貌長笛賦條決繽紛注能整理也漢書司馬相如傳酈酈繽紛注舞貌漢書揚雄傳繽紛往來注衆疾也淮南俶眞繽紛蘢蓯注雜糅也亦皆疊韻連語

田五名凡田之派皆衍田聲 待年切

先 **田** 田 樹穀曰田象四口十阡陌之制也齊民要術一引說文象形从口从十菜曰圃果曰園廣雅釋地田土也蒼頡篇田種禾稼也釋名釋地已耕者曰田書禹貢厥田惟中中鄭注據人功作力競得而田之則謂之田考工匠人田首倍之注一夫之所佃爾語季康子

丏田

欲以田賦，注：一井也。轉注，禮記月令命田舍東郊，注：謂田畯，主農之官也。又大荒北經叔均乃爲田祖，注：主田之官。又後漢東夷傳注：龍星左角曰天田，則農祥也。按天田二小星在角宿之上、大角之下。又禮記禮運人情以爲田，注：人所捊治也。又呂覽季春田鼠化爲鴽，注：鼸鼠也。淮南注：鼢鼬鼠也。叚借爲畋。易師田有禽，書無逸不敢盤于遊田，詩叔于田，周禮田僕以田以鄙，注：獵也。穀梁桓四傳春曰田，夏曰苗，秋曰蒐，冬曰狩。考工記田車之輪，注：木路也。矢人兵矢、田矢，注：謂矰矢。又爲噸。詩有瞽應田縣鼓。又爲佃。詩甫田無田甫田，漢書高帝紀令民得田之，注：謂耕作也。又爲申之誤字，禮記緇衣周田觀文王之德。又爲陳，史記田敬仲完世家，按春秋後始稱田氏，史公謂敬仲之如齊，以陳字爲田氏，非也。聲訓 說文：田，陳也。按謂敶也，敶列種穀之地也。釋名：田，塡也，五稼塡滿其中也。古韻 詩定之方中叶零人田淵千，叔于田叶田人仁，信南山叶甸田，儀禮少牢禮叶天田年，引晉語叶佞田。

先 畋 平田也。从攴田，會意。按此當爲佃字之訓。畋當訓獵也，从攴田聲。韓詩內傳春曰畋，文選畋獵賦注引禮記王制馬注取獸曰畋。呂覽直諫以畋于雲夢，注：獵也。子虛賦與使者出畋，注：獵也。叚借爲佃。書多方畋爾田。聲訓 白虎通田獵：四時之田總名爲田，何爲田？除害也。

先敬 佃 中也。从人田聲。春秋傳曰乘中佃，一轅車。據許說則从車省、人聲，乃合。按左哀十七傳良夫乘衷甸兩牡，注：一轅卿車。作甸，此義蓋借爲乘字。佃字本訓當爲治田也。漢書韓安國傳即上言方佃作時，注：治田也。叚借爲畋。易繫辭以佃以漁。

微 甸 天子五百里地。从田包省。按从勹田會意，田亦聲。書禹貢五百里甸服，傳：爲天子服治田也。至周乃以畿外侯服之外曰甸服，周禮大司馬職方氏、大行人所言是也。而王畿千里之內亦仍稱甸，禮記王制千里之內曰甸，周語規方千里以爲甸服，又邦內甸服，是也。故去國二百里亦曰甸，周禮天官甸師，大宰邦甸之賦，載師以公邑之田任甸地，儀禮燕禮甸人執大燭，左成十傳使甸人獻麥是也。叚借爲乘。禮記祭義五十不歸甸徒，注：四井爲邑，四邑爲邱，四邱爲甸，甸六十四井也。釋名釋州國：甸，乘也，出兵車一乘。甸乘雙聲。又爲佃。詩信南山維禹甸之，傳：治也。又爲畋。周禮春官甸祝，司服凡甸冠弁服，注：田獵也。小宗伯若大甸，肆師凡師甸，司几筵甸役。聲訓 周禮職方甸服，注：甸，田也，治田入穀也。穀梁桓十四傳甸粟而納之三宮，注：甸，甸師，掌田之官也。太元元圖天甸其道，注：甸之言挺也。按甸之言敶也。古韻 詩信南山叶甸田。

陽 畕 比田也。从二田，會意。今音讀如畺。段氏云當讀如陳，陳、桐因之陳。按畕之言介也，畕以三畫爲介，畺聲。畺即介之轉音。此字從二田，亦聲也。

奠三名　凡奠之派皆衍奠聲　堂麪切

霰 奠 置祭也。从酋，酋，酒也；下其丌也。禮有奠祭者。廣雅釋詁四：奠，置也。釋言：奠，薦也。按書禹貢疏、詩雲漢疏、禮檀弓疏皆以置之於地爲奠。許云禮有奠祭，意豈同歟？然字从丌，明有精，殆非也。詩采蘋于以奠之，傳：置也。周禮牛人共其奠牛，注：喪所薦饋曰奠。禮記祭統舍奠于其廟，注：非時而祭曰奠。郊特牲故既奠，注：謂薦孰時也。檀弓有司以几筵舍奠於其墓。叚借爲定。書禹貢奠高山大川，周禮職幣皆辨其物而奠其錄，司市平肆展成奠賈，瞽矇世奠繫，小史奠繫世，司士以久奠食，考工弓人寒奠體。又爲停，賓亦爲定。儀禮士冠禮贊者奠纚笄櫛於筵，士昏禮坐奠觶，注：停也。考工匠人凡行奠水，司農注：讀爲停。禮記內則奠之而后取之，注：停地也。停者俗亭字。又爲瞰。禮記玉藻唯世婦命于奠繭，注：猶獻也。又爲嗍。廣雅釋詁四：奠，調也。又爲尊之誤字，儀禮士喪禮幂奠用功布。聲訓 釋名釋喪制：喪祭曰奠。奠，停也，言停久也。亦言樸奠，合體用之也。

敬 鄭 京兆縣，周厲王子友所封。从邑奠聲。宗周之滅，鄭徙潧洧之上，今新鄭是也。按始封在今陜西同州府華州。穆天子傳至于南鄭，此舊鄭也。後幽王無道，友寄其帑與賄于虢鄶。其子武公與平王東遷，遂定虢檜之地而施舊號于新國，今河南開封府新鄭縣。春秋之鄭，此新鄭也。叚借爲仍。廣雅釋詁四：鄭，重也。漢書王莽傳非皇天所以鄭重降符命之意，注：鄭重猶言頻煩也。鄭仍雙聲。

霰 廯 侍也。从尸奠聲。叚借爲定。太元元攡天地廯位。

天三名　凡天之派皆衍天聲　他賢切

先 天 至高無上。从一大，會意。按大猶人也。天在人上，仰首見之。一指事。楚辭天問圜則九重，孰營度之。按大圜一氣，鴻濛無體，凡重者，以恒星七政命之。第一重宗動天，最高無所見；二經星天；三塡天；四歲星天；五熒惑天；六日輪天；七太白天；八辰星天；九月輪天，最卑近人，離地四十八萬餘里。論衡談天：天，氣也。鶡冠子夜行：天，文也。廣雅釋詁一：天，大也。易說卦乾爲天。漢書匈奴傳匈奴謂天曰撐犂。轉注 爾雅釋詁：天，君也。凡至尊重者皆是。故臣於君，子於父，妻於夫，民之於食，皆曰天。又周禮司儀天揖同姓，注：天揖，推手小舉之。叚借爲先。禮記緇衣惟尹躬天見于西邑夏。又爲而之誤字。易睽其人天且劓，馬注：剠鑿其額曰天。按此借而爲兒，耏之耏形，誤爲天也。呂覽注：先之。聲訓 說文：天，顛也。釋名：天，顯也，在上高顯也。又坦也，坦然高而遠也。春秋說題辭：天之言鎭也，居高理下，爲人經緯，故其字一大以鎮之也賀述禮統天之爲言鎮也神也陳也珍也施生爲本運轉精神功効陳列其道可珍重也詩君子偕老疏引春秋元命苞天之言瑱也古韻詩柏舟叶天人爾無正叶天信瑱身何人斯叶陳身人天鶴鳴叶天淵旱麓叶天淵人菀柳叶天臻矜文王叶天新大明叶天莘桑柔叶旬民塡天矜崧高叶天神申雝叶人天儀禮少牢禮叶天田年引楚辭大司命叶轃天人轉音易乾叶形成天命貞帝又叶精情天平坤叶生天大畜叶正賢天革叶成命天人越語叶刑人天生形成莊子秋水叶天命名貞韓非揚權叶天親人并楚辭惜誦叶顚天㝅遠遊叶天聞鄰招魂叶天人千侁淵瞑身高唐賦叶天淵論素問天元紀大論叶元天玄旋

元 吞 呑 咽也从口天聲後漢杜篤傳注吞舟大魚也轉注廣雅釋詁四吞滅也西周策兼有吞周之意楚辭天問而交吞揆之

琰 豔 忝 㤅 辱也从心天聲書堯典否德忝帝位詩小宛無忝爾所生禮記坊記厥辟不辟忝厥祖周語不忝前人按心部又有㤅篆疑即此字之誤體以義爲聲讀如辱也

虔四名凡虔之派皆衍虔聲 渠賢切

先 虔 虔 虎行貌从虍文聲讀若矜按从虍𢇍省會意叚借爲擊爾雅釋詁虔固也詩韓奕虔共爾位長發有虔秉鉞又爲緊書呂刑奪攘矯虔鄭注謂撓擾又爲謹廣雅釋詁一虔敬也左莊廿四傳以告虔也成十二傳虔卜於先君也魯語糾虔天刑周書祭公虔虔在位亦重言形況字又爲戕方言一虔殺也秦晉之北鄙謂賊爲虔左成十三傳虔劉我邊陲魏都賦虒捲虔劉又爲枯爾雅釋宮椳謂之虔字亦作楗詩殷武方斲是虔又爲儇方言一虔慧也又爲譞方言十二虔謾也又託名標識字後漢安帝紀注虔人羌號也伐枯儇虔皆一聲之轉古韻詩殷武叶山丸遷虔梴閑安

先 ⿺走虔 𧼫 寋行越越也从走虔聲讀若愆

先 ⿰虔阝 𨛫 河東聞喜聚从邑虔聲在今山西絳州聞喜縣

元 ⿰扌虔 𢴈 相援也从手虔聲

淵四名凡淵之派皆衍淵聲 烏玄切

先 淵 淵 𣶒 𡇒 回水也从水𣶒象形左右岸也中象水貌或省水古文从口水會意按𣶒亦古文也字亦作㴊吳都賦㴊澄齊瀠注迴復之貌管子度地水出地而不流命曰淵水莊子應帝王鯢桓之審爲淵止水之審爲淵流水之審爲淵易乾或躍在淵虞

注回之正體坎爲淵書僞武成萃淵藪傳府也論語如臨深淵孔注潭也轉注小爾雅廣詁淵深也廣雅釋訓淵淵深也詩燕燕其心塞淵禮記中庸淵淵其淵左文十八傳齊聖廣淵文選典引斟酌道德之淵源又淵穆之讓注淵穆深美之詞也又釋名釋兵鎌跗之間曰淵淵宛也言宛曲也叚借爲鼘詩那鞉鼓淵淵六月伐鼓淵淵按亦重言形況字又爲淵之譌字水經穀水注淵潤字相似時有字錯爲淵也廣雅釋山淵谷也又託名標識字爾雅太歲在亥曰大淵獻李注藏也孫注深也深藏而又大獻發難通也又楚辭遂逝四壑元于虞淵注日所入也招魂旋入雷淵注室也古韻詩燕燕叶淵身人定之方中叶零人田淵千采芑叶淵闐鶴鳴叶天淵旱麓叶天淵人易乾叶田淵天人韓非揚權叶神淵淸高唐賦叶天淵論轉音易訟叶成正淵文子上德叶山淵楚辭招魂叶天人千侁淵瞑身

先 ⿺辶淵 𣶒 行貌从辵淵聲

先 ⿱淵鳥 ⿱淵鳥 鳥羣也从鳥淵聲

先 鼘 鼘 鼓聲也从鼓淵聲詩那鞉鼓鼘鼘按重言形況字毛詩作淵亦同鼝字後出

玄十五名凡玄之派皆衍玄聲 胡淵切

先 玄 𢆯 𠮷 幽遠也黑而有赤色者爲元象幽而入覆之也古文从古文糸中兩注指事小爾雅廣詁元黑也考工鍾氏五入爲緅七入爲緇注凡元色者在緅緇之閒其六入者歟周禮染人夏纁元注元纁者天地之色易坤天元而地黃孟子篚厥元黃詩七月載元載黃又詩卷耳我馬元黃爾雅釋詁元黃病也又詩天命元鳥傳鳦也禮記曲禮前朱鳥而後元武後漢張衡傳注元武謂龜蛇也轉注廣雅釋詁三元道也釋言元天也太元元告天以不見爲元地以不形爲元人以心腹爲元管子幼官共元官注主禮天之宮也書僞舜典二十八字元德升聞僞傳謂幽潛也老子滌除元覽注物之極也東京賦睿哲元覽注通也又淮南天文北方曰元天禮記月令其神元冥左昭元傳爲元冥師注水官也又月令元堂左个呂覽注元堂北向堂也又淮南地形合于元海注北方之海叚借爲遠或爲原廟之原爾雅釋親曾孫之子爲元孫注言親屬微昧失之又爲元或爲源儀禮士冠禮元酒在西注新水也又爲沉莊子知北遊於元水之上又爲眩荀子正論上周密則下疑元矣注謂幽深難知又爲衮之誤字大戴公冠四加元冕又託名標識字爾雅太歲在壬曰元黓史記厤書作橫艾又九月爲元越語至于元月聲訓釋名天又謂之元元縣也如縣物在上也又元孫元縣也上縣於高祖最在下也古韻詩何草不黃叶元矜民轉音老子體道叶元門素問天元紀大論叶元天玄旋

先 牽 引前也从牛冖象引牛之縻也玄聲廣雅釋詁一牽引也四牽連也釋言牽挽也周禮牢夫飧牽司農注牲牢可牽而行者牛人與其牽傍注牽傍在轅外輓牛也人御之居其前曰牽居其傍曰傍左僖三十三傳脯資餼牽竭矣釋文牲生曰牽易夬牽羊悔亡子夏傳作擘詩大東睆彼牽牛爾雅釋天河鼓謂之牽牛按河鼓三星在牛宿之上如牽之故曰牽牛中一星明大轉注管子法法令出不行謂之牽又楚辭招魂牽于俗而蕪穢西京賦此牽乎天者也注猶繫也呂覽離俗不牽于埶注拘也又易小畜牽復吉疏謂牽連禮記學記道而弗牽則和疏謂牽偪又字林縴紼挽舟繩字亦作縴段借託名幖識字左定十四年公會齊侯衛侯于牽在今河南衛輝府濬縣之北公羊作堅聲訓釋名釋姿容牽弦也使弦急也古韻易姤叶牽賓民正命吝

霰 眩 目無常主也从目玄聲蒼頡篇眩視不明也方言三瞑或謂之眩廣雅釋詁三眩亂也釋言眩惑也素問五常政大論其動掉眩巔疾注旋轉也漢書元帝紀靡瞻不眩注視亂也孟子若藥不瞑眩楚語賈注顚眴也韋注頓瞀攻已急也轉注禮記中庸敬大臣則不眩疏亦惑也漢書元帝紀使人眩于名實注亂視也又史記大宛傳善眩人索隱變化惑人也漢書張騫傳犛軒眩人注讀與幻同段借爲眴莊子至樂馬乃眩視憂悲又爲炫楚辭惜賢揚精華以眩燿兮注光貌又重言形況字楚辭逢尤目眩眩兮寤終朝注視貌又雙

聲連語離騷世幽昧以眩曜兮注或亂貌後漢張衡傳注眩眃疾貌又疊韻連語史記司馬相如傳紅杳眇以眩湣索隱混合也又視眩泯而亡見兮注目不安也聲訓釋名釋疾病眩縣也目視動亂如縣物搖搖然不定也

銑霰 炫 爓燿也从火玄聲埤蒼炫光貌廣雅釋訓炫炫明也秦策炫熿于道注猶焜光也轉注蜀都賦炫服靚糚切韻好衣曰炫字亦變作袨

銑 泫 湝流也从水玄聲或曰湝流當作潛流字之誤也文選詩花上露猶泫思元賦水泫沄而涌濤注沸貌亦雙聲連語禮記檀弓孔子泫然流涕亦畢辭形況字文選詩泫泫露盈條注垂貌亦重言形況字段借說文上黨有泫氏縣今山西澤州府高平縣

銑 鉉 舉鼎具也易謂之鉉禮謂之鼏从金玄聲易鼎黃耳金鉉馬注扛鼎而舉之也虞注貫鼎兩耳

先 胘 牛百葉也从肉古文玄省聲字亦作肱廣雅釋器胃謂之胘葢胃之厚處公羊注自左髀達于右肱齊民要術有牛肱炙

先 伭 很也从人古文玄省聲字亦作伭

銑先 弦 弓弦也从弓象絲軫之形或曰古文玄省聲字亦作弦作絃作紖今施于弓弩者作弦施于琴瑟者作絃非是春秋董安于性緩因佩弦以自急文選王文憲集序無待韋弦注韜急也轉注論衡四諱月中分謂之弦釋名釋天弦月半之名也其形一旁曲一旁直若張弓施弦也又考工磬氏注必先度一矩爲句一矩爲股而求其弦周髀算經句三股四弦五又素問陰陽別論鼓陽勝急曰弦王機眞藏論端直以長故曰弦平人氣象論毛而有弦者曰春病注弦春脉木氣也又廣雅釋器絃索也禮記樂記北面而弦注謂鼓琴瑟也學記不能安弦投壺命弦者曰文王世子春誦夏弦周禮小師簫管絃歌莊子讓王匡坐而弦孫叔敖碑去不善如絕紖又楚辭漁父鼓枻注叩船舷也廣雅釋水舷謂之舷謂船兩邊木如弦者也字亦變作舷段借託名幖識字周禮職方氏雍州其澤藪曰弦蒲在今陝西鳳翔府據司農注弦或爲汧則借爲汧也又借爲絢廣雅釋詁三絃成也古韻考工弓人叶弦環

先 ⿱艹弦 艸也从艸弦聲

先 ⿺走弦 急走也从走弦聲

先 ⿰巾弦 ⿰巾弦布也出東萊从巾弦聲今山東登州府黃縣古東萊郡之⿰巾弦縣也⿰巾弦縣字亦作⿰扌弦作⿰忄弦

先 ⿱弦心 急也从心从弦會意弦亦聲字亦作⿰忄弦莊子外物謀稽乎⿱弦心注急也段借託名幖識字說文河南密縣有⿱弦心亭

先 ⿰女弦 有守也从女弦聲按謂婦警守志

先支 玆 黑也从二玄會意按玄亦聲左哀八傳何故使吾水玆俗加水旁又誤玆旁因讀如滋益之滋素問六節藏象論如草玆者死注玆滋也言如草初生之青色也此又玆之誤字

衒一名　黃絢切

霰 衙 行且賣也从行从言會意或从行玄聲廣雅釋詁三衙賣也楚辭疾世衒衒鬻兮莫取漢書東方朔傳自衒鬻者以下數

轟一名　呼訇切

庚 轟 羣車聲也从三車會意按與輷略同字亦作輷作䡏作軥廣雅釋訓輷輷聲也魏都賦注引蒼頡篇輷輷眾車聲也史記蘇秦傳輷輷殷殷易林頤之大有轟轟輷輷

杦 翑 榛 粇 阢 榫 萛 宰 獥　蟗 鈿 梗 洄 鰹 𤬪 秏 鰬 祆 騹

說文不錄之字

杦 字林、屋閒木、

翑 廣雅釋詁三、翑、飛也、

榛 字書、牛名、

粇 通俗文、物滓曰粇、

阢 爾雅釋地、東陵阢、禹貢有東陵、今湖南岳州府城即巴邱山地、錢宮詹云、即阢字、借爲莘、左成二傳之莘、當在山東濟南、存參、

榫 方言五、牀杠、東齊海岱之閒謂之榫、段借爲榛、孟子章指、柚榫、

萛 廣雅釋草、萛、箭也、

宰 莊子達生、山有宰、按謂山怪也、

獥 洞簫賦、密漠泊以獥猭、注、相連延皃、又引字書、獥猭、獸逃走也、按此字當从犬、敫聲、誤作敫、獥猭亦疊韻連語、本無正字也、

說文通訓定聲　坤部弟十六附錄　壹

蟗 莊子外物、蟗蜳不得成、司馬注、讀曰冲融、雙聲連語、

鈿 珠叢、金鈿、婦人首飾也、文字集畧、鈿謂金花、

梗 上林賦、梗柟豫章、注、今黃梗木也、西京賦、梓棫梗楓、注、杞也、

洄 字林、洄洄、水勢廣大無際皃、重言形況字、

鰹 爾雅釋魚、鰹、大鮦、小者鮵、按黑魚之大者、即鱧也、

𤬪 廣雅釋草、白𤬪、瓜屬也、

秏 廣雅釋器、秏起、罽也、通俗文、細葛謂之秏翅、

鰬 廣雅釋魚、犬鰷謂之鰬、漢書司馬相如傳、鰅鰫鰬魠、注、似鰱、史記集解、似鯉而大、

祆 說文新附、祆、胡神也、

騹 文選繁休伯牋、自左騹史妠謇姐名倡、

橉 撛 㯳 嚍 艑 臏 甂 縷 鍽 襯　驎 杓 呁 噒 𩭿 騗 遲 扗 璘

橉 廣雅釋室、橉、砌也、淮南書作橉、實皆梱也、

撛 西征賦、撛白刃以萬舞、注、挺也、

㯳 方言十三、盂謂之㯳、

嚍 法言問神、通諸人之嚍嚍者、注、嚍嚍、憤憤也、重言形況字、

艑 廣雅釋水、艑、舟也、通俗文、吳船曰艑、晉船曰舶、長二十丈、六七百人者是也、

臏 廣雅釋訓、臏臏、肥也、重言形況字、

甂 廣雅釋器、甂盤也、

縷 廣雅釋詁三、縷、縮也、

鍽 廣雅釋器、鍛謂之鍽、

襯 廣雅釋言、襯、㓜也、按猶紉也、

說文通訓定聲　坤部弟十六附錄　壽

驎 即䮼 詩駉傳、青驪驎曰驒、釋文、驎、毛色有深淺斑駁隱粼、今之連錢驄也、按如魚鱗、爾雅作䮼、

杓 即句 廣雅釋器、經梳謂之杓、埤蒼、凡織先經以杓梳絲使不亂、按即句之轉注、

呁 廣雅釋詁四、呁、吐也、

噒 廣雅釋詁四、噒、吐也、

𩭿 廣雅釋草、𩭿、縈也、

騗 纂文、騗謂躍上馬也、

遲 盥 顏氏家訓音辭、名遲白衍爲織、

扗 蒼頡篇三、里曰扗、

璘 廣雅釋詁三、璘璘、文也、西京賦、瑞珉璘彬、注、玉光色雜也、景福殿賦、文彩璘班、注、引埤蒼、文皃、甘泉賦、璧馬犀之璘㻞、作瞵、按雙聲連語、

說文通訓定聲目

鼎部弟十七（分部同解　轉壯豐）

青（夲）　菁　請　鯖　精（晴腈）
倩　靚　彭　崝（崢）　猜
靖　情　清　凊　婧
綪　蜻（蠑）　靚（湇）　晶　井
耕　阱（穽汬汫）　叡　荆（刑）　郱
姘　型（侀）　鉶　爭　琤
箏　諍　箏　靜　䋫
竫　淨　⿰糸爭　埩　錚

瀞（圊）　生　牲　眚（瘠）　胜
笙　旌　曐（曐星）　㚅（晴䁍）　性
鮏（鯹）　姓　甥　腥　猩（狌鼪）
甡　省（眚）　⿰木省　渻　媘
⿰虫省　蜑　⿰革蜑　正（㱏疋）　延（征）
延　証　整　政　定
⿱穴延　⿰糸正　鉦　錠　熒（螢）
禜　瑩　謍　⿱𤇾目　鶯（鷪）
⿱𤇾开　罃（甇）　榮（蠑）　檾（蕒䔊禜）　⿱𤇾冘
營　褮　滎（瀅濴濙濴）　⿱𤇾丌（𦁝𢈼侻）　嫈

縈　塋　鎣　螢　醟
榮（㡯）　嶸（㠑嵤）　盈　楹　⿰糸盈（絰）
嬴（瀛）　籯　嬴　賏　罌
罌（甖）　嬰　嚶　鸎　⿰嬰阝
癭　廮　纓　幸（𡴘倖）　婞（悻）
緈　寍　⿱艹寍　寗　⿱寍黽
甯（寗）　濘　頂　穎　傾
熲　頴　頃　磬（殸硜）　謦
罄　馨　⿱殸糸　聲　聾
敬　璥　警　檠　儆

憼　驚　冂（回坰）　冥（瞑）　鼏
迥　詗（偵詷）　高（廎）　駉　炯
泂（泂）　扃　絅（䌹）　蓂　瞑（眠）
鄍　幎（冪冪冪榠塓㝠）　覭　溟　嫇
螟　⿰冥包（魌）　汨　黽（鼃黿）　耿（聹）
⿱冥衣　⿱日丸（昏）　鳴　名（詺銘顯）　平（𢆉釆）
苹　萍　蓱（萍）　⿰牛平　枰
䶄　泙　抨（拼拼）　坪　幷
荓　骿（胼）　餅（䴵）　鉼（瓶）　栟
郱　併　屏　絣（瓶）　庰

騈 姘（迸跰趚） 骿 絣 蛢
軿 刑 郱 形（彤） 鉼
偋 荊（茢） 甹 㣔（伻） [illegible]
梬 俜 騁（駎） 聘 娉
粤 霝（霚） 霛（霊） 蘦 鐳
櫺（欞） 酃（醽） 顬 麢（羚麐） 龗
䨩 蠕 丁（釘） 玎 艼
訂（評） 靪 亭（停渟葶） 朾（揨打虰） 頂（䫆顚顁）
汀（玎） 町（圢） 釘（鉼） 𨸒 成（戌城晟）
誠 盛 郕 宬 城（䜘）

說文通訓定聲　鼎部第十七目　三

鼎 貞 禎 楨 湞
隕 王 呈 廷 聽
巠（涇涬） 逞 程 桯 郢（邛）
程 裎 聖 戥 醒（醒）
珽（珵） 莛 筳 梃（脡） 侹
頲 庭（廳） 霆 挺 娗
綎 蜓（蝏） 鋌 莛（諪） 牼
徑（逕侄） 羥 脛（踁誙䞓） 剄 桱
窒（致） 痙 頸（頴） 峌 赬（赬朾浾泟）
悜 涇 經 娙（嫇） 經

蛵 勁 鋞 輕 陘
樫 戴 鏨 𢧵 職
鐵（銕銕）

右文字三百一名 旁注一百三十六字 附存七十字

說文通訓定聲　鼎部第十七目　四

說文通訓定聲

吳郡朱駿聲豐芑甫紀録
新安朱鏡蓉伯和甫參訂

鼎部弟十七 凡二十八部

青十八名凡青之派皆衍青聲 倉經切

qīng 青

青 青靑𡴆 東方色也、木生火、从生丹、會意、語謂信若丹青、言相生之理必然也、古文未詳、一說字當从生、井聲、从生猶从木屮、木始生其色同青、故从生、黃从田即土、赤黑皆从火、白从日、从凡者井字之變、非丹也、存參、周禮職方氏、正東曰青州、考工畫繪之事、東方謂之青、楚辭大招、青春受謝、注、青東方春位、洪範五行傳、時則有青眚青祥、注、木色也、素問風論、其色青、注、肝色、周禮職金、掌凡金玉錫石丹青之戒令、注、青空青也、漢書司馬相如傳、其土則丹青赭堊、注、青青䨼也、左昭廿傳、齊公孫青字子石、轉注詩著、充耳以青乎而、傳、青青玉也、禮記曲禮、前有水則載青旌、注、青雀、水鳥、左昭十七傳、青鳥氏、注、鶬鴳也、又漢書禮樂志、吟青黃、注、謂四時之樂、叚借重言形

況字、洪奧、綠竹青青、子衿、青青子衿、太元差、或孽青青、注、枯虛也、續漢五行志、青青者、暴盛之盛也、古韻詩洪澳、叶青瑩星、著、叶庭青瑩、楚辭少司命、叶青莖成、

jīng 菁

庚 菁 䔕 韭華也、从艸、青聲、廣雅釋草、韭䪥蒜其華謂之菁、周禮醢人、共實菁菹、司農、韭菹也、後鄭以爲蔓菁、則說異、蔓菁者亦名蕪菁、即詩之葑、爾雅之須葑蓯也、儀禮公食禮以西菁菹、注、蕪菁也、呂覽本味、具區之菁、注、菜名、急就篇、老菁蘘荷冬日藏、按春菘秋韭皆有菁名、而方言蕪菁紫華者謂之蘆菔、則蘆菔並亦得謂之菁矣、轉注廣雅釋草、菁華也、高唐賦、江離載菁、又上林賦、唼喋菁藻、注、水草也、又西京賦、麗服颺菁、注、華英也、叚借爲精、書禹貢、包匭菁茅、鄭注、茅有毛刺者、管子輕重丁、江淮之閒有一茅而三脊、毌至其本、名之曰菁茅、穀梁僖四傳、菁茅之貢不至、注、香草所以縮酒、按茅之靈者、猶米之藻者、祭祀供之、又爲蓁、詩菁菁者莪、傳、盛皃、杕杜、其葉菁菁、箋、稀少之皃、亦重言形況字、古韻詩杕杜、叶菁睘姓、高唐賦、叶平生菁并、

qǐng 請

庚梗敬 請 䛧 謁也、从言、青聲、爾雅釋詁、請告也、儀禮士昏禮、擯者出請事、注、猶問也、左昭七傳、以請先君之貺、注、問也、又史記吳王濞傳、使人爲秋請、集解引律云、秋曰請、魏其武安侯傳、不得入朝請、漢律蓋改周禮之覲爲請也、又廣雅釋詁三、請求也、釋言、請乞也、禮記王制、墓地不請、穀梁定元傳、夫請者、非可詒託而往也、必親之者也、叚借爲清、漢書賈誼傳、造請室而請辠耳、又爲情、荀子成相、聽之經、明其請、又爲靚、漢書外戚傳上、注、請召也、孟子、請勿復敢見矣、按亦召也、注、絕也、失之、古韻管子七臣七主、叶令請、

jīng 鶄

庚 鶄 䳌 鵁鶄也、从鳥、青聲、爾雅釋鳥、鵁鶄、注、似鳧腳高、毛冠、江東人家養之以厭火災、吳都賦、鵁鶄鶖鶬、按此鳥紅冠、翠鬣、紫纓、駁羽、朱掖、有文彩、以睛交而孕、故名交精、上林賦、交精旋目是也、

jīng 精

庚 精 䊖 擇也、从米、青聲、按糳米使純潔也、論語、食不厭精、莊子人閒世、鼓筴播精、司馬注、簡米曰精、離騷、精瓊靡以爲粻、注、糳也、轉注周語、祓除其心精也、注、潔也、楚語、王曰爲二精、注、明潔爲精、後漢張衡傳、注、精粹美也、又公羊莊十傳、精者曰伐、注、猶精密也、上林賦、抗士卒之精、注、銳也、又廣雅釋詁二、精小也、莊子秋水、夫精小之微也、易繫辭、精義入神、禮記樂記、凝是精粗之體、緇衣、精知略而行之、注、孰慮于衆也、呂覽其知彌精、注、微妙也、管子心術、中不精者心不治、注、誠至之謂也、淮南脩務、心意不精、注、專也、又呂覽勿躬、自蔽之精者也、注、甚也、又左昭七傳、是以有精爽至于神明、淮南精神訓、注、精者人之氣、神女賦、精交接以來往兮、注、神也、又易繫辭、男女構精、素問金匱眞言論、藏精于肝、注、謂精氣也、叚借爲晶、呂覽圜道、精行四時、注、日月之光明也、東京賦、五精帥而來摧、注、五方星也、漢書李尋

傳、日月光精、注、謂光明也、楚辭橘頌、精色內白、注、明也、又荀子解蔽、用精惑也、注、精目之明也、素問脈要精微論、而視精明、注、穴名也、以近于目、故曰精明、淮南主術、猶不能見其精、注、目瞳子也、字亦作睛、又爲暒、廣雅釋言、晴讀也、又爲姓、史記天官書、天精而見景星、又爲請、廣雅釋詁二、精論也、又爲菁、風賦、將擊芙蓉之精、又爲情、荀子脩身、術順墨而精雜汙、又託名標識字、爾雅釋獸、鼩鼠、注、小鼱鼩也、字作鼱、漢書東方朔傳、譬猶鼱鼩之襲狗、小鼠也、廣雅釋草、地精人蓡也、黃精龍御也、釋鳥、精列雅也、聲訓春秋繁露、氣之清者爲精、荀子解蔽、蚊䖟之聲聞則挫其精、注、誠也、荀子賦、血氣之精、注、盬也、白虎通情性、精者靜也、太陰施化之氣也、古韻易乾、叶正精情平、高唐賦、叶榮熒精星形、莊子德充符、叶形身神精瞑鳴、荀子成相、叶精營誠人、

qiàn 倩

敬霰 倩 䒌 人字也、从人、青聲、漢有東方曼倩、蕭長倩、漢書朱邑傳、注、倩、士之美稱、又方言三、東齊之閒、壻謂之倩、史記扁倉傳、黃氏諸倩、集解、女壻也、叚借爲頩、或爲彰、爲婧、詩碩人、巧笑倩兮、傳、好口輔、韓詩傳、蒼白色、論語、馬注、笑皃、晉書音義、倩美也、又爲茜、吳都賦、夏曄冬蒨、注、南土草木通冬生、故曰倩、又爲請、爲靚、方言十二、倩借也、方言三、注、倩言可借倩也、今俗乎女壻爲卒便、是也、按亦發聲之詞、倩即卒便之今音、轉音、詩碩人叶倩盼、論語、叶倩盼絢、

jìng 靚　jìng 彭　zhēng 崝　cāi 猜　jìng 靖　qíng 情

梗 敬 **靚** 召也。从見，青聲。廣雅釋詁二：靚，呼也。史記、漢書多以請爲之。叚借爲靚。上林賦：靚糚刻飾。注：粉白黛黑也。蜀都賦：袪服靚糚。又爲瀞，爲晶。漢書王莽傳：辛丑清靚無塵。禮記襍記注：拭靚也。又爲靜。實爲竫。甘泉賦：稍暗暗而靚深。漢書賈誼傳：澹乎若深淵之靚。外戚傳：神眇眇兮容靚處。

梗 **彭** 清飾也。从彡，青聲。彭、莊字古皆以靚爲之。別義：或曰形丹飾也。彭，青飾也。

庚 **崝** 崝嶸也。从山，青聲。按山皃，亦疊韻連語，字亦作崢。方言六：崝，高也。淮南繆稱：岸崝者必陀。注：峭也。太元銳：陵崝岸峭，陁。叚借疊韻連語。廣雅釋詁三：崝嵤，深也。釋訓：崢嵤，深冥也。上林賦：刻削崢嶸。注：深皃。吳都賦：南北崢嶸。注：深邃皃。漢書司馬相如傳：下崢嶸而無地兮。注：深遠皃。楊雄傳：似紫宮之崢嶸。注：深遠也。西域傳：臨崢嶸不測之淵。注：深險皃。

灰 **猜** 恨賊也。从犬，青聲。按字从犬，如狡獪狂猛之類，本以言犬，移以言人。左僖九傳：耦俱無猜。注：兩無猜恨。方言十二：猜，恨也。史記酷吏傳：徒請名禍猾吏。索隱：猜惡也。轉注。廣雅釋詁二：猜，懼也。釋言：猜，疑也。左昭三傳：寡君猜焉。注：疑也。後漢書張衡傳注：猜，嫌也。

梗 **靖** 立竫也。从立，青聲。與竫略同。廣雅釋詁一：靖，安也。書盤庚：自作不靖。詩小明：靖共爾位。左昭十三傳：諸侯靖兵。獨斷：柔德好衆

說文通訓定聲　鼎部弟十七　三

曰靖。周語：自后稷之始基靖民。思元賦：既防溢而靖志兮。樊陽令楊君碑：處靖衡門。管子大匡：士處靖。注：卑敬皃。轉注。爾雅釋詁：靖，治也。詩菀柳傳：予靖之。傳：治也。昊天有成命：肆其靖之。周語：靖，龢也。韓詩東門之墠：有靖家室。傳：善也。叚借爲靜。字林：靖，審也，清也。爾雅釋詁：靖，謀也。方言一：靖，思也。詩我將：日靖四方。召旻：日靖夷我邦。又爲精。說文一曰細皃。大荒東經：有小人國名靖人。注：或作竫。又爲彰。左文十八傳：靖譖庸回。按飾說也。注：安也，失之。又爲旌。昭元傳：請免之以靖能者。王氏引之曰：表也。

庚 **情** 人之陰气有欲者也。从心，青聲。禮記禮運：何謂人情？喜怒哀懼愛惡欲七者，弗學而能。易繫辭：情僞相感。虞注：情，陽也。白虎通情性：情者，陰之化也。論衡初稟：性接于物而然者也。荀子正名：情者，性之質也。又禮記禮運：人情者，聖王之田也。又大學：無情者不得盡其辭。注：猶實也。周禮小宰：六曰以敘聽其情。秦策：請謁事情。聲訓。廣雅釋詁四：情，靜也。淮南繆稱：不戴其情。注：誠也。古韻易乾叶正精情平。楚辭遠遊叶征零成情程。呂覽勿躬叶形正情性成。韓非子主道叶令命定情正名形。楊權叶形生盛寧命情。秦會稽刻石銘叶清名情貞誠程精經令平傾銘。轉音易乾叶亨情。周書周祝叶方情。又易乾叶精情天平。荀子樂論叶情經刑正身聽成營。文子下德叶情營性正身人。符言叶生成寧形身人鄰情眞信。

qīng 清

庚 **清** 朖也，澂水之皃。从水，青聲。詩黍苗：泉流既清。傳：水治曰清。伐檀：河水清且漣兮。孟子：滄浪之水清兮。轉注。考工記㡛氏：清其灰。注：澄也。方言十二：清，急也。激清也。又易彖傳：則刑罰清而民服。虞注：猶明也。又禮記樂記：倡和清濁。注：蕤賓至應鐘也。是故清明象天。注：清明謂人聲也。又吳都賦：迴曜靈于太清。注：謂天也。管子內業：鑑于大清。注：道也。叚借爲瀞。廣雅釋詁二：清，盪也。周禮酒正：一曰清。注：謂醴之沸者。膳夫：飲用六清。司農注：水漿醴涼醫酏。又周頌：於穆清廟。左桓二注：肅然清淨之廟。史記司馬相如傳：象輿婉僤于西清。集解：西廂清淨地也。東京賦：京室密清。注：潔也。又清道案列。注：謂蹕止行者。又書微子：自靖。馬本作清。注：謂絜也。論語：身中清。馬注：純潔也。楚辭招魂：朕幼清以廉潔兮。注：不求曰清。又急就篇：屏廁清溷糞土壤。漢書石奮傳注：廁行清也。字亦作圊。又爲靜。禮記玉藻：視容清明。注：察于事也。荀子解蔽：中心不定則外物不清。注：明審也。詩猗嗟：美目清兮。傳：目下爲清。詩野有蔓草：清揚婉兮。傳：清揚，眉目之閒。君子偕老：子之清揚。傳：視清明也。又爲凊，爲瀏。呂覽有度：清有餘也。注：寒也。素問五常政大論：其候清切。注：大涼也。莊子人閒世：爨無欲清之人。釋文：涼也。風賦：清清泠泠。注：清涼之皃。亦重言形況字。又爲青。白虎通八風：清明者，青芒也。又託名幖識字。詩清人：在彭。按在今河南開封府中牟縣。又晉語：蒐于清原。按在今山西太原府徐溝縣。又東京賦：因耕父于清泠。注：水名，在南陽西鄂水上。聲訓。釋名釋言語：清，青也。

說文通訓定聲　鼎部弟十七　四

去濁遠穢，色如青也。思元賦：懲淟涊而爲清。注：靜也。淮南原道：聖人守清道而抱雌節。注：和淨也。呂覽序意：蓋聞古之清世。注：平也。楚辭懸命：或清激其無所通。注：明也。古韻詩溱洧叶清盈。猗嗟叶名清成正甥。鳧鷖叶涇寧清聲成。楚辭漁父叶清醒，又叶清纓。卜居叶清輕鳴名貞。秦會稽刻石銘叶清名情貞誠程經令平傾銘。素問四氣調神論叶平明寧刑清。轉音楚辭卜居叶耕名身生貞人清楹。九辯叶清人新年生憐聲鳴征成。風賦叶清泠醒人。韓非子揚權叶神淵清。

qìng 凊　jìng 婧　qiàn 綪　jīng 蜻

敬 **凊** 寒也。从仌，青聲。與瀞略同。禮記曲禮：冬溫而夏凊。

敬 **婧** 竦立也。从女，青聲。讀若韭菁。此義與靖竫略同。別義：說文一曰有才也。文選思元賦注引說文：婧，妍婧也。列女傳：婧，齊相管仲妾也。

庚 霰 **綪** 赤繒也。以茜染，故謂之綪。从糸，青聲。左定四傳：綪茷。注：大赤也。鄭司農眾章句：旆名也。叚借爲綼。儀禮士喪禮：綪絞橫三縮一。注：屈也。禮記玉藻：齊則綪結佩而爵韠。釋文：結也。史記楚世家：王綪繳蘭臺。集解：縈也。

庚 **蜻** 蜻蛚也。从虫，青聲。考工記：以注鳴者。注：精列屬。方言十一：蜻蛚，楚謂之蟋蟀。詩蟋蟀陸疏：一名蛬，一名蜻蛚。楚人謂之王孫。幽

qìng ⿰氵靚　jīng 晶　jǐng 井　gēng 耕　jǐng 阱

州謂之趙織〔別義〕爾雅蜓蜻蜻注如蟬而小方言十一蟬有文者謂之蜻蜻其雌蜻謂之𧒅按卽詩之螓札札者其聲青青者其色字亦變作蟒青秦雙聲又廣雅蜻蛉倉螘也方言蜻蛉謂之蝍蛉注六足四翼蟲也呂覽精諭每居海上從蜻遊注蜻蜻蜓小蟲細腰四翅一名白宿按亦名桑根桑根者猶蒼筤言青也蜻蛉亦疊韻連語

徑 ⿰氵靚 ⿰氵靚 冷寒也从水靚聲與凊略同按御覽引世說新語王丞相以腹熨彈棊局曰何乃⿰氵靚今世說作渹注吳人以冷爲渹

晶一名 子盈切

庚 晶 晶 精光也从三日會意晉書音義下晶光也按歲月日時之日可三日月星辰之日不可三精光者姓光也姓光者星光也星象說解云古口復注中故與日同知晶字不从三日乃象星三兩相聚之形或曰晶卽古星字亦通論也

井九名凡井之派皆衍井聲 子郢切

梗 井 井 八家一井象構韓形・者甕之象也古者伯益初作井廣雅釋詁三井深也易井改邑不改井襍卦傳井通周禮野廬氏宿息井樹注井共飲食管子小匡處商必就市井白虎通因井爲市故言市井又釋名釋州國周制九夫爲井其制如井字也司馬法六尺爲

步步百爲晦晦百爲夫夫三爲屋屋三爲井孟子方里而井轉注易繫辭井德之地也風俗通井法也節也言法制居人令節其飲食無窮竭也廣雅釋詁一井灋也荀子儒效井井兮其有理也注良易之皃亦重言形況字又周禮宮人爲其井匽注井漏井所以受水潦叚借爲形廣雅釋詁三井見也又託名幖識字洪範五行傳注東井主法令也按南方宿井八星橫列天河中形似兩井相連總視其八點又似井字謂之東井者以其在參足大星之東名之猶壁在室東曰東壁也又後漢班彪傳井幹注樓名也又穆天子傳天子使井利受之注穆王之嬖臣左僖五傳執虞公及其大夫井伯〔聲訓〕釋名釋官室井清也泉之清潔者也廣雅釋言井靜也〔古韻〕易井叶井正成

庚 耕 耕 犂也从耒井聲一曰古者井田謂从井會意按齊民要術一引說文耕種也人耕曰耕牛耕曰犂海內經稷之孫曰叔均是始作牛耕注始用牛犂也史記弟子傳曾冉耕宋司馬耕皆字牛〔叚借〕爲併廣雅釋詁四耕齊也〔古韻〕管子輕重己叶耕令楚辭卜居叶耕名身生貞人清楹

敬 阱 阱 穽 汬 陷也一切經音義引說文大陷也从阜穴井會意井亦聲或从穴从井古文从水从井倉頡篇掐坑曰穽廣雅釋言穽坑也書費誓敜乃穽鄭注山林之田春始穿地爲穽周禮雍氏春令爲阱擭溝瀆之利於民者注穿地爲塹所以禦禽獸其

jǐng ⿰井奴　xíng 荆　jǐng 郱　jìng 妌　xíng 型

或超踰則陷焉世謂之陷阱禮記中庸罟擭陷阱魯語設穽鄂孟子爲阱於國中漢書司馬遷傳及其在穽檻之中後漢趙壹傳機穽在下字又作洪聲類洪漱也

敬 ⿰井奴 ⿰井奴 坑也从奴从井會意井亦聲 按卽阱之別體今附于此

青 荆 荆 罰辠也从井从刀會意易曰井法也井亦聲字今誤作刑似刑 按越絕書記地傳井者法也易井鄭注亦曰井法也一切經音義引易記井爲刑法也蓋以型訓井易古注自當有之而許引之也與刑頸之刑音同義別春秋元命苞井以飲人人入井爭水陷于泉以刀守之割其情欲人有畏愼以全身命也故字从刀从井紂說不可從廣雅釋詁三刑治也周禮大司寇以五刑糾萬民管子心術刑者惡之末也白虎通五刑者五常之鞭策也漢書董仲舒傳刑者君之所以罰也說苑政理刑者懲惡而禁後者也大戴四代禮出刑春秋繁露刑者德之輔書呂刑五刑之屬三千左昭六傳嚴斷刑罰疏對文則加罪爲刑收贖爲罰散則刑罰通也又以鑄刑器注鼎也越語襍受其刑注刑法也周禮蜡氏禁刑者注黥劓之屬淮南說山刑者多壽注宫人也〔叚借〕爲型爾雅釋詁刑法也刑常也書堯典觀厥刑于二女詩我將儀式刑文王之典禮記禮運刑仁講讓魯語夕省其典刑荀子彊國刑范正楊信碑追念義刑又爲荆廣雅釋詁四荆頸

也又爲鉶周禮內饔凡掌共羞脩刑膴胖骨鱐注鉶羹也司農注夾脊肉則謂借爲脾漢書司馬遷傳歠土刑注所以盛羹也又爲形易鼎其刑渥集解今本作形〔聲訓〕禮記王制刑者侀也侀者成也廣雅釋詁三刑成也學記敎之不刑注猶成也孟子刑于寡妻注正也廣雅釋詁一刑正也周禮秋官序官以佐王刑邦國注正人之灋廣雅釋言刑侀也按侀卽型字之或體〔古韻〕詩蕩叶刑聽傾禮記月令叶刑成鳴榮管子正篇叶聽靜爭刑周書周祝叶正爭經刑敬聽爭靜〔轉音〕詩抑叶王刑又素問四氣調神論叶平明寧刑清又詩烈文叶人訓刑越語叶刑人天生形成莊子養生主叶名刑經身生親年荀子樂論叶情經刑正身聽成營堯問叶刑秦成冥傾

青 郱 郱 鄭地郱亭从邑井聲與郉別按晉地後爲趙地在今山西潞安府卽穆天子傳之鉶山漢書地理志之石研關也于漢爲常山郡之井陘縣非卽郱也

梗敬 妌 妌 靜也从女井聲〔叚借〕爲瀞廣雅釋詁三妌潔也

青 型 型 鑄器之法也从土荆聲按字亦作侀禮記王制刑者侀也侀者成也水曰準曰鎔木曰模竹曰笵土曰型淮南脩務純鈞魚腸之始下型經傳多以荆爲之又誤作刑

鉶 xíng　爭 zhēng　琤 chēng　⿱艹爭 zhēng　諍 zhèng　箏 zhēng　靜 jìng

青 **鉶** 鉶 器也。从金，刑聲。周禮掌客：鉶四十有二。注：羹器也。儀禮公食禮：宰夫設鉶四于豆西。注：菜和羹之器。特牲禮：祭鉶。注：肉味之有菜和者。三禮圖：鉶鼎一斗，兩耳三足，高三寸，有蓋。士以鐵爲之，大夫以上銅爲之，諸侯飾以白金，天子飾以黃金。

爭十三名，凡爭之派皆衍爭聲。側莖切。

庚 **爭** 爭 引也。从𠬪，从厂，會意。按此爭字之意，一切經音義廿四引說文：彼此競引物也。轉注爲爭辯。越語：爭者事之末也。說苑指武：爭，逆德也。孝經：在醜不爭。注：競也。莊子齊物論：有競有爭。注：對辯曰爭。禮記曲禮：分爭辯訟，非禮不決。轉注：月令：陰陽爭。注：陰方盛，陽欲起也。叚借爲諍。孝經：天子有爭臣，士有爭友，父有爭子。注：諫也。呂覽功名：爭其上之過。荀子臣道：有能進言于君，用則可，不用則死，謂之爭。柳敏碑：諫爭匡弼。古韻：詩小旻叶程經聽爭成，江漢叶平定爭寧，管子正篇叶聽靜爭刑，文韜叶靜定爭正，武韜叶靜正爭，周書周祝叶正爭經刑敬聽爭靜，文子符言叶爭聖，又叶令爭敬寧。轉音：文子上仁叶聽爭聞，又禮記月令叶身寧性靜定。

庚 **琤** 琤 玉聲也。从玉，爭聲。

庚 **⿱艹爭** ⿱艹爭 ⿱艹爭盛，艸亂也。从艸，爭聲。杜林說：艸皃。

敬 **諍** 諍 止也。从言、爭，會意，爭亦聲。廣雅釋詁四：諍，諫也。經傳皆以爭爲之。叚借爲爭。蒼頡篇：諍，訟也。

庚 **箏** 箏 鼓弦竹身樂也。从竹，爭聲。御覽引說文：五弦筑身樂也。按古五弦，施于竹，如筑。秦蒙恬改爲十二弦，變形如瑟，易竹以木。唐以後加十三弦。楚辭愍命：挾人箏而彈緯。注：小琴也。聲訓：釋名：箏，施弦高急，箏箏然也。

梗 **靜** 靜 審也。从靑，爭聲。按从淸省。經傳皆以精爲之。叚借爲彰。書堯典：靜言庸違。傳：謀也。管子侈靡：曲靜之言不可爲道。鬼谷子權：靜言者，反而于信。按皆謂飾說。左傳：靖譖庸回，以靖爲之。又爲頲。詩：靜女其姝。傳訓貞靜，則謂借爲竫，或爲瀞。又爲竫。詩柏舟：靜言思之。傳：安也。管子心術：地之道曰靜。淮南本經：怒則手足不靜。注：盜也。周書周祝：民乃靜。注：服也。大匡：施舍靜衆。諡法：靜，安也。又爲瀞。史記五帝紀：直哉維靜絜。書以淸爲之。周語：靜其巾冪。注：潔也。詩旣醉：籩豆靜嘉。按絜美也。又爲情。禮記表記：文而靜。又爲諍。儒行：靜而正之。又爲宋。禮記玉藻：聲容靜。注：不嫩欬也。晉語：吾其靜也。注：默也。楚辭招魂：靜閒按些。注：無聲曰靜。淮南精神：夫靜漠者，神明之宅也。素問五常政大論：毛蟲靜。注：無聲也。靜、宋雙聲。聲訓：釋名釋言語：靜，整也。古韻：管子正篇叶聽靜爭刑，內業叶正平靜，文韜叶生榮成盈靜，又叶靜定爭正，武韜叶靜正爭，周書周祝叶正爭經刑敬聽爭靜，呂覽君守叶平正靜寧，先己叶聽靜性，楚辭招魂叶靜定。

頲 jìng　竫 jìng　淨 chéng　綪 zhēng　埩 zhēng　錚 zhēng　瀞 jìng　生 shēng

敬 **頲** 頲 好皃。从頁，爭聲。詩所謂頲首。按毛詩作螓。叚借爲蜻。詩碩人：螓首蛾眉。毛傳：螓首顙廣而方。箋謂蜻蜻也。此即爾雅札蜻蜻之蜻。螓首與蛾眉對文。許所引三家詩，蓋以頲爲之。

梗 **竫** 竫 亭安也。从立，爭聲。與靖略同。呂覽貴因：竫立安坐。注：正也。帝堯碑：竫恭祈福。又廣雅釋詁一：竫，善也。韓詩東門之栗：有靜家室。以靜爲之。凡動竫字，經傳皆以靜爲之。叚借爲彰。公羊文十二傳：惟諓諓善竫言。注：猶撰也。按飾說之謂。

庚敬 **淨** 淨 魯北城門池也。从水，爭聲。按北城之門曰淨門，當因池水名門而命也。公羊傳所謂鹿門、爭門、吏門，蓋以爭爲之。叚借爲瀞。今用爲淸潔之義是也。又爲覸。方言十三：覸，淨也。

庚 **綪** 綪 紆未縈繩也。从糸，爭聲。讀若旌。小爾雅廣器：詘而戾之爲綪。按調縈收繩索才紆之也。禮記玉藻：齊則綪結佩。儀禮士喪禮：不綪。注：屈也。以綪爲之。轉注：儀禮旣夕：器西南上綪。謂曲陳也。亦以綪爲之。叚借單辭形況字。說文一曰：急弦之聲。按猶箏箏爲弦索聲也。

梗 **埩** 埩 治也。从土，爭聲。按謂治土。叚借爲淨。廣韻：埩，魯城北門池也。

庚 **錚** 錚 金聲也。从金，爭聲。長笛賦：錚鐄營嚆。注：錚鐄，聲也。藉田賦：衝牙錚鎗。注：玉聲。亦雙聲連語。後漢劉盆子傳：鐵巾錚錚。注：金也。亦重言形況字。

敬 **瀞** 瀞 無垢薉也。从水，靜聲。今皆以淨爲之，古皆以淸爲之。轉注：釋名釋宮室：或曰圊，言至穢之處宜常脩治使潔淸也。按古謂之行淸，言穢去而腸潔也。字亦變作圊。

生十五名，凡生之派皆衍生聲。所耕切。

庚 **生** 生 進也。象艸木生出土上。按从屮達土，會意，進于屮也。廣雅釋詁二：生，出也。劉瓛易義：自無出有曰生。易繫辭：天地之大德曰生。左昭二十五傳：生，好物也。荀子王制：草木有生而無知。轉注爲生民之生。詩：厥初生民。天生烝民。又爲生養之生。周禮大宰：生以馭其福。注：猶養也。又爲生財之生。詩谷風：旣生旣育。箋謂財業也。又爲生孰之生。考工矢人：欲生而搏。注謂無瑕蠹也。公羊桓八傳：遂者何？生事也。注：猶造也。專事之辭。又爲先生之生。史記儒林傳：言禮自魯高堂生。索隱：自漢以來儒者皆號生，亦先生省字呼之耳。漢書貢禹傳：朕以生有伯夷之廉。注謂先生也。叚借爲姓。書汨作九共稾飫序：別生分類。又爲性。呂覽侈樂：搖蕩生。周禮大司徒：辨五地之物生。又爲媎。今人所用瘦生字。又託名幖識字。周書王會：都郭生生。欺羽注：生生，獸名。古韻：詩常棣叶平寧生，伐木叶丁嚶鳴聲生聽平，節南山叶定

shēng 牲　shěng 眚　xīng 胜　shēng 笙

生寧醒成政姓小宛叶令鳴征生文王叶生楨寧卷阿叶鳴生易屯叶生貞盈寧爾雅釋天叶生贏成寧正高唐賦叶平生青并六韜文韜叶生榮成盈靜鶡冠子王鈇叶生政韓非揚權叶形生盛寧命情文子道原叶形定成生爾音易坤叶生天楚辭卜居叶耕名身生貞人淸楹九辯叶淸人新年生憐聲鳴征成越語叶刑人天生形成莊子養生主名刑經身生親年天運叶聲命生形冥榮人素問四氣調神論叶陳生榮庭形生文子符言叶生成寧形身人鄭情眞信

庚 **牲** 牲　牛完全也从牛生聲按牛完全當爲牷字之訓穀梁哀元傳全曰牲傷曰牛此言書法非言字義也左僖三十一傳牛卜日曰牲周禮庖人注始養之曰畜將用之曰牲是牲者祭祀之牛也而羊豕亦以類稱之易萃用大牲鄭注大牲牛也書微子乃攘竊神祇之犧牲牲用傳牛羊豕曰牲左昭二十五傳六畜五牲三犧服注麋鹿熊狼野豕後漢班彪傳下注五牲麋鹿麏狼兔大戴曾子天圓序五牲之先後貴賤注牛羊豕雞犬周禮牧人掌牧六牲注謂牛馬羊豕犬雞叚借爲胜周禮掌客牲三十有六又受牲禮注皆云當爲腥按當爲胜或爲生也又爲生魯論語君賜牲按魯讀如字非是又爲制之誤字禮記曾子問凡告用牲幣注當爲制古韻詩雲漢叶牲聽

梗 **眚** 眚　目病生翳也从目生聲字亦作㾪轉注左莊二十五傳非日月之眚注月侵日爲眚按猶目之有翳也又虞書眚災肆赦左僖三十三傳不以一眚掩大德注過也按猶目病之爲小疾也易有災眚鄭注異自內生曰眚子夏傳妖祥曰眚說卦坎爲多眚虞注敗也楚語夫誰無疾眚注猶災也東京賦勤恤民隱而除其眚注病也周禮甸師代王受眚栽疏過也按眚謂小災也叚借爲媘一切經音義眚瘦也又周禮大司徒七曰眚禮司農注掌客職所謂凶荒殺禮也又大司馬馮弱犯寡則眚之注猶人眚瘦也聲訓釋名釋天眚省也如病者省瘦也

青 **胜** 胜　犬膏臭也从肉生聲經傳皆以腥爲之周禮庖人膳膏腥杜注豕膏也鄭注雞膏也轉注周語其政腥臊注臭惡也別義說文一曰不孰也禮記祭義爓祭祭腥而退禮器大饗腥論語君賜腥儀禮聘禮注腥在東疏腥之言生亦皆以腥爲之叚借爲媘管子入國必知其食飲飢寒身之膌胜而哀憐之按亦瘠也注胜肥也失之

庚 **笙** 笙　十三簧象鳳之身也笙正月之音物生故謂之笙爾雅大笙謂之巢小者謂之和从竹生聲古者隨作笙按大笙十九簧小笙十三簧呂覽調竽笙注又云十七簧說文簧篆下女媧作簧風俗通笙長四尺儀禮鄉射記注三人吹笙一人吹和盡小者聲少聞出音以和耳故謂之和周禮有笙師虞書笙鏞以閒轉注周禮眡瞭擊頌磬笙磬按磬與笙同在東方者曰笙磬與鏞同在西方曰鏞磬頌磬

xīng 曐　jīng 旌

鏞之借字也編鐘亦同注笙生也則謂借爲生又詩南陔白華華黍由庚崇丘由儀六詩爲笙詩儀禮鄉飲禮笙入注以笙吹此詩以爲樂也叚借爲媘方言二笙細也凡細貌謂之笙廣雅釋詁二笙小也按即今所謂瘦生也又託名幖識字方言五簀宋魏之間謂之笙廣雅釋器笙席也吳都賦桃笙象簟注桃枝簟也吳人謂簟爲笙又左宣十八年歸父還自晉至笙疑即莊九傳之生竇史記作笙瀆今山東曹州府北有句陽古城公羊作檉釋文亦作杠聲訓釋名笙生也竹之貫匏象物貫地而生也儀禮大射儀笙磬西面注笙猶生也東爲陽中萬物以生古韻詩鹿鳴叶苹笙

庚 **旌** 旌　游車載旌析羽注旄首所以精進士卒从㫃生聲爾雅釋天注旄首曰旌按虞制但以氂牛尾注竿首禮記明堂位所謂綏有虞氏旌也周復析五采羽注其上周禮司常所謂析羽爲旌左襄十四傳所謂假羽毛於齊也凡旌與旞者即常旂旜物旗旟旐之加以羽旄者也詩干旄孑孑干旌禮記曲禮武車綏旌德車結旌昭定四傳綪茷旃旌孟子大夫以旌又左襄十傳舞師題以旌夏注大夏也儀禮鄉射記以旌獲周禮掌節道路用旌節史記孝文本紀朝有進善之旌集解旛也轉注公羊宣十二傳左執茅旌注祀宗廟所用迎道神指護祭者斷曰藉不斷曰旌又廣雅釋詁四旌表也周語爲車服旗章以旌之左莊二十八傳且旌君伐僖二十四傳且旌善人定元傳以自旌也注章也思元賦旌性行以製佩兮注明也或曰皆借爲晶亦通叚借莊子讓王延之以三旌之位此爲珪之誤字聲訓釋名釋兵析羽爲旌旌精也有精光也按以晶爲訓古韻詩干旄叶旌城車攻叶鳴旌驚盈

青 **曐** 曐 曐 曐 曐　萬物之精上爲列星从晶生聲一曰晶象形从○古○復注中故與日同古文象形生聲或从日生聲春秋說題辭陽精爲日日分爲星故其字日生爲星繆說不可從按經星七百八十三座大小一千八百七十八緯星土木火金水五散文則統謂之星對文則五緯爲星二十八宿爲辰書堯典日月星辰鄭注星五緯也洪範四曰星辰鄭注星五星也周禮大宗伯保章氏注同揚泉物理論星者元氣之英也按星如琉璃繫于各重天本爲光體與月不同西人哥白尼謂恒星體明五緯體暗其說尤精漢書律厤志注星石也左僖十七年隕石于宋五隕星也按莊七年星隕如雨謂衆星奔流即蘇俗所謂星移場者左氏以隕石當隕星非是星無隕法恒星之體六等皆大于至地而可隕乎凡瑞星之有景者妖星之有彗孛亦皆因日以流光著象于月輪天下非實有其星叚借爲姓詩定之方中星言夙駕韓詩說星晴也又疊韻連語今所謂霏星字又爲晏之誤字借爲旰廣雅釋詁三星晚也聲訓白虎通星者精也春秋說題辭星之爲言精也陽之榮也淮南天文日月之淫爲精者爲星辰又釋名星散也列位布散也星散雙聲古韻詩小星叶

qíng 夝　xìng 性　xīng 鮏　xìng 姓　shēng 甥

星征淇澳叶青嬰星雲漢叶星贏成正寧高唐賦叶榮熒精星形又叶星聲傾華

夕 **夝** 雨而夜除星見也从夕生聲字亦作晴作暒晝日晏日啓夜日姓蒼頡篇姓雨止無雲也漢書天文志天暒而見景星注暒精明也

敬 **性** 人之陽气性善者也从心生聲。廣雅釋詁三性質也禮記中庸天命之謂性又自誠明謂之性孟子告子曰生之謂性荀子性惡篇不可學不可事而在人者謂之性白虎通五性者何仁義禮智信也論衡初稟性生而然者也莊子庚桑楚性者生之質也按孔子曰性相近即公都子可以爲善可以爲不善之說也孟子曰性善即中庸自誠明之說也荀子性惡即孟子性也有命君子不謂性之說也皆性也不相悖也書召誥節性惟日其邁疏制其性命禮記王制脩六禮以節民性疏稟性自然左昭八傳莫保其性注命也聲訓論語夫子之言性與天道皇疏性生也禮記樂記則性命不同矣注性之言生也古韻管子天地叶名形命性文子上禮叶聲性禮記月令叶身寧性靜定莊子天地叶名形命神性文子下德叶情營性正呂覽先己叶聽靜性匆躬叶形正情性成

青 **鮏** 魚臭也从魚生聲字亦作鯹廣雅釋器鯹臭也今俗以腥爲之

說文通訓定聲　鼎部第十七　十一

敬 **姓** 人所生也从女从生會意生亦聲古之神聖母感天而生子故稱天子春秋隱公八年左氏傳曰天子建德因生以賜姓按神農母居姜水黃帝母居姬水舜母居姚虛因以爲姓故从女生黃帝子二十五宗十二姓亦然凡小宗又別爲氏氏別既久或天子賜姓其正姓以獎功德如四岳賜姓姜氏呂胡公賜姓嬀氏陳董父賜姓董氏豢龍是也或特賜之姓如禹祖昌意以薏苡生賜姓姒殷契以元鳥子生賜姓子是也詩杕杜不如我同姓傳同祖也又麟趾振振公姓傳公同姓也爾雅釋親族晜弟之子相謂爲親同姓注同姓之親無服屬禮記大傳繫之以姓而弗別注姓正姓也始祖爲正姓高祖爲庶姓又書堯典平章百姓傳百官鄭注羣臣之父子兄弟周語百姓兆民注官有世功受姓氏者獨斷百乘之家曰百姓又禮記郊特牲戒百姓也注王之親也叚借爲生曲禮納女于天子曰備百姓注姓之言生也儀禮特牲禮子姓兄弟如主人之服注子之所生左昭四傳問其姓釋文謂子也小爾雅廣言姓子也又爲性周語不亦瀆姓矣乎賈唐二君注姓命也聲訓白虎通姓名姓者生也人稟天氣所以生者也古韻詩杕杜叶菁睘姓節南山叶定生寧酲成政姓麟趾叶定姓

庚 **甥** 謂我舅者我謂之甥从男生聲釋名舅謂姊妹之子曰甥甥亦生也出配他男而生故共制字男傍作生也詩猗嗟展我甥兮

xìng 腥　xīng 猩　shēn 甡　xǐng 省

韓奕汾王之甥左莊六傳吾甥也晉語青陽方雷氏之甥也夷鼓彤魚氏之甥也皆是亦謂之出按甥者後生之稱也故女夫爲壻亦曰甥孟子帝館甥于貳室女之子爲外孫亦曰爾甥姊妹之孫爲離孫亦曰從孫甥並見左傳別義爾雅釋親妻黨姑之子爲甥舅之子爲甥妻之晜弟爲甥姊妹之夫爲甥注四人體敵故更相爲甥甥猶生也今人相呼蓋依此按郭意謂借甥爲生但釋親所以正名不得有叚借而姑之子爲外兄弟舅之子爲內兄弟妻之晜弟爲婚兄弟姊妹之夫爲姻兄弟既有定稱豈得又相甥乎或曰姑之子爲父母之甥舅之子爲父之甥妻之晜弟姊妹之夫皆爲父母之甥義雖可通然何不曰姊妹之子爲甥妻晜弟之子爲甥子婦之晜弟爲甥女子子之夫爲甥而乃繫其稱於子且均列于妻黨也經義有萬難解者宜從蓋闕叚借託名幖識字左傳有鄧騅甥聃甥養甥晉瑕呂飴甥古韻詩猗嗟叶名清成正甥

青 徑 **腥** 星見食豕令肉中生小息肉也从肉从星會意星亦聲按癙黐亦似星也周禮內饔豕盲眡而交睫腥注當爲星禮記內則注同叚借爲胜楚辭涉江腥臊並御注臭也又內則麋腥疏生肉也又爲鮏通俗文魚臭曰腥

庚 青 **猩** 爾雅釋獸猩猩小而好啼字亦作狌海內南經狌狌知人名其

說文通訓定聲　鼎部第十七　十二

爲獸如豕而人面注今交阯封谿縣出狌狌狀如豚而後似狗聲如小兒啼也字林云能言鳥形如豕頭如黃雞淮南氾論猩猩知往而不知來注人獸身黃色知人姓字嗜酒人以酒搏之飲而不能息醉以致擒按其血可以染罽呂覽本味肉之美者猩猩之脣注人面狗軀而長尾荀子非相狌狌形笑亦二足而毛也禮記曲禮狌狌能言不離禽獸又鼪鼠亦謂之狌字又作鼪爾雅釋獸鼪鼠注江東呼爲鼪莊子逍遙游子獨不聞狸狌乎司馬注狖也秋水捕鼠不如狸狌

眞 **甡** 衆生並立之皃从二生會意按生亦聲詩桑柔甡甡其鹿傳衆多也疏謂卽詵字非聲類甡甡衆皃亦重言形況字

省五名凡省之派皆衍省聲 所警切

梗 **省** 視也从眉省从中古文从少从囧按囧當作四古文目字文之形而察視一義借爲靜字歟抑形近𥄉而誤歟或曰字从屮从目會意屮岸上見也皆存疑爾雅釋詁省察也禮記樂記省其文采注審也曲禮昏定而晨省注問其安否何如中庸日省月試注考校其成功也論語退而省其私皇疏視也荀子王制省農功注觀也周禮小行人存頫省聘問臣之禮也書洪範王省惟歲轉注魏都賦注漢制王所居曰禁中諸公所居曰省中獨斷天子所居曰禁中後曰

生省

zhèng 正　chěng ⿰革蚩　chǎn 蚩　shěng 蛸　shěng 媘　shěng 渻　shěng 楷

省中、顔氏家訓、其𨻶既常有禁衛省察、故以省代禁、叚借爲靖、爾雅釋詁、省善也、詩皇矣帝省其山、禮記大傳大夫士有大事省于其君、箋注皆訓善、又爲眚、小爾雅廣詁、省過也、公羊莊二十二傳大省者何、災省也、史記始皇紀、飾省宣義、又爲媘、禮記月令省囹圄、注減也、淮南主術、省而不煩、注約也、漢書刑法志能省刑、注減除之、荀子仲尼省求多功、注少也、周語天道道可而省不、注去也、釋名釋言語、省瘦也、臞瘦約小之言也、又爲獮、禮記玉藻唯君有黼裘以誓省、明堂位春社秋省、獮省雙聲、

梗 **楷**　木參交以支炊籅者也、从木省聲、讀若驪駕、按西京賦驪駕四鹿、謂讀若參也、猶參之讀森、森省雙聲、此器米既淅漉令乾者、

梗 **渻**　水門也、爾雅釋丘、水出其前渻丘、从水省聲、叚借爲媘、說文渻少減也、又託名幖識字、左襄三十一傳渻竈、莊子達生紀渻子爲王卷鬥雞、

梗 **媘**　減也、从女省聲、廣雅釋詁三、媘少也、經傳皆以省爲之、

敬 **蛸**　蛸蟲也、从虫省聲、

蚩二名、凡蚩之派、皆衍蚩聲、丑騁切

銑 **蚩**　蟲曳行也、从虫、屮聲、讀若騁、按从屮、長言之得聲、

梗 **⿰革蚩**　驂具也、从革蚩聲、讀若騁蜃、

正十一名、凡正之派、皆衍正聲、之盛切

庚敬 **正**　是也、从止、一以止、古文从二、二古上字、又文从一足、足亦止也、按此字本訓當爲矦中也、象方形、即曰从止、亦矢所止也、其實形體似止、因又誤製从足之字、所謂說誤于前、形變于後也、受矢者曰正、拒矢者曰乏、故文反正爲乏、小爾雅廣器、鵠中者謂之正、正方二尺、周禮司裘司農注、方十尺曰矦、四尺曰鵠、二尺曰正、四寸曰質、毛詩猗嗟傳同、後鄭謂鵠與正乃皮布之異名、皆居矦三分之一、其制同四尺、故周禮射人注不從舊說、按後鄭是也、又注儀禮大射儀、正亦鳥名、齊魯之閒名題肩爲正、正鵠皆鳥之捷黠者、則非也、禮記中庸、失諸正鵠、注畫布曰正、棲皮曰鵠、疏正謂賓射之矦、鵠謂大射之矦、轉注、東京賦、農祥晨正、薛注中也、鬼谷子磨篇、正者直也、左襄七傳、正直爲正、禮記玉藻、士前後正、注直方之閒語也、周禮典同、正聲緩、注謂上下直正、離騷、不量鑿而正枘兮、注方也、離騷、名余曰正則兮、注平也、周禮宰夫、則令羣吏正歲會、注猶定也、呂覽古樂、有正有淫、注雅也、儀禮士喪禮、決用正、注善也、書洪範一曰正直、詩小明正直是與、周禮小宰四曰廉正、注行無傾邪也、周語正德之道也、又周禮小宗伯其正室皆謂之門子、注適子也、考工匠人注、正門謂之應門、又爾雅釋天四時和爲通正、尚書大傳周以日至爲正、殷以日至三十日爲正、夏以日至六十日爲正、周禮太宰正月之吉、注周之正月、小宰正歲、注謂夏之正月、禮記大傳改正朔、叚借爲政、書湯誓舍我穡事而割正夏、傳正政也、微子亂正四方、史記作政、書大傳諸侯之有不率正者、注正政也、禮記文王世子庶子之正于公族者、注正者政也、周禮地官黨正注、正之言政也、夏官序官以正于公司馬注、猶聽也、呂覽順民湯克夏而正天下、注治也、又爾雅釋詁、正長也、廣雅釋詁一、正君也、詩鳲鳩正是四國、雲漢鞫哉庶正、雨無正正大夫離居、儀禮鄉飲禮樂正司正、大射儀僕人正、大射正小射正、周禮太宰建其正、禮記王制史以獄成告于正、左隱六傳翼九宗五正、又書文侯之命亦惟先正、禮記緇衣昔吾有先正、注先君長也、周書武順三右一長曰正、又廣雅釋言、正要也、管子法法、正者所以正定萬物之命也、周禮射人佐司馬治射正、注射之灋儀也、大司馬賊殺其親則正之、注執而治其罪、都司馬以國法掌其正學、釋文本作政、禮記少儀能正于樂人、注樂政也、周禮淩人掌冰正、呂覽仲夏班馬正、又爲誠、論語正惟弟子不能學也、鄭注魯讀爲誠、又爲竀、爾雅釋水濫泉正出、正出涌出也、又釋丘水出其右正丘、按當作穴中正見字、又爲整、禮記曲禮正爾容、又爲征、賓爲徵、周禮

司勳惟加田無國正、司農注稅也、司門正其貨賄、注當爲征、禮記燕義司馬弗正、疏役也、又爲性、列子黃帝養正命、又爲匹之誤字、禮記緇衣唯君子能好其正、又爲止之誤字、荀子儒效有所正矣、詩終風序見侮慢不能正也、又疊韻連語、漢書王莽傳人民正營、注惶恐不安之意、古韻、詩猗嗟叶名清成正甥、斯干叶庭楹正冥寧、雲漢叶星嬴成正寧、易乾叶正精情平、井叶井正成、訟叶正敬、臨叶正命、儀禮士冠禮叶正令、禮記樂記叶正定聲、爾雅釋天叶生嬴成寧正、楚辭懷沙叶盛正、管子內業叶正平靜、文韜叶靜定爭正、武韜叶靜正爭、周書周祝叶正爭、經刑敬聽爭靜、呂覽君守叶平正靜寧、勿躬叶形正情性成、韓非主道叶令命定情正名形、文子符言叶令爭正敬寧、轉首易姤叶羣究民正命吝、屯叶正民、訟叶成正淵、大畜叶正賢天、荀子樂論叶情經刑正身聽成營、文子下德叶情營性正身人、又易同人叶行正、萃叶亨正、命鶡冠子度萬叶正明、

zhēng ⿺辶正

庚 **⿺辶正**　正行也、从辵正聲、或从彳、爾雅釋言、征行也、易大壯壯于趾征凶、詩小星肅肅宵征、小宛而月斯征、皇華駪駪征夫、左襄十三傳先王卜征五年、注謂巡狩征行、轉注、孟子征者上伐下也、書允征傳奉辭伐罪曰征、詩泮水桓桓于征、箋伐也、周禮太卜一曰征、司農注謂征伐人也、又禮記月令征鳥厲疾、注征鳥題肩也、齊人謂之擊征、或名曰鷹、呂覽注征猶飛也、叚借爲延、廣雅釋詁一征

zhěng zhèng zhēng dìng zhèng
整 証 延 定 政

遠也。又爲徵。廣雅釋詁二：征，稅也。周禮大司徒制天下之地征，遂師以徵財征，司關與其征廛，𢿱人凡𢿱征，載師國宅無征。禮記王制圭田無征。又關市譏而不征。左僖十五傳征繕以輔孺子，文十一傳使食其征。孟子上下交征利，注取也。有布縷之征，有粟米之征，有力役之征。注賦也。又周禮鄉大夫皆征之，司農注給公上事也。禮記王制不征于鄉，注不給其繇役。周禮小宰注凡其字或作政，或作正，或作征，以多言之宜從征。愚按皆借爲徵。徵从壬，古亦讀从𡈼聲，故如征也。又疊韻連語，後漢鍾離意傳不勝愚戇征營，注不自安也。聲訓孟子征之爲言正也。書序作成王征。馬注征，正也。古韻詩小星叶星征，小宛叶令鳴征生，楚辭遠遊叶征零成情程，又叶榮人征，九辯叶清人新年生憐，聲鳴征成。

庚 **延** 㢟 行也。从㢟，正聲。按與延義略同而聲別。漢武帝改元延和，共四年，亦作延，作征。

敬 **証** 諫也。从言，正聲。齊策士尉以証靖郭君。假借爲徵，今亦用爲證驗字。

梗 **整** 齊也。从攴从束，从正，正亦聲。按从敕，正聲，許書無敕部，故附攴部。禮記月令整設于屏外，注正列也。呂覽簡選行陳整齊，注周旋進退也。淮南覽冥爲整齊而斂諧，注不差也。東京賦乃整法服，注理也。

敬 **政** 正也。从攴，正聲。論語有政，馬注政者有所改更匡正。詩皇矣其政不獲，釋文政，政教也。周禮夏官使帥其屬而掌邦政，注政所正不正者也。禮記王制齊其政，注謂刑禁。禮運政者君之所以藏身也。漢書梅福傳政者職也。管子正出令時當曰政。獨斷著之竹帛名曰政。晉語敢歸諸下執政，注執事也。又法言問道五政之所加，注五常之政也。大戴盛德亦有六政，注謂道德仁聖禮義也。又虞書以齊七政，鄭注日月五星也。馬注北斗七星也。史記秦始皇名政，徐廣云一作正。假借爲正。大戴盛德均五政，注謂天子公卿大夫也。法言先知政吏駢惡，注君也。儀禮大射儀爲政請射，注謂司馬也。司馬政官主射禮。按即大射正也。左文六傳棄時政也，昭十五傳以爲大政。漢書皆作正。又爲征。實爲徵。周禮小宰聽政役以比居，小司徒施其職而平其政，均人掌均地政，閭胥役政弦紀之數，遂人以土均平政，土均掌平土地之政。禮記檀弓無苛政，樂記庶民弛政。又爲征。漢書五行志諸侯力政。聲訓論語政者正也。釋名釋言語政正也，下所取正也。古韻詩節南山叶定生寧酲成政姓，鶡冠子王鈇叶生政。轉音管子四稱叶令政矜人騈親身。

徑 **定** 安也。从宀从正，會意。正亦聲。爾雅釋詁定，止也。詩六月以定王國，日月胡能有定。又禮記曲禮昏定而晨省，注安其牀衽也。月令以待陰陽之所定，呂覽注猶成也。荀子儒效反而定三革，注息也。易繫辭乾坤定矣，虞注謂成列。假借爲顁。詩麟趾麟之定，字亦作顁。

chēng zhēng zhēng dìng yíng
竀 ⿰糸正 鉦 錠 熒

又爲成。儀禮鄉飲禮羹定速賓，注猶孰也。淮南天文秋分蕘定，注成也。禮記禮器羹定詔于室。又爲政。漢書王嘉傳定躬龍告東平本章，注謂改治也。又爲整。書孔序定禮樂，疏修而不改曰定。又爲正。書堯典以閏月定四時，史記作正。又弟子傳曾公肩定字子中。又爲阬。爾雅釋邱左澤定邱，疑即漢志之鉅定，在今山東青州府樂安縣。又爲貞。周語及定王，注當爲貞。又爲金之誤字。金即法字。漢書翟方進傳爾不得易定，盤用大誥爾時罔敢易法也，注失之。又託名標識字。詩定之方中傳營室也。按北方宿室二星，傍有三離宮，六星兩兩而居。古室昏中在仲冬，可營宮室之時也。亦謂之水。左莊二十九傳水昏正而栽，亦謂之天廟。周語日月底于天廟。又爾雅釋器斪斸謂之定。注鋤屬。廣雅釋器定謂之槈。疑借爲打。又方言八鶡鴠謂之定，甲按即寒號蟲，夜鳴者也。聲訓爾雅釋天營室謂之定。注正也。作宮室皆營室之中爲正。齊語定三革，注奠也。奠定雙聲。古韻詩節南山叶定生寧酲成政姓，江漢叶平定爭寧，麟趾叶定姓，采薇叶定聘，禮記樂記叶正定，聲左襄五傳叶挺局令定，楚辭招魂叶靜定，大招叶盛命定，六韜文韜叶靜定爭正，韓非主道叶令命定情正名形，文子道原叶形定成生，轉音禮記月令叶身寧性靜定。

庚 **竀** 正視也。从穴中正見也，會意，正亦聲。廣雅釋詁一：竀，視也。按爾雅釋水濫泉正出，以正爲之。假借爲赬。左哀十七傳如魚竀尾，注赤色。考工鍾氏注再入謂之竀。

庚 **⿰糸正** ⿰糸正綊乘輿馬飾也。从糸，正聲。

庚 **鉦** 鐃也。似鈴，柄上下通。从金，正聲。其柄半在上，半在中，稍寬其孔爲之抵拒，執柄搖之，使與體相擊而爲聲。詩采芑鉦人伐鼓，釋文鐲也。東京賦司鐸授鉦，注鉦鐸所以爲軍節。按所以止鼓，亦名丁寧。丁寧者，鉦之合音也。左傳著于丁寧，晉語戰以錞于丁寧。假借託名標識字。考工鳧氏鼓上謂之鉦。

徑 **錠** 鐙也。从金，定聲。韻集有足曰錠，無足曰鐙。按無足曰錠，有足曰鐙。禮記祭統注鐙豆下跗也。知鐙有足則知錠無足。鐙从登，錠从定，亦兼會意。

熒二十三名，凡熒之派皆衍熒聲。戶扃切

青 **熒** 屋下鐙燭之光也。从焱冂，會意。六書故引說文从冂从焱，一說冂聲。荅賓戲守窔奧之熒燭，注小光也。太元銳熒狩狧狧，注光明小見之皃。楚辭哀歲鬼火兮熒熒，注小火也。廣雅釋訓熒熒，光也。亦重言形況字。轉注爾雅釋蟲熒火即炤，李注夜飛腹下有火光故

曰卽炤。廣雅釋蟲熒火燐也。禮記月令腐草爲熒字亦作螢。[叚借]爲營。史記孔子世家匹夫而熒惑諸侯者。莊子齊物論是黃帝之所聽熒也。人閒世而目將熒之。又爲營。法言脩身熒魂曠枯。按猶老子之載營魄。注明也。失之。又託名幖識字。風俗通熒惑火星。論衡熒惑天罰也。按熒惑五緯之一。在第五重天。離地二千七百餘萬里。二歲一周天。其體大于地半倍。色赤。又書禹貢泆爲熒。周禮其川熒雒。在今河南開封府。經傳皆以滎爲之。今滎陽縣滎澤縣亦作熒。又爾雅釋草熒委萎。注藥草也。按卽萎蕤。亦曰玉竹。又疊韻連語。爾雅釋草蒴芋熒。疑卽中山經之葶薴。又神農本草蒴藋一名鬼芋。又羽獵賦注青熒光明皃。又單辭形況字。尚書大傳熒然作大唐之歌。注猶灼也。[古韻]高唐賦叶榮熒精星形。

禜 庚 敬 設緜蕝爲營。以禳風雨雪霜於日月星辰。禳水旱癘疫于山川也。从示。熒省聲。按本左氏昭元傳。一曰營衞使災不生。禮記祭法。幽禜祭星也。雩禜祭水旱也。作宗者誤字。周禮鬯人禜門用瓢齎注。謂營酇所祭。黨正春秋祭禜亦如之。注。蓋亦爲壇位如祭社稷。[轉注][訓]周禮大祝四曰禜。注禜如日食以朱絲禜社。

瑩 庚 徑 玉色。从玉。熒省聲。逸論語曰。如玉之瑩。太元元瑩注。瑩者明也。[別義]一曰石之次玉者。[叚借]爲衘也。詩著尚之以瓊瑩乎而。傳瓊瑩石似玉。[叚借]爲鎣。蒼頡篇瑩治也。爾雅釋鳥注。膺中瑩刀。釋文瑩磨瑩也。又託名幖識字。列子周穆王奏承雲六瑩。大韶晨露。以樂之。注。帝嚳樂。淮南原道耳聽九韶六瑩。注。顓頊樂。[古韻]詩淇澳叶青瑩星。著叶庭青瑩。

謍 庚 小聲也。从言。熒省聲。詩曰。營營青蠅。毛本作營。傳往來皃。按皆重言形況字。長笛賦錚鐄謍嗃。注。聲也。亦雙聲連語。

䁝 庚 青 惑也。从目。熒省聲。廣雅釋天。營惑謂之罰星。或謂之執法。以營爲之。論衡熒惑天罰也。呂覽制樂熒惑在心。皆以熒爲之。[叚借]爲熒。或爲瑩。淮南〻道營然能聽。高讀疾營之營。謂讀爲熒。

鶯 庚 鳥文也。从鳥。熒省聲。詩桑扈有鶯其羽。傳鶯然有文章。字亦作鸎。射雉賦鸎綺翼而經過。注。鸎文章皃也。今人誤爲倉庚鳥。謂之黃鶯。按三國後始別作鸎爲黃鸎字。

𤇯 迥 深池也。从井。熒省聲。

罃 庚 備火長頸缾也。从缶。熒省聲。與罌略同。字亦作甇。方言五。甀或謂之罃。廣雅釋器。罃缾也。[叚借]託名幖識字。左僖十五傳。太子罃。秦康公名。古今人表。女罃。世本作瑩。尸子作英。又借爲鶯。晉語。知罃注。字子羽。

榮 庚 桐木也。从木。熒省聲。爾雅釋木。榮桐木。注。卽梧桐。按皮白不實而實者謂之秀。榮而不實者謂之英。按對文則別。散文亦通。月令鞠有黃華。木堇榮是也。且榮从木。華从艸。不知命名何以到置。[叚借]爲熒。說文一曰屋梠之兩頭起者爲榮。儀禮士冠禮直于東榮。注。屋翼也。上林賦暴于南榮。注。南檐也。甘泉賦列宿乃施于上榮兮。按如鳥飛兩翼舒也。亦名鴟吻。又爲營。老子雖有榮觀燕處超然。注。謂宮闕。又素問湯液醪醴論。榮衞不可復收。注。榮衞者氣之主。痺論。榮衞者水穀之精氣也。刺熱論。榮未交。又爲瑩。呂覽振亂且辱者也而榮注光明也。務大其名無不榮者。注。顯也。南都賦。會九世而飛榮。注。光榮也。晉語非以翟爲榮。注。樂也。華則榮矣。注。有色貌也。荀子大略室宮榮與。注。盛也。漢書楊雄傳。四皓采榮于南山。注。謂聲名也。又素問刺熱篇。太陽之脉色榮顴骨。注。飾也。六節藏象論此五藏所生之外榮也。注。美色也。又爲榮。列子周穆王榮汝之糧。注。棄也。又雙聲連語。爾雅釋魚。榮螈蜥蜴。字亦作蠑。方言八。南楚蛇醫或謂之蠑螈。又託名幖識字。書序王俾榮伯。馬注。周同姓。周語。厲王說榮夷公。注。國名。周書王會。祝淮氏榮氏。注。二祝氏之官也。[聲訓]釋名。釋言語。榮猶熒也。熒熒照明皃也。[古韻]禮記月令叶刑成鳴榮。西山經叶清馨榮。高唐賦叶榮熒精星形。六韜文韜叶生榮成盈靜。楚辭遠遊叶榮人征。莊子天運叶聲命生形冥榮人。素問四氣調神論叶陳生榮庭形生。

檾 梗 枲屬。从林。熒省聲。詩碩人丰曰衣錦檾衣。按字亦作頴作蘔。似枲亦可績而不堅韌。今所用爲粗繩索者。毛詩衛風鄭風作褧。按其質曰檾。成衣曰褧。兩字略同也。本草苘麻以苘爲之。禮記中庸衣錦尚絅。以絅爲之。尚書大傳作䌹。儀禮士昏禮。姆加景。以景爲之。

㼆 青 小瓜也。从瓜。熒省聲。

營 庚 市居也。从宮。熒省聲。按从宮省。字當从冂不从宀。市營曰環。亦作闤。軍營曰壘。蒼頡篇營衞也。後漢西羌傳注。五營卽五校也。東京賦結徒營注。域也。五等論眾目營方。注。布居也。羽獵賦禁禦所營。漢書注。圍守也。楚辭離世經營原野。注。南北爲經。東西爲營。魏都賦延閣充宇以經營。注。周行爲營。詩經之營之。亦疊韻連語。廣雅釋詁一。營度也。小爾雅廣詁。營治也。考工匠人營國。詩黍苗召伯營之。淮南主術執政營事。注。典也。漢書李尋傳爲妻妾役使所營。注。謂繞也。又爾雅釋地。齊曰營州。釋邱。水出其左營邱。詩齊譜都營邱。疏水所營繞故曰營邱。又廣雅釋詁三。營得也。易象傳不可營以祿。楚辭天問何往營班祿。[轉注]禮記禮運冬則居營窟。按四圍擁土也。又公羊莊二十五傳。朱絲營社。按圍繞也。又廣雅釋地。營耕也。楚辭天問威播秬黍。莆雚是營。又素問調經論。取血于營。注。營主血陰氣也。老子。載營魄。王注。營魄神之常居處也。淮南俶眞嬈其精營。慧然而有求于外。注。營慧連讀。失之。[叚借]爲營。荀子宥坐。言談足以飾邪營眾。

yíng 褮　xíng 滎　qióng 煢　yīng 嫈　yíng 縈　yíng 塋　yìng 鎣

注讀爲熒非淮南原道精神亂營注惑也漢書禮樂志以營亂富貴之耳目注猶回繞失之又爲熒或爲嶸廣雅釋詁一營上也又爲陰淮南精神燭營指天按燭者涿也營者陰也營陰雙聲注讀曰括撮失之又重言形況字廣雅釋訓營營往來也詩營營青蠅又託名幖識字考工輈人以象營室也注元武宿又淮南脩務雖鳴廉脩營唐牙按皆古琴名注失之古韻詩黍苗叶營成盛臺叶經營成文子上禮叶營性下德叶情營性正荀子樂論叶情經刑正身聽成營成相叶經營誠人

庚青 褮 鬼衣也从衣熒省聲讀若詩曰葛藟縈之一曰若靜女其姝之姝按讀若靜也此明器之屬今蘇俗有冥衣以紙爲之與魁義別義爾雅釋器衱謂之褮注衣開孔也

庚青 滎 絕小水也从水熒省聲字亦作濙作濴作瀅作濚甘泉賦梁弱水之濚濙兮注小水皃說文滎濘篆解滎濘也後漢杜篤傳注濎瀅小皃也亦皆疊韻連語假借爲熒書禹貢滎波既豬馬注滎澤名周禮職方氏其川滎雒注兖水也入于河洪爲滎滎在滎陽皆當作熒又爲營孟子告子音義引字書濴作滎波勢回皃

庚 煢 回飛也从凡熒省聲鳥回轉疾飛曰煢字亦作𦑝廣雅釋詁三𦑝飛也釋訓𦑝𦑝飛也字亦誤作煢假借爲惸實爲窮書洪範無虐煢獨傳單無兄弟也孟子哀此煢獨離騷夫何煢獨而不余聽注孤也小爾雅廣義寡夫曰煢字亦作傑方言六傑特也十二傑清也廣雅釋詁三傑獨也又詩閔予小子煢煢在疚左哀十六傳煢煢余在疚魏文帝燕歌行賤妾煢煢守空房注單也漢書匡衡傳注煢煢憂皃亦皆重言形況字煢愽窘雙聲古韻詩杕杜叶菁睘姓

庚 嫈 小心態也从女熒省聲假借託名幖識字史記刺客傳聶政姊嫈

庚 縈 收韏也从糸熒省聲通俗文收績曰縈桂苑珠叢縈卷之也按收卷絲若索繞而疊之也今蘇俗語縈績團縈草把皆是假借爲營詩樛木葛藟縈之傳旋也據說文則借爲藥按藥後出字又思元賦臨縈河之洋洋注紆也後漢書注曲也按亦營之轉注縈非本字古韻詩樛木叶縈成

庚 塋 墓也玉篇作塋地从土熒省聲廣雅釋邱塋葬地也漢書張安世傳賜塋杜東注冢地也霍光傳改光時所自造塋制而侈大之注塋域也假借爲營禮記月令塋邱壟之大小高卑厚薄之度呂覽淮南作營注度也

庚徑 鎣 器也从金熒省聲讀若銑按摩鋥之器也廣雅釋詁三鎣磨也爾雅釋鳥鸊鷉注膏中鎣刀

說文通訓定聲　鼎部第十七　十九

qióng 䡅　yòng 醟　yíng 藥　róng 嶸　yíng 盈　yíng 楹　tīng 縕　yíng 贏

庚 䡅 車軼規也从車熒省聲讀若熒謂作輞之笵別義一曰一輪車如今之二把手或二人輓之或前用驢挽之

庚敬 醟 酗也从酉熒省聲通俗文酗酒曰醟漢書敘傳中山淫醟

庚 藥 艸旋皃从艸榮聲詩曰葛藟藥之按此後出字毛詩作縈蓋借爲營也字亦誤作縈

庚 嶸 崝嶸也从山榮聲字亦作㟍作巆方言六注崝嶸高峻之皃假借疊韻連語廣雅釋訓崢嶸深冥也釋詁三崝嶸深也甘泉賦注岭巆嶸峋深無厓之皃餘見崝下又單辭形況字高唐賦巆霞天之礚礚注聲也古韻高唐賦叶嶸冥聲經

盈三名、凡盈之派皆衍盈聲。以成切

庚 盈 滿器也从皿从夃會意夃猶多也晉荀盈字伯夙夙疑夃字之譔墨子經盈莫不有也廣雅釋詁一盈滿也四盈充也易坎不盈虞注溢也詩鵲巢維鳩盈之傳滿也穆天子傳于一人不盈于德注猶充也東京賦不縮不盈注長也禮記禮運三五而盈疏謂月光圓滿莊子田子方引之盈貫注謂溢鏑也假借重言形況字古詩盈盈樓上女又發聲之詞方言嫈盈怒也凡言呵叱者謂之嫈盈廣雅釋詁二覮盈怒也又託名幖識字左襄二十三傳晉欒盈史記皆作逞古韻詩鵲巢叶盈成匏有苦葉叶盈鳴溱洧叶清盈雞鳴叶鳴盈聲車攻叶鳴旌驚盈易屯叶生貞盈寧管子文韜叶生榮成盈靜轉音易坎叶盈信

庚 楹 柱也从木盈聲詩殷武旅楹有閑春秋莊二十三年丹桓宮楹禮記明堂位刮楹達鄉轉注明堂位殷楹鼓注楹謂之柱貫中上出也考工輪人桯圍倍之司農注蓋杠也以桯爲之聲訓釋名釋宮室楹亭也亭亭然孤立旁無所依也齊魯讀曰輕輕勝也孤立獨處能勝任上重也古韻詩斯干叶庭楹正冥寧轉音楚辭卜居叶耕名身生貞人清楹

青 縕 緩也从糸盈聲讀與聽同或从呈聲詩雲漢昭假無贏箋緩也以贏爲之

贏三名、凡贏之派皆衍贏聲。以征切

庚 贏 賈有餘利也从貝嬴聲按从貝从嬴會意嬴多肉獸也左昭元傳賈而欲贏而惡囂乎西京賦鬻者兼贏注利也管子國蓄以正戶籍謂之養贏注謂大賈畜家也秦策珠玉之贏幾倍廣雅釋詁一贏益也三贏餘也贏過也轉注考工弓人橋幹欲孰于火而無贏注過孰也周禮典同達聲贏又史記天官書趨舍而前曰贏漢書天文志早出爲贏越語贏縮轉化注贏縮進退也假借爲縕禮記月令天地始肅不可以贏注猶解也又爲嬰左襄三十一傳以贏諸侯注受也按安止也又爲籯荀子議兵贏三日之糧莊子胠篋贏糧而趨

說文通訓定聲　鼎部第十七　廿

之淮南脩務嬴𥱼跣足注裹也一曰囊字

亦作攍方言七攍儋也廣雅釋言攍負也

庚 **籯** 笭也从竹嬴聲漢書韋賢傳遺子黃金滿籯注竹器受三四斗、蜀都賦籯金所過注勝也轉注方言五筲或謂之籯廣雅釋器籯箱也、籯籠也、

庚 **嬴** 少昊氏之姓也从女嬴省聲按作嬴省者誤鄭語嬴伯翳之後也伯翳子皋陶偃姓蓋以偃爲之嬴偃一聲之轉東京賦嬴氏傳翼注秦姓也按春秋時秦徐江黃郯莒皆嬴姓國叚借爲嬴大荒東經是維嬴土之國注猶沃衍也周書大武一勝人必嬴注謂益之荀子非相與世偃仰緩急嬴絀注猶言伸屈也荀子勢成功之道嬴縮爲寶注猶行藏也史記蘇秦傳嬴則兼欺舅與母索隱猶勝也楚蔿賈字伯嬴見左宣四傳呂覽作盈又爾雅釋天夏爲長嬴又爲籯淮南氾論䩛蹻嬴蓋注囊也又爲營淮南要略嬴垀有無之情注繞匝也又爲鎣方言九凡箭鏃胡合嬴者注邊也又文十八敬嬴宣八年夫人嬴氏公穀皆以熊爲之熊嬴雙聲古韻詩雲漢叶星嬴成正寧爾雅釋天叶生嬴成寧正○

賏十名凡賏之派皆衍賏聲、烏莖切

庚 **賏** 頸飾也从二貝會意按駢貝爲飾實即嬰之古文、

庚 **譻** 聲也从言賏聲按與嚶略同叚借爲嚶思玄賦鳴玉鸞之譻譻李翊夫人碑嚶嚶匹嘅兮鳴譻譻亦重言形況字廣雅釋訓譻譻鳴也、

庚 **罌** 缶也从缶賏聲與甇略同字亦作甖方言五瓮或謂之甖廣雅釋器罌瓶也漢書韓信傳以木罌缶渡軍注謂瓶之大腹小口者也趙廣漢傳椎破盧罌注所以盛酒也穆天子傳黃金之罌注即盂也、

庚 **嬰** 頸飾也从女賏賏貝連也會意賏亦聲按實與賏同字荀子富國是猶使處女嬰寶珠注繫于頸也轉注釋名釋車喉下稱嬰叚借爲營文選注引說文嬰繞也凡七見甘泉賦崥嵲隗乎其相嬰注引埤蒼繞也西山經羭山神冢之嬰以百珪百璧注謂陳之以環祭也漢書蒯通傳嬰城自守注以城自繞又爲鷹淮南要略以與天和相嬰薄注繞抱也失之嬰薄猶鷹搏也嬰鷹雙聲又爲櫻晉語亡人之所懷挾嬰壤注馬纓又爲瑩北山經燕山多嬰石注所謂燕石者言石似玉有符彩嬰帶按嬰帶字又傳會本義則失之又雙聲連語禮記襍記中路嬰兒失母也注猶鷖彌也按小兒言語不清嫛婗然也呂覽知士更立衛姬嬰兒校師注幼少之稱蒼頡篇女曰嬰男曰兒非是釋名人始生曰嬰兒胷前曰嬰抱之嬰前乳養之也此以膺釋嬰聲訓之法非本義又云或曰嫛婗嫛是也言是人也婗其嗁聲也、亦失之、

庚 **嚶** 鳥鳴也从口嬰聲詩伐木鳥鳴嚶嚶傳驚懼也箋兩鳥聲也爾雅釋訓丁丁嚶嚶相切直也楚辭悼亂山鵲兮嚶嚶注鳴之清也漢書楊雄傳鴻鴈嚶嚶注相命也亦皆重言形況字古韻詩伐木叶丁嚶鳴聲生聽平、

庚 **鸚** 鸚䳇能言鳥也从鳥嬰聲禮記曲禮鸚母能言淮南說山鸚鴞能言而不可使長注鳥出蜀郡赤喙者是其尾䙝綠能效人言、

梗 **郹** 地名从邑嬰聲、

梗 **癭** 頸瘤也从疒嬰聲廣雅釋詁一癭病也博物志山居多癭飲水之不流者也轉注凡楠木根贅肬甚大析之中有山川花木之形謂之癭木俗作影字非吳都賦楠瘤之木叚借爲瘤呂覽盡數輕水所多禿與癭人注咽疾瘤癭雙聲聲訓釋名釋疾病癭嬰也在頸嬰喉也、

梗 **廮** 安止也从广嬰聲叚借託名標識字說文鉅鹿有廮陶縣、

庚 **纓** 冠系也从糸嬰聲按以二組系于冠武結頤下者也與冕弁之紘一組自下而上系于笄者不同荀子非十二子其纓禁緩注冠之繫也轉注儀禮士冠禮纓屬于缺釋文從下而上者既夕記纓條屬厭注注通屈一條繩爲武垂下爲纓屬之冠又士昏禮親說婦之纓注婦人年十五許嫁笄而禮之因著纓明有繫也蓋以五采爲之又周禮巾車樊纓注今馬鞅司農注纓謂當胸左桓二傳鞶厲游纓注在馬膺前如索帬服注今乘輿大駕有之又楚子自爲瓊弁玉纓按亦馬飾又素問通評虛實論與纓脉各二注謂冠帶也又文選述祖德詩而不纓垢氛注繞也天台山賦方解纓絡叚借爲賏七發翠鬣紫纓注頸毛也又爲癭海外北經拘纓之國注宜作癭古韻孟子叶清纓、

㚔三名凡㚔之派皆衍㚔聲 胡耿切

梗 **㚔** 吉而免凶也从屰从夭會意夭死之事故死謂之不幸按屰夭猶反乎夭也今隸作幸亦作倖禮記檀弓幸而至于旦注覬也論語不幸短命死矣皇疏凡應死而生曰幸應生而死曰不幸呂覽忠廉幸汝以成而名注活也轉注小爾雅廣義非分而得謂之幸荀子富國朝無幸位注無德而祿謂之幸位周禮大宰予以馭其幸注謂言行偶合于善則有以賜予之以勸後也又公羊宣十五傳小人

xìng 婞　xìng 緈　níng 寍　níng 薴　níng 寧　níng ⿱寍䖵　nìng 甯

見人之厄則幸之注僥倖也晉語其下幸以偸又漢書司馬相如傳設壇場望幸注臨幸也獨斷天子所至曰幸車駕所至民臣被其德澤以爲僥倖故曰幸也又呂覽至忠王必幸臣與臣之母注哀也按寵也思元賦毋緜攣以倖己兮注引也又廣雅釋詁一㚔婞也獨斷親愛者皆曰幸後漢桓帝紀注倖佞也叚借史記仲尼弟子傳顏幸字柳此幸之誤字古韻管子正篇叶徑幸

迥 **婞** 很也从女㚔聲楚詞離騷鮌婞直以亡身兮惜誦行婞直而不豫兮文選祭顏光祿文性婞剛潔注猶直也字亦作悻孟子悻悻然見于其面丁音當作婞很也直也叚借爲幸廣雅釋詁三婞親也錯本說文一曰見親

迥 **緈** 直也从糸㚔聲讀若陘按絲之直也

寍六名凡寍之派皆衍寍聲 奴丁切

青 **寍** 安也从宀心在皿上會意人之飲食器所以安人禮記禮運曰飲食男女人之大欲存焉故寍从皿安从女經傳皆以寧爲之

庚 **薴** 草亂也从艸寍聲杜林說莘薴艸皃

青 **寧** 願詞也从丂寍聲詩日月寧不我顧小弁寧莫之知四月胡寧忍予箋皆訓曾也生民上帝不寧傳不寧寧也左隱十一傳無寧茲許公復奉其社稷襄二十九傳無寧夫人而焉用老臣論語無寧死于二三子之手乎小爾雅廣訓無寧寧也漢書哀帝紀予寧三年注謂處家持喪服叚借爲盜書洪範三曰康寧詩葛覃歸寧父母考工梓人惟若寧侯儀禮覲禮歸寧乃邦禮記月令身欲寧左哀十六傳國寧晉語聞子與龢未寧注息也爾雅釋詁寧靜也按謂坪也又疊韻連語吳語鳴鐘鼓丁寧錞于注謂鉦也按鉦即丁寧之合音又莊子至樂久竹生青寧司馬注蟲名也或曰借爲⿱寍䖵古韻詩常棣叶平寧生斯干叶庭楹正冥寧節南山叶定生寧醒成政姓文王叶生楨寧鳧鷖叶涇寧清馨成雲漢叶星贏成正寧江漢叶平定爭寧載芟叶聲寧易屯叶生貞盈寧爾雅釋天叶生贏成寧正呂覽君守叶平正靜寧韓非子楊權叶形生盛寧命情文子符言叶令爭正敬寧轉音書洪範叶成明寧文子道原叶成明寧平強素問四氣調神論叶平明寧刑清又易乾叶形成天命貞寧禮記月令叶身寧性靜定呂覽貴信叶寧輕令親貞文子符言叶生成寧形身人鄰情貞信

青 **⿱寍䖵** 蟲也从蚰寍聲按即莊列青寧字疊韻連語廣韻以爲蟓蛄未知所本豈與方言蟓蛉聲近歟

徑 **甯** 所願也从用寍省聲字亦誤作寗按甯爲願寧爲願詞甯與憖略同叚借託名幖識字左僖七年盟于甯母穀梁作寧毋在今山東兗州府魚臺縣東又晉語陽處父如衛及過甯注晉邑按衛邑在今河南懷慶府修武縣周有甯越晉有甯嬴姬姓以邑爲氏

nìng 濘　qīng 頃　yǐng 穎　qīng 傾　jiǒng 熲　yǐng 潁

迥 徑 **濘** 滎濘也从水寧聲按滎濘疊韻連語小水之皃猶七命之汀濘海賦之湏濘甘泉賦之㶏濙也廣雅釋詁一濘清也轉注廣雅釋言濘清也泥也釋詁三濘泥也按水小則易濁故又訓泥左僖十五傳戎馬還濘而止管子地員不濘車輪

頃六名凡頃之派皆衍頃聲 去潁切

庚 梗 **頃** 頭不正也从匕从頁會意匕之言偏也按實即傾之古文轉注漢書五行志婦人擅國茲謂頃又詩卷耳不盈頃筐傳畚屬易盈之器也韓詩說敧筐也叚借爲跬禮記祭義故君子頃步而弗敢忘孝也注當爲跬愚按當爲蹞蹞頃一聲之轉故敧齮剞觭掎輢等字亦皆有偏義又爲畸公羊宣十五傳注凡爲田一頃十二畝半呂覽過理築爲頃宮注築作宮牆滿一頃田中畸頃一聲之轉又爲閒秦策茲政有頃注言未久莊子秋水不爲頃久推移司馬注頃久猶早晚也荀子天下之悖亂而相亡不待頃矣注頃少頃也頃閒亦一聲之轉

梗 **穎** 禾末也从禾頃聲謂貫于穗及近于穗之芒秒小爾雅廣物禾穗謂之穎書歸禾序異畝同穎詩生民實穎實栗轉注漢書禮樂志注葉末曰穎又史記平原君傳穎脫而出謂錐末也又郭璞遊仙詩潛穎怨青陽注在幽潛而結穎也叚借爲熒禮記少儀刀卻刃授穎注鐶也按熒猶環也故韓非子自營爲厶亦作自環又爲儆禮記少儀枕几穎杖注警枕也

庚 **傾** 仄也从人从頃會意頃亦聲按實與頃同字廣雅釋詁二傾衺也禮記曲禮傾則姦注或爲側老子高下相傾釋文不正皃淮南天文天傾西北注高也家語傾蓋與之語後漢朱穆傳注傾蓋謂駐車交蓋也世本宋樂傾字夷父轉注易傾否侯果注覆也晉語大命其傾注危也吳語體有所傾注傷也漢書田蚡傳欲以傾諸將相注謂踰越而勝之也叚借爲熒孫楚征西官屬詩傾城遠追送注猶盡也又爲頃實爲畸淮南墬形傾宮旋室注宮滿一頃古韻詩蕩叶刑聽傾嚮叩叶成傾句中韻秦會稽刻石銘叶清明情貞誠程經令平傾銘管子七臣七主叶聲聽傾身高唐賦叶星聲傾苹荀子堯問叶刑秦成冥傾

迥 **熲** 火光也从火頃聲爾雅釋詁熲光也釋言熲充也詩無將大車不出于熲古韻詩無將大車叶冥熲

梗 **潁** 潁水出潁州陽城乾山東入淮从水頃聲豫州浸也出今河南河南府登封縣北嵩山西南之少室山至安徽潁州府大和縣與沙河合經潁上縣與淮合曰潁口周禮職方氏其浸潁湛屬荊州與溠互譌也爾雅釋水潁爲沙按沙即水經注之小㶏水也釋名州國潁川因潁水以爲名也

qīng 頎　qìng 磬　qǐng 謦　qìng 罄　xīn 馨　qǐng 漀　shēng 聲

庚 **頃** 仄也。从阜，从頃，會意，頃亦聲。書禹貢：西頃因桓是來。疑以頃為之。西頃山一名强臺山，在今甘肅鞏昌府洮州廳西番界。

磬七名，凡磬之派皆衍磬聲。苦定切。

庚 徑 **磬** 樂石也。从石，声象縣虡之形，殳擊之也。古者毋句氏作磬。籀文象形，从殳。古文从石巠聲。西山經：小華之山多磬石。書禹貢：泗濱浮磬。詩那：依我磬聲。傳：磬，聲之清者也。淮南氾論：語寡人以憂者擊磬。注：石也。轉注。考工車人：一柯有半謂之磬折。又史記滑稽傳：磬筆磬折。正義：謂曲體揖之。又禮記文王世子：則磬于甸人。注：縣縊殺之曰磬。又詩大叔于田：抑磬控忌。傳：騁馬曰磬。按：曲折如志也。假借為罄。淮南覽冥：磬龜無腹。注：空也。禮記樂記：石聲磬。注：當為罄。王肅注：硜聲果勁。則謂借為勁。史記樂書作石聲硜。按：實單辭形況字，又重言形況字。論語：硜硜然小人哉。皇疏：堅正難移之皃也。鄭注：小人之皃也。孟子注引作悻。又鄙哉硜硜乎。按：亦鄙皃。又發聲之詞。韓詩大明：磬天之妹。傳：譬也。按：古語磬作，猶今言譬如也。毛詩作俔，亦同。或曰：韓詩借為俔，毛詩正作俔。俔、磬雙聲。聲訓。釋名：磬，罄也。其聲罄罄然堅緻也。

迥 **謦** 欬也。从言，殸聲。殸，籀文磬字。蒼頡篇：謦，聲也。通俗文：利喉曰謦欬。莊子徐无鬼：昆弟親戚之謦欬其側乎。李注：喻言笑也。

徑 **罄** 器中空也。从缶，殸聲。殸，古文磬字。按：此處言古文，是也。磬篆、謦篆、聲篆、罄篆下皆言籀文，非。當據此改。詩蓼莪：缾之罄矣。天保：罄無不宜。爾雅釋詁：罄，盡也。東京賦：東京之懿未罄。注：盡也。假借為磬。左僖二十六傳：室如縣罄。又為俔。韓非子外儲說上：犬馬人所知也，旦暮罄于前；鬼神無形者，不罄于前。罄、俔雙聲。又單辭形況字。周書太子晉：師曠罄然。又稱曰。注：自嚴整也。

青 **馨** 香之遠聞者也。从香，殸聲。殸，籀文磬。詩鳧鷖：爾殽既馨。周語：其德足以昭其馨香。注：芳香之升聞者。西山經：丹木五歲五味乃馨。注：言滋香也。古韻詩鳧鷖叶涇、寧、清、馨、成。載芟叶馨、寧。西山經叶清、馨、榮。

迥 **漀** 側出泉也。从水，殸聲。殸，籀文磬字。與罄同誼。

庚 **聲** 音也。从耳，殸聲。殸，籀文磬。禮記樂記：感于物而動，故形于聲。又聲成文謂之。按：單出曰聲，宮商角徵羽五聲是也；襍比為音，金石絲竹匏土革木八音是也。虞書：聲依永，律和聲。禮記郊特牲：凡聲陽也。轉注。史記大史公自敘：其實中其聲者謂之端。索隱：名也。淮南脩務：聲施千里。詩文王有聲。又齊策：聲威天下。注：勢也。又禮記曾子問：祝聲三。注：聲者，噫歆，警神也。古韻詩鶴鳴叶鳴、盈、聲。伐木叶丁、嚶、鳴、聲、生、聽、平。禮記樂記叶正、定、聲。高唐賦叶嶸、冥、聲、經。又叶星、聲、傾、并。轉音楚辭九辯叶清、人、新、年、生、憐、聲、鳴、征、成。莊子天運叶聲、命、生、形、冥、榮、人。管子七臣七主叶聲、聽、傾、身。

kēng 䡩　jìng 敬　jǐng 璥　jǐng 警　qíng 檠　jǐng 儆

庚 **䡩** 車堅也。从車，殸聲。

敬七名，凡敬之派皆衍敬聲。居磬切。

敬 **敬** 肅也。从攴，从苟，會意，苟，自急敕也。禮記曲禮：毋不敬。何允注：在貌為恭，在心為敬。少儀：賓客主恭，祭祀主敬。儀禮聘禮記：入門主敬，升堂主慎。左僖二十三傳：敬，德之聚也。十一傳：敬，禮之輿也。成十三傳：敬，身之基也。襄二十八傳：敬，民之主也。周語：夫敬，文之恭也。左襄二傳：軍事有死無犯為敬。孟子：陳善閉邪謂之敬。周禮小宰：三曰廉敬。主不解于位也。書皋謨：愿而恭，亂而敬。禮記表記：親而尊，安而敬。假借。書洪範：敬用五事。漢書五行志、藝文志俱誤作羞，蓋苟傍本作蕃，因誤為羞也。又為故之誤字。晉語：畏讀敬也。王氏懷祖訂。又記名幖識字。左文十八、宣六年敬嬴，公穀皆以頃為之。昭七傳南宮敬叔，說苑亦以頃為之。聲訓。詩常武：既敬既戒。箋：敬之言警也。釋名釋言語：敬，警也。恒自肅警也。古韻詩閔予小子叶庭、敬。周書周祝叶正、爭、經、刑、敬、聽、爭、靜。文子符言叶令、爭、正、敬、寧。易訟叶正、敬。大戴王言叶敬、正，句中韻。

梗 **璥** 玉也。从玉，敬聲。

梗 **警** 戒也。从言，从敬，會意，敬亦聲。按：警當為誡敕之誡，儆當為戒備之戒，二字不同。左宣十二傳：今天或者大警晉也。周禮宰夫：正歲則以灋警戒羣吏。禮記文王世子：所以警眾也。孟子書曰：洚水警余。漢書梁孝王武傳：出稱警，入言趕。東京賦：是時稱警蹕已。注：謂清道也。轉注。文賦：乃一篇之警策。注：夫駕之法，以策駕乘，今以一言之好，最于眾辭，若策驅馳，故言警策。假借為驚。歎逝賦：節循虛而警立。又為儆，為憼。廣雅釋訓：警警，不安也。

庚 梗 敬 **檠** 榜也。从木，敬聲。弛弓防損傷，以竹若木輔于裹，繩約之，亦曰㢹，曰柲，曰閉。詩角弓傳：不能繼檠巧用。淮南說山：檠不正而可以正弓。脩務：弓待檠而後能調。漢書蘇武傳：檠弓弩。魏都賦：弓珧解檠。注：檠，弓押也。

梗 敬 **儆** 戒也。从人，从敬，會意，敬亦聲。按：戒備也。與警別。後漢東平憲王蒼傳注：儆，備也。春秋傳曰：令司宮巷伯儆宮。昭十八傳：使府人庫人各儆其事。假借為警。魯語：夜儆百工。楚語：猶箴儆于國。韓策：乃儆公仲之行。家語五儀：所以儆人臣也。又為絅。後漢郭伋傳注：儆，急也。

jiōng 鼏　míng 冥　jiōng 冂　jīng 驚　jǐng 憼

梗 **憼** 敬也。从心，从敬，會意，敬亦聲。按：卽儆之別體。荀子賦：憼革貳兵。注：與儆同，備也。

庚 **驚** 馬駭也。从馬，敬聲。廣雅釋言：驚，起也。楚辭招魂：宮庭震驚。注：駭也。呂覽愼大：其生若驚。注：亂皃。西京賦：驚蝄蜽。叚借爲警。易震：驚百里。鄭注：驚之言警戒也。管子參患：三驚當一至。注：謂耀武示威。又爲儆。詩車攻：徒御不驚。傳：不驚，驚也。按：戒愼葡具也。或曰借爲警，亦通。古韻：詩車攻叶鳴、旌、驚、盈。常武叶霆、驚。

冂二十四名，凡冂之派皆衍冂聲。古熒切

青 **冂** 冂 同 坰 邑外謂之郊，郊外謂之野，野外謂之林，林外謂之冂。象遠界也。古文又从囗，象國邑，或从土。从冋。小爾雅廣器：坰，地也。詩駉：在坰之野。傳：遠野也。列子黃帝：經坰外。注：郊野之外也。叚借託名標識字。書仲虺之誥序：至于大坰。傳：大坰，地名。

青 **冥** 幽也。从日，从六，冂聲。日數十，十六日而月始虧幽也。選注引說文：一曰窈也。字俗作暝。爾雅釋言：冥，幼也。按：謂窈也。廣雅釋訓：冥冥，暗也。釋詁二：暝，廣也。禮記曲禮注：闇暝也。太元元文：冥者明之藏也。易豫：冥豫。馬注：昧也。升：冥升。釋文：冥也。詩斯干：噦噦其冥。箋：夜也。無將大車：維塵冥冥。箋：蔽人目明，令無所見也。禮記哀公問：寡人惷愚冥煩。注：言不能明理此事。又莊子逍遙遊：南冥者，天池也。又

北冥有魚。簡文注：窅冥無極，故謂之冥。東方朔十洲記：水黑色謂之冥。左昭二十九傳：水正曰元冥。又月賦：嗣若英於西冥。注：昧谷也。又遊天台山賦：臨萬丈之絕冥。注：幽深也。又莊子在宥：至道之精，窈窈冥冥。注：皆了無也。荀子勸學：無冥冥之志者，無昭昭之明。注：專默精誠之謂也。郭璞遊仙詩：中有冥寂士。注：元默也。叚借爲幎。周禮秋官冥氏注：冥，方之冥以繩縻取禽獸之名。司農注：讀爲冥氏春秋之冥。又爲瞑。莊子列禦寇：而甘冥乎無何有之鄉。又疊韻連語。逍遙遊：楚之南有冥靈者，以五百歲爲春，五百歲爲秋。又託名標識字。左定四傳：大隧、直轅、冥阨。按：義陽三關之平靖關，卽冥阨也。在今河南汝寧府信陽州羅山縣之地。戰國策：塡黽塞之內。以黽爲之。塞，鄍阨則作鄍。漢置鄍縣。說文有鄍。鄍、冥雙聲字。古韻：詩斯干叶庭、楹、正、冥、寧。無將大車叶冥、熲。高唐賦叶嶸、冥。聲經：莊子天運叶聲、命、生、形、冥、榮。人荀子堯問叶刑、奏、成、冥、傾。

錫 **鼏** 以木橫貫鼎耳而舉之。从鼎，冂聲。周禮廟門容大鼏七箇。卽易玉鉉也。今本考工匠人廟門容大扃七个。注：牛鼎之扃長三尺。闑門容小扃三个。注：膷鼎之扃長二尺。以扃爲之。又儀禮凡云設扃鼏，亦以扃爲之，而反借本字爲幎。蓋以其冪鼎，故變文作鼏也。叚借爲幎。儀禮士冠禮、士昏禮、公食禮、少牢禮、士虞禮、有司徹之扃鼏，公食禮之鼏若束若編，特牲禮之升所俎鼏之，皆是。古文皆作密，則以

mì 蓂　jiōng 絅　jiōng 扃　jiǒng 泂　jiǒng 炯　jiōng 駉　qǐng 廎　xiòng 詗　jiǒng 迥

密爲之。禮記禮器：犧尊疏布鼏。注：或作幕。按：正作幂也。廣雅釋言：鼏，闔也。

迥 **迥** 遠也。从辵，冋聲。爾雅釋詁：迥，遐也。史記司馬相如傳：迥闊泳沫。詩泂酌以泂爲之。

迥 敫 **詗** 知處告言之。从言，冋聲。按：字亦作偵、作䚫。史記淮南王傳：爲中詗長安。服虔注：偵候之也。徐廣注：伺候采察之名也。鄧展注：捕也。漢書孟康注：反閒爲詗。廣雅釋詁三：詗，求也。䚫，視也。後漢南匈奴傳：爲郡縣偵羅耳目。注：猶今言探候。文選安陸昭王碑文：偵諜不敢東窺。注：伺也。馬汧督誄：寘壺鐳瓶以偵之。注：廉視也。叚借爲貞。禮記緇衣：恒其德偵。注：問正爲偵。

梗 **廎** 小堂也。从高省，冋聲。或从广，頃聲。叚借爲傾。石門頌：廎瀉輸淵。㯳敏碑：能無撓廎。

青 **駉** 牧馬苑也。从馬，冋聲。詩曰：駉駉牧馬，在駉之野。毛詩作駉駉牡馬，在坰之野。傳：駉駉，良馬腹幹肥張也。坰，遠野也。重言形況字。

迥 **炯** 光也。从火，冋聲。蒼頡篇：炯，明也。廣雅釋訓：炯炯，光也。遊天台山賦：皦日炯晃於綺疏。轉注：幽通賦：又申之以炯戒。漢書注：明也。叚借爲頠。顏延年詩：炯介在明淑。注：與耿同。

迥 **泂** 滄也。从水，冋聲。字亦作洞。廣雅釋詁四：泂，寒也。江賦：趙漲截泂。叚借爲迥。詩泂酌：彼行潦。傳：遠也。

青 **扃** 外閉之關也。从戶，冋聲。禮記曲禮：入戶奉扃。莊子胠篋：固扃鐍。漢書外戚傳：應門閉兮禁闥扃。轉注：左宣十二傳：脫扃。注：車上兵闌。服注：橫木校輪閒。一曰車前橫木也。西京賦：旗不脫扃。注：關也。謂建旗車上有關制之，令不動搖曰扃。又呂覽君守：中欲不出謂之扃。叚借爲鼏。考工匠人：廟門容大扃七个。儀禮士冠禮設扃鼏。士虞禮左人抽扃鼏。士喪禮抽扃予左手。又爲炯。左襄五傳：我心扃扃。注：明察也。又託名標識字。史記夏本紀：不降弟帝扃。帝王世紀作喬。古韻：左襄五傳叶挺、扃、令、定。文子上仁叶扃、成。

青 迥 **絅** 急引也。从糸，冋聲。廣雅釋詁一：絅，急也。別義：禮記玉藻：禪爲絅。注：有衣裳而無裏。字亦作熲。儀禮士昏禮：被熲黼。注：禪也。叚借爲褧。禮記中庸：衣錦尚絅。尚書大傳作纐。按：纐卽褧字。麻質曰䌹，成衣曰褧。又爲熲。禮記襍記：則旣熲。注：草名。

青 錫 **蓂** 析蓂，大薺也。从艸，冥聲。爾雅釋草注：薺葉細，俗呼之曰老薺。廣雅：析蓂，馬辛也。南都賦：菥蓂芋瓜。本草：一名蔑析。按：卽析蓂之到語。一名大蕺，卽大薺之轉也。按：似薺而老，其葉細，薺之別也。高注呂覽任地篇：三葉薺，葶藶、菥蓂也。是析蓂似薺而非薺。叚借託名標識字。白虎通封禪：蓂莢者，樹名也。月一日一莢生，十五日畢，至十六日一莢去，故夾階而生，以明日月也。東京賦：蓋蓂莢爲難蒔也。注：瑞應之草。論衡指瑞：蓂草之實也。又廣雅釋草：苵蓂也。玉篇、廣韻並云：苵蓂，莢實也。論衡是應：夫蓂草之實也，猶豆之有莢也。

míng 瞑　míng 鄍　mì 幎　míng 覭　míng 溟　míng 嫇

青先徑 **瞑** 翕目也从目从冥會意冥亦聲字亦作眠民冥雙聲楚辭招魂然後得瞑些注臥也文選養生論內懷殷憂則達旦不瞑注古眠字轉注周書太子晉請使瞑臣往與之言注無目故稱瞑素問氣厥論瞑目注暗也又方言三凡飲藥傅藥而毒謂之瞑或謂之眩孟子書曰若藥不瞑眩按迷悶不清明之謂荀子非十二子瞑瞑然注視不審之皃廣雅釋詁三眠亂也東山經餘峩之山有獸焉見人則眠名曰犰狳注言佯死也假借疊韻連語方言十眠娗欺謾之語也列子力命眠娗釋文謂以言相輕嗤弄也又不開通皃聲訓釋名釋姿容眠泯也無知泯泯也古韻楚辭招魂叶天人千佚瞑身莊子德充符叶形身神精瞑鳴轉音文子道原叶臨瞑

青 **鄍** 晉邑也从邑冥聲左僖二傳入自顛軨伐鄍三門注虞邑在今山西觧州平陸縣東北

庚錫 **幎** 幔也从巾冥聲按與幭同義字亦作冪又誤作羃作𥤮又別作複作塓又作㡌周禮天官幎人注以巾覆物之名廣雅釋詁一㡌覆也二幎覆也小爾雅廣服大巾謂之幎按有覆尊之幎儀禮大射儀冪用錫若絺禮記禮運疏布以冪有覆簋之幎儀禮公食禮記簋有蓋冪有覆幘之幎魏策其自纂繫也完矣有覆面之幎儀禮士喪禮幎目用緇方尺二寸經裡著組繫有覆笭之幎周禮巾車犬複鹿淺複字作複禮記玉藻以幦爲之有覆鼏之幎儀禮公食禮鼏若束若編注凡鼏冪蓋以茅爲之長則束本短則編其中央儀禮凡鼏幎皆以扛鼎之鼏字爲之詩絲衣箋舉鼎冪告潔是本字轉注淮南原道舒之幎于六合吳都賦羃歷江海之流注分布覆被皃又考工輪人欲其幎爾而下迆也注均致皃也又左襄三十一傳圬人以時塓館宮室注塗也字亦作塓魏都賦昔牆幎室注塓也是本字又九章算術有羃積之名按圓內容方而方外圓內之四邊謂之羃也

青 **覭** 小見也从見冥聲假借雙聲連語爾雅釋詁覭髳茀離也注謂草木之叢茸翳薈也茀離即彌離猶蒙蘢耳孫叔然字別爲義失矣今按覭髳猶溟濛茀離猶紛綸也

青迥 **溟** 小雨溟溟也从水冥聲太元少客雨溟沐注雨之細者稱溟沐亦雙聲連語假借爲冥列子湯問有溟海者釋文水黑色謂溟海莊子逍遙遊北溟有魚李洪範注廣大窈冥故以溟爲名嵇康注取其溟漠無涯也遊天台山賦或倒景于重溟注謂海也張景陽襍詩雨足灑四溟注四海也又疊韻連語莊子天地豈兄堯舜之教民溟涬然弟之哉注溟涬自貴之謂也又論衡談天溟涬濛澒氣未分之貌也又吳都賦注𡾰溟欝岪山氣暗昧之狀海賦經途瀴溟注猶絕遠杳冥也

庚青 **嫇** 嫈嫇也从女冥聲嫈嫇疊韻連語字林嫈嫇心態也按小心態也又楚辭九思嬺𡢃兮嫈嫇注明淨皃又重言形況字說文一曰嫇嫇小人皃假借爲覭字林嫈嫇亦細視也

說文通訓定聲　鼎部弟十七　美

míng 螟　mì 䖑　mì 汨　mì 𧖽　gěng 耿　jiǒng 褧　jiǒng 炅

出 **螟** 蟲食穀心者吏冥冥犯法即生螟从虫从冥冥亦聲按冥聲爾雅釋蟲食苗心螟詩大田去其螟螣春秋隱五年螟淮南天文枉法令則多螟假借爲蟲管子七臣七主山多蟲螟注即蝱又疊韻連語說文一曰螟蛉爾雅螟蛉桑蟲螟爲文學注桑上小青蟲也詩小宛螟蛉有子聲訓爾雅食苗心螟李注言其姦冥冥難知也說文引古說吏冥冥犯法亦聲訓非字義

覓錫 **䖑** 白虎也从虎冥省聲讀若鼏爾雅釋獸䖑白虎誤从甘篆體日日近似也玉篇廣韻兩收非是

錫 **汨** 長沙汨羅淵屈原所沈之水从水冥省聲按溟汨皀皀蓑蔓字皆所从毋同而一省一不省今湖南長沙府湘陰縣之汨羅江也按水出今江西寧都州爲濆水經湘陰爲汨羅江入湘假借離騷汨余若將弗及兮注去皃此汨之誤字从臼不从日

質 **𧖽** 𧖽甘飴也一曰螟子从䖵鼏聲或从宓聲鼏宓雙聲字論衡言毒蜜爲蜂液中山經平逢之山實惟蜂蜜之廬注亦蜂名假借託名幖識字廣雅釋草蜜甯爪屬也又雙聲連語爾雅釋詁蠠沒勉也與黽勉密勿侔莫字皆同字亦作蠠蠠鼏雙聲

梗 **耿** 耳箸頰也从耳烓省聲別義杜林說耿光也从火聖省聲凡字皆左形右聲杜說非也按凡下十一字是大徐說非許原文凡字右形左聲內形外聲下形上聲者儘多杜說是也與炯略同廣雅釋詁四耿明也詩柏舟耿耿不寐傳猶儆儆也楚辭遠遊夜耿耿而不寐兮注引詩作炯廣雅釋訓耿耿不安也謝元暉詩秋河曙耿耿亦重言形況字晉語其光耿于民矣注猶炤也東京賦聘有道之耿絜注清也假借爲覲離騷耿吾既得此中正注明也彼堯舜之耿介兮注光也皆失之楚辭惜賢進雄鳩之耿耿兮注小節皃射雉賦厲耿介之專心兮注專一也又雙聲連語爾雅釋魚鼁鼁詹諸在水者黽注耿黽也按詹諸者蘇俗謂之癩團黽者蘇俗謂之田鷄郭以耿黽當之似非爾雅釋蟲之蟼蟆乃耿黽也即蝦蟆俗云癩團也字亦作蟼又託名幖識字史記殷本紀祖乙遷于耿左閔元傳以滅耿滅霍滅魏在今山西絳州河津縣東南

說文通訓定聲　鼎部弟十七　羊

迥 **褧** 檾也从衣耿聲詩碩人衣錦褧衣示反古按以檾爲衣曰褧古先有麻後有絲故曰反古詩箋褧禪也蓋以禪縠爲之則謂借爲絅依禮記中庸衣錦尚絅作絅也按許說爲長

炅 一名 古迥切

迥 **炅** 見也从火从日會意別義素問舉痛論得炅則痛立止調經論乃爲炅中疏五過論嚜積寒炅注皆訓熱也假借託名幖識字

míng 鳴　míng 名

漢碑有炅横又桂氏譜云始皇坑儒桂貞爲博士改姓香其孫改姓炅

鳴一名　眉并切

庚 鳴 鳥聲也从鳥从口會意管輅別傳鳥獸之音曰鳴易中孚鳴鶴在陰說卦傳震爲善鳴詩車攻蕭蕭馬鳴小旻宛彼鳴鳩按班鳩也鳩中善鳴者故獨曰鳴鳩轉注賈子容經鳴玉者佩玉也中山經共水其中多鳴石後漢杜篤傳鳴鏑注今之髐箭也又易鳴謙注鳴者聲名揚聞之謂也聲訓廣雅釋詁三鳴名也夏小正鳺則鳴傳鳴者相命也古韻詩匏有苦葉叶盈鳴雞鳴叶鳴盈聲鹿鳴叶鳴苹笙伐木叶丁嚶鳴聲生聽平車攻叶鳴旌驚盈小宛叶令鳴征生卷阿叶鳴生禮月令叶刑成鳴榮楚辭卜居叶輕清鳴名貞轉音楚辭九辨叶清人新年生蟀聲鳴征成莊子德充符叶形身神精瞑鳴

名一名　眉并切

庚青 名 自命也从口从夕會意夕者冥也冥不相見故以口自名字亦作詺字略詺相詺目也儀禮士昏禮請問名公羊定六傳譏二名注一字爲名又周禮大行人諭書名儀禮聘禮記百名以上書于策禮記祭法黃帝正名百物論語必也正名乎鄭注謂正書字也古曰名今世曰字又左昭三十二傳慎器與名注爵號也又周書謚法大行受大名細行受細名孟子名之曰幽厲又莊子天運名公器也逍遥遊名者實之賓也禮記中庸必得其名注令聞也又禮器因名山升中于天注猶大也秦策王不如因而賂一名都注大也周禮大司馬辨號名之用注號名者徽識所以相別也又後漢郭鎮傳注名家爲明法之家轉注儀禮士喪禮今文爲名既夕取名置于重字今作銘禮記檀弓銘明旌也又祭統銘者自名也自名以稱揚其先祖之美而明著之後世者也又周禮司勳銘書于王之大常注銘之言名也字林銘題勒也列子湯問伯益知而名釋文與銘同考工㮚氏其銘曰注刻之也晉語其銘有之注刻器曰銘文賦銘博約而温潤詩定之方中傳作器能銘叚借爲明或爲鳴詩猗嗟名兮爾雅釋訓目上爲名晉書音義名目也玉篇頁部別出顯字非聲訓釋名釋言語名明也名實使分明也廣雅釋詁三名成也春秋繁露鳴而命施謂之名名之爲言鳴與命也古韻詩猗嗟叶名清成正甥楚辭卜居叶清輕鳴名貞莊子天地叶名形命性韓非主道叶令命定情正名形秦會稽石刻叶清名情貞誠程經令平傾銘轉音離騷叶名均卜居叶耕名身生貞人清楹莊子養生主叶名刑經身生親年天地叶名形命神性秋水叶天命名貞

說文通訓定聲　鼎部弟十七　卅三

平十名凡平之派皆衍平聲　皮并切

píng 平　píng 苹　píng 萍

庚先 平 語平舒也从亏从八八分也按據字當从亏从一指事一者其气平也又爰禮說古文釆如此按平釆雙聲釆下古文乎與此互譌因古書叚借釆或作平平或作釆遂相亂也詩那既和且平傳正平也伐木終和且平箋齊等也素問調經論神氣乃平注調平調也平人氣象論平人者不病也轉注說文平又正也詩何彼襛矣平王之孫常棣喪亂既平又爾雅釋詁平易也釋地大野曰平又東至日所出爲太平後漢皇甫規傳注平人齊人也又釋詁平成也穀梁隱六傳平之爲言以道成也周禮大司寇以嘉石平罷民漢書食貨志再登曰平三登曰泰平又左僖十二傳平戎于王注和也詩擊鼓平陳與宋又周語細大不踰曰平史記樂書將以敎民平好惡正義均也方言七平均賦也凡相賦斂謂之平均叚借爲釆猶辨也辯也書堯典平章百姓平秩東作史記作便亦同詩黍苗原隰既平傳土治曰平采菽平平左右傳辯治也左傳作便蕃亦同周禮大司馬平士大夫平列陳遂師便野民注正其行列部伍也公羊隱元傳公將平國而反之桓注治也淮南時則上帝以爲物平注讀評議之平又平詞訟注治也後漢張酺傳平之注調平論其罪也又爲姘荀子富國平關市之征淮南氾論平夷狄之亂注除之也聲訓周禮大司馬以佐王平邦國注平成也正也古韻詩常棣叶平寧生伐木叶丁嚶鳴聲生聽平皇矣叶屏平江漢叶平定爭寧易乾叶正精情平高唐賦叶平生菁并管子內業叶正平靜呂覽君守叶平正靜寧秦會稽刻石銘叶清明晴貞誠程經令平傾銘轉音文子道原叶成明寧平強素問四氣調神論叶平明寧刑清又周易乾叶精情天平觀叶賓民平書洪範叶偏平

庚 苹 藾蕭也从艸平聲爾雅釋草苹藾蕭注今藾蒿也初生亦可食即子虛賦薛莎之薛詩鹿鳴食野之苹箋藾蕭也齊民要術引詩疏青白色莖似箸而輕脆叚借爲萍說文苹萍也無根浮水而生者爾雅苹萍注江東謂之薸夏小正七月湟潦生苹又託名幖識字廣雅葱苹藺蕩也本草莨菪子有毒按此葱苹連文非單名苹也又借爲抨書堯典馬本苹秩東作注使也又爲軿周禮車僕苹車之萃注猶屏也又疊韻連語長笛賦爭湍苹縈注迴旋之皃古韻詩鹿鳴叶鳴苹笙高唐賦叶星聲傾苹

青 萍 苹也水艸也从水苹苹亦聲按當訓蓱也水艸也从艸从水會意平聲爾雅釋草苹萍其大者蘋按列子楊朱芹萍子釋文引爾雅萍蓱也禮記月令萍始生注萍蓱也其大者曰蘋周禮萍氏注萍蓱其大者蘋當皆本爾雅疑爾雅本作蓱誤苹耳陸佃埤雅云世說楊花入水化爲浮萍淮南墬形容華生蔈蔈生蘋藻呂覽季春注萍水藻也郭注爾雅江東謂之薸廣雅薸萍也按皆言飄飄然無根也叚借爲苹管子地員其草宜萍蓨按即艾蒿也又託名幖識字周禮秋官萍氏注主水禁萍之草無根而浮取名于其不沈溺司農注

說文通訓定聲　鼎部弟十七　卅三

píng 蓱　pēng ⿰牛平　píng 枰　píng ⿰鼠平　píng 泙　pēng 抨　píng 坪　bìng 并　píng 荓

讀爲蛢，或爲萍。號起雨之萍，按楚辭天問蓱號起雨，注：蓱，蓱翳，雨師名也。則借爲荓。又讀爲蛢，未詳。

青 **蓱** 苹也。从艸洴聲。大篆从𦸹。按當訓萍也，从艸从水，𦸹會意，并聲。或曰从水荓聲，實與萍同字，今系于此。

庚 **⿰牛平** 牛駁如星也。从牛平聲。

庚敬 **枰** 平也。从木从平，會意，平亦聲。通俗文：牀三尺五曰榻板，獨坐曰枰。又方言五：所以投簙謂之枰。史記范雎蔡澤傳注：懸博於枰。索隱：局也。【別義】上林賦：華楓枰櫨，注：平仲木也。按此疑爲柟字之誤，注望文生訓耳。

青 **⿰鼠平** ⿰鼠平令鼠也。从鼠平聲。按平令疊韻連語。

庚 **泙** 谷也。从水平聲。

庚 **抨** 撣也。从手平聲。按字亦作拼，作拼。漢書孟康注：引繩以抨彈。【叚借】爲伻。爾雅釋詁：拼抨使也。思元賦：拼巫咸以占夢兮。又爲并。爾雅釋詁：拼抨從也。又爲姘。廣雅釋詁三：拼，除也。通俗文：除物曰拼擿。

敬 **坪** 地平也。从土从平，會意，平亦聲。

說文通訓定聲　鼎部弟十七

并二十三名，凡并之派皆衍并聲。府盈切

庚敬 **并** 相從也。从从幵聲。一曰从持二爲并。韻會引作从持二干，非。按幵非聲，从持二，會意，是也。从持二者，二人持二，二也。或曰从从从幵，會意。幵山之岐而合者，从者并之意，幵者并之形，存參。按合一爲并，對峙爲併。廣雅釋言：并，兼也。禮記檀弓：行并植于晉國，鄭注：猶專也。按此實兼之誤字，借兼爲廉，國語正作廉直。又漢書藝文志：并爲倉頡篇，注：合也。素問調經論：血氣未并，生氣通天論：上下不并，注：謂氣交通也。大荒南經：有三青獸相并，名曰雙雙。海外西經：并封在巫咸東，其狀如彘，前後皆有首，黑，亦雙聲連語。又考工輿人：大與小無并，注：偏邪相就也。又周禮射鳥氏：則以并夾取之，司農注：鍼箭具。司弓矢注：并夾，矢箭也。【叚借】爲姘。莊子天運：至貴國爵并焉，注：除棄也。管子弟子職：既徹并器，注：藏去也。又爲枅。甘泉賦：攢并閭與茇葀兮。上林賦：仁頻并閭。又託名幖識字。周禮職方氏：正北曰并州。【聲訓】淮南墬形：正西弇州曰并土，注：猶誠也。釋名釋州國：并州，并，兼并也，其州或并或設，因以爲名。春秋元命苞：并之爲言誠也，精舍交并，其氣勇抗誠信也。【古韻】高唐賦叶平生青并，舞賦叶槿并輕。【轉音】韓非揚権叶天親人并。

庚青 **荓** 馬帚也。从艸并聲。爾雅釋草：荓，馬帚。夏小正：荓秀。管子地員：其下于荓。按可以爲埽帚，郭璞云似蓍。【轉注】廣雅釋天：雨師謂之

pián 骿　bǐng 餅　píng 缾　bīng 栟　píng 郱　bìng 併　píng 屏

荓翳。按雨所以清塵。【叚借】雙聲連語。詩小毖：莫予荓蜂，傳：掣曳也。爾雅作甹夅，亦同。又爲俜。詩桑柔：荓云不逮，傳：使也。

先 **骿** 并脅也。从骨并，會意，并亦聲。晉文公骿脅，晉語：聞其骿脅，注：并幹也。左傳以駢爲之，字亦作胼。【叚借】爲併。漢書賈誼傳注：胼，併也。荀子子道：手胼胝以養其親，注：謂手足勞，駢併也。又爲蛢，實爲幎。太元堅：陰形胼員，注：固也，失之。

梗 **餅** 麪餈也。从食并聲。亦曰飥，曰餦，曰餛，字亦作𩜎。廣雅釋詁三：餅，食也。【聲訓】釋名：餅，并也，溲麪使合并也。

青 **缾** 罋也。从缶并聲。或从瓦。方言五：缶其小者謂之瓶。易井：羸其瓶。儀禮士喪禮：新盆槃瓶，注：以汲水也。禮記禮器：盛于盆，尊于瓶，注：炊器也。左昭二十四傳：缾之罄矣，注：小器。沈約詩：金瓶汎羽卮，注：酒器也。

庚 **栟** 栟櫚也。从木并聲。廣雅釋木：栟櫚，椶也。漢書司馬相如傳：仁頻并閭。七發：梧桐并閭。按以其無枝條，故謂之并，其皮相裹上行，一皮者爲一節，故謂之呂，亦名蒲葵，可以爲索，亦以爲扇。

青 **郱** 地名。从邑并聲。左莊元年：齊遷紀郱鄑郚，注：紀三邑，在今山東青州府臨朐縣東南。論語：奪伯氏駢邑，以駢爲之。

梗敬 **併** 並也。一切經音義十二引說文：聚也。从人并聲。與并不同，相合爲并，相對爲併。廣雅釋詁一：併，列也。後漢鄭元傳：併名，注：謂齊名也。爾雅釋言：併，兩船。釋文本作並。禮記王藻：并紐約用組三寸。廣雅釋詁四：并，向也。以并爲之。【叚借】爲并。禮記王制：輕任併。又爲姘。管子霸形：併歌舞之樂，注：除也。荀子彊國：併己之私欲，注：讀曰屏。

說文通訓定聲　鼎部弟十七

青梗 **屏** 蔽也。从尸并聲。按从尸者，从屋省，非坐人之尸也，篆當作屛，不作尸。荀子大略：天子外屏，諸侯內屏。按謂天子屏在路門外，與諸侯不同，其說本禮緯，未可盡信。爾雅釋宮：屏謂之樹，注：小牆當門中。按亦謂之罘門，亦謂之蕭牆，如今之照牆也。又廣雅釋室：罘罳謂之屏。按屏上覆屏之屋爲罘罳，故城隅及闕上之小樓亦曰浮思。後漢齊武王縯傳注：所以設屏何以自障也，示不極臣下之敬也。又按古凡門皆有屏。吳語：夫人向屏，注：寢門內屏也。【轉注】詩桑扈：萬邦之屏，傳：蔽也。晉語：以誡季屏其宗，注：藩也。左襄二十九傳：而夏肄是屏，注：城也。周書克殷：屏遮而自燔于火，注：自障也。論語：屏氣似不息者，皇疏：屏，疊除皃。則謂借爲姘，失之。又釋名釋牀帳：屏風，言可以屏障風也。又楚辭招魂：紫莖屏風，注：水葵也。【叚借】爲姘。詩皇矣：作之屏之。論語：屏四惡，孔注：除也。禮記王制：屏之遠方，注：猶放去也。又書金縢：我乃屏璧與珪，傳：藏也。按棄也。又爲偋。禮記曲禮：則左右屏而待，注：退也，隱也。洞簫賦：處幽隱而奧屏兮。又疊韻連語。廣雅釋訓：屏營，征伀也。吳語：屏營仿偟於山林之中。楚辭九思：步屏營兮行邱阿，注：憂憒不知所爲。從經營奔走也。又雙聲連語。大荒西經：有獸左右有首

pīng 艵　bìng 庰　pián 駢　pīn 姘　píng 𤮊　bēng 絣　píng 蛢

名曰屏遂。注：卽并封也。語有輕重耳。又爲并。楚語：屏攝之位。服注：猶并也。韋注：屏，風也。非。古韻：詩桑扈叶領屏，皇矣叶屏平。

艵　青　縹色也。从色，并聲。字亦作頩。楚辭遠遊：玉色頩以脕顏兮。神女賦：頩薄怒以自持兮。淮南脩務：而仁發怲以見容。按：面色發青也。字作怲。

庰　梗　蔽也。从广，并聲。按：字與屏略同，謂隱蔽無人之所也。思元賦：坐太陰之庰室兮。廣雅釋詁四：庰，藏也。釋室：庰，廁也。燕策：宋王鑄諸侯之象，使侍屏匽，以屏爲之。

駢　先　駕二馬也。从馬，并聲。毛詩說：士駕二。王肅云：夏后氏駕兩，謂之麗。尚書大傳：然後得乘飾車駢馬。琴賦：駢馳翼驅。叚借爲併。莊子駢拇枝指。東都賦：駢部曲。注：併也。西京賦：夾遂萊而駢羅。七發：駢武齊轍。注：並也。甘泉賦：駢交錯而曼衍兮。注：列也。又爲并。爲骿。左僖二十三傳：曹共公聞其駢脅。注：合幹也。論衡以仳爲之。春秋元命苞：顓頊駢幹。注：猶重也。則謂借爲併。又爲竄。實爲比。漢書高惠高后文功臣表：許盎以駢鄰從。姚氏曰：猶比鄰也。駢比雙聲。注：謂並兩騎爲軍翼。失之。又爲蹁。孟子章指：故禹稷駢蹎。蹁駢雙聲。丁音：史記作胼胝，謂手足生胝也。按：說文無胼字。凡言胼胝，猶並胝耳。又爲郱。論語：奪伯氏駢邑三百。按：左莊元年：齊師遷紀郱鄑郚。應劭云：郱一作駢。

後爲伯氏邑。又疊韻連語。笙賦：駢田儷麗。注：聚也。莊子天下：有田駢，人名。又漢書楊雄傳：駢衍佖路。注：言其並廣大也。古韻：管子四稱叶令政矜人駢親身。

姘　庚　除也。从女，并聲。字亦作迸，作䞭，作跰。禮記大學：迸之四夷。按：此義實卽屏之轉注。屏所以隔外內，故隔之亦曰屏。別義：說文又曰：漢律，齊人通妻婢曰姘。蒼頡篇：男女私合曰姘。按：此義實當爲本訓，謂苟合也。叚借疊韻連語。莊子大宗師：跰𨇤而鑑于井。注：病不能行，故跰𨇤也。按：猶蹩躠。又重言形況字。廣雅釋訓：䞭䞭，走也。

𤮊　庚　缾也。从甾，并聲。讀若軿。杜林以爲竹筥，楊雄以爲蒲器。按：所以盛米。廣雅釋器：𤮊，畚也。

絣　庚　氐人殊縷布也。从糸，并聲。字林：絣，無文綺也。亦作𢆶。轉注：廣雅釋詁二：𢆶，絣也。按：猶縫紩也。𢆶者，實𢇁之省文，卽繼字。燕策：王身自削甲，妻自組甲絣。叚借爲抨。典引：將絣萬嗣。注：使也。

蛢　青　蟠蝗也。以翼鳴者。从虫，并聲。爾雅釋蟲：蛂，蟥蛢。注：甲蟲也。大如虎豆，綠色。今江東呼黃瓶。考工梓人注：翼鳴，發皇屬。按：蘇俗謂之金烏蟲，長寸許，金碧熒然，婦人以爲首飾。

píng 軿　xíng 刑　xíng 郱　xíng 形　xíng 銒

軿　青　先　輜車也。鍇本：輜車也。从車，并聲。按：輜軿皆衣車。前後皆蔽曰輜，前有蔽曰軿。字林：軿車有衣蔽，無後轅。釋名釋車：無邸曰軿，有邸曰輜。列女傳齊孝孟姬曰：妃后踰國，必乘安車輜軿。今立車無軿，非所敢受命也。周禮車僕：苹車之萃。以苹爲之。莊子天下釋文：田駢名廣。以駢爲之。聲訓：釋名：軿，屏也。四面屏蔽，婦人所乘牛車也。

刑　青　剄也。从刀，幵聲。按：并省聲，與从井之荆罰字別。易蒙：利用刑人。虞注：兌折爲刑。呂覽順說：刑人之父子也。注：殺也。韓非子二柄：殺戮之謂刑。轉注：大戴易本命：陰爲刑。呂覽音律：陰將始刑。注：殺也。叚借爲荆。虞書：五刑有服。凡經傳刑罰字皆是。又爲型。堯典：觀厥刑于二女。凡經傳儀刑字皆是。又爲形。漢書終軍傳：刑于宇內矣。注：見也。孫叔敖碑：辟患害于無刑。又爲鉶。漢書司馬遷傳：歠土刑。注：所以盛羹也。

郱　青　周公子所封地，近河內懷。从邑，幵聲。按：并省聲，與从井之邢別。國在今直隸順德府邢臺縣西南，與河南懷慶府武陟縣近也。左僖二十四傳：凡蔣邢茅胙祭，周公之允也。僖二十五年衛滅之。叚借爲形。倸成碑：惟想邢景。

形　青　象形也。从彡，幵聲。按：并省聲。字亦作形。廣雅釋詁四：形，容也。莊子天地：物成生理謂之形。易屯：雷雨之動滿形。集解：今譌盈。禮

記樂記：在天成象，在地成形。注：體貌也。孟子：形色，天性也。淮南原道：形者，生之舍也。史記史公自序：形者，生之具也。轉注：廣雅釋詁三：形，見也。禮記樂記：然後心術形焉。注：猶見也。中庸：誠則形。注：謂人見其功也。又西周策：周君形不好小利。注：勢也。荀子正論：形埶勝。注：謂勢位也。又周禮遂人：造縣鄙形體之灋。注：謂制分界也。又籩人：白黑形鹽。司農注：築鹽以爲虎形，謂之形鹽。叚借爲荆。易鼎：其形渥。荀子成相：形是詰。又爲行。列子湯問：太形王屋二山。又爲型。左昭十二傳：形民之力。注：如金冶之器，隨器而制形。古韻：高唐賦叶榮熒精星形。管子天地叶名形命性。呂覽勿躬叶形正情性成。韓非主道叶令命定情正名形。揚權叶形生盛寧命情。文子道原叶形定成生。轉音：文子自然叶形門。又易乾叶形成天命貞寧。越語叶刑人天生形成。莊子天地叶名形命神性天。運叶聲命生形冥榮人。德充符叶形身神精瞑鳴。素問四氣調神論叶陳生榮庭形生。又子符言叶生成寧形身人鄰情眞信。

銒　青　似鐘而頸長者。从金，幵聲。按：并省聲。或曰酒器。莊子徐无鬼：其求銒鐘也以束縛。釋文：似壺而大。叚借爲鉶。禮記禮運：銒羹。釋文：盛和羹器，形如小鼎。詩閟宮傳：太羹銒羹也。宋蘋箋：銒毛之羹。又託名幖識字。穆天子傳：至于銒山之下。注：今在常山石邑縣，音邢。又荀子非十二子：是墨翟宋銒也。孟子作牼。

bìng 併　jīng 荆　pīng 甹　pīng 𢔶　xīng 䴿　yǐng 梬　pīng 俜　chěng 騁　pìn 聘

敬 **併** 辟寠也。从人，屏聲。經籍皆以屏以所為之。荀子榮辱注引說文：併，併寠也。

庚 **荆** 楚木也。从艸，刑聲。古文从艸从刃，象形，刑省聲。荆叢生，其子入藥品。廣雅釋木：楚，荆也。牡荆，蔓荆也。按牡荆子大，蔓荆子小。唐本草注倒易失之。史記廉藺傳：肉袒負荆。索隱：可以為鞭也。漢書郊祀志：以牡荆畫幡。注作幡柄也。又廣州記：白荆堪為履。又後漢馮異傳注：荆棘，榛梗之謂。假借為荆。廣雅釋詁三：荆，治也。又託名幖識字。周禮職方氏：正南曰荆州。爾雅釋地：漢南曰荆州。書禹貢：導嶓冢至于荆山。山在今湖北襄陽府南漳縣西少北。左昭十三傳：遷許胡沈道房申于荆。注：荆山也。莊十年：荆敗蔡師于莘。注：楚本號。按僖元年書楚人伐鄭，後乃書楚。然詩殷武：奮伐荆楚，則其名由來久矣。州、郢皆取名于山。成王封鬻熊曾孫熊繹于丹陽，為子男，在今湖北宜昌府歸州東。後熊達始稱武王，徙都郢，在今荆州府江陵縣北。昭十二傳：先王熊繹辟在荆山，亦舉境內大山言之，所都尚相遠也。又廣雅釋草：荆，葵收也。聲訓：釋名釋州國：取荆為名者，荆，警也。南蠻數為寇逆，其民有道後服，無道先彊，常警備之也。此以桓二傳始懼楚也為說。春秋元命苞：荆之為言強也，陽盛物堅，其氣急悍也。爾雅釋地李注：荆州其氣燥剛，稟性彊梁，故曰荆。荆，彊也。荆、彊雙聲。

甹九名，凡甹之派皆衍甹聲。普丁切

青 **甹** 亟詞也。从丂从由。未詳，疑从䌛省，會意。凡人情亟輒詘詘。假借為俜。說文或曰甹俠也。三輔謂輕財者為甹。又雙聲連語。爾雅釋訓：甹夆，掣曳也。

青 **𢔶** 使也。按从彳从言，會意，甹聲。字亦作伻。書洛誥：伻來來。鄭注：使二人也。多方：乃伻我有夏。

青 **䴿** 聲也。从只，甹聲，讀若馨。按世說新語云：生此寧馨兒。寧馨者，疊韻連語，即此䴿字。

梗 **梬** 棗也。似柹。从木，甹聲。按實亦如柹而小，形橢圓。廣雅釋木：梬棗，樗也。漢書司馬相如傳：梬棗楊梅。又樝梨梬栗。注：今之梗棗。南都賦：梬棗若榴。或曰即孟子之羊棗，實小而圓，紫黑色，其樹再接成柹。恐非。又內則：芝栭。賀氏注作梬，云：軟棗也。恐亦非。

青 **俜** 使也。从人，甹聲。錯本俠也。按三輔謂輕財者為俜。當據甹下說解訂。即史公所謂游俠也。

梗 **騁** 直馳也。从馬，甹聲。字亦省作駎。廣雅釋室：騁，犇也。詩節南山：蹙蹙靡所騁。傳：極也。左成十六傳：騁而左右何也。注：走也。定八傳：及衢而騁。注：馳也。淮南詮言：馳者不貪最先。注：馳競驅也。假借為抨。楚辭湘夫人：登白薠兮騁望。注：平也。古韻：詩節南山叶領騁。

敬 **聘** 訪也。从耳，甹聲。爾雅釋言：聘，問也。詩采薇：靡使歸聘。周禮占夢：季冬聘王夢。禮記月令：聘名士。儒行：儒有席上之珍以待聘。後漢馮衍傳：聘申叔于陳蔡兮。注：禮記曲禮：諸侯使大夫問于諸侯曰聘。周禮大行人：凡諸侯之邦交，歲相問也，殷相聘也。儀禮聘禮記：久無事則聘焉。此常制也。左昭三傳：三歲而聘。十三傳：歲聘以志業。禮記王制：比年一小聘，三年一大聘。此春秋時交伯主之制也。又周禮大宗伯：時聘曰問，殷頫曰視。注：時聘無常期，天子有事乃聘之。殷頫謂一服朝之歲，諸侯乃使卿以大禮眾聘焉，在元年、七年、十一年。儀禮聘禮：小聘曰問，使大夫。此諸侯聘天子之制也。又周禮大行人：歲徧存，三歲徧頫，五歲徧省。注：王使臣于諸侯之禮，所謂閒問以諭諸侯之志。按天子于諸侯有問無聘。春秋書下聘者七，東遷後王室卑也。假借為娉。禮記內則：聘則為妻。左成十一傳：聲伯之母不聘。大戴盛德：昏禮享聘者，所以別男女、明夫婦之義也。古韻：詩采薇叶定聘。

pìn 娉　tíng ⿱血丂　líng 霝　líng 靈(靈)

敬 **娉** 問也。从女，甹聲。荀子富國：婚姻娉內，送逆無禮。注：問名也。假借為聘。樊敏碑：再奉朝娉。又為妨。廣雅釋詁三：娉，妨也。娉、妨雙聲。形亦近。

青 **⿱血丂** 定息也。从血，甹省聲，讀若亭。

霝十一名，凡霝之派皆衍霝聲。郎丁切

青 **霝** 雨零也。从雨，㗊象零形。詩東山：霝雨其濛。毛詩作零。字亦作𩆊。假借為櫺。廣雅釋詁三：霝，空也。又為靈。廣雅釋言：霝，令也。齊侯鎛鐘銘：霝命難老。[illegible]敦銘：霝冬霝令。

青 **靈** 靈巫也，以玉事神。从玉，霝聲。或从巫。離騷：命靈氛為余占之。注：古明占吉凶者也。楚辭雲中君：靈連蜷兮既留。注：楚人名巫為靈子。東皇太一：靈偃蹇兮姣服。東君：思靈保兮賢姱。注：皆謂巫也。左襄廿六傳：楚屈巫字子靈。又風俗通：靈者，神也。尸子：天神曰靈。大戴曾子天圓：陽之精氣曰神，陰之精氣曰靈。楚辭怨思：合五嶽與八靈兮。注：八方之神也。文選典引：荅三靈之蕃祉。注：天地人也。轉注：詩：經始靈臺。禮記明堂位盧注：天子太廟上可以望氣，故謂之靈臺。素問氣交變大論：藏之靈室。注：謂靈蘭室，黃帝之書府也。又莊子：不可內于靈臺。德充符：不可入于靈府。注：皆謂心也。又天地：大愚者終身不靈。司馬注：昭也。又周禮大司樂：靈鼓靈鼗。注：六面鼓。司農注：四面。又龜人：天龜曰靈屬。爾雅釋魚：龜俯者靈。易頤：舍爾靈龜。禮記禮運：麟鳳龜龍謂之四靈。又蜀都賦：靈壽桃枝。注：木名也。又廣雅釋言：靈，福也。左哀二十四傳：願乞靈于臧氏。漢書董仲舒傳：受天之祐，享鬼神之靈。假借為良。廣雅釋詁一：靈，善也。即爾雅之令，善也。書盤庚：弔由靈。多士：丕靈承帝事。多方：不克靈承于旅。呂刑：苗民弗用靈。詩定之方中：靈雨既零。說苑修文：積仁為靈。東京賦：祚靈主以元

líng líng líng líng líng líng líng líng líng
蠕 孁 龗 麢 顬 酃 櫺 鐳 蘦

吉注明也離騷字余曰靈均又夫維靈修之故也注皆訓神失之靈艮一聲之轉又爲龍南都賦赤靈解角詩絲衣序高子曰靈星之尸也風俗通辰之神爲靈星獨斷靈星火星也一曰龍星漢書郊祀志立靈星祠注張晏曰龍星左角爲天田則農祥也靈龍一聲之轉又爲幦卽軨左定九傳載蔥靈賈注衣車也有蔥有靈按有窗有轜也又爲令法言淵騫䮅國靈也注命也又爲伶莊子則陽其所以爲靈公者何邪注靈卽是無道之謚也楚語請爲靈若厲注亂而不損曰靈周書謚法不勤成名曰靈按傻汰好弄之君爲靈剛暴繆盭之君爲厲又疊韻連語莊子逍遥遊楚之南有冥靈者李注木名也

青 **蘦** 大苦也从艸霝聲爾雅蘦大苦孫注今甘草是也蔓延生葉似荷青黃其莖赤有節節有枝相當或云似地黃王氏引之謂地黃名苄大苦者大苄之借非味苦也其說明通當從之詩隰有苓采苓采苓皆以苓爲之叚借爲霝爾雅釋詁蘦落也

青 **鐳** 瓦器也从缶霝聲廣雅釋器鐳瓶也疑與瓴同字

青 **櫺** 楯閒子也从木霝聲字亦作欞按謂闌檻之方格楯間子當作楯閒孔字之誤也廣雅釋詁三欞空也以霝爲之江淹禊體詩曲櫺激鮮飈注窗閒孔也遊天台山賦形雲斐亹以翼櫺叚借爲連爲聯方言十三屋梠謂之欞廣雅釋室欞梠也按屋檐也所謂屋櫋

聯也言欞與櫺相連之處欞連雙聲又爲靈實爲龍今學宮有欞星門按獨斷明星神一曰靈星蓋卽詩絲衣序之靈星謂東方蒼龍七宿也其門當在東不當在正門外龍櫺雙聲又按郊壇置靈星門蓋起于趙宋天聖閒後理宗景定時孔子廟亦立之或曰門上飾如會弁然故曰星說文所謂楯閒子子非孔字之誤也存疑

青 **酃** 長沙縣从邑霝聲在今湖南衡州府治衡陽縣東湘州記湘州臨水縣有酃湖取水爲酒美名曰酃酒吳都賦飛輕軒而酌綠醽字變作醽

青 **顬** 面瘦淺顬顬也从頁霝聲

青 **麢** 大羊而細角从鹿霝聲按角圓銳多節㦸㦸圜繞字亦作羚作麢爾雅釋獸麢大羊西山經翠山其陰多旄牛麢麝

青 **龗** 龍也从龍霝聲

青 **孁** 女字也从女霝聲漢婦官十四等有娛孁以靈爲之

青 **蠕** 螟蠕也从虫霝聲與蛉別詩小宛螟蠕有子螟蠕亦疊韻連語爾雅螟蛉桑蟲注俗謂之桑蟃亦曰戎女按蜂有細要黃色作

tíng dīng dìng tīng dīng dīng
亭 靪 訂 艼 玎 丁

房如倒垂蓮生子取草上小青蟲貯中以擬其子大爲蠮古云物細腰者無雌廣肩者無雄詩鄭箋蒲盧取桑蟲煦嫗養之以成其子陸疏土蜂負桑蟲七日而化爲其子里語曰祝云象我象我法言學行作類我類我久則肖之莊子天運細要者化今目驗知未盡然惟一種入竹管中者嘗啓其封有青蟲數枚未見其子古語所云或指此也

丁十八名凡丁之派皆衍丁聲 當經切

庚青 **丁** 錯也象形今俗以釘爲之其質用金或竹若木轉注以丁入物亦曰丁說文作朾撞也俗字亦作打又作㓅字林㓅設幕按从丁發聲叚借託名幖識字古借以紀旬夏小正丁亥萬用入學傳吉日也儀禮少牢禮日用丁巳注內事用柔日呂覽孟夏其日丙丁注火日也因又以紀月說文錯本夏時萬物皆丁壯成實象形爾雅月在丁曰圉又以紀年爾雅太歲在丁曰強圉又說文引大一經曰丁承丙象人心又廣雅丁父通草也按卽木通非今世所謂通草爲爾雅之離南活脫也又爾雅釋魚魚枕謂之丁注在頭骨中形似篆書丁字可作印又借爲當詩雲漢寧丁我躬爾雅釋詁丁當也楚辭惜賢丁時逢殃逢尤思丁文兮聖明哲今所用丁憂鼎盛字鼎亦當也又爲壯文選荅蘇武書丁年奉使注謂丁壯之年也廣雅釋詁四丁強也今所用地丁人丁字丁壯丁當皆雙聲又疊韻連語左宣四傳

箸于丁寧注鉦也漢書谷永傳以丁寧陛下注再三告示也又重言形況字詩伐木丁丁傳伐木聲也爾雅釋訓丁丁嚶嚶相切直也兔罝椓之丁丁傳椓杙聲也廣雅釋訓丁丁聲也聲訓釋名釋天丁壯也白虎通五行丁者強也五經通義丁者反覆丁寧也禮記月令注丁成也古韻詩兔罝叶丁城伐木叶丁嚶鳴聲生聽平

青 **玎** 玉聲也从玉丁聲叚借爲丁說文齊太公子伋謚曰玎公按史記丁公乙公癸公作丁古天子諸侯無以幹枝爲謚者商質二十八王皆以生之日名也齊蓋用殷法

青 **艼** 艼熒朐也从艸丁聲按艼熒亦疊韻連語疑卽蔛之別名爾雅作葝

迥青 **訂** 平議也从言丁聲按字亦作評廣雅釋詁三評訂平也四評訂議也詩天作箋訂太王文王之道別義字林訂逗遛也

迥青 **靪** 補履下也从革丁聲廣雅釋詁四靪補也徐鍇繫傳今履底下以線爲結謂之釘底是也按今俗猶有打補靪之語

青 **亭** 民所安定也亭有樓从高省丁聲漢書高帝紀爲泗上亭長注停留行旅宿食之館後漢臧宮傳注安十里一亭亭有長以禁盜賊光武紀注亭候伺候望敵之所廣雅釋訓亭父褚卒也轉注風俗通亭留也釋名釋宮室亭停也亦人所停集也釋言語停定也定

于所在也文埤蒼水止曰渟廣雅釋詁三渟止也爾雅釋山注有渟泉左隱三傳注潢汙渟水字亦作停作湻叚借爲定史記始皇紀決河亭水正義平也漢書張湯傳注亭均也調也淮南原道甘立而五味亭矣老子亭之毒之蒼頡篇亭定也又重言形況字白虎通封禪亭亭者制度審諟道德著明也西京賦狀亭亭以苕苕注高皃長門賦荒亭亭而復明注遠皃魏文帝襍詩亭亭如車蓋注迴遠無依之皃又雙聲連語射雉賦停僮葱翠注翳皃文託名幖識字荀子解蔽桀死于亭山注南巢之山或本作鬲山又爾雅釋草葶藶釋文字或作葶

chéng 朾

庚青 **朾** 撞也从木丁聲通俗文撞出曰朾謂以此物撞彼物使出也按即丁字之轉注因丁爲借義所專別製此字字亦作揨俗又作打周禮職金注槍雷椎椁之屬或誤作揨作捽廣雅釋詁一揨刺也管子宙合若鼓之有揨注鼓枹也又廣雅釋詁三打擊也釋言打棓也叚借託名幖識字左成十八年同盟于虛朾注宋地疑陳地即僖元年之檉也又雙聲連語爾雅釋蟲蛣蟚打蟥字亦作虰又疊韻連語爾雅虰蛵負勞

dǐng 頂

迥 **頂** 顚也从頁丁聲或从首籒文从頁鼎聲方言六頂上也易大過過涉滅頂虞注首也莊子大宗師肩高于頂釋文本作項詩麟之定以定爲之字亦作顁爾雅釋言顁題也

tīng 汀

青 **汀** 平也从水丁聲或从平丁聲楚辭湘夫人搴汀洲兮杜若文選謝靈運詩注汀水際平也

tīng 町

青迥 **町** 田踐處曰町从田丁聲詩東山町疃鹿場傳鹿迹也字亦作圢按町疃者雙聲連語此字當依倉頡篇訓田區也左襄二十五傳町原防注原防之地九夫爲町三町而當一井莊子人閒世彼且爲無町畦李注畔埒也叚借爲坪或曰平地爲町西京賦編町成篁

dīng 釘

青 **釘** 鍊餅黃金从金丁聲字亦作鋌爾雅釋器餅金謂之鈑周禮職金共其金版此金餅未詳何施別義方言五鍑或謂之鋌廣雅釋器鋌鋊也叚借爲丁今俗用爲鐵釘字廣雅釋器栓櫼釘也又疊韻連語方言九注鶴䣛矛今江東呼爲鈴釘

dīng 阡

青 **阡** 邛名从𨸏丁聲讀若丁按爾雅釋邛左澤定邛漢書地理志齊郡有鉅定又爲澤名其地在今山東青州府樂安縣疑以定爲之

chéng 成

庚 **成** 就也从戊丁聲古文从戊从午按此字从茂省戊即矛字非誼周語成德之終也太元元錯成者功就不可易也詩樛木福履成之傳就也書益稷簫韶九成鄭注樂備作謂之成儀禮少牢禮祝告曰利成注畢也周禮司書及事成注猶畢也詩猗嗟儀既成兮箋猶備也禮記檀弓竹不成用注猶善也秦策以成伯王之名注立也呂覽明理五穀萎敗不成注熟也轉注呂覽先已松柏成而塗之人已蔭矣注茂也左襄十四傳成國不過半天子之軍注大國也史記晉世家成師大號成之者也公羊莊八傳成者何盛也盛于犧牲不成注不實肥腯也方言十三賊腯也蘊賊也字亦作䞍爾雅釋言䞍賊也此義經傳皆以盛爲之其實茂盛當爲成之本訓成就當爲成之轉注叚借爲平詩節南山誰秉國成縣虞芮質厥成禮記文王世子成均注五帝大學名又爲訂周禮宰夫則令正日成調人凡有鬭怒者成之方士司寇聽其成于朝質人掌成市之貨賄左隱六傳鄭伯請成于陳離騷初既與余成言兮傳注皆訓平也又爲定晉語民無成君吳語吳晉爭長未成左桓二傳以成宋亂又爲重實爲緟爾雅釋邱邱一成爲敦邱周禮司儀則令爲壇三成南山經成山四方而三壇西山經東望恒山四成呂覽音初九成之臺又儀禮既夕俎二以成注猶併也又託名幖識字考工匠人方十里爲成司馬法通十爲成左哀元傳有田一成又爲誠詩我行其野成不以富孟子作其不成享也按信實又爲郕禮記檀弓成人有其兄死左桓六年公會紀侯于成在今山東兗州府寧陽縣有故城社即古成也又爲塵荀子正名則從諸夏之成俗注舊俗也解蔽不蔽于成積注舊習也又爲城魯峻碑陰渤海高成河閒阜成聲訓廣雅釋詁四成重也釋名釋言語成盛也周禮小行人成六瑞注成平也小司徒注成猶定也古韻詩樛木叶縈成鵲巢叶盈成猗嗟叶名清成正甥節南山叶定生寧酲成政姓小旻叶程經聽爭成黍苗叶營成靈臺叶經營攻成鳧鷖叶涇寧清馨成雲漢叶星贏成正寧維清叶成禎瞻卬叶成傾句中韻易井叶井正成禮記月令叶刑成鳴榮爾雅釋天叶生贏成寧正楚辭少司命叶青成懷沙叶嘁正遠遊叶征零成情程六韜文韜叶生榮成盈靜呂覽勿躬叶形正情性成文子道原叶形定成生上仁叶扃成大戴保傅叶成性句中韻轉音書洪範叶成明章康又叶成明寧文子道原叶成明寧平強又守平叶通宗成易乾叶形成天命貞命寧革叶成令天人繫辭叶臣身成楚辭九辯叶清人新年生憐聲鳴征成越語叶刑人天生形成荀子樂論叶情經刑正身聽成營堯問叶刑秦成冥傾符言叶生成寧形身人憐情眞信上德叶薪信眞成

chéng 誠

庚 **誠** 信也从言成聲廣雅釋詁一誠敬也說苑反質誠者一也賈子道術志操精果謂之誠禮記郊特牲幣必誠注信也孟子反身而誠注實也又論語誠哉是言也孟子子誠齊人也禮記經解繩墨誠陳注猶審也漢書匡衡傳將軍誠召置莫府注謂實行之也聲訓禮記中庸誠者自成也誠者非自成已而已也所以成物也古韻秦會稽刻石銘叶清名情眞誠程經令平傾銘轉音荀子成相叶精營

丁

chéng 盛　chéng 郕　chéng 宬　chéng 城　dǐng 鼎

誠人、

庚敬 **盛** 盛 黍稷在器中以祀者也从皿成聲穀梁桓十四傳天子親耕以共粢盛注黍稷曰粢在器曰盛周禮肆師表齍盛告絜轉注左哀十三傳旨酒一盛兮注一器也禮記喪大記食粥于盛注謂今時杯杅也易說卦莫盛乎艮鄭注裹也叚借爲成公羊文十三傳周公盛注新穀按謂新成熟之穀也又書大傳周公盛養成王注猶長也又爲戭廣雅釋言盛多也禮記中庸官盛任使疏謂官之盛大越語盛而不驕注元氣廣大時也荀子臣道而饗其盛注謂大業王霸以觀其盛者也注讀爲成素問脉要精微論上盛則氣高下盛則氣脹注謂盛滿又爲整禮記中庸齊明盛服左宣二傳盛服將朝釋文本作成又爲宬考工匠人白盛注盛之言成也掌蜃共白盛之蜃又託名幖識字爾雅釋山山如防者盛漢郊祀志盛山半入海史記封禪書作成山斗入海又爲郕穆天子傳六盛柏之乍也注國名古韻韓非揚權叶形生盛寧命情楚辭大招叶盛命定

庚 **郕** 郕 魯孟氏邑从邑成聲左桓三年公會紀侯于成公羊作盛定十二年將墮成禮記檀弓成人有其兄死皆只作成在今山東兖州府寧陽縣東北九十里按左隱五傳郕人侵衞僖二十四傳管蔡郕霍文之昭也史記稱郕叔武文王子左文十二年郕伯來奔考括地志濮州雷澤縣漢濟陰郡成陽縣古郕伯姬姓之國其後遷于成之陽則郕始封不在寧陽

說文通訓定聲 鼎部第十七

庚 **宬** 宬 屋所容受也从宀成聲別義廣雅釋器宬㡀也未詳

庚 **城** 城 𩫖 所以盛民也从土从成會意成亦聲籀文从𩫏从成世本鯀作城公羊定十二傳百雉而城注天子周城諸侯軒城穀梁隱七傳城爲保民爲之也墨子七患城者所以自守也詩干旄在浚之城傳都城也易泰城復于隍虞注艮爲城說苑說叢犬吠不驚命曰金城太元差過其枯城注謂故都也轉注左莊二十八傳邑曰築都曰城管子輕重丁請以令城陰里又詩瞻卬哲夫成城哲婦傾城板宗子維城又漢書刑法志當髡者完爲城旦舂又方言八鶪鳴自關而東謂之城旦按謂夜鳴勞勞如城旦者也又左僖五傳楚國方城以爲城按方城山在今河南南陽府裕州東北四十里聲訓釋名釋宮室城盛也盛受國都也風俗通城之爲言宬也古韻詩兔罝叶丁城干旄叶旌城轉音墨子禳守叶輕人姈民城

鼎六名凡鼎之派皆衍鼎聲 都挺切

迥 **鼎** 鼎 三足兩耳和五味之寶器也昔禹收九牧之金鑄鼎荆山之下入山林川澤魑魅魍魎莫能逢之以協承天休易卦巽木于下者爲鼎象析木以炊也从貞省聲古文以貞爲鼎籀文以鼎爲貞按目象器其中有實非眼目字亦非貞省易彖下傳鼎象也雜卦傳鼎取新也周禮掌客鼎簋十有二注牲器也漢書五行志鼎三足三公象而以耳行又周書克殷遷九鼎三巫注王者所尊貴淮南俶眞九鼎重味注九鼎九州貢金所鑄也一曰象九德故曰九鼎水經穀水注東都城東南名曰鼎門蓋九鼎所從入也故謂是地爲鼎中叚借爲貞說文籀文以鼎爲貞字又爲定或爲杠方言九所以刺船謂之橋維之謂之鼎又爲當漢書匡衡傳無說詩匡鼎來應劭注方也吳都賦高門鼎貴注始也鼎當雙聲又重言形況字禮記檀弓鼎鼎爾則小人注謂大舒也

zhēn 貞　zhēn 禎　zhēn 楨　zhēn 湞　zhēng 隫

庚 **貞** 貞 卜問也从卜貝以爲贄會意京房說鼎省聲周禮大卜凡國大貞司農注問也天府以貞來歲之媺惡注問事之正曰貞叚借爲正爲定易乾元亨利貞子夏傳貞正也文言貞事之幹也書禹貢厥賦貞傳正也洪範曰貞曰悔傳內卦曰貞周禮大祝求永貞禮記文王世子萬國以貞論語君子貞而不諒又周書謚法清白守節曰貞賈子道術言行抱一謂之貞思元賦慕古人之貞節注誠也太元交齋不以其貞注精誠也又淮南說山貞蟲之動以毒螫注細腰之屬無牝牡之合又爲成周書謚法大慮克就曰貞又爲當書洛誥我二人共貞馬注當也聲訓廣雅釋詁一貞正也釋名釋言語貞定也廣雅釋詁三貞當也貞當雙聲古韻易屯叶生貞寧楚辭卜居叶清輕鳴名貞秦會稽刻石銘叶清名情貞誠程經令平傾銘轉音易乾叶形成天命貞寧楚辭卜居叶耕名身生貞人清盈呂覽貴信叶寧輕令親貞

說文通訓定聲 鼎部第十七

庚 **禎** 禎 祥也从示貞聲詩維清維周之禎禮記中庸必有禎祥字林禎福也蒼頡篇禎善也聲訓漢書宣帝紀注禎正也古韻詩維清叶成禎

庚 **楨** 楨 剛木也从木貞聲東山經太山上多楨木注女楨也吳都賦文欀楨橿注楨橿二木名別義爾雅釋詁楨榦也舍人注楨正也築牆所立兩木也按植于兩耑者曰楨植于兩邊者曰榦書費誓峙乃楨榦傳題曰楨詩文王維周之楨叚借託名幖識字說文上郡有楨林縣古韻詩文王叶生楨寧

庚 **湞** 湞 湞水也出南海龍川西入溱从水貞聲據此出今廣東惠州府龍川縣按即今之翁江實出韶州府翁源縣至英德縣合滃水俗謂之合湞水漢書武帝紀下湞水音撐拄之撐

庚 **隫** 隫 右正邛也从𨸏貞聲疑即爾雅之水出其右正邛也但正邛釋名又作沚邛

tǐng 壬　chéng 呈　tíng 廷　tīng 聽　jīng 巠

壬五十五名凡壬之派皆衍壬聲

迥 **壬** 他鼎切、

善也、从人士、士事也、一曰象物出地挺生也、按此字从人立土上、會意、挺立也、與立同誼、聖廷皆从此爲義、

庚 **呈**

平也、从口壬聲、叚借爲裎、廣雅釋詁一、呈解也、洛神賦、皓質呈露、注見也、又爲徵、列子天瑞、而昧昧者未嘗呈、釋文示見也、又爲逞、左僖二十三傳而殺人以呈、釋文本或作逞、又爲程、樊安碑作呈作式、

青徑 **廷**

朝中也、按从廴从壬、會意、壬亦聲、與庭別、古外朝治朝燕朝皆不屋、君立于門中、臣立于廷中、故雨霑服失容則廢朝、按爾雅釋宮、中庭之左右謂之位、儀禮聘禮、公揖入立于中庭、洪範五行傳、於中庭祀四方、皆以庭爲之、風俗通、廷者陽也、蒼頡篇、廷直也、左定十四傳、夫差使人立于廷、漢書陸賈傳、游漢廷公卿閒、田儋傳、從少年之廷、楚辭逢尤、虎兕爭兮于廷、轉注、廣雅釋室、廷、官也、春秋元命苞、廷者官之平、下之信也、士垂一人詰屈折著爲廷、漢張釋之傳、廷尉、天下之平也、後漢光武紀注、廷尉、秦官也、聽獄必質于朝廷、與衆共之、尉、平也、故稱廷尉、叚借爲庭、詩山樞、子有庭內、漢書匡衡傳、陛降廷止、又爲廷之誤字、楚語、左史倚相廷見申公子亹、注見于廷、失之、又廣雅釋詁二、廷、歸也、聲訓、廣雅釋詁三、廷、平也、釋名釋官室、廷、停也、人所停集之處也、按以定釋廷、風俗通、廷、正也、言縣廷、郡廷、朝廷、皆取平均正直也、

青徑 **聽**

聆也、从耳㥁、會意、壬聲、書洪範、四曰聽、聽曰聰、聰作謀、儀禮特牲禮、進聽嘏、注猶待也、荀子議兵、十里之國則將有百里之聽、注猶耳目也、轉注、廣雅釋詁四、聽、謀也、周禮小宰、以聽官府之六計、注平治也、鄉師、而聽其治、注謂平察之、秦策、王何不聽乎、注察也、尚書大傳、諸侯不同聽、注議獄也、禮記大傳、聖人南面而聽天下、荀子王制、聽之繩也、注聽、聽政也、凡聽朝聽訟皆是、猶視朝視事之亦曰視也、又廣雅釋詁一、聽、從也、周語、民是以聽、秦策、則王勿聽其事、注從也、受也、左成十二傳、鄭伯如晉聽成、注猶受也、禮記祭義、故聽且速也、注謂順敎令也、呂覽知士、三日而聽、注許也、叚借、疊韻連語、莊子齊物論、是黃帝之所聽熒也、崔注、小明不大了也、又爲德之誤字、家語本命、効匹夫之聽、聲訓、釋名釋姿容、聽、靜也、靜然後所聞審也、古韻、詩伐木叶丁嚶鳴聲生聽平、小旻叶程經聽爭成、蕩叶刑聽傾、雲漢叶牲聽、周書周祝叶正爭經刑敬聽爭靜、管子正篇叶聽靜爭刑、呂覽先己叶聽靜性、轉音、文子上仁叶聽爭聞、又管子七臣七主叶聲聽傾身、荀子樂論叶情經刑正身聽成營、

青 **巠**

水脈也、从川在一下、會意、一、地也、壬省聲、古文不省、叚借、疊韻連語、說文、一曰水冥巠也、莊子在宥、大同乎涬溟、司馬注、自然氣也、字亦作涬、

chěng 逞　chěng 徎　tīng 桯　yǐng 郢　chéng 程

梗 **逞**

通也、从辵呈聲、楚謂疾行爲逞、春秋傳曰、何所不逞欲、按方言三、逞、疾也、楚曰逞、此本訓也、左傳君何所不逞欲、此叚借也、叚借爲盈、方言二、逞、快也、三、逞、快也、小爾雅廣言、逞、快也、左桓六傳、今民餒而君逞欲、成十三傳、穆公是以不克逞志于我、十六傳、晉可以逞、襄二十六傳、不如使逞而歸、昭四傳、求逞于人、注皆訓快、或曰借爲徎、或曰今俗謂疾爲快、又暢遂曰通快、卽本訓之轉、注存參、又爲窒、左襄二十五傳、不可億逞、注盡也、西京賦、逞欲畋㪇、注極也、逞志究欲、注娛也、按實亦盈字、又爲縕、方言十二、逞、解也、左隱九傳、成元傳、乃可以逞、注皆訓解、論語、逞顏色、皇疏、申也、按左昭二十三傳沈子逞、公作楹、穀作盈、史記晉世家、欒氏宗逞、左傳作欒盈、此逞縕同聲之證、

梗 **徎**

徑行也、从彳呈聲、

青 **桯**

牀前几也、从木呈聲、按實與楹同字、方言五、榻前几、江沔之閒曰桯、叚借爲楹、考工輪人、桯圍倍之、

梗 **郢**

故楚都、在郢江陵北十里、从邑呈聲、或从王聲、在今湖北荊州府江陵縣北、楚武王自丹陽今宜昌府歸州徙此、左哀元傳、衞公子郢字子南、別義、左桓十一傳、君次于郊郢、注楚地、今湖北安陸府治有郢州故城、叚借爲程、孟子、卒于畢郢、按卽畢原也、又爲徎爲逞、史記弟子傳、魯左人郢字子行、

庚 **程**

品也、十髮爲程、十程爲分、十分爲寸、从禾呈聲、按說文稱纂解云、禾有秒、律數十二秒而當一分、十分爲寸、故諸程品皆从禾、謂稱科程稷秝秖秏諸字也、然則十二秒爲程、而當一分、度之所起也、廣雅釋詁三、程、量也、轉注、荀子致仕、程者物之準也、注度量之總名也、禮記月令、按度程、注謂器所容也、儒行、不程勇者、注猶量也、詩小旻、匪先民是程、傳法也、漢高帝紀、張蒼定章程、注法式也、呂覽慎行、後世以爲法程、注度也、管子君臣、吏嗇夫書有嘗程事律、注准也、家語、程功積事、注猶効也、西京賦、程角觝之妙戲、注課其技能也、魏都賦、明宵有程、注猶限也、漢書東方朔傳、程其器能、注謂量計之也、叚借爲徵、廣雅釋詁四、程、示也、西京賦、侲僮程材、注猶見也、又託名幖識字、周書大匡、惟周王宅程三年、按今陝西西安府咸陽縣北有畢原、卽程地、孟子、畢郢、以郢爲之、後世畢氏、程氏皆以國爲氏、又莊子至樂、青寧生程、列子釋文、程、中國謂之豹、越人謂之貘、聲訓、漢書敘傳注、程、正也、古韻、詩小旻叶程經聽爭成、楚辭遠遊叶征零成情程、秦會稽刻石銘叶清名情貞誠程經令平傾銘、轉音、呂覽愼行叶信親程、

chéng 裎　shèng 聖　dié 戜　chéng 酲　tǐng 珽　tíng 莛　tíng 筳

庚梗 **裎** 裎 但也。从衣呈聲。廣雅釋詁四：裎，袒也。後漢馬融傳注：裎，裸也。孟子：雖袒裼裸裎于我側。叚借爲絅。方言四：襌衣無袌者謂之裎。衣又爲綎。方言四：佩紟謂之裎。注：所以系玉佩之帶也。爾雅謂之褑。又爲程。呂覽具備：武王窮于畢程。注：畢程，畢豐也。

敬 **聖** 聖 通也。从耳呈聲。按耳順之謂聖。彼敘所言耳根圓通，亦此意。管子四時：聽信之謂聖。書洪範：睿作聖。傳：于事無不通謂之聖。詩凱風：母氏聖善。傳：叡也。小宛：或聖或否。周禮大司徒：知仁聖義中和。禮記鄉飲酒義：仁義接賓主有事，俎豆有數曰聖。又產萬物者聖也。樂記：作者之謂聖。楚語：其聖能光遠宣朗。大戴四代：聖，知之華也。按春秋以前所謂聖人者，通人也。轉注：白虎通聖人引禮別名記：萬傑曰聖。禮記禮運疏引辨名記：萬人曰傑，倍傑曰聖。孟子：大而化之之謂聖，聖而不可知之謂神。僞禹謨：乃聖乃神。荀子禮論：聖人者，道之極也。賈子大政：聖人也者，賢知之師也。韓非揚權：能象天地，是謂聖人。按戰國以後所謂聖人，則尊崇之虛名也。又後漢班彪傳注：聖躬謂天子也。列子黃帝：仙聖爲之臣。注：治世之名。又海內西經：開明北又有聖木。注：食之令人智聖也。聲訓：白虎通：聖人，聖者，聲也。禮記鄉飲酒義：聖之言生也。古韻：文子符言叶爭聖。

屑 **戜** 戜 利也。一曰剔也。从戈呈聲。今讀如秩。呈、秩一聲之轉。

說文通訓定聲　鼎部第十七　卌五

庚青 **酲** 酲 病酒也。从酉呈聲。按字亦作醒。詩節南山：憂心如醒。莊子人間世：嗅之則使人狂醒。西京賦：心醒醉。東京賦：罔然若醒。漢書禮樂志：泰尊柘漿析朝醒。轉注：管子地員：終無痟醒。注：酒疾。七發：噓唏煩醒。按煩悶之義。別義：說文：一曰醉而覺也。字林：醒，醉解也。通俗文：醉除曰醒。今字作醒。或曰此義借爲清，亦通。叚借爲長。廣雅釋言：醒，長也。醒長雙聲。古韻：詩節南山叶定生寧醒成政姓。楚辭漁父叶清醒。風賦叶清泠醒人。

迥 **珽** 珽 大圭長三尺，抒上終葵首。从玉廷聲。字亦作珵。廣雅釋器：珽，笏也。禮記玉藻：天子搢珽，方正于天下也。卽考工玉人之大圭。左桓二傳：衮冕黻珽。注：玉笏也，若今吏之持簿。離騷：豈珵美之能當。注：美玉也。相玉書言：珵大六寸，其耀自照。按珽之制，三尺，自其中以上殺之，至首仍廣三寸而方之，如椎頭，其殺六分而去一。聲訓：玉藻注：珽之言挺然無所屈也。

青 **莛** 莛 莖也。从艸廷聲。按實與莖同字。莊子齊物論：莛與楹，厲與西施。司馬注：屋梁也。非是。漢書東方朔傳：以莛撞鐘。注：謂稾莛也。漢書揚雄傳：瓊茅。注：莛專折竹所用卜也。

青 **筳** 筳 維絲筦也。从竹廷聲。按所以絡絲者。蘇俗謂之籆頭筳，卽其四周挺如柵者。叚借爲莛。離騷：索藑茅以筳篿兮。注：結艸折竹。後漢方術傳注：折竹卜也，八段竹。又漢書王莽傳：以竹筳導其脈。注：竹挺也。又爲侹，或爲經。方言六：筳，竟也。楚曰筳。

tǐng 梃　tǐng 侹　tǐng 頲　tíng 庭　tíng 霆　tǐng 挺

迥 **梃** 梃 一枚也。从木廷聲。按竹曰竿，艸曰莛，木曰梃。小爾雅廣服：杖謂之梃。孟子：可使制梃。漢書吾邱壽王傳：民以耰鉏箠梃相撻擊。注：大杖也。呂覽簡選：鋤耰白梃。注：矛也。按矛柄也。轉注：禮記曲禮：鮮魚曰脡祭。注：直也。儀禮士虞禮記：脯四脡。注：古文脡爲梃。公羊昭二十五傳：與四脡脯。注：曲曰朐，申曰脡。字別作脡。叚借爲挺。海內西經：梃木牙交。注：淮南作旋樹。旋，玉類也。

徑迥 **侹** 侹 長皃。一曰箸地。从人廷聲。按此字疑卽壬之或體。叚借爲當。說文：一曰代也。方言三：侹，代也。江淮陳楚之閒曰侹。按今頂冒字以頂爲之，侹當一聲之轉，猶丁鼎之爲當也。又爲勁。廣雅釋詁二：侹，俠也。

迥 **頲** 頲 狹頭頲頲也。从頁廷聲。叚借爲梃。爾雅釋詁：頲，直也。注：正直也。

青 **庭** 庭 宮中也。从广廷聲。今俗謂之廳，字作廳。易艮：行其庭。節：不出戶庭。詩斯干：殖殖其庭。閔予小子：陟降庭止。周禮閽人：掌埽門庭。禮記檀弓：孔子哭子路于中庭。東晳補亡詩：眷戀庭闈。按堂寢正室皆曰庭。轉注：月賦：帝庭，謂太微宮也。叚借爲廷。周書大匡：朝于大庭。注：公堂之庭。詩韓奕：榦不庭方。周語：以待不庭不虞之患。按猶不朝也。傳注皆訓直，失之。左昭五傳：大庫之庭。注：堂前地名。十六傳：其庭

說文通訓定聲　鼎部第十七　卌六

小。注：蒐場也。楚辭思古：藜棘樹于中庭。東京賦：龍路充庭。又爲莛。詩大田：既庭且碩。傳：直也。又爲梃。爾雅釋詁：庭，直也。左傳：皐陶庭堅。按直也。又爲戥。周禮庭氏：掌射妖鳥。注：令國中潔清如庭者也。按剔也。又託名幖識字。東京賦：大庭氏何以尚茲。注：古國名。按炎帝神農氏也。又爲霆。朱龜碑：威神庭電。古韻：詩著叶庭青瑩。斯干叶庭楹正冥寧。閔予小子叶庭敬。素問四氣調神論叶陳生榮庭形生。

青 **霆** 霆 雷餘聲也，鈴鈴然，所以挺出萬物。从雨廷聲。易繫辭：鼓之以雷霆。京房注：霆者，雷之餘氣，挺生萬物也。劉獻注：雷也。范長生注：霆疑爲電。左襄十四傳：畏之如雷霆。釋文：電也。禮記孔子閒居：風霆流形，庶物露生。別義：爾雅：疾雷爲霆霓。按霓字衍，涉下雨霓之霓而誤，直又誤兒也。蒼頡篇：霆，霹靂也。管子七臣七主：地冬霆。注：震也。東京賦：若疾霆轉雷而激迅風也。子虛賦：星流霆擊。按此與震同誼。叚借爲醒。中山經：服之者不霆。注：不畏雷霆霹靂也。恐非。古韻：詩常武叶霆驚。

迥 **挺** 挺 拔也。从手廷聲。廣雅釋詁一：挺，出也。呂覽仲冬：荔挺。注：生也。吳語：挺鈹搢鐸。注：扳也。漢書師丹傳：以挺力田議。注：引拔也。呂覽忠廉：不足以挺其心矣。注：猶動也。淮南俶眞：擢挨挺挏。注：挺挏猶上下也。史記陳涉世家：尉劍挺。集解：猶脫也。又齊策：挺子以爲人。注：治也。叚借爲莛。禮記月令：荔挺出。按荔之用在莖，故名荔莛。又爲梃。考工弓人：於挺臂中有柎焉，故剽。注：直也。儀禮鄉飲禮記：薦脯五挺。注

jìng 徑　kēng 牼　jīng 莖　dìng 鋌　diàn 蜓　tīng 綎　tǐng 娗

猶膱也、漢書蓋寬饒傳直而不挺、左襄五傳我心挺挺、注正直也、亦重言形況字、又爲縕、禮記月令挺重囚、注猶寬也、吳語王安挺志、注寬緩也、後漢臧宮傳注挺解也、又爲莛、後漢方術傳注挺專折竹挺也、古韻左襄五傳叶挺扃令定、

青迥 **娗** 女出病也、从女廷聲、按方言十婚娗也、注言恫娗也、十二娗傳也、說文無傳字、廣雅釋訓娗娗容也、叚借爲侹、爲姪、廣韻長好皃、谿調卽娉婷字歟、

青 **綎** 系綬也、从系廷聲、按古佩玉有綬以上系于衡、衡上復有紟以系于革帶、謂之綎、廣雅釋器佩紟謂之程、以程爲之、

青 **蜓** 蝘蜓也、从虫廷聲、在草曰蜥蜴、在壁曰蝘蜓、方言守宮北燕謂之祝蜓、按蝘蜓俗謂之壁虎、蜥蜴俗謂之四腳蛇、同類故爾雅釋魚通名矣、別義爾雅釋蟲蜓蚞螇螰、注卽蝭蟧也、一名螇蛄、又呂覽精諭注蜻蜓小蟲細腰四翅、此疊韻連語、卽蜻蛉也、或亦作蜻蝏、

迥 **鋌** 銅鐵樸也、从金廷聲、與礦同誼、亦曰鋇、曰鉿、淮南脩務苗山之鋌、叚借爲窒、方言三鋌賜也、按賜也、賜者澌字之俗、又鋌盡也、南楚凡物空盡者曰鋌、又鋌空也、又爲逞、爲徎、左文十七傳鋌而走險、注疾走皃、又爲莖、考工冶氏鋌十之、司農注箭足入槀中者也、又爲鋌之誤字、鹽鐵論於越之鋌不礪、匹夫賤之、

庚 **莖** 枝柱也、从艸巠聲、謂衆枝之主、玉篇引說文艸木榦也、字林莖枝生也、亦小枝也、廣雅釋詁三莖本也、按字从艸、艸曰莖、木曰榦、散文則草木枝亦皆曰莖、西京賦徑百常而莖擢、注特也、則謂借爲挺、轉注考工桃氏以其臘廣爲之莖圍、司農注莖謂劍夾人所握鐔以上也、後鄭注莖在夾中者、莖長五寸、叚借託名嫖識字、白虎通禮樂顓頊曰六莖、言和律厤以調陰陽、莖著也、按以挺爲訓、字亦作經、廣雅釋詁四經荆也、古韻楚辭少司命叶青莖成、

庚 **牼** 牛𦙶下骨也、从牛巠聲、人曰脛、牛曰牼、說文引春秋傳宋司馬牼字牛、豈司馬耕亦作牼歟、耕牼聲相近、按左傳宋有華牼、不知其字、孟子有宋牼、荀子作宋鈃、左襄十七年邾子牼、公穀作瞯、叚借爲頋、爲䫜、考工梓人故書數目牼脰、肩巠雙聲、

徑 **徑** 步道也、从彳巠聲、字亦作逕、作俓、步行之道、謂與于車行大路、字林徑小道也、廣雅釋室徑道也、釋詁二徑衺也、三徑迹也、易說卦艮爲徑路、禮記月令審端徑術、曲禮送喪不由徑、論語行不由徑、離騷夫惟捷徑以窘步、注邪道也、又周禮遂人遂上有徑、注徑容牛馬、又月令塞徯徑、注徯徑禽獸之道也、莊子徐无鬼藜藋柱乎鼪鼬之逕、轉注爾雅釋水直波爲徑、周髀算經徑隅五、按卽邪弦也、又夏正日道之徑也、注圓中之直者也、又老子而民好徑、注邪不平正也、荀子脩身少徑由禮、注捷速也、性惡少言則徑而省、注易也、文選

chēng 䞓　kēng 陘　jǐng 頸　jìng 痙　qìng 窒　jīng 桱　jǐng 剄　jìng 脛　qiān 羥

上書諫吳王徑而寡失、注直也、叚借爲徎、周禮野廬氏禁野之橫行徑踰者、注射邪趍疾越隄渠也、禮記祭義道而不徑、注步邪趍疾也、史記大宛傳從蜀宜徑、集解疾也、左僖廿五傳趙衰以壺飧從徑、注猶行也、莊子秋水徑流之大、崔注直渡曰徑、詩七月傳微行牆下徑也、漢書高帝紀夜徑澤中、按行也、廣雅釋詁三徑過也、又爲經、西京賦量徑輪、注南北爲徑、又爲頸、孟子山徑之蹊閒介、注山徑山之領也、法言吾子作嶰、注谷也、又疊韻連語、莊子逍遙遊大有徑庭、李注謂激過也、司馬注徑廷激過之辭也、聲訓釋名釋道徑經也、人所經由也、古韻管子正篇叶徑幸、

庚 **羥** 羊名、从羊巠聲、

迥徑 **脛** 胻也、从肉巠聲、字亦作踁、作𨄮、論語以杖叩其脛、皇疏腳脛也、膝上曰股、膝下曰脛、海內經有赤脛之民、漢書趙充國傳聞苦腳脛寒泄、淮南俶眞析才士之脛、叚借重言形況字、漢書楊惲傳注脛脛直皃、莊子至樂李注脛脛趣死皃、字亦作踁、聲訓釋名脛莖也、直而長似物莖也、

青迥 **剄** 刑也、从刀巠聲、左定四傳布裳剄而裹之、注取其首、十四傳遂自剄也、釋文本作剟、叚借爲勁、廣雅釋詁一剄強也、聲訓史記項羽紀皆自剄汜水上、集解以刀割頸爲剄、

青 **桱** 桯也、東方謂之蕩、从木巠聲、按實與桯同字、亦謂之㮓、別義廣韻木似杉而硬、又類篇經絲具、

徑 **窒** 空也、从穴巠聲、詩蓼莪缾之窒矣、毛詩作罄、字亦作㷫、廣雅釋詁㷫盡也、

梗 **痙** 彊急也、从疒巠聲、卽急就篇之痓、本草朮主痙疸、

梗 **頸** 頭莖也、从頁巠聲、字亦作頲、廣雅釋親頏頸項也、轉注莊子馬蹄喜則交頸相靡、釋文領也、又考工輈人去一以爲頸圍、注頸前持衡者、

庚青 **陘** 谷也、从山巠聲、法言吾子山陘之蹊、注谷也、叚借爲吭、尚書正義云秦冬月種瓜谷中溫處、瓜實、因使諸生往視、說之、發機阬諸生、謂此陘谷也、

庚 **䞓** 赤色也、从赤巠聲、或从貞聲、或从丁聲、棠棗之汁、或从水、从赤或又从水、正聲、爾雅釋器再染謂之赬、注淺赤、按淺于絳、深于紅之色也、詩汝墳魴魚赬尾、儀禮士喪禮經裹、經末、禮記喪大記大夫以元赬緇圍赬殺、吳

jīng 經　xíng 娙　qíng ⿰魚巠　jīng 涇　xìng ⿰忄巠

都賦頳丹明璣射雉賦鸞綺翼而經撾顏延年曲水詩序頳莖素毳按棠棗之頳汁作涞作浾者俗字也詩頳尾不从魚吳都頳丹不从石射雉經撾不从隹曲水頳莖不从艸可以明矣段氏並訂涞浾爲谷字未免好事

迥 ⿰忄巠 恨也从心巠聲

青 涇 涇水也出安定涇陽开頭山東南入渭雝州之川也从水巠聲出今甘肅平涼府西南开頭山經陝西邠州至西安府高陵縣入渭按开頭山亦作笄頭山一名崆峒山周禮職方氏雍州其川涇汭詩谷風涇以渭濁涇水溉田之利自秦漢鄭國白公而後世修之曰白渠別義詩鳧鷖在涇周語恭王遊于涇上魯語諸侯伐秦及涇莫濟箋注皆云水名叚借爲徑釋名釋水水直波曰涇又素問調經論涇溲不利注大便也又爲徑爲逞莊子秋水司馬本涇流之大注通也今吾蘇溝瀆多名涇者如朱蓮涇之類聲訓釋名釋水涇徑也言如道徑也古韻詩鳧鷖叶涇寧清馨成

庚 ⿰魚巠 ⿰魚巠魚也从魚巠聲尚書大傳大都⿰魚巠魚注⿰魚巠魚今江南以爲鮑

庚青 娙 長好也从女巠聲漢書外戚傳武帝制倢伃娙娥傛華充依注娙娥皆美皃也按漢婦官十有四等武帝邢夫人號娙娥又史記外戚世家衆人謂之娙何服虔注娙音近妍字亦作孆廣雅釋詁一孆好也方言一作从羸誤

說文通訓定聲　鼎部第十七　圭

青徑 經 織也从糸巠聲按從絲爲經衡絲爲緯凡織經靜而緯動御覽引說文經織從絲也轉注大戴易本命凡地東西爲緯南北爲經考工匠人國中九經九緯注謂涂也又按天文恒星七百八十三座爲經土木火金水五星爲緯又廣雅釋詁一經常也易頤拂經詩小旻匪大猷是經左昭十五傳王之大經也宣十二傳武之美經也注法也禮記祭統禮有五經釋文吉凶軍賓嘉之禮又管子戒澤其四經注謂詩書禮樂吳語挾經秉抱注兵書也白虎通五經謂易尚書詩禮春秋也劇秦美新制成六經洪業也注經有五而又立樂又詩經始靈臺傳度之也周禮體國經野注謂爲之里數司市以次敘分地而經市注界也楚語吾子經楚國注經緯也又淮南精神能經鳥伸後漢華陀傳注若熊之攀枝自懸也荀子彊國救經而引其足也注縊也又廣雅釋詁四經絞也史記田單傳經其頸于樹枝注繫也叚借爲巠素問離合真邪論地有經水注謂海瀆渭湖沔汝江淮漯河漳濟也人有經脈注謂手足三陰三陽之脈按謂之六經又考工輈人經而無絕注亦謂順理也又爲徑實爲侱廣雅釋言經徑也小爾雅廣詁經過也孟子經德不回注行也西京賦街衢相經注歷也又疊韻連語舞賦經營切儗注往來之皃魏都賦延閣充宇以經營注直行爲經周行爲營古韻詩小旻叶程經聽爭成靈臺叶經營

jìng 勁　xīng 蛵　qīng 輕　xíng 鋞　xíng 陘　chēng 檉　qìng 鑋　zhì 臷

成高唐賦叶嶸冥聲經周書周祝叶平爭經刑敬聽爭靜秦會稽刻石銘叶清名情貞誠程經令平傾銘轉音莊子養生主叶名刑經身生親年荀子樂論叶情經刑正身聽成聲

青 蛵 丁蛵負勞也从虫巠聲按丁蛵疊韻連語爾雅之虰蛵卽廣雅之蜻蛉也青者曰青亭紅者曰胡黎

敬 勁 彊也从力巠聲禮記樂記廉直勁正莊誠之音作宋策夫梁兵勁而權重列子說符孔子之勁注力也荀子非相筋力越勁注勇也素問腹中論其氣急疾堅勁注剛也氣交變大論其政勁切注銳也淮南說林弓先調而後求勁馬注強也禮記曲禮急繕其怒注繕讀爲勁疑鄭本以經爲之古韻呂覽順說叶勁命

青 鋞 溫器也圜而直上从金巠聲可煖飲之器如今酒肆參筩

庚敬 輕 輕車也从車巠聲詩駟鐵謂之輶車周禮車僕輕車之萃謂馳敵致師之車也齊策使輕車銳騎衝雍門注便也周語師輕而驕注謂超乘也西京賦輕銳僄狡注謂便利轉注孟子輕重同注謂斤兩荀子富國辨輕重注謂尊卑淮南氾論有輕罪者贖以金分注小也呂覽知接桓公非輕難而惡管子也注易也荀子不苟喜則輕而翾注謂輕佻失據又漢書食貨志錢益多而輕注賤也又韓非子解老無勢之謂輕古韻楚辭卜居叶清輕鳴名貞舞賦叶横形輕轉音墨子襍守叶輕人拎民城呂覽貴信叶寧輕令親貞

說文通訓定聲　鼎部第十七　圭

青 陘 山絕坎也从𨸏巠聲爾雅釋山山絕陘注連山中斷絕史記趙世家趙與之陘集解常山有井陘中山有苦陘述征記太行山首始于河內北至幽州凡有八陘是山凡中斷皆曰陘晉公孫有陘字山叚借爲峌廣雅釋山陘阪也長笛賦腹陘阻又爲桱廣雅釋室竈謂之竈其脣謂之陘禮記月令注祀竈之禮設主于竈陘正義謂竈邊承器之物以土爲之按猶楄前几曰桱曰桯

庚 檉 河柳也从木聖聲爾雅檉河柳注今河旁赤莖小楊按今蘇俗謂之西河柳枝葉似松卽子虛賦之朱楊廣雅之雨師也天將雨檉先華又曰三春柳言一歲三華也以其皮頳故謂之檉矣詩皇矣其檉其椐叚借託名幖識字左僖元年會于檉注宋地按陳地在今河南陳州府西南公羊作朾

質 臷 大也从大𢦏聲詩巧言臷臷大猷毛本以秩爲之亦重言形況字

庚徑 鑋 金聲也从金輕聲讀若春秋傳曰鑋而乘它車按左昭二十六傳鑋而乘于他車以歸注鑋一足行也字作踁从足疑鑋卽脛字之別體其足刜故曰脛一足刜故曰一足行說文所引本蓋借鑋爲脛

zhí 遾　tiě 驖　tiě 鐵

貭 **遾** [篆] 走也。从辵戴聲。讀若詩威儀秩秩。

屑 **驖** [篆] 馬赤黑色。从馬戴聲。詩曰：四驖孔阜。按毛本作驖，傳：鐵驪。此字疑後出。

屑 **鐵** [篆][篆][篆] 黑金也。从金戴聲。或从戜聲。古文从夷。按从弟聲也。弟夷篆體相類，故二字往往互譌。弟鐵雙聲，與鎕銻同字。詩駟鐵孔阜，傳：驪也。禮記月令：駕鐵驪，注：色如鐵也。據說文則借爲驖。〔叚借〕託名幖識字。左哀二年：戰于鐵，注：在戚城南。傳：登鐵上，注：邱名。按在今直隸大名府開州南。

擎　瀛　砰　怦　瓔　攖　鯖　拗　胼　蚲　捏　銈　葝　⿰魚爭　筬　⿰衤正

附說文不錄之字

擎 廣雅釋詁一：擎，舉也。射雉賦：鯨牙低鏃以鯨爲之。

瀛 楚辭招魂：倚沼畦瀛兮。注：瀛，池中也。楚人名池澤中曰瀛。

砰 廣雅釋詁四：砰，聲也。司馬相如傳：砰磅訇磕。正義：水流鼓怒之聲。吳都賦：汩乘流以砰宕。注：舟擊水皃。漢書禮樂志：休嘉砰隱溢四方。注：盛意。按疊韻連語，亦作軯。東京賦：軯磕隱訇。注：鐘鼓之聲也。又單辭形況字。思元賦：豐隆軯其震霆兮。注：聲皃。

怦 怦 楚辭怨世：思比干之怦怦兮。注：忠直皃。淮南齊俗：而仁發怦以見容。注：色也。則借爲艴。廣雅釋詁四：怦，急也。

瓔 郎瑩 埤蒼：瓔琅，石似玉也。

攖 郎纓 莊子在宥：汝慎無攖人心。司馬注：引也。崔注：羈落也。庚桑楚：不以人物利害相攖。崔注：猶貫也。孟子：莫之敢攖。注：迫也。呂覽本生：而勿攖之。注：猶戾也。淮南繆稱：勿撓勿攖。注：纓也。墨子經上：攖，相得也。廣雅釋詁三：攖，亂也。又莊子大宗師：其名爲攖寧。崔注：有所繫著也。亦疊韻連語。

鯖 字林：鯖，雜肴也。

拗 廣雅釋詁一：拗，大也。

胼 廣雅釋器：胼，脂也。

蚲 廣雅釋蟲：蚲，蛘也。

捏 廣雅釋詁一：捏，擇也。

銈 埤蒼：銈，鐵也。謂鐵衣也。按俗曰鐵銹。

葝 爾雅釋草：葝，山䪥。字亦作莌。按當从化聲，字誤也。又葝，鼠尾。注：可以染皁。郎吳普本草之山陵翹也。

⿰魚爭 廣雅釋魚：⿰魚爭，竹頭⿰魚爭也。

筬 埤蒼：筬，竹杅也。

⿰衤正 字林：⿰衤正松，小兒衣。

征 ⿰車頁 挣 脭 ⿰石霝 ⿰犭嬰 櫻 洺 硎 梈 悜 箳篂 鼮 聤耵 鵛 ⿰魚亭 ⿰丁瓦 ⿰貝猪

征 方言十、征伀遑遽也、廣雅釋詁一、懼也、

⿰車頁 廣雅釋詁一、擊也、

挣 廣雅釋詁一、刺也、

脭 七發、脭醲肥厚、注、肥肉也、

⿰石霝 方言十二、⿰石霝嗇也、

⿰犭嬰 西山經、皋塗之山有獸焉、名曰⿰犭嬰如、

櫻 南都賦、櫻梅山柿、注、櫻桃含桃也、漢書司馬相如傳、櫻桃蒲陶、注、今之朱櫻也、

洺 新附、水名、

硎 莊子養生主、而刀刃若新發于硎、注、砥石也、淮南齊俗、刀如新剖硎、注、磨刀石、叚借、託名幖識字、吳都賦、右號臨硎、注、闔閭名也、又爲阬、始皇阬儒處曰峌谷、亦曰硎谷、亦曰阬谷、

梈 廣雅釋木、梨也、蜀都賦、橙柿梬梈、史記司馬相如傳、梈樣厚朴、集解、山梨、

悜 字林、悜悟也、聲類、悜憁、了慧皃、

箳篂 廣雅釋器、箳篂蔽、箳篂也、按疊韻連語、

鼮 爾雅釋獸、豹文鼮鼠、注、文彩如豹者、漢武時得此、孝廉郎終軍知之、賜絹百匹、按此事不見漢書記載、藝文類聚引竇氏家傳、乃光武時孝廉郎竇攸也、而唐盧藏用弟若虛則宗說文、以豹文連上讀、鼮鼠讀、按說文無鼮字、亦無下文鼫鼠字、上文鼨鼠字、

聤耵 埤蒼、耳上垢也、按疊韻連語、

鵛 爾雅、鸄鵛鶄、注、未詳、廣雅、鵛雀、怪鳥屬也、

⿰魚亭 廣雅釋魚、⿰魚亭䱉也、按蘇俗謂之盎斯魚、

⿰丁瓦 廣雅釋室、⿰丁瓦甎也、

⿰貝猪 通俗文、猪糞曰⿰貝猪、

⿰豸冥 ⿰犭廷 ⿰亭鳥 笭箵 甑 鼆 甁 眪 浧 涇 ⿰扌頻 蔽 茗 艇 眳 濎 誔 ⿱罒丁 ⿱艹甯

⿰豸冥 廣雅釋獸、⿰豸冥豚也、

⿰犭廷 南都賦注、⿰犭廷猴屬、

⿰亭鳥 字林、⿰亭鳥鳩鴞也、爾雅、鴟鴞⿰亭鳥鷎、

笭箵 通俗文、竹器謂之笭箵、按疊韻連語、

甑 廣雅釋器、甑瓶也、

鼆 左文十五傳、一人門于句鼆、注、魯地、釋文本作黽、叚借爲冥、廣雅釋詁四、鼆夜也、

甁 廣雅釋器、甁瓶也、

眪 廣雅釋器、眪白也、素問風論、色眪然白、注、謂薄白色也、

浧 管子宙合、訕信浧濡、注、浧濡猶言滑滯、

涇 廣雅釋詁四、涇㬥也、

⿰扌頻 方言十三、⿰扌頻竟也、

蔽 廣雅釋草、蕙葉芋也、其莖謂之蔽、

茗 封氏聞見記、晚採者爲茗、叚借、雙聲連語、七命、茗邈苕嶢、注、高皃、

艇 小爾雅廣器、小船謂之艇、方言九、小艒縮謂之艇、廣雅釋水、艇舟也、淮南俶眞、越舲蜀艇、注、一版之舟、若今豫章是也、釋名釋船、二百斛以上曰艇、艇挺也、其形徑挺、一人二人所乘行者也、

眳 廣雅釋言、眳讀也、叚借、雙聲連語、西京賦、眳藐流眄、注、眳睫之閒、謂詩猗嗟名兮之名、非是、又字林、眳睛不悅目貌、

濎 汀郎 後漢杜篤傳注、濎濘、小皃也、按疊韻連語、

誔 廣雅釋言、誔訑也、按誕之誤字、

⿱罒丁 廣雅釋詁三、⿱罒丁空也、

⿱艹甯 廣雅釋草、⿱艹甯、䓷荏蘇也、

湏 即汀 海賦、湏溟濼滄、注、沸皃、疊韻連語、

酩酊 新附、酩酊、醉也、按、疊韻連語、

禊 江賦、禊以蘭紅、注、采色相映也、

詩 廣雅釋詁四、詩、言也、

詵 廣雅釋詁四、詵、譯也、

霁 廣雅釋天、霁、霤也、

(口巠) 字林、(口巠)、聲也、

(酉巠) 廣雅釋詁一、(酉巠)、隔也、

掅 廣雅釋詁三、掅、捽也、

(耳冥) 廣雅釋詁四、(耳冥)、聽也、埤蒼注、意聽也、

爧 漢書揚雄傳、燒爧、注、爧、蠡乾酪也、

攕 字林、攕、揷攕皃、

說文通訓定聲 鼎部弟十七附 毛

說文通訓定聲目

壯部弟十八 分部同小 轉豐升

昜 禓 瑒 葛蕩 踼逷

腸 篡 鍚 餳餹糖 楊

暘 瘍 崵 碭 煬

⿰黑昜 愓偒婸 像 湯 揚敭

颺 場塲 暘暢 陽佯 蕩

觴鬺 殤 傷 慯 宕

璗 鸉 盪蘯蕩 蕩 鐊鍚

羊 祥 詳 鬺𩱬烹 翔鴹

羌羗 養羧 痒 庠 恙

洋 羕 姜 蛘癢蟻 咩

樣橡 漾瀁 央鉠 英 詇

鞅 鴦 殃袂殃 盎㼜 柍楧

秧 怏 泱 抰 姎

紻 坱 瑛 醠 香香薌

皀 鄉 卿 響韻 饗

鄉嚮 闟 蠁蚼 亯亯亭亨 向嚮

珦 尚 餉餉 党掌撐 敞

嘗甞 棠樘 賞 鄗 常裳

壯部弟十八 (continued)

黨 掌 裳 堂坐臺 當

鱨 償 曭瞠膛憆 攩儻傑 鼞

樘揨掁敳 闛 鏜 鄧 蟷螗螳

鐺 杏 莕荇荇 卬昂 仰

茚茆 迎 ⿰革卬 枊 ⿰馬卬

㲽𤕦 蔱 襄𡀽禳 禳 蘘

讓 䑋 𥳡 饟 ⿰襄阝

曩 穰 驤 攘儴 孃囊

纕瓖 蠰 蜋 壤 鑲

釀欀 囊 蘘 相 箱廂

想 湘 霜孀 象 ⿰食象餳

像 襐 潒 勨 匠⿰匠鳥

⿺走匠 桑 顙 磉 爽爽𡙢

鷞𪂇 ⿰爽瓦𥕦 上丄二 章樟 璋

蔁 鄣 彰 麞獐 漳

墇 障 商啇商適謫 ⿱商貝 昌昌讜菖

唱 倡 閶 鬯 長兏镸倉

萇 韔韔 棖 帳 倀猖

悵 張脹瘬 丈支 杖仗 爿

壯 牂牂 ⿰爿角衡 牄 牆牆牆嗇嗇墻廧

牀(床) 狀 牂 妝(娤) 戕(戕)
斨 醬(䞘酒𤄶) 莊(𦶘藏) 裝 奘
奘 薔(蔷) 臧(臧藏贜臟) 嵗 將
奬(奬弊) 漿(浆淋饕) 蔣 𧢲 篬(槳漿)
刅(創戧瘡) 𣏙 梁(渿) 粱 倉(仺仓)
瑲 蒼 蹌 鶬(䳵) 槍(搶)
愴 滄 凔(滄) 㔶 鎗(鏘)
茻 莽 葬 畺(疆壃境) 犟
橿 僵(殭僵) 麠(麖) 鱷(鯨) 彊
繮(韁) 薑(薑) 強(彊) 襁 繈(鏹)

說文通訓定聲　壯部弟十八目錄　三

勥(彊) 光(允炗茨胱) 桄(䚹) 晃(熿爌昉熿) 侊
駫 洸(滉) 黃(㚇) 璜(黌) 鱑(魧)
簧 橫(桁) 廣 礦(卝砋礦鑛) 潢
彉(彍) 蟥 瀇 櫎(愰榥) 曠
穬(䵝) 獷 懬 纊(絖) 壙
臦 𦋮 㞷(坣) 往(迬徃洼㣾) 𢾺
䳇(𡔊) 枉 狂(忹) 汪 匡(筐眶)
軖 䀶(旺) 誑(誆) 俇 㤮
邼 恇 洭 軭 尪(尢尩)
王(𤣩𤣥玊) 皇(偟遑徨凰) 迋 𦐂(凰) 瑝

喤(諻) 篁 䅣 煌 惶
湟 蝗(蟒) 鍠(韹鐄) 隍(堭) 亢(頏肮吭)
迒(𨑗) 笐 邟 秔(稉) 伉(閌)
杭(航) 犺 炕 斻 忼(慷)
沆 魧(蚢) 抗(杭) 吭 阬(坑)
亾 芒 喪 𢼸 盲
肓 𥁰 良(𡰯𡰩𠈄) 宋 邙
㡯(忙㝗) 忘 巟(汒𣳚漭) 妄 垠
蝱(䖟) 吂 珢 莨(蓈) 眼
筤 根 郎 朗(朖) 㝗

說文通訓定聲　壯部弟十八目錄　四

硍 狠 泿 閬 鋃
䢅 稂 量 莣(蔄) 荒
䜤(謊) 㡛(幌) 䮝 䲛(鱇) 䋞
蓈(稂) 糧(粮䊮) 䅚 网(网𦉲𠨗网冈𦊱輞魍) 岡(崗罡)
蝄(魍) 犅 剛(㓻鋼鋛) 綱(杠) 𡈼(𡉄)
𧮤 望 方(汸) 旁(㫄𣃟雱㫄滂澎) 芳
䟫 訪 𨾐 魴(鰟) 放
肪 枋 邡 仿(俩倣髣昉) 舫
魴(鰟) 房 妨 旊(扻) 紡(綁)
鈁 防(埅坊) 嗙 徬(彷) 謗

yáng 昜　yáng 禓　chàng 瑒　tāng 蕩　táng 踼　cháng 腸

說文通訓定聲

吳郡朱駿聲豐芑甫紀錄
新安朱鏡蓉伯和甫參訂

壯部弟十八 凡五十三部

昜三十五名凡昜之派皆衍昜聲 與章切

陽 **昜** 開也从日一勿一曰飛揚一曰長也一曰彊者眾皃按此即古陽爲侌昜字侌者見雲不見日也昜者雲開而見日也从日一者雲也蔽翳之象勿者旗也展開之象會意兼指事或曰从旦亦通經傳皆以山南水北之陽爲之詩湛露匪陽不晞傳日也書禹貢陽鳥攸居鄭注鴻雁之屬隨陽氣南北易繫辭一陰一陽之爲道皆此昜字轉注詩七月我朱孔陽傳明也亦此昜字聲訓說文揚長彊三訓飛揚于勿取義長彊于日取義

陽 **禓** 道上祭从示昜聲按犯軷之類也急就篇謁禓塞叚借爲祥或爲襐禮記郊特牲鄉人禓注謂時儺索室驅疫逐强鬼也禓或爲獻或爲儺

漾 **瑒** 瑒圭尺二寸有瓚以祠宗廟者也从玉昜聲按祼圭也魯語謂之鬯圭

陽 **蕩** 蕩艸枝枝相值葉葉相當从艸昜聲字亦作薚爾雅蓫薚馬尾廣雅馬尾蔏陸也蘇頌圖經商陸俗名章柳則即葦草其根謂之蕩易夬莧陸子夏傳木根草莖馬鄭皆云莧陸一名商陸荀注莧者葉柔根堅陸亦取葉柔根堅則謂莧陸二物與宋衷注同

陽漾 **踼** 跌踼也从足昜聲字亦作逿聲類踼跌也漢書王式傳陽醉逿地注失據而倒也吳都賦魂褫氣懾而自踼跌注踼跌皆頓仆也叚借爲盪史記扁倉傳重陽者逿心主集解盪也又爲愓思元賦藐以迭逿注突也按猶跌宕亦雙聲連語蒼頡篇踼驅馳皃也亦失跡也

陽 **腸** 大小腸也从肉昜聲素問靈蘭秘典論大腸者傳道之官變化出焉小腸者受盛之官化物出焉叚借託名幖識字楚辭大招西薄羊腸注山名又後漢梁商傳注以柏木黃心爲椁曰黃腸又書盤庚腹腎腸夏侯等尚書作憂腎陽文選劉淵林注作優賢揚聲訓釋名腸暢也通暢胃氣去滓穢也廣雅釋親腸詳也古韻詩桑柔叶相臧腸狂

dàng 簜　shāng 𥏫　xíng 餳　yáng 楊　yáng 暘　yáng 瘍　yáng 崵　dàng 碭

養 **簜** 大竹筩也从竹昜聲

陽 **𥏫** 傷也从矢昜聲與傷略同此謂傷於矢

庚陽 **餳** 飴和饊者也从食昜聲字亦作餹作糖急就篇棗杏瓜棣饊飴餳方言十三餳謂之餦餭餳謂之餹凡飴謂之餳按餦餭合音爲餳詩有瞽簫箋如今賣餳者所吹也釋文即乾餹也廣雅釋器餹餳也聲訓釋名餳洋也煮米消爛洋洋然也

陽 **楊** 楊木也从木昜聲爾雅釋木楊蒲柳注可以爲箭左傳所謂董澤之蒲易大過枯楊生稊按楊與柳別楊枝勁脆而短葉圓闊而尖柳葉長而狹枝軟而韌夏小正正月柳稊三月委楊散文則楊柳亦通稱耳詩采薇楊柳依依傳蒲柳也有菀者柳東門之楊亦未必兩物左定六傳獻陽楯六十注楊木名按此實柳也叚借託名幖識字爾雅釋草楊枹薊按即今之蒼朮又釋木楊徹齊棗注未詳翟氏云齊地所產之棗按棗十一種無以地得名者疑如脐之圓猶要棗名要矣又詩巷伯楊園之道傳園名爾雅釋地秦有楊陓周禮職方作楊紆注所在未聞又水經渭水注長楊五柞並以樹名宮聲訓廣雅釋言楊揚也古韻詩車鄰叶桑楊簧亡東門之楊叶楊牂煌七月叶桑斨楊風賦叶上衡楊芳堂房

陽 **暘** 日出也从日昜聲按此實昜字之別體書堯典曰暘谷傳明也淮南墬形暘谷榑桑在東方注日之所出也洪範曰暘鄭注金氣也聲訓論衡寒溫暘者陽也

陽 **瘍** 頭創也从疒昜聲釋名頭有創曰瘍又周禮醫師疕瘍者造焉注身傷曰瘍瘍醫注創癰也又爾雅釋訓骭瘍爲微注創也素問風論故使肌肉憤䐜而有瘍注瘡也是瘍亦凡瘡之通名叚借爲蛘禮記曲禮頭有創則沐身有瘍則浴釋文本作痒

陽 **崵** 崵山在遼西从山昜聲玉篇引說文作首崵山在今直隸永平府盧龍縣東南此即孤竹故地按史記正義首陽有五夷齊餓處王伯厚攷曾子書云二子居河濟之間謂在蒲坂者得其實則今山西蒲州府永濟縣之南即雷首山也又按水經注既云雷首有夷齊墓又云平縣故城北有首陽山夷齊之歌所則在今河南河南府偃師縣西北酈氏蓋不能定也叚借爲暘說文一曰嵎銕崵谷也

陽漾 **碭** 文石也从石昜聲漢書地理志梁國碭注山出文石在今河南歸德府按今江蘇徐州府碭山縣南有芒碭山漢高嘗隱於此殆亦以出文石得名或曰芒碭疊韻連語叚借爲宕淮南本經元元至碭而運照注大也甘泉賦回猋肆其碭駭兮注過也長笛賦眩碭駭以奮肆注突也

yáng 揚　tāng 湯　dàng 像　dàng 愓　yàng 䵮　yàng 煬

陽漾 **煬** 炙燥也。从火昜聲。方言十三、煬炙也。煬㬥也。注今江東火熾猛爲煬。廣雅釋詁二、煬爇也。莊子徐無鬼抱德煬和。李注炙也。寓言煬者避竈。釋文炊也。又一切經音義引字略、煬釋金也。

漾 **䵮** 赤黑也。从黑昜聲。讀若煬。

陽陽養 **愓** 放也。从心易聲。字亦作傷作婸。方言十、愓遊也。六、婸婬也。廣雅釋詁三、愓戲也。荀子脩身加愓悍而不順。榮辱愓悍驕暴。經傳皆以蕩爲之。叚借爲場。説文一曰平也。廣雅釋詁三、愓直也。禮記玉藻凡行容愓愓。注直疾皃也。亦重言形況字。

養 **像** 放也。从心象聲。按即愓字之或體。今附于此。

陽陽漾 **湯** 熱水也。从水昜聲。廣雅釋詁二、湯爚也。禮記月令如以熱湯。論語見不善如探湯。孟子冬日則飲湯。西山經湯其酒百樽。注湯其酒令熱。海內東經下有湯谷。注谷中水熱也。轉注後漢和熹鄧皇后紀注湯沐者取其賦稅以供湯沐之具也。叚借爲暘。詩宛邱子之湯兮。傳蕩也。又爲暘。史記司馬相如傳右以湯谷爲界。正義曰所出也。又爲宕。莊子天地數如泆湯。司馬本作佚蕩。亦借字。又逍遙遊湯之問棘也是已。簡文注湯廣大也。書堯典疏引謚法雲行雨施曰湯。又爲盪。堯典疏引謚法除虐去殘爲湯。又漢書天文志是謂大湯。注猶盪滌也。又重言形況字。廣雅釋訓湯湯流也。書堯典湯湯洪水方割。傳流皃。詩氓淇水湯湯。傳水盛皃。載驅汶水湯湯。傳大皃。沔水其流湯湯。箋波流盛皃。聲訓風俗通皇霸引書大傳湯者攘也。昌也。又釋名釋飲食湯熱湯湯也。古韻詩氓叶湯裳爽行。宛邱叶湯上望。江漢叶湯洸方王。元鳥叶商芒湯方。殷武叶鄉湯羌享王常。

陽 **揚** 飛舉也。从手昜聲。古文从攴。小爾雅廣言揚舉也。方言十二、抍擴揚也。按舉者本義。飛者叚借。禮記檀弓杜蕢洗而揚觶。鄉飲酒義盥洗揚觶。儀禮鄉射禮南揚弓。注猶舉也。又禮記玉藻退則揚之。注謂小仰見于後也。又樂記弦歌干揚。皇氏注舉也。舉干以舞也。詩公劉干戈戚揚。傳鉞也。孟子注因之。按傳借鉞爲越。易夬揚于王庭。鄭注越也。越猶舉也。説詳余六書叚借經徵。又禮記明堂位各揚其職。文王世子或以言揚。書堯典明明揚側陋。盤庚優賢揚歷。楚辭哀郢楫齊揚以容與兮。轉注爾雅釋詁揚續也。詩七月以伐遠揚。按揚開之枝也。又大叔于田火烈具揚。傳揚光也。正月燎之方揚。漢書谷永傳以陽爲之。周禮卜師揚火以作龜。注猶熾也。史記司馬相如傳吐芳揚烈。文選典引揚洪輝。叚借爲易。離騷揚雲霓之晻藹兮。注披也。淮南覽冥不揚其聲。注明也。方言二、揚雙也。按雙者賸之誤字。猶盱也。郭注雙耦。或改爲雙。皆失之。詩猗嗟美目揚兮。君子偕老子之淸揚。按眉目淸明之誼。傳以馬頭飾之鍚喻人似泥。又書立政以揚武王之大烈。顧命用答揚文武之光訓。禮記祭統對揚以辟之。按猶詩頌之對越在天。猶顯明也。又爲暘。禮記玉藻盛氣顛實揚休。注讀爲陽。淮南説山其聲舒揚。注和也。又爲詳。廣雅釋詁二、揚説也。韓詩牆有茨不可揚也。傳猶道也。淮南説山名不可得而揚。注猶稱也。又爲颺。考工矢人中強則揚。注飛也。列子黃帝揚于地。注猶颺物從風也。又爲盪。詩揚之水傳激揚也。左昭三十傳將焉用是播揚焉。吕覽必己盡揚播入于河。注動也。又爲宕。儀禮大射儀上曰揚。注過去也。又爲傷。詩泮水不吳不揚。傳傷也。釋文作瘍。又爲惕。漢書五行志驕揚奢侈。注謂振揚張大也。禮記樂記發揚蹈厲之已蚤。齊策志高而揚。荀子儒效揚揚如也。注得意之皃。亦重言形況字。又託名幖識字。爾雅釋地江南曰揚州。周禮職方氏東南曰揚州。釋名揚州州界多水。水波揚也。太康地記揚州漸太陽位。天氣奮揚。履正含文明。故取名焉。此以昜爲訓。爾雅李注江南其氣慘勁。厥性輕揚。故曰揚州。此以颺爲訓。又左僖十一傳揚拒泉皋伊洛之戎。昭二十二傳劉子奔揚。地在今河南河南府洛陽縣。又左昭廿一傳公自揚門見之。按即檀弓陽門之介夫。宋國門名也。又詩魚麗鱨鯊傳鱨揚也。又爲楊之誤字。漢書揚雄傳字从手。説者謂子雲好奇特。自標異。按雄反騷自序世系當即左傳楊食我之後。三國楊德祖云脩家子雲老不曉事。則其氏从木可知。詳見臨嘯閣詩文稿。又發聲之詞。廣雅釋訓揚搉凡也。莊子徐無鬼則可不謂有大揚搉乎。許注粗略法度。古韻詩大叔于田叶黃襄行揚。野有蔓草叶瀼揚臧。猗嗟叶昌長揚蹌臧。大東叶揚漿。大明叶洋煌彭揚王商明。公劉叶康疆倉糧囊光張揚行。吕覽盡數叶揚行朗長明良養。莊子天地叶明聰穎爽揚。文子九守叶明聰創揚。

chàng 畼　cháng 場　yáng 颺

陽 **颺** 風所飛揚也。从風昜聲。漢書敍傳風颺電激。東京賦颺槱燎之炎煬。轉注漢書敍傳雄朔野以颺聲。叚借爲揚。虞書皋陶拜手稽首颺言曰。傳大言而疾曰颺。按爾雅釋詁揚續也。大疾傳合本字非。古韻楚辭九辯叶房颺芳翔明傷。

陽 **場** 祭神道也。从土昜聲。字亦作塲。除地曰場。亦曰墠。封土曰壇。漢書郊祀志犧牲壇場。注平地爲場。孟子築室于場。注孔子冢上祭祀壇場也。法言問明壇場之威。注鬼神之壇也。爾雅釋宮場道也。轉注説文一曰治穀田也。周禮場人注季秋除圃中爲之。載師以場圃任園地。詩七月九月築場圃。傳秋冬爲場。又按今闈場謂春秋試士之所必有平坦大庭以容衆。故曰場。又埤雅引小爾雅廣獸鹿之所息謂之場。詩東山町畽鹿場。又方言六、蚍蜉犂鼠之場謂之坻。螾場謂之坦。叚借爲畼。説文一曰田不耕也。鍇本作山田不耕者。古韻詩七月叶霜場饗羊堂觥疆。

漾 **畼** 田 不生也。从田昜聲。字亦誤作暢。叚借爲鬯。禮記月令命之曰暢月。注猶充也。漢書禮樂志四暢交于中。注通達也。西京賦美聲

dàng 蕩　　yáng 陽

暢于虞氏注倏暢也神女賦不可盡暢注申也又風俗通聲音其道行和樂而作者命其曲曰暢暢者言其道之美暢又爲長廣雅釋詁二暢長也詩小戎文茵暢轂傳長轂也又爲鬯夏小正初歲祭耒傳始用暢也古韻宋玉神女賦叶望相尚量暢狀

陽

陽 高明也从𨸏昜聲按从𨸏从昜會意昜亦聲穀梁僖二十八傳山南爲陽水北爲陽爾雅釋山山東曰朝陽山西曰夕陽釋名隨日所照而名之也書禹貢至于岳陽詩殷其靁在南山之陽周禮柞氏令刊陽木而火之注生山南爲陽木轉注詩曰至渭陽左傳二十八傳漢陽諸姬公羊傳二十三傳戰于泓之陽注水北曰陽假借爲昜爲陽釋名釋邱邱高曰陽邱體高近陽也易文言陰疑於陽必戰莊子則陽陰陽者氣之大者也禮記祭義陰陽長短疏謂晝也郊特牲樂由陽來者也注天也詩湛露匪陽不晞傳日也七月春日載陽箋溫也我朱孔陽傳明也考工弓人欲赤黑而陽聲注猶清也禮記祭義殷人祭其陽注讀爲雨暘之暘孟子秋陽以暴之注周之秋夏五六月盛陽也又楚辭遭厄踵九陽兮戲蕩注日出處按九重天也又大戴文王官人考其陰陽注猶隱顯也又素問六節藏象論太陽注膀胱脉也少陽注膽脉也陽明注胃脉也又秦策天下陰燕陽魏注大也又小爾雅廣鳥去陰就陽者謂之陽鳥鴻雁是也又漢書田儋傳儋陽爲縛其奴注陽卽僞耳按猶外也顯也字亦變作佯禮記檀弓注何伴若善之又凡周禮大宗伯以地產作陽德大司徒以

陽禮教讓牧人凡陽祀用騂牲大師陽聲黃鐘大蔟姑洗蕤賓夷則無射卜師辨龜之上下左右陰陽禮記曾子問是謂陽厭皆昜字也又爲蕩洞簫賦時橫潰以陽遂注淸通皃又爲姎爾雅釋詁陽予也注魯詩云陽如之何今巴濮之人自呼阿陽按釋文本或作賜賚賜之誤字又重言形況字詩君子陽陽傳無所用其心也載見龍旂陽陽傳言有文章也廣雅釋訓陽陽流也又託名幖識字爾雅釋天十月爲陽詩采薇歲亦陽止杕杜日月陽止又白虎通號高陽者陽猶明也道德高明也尚書大傳東嶽陽伯之樂舞侏離注猶言春伯又禮記防記陽侯猶殺繆侯按春秋閔二年齊人遷陽注國名又淮南覽冥陽侯之波注陽陵國侯也其國近水休水而死其神能爲大波聲訓廣雅釋詁四陽嚮也釋名釋天陽揚也氣在外發揚也古韻詩殷其靁叶陽遑君子陽陽叶陽簧房還叶昌陽猿臧七月叶黃陽裳又陽庚僨行桑采薇叶剛陽六月叶方陽章央行公劉叶長剛陽又叶糧陽荒卷阿叶岡陽載見叶王章陽央鶬享光爾雅釋天叶相壯陽楚辭大司命叶翔陽坑越語范蠡語叶皇常行陽匡剛文子微明叶陽剛强功轉音文子九守叶陽歲

養漾

蕩 蕩水也出河內蕩陰東入黃澤从水𦳝聲出今河南彰德府湯陰縣西山至內黃縣入黃澤今在湯陰縣城北卽入衛河與古水道異字今以湯爲之假借爲場詩南山魯道有蕩傳平易也又爲宕左襄二十九傳美哉蕩乎疏寬大之意離騷怨靈脩之浩蕩兮注

shāng 傷　　shāng 殤　　shāng 觴

猶蕩蕩荀子儒效道過三代謂之蕩又爲愓論語今之狂也蕩皇疏猶動也失之其蔽也蕩孔注無所適守也禮記月令毋或作爲淫巧以蕩上心注謂動之使生奢泰也莊子大宗師遙蕩恣睢王注縱散也淮南俶眞其德蕩者其行僞注逸也廣雅釋詁四蕩置也按猶放也又爲盪禮記樂記天地相蕩注猶動也左傳三傳蕩公賈注搖也莊四傳余心蕩注動散也莊子天運商太宰蕩曰盈聞之名盈字蕩又月令諸生蕩注謂物動將萌芽也昏義蕩天下之陽事注蕩滌去穢惡也郊特牲滌蕩其聲注猶搖動也周禮稻人以溝蕩水杜讀爲和蕩周語幽王蕩以爲魁陵糞土注壞也又爲鐋周禮掌節以英蕩輔之杜注當爲帑又爲鐋宋樂倦字子蕩又重言形況事爾雅釋訓版版蕩蕩僻也詩蕩蕩上帝箋法度廢壞之皃義取愓廣雅釋訓蕩蕩平也書洪範王道蕩蕩左襄三傳注平政無私論語君子坦蕩蕩魯讀爲湯義取場蕩蕩乎民無能名包注廣遠之稱也荀子非十二子蕩蕩然注放蕩之皃義取宕書堯典蕩蕩懷山襄陵傳言水奔突有所滌除義取盪聲訓釋名釋言語蕩盪也排蕩去穢垢也古韻靈樞外揣篇叶彰明蕩詩南山叶兩蕩書洪範叶堂蕩楚辭河伯叶望蕩

陽

觴 觶實曰觴虛曰觶从角煬省聲籀文从爵省昜聲字亦作觴禮記投壺請行觴表記觴酒豆肉秦策王觴將軍莊子

徐無鬼楚王觴之楚辭招魂實羽觴些東都賦班玉觴海賦初發源乎濫觴假借爲觴卽觴大元竈炙五鼎大可觴聲訓韓詩說總名曰爵其實曰觴觴者餉也古韻楚辭招魂叶方梁行芳羹漿鶬爽鍠觴涼妨

殤 不成人也从歺煬省聲儀禮喪服傳年十九至十六爲長殤十五至十二爲中殤十一至八歲爲下殤不滿八歲以下爲無服之殤周禮諡法未家短折曰殤小爾雅廣名無主之鬼謂之殤周禮媒氏禁遷葬者與嫁殤者司農注謂嫁死人也今時娶會是也儀禮喪服子女子子之長殤中殤注女子子許嫁不爲殤也禮記檀弓能執干戈以衛社稷雖欲勿殤也不亦可乎鮑照詩身死爲國殤聲訓釋名未二十而死曰殤殤傷也可哀傷也廣雅釋詁二殤傷也

陽

傷 創也从人煬省聲禮記月令命理瞻傷注創之淺者曰傷左襄十七傳以杙抉其傷哀元傳無面傷孟子文王視民如傷又廣雅釋詁二傷箴也中山經大𦖷之山有草焉其名曰牛傷按卽爾雅之終牛棘西山經浮山多盼木枳葉而無傷注刺鍼也能傷人故名云轉注廣雅釋詁二傷諻也呂覽舉難人傷堯以不慈之名注毀也察微傷之于昭公注猶譖也又晉語枯且有傷注病也秦策楚魏爲一國恐傷矣注害也淮南主術一舉而不當終身傷注敗也又素問刺志論得之傷寒注謂觸冒也假借爲愓爾雅釋詁傷思也詩卷耳

shāng 傷　dàng 宕　dàng 璗　dàng 簜　dàng 盪　chàng 蕩　yáng 鍚

維以不永傷。澤陂傷如之何。秦策天下莫不傷。注、愍也。法言孝至故習治則傷始亂也。注、悼也。又管子君臣明君飾飲食弔傷之禮。注、謂喪祭也。[古韻]詩卷耳叶岡黃觥傷。正月叶霜傷將京痒。禮月令仲秋叶傷創。楚辭九辨叶霜藏橫黃當傷徉將攘堂方明。又叶房颺芳翔明傷。大招叶陽鬤狂傷。周書鄷保叶兵傷凶。文子精誠叶迎藏傷。[轉音]素問刺要論叶傷壅從。按讀如舂也。

漾 傷 （篆）憂也。从心，煬省聲。廣雅釋詁一、傷憂也。二、傷痛也。經傳皆以傷爲之。

漾 宕 （篆）過也。一曰洞屋。从宀，碭省聲。按字从宀、洞屋當爲本訓。洞屋者四圍無障蔽之謂。故轉注爲寬廣之義。經傳皆以蕩爲之。[叚借]爲盪。通俗文、迴過曰宕。穀梁文十一傳、長狄兄弟三人、佚宕中國。又疊韻連語。說文、汝南有項宕鄉。又託名幖識字。蜀都賦、外負銅梁、宕渠。注、縣名。水經江水注、宕渠水、即潛水、渝水矣。

養 璗 （篆）金之美者、與玉同光。禮、佩刀諸侯璗琫而璆珌。从玉、湯聲。爾雅、黃金謂之璗、其美者謂之鏐。詩瞻彼洛矣傳、諸侯璗琫而璆珌。大夫鐐琫而鏐珌。漢書王莽傳、瑒琫瑒珌。以瑒爲之。

養 簜 （篆）大竹也。从竹、湯聲。夏書曰、瑤琨筱簜。簜可爲弓幹、筱可爲矢。笴爾雅釋草、簜竹。孫注、竹闊節者曰簜。李注、竹節相去一丈。[轉注]儀禮大射儀、簜在建鼓之間。注、竹也、謂笙簫之屬。

養漾 盪 （篆）滌器也。从皿、从湯、會意、湯亦聲。熱水去垢、故从湯。通俗文、滌器謂之盪。滌。漢書元后傳、以盪腸正世。注、洗滌也。字多以蕩爲之。今蘇俗尚有此語。[轉注]廣雅釋詁一、盪動也。字亦誤作盪。易繫辭、八卦相盪。注、相推盪也。左昭二十六傳、茲不穀震盪播越。莊子庚桑楚此四六者不盪胸中則正。字亦作盪。楚辭惜賢、盪渨涹之姦咎兮。注、滌也。[叚借]爲愓。漢書丙吉傳、不得令晨夜去皇孫敖盪。注、放也。又重言形況字。爾雅釋訓、盪盪僻也。毛詩蕩蕩上帝、作蕩、此義取于愓。漢書郊祀志注、盪盪、空曠之皃。楊雄傳注、盪盪、大皃。此義取于宕。

漾 蕩 （篆）艸茂也。从艸、暘聲。經傳皆以暢爲之。又誤作暢。

陽 鍚 （篆）馬頭飾也。从金、陽聲。字亦作鐊。詩韓奕、鉤膺鏤鍚。箋、眉上曰鍚。刻金飾之、今當盧也。周禮巾車、玉路鍚、樊纓十有再就。注、馬面當盧。左桓二傳、鍚鸞和鈴。注、在馬額。[轉注]禮記郊特牲、朱干設鍚。注、傅其背如龜也。[別義]說文、一曰鍱車輪鐵。[叚借]託名幖識字。左文十一傳、至于鍚穴。注、麇地。按今湖北鄖陽府治鄖縣。又哀十二傳、嵒戈鍚。地在宋鄭之間。路史、商末鍚疇子斯、鄭人滅之、以處宋元公之孫。字或皆作錫、未知孰是。[古韻]詩韓奕叶張王章衡鍚。

yáng 羊　xiáng 祥　xiáng 詳

羊十七名。凡羊之派、皆衍羊聲。與章切

陽 羊 （篆）羊、祥也。从丫、象頭角足尾之形。孔子曰、牛羊之字以形舉也。爾雅釋畜、羊六尺爲羬。易說卦、兌爲羊。禮記曲禮、羊曰柔毛。大戴曾子天圓、羊曰少牢。月令、食麥與羊。注、火畜也。呂覽淮南注、土畜。賈子胎教、羊者西方之牲也。洪範五行傳、時則有羊禍。注、羊畜之遠視者、屬視。[轉注]魯語、土之怪曰羵羊。[叚借]爲祥。考工車人、羊車。注、羊善也。按美善義美等字、亦皆从祥省。或謂羊有仁義禮之德、此穿鑿也。易夬、牽羊。注、羊者抵很難移之物。元嘉刀銘、宜侯王、大吉羊。又爲蝇。方言十一、蝇、東齊謂之羊。蝇羊一聲之轉。又疊韻連語。楚辭惜誓託回飆乎尚羊。注、尚羊、遊戲也。又雙聲連語。莊子至樂、羊奚比乎不箰。司馬注、草名、根似蕪菁。又託名幖識字。方言九、凡箭三鐮者謂之羊頭。廣雅釋器、羊頭、鏑也。又釋草、堇、羊蹏也。銚弋、羊桃也。英明、羊角也。羊躪躅、英光也。羊骹、瓜屬也。爾雅釋草、瘣懷、羊綿、馬羊、齒、釋木、遵羊。[聲訓]說文、羊、祥也。春秋說題辭、羊者祥也。合三而生、以養生也。故羊高三尺。釋名、釋姿容、望羊、羊陽也、言陽氣在上、舉頭高似若望之然也。釋車、羊車、羊、祥也、祥善也、善飾之車、今犢車是也。[古韻]詩七月叶霜場饗羊堂觥疆。絲衣叶堂羊。句中韻。我將叶將享羊。句中韻。楚茨叶蹌羊嘗亨將祊明皇饗慶疆。易歸妹叶筐羊。左僖十五傳叶羊衁筐貺償相。楚辭九辨叶徉將攘堂方明。

陽 祥 （篆）福也。从示、羊聲。一云善。爾雅釋詁、祥善也。李注、福之善也。周禮眡祲以觀妖祥。注、妖祥善惡之徵。周語、襲于休祥。注、福之先見者也。楚語、臺不過望氛祥。注、吉氣爲祥。老子、佳兵不祥之器。注、喜也。又儀禮士虞禮記、期而小祥。注、吉也。廣雅釋天、祥、祭也。又禮記曲禮祥車曠左。注、葬之乘車也。又詩大明、文定厥祥。儀禮士相見禮、言忠信慈祥。禮記禮運、是謂大祥。左僖三傳、棄德不祥。傳注皆訓善也。[叚借]爲詳。書呂刑、告爾祥刑。墨子尚賢作訟。訟者、詳之誤字。易履、視履考祥。虞本作詳、訓善也。失之。廣雅釋詁三、祥、諟也。又爲像。周書武順天道曰祥。左僖十六傳、是何祥也、吉凶安在。易繫辭、吉事有祥。周語辰馬農祥也。注、祥猶象也。又左昭十八傳、將有大祥。注、變異之氣。書咸乂序、亳有祥。傳、妖怪也。莊子庚桑楚、孽狐爲之祥。李注、怪也。易復有災眚。鄭注、異自內生曰眚、自外曰祥。按祲祥字猶禍福善惡、豈宜通稱。必是叚借、如經傳亂借爲敽、完借爲髡、仇借爲逑、暘借爲蕩、顛借爲顛、更借爲賡、方言苦即借爲快、羊即借爲蝇、非本字有兩誼相反也。又託名幖識字。左昭十一年、盟于祲祥。當在山東兗州府滋陽縣境。公羊作侵羊。又禮記檀弓、申祥。孟子作詳。[聲訓]老子、益生曰祥。注、長也。[古韻]詩斯干叶祥。儀禮士冠禮叶芳祥忘。荀子佹詩叶明祥行盲疆常忘將。文子下德叶常明祥強同光。

陽 詳 （篆）審議也。从言、羊聲。詩牆有茨、不可詳也。傳、審也。孟子、博學而詳說之。注、悉也。書呂刑、度作詳刑、以詰四方。鄭注、審察之也。公羊宣十二傳不赦不詳注善用心曰詳漢書武帝紀故詳延天下方聞之士〔叚借〕爲祥周書皇門以昏求臣作威不詳注善也左成十六傳德刑詳義禮信疏詳者祥也又爲翔吳仲山碑出入敖詳又爲易史記吳世家公子光詳爲足疾索隱僞也蘇秦傳詳僵索隱詐也字亦變作佯〔古韻〕詩牆有茨叶襄詳長易大壯叶罔往當詳長

陽 鬺 煮也从鬲羊聲字亦作䰳作𤎩作亨韓詩采蘋于以鬺之毛本以湘爲之史記封禪書皆嘗鬺亨廣雅釋言鬺飪也釋詁三鬺熟也

陽 翔 回飛也从羽羊聲字亦作鴹爾雅釋鳥鳶烏醜其飛也翔淮南原道鳳以之翔注大飛不動曰翔俶眞雖欲翺翔注直刺不動曰翔覽冥翺翔四海之外注翼不搖曰翔時則羣鳥翔注六翮不動也〔轉注〕考工矢人後弱則翔注迴顧也禮記曲禮室中不翔注行而張拱曰翔穆天子傳翔畋于曠原注猶遊也東京賦聲與風翔注行也海賦翔陽逸駭于扶桑之津注翔陽日也〔叚借〕爲詳漢書西域傳道里遠近翔實矣又爲祥易豐天際翔也孟鄭王本皆正作祥漢修堯廟碑翔風膏雨又重言形況字禮記玉藻朝廷濟濟翔翔注莊敬皃穆天子傳三中心翔翔注憂無薄也〔聲訓〕釋名釋言語翔佯也言仿佯也〔古韻〕詩清人叶彭旁英翔有女同車叶行英翔將姜忘易豐叶翔藏楚辭大司命叶翔陽阬九辯叶房鶬芳翔明傷大招叶臯鶬鶊翔神女賦叶章方裳長堂翔裝芳文子上德叶鄉蕭翔行上

陽 羌 西戎牧羊人也从人从羊會意羊亦聲古文㳟未詳南方蠻閩从虫北方狄从犬東方貉从豸西方羌从羊此六種也西方僰人僬僥从人盖在坤地頗有順理之性惟東夷从大大人也夷俗仁仁者壽有君子不死之國孔子曰道不行欲之九夷乘桴浮於海有以也書牧誓庸蜀羌髳傳在西蜀叟〔叚借〕爲彊廣雅釋詁四羌強也又爲卿廣雅釋言羌卿也又發聲之詞廣雅釋言羌乃也小爾雅廣言羌發聲也離騷羌內恕己以量人兮注楚人語辭也又羌無實而容長又惜誦羌衆人之所仇魯靈光殿賦羌懷譎而鴻紛〔古韻〕詩殷武叶鄉湯羌享王常

養漾 養 供養也从食羊聲古文从攴未詳疑厮養作此字禮記郊不能養之注謂哺乳之也又管子國蓄塞民之養注利也又中山經霍山有獸焉名曰朏朏養之可以已憂注謂畜養之也〔轉注〕周禮疾醫以五味五穀五藥養其病注猶治也禮記文王世子立太傅少傅以養之注猶敎也言養者積浸成長之又大戴曾子事父母兄之行若不中道則養之注猶隱之又荀子禮論龍旂九游所以養信也注猶奉也又廣雅釋詁一養樂也韓詩外傳使人樂養而好施琴賦怡

說文通訓定聲　壯部第十八　九

養悅悆又書大誥民養其勸弗救公羊宣十二傳厮役扈養漢兒寬傳嘗爲弟子都養注主給亨炊者也陳餘傳有厮養卒注養養人者也廣雅釋詁一養使也夏小正執養宮事傳長也失之又大戴保傅注養謂乳母也又禮記月令羣鳥養羞注不盡食也按猶蓄也〔叚借〕爲襄或爲揚詩酌遵養時晦傳取也按毛意或爲除或爲舉與箋不同又爲羕夏小正時有養日傳長也又爲祿廣雅釋詁二養飾也又爲漾水經汝水注養水名也又爲痒荀子正名疾養滄熱又爲義之誤字禮記禮運其居人也曰養又重言形況字詩二子乘舟中心養養傳養養然憂不知所定〔古韻〕詩二子乘舟叶景養孟子叶庠養呂覽盡數叶揚行朗長明良養

養陽 痒 瘍也从疒羊聲爾雅釋詁痒病也舍人注憂憊之病也詩正月癙憂以痒桑柔稼穡卒痒〔叚借〕爲蛘今用爲痛癢字〔古韻〕詩正月叶霜傷將京痒

陽 庠 禮官養老夏曰校殷曰庠周曰序从广羊聲與孟子史記異惟漢書儒林傳序亦云殷曰庠當以孟子爲正按三代鄉學之名不同所謂不相沿禮孟子庠養序射此古聲訓之法庠序非專爲養射命名也王制耆老皆朝于庠元日習射上功是庠非不射矣禮記鄉飲酒義主人拜迎賓于庠門之外注鄉學也儀禮鄉射禮注庠之制有堂有室也廣雅釋室庠官也又學記黨有庠注五百家爲黨庾氏謂夏殷禮非周法又王制內則周人養庶老于虞庠虞庠在國之西郊此國學之小學即辟雍也又有虞氏養國老于上庠養庶老于下庠上庠虞大學下庠虞小學此虞國學制也文王世子書在上庠此周之虞庠爲虞之下庠非虞之上庠也〔叚借〕爲痒廣雅釋詁四庠傷也〔聲訓〕孟子庠者養也白虎通辟雍庠者庠禮義也禮記明堂位米廩有虞氏之庠也注庠之言詳也於以考禮詳事也〔古韻〕孟子滕文公叶庠養

漾 恙 憂也从心羊聲與慯略同風俗通恙病也凡人相見及通書問皆曰無恙史記平津侯主父傳何恙不已漢書萬石君傳萬石君尚無恙注憂病也楚辭九辯還及君之無恙〔叚借〕爲蛘風俗通恙噬人蟲也善食人心人每患苦之

陽 洋 洋水出齊臨朐高山東北入鉅定从水羊聲出今山東青州府臨朐縣沂山西麓謂之瀰河東北流會黑塚泊入于海〔別義〕穆天子傳濟乎洋水注洋水出崑崙山西北隅而東流淮南墬形洋水出其西北陬〔叚借〕爲詳爾雅釋詁洋多也注洋溢亦多皃失之又爲泱漢書燕王旦傳威武洋溢注盛多也又重言形況字廣雅釋訓洋洋流也詩碩人河水洋洋傳盛大也衡門泌之洋洋傳廣大也閟宮萬舞洋洋傳衆多也又詩大明牧野洋洋傳廣也又禮記中庸洋洋乎如在其上注人想思其傍僾之皃爾雅釋訓洋洋

說文通訓定聲　壯部第十八　十

羊

yàng 漾　xiàng 橡　qiàng 唴　yǎng 蛘　jiāng 姜　yàng 羕

思也。按卽詩二子乘舟之養養、楚辭哀郢焉洋洋而爲客注、無所歸
也。又孟子少則洋洋焉注、舒緩搖尾之皃。又漢書韋賢傳洋洋仲尼、
注、美盛也。【古韻】詩大明叶洋煌彭揚王商明、
宮叶洋慶昌臧方常、楚辭大招叶洋鬤狂傷。

漾 **羕** 水長也。从永羊聲。韓詩蕎木江之羕矣、毛作永。按永羕
實一字。爾雅釋詁羕長也。夏小正養日養夜、以養爲之。

陽 **姜** 神農居姜水以爲姓。从女羊聲。水經渭水注、岐水經姜氏城爲
姜水、當在今陝西鳳翔府麟遊縣。炎帝父少典、母有嶠氏女安
登。周語注、姜四岳之先炎帝之姓也。左莊二十二傳姜太岳之後也。
詩生民時維姜嫄、桑中美孟姜矣、傳姓也。鄭語姜伯夷之後也。【叚借】
爲彊。廣雅釋詁四姜強也。又重言形況字。禮記表記鶉之姜姜注、爭
鬥惡親也。詩鶉奔作彊。亦同聲訓。周語賜姓曰姜氏曰有呂、謂其能
爲禹股肱心膂以養物。【古韻】詩采唐叶唐鄉姜上、有女同車
叶行英翔將姜忘、衡門叶魴姜、左莊廿二傳叶鏘姜昌卿京。

養養 **蛘** 搔蛘也。从虫羊聲。字亦作癢作痒作㨾。按疥瘙之蛘、內攫蚊蚋之蛘
外侵。禮記內則疾痛苛癢、荀子榮辱寒暑疾養、以養爲之。【轉注】
淮南俶務無不憚悇癢心注、煩悶也。射雉賦從心煩而技癢注、有伎
藝欲逞曰伎癢。【叚借】疊韻連語。爾雅蛄蟹強蛘注、今米穀中蠹小蟲
也。建平人呼爲蛘子、音羊姓。按強蛘疊韻連語、今蘇俗尚謂之羊子。
郭讀爲羊姓非也。廣雅蛘蠪蛒蛘也。又爲蛘之誤字。廣雅蛾蛘蟺

也。方言蚍蜉燕謂之蛾蛘。爾雅郭注齊人呼蟺爲蛘。按今蘇俗尚呼
蟻爲馬羊、蟺羊、蛾一聲之轉。說文無蛘、作羊鳴之羊字可也。【聲訓】釋
名釋疾病癢揚也、其氣在皮中欲
得發揚、使人搔發之而揚出也。

漾 **唴** 小兒泣不止曰唴。从口羌聲。方言一自關而西秦晉之間凡大人
小兒泣而不止謂之唴。哭極音絕亦謂之唴。平原謂啼極無聲
謂之唴哴。廣雅
釋詁三唴悲也。

漾 **橡** 栩實也。从木羕聲。字亦作橡。小爾雅廣物柞之實謂之橡。廣雅
釋木橡柔也。說文草篆說解草斗櫟實也。一曰象斗子栩。篆說
解栩柔也。其實草一曰橡。爾雅櫟其實梂注、有梂彙自裹。舍人謂櫟
實名梂。宜亦可通也。按栩柔柞櫟一木也。其實爲橡、亦謂之象斗、亦
謂之草、亦謂之梂。周禮大司徒宜早物、借早爲草、俗作皁作皂、皆非
也。橡殼可染黑、故今黑色曰皁。橡儉歲亦可食、豐年牧豬肥。莊子齊
物論狙公賦芧、謂柔之實卽橡也。借芧爲柔。呂覽恃君冬日則食橡
栗注、橡皁斗也、狀似栗。大戴曾子制言聚橡栗藜藿而食之。韓非外
儲秦大饑應侯曰五苑之橡果棗栗足以活民。
請發之。【叚借】爲像。今所用式樣字、唐人作㨾。

漾養 **漾** 漾水也。出隴西柏道東至武都爲漢。水經注引說文隴西
豲道。漢書地理志、氐道。从水羕聲。古文从養聲。書禹貢

yīng 英　yāng 央

嶓冢導漾、東流爲漢。出今陝西漢中府寧羌州北、沔縣南嶓冢山至
南鄭縣爲今之東漢水也。別有西漢水出今甘肅秦州嶓冢山、其下
流爲嘉陵江、非此。【叚借】爲羕。登樓賦注、韓詩章句、漾長
也。又雙聲連語。後漢馬融傳注、瀇瀁沆漭並水皃也。

央十七名凡央之派皆衍央聲、於長切。

陽 **央** 中央也。从大在冂內。大者人也。央旁同意。據此似謂旁內亦从
人、非象形。與旁篆說解乖異。詩蒹葭宛在水中央。禮記月令中
央土。按中央者古亦疊韻連語。荀子正論今人或入其央瀆竊其豬
彘注、中瀆也。漢書外戚傳惜蕃華之未央注、猶未半也。【轉注】說文一
曰久也。詩庭燎釋文引說文、一曰久也、已也。廣雅釋詁一央盡也。四
央已也。詩庭燎夜未央箋、猶言夜未渠央也。按亦古發聲之詞、緩言
曰未渠央、急言曰未央。王肅注、未旦夜半、匡謬正俗因言未中也、未
久也、不知毛傳央旦也。盡謂借央爲易、非以央爲盡。王肅欲以中與
盡合爲一意、而曰未旦夜半。夜半豈卽可云未旦乎。後人不曉古語
故爲曲說。其實離騷時亦猶其未央、楚辭雲中君爛昭昭兮未央、素
問四氣調神大論未央絕滅、皆用詩辭、不必別生盡已久遠之訓也。
必欲單訓無慭訓中。毛謂叚借、亦恐未允。或曰未央者未宎之誤字。
宎者古終字、古讀終如章。今徽州縣語尚爾。毛訓旦、其字爲終也。
說雖駭俗、周詩恐正如此。不必以秦漢瓦當文爲疑。【叚借】疊韻連語、

方言十央亡猶也。凡小兒多詐而獪謂之央亡。又重言形況字。詩出
車旂旐央央、六月白旆央央、傳鮮明皃、載見和鈴央央、東京賦注作
鉠。又長門賦覽曲臺之央央注、廣皃。又託名幖識字。管子乘馬有邑
爲命之曰央。【古韻】詩蒹葭叶蒼霜方長央、六月叶方陽章央行、采芑
叶鄉央皇衡瑲珩、庭燎叶央光、
將載見叶王章陽央鶬享光。

庚 **英** 艸榮而不實者。从艸央聲。詩有女同車顏如舜英傳、猶華也。離
騷夕餐秋菊之落英注、華也。月賦嗣若英于西冥注、若木之英
也。又管子禁藏毋夭英注、謂草木之初生也。【轉注】詩淸人二矛重英
傳、矛有英飾也。羔裘三英粲兮傳、三德也。周禮掌節以英蕩輔之杜
注、畫函。干寶注、刻書也。又汾沮洳美如英傳、萬人爲英。淮南泰族智
過萬人者謂之英。禮記禮辨名記德過千人曰英。鶡冠子博選德百人者
謂之英。禮記禮運與三代之英注、俊選之尤者。又漢書敘傳浮英華
湛道德注、謂名譽也。廣雅釋詁一英美也。【別義】說文一曰黃英。疑卽
爾雅之權黃華。又廣雅釋草英薿也。又呂覽本味投淵之草名曰土
英。【叚借】爲瑛。詩著尙之以瓊英乎而傳、美石似玉者。又爲楧。爾雅釋
木時英梅。又重言形況字。詩白華英英白雲傳、白雲皃。呂覽古樂其
音英英注、和盛之皃。又託名幖識字、獨斷帝嚳曰五英。漢書禮樂志
五英、英華茂也。又後漢張衡傳德樹茂乎英六注、英六並國名。左僖
十七年伐英氏、在今安徽六安州英山縣。又爾雅山再成英。又釋蟲

羊 央

yàng 詇　yǎng 鞅　yāng 鴦　yāng 殃　àng 盎　yǎng 柍　yāng 秧

㟃肌纔英、釋烏㟃肌繫英、（古韻）詩淸人叶彭旁英翔、有女同車叶行英翔將姜忘、楚茨涉江叶英光湘、荀子佹詩叶横堂兵將強英皇匡、

漾 敬 **詇** 早知也、从言、央聲、（別義）廣雅釋詁二、詇問也、三、詇告也、按今央求字以央爲之、

養 **鞅** 頸靼也、从革、央聲、釋名釋車、鞅嬰也、喉下稱嬰、言纓絡之也、又左僖二十八傳、韅靷鞅靽、注在腹曰鞅、（叚借）爲怏、方言十二、鞅強也、鞅懟也、漢書高帝紀、心常鞅鞅、韓信傳、居常鞅鞅、注志不滿也、亦重言形況字、又疊韻連語、詩北山、或王事鞅掌、傳失容也、箋鞅猶何也、謂如馬之何車、失之、莊子庚桑楚、鞅掌之爲使、注自得、崔注不仁意、又廣訓釋訓、鞅罔無賴也、即方言之央亡、又爲殃、無極山碑、爲民來福除鞅、

陽 **鴦** 鴛鴦也、从鳥、央聲、按其屬有鸂鶒、詩鴛鴦于飛、傳匹鳥、箋言其止則相耦、飛則爲雙、性馴耦也、又白華、鴛鴦在梁、（古韻）詩白華叶鴦梁、句中韻、

陽 **殃** 咎也、从歺、央聲、易坤釋文引說文、凶也、字亦作秧、作殃、廣雅釋詁三、殃敗也、釋言、殃禍也、易坤、必有餘殃、禮記禮運、衆以爲殃、左襄二十八傳注、人富謂之殃、孟子、殃民者不容於堯舜之世、墨子非樂上、降之百殃、荀子榮辱、憍泄者人之秧也、（古韻）易坤叶剛方常光行慶殃、荀子成相叶相殃良偃、轉音靈樞官鍼叶勝殃、按讀如蠅也、

漾 養 **盎** 盆也、从皿、央聲、或从瓦、爾雅釋器、盎謂之缶、方言五、甇甀謂之盎、（叚借）爲醠、周禮酒正、三曰盎齊、注猶翁也、成而翁翁然葱白色、如今酇白矣、則謂單辭形況字、又爲泱、孟子、盎于背、注謂如負之于背、則以鞅訓、猶鄭箋詩鞅掌爲何矣、（聲訓）釋名釋飲食、盎齊盎滃也、滃滃然濁色也、央翁雙聲、

養 庚 **柍** 柍梅也、从木、央聲、字亦作楧、爾雅釋木、時英梅、注雀梅、按此非梅杏之梅、南都賦、楧柘檍檀、是木之中材用者、說文一曰江南橦材、其實謂之柍、此非別義、言或謂梅之實曰柍也、據詩條梅、陸疏梅樹似豫樟、子青不可食、枏木理細緻于豫樟、子赤者材堅、子白者材脆、疑柍梅即子青理麤之梅、其材僅中幬棟及竿木之用、今楠之不善者、爾雅梅枏雖通名、亦微別也、或柍梅又梅中之微別、其詳未聞、（轉注）廣雅釋器、柍杖也、方言五、僉齊楚江淮之間謂之柍、按打穀之具、即枷也、多以柍梅木爲之、故謂之柍、（叚借）爲央、漢書楊雄傳、日月纔經于柍振、注中央也、

陽 **秧** 禾若秧穰也、从禾、央聲、謂稈上皮葳蕤之狀、（別義）今謂苗初生者曰秧、

yàng 怏　yāng 泱　yǎng 抰　yāng 姎　yǎng 紻　yǎng 坱　yīng 瑛　àng 醠　xiāng 香　bī 皀　xiāng 鄉(鄉)

漾 **怏** 不服懟也、从心、央聲、蒼頡篇、怏懟也、亦怏怏然心不服也、廣雅釋詁一、怏強也、史記、此鞅鞅非少主臣、以鞅爲之、

陽 養 **泱** 滃也、从水、央聲、廣雅釋訓、泱泱流也、詩瞻彼洛矣、維水泱泱、傳深廣皃、左襄二十九傳、美哉泱泱乎、大風也哉、服注舒緩深遠有大和之意、射雉賦、天泱泱以垂雲、按猶詩之英英白雲、亦皆重言形況字、漢書司馬相如傳、滂濞泱軋、注不前也、息夫躬傳、元雲泱鬱、注盛皃、亦雙聲連語、上林賦、過乎泱漭之壄、注大皃、西京賦、泱漭無疆、注無限域之皃、海賦、涓流泱瀼、注渟淤也、亦疊韻連語、

養 **抰** 車鞅擊也、从手、央聲、廣雅釋詁三、抰擊也、

漾 **姎** 女人自稱我也、从女、央聲、按發聲之詞、爾雅、陽予也、亦同、

養 **紻** 纓卷也、从糸、央聲、謂冠纓曲而繞、

漾 養 **坱** 塵埃也、从土、央聲、（叚借）雙聲連語、漢書賈誼傳、大鈞播物兮坱圠無垠、吳都賦、地勢坱圠、注莽沕也、高下不平皃、魯靈光殿賦、鬱坱圠以嶒峵、注無齊限之皃、

庚 **瑛** 玉光也、从玉、英聲、按此字後出、即英之轉注、古只用英、

漾 養 **醠** 濁酒也、从酉、盎聲、濤于醴而濁于緹沇者、禮經皆以盎爲之、淮南說林、清醠之美、注清酒、

香一名、許良切

陽 **香** 芳也、从黍、从甘、會意、春秋傳曰、黍稷馨香、字亦作薌、按穀與酒之臭曰香、詩生民、其香始升、禮記月令、水泉必香、（轉注）周禮庖人、春行羔豚膳膏香、司農注、牛脂也、禮記內則、以小鼎薌脯於其中、又薌無蓼、注蘇荏之屬也、又荀子非相、欣驩芬薌以道之、（叚借）爲響、甘泉賦、薌呹肸以掍批、（古韻）詩載芟叶香光、

皀八名、凡皀之派、皆衍皀聲、許良切、

緝 **皀** 穀之馨香也、象嘉穀在裹中之形、匕所以扱之、或說皀一粒也、又讀若香、按顏氏家訓引通俗文、皀方力反、是此字古有兩讀、愚按鴟鴞字疑从食省聲、今鵖隸頭之革部、而皀列于此、

陽 **鄉** 國離邑民所封鄉也、嗇夫別治、封圻之內六鄉、六卿治之、从𨛜、皀聲、按許前說是漢制、漢凡六千六百二十二鄉、置三老、游徼、嗇夫治之、其小者但置嗇夫也、周禮大司徒、五州爲鄉、注萬二千五百家、按地在遠郊以內、有六鄉、鄉大夫之職、每鄉卿一人、鄉老二鄉

央
香
皀

則公一人鄉師之職三鄉則下大夫二人也若齊語十率爲鄉又十里爲鄉管子小匡十率爲鄉鶡冠子王鈇十扁爲鄉皆二千家爲一鄉廣雅釋地十邑爲鄉是三千六百家爲一鄉俱非周制儀禮有鄉射禮鄉飲酒禮禮記王制習鄉尚齒注謂飲酒也轉注詩殷武居國南鄉傳所也采芑于此中鄉傳所也箋美地名孟子莫知其鄉注猶里以喻居也洛神賦哀一逝而異鄉注猶方也禮記緇衣故君子之朋友有鄉注喻嚮類也叚借爲向爾雅釋宮兩階間謂之鄉注人君南鄉當階間禮記明堂位刮楹達鄉注牖屬謂夾戶窗也左昭十八傳乃毀于而鄉詩庭燎夜鄉晨又左昭四傳何鄉而不濟又廣雅釋言鄉救也又爲卿禮記冠義遂以摯見於鄉大夫儀禮冠禮同又爲嚮漢書天文志鄉之應聲又爲曏左僖二十八傳鄉役之三月注屬也論語鄉也吾見于夫子而問知又重言形況字荀子榮辱鄉鄉而飽已矣注趣飲食之皃聲訓周語明利害之鄉注方也呂覽音初樂和而民鄉方注仰也論語鄉原皇疏向也漢書異姓侯王表鄉秦之禁注謂曩時也古韻詩采唐叶唐鄉姜上采芑叶鄉央衡瑲珩殷武叶鄉湯羌享王常孟子叶亡鄉荀子佹詩叶鄉盲藏方子上德叶管子白心叶東鄉鄉蕢翔行上轉音

qīng 卿

庚 **卿** 六卿天官冢宰地官司徒春官宗伯夏官司馬秋官司寇冬官司空也从卯皀聲按王制三公九卿疑益以少師少傅少保此夏制也漢之九卿謂太常光祿衛尉廷尉大僕大鴻臚宗正大司農少府等也廣雅釋詁一卿君也禮記王制諸侯之上大夫卿注上大夫曰卿管子揆度卿大夫豹飾注卿大夫上大夫也又王制大國三卿皆命于天子次國三卿二卿命于天子一卿命于其君小國二卿皆命于其君儀禮大射儀小卿注命于其君者也禮記曲禮國君不名卿老世婦注上卿也轉注漢書高帝紀卿子冠軍集注卿子時人相褒尊之辭史記刺客傳衛人謂之慶卿索隱時人尊重之號叚借爲慶實爲景尚書大傳百工相和而歌卿雲又爲鄉禮記射義卿大夫士之射也必先行鄉飲酒之禮聲訓說文卿章也白虎通爵卿之爲言章也章善明理也論語出則事公卿皇疏長也古韻詩蕩叶明卿左莊二十二傳叶鏘姜昌卿京

xiǎng 響

養 **響** 聲也从音鄉聲字亦作韾劇秦美新炎光飛響史晨奏銘黃玉韻應漢書嚴助傳揚聲鄉以鄉爲之易繫辭其受命也如響以向爲之叚借疊韻連語魯靈光殿賦忽瞟眇以響像注猶依稀也魏武文庶聖靈之響像古韻呂覽順說叶往象長饗靈樞外揣叶鏡響影素問寶命全形論叶動響影往

xiǎng 饗

養陽絳 **饗** 鄉人飲酒也从食从鄉鄉亦聲詩七月朋酒斯饗傳饗者鄉人以狗大夫加以羔羊其禮有四賓興賢能一也鄉大夫飲國中賢者二也州長習射飲酒三也黨正蜡祭飲酒四也駿按樂記射鄉食饗所以正交接也王制習鄉尚齒鄉飲酒即鄉字之轉注饗當訓食也凡大飲賓曰饗故受食亦曰饗左傳多借享爲饗禮記多借饗爲享享者祭獻神也故神歆亦曰享奉上亦曰享與饗不同詩彤弓一朝饗之周禮大行人饗禮九獻儀禮聘禮壹食再饗禮記曾子問而后饗冠者此飲賓也饗之本義也儀禮有燕禮饗禮今亡轉注周語王乃淳濯饗醴注飲也左哀十五傳其使終饗之注受也晉語將弗克饗注食也漢書谷永傳饗用五福注當也叚借爲享禮記月令大饗帝注徧祭五帝也樂記食饗之禮疏謂宗廟祫祭郊特牲合聚萬物而索饗之也注祭其神也又儀禮士虞禮祝饗注告神饗也少牢禮尚饗注歆也聲訓禮記祭義饗者鄉也鄉之然後能饗焉上饗字借爲享兩鄉字借爲向下饗字本義之轉注古韻詩七月叶霜場饗羊堂觥疆彤弓叶藏貺饗楚茨叶蹌羊嘗享將祊明皇饗慶疆周書武寤叶疆宗公饗西山經叶陽良光剛饗祥

xiàng 曏

漾 **曏** 不久也从日鄉聲春秋傳曰曏役之三月桂苑珠叢曏謂往時也儀禮士相見禮曏者吾子辱使某見注曩也鄉射禮注曏獲者許諾呂覽觀表曏者右宰穀臣之觴吾子也經傳多以鄉以向以嚮爲之俗字作晌叚借爲響莊子秋水證曏今故按猶應也注明也謂借爲向崔注往也皆非

xiàng 闀

漾 **闀** 門響也从門鄉聲

xiǎng 蠁

養 **蠁** 知聲蟲也从虫鄉聲司馬相如說从向聲爾雅國貉蟲蠁廣雅土蛹蠁蟲也玉篇蠁禹蟲也埤雅云帶蠁醒迷繞祠解惑物類相感志山行慮迷握蠁蟲一枚于手中則不迷按加蠶而大出土中蠁之爲言響也叚借爲響羽獵賦蠁曶如神注蠁曶疾也上林賦肸蠁布寫亦雙聲連語晉羊舌肸字叔向以向爲之

亯一名 許兩切

xiǎng 亯(享)

養庚庚 **亯** 獻也从高省曰象進孰物形孝經曰祭則鬼亯之篆文从二高上下相向省今隸作享作亨用篆文爾雅釋詁享孝也廣雅釋言亯祀也按字與饗別享神道也饗人道也易隨王用享于西山書盤庚茲予大享于先王詩天保是用孝享周禮大宗伯以肆獻祼享先王禮記祭法享嘗乃止左僖三十一傳相奪予享轉注詩烈祖來格來享箋謂獻酒使神享之也儀禮饗辭以饗爲之僞書咸有一德克享天心傳當也又禮記曲禮五官致貢曰享書洛誥汝其敬識百辟享傳奉上謂之享詩殷武莫敢不來享箋獻也考工玉人諸侯以享天子左昭五傳享頫有璋按所尊者以神道事之故亦曰享又廣雅釋詁一亨通也易乾元亨利貞子夏傳通也左襄九傳

亨嘉之會也。昭四傳，以亨神人，注，通也。晉語，衆而順嘉也，故曰亨。按獻其誠達之，則無不順嘉，故亦曰亯，字作亨，叚借爲饗。左莊四傳，止而亨之，注，食也。兩君相見之禮，十七傳，亨齊戍，注，饗酒食也。漢書五行志，飲食有亨獻之禮，注，以禮飲食謂之亨。又書無逸，肆中宗之享國，周語，大臣亨其祿，左僖三十三傳，而亨其生祿，注，受也。劉熊碑，子孫亨之，老子，如亨大牢。又爲鬺，字亦作亯，作亨，方言七，亯，熟也。周禮內饔，割亨煎和之事，注，煑也。詩瓠葉，采之亨之，箋，熟也。楚茨，或剝或亨，傳，飪之也。禮記曲禮，主人辭不能亨，齊策，盆一言，臣請亨。聲訓，廣雅釋詁一，亯，養也。小爾雅廣言，亨，當也。古韻，詩天保，叶享嘗王疆。楚茨，叶蹌羊嘗亨將，信南山，叶亨明皇疆。載見，叶王章陽央鶬享光。我將，叶將享羊向。中韻，殷武，叶鄉湯羌享王常。易坤，叶疆亨行常慶。小畜，叶行亨往行。轉音，易乾，叶亨情。萃，叶亨正命。按讀如馨也。

向二十九名，凡向之派，皆衍向聲。許諒切

養 漾

向 向 北出牖也。从宀，从口。按口象牖形，與倉同意。古宮室北墉無戶牖，民間或有之，命之曰向。詩七月，塞向墐戶，毛傳，北出牖也。韓傳，北向窻也。散文則凡牖亦得曰向。禮記明堂位，刮楹達鄉，注，謂夾戶窻也。儀禮士虞禮記，啓牖鄉，如初，注，鄉牖一名也。以鄉爲之，字亦作嚮。轉注，爲向背之向，左定十傳，注，見劍向已。莊子齊物論，五者園而幾向方矣。易隨，君子以嚮晦入宴息。楚辭惜誦，戒六神與嚮服，注，對也。荀子仲尼，鄉方略，注，嚮趨也。禮記曲禮，請席何嚮，疏，面也。樂記，樂行而民鄉方，呂覽音初，注，鄉，仰也。周語，明利害之鄉，注，方也。經傳漢書皆以鄉爲之。叚借爲鄉。莊子庚桑楚，向吾見若眉睫之閒，呂覽察今，嚮之壽民，注，曩也。又爲響。易繫辭傳，其受命也如嚮，虞注，震爲嚮。荀子富國，則下應之如景嚮。晉叔向名肸，按肸蠁猶肸響也。又爲饗。書洪範，嚮用五福，史記游俠傳，已嚮其利者，索隱，受也。又託名幖識字。水經陰溝水注引世本，許州向申姜姓也，炎帝後。左隱二傳，莒人入向，宣四年，公伐莒取向，按向國爲莒滅，莒邑又爲魯取，一地也。當在今山東沂州府莒州南。又隱十一傳，向盟州陘，在今河南懷慶府濟源縣西南。詩十月之交，作都于向，疑此也。又襄十一傳，師于向，在今河南開封府尉氏縣西南。古韻，詩十月，叶向藏王。

漾

珦 珦 玉也。从玉，向聲。

漾

尙 尙 曾也，庶幾也。从八，向聲。此詞也，八象气之分散，非七八九字。書秦誓，亦尙一人之慶，詩兔爰，尙無爲，儀禮特牲禮，尙饗，檀弓，尙行夫子之志乎哉，左襄二十九傳，不尙取之，服注，不尙，尙也。呂覽先識，其尙終君之身乎，注，其尙，尙也。又詩小弁，尙求其雌，箋，猶也。漢書敘傳，尙粵其幾，注，願也。楚語，子尙良食，注，猶強也。賈注，且也。叚借爲上，書孔安國序，以其上古之書謂之尙書，爾雅釋詁，尙，右也。小爾雅廣詁，尙，久也。廣雅釋詁一，尙，上也。尙，舉也。二，尙，加也。四，尙，高也。禮記祭義，有虞氏貴德而尙齒，注，謂有事尊之于其黨也。詩著，尙之以瓊華乎而，箋，猶飾也。孟子，尙志，注，貴也。論語，草尙之風，好仁者無以尙之。孟子，舜尙見帝，又尙論古之人。又爲掌，廣雅釋詁三，尙，主也。後漢周榮傳，注，尙書主之，猴舌官也。史記呂后紀，尙符節，外戚世家，侍尙衣軒中，司馬相如傳，使尙方，淮南覽冥，位賤尙䒷，漢書惠帝紀，注，主天子物曰尙，和熹鄧后紀，注，尙方掌工作刀劍諸物及刻玉爲器。按漢官尙食尙醫皆是。又爲當，易泰，朋亡，得尙于中行，注，猶配也。又漢書王吉傳，娶天子女曰尙公主，史記絳侯世家，勃太子勝之尙之，章昭注，奉也。非，司馬相如傳，車王孫自以使女得尙司馬長卿晚，按猶耦也，對也。古韻，詩抑，叶尙亡章兵方。楚辭天問，叶尙匠。神女賦，叶望相尙量暢狀。齊策，叶往亡尙堂。

漾

餉 餉 饟也。一切經音義十三引說文，饋也。从食，向聲。按實與饟同字，字亦作餉。廣雅釋詁二，餉，食也。三，餉，遺也。漢書高帝紀，注，餉，饋也。孟子，葛伯仇餉。漢書嚴助傳，老弱轉餉，後漢章帝紀，爲雇耕傭種餉，注，餉，糧也。

庚 養

定 定 距也。从止，尙聲。按以足距也。廣雅釋詁二，定，蹋也。字亦作棠，作樘。叚借爲樘，考工弓人，維角定之，疏，正也。漢書匈奴傳，遵與相掌距，注，謂支柱也。魯靈光殿賦，枝掌杈枒而斜據，注，眉梁之上也。

養

敞 敞 平治高土，可以遠望也。从攴，尙聲。蒼頡篇，敞，高顯也。魯靈光殿賦，豐麗博敞，注，高平也。洞簫賦，又足樂乎其敞閑也，注，大皃。叚借疊韻連語，漢書司馬相如傳，敞罔靡從，注，失志皃。史記索隱，失容也。則猶敞掌。又聽敞怳而亡聞，注，耳不諦也。又長笛賦，曠瀁敞罔，注，寬大皃。別義三蒼，敞，擅也。

陽

嘗 嘗 口味之也。从旨，尙聲。字亦作甞。廣雅釋詁二，嘗，食也。禮記月令，天子乃以雛嘗黍，曲禮，臣先嘗之，論語，不敢嘗。又漢書禮樂志，百鬼迪嘗，注，謂歆饗之也。轉注，詩天保，禴祠烝嘗，爾雅釋天，秋祭曰嘗。春秋繁露，嘗者以七月嘗黍稷也。周禮肆師，嘗之日，涖卜來歲之芟，注，嘗者嘗新穀。禮記少儀，未嘗不食新，祭統，嘗烝陰義也。郊特牲，饗禘有樂而食嘗無樂。又小爾雅廣言，嘗，試也。禮記檀弓，爾以人之母嘗巧，左隱九傳，嘗寇而速去之，史記五帝紀，余嘗西至空峒，正義，曾也。留侯世家，良嘗閒從容步游下邳圯上，索隱，經也。思元賦，非余心之所嘗，注，行也。古韻，詩鴇羽，叶行桑粱嘗常。天保，叶享嘗王疆。楚茨，叶蹌羊嘗亨將祊明皇饗慶疆。閟宮，叶嘗衡剛將羹房洋慶昌。甫田，叶穰嘗。句中韻，

陽

棠 棠 牡曰棠，牝曰杜。从木，尙聲。字亦作橖、樘。棠一聲之轉。爾雅釋木，杜，赤棠，白者棠。三蒼，棠，杜，梨也。按實之白而甘者曰棠，赤而澀

shǎng 賞　dǎng 鄙　cháng 常

者曰杜許云牝牡所未詳爾雅又云杜甘棠按杜甘者曰棠當甘字句詩蔽芾甘棠有杕之杜同類而異者也杜木則韌于棠中弓幹又廣雅樽棃也史記司馬相如傳樽柰厚朴初學記引序志云上黨樽棃小而甘〔轉注〕西山經崑崙之邱有木焉狀如棠名曰沙棠〔叚借〕爲樘釋名釋車棠樘也在車兩旁樘幰使不得進卻也又爲塘列子黃帝而遊于棠行又託名幖識字楚辭離世執棠谿以刜蓬注利劍也疑即左定五傳之棠谿或地或氏又左襄六傳棠人十八傳郵棠孟子發棠在今山東萊州府即墨縣南八十里顧氏炎武云在平度州境又重言形況字魯峻碑棠棠忠惠嚴訢碑棠棠容貌

養 **賞** 賜有功也从貝尚聲墨子經賞上報下之功也易未濟三年有賞于大邦禮記祭法堯能賞均刑法左襄十一傳夫賞國之典也二十八傳善人富謂之賞周禮載師賞田注賞賜之田〔叚借〕爲上荀子王霸賞賢使能以次之〔轉音〕管子七臣七主叶賞棟

養 **鄙** 地名从邑尚聲〔叚借〕爲黨實爲攩婁壽碑鄉鄙州鄰廣雅釋詁二鄙尻也

陽 陽 **常** 下帬也从巾尚聲或从衣按常裳二字經傳截然分用併不通借疑常訓旗裳訓下帬宜各出爲正篆也或曰旗虛懸搖曳如帬故爲帬之轉注今姑從許左昭十二傳裳下之飾也易坤黃裳元吉詩斯干載衣之裳箋晝日衣也葛屨可以縫裳箋男子

之下服又爾雅裳削幅謂之纀按朝祭喪服之帷裳皆七幅正裁前三後四不連要有辟積帷深衣用布六幅布廣二尺二寸每幅衺裁爲二記所謂十有二幅以應十有二月也十二幅各去緝縫二寸狹頭得六寸闊頭得一尺二寸狹頭皆在上闊頭皆在下玉藻所謂要縫半下也故要無辟積而衽有殺縫又中衣亦曰禒衣喪服之次曰長衣亦皆深衣也制同深也者長也衣與裳連也凡禮服上衣與下裳殊深衣則衣與裳不殊故曰深〔轉注〕周禮司常日月爲常巾車建太常十有二斿按禮含文嘉云天子之旗九仞十二旒曳地諸侯七仞九旒齊軫卿大夫五仞七旒齊較士三仞五旒齊首豈王之大常曳地故名之曰裳歟而大行人上公建常九斿侯伯建常七斿子男建常五斿又常之轉注矣〔叚借〕爲長小爾雅廣度尋舒兩肱也倍尋謂之常儀禮公食禮記蒲筵常注丈六尺曰常半常曰尋考工記酋矛常有四尺廬人車戟常左成十二傳爭尋常以盡其民周語不過墨丈尋常之閒莊子庚桑楚尋常之溝西京賦徑百常而莖擢按分寸尺墨仞丈尋常度數莫長于常故曰常矣廣雅釋詁一長常也又考工輪人達常圍三寸注蓋斗柄下入杠中也又廣雅釋詁三常質也易象下傳未變常也虞注恒也詩閟宮魯邦是常箋守也越語日月以爲常注象也無忘國常注典法也儀禮少牢禮假爾大筮有常注吉凶之占繇禮記樂記道五常之行注五行也論衡問孔五常之道仁義禮智信也老子是謂襲常注不易也白虎通北方爲常山者

dǎng 黨　zhǎng 掌

何陰終陽始其道常久故曰常山又書立政王左右常伯常任按長見近習之臣猶漢之中常侍也楊雄侍中箴光光常伯仲尼弟子施之常字恆又爲棠詩常棣之華采薇維常之華又爲嘗禮記少儀馬不常秣又爲帝之誤字莊子秋水五常之所連又託名幖識字詩閟宮居常與許傳魯南鄙西鄙箋謂即戰國孟嘗之嘗在薛旁按左莊三十一年築臺于薛薛常相近非薛國之在今山東兗州府滕縣者又按管子小匡以魯爲主反其侵地常潛魯語作棠疑即左隱五之棠也又九家易說卦傳兌爲常釋文西方神也又疊韻連語淮南天文東南爲常羊之維注不進不退之皃漢書禮樂志周流常羊思所并注猶逍遙也又重言形況字詩裳裳者華傳猶堂堂也廣雅釋訓常常盛也〔聲訓〕釋名裳障也所以自障蔽也釋兵日月爲常畫日月于端天子所建言常明也又車戟曰常車上所持也八尺曰尋倍尋曰常故稱常也〔古韻〕詩綠衣叶裳亡氓叶湯裳爽行有狐叶梁裳葛屨叶霜裳鴇羽叶行桑粱嘗常七月叶黃陽裳斯干叶牀裳璋喤皇王閟宮叶嘗衡剛將羹房洋慶昌臧方常殷武叶鄉湯羌享王常易坤叶霜方章囊裳黃又叶剛方常光行慶殃又叶疆亨疆行常行慶疆師叶常行當禮月令叶裳恒長量常神女賦叶章方裳長堂翔裝芳越范蠡語叶皇常行陽匡剛莊子天運叶明長剛常阬量韓非道篇叶明功強常文子下德叶常明祥強同光荀子佹詩叶明祥行盲疆常忘將〔轉音〕離騷叶常懲按讀如乘也

養 **黨** 不鮮也从黑尚聲〔叚借〕爲攩周禮大司徒五族爲黨注五百家黨正各掌其黨之政令教治又管子山權數君實鄉州藏焉注三千五百家爲黨此非周制又廣雅釋詁三黨比也書洪範無偏無黨鄭注朋黨論語羣而不黨孔注助也吾聞君子不黨孔注相助匿非曰黨離騷惟黨人之偷樂兮注朋也又儀禮鄉射禮居侯黨之一疏旁也禮記玉藻則必引而去君之黨注鄉之細者按喻旁側也又云避君之親黨則別一義又仲尼燕居辨說得其黨注類也坊記睦于父母之黨注猶親也又左哀五傳何黨之乎注所也荀子天論怪星之黨見注頻見也又爲良廣雅釋詁一黨善也黨美也又爲朗方言一黨知也楚謂之黨廣雅釋詁三黨智也又爲尚漢書伍被傳黨可以徼幸京房傳黨焦延壽獨得隱士之說夏承碑黨魂有靈莊子繕性物之黨來寄也崔注訓眾失之又爲昌荀子非十二子博而黨正張平碑黨論允諧又發聲之辭公羊文十三傳往黨反黨注所也所猶是齊人語也釋名釋州國上黨黨所也在山上其所最高也〔聲訓〕釋名釋州國五百家爲黨黨長也一聚所尊長也〔古韻〕書洪範叶黨蕩齊策田單語叶往亡尚黨

養 **掌** 手中也从手尚聲禮記中庸治國其如示諸掌乎又孟子熊掌亦我所欲也〔轉注〕小爾雅廣言掌主也周禮掌舍至掌貨賄以掌命官者凡十九職干寶注凡言掌者主其事也家宗人掌家禮注掌亦正也又羽獵賦掌蒺藜注以掌擊之〔叚借〕爲障釋名釋水水洪

出所爲澤曰掌水停處如手掌中也今兖州人謂澤曰掌也又疊韻
連語詩北山或王事鞅掌箋謂捧之也失之〔聲訓〕釋名釋形體掌言
可以排掌也按以轉注之義釋本義〔古韻〕
詩北山叶仰掌莊子在宥叶狂往掌妄

漾 **瓽** 大盆也从瓦尚聲廣雅釋器瓽甖也急就篇甑瓽甂甌瓨甖盧
左傳楚囊瓦字子常疑以常爲之〔別義〕漢書游俠陳遵傳爲瓽
所轠注井以
甎爲瓽者也

陽 **堂** 殿也从土尚聲古文尚省聲籀文从高省从土尚聲
御覽引廣雅堂皇合殿也按古謂之堂秦始謂之殿
書顧命立于西堂鄭注序內半以前曰堂儀禮士喪禮注中以南謂
之堂禮記檀弓吾見封之若堂者矣注堂形四方而高考工匠人室
中度以几堂上度以筵宮中度以尋老子金玉滿堂又爾雅門側之
堂謂之塾詩丰俟我乎堂兮釋文門堂也箋則謂借爲棖又明堂月
令章句明堂者天子太廟古周禮孝經說明堂文王之廟盧植周禮
注明堂上可以望氣故謂之靈臺中可以序昭穆故謂之太廟圜之
以水似辟故謂之辟雍古法皆同一處近世殊異分爲三耳按其制
在國之近郊東南之地凡九室室四戶八牖上圜下方此古義也鄭
君之說則以爲五室明堂雖祀文王不得爲廟按周之辟雍卽虞庠
在國西郊靈臺在焉則亦非廟也又孟子夫明堂者王者之堂也此

說文通訓定聲　壯部弟十八　王

天子巡守至于方嶽之下亦爲此堂非五室以祀五帝之明堂亦非
洛邑周公朝諸侯之明堂愚謂堂之高明者曰明堂宗廟國學及祀
文王朝諸侯之處皆有之則皆得稱之經傳凡言明堂義各有當說
禮家自多牽合耳〔轉注〕詩終南有紀有堂傳畢道平如堂也爾雅山
如堂者密大荒東經大人之堂注山名〔叚借〕重言形況字廣雅釋訓
堂堂容也論語堂堂乎張也皇疏德宇廣也劇秦美新堂堂有新注
盛也又託名幖識字風俗通堂谿邑左宣五傳爲堂谿氏按卽昭十
三傳之房國地楚封吳夫槩王于此故亦謂之吳房又作吳防在今
河南汝寧府遂平縣西北又廣雅釋器堂谿劍也又爲皇之誤字廣
雅釋天北辰謂之天堂按謂天皇大帝也又爲當之誤字廣雅妃星
謂之天堂樂叶圖徵大當正妃也注句陳末大星按大當宜作天當
〔聲訓〕白虎通堂之爲言明也所以明禮義也釋名釋宮室堂猶堂堂
高顯皃也〔古韻〕詩定之方中叶堂京桑臧羊叶昌堂將七月叶霜場
饗羊堂觥疆楚辭東皇叶良皇琅芳漿倡堂康九辯叶徉將攘堂方
明招魂叶堂梁風賦叶上衛楊芳堂房神女賦叶章方裳長堂翔裝
芳荀子佹詩叶橫堂兵將彊英皇匡文子九守叶顙掌芳工詩絲衣
叶堂羊
句中韻

陽漾 **當** 田相值也从田尚聲〔轉注〕廣雅釋詁三當直也晉語朱也當御
注值也非德不當雝注猶任也呂覽無義公子卬將而當之注

應也公羊莊十三傳君請當其君臣請當其臣注猶敵也漢書司馬
相如傳恐不得當也注謂對偶也匈奴傳匈奴終不敢取當注當者
報其直素問六節藏象論當其時注謂正直之年也又禮記哀公問
求得當欲注猶稱也樂記天地順而四時當注謂樂不失其所莊子
徐无鬼于五者無當也釋文合也管子宙合應變不失之謂當又禮
記月令枉橈不當注謂值其罪漢書路溫舒傳奏當之成注謂處其
罪也刑法志以其罪名當報之注處斷也又淮南說林三寸之管而
無當注猶底也三都賦序玉巵無當按當者抵欒之謂也又儀禮鄉
射禮記韋當注直心背之衣曰當〔叚借〕爲掌禮記樂記鼓無當于五
聲注猶主也荀子正名天官之當簿其類注主也又爲攩莊子天下
公而不當又爲㒰書益稷傳亦陳當言又爲尙荀子君子先祖當賢
後子孫必顯矣注或爲嘗〔古韻〕易師叶常行當小過叶當長上亢離
騷叶當浪九辯叶霜藏横黃傷當呂覽執一叶
章當昌鴻〔轉音〕呂覽貴信叶降當按讀如東也

陽 **鱨** 揚也从魚嘗聲詩魚麗于罶鱨鯊傳揚也陸璣疏今黃頰魚是
也似燕頭魚身厚而長大頰骨正黃魚之大而有力解飛者按
爾雅魚有力者鰴吳都賦鰴鯨連文凡長
大有力解飛之魚豈罶可制陸說恐非

陽 **償** 還也从人賞聲廣雅釋言償復也左僖十五傳西鄰
責言不可償也〔古韻〕左僖十五傳叶羊衁筐貺償相

說文通訓定聲　壯部弟十八　王

養 **矘** 目無精直視也从目黨聲後漢梁冀傳洞精矘眄字亦作瞠管
子小問瞠然視蒼頡篇瞠直視也字又作瞸作憆漢書孝成趙
皇后傳注憆直視皃
玉篇矘直下視皃

養 **攩** 朋羣也从手黨聲經傳皆以黨爲之字亦作儻作㒉〔叚借〕爲掌
方言十抋抌推也或曰攩廣雅釋詁三攩擊也列子黃帝攩拯
挨抌釋文搥打也又疊韻連語漢書傅常鄭甘陳段傳贊陳湯儻蕩
注無行檢也史丹傳貌若儻蕩不備注疏誕無檢也射雉賦畏映日
之儻朗注不明之狀又雙聲連語新附儻倜儻也又單辭形況字莊
子田子方儻然終日不言司馬注失志皃按猶惆悵也天地儻乎若
行而失其道也又爲尙莊子繕性物之儻來寄也按猶曾也
字亦以黨爲之史記伯夷傳儻所謂天道注未定之辭也

陽 **鼞** 鼓聲也从鼓堂聲詩曰擊
鼓其鼞毛本以鏜爲之

庚 **樘** 衺柱也从木堂聲靈光殿賦枝樘杈枒而斜據廣雅釋器樘距
也按以足歫曰蹚以木歫曰樘字多以牚爲之字亦作撐何承
天纂文撐觸也亦作振字統振觸
也亦作敞廣雅釋詁四敞揨也

陽 **闛** 闛闛盛皃从門堂聲按闛闛重言形況字疑本與閶同漢書楊
雄傳西馳闛闔帝堯碑排啓閶闔〔叚借〕雙聲連語上林賦鏗鎗

yǎng 卬(卬)　xìng 莕　xìng 杏　dāng 鐺　dāng 蟷　táng 鄌　tāng 鏜

閶鞈注、鼓音也、

陽 **鏜** 鏜鼓之聲、从金堂聲。詩曰、擊鼓其鏜、按鼙篆下引三家詩、此引毛詩也、字从金當訓鐘聲、毛詩借鏜爲鼞耳、其實鼞闛鏜三字或爲鼓聲、或爲鐘聲、或爲盛皃、皆單辭形況字、統作堂亦無不可、古韻詩擊鼓叶鏜兵行、

陽 **鄌** 地名、从邑、籒文堂聲、

陽陽 **蟷** 蟷蠰、不過也、从虫當聲、字亦作螗、作螳、爾雅不過蟷蠰、其子蜱蛸、注、螗蜋別名、蜱蛸一名蟳蟭、蟷蠰卵也、按卽桑螵蛸、爾雅又云莫貈蟷蜋蛑、注、有斧蟲、江東呼爲石蜋、方言螳蜋謂之髦、或謂之虰、或謂之蝆蝆、按方言以爾雅虰蛵、虰字上屬爲螳蜋之一名、非也、虰蛵疊韻連語、猶蜻蜓矣、禮記月令螳蜋生、莊子人閒世螳蜋怒其臂以當車軼、不知不勝任也、又按蟷蠰疊韻連語、此字本訓當爲爾雅之螗蜩、注、俗呼爲胡蟬、江南謂之螗蛦、方言十一注、似蟬而小、鳴聲清亮、詩蕩如蜩如螗、傳、蝘也、陸疏、蟬之大如黑色者、非是、犬而黑當爲爾雅之蝒馬蜩、

庚陽 **鐺** 鋃鐺也、从金當聲、按鎖曰鋃鐺、疊韻連語、通俗文、觵有足曰鐺、宜爲此字本訓、叚借雙聲連語、史記司馬相如傳鏗鎗鐺鼕、集解、鼓音也、

說文通訓定聲　壯部第十八　卅三

梗 **杏** 杏果也、从木可省聲、按向省聲、今系于此、禮記內則桃李梅杏、夏小正梅杏杝桃則華、管子五沃之土其木宜杏、莊子孔子遊緇帷之林、坐杏壇之上、盧諶祭法注、夏祠用杏、

梗 **莕** 荇 接餘也、从艸杏聲、或从艸从水行聲、字亦作荇、爾雅釋草、莕接余、其葉苻、詩關雎參差荇菜、按叢生水中、白莖紫葉、葉正圓在莖端、花黃六出、隨水深淺、與蓴菜相似而非一物、蓴葉大不正圓、

卬七名、凡卬之派皆衍卬聲、五岡切、

陽陽 **卬** 望欲有所庶及也、从匕从卪會意、按从頃省、卪者望之處、許云庶及者、聲訓之法、以尚爲訓也、字卽仰之古文、亦作昂、廣雅釋詁四、卬嚮也、一、卬舉也、詩車舝高山卬止、毛本作仰、北山或棲遲偃卬、雲漢瞻卬昊天、釋文亦作仰、左襄十四傳卬之如天、釋文亦作仰、漢書溝洫志高卬之田、注、謂上向也、長門賦意慷慨而自卬、注、激厲也、漢書楊雄傳激卬萬乘之主、注、怒也、賈誼過秦論卬關而攻秦、俗本誤叩、叚借爲迎、晉語有原以卬浦而後大、注、迎也、又爲姎、爾雅釋詁卬我也、書大誥不卬自恤、詩匏有苦葉人涉卬否、白華卬烘于煁、

níng 𤕦　àng 駠　àng 柳　áng 鞠　yíng 迎　áng 茆　yǎng 仰

生民卬盛于豆、實亦發聲之詞、又重言形況字、詩卷阿顒顒卬卬、傳、盛皃、爾雅釋訓顒顒卬卬君之德也、孫注、志氣高朗也、荀子賦卬卬兮天下之咸蹇也、注、高皃、又託名幖識字、思元賦越卬州而遊遨、舊注、正南州名也、又發聲之詞、方言六、卬爲也、甌越曰卬、古韻詩卷阿叶卬璋望綱、

養 **仰** 舉也、一切經音義引說文舉首也、从人从卬、按卽卬之或體、今附于此、漢書皆作卬、不作仰、淮南說山騶馬仰秣、注、仰頭吹吐、謂馬笑也、轉注廣雅釋詁三、仰恃也、荀子議兵上足卬則下可用也、注、卬古仰字、下託上曰仰、後漢鄧禹傳前無可仰之積、注、猶恃也、又今公文行下曰仰、北齊昭帝紀詔定三恪禮儀體式亦仰議之、按謂仰承上指也、叚借爲鞅、釋名釋衣服仰角屐上施履之名也、行不得蹶、當仰履角舉足乃行也、古韻詩車舝叶仰行、北山叶仰掌、宋玉大言賦叶長仰、禮記檀弓叶仰放、家語終記叶仰杖放、轉音文子道原叶通動仰、

陽 **茆** 昌蒲也、从艸卬聲、益州生、字亦作茚、按茆茆一名昌陽、亦曰堯韭、曰水宿、周禮醢人昌本、其根也、可爲菹、左僖三十傳昌歜、韓非難篇文王嗜菖蒲葅、淮南說林昌羊去蚤蝨而來蛉窮、或曰卽荃蓀、非是、

說文通訓定聲　壯部第十八　卅四

庚敬 **迎** 逢也、从辵卬聲、淮南時則以迎歲于東郊、注、逆春也、史記五帝紀迎日推策、正義、逆也、禮記昏義冕而親迎、又家語入官則民嚴而不迎、注、奉也、叚借爲卬、史記天官書迎角而戰者不勝、集解、一作御、古韻文子精誠叶迎藏傷、

陽 **鞠** 鞠角鞮屬、从革卬聲、廣雅釋器鞠角屨也、方言四注、鞠角今漆履有齒者、急就篇鞮鞅卬角褐韈巾、以卬爲之、按蘇俗謂之木屐、

漾陽 **柳** 馬柱也、从木卬聲、蜀志劉備解綬縛督郵馬柳、水經存水注繫馬柳柱、字誤作柳、轉注景福殿賦飛柳鳥踊、注、今人名屋四阿栱曰欂柳、或曰柳當作枊、借枊爲栱、柱頭斗栱也、選注切吾郎誤、存疑、叚借爲柳之誤字、爾雅釋木棲柜柳、注未詳、或曰柳當爲柳、柜柳似柳、皮可煮作飲、按卽孟子之杞柳、馬融廣成頌柜柳楓楊、或謂之欅柳、或謂之鬼柳、皆聲之轉耳、別義說文一曰堅也、

漾 **駠** 駠駠馬怒皃、从馬卬聲、按亦重言形況字、漢書楊雄傳激卬、如淳注、卬怒也、仰者怒狀、人馬略同、

𤕦二十三名、凡𤕦之派皆衍𤕦聲、女罔切、

庚 **𤕦** 亂也、从爻工交吅、一曰窒𤕦、讀若禳、籒文从爻从吅从工从己、从又、按亂者治也、理也、从爻从吅皆敵意、从工从己分理

之合四字會意。煩擾爲𤔔，治理爲𤔔，猶煩擾爲亂，治理爲亂也。經傳皆以襄爲之。匡襄字以襄爲之，相助將相字以相爲之。

庚 **䕟** 艸亂也，可以作縻綆。从艸，𤔔聲。

陽 **襄** 𡢟 漢令，解衣耕謂之襄。从衣，𤔔聲。古文作𡢟，未詳。字亦作褶。廣雅釋訓，褶被不帶也。轉注，周書謚法，辟地爲襄。假借爲𤔔，助理也。書皋謨，思日贊贊襄哉，馬注，因也。左定十五傳，不克襄事，注，成也。又爲穰。爾雅釋言，襄除也。按黍栔爲彗，所以埽除也。詩牆有茨，不可襄也。出車，玁狁于襄。又爲驤。爾雅釋言，襄駕也。詩大叔于田，兩服上襄。大東，終日七襄。又書堯典，蕩蕩懷山襄陵，傳，上也。史記趙世家，以欒乘爲武襄君，正義，舉也，上也。又爲仰。西京賦，襄岸夷塗，注，謂高也。又疊韻連語。上林賦，消搖乎襄羊，注，猶彷徉也。又託名標識字。周禮保氏五射，注，白矢、參連、剡注、襄尺、井儀也。聲訓。書皋謨鄭注，襄之言暢也。按謂暢茂也。古韻。詩牆有茨叶襄詳長。大叔于田叶黃、襄、行、揚。小東叶漿長。光、襄、章、箱、明、庚、行。

陽 **禳** 磔禳祀除癘殃也。古者燧人氏祭子所造。从示，襄聲。廣雅釋詁四，禳謝也。釋天，禳祭也。周禮女祝禬禳之事，注，卻變異曰禳，禳攘也。按謂攘除也。小祝注，卻凶咎。儀禮聘禮，禳乃入，注，祭名也。爲行道累歷不祥，禳之以除災凶。漢書藝文志，禳祀天文十八卷，注，除災也。東京賦，所𣐣禳災，注，除也。假借重言形況字。爾雅釋訓，穰穰福也，釋文今作穰。

陽 **蘘** 蘘荷也。一名蓴葙。从艸，襄聲。急就篇，老菁蘘荷冬日藏。廣雅，蘘荷，蓴苴也。漢書司馬相如傳，茈薑蘘荷。楚辭九歎，耘藜藿與蘘荷。閑居賦，蘘荷依陰。按亦名巴且，亦曰巴蕉。葉似薑，宜陰翳地，種之花生根中，花未散時可食。周禮庶氏掌除毒蠱，以嘉草攻之，干寶注，今世攻蠱多用蘘荷根，蘘荷或謂之嘉草，是又治蠱毒也。

漾 **讓** 相責讓也。从言，襄聲。小爾雅廣義，詰責以辭謂之讓。廣雅釋詁一，讓責也。左昭二十五傳，且讓之。周語，讓不貢。史記齊世家，魯人以爲讓。漢書項籍傳，二世使人讓章邯。假借爲攘。左襄十三傳，讓者禮之主也。昭十傳，讓者德之主也。周語，讓文之材也。晉語，讓推賢也。書堯典，允恭克讓，鄭注，推賢尚善曰讓。賈子道術，厚人自薄謂之讓。論衡定賢，讓廉也。禮記曲禮，退讓以明禮。儒行，其尊讓有如此者。又儀禮聘禮記，升堂讓，注，謂舉手平衡也。又爲釀。急就篇，消渴歐逆欬懣讓，顏注，大便節澁積而利也。古韻，詩角弓叶良方讓亡。文子精誠叶量讓。功、彰、行。

養 **䑋** 益州鄙言人盛，諱其肥，謂之䑋。从肉，襄聲。方言二，䑋盛也。秦晉或曰䑋，梁益之間凡人言盛及其所愛，偉其肥䑋謂之䑋。廣雅

釋訓，䑋䑋肥也。史記鄒陽傳，壤子王梁代，以壤爲之。

養陽 **⿱竹襄** 袞也。从竹，襄聲。袞疑筥之誤字。廣雅釋器，⿱竹襄，𥳉也。𥳉，篆文箕。淅箕也。魯人謂之淅⿱竹襄。按此非許意。說文⿱竹襄篆不與箕籔連屬，而廁于籠笠之間，雖未詳何器，要不以爲淅器矣。

漾養 **饟** 周人謂餉曰饟。从食，襄聲。按實與餉同字。爾雅釋詁，饟饋也。舍人注，自家之野也。詩良耜，其饟伊黍。禮記郊特牲注作餉。淮南覽冥，軼車奉饟，注，資糧也。漢書灌嬰傳，絕其饟道。食貨志，種饟糧食，師古注，饟古餉字。凡十餘見。

陽 **⿰襄阝** 今南陽穰縣是。从邑，襄聲。在今河南南陽府鄧州東南境。本楚地，後爲韓地，秦取之。秦武王封魏冉爲穰侯于此。

養 **曩** 曏也。从日，襄聲。爾雅釋詁，曩久也。禮記檀弓，曩者爾心或開予。左襄二十四傳，曩者志入而已。晉語，曩而言戲乎。楚辭惜誦，猶有曩之態也。漢書賈誼傳，曩令樊酈絳灌，注，亦謂昔時也。

養陽 **穰** 黍梨已治者。从禾，襄聲。古以爲蔬。家語六本，衣穰而提贄，注，穰蒿草衣也。禮記內則注，塗有穰草也。轉注爲埽除。經傳皆以襄、以攘爲之。假借爲穰。廣雅釋詁四，穰豐也。史記天官書，所居野大穰，正義，豐熟也。西山經，文鰩魚見則天下大穰，注，豐穰收熟也。漢書張敞傳注，穰盛也。又爲禳。禮記月令，九門磔禳。又爲孃。李翊碑，時益都擾穰。又重言形況字。爾雅釋訓，穰穰福也，注，言饒多。詩執競，降福穰穰，傳，衆也。鹽鐵論作瀼瀼。古韻，詩野有蔓草叶瀼揚臧。蓼蕭叶瀼光爽忘。執競叶王康皇方明喤將穰。

陽 **驤** 馬之低卬也。从馬，襄聲。西京賦，乃奮翅而騰驤，注，馳也。吳都賦，四騏龍驤。轉注，琴賦，參辰極而高驤。別義，爾雅釋畜，後右足白驤。

養陽 **攘** 推也。从手，襄聲。謂推手使前，拱揖之容也。字亦作儴。方言十二，攘掩止也。按謂容止。掩者斂手也。禮記曲禮，左右攘辟。史記太史公自序，小子何敢攘焉。漢書司馬相如傳，隨流而攘，注，卻退也。凡三揖三讓字，經傳多以讓爲之。假借爲穰。公羊僖四傳，攘夷狄，注，却也。左僖四傳，攘公之羭，注，除也。齊語，攘白翟之地。家語致思，攘地千里。楚辭沈江，反離謗而見攘，注，排也。又爲𤔔。爾雅釋詁，儴因也。漢書五行志，攘善，注，因。離騷，忍尤而攘詬。按猶含也。注訓除，失之。又爲孃。魯語，而大攘諸夏，注，卻也，失之。淮南詮言，故至于攘天下，注，亂也。漢書嚴助傳，南夷相攘，注，謂相侵奪也。莊子外物，心無天遊，則六鑿相攘，注，逆也。又爲纕。書微子，攘竊神祇之犧牷牲，傳，自來而取曰攘。呂刑，奪攘矯虔，鄭注，有因而盜曰攘。論語，其父攘羊。孟子，月攘一雞。馮婦攘臂下車。又禮記禮器，匹士太牢而祭謂之攘。穀梁成五傳，攘善

ráng 孃　rǎng 纕　náng 蠰　láng 蜋　rǎng 壤　ráng 鑲　niàng 釀

也又為饟詩甫田攘其左右又為堂為槍周禮禁殺戮攘獄者司農注距當獄者也又為禳禮記月令九門磔攘荀子王制主攘擇五卜注攘除不祥又為曩舞賦注引埤蒼攘疾行皃古韻楚辭九辯叶徉將攘堂方明詩甫田叶攘嘗句中韻

陽 **孃** 煩擾也从女襄聲擾攘字古多以攘為之賈誼傳之搶攘莊子之傖囊楚辭之恇攘皆是又楚辭被髮鬤只注亂皃字變作鬤叚借為釀說文一曰肥大也又發聲之詞古詩耶孃字以為母稱古韻楚辭大招叶洋鬤狂傷

陽 **纕** 援臂也从糸襄聲廣雅釋器絭謂之纕孟子攘臂下車淮南原道短袂攘卷以便刺舟以攘為之故轉注為攘取攘奪別義離騷既替余以蕙纕兮解佩纕以結言兮悲回風糺思心以為纕兮注皆訓佩帶也字又變作瓖晉語亡人之所懷挾嬰瓖注馬帶東京賦鉤膺玉瓖

陽 **蠰** 齧蠰也从虫襄聲按爾雅不過蟷蠰此疊韻連語即蟷蜋蚌也此字當以爾雅蠰齧桑為本訓淮南道應猶黃鵠與蠰蟲也按形似天牛而無羽角差短淺黃色喜緣桑上亦名齧髮

陽 **蜋** 堂蜋也从虫良聲一名蚚父或曰當作蚚父即夏小正之匽也據說文則與蠰同字今系于此按堂蜋疊韻連語猶爾雅蛣蜣蜣蜋亦疊韻連語也此字當以爾雅蜋蜩為本訓方言十一蟬陳鄭之閒謂之蜋蜩夏小正匽蜩鳴傳五采具以匽為之又按舊說蟬為蜣蜋所變殆非也

養 **壤** 柔土也从土襄聲九章算法凡穿地四尺為壤五尺為堅三尺按息土曰壤築土曰堅書禹貢厥土惟白壤馬注天性和美也傳無塊曰壤周禮大司徒辨十有二壤注和緩之皃草人勃壤用狐注勃壤粉解廣雅釋詁三壤塵也離騷蘇糞壤以充幃兮注土也秦策齊之右壤注地也補亡詩茫茫九壤注九州也轉注穀梁隱三傳吐者外壤食者內壤闕然不見其壤有食之者也注齊魯之閒謂鑿地出土鼠作穴出土皆曰壤又今北方俗語謂弱為壤叚借為攘莊子庚桑楚畏壘大壤列子天瑞三年大壤漢書鄒陽傳壤子王梁代又為蠰淮南道應猶黃雀與壤蟲也又重言形況字呂覽知接埶之壤壤也注猶養治之聲訓釋名釋地壤瀼也肥瀼意也

陽 **鑲** 作型中腸也从金襄聲別義釋名釋兵鉤鑲兩頭曰鉤中央曰鑲

漾 **釀** 醞也作酒曰釀从酉襄聲三蒼米麴所作曰釀廣雅釋器釀酘也中山經首山其祠蘖釀按藏葅亦曰釀廣雅釋器釀葅也以蘸為之轉注禮記內則鶉釀之蓼注謂切襍之也字亦作穰廣雅釋詁一穰襍也又急就篇消渴歐逆欬懣讓以讓為之

náng 囊　niàng 蘸　xiāng 相　xiāng 箱

陽 **囊** 橐也从𣎆省襄省聲易坤括囊疏所以貯物詩公劉于橐于囊傳小曰橐大曰囊漢書王吉傳所載不過囊衣注有底曰囊無底曰橐又方言五飼馬橐自關而西謂之裺囊轉注管子任法皆囊于法以事其主注囊者所以斂藏也又風賦盛怒于土囊之口注土囊大穴也古韻詩公劉叶康疆倉糧囊光張揚行易坤叶霜方章囊裳黃

漾養陽 **蘸** 釀菜也从艸釀聲方言蘇荏也其小者謂之蘸菜注薰菜也亦蘇之種類按即香薷也叚借為釀廣雅釋器蘸葅也

相五名凡相之派皆衍相聲 息良切

陽漾 **相** 省視也从目从木會意易曰地可觀者莫可觀于木按此觀卦說觀坤下巽上坤為地巽為木也爾雅釋詁相視也書盤庚相時憸民詩相鼠有皮周禮春官馮相氏禮記月令善相邱陵考工矢人凡相笱注猶擇也叚借為襄實為贊爾雅釋詁相勴也相道也小爾雅廣詁相治也風俗通相者助也易象傳君子以勞民勸相書呂刑今天相民詩雝相維辟公儀禮士昏禮記往迎爾相左昭二十五傳相其室又周禮大僕王燕飲則相其灋注左右也司儀掌相之禮注出接賓曰擯入贊禮曰相又禮記郊特牲相饗之也按謂詔侑尸也禮器樂有相步注扶工也論語固相師之道也鄭注扶也又曲禮春不相注謂送杵聲又月令命相布德和令注謂三公書顧命伯相

傳邦伯為相相被冕服鄭注正王服位之臣謂大僕魯語師尹維旅牧相注國相也呂覽舉難相也者百官之長也又禮記曲禮士不名家相長妾疏謂助知家事者也又詩行葦傳內相親也疏相者兩相之辭又為像詩棫樸金玉其相桑柔考慎其相傳質也又為想吳都賦相思之樹注相思大樹也又為禳禮記祭法相近于坎壇注當為攘祈聲之誤也又為昌水經濤漳水注相昌聲韻合又為柙之誤字借柙為夾孟子相與輔相之丁音本作柙義與夾同又疊韻連語周禮夏官方相氏注猶言放想可畏怖之皃野廬氏有相翔者誅之注猶昌翔覷伺者也離騷聊逍遙以相羊注遊也楚辭悲回風憐浮雲之相羊注無所依據之皃西京賦注相羊彷羊也後漢張衡傳注相羊猶徘徊也漢書外戚傳注相羊翱翔也又託名幖識字爾雅釋天七月為相又書河亶甲序河亶甲居相在今河南彰德府內黃縣又禮記樂記治亂以相注相即拊也糠一名相今齊人或謂康為相風俗通相拊也所以輔相于樂奏樂之時先擊相又爾雅釋蟲諸慮奚相舍人本作桑古韻詩棫樸叶章相王方桑柔叶相臧腸狂禮記少儀叶相更左僖十五傳叶羊衁筐貺償相爾雅釋天叶相壯陽荀子成相叶相殃良假神女賦叶望相尚量暢狀

陽 **箱** 大車牝服也从竹相聲詩大東不以服箱傳大車之箱也甫田乃求萬斯箱思元賦繫縲裹以服箱轉注埤蒼箱序也字亦作

xiàng 象　shuāng 霜　xiāng 湘　xiǎng 想

廂爾雅釋宮室有東西廂曰廂注夾室前堂儀禮公食禮公揖退于箱注東夾之前俟事之處覲禮記几俟于東箱注東夾之前相翔待事之處魯靈光殿賦西箱踟蹰注西序也七啓金墀玉廂注猶玉房也漢書周昌傳呂后側耳于東箱聽注正寢之東西室皆曰箱言似箱篋之形按箱字漢以前無篋笥之稱當云似車箱之形古韻詩小東叶襄章箱明庚行甫田叶梁京倉箱粱慶疆

養 **想** 𢚁 冀思也从心相聲假借爲像周禮眡祲十曰想注祲气有似可形想司農注煇光也

陽 **湘** 𣶒 湘水也出零陵陽海山北入江从水相聲出今廣西桂林府興安縣海陽山與灕水同源經湖南長沙府湘陰縣至磊石山分爲二派又合入洞庭湖曰湘口許云入江未詳楚辭遭厄沈玉躬兮湘汨注皆水名假借爲鬺詩采蘋于以湘之傳亨也古韻楚辭涉江叶英光湘

陽 **霜** 𩂣 露所凝也从雨相聲土氣津液從地而生薄以寒气則結爲霜漢書董仲舒傳霜者天之所以殺也易坤履霜堅冰至詩蒹葭白露爲霜轉注吳都賦霜刃染注言其殺利也又女無夫曰寡亦曰孀列子湯問京城氏之孀妻注寡也淮南原道婦人不孀修務以養孤孀字亦作孀聲訓說文霜喪也成物者按歲功以雪始以霜成釋名其气慘毒物皆喪也白虎通尖變霜之爲言亡也陽以散亡古韻詩葛屨叶霜裳蒹葭叶蒼霜方長央七月叶霜場饗羊堂觥疆正月叶霜傷將京痒易坤叶霜方章囊裳黃楚辭九辯叶霜藏横黃傷當文子道原叶孀行精誠叶行光霜通

象六名凡象之派皆衍象聲徐兩切

養 **象** 𧰼 南越大獸長鼻牙三年一乳像鼻牙四足尾之形按𧰼篆古文當補古文希南山經禱過之山多象漢書司馬相如傳窮奇象犀張騫傳其民乘象以戰轉注爾雅釋地南方之美者有梁山之犀象焉注象牙骨詩葛屨佩其象揥傳象揥所以爲飾周禮司尊彝用兩象尊司農注以象骨飾尊儀禮燕禮洗象觚禮記玉藻孔子佩象環五寸又淮南泰族宋人有以象爲其君爲楮葉者注象牙也離騷襍瑤象以爲車又海內東經沅水出象郡鐔城西注今日南也吳都賦金鄰象郡之渠又周禮象胥注通夷狄之言者曰象禮記王制南方曰象廣雅釋詁四象驛也漢書禮樂志象來致福注譯也假借爲像易繫辭見乃謂之象又象也者像此者也易略例象者各辨一爻之義者也左僖十五傳物生而後有象廣雅釋詁三象效也虞書象以典刑傳法也予欲觀古人之象按形也寀象日月星辰史記作數法詩君子偕老象服是宜箋謂揄翟闕翟也周禮大宰乃縣治象之法于象魏廣雅釋室象魏闕也禮記明堂位下管象注謂周頌武

jiàng 匠　xiàng 勨　dàng 潒　xiàng 襐　xiàng 像　shǎng 饟

也白虎通武王曰象者象太平而作示已太平也按惟左襄二十九傳象箾南籥爲文王之樂舞又周禮象人鸞車象人司農注謂以芻爲人又漢書禮樂志常從象人四人注若今戲蝦魚師子者也又周禮眡祲二曰象司農注如赤烏之屬管子七法義也名也時也似也類也比也狀也謂之象說文序象形者畫成其物隨體詰詘日月是也又爲匠周禮大卜二曰象注謂有所造立也先鄭則與眡祲同訓又爲樣周禮掌染草注藍蒨象斗之屬又疊韻連語莊子天地乃使象罔注卽眞也又廣雅釋天水神謂之罔象又託名標識字書堯典象傲傳舜弟之字又呂覽古樂乃爲三象注周公所作樂名古韻易剝叶剛長象行老子虛心叶恍象仁德叶象往贊元叶狀象恍呂覽順說叶往象長饗文子道原叶恍象

養 **饟** 𩞌 畫食也从食象聲或从煬省 餳聲朝曰饔夕曰飧晝曰饟

養 **像** 𠋫 象也从人从象象亦聲讀若養字亦作樣今云式樣是也或曰像韓非子曰人希見生象而按其圖以想其生故諸人之所以意想者皆謂之象則其時尚無像字易繫辭象也者像也釋文擬也孟京虞董姚皆作象淮南覽冥驕主而像其意注猶隨也古韻楚辭懷沙叶強像橘頌叶長像

養 **襐** 𧜞 飾也从衣象聲急就篇襐飾刻畫無等雙顏師古注盛服飾也漢書外戚傳令孫建世子襐飾將醫往問疾注盛飾也一曰首飾在兩耳後刻鏤而爲之按詩君子偕老象服是宜傳尊者所以爲飾箋謂揄翟闕翟以象爲之廣韻襐未笄冠者之首飾玉篇襐首飾也未知其審

養 **潒** 𣽐 水潒瀁也从水象聲讀若蕩按亦疊韻連語作象羊蕩瀁皆同廣雅釋訓潒潒流也亦重言形況字假借爲盪廣雅釋詁二潒洒也

養 **勨** 𠢪 緐緩也从力象聲别義廣雅釋詁一勨動也按勨之爲言盪也

匠二名凡匠之派皆衍匠聲疾諒切

漾 **匠** 𠥏 木工也从匚从斤會意斤所以作器也按匚者榘也考工記攻木之工七輪輿弓廬匠車梓匠人建國匠人營國匠人爲溝洫周禮鄉師執斧以涖匠師注主豐碑之事儀禮既夕記遂匠納車于階閒注匠人主載柩窆轉注小爾雅廣詁匠治也論衡量知能斲削柱梁謂之木匠能穴鑿穴培謂之土匠能彫琢文書謂之史匠又楚辭哀命今私門之正匠兮注教也文賦意司契而爲匠又方言桑飛

或謂之女匠廣雅女鴎工雀也字亦作鴎按郎鶬鷯亦曰巧婦古韻楚辭天問叶尙匠
漾 **趆** 𧺊 行皃从走匠聲讀若匠

桑三名凡桑之派皆衍桑聲 息郎切

陽 **桑** 𣜩 蠶所食葉木从叒木會意叒者神桑也𡉀日出處賈子胎教桑者中央之木也禮記內則以桑弧蓬矢六射天地四方易否繫于包桑荀注桑者上元下黄以象乾坤也詩將仲子無折我樹桑傳桑木之衆也白華樵彼桑薪箋桑薪之善者穆天子傳天子命桑虞注主桑者也又海外東經湯谷上扶桑十日所浴又儀禮士喪禮髻笄用桑注桑之爲言喪也叚借託名標識字詩交交桑扈爾雅桑鳸竊脂注俗謂之青雀觜曲食肉好盜脂膏獨斷桑扈氏農正趣民養蠶又廣雅桑飛工雀也按即詩之桃蟲爾雅之鷦鷯鶗鴂莊子之鷦鷯又淮南本經擒封豨于桑林注湯所禱旱桑山之林楚辭遠逝考元冥于空桑注山名也又水經㶟水注桑乾泉即㶟渹水者也又尙書大傳桑穀野草也又後漢楚王英傳注桑門即沙門也古韻詩定之方中叶堂京桑臧將仲子叶牆桑兄鴇羽叶行桑粱嘗常車鄰叶桑楊簧亡黄鳥叶桑行防七月叶陽庚筐行桑又叶桑斨揚桑中叶桑上上句中韻

養 **顙** 𩔝 頟也从頁桑聲方言十中夏謂之頟東齊謂之顙孟子可使過顙家語困誓河目龍顙儀禮士喪禮拜稽顙注頭觸地公羊昭二十五傳再拜顙注猶今叩頭按顙之言喪也故此字施于凶禮爲宜稽首則通辭也轉注易說卦震爲的顙巽爲廣顙爾雅釋畜面顙皆白惟駹又莊子人閒世以牛之白顙者古韻莊子天地叶明聰顙爽揚文子九守叶顙堂芳工

養 **磉** 𥗡 石磉也一切經音義引說文有此字姑附于此

爽三名凡爽之派皆衍爽聲 疏兩切

養 **爽** 𡙭 𤕛 明也从㸚从大會意篆文从𠘧从㸚書牧誓時甲子昧爽者七年傳是以有精爽至於神明叚借爲喪爾雅釋言爽忒也爽差也方言十三爽過也廣雅釋詁二爽滅也三爽敗也四爽傷也周語實有爽德注亡也言爽日反其信注貳也貳者貸之誤字古多以貸爲忒詩氓女也不爽老子五味令人口爽楚辭招魂厲而不爽些注楚人名羹敗曰爽周語晉侯爽二注當爲喪墨子非命上龔喪厥師僞俿誥作用爽厥師傳明也失之又爲讓廣雅釋詁一爽責也又爲鷞方言二爽猛也齊晉曰爽按猶鷹之爲摯也左昭十七傳爽鳩氏注爽鳩鷹也又雙聲連語左定三傳肅爽注駿馬名又託名幖識字

夏小正七月爽死傳猶疏也按玉篇有𦶛字疑即今夏枯艸治目疾者目主明故曰爽疏爽雙聲俗亦作𦶛古韻詩氓叶湯裳爽行蓼蕭叶瀼光爽忘楚辭招魂叶方粱行芳漿爽鶬爽老子檢欲叶盲聾爽狂妨莊子天地叶明聰顙爽揚

陽 **鷞** 𪆾 鷫鷞也从鳥爽聲五方神鳥東發明南焦明西鷫鷞北幽昌中央鳳皇楚辭大招曼鷫鷞只注俊鳥也字亦作鸘按其色白故屬西方轉注別有似雁而高首脩頸羽如練白之鳥亦曰鷫鷞或謂鸘爽馬似之故名古韻楚辭大招叶皇鶬鷞翔

養 **甒** 𤮹 𤭯 㼽瓩瓦石从瓦爽聲字亦作磢海賦飛澇相磢江賦奔溜之所磢錯

上一名 時掌切

養漾 **上** 丄 二 𠄞 高也此古文指事也按从一从丨所謂引而上行讀若囟者也一與丨皆指事篆文作上按古文作二今據偏旁補詩燕燕下上其音傳飛而上曰上音周禮疾醫冬時有嗽上氣疾注逆喘也易需雲上于天干注升也周語民可近也而不可上也注陵也又釋名釋書契下言于上曰表又曰上示之于上也又廣雅釋詁一上君也禮記中庸上焉者注謂君也書文侯之命昭升于上馬注謂天也爾雅釋天冬爲上天釋名其氣上騰與地絕也禮記曲禮太上貴德左傳太上有立德選詩悠悠太上注太古也又方言十二上䖍也孟子故善戰者服上刑周禮司儀從其爵而上下之注猶豐殺也禮記禮器與年之上下注豐凶也又淮南說山是以能上之注大也㮣鞅上客從趙來注尊客叚借爲尙漢石經詩陟岵上愼旃哉又託名標識字爾雅太歲在庚曰上章史記作商橫亦皆疊韻連語古韻詩桑中叶唐鄉姜桑上上宛邱叶湯上望頍弁叶上怲臧易小過叶當長上亢禮記祭義叶上明愴周語叶綱上老子元用叶上病管子七臣七主叶行上謗文子上德叶鄉叢翔行上宋玉風賦叶上蘅揚芳堂房轉音管子七臣七主叶上攻又晉語叶人上家語觀周同

章十一名凡章之派皆衍章聲 諸良切

陽 **章** 𠆦 樂竟爲一章从音从十會意十數之終也禮記曲禮讀樂章疏謂樂書之篇章謂詩也詩關雎章句疏章者積句所爲不限句數也轉注廣雅釋器章程也周髀算經十九歲爲一章注條也周語得以講事成章注章章程也素問氣交變大論政令者氣之章注式也漢書高帝紀張蒼定章程注厤數之章術也叚借爲彰禮記樂記大章章之也注堯樂名也言堯德章明也書堯典平章百姓鄭注明也易豐來章有慶虞注顯也周語其飾彌章注著也考工畫繢之事赤與白謂之章左昭二十五傳五章以奉五色隱六傳將文章禮記

月令黼黻文章家語子貢問上下有章注別也詩抑維民之章傳表也都人士出言有章又後漢蔡邕傳注章者今之表也文選表題注謝恩曰章又漢高祖功臣頌祚爾煇章注印章也北山移文紐金章注銅印也又晉語變非聲章弗能移也注旌旗也齊策章子變其徽章注通白曰章按以通帛爲旃釋之非是又禮記儒行冠章甫之冠釋名殷冠名也甫丈夫也服之所以表章丈夫也又楚語靈王爲章華之臺注地名又禮記月令天子居總章左个東京賦注舜之明堂以草蓋之名曰總章楚策莫敖章字子華又爲獐考工畫繢之事山以章又爲樟史記貨殖傳山居千章之材服虔注方也漢書百官公卿表東園主章注謂大材也又爲伀釋名釋親屬俗或謂舅曰章又夫之兄俗間曰兄章章灼也章灼敬奉之也章伀㠉雙聲又託名幖識字爾雅釋山山上正章釋邱上正章邱又西山經底陽之山其木多櫻柟豫章注大木似楸史記司馬相如傳楩枏豫章正義今之樟木也字亦作樟又水經贛水注豫章樟樹生庭中故以名郡左昭六傳師于豫章定二傳自豫章與楚夾漢注漢東江北地名後其名移之于江南漢高六年分淮南國置豫章郡爲今江西南昌府𢍰古豫章也又疊韻連語羽獵賦章皇周流注猶彷徨也又重言形況字廣雅釋訓章章采也章章行也荀子法行瑕之雕雕不若玉之章章注素質明著也呂覽本生萬物章章注明美皃古韻詩六月叶方陽章央行大東叶襄章箱明庚行椓僕叶章相王方都人士叶黃章望抑叶尙亡章兵方韓奕叶張王章衡鍚𨌲見叶王章陽央鶬享光易坤叶霜方章囊裳黃書洪範叶成明章康神女賦叶章方裳長堂翔裳芳呂覽執一叶章當昌鴻

陽 **璋** 剡上爲圭半圭爲璋从玉章聲禮六幣圭以馬璋以皮璧以帛琮以錦琥以繡璜以黼按剡上處寸半書顧命秉璋以酢禮記祭統大宗執璋瓚亞祼詩棫樸左右奉璋斯干載弄之璋周禮大宗伯以赤璋禮南方儀禮聘禮受夫人之聘璋考工玉人璋邸射素功公羊定八傳璋判白爾雅釋器璋大八寸謂之琡叚借爲彰管子牧民不璋兩原則刑乃繁聲訓白虎通瑞贄璋之爲言明也南方之時萬物莫不章故謂之璋古韻詩斯干叶牀裳璋喤皇王卷阿叶卬璋望綱

陽 **蔁** 蔁艸也从艸章聲別義玉篇蔁柳根即蔏陸

陽 **鄣** 紀邑也从邑章聲左莊三十傳齊人降鄣注紀附庸國昭十九傳莒子奔紀鄣注莒邑按紀鄣卽鄣紀之遺邑當從公穀二傳今江蘇海州贛榆縣北七十五里有故紀鄣城別義海內南經三天子鄣山注今在新安歙縣東謂之三王山叚借爲墇禮記祭法鯀鄣洪水周語是鄣之也

陽 **彰** 彣彰也从彡从章章亦聲按章聲非意廣雅釋詁四彰明也書皋謨彰厥有常經傳多以章爲之墨子非樂黃言孔章僞伊訓作嘉言孔彰非命其行甚章僞泰誓作厥類惟彰古韻易繫辭下叶彰剛望靈樞外揣叶彰明蕩老子益謙叶明彰功長哲思叶行明彰功長文子精誠叶量讓功彰行

陽 **麞** 麋屬从鹿章聲字亦作獐按麞無角有牙而不能噬考工畫繢之事山以章注山物也齊人謂麇爲獐以章爲之

陽 **漳** 濁漳出上黨長子鹿谷山東入清漳按出今山西潞安府長子縣西發鳩山周禮職方氏冀州其川漳是也清漳出沾山大要谷北入河按出今山西太原府樂平縣西南少山大黽谷至河南彰德府涉縣交漳口與濁漳合東北流至直隸天津府入海書禹貢至于衡漳是也又有南漳出南郡臨沮按出今湖北鄖陽府房縣景山至保康縣合沮水左宣四傳師于漳澨是也从水章聲

漾 **墇** 擁也从土章聲與障義別經傳多以鄣以障爲之

漾陽 **障** 隔也从𨸏章聲與墇義別爾雅釋言障畛也釋文界也蔽也釋名釋宮室障衛也通俗文蔽隔曰障蒼頡篇障小城也周語陂障九澤注防也左昭元傳障大澤服注陂障其水也淮南精神而障之以手也注蔽也史記酷吏傳居一障間正義謂塞上要險之處別築城置吏士守之以扞寇盜也管子幼官障塞不審注所以防守要路也鷃鵡賦踰岷越障注亭障也叚借爲墇呂覽貴直是障其源而欲其水也注塞也達辭是障之也注防也禮記月令無有障塞管子法令而不行謂之障古韻呂覽勿躬叶光行障

陽 **商** 從外知內也从㕯章省聲按此字疑从言省从內會意與訥同體不同義古文从言不省从內从叩又古文从言不省从內籒文从言不省从內从二日廣雅釋詁一商度也易兌商兌注商量裁制之謂也虞注巽爲近利市三倍故稱商則謂借爲賮管子海王禹筴之商月二百萬注計也漢書趙充國傳虜必商軍進退稍引去注計度也後漢宦者傳論先史商之久矣注謂商略字亦作謫荀子儒效若夫謫德而論次注與商同叚借爲賞周禮大宰六曰商賈阜通貨賄注行曰商處曰賈考工記通四方之珍異以資之謂之商旅又爲漳水經濕水注商漳聲相近又爲帝之誤字天問啓棘賓商按當作帝天也大荒西經上三嬪于天又託名幖識字爾雅釋樂商謂之敏禮記月令其音商呂覽注商金也其位在西方荀子王制審詩商注謂商聲哀思之音列子湯問當春而叩商弦注商金音屬秋又禮記樂記商者五帝之遺聲也商人識之故謂之商水經丹水注契始封商殷商之名起于此矣按盤庚遷殷始謂之殷詩殷武商邑翼翼又吳語商魯之間注宋也又儀禮士喪禮商祝注謂習商禮者又士昏禮注日入三商爲昏疏漏刻之名

chāng 昌　shāng 賣

又莊子秋水、商蚷馳河也、司馬注、蟲名、北燕謂之馬蚿、又夏小正、有鳴倉庚、傳、商庚者長股也、亦疊韻連語。聲訓漢書律厤志、商之爲言章也、風俗通聲音、商者章也、物成孰可章度也、白虎通禮樂、商者張也、陰氣開張、五行、商者強也、廣雅釋詁一、商、常也、禮記曲禮、稾魚曰商祭、注、猶量也、西京賦、薛注、坐者爲賈、行者爲商、古韻詩大明、叶商京行王、又叶洋煌彭揚王商明、元鳥叶商芒湯方、

陽 賣 行賈也、一切經音義六引說文、行賣也、从貝商省聲、經傳皆以商爲之、

昌四名、凡昌之派、皆衍昌聲、尺良切、

陽 昌 美言也、从日、从曰、會意、籀文从日、从口、字亦作讜、書臯謨、禹拜昌言、孟子注作讜、郭究碑、懷刑拜讜、文選典引、旣感羣后之讜辭、聲類、讜言善言也。別義說文、一曰日光也、詩曰、東方昌矣、按此疑謂从日、从囧省、囧字籀文亦从口、春秋元命苞、代殷爲姬昌、注、兩日重見、言明象、按謂从二日、非是、詩雞鳴、東方明矣、朝旣昌矣、許謨記引以釋日光也、廣雅釋言、昌、光也、釋詁二、昌、盛也、楚語、天明昌作、詩丰、還子之昌兮、猗嗟、猗嗟昌兮、閟宮、俾爾昌而熾、楚辭大招、人阜昌只、注、熾也、莊子在宥、百昌皆生于土、司馬注、猶百物也、尚書考靈曜、審地理者昌、昌者地之財也、大戴誥志、地曰作昌、蜀都賦、天帝運期而會昌、注、慶也、或曰此義實借爲光、或爲藏、亦通。叚借爲唱、廣雅釋詁一、昌、始也、又爲當、爾雅釋詁、昌、當也、又爲閶、白虎通八風、昌盍者、戒收藏也、又爲褏、離騷、何桀紂之昌披兮、注、昌披、衣不帶皃、按實爲倀跛、又託名幖識字、周禮大宗伯注、司命文昌宮星、風俗通祀典、司命文昌也、爾雅釋邱、途出其後昌邱、又疊韻連語、廣雅釋草、昌陽、菖蒲也、周禮醢人、昌本麋臡、儀禮有司徹、執昌菹醢、左僖三十五傳、饗有昌歜、長言曰昌羊、短言曰昌也、字亦作菖、呂覽任地、菖始生、菖者百草之先生者也。古韻詩丰叶昌堂將、雞鳴叶明昌光、還叶昌陽狼臧、猗嗟叶昌長揚蹌臧、閟宮叶慶昌臧方常、左莊二十二傳叶鏘姜昌卿京、莊子知北遊叶房皐驪明方廣行昌、呂覽執一叶章當昌鴻、

說文通訓定聲　壯部第十八　卅五

chāng 倡　chàng 唱

漾 唱 導也、从口、昌聲、左昭十六傳注、取其唱予和女、魏都賦、晷漏肅唱、經傳皆以倡爲之、

漾陽 倡 樂也、从人、昌聲、李登聲類、倡、俳也、字林、倡、優樂也、漢書廣川惠王越傳、令倡俳臝戲坐中、注、樂人也、東方朔傳、幸倡郭舍人、外戚傳、孝武李夫人本以倡進。叚借爲唱、詩蘀兮、倡予和女、禮記樂記、壹倡而三歎、注、發歌句也、周禮樂師、遂倡之、故書作昌、又吳語、大夫種乃倡謀、注、發始爲倡、禮記檀弓、婦人倡踊、注、先也、史記陳涉世家、爲天下倡、又爲昌、爲蕩、太元去、物咸倜倡、注、盛也、按謂暢也、又爲倀、樊毅碑、不顧倡儼。古韻楚辭東皇叶良皇琅芳漿倡堂康、

chāng 閶

陽 閶 天門也、从門、昌聲、楚人名門曰閶闔、疑與閭同字、史記司馬相如傳、排閶闔而入帝宮、魯靈光殿賦、高門擬于閶闔、又離騷、倚閶闔而望予、按此字本訓門、自淮南原道、排閶闔淪天門、用以爲喻、後遂以爲天門也。轉注淮南墜形、西方曰閶闔之門、注、閶大也、天文、閶闔風至、注、兌卦之風也、春秋考異郵、閶闔者、當寒天收也、按當寒、閶闔聲相近、東京賦、俟閶風而西遐、注、秋風也。聲訓史記律書、閶者倡也、

chàng 鬯

鬯一名、丑諒切、

漾 鬯 以秬釀鬱艸、芬芳攸服、以降神也、从凵、器也、中象米、匕所以扱之、易曰、不喪匕鬯、按釀黑黍爲酒曰鬯、築芳草以煮曰鬱、以鬱合鬯爲鬱鬯、因之草曰鬱金、亦曰鬯草、鬱者草香盛積、鬯者酒香條暢也、※卽米字、衮書之、與胃同意、書洛誥、秬鬯一卣、周禮鬯人、共介鬯、禮記曲禮、凡摯天子鬯、此鬯也、用以祀、周禮鬱人、和鬱鬯、禮記襍記、鬯臼以椈、郊特牲、鬱合鬯、此鬱鬯也、祀時專用以祼、魯語、文仲以鬯圭與玉磬、注、祼鬯之圭、長尺二寸、有瓚以祀廟、禮記王制、賜圭瓚、然後爲鬯、未賜圭瓚、則資鬯于天子。叚借爲韔、詩大叔于田、抑鬯弓忌、又爲蕩、漢書律厤志、靡不條鬯該成、郊祀志、草木鬯茂、羽獵賦、醇洪鬯之德、

說文通訓定聲　壯部第十八　卅六

cháng 長

長八名、凡長之派、皆衍長聲、直良切、

陽漾養 長 久遠也、从兀、从匕、兀者高遠意也、久則變化、亾聲、𠫓者倒亾也、按倒亾則篆宜作𠃊、許說非也、字當訓髮、人毛之最長者也、𠃊象長髮緜延之形、一以束之、从匕、久而色變也、與老同意、此字兼象形指事會意、肆或體从髟、知長髟同義、或曰从𡰣、从毛省、从匕、與老同作㞐、猶作㞐也、存參、又按古文从儿上、與元同、此上乂首之上也、又古文象形、一以束之、或曰从𡰣、从毛省、又漢時俗隸馬頭人爲長、見說文敘。轉注爲長短、易說卦、巽爲長、爲高、詩泮水、順彼長道、箋、遠也、甫田、禾易長畝、傳、竟畝也、左昭五傳、長轂九百、注、戎車也、禮記樂記、長言之也、注、引其聲也、爾雅釋天、夏爲長嬴、吳都賦、習御長風、注、遠風也、孟子、布帛長短同、注、謂丈尺、又儀禮士冠禮注、長三尺、周禮瓬人注、長丈二尺、釋文、凡度長短曰長、論語、長一身有半、又爲長久、廣雅釋詁三、長、久也、詩長發、幅隕旣長、箋、猶久也、齊策、未嘗聞社稷之長利、禮記表記、義有長短大小、又爲滋長、增長、齊語、不月長、注、益也、楚語、昔瓦唯長舊怨、注、猶積也、呂覽任數、則亂愈長矣、注、大也、莊子庚桑楚、有長而無本剽、釋文、增也、漢書嚴安傳、壤長地進、注、進益也、杜欽傳、廢奢長儉、注、謂崇貴之也、賈山傳、不可長也、注、謂畜養之也、又爲長幼、君長、廣雅釋詁、長、老也、長、君也、祭義、立敬自長始、注、兄也、孟子、不挾長、注、年長也、吳語、吳晉爭長未成、

cháng 萇　chàng 韔　chéng 棖　zhàng 帳　chāng 倀

注先也韓非子詭使重厚自尊謂之長者又詩皇矣克長克君左昭二十八傳教誨不倦曰長周禮大宰二曰長以貴得民注諸侯也而建其長注謂公卿大夫王子弟食采邑者儀禮大射儀若賓若長注孤卿之尊者孟子則疾視其長上之死而不救注軍率也獨斷令之令長古之諸侯叚借爲昌廣雅釋詁一長善也呂覽知度此神農之所以長注猶盛也又爲張廣雅釋詁四長拯也莊子山木而王長其閒釋文本作張又爲芣之誤字儀禮特牲禮長占按與士冠禮旅占同長古文作尢旅古文作芣从形近又託名幖識字漢書禮樂志長麗前掞光耀明注長離鸞也聲訓釋名釋長幼長萇也言體萇長也廣雅釋詁一長常也呂覽貴公用管子而爲五伯長注上也古韻詩牆有茨叶襄詳長猗嗟叶昌長揚揚蹌臧藏薿葭叶蒼霜方長央巧言叶盟長小東叶漿長光襄公劉叶長岡陽易屯叶明光長剝叶剛長象行小過叶當長上亢禮月令叶裳恒長量常老子苦思叶行明彰功長三寶叶勇廣長莊子天運叶明長剛常阬量呂覽盡數叶揚行朗長明良養順說叶往象長響神女賦叶章方裳長堂翔裴芳楚辭卜居叶長明通橘頌叶長像宋玉大言賦叶長仰靈樞經脈叶剛牆長迎行

陽 **萇** 萇楚銚弋一名羊桃从艸長聲詩隰有萇楚傳銚弋也釋文一名羊腸南都賦薇蕪蓀萇按卽夾竹桃也蔓生實小似桃味則

說文通訓定聲　壯部弟十八　三七

不類亦可食叚借託名幖識字左傳周大夫萇宏

漾 **韔** 弓衣也从韋長聲亦名韣詩小戎虎韔鏤膺交韔二弓傳弓室也采綠言韔其弓釋文弢也禮記檀弓赴車不載櫜韔字亦作韔廣雅釋器韔弓藏也

庚 **棖** 杖也从木長聲按與樘略同柱也爾雅釋宮棖謂之楔注門兩旁木也儀禮聘禮大夫中棖與闑之間論語皇疏門左右兩楗邊各豎一木以禦車過恐觸門也詩丰俟我乎堂兮以堂爲之廣雅釋詁三棖止也叚借爲樘文選祭古冢文以物棖撥之注南人以物觸物爲棖也又爲趟或爲黨方言三棖隨也又爲章或爲像說文一曰法也方言三棖法也又託名幖識字論語申棖史記作棠

漾 **帳** 幬也从巾長聲爾雅釋訓幬謂之帳何承天纂要在上曰帳在旁曰帷禪帳曰幬東都賦供帳置乎雲龍之庭又史記袁盎鼂錯傳乃決張道索隱軍幕也以張爲之聲訓說文帳張也釋名帳張也張施于牀上也

陽 **倀** 狂也从人長聲俗字作猖按離騷何桀紂之昌披兮以昌爲之別義說文一曰朴也未詳疑借爲僵仆也叚借重言形況字禮記仲尼燕居倀倀乎其何之釋文無見皃荀子修身人無法則倀倀然注無所適皃言不知所措履古韻荀子成相叶相殃良倀

zhàng 丈　zhàng 杖　zhāng 張　chàng 悵

漾 **悵** 望恨也从心長聲漢書外戚傳滂洟悵兮注惆悵也古韻禮記問喪叶悵愴

陽漾 **張** 施弓弦也从弓長聲攴之曰張解之曰弛廣雅釋詁二張開也三張施也詩吉日既張我弓禮記襍記一張一弛左昭二十傳魯琴張字子開論語朱張釋文引王弼注字子弓轉注禮記檀弓琴瑟張而不和又周禮冥氏掌設弧張注罿罦之屬所以扃絹禽獸公羊隱五傳百金之魚公張之又楚辭招魂羅幬張些又秦策張樂設飲又淮南氾論一謂張之注持舟楫者謂遠岸爲張又中山經豐山多羊桃可以爲皮張注治皮腫起左成十傳張如廁注腹滿也廣雅釋詁一瘨病也俗字亦作脹作痮又莊子山木呼張歙之又廣雅釋詁一張大也詩韓奕孔脩且張傳大也左桓六傳我張吾三軍注自侈大也隨張必棄小國注自侈也昭十四傳臣欲張公室也注彊也荀子王霸不務張其義注開也楚辭湘夫人與佳期兮夕張注施也叚借爲帳史記高祖記高祖復留止張漢書王莽傳張于西廂又託名幖識字洪範五行傳注張爲食廚按南方宿張六星在軒轅下中四星如方勝兩角兩星相對聲訓史記律書張者言萬物皆張也古韻詩公劉叶康疆倉糧囊光張揚行韓奕叶張王章衡錫賓之初筵叶抗張楚辭招魂叶璜光張璜

丈二名凡丈之派皆衍丈聲直兩切

說文通訓定聲　壯部弟十八　三八

養 **丈** 十尺也从又持十會意今隸作丈小爾雅度五尺謂之墨倍墨謂之丈陳君閣道碑二百餘支周制八寸爲尺十尺爲丈人長八尺故稱丈夫廣雅釋器男子謂之丈夫按丈之言長也丈之義大也易師貞丈人鄭注能以法度長于人子夏傳作大人論語遇丈人皇疏長宿之稱包注老人也左哀十一傳是謂我不成丈夫也釋文或作大公羊定八傳如丈夫何注大人稱也易隨失丈夫虞注體大過老夫故稱丈夫叚借爲杖禮記曲禮席間函丈注丈或爲杖王肅本作杖聲訓大戴本命丈者長也漢書律厤志丈者張也淮南道應狐丘丈人注老而杖于人者易師貞丈人吉注嚴莊之稱也

養 **杖** 持也从木丈聲古杖長六尺見呂覽禮記曲禮必操几杖以從之論語丈者出孔注老人也又儀禮喪服傳苴杖竹也削杖桐也禮記喪服四制杖者何爵也或曰擔主或曰輔病又方言九柃謂之杖字亦作仗風俗通仗刀戟之總名也轉注逸周書大明武解主人若杖注謂堅也漢書李尋傳近臣已不足杖矣注謂倚任也高帝紀杖義而西注亦倚任之意婁敬傳杖馬箠注謂柱之也古韻家語終記叶仰杖放

爿二十六名凡爿之派皆衍爿聲才良切

qiáng 爿　zhuàng 壯　zāng 牂　zhuó ⿰爿角　qiāng 牄　qiáng 牆

陽 刪 爿 爿 判木也从反片指事讀若牆說文奪此字今據說解偏旁補
六書故引唐本說文有此然唐人二徐俱未見不足深信至
楚金謂即疒字則亦非也

漾 壯 壯 大也从士爿聲廣雅釋詁二壯健也方言一秦晉之間凡人之
大謂之奘或謂之壯禮記曲禮三十曰壯釋名釋長幼言丁壯
也月令養壯狡呂覽注多力之士射義幼壯孝弟注或爲將離騷不
撫壯而棄穢兮注年德盛曰壯又詩采芑克壯其猷楚辭天問何壯
武厲易大壯王肅注盛也老子物壯則老王注武力暴興轉注管子
小問至其壯也注謂苗轉長大又莊子徐无鬼百工有器械之巧則
壯李頤注猶疾也爾雅釋言疾齊壯也假借爲戕易大壯馬注傷也
姤女壯虞注傷也易襍卦大壯則止又爲創廣雅釋詁二壯傷也方
言三凡草木刺人北燕朝鮮之間或謂之壯素問鍼解手如握虎者
欲其壯也注謂揉鐵堅定也又爲灼醫經以艾灸體曰壯壯者灼聲
之轉又單辭形況字荀子非十二子壯然注不可犯之皃又託名幖
識字爾雅釋天八月爲壯古韻爾雅釋天叶相壯陽易大壯叶壯罔

陽 陽 牂 牂 牝羊也从羊爿聲字亦誤作牂爾雅釋畜羊牡羒牝牂夏羊牡
羭牝羖廣雅釋嘼吳羊牡一歲曰牡䍫三歲曰羝其牝一歲曰
牸䍫三歲曰牂按白羊曰吳羊多無角黑羊曰夏羊多有角白或通
稱爲牂黑或通稱爲羖詩苕之華牂羊墳首禮記內則取豚若將以
將爲之宋華元之御羊字叔牂假借重言形況字詩東門之楊其葉
牂牂傳盛皃又託名幖識字爾雅釋天太歲在午曰敦牂李注壯也
又漢書地理志牂柯郡注牂柯繫船杙也又左定十四
傳頓子名牂公羊作牄古韻詩東門之楊叶楊牂煌

藥 虞 ⿰爿角 ⿰爿角 角長皃从角爿聲讀若粗觕按字亦作衠从行聲公羊精
觕字漢書藝文志麤觕字與此不涉今別附觕于豫部

陽 牄 牄 鳥獸來食聲也从倉爿聲虞書曰鳥獸牄牄按此重言形況字
今本作蹌蹌是也許以从倉訓來食尤紆曲凡此類字皆漢時
俗體可刪。

陽 牆 牆 牆 牆 垣蔽也从嗇爿聲按从嗇猶从㐭也籀文嗇从秝从
㐭又从二來从㐭亦皆爿聲按嗇篆下當補此籀文
二體字亦作廧作墻作墻詩將仲子無踰我牆傳垣也常棣兄弟鬩
于牆釋文或作廧漢脩堯廟碑繕飾壁廧又作牆又論語蕭牆之內
鄭注謂屏也按猶今所謂照牆在門之外當門之中轉注禮記檀弓
周人牆置翣注柳衣也釋名輿棺之車其旁曰牆似屋牆也又方言
五篝陳楚宋魏之間謂之牆居注今薰籠也假借託名幖識字爾雅
釋草蘜治牆又左僖二十三傳狄人伐廧咎如注赤狄別種隗姓又
襄二十六傳寺人惠廧伊戾釋文或作牆聲訓釋名牆障也所以
自障蔽也古韻詩將仲子叶牆桑兄靈樞經脈篇叶剛牆長通行

說文通訓定聲　壯部第十八　卅九

chuáng 牀　zhuàng 狀　jiāng ⿰爿手　zhuāng 妝　qiāng 戕　qiāng 斨　jiàng 醬

陽 牀 牀 安身之坐也从木爿聲字亦作床古聞居坐于牀隱于几不垂
足夜則寢晨興則斂枕簟廣雅釋器棲謂之牀通俗文牀三尺
五曰榻板獨坐曰枰八尺曰牀易剝牀王注在下而安者牀也聲訓
釋名人所坐臥曰牀牀裝也所以自裹載也古韻詩斯干叶牀裳璋
喤皇王

漾 狀 狀 犬形也从犬爿聲轉注左文十五傳且曰獻狀謂獻其騈脅之
狀也秦策王后悅其狀注貌也又漢書東方朔傳妾無狀注形
貌也史記夏紀鯀之治水無狀索隱言無功狀按猶像也又考工㮚
氏凡鑄金之狀杜注謂形狀又莊子德充符自狀其過以不當亡者
衆猶陳也假借後世選舉有省元殿元之分殿元謂之狀元蓋始于
唐天寶此進士之最貴者疑借爲壯壯者士之大也或曰借爲[illegible]實
爲望存參古韻神女賦叶望相
尙羊暢狀老子贊元叶狀象恍

陽 ⿰爿手 ⿰爿手 扶也从手爿聲古詩好事相扶
將以將爲之經傳皆以將爲之

陽 妝 妝 飾也从女爿聲字亦作裝廣雅釋詁二裝飾也登徒子
好色賦不待飾裝上林賦靚莊刻飾以裝以莊爲之

陽 戕 戕 槍也从戈爿聲小爾雅廣言戕殘也易豐自藏也馬鄭皆作戕
注戕傷也小過從或戕之虞注殺也書盤庚汝有戕詩十月之
交曰予不戕左襄二十八傳濟水而戕舟發梁孟子將戕賊杞柳晉
語可以小戕注害在內爲戕戕猶傷也字亦誤作戕孫根碑大虐戕
仁轉注說文他國臣來弒君曰戕左宣十八年邾人戕鄫子于鄫傳
凡自虐其君曰弒自外曰戕注戕者卒暴之名公羊注支解節斷之
故變殺言戕假借疊韻連語莊子在宥乃始臠卷
獊囊崔注戕囊猶搶攘也古韻易小過叶防戕

陽 斨 斨 方銎斧也从斤爿聲詩七月取彼斧斨傳方銎也破斧又缺我
斨按銎者受柄之鑿凡斧皆隋銎其方者曰斨廣雅釋器鑠謂
之斨假借託名幖識字虞書讓于殳斨暨伯與
舜臣名古韻詩七月叶桑斨揚破斧叶斨皇將

漾 醬 醬 𤅬 𨡰 醢也从肉从酉會意酒以和醬也爿聲古文从酉爿
聲籀文从酉从皿爿聲字俗誤作醬按酉篆下當據
此補古文酉字又按醢也讀爲醯廣韻引說文醢也疑醯實醢之誤
字故宋本或誤作醯也周禮膳夫醬用百有二十罋注謂醯醢也論
語不得其醬皇疏古者醬齊菹三者通名也按醬有和食者禮記內
則濡雞醢醬濡魚卵醬濡鼈醢醬之類是也有配食者儀禮公食禮
韭菹醓醢昌本麋臡菁菹鹿臡及醢牛胾醢牛鮨羊胾醢豕胾芥
醬魚膾內則服脩蚳醢至麋腥醢醬之類是也周禮食醫醬齊眡秋
時謂醬于四時均宜凉也又曲禮醯醬處內此用以食正饌牲牢所
謂饌本主人親設賓客親徹者也其庶羞之豆在左用以食稻粱加

說文通訓定聲　壯部第十八　卌

爿

zhuāng 莊　zhuāng 裝　zàng 奘　zàng 奘　qiáng 蘠　zāng 臧

豆之醢在右用以食菽膾卽所謂配食惟炙已有鹹和故無醬也凡祭祀之禮亦設之

莊　陽　上諱、古文𦽅按漢明帝名莊漢世多以嚴字爲之、左傳楚莊王國莊子論語卞莊子古今人表皆作嚴此字从艸壯聲許不箸說解其義失傳唐韻草盛皃是謂草之壯亦望文生訓也或曰借易書詩三經俱不見此字疑草整齊皃故轉注爲嚴敬之訓或曰借爲妝也儼者飾之皃敬者所以飾之心或曰檀弓柳莊古今人表作壯詩君子偕老箋顏色之莊莊子天下不可與莊語釋文皆云本作壯嚴敬當爲壯之本訓大者以壯爲奘耳存參禮記曲禮非禮不誠不莊注敬也論語臨之以莊則敬包注嚴也周書祭公汝無以嬖御固莊后注正也禮記緇衣毋以嬖御人疾莊后毋以嬖御士疾莊士大夫卿士注莊后適夫人齊莊得禮者莊士亦謂士之齊莊得禮者史記爰盎傳上益莊汲鄭傳以莊見憚又神女賦貌豐盈以莊姝兮按字亦作藏从艸臧聲（假借）爲壯周書謚法兵甲亟作曰莊勝敵志强曰莊屢征殺伐曰莊獨斷好勇致力曰莊又爲奘爾雅釋宮六達謂之莊孫注盛也道繁盛左襄二十八傳得慶氏之木百車于莊昭十傳又敗諸莊按六道旁出也杜注六軌之道失之又公羊定八傳矢箸于莊門注孟氏門名釋文或作嚴益避漢諱又重言形況字管子小問莊莊乎何其士也注矜直皃按猶奘奘也又託名幖識字六國時楚有莊周益楚莊王之後以謚爲氏羋姓齊莊賈周莊辛疑自楚往者漢避諱俱改爲嚴氏嚴助嚴光嚴遵嚴萬石嚴嫗皆當爲莊也聲訓釋名釋道六達曰莊莊裝也裝其上使高也其義未詳

說文通訓定聲　壯部弟十八　四二

裝　陽　裹也从衣壯聲史記酈生陸賈傳橐中裝思元賦簡元辰而俶裝注束也詩出車箋裝載物而往字多以藏爲之藏卽莊字（假）借爲妝廣雅釋言裝褖也舞賦顧形影自整裝

奘　養　妄彊犬也从犬从壯會意壯亦聲

奘　養　駔大也从大从壯會意壯亦聲爾雅釋言奘駔也注猶麤也樊光孫炎本皆作將且也釋文沈集注本作壯按亦將且之誤下又衍駔耳方言一奘大也秦晉之間凡人之大謂之奘按與膿不同膿爲肥盛此爲健壯

蘠　陽　蘠靡虋冬也从艸牆聲字亦誤以薔爲之爾雅釋草蘠蘼虋冬按卽今薔薇也說者以天門冬麥門冬當之非是管子地員其草兢與薔（假借）爲牆石經論語殘碑辟諸宮蘠修華嶽碑蘠屋傾亞

臧　陽陽　漾漾　善也从臣戕聲籀文又从土按籀文臣字作𦣻猶嚚望古文臣字作𦣻也當據此補臣籀文字亦作藏實莊之别體借莊爲裝耳俗字亦作贓作臟爾雅釋詁臧善也易師否臧凶詩定之方中終然允臧禮記樂記欲而臧左宣十二傳執事順成爲臧周禮校人秋祭馬社臧僕注簡練馭者令善也（假借）爲裝周語掩賊者爲臧左文十八傳掩賊爲藏卽俗字之贓也漢書王吉傳吸新吐故以練臧注五臧也周禮疾醫參之以九藏之動注正藏五又有胃旁胱大小腸此卽俗字之臟也又周禮宰夫五曰府掌官器以治藏注治文書及器物老子銘老子爲周守藏室史州輔碑遷臧府令又廣雅釋詁三藏深也禮記檀弓藏也者欲人之弗得見也易繫辭慢藏誨盜虞注坤爲藏禮記學記藏焉脩焉注謂懷抱之禮運義之脩而禮之藏也注若其城郭然齊策藏怒以待之注懷也易歸藏古今人表作歸臧衡方碑用舍行臧論語作藏呂覽上德愛思不臧注匿也長笛賦挼拏撥臧注猶抑也荀子解蔽心未嘗不臧也注讀爲藏左傳魯公子彊字子臧史記越人蒙字子臧凡此皆裝字引申之義又爲奘方言十二臧厚也又疊韻連語史記司馬相如傳藏莨蒹葭集解似蓟而葉大又託名幖識字莊子田子方文王觀于臧李注地名也又騂拇臧與穀二人崔注好書曰臧又發聲之詞方言三罵奴曰臧凡民男而壻婢謂之臧亡奴謂之臧荀子王霸雖臧獲不肯與天子易埶業注奴婢也楚辭哀時命釋管晏而任臧獲兮注臧爲人所賤繫也以裝爲訓漢書司馬遷傳臧獲婢妾注臧獲敗敵所被虜獲爲奴隸者亦以裝爲訓文選報任少卿書注奴以善人爲妻生子曰臧則以本義爲訓凡皆失之又重言形況字廣雅釋訓藏藏茂也按猶管子小問之莊莊也（古韻）詩雄雉叶行臧定之方中叶堂京桑臧野有蔓草叶瀼揚臧遠叶昌陽狼臧猗嗟叶昌長揚揚蹌臧彤弓叶藏貺饗頍弁叶上炳臧桑柔叶相臧腸狂十月叶向藏王閟宮叶洋慶昌臧方常易豐叶翔藏楚辭九辯叶霜藏横黃傷當九章叶臧恙莊子山木叶藏將行方葬荀子佹詩叶鄉盲藏文子精誠叶迎藏傷上德叶虹藏病素問刺要論叶藏病

說文通訓定聲　壯部弟十八　四三

qiáng ⿱山戕　jiàng 將

⿱山戕　陽　山陵也从山戕聲

將　陽陽　漾　帥也从寸醬省聲按帥也讀爲衛謂達領衆卒者也或曰字从寸疑當以將指爲本訓手以中指爲將指足以大指爲將指儀禮鄉射禮注以食指將指挾之轉注爲將帥中軍主也方言十二將成也廣雅釋詁一將君也晉語將止不面夷注帥也荀子富國是將率之事也注猶主領也呂覽執一軍必有將注主也周禮大司馬軍將皆命卿孟子魯欲使慎子爲將軍又後漢桓帝紀注將謂五官左右虎賁羽林中郎將也（轉注）漢書叔孫通傳人臣無將董賢傳君親無將按猶專主也（假借）爲牂廣雅釋言將扶也釋名釋言語將救護之也詩樛木福履將之箋扶助也無將大車箋扶進也我將我享箋猶奉也公羊十五傳前將而來也史記田叔傳爲人將車索隱猶御車也荀子成相吏謹將之注持也史記魯世家齊梁邱據字子將又爾雅釋言將送也詩鵲巢百兩將之又將資也周禮大史將幣之日

jiǎng 𤞷(獎)　jiāng 𤖣(漿)　jiāng 蔣

廣雅釋詁一、將行也、詩燕燕、遠于將之、又將養也、詩四牡、不遑將父、
太元元衝、將老也、莊子庚桑楚、備物以將形、釋文、順也、又爲壯、爲奘、
爾雅釋詁、將大也、詩北山、鮮我方將、傳、壯也、長發、有娀方將、傳、大也、
又爲戕、爾雅釋言、將齊也、詩楚茨、或肆或將、又爲傍、詩皇矣、在渭之
將、傳、側也、又爲良、廣雅釋詁一、將美也、又爲長、廣雅釋詁二、將長也、
楚辭哀時命、哀余壽之弗將、又爲漿、周禮酒人注、蚌曰合將、又發聲
之辭、廣雅釋詁一、將欲也、釋言、將請也、詩氓、將子無怒、傳、願也、又廣
雅釋言、將且也、詩谷風、將恐將懼、或曰借爲當、猶方也、又疊韻連語、
尙書大傳、羲伯之樂舞將陽、注、言象物之秀實動搖也、按猶相羊也、
又重言形況字、詩執競、磬筦將將、傳、集也、緜、應門將將、傳、嚴正也、有
女同車、佩玉將將、傳、鳴玉而後行、庭燎、鸞聲將將、傳、鸞鑣聲、又荀子
賦、讒口將將、注、進皃、七發、苹苹將將、注、高皃也、【古韻】詩樛木叶荒將、
鵲巢叶方將、燕燕叶頏將、有女同車叶行英翔將姜忘、丰叶昌堂將、
破斧叶斨皇將、庭燎叶央光將、正月叶霜傷將京痒、北山叶彭旁將、
剛方、楚茨叶蹌羊嘗亨將祊明皇饗慶疆、鹿鳴叶簧將行、桑柔叶將
往競梗、何草不黃叶黃行將方、緜叶伉將行、執競叶王康皇方明喤
將穰、閟宮叶嘗衡剛將羹、我將叶將享羊、句中韻、楚辭九辯叶佯將
攘堂方明、莊子山木叶藏將行方莽、荀子佹詩叶橫堂兵將強英皇
匡、

說文通訓定聲　壯部第十八　四十三

獎　養

嗾犬厲之也、从犬、醬省聲、今隸作獎、將聲、不省、字亦誤作奬、【轉注】小爾雅廣詁、獎勸也、方言六、獎欲也、秦晉之間相勸或曰獎、按方言欲訓乃發聲之詞、與廣雅釋言將請也同、左昭二十二傳、以獎善人、疏、勸也、漢書哀帝紀、獎厲太子、注、勸使也、【假借】爲將、左僖二十八傳、皆獎王室、注、助也、定四傳、以獎天衷、注、成也、又爲妝、廣雅釋詁四、獎譽也、方言六、凡相被飾亦曰獎、

漿　陽

酢漿也、从水、醬省聲、古文从水、爿聲、今隸作漿、將聲、字又作𩟄、九家易說卦、坤爲漿、周禮酒正、三曰漿、漿人、掌共王之六飲、水漿醴涼醫酏、儀禮公食禮、飲酒漿飲俟于東房、禮記內則、漿水醷濫、曲禮、酒漿處內、莊子列御寇、吾嘗食于十𩟄、司馬注、十家並賣漿也、釋名釋形體、口下曰承漿、承水漿也、【聲訓】釋名、漿將也、飲之寒溫多少與體相將順也、按以牂爲訓、【古韻】詩大東叶漿長光襄、又叶揚漿、楚辭東皇叶良皇琅芳漿、倡堂康、招魂叶方粱行芳羹漿鶬爽、

蔣　陽　養

苽蔣也、从艸、將聲、其米曰雕胡、漢書司馬相如傳、蔣芧青薠、注、苽也、淮南原道、浸潭苽蔣、蜀都賦、攢蔣叢蒲、【假借】爲薦、爲藉、藉薦蔣皆雙聲、夏小正傳、荼也者以爲君薦蔣也、又爲蔣褚之也、韓非十過、縵帛爲茵蔣席、額緣、王褒僮約、編蔣織蒲、又爲獎、楊信碑、蔣厲兵甲、又託名幖識字、左僖二十四傳、凡蔣邢茅胙祭、周公之胤也、按楚滅之、卽文十傳、期思公、地在今河南光州固始縣西北、又魯哀公

qiāng 蹡　jiǎng 䉃　chuāng 刅　chuàng 刱　liáng 梁

名蔣、

蹡　陽

行皃、从足、將聲、廣雅釋訓、蹡蹡走也、【假借】爲莊、實爲妝、三蒼、蹡敬也、又重言形況字、三家詩執競、管磬蹡蹡、毛本作磬筦將將、亦同、

䉃　養

剖竹未去節謂之䉃、从竹、將聲、字亦作槳、廣雅釋器、䉃笟也、古小兒學書簡用之、【轉注】方言、所以隱權謂之槳、注、搖櫓小橛也、今以名權、而改其字作槳、【假借】爲薦、廣雅釋器、䉃席也、䉃薦一聲之轉、

刅四名、凡刅之派皆衍刅聲、楚良切、

刅　陽　漾　創

傷也、从刃、从丶、丶者指事、或从刀、倉聲、字亦作戧、作瘡、禮記三年問、創鉅者其日久、漢書薛宣傳、欲令創咸面目、又西京賦、所惡成瘡痏、注、謂瘢痕也、【轉注】書益稷、予創若時、傳、懲也、漢書鼂錯傳、壹大治則終身創矣、馮奉世傳、羌虜破散創艾、注、謂懲懼也、【假借】爲刱、廣雅釋詁一、創始也、周語、以創制天下、注、造也、論語、裨諶草創之、釋文、制也、孟子、君子創業垂統爲可繼也、又爲瑲、詩采芑、有創葱珩、【聲訓】釋名釋疾病、創戕也、戕毀體使傷也、【古韻】禮記月令叶傷創、文子九守叶明聽創揚、

說文通訓定聲　壯部第十八　四十四

刱　漾

造法刱業也、从井、刅聲、讀若創、經傳皆以創爲之、漢書敘傳、禮義是創、注、始造也、

梁　陽

水橋也、从木、从水、會意、刅聲、古文从水、从二木、會意、从一指事、方言九、艁舟謂之浮梁、莊子秋水、梁麗可以衝城、司馬注、小船也、左莊四傳、除道梁溠、禮記月令、謹關梁、孟子、十一月輿梁成、周語、十月成梁、晉語、津梁之上、又爾雅釋宮、隄謂之梁、注、卽橋也、或曰石絕水者爲梁、詩有狐、在彼淇梁、釋地、梁莫大于湨梁、水經濟水注、梁水隄也、左襄十六傳、會于湨梁、在今河南懷慶府濟源縣西北原山、有白澗水是也、又周禮𩽾人、掌以時𩽾爲梁、司農注、水偃也、偃水爲關空、以笱承其空、詩谷風、無逝我梁、候人、維鵜在梁、鴛鴦、鴛鴦在梁、禮記王制、然後漁人入澤梁、【轉注】爾雅釋宮、宗廇謂之梁、注、屋大梁也、按南北之棟也、又楣謂之梁、注、門戶上橫梁、按卽說文之梠也、書無逸、鄭本乃或梁闇、禮記喪服四制、古本高宗梁闇、又詩小戎、五楘梁輈、傳、輈上句衡也、甫田、如茨如梁、傳、車梁也、按以其穹隆故謂之梁、左定五傳、楚沈諸梁字子高、又史記司馬相如傳、怵臭以梁倚、集解、相著也、【假借】爲粱、素問通評虛實論、肥貴人則高梁之疾也、又爲勍、釋名釋宮室、梁彊梁也、尙書大傳、故爾梁遠、注、讀爲掠、西京賦、怪獸陸梁、注、陸梁東西倡佯也、亦雙聲連語、又爲諒、白虎通封禪、梁者信也、又託名幖識字、爾雅釋天、大梁昴也、按酉宮胃昴畢所居之度、古名曰大梁、然恒星亦有歲差、今時昴畢皆在申宮矣、又

爿 刅

爾雅釋山梁山晉望也公羊成五年梁山崩傳梁山者何河上之山也在今陜西同州府郃陽韓城二縣界按非詩韓奕之奕奕梁山也詩梁山在今直隸順天府通州之西固安縣之東北近韓侯城韓卽邗晉應韓之韓非晉之韓原也又書禹貢華陽黑水惟梁州今分屬陜西甘肅湖北四川四省周禮爾雅無梁州之名則雍州統之也吳都賦梁岷有陟方之館注梁州也晉太康地記梁州者言西方金剛之氣彊梁故名則以勍爲說又蜀都賦外負銅梁于宕渠注銅梁山名則在今四川重慶府銅梁縣又白虎通封禪梁甫者泰山旁山名則在今山東泰安府泰安縣又盛宏荆州記都梁縣有小山上悉生蘭俗謂蘭爲都梁卽以縣爲名也又發聲之詞水經存水注益州雍無梁林梁吏言馬也【古韻】詩有狐叶梁裳甫田叶梁京倉箱梁慶疆大明叶梁光楚辭招魂叶堂梁

陽 **粱** 粱 米名也从米梁省聲按卽粟也糜也芑也今小米之大而不黏者其細而粘者謂之秫古春粟之率自糲至于侍御皆言粱也三蒼粱好粟也禮記曲禮粱曰薌萁又大夫不食粱注加食也晉語夫膏粱之性難正也注食之精者【轉注】廣雅釋草藋粱木稷也按此今之高粱三代時其種未必入中國亦謂之蜀黍又曰蜀秫其實與粱秫黍稷均無涉也按高粱莖長丈許實大如椒粘者以釀酒不粘者作飯今西北爲多宜山地種之【古韻】詩鴇羽叶行桑粱嘗常甫田叶粱京倉箱粱慶疆楚辭招魂叶方粱行芳羹漿鶬爽呂覽樂成叶公旁粱

倉十一 名凡倉之派皆衍倉聲 七岡切

陽 **倉** 倉 全 岺 穀藏也蒼黃取而藏之故謂之倉从食省口象倉形 古文奇字全汗簡引作岺疑亦象形按刈穫貴速蒼黃者疊韻連語許以聲訓也藏讀爲裝方者曰倉圜者曰囷禮記月令脩囷倉又藏帝藉之收于神倉注藏祭祀之穀爲神倉【轉注】素問脈要精微論倉廩不藏者注謂脾胃【叚借】爲蒼禮記月令駕倉龍又疊韻連語爾雅釋鳥倉庚商庚又倉庚鵹黃也又鵹黃楚雀又皇黃鳥卽後世所謂黃鶯也亦名摶黍又詩桑柔倉兄塡兮傳謂借爲喪失之按愴甚也又雙聲連語後漢光武紀注倉卒謂喪亂也又託名幖識字黃帝史倉頡左傳八凱倉舒按兩字名疑當以蒼爲正春秋時周有蒼葛則以名爲氏也古今人表作倉或云古有世掌倉庾者各以爲氏存參【聲訓】釋名倉藏也藏穀物也以裝爲訓【古韻】詩公劉叶康疆倉糧囊甫田叶梁京倉箱粱慶

陽 **瑲** 瑲 玉聲从玉倉聲詩采芑有瑲蔥珩傳珩聲也禮記玉藻然後玉鏘鳴也以鎗爲之【叚借】單辭形況字說文引載見詩曰鞗革有瑲毛本作鶬傳言有法度也謂借爲𤟹非箋金飾皃是也又重言形況字詩采芑八鸞瑲瑲傳聲也【古韻】詩采芑叶鄉央皇衡瑲珩

陽 **蒼** 蒼 艸色也从艸倉聲廣雅釋器蒼青也素問陰陽應象大論在色爲蒼注謂薄青色詩蒹葭蒼蒼傳盛也廣雅釋訓蒼蒼茂也亦重言形況字爾雅釋天春爲蒼天呂覽有始東方曰蒼天釋名陽氣始發色蒼蒼也詩黍離悠悠蒼天漢脩堯廟碑恩如浩倉楊著碑卬叫穹倉史晨奏銘黑不代倉皆以倉爲之又周公禮殿記倉龍甲戌按東方七宿角亢氐房心尾箕曰蒼龍是年太歲木星在其度也又楚辭天問蒼鳥羣飛注鷹也【叚借】疊韻連語易說卦震爲蒼筤竹夏小正有鳴倉庚傳蒼庚者商庚也商庚者長股也按長股長脟之誤亦疊韻字非鳥脟長也莊述祖謂此句當在鳴蜮傳下說雖是而文隔遠又呂覽離俗自投于蒼領之淵按猶清泠也又託名幖識字易緯蒼牙則伏羲也【古韻】詩蒹葭叶蒼霜方長央

陽 **蹌** 蹌 動也从足倉聲詩猗嗟巧趨蹌兮傳巧趨皃舞賦蹌捍凌越注馬走疾之皃又爾雅釋訓蹌蹌動也詩楚茨濟濟蹌蹌公劉蹌蹌濟濟傳士大夫之威儀也荀子大略朝廷之美濟濟蹌蹌注有行列皃禮記曲禮士蹌蹌又虞書鳥獸蹌蹌法言問明鳳鳥蹌蹌羽獵賦啾啾蹌蹌注行皃亦皆重言形況字【古韻】詩猗嗟叶昌長揚蹌臧楚茨叶蹌羊嘗亨將祊明

陽 **鶬** 鶬 𩀌 麋鴰也从鳥倉聲或从隹按似鴈而黑亦謂之錯落列子湯問蒲且子連雙鶬于青雲之際漢書司馬相如傳雙鶬下楚辭招魂煎鴻鶬些注鶬鶬鶴也【別義】莊子天運釋文引三蒼鶬鵊也又爾雅裴瑜注鶬麋鴰是九頭鳥也【叚借】單辭形況字詩載見鞗革有鶬箋金飾皃又重言形況字詩烈祖八鸞鶬鶬傳言文德之有聲也【古韻】詩載見叶王章陽央鶬享光楚茨招魂叶方粱行芳羹漿鶬爽大招叶皇鶬爽翔

陽 **槍** 槍 歫也从木倉聲按歫人之械也蒼頡篇槍謂木兩頭銳者也通俗文剡木傷盜曰槍又齊語挾其槍刈耨鎛注椿也【轉注】莊子逍遙遊飛搶榆枋支遁注突也崔注著也漢書揚雄傳注搶刺也字亦作搶【叚借】疊韻連語說文一曰槍攘也今作搶亂皃漢書賈誼傳國制搶攘注不安皃

漾 **愴** 愴 傷也从心倉聲廣雅釋詁三愴悲也禮記祭義必有悽愴之心【叚借】爲滄列子湯問愴愴涼涼亦重言形況字【古韻】禮記祭義叶上明愴問喪叶悵愴

陽 **滄** 滄 寒也从水倉聲周書周祝天地之間有滄熱列子湯問日初出滄滄涼涼亦重言形況字【叚借】疊韻連語書禹貢又東爲滄浪之水史記作蒼亦同孟子滄浪之水清兮又陸機樂府垂影滄浪泉注水色也按此字與滄略同疑當以水名爲本訓乃與浪篆說解合

cāng 滄　cāng 匫　chēng 鎗　mǎng 茻　mǎng 莽　zàng 葬　jiāng 畺

溙陽 **滄** 滄 寒也。从仌，倉聲。字與滄略同。荀子正名疾養滄熱。漢書枚乘傳欲湯之滄，絕薪止火而已。字亦作淶。方言十三，淶，淨也。注，冷皃也。

陽 **匫** 匫 古器也。从匸，倉聲。

庚陽 陽 **鎗** 鎗 鐘聲也。从金，倉聲。字亦作鏘。廣雅釋詁四，鎗，聲也。埤蒼，鎗，金聲也。叚借爲瑲。禮記經解注，然後玉鎗鳴也。玉藻作鏘。注，聲皃。楚辭東皇太一，璆鏘鳴兮琳琅。注，佩聲也。又爲愴。文選宋孝武宣貴妃誄，鏘楚挽于槐風。注，鳴聲也。又重言形況字。詩烝民，八鸞鏘鏘。箋，鳴聲。吳都賦，被練鏘鏘。注，行步皃。廣雅釋訓，鏘鏘，盛也。【古韻】詩烝民叶彭、鏘、方。左莊二十二傳叶鏘、姜、昌、卿、京。

茻三名，凡茻之派，皆衍茻聲。模朗切

養 **茻** 茻 衆艸也。从四屮，會意。讀與冈同。廣雅釋訓，茻茻，茂也。經傳草莽字皆以莽爲之。

養 **莽** 莽 南方謂犬善逐兔艸中爲莽。从犬，从茻，會意，茻亦聲。按此字古亦讀如莫，聲之轉也。叚借爲茻。小爾雅廣言，莽，草也。易同人，伏戎于莽。左哀元傳，暴骨如莽。孟子，在野曰草莽之臣。漢書揚雄傳，羅千乘于林莽。景帝紀，地饒廣薦草莽水泉。注，草稠曰薦，深曰莽。又小爾雅廣詁，莽，大也。呂覽知接，何以爲之莽莽也。注，長大皃。亦重言形況字。又爲幕。漢書禮樂志，莽若雲。注，雲皃。按猶冒也。莽幕一聲之轉。又疊韻連語。莊子則陽，耕而鹵莽之，則其實亦鹵莽而報予。逍遙游，適莽蒼者。崔注，草野之色。吳都賦，莽㒵之野。注，廣大皃。又雙聲連語。莊子應帝王，莽眇之鳥。注，羣碎之謂耳。崔本作猛，亦同。又託名幖識字。爾雅釋草，莽，數節。注，竹類也，節間促。按如今馬鞭竹。又周禮翦氏以莽草薰之。注，莽草，藥物殺蟲者。又離騷，夕攬洲之宿莽。注，冬生不死者，楚人名曰宿莽。【古韻】離騷叶與、莽、序、莫。宋玉風賦叶口、下、怒、迕、莽。按讀如莫，莫亦从茻聲。莽、莫一聲之轉。轉音。楚詞思美人叶莽、草。

溙 **葬** 葬 藏也。从死在茻中，一其中所以薦之。指事。易曰，古之葬者厚衣之以薪，故从茻。按藏者褱也。或曰茻亦聲。禮記檀弓，葬也者藏也。春秋說題辭，葬，尸下藏也。人生于陰，含陽光，死入地，歸于陰也。荀子禮論，故葬埋，敬藏其形也。皆以聲訓。【古韻】莊子山木叶藏、將、行、方、葬。

畺十三名，凡畺之派，皆衍畺聲。居良切

陽 **畺** 畕 畺 界也。从田，三其界畫也。指事。或从土，彊聲。字亦作壃。又按境亦此字之別體，从土，竟聲。詩思文，無此疆爾界。信南山，我疆我理。周禮夏官有掌疆。大司徒，制其畿疆而溝封之。肆師，禰于畺及郊。注，五百里。按王畿界也。左成二傳，先王疆理天下。禮記曲禮，出疆必請。周語，畺有寓望。爾雅釋詁，壃，垂也。轉注。小爾雅廣詁，疆，竟也。廣雅釋詁四，疆，窮也。詩七月，萬壽無疆。儀禮士冠禮，黃耇無疆。又左成二傳，以逞無疆之欲。叚借爲剠。禮記月令，可以美土疆。注，強檗之地。左襄二十五傳，數疆潦。賈注，爲疆檗境埆之地。又爲僵。陳君閣道碑，車馬疆頓。又爲壃之誤字。禮記月令，固封疆。按借疆爲壃。呂覽、淮南正作壃。又重言形況字。詩鶉之奔奔，鵲之彊彊。釋文，乘匹之皃。韓詩、穀梁昭元傳，疆之爲言猶竟也。廣雅釋詁三，畺，竟也。【古韻】詩鶉奔叶疆、良、兄。七月叶霜、場、饗、羊、堂、觥、疆。天保叶享、嘗、王、疆。楚茨叶皇、饗、慶、疆。甫田叶梁、京、倉、箱、梁、慶、疆。信南山叶享、明、皇、疆。嘉樂叶疆、綱。公劉叶康、疆、倉、糧、囊、光、張、揚、行。崧高叶疆、粻、行。易坤叶疆、亨、行、常、慶。荀子賦篇佹詩叶明、疳、行、盲、疆、常、忘、將。周書武寤叶疆、宗、公、饗。

jiāng 犟　jiāng 橿　jiāng 僵　jīng 麠　jīng 鱷　qiáng 彊

陽 **犟** 犟 牛長脊也。从牛，畺聲。

陽 **橿** 橿 枋也。从木，畺聲。西山經，英山其上多杻橿。注，橿木中車材。考工記注，今世轂用雜榆，輻以橿，牙以橿。叚借爲柄。釋名釋用器，鋤，齊人謂其柄曰橿，橿然正直也。廣雅釋器，橿，柄也。又重言形況字。太元疆，左右橿橿。注，盛也。

陽 **僵** 僵 僨也。錯本偃也。从人，畺聲。却僵曰偃，前覆曰仆。呂覽貴卒，鮑叔御公子小白僵。注，僵，偃也。史記蘇秦傳，佯僵而棄酒。索隱，仆也。漢書梁平王襄傳，即詐僵仆陽病。注，倒地也。轉注。呂覽貴卒，俗悝僵。注，斃也。西京賦，屍僵路隅。字亦作殭。又爾雅釋木注，殭木也。釋文，殭，死而不朽。今燕俗猶謂不動不朽曰殭。字又作傹。荀子仲尼，可炊而傹也。

庚 **麠** 麠 大鹿也。牛尾一角。从鹿，畺聲。或从京聲。爾雅釋獸，麠，大麃，牛尾一角。按與麖相似，惟黑色耳。麠與麖則兩角。中山經，尸山其獸多麖。注，似鹿而小，黑色。漢書地理志，山多麈麖。注同。吳都賦，縝麖麖。劉注，大麃也。

庚 **鱷** 鱷 海大魚也。从魚，畺聲。或从京聲。左宣十二傳，取其鯨鯢而封之。疏，雄曰鯨，雌曰鯢。淮南覽冥，鯨魚死而彗星出。注，大魚長數里。許慎注，魚之王也。吳都賦，長鯨吞浪。漢書揚雄傳，騎京魚。以京爲之。又異物志，鯨死沙中，得之者皆無目，俗云其目化爲明月珠也。西京賦，鯨魚失流而蹉跎。聲訓。水經河水注，鯨，大也。以京爲訓。

陽養 **彊** 彊 弓有力也。从弓，畺聲。史記絳侯世家，材官引彊。注，如今挽彊司馬也。轉注。釋名釋車，隆彊，或曰弓車，似弓曲也。其上竹曰郎疏。又管子地員，赤壚歷彊肥。注，堅也。叚借爲勍。爾雅釋詁，彊，暴也。彊，當也。詩載芟，侯彊侯以。傳，彊，強力也。蕩，曾是彊禦。傳，彊梁禦善也。書皋

誤彊而義傳無所屈撓也楚語彊忍不義晉語申生甚好仁而彊呂覽審時其米多沃而食之彊注有勢力也悔過若是而擊可大彊注覇也韓非子喻老自勝之謂彊又爲勥淮南脩務功可彊成注勉也法言五百或性或彊注習學以至也太元元衡彊善不倦又爲彊史記越世家越王無彊又疊韻連語莊子知北遊天地之彊陽氣也注猶運動也太元彊其不彊粱注助也逃陰氣章彊注彊粱傷敗之皃又重言形況字詩鶉之奔奔鵲之彊彊箋言其居有常匹飛則相隨之皃又託名幖識字左昭八傳齊高彊字子良又釋名釋首飾彊其性凝強以制服亂髮也【聲訓】大戴曾子大孝彊者彊此者也上彊爲就下彊爲勥【古韻】莊子知北遊叶房皇彊明方廣行昌韓非道篇叶明功彊常文子道原叶彊亡同量微明叶陽剛彊功下德叶常明祥彊向光

陽 **繮** 馬紲也从糸畺聲字亦作韁廣雅釋器靮謂之繮按牛曰紖犬曰紲馬曰繮漢書敘傳名聲之韁鎖【聲訓】釋名釋車繮疆也繫之使不得出疆限也

陽 **薑** 禦溼之菜也从艸彊聲字亦作薑論語不徹薑食禮記內則屑桂與薑轉注廣雅釋草廉薑葰也卽今之荾又麥句薑蘧麥也按據本草則天明精也非瞿麥瞿麥一名巨句麥又山薑朮也卽爾雅之山薊今白朮也

說文通訓定聲　壯部弟十八　兕

陽 **强** 蚚也从虫弘聲按彊省聲厶當作口籒文从蚰彊聲不省據玉篇謂卽爾雅强蚚又強醜捋注以脚自摩捋不詳何物疑亦蠅屬語此蟲亦未見其捋也【叚借】爲彊實爲勍蒼頡篇强健也禮記中庸子路問强注勇者所好也曲禮四十曰强釋名釋長幼言堅强也學記强力而不反注臨事不惑也齊策天下强國無過齊者注大也秦策兵革之强注盛也老子自勝者强又心使氣曰强又守柔曰强莊子山木從其强梁離騷澆身被服强圉兮注多力也後漢楊震傳强項注言不低屈也又小爾雅廣詁强益也九章算術凡有餘贏命曰强又爲勥爾雅釋詁强勤也禮記表記强爲日有孶孶釋文一作俛學記知困然後能自强也注脩業不敢倦周禮司諫强之道藝注猶勸也考工梓人强飲强食按勉也又左文十傳三君皆將强死注不病也又爲襁史記周公世家成王少在强葆之中又託名幖識字爾雅釋天太歲在丁曰强圉李注言萬物剛盛未通又水經江水注强水卽羌水也【聲訓】禮記祭義强者强此者也上强勍下强勥【古韻】考工弓人叶强防党大戴武王踐阼叶强杠句中韻老子辨德叶明强荀子佹詩叶横堂兵將强英皇匡楚辭懷沙叶强像轉音文子道原叶成明寧平强

養 **襁** 負兒衣也从衣强聲漢書宣帝紀曾孫雖在襁緥注以繒布爲之絡負小兒史記魯周公世家正義闊八寸長八尺用約小兒於背論語襁負其子而至矣呂覽明理道多襁緥

養 **繦** 觕纇也从糸强聲字亦作鏹漢書兒寬傳輸租繦屬不絕注索爲繦呂覽直諫不穀免衣繦緥注繦緥絡繩也後漢清河孝王慶傳注繦以繒帛爲之卽今之小兒繃也匡謬正俗繦負謂以繩絡而負之按襁者蘊俗謂之抱被繦者繩也謂以繦束兒亦可謂襁卽繦非也

陽 **勥** 迫也从力强聲古文从彊聲按勉勥字經傳皆以强爲之

光二十四名凡光之派皆衍光聲古皇切

陽 **光** 明也从火在人上會意古文从炗从芡又古文从廿从火从廿未詳廣雅釋詁三光照也易觀國之光左莊二十二傳光遠而自他有耀者也晉語光明之耀也孟子容光必照焉又禮記鄉飲酒義參之以三光注三大辰也淮南氾論上亂三光之明注日月星辰也演連珠重光發藻注日也書顧命昔君文王武王宣重光馬注日月星也按三光代明故曰重尚書中候榮光出河注五色也又廣雅釋天火神謂之游光楚辭招魂光風轉蕙【轉注】詩南山有臺邦家之光韓奕不顯其光箋榮也廣雅釋言光寵也易

說文通訓定聲　壯部弟十八　卆

未濟君子之光書太誓于湯有光又韓非子解老所謂光者官爵尊貴衣裘壯麗也【叚借】爲廣易坤含萬物而化光注大也書堯典光被四表傳充也漢書王莽傳以横爲之詩敬之學有緝熙于光明傳廣也左昭二十八傳光有天下鄭語必光啓土穀梁僖十五傳故德厚者流光注猶遠也又水經濟水注光里卽春秋所謂守之廣里者也又託名幖識字海內北經舜妻登比氏生宵明燭光又干寶搜神記隋侯救大蛇蛇銜珠以報徑寸夜光可以燭堂又爾雅釋草薢茩英光注英明也或曰蔆也又疊韻連語淮南說林旁光不升俎注胞也釋名脬或曰膀胱言體短而横廣也字亦作胱【聲訓】釋名光晃也晃晃然也亦言廣也所照廣遠也【古韻】詩鷄鳴叶明昌光蓼蕭叶瀼光爽忘庭燎叶央光將小東叶漿長光襄大明叶梁光公劉叶康疆倉糧囊光張揚行載見叶王章陽央鶬光載芟叶香光易坤叶剛方常光行慶殃屯叶光長楚辭涉江叶英光湘招魂叶璜光張璜莊子天地叶光亡曠呂覽勿躬叶光行障文子精誠叶行光霜通下德叶常明祥强同光

漾陽 **桄** 充也从木光聲按許君用爾雅爾雅桄熲充也實借爲光爲廣桄字本訓當爲横木與横略同廣雅釋水舲謂之桄謂船前横木也字亦作軖聲類軖車下横木也凡牀桄梯桄皆是

huǎng 晃　guāng 侊　jiōng 駫　guāng 洸　huáng 黄　huáng 璜

養養 **晃** 明也从日光會意光亦聲按與曠略同字亦作㬻作熿作晄作爌廣雅釋言晃暉也釋訓晃晃明也甘泉賦北㬻幽都又秋興賦天晃朗以彌高兮魏都賦或爌朗而拓落注光明皃魯靈光殿賦鴻爌炾以爌閬注寬明也埤蒼晃煌光耀熾盛皃也亦皆疊韻連語

叚借爲萌公羊隱二傳昉于此乎注適也齊人語列子黄帝衆昉同疑注始也

庚 **侊** 小皃从人光聲春秋國語曰侊飯不及一食按當訓大皃越語侊飯不及壺飧言盛饌難具不如壺飧之療飢速也

青 **駫** 馬盛肥也从馬光聲詩曰四馬駫駫按詩無此文駉篆下引詩駫駫牧馬今毛詩魯頌作駉驍篆下又引作驍驍牡馬益皆三家詩也

陽 **洸** 水涌光也从水光會意光亦聲字亦作滉詩谷風有洸有潰爾雅釋訓洸洸武也詩江漢武夫洸洸傳武皃荀子宥坐其洸洸乎不淈盡似道注水至之皃亦重言形況字江賦澄澹汪洸亦疊韻連語

別義水經泗水注洸水者洙水也字林洸水出東平上承汶水于岡縣西闞亭東古韻詩江漢叶湯洸方王

陽 **黄** 地之色也从田从炗炗古文光聲古文从夊芡聲从夊未詳左昭十二傳黄中之色也禮記郊特牲黄者中也論衡驗符黄爲土色位在中央易坤天玄而地黄解得黄矢虞注離爲黄矢詩綠衣黄裏傳正色南山有臺遐不黄耇傳黄髮也爾雅釋詁黄髮壽也釋名釋長幼九十曰黄耇鬢髮變黄也又淮南氾論不殺黄口注幼也又楚辭怨思建黄昏之總旄注黄昏時天氣元黄又詩旱麓黄流在中傳黄金所以飾流鬯也按流者鬯之口禮記明堂位鬱尊用黄目周禮司尊彝祼用斝彝黄彝注黄目以黄金爲目又詩著充耳以黄乎而箋紞之黄也又牧誓王左仗黄鉞注黄金飾斧也又詩生民種之黄茂傳嘉穀也詩葛覃黄鳥于飛傳摶黍也又爾雅釋鳥冬扈竊黄又詩駉有驪有黄傳黄騂曰黄又廣雅釋器留黄綵也

叚借爲潢七發黄池紆曲按當爲潢又託名幖識字左哀十三年會吳子于黄池在今河南開封府封邱縣東南又南山經柜山西臨流黄注山名又楚辭傷時屯余車兮黄支注南極國也又周禮大師黄鍾注長九寸其實一籥

聲訓風俗通皇霸黄者光也釋名釋采帛黄晃也猶晃晃象日光色也

古韻詩卷耳叶岡黄觥傷大叔于田叶黄襄行揚七月叶黄陽裳都人士叶黄章望何草不黄叶黄行將方楚辭九辯叶霜藏横黄當傷徉將攘堂方明易坤叶霜方將囊裳黄

說文通訓定聲　壯部弟十八　圭

陽 **璜** 半璧也从玉黄聲周禮大宗伯以元璜禮北方典瑞圭璋璧琮琥璜公羊定八傳注璜以發衆左定四傳夏后氏之璜注美玉名又海外西經夏后啓珮玉璜注半璧曰璜大戴保傳下有雙璜衝牙蠙注楚辭天問璜臺十成注石次玉者也按辟廱水環似璧泮宮水半似璜字別作黌後漢儒林傳注黌學也或亦以横爲之又見朱浮鮑昱傳注

聲訓白虎通璜黄陽氣横于黄泉故曰璜又璜之爲言光也陽光所及莫不動也又璜者横也質尊之命也

古韻楚辭招魂叶璜光張璜

gōng 觵　huáng 簧　héng 横

庚 **觵** 兕牛角可以飲者也从角黄聲俗从光詩卷耳我姑酌彼兕觥傳觥角爵也七月稱彼兕觥傳觥所以誓衆也桑扈兕觥其觩箋罰爵也按毛詩說容七升韓詩說容五升周禮閭胥觵撻罰之事注觵撻者失禮之罰也小胥觵其不敬者

叚借爲侊越語觥飯不及壺飧注大也太元毅觥羊之毅注大羊也又重言形況字後漢郭憲傳關中觥觥郭子横注剛直之皃

聲訓說文其狀觵觵然故謂之觵

異義韓詩說觵廓也著明之皃君子有過廓然著明

古韻詩卷耳叶岡黄觥傷七月叶霜場饗羊堂觥疆

陽 **簧** 笙中簧也从竹黄聲古者女媧作簧詩車鄰並坐鼓簧箋笙中金葉吹簧則鼓動之以出聲者也鹿鳴吹笙鼓簧禮記月令調竽笙篪簧長笛賦漂凌絲簧注大笙謂之簧非又笙即謂之簧詩君子陽陽左執簧傳笙也楚辭憂苦願假簧以舒憂兮

轉注莊子駢拇使天下簧鼓

叚借爲篁廣雅釋器簧籍也按猶竹冊也

聲訓釋名笙横也于管頭横施于中也以竹鐵作于口横鼓之亦是也

古韻詩君子陽陽叶陽簧房車鄰叶桑楊簧亡鹿鳴叶簧將行

說文通訓定聲　壯部弟十八　圭

庚敬 **横** 闌木也从木黄聲與桄略同詩衡門之下以衡爲之按字亦作桁

轉注韓詩南山横由其畝傳東西曰横楚辭沈江不別横之與縱注緯曰横史記周本紀正義廣爲横周禮野廬氏禁野之横行徑踰者注妄行田中漢書楊雄傳上乃帥羣臣横大河按絶流度也大荒西經有神十人名曰女媧之腸横道而處注斷道也洞簫賦時横潰以陽遂注旁決皃周書文傳諸横生盡以養從生注横生萬物也儀禮大射儀坐横弓注南踣弓也人東西鄉以南北爲横書禹貢至于衡漳史記蘇秦傳衡人者亦以衡爲之又儀禮既夕皆木桁注所以庋苞筲甕甒也禮記檏記以衡爲之又景福殿賦桁梧覆疊注梁上所施也又莊子在宥桁楊者相推也通俗文穿木加足曰械大械曰桁又衣架亦謂之桁

叚借爲廣禮記樂記號以立横孔子閒居以横于天下注充也後漢馮異傳横被四表又爲光淮南墬形玉横維其西北之隅注光也虞書璿璣玉衡亦以衡爲之水經睢水注横亭世謂之光城蓋光横聲相近又爲獷孟子處士横議其待我以横逆横政之所出横民之所止按皆縱恣悍厲之謂荀子修身横行天下注不順理而行也長楊賦東夷横畔注自縱也漢書田蚡傳注横恣也後漢酷吏傳注横猶狂也彭寵傳注以威力相脅曰横文選劉琨詩横厲糾紛注從横猛厲也失之又爲璜俗作黌後漢鮑昱傳德乃修起横舍注學也又託名幖識字水經濆水注横尾山即禹貢之陪尾山也

古韻荀子佹詩叶横堂兵將強英皇匡楚辭九辯叶霜藏

guǎng 廣　gǒng 磺　huáng 潢　guō 彉　huáng 蟥　héng 潢

橫黃傷當〔轉音〕舞賦叶橫抍䍐

養㶜 **廣** [篆] 殿之大屋也从广黃聲按堂無四壁者秦謂之殿所謂堂皇也覆以大屋曰廣尚書大傳天子之堂廣九雉注榮間相去也孟子居天下之廣居莊子田子方是求馬於唐肆也司馬注廣庭也以唐爲之〔轉注〕小爾雅廣言廣遠也廣雅釋詁一廣大也四廣博也易說卦爲廣顙虞注坤爲廣鄭本則作黃詩六月四牡脩廣薦於蕭廣牡傳大也禮記曲禮車上不廣欬注猶宏也中庸致廣大而盡精微注猶博厚也樂記廣則容姦注謂聲緩也廣其節奏注謂增習之左莊二十八傳狄之廣漠注地之曠絕也按遠也西周策地廣而益重注多也史記淮南衡山傳廣長榆集解謂拓大之也又爲廣屈賈傳乃爲賦以自廣索隱猶寬也荀子王霸人主胡不廣焉注開張皃〔假借〕爲橫周髀算經句廣三按橫者謂之廣周禮大司徒周知地域廣輪之數馬融說東西爲廣南北爲輪考工輪人以爲部廣注謂徑也禮記檀弓廣充幅西京賦考廣袤又左宣十二傳晉人或以廣隊不能進又廣有一卒注十五乘爲一廣周禮車僕廣車之萃注橫陳之車也又爲壙家語困誓自望其廣又爲光周語熙廣也又託名幖識字方言五所以投簙謂之廣平廣雅釋器廣平枰也又釋鳥廣昌鳳皇屬也〔古韻〕詩漢廣叶廣泳永方莊子知北遊叶房皇彊明方廣行昌老子三寶叶勇廣長又詩雝叶廣皇句中韻

梗 **磺** [篆] 卝 銅鐵樸石也从石黃聲讀若穬卝古文礦周禮有卝人按卝者古文卵字周禮借卵爲礦也卵礦一聲之轉字亦作礦作鑛作硄周禮卝人注金玉未成器曰礦四子講德論精鏐藏于鑛朴〔假借〕爲獷廣雅釋詁四礦強也

陽㶜 **潢** [篆] 積水池也从水黃聲左隱三傳潢汙行潦之水服注畜小水謂之潢周語猶塞川原而爲潢汙也注大曰潢小曰汙漢書龔遂傳盜弄陛下之兵於潢池中耳〔假借〕爲瀇春秋元命苞潢主河渠注天潢天津也思元賦乘天潢之汎汎兮注引樂緯商爲五潢宋注天津之別也按天津九星在牛女之上形如彈弓跨天河中又爲黃廣韻引釋名潢染書也故肆有妝潢匠又爲洸史記司馬相如傳灝溔潢漾正義水無涯際也廣雅釋訓潢漾浩盪也亦疊韻連語荀子富國橫然兼覆之注水大至之皃又重言形況字楚辭逢紛揚流波之潢潢兮注大皃

藥 **彉** [篆] 弩滿也从弓黃聲字亦作彍廣雅釋詁一彉張也漢書吾丘壽王傳十賊彍弩百吏不敢前注引滿曰彍今音讀如郭

陽 **蟥** [篆] 螞蟥也从虫黃聲爾雅蛂蟥蛢注甲蟲也大如虎豆綠色按以翼鳴者今蘇俗謂之金烏蟲

庚敬 **潢** [篆] 小津也从水橫聲天潢字以潢爲之〔轉注〕說文一曰以船渡也方言九方舟謂之潢注揚州人呼渡津舫爲潢廣雅釋水潢筏

huǎng 櫎　kuàng 曠　kuàng 穬　guǎng 獷　kuàng 懬　kuàng 纊　kuàng 壙

也或曰弋義借爲杭

養 **櫎** [篆] 所以几器从木廣聲〔別義〕一曰帷屏風之屬吳都賦房櫳對櫎注門窗之廡通名櫎字亦作幌作榥雪賦注引文字集略幌以帛明窻也七命注作榥〔假借〕爲橫廣韻櫎兵闌也

㶜 **曠** [篆] 明也从日廣聲按實與晃同字漢書鄒陽傳獨觀于昭曠之道莊子天地此之謂照曠廣雅釋訓曠曠明也亦重言形況字〔假借〕爲壙野也詩何草不黃率彼曠野左昭元傳居于曠林昭八傳晉師曠字子野又空也禮記曲禮祥車曠左孟子曠安宅而弗居書皋謨無曠庶官傳空也荀子彊國堂上不糞則郊草不瞻曠芸又爲懬左昭十傳棄德曠宗蒼頡篇曠疏曠也家語辯樂曠如望羊注用志廣遠廣雅釋詁三曠久也孟子外無曠夫京房易傳師出過時茲謂廣以廣爲之又爲廣老子曠兮其若谷注寬大楚辭招魂其外曠宇些注大也廣雅釋詁一曠遠也又爲障家語六本庭不曠山注隔也〔古韻〕莊子天地叶光亡曠

梗 **穬** [篆] 芒粟也从禾廣聲據許所解是即粱也周禮稻人澤草所生種之芒種司農注稻麥也按稻麥之芒最大故曰芒種其實五穀皆有芒也字亦作𪍿又文選馬汧督誄注大麥之無皮毛者曰穬

梗養 **獷** [篆] 犬獷獷不可附也从犬廣聲〔轉注〕韓詩泮水獷彼淮夷齊魯詩作懬毛詩作憬按韓爲正字也漢書獷獷亡秦亦重言形況字後漢光武紀注獷猛皃段熲傳注獷惡皃〔假借〕爲憬韓詩泮水章句獷覺悟之皃又託名幖識字說文漁陽有獷平縣見漢書地理志

㶜 **懬** [篆] 闊也一曰廣也大也一曰寬也从心从廣會意廣亦聲漢書元帝紀㝠僚久懬未得其人經傳皆以曠爲之〔假借〕爲獷詩泮水釋文引說文作懬彼淮夷

㶜 **纊** [篆] 絮也从糸廣聲或从光聲小爾雅廣服纊綿也絮之細者曰纊也左宣十二傳三軍之士皆如挾纊書禹貢厥篚纖纊禮記禮器絲纊竹箭玉藻纊爲繭喪大記屬纊祝睦後碑臨絕絖埃莊子洴澼絖〔假借〕漢書東方朔傳黈纊充耳儀禮士喪禮瑱用白纊文選爲蕭揚州作薦士表道隱旒纊廣雅釋器絖絛也按此皆紞之誤字紞誤絖因又作纊注皆訓綿失之

㶜 **壙** [篆] 塹穴也从土廣聲周禮方相氏入壙注穿地中也荀子大略望其壙臯如也注邱壠廣雅釋邱藏謂之壙〔別義〕說文一曰大野孟子獸之走壙也莊子應帝王以處壙埌之野崔注猶曠蕩也亦疊韻連語〔轉注〕管子七法毋壙地利注空也〔假借〕爲懬漢書李夫人傳託沈陰以壙久兮荀子議兵敬謀無壙武班碑歷世壙遠〔聲訓〕釋名釋喪制壙曠也藏于空曠處也

光

𦣝二名凡𦣝之派皆衍𦣝聲 居況切

漾 𦣝 𦣝 乖也从二臣相違會意讀若誑

養 臩 臩 驚走也一曰往來也从夰𦣝聲周書曰伯臩此託名幖識字叚借爲冏說文臩古文以爲冏字

㞷十七名凡㞷之派皆衍㞷聲 戶光切

陽 㞷 㞷 艸木妄生也从之在土上會意讀若皇小徐本有古文㞷从出从王以左傳門上生莠之類爲說按亂生恐只叢襍意

養 往 𢔍 徃 之也从彳㞷聲古文从辵字亦作徃作[illegible]廣雅釋詁一往往至也二往去也方言十二往勞也易咸憧憧往來虞注之外爲往晉語吾言既往矣注行也字亦作徨小爾雅廣言徨往也轉注易繫辭知以藏往荀子解蔽不慕往注古昔也論語不保其往也鄭注猶去也又禘自既灌而往者皇疏猶後也又左僖九傳送往事居注死者叚借爲亡管子權修無以蓄之則往而不可止也注謂亡去也又爲王呂覽順說則難與往也又爲任之誤字禮記郊特牲束帛加璧往德也又重言形況字甘泉賦逍遙離宮般以相爓兮注言非一也又疊韻連語魏策以臨彷徨埤蒼徬徨彷佯也聲訓釋名釋言語往暀也歸往于彼也故其言之卬頭以指遠也古韻詩桑柔叶將往競梗易小畜叶行亨往行大壯叶罔往當詳長齊策叶往亡尚黨老子仁德叶象往呂覽順說叶往象長饗文子符言叶狂往莊子在宥叶狂往掌妄素問寶命全形論叶動響影往

養 ⿰㞷攴 ⿰㞷攴 放也从攴㞷聲

陽 ⿰舜㞷 ⿰舜㞷 華榮也从舜从㞷會意㞷亦聲讀若皇或以艸皇聲爾雅釋草葟華榮釋言華皇也詩皇皇者華廣雅釋訓葟葟茂也亦重言形況字

養 枉 枉 衺曲也从木㞷聲廣雅釋詁一枉曲也四枉詘也禮記曲禮無或枉橈少儀毋循枉論語舉直錯諸枉淮南本經矯枉以爲直楚辭惜誓眾枉聚而矯直又禮記投壺枉矢哨壺又周禮司弓矢枉矢絜矢注枉矢者取名變星飛行有光今之飛矛是也庭氏與枉矢射之注枉矢救日之矢歟釋名齊魯謂光景爲枉矢言光行若射矢之所至也又後漢馬融傳注枉矢妖星獻帝紀注無聲爲枉矢叚借疊韻連語楚辭哀時命擬塵垢之枉攘兮注亂皃古韻文子符言叶往往大戴武王踐阼叶強枉

陽 狂 狂 𢗰 狾犬也从犬㞷聲古文从心按移以言人乃製性字廣雅釋詁三狂𤸎也轉注書洪範曰狂恆雨若鄭注倨慢也詩山有扶蘇乃見狂且傳狂狂人也左昭二十三傳幼而狂注無常也晉語狂夫沮之衣也注狂夫方相氏之士也論語其蔽也狂孔注妄抵觸人漢書昌邑王髆傳清狂不惠注凡狂者陰陽脈盡濁後漢陳忠傳狂易注謂狂而易性也洪範五行傳失威儀之制怠慢驕恣謂之狂賈子大政知善而弗行謂之狂韓非解老心不能審得失之地謂之狂叚借爲往書微子我其發出狂史記正作往又託名幖識字爾雅釋鳥狂茅鴟郎今之猫頭鷹其鳴曰㱿鹿又狂夢鳥大荒西經栗廣之野有五采之鳥有冠名曰狂鳥古韻詩載馳叶蝱行狂桑柔叶相臧腸狂楚辭大招叶洋囊狂傷莊子在宥叶狂往掌妄老子檢欲叶盲聾爽狂妨

陽 汪 汪 深廣也从水㞷聲晉語汪是土也注大皃文選難蜀父老湛恩汪濊注深皃漢書禮樂志澤汪濊注言饒多也廣雅釋訓汪汪大也後漢班彪傳汪汪若千頃陂注猶深也亦重言形況字江賦澄瀁汪洸亦疊韻連語淮南俶真汪然平靜亦單辭形況字轉注說文一曰汪池也通俗文渟水曰汪左桓十五傳尸之周氏之汪小爾雅廣器汪池也

陽陽 匡 匡 筐 飯器筥也从匚㞷聲或又从竹易女承筐无實鄭本作匡詩采蘋維筐及筥傳方曰筐圜曰筥鹿鳴承筐是將傳筐篚屬所以行幣帛也良耜載筐及筥傳所以盛黍也荀子榮辱約者有筐篋之藏注藏布帛者也漢書賈誼傳在于刀筆筐篋注所以盛書楚語糗一筐注器名轉注廣雅釋詁一匡滿也楚辭離世筐澤瀉以豹鞟兮又西京賦眶目高匡注深瞳子也字又作眶又素問刺禁論刺匡上陷骨中脈注目匡也叚借爲方實爲匚莊子齊物論與王同筐牀崔注正牀也淮南主術匡牀蒻席注安也爾雅釋言匡正也周禮夏官有匡人詩六月以匡王國左襄十四傳過則匡之論語一匡天下莊子讓王匡坐而弦又爲軭考工輪人輪雖敝不匡司農注枉也又爲枉越語月盈而匡注虧也按猶曲也又爲恇禮記禮器眾不匡懼注猶恐也又爲尪荀子正論傴巫跛匡又爲桄爲橫淮南齊俗筐不可以持屋注小簪也失之又託名幖識字左文元傳衛孔達侵鄭伐緜訾及匡八年歸匡戚之田于衛論語子畏于匡按在今直隸大名府長垣縣左傳杜注失之又定六傳公侵鄭取匡此當在今河南陳州府扶溝縣非匡戚之匡也古韻詩卷耳叶筐行七月叶陽庚筐行桑左僖十五傳叶羊衁筐貺償相越語范蠡語叶皇常行陽筐剛荀子賦篇佹詩叶鄉盲藏橫堂兵將強英臯匡明祥行盲疆常忘將

陽 軖 軖 方車也一曰一輪車也从車㞷聲讀若狂

漾 暀 暀 光美也从日往聲字亦作旺爾雅釋詁暀暀美也詩泮水烝烝皇皇箋暀暀猶往往也亦皆重言形況字

漾 **誑** 欺也。从言，狂聲。字亦作誆。禮記曲禮：幼子常視無誑。周語：以誑劉子。晉語：天子誑之。注：猶惑也。

漾養 **俇** 遠行也。从人，狂聲。叚借疊韻連語。廣雅釋訓：俇攘，惶劇也。又重言形況字。廣雅釋訓：俇俇，劇也。楚辭思古：魂俇俇而南行兮。注：遑遽之皃。

漾 **㤮** 誤也。从心，狂聲。

陽 **邼** 河南聞喜鄉。从邑，匡聲。在今山西絳州聞喜縣。

陽 **恇** 怯也。从心，匡聲。素問通評虛實論：尺虛者行步恇然。叚借重言形況字。後漢梁鴻傳注：恇恇，怒也。

陽 **洭** 洭水出桂陽縣盧聚山洭浦關爲桂水。从水，匡聲。按山字當據水經改出。水出今廣東連州連山縣，至廣州府城西入西江以入海。亦名下湟水，亦曰湞水。水經溱水注：洭水，山海經所謂湟水。

陽 **軭** 車戾也。从車，匡聲。廣雅釋詁四：軭，盩也。考工記：萬之以眡其匡也。以匡爲之。

尣一名 烏光切

陽 **尣** 𡯴曲脛也。从大，象偏曲之形。按从大而屈其右，指事也。古文又从㞷聲。字亦作尪、作尩。易大有虞本：匪其尪。注：體行不正。或作彭。太元：僕僕尪尪。荀子王霸：百姓賤之如尪。注：病人也。別義：禮記檀弓：吾欲暴尪而奚若。注：尪者面鄉天。左僖二十一傳：公欲焚巫尪。注：女巫也。或謂瘠病之人其鼻上向，俗謂天哀其病，恐雨入其鼻，故爲之旱。呂覽盡數：苦水所多尪與傴人。注：突胸卬向疾也。明理：肓禿傴尪。注：短仰者也。通俗文：短小曰尪𡯴也。

王十四名，凡王之派皆衍王聲 雨方切

陽漾 **王** 天下所歸往也。孔子曰：一貫三爲王。董仲舒曰：古之造文者，三畫而連其中謂之王。三者天地人也，而參通之者王也。唐李陽冰曰：中畫近上，王者則天之義。古文作𤣩。按此字爲學者一大疑。謂倉頡所製耶，軒轅承三皇之終，肇五帝之始，爲臣民者偁君爲皇帝。君無王偁，字安用之？稽唐虞之書，未有王字，始見于禹貢王屋，夏諺：吾王不遊。則字當起於夏時。然三皇字、堯典閏月字，已从王，似又不始于夏，疑未能憭也。或曰古太嘗至于王屋。馬注：王所居屋，則禹貢王屋山或治水時禹嘗居此，遂以名山耳。又按：𤣩古文作𤣩，華岳碑作𤣩，楊氏阡作𤣩，則以一貫三之說亦殊難定，詳見余說解商。爾雅釋詁：王，君也。左傳：今之王，古之帝也。書君奭：王人罔不秉德明恤。王注：王人，君人也。白虎通號：仁義合者稱王。秦策：夫擅國之謂王，能專利害之謂王，制生殺之威之謂王。賈逵三家經訓詁：畿內稱王，諸夏稱天王。又孟子：無以則王乎。秦策：文王用之而王。又詩殷武：莫敢不來王。箋：世見曰王。周語：荒服者王。注：王，王事天子也。〔轉注〕廣雅釋詁一：王，大也。爾雅釋親：父之考爲王父，父之妣爲王母。禮記祭法：王宮祭日也。周禮鍾師：王夏。又考工弓人：往體寡，來體多，謂之王弓之屬。又爾雅釋草：葥，王蔧。菉，王芻。芏，夫王。蒙，王女。釋蟲：不蜩，王蚥。王蛈蝪。釋魚：蟒，王蛇。釋鳥：鵙鳩，王鴡。廣雅釋草：王白，蕾也。王連，遠志也。瓜瓞，王瓜也。王延，署預也。釋蟲：虎王，蝟也。周禮獻人：春獻王鮪。注：鮪之大者。儀禮士喪禮：決用正王棘若檡棘。〔叚借〕爲往。詩板：及爾出王。傳：往也。吳語：王總其百執事。又爲雕。莊子養生主：神雖王，不善也。德充符：彼兀者也而王先王。李注：勝也。春秋緯：當時者王，生王者休。〔聲訓〕穀梁莊三傳：其曰王者，民之所歸往也。春秋文耀鉤：王者往也，神所向往，人所歸落。春秋繁露深察名號：王者皇也，王者黃也，王者匡也，王者方也。乾坤鑿度：王者美行也。釋名：祖，又謂之王父。王，暀也，家中所歸暀也。〔古韻〕詩蕩叶王商，句中韻。烈文叶王忘，句中韻。天保叶享嘗王疆。斯干叶牀裳璋喤皇王。十月叶向藏王。大明叶商京行王，又叶洋煌彭揚王商明。棫樸叶章相王方。韓奕叶張王章衡鍚。江漢叶湯洸方王。執競叶王康皇方明喤將穰。載見叶王章陽央鶬享光。殷武叶鄉湯羌享王常。荀子成相叶王良糠行。〔轉音〕詩抑叶王刑。禮記曲禮叶容恭同王。老子歸根叶凶容公王。

陽陽 **皇** 大也。从自，自始也。始王者三皇，大君也。會意。自讀若鼻。今俗始生子爲鼻子。按：王亦聲。廣雅釋詁一：皇，大也。書洪範：建用皇極。詩皇矣：上帝。楚茨：皇尸載起。文王有聲：皇王維辟。東京賦：紛皇組。爾雅釋詁：皇，君也。離騷：恐皇輿之敗績。注：后也。公羊成八傳注：德合元者稱皇。春秋元命苞：伏羲、女媧、神農爲三皇。史記秦本紀：自號始皇。又風俗通：皇霸，皇者天也。離騷：陟陞皇之赫戲兮。又詩文王：思皇多士。傳：天也。按：大字之誤。又離騷：皇覽揆余于初度兮。注：皇，皇考也。〔叚借〕爲遑。詩漸漸之石：不皇朝矣。箋：王也。禮記表記：皇恤我後。左哀五傳：不敢怠皇。字亦作偟。爾雅釋言：偟，暇也。亦作遑。詩殷其靁：莫敢或遑。四牡：不遑啓處。杕杜：征夫遑止。衡方碑：匪偟時榮。又爲雕。爲煌。廣雅釋詁一：皇，美也。詩烈文：繼序其皇之。傳：美也。楚茨：先祖是皇。箋：暀也。采芑：朱芾斯皇。傳：猶煌煌也。皇皇者華：爾雅釋言：華，皇也。泮水：烝烝皇皇。爾雅釋詁：皇皇，美也。禮記曲禮：諸侯皇皇。詩假樂：穆穆皇皇。又爲曂。越語：天道皇皇。注：著明也。亦皆重言形況字。又爲況，實爲兄。書無逸：則皇自敬德。鄭注：暇也。失之。尚書大傳：皇于聽獄乎。注：猶況也。又爲妝。儀禮聘禮記：賓入門皇。注：自莊盛也。又爲匡，實爲匚。爾雅釋言：皇，正也。詩破斧：四國是皇。傳：匡也。穆天子傳：皇我萬民。又爲䍿。周禮掌次：設皇邸。司農注：羽覆上。舞師：教皇舞。注：析五采羽爲之。又

huáng 篁　huáng 喤　huáng 瑝　huáng 翌　wàng 迋

禮記王制有虞氏皇而祭注冕屬也畫羽飾焉又爲廣漢書胡建傳列坐堂皇上注室無四壁曰皇又爲黼帝繫舜妻女皇按英皇猶英皇也廣韻注亦作媓又疊韻連語莊子達生野有方皇按卽周禮之方相字方相氏蓋效其狀也又重言形況字楚辭離世征夫皇皇其孰依兮注惶遽皃禮記檀弓皇皇焉如有望而弗及皇皇焉如有求而弗得孟子則皇皇如也或曰借爲惶亦通又託名幖識字左昭十七傳獲其乘舟餘皇水經濟水注三皇山亦謂之三室山按卽山海經之郎山也詩公劉夾其皇澗傳澗名也爾雅釋草皇守田按卽本草之菵米可爲飯者也釋鳥皇黃鳥按卽今之黃雀注謂卽摶黍失之詩東山皇駁其馬駵有騜有皇傳黃白曰皇爾雅字作騜又爾雅釋鳥鳳其雌皇虞書鳳皇來儀詩卷阿鳳皇于飛字亦作凰或曰借爲翌也聲訓風俗通皇霸皇者中也光也宏也中宏皇一聲之轉詩漸漸之石箋皇王也獨斷皇帝至尊之稱皇者煌也盛德煌煌無所不照僞書帝命驗皇者煌煌也古韻詩殷其靁叶陽遑破斧叶斯皇將采芑叶鄉央皇衡瑲珩斯干叶牀裳璋喤皇王楚茨叶蹌羊嘗亨將祊明皇饗慶疆信南山叶享明皇疆執競叶王康皇方明喤將穰雝叶廣皇句中韻楚辭東皇叶艮皇琅芳漿倡堂康大招叶皇鶬鶊翔越語范蠡語叶皇常行陽匡剛莊子知北遊叶房皇疆明方廣行昌荀子佹詩叶橫堂兵將强英皇匡轉音詩烈文叶邦崇功皇

說文通訓定聲　壯部弟十八

漾養 **迋** 往也从辵王聲左襄二十八傳使子展迋勞于東門之次又廣雅釋詁二迋歸也假借爲誑詩揚之水人實迋女左定十傳是我迋吾兄也注欺也又爲恇左昭二十一傳予無我迋注恐也長門賦魂迋迋若有亡注恐懼皃亦重言形況字

陽 **翌** 樂舞以羽翿自翳其首以祀星辰也从羽王聲讀若皇周禮故書樂師有翌舞舞師教翌舞帥而舞旱暵之事又禮記王制翌而祭今本以皇爲之或曰此實當爲鳳皇本字樂師注皇雜五采羽如鳳皇色持以舞也存參

陽 **瑝** 玉聲也从玉皇聲

庚陽 **喤** 小兒聲从口皇聲吳都賦謳譁喤呷詩斯干其泣喤喤按亦重言形況字廣雅釋訓喤喤聲也字亦作諻方言十二諻音也轉注廣雅釋詁二喤怒也假借爲鍠詩執競鐘鼓喤喤傳和也實亦重言形況字古韻詩斯干叶牀裳璋喤皇王執競叶王康皇方明喤將穰

陽 **篁** 竹田也从竹皇聲燕策薊丘之植植于汶篁西京賦編町成篁注竹墟名也楚辭山鬼余處幽篁兮終不見天注竹林也漢書嚴助傳篁竹之中注竹叢也轉注月賦風篁成韻注竹叢生也

huáng 䅣　huáng 煌　huáng 惶　huáng 湟　huáng 蝗　huáng 鍠　huáng 隍　gāng 亢

陽 **䅣** 䅭䅣也从禾皇聲穀名按䅭䅣亦疊韻連語廣雅釋草䅭䅣穄也說文穄穈互訓蓋黍之黃而不黏者舊說爲稷誤

陽 **煌** 煌煇也从火皇聲蒼頡篇煌光也東京賦煌光馳而星流詩大明檀車煌煌傳明也莊子駢拇青黃黼黻之煌煌景福殿賦丹彩煌煌注盛皃亦重言形況字古韻詩東門之楊叶楊牂煌大明叶洋煌彭揚王商明

陽 **惶** 惶恐也从心皇聲廣雅釋詁二惶懼也釋訓惶惶劇也

陽 **湟** 湟水也出金城臨羌塞外東入河从水皇聲出今甘肅西寧府西北邊外厄魯特等地之東古所謂湟中地北卽大通河至蘭州府西境入河假借爲潢夏小正湟潦生苹傳下處也又爲隍七發湟池紆曲注城池也

陽 **蝗** 螽也从虫皇聲呂覽不屈蝗螟農夫得而殺之注食心曰螟食葉曰螣今兗州謂蝗爲螣按月令再言蝗蟲呂不韋書也古曰螽曰蝗字亦作蟥方言十一蟥謂之蚮廣雅釋蟲蟥蚮也假借託名幖識字爾雅釋魚蟥王蛇蝦大者按猶皇也皇王皆大意

庚陽 **鍠** 鐘聲也从金皇聲詩執競鐘鼓鍠鍠毛本作喤廣雅釋詁四鍠聲也漢書禮樂志注鍠鍠和也字亦作諻爾雅釋訓諻諻樂也注鐘鼓音亦作鐄長笛賦錚鐄警嗃

說文通訓定聲　壯部弟十八

陽 **隍** 城池也有水曰池無水曰隍从𨸏皇聲字亦作堭易泰城復于隍爾雅釋言隍壑也釋詁隍虛也列子周穆王藏諸隍中楚辭謬諫悲大山之爲隍兮東京賦若已納之于隍廣雅釋室堭壂也

亢十六名凡亢之派皆衍亢聲 古郎切

漾陽 **亢** 人頸也从大省象頸脈形或又从頁字亦作肮作吭蒼頡篇亢咽也廣雅釋親頏項也漢書劉敬傳不搤其亢注喉嚨也陳餘傳乃仰絶亢注頸大脈也俗所謂胡脈也史記作肮轉注爾雅釋鳥亢鳥嚨其粻嗉又釋天壽星角亢也東方宿亢四星形如弛弓在大角之上角下四小星如方勝名曰亢池按義取蒼龍之領也又廣雅釋詁四亢高也一亢極也易乾亢龍子夏傳極也莊子人間世與豚之亢鼻者司馬注仰也周書作雒重亢注累棟也假借爲迒廣雅釋詁三亢迹也釋名釋道鹿兔之道曰亢行不由正亢陌山谷草野而過也又爲抗廣雅釋詁二亢遮也三亢當也左昭元傳吉不能亢身焉能亢宗注蔽也宣三傳可以亢寵注極也失之僖二十八傳以亢其讐宣十三傳亢大國之討皆扞蔽之意又宣十五傳結草以亢杜回注禦也襄十四傳戎亢其下注猶當也史記孫子吳起傳批亢擣虛索隱敵人相拒也皆扞禦之意又爲伉漢書陳項傳贊不亢于九國之師按匹也又爲頏詩燕燕頡之頏之傳飛而下曰頏

háng 迒　gāng 笐　kàng 邟　jīng 秔　kàng 伉　háng 斻　kàng 犺　kàng 炕

東方朔書贊頡頏以傲世淮南書嚴志頡頏之行按直上直下之皃亦雙聲連語又爲祏廣雅釋詁三亢强也又託名幖識字水經汶水注泰山在左亢父在右按卽梁甫也漢書高帝紀沛公還軍亢父聲訓史記律書亢者言萬物亢見也古韻詩燕燕叶頏將易小過叶當長上亢

陽 **迒** 獸迹也从辵亢聲或从更聲爾雅釋獸兔其迹迒方言十三迒迹也太原居狗繫之迒東京賦軌塵掩迒轉注廣雅釋室迒道也西京賦迒杜蹊塞假借爲蒃方言十三迒長也

陽 **笐** 竹列也从竹亢聲爾雅釋草仲無笐注未詳按中竹之名或曰竹衣架曰笐卽爾雅之竿箷也亦以木爲之

陽庚漾 **邟** 潁川縣从邑亢聲按漢邟鄉在今河南汝州

庚 **秔** 稻屬从禾亢聲或从更聲聲類秔不黏稻也按次于稉而黏于穈者曰稉今北方所謂南米大米也漢書溝洫志更爲秔稻魏都賦水澍稉稌廣雅釋草秈稉也今吾蘇客米謂之秈卽穈也玉米謂之稉其性和柔其粘者謂之穤卽稬也

漾 **伉** 人名从人亢聲論語有陳伉按陳亢字子禽是義取鳥嚨之亢或作伉者借字也左成十一傳已不能庇其伉儷注敵也周語棄其伉儷妃嬪注對也秦策天下莫之能伉注當也後漢張衡傳嚋可與乎比伉注偶也此字本訓當爲匹耦之誼假借爲亢詩緜高門有伉傳高大也韓詩字作閌甘泉賦閌閬閬其寥廓兮荀子富國伉隆高注舉也又爲犺漢書宣帝紀注伉强也朱博傳注伉健也許書健篆說解健伉也古韻詩緜叶伉將行

陽 **斻** 方舟也从方亢聲禮天子造舟諸侯維舟大夫方舟士特舟庶人乘泭字亦作航後漢杜篤傳注航舟度也淮南主術大者以爲舟航柱梁注方兩小船並與共濟爲航氾論乃爲窬木方版以爲舟航注舟相連謂航也思元賦譬臨河而無航詩河廣一葦杭之以杭爲之今浙江杭州府餘杭縣因始皇渡此其地有餘杭故名亦以杭爲之轉注方言九自關而東舟或謂之航封禪文蓋周躍魚隕航注舟也吳都賦長鯨吞航又汎舟航于彭蠡古韻詩河廣叶杭望

漾 **犺** 健犬也从犬亢聲轉注廣雅釋詁二犺健也漢書宣帝紀伉健習騎射以伉爲之

漾陽 **炕** 乾也从火亢聲廣雅釋詁二炕曝也詩瓠葉傳炕火曰炙漢書五行志君炕陽而暴虐注凡言炕陽者枯涸之意假借爲亢甘泉賦炕浮柱之飛榱兮注舉也又爲揚爾雅釋木守宮槐葉晝聶宵炕孫注張也郭注布也

gǎng ⿰亢夋　kàng 忼　hàng 沆　háng 魧　kàng 抗　gǎng ⿰田亢　kēng 阬

養 **⿰亢夋** 直項莽⿰亢夋皃从亢从夋會意夋倨也亢亦聲按夋之爲倨借爲踆字倨者踞也此字當从踆省以高爲意莽⿰亢夋亦疊韻連語猶莽沆之狀水也

漾養陽 **忼** 慨也从心亢聲字亦作慷按慨篆說解忼慨壯士不得志也燕策羽聲忼慨後漢楊震傳乃慷慨謂其諸子門人曰注悲歎也假借爲亢說文引易孟喜本乾上九忼龍有悔王肅注窮高曰亢

養 **沆** 莽沆大水也从水亢聲一曰大澤皃按莽沆亦疊韻連語此字當爲燕督亢地本字水經巨馬水注東逕督亢澤卽太子丹使荊軻齎圖入秦者引風俗通沆者莽也言乎泩泩漭漭無崖際也沆澤之無水斥鹵之謂也假借疊韻連語西京賦滄池漭沆江賦沆瀁皛溔注廣大皃又漢書禮樂志西顥沆碭注白氣之皃又雙聲連語史記司馬相如傳滂濞沆溉司馬彪注徐流也郭璞注鼓怒鬱䤈之皃又思元賦餐沆瀣以爲粻舊注夕霞也漢書司馬相如傳呼吸沆瀣兮餐朝霞注北方夜半氣也

陽 **魧** 大貝也从魚亢聲讀若岡字亦作蚢爾雅釋魚貝大者魧尚書大傳散宜生之江淮之浦取大貝如大車之渠鄭注渠車輞也江賦紫蚢如渠別義說文一曰魚膏也又廣雅釋魚魧魧也按卽鱨也又爾雅釋蟲蚢蕭繭注食蕭葉者

陽漾 **抗** 扞也从手亢聲或从木小爾雅廣言抗禦也儀禮既夕抗木橫一縮一荀子禮論抗折其貌注抗所以禦土又晉語未報楚惠而抗宋注救也按蔽護也荀子臣道有能抗君之命注拒也轉注方言七抗縣也廣雅釋詁一抗舉也抗張也詩賓之初筵大侯既抗考工梓人故抗而射女儀禮既夕甸人抗重周禮服不氏則抗皮又禮記文王世子抗世子法于伯禽羽獵賦抗手稱臣假借爲亢淮南說山自沆于淵而溺者不可以爲抗注高也長笛賦注抗極也又爲伉後漢班彪傳注抗猶敵也史記酈生陸賈傳與天子抗衡縈隱對也列子黃帝而以道與世抗注或作亢又爲航廣雅釋詁二抗渡也詩河廣一葦杭之史記司馬相如傳羅魚隕杭又杭絕浮渚楚辭惜誦魂中道而無杭注度也漢書地理志餘杭音行伍之行又爲潢太元劇蔽于天杭注天漢也又疊韻連語後漢趙壹傳抗髒注高亢婞直之皃也古韻詩賓之初筵叶抗張

陽養 **⿰田亢** 境也一曰陌也趙魏謂陌爲⿰田亢从田亢聲廣雅釋詁三⿰田亢竟也假借爲潢廣雅釋地⿰田亢池也又爲迒釋室⿰田亢道也

庚 **阬** 閬也从阜亢聲按許謂卽詩高門有伉甘泉賦閌閬閬其寥廓之阬从阜者高也漢書楊雄傳陳衆車于東阬兮羽獵賦跇巒阬注大阜也假借爲壙爲隍爾雅釋詁阬虛也注謂阬壍也字亦作坑蒼頡篇阬壑也莊子天運在谷滿谷在坑滿坑又爲荒之誤字實

亢

sàng 喪　máng 芒　wáng 亾(亡)

借爲謙。爾雅釋詁虛也。上有兩阬字，按詩桑柔正義云荒虛，釋詁文，又引某氏註引周禮野荒民散，謂惟某氏本有荒字，是郭本荒字誤阬也。注失之。又疊韻連語，上林賦阬衡閜砢，注經直皃。〔古韻〕楚辭大司命叶翔陽抗，莊子天運叶明長剛常阬量。

亾四十三名，凡亾之派皆衍亾聲。武方切

陽 **亡** 亾 逃也，从入乚會意，乚者隱也。廣雅釋詁三亾避也。晉語公子生十七年而亾，楚語子牟有罪而亾，注奔也。禮記大學亡人無以爲寶，少儀有亡而無疾，注去也。中山策中山君亡，注走也。史記張耳陳餘傳嘗亡命游外黃，中庸事死如事生，事亡如事存。尚書大傳死者封其墓，亡者表其閭。〔轉注〕詩車鄰逝者其亡，傳喪棄也。論語亡之命以夫，孔注喪也。又禮記樂記國之滅亡無日矣，秦策始吾不知水之可亡人之國也，注滅也。又孟子亦終必亡而已矣，秦策亡趙自危，注失也。穀梁定八傳非其所以與人而與人謂之亡。〔假借〕爲忘，詩綠衣曷維其亡，又爲無，易泰朋亡，詩葛生予美亡此，儀禮士喪禮亡則以緇長半幅，禮記檀弓稱家之有亡，坊記則亂益亡，論語今也則亡，亡而爲有，水經濕水注燕語呼亡爲無，按無本會亡意，無亡亦一聲之轉。又疊韻連語，孟子流連荒亡，樂酒無厭謂之亡，或曰借爲忘，亦通。〔古韻〕詩綠衣叶裳亡，谷風叶亡喪，車鄰叶桑楊簧亡，角弓叶良方讓亡，抑叶尚亡章兵方，瞻卬叶罔亡，老子立戒叶亡病，莊子天地叶光亡，[illegible]孟子叶亡鄉，齊策叶往亡尚黨，文子道原叶強亡同量。

陽 **芒** 𦬒 草耑也，从草亡聲。白虎通五行芒之爲言萌也。字林芒禾杪也。周禮稻人種之芒種，司農注稻麥也。答賓戲銳思于毫芒之內。〔轉注〕七命建雲髦啓雄芒，注鋒刃也。漢書賈誼傳芒刃不頓，字亦作鋩。思元賦揚芒熛而絳天兮，注光芒也。王文憲集序信乃昴宿垂芒，注謂發秀也。太元元數神句芒，注取其有芒角也。〔假借〕爲㠩，即今茫字。詩長發洪水芒芒，元鳥宅殷土芒芒，傳大皃。左襄四傳芒芒禹迹，注遠皃。淮南俶眞其道芒芒昧昧然，注廣大之皃。補亡詩芒芒其稼，注多皃，亦重言形況字。又爲盲，莊子齊物論人之生也，固若是芒乎，注不知其所以然而然，故曰芒，釋文昧也。管子七臣七主芒主目伸五色，注不曉識之皃。歎逝賦何視天之芒芒，注猶夢夢也。又爲㒭，孟子芒芒然歸，亦皆重言形況字。又爲忘，莊子大宗師芒然彷徨乎塵垢之外，釋文無係之皃，亦單辭形況字。又爲邙，文選應休璉書注引說文邙洛北大阜也。盧子諒詩北踰芒與河，注山名。又爲亡，方言十三芒滅也。又疊韻連語，魯語注芒氏之君也，注長翟國名。漢書高帝紀芒碭山。又雙聲連語，淮南精神芒㝠，按滅本經芒繁紛挐。又託名幖識字，史記三代世表夏帝芒。〔古韻〕詩元鳥叶商芒湯方。

陽 **喪** 𠷎 亾也，从哭亾會意，亾亦聲。易坤東北喪朋，馬注失也。詩皇矣受祿無喪。禮記檀弓問喪於夫子乎，又喪人無以爲寶。周語宣王既喪南國之師。漢書五行志中喪心也。〔轉注〕白虎通人死謂之喪，何言其喪亡不可復得見也，不直言死稱喪者何，爲孝子之心不忍言也。儀禮目錄喪者棄亡之辭。周禮喪祝掌喪祭祝號，注虞祔也。左文十五傳喪親之終也。〔古韻〕詩谷風叶亡喪，蕩叶螗羹喪行方，文子精誠叶方忘喪。

máng 宋　liáng 良　huāng 衁　huāng 肓　máng 盲　fǔ 改

虞 麌 **改** 𢼡 撫也，从攴亡聲，讀與撫同。

庚 **盲** 𥃝 目無牟子也，从目亡聲。韓非子解老目不能決黑白之色則謂之盲。論衡別通目不見青黃曰盲。莊子大宗師盲者無以與乎眉目顏色之好。〔轉注〕論衡謝短知今不知古謂之盲瞽。又呂覽音初天大風晦盲，注瞑也。明理有晝盲，注冥也。〔假借〕爲䵊，禮記月令盲風至，注疾風也。蔡邕月令章句秦人謂蓼風爲盲風。又爲望，周禮內饔豕盲視而交睫腥。〔聲訓〕釋名盲茫也，茫茫無所見也。〔古韻〕荀子賦篇叶鄉盲藏，又叶明祥行盲彊常忘將。老子檢欲叶盲聾爽狂妨。

陽 **肓** 𦛝 心下鬲上也，从肉亡聲。左成十傳居肓之上，膏之下，注鬲也。按心下膏，膏下肓，肓下鬲。

陽 **衁** 𧖴 血也，从血亡聲。左僖十五傳士刲羊亦無衁也。〔古韻〕左僖十五傳叶羊衁僨貺償相。

陽 **良** [illegible] 善也，从畗省亡聲。按从高省。說文別立高部，疑誤。古文目㠯皆未詳。又古文从筥省，亡聲。詩日月德音無良，黃鳥殲我良人。禮記文王世子一有元良。又易歸妹不如其娣之袂良，月令莫不質良，周禮玉府凡良貨賄之藏，司裘中秋獻良裘，圉人良馬匹一人，魯語是良罟也，吳語夫吳良國也。楚語子尚良食，莊子齊物論良庖歲更刀，爾雅釋詁良首也，廣雅釋詁一良堅也。詩綢繆見此良人，傳美室也。儀禮士昏禮媵衽良席東，注婦人稱夫曰良。禮記少儀質良綏，注君綏也。祭義及良日，疏吉日也。坊記惟予小子無良，注無功善也。左襄二十九傳良敬仲也，注猶賢也。〔假借〕託名幖識字，孟子謂王良，後漢張衡傳注天駟旁一星曰王良。夏小正良蜩鳴，傳五采具。廣雅釋草黃良大黃也。又疊韻連語，周禮方相氏毆方良，按即蝄蜽。又發聲之辭，左昭十八傳弗良及也，服注能也。孟子其良能也，注甚也。後漢蔡邕傳良夜乃罷，注深也。或作久，古詩良無盤石固，注信也。〔聲訓〕釋名釋言語良量也，量力而動不敢越限也。廣雅釋詁四良長也。〔古韻〕詩日月叶方良忘，鶉奔叶彊良兄，角弓叶良方讓亡，楚辭東皇叶良皇琅芳漿倡堂康，荀子成相叶相殃良倀，又叶王良穰行。呂覽盡數叶揚行閉長明良養。

陽 **宋** 𡧑 棟也，从木亡聲。爾雅釋宮宋廇謂之梁，注屋大梁也。釋名檼或謂之望，言高可望也。或謂之棟，蓋以望爲之。按大木東西者曰

máng 邙　huāng 朚　wàng 忘　huāng 巟　wàng 妄　méng 氓

楝南北者曰梁爾雅蓋訓所以定宋廟之中庭者謂之梁非以宋爲梁也

陽 **邙** 河南洛陽北亡山上邑从邑亡聲按北芒山一曰平逢山亦曰太平山在今河南河南府洛陽縣東北跨偃師鞏孟津三縣界緜亘四百餘里周書作雒謂之郟山左昭二十三傳王田北山卽此也山曰芒山故其上之邑作邙

陽 **朚** 昱也从明亡聲轉注廣雅釋詁一朚遽也今字作怳蓋以忘爲之古作茫則以巟爲之方言二茫遽也吳揚曰茫通俗文時務曰茫五經文字云朚人晝夜作無日用月無月用火常思明或曰朚人思天曉故从明又按字亦作蘉書洛誥汝乃是不蘉馬注勉也字从偯普省聲亡普雙聲猶鯇亦作鱛也

陽㴇 **忘** 不識也从心从亡會意亡亦聲詩假樂不愆不忘說苑作亡左隱七傳歃如忘歎逝賦樂隤心其如忘注失也漢書戾太子傳注忘亡也列子周穆王中年病忘釋文不記事也假借發聲之詞趙策忘其憎懷而爱秦耶按與用妄用無用毋皆同古韻詩日月叶方良忘有女同車叶行英翔將姜忘蓼蕭叶瀼光爽忘儀禮士冠禮叶芳祥忘荀子佹詩叶明祥行盲聽常忘將文子精誠叶方忘喪又詩烈文叶王忘句中韻

陽 **巟** 水廣也从川亡聲廣雅釋詁一巟大也易泰包巟用馮河虞注大川也翟元注虛也則謂借爲㳬按字亦作汒作茫作漭淮南俶眞茫茫沈沈注盛皃魏都賦茫茫終古注遠皃高唐賦洸漭漭注水廣遠皃亦重言形況字西京賦滄池漭沆注猶洸瀁寬大也家語致思漭瀁之野注廣大皃亦疊韻連語假借爲𡕥廣雅釋詁二巟𡕥也又爲萌孟子芒芒然歸注罷倦之皃亦重言形況字又爲盲爲忘淮南書茫然無覺莊子天地泌若于夫子之所言矣釋文或作芒亦單辭形況字又疊韻連語類篇滄茫水皃楊雄校獵賦鴻濛沆茫

㴇 **妄** 亂也从女亡聲管子山至數不通于輕重謂之妄言賈子道術以人自觀謂之度反度爲妄春秋繁露天道施妄者亂之始也易无妄注虛妄也馬鄭王皆謂借爲望虞則謂借爲忘禮記儒行今衆人之命儒也妄注妄之言無也左哀二十五傳彼好專利而妄注不法也秦策故不敢妄賀注猶空也素問五常政大論其動炎灼妄擾注謬也假借爲盲孟子此亦妄人也已矣注妄作之人無知者素問氣交變大論讝妄注妄妄見聞也又爲望大戴文王官人故得妄譽又發聲之詞越語妄其歎不穀邪與用無用毋同古韻莊子在宥叶狂往掌妄

庚 **氓** 民也从民亡聲讀若盲按自彼來此之民曰氓从民从亡會意亡亦聲與甿義別詩氓之蚩蚩孟子皆悅而願爲之氓矣願受

láng 郎　láng 桹　láng 筤　liàng 眼　láng 莨　láng 琅　méng 甿　méng 蝱

一廛而爲氓君之于氓也固周之秦策而不憂民氓淮南修務以寬民氓史記三王世家姦巧邊萌漢成陽靈臺碑以育苗萌以萌爲之假借爲甿管子八觀氓家無積而衣服修注謂民家

庚 **蝱** 齧人飛蟲也从䖵亡聲字亦作虻楚語虻蝱之旣多而不能掉其尾注大曰虻小曰蟁史記搏牛之虻不可以破蟣虱淮南書蝱寅不食駒犢夏日則不勝暑熱蝱蝱說苑蠹蝝仆柱梁蚊虻走牛羊假借爲莔詩載馳言采其蝱傳貝母也爾雅釋草莔貝母又託名幖識字廣雅釋器飛蝱箭也古韻詩載馳叶蝱行狂

庚 **甿** 田民也从田亡聲與氓義別周禮遂人以下劑致甿注變民言甿異外內也甿猶懵懵無知皃也遂大夫帥其吏而興甿史記陳涉世家甿隸之人集解田民曰甿假借爲狂廣雅釋詁三甿癡也又爲氓三蒼邊人曰甿

陽 **琅** 琅玕似珠者从玉良聲按玉之生而圜者書禹貢厥貢惟球琳琅玕傳石似玉鄭注珠也爾雅釋地西北之美者有崐崘虛之璆琳琅玕焉西山經槐江之山其上多琅玕又古詩有青琅玕或曰珊瑚之青者爲琅玕假借爲鋃實疊韻連語漢書王莽傳以鐵鎖琅當其頸注長鏁也古韻楚辭東皇叶良皇琅芳漿倡堂康

陽 **莨** 莨草也从艸良聲史記司馬相如傳其卑溼則生藏莨蒹葭集解莨狼尾草也似茅文選子虛賦郭注藏莨中牛馬芻按爾雅釋草孟狼尾注似茅今人亦以覆屋字亦作蒗中山經大騩之山有草焉其名曰蒗古韻詩下泉叶稂京

㴇 **眼** 目病也从目良聲雷公炮炙論目辟眼睛有五花而自正注五花五加皮也是眼者視衺不正假借爲朗方言十二眼明也

養陽 **筤** 籃也从竹良聲廣雅釋器筤謂之笭釋名車弓上竹曰郎以郎爲之假借疊韻連語易說卦震爲蒼筤竹九家注青也釋文或作琅

陽 **桹** 高木也从木良聲

陽 **郎** 魯邑也从邑良聲按魯有二郎左隱元傳費伯帥師城郎此魯遠邑在今山東兗州府魚臺縣東北費伯之食邑其後以邑爲氏又隱九年夏城郎此魯近郊之邑卽莊十年次于郎哀十一年戰于郊檀弓云戰于郎者在今兗州府滋陽縣西北春秋所書之郎多此也假借爲㝗周書作雒重亢重郎注累屋也又爲良廣雅釋詁一郎君也後漢桓帝紀注郎官謂三中郎將下之屬官也按天文有郎位十星在太微垣五帝座之東此託名幖識字又婦人以稱男子猶儀禮士昏禮之稱良也又水經河水注宗郎反語爲桑落也按桑落

lǎng 朗　láng ⿱宀良　láng 硠　láng 狼　làng 浪　làng 閬

合音爲索索郎合音爲桑落
桑合音爲郎郎索合音爲落

養　**朗** 明也从月良聲左形右聲今字作右形左聲詩既醉高朗令終楚語其聖能光遠宣朗淮南原道新而不朗遊天台山賦朗詠長川注猶清徹也古韻呂覽盡數叶揚行朗長明良叄詩既醉叶明朗句中韻

陽　**⿱宀良** ⿱宀康也从宀良聲⿱宀康篆說解屋⿱宀康⿱宀良也按⿱宀良之言良也猶安居也廣雅⿱宀亢⿱宀亢也以⿱宀亢爲之

陽　**硠** 石聲也从石良聲廣雅釋詁四硠聲也釋訓硠硠堅也子虛賦硠硠礚礚亦重言形況字思元賦伐河鼓之磅硠亦疊韻連語吳都賦拉擸雷硠亦雙聲連語釋名雷硠也如轉物有所雷硠之聲也今本誤作硠不知劉書皆以聲訓雷硠一聲之轉若雷硠聲隔萬不能爲訓也段氏玉裁欲改說文之硠从良以當周禮典同故書高聲硠之硠非是典同硠即許書之琅字故書作硠

陽　**狼** 似犬銳頭白頰高前廣後从犬良聲爾雅狼牡獾牝狼廣雅獼狼也詩還竝驅從兩狼兮陸疏其鳴能小能大善爲小兒啼聲以誘人其膏可以煎和其皮可以爲裘故禮記內則狼臅膏玉藻厰左狼裘按狼全似青色犬惟目縱爲異其腸直鳴則竅沸也轉注廣雅釋詁三狼很也四狼盭也淮南要略秦國之俗貪狼洪範五行傳狼貪暴之獸又淮南覽冥狼戾不可止注猶交橫也孟子樂歲粒米狼戾又長笛賦乍跱蹠以狼戾注乖背也按亦雙聲連語又孟子則爲狼疾人也按疾亦戾字之誤言紕繆也假借爲硠周禮條狼氏掌執鞭以趨辟注狼狽道上或曰借爲朗或曰借爲盪又託名幖識字楚辭東君舉長矢兮射天狼按天狼一星明大異常在參左足東南其下有九星似引弓射之名曰弧矢聲訓史記律書狼者言萬物可度量斷萬物故曰狼淮南要略貪狼注荒也古韻詩還叶昌陽狼臧

說文通訓定聲　壯部弟十八　卆七

陽漾　**浪** 滄浪水也南入江从水良聲按滄浪亦疊韻連語水即漢之下流在今湖北襄陽府均州北至漢陽府合江書禹貢又東爲滄浪之水鄭注夏水即漢河之別流也假借爲陽詩終風謔浪笑敖爾雅釋詁戲謔也韓詩浪起也則謂借爲仰江淹詩浪迹無蚩妍注猶放也又疊韻連語陸機樂府垂影滄浪泉注水色也又雙聲連語漢書地理志樂浪又重言形況字廣雅釋訓浪浪流也離騷霑余襟之浪浪注流皃按今所用波浪字蓋借爲颺聲訓爾雅謔浪笑敖戲謔也舍人注浪意萌也古韻離騷叶當浪

漾　**閬** 門高也从門良聲漢書楊雄傳閬閬其寥廓兮注閬閬空虛也亦重言形況字或曰借爲朗假借爲隍爲壙管子度地郭外爲之土閬注空曠也莊子外物胞有重閬注閬謂隍又爲朗離騷登閬風而緤馬注山名也在崑崙之上後漢張衡傳注閬閌大也又

láng 鋃　luǒ ⿰良斤　láng ⿰矛良　liáng 量　wáng 莣　huāng 荒

託名幖識字說文巴郡有閬中縣

陽　**鋃** 鋃鐺瑣也从金良聲按鋃鐺疊韻連語蘇俗謂之鍊條通俗文鍾頭曰鋃鐺後漢崔寔傳注鋃鐺鎖也

哿　**⿰良斤** 柯擊也从斤良聲大徐來可切可蓋向字之誤

陽　**⿰矛良** 矛屬从矛良聲廣雅釋器⿰矛良鈹也方言鈹謂之鈹注今江東呼大矛爲鈹廣韻則曰⿰矛良短矛也

陽漾　**量** 稱輕重也从重省曏省聲按良省聲古文亦良省聲小篆省曏古文省良家語五帝德設五量注權衡升斛尺丈里步十百也按五量其理相因其法相輔權衡謂之衡尺丈謂之度升斛謂之量許君以衡解量者爲其字从重也重起于黍桑銖二十四銖爲兩十六兩爲斤三十斤爲鈞四鈞爲石即權衡也虞書同律度量衡禮記月令同度量論語謹權量考工㮚氏爲量此皆言斗斛也按以今尺言之升方積三十一寸六百分面底方四寸深一寸九分七釐五豪斗方積三百十六寸面底方八寸深四寸九分三釐七豪五絲斛方積一千五百八十寸口方六寸六分底方一尺六寸深一尺一寸七分兩斛爲秿又周禮夏官量人注度也儀禮大射儀命量人量侯道周語釐改制量又於是乎量資幣離騷不量鑿而正枘兮此皆言尺寸也楚辭惜誓苦稱量之不審兮此似言權衡也轉注禮記少儀事君者量而后入注量其事意合成否禮運月以爲量注猶分也月令審五庫之量注謂物善惡之舊法也又荀子宥坐其主量必平似法注謂阬受水之處也假借爲良海內北經大封國有文馬名曰吉量之乘亦託名幖識字古韻禮月令叶裳恆長量常莊子天運叶明長剛常阬量神女賦叶望相尙量暢狀文子道原叶強亡同量精誠叶量讓功彰行

說文通訓定聲　壯部弟十八　卆八

陽　**莣** 杜榮也从艸忘聲爾雅釋草注莣今芒草似茅皮可以爲繩索履屩也按與莨略同爾雅孟狼尾莣杜榮二草疑同類而小異字亦作菵鮑照樂府菵露夜沾衣

陽　**荒** 蕪也一曰草淹地也从艸㠩聲廣雅釋詁二荒薉也詩召旻我居圉卒荒周禮大司馬野荒民散則削之禮記曲禮地廣大荒而不治周語田疇荒蕪轉注爾雅釋天果不熟爲荒韓詩外傳四穀不升謂之荒周禮大司徒以荒政十有二聚萬民注凶年也司服大荒注饑饉也據許書則借爲穅假借爲忘書盤庚無荒失朕命傳廢也又爲亡書微子天毒降災荒殷邦周書大明武靡敵不荒太元內荒家及國又爲妄書呂刑耄荒傳忽也失之詩蟋蟀好樂無荒箋廢亂也禮記樂記宮亂則荒其君驕注猶散也武王之志荒矣注老耄也孟子從獸無厭謂之荒周禮謚法外內從亂曰荒賈子道術以己量人謂之恕反恕爲荒又爲㠩廣雅釋詁一荒遠也周語戎翟荒服

huāng 穢 liáng 糧 láng 蓈 huāng ⿰糸巟 méng ⿰魚巟 huāng ⿰馬巟 huāng 㡃 huǎng 詤

爾雅釋地觚竹北戸西王母日下謂之四荒。離騷將往觀乎四荒。又爲㡃。爾雅釋言荒奄也。詩閟宮遂荒大東。傳有也。韓詩至也。天作大王荒之。傳大也。左昭七傳有亡荒閱。又禮記喪大記振容黼荒。注蒙也。在旁曰帷。在上曰荒。皆所以衣柳也。又爲㠩。易泰包荒。鄭注虛也。詩桑柔具贅卒荒。傳虛也。吳語荒成不盟。注空也。又爲㠩。虞書惟荒度土功。鄭注奄也。失之。又爲巟。詩樛木葛藟荒之。傳奄也。又爲肓。長門賦荒亭亭而復明。注欲明皃。思元賦追荒忽于地底兮。注幽昧皃。按猶肓曶也。又疊韻連語。莊子天下荒唐之言。釋文謂廣大無域畔者也。淮南詮言自身以上至于荒芒爾遠矣。注上古時也。又託名幖識字。爾雅釋天太歲在巳曰大荒落。史記作芒。【古韻】詩樛木叶荒將。公劉叶糧陽荒。天作叶荒康。

詤 陽 詤 夢言也。从言巟聲。字亦作謊。呂覽無由接而言見詤。按猶訛也。妄也。假借爲忘。廣雅釋言詤忽也。

㡃 陽 㡃 飾色之工治絲練者。从巾巟聲。考工㡃氏掌湅絲湅帛。字亦作㡃。轉注一曰㡃隔也。按猶冡覆也。陸機詩龍㡃被廣柳。詩公劉豳居允荒。爾雅荒奄也。以荒爲之。

⿰馬巟 陽 ⿰馬巟 馬奔也。从馬巟聲。

⿰魚巟 燕 徑 ⿰魚巟 䲡⿰魚巟也。从魚巟聲。字亦作鰽。巟皆一聲之轉。按鮪也。今之尋皇魚。大者爲王鮪。小者爲叔鮪。漢書司馬相如傳䲡鰽漸離。注周洛曰鮪。蜀曰䲡鰽。楊雄蜀都賦石鰽水螭。

⿰糸巟 陽 ⿰糸巟 絲曼延也。从絲巟聲。詩樛木葛藟荒之。以荒爲之。

蓈 陽 蓈 稂 禾粟之采生而不成者謂之董蓈。从艸郎聲。或从禾良聲。爾雅釋草稂童粱。注莠類也。按此非莠。草生而不成。與莠等耳。詩大田不稂不莠。魯語馬餼不過稂莠。假借爲莨。詩下泉浸彼苞稂。箋蕭著之屬。爾雅序搴其蕭稂。按莠者狗尾草。莨者狼尾草也。

糧 陽 糧 穀食也。从米量聲。字亦作粮。作粻。按當訓路穀也。周禮廩人治其糧與其食。注行道曰糧。謂糒也。詩公劉乃裹餱糧。釋文本作粻。左僖四傳共其資糧屝屨。疏謂米粟行道之食也。論語在陳絕糧。鄭本作粻。後漢張衡傳飧沆瀣以爲糧。注或作粻。爾雅釋言粻糧也。詩崧高以峙其粻。禮記王制五十異粻。雜記載粻。孟子師行而糧食。莊子適百里者宿舂糧。適千里者三月聚糧。【古韻】詩公劉叶康疆倉糧囊光張揚行。又糧陽荒。崧高叶疆粻行。楚詞惜誦叶糧芳明身。【轉音】文子下德叶糧功。按讀如隆也。

⿰禾荒 陽 ⿰禾荒 虛無食也。从禾荒聲。據許當爲凶荒之正字。

wǎng 网 gāng 岡 wǎng 蛧

网六名凡网之派皆衍网聲。文紡切。

网 養 養 网 庖犧所結繩以田以漁者也。从冂中象网交文。或又从亾聲。或从糸从网亡聲。古文从冂亾聲。籒文从网从一。一者物也。指事。字亦作网。今字从或體作網。作罔。禮記月令田獵罝罘羅網。淮南時則注罠其總名也。易大壯君子用罔。晉罔孚裕。虞注離爲罔。繫辭作結繩而爲網罟。以佃以漁。蓋取諸離。轉注思元賦建罔車之幕幕兮。注畢星也。江淹襍體詩賓網擬星懸。注天畢也。又釋名釋車輞罔也。罔羅周輪之外也。字林輞車輞也。字變作輞。又楚辭湘夫人罔薜荔兮爲幬。注結也。招魂網戶朱綴。注綺文鏤也。又孟子是罔民也。丁作司。郎今之伺字。亦通。史記游俠傳時扞當世之文網。又廣雅釋蟲蛛蝥网工蟏蛸也。假借爲無。爾雅釋言罔無也。易大壯君子用罔。馬注无也。太元元文罔者有之舍也。虞書罔水行舟。微子乃罔畏畏。詩民勞以謹罔極。抑罔敷求先王。又爲肓。禮記少儀衣服在躬而不知其名曰罔。注無知皃。東京賦罔然若酲。注猶惘惘然也。亦單辭形況字。又論語不可罔也。皇疏謂面相誣也。按猶蒙蔽也。或曰借爲幔。亦通。漢書王嘉傳臣驕侵罔。注謂誣蔽也。又爲悵。神女賦序罔兮不樂。注憂也。又爲妄。論語學而不思則罔。皇疏誣罔也。失之。荀子非十二子偷儒而罔。注謂罔冒不畏人之言也。又爲枉。論語罔之生也幸而免。皇疏謂邪曲誣罔者也。邪曲

是誣罔非。又疊韻連語。莊子齊物論罔兩問景。崔注罔浪有無之狀。郭注景外之微陰也。楚辭哀命神罔兩而無舍。注無所依據皃。又左宣三傳螭魅罔兩。注水神也。服注木石之怪。魯語木石之怪夔罔兩。水之怪龍罔象。注一名沐腫。東京賦殘夔魖與罔像。又莊子天地乃使象罔。注卽眞也。洞簫賦罔象相求。注虛無也。思元賦淢汨飄淚沛以罔象兮。注卽仿像也。又笙賦罔浪孟以惆悵。注罔及浪孟皆失志之皃。又後漢馬嚴傳注罔養猶依違也。又託名幖識字。禮記射義公罔之裘。釋文本作冈。【古韻】詩瞻卬叶罔亡。周語叶綱上。易大壯叶壯罔。

岡 陽 岡 山脊也。从山网聲。俗亦誤作崗。作罡。廣雅釋邱岡阪也。詩卷耳陟彼高岡。楚辭守志陟高岡兮嶢嶢。注山嶺曰岡。【聲訓】釋名山脊曰岡。岡亢也。在上之言也。【古韻】詩卷耳叶岡黃觥傷。陟岵叶岡兄。公劉叶長岡陽。卷阿叶岡陽。【轉音】詩車舝叶岡薪。

蛧 養 養 蛧 蛧蜽山川之精物也。淮南王說蛧蜽狀如三歲小兒。赤黑色。赤目。長耳。美髮。从虫网聲。魯語曰木石之怪夔蛧蜽。按法苑珠林引夏鼎志罔象如三歲兒。赤目黑色。大耳長臂赤爪。索縛則可得食。不作蛧蜽。按罔兩疊韻連語。蛧蜽二字皆後出。亦作魍魎。作罔閬。周禮方相氏作方良。皆同。

gāng 犅　gāng 剛　gāng 綱　wàng 朢　wàng ⿰言朢

陽 **犅** 特牛也、从牛、岡聲、公羊傳、魯公用騂犅、詩閟宮、白牡騂剛、以剛爲之、

陽 **剛** 彊斷也、从刀、岡聲、古文后、按亦从刀、詐省聲、或曰籒文昌省聲、非古文字、亦作鋼、左昭六傳、斷之以剛、荀子臣道、撟然剛折、按本訓爲芒刃之堅利、轉注、廣雅釋詁一、剛、强也、書皋謨、剛而塞、鄭注謂事理剛斷、易繫辭、剛柔者、荀注、乾爲剛、說卦、兌爲剛鹵、詩北山、旅力方剛、烝民、剛則吐之、采薇、薇亦剛止、禮記曲禮、外事以剛日、疏、奇日也、豕曰剛鬣、王注言肥大也、論語、吾未見剛者、鄭注謂强志不屈撓、剛毅木訥、王注、無欲也、周書謚法、彊毅果敢曰剛、又北山經、北嶽之山多剛木、注、檀柘之屬、仲定碑、有鋥柔兮、【叚借】爲犅、禮記明堂位、周騂剛、又託名幖識字、水經汶水注、剛故闡也、按即爾雅之汶爲瀾、【古韻】詩采薇叶剛陽、北山叶彭傍將剛方、閟宮叶嘗衡剛將羹房長、發叶競剛、句中韻、易坤叶剛方常光行慶殃、剝叶剛長象行、繫辭下叶彰剛望、越語叶皇常行陽匡剛、莊子天運叶明長剛常阬量、文子微明叶陽剛强功、靈樞經脈叶剛牆長通行、

陽 **綱** 維紘繩也、从糸、岡聲、古文从木、从𢀚、按𢀚象繩糾與弦同意、綱者維網之大繩也、詩盤庚、若網在綱、轉注、考工梓人、上綱與下綱出舌尋、注、所以繫侯于植者也、儀禮鄉射禮、下綱不及地武、注、持舌繩也、南都賦、朱帷連綱、注、維綱也、周禮馬質、綱惡馬、注以縻索維綱犅習之、先鄭則謂借爲抗、又詩卷阿、四方之綱、箋、綱者能張衆目、白虎通三綱六紀注、綱者張也、左僖二十傳、實紀綱之僕、又書孔序、舉其宏綱、又舞鶴賦、離綱合緒、注謂舞之行列也、【叚借】爲網、論語、子釣而不綱、孔注、綱者爲大綱以横絶流、按綱必有網繩之大者爲綱、非網之大者爲綱也、孔欲遷就兩釋之、非是、【聲訓】詩棫樸、綱紀四方、箋、張之爲綱、理之爲紀、【古韻】詩嘉樂叶疆綱、卷阿叶卬璋望綱、

朢三名、凡朢之派皆衍朢聲、無放切

漾 **朢** 月滿與日相望、似朝君也、从月、从臣、从𡈼、會意、𡈼、朝廷也、按謂从廷省、古文从臣、从𡈼、按小篆亦即古文、此古文省月、非是、又按𨷦篆古文臣作𦣞、疑此當爲臣古文、朢字从月、𦣞省聲也、此篆宜隸月部、月本無光、借日之光以爲光、晦朔則日照月之上面而下面無光、弦則月東行漸與日遠、日從旁照、漸得一線之明、望則對照月面而全明也、然所謂對照者多從旁相對、若日月各當九道之交、上下正對、則地球適隔其中、日光爲地掩而月食、朔望字今皆以望爲之、

⿰言朢 責望也、从言、朢聲、按怨望字史傳皆以望爲之、【叚借】爲望、太元逃、寇⿰言朢其戶、注、責也、失之、

wàng 望　fāng 方

陽漾 **望** 出亾在外、望其還也、从亾、朢省聲、廣雅釋詁三、望、視也、按此字疑當訓遠視也、从朢省、亾聲、日月相對爲望、故會見意、廣雅釋詁一、望、視也、望、至也、周禮大宗伯、旅上帝及四望、注、五嶽四鎮四瀆、司農注、日月星海、又左僖三十一年、猶三望、注、分野之星、國中山川、皆因郊祀望而祭之、公羊注、方望謂郊時所望祭四方羣神、日月星辰風伯雨師五嶽四瀆及餘山川凡三十六所、穀梁注、望者祭山川之名也、謂海也、岱也、淮也、非其疆界則不祭、廣雅釋天、望、祭也、又詩都人士、萬民所望、按猶仰也、聞望字亦猶聞見也、禮記內則、豕望視而交睫、注、望視、遠視也、家語辨樂、曠如望羊、注、遠視也、亦疊韻連語、釋名釋宮室、樓、或謂之望、言高可望也、爾雅釋邱、望厓洒而高岸、【叚借】爲朢、廣雅釋天、月御謂之望舒、又爲防、呂覽下賢、神覆宇宙而無望、注、無界畔也、又爲⿰言朢、史記盧綰傳、爲羣臣觖望、集解、猶怨也、袁盎傳、絳侯望袁盎、正義、怨也、外戚世家、景帝以故望之、索隱、猶責望謂恨之也、又爲方、禮記表記、以人望人、疏、比也、又重言形況字、禮記問喪、其往送也、望望然、注、瞻望之皃、孟子、望望然去之、注、慙愧之皃、又託名幖識字、周禮職方氏、其澤藪曰望諸、注、明都也、在睢陽、按即爾雅之孟諸、漢志之盟諸也、在今河南歸德府商邱縣、又史記齊世家、太公望呂尚、孫子兵法、周之興也、呂牙在殷、按望名牙、字尚父、尊號也、又爾雅釋草、望、乘車、注、可以爲索長文、餘【聲訓】釋名釋姿容、望、茫也、遠視茫茫也、又望、惘也、視遠惘惘也、又望羊、羊陽也、言陽氣在上、舉頭高似若望之然也、【古韻】詩河廣叶杭望、宛邱叶湯上望、都人士叶黄章望、卷阿叶卬璋望綱、易繫辭下傳叶彰剛望、楚辭河伯叶望蕩、神女賦叶望相尚量暢狀、

【轉音】呂覽權勳叶行宗窮望終、

方三十二名、凡方之派皆衍方聲、府良切

陽 **方** 併船也、象兩舟省總頭形、从兩舟省、或又从水、爾雅釋水、大夫方舟、李注、竝兩船曰方舟、詩漢廣、不可方思、谷風、方之舟之、箋、泭也、莊子山木、方舟而濟于河、司馬注、竝也、轉注、廣雅釋詁三、方、類也、儀禮鄉射禮、不足方、注、猶併也、考工梓人爲侯、廣與崇方、注、猶等也、楚語、不可方物、注、猶別也、禮記檀弓、方喪三年、疏謂比方也、緇衣、其惡有方、注、喻輩類也、漢書衛青霍去病傳贊、票騎亦方此意、注、比類也、揚雄傳、蹤方徑僑與偓佺兮、注謂竝行也、侯伯方軌、注、併也、法言重黎、始皇方斧、注、比也、又孟子、君子可欺以其方、注、類也、又論語、子貢方人、集解、比方人也、鄭本則作謗、或曰此義凡皆借爲仿、爲竝、存參、【叚借】爲匚、易坤、至靜而德方、大戴曾子天圓、地道曰方、按地形圜而德方、方者不動也、廣雅釋詁一、方、正也、二、方、義也、孟子、規矩方圓之至也、墨子天志中、吾矩者謂之方、吳語、爲萬人以爲方陳、注、正曰方、又周禮硩蔟氏、以方書十日之號、注、版也、儀禮聘禮記、不及百名書于方、禮記中庸、布在方策、又儀禮覲禮、方明者木也、又

网　望　方

爲旁廣雅釋詁一方大也虞書共工方鳩僝功方施象刑惟明呂刑庶僇方告無辜于上立政方行天下漢書武帝紀方聞之士注方正失之東京賦誼方激而遐鶩晉語今晉國之方又爲傍虞書宅朔方易象傳大人以繼明照于四方旣濟高宗伐鬼方詩大明以受方國甫田以社以方出車往城于方禮記檀弓就養無方論語遊必有方鄭注常也儀禮大射儀左右曰方注出旁也又史記扁倉傳視見垣一方人索隱猶邊也又爲房詩大田旣方旣阜箋房也謂孚甲始生而未合時也生民實方實苞箋別訓齊等也傳訓極畝謂借爲旁皆失之又鵲巢維鳩方之傳有之也書序乃遇汝鳩汝方史記作房又爲望廣雅釋詁四方表也詩皇矣萬邦之方傳則也箋猶鄉也史記天官書日方南正義猶向也又爲妨書堯典方命圮族馬注放也孟子方命虐民注猶逆也又爲滂荀子富國汸汸如河海注水多皃亦重言形況字又爲防漢書張湯傳注掘地爲坑曰方又爲當爲將亦發聲之詞廣雅釋詁一方有也方始也三方爲也詩正月民今方殆箋且也東京賦方其用財取物注將也與用甫用將用丁鼎皆同又爲法方法一聲之轉論語可謂仁之方也已孔注道也荀子大略博學而無方注法也呂覽必已如此其無方也注術也論語且知方也鄭注禮法也左昭二十九傳官脩其方注法術也閔二傳授方注百事之宜也禮記樂記樂行而民鄉方經解謂之有方之士莊子秋水吾長見笑于大方之家按法家也又管子任法皆私設立方以教于國注謂異道術也又史記扁倉傳問中庶子善方者索隱方方伎之人也素問五藏別論余聞方士注明悟方術之士也又爲横禮記樂記方以類聚注謂行蟲也疏走蟲禽獸之屬又疊韻連語周禮方相氏注猶言放想可畏怖之皃駁方良注罔兩也莊子達生野有方皇司馬注狀如蛇兩首五采文又荀子禮論方皇周挾注讀爲彷徨漢書楊雄傳脅以方攘注半散也又託名標識字淮南天文方諸見月則津而爲水注陰燧大蛤也熟摩令熱月盛時以向月下則水生或曰借爲望亦通又周書世俘呂他命伐越戲方注紂三邑名又左僖四傳楚國方城以爲城按方城山在今河南南陽府裕州東北又楚辭涉江邸余車兮方林注地名【聲訓】晉語官方定物注常也淮南氾論乃爲窬木方版注竝也齊語以方行于天下注猶横也遊天台山賦方解纓絡注將也魏都賦剋翦方命注放棄王命也【古韻】詩鵲巢叶方將日月叶方良忘漢廣叶廣泳永方谷風叶方泳蒹葭叶蒼霜方長央六月叶方陽章央行北山叶彭傍將剛方角弓叶良方讓亡棫樸叶章相方王蕩叶螗羹喪行方抑叶尚亡章兵方烝民叶彭鏘方江漢叶湯洸方王執競叶王康皇方明喤將穰閟宮叶慶昌臧方常元鳥叶商芒湯方易坤叶霜方章囊裳黃又叶剛方常光行慶殃楚辭九辯叶佯將穰堂方明招魂叶方梁行芳粱漿鶬爽神女賦叶章方裳長堂翔裝芳莊子山木叶臧將行方彝知北遊叶房皇彊明方廣行員文子精誠叶方忘喪轉亡周書周祝叶方情

páng 旁

陽漾 **旁** 㫄 㫄 㫄 㫄 溥也从二闕方聲按从古文上六象旁達形古文从下又古文从一籀文从雨方聲按與傍字迴別廣雅釋詁一旁大也二旁廣也爾雅釋宮二達謂之岐旁三達謂之劇旁釋名釋道物兩爲岐在邊曰旁此道並通出似之也旁轉多用功稍劇也按以傍爲訓荀子性惡禁能旁魄而無用注廣博也吳都賦旁魄而論都注寬大之意莊子逍遥遊旁礴萬物司馬注猶混同也太元中昆侖旁薄幽注猶彭魄也元告地旁薄而向乎上注地之形也封禪文旁魄四塞注衍也按亦雙聲連語猶旁溥也禮記聘義孚尹旁達疏旁者四面之謂也史記五帝紀旁羅日月星辰索隱旁非一方東京賦旁震八鄙注四方失之漢書霍光傳使者旁午注一縱一橫爲旁午又分布也又詩北風雨雪其雱傳盛皃穆天子傳注作霶廣雅釋訓霶霶雨也亦以汸爲之荀子富國汸汸如河海字又作滂作澎字林澎濞水暴至聲也海賦洞簫賦澎濞琴賦澎湃澎濞滂沛皆雙聲連語【叚借】爲傍周書王會旁天子而立于堂上注差在後也禮記喪大記士旁三揖疏猶不正也周髀算經天之中央亦高四旁六萬里注猶四極也莊子人間世其可以爲舟者旁數十注枝也周書世俘旁生魄注廣大失之又爲膀考工梓人以旁鳴者注蝸蜆屬又爲䠙荀子議兵旁辟曲私之屬注偏頗也又爲妄禮記少儀不旁狎又爲傍漢書食貨志注旁依也李尋傳注旁附也又爲榜楚辭惜誦曰有志極而無旁注輔也又疊韻連語史記司馬相如傳瑨玉旁唐索隱言盤薄也漢書注文石也則謂借爲芒碭史記禮書注旁皇猶徘徊也莊子天運注旁皇飈風也又重言形況字廣雅釋訓旁旁盛也詩清人駟介旁旁王注彊一也【聲訓】廣雅釋詁四旁方也【古韻】詩北風叶涼旁行清人叶彭旁英翔呂覽樂成叶公旁梁

fāng 芳

陽 **芳** 芳 艸香也从艸方聲離騷芳菲菲其彌章注香皃楚辭大招和致芳些注蕫椒也淮南說林蘭芝以芳未嘗見霜素問腹中論芳草發注轉注廣雅釋器芳香也儀禮士冠禮嘉薦亶芳淮南說山芳其餌者所以誘而利之也又離騷芳與澤其雜糅兮注德之皃也穀梁傳序鼓芳風以扇遊塵舊解正樂爲芳風【古韻】儀禮士冠禮叶芳祥忘楚辭東皇叶良皇琅芳漿倡堂康惜誦叶糧芳明身九辯叶房颺芳翔明傷招魂叶方梁行芳漿鶬爽風賦叶上衡揚芳堂房神女賦叶章方裳長堂翔裝芳文子九守叶穎堂芳工

fàng 趽

庚陽 **趽** 趽 曲脛馬也从足方聲讀與彭同廣雅釋言趽踦也轉注賈子道術衷理不辟謂之端反端爲趽

fǎng 訪

漾 **訪** 訪 汎謀曰訪从言方聲爾雅釋詁訪謀也書洪範王訪于箕子詩訪落訪予落止周禮内史受納訪保章氏訪序事晉語文王訪于辛尹又楚語使訪物官注議也思元賦黃靈詹而訪命兮注謀也

fāng ⿰方隹

陽 **⿰方隹** ⿰方隹 ⿰方隹鳥也从隹方聲疑與魴同字

fǎng 鴋　fàng 放　fáng 肪　fāng 枋　fāng 邡　fǎng 仿

養 **鴋** [篆] 澤虞也。从鳥方聲。字亦作鷎。爾雅鷎澤虞注今婟澤鳥似水鴞蒼黑色常在澤中見人輒鳴喚不去有象主守之官因名云俗呼爲護田鳥孫炎注則謂鴋鳩或謂紡澤虞其别名也方言八鳸鳩自關而東謂之戴鵀或謂之鶭鶝按楊孫讀爾雅各不同楊讀戴鵀鶭澤一鳥虞鴋鵖一鳥孫又讀戴鵀鶭澤别名虞爲一鳥說文鵖鴔也鴔鵖也鸕鵖也以虞爲盧疑亦如楊讀而此篆訓澤虞鵖篆訓鵖則又與郭同所不解耳。

漾 養 **放** [篆] 逐也。从攴方聲。小爾雅廣言放棄也廣雅釋詁二放去也四放置也穀梁宣元傳放猶屏也虞書放驩兜于崇山太甲序伊尹放諸桐周禮大司馬放弑其君則殘之左襄二十九傳放其大夫注宥之以遠列女傳卿大夫外淫者放楚辭悲回風見伯夷之放迹轉注僞武成放牛于桃林之野論語隱居放言包注置也禮記曲禮無放飯注置已取之飯于器中也孟子放飯流歠同假借爲方荀子子道不放舟不避風則不可涉也又爲仿廣雅釋詁三放效也禮記檀弓則吾將安放周禮食醫凡君子之食恒放焉史記厤書不可放物後漢班彪傳注放象也漢書禮樂志相放悲注猶髣髴也侯成碑放像爲用又爲旁書堯典曰放勳禮記祭義推而放諸東海而準孟子放乎四海又摩頂放踵丁音至也淮南兵略放乎九天之上注寄也又爲徬廣雅釋詁四放依也論語放于利而行楚語民無所放又爲妄廣雅釋言放妄也左昭十六傳獄之放紛注縱也呂覽審分無使放悖又孟子放飯流歠注大飯也又爲傷文選與山巨源絶交書益增其放注謂放蕩漢書藝文志注放蕩也又爲方實爲當管子小問桓公放春三月觀于野注春物放發故曰放春非是又爲萌公羊石經放于此乎字亦作昉以晃爲之又爲望爲向莊子天運君子亦放風而動司馬注依也又疊韻連語周禮方相氏注方相猶言放想可畏怖之皃古韻禮記檀弓叶仰放家語終記叶仰杖放。

陽 **肪** [篆] 肥也。从肉方聲。通俗文脂在腰曰肪。

陽 **枋** [篆] 枋木也可作車。从木方聲。莊子逍遙游我決起而飛槍榆枋李注檀木也。假借爲柄儀禮士冠禮面枋又爲方實爲柎後漢岑彭傳枋箄注以竹木爲之浮于水上。方付雙聲。

陽 **邡** [篆] 什邡廣漢縣。从邑方聲。今四川成都府什邡縣。假借爲訪穀梁昭二十五傳邡公也注當爲訪。

養 **仿** [篆][篆] 相似也。从人方聲。籒文从丙聲。俗亦作倣經傳放效字皆以放爲之。假借雙聲連語甘泉賦注引說文仿佛相似視不諟也字林仿佛見不審也字亦作髣髴鬼谷子本經陰符神喪則髣髴注不精明之皃神女賦序目色髣髴漢書楊雄傳猶仿佛其若夢從者仿佛骯屬而還嚴訢碑字又作昉坲後漢班彪傳注彷彿猶梗概也以徬爲之又疊韻連語荀子禮論注仿偟猶徘徊也。

fǎng 舫　fáng 魴　fáng 房　fáng 妨　fǎng 瓬

漾 **舫** [篆] 舟師也。明堂月令曰舫人習水者。从舟从方會意方亦聲。今以榜爲之。假借爲方。爾雅釋言舫舟也廣雅釋水舫船也通俗文連舟曰舫史記張儀傳舫船載卒索隱並兩船也文選贈蔡子篤詩舫舟翩翩又爾雅釋言舫泭也實即借爲泭舫泭雙聲猶方之爲甫旁之爲溥也。

陽 **魴** [篆][篆][篆] 赤尾魚也。从魚方聲。或从旁聲。鰟本以爲籒文。按詩汝墳魴魚赬尾傳魚勞則尾赤非謂魴之尾赤也世俗耳熟古訓習焉不察遂以赤尾魚呼魴蓋許時常語非許誤也爾雅魴魾注江東呼爲鯿是即說文之鯾詩陸疏魴廣而博肥恬而少力細鱗遼東梁水魴尤美故其鄉語曰居就糧梁水魴則不謂即鯿又敝笱其魚魴鱮傳大魚假借託名幖識字左成十八年晉使士魴來乞師公羊作彭又今蘓俗有鰟皮魚按即爾雅之鱖鯞古曰魚婢亦曰妾魚當名徬婢魚聲相近耳與鰟不涉古韻詩衡門叶魴姜。

陽 **房** [篆] 室在傍者也。从戶方聲。廣雅釋室房舍也書顧命在東房傳東箱夾室也儀禮公食禮記宰夫筵出自東房注天子諸侯左右房按堂之後正中爲室室左右爲東西房房左右爲東西夾室應劭漢官儀皇后稱椒房轉注左昭十七傳辰弗集于房注舍也僞允征傳所舍之次也又呂覽仲冬是謂發天地之房注房所以閉藏也又淮南氾論蜂房不容鵠卵注巢也又左宣十二傳納諸廚子之房注箭舍也假借託名幖識字爾雅釋天天駟房也史記律書房者言萬物門戶也春秋文耀鉤房心爲天帝之明堂布政之所出按東方宿房四星直下微曲即俗說大人星之鼻几大火爲背尾爲股膝足也周語謂之農祥者周時此星昏中當今四月爲農作時今則當六月矣又廣雅釋器房几也禮記明堂位周以房俎注房謂足下跗也上下兩間有似于堂房詩閟宮籩豆大房傳半體之俎也周語王公立飫則有房烝注大俎也又周語昔昭王娶于房曰房后左昭十三傳靈王遷許胡沈道房申于荊焉在今河南汝寧府遂平縣西又月賦徘徊房露注古曲也字作防亦同或曰借爲雱又疊韻連語史記禮書房皇周浹聲訓釋名房旁也室之兩旁也以傍爲訓古韻詩君子陽陽叶陽簧房閟宮叶嘗衡剛將羹房洋慶楚辭九辨叶房翔明傷風賦叶上衡楊芳堂房莊子知北遊叶房皇禮明方廣行昌。

陽 漾 **妨** [篆] 害也。从女方聲。左隱三傳賤妨貴越語將妨于國家楚辭招魂敬而無妨些老子令人行妨注傷也廣雅釋言妨媢也釋詁三媢妨害也按媢即妨之誤字古韻楚辭招魂叶餭觴凉妨老子檢欲叶盲聾爽狂妨。

養 **瓬** [篆] 周家搏埴之工也。从瓦方聲。讀若抵破之抵。按抵即瓬之俗誤字瓬破猶曰妨破也考工記陶瓬先鄭讀如甫始之甫後鄭讀

方

fǎng 紡　fāng 鈁　fáng 防　bēng 嗙　bàng 徬　bàng 謗

如放於此乎之放。見公羊石經。今作昉於此乎。別義廣雅釋器：瓬，瓶也。

養 **紡** 綱絲也。从糸方聲。布縷則曰績緝，六書故引蜀本作拗絲也。按紃絲者以聲訓。左昭十九傳：紡焉以度而去之。轉注。儀禮聘禮：賄用束紡。注：紡紡絲爲之，今之縛也。又晉語：獻子執而紡于庭之槐。注：縣也。俗字作綁。

陽 **鈁** 方鐘也。从金方聲。按鐘當爲鍾，酒器之方者。別義廣雅釋器：鍪謂之鈁。似車上物，未詳。又廣韻：鏤鏖則方鍾，似爲豆區釜鍾之鍾。

陽 **防** 隄也。从𨸏方聲。或又从土。按字亦作坊。爾雅釋丘：墳大防。釋山：如防者盛。周禮稻人：以防止水。左襄二十五傳：町原防。周語：不防川。注：障也。禮記經解：猶防止水之所自來也。檀弓：見若坊者矣。郊特牲：祭坊與水庸。轉注。考工弓人：維體防之。注：深淺所止。又穀梁昭八傳：艾蘭以爲防。注：猶田之大限。又爾雅釋宮：容謂之防。注：形如今牀頭小曲屏風，唱射者所以自防隱。按郭謂即乏也，非是。荀子正論：居則設張容，負依而坐。注：言施此容于戶牖間，負之而坐。蓋如屏風稍曲。釋宮當謂此，猶禦矢者亦謂之容，蔽面者亦謂之童容也。又韻林：坊，區也。聲類：坊，別屋也。又周禮喪祝：掌大喪勸防之事。按詔傾仄也。又淮南齊俗：鐻橐埵坊。注：土型也。又楚辭初放：上葳蕤而防露兮。注：蔽也。淮南脩務：陰以防雨。注：衛也。又禮記王制：齊八政以防淫。荀子儒效：行有坊表。又爲今村坊字。假借爲當。詩黃鳥：百夫之防。傳：比也。則謂借爲竝，皆通。又爲望。按今建坊字，言衆所望也。又託名幖識字。詩防有鵲巢。傳：邑也。按在今河南陳州府淮寧縣。又左隱九年：公會齊侯于防。論語：臧武仲以防。在今山東沂州府費縣東北。又十年：取防。在今兗州府金鄉縣西。又魯語：防風氏。後王注：汪芒氏之君也。又月賦注：防露，蓋古曲也。又史記孔子世家：坊叔。古今人表作方。古韻詩黃鳥叶桑行防，易小過叶防戕，考工弓人叶强防党。

說文通訓定聲　壯部弟十八　七十七

庚 **嗙** 訶聲嗙喻也。从口旁聲。司馬相如說：淮南宋蔡舞嗙喻也。按相如凡將篇句。

漾陽 **徬** 附行也。从彳旁聲。周禮罪隸：牛助爲牽徬。注：在前曰牽，在旁曰徬。莊子齊物論：旁日月。司馬注：依也。以旁爲之。論語：放于利而行。以放爲之。按字亦作彷。假借疊韻連語。莊子天運：有上彷徨。司馬注：彷徨，風也。逍遙游：彷徨乎無爲其側。注引廣雅：彷徉，徙倚也。崔本作方羊。釋文：猶翱翔也。達生：彷徨乎塵垢之外。釋文本作房皇。知北遊：彷徨乎馮閎。洞簫賦注引埤蒼：彷徨猶彷彿也。漢書吳王濞傳：方羊天下。注：猶彷翔也。後漢班彪傳注：彷彿猶梗概也。埤蒼云：徬徨，彷佯也。

漾 **謗** 毀也。从言旁聲。按謗者道人之實事，與誣譖不同。大言曰謗，微言曰誹，曰譏。左傳：庶人謗。齊策：有能謗譏于市朝。論語：子貢方

páng 膀　bēng 榜　páng ⿰旁阝　páng 䅭　bàng 傍　péng 騯　pāng 滂　péng 搒

人，以方爲之。廣雅釋詁二：謗，諻也。三：謗，惡也。左昭二十七傳：進胙者莫不謗令尹。注：詛也。楚辭沈江：反離謗而見攘。注：訕也。呂覽達鬱：國人皆謗。注：怨也。古韻管子七臣七主叶行上謗。

陽 **膀** 脅也。从肉旁聲。或从骨。考工記：以旁鳴者。以旁爲之。假借疊韻連語。史記扁倉傳：三焦膀胱。正義：膀胱者，津液之府也。素問痺論：少腹膀胱。按當作旁光。

敬庚養 **榜** 所以輔弓弩。从木旁聲。亦曰棐，曰柲，曰弼。字亦作𣛮，作篣。廣雅釋詁四：榜，輔也。轉注：凡榜弓必約而攷擊之，故又爲榜笞。廣雅釋詁三：榜，擊也。漢書陳餘傳：吏榜笞數千。注：謂捶擊之也。字亦作篣。聲類：篣，笞也。後漢陳寵傳：急于篣格酷烈之痛。虞延傳注：篣，捶也。或曰：榜笞字當是借爲紡，縛也。今捆綁字亦宜作此。弓檠須束縛，作轉注亦通。又方言十三：籠謂之篣。假借爲方。廣雅釋水：榜，船也。江賦：漭人于是儀榜。注：并船也。又引楚辭注：船櫂也。又爲舫。漢書司馬相如傳：榜人歌。注：船長也。又按今榜狀字，標榜字，皆借爲望，衆所望也。

陽 **⿰旁阝** 汝南鮦陽亭。从邑旁聲。在今河南汝寧府新蔡縣北。

庚陽 **䅭** 䅭程也。从禾旁聲。䅭程亦疊韻連語。廣雅釋草：䅭程，穄也。按穄之黃而不黏者即穈。

說文通訓定聲　壯部弟十八　七十六

陽 **傍** 近也。从人旁聲。按與旁別。四旁，四方，皆當作此，猶邊際也。假借爲傍傍。周禮牛人：共其兵車之牛與其牽傍。注：牽傍在轅外挽牛也。人御之，居其前曰牽，居其旁曰傍。漢書武帝紀注：傍，依也。又爲仿。禮記中庸注：想思其傍僾之皃。釋文：傍，謂左右也。失之。又重言形況字。詩北山：王事傍傍。傳：傍傍然不得已。古韻詩北山叶彭傍將剛方。

庚 **騯** 馬盛也。从馬旁聲。詩曰：四牡騯騯。按北山烝民兩詩毛本皆作彭。北山傳：彭彭然不得息。烝民箋：行貌。實皆重言形況字。淸人駟介旁旁亦同。此篆後出。

陽 **滂** 沛也。从水旁聲。三蒼：滂，沱也。水多流皃也。廣雅釋訓：滂滂，流也。詩漸漸之石：俾滂沱矣。澤陂：涕泗滂沱。楚辭大招：婞修滂浩。注：廣大也。史記司馬相如傳：滂濞沆溉。索隱：水流聲。滂濞泱軋，洗豐隆之滂濞，亦雙聲連語。漢書禮樂志：福滂洋。注：饒廣也。亦疊韻連語。假借爲舫。淮南時則：令滂人入材葦。注：掌池澤官也。又重言形況字。列子力命：若何滂滂去此國。釋文：流蕩皃。又託名幖識字。南山經：虖勺之山，滂水出焉。

敬庚養 **搒** 掩也。从手旁聲。斂藏之意。按論語隱居放言，以放爲之。假借爲榜。廣雅釋詁三：榜，擊也。

陽 **斛** 量溢也、从斗、旁聲、按量米旁溢、

匚一名、府良切、

陽 **匚** 匚匚 受物之器、象形、讀若方、籀文亦象形、按○匚二文卽規榘也、匠从此、當爲圓方本字、鈌右畔者嫌于似口、籀文作重榘形、小晝象弦隅也、據許所說、是卽匡之古文、

㒳五名、凡㒳之派、皆衍㒳聲、良奬切、

養 **㒳** 再也、从冂、闕、按从冂、从从、丨其介也、疑象權衡形、左右相比、故爲二兩、篆說解㒳平分也、或曰从从、从再省、會意、存參、易說卦參天㒳地而倚數、注耦也、經傳皆以兩爲之、

養 漾 **兩** 二十四銖爲一兩、从一、㒳平分、會意、㒳亦聲、十二絫爲一分、十二分爲一銖、按周語律度量衡、注龠二爲合、合重一兩、漢書律麻志、兩者黃鐘律之重也、一龠容千百二絫、重十二銖、合㒳龠于量爲合、于衡爲兩也、儀禮旣夕記、二十兩曰錙、叚借爲㒳、廣雅釋詁四、兩二也、周書武順、無中曰兩、小爾雅度、倍丈謂之端、倍端謂之兩、倍兩謂之匹、周禮媒氏、純帛無過五兩、注十端也、必言兩者、欲得其配合之名、禮記雜記、兩五尋、注兩兩者合其卷、五、左閔二傳、重錦三十兩、注以二丈雙行、故曰兩、按六十卷一百二十丈也、又詩鵲巢、百兩御之、注百乘也、書牧誓序、戎車三百兩、傳車稱兩、風俗通、車有兩輪、故稱爲兩、猶屨有兩隻、亦稱爲兩、又周禮小司徒、五人爲伍、五伍爲兩、左宣十二傳、卒偏之兩、服注二十五人曰兩、又昭元傳、兩于前、服注五十乘爲兩、又周禮太宰、立其兩、注謂兩丞、以九兩繫邦國之民、注猶耦也、典瑞、兩圭有邸、注以象地數二也、詩大叔于田、兩服上襄、箋中央夾轅者、又南山、葛屨五兩、據說文則借爲緉、又爲方、實爲法、呂覽簡選、晉文公造五兩之士、注技也、又爲緉、左宣十二傳、御下兩馬、注飾也、周禮環人注引作緉、又疊韻連語、莊子齊物論、罔兩問景、崔本作罔浪、亦同、古韻詩南山叶兩蕩、

養 **脼** 膎肉也、从肉、兩聲、謂脯肉、轉注集韻吳人謂腌魚爲膎脼、按徐氏鍇云、古謂脯之屬爲膎、因通謂儲蓄食味爲膎、

漾 養 **緉** 絞也、从糸、兩聲、方言四、緉緛絞也、按繩單曰紉、兩股曰纆、亦曰緉、三合曰糾、左宣十二傳、兩馬掉鞅而還、以兩爲之、猶約束也、叚借爲㒳、說文緉履兩枚也、按詩葛屨五兩、只作兩、

養 **蛃** 蝄蛃也、从虫、兩聲、按罔兩疊韻連語、周禮方相氏作方良、魯語龍罔象、蔆罔兩、罔象亦猶罔兩也、蝄蛃字後出字、又作魍魎、

兄三名、凡兄之派、皆衍兄聲、許彭切、

庚 **兄** 長也、从人、从口、按此字與孟不同、本訓當爲滋益之詞、从口在人上、與欠同意、兌祝皆从此、詩召旻、職兄斯引、傳兹也、桑柔、倉兄塡兮、傳滋也、常棣、況也永歎、釋文本作兄、傳兹也、書無逸、漢石經無兄曰、今日耽樂、莊子天地、豈兄堯舜之敎、修華嶽碑、兄乃盛德、管子書凡況字皆正作兄、漢書辛慶忌尹翁歸翟義孟喜傳、注皆云兄讀曰況、失之、凡詩出車、僕夫況瘁、箋兹也、晉語、衆況厚之、況固其謀、注皆訓益也、蓋以況爲之、字又作貺、爾雅釋詁、貺賜也、詩彤弓、中心貺之、按厚也、叚借發聲之詞、爾雅釋親、男子先生爲兄、白虎通、兄者況也、況父法也、廣雅釋親、兄況也、釋名、兄荒也、荒大也、故青徐人謂兄爲荒也、按今浙江杭州人評兄爲阿況、亦曰況老、蓋古之遺語、禮經凡小功以下、同異姓皆曰兄弟、凡同姓大功以上、皆曰昆弟、昆者翼之借字、兄者世俗之常語、弟亦非正字、猶余我爾汝皆無正字也、又借爲兊、廣雅釋詁一、兄大也、古韻詩鶉奔叶疆良兄、將仲子叶牆桑兄、陟岵叶岡兄、

養 **怳** 狂之皃、从心、兄聲、字亦作恍、作慌、作慌、廣雅釋詁四、怳狂也、釋言、怳繆也、釋詁二、怳忽也、楚辭少司命、臨風怳兮浩歌、登徒好色賦、怳若有望而不來、注失意皃、又神女賦序、精神怳惚、注不自覺知之意、淮南原道、鶩怳忽、注無之象也、論語集解、惚怳不可爲象、又禮記祭義、夫何慌惚之有乎、注思念益深之時也、老子、是謂恍惚、注若存若亡、後漢張衡傳、追慌忽于地底兮、注無形皃、又楚辭逢紛、心㦬慌而不我與、注無私意也、亦皆雙聲連語、叚借爲兄、楚辭憂苦、僕夫慌悴、注亡也、失之、古韻文子道原叶怳象、楚辭九辨叶怳恨、老子虛心叶恍象、贊元叶狀象恍、

漾 **況** 寒水也、从水、兄聲、字亦誤作况、叚借爲兄、廣雅釋言、況兹也、詩出車、僕夫況瘁、晉語、衆況厚之、皆滋益之意、又爲貺、實亦爲兄、禮記聘義、北面拜況、左僖十五傳、亦無況也、魯語、況使臣以大禮、晉語、閒父之愛而嘉其況、爾雅釋詁、賚貢錫畀予況、賜也、儀禮左傳亦多作況、楚辭悲回風、更統世而自貺、注與也、又爲仿、爲竝、荀子非十二子、成名況乎諸侯、注比也、漢書高惠孝文功臣表注、況譬也、古韻詩彤弓叶藏貺饗、左僖十五傳叶羊盂償貺償相、

永三名、凡永之派、皆衍永聲、于憬切、

梗 **永** 水長也、象水巠理之長、詩漢廣、江之永矣、爾雅釋詁、永遠也、永遐也、轉注方言一、施于衆長謂之永、易訟、不永所事、書堯典、日永、星火、詩卷耳、維以不永懷、周禮大祝、求永貞、儀禮士冠禮、永乃保之、禮記中庸、以永終譽、論語、天祿永終、書金縢、惟永終是圖、史記作

長又詩白駒以永今朝、箋、久也、旣醉永錫祚允、傳、引也、後漢馬皇后紀注、永巷宮中署名也、【叚借】爲詠、詩碩鼠誰之永號、箋、歌也、虞書歌永言、漢書禮樂志作咏、易略例隆墀永歎、【古韻】詩漢廣叶廣泳永方、

敬 **詠** 歌也、从言永聲、或从口、虞書搏拊琴瑟以詠、鄭注、謂歌詩也、詩關雎序、吟詠情性、疏、長言曰詠、禮記檀弓、陶斯詠、注、謳也、楚語、則文詠物以行之、注、風也、魏都賦、綷以藻詠、注、文藻頌詠也、【聲訓】漢書藝文志注、詠者永也、

敬 **泳** 潛行水中也、从水永聲、爾雅釋言、泳游也、釋水、潛行爲泳、詩漢廣不可泳思、谷風泳之游之、列子黃帝、復從而泳之、【古韻】詩漢廣叶廣泳永方、谷風叶方泳、

冏五名、凡冏之派皆衍冏聲、俱永切、

梗 **冏** 窗牖麗廔闓明也、象形、讀若獷、賈侍中說、讀與明同、按字从口中、象形、蒼頡篇冏光也、廣雅釋詁四、冏明也、【叚借】託名幖識字、書冏命序、穆王命伯冏爲周太僕、正書大傳作臩、古今人表作煛、

庚 **莔** 貝母也、从艸冏聲、爾雅釋艸注、根如小貝、圓而白華、葉似韭、陸璣詩疏、子在根下、如芋子、正白、四方連累相著、有分解、廣雅謂之貝父、本草一名空草、一名勤母、㾾蛇毒、詩載馳、言采其莔、管子地員、其山之旁、有彼黃莔、以蝱爲之、

庚 **朙** 照也、从月从冏、會意、按冏亦聲、古文从日、月會意、爾雅釋詁、明成也、按猶盛也、釋言、明朗也、小爾雅廣言、明陽也、廣雅釋詁一、明通也、四明發也、左昭二十八傳、照臨四方曰明、周語、明精白也、書洪範、視曰明、禮記中庸、明則著、詩小宛、明發不寐、傳、發夕至旦也、禮記禮器、大明生于東、注、日也、詩大東、東有啓明、爾雅、明星謂之啓明、按卽長庚太白也、晨見東方爲啓明、白虎通八風、明庶者迎風也、廣雅釋天、金神謂之清明、又房星謂之明堂、又禮記明堂位、明堂也者、明諸侯之尊卑也、又周禮大司寇、奉其明水火、注、所取于日月者、又禮記曲禮、稷曰明粢、又周禮職方注、望諸明都也、疏、卽宋之孟諸、【轉注】禮記樂記、述者之謂明、淮南兵略、見人所不見謂之明、又晉語、怨豈在明、注、箸也、齊策、此不叛寡人明矣、注、審也、又周禮大司寇、以明刑恥之、注、書其罪惡于大方版、著其背、又論語、齊必有明衣、孔注、謂以布爲沐浴衣、又儀禮士喪禮記、明衣裳用幕布、穆天子傳、贈用文錦明衣九領、注、言神明之衣、又儀禮旣夕陳明器、禮記檀弓、其曰明器、神明之也、又爾雅釋訓、明明、察也、堯典言明明者一、詩言明明者五、大學言明明者一、猶曰昭昭也、亦重言形況字、【叚借】爲盟、詩黃鳥、不可與明、箋、信也、【聲訓】釋名、釋邛、明陽也、大戴誥志、明孟也、史記厤書、明者孟也、【古韻】詩鷄鳴叶明昌光、小東叶襄章箱明庚、

行、楚茨叶祊明皇饗慶疆、信南山叶享明皇疆、大明叶洋煌彭揚王商明、旣醉叶明朗、句中韻、蕩叶明卿、執競叶王康皇方明喤將穰易屯叶明光長、書洪範叶成明章康、禮記祭義叶上明愴、楚辭惜誦叶糧芳明身、卜居叶長明、通、九辯叶徉將攘堂方明、又叶房颺芳翔明傷、老子辯德叶明強、莊子天運叶明長、剛常阬量、知北遊叶房皇彊明方廣、行昌、荀子佹詩叶明祥行盲、㥦常忘將、呂覽盡數叶揚行朗長明良、養、靈樞外揣叶彰明蕩、【轉音】書洪範叶成明寧、按讀如名也、又叶恭從明聰容、文子微明叶明聰、從公、三略上叶明聰忠、按易注齊人謂萌爲蒙也、又鶡冠子度萬叶正明、文子道原叶成明寧平強、素問四氣調神論叶平明寧、刑清、

敬庚 **盟** 殺牲歃血也、割牛耳盛朱盤、取其血歃于玉敦、按从血、冏聲、篆文从朙聲、古文朙作明、或曰此字當从皿非三者、盟、歃血誓也、周禮司盟、掌盟載之灋、凡邦國有疑會同、則掌其盟約之載、及其禮儀、北面詔明神、按左襄十一傳、司慎司命、明神殛之、司盟注、以約辭告神、殺牲歃血、明著其信也、詛祝、掌盟詛、注、盟詛主于要誓、大事曰盟、小事曰詛、禮記曲禮、約信曰誓、涖牲曰盟、說文云、諸侯再相與會、十二歲一盟、北面詔天之司愼、司命者、左昭十三傳、再會而盟、按周制、十二年一巡狩、會諸侯畢、則盟于方岳之下、大行人所謂巡狩殷國時也、如不巡狩、則六服盡朝、亦盟于畿內國城之外、大宗伯所謂殷見曰同時也、二者皆十二歲一盟、不在有疑之數、盟者、諸侯以下事也、荀子大略、盟詛不及三王、按謂天子無盟禮、東遷後、王室卑、乃有之耳、魯語、盟信之要也、書呂刑、以覆詛盟、詩巧言、君子屢盟、【叚借】託名幖識字、左隱十一傳、向盟州陘、卽禹貢之孟津、在今河南懷慶府孟津縣南、水經河水注、武王與八百諸侯咸同此盟、非也、又漢書地理志、被盟豬、禹貢作孟、卽爾雅之孟諸、職方之望諸、史記之明都也、澤在今河南歸德府商邱縣東北、【聲訓】釋名、盟、明也、告其事于神明也、【古韻】詩巧言叶盟長、

庚 **萌** 艸芽也、从艸朙聲、廣雅釋草、萌孽也、禮記月令、萌者盡達、注、芒而直曰萌、周禮占夢、乃舍萌于四方、注、菜始生也、爾雅釋草、筍竹萌、箈箭萌、【轉注】廣雅釋詁一、萌始也、越語、逆節萌生、注、兆也、淮南氾論、風先萌焉、注、見也、漢書司馬相如傳、明者遠見于未萌、注、謂事始、【叚借】爲氓、史記三王世家、姦巧邊萌、上林賦、以贍萌隸、長楊賦、遐萌爲之不安、又爲甿、管子山國軌、謂高之萌曰、注、田民也、漢書劉向傳、民萌何以勸勉、注、無知之皃、呂覽高義、比于賓萌、注、民也、又爲僞之誤字、爾雅釋訓、存存萌萌、在也、【聲訓】賈子大政、萌之爲言也盲也、【轉音】文子守朴叶宗、用中萌、按讀如蒙也、

皿四名、凡皿之派皆衍皿聲、眉永切、

mǐn 皿　mìng 寍　mèng 孟　měng 猛　měng 黽　méng 鄳

梗 **皿** 飯食之用器也。𨭆本作飲食。象形，與豆同意。讀若猛。左昭元傳于文皿蟲爲蠱。注：器也。晉語是不昭穀明而皿蠱也。孟子牲殺器皿。注：皿所以覆器者也。則謂借爲幎，幎皿雙聲。疑趙所見別本有作幎者，故爲此注。

梗 **寍** 北方謂地空爲寍，因以土穴爲寍戶。从穴皿聲。讀若猛。廣雅釋室：寍，窟也。按字亦作𥦗。

敬 **孟** 長也。从子皿聲。古文从子从八，形與古文保略同，未詳。書康誥孟侯。書大傳天子太子年十八曰孟侯。詩有女同車彼美孟姜。傳：齊之長女。方言十二：孟，姊也。左隱元傳惠公元妃孟子。又魯有孟孫氏，蓋桓公子慶父共仲之後，本爲仲孫氏，諱弑君之罪，更爲孟氏。此以次爲氏者。作七篇之孟子，其後也。又論語謂之吳孟子。又詩巷伯寺人孟子。又景北海碑陰呂福字孟。字亦作孟。【轉注】廣雅釋詁一：孟，始也。禮記月令孟春之月。離騷攝提貞于孟陬兮。【假借】爲黽，實爲萌。爾雅釋詁：孟，勉也。幽通賦盡孟晉以迨羣兮。注：勉也。字或變作𢘻。又爲猛。管子任法莫敢高言孟行以過其情。注：大也。又疊韻連語。莊子齊物論夫子以爲孟浪之言。李注：猶較略也。司馬注：鄙野之語。向注：無所趣舍之謂。崔注：不精要之皃。吳都賦孟浪之遺言。注：猶莫絡也，不委細之意。笙賦罔浪孟以惆悵。注：虛誕之聲也。又託名幖識字。書禹貢被孟豬。爾雅釋地宋有孟諸。漢書作盟。又禹貢又東至于孟津。史記作盟津。左傳單作盟。又文選廣絶交論大行孟門。穆天子傳作盟。又爾雅釋草孟狼尾。按即莨也。海內西經孟鳥在貊國東北。注：亦鳥名也。又穀梁僖二傳孟勞者魯之寶刀也。【聲訓】尚書大傳注：孟，迎也。

梗 **猛** 健犬也。从犬孟聲。孟子驅猛獸。西京賦猛虡趪趪。注：怒也。【轉注】廣雅釋詁二：猛，健也。三：猛，害也。禮記樂記粗厲猛起。論語威而不猛。

黽三名凡黽之派皆衍黽聲 莫杏切

梗 **黽** 鼃黽也。从它，象形。黽頭與它頭同。按兩傍象大腹形。籀文又从奴，象前兩足。爾雅釋魚鼁𪓰蟾諸，在水者黽。注：一名土鴨。按：蟾蜍，蘇俗所謂癩團也。黽，蘇俗所謂田雞也。又有蝦蟆，小而黃色，在水中，尤怒鳴聒人耳，所謂耿黽者也。按三者同類，皆得謂之鼃。鄭注周禮蟈氏以鼃爲蟈，以黽爲耿黽，與許異。【假借】爲忞。詩谷風黽勉同心。韓詩作密勿。字亦作僶。即論語之文莫，爾雅之蠠沒也。忞黽雙聲，悗勉雙聲，而黽勉亦雙聲連語。又爲鄳。楚策填黽塞之內而投己乎黽塞之外。史記春申君傳踰黽隘之塞。

梗 **鄳** 江夏縣。从邑黽聲。亦作鄍。在今河南信陽州、湖北德安府應山縣之間。即左定四傳之冥阨也。楚策塞鄳阨。

méng 鼆　bīng 兵　bǐng 丙　gèng 㪅(更)

庚 **鼆** 冥也。从冥黽聲。讀若黽蛙之黽。廣雅釋詁四：鼆，夜也。【假借】託名幖識字。左文十五傳一人門于句鼆。注：魯邑。按猶曰句芒、曰句萌也。

兵一名 補明切

庚 **兵** 械也。从奴持斤，會意，并力之皃。古文从人奴干，籀文亦从奴斤中从一，疑謂殳類也。廣雅釋言：兵，防也。周禮司兵掌五兵。司農注：戈、殳、戟、酋矛、夷矛也。穀梁莊二十五傳陳五兵。注：矛、戟、鉞、楯、弓矢也。匡謬正俗謂五方之兵，東矛、南弩、西戈、北鍛、中央劍也。易說卦離爲戈兵。越語兵者凶器也。老子兵者不祥之器。管子問兵事者危物也。左襄二十七傳兵民之殘也。墨子七患兵者國之爪也。【轉注】左昭十四傳簡上國之兵。疏：戰必令人執兵，因即名人爲兵也。哀九傳可以興兵。注：兵，陰類也。禮記月令小兵時起。注：參伐爲兵。又後漢吳漢傳注：兵衛卒士之名帳也。又曲禮死寇曰兵。釋名：戰死曰兵，言爲兵所傷也。【古韻】詩擊鼓叶鏜兵行；抑叶尚亡章兵方；荀子賦篇叶橫堂兵將強英皇匡；周書鄭保叶兵傷凶。

丙十六名凡丙之派皆衍丙聲 兵永切

梗 **丙** 栽也。古文作㶣，从火燒冂，會意。說文以爲栽之或體，誤。今移于此。蓋義同而聲異，丙亦古文也。火炎上，从古文上省。與帝旁同意。从古文灾省，非丙字。郭忠恕汗簡載義雲章炳作㶣。王存乂切韻㪅作㝃。故㪅字禮記文王世子、列子黃帝皆誤作更。㪅字王右軍書誤作㝃。魚尾形似丙而小篆亦作火也。周語火無灾燀。又所以禦災也。易復子夏本有灾眚。皆當讀如丙。釋名一書通以聲訓。釋天云：灾，栽也，火所燒滅之餘曰灾，言其於物如是也。是丙之即讀爲栽，其誤久矣。【假借】託名幖識字。古用以紀旬，爲十幹之一。禮記月令其日丙丁。廣雅釋天：丙，剛；丁，柔。又以配五行五方。說文丙位南方，萬物成炳然，陰气初起，陽气將虧。从一入冂。一者陽也。又述大一經丙承乙，象人肩。此以十干字合成一人形，尤謬。因又以紀年紀月。爾雅釋天：太歲在丙曰柔兆，月在丙曰修。又爾雅釋魚：魚尾謂之丙。尾象丙字形，因以爲名。又水經沔水注：水穴口向丙，故曰丙穴。蜀都賦嘉魚出于丙穴。又淮南原道昔者馮夷大丙之御也。注：皆古之得道能御陰陽者也。丙或作白。又後漢桓帝紀丙署。注：署名。按猶甲第令甲次弟之稱也。又史記商王有外丙。左傳秦臣有白乙丙。【聲訓】釋名：丙，炳也，物生炳然皆著見也。白虎通五行：丙者其物炳明。史記律書：丙者言陽道著明。

庚 敬 **㪅** 改也。从攴丙聲。小爾雅廣詁：更，易也。儀禮大射儀更爵洗。禮記月令更皮幣。論語更也人皆仰之。周語更姓改物。周禮[illegible]人一

皿 黽 兵 丙

bìng bìng bǐng bǐng
病 寎 邴 柄

曰巫更注謂筮遷都邑也呂覽似順必數更注革也漢書王嘉傳又
數更政事注亦變也【假借】爲庚晉語姓利相更注續也左昭二十九
傳以更豕韋之後方言三更代也周禮司弓矢弗用則更又廣雅釋
訓更卒也漢書食貨志月爲更卒注互也昭帝紀注更有三品有卒
更有踐更有過更按卽亭長也又秦爵四級曰不更言爲車右不與
凡更卒同也又穀梁襄三十傳更宋之所喪財也廣雅釋言賡償也
又西京賦祕舞更奏注遞也又爲經實爲徑廣雅釋詁三更過也漢
書蕭望之傳所用皆更治民以考功注猶歷也史記大宛傳必更匈
奴中索隱經也經更雙聲又爲炳考工函人則材更也司農注善也
按滑易則光明也又爲叟之誤字禮記樂記食三老五更于大學注
皆老人能知三德五事者也蔡邕月令章句五更庶老也孝經援神
契五更知五行更代之事者非是獨斷旣曰更者長也又云更相代
至五能以善道改更已也亦胸無定解漢書禮樂志五更注引蔡邕
曰當爲叟禮記文王世子五更釋文蔡作叟又列子黃帝宿于田更
商邱開之舍注當作叟【聲訓】白虎通鄉
射更者更也【古韻】禮記少儀叶相更

敬
柄 棅 柯也从木丙聲或从秉聲儀禮少牢禮覆之南柄大射儀
有柄士冠禮面枋士昏禮南枋以枋爲之【轉注】周語辰在
斗柄注斗前也易繫辭德之柄也虞注本也說卦坤爲柄周禮大宰
以八柄詔王馭羣臣注所秉執以起事者也莊子天道天下奮棅司

馬注威權也管子
山權數此謂君棅

梗 敬
邴 宋下邑从邑丙聲疑卽春秋隱十年辛巳取防之防許所見公
穀本亦作邴也【別義】公羊隱八年鄭伯使宛來歸邴庚寅我入
邴傳邴者何鄭湯沐之邑也左氏作祊九年公會齊侯于邴左穀作
防在今山東沂州府費縣穆天子傳五天子北入于邴注鄭邑也按
左哀十一傳邴洩孟氏臣疑以邑爲氏者而齊有邴歜邴夏邴意茲
則疑齊亦有邴邑【假借】重言形況字莊子大宗師邴邴乎其似喜乎
向注喜皃簡文注
明皃則謂借爲炳

敬
寎 臥驚病也从㝱省丙聲【假借】託名幖識字爾
雅釋天三月爲寎字亦作窉按窉者寎字

敬
病 疾加也从疒丙聲儀禮旣夕記疾病外內皆埽注疾甚曰病禮
記檀弓曾子寢疾病注謂疾困左襄十九傳疾病而立之論語
子疾病易說卦坎爲心病【轉注】廣雅釋詁三病難也四病苦也禮記
樂記病不得其衆也注猶憂也晉語舅所病也注短也以韓之病注
敗也魯語固民之殄病是待注餓也論語從者病皇疏困也堯舜其
猶病諸孔注猶難也君子病無能焉皇疏猶患也孟子病于夏畦注
極也參日病矣注罷也又儀禮士冠禮恐不能事以病吾子注猶辱
也又莊子讓王學而不能行謂之病【聲訓】墨子經下病亡也釋名病

gěng gěng gěng bǐng bǐng bǐng
梗 骾 哽 鮩 怲 炳

並也與正氣並在膚體中也【古韻】左僖七傳叶競病老子立戒
叶亡病元用叶上病素問刺要論叶藏病文子上德叶虹藏病

梗
炳 明也从火丙聲易革其文炳也廣雅釋訓炳炳明也文選皇太
子釋奠會詩睿圖炳睟字亦作昺廣雅釋詁四昞明也三蒼昺
著明也【假借】爲秉與吳
質書古人思炳燭夜遊

梗 敬
怲 憂也从心丙聲爾雅釋訓怲怲憂也詩頍弁憂
心怲怲傳憂盛滿也【古韻】詩頍弁叶上怲藏

梗
鮩 蚌也从魚丙聲按
丙蚌一聲之轉

梗
哽 語爲舌所介也从口更聲讀若井汲綆莊子外物壅
則哽釋文塞也漢書禮樂志祝哽在前祝噎在後

梗
骾 食骨留咽中也从骨更聲漢書杜欽
傳朝無骨骾之臣字或以鯁爲之

梗
梗 山枌榆也有朿其莢可爲蕪荑从木更聲按葉小于常榆朿如
柘刺其木堅韌中犢車材卽詩之山有樞周禮壺涿氏之牡橭
爾雅釋木之樞荎也爾雅又云無姑其實夷廣雅山榆毋估也无姑
卽牡橭之轉語以其莢漬之味辛香謂之無夷與醬醯用常榆莢爲
醬者異【轉注】方言三凡草木刺人自關而東或謂之梗西京賦梗木
爲之靡拉廣雅釋詁二梗箴也【假借】爲抗周禮女祝掌以時招梗襘

禳之事注禦未至也又爲骾管子四時謹禱弊梗注塞也又爲庚風
俗通祀典梗者更也歲終更始受介祉也又爲剛廣雅釋詁四梗強
也楚辭橘頌梗其有理兮又爲抗方言二梗猛也淮南原道鋤其強
梗又爲旋爾雅釋詁梗直也又爲憬方言十三梗覺也注謂直也以
詩有覺其楹爲訓失之字亦誤作挭廣雅釋詁四挭強也挭覺也又
爲病廣雅釋詁一梗病也詩桑柔至今爲梗又爲埂莊子田子方吾
所學者直土梗耳按言非高堂大屋也司馬注土之榛梗也失之又
爲像秦策桃梗土偶又爲柄後人以樹枝爲梗猶以樹枝爲柯也又
雙聲連語吳都賦略舉其梗概注粗言也東京賦言其梗概如此注
不纖密也方言十三梗略也按急言之卽曰梗耳梗槩之爲大略猶
忼慨之爲不得志皆雙聲字又莊子徐无鬼桔梗也司馬注治心腹
血瘀瘕痺齊策今求柴胡桔梗于沮澤則累世不得一焉廣雅釋草
犂如桔梗也或曰其草一莖直上無枝取梗直意
借爲稜也桔亦直木【古韻】詩桑柔叶將往競梗

gěng gěng gěng
綆 鯁 郠

梗
郠 琅邪莒邑从邑更聲左昭十傳季平子
伐莒取郠當在山東沂州府沂水縣竟

梗
鯁 魚骨也从魚更聲【假借】爲骾禮記內則魚去
乙注食之鯁人晉語除鯁而避強注害也

梗
綆 汲井索也从糸更聲方言五繘謂之綆左襄九傳具綆缶莊子
至樂綆短者不可以汲深字亦作絚漢書枚乘傳單極之絚斷

幹叚借爲榜。考工輪人眂其綆，司農注讀爲關東言餅之餅，謂輪箅也。車人綆寸。

梗 埂 秦謂阬爲埂。从土，更聲。讀若井汲綆。廣雅釋水：埂，坑也。蒼頡篇：埂，小坑也。叚借今用爲防字。隄埂、田埂皆是。

秉一名 兵永切

梗 秉 禾束也。从又持禾，會意。手持一禾爲秉，手持兩禾爲兼。詩大田：彼有遺秉。傳：把也。小爾雅廣物：把謂之秉。左昭二十七傳：或取一秉秆焉。儀禮聘禮記：四秉曰筥，十筥曰稯。魯語：出稯禾、秉芻、缶米。家語正論注：一把曰秉。萃注誤。轉注 爾雅釋詁：秉，執也。廣雅釋詁三：秉，持也。詩溱洧：方秉蕑兮。烝民：民之秉彝。大田：秉畀炎火。定之方中：秉心塞淵。傳：操也。楚辭天問：秉鞭作牧。又禮記禮運：故天秉陽，垂日星；地秉陰，竅于山川。又周書謚法：秉，順也。叚借爲棅。左哀十七傳：國子實執齊秉。服注：權柄也。管子小匡：治國不失秉。注：柄也。周禮鼓人注：無舌有秉。又託名幖識字。儀禮聘禮記：十籔曰秉。廣雅釋器：庾十曰秉。小爾雅量：秉十六斛。周禮掌客：車秉有五籔。論語：冉子與之粟五秉。

竝二名凡竝之派皆衍竝聲 蒲炅切

迥 並 併也。从二立，會意。今隸作並。廣雅釋言：並，俱也。詩還：並驅從兩肩兮。儀禮鄉射禮：並行。禮記儒行：並立則樂。又禮運：並于鬼神。注：并也。謂比方之也。荀子儒效：俄而並乎堯舜。注：比也。富國：人倫並處。注：羣居也。太元瑩：並天功也。注：四也。轉注 儀禮少牢禮：皆二骨以並。有司徹：陳于羊俎西，並。注：并也。又漢書張湯傳注：並，且也。後漢董卓傳注：並猶兼也。叚借爲傍。列子天瑞：並歌並進。釋文：謂傍畦而行。黄帝：並流而承之。釋文：史記、漢書傍河傍海皆作並。史記秦始皇紀注：並，傍依也。漢書鮑宣傳注：並，依也。

漾 髮 髣髮也。从髟，竝聲。按髣髮訓忽見，二字皆未詳，疑髮卽彭字。鬼魅忽見而實無見也。从髟，被髮意，故又从髮省，竝聲。

彭二名凡彭之派皆衍彭聲 蒲庚切

庚陽 彭 鼓聲也。从壴，彡聲。按从鼓省，从彡，會意。彡卽三也。擊鼓以三通爲率。左莊十傳：一鼓作氣，再而衰，三而竭。詩靈臺：鼉鼓逢逢。以逢爲之。逢、彭一聲之轉。或曰字亦作韸。書大傳：儀伯樂舞鼚哉。注：動皃。叚借爲旁。易大有：匪其彭。子夏傳作旁。王肅注：壯也。干寶注：彭亨驕滿皃。虞本則作尪。又爲騯。詩北山：四牡彭彭。傳：彭彭然不得息。烝民箋：行皃。出車：出車彭彭。傳：四馬皃。駉：以車彭彭。傳：有力有容也。實亦重言形況字。載驅：行人彭彭。傳：多皃。廣雅釋訓：彭彭，盛也。又雙聲連語。漢書司馬相如傳：洶湧彭湃。注：相戾也。穀阬君神祠碑：彭濞滈濫。又託名幖識字。書禹貢：彭蠡既豬。海內東經：廬江出三天子都，山入江彭澤西。按在今江西南昌、饒州、南康、九江四府之間，周四百五十里。亦曰鄱陽湖，以中有鄱陽山也。又詩清人：在彭。傳：衛之河上，鄭之郊也。在今河南開封府中牟縣。又周語：祝融之後八姓，巳、董、彭、禿。按陸終氏子彭祖建國于彭，在商爲大彭國，蓋卽以姓爲國名，後又以國爲氏。論語：竊比于我老彭。鄭注：彭祖也。包注：商賢大夫。又釋名釋兵：彭，排；彭，旁也。在旁排敵禦攻也。古韻詩清人叶彭、旁、英、翔，北山叶彭、傍、將、剛、方，大明叶洋、煌、彭、揚、王、商、明，烝民叶彭、鏘、方。

庚 䰃 䰃 祊 門內祭先祖所以彷徨。从示，彭聲。或从方。廣雅釋天：䰃，祭也。禮記禮器：爲祊乎外。郊特牲：祊之于東方，失之矣。詩楚茨：祝祭于祊。傳：門內也。箋：孝子不知神之所在，故使祝博求之平生門內之旁，待賓客之處。按祭于廟門曰祊，故廟門卽謂之祊。字亦作閍。爾雅釋宮：閍謂之門。禮記郊特牲：索祭祝于祊。左襄二十四傳：以守宗祊，是也。又按鄭注禮器、郊特牲，皆以爲明日之繹祭。正義因謂祊有二，詩是正祭之時，既設祭于廟，又求神于廟門。禮記是繹祭之時，設饌于廟門外西室。考之經傳，無祊卽繹之明證，亦未見有門外之祭所。難深信。禮器之爲祊乎外，對堂言，則門爲外耳，非謂門之外也。叚借爲祊。左隱八年：鄭伯使宛來歸祊。注：鄭祀泰山之邑。又爲方。實爲傍。周禮大司馬：致禽以祀祊。聲訓 禮記郊特牲：祊之爲言倞也。注：猶索也。按索者于幽求明也，亦于疑求諒也。古韻詩楚茨叶蹌、羊、嘗、亨、將、祊、明、皇、饗、慶、蹌。

行五名凡行之派皆衍行聲 戶庚切

庚陽 漾敬 行 人之步趨也。从彳从亍，會意。廣雅釋詁一：行，往也。二：行，去也。三：行，迹也。四：行，驛也。爾雅釋宮：行，道也。又堂上謂之行。易復：中行獨復。詩大東：行彼周行。七月：遵彼微行。左僖三十傳：行李之往來。又獨斷：天子以四海爲家，故謂所居爲行在所。又小爾雅廣名：諱死謂之大行。又書洪範：初一曰五行。鄭注：言順天行氣。詩十月之交：不用其行。箋：道度也。又采蘋：于彼行潦。傳：流潦也。又晉語：行年五十矣。注：歷也。禮記月令：行糜粥飲食。注：猶賜也。樂記：使之行商容而復其位。注：猶視也。呂覽季夏：入山行木。注：察也。轉注 爾雅釋詁：行，言也。按猶道，亦爲言也。墨子經上：行，爲也。周禮司爟：掌行火之政令。注：猶用也。論語：吾無行而不與二三子者。皇疏：猶爲也。莊子庚桑楚：行者行其所不能行也。荀子法行：所以行之之謂行。周禮大司徒：六行，孝、友、睦、婣、任、恤。禮記樂記：行成而先。注：三行也。按三亦六字之誤。坊記：民猶貴祿而賤行。注：猶事也。曲禮：修身踐言，謂之善行。又廣雅釋詁二：行，陳也。詩卷耳：寘彼周行。傳：列也。左襄十五傳：王及公、侯、伯、子、男、甸、采、衛大夫各居其列，所謂周行也。又周禮行司馬注：謂軍行列也。左隱十一傳：行出犬雞。注：二十五人爲行。又詩汾沮洳：殊異乎公行。傳：從公之行也左宣二傳晉有公族餘子公行老子是謂行無行注謂行陳也又禮記祭統于祭者子行也注猶子列也又詩鴇羽肅肅鴇行傳翮也叚借爲竟漢書司馬相如傳爲鼓一再行注謂曲引也又爲峻論語行行如也鄭注剛强之皃漢書敘傳固行行其必凶分亦重言形況字廣雅釋訓行行更更也又發聲之詞文選與吳質書別來行復四年注且也與用將同又爲衙之誤字詩東山勿士行枚按毛讀枚爲微行如字鄭讀行爲衙枚如字聲訓釋名釋姿容兩腳進曰行行抗也抗足而前也釋天五行者五氣也於其方各施行也古韻詩卷耳叶筐行擊鼓叶堂兵行雄雉叶行臧北風叶涼雱行載馳叶蝱行狂氓叶湯裳爽行大叔于田叶黃襄行揚有女同車叶行英翔將姜忘鶉羽叶行桑粱嘗常黃鳥叶桑行防七月叶陽庚筐行桑鹿鳴叶簧將行六月叶方陽章央行小東叶襄章箱明庚行車舝叶仰行何草不黃叶黃行將方大明叶商京行王緜叶伉將行公劉叶康彊倉糧囊光張揚行蕩叶螗羹喪行方崧高叶疆粻行易坤叶疆亨疆行常行慶疆又剛方常光行慶殃師叶常行當小畜叶行亨往行剝叶剛長象行楚辭招魂叶方粱行芳羹爽鶬爽餭觴涼妨越語叶皇常行暘匡剛管子七臣七主叶行上謗莊子山木叶藏將行方莽知北遊叶房皇彊明方廣行昌荀子成相叶王良糠行賦篇叶明祥行盲呂覽盝數叶揚行前良明良養勿躬叶光行障文子道原叶孀行轉宜老子重德叶行重靈樞官能叶調通行呂覽權勳叶行宗窮

埜絲擭讀如紅也荀子大略叶行與按讀如恒也易同人叶行正按讀如形也

庚 **珩** 佩上玉也所以節行步也从玉从行會意行亦聲字林珩佩玉所以飾行晉語白玉之珩六雙注形似磬而小詩傳曰上有蔥珩下有雙璜楚語楚之白珩猶在乎注佩上之橫者詩采芑有瑲蔥珩玉藻幽衡蔥衡以衡爲之按珩者佩首橫玉所以繫組組有三中組之末其玉曰衝牙左右組之末其玉曰璜而璸珠琚瑀則貫于珩之下雙璜與衝牙之上轉注思元賦襍伎藝以爲珩古韻詩采芑叶皇衡瑲珩

庚陽 **胻** 脛耑也从肉行聲近膝者曰胻史記龜策傳壯士斬其胻廣雅釋親胻脛也叚借爲頏甘泉賦魚頡而鳥胻

庚 **衡** 牛觸橫大木其角从角从大行聲古文从西从大未詳按即牿許云大木者以字从大也或曰小木箸牛角曰告曰楅橫大木係而閑之曰衡皆說不可從周禮封人設其楅衡杜注楅衡所以持牛令不得抵觸人司農注楅衡所以楅持牛也後鄭謂楅設于角衡設于鼻如椵狀小異詩閟宮夏而楅衡傳楅衡設牛角以楅之也按謂楅者衡設牛角偪束之衡人所易解故不釋廣雅釋器梏衡楅柳也古無異說轉注小爾雅廣器衡軛也論語則見其倚于衡也按小車輈耑橫六尺六寸之木上面平下面有缺曰轉曰軥以扼馬頸統謂之衡大車所用以制牛者則謂之鬲而軛其通稱又史記袁盎傳不騎衡注行馬也又周禮追師追衡笄司農注維持冠者左桓二傳衡紞紘綖叚借爲橫虞書同律度量衡鄭注斤兩也禮記經解猶衡之于輕重也注稱也按懸者曰權橫者曰衡皆叚借字小爾雅斤十謂之衡未聞其說又衡所以取平故書君奭時則有若保衡鄭注平也周禮地官有林衡齊語山立三衡漢官有水衡都尉禮記曲禮大夫衡視又漢書王莽傳盱衡厲色雒書靈準聽方面日衡注眉上曰衡考工梓人鄉衡而實不盡司農注廉衡也又文選檄吳將校部曲抗衡上國注謂對舉以爭輕重也又詩衡門之下傳橫木爲門南山衡從其畝韓詩東西耕曰橫書禹貢至于衡漳按河縱漳橫注之也舜典在璿璣玉衡馬注其中橫簫所以視星宿也又東京賦攝提運衡注玉衡北斗中星主迴轉漢書天文志衡殷南斗又考工玉人衡四寸司農注謂勺柄龍頭也又孟子一人衡行于天下左襄七傳衡而委蛇必折考工輿人衡者中水禮記檀弓縮二衡三漢書鼂錯傳衡加之以彔又鄒陽傳注關西爲橫又魯靈光殿賦朱鳥舒翼以峙衡注西阿之長衡也又爲珩禮記玉藻一命縕韍幽衡注佩玉之衡也考工梟氏甬上謂之衡按如佩首之有珩也又爲桄禮記襍記甕甒筲衡實其間注當爲桁釋文庪也又託名幖識字爾雅釋山江南衡廣雅岣嶁謂之衡山在今湖南衡州府衡山縣西北白虎通巡狩南方爲衡山者上承景宿銓德均物故曰衡山以斗

衡權衡爲說又西山經天帝之山有草焉名曰杜衡注香草也風賦雜秦衡字亦作蘅廣雅楚蘅杜蘅也按即爾雅之杜土鹵根葉都似細辛俗名馬蹄香與杜若別洛神賦稅駕乎蘅皋聲訓釋名釋車衡橫也橫馬頸上也古韻詩采芑叶鄉央皇衡瑲珩韓奕叶張王章衡鍚閟宮叶嘗衡剛將羹房洋慶宋玉風賦叶上衡揚芳堂房

庚 **洐** 溝水行也从水行會意行亦聲與衍字聲義俱別

庚七名凡庚之派皆衍庚聲 古行切

庚 **庚** 絡絲柎也易謂之檷从干象柎形廾又手絡之會意古文續字賡从此賣省聲从庚猶从系也庸从此鏞柄虡如其形也轉注禮記檀弓請庚之注償也按猶續也小爾雅廣言庸償也亦庚賡字之誤詩大東西有長庚傳日既入謂明星爲長庚庚續也楚辭遠逝立長庚以繼日按太白金星在第七重天離地中心二百四十萬餘里附日而行總不離前後二宮一歲一周天晨見東方先日而出蘇俗謂之曉星夕見西方後日而沒蘇俗謂之黃昏星其體則小于地球亦略小于月也西人以遠鏡測之如月之有盈虧有上下弦其變易于一年之間與月之變易于一月之內同焉又列子黃帝心庚言是非釋文谷也叚借託名幖識字古以紀旬易巽先庚三日後庚三

táng
唐

日禮記月令其日庚辛又以配八方四時說文庚位西方象秋時萬物庚庚有實也又迷六一經曰庚承己象人脐因又以紀年紀月爾雅太歲在庚曰上章月在庚曰窒又以配五行淮南天文庚辛申酉金也又以分野淮南天文庚申秦也又借爲經實爲徑小爾雅廣言庚道也廣雅釋詁三庚過也詩由庚序萬物得由其道也又重言形況字漢書文帝紀大横庚庚注横皃說文秋時萬物庚庚有實也按堅皃又疊韻連語爾雅釋鳥倉庚商庚倉庚鵹黃也字亦作鶬楚辭悼亂鶬鶊兮喈喈又託名幖識字釋草薋盜庚注旋復似菊釋文亦作羹聲訓釋名釋天庚猶更也庚堅强皃也詩推度灾庚者更也白虎通五行庚者物更也太元元數注庚取其改更古韻詩七月叶陽庚筐行桑小東叶襄章箱明庚行

陽 **唐** 大言也从口庚聲古文从昜聲莊子天下荒唐之言亦疊韻連語假借爲廷詩防有鵲巢中唐有甓傳堂塗也按爾雅釋宮廟中路謂之唐堂途謂之陳猶云廟途謂之廷朝中路謂之敶也敶行列也堂者廟朝之通稱爾雅毛傳不異周書作雖陾唐山廧注中庭道西都賦前唐中而後太液東京賦豐朱草于中唐唐廷一聲之轉又爲防字亦作塘作隑廣雅釋室塘隄也釋地塘池也周語陂唐汚庳注隄也齊策左濟右天唐注防也晏子問下治唐園淮南主術發城決唐注所以蓄水楚辭遠逝委兩館于咸唐注咸池也

又爲鎕淮南脩務唐碧堅忍之類注石似玉按鎕銻也鎕銻亦雙聲連語又爲亡莊子徐无鬼其求唐子也注失也又爲漮管子地員黃唐無宜也注虛脆也莊子田子方是求馬于唐肆也按空也司馬本以廣爲之又西方書禍不唐捐亦空意又爲宕七發浩唐之心注猶蕩也漢書楊雄傳平原唐其壇曼兮注道也失之又託名幖識字堯以唐侯升爲天子古唐國在今直隸保定府唐縣後爲天子都今山西太原府又遷平陽府亦曰陶唐者雙聲連語短言之曰唐長言之曰陶唐也堯後唐國周成王滅之以封弟叔虞太原之地也南有晉水其子燮父因改爲晉又左隱二傳公及戎盟于唐魯地在今山東兗州府魚臺縣東又漢書地理志會稽郡錢唐今浙江杭州府錢塘縣字亦作塘又詩桑中爰采唐矣爾雅釋草唐蒙女蘿女蘿菟絲唐蒙亦雙聲連語女蘿之大者爲王女下文蒙王女是也或單評唐或單評蒙同矣又詩何彼襛矣唐棣之華傳移也亦曰常棣曰棠棣又夏小正唐蜩鳴傳匽也字亦作螗詩蕩如蜩如螗傳蟬也又周禮司弓矢唐弓大弓考工弓人往體來體若一謂之唐弓之屬又淮南修務唐牙莫之鼓也注猶堂也按鳴廉脩營唐牙疑皆古琴名又疊韻連語上林賦瑉玉旁唐注盤薄也聲訓白虎通號唐蕩蕩也道德至大之皃也太元唐初一唐于內注盪盪無所拘限也古韻詩采唐叶唐鄉姜上蕩叶螗羹喪行方

kāng
穅
(康)

陽 陽 **康** **穅** 穀皮也从禾从米會意庚聲或从米庚聲今蘇俗穀皮之粗大者曰礱糠米皮之粉細者曰糠字亦作糠莊子逍遙遊塵垢粃穅天運播穅眯目漢書陳平傳亦食穅覈耳假借爲歉實爲穅周書謚法凶年無穀曰穅穅虛也穀梁襄二十四傳四穀不升謂之康又爲漮詩賓之初筵酌彼康爵箋虛也又爲寍爾雅釋詁康安也康靜也易晉康侯晉洪範三曰康寧文侯之命惠康小民詩卷阿茀祿爾康矣民勞汔可小康蟋蟀無已太康按韓康孟康皆字休又爲愷爾雅釋詁康樂也詩臣工迄用康年禮記樂記而民康樂離騷日康娛以自忘兮康愷一聲之轉猶慷慨𢢍槩䃥磕之爲雙聲字也或曰借爲寐存參又爲廣禮記祭統康周公注猶褒大也易晉康侯鄭注尊也廣也淮南天文十二歲一康注盛也又爾雅五達謂之康釋名昌也昌盛也車步并列並用之言充盛也又爲亢禮記明堂位崇坫康圭按疑亦康也安也又爲剛爾雅釋器康瓠謂之甈說文甈康瓠破罌也按法言先知剛則甈柔則坯甈之爲言裂也史記賈誼傳斡棄周鼎兮而寶康瓠索隱引李巡爾雅注大瓠則謂借爲㼜字亦作甈作瓻又爲苛爾雅釋言康苛也按康苛一聲之轉猶苛之爲怏也或曰康苛皆細碎意非又託名幖識字書康誥序以殷餘民封康叔馬注國名在今河南開封府禹州鄭注康爲號謚失之又漢書西域傳有康居聲訓爾雅康瓠李注康空也康空一聲之轉古韻詩公劉叶康疆倉糧囊光張揚行執競叶王康皇方明喤將穰天作

叶荒康書洪範叶成明章康楚辭九歌叶良皇琅芳漿倡堂康荀子成相叶王良康行

gēng kāng kāng kāng táng
鬻 漮 歉 㝩 鎕

陽 **鎕** 鎕銻火齊也从金唐聲按鎕銻雙聲連語即玫瑰也似雲母重沓可開色黃赤似金出日南

陽 **㝩** 屋㝩㝩也从宀康聲按猶安宅也求安莫重于居處故㝩安字字皆从宀㝩㝩疊韻連語經傳皆以康爲之字亦作槺長門賦委參差以槺梁按槺安也注謂虛梁失之字亦誤作㝩假借爲歉方言十三㝩空也注㝩或作歉虛字

陽 **歉** 飢虛也从欠康聲假借爲穅廣雅釋天四穀不升曰歉

陽 **漮** 水虛也从水康聲爾雅釋詁漮虛也

羹 一名 古行切

庚 **鬻** 五味盉羹也从䰜从羔會意或从鬲从羔或从羔从美从䰜省小篆从羔从美詩烈祖亦有和羹爾雅釋器肉謂之羹字亦作臐廣雅釋器臐謂之湇字林臐肉有汁也左宣二傳其御羊斟不與按斟亦汁也羊者人名史記宋世家作羹洎亦汁也左襄二十八傳去其肉而以其洎饋說文臛篆說解肉羹也按羹有有菜者有無菜者有肉調者詩閟宮毛炰胾羹傳大

羹銂羹也銂羹有菜犬羹無菜禮記曲禮犬曰羹獻按犬宜作羹注食人之餘謂犬食人羹而肥者恐紆曲儀禮言羹定羹飪曲禮言遲羹絮羹內則有犬羹兔羹鶉羹鷄羹凡五味所盉之汁皆得言羹矣叚借託名幖識字左昭十一傳楚子城陳蔡不羹漢書作更按西不羹在今河南許州襄城縣東南也東不羹在今南陽府舞陽縣北也聲訓釋名釋飲食羹汪也汁汪郎也古韻詩蕩叶螗羹喪行方閟宮叶嘗衡剛將羹房楚辭招魂叶方粱行芳羹將鶬爽

京十四名凡京之派皆衍京聲 舉卿切

庚 **京** 人所爲絶高丘也从高省丨象高形按丨引而上指事也阮氏元云象土圭之丰形也六書故引蜀本巾聲非是爾雅釋丘絶高爲之京非人爲之丘按對文則人力所作者爲京地體自然者爲丘散文則亦通稱也左襄二十五傳辨京陵淮南覽冥築重京呂覽禁塞爲京丘若山陵注介土築之以爲京觀此言人所爲也詩皇矣依其在京傳大阜也定之方中景山與京傳高丘也廣雅四起曰京此皆言自然者也轉注詩甫田如坻如京西京賦燎京薪注積高爲京又爾雅釋詁京大也詩文王祼將于京有聲宅是鎬京公羊桓九傳京師者何天子之居也京者何大也獨斷京大師衆也又思齊京室之婦傳天室也箋周地名大明曰嬪于京傳大也箋周國之地小別名也又左莊二十二傳莫之與京注大也又廣雅釋室京倉也管子輕重丁有新成囷京者注大囷曰京史記扁倉傳見建家京下方石叚借爲鼉羽獵賦騎京魚注或爲鯨又爲原之誤字禮記檀弓以從先大夫于九京也晉語趙文子與叔向遊于九京又重言形況字爾雅釋訓京京憂也詩正月憂心京京傳憂不去也又託名幖識字左隱元傳請京使居之在今河南開封府滎陽縣東南古韻詩定之方中叶堂京桑臧正月叶霜傷將京痒甫田叶梁京倉箱粱慶疆下泉叶稂京大明叶商京行王左莊二十二傳叶鏘姜昌卿京

陽 **㹁** 牻牛也从牛京聲白黑雜毛牛也叚借爲涼說文引左閔二傳牻㹁今本作尨涼亦是借字

漾 **諒** 信也从言京聲方言一衆信曰諒周南召南衞之語也詩柏舟不諒人只禮記內則請肄簡諒祭義易直子諒之心論語友直友諒叚借爲勍論語君子貞而不諒按猶固執也孔注信也失之又爲㾗論語高宗諒陰鄭注謂凶廬也皇疏或評爲梁闇或評梁庵禮記喪服四制高宗諒闇注古作梁書無逸乃或諒闇鄭注諒闇轉作梁闇按㾗者事有不善之詞鄭注凶廬是也閒居賦注寒涼幽闇之處非是又爲倞卽亮方言十二諒知也廣雅釋詁三諒智也

陽 **椋** 郞來也从木京聲爾雅釋木椋卽來注材中車輞按郞來雙聲連語郞椋亦聲之轉爾雅作卽來誤字後人皆承其誤也唐本

草注葉似柹兩葉相當子細圓如牛李子生青熟黑其木堅重煑汁赤色陳藏器云卽松楊一名椋子木

梗 梗 **景** 日光也从日京聲字亦作影作映廣雅釋詁三景照也周禮大司徒正日景以求地中注凡日景于地千里而差一寸莊子罔兩問景荀子解蔽濁明外景清明內景呂覽功名猶表之與景又爾雅釋天四時和謂之景風廣雅釋天南方景風按猶曰光風也白虎通封禪景星者大星也禮斗威儀景雲言雲氣光明也儀禮士昏禮姆加景注景之制蓋如明衣加之以爲行道禦塵令衣鮮明也又漢書梅福傳此何景也注象也又小爾雅廣言映曬也華嚴音義引字書映傍照也王粲七哀詩山岡有餘映通俗文日陰曰映說文新附映明也後漢張衡傳冠蓋相映字亦作暎陸機詩雙情交暎注猶照也叚借爲京爾雅釋詁景大也詩楚茨以介景福車舝景行行止烈祖景員維何定之方中景山與京傳大山也又爲障文選詩金駕映松山注猶蔽也說文新附映隱也又爲勍春秋考異郵景者強也周書謚法景武之方也又布義行剛曰景又託名幖識字考工㲋氏爲鐘枚謂之景又廣雅釋蟲景天螢火蟒也又重言形況字廣雅釋訓景景白也釋名釋天景竟也所照處有竟限也古韻詩二子乘舟叶景養靈樞外揣叶鏡響影素問寶命全形論叶動響影往

敬 漾 **倞** 明也从人京聲字亦作亮錢辛楣師曰漢分隸往往以亮爲倞蓋隸變移人旁于京下又省京中丨遂爲亮形按此說是也禮記郊特牲祊之爲言倞也注猶索也按求幽于明也方言十二諒知也廣雅釋詁二諒智也以諒爲之蜀漢諸葛亮字孔明謝靈運詩寸心若不亮嵇叔夜詩皎皎亮月叚借爲勍說文倞彊也孟子君子不亮惡乎執按與論語貞而不諒同執讀如子莫執中之執言執一也注信也謂借爲諒失之又爲景爾雅釋詁亮導也亮右也左右亮也廣雅釋言亮相也小爾雅廣詁亮佐也虞書惟時亮天工韓詩大明亮彼武王按如影之附形合而相助也又爲諒爾雅釋詁亮信也虞書亮采惠疇皋謨亮采有邦詩栢舟不亮人只後漢張衡傳魏顆亮以從理分又爲㾗書無逸乃或亮闇按惡室也

漾 陽 **㾗** 事有不善言㾗也爾雅㾗薄也从疒京聲按今爾雅無此文廣雅釋詁一㾗薄也經傳涼薄字皆以涼爲之諒闇字以諒爲之

庚 **黥** 墨刑在面也从黑京聲或从刀从黑會意刻其面以墨窒之故或从刀字亦作剠書呂刑爰始淫爲劓刵椓黥書刑德放黥者馬竿人面也

陽 **涼** 薄寒也从水京聲字林涼微寒也按冰之性爲寒水之性爲涼素問五常政大論涼雨時降注金化也五運行大論其性爲涼注清也轉注爾雅釋天北風謂之涼風禮記月令涼風至白虎通八風涼寒也陰氣行也據說文則借爲飆按飆後出字又釋名釋州國

liáng 䬅　qíng 勍　liáng 輬　liáng 䣼　jǐng 憬　jìng 竟　jiàng 滰　yǐng 摬

涼州西方所在寒涼也。又周禮漿人水漿醴涼醫酏注：今寒粥若糗飯雜水也。司農注以水和酒也。據說文則借爲䣼。又別賦撫飾幕而虛涼注悲涼也。叚借爲䜵。小爾雅廣言涼薄也。詩桑柔職涼善背。左莊三十二傳虢多涼德。閔二傳尨涼。按不善也。又漢書五行志涼陰之哀注涼闇居喪之廬也。又爲倞。詩大明涼彼武王傳佐也。又爲諒。左昭四傳君子作法于涼。按信也。注薄也，失之。又託名幖識字。史記周本紀惠王名毋涼。卅世族譜作閬。［古韻］詩北風叶涼雱行。楚辭招魂叶鯨餳涼妨。

陽 **䬅** 北風謂之䬅。从風涼省聲。按京聲。此字實卽涼字之轉注。詩北風其涼，爾雅、淮南、春秋考異郵皆只作涼。廣雅釋詁四䬅風也。

始見張書

庚 **勍** 彊也。从力京聲。左僖二十二傳勍敵之人。注：彊也。廣雅釋訓勍勍武也。按經傳多以競爲之。

陽 **輬** 臥車也。从車京聲。按轀輬車亦溫涼字之轉注。因車名又加車旁耳。其制箱有窗牖，閉密者轀，開通爲輬，皆可偃息，後以載喪，遂謂喪車爲轀輬。車。史記只作涼。

漾 陽 **䣼** 雜味也。从酉京聲。廣雅釋器䣼漿也。卽周禮漿人之涼，禮記內則之濫也。涼者以糗飯雜水，濫者以桃梅和水，其事相類，轉注。

廣雅釋器又云䣼醬也。醬亦糗和而成。

梗 **憬** 覺寤也。从心景聲。詩泮水憬彼淮夷。毛傳遠行皃。齊魯詩作慮，韓詩則作獷。按當以韓詩爲正字，餘皆叚借，而韓訓覺悟之皃，則反讀借爲憬，此後人所竄也。

竟四名凡竟之派皆衍竟聲 居慶切

敬 梗 **竟** 樂曲盡爲竟。从音从人會意。廣雅釋詁四竟窮也。［轉注］詩瞻卬譖始竟背。箋猶終也。禮記儒行竟信其志。家語注修也。漢書王莽傳恩施下竟。同學注周徧也。元帝紀竟寧元年注竟者終極之言。莊子齊物論振于無竟。釋文極也。叚借爲疆。周禮掌固凡國都之竟注界也。禮記曲禮入竟而問禁。公羊莊二十七傳大夫越竟逆女。穀梁隱元傳聘弓鍭矢不出竟。字亦變作境。又爲綆。方言六綆筵竟也。秦晉或曰竟。又爲鏡。騶氏。鏡銘騶氏作竟四夷服。

養 **滰** 浚乾漬米也。从水竟聲。按米已漬抒而起之也。孟子孔子之去齊滰淅而行。趙本作接。廣雅釋詁二滰盝也。

敬 梗 **摬** 中擊也。从手竟聲。謂擊之而中。廣雅釋詁三摬擊也。

jìng 鏡　jìng 誩　jìng 競　qìng 慶

敬 **鏡** 景也。从金竟聲。金有光可照物者，亦曰鑒。廣雅釋器鑑謂之鏡。鏡出注大鏡也。又漢書谷永傳以鏡考己行。注謂鑒照之。杜鄴傳不自鏡見。聲訓釋名釋首飾鏡景也，言有光景也。［古韻］靈樞外揣叶鏡響影。

誩二名凡誩之派皆衍誩聲 渠慶切

敬 **誩** 競言也。从二言會意。讀若競。按以言曰誩，以手曰爭。

敬 **競** 逐也。从二人从誩會意。誩亦聲。小爾雅廣言競逐也。詩桑柔職競用力。長發不競不絿。淮南原道猶不能與羅者競多。俶眞相與優游競暢于宇宙之間。思元賦鵬鶚競于貪婪兮。箋注皆訓逐也。左哀二十三傳使肥與有執競焉。注遽也。離騷衆皆競進而貪婪兮。注並也。後漢崔駰傳注競時謂趨時也。叚借爲誩。說文競彊語也。莊子齊物論有競有爭。注並逐曰競，失之。左襄十傳師競已甚。注爭競也。又爲勍。爾雅釋言競彊也。詩抑烈文無競維人。桑柔秉心無競。執競無競維烈。左僖七傳心則不競。宣二傳彼宗競于楚。昭三傳二惠競爽猶可。廣雅釋訓競競武也。又爲亢。廣雅釋詁四競高也。［古韻］詩桑柔叶將往競梗。長發叶競剛。句中韻左僖七傳叶競病。

慶一名 起鏡切

陽 敬 **慶** 行賀人也。从心从夊會意。吉禮以鹿皮爲摯，故从鹿省。按吉當作賓。廣雅釋言慶賀也。公羊昭二十五傳慶子家駒。魯語固慶其喜。又詩楚茨孝孫有慶。甫田農夫之慶。箋賜也。孟子則有慶。注賞也。周語有慶未嘗不怡。注福也。又廣雅釋詁一慶善也。易豐來章有慶。虞注乾爲慶。書呂刑一人有慶。詩皇矣則篤其慶。韓奕慶既令居。禮記祭統作率慶士。緇衣一人有慶。左昭三十傳大國之惠亦慶其加。傳箋注疏皆訓善。禮記月令行慶施惠。注謂休其善也。又後漢光武紀贊靈慶既啓。注謂天符也。又蔡邕傳論屬其慶者夫豈無懷。注謂恩過也。叚借爲發聲之詞。漢書敘傳慶未得其云已。楊雄傳慶𡟂雲而將舉厥高。慶而不可虖疆度。或用羌，亦同。又託名幖識字。左傳齊桓之庶孫慶父，其後以字爲氏。［古韻］詩楚茨叶祊明皇饗慶疆。甫田叶梁京倉箱梁慶疆。皇矣叶兄慶光喪方。閟宮叶洋慶昌臧方常。易坤叶行慶殃，又叶疆亨行常慶。○駿聲朱氏，江蘇蘇州府元和縣舉人。曾祖鏘經，生不仕。祖煥，乾隆舉人，仕。父德垣，歲貢生，未仕。先世儒林傳家，經笥纂前人之遺緒，集小學之大成。審聲知音，披文析理，都爲十八部，約以百萬言，自惟一孔之知，敢定千秋之業，所賴方今大雅，於後通儒，剗彼疵瑕，苴其罅漏，一家著作，庶縣之日月而不刊，萬目淹留，勿視爲河漢而無極，亶其幸也，企予望之。

嬙　緗　檣　徉　廊　榔　璫　螿　瀼　瓤　踉　礓　慞　嶈　搪

附說文不錄之字

嬙 左哀元傳宿有妃嬙嬪御焉釋文本又作廧作牆昭三傳以備嬪廧晉語備嬪嬙焉注婦官也

緗 釋名釋采帛緗桑也如桑葉初生之色也新附帛淺黃色

檣 埤蒼檣帆柱也

徉 佯徜 廣雅釋訓仿佯徙倚也徜徉戲蕩也吳都賦徘徊徜徉注猶翱翔風賦倘佯中庭廣雅釋器佯篖筕篖也按皆疊韻連語又廣雅釋詁一佯弱也史記田叔傳以爲任安爲佯邪

廊 卽箱 漢書司馬相如傳高廊四注注堂下四周屋也竇嬰傳所賜金陳廊廡下廣雅釋室廊舍也文選顏延年詩空食疲廊肆注巖廊朝廷所在也後漢申屠剛傳注廊殿下屋也

榔 蜀都賦麪有桄榔注樹名木中有屑如麪可食按疊韻連語

璫 通俗文耳珠曰璫釋名釋首飾穿耳施珠曰璫此本出于蠻夷所爲也蠻夷婦女輕浮好走故以此璫錘之也又後漢班彪傳

璫椽頭也新附璫華飾也

螿 謝惠連擣衣詩注寒螿蟬屬也

瀼 ⿱雨襄 詩野有蔓草零露瀼瀼傳盛皃蓼蕭零露瀼瀼傳露蕃皃廣雅釋訓⿱雨襄⿱雨襄露也海賦瀼瀼溼溼注開合之皃按重言形況字作穰可也

瓤 三蒼瓜中子也

踉 射雉賦已踉蹡而徐來注作行作止不迅疾之皃也按疊韻連語

礓 通俗文地多小石謂之礓礫

慞 卽恇 切韻慞懼也

嶈 卽將 西都賦應門嶈嶈重言形況字

搪 方言十三搪張也廣雅釋詁四搪揬也

芃　趪　餭　膷　磅　样　輰　鰑　鸉　諹　欓　蔏　⿰足長　⿰虫長　瓺　餦　牥　欀　⿱艹崖　蚟

芃 爾雅釋草芃東蠡西京賦蘞蔵荔芃疑卽月令之荔挺大同而小異者

趪 西京賦猛虡趪趪注張設皃按重言形況字

餭 楚辭招魂有粻餭些注餳也方言十三餳謂之粻餭按疊韻連語

膷 卽香 儀禮公食禮膷以東臐膮牛炙注今時臛也牛曰膷羊曰臐豕曰膮廣雅釋器膷香也

磅 思元賦伐河鼓之磅硠注聲也長笛賦駢田磅唐注廣大盤礴也皆疊韻連語西京賦磅礚象乎天威注雷霆之音雙聲連語

样 廣雅釋器样槌也方言五槌齊謂之样

輰 廣雅釋器輰轢車也

鰑 廣雅釋魚鰑鮦也

鸉 爾雅鸉白鷹注似鷹飛上白

諹 字林諹讙也

欓 方言五欓榕也

蔏 爾雅購蔏蔞注蔞蒿也

⿰足長 方言七⿰足長跂立也東齊海岱北燕之郊跪謂之⿰足長跂廣雅釋詁三⿰足長拜也

⿰虫長 方言十一蚰蜒謂之⿰虫長蜒

瓺 方言五甇謂之瓺廣雅釋器瓺瓶也

餦 方言十三餅或謂之餦餛廣雅釋器餦餭餳也

牥 穆天子傳四牥牛二百以行流沙

欀 吳都賦文欀楨橿注欀木樹

⿱艹崖 方言十三⿱艹崖蘠也

蚟 卽王 廣雅釋蟲蚟孫蟜蜻蛪也本方言十一

煻 蓎 符篖 ⿱⺮棠 ⿸鹿毛 鶶 ⿰骨良 艆 駺 掆 ⿰虫康 帝 媓 佒 ⿰犭央 吂 骯 砊 蔄 瓬

煻 通俗文：熱煨謂之煻。

蓎 即唐 爾雅：蓎蒙，女蘿。雙聲連語。

符篖 方言五：符篖，南楚之外謂之篖。注：似蘧篨，江東呼笪。

⿱⺮棠 廣雅釋器：⿱⺮棠，簟也。

⿸鹿毛 廣雅釋器：⿸鹿毛毦，屩也。

鶶 方言八：鳩謂之鶶鷎。

⿰骨良 廣雅釋親：⿰骨良，䯒也。

艆 廣雅釋水：艆，舟也。埤蒼：海中船曰艆䑿。

駺 爾雅釋畜：尾白駺。

掆 即扛 文字集略：相對舉物曰掆。

⿰虫康 方言十一：蜻蛉，注：淮南人呼⿰虫康蛜。

帝 廣雅釋器：帝，幪也。

媓 方言六：母謂之媓。

佒 莊子列禦寇：緣循偃佒。

⿰犭央 字林：⿰犭央如猴，仰鼻長尾。

吂 方言十：使之而不肯答曰吂。

骯 廣雅釋親：骯，䯊也。

砊 思元賦：凌驚雷之砊礚兮。注：雷聲。

蔄 中山經：少陘之山有草焉，名曰蔄草，食之不愚。

瓬 方言五：瓬，甖也。廣雅釋器：瓬，瓶也。

艎 漟 ⿰魚唐 傖 ⿱髟堂 𧝺 蒡 揘 鵍 ⿰木竟 惘 欓 駚 睰睍 綊 蟓 頪 俠 暘 嵣崊

艎 即皇 新附：艅艎也。即餘皇。

漟 爾雅釋言：漟，𣸣也。段借。疊韻連語。釋名釋飲食：餌充豫曰漟浹，就形名之也。

⿰魚唐 廣雅釋魚：⿰魚唐，䲦也。

傖 晉春秋：吳人謂中州人爲傖人，俗又總謂江淮間襍楚爲傖人。漢書賈誼傳注：吳人罵楚人曰傖。

⿱髟堂 爾雅釋魚注。即⿱髟堂蠀也。

𧝺 字林：𧝺褚，小被也。

蒡 爾雅釋草：蒡，隱荵。按：即齊苨，所謂甜桔梗也，其葉名隱荵。

揘 西京賦：竿殳之所揘畢。注：揘畢，謂撞挃也。

鵍 吳都賦：彈鸞鵍。注：晉師曠曰：南方有鳥曰羌鵍，黃頭赤目，五色備也。按：疊韻連語，即鷫明，鳳皇屬。

⿰木竟 即柄 通俗文：鑿柄曰⿰木竟。

惘 西征賦：惘輟駕而容與。注：猶罔罔，失志之皃也。

欓 廣雅釋木：欓，茱萸也。字亦作䕬。

駚 中山經：依軲之山有獸焉，其名曰獜，善駚坌。注：跳躍自撲也。

睰睍 字林：睰睍，目疾。疊韻連語。

綊 方言四：綊，絞也。

蟓 爾雅釋蟲：蟓，桑繭。注：即今蠶。別義：方言十一：蟓蛣或謂之蟓蛉。又廣雅釋詁四：蟓，塏也。

頪 廣雅釋詁二：頪，醜也。

俠 廣雅釋詁三：俠，惡也。

暘 廣雅釋詁四：暘，春也。

嵣崊 南都賦：嵣崊嶚刺。注：山石廣大之皃。疊韻連語。

鱶　毦　爣　鎊　軮　航　完　慠　性　餼　𧞤襠　唴　昶　氅　髈　淌　蜢　餳　璟　漲

鱶 埤蒼、鼓柢也、一切經音義又引字書、鱶鼓材也、今江南名鼓匡爲鱶、

毦 廣雅釋器、毦罽也、

爣 楚辭怨思耳聊愁而爣慌、注憂愁皃、逢紛心爣慌而不我與兮、注、無私意皃、皆疊韻連語、

鎊 埤蒼、錫鎊、小釜也、疊韻連語、

軮 甘泉賦忽軮軋而亡垠、注、廣大皃、雙聲連語、

航 廣雅釋詁三、航軥也、

完 三蒼、完廣也、

慠 惝 字林、惝悯也、後漢張衡傳、魂慠悯而無儔、注、猶慠怳也、亦疊韻連語、假借爲敞、甘泉賦正瀏濫以宏惝兮、注、大皃、

性 方言十二、性猾也、

餼 廣雅釋詁一、餼滿也、

𧞤襠 即兩當、釋名釋衣服、𧞤襠、其一當胸、其一當背也、

唴 廣雅釋詁三、唴悲也、

昶 新附、長也、

氅 新附、析毛羽爲旗纛之屬、

髈 即髖 後漢趙壹傳、抗髈倚門邊、注、高亢倖讦之皃也、疊韻連語、

淌 淮南本經、淌游瀷淢、注、讀平敞之敞、

蜢 廣雅釋魚、胡蜢蝦蟆也、又新附、蜢蚱蜢也、謂蟬、

餳 方言十二、餳飽也、廣雅釋詁一、餳滿也、

璟 即景 埤蒼、璟玉光彩、

漲 即張 江賦、躋江津而起漲、注、水大之皃、起漲誠渊深廣之皃、邪希範詩注、漲者沙始起將成埒也、

恨　掠　懹　弶　𩎎　䐩　埌　藺𦶎　蒗　硬　鋲　絎

恨 廣雅釋詁三、恨悵也、釋訓恨恨悲也、又後漢陳蕃傳注、恨恨猶眷眷也、重言形況字、

掠 禮記月令、無肆掠、釋文考捶也、漢書陳咸傳、下獄掠治、注、笞擊也、又高帝紀、毋得鹵掠、注、謂略奪也、又穆天子傳五命虞人掠林、注、謂剗伐之、此似宜作剠、

懹 方言七、懹憚也、陳曰懹、廣雅釋詁三、懹難也、按猶恇、

弶 字林、弶施罟于道、一切經音義引字書、今田獵家施罥于道、以取鳥獸者、其形似弓也、

𩎎 字林、𩎎韉也、

䐩 字林、䐩水名、

埌 方言十三、冢或謂之埌、莊子列禦寇、圖胡嘗視其良、以良爲之、

藺𦶎 埤蒼、藺𦶎毒草也、

蒗 通俗文、渠在浚儀曰蒗蕩、

硬 鞕 一切經音義引字略、物堅曰硬、又引字書、鞕牢也、廣雅釋詁一、鞕堅也、

鋲 方言十二、鋲固也、

絎 廣雅釋詁二、絎絲也、

分記東韻

說文通訓定聲分部檢韻目

一畫 一丨丶厂丿乚乙乁く亅

二畫 二八九十丁丂人儿几九刀力卪凵乚厶卜又屮
冂马乃了入丩巳七勹巜匚匸厂

三畫 上土士女口囗广宀山巿屮弓刃勺冂冃亼幺凡
丸彳廴干于寸廾丌大矢双夂尸戶尸才之乇己巳
子去工彡弋兀亾夕小巛也

四畫 水木火禾手毛犬牛心夰夫气欠支攴父文夭先

死斤斗尺月片戈殳爻日月井丹曰勿兮丮止爪从
穴戶冃市丗歹尢方少反午壬王壬互互牙氏予毋
爿𣥂市丰比内巴

五畫 玉示禾朮水㐱生氏母民穴白目田石矛戊戉矢
甲申立本夰旦且出去処疋只可左四皿平冊宁古
史聿用永此甘北疋玄丫冉卯加疒瓦尸皮瓜它

六畫 艸冄竹糸衣耳肉舌血羽网羊米朿㓜西襾幵囟
甶百老死行向吉兆多圭㠯屾幵㠯危色卮后舛步

㫗受从共有臼缶旨囟自舟舟耒厽叒先光聿㓞而
交至曲辛東虍亥虫朿

七畫 邑足辵走言貝角車酉辛豆見豕豸兒百皃禿㠯
巫尾弟身呂囪釆束系彣甫皀芇兩夾季每卵叔華
夌次赤谷㕣弞里男臣告

八畫 金阜雨門舍帚亩來長帛炎非甾其隶臣直宜彔
炙卒炎京青丽林林㳠夫受叕叕虎兔𠬝禺隹易典

九畫 食頁首革韋風骨音要面亞思壴㐺是侵品耑美

柬苟甚香重臤臥泉㬰苜陛啚鹵枲韭酉盾飛皀㣇

十畫 高執冥倉宮員門習㚖冓髟鬼豈素索珏弜芈飤
瓠桀鬲㲋皋竝臭烏能羔象馬

十一畫 麥麻桼殸鹵虘殺朙率奢巠敕堇黃豚鹿鳥雈魚

十二畫 黑黍粟㸚絲須異筋喜黹壹善單雲華舜㚗兟惢
㷋晶㗊毳雀鳫黽蟲

十三畫 會嗇豊鼓壺裘辟鼎虘䶈喿鼠

十四畫 齒誩兢鼻齊晨㬎鳳熊蜀

十五畫 履薆歙頻盡管稽儈餇犛習

十六畫 輮雔縣瞢斲豩學謕

十七畫 亯爵龠龍燕

十八畫 豐橐蟲

廿一畫 𡪃

廿四畫 雥

廿六畫 鹽

說文通訓定聲分部檢韻凡五百四十部

吴郡朱駿聲豐芑甫紀錄
新安朱鏡蓉伯和甫參訂

一部

【臨韻】三 弎 參 ○【頤韻】不 丕 㔻 ○【孚韻】丮 丂 ○【豫韻】下 百 乇 丅 亘 二 自 ○

【隨韻】乙 ○【解韻】帀 ○【履韻】一 二 七 至 兀 弌 弍 ○【坤韻】天 ○【鼎韻】正 ○

【壯韻】上 兩 二 丄 㒳

丨部

【豐韻】中 ○【乾韻】於 串 ○【坤韻】丨

丶部

【頤韻】音 ○【需韻】丶 主

厂部

【解韻】厂 乁 ○【乾韻】延

丿部

【履韻】丿 乀 ○【泰韻】乂

乚部

屯韻乚○壯韻亾

乙部

履韻乙○乾韻乾亂乹

乚部

需韻乳○泰韻乚

𡿨部

泰韻巜○屯韻𡿨巛川

亅部

泰韻亅乚

二部

升韻亙亟○臨韻凡○頤韻亟○孚韻竺○豫韻五㐅亝○履韻次茦些

○乾韻亘○坤韻匀

八部

頤韻㕣○小韻小尖○豫韻余𠎝○履韻家尒必○泰韻介八公

○乾韻柬半○屯韻分糞○壯韻尚

九部

孚韻九馗旭扏奆

十部

臨韻十廿卅卌卙𠦜卌廿卅○謙韻協叶○頤韻㔹○孚韻卆○

豫韻博○履韻肸○坤韻千仐○壯韻丈支

丁部

鼎韻丁對

丂部

豫韻于○解韻兮○鼎韻寧甹

人部亻同

豐韻僮侗仲俑傭仜伀傛供从偅俸從傯附倸倯倥○升韻倗侢

仍儚倗傍僩附俊儁儈○臨韻侵僭任㑴倢佮伋什伉傑伶傶㑊儆

僾傫佨附仉伈○謙韻儉閃俺倓儋儼儳傑僻儆俠倒㑜㑳傑儻

附傔㑢○頤韻久侍徛偲使仔仕儗似俟佁僖儓儆佴備

佩俚侅侮伾倍僰代忒側值偲伏北邑傳侶倨佢伺僃億俟倈

佑偦侮借偪侑偩仆偦仂附僿○孚韻休仇俅咎倃儔俯僇侔優儥

勹傜保俘俶儥老偶倰仉佸侕㑊㒊僇僬倮侜休儋附㕦僦○小韻侑僥

僄儦傚佼僚佋僑佻倬仢伙弔俏俵儌叏儆㑭倒〇韻需侯儫
僂佢佝偶傴俱儒付儥仆僕俗偓促戍佳任侏偷儁附儆
〇韻豫俁伍俌傅倨侉仔但儲俆假作伯佰伲借御件偓
㑩個偊伽佊佇㑩侶價估偊㐲仛㑩倍儴附傂偓侘〇韻隨俄儀佗侈何倚㑨
侳化僞㔾傞儷儀他偈倮倻佐佊倕儺附㒆〇韻解伎伿俔佳俾
傷僻倈㑭㑭佹偍債儣役〇韻履俳偉倭依伊倸僟仡僾儕仳
儥偏儽偕僨催㑪傀俙佽佛伷佚佶傸佖催位儆佞傒倈
低傫傺儴㑪偪倅伉俠傒僑僞僝倞俾倛傑偾附偎儧偭做偑侄傹〇韻泰儈俠价例

說文通訓定聲　人儿　四

佸傑勾伐倪偈停僜倒匈丏附倸僁儆休健〇韻乾佞偃俒儺儒傆
僘僐僩健俔倌俁伹儃俾伴件倦偭儹傓僎傳儇倰
佺侃僁僱僈僆附俛傿俒儢〇韻屯份俊倱僅偆僔仞倫僨侁侇
佡僊免儁倀傷仙僻俛俯附佇侫〇韻坤㐱人仁伸身㑗佮侚佮
便偏儐佃位儷傎仟儭仳仙儘僯仵〇韻鼎倩傾儆併傳僻侹僙停
侹侼偵㑄仠附佂〇韻壯償仰像倡倀僵侊侹伉仿傍倞傷
傷佯儻傥儴俒偟㒳倣儷侹仗傷倈附倘佒傖倈

儿部

韻豐充兇〇韻臨兂兂〇韻謙欠〇韻小皃〇韻豫兆〇韻解兒〇
韻履兇〇韻泰兌〇韻乾元〇韻屯允先兗〇韻坤儿〇韻壯羌亮𠬿
尢兂

几部

韻升附凳〇韻臨凭凴〇韻謙附凮凬〇韻豫且凡𠘧〇韻履几

乞部

韻需乞〇韻屯参

刀部

刂同

說文通訓定聲　几乞刀　五

韻豐剷刲附刯剚〇韻升剩〇韻臨附劃〇韻謙剈剡劖劍劉剢剬刧剆附
劐剥〇韻頤刵劵刻剖則副劙剠剮剫刱剸剾剔〇韻孚刟剕劆劚劉剻
〇韻小剽剿削刀剫剆刁刖刏劉〇韻需刎剢剻刞劚附刲劊剾剄〇韻豫
劇刳剹剬劍剠附劐劃剄〇韻隨剞剉剮剆切附划〇韻解刺封
解劃剔剔劈刕劀附剭〇韻履剴刌劑利劆剭剃剺切
荊刜劂剹劃附剽劐剟〇韻泰劊㓞制劌劉劕劈剔列別刮刖
刷刺罰剺割刎剡剠剩刈剸剔剈附劂刹〇韻乾剢削刊剬判券刪劘
剜刻刨剰剪劕剳附剢〇韻屯刌剪刃附劇〇韻坤辦〇韻鼎荆刑

到 刑 ○【壯韻】剛 創刐 剴剠

力部

【豐韻】動勇功 勭 ○【升韻】勝 ○【臨韻】男 𠡬 ○【謙韻】劦劫 ○【頤韻】劾力

勉勑飭 勅 ○【孚韻】劬勠務勖 劮勖 ○【小韻】勡勦劭勢勞 効 【需韻】

劬 ○【豫韻】勴勮勸募助 勴 ○【隨韻】加 ○【解韻】劼 【附】劫 ○【履韻】勩

勥劼 㔟 【附】剏 劅 勏 ○【泰韻】勃厲勵 勸劣 勢勶 ○【乾韻】勸券 勬 勬勵

○【屯韻】勳筋勉勤 勫勌 勫勌 ○【坤韻】辦 ○【鼎韻】勁 【附】勑 ○【壯韻】勨勥

勍 勢

說文通訓定聲　力卩凵厶厶　六

卩部

【小韻】卲○【豫韻】卸卻 卻㕁 ○【隨韻】卮㔾 㔾 ○【解韻】卮危 ○【履韻】卹䘏

卪卬卯卿 ○【乾韻】卷弮 卷卷 ○【坤韻】令 ○【壯韻】印

凵部

【豐韻】凶 ○【謙韻】凵

厶部

【豫韻】厶去

厶部

【豐韻】公 ○【頤韻】羑 ○【履韻】厶 ○【乾韻】篡 ○【屯韻】厶 ○【坤韻】厶

卜部

【豐韻】用 ○【謙韻】占 ○【頤韻】𠧪 ○【小韻】兆卟 ○【需韻】卜 卜 ○【解韻】卦 ○

【履韻】卟 乩 ○【泰韻】外 ○【鼎韻】貞

又部 同彐

【升韻】厷 ○【臨韻】及 ○【謙韻】兼叉聿 ○【頤韻】史𠬝又右有尤友㕛

○【孚韻】求叜叔丑叉臼 叒叟 ○【小韻】㕚叏 ○【需韻】𠬢取支 ○【豫韻】

父𤔔叡度叚𠬪 叡叚 ○【隨韻】叉皮 皮皮 ○【解韻】支 㐭 ○【履韻】隶

說文通訓定聲　卜又𠂇冖及　七

叔彗㱿𠬮 ○【泰韻】史奪㪇 希夒 ○【乾韻】曼反奴 反 ○【屯韻】寸 ○

【坤韻】臤㬥尹 ○【壯韻】秉

𠂇部

【臨韻】𠂇左 差 ○【解韻】卑

冖部

【需韻】冣 ○【豫韻】冃託 托䍡冡 ○【解韻】冂 ○【履韻】兩 ○【乾韻】冠 ○【屯韻】𡋯

○【鼎韻】冞 ○【壯韻】网兩 网罔䍏

马部

〔豐韻〕甬○〔謙韻〕马圅東𢎘 圅 橐○〔孚韻〕𢎘由

乃部

〔升韻〕乃○〔孚韻〕逎○〔豫韻〕仍○〔屯韻〕迺 卤 卤

了部

〔小韻〕了 孑

入部

〔升韻〕乘 㮚○〔臨韻〕羊亩入龠从○〔履韻〕内○〔乾韻〕干

丩部

〔孚韻〕丩○〔需韻〕句 句

巳部

〔履韻〕巸○〔坤韻〕眞 𥄉○〔壯韻〕長

七部

〔小韻〕卓 桌○〔解韻〕𣪠匙○〔履韻〕七比○〔壯韻〕皀皀

勹部

〔豐韻〕冢匈○〔臨韻〕匌○〔頤韻〕匐○〔孚韻〕勹匈匊包匋匊匓匔 匔

○〔豫韻〕匍○〔坤韻〕甸

巜部

〔坤韻〕粼巜

匚部

〔謙韻〕匳匣匧 匧○〔頤韻〕匽 匽 医 匧 匶○〔孚韻〕匧 匧 匧○〔需韻〕匬匵○〔豫韻〕

匸 〔附〕匯○〔解韻〕匹 匾 〔附〕匴○〔履韻〕匪匱匯匭 匰○〔乾韻〕匴匲

區 〔附〕匿○〔屯韻〕〔附〕匼○〔壯韻〕匠匳匡匚 匚

匸部

〔頤韻〕匿○〔需韻〕丙區○〔履韻〕匸西医 匽 疋○〔乾韻〕匽

厂部

〔豐韻〕厖 厖○〔臨韻〕厃 厃○〔謙韻〕厱尸厭厰厥 厝 厝 厝 厝 厝 厝○〔頤韻〕厲

仄 㸒 厠 厌 厌○〔孚韻〕厬 厬○〔小韻〕岸○〔需韻〕厚 厨○〔豫韻〕厣 居 厝

石 斥 厣 厩○〔隨韻〕厥 厯 厯 厯○〔解韻〕厓 厓 麻 辟 厮○〔履韻〕厞 厗 厎

厓 厔 厄 厐○〔泰韻〕厲 厥 厤 厕 厲○〔乾韻〕厂 原 𠪚 厈

上部 同二

〔解韻〕帝○〔乾韻〕辛○〔屯韻〕云 𠫓○〔坤韻〕辛○〔壯韻〕旁 旁

土部

豐韻壠墉墜塈封坒垐扗附堬○升韻塍增堋堩塴堘墱○韻
墁堪㙎墊金壒墋墭圾附坅埝塔○謙韻坫坎壓塹壒㙝壏圹
墹埳墽塹堞附埇塌○頤韻塒圯埃圮基里在垓坶坏培墨圳
塞埴塥垔址䃔埰堬坯垘墘堿埊○孚韻堨埽墺埱埻坜堡埾垺坪篁墪壆○
小韻垚墽墩堅塙垗墝坳癹壁○需韻垢塿堣堅坿垄墣墔屋堬圤
埆○豫韻埻壚土墓坥堵堊垎坼埊壑塢墺墲圬埅埜墅墟塗附坾墲
坪埗垣墿○隨韻垑堁坷垔壓坡垂埵堁埼墮坐堁垐墮○解韻坻堤
地垝圭塓坴墼壁坄墜墬峚垷埸塌垡○履韻塏墀壤堻毀坑

墍坒壘凷堅垤璽坠堀堀圣壇垍坁堺馱環毀墾坭堆追堉堦壝塊
墜坆塱埃坐附墤坲埕坰坎擊○泰韻㙛堨坺埒垶墢坐附壛埕垀玠○乾韻
垸垣垷埍坦壇墠坴堰墧塓墁墫埏墉坂埢埜附墦堷○屯韻坋壎壼
墐墳垠堊垽堇塡墸圻墾壑墓墊𡎈堙螽○坤韻塡堅坤垟均塵壏巛
埣鍪壟壠附壯○鼎韻型埩塋坪城王坰圢填○壯韻場塊堂壞
埻壙堂埂塲坐臺墻墊疆壇境埕坑堕坊塘附垠

士部

頤韻士壴○豫韻壻墿埍墥○履韻對○屯韻墫○壯韻壯

女部

豐韻㚾娍妐姅附姚○升韻嬹媵媷○臨韻娸妊婬妗婍婪嫪嫖
婕姶婚妉妩姒附娑○謙韻嫌嬐孅姑婆娟媃嬰姈婘嫿
㜸媟妾妃婚娭娜嫟附姍○頤韻嬰始娭姬改姆娸嬯姕
嬶媒婦姡妭嫖婧毋奴婭婞姑嫠𡛟娹姘婄附嫸○孚韻媯敵孏
婤妝嫪嬃婈娟嫆嫡好姷嫰嫿嫪嫶嬗嫂○小韻嬈嫖媄嫯姣
嫽娋媌姚婥妁嬬嬥媨嬲妖嬌妙嬰附嫽○需韻婁姁媾姝
娺姓媮嫗嬰嫣娶娲嬻娽嫣婡嬰姤姻嫯娖附娓○豫韻娛

妒嫵娩姑姻媁嫨嬃嬹女奴毋姐嫭嫁婼奼姤娍婚姱嫭嬣
嫫妤娙姹附娔姺嫣嫘妃○隨韻娥婐娏媧夥婀嬰婐妥嫶娾娑
娶嫣媐妷嬬娊婍嬿娌孋附婍○解韻妓媞婧嫡嫷娩嫷嬰娃
嫭婢嬙鬈嬖○履韻娓妹斐妃媁娟嫛娀姨媄齌妻娣
妣媿媥婺媄婎嫛媿姪姊姿姞威嫺嬰娶妣娓嬓嫉妷附嬭嬬
婢妠○泰韻娧嫿妜妎婺娎媰娍娍姡嬾嬃娍孄嫯嫳附嫛○
乾韻妟姟婉婉嫈嫣嬿妓姦嫄嬿嫸妍媛嬽嫺奸婠嫫
嬗嬖姅嫚姣嬪姗嫥嬛媥孌嬌嬖奸娟婘嬾如嫵嫫嫩嫭婆婍附嫫婷

○〔屯韻〕妘娠媪婚姺嬔敹婁娩〔附〕妢○〔坤韻〕娶侅姰姻媥嬪
嫙嫺娳○〔鼎韻〕婧姘姓婿嫈嬴嬰婞媜姘娉嫑娗娙嫙○
〔壯韻〕姜姎孃妝妄妨婸娄嫱〔附〕嬙媓

口部

〔豐韻〕嚨同哤唪嘞喔嗌啕〔附〕噥○〔升韻〕嗀〔附〕噌呟○〔臨韻〕噆喑含吟
噲唸唫噤品咸嘾嗛咠咅合吸唈㖡嘧哈啉喊嗹咳嘬呫嗒哈噁噏喋
〔附〕嚱○〔謙韻〕嗛啖啗嚴嚵嗑呷咉喩喃噉唵嚪嚂㖤叶嗜嗕嗮咟呥〔附〕
唫嗼○〔頤韻〕嶷嗞唉台噫喜哉咳否苟嗤咍呵嘻咡㰦咅嘿嚜荍〔附〕喊噅

○〔孚韻〕呦咎叫㗊喌周嘐嘐噍啾咆哮嗥嘯啾嗂告嗥噆
售嘲周嗅嘐嗄嚼喈啅嗜咒〔附〕咻哼噂嘆○〔小韻〕嘵嘌噭号唬嗷嘮哨召
咷噭嚛嘌嘌嗥呺叨嗸咬噪咲唉吰吊噹〔附〕㕺嚆嘹嚗○〔需韻〕喉㖃口咮咬
谷㱿局喔噣啄嗾呴吼吽叩嘔喻嘔呴喀嗽吼嘔嗽〔附〕嚅○〔豫韻〕吳嚛
吾呼嘑嘘噱哺嗙吐古嘆吁如呶咀嚥啞呱各吒谷
吘吳吹嗚暮呿咤嗄嚇咋唶咿〔附〕嗲嗚嗁呀嚄○〔隨韻〕咼哆和可吪啞吹
嗃呵嘾嗟〔附〕囉○〔解韻〕知只啻嘖唬哇嗌嘶啼商哾嘞咶蒜啳〔附〕哇○
〔履韻〕味喟唶哀咦嘰吃嘅嚌呧嗜呰啇嗃喈唯叩喙咽

唏唖嚏㗊嗔咄啐嚀吻咈呪吉噎叱嗔嘆嚏噴對吶嘐呷
呃咲哩吧咇嗺唧〔附〕啓咲唧崛○〔泰韻〕噲嗎喝咀噬吠噦哲啜寥
昏舌害曰噈嗑噉哦哎嚌嚱吷嚪啐啐嗽嚼嘳昏〔附〕唳啜唄呫○〔乾韻〕咺嘆嘫
唁言唁喘唌嘽嗔喧嚾嗳嗲听嘳聲噫嚾嚇吽哖唪嗎嗁唴嘿〔附〕嗳嘝○〔屯韻〕吝吮
君嘽听昏啍噂嗢問噴合咳咯嗽噸唔〔附〕咽○〔坤韻〕嗔呻咽
命吞嚥哂唎嗔嘞〔附〕嚧吻嚀○〔鼎韻〕嚶鳴名呈〔附〕啞○〔壯韻〕嘵唱
喤嗙兄哽唐昌吭昉咏喝〔附〕吉喨

口部

〔頤韻〕或國啚圁有畐圞○〔孚韻〕囚圝○〔需韻〕束㯥○〔豫韻〕圄圖圉圃
固圛囿○〔隨韻〕囮圝○〔履韻〕囗圍回囘○〔乾韻〕圓圈團園圜
园圈圇○〔屯韻〕囩困囷圂圓囤○〔坤韻〕因圕圀壺困○〔鼎韻〕圊同○
〔壯韻〕囧

广部

〔豐韻〕龐廱應○〔升韻〕庱○〔臨韻〕廞庵廕廩庳○〔謙韻〕广廉店〔附〕庘○
〔頤韻〕庤廙廁庡〔附〕庲○〔孚韻〕廇庮廄廟廖庖庛庿廖庹庨庥○〔小韻〕
庣○〔需韻〕廔廚府庾廥庣腐○〔豫韻〕廣序庫廬廡庢庶庌庘

廗廯麻康廓庑廈〔附〕店廌○〔隨韻〕㢒○〔解韻〕庳廦廢庱厮庛〔附〕庳廨○〔履韻〕雇
底庇庢庍庡庀庣〔附〕庬○〔泰韻〕廥廅廢废廂〔附〕廁○〔乾韻〕庈廛
〔附〕廦敝廠○〔屯韻〕廬庵○〔鼎韻〕廮庰庭廳廎○〔壯韻〕庠廣廂廧〔附〕廊

宀部

〔豐韻〕寵宋容宮宄寷宗宊竆○〔升韻〕宏宖寱○〔臨韻〕寑宷寁寴
㝲寠審○〔頤韻〕字宧宰宥宊宲富宷○〔孚韻〕宙宄守宲宿宗
寇牢奧宗寥寂家○〔小韻〕宦宵窔宎寮窩○〔豫韻〕寠宔寓寯寂○〔豫韻〕害宇
寡家客㝆宅寫居寞寓㝢宨窨○〔隨韻〕宜寄寪宩𡨷宜○〔解韻〕寔寘

○〔履韻〕室寂實宓○〔泰韻〕寏察○〔乾韻〕安寬完宛官宀寯賓
憲宴宣院宴○〔屯韻〕宭宸穿○〔坤韻〕寴寅宄寘宣○〔鼎韻〕定寍宬
○〔壯韻〕宕向宦㝩富附宂

山部

〔豐韻〕嵏崇巃峯嵩崧〔附〕嵸崆峴嵱○〔升韻〕崩嶝〔附〕嶒嵘○〔臨韻〕岑崟屵嵒
岋嶜嵐嶔〔附〕嵌嵾○〔謙韻〕巖嵰嶮崦峪巉嶄岬峽○〔頤韻〕嶷屺岱峙峐峌〔附〕
崍崗○〔孚韻〕幽岫嵍嶅嵪嵒嶨巑巙嵺嶚嵒嶕嵒〔附〕嵢嶆○〔小韻〕嶢嶅
嶶嶠嶼巢嵴嶠〔附〕嵺嶵○〔需韻〕嵎嶽嶁嶇嵎嶽岊岳○〔豫韻〕岵嶨岨崞嶧峿巇

屵崛岠岶峬〔附〕嶼嶗嶕帕岩峇嶺○〔隨韻〕峨隓嶞嵯崎峻〔附〕峧○〔解韻〕岐
崖㟪嶅崎峗嵬嶰〔附〕崥○〔履韻〕屼崔嵬嵲崒㞶密崛崩歸嵔崴屹
嵟巍崋嶉屼峦〔附〕嵙嶧嵇○〔泰韻〕巑嶭巀巂嵑嶡〔附〕崾嶫○〔乾韻〕屵山屾嶘
巒嶙巘嶒彌峴峨〔附〕嶟岏峘○〔屯韻〕嵏嶅嵒峻岙崑岷岐嵑崑嵃〔附〕岩嶹○
〔坤韻〕巔嶺〔附〕岸○〔鼎韻〕崝嶸嶝崢嵤○〔壯韻〕崵崀岡崗〔附〕嵣嵯

巾部

〔豐韻〕幏幒幪帨松○〔升韻〕幐㡆○〔臨韻〕㡉幓帆〔附〕帢幍○〔謙韻〕㡘幟帖㡚
帆㡗幍幨惤〔附〕幐幏○〔頤韻〕飾幅幟幗〔附〕帉帑帤○〔孚韻〕幬幓帚帑幍帽

幦幭帽幔幏○〔小韻〕幖幖〔附〕幌○〔需韻〕㡏幪幦幞幄帊帕袹○〔豫韻〕幠布
幕帑帤席幏帛㡓帾帕帑帢〔附〕帘○〔隨韻〕帔○〔解韻〕幘帟帨〔附〕
幗○〔履韻〕徽幃帷帊帗帥希帙帨帥〔附〕幒幌幟帾○〔泰韻〕帶幓
帤㡊帗市幭㡛帑裂幯〔附〕幍○〔乾韻〕㡌幝幣幔帴帴幡幡〔附〕
幰帑○〔屯韻〕帉幨帬幝巾帉幡幔幩惤幩〔附〕帳幰○〔坤韻〕㡄𢅥
帴○〔鼎韻〕幎幏幈帡○〔壯韻〕常帳㡃帳幌幌〔附〕帍

屮部

〔臨韻〕㞢○〔頤韻〕之每○〔孚韻〕毒艸○〔需韻〕夫𡙇九○〔履韻〕屮○〔泰韻〕卉

𣎵○屯韻芬屯○鼎韻生○壯韻𤰞

弓部

升韻弓弜弘弸 弦 ○謙韻弽○頤韻弭 [illegible] ○孚韻彇 [illegible] 弰 ○小韻

弨弢 弴 ○需韻彄㲉 弣 ○豫韻弙弩彏弧 [illegible] ○解韻弛 [illegible] ○

履韻[illegible]彆彊彈 [illegible] ○泰韻弼發 [illegible] ○乾韻[illegible]弲彈彎

[illegible] 附 [illegible] ○屯韻[illegible] 弤 ○坤韻引弦 [illegible] ○壯韻張彊彉 彉 附 弶

刃部

臨韻刅○頤韻刱○壯韻办

說文通訓定聲 弓刃勹冂冃亼 末

勹部

小韻勹○豫韻与

冂部

頤韻市○鼎韻冂○壯韻央

冃部

豐韻冡○孚韻冃冃○需韻壳

亼部

臨韻今亼○謙韻僉 佥 ○豫韻舍○泰韻會○乾韻全 全 ○屯韻侖 侖

幺部

孚韻丝○小韻幺幼 幺 ○隨韻麼○坤韻玄 [illegible]

丮部

鼎韻𤇾 [illegible]

丸部

頤韻[illegible]○豫韻[illegible]○隨韻[illegible]

彳部

豐韻[illegible]徫○臨韻[illegible]彶 得 附 [illegible] ○頤韻待得德 [illegible] ○孚韻徂

說文通訓定聲 幺丮丸彳夂干 十七

[illegible]復 [illegible] ○小韻微 [illegible] 附 [illegible] ○需韻後亍○豫韻御[illegible][illegible]假[illegible]

彳 [illegible] ○隨韻徛彼 [illegible] ○解韻徥役○履韻徽[illegible][illegible][illegible]徹律 [illegible]

[illegible]徊 [illegible] 附 [illegible] ○乾韻[illegible] [illegible] ○屯韻循很 [illegible] ○坤韻[illegible]夂徧 [illegible]

○鼎韻徎徑[illegible] [illegible] ○壯韻往徬行 [illegible] 附 [illegible]

夂部

乾韻建延○鼎韻延廷

干部

豫韻屰○乾韻[illegible]

干部 丂同

豫韻虧丂○泰韻粵

寸部

臨韻尋㝵○謙韻㝵○頤韻寺㝵耐尅村○孚韻導尌村㝵○需韻尌

㝵○豫韻尃射尃○乾韻尃㝵㝵○屯韻尊○壯韻將

廾部 同𢆶大

豐韻龏弄奉廾共○升韻丞承○謙韻弇○頤韻舁异異舁○

孚韻弅○需韻具弆○豫韻舁弈龔弆弈弁○履韻弆○泰韻彝𢆶彝

十八

𢆶○乾韻戔戔弅奐弁弁○屯韻𢍃○坤韻𢍃○壯韻庚𢍃𢍃

丌部 六同

頤韻丌其甘其○豫韻虡虡○履韻畀○乾韻巽𢍃巽巽○坤韻奠

大部

臨韻奄○謙韻夾夾奄奄○頤韻矢奭奭○附奭○孚韻夯本夯

○小韻夭交奎○豫韻夫夸奭奢奓亦奕奭奭○隨韻奇○解韻

奎○履韻夷奚㚢奄奞奔弊奔○附奓○泰韻大契夰奰太太○

乾韻奰奞奭奞○屯韻㚖奄○坤韻奞○鼎韻戴○壯韻亢奘奘奘

十九

夨部

解韻㚖㚖○履韻㚖

及部

豐韻夋○升韻夌○謙韻㚖𡕩夒○頤韻夌𡕩○孚韻憂夒夏○

需韻㚖○豫韻夏夒○隨韻𡕒夌夌○履韻愛夔夂履○屯韻㚖夔

○壯韻慶

夂部

豐韻夅夅○豫韻処○履韻夂致○泰韻夆○屯韻舛○壯韻夋

尸部

升韻層○需韻扇屋屋○豫韻尻○乾韻屖○屯韻孱○鼎韻屏

戶部

需韻后○屯韻辰辰

尸部

豐韻𡲬○謙韻屧屖屆屇○頤韻屧屒屍○孚韻屍居○需韻屢居○

豫韻居屠尺屈○隨韻屖○履韻屝屖尼眉居尸眉屈屑屍尾

眉屬屈附屁○泰韻戶屃○乾韻屄展屄○屯韻㞋屍屡○坤韻

屭 𡰪 ○〔壯韻〕㞕

才部

〔頤韻〕才

之部

〔謙韻〕帀 匝

乇部

〔隨韻〕[illegible]

己部

〔升韻〕巹 ○〔頤韻〕己 𢀳

巳部

〔頤韻〕巳 已 㠯 以 ○〔需韻〕䢅

子部

〔豐韻〕孔 ○〔升韻〕孕 ○〔頤韻〕子 孳 𡥉 𢆶 孖 孩 ○〔孚韻〕孝 呆 ○〔小韻〕季 ○

〔需韻〕孺 㝅 ○〔豫韻〕孤 拏 ○〔履韻〕季 𠫓 㐬 ○〔泰韻〕孑 孓 孼 孛 ○〔乾韻〕

孿 𡦃 ○〔屯韻〕孨 孫 孱 存 ○〔壯韻〕孟 𥁕 盂

𠫓部

〔孚韻〕育

工部

〔豐韻〕工 ○〔頤韻〕式 ○〔孚韻〕巧 𢀜 ○〔豫韻〕巨 巫 𢀚 ○〔履韻〕㗊 ○〔乾韻〕𢀩

○〔壯韻〕㠭 𢎾

彡部

〔臨韻〕彡 𢒅 參 參 ○〔頤韻〕耏 彩 或 ○〔孚韻〕修 彫 𢒐 ○〔小韻〕彯 ○〔隨韻〕𢒉 ○

〔泰韻〕彸 ○〔乾韻〕〔附〕彰 ○〔屯韻〕彣 彬 ○〔鼎韻〕彭 彤 形 ○〔壯韻〕彰 影

弋部

〔豐韻〕〔附〕弑 ○〔頤韻〕弋 ○〔隨韻〕戈

兀部

〔小韻〕堯 垚

亾部

〔豫韻〕無 乍 无 ○〔壯韻〕喪 望

夕部

〔升韻〕夢 ○〔孚韻〕夙 ○〔豫韻〕𡖈 夜 ○〔隨韻〕多 𡖅 ○〔乾韻〕夗 ○〔坤韻〕夤 𡖖

○〔鼎韻〕𡖐

小部

【小韻】少○【履韻】㣺 貟

巛部 同川

【豐韻】邕○【頤韻】𢦏○【孚韻】州 𡿧○【泰韻】[illegible]○【鼎韻】巠 巠○【壯韻】

巟

也部

【解韻】也 乜

水部 同氵

說文通訓定聲 小巛也水 三三

【豐韻】涷湩潼瀧洞沖涌汲深江涳澒滃溶洪灘洶浝洚

濛淙濃浲 沖湧洚灇 汞港漨㳡 ○【升韻】滕澂潧澠淩泓淜 澄浤 㶒 ○

【臨韻】浸沁深濬潛湛湳沈淫湆灊涔淰淦淋瀶潯滲汎

灊減潭汁湒濈洽滃洽濕涇湆汲泣浥 濅瀼濡深澨 湆氽滋泠潯

渢潗浌 㶎澀 【附】澆 ○【謙韻】濂瀸沾染湁淹淡澹滔瀶濫氾涵

汁漸濮淒涉澐泛 濂瀲添濈 溘法浹瀄 【附】瀓灃 灥淍 ○【頤韻】洔沚𣻏滋

氾治涘源潠瀵潩淇洏洱滐浅洒涞淬洧沈海涪測

涴潚減泐 濈濊淄澀溢 湢滶澺澺 ○【孚韻】攸滫滌油溜瀏酒泑氿

潮汓沑流漻滮溲瀀潐湫潚漕浮滔泡澳浩瀟淑淯

澩 浚澈潓潟潄沇淖澙濤洲泗泒 漻滮溹涹潸澔灝瀾滴澩澓潊 【附】洚渢淘 ○【小韻】澆漂

瀌洪灝澂屎浟潦澇濼消瀑沼滈洮淖汋瀞溺淪激

濯濼㵬 渻潒沃尿尾 濼渺濤瀉瀟 【附】潒淼淌 濼渞 ○【需韻】漊漏滱溝湊洙

注澍乳渝湡漚濡泭瀆漉濮浴渥濁溽涑漱涿泥沐

渌濁 活洹 【附】涬 ○【豫韻】淤汻浯潕浦溥湑沽湖涸涺漠灢汚

洿[illegible]汝澤渠灈沮濾渚渡涻涂泒洛潞瀄滮濩洦[illegible]

液澤泝 濾滸滹溽洍瀫漁汙洳滷灘 瀦滁派滹灞泊潟汐瀉瀰洴 【附】潊瀘濾 澽灌 ○【隨韻】

說文通訓定聲 水 三四

涐淉過沱池河渮滒溳沙波溠灑涶 渦涴漪瀡 灖溈漓 ○【解韻】

汥澌湜涑灂漬滴㴲泜洈洼漥潭澥潰汨派溢瀝澌

澡涯 澼淏 【附】騤 瀾 ○【履韻】潎瀼沬湋潿渨渭洄潓洟汽溉濟淒

泜涕澧泥泚潵瀷灅汭潏湑湝潰淮灌灉水沝湀渿

洇洎溴滜沛瀰澬泏淈沭淬澤淠濞沸泬洫漍漫滑

溧湼泆漆泌 溦溰淝浘涖湏頮溪灉汲湝淚澼瀋濟 灪漻涿泪澤濔瀰泮渒濆溜沒汮沏瀄

灘 【附】溾瀢淹瀐滴瀤沘浰淵 溇渒沘潹準湶潊澍濊 ○【泰韻】汏泰涗灡滯浿澮

泱渴泄濊瀐滅浙洌汃沛沫泧活汩濊瀨澨 灑瀱潔 洩淛浮

湃渤湉䜑汏渟漣 附 溹滏瀱汥渫潑 ○ 乾韻 洝灌沅洹瀳漟㳂淀滁滆
衍汷瀫汧澗瀳涑瀾㵎汗涓涫盥湍㶟澶滿潘瀋湎
灒潸潩汕淺湔瀳灓渙潄漢 汎灘潬汴漩浣澣渠涎 漾沮源漣淠瀚浚潒灤
瀾洴泮漫潘瀠澨濺灒 涮洤涼洊瀘溥瀾濊 附 湲洈浣 潫滍混 ○ 屯韻 淪汶潤汾瀵
沄沇浚濦涒渾沂湣淳準汈溵温溷濆洗沿溳洒湮
浼澐混 泯滑滑瀩澱 溵涊泥淞滸 附 沌洪溢 澍漸 ○ 坤韻 滇沴潤汘瀙洶
汎濬津溱洵演濱洇泠瀕沔泫淵 灑潹涸濱 漏濔滋淵 附 洇 ○
鼎韻 清瀙瀞消滎渟潁漀洞溟泙汀湞涇汨淨 淯恭洪 瀠淡滐

說文通訓定聲　水木　二十四

瀅渟滓 涁泟 附 滮洛涅 潁溳 ○ 壯韻 湯蕩洋瀁泱湘潒漳漿洸潢
潢汪洭湟沆浪滂況泳洐瀧涼滰 瀁漿湫滄淶滉淮 泚莚潾澇澎汸
附 瀤滽淌 漲湏

木部

豐韻 東棟橦龒櫳輮桐桶杠枊椌松栱櫻栟樅柊 樺檾 柗椈
棕柊 附 櫟梁椿 ○ 升韻 栟榺枌棱橙棚 檜楞 櫼框 ○ 臨韻 梫枕集㭗
林槮楓槭橝楫槢枱榙极柆森 㯲椹檜櫕橧 梔樳櫼柲 附 檎檢 楪櫟
棔 ○ 謙韻 榼檐槏檢櫼枮椺㮇栟棪檻栝橜槧枼橐棱

柳梜 床槺杉椸橺梟柵 㮛杕樞橨梲欃櫜 附 椈楊 ○ 頤韻 栘李相枱杞樴棓
棊栭栽材梓核柩棫枲梅梧棓杙極楤櫻植朸槶楅
棫采 槔櫡杍梩檍檽梓榴梂椋楇僃 柑楳杯柸梛棒栻橐梘櫂杫榫 附 柯樫 棶柢 ○ 孚韻 條
柚柳楢梂杦樛梳檮榕椆桴杻棃柔橄蠹櫌梭樵楸
槽桴枹楣朽梘楷槱楲築椈榣椱櫞 榛榒榴栖枕 栲榻桲楺藁櫹
鸺桝梢 椒梟 附 楢 ○ 小韻 橈標枖楞號校橑巢樔橾朴梢杪柖
櫜橋桃梟檄榷櫟杓樂 棹櫂 樀櫻 附 橇橋 槊 ○ 需韻 樓枓梪枸
構株柱樹椵楔榆樞棸椒樹櫝朴樸木柯穀榁欘槈

說文通訓定聲　木　二十五

棟橄椽樸朱 椇椅𣕍 楬棸檛 附 檽榝 棪 ○ 豫韻 杵梧椁桴柶櫨榑
榑杜扶楈梳枯楛櫃椐模櫓朽櫏茱栩楀柔杼柜栗
祛柤櫨楮櫧梠樵枒櫃椵柞杷柧格椁柏柘檯柝桺
檴樺樗椁橅楢柲杆梯棨梁櫸欋櫂查柠欄 藜梌樹梛柂椿梛乛榎朳棚梌椰栢椈槊 附 槠橡
檡 ○ 隨韻 檥果檛杝移朶柯椅欈檹禾杈枷柀槎 柁柂 檐欏
橾檛椭棠蘗蘖 架櫟棰楂楠欐 附 櫰 橼 ○ 解韻 枝桅枳楖束樀榹桂椑櫾
槃櫪楀檗析柵椵 梔椛棣櫑梲 榫葉棊櫱拐 附 振 儶 ○ 履韻 棣樴未桼
椲楲椳榑槵栟机桋檵欖杬槩榮櫅柢梯棃柅楮枇

梍桂柴槌檑櫜櫟耒檇枚楣楷樻椎椯桵褱杘椽櫾
檕柰欁槐梱桎栜樕樴榕柮栤樻梱栗楄桔枩榔橢
柲樿禾 樏槤 樻榴 榾杌 梨欙 櫭槷 桺樲 梟柣 杸柬 榔枈 楮柮 枆 棪 附 櫭栜 欆棌
𣚍棒 ○ 韻泰 杕棁檜栔楔楬檪槸掇梟桀栵栫檖柹柭
糜栝杙椴槸末 柁枻 槷梾 樴㯉 杌枕 附 槈樧 楞樕 椁橑 ○ 韻乾 桊權梡
櫕欙梃棧樢樋欒片 欇 楦杬 欄椀 樺板 橋榦 桙杆 梲櫱 棱不 栟栙 楫梀 棵櫱 樨栞
桓榦欁橪栞楥櫚楝樋梢樬檀椽樿槃構槾橎桼橋
櫾槫 附 梭檂 楼樌 櫞橪 ○ 韻屯 枌楞梭櫶楎枹杒楯棆梱椢本根

說文通訓定聲　木　火　三十六

栫梟 棻 桼 棎 楂 樰 椺 杕 梂 樻 棲 樐 棲 楯 棍 附 椿 檟 楷 椿 檎 ○ 韻坤 槙棄槻楷
榛樀楞柃櫇楄 枸 柛 槙 縣 柀 㯪 梓 附 樠 榿 杓 楂 梓 梗 ○ 韻鼎 梢榮榏樧
枰栟楞檽杍楨桯梃桱樫鼎 欞 附 楟 櫻 ○ 韻壯 楊樣柍棠
樘杏柳桑棖杖牀梁檜欞桄橫櫎柾桌根枋榜柄梗
椋爿 椽 楧 椁 榑 床 桊 棅 附 檣 櫼 榔 梓 桁 杭 楝 榶 杼 槐 檰 槾 梡

火部 同灬

韻豐 烘㶿熜 炯爐 烽燧 ○ 韻升 烝㶣𤌺 燈 ○ 韻臨 煁羙燂熠煜 𤆍熸
炎 焊 ○ 韻謙 燫炎焱爓 熸 燫 熚 焰 爗 煠 燁 附 爓 燴 ○ 韻頤 熙㷊熾熹 燴

戭灰灸熄𤒅 焌燒 𤓰 熇 𤒅 炊 焙 灾 燮 焌 熱 附 燃 ○ 韻孚 燋熹熮烌焦
爇燋熷烰炮焅燠 燻 𤋮 焦 爋 熟 焦 ○ 韻小 燒㶾熛焜𤎛烄烄
寮燎爆爆照熇焯灼爝爚燿燿 炤 炒 炒 㸈 燥 燥 附 燉 炒 ○ 韻需 燭
㷡 炮 灶 熙 熅 炒 燭 附 㷄 ○ 韻豫 煑赤炙 炙 爐 炬 炷 焃 附 燺 煨 熇 烙 ○ 韻隨
炵 糜 羙 炊 燥 羡 ○ 韻解 炪 炷 附 炦 ○ 韻履 焜 煅 煒 尉 煨 㸌 㶴
齌爛火炪烽㷇熚 焌 熨 燧 燹 熨 稀 黲 烝 熄 附 熠 炪 炵 烼 燡 燖 熾 ○ 韻泰 熱爇
威烈𤑹烗㷝 熬 焫 燬 附 炔 ○ 韻乾 爟 熯 然 煖 煉 爤 焆 熿 炟
熚燔煩爨煎炭㶴 熯 爐 燃 熸 爛 煳 爛 爍 燗 焹 爕 爨 附 烶 煸 ○ 韻屯 焚 焌 燀

說文通訓定聲　火　禾　手　三十七

焞焜熅㷋煙 燓 焮 炘 熾 燃 爜 熰 燻 煙 燻 附 燉 炖 ○ 韻坤 閃 叏 炫 燐 燼 爀
○ 韻鼎 熒熲炯 附 爛 ○ 韻壯 煬光煌炕炳丙 燶 熹 燶 光 炏 灾 附 煻

禾部

韻需 𥝩 ○ 韻解 積 ○ 韻履 稽

手部 同才

韻豐 撞挏扛控搈拱拲擁捧攡 撞 摐 攩 搾 揔 㩲 拯 揥 攏 附 㧗 撥 ○
韻升 扔拼拯掕掤㧘 㧘 捺 撍 ○ 韻臨 探扰捡摻摵撢揩捷揖
搢拾挹扱拉 擥 揕 捊 扶 撼 揞 搋 捻 掖 搽 擒 附 挾 扲 ○ 韻謙 撿攕拈揖撿

掩𢹂拑擪摲揲㩻攝接掫攦插挾 挾摑擔擂擭掎擹擠抾掐抑 附
搁 ○ 頤韻 持擬挨拇掊扐 揆摵挴抔捭撖拭酻掭 附 擡揌核掝搐捋 ○ 孚韻
搯揂捄擣搜摎手捘攖搔𢴤捊掐擑𢸚攪搖擊 抽撈扏揭
搗擣掃揉孚擾探抓抗掏抱掐捞摵掬捁擡 附 拗捲撫撼攄擁 ○ 小韻 撩撓摽攥操
捎掔招撟挑掉扚搦擊摧擢 抛撫抄擊搞扼擻攉挍捞 附 摎攤擽 ○
需韻 摟扣拘投揄摳擩掫拊撲揭握捉 搆揍挂換插擱扑撲擽 附
摝搦攜搙掂 ○ 豫韻 據攎撫捬捕搏扶揟据摹扜抒挐拏攫
攫擧舉抯捨捈把挌擭拍捇措拓掖擇䉯 捂摀攄搟挎摸搒搗

說文通訓定聲　手　三十八

拒托摣拍摭拆擉 附 捈撍揞擶攄攎搣抓 ○ 隨韻 拕挼抲掎挫摩撝披摩
捶摛 拖扡探摟抄移扼搓撾擵攤 附 揹 ○ 解韻 技扠提摘擿抵擕挂
捭搤擊搞擘 搋擲擻挪擕攜搋搌掛攏擻捌抳摭擗 附 擽攗捝 ○ 履韻 排擘
摡擠抵指捲批𢳎擊推摧揣揆撖挃撱拙掘捧拂揩
抏扶拮撎揤失抑 拽扢批撇扣拁抰揣扼撤撅 附 揮搥搳撎攢挒撑挨揔抐抝搾
扒攋攑 ○ 泰韻 撻捝摕捧撮挈搳抉扴揩揭擖拽搣折掇
捋撥抻拔撅拓捐擊挈㨑 掃擱拽捌捋揄捥摩掣揳搩抹抒 附 捺攢捏擭
捌揲扒撥掣 ○ 乾韻 擛攘按摳撚擊撥搫扞捐捾摜擅掾撣

𢺺播拳捲拚搏擐搁擬揃攣換 搴攐擗捲撕抗攁捋摙撊揀撻挸捍擱
撤拌揍拆擼擧擽扳攢撰搌 附 擐担攤攙 ○ 屯韻 扮抎挨揮攥掀攉振揗
掄捉搵揩掘捫損 拱拼擠搏捆抆撊捬捶挽 附 抿抗扼 ○ 坤韻 挋摼擊
扨捆搧擞 抄掬掏揕揩掿擴 附 拚 ○ 鼎韻 抨挺 攎拼拼捋打 附 擎攖捏掙
擷擒攕 ○ 壯韻 揚抰攩攘牂抗搒撓掌 搟控振搶抵抰 附 搆捺揘撊

毛部

豐韻 毦氋 ○ 升韻 附 毴 ○ 臨韻 毿毨毶 附 毤 ○ 謙韻 氈毵 附 毲 ○ 頤韻 氉
附 毷 ○ 孚韻 毬𣮈 ○ 小韻 毛毫 附 毻毷 ○ 需韻 附 氀毹毽氍毪 ○ 豫韻 附

說文通訓定聲　手毛犬　三十九

氍氎 ○ 隨韻 毻毤 附 毢 ○ 解韻 附 毰 ○ 履韻 尾毣 ○ 泰韻 毳氂髦 ○
乾韻 斡氈氍 ○ 屯韻 毴毨 附 氈 ○ 坤韻 附 毦 ○ 壯韻 附 氄毦氅

犬部 同犭

豐韻 獴尨 犥獴猣 附 狪 ○ 臨韻 猶㺔獩 ○ 謙韻 獫獫犯狧獥獵
狤狎 獵猎猲狹 附 㺃 ○ 頤韻 默 犾猥狸 ○ 孚韻 倏猶狃㺜獸獿獿
狩哭 猫猷猇犾獶獋 附 狻狍 ○ 小部 獟獒狡獠笑獢猋臭 附 猫挑
𤡾獥 ○ 需韻 猴狗狂獳狢穀獨 狭 ○ 豫韻 玃狜狙狐獲狛獨
獹獹狟猢猊猶猻猞猎 附 猇 ○ 隨韻 猗 猓 ○ 解韻 狄狴猲狊 猊獬 ○ 履韻

猥戾獘㹏獵猝類突猬獅獵猣猭獼獮猾猗狴猗犾附獼獺○泰韻猾猲

狾狒獺犮狽狄猶猳狘獥狒猘狛附獗獦○乾韻狟豻獿㹀獧獩獻

肰猵獲猨犴狱猭猖猶猫附獮狿○屯韻狻犷狠犬犾㹞狆狠犇附獐獯犹

○坤韻猌獜猵猗猀附獓○鼎韻猜猩狌附獿狿○壯韻奘獎莽

獷狂犺狠猛狀獐猖

牛部

豐韻牻犝附犎○臨韻犴犙○謙韻㹈㸰○頤韻特犕犛牛牧犆牸

○孚韻犓犨牡牟犪牿犥犤犙犪附犆○小韻犥犖牧犨犒附

犦○需韻犓犢附犒犋○豫韻犅犐牾附犌犊○隨韻犧犄附牪牝

犘犤○解韻附犏犑○履韻犀犎牴犂牝牠物犐犁犋犀附○泰韻

犖犪犗犽犻○乾韻犍牽牷㸬犛附犍犈○屯韻犉犌犇附犍

○坤韻犟牽牸附犣○鼎韻牲牼犚○壯韻犤犅犋附犻

心部

同忄

豐韻憧憧恫忠忡惷恐恭供慫悰悤㥏慟慵愐憒悰忲懞恫怱㦔

悚惚附慵○升韻懲憕懜恆憎悛憑憁憎○臨韻心憯忱恁念惏

慘感急慹悒應慴慥念惜恰懔恢憾楪憚庶○謙韻慊憸惔憺惂恬

懕懿慹協懾恣懨懕惉憯怗惗愭憽怯愜惭憎附惓愉○頤韻恃慈思

懝怠怡態忌志意意恥憙惎悳悔慦悝憊悚恢悈悈

忱愫悔悈忒忒息悉蹇悳惻惛惑憰憶僡悾懵憮懗憁悍恨懕懕愍

慗忮附憒愪憶悒○孚韻悠怞怮惆篤慘懋惪慒愁慆慅慽慤

慉慟慫惍惴悕慁恎忦慙悌惸懰悆怮悏憂慢悰悶惂憡悼附慥慢○小韻憭恔憭懆

悄懇悼愵慠慖慴懊憿懀悆慵悢懆悩悱愖附忉恂○需韻愉愚愚懦忥慗

憄懮悔恂悤愈悟憮惛○豫韻悟憮悑惛怙懊慕忓戀恕恤怒懼

怛悆惡怍愬怕惜慀惹怯恦憃悆慒悿慅恪怋憢懆附忤慺

忬怇○隨韻惰惢惈惰恀怓附憎○解韻忮憁忯懏恑恚懈惕

慗慣憋附懩懔慵○履韻愷悚懷悲慰慧惠悠愧忔愾忥

慨忍悽悸懃愔懟憰憒惟惴悸慘恣悴忽怫恤怪慗

怵悱悲悸蕙愬惊悽氣愾慘悌慛懟惋恂憮悰憒惚憒慄恢惐慾憕慴附慅忕忛怏快性慸

○泰韻怢懣愨快忿愒忝悊惙怖懱懲懖忦怵悗倪懣懕愙憇烈

悖怱附怏憎惐怵○乾韻懽忨怨愃愆愿憪悄忓悍悁憲患

怛憚慲瀎慢愐思懁悛遽懃悅怬命愪懸悶惌閫恩憒惌

附恈悷○屯韻忞忿悛慇憙惲忻惇慜慈忍惀悃愠惛慁

悶憒恨愲懊惷悋忺憫惎慬忖惛懰懇懇勲附悃伝忳○坤韻慎恂㥯

恩憖憐怋愍慈忝慈忎㥷惇恂怜惼惄憖慎○鼎韻情性懋悭悻

附恲怦惺○壯韻惕像愓恙怏想悵愴㥲愻恇惶忼忘悅

怲憬惖懩惶慊忙恍慌恍任附悼惘懭性恨懷惝懺

仌部 同冫

豐韻凍冬冲附凇○升韻仌滕冰凝凌○臨韻凜滷凛○謙韻泱渫

○頤韻冶○孚韻凋○豫韻冱洛涸○解韻凘○履韻凓滭凄附凗凒

○泰韻瀨冹決冽○乾韻寒泮○屯韻沢凖○坤韻冷○鼎韻凊泂附

說文通訓定聲　心仌夫气欠　三二

浧○壯韻滄况

夫部

乾韻㚘

气部 同乞

履韻气○屯韻氛氳

欠部

臨韻歁欱歃歆欽𣤥欲歙○謙韻歉欻歆歊歒歛欶㰴欸○

頤韻欪欬歖欺欯歠𣢾歔吹欧欯歋○孚韻欲欲歈歔欹歗欨

○小韻歊歗歍歔○需韻欨歈歐歓欲歖欶歋歍○豫韻歟歔

歑歟附欿○隨韻歌吹○解韻歋歜附吹○履韻欲旡歇欷

歂歗欲歆款○泰韻歠歇欭歎○乾韻歡歎歞𣤶歡○屯韻

欣歋歠歁附歅○坤韻歐欯○壯韻歔

攴部

臨韻𡕒○隨韻皷

攴部 同攵

豐韻攻附敂○臨韻斂鈙敜妝○謙韻斂敢敌設附敎○頤韻斀

說文通訓定聲　支攴父　三三

𢻱攼孜敏敕○孚韻救收敼敄攻斆盩敳○小韻教斀敲

𢽾效敫肇效附寇○需韻數寇攸鼓斀毅鼔敺○豫韻敔敷

故斆敘旼赦斁放敯鮁𢽽敍赦○隨韻斁敃斀敗○解韻攱敵敤

皶敡○履韻鼓斀啟彀敉敝斁敪附攱斂○泰韻皷敗韍斂敖憋

附敼○乾韻敃𢽻戟變斲敽○屯韻敓斁敦散敷啟○坤韻

敷敝畋敭敀攵○鼎韻政敭○壯韻敞數敡放叜敹敥數更

父部

豫韻附斧○隨韻爹

文部

【頤韻】嫠○【履韻】斐○【屯韻】文 斌○【坤韻】辬 斑 斒

夭部

【小韻】喬○【屯韻】奔○【鼎韻】𡴘 幸

兂部

【臨韻】兟 尖○【履韻】弍

旡部

【隨韻】旤○【壯韻】𣄼

說文通訓定聲　文夭兂旡斤斗　三十四

斤部

【謙韻】斬○【需韻】斲斪斸 𣃔 斵○【豫韻】所斧斮斫 斦○【解韻】斯○【泰韻】斷 𣃁○【乾韻】斷○【屯韻】斤斦○【坤韻】新○【壯韻】斨𣂞兵 𢏳

斗部

【升韻】升○【臨韻】斟○【小韻】料𣂎○【需韻】斗斠斞斣斛 斢 𣂋【附】斣 斢○【豫韻】𣂔斜斝【附】𢧐○【隨韻】科○【解韻】【附】斛○【履韻】魁○【泰韻】【附】斟○【乾韻】斡料㪘 斟○【壯韻】𣂑

尺部

【臨韻】𡱒○【解韻】咫

片部

【豐韻】牕○【臨韻】牊○【謙韻】牒 版 牐 牑 牕 牖 牘○【頤韻】牖 牉○【孚韻】牗○【需韻】牏牘○【豫韻】牀○【隨韻】牀【附】牓○【解韻】牌○【乾韻】牋 版 牉○【坤韻】牖 牓○【壯韻】牓

爿部

【小韻】【附】牀○【隨韻】【附】牁○【解韻】【附】牂

戈部

說文通訓定聲　尺片爿戈殳　三十五

【豐韻】戎 戚○【臨韻】戡戕戢○【謙韻】戕○【頤韻】戠 𢦏 戒 戛 戟 賊 戰○【孚韻】戮戊 截○【小韻】肇 截 截【附】栽○【需韻】【附】幟○【豫韻】戲 武 戳 戣○【隨韻】我 戒【附】戢○【履韻】殘○【泰韻】戊○【乾韻】戰 戰 戔○【坤韻】戩 戭○【鼎韻】戥○【壯韻】戕 戕 餞

殳部

【豐韻】殼 𣪊○【臨韻】𣪘○【謙韻】設○【頤韻】𣪏○【孚韻】毀 毄 毆○【小韻】毃 敲○【需韻】毆 殼 豛○【解韻】毄○【履韻】毅 殹 祋○【泰韻】殺 殺 殺 𣪚 殺○【乾韻】段 毈○【屯韻】殷 殿○【鼎韻】殸

夊部

臨韻𡕢○小韻夊○豫韻夎𡕰○履韻夋

日部

豐韻旮附曈朧○升韻昪○臨韻暗㬎昱晠𣊉附𣊟睞○謙韻晻暫㬉

嘩○頤韻時旹晐晦香暱昃昔昏晲昊昏○孚韻旭㬜早㫚暯

昦晧晁阜皂昪曎昊○小韻曉杳昆㬈昭昀杲晈𣈆曝暠曜暭瞟○需韻

昫晝書㫗○豫韻晤莫普睹暑晉暇昨白㿝晡暮曙阜附吁昈○

適韻暆曬㬠○解韻暘㬿○履韻昧㫰㬀晞日曀㬂時昵旺晬昝昲㱾

說文通訓定聲　夊日月　三十六

日附臘暛○泰韻暍㫼晢晰附昏悖昳昧○乾韻晏暵㬮昄𣋡

㬬晛旰旱旦昪㬜暅暄瞰暖晩附晩𣈶○屯韻㫒暉昕春昆

昏晚收晙暈晋晨昏曛㫖附暾○坤韻晉旬暗春旬附暹○鼎韻晶冥

㫝星晴暒暝香晠晟○壯韻昜暘㬎曩晃曠暀景朐昉旺明昺映暎昂附

昶

月部

豐韻附朣朧朦○頤韻期朞○孚韻朒朒○小韻朓霸𩇯○豫韻夕

朔○履韻朒朏𦜒○泰韻月○壯韻朖望朙𦜇

井部

解韻䢢○鼎韻井𠁿○壯韻刱

丹部

豐韻彤○豫韻臒○乾韻丹彤㫜○鼎韻青岑

曰部

升韻曾○臨韻朁沓𣅝○解韻冊○履韻𠔼○泰韻曷○坤韻㬱○

壯韻昌

勿部

說文通訓定聲　井丹曰勿兮丮止　三十七

履韻勿

兮部

豫韻乎虧○隨韻羲○坤韻𢍭○鼎韻平号

丮部 丸㓡

豐韻巩○臨韻執○頤韻丮厈○孚韻孰○需韻𢼬○豫韻谻○遘韻

𡜬○泰韻埶

止部

豐韻歱○臨韻𣥠○頤韻峙止○孚韻埱○需韻走足○豫韻步歫

歨 ○〔隨韻〕啙呰 ○〔解韻〕企歷跂 歧 ○〔履韻〕此歸疌 [illegible] 〔附〕崒 ○〔泰韻〕

𣥂𣦸 ○〔屯韻〕岸眼 ○〔壯韻〕党

爪部

〔升韻〕爯 ○〔臨韻〕至 ○〔孚韻〕爪爪孚舀 采 ○〔隨韻〕爲 [illegible] ○〔乾韻〕舉 ○

〔坤韻〕印

从部

〔鼎韻〕并

仌部

說文通訓定聲 爪从仌户冃巿 三八

〔解韻〕乖

户部

〔臨韻〕扊扅 扂 ○〔謙韻〕扆 ○〔頤韻〕戹 厄 ○〔孚韻〕扉扉 兆 ○〔小韻〕肁 ○〔豫韻〕

户 戾 ○〔履韻〕扉启扆尼 扈 ○〔泰韻〕戾 ○〔乾韻〕扇 ○〔屯韻〕門 ○〔坤韻〕

扁 ○〔鼎韻〕扃 ○〔壯韻〕房

冃部

〔孚韻〕冒冐 ○〔豫韻〕冔㝵 ○〔泰韻〕最 ○〔屯韻〕冕

巿部

〔臨韻〕韐

𣥂部

〔豫韻〕虘 ○〔履韻〕吡

歹部 同歺

〔豐韻〕歾殉 ○〔臨韻〕〔附〕歬 ○〔謙韻〕殲 殗殜 ○〔頤韻〕殆殛殖 殕 ○〔孚韻〕殠 殢殍

歺 〔附〕殏 ○〔小韻〕殇殀 殍 ○〔需韻〕殊殨 〔附〕殑殏 ○〔豫韻〕殆薨殂殬 殆

○〔隨韻〕殰殑 殘破 ○〔解韻〕斯 〔附〕殲殲 ○〔履韻〕殪殔殘殯殪

死 肂殊 殔歿 殨 〔附〕殃 ○〔泰韻〕歺 殢 〔附〕殈 殃 ○〔乾韻〕殫殘 殯 〔附〕

說文通訓定聲 𣥂歹尢方少 三九

殜 ○〔屯韻〕殣殙殄殟 殙殀 〔附〕殯 ○〔坤韻〕殯 殉 ○〔壯韻〕殤殃 殭殍

尢部 同九

〔豐韻〕尰尰 ○〔謙韻〕尲 尷 〔附〕尶 ○〔小韻〕尳尥 尵 ○〔豫韻〕尪 ○〔隨韻〕尫尰

尬 ○〔解韻〕尟尳 〔附〕尷 ○〔履韻〕尵 ○〔泰韻〕尬 ○〔壯韻〕尣 尪

方部

〔壯韻〕斻方

少部

〔乾韻〕尟 尠

反部
〔乾韻〕皈
午部
〔豫韻〕午啎
壬部
〔臨韻〕壬
王部
〔坤韻〕閏○〔壯韻〕王皇舌再丕
說文通訓定聲　反午壬王王𡈼五牙　卌
壬部
〔豐韻〕重○〔升韻〕徵○〔壯韻〕㞷
𡈼部
〔豫韻〕𡕩○〔履韻〕𣦼彖○〔泰韻〕𡈼希
五部
〔豫韻〕五
牙部
〔豫韻〕𤘪牙䀼○〔隨韻〕猗○〔壯韻〕穿

氏部
〔解韻〕氏○〔履韻〕氐○〔泰韻〕氒身
予部
〔豫韻〕予舒○〔乾韻〕幻
毌部
〔乾韻〕毌
冄部　同冉
〔謙韻〕冄冉
說文通訓定聲　氏予毌冄兆巿丰比　卌一
兆部　同大
〔乾韻〕樊變
巿部
〔履韻〕師○〔泰韻〕衛
丰部
〔豫韻〕格○〔泰韻〕丰
比部
〔履韻〕毖

内部 同厹

【臨韻】禽○【孚韻】内 禺○【需韻】禺○【豫韻】禹 禽○【隨韻】离○【泰韻】萬 𨮁

离 禼万

巴部

【豫韻】巴

玉部 同王

【豐韻】瓏玒玤琫琮璁 琪瑔○【升韻】璒○【臨韻】璠琛玲琀琳 瑊○

【謙韻】玪瓔珕 玷○【頤韻】璂珥珥理琹玖珛璗 璂玉 珙瓅 珮玏 玘○

說文通訓定聲　内巴玉　四三

【孚韻】琊球瑭瑀琱璗瓔璧瑤瑁瑶 琉珊 瑠琉 璆瑤 琇琱 瑕珝【附】玲瑹○

【小韻】琥璙璅璪珧玓璬瓅 珓○【需韻】玽珠瑜玉珏琢 璞珏 玤瑴

【附】琜琟○【豫韻】瑦琥璑瑚琚玗瑀璵珇瑕璐 玞璩 瑭瑹 珝琊 璵珀○

【隨韻】瑣瑳 瑀璅 珈【附】珂琦 璃○【解韻】瓕璧 珪琿○【履韻】璣玭瑙瑂瑎

璀璣瑰瓌瑮珌玼瑰璲瑞玓 瑋璽 璀璯 琢琿 瓌璲 璨琗【附】琲璭 璴○

【泰韻】璿玦玠璨瑓瑿 琫琁 璿璱【附】珳○【乾韻】瓘玩琬瓛瑗玗瑄

瑑璊璠瓚珊環全瓊 琿琛 瑁璚 埍璛 瓀璇 玩瑄 璟璉 琝○【屯韻】玟璊琨

珢璵 瑨瑻 壂壆【附】珚○【坤韻】瑱珍珣珉瑥玲璡 瑄玭 瑨璿【附】璘

○【鼎韻】琤瑩璥靈玎瑘 珵【附】瓔○【鼎韻】瑒瑛珦璋瑲璜埍

珩瑝璗 瓖【附】瑞璩

示部 同不

【升韻】【附】祾○【臨韻】祲禫祫禁 禮○【頤韻】祉祠祀禧祺祴祐祺

福 禖祺【附】禩○【孚韻】福禱禍禮祰祝 䄙袖 禑祵 禥禍 裀○【小韻】祆祧

礿 祅 禚 禬○【需韻】祔祿 祩 禮○【豫韻】禦社祜禕祖禡祏 禕社 祚祛 禇禠

禪 禰○【隨韻】祼禍○【解韻】禔禘禠祇祂 禋 祓○【履韻】齋禶祇禮祉

祡示祟祽祕 禨 禮 禥 禨 禱 䄖 禮 禮 祴 禮 祙 禰 禾○【泰韻】禬禦祓祏祭 禁 祱

說文通訓定聲　示禾　四三

禊○【乾韻】禪祘 禮○【屯韻】祈祳禋 鎍○【坤韻】禛神【附】祆○【鼎韻】

禜禎○【壯韻】禓祥禳禜 祊 祌

禾部

【豐韻】種穜稯 稅 穗 穗【附】穠○【升韻】稱 秤 稜○【臨韻】稔稟○【謙韻】穛【附】

秧○【頤韻】秄稘稑秠穡稷稙 秠○【孚韻】秀秋稠稾稻稃穆

穮 穛 穡 稰 稭 稭【附】稭 稭○【小韻】穮稍秒秏穛稾杓 穛 穛 稾○【需韻】秸禿穀

穋 穆【附】秜○【豫韻】穌黍租稌稼秨穫秅秙 穭 秬【附】穭 穭 稰○【隨韻】

稞移 穧 穜【附】秡○【解韻】積稗秝【附】秖○【履韻】委采穖穊穧稺

穕秜秕稭䅹私稀秝穦秩穧秔穛穧穗秳粢秫穲秝稚秎秛秖稊稡稆

附稽𥝠○泰韻稅穭稧穄梨秳穖穢秣○乾韻案稈稬稬秆稍附

秈穐○屯韻稛穳穈稛穲稛穩附秎○坤韻稹年秦季秦○鼎韻穎程

○壯韻秧穰穬程秔穅穊香稉稂穅

朮部

履韻朮

朩部

頤韻枲○解韻林○坤韻朩

說文通訓定聲 朮朩𣎳生氏毋 四四

𣎳部 朩同

臨韻南○履韻𠦂𤯔

生部

豐韻丰隆拜○履韻甤○乾韻產○鼎韻甡

氏部

孚韻𠄌○履韻氐○屯韻𦫵

毋部

坤韻民每

民部

壯韻氓

穴部

豐韻空窮窻窗窗○升韻穹○臨韻突窨○謙韻窞窆窗窖附窶凹

○頤韻附䆫○孚韻寥窈究窵窖寏竉窗窀竅○小韻窅窔寮

窯窕竅杳窖突○需韻窬竈竇窶竉窾○豫韻窊窳穸窄附窋窺

窂○隨韻窠○解韻窺窒附窩○履韻窩邃窒窋窣穴竊寂窂

○泰韻竄突窦竄窽窀附凸○乾韻竄穿窮○屯韻窘窀○

說文通訓定聲 民穴白目 四五

坤韻竇○鼎韻窺窒窅○壯韻盍窮寏

白部

謙韻皢○孚韻皐臭皋皓皥皜○小韻曉皎皦皦皠皛皜皭皚皤

附皭皪○豫韻皅皃○解韻晳○履韻皚○泰韻附皜○乾韻皤皞

○鼎韻附皏

目部 皿同

豐韻䀹朦附瞍瞛○升韻瞢眣䁖瞪附○臨韻眈瞰瞫䁯○謙韻

睒瞻監睞眝睡瞮瞯睫附瞼眨睙○頤韻眙瞦睞直瞋載附瞵

○〔孚韻〕䁒瞻䐣睃䀏鴡督目眲瞭䏹囚○〔小韻〕瞟眘眇眊眺眑凹

瞭瞷〔附〕瞍睢○〔需韻〕睦睩看〔附〕睮眗睆睺矚○〔豫韻〕瞴瞽盱眝瞷睹

䁆瞜睪矑矆〔附〕睈睥○〔隨韻〕眵脞睉矖瞝〔附〕瞂○〔解韻〕睍眡眕睨

眅睗昬睍睉眿瞑瞁〔附〕睢睞○〔履韻〕眔眛眥睅瞀眯睇瞢瞏眉睢

睽睎昒瞢瞖眣眦眥旻瞰臭矗瞽眂眹眦鬼睥睟〔附〕矘瞶眽瞯眈○

〔泰韻〕眿際萛睒蔑眛眼督矇〔附〕瞎眄○〔乾韻〕睅矔眢睂瞗睽

䀠瞷睍盰睅看睸矐瞀瞞眷瞗矍道䁬覓見瞜睕矊睆

睒瞪睤矊矙眤眐瞍〔附〕眝○〔屯韻〕盼睴暊瞬睔眼睌盾艮〔附〕賑○〔坤韻〕

說文通訓定聲　目田　四十六

瞋眕瞤旬瞚瞵辨眪矉眩臤眏盱眴眗瞬○〔鼎韻〕眚省瞥瞑

眘眠〔附〕睁○〔壯韻〕矘相盲眼眶瞠睩〔附〕睄賸晄

田部

〔豐韻〕疃甿甾〔附〕畊○〔升韻〕畻○〔臨韻〕畣○〔頤韻〕時畮畱眹畝畒畬○〔孚韻〕

畱昵睬畼畜留疇㽞畴○〔豫韻〕畲略○〔隨韻〕畸畽○〔解韻〕畦畫畵

○〔履韻〕畿畢眺○〔泰韻〕界畷畇〔附〕映○〔乾韻〕畹畈畔疃畚畽畮○

〔屯韻〕畯甽畎○〔坤韻〕畛疄田畕畇當○〔鼎韻〕町○〔壯韻〕畼當畺黃

甿𤰝

石部

〔豐韻〕礱砮矼硥〔附〕硐礎○〔升韻〕磴砿○〔臨韻〕碞碏礈硃○〔謙韻〕磏磛礹

磕砭礫砧磄礚磵〔附〕磲○〔頤韻〕礙硋砈〔附〕磁○〔孚韻〕硞礐〔附〕碱礴○

〔小韻〕磽礫磝確磂磯〔附〕礅○〔需韻〕确硅碌㱿〔附〕磚硅○〔豫韻〕礜砮

礊碧硤碭砄碱砠磪礃礴碏砳〔附〕礎碢砸礦硌○〔隨韻〕硪砢礲破礒碕砂磨

碼硾磋○〔解韻〕磧碑磐磨碣碗礫砉磩〔附〕碻磡○〔履韻〕磑磊磪碌碎

硈礥砼砥磦礌础礐磈礶砌碬〔附〕碊○〔泰韻〕砅碣晳礪砎磳〔附〕磯○〔乾韻〕

研硯碬硬礎碆礋碗礙硂殘硯硎䂵碢礦碑磐碆○〔屯韻〕碩砐磀齊〔附〕砱碮

說文通訓定聲　石矛戊　四十七

硍○〔坤韻〕磬磸磷碏砛○〔鼎韻〕磬硜〔附〕礦砰硎○〔壯韻〕碭磉磺

硍硤研礦〔附〕礓硫磅硬

矛部

〔豐韻〕種〔附〕㺯独䂎○〔孚韻〕矪矛○〔小韻〕〔附〕矟○〔豫韻〕矠矟○〔隨韻〕矡

○〔解韻〕〔附〕矪○〔履韻〕矞〔附〕矝○〔泰韻〕矠○〔乾韻〕矡穳〔附〕矡○〔坤韻〕矜

𥍰〔壯韻〕稂

戊部

〔泰韻〕戊○〔鼎韻〕成戚

戌部

〔孚韻〕戚

矢部

〔升韻〕矰〇〔頤韻〕疑矣〇〔小韻〕矯 绍〇〔需韻〕医族〇〔豫韻〕躲 矱矩〇〔隨韻〕

〔附〕矬矲〇〔解韻〕矲雉 ⿰矢卑〇〔履韻〕疾矢吴 疾⿰矢吴 戾〔附〕⿰矢彖⿰矢此 矮〇〔乾韻〕短〇

〔坤韻〕矤 矧〇〔壯韻〕⿰矢昜

甲部

〔謙韻〕甲 介〇〔孚韻〕帽

說文通訓定聲 戌矢甲申立本 四十八

申部

〔需韻〕臾〇〔履韻〕曳〇〔壯韻〕暢

立部

〔豐韻〕竦〇〔升韻〕竲竝〇〔臨韻〕立〇〔頤韻〕竢⿰立彖 ⿰立巨〇〔需韻〕竘⿰立頁 竪⿰立易〇

〔豫韻〕⿰立昔 竚〇〔隨韻〕⿰立爾竵〇〔解韻〕⿰立卑〇〔履韻〕⿰立隶 ⿰立支〇〔泰韻〕竭〇〔乾韻〕端

竱〇〔屯韻〕竣⿰立享〇〔鼎韻〕靖竫〇〔壯韻〕竝 並

本部

〔小韻〕㬥〇〔需韻〕奏〇〔泰韻〕桒 ⿰桒聿〇〔屯韻〕⿰桒丸

夰部

〔豫韻〕昦〇〔壯韻〕⿱馬夰

旦部

〔孚韻〕鼂〇〔履韻〕暨〇〔乾韻〕⿰旦丮 ⿰暨丮

且部

〔豫韻〕虘

出部 同上

〔小韻〕⿰出攴〇〔解韻〕賣〇〔履韻〕出 ⿰虫出〇〔泰韻〕⿰臬出 䟣

說文通訓定聲 夰旦且出去処疋只 四十九

去部

〔升韻〕⿰去夌〇〔解韻〕〔附〕⿰去卑〇〔泰韻〕朅〇〔乾韻〕〔附〕⿰舌去

処部

〔豫韻〕處

疋部

〔豫韻〕疋疏 疎〇〔乾韻〕旋

只部

〔鼎韻〕⿰只只

可部
【隨韻】哥【附】叵
左部
【隨韻】差 𢀩
四部
【孚韻】六○【履韻】四 亖 呎
皿部
【豐韻】盅○【需韻】盦○【謙韻】盇 盌 盍 盒○【頤韻】盄 盄○【孚韻】溫○【小韻】盄

說文通訓定聲 可 左 四 皿 平 冊 宁 卒

【附】盡○【需韻】盨 盨 𥁗○【豫韻】盧 盬 盂 宼 盧 𤁷【附】𥁤○【隨韻】盉【附】㿾
○【解韻】益○【履韻】盩 盜 盜 𥁛○【泰韻】【附】盇○【乾韻】盌 盌 盞 盤 盋○【屯韻】
盆 盄 監○【坤韻】盡○【鼎韻】盈 盛○【壯韻】盪 盎 皿【附】𥂕
平部
【鼎韻】玎
冊部
【頤韻】嗣○【解韻】冊○【屯韻】典 𠔤
宁部

【深韻】宁 貯
古部
【豫韻】嘏
史部
【頤韻】事 吏 𠭥
聿部
【孚韻】肅 𦘒○【履韻】聿○【泰韻】肄 肄 隸
用部

說文通訓定聲 古 史 聿 用 永 此 甘 北 卒一

【豫韻】甫○【鼎韻】甯 寗
永部
【解韻】𠂢○【壯韻】羕 永
此部
【解韻】柴
甘部
【臨韻】甚 𣢑○【謙韻】甜 甘 猒 曆○【豫韻】揩○【履韻】旨○【壯韻】嘗
北部

頤韻𡨄丠

正部

謙韻乏○隨韻歪○解韻是𣁋○坤韻丏○鼎韻正

立部

小韻竗○豫韻竝○坤韻𥪡

𢆉部

解韻𢆉

冎部

隨韻冎另○解韻髀腗

卯部

壯韻卿

加部

隨韻哿

疒部

豐韻瘇痛痋癰瘲癑癃瘇痌疪疼痵痓○升韻附疬○臨韻瘖痳痠

痽瘦瘠附瘆痞○謙韻痁痡瘟瘷瘢瘕附瘤○頤韻痔癡痎疚痟

痞瘜瘢痀痣痤瘺疣疛疢痗附痦瘀○孚韻痼疛疛瘳瘦瘤癵癄瘷瘙瘶癁瘦

○小韻痟瘵瘧癆療瘭附瘸○需韻瘻痀瘉府瘃瘓瘝瘢痓附癎瘯

○豫韻瘀痛痞瘼疽瘏瘕瘋瘑痕癰瘂附瘵瘻疕○隨韻瘳痾

痤瘍疲痂瘥癧瘰瘑附痔瘑○解韻疻瘖疧瘺瘵瘍疫瘭瘶

瘠附癖痹瘄癖瘍○履韻痱痿痍痓疕瘯瘝瘕瘣疿疷疾瘭疵

疒瘅痲瘯瘚瘕疕附瘽瘤痱痆○泰韻瘊癰癒瘓疥瘵瘕

癈瘌瘍瘌癙瘌附瘸○乾韻痌痏瘢癬疝瘅疸痊瘸附痯瘬

疲○屯韻瘇痕瘨疢瘑瘰瘓疹附瘖瘧○坤韻瘨瘁瘺瘖○鼎韻

瘿痤瘠○壯韻瘍痒病瘍瘆瘡瘡

瓦部

豐韻瓨瓮甕甕附甑瓶○升韻甑甍瓴○臨韻瓴瓵附瓬○

謙韻瓹甂附甄○頤韻瓵甌瓯附甃○孚韻甃缻瓹○需韻甌

甑附瓶瓿○豫韻附甗瓯○隨韻瓦瓪○解韻瓶甓甓甗附

瓺瓻甂○履韻瓮附甋瓻瓷○泰韻甈甃附甃○乾韻瓷瓭甗

甄甃附瓶瓿○屯韻甄○坤韻甂甌甎○鼎韻甇甇附甈瓶甑○

壯韻甍瓾甗甆瓶附瓬甈

户部

〔履韻〕扈𢨋雇○〔乾韻〕岸

皮部

〔升韻〕皷○〔孚韻〕皰○〔需韻〕皾〔附〕皴○〔豫韻〕皻皵摣皶○〔解韻〕〔附〕皯○〔泰韻〕

皯○〔乾韻〕皯皺皺皯皴〔附〕皴皯○〔屯韻〕皸〔附〕皺

瓜部

〔謙韻〕〔附〕瓠○〔孚韻〕瓟瓝○〔小韻〕瓢瓞瓝○〔需韻〕〔附〕瓤瓠○〔豫韻〕瓠瓜

㼌○〔履韻〕瓞咈○〔乾韻〕〔附〕瓣○〔屯韻〕瓪○〔埤韻〕辦〔附〕瓟○〔鼎韻〕𤓰

○〔壯韻〕〔附〕瓤

宅部

〔臨韻〕宅

艸部　屮同

〔豐韻〕蕫蘢苹苳䓊營葼莑蓬葑蒙蘴蔥茸董蓯蓊芎莑豐菘蔡茷

附葱○〔升韻〕蒸芀蔆夢菍藤荈蓬蓤菱蒆弦○〔臨韻〕葠蔓藻芃葚荏

芩荃蔭菻蕁芁葳葴蕈葚葺苔茂菝蔆菸菴芩藁菝蕁蕈蕃蔥菈

蓤蔘蔆蔓〔附〕蔢菈薿集蕒蕬○〔謙韻〕蒹蘞菻苫茵菿藺藍藍芡菌范

苷蘸芰菥葉荔萋芝莢蘞藏茜苒荾菪蔹蕾菑蓿苔葙葤藥薊葳〔附〕菱芘○

〔頤韻〕芝荎藄芓蕒薿茲苡落芑莡蓸萁茄茥蘳荏莘菑

菜莱茇蘭苺蕡茉菩薔葥菔菖萱蓰萁芓蒠苣菜萛苔芷蘢葸薏蒠荏

蓄蕾蘆芬菣蓓蔀蕈莂蕀芀蔨蒟茯蘠藏蘵蘵芒〔附〕蕣茨莀○〔孚韻〕蓨莜苗芁莜

菉蒡蓼莊茂茅菽蔘務蕿菻蓶蕉萩蓸葆草苞萄莩

萱草茆莫蔦蓪蕣茱蔽茜蕭菊藭萆菷蒟蘇蓄蕧蕩

蕕蓧蓚蓫堇芊芁蔥葩苻茭〔附〕蘢茵蕁蓉芾蕀莯菽荼蓺蕃蘸萃蕮蕉蘸○〔小韻〕蕘葽蔈

蕉芙蘬茇藻萷苗芼蘋芀茗葑菝菸蒿蔹蕎芍蒻蘥

萑藥蘿蓀蘯蒬蔥藻茭荸藐萵蘿蒿薖蓀莪薇蔽〔附〕蕎菝蒺蒟葋蔽葇○〔需韻〕莙

蔞藪苟蒟茱萸蘠蔖菆蕢菉菌葶蓫蔟芻蔞莿蔥藕萬蘊菆蒭

苻蔍蔌蕷〔附〕萮蕍蘛蘚○〔豫韻〕菸菩蘽蘧蘆蕪莆蒲蒪薄蘿苦蕳

蓓芰蘇蘅芋華萬芧茹苣苴葅葙菹諸藷蔗蔗苢荼

蒢芽茀芐葭葩茯菰蓉落藿若藉蘀蕒蘧蘆蘆芙蔬菟菡荂花蘤苯

蕇苧蕖蘆萿葝蔵盬葅蒩蘊藍著着茶莋芭蓴蔦菰蘿茉藭蘁〔附〕於荼蒢茲荍芏蘧莚蔦莋○〔隨韻〕

莪蘧蕠蘿菽苛荷蔏莖莎茄蒍蘢蘺蘼羲茈蘧芷芯蕊蘧葦〔附〕

蒫萪蓰○〔解韻〕芰葚茦莉蔽茈荎蘳葬蘚蒻蔱蘩葛薜蔦

蕣蕷蘚蘼蓋蕿藥蕮附菥蘄茯蔄蓪葰蕢○履韻薇萓萉蒜菋菲芴葦萎
蔚蔽蒖芑蔬蘈薺萋蘪蒧茀蕆藜蓍芘蔬茈莜蘬藍
莱芮萑蓶蓷蘶芺薙蔡菡菘蒐莃堇菽藺茨蕢茁蔨
菽茦蒁萃茀菕葎葭芺茲蕮蕢菽莅葳蒯䓘蘷𦼮蘼蕙蔡葝茏蒎蔍蔕藥
蓳葿蓷蒌蓫蘒蕬蕂茶葍茂芾華藒虄葉曳附蕢蔍蘾葑蔝蕙葉蘋蔟蔏萃葦葜蒳葥○泰韻
蔚蒂荅芥蓋葛蕮蒚蔡艾蔵蘎蓟薛葪芰蕨若茷蒿
芃蔙蒂蕹蒭蓺藝葳蕞蓟薛蓧茷蔚菻蒴附蘈萅蕑英蓓萿菝○乾韻茇萑芄莞芫
蒐苑菀蘙蘸蘇蔫薏蒍蓛蘭莧菅萸蕇蔓蕃藩蘇蕦

蓴荃蕣蓾蔦蓮蘗蔮蕈蒝蒜蔆萓蘐蔆蒡蕑藹蘧蕣葥蘪蘇蒓蘿莛莬菤
附萓萯蓶葴蘗菡萊○屯韻蘱薰芸葰莙葷菌芹莚菥堇蓴葱
蘵蘊蕢蕣荐茜蘋蘄芬葍菱葌蕿茵蘄菰范菎蘊莘萸蒨蓄葼附菅茇蒸莬蒆莨
葥○坤韻苣菣蔺薪葎蘆蓁菿蕢茵茾苓萹蕢菝堅蕢芊菜
莘荀華蘋莽○鼎韻菁莘蘗藍萁苹萍蓱荓荊蘠芓莛莖蔨蘔
藾葶附蓟蕆茗蒲○壯韻葛蕩英荅茆葭蘘蘘蓴萇莊蘠蔣
蒼蘆芒萛蒉荒茚芳茵葫蒻蓊芀茒萓蔈藏蔣附芫薔蕢茥猿蕳蘅蕳
萑蕳蘭萝蕳蕩

豫韻蒧蘢

廾部

竹部

豐韻籠筒筩簃箏篕笻笙篓篷附笭簸○升韻登○臨韻篸箴簟篦
簪籛答附箖篓笈○謙韻簾簽籤笘箬箹籃笵箱巖箕簌簸筃
簷箖籰篋附籲○頤韻等簁笥笞篋箷箸節篳簏簏箷箕簖簿○
孚韻筱笛箌箟籌簌箏箅簫竹籀筑篠遂箆附篗箵○小韻筊
簝箾籍箱篍箹籥筊篘簞筲附篛篻箹篙○笑笑箱箄附箢筠篧篧○需韻簍籔

篼笱篝箕符篪篗箬篟籙附箹○篆箘簇箭○豫韻篽篨籧籚簠簿
箇竿笯箸筥筡篠筰筰箛笿簬籮籆箸籍籅簣笙笘个笑筋
籍竽篨筎落附笪箖笆○隨韻箠箠篼籬簃箷附籮篰籗籗籆篤箭笱筋飾笳
○解韻箟策簀箄笣篪附篤篙○屐韻篴筐笄箋第笍第
籲算節筆筆篋箵籓笮箵箅篦附篠篎筊○泰韻筮籟筏箬簭籦箬
附簫筋篰箮篙○乾韻筦笏簡竿管篙笪篆簞籓篇籩籛簨
算箾篿篴篓箭篧篳笱管籛附笄籛籥箘笭笭笠篡篓籊○屯韻箘簸笨
笣篔箕附箾篎篙○坤韻筍答筤箯篇箏筠篣箕箕附篔○䈮簡篋箅

〔鼎韻〕笙籥筵箏〔附〕笙箅箵筬笭○〔壯韻〕篡篸籑箱箷簣筐篿笎

筤籡篣〔附〕符篙簝

糸部

〔豐韻〕緟終統紅縱綜縫緎縱總繱絳緵緫夂纔〔附〕緙○〔升韻〕縢

繒繩綾紘繃絙綳綷縆紭○〔臨韻〕綅紞紝紟綝縿緘緝繞

䌖給級纋紞縈紟絵縉紉綠縶〔附〕綜○〔謙韻〕縑纖綊紺繞綊纊網

縩緵〔附〕纘縝○〔頤韻〕絣綵緦紿紀織緇絠紑結縹紱綦辠繶綵紂

緃縩紉縲緎緒〔附〕紖○〔孚韻〕絛紬緧糾綵綹紂緞綢紐繆緥繡

說文通訓定聲　竹糸　五八

縮綪縧紥縷紈緻絖紹〔附〕縩○〔小韻〕繞絞繚繅繰綃緢纍紹縞

繑絩約緐纅縹縵綜緶絜綷繳○〔需韻〕緱縷絇絑緰纍繻緆紨

續綠纀縠縟纇絍〔附〕練○〔豫韻〕纑縻縛縈紆絝絮紓絮

紵組緒絡索縌繹綌素縝繰綺緞緊〔附〕紹○〔隨韻〕緺纗綺縻紴

縒繡纚絺紗移縱〔附〕綱紽紝○〔解韻〕緹綈績縹紙纗絓紊紙縊

繫糸緆縈累予繲〔附〕繣綼繶○〔履韻〕徽緯綏緭縛繐系繼紇

縈縷絑纇紙綈緱紕紫縋縶納緉緧繢維縫綏縗繄

絺緻經纏紱絀綍絘緭紩結縪紼紲緤繂累縫絁纆綷綷緫綍〔附〕緛紉

○〔泰韻〕繝繪絜紲緊綴絕絨紶紒緆緤絏綵鐵紱〔附〕綐○〔乾韻〕紈

縆縼縒縓繎繕練絹綰繯組緣繟絆縵繙絭緬緐纘

纂縛繯綫絟纏綂綏縺緞綻縏絣緶繁纖纗線纂緬縺縴綣綖〔附〕繸緎○〔屯韻〕紊

紛纁繟純縛紉綸緄緼緍紃緷紋紜綷緡綩荼〔附〕繶○〔坤韻〕紾

緊紳絪縉絇綒緶辮編縝絍緰約絪緽緆繽縡紘紒〔附〕縷○〔鼎韻〕綪

緈絙縈縕纓綷絅絣綎經綎頲○〔壯韻〕紻纕繮繈纊綩綱

紡繡綆絖綁絖〔附〕緗練絎

衣部

說文通訓定聲　糸衣　五九

〔豐韻〕襱衷襛襩裯裗裻衳褣〔附〕袶䘕○〔升韻〕褎袋〔附〕褶○〔臨韻〕衽衾裣襑

襍袷襲褺褻䘨袵衿襟褥衫襂襼褲雜襴褶袂襲○〔謙韻〕裺襜襤褋裓襶

裨祜〔附〕福○〔頤韻〕裏裁褋裘褔祇求○〔孚韻〕褎裯襩褻袍裦褐

裻複褠衮袖褏襫䙵褒褎裒臬裕襬褶褹裗〔附〕襜褸○〔小韻〕襮袑袡表褭

襓襛褾〔附〕褾袨衼裱○〔需韻〕褸裋褥襦裕襡襏襩䙱襶褥褸〔附〕

袧○〔豫韻〕補袪初裾衧袃袪祖褚衰袥襗袴衸衳袼袹褱裓〔附〕

襉○〔隨韻〕裹移袉襱褘被袘袉褫裸襀衩襬襟〔附〕衰褻裲袈裟袿○〔解韻〕

褆褶褫裨裼襞袛袡袿袢〔附〕禍視○〔履韻〕裵裴褘襽褽衣齎袛

裔衰禨祱褭褹卒袓 祮襭 裴裶褵襒衮袞 𧝓䙝襋褔袤 附 褑褑 褵褊 補褷

衲襀 ○ 韻泰 襘袂衸製褻裂祓 襟襯禍 褐裝 附 袿襴 襏祊 ○ 韻乾 褰褗

衦褍袓褌袢襽袁褱褷 䙠襢襎襚 袨褖 附 䙕裬襊 袉襬 ○ 韻屯 衯袞 褽襌

衮褡 附 衸 ○ 韻坤 袗褊 裖袀裀 袪裯 附 襯 ○ 韻鼎 褮褩裎 褆 附 袓襭

○ 韻壯 襄襐裝褷 裳襞 袦 附 襀襧 襹

耳部

韻豐 聾聳聰聳 附 聵 ○ 韻升 附 耾 ○ 韻臨 耽聆 ○ 韻謙 聑聃聸

聶聑耴 䎡 ○ 韻頤 耳職聹聝 𦕒耵 坤 ○ 韻孚 聊 聽聦 附 聘 ○ 韻小

說文通訓定聲 衣耳肉 卆

聱 附 聽 ○ 韻豫 聥 聟 ○ 韻隨 聵 ○ 韻履 聵聧䎎聉聅 聲聧 ○ 韻泰

聒明 聳 ○ 韻乾 聯 ○ 韻屯 聞 䎽 ○ 韻坤 聆 聑聤 ○ 韻鼎 聲聘聖聽

耿 附 聹耵 聑

肉部 同月

韻豐 腫肜 胴腔肛胮 胖肯胷膿 附 朦膌 ○ 韻升 脊肎 朧肱 肎肯 ○ 韻臨 肬湆臍

腊肚脍膞 脭湆膺 附 膞腡 ○ 韻謙 腌胎膽膘膋膱 膝胆膶腯肸膎 臝脥胎胂臑膾

附 膱胋 ○ 韻頤 全能胎膩胾胲肧腜脢脂肌肋背胱 胏膯 職臑

胚脤膉 脆脆脴 附 胭脲 ○ 韻孚 脩胃脙肍脚膠脒脬胞膴肉胬腹

肘 胍豚膢 腰臙 附 腳膸 ○ 韻小 肴膮膘膫膔肖膏胱膗 膄胂 胥膷

肑䐑 腗 附 脟䐣 ○ 韻需 膢脰朐腐股胦臑 胸膴膊腑 腑腯脹豚 ○ 韻豫 臚

膴脯膊胥胡腒膜胯胠 膗組胙胳胆腳膚骨胏脊 附

脾肚 腠胉 ○ 韻隨 羸隋膭腄 胣胗 附 膈 ○ 韻解 肶脾臂脊膌 肢脈

脉膭朊股 膈 附 胇胠 ○ 韻履 肥腓胃腠肌膞臍胝脂腕臂腊

脪脛骨肤肸胹膩 腹脊膌朏腶肯膞䐈 附 腰膊 䏔脾

○ 韻泰 脫膾臇胞胅腏脟 脨膧胠脘 附 ○ 韻乾 肒脘

膳肩肝肙膌腝胖朐散膊脡膞臠膻 臗腱肩腹臈脱 膰膛腰脡腶腸

說文通訓定聲 肉舌血 卆一

附 臟臛 臘 ○ 韻屯 肫脣腯豚膹腇腆腹 肦肕腪 臀䏿脬 附 臐膕 ○ 韻坤

膹胗腎胂肕肖胘 寅胴 胃膹 胻 附 臏 ○ 韻鼎 胜腥脛 胼脡 附

胖胵 ○ 韻壯 腸腸肓肪膀脼胻 脹臟胱 肮膁 附 膞脫

舌部

韻臨 舚 舲 ○ 韻謙 甜 ○ 韻解 舓 舕舐 ○ 韻履 舔舌

血部

韻豐 衁 ○ 韻升 附 衋 ○ 韻臨 盥監 ○ 韻謙 衉 盩 ○ 韻頤 衃 ○ 韻孚 衄

衈 ○ 韻豫 盍 ○ 韻解 衇 ○ 韻履 血 ○ 韻泰 衊 ○ 韻乾 䘏 ○ 韻屯

峅峻○韻坤盉○韻鼎粤○韻壯㐬盟盟盟

羽部

韻豐翁猣附翁○韻升翡翊附翢○韻臨習翕翊翋狱○韻謙翜翞

翣猢猕猸翀○韻頤翡翰翊習翊翼○韻孚翿翏翎翛狆翳翾翽鶍○韻小翹

翯翻翼附翩○韻需猴翎○韻豫羽翥翌翌○韻隨翍○韻解翍翼

翮狱○韻履翡翆騺翚翃翀附翇翀猍○韻泰翽翣附猣○韻乾

翰翾翡翻翦附翛翽○韻屯翬翁○韻坤翩翻附翀○韻鼎

翁○韻壯翔翌

說文通訓定聲　羽冈羊　圭

冈部　四同

韻豐罳○韻升罯○韻臨罯罧附罯○韻謙罨罱○韻頤罶罟罝

罘罬附罳○韻孚罶罺罾罦罭罠附罜○韻小罩罹罽罿附罗

○韻需罜罹○韻豫罜罟羇罝署罵罛罿羅附罗○韻隨羅罷

罵罹羈羉羇羈羁羈○韻解罣罫○韻履罪罻罬罪附罟○韻泰罽

罬○韻乾罕罥羉羂罥附罧○韻坤罠○韻鼎羃附罕○韻壯罔罨

罡

羊部

韻豐附羘羢○韻臨羏羬○韻謙附羷○韻孚羞羍○韻小羔羙○

韻需羖羭附羺○韻豫羜附羳○韻隨羸○韻解羵羋附羦羱○

韻履羧羠羝羋美羘○韻泰羍羯羊附羧○韻乾羳羴羦羱羶羪

羶附羝羠○韻屯羒羥羣羣羦○韻鼎羥羚○韻壯羊羘牂

米部

韻豐粠附粽糉○韻臨糂糟粒粽糌糝糝梾附糍○韻謙糕粘附粲○

韻頤糒糙糦○韻孚粈糗糕糟鬻籟臬粷糅粡粩粥糊附粹○韻小

糱糬糬糬附糅糅○韻需粟粟粽○韻豫糈粗糬糈粘粕糊附粔○

說文通訓定聲　羊米朩糸丙　圭

韻隨糜糠附粿○韻解粺糪附粿粡○韻履穀氣米粑柒粹麤粲

粜粃粫粢附粘粰○韻泰糲糱粲糨秫糲○韻乾糉粲糧粲糲粇附糷○

韻屯粉○韻坤籹○韻鼎精○韻壯粱糧康糠糖糠糠粮

朩部

韻孚朩○韻解枝

糸部

韻履㡭絲○韻乾絲

而部

謙韻覂○頤韻附[illegible]○孚韻覆○小韻覈○解韻[illegible]

西部

豫韻卤○解韻垔○屯韻鹵 西卤 卣卣

𣎵部

泰韻世 丗世 [illegible]

囟部

謙韻[illegible]○小韻堖 𡿺○履韻毗○坤韻[illegible] 出

甶部 同田

說文通訓定聲 西𣎵囟甶[illegible]百老死 [illegible]

履韻畏甶 臬

百部

頤韻皕

老部

謙韻耆○孚韻壽考 耇附[illegible]○小韻耄 耄耋○需韻耇 耈○履韻耆

耋 耋

死部

升韻薨○小韻薧○豫韻殂 殆○履韻[illegible]屍 [illegible]○壯韻葬

行部

豐韻衝衕 衕衕○臨韻衒○豫韻衙衢 衢○解韻街○履韻術 衛⊙

泰韻衛○乾韻衍衡 衛○坤韻衎 衎

向部

壯韻鄉

吉部

泰韻嚞 喆

兆部

說文通訓定聲 行向吉兆多圭叩 [illegible]

小韻兆○乾韻[illegible]

多部

豐韻[illegible]附[illegible]○臨韻附[illegible]○謙韻[illegible]○頤韻[illegible]○孚韻[illegible]附[illegible]○

需韻附夠○隨韻夥[illegible]附[illegible]○解韻附[illegible]○履韻[illegible]附[illegible]○坤韻

[illegible]

圭部

豐韻攏

叩部

〔謙韻〕殿○〔孚韻〕舟川○〔小韻〕買○〔豫韻〕罪 䍐○〔履韻〕呰 來○〔乾韻〕叩 單

屾部

〔豫韻〕嵞

幵部

〔乾韻〕幵

𠂤部

〔豫韻〕𨺅○〔復韻〕𠂤○〔泰韻〕𠧟○〔乾韻〕𦉼

危部

說文通訓定聲　屾幵𠂤危色卮后外　六十六

〔解韻〕攱○〔履韻〕陒○〔泰韻〕䯇

色部

〔謙韻〕艷○〔履韻〕艴○〔鼎韻〕絶

卮部

〔乾韻〕𦉲 𨺗

后部

〔隨韻〕司

外部

〔豫韻〕舞○〔履韻〕韋 舜○〔泰韻〕舝

步部

〔謙韻〕𣶒○〔泰韻〕歲

癶部 同癶

〔升韻〕登 𤼷○〔履韻〕癸 𤾏

𠬪部

〔謙韻〕敢 𠭖○〔孚韻〕受 𤔔○〔履韻〕𤓯 𤔃○〔泰韻〕寽○〔乾韻〕爰 𤔔○〔屯韻〕

𤔰○〔鼎韻〕爭

說文通訓定聲　步癶𠬪从共有臼　六十七

从部 同乑

〔豐韻〕眾○〔臨韻〕从○〔需韻〕聚○〔履韻〕臮 [illegible]

共部

〔豐韻〕龔○〔履韻〕𢍜

有部

〔豐韻〕龓○〔隨韻〕戫 棫

臼部

〔豐韻〕舂○〔謙韻〕臽 臿○〔孚韻〕臼 晥 嚋○〔豫韻〕舀○〔隨韻〕𦦝○〔泰韻〕附 師

○〔壯韻〕〔附〕暘

缶部

〔豐韻〕缸罋䍜○〔謙韻〕䍂𦈢○〔頤韻〕䍌䍼○〔孚韻〕缶匋䍃○〔需韻〕缿

㲉○〔豫韻〕罅䍠○〔隨韻〕䍃○〔解韻〕罄○〔履韻〕罍罌罍○〔泰韻〕缺○〔乾韻〕

䍦〔附〕罐○〔屯韻〕罇○〔鼎韻〕罃罌罄䍡缾

旨部

〔小韻〕嘗

白部 白同

說文通訓定聲 卷首 缶旨白自㫃舟 六十八

〔孚韻〕𦤎○〔豫韻〕魯者○〔解韻〕𥏼智智○〔履韻〕皆白

自部

〔孚韻〕臭○〔履韻〕自鼻

㫃部

〔謙韻〕旃○〔頤韻〕旗○〔孚韻〕游旐旒斿○〔小韻〕旚旄旟旞旎〔附〕旓○

〔豫韻〕旟旅○〔隨韻〕施旖旇旎○〔履韻〕旞旛旟〔附〕旎○〔泰韻〕旝旆○

〔乾韻〕㫃旃旛旜○〔屯韻〕旂旍○〔坤韻〕㫋○〔鼎韻〕旌

舟部 月同

〔豐韻〕艘朕〔附〕䑼舡舼艂艨艟○〔升韻〕朕○〔臨韻〕彤○〔謙韻〕艦〔附〕舭艬○〔頤韻〕

服舣〔附〕䑹舡○〔孚韻〕舟舳䑼艀舠䑴䑺〔附〕艄䑧艄○〔小韻〕〔附〕艞○〔需韻〕

俞艅〔附〕艛艛艫○〔豫韻〕艫艅艡〔附〕舶舴○〔隨韻〕艤〔附〕舸舸艖○〔解韻〕艗

○〔履韻〕艤〔附〕舐○〔泰韻〕舠舤舵艓〔附〕艓艓○〔乾韻〕般艕前般○〔屯韻〕船

○〔坤韻〕舷艇〔附〕艑○〔鼎韻〕〔附〕艇○〔壯韻〕舫航〔附〕艎艆

耒部

〔豐韻〕𦓳○〔臨韻〕〔附〕耠○〔謙韻〕〔附〕𦔉○〔頤韻〕耤耔耜耜○〔孚韻〕耰○〔小韻〕

耦耗〔附〕耤○〔需韻〕耦耬耧〔附〕耨○〔豫韻〕耡耤○〔隨韻〕耚○〔解韻〕耕〔附〕

說文通訓定聲 卷首 舟厶叒先光聿 六十九

耩耪○〔履韻〕〔附〕耧耤○〔乾韻〕𦔮〔附〕𦓺○〔屯韻〕耘耘耘○〔鼎韻〕耕

厶部

〔解韻〕厶

叒部

〔豫韻〕叒𠭥

先部

〔屯韻〕兟○〔鼎韻〕〔附〕詵

光部

【謙韻】㷵○【小韻】燿○【屯韻】粦○【鼎韻】䖘○【壯韻】樻

聿部

【豫韻】書○【坤韻】𦘔

㓞部

【豫韻】㓞○【泰韻】契

而部

【頤韻】而

交部

【履韻】𡕢

至部

【小韻】到○【需韻】臺【履韻】𡍩臷○【泰韻】𡔲○【坤韻】臻

曲部

【孚韻】𠚕○【小韻】凵○【需韻】曲𡇤乚

辛部

【豐韻】童

柬部

【履韻】𩏟

虍部

【小韻】虐𧆨唐○【豫韻】虞虖虍虎虘○【履韻】虑○【內韻】彪○【坤韻】虔

亥部

【頤韻】亥豥

虫部

【豐韻】蝀蠪蛹虹蛩螉蜙蚌蠑蠓螺蝩蚺蠭蚣蜯蠬蜂【附】蟌○【升韻】螣

蠅蚔蠽○【臨韻】風蟫蝭盦蟄蜨【附】蛉○【謙韻】蠊蚦蜭蛺蛅螹

蠊蠘【附】蝛蟗○【頤韻】蚩蛓蛕蟦蝕蝠蜮蚝蚘蛔虹蟜蟥蠛𧈧蟦貸蟘蝕螆蛤

蟙【附】蠶蠿翽○【孚韻】蚴蝤蚪蜩蝥蝚蚤蟰蜪蝮蟉蝴虯蚰蟊蝣

螑蛬蟀蜉蝦蝵蟦蜉【附】蚰蟉蛐蜉蟰蟭蟋皇蠹蠹蚄蟲蟓蟹蜗○【小韻】蟯蛟蛸蛁蟜蠗

蟓【附】蟧蟧○【需韻】螻蚼蝓蝑蜀蝺蛛【附】蝸鷇○【豫韻】蚨蝑蚼蟨蜥蛶

蛄蟆蟅蚤蝦蠖萁蝵蜡蝍蟟蝆鳴蠦蝺蠓蠾蟪蟷蝄蛆蟧蠑蝶蚝【附】

蠦蟀蛨蚊蟳蚆蚱蛤蠌○【隨韻】蛪蝸蠕螸蠃螭蟻蝶蛇螺蛾蚵蝌蝸【附】螪蚳蟡蟹

○【解韻】蚑蚔蟰蜺蚅畫蠦蟹蜥蟟蟬蚻蟙蛻蜴蟔蛦蝭蜴蟦【附】螯蟣

○【履韻】螘蟁虫蛜螇蟣蠐蚳蜆蟎蟜蜼螝蛭蚍蠿䖝蛣

雖蛓蟡螻蝨蜎蟌蚍蠍蠐蟦螱蟦蜌蚍螢螪蝹蚋蚑蠕蟵蝍附蛥蜕蛢蠙蛺螔蚌蜡蛈蜹蚷蠽○
韻泰蛻螮蠆蠇蚗蝎蠽蛚蚼蟨蝃蠤蜇蠣蚧蜇附蟩蛂蠘蛞蝲○韻乾
蝘蠸蚖蝯蜆蜎蟆蟺蝝蟬螌蠤蟠蝒蠜螉蠻蠉螈蜿蜑蝂
蛤蟜蟒蝁螋蜒蟓蝓蠪蟹附蝖虾蚚蟣蚑螸衙蝱蚤○韻屯蚚螼蜃蜦䖵閩蚡蚸
附蝹蜉蜫蜊○韻坤螾蛉蝙蠙蚵蝲蚿蚈蠛蚊蝆附蠸○韻鼎蜻蛸蚩
螟蛢蠕蛵蜧螢蜜蟞虰蜓蜻蝶附蚲○韻壯蛘蠁蟷蜋蟥蠰蝗蝄
蛃強蠲蜩蝳螳蟒蚢蚩蚟附蟥蜛蚟蠊蟚蟓蛞

束部

韻頤蝀○韻孚棗

邑部 右卩同

韻豐酆邛𨝥邕邦酆巷○韻升鄫𨞸鄬鄧鄸鄘○韻臨郴鄩
鄒鄒鄆郃邑郘郳鄒○韻謙那郁郯邯鄺鄴郔郲○韻頤
鄀郃郎鄙𢧜郣郵邸郁邳部邶鄎郢郶○韻孚鄅鄡郜
邗鄝郊鄤郛郇鄮郤鄗○韻小鄗鄡郢郊鄛郼邺邵鄗
鄘鄘○韻需鄜郈鄹郰叩邮郲郇郰鄒鄝鄹○韻豫鄔郚郿
扈鄂鄉郝邦鄭邪郱鄏郕耶鄘都鄘郤郐邪鄔郭郝

鄀鄂郤耶郗附鄰○韻隨鄯鄗鄘郿○韻解郊鄭鄴邦鄲郹
附郇○韻履䢴郫邶郪邸郋邶鄨郝鄙鄉郝郎郅郝邲
邞郗○韻泰鄶郕鄚𨜒郝郭○韻乾鄾鄯邧鄿鄢鄹鄯邗
鄲鄸鄱鄨鄼邙鄉鄺鄘附鄖○韻屯邠郡鄆鄞邨郥鄄
鄱邪郡○韻坤郎郜郇鄰鄭郿郁○韻鼎邢郱鄭鄈郱鄗
郕郢邘○韻壯郇鄣鄺邸郱鄣邙郱郲鄧鄗鄭鄷

足部

韻豐踵踊蹱踨踪附蹖○韻升蹭蹬○韻臨跲蹝踏跛跕蹀跂跙附跉跳

跣蹯○韻謙躡蹋蹔蹀踏蹖○韻頤跽踣跱趾蹝蹤跨跆踑蹊蹶蹶附踊○韻孚
蹩蹴蹈踤踧踩蹂蹊跃跦躄跪跔附跑○韻小蹻跳踔躍跂蹀踚躪
踰蹶蹸踊○韻需跔踰趴蠋跣跒蹄跗趺踽蹏蹙附跌跿蹼蹀○韻豫踞
踖跖踄踽跨跨距躍躩踞蹠蹉路屐蹻跙踏踊踳躇踱踋跃跞蹡
○韻隨踝踦跛躧跎跑趍蹉踶跐○韻解跂踶蹢蹏跃跪跦蹟跢跡躑
踦跧跓蹎蹕蹩○韻履跐跦蹐蹟踤跋跌蹩蹊跳蹤頓蹟蹶蹦蹕躂蹩附
跞跪躚跪跛蹉○韻泰蹛蹪覽趺跇蹳跋蹶蹴踼跾歷踴跽躤附蹷蹬
躄○韻乾蹇跰躐踐跧蹮蹛蹎蹯蹊躝躄踡踠附躪躝踹○韻屯蹞踬

踦跟跣踆踣〔附〕躚躧跈○〔坤韻〕蹎蹸蹁跈蹝蹣○〔鼎韻〕足跰踁躄○〔壯韻〕
踼躄蹌䠶〔附〕踉跟

辵部 辵同

〔豐韻〕迵通逢送從運逢遳遊○〔臨韻〕迠蓮○〔謙韻〕邋迺○〔頤韻〕徙迈
迼迟遊遂遍〔附〕遬○〔孚韻〕迪遒逑遐逕道遭造邎逐透迺遛遊逹逌
逍遙遙逐遰○〔小韻〕逡遼遢逃逴遶逍迢邀遨遡○〔需韻〕遱逗遘逾遇
遺逯速逡逅遬○〔豫韻〕遽逋徒迂退遮迓迮迫遣逆遻迕迣
逋迲遷途遐遐遐逜遡○〔隨韻〕過迆迻隨迦遷邐遡迤邏逪迦邂○〔解韻〕迟

說文通訓定聲　足辵走　十四

迹逖適遞避速遏邂〔附〕迲○〔履韻〕遲逮遝違透迷迡邌追
遹遺退遂迣邇述迭逸逹迟遟迡遹迴遪迄隧逋迩遯遷〔附〕迻○〔泰韻〕
達遰退邁遏迣逹逝迾迊逮适达達遰邁遲遽〔附〕遂遻○〔乾韻〕返
遜邍遣迂遲追遺遄遹選遠還連遑遭〔附〕遃○〔屯韻〕逡運
近遵遜遁遯巡遷遂適○〔坤韻〕進迅逮遴迴迥遍○〔鼎韻〕逕迥
逞迸逕○〔壯韻〕迎廷迒逿遑逭逹

走部

〔豐韻〕趙○〔臨韻〕趛趁〔附〕趍○〔謙韻〕趣○〔頤韻〕起趩趯趕趙趞趌

○〔孚韻〕趥趜赳䞝起趨〔附〕趭○〔小韻〕趬趮趮趙超趫趒趠趟
趯趯○〔需韻〕趣趨趢赴趨起〔附〕趎趍○〔豫韻〕䞴趣趯趧趘趞
趚趍趁〔附〕趷趡趚趚○〔隨韻〕趍趖○〔解韻〕趌趧趚趮趌○〔履韻〕趨趀
趾趡趚趑趉趞趌趩趆趨○〔泰韻〕趨趫趍趨趨趣越趎
○〔乾韻〕蹇趯趠趨赶趯趨趨趨趨起〔附〕趲○〔屯韻〕趁趨趁
○〔坤韻〕趁趁趁趣趵趪趑趑○〔鼎韻〕趨趠○〔壯韻〕趞〔附〕趙

言部

〔豐韻〕詷誦訌訟詾裕訩說譓〔附〕讃○〔升韻〕謄譖訪謳證○〔臨韻〕譖

說文通訓定聲　走言　十五

謵訦諶諳諗診諷誡詥諂譫讋警音詅讋譍〔附〕譖○〔謙韻〕
謙諭識訥談詹調謅讒諜讘變讕諵譚詁譜詻誌訓詭○〔頤韻〕詩
譺詞認誒詒記誋識譆諅諆該誡訧謀誨諱試啻詘詈
諡譓誌誀誸誘誦謏詈誽〔附〕詠○〔孚韻〕詘諠訆訓譸讎調謬譙詢討
誥詧謠籀詨謿譨誚謟詾俶詔諔誎鞫謝〔附〕諛○〔小韻〕譊號謷譟訬謈
詔誂謷謔謪訞詨諭誇〔附〕譎訽○〔需韻〕獄詬謱訌講誅諛諭謳
諏讀諫詢誑訃警詠〔附〕○譎○〔豫韻〕誤許語評謼誣誧諝詁謨
訏誇謣譁詡譽譔詛諸譃諸謮訝誣詐詐詻護諾託

諎訴譯䜮譕誇詎誋譇謝詑諤謝附詖謕謂謎設○隨韻誐議課諣詑誃
誼訶譪譌詖諈䜩譎詈訑詑詭誃謞訛蒈附詉○解韻訾䜈諟
諫諦讗誢詭詿謚諡譬誓諦讀讁譃訴証附譌諱識○履韻謎
誹諱誘謂謑譏訖謕詆詣訾謳誄訥譎諧讃誰讙誼
詘訹誶設詄詰謡計謨譈譟諼謚譙諮謳謔諕附詠警譆謎譃詿諫誺諦訣誷
○說講謁詘詧識誓詩話讐訣論誡䜌附訇誏○乾韻讙誋諺
謜訮護譴諫讕訏譂謾譒訕誤譞誕諓詮謰䜌讂善
讋譊譢譖讞諠調䜪讃這譠讝譱附訔○屯韻訢謹諄訒論誾詪詵訓

說文通訓定聲　言貝　七十六

訰譈○坤韻謓診臨信訊訇讋辯諞訖誩詢詾訽誓○鼎韻請諍
証謍譻謦謦詗訂誠詻評訍附誕詳○壯韻詳訣讓誑謊謥
訪謗詠諒諳商謫讜誆諻謊蔏商蔏附諹

貝部

豐韻貢賓○升韻賸贈賵○臨韻賃貪賖○謙韻貶贛貪賧贍贑韻附
貼賺賧賺○頤韻財賫負貣貸賄貽賌賽賄○孚韻賕寶貿賙賏鳳○
小韻附賧○需韻購賣贖賡○豫韻賦賍貯賖買賂賭賍賠賻附
賭鄒○隨韻貨賀貨賸販賒○解韻責貤買賜賒賰○履韻賛賷

貲貴貳資質寶賢賮賗賝賛○泰韻貝贅購貰賴贅附賥○
乾韻販貫贊賤賨賻賝○屯韻貧賑員責貞貺○坤韻賢責賓賸賺
賧賢○鼎韻贏貺○壯韻賞資賰賮

角部

豐韻觚觛○臨韻觳○頤韻觬附觷○孚韻觰斛觷觫觡○小韻觴
觿觻觽觿○需韻角觳觸觶觿觳○豫韻觡觚觡觟觛觭○隨韻觭
觖○解韻觥觿觬觤觟附觥○履韻觮觜觝附觲○泰韻觢
觼觽觿觾觖○乾韻觽觛觿觛觶觿觴觽觗○屯韻觲○坤韻

說文通訓定聲　貝角車　七十七

觲○壯韻觴觪觵衡衛觥

車部

豐韻輽輂軵輚軙輴輚轆附輂轆輵轢○升韻輂輣輷轚轟○臨韻軓輯
軛附輱軖輙軺○謙韻範軋轞附軨○頤韻輜轚輻輄輀載軾
較轕○孚韻軸輶軌輈輖輹輮轆轇轚輊○小韻較轑轈軺
轢較軞轎轗附輗轒○需韻軥輸轝轐轂轃附轊○豫韻輔輿車
輅轤轘軦轚轙附輵軒轢帖○隨韻轙軫軻輢輦輂輠轁○解韻軹軝
輗轚轀輙輐輏○履韻輩軎軝轛軜軼軋軶輫軗輚轉軑轊附輼

○〔泰韻〕軑䡹轂輟 輅 轋輊〔附〕輵 ○〔乾韻〕軏輐軓衛轙輹軒輨

輦輓𨏔轉輾輇輚 輗軦 輣輾 輆輭 輣軟 奄〔附〕輯 ○〔屯韻〕輑軍軘輪

輥輼輾轒軕輓輡軔 轔輡 輴〔附〕轄 ○〔坤韻〕轒軫轃軨轟 輴轒

輷轔轎轜 輷輷軩陣 ○〔鼎韻〕輂聱斬輕〔附〕輏 ○〔壯韻〕軠軭輬 輞輗 輞〔附〕

輰航 軮卬

酉部

〔豐韻〕酴酹醲 酤〔附〕酮 ○〔臨韻〕醰醋醑酖醋醳 醎 ○〔謙韻〕醶酣

䤁醆醢濬 醶䤁 酟酢 ○〔頤韻〕醫醠醅截酨 ○〔孚韻〕酉卣酋 醻酎

說文通訓定聲　車酉辛　卌六

醪醮酷醔 酬酳 醙醑 醬鬸〔附〕酵 ○〔小韻〕醻酌 醎 ○〔需韻〕酗醶醧醹

酘酖 醘〔附〕醭 ○〔豫韻〕醵酤醑醁酢醋 醵酡 醇醋〔附〕酪醐 ○〔隨韻〕醨醾

〔附〕酡醛 ○〔解韻〕醬酏醓醢 醯醬 醶醍 ○〔履韻〕配醴醨醉醳 醛〔附〕醉醶

○〔泰韻〕酹酺 醆〔附〕酸醱 醲 ○〔乾韻〕畚醆酮 醎醮 酕 ○〔屯韻〕䤅酸醇

醞醺 醟醱醃〔附〕醁 ○〔坤韻〕酌 醑 ○〔鼎韻〕醟醒 醌醽〔附〕酊酩 ○〔壯韻〕醠

釀醬醇 醞醨 醬酒

辛部

〔頤韻〕辤 ○〔豫韻〕辜 ○〔解韻〕辟 ○〔履韻〕辠 ○〔泰韻〕辥辣 ○〔坤韻〕辡

豆部

〔豐韻〕豐 ○〔升韻〕䔲登 弄 ○〔臨韻〕䟮〔附〕豉 ○〔小韻〕豐〔附〕豋 ○〔需韻〕豆

壴豉 㞢 ○〔豫韻〕虘 ○〔解韻〕豉〔附〕豍 ○〔履韻〕豊 ○〔乾韻〕登豋 豌

見部

〔豐韻〕觀覓 覔 ○〔臨韻〕覬覣覷 ○〔謙韻〕覘覭覽 ○〔頤韻〕覶 覗 ○〔孚韻〕

覤覺〔附〕覾 ○〔小韻〕覭現覫覦覞 ○〔需韻〕覫覯覦親 覬 ○〔豫韻〕

覷 覻覞 ○〔隨韻〕覐覼 ○〔解韻〕覴覻覝規覛 覓覔〔附〕覟覬 ○〔履韻〕

覹覬覞視覞覟覣覽 覞覝 ○〔乾韻〕觀覶覷覶覵 覼覸 ○〔屯韻〕

說文通訓定聲　豆見豕豸　卌九

覲覞 ○〔坤韻〕親覻 ○〔鼎韻〕靚覭

豕部

〔豐韻〕豵〔附〕豞 ○〔臨韻〕〔附〕豵 ○〔謙韻〕獵 ○〔頤韻〕豥 ○〔孚韻〕豝豝 ○〔小韻〕豪

○〔需韻〕豰豕 貗〔附〕豿豨 豯 ○〔豫韻〕豦豧豠豬豭豝 ○〔隨韻〕豨 ○

〔解韻〕豛 豴 ○〔履韻〕豯豕象豨豷豪 豕不〔附〕豝豚 ○〔泰韻〕豛 ○〔乾韻〕豲

豣彖豢 ○〔屯韻〕豶豤豚 豘〔附〕豱 ○〔坤韻〕豩 ○〔鼎韻〕〔附〕豭

豸部

〔豐韻〕貗 ○〔頤韻〕貍豺〔附〕貄貀 貅 ○〔孚韻〕貈 貉貘〔附〕貅 ○〔小韻〕貂豹〔附〕

貓○【需韻】貐貙貗豞○【豫韻】貘玃貉貊貑貂貃貘○【隨韻】豴貐○【解韻】豸

貏貐○【履韻】貔貀𧳜貕貁貔貀○【泰韻】貄貏【附】貖○【乾韻】貛貆豻貒貚

貓○【壯韻】䝞

兒部

【履韻】兒兟兜

百部

【手韻】百脜𦣻○【乾韻】面

皃部

說文通訓定聲　兒百皃禿臼巫　八十

禿部

【小韻】貌○【需韻】兜○【乾韻】覍卞

【履韻】穨頹

臼部

【小韻】要○【屯韻】晨○【坤韻】申𦥔

巫部

【豐韻】【附】巫○【頤韻】毉○【解韻】覡○【鼎韻】靈

尾部

【需韻】屬○【履韻】屆

弟部

【履韻】弟弗弚○【屯韻】罤罤

身部

【豐韻】躳躬○【需韻】軀○【豫韻】身夸○【隨韻】騎○【履韻】㐆軆【附】躯○

呂部

【豫韻】呂

說文通訓定聲　尾弟身呂囟釆東系　八十一

囟部

【豐韻】囟四𦚏○【豫韻】𦚏

釆部

【豫韻】釋○【乾韻】釆番𤰷○【鼎韻】𤋮

東部

【隨韻】【附】乾○【解韻】【附】敕○【乾韻】柬○【屯韻】橐

系部

【孚韻】繇繇○【乾韻】縣縣

彣部

(乾韻)彥

㡀部

(履韻)黹

皀部

(解韻)皀 ○ (履韻)既 卽

芇部

(乾韻)芇

㒳部

(乾韻)㒼

夾部

(謙韻)㰼

𡥈部

(孚韻)學

每部

(孚韻)毓

卵部

(需韻)㲉 毈 ○ (乾韻)卵 毈 卝

𣦼部

(泰韻)𣦼 叡 壡 睿 ○ (臨韻)𡕷

𠦒部

(履韻)棄 弃 ○ (乾韻)𠦒 ○ (屯韻)糞 䘸

𠬪部

(壯韻)旋

㳄部

(小韻)盜 ○ (解韻)𠩺 ○ (乾韻)羨

赤部

(豐韻)赨 ○ (頤韻)赩 䞒 ○ (需韻)𧹞 ○ (豫韻)赭 赫 𧹛 䞣 ○ (乾韻)赧 𧹓 ○ (鼎韻)赬 經 䞓 𧹩

谷部

(豐韻)豅 谼 ○ (升韻)谹 ○ (臨韻)(附)谽 谸 ○ (謙韻)(附)𧮳 ○ (孚韻)豂 ○ (豫韻)𧮭 ○ (履韻)谿 ○ (泰韻)豁 ○ (屯韻)容 ○ (坤韻)俗 容

谷部
謙韻 丙 㐁
弜部
小韻 杪 ○ 履韻 鹽 ○ 泰韻 褐 ○ 乾韻 絸
里部
頤韻 釐 ○ 豫韻 野
男部
孚韻 舅 ○ 鼎韻 甥

臣部
需韻 㬨 ○ 乾韻 宦 ○ 坤韻 臣 臦𦣝 ○ 壯韻 臧 𢏼𦣝
告部
孚韻 嚳 [illegible]
金部
豐韻 鍾 鐘 銅 鏞 鈯 釭 鎔 鋈 鏦 鏠 鏓 銿鑯 銃鋒 附 鉷錄 ○ 升韻 鐙 鈜
鋐 ○ 臨韻 鐕 鈂 鈐 鍼 鐔 鏶 鍇 鈒 針鍖 鉺 附 鉻鉗 鉆 ○ 謙韻 鎌 鑯 鉆
錟 鑑 鉗 銛 鏨 鑱 鍱 鈲 鉣 鍤 鋏 鐮鏒 鋶鏷 鉿鋑 鏁鍐 附 鑷鐵 錦鉀 ○ 韻

鎦 鋂 鉛鑯 附 鉟鋁 鈈 ○ 孚韻 鍑 鍪 鑐 劉 鑄 錭 鈕 鏐 鍪 鍒 鐎 鍑
鏖鏒 鉥鏤 鐵 鈼 附 鉡 ○ 小韻 鐃 鐃 鏢 鑣 鐐 銷 鈔 釗 鉊 鎬 鐈 銚
鑿 釣 鑠 鋈 鉸錀 鍩鏫 鍬 附 釸 ○ 需韻 鍭 鏤 鋻 釦 鉤 銶 錄 鋊 鐲
鍬 鏃 鍽鉦 鏂鍈 㽞鑴 鑄鐪 附 鍗鏞 鍋鈺 ○ 豫韻 鋤 鎊 鑢 鑪 鏄 鏄 鋪 鈇 錮
鋸 鏌 鉅 鑺 鉬 鋣 錏 鍜 鈀 鉻 鑊 錯 鐸 鋙鑺 鏀鋤 鐗鏶 釜鍬 釪鑵 鏵鍍 鍥鎊
○ 隨韻 鉈 鉹 鑢 錡 鏅 銼 鈋 鈹 鑼 錘 鑹鎖 鍋鏁 鐪釹 鍦鈺 鉇鑒 鋠鑼 錇鎚 附
鑯 ○ 解韻 鏑 鐫 鐫 鍦 錍 錫 鎰 鏩鎷 錤鋠 附 鏘 ○ 履韻 鎧 錗 鍡 鐯
釳 鎎 銻 鏭 鍌 鐅 鍢 鍇 錐 鏃 銍 鍊 鉢 鐵鐨 鏈鍛 鐨鐵 鑭 附 鐵鏵 鏈鐃

釚鉏 鐠 ○ 泰韻 鈦 銳 鍥 鈌 鍪 鍪 鋝 鏺 鉞 銛 鍛 鈸鐵 錣錚 鍩 附 鋇鍰
鐵 ○ 乾韻 鏟 鏇 鍐 鐗 鍊 鍵 釺 鋗 鍛 鐔 錄 鏝 鑽 鏌 鋋 錢 鐫
銓 鏈 鑾 鈑錢 鑿鍢 鐶鋺 附 鐇鏾 ○ 屯韻 鈗 釿 鈍 錞 鐜 鐏 錉 鐼 銀 銑
鉛 鏌 錑鉛 附 鑰釧 錕 ○ 坤韻 鎮 鋻 鈞 釦 鈴 鉉 㙼鍔 鏗 附 鈿 ○ 鼎韻
鉶 錚 鉦 錠 鎣 鉼 釘 鋌 鏗 鑋 鐵 鉼鐵 銕銘 附 銋 ○ 壯韻 鐊 鏜 鐺
鑲 鎗 鍠 鋃 鈁 鎕 鏡 鐊鐄 鏘鍋 鑸鏗 鐄鈌 附 鏲鈉
𨸏部 左𨸏 同
豐韻 隴 降 隓 ○ 升韻 陵 隥 陎陏 ○ 臨韻 隰 陰 陪 ○ 謙韻 隒 險 阽 陜

陌陟陜 隮陋 ○ 頤韻 阯陵陪阞 陘陝 附 陑 ○ 孚韻 阜𨸏陪陶隩

阢隯 隝 ○ 小韻 陗 附 隟隙 ○ 需韻 陋 隃隅隁陬附隤陸 隮陾 陡 附

向 ○ 豫韻 隖陚阹隲阻陼除阼隙 陆陚 陊陌 阡 附 陠隭 陽 ○ 隨韻

阤阿陸陊陭隝陂隊陲 隨隲 陀隙 隚 ○ 解韻 隄陴隣隔 陸陒 隘

○ 履韻 隈陈阺陛階隫陮隊隗阢陧 陫陒 陱隮 阰阢 附 隚阰 ○ 泰韻

際隉 隙 ○ 乾韻 阮院陾隊陮隧 隝 阪 ○ 屯韻 阢陖隱陙隳

隃限隕 陋陒 ○ 坤韻 陳 阡陣 附 阢 ○ 鼎韻 阱隫阶隕陘 ○ 壯韻 陽

障隍阬防 隝

說文通訓定聲　阜雨　八六

雨部

豐韻 霥 霳霚 ○ 臨韻 霃霂霖霄霏 霾霫 霻𩃀 霮 ○ 謙韻 霏霣霚霰

霑霤 ○ 頤韻 霾 ○ 孚韻 霤雹霰霈 霾霤 霚雩 ○ 小韻 霄 霰 附 霓 ○

需韻 需霂 ○ 豫韻 雩雨霱霧零露霸 扇霞 ○ 解韻 霓霢 霢霹 霹 ○

履韻 霽霎靁覽 雷霉 霏靈 霝霝 霽 附 雹霞 霧 ○ 泰韻 雪 靄霸 霋需 ○ 乾韻

霰霹 霄覓 ○ 屯韻 霰震霣 霧雲 霚霓 ○ 坤韻 霣電零 霱霄 ○ 鼎韻 霝霆

霸 附 霽 ○ 壯韻 霜 霧霧 附 霙

門部

升韻 閟 ○ 臨韻 闇閤 ○ 謙韻 闔閶閻闞闓閒闕 闠闈 ○ 頤韻 閡閾

閩 ○ 孚韻 闕 附 閶 ○ 小韻 闟 閿 ○ 豫韻 閼閣閭閣 ○ 隨韻 閜閜

闖 閥 ○ 解韻 闚閨闢 閉闖 ○ 履韻 闉闥閉開闔閡閟 閈閌 閱閥 閬

附 闞 ○ 泰韻 閱閉闊閑闕闊 閥闃 附 闆 ○ 乾韻 閑閒闌閂關

闡閘闢闤 閈闤 ○ 屯韻 閔閏閫 闆 ○ 坤韻 闐門 ○ 壯韻 闢閭閉

閶 閔閔

舍部

豫韻 舖

說文通訓定聲　門舍帚亩來長　八七

帚部

豫韻 帚巴

亩部

頤韻 啚 ○ 乾韻 亶

來部

頤韻 來𥝩 ○ 孚韻 麰 ○ 履韻 𥠬

長部 長同

小韻 附 镽镽 跳跃 ○ 隨韻 镻 镻 ○ 解韻 镺 ○ 履韻 肆 肆 肆

帛部

豐韻 幫 ○ 臨韻 錦 ○ 需韻 緜

炎部

臨韻 瞀 ○ 謙韻 煔 剡 錟 銛 燮 燅 㸌 ○ 頤韻 黑 ○ 豫韻 㚇 ○ 屯韻 粦 舜

○ 坤韻 粦 ○ 壯韻 粦

非部

頤韻 韭 ○ 孚韻 靠 ○ 隨韻 靡 ○ 履韻 非 陛

𠕁部

臨韻 𪇰 𪇰 ○ 頤韻 𠕁 ○ 豫韻 盧 紵 𪇰 附 𩸞 ○ 履韻 附 𩸞 ○ 乾韻 畚

○ 鼎韻 𪇰

其部

頤韻 𠙶 ○ 隨韻 簸

隶部

頤韻 隸 ○ 履韻 隸 𨽻 隸

臣部

頤韻 臣 𦣞 ○ 解韻 臏 𦣞

直部

孚韻 直 ○ 小韻 直

宜部

臨韻 疊 疊

录部

需韻 录

炙部

謙韻 𤎐 ○ 小韻 燎 豫韻 𤎐 ○ 乾韻 𤎐

㚔部

孚韻 報 執

㚔部

豫韻 附 𦅒

京部

孚韻 就 𡨀

青部

豫韻 附 䨟 鼎韻 靜

丽部

〔隨韻〕丽丽 丽

林部

〔頤韻〕綝 ○ 〔隨韻〕麻 ○ 〔泰韻〕綝

林部

〔豐韻〕襲 𣪍 ○ 〔臨韻〕棼 ○ 〔頤韻〕林 ○ 〔孚韻〕楙 ○ 〔需韻〕麓 ○ 〔豫韻〕䋛

楚 ○ 〔履韻〕鬱 鬱 ○ 〔乾韻〕㮨 ○ 〔屯韻〕棽

林部

說文通訓定聲　丽 林 林 林 扶 叐 叕　卆

〔孚韻〕楙 ○ 〔乾韻〕楙

扶部

〔履韻〕替

叐部

〔頤韻〕辤

叕部

〔壯韻〕爽 爽

叕部

〔履韻〕叕 ○ 〔泰韻〕叕

虎部

〔升韻〕䖘 ○ 〔謙韻〕虓 〔附〕虥 ○ 〔孚韻〕虪 虒 彪 彪 ○ 〔小韻〕號 唬 ○ 〔豫韻〕虖

號 虢 虢 虢 ○ 〔解韻〕虒 虢 ○ 〔履韻〕虒 ○ 〔泰韻〕虒 ○ 〔乾韻〕虒 虦 ○ 〔屯韻〕虒

○ 〔鼎韻〕虘 虘

兔部

〔謙韻〕毚 ○ 〔需韻〕〔附〕𩺐 ○ 〔豫韻〕兔 𪏁 兔 兔 逸 ○ 〔乾韻〕冤 〔附〕逸 ○ 〔中韻〕〔附〕

㲋

說文通訓定聲　叕 虎 兔 犾 禺 隹　卆一

犾部

〔頤韻〕獄

禺部

〔豫韻〕萬

隹部

〔豐韻〕堆 雝 雍 〔附〕雝 ○ 〔升韻〕雄 ○ 〔臨韻〕雁 雒 雜 集 雝 ○ 〔頤韻〕隿 ○

〔孚韻〕雔 雕 雡 雥 翟 翟 ○ 〔小韻〕雀 雀 崔 翟 ○ 〔需韻〕雊 雛 雝 ○ 〔豫韻〕雇

雇 翟 翟 雅 雒 隻 雎 雌 雚 〔附〕雒 ○ 〔隨韻〕隓 雞 離 離 ○ 〔解韻〕雉 巂

巂雖○〔履韻〕雞雌䳒雖雉隹隼䧹○〔乾韻〕雀難雁雗雅雋䉛

雖傘〔附〕雖○〔屯韻〕雜雄隼○〔坤韻〕閵藺○〔壯韻〕旌雄

易部

〔解韻〕易

庚部

〔豐韻〕庸

食部

〔豐韻〕饔饛○〔升韻〕餕○〔臨韻〕飪餛餕饊餘䬼〔附〕飽○〔謙韻〕鎌餂餤饁

說文通訓定聲　隹易庚食　卆圭

鐮餂〔附〕饁○〔頤韻〕飴饎餈食飤餌䭃餎飽饎餩○〔孚韻〕饇飿飽

餐饇饌䬷餘餉〔附〕餿○〔小韻〕饒餸饕饕飫飽〔附〕餻○〔需韻〕餱餱饇○〔豫韻〕

餔餬餘飵飵〔附〕飳飵○〔隨韻〕餓饜〔附〕餚○〔解韻〕餥〔附〕飯饈○〔履韻〕

饐餥餧餒飢饑餈館饐餲饋餽餀餚飤餔飭飳〔附〕餱餘餥○

〔泰韻〕餀餲餟餟餗餟餸〔附〕餸餥○〔乾韻〕飯餭饘饡饊饗館餐

餞饒餅餅餅餇餓餞餱饁餅〔附〕餥饆饞饞○〔屯韻〕饍餫饉餘餕飧饋餐

餥〔附〕飩○〔鼎韻〕餅○〔升韻〕餳養饗餉饟餘倉餢餔餝餥全卷〔附〕餕飥

飯餘

說文通訓定聲　隹易庚食　卆圭

頁部

〔豐韻〕項頌額頷○〔臨韻〕煩領鎮額顑頷〔附〕顉顥○〔謙韻〕顣頗頤頫

○〔頤韻〕頤頦煩碩頭頤類○〔孚韻〕頁顦頯頗頫順頫旗〔附〕頓頡○〔小韻〕

顤顥贅顓顩額顗○〔需韻〕頭顱須項頤頓顬領○〔豫韻〕顱顧領

頊碩額預〔附〕頣○〔隨韻〕顆顆類〔附〕頮頮○〔解韻〕頍顙題頠頫○

〔履韻〕顗頌類頤類顀頟頳顔顄顄顝頼頤○〔泰韻〕顥顉頣

頪〔附〕顣○〔乾韻〕煩頑顏顯願顲顏顯碩顴顫顰頁頰頫顓顓

〔附〕頮頮頯○〔屯韻〕頒頵頎顚頤頤順頓頻顛頤頰○〔坤韻〕顛

說文通訓定聲　頁首革　卆圭

頿頤頓頓領頮頻額○〔韻〕顉頃顯頂頸頸顛頻頻類頫○〔壯韻〕

顡顉〔附〕顡

首部

〔謙韻〕䭱○〔頤韻〕䭰䭲○〔孚韻〕首○〔小韻〕県○〔履韻〕䭫○〔泰韻〕媘○〔乾韻〕

䭷䭶○〔鼎韻〕偱

革部

〔豐韻〕鞏鞲鞍靬䪊䪊〔附〕鞴○〔升韻〕鞃䩛鞈○〔臨韻〕鞈鞁鞈鞈鞈鞈〔附〕鞈○

〔謙韻〕鞊鞥鞥鞅鞋○〔頤韻〕鞮革鞕勒鞠鞦鞹○〔孚韻〕鞏鞠鞄鞣

鞌鞘鞧鞻鞦䩞鞠鞫 ○ 小韻 鞀 鞉 附 鞘靮 ○ 需韻 鞋 鞼 鞻鞧 附 靮鞰 ○ 豫韻 鞯

靬 靶 鞈 鞹 韄 䨮 鞟 附 鞢鞋 䩟鞍 鞔鞍 ○ 隨韻 鞃 鞁 鞑鞁 附 靺䩡 鞑 ○

解韻 鞮 鞴 鞞 䩸 附 鞱 ○ 履韻 鞵 鞛 鞼 鞖 鞑䩧 附 鞙乾 ○ 泰韻 鞍 鞑

附 鞆 鞔 ○ 乾韻 鞏 鞔 䩴 鞬 鞙 靬 鞙 鞎 鞑 鞶 䩕 鞻 鞑鞔 鞭鞘 鞴鞸

靲 附 鞋 鞭 ○ 屯韻 鞾 鞎 靳 鞔 鞼 ○ 坤韻 靷 鞭 鞸靲 鞧鞭 鞻 ○ 鼎韻 鞧

靪 ○ 壯韻 鞅 靹 鞮鞰 附 鞕

韋部

臨韻 韐 韐 ○ 謙韻 韘 韖 附 韕 ○ 頤韻 韛 ○ 孚韻 韄 韜 韗 ○ 小韻 韒 ○

需韻 韝 韣 ○ 豫韻 韗 韍 ○ 解韻 韠 ○ 履韻 韎 韢 韠 附 韌 ○ 泰韻 韤

韍 ○ 乾韻 韓 韔 韏 ○ 屯韻 韗 韞 韧 附 韡 ○ 壯韻 韔

風部

臨韻 颯 颾 ○ 謙韻 颭 ○ 頤韻 附 颸 ○ 孚韻 飂 颼 飈 颻 颲 颼 附 颮 ○ 小韻

飄 飆 颮 颸 ○ 豫韻 附 颬 ○ 履韻 颶 颲 颭 颸 颶 颸 颮 颸 附 颻 飆 飄 颸 颶

○ 泰韻 颲 附 颭 ○ 壯韻 颺 颫

骨部

臨韻 髆 ○ 頤韻 骸 ○ 孚韻 附 骲 髎 ○ 小韻 骹 骱 骲 骻 髐 ○ 需韻 髏 髃 髑 髓

○ 豫韻 髆 骼 髗 骹 髂 骱 附 骭 髍 ○ 隨韻 髁 髊 髍 髂 髓 ○ 解韻 骿 髆 ○ 附

體 骴 髕 髊 附 骶 ○ 泰韻 髖 髍 骺 附 髎 ○ 乾韻 髋 骫 骭 骹 附

骯 ○ 屯韻 髖 髋 髊 ○ 坤韻 髕 ○ 鼎韻 骿 ○ 壯韻 骾 髈 附 髒 骯 骪

音部

臨韻 韽 韺 ○ 小韻 韶 ○ 豫韻 韄 ○ 屯韻 附 韻 ○ 坤韻 韻 ○ 鼎韻 韹 ○

壯韻 響 章 竟 韹 韶

要部

孚韻 䙾

面部

謙韻 靨 ○ 孚韻 靦 ○ 豫韻 䩉 ○ 臨韻 附 靤 ○ 履韻 靧 ○ 乾韻 靦 䩄 靼 ○

屯韻 靦

亞部

豫韻 亞

思部

謙韻 勰 ○ 豫韻 慮

壴部

〔豫韻〕鼓 鼔 皷 瞽 ○〔隨韻〕嘉 ○〔履韻〕豈〔附〕[illegible] ○〔壯韻〕彭

乑部

〔豫韻〕雩 ○〔隨韻〕乑

是部

〔解韻〕〔附〕尟 ○〔履韻〕趧

侵部

〔壯韻〕蓡

品部

說文通訓定聲 乑是侵品耑羌柬苟 九十六

〔謙韻〕喦 嚴 ○〔小韻〕喿 龠

耑部

〔履韻〕敚 ○〔乾韻〕耑

羌部

〔謙韻〕戔

柬部

〔坤韻〕揀

苟部

〔頤韻〕葡 ○〔鼎韻〕敬

甚部

〔臨韻〕戡

香部

〔臨韻〕〔附〕馠 馚 ○〔謙韻〕馣〔附〕馦 ○〔孚韻〕〔附〕馥 ○〔履韻〕馡 馝 馞〔附〕馛 ○〔泰韻〕

馤〔附〕䭯 馛 ○〔鼎韻〕馨

重部

〔豐韻〕〔附〕[illegible] ○〔臨韻〕〔附〕[illegible] ○〔壯韻〕量

說文通訓定聲 甚香重臤臥泉旻 九十七

臤部

〔鼎韻〕豎 豎

臥部

〔臨韻〕臨 ○〔謙韻〕監 [illegible]

泉部

〔乾韻〕灥 泉 灥

旻部

〔乾韻〕夐 ○〔屯韻〕閔 閔

首部

泰韻 蔑 ○ 乾韻 莧

陛部

升韻 陛

亯部

豐韻 亯 ○ 孚韻 篤 ○ 需韻 𩫖 ○ 小韻 良 目

卤部

孚韻 卤 𠧪

說文通訓定聲

首 陛 亯 卤 臬 非 西 𠂆

一千零五十

臬部

坤韻 附 編

非部

謙韻 韱 ○ 履韻 㸙 䗃 齏 ○ 泰韻 𩇕 ○ 乾韻 𩇗

西部

解韻 䣱

盾部

解韻 䖐 ○ 泰韻 𢿘 𢿙 ○ 屯韻 附 敲

飛部

頤韻 𩙱 ○ 履韻 飛 ○ 坤韻 卂

㲋部

小韻 㲋 兔 ○ 豫韻 𢒈 ○ 泰韻 㲋

希部

小韻 𢒍 ○ 履韻 彙 𢒉 𢒈 𢒊 ○ 泰韻 絺 希 𢒋 𢒌

高部

頤韻 𩫏 克 畐 亭 京 ○ 小韻 高 ○ 豫韻 亳 ○ 鼎韻 𩫖 亭 ○ 壯韻 亯 京 亭 亨

說文通訓定聲

飛 㲋 希 高 𠦪 冥 倉 宮

一千零五十一

亨

𠦪部

孚韻 朝

冥部

鼎韻 附 𪂁 ○ 壯韻 䳟

倉部

壯韻 牄

宮部

【鼎韻】營

員部

【屯韻】䞫

鬥部

【豐韻】鬭閗 ○【頤韻】鬮 ○【孚韻】鬮 ○【小韻】鬧 ○【需韻】鬥 ○【解韻】鬩 ○【履韻】

鬫 ○【乾韻】䦧 ○【屯韻】鬢 ○【坤韻】閽

冐部

【乾韻】冠

說文通訓定聲　員　鬥　冐　舁　冓　髟　一百

舁部

【升韻】興 ○【豫韻】與 ○【屯韻】釁 舋 𦦗

冓部

【頤韻】再 ○【需韻】冓

髟部

【豐韻】髶 鬆 鬈 鬆 ○【臨韻】髡 【附】鬖 ○【謙韻】鬑 鬛 鬣 鬠 ○【頤韻】髺 鬐 鬠 髽

【附】髼 ○【孚韻】髾 髟 鬏 鬌 髹 ○【小韻】髦 鬌 髫 【附】鬗 髫 ○【需韻】鬚 鬚

○【豫韻】鬛 鬢 ○【隨韻】鬌 髮 髽 髿 ○【解韻】髯 髢 ○【履韻】鬄 鬒 鬒 鬋

髮 髴 髭 鬈 鬠 ○【泰韻】髻 髮 鬠 髻 【附】鬊 ○【乾韻】髡 鬜 鬆 鬅 鬈 鬊

鬋 髻 鬒 鬋 ○【屯韻】鬊 ○【坤韻】鬒 鬒 ○【壯韻】鬇 鬤 髩

鬼部

【謙韻】魘 ○【頤韻】魕 魌 魊 ○【孚韻】醜 魗 ○【小韻】魒 ○【需韻】魗 ○【豫韻】魖 魖

䰧 ○【隨韻】傀 魑 【附】魔 ○【解韻】魃 ○【履韻】魕 彪 魋 鬼 魅 魆 【附】䰡 ○

【泰韻】魃 魌 ○【屯韻】魂 ○【坤韻】魄 鬢 ○【壯韻】魍 魎

豈部

【履韻】幾 凱

說文通訓定聲　髟　鬼　豈　素　索　珏　琴　一百一

素部

【豐韻】䋳 ○【小韻】䌌 約 ○【履韻】䋸 ○【乾韻】緩

索部

【履韻】繂

珏部

【屯韻】班

琴部

【臨韻】琴 琹 ○【履韻】瑟 爽 琵

丵部

韻豐 叢 䕺 ○ 韻謙 業 ○ 韻小 丵 ○ 韻需 菐

飤部

韻頤 餧

瓠部

韻孚 匏

桀部

韻豫 磔

說文通訓定聲 丵 飤 瓠 桀 鬲 鬯 皀 百二

鬲部

韻豐 融 䰛 鬷 䰛 鬷 ○ 韻升 䰝 鬻 ○ 韻臨 鬵 鬻 ○ 韻頤 鬻 鬲 ○ 韻孚 鬻 鬻

○ 韻小 鬻 鬻 ○ 韻需 鬻 鬻 鬻 附 鬻 ○ 韻豫 鬴 鬻 鬻 鬻 ○ 韻隨 鬲 ○

韻解 䰙 鬻 鬲 鬻 ○ 韻履 鬻 鬻 鬻 ○ 韻乾 鬳 鬻 ○ 韻屯 附 融 ○ 韻鼎

附 䰜 ○ 韻壯 鬺 鬻 鬻 鬺

鬯部

韻頤 䰞 ○ 韻小 爵 爵 ○ 韻豫 䰟 ○ 韻履 鬱

皀部

韻臨 覃 覃 覃 卤

竝部

韻履 普 替

臭部

韻泰 鶪

烏部

韻豫 烏 [illegible] 於

能部

說文通訓定聲 竝 臭 烏 能 羔 象 馬 百三

韻豐 熊 ○ 韻隨 羆

羔部

韻壯 羹 羹

象部

韻豫 豫 ○ 韻壯 象

馬部

韻豐 駧 駹 騌 騘 騣 附 騋 ○ 韻升 騬 騰 馮 附 驓 ○ 韻臨 駸 闖 驂

颿 驔 騽 駻 馺 騥 駿 ○ 韻謙 驗 騭 騧 騙 駈 ○ 韻頤 駘 驥 騏 駭 騋 騃

駓駤駚騅駷䮂騂〔附〕騆○〔韻孚〕驅傌騖騇騷騊鎷䮶篤驚䮽騁駉
騥騪䮗驌○〔韻小〕駁驍驃䮯駮驕駒騅騕騺〔附〕駣○〔韻需〕駒駐馵
驅驟騶駙駈騄〔附〕騜○〔韻豫〕驢驀驝駔駼騢馬駱驛馭驉驊蘭
䮲鴑彩帚〔附〕駖騄馲○〔韻隨〕駊騧馳驘騎駕駁騹驪馹驫䮾騾
騣○〔韻解〕駭騠騄䮂〔附〕驌○〔韻履〕騛騑騱嵑驈騝騤騩駟駃
駜騅馹駻駐〔附〕䮴○〔韻泰〕駾駃馻駂馱駒騺○〔韻乾〕騫驩鶾
驠馽驨騂駽驙驒驏䮳騂騤驌馯〔附〕驃驂騑駹○〔韻屯〕媽駿駪
馴騉〔附〕驐駖○〔韻坤〕駗駰騂騂〔附〕騙驤騈○〔韻鼎〕驚駢騁驖駉駎

說文通訓定聲〔馬麥麻桼〕百四

○〔韻壯〕駉驤駣駫䮁〔附〕騡䭾

麥部

〔韻豐〕麷䴸䵂○〔韻頤〕䴬○〔韻孚〕麰䴹麴麯䴵〔附〕麱○〔韻小〕麨〔附〕䴲○〔韻需〕
穀○〔韻豫〕麩麮䴯○〔韻隨〕䴛䴾〔附〕䴹○〔韻解〕䴵〔附〕麫○〔韻履〕麧
䴸○〔韻坤〕麪○〔韻鼎〕麮○〔韻壯〕䵃

麻部

〔韻需〕䵑𪎊𪎎○〔韻隨〕〔附〕𪎉○〔韻解〕䵈○〔韻履〕𪎭

桼部

〔韻孚〕髤𣑷

殸部

〔韻小〕磬〔附〕罄

鹵部

〔韻臨〕鹹○〔韻謙〕鹼鹽○〔韻小〕〔附〕䴛○〔韻需〕〔附〕䴡○〔韻隨〕𪉳鹺○〔韻履〕
〔附〕䶇○〔韻泰〕〔附〕䶧○〔韻屯〕〔附〕䴉○〔韻坤〕〔附〕鹼

虒部

〔韻豫〕䖙○〔韻履〕虪

說文通訓定聲〔殸鹵虒殺朙卒奢〕百五

殺部

〔韻頤〕弒

朙部

〔韻壯〕盟

卒部

〔韻履〕𢆉

奢部

〔韻乾〕奲

𠦒部

【解韻】𠦒 奚

敉部

【鼎韻】整

堇部

【屯韻】艱 囏

黃部

【臨韻】黅 ○【謙韻】黇䵕 䵝 ○【頤韻】黊 ○【需韻】【附】䵛 䵚 ○【解韻】黊 䵚 ○【乾韻】

說文通訓定聲 〈𠦒敉堇黃豚鹿〉 亘六

䵎【附】䵟 ○【屯韻】䵍 黗

豚部

【泰韻】𧱏

鹿部

【臨韻】麙 ○【頤韻】麒 麐 ○【孚韻】麃 麔 麢 ○【小韻】麃 麌 ○【需韻】麈 鹿 麤

○【豫韻】麤 麠 麡 麚 麇 麜 䴥 䴦 【附】麡 麍 ○【隨韻】麗 ○【解韻】麛 麑 麈 ○

【履韻】麋 麔 麀 【附】麖 麜 ○【乾韻】麉 麘 麢 ○【屯韻】麏 麇 麐 麕 麘 麛 ○【坤韻】

麟 ○【鼎韻】麢 麖 ○【壯韻】麞 麠 麃

鳥部

【豐韻】鷛 鴻 鸏 鳿 鷡 【附】鳩 鷙 ○【升韻】朋 鳳 鵬 ○【臨韻】鳹 鸃 鴿 䳌 鴒 鶬 鸇 鷹 䳺

鴾 鶵 【附】鶰 ○【謙韻】鴔 鵝 鴉 鶆 【附】鴨 鵃 鴕 ○【頤韻】鶅 鴾 鴭 鵖 鵡 鴉 鶈 鵺 鴜

鵔 鵩 【附】鶻 鵡 鵜 鴔 鶩 鵜 ○【孚韻】鳩 鵃 鷚 鶩 鷔 鷦 鴇 鵠 烏 鷴 鴸 鷞

鷐 鵒 鷖 鷗 鴟 鷝 鴣 鵈 鵖 鴘 鵃 鶖 鴝 鴲 【附】鴝 鴳 鴷 ○【小韻】鴹 梟 鵁 鷚 鸒

鷸 鸛 鴞 鷯 鸘 鴉 鷎 鴰 鷡 鷊 鷽 【附】鶩 ○【需韻】鴝 鴩 鷗 鷇 鸞 鶱 䳄

䳰 鵅 鸜 鷗 【附】鴂 鵁 鶡 ○【豫韻】鸕 鵋 鵀 鴡 鵅 鷺 鳥 鵥 鵲 鴽 鵊 鴯 鷲

鴐 鴣 鴶 鵐 鴉 鵄 【附】鵌 鶴 鴪 鴿 鵑 ○【隨韻】鵝 鸃 鴚 鵝 鴐 鶌 ○【解韻】鷊 鷈

說文通訓定聲 〈鳥奞〉 亘七

鶃 鷿 鵙 鵊 鶔 鶆 鷏 鷇 鶘 鵫 鵰 鵂 鴸 鶞 【附】鵔 鴳 ○【履韻】鶇 鴲 鷲 鸍 鷸 雉 鸑

鷩 鷃 鷗 䳆 鶻 鴃 鷾 鵸 鸑 鵝 鵴 鴂 鴆 鷔 鵖 鶤 鵗 鵏 鵺 鵤 鸝 鶹 鸓 【附】鶕 鸍 鵡 鶉 鵽 鸂

鴗 鵃 ○【泰韻】鵽 鷞 鴀 鵂 鶗 鶚 鸊 鴭 鷩 鵛 鷃 鳦 【附】鴃 鴐 鴙 鷸 鷫 鷣

鶵 ○【乾韻】鶱 鵷 鷗 鸛 鴛 鴈 鶬 鵳 鷳 鳴 鷤 鷏 鸞 丸 焉 鴳 鵈 鴘 鶧

鵽 鸍 【附】鴲 鸄 鳶 鵕 ○【屯韻】鶽 鵔 鶤 鷔 鴖 鷐 鴛 鶇 鶉 鴣 【附】鷊 鵄 ○【坤韻】

鷦 鵾 鶁 鷗 ○【鼎韻】鶄 鶯 鸚 鷪 【附】鴗 鴾 ○【壯韻】鶬 鷞 鶬 鴋 鴹 鸘 鴕 鷗 鷬 【附】

鷲 鴘 鵪

奞部

【屯韻】奮

魚部

【豐韻】鮦鱅鰫鰫鮮鱃【附】鮮鯸〇【升韻】鮔鮔鮻【附】鯙鮑〇【臨韻】鱏鯩鱏鰡

魿鯎鯙【附】魿〇【謙韻】鰜鮎鮥鮻鰑鰈鯩【附】鮣魟〇【頤韻】鮐鯕鮞鯉

鮪鮂鯽鱥鰓鯽【附】鯚鯠〇【孚韻】鰷鰌鰗鮥鯛鮑鮈鰒鰛鰛鰍鯵鰺鰱

鱮鰤鰱鱅【附】鯙鮋鯿鰯鯖〇【小韻】鮫鱢鰝鮡鯙鱳魛【附】鰲〇【需韻】鯸

鱁鮔鰅鰸鯫鮒鮭【附】鮬鮦鮨〇【豫韻】鱮鮇鰭魚鰵鱮鱹鮭

鰕鮥鱯鮊魠鱷鰝鰮鯀【附】鱄鮔鯢鰲鯌鮬〇【隨韻】鰈鮀鯖魦鮑鮍鰲

鱺鱔鮓鰲鯊〇【解韻】鯢鰌鯖鮭鱰【附】鰅鰑〇【履韻】鮷鱧鰡鮨鮆鮋鮚

鮅鯜鮟鰽鮭鰿鱇鮞鯷鱉鯑【附】鰴鱉鱖鰲鯚鮌鮍〇【泰韻】鱖鱑鮁鮒鯾鱠鯚鰯【附】

鰲鯦鯢〇【乾韻】鰻鯇鱣鱓鰻鮮鱄鰱鱻鱔鰋鯇鮔【附】鰊鱕〇【屯韻】鯰

鱒鯀鰥鮸鰥鮫鯢〇【坤韻】鱉鱗鯪鯁鯿【附】鰒鯝〇【鼎韻】鮏鯉鯤

【附】鯖鯙鯙〇【壯韻】鱨鱷魧鯨魴鮩鯁鰟鯨鱛【附】鯆鰑

黑部

【豐韻】【附】黖〇【升韻】黱黛【附】驪〇【臨韻】黕黮黯黔黚黲黬〇【謙韻】

點黭黤黚黵黶黴〇【頤韻】黬默黓【附】黥〇【孚韻】儵黝〇【需韻】黷

黳〇【豫韻】黸〇【隨韻】黟〇【解韻】黓〇【履韻】黴黳黜黠黯數黶【附】黖黵

〇【[illegible]韻】黵【附】黕〇【乾韻】黦黰黫黤黣黬〇【屯韻】熏黗黖黫〇

【坤韻】黰〇【壯韻】黲黨黥

黍部

【謙韻】黏〇【頤韻】黐〇【需韻】【附】黎〇【豫韻】黏〇【隨韻】䵝【附】黐〇【解韻】黐

【附】䵒〇【履韻】黎黏䵑黐〇【屯韻】【附】黐〇【坤韻】【附】䵖〇【壯韻】黍

粟部

【乾韻】粟

茻部

【豐韻】莽葬莽莾莽〇【升韻】葬〇【謙韻】葬莽〇【頤韻】莽莾莾〇【孚韻】茻葬莽莫葬莽

莽莽〇【小韻】莽莽莽莽莽莽〇【需韻】莽莽莽莽莽〇【豫韻】莽莽莽莽〇【隨韻】莽〇

【履韻】莽莽莽莽莽莽〇【泰韻】莽莽〇【乾韻】莽莽莽莽〇【屯韻】莽莽〇【坤韻】莽〇【鼎韻】

莽

絲部

【履韻】䜌絲䜌䜌

須部

〔謙韻〕⿰彡尋○〔頤韻〕⿰彡吾○〔解韻〕⿰彡鼻○〔履韻〕⿰彡尼

異部

〔頤韻〕戴 冀

筋部

〔小韻〕⿱⺮肋○〔乾韻〕⿱⺮劦 ⿱⺮建

喜部

〔頤韻〕噽 嚭

黹部

說文通訓定聲　異筋喜黹壹善單雲　百十

〔豫韻〕黼 黸○〔履韻〕⿰黹卒 ⿰黹朮○〔泰韻〕⿰黹攵○〔屯韻〕黺

壹部

〔履韻〕懿 懿〔附〕亄

善部

〔頤韻〕羑○〔隨韻〕義 羛

單部

〔屯韻〕⿰單辰 ⿰單展

雲部

〔臨韻〕霒 会 ⿰雲隹 曇○〔履韻〕⿰雲殳 ⿰雲兆 ⿰雲貝

華部

〔履韻〕韡

舜部

〔壯韻〕⿰舜生

鬼部

〔履韻〕⿰委鬼 魏

兟部

說文通訓定聲　華舜鬼兟惢焱晶㗊　百十一

〔履韻〕⿰牛先

惢部

〔解韻〕橤

焱部

〔坤韻〕⿱焱木

晶部

〔臨韻〕曡 曑○〔屯韻〕曟○〔鼎韻〕曐 星

㗊部

〔小韻〕𨷖○〔豫韻〕𨷗○〔履韻〕𨷘○〔乾韻〕𩁺○〔坤韻〕𨷙𨷚

毳部

〔履韻〕毳

雈部

〔孚韻〕舊○〔乾韻〕蘿

鳫部

〔小韻〕𪆰

黽部

〔孚韻〕黽○〔小韻〕鼂〔附〕鼇○〔需韻〕𪓐鼈鼉鼊鼅〔附〕鼄○〔解韻〕鼈鼊鼅

○〔履韻〕𪓑鼈鼉○〔乾韻〕鼅鼄○〔鼎韻〕〔附〕𪓒○〔壯韻〕黽鼁

蚰部

〔豐韻〕蚤螽𧕄𧕅○〔臨韻〕𧕆○〔頤韻〕〔附〕𧕇𧕈○〔孚韻〕蝱蝨蟲𧕉𧕊𧕋○〔小韻〕

𧕌○〔豫韻〕蟁𧕍𧕎𧕏𧕐𧕑○〔隨韻〕𧕒○〔解韻〕𧕓𧕔𧕕○〔履韻〕𧕖𧕗𧕘𧕙

𧕚○〔泰韻〕𧕛𧕜𧕝○〔乾韻〕蠡𧕞𧕟𧕠𧕡○〔屯韻〕蠢𧕢𧕣○〔坤韻〕𧕤𧕥

𧕦○〔鼎韻〕𧕧𧕨𧕩○〔壯韻〕𧕪𧕫

會部

〔解韻〕𩞁○〔屯韻〕會

𠷎部

〔壯韻〕牆𤖯𤖰

豐部

〔履韻〕豑

鼓部

〔豐韻〕鼕鼕𪔂○〔臨韻〕鼜鼘鼙○〔孚韻〕鼛鼛鼜鼖○〔小韻〕鼗○〔解韻〕鼙

○〔屯韻〕鼖○〔坤韻〕鼘○〔壯韻〕鼞鼟

壴部

〔豫韻〕壴○〔履韻〕壹○〔屯韻〕𡔷○〔壯韻〕〔附〕鼜

𧘇部

〔解韻〕𧘇

辟部

〔泰韻〕𡔹

鼎部

〔升韻〕鼒○〔頤韻〕鼐○〔屯韻〕鼏○〔鼎韻〕鼎○〔壯韻〕𪔁

虛部

【小韻】虪 ○【豫韻】虘盧

虒部、同虒

【豐韻】衖 ○【壯韻】鄉

枲部

【臨韻】𪏆 ○【孚韻】【附】鼩

鼠部

【豐韻】鼨 鼤 鼢 鼣 鼣 ○【臨韻】鼢 鼢 ○【謙韻】鼸 ○【頤韻】【附】鼭 ○【孚韻】鼬 鼫

○【小韻】鼩 鼩 ○【需韻】鼩 ○【豫韻】鼳 鼠 鼫 鼫【附】鼯 ○【解韻】鼶 鼶【附】

鼷 ○【履韻】鼷 鼨【附】鼨 鼨 鼨 ○【乾韻】鼶 鼴 ○【屯韻】鼢 鼲 、鼲【附】鼤 ○

【鼎韻】鼮 鼮 鼮【附】鼮

齒部

【臨韻】齫 齡 ○【謙韻】齮 ○【頤韻】齒 齝 齝 齝【附】齵 ○【孚韻】齙【附】齵 ○

【小韻】齩 齩 齩 ○【需韻】齵 齱 齺 齺 ○【豫韻】齬 齟 齗 齭 齰 齰 齰 齰 齰 齰【附】

齹 齹 ○【隨韻】齮 齹 齹 齻 齻 ○【解韻】齞 齸 齯 齰 ○【履韻】齛 齕 齜 齷 齾

齸 齰 齰 齰【附】齎 ○【泰韻】齧 齘 齛 齥 齚 齺 齺 ○【乾韻】齴 齦 齴 齴

○【□韻】齳 齗 齦 齎 ○【坤韻】齔 齡 齓 齔

詰部

【需韻】䛿 ○【壯韻】競

競部

【井韻】䇗

鼻部

【豐韻】鼾 ○【升韻】鼽 ○【履韻】鼻隶 鼻弟 ○【乾韻】鼾 鼻曷

齊部

【履韻】齊 齎

晨部

【豐韻】農

橐部

【頤韻】櫜

鳳部

【升韻】凰

熊部

隨韻 羆

蜀部

解韻 鐲

履部

謙韻 屧 ○ 小韻 屩 ○ 需韻 屨 ○ 豫韻 㞕 ○ 隨韻 屣 ○ 解韻 屜 屐 ○ 履韻

附 屟 屧

㚇部

升韻 ⿰夌粦

說文通訓定聲 蜀 履 㚇 㱃 頻 盡 管 稽 頁六

㱃部

泰韻 歠

頻部

解韻 顰

盡部

頤韻 盧

管部

壯韻 笀

稽部

孚韻 稽 ○ 小韻 穛

冏部

頤韻 辭 辭

㠯部

解韻 𨶜 ○ 泰韻 闋

桀部

頤韻 桼 ○ 小韻 𤕫

說文通訓定聲 冏 㠯 桀 㬥 東 雔 縣 頁七

㬥部

孚韻 㬥

東部

孚韻 曹

雔部

豐韻 雙 ○ 豫韻 靃

縣部

孚韻 𣎆 縣

瞢部

升韻 附 薨

斲部

需韻 鬬

䜌部

泰韻 𤕦 𩋡

學部

壯韻 斆

𪓐部

豐韻 𪓑 𪓒 ○ 謙韻 𪓓 ○ 頤韻 𪓐 𪓔

𦣝部 同亭

豐韻 𩐈 ○ 豫韻 𦣝 𦣝𩐈 ○ 解韻 𩐉 ○ 泰韻 𩐊 ○ 乾韻 𩐋 ○ 鼎韻 𩐌

爵部

壯韻 𤔲

龠部

隨韻 龢 龤 龡 ○ 解韻 𪛗 ○ 履韻 龤 ○ 屯韻 𪛘

龍部

豐韻 龍 ○ 臨韻 龕 龖 龘 ○ 乾韻 𪚥 ○ 鼎韻 𪚦

燕部

乾韻 燕

豐部

謙韻 豔

橐部

孚韻 橐 櫜 ○ 豫韻 槖 ○ 壯韻 囊

𧖅部

豐韻 蟲 ○ 孚韻 蠱 ○ 豫韻 蠹 ○ 履韻 𧖅 𧖆 ○ 坤韻 𧖇

㝱部

侵韻 𥧉 𥧊 ○ 豫韻 寤 㝱 𥨊 ○ 履韻 寐 寐 寱 㾢 𥨌 ○ 泰韻 寎 ○ 壯韻

病

䨻部

臨韻 𩆜 ○ 坤韻 䨻

鹽部

篆韻鹽 盐

說文通訓定聲分畫檢部

二畫

匕人部

三畫

乇一部 凡二部 廿丈十部 久人部 于丂部 干人部 寸又部 之屮部 已巳部 夕月部 丫木部 万内部 个竹部 卂飛部 丸鳥部

四畫

中丨部 介八部 内入部 元弔人部 公厶部 卅十部 欠儿部 父及又部 壬土部

屯屮部 云上部 以巳部 夫大部 曰口部 只尸部 丏乏正部 片爿木部 升斗部 ⿶凵屮牛部 幻予部 卞兒部

五畫

卌十部 北囟㐱人部 㐱乙部 羊入部 句丩部 加力部 且几部 尒必八部 由弓部 用卜部 市冂部 㠯巳部 乍亾部 生屮部 印爪部 乎平兮部 未木部 白日部 冬仌部 失手部 民毋部 另咼部 凸凹穴部 世卅部 申臼部 弗弟部 宁部首

六畫

至一部 戌色老人部 亙二部 两冂部 西匸部 交亦大部 同口部 共丞廾部

芇干部　朿屮部　并从部　尖兂部　艮目部　年禾部　旨甘部　𠂢永部　西谷部

七畫

免身人部　𠦒求又部　余八部　㒳冂部　男力部　甬马部　呆子部　束囧口部　㞢土部　弄廾部　俑巾部　辰厂部　攸水部　赤火部　昏舌部　寽𠬪部　良畗部

八畫

兩一部　肸十部　長匕部　亩入部　咎人部　奄大部　垂金土部　奉承庚廾部　毒屮部　或口部　舍亼部　季子部　乖丫部　東木部　𤓯爪部　叀牛部　門戶部　青丹部　幸夭部　事史部　直目部　委禾部　者白部　示丽部　於烏部　朋鳥部　会雲部　易首部

九畫

臥人部　乘入部　咼凡几部　柬八部　度又部　咠昏口部　㕣巛部　叟又部　封土部　叀屮部　奇大部　巺丌部　重壬部　染水部　拜手部　甚甘部　爰𠬪部　南𣎵部　俎肉部　俞舟部　音言部　既皀部　巷邑部　要臼部　彥彣部　畐高部　羑善部

十畫

冢勹部　閃人部　兼又部　眞匕部　迺乃部　旁上部　席巾部　奚大部　害口部　笑犬部　疾矢部　眔目部　弱彡部　臭自部　皆白部　能肉部　朕舟部　罡网部　豈壴部

十一畫

叅彡部　商口部　票尉火部　𡨄歺部　𥄕目部　堖肉部　鹵西部　隋肉部　商言部　徙辵部　庸庚部　焉鳥部

十二畫

奠丌部　喪吅部　尋寸部　尞火部　舒予部　禽内部　猒甘部　敢𠬪部　肯肉部　童辛部　善音言部　棄華部　雋隹部　粦舜炎部　量重部　琵琶珡部　舄烏部　壹壺部　衕䝿部

十三畫

巷卩部　解刀部　虜力部　塗土部　敫口部　僉亼部　奧宀部　虞丌部　愛夊部　摩手部

鼎木部　盟皿部　睪目部　髀冎部　艐舟部　翊羽部　疊宜部　雍隹部　陛非部　彙希部　瑟珡部　鬲鬲部　義善部　農晨部　壼首部

十四畫

奪蒦又部　寧丂部　壼口部　戴弊奞大部　對士部　疑矢部　𡿺囟部　贏肉部　㡭𢆶部　彝豆部　獄言部　隧辵部　熊能部　兢首部

十五畫

𡔷口部　履夊部　㾜手部　樊𠬤部　竄穴部　𤿝皮部　賣出部　𩫨亯部　黎黍部

十六畫

說雅

說雅附

元和朱駿聲紀錄

循爾雅之條理、貫許書之說解、五百四十目紀之以形、十八部緯之以聲、十九篇經之以意、與事參互錯綜、神恉益顯、其在轉注叚借、亦可旁通云、

釋詁

詁訓古言也、聕文知意、古今不異、

元自俶埱始也、始女之初也、初裁衣之始也、后繼體君也、君尊也、此尊轉注、帝王天下之號也、王天下所歸往也、佁志及衆也、丕皇壯戴㚇奅夽奃乔奔奄奕昄奚塹壙單誧俁俟俺奢恢溥奐慮大也、奯宖空大也、奰壯大也、隆豐大也、倬箸大也、奄大有餘也、奘駔大也、孃肥大也、奆瞋大也、奭稍前大也、龐伴侗大皃、大象人形、龐兼有也、有不宜有也、到臻摯𡬶迊搏氐假假至也、此至轉注、𥃩闕、夂從後至也、𦤶到也、逌退逝廷往也、彼往有所加也、往適之也、此之轉注、贛賜也、賜授賚予也、予推予也、与賜予也、貱遂予也、付与也、畀相付与之約在閣上也、賞賜有功也、贈玩好相送也、詒賂遺也、當作饋、吉祥臧良佳俶价壬善也、誐嘉善也、善祺吉也、禧禮吉也、敘次弟也、弟韋束之次弟也、豑爵之次弟也、貤重次弟物也、𠂤相次也、緒絲耑也、喜僖愷悰娛媅樂也、此樂轉注、嬰說樂也、甚尤安樂也、

昪喜樂皃、歡喜樂也、嗂嘽傜欯訢悆快喜也、歖卒喜也、欣笑喜也、懽喜款也、㥥懽也、㦥快也、台兌媚姨怡悅憙說也、說說釋也、嬉媁不說也、僃夆服也、當作𠬝、服車右騑所以舟旋、㠯自鼻也、遵述徵循也、循行順也、跇述也、謨議謀也、訪汎謀也、聘訪也、諏聚謀也、諗深謀也、咨謀事也、謀慮難也、慮謀思也、慒慮也、㤜惀思也、惟凡思也、想冀思也、懷念思也、念常思也、思容也、此容轉注、諰思之意、惄思皃、恁念也、恆常也、當作長、辟笵式模棖井法也、法刑也、當作型、型鑄器之法也、刱造法刱業也、摹辥辛訧辠也、辠犯法也、辡辠人相與訟也、執捕罪人也、報當罪人也、䈞窮理罪人也、讞議辠也、劾法有辠也、罷遣有辠也、荆罰辠也、罰辠之小者也、疊古理官決辠三日得其宜乃行之、亡新以爲三日太盛、改爲三田、耇老人面凍黎若垢也、𦒸老人面如點也、皤老人白也、耋年八十也、耄年九十也、昀央壽久也、此久轉注、誠允符訦孚諒信也、信忱誠也、愊誠志也、悃愊也、恂信心也、譀譃也、併娛譃戲也、按戲卽譃字之轉音、知曾曰詞也、粤于也、審愼之詞也、于於也、於孝鳥也、卽烏字、會佮緝厭合也、當作敆、敆同合會也、亼三合也、合亼口也、共昆掍同也、詷共也、聚逯期佸計會也、積叢僔勼揂聚也、逑斂聚也、𡥼磊𡥼重聚也、蘊蓄冣貯𢪛秩積也、凡冣括也、儹最也、當作冣、妃匹也、此匹轉注、逑

怨匹曰逑、媲妃也、對應無方也、纘紹繼也、繼續也、續屬連也、此連轉注、緜聯微也、微當作緩、撫倓侳便億宓盦定宴恬慰懕憺晏聑坦妍安也、安窫侐瘱靜也、皆當作竫、竫亭安也、侒宴也、傛悒隉不安也、陷磙隊也、隊磒落也、此落轉注、俔譬喻也、譬論也、論詈誥證愬告也、諄告曉之孰也、嚳急告之甚也、遼逖迥逴趠外遠也、嘏大遠也、邃窈深遠也、遠遼也、虐殘也、殘戔賊也、㺑賊疾也、壓退壞也、邋搚也、許書無搚、拹摺也、賊伐殬壞摺敗也、儡相敗也、圮敗倃𢾭毀也、𢿱敗也、毀𦈢缺也、缺器破也、劈甈破也、破石碎也、碎䃺也、此䃺轉注、或當作䃺、隸肆也、肆極陳也、當作極敶、敶列也、此列轉注、戴主也、當作封、官吏事君也、事職也、𡙇賦事也、職記微也、充篷易長也、長久遠也、上就充僑卓卲峻巍崔嵬阢堯高也、高崇也、此崇轉注、兀高而上平也、喬高而曲也、桄充也、勝任也、任保也、倬保任也、仔克也、克肩也、此肩轉注、鎦戕戮殺也、摎縛殺也、殺戮也、弒臣殺君也、刺君殺大夫也、劭勖勸懋慔愐勉也、勱勉力也、勉勁勍倞偕敃忞彊也、此彊轉注、我施身自謂也、躬身也、身躬也、迋䟅奏𣢑兂兟進也、先前進也、前不行而進也、逹自進極也、羑進善也、皋气皋白之進也、進遷豋兩躋登也、此登轉注、遁遷也、𨓦怒不進也、儥導也、導抽擢揄𠬪援爰曼𤼲爭引也、皆引轉注、祐

勴助也、誧人相助也、助扶左也、左手相左助也、右手口相助也、聘暉耿煇炯光也、暀光美也、光爽照焞炳焯旦杲晤旳厂曉晄曠朗明也、昭日明也、晢昭晢明也、掔固也、固四塞也、𠷎誰也、顡姣嫛好美也、當作媄、譪臣盡力之美也、中調諴燮怡濈和也、和相應也、睦敬和也、恊同心之和也、勰同思之和也、協衆之同和也、多弼復重也、當作緟、烕戩滅也、此滅轉注、𢧜滅殄盡也、此盡轉注、殲微盡也、殫殛盡也、盡罄器中空也、罊器中盡也、𧯴豐也、此豐轉注、趣趮趯速适迅㚔嘌慓㥛疌敏侚僤倢娩駙𩤋疾也、亟嬐敏疾也、憲敏也、夲進趣也、務趣也、勮佝務也、竇窠竅窐窶肙空也、窩空皃也、空竅也、窾空中也、廫空虛也、歑飢虛也、此虛轉注、漮水虛也、盅器虛也、稠夥衆多也、掄選敹現擇也、擇柬選也、柬分別簡之也、恐嘵懼悼慴愯懼也、懼惶怵䫏恐也、兇擾恐也、悑懝惶也、慹悑也、恇怯也、怯多畏也、供戰栗也、慢不畏也、痛瘣疴痡疷癰瘵癉瘼瘨瘏痁疵瘠瘽悝痿病也、疾病也、此當為疒之訓、疒倚也、病疾加也、疾當作疒、忦恙慇怲惔惙慯恤卹忡愵悄悠悴慼慁慹惄忓悹患愁悁憂也、當作𢝊、𢜤愁然也、悥愁也、慎怮懰憂皃、惴憂懼也、慆憂困也、懆愁不安也、嗷衆口愁也、𢡱愁皃、勦勩劵勤𢢀勞也、勞劇也、當作

說文通訓定聲　釋詁　五

勴勉尤劇也憝憊也備憝也勦勞也此勞轉注禎祥也祥祉禠祿福也禛
以真受福也釐家福也福祐也祺祧餽祭也祭禦禘祀也祀祭無已也祇
謙竦兢競忠悊憼惕懾愘敬也敬恭肅也肅持事振敬也夙早敬
也寅敬惕也慗謹敬也嬐莊敬皃忕惕也謹慭備劼慎也慎慗愿
恮憸孎娕孨慗謹也專專小謹也僟精謹也悈謹重皃嫡孎也韓慗也
苟自急敕也惰不敬也伿慢惰也怠慢也懈愸嬾怠也嬾懈也嬾鬒也鬘
嬾也儽嬾解也早晨也晨早昧爽也待竢胥須徯待也待竢也儲偫也幾
殆也嚙殆隉陒危也危在高而懼也巇巇也訖事之樂也許書無巇古故也此取
同聲為訓故使為之也今是時也富竺重惷惇訪厚也當作卑俾重厚也
諼偽詐也詐詑謾誑諆欺也欺詐欺也詒相欺詒也幻相詐惑也言直言
因言逆迎也訝相迎也迎遇逢也逢遭遘遇也遻相遇驚也睹儥昊見也
見診臨省視也窺憲瀰涪滿也滿盈溢也盈滿器也溢器滿閒
隙也此隙轉注竄匸匽匿也匿[illegible]喪乍逋遺遂逃亡也亡遁逭遯
逃也遯遁也丙側逃也微隱行也居凥也凥處也處坐留逗此救訖
諍敕歫礙朿悛惆寔宿乍拘綝縛制止也皆止轉注稽留止也
休息止也廮安止也庢凝止也禕特止也稽稽穊而止也積稯多小意而

說文通訓定聲　釋詁　六

止也警不止也止丌下基也飽餶猒也斁猒也此猒轉注猒饒飼飽也錯
業也賈人占錯此業轉注勳能成王功也功以勞定國也成捆因就也當作造正
韙是也是端直也直正見也呈準汀幵憕惕平也皆平轉注徲踧行平
易也弛弓解也敡侮也嫚婺侮易也蔑輕易人蔑姁也嫇嫚也慺輕傷也姚
易也傷娍嫖僄輕也皆輕轉注媥輕皃寡勹尐少也尟是少也卹鮮少也
少不多也幼少也當作小小物之微也微當作散幺小也㑃佻小皃𢆶幾微也
㪇妙也當作秒許書無妙謂報也此報轉注慊嫌疑也當作𠤕𠤕未定也[illegible]心疑
也疑迷[illegible][illegible]惑也按惑者𠤕字之解榦築牆耑木也倗弼輔也當作備垂
逹邊也芇相當也此當轉注應當也此當轉注吪趮趡蹌踬搖扤慅妯
動也動作也作興翕䐜慅慉起也起能立也立住也當作侸侸尌立也
豎豎立也从眾立也𥪰竦身也婧竦立也靖立竫也[illegible]尌也忱憮不動
也譽谷也當作嗞嗞嗟也訏訏譽也慕㥓摜遦俗肄習也此習轉注翫
習猒也孌慕也徲久也久從後灸之象人兩脛後有距也後遲也當作徲隶隸及也
逮唐逮及也及逮也遝連逮也與黨與也黨當作攩德升也當作登䢅升高也
登上車也汔水涸也涸渴也澂泚漠清也清朖也此朖轉注巳詭變也侹
代也變譁改忒代更也更改也忕失常也迵迭也迭更迭也佽遞也遞

更易也、餌野饋也、饁饋饟餉也、餉饟也、轉運也、運迻也、徙迻也、迻遷徙
也、縱舍也、當作捨、愆失縱也、此縱轉注、逸失也、抎有所失也、置赦也、措赦置也、
值措也、吸內息也、呼外息也、呬息也、鼾屓𪖐臥息也、喟嘆愾大息也、
甹定息也、噫飽出息也、嘽喘息也、喘疾息也、息喘也、歂咽中息不利也、愒歇
娭息也、此息轉注、頣選具也、巺葥僝僎具也、顨巽也、此易顨卦、具共置也、供
設也、設施陳也、憮怋慈愛也、當作悉、悉恩姸惠也、惠恕也、仁親也、親
寴至也、此至轉注、諶誠諦也、諦靜審也、審咸諳悉也、悉詳盡也、緐不絕也、
𢦔剝刖絕也、絕斷絲也、釿劑斷也、剪齊斷也、剬斷齊也、剛彊斷也、乃

曳詞之難也、迪道也、此道轉注、𨔶先道也、咸僉皆也、皆俱詞也、伯兄孟長也、
此長轉注、歷宕迡過也、過越度也、當作渡、踰跌夌越也、迭踰也、逾遞進也、
竆算數也、數計也、計算也、傳相也、當作𢿱、𢿱亂也、一曰窒𢿱、亂䜌𤔔尹討
𠬪厤辥燮撥辯治也、當作理、爲轉注、敹研治也、敳有所治也、保養也、養供養
也、隤下隊也、隊從高隊也、隕從高下也、接交也、此交轉注、捷獵也、軍獲得也、獲所獵
獲也、艱土難治也、按難即艱之借、墾難也、憚忌難也、難皆當作艱、㪷鈰鏉鏃利也、此利
轉注、利銛也、此銛轉注、佞巧讇高材也、敢命𢔎𢓜使也、使伶也、當作令、隨从也、
當作從、從隨行也、如從隨也、䌛娽隨從也、很不聽从也、从當作從、仍因也、此因

佸正也、乏反正也、竵不正也、孝善事父母也、亯獻也、羞進獻也、獻宗廟
犬名羹獻、怋怓也、怓惑憒惷誖䜌妄攪溷紊繙亂也、當作𢿱、慁撓
擾也、敿擾煩也、此煩轉注、孃煩擾也、揇拚叟取也、取捕取也、擢拔取也、探
遠取之也、撢探也、鬭鬭取也、簒屰而奪取也、敢進取也、敓彊取也、最犯而取也、
鈔叡叉取也、𠬶入水有所取也、在存也、存恤問也、察覆審也、詧言微親詧也、
櫱伐木餘也、頭首也、首百頁頭也、祪祔祪祖也、祔後死者合食于先祖也、尼從後
近之也、迫邇迩傍駙近也、近附也、當作駙、綸青絲綬也、維車蓋維也、侯春饗
所射侯也、歾斁終也、此終轉注、殛殊也、殊殪死也、殂往死也、○仲伷中也、央

中央也、違離也、當作勞、枚分離也、誃離別也、去人相違也、違無違也、返還也、
還𨒚復復也、匊帀徧也、帀周也、當作匊、徧匌帀也、遽騰傳也、傳剸遽也、
馹驛傳也、驛置騎也、騎跨馬也、幠奄冡勹罯襾冖盇蒙覆也、冃
重覆也、盦覆蓋也、宛屈艸自覆也、乘拚覆也、此覆轉注、覆苫藹厄弇蓋也、
葢苦也、請謁也、謁白也、此白轉注、噴譏僁譻歑哥嚻響音聲也、嘒謍
小聲也、諎𠦬大聲也、膽气滿聲在人上、謐姶無聲也、嚚語聲也、嘂高聲
也、号痛聲也、哭哀聲也、斯悲聲也、哇諂聲也、嘯吹聲也、聲音也、復𢕄
往來也、踵往來皃、遄往來數也、致送詣也、倂賸送也、送遣遣也、遣縱也、此縱

轉注、詣候至也、負怙恃也、恃賴也、此賴轉注、嘫語聲也、尚曾也、庶幾也、朁曾也、
曾詞之舒也、示天垂象見吉凶、所以示人也、憖嫿婉娓順也、此順轉注、倭順皃、婼
屰不順也、傑傲也、傲倨也、倨不遜也、孨幼禾也、惡愆過也、此過轉注、乖剌
敿戾也、當作盭、北䂸乖也、戾句曲也、此曲轉注、曲象器曲受物之形、隶臨也、此臨
轉注、綠緪慦懝懁獧急也、緊纏絲急也、乎少急戾也、詪很戾也、很盭也、褐
不成遂、急戾也、急褊也、此褊轉注、盭弼戾也、買䝬市也、此市轉注、賈賈市也、賈坐賣
售也、賣出物貨也、傷交傷也、換易也、厞隱也、隱𦮃蔽也、冥幽也、此幽轉注、步
延趨行也、憂和之行也、倍反也、反覆也、覆㪅也、㪅反覆也、覂傾覆也、兩再也、

說文通訓定聲　釋詁　九

再一舉而二也、揗揙敉故撫也、臞少肉也、膌脙臠瘦臞也、脫消肉臞也、
膌瘦也、𡣍過也、差貳也、當作忒、貳副益也、整剂嫧齊也、此齊轉注、侔齊等
也、竫䶒等也、等齊也、簡儳儳互不齊也、稔年穀孰也、爲母猴也、飯食也、
食亼皀也、養餱也、餱乾食也、竀趨究窮也、窮穹居懘忏極也、皆極轉注、
核苦也、此苦轉注、搜求也、求皮衣也、覃長味也、延夊長行也、佻惆愉也、愉
涼薄也、此薄轉注、媮巧黠也、灌深也、當作突、測深所至也、產生也、此生轉注、茹飤馬
也、毀嚌嘗也、儀揆㨊擬蒦雒橎度也、此度轉注、度法制也、課試也、試
庸任服㠯用也、用可施行也、彊弓有力也、禁吉凶之忌也、室竇塡堅斂

窫塞也、當作寏、壓塞補也、寏室也、彰文彰也、彣䰛也、䰛有文章也、斐分別文也、
辬駁文也、彡細文也、文錯畫也、𤼽徵也、畫覺發也、此發轉注、發射也、晙
農夫也、剝坼罅裂也、此裂轉注、載乘也、當作登、鼏綴得理也、欒埤增也、蔭艸陰
地也、禮所以事神致福也、占視兆問也、增坿朇俾沾滋益也、緟增益也、裨
接益也、益餘優饒也、此饒轉注、俔俾也、貧財分少也、寠無禮居也、屏僻寠也、突
也、貧病也、僾仿佛也、仿相似也、佛見不審也、髴若似也、拔髴即髮之別體、若似之誼借爲
佛、效似象也、當作像、經織縱絲也、國域邦也、褢宗潛蟄蒙葬藏也、許書
無藏、區踦區匿也、匸衺徯有所俠藏也、夾盜竊裹物也、㘝下取物縮藏之、徹穿

說文通訓定聲　釋詁　十

遈通也、博大通也、通延達也、達行不相遇也、替廢一偏下也、當作廢也、一曰偏下也、
廢屋頓也、徵評也、召評也、召謼徵也、痯河內相評也、珍寶也、寶珍也、俊材千人也、
髦髮中豪者也、賁譁妝修飾也、彰清飾也、飾幟刷也、當作㕞、㕞拭也、許書
無拭、當作飾、凌仌出也、凜凓寒也、圖畫計難也、猷犬子也、若擇菜也、舁畀
舉也、揚翥飛舉也、昜飛也、揚偁揚也、此揚轉注、譽偁也、稱銓也、銓衡也、當作橫
誓約束也、船舟也、舟船也、泳潛行水中也、浮浮行水上也、游旋旌旗之流也、
降洚墊底下也、下底也、當作氐、賃傭也、傭均直也、均平徧也、暴疾有所趨
也、寇暴也、當作㬥、暴晞也、晞暵乾也、此乾轉注、曬暴也、力筋也、筋肉之力也、勠

并力也、劦同力也、戴分物得增益曰戴、罾魚网也、罽西胡毳布也、犛牛犛
尾也、𣯍彊曲毛可以箸起衣、烘尞也當作燎、燎放火也、煁烓也、烓行竈也、朝旦也、
陪重土也、訶苛也此苛轉注、苛小艸也、康穀皮也、藩屏也此屏轉注、樊鷙不行也、
量稱輕重也、賦斂也、斂恤捲扱收也皆收轉注、飤糈糧也、糧穀食也、侈夸
奓奢也、奢張也此張轉注、奞奢奞也、慠欿幸也、覬覬幸也、幸吉而免凶也、拾
掇也、掇拾取也、筑似箏五弦之樂也、駔壯馬也、方併船也、泭編木以渡也、舫
船師也、龕龍皃、迨遝也、遝迨也、禔爾雅曰禔則也、則等畫物也、畫𤰞界也、形象形
也、賑實俻富也、富備也當作葡、公異攽判分也、公平分也、半物中分也、

說文通訓定聲 釋詁 十一

必分極也、分牌擘仳昔別也、別列分解也、解釋剖辨副劇刻
析版牖判也、牘副也、釆辨別也、贊分別也、屠刳也、數解也、捨釋也、怪奇
尤異也此異轉注、敦慍吒忍怒也、憶小怒也、怖恨怒也、毅妄怒也、嬒含怒
也、歇盛气怒也、嫳易使怒也、慰恚也、怒詉慰也、嫖怒皃、訶大言而怒也、讟相數
怒也、忿悁也、悁忿也、懟忿戾也、餧餒餓飢也、飢餓也、饑穀不孰為饑、田樹穀
曰、土地之吐生物者也、遮遏也、遏微止也、遳遮遂也、迥遮也、迸迥也、戍守邊
也、人天地之性最貴者也、師二千五百人也、輩以韋束也、忿詃忽懣忘也、忘不識
也、忿佚忽也、閑闌也、柤木閑也、闌門越也、心人心火藏在身之中、聖睿通也、

此通轉注、邑邦𨛜國也、里宋家屋居也當作尸、除殿陛也、坴埽除也、姘
除也、埽敂捐棄也、棄捐也、懟憝恨也、怨也、怨怒讟恚也、恚懟悔恨也、
讟痛怨也、惱有所恨痛也、猜恨賊也、㦬怨恨也、悵望恨也、怏不服懟也、纗
以絲介履也、介畫也、號叫也、嗷嘑也、嘑號謼也、謼號也、陧凶也、凶惡也、殃咎也、咎
災也當作𢦏、禍妨害也、害傷也此傷轉注、𥡴穜概也、概稠也、苞艸也南陽
以為履、寤覺寤也、寐寐覺而有言也、題額也、額頟也、可肎也、肎骨間肉肎肎箸也、賄
財也、財人所寶也、貨財也當作財、資貨也、購資也、賚散財用也、貿易財也、購
以財有所求也、賕以財物枉法相謝也、貲小罰以財自贖也、贖貿也、狎犬可習也、萑藃也、

說文通訓定聲 釋詁 十二

亂𦳫也、𦳫雚之初生一曰騅也、飧吞也、粲稻重一秙為米六斗大半斗也、肴散雜肉也、
宜所安也、顛頂也、頂顛也、考耇突老也、老考也、輶輕也、輕車也、俴淺也、淺
不深也、緬紋也、紋縊也、縊經也此經轉注、鬭經繆殺也、化教行也、獠獵也、獵放獵
逐禽也、躐跲也、跲躐也、坋坒埃塵也、坺塵皃、塵鹿行揚土也、坱堊塵埃
也、塿塵土也、私穢穆𥢶禾也、莫日且冥也、幕帷在上者也、爓熾奭盛也、
當作載、闐粲䜭盛皃也、傓熾盛也、柢楬株木根也、氐木本也、本木下也、
率捕鳥畢也、怛憯也、憯愱惎毒也此毒轉注、郵境上行書舍也、蹶踣趡僨偃
僵也、偃僵也、跳蹶也、偃仆也、仆頓也此頓轉注、趙走頓也、迹前頓也、獘頓仆也、

蹎跋也。跋蹎也。踒足跌也。跌踼也。踼跌踼也。瀆漏也，當作屚。讀中止也。
訌讀也。眛闇也。闇閟也。閟閉門也。膠昵也，作之以皮。䵒黏也。黏相著也。其䉶也。
臺觀四方而高者也。闍闉闍也。闉城曲重門也。四縣繫也，當作系。所伐木聲也。
攸行水也。气雲气也。氣饋客芻米也。慶行賀人也。賀以禮相奉慶也。睿深明也。
濬深通川也。哲識諝惰知也。知詞也，當作識。嬒難知也。訣早知也。欳聑
無知意也。惀欲知之皃。訾識也，此識轉注。記疏也，當作諝。玩佮弄也。弄玩也。論詁
憖娉訊問也。問訊也。媿㥏怍恧慙也。慙愧也。謑辱恥也。恥忝辱也。誅
討也。忍能也。訩辭妐訟也。訟爭也，此爭轉注。杳窅䨲冥也。弃倏趨趨趙

說文通訓定聲　釋詁　十三

趨趬趉走也。退卻也，此卻轉注。疐礙不行也。次不前不精也。恫悽惻惜悲
愍慇譆痛也，此痛轉注。着痛惜也。唏哀痛不泣曰唏。歔悲意也。[illegible]傷痛也。愴
傷也，當作傷。燬焜燹火也。緫縱紓舒綽綽徐嬗緩也。緩綽也。勬繇綏
也。偶相人也。婤耦也，此耦轉注。奇不耦也。曩歸也。歸暫不久也。暇閑也，當作
閒。宵夜也。嫪婪也。忨婪惏饕餮貪也。貪欲物也。欲羨貪欲也。吝貪惜
也。豈覬欲也。嗜嗜欲喜之也。歆欲得也。款意有所欲也。卻節欲也。啚嗇也。
嗇愛濇也。榰柱砥也。柱楹也。楹柱也。樘衺柱也。節竹約也。竝併也。併竝也。
既嘰小食也。[illegible]紩衣也。紩縫也。況寒水也。沄轉流也。沆莽沆大水也。抗

扞也。扞忮也，當作抵。疋足也。䠊跀也。跀斷足也。篤馬在輾中也。爇煖煗溫也。
當作熅。煥熱在中也。墣塊也。凷墣也。[illegible]商小塊也。饘麋也。麋糝也。糝以米
和羹也。餬寄食也。鬻鬻健也。鬻鬻健也。跪拜也，此拜轉注。緻比密也。
此密即比字。周密也，當作謐。密山如堂者也。启扠闓闢闢開也。閜大開也。
肁始開也。開張也，此張轉注。袍襽也。襽袍衣也。畛井田間陌也。姡面醜也，當作
靦。儔翳也。翿翳也，所以舞也。翳華蓋也。壑溝也，此溝轉注。疾妎也。嫉疾悍也。妎
妒婦妒夫也。媢夫妒婦也。促㥛笮㬥遒窘𠢕迫也。遽窘也。[illegible]𠢕也。渡
濟也，此濟別義。淳淥也。漉瀝浚也。浚杼也，當作抒。滲下漉也。[illegible]順流也。黻黑與

說文通訓定聲　釋詁　十四

青相次文也。衮天子享先王，卷龍繡于下幅，一龍蟠阿上鄉。葩華也。華榮也。葟華榮也。
罤兄也。終絿絲也。彌弛弓也。镾久長也。[illegible]長皃。○儆戒也。警戒也。戒警也。柔
木曲直也。悍勇也。仡勇壯也。勇气也。[illegible][illegible]獜健也。健伉也，當作頏，或作犺。偲彊力
也。伾有力也。威姑也。武止戈為武。僩武皃。徐趣安行也。邌徐也。跳躍也。躍
迅也。儉約也，此約轉注。悶憒懣也。懣煩也，此煩轉注。儚惽也。惽不憭也。懜不明
恔憭也。憭慧也。儇慧也。慧儇也。癡不慧也。佁忥癡皃。顡癡顡不聰明也。僻迂避也。
般辟也，當作避。遹回避也。避回也，此回轉注。僻從旁牽也。熏火烟上出也。薰香艸
也。畏憎惡也，此惡轉注。誣畏亞也。忌憎惡也。諅忌也。相臿也。枱耒耑也。耕

犂也黎耕也出生進也此進轉注苗艸生于田者穮耕禾閒也穫刈穀也淅汏米
也汏淅灡也灡淅也烝火气上行也烰煦烝也○覲諸侯秋朝也覜諸侯
三年大相聘曰覜覜視也盟北面詔天之司慎司命性人之陽气性善者也情人之陰气有欲者
若道也倫道也此道轉注惪外得於人內得於己也完全也全俒完也𧼴遞隱輕薄也
呰窳也此窳轉注遺媟遺也遣送遣也𨓃竭𡋯去也寫置物也怚矯也此矯
轉注哨不容也掉搖也厭笮也此笮轉注咈違也當作韋韋相背也韋相違
摧抈析折也折截𢧵銛刉劊創斷也斷斵斬截也斮斬也𢆉撅也
撅劌刲籍偹缺狃刺也痍創戕殤剢傷也傷創也刺直傷也疻

說文通訓定聲　釋詁　十五

捋傷也剉折傷也刉劃傷也劇利傷也凋半傷也切刌也刌切也憧遲也
此遲轉注忮佷婞很也很不聽從也律均布也建立朝律也覓突前也商從外
知內也丩相糾繚也世三十年為一世延懮坻著也當作處堤滯也辤不受也
謝辭去也申展也見奄下戌悉也見咸下証諫也諫數諫也諫証也詮具也
此具轉注諧詥也詥諧也護救視也譒敷也敷𢻳也尃布也當作敷誄諡也
諡行之迹也丞翊也當作翼為轉注奐取奐也𢍃引給也跧卑也卑賤也執事者也
隸附箸也屖敀迮也蒦規蒦商也夬分決也殽相襍錯也叚借也許書無借𣪊
冒也冒冡而前也易彊者衆皃干犯也犯侵也𢿌朋侵也姘難侵也侵漸進也

𢿫閉也此閉轉注𢡆愓敭夰放也放追競逐也逐踵追也兢競也髮鬆也
鬆鬆也忽見也敖出游也當作遨責覸求也募廣求也圣近求也夐營求也
亘求亘也口淳回也回展轉也此轉轉注圍守也此守轉注𣦻列也當作烈入
內也內入也从二入也窨旁入也訂平議也詳審議也議談語也語論難
也詻論訟也詖辯論也論議也啻諟也攸順諟理也此理轉注諱誋也誋
敕誡也誡敕也讒譖也譖愬也𧦝訐也訐面相斥辠相告訐也譴謫問也謫罰也
諯數也一日相讓也此數轉注譙誶讓也讓相責讓也詭責也謜責望也啟教也
斆上所施下所效也倦罷也當作疲供龔給也給相足也當作相浞為轉注倚依也

說文通訓定聲　釋詁　十六

依倚也𢀩所依據也僣儗也儗僣也例比也此比轉注愚戇也戇愚也怫鬱也
當作懮為轉注憐哀也哀閔也閔弔者在門也誇講詷譀也譀誕也誕詞誕也詷
當作詷譎憍權詐也訹誘也羑相訹呼也誂相呼誘也諂諛也諛諂也譏姍
誹也誹訕謗也謗毀也此毀轉注譖誣相毀也誣譄加也加語相增加也增當作
譄欸訾也訾不思稱意也㥞宄姦也姦私也當作厶厶姦衺也𡨄宋也宋
無人聲也兼并也并相從也當作相从从相聽也抉挑也挖深抉也挑撓也寮
櫕穿穿也毋穿物持之也冘椒也程品也品衆庶也㡀相當也稍出物有漸
也稀粗闊疏也此踈轉注彔刻木彔彔也竊盜自中出也㚔盜不止也盜私利

物也、剽劫人也、容盛也、此盛轉注、窣從穴中卒出也、窋物在穴中皃、宦仕也、仕學也、學憬覺悟也、悟覺也、此覺轉注、索入家搜也、𡧑冥合也、頪難曉也、覈考事而笮邀遮其辭得實也、監臨下也、臨監臨也、㝵取也、此取轉注、貢獻功也、賮會禮也、齎持遺也、貣從人求物也、賒貰買也、貰貸也、負受貸不償也、貸施也、當作敝、贅以物質錢也、質以物相贅也、賕載質也、賸物相增加也、贊見也、此見轉注、賴贏也、贏有餘賈利也、賈行賈也、販買賤賣貴者也、賣衙也、衙行且賣也、賤賈少也、貴物不賤也、儥引爲買也、貶損也、損減也、媘瘦削減也、賨南蠻賦也、昨絫日也、暱日近也、暬日狎習相慢也、翊翌也、當作昱、昱明日也、晐兼晐也、㬈溫溼也、

暑熱也、暍傷暑也、㬎眾微杪也、侅奇侅非常也、傀偉也、偉奇也、份文質備也、佖威儀也、僓嫺也、嫺雅也、當作謂、佗負何也、何儋也、儋何也、儞心服也、㪷突也、籤讖驗也、當作譣、暴拒仢約也、吉約空也、約纏束也、束縛也、縛繃韗揫束也、稇絭束也、㯻小束也、揫收束也、總聚束也、繚繞褭纏也、纏繞也、勹厄裝裹也、倢佴佽也、佽便利也、頃仄也、當作側、㥬側意也、側旁也、當作傍、敧敧嶇傾側不安也、儃儃回也、伍相參伍也、什相什保也、佰相什伯也、傆黠也、當作儇、假非眞也、候伺望也、償還也、此還轉注、僅材能也、偭鄉也、當作向、伹拙也、拙不巧也、姸巧技也、技媄巧也、伎與也、㒤意膩也、毅有決也、倎姬嬬

劣弱也、懦駑弱者也、㦂困劣也、弱橈也、此橈轉注、偏頗也、此頗轉注、倀狂也、此狂轉注、怳狂之皃、偷有廱蔽也、侈掩脅也、嫿嬌也、當作喬、僑驕也、當作喬、姸不省錄事也、僐作姿態也、恣態也、態恉意也、意志也、察言而知意也、許書無志、俙訟面相是、御徼御、受屈也、冤屈也、此屈轉注、伏司也、此司轉注、催相擣也、袢無色也、裕衣物饒也、令發號也、𠨍有大度也、𠨗宰之也、抑按也、按下也、此下轉注、獪狡猾也、訬訬猾也、犻過弗取也、侃剛直也、黷握持垢也、黜貶下也、黕敗忘而息也、嫥壹也、壹專壹也、壺壹壺也、懿專久而美也、竣偓竣也、按偓當作握、忻闓也、當作愷、懬闊也、寬也、廣也、皆轉注、悈飾也、當作飭、愃寬嫺心腹皃、憸憸詖也、憸利于上佞人也、𡫳實也、此實

轉注、怞朗也、當作恨、㥸深也、當作㴱、怕無爲也、懸精戇也、懝騃也、當作佁、憀憀然也、啐吁唇慫驚也、此驚轉注、趞驚皃、㚔所以驚人也、殺城郭市里高縣羊皮有不當入而欲入者暫下以驚牛馬曰殺、憶㥯意不定也、悝啁也、㤉誤也、懤有二心也、悸心動也、銛善自用之意也、恫失意也、感動人心也、㤠厲也、當作烈、忍懲也、懲忍也、𤇾垂也、當作𠂹、儽垂皃、滜新也、當作鱻、爲轉注、澲除去也、𢕟發也、此發轉注、𤼲詩曰不𤼲不來、勦劫也、劫人欲去以力脅止也、飭致堅也、谻相踦谻也、鬩恒訟也、鬭智少力弱也、闠闠連結闠紛相牽也、夆啎也、啎逆也、當作屰、夆相遮要害也、屖相出前也、嬗傳也、此傳轉注、婧有才也、賢多才也、𢏁材也、此材轉注、㜓諟也、當作媞、媞妍黠

也、婚俛伏也、姁鈞適也、男女併也、婁小心態也、嫪婟也、婟嫪也、嬖便嬖愛也、愛當
作㤅、婐量也、此量轉注、嫌不平于心也、嫸好枝格人語也、嬉靳也、嫛陰嫛也、嬬愚戇
多態也、㛗訬疾也、婎姿婎姿也、娝不肖也、嬯遲鈍也、㜤下志貪頑也、婪杜林
說、卜者黨相詐驗爲婪、妎嫉也、嬈苛也、一曰擾戲弄也、㛪誣拏也、娷諉也、牲衆生並進
之皃也、兆靡蔽也、丿右戾也、乀左戾也、弗撟也、當作矯、乁流也、按也字从此也、
卽匜字、歍心有所惡若吐也、歔歍歔也、㱄昆干不可知也、欪咄欪無慙、煦溫潤也、
儗相疑也、鎌廉潔也、夌夌徲也、權反常也、瘶耗也、硈究也、豙殘艾也、物
萬物也、王象物出地挺生也、耑物初生之題也、員物數也、䰛物數紛䰛亂也、一惟初
太始、道立于一、造分天地、化成萬物、二地之數也、三天地人之道也、四陰數也、五五行也、
六易之陰數、變于六、正于八、七陽之正也、八別也、九陽之變也、十數之具也、廿二十并也、
卅三十并也、百十十也、皕二百也、千十百也、薏十萬曰薏、秭數億至萬曰秭、

釋言直言曰言、矢口卽見、方言或殊、亦由語轉、許君間有依聲爲說、轉音爲解、猶斯指也、
詞意內而言外也、介詞之必然也、各異詞也、諸辯詞也、者別事詞也、臮衆與詞也、
矣只語已詞也、䂸識詞也、曶出气詞也、曾鈍詞也、甹亟詞也、矤況詞也、欥
詮詞也、侉備詞也、知曷曰詞也、𠷎誰也、誰曷何也、孰誰何也、曾詞之舒也、
朁曾也、尚曾也、庶幾也、皆俱詞也、俱偕也、偕从俱也、僉皆也、粤于也、審慎之詞
也、于於也、寧願詞也、甯所願也、誒可惡之詞也、一曰誒然、唉諾應也、唯諾也、
𣧷羋惡驚詞也、魖見鬼驚詞也、号驚詞也、吁驚也、𠥓驚聲也、乃曳詞之難也、
余語之舒也、𠅯二余也、平語平舒也、乎語之餘也、兮語所稽也、啻語時不啻也、咅

相與語、唾而不受也、嘫語聲也、否不也、哉言之閒也、乍止也、毋止之也、歟安气也、
𠶷哥聲也、傪慭且也、䖒且往也、吾我自偁也、我施身自謂也、朕我也、姎女人
自偁我也、㰻言意也、㒸从意也、夃秦以市買多得爲夃也、㾓事有不善言㾓也、爾雅㾓
薄也、○一惟初太始、道立于一、造分天地、化成萬物、天顚也、吏治人者也、帝諦也、旁溥也、
禮履也、禛以眞受福也、神天神引出萬物者也、祇地祇提出萬物者也、祀祭無已也、祡
燒柴焚燎以祭天神也、禷以事類祭天神也、鬃門內祭先祖所以徬徨、祰告祭也、祠
春祭曰祠、品物少、多文詞也、禘諦祭也、祫大合祭先祖親疏遠近也、祼灌祭也、𥛱祝𥛱
也、禱告事求福也、禜設緜蕝爲營、以禳風雨雪霜水旱癘疫也、禳磔禳祀除癘殃也、禬

會福祭也、䙇祭具也、裖社肉盛以蜃故謂之裖天子所以親遺同姓、禂禱牲馬祭也、祘明視以算之、王天下所歸往也、珛朽玉也、瑗大孔璧人君上除陛以相引按以援爲訓、琥發兵瑞玉爲虎文、瓏禱旱玉龍文、玠大圭也、琬圭有琬者按以宛爲訓、瓛桓圭公所執、瑁諸侯執圭朝天子天子執玉以冒之、珩佩上玉所以節行步也、瑑圭璧上起兆瑑也按以篆爲訓、璪玉飾如水藻文、璱玉英華相帶如瑟弦、瑮玉英華羅列秩秩、璊玉赬色也禾之赤苗謂之虋言玉色如之、理治玉也、按治卽借爲理字、士事也、壻夫也、中和也、从口丨上下通、屯難也、象艸木之初生屯然而難、毒厚也、害人之艸往往而生、芬艸初生其香分布也、蓈禾粟之穗生而不成者謂之董蓈、芋大葉實根駭人故謂之芋也按以吁爲訓、芄芄蘭莞也、苷甘艸也、荵忍冬艸也、蕩艸枝枝相值葉葉相當、茮茮樧實裹如裘者、茁艸初生出地皃、蒪華葉布也、按以敷爲訓、蔭艸陰地也、芼艸覆蔓也、菸鬱也、芝艸浮水中皃按以泛爲訓、䕻艸木相附麗土而生、荐薦席也、蔫菸也、[illegible]刷也、菹酢菜也、若擇菜也、蕁叢艸也、蕨鼈也、藂艸叢生皃、萅推也、菿艸木倒、葬藏也、八別也、釆辨別也、胖半體肉也、叛半也、牛大牲也、牛件也件事理也、𤘽二歲牛、犙三歲牛、牭四歲牛、犖駁牛也、𤘲牛駁如星、牽引前也、牿牛馬牢也、犓以芻莝養牛也、犪牛柔謹也、犛西南夷長髦牛也、告牛觸人角著橫木所以告人也、嚳急告之甚也、㘈小兒有知也、嗛口有所銜也、噍嚼也、含嗛也、嘽喘息也、喟大息也、唫口急也、噤口閉也、按以禁爲訓、名自命

也、从夕、夕者冥也、君尊也、噂聚語也、按以叢爲訓、咠聶語也、呈平也、啻諟也、咸悉也、嘾含深也、噎飯窒也、吐寫也、嗻遮也、喝㵣也、吝恨惜也、呷吸呷也、啁啁嘐也、局促也、从口在尺下復局之、咢譁訟也、喪亡也、超跳也、越蒼卒也、趀疑之等趀而去也、趛低頭疾行也、按以頷爲訓、趜窮也、趄趄田易居也、按以換爲訓、止下基也、象艸木出有址、癶足剌癶也、辵乍行乍止也、徒步行也、延正行也、迋往也、遵循也、造就也、逆迎也、遘遇也、迪道也、遞更易也、遜遁也、返還也、退敫也、邀拹也、連員連也、透透迆衺去之皃、遏微止也、迣迾也、逮自進極也、遽窘也、德升也、升當作登、徎徑行也、彼往有所加也、循行順也、彶急行也、待竢也、得行有所㝵也、衝通道也、衕通街也、齗齒本也、齹齒參差也、齤曲齒也、按以卷爲訓、齕齧也、齨老人齒如臼也、一曰馬八歲齒臼也、踽疏行皃、蹻舉足行高也、躛衛也、踣跛也、跇述也、踼搶也、跨踞也、跣足親地也、跔天寒足跔也、按用國語而以句爲訓、踖踧踖也、踤蒼踤也、疋記也、按謂請也、𤴔門戶疏窗也、龤樂和龤也、按謂和諧、㕯言之訥也、丩相糾繚也、[illegible]艸之相丩者、古故也、詩意志也、當作識、識諭也、譔專教也、諏聚謀也、訂平議也、誥告也、詁訓故言也、諫餔旋促也、諗深諫也、話合會善言也、誼人所宜也、譏善言也、誐嘉善也、詷共也、誧人相助也、諰思之意、諺傳言也、詣候至也、訒頓也、詒相欺詒也、譺騃也、譏誹也、詘訕也、誃離別也、譇譇挐羞窮也、讋讋讘多言也、

詘詰詘也一曰屈襞詬謑詬恥也䜌亂也諞便巧言也讐匹也訆抑也諅忌也諕
號也諆欺也讕嗑也諲責望也譁飾也讄纍功德以求福誩競言也競彊語也
妾有辠女子給事之得接于君者業大版也所以飾縣鐘鼓捷業如鋸齒𠬞竦手也𢍰搏飯
也龏愨也菐瀆菐也𢍳樊也共同也舁共舉也革更也靬乾革也鞼韋繡
也按以繢繪訓鞀遼也靷引軸也鞕急也䰜歷也按同字鬭遇也𩰫經繆殺也𩰲
鬥連結闠紛相牽也𠬛矩也叜老也𠬜神也夬分決也㕞拭也當作刷𠬝治也史
記事者也事職也支去竹之枝也聿手之疌巧也書箸也臤堅也臣牽也殳以杸
殊人也毄相擊中也㱿擊空聲也尃布也敀迮也政正也攽分也敞平治高土可以
遠望也敆合會也敉撫也敗毀也𢿣煩也收斂也數放也畋平田也敼鷩田
也教上所施下所效也學覺悟也卜灼剝龜也庸用也庚更事也爻交也棥
藩也爾麗爾猶靡麗也矏目旁薄宀宀也瞞平目也按以㒼訓眕目有所恨而止也睽
察也瞀轉目視也䁔謹鈍目也瞫深視也眇一目小也眄目偏合也瞺目陷也鼻
引气自畀也齅以鼻就臭也翑羽曲也以句訓翥飛舉也翜捷也翜一曰俠也雊
雄雉鳴也雷始動雉鳴而雊其頸按以句為訓雇九雇農桑候鳥扈民不婬者也按以戶止為訓蒦
度也羊祥也羼一曰相出前也烏孔子曰烏盱呼也取其助气故以為烏呼舄䧿也按同字
幺小也幾微也玄幽遠也𠬪引也𣦼殘穿也歺列骨之殘也殂往死也以徂訓

殯死在棺將遷葬柩賓遇之也殲微盡也以殲訓殆枯也死澌也骿并脅也𩪓骨擿
之可會髮者脢背肉也腹厚也胗脣瘍也腫癰也膊薄脯膊之屋上膴無骨腊也
腥星見食豕令肉中生小息肉也𦞲薄切肉也以枼訓剛彊斷也劀刮去惡創肉也劑齊也
刷刮也刲刺也刓剸也刵斷耳也劓刑鼻也創傷也契齧契刮也丰艸蔡也
耦帝耤千畝也古者使民如借故謂之耤耡商人七十而耡耡耤稅也觠曲角也以卷訓觼
角有所觸發也衡牛觸橫大木其角筮易卦用著也笮迫也在瓦之下棼上篸參差也
箅蔽也所以蔽甑底篿圜竹器也篅判竹圜以盛穀也篆筆也籤驗也笙正月
之音物生故謂之笙筒通簫也管十二月之音物開地牙故謂之管筑以竹曲五弦之樂也
簺行棊相塞謂之簺丌下基也𨑒古之遒人以木鐸記詩言顨巽也左手相左助也
朁曾也可肎也哿可也兮語所稽也于於也象气之舒亏也旨美也鼓郭也春分之音
萬物郭皮甲而出故謂之鼓愷康也𧯷幾也訖事之樂也豊行禮之器也豑爵之次弟
也盄仁也膿腫血也𧗄以血有所刏涂祭也皀穀之馨香也鬯以秬釀鬱艸芬芳攸
服以降神也饎酒食也饡以羹澆飯也䭑一曰廉潔也饗鄉人飲酒也餧飢也
亼三合也倉穀藏也倉黃取而藏之故謂之倉全完也缶瓦器所以盛酒漿罃備火
長頸瓶也缸瓨也侯春饗所射侯也其祝曰毋若不寧侯不朝于王所故伉而射汝也𥏫傷也
亭民所安定也市買賣所之也冘淫淫行皃𩫖度也民所度居也𩫯缺也古者城闕

共南方謂之歠篤厚也亯用也㫗厚也厚山陵之厚也當作㫗亩穀所振入宗廟粢盛倉黃
亩而取之故謂之亩嗇愛濇也來周所受瑞麥來麰天所來也故爲行來之來按行來之來實當
作麥麥芒穀也秋種厚薶故謂之麥按芒穀實當作來致送詣也韏革中辨謂之韏也韓
井垣也弟韋束之次弟也夂從後至也象人兩脛後有致之者㐄跨步也久從後灸之
象人兩脛後有距也桀磔也木冒也冒地而生柚條也楢柔木也棆母杶也櫄杶也
橪一曰染也橿枋也榝香木也以芬訓柏鞠也枖木少盛皃標木杪末也杪木標末也
朻椆高也枎扶疏四布也檹木檹施也構蓋也檼棼也杇所以涂也枱劍柙也
槩杚斗斛檈圜案也櫑龜目酒尊刻木作雲雷象臬舉食者棖杖也桊牛鼻中環

也樴弋也欑穿也梜檢柙也桄充也枰平也梡棞木薪也棞梡木未析也楅
以木有所逼束也當作畐檜一曰檜櫝也棺關也椁葬有木𩫏也棐輔也東動也橆
豐也㞷屮木妄生也孛㞷也隆豐大也柬分別簡之也刺戾也囗回也團圜也
圈養畜之閑也貢獻功也贊見也齎持遺也賸物相增加也貱迻予也負
恃也貧財分少也酇聚也䣙國甸大夫稍稍所食邑鄉國離邑民所封鄉也日實也太陽
之精不虧晉進也日出萬物進晛日見也暤晧旰也旰晚也昃日在西方時側也
曩曏也暀光美也暵乾也㬈安㬈溫也暜埃暜日無光也旗士卒以爲期旆沛然
而垂旌所以精進士卒旂旗有眾鈴以令眾也旝建大木置石其上發以機以追敵也旃所以

旃表士眾旒旌旗之流也游旌旗之流也旚旌旗摽搖也旇旌旗披靡也晶精光
也星萬物之精上爲列星月闕也朔月一日始蘇也囧窻牖麗廔闓明夕莫也夜舍也
天下休舍也夝雨而夜除星見也㝱寐也夕相繹也故爲多𢎘嘾也艸木之華未發圅然
𢎛艸木𢎘盛也㮚孔子曰粟之爲言續也片判木也版判也禾二月始生八月而孰
得時之中故謂之禾按以和訓稼家事也穬芒粟也移禾相倚移也䅪禾𠂢皃𥢔
禾舉出苗也以揭訓秧禾若秧穰也穀續也租田賦也秝稀疏適秝也黍以大暑而
種故謂之黍香芳也粗疏也糱牙米也按以櫱爲訓兇擾恐也𣏟葩之總名也𣏟之爲
言微也微纖爲功韭一種而久生者故謂之韭宅所託也室實也宧養也按以頤訓奧

宛也寏周垣也宴安也宬屋所容受也以盛爲訓完全也富備也宭羣居也宰
辠人在屋下執事者𡧪寤也寁居之速也以捷訓窾窮也宕一曰洞屋宗尊祖廟也宙
舟輿所極覆也穾深也𥨍深抉也窠空也窻通孔也窳污窬也窌窖也窵窵窅
深也窺正視也突滑也窣從穴中卒出穹窮也窔窅窔深也窱杳窱也瘍頭創
也痒瘍也瘑口咼也疛俛病也痀曲脊也以句訓癰腫也㾫半枯也以偏訓瘇
脛气足腫癑痛也痙彊急也痋動病也痬脈瘍也冠絭也所以絭髮冣積也以聚
訓冑兜鍪也冒冡而前也䍐綰也罬繯獸足也罶魚所留也覈實也考事而笮邀遮
其辭得實曰覈幎幔也幔幕也帳張也[illegible]幡也[illegible]幡識也[illegible]制也飾㕞也席藉也

㡛墀地以巾撋之㡀敗衣也黺袞衣山龍華蟲粉米也仁親也仞伸臂一尋八尺
伎支也儒柔也以偄爲訓仲中也伀志及衆也傀偉也僑高也倞彊也俚聊也佗負
何也偫待也仢約也儕等輩也儹最也當作冣倂並也俌輔也佽便利也
侒宴也佮合也儥賣也俔閒見也俒完也倪俾也伶弄也儗相疑也偏頗也
倀狂也俴淺也僻避也佁癡皃傜驕也佚忽也傷創也俑痛也伏司也促迫也
例比也傴僂也仇讎也儡相敗也佌別也倠佌倠醜面儷棽麗也像象也㑗
神也僥南方有焦僥人長三尺真僊人變形而登天也匕相與比敘也艮很也比密也
士事也見壬篆𡈼象物出地挺生也壬徵幸也見𡈼篆𠂤歸也衣依也衽衣裣

裣交衽也褮熒也祇祇裯短衣裯衣袂祇裯衧諸衧也衵日日所常衣襍五采
相合也裋豎使布長襦耇老人面凍黎若垢𦒷老人面如點也壽久也毨仲秋鳥獸
盛可選取𣯜以毳爲罽色如虋故謂之𣯜氈撚毛也𣰈毛紛紛也屑動作切切也展
轉也𡲬從後相臿也屖屖遲也屏屏蔽也尾微也履足所依也斻方舟也儿
仁人也允信也兌說也兄長也兢敬也兓朁朁銳意也兜兜鍪首鎧也先
前進也兟進也禿象禾粟之形取其聲覯遇見也以遘訓覲諸侯秋朝曰覲勞王事按以勤
爲訓覕蔽不相見也䙹目蔽垢也歙翕气也歍心有所惡若吐也欳怒然也欽
含笑也𣣋昆干不可知也欪咄欪無慙顏眉目之間也頜顧也頸頭莖也頛項枕

也顩嗛皃頒一曰黃也顤高長頭贅贅高也頪頭蔽頪也顛頭顛顛也顱面顱
顪皃頪醮頓也顨選具也面顏前也醮面焦枯小也靦面見也縣到首也
彰青飾也彥美士有文人所言也斐分別文也髟長髮猋猋也髦髮中豪者也䯻
用梳比也鬠潔髮也鬌髮墮也后繼體君也以後訓㖃厚怒聲卲高也卮科卮
木節也卸舍車解馬也印執政所持信也艵縹色也卿章也𠣾曲脊也匐伏地
也勹覆也匌帀也匓飽也匏瓠也包取其可包藏物也茍自急敕也鬼人所歸爲鬼
魖神也山宣也宣气散生萬物嶢焦嶢山高皃庠禮官養老殷曰庠周曰序廡廡也廔
屋麗廔也廛少劣之居以僅訓廟尊先祖皃也厥發石也仄側傾也丸圜傾側而

轉者硈一曰突也硟以石衦繒也𥗽斫也易一曰飛揚一曰長也一曰彊者衆皃豕彘
豬豕而三毛叢居者豯生三月豚腹豯豯皃也以奚訓豵一歲豵尚叢聚也豝二歲豕能
相把挐也豜三歲豕肩相及者豢殘艾也彑豕之頭象其銳而上見也彘豕也後蹏廢謂
之彘貉北方豸種孔子曰貉之爲言惡也馬怒也武也𩡧馬八歲也騏馬青驪文
如博棊也駇春秋傳曰媽馬百駟畫馬也以彡爲訓驤馬之低仰也馺馬行相及也駑
次弟馳也駉馳馬洞去也駐馬立也以住訓馴馬順也騑馬曲脊也騷擾也驒一曰
青驪白鱗文如鼉魚廌解廌獸也麗旅行也逸失也犬狗之有縣蹏者也狗孔子曰狗
叩也叩气吠以守狡少狗也猈短脛狗以庳訓獿獿獿也狂妄彊犬也狎犬可習也

猌犬張齗怒也犮走犬皃曳其足則刺犮也狄赤狄本犬種狄之爲言淫辟也獄确也火燬也烄交木然也燩交灼木也炱灰炱煤也衮炮肉以微火溫肉也焳灼也熷焦也熅鬱煙也炳明也煜熠也燿照也烕滅也焅旱气也燾溥覆照也𤍠侵火也黠堅黑也𪒠媚下色也黮桑葚之黑也黭果實黭黯黑也夸奢也夷平也以傷爲訓喬高而曲也尥行脛相交也壼壹壼也𥷎窮理罪人也以𥷎訓䟘直項莽䟘皃兟進也昦春爲昦天元气昦昦𥪕磊𥪕重聚也竫亭安也靖立竫也竢待也竝併也𣬈人臍也惪外得于人內得于已也慎謹也悛憭也憢忯憢不憂事也憖問也謹敬也𢡃廣也悈飭也慤謹也愃寬嫺心腹皃愻順也恂信心也㥟深也以遂訓恩

惠也篤篤著也㥔㥔憮也愐勉也㥍肆也禺猴屬獸之愚者見愚篆態意也像放也怫鬱也懣忘也懣兜也愓放也怳狂之皃惏貪也懣煩也悶懣也悵望恨也愴傷也恫痛也𢜽怨仇也悠憂也憚難也水準也湔一曰手瀚之浪滄浪水也洪洚水也潮水朝宗于海潒水潒瀁也滂滂沛也㳅㳅沛也渙流散也汪深廣也浩澆也沆莽沆大水也泬水從孔穴疾出也洸水涌光也湋回也洶涌也湁湁湒鬻也潣水流浼浼皃淫浸淫隨理也洔水暫益且止未減也浥溼也沸畢沸濫泉渠水所居洐溝水行也灘水濡而乾也沿緣水而下也汓浮行水上也澍時雨澍生萬物以樹訓沈一曰濁黕也洿窳下也污一曰涂也汀平也瀎拭滅

皃泧濊泧也洝渜水也瀝一曰水下滴瀝瀾潘也溽多汁也湅𤃬也涉徒行厲水也頻水厓人所賓附頻蹙不前而止以比訓又以顰訓巜水流澮澮也川貫穿通流水也巠一曰水冥巠也巟水廣也州水中可居曰州周遶其旁州一曰疇也各疇其土而生之泉水原也原水泉本也永長也羕水長也冬四時盡也以終訓霆雷餘聲也鈴鈴所以挺出萬物震劈歷振物者雪凝雨說物者霝雨零也霃久陰也霤屋水流也霎霽也霜喪也成物者雩夏祭樂于赤帝以祈甘雨也需須也鯖揚也鮩蚌也鱻新魚精也拔新郎鱻之借非違也靡披靡也陛牢也所以拘非也孔通也否不也鹹銜也鹽鹹也戶護也房室在旁也門聞也閭侶也二十五家相羣侶也闓開也閟

閉門也闟門響也閑闌也閽常以昏閉門隸也聯連也職記微也捾一曰援也拏攤也推擠排也抵排摧擠也捦急持衣衿也搏索持也攜提也捨釋也掾緣也撩理也批揤捽也挏擁引也扴刮也挑撓也一曰摷也擖刮也一曰撻也揩搗也摲暫也拹搢也一曰拉也摟曳聚也搈動搈也捀奉也舉對舉也抍上舉也以登訓捎凡取物之上者爲撟捎擭一曰布擭也以敷訓擅專也揆葵也擐貫也摍蹴引也攎相援也撢探也捼推也撆別也拓挐也抲抲撝也摶圜也捄一曰擾也搰掘也掘搰也掩斂也揟取水沮也播一曰布也撽刺之財至也抈折也抰以車鞅擊也抌深擊也捷獵也捘求也姓人所生也媒謀也謀合二姓妁酌也

斟酌二姓也娶取婦也婚婦家也禮娶婦以昏時故曰婚姻壻家也女之所因故曰姻妻婦與夫齊者也婦服也妃匹也媲妃也毋牧也姁嫗也妹娣媦女弟也娒女師也加教于女也㜎女隷婢女之卑者也媧古之神聖女化萬物者也[illegible]婉也姛直項皃姌弱長皃以冄訓嫇嬰嫇也委委隨也妌靜也嬥一曰嬈也媞諦也婺不繇也婏宴婏也[illegible]至也晏安也嬗緩也一曰傳也媛美女也人所欲援也嬖便嬖愛也媄巧也[illegible]婪鹵貪也娋小小侵也嬒含怒也嫛陰嫛也姸一曰安也婎姿婎恣也娝不肖也[illegible]下志貪頑也嫪婪也婪貪也婁一曰婁務愚也嬈一曰嬥也[illegible]醜也娷諉也厂抴也戛戟也戕槍也我施身自謂也義已之威儀也琴禁也望出亡在外望其還也無亡也匄乞也匸衺徯有所俠藏也區踦區藏匿也甌一曰穿也按謂甑穿弓以近窮遠也彎持弓關矢也弜彊也盭弼戾也系繫也緜聯微也紡網絲也[illegible]偏緩也緢旄絲也縒參縒也繙繙冤也繙宋本作冕也縮一曰蹴也紾轉也縎結也締結不解也[illegible]散絲也以辰訓[illegible]合也縑并絲繒也以兼訓繪會五采繡也[illegible]繡文如聚細米也絹繒如麥稍綪赤繒也以茜染故謂之綪纔淺也綟帛戾艸染色繟帶緩也絙緩也綅綫也纍綴得理也紂馬緧也緧馬紂也紲系也縐一曰蹴也緉履兩枚也紕氐人𦋺也[illegible]織絹以糸貫杼也率捕鳥畢也蠁知聲蟲也以響訓螟蟲食穀心者吏冥冥犯法卽生螟蟘蟲食苗葉者吏乞貸則生蟘蛵丁蛵負勞

也蝤蝤齋也蠖尺蠖屈申蟲也蛾羅也蠜阜蠜也䗨悉䗨也蜋堂蜋也蝍渠蝍一曰天社蠕螟蠕桑蟲也蛜蛜威委黍鼠婦也蛉蜻蛉也一名桑根蠓蔑蠓也蟰蟰蛸長股者[illegible]螫也蝸蝸蠃也蜎肙也蟺夗蟺也[illegible]鼀詹諸以脰鳴者蛫蟹也蝯善援禺屬蟁或从昏以昏時出也蟊蟲食苗根者吏抵冒取民財則生蠿蟊也颺風所飛揚也颲烈風也龜舊也按謂久也鼀夫鼀詹諸也其鳴詹諸其皮鼀鼀其行先先竺厚也土地之吐生物者也地元气初分重濁陰爲地萬物所陳列也按以坤爲訓坪地平也均平徧也墽磽也墢穜也堀突也在存也坦安也坒地相次比也城以盛民也坎陷也[illegible]下入也壔保也高土也埂阬也壞敗也坷坎坷也坋塵也[illegible]囚突出也堀兔堀也垚土高也堯高也艱土難治也按難卽艱借字田陳也畿天子千里地以遠近言之則言畿也畍境也[illegible]境也畤天地五帝所基址祭地畫界也勴助也勍勁彊也勵推也勦勞也勃排也劫人欲去以力脅止曰劫釘鍊鉼黃金鑲作型中腸也鏡景也鏶鑠也鑠鏶也鏇圜鑪也釦金飾器口[illegible]鉏鋤也錐銳也鑽所以穿也鈴令丁也鈁方鐘也錞矛戟柲下銅鐏也鑾人君乘車四馬鑣八鑾鈴象鸞鳥聲鋪箸門抪首也尻處也[illegible]且往也斯析也料量也斜杼也矛酋矛也軒曲輈藩車轈兵高車如巢以望敵也軓車耳反出也軜驂馬內轡[illegible]軺車後登也[illegible]車輴鋭也轚車轄相擊也輦輓車也軖紡車也陰闇也陽高明也隰阪下

涇也隤下隊也阬閬也隄唐也阯基也附附婁小土山也陼如渚者陼丘陴城上
女墻俾倪也𨺅阜突也厽絫坺土為墻壁垒絫墼也五陰陽在天地閒交午也七
陽之正也从一微陰從中衺出也九陽之變也象其屈曲究盡之形馗九達道也似龜背故謂之
馗嘼守備者尤異也丙位南方萬物成炳然巹謹身有所承也壬象人裹妊之形癸
冬時水土平可揆度也子十一月陽气動萬物滋㝃生子免身也字乳也存恤問
斈效也孨謹也𠫓不順忽出也丑紐也寅髕也卯冒也辰震也巳以也午啎也
未味也申神也𤰈擊小鼓引樂聲也酉就也八月黍成可為酎酒酒就也一曰造也吉凶
所造也按就即造之借字醠泛齊行酒也醰酒味淫也酷酒厚味也酌少少飲也以勺訓

酺王德布大飲酒也醉卒也卒其度量不至于亂也一曰潰也莤禮祭束茅加于祼圭而灌
鬯酒是為莤戌滅也亥荄也象裹子咳咳之形亥而生子復從一起

釋訓

訓說教也或雙聲或疊韻或絫評其字皆連文以為誼當口說以教斯聆音而曉焉
玓瓅明珠色也玫瑰火齊也按此疊韻連語玫當从枚省聲卣一說石之美者曰玫从文聲當
為各字營藭香艸也藷蔗藷蔗也薢茩薢茩也菡藺夫容華未發為菡藺
已發為夫容蘿莪蒿屬荎藸荎藸艸也蕛苵蕛苵也茱萸茱屬䒨蓋艸莩
蓋皃啾嘆啾嘆也趌趨怒走也趠𧼮遠也趑趄行不進也趯趢行曲脊皃
齟齬齒不相值也蹢躅住足也跱躇不前也跌踼跌踼也諈諉纍也
當作絫謰謱謰謱也謎誻語相反謎也毅改大剛卯也鸑鷟鳳屬神鳥也
鸘鷞五方神鳥也鷦䳏桃蟲也鴛鴦鴛鴦也鴚鵝鴚鵝也鷙䴙鳧屬

䴙鷈䴙鷈也鴔鵖鴔鵖也鴝鵒鴝鵒也髑髏頂也剞劂曲刀也籧
篨粗竹席也簁箄竹器也饐餀相謁食麥也榙𣜳木也果似李櫪撕椑指
也旖施旗旖施皃䅋𥞩穀名𥽇䊝散之也㝩㝗屋康㝗也罜麗魚罟也
屚屖從後相臿也𧡞𧢲暫見也頊顱首骨也贅顤高長頭也𩓜䫖顏色
𩓜䫖慎事也巀嶭山在馮翊池陽嵯峨山皃崝嶸崝嶸也厜㕒山顛也敧
嶇敧嶇也蜥易蝘蜓守宮也駊騀馬搖頭也駗驙馬載重難也騊駼北野
之良馬猲獢短喙犬也獨狢北嚻山有獨狢獸熚𤐣火皃尲尬不正也𡯂
𡰝跛不能行為人所引曰𡯂𡰝忼慨壯士不得志也滎濘絶小水也濊泧拭城皃

滭泼風寒也　霢霂小雨也　鮔鯇周禮謂之鮪　嫛婗嫛婗也一曰婦人惡皃　婐姽婐姽也一曰弱也　㛖妗㛖妗也一曰善笑皃　媟嬻媟嬻也　繄褫繄褫也　綢繆綢繆也　螉蜙蟲在牛馬皮者　蛣蚰蝎也　螻蛄螻蛄也　蟷蠰不過也　蟜蟥蟜蟥也以翼鳴者　蜾蠃蒲盧細要土蠭也　蛺蜨蛺蜨也　螌蝥毒蟲也　蜙蝑以股鳴者　蝨蟓蜉蝣也　蚴蟉蚴蟉也　蝦蟆蝦蟆也　蛧蜽山川之精物也　蝙蝠服翼也　螮蝀虹也　蠀蠹蠀蠹也　鼅鼄蟊也　銼䥈鍑也　鈭錍斧也　鎗鏓鐘聲也　鏌釾大戟也　鋞鍜頸鎧也　鋃鐺瑣也此瑣轉注　鍡鑸不平也　鎕銻火齊也　陮隗高也　臾曳束縛捽抴也　醔𨡕榆醬也　○芮芮芮艸生皃　蔽蔽蔽小艸也　茸艸茸茸皃　嘄聲嘄嘄也　嘒音聲嘒嘒然　趚蹇行趚趚也　迮迮迮起也　邐行邐邐也　逯行謹逯逯也　徥徥徥行皃　徆行徆徆也　延安步延延也　斟斟斟盛也當作戴　詽詽詽多語也　訮諍語訮訮也　謷一曰哭不止悲聲謷謷　矕目矕矕也　琟鳥肥大琟琟也　腆設膳腆腆多也　䐹乾魚尾䐹䐹也　虩易履虎尾虩虩恐懼　夋行夋夋也　夎行夎夎也　畟治稼畟畟進也　𤯓艸木實𤯓𤯓也　暆日行暆暆也　倝日始出光倝倝也　甬艸木華甬甬然也　窵窵窵不見也　僷華僷僷也　儠長壯儠儠也　佸佸佸力皃　僇癡行僇僇也　褆衣厚褆褆也　歒歒歒气上出皃　欸欸欸笑皃　歔欷歔欷气出皃　頢頭頢頢大也　䫉面色䫉䫉皃　顩面前顩顩也　顲面瘦淺顲顲也　顤小頭顤顤也

顓頭顓顓謹皃　頊頭頊頊謹皃　鬣髮鬣鬣也　𩴐鬼鬽聲𩴐𩴐不止也　陪山之陪陪者　豨豕走豨豨也　駒駒駒馬怒皃　猩猩猩犬吠聲　㺒犬㺒㺒咳吠也　猲犬猲猲不附人也　獷犬獷獷不可附也　焆焆焆煙皃　燄火行微燄燄也　恖多遽恖恖也　𡯂𡯂𡯂行不正也　韠富韠韠皃　婢短人立婢婢皃　惥趣步惥惥也　餡餡餡存也　瀵水脈行地中瀵瀵也　湝水流湝湝也一曰湝湝寒也　溟小雨溟溟也　瀧雨瀧瀧皃　漊雨漊漊也　洅雷震洅洅也　淊泥水淊淊也　淋淋淋山水下皃　瀌雨雪瀌瀌　𡿺水生厓石閒𡿺𡿺也　夛水流夛夛也　谸望山谷谸谸青也　霅霅霅震電皃　鯙烝然鯙鯙　鮁鱣鮪鮁鮁　𪚮龍耆脊上𪚮𪚮也　闟闟闟盛皃　嫇嫇嫇小人皃　姽閑體行姽姽也　㜸女有心㜸㜸也　婁不媚前却婁婁也　㛍得志㛍㛍也　婓往來婓婓也　納絲溼納納也　蛩蛩蛩獸也　坴土塊坴坴也　庚象秋時萬物庚庚有實也

說文通訓定聲

釋親宗族。母黨。妻黨。婚姻。依廣雅附身體。

父家長率教者。考耆叜老也。老考也。伯兄孟長也。此長轉注。罤兄也。媼女老稱也。⿰食攵老嫗也。姁嫗也。嫗媞姐母也。妣殁母也。嬃姊也。姊女兄也。妹娣媦女弟也。嫂兄妻也。姪兄之女也。媒謀合二姓也。妁斟酌二姓也。娶取婦也。婚婦家也。姻壻家也。媾重婚也。倩壻也。壻夫也。夫男丈夫也。妻婦與夫齊者也。妃妃也。嬬下妻也。女婦人也。婦嬪服也。當作㞋。舅母之兄弟也。妻之父爲外舅也。甥謂我舅者吾謂之甥也。姑夫母也。威姑也。姨妻之女弟同出爲姨也。季少偁也。僮未冠也。孽庶子也。孤無父也。孫子之子也。腜婦始孕腜兆也。娠女妊身動也。媰婦人妊身也。妊孕也。孕裹子也。包裹妊。巳在中子未成形也。肧婦孕一月也。胎婦孕三月也。㝃生子免身也。𡣍生子齊均也。𠫓不順忽出也。字㲉乳也。乳人及鳥生子也。孿一乳兩子也。孺乳子也。兒孺子也。育養子使作善也。產生也。此生轉注。孳汲汲生也。胞兒生裹也。奼少女也。嫛娒女師也。媬女侍也。妋伃婦官也。傛傛華也。倌小臣也。閹豎也。當作侍。閽常以昏閉門隸也。僕給事者也。童男有辠曰奴奴曰童女曰妾。妾有辠女子給事之得接于君者。奴奴婢皆古之辠人也。婢女之卑者。娠官婢女隸也。㜎女隸也。歸女嫁也。嫁女適人也。吏治人者也。麓守山林吏也。俾門侍人也。騶廄御也。圉圉人掌馬者也。宰辠人在屋下執事者也。守守官也。

說文通訓定聲　釋親　三十五

臣事君也。司臣司事于外者也。史記事者也。辺古之遒人以木鐸記詩言者也。氓民也。佚佚民也。賓所敬也。攩朋羣也。倫輩輩也。此輩轉注。儕等輩也。友同志爲友也。彥美士有文也。造上士也。儒柔也。術士之偁。按柔者以偄爲訓。俊材千人也。协材十人也。奡甹傳俠也。俠傳也。優倡也。褚卒也。甫男子美偁也。冓人無行也。姓人所生也。名自命也。姜神農居姜水以爲姓。姬黃帝居姬水以爲姓。姞黃帝之後伯鯈姓后稷妃家也。嬴少昊氏之姓也。姚虞舜居姚虛以爲姓。嬀虞舜居嬀汭因以爲氏。妘祝融之後姓也。姺殷諸侯爲亂疑姓也。⿰女然妞娸吳僤聖人姓也。伋伉人名也。伊殷聖人阿衡尹治天下者也。偰堯司徒殷之先也。媧古之神聖女化萬物者也。娀帝高辛之妃偰母號也。娥帝堯之女舜妻娥皇字也。嫄台國之女周棄母字也。嫫嫫母古帝妃都醜也。⿰女耳女號也。嬿婀嬃婕嬩孁嫽⿰女衣婤姶妀妵⿲亻丨女女字也。媊甘氏星經曰太白號上公妻曰女媊女媊居南斗食厲天下祭之曰明星。媛姼美女也。妏婦人美也。娩婦人惡皃。嫛惡也。一曰人皃。妓婓婦人小物也。嬈嬥也。嬥直好皃。一曰嬈也。姚嬈也。嫵嫡媚也。媚嬹說也。當作兌。媄色好也。嫷姝嫙嬰⿰女殳姣嬛娧娃娥⿰女奐好也。傪儼僚⿰爭頁好皃。媌目裏好也。嫿靜好也。婠體德好也。袾好佳也。袓事好也。豔好而長也。娙長好也。嬻白好也。靖細皃。妴婉也。嫣侹債長皃。⿰女冄弱長也。嫋姌也。姌靜也。當作竫。婐⿰女厄也。⿰女厄婐⿰女厄也。⿰女占小弱也。一曰女輕薄善走

說文通訓定聲　釋親　三十六

也一曰多技藝也娑妗也妗娑妗也一曰善笑皃娭女子笑皃姂婦人皃婚面醜也醜
當作醜婺不繇也當作不悪娭卑賤名也嫳有守也䵦短黑也嬒女黑色也婬
私逸也姘漢律齊人予妻婢姦曰姘也奸犯婬也姅婦人污也人天地之性最貴者也儿
仁人也形象形也皙人色白也頪鮮白也黷雖皙而黑也毛眉髮之屬髮根也
此根轉注髦髮中豪者也𩬟髻也當作𢍏𢍏髻結也𩭿臥結也髽喪結也鬢
帶結頭飾也須鬢也鬢頰髮也髳髮至眉也鬑鬋也鬋女鬢垂皃髟長髮猋猋也
鬗𩯨髮長也㐱稠髮也𩮔髮多也𩭾束髮少也䯭頭鬢少髮也䫶頭少髮也
頌禿也禿𩓳無髮也穨禿皃鬢屈髮也鬤亂髮也䯧鬣也鬄髲也髲鬄也

鬐絜髮也䯱用梳比也鬗鬎髻髮皃鬈髮好也䰅須髮半白也𩮌短須
髮皃髦鬀鬀髮也須面毛也而頰毛也𩓷頰須也頾口上須也鬣毛鬣也
眉目上毛也耏罪不至髡也戢鉻鬄也首百頁頭也頭首也頊顱也顱頊顱
首骨也顱顛也頂顛也顛頂也題額也顙額也顏眉目之間也顉出頷
也碩頒顱類顫願大頭也夭屈也此屈轉注頼頭狹長也頵高長頭也婁
短面也夨頭傾也吳頭衺吳吳態也頪頭蔽頪也頑梱頭也顆小頭也頍
狹頭頲也囟頭會匘蓋也𡿺匘蓋也㚔頭傾也頃頭不正也我頃頓也匘頭髓也
頟頭閑習也顗謹莊皃顥白皃頡舉頭也产仰也仰舉首也儼昂頭也顒

內頭水中也顉頫低頭也頓𩠐下首也頨頭妍也䫌傾首也頗頭偏也
縣到首也𩕢大醜皃頦歒婎娸𩓦亞醜也婓醜皃醜可惡也頌皃也
貌頌儀也儀當作義色顏气也脃面䫎也䫎權也此權轉注面顏前也酺頰也
頰面旁也輔人頰車也𦢃頰肉也𦣝頷顄也顄頤也𦣞廣頤也碩曲頤也
𩑶短面也頷面黃也顑飯不飽面黃起行也脜面和也醮面焦枯小也顇醮顇
也𩔇面不正也䫙面目不正皃黶面中黑子也黳小黑子也赧面慙赤也黥墨刑
在面也皰面生熱气也皯面黑气也亢人頸也頸頭莖也脰領項也項頭後
也煩項枕也頣頰後也頡直項也敞直項皃𦣹自鼻也頞鼻莖也鼻

引气自畀也洟鼻液也噴鼓鼻也歙縮鼻也𪖐蹴鼻也齅以鼻就臭也鼾
眉齂臥息也鼽病寒鼻窒也嚏悟解气也劓刑鼻也耳主聽也耴耳垂
耽耳大垂也聑小垂耳也聸垂耳也耼耳曼也耿耳箸頰也聏耳門也聊耳鳴
也聛聵聾也聾無聞也聳生而聾也聉無耳者也明墮耳也聥張耳有所聞也
聞知聲也聽聆也聆聽也聰察也此察轉注刵斷耳也目人眼也眼目也眥
目匡也睫目旁毛也矏目旁薄緻宀宀也盱盧童子也矑目童子精也䀠目圍
也眏鼻目閒皃眇一目小也睉目小也瞷戴目也瞏兒初生瞥者瞥目翳也
眵目傷眥也一曰蔑兜蔑目眵也眼目病也督目痛也䁝目陷也瞍目衺也

蔑勞目無精也覾目赤也䁞目蔽垢也眯艸入目中也睽目不相聽也睶謹鈍目也背瞀睥睃大目也睴大出目也睍出目也睔目大也瞞平目也眢深目也盱目多白也眅多白眼也瞷目深皃娃圝深目皃瞖短深目皃眚目病生翳也瞀眣也眣眺眢目不正也瞥小兒白眼也盲目無牟子也瞽目但有眣也瞍無目也睼迎視也睯相省視也夐瞜覣大視也䀸眪眙覿直視也睍眄覛衺視也瞯窺小視也䁜司視也盼恨視也覼很視也覞並視也䚌覣好視皃覞旁視也親笑視也覤覦內視也䙼察視也朙左右視也傒左右兩視也窺正視也瞫深視也一曰下視也娟相視也睸閔低目

說文通訓定聲　釋親　坒

視也睯氐目謹視也昒目冥遠視也瞏目驚視也瞴瞴婁微視也眪蔽人視也瞥轉目視也睠失意視也矘目無精直視也睇目小衺視也瞗目孰視也睗目病視也眽目財視也眮瞋目顧視也眈視近而志遠也䁣視而止也逭相顧視而行也覭病人視也頤舉目視人皃顡倨視人也睌睌瞀目視皃眂睊眂皃䁝視高皃睒暫視皃睹儥昃見也俔閒見也按當作閒見䁭財見也見診臨省視也視瞻也瞻臨視也覽觀也觀諦視也䚄外博眾多視也覽注目視也覾下視深也䙹私出頭視也瞢視不明也眷顧也顧還視也覦視誤也䙴䙿視遽皃䁥竊見也窺穴中見也覭目有察省見也瞟瞭也瞭督察也覹小見也覯遇見也䚎召見也

丏杳不見也䁗蔽不見也䙷蔽不相見也靦面見也䀡眄也眄目偏合也睩目睞謹也睞目童子不正也瞥巡目也𥄎舉目使人也眩目無常主也盼詩曰美目盼兮覷竊也眝長眙也眔目相及也曹眛眛瞢目不明也瞯目動也瞑翕目也睯目無明也矔目多精也瞵目精也眊目少精也盱眝盱瞋張目也䁩恨張目也睢仰目也旬目搖也睉目順也眕目有所恨而止也瞜目相戲也眏滑目也𥄶捎目也䀠舉目驚䀠然也䁯童矇也一曰不明也當作僮冢𥄉宀宀不見也瞚目開闔數搖也䙹䙼暫見也䙺覷䙺也䫀眛前也看睎也睎闞望也巨望遠合也卬望欲有所庶及也望出亡在外望其還也闚閃也閃闚頭門中也睡坐寐

說文通訓定聲　釋親　望

也䚋顯也當作䫛䙷覼闚觀也覷拘覷未致密也覡䙼司人也此司轉注覹司也口人所以言食也喙口也噭啜噣噬喙也谷口上阿也吻口邊也嚾大口也凵張口也咼口戾不正也瘑口咼也疾瘍也嚨喉也喉嗌咽也咽嗌也餐吞也吞噲嗢咽也此咽轉注咀含味也马念嘾也嘾含深也含嗜嗛也嗛口有所銜也㗱噍也噍齮齕齰䶜䶢齦齧也齺齰也齧噬也噬啗也啗食也此食轉注齩齧骨也𪘲齒分骨聲也䶤齧骨聲也䶧噍聲也䶮噍堅也噂噍兒啖噍啖也啜嚌嘗也嘗口味之也哺哺咀也歉歁食不滿也饎口滿食也䭕嘰也嘰既小食也卽卽食也飽餶猒也猒饒飫飽也噫飽出

息也。嚛食辛嚛也。啐小飲也。嚵小啐也。吮欶也。欶潭吮也。唾口液也。次慕欲
口液也。喝㵣也。㵣欲飲也。歍歃口相就也。殼歐皃。𣤶歐也。歐吐也。吐寫也此寫
轉注。哯不歐而吐也。潭飲歠也。䑛厥欱飲歃歠也。渳歠飲也。漱盪口也。
旡飲食气屰不得息也。噎飯窒也。唫口急也。噤口閉也。歁堅持意口閉也。瘖不能
言也。𣤻且唾聲。嘂訆大呼也當作謼。嘳咦大嘑也。叩驚嘑也。籲囂嗷呼也。
當作嘑。叫號嘑也。嘑唬諕號也。謦痛呼也。譊恚呼也。譁嘮呶讙也。讙
譁也。咢譁訟也。聒讙語也。咆嗥也。嗥咆也。㗊衆口也。噱唪咥大笑也。𣤻
小笑也。㰮指而笑也。歋人相笑相歋瘉也。啞唏謓笑也。欦含笑也。弞笑不壞顏

說文通訓定聲 釋親 四三

也。听笑皃。欨笑意。咳小兒笑皃。呱瘖小兒嗁聲也。啾喤小兒聲。咺唴咷
喑兒泣不止也。噂聚語也。謐靜語也。聶附耳私小語也。競彊語也。謜徐語也。
咠聶語也。嘐誇語也。唊妄語也。敱詆也。呧呰詆叱訶也。訶大言而怒也。
啇語相訶歫也。嘖吒也。吒噴也。吹噓也。噓吹也。欨吹也。欻有所吹起也。吹歔出气
也。歑温吹也。唌語唌嘆也。嘅嘆也。嘆吞歎也。歎歗呻吟也。吟嚴唸吚
呻也。㞊恫呻吟也。唱導也此導轉注。咄相謂也。謂報也此報轉注。哽語爲舌所介也。
欭嚘也。嚘語未定皃。唯諾也。唉諾應也。應當也此當轉注。謦欬也。欬屰气也。歔
欷也。欷歔也。誂致言也。許聽言也。讎猶譍也。仇讎也。㤹怨仇也。敵仇也。疋

記也。記疏也當作諝。諷誦也。誦諷也。讀誦書也。訓說教也。誨曉教也。譔專教
也。令發號也。誾和說而諍也。誓約束也。諫餔旋促也。諺傳言也。講和解也。
謄迻書也。訒頓也當作鈍。謷不省人也。詐慙語也。診相怒使也。諜相誤也。詘
詛譸詶也。詶譸也。誃離別也。𧩼語相反𧩼也。誻𧩼誻也。謘語諄謘也。訬訬擾
也。譙譟也。譟擾也。撓擾煩也此煩轉注。訏詭譌也。謈大呼自冤也。讕詆讕也。
對應無方也。詈罵也。罵詈也。言直言曰言論難曰語。說談說也。𠱥讘唆謧詍
呭詹嗑多言也。噧高气多言也。讕嗑也。謞譶疾言也。婳疾言失次也。昌
美言也。譌妄言也。訞夢言也。諓善言也。誩競言也。讂流言也。䨻衆言也。

說文通訓定聲 釋親 四四

唐吴詡訏大言也。詿誤也。誤謬也。謬狂者之妄言也。譌譌言也。讋失气言也。
諞便巧言也。思疾利口也。譠往來言也。哤哤異之言也。嘖野人之言也。詢小兒未能
正言也。詁訓古言也。話合會善言也。𦔮詞之𦔮矣。吃言蹇難也。欽口不便言也。吶
言之訥也。訥言難也。謵言謵讋也。說言相睨司也。詗知處告言之。譑言壯皃。訇
駭言聲。㬎衆口皃。嚴教命急也。㖃厚怒聲也。哼口气也。吞高气也。嗔盛气也當
作𢦔气。嚱气悟也。歇气越泄也。㛟少气也。歂口气引也。喟大息也。欠張口气悟
也。㰦欠也。欽𣤶欠皃。𣢾歕吹气也。歟安气也。歙翕气也。卤气行皃。丂
气欲舒出𠃑上礙于一也。亏反丂也。勇義气也。虧气損也。懾失气也。齘口斷骨也。

齗齒本也。齯老人齒也。齨老人齒如臼也。齔毀齒也。牙牡齒也。𤘅虎牙也。⿰齒豈⿰齒离也。牙⿸厂齒䶠齒差也。顩䶠皃。齱齵也。齵齒不正也。齹齒參差也。⿰亻齒齒差跌皃。齺齒搚也。齤齾缺齒也。齤曲齒也。𤘘齒蠹也。齳無齒也。⿰齒巨齗腫也。⿰齒賁齒相值也。齜齒相齗也。齘齒相切也。齞口張齒見也。齜開口見齒之皃。⿱𢆶齒⿰齒干齒見皃。⿰齒吉齒堅聲。⿰齒所齒傷酢也。⿰齒出齚齒也。⿰齒卒齰齚也。舌在口所以言也別味也。函舌也。㐁舌皃。舓以舌取食也。脣口耑也。胗脣瘍也。⿱殸月厚脣皃。肩髆也。髆肩甲也。髃肩前也。骿并脅也。⿰骨厥臀骨也。骺骨耑也。髓骨中脂也。⿰骨易骨間黃汁也。⿰骨更食骨留咽中也。肌肉也此肉轉注。臚皮也。腎水藏也。肝木藏也。脾土藏也。肺金藏也。

肓心上鬲下也。心人心火藏在身之中。臟五藏總名也。膽連肝之府。胃穀府也。脬膀光也。腸大小腸也。腴腹下肥也。脽尻也。⿰月夬孔也當作空。噭吼也當作口也孔也。尼從後近之也。⿸尸又柔皮也。⿸尸辰伏皃。膺胷也。匈膺也。脘胃府也。肊胷骨也。脅兩膀也。膀脅也。脟脅肉也。肋脅骨也。胂夾脊肉也。胅骨差也。膜肉間胲膜也。⿰月弱肉表革裏也。手拳也。又手也。拳手也。掌手中也。𠂇左手也。臂手上也。厷臂上也。肘臂節也。孑無右臂也。孓無左臂也。亦人之臂亦也。掖臂下也。胳胠亦下也。掔手掔也。指手指也。拇將指也。撝手指也。叉手指相錯也。𦥑叉手也。㕚手足甲也。爪丮也。丮⿸厂手挈械斂夾持也。持把擭捉扮握也。掔掔握

也。握搤持也。搤捉也。捉搤也。攫爪持也。擥撮持也。撣提持也。抨撣也。据戟挶也。挶戟持也。攎挐持也。⿰手戠理持也。抪捫持也。挾俾持也。捫撫持也。搏索持也。據杖持也。攝引持也。⿰手冉并持也。挈縣持也。拑脅持也。揲閱持也。摯握持也。操把持也。拔從旁持也。捦急持衣裣也。摳摳衣升堂也。掖以手持人臂也。攲持去也。攜提也。提挈也。抳掊把也。捽持頭髮也。批抑捽也。⿱此手搣頰旁也。搣批也。揃搣也。撮兩指撮也。掬𠬪穧撮也。摕撮取也。捾搯捾也。搯捾也。挐牽引也。抓拈也。拈抓也。搦按也。擪一指按也。按下也此下轉注。⿰手百拊也。拊揗也。⿰手扁撫也。撫循也當作揗。揗擘剴摩也。摩研也當作⿱麻手。扔因也當作⿰手因。⿰手因就也

當作造。挻長也此長轉注。⿱隹手擁也。擁抱也。摧挏也。挏擁引也。抱引取也。擿搔也。搔括也當作刮。扴擖刷刮也。刮掊把也。搳擖也。𠬞竦手也。捧奉也。侍奉承也。承奉也受也。巹謹身有所承也。⿱夭廾兩手盛也。拔擢也。揠挺拔也。搣抽也。抽擢揄導引援引也此引轉注。搐蹴引也。⿸疒手引縱也。捾援也。⿰手叟相援也。撎舉首下手也。揖攘也。攘推也。捘捼勱推也。推勃排也。排摧抵擠也。擠排也。拹拉也。拉挫摧也。拱斂手也。撿拱也。揖手著胷也。拜首至地也地當作手。⿰手市攉也。攉拭也當作敂。招手呼也當作評。异⿱𠂆廾舉也。撟舉手也。揭高舉也。抍上舉也。舁共舉也。掀舉出也。振舉救也。爯并舉也。竭負舉也。舉擧對舉也。扛橫關對舉

也拓擽叔拾也拾掇也掇拾取也投擿也敲橫擿也擿投也摘指近之也
朵捋取也寽五指捋也捋取易也𠝹剌也椎擊也按所以擊之具笪笞也肇敄
椓攻敂刜笞斫伐擊摽挌擊也擊攴也攴小擊也盭引擊也擊
旁擊也扚疾擊也抶笞擊也抵側擊也毆繇擊也搉敲擊也撓中擊也
摷拘擊也拂過擊也抌深擊也鐘伐擊也擊傷擊也斫柯擊也祀挹擊
也批反手擊也捶以杖擊也揣捶之也抰以車鞅擊也捰衣上擊也捭兩手擊也
㱿從上擊下也炈下擊上也毃擊頭也挨擊背也撲挨也𢧵擊踝也衛以竿
擊人也敲擊連也㱏縣物㱏擊也毄相擊中也毆擊中聲也𣪠榜也此榜轉注殿

擊聲也㱿擊空聲也豛椎擊物也毆捶毄物也段椎物也抲擘撝也撝捇裂也
摶圜也此圜轉注𣪊揉屈也築擣也擣築也擣手椎也搑推擣也按謂橫撞撞
丮擣也檇以木有所擣也朾撞也㨉手推之也撓擾也捄盛土于梩中也拮手口共有
所作也搰掘也掘搰也撈掩也掩斂也小上曰掩拼扶也攣係也係絜束也括
絜也絜麻一耑也拚拊手也挼兩手相切摩也掎偏辟也揮奮也此奮轉注摳
繑也當作撟攐摳衣也摛舒也舒伸也伸屈伸也扐易筮再扐而後卦也撩理也
此理轉注插刺內也撖刺之財至也拒給也揣量也此量轉注挑撓也挑擽也摘
拓果樹實也摟曳聚也捪摹也摹規也此規轉注摵當也此當轉注捎凡取物之上者

為撟捎也擩染也此染轉注擭擊擭也擘擊擭不正也撟擅也擅專也當作嫥失
縱也此縱轉注挩解挩也挹抒也抒挹也抯挹也攫扟也扟從上挹也擐貫也當作毌
搄引急也搳撻也撻鄉飲酒罰不敬撻其背㩓拳勇也捲气勢也撚執也此執
轉注撚蹂也挂宜也當作縣拖曳也曳臾曳也捈臥引也抴捈也厂抴也擨
以手有所把也搵沒也此沒轉注搜求也換易也當作傷扞指麾也掫夜戒守有所擊
也拲兩手同械也𢍏摶飯也𢍃持弩拊也巩褢也褢褎也褎俠也當作夾聿
手之疌巧也擭布擭也按借為蒦𠬪物落上下相付也受相付也攕好手皃掔
人臂皃匊在手曰匊匐伏地也疋足也足人之足也跟足踵也當作踵踵足跟也

踝足踝也跖足下也厀脛頭卪也卷厀曲也髕厀耑也髖厀脛間骨也骭
骹也骹腳脛也脛胻也胻脛耑也骸脛骨也腓脛腨也腨腓腸也踤脛肉
也膀股也股尻髀也髀股外也髖髀上也髁髀骨也跂足多指也胲足大
指毛也僂尫也尫尫曲脛也踦曲脛也蹩跛也違尳蹇也跛尥行不正也癶
足剌癶也骫骨耑骫奊也𠙷骫曲也𤸇厀中病也尵厀病也尪股尪也蹁足不
正也躠蹩足也踦一足也踒足跌也跌踼也踼跌踼也跣足親地也蹢足垢
也跔天寒足跔也了尥也尥行脛相交也交交脛也企舉踵也趬舉足也
跽長跪也跪拜也此拜轉注跛足排之也跧蹴也蹴躡也躡蹈也蹈蹋跐屮

躩踐也踐履也此履轉注䟫輕足也行人之步趨也夊行遲曳夊夊也涉徒行厲水
也复行故道也辵乍行乍止也夒和之行也侁儦㤅趣趥躅趄趑趞
迹邋𨘢𢕟衙躍躩行皃冘淫淫行皃步趨延行也趯行聲也踖長脛
行也蹻舉足行高也䟺步行獵跋也圛回行也徎徑行也逞疾行也彶急行
也遲徐行也邌徐也䞢徐安行也遭邐行也䟷直行也趚側行也從
隨行也𨒛正行也迟曲行也廴延長行也迆袲行也微隱行也徬附行
也趵獨行也𢓜邁違行也徒步行也趒雀行也㚘並行也甬手行
屆行不便也俟踧行平易也邌行邌徑也䞯行䞯趚也彴行示也邀恭敬行也趛

說文通訓定聲　釋親　旲

低頭疾行也赾很遴行難也𧼯退行遲也趧輕行也俄行頃也儺行有
節也趬行輕皃踽疏行皃衎行喜皃巡視行皃嫿曲肩行皃慶行賀人也躄
人不能行也迦迦互令不得行也䙴驚不行也䙆樊也得行有所得也按得當作㝵趕
止行也跇述也迣遵徼循也循行順也𨓊礙不行也䞷不行皃也蹢住足
躩足躩如也耇老人行才相遠也彝倏趨䞝趙趯趡趑走也走赴越
超也䞘急走也趫狂走也䞃走輕趨趯趫趨趫趨走意也趬蹇
走皃趯走顧皃驤驚走也趯大步也蹐彳小步也亍步止也趌半步
後衙迹也迹步處也䠞踐處也徛舉脛有渡也趴皃趚越蹲夋踤踞也

踞蹲也異長踞也趁趨也䞡趁也𧽾超也特䞣距也當作歫趩留意也趯
趨進也趨趯喪辟趨也癹以足蹋夷艸也跨渡也䟦淺渡也踤觸也此觸轉注踏
也跋跋進足有所擷取也蹸轢也午跨步也舛對卧也夗轉卧也踵相迹
䟿蹠也蹠跳也跳躍也躍迅也超踊蹶踰踊也跳趯也踊歫也超歫
趫善緣木之才也越緣大木也赳輕勁有才力也趌蒼卒也趑趄疑之等而去也趑肖
骨肉相似也肖子孫相承續也胄也肖艷色如也艷也艶標色也䐉卧也胑體四胑也
膻肉膻也𣎴血理之分衺行體中者也軀體也體總十二屬也義己之威儀也尸
陳也象卧之形也要身中也躬身也身躬也𠂤歸也此歸轉注呂脊骨也痀𦜏

說文通訓定聲　釋親　平

曲脊也背脊也脢背肉也𦙶脊也背呂也骨肉之覈也肎骨間肉肎肎箸也力
筋也筋肉之力也䈥筋之本也筋手足指節鳴也歺列骨也肎骨無肉也冎剔人肉置
其骨也𩪬比人也臍也膍也臍𧊒也䘓汚血也𣪠去陰之刑也屍人小便也奎兩髀
之間也窌入脈刺穴謂之窌也也女陰也𡖐𠉢大腹也肥多肉也腰人盛肥也臞
少肉也癯瘦也黑腊𦠆臠瘦也臞脫消肉臞也膌瘦也胥骸也腄瘢胝
胝腄也肬贅也當作綴瘤也飾創肒搔生創也腃出創肉也反朋也瘢瘢也痍
痍創也𤸇傷也𢦏傷也傷創也膿腫血也液盡也盡气液也汗人液也涕
泣也泣無聲出涕也泫㴠泣下也潸涕流皃沐濯髮也沬洒面也浴洒身

也濫濡上及下也澡洒手也盥澡手也洗洒足也洒概滌也滌洒也娗
女出病也婥瘕女病也㾓瑕也當作瘕癀痦俑痛也倄悠痛聲也痛瘣
疴痛疧瘽瘵瘨瘼瘨癇疝疵瘏瘲痿病也疾病也當爲疒之訓
病疾加也疾亠疴當作疒爿也㾑癹也癈固病也瘁寒病也痋動病也瘍目病
也疛俛病也痱風病也痔後病也痹溼病也痿痹也羸瘻也𤺊跛病也
疢熱病也痳疝病也疝腹痛也疲癉勞病也疸黃病也癃罷病也罷當作
疲痁久病也㾜病息也疫病劣也瘉病瘳也瘳疾瘉也瘥瘉也疛腹中
急也瘨腹張也疛小腹病也蠱腹中蟲也瀿腹中有水气也痟臧頭痛也煩熱頭

痛也䫜繫頭殟也疕頭瘍也瘍頭創也痒瘍也癬乾瘍也瘻頸瘤也瘤癰
腫也痤小腫也瘣腫旁出也腫疽癰癰也瘻頸腫也疚頎顛也顛頪顫
頭不正也癭滿也此滿轉注瘀積血也衄鼻出血也㾜屰气也痵气不定也瘴气不足
不至也瘜寄肉也痂疥也疥搔也此搔轉注癘惡疾也瘧熱寒休作也痁有熱
瘧也痎二日一發瘧也瘍惡气箸身也瘃中寒腫覈也䠓瘃足也瘇脛气足腫也
㾫半枯也疻毆傷也痏疻痏也痤族絫也癘創裂也疿皮剝也痕胝瘢
也痙彊急也瘍脈瘍也㾕狂走也瘛小兒瘛瘲病也按許書無瘲瘛瘲卽瘈縱也
疫民皆疾也瘢劇聲也㾘散聲也劀刮去惡肉也剽砭刺也砭以石刺病也

劙剝也瘌癆藥毒痛也療治也當作理醫治病工也㝱寐而有覺也寐寑臥也
臥休也此休轉注寎病臥也寤覺寤也寤寐覺而有言也寢寐也寐寐而厭也寱
孰寐也寣臥驚也㾓臥驚病也寱瞑言也寤晝見而夜瘳也𢡃寱言不慧也僡
終也屍終主偶相人也弔問終也閔弔者在門也唁弔生也薧死人里也薨
公侯卒也𣨛大夫死也殙瞀也當作眊殰殟胎敗也𦵉死宋薨也殯死在棺將遷葬
柩賓遇之殤不成人也殣道中死人人所覆也殠腐气也朽腐也腐殨爛也此爛轉注
𣧑戰死而復生也𣧇棄也此棄轉注桀磔也磔辜也當作殆刑剄也剄刑也轘車裂
人也魂陽气也魄陰神也魅厲鬼也魖耗鬼也魃旱鬼也鬾小兒鬼也鬽

老物精也䰡魖鬼也𩴃鬼也俗傀鬼變也甶鬼頭也彔見鬼彪皃僊長生僊去
也仚人在山上眞僊人變形而登天也偓偓佺也佺偓佺仙人也

釋宮

宮室也房室在旁也奧室之西南隅也宧室之東北隅食所居𡪿房室之疏也屋家
宋居也當作尻寵尊居也宭羣居也廛少劣之居也營市居也寁居之速也
宀交覆深屋也宸屒屋宇也宇屋邊也寷大屋也龐高屋也宕洞屋也
層樓重屋也宬屋所容受也㝗康也康屋康㝗也廔屋麗廔也㡯開張屋也㢋
廣也廣殿之大屋也宥寬也寬屋寬大也庶屋下眾也广因广爲屋也廙行屋也
宖屋響也宏屋深響也屚屋穿水下也廢屋頓也㢃屋迫也庳屋庳也席
卻屋也當作卻屋㢗屋從上傾下也𢋈屋階中會也寪屋皃墻垣蔽也堵壁垣也

寏周垣也埒卑垣也垝毀垣也垣廦牆也序東西牆也坑牆高阯也
基也基牆始也栽築牆長版也牏築牆短版也榦築牆耑木也厽絫拔土爲牆壁
也垒絫墼也庉樓牆也際壁會也隙壁際孔也臬際見之白也堨壁開隙也
阽壁危也牖穿壁以木爲交窗也䍦牖中网也向北出牖也囪在牆曰牖在屋曰囪也
窗通孔也囧窗牖麗廔闓明也𤕟門戶疏窗也閈門也開闔門扇也闔屋
閉也閉闔門也閟闇閉門也閾限門榍也閫橜門梱也梱門橛也榍
限也此限轉注闑門也一越楯闌檻也櫺楯間子也閑闌也橫闌木也柎闌足也
棖門樞也楣門樞之橫梁也楗限門也闕門觀也閞門欂櫨也鋪著門抪首也

閤門旁戶也槏戶也樞戶樞也宦戶樞聲也樀戶樀也植戶植也扉戶扇也
扇扉也閣所以止扉也閨特立之戶上圜下方也窬穿木戶也扆戶牖之閒也闈
宮中之門也閎巷門也閈閭里門也閻里中門也闠市外門也闉城曲重門也
闍闉闍也闒樓上戶也關以木橫持戶也閼外閉也扃外閉關也闟關下牡也摽
挈闟牡也柤木閑也槍歫也此歫轉注謂所以歫門者鐶所以鉤門戶樞也竲北地高樓
無屋者也樔澤中守艸樓也穴土室也盜地空因以爲土穴也窌窖也窖地藏也窨
𥨌地室也竁穿地也甃井壁也堀突也堪地突也當作地突突竈突也竈
炊竈也窯燒瓦竈也坄陶竈窗也倉穀藏也廩穀所振入也囷廩之圜者也庫

兵車藏也帑金幣所藏也府文書藏也庾水漕倉也一曰倉無屋者宣天子宣室也廱
天子饗飲辟廱也庠禮官養老殷曰庠也泮諸侯饗射之宮西南爲水東北爲牆寺廷也廷
朝中也位列中庭之左右也扁署也署部署有所网屬也庭宮中也廇中庭也
廞陳輿服于庭也闌妄入宮掖也客寓侂託廬寄也寄託也館客舍也舍
市居也市買賣所之也曹獄之兩曹也在廷東棘二東也㰟司空也囹獄也圉
囹圄所以拘辠人也圉守之也敔禁也此禁轉注陛牢也此牢轉注埍女牢也𥧌四突
出也埍徒隸所居也埍亭部也废州舍也庳中伏舍也庖廚也廚庖屋也廄
馬舍也廥芻稾之藏也圈養畜之閑也塒雞棲垣也圂廁也廁清也此清轉注困

故廬也 廛一畝半一家之居也 藩屏也此屏轉注 屏屏蔽也當作屏蔽 庰蔽也此蔽轉注
簾堂簾也 櫎帷屏之屬 堂殿也當作凥爲轉注 柧柧棱殿堂上最高之處也 廎小堂也
廡堂下周屋也 庌[illegible]廡也 垛堂塾也 埻射臬也 極桴宋棟也 甍屋棟也
棟極也 檼棼也 棼複屋棟也 柱楹也 楹柱也 榕欂櫨也 欂壁柱也 櫨柱上枅也
枅屋櫨也 栵栭也 栭屋枅上標也 樘衺柱也 榰柱底古用木今以石 橑榱椽也
棟短椽也 椽桷榱也 檐梍也 梍梠也 梠楣也 楣櫋屋櫋聯也 产屋梠也 榮
屋梠之兩頭起者 橝屋梠前也 闟樀也當作榜借爲鬣字 笮在瓦下棼上 㡿屋牝瓦下
構蓋也此蓋轉注 葺茨也 茨以茅葦蓋屋也 槾杇也 杇所以涂也 墍垷墐污涂也

皆涂別義 墍仰涂也 堊白涂也 墀涂地也 [illegible]墀地以巾㧉之也 廉仄也此仄轉注
陛升高階也 階陛也 除殿陛也 阼主階也 陔階次也 梯木階也 坫屏也當作
坪 霤屋水流也 臺觀四方而高者也 篽禁苑也 苑所以養禽獸也 駉牧馬苑也 騅
苑名 囿苑有垣也 囿禽獸日囿 園所以樹果也 圃種菜曰圃 柵編豎木也 杝落也當作
絡爲轉注 篳藩落也 庇蔭也此蔭轉注 庢人相依庢也 窕深肆極也 庤儲置屋下也
廇久屋朽木也 壼宮中道也 術邑中道也 衖里中道也 䢽鄰道也 街四通道也 衢
四達謂之衢 逵九達道也 衝通道也 衕通街也 路道也 徑步道也 道所行道也
闠閫門也 閘開閉門也 閌閬也 閬門高也 閘門傾也 闢開閉門利也 闔門聲

也 閾門響也 閒隙也此隙轉注 閼遮擁也 閱具數于門中也 闕事已閉門也 梐
梐枑也 枑行馬也 棚棧也 棧棚也 城以盛民也 墉城垣也 𩫖民所度居也 堞
城上女垣也 隖庳城也 塢保也高土也 隓敗城阜也 亭民所安定也

釋器

豆古食肉器也。梪木豆也。籩竹豆也。豋豆屬。豐豆之豐滿者也。豊行禮之器也。
𢍺爵禮器也。俎禮俎也。且薦也當作荐。𥂎黍稷方器也。簠黍稷圜器也。槤胡槤也。
盛黍稷在器中以祀者也。簝宗廟盛肉竹器也。彝宗廟常器也。尊鐙鍾酒器也。
鈃似鍾而頸長。斝玉爵也。豑爵之次弟也。鬯以秬釀鬱艸芬芳攸服以降神也。
𩰪秬鬯也。觚鄉飲酒之爵也。觚觴受三升者。觶鄉飲酒角也受四升。觛小觶也。
觴觶實曰觴虛曰觶。觵兕牛角可以飲者也。匵小桮也。桮匵也。笿𥮾桮笿也。𣪠
盛觵卮也。卮圜器也。𠨬小卮也。𠨭小卮有耳蓋者。櫑鬼目酒尊。椑圜榼也。榼酒器

說文通訓定聲　釋器　卅七

也。茜榼上塞也。昏塞口也。器皿也。皿飯食之用器也。筐飯器筥也。筲飯筥也。𤰈
竹筥也。筥箱也當作箱。筲飯帚也。筲箸筩也。𥮾盛箸籠也。盧飯器也。𥬝𥬝盧
飯器也。瓦土器已燒之總名也。坏瓦未燒也。㱿未燒瓦器也。殼素也此素轉注。旊周家
搏埴之工也。缶瓦器所以盛酒漿也。𦉪𦈸䍃𦉘瓦器也。𦈣小缶也。𦈡下平缶也。
盎盆也。盆盎也。甌鋗小盆也。𥂕小甌也。匬甌器也。瓵甌瓿也。瓿甂也。甂
似小瓿大口而卑用食。瓮𤭛罌也。甾罌缶也。瓨似罌長頸受十升。缸瓨也。甀小口
罌也。罏𦉥也。甈康瓠破罌也。𠛱缺也。缺器破也。缾罋也。罋汲缾也。罃備火長頸
缾也。瓴鋭似瓶也。鈛盌小盂也。盂飲器也。壺昆吾圜器也。盜拭器也。盪滌器

也。盨檳盨負戴器也。銗受錢器也。匯㼫珣鉶𧇾盬𥁬𥁕盪器也。械有盛
爲械無盛爲器。匳𠚔匰古器也。䖒古陶器也。罄器中盡也。盡器中空也。盅器虛
也。甄匋也。匋瓦器竈也。𤬪治橐榦也。瓪敗瓦也。𤮐瓬甗也許書無甗。墼瓴適未燒
也。㼢瑳垢瓦石也。㼱蹈瓦聲也。鍥𠛎鎌也。鎌鍥也。鉊剴大鎌也。銍穫禾短鎌
也。鈂鉇臿屬。鐅臿頭金也。梠臿也。鉵鑼梠屬。苿兩刃臿也。𣛭苿臿也。𣁋小舂
也。臿舂去麥皮也。錢銚也。銚鏄𠥬𠥢𢦔田器也。钁大鉏也。鉏立薅斫也。
橿鉏柄也。槈薅器也。䃴櫡櫔斫也按謂斫之具。鏺兩刃木柄可以刈艸。鐯鈐鐯
也。鈐鈐鐯大犂也一曰類梠。楎六叉犂也。楎犂上曲木犂轅。櫌摩田器也。杷收麥器也。

說文通訓定聲　釋器　卅八

柫擊禾連枷也。枷柫也。𣂁爾雅疀也古田器。疀𣂁也田器。椴種樓也。𣗪燒麥
柃殺也。耒手耕曲木也。枱耒耑也。䎙冊叉可以劃麥也。蕢艸器也。网結繩以田
以漁者也。罨罕也。罜罟也。罕罟羉𦋺罿网也。畢田网也。罾罽魚网也。罪
捕魚竹网也。罩捕魚器也。罛魚罟也。籗罩魚者也。罶曲梁寡婦之笱也。笱曲竹捕魚
笱也。罧積柴水中以聚魚也。罠釣也。釣鉤魚也。緍釣魚緐也。繳生絲縷也。𢿸繳𢿸
也。隿繳射飛鳥也。𦌾覆鳥令不飛走也。率捕鳥畢也。羅以絲罟鳥也。罬罦捕鳥覆車
也。𦌰罿也。罿罬也。罻捕鳥网也。𧥄𧤝隿射收繳具也。磻以石箸隿繳也。𥸃隿射所蔽
者也。矰隿射矢也。罟兔罟也。罝兔网也。冞周行也。篝鳥籠也。衮天子享先王卷

龍繡于下幅一龍蟠阿上鄉。裳下帬也。帬下裳也。纀裳削幅也。袗元服也。表上衣
也。裏衣內也。但裼也。裼但也。袍襺也。襺袍衣也。複褚衣也。襦㬻衣也。袷
衣無絮也。褋禪衣也。禪衣不重也。褺重衣也。褻私服也。衷裏褻衣也。衵日日所常
衣也。襜衣蔽前也。裘皮衣也。䙱裘裏也。褕翟羽飾衣也。䙓丹縠也。飾褖飾也。
襋衣領也。襮黼領也。褸褽衽也。裣交衽也。衽衣裣也。恁下齎也。䙌裣緣
也。𧘝襲袂也。襲左衽袍也。𧜗衣躬縫也。裻背縫也。衿衣系也。緣衣純也。徽
衺幅也。袪褎衣袂也。袂褎袖也。袤衣帶以上也。襘帶所結也。袥衣衸也。衸
袥也。袉裾也。裾衣袍也。裔衣裾也。褒衣博裾也。褍衣正幅也。袳衣張也。襑衣博
大也。褊衣小也。𧟀衣至地也。袁裴衯長衣皃。襡襦𧝓短衣也。複褈重衣
皃。襛衣厚皃。𧞣新衣聲也。衹衹裯短衣也。裯衣袂衹裯按袂疑敝之譌。襤裯謂之襤
褸襤無緣也。褕襜褕直裾也。裋豎使布長襦也。褞編枲衣也。衰艸雨衣也。萆雨衣也一
曰衰衣。褐粗衣也。褮縈也此縈轉注。𧛱無袂衣也。㡜無緣衣也。袒衣縫解也。裎臝
袒也當作但此但轉注。㡏正褍裂也。𢁝幓裂也。𢅤殘帛也。裂繒餘也。㡀敝敗衣
也。𧝊敝衣也。黹箴縷所紩衣。襁負兒衣也。緥小兒衣也。褯緥也。䙔次裹衣也。裺
褗褔領也。絬論語曰絬衣長短右袂。緛衣戚也。衦摩展衣也。黬羔裘之縫也。緎
紑白鮮衣皃。襞韏衣也。𧟟緶也。緶緁衣也。緁緶衣也。幪蓋衣也。幭蓋幭也。

褫奪衣也。褚卒也。卒隸人給事者衣有題識也。𧙊蠻夷衣也。縗服衣長六寸博四寸直心。
襚衣死人也。裞贈終者衣被曰裞也。褮鬼衣也。鬾鬼服也。制製裁也。裁制衣也。
褚製衣也。箴綴衣箴也。鍤郭衣鍼也。銛鍤屬。鉥綦鍼也。鍼所以縫也。鈹大鍼也。
鎩鈹有鐔也。鐕可以綴箸物者。揩縫指揩也。縫以鍼紩衣也。紩縫也。𧝮紩衣也。組
補縫也。繕補也。補完衣也。湔手澣之。澣濯衣垢也。濯涑澣也。襭以衣衽扱物也。
袺執衽也。衺襢也。襢褱也。褱夾也當作夾。袌褱也。襄解衣耕也。褘袚蔽厀也。
襗褰絝也。絝脛衣也。繑絝紐也。襱絝踦也。袑絝上也。帴婦人脅衣也。縛
薉貉中女子無絝以帛爲脛空用絮補核曰縛衣。韤足衣也。褐編枲韤也。衧諸衧也。帶
紳也。紳鞶大帶也。佩大帶佩也。囘佩也。觿佩角銳耑可以解結。觹觿也。綬韍維也。
縌綬維也。組綬屬。綎系綬也。緄織帶也。繟帶緩也。韍韠也。韠韍也。韐士無
韍有韐制如榼缺四角爵弁服其色韎賤不得與裳同司農曰裳纁色。帗一幅巾也。帴敝帗也。
巾帨佩巾也。帉大巾也。幣禮巾也。幏覆衣大巾也。幘髮巾也。㠾枕巾也。
帤巾帤也。帤敝巾也。褔頭褔也。帔幓帤也此帤轉注。褿幓也。帕帍領耑也。
賏嬰頸飾也。㬝頸連也。冕大夫以上冠也。弁冕也。紞冕冠塞耳者也。纓冠系也。
紻纓卷也。緌系冠纓也。紘冠卷也。纚冠織也。俅冠飾皃。冠弁冕之總名也。䯤
骨擿之可會髮者。顯頭明飾也。襐飾也此飾轉注。笄簪也。簪首笄也。簦笠蓋也。笠

甃無柄也。冃小兒及蠻夷頭衣也。幝幒也。幒幝也。幗筐當也。幭禪被也。被寢衣也。衾大被也。幬禪帳也。幄木帳也。幢帳柱也。幎幔也。幔幕也。幕帷在上者也。帷在旁者也。㡘帷也。壳幬帳之屬。履足所依也。屨履也。屝履也一曰青絲頭履也。屝屩履屬也。屣履下也。屟履中薦也。𦆦枲履也。緉履兩枚也。跟足所履也。鞔履空也。靸小兒履也。躧舞履也。靲屨鞮也。鞮革履也。鞅鞮鞅沙也。鞠角鞮屬。鞮鞋屬。屩屐也。屐屩也。鞵生革鞮也。黎履黏也。鞁履後帖也。縭以絲介履也。靪補履下也。蘼艸履也。綦不借綼也。楥履法也。車輿輪之總名也。輿車輿也。箯竹輿也。箱大車牝服也。軒曲輈藩車也。輧輜車也。輜輜輧衣車也前後有蔽輧車前衣車

說文通訓定聲　釋器　卆

後為輜。戾輜車旁推戶也。䢓車溫也。茵車重席也。輼輬臥車也。軺小車也。軨軺車輪也。軬軺車後登也。輕輶輕車也。輣軘鈀兵車也。䡴陷敶車也。轈兵高車加巢以望敵也。𧝐車衡上衣也。𨍞衣車蓋也。輂大車駕馬也。輦連車也。軠𨍼一輪車也。輀喪車也。輴下棺車也。欙山行所乘者。軾車前也。鞃車軾也。鞎車革前也。軓車軾前也。輅車軨前橫木也。軨車轖間橫木也。轛車橫軨也。轖車籍交錯也按籍當作牆。輒車兩輢也。輢車旁也。較車輢上曲鉤也。䡊車耳反出也。軺軺車前橫木也。軫車後橫木也。輮車网也。枒車网會也。𨏥車輮規也。燫火煣車网絕也。輪有輻曰輪無輻曰輇也。輇蕃車下庳輪也一曰無輻也。輻輪轑也。轑輻也。轂輻所湊也。釭車轂中鐵

也。輨轂耑沓也。軑車輨也。橾車轂中空也。輥轂齊等皃也。軸持輪也。軎車軸耑也。舝車軸耑鍵也。鍵車轄也。鐗車軸鐵也。輹車軸縛也。軹車輪小穿也。鐊鍱車輪鐵也。軝長轂之軝也。軧大車後也。輐大車後壓也。轐車伏兔也。𨏶車伏兔下革也。䡅車約䡅也。鞶車樘結也。轑蓋弓也。轒車穹隆也。𩋚蓋杠絲也。纗綏也。𦄝維也。維車蓋維也。戾維綱也。綏車中把也。轅輈也。輈轅也。軏車轅耑持衡者。輗大車轅耑持衡者也。暈直轅車轒也。䡨車衡三束也曲轅䡨縛直轅暈縛。鞏車軸束也。𩊽車束也。𥿣車歷錄束文也。靷引軸也。𩍗車下索也。鞥𩋡車具也。鞙大車縛軶靼也。軶轅前也。𩋿軶裹也。𨌲軶軥也。軥軶下曲者。槅大車枙也。轙車衡載轡者。轃大車簀也。紎車紎

說文通訓定聲　釋器　卆

也。鑾人君乘車四馬鑣八鑾鈴象鸞鳥聲和則敬也。鉞車鑾聲也。輯車和輯也。轄車聲也。轟羣車聲也。衘車搖也。轚車轄相擊也。軼車相出也。軋輾也。輾轢也。轢車所踐也。軌車轍也。蹤車迹也。卸舍車解馬也。軵反推車令有所付也。輊抵也。蓳却車抵堂也。軔礙車也。䡦礙也此礙轉注。軭車戾也。𨏨車堅也。軻接軸車也。輟車小缺復合者也。篹治車軸也。幝車敝皃。載乘也當作登。𨐄載高皃。輖重也此重轉注。輸委輸也。輦挽車也。輓引車也。鞁車駕具也。𩋃𩊤車鞁具也。靬鞁內環靼也。篚笭車笭也。櫝車笭中櫝櫝器也。楇盛膏器也。棐輔也。輔人頰車也按木夾車也。箠擊馬也。策馬箠也。笍羊車騶箠也。笘折竹箠也。椯築箠也。鞥轡鞥。靶轡革也。鋚

轡首銅車軜驂馬內轡繫軾前者觼環之有舌者韅著掖鞥也靳當膺也䩸驂具也
鞌馬鞁具也䩕鞌毳飾也鞊鞌飾也絾車馬飾鞈防扞也勒馬頭絡銜也䩉勒靼
也鞅頸靼也乾馬尾乾也䩦乘輿金龍耳也絓乘輿馬飾也綊紅綊也釳乘輿
馬頭上防釳插以翟尾鐵翮象角所以防网羅也飯食也食一米也或說亼皀也皀一粒也
皀穀之馨香也亯飯剛柔不調相箸也饙滫飯也餾飯气蒸也飶食之香也饖飯傷
熱也饐飯傷溼也餲飯餲也䭕炊米者謂之䭕粠陳臭米也粈𩚵糅飯也饡以羹
澆飯也飵餥餂䭡饐相謁食麥也餀食臭也飤糈糧也糧穀食也餱
乾食也餥餱也糒乾飯也餫野饋也餞送去也饔孰食也鬻鬻鍵饘

鬻也鬻鬻鬻鍵也氣饋客芻米也饗鄉人飲酒也飫燕食也飧餔也餔日加
申時食也餯晝食也饎酒食也饛盛器滿皃淅汏米也汏淅澗也澗淅也釋
漬米也湅澗也灡泔潘也滫久泔也潘淅米汁也浚浸洪也滰浚乾漬米也
飴米櫱煎也餳飴和饊者也饊熬稻粻程也糗熬米麥也麷煮麥也麮麥甘粥也
𥹔舂糗也𥻸糜和也饘糜也糜糝也糝以米和羹也餅麪餈也餈稻餅也
餌粉餅也𥻗粉也粉傅面者也米粟實也粱米名也粺毇也毇米一斛舂爲八
斗也糳糲米一斛舂爲九斗粲稻重一秳爲米六斗大半斗也糲粟重一秳舂米一斛也𥻦
惡米也糵牙米也粒糂也糂粒也精擇也粹不襍也幨以囊盛穀太滿而裂也

㡇載米䍇也䍇㡇也𢂚蒲席䍇也䍇𢂚也畚𤭢屬䉒篅也篅判竹圜以盛穀也糴
市穀也糶出穀也亶多穀也稟賜穀也斗十升也斛十斗也𣂁斛旁有庣
升十龠也撮四圭也斠平斗斛也料量物分半也斣相易物俱等也𣂕量溢也
㪷杼滿也斜杼也斞杭斗斛也杭平也此平轉注桶木方受六斗箕簸也簸揚米
去穅也籓大箕也𠧪舂碓也舂擣粟也䅣秳也秳舂粟不潰也䅚潰米也
舀抒臼也臼舂也當作所以舂也䃃舂已復擣之也料斞量也此量轉注積積禾也
䄷百二十斤也秭五稯也秅二秭也𩰲量物之𩰲也杵舂杵也䊳碎也碎
礱研䃺也此䃺轉注磑䃺也䃺石磑也䴭䃺麥也一曰擣也麪麥末也𥼶麩也

麩小麥屑皮也麧小麥屑之覈也𪌭麥覈屑也饌膳具食也㬥舉食也肉胾肉
也胾大臠也臠切肉臠也雋肥肉也膊切肉也昔脯乾肉也散肴
襍肉也䐑薄切肉也膾細切肉也腌漬肉也𦛨膎肉也膎脩脯也朐脯挺
也膞薄脯也膴無骨腊也腒膴鳥昔也胖半體肉也一曰廣肉腬嘉善肉也肰犬肉
也肒孰肉醬也脠生肉醬也䏔豕肉醬也醢肉醬也𦞦切孰肉內于血中和也鬻
內肉及菜湯中薄出之也羹五味盉羹也臛肉羹也臐膹臛也膮豕肉羹也肬肉汁
滓也腝有骨醢也胵鳥胃也膍鳥膍胵也胥蟹醢也𦢊乾魚尾鱐鱐也燔宗廟火孰
肉也亯獻也羞進獻也獻宗廟犬名羹獻也膟血祭肉也脟腸間肥也一曰膫膋

牛腸脂也炮毛炙肉也衮炮肉以微火溫肉也⿱魚灬置魚筩中炙也𤎩以火乾肉也炙炮肉
也燎炙也燅于湯中瀹肉也隋裂肉也臑臂羊矢也味滋味也盉調味也⿰魚刂
治魚也䐄食肉不猒也膭臛也當作𦞦然說文無𦞦膩上肥也脃小耎易斷也膬
耎易破也⿰月發挑取骨閒肉也胐食肉也鮨魚䏣醬也鮑饐魚也魿鮺也鮺藏魚也
鮏魚臭也鱢鮏臭也餧魚敗也胜犬膏臭也臊豕膏臭也胏食所遺也殖脂膏
久殖也⿰歹肉禽獸所食餘也血祭所薦牲血也衃凝血也衁血也𧖴血醢也蘁醢也
衈以血有所刏涂祭也衉羊凝血也餗鼎食惟葦及蒲菹酢菜也蒩菹也蘫瓜菹也
𩐁齏也𩐠鑒也荃芥脃也䪥韭鬱也藙煎茱萸也蘛乾梅之屬䒼羹菜也䜴

說文通訓定聲　釋器　奎

豆飴也豉配鹽尗也𧯛豆汁也汁液也此瀋轉注瀋汁也滒多汁也嘉旨甘
甛美也美甘也曆和也當作盉醰酒也酎三重醇酒也醇不澆酒也醨醇也
醲醹厚酒也醴酒一宿熟也酤一宿酒也酤買酒也醠濁酒也醪汁滓酒也
酓酒疾孰也酮䤄酒也䤄酮也𨠋酨配酒色也釀醞也醞釀也醶泛齊行酒
也⿰章酓酒味淫也酷酒厚味也淡薄味也醰甜長味也覃長味也酓酒味苦也醨
薄酒也醬⿱舍酉二字皆闕酏黍酒也𨡇襍味也酋繹酒也釃下酒也灑釃酒
也湑莤酒也⿰麥匊酴酒母也糟酒滓也⿰麥夋⿰麥對⿰麥殻餅鞠也⿰麥冢鞠生衣也⿰酉甚
孰鞠也⿰酉乇奠爵酒也酌盛酒行觴也醻主人進客也醋客酌主人也釂歆飲也

醧私宴飲也醵會飲酒也酺王德布大飲酒也醠飲酒俱盡也釂飲酒盡也𣤊盡酒
也酌少少飲也酣酒樂也酖樂酒也醟酗也酗醉醟也湎沈于酒也僛傞
醉舞兒醉卒其度量不至於亂也醺醉也醅醉飽也酲病酒也醒醉而覺也漊
汝南謂飲酒習之不醉曰漊鼎三足兩耳和五味之寶器也鐈似鼎而長足鍏鼎也鼐
鼎之絕大者也鼒鼎之圜掩上者也鬵鼎大上小下若甑鼏以木橫貫鼎耳而舉之也鍵
鉉也鉉舉鼎具禮謂之鼏鋊可以句鼎耳及爐炭𤮊甗也甗甑也一曰穿也窐甑空也
削窒也鬲鼎屬鬳鬲屬⿰鬲斗所以枝鬲者鬷三足鍑也鍑釜大口者銼鍑也錪鏤
錡釜也鍪鬴鍑屬鬹三足釜也⿸虍豈土鍪也⿰鬲斗土釜也鬵大釜也鬷釜屬⿰鬲曾

說文通訓定聲　釋器　夫

鬻屬鉹曲鉹也一曰鬻屬鑊鑴也鑴瓽也瓽鑑大盆也煎鬻熬也熬乾煎也
融炊气上出也鬻炊气兒鬻炊聲沸也齌炊餔疾也燀爨炊也炊爨也灊涫也
涫鬻也湆涫溢也胹䵒爤也⿱亯丮爤孰也孰食飪也飪爕大孰也胜不孰
也⿱癹食設飪也洝渜水也洏洝也一曰煮孰也涗財溫水也渜湯也湯熱水
也洎灌釜也䰞煮也煮亯也烘尞也當作爇灼熹炙也此炙轉注煬炙燥也鋞
鎬鏕銚溫器也鐎鐎斗也梢木參交以支炊箅者也醯酸也酸䤘酢也酢
醶也醶酨漿酢漿也𪉸𪊇鹹也鹼鹵也此鹵轉注醢醬也⿰酉畢擣榆醬也醬鹽也
此鹽轉注蜜蠭甘飴也膠昵也作之以皮鑄煎膠器也瓢蠡蠡也此蠡轉注斡蠡柄也

杓斗柄也枓斟勺也勺挹取也㪺挹也玉石之美有五德璙瓘璥琠瓇
璬玒玽琍璐玉也𤪌𤪌瓄玉也璠璵璠魯之寶玉瑾瑜璿琳美玉也珣
醫無閭珣玗琪周書所謂夷玉也瓊赤玉也瑕玉小赤也璊玉䞓色也玠大圭也圭
琮瑞玉也瑒圭尺二寸有瓚以祠宗廟者也瓛桓圭公所執珽大圭長三尺抒上終葵首
瑁諸侯執圭朝天子天子執玉以冒之似犂冠瑞以玉為信也璧瑞玉圜也瑗大孔璧
環璧也璜半璧也珇琮玉之瑑琥發兵瑞玉璋半圭琬圭首琬琬者瓏禱旱玉彫
琢文也鐫瑑玉也瑑圭璧上起兆瑑也琰璧上起美色也瓚三玉二石也璑三采
玉也璬玦玉佩珩佩上玉璏劍鼻玉也瑵車蓋玉瑵琫佩刀上飾珌佩刀下飾璂

弁飾璪玉飾瑬垂玉也冕飾珥瑱也瑱以玉充耳也瓃瓃玉器也瑛玉光也
瑩玉色瑳玉色鮮白玼玉色鮮也璱瑮玉英華珛朽玉也玲瑲玎琤瑣
瑝玉聲也瑕玉屬瑩瑀玤玪𤩽璓瑋瓔碝石之次玉者𤦙珢瑰
璅璡璶璁瓏瑿琱珣琂璶琟瑪瑂璒玜玗石之似玉者玖
石之次玉黑色者瑎黑石似玉者碧石之青美者琨珉瑤玫石之美者珋石之
有光璧珋也居美石也厗唐厗石也厱厱諸治玉石也理瑑琱治玉也厎柔石
也厲旱石也厝厲石也磏碬厲石也磏赤色碭文石也礜毒石也玭珠也珠
蚌之陰精璣珠不圜也琅玕似珠者玫火齊玫瑰也瑰玫瑰一曰圜好珊瑚色赤

生于海或于山珕蜃屬珧蜃甲也璗金之美者與玉同色琀送終口中玉也歞遺玉也
玨二玉相合為一玨班分瑞玉𤤴車笭間皮篋古者使奉玉以藏之皦玉石之白也
珍寶也寶珍也卩瑞信也𠂎卩也印執政所持信也𠨌輔信也卯事之制也𠨍
二卩也冊符命也典大冊也專六寸簿也璽王者印也鈕印鼻也棨傳信也
碑豎石也金五色金也銑金之澤者鏐黃金之美者錄金色也鑗金屬釘鍊餅
黃金銀鐐鋈白金也鉛青金也錫銀鉛之間也鈏錫也銅赤金也鏈銅屬
鐵黑金也鍇鈀鋻鐵也鐼鐵屬鐃銕文也鉇瑩鐵也鏟平銕也鏤剛銕
可以刻鏤鋻剛也此剛轉注即鏤鉅大剛也煉鑠治金也冶銷也鑠鑄銷金也銷

鑠金也錮鑄塞也鍊冶金也潄辟潄銕也釦金飾器口錯金涂也錔以金有所
冒也鎔冶器法也鑲作型中腸也鋏可以持冶器鑄鎔者鍛小冶也鋌銅鐵樸也錚
鏧金聲也鏶鍱也鍱鏟鏶也鋊銅屑也鑯鐵器也鍒銕之耎也鑢錯銅銕也
鏊銅生五色也澒丹砂所化為水銀也亅鉤逆者也鉤曲也鑯貫也當作毌戥斛
鈰鏉鏃利也此利轉注割剺鑗剝也鑯鐫也鐫穿木鐫也栔刻也刻鏤也此鏤
轉注彔刻木彔彔也㓞巧㓞也契齘契刮也銳芒也此芒轉注剡銳利也錐鑱
鑯銳也鈍錭也錭鈍也刪刊椯剟也剟刊也㡿坼也剝坼罅裂也此裂轉注
劌刉也刉刏也刏剴也即醫契劃堅也剺劃也劃錐刀曰劃刡刀不利于瓦石上刡

之削挑取也矞以錐有所穿也銚兆圖也聿筆所以書也𦘒聿飾也俗語以書好爲𦘒業大版也𣡌籥也籥書僮竹笘也笘潁川人名小兒所書寫爲笘牘書版也籓幡也幡書兒拭觚布也槧牘樸也柿削木札也檢書署也檄二尺書梜檢柙也帖帛書署也幒帙也帙書衣也袠書囊也編次簡也墨書墨也篇書也典五帝之書也箋表識書也篆引書也籀讀書也𠄌鉤識也籍簿書也篰㒼爰也篇榜也簡牒也札牒也牒札也券契也契大約也弓以近窮遠也弴畫弓也弲角弓也弧木弓也一曰往體寡來體多曰弧彈行丸也弩弓有臂者弭弓無緣可以解轡紛者弢韣韔弓衣也彊弓有力也弜彊也弸弓彊皃彏弓急張也

說文通訓定聲　釋器　兗

張施弓弦也控引也引開弓也彎持弓關矢也弙滿弓有所鄉也彀張弩也彍弩滿也弨弓反也𢐿弓曲也𢐗弓便利也彌弛弓也弛弓解也弦弓弦也彄弓弩耑弦所居也弘弓聲也檠榜也榜所以輔弓弩弼輔也重也𧢳調弓也鏐弩眉也𥿋弩腰鉤帶矢弓弩矢也族矢鋒也翦矢羽也掤所以覆矢也医盛弓弩矢器也籣所以盛弩矢人所負也箙弩矢箙也鞬所以藏弓矢韇弓矢韇也矯揉箭箝也鍭矢金鏃翦羽也鏑矢鏠也栝矢栝築弦處砮石可以爲矢鏃彃射也射弓弩發於身而中於遠也發射發也羿帝嚳射官侯春饗所射侯也臬射準的也韘射決也韝射臂衣也轂射具也籌壺矢也兵械也此械轉注殳以杖殊人也祋殳也

杸軍中士所持殳也鈗侍臣所執兵也戎刀戣戲兵也戟有枝兵也戛戟也戈平頭戟也戰瞂盾也櫓大盾也盾瞂也䁆盾握也戭長槍也槍党歫也踢歫槍也戉斧也戚戉也籚積竹矛戟矜也繄戟衣也㓵刀劒刃也焠堅刀刃也淬滅火器也刃刀堅也鏠兵耑也韜劒衣也緱刀劒緱也劒人所帶兵也削鞞也鞞刀室也鐔劒鼻也鏢刀削末銅也鈒鋋也鋋小矛也錟長矛也鉈短矛也鏦矛也矛酋矛也𥍯𥎊矠矛屬矜矛柄也錞矛戟柲下銅鐏也鐏柲下銅也鍪下垂也鎧甲也釬臂鎧也閔試力士錘也柲欑也欑積竹杖也冑兜鍪也兜兜鍪鎧也韄佩刀絲也鈹劒如刀裝者戠闕械器之總名一曰持也柳角械也

說文通訓定聲　釋器　半

㭘劒柙也鐲鉦也鉦鐃也鐃小鉦也鈴令丁也鐸大鈴也欜行夜所擊者也鏨銑小鑿也銎斤釜穿也鑿穿木也斦二斤也鐉治門戶器也斤斫木也欘斤柄也柄柯也柯斧柄也斧斫斸斲斫也斨方銎斧也鏓大鑿平木者梂鑿首也鋸槍唐也鈦鐵鉗也鉗以鐵有所劫束也籋箝也拑籋也鉆鐵銸也鈲鉆也鑽所以穿也鏝鐵杇也鐅千金椎也鈇莝斫刀也絲蠶所吐也糸細絲也繅繹繭爲絲也湆繅絲湯也繹抽絲也緒絲耑也纆粗緒也緬微絲也終絿絲也純絲也綃生絲也𦁨大絲也紇絲下也纅絲色也紙絲滓也絓繭滓絓頭也綂絲曼延也級絲次弟也纇絲節也繦觕纇也繫繫褫也惡

絜䖈繫䖈也綅縷綫也綫縷也紩縷一枚也[illegible]縷十紘也筦筟也筟筳也筳
繀絲筦也屎籆柄也籆收絲者也檷絡絲柎也繀箸絲于筟車也紀別絲也統紀也
紡網絲也專紡專也䡄紡車也䋊散絲也絩綺絲之數也織作布帛之總名
也經織從絲也緯織橫絲也緷緯也綹緯十縷也紝綜機縷也絣織絹以糸貫杼
也叕綴聯也綴合著也纍綴得理也機主發謂之機[illegible]機下足所履者榺機持
經者杼機持緯者複機持繒者繢織餘也繒幣帛也帛絹繒也綺文繒也縑
并絲繒也綈厚繒也紬大絲繒也綮緻繒也絹繒如麥稍也縵繒無文也紈素也
素白緻繒也𦆝素屬也勬白勬縞也縠細縛也縳白鮮卮也縞鮮卮也硟以石扞繒

也綾布帛之細也紨粗紬也㡛設色之工治絲練者練湅繒也絢詩云素以爲絢
兮染以繒染爲色絀絳也絳大赤也絑純赤也縉帛赤色也綪赤繒也纁
淺絳也綰惡絳也纂似組而赤繱帛青色也紺帛深青揚赤色綦帛蒼艾色繰帛如
紺色[illegible]帛騅色也綠帛青黃色也縹帛青白色也綪帛青經縹緯紫帛青赤色紅帛赤白色
緹帛丹黃色縓帛赤黃色綟帛莫艸染色緊赤黑色繒黛青黑繒發白色也纔帛雀
頭色緇帛黑色緀白文皃繻繒采色縟繁采色也錦襄邑織文繪會五采繡也
繡五采備也襍五采相合𪓐合五采鮮色𪓴會五采繒也黼白與黑相次文黻黑與
青相次文黺衮衣山龍華蟲粉米也黺畫粉也[illegible]繡文如聚細米也緺綬紫青色綸青絲

綬也絨采彰也紴絛屬絛扁緒也綖絨屬紃圜采也緢旄絲也縮繆
蹴也當作戚薄苖蠶薄也蔟行蠶蓐也蓐蔟也槌持也橝持槌也栚槌之橫者
也青東方色也黃地之色也赤南方色也黑火所熏之色也白西方色也皛顯也當作
暴丹巴越之赤石也雘善丹也玄黑而有赤色者玆黑也彤丹飾也赨䞓[illegible]
赤色也縠日出之色赫煦火赤兒煒盛赤也䵍赤黃也䵋青黃色也黇白黃
色也黊鮮明黃也䵎黃黑色也黸黑也黵沃黑色黯深黑也點小黑也黠堅黑
也黔黎也此黎轉注䵟黑皴也黦黑有文也黕青黑色䵣白而有黑也䵸赤黑
也黤青黑也黲淺青黑也黝微青黑色黗黃濁黑也黚淺黃黑也黔黃黑也黱

黃黑而白也黴中久雨青黑黨不鮮也絡纊絮也絮敝緜也紙絮一笘也箈
潎絮簀也潎於水中擊絮也䋲治敝絮也纍絮中往往有小繭也絜絜縕也縕紼也紼
亂系也紿緫絲勞也纖細也纎銳細也細微也當作散絿急也緊纏絲急也
嬛材緊也紹緊糾也絅急引也緪纆索也糾繩三合也徽三糾繩也紉繟繩
也緓偏緩也纕援臂也絭纕臂繩也紾轉也此轉轉注紆縈也縈收韏也[illegible]
紆未縈繩紆詘也此詘轉注緈直也此直轉注辮交也此交轉注繯落也當作絡爲轉注緟
增益也絠彈彄也布枲織也𢄐布出東萊幏南郡蠻夷賨布賨南蠻賦也[illegible]
鬆布也稯布之八十縷也繐細疏布也緦十五升布也緫兩麻一絲布也紨布也綘

蜀細布也絟緆細布也緰緰貲布也絣氐人殊縷布也絺細葛也綌粗葛也縐
絺之細也纑布縷也絜麻一耑也繆枲之十絜也緝績也績緝也絘績所緝也緶
交枲也絰喪首戴也紕氐人繝也繝西胡毳布也𣰽以毳爲繝也氈撚毛也幅
布帛廣也匹四丈也索艸有莖葉可作繩索緪大索也繘綆也綆汲井綆也繫
繘耑木也汲引水于井也笪可以收繩也絇纑繩絇也縋以繩有所縣也緘束篋
也縢緘也纗維綱中繩也綱維紘繩也縜持綱紐也筊竹索也筰筊也縎結也結締
締結不解也纇不均也繯綰也紐系也結而可解系續也見孫篆牀安身之坐也
牑牀版也杠牀前橫木也笫牀簀也簀牀棧也筵簟竹席也席藉也此藉

說文通訓定聲　釋器　卅三

轉注几踞几也踞當作尻桯床前几也凭依几也桱桯也案几屬也檈圜案也櫎
所以几器也榹槃也槃承槃也匜似羹魁柄中有道可以注水楲楲窬褻器也匫箕屬
畢箕屬可以推棄之器也彗埽竹也帚糞也糞棄除也枕臥所首者櫛梳比
之總名也梳理髮也笸取蟣比也黱畫眉墨也炭燒木餘也羨束炭也燭庭燎大燭
也苣束葦燒也蒸析麻中榦也菆麻蒸也熜然麻蒸也灺燭㶳也㶳火餘
灰死火餘㶳也炱灰炱煤也按許書無煤煨盆中火也烓行竈也煁烓也鑑諸監
可以取明水於月鏡景也此景轉注鐩陽鐩也鑯鏡鑯也箑扇也此扇轉注錠鐙也
鐙錠也主鐙中火主也鑪方鑪也鏇圓鑪也鎣鐪器也漏以銅受水刻節晝夜

百刻奕圍棊也鞠蹋鞠也簺竹棊相塞也簙局戲也棊箘博棊也鎮博壓
也局博所以行棊筭長六寸計麻數者算數也皮剝取獸革者謂之皮革獸皮治去
其毛也鞹去毛皮也靬乾革也䨣雨濡革也鞈生革可以爲縷束也韋相背也韢
以韋束也韇韋繡也韎茅蒐染韋也韏革中辨也靼柔革也鞣耎也鞄柔革工也
韗攻皮治鼓工也韍柔韋也䪝羽獵韋絝也搯韜也韓井垣也韈抒井韈也櫜囊
㯻橐也韢盛虜頭橐也橐幃幐囊也櫜車上大橐也韢橐紐也橐橐張大皃
工巧飾也𢀜極巧視之也匠木工也竘匠也冓交積材也檃括也括檃也柧
棱也棱柧也圜圜全也圜天體也圓規也規有法度也榘規巨也彡

說文通訓定聲　釋器　卅四

毛飾畫文也材木挺也挺一枚也枚榦也可爲杖觡杖耑角也棁木杖也棓
棁也棖杖也杖持也當作所以持也楄楄部方木也葉楄也葉薄也櫼楔也
楔櫼也鬭遇遇也此遇轉注櫱樴弋也弋櫱也楬楬櫫杙也髹桼也此桼轉注䰍桼垸
已復桼之垸以桼和灰而髹也丸圜傾側而轉者𢪸丸之孰也棺所以掩尸柩櫬棺也
槥棺櫝也椁葬有木𩫖也蔞棺羽飾也䘰棺中縑裏也匚受物之器也曲器曲
受物也籭籫䉛竹器也篝竹籠也簞圜竹器也篚竹高篋也椷藏也許書
無藏椷篋也匪器似竹篋核蠻夷以木皮爲篋笿籯也籯籠笭也簞笥也笥飯及
衣之器也𥳏舉土器也梠徙土輂也籅匴渌米籔也籔炊箅也敲漉米器也匱匣也

匪匱櫝匵也簣籃也籃大篝也篝笿也此笿轉注簜大竹筩也筩斷竹也𣏚极也极驢上負也械桎梏也桎足械也杽梏手械也校木囚也檻櫳也櫳檻也柙檻也以藏虎兕也栫以柴木壅也楅以木有所逼束也籆褭也此褭轉注貫錢貝之貫也宁辨積物也稱銓也銓衡也當作橫量稱輕重也銖權十分黍之重也鋝十銖二十五分之十三也鍰鋝也錙六銖也錘八銖也鈞三十斤也撮四圭也寸十分也丈十尺也尺十寸也咫八寸也仞伸臂一尋八尺尋繹理也

釋樂

琴庖犧所作弦樂也鼓春分之音鼖鼛大鼓也鼙騎鼓也鼓擊鼓也朄擊小鼓引樂聲也彭鼘鼝鼞鼛鼓聲也䶂鼓鼞聲也䶃鼓無聲也鼜夜戒守鼓也磬樂石也球玉磬也笙十三簧象鳳之身也簧笙中簧也箟簧屬龥管樂也壎樂器也以土爲之鐘樂鐘也銑鐘兩角也鑮大鐘淳于之屬鏞大鐘也鈁方鐘也鍠鎗鐘聲也鎛鎛鱗也鐘上橫木上金華也業大版也虡鐘鼓之柎也鏜鐘鼓之聲也簫參差管樂象鳳之翼管如篪六孔篎小管也龠樂之竹管三孔也笛七孔龠也籟三孔龠也箹小籟也筒通簫也竽管三十六簧也椌柷樂也柷柷樂本空

也敔樂器椌楬也籥籥音律管壎之集也韽下徹聲也章樂竟爲一章也竟樂曲盡也樂五聲八音總名也殷作樂之盛也𦁐急弦之聲也韶虞舜樂也祴宗廟祭祴樂豈旋師振旅樂也𧯷訖事之樂也壿舞也舞樂也用足相背𦏹樂舞以羽翢自翳其首也翇樂舞執全羽也儔翳也翳翳也所以舞也翳華蓋也韥䌛也舞也娑舞也此舞轉注枹擊鼓杖也箏五弦筑身樂也筑似箏五弦之樂也觱羌人所吹角屠觱以驚馬也箛吹鞭也篍吹筩也趧趧婁四夷之舞各自有曲也壴陳樂立而上見也䨊水音也龢調也此調轉注䚻徒歌也歌詠也詠歌也訟謌訟也謳齊歌也嗙謌聲嗙喻也敫所謌也所當作楚龤樂和諧也肙振肙也倡樂也

釋天　四時 祥 災 歲陽 歲名 月陽 月名 風雨 星名 祭名 講武 旌旂

天至高無上 乾上出也 昦春爲昦天 旻秋天也 閶天門也 晏天清也 時四時也 年 稔穀孰也 秋禾穀孰也 冬四時盡也 稘復其時也 閏餘分之月五歲再閏 禨精气感祥 饑穀不孰也 饉蔬不孰也 穅虛無食也 焅旱氣也 旱不雨也 歲木星也 𣋡日月合宿也 晦月盡也 旬徧十日也 甲東方之孟 乙象春艸木冤曲而出 丙位南方 丁夏時萬物皆丁實 戊己中宮也 庚位西方 辛秋時萬物成而孰金剛味辛 辛辠也見宰篆 壬位北方 癸冬時水土平可揆度也 風八風也 䬝北風也 飂高風也 颶䬈大風也 𩗗小風也 飄回風也 颯翔風也 颮疾風也 颲烈風也 飆扶搖風也 颺風所飛揚也 颲風雨暴疾也 曀陰而風也 雨水從雲下也 需 霝雨零也 零餘雨也 霢霂霰溦小雨也 䨲小雨財零也 霚濛溦雨也 涑小雨零皃 霖雨三日已往也 𩂣霖雨也 滈霖霤淫久雨也 濆久雨涔濆也 瀑疾雨也 澍時雨澍生萬物 湒雨下也 涿流下滴也 瀝水下滴瀝也 漊雨流霤下 涵瀀水澤多也 霟雨皃 霣雨聲也 洽渥霑也 霑雨䨏也 䨏泥濡也此濡別義 霋霽也 霽雨止也 霩雨止雲罷皃 䨮見雨而止息也 日太陽之精 景昌日光也 晷日景也 敫光景流也 暘日出也 暘日覆雲暫見也 昜開也 晛日見也 昫日出

温也 暨日頗見也 曉日之白也 普日無色也 暗日無光也 旭日旦出皃 晧日出皃 暤晧旰也 暏昒旦明也 昒尚冥也 昧昧爽旦明也 昕旦明日將出也 朝旦也 旦 杲晤昀曉晄曠爽光照焞炳旭厂焯朗明也 昭日明也 晢昭晢明也 曜暉耿煇炯光也 晨早昧爽也 早晨也 晝日之出入與夜爲界 昃日在西方時側也 旰晚也 晚夕莫也 莫日且冥也 冥幽也此幽轉注 杳窅竈冥也 昏日冥也 曫日且昏時 宵夜也 夢曨不明也 晉闕 易祕書說日月爲易 月太陰之精 朔月一日始蘇也 朢月滿與日相望也 霸月始生霸然也 朏月未盛之明 朓晦而月見西方謂之朓 朒朔而月見東方謂之縮朒 皎月之白也 晦月盡也 夝雨而夜除星見也 啓雨而晝夝也 暒夝無雲也 星萬物之精上爲列星 晶精光也 曟房星也 曑參商星也 昴白虎宿星 雲山川气也 气雲气也 氛祥气也 滃雲气起也 霣雲轉起也 泱滃也 淒雨雲起也 渰雨雲皃 霒雲覆日也 㙪天陰塵也 霃久陰也 虹螮蝀也 霓屈虹青赤或白色陰气也 霚地气發天不應也 霿晦也天气下地不應此晦轉注 露潤澤也 濃露多也 湑露皃 雷陰陽薄動雷雨生物者也 霣雷也 瀑霣也 霆雷餘聲也 震劈歷振物者 電陰陽激燿也 霜成物者 霼早霜也 雪凝雨說物者也 瀌雨雪瀌瀌 霄雨霓也 霰稷雪也 皚霜雪之白也 雹雨冰也 卜灼剝龜也 𠧞灼龜坼也 𪚺灼龜不兆也 焌然火也 燋所以然持火也 卟卜以問疑也 貞齎財卜問也 占視兆

問也貞卜問也[illegible]卜問吉凶也筮易卦用蓍也卦筮也𠧪易卦之上體也尞
祡祭天也槱積木燎之也祡燒柴焚燎以祭天神神天神也[illegible]祕神也示天垂象見
吉凶所以示人也禪祭天也禷以事類祭天神雩夏祭樂于赤帝以祈甘雨也祇地祇
也社地主也墠野土也壇祭場也場祭神道也畤天地五帝所基址祭地垗
畔也爲四時界祭其中禜設綿蕝爲營以禳風雨雪霜水旱癘疫于日月星辰山川也[illegible]以豚
祠司命禮所以事神致福也範範軷也軷出將有事于道必先告其神立壇四通樹茅以
依神爲軷既祭軷轢于牲而行爲範軷禡師行所止恐有慢其神下而祀之禂禱牲馬祭也
禓道上祭也廟尊先祖皃也祖始廟也宗尊祖廟也佋廟佋穆也祏宗廟主也宔

宗廟宔祏匰宗廟盛主器也禘諦祭也祫大合祭先祖親疏遠近也祠春祭也礿夏祭
也祪祔祪祖也祔後死者合食于先祖也禫除服祭也鬃門內祭先祖也醮冠娶禮祭
也祓除惡祭也禳磔禳祀除癘殃也祰告祭也禬會福祭也禱告事求福也讄
禱也祺脁餽祭也祭禦[illegible]祀也禋吉祀也一曰精意以享爲禋祀祭無已也祈
求福也𥜽數祭也[illegible]祭具也齋戒絜也藉祭藉也祼灌祭也莤禮祭束茅
加于祼圭而灌鬯酒也祝祭主贊詞者巫詶祝也𥛒祝𥛒也靈靈巫以玉事神覡
能齊肅事神明也奠置祭也酹餟祭也餟祭酹也[illegible]小餟也釁血祭也臘
冬至後三戌臘祭百神也膢楚俗以二月祭飲食也[illegible]竈上祭名膢祈穀食新曰貙膢歆

神食也胙祭福肉也祳社肉盛以蜃故謂之祳天子以親遺同姓祟神禍也祅地反物爲
祅蠥衣服歌謠艸木之怪謂之祅禽獸蟲蝗之怪謂之蠥按祅不从衣許傅會殆誤禁吉凶之忌
也獮秋田也狩犬田也焚燒田也燎放火也獵放獵逐禽也獠獵也獲
獵所獲也捷獵也軍獲得也俘軍所獲也虜獲也軍圜圍也四千人爲軍軍兵車也輩若軍
發車百兩將帥也當作衛衛將衛也師二千五百人也旅軍之五百人也壘軍壁也
衛宿衛也該軍中約也諜軍中反間也戲三軍之偏也戰鬨鬭也當作門
鬥兩士相對兵杖在後鎎怒戰也聅軍法以矢貫耳也聝軍戰斷耳也武止戈爲武
戢藏兵也旝建大木置石其上發以機以追敵也旐龜蛇四游旗熊旗五游旂旗有眾鈴

勿州里所建旗有三游旌析羽注旄首旞導車所以載全羽旟錯革畫鳥其上旆繼旐
之旗也[illegible]旗屬縿旌旗之游也游旒旌旗之流也旃旗曲柄也㫃旌旗之游㫃蹇
之皃[illegible]旌旗杠皃施旗皃旖旗旖施也旚旌旗旚繇也[illegible]旌旗飛揚皃旇旌旗披靡
也麾旌旗所以指麾也旋周旋旌旗之指麾也旄幢也幢旌旗之屬旛幅胡也[illegible]
幡幟也徽幖幟也當作識許書無幟識常也綮微幟信也烜取火于日官名[illegible]燬
燹火也烖天火也炵盛火也炪熲[illegible]火光也熠盛光也煜熠也炎火光
上也焱火華也[illegible]火行也熒屋下燈燭之光也炫燿也燿明照也燾溥覆照也
焜煌也煌煇也[illegible]火不明也熏火煙上出也炥熮閃火皃熛火色也[illegible]望火

皃。爚 票 熛 火飛也。炦 煙 火气也。熅 鬱煙也。爟 舉火曰爟。⿱炎㐭 侵火也。熄 畜火也。熄 滅火也。烈 火猛也。烝 火气上行也。烰 煦 烝也。熙 燥也。燥 炕 乾也。此乾轉注。熭 暴乾也。熯 乾皃。然 爇 燒也。燒 燔 爚 爇也。羙 小爇也。炸 爆 灸 灼也。熇 燂 火熱也。⿰火曹 焦也。焦 火所傷也。烄 交木然也。⿰⿱交火攵 交灼木也。爝 苣火祓也。煣 屈伸木也。尉 從上按下也。爓 火門也。⿱炎舛 鬼火也。

釋地 九州 四極 十藪 八陵 九府 五方 野

地 元气初分，輕清陽爲天，重濁陰爲地。坤 地也，易之卦也。墬 地也。郣 地之起者曰郣。坒 地相次比也。南 艸木至南方有枝任也。州 九州也。冀 北方州也。堣 堣夷在冀州暘谷。鄯 鄯善西胡國也。竆 夏后時諸侯夷羿國也。䣜 周封黃帝之後於䣜也。邰 炎帝之後姜姓所封。郂 周文王所封。邠 周太王國。郿 鄠 右扶風縣。郁 右扶風郁夷也。扈 夏后同姓所封。秦 伯益之後所封國。⿰朋阝 ⿰且阝 右扶風鄠鄉。郝 右扶風盩厔鄉。酆 周文王所都。鄭 京兆縣，周厲王子友所封。郃 左馮翊郃陽縣。⿰叩阝 京兆藍田鄉。⿰樊阝 京兆杜陵鄉。亳 京兆杜陵亭。鄜 左馮翊縣。⿰屠阝 左馮翊⿰屠阝陽亭。邮 左馮翊高陵。⿰年阝 左馮翊谷口鄉。邽 隴西上邽也。部

天水狄部。郖 宏農縣庾地。鄏 河南縣直城門官陌地也。鄻 ⿰祭阝 鄩 郗 周邑也。邙 河內洛陽北亡山上邑。鄆 河內沁水鄉。邶 故商邑，自河內朝歌以北是也。坶 朝歌南七十里地。邘 周武王子所封。陳 宛丘舜後媯滿之所封。⿱𥝢邑 殷諸侯國，在上黨東北。邵 鄍 邲 晉邑也。鄐 晉邢侯邑。鄇 晉之溫地。郤 晉大夫叔虎邑。⿱壴邑 河東聞喜縣。⿰虘阝 河東聞喜聚。⿰匡阝 河東聞喜鄉。鄈 河東臨汾地。邢 周公子所封。鄔 祁 太原縣。鄴 魏郡縣。郱 鄭地郱亭。邯 趙邯鄲縣。鄲 邯鄲縣。郇 周武王子所封國。鄃 清河縣。鄗 常山縣。鄡 鉅鹿縣。鄚 涿郡縣。郅 北地郁郅縣。鄋 北方長狄國也。狄 赤狄本犬種。鄦 炎帝太嶽之後甫侯所封。邟 郾 郟 潁川縣。郪 汝南新郪縣。鄎 姬姓之國，在淮北。郋 汝南邵陵里。

𨚰汝南鮦陽亭郹蔡邑也鄧曼姓之國鄾鄧國地也鄂南陽淯陽鄉鄛南陽棗陽
鄉𨟙今南陽穰縣𨞪南陽穰鄉郢南陽西鄂亭䢴南陽舞陰亭郢故楚都在南郡
江陵北十里鄢南郡縣孝惠三年改名宜城鄳鄂江夏縣䣕南陽陰鄉邔南陽
縣鄖漢南之國鄘南夷國郫蜀縣也𨞇蜀江原地䣢蜀地也鄭蜀廣漢鄉邡
什邡廣漢縣䣆存䣆犍為縣𨞓犍為蠻夷鄨牂牁縣那西夷國鄱鄱陽豫章縣
酃長沙縣郴桂陽縣郲今桂陽郲陽縣鄮鄞會稽縣䢵沛郡邴宋下邑䣜
沛國縣今䣜縣酁宋地也郶宋魯閒地郜周文王子所封國鄄衛地今濟陰鄄城邛
邛城在濟陰縣鄶祝融之後妘姓所封邧鄭邑也郔鄭地郠琅邪莒邑鄅妘姓之國鄒

魯縣古邾國𨛬邾下邑地邿附庸國在東平亢父邿亭郰魯下邑孔子之鄉郕魯孟氏邑
𨛫周公所誅𨛫國在魯酄魯下邑郎魯亭也邳仲虺所封國在魯薛縣鄑紀邑也
邗國也今屬臨淮一曰邗本屬吳𨞫臨淮徐地郈東平無鹽鄉郯東海縣帝少昊之後所封
郚東海縣故紀邑酅東海之邑鄫姒姓國邪琅邪郡邞琅邪縣郪琅邪郳齊地郭
齊之郭氏虛善善不能進惡惡不能退是以亡國也郣郭海地䣝國也齊桓公所滅郂陳留
鄉𨞊故國在陳留鄬姬姓之國𨟠汝南安陽鄉𨜶汝南上蔡亭酈南陽縣陝
宏農陝也古虢國王季之子所封也郇邲郘郤酀𨚢郍䢹邶鄃郲鄋鄙
郱鄜邩鄝鄬邨郃𨜺𨜸鄙邶𨝴𨟃厰地名阮代郡五阮關也聆

國語曰回祿信於聆遂夏中國之人也鬱遠方鬱人今鬱林郡也夷平也東方之人也
僥南方有焦僥人長三尺羌西戎牧羊人也貉北方豸種蠻南蠻蛇種閩東南越蛇種
譯傳譯四夷之言者國或邦也邦郛邑國也𨛜从反邑甸天子五百里地畿
天子千里地封爵諸侯之土也嗣諸侯嗣國也吳郡也郡周縣有四郡秦置三十六郡以
監縣都周禮距國五百里為都鄰五家為鄰酇百家為酇鄙五酇為鄙郊距國百里為郊
邸屬國舍郵境上行書舍𨛱國甸大夫稍稍所食邑鄉國離邑里居也圉垂也
垂遠邊也垓兼垓八極地也宙舟輿所極覆也亙竟也當作畺界畍境也當作畺許
書無境畺畫界也介畫也坰遠界也荒遠荒也戍守邊也役戍邊也燊

役也㷭塞上亭守㷭火者燧燧候表也桓亭郵表也略經略土地也袤南北曰袤
東西曰廣培培敦土田山川也防地理也垠地垠也嶰水衡官谷也鹵西方鹹地
鹽河東鹽池藪大澤也沆大澤皃陂澤障也野郊外也坴坴梁也邍高平
之野人所登坡阪也阪坡者曰阪隰阪下溼也墺四方土可居也𡎸土也土地之吐生
物者也暘不生也陪重土也田樹穀曰田場治穀田也疇耕治之田也菑不耕
田也場田不耕也畬三歲治田也𤳳和田也畽城下田也畻卻也當作隙耤帝耤
千畮也趄趄田易居也㽨畸殘田也町田處也畾比田也畮六尺為步步百
為畮塍稻田畦也畦當作畛畦田五十畝也畹田三十畝也畔田界也畛井田閒陌

也。畷兩陌間道也。⿰田亢陌也。按許書無陌。當田相值也。鼓⿱齊月田也。按鼓⿱齊月疊韻連語。謂瘠田也。墽磽也。磽确磐石也。⿰石鬲⿸尸石石地惡也。⿸厂金石地也。窳污窬也。漥窊也。窊污衺下也。洿窊下也。壤柔土也。壚黑剛土也。赭赤土也。垶赤剛土也。埴堇黏土也。垍埵堅土也。垎柳堅也。塙堅不可拔也。均平偏也。坪地平也。畋平田也。坺臿土謂之坺。坺埩治也。當作理。敕臿地也。⿰阝⿱夂土耕以臿浚出下壚土也。⿰阝⿱夂土耕休田也。圣致力于地也。埱气出土也。艱土難治也。墣堛塊也。⿱由土⿱由土商小塊也。凷墣也。農耕人也。畯農夫也。甿田民也。播墢⿰埶凡種也。⿰田翏燒種也。廔種也。摟種樓也。蒔更別種也。穜埶也。稹穜概也。耦耒廣五寸爲伐二伐爲耦。⿱艹耒耕多艸。乂芟艸

說文通訓定聲　釋地　釜

也。⿰耒頁除苗間穢也。莜芸田器。⿰黍辛耕也。耕⿰黍辛也。⿱非耒兩壁耕也。⿱非耒覆耕種也。穮耕禾間也。薅拔去田艸也。卤糞也。秄壅禾本。⿰黍畐治黍禾豆下潰葉。饁饋饟餉也。餉饟也。穫刈穀也。穧穫刈也。挃穫禾聲也。畬田畬也。耡藉稅也。稅租也。租田賦也。疄轢田也。⿳宀米木轢禾也。叡埂塹阬也。當作壙。壙塹穴也。臽小阱也。坎阱陷也。陷高下也。墊底下也。下底也。當作氐。⿰土㬎下入也。窞坎中小坎也。坷坎坷也。墓丘也。此丘轉注。壟丘壟也。塋墳墓也。冢高墳也。堋喪葬下土也。殔⿰豕重瘞也。瘞幽薶也。窆葬下棺也。窀穸葬之厚夕。𣦼殘穿也。㕡𣦼深堅意也。墟墉也。坼裂也。此裂轉注。塏高燥也。敞平治高土可遠望也。⿱臾土以土增大道上也。淤澱滓

濁泥。黕滓垢也。垢濁也。此濁別義。垽滓澱也。澱滓垽也。⿰黑堯垽也。涅黑土在水中也。墇擁也。當作邕。⿰土則遏遮也。埾土積也。垑恃也。疑當作時。

說文通訓定聲　釋地　关

釋丘 上 厓岸

丘土之高也非人所爲也一曰四方高中央下爲丠。阺隤阞丘也。陶再成丘也。坏丘再成者也。虛大丘也。陼如渚者陼丘。湇水出丘前謂之湇丘。京人所爲絶高丘也。屔反頂受水丘也。垚土高也。垠巖岸也。岸水厓而高者也。屵岸高也。屵岸上見也。隩水隈崖也。隈水曲隩也。澳隈厓也。浦瀕也。瀕濱汻滸水厓也。涘水涯也。厓山邊也。邊行垂崖也。氿水厓枯土也。澨埤增水邊土人所止者。⿰阝解小谿也。湄水艸交爲湄也。

釋山

嶽東岱南霍西華北恆中泰室也。岱太山也。峱山在齊地。嶧葛嶧山在東海下邳。嵎封嵎山在吳楚之間汪芒之國也。嶷九嶷山舜所葬在零陵營道。嵏九嵏山在馮翊谷口。嶭在山崏蜀湔氏西徼外。嵞會稽山也一曰九江當嵞。⿰山凡山也或曰弱水之所出。崋山在宏農華陰。崵首崵山在遼西。崞山在雁門。嵍⿱告山山名也。岵山有艸木也。屺山無艸木也。嶨山多大石也。嶅山多小石也。阢石山戴土也。岨石戴土也。岑山小而高也。巒山小而鋭也。密山如堂者也。阜大陸山無石者。陵⿰阝䌛陪大阜也。阿大陵也一曰曲阜也。𠂤小阜也。厂山石之厓巖人可居。岡山骨也。陂阪也。阪山脅也。陬阪隅也。隅阪也。岊陬隅而高山之節也。⿰阝弟山脅道也。氏巴蜀名山岸脅之堆旁箸欲落墮者曰氏。隴天水大阪也。陜酒泉天陜阪也。⿰阝無宏農陝東阪也。⿰阝卷河東安邑阪也。陭上黨陭氏阪也。隖鄭地阪也。隃北陵西隃雁門是也。崵嵎銕崵谷也。嵒山巖也。岫山穴也。澗山夾水也。㕣山閒陷泥地。⿰山巠谷也。隫通溝也。陘山絶坎也。阺陵阪也。隒崖也。崖高邊也。陖陙水阜也。𨺅兩阜之間也。陸高平地也。島海中往往有山可依止也。厚山陵之阜也。厥崟也。崟山之岑崟也。峩山峻也。⿱孝山⿰山自危高也。嶏巍高也。嶘尤高也。崛山短高也。崔大高也。嵬高不平也。崇嵬高也。陽高明也。陰水之南山之北也。⿱宗山臯也。臯⿱隹山隓嵯山見也。陖陗高也。陗陵也。厗辟也。⿸厂辟頃仄也。仄側傾也。陂沱也陂陀

也。疊韻連語。巃崩也。巄崩聲也。崩山壞也。阤小崩也。陓敧也。隤下隊也。隊
從高隊也。隕從高下也。隉陲危也。陯山阜陷也。闃阜突也。陷硺陊也。陊磒落也。
此落轉注。隔障也。隝小障也。阸塞也。塞障隔也。陋阨陜也。尼陝隘也。隘陋也。
限阻也。阻險也。險阻難也。厞幽隱也。隱蔽也。隥仰也。陟登也當作隥。降下也。
硩上摘山巖空青珊瑚墮之。石山石也。礹石山也。磛礹石也。碞磛嵒也。硪石巖
也。隊磊也。磊衆石也。砢磊砢也。厖石大也。硯石滑也。廙石利也。礫小石
也。碣特立之石也。東海有碣石山。泐水石之理也。磺銅鐵樸石也。⿸厂甬石閒見也。硈
石堅也。硻餘堅聲。堅剛也。此剛轉注。臤磬院堅也。⿸厂丘硞硍礐磕磿石聲
說文通訓定聲　釋山　卆
也。硺碎石隕聲也。碎䃺也。當作礏。破石碎也。厥發石也。阬石也。底山居也。
岤入山之深也。

釋水　水泉　水中　河曲　九河

水北方之行。沝二水也。巠水脈也。泉水原也。灥三泉也。䲨泉水也。原水泉
本也。漩回泉也。厬仄出泉也。瀐泉一見一否爲瀐。泬水從孔穴疾出也。谷泉出通川
爲谷。谿谷也。豁通谷也。䜮空谷也。豅大長谷也。谹谷中響也。谸望山谷谸谸青
也。井八家一井。瀱井一有水一無水謂之瀱汋。汋激水聲也。澩夏有水冬無水曰澩。湀
湀辟深水處也。汃西極之水也。河出焞煌塞外昆侖山發原注海。泑泑澤在昆侖下。涷出發
鳩山入于河。涪出廣漢剛邑道徼外南入漢。潼出廣漢梓潼北界南入墊江。江出蜀湔氏
徼外崏山入海。沱江別流也。浙江水東至會稽山陰爲浙江。涐出蜀汶江徼外東南入江。湔
說文通訓定聲　釋水　卆
出蜀郡緜虒玉壘山東南入江。沫出蜀西徼外東南入江。溫出犍爲涪南入黔水。灊出巴郡宕
渠西南入江。沮出漢中房陵東入江。滇益州池名。涂出益州牧靡南山西北入澠。按許書無澠。
沅出牂牁故且蘭東北入江。淹出越嶲徼外東入若水。溺自張掖刪丹西至酒泉合黎餘波入
于流沙。洮出隴西臨洮東北入河。涇出安定涇陽幵頭山東南入渭雝州川也。渭出隴西首
陽渭首亭南谷東入河。瀁出隴西柏道東至武都爲漢。漢漾也東爲滄浪水。潛漢水爲潛。
浪滄浪水也。沔出武都沮縣東狼谷東南入江或曰入夏水。湟出金城臨羌塞外東入河。汧
出扶風汧縣西北入渭。澇出扶風鄠北入渭。漆出右扶風杜陵岐山東入渭一曰入洛。滻
出京兆藍田谷入灞水。滈在京兆杜陵。洛出左馮翊歸德北夷界中東南入渭。清出宏農盧

氏山東南入河或曰出鄭山 汝 出宏農盧氏還歸山東入淮 澗 出宏農新安東南入洛 涓 爾雅汝爲涓 潩 出河南密縣大隗山南入潁 瀷 出河南密縣東入潁 潘 在河南滎陽 汾 出太原晉陽山西南入河冀州浸也 澮 出霍山西南入汾 沁 出上黨羊頭山東南入河 沾 出壺關東入淇 潞 冀州浸也上黨有潞縣 漳 濁漳出上黨長子鹿谷山東北入河南漳出南郡臨沮 淇 出河內共北山東入河或曰出隆慮西山 蕩 出河內蕩陰東入黃澤 沇 出河東東垣王屋山東爲泲 泲 沇也東入海 洈 出南郡高城洈山東入繇 溠 在漢南荆州浸也 洭 出桂陽縣盧聚出洭浦關爲桂水 潓 出盧江入淮 灌 出盧江雩婁北入淮 決 盧江有決水出大別山 漸 出丹陽黟南蠻中東入海 泠 出丹陽宛陵西北入江 潷 在丹陽 溧 出丹陽溧陽縣 湘 出零陵陽海山北入江 涔 涔陽渚在郢中 涌 在楚國 沙 在楚東 汨 長沙汨羅淵 溱 出桂陽臨武入匯 深 出桂陽南平西入營道 潭 出武陵鐔成王山東入鬱林 油 出武陵孱陵西東南入江 潰 出豫章艾縣西入湘 湞 出南海龍川西入溱 溜 出鬱林郡 潕 出南陽舞陰東入汝 激 出南陽魯陽入城父 瀙 出南陽舞陽中陽山入潁 淮 出南陽平氏桐柏大復山東南入海 滍 出南陽魯陽堯山東北入汝 澧 出南陽雉衡山東入汝 溳 出南陽蔡陽東入夏水 淠 出汝南弋陽垂山東入淮 澺 出汝南上蔡黑閭澗入汝 洇 出汝南新郪入潁 灈 出汝南吳房入瀙 潁 出潁川陽城乾山東入淮豫州浸也 湛 豫州浸也 洧 出潁川陽城山東南入潁 濦 出潁川陽城少室山東入潁 過 受淮陽扶溝浪湯渠東入淮 洵 過水中也

按過水別也 泄 受九江博安洵波北入氐 汳 受陳留浚儀陰溝至蒙爲雝水東入泗 潧 出鄭國 淩 在臨淮 濮 出東郡濮陽南入鉅野 濼 齊魯閒水 漷 在魯 淨 魯北城門池也 濕 出東郡東武陽入海 泡 出山陽平樂東北入泗 菏 菏澤在山陽胡陵南 泗 受泲水東入淮 灉 河灉水在宋 澶 澶淵水在宋 洙 出泰山蓋臨樂山北入泗 沭 青州浸也 沂 出東海費東西入泗青州浸也 洋 出齊臨朐高山東北入鉅定 濁 出齊郡厲嬀山東北入鉅定 溉 出東海桑瀆覆甑山東北入海 濰 出琅邪箕屋山東入海徐州浸也 浯 出琅邪靈門壺山東北入濰 汶 出琅邪朱虛東泰山東入濰桑欽說出泰山萊蕪西南入泲 治 出東萊曲城陽丘山南入海 濅 出魏郡武安東北入呼沱水 湡 出趙國襄國之西山東北入濅 㴲 出趙國襄國東入湡 渚 在常山中丘逢山東入湡 洨 出常山石邑井陘東南入泜 濟 出常山房子贊皇山東入泜 泜 在常山 濡 出涿郡故安東入淶 灅 出右北平浚靡東南入庚 沽 出漁陽塞外東入海 沛 出遼東番汗塞外西南入海 渝 在遼西臨俞東出塞 浿 出樂浪鏤方東入海 瀤 北方水也 㶟 出鴈門陰館累頭山東入海或曰治水也 瀘 出北地直路西東入洛 泒 起鴈門葰人戍夫山東北入海 滱 起北地靈邱東入河滱卽漚夷水并州川也 淶 起北地廣昌東入河并州浸也 泥 出北地郁郅北蠻中 湳 西河美稷保東北水也 漹 出西河中陽北沙南入河 涶 河津也在西河西 涻 出北嚻山入邙澤 湫 在周地 滋 出牛飲山白陘谷東入呼沱 澥 郭澥海之別名也一說卽澥谷也 海 天池也 泂 淔 淒 涺 湶 沋 涃 淉 湞 浝 [illegible] 沒 汘 洍 澬

灘蘩演水也漠北方流沙也派別水也𠂢水之衺流別也汭水相入也潨小水
入大水曰潨滎絕小水也溓中絕小水汥水都也渠水所居也沈陵上滈水也汜
水別復入水也洚大水也洪洚水也洚水不遵道也川貫穿通流水也濬深通川也
洫十里爲成成間廣八尺深八尺謂之洫溝水瀆廣四尺深四尺瀆溝也一曰邑中溝汜
窮瀆也谿山瀆无所通者壑溝也此溝轉注洐溝行水也甽水小流也澮水流澮澮也
𠬪水流𠬪𠬪也潣水流浼浼皃𢧵𣅳水流也流水行也瀳水至也⿰氵閣水大
至也衍水朝宗于海皃潮水朝宗于海也羕永水長也㳄水廣也滔水漫漫大皃
涓小流也混豐流也渾混流聲也潒順流也演長流也泌俠流也泫湝流

也沄轉流也淢洞疾流也涳直流也決行流也渙流散也灓漏流
波水涌流也澐江水大波也瀾瀿大波也淪小波也洸水涌光也洶涌也涌
滕也滕水超涌也滴涌出也商滿有所出也湒沸涌皃沖涌搖也澹水搖
漂浮也汎浮皃浮氾也當作汎氾濫也濫氾也灑汎也汎灑也活水流聲也
淙水聲也濞水暴至聲灂水小聲也潝水疾聲也滮水流皃瀏流清皃泏水皃
淈水出皃濊水多皃泆水所蕩泆也⿰氵虢水裂去也沑水吏也吏當作[illegible]灒水浸
也此浸轉注潦雨水大皃溶水盛也洌水清也漥清水也澂泚漠濫清也
清朖也此朖轉注淑清湛也湜水清見底也漻清深也潚深清也溷不流濁也

溷水濁皃淰淈濁也此濁轉注淈濁泥也淖淦泥也此泥別義沈濁黕也洿
濁水不流也揟取水沮也漸土得水沮也渾滂下皃潯旁深也灌深也汪深廣
也泓下深皃測深所至也淺不深也洦淺水也洔水暫益且止未減也渻少減
也漮水虛也澌水索也汔水涸也涸渴也渴消潐盡也此盡轉注垎水乾
也沙水中散石也瀨水流沙上也湍疾瀨也灘水濡而乾也激水礙衺疾波也
一曰半遮也濊礙流也泜箸止也沴水不利也淵回水也湖大陂也陂汪
池也[illegible]洼深池也污小池也邕四方有水自邕成池潢積水也沼池水也泹
溫也此溫別義況寒水也泂滄也滄滄泠㴍清溧瀨澟𩅦滭寒也寒

仌凍也凍仌也⿰氵覞冷寒也冰水堅也滯冰也溓薄仌也澌流仌也凌仌出
也州水中可居曰州渚小州也沚坻小渚也潏水中坻人所爲爲潏[illegible]水邊石也
磧水陼有石者消水門也粼水生厓石間粼粼也臭大白澤也阪澤障也㳻所以
擁水也防隄也隄唐也津水渡也渡濟也此濟別義潢水津也潢以船渡也
泭編木以渡也圯橋也橋水梁也梁水橋也潅水上橫木所以渡者方併船也
斻方舟也頻涉水頻蹙也淜無舟渡河也砅履石渡水也泳潛行水中也汓
浮行水上也攸行水也潛涉水也舟船也船舟也俞空中木爲舟也艘船總名也
橃海中大船欚江中大船漕人之所乘及船也楫舟櫂也檥榦也此榦轉注筞箻籆

也棒棒雙也舫船師也舳舟尾也艫船頭也艫漢律名船方長爲舳艫[illegible]
我也按舟縫也彤船行也艘船箸不行也𦨕船行不安也漕水轉穀也洤水入船中
也沿緣水而下也洄泝洄也𣵼逆流而上曰泝洄泝向也湊水上人所會也汓淪
湮湛湨沒也沒沈也當作湛灒汙灑也一曰水中人也[illegible]相汙也黵大污也
渝變汙也浼汙也汙薉也此薉轉注瀞無垢薉也潤水曰潤下也澤光潤也突叏
泰滑也滑利也此利轉注濇不滑也淳渌也漉瀝湑浚也浚杼也當作抒
滲下漉也淫浸淫隨理也涔瀹瀸漬也漬漚也漚久漬也潰漏也當作扁
注灌灌也此灌別義滴水注也溉灌注也浩澆也澆沃也淋以水沃也沃溉灌

也溼湝幽溼也浥溼也澤小溼也淨漸溼也湫隘下也溽溼暑也濕
泆也此沫別義汩治水也當作理水

釋艸
艸百卉也卉艸之總名也茻眾艸也屮艸木初生也屯艸木之初生屯然而難也
芝神艸也萐萐莆瑞艸也莆萐莆也穀百穀之總名也糴穀也虋赤苗嘉穀也
芑白苗嘉穀也苗艸生于田者也禾嘉穀也粟嘉穀實也穖穆私藁禾也稷
齋也齋稷也秫稷之黏者也穄麋也麋穄也稻稌也稌稬稻也稴稻不黏者[illegible]稻紫
莖不黏者秔秏稻屬來[illegible]麰麥也麥芒穀也稍麥莖也麧堅麥也穬芒粟
也秠一稃二米稃穭也穭糠也穅穀皮也稞無皮穀也稼禾之秀實爲稼莖節爲禾
稼在野曰稼穡穀可收曰穡稙早種也種先種後孰也稑疾孰也穛早取穀也

稺幼禾也稹穜概也穊稠也稠多也稀疏也秜稻今年落來年自生謂之秜移
禾相倚移也穎禾末也秒禾芒也穖禾穖也[illegible]禾皮也稈禾莖也稾稈也
稭禾稾去其皮也秉禾束也[illegible]禾危穗也采禾成秀也齊禾麥吐穗上平也穟禾采
之皃[illegible]禾垂皃秨禾搖皃[illegible]禾舉出苗也秦移禾名穖稰穀名稞穀之善者
秧禾若秧穰也穌把取禾若也黍禾屬而黏者也䵒黍屬[illegible]黑黍也秕不成粟也
稗禾別也蓈禾粟之采生而不成者謂之董蓈莠禾粟下揚生莠棃黍穰也穰黍棃
已治者荅小尗也尗豆也此豆別義藿尗之少也萁豆莖也萉枲實也枲麻
萉之總名也麻與林同人所治在屋下[illegible]蔽屬檾枲屬[illegible]紵檾屬[illegible]芋也芋

麻母也𪎭麻藍也蕉生枲也緣未練治纑也絡麻未漚也𣎳分枲莖皮也蘇
桂荏也荏桂荏蘇也芙葵蒩蘿蘸莧芥蔥菜也菜艸之可食者也荳菜之
美者薑禦溼之菜也葰薑屬可以香口蒙菜也似蘇薇菜也似藿蕨鼈也此鼈轉注蓼
辛菜薔虞也薔薔虞蓼也莚菜類蒿若擇菜也芋大葉實根駭人莒齊謂芋爲莒
蘧蘧麥也菊大菊蘧麥葷臭菜也蘘蘘荷也一名蒚葙韭菜名䪥菜也葉似韭
菁韭華也韱山韭也蒜葷菜也蕃小蒜也瓜㼌也㼌本不勝末微弱也丩
瓜瓠結丩起也㼎𤬪小瓜也瓞㼎也繇瓜也蔕瓜當也瓣瓜中實蓏在木曰果
在艸曰蓏瓠匏也匏瓠也蘆蘆菔也菔蘆菔似蕪菁苹蓱也蓱萍苹也蘋大蓱

說文通訓定聲　釋艸　廿七

𦬇菌𦬇地蕈菌地蕈也蕈桑萸也萸木耳也一曰萮茈茞蓍薵蒁蓳萬
蔩薜菩蘄藪蘆茵蕣蔦芇蒔茵莩荽蔽蘠葦蔜葎蕿
苓蒚芄蘭菁蘢蘺蔦萇薖茈蔡𦳝藿苟蓸蘧落蓍范
芀葢蒟苳苕菻萺藜艸也藍染青艸也蒨藍蓼秀也藼令人忘憂艸也营
藭蘭蔞薰芳蔎香艸也若杜若香艸也鬱芳艸也蕢穰香艸蘺江蘺
蘼蕪也蘪蘪蕪也虈楚謂之蘺晉謂之虈齊謂之茝茝虈也芄芄蘭莞也萹萹茿也
茿萹茿也𦾓水萹茿藒芞芞輿也莓馬莓也葥山莓也苷甘艸也芧
艸可以爲繩荵忍冬艸也茭牛蘄艸也萇萇楚桃弋一名羊桃薊芺也芺艸味苦江南食

以下气蘳鼇艸也芨蓳艸也蓳艸根如薺葉如細柳蒸食之甘蕟毒艸也薓人薓
藥艸出上黨蘥茆鳧葵也𦸞艸可以染留黃荍蚍衃也[illegible]蓬蒿也蒿菣也菣
香蒿也蘿莪也莪蘿莪蒿屬菻蓍蒿屬蔚牡蒿也蘩白蒿也蕭艾蒿也艾
冰臺也萩蕭也苦大苦苓也苓當作蘦蘦大苦也苓蓩卷耳也薏薏苡一曰蓍英
䕶艸也一曰薏苢茅菅也菅茅也蓻茅芽也莞艸可以作席藺莞屬蒢黃蒢職也
蒲水艸可以作席蒻蒲子可以爲平席[illegible]蒲蒻之類也蓴蒲叢也蓷萑也茥缺盆
也莙牛藻也藻水艸也[illegible]夫離也蒚夫離上也苢芣苢一名馬舃芣芣苢也
蕁芜藩也藷藷蔗也蔗藷蔗也薂牂薂可以作縻綆蒷王蒷也黃兔瓜也

說文通訓定聲　釋艸　廿八

荓馬帚也蕕水邊艸也藄月爾也莃兔葵也蘉灌渝也蕧盜庚也藑茅
葍也葍䔰也䔰葍也蕣艸也楚謂之葍秦謂之藑蓨苗也苗蓨也葛艸枝枝相值葉葉相
當薁嬰薁也葴馬藍也[illegible]艸可以束蔞艸可以亨魚蒬棘蒬茈藐茈艸
也蒴鳥喙也蒐茅蒐茹藘人血所生可以染絳茜茅蒐也蕼赤蕼也薜牡贊也
蒠杜榮也苞艸也南陽以爲麤履芹楚葵也薽豕首也蔦寄生也芸艸似目宿
茦莿也莿茦也[illegible]若婁果蓏也葑須從也薺蒺藜也蓂析蓂大薺也蘆薺根
也[illegible]薺實也董鼎董也杜林曰藕根[illegible]狗毒也芐地黃也蘞白蘞也菳黃菳
也蔍鹿藿也莥鹿藿之實名也萆萆蕪似烏韭[illegible]椴也蔆芰也芰蔆也蔛蔛苦

也苦蘚苦也芡雞頭也蘜日精也以秋華蘥爵麥也蕇亭歷也菲芴也芴
菲也⿱艹⿰豕力艸以蒲而小根可作㕞蔵刷也當作㕞蒙王女也菉王芻也藚水舄也
荼苦荼也藗牡茅也菽茅秀也薕蒹也蒹雚之未秀者萑薍也薍菼也菼
雚之初生一曰騅葦大葭也葭葦之未秀者芀葦華也茢芀也蔈苕之黃華也
薠青薠似莎者茚昌蒲也茆茚茆也菡蔄夫容華也蓮夫渠之實也茄夫渠
莖也荷夫渠葉也蔤夫渠本也蕅夫渠根也蘢天蘥也芍鳧茈也葥王彗也蘜
治牆也蘠蘠蘼虋冬也芪芪母也菀茈菀也莔貝母也⿱艹朮山薊也藸菋
荎藸也荎荎藸艸也葛絺綌艸也蔓葛屬也萊蔓華也蓂葛屬白華蔞蒈蔞餘也

芫魚毒也蕛苵蕛苵也芋芋熒朐也蔣苽蔣也苽雕苽一名蔣葽艸也劉向
說此味苦苦葽也茈艸也蕣木堇朝華莫落者茱萸茱屬茮茮也莍茮椒實裹
如裘者芘茮木也落水青衣也薦解廌獸所食艸才艸木之初也茁艸初生出地皃
之出也出生進也此進轉注芽萌芽也萌艸芽也帀周也當作匊𣎵艸木盛𣎵
𣎵然𢎘艸木马盛也𣐺艸木𣐺孛之皃孛𣐺也每艸盛上出也丰艸盛丰丰也薾
芣華盛也韡盛也當作𢦏雩艸木雩也𠂹艸木華葉𠂹也蒪華葉布也𦽏艸木華𠂹
皃葩華也華榮也薹華榮也马艸木之華未發函然卤艸木實垂卤卤然皣艸木
白華也芰艸之白華也皅艸華之白也芛艸之皇榮也蘳黃華也英艸榮而不

實者莖枝柱也莛莖也葉艸木之葉也乇艸葉也荄茇艸根也荺茇也茅根
莢艸實也芒艸耑也㞷艸木妄生也毒害人之艸往往而生萑蔗蕢荕菰
蓸艸多皃芊叢生艸也菽細艸叢生也藂艸叢生皃蓴叢艸也⿱艹步亂艸也蘯
艸亂也葐葐盪皃茷艸葉多也荋艸多葉皃蓆廣多也丯艸蔡也挌枝挌也
𦬊艸之相丩者䒠惡艸皃⿱艹乏艸浮水中皃莘薔萑葎蔽艸皃蒝艸木形
萋艸萋萋也蘇蔞茯芃蓁蓁艸盛也蔇茂也茂艸豐盛也蕃藹艸茂也
菽艸大也茲艸木多益也荒艸淹地也芼艸覆蔓也蔫菸也菸鬱也蕪薉也薉
蕪也蘮艸旋也蘄艸相蘄苞也茀道多艸不可行藉艸不編狼藉也菿艸木倒

蔭艸陰地也葻艸得風皃蒼艸色也苛小艸也蒯艸之小者蓺艸木不生也薇
艸旱盡也菆蓐也蓐陳艸復生也芟刈艸也薙除艸也落凡艸曰零木曰落蘀
艸木凡皮葉落陊為蘀⿱艹麗艸木相附麗土而生岁艸初生其香分布也香芳也馨香之遠聞
也苾馨香也藥治病艸也荐薦席也蒩茅藉也蕝朝會束茅表位苴履中艸
茜以艸補缺也蕘薪也薪蕘也竹冬生艸也箘簬箘簬也箭矢竹也篠
箭屬小竹也簜大竹也⿱竹微竹也筍竹胎也⿱竹怠竹萌也箁竹箬也箬竹皮也
函竹上皮也節竹約也笨竹裏也篇筡也筡析竹笢也笢竹膚也⿱竹將剖竹未去
節支去竹之枝也竿竹梃也箇竹枚也篁竹田也笎竹列也⿱竹翁竹皃⿱竹劉

竹聲也 竇 榛叢也

釋木

木冒地而生東方之行 本木下也 末木上也 氐木本也 柢 枵 株木根也 根木株也 槇木頂也 標木杪末也 杪木標末也 杈枝也 枝木別生條也 條小枝也 𢎘木生條也 𣡌木細枝也 果 槮木實也 樹生植之總名也 榑榑桑神木日所出也 叒榑桑若木也 桑蠶所食葉木也 檿山桑也 柘柘桑也 葚桑實也 黮桑葚之黑也

朱赤心木松柏屬 松 槐 楊 檀 栗 柜 枒 橞 楛 枯 朸 櫇 梢 櫏 椅 梭

樺 樵 楋 椙 楈 楑 楷 椆 櫸 棳 𣚍 ⿰木遄 櫝 樗 樢 蘽 ⿰木息 杼 榗 机

枮 櫝 栟 柃 橎 棟 櫟 柞 杶 榛 樍 椒 檣 樟 櫓木也 柏鞠也當作椈然

許書無椈 樅松葉柏身 檜柏葉松身 樠松心木 橘果木出江南 櫨櫨橘夏孰也 枳木似橘 橙橘屬 樝果似棃而酢 棃 杏 柰 李 桃果木也 某酸果也 亲果實如小栗 梬 樸棗也 樲酸棗也 橪酸小棗 ⿰木還⿰木還味稔棗 棗羊棗也 棘小棗叢生者

柿赤實果 枏 柍梅也 梅枏也 柍梅實 楙冬桃也 梫桂也 桂江南木百藥之長

棠牡曰棠牝曰杜 杜甘棠也 浾棠棗之汁涇也 楷木也孔子冢樹之 椲木也可屈爲杅

樿木可爲櫛 椵木可作牀几 櫅木可爲大車軸 柅木也實如棃 枸木也可爲醬出蜀

蒟果也 枋木可作車 橿枋也 樗木也以其皮裹松脂 槭木可作大車輮 欅大木可爲鉏柄

楖木可爲杖 檗黃木也 梔黃木可染者 黟黑木也 梣青皮木也 桋赤棟也 櫨

宅櫨木也出宏農山棫白桵也桵白桵棫也橯香木也楢柔木也楨剛木也楚
叢木也一名荊荊楚木也楓木厚葉弱枝善搖櫐木葉搖白也檍橁杶也棆母杶
也柀枯也枊椶椐木也椶栟栟櫚也椐樻也樻椐也檟梓楸也楸椅梓也
槽梓屬檹椅木也可作琴楰鼠梓也栲山樗也柳小楊也檉河柳也栩柔也
柔栩也樣栩實梂櫟實草草斗櫟實也榮桐木也桐榮也梧梧桐木也枌榆也
榆榆白枌梗山枌榆有朿桔桔梗藥名枇枇杷木也杙劉劉也椽羅也樕樸樕
小木棪遬其也椋即來也欒木似欄樧似茱萸栘棠棣也棣白棣也穀
楮也楮穀也檵杞枸杞也杒桎杒也權黃華木椶細理木桼木汁可以髹物

說文通訓定聲　釋木

㯄榙㯄木也櫾昆侖河隅之長木也厄科厄木節也朴木皮也朸木之理也樸木素
也朿木芒也椄續木也禾木之曲頭止不能上也樛下句曰樛枓根高木
梃長木也槮格木長皃橚長木皃朴椢高也椢高皃橺大木皃杕樹皃
⿰木御木下白也森木多皃櫕叢木也欝木叢生者楙木盛也枖木少盛皃𣡕眾盛
也栠弱皃柔木曲直也桔直木也橈曲木也枉衺曲也檵堅木也柖樹搖
皃榣樹動也棽木枝條棽儷皃朵樹木垂朵朵也𣎵木垂𠌶實梟木葉陊也樵散木
也柴小木散材槇仆木也栝炊竈木棷木薪也梡棞木薪也櫝大梡也棞
梡木未析也析破木也斯削柀析也新取木也片判木也所伐木聲也柆

折木也檮柮斷木也槎衺斫也栞槎識也櫱伐木餘也枯槀也槀木枯
林平土有叢木曰林麓林屬於山為麓𣟄林薄也黭果實黭黯黑也槸木相摩也

釋蟲

蟲有足謂之蟲無足謂之豸蚰蟲之總名也虫一名蝮蝮它虫也螣神蛇也蝁
蚗也蚗蝁蛇毒長也蚺大蛇可食巴食象蛇巴巴蟲也易蜥易蝘蜓守宮也蜥
蜥易也雖似蜥易而大蝘在壁曰蝘蜓在艸曰蜥易蜓蝘蜓也虺以注鳴者蚖榮蚖
蛇醫以注鳴者蠶任絲也甚蠶盛也繭蠶衣也蛾蛾羅也䖸蠶化飛蟲蛹繭蟲
也螝蛹也蠸萬禹离蛁蝨蠶蟜蚩蟅蛸蠃蟲也蛑蟲食苗根者
螟蟲食穀心者蠈螟子蟘蟲食苗葉者蝗螽也螽蝗也蝝蝗子也蛣蚰蝎也
蝤蝎蝤蠐也蠐蠐螬也螬蠐螬也蜀葵中蠶也𧕋螟𧕋桑蟲也蠲馬蠲也

蜩蟬也蟬以旁鳴者蠽小蟬蜩也蜺寒蜩也蝒馬蜩也蛥蛥蚗蟬屬蚗蛥蚗蛁蟟
也螇螇鹿蛁蟟也許書無蟟蛩蟬蛻也蛻蛇蟬所解皮也蝨齧人蟲蟣蝨子也
蚤齧人跳蟲蟁蜹蟲也蚊蝱齧人飛蟲蠭飛蟲螫大者螸蠭醜螸垂腴也蜾蠃
蒲盧細腰土蜂也蟊蠿蟊也蠿蠿蟊作网蛛蟊也蛛鼅蛛也鼅鼅鼄蟊也蠨蠨蛸
長股者蠸大螫也蠆毒蟲也蠚蠆也蚔蠆也螉蟲在牛馬皮者螕齧牛蟲也蚍
蚍蜉大螘也蜉螘蚍蜉也蠪丁螘也蝝蚍蜉子也蚳螘子也垤螘封也蠹
木中蟲蜭毛蠹也蛓毛蟲也蛅蛅斯墨也蟷蟷蠰不過也蠰蟷蠰也蜋堂蜋
也蟰蟲蛸也蛸蟲蛸堂蜋子蝥盤蝥螌盤蝥毒蟲也蠅蟲之大腹者蝙蠅醜

蝙搖翼也蜡蠅胆也胆蠅乳肉中也虩蠅虎也蛜蛜威委黍鼠婦也蟠鱕鼠婦
也蜚臭蟲負蠜也蜰盧蜰也螼螾也蚓側行者坥蚓場也螜螻蛄螻蛄
也蠽多足蟲也蠜阜蠜也蜙蝑以股鳴者螽蝣蜉蝣也蛺蛺蝶也蝶蛺蝶
也蜙蚣蜙也蛵丁蛵負勞也蠓蠛蠓也許書無蠛蟜蟜蟥也蟥蟜蟥也蛢
蟜蟥以翼鳴者蛚蜻蛚也蜻蜻蛚也蛉蜻蛉也蛶商何也䗐姑䗐強蛘也按蛘當
作蛘強蚚也蚚強也蝝復陶也蠖尺蠖屈伸蟲也蟫白魚也蛩悉蛩也黽鼀黽
也鼃蝦蟆蝦蟆也鼀圥鼀詹諸也鼊鼀鼊詹諸也蝌蝌鼀詹諸也蝟蟲似
豪豬者蠁知聲蟲也蟣蛭也蛭蟣也蝚蛭蝚至掌也鼂匽鼂也蟲名蜆縊女也

蝸蝸蠃也按蠃篆下一曰虒蝓四字當移于此蝓虒蝓也蚨青蚨水蟲可還錢蝍渠蝍
一曰天社蟖蟖離也肙小蟲也蜎肙也蝡蠢蟲動也蚑蠉蟲行也蚩蟲曳
行也蟺夗蟺也蠚螫也螫蟲行毒也蠹蟲食也蠹蟲齧木中也䗝藏也許書無藏
蛕腹中長蟲也蟯腹中短蟲也蛘搔蛘也蝕敗創也蠥禽獸蟲蝗之怪蛧蜽
山川之精物也

釋魚

魚水蟲也鯉鱣也鱣鯉也鰋鮀也鮀鮎也鮷大鮎也鮎鰋也鱧鱯也鱯鯇
魼鰲鮥鮪鯀鰥鱄鮆鮔鯾鱮鰱鮍魩鮒⿰魚巠⿰魚脊鱺鰻⿰魚巳
鱓鱱⿰魚替⿰魚翁鮊鱖鮸⿰魚虜鯜⿰魚市鮈魦鱳鮮鱅鮅鱹鯸魚也⿰魚果
鱧也鰼鰌也鰌鰼也鮦鱶也鱶鮦也魾大鱯也鮡小鱯也鰝大鰕也鰕魵也
魵魚名出薉邪頭國鮞魚子也鰖魚子已生者也鮞一曰東海之鮞魚之美者鮥叔鮪
也鮨鮪也鮪鮥也鮥當互也鮆刀魚也飲而不食鱒赤目魚也魴赤尾魚也魱
魧也魧鮂魧也鯣虛鯣也⿰魚婁鰜也鰜⿰魚婁也鯫白魚也魠哆口魚也魶魚似鼈無

甲有尾無足口在腹下鰸魚似蝦無足長寸大如叉股鰂烏鰂也鯢刺魚也鱓魚名
皮可爲鼓○按下四字當在鼉下鼉水蟲似蜥易長大⿰魚夫鯕魚出東萊鰅魚名皮有文
鮐鮊鰒海魚也鮫海魚皮可飾刀⿰魚匊出江東有兩乳蛟龍之屬也鯨海大魚也𧌒
似蜥易長一丈水潛吞人卽浮出日南蜦蛇屬黑色潛于神淵能興風雨龍鱗蟲之長龗龍也
龖飛龍也龕龍兒虯龍子有角者也螭若龍而黃地螻也或曰龍無角蚴蚴蟉也蟉
蚴蟉也獺如小狗水居食魚獱獺屬黿大鼈也鼇海大鼈也鼈甲蟲也龜外骨
內肉者也蠵大龜也⿰夂龜龜名⿰冉龜龜甲緣也蜮短狐也貝海介蟲也魧大貝也貟
貝聲也蠊海蟲也⿰魚丙鮚蚌也蠇蚌屬似蠊蠯脩爲蠯圜爲蠇蚌蛤蜃屬蜃雉入

海化也蟹有二螯八足旁行蛫蟹也⿰奚黽水蟲也⿰句黽⿰奚黽屬鱗魚甲也鯁魚骨也
魿蟲連行紆行者汕魚游水兒喁魚口上見鯛魚骨耑脆也𩺰二魚也漁捕魚也
鱻新魚精也魧魚膏也

釋鳥

鳥長尾禽總名也隹鳥之短尾總名也鳳神鳥也鶠鳳皇也鸞亦神靈之精也鸑
鸑鷟鳳屬神鳥也鷟鸑鷟也鷫鷫鷞五方神鳥也鷞鷫鷞也鶴鶴鳴九臯聲聞于天
鶻鵃鳩鶻鵃也鶌鶌鳩也鵻祝鳩也鵴秸鵴尸鳩鴿鳩屬鵽鵽鳩也鴠
渴鴠也鶪伯勞也鷚天龠也雅雅楚烏也烏孝鳥也鸒卑居也鷽雗鷽山鵲
知來事鳥也雗雗鷽也舄誰也按舄誰同字鷲鳥黑色多子鷲師曠曰南方有鳥名
曰羌鷲黃頭赤目五色皆備鴞鴟鴞寧鴂也鴂寧鴂也鴋澤虞也鴩鋪豉也鶤
鶤雞也鷦鷦䳂桃蟲也䳂鷦䳂也鶹鳥少美長醜爲鶹離鶨欺老也鷯刀鷯剖葦

食其中蟲鶠鳥也其雌皇鴲瞑鴲也鵅鸔烏鸔也雒忌欺也鷺白鷺也鵠
鴻鵠也鴻鴻鵠也鵚禿鶖也鴛鴦鴛鴦也鵱蔞鵝也鴚鵝鴚鵝也鴈
鵝也鶩舒鳧也鳧舒鳧鶩也鷖鳧屬[illegible][illegible]鷿鳧屬鷿[illegible]鷿也鸏水鳥也鷸知天
將雨鳥也鷿鷉鷿鷉也鸕鸕鶿水鳥也鶿鸕鶿也鵁鸕也鷧鶿也鴔鵖鴔鵖
也鴇鳥也肉出尺胾雃石鳥一名雝渠一曰精列雝[illegible]雝[illegible]也鷗水鴞也鴺鴺胡
污澤也鳿天狗也鶬麋鴰也鴰麋鴰也鵁鶄鳽鵁鶄也[illegible]鴜[illegible]鴜也
鷻雕也雕鷻也鳶鵰鷙鳥也鷙擊殺鳥也鷳䧚鴟也鴟䧚也萑鴟屬舊鴟舊
舊留也觜鴟舊頭上角觜也鷢白鷢王鴡也鴡王鴡也鸛鸛專畐蹂如誰短尾射之

銜矢射人鸇鷐鷐風也鴥鸇飛皃鴝鴝鵒也鵒鴝鵒也閵似鴝鵒而黃雉
有十四種翬伊雒而南雉五采皆備曰翬鷩赤雉也鵔鵔鸃鷩也鸃鵔鸃也鷮走鳴
長尾雉也翟山雉尾長者鶾雉肥鶾音者也雊雄雉鳴也鷕雌雉鳴也鷸雉屬戇鳥也
雡雉之莫子也鶡似雉出上黨[illegible]鳥似鶡而青鸚鸚鵡能言鳥也鵡鸚鵡也鸓
鼠形飛走且乳之鳥也鴳雇也雇九雇農桑候鳥焉鳥黃色出于江淮翰天雞赤羽翡
赤羽雀也翠青羽雀也雀依人小鳥也翟楚雀也雚水爵也鴽牟母也雜離屬
雛雜屬離離黃倉庚也鵹鵹黃也巂巂周燕也燕乙元鳥也雁鷹鶯難
鶂[illegible][illegible]鶔鵜[illegible][illegible][illegible]鷫[illegible]雄雊雐雉[illegible][illegible]鳥也鴆毒鳥也一

曰運日梟不孝鳥也蝙蝠服翼也羽鳥長毛也翨鳥之彊羽猛者𠘧鳥之短羽飛𠘧
𠘧也㐱新生羽而飛也翦羽生也翭羽初生也翁頸毛也翄翼也翼[illegible]猴也[illegible]
翼便也翹尾長毛也翭羽本也翮羽莖也翑羽曲也羿羽之羿風也亦古諸侯名
一曰射師翥揚飛舉也翾小飛也卂翩疾飛也熒翔回飛也翏高飛也
翬大飛也習數飛也隆飛也飛鳥翥也鶱鶱翃飛皃翯嵩飛盛皃奞
鳥張毛羽自奮也奮翬也翱翱翔也霍翽飛聲也不鳥飛上翔不下來也至鳥飛
從高下至地也隺高至也徽飛徽也㚇斂足也西鳥在巢上也巢鳥在木上曰巢
在穴曰窠集羣鳥在木上也雥羣鳥也䨇鳥羣也鴌鳥聚皃咮鳥口也鳴鳥聲

也。嚶鳥鳴也。喈鳥鳴聲。喿鳥羣鳴也。啄鳥食也。琟鳥肥大琟琟也。翯鳥白肥澤皃。皠鳥之白也。瞿鷹隼之視也。矍隹欲逸去手持之矍矍也。奪手持隹失之也。隻鳥一枚也。雙隹二枚也。雔雙鳥也。雄鳥父也。雌鳥母也。雡鳥大雛也。孚卵孚也。毈卵不孚也。卵凡物無乳者卵生。楇鷙鳥食已吐其皮毛如丸也。囮譯也。

釋獸　寓屬　鼠屬　齸屬　須屬

禽走獸之總名也。麒仁獸也。麐牝麒也。麟大牝鹿也。麀牝鹿也。麚牡鹿也。麠大鹿也。麉鹿之絕有力者。鹿獸也。麌似鹿而大。麋麈鹿屬。麂大麋也。麔麋牡者。麎牝麋也。麞麈麋屬。麝如小麋臍有香。麇麞也。麃麠屬。麌鹿麛也。麛鹿子也。齸鹿麋粻也。廌解廌獸也，似山牛一角。解解廌獸也。𧳮解廌屬。狼似犬銳頭白頰高前廣後。豺獌狼屬。狛如狼善驅羊。兔獸名。㲋獸似兔青色而大。毚狡兔也。娩兔子也。堀兔堀也。虎山獸之君。虍虎文也。彪虎文彪也。虦虎竊毛也。甝白虎也。𧆨虎屬。虪虪黑虎也。虙𧇪錿虎皃也。虔虎行皃。虓虎鳴也。虩虒唬虎聲也。虖哮虖也。虘虎不柔不信也。虢虎所攫畫明文也。虤虎怒也。豦虎兩足舉。𧇯兩虎爭聲。虒委虒虎之有角者也。虞騶虞也，白虎黑文尾長於身，仁獸食自死之肉。虓師子也。豹似虎圜文。貔豹屬。貀獸無前足。貙貙獌似貍。貍伏獸似貙。貚貙屬。貐猰貐似貙虎爪食人迅走。熊獸似豕山居冬蟄。能熊屬。羆如熊黃白文。貘似熊而黃黑色。狐祅獸也。貒似狐善睡獸。貆貉之類貉當作貆。貗猛獸也。貜㲉貜也。㲉犬屬食母猴。㲉似牂羊出蜀北囂山犬首而馬尾。豻胡地野狗也。蚼北方有蚼犬食人。猴夒也。夒貪獸也，一曰母猴。爲母猴也。玃大母猴也。禺母猴屬。猶狙玃屬。蠗禺屬。蝯善援禺屬。蜼如母猴卬鼻長尾。𧤗角𧤗獸也。觰觰拏獸也。獨北囂山有獨浴獸如虎白身豕

鬣尾如馬。𤞞獨𤞞獸也。麙獌麙獸也。獌獌麙如虢貓食虎豹。駮獸如馬倨牙食虎豹。驕野馬
也。驒驒騱野馬也。騱驒騱也。貒獸也。麙山羊而大細角。麢大羊而細角。兕如野
牛而青。犀南徼外牛一角。犛西南夷長髦牛也。氂犛牛尾也。象南越大獸。豫象之大者。
貛野豕也。豦封豕之屬。㣇脩豪獸也。𦏁人身反踵自笑笑即上脣掩其目食人北方謂之土
螻一名梟陽爾雅云𦏁𦏁如人被髮。𡗜獸也似狌狌許書無狌。蟨西方有獸前足短與蛩蛩巨虛
比。蛩蛩蛩獸也。䰠神獸也。离山神獸也。夔神䰠也。𧇾獸名。番獸足也。蹏足也。
𧿒獸足企也。内獸足蹂地也。𨇏獶獸足也。迒獸迹也。䴥鹿迹也。麗旅行也。麤
行超遠也。豕獸長脊行豕豕然欲有所司殺形。疃禽獸所踐處也。呦鹿鳴聲也。噳麌鹿羣口

相聚兒。牄鳥獸來食聲也。赶舉尾走也。角獸角也。觻角也。䚡角中骨也。骼骨角之名
也。觛角上也。觢一角仰也。觭角一俛一仰也。𧣾角傾也。觠曲角也。䚀角曲中也。
兒。觬角觬曲也。觰下大者也。𧤼角長兒。𧥄揮角兒。觓角兒。𧥳角有所觸發也。觸抵也。
觲用角低仰便也。𧢼舉角也。𣬛獸豪也。𣯧毛盛也。毨仲秋鳥獸毛盛。毳獸細毛也。
𣯷毛紛紛也。𣬉毛𣬉𣬉也。𣯍彊曲毛可以箸起衣。鼠穴蟲之總名也。𪕍鼶蟨鼠也𪕰
鼾令鼠也。鼩精鼩鼠也。鼨豹文鼠也。鼢偃鼠也。鼢地行鼠也伯勞所化。鼧鼲鼠出胡地
皮可作裘。𪕨胡地風鼠。鼷小鼠也。鼸䶃也。䶃䶎𪕪鼠屬。鼥竹鼠也。鼫五技鼠也。
貂鼠屬大而黃黑。貁鼠屬善旋。鼬如鼠赤黃尾大食鼠。鼪似雞鼠尾。𪖈斬𪖈鼠類蝯蜼之屬

梋梋斗可以射鼠。竉小鼠

釋畜 馬屬 牛屬 羊屬 狗屬 雞屬 六畜 畜讀爲嘼依廣雅移補豕屬

嘼㹌也當作牲　㹌畜牲也按當作嘼生也　騭牡馬也　⿰馬一馬一歲也　駒馬二歲也　駣馬三歲也此字補　⿰馬八馬八歲也　齨馬八歲齒臼也　⿰馬閒馬一目白　騏馬青驪文如博棊也　驪馬深黑色　駽青驪馬也　驒青驪白鱗文如鼉魚　騩馬淺黑色　騮赤馬黑毛尾也　騢馬赤白襍毛也　騅馬蒼黑襍毛也　駱馬白色黑鬛尾　駰馬陰白襍毛黑　驄馬有白襍毛也　驈驪馬白胯　駹馬面顙皆白也　騧黃馬黑喙　驃黃馬發白色也一曰白髦尾也　駓黃馬白毛也按毛當作尾　驖馬赤黑色　⿰馬岸馬頭有發赤色者　馰⿰馬隺馬白顙也　駁馬色不純　馵馬後左足白也　驔驪馬黃脊　驠馬白州也　馼馬赤鬛縞身目若黃金吉皇之乘也　驩驗⿰山馬傌馬名　騊騊駼

北野之良馬也　駼騊駼也　駃駃騠馬父贏母　騠駃騠也　驁馰駿馬也　駿馬之良材者　驍良馬也　驥千里馬也　驕馬高六尺　騋馬七尺也　馼畫馬也　騛馬逸足也　馮駸馬行疾也　⿱爲馬馬行徐而疾也　驟颿馬疾步也　⿰馬爪馬步疾也　⿰馬匈馬疾走也　駃馬有疾足　駾馬行疾來皃　駧馳馬洞去也　馳大驅也　驅馬馳也　鞭驅也此驅轉注　騁直馳也　騖亂馳也　⿱次馬次弟馳也　⿰馬㐬馬奔也　駻馬突也　馺馬行相及也　騃馬行仡仡也　騤馬行威儀也　⿰馬舀趹馬行皃　篤馬行頓遲也　騀馬搖頭也　駪馬眾多皃　驫眾馬也　驤馬之低仰也　駐馬立也　駔馬蹲駔也　⿰馬支馬彊也　駔壯馬也　駫馬盛肥也　騯馬盛也　⿰馬皆馬和也　馴馬順也　駜馬飽也　騺馬重皃　⿰馬垂馬小皃

闖馬出門皃　踤駭也　驚馬駭也　駭驚也　趀踔蹢蹩踶也　踶躗也　騽馬豪骭也　⿰車馬馬毛長也　驧馬曲脊也　趽曲脛馬也　蹁拖後足馬也　騬騰犗馬也　痑馬病也　⿸疒元馬脛瘍也　駕馬在軛中　騑驂旁馬也　服車右騑也　驂駕三馬也　駢駕二馬也　駟一乘也　駙副馬也　御使馬也古文作馭从又馬　褭以組帶馬也　鉻組帶鐵也　繮馬紲也　紲系也　轡馬轡也　銜馬勒口中　鑣馬銜也　鍚馬頭飾也　鞥龍頭繞者　緐馬髦飾也　幩馬纏鑣扇汗也　羈馬絡頭也　緧馬紂也　紂馬緧也　絆馬縶也　[illegible]絆馬也　[illegible]絆前兩足也　扣牽馬也　捘止馬也　駘馬銜脫也　紛馬尾韜也　⿰馬介系馬尾也　騫馬腹縶也各本作腹墊非　驀上馬也　騎跨馬也　驛置騎也　馹驛傳也　傳刖遽也　遽

騰傳也　⿰芻刂搔馬也　敕擊馬也　騷擾也此擾轉注　騷摩馬也　枊馬柱也　茹飤馬也　䬴食馬穀也　⿱艹敉以穀萎馬置莝中　齺馬口中糜也　篼飲馬器也　餕馬食穀多气流四下也　驘驢父馬母　驢似馬長耳　⿰馬豕驢子也　牛大牲也　犅特牛也　特朴特牛父也　㸰二歲牛　犙三歲牛　牭四歲牛　牻白黑襍毛牛　㹁牻牛也　犡牛白脊也　⿰牛余黃牛虎文　犖駁牛也　⿰牛寽牛白脊也　⿰牛平牛駁如星　犥牛黃白色　犉黃牛黑脣　㸌白牛也　⿰牛畺牛長脊也　犗騬牛也　犨牛名　犢牛子也　㸺以芻莝養牛也　⿱竹豢飤牛筐也　⿱婁牛食牛也　牧養牛人也　⿰牛殳牛徐行也　犪牛柔謹也　牽引前也　⿱臤牛牛很不從引也　紖牛系也　縼以長繩繫牛也　縻牛轡也　桊牛鼻中環也　牴踤跌觸也　觸抵也　衡牛觸

橫大木其角告牛觸人角箸橫木𩋆繫牛脛也𧗿牛踶衛也牟牛鳴也犨牛息聲

齝吐而噍也爾雅曰牛曰齝胡牛顄垂也牼牛厀下骨也牲牛完全牷牛純色𤛑

牛皃大𤘶牛舌病也肶膍牛百葉也膘牛脅後髀前合革肉也羔羊子也羜五月

生羔也𦍩六月生羔也羍小羊也䍦羊未卒歲也羝牂牡羊也羒牂羊也

羖夏羊牡也羭夏羊牝也羳黃腹羊羥黑羊䍩羊名也𦍷羊名蹏皮可以割桼

莧山羊細角者䍦夷羊百斤左右爲䍦𦍌羊角也芈羊鳴也䍡羊粻也羯羊羖

犗也羠騬羊也䍫羊相羵也羵羵也羥羣羊相羵也羼羊相廁也羴羊臭也

鏊羊箠耑有鐵羸瘦也此瘦轉注觤羊角不齊也觟牝牂羊生角者殰殺羊出其胎也

說文通訓定聲　釋畜　畐

豕彘也彘彖豙𧰨豕也豩二豕也豚小豕也𧱓豠豲豕屬豨屬豨𧲜

豚屬𧱕豬也豬豕而三毛叢居者豪豕鬣如筆管者豭牡豕也豝牝豕也𧱁二歲

能相把拏也豣三歲豕豰小豚也豯生三月豚也豵生六月豚也豵一歲豵尚

叢聚也豬積也豶羠豕也𧱬豕息也彖豕走也𧰲豕絆足行豕豕也丘

豕之頭也豦鬥相丮不解也豕虎之鬥不解按此字从豕虎聲豕虎相鬥也虎食豕豕不鬥虎豤齧也

豙豕怒毛豎也哮豕驚聲也豢也豢以穀圈養豕也腥星見食豕令肉中生小息肉也

腯牛羊曰肥豕曰腯犬狗之有縣蹏者也尨犬之多毛者獿犬惡毛也狡少狗也

猶犬子爲獸猲短喙犬也獢猲獢也獫長喙犬也獫黑犬黃頭狂黃犬黑頭獔短脛

狗也狡匈奴地有狡犬巨口而黑獀獿獀犬也猗犗犬也𤢂惡健犬也奘妄彊犬也獒

犬知人心可使者獎嗾犬厲之也嗾使犬聲也猛犺健犬也狾狂犬也狂狾犬

也犴逐虎犬也犿獟也獟犿犬也突犬從穴中暫出也默犬暫逐人也猝

犬從艸暴出逐人也狙犬暫齧人者狙犬不齧人者獲齧也犾兩犬相齧也莽犬善

逐兔艸中獧疾跳也猎竇中犬聲吠犬鳴也獫犬吠不止也獑兩犬爭也獙小犬

吠也犷猥犬吠聲狠吠鬥聲獝犬鬥聲獨犬相得而鬥也狋獳怒犬皃猌

犬張齗怒也狃犬性驕也猲犬張耳皃也狟犬行也㹌犬容頭進也猋犬走犮

走犬皃狊犬視皃臭禽走臭而知其迹者犬也狀犬形也狎犬可習也狋犬難附也

說文通訓定聲　釋畜　頁

狧犬食也鋂大環也一環貫二者類種類相似唯犬爲甚雞知時畜也鶵鶵音雞也雛

雞子也喔雞聲也呝喔也距雞距也屈無尾也喌呼雞重言之牡畜父也

牝畜母也湩乳汁也脂戴角者脂無角者膏膏肪肥也此肥轉注骼禽獸之

骴鳥獸殘骨曰骴牿牛馬牢也牢閑養牛馬圈也槽畜獸之食器芻刈艸也莝斬芻

也茭乾芻也涒食已而復吐之𣩻畜摧疫病也犅牛羊無子也犧宗廟之牲也

犕易曰犕牛乘馬

古今韻準

古今韻準自敘

音聲之遞變而遞轉也南北不同古今不同以今南北之不同又知古南北之亦不同故凡有韻之文隨其天籟自諧律呂古無韻書書易詩騷即韻書也自漢末魏初孫叔然翀爾雅音義作反語而高貴鄉公以爲怪厥後聲類肇於李登韻集踵於呂靜而字始爲韻韻譜成於沈約切韻撰於法言而聲始有四顧其書率皆不存存者北宋廣韻爲最古言韻者舍是

別無適從矣然二百六韻雖仍唐孫愐述六朝之舊而字數增倍當時以意羼竄實與唐韻大有出入況古韻乎迨至南宋劉淵新刊韻略謬并爲一百七韻而元陰氏韻府羣玉又妄去拯爲一百六則微特盭於古韻且紊亂廣韻之部分幾令後之學者欲由廣韻以上溯古音而并不可得豈非千古之辠人哉夫虞書熙起無平上周南芼樂無去入昔梁武帝聞周捨天子聖哲之對迄未信用不爲無見而唐元和後釋神珙之反鈕圖舍利之字母三十守溫變爲三十六凡末流之踵事鎃析更無論矣余既成說文通訓定聲一書聚之以就正有道鰓鰓焉又慮一百六韻之須行四代箸爲功令諸應試排律所製必不能生今而反古之道也乃復取今韻而權衡之就一韻中析爲數類用韻者但取一類之字相叶庶宜今宜古不繆是非名曰古今韻準篤信好學之君子或有取於是焉道光戊申仲夏吳郡朱駿聲書

廣韻二百六部準古韻十八部

平聲上下五十七韻

一東 二冬 三鍾 四江古合 五支 十三佳古合 六脂
八微 十二齊 十四皆古合 七之 十五灰 十六咍 十八尤古合
九魚 十虞 十一模古合 十七眞 十九臻 二十五添古合拔添郎沾
字之俗故廣韻與談鹽爲類今據字從忝聲入眞臻類俾去聲之㮇別自爲部以當古韻之一 十八
諄 二十文 二十一欣 二十三魂 二十四痕 一先 二仙古合 二十
二元 二十五寒 二十六桓 二十七刪 二十八山古合 三蕭 二十

幽古合 四宵 五肴 六豪古合 七歌 八戈 九麻古
合 十陽 十一唐 十二庚古合 十三耕 十四清 十五青古合
十六蒸 十七登古合 十九侯獨用 二十一侵 二十二覃 二十六
咸 二十七銜 二十九凡古合 二十三談 二十四鹽 二十八嚴古
合

上聲五十五韻

一董 二腫古合 三講 四十五厚古合 四紙 十二蟹古
合 五旨 七尾 十一薺 十八吻 二十八獮古合 六止 十三駭
十四賄 十五海 四十三等 四十四有古合 八語 九麌 三十五馬
古合 十姥 二十九篠 三十一巧 三十二皓 四十六黝古合
十六軫 五十一忝古合 十七準 十九隱 二十一混 二十二很 二十七
銑古合 二十阮 二十三旱 二十四緩 二十五潸 二十六產古合
三十九耿 四十靜 四十一迥古合 四十二拯獨用 四十七
寑 四十八感古合 四十九敢 五十琰 五十二儼 五十三豏 五十四
檻 五十五范古合

去聲六十韻

一送 二宋 三用 四絳古合 五寘 十五卦古合 六至
八未 十二霽 十六怪 十八隊古合 七志 十九代 四十九宥古合
九御 十一暮 三十八箇 四十禡古合 十遇 五十候古合
十三祭 十四泰 十七夬 二十廢古合 二十一震 二十二稕 二十三問
二十四焮 二十六慁 二十七恨古合 二十五願 二十八翰 二十九
換 三十諫 三十一襉 三十二霰 三十三線古合 三十四嘯 五十一
幼古合 三十五笑 三十六效 三十七號古合 三十九過獨
用 四十一漾 四十二宕 四十三映古合 四十四諍 四十五勁

四十六徑古合　四十七證　四十八嶝古合　五十二沁　五十三
勘　六十梵古合　五十四闞　五十五豔　五十七釅　五十八陷　五十九
鑑古合　㮇獨用

入聲三十四韻

一屋　三燭古合　二沃　十八藥古合　四覺獨用　五
質　六術　七櫛　八物　九迄　十一沒　十四黠　十六屑古合　十月
十二曷　十三末　十五鎋　十七薛古合　十九鐸　二十陌　二十二昔古合
二十一麥　二十四職　二十五德古合　二十三錫獨用　二十

六緝　二十七合　三十一洽古合　二十八盍　二十九葉　三十帖　三十
二狎　三十三業　三十四乏古合

今韻一百六部準古韻十八部

平聲上下三十韻

東冬江古合　支佳古合　微齊古合　魚虞古合　灰尤古合
眞獨用　文先古合　元寒删古合　蕭獨用　肴豪古合
歌麻古合　陽庚古合　青獨用　蒸獨用　侵覃咸古合　鹽
獨用

按平聲當依
廣韻增侯部

上聲二十九韻

董腫古合　講獨用　紙蟹古合　尾薺吻古合　語麌馬古合
賄有古合　軫獨用　阮旱潸古合　銑獨用　篠巧晧古合
哿獨用　養梗古合　迥獨用　寑感古合　儉豏古合

按上聲當依廣
韻增小拯二部

去聲三十韻

送宋絳古合　寘卦古合　未霽隊古合　御箇禡古合　遇
獨用　泰獨用　震問古合　願翰諫霰古合　嘯獨用　效號
古合　漾獨用　敬徑古合　宥獨用　沁勘古合　豔陷古合

按去聲當依廣韻
增過證㮇三部

入聲十七韻

屋獨用　沃藥古合　覺獨用　質物黠屑古合　月曷古合
陌獨用　錫獨用　職獨用　緝合洽古合　葉獨用

古今韻準 都凡萬有三百二十四字

吳郡朱駿聲訂

一東 凡一百七十四字

東同銅桐筒童僮瞳筩中衷忠蟲沖終戎崇嵩菘躬宮融熊窮豐芃隆空公功工攻蒙濛籠聾龔瓏洪紅鴻虹叢翁葱聰驄騣通蓬篷烘潼朦朧藭怱聾峒罿螽狨濃癑懞涷訌葼緵㚇豵涷瞳鮦狆忡崧彤酆麷釭饛璁𢓊恫鬉總傱椶逢蝀侗絧艟犝氃爞瀜窿悾矇朦嚨曨襱龐葓叢篆㚇艐膧衕撞戙穜詷䑼种盅

終鬃霚漴茙駥搣蘴恍珫鼟霳倥崆玒邛冢艨襱洚𢈢轗稯輚醙堫猣䜫髼夆塳螉蝬櫳酮絨𣲘以上一百五十七字與古合○弓雄穹馮夢瞢懵芎夢九字當入蒸韻○風楓芃渢汎五字當入侵覃咸韻○雺罞髳三字當入蕭韻

二冬 凡一百二十字

冬農宗鍾鐘龍舂松衝容蓉庸封胸雍濃重從逢縫蹤茸峰蜂鋒烽蛩筇慵恭供琮悰淙儂鬆蘢凶墉鏞傭溶鎔醲穠蕃邛共憧鄘邕壅癰饔縱龔樅賨膿淞凇忪彸惷衝瑢𤫊匈兇洶訩雝噰廱丰䄱鏞鏦銎𩂣靇蚣攏摏踳騞劏輴穜蹱戭輍軩榕䇟硲䫺逄恟灉襛蝩桻𣬛舼𣏋茾蛬肜褣聳橦牅以上一百十五字與古合○顒喁禺三字當爲侯韻○邁此字當入歌麻韻○慒此字當入蕭韻

三江 凡五十一字

江杠矼釭扛厖尨哤駹窻摐鏦邦缸降瀧雙艭欆龐逄腔撞幢椿淙洚橦茳娏眬惷䀬㟅𢓭瑽漎豇𪐝蛖玤梆䠸雙躨艭跫悾䜫椌玒全韻五十一字與古無出入

四支 凡四百六十字補一字

支枝碑兒知規危卮卑歧岐斯窺祇涯篪匙凘脾坻匜酏肢陴厮氏椑唲裨禆虒提峗庳栀澌蠵蚔褫埤崥錍𩅧貤貾蚑摫郫鍉軝箄鼙鷈泜踟鑴怟翨賀以上五十九字與古合○夷師姿遲眉悲葵帷維𣡌墀彌遺肌脂雌尸湄茨䨣誰私疵貲彝髭資飢衰錐姨楣夔伊蓍追椎萎屍尼纍鴟推祁綏咿絺眥獅毗咨粢睢雎蠡騅胝緌鰭蜊瀰飾痍樻壝齍脽貎比瓷骴疷洟騤嵋

怩櫐紕耆衰惟劑薺鰲濰卩祇舭餈鬐鎚蚳雖戣楷

跐嗺郿痿隹夎雎蓷槌茈委桋觜蝼蛦梶觜鳲蘼欆

萑靁䅟賫秜蓖濱䞣憒積瓻恞陝峽徯郟逶魄壨洢

倭𩫻桸劙架禕玼剓檯補一字厶以上一百四十五字當入微齊韻○

龜之芝時詩棊旗辭詞期祠基疑姬絲司醫思滋持

癡慈嬉貍兹辝熙欺笞頤緇箕匭鼇嶷治颸綦怡飴

而騏嗤萁其其噫菑輜邳栭淇蘩媸淄菴朞娭彨茤

僖貽祺嘻鷥洏髵駓熹孜台崽丕琪僛伾偲坶魌斄

鮞蓰禧胹秠磁梩犛錙陑耔仔鶅譆鯠麒鴯秠蜞嵫

褷郜齝娸榯棗錤緦桐耛豾伾菑䳢諆圯瓻覗璂宧

椔兹蘻禗以上一百二十四字當入灰尤韻○移爲垂吹陂奇宜儀

皮離施馳池隨螭麾披炊籬差疲陲騎巇敧羈縻羆

驪嬀漪犧糜璃義羸奇墮漓䄜錡匜蛇扆麗纚離犧

鸃蘼攜鸝鈹離琦詖倠魑荽樆倕猗絁羇醿踦畸劆

椅腄椸䶑醨桵离謻孋簃鉈犤剞欐摛籬崎觭隋哆

鵹嗁糜樆姼靡縻旋掝蘧匜釶趍黟潙赦蘢䙡孋破

犧穲嵯籭詖觭猗䅳彨醨以上一百十八字當入歌麻韻○虧巇居

戲嚱巇雉七字當入魚虞韻○逵馗頯三字當入蕭韻○寅鄮二字當入

眞韻○斳此字當入文先韻○觶此字當入元寒刪韻

五微凡七十二字補一字

微薇徽韋圍幃闈違霏菲妃騑緋飛非扉肥腓威畿

機幾譏磯鞿璣饑稀希晞衣依巍歸禕誹淝猆欷豨

溦徾餥騑屝蝛葳鐖刉穖嘰鵗溰蘬䨗萉蟣睎騩補一

字㟴以上六十字與古合○暉煇揮翬楎祈旂沂斦頎圻以上十一

字當入文先韻○譩此字當入灰尤韻○碕此字當入歌麻韻

六魚凡一百二十二字

魚漁初書舒居裾車渠蕖余予譽輿餘胥狙鋤疏蔬

梳虛噓徐豬閭廬驢諸除儲如墟菹琚旟璵與畬疽

苴梼攄於箊茹蛆且沮袪祛蜍挐櫚臚糈砠淤瀦阹

胠妤帤篨鵙諝蘧腒鐻鶋鵌紓椐御躇蘮趄璩鴽滁

蝑篨磭蘆練歔屠勮磲醵据璩齬蠩噓唹驢璹擣雒

籧窘鶭櫧鵌呿䰿萸鋸疋駼懙咀挐蒢湑藺衙涂狳

洳藷 全韻一百二十二字與古無出入

七虞 凡三百四字

虞娛無蕪巫于盂臞衢扶敷夫膚紆模謨蒲胡湖瑚
乎壺狐弧孤辜姑觚菰徒途塗荼圖屠奴呼吾梧吳
租盧鱸鑪蘆蘇酥烏汙枯麤都鋪誣竽雩吁盱瞿夫
趺鈇迂摹酺蒱醐糊餬鶘酤鴣沽呱蛄菟駼砮膴憮
髗篘鴽逋艫壚徂拏濾櫨餔晡玗踾鷓蚨扶玞瓠罛
瘏郚菇痡毋杅邘訏芙顱轤矑釪盱哻戳麩膜嫫筋

瓡箛樗虖鋘葙惡刳躣蒡斞壚芋瓠闍纑欋鸜瑦齬
葫憝憮滹𦋄忓颬秩盂陓鍏㼌駼畬瑹籚穌麻杇於
誧侉鮬鸜帑稌麌 以上一百六十七字與古合 ○愚隅芻儒濡襦
須鬚株誅蛛殊銖瑜榆諛愉腴區驅軀朱珠趨符鳧
雛輸樞廚俱駒禺嵎劬朐絇軥鼩繻需貙殳俞逾窬
覦揄萸臾歈渝嶇蔞鏤婁苻柎姝蹰拘毹嚅諏娵跔
㟂喁齵句醹邾洙褕羭瘉蝓𨵱慺膢泭隃𦪻髃漊堬
杸姁欨嘔騶嬃咮趎鼓氀喻睮鰅枸蝺鍝臑獳跦牏

洟萮侏鵃鴸翑鸆瓠㥚𤭛𦩘𥞏媰痀怤懦楰 以上一百二十三字當為侯韻 ○孚孚桴郛俘禂稃罦枹䱐禂捄 以上十二字當入蕭韻 ○毋瓿 二字當入灰尤韻

八齊 凡一百三十三字

齊蠐臍黎犁藜梨蠡瓈黧妻萋淒悽羝低氐詆稊荑
䬾霋銻蛦綈鮷鵜鴺罤折跜鍗陛雞稽笄枅奚嵇蹊
㜎傒徯騱豯鼷鷖䃜墍黳棲犀梯膍批躋齏齎擠懠
迷泥谿睽萋緀凄桋卟繫睽聧霋鎞 以上七十四字與古合 ○

隄鞮題提蹏嗁締騠瑅禔媞緹兮倪齯霓猊鯢輗醯
澌嘶撕鼙椑甈圭閨袿窐邽奎刲攜畦觿蠵烓睼褆
㡗兒䙅蜺榼騠𠛮巂鑴酅𨏻錍 以上五十二字當入支佳韻 ○磾
鸍 二字當入元寒刪韻 ○驪鸝 二字當入歌麻韻 ○西粞 二字當入文先韻 ○
鼙 此字當入灰尤韻

九佳 凡五十五字

佳街鞋牌厓涯乖娃哇蛙鮭簰蠯啀𡑾 以上十五字與古合 ○
柴階偕諧排懷淮儕齋皆喈䔚揩膎湝颽楷櫰槐䋦

偕俳𧄧以上二十三字當入微齊韻〇釵𢽩差媧蝸緺騧𩰫𦱊九字當入歌麻韻〇骸豺埋霾荄痎𢲡𨏝八字當入灰尤韻

十灰凡一百七字

灰恢梅媒煤陪杯醅埃臺苔該才材財裁來萊栽哉

災胎台頣孩孬悝莓祺培坏駘垓陔騋徠𩬱毸鋂欸

絯崍郲諑脢脄唉鮐㠾荄郃頦能𩡥䣺炔儓薹眩侅

峐秼䚡咍擡以上六十五字與古合〇魁隈回徊槐枚瑰雷罍

隤催摧堆嵬推開哀豗𩗿洄䙗崔裴磑傀蓷煨緺鎚

說文通訓定聲　韻準　七

頧椳茴𩡬偎漼隗捼以上三十七字當入微齊韻〇纔此字當入鹽韻應用灰尤才字〇㙁此字當入歌麻韻可用灰尤韻埃字〇焞此字當入文先韻〇桅此字當入支佳韻〇猜此字當入青韻

十一眞凡一百六十九字

眞因茵辛新薪臣人仁神親申伸紳身賓濱鄰𩽯麟

珍瞋塵陳津秦頻蘋嚬𪇆民珉緡勻旬鈞均臻榛姻

寅嬪岷椿詢恂峋莘駰呻𨜒磷轔璘瀕𨅔䎛笢昀塡

泯洵溱儐驎燐𧷸荀郇蓁礩神璡蠑蠙𪗬珣袀畛潾

嶙驎𩭣眴瞋氤以上八十六字與古合〇晨辰春昏倫綸輪淪

宸闉齗昮彬斌鶉皴遵循甄禋諄椿滑堙屯闐幽逡

踆皴侁㪂誾𥪧敐恣詵駪桭湮錞迍蜦竣巡馴紃輴

侲帪踬𨪕譔㲋娠紉𩡑鄭䋨囷䴚銀垠巾囷貧蒓淳

醇純麇掄蜦窀墐𣑳鶉姺穫𢑍𢹉以上八十一字當入文先韻〇鬻此字當入支佳韻卽用眞韻嚬字〇僎此字當入元寒刪韻卽用文韻遵字〇當牲二字當入青韻

十二文凡九十七字

說文通訓定聲　韻準　八

文聞紋𩕢雲氛分紛芬焚墳羣裙君軍勤斤筋勳熏

薰曛醺纁葷耘云芸棼汾濆枌雰氳員欣芹殷沄昕

黂緼翁熅幩蕡賁焄炘紜鄖䰟豶妘豶䕘肦饙窘臐

獯麇皸㤋菣礉慇濦𢙛穮慬廑㢙墐垠齦狺鄞誾

齗閺雯𣬠葐枌蝹鳼湏篔澐橒𩡓羒轒毄𣂈全韻九十七字與古無出入

十三元凡一百六十一字

元原源黿園猨轅垣煩繁蕃樊翻旛暄萱喧寃言軒

藩騵沅嫄湲媛援膰蹯燔爰薠蘩袢礬幡墦繙轓番
璠反諼貆鶱鴛宛鞬髮蠠瀿輐管攑健蹇榬甗犍軒
杬羱芫蚖榞邧阮袁洹䊩蠜笲暖晅咺智衎鴛怨蜿
樠璊以上八十二字與古合○魂渾褌溫孫門尊罇存蹲敦墩
暾屯豚村盆奔論昏婚閽痕根啍焞塤捆昆琨鶤鯤
緼捫蓀飧惇芚賁崙惛䫻跟垠龕鷷驐㝳掄軘薀㖧
鼲緷鞸沄涃崑瑥轀蘩璺嶟繜燉蜳飩臀庉溢棔輪
噴掮純以上七十五字當入文先韻○坤恩吞三字當入真韻○槔此字當入

說文通訓定聲卄　韻準　九

肴豪韻

十四寒凡一百二十三字補二字

寒韓翰丹殫單安𩍐難餐壇灘檀彈殘干肝竿乾闌
欄瀾蘭看刊丸桓紈端湍團漙攢官觀冠鸞鑾欒巒
歡寬盤蟠漫鞍汗鄲歎攤姍珊玕奸貆刓剜漙溥棺
驩讙鑽磐鞶瘢鏝鬗謾瞞潘嘽跚𨂂㓺胖弁豻簞癉
攔㘓完瓛岏莞貛䙮般磻拌撣驙萑雈巑汍芄綄欑
儹倌緐曼饅鰻襌忏籣讕峘貒洹智涫灤䜌樠灅補二

字邗峕以上一百二字與古合○酸敦㪟三字當入文先韻敦字可用寒韻團○
㾍此字當入歌麻韻可用寒韻癉

十五刪凡六十四字補一字

刪潸關瘝彎灣闤還環鐶鬟鍰寰圜般蠻顏姦菅攀
頑豻山間蕑閑閒嫺鷳嫻湲販憪擐悺轘鷴跧扳𥈤
鬘㣈鬝𡣺訕還軒患𢥞虥以上五十字與古合○班斑頒䰉艱
慳孱潺殷㛹綸㸌黫補一字孨以上十四字當入文先韻○贙此字當入
真韻

說文通訓定聲　韻準　十

右上平聲二千二百二十五字

古今韻準

一先 凡二百三十五字

先煙遷仙川鉛船員圓䠣甄朘沿悛韆純潺孱䙴硟
鋑仚竣 以上二十三字與古合 ○前箋鶼肩燕蓮姸研涓邊籩
縣泉鮮錢煎然延筵氈旃饘羶禪蟬纏廛鄽連聯漣
緜全宣鐫穿緣捐旋娟涎銓筌專甎乾愆籌權拳棬
傳焉濺鴘綖埏饘邅挻鋋嗎鶍牷儇翾嬛還悁痟瀍
詮痊佺荃篿遄卷齤鬈攣桊棬燀戔豣幵蜎嬽湔枅

汧諓蜒嬋儃瑄蠉懁䎡㬇蝝淀顓篅跧湲犍褰搴蔫
嫣鶮岍稍瓣梴郔莚驙澶單讂駩絟騝鄢錢禪焆鱻
鋗秈鬋綖鸇扇揎塤璇潹豯鍵踡蜷棉鰱櫞 以上一百四十八字當入元寒刪韻 ○千阡天堅賢紘弦憐田塡鈿年顚巔牽
眠淵玄便偏篇編鞭虔芊舷咽令零闐翩扁鯿祆仟
蚿吹佃磌蹎驒滇蠙蠙櫋撊蹁貉瞋縯弸洇軥楄虔
以上五十五字當入眞韻 ○駢軿平胼骿 五字當入青韻 ○瓀 此字當入侯韻當作堧在元寒刪韻 ○蠲 此字當入支佳韻當用捐在元寒刪韻 ○鳶 此字當入灰尤韻當用鸛在元寒刪韻 ○璿 此字當入泰韻宜用璇在元寒刪韻

二蕭 凡一百八十三字

蕭簫凋彫雕鵰條蜩調聊寥朝朝潮樵譙焦蕉椒燋
遥傜摇謠瑤翛漻膲嘄颻鰩愮陶瀟鰷飂憀鼂鐎鷦
繇窯鴾猺蘨髟菽彇肇徼惻憔𪅃缶嗂鼗𢻷卣 以上五十八字與古合 ○挑貂刁迢髫跳苕梟澆遼撩僚寮堯嶢幺
宵消霄綃銷超囂驕嬌饒橈蕘燒姚軺韶昭招飆標
杓鑣瓢苗描貓要腰邀鴞喬橋妖夭漂飄翹祧佻恌

徼嘐鷮僥嘵哨囂楞熇獢穚嬈佋嫖熛麃穮儦瀌㜇
嘌韶趫橇劭艄驍獠料燎簝膮痟硝蛸魈歊鷯摽珧
銚釗臕藨藮蟯嶠轎影薔颵儌𢿢鐐嘹垚逍颾怊燎
囂鉊驍剽緢紗幧飄僄猋 以上一百二十六字當入肴豪韻 ○褕 此字當爲侯韻按褕翟字可用蕭韻搖

三肴 凡一百七字

肴巢交郊鈔爻梢蛟敲拋鮫峭鐃骹髾脊揹譊麃茭
淆蛸弰媌礮㺐墝聱笅咬教鞘罺漅詨勦樔譟轈髇

嗃佼鴳姣櫟謷硇藻訬鄛簥鄗洨脊傦飂巢㝘聊稍

娋颲嘮以上六十三字與古合 ○茅嘲包膠苞庖匏坳胞炮哮

虓泡烋跑㖦咆皰鉋罩抓嘐爮窌脬颮鴝袍庨摎勹

捊顟罶嵺靾涍轇僇以上三十九字當入蕭韻 ○艽此字當入微齊韻應作芁

从九在蕭韻 ○呶怓二字當入魚虞韻 ○犛掊二字當入灰尤韻

四豪凡一百十字

豪毫操髦刀桃旄撓蒿號鼇翿敖鼇饎篙羔高毛繅

膏逃濠毷勞簩舠洮叨璈麆芼舠忉饕騖獒熬臊澇

㕭嘮謷咷挑嚻撈嶅秏䑬䴘嚎蠔虈以上五十四字與古合 ○

條萄猱褒糟漕袍濤皐陶翱曹遭嘈搔艘滔騷韜牢

醪槽綯艚慅綢慆醄颾螬裯稻檮裪匋翿淘尻蘷䨏

槔鞠嗥蜪嶆嫥櫜咎檄謟騊驨猺滛以上五十四字當入蕭韻 ○

椮此字當入侵覃咸韻應作橾橾今在虞韻宜入肴豪韻 ○臑此字當入侯韻

五歌凡一百十五字

歌多羅河戈阿和波科柯陀娥蛾鵝蘿荷何過磨禾

窠哥娑駝佗佗沱莪苛訶珂軻痾莎婆摩魔訛贏坡

頗瑳抄紽酡鮀迤瘥莪俄哦拕呵麽過渦窩茄迦伽

牁磋傞跎䠹詑礳菏蹉搓醝緺囮蝌駉䁾㰤緺輠過

籮鍋嫛囉髿堝㾷嵯䶗硪枷矬邁牝鑼堶䠐茉以上九十

八字與古合 ○蠶儺皤番驒獻嶓七字當入元寒刪韻 ○螺蕢覼捼

踒倭六字當入微齊韻 ○馱此字當入去聲泰韻可作佗在歌麻韻 ○那此字當入

鹽韻 ○梭此字當入文先韻 ○韡此字當入魚虞韻

六麻凡一百六十七字

麻花沙蛇嘉紗叉加嗟笳差髽茄撾檛枷媧蝸騧鯊

緺珈艖駕髿鬎鉈髮跏杈痂溠哆䃜爹奓㪾齣划迦

䣜差鎈艖摩鹺㹆䰾鞦桬以上五十字與古合 ○霞家樣華車

牙瓜斜邪芽瑕鴉遮葩奢楂琶衙賒誇巴耶遐蝦譁

蝦拏豭葭呀豝闍啞爬杷爺芭宊豝騢谺枒鎁驊赮

麚畬丫苴汙豰蘧耙舥夸瘕塗椏樝奢㛖岈鋣蚆豝

秅荂碬椰䕼節斜苛戲咤啞齖煆㤉拏㩴笆樺琊齟

颬猳揶鍜吾婼廬刭鶆穏戲䅆涑瘀頣㮶瓜笙鈭硨

祖鄁鈀余以上一百九字當入魚虞韻 ○涯蛙娃哇窪洼咩七字當入

支佳韻 〇此 此字當入微齊韻

七陽 凡二百七十字補一字

陽楊揚香鄉光昌堂章張王房芳長塘妝常涼霜藏場央泱蔫秧嬙狠牀方漿觴梁娘莊黃倉皇裝肪殤襄驤相湘緗廂箱創忘芒望嘗償鱨檣槍坊囊郎唐狂強腸康岡著匡荒追行妨棠翔亙航颺倡倀羌慶姜僵薑韁橿疆萇糧穰將牆桑剛祥詳洋暘徉佯粱量羊傷湯魴樟彰漳麞璋猖鏘商防筐煌艎篁隍凰

徨蝗惶璜榔廊浪嘗襠滄綱亢吭鋼喪穅肓潢簧忙茫傍汪臧琅蜋當璫庠裳昂鷞鄣障餹瘍鏘湯鏜尪硠桁杭頏邙贓牂湟滂根溏碭將驦貸禳攘蹌鶬螿瀼瓤枋螗搶戕螳踉宋脹煬鍚稂菖鏜洸閶蜣瑲蹡勷纕彭蔣斨亡殃薌堈嫜鯧礓瓖薔喤瑒敭䣼慞鑲鬤汸邡鈁孀蔣洭搪蓈芒䃨歔趟餭䑟沆枊儣矼滄彷駠牀艡劻膷胖甒瓺鸉綡恇蝠蚄慌鉠糖傏瑭鋃䆂鱑䑝轒霶雱磅膀螃 補一字 昜 以上二百七十字與古合 〇蘉 此字當入蒸韻可作俗忙字

八庚 凡一百九十字

庚更羹秔阬盲橫觥彭亨鎗英瑛烹京明盟兵兄鄉鯨黥迎行衡萌氓鍚鸚賡蝱鬻鍠喤祊搒撐瞠槍諻霙傖麠棖勍珩蘅桁榜鵬趟振鼆鐄䫲鬤鶊 以上五十七字與古合 〇平評枰驚荆鳴榮瑩生甥笙牲縈擎耕莖罌罃鶯櫻爭箏清情晴精睛菁晶旌盈楹瀛嬴營贏纓嬰貞成盛城誠呈程酲聲征正鉦輕名令幷傾縈崢

莖猩鯹硜牼嵘丁嚶鸚停鬇錚琤砰怦伻蜻鶄籯瑩瓔攖禎楨赬檉蟶偵郕珵裎鯖頃洺栟鐅諍猙抨絣嫇蠑營瀯巆坪泙縈鬇娙請 以上一百八字當入青韻 〇棚甍紘宏閎泓橙輣翃繃弸瞪紭浤呟 以上十五字當入蒸韻 〇鏗轟訇鍧惸騂觲 七字當入真韻 〇瓊藑嬛 三字當入元寒刪韻

九青 凡九十一字

青經涇形刑邢硎鉶型陘娙亭庭廷霆莛蜓渟桴停寧丁釘玎仃馨星腥鯹醒惺篁㝰娉靈蠕醽櫺齡鈴

砉伶泠零玲舲翎鴒瓴囹聆聽廳汀冥溟蓂螟銘瓶
屏軿萍熒螢滎扃坰駉葶鼮町軨鄍聤桯暝瞑嫇濙
絅㑘鈃綎娗筳麢鞓緹嵤補一字判全韻九十一字與古無出入

十蒸凡一百十四字

蒸烝承丞懲瀓陵淩綾菱冰蠅繩澠乘塍昇升勝興
繒憑仍兢徵凝稱偁登豋簦燈僧鬙崩增曾憎罾矰
橧層曾嶒棱朋鵬堋弘鞃肱甍騰滕藤縢恒緪膺憕
倰鯪崚夌輘馮憴鱦艿癥鄫驓僜噌磳毲曹顭掤軖

說文通訓定聲　韻準　七十七

蕂滕縢瀎揯鑿蒸兢夌淩淜謳騬礽扔竲庱砯鄧鬅
苰騰鰧溯以上一百四字與古合〇膺鷹應膺凭蟋六字當入侵覃咸韻
〇能此字當入灰尤韻可用勝字〇矜此字當入眞韻〇憑此字當入文先韻〇
陾此字當入元寒刪韻

十一尤凡二百四十七字

尤郵牛邱不裘謀疣訧罘鬮抔䳄紑鼀芣以上十六字與古合
〇優憂流斿旒留榴騮劉由油游猷悠攸修脩羞秋
楸周州舟洲酬雠柔儔疇籌稠抽瘳湫遒收鳩搜愁

休囚軸求毬仇浮牟侔矛幽彪㪷樓麀飀綢咎嘐鏐
遛颾瀏鶹瘤鰌鰍鶖蝣槱猶犹輶啾揫酋犨賙售溲
蹂揉𢳆颼叟鎪廋溲貅髹庥咻泅紬裯幬儵啁球逑
絿銶觩俅賕蜉桴孚麰蛑鍪裒璆妯惆嘐呦鬏繆繇
枹摎膠遒㻈烰粰鄮瞧鶔鵂摎脙馗蟉彪樛鯀蘇蚰
卣庮䎂䰰鍒鞣睬腬偶調鵃怮莤餮昝勠鯈鮋㑳頄
艽眸以上一百六十一字當入蕭韻〇騶謳喉猴侯漚鷗甌樓婁陬
偷頭投鉤溝韝鄒掫篘篌餱鍭歐膢慺摟簍彄摳牏

說文通訓定聲　韻準　七十八

軥髏螻兜句蔸褠篝緱嘔媮諏䁱睺僂艛劅鯫掫㖩
齁籑䉤鞻涑樞謅鍮篼區緅彀鄹貗以上六十五字當入侯韻〇
曉瀌二字當入肴豪韻〇抌冘二字當入侵覃咸韻〇蒐此字當入微齊韻按當作
獀在蕭韻

十二侵凡七十字

侵尋潯林霖臨鍼箴斟沈碪深淫心琴禽擒欽衾吟
今襟金音陰岑簪駸鐔鬵琳琛椹諶忱壬任紝霪蟫
愔黔嶔鋆歆禁喑瘖森參蔘涔嵾芩灊燖淋郴鬵妊

檎紟鱏霃霠慘綅祲綝湛全韻七十字與古無出入

十三覃凡九十六字

覃潭譚驔曇參驂南男諳含嵐蠶篸探貪眈耽湛龕堪戡三唅谽妉僉鬖諳毿鐔鄿淦嫯嵁蘫鶴闇頷傪慘諵酖唅鐕酓壜橝蟫趍趯醰以上五十二字與古合○枏庵涵函弅談惔甘酣柑籃憨聃坩藍錟擔郯泔邯醃鬣蝢儋蚶憨痰瘷甝甔渰菴鋡諂甜襤倓澹甘唅甜餤窽婎以上四十四字當入鹽韻

十四鹽凡八十六字

鹽檐廉簾嫌嚴占髯謙匳纖籤瞻蟾炎兼縑霑尖閻鐮幨黏淹箝甜恬拈砭銛暹詹襜漸瀸懨猒薕鮎鮎蘄痁忺阽鶼磏覘帘沾僉蘞憸噡苫枚霰蚺巖湉佔螊簾瀸詀鬑譫枏崦閹醃瀸鰜噞枮譫以上七十五字與古合○潛黔鈐燅綅撏鍼熸灊鬵十字當入侵覃咸韻○溙此字當入眞韻宜作沾在鹽韻

十五咸凡四十一字

咸鹹緘銜帆衫杉凡喃摻瑊諴颿椷巖黬蝛縿以上十八字與古合○函嵒讒巖監饞巉鑱芟嵌劖碞儳欃攙毚詀鵮獑枚巖巖以上二十二字當入鹽韻○髟此字當入蕭韻

若下平聲凡二千一百二十三字

古今韻準

一董 凡三十六字

董動孔總蘢澒汞桶蠓空揔滃琫傯蓊攏穗唪洞挏曚幪戇玤憁夆菶懂硐塕䮾埲侗嗊獀 以上三十五字與古合 ○懵 此字當爲拯韻

二腫 凡四十六字

腫種踵寵隴壟擁壅宂茸重冢奉捧勇涌踊甬俑慂蛹恐尰拱珙栱蛬鞏竦悚聳洶詾湩拲供溶𩼷悀駷

說文通訓定聲　韻準　廿九

鮦鯕輁 以上四十三字與古合 ○氄 此字當入尾薺吻韻 ○覂 此字當入豏韻 ○軵 此字當入講韻

三講 凡十一字

講銗傋耩 以上四字與古合 ○港棒蚌項玤怑 以上六字當入董腫韻 ○棓 此字當入賄有韻

四紙 凡二百十二字補二字

紙只咫諟是軹枳氏詭絫妓蘂豸褫髀婢庳弛企跪技酏俾跂垝巂廌鞞芈碣跬頍禔郋庪佹匭纍 以上三十

八字與古合 ○砥抵毀燬委傀觜此泚爾邇濔豕紫揣旨指視美訾兒几姊匕比妣水藟唯螘厝矢菌雉死履壘誄揆癸柹第玼璽敉呰庀秕机巋棵旎坻嗺壝佌諰秭底歸你 字補二 紙尒 以上六十三字當入尾薺吻韻 ○徙屣蓰弭否否鄙止市恃喜已紀啚子梓洧鮪沚趾芷畤以已苡似耜汜姒巳祀史使駛耳珥駬里理裏李俚鯉枲起芑杞屺士仕俟涘戺始峙痔齒矣擬薿恥祉滓胏圮痞庤儗址阯悝娌耔鞿秠痏絧仔 以上七十八字當入賄有韻

說文通訓定聲　韻準　卅

○靡彼髓瀡掎綺侈捶箠迆艤錡蔿邐釃纚哆姼羲蘤阤剞踦旖倚被 以上二十六字當入哿韻 ○軌簋晷匭宄觤氿 七字當入篠巧皓韻 ○遠 此字當入元寒刪韻 ○徵 此字當爲拯韻

五尾 凡三十七字

尾鬼葦扆螘卉虺篚偉韙篚朏煒豨顗韡斐誹悱菲棐蟣榿豈蕢偯暐匪瑋蜚齂颹鷬唏梶 以上三十六字與古合 ○亹 此字當入銑韻可作娓則在尾韻

六語 凡九十三字補一字

語圉圄䥽齬敔呂侶旅膂紵苧抒宁杼竚羜與予渚煮汝茹暑鼠黍杵處貯楮褚醑糈諝湑女敉許拒距炬怇虡鉅秬苣所楚礎阻俎沮舉莒筥敘序緒鱮藇嶼墅䕜衙峿穭祣簴梠悆蟝癙著稰巨駏岠詎鐻𤃡䶥䶦咀跙苴櫸貶柜篆潊紓去𩊕補一字与全韻九十四字與古無出入

七麌凡一百四十五字

麌雨羽禹宇舞父鼓虎古賈蠱土吐譜圃戶琥怙盱

仵珇滷鹵努罟肚嫵滬鬴哻鄔鄅瞀嘆瞴蘆捕組弩補魯櫓艣覩鹵簿普五廡斧午伍鬴矩武脯苦撫浦杜鴇祖堵祜扈雇膚父甫黼莆甒憮簠膴估詁鹽牯瞽酤怒俁瑀栩踽楛稌滸詡栩窳鵡岵溥督賭滏以上九十九字與古合○府鼓股羖庾柎塺煦貐嘍蒟醹楰簍弣枸蚪乳豎腐數拊聚縷柱取主愈腑俯㖒窶娃拄瘉數傴僂蔞以上三十九字當入講韻○侮部剖三字當入賄有韻○鎊莽二字可入養韻○咻姥二字當入篠巧皓韻

八薺凡四十一字補一字

薺禮體米啓醴陛邸底詆抵牴柢坻弟悌娣涕濟鱭澧鱧泚綮䪹膂棨禰徯鮆癠眯菧瀰補一字启以上三十四字與古合○遞髀媞醍緹五字當入紙蟹韻○洗此字當入銑韻○欐此字當入哿韻

九蟹凡二十一字

蟹解解買獬廌澥蕒八字與古合○灑躧擺罷拐夥六字當入哿韻○楷孋鍇矮四字當入尾薺吻韻○駭騃駴三字當入賄有韻

十賄凡六十字

賄悔改采彩綵海在宰醢載待怠殆倍宷㚔茝紿詒怠蓓頪駘欸每亥以上二十七字與古合○辠餧鎧愷猥隗魂嵬巢磥藟瘣儡磊櫑腇琲塏磈嵬漼瘣漼璀磈以上二十五字當入尾薺吻韻○骰㔘餒三字當入哿韻○錞浼二字當入銑韻○鼐乃二字當為拯韻○顖此字當入紙蟹韻

十一軫凡五十七字

軫引尹盡筍泯蚓朄紖診眕眕疹㐱袗胥臏緊縝袗

慭稹嶙以上二十三字與古合○允忍準隼盾楯閔憫菌箘哂
脤䵴賑窘蝹隕殞蠢惷狁踳純偆䡅䅃吮囷以上二十八字當入銑韻○朕眹二字當爲拯韻○敏此字當入賄有韻○簨此字當入阮旱潸韻
○牝此字當入尾薺吻韻○黽此字當入養韻

十二吻凡二十二字

吻刎二字與古合○粉藴憤隱謹近惲忿槿堇坋弅墳听
抆蚡殷補一字𡭽十八字當入銑韻○巹此字當爲拯韻○齔此字當入軫韻
○蠦此字當入阮旱潸韻可作蚓則在軫韻

十三阮凡六十二字

阮遠苑返反阪飯偃堰蹇𢢽巘楗揵婉菀蜿踠畹宛
晼琬畚圈綣鄢鼴蝘㫃烜咺鰋以上三十二字與古合○本晚
損袞遯穩闇梱壼稇悃捆輥緄鱒蓴撙很懇墾盾刌
混沌庉噂娩焜棍鯶以上三十字當入銑韻

十四旱凡四十八、字補一字

旱煖管琯滿短館緩盥盌織卵散伴誕罕澣瓚斷侃
算纘暵𧷤但鄲衎壇脘坦袒亶稈㪻悍濾篹纂篹痯

㥶鑯趲補一字㰕以上四十四字與古合○款窾二字當入尾薺吻韻○嬾
此字當入去聲泰韻可作孄則在阮旱潸韻○笴此字當入哿韻○疃此字當入董腫韻

十五潸凡三十三字

潸簡版棧產睅撰棧綰彎赧戁潺嵼醆𦑝剗孱弗睆
柬揀莞僩蝂販鈑僴輚嶘以上三十字與古合○眼限僝三字當入銑韻

十六銑凡一百三十三字

銑典犬㬎免勉舛䑞兖跣腆吮䚽殄俛洗燹筅毨簨

淟㥏姺䟕以上二十四字與古合○善遣淺轉衍選輦展𦮼篆
剪卷顯餞踐喘𩏑輭巘蹇謇峴棧孌钀闌變鮮件覍
璉俔蜆硯撚墠鱓墡單瑑覗甗蜆緬湎趼鍵輾絹𧿹
蕆輾蚩搴蜎琄晛睍垷勔愐齴鬋癬狷燀鄟諓錢塚
僤韅雋獮揃顓繾嵃幝謭撰剸耎鞬譔宴俴以上八十七字當入阮旱潸韻○辡辨眪演扁戩鉉辮泫褊惼牑沔戭趁諞
匾碥十八字當入軫韻○蜓此字當入迥韻○黽此字當入養梗韻○獮贙二字當入尾薺吻韻

十七篠凡八十字補一字

篠鳥擾蓼篠窈嬲㚣湫殍愀十一字與古合○小表了曉少

繞遶嬈紹杪秒沼眇嬌皦皎瞭衦朓杳窅嫋㒖褭皛

㵿窕挑掉肇旐䍫駣鮡慓摽麨縹醥蔈渺緲訬藐淼

佋柖蟜撟譑鱎蹻褾標嘌溔悄釥繚僚麃昭夭佻嫽

趙兆嬌補一字犀以上六十九字當爲小韻○鷕此字當入尾薺吻韻

十八巧凡二十三字補一字

巧飽卯昴爪鮑攪拗茆泖狕瑵補一字叉十三字與古合○狡

說文通訓定聲　韻準　廿七

撓絞佼姣齩炒獠媌鉸筊十一字當爲小韻

十九晧凡七十六字

晧寶早棗老好道稻造皁禱擣抱討考埽嫂保葆堡

褓鴇草皡昊浩阜襖蚤栲夰導恅蓃務栳艁媢燠以上

三十九字與古合○藻腦惱倒燥槁潦獠稾顥鎬鄗懆滈繰

璪繅駣澡櫜灝薧麃夭鷮杲縞橑轑芺菒磽奒璙澇

以上三十五字當爲小韻○媼蝹二字當入銑韻

二十哿凡七十字

哿笴舸瑳哆柁拕沱我硪荷可坷軻左果裹蜾朶鎖

瑣墮埵惰妥坐麼裸蠃蓏跛簸頗叵禍夥輠顆砢儸

鬌箬堁騀欨婍嫷娑脞袉㛗埵夥惈婐橢隋隓姽峩

閜隋以上六十二字與古合○韡儺癉卵四字當入阮旱潸韻○火揣二字

當入尾薺吻韻○娜那二字當入儉豏韻

二十一馬凡四十九字

馬下者野雅寡社寫瀉夏鮓把賈假捨赭斝廈叚檟

惹若姐啞且瘕銙撦疋奼䰐庌厏痄以上三十四字與古合○

說文通訓定聲　韻準　廿八

瓦踝哆閜嘩跒輠冎灑十字當入哿韻○也灺二字當入紙蟹韻

○冶此字當入賄有韻○棥此字當入儉豏韻○謏此字當作謏从叜聲入董腫韻

二十二養凡一百八字

養痒鞅怏泱像象橡仰朗獎槳敞昶鬯枉迋顙彊穰

沆崵盪簜惘磢昉放仿蠁兩緉讜儻曩杖響掌黨想

榜爽廣享丈仗幌晃繈襁紡蔣攘盎蛧羮坱欓潒髒

䖹兟長上網蕩壤瀼賞往倣罔輞滉吭榥瀇朚蚢剌

㲍饟駚磉魎搶悅慌蚌廠慷獷綵鬯邊旊琉曭黨欀

蒡奘莽漭蟒䁖以上一百六字與古合末四字可入語麌馬韻〇駔帑二字當入
語麌馬韻

二十三梗凡六十四字

梗影景境永猛炳杏丙邴綆哽秉鯁璟憬荇獷皿冏

䁝礦艋蜢黽黿怲蛃窉骾䩄以上三十一字與古合〇井警請

屏餅騁逞頴潁頃整靜省眚幸眚頸郢癭打耿併靚

瘖箵靖㰖惺睛程以上三十字當入迥韻〇嶺領冷三字當入軫韻

二十四迥凡四十字

說文通訓定聲　韻準　廿九

迥炯茗挺梃艇鋌町頲醒溟酊嫇艼脡謦䏶褧娗珽

剄莛鼎頂泂詗婞侹脛頩濘涬酩以上三十三字與古合〇庱

肯拯三字當為拯韻〇殑洗二字當入銑韻〇等此字當入賄有韻〇竝此字當入養

梗韻

二十五有凡一百二十二字

有母友婦久負右否畝剖瓿蔀棓某玖㺢培莨鴇鴇

美以上二十一字與古合〇酒首手柳叟守綬醜受牖阜九咎

帚舅紐臼肘韭誘牡缶酉㶇蹂鈕狃莠丑糗紂糾卣

溲罶杻䏂槱忸劉赳蚪懰茆滫醙䒡凩綹䰯庮颼軪

楺琇螑壽以上五十七字當入篠巧皓韻〇口後斗厚狗走偶耦后

藪垢藕扣歐笱取耇苟㗋枸塿郈籔斗蚪彀擻蚼嶁

鈕䥅㞗掫姤䕭漊簍趣陡枓䱾玽毆以上四十三字當入講韻〇

吼此字當入董腫韻

二十六寑凡三十五字

寑飲錦品槪審甚㐭衽飪稔稟葚沈凜懍噤瀋諗淰

腍踸瞫荏恁㲯㐕䔂唫鋟䃩頖以上三十三字與古合〇痒

此字當入軫韻〇朕此字當為拯韻

說文通訓定聲　韻準　卅

二十七感凡六十字

感慘憯頷闇禫黮糂撼紞礤䢔槮菡萏黕喊黲鋟顉

䡘糟耽𡰪監唅醰髧昝轗䫲䢚𩕳甬以上三十四字與古合〇

覽㩜儳膽澹憺噉坎敢窞萏毯菼槧晻揜礸澉䤄橄

𨻧嵌糝歁贛以上二十五字當入儉謙韻〇歁此字當入講韻

二十八儉凡四十字補一字

儉琰棪歛險檢臉染掩點貶冉苒陜諂奄漸玷嶮剡

㶑颭芡閃㵎嗛歉慊溓隒广獫壓䃤魘儼居䄎補一字
夾以上三十九字與古合〇簟此字當入寑感韻〇忝此字當入㐬韻

二十九㻐凡三十字

㻐檻範艦犯斬范䜺䦧錟圂獭轞笵濫薑黤歉瀺巉
以上二十字與古合〇減湛黯軓摻喊淰獑嵁慽十字當入寑感韻

右上聲凡一千八百六十三字

古今韻準

一送凡四十三字

送洞衆甕弄貢湅痛棟仲中糭慟鞚空控哢湩鬨恫
幪巃哄䂵憁詷絧澒衷湅緵㚇淞䕞㓰以上三十五字與古合
〇夢瞢二字當爲證韻〇鳳諷二字當入沁勘韻〇贛灨二字當入豔陷韻
〇霿䀉二字當入嘯韻

二宋凡二十三字

宋重用頌誦統縱訟種綜俸共供從縫葑壅雍惷恐

瘲封以上二十二字與古合〇雺此字當入嘯韻

三絳凡十九字

絳降巷惷撞洚鬨幢憧艟䑖䚒漴胖䡘淙戇幢虹全韻十九字與古無出入

四寘按寘即寔字之或體凡二百六十六字

寘地賜智易翅避臂刺謚積忮芰恚漬豉譬縊啻企
跂鈘澌垖觖蚑䟗貤以上二十八字與古合〇置事意志治思
吏字寺記異備使試餌笥幟侍廁㤅嗣驥識痣誌牸

植織織飼食異㒓惎㦸埴珥衈咡刵伺眙儗饎眊精
鞴糒僿誋潩詒佁廙熹其异屖孷司𩋜始裏欬德蒔
杫以上六十七字當入宥韻○淚利器位至次累瑞致肆隸類棄
媢鼻攣墜醉粹帥貳萃穗二遂㴸四季駟柶泗𡨦魅
遂燧隧䔹禭璲檖繸睟顇懿悸覬暨洎穊蔇媿匱鐀
饋簣蕢比庇畀痹㷶𡴀閟泌祕𨅬㿰遲祟示嗜自眥
毞莅痢莉䋿䡴彗篲肆悕懟贔屓餧劓腿膩鄭遺槌
㒸柲邲屎鷙犩柴樻出萎痿䀏𦞦樻襀誶䊾雖蚳彝

說文通訓定聲　韻準　三十三

殔坒誶佽歸屛睢憒諉䪛臬壁㿸衄咥幾術踤琵䬹
以上一百三十三字當入未霽隊韻○義僞騎議誼寄睡帔吹被詖詈
㶣爲施㳺哆髮觭骴硾腄鍦掎灑錘陂甀以上二十八字當爲
過韻○鷙鷙贄摯勩五字當入泰韻○戲巇二字當入御箇禡韻○賁近
二字當入震問韻○䩐此字當入願翰諫霰韻可作觝則在寘卦韻

五未凡五十七字

未味氣貴費沸尉畏慰蔚魏緯胃渭彙謂諱卉毅溉
既禨暨欷死㱦衣餼䭰熂㱦愾豙氣欷塈摡塈誹髴

痱顮濟費鬻屝痱跸蜚翡尉悁緭乞蘱以上五十五字與古合
○芾此字當入泰韻○𪊨此字當入震問韻

六御凡六十四字

御處去慮譽署據馭曙助絮著豫翥箸恕與遽疏庶
詛預倨茹語踞鋸狙沮劇洳澦淤蕷胠醵除鐻瘀覷
楰鐻呿瘀怚悆與礜如鴽櫖悇椐䙈䡯歔女詎歟楚
嘘屖㤢以上六十三字與古合○飫此字當入效號韻

七遇凡一百四十二字補一字

說文通訓定聲　韻準　三十四

遇樹素具數附句注註澍駐炷裕住戍屨趣娶付諭
嫗鮒祔仆赴孺煦寓輸屢嗽跗响驅訃鮒鉒鼻姁屬
霔坿倲傴駙鞋足蚹蒟咮補一字冣今以最字當之入泰韻非○以上五十一字與古合○路潞輅賂璐露鷺度渡賦布步固痼錮
怒免故顧屋墓暮慕募胙祚阼誤悟寤晤庫護韄濩
訴蠹妒懼絝胯傅芋捕哺汙忤厝措錯醋賻酺惡互
怖沍鮎瓠吐鋪諱泝塑數捂簬瞿菟秙作嫭雨䕤秅
鍍涸圃戽捗苦餔姹獲以上八十四字當入御箇禡韻○務霧鶩騖

鑄嫈六字當入嘯韻〇顲此字當入效號韻〇酳此字當入送宋絳韻宜作酳在遇韻

八霽凡二百二字

霽制計濟第惠慧幣砌涕弊甃蔽敝髻戾裔隸閉翳
製替蕙詣繼系瘛曳睇彗蠆穧柢逮芮掣薉妻擠背
弟睼鷩璏潎翳脊噬盭枘彗猘齊棣彘殪汭泥唳薙
殪娣嚌槥彗懠穢濞捩彗誄憓蟔莫瘌緀算壇㑦泣
蝷噎瀱嫕濟𢿱淠切螅医䵝楬以上九十二字與古合〇勢世
歲藝衞滯際厲契銳袂祭逝綴稅例誓筮偈礪勵噬

脃叡毳憩繳醊蕢㯻傺薊穄褉墆邂釱达蹛槸呭瘵
禲㓞𥛚蠇衛毳遰愒鱖糲癘蹶說蛻贅揭帨泄澨劌
𤑔祋𠻟蠣軑啜䫷瞭晢䂖杕忕蠇桑䊝剿以上七十八字當入泰韻〇桂帝槃諦蒂睍垷禘題睥筐遞孌薜髢鴂䳚締
鯷揥踶以上二十一字當入寘卦韻〇麗離儷欐四字當為過韻〇爈慮颸荔四字當入鑑陷韻〇細沴二字當為栘韻〇塉此字當入御箇禡韻

九泰凡六十一字

泰會會帶外蓋大旆瀨賴籟蔡害最貝靄藹沛艾兌
匄繪檜膾澮獪儈禬旝鄶襘廥薈磕壒太忕汰汏釱
軑瀨糲霈蛻帨濊翽噦酹懀狽茷藾愒餲娧眛以上五十八字與古合〇柰奈殺三字當入未霽隊韻

十卦凡六十八字

卦挂懈廨隘賣畫派債稗解繲絓粺詿繣十六字與古合〇
界介芥薤拜快邁話敗瘵疥玠瀣湃鎩殺夬噲嘬蠆
喝祭齘犗餲魪髯价獪懘勱唄以上三十二字當入泰韻〇怪壞
屆蕢喟呰簣蕢蒯十字當入未霽隊韻〇誡戒械噫憊韛欸寨

八字當入宥韻〇瘥𤵓二字當為過韻

十一隊凡一百十一字

隊內愛輩退碎對昧配妹喙潰逮槩埭溉耒既愾嘅
塊繢碓璦倅睟淬憒闠鎧磑纇霼礧薆靉䨴䨺䫍回
焠輩薱誶䆝眛朏擂以上四十八字與古合〇塞佩代載態背
背菜誨晦礙戴貸黛貣岱代賽耐焙在再欬鄁痗鑒
睞倈裁穢儗采栽北綷劾脢棌悔以上三十九字當入宥韻〇廢
吠肺乂忩刈悖孛茷薉柿酹瀣發嶡誖祓瘚十八字當入泰

韻〇敦憝鐓三字當入震問韻〇璹瑁二字當入嘯韻〇鼑此字當爲證韻

十二震凡九十三字

震刃順駿峻舋振舜吝恡仞軔瞬諄殣饉賑覲唆餕

僅牣認晙鬊墐䖝蕣韌訒侲浚墐䏰娠麐蚤疢駿揗

以上四十字與古合〇儁此字當入願翰諫霰韻應作俊在震問韻〇信印進潤陣

鎮填慎鬢晉閏燼訊肖殯儐迅櫬儭盡𢿅藺濬徇殉

擯敐瑨璡酳遴賮櫬趁齔輮汛轥磷躪粦驎縉搢鄰

引濥瞵袗診瑱親以上五十二字當爲㮩韻

十三問凡三十四字

問聞運暈韻訓糞奮忿醞郡分紊汶僨慍㵴靳近斤

抆絻鄆餫員緼璺攗轒隱薀坋僨以上三十三字與古合〇拚此字當入願翰諫霰韻

十四願凡四十字

願怨飯獻健建憲勸蔓券嫩販愿遠巽潠曼綣鄤䁱

楦堰圈以上二十三字與古合〇論恨寸困頓遯鈍悶遜溷噴

艮敦坌恩十五字當入震問韻〇萬此字當入泰韻〇褪此字當入未霽隊韻

十五翰凡一百字

翰岸漢難斷斷亂歎𣋡觀散畔旦算玩爛貫半案按

炭汗贊讚漫冠灌爨幔粲燦璨換煥喚悍扞彈憚段

看判叛腕渙奐絆惋雚偄鑽縵鍛旰閈瀚釬骭豻胖

暵讕䮝蒜鑵爟瓘鄼㵐㦖衎泮泮逭漶墁彖蝦鴠罕

斡肝矸謾瀾碬垾稼攤侃攉騂宦館灘晏盥以上九十七字與古合

〇竄攛二字當入泰韻〇祼此字當爲過韻

十六諫凡四十六字

諫鴈患澗間宦晏慢豢鴳棧慣贗輚串轘莧幻訕丱

綰骭縵嫚謾汕疝亂擐篡鏟摁䅼暖覵㵎巉蝬豣柵

孿覞攣以上四十三字與古合〇辨辦二字當爲㮩韻〇盼扮二字當入震問韻

〇綻此字當入敬徑韻應作袒在願翰諫霰韻

十七霰凡一百十四字

霰面縣戀箭戰扇煽膳傳傳見見硯選院練鍊醼燕

宴眷賤饔薦薦絹彥掾眷線倦羨堰戀囀卞汴弁拚

忭嚥片禪譴諺緣顫擅援媛瑗繕鄯狷罥睊煎旋淀

咭穿甗瀸楝揀纏剸善繾遣研嬿豯𪇡汧蜆睍趼㢟以上九十五字與古合

變弁䢭俔諓䚯諓衍輾轉縓偭涀健餞

〇殿殿釧㲯茜先薦洊栫敹鄄十一字當入震問韻〇電甸便

麪奠徧眩絢佃鈿瑱牽衒炫袨眴塡敮㴐眄楷二十一字當爲

榛韻〇蒨倩淀瞑綪五字當入敬徑韻〇贙此字當入未霽隊韻〇竄此字當入泰韻

十八嘯凡八十字補二字

嘯廟調叫䠿鷯僬譙醮蔦趭揺篠訆𢿃十五字與古合〇笑

說文通訓定聲 韻準 卅九

照竅妙詔召劭邵要曜燿燿釣弔燎嶠少徼眺陗誚

料肖尿剽掉鞘耀藋噭轎窔眺嬈療𨡝漂銚驃爝慓

繞摽嬈徼要鷂顤㪟哨約僄𦐇嘹勡篎㬥嫽𢾕璙褾

俵趒字補二卲朓以上六十五字當入效號韻〇顤此字當入震問韻應作覞在效

號韻〇䟗此字當入御筒禡韻

十九效凡三十九字

效敎貌校校橈鬧淖豹颮爆爆罩踔趠嗃稍樂傚較

鈔㰼敲恔𤨣櫂珓以上二十七字與古合〇孝窖酵炮笊覺斆

窌膠九字當入嘯韻〇拗袎靿三字當入願翰諫霰韻

號盜操譟㗞暴到勞傲秏眊耄躁㵂悼倒鶩縞𧾷𧾰

二十號凡六十字

膏犒毛鏊毷瀑旄以上二十七字與古合〇帽報導奧隩告誥

好蹈漕造冒纛𦦨瑁媢翿懊澳慥嫪𢍰菢部埽禱墺

燠鰃䕓楣糙以上三十二字當入嘯韻〇竈此字當入遇韻

二十一箇凡四十二字

箇作二字與古合〇賀佐邏坷軻餓過和挫課堁唾簸剉

說文通訓定聲 韻準 卌

莝磨座坐破臥貨磋左𤼵銼惰嫷䙶以上二十八字當爲過韻〇

播愞稬涴癉譒六字當入願翰諫霰韻〇个馱大三字當入泰韻〇柰

些二字當入未霽隊韻〇邪此字當入豔陷韻

二十二禡凡五十八字

禡夜下謝榭夏暇霸灞嫁赦借藉炙蔗假舍價射射

罵稼詐亞婭𩎟跨䣝咤怕訝詫嗄稏欛迓蜡胯杷柘

華奼卸弝瀉醡秅砑靶乍樺杷以上五十二字與古合〇駡罷

化架四字當爲過韻〇蕢塇二字當入泰韻

二十三漾凡一百字補一字
漾上望相將狀帳悵唱讓曠壯放向向仗暢量葬匠
障謗尚漲餉樣藏舫訪貺養醬嶂抗當釀亢況臟瘴
王纊怳諒亮妄愴㧗喪悵兩壙宕伉忘傍碭恙吭煬
颺張閬脹行廣悢湯韔炕長創誑桁緉羕踼閌鄉頏
醠傍掠妨搒旺迋珦蕩潢防怏償盪盎仰瀁饟擋儻
補一字
望全韻百一字與古無出入
二十四敬凡五十五字

說文通訓定聲 韻準 罡

敬正政性盛聖姓勁淨迸聘穽諍請倩縈清靚檠晟
甇娉輕併儆評証詗偵并遉命令以上三十三字與古合末二字可為椋韻〇鄭此字當為椋韻〇鏡行詠慶映病柄競竟孟泳硬獍
怲更橫榜迎邴盟二十字當入漾韻〇夐此字當入願翰諫霰韻
二十五徑凡四十九字
徑定聽磬罄脛瑩經濘甯醒廷錠庭頲矴飣釘艵暝
瀅以上二十一字與古合〇勝乘媵贈稱鄧甑證爭興烝賸剩
凝嶝鐙隥橙磴墱凳蹬懜堋亙以上二十五字當為證韻〇應凭

二字當入沁勘韻〇倿此字當為椋韻
二十六宥凡一百六十四字補一字
宥富佑祐右侑囿副疚灸柩姆又伏酭蕾輻十七字與古合
〇就授售壽秀繡宿獸守狩茂懋舊胄冑宙袖褎岫
柚覆復救廄臭齅幼溜霤瘤廇留透瘦咒貿鷲糅耐
究謬繆籀畜繇甃首戊袤鼬僦脊窌蹂廖黨餾鷚遛
槱收狃鍑猶油䍃楺伷琇憖塯懰輮殺詸懤椆飂櫾
輶鄮楙菽謏以上八十四字當入嘯韻〇候堠奏鬭漏陋晝寇豆

說文通訓定聲 韻準 罡

脰竇逗構遘媾覯冓購漱瘷鏤走詬湊彀檮雊㲉驟
皺縐句咮豿漚姤腠蔟輳逅蔻嗾餖瘻後仆后厚扣
譳楱穀酘擩鍭讀⿰忄豆睺簆僂補一字鬥以上六十一字當入遇韻〇
狖蜼二字當入未霽隊韻〇吼此字當入送宋絳韻
二十七沁凡三十四字
沁飲禁任蔭浸祲譖鴆枕衽賃臨滲喑揕窨紝闖僸
雋妊噤紟吟罧深瘮甚僋顉䪰沈以上三十三字與古合〇讖
此字當入豔陷韻

二十八勘凡二十九字

勘暗憾琀三萶磡參淦撍十字與古合 ○濫啗擔纜瞰憯紺闞暫顑灨澹淡憨噉壍艦爁賧十九字當入豔陷韻

二十九豔凡七十一字

豔劍驗贍嶄店占斂厭灩爓瀲欠槧窆釅坫韂幨砭饜噞獫殮驗苫炶掞譫痁鹽沾鰜兼閻稴脅荻㛳[illegible]䱤窽者俺譫爁呥霑貼壓㤝𢮎𡣍𧓾墰㶌傔以上五十七字與古合按𩏩字誤當作譣从言 ○念墊僭瞥唸會玪鈙趝埝総潛二十

字當入沁勘韻 ○忝㮇二字當爲㮇韻

三十陷凡十九字

陷鑑監懺賺儳闞讒劍鑱欠淹站十三字與古合 ○汎梵帆黬䤪五字當入沁勘韻 ○䫮此字當入嘯韻

右去聲凡二千三百十字

古今韻準

一屋凡一百八十二字

屋木祿穀谷族鹿陸讀犢瀆牘櫝黷讟轂斛僕獨卜沐速麓鏃睦啄禿㲉扑漉蔌簇蔟濮麓樸碌娽琭盝醭𩏩轆樕䅳餗鯥霂貉殰䴓螰麗槲蹦㲉劚纀涑睩瘯髑誘鵚摝縠以上六十六字與古合 ○竹目熟肉腹菊軸逐宿復粥肅育六縮哭戮畜蓄叔淑蔌馥祝鱁築穆鷟麴覆衄鬻燠噢竺筑掬鞠鞫匊蠹複稸蹙蹴踘鋉舳

柚肭慉踧夙蹜蝮柷渞鱐僇俶摵繆輹蓼倏鵴鬸澓莤遂蓂槊膄䪶苜䃙𩿝儵啾械翽䃃戮孰簻以上八十五字當入覺韻 ○服福牧伏幅輻悪洑鵬箙郁謖蝠楅菔彧匐囿葍茯偪栿副以上二十三字當入職韻 ○瀑暴熇翯四字當入沃藥韻 ○煜昱二字當入緝合洽韻 ○棟此字當入錫韻 ○虙此字當入質物黠屑韻

二沃凡六十三字

沃襮鋈熇四字與古合 ○俗玉足曲粟燭屬錄籙辱獄綠局欲束蜀促觸續浴縟矚躅褥蓐慾頊幞蠋歜溽贖

劆㙖莤踢挏䩾䃙淥逯騄鄏鵅狢僕以上四十六字當入屋韻〇
毒鴿酷旭梏纛篤督㝖勗嚳牿告十三字當入覺韻

三覺凡九十二字

覺穛礐䂍雹鰒骲颮硞學鷽十一字與古合〇翯榷推樂濼
汋犳稍削卓倬趵爆駮駁邈皃眊暴㦧瓝曝確擢鵫
櫂鸐濯葯擢踔戳晫逴犖較以上三十六字當入沃藥韻〇角桷
捔珏嶽鸑浞鷟捉娖數欶斲諑涿噣琢椓剝撲㪇璞
樸墣殼愨埆㲉轂鋜濁鐲幄䵵喔偓楃握渥豹䂖䖀

以上四十二字當入屋韻〇斮朔二字當入陌韻〇䮝此字當入月曷韻

四質凡一百三十三字

質日筆出室實疾術一乙壹吉秩密率律逸佚失桼
漆栗畢恤卹蜜橘瑟膝匹述慄黜蹕七叱卒蝨謐朮
軼詰帙佶櫛窒必姪蛭泌秫苾蟀嫉唧篳遹鷸篳肸
佾怵繂珌鑕帥韠崒潏礩聿姞抶馹郅桎庢銍颲挃
眰泆沕繘踤茁紩畢佖秷熚榫駜櫍鉍鷩爨蛣鞊䘳
秙咥溧蜜驈霱璱獝飶尼坒柣蒺饆颶潷鴂拮扢㗚

䜲以上一百二十一字與古合〇弼汩戌鳦耴𦑤六字當入泰韻〇溢鎰
汩三字當入錫韻〇悉𠥳二字當入職韻〇鴥此字當入葉韻

五物凡四十八字

物佛拂屈鬱乞掘訖吃弗茀髴詘崛勿熨刷沕仡釳
迄汔怫艴刜屹肸芴岉䘳崛咈坲倔尉蔚以上三十六字與古合
〇紱黻韍綍祓厥泼黦菀九字當入泰韻〇欻歘二字當入葉韻
〇不此字當入職韻

六月凡一百十一字

月髮闕越謁伐罰竭鉞歇發䥲勃蹶揭茷厥蕨閱粤
悖碣樾㮚羯汩渤蝎刖劂孛浡暍鶡餑垡撅稡蠆棁
抈蚏蛂撅蟩瘚楬焞敦誖狘猲眴曰堨腯嗢訐钀以上五十九字與古合〇骨没卒窟笏突忽鶻掘訥殁兀卒猝窣
咄惚捽凸齕滑軏崒紇矻淈㔲搰柮稡䯤杌硉扤矹
屼榾蝟淴泏堀朏椊扢抇愲䩐挨曰崫以上五十字當入質物黠屑韻〇鬩此字當入陌韻〇核此字當入職韻

七曷凡八十七字

曷達達末闊活活鉢脫奪褐割沫妭葛闥渴撥䛨括
聒抹秣遏撻𣐰薩掇喝跋魃獺撮剌𩐲栝筈敓潑輵
軷茇桵越劖辥捋鞨鶡鶡𩬻腸鱍秣𧁑适襏擦躂䘋
濊瞂猲𤏋佸葀犮𡚫鵽泧眓莌堨𥡬妭餲泧糲怛頞
斡囋轕鬜笪呾 以上八十六字與古合 ○咄 此字當人質物黠屑韻

八黠 凡六十四字

黠猾鶻𤇆劼𠜾鮚蛣䀹唶納秸疕𪊍茁𦊐頡滑 十八字與古合 ○札拔八察殺剎軋𡙇刖䖸菝䶪䑸鴰蔡扴碴扎

揠𢴥蘞汃𣗥圿㓤圂𩰫楬鶡瞎獺刮竅餟鷞鶡揭𡙻
唽刷鍛僭 按此當作僭从取聲以上四十二字當入月曷韻 ○戛嘎 二字當入職韻
○𪚰 此字當入沃藥韻 ○帕 此字當入陌韻

九屑 凡一百六十二字補一字

屑節結穴血拙切轍咽噎傑徹鼈設㓶譎纈餮瞥擎
昳耋捩瞥颲襭絰茁鷸鐍讞旵癤齧頡擷撤跌鷩澈
竊驕澈蛭垤凸閉闋㝴泬軼苶迭姪咥吶準拮蛣批
補一卩字 以上六十一字與古合 ○雪絕列烈說舌潔別鈌裂熱

決滅折折悅訣泄傑別哲𪘲劣碣玦竊蠽綴閱埒訐
䒞蛚臬闑䳒䮰齧鍥抉挈洌楔䙝蠛𣗥陧篞醊竭契
躄涅蔑浙威趹篾蒰揭孑孽茢䕸鍥薛紲濊偈啜蘖
楬𣝆㕧輟蔎哲𢽧惙冽辥颲掇呹啜劌梲橇絜觖齛
蠘揑 以上九十三字當入月曷韻 ○截巀嶻 三字當入沃藥韻 ○蝶揲渫 三字當入葉韻 ○鐵蜆 二字當入錫韻 ○𠰻 此字當入陌韻

十藥 凡一百九十六字

藥樂鶴爵弱約雀躍酌削灼鑿籥虐爚藿嚼杓勺謔

綽霍爍鑠繳汋礿鸑瘧爚龠礿屩妁濼襮躒𦢊蹻爝
蒻濼葯焯擢鄗謞嗃熇嫋曜芍虊糕𧐐䨣皦爍逴鷂
毚爵掠礦 以上六十四字與古合 ○薄惡略作落閣腳幕洛壑
索郭博錯若縛託鐸卻絡鵲度諾蒪橐漠著著穫泊
搏崿鍔簙酪廓鑊莫鑮諤鄂亳恪貉攫涸钁鶚郝髆
貉膜粕鏌飥霩遻礴瀎綽拓蠖鎛鰐格昨柝酢醵䕯
斫摸蠹貉艧珞愕怍鞹柞垩寞笮玃膊鑮𦢊茍㬢曠
箬魄烙䕶塝簍厝噩咢澤碏矍硌各𧕊猎嬳瞙昔䗖

婼躩咢踖踱䂞洦䃑劇㩿岩貉郝迮澤欂钁䱜魠蛸 以上一百三十字當入陌韻 ○ 捉此字當入屋韻 ○ 燋此字當入覺韻

十一陌 凡一百六十八字

陌石客白澤伯宅席碧籍格帛驛額柏魄夕液尺隙逆百赤獲劇窄舄塉惜掖腋釋舶拍索擇磔射繹懌骼雋珀借嶧斁谻蓆貊蹠汐碣啞柞擭醳唶齰咋嚇斥奕弈帟迫譯昔赫炙腊碩螫藉穸祏亦踖貘愬觡郤百莫瀉蔫瓬䄍颰耤厝霸虢 以上九十二字與古合 ○ 迹筴

役璧積脈冊畫闢易脊翮屐適幘磧鬲益柵責癖僻辟躃摘疫瘠謫簀賾襞嗌書鬲擗鬷膈嘖搤場蜴蹐嫿嚽擘蘗擿堉剨湱霢覛刺𧢝覛霹 以上五十六字當入錫韻 ○ 戟麥革核幗摑馘撠蟈奭襫 十一字當入職韻 ○ 戹軶阸鰅擲躑 六字當入質物黠屑韻 ○ 瞁翟 二字當入沃藥韻 ○ 摵 此字當入覺韻

十二錫 凡九十一字

錫壁歷歷櫪擊績勣敵滴鏑逖析晳覓摘狄荻冪鷊甓霹瀝靂歷歷癧鬁惕裼踢剔緆鬲汨書適嫡商闃闃鶪蹢覡菥淅蜥覓鷊𤄊鷁轂塓狊樀艦 以上五十六字與古合 ○ 檄激翟糴溺的菂礫櫟轢皪靮篧弔趯獥𧄼馰 十八字當入沃藥韻 ○ 笛寂戚鏚慼滌迪踧頔倜惄 十一字當入覺韻 ○ 殈遹 二字當入質物黠屑韻 ○ 㝨 此字當入月曷韻 ○ 覿 此字當入屋韻 ○ 酈 此字當入陌韻 ○ 焱 此字當入藥韻

十三職 凡一百四十字補一字

職國德食蝕色力翼墨極息直得北黑側飾賊刻則塞式軾域殖植敕飭棘惑默織匿億臆憶特勒劾慝

仄昃稷識逼克剋蜮拭弋測惻扐泐肋亟殛忒緎棫淢罭嫛萴極葥鷘閾嶷僰纆䅉妷踣熄穡嗇埴葍匐鈛芅雉黓瀷屴犆脜悳輻稷繶檍阞玏腷湢楅赩餕匿螱魊泝鰔樴幅福杙愊副仂或蜮醷杙薏諨鶨琙滕𣽏 補一字 㥁 以上一百二十三字與古合 ○ 唧即抑洫鯽衈垔稄 八字當入質物黠屑韻 ○ 冒愎墄 三字當入覺韻 ○ 湜寔 二字當入錫韻 ○ 䁆讟 二字當入陌韻 ○ 翊翌 二字當入緝合洽韻 ○ 陟 此字當入葉韻

十四緝 凡五十九字

緝楫戢立集邑急入泣溼習給十拾什襲及級翋粒揖揖汁笈蟄笠執隰汲吸唈縶葺褶濈苙伋岌翕歙濈裛浥熠槢潝霫觙悒廿挹⿰土㬎歮鈒㦸霵以上五十六字與古合〇朁潛二字當入質物黠屑韻〇鼻此字當入屋韻

十五合凡五十一字

合合塔答襍蛤沓鴿踏颯拉搭韐濕欱鞳唈敆鈒馺𨀣噆諳荅⿰骨沓蹹姶涾鞜帀䵣嗒以上三十二字與古合〇榻臘蠟匜闔榼搨盍闒溘嗑磕十三字當入葉韻〇納衲軜遝⿰口遝五字當入質物黠屑韻〇盇此字當入月曷韻〇閣此字當在陌韻應作閤从合在緝合洽韻

十六葉凡九十五字

葉葉帖貼牒接蝶獵妾篋涉鬣頰攝躡諜堞協俠莢䀹厭愜綊浹懾蹀挾鋏屧喋燮鑷⿸厂葉楪韘燁爗讘饁跕欇魘礏壓怗躐艓擸輒⿰禾聶躞惵鍱灄⿰月枼⿰糸劦聶⿰聶攵緤梜椄菨淁鯜霎蛺以上六十七字與古合〇疊捷楫氎睫箑慴箑褶讋摺裛歙霅踕緁萐謵捻衱婕⿰土㬎錜倢⿱聶鳥以上二十五字當入緝合洽韻〇苶鑈二字當入質物黠屑韻〇獦此字當入月曷韻

十七洽凡五十九字

洽祫袷帢啑恰萐箑霅扱劄跲鮯⿰鼻合欱韐十六字與古合〇狹峽硤法甲業鄴匣壓鴨乏怯劫蜐脅愶插鍤歃牐押狎⿱臾女掐業夾筴眨呷胛柙郟鵊霎喋嗋歃喢圔⿰忄甲渫鉀以上四十二字當入葉韻〇擖此字當入月曷韻

右入聲凡一千八百有三字

韻準補遺今韻當補凡三百四十字

東輮古同○冬从古同○江囪夆古同壳當入屋韻○支厶又奞當入微齊丌𡖲甾當入灰尤𢼸遂豕當入歌麻○微敳𡝤艐口鳥古同○魚倠尻舁㥯古同○虞𪍴虍無𠔿古同葉須乞當為侯韻○齊枇禾犀泥古同○佳咼當入歌麻○灰㶣我古同自當入微齊○眞儿尸古同𡍮侖豩𡍩當入文先○文㣎古同所當入質韻○元楙邍古同𦉶盈當入文先○寒邢㟁耑寬𣎆𨽸毌華𠦜芇奴殄古同○刪𤰞古同𢼄當入眞𣃔當入文先○先㕣巷古同嫥叀莽延

亘次肰㚔目嵩宀䜌當入元寒刪𢀳當入眞○蕭卤古同𡙕當入肴豪○肴季古同○豪号㞢古同夲當入蕭○歌𦓅古同𩴸當入元寒刪○麻𡨦古同○陽昜允𦐇傷爿㿝卬肙𡉀匚古同○庚𣪊卯古同○青鼎荆霝䀠甹古同○蒸倗仌再古同○尤㥑𠂔匃𨑛㿻丝雔丩𠷎當入蕭○侵㝊从𡈼古同○覃媅古同○鹽𢦔韱产古同○咸彡鹹古同○腫踵収古同○紙厽古同秖尒㣈些㡀朿㸚夂當入薺吻○尾㥊諰啚當入賄有○尾虫古同○語𨛜与貯古同○麌兆古同㞷壴當入講○薺肙古同○賄

迺當入銑○軫攵㢱古同㐱鈊當入銑○吻𡖟當為拯韻○阮夗古同𠜷當入銑○旱厂㚘㪔古同○銑敟古同𢻫㫚𠬝㞋當入阮旱潸丏辡當入軫○篠𡲻㝵受當為小韻○巧叉古同○皓艸𠂔冂丂古同○哿𦝠屮貨古同○馬叚古同𠀤當入哿丫當入紙蟹○養㒳从𣀮𡖩古同○迥壬古同○有丣百當入巧皓○篠𣅡當入講○寑𠈌羊古同○感马古同𩞁當入儉豏○儉夾𧾷炎㚒古同○絳𢀡當入合洽○緝○寘朿古同㢠𦵔當入宥衛隶凶當入未霽隊○未豙忍古同○遇尌𠬢古同朙當入箇禡○御○霽𦣞𡿪㡀隶

古同𡉀𨛜當入泰㒳當為過韻𠛱當入豔陷○卦𣏟古同丯當入泰○隊𢘅古同𢦏當入宥○震𠕰丮囟聿朮當為椓韻○願傆𢆶古同○翰㤺𥷂𧗠𠑹敿㚣𠃐古同○諫毌釆古同○霰𢍶𦨲㐮古同○嘯卲𩛞尞當入效號○號県古同𠬝夰當入嘯○禡襾古同匕當為過韻○漾𦣻像古同○敬詰當入漾○徑并當為證韻○宥𣪊翏𡧂當入嘯⾨扁𠀓當入過日當入未霽隊○陷臽古同○屋𡰪𠧪𡌥录豖攴古同𡕥𡕷當入覺𥽃𠬸畗當入職○沃厈丵亍當入屋管臼當入覺○覺𡊤丵隺當入沃藥○質𣀩𣦼𨔼𦤼𢀖

古同孚當入泰戴當入錫○物由古同○月瘚乎古同叟圣充當入

質物黠屑○曷瀫歹氼取𠦬古同○黠乚當入月曷○屑屮叏卩

古同禼叕劀省㕣首當入月曷○藥𩏂𣪊辵霍當入陌○陌屰

彳乇㒸古同傷當入錫丮當入職疒當入質物黠屑○錫秝厤糸冂

古同休當入沃藥○職悳皕㝵茍𢍏矢古同○緝亼卌咠𣪘古同

○合㬎當入葉○葉𡚬枼耴聿古同○洽臿當入葉

說文通訓定聲 韻準 圭

右說文通訓定聲十八卷、東韻一卷、說雅十九篇、古今韻準一卷、先君子所撰，道光末鏤版於黟縣學舍。粵賊之亂，藏北鄉石郜傳經室。兵燹後，室中藏書二萬卷散佚，僅遺十之一，惟此版巋然獨存。孔彰少孤，自辛酉歲游皖，依今相國曾公，既而來游白門，倏忽十季，未克還黟。版久庋山樓，力絀無以自致，今稍殘缺。幸藉友好之力，遂取以來。計全書二千一百七十六葉，見缺七十五葉，共五萬數千言，悉照原本栞補。

孔彰敬謹校字。伏念先君子生平箸述數十種，是書之外，已版行者有儀禮經注一隅二卷、夏小正補傳二卷、小爾雅約注一卷、離騷補注一卷，版數見缺十之三。又手自勘定未及版行者，有六十四卦經解八卷、尚書古注便讀四卷、春秋平議三卷、春秋三家異文覈一卷、春秋左傳識小錄二卷、通訓定聲補遺二卷、小學識餘四卷、秦漢郡國考四卷、天算瑣記四卷、歲星表一卷、經史荅問二十六卷。其稿本尚存，未經勘定者，有學易札記四卷、鄭氏爻辰廣義二卷、易消息升降圖二卷、易經傳互卦卮言一卷、易章句異同一卷、詩序異同彙參四卷、詩地理今釋四卷、春秋亂賊考一卷、春秋列女表一卷、春秋闕文考一卷、春秋地官人名考略二卷、三代禮損益考一卷、井田貢稅法一卷、傳經表一卷、四書塙解二卷、論孟紀年二卷、說解商十卷、小字本說文簡端記二卷（今缺一卷）、經韻樓說文注商一卷、六書叚借經徵四卷、古說字形繆誤

二卷、七經緯韻一卷、釋廟一卷、釋車一卷、釋帛一卷、釋色一卷、釋詞一卷、釋農具一卷、戰國策評語四卷、讀韓非子札記一卷、十六國考二卷、名人占籍今釋四卷、說叢六卷、晉代謝氏世系考一卷、朱氏世系考二卷、儷語拾錦四卷、李杜韓蘇七言詩評選六卷、白描詩錄一卷、選詞九十調譜二卷、詞話二卷、傳經室詩存四卷、賦一卷、古文八卷、臨嘯閣詩餘四卷。又有詩傳箋補十二卷、春秋經傳旁通十卷、大戴禮校正

二卷論孟懸解四卷淮南書校正六卷數度衍約四卷軒岐至理四卷則并藁本佚之矣它如逸周書史記漢書老子莊子列子管子晏子春秋荀悅申鑒呂覽新序說苑風俗通義鹽鐵論論衡劉晝新論漢魏百三名家集先君子皆有札記而未及編集今并原書無存皆可惜也孔彰愧不能讀父書先人手澤獨賴此編之存今幸可以印行其餘版本殘缺過多力既未能盡補且以俟諸異日其未刻及未經手定諸書則尤非小子心力所能逮矣日久就湮爲戾滋大謹坿識其目於此庶先君子平生所學可以具見梗概而海內君子欲求先君遺書者亦有所資而考焉

同治九年季夏男孔彰謹識

皇清敕授文林郎國子監博士銜揀選知縣揚州府學教授允倩府君行述

府君姓朱氏諱駿聲字豐芑號允倩先世居河南始祖諱相自河南徙蘇州崑山子諱賢明進士天啟間遷居郡城數傳至府君曾祖諱鏘太學生妣氏張氏沈祖諱煥以廪貢生中乾隆壬午順天鄉試第二名舉人官廣東鹽庫大使箸有臨嘯閣遺稾妣氏沈氏金考諱德垣字岧峰吳縣附貢生時稱朱孝子箸有詩文集若干卷妣氏張氏程張太孺人箸有種學齋詩集三代皆

封贈如例府君程太孺人出也太孺人夢神人抱兒授之曰以是爲而子遂生府君三歲識字四歲解四音張太孺人授文選詩十餘首頃刻成誦七歲岧峰府君教讀經書課督甚嚴時大母金太安人尚在堂偶睡覺夜已三鼓猶聞讀書音

卽呼宮峰府君至曰汝知李賀不壽耶吾不許如是讀乃止十三歲父令爲經解必問文字源流因授漢許氏說文一讀卽通曉戲爲孔方傳文似馬遷傳誦一時矣中目爲神童十五歲冠郡試補府學生時嘉定錢宮詹大昕主紫陽書院講席宮詹亦十五歲爲諸生是年重游泮宮一見奇府君才曰吾衣鉢之傳將在子矣遂受業門下三年期以通材大儒迭遭母喪久不與歲試服除應舉屢薦不售遂專力古學以著述爲事至嘉慶戊寅

恩科以優行廩生舉本省鄉試第十名時年已三十有一矣明年就試春官報罷留京恭遇

仁宗睿皇帝六旬萬壽進呈詩頌會河漫口

上意不悆凡獻頌者皆不召試自是屢試春官屢薦不中第鬱鬱不得志然府君知名早所至迎館在蘇中丞張公師誠聘掌牋奏後林文忠公撫

蘇推轂主江陰暨陽書院講席先後主講吳江青溪嵊蕭山書院復就館山東揚州浙江會試數留京又因事往馬蘭谷出居庸關奔走風塵窮愁落寞積二十餘年未嘗一日廢學道光丙戌大挑二等選授旌德縣訓導以父憂未赴任服除復就禮部試不第仍挑教職選授黟縣訓導府君到官後訓諸生多暇益肆力撰討著述日富造門受業者日益衆同僚皆命其子師事府君弟子常數十人持筆札爲府君錄所著書其貧者府君或贈以錢使歸然官舍隘猶不能容黟俞孝廉正燮歎曰朱君眞名士也嘗覽古今說易百數十家提要鉤元爲學易札記四卷謂孟京之卦氣五行荀虞之納甲消息馬鄭之互體爻辰輔嗣之空虛清悟各有所得亦各有所失至爭言元理反疎訓典墨守宗尚拘求義例尤後儒說易之通病惟觀其會通不膠一說

先釋其文、次求其理、至一卦之中、取象襍出、一爻之內、上下不蒙、不必强經以就我、周公之言、不必拘羲文之義、而義貫孔子之說、不必泥文周之旨而旨通、因箸六十四卦經解八卷、更取歷代筮卦所驗、附綴其詞、以便占者推尋、又述經傳互卦爲互卦卮言二卷、參虞氏消息意、爲圖一卷、鄭氏爻辰說易、其書已亡、見於唐人正義者僅數條、因據漢志三統術補之、爲爻辰補義二卷、又爲章句異同彙參一卷、尚書則謂今文僅存二十八篇、其載天時人事山川草木禮樂刑政、書雖殘而事猶備、學者苟深窺淵奧、豈徒七觀四要而已、爲尚書古注便讀四卷、其僞古文則注引用出處、覘梅致齋考異、王西莊後案、尤加詳焉、至論春秋、則謂孔子筆削、亦志在儆亂臣賊子而已、其他或據事直書、或仍舊史闕文、本無關義例、三傳以例求之、故各說其說、

而終不能通、宋人以臆測之、故自說其說、而更不可訓、府君則析其疑滯、破其拘墟、爲平議三卷、亂賊考一卷、又謂春秋一萬八千字、李燾云今闕一千二百四十八字、知春秋既修之後、一千八百餘條中、傳寫殘闕、亦復不少、特循文尚可解、不盡如夏五之難通、如晉弒其君州蒲闕欒書字、黑肱以濫來奔闕邾字、原無疑義、必曲爲立說、反誣聖經矣、且孔子曰、吾猶及史之闕文、後儒乃欲于日月名字爵號氏族、一二字異同爲褒貶、何其固也、箸闕文考一卷、又以古書傳寫、各有師承、文字互淆、必求一是、謂讀書不精、不可論斷、如王伯厚困學紀聞云、書吳入郢、楚昭出奔、猶有君也、申包胥求救、猶有臣也、故不言楚、不知公穀二家郢字固作楚、特楚字不如郢字直切、因爲三家異文覈一卷、又錄周秦漢魏諸集所引與左氏異同者、復加論斷、俾讀

傳者知邱明當日採擇之旨爲左傳旁通十卷又輯百家精注爲左傳識小錄三卷又以儀禮篇帙佚存十七昌黎博敏猶苦難讀因斷章節取爲儀禮經注一隅二卷又論小戴當仍合於大戴今所分三十九篇惟夏小正獨有傳疑出公羊穀梁二子以萬用入學句傳偁今時大舍菜而大舍菜禮秦漢寖已不行所言今時可知爲春秋時又漢志載公羊外傳五十餘篇今佚

不存知其所箸不傳者甚多小正傳或出其手延君編錄失其名耳爲夏小正補傳一卷又論爾雅太歲在寅推錢宮詹說謂其時自以實測之歲星在亥定太歲在寅命之曰攝提格以紀年歲星所合之辰卽爲太歲然歲星閱百四十四年而超一辰至秦漢而甲寅之年歲星在丑太歲應在子漢詔書以太初元年爲攝提格者因六十紀年之名歷年以次排敘不能頓超一

辰故仍命以攝提格也於是後人以寅卯等爲太歲强以攝提格等爲歲陰其實爾雅所云歲陽歲陰非如後人說也又讀周語帝嚳能序三辰知十二次名義當爲所定然今時實測與古不同星紀以牛得名今牛在子宮不在丑析木以箕斗得名今箕斗在丑宮不在寅大火以心得名今心在寅宮不在卯降婁以婁得名今婁在酉宮不在戌計今時距周初歲差已四十二

度是名實不相副古宮之偁不必施於今因參用舊名箸歲星表一卷天算瑣記四卷又讀離騷王叔師注有不慊于心者爲補注一卷又以小爾雅晉李軌解無傳北宋宋咸注頗略爰集各本鉤稽裁補爲約注一卷至研究許書功深且久尤爲心力所萃嘗謂自二徐以後至

本朝段錢嚴桂推衍已極精密而六書中轉注段借二義究未有確詁因獨剏義例以爲轉注者

卽一字而推廣其意、非合數字而靁同其訓、通其所可通者爲轉注、通其所不通者爲叚借、叚借不易聲而役異形之字、可以悟古人之音語、轉注不易字而有無形之字、可以省後世之俗書、如网爲田漁之器、轉而爲車网、爲蛛网、此通以形、又轉而爲文網、此通以意、防爲隄障之偁、轉而爲邮坊、爲埵坊、此通以形、轉而爲勸防、此通以意、不得謂之本訓、不可謂非本字、又謂曡韻之叚借易知、雙聲之叚借難知、通德釋名、似轉注而實多叚借、方言廣韻、半叚借而時有轉注、叔重萬字、發明本訓、而轉注叚借則難言、爾雅一經詮釋全詩、而轉注叚借亦終晦、爰箸說文通訓定聲三十二卷、爲轉注叚借專書、似因而實剏、又取百六韻而權衡之、爲古今韻準柬韻各二卷、循爾雅之條例、貫許氏之說解、又爲說雅四卷、益發明轉注叚借之義無遺、又許書

有未安者、閒參己意、爲說解商十卷、專論叚借、爲叚借經徵四卷、說文通訓已成、又有補遺二卷、校鮑刻說文、有簡端記一卷、覃精小學、有識餘四卷、引證古韻、有七經韋韻一卷、嘗與嘉定葛其仁、朱右曾、黟縣俞正燮、汪文臺、程鴻詔、論經史事、及門人問荅、又有經史荅問二十六卷、所箸未成者、有詩序異同、彙參詩地理今釋、傳經表、秦漢郡國考、十六國考、名人占籍今釋、無卷數編錄、家藏遺書、有四書塙解、論孟紀年各二卷、雜錄有說叢六卷、詞話二卷、選本有李杜韓蘇七言詩評六卷、如話詩錄一卷、詞九十調譜二卷、自箸詩古文共十卷、詩餘四卷、佚于兵火者、有詩傳箋補十二卷、大戴禮校正二卷、手校子史數十種、僅存讀韓非子札記、戰國策評語各一卷、校正參同契、三相類祕要一卷、僅存序一首、編入文集、約錄數度衍四卷、僅存歌一

章坿入詩稾此府君箸述之大略也而生平箸書於轉注叚借二義發明尤多蓋獨以六書貫串羣籍發凡起例觸類旁通卓然自成一家之言論者又謂府君學問詞章兼而有之以比朱檢討彝尊云道光末廣西學使瑞安孫公鏘鳴
奏請許海內文學之士獻所自箸書得
詔通諭天下府君遂於咸豐元年以截取知縣入都繕寫說文通訓定聲古今韻準柬韻說雅共四

十卷上之
文宗顯皇帝覽其書優詔褒嘉加國子監博士銜乃不就截取仍爲黟縣訓導旋升揚州府學教授以風痺不能赴任輒乞解官時粵賊據江南道路梗塞不得歸故里遂僑居黟之北鄉石邨自號石隱山人閉避賊舁籃輿入漳溪病中聞
欽差大臣今相國湘鄉曾公督師至鄂戰屢捷將南下喜曰吾詣

闕獻書時在禮部曾謁見曾公心私慕之而不能忘能平此寇者其在曾公乎然吾不及見也病篤誦宋陸放翁臨終詩以命不孝孔彰遂於八年十月十六日終黟縣石邨春秋七十有一嗚呼痛哉府君長身鶴立隆準豐下弱冠後常看星露立至夜分積數十日爲風寒所襲遂患頭風瞖以陳藥丸愈之而右目稍眊然能遠視至老年猶夜書細字性情溫厚融然遠寄教人孳

孳不倦士樂從之尤喜獎借後進嘗訓不孝曰吾年十四五宕峰府君每課以文吾務欲爲佳文以悅親心搆思常至夜分又恐親之念吾勞也常於臥榻上成篇爾宜識之旣官黟寓書於從子受熙欲與同族之稍有力者捐資置田以養族中孤寡期於歸田日行之同僚周廣文槐子婦相繼歿於署無何廣文亦卒府君厚賻成殮即致書邑人士佽助喪事寓葬於黟爲其孫

女擇配府君以風痺不能運動猶遣不孝往祭其墓生平曠達不以俗事自牵酷嗜學雖甚寒暑未嘗釋卷在揚州館謝君彤雯處値文匯閣曝書往讀未見之籍有得還館卽錄之在黟避亂山中猶與弟子程朝鈺朝儀等講學不輟嘗日書草字盈萬數至垂老飲食如少壯竟以風痺痼疾不起嗚呼痛哉府君生於乾隆五十三年戊申歲二月二十三日未時元配徐孺人宛

平舉人湖南安鄉令諱元宸女歿於道光十年繼配倪孺人同邑太學生諱兆熊女側室高孺人子男一不孝孔彰府庠生高孺人出娶程氏女二長適同邑庠生王仁誥早卒徐孺人出次適黟縣國學生金興基高孺人出孫男一阿長孫女二並幼府君卒時權厝于黟縣石郙不孝以貧就食四方至今不能歸葬每一念及肝腸寸裂泣思府君棄養時不孝年甫十五又値兵

燹流離未嘗學問不能盡於大事今以編錄遺稾泣爲此狀忽忽已越十年而所述又百不盡一其罪可勝言哉惟幸府君遺書猶在海內君子必有深知府君之志者倘哀而賜之銘誄以慰九原不孝世世子孫感且不朽孤哀子孔彰涕泣謹述

賜進士出身翰林院庶吉士
誥授通奉大夫江南江淮揚徐海通等處承宣布政

使司布政使強勇巴圖魯愚姪梅啟照頓首拜
塡諱

說文通訓定聲補遺

先君子所箸說文通訓定聲一書、生平心力所萃、棃版後嘗自校勘晚年復補訂八百餘條書於簡端、茲藉友好佽助續刻遺書、小子謹錄補訂之文注明在某葉某行某字下、仍依豐部第一至壯部第十八、別次一編俾習　先君子說者庶易檢校云、光緒八年夏五月、男孔彰謹識、

說文通訓定聲補遺

卷首

凡說解十三萬三千四百四十一字、七葉七行十部下

百二十字、十四葉十行之類下

絻羑、二十二葉五行者如下

許君嘗爲淩長呂忱嘗爲帔令、三十七葉九行見矣下

象形指事會意形聲四者、說解中屢見叚借惟韋注言之而轉注則全書絕不一及敘偁考老老部亦無明文不可解五也、四十四葉八行四也下

五者、下四十四葉八行合此四者二字刪

說文通訓定聲補遺

豐部

桉尚書大傳東方者何也動方也物之動也、一葉六行東注木中下至生也十八字刪桉白孔融與曹操論酒禁書堯不千鍾無以建太平、孔非百觚無以堪上聖、四葉十六行鍾注轉注下孔叢至百觚十三字刪

何青青以千里草六葉三行董注里草下

字亦作橦、六葉十行橦注竿也下

與龔从龖省聲別、十葉一行龔注龍聲下

桉凡外形內聲之字如衣部口部橐部壺部皆聲兼形意、十五葉十五行衷注中聲下

周語言忠必及意、十六葉二行忠注曰忠下周語至及意十四字刪

周語考中度衷忠也晉語忠自中而信自身、十六葉二行忠注聲訓下

悀作、十八葉十六行勇注亦作下

爲涌方言六悀滿也凡以器盛而滿謂之悀、又十八葉十九行勇注段借下十一行又方至出也二十一字刪

周書世俘奏庸、十九葉三行庸注有斆下

又爲鞏石鼓文避車旣工、二十五葉十八行工注雙聲下

董仲舒傳項橐七歲爲孔子師孟康以達巷黨人爲項橐、二十八葉八行項注兒矜下

蜀志蔣琬傳占夢趙直曰牛角及鼻公字之象、三十二葉七行公注之公下

卷阿似先公酋矣、三十二葉九行公注膚公下

吳志孫皓傳注丁固曰松爲十八公以木爲十八今隸形也、三十三葉三行松注作柗下

與乳同一省一不省、三十六葉五行孔注孚省下

桉物有空者擊之有聲、三十八葉九行殸注宮聲下

與龏略同與供別、三十九葉十一行恭注共聲下

五行志、三十九葉十一行恭注晉書下

與下形上聲之拲別、四十葉一行拱注垂拱下

周書曰宮中之冗食桉疑逸周書之文然今本無此語、四十二葉二行冗注事也下

周書小開謀有共軵、四十二葉七行軵注讀胥下

益州太守無名碑[犭鬼][犭方][犭凶]獫字又作[犭凶]、四十五葉十二行[犭凶]注獫狁下

作鮀、四十九葉八行、蚌注作蛫下。

又西山經其中多鮮魚、淮南墜形注、硊魚如鯉魚有神靈者、乘行九野、靈臺碑、比目鮀魚、又云、驛憲鮀魚服之延壽、四十九葉十行、蚌注蛄類下。九行西山至鮮魚八字刪。

爲隆、四十九葉二十行、逢注爲豐下。

與之部芏迴別、五十一葉十行、封注一丰聲下。

又爲逢、說苑辨物、是謂豐福、周語正作逢、五十二葉十九行、豐注澧也下。

爲縱、五十三葉十六行、從注也又下、十八行桉凡至从也九字刪。

爲縱、五十五葉三行、縱注也又下。桉順至橫也十字刪。

許書中象豙梟鳩啇萌遂遯漢灘婧媘、五十五葉七行、縱注省聲下。

等、五十五葉七行、縱注蕧蔓下。

轉注爲縱橫、古皆以從以縱爲之、五十五葉七行、縱注之類下。

作蘩、五十七葉十一行、叢注作蕞下。

韓勑後碑、敬修蘩房、張公神碑、蕭竹兮蘩鏞、五十七葉十三行、叢注者也下、十七行叢注字亦至蘩房十二字刪。

厚寸、是謂內鎮、宗后守之、五十八葉十三行、琮注四寸下。

玉人又云、璧琮九寸、諸侯以享、璧琮八寸、以頫聘、駔琮五寸、宗后以爲權、駔琮七寸、天子以爲權、瑑琮八寸、諸侯以享夫人、五十八葉十三行、琮注二寸下。

典瑞、瑑圭璋璧琮、繅皆二采一就、以頫聘、又駔圭璋璧琮、琥璜之渠眉、疏璧琮以斂尸、五十八葉十四行、琮注象地下。

爲聰、漢書郊祀志、匆明上達、又五十九葉十九行、囱注叚借下。

按長笛賦注引作大鑿中木也、則謂鑿柄然、六十一葉十行、鏓注悤聲下。

說文通訓定聲補遺

升部

春秋吳子乘左傳襄十年作壽夢桉壽夢之合音
爲乘三葉十七行乘注識字下
周書商誓百姓獻民其有綴艿十一葉七行艿注爲蕁下
桉史記作嫖疑當作嬽誤爲嬹耳十二葉十三行嬹注偞嬹下
又爲傰左莊十四傳繩息嬀十三葉十七行繩注曰繩下
又爲雂之誤字後漢列女傳孝女叔先雄華陽國
志黃帛傳符有先絡焚道張帛帛絡爲韻十九葉十二行
雄注雄陶下

廣韻引國語云君使臣懜二十三葉三行懜注爲懜下
漢宣帝紀詔曰鳳皇甘露降集京師羣鳥從以萬
數二十三葉十二行朋注黨字下
字亦作硼江賦硼厓鼓作二十四葉四行崩注爲崩下

說文通訓定聲補遺

臨部

斬樹木壞宮室曰伐一葉七行侵注曰侵下
灌夫傳夫徙坐語侵之一葉八行侵注負也下
青爲蟲白爲喪赤爲兵黑爲水黃爲豐一葉十八行祲注雲氣下
當作縫二葉四行綅注桉縫字誤衍三字删下
小爾雅廣詁探略也六葉十五行探注嘗試下
與許說入二爲白之白迴別十五葉十七行羊注甚也下

桉此匌之誤字與定四傳曹爲伯匌同十六葉十二行男注作南下
桉从佳从疾省會意疾速也十九葉十行鷹注此小上義同下
又爲任周書祭公用克龕紹成康之業二十三葉八行龕注
叚借楚詞天問鴟龜曳銜此銜之誤字與下文妖
夫曳銜同二十八葉十九行銜注遺也下
又爲狀之誤字史記始皇本紀二十八年丞相隗
林三十葉八行林注臨南下

周語林鐘和展百事俾莫不任肅純恪也三十葉十行林
注也又下
按㜸色曰婁故从女三十一葉十五行婁注曰婁下
按毛髮之飾繪畫之文皆从之三十四葉五行彡注象形下
或曰商星借爲唐星其說雖巧非是三十四葉二十行曑注左
傳下
與譱篆說解互易苦當作淫以聲訓也即甜長意
或曰四十五葉五行醰注也按下
與从十人聲之千別四十七葉十一行什注亦聲下

臨部弟三補遺　二

秦會稽刻石卅有七年史記作三十有七年義同
四十八葉五行卅注若鞁下
與形聲之椎別四十九葉八行集注隹木下
與从反入从一之干迥別五十二葉十五行亼注一字下
又爲詥詩碩人序莊姜賢而不答竹竿序適異國
而不見答五十三葉十八行荅注頜也下
漢書惠帝紀郃陽侯同五十五葉二行郃注名也下
又爲龍言二字之誤戰國策左師觸讋史記作觸
龍言願見太后是也六十葉十七行讋注止也下

與襱迥別六十葉十八行龔注省聲下
又託名幖識字釋木椴木槿注或呼日及莊子朝
菌司馬注一名日及六十一葉十九行及注失之下
瓠當作瓡六十四葉六行㚔注瓡按下
而王子侯表瓡節侯息注又云即瓠字史記建元
以來侯者表瓡讘侯扜者徐廣音胡六十四葉六行㚔注執字
下
疑字亦作苙孟子既入其苙注欄也按謂木柵六十
七葉六行柆注立聲下

臨部弟三補遺　三

又椄門从二戶而無冃字舛从二叉而無氏字亞
从二臣而無𦣝字則𦣝亦可刪六十九葉二行𦣝注于此下
爲柆或七十二葉十行苙注疑借下
之㗌晉中興書羊曼頹縱任俠飲酒誕節兗州號
爲濌伯七十三葉七行濌注㗌羹下

說文通訓定聲補遺

謙部

俗亦作驗。六葉十三行驗注僉聲下。

阽余身而危死兮。十二葉十六行阽注兮上衍節字刪。

鐵。十二葉十八行箔注讀若下錢字刪。

又疑久字之誤。十六葉十四行奄注之誤下隸書下欠安二字刪。

身字蓋衍文。十八葉十一行揜注翳也下。

仄則人在厂下。二十一葉十八行仄注上會意下。

又桉今有鋄金之名則器物上嵌銀絲嵌金絲以爲飾者。三十三葉四行叐注緄亞下。

或曰甘聲鐘鼎文皆作甘如古籒文蓋从到甘。三十七葉十一行敢注而譌下。

按與譚篆說解互易淫當作苦。三十九葉十九行譚注而豔下。

周書度邑志我其惡㝵從殷王紂桉㝵傾覆也從逐也惡字絕句。四十葉八行㝵注之巢下。

與古字同體。四十六葉三行協注口从十下。

又爲桑夏小正三月攝桑謂桑有葉搖動也。四十八葉十六行攝注聲字下。

謙部弟四補遺　一

桉从又持竹枝與支同意而在下者書字之狀也聿筆字从此古以竹爲筆故有漆書書貴疌巧故曰手之疌巧。五十葉八行聿注會意下。

字亦作獮顏氏家訓勸學篇上艾縣有獮閭邨舊作獮餘聚見字林韻集兩書。五十三葉十九行獮注叔敖下。

字當入皿部。五十四葉七行盇注大桉下。

孫星衍云當作㔸。五十六葉五行㔸注法聲下。

謙部弟四補遺　二

說文通訓定聲補遺

頤部

度訓叶服德時治、七葉四行。時注周書下。

與从子䆁省聲之季迴別、十四葉六行。秄注子聲下。

凡牛羊之角外骨冒內骨相附麗而不能合一麋鹿則不然、二十葉十二行。䚏注思聲下。

與細从囟聲別、二十葉十七行。緦注省聲下。

春秋元命包屈中挾一而起者爲史謬說、二十一葉二行。史注正也下。

元命包史之爲言紀也、二十一葉六行。史注聲訓下。

七經孟子考文尙書庶績咸熙桉戺巸同音求必戺巸同字也、二十四葉十七行。戺注从戶下。

叚借爲事左昭十一傳而言不昭矣、二十七葉十六行。矣注作者下。

周書謚法死見鬼能曰靈注有鬼爲厲離騷又重之以修能、二十七葉十七行。能注之意下。

荀子成相叶災能來、二十八葉五行。能注能佩下。

後漢黃琬傳叶能才、二十八葉七行。能注國主下。

又爲怨之誤字書湯誓有衆率怠弗協怨古文作怠、二十九葉十六行。怠注壞也下。

又北山經東姑之山有木如楊而赤理其汁如血不實名曰芑可以服馬注以汁塗之則調良中山經暴山堯山皆云其木多荆芑又柴桑山樂余山皆云其木多柳芑、三十六葉三行。芑注爲杞下。

與从女己會意之妃別、三十七葉十四行。改注己聲下。

桉許君惡姿之說古書或借毆爲婎耳此字當从𤸎省劇聲也訓病聲爲是、三十八葉五行。醫注作毉下。

或謂吉當作告非、四十六葉二十行。禧注喜聲下。

穆天子傳赤烏之人丌字亦作亓有亓姓墨子其字多以亓爲之今本誤亦、四十七葉十七行。丌注有足下。上丌者二字刪、

俗讀爲圖誤、六十葉八行。啚注作啚下。

晉夏侯湛昆弟誥云惟正月才生魄、六十二葉十三行。才注暫之義下。

與从木辛聲之亲別、六十八葉八行。梓注不省下。

二字古音一讀故孟子引放勳言來直翼得德爲

北當作東

韻七十一葉十九行來注是來下
桜彊曲猶言倔强也七十三葉三行鞶注起衣下
或說有即又字當从肉非八十二葉五行有注宵也下
石鼓文逢中圞孔八十三葉十一行圓注有介下
叚借左僖三十三傳猶秦之有具囿也此圃之誤
字八十三葉十六行囿注者也下
當作□周追敦如是不从羽或曰八十六葉一行友注詳疑下
叚借禮記內則不友無禮于介婦此敢之誤字敢
古鼎作□友古或作□八十六葉五行友注二曰友下四行禮記至順也

頤部弟五補遺　三

聲訓韓非子內儲說上七術謀者疑也八十八葉十行謀注
十五字刪爲謀下
字亦作姥六書故老女爲母蓋齊梁間俗字八十九葉
三行母注乳形下
當作敃也九十一葉七行侮注傷也下
按再成當作一成再成邱曰陶九十五葉十一行坏注不聲下
又爲祁之誤字續漢郡國志穀熟有邳亭九十五葉十七
行邳注大邳下

或曰字當从貝存疑百二葉四行㝵注會意下
實爲佶百三葉十一行戛注爲楷下
佶百三葉十四行戛注也戛下
产則人在厂上百十九葉一行仄注會意下
敬字从此百二十葉十五行苟注非从包省下
詩抑無曰苟矣百二十葉十六行苟注別桜下
離騷苟得用此下土文子符言小人從事曰苟得
君子曰苟義皆百二十葉十六行苟注日新下
錢晦之云字亦誤作葴桜方言葴備也廣雅釋詁

頤部弟五補遺　四

四葴敕也左文十七傳又朝以葴陳事存疑百二十葉
十六行苟注之誼下
又爲憄書益稷其弼直史記引作輔憄百二十一葉五行直注緣
也下
又託名幖識字左成十八傳羊舌職說苑作羊殖
桜殖者舌職之合音百二十一葉十六行殖注黏也下
又爲㝵史記項羽紀吾爲若德桜得此千金萬戶
也百二十三葉十九行德注爲㝵下
文十八傳德以處事百二十四葉七行德注也左下

博古圖有齊侯飤敦、不足信。百二十五葉九行飤注食耳下。

穀梁隱元傳克者何、能也。百二十八葉一行克注聲訓下。

疑與㦽同字。百三十葉一行淢注或聲下。

疑與淢同字。百三十葉四行㦽注或聲下。

與从人舟聲之㑴迥別。百三十一葉四行服注會意下。

頤部第五補遺　五

說文通訓定聲補遺

孚部

按戰國策、帝女儀狄作而進于禹。十四葉十八行酒注疏儀狄下。

顏氏家訓曰、人將遠行、犬好豫在人前、待人不得、又來迎候、故猶豫爲未定之意。十六葉二十行猶注爲猷下。

與从丩口聲之句別。二十三葉十行叫注丩聲下。

聲訓左昭十七傳、五鳩鳩民者也。桉勼聚。二十六葉十六行鳩注國名下。

蘇俗謂之尾巴椿骨、說文脽篆下、尻也。二十七葉二十行尻注九聲下。

或曰从匚、从飤、非。三十葉十三行簋注作几下。

又桉䨜橦積蠹疑爲字、皆从兩聲、非也。三十三葉十三行爲注于此下。

作㨨。三十四葉十五行擣注作疇下。

考工記注引詩其鑄斯㨨、毛詩以趙爲之、釋詁。三十四葉十五行擣注刺也下。

猶應也。三十七葉三行讎注聲桉下。

與服之古文从舟人會意作𦨈者別。三十八葉五行㑴注舟聲

孚部弟六補遺　一

下。

畢四十八葉九行丑注與豕下。

與尹迴別四十八葉九行丑注同意下。

又爲狃、書立政羞刑暴德之人、桉猶習也、四十八葉二十行羞注爲羞下。

或曰、姓當作性、謂與好同字、非四十九葉二十行⿰丑攴注丑聲下。

淮南云、不過三日、蛶蝣色黃黑、與天牛之正黑者小別五十一葉十三行游注暮死下。

獶五十四葉二十行獶注犬獶下。

按山在今直隸順德府唐山縣、卽虞舜納于大麓處、六十一葉二行⿱癶虎注此字下。

蝦蟇吞之、少頃洞腹而出、六十一葉十一行螌注斑貓下。

桉大者蘇俗謂之馬蟥、入人肉、雖以手撕之、愈牢不挩、惟以掌擊之、則應手拳曲而墮、六十二葉八行蝚注味蝛下。

又爲⿰忄夒之誤字、大戴武王踐祚擾阻以泥之、按賈⿰忄夒字、莊子作卽、七十一葉四行擾注柔也下。

按左莊十九傳、楚子敗黃師于踖陵、還及湫、疑周者楚之誤、七十五葉二行湫注周地下。

其地卽秦人投文詛楚處、七十五葉三行湫注不流下。

或曰、以背行足反在上、七十七葉一行䵷注土中下。

四公子有仉督、八十葉一行爪注又梁下州有仉啟四字刪。

按唐張說作梁四公記、亡是公也、炫博而已、八十一葉一行爪注作仉下。

或曰、左傳偶借爲寶、許君遂誤以爲保之古文也、八十二葉十三行保注誼別下。

包幺孕子、人大夫生人之叙、八十五葉十六行包注亦聲下。

又爲苞、實爲勹、夏小正啟灌藍蓼、傳陶而疏之也、八十六葉十行陶注陶穴下。

又爲陰之誤字、漢書司馬相如傳奏陶唐氏之舞、注陶唐當爲陰康、八十六葉十五行陶注連語下。

或曰、丂亥乃部、从乃也、存參、九十五葉十六行丂注指事下。

靈臺白鳥翯翯、桉鷺也、九十九葉十四行鳥注燕也下。

又爲舄之誤字、後漢郡國志武威郡鸞鳥、九十九葉十八行鳥注策也下。

顏氏家訓云、參同契以人負告爲造、蓋數術謬語、

百一葉十六行造注非古文下

與从肉从又从言之詧迥別百二葉十一行詧注省聲下

詩車攻蕭蕭馬鳴傳言不讙譁也百十葉七行蕭注爲肅下

俗字作宍百十一葉二十行肉注爲肉下

此與脁皆司天之過非闕禨祥百十二葉十行朒注轉也下

按冬生謂經冬不死下叐者象其葉竹春秋皆生筍若冬筍則與雷丸一類不能出地成竹也百十七葉三行竹注箸也下

與弅略同百十八葉十六行匊注會意下

孚部弟六補遺　四

又疑是遯字百二十一葉二十行逐注作帀下

或曰織既成繒二三尺則去身遠不便於織矣故複以卷之如車軸也非梱存參百二十四葉十二行複注稱也下

八蓋象昳毛百二十五葉十六行目注訂正下

叚借後漢樊仲華傳甯見乳虎六此宍之誤字百二十六葉十一行六注戮也下

說文通訓定聲補遺

小部

疑說文飽字本當同文選王仲宣詩注作餘四葉一行饒注饒頭下

梁吳均去妾贈前夫詩片言時見饒四葉二行饒注擾也下

又誤作澩五葉九行撓注作澩下

叚借爲撓莊子天道萬物無足以鐃心者六葉二行鐃注之嶢下

古文七葉七行奥注上會意下

小部弟七補遺　一

俗作票七葉七行奥注省聲下

或曰借爲幖七葉十行奥注是也下

按淡黃色也發者猶帛之言揚紺下曰深靑揚赤色九葉二行驃注白色下

又託名幖識字鷅冠子楚用申麃陸佃注申包胥也十葉五行麃注擾也下

按生當依集韻作成謂四五月胎也十一葉七行幺注之形下

按履部暗字當爲此之重文讀轉爲䣢耳十一葉十四行暗注會意下

之下脫一相字

錯本又引詩棘心夭夭而釋之曰棘心所以枖枖十三葉五行枖注枖枖下與从木鳥聲之鳥蔦迥別十四葉十七行梟注非是下與召別十六葉十九行饕注刀聲下又爲攬二十一葉三行棱注秦矣下按反攬也二十一葉三行棱注四時下逸周書芒種之日螳蜋生棱易通卦驗云夏至禮記月令係小暑至之下皆大略言之三十三葉五行蛸注可動下至小至羣生七字刪

小部弟七補遺　二

或又曰卽艸部之芺字三十四葉一行芺注夭聲下漢書薛宣傳壹关相樂三十四葉三行笑注譙也下按艸生于山野惟嘉穀必生於田也他艸生於田則薅之矣三十六葉二行苗注會意下又爲髦蜀志諸葛亮傳注引魏略云備性結毦三十八葉六行毦注眊也下與饕之或體叨別四十二葉三行召注曰招下或曰漢碑有作羕者蓋从小會意尉㝨稟變火爲小此則變小爲火存疑然熊之从火當又何說四十五葉十六行羕注省聲下若五十五葉十行旐注畫龜下考工記龜旐四斿今本誤旐爲蛇因又據以改說文五十五葉十行旐注四星下日部旳下引作的顙是也此作馰顙非也六十一葉十七行馰注顙棱下棱勺聲三字刪顙有圓白文故曰旳六十一葉十八行馰注因馬下有旳顙三字刪叚借託名幖識字左襄十一傳鄭有太宰石㚟顏延之自陳表息㚟庸微又雙聲連語司馬相如大

小部弟七補遺　三

人賦怵㚟以梁倚六十五葉三行皀注蠢㚟下非愵也愵或作倒曾峻碑遐邇忉倒六十五葉十五行愵注作聽下注激也按孟子避父諱改爲磯上篇激而行之亦當作磯六十九葉三行磯注磯也下又爲效孟子非由外鑠我也按授也七十二葉十九行鑠注熱也下

說文通訓定聲補遺

需部

與垢別、三葉四行厚注后聲下。

與厚之古文垕別、四葉十五行垢注后聲下。

以褸爲之、七葉十三行褸注褸也下。字亦作褸四字删。

禮記投壺壺中實小豆焉、十葉十三行豆注文又下。

按當爲豎、十葉十四行豆注當爲斗下。

與从口言聲之唁別、十二葉十四行訁注口聲下。

而以黃金塗之、十二葉二十行鈕注門限下。

與从口丩聲之叫別、十三葉一行句注口聲下。

吳大帝爲吳王時夢人以筆點額解者謂王有點是主字當爲人主此假形立說乖於本體、二十四葉七行主注作炷下。

左宣四傳楚人謂乳穀、二十八葉十行乳注者也下。

按从易省也老人行遲且依墻傍物步小兩足才相及故以蜥易之緣壁譬之、二十八葉十四行𦒸注若樹下。老人至省非十六字删。

或曰冀州當作青州卽禹貢之堣夷既略也暘谷卽淮南天文日出于湯谷也今朝鮮地在山東登州府隔海相對、三十五葉十三行堣注谷別下。

形象羊矢禮載俎之骨二十一體牛羊豕狗皆然、前體肱骨三曰肩曰臂曰臑冣貴、四十葉十五行臑注節也下。羊豕至曰肱八字删。

禮記檀弓菆塗龍輴以椁疏菆叢也、四十二葉十八行菆注爲叢下。

按當作从又持物一者物也非寸字、四十六葉九行付注會意下。

按爾雅之鼁𪔂卽說文之圥鼁重言形況字也或云𪔂當作鼀亦非、四十九葉九行鼁注非是下。

又爲朱之誤字、禮記檀弓公叔木、五十八葉十四行木注冠鶩下。

蜀志魏延傳角之爲字刀下用也此借字爲說乖于形體、六十葉十行角注相似下。

字亦作幢、六十一葉七行壳注之轉下。

字亦作榖誤作𪎊風俗通皇霸神農悉地力種榖疏論衡偶會命妨榖也、六十二葉八行榖注麥也下。

見無極山碑穹窕乚隈、六十四葉六行曲注曲形下。

節當作上

轉注北史楊愔傳以方麴障面蓋竹織方扇也以麴爲之六十五葉八行麯注爲之下
吳志薛綜傳橫目苟身虫入其腹此諸詎之談乖於字體六十七葉十四行蜀注身蜎蜎下
此當時諺語正與本訓相反口中有音筆下無字如囊扰之比或七十葉十八行孎注是也下
困亦从口木迴別七十二葉二行束注會意下
或曰卽易不速之客詩以速諸父之正字存參七十二葉十四行涑注促也下

需部弟八補遺　三

春秋說題詞西者金所粟者陽精故西合米爲粟謬七十三葉十四行粟注作粟下
又爲瑑之誤字禮器大圭不琢釋文本作瑑七十五葉十七行瑑注曰瑑下禮器至作瑑十一字刪

說文通訓定聲補遺

豫部

吳志薛綜傳無口爲天有口爲吳越絕書以口爲姓承之以天一葉七行吳注爲吳下
又爲虞石鼓文吳人憖亟一葉八行吳注大也下
石鼓文皆作遻疑以牾爲之六葉九行吾注爲之下
作迕八葉十二行牾注作仵下
桉虎足不似人足蓋如兕犬之象蹲踞也十葉五行虎注象形下

豫部弟九補遺　一

左宣四傳楚人謂虎於菟十葉九行虎注聲訓下
凡語詞有正文者甚少此後出字也十四葉八行䖒注字歟下
按昆吾雙聲連語壺之別名十七葉十六行壺注蓋也下
又爲壹之誤字漢書薛宣傳壹关相樂應劭作壺矢非十七葉二十行壺注似瓠下
人邪許之聲呼以助力十九葉四行所注許桉下鋸聲也三字刪
按收繩廣韻作收絲或曰當作糾繩十九葉十九行笪注推握下
孔和碑則庶作世二十葉九行無注岐異下

蘇注同也二十一葉十二行憮注憮也下

疑當作按也二十二葉二行撫注安也下

又爲摭小爾雅廣詁拾也鍇本說文一曰掇也二十二葉八行摭注掩也下

叚借周禮筮人巫更巫咸巫式巫目巫易巫比巫祠巫參巫環注皆當爲筮字之誤也二十三葉十一行巫注下也下

焦氏易林萃之蒙輪破無輔復之泰輔車不僵王筠曰安卬以小車載大石者兩輻閒加一木拄其轂與牙繩縛於輻以爲固則目驗有之二十八葉十八行輔注爾輔下

北海胡景君銘宜參鼎𨋎字誤作𨋎二十八葉二十行輔注卿也下

或曰借爲淺洦之洦三十二葉十行薄注厭薄下

楊雄甘泉賦儲胥弩阹長楊賦木雍槍纍以爲儲胥注儲峙也胥須也漢武帝有儲胥館三十七葉十一行胥注姑蘇下

又爲疏之誤字左襄二十九傳祇見疏也三十八葉十四

豫部弟九補遺　二

行疏注雙聲下

按與㥠同字三十九葉二行諝注胥聲下

春秋元命包十夾一爲土謬四十一葉二行土注形也下

按賓爲從之誤字四十二葉十一行徒注使也下

或曰从古文及从夂與市同意夂从後至也多得故益至四十四葉六行夃注爲之下

叶卽協之或體四十四葉十行古注爲叶下

又爲鼓爾雅河鼓謂之牽牛古歌曰黃姑織女時相見以黃姑爲河鼓聲之轉也四十九葉六行姑注且也下

豫部弟九補遺　三

又爲孤今所用辜負字四十九葉十九行辜注障也下

人樸陋不以蹲踞爲非後世雖不用爲禮亦不盡廢也蓋謂會意字桉賓五十一葉十三行居注謂古下當作居从古五字删　文作至文則三十一字删

此篆本在居下許君寫書時未并耳或又五十二葉八行踞注尸从足下俗字删

叚借託名幖識字後漢竇融傳金城太守庫鈞按廣韻有厙字姓也卽庫之俗五十五葉七行庫注爲廏下

止少相背爲𣥠五十五葉十三行步注會意下

七當作十七

與謨古文暮別、五十六葉十九行、嫫注莫聲下。
與嫫別、五十六葉二十行、謨注从口下。
爲虜、史記五子胥傳遂滅鄫、曾其君以歸、白虎通
不臣篇曾臣者亡、又六十葉四行、魯注叚借下。
猶俗語蓓蕾爲胍肶也、八十四葉十五行、攫注从手下。
圭璋璧、八十九葉五行、珇注瑞駔下。
先、八十九葉五行、珇注爲之下。
駔外有捷盧也、後鄭則八十九葉五行、珇注鄭注下。
爲助、書酒誥我西土棐徂邦君、御事小子、桉左也、

又八十九葉十七行、⿺辶且注也又下。
又爲覰、今世所用查勘字、九十葉十行、柤注爲氏下。
疑與⿰女虘同字、九十二葉三行、怚注且聲下。
按借爲橧、橧徂雙聲、九十三葉九行、徂注之徂下。
叚借爲覰、大戴武王踐阼擾阻以泥之、按視也、九十三葉七行、阻注詛字下。
自稱柱天都部、九十八葉十行、都注嬪傳下。都部者三字刪、
或曰、字當从皮省、剝獸皮也、不从尸、存參、九十九葉八行、屠注剝也下。

謂其能爲禹股肱心膂、百二葉一行、呂注有呂下。
一名游冬、百七葉四行、荼注如菊下。
顏氏家訓此菜可以釋勞、其花或紫或白、子大如珠、熟時有赤有黑、百十葉十三行、蒢注苦蔵下。
戰國策注、舜友續牙、古今人表作身、呂覽孝行作耳、又後世所僞牙行、或謂互之誤字、百十二葉三行、牙注或作雅下。
又單詞形況字、無極山碑、⿰石耳⿰石則礙隗字、亦作砑、百十三葉十三行、邪注雙聲下。

謂後若駝背前如雞胸、百十四葉四行、亞注之形下。
宋獲玉印文曰、周惡夫印、皆百十四葉四行、亞注惡人下。
爲宣之誤字、百十七葉七行、寡注信又下。
玉篇引李陵答蘇武書胡葭互動、言卷蘆葉吹之也、今作茄、百十八葉十五行、葭注蒼蒼下。
桵莖節爲禾者、言連莖節曰禾也、百二十一葉十五行、稃注爲禾下。
轉注列子天瑞將嫁于衛、桵猶適也、百二十二葉一行、嫁注往適人下。

易繫詞坤作成物、百二十三葉二十行作注爲化下。

叚借爲杞、廣韻把姓本杞東樓公之後避難改焉、百二十五葉十行把注旋把下。

又爲葩之誤字、吕覽尊師織葩屨百二十五葉十七行葩注散也下。

桉本張華博物志、其實鴟舊尤不祥、魏王土德、其後仍改从水、百三十葉十五行雒注旁隹下、其說至祥字十一字删。

慼格雙聲、百三十一葉十三行格注正也下、非字删。

公羊莊三十一傳注、諸侯交格而戰者、疏、猶拒也、百三十一葉十四行格注爲挌下、十一行公羊至拒也十九字删。

又爲慼、書君奭格于皇天、格于上帝、桉動也、慼格雙聲、古訓至謂借爲假、非、百三十一葉十八行格注行之下。

又爲度、今用科額之額、猶言格式也、百三十二葉十行額注之意下。

或曰今門旁用木若石、鑿爲樸頭形、一半卑處承門之下、一半高處倚門之面、如門㡯閣于上也、故謂之閣、存參、百三十三葉十行閣注闔也下。

周書常訓叶逆恪、百三十五葉十三行愙注夕恪下。

又疊韻連語、爾雅釋艸檴櫜含字、誤从木、實當作擭、百三十九葉十六行擭注擭也下。

與从入二之半迴別、百四十葉十三行白注会數下。

桉此字當入分枲莖皮之朩部、或入糸部於繩索皆近、今从艸木盛朩朩然之朩、似誤、若從市尤無理、百四十三葉十五行索注市字下。

與徙之或體㣥別、百四十五葉七行辵注曰辵階而走下。

或曰借爲尺、如三尺童五尺童、皆以尺數也、存參、百四十五葉十四行赤注色赤下。

又爲拓、古有柘枝舞、本北魏拓拔之名、易爲柘枝二字、百五十四葉十九行柘注朝醒下。

按擭櫜疊韻連語、百五十五葉四行櫜注爲句下。

說文通訓定聲補遺

隨部

艸之蘿莪猶蟲之蟄羅疊韻連語一葉十六行莪注我聲下

緇衣則義不壹三葉五行義注禮義下

左莊二十三傳朝以正班爵之義三葉七行義注也又下

淮南俶眞不可隱儀揆度四葉六行儀注衆儀也下

又爲莪漢孔耽神祠碑惟蓼儀以愴恨平都相蔣君碑慼慕詩人蓼蓼者儀四葉十一行儀注爲之下

穆天子傳黄澤謡叶陁沙儀管子弟子職叶磋儀四葉十五行儀注議羅下

轉音自中山王文木賦始以儀叶枝雌知斯四葉十五行儀注過何下

爲顆三輔決錄鹽豉蒜果共一筩又五葉十二行果注段借下

與羸之或體裸別六葉十三行裹注果聲下

後漢諸侯王表序逃責之臺服注周赧王負責逃於此後人因以名之劉德曰洛陽南宮誃臺是也然則誃臺猶離宮別館歟十四葉七行誃注字耳下

與裹別十八葉十行贏注果聲下

廣韻何姓出自唐叔虞後封于韓子孫分散江淮間以韓爲何字隨音變二十二葉十九行何注之屬下

叚借爲掎說文引二十三葉十五行抲注可聲下

按戾其足也二十三葉十五行抲注執抲下

玉篇引作踦二十五葉十四行倚注曲也下

或曰如今之鋸故形鉏鋙二十六葉十七行錡注鉎刀下

按族絫之合音爲痤三十一葉十六行痤注作瘰下

清河郡芯題三十三葉十三行蕊注理志下

或曰今所食之魚翅即其翅也其魚身首皆圓至

小者長二尺許尾作八字形三十三葉十九行鯊注省聲下

或曰當作爲三十五葉十四行靡注作龍下

椄靡爲放牧之用以長繩椓弋地中令牛馬得久食人亦得作他事而不虞其風逸也非駕車之具三十六葉三行靡注多聲下

誤作駕三十八葉四行鴐注駕鵝下

漢書武帝紀朕將巡邊垂四十五葉十六行垂注垂聲下

雖之爲雎猶腄之爲胝一聲之轉四十六葉七行雖注鴿鷹下

或曰从巫省巫背也猶乖也左聲四十七葉六行差注从巫下

籒文壘屮如友之壘又二者如石鼓之重文作二

也。四十七葉七行差注或曰下。

又爲諈今差委字。四十七葉十三行差注鮑黙下。

書多方不克開于民之麗。五十一葉二十行麗注爲羅下。

說文通訓定聲補遺

解部

桵字亦作𦶗作㓥魏志蔣濟上書奬㓥之民顏氏家訓云意卽皺倦之皺字引廣雅字林作㓥謂卽㓥字也駿桵从刀从力皆攱字之訛蓋傾側之意至皺倦又攱之誤字耳。三葉一行攱注作此下。

爲尺儀禮聘禮注引朝貢禮云純四只八又五葉十七行只注段借下。

書甫刑大傳。六葉八行枳注害也下孔叢子形論五字刪。

九經字樣作赤省聲豈許君亦作赤故言赤狄耶。十四葉六行狄注亦省聲下。

李陽冰謂李丞相持束作亦蓋言此字也。十四葉六行狄注之誤下。

凡人上齒在外下齒少近內故以相値爲異。十五葉十三行齻注同誼下。

羵也𦍩羵猶委積羊相覆壓也羊性寒則散熱則聚。十五葉十五行羵注相𦍩下。也字刪。

吳志是儀傳儀本姓氏孔融嘲之言氏字民無上

可改爲是乃遂改焉氏民二字全不相涉此俗說也二十一葉五行氏注正矣下

古用縑帛謂之爲紙故字从糸後漢元興中中常侍二十二葉十五行紙注箔也下造紙至後漢十四字删

故或从巾作帋二十二葉十五行紙注爲之下

桉依玉篇肚當作疾二十四葉十四行䔢注若晝下

網之網有二此謂下網底之總會處其口圓用兩繩週于下口以鉛銕爲押押身兩渠而兩繩卽傳兩渠之中別以細繩縛鉛押之兩則合三爲一矣

二十五葉五行䌰注維按下維當作絓四字删

又雙聲連語魯靈光殿賦白鹿孑蜆于欂櫨注延首之皃二十八葉十行蜺注精也下

頍爲之誤作頃三十一葉十七行趌注也以下頍爲之三字删

作頤誤三十一葉十七行趌注字亦下

與从日勿聲之昒迥別四十四葉十行易注象形下

見魏伯陽參同契云坎戊月精離巳日光日月爲易剛柔相當㕛重與伯陽同時亦通人之一其書未行于世故曰祕也此四十四葉十一行易注此說下

或曰亦借爲徯存參四十五葉四行易注之易也下

公羊傳錫者何賜也四十七葉一行錫注公命下

物類相感志以其血塗金色昏如石五十九葉十九行䝿注于上下

說文通訓定聲補遺

履部

說文膏肥也肪肥也脟腸閒肥也皆與脂略同又四葉八行肥注轉注下

或曰借爲飛思元賦欲蜚遯以保名七啟飛遯離俗四葉九行肥注失之下

或从皮省與㞌㞓同爲會意字亦通五葉七行尾注近是下

司馬相如哀二世賦彌久遠而愈佅字亦作佅十葉十五行眛注亂也下

詩畏此罪罟天降罪罟罪罟不收史公報任少卿書及罪至网加十四葉二行罪注非聲下詩天至義也十三字刪

與从女己聲之改別十六葉三行妃注會意下

似从弟中回十六葉十二行韋注古文下同字刪

按說文無蕚當用韡字爲轉注十七葉十四行韡注况字下

又爲韋書甘誓有扈氏威侮五行又爲尉王莽傳之威斗卽熨斗吾蘇謂之運斗又爲衣春秋繁露服制像弟十四其可威者以爲容服十九葉十二行威注失之下

按痹下云溼病也二十一葉十二行痿注委聲下廣雅至病也七字刪

或曰汗簡夷古文作𡰥見尚書疑尉从𡰥聲存參二十二葉九行尉注會意下

从水胃聲二十五葉六行渭注入河下

虎交有别从兩虎二十六葉十七行贙注當是下

字亦作贙二十六葉十七行贙注如縣下

爲慧漢書昌邑王傳清狂不惠後漢孔融傳將不早惠乎又二十八葉十八行惠注叚借下

然汗簡尸部云𡰥見尚書三十一葉十六行夷注夷耳下

與桼之篆文作栞者別三十六葉十七行枅注之轉下

按古几畀如今之炕几坐地便於倚無今高几三十七葉十四行几注象形下

帝堯碑謚擬前緒四十一葉九行謚注子同下

春秋傳曰齊人來氣諸侯四十二葉十七行氣注芻米也从米气聲下

疑借爲覬也當以口不便言爲正訓與吃同字四十三葉九行欯注略同下

或曰小食當作稍食卽氣字中庸既稟稱事存疑四十四葉十行既注略同下

爲气說文引論語曰不使勝食既㕛四十四葉十行既注叚借
下

與左形右聲之慨別四十四葉十五行㤅注既聲下
與㤅之古文𢟪別四十五葉十一行慨注既聲下
爲祭儀禮士冠禮加俎齊之㕛四十九葉二十行齊注叚借下
一說从𢀡省妻之从𢀡猶婦之从帚存參五十三葉二行
妻注之轉下
或曰从肖女會意五十三葉三行妻注作肖下
與从禾子聲之秄迥別五十四葉十三行季注亦聲下

許用毛傳之意匔行猶突入也不知毛訂眾爲突
故訓突五十五葉十四行眾注此字下下訓冒之冒字刪也周至其阻十三字刪
則謂本字之轉注五十五葉十五行眾注字冒也下
之誤五十五葉十五行眾注突字下
皆非五十五葉十五行冒也下
天運五十六葉七行類注莊子下
故風化五十六葉八行類注雌雄下而化二字刪
小車曰軫六十葉十八行軝注氐聲下
左桓二傳禮以體政六十三葉十三行禮注聲訓下

篆當作匕不从反人𡿺卬卓皀所从之匕與此不
同許君合而一之耳六十八葉五行匕注象形下
从千甘一本作㫖六十八葉十五行旨注古文下
大于百葉百葉生胃之後短腸連之其外光滑其
內偏生肉刺纖如鍼比如櫛其狀摺疊如梵夾七十
五葉五行膍注脟也下胃之厚處四字刪
託名幖識字七十八葉十七行貲注量也㕛下
或曰石鼓文作𢇍蓋从叀說文與連同意連者疐
之誤字存參八十三葉三行䜌注作𢇍下

爲鐆或八十四葉七行追注隧實下
愚桉矛刺兵也取末銳刺入之意內入也口猶空
也穿之則有空或有空而穿之皆是此字會意或
曰从䖵省如蟲之蝕物物必有孔非九十一葉十二行矞注冏
聲下
㕛爲媢之誤字史記英布傳贊生于妬媢漢書外
戚傳成結寵妾妬媚之誅九十四葉十四行媢注能欺下
與从羊大聲之羍迥別九十四葉十六行美注同意下
一說借爲佶正也亦通九十六葉六行楷注法也下

漢東方朔傳子夏爲大常應劭曰子夏二字當爲
夔夔知樂故可爲太常九十七葉六行夔注爲之下
與夔之或體集別百二葉三行椎注隹聲下
此梁棟不堅而傾與廢別百三葉五行雁注隹聲下
又爲洭之誤字漢書地理志桂陽郡秦水東南至
湞陽入滙秦亦溱之誤百五葉十四行匯注大也下
二夂相承爲夅二夊相背爲舛而夊部無氏百六葉十七行夊注泿字下
或曰卽今源委之委字猶炎从二火存參百九葉三行林注于此下

履部弟十二補遺　五

秦有尸佼爲商君師百九葉十二行尸注識字下
家語弟子解讀史者云晉師伐秦三豕渡河子夏
曰己亥耳知古文亥豕同作不百十葉十一行豕注同字下
說苑至公子羔曰君子不遂家語致思不隧百十一葉十三行遂注者道也下
又爲关之誤字关卽笑字漢書薛宣傳請鄰里壹
关相樂應劭作壺矢字非百十四葉十一行矢注乖也下
利器用正度量百十五葉二行雉注工正下

及毛詩傳百十八葉三行揆注爾雅下
論語其如示諸斯乎百十八葉十二行示注諸掌乎下
若唐所云隸則魏鍾繇作晉王羲之繼之今之眞
書也今所云隸則後漢王次仲作又謂之八分也百十九葉十七行隸注書也下
又爲和之誤字後漢任延傳忠臣不私私臣不忠
下云上下雷同非陛下之福百二十葉六行私注邪也下
桉二偏猶一邊也百二十五葉十五行普注臼聲下
呂覽高元作宮室百二十九葉八行室注以宮室下

履部弟十二補遺　六

⿰酉黽卽竈字百三十四葉十六行竈注癩團下
按屋之上以葦爲笮笮上涂泥泥乾而後覆以茅百三十六葉十四行茨注次聲下
古樂府藁砧今何在山上復有山此造爲隱語乖
于形體百四十葉十九行㞢注之敘下
論語五十以學易劉忠定言他論五十作卒字誤
分也或云五十易大衍之數存參百四十八葉七行卒注幾卒下
桉注雜帛以白素飾其側如我　朝八旗正者四
卽通帛也鑲者四卽襍帛也非赤白各半百五十三葉五

諸掌當作注斯

行勿注物爲之下

蜀志劉焉傳注高堂隆曰物無也故事也言無復所能於事也謂借爲勿非是百五十三葉十七行物注流離下

與易上日下勿字迥別百五十四葉四行曶注勿聲下

賓卽窅之後出字百六十葉十五行瞎注略同下

又椄今理藩院所行西藏文移以油漬年久之竹削爲三稜以其尖作字當爲古之遺製至蒙恬始安兎毛百六十葉二十行筆注加竹下

按齊論問玉篇語若今家語問玉篇則王肅取聘義經解仲尼燕居文僞撰也百六十五葉十八行璭注猛也下

詞家所謂鳥跢也百六十六葉五行日注何故下

春秋元命包言陽布散立數合一故字口舍其一謬口舍一則甘字也百六十六葉六行日注之形下

按書盤庚設中于乃心蔡邕石經作翕翕蓋合之叚借也百六十七葉二十行設注合也下

駿按借爲壹伊尹作咸有壹德僞尹壹者省文耳百七十四葉四行吉注吉曰下

一說借爲哲存參百七十四葉十行結注雙聲下

又爲臺之誤字漢書江充傳犬臺宮師古曰有作太壹宮者誤百七十五葉八行壹注本也下

禮記禮器次路七就此五字之誤百七十八葉五行七注叚借下

結當作詰

說文通訓定聲補遺

泰部

天、矢、夨、交皆生於大。一葉六行，大注亦象人形下。

與从大羊之美迴別。一葉十七行，牵注若達下。

又爲犬之誤字。漢書江充傳注犬臺宮有作太壹者，誤。二葉十七行，泰注爲達下。

周書度邑王曰旦汝維朕達弟。三葉八行，達注道五下。

爲撻。按書顧命用克達殷又。三葉九行，達注叚借下五行，書顧至訓絕十四字刪。

按薤本如水仙花葉正如葱，其滑爲露所不能霑，華實亦如蔥。九葉十五行，韰注㪁聲下。

〔聲訓〕左昭十三傳再朝而會以示威。十葉十行，會注如林下。

釋名。十一葉二行，膾注聲訓下。

韓。十二葉四行，𩏨注爲薈下。

史記蔡澤傳吾持粱刺齒肥，誤分爲刺齒二字。十九葉八行，齧注甘草下。

或曰叉聲，非。二十二葉十一行，夬注決形下。

按此諺語也，有聲無字，或說讀若焆。二十四葉十七行，妜注無灵下。

〔別義〕蔡邕黃鉞銘，馬不帶鈌。宋史儀衛志誕馬下云金爲鈌，是又爲馬飾。二十四葉十九行，鈌注非是下。

〔轉注〕漢書義縱傳關吏稅肆，集注閱也。小爾雅廣言絢肆也。三十九葉四行，肆注之也下。

與褻字形聲義皆別。四十葉八行，褻注埶聲下。

按此字當入犬部。四十二葉八行，吠注會意下。

大荒西經。五十一葉九行，孑注短也下，山海經三字刪。

與从口辛聲之言迴別。五十四葉六行，啇注若櫱下。

爲例。書立政以列用中罰，又五十四葉十七行，列注叚借下。

〔叚借〕尚書大傳別風淮雨，此爲烈之誤字。五十七葉二十行，別注淆亂下。

基址不固而下頓。五十九葉五行，廢注聲按下。

也。五十九葉五行，廢注無用下之意二字刪。

後漢楊由傳風吹削肺。六十一葉五行，柿注若肺腑下。

與苜略同，當云目不正也。六十七葉十三行，眛注同字下。

覒者醜之誤。七十四葉十五行，姡注覒也下，按當至覒也六字刪。

皇侃論語義疏引說文開口吐舌謂之爲曰，非是

七十六葉二行曰注出也下

與會意之沓迥別七十六葉七行汩注曰聲下

王筠曰梋木葉似槐而微尖叢生作長條一二年者中筐籠之屬大一扼而短者中田器柄長者爲槍柄其質堅而性柔據其說卽吾蘇所云白蠟杆子也八十一葉十四行梋注刺聲下

說文通訓定聲補遺

乾部

鍇本四葉二十行旻注女日下按字刪

與觀之古文雚別九葉五行矔注雚聲下

又趙州柏人縣漢碑銘有巏嵍山王喬所仙字亦變作巏顏之推云當爲權耳十葉四行權注章山下

與左形右聲之矔別十葉八行觀注从目下

或云斷蛇爲兩榮蚖能合之故名蛇醫也十四葉九行蚖注而大下

吾蘇謂之豆沙十七葉十五行登注爲餳下

或曰止車卸載之時恐其軒也後有木揞之所以紓馬力其木曰輓後壓者後所壓之物按今隨便用物揞之不必特製此木且爲造字恐非十九葉十三行輓注覆者下

與灘之从水難聲別二十二葉十六行漢注暵省聲下

字亦作鳫師曠禽經鳫以山言自南而北二十三葉十九行雁注鳫別下

王筠曰六禮須用五雁帝都之內一歲而昏者萬

人可云極少然五萬隨陽之雁豈可得哉聖人制禮不用難得之物大夫摯執雁者不少親迎者又多其理難通疑昏禮用鴈與今俗同雁字借也其說雖變古極有理存參二十四葉二行雁注禮也下

呂氏春秋仲夏無燒炭禮記月令誤作灰二十四葉十八行炭注墨也下

或曰開封爲卞邑本作卞渠隋煬開河自大梁起至廣陵以河水經于卞乃賜卞字加水作汴非也按弁邑在今山東泗水縣東與汳不涉二十七葉一行汳注故汳下

乾部弟十四補遺　二

韋無市誼當云从圍省其實二十八葉二十行韓注聲按下

謂繫以長繩放之三十葉十六行縼注旋聲下

疑卽薏苡故其子名蘇珠三十葉十九行蘇注穌聲下

崔駰傳三十一葉十九行僞注漢書下

又爲藩實卽楙夏小正傳囿也者圍之燕者也三十三葉八行燕注燕好下

與左形右聲之悍別三十六葉十九行姦注旱聲下

與从言羊聲之詳別四十二葉十二行善注言从羊下

與从木从幵會意之枅不同此字誼四十四葉十八行栞注作幵下字字刪

按以文書代易其口辭也四十五葉五行叜注易也下三行按以至辭也十字刪

或曰當作面醜也與姡同訓五十五葉十三行靦注皃也下

與入一之亼迴別五十六葉二行干注指事下

按面斥一義告訐又一義五十七葉四行訐注干聲下

後漢薊子訓傳兒識父母軒渠笑悅按猶軒舉也六十葉四行軒注高曰軒下

乾部弟十四補遺　三

與姦之古文悬別六十葉十九行悍注旱聲下

曰語六十一葉七行言注論議下

與从口歫辛之啇迴別六十一葉七行言注辛聲下　按歫字疑衍

與从言口聲之⿰言口別六十二葉一行唁注言聲下

疑字亦作椴爾雅釋木椴木槿注或呼日及按其華名蕣七十葉十五行櫾注遙聲下

木當作草

汗簡引古文尚書神作⿰示旦七十三葉七行旦注誤字下

或曰鐘鼎文偏旁作单作單穆天子傳天子乃周姑繇之水以圖喪車是曰囧單疑單有車義从車

省吅聲則詩其軍三單或非殫盡之意存疑七十九葉十一行單注㩓也下

書甘誓大傳戰者憚警之也八十三葉一行戰注聲訓下

古今人表作皮皮番雙聲九十二葉十二行番注作緐下

道家書一卷爲一弓則一丩字之變九十六葉十三行卷注義爲券下

作轓九十七葉十一行藩注字亦下

按象一極兩宇兩墻之形字體當作冖九十九葉十四行冖注象形下

乾部第十四補遺　四

又爲解之誤字禮月令則穀實鮮落呂覽正作解百十葉一行鮮注開冰下

謂巽具也百十三葉十二行顛注意按下

孿亦从此百十三葉十七行叀注是也下

玉篇云可愛之皃百十五葉二十行嫥注爲之下

錯本有讀若告之謂調謂調二字當作則頑百十八葉五行隤注騷者下

按王莽改鑄貨泉後光武起白水鄉說者謂泉字爲白水貨字爲眞人也百二十六葉十九行泉注眞人下

廣韻百二十七葉十行荃注茍也下

按凡車輪自轉軸不與之俱轉其有軸與輪合爲一體相隨俱轉者寂卑之車其輪曰輇也百二十八葉四行輇注若䡝下

又爲㝅詩閟宮實始翦商按先也猶言德勝於商也箋斷也失之百二十八葉十六行翦注勤也也十四行泮水至斷也九字刪

後一也當作下

字亦作腁呂覽察今嘗一腁肉而知一鑊之味史記相如傳子虛賦腁割輪焠百三十三葉十五行㸑注本訓下

按是者少也是故惜其少而謂之尟若非者且幸

乾部第十四補遺　五

其無矣百三十六葉十五行尟注中說下

誤百三十六葉十五行尟注字亦下

或云當與璿同訓美玉存參百三十七葉一行瓊注也誤下

錢可廬曰卽茍字自急敕也存疑百四十五葉十七行葴注是也下

九當作十九

說文通訓定聲補遺

屯部

或曰汗簡作惽从心昏聲三葉一行閔注作㦖下

漢書黃霸傳注鶡雀大而色青出羌中則鶡之誤字六葉一行鴦注矦考下

曹全碑作兖蓋移水于𠃓上而形誤再省遂成十三葉十三行沇注命州下

書盤庚殷降大虐按非未遷時國已偁殷也十六葉九行殷注痛也下

爲羣書酒誥爾大克羞耇惟君按猶羣也又十八葉十八行君注叚借下

東宮舊事六色罽緄字亦變作緄也十九葉三行著注威姑下

按斧以劈木斤則以削木皮木節江南木工少用之者二十四葉八行斤注象形下

又爲𨑒之誤字詩崧高往近王舅傳已也箋辭也二十五葉八行近注坎壇下

爲金今露筋廟乃五代將路金之祠筋金雙聲又二十七葉十行筋注叚借下

莊子天道平中準三十九葉十行準注正也下

錢可廬曰禮記緇衣則民有孫心誤分孫心二字四十二葉二行愻注恭也下

按豕生三月而牝牡交既交則牝暴長豚者未交之豕古人惟以祭祀亦貴誠之意人食則八珍中偶用之四十七葉九行豚注作豘下

作豩四十七葉十二行遯注作遂下

費鳳別碑白駒以豩隍或以爲遂字四十七葉十三行遯注不悶下

與東从口木別四十九葉十七行困注會意下

又疑許據漢制爲說如宣訓宣室璽訓王者印之比五十葉十四行衮注然耳下

玉篇又有古文聋按當从釆會意五十六葉十七行聞注昏聲下

作扶按六十三葉十六行跣注左傳下

〔聲訓〕周語姑洗所以修潔百物考神納賓也六十四葉七行洗注以言下

疑从反巳七十一葉十七行巹注未詳下

按从古文煙而冂作宀七十三葉十四行禋注从宀下

爲迺按臯謨何遷乎有苗鷩也又七十四葉十五行遷注叚借下
按字本音如問顏氏家訓云戰國策音刎爲免則
古音可知七十五葉十七行顈注之免下

說文通訓定聲補遺

坤部

宋書符瑞志王莽鑄貨泉旣而光武起於舂陵之
白水鄉貨泉之文爲白水眞人蓋以貨爲眞八二
字也一葉七行眞注本義下
疑與顚同字一葉十九行𧽐注眞聲下
〔聲訓〕釋名軫枕也軫橫在後如卧牀之有枕也軫
枕雙聲六葉十二行軫注長沙下
又爲門五二字之誤左襄九傳門其三門閏月注
閏月當爲門五日十葉七行閏注張書下
尸𡰯勹㔾皆人之指事十葉十三行人注之形下
與从人十之什迥別十一葉七行千注人聲下
或曰从人心猶旨古文之似千也十一葉十行仁注千聲下
讀若甯十二葉十三行郱注年聲下
或曰申者古文電字作𤰱象電光故虹下云申電
也十二葉十六行申注古文下
非魏伯陽參同契自序陳敷羽翮東西南傾此離
合隱謎乖於字體十四葉一行陳注作陣下

叚借二字衍

始于王羲之十五葉五行敶注作陣下

按與从木宰省聲之梓别十六葉六行亲注四訂下

雖榛有高卑二種卑小者其實甘高大者微澀要非甘者爲亲澀者爲榛也十六葉八行亲注製字下

小徐說文本無榛十六葉八行亲注失之下

晉語親民之結也十六葉十五行親注者親之也下

晉語忠自中而信自身十九葉四行信注聲訓下

叚借漢地理志桂陽郡秦水入涯此溱之誤字涯亦涯之誤二十二葉十一行秦注爲榛下

坤部弟十六補遺　二

說文鍇本無榛字謂卽榗字二十二葉十五行榛注柚梓下

按鈞適均敵也二十四葉十八行姰注旬聲下

或曰卽胂之古文从宀象形存參二十七葉五行寅注篆補下

周書器服明器因外有三疲二用堯典厥民因因蓋囪字二十八葉十一行因注象形下

與丑迴别三十葉十五行尹注指事下

作𢡟石鼓文吳人𢡟亟三十三葉十八行憐注作怜下

廣韻云可染三十六葉七行柃注似柃下

說文椴下一曰燒麥柃椴也按三十六葉七行柃注别義下廣韻至或曰十字刪

按實借爲時令之令天之令也故爲年三十七葉十二行聆注作齡下

周語甤賓所以安靖神人四十五葉十行賓注聲訓下

坤部弟十六補遺　三

說文通訓定聲補遺

鼎部

一說从丹生聲非也。一葉七行青注存參下。

今刑部印信正作荆不誤。六葉九行荆注人也下。

［聲訓］韓詩外傳先生何也猶言先醒也。八葉二十行生注獸名下。

按晶卽古星字後又加生爲聲。十葉十三行曐注日同下。

告子曰生之謂性是以形聲字爲會意故立說多誤。十一葉四行性注生聲下。

按王羲之先諱正故法帖凡正月謂一月或爲初月。十四葉三行正注正朔下。

實與延同字。十五葉七行延注聲按下。

左桓二傳政以正民。十五葉十七行政注聲訓下。

周書常訓叶嬴平。二十一葉九行嬴注寧正下。

齊侯鎛鐘不敢弗憼戒。二十七葉一行憼注備也下。

按螟子生於秫葉之陰小如蟣蝨名曰蜜蟲見日則化久陰則不化蛻而爲蠛蠓秫葉甘牛喜食之非食穀心之螟也叚借字耳。三十葉八行螟注聲字下。

離騷彼堯舜之耿介兮注光也。三十葉十一行耿注儆也下。十三行彼堯至也皆十一字删。

今刑部印信正作荆。三十六葉五行荆注皆是下。

从彳⿰言甹聲許書無⿰言甹。三十七葉十三行⿰彳甹注使也下。

或又云龍魚河圖曰天塡星主得士之慶其精下爲靈星之神釁宮門名或本此。三十九葉十三行櫺注存疑下。

莊子云丁子有尾荀子不苟云鉤有須注卽丁子有尾也按丁直而鉤曲故結字象之。四十葉五行丁注若木下。

或云當曰以鼎爲貝如則字可證。四十四葉四行鼎注貞字下。

按平當作釆辯也堯典釆秩史記皆作便程便程卽釆呈也。四十五葉三行呈注王聲下。

或曰轉注亦通。四十五葉三行呈注示見也下。

爲呈。四十六葉七行程注叚借下。

程生馬。四十六葉十九行程注生程下。

或曰女子下部病俗謂之陰挺茄。四十九葉三行娗注廷聲下。

似皆謂貌醜。四十九葉三行娗注容也下。

或曰借爲經存參。五十一葉七行涇注通也下。

疑卽滎字之變。五十四葉三行瀛注曰瀛下。

七當作十七

說文通訓定聲補遺

壯部

字當入日部。一葉六行易注按此下。
叉釋鳥楊鳥白鸑唐石經誤并爲鸉一字。二葉八行楊注要矣下。
與善从言羊會意迴別。八葉二十行詳注羊聲下。
儀禮旣夕養者皆齋禮記檀弓左右就養有方文王世子齋元而養論語至於犬馬皆能有養。十葉一行養注弗救下。

此誼實皆當作羧說文羧字當分爲正篆也觀像下云讀若養字之養則古使羧字當異讀今不可攷耳。十葉二行養注失之下。
王筠曰此字是洋之誤洋从羋不从羊後漢耿弇傳注鉅昧水一名巨洋水亦誤字今瀰河有郚曰巨瀰若洋水則穆天子傳所云也按其說良是但說文瀰卽瀰字而瀰下訓滿無水名一說而此改爲洋則說文竟無洋字矣存疑。十葉十八行洋注于海下。
齊侯鎛鐘羕保其身鄦子簠羕保用之。十一葉三行羕注爲之下。
爲昌。二十葉十五行黨注見也又下。
周書祭公王拜手稽首黨言。二十葉十五行黨注美也下。
蝗蜋之雌者大倍于雄至秋而交交甫畢攫雄而食之幸免者少其繭如絲緜蟬聯長數寸至芒種而子出。二十三葉五行蠨注蟰蛸下。
字之養。三十葉八行像注若養下。
蜀何祇夢井中生桑趙直曰桑字四十下八此以俗體作桒爲說。三十一葉四行桑注木也下。

入沔。三十四葉七行漳注臨沮下。
魏志文帝紀注引易運期讖兩日並光北齊書安德王傳見兩日相連置年號德昌皆。三十五葉八行昌注明象下。
叉張納碑陰閬中弧有字亦省作弧。三十八葉八行張注相對下。
據公羊定十四傳以頓子牄歸則卽牂字疑从羊倉聲之誤字也。三十九葉五行牄注可刪下。
或曰借爲呈今下所奏於上曰呈白狀一也。四十葉七

四十當作十五

行肰注爲望下。

小爾雅廣言、不、莊也、四十一葉三行莊注訓也下。

或說當以臧獲之誼爲本訓、故从臣、善者祥良之叚借字、存參、四十一葉十九行臧注臣籀文下。

按當从刀、入刀部、傷不必一處、故以兩、肰之、十四葉七行刅注指事下。

按九頭鳥其心各有所向、則翅或拗折、四十六葉十一行鶬注鳥也下。

董仲舒對策、則光大矣、五十葉十三行光注遠也下。

按壺疑壹之誤、壹飡見史記梁孝王世家、一飡見三國志賈詡傳注、五十一葉四行侊注速也下。

字與封之古文㞷迥別、五十五葉五行㞷注䄎意下。

北史徐之才嘲王昕姓云、有言則誑、遇犬便狂、不識王㞷異字、五十五葉二十行狂注癡也下。

又爲玉之誤字、漢書律厤志、輔弼執玉、以翼天子、五十八葉七行王注者休下。

又爲涯、漢書武帝紀、出桂陽、下湟水、六十葉六行湟注處也下。

孟子、必有事焉、而勿正心、勿忘、勿助長也、宋倪思以忘字誤作正心二字、其說是也、六十五葉八行忘注事也下。

古詞東門行、上用倉浪天、按凡青色曰蒼浪、六十七葉七行浪注韻連語下。

綱有二、提綱挈領爲上綱、綱舉目張爲下綱、下綱底之總會處、用兩繩周于下口、以鉛錘若木爲押、故从木、七十一葉九行綱注㕣按下。

棫樸正義引說文、綱、网紘也、是也、書七十一葉九行綱注也詩下。

莊子德充符、無聚祿以望人之腹、按猶滿也、七十二葉六行望注望舒下。

爲傍、秦阿房宮在阿基之傍、宮未成而秦亡、未命名、故人偁爲阿傍宮、七十六葉十二行房注叚借下。

玉篇、履緉、頭也、謂作履者絞其履之頭、按凡物絞之皆曰緉、七十九葉十八行緉注曰糾下。

猶百兩、將之只作兩、說文不收緉、七十九葉十九行緉注作兩下。

左昭十三傳、再會而盟、以顯昭明、八十二葉十三行盟注聲訓下。

又爲盉之誤字、史記呂后紀注引國語、主孟啗我、索隱、孟者、且也、八十三葉十一行孟注刀也下。

七當作十七

又顏氏家訓書證云、西都賦、衞以嚴更之署、夜所以有五更者、斗柄所指、初昏至曉、凡歷五辰、冬夏之月、雖長短參差、然盈不至六、縮不至四、故曰五耳、八十五葉一行 叓注變也下、

周書度邑汝幼子庚厥心、按續也、九十葉十七行 庚注之誤下、

葛洪加彡、又九十四葉二行 景注作影下、

按吾鄉謂之蘆簾、可蓋屋椽上代瓦、九十九葉三行 筕篖注呼笪下、

壯部弟十八補遺　五

諧聲聲符檢字表

本表收入《説文通訓定聲》諧聲聲符1145個（朱氏誤計爲1137母），按筆畫多少爲序排列，筆畫數相同的按起筆筆形横竪撇點折的次序排列，起筆筆形相同的按第二筆筆形次序排列，以此類推。

五畫

六畫

十畫

十一畫

十二畫

音序檢字表

本表收入《説文通訓定聲》正文字頭，按漢語拼音字母順序排列，同音字按筆畫由少到多排列。注音爲方便檢索而設，不對讀音作嚴格考證。

棟 386下
猝 632下
酢 458下
敵 247上
蔟 387下
竃 375上
蹴 264下
cuán
欑 763上
cuàn
篡 764下
竄 682上
爨 765上
cuī
崔 608下
催 610上
摧 610上
榱 611下
縗 611下
cuǐ
漼 610上
趡 608上
滜 620下
cuì
脃 668下
萃 631下
啐 631下
淬 632下
悴 632下
毳 668上
焠 632下
粹 632上
翠 632上
竅 630上
膬 668上
憝 630上
橐 668上
顇 632下
竁 668下
騷 630上
cūn
邨 801下
壿 806下
cún
存 820下
cǔn
刌 806下
cùn
寸 806上
鑡 775下
cuō
瑳 509上
撮 667下
cuó
虘 441下
睉 501上
嵯 509下
痤 501上
鄘 443下
瘥 509下
蒮 509下
艖 509下
鹺 500上
cuǒ
髪 509下
cuò
剉 501上
挫 501下
莝 501上
厝 471下
措 471下
逪 471上
銼 501下
錯 471下
D
dá
怛 747下
荅 112上
羍 661上
炟 747下
笪 747上
達 662上
靼 747上
黖 747下
dà
大 661上
眔 561下
dài
代 218上
岱 218下
隶 560下
殆 179上
待 166上
怠 178上
帶 664上
逮 560下
紿 179下
貸 218下
戴 195下
隸 180上
蹛 664下
黱 71上
dān
丹 746下
眈 89上
耽 90上
聃 132下
酖 90下
單 750上
媅 91下
匰 752上
鄲 751上
儋 136下
覘 91上
殫 750下
襌 751上
簞 751上
聸 137下
dǎn
抌 90上
疸 747下
紞 90上
亶 747上
黕 89下
膽 136下
黮 91上
黵 137上
dàn
旦 747上
但 747下
啗 137下
啖 135上
淡 135下
觛 747上
誕 771上
窞 138上
僤 751上
撣 751下
嘾 107上
憚 751下
彈 752上
鴠 747上
澹 137上
憺 137上
禫 107上
膻 748上
癉 751上
藺 138下
醰 108上
dāng
當 901上
簹 902上
鐺 902上
dǎng
郶 900上
黨 900下
攩 901下
dàng
宕 894上
嘗 901上
愓 892上
碭 891下
潒 905下
像 892上
簜 891下
蕩 893上
盪 894上
盪 894上
簜 894上
dāo
刀 328上
裯 260下
舠 261上
dǎo
禂 259下
島 288下
導 272上
擣 255下
擣 255下
蹈 277下
禱 256上
dào
到 328下
菿 330上
悼 337上
道 271下
盜 330下
稻 277下
幬 256下
纛 272下
燾 256下
翿 256下
dé
㝵 214下
得 214下
悳 225上
德 225上
dēng
登 77下
(登) 77上
弄 77上
璒 77下
簦 77下
鐙 77上
děng
等 166上
dèng
隥 78上
鄧 77下
dī
袛 587上
祗 587上
羝 587上
隄 523上
紙 587下
趆 586下
滴 526下
媞 522下
磾 751上
鞮 522上
dí
仢 338上
狄 524下
苗 242上
迪 242上
油 242上
炟 313下
笛 242下
馰 338上
蔋 292下
滌 241下
嫡 526下
翟 344上
樀 526下
踧 291下
敵 526下
鏑 526下
糴 344下
糴 345上
鸐 526下
dǐ
氐 586上
邸 587上
阺 587下
抵 587下
呧 586下
迠 586下

gài
勾 674下
杚 578下
摡 580上
溉 580上
蓋 674上
槩 579下
奭 665上

gān
干 738下
甘 142上
迁 738下
忓 740上
玕 738下
肝 739上
苷 142上
泔 142下
竿 739上
戥 741上
鄿 726上
攼 127上

gǎn
衦 739下
敢 144上
(敢) 144上
稈 740下
感 106上
譀 145上

gàn
旰 739下
盰 739上
奸 739上
馯 724上
淦 99下
紺 142下
骭 739上
幹 725上
榦 725上
蘇 725下
贛 725下

gāng
亢 920下
扛 47上
杠 45下
岡 925下
缸 47上
剛 926上
笐 921上
(舡) 49上
釭 47下
舩 49上
犅 926上
綱 926上

gǎng
航 921下
沆 921下

gāo
皋 284下
高 331上
羔 330上
菒 285上
膏 331下
橐 254下
鼛 254下

gǎo
夰 287下
杲 334上
臭 287下
槔 254下
稾 331下
稾 332上
縞 332下
鼛 254下

gào
告 289上
郜 290上
告 290下
誥 289下

gē
戈 486上
哥 499上
胳 462上
菏 497下
割 671上
滒 499上
歌 499上
駉 496上
鴿 112下

gé
帗 116下
佮 113上
匌 113上
挌 463上
革 214下
茖 461上
挌 462上
柗 112下
格 462上
葛 674下
龕 114上
隔 544上
觡 462上
鄗 676下
槅 543下
閤 113下
閣 463上
軩 114上
翮 215上
骼 461下
諽 215上
霍 466下
鬲 542下

gě
哿 496下
駒 674下

gè
各 461上
箇 421下

gēn
根 817上
跟 817上
頣 817上

gèn
(亙) 81上
艮 816下
栖 81上

gēng
庚 935下
耕 861上
揯 81上
緪 81上
鬻 936下

gěng
郠 933下
埂 934上
耿 873下
哽 933下
梗 933下
綆 933下
骾 933下
鯁 933下

gèng
(更) 932下
叜 932下
堩 81下
䱍 81上

gōng
工 45上
弓 78下
厷 78上
公 48下
功 47上
攻 45下
宮 51上
恭 52上
船 50下
觵 916下
龏 37上
龔 37上

gǒng
廾 51下
巩 45下
拱 52上
烘 52上
栱 52下
拲 52下
珙 47下
鞏 47下
礦 917上

gòng
共 51下
供 52上
貢 45下
筝 64上
贛 145上
贛 145下
贛 145上

gōu
句 357上
刨 358上
鉤 357下
溝 360上
緱 351下
篝 360上
韝 360上

gǒu
苟 357上
狗 358下
珣 357上
耇 358下
蚼 359上
笱 357下

gòu
垢 352下
苔 352下
冓 359下
遘 360上
㝅 382上
穀 382上
雊 358上
詬 352下
媾 360下
構 359下
覯 360上
購 360上

gū
苽 460上
夰 460下
呱 460上
沽 420下
泒 460下
孤 460下
姑 421上
柧 460上
罛 460上
菰 461上
蛄 421上
辜 421上
酤 421上
觚 460上
箛 461上
嫴 422上

gǔ
夃 418下
古 418下
兜 423下
谷 380上
汩 698下
股 364上
骨 638下
罟 420下
羖 364上
漏 629下
詁 419上
鼓 423上
鼓 363下
賈 455上
穀 381上
轂 381下
縎 639上
盬 420上
轂 382上
瞽 423下
鹽 420下
鶻 638下
蠱 423下

gù
固 420上

N

ná
拏 435下
挐 435上
䋈 435下

nà
図 150上
納 603上
軜 603上
貀 629上
魶 603上

nǎi
乃 73下

nài
柰 616下
耏 190上
渿 617上
鼐 74上
能 180下

nán
男 93下
抩 132下
南 93下
枏 132上
諵 132上
鶵 721下

nǎn
赧 731下
㬮 731下
湳 93下
戁 722上

nàn
𩅿 722上

náng
囊 904下
蠰 904上

nǎng
曩 903下

náo
呶 435上
怓 435下
猱 263下
撓 310上
蟯 310上
夒 273下
譊 309上
鐃 310下
獿 273下

nǎo
堖 321上
㛴 321上
獿 273下

nào
淖 337上
婥 337上
橈 309下
臑 370下

nè
疒 647下
㕯 602下
訥 602下
髶 542上

néi
𢅈 273下
813下
〔䥞〕 813下

něi
餒 568上
餧 568上

nèi
內 602下
(内) 602下
錗 568下

néng
能 177上

ní
尼 592上
泥 593上
屔 593上
郳 531上
倪 531上
婗 531下
㲻 530下
腝 746上
蜺 531下
輗 531下
䑑 531上
霓 531上
鯢 531下
麑 531上
齯 530下

nǐ
柅 593上
孴 581下
儗 171上
擬 171下
薿 171上
檷 624下
𩯔 624下
𨶛 624下

nì
伙 345上
屰 474下
逆 474下
匿 216下
惄 292上
睨 530下
愵 340上
暱 217上
覞 531上
誽 530下
縌 475下
貎 640下
膩 626下

niān
拈 131上

nián
(年) 835下
𨛱 835下
秊 835下
鮎 130下
鲇 131上
黏 130下

niǎn
㞋 731下
淰 98下
輾 731下
輦 754上
撚 731上
嬋 107下

niàn
廿 109下
㳮 808上
念 96下
嬈 731下

niàng
釀 904上
蘸 904下

niǎo
鳥 288上
嫋 340下
蔦 288上
嬈 310上
褭 317上

niào
(尿) 317上
尿 317上

niè
聿 150下
㚔 117下
疌 108上
𡕥 686上
臬 686下
涅 641上
隉 686下
喦 150上
敜 98下
鯢 687上
䮙 151下
聶 149上
闑 687上
嶭 686下
孼 686下
籋 624下
齧 670上
蠥 686下
櫱 686上
讞 730上
櫱 729下
躡 149上
囁 149上
轢 730上

níng
冰 76上
寍 870上
寧 870上
薴 870上
𣪘 902下
𦔚 903上
寍 870上

nìng
佞 835下
甯 870上
濘 870下

niú
牛 203下

niǔ
丑 263上
狃 263上
杻 263上
肚 263上
粈 263下
莥 263下
紐 263下
鈕 263下

niù
𩚥 263上

nóng
(農) 63下
𤢪 63下
濃 63下
襛 63下
𥂁 63下
醲 63下
辳 63下

nòng
癑 63下

nóu
獳 371上

nǒu
㳶 364下

nòu
槈 386上

nú
奴 435上
砮 435下
笯 435下

nǔ
弩 435下

nù
怒 435下

nuán
奻 728下

nuǎn
渜 746上
煗 746上

nuàn
𩞾 746上

nuó
郍 132上
䎕 190上
𩴾 721下
儺 722上

nuǒ
㛂 489上

nuò
䚥 340下
搦 340下
稬 746上
諾 468下
懦 371上

nǚ
女 434上

nǜ
沑 263上
肭 602下

筆畫檢字表

本表收入《説文通訓定聲》正文字頭，按筆畫多少爲序排列，筆畫數相同的按起筆筆形橫竪撇點折的次序排列，起筆筆形相同的按第二筆筆形次序排列，以此類推。

十一畫

十二畫

十七畫

十八畫

十九畫

二十四畫

二十五畫

二十六畫

四角號碼檢字表

本表收入《説文通訓定聲》正文字頭，按四角號碼爲序排列，號碼相同的按筆畫多少爲序排列，筆畫數相同的按起筆筆形横竪撇點折的次序排列，起筆筆形相同的按第二筆筆形次序排列，以此類推。

珋 243下
邳 356上
珦 899上
珣 841上
玥 698上
郰 372上
弱 340上
聊 283下
鄄 823上
琱 259下
瑚 421下
瑦 398上
鄧 77下
璣 615上
瓓 616下

1713

录 376下
琅 816下
蛩 47下
瑤 277上
瑑 749下
蝨 839下
猴 351下
蚤 277上
蟊 268上
蟊 268上

1714

玫 638下
取 371下
珊 766上
珉 849上
毀 364下
瑕 455下
璬 542下
瓊 779上

1716

琚 422下
瑂 604下
璐 463下
聸 137下

1718

玖 206下
璵 432上

1719

琛 88下

1720

了 320下
马 140下
弓 78下
予 433上
弖 141下
翏 265上

1721

殂 441下
䎂 263下
豝 459上
豠 442上
殛 216上
[illegible] 459上
翟 344上

1722

乃 73下
刀 328上
夃 418下
矛 267下
祁 717上
邪 453上
弜 79上
邴 933上
甬 40下
殉 762下
殇 634下
帚 261下
胥 415上
帬 796上
胥 69上
務 269上
弸 80下
矞 603上
鄂 405下
鄝 265下
鼐 74上
翮 543下
[illegible] 331下
[illegible] 511下
[illegible] 419下
[illegible] 190下
鬻 296上
鷚 265下
[illegible] 691下
鷸 603下
[illegible] 444下
[illegible] 741下
[illegible] 387上
[illegible] 373上
[illegible] 936下
[illegible] 296下
[illegible] 344上
[illegible] 701上

1723

承 69上
豤 817上
㕛 156上
聚 372上
豫 433下

1724

及 116上
豛 547上
豰 388下
豭 456下

1726

弨 329下
殙 813下

1728

弞 844下
[illegible] 626上

1732

刃 807下
鄏 726上
鄩 103上

1733

办 912下
忍 581下
忌 182上
忍 808上
恐 47下
烝 69下

1734

(尋) 102下

1740

又 204上
孑 686上
孓 686上
(殳) 638下
孕 74上
娶 372下
翠 632上
[illegible] 150下

1741

卂 839上
㝃 825上

1742

邔 739下
邦 428上
邢 876下
郠 771下
勇 41下
郛 616上
[illegible] 489下
鄆 107上
鳽 732下
鄝 271上
鵽 684下

1744

叒 469上
叕 684下
孨 820下
羿 576上
翇 692下

1750

尹 844下
羣 796上
[illegible] 69下
[illegible] 47下
翬 797上

1751

丮 215下

1752

弔 331上
那 933下

1760

召 328下
君 795下
圅 140下
[illegible] 47下
習 109下
[illegible] 581下

1761

配 565下

1762

司 171下
卲 329下
邵 329上
部 400上
郡 796上
酌 339上
酌 842下
酌 359下
确 381上
鄙 840下
鬲 255上
醪 266下
醑 604上
酃 878上

1763

醵 60下

1764

〔碬〕 745下
碬 745下

1768

硋 470下
歌 499上
礙 171下
歠 684下

1769

磉 906上

1771

乙 641下
己 180下
(已) 176上
巹 69下

1772

邔 182上
鄢 823下

1780

疋 414下
巺 182下
翼 522上
(翼) 183下

1790

柔 433上
柔 268上
桑 906上

1791

飄 312上

1810

鍪 269上

1811

瑳 509上

1812

玠 673下
玪 95下
珍 831下
耹 97上
瑜 365上

1813

玲 847上
联 630下
聆 848上
蝥 269上
璑 406下

1814

攻 45下
政 866上
致 621下
璥 871下
璈 341上

附録字詞筆畫索引

本索引收入《説文通訓定聲》各卷後附録所收字頭及詞目。字頭按筆畫多少爲序排列，筆畫數相同的按起筆筆形横竪撇點折的次序排列，起筆筆形相同的按第二筆筆形次序排列，以此類推。複音詞目列於首字所在位置之下。

二十畫

二十一畫

二十二畫

二十三畫